加拿大

本书作者

科里娜·米勒 凯特·阿姆斯特朗 詹姆斯·班布里奇

安娜·卡明斯基 亚当·卡琳 约翰·李

卡罗琳·麦卡锡 菲利普·唐 瑞恩·弗·波克莫斯

本尼迪克特·沃克

Yukon
育空地区
878页

Northwest Territories
西北地区
905页

Nunavut
努纳武特地区
929页

British Columbia
不列颠哥伦比亚省
724页

Alberta
艾伯塔省
649页

Manitoba
马尼托巴省
589页

Saskatchewan
萨斯喀彻温省
616页

Ontario
安大略省
64页

Québec
魁北克省
254页

Newfoundland & Labrador
纽芬兰-拉布拉多省
526页

Prince Edward Island
爱德华王子岛省
496页

New Brunswick
新不伦瑞克省
447页

Nova Scotia
新斯科舍省
376页

中国地图出版社

计划你的行程

欢迎来加拿大 8
加拿大亮点 10
加拿大Top25 12
行前参考 26
新线报 28
如果你喜欢 29
每月热门 33
旅行线路 38
观景车道和火车之旅 ... 46
带孩子旅行 54
地区速览 59

图腾柱，海达格怀伊群岛
见868页

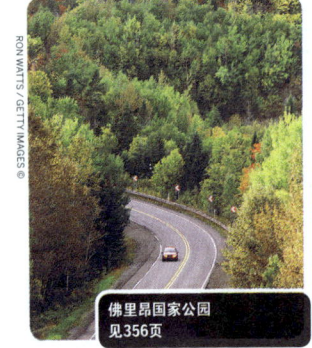

佛里昂国家公园
见356页

在路上

安大略省 64
多伦多 71
尼亚加拉半岛 128
尼亚加拉瀑布城 129
尼亚加拉半岛
葡萄酒产区 138
湖滨尼亚加拉 139
安大略省西南部 ..143
哈密尔顿 143
布兰特福德 146
圭尔夫 147
基奇纳-滑铁卢 149
埃洛拉和弗格斯 151
斯特拉特福 153
休伦湖岸 157
伦敦 161
温莎 164
伊利湖岸 167
马斯克卡湖 171
奥里利亚 171
格雷文赫斯特 172
布雷斯布里奇 173
罗索和卡灵港 174
亨茨维尔 174
乔治亚湾 176
帕里桑德 176
米德兰和
潘尼唐古辛 177
科灵伍德和蓝山 179
布鲁斯半岛 181
安大略省北部 186
基尼省立公园 188
萨德伯里 189
埃利奥特湖 191
苏圣玛丽 191
苏必利尔湖岸 194
桑德贝 199

科克伦到穆斯法克特里和
穆索尼 204
塔玛戈米 208
诺斯贝 208
安大略省东部 210
阿尔贡金省立公园 ... 210
哈利伯顿高地 215
彼得伯勒和卡瓦萨斯 ... 215
蓝多湖 217
爱德华王子县 217
金斯顿 221
千岛群岛 227
加纳诺克 228
布罗克维尔和
普雷斯科特 231
梅里克维尔 233
莫里斯堡 234
渥太华 234

魁北克省 254
蒙特利尔 259
劳伦琴斯 292
圣热罗姆 292
圣索弗尔山 292
瓦尔·戴维 294
蒙特朗布朗城 295
蒙特朗布朗国家公园 ... 297
**蒙特利尔到
魁北克市** 298
东部城镇 298
莫里切 305
魁北克市 308
魁北克市周边 ... 326
莱维 326
温达科 327
圣加布里埃尔·德·
瓦尔卡提尔 327
斯托纳姆 328

目录

奥尔良岛 328
圣安娜-德博普雷 330
沙勒沃伊 **330**
圣保罗湾 331
奥克斯考德莱斯岛 332
圣伊雷内 333
拉马尔拜 333
圣西梅翁 335
圣凯瑟琳湾 336
萨格奈 **336**
塔多萨克 336
莱博哥隆 339
兰塞圣让 340
里维耶尔-埃泰尼泰 . . . 341
希库蒂米 341
圣让湖 342
圣罗斯杜诺德 343
南岸 **343**
格罗斯岛 344
蒙马尼 344
圣琼港朱利 344
里维耶尔-迪卢 345
威特岛 347
特鲁瓦皮斯托勒 348
比克国家公园 348
里穆斯基 349
加斯佩半岛 **350**
圣弗拉维 351
大梅蒂斯 352
马塔讷 353
卡普沙 354
圣安娜-德蒙斯 354
加斯佩谢国家公园 . . . 355
蒙圣皮埃尔 356
蒙圣皮埃尔以东 356
佛里昂国家公园 356
加斯佩 358

佩尔塞 358
新卡莱尔 360
博纳旺蒂尔 360
卡尔顿 361
马塔佩迪亚河谷 362
北岸 **363**
贝科莫(科莫湾) 363
戈德布特 364
蒙茨角 364
三一湾 364
七港岛 365
明根群岛国家公园 . . . 366
圣皮埃尔港 367
安蒂科斯蒂岛 367
纳塔什昆 368
玛德琳群岛 **368**
卡普奥缪斯岛 369
阿弗尔奥博特岛 370
阿弗尔奥麦逊岛 371
格罗斯岛 371
格兰德昂特雷岛 371
远北地区 **372**
阿毕提比-
特米米斯卡明哥 372
詹姆斯湾 374
努纳维克 374
乌塔韦 **375**
加蒂诺 375
加蒂诺公园 375

新斯科舍省 **376**
哈利法克斯 **380**
哈利法克斯周边 **395**
达特茅斯 395
佩吉海湾 396
南岸 **397**
切斯特 397

马洪贝 398
卢嫩堡 400
利物浦 403
克吉姆库吉克
国家公园 404
谢尔本 405
阿卡迪亚海岸 **407**
法兰西海岸 407
雅茅斯 408
安娜波利斯河谷 **410**
迪格比 412
贝尔河 413
皇家安娜波利斯 414
沃尔夫维尔和
格朗普雷 416
温莎 420
新斯科舍省中部 **420**
舒伯纳卡迪 420
梅特兰 421
特鲁罗 421
伊科诺米和五岛 422
帕斯博勒 423
阿通沃基特港 424
日出小径 **425**
塔塔马古什 426
皮克图 427
新格拉斯哥 429
安蒂戈尼什 430
布雷顿角岛 **431**
克里小径 431
卡伯特小径 433
巴德克 438
北悉尼 440
悉尼 441
路易斯堡 443
东岸 **444**
盖斯伯勒 445

在路上

坎索 446	巴瑟斯特 492	肯辛顿 519
丹吉尔 446	坎贝尔顿 494	卡文迪什 520

新不伦瑞克省 447
弗雷德里克顿 450
上圣约翰河谷 456
卡尔顿山省立公园和
托比克河谷 456
大瀑布镇 458
埃德门兹顿及周边 459
西芬迪海岸 460
圣斯蒂芬 460
海边圣安德鲁斯 462
纽河省立公园 466
芬迪群岛 466
鹿岛 466
坎波贝洛岛 467
大马南岛 469
圣约翰 472
东芬迪海岸 477
圣马丁斯 477
芬迪国家公园 478
阿尔马 480
因瑞吉角和玛丽角 480
新不伦瑞克东南部 481
蒙克顿 481
萨克维勒 485
诺森伯兰海岸 485
茹瑞梅恩角 486
希迪亚克 486
布克塔谢 486
古什布格瓦克
国家公园 488
米拉米希河谷地区 489
米拉米希 489
米拉米希河谷 490
新不伦瑞克东北部 491
卡拉凯特 491

爱德华王子岛省 ... 496
夏洛特敦 500
爱德华王子岛省东部 ...508
伍德群岛 508
蒙塔古及乔治敦 509
苏里斯 510
圣彼得斯湾到
斯图尔特山 512
爱德华王子岛中部 512
维多利亚 513
爱德华王子岛
国家公园 513
布拉克利海滩 515
拉斯迪考和
北拉斯迪考 516
新格拉斯哥 517
新伦敦 518

爱德华王子岛西部 521
萨默赛德 522
泰恩河谷 524
蒂格尼什和北角 524

纽芬兰-
拉布拉多省 526
圣约翰斯 530
阿瓦隆半岛 542
阿瓦隆半岛东南部 542
巴卡琉小径 547
海角海岸 548
纽芬兰东部 550
特里尼蒂 550
博纳维斯塔 552
比林半岛 554
圣皮埃尔和密克隆 555

因瑞吉角的灯塔
见480页

目录

纽芬兰中部 558	**马尼托巴省东南部**.....606	**卡尔加里** 667
特拉诺瓦国家公园......558	白贝壳省立公园......606	**班夫国家公园和**
甘德............559	**马尼托巴省西部** 607	**贾斯珀国家公园** 681
特威林盖特岛和	布兰登............607	卡那纳可金斯村.......681
新世界岛........560	赖丁山国家公园......607	坎莫尔............683
福戈岛和钱齐群岛.....561	**马尼托巴省北部** 608	冰原公路..........686
大瀑布-温莎镇.......563	帕斯............609	班夫镇............689
南海岸中部..........563	汤普森............609	路易斯湖..........699
北部半岛 564	丘吉尔港..........610	贾斯珀镇和周边......703
鹿湖............564		**艾伯塔省南部** 712
格罗斯莫恩	**萨斯喀彻温省** 616	德拉姆黑勒和周边...712
国家公园........564	**里贾纳** 619	省立恐龙公园......714
乔伊什港..........568	**萨斯喀彻温省南部**.....625	野牛跳崖处........715
圣巴尔贝到	穆斯乔............625	莱斯布里奇........716
兰塞奥兹牧草地......569	奥格马............626	省立原始石刻公园.....718
圣安东尼.........571	格拉弗尔堡.......626	沃特顿湖群国家公园...719
纽芬兰西部 572	斯威夫特卡伦特...627	克罗斯内斯特山口...721
科纳布鲁克........572	瓦玛丽和草原	**艾伯塔省北部** 722
布洛米顿山.......575	国家公园.......628	皮斯河及周边......722
巴斯克港..........576	伊斯滕德......628	马更些公路......722
开普雷............578	枫溪............629	湖区..........722
南海岸............579	赛普里斯	
基利克海岸 579	丘陵省际公园......629	**不列颠**
拉布拉多 580	卡佩勒河谷........630	**哥伦比亚省** 724
拉布拉多海峡......580	**萨斯喀彻温省东部**.....631	**温哥华** 725
北海岸............584	约克顿............631	**南部大陆** 759
拉布拉多中部......585	维里金............632	伯纳比............759
拉布拉多西部......587	**萨斯卡通** 632	兰里堡............759
	萨斯喀彻温北部.......639	新威斯敏斯特......760
马尼托巴省 589	巴特尔福德......639	里士满和史蒂夫斯顿...760
温尼伯 591	艾伯特王子国家公园....639	**宝云岛** 762
温尼伯周边 604	拉隆格和遥远北方....640	**海天公路** 763
下加里堡..........604		斯阔米什及周边......763
橡树冈湿地........604	**艾伯塔省** 649	**惠斯勒** 766
温尼伯湖 604	**埃德蒙顿** 653	**阳光海岸** 773
吉姆利............605	**埃德蒙顿周边** 666	吉布森斯..........773
赫克拉/磨石	埃德蒙顿西部......666	罗伯茨溪..........775
省立公园........606		

在路上

锡谢尔特..............775
鲍威尔河..............776
温哥华岛..............777
维多利亚..............778
南温哥华岛..............791
考伊琴河谷..............794
纳奈莫..............796
帕克斯维尔和
夸里科姆..............800
艾伯尼港..............801
环太平洋国家公园
保护区..............802
托菲诺..............803
尤克卢利特..............806
登曼群岛和弘拜岛..............808
科摩谷..............809
坎贝尔里弗..............810
斯特拉斯科讷
省立公园..............812
北温哥华岛..............812
电报湾..............813
南海湾群岛..............816
咸泉岛..............816
北彭德岛和南彭德岛...819
加利亚诺岛..............820
萨图纳岛..............821
梅内岛..............822
**弗雷泽河谷和
汤普森河谷..............822**
曼宁省立公园..............822
弗雷泽河峡谷..............823
坎卢普斯..............824
太阳峰..............825
奥卡纳根河谷..............826
欧沙约..............826
奥利弗..............830
瓦休克斯湖..............832
彭蒂克顿..............832

彭蒂克顿到基洛纳......835
基洛纳..............836
弗农..............842
弗农北部..............843
**库特奈山脉和
落基山脉..............844**
雷夫尔斯托克..............844
雷夫尔斯托克到
戈尔登..............849
戈尔登..............849
幽鹤国家公园..............851
库特奈国家公园..............853
镭温泉村..............854
镭温泉村到弗尼..............854
弗尼..............855
金伯利..............857
克兰布鲁克..............857
从克兰布鲁克到
罗斯兰..............857
罗斯兰..............858
纳尔逊..............858
纳尔逊至
雷夫尔斯托克..............861
**卡里布、奇利科丁和
海岸..............862**
威廉斯莱克（威廉姆斯湖）到
乔治王子城..............862

巴克维尔及周边..............863
宝隆湖..............863
韦尔斯格雷省立公园..863
奇利科丁和Hwy 20 864
贝拉库拉山谷..............864
**不列颠哥伦比亚省
北部..............865**
鲁珀特王子港..............866
海达格怀伊..............868
鲁珀特王子港到
乔治王子城..............872
乔治王子城..............873
乔治王子城到
艾伯塔省..............875
斯图尔特—
卡西亚公路..............876
阿拉斯加公路..............877

育空地区..........878
怀特霍斯..............881
阿拉斯加公路..........887
不列颠哥伦比亚省到
怀特霍斯..............888
怀特霍斯到阿拉斯加..889
海恩斯公路..........892
克朗代克公路..........893

极光村，耶洛奈夫（黄刀镇）
见908页

卡克罗斯...893	萨赫图...925	**了解加拿大**
卡马克斯...893	诺曼韦尔斯...925	
明托...895	**北极西部...925**	今日加拿大...944
斯图尔特渡口...895	伊努维克...926	历史...946
道森市...895	图克托亚图克...927	原住民文化...958
丹普斯特公路...903	班克斯岛...928	户外活动...962
北极公园...903		野生动植物...967
	努纳武特地区...929	加拿大饮食...971
西北地区...905	伊卡卢伊特...931	葡萄酒产区...973
耶洛奈夫(黄刀镇)...908	**巴芬地区...936**	
耶洛奈夫(黄刀镇) 周边...916	庞纳唐...936	**生存指南**
英格拉汉姆小径...916	奥尤伊图克国家公园...937	
北斯雷弗...917	多塞特角...938	出行指南...978
Highway 3...917	庞德因莱特...938	交通指南...991
南斯雷弗...917	吉米如特...939	语言...1002
马更些公路...917	雷索卢特...940	幕后...1008
海里弗...918	丘提尼帕奇国家公园...940	索引...1009
史密斯堡...919	**基瓦立克地区...940**	地图图例...1020
伍德布法罗国家公园...921	兰金因莱特...940	我们的作者...1021
代乔河...922	尤库尤斯卡萨里克国家公园...942	
辛普森堡...922	诺哈亚特...942	
纳汉尼国家公园保护区...923	**基蒂克美奥特地区...942**	
利亚德小径...924	剑桥湾...942	

特别呈现	
观景车道和火车之旅...46	户外活动...962
带孩子旅行...54	野生动植物...967
国家公园...641	加拿大饮食...971
原住民文化...958	葡萄酒产区...973

欢迎来加拿大

加拿大的美好并非只限于巍峨的山峦和崎岖的海岸线，这里还有绝佳的美食和丰富的文化，以及可穿越原野、观赏驼鹿的公路行程。

多彩户外

作为世界上面积第二大的国度，加拿大的自然景观极具多样性。在这片跨越6个时区的土地上，分布着高耸入云的山峰、银光闪耀的冰川、静谧幽深的雨林，还有人迹罕至的海滩。这里不仅拥有令人叹为观止的自然美景，也生长着众多迷人的野生动物，包括北极熊、灰熊、鲸鱼，还有所有人的最爱——驼鹿。

这片土地是户外活动的美妙场所。你可以在惠斯勒的群山里享受单板滑雪的乐趣，在新斯科舍省的涌浪上冲浪，在位于西北地区的南纳汉尼河的湍流中划皮艇，探险活动可谓应有尽有。如果不想从事那么剧烈的运动，可以在温哥华的斯坦利公园里漫步，或者在爱德华王子岛粉色沙滩旁的海水中畅游。

迷人文化

在蒙特利尔，坐在街边的法式小馆里啜饮欧蕾咖啡，大嚼外皮酥脆的牛角面包；在温哥华，前往亚洲夜市，大口地吃面条；在布雷顿角岛，参加一场狂野摇摆的凯尔特聚会；在海达格怀伊群岛，划皮划艇欣赏两岸雨林中若隐若现的原住民村落：加拿大辽阔的土地和众多的城市都极富多样性。你可以在音乐中听见、在艺术中看见、在美食中品尝到这里的迷人文化。

美味食物

加拿大本土的食物堪称美味荟萃。如果在这个国家从西吃到东，你会品尝到的菜肴包括：不列颠哥伦比亚省的野生鲑鱼和口感爽滑的扇贝，魁北克省的奶酪浇肉汁土豆条，还有沿海各省份的黄油焗龙虾。引领饮食风气之先的人们可能不会像对待意大利菜或法国菜那样追捧加拿大菜，所以，我们把这里独特的海鲜、开胃的奶酪、新鲜的应季水果和蔬菜都当作我们的小秘密。此外，布满葡萄田的山谷还盛产荣获大奖的醇美红葡萄酒和清冽白葡萄酒，这些也是秘密哦！

艺术风气

从世界第二大的埃德蒙顿国际艺穗节，到渥太华的国家美术馆等大型博物馆，都表明了一点：艺术是加拿大人文景观中必不可少的部分。蒙特利尔的爵士音乐节和多伦多众星云集的电影节吸引着世界各地的拥趸。另外，或许你并不知道，在安大略省的斯特拉特福节上，可以看到美洲大陆上最多的经典剧目。有些地方你虽然不会一下就想到，却也是艺术圣地，比如圣约翰斯和伍迪角，这两处都举办着知名的盛会（分别有先锋前卫的Sound Symposium和著名作家参与的文坛盛事）。

我为什么喜欢加拿大

本书作者 科里娜·米勒

在我游历过的30多个国家中，加拿大的风景是最美的。离开加拿大，我怀念的是什么呢？是从飞机上一览落基山脉高耸入云的山峰；是在渡轮的甲板上观赏逆戟鲸的倩影；是横穿北美大草原时无垠的金色麦浪；是一边听着电台播放的Tragically Hip音乐，一边品着大杯的浓茶；是糖渍烟熏三文鱼、醇美车打芝士和奥卡纳根葡萄酒。这里有广袤的天地任你探索。我是加拿大人，我热爱加拿大——对此我深以为傲。

更多关于作者的信息，见1021页。

上图：驼鹿，班夫国家公园（见681页）

加拿大亮点

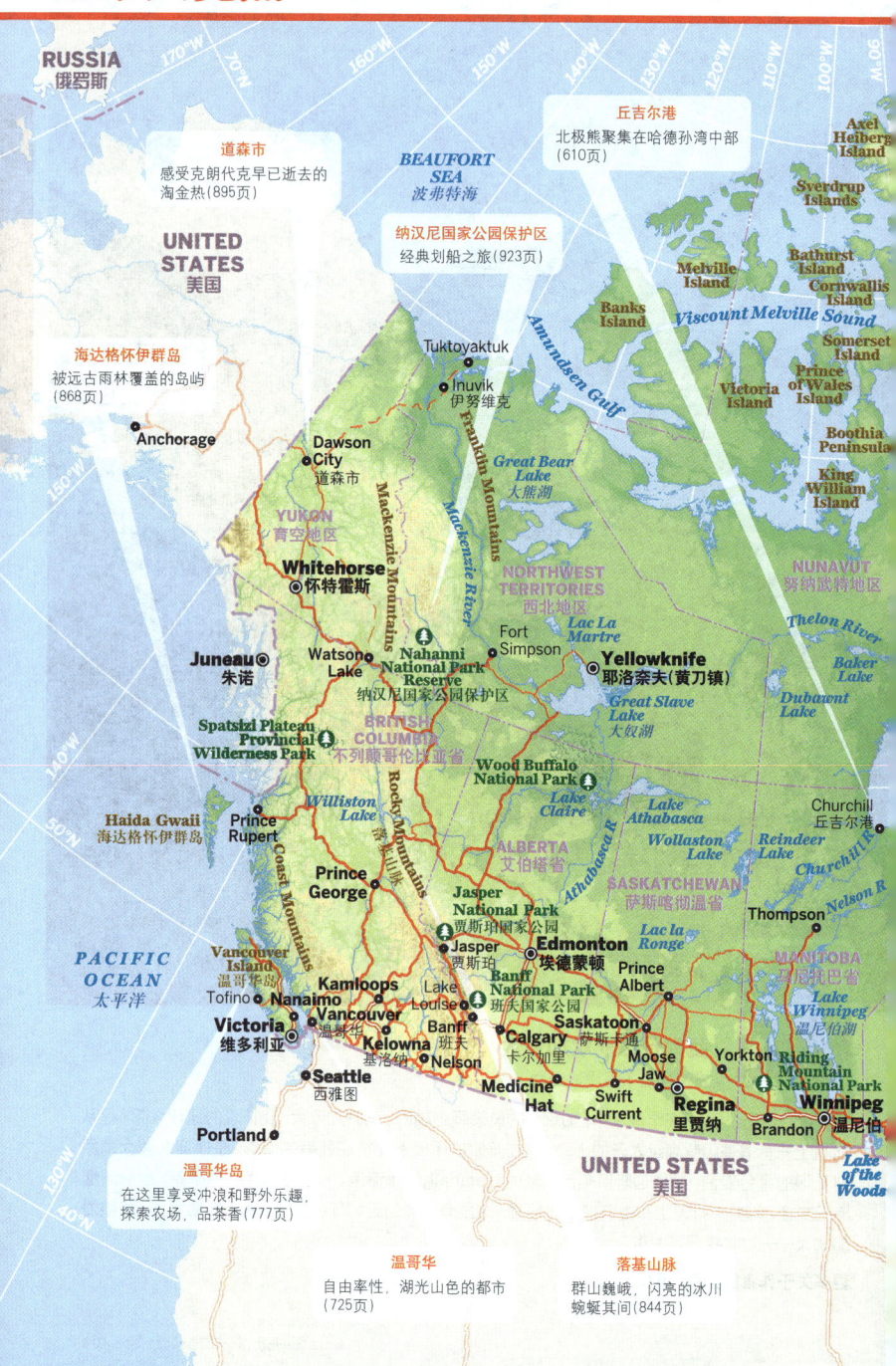

道森市
感受克朗代克早已逝去的淘金热 (895页)

纳汉尼国家公园保护区
经典划船之旅 (923页)

丘吉尔港
北极熊聚集在哈德孙湾中部 (610页)

海达格怀伊群岛
被远古雨林覆盖的岛屿 (868页)

温哥华岛
在这里享受冲浪和野外乐趣，探索农场，品茶香 (777页)

温哥华
自由率性，湖光山色的都市 (725页)

落基山脉
群山巍峨，闪亮的冰川蜿蜒其间 (844页)

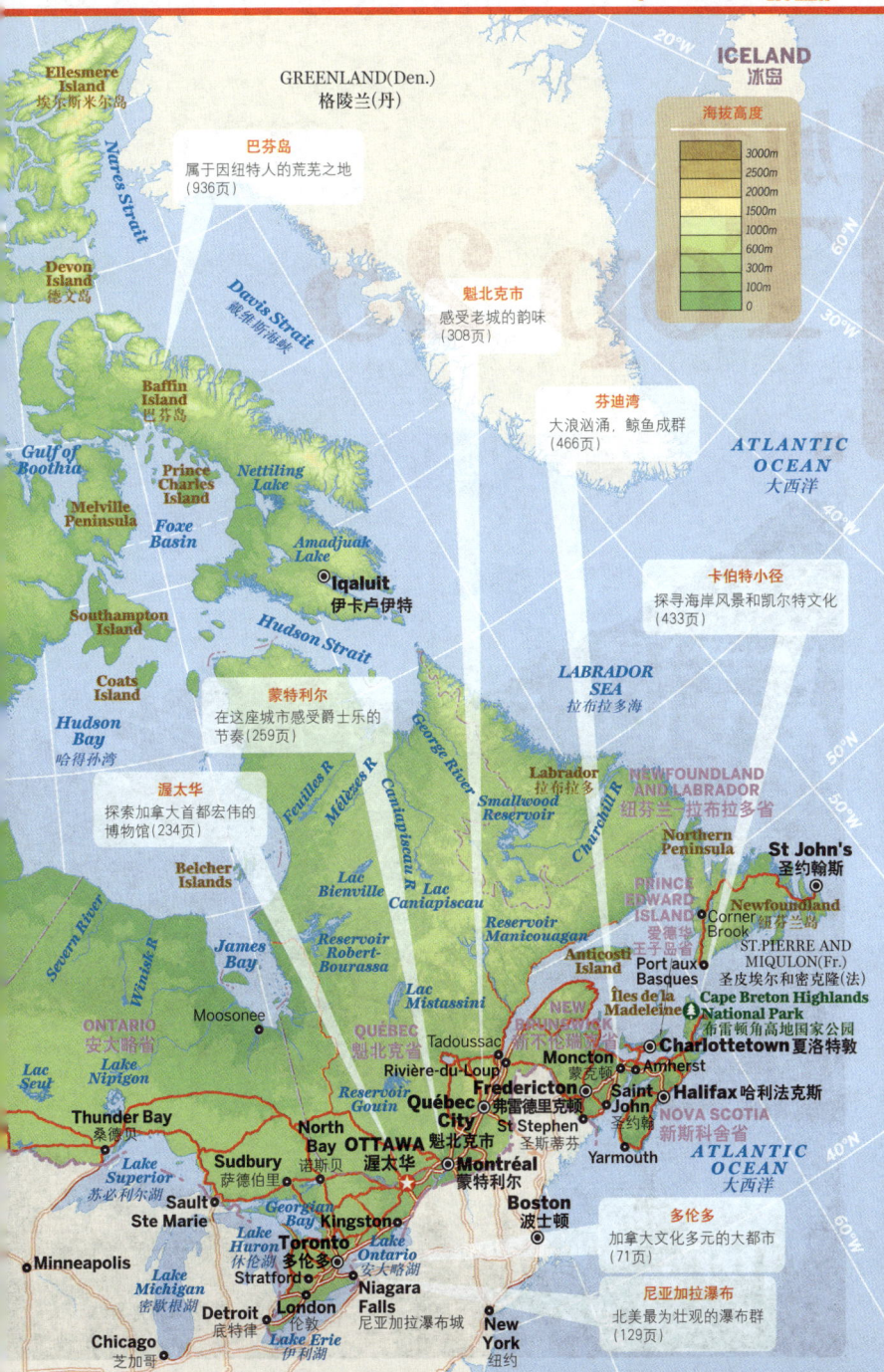

地图

GREENLAND(Den.) 格陵兰（丹）

ICELAND 冰岛

海拔高度
- 3000m
- 2500m
- 2000m
- 1500m
- 1000m
- 600m
- 300m
- 100m
- 0

巴芬岛 属于因纽特人的荒芜之地（936页）

魁北克市 感受老城的韵味（308页）

芬迪湾 大浪汹涌，鲸鱼成群（466页）

卡伯特小径 探寻海岸风景和凯尔特文化（433页）

蒙特利尔 在这座城市感受爵士乐的节奏（259页）

渥太华 探索加拿大首都宏伟的博物馆（234页）

多伦多 加拿大文化多元的大都市（71页）

尼亚加拉瀑布 北美最为壮观的瀑布群（129页）

地名标注

- Ellesmere Island 埃尔斯米尔岛
- Nares Strait
- Devon Island 德文岛
- Baffin Island 巴芬岛
- Gulf of Boothia
- Melville Peninsula
- Prince Charles Island
- Nettiling Lake
- Foxe Basin
- Davis Strait 戴维斯海峡
- Amadjuak Lake
- Iqaluit 伊卡卢伊特
- Southampton Island
- Hudson Strait
- Coats Island
- Hudson Bay 哈得孙湾
- ATLANTIC OCEAN 大西洋
- LABRADOR SEA 拉布拉多海
- George River
- Feuilles R.
- Mélèzes R.
- Caniapiscau R.
- Labrador 拉布拉多
- Smallwood Reservoir
- Churchill R.
- NEWFOUNDLAND AND LABRADOR 纽芬兰-拉布拉多省
- Northern Peninsula
- St John's 圣约翰斯
- Newfoundland 纽芬兰岛
- Belcher Islands
- Lac Bienville
- Lac Caniapiscau
- Reservoir Manicouagan
- PRINCE EDWARD ISLAND 爱德华王子岛省
- Corner Brook
- Port aux Basques
- ST.PIERRE AND MIQUELON(Fr.) 圣皮埃尔和密克隆（法）
- Severn River
- Winisk R.
- James Bay
- Reservoir Robert-Bourassa
- Lac Mistassini
- Anticosti Island
- Îles de la Madeleine
- Cape Breton Highlands National Park 布雷顿角高地国家公园
- Moosonee
- QUÉBEC 魁北克省
- Tadoussac
- NEW BRUNSWICK 新不伦瑞克省
- Charlottetown 夏洛特敦
- ONTARIO 安大略省
- Reservoir Gouin
- Rivière-du-Loup
- Moncton 蒙克顿
- Amherst
- Halifax 哈利法克斯
- Lac Seul
- Thunder Bay 桑德贝
- Québec City 弗雷德里克顿
- Fredericton
- Saint John 圣约翰
- NOVA SCOTIA 新斯科舍省
- Lake Nipigon
- North Bay
- OTTAWA 渥太华
- 魁北克市
- St Stephen 圣斯蒂芬
- Yarmouth
- ATLANTIC OCEAN 大西洋
- Lake Superior 苏必利尔湖
- Sault Ste Marie
- Sudbury 萨德伯里
- 蒙特利尔
- Boston 波士顿
- Georgian Bay
- Kingston
- Minneapolis
- Lake Huron 休伦湖
- Toronto 多伦多
- Lake Ontario 安大略湖
- London 伦敦
- Stratford
- Niagara Falls 尼亚加拉瀑布城
- Detroit 底特律
- Lake Michigan 密歇根湖
- Lake Erie 伊利湖
- New York 纽约
- Chicago 芝加哥

0 — 500 km
0 — 250 miles

加拿大
Top 25

1

落基山脉
（不列颠哥伦比亚省/艾伯塔省）

1 起伏的山脉横跨不列颠哥伦比亚省和艾伯塔省的边界，山顶常年积雪。雄伟的山脉令人心生敬畏，也是绝佳的户外活动场所。班夫、幽鹤、库特奈、贾斯珀这四座国家公园为游客提供了诸多深入繁茂原野的机会。原野中密布着登山小径，湍急的流水蜿蜒曲折，滑雪坡上白雪皑皑。乘坐颇受好评的落基山脉铁路（见48页），以另一种方式来感受壮丽的景致：东西走向的列车穿过山口与河谷，与轨道的摩擦声轰鸣，沿途可见波光粼粼的湖泊、肆意生长的野花，还有阳光下熠熠生辉的冰川。图为佩托湖（见688页）。

海达格怀伊群岛
（不列颠哥伦比亚省）

2 这个匕首形的岛群（见868页）旧称夏洛特皇后群岛，距不列颠哥伦比亚省的海岸有80公里之遥，对于前来的旅行者具有无穷的魅力。这里经常雨水滂沱，原野上林立着高大的云杉和雪松。白头鹫和熊在原始森林中游荡，水中则游弋着海狮和虎鲸。不过，岛群真正的居民是海达人，这个民族以战斗独木舟和图腾柱雕刻闻名。在格怀伊哈纳斯国家公园保护区可以大饱眼福，公园里有失落的村庄、墓穴和温泉，还有北美大陆最佳的皮划艇体验。

温哥华（不列颠哥伦比亚省）

3 温哥华（见725页）总是高居最适宜生活之地的榜首，可谁又能不服气呢？海天之间的美丽景色围绕着这座悠闲、热爱鸡尾酒的大都会。城市和自然在这里相得益彰，市郊有可供滑雪的群山，市内有11处海滩，斯坦利公园的茂密雨林距离市中心的玻璃摩天大楼仅数个街区。这座城市透着好莱坞风范（许多电影都在这里取景）和自由自在的反传统文化气息（有一处颇受欢迎的天体海滩和大麻党的政治总部），此外，这里还有生机勃勃的多元文化社区。

尼亚加拉瀑布（安大略省）

4 拥挤？媚俗？好吧，没错。尼亚加拉瀑布（见129页）很矮，要是只凭高度，甚至无法排进世界前500名。不过，说真的，当看到汹涌澎湃的水流从悬崖处如同碎玻璃般飞流直下时，当你划着小船在激荡的水雾中向瀑布靠近时，尼亚加拉瀑布带给你的印象真是无与伦比。单就水量而言，这一咆哮如雷的瀑布在北美洲首屈一指：每秒从悬崖边缘倾泻而下的水便可装满100多万个浴缸。

计划你的行程 加拿大 Top 25

卡伯特小径
（新斯科舍省）

5 卡伯特小径（见433页）蜿蜒于海岸群山上，全长300公里，沿途随处可见美得令人窒息的海景、跃出海面的鲸鱼、在路边啃草叶的驼鹿，还有许多小径分支，可供旅行者驻足欣赏美景或徒步。要记得带一双适合跳舞的鞋子，因为这个地区散布着许多凯尔特社区和阿卡迪亚社区，当地夜店的音乐节奏强劲，小提琴曲调欢快，让人情不自禁地随之舞动身体。

纳汉尼国家公园保护区
（西北地区）

6 在这座靠近育空边界的偏僻公园（见923页）里，到处都有美妙的温泉、幽暗的峡谷和贪吃的灰熊，你只能乘坐飞机到达这里。每年，在公园里徒步跋涉的旅行者只有1000人左右，他们当中的半数还会试图划船征服南纳汉尼河。这条河在马更些山脉中奔流500公里，水势浩大，蔚为壮观。30层楼高的瀑布、高耸的岩壁、幽深的峡谷，再加上巨人和失落黄金的传说，让北部之旅更为完美。图为：克劳斯温泉（见924页）。

加拿大横贯公路自驾

7 加拿大的主干道（见39页）东起纽芬兰的圣约翰斯，西至不列颠哥伦比亚省的维多利亚，全长7800公里，沿途有加拿大最引人入胜的景致，包括格罗斯莫恩国家公园、布雷顿角岛、魁北克市、班夫国家公园、幽鹤国家公园等，不一而足。这条公路还途经蒙特利尔、渥太华、卡尔加里、温哥华等主要城市。大多数公路旅行者会花上整整一个月的时间在两条海岸线间自驾，所以，你还在等什么呢？给车加满油，调好收音机，把油门踩到底，充分享受自驾的乐趣吧。图为班夫国家公园（见681页）。

沙勒沃伊（魁北克省）

8 沙勒沃伊（见330页）是魁北克市东北部起伏群山中的一片幽静的田园，该省大部分的食物都产于此。在公路旅行路过此地时，喜爱美食的人会稍事停留，他们清楚这里的农场和果园中出产的作物都会遵循农场到餐桌的模式，很快出现在他们的下一顿饭食里。乡村旅馆和啤酒馆供应采用当地食材制作的独特美食：想象一下西红柿开胃酒配鹅肝，或者梨子冰酒配新鲜绵羊奶酪。圣保罗湾和拉马尔拜等艺术气息浓厚的城镇可以作为探索周边的很不错的基地。图为农夫市场，沙勒沃伊（见330页）。

马尼图林岛（安大略省）

9 世界上最大的淡水湖岛马尼图林岛（见184页）位于休伦湖正中，是由沙滩和夏季小屋组成的悠闲之地。湖岸边缘凹凸不平，白色石英石和花岗岩露出地面，在阳光下闪耀着光芒。岛上盛行第一民族的文化，居住于此的八个社区共同提供当地的美食（野生水稻、玉米汤），并组织生态探险活动（独木舟、骑马、徒步）。这里举行帕瓦仪式，人们在鼓声中起舞，此外还可以听到不少传说故事。图为新娘面纱瀑布（见184页），马尼图林岛。

蒙特利尔国际爵士音乐节（魁北克省）

10 和200多万安静、有礼貌的音乐爱好者（没有劲舞，也没有不修边幅的醉汉）一起，从600多场演出（其中多数都免费）中任选一场，聆听世界顶级爵士音乐家的演奏，只有加拿大第二大城市和文化中心蒙特利尔可以让你做到这一点。蒙特利尔国际爵士音乐节（见274页）于6月下旬举办，为期11天，曾在此献艺的不乏B.B.金、普林斯、阿斯托尔·皮亚佐拉这样的大师级人物。在参加免费打鼓课程和欣赏街边表演之后，你可能也会想加入表演者的行列。

冰球

11 冰球（见963页）是能够让加拿大举国疯狂的运动，如果你于10月至次年4月间在加拿大旅行，一定要去看场冰球比赛（为2014年冬奥会的冰球冠军队欢呼）。温哥华、埃德蒙顿、卡尔加里、多伦多、渥太华、温尼伯、蒙特利尔等城市都有参加国家冰球联盟的球队。在更多的场馆里，有次一级联赛的职业球队和青少年冰球俱乐部的队伍在忠实拥趸的支持下拼搏。如果你也想一试身手，那么，就在全国随处可见的池塘冰场上挥舞球棍吧。图为加拿大女子冰球队赢得2014年冬季奥运会金牌。

计划你的行程 加拿大 Top 25

北极光

12 从拉布拉多（见580页）的海岸到北极的村庄，荒凉偏僻的高纬度之地在加拿大真是不胜枚举。在白天，这些地方并不起眼，不过到了夜里，绿色、黄色、湖绿色、紫色及其他颜色的光带就会在夜空中闪耀舞动。传统意义上，有些因纽特人相信北极光是所猎获的动物的魂灵，而其他人则担心那是魔鬼追逐迷失的灵魂时所打的灯笼发出的光芒。在9月至次年3月期间，天色更为黑暗，使得冬季最冷的月份最适合观看北极光。

里多运河（安大略省）

13 这一有着185年历史、长达200公里的水系由运河、河流和湖泊所组成，将渥太华和金斯顿通过有47处船闸的水路相连。当渥太华进入冬季时，这里就变得趣味盎然（见242页），届时运河将化身为世界上最长的滑冰场。人们在7.8公里长的平整冰面上呼啸而过，偶尔停下来享用热巧克力和被称作海狸尾巴的美味油炸面饼。在2月的冰雪节期间，当地居民将搭建起巨大的冰雕，越发增添了节日气氛。一旦冰雪消融，运河河道又成了划船爱好者们的天堂。

丘吉尔港（马尼托巴省）

14 第一次如此近距离地观察北极熊（上图），你不由得屏息凝气。从森林到苔原，连续两日的火车之旅带给人的慵懒疲惫，在抵达哈得孙湾的那一刻立即消散无踪。孤零零地矗立在这里的丘吉尔港（见610页），恰好位于北极熊迁徙的路径上。从9月下旬至11月上旬，苔原上奔跑着许多越野车，全都是寻找这种长有剃刀般利爪的大型野兽的。有时候车会非常靠近它们，你尽可以仔细打量。夏季时，你可以与白鲸一同在海中畅游。

多伦多（安大略省）

15 多伦多（见71页）是多元文化和多个族群的超级大杂烩，完全以城市魅力打动人心。你想在唐人街或希腊城吃晚饭吗？想吃五星级创意菜还是豌豆培根三明治？布卢尔-约克维尔的名牌鞋店与皇后西区的文身店相映成趣。现代的美术馆、出类拔萃的剧院、摇滚乐演出和对冰球的狂热都增添了大都会的魅力。这是加拿大最大的城市，而且因为近一半的居民是外来移民，这里也是文化最具多样性的城市。

计划你的行程

加拿大 Top 25

德拉姆黑勒（艾伯塔省）

16 恐龙爱好者们将会顶礼膜拜尘土飞扬的德拉姆黑勒（见712页），这里的皇家蒂勒尔古生物学博物馆拥有全世界最优秀的化石收藏，尽显古生物的荣耀。世界上最大的恐龙模型（见713页），即一头巨大、骇人的玻璃钢霸王龙也在这里，你可以爬到上面，从它的大嘴里向外张望。除了吸引参观者的恐龙模型外，这个地区还有经典的荒野景色和被称作"hoodoo"的怪异的蘑菇状石柱。沿观景公路兜个圈子就可以大开眼界。

绿色小屋（爱德华王子岛省）

17 也许是乡下小镇卡文迪什（见520页）和当地的巨星《清秀佳人》把你吸引到了爱德华王子岛。露西·莫德·蒙哥马利于1908年创作了这本书，主人公是一位有着一头红发的、名叫安妮的孤儿，这仍旧是该岛的一大摇钱树。不过一旦到达此地，海边的村庄、小溪穿过的树林、带山墙的农舍、起伏的山丘和玫瑰色的海滩就能俘获你的心。此外，这里还有新鲜的牡蛎和龙虾可供一饱口福。爱德华王子岛被戏称为"温良之岛"，你在这里可以很快地调整至度假模式。图为《清秀佳人》绿色小屋（见520页）。

大草原

18 这里是加拿大中部的一处幽静之地。驾车穿越马尼托巴省和萨斯喀彻温省（见616页）的平坦陆地，可以见到大片不间断的金色麦田一直延伸至地平线，融入炫目的日光中。风吹过，麦穗有如海浪翻滚，麦田中偶有装配着谷物升降机的谷仓点缀其中，仿佛高高的船舰。广阔的天空也意味着这里可能会发生大风暴，风暴好似巨大的铁砧，从数公里外就能清楚看见。城市之间相距甚远，包括艺术气息浓厚的温尼伯、好酒成风的穆斯乔和到处是骑警的里贾纳。城市之间散落着乌克兰移民和北欧移民的村庄。

绚烂的秋叶

19 每逢秋季到来,加拿大都格外美丽,考虑到这是个一半国土都覆盖着森林的国度,这一点就不足为奇了。魁北克省的劳伦琴斯山(见292页)因糖枫树(产出的枫糖也是加拿大人搭配煎饼的蘸料)的缘故呈现出火红的颜色。新斯科舍省的布雷顿角同样颜色绚丽,人们甚至举行节日来向秋叶致敬,这就是10月中旬举办的"凯尔特色彩"。新不伦瑞克省的芬迪湾沿岸和安大略省的马斯克卡湖地区也吸引着大量观赏秋叶的旅行者。图为莫里切国家公园(见307页),魁北克省。

魁北克老城(魁北克省)

20 魁北克省的首府(见308页)有着400多年的历史,石头城墙、闪耀着光芒的尖顶大教堂、回荡着爵士乐的街角咖啡馆,为这里平添了浪漫、忧郁、怪异、精致的气息,绝不输给任何一个欧洲城市。充分体验这座城市的最好方式,就是到老城里纵横交错的小巷走一走,让自己沉浸在街头艺人的表演和舒适的小旅馆中,再时不时地停下脚步喝杯法式欧蕾咖啡,尝尝外皮酥脆的点心或大盘奶酪浇肉汁土豆条,给身体充充电。

巴芬岛（努纳武特地区）

21 巴芬岛（见936页）是一片荒凉、原始的景象，这里有高耸入云的群山，三分之一的努纳武特人都居住在这里。岛上最吸引人之处当属奥尤伊图克国家公园，公园名字的含义是"永冻之地"，而其东部则有冰川、峡湾和令人头晕目眩的悬崖绝壁。这座公园对那些顽强的徒步者、登山者和一些北极熊来说是充满诱惑的召唤。巴芬岛同时也是因纽特艺术的中心：许多小镇中都有工作室从事高品质的雕刻、版画制作和纺织等工作。图为冰钓，巴芬岛。

温哥华岛（不列颠哥伦比亚省）

22 真会有哪个地方是"应有尽有"的吗？是的，温哥华岛（见777页）就是这样的地方。风景如画的维多利亚是这座岛屿的心脏，为之带来活力的有波希米亚风格的商店、铺着木地板的咖啡馆和浸润着茶文化的英式传统。在环太平洋国家公园保护区中，有结合了凛冽海风和薄雾笼罩的原野的西海岸小径，而在托菲诺的海边，有成群结队的冲浪者。另外还有考伊琴河谷，这里散落着好客的小农庄和精品酿酒作坊，对于四处游荡寻找美食的人来说，真是美妙的所在。

维京小径（纽芬兰-拉布拉多省）

23 维京小径（见564页），即Rte 430，连接着纽芬兰北部半岛的两处世界遗产。位于半岛中心的格罗斯莫恩国家公园有峡湾式湖泊和地质奇观，而半岛北端壮丽的兰塞奥兹牧草地（见569页）上则有至今已有千年历史的维京人定居点——它由莱夫·埃里克松及其手下建造。这条滨海之路本身就颇具吸引力，它一路向北延伸，途经乔伊什港的古墓区和通往广阔而臭名昭著的拉布拉多的渡轮码头。

芬迪湾

24 这可不是你平时常见的那种普通海湾,尽管这里也有灯塔、渔村和其他海岸风光。芬迪湾(见466页)独特的地理特征为这里带来了世界落差最大的潮汐,其高度可达16米,约有4层楼那么高。这样的潮汐为鲸鱼提供了极好的捕食环境。长须鲸、座头鲸、珍稀的北极露脊鲸和蓝鲸全都蜂拥到这里进食,为旅行者带来了非凡的观鲸体验。户外爱好者们利用芬迪湾汹涌潮汐进行的逆潮漂流也是一项独特的活动。

道森市(育空地区)

25 位于"世界尽头"的道森(见895页)拥有克朗代克时代的建筑,粉刷得十分明亮鲜艳,这里曾一度吸引了数以千计的各路淘金狂人。而今,这里已不再吸引淘金矿工的到来,取而代之的是艺术家和粗犷的个人主义者们。这里拥有一种夜不闭户的氛围,令人感到宾至如归。在冰冷刺骨的河水中尝试一下淘金的体验,或是在有年头的沙龙里试试牌局的手气,此地沙龙里的康康舞者们仍旧跳得兴高采烈。然后再欣赏一番道森周边近北极地区的壮丽风景。非常魔幻。右页图:Downtown Hotel(见902页)。

25

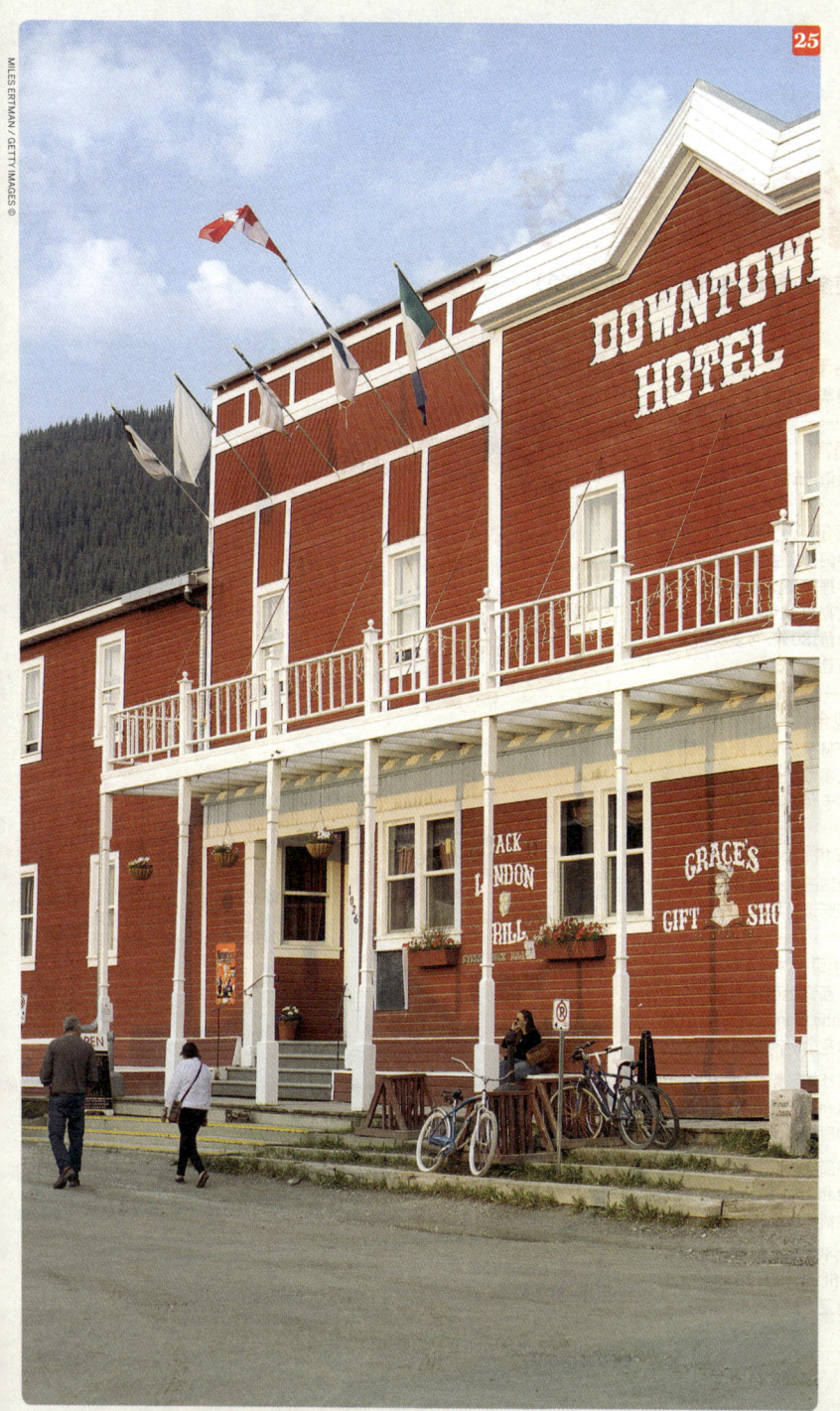

计划你的行程 加拿大 Top 25

行前参考

更多信息见"生存指南"（见977页）

货币
加拿大元($)

语言
英语，法语

签证
中国公民去加拿大旅行需办理签证。旅游签证的有效期最长可达10年，最多停留180天，可多次入境，而且免面试。

现金
ATM在加拿大随处可见。大多数酒店和餐馆接受信用卡付款。

手机
中国三大运营商均可提供国际漫游服务。

时间
大西洋地区标准时间(Atlantic Standard Time；比格林尼治时间晚4小时)

东部地区标准时间(Eastern Standard Time；比格林尼治时间晚5小时)

中部地区标准时间(Central Standard Time；比格林尼治时间晚6小时)

太平洋地区标准时间(Pacific Standard Time；比格林尼治时间晚8小时)

何时去

- 干燥气候
- 夏季温暖或炎热，冬季温和
- 夏季温和(北部和东部)或炎热(南部)，冬季寒冷
- 极地气候

Churchill丘吉尔港
9月至11月前往

Banff 班夫
7月至9月前往

Vancouver
温哥华
6月至8月前往

Montréal
蒙特利尔
6月至8月前往

Halifax
哈利法克斯
7月至9月前往

旺季
（6月至8月）

➡ 阳光普照，天气温和；北部边远地区冰雪消融。

➡ 住宿价格高涨（平均上涨30%）。

➡ 12月至次年3月是滑雪度假城镇的旅游旺季，价格昂贵。

平季
（5月、9月和10月）

➡ 人群散去，价格下降。

➡ 气温凉爽舒适。

➡ 景点开放时间缩短。

➡ 以秋季红叶闻名的地区（如魁北克省的布雷顿角）仍然繁忙。

淡季
（11月至次年4月）

➡ 大城市和滑雪度假村之外的许多地方关闭。

➡ 黑夜与寒冷降临。

➡ 11月和次年4月价格极为优惠。

网络资源

目的地加拿大（Destination Canada; en.destinationcanada.com）官方旅游网站。

加拿大驻华大使馆（Government of Canada; www.canadainternational.gc.ca/china-chine）官方政府网站。

加拿大签证中心[Canada Visa Application Centre (CVAC); www.vfsglobal.ca/canada/china]加拿大签证申请中心官网。

加拿大环境部气象局（Environment Canada Weather; www.weather.gc.ca）提供任意城镇的天气预报。

Lonely Planet（www.lonelyplanet.com/canada）提供目的地信息、酒店预订、旅行者论坛服务和其他。

加拿大政府（Government of Canada; www.gc.ca）提供全国和地区信息。

加拿大公园管理局（Parks Canada; www.pc.gc.ca）提供国家公园的详情。

加拿大广播公司（Canadian Broadcasting Corporation; www.cbc.ca）提供全国和地区新闻。

重要号码

国家代码	🕿1
国际接入码	🕿001
紧急求助	🕿911
查号台	🕿411

汇率

人民币	CNY1	CAD0.19
港币	HKD1	CAD0.17
澳门元	MOP1	CAD0.16
新台币	TWD1	CAD0.04
欧元	EUR1	CAD1.50
英镑	GBP1	CAD1.67
美元	USD1	CAD1.30

当前汇率见www.xe.com。

每日预算

经济：
少于$100
- 宿舍床位：$25~40
- 露营地：$25~35
- 市场和超市采购食材自炊：$8~12

中档：
$100~250
- 民宿或中档酒店客房：$80~180（主要城市$100~250）
- 优质的本地餐馆就餐：含饮品$20起
- 租车：每日$35~65
- 景点门票：$5~20

高档：
高于$250
- 四星级酒店客房：$180起（主要城市$250起）
- 顶级餐馆的3道菜套餐：含饮品$50起
- 滑雪一日通票：$50~80

营业时间

营业时间全年不一。我们这里提供的是旺季的营业时间；平季和淡季的时间一般会缩短。

银行 周一至周五10:00~17:00；有些银行周六9:00至正午

餐馆 周一至周五早餐8:00~11:00、午餐11:30~14:30，每日晚餐17:00~21:30；有些餐馆周六和周日8:00~13:00供应早午餐

酒吧 每日17:00至次日2:00

俱乐部 周三至周六9:00~14:00、21:00至次日2:00

商店 周一至周六10:00~18:00，周日正午至17:00；有些商店周四和/或周五营业至20:00或21:00

超市 9:00~20:00；有些超市24小时营业

到达加拿大

多伦多皮尔逊国际机场（见126页）5:30至次日1:00，火车（$12）每15分钟一班发往市区；出租车费用约$60（45分钟）。

蒙特利尔特鲁多国际机场（见290页）全天24小时，公交车（$10）发往市区。出租车费用一律为$40（30至60分钟）。

温哥华国际机场（见757页）每6~20分钟有一班火车（$7.50~9）发往市区；出租车费用约$40（30分钟）。

陆路边界口岸 加拿大边境服务局（www.cbsa-asfc.gc.ca/bwt-taf/menu-eng.html）会发布等待时间（通常30分钟）。

当地交通

小汽车 四通八达的公路网络连接大多数城镇。加拿大横贯公路从纽芬兰一路延伸至温哥华岛。在人口密集地区以外，多是单车道公路，出行距离貌似很长，旅行时间也过得特别慢。所有大型租车公司均提供便捷服务。

火车 除多伦多—蒙特利尔的路线外，其他火车大多是观景路线。

渡轮 公共渡轮系统在不列颠哥伦比亚省、魁北克省和其他沿海省份的覆盖面很广。

航班 地区及国家级的航空公司的航线网络纵贯全国，可以省去好几天的旅行时间，抵达公路很难到达的北部城镇。

更多**当地交通**信息见991页。

新线报

艾伯塔省，国家音乐中心
卡尔加里的新博物馆令人赞叹不已，通过有趣的艺术品和互动展示，你可以了解加拿大的音乐史。想一显身手的话可以试试打鼓、弹奏电吉他，或是在录音室一展歌喉。（见669页）

艾伯塔省，Eau Claire Distillery
特纳谷地方虽小，却拥有荣获大奖的酒厂，当地也因此而名声大噪。这家酷炫的酒厂使用艾伯塔的谷物和特别订制的德国蒸馏炉，制作出的美味杜松子酒和伏特加带有刺梨和柠檬的天然味道。（见680页）

不列颠哥伦比亚省，Ancient Forest/Chun T'oh Whudujut
沿着人行栈道穿越这片古老的森林，途经有着2000年树龄的红雪松，观赏瀑布以及珍稀的兰花品种。此处位于乔治王子城以东120公里处，于2016年被设立为省立公园。（见875页）

灯塔住宿
纽芬兰现已将其境内的灯塔开放给需要投宿的人。虽然你的住所是在原灯塔管理人的家，而并非在真正的灯塔内，这仍然算得上是该国最有氛围的住宿选择之一了。（见578页方框）

不列颠哥伦比亚省，海天公路空中缆车
搭乘一架缆车升至海平面以上885米处，欣赏海岸山脉和太平洋的全景风貌。一旦到达顶部，便能从无数条小径中选择一条，通入葱葱郁郁的森林中。（见763页）

安大略省，天空之木生态探险公园
想要在树顶进行美妙的徒步？这个新公园坐落于千岛群岛，拥有全国最大的空中探险和高空滑索线路。从为3岁儿童提供的树屋游乐场，到能令最勇敢的成年人膝盖直哆嗦的探险活动，这里应有尽有。（见228页）

萨斯喀彻温省，马赛克体育场
这里是里贾纳的加拿大橄榄球联赛球队——备受喜爱的骑兵队的新主场，可以容纳3万多名想要亲近他们的球迷入场。（见624页）

艾伯塔省，罗杰中心
这里常常被称作加油工中心，将会是本市冰球队的主场，也会成为埃德蒙顿市中心改造项目的重点关注对象。体育馆使用了非常先进的高科技，精巧的设计让观众的观赛体验大获提升。（见653页）

艾伯塔省，贾斯珀暗夜星空保护区
贾斯珀被加拿大皇家天文学会指定为一处暗夜星空保护区，这里的夜空星光璀璨，景致之美绝世罕见。你可以造访天文馆、参加暗夜星空节，抑或单纯地遥望满天繁星。（见708页）

更多推荐和点评，详见 lonelyplanet.com/canada。

如果你喜欢

惊心动魄的活动

惠斯勒 如果你想拥有加拿大最棒的滑雪或单板滑雪体验，惠斯勒是无上之选。（见766页）

托菲诺 小小的托菲诺提供的探险运动非同小可：可以在太平洋海岸冲浪、划皮划艇、徒步、观赏风暴等。（见803页）

班夫 班夫是落基山脉的"女王"，拥有得天独厚的条件，可以在此进行滑雪、徒步、漂流、骑马、骑山地自行车等各种极限运动！（见689页）

劳伦琴山 蒙特利尔市区之外散布着多座山地村庄，你可以在这里滑雪、乘雪橇和攀岩。（见292页）

云石山 位于纽芬兰，冬季有滑雪和风筝滑雪活动，夏季有洞穴探险和皮划艇活动，全年均可进行高空滑索。（见573页）

葡萄酒和烈性酒

冬季葡萄酒节 1月时，在奥卡纳根的Sun Peaks Resort开怀畅饮美味的冰酒。（见825页）

Niagara Wine Tours International 在导游的带领下，骑自行车沿偏僻的小路从一个酒庄到另一个酒庄，这项活动适合各种旅行者，无论其身体条件如何。（见141页）

Taste Trail 自驾穿越爱德华王子县乡村地区的农场和葡萄园。（见218页）

Myriad View Distillery 参观一处私酿酒生产厂商，鼓起勇气尝尝这里75度的佳酿吧。（见516页）

Merridale Estate Cidery 这家酒厂位于温哥华岛青翠的考伊琴河谷中，可以来此品尝苹果酒和白兰地。（见795页）

历史古迹

兰塞奥兹牧草地国家历史遗址 徜徉在约公元1000年前莱夫·埃里克松在纽芬兰留下的维京人遗迹中。（见569页）

魁北克市 法国人于1608年建造了这座城市，可以在城墙环绕中真切地感受历史。（见308页）

路易斯堡 在新斯科舍省重建的、建于1744年的堡垒中来一口士兵的口粮。（见443页）

巴托什 正是在这片草原上，梅蒂斯人的领袖路易斯·里尔于1885年率军反抗加拿大军队。（见640页）

克朗代克国家历史遗址 道森市受保护的老建筑讲述着那逝去已久的淘金热。（见895页）

现场音乐

蒙特利尔 这座城市有加拿大最具创造力的独立摇滚音乐，以颓废的地下俱乐部闻名。（见259页）

东北偏北艺术节 6月的摇滚周来临时，多伦多有近千支乐队登台献艺。（见96页）

Horseshoe Tavern 多伦多传奇般的演出场所是崭露头角的艺术家们磨砺技艺的地方。（见119页）

乔治街节 圣约翰斯的这条街道举办同名音乐节，日夜都有演出。（见535页）

Red Shoe Pub 在布雷顿角岛上，有世界知名的凯尔特小提琴手登台献艺。（见432页）

冲浪

托菲诺位于不列颠哥伦比亚省西海岸，吸引着冲浪爱好者到来。可以在冲浪学校（见804页）中学习驾驭波浪。

灯塔

普里角灯塔 这座建筑颇为壮观，是爱德华王子岛上年代最久远的灯塔。（见504页）

佩吉海湾 这座灯塔距哈利法克斯不远，在镜头里看上去极为完美。（见396页）

穆尔角灯塔 加拿大大西洋海岸上最高灯塔的塔顶拥有绝佳的景致，可以看到拉布拉多的黑色岩石和漂浮着冰山的大海。（见582页）

因瑞吉角 具有150年历史的崖顶灯塔俯瞰着世界上最高也最为汹涌的海浪。（见480页）

燕尾灯塔 灯塔坐落在新不伦瑞克省的大马南岛上，在苔藓覆盖的悬崖上傲然屹立，悬崖下有众多海豹在游弋。（见469页）

另辟蹊径

魁北克省的Rte 132 从圣弗拉维至佛里昂国家公园，一路上可见布满礁石的海岸、闪耀着银光的教堂，还有郁郁葱葱的群山。（见344页）

安大略省环绕苏必利尔湖的Hwy 17 峡湾一般的通道、隐蔽的沙滩和原始森林，这一切尽在苏必利尔湖薄雾笼罩的北岸。（见186页）

魁北克省的Rte 199 穿越玛德琳群岛上的沙丘和渔村的狭窄海岸公路。（见368页）

不列颠哥伦比亚省通往斯图尔特的Hwy 37 除老式的烤面包机、校车改建的餐馆外，一路还有冰川相伴。（见876页）

纽芬兰西南部的Rte 470 起伏的海岸公路穿过饱受海风洗礼的平地和渔村。（见579页）

穿越卡那纳司金斯的Hwy 40 粗糙不平的碎石道路穿过深邃的森林，狼群、驼鹿和熊都常常出没于此。（见681页）

观赏野生动物

丘吉尔港 北极熊称霸了哈得孙湾的苔原，而白鲸在河水中畅游。（见610页）

长岛 新斯科舍省近海游弋着濒危的北极露脊鲸、蓝鲸、座头鲸和海豹。（见411页）

格罗斯莫恩国家公园 据说，在这座éé芬兰最著名的公园里，每平方公里就有6头驼鹿。（见564页）

库西姆阿丁灰熊保护区 这座保护区距不列颠哥伦比亚省鲁珀特王子港不远，生活着50多只大块头的家伙。（见866页）

伍德布法罗国家公园 毛发蓬乱的野牛与成群结队的狼在自然中上演致命之舞。（见921页）

冰原公路 沿落基山脉的观景公路前进，一定会看到熊和麋鹿。（见686页）

阿尔贡金省立公园 驼鹿和潜鸟构成了经典的加拿大动物景观，而狼嚎则提供了背景音。（见210页）

维多利亚 成群结队的虎鲸在波浪中横行。（见778页）

艺术

加拿大国家美术馆 这座博物馆位于渥太华，拥有最丰富的加拿大和因纽特艺术品收藏。（见237页）

安大略美术馆 这里展出罕见的魁北克宗教雕像、第一民族的雕刻和著名的七人画社的作品。（见80页）

不列颠哥伦比亚大学人类学博物馆 温哥华的这个博物馆是高耸的雕刻精美的图腾柱的顶级收藏中心。（见736页）

阳光海岸美术馆之旅 不列颠哥伦比亚省的海岸上散布着许多工作室。房屋上飘着紫色旗帜则表示有艺术家在这里。（见774页）

多塞特角 这座位于努纳武特的荒凉小镇是因纽特艺术的中心。（见938页）

海鲜

迪格比 这座新斯科舍省的小镇出产巨大的口感爽滑的扇贝，令全球各地的美食家们垂涎欲滴。（见412页）

New Glasgow Lobster Supper 在一处爱德华王子岛教堂的地下室里，系好围裙，对着龙虾大快朵颐。（见518页）

马尔佩克 这座爱德华王子岛的小镇拥有与镇子同名的牡蛎——以新鲜爽滑的口感著称。（见524页）

Red Fish Blue Fish 维多利亚的水滨外卖小屋供应以可持续方式捕捞的海鲜。（见786页）

市场

肯辛顿市场 这是个熙熙攘攘的市场，很多人在古董店里淘货。它位于多伦多一个另类风格的街区。（见85页）

Panda Market 这座市场位于温哥华附近，有马来西亚菜、韩国菜、日本菜、中国菜的摊位，可以在热气腾腾的氛围里来一场美食之旅。（见761页）

Marché Jean-Talon 农夫们带

计划你的行程 如果你喜欢

上图:肯辛顿市场
(见85页),多伦多
下图:因瑞吉角的灯塔
(见480页)

计划你的行程

如果你喜欢

苔原上的北极熊

着自种的水果、蔬菜和自制的奶酪、香肠，从乡下赶到蒙特利尔这个非常热闹的市场。(见289页)

圣劳伦斯市场 这处多伦多的市场大厅建于1845年，建筑本身极为壮观，里面有肉店、面包房和意粉店。还出售艺术品和古董。(见78页)

咸泉岛周六市场 在仔细端详当地手工艺品之余，大嚼该岛出产的水果和味道刺激的奶酪。(见816页)

Halifax Seaport Farmers Market 这座拥有250个摊贩的市场是购买有机农产品和海鲜的绝佳地点。(见393页)

海滩

贝森黑德海滩 许多爱德华王子岛的当地人将这一片平整的海滩评为自己的最爱。(见511页)

娑波滩 这片靠近安大略省南普顿的湖岸被评为加拿大最好的淡水沙滩。(见159页)

东部海岸的海滩 几块位于哈利法克斯附近海岸的白沙海滩，有救生员、木板路，可以游泳，甚至还能冲浪。(见385页)

格林尼治 在爱德华王子岛最为天然的粉色海滩上，沿着木板路走过沼泽和壮观的沙丘。(见512页)

长滩 位于托菲诺附近的长滩饱受太平洋海浪的侵袭，不过这也正是冲浪者和沙滩爱好者云集此地的原因。(见802页)

英吉利湾海滩 温哥华市中心的这一湾沙滩上满是街头艺人、日光浴者和沙滩排球爱好者。(见730页)

星空

穆斯法克特里 这个并不起眼的地方只是一个小小的克里人定居点和生态保护区，在安大略的地图上没有路通向这里。(见204页)

托恩盖特山国家公园 拉布拉多这一原始、寒冷的地带，方圆几百公里内都没有城镇。(见583页)

耶洛奈夫(黄刀镇) 辽阔的西北地区的首府是探索这里的出发点，你可以在乘坐狗拉雪橇时看到点点星光。(见908页)

丘吉尔港 在10月前后来访，在观赏北极熊的同时领略北极光的美。(见610页)

怀特霍斯 育空地区充满艺术气息的主要城镇，有户外店可以将你带去野外、观赏夜空。(见881页)

每月热门

最佳节庆

蒙特利尔国际爵士音乐节，6月

魁北克市冬季狂欢节，2月

斯特拉特福节，4月至11月

暗夜星空节，10月

阿卡迪亚节，8月

1月

滑雪运动盛行，许多山区地带迎来最大降雪。临近月底时，各城市开始庆祝热闹非凡的冬季狂欢节，来驱赶寒冷和黑暗。

冰酒节

不列颠哥伦比亚省的奥卡纳根河谷（www.thewinefestivals.com）和安大略省的尼亚加拉半岛（www.niagarawinefestival.com）有专门的节日用来享用当地酿造的冰酒。这种佳酿风味独特而甜美，你可以在烧烤板栗的野餐会、鸡尾酒比赛和舒适的山间小屋中一醉方休。

2月

是的，此时很冷，冷到创纪录[1947年2月3日，育空地区的斯纳格（Snag）的气温低至-62.8℃]。但寒冷并不足以使人们远离户外活动。2月是派对之月，会举办各种冬季活动。

中国新年

各地的唐人街都有舞龙、放鞭炮活动，还有热气腾腾的美食。温哥华（www.vancouver-chinatown.com）的庆典最为盛大，不过多伦多、卡尔加里、渥太华和蒙特利尔也都非常热闹。具体日期取决于农历。

魁北克市冬季狂欢节

狂欢者们观看冰雕大赛，在滑雪板上风驰电掣，到结冰的水面上垂钓，还会为在漂着浮冰的圣劳伦斯河中疯狂划桨的独木舟爱好者加油助威。这是世界上规模最大的冬季节日（www.carnaval.qc.ca）。

渥太华冰雪节

这是在里多运河河畔举行的一场冰雪盛典，滑冰者在7.8公里长的平整冰面上呼啸而过。当地居民在啜饮热巧克力和大嚼海狸尾面圈（一种炸过的生面团）之余，将渥太华打造成了一座银装素裹的冰雪之城（www.pch.gc.ca/winterlude）。

育空耐力赛

颇具传奇色彩的狗拉雪橇比赛（www.yukonquest.com）全程1600公里，起点为怀特霍斯，终点在阿拉斯加的费尔班克斯，需要克服2月漆黑的征途和-50℃的极寒气候。对赶车的人和雪橇犬来说都是艰苦卓绝的极限测试。目前的最佳纪录为10天2小时37分钟。

世界冰湖冰球锦标赛

新不伦瑞克省的小镇普拉斯特罗克在鲁斯顿湖上开辟出20块冰场，场地周围的草捆座位能容纳约8000位观众，受邀参赛的四人球队多达120支，其中还有从英国、埃及和开曼群岛远道而来的球队（www.worldpondhockey.ca）。

北马尼托巴诱捕者节

帕斯选了一个周末让人们尽情撒欢儿，在冰天雪地中进行活动——狗拉雪橇比赛、雪地摩托、冰雕、火把游行和捕兽游戏（www.trap

persfestival.ca）。日平均气温为-16.1℃，一定要穿暖和点儿。

温哥华国际葡萄酒节

在温哥华国际葡萄酒节（www.vanwinefest.ca）期间，你可以见识到来自200家葡萄酒生产厂商的1700种美酒，这真是葡萄酒行家们的盛大庆典。因为这一活动为温哥华当代戏剧事业提供资金，所以支持艺术也成了饮酒的充分理由。

3月

冰雪渐渐消融，气温有所回升。滑雪度假村仍是熙熙攘攘，特别是在3月中旬，这时孩子们有一周的假期。

甜食小屋

全世界枫糖浆的四分之三产自魁北克省，3月是采集枫糖的季节。前往当地的甜食小屋，把干净的雪放在盘子上，再把煮沸的枫糖从连着管子的大锅中取出并浇在上面。

里贾纳帕瓦仪式

30多年前，加拿大第一民族大学的学生们发起了萨斯喀彻温省的帕瓦仪式（www.fnuniv.ca/pow-wow），旨在庆祝春天到来、大地重获生机。届时，北美洲各地的舞者将云集于此，传统工艺品和美食非常丰富。

4月

除极北地区以外，加拿大的其他地方气温回升，处处显出春季来临的迹象。滑雪活动进入淡季，夏季的庞大客流尚未到来，是可以讨价还价的好时机。

斯特拉特福节

加拿大的斯特拉特福距多伦多有几小时车程，几乎可以媲美英格兰埃文河畔的斯特拉特福。斯特拉特福节（www.stratfordfestival.ca）从4月一直持续到11月，令人惊叹。四座剧院将上演当代戏剧、音乐、歌剧，当然，也少不了莎士比亚的作品。剧目一流，而且重要角色均由著名演员担纲。

世界滑雪和滑雪板节

滑雪爱好者汇聚在惠斯勒，参加为期10天的节日，届时有令人兴奋的活动、户外摇滚和嘻哈音乐会、电影放映、狗游行以及大吃大喝的活动（www.wssf.com）。注意，这里信奉的信条是：4月尽情嗨，5月睡大觉。

纪录片电影节

想要更深入地了解安大略省的Hwy 7？对孟买贫民窟的百万富翁感兴趣？为开罗的肚皮舞者着迷？北美规模最大的纪录片电影节（www.hotdocs.ca）在多伦多举办，将会放映来自全球各地的170多部纪录片。

5月

5月是个好时候，平季里价格划算，漫山遍野野花绽放。白天天气暖和，尽管到了夜里还是有点儿冷。月末的维多利亚日标志着夏季的正式开始。

加拿大郁金香节

在经过漫长的冬季之后，渥太华绽放出绚丽的颜色，200多种、超过300万株的郁金香为加拿大郁金香节（www.tulipfestival.ca）期间的城市增光添彩。庆祝活动包括游行、赛舟会、汽车拉力赛、舞蹈、音乐会和焰火。

巧克力节

玩巧克力，用巧克力作画，用巧克力制作首饰——你一定猜到了主题是什么。魁北克省的布罗蒙特巧克力节（www.feteduchocolat.comwww.feteduchocolate.ca）上到处可见这种甜品。最好玩的部分当然还是吃巧克力。布罗蒙特位于蒙特利尔以东75公里处。

6月

充分利用漫长、温暖的白天徒步、划船，尽情享受美妙的户外环境吧（不过要记得带驱虫剂以驱赶墨蚊）。直到月底学校放暑假的时候，各景点才会人满为患。

多伦多文化艺术节

在6月上旬的整整10天中，众多大名鼎鼎的音乐家、舞蹈家、艺术家、作家、演员、制片人驾临多伦多，参加体现该城多元文化的创意十足的庆祝活动（www.luminatofestival.com）。许多演出都可以免费观看。

东北偏北艺术节

在多伦多众多很酷的夜店里，有1000支左右的独立乐队活跃在舞台上。你也许会亲眼看到未来的摇滚

之星。电影放映和喜剧表演使气氛更为活跃。20年以来，东北偏北艺术节（www.nxne.com）已经成为音乐产业必不可少的组成部分。

☆ 蒙特利尔国际爵士音乐节

6月下旬，200万乐迷齐聚蒙特利尔，参加在市中心举行的为期11天的爵士乐和布鲁斯音乐盛会（www.montrealjazzfest.com）。大多数音乐会都在室外举行，而且对所有人免费。派对不分昼夜地连续举行。

多伦多同性恋骄傲大游行

这是多伦多最为炫目的活动（www.pridetoronto.com），参加者不分性别。活动高潮是出柜的女同性恋游行（Dyke March）和极尽夸张的同性恋大游行（Pride Parade）。活动中心位于恰奇-威里司里村。大多数活动免费。

猫王埃尔维斯音乐节

6月下旬，如果你身处不列颠哥伦比亚省的彭蒂克顿，你总会看到猫王埃尔维斯的身影，别担心，这并不是由于你喝多了当地奥卡纳根河谷出产的葡萄酒。在埃尔维斯音乐节（www.pentictonelvisfestival.ca）上，有数十位巨星的模仿者进行表演，你也可以伴着音乐上台高歌一曲。

萨斯喀彻温爵士音乐节

在这个为期10天的爵士音乐节（www.saskjazz.

上图：在甜食小屋往雪上倒枫糖浆
下图：多伦多同性恋骄傲大游行

计划你的行程 每月热门

com)上,满足你对灵魂音乐的热爱吧,萨斯卡通全城的演出场地都有演出。布鲁斯音乐、放克音乐、流行音乐、世界音乐在这里也有一席之地。不辞辛苦来到草原演出的大腕包括赫比·汉考克和齐吉·马利。

7月

这是前往大多数省份游玩的好季节,天气最暖和,可以吃到大量新鲜的农产品和海鲜,节日庆祝驱走了黑夜。旅行者非常多。

☆ 卡文迪什的乡村音乐

一些乡村音乐大腕来到爱德华王子岛,参加卡文迪什海滩节(www.cavendishbeachmusic.com)。这是北美最大的户外音乐节,每逢节日,小岛上都会挤满了人。

☆ 蒙特利尔嬉笑节

在为期两周的嬉笑节(www.hahaha.com)上,每个人都会忍俊不禁,节日期间有数百场喜剧表演,包括可在拉丁区免费观看的演出。幽默大师们会在此切磋技艺。

☆ 卡尔加里牛仔节

愤怒的公牛、四轮篷车竞赛和穿靴子的强悍牛仔在"世界上最大的户外活动"中汇聚。许多介于骑马和游戏间的活动使之比寻常的牛仔节日更适合家庭参与,吸引着110万牛仔迷来到这里(www.calgary-stampede.com www.calgarystampede.com)。

☆ 温尼伯艺穗节

在北美洲第二大的艺穗节(www.winnipegfringe.com)上,来自世界各地的艺术家们表演着创意十足、原汁原味而又另类的作品。12天内随处可以观看喜剧、戏剧、音乐、卡巴莱歌舞表演甚至传记音乐剧。

◉ 大北部艺术节

西北地区的伊努维克举办大北部艺术节(www.gnaf.org),吸引了大量来自北极圈内的雕刻家、画家和其他创意人才。此时非常适宜购买北极艺术品,还可以目睹制作过程,或者在工作坊亲自动手制作。

☆ 斯坦·罗杰斯民谣音乐节

这个为期3天的斯坦音乐节(www.stanfest.com)在新斯科舍省的科尔索举办,以纪念一位传奇的加拿大乡村歌手,在过去的20年时间里已经吸引来了数十位艺术家的参与。届时,将有上万名歌迷蜂拥而入这个小小的镇子,演奏、跳舞、歌唱。

8月

阳光普照,狂欢继续。大多数省份人头攒动,物价也比较贵。远离海岸的地区可能非常炎热潮湿。

☆ 阿卡迪亚节

在新不伦瑞克省的卡拉凯特举办的阿卡迪亚节(www.festivalacadien.ca)上,阿卡迪亚人演奏着小提琴,尽情展现法裔加拿大人的开朗奔放。这是阿卡迪亚人最盛大的节日,在8月上旬举办,有歌唱家、音乐家和舞蹈家前来献艺。

☆ 圣约翰斯皇家赛舟会

街上空无一人,商店全部歇业,所有人都跑到奎迪威迪湖岸上观看圣约翰斯皇家赛舟会(www.stjohnsregatta.org)。这项赛事自1825年开始举办,如今是北美大陆历史最悠久的持续举办的赛事。

☆ 埃德蒙顿艺穗节

埃德蒙顿举办的艺穗节是北美洲最大的艺穗节盛典,在8月中旬的11天内,将上演约1600场自由奔放、无拘无束的演出。表演的剧目都是随机抽取的(www.fringetheatreadventures.ca)。

◉ 加拿大国家博览会

与美国各州的展览会一脉相承,加拿大国家博览会(www.theex.com)的特色是700多个参展商、农业展览、伐木竞赛、户外音乐会,还有在多伦多的展览广场举行的露天游乐会。活动持续18天,部分时段与劳动节重合,结束时有非常棒的焰火表演。

9月

9月上旬的劳动节预示着夏季的结束,此后人群渐渐散去,物价缓缓下降。不过在大多数地方,天气相当不错,使得此时也非常适宜旅行。另外,驼鹿交配的季节就在这时开始!

爱德华王子岛秋季美食节

遍及全岛的厨艺派对伴着轻快的传统音乐和无与伦比的海鲜贯穿为期3周的节日（www.fallflavours.ca）。如果身在夏洛特敦，不要错过牡蛎脱壳锦标赛或是海鲜浓汤挑战赛。

多伦多国际电影节

声名显赫的多伦多电影节为期10天（www.tiff.net），是国际上的主要电影节之一。9月时，会放映不同片长和类型的影片，还有众多影坛明星穿梭于各类盛会和贝尔星光宝盒剧院之间。要提前很早购票。

纽芬兰海岸野餐会

纽芬兰东部的小镇埃利斯顿汇聚了许多加拿大顶级的厨师，他们在总长5公里的海岸小径上的美食站内各显神通。美食家们蜂拥而至，吃吃走走（www.rootsrantsandroars.cawww.rotsrantsandroars.ca）。

加拿大民谣音乐节

在新斯科舍省有趣的大学城沃尔夫维尔畅听米克马克、阿卡迪亚、非洲裔新斯科舍人和其他风格独特的音乐，这些音乐都有着当地的渊源（www.deeprootsmusic.ca）。有些表演者也经营工作室，你可以去学学打鼓、弹琴或者拉小提琴。

10月

秋季树叶绚丽多彩，天气凉爽舒适，因此10月也有大批旅行者到来。准备好球棍，冰球季即将开始。

凯尔特色彩

在节奏强劲的音乐和斑斓多姿的树叶中，这个在布雷顿角举办的音乐节吸引了来自苏格兰、西班牙和有凯尔特传统的其他国家的顶尖音乐家（www.celtic-colours.com）。社区晚宴、踏步舞课程和锡笛课程也使这场文化庆典更加圆满。

安大略10月节

这个在基奇纳举办的巴伐利亚式啤酒节为期9天，堪称德国之外规模最大的10月节（www.oktoberfest.ca）。德国泡菜、铜管乐队、皮短裤和啤酒花园吸引着50万人来到帐篷下，然后畅饮大杯的啤酒。

暗夜星空节

10月末时，贾斯珀的暗夜星空节（jasperdarksky.travel）会花两周时间来纪念浩瀚星空。你可以在这里听宇航员和如比尔·奈这样的名人演讲、在星空下听一场交响乐、观赏倒映在冰川湖上的北极光，或者透过望远镜眺望外太空。

12月

把皮大衣准备好。甫一降雪，冬季就开始了，气温骤降，越来越多的人又开始涌到滑雪度假村中。这个月也是假日季。

山地时间

从东海岸到西海岸，全国的山区都迎来降雪。不列颠哥伦比亚省的惠斯勒、魁北克省的蒙特朗布朗特、艾伯塔省班夫周边的加拿大落基山脉，都吸引着数量众多的旅行者，不过在各省的平原地带，也都可以进行户外活动。

尼亚加拉冬季彩灯节

适宜家庭参加的冬季彩灯节（www.wfol.com）让每个人都感受到了假期的欢快氛围，300万盏闪烁的灯、125场动态展示让整个城镇和瀑布本身都明亮耀眼。在瀑布周边的冰场滑冰别有一番乐趣。

旅行线路

2周 中部走廊

　　这条线路总长1450公里,从多伦多一直延伸到魁北克市,途经加拿大最大的城市、最壮观的瀑布和风景最秀丽的岛屿。

　　在融合多种文化的圣地**多伦多**游览2天,流连于众多的建筑、艺术博物馆、餐馆和夜店。第三天,游览**尼亚加拉瀑布城**,然后开始一路东行。在到处是酒庄的**爱德华王子县**,沿着湖滨的**Loyalist Parkway**(即Hwy 33)前行,就来到了拥有殖民地风格的**金斯顿**。从这里出发,可以前往大厦林立的、分布在圣劳伦斯河中的**千岛群岛**;在群岛间旅行的间隙可以在**加纳诺克**停留一天,这里是一处不错的歇脚点。再到**上加拿大村庄**游览半天,这是一个按19世纪60年代风格重建的小镇。然后,在**渥太华**逗留数日,在众多国家博物馆里参观游览,顺便给自己充充电。记得为下一站**蒙特利尔**留出时间,这里的法式风情通过新潮的欧式夜店和美食家钟爱的咖啡馆体现得淋漓尽致。吃饱喝足之后,再到**劳伦琴斯**待上一两天,做些徒步、骑行或滑雪运动。旅行的终点是**魁北克市**,这座被城墙包围的老城富有魅力、声势浩大,令人难以忘怀。

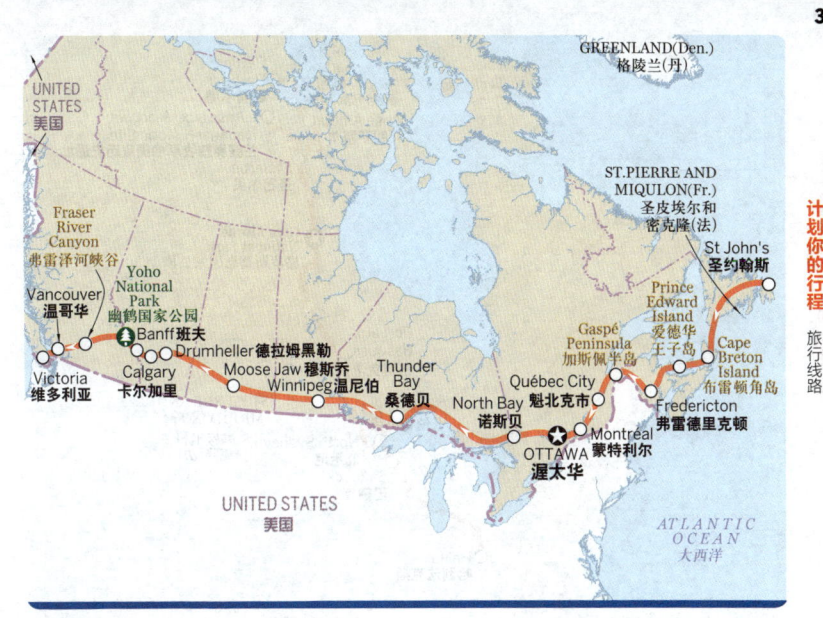

加拿大横贯公路 — 1个月

加拿大横贯公路是世界上最长的公路，全长7800公里，全程柏油路面，像腰带一样横贯加拿大南部。严格来说，这条公路是由各省的公路连接而成。秀丽风景与世俗景观沿着公路交替延伸；想要前往很多绝佳的风景区，需要驶出这条公路，然后绕点儿路才能到达。

这条公路的起点在纽芬兰的**圣约翰斯**，这里是加拿大最古老的城市，城中酒馆可让你尽享欢愉。公路横穿纽芬兰全省直达海滨，在这里你需要乘渡轮去往新斯科舍省的北悉尼。在这之后，公路在美丽的**布雷顿角岛**上继续向远方延伸。向新不伦瑞克省进发，或沿着更长些的线路到**爱德华王子岛**，之后沿着圣约翰河前进，途经**弗雷德里克顿**到达魁北克省。位于东部的**加斯佩半岛**风光旖旎，让人禁不住改变行程。也可以沿着圣劳伦斯河前进，到达**魁北克市**。

在**蒙特利尔**继续感受城市魅力，这里的法式糕点房和咖啡馆将令你流连忘返，接着进入安大略省，到达博物馆遍地的**渥太华**。从这里出发，跟随皮毛商人的足迹来到**诺斯贝**，这里是通向阿尔戈玛原野的必经之路，原野的美景为七人画社带来了灵感。沿苏必利尔湖岸的路段欣赏沿途绝妙的风景，一路直到**桑德贝**。瞧！第2周就这样过去了。

接下来，进入马尼托巴省的草原平地，**温尼伯**就坐落在那里，城市里有生机勃勃的咖啡店和文化活动。公路在萨斯喀彻温省的苍穹下缓缓延伸至声名不佳的**穆斯乔**，这里曾是黑帮教父阿尔·卡彭用作窝藏私酿酒的地方。在艾伯塔省境内，恐龙迷可以绕道去一趟**德拉姆黑勒**。在到达**卡尔加里**之前，别忘了穿上你的牛仔靴，这个从前的牛仔小镇如今已成为加拿大发展最快的城市之一。第3周就这样过去了。

然后，你来到了落基山脉。当公路曲折穿过**班夫**，群山的景色蔚为壮观，与之前相比反差甚大。而后，通过**幽鹤国家公园**进入不列颠哥伦比亚省，随后抵达公园的最高点踢马山口（海拔1643米）。山随路转，最终来到一片泽国。这次旅途中让人记忆最为深刻的一站就是**弗雷泽河峡谷**，从这里很快就能到达拥有多元文化的现代城市**温哥华**，然后乘渡轮去**维多利亚**。在0公里的标志前拍张照，表示你终于走完这条线路了！

2周 狂野东部之旅

原野、狂风和鲸鱼的传说——这条长达1700公里的线路要经过新斯科舍省、纽芬兰-拉布拉多省、魁北克省，沿途有大海、悬崖风光、维京人的遗迹和更多的名胜。

这条线路由**哈利法克斯**开始，在这里逗留几日，享受当地的啤酒、农产品市场和大都市生活。然后，前往带着凯尔特气息的布雷顿角岛游览两天。这段路程大约需要花费5小时，一路走的是河堤上的公路，这意味着不用乘坐渡轮。你没时间深度游览布雷顿角，但通过田园牧歌般的**巴德克**和散布着艺术工作室的**卡伯特小径**，你可以大致领略这里的美景。附近的工业化城市**北悉尼**有渡轮，可以去往纽芬兰。

跨越卡伯特海峡来到**巴斯克港**大约需要航行6小时。渡轮每天都有，但一定要事先预订。在这个慵懒的小镇停留一天，然后乘车沿加拿大横贯公路向北抵达**格罗斯莫恩国家公园**，车程大约为4小时。在这座世界遗产保护区中有很多游览项目，包括山地徒步和海上独木舟，还有峡湾式的湖泊和奇形怪状的岩石。在这里尽情地游玩3天之后，沿维京小径来到其令人惊叹的终点：**兰塞奥兹牧草地国家历史遗址**。这里曾是北美洲的第一个定居点，1000年前维京人莱夫·埃里克松和同伴们曾以此为家园。在这里游览一天后，乘车往回走，大约2小时后到达**圣巴尔贝**，从这里可以乘渡轮去拉布拉多。提前预订是明智之举，行程2小时，每天都有船。

然后，你就来到了大土地（拉布拉多的别称。实际上，渡轮短暂停靠在魁北克省，但大部分时间是在拉布拉多境内）。开车向东北行驶到达**朗萨穆尔**，这里的徒步小径一定会使你着迷，途中能看到高高的灯塔和失事船只的残骸。继续向北走是**红湾**——加拿大新晋的世界遗产保护区，这里有一座建于16世纪的巨大的捕鲸港。欣赏过这些之后，继续向前90公里可抵达**玛丽港**，在这个近海小岛上过夜，岛上有重建的村落**巴特尔港**。在拉布拉多逗留数天后，该启程返回了。在乘渡轮之前，不妨沿魁北克省的Rte 138向南绕几个小时的路，这段美丽的公路沿途会经过瀑布以及观看巨浪的观景点。然后，你需要几天时间才能按原路返回哈利法克斯。

2周 落基山脉

做好准备去欣赏无尽的美景吧,这趟行程共2000公里,恰好在不列颠哥伦比亚省和艾伯塔省之间兜一个圈。

首先在依山傍海的**温哥华**逗留数日,你可以好好享受市内徒步、骑行和其他活动的乐趣,同时还可以品尝到加拿大西部最好的美食。然后,向东穿过连绵的群山,来到湖泊密布的**奥卡纳根河谷**并开始葡萄酒朝圣之旅。这里因其众多的果园、口感清冽的白葡萄酒和醇厚的红葡萄酒而闻名于世。**基洛纳**是当地适合品酒的去处。

接下来,在不列颠哥伦比亚省的落基山脉痛快地玩一番。相继映入眼帘的是三座国家公园,每一座都有令人惊叹的无限景致。**雷夫尔斯托克山国家公园**提供美妙的观景车道和徒步活动。**冰川国家公园**如其名所示,拥有430座冰川冰原。**幽鹤国家公园**内层峦叠嶂,瀑布飞泻。**戈尔登**是个十分便利的中转站。

跨过两省边界,来到艾伯塔省的**班夫**歇歇脚。途中你会对壮观、雄伟、令人敬畏的山景赞不绝口。一定要有充足的时间——至少3天——来徒步、划船、观赏冰川和窥探灰熊(最好保持一定的距离)。蓝宝石般的路易斯湖是必去之处,湖畔到处都有山区风格的茶室,徒步之余可以在这里享用一些烤饼、啤酒和热巧克力。

从班夫开始,冰原公路(即Hwy 93)与大陆分水岭并行,延伸230公里,去往**贾斯珀**。当你沿着这条公路穿越浩瀚的哥伦比亚冰原和众多朝四处延伸的冰川时,别光顾着观看美景,还要留意路况。沿途时时可见飞溅的瀑布、壮丽的山峦和突然出现的灰熊(或者是头驼鹿?)。贾斯珀比班夫的面积大、人口少,提供一流的徒步、骑马、攀岩、山地自行车和皮划艇等活动项目。

离开这里让人不由得心存遗憾,但我们毕竟还是要回到温哥华。取道黄头公路(即Hwy 5)向南抵达**坎卢普斯**,在这里休息一晚,然后驾车回到"玻璃之城"温哥华。

1周 加拿大法语区撷英

线路总长700公里，跨越新不伦瑞克省和魁北克省，可以让你充分领略加拿大的高卢风情。

从**卡拉凯特**启程，通过历史遗迹或特色食品感受阿卡迪亚文化，例如pets de soeur（"修女的屁"，亲口尝尝便知究竟）。如果你是8月来访，可以赶上当地以小提琴音乐为特色的阿卡迪亚节。

向东进发，穿过**坎贝尔顿**并来到魁北克省。圣劳伦斯河畔的**里穆斯基**便是你的目的地。你可以参观迷人的博物馆，在咖啡馆中品尝美食，还可以取道Rte 132在加斯佩半岛东部进行一日游。公路沿途飘扬着阿卡迪亚旗帜，村落整齐，布满岩石的海岸隐约可见。

从里穆斯基乘渡轮过河，抵达**福利斯特维尔**，再从此地向南可达好客的**塔多萨克**。这座波希米亚小镇最著名的就是观鲸游，可以乘着橡皮筏出海去看在此巡游的蓝鲸。

线路的终点是风情万种的**魁北克市**。找一间舒适的小旅馆入住，在迷宫般的小巷中漫步，或是在街角的咖啡馆喝点儿饮品，小憩一会儿。

1周 沿海精华游

这条环形线路总长650公里，包括了加拿大东部若干沿海省（新斯科舍省、新不伦瑞克省和爱德华王子岛省）的精华。

在**哈利法克斯**吃吃喝喝，然后向西北前进，抵达新不伦瑞克省。欢快的**希迪亚克**有世界上最大的龙虾雕像——不出意外，龙虾美食是当地各家餐馆的必备菜。

在全长12.9公里、连接新不伦瑞克省和爱德华王子岛省的**联邦大桥**上飞驰而过，然后开始在安妮的土地（爱德华王子岛省的别称）上漫游。安妮当然就是名著《清秀佳人》中的红发孤儿。而**卡文迪什**则是一座开发完善的城镇，其中有多处向该名著致敬的景点。

继续我们的红色主题，前往**爱德华王子岛国家公园**，对那里的红色砂岩峭壁做一番探索，还可以在此观鸟、在海滨漫步以及游泳。在爱德华王子岛省殖民地时代的首府、布局紧凑的**夏洛特敦**稍事停留，然后乘渡轮从**伍德群岛**返回新斯科舍省的**皮克图**。你可以在皮克图的木板路上漫步，如果幸运的话，你还可能看到当地的第一民族帕瓦仪式。从这里返回哈利法克斯约需2小时。

计划你的行程 旅行线路

1周 不列颠哥伦比亚省掠影

想要领略不列颠哥伦比亚省南部动人心魄的风光，你用不着舍近求远。海洋、山脉、森林、群岛——只需走550公里便可欣赏到全部美景。

从**温哥华**开始，花两天的时间在这儿逛逛独立商店、尝尝美食，再去看看斯坦利公园中树木丛生的海堤美景。第三天，驾车前往**杜华逊渡轮码头**，搭乘渡轮开始一段梦幻般的旅行，然后抵达温哥华岛的斯瓦茨湾。之后，一路辗转来到**维多利亚**，在这里住上一晚，探索这座风景如画的首府和众多的历史建筑。第四天，驱车沿Hwy 1向北进发，到达**彻梅纳斯**，这里曾是伐木场，如今已发展成为一个艺术小镇。继续向北抵达**纳奈莫**再吃午饭，当晚就在这里过夜。然后，在第二天早上乘渡轮返回大陆，直抵**西温哥华**的马蹄湾。

从马蹄湾的码头出发，取道海天公路（即Hwy 99），沿惊险的山路穿越巍峨群山到达**惠斯勒**。这个度假城镇有很多非常刺激的活动和挤满滑雪爱好者的有趣酒吧，在这里享受本次旅程最后的时光。然后再驱车130公里返回温哥华。

1周 克朗代克公路及周边

回应野性的呼唤，驱车开上这条史诗般的线路。要知道这一周几乎都会是在驾车前行（大约要驾驶30个小时），不过这条线路最主要的吸引力恰恰是公路本身。

克朗代克公路的起点是美国阿拉斯加的**斯卡圭**，从这里出发，把游轮抛在身后，很快就能到达杰克·伦敦在其小说中大书特书的崎岖土地。然后，来到生机勃勃的**怀特霍斯**，这里最出名的是那些绝妙的艺术品和有机面包房。从这里继续向北到达特立独行的**道森市**。在这里盘桓几日，参观当年淘金时代留下的历史遗迹，参加当地的矿井游，再向当地的舞女抛个飞吻。在**汤姆斯通地区公园**来个一日游，欣赏其广阔、深邃的壮丽风光。

接下来，沿着世界之巅公路（即Hwy 9）跨越群山，来到阿拉斯加边界，向南进入美国，然后转道阿拉斯加公路驶入位于育空地区的**比弗克里克**。从这里前往物资充沛的**海恩斯章克申**的公路会经过景色绝佳、平行分布的克鲁恩国家公园和圣伊莱亚斯山脉。美得令人痴迷的海恩斯公路直通阿拉斯加的**海恩斯**，行程在此结束。

另辟蹊径:加拿大

计划你的行程 旅行线路

斯科特角省立公园
这座公园位于温哥华岛崎岖的北隅,位置偏远,只能通过筏道到达,想要到此参观绝非易事,不过这座公园却拥有当地最淳朴(尚存争论)的海滩风光。(815页)

苏必利尔湖省立公园
缭绕的迷雾和繁茂的桦树林为这座公园增添了一丝独特的原始气息。在沿着海岸开车前行以及登山攀爬后,你会看到与世隔绝的海滩,水流激荡的瀑布,以及充满神秘色彩、用代赭石刻画的象形文字。(195页)

黑脚渡口历史公园
加拿大原住民西克西卡人(Siksika,黑脚族人)在其聚居地开设了一座绝佳的历史中心。这里有一座博物馆,还向游客提供导览资讯,让大家可以穿过小径,感受绝美的草原风光。(718页)

赛普里斯丘陵省际公园
跨过萨斯喀彻温省和艾伯塔省的南部边境来到这座公园,这里的静谧、傲世和独特的微气候会让你内心深处倍感喜悦。(629页)

45

计划你的行程 — 旅行线路

庞纳唐
这个颇具艺术感的巴芬岛因纽特社区是去往陡峭山崖和宏伟壮丽的奥尤伊图克国家公园的华丽跳板。(936页)

托恩盖特山国家公园
你必须乘坐飞机或船前往拉布拉多这个冰冷的尖角,这里是北极熊的家园,落基山脉东部最高的基座山峰也坐落在这里。当地的因纽特导游会带你踏上非同一般的徒步和飞行观光之旅。(583页)

加斯佩半岛
这是一个被海风吹拂,遍布岩石的地方,雅克·卡蒂埃于1534年在这里登陆,嶙峋的石灰崖悬崖,鹅卵石海滩,鲸鱼,海豹以及惊涛骇浪将其环抱。(350页)

泰勒黑德省立公园
这个海滩公园位于新斯科舍未开发的东岸,一直延伸向大西洋,有满是野花和海滨草地的小径,还有许多拥有完美遮蔽的小海湾,可以在这里划皮划艇。(445页)

地图地名

- GREENLAND(Den.) 格陵兰(丹)
- ICELAND 冰岛
- ATLANTIC OCEAN 大西洋
- Baffin Island
- Auyuittuq National Park 奥尤伊图克国家公园
- PANGNIRTUNG 庞纳唐
- Melville Peninsula
- Foxe Basin
- Iqaluit
- Southampton Island
- Hudson Strait
- Coats Island
- Hudson Bay
- Labrador Sea 拉布拉多海
- TORNGAT MOUNTAINS NATIONAL PARK 托恩盖特山国家公园
- Belcher Islands
- Labrador 拉布拉多
- Smallwood Reservoir
- Northern Peninsula
- NEWFOUNDLAND AND LABRADOR 纽芬兰-拉布拉多省
- QUÉBEC 魁北克省
- Reservoir Manicouagan
- Lac Caniapiscau
- Lac Mistassini
- James Bay
- GASPÉ PENINSULA 加斯佩半岛
- Anticosti Island
- Corner Brook 科纳布鲁克
- Newfoundland 纽芬兰
- St John's 圣约翰斯
- Port aux Basques 巴斯克港
- ST.PIERRE AND MIQUELON(Fr.) 圣皮埃尔和密克隆(法)
- PRINCE EDWARD ISLAND 爱德华王子岛
- Moosonee
- ONTARIO 安大略省
- NEW BRUNSWICK 新不伦瑞克省
- Charlottetown 夏洛特敦
- TAYLOR HEAD PROVINCIAL PARK 泰勒黑德省立公园
- Thunder Bay 桑德贝
- LAKE SUPERIOR PROVINCIAL PARK 苏必利尔湖省立公园
- Québec City 魁北克市
- Fredericton
- Halifax 哈利法克斯
- NOVA SCOTIA 新斯科舍省
- Lake Nipigon
- OTTAWA 渥太华
- Montréal 蒙特利尔
- Yarmouth
- Lake Superior
- Sault Ste Marie
- North Bay 诺斯贝
- Lake Huron
- Toronto 多伦多
- Niagara Falls
- Lake Ontario
- Boston 波士顿
- Lake Michigan
- Detroit 底特律
- Lake Erie
- Chicago 芝加哥
- New York 纽约

0 — 1,000 km
0 — 500 miles

贾斯珀国家公园（见681页），落基山脉铁路

计划你的行程
观景车道和火车之旅

  得天独厚的自然风景和四通八达的公路网络，使得加拿大成为非常适宜公路旅行的地方。高耸的群山、壮观的海景、随处可见的驼鹿和Tim Hortons咖啡馆都在车窗外一一闪过。即使你只有一天的空闲，也可以来一次令人惊叹的旅程。如果时间充裕的话，你就可以充分享受自驾观景的乐趣……

最佳体验

➡ 在卡伯特小径的传统同乐会上尽情跳舞
➡ 在千岛群岛景观大道上参观迷雾重重的哥特式古堡
➡ 在海天公路上徒步或骑行
➡ 在卡伯特小径的海岸边观看鲸鱼
➡ 在落基山脉铁路上观赏令人眩目的山景

主要景点

➡ 贾斯珀国家公园(落基山脉铁路)
➡ The Chief(海天公路)
➡ 千岛群岛国家公园(千岛群岛景观大道)
➡ 布雷顿角高地国家公园(卡伯特小径)

主要出发地

➡ 温哥华或惠斯勒,不列颠哥伦比亚省(海天公路)
➡ 加纳诺克或布罗克维尔,安大略省(千岛群岛景观大道)
➡ 谢蒂坎普或巴德克,新斯科舍省(卡伯特小径)
➡ 艾伯塔省的贾斯珀或不列颠哥伦比亚省的鲁珀特王子港(落基山脉铁路)

海天公路 (Sea to Sky Highway)

这条修建在悬崖边的公路,也被称为Hwy 99,它从温哥华海滨一直延伸到惠斯勒的山巅。在行驶中,你会感觉心跳加速,十分刺激。这条公路始于海平面,经过Howe Sound的海岸,接着在海岸山脉(Coast Mountains)中蜿蜒起伏,然后穿过古老的雨林向上攀行。在这条全长130公里的公路上,车子会攀爬670米(2200英尺)的高度,沿途有很多机会欣赏到远处的美景和飞溅的瀑布,还可以进行很多户外活动。

亮点

在西温哥华,过了狮门桥不远,可以顺道参观灯塔公园。接下来,渡过马蹄湾,从这里乘渡轮,20分钟可达宝云岛,这处不经雕琢的休养之地自有一番天然的美感,很多作家和艺术家在此居住。

回到Hwy 99上,向北大约30公里就是孩子们非常喜欢的不列颠尼亚矿业博物馆。下到从前的铜矿井,乘地下火车游览,了解淘金过程。从博物馆再向前走6公里,你就可以听到香浓瀑布省立公园的水声。将车停在公园的停车场上,沿小径漫步10分钟便可见到不列颠哥伦比亚省第三高的瀑布,水流沿着石壁从335米的高处直泻而下。

沿公路继续向前行驶,你会看到一处峭壁在前方隐约闪现。这处峭壁由花岗岩石构成,高652米,被称作"Chief",是斯塔沃姆斯峰省立公园中最重要的景点,让许多攀岩者顶礼膜拜。小镇斯阔米什就在不远处,这里是山地自行车骑行者、徒步者、风筝滑水者和喜欢自酿啤酒的人的避世之处。在这里逗留一天,会是很不错的体验。

在冬季,离此地不远的布莱克戴尔会吸引数以千计的鹰来捕食鲑鱼。徒步爱好者肯定想去加里波第省立公园。把车停到任何一条指定徒步道的起点旁,沿路走下去,你都可以看到高山草甸和令人惊叹的山区美景。

回到路上,继续前行,你不知不觉中已经来到了惠斯勒。这里是加拿大颇受欢迎的滑雪胜地,还有一座有山墙建筑、如同圣诞贺卡一样美丽的小镇。冬季来这里的当然是滑雪者和单板滑雪者,夏季来这里的则是山地自行车骑行者和徒步者。

何时去

全年任何时候都适合在这个美丽而环境良好的国度驾车旅行。

时间和里程

从温哥华到惠斯勒,走海天公路大约130公里,车程在2小时以内。不过,最好花两三天享受沿途风景和活动。

Western Road & Rail 西部公路和铁路

计划你的行程

观景车道和火车之旅

提前规划行程

➡ 加入一个汽车协会，它不仅能提供24小时道路救援服务，而且住宿费用和景点门票还可以打折。

➡ 某些国际汽车俱乐部还与加拿大的汽车协会签有互惠协议，所以，在出发之前要了解清楚并带上本国俱乐部的会员卡。

➡ 外国旅行者可能需要事先熟悉一下加拿大的交通规则及常见的道路危险。

➡ 出发之前检查一下你的汽车是否带有备胎、修车工具（如千斤顶、跨接线、刮雪器、轮胎压力表等）和应急设备（如手电筒）。

➡ 带上详尽的地图，尤其是当你要越野行驶或远离高速路时。不要完全依赖GPS设备，它可能失灵，而且在某些偏远的地区根本用不了。

➡ 时刻要记得随身携带你的驾照和保险证明。

网络资源

不列颠哥伦比亚省旅游局（Tourism BC；www.hellobc.com/driving-routes/31/sea-to-sky-highway-route.aspx）提供旅游路线自驾攻略及沿途的景点介绍。

Mountain FM电台（Mountain FM Radio；107.1）沿途播报实时路况。

Drive BC（www.drivebc.ca）提供路况信息和警示。

落基山脉铁路 (Rockies Rail Route)

　　火车迷们会将从贾斯珀到鲁珀特王子港的火车线路列为必要的行程。在这条线路上，可以欣赏到加拿大壮丽迷人的风景，从艾伯塔省落基山脉云雾缭绕的山峰和冰河，到不列颠哥伦比亚省令人难以忘怀的太平洋海岸，各种美景应有尽有。茂密的松树、云杉和铁杉在眼前掠过，村庄、河流和木材厂也不时闪现。你可能还会看到一只黑熊在铁道旁踱着步子。很多标志着原住民村落的图腾柱在树木的掩映下隐约可见。山谷中的湖泊水波荡漾，呈现出令人赞叹的青绿色，在阳光下闪闪发光。

亮点

这趟列车的造型就像一枚来自20世纪50年代的银色子弹头,只在白天运行,因此,你能够充分地欣赏沿途景致[晚上在历史悠久的乔治王子城(Prince George)住宿;到这里这条线路差不多已经走了一半]。

火车线路走的正是原住民当年的通商之路。火车要爬上海拔1130米的黄头隘口(Yellowhead Pass),然后沿着斯基纳河向海洋的方向前进。沿途美景如画:古森林的高龄红雪松、高耸的大桥、幽深的峡谷、黝黯的隧道和白雪覆盖的山脉。

贾斯珀国家公园拥有美丽的白色雪峰和闪亮的冰川——如同你在明信片上看见的那样,而鲁珀特王子港是一座薄雾笼罩的朴实小城,这里拥有迷人的原住民遗迹。这两个小镇都是热爱探险者的云集之地。

何时去

6月中旬到9月下旬是这条线路的旺季,只有这段时间才能买到"旅游车厢"票(包括导游服务、餐饮和使用带圆顶的观景车厢的许可)。其他时间要搭乘这趟火车只能买到"经济车厢"票。

时间和里程

火车全年运营,每周三、周五和周日各发一个车次。从贾斯珀到鲁珀特王子港全程1160公里,中途在乔治王子城住一晚,全程耗时33小时。

网络资源

加拿大国家铁路公司(Via Rail; www.viarail.ca)提供火车路线的价格和详情。

乔治王子城旅游局(Prince George Tourism; www.tourismpg.com)提供住宿地列表。

鲁珀特王子港旅游局(Prince Rupert Tourism; www.visitprincerupert.com)帮你制订旅游计划。

千岛群岛景观大道(Thousand Islands Parkway)

千岛群岛景观大道沿着圣劳伦斯河蜿蜒

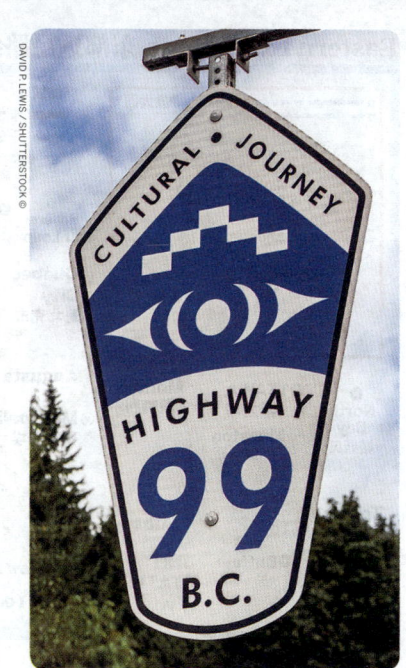

海天公路(Hwy 99)

前行,沿途尽是美丽的田园风光,从金斯顿到安大略省的布罗克维尔的河段有1800多个小岛星罗棋布。在路上,你可以看到梦幻般的美景和很多优雅的维多利亚风格的小镇,你尽可以停在某个小镇,在当地的小旅馆住上一夜,或是乘船在群岛间穿行,很多小岛上还建有古老的庄园和城堡。此行可谓是与过去的优雅时代的一次亲密接触。

亮点

千岛群岛的南端是美丽的历史城镇金斯顿,这里的多座博物馆中的展品涉及造船术、监狱用具等,应有尽有。但是,只有从此沿着Hwy 401向东行驶33公里,到达加纳诺克附近,我们才能开始真正的观景之旅。千岛群岛景观大道自这里由Hwy 401南面不远进入风光无限的景区。

加纳诺克在这片景区中独占鳌头,优雅的旅馆和修剪整齐的花园在这里随处可见。也可以从这里乘船到岛屿上游览,尤其应该参观一下伯特城堡。这座哥特式宫殿有尖塔,建造者是纽约市著名的华尔道夫·阿斯

Eastern Excursions 东部远足路线

计划你的行程

观景车道和火车之旅

托尔亚酒店（Waldorf Astoria Hotel）的最初经营者。从严格意义上说，这座城堡位于美国境内，所以记得带着护照。

再向前行驶22公里就是Ivylea，这里有高大的桥梁，它们跨过几座小岛，连接着安大略省与美国的纽约州。那些大桥的中间都有观景平台，平台上的景色可谓美不胜收。如果你对乘船游览不感兴趣，那么，也可以继续驾车通过那些大桥，到达伯特城堡。

再次回到园林大道上，公路继续沿着河流蜿蜒而行，河流中还散布着很多小岛。行驶大约18公里后，你就来到了马洛里敦，这里是千岛群岛国家公园的大本营。这里的20座崎岖陡峭、长满松树的小岛被列为保护区，成为行动缓慢的龟和鹰隼的家园。这里也是野外露营和划皮划艇的最佳地点。

沿公路继续前行，刚开始的几公里路途还有河流相伴，而后就重返Hwy 401，来到此行的最后一站布罗维尔。这也是一座迷人的城镇，镇上有19世纪的豪华庄园，街道看上去颇为复古，恍惚间你仿佛能够听到当年曾穿行于这片地区的四轮马车发出的声响。

何时去

6月至9月是旅游旺季，因为这段时间气候最为舒适。5月和10月是不错的旅游平季。11月至次年4月，大部分的船舶公司和户外用品商店都会歇业。

时间和里程

从加纳诺克到马洛里敦北部，全程35公里。群岛本身分布在从金斯顿一直到布罗维尔的水域（大约90公里）内。如果想要乘船出游或绕道去趟美国，那么，你就需要一整天的时间来安排行程了。在旅程中住上一晚，也是很值得的。

网络资源

千岛加纳诺克游客服务中心（1000 Islands Gananoque Visitor Services Centre; www.1000islandsgananoque.com）提供活动、餐饮和住宿信息。

卡伯特小径（Cabot Trail）

卡伯特小径绕布雷顿角岛一周，后者是新斯科舍省的葱郁一隅。卡伯特小径道路崎岖，路上还要翻过一些滨海的山脉，在每个转弯处都会有令人惊叹之处：迷人的海景、陡峭的崖壁、在近岸处喷水的鲸鱼或是在公路旁吃草的驼鹿。该区域还散布着很多凯尔

上图: 千岛群岛
国家公园 (见228页)

下图: 鹰隼

计划你的行程

观景车道和火车之旅

特人和阿卡迪亚人的社区，当地夜店的音乐节奏强劲，让人情不自禁地随之舞动身体。当地独特的美食分量很足，所以请充分地享受这里的美食与文化吧。

亮点

大多数公路旅行者会从谢蒂坎普出发，这是个阿卡迪亚人聚居的渔村，以其地毯编织的高超手艺及欢快的音乐而闻名。这里也是进入布雷顿角高地国家公园的必经之路，在公园中，驼鹿和白头鹫随处可见。公园里的步道可以把你带到绝壁边缘观看壮观的海景。来尝尝阿卡迪亚人做的炖鸡和抹着糖浆的土豆薄饼如何？当地的小饭馆提供极好的餐饮。

接下来，沿着路走就到达了欢乐湾，这里的观鲸游和由藏传佛教僧侣引领的寺院游非常有名。当你继续沿着卡伯特小径前行时，会出现很多小渔村、世界闻名的高尔夫球场、灯塔和极好的海鲜餐馆。留意海中成群嬉戏的巨头鲸。圣安娜周边地区是凯尔特艺术的中心。巴德克并不是卡伯特小径的正式终点，但这里十分美丽，可以让你放松下

卡伯特小径（见433页）

最佳公路旅行歌曲专辑

以下的加拿大音乐家——或老或少，跨越不同音乐流派和省份——会为你带来非常适合在旅途中听的音乐。带上你最爱的音乐，按下随机播放，一路向前吧。

- 拱廊之火（Arcade Fire）的《霓虹圣经》（*Neon Bible*）
- 悲呼组合（Tragically Hip）的《完全彻底》（*Fully Completely*）
- 尼尔·扬（Neil Young）的《梅西大厅1971》（*Massey Hall 1971*）
- 德雷克（Drake）的《热线播放》（*Hotline Bling*）
- 匆促乐队（Rush）的《感人的画面》（*Moving Pictures*）
- 伟大海洋（Great Big Sea）的《一路狂飙》（*Road Rage*）
- 菲斯特（Feist）的《唤醒记忆》（*The Reminder*）
- 巴赫曼透纳加速齿轮（Bachman-Turner Overdrive）的《巴赫曼透纳加速齿轮II》（*Bachman-Turner Overdrive II*）
- "跺脚"汤姆·康纳斯（Stompin' Tom Connors）的《跺脚汤姆的歌谣》（*Ballad of Stompin' Tom*）
- 吉尔·芭贝尔（Jill Barber）的《香颂》（*Chansons*）
- 威肯（The Weeknd）的《疯狂背后的美丽》（*Beauty Behind the Madness*）

谢蒂均普的灯塔，卡伯特小径（见433页）

来，参加在当地礼堂举行的传统同乐会。

何时去

7月和8月是旺季，因为这段时间天气最好。9月和10月来也不错，特别是10月，这里会举行名为"凯尔特色彩"的音乐节。大部分景点在11月到次年5月间关闭。

时间和里程

卡伯特小径在布雷顿角岛的东北角蜿蜒长达300公里。途中亮点尽在从谢蒂坎普到巴德克这一段的海滨。你可以在一天之内看完所有景色，但是这样做的难度较大，因为道路窄而崎岖，大多数路段需缓慢行驶。

网络资源

卡伯特小径工作协会（Cabot Trail Working Association; www.cabottrail.travel）提供住宿、就餐和沿途城镇的活动信息，并提供一个用处很大的互动地图。

新斯科舍省旅游局（Tourism Nova Scotia; www.novascotia.com）在具体章节中可查询相关信息。

无大不欢

加拿大是个广袤之地，想要吸引游客的注意并非易事。为了招揽生意，全国各地的社区都各出花招，创造了一批"高大上"的新景点。这些景点未必宏伟，但规模绝对够大，足以证明尺寸对加拿大人来说的确重要。这里列举了一些你可能会途经的"世界最大"：

➡ 冰球球棍62.5米（邓肯，不列颠哥伦比亚省）

➡ 布谷鸟钟 6.7米（金伯利，不列颠哥伦比亚省）

➡ 波兰饺子7.6米（格兰登，艾伯塔省）

➡ 霸王龙26.2米（德拉姆黑勒，艾伯塔省）

➡ 驼鹿9.7米（穆斯乔，萨斯喀彻温省）

➡ 硬币9.1米（萨德伯里，安大略省）

➡ 斧头14.9米（Nackawic，新不伦瑞克省）

计划你的行程 观景车道和火车之旅

计划你的行程
带孩子旅行

在加拿大,带孩子去哪里旅行真是个让人难以做出的决定。在这个横跨6个时区的国度,到处都有高山、草原、沙滩和悠闲的城市。不过,无论怎样选择,都不会让人失望,因为在这里,你能观赏野生动物、与真正的牛仔打交道、体验有关海盗历史的互动学习、寻找恐龙化石和在结冰的山地湖泊上滑冰。

最适合孩子的地区

温哥华(不列颠哥伦比亚省)
这里依山傍海,可以同时享受城市的舒适生活,一天在海边堆沙子城堡,另一天可以去山中进行单板滑雪。

加拿大落基山脉
一边徒步、滑雪、露营或者穿雪鞋徒步,一边寻找驼鹿、熊、麋鹿和不时尖叫的土拨鼠。

蒙特利尔(魁北克省)
历史街道、全年都适合滑冰的气候、市内的沙滩和拥有各类生物的生态馆,这些都能让你感受到魁北克的幸福生活。

沿海省份
攀上灯塔顶部,乘海盗船出海,在夏季观赏鲸鱼,并且领略不同的海滩;在秋季观看树叶变成红色、橙色、金色。

多伦多(安大略省)
夏季逛公园,冬季去滑冰,当然也别忘了去看尼亚加拉瀑布!

孩子们的加拿大

观赏驼鹿、老鹰和鲸鱼,在雪地里、沙滩上、森林中整天撒欢儿,除此之外,心灵手巧的当地人还设计出各种互动式学习体验、生动的历史教育或者儿童剧院,这些在加拿大都随处可见。

博物馆和纪念碑

在加拿大大多数的大城市中,科学博物馆都有互动活动,而在全国各地的古迹中,都有穿着历史服装的演员让你感觉好像身处那个历史时期,而且还有从打铁到烹饪等各种场景展示当时人们的生活场景。有些地方还为孩子们安排木偶剧、戏剧表演或乘干草车等活动。十几岁的少年通常都很喜欢这些地方,因为它们足够大、足够多样,可以自行探索并直接触摸他们已经在学校学习过的东西。

户外活动

加拿大全都是户外空间、新鲜空气、河流、湖泊、山脉、雪、沙和野生动植物。

➡ 加拿大的自然条件得天独厚,大多数城市都有公园和步道,即便是儿童**骑自行车**也能找到合适的场所,不过,想租到适合儿童的自行车只能靠运气了。想骑行度假的话,可以试试最为平坦的联邦小径,一路跨越拥有田园风光的爱德华王子岛;或者试试壶谷小径(不列颠哥伦比亚省),这条路上没有汽车,是加拿大横贯小径上最为轻松的路段。

➡ 加拿大的国家公园有轻松的漫步路线和更长的**徒步小径**,少年也许会喜欢。很多地方都可以**骑马**,在卡尔加里周边的牛仔乡村里,这项活动尤为有趣。

➡ 大多数湖区都出租**独木舟**,这对于寻找休闲体验的家庭来说再合适不过,而海滨则有**皮划艇**装备。对于大一点儿的孩子,如果想从事更为剧烈的活动,可以尝试一下**激流漂流**或花式**独木舟**——特别是在渥太华河位于比奇堡的河段。

➡ 这里有很多的**钓鱼**度假屋,不过,你还是会为在任何江河湖泊中的收获而感叹自己的好运气。与之类似的活动还有**捞蛤**(爱德华王子岛和不列颠哥伦比亚省最为适宜),问问当地人该去哪里,带上铲子和桶就可以出发了。

➡ 在芬迪湾海岸,**观赏鲸鱼**是一项令人兴奋不已的活动,但是要备好晕船药、零食、防晒霜和厚衣服。

➡ 在夏季,东西海岸的海浪都不太大,这时去学习**冲浪**相当合适;租个冲浪板或一件潜水衣,亦可报名参加冲浪课程。

➡ **滑雪**或**单板滑雪**显然也很适合家庭。通常而言,6岁以下儿童滑雪免费,6岁至12岁儿童的费用是成年人费用的12%至50%,12岁至18岁的少年的费用是成年人费用的33%至75%。此外,当然还有**滑冰**、**滑雪橇**和**雪地健行**等活动。

外出就餐

在加拿大,你会发现到处都有快餐和油炸食品。如果你更关注饮食健康,就会面临在小城镇寻找更为健康的就餐地点的问题;不过,通常来说,至少能找到一家出售三明治和卷饼的咖啡店,你还可以自己做饭。幸运的是,这里许多小屋和家庭套房类型的住宿点都允许客人做饭,还有些民宿也可以做饭。在城市里,每家餐馆的菜品都包括素菜和荤菜。

你的孩子会喜欢随处可见的加拿大食品的,比如奶酪浇肉汁土豆条、炸鱼和薯条、蒙特利尔式百吉圈(木火烘制,厚实、有点儿甜)、煎饼、法国吐司配枫糖浆、熊掌面包圈、黄油馅饼和纳奈莫长条面包(外皮酥脆,浇奶油和巧克力酱)。一场旅行下来,你可能会发现大家的体重都长了几公斤。

大多数餐馆都提供儿童座椅,你领着小家伙儿一进门就会受到服务员的热情接待。不过,即便是拥有最听话的孩子的家庭,可能也会在高档餐厅里感到局促。

孩子们的旅行亮点
历史教育

➡ **恐龙** 德拉姆黑勒(艾伯塔省)的皇家蒂勒尔古生物学博物馆。

➡ **原住民** 海达格怀伊群岛(不列颠哥伦比亚省)、野牛跳崖处(艾伯塔省)、原住民风情体验(渥太华)、瓦努斯克温文化遗产公园(萨斯喀彻温省)。

➡ **欧洲殖民地** 兰塞奥兹牧草地(纽芬兰)、路易斯堡国家历史遗址(新斯科舍省)、威廉堡历史公园(安大略省)、埃德蒙顿城堡公园(艾伯塔省)。

冬季乐园

➡ **冬季狂欢节** 魁北克市冬季狂欢节、彩灯游行(多伦多)、温哥华彩灯节。

➡ **滑冰** 里多运河(渥太华)、路易斯湖(艾伯塔省)、湖滨中心(多伦多)、河狸湖(蒙特利尔)。

➡ **滑雪、单板滑雪和滑雪橇** 惠斯勒-黑梳山(不列颠哥伦比亚省)、诺奎山(班夫)、蒙圣安娜(魁北克省)。

➡ **狗拉雪橇** 黄刀镇(西北地区)、伊卡卢伊特(努纳武特地区)。

大北方的小动物们

➡ **驼鹿** 到处都可以见到,尤其是在阿尔贡金省立公园(渥太华东部)、格罗斯莫恩国家公园(纽芬兰)和卡那纳o金斯(艾伯塔省)。

➡ **北极熊** 丘吉尔港(马尼托巴省)。

➡ **鲸鱼和逆戟鲸** 温哥华岛(不列颠哥伦比亚省)、芬迪湾(新不伦瑞克省和新斯科舍省)、纽芬兰。

➡ **白头鹰** 布拉肯代尔(不列颠哥伦比亚省)、

> **细则**
>
> 父母一方独自带孩子在加拿大旅行,需要得到另一方的授权。这方面的管理有时严格有时宽松,万全之策是携带一份证明文件。离异的父母应该携带法定监护权文件的复印件。

温哥华岛南部(不列颠哥伦比亚省)和布雷顿角岛(新斯科舍省)。

水边和野外

➡ **海滩** 爱德华王子岛省和不列颠哥伦比亚省。

➡ **冲浪** 劳伦斯镇海滩(新斯科舍省)、托菲诺(不列颠哥伦比亚省)。

➡ **皮划艇** 咸泉(不列颠哥伦比亚省)、乔治亚湾(安大略省)。

➡ **独木舟** 阿尔贡金省立公园(安大略省)、宝隆湖(不列颠哥伦比亚省)、基金库吉科国家公园(新斯科舍省)。

➡ **垂钓** 新斯科舍省卢嫩堡(龙虾)、爱德华王子岛普里角(捞蛤)、萨斯喀彻温北部(淡水鱼)、沿海各省(深海鱼)。

城市探险

➡ **温哥华的户外活动** 斯坦利公园的卡皮拉诺吊桥。

➡ **渥太华的博物馆之旅** 加拿大农业博物馆、自然博物馆、科学和技术博物馆、文明博物馆。

➡ **多伦多的高度和深度** 加拿大国家电视塔和延伸到市中心的地下走廊。

➡ **蒙特利尔的文化融合** 蒙特利尔老城区、小意大利区。

➡ **哈利法克斯的海盗和泰坦尼克号** 大西洋海事博物馆,泰坦尼克号最后的归宿。

主题公园的乐趣

➡ **加拿大奇境游乐园**(www.canadaswonderland.com)多伦多的游乐场和水上公园。

➡ **Galaxy Land**(www.galaxyland.com)位于埃德蒙顿,是世界上最大的室内游乐场。

➡ **拉隆德**(www.laronde.com)蒙特利尔的游乐场。

➡ **卡拉维公园**(www.calawaypark.com)卡尔加里的游乐场和露营地。

➡ **Playland**(www.pne.ca/playland)位于温哥华,是加拿大最老的游乐场。

计划

带着孩子在加拿大旅行可谓轻而易举。Lonely Planet出版的《带孩子旅行》(*Travel with Children*)提供了丰富的建议和办法。网站**孩子们的旅行**(Travel For Kids;www.travelforkids.com)也有相当不错的综合资源。

何时去

加拿大全年有许多节日,大多数节日都适合家庭参加。夏季节日最多,有许多户外欢庆活动,包括爵士音乐节、牛仔竞技等。如果能够安排好孩子的学校课程,秋季也是旅行的好时机。此时树叶颜色绚丽,白天比较暖和,而且大批人群已经离去。

1月至4月最适宜体验冰雪和进行雪上运动。11月和12月上旬的圣诞老人游行标志着假期的开始。几乎与此同时,或是稍晚一些时候,彩灯节来临,届时可以观赏焰火、游行和圣诞树的装饰灯光。

住宿

酒店和汽车旅馆提供配备两张双人床的客房。即便在那些没有足够床位的住宿点也可以加折叠床或婴儿床,通常只加收少量费用。有些住宿点提供"儿童住宿免费"的打折活动,而有些住宿点(特别是民宿)却不接待带孩子的旅行者。在预订的时候要问清楚。

另外,一个不错的住宿选择是"小屋"——通常按周出租,配有厨房、不同数量的卧室和烤肉架等其他设施。你在各省的网络或纸质的游客指南中都可以找到完整的住宿名录(可以通过各省旅游局网站免费获取)。

露营在加拿大非常普遍,许多露营地也提供简陋小屋(需要自备卧具),有时配有厨房、火灶或烤架。有些露营地提供圆锥帐篷

计划你的行程

带孩子旅行

上图：在多伦多的港畔中心（见73页）滑冰
下图：温哥华的Playland

不同年龄的必备品

婴幼儿
➡ 儿童汽车座椅：可以从租车公司租到，费用不菲；在加拿大，婴儿需要坐在面朝车尾的安全座椅里，而体重在18公斤（40磅）以下的幼儿必须坐在脸朝车前的安全座椅里。

➡ 如果你准备徒步的话，要准备胸前或背后的婴幼儿吊带，城市游览时则需要婴儿车（几乎到处都有可供婴儿车通行的缓坡）。

➡ 堆沙堡或雪人的工具。

6至12岁
➡ 儿童汽车座椅：体重在18公斤（40磅）和36公斤（80磅）之间的儿童应该坐在加高座椅上。体重超过36公斤、身高超过145厘米（4英尺9英寸）及年龄超过8岁的儿童都必须系安全带。

➡ 供年轻探索者观赏野生动物的双筒望远镜。

➡ 徒步时佩戴的熊铃。

➡ 关于加拿大动植物的田野指南。

➡ 随时为"乏味"的成年人景点和步行活动增添新乐趣的照相机。

➡ 风筝（供海滩用）。

少年
➡ 与加拿大相关的iPhone或安卓应用。

➡ 与加拿大相关的小说[登录www.cla.ca可查询加拿大青少年图书奖（Young Adult Canadian Book Award）的获奖图书]。

➡ 加拿大法语常用语手册。

或圆顶帐篷，也有些露营地带游泳池、迷你高尔夫，或是位于湖畔。驱虫剂一定要备足。

带什么

加拿大非常适宜家庭旅行，因此忘记带的东西很可能都能在这里买到。在公众场合进行哺乳是合法也被普遍接受的，不过大多数女性对此还是颇为谨慎。大多数设施均能照顾到儿童的需求；公厕通常都有换尿布的台子。

你要准备的就是大人和孩子的各类衣物，因为即便在夏季的晚上，天气也可能很凉。防晒霜是必备品，因为在最为阴暗的白天也可能会被紫外线灼伤，同样必需的还有雨具和驱虫剂。加拿大不同的目的地之间可能相距甚远，所以明智的做法是，准备些娱乐项目以减少长时间乘坐交通工具带来的乏味感。

地区速览

在加拿大，无论选择哪里作为目的地，都不会出差错。每个地区都有其令人惊叹的风景和与之相称的活动。安大略、魁北克、不列颠哥伦比亚这三个省最受旅行者青睐，提供的活动也最为多样。如果想要体验户外项目，旅游者一般会选择加拿大最大的几个城市，即多伦多、蒙特利尔和温哥华，这几座城市里遍布多元文化的博物馆、精致的食肆，还有丰富多彩的夜生活。艾伯塔省的落基山脉极为著名，拥有众多的公园和富含石油的小镇。位于平原地区的马尼托巴省和萨斯喀彻温省则有大型野生动物和艺术创意作品。在大西洋沿岸各省能够吃到最好的海鲜大餐，还能享受观赏鲸鱼的顶级体验。如果另辟蹊径，前往加拿大位于北极圈内的偏远之地，你可以远离人群的喧嚣。

安大略省

美食
公园
文化

农场和葡萄园

从地理和气候的角度来说，安大略省最适合农耕和葡萄种植。这里的葡萄酒享誉全球，是从农场到餐桌的极佳享受。

新鲜空气

如果你想要随意转转、背包旅行数日，或在船上玩几天，安大略省能够满足你的各种需求，从绿色的城市空间到宽广的省立公园，这里应有尽有。在这里，你需要带上望远镜，穿上徒步鞋。

博物馆

从小型的运动纪念品博物馆，到世界级的古老手工制品收藏和地质标本博物馆，安大略省堪称博物馆爱好者的圣地。

见64页

魁北克省

美食文化
冬季运动
建筑

生活乐趣

想象一下这样的场景：在街边啜饮法式咖啡，品尝外皮酥脆的牛角面包，耳畔传来阵阵轻柔的法语。如此易得的美酒与美食让人充分体会到魁北克人对于生活的热爱。

雪

劳伦琴斯的山脉层峦叠嶂，为滑雪和单板滑雪爱好者们提供了很好的场地。不过，真正吸引全世界旅行者的，还要数蒙特朗布朗特的法式风情。

历史印记

如今这里还保留着加拿大殖民时期的众多遗迹，从蒙特利尔老城铺满鹅卵石的街道、宏伟的建筑和魁北克老城的古老城墙可见一斑。

见254页

新斯科舍省

文化
活动
历史

文化融合

苏格兰风格的商店、说法语的村庄和第一民族社区皆相距不过数公里，奠定了新斯科舍省文化大熔炉的地位。

海湾、悬崖和潮汐

小海湾内生活着各种动植物，等待你划着船去观赏。布雷顿角岛上令人头晕目眩的悬崖及芬迪海岸巨大的潮汐，都是探险爱好者和野生动植物的乐园。

时间隧道

新斯科舍省的居民不仅保护着众多的历史遗迹，还会身着复古服饰重现蕾丝制作和手工锻造等旧时的技艺，让来到这里的旅行者仿佛置身于数百年前。

见376页

新不伦瑞克省

独木舟
钓鱼
野生动植物

来划独木舟

从波澜不惊的Nictau和Nepisiguit群，到水流湍急的托比克河，新不伦瑞克省绝对是划独木舟的最佳选择，这项活动自然也是最具加拿大特色的。你甚至会遇到在手工打造独木舟的工匠们。

系好羽毛钩

新不伦瑞克省的河流是垂钓爱好者梦寐以求的地方——他们将鱼钩投入急流中，几分钟后就会钓到肥美的银色大马哈鱼或身上带斑点的鳟鱼。

海鹦爱好者

不管你是狂热的观鸟爱好者，还是只想随意看看驼鹿，新不伦瑞克省众多与动物观赏有关的旅游项目都能满足你。你的最佳选择是在马基亚斯海豹岛上观看稀有的大西洋海鹦。

见447页

爱德华王子岛省

文化
美食
海滩

关于安妮的一切

作为露西·莫德·蒙哥马利的《清秀佳人》系列小说中红发安妮的化身，爱德华王子岛省与小说中所描绘的场景一样美不胜收。红色的沙滩好比安妮的头发，与白色的木栅栏相映成趣。

龙虾和土豆

爱德华王子岛省与美国爱达荷州争当美洲土豆之都。前者的市镇集会提供以这里著名的龙虾为主的超大份晚餐，配有该省独特的土豆沙拉！

粉白相间的沙滩

爱德华王子岛省赭色的海滩上有很多红白相间的灯塔、奶油色的沙丘及延展的白色沙滩。当你走在沙滩上时，沙粒仿佛在脚下轻声地"歌唱"。

见496页

纽芬兰-拉布拉多省

海景
文化
历史

浩瀚海洋

"那儿有一个！"有人不禁喊出声来，当然，他一定是看到了一股巨大的水柱从身上附着藤壶的巨大座头鲸的鲸背上喷射而出，这一景象在远处的大型冰山的映衬下显得无比动人。无论你是在沿海岸徒步，还是坐在船上，海洋景致都能包你满意。

奇特氛围

爱尔兰土腔依稀可辨，俚语却是晦涩难懂。当地菜品包括鳕鱼舌、云莓酱和无花果布丁。这里十分另类，有独立的时区：比大陆早半小时。

维京人遗迹

前往兰塞奥兹牧草地，在莱夫·埃里克松1000年前于这片荒芜的土地上建立的定居点中，感受维京人处于世界边缘的孤寂。

见526页

马尼托巴省

野生动植物
开放空间
文化

北极熊和鲸鱼

北极熊在冰原上徘徊：这是极地附近的丘吉尔港的典型景观。秋季时，这里会出现数百头这种北半球最大的陆地食肉动物。夏天乘船出海，可以观赏到数十头浑身雪白的白鲸。

沼泽和小麦

开车穿过该省南部时，你会连绵数公里的麦田和不时出现的巨大谷仓迷住。在北部的北极圈附近，肥沃的厚苔沼泽生有常绿的野草，千百万年来，植物一直滋润着这里的土壤。

哦，温尼伯！

广袤的草原中挺立着这座令人惊叹的绿洲，这里有美味佳肴、欢快的夜生活和流行文化。

见589页

萨斯喀彻温省

野生动植物
历史
文化

驼鹿和其他动物

虽然地处偏远，但这个地域辽阔的省份纵横交错的小路上也并非空无一物。萨斯喀彻温省到处都是加拿大标志性的动物，尤其是喜欢在路边的盐水池旁流连的驼鹿。

了不起的革命

1885年，路易斯·里尔和他的一众追随者几乎在巴托什——一座在政府撕毁合约后宣告独立的原住民城镇——打败了政府军，不过最终还是政府获胜了。

冉冉升起的城市

里贾纳和萨斯卡通都拥有丰富的夜生活。两座城市都有使用该省食材烹任创新菜式的餐馆和用微酿啤酒招待客人的酒馆。

见616页

艾伯塔省

徒步
冬季运动
节日

班夫和贾斯珀

这两座国家公园内到处都是野生动植物、冰川湖和连绵数百英里的小径。如果你想好好地满足沉睡在自己心中的徒步愿望，这片受到保护的荒野地带正是理想去处。

越野滑雪

雪坡度假村被滑雪爱好者视为天堂，这里地处偏远且宁静，你甚至可以听到雪花飘落的声音。没有什么能比在贾斯珀无路可循的Tonquin Valley越野滑雪更有意思的事儿了。

埃德蒙顿艺穗节

爱丁堡是这个节日的发源地，但埃德蒙顿接纳了"非主流戏剧"的概念并添加了些加拿大色彩。在国际艺穗节上，表演者们会表演喜剧、讽刺作品和怪诞剧。

见649页

不列颠哥伦比亚省

地貌
美食
野生动植物

令人惊叹的风景

不列颠哥伦比亚省对于风景爱好者而言，宛如田园牧歌般美好，这里有令人叹为观止的群山，有峡湾众多的海岸，还有茂密的原始森林和众多郁郁葱葱的岛屿。

令人愉悦的美食

从北美的最佳亚洲菜肴，到本省出产的丰盛海鲜和农产品，这个省的各种风味一直吸引着美食家们。一定要喝些当地的葡萄酒或微酿啤酒来佐餐。

野生动植物的乐园

内湾航道充满了生机。搭乘沿海岸行驶的渡轮，站在甲板上就能够看到逆戟鲸、海豹和各种海鸟。在海岸边则能见到陆地动物的全部阵容，尤其是北方的巨大灰熊。

见724页

计划你的行程

地区速览

计划你的行程 地区速览

育空地区

野生动植物
公园
历史

我的天,熊!

阿拉斯加公路穿过育空地区,一路蜿蜒至阿拉斯加州。但是,还是驻足观赏野生动物乐趣更多,何必一定要直达目的地呢?要密切留意熊、驼鹿、野牛、狼和麋鹿。

不可思议的美景

克鲁恩国家公园是联合国教科文组织世界遗产保护区——巨大的冰川撕裂了花岗岩山峰,从中间直穿而过。与如此壮阔的美景相比,你会觉得自己真是沧海一粟。

金子!

1898年,克朗代克出现了淘金热,这一浪潮中体现出来的冒险精神依然影响着育空地区。划船来到道森市,这座如同时间胶囊的小镇会让你仿佛穿越时空回到了过去。

见878页

西北地区

北极光
皮划艇
冬季运动

北极光

极其遥远又十分明亮,没有一丝污染——西北地区是观赏闪烁不定、宛如绿带一般的北极光的最佳地区。旅行社可以安排夜间远游,让你在温暖的观景区尽情地观赏北极光的美景。

纳汉尼国家公园保护区

纳汉尼国家公园保护区被联合国教科文组织列入了《世界遗产名录》,在这里划皮划艇时可以观赏到一些加拿大最壮观的河流景色。由于没有陆路可以抵达这里,所以这绝对是你另辟蹊径的探险之行。

狗拉雪橇

虽说西北地区没有滑雪度假村,不过这里有更为专业的冬季项目,比如狗拉雪橇。这一北极地区的传统交通方式可以带来刺激的旅行体验。

见905页

努纳武特地区

野生动植物
文化
公园

北极的户外店

是的,野生动物在此出没,只是很难看到它们的踪迹。在当地联系一家专业的北极旅行社,你可以在他们的帮助下看到难得一见的北极熊、驯鹿、海象、独角鲸和白鲸。

原住民艺术

大多数来努纳武特地区的旅行者并不打算购物,但是正宗的因纽特艺术却是该地区最大的吸引力之一。在多塞特角、庞纳唐和伊卡卢伊特有令人难以想象的纪念品商店。

野性的荒原

努纳武特地区的四座国家公园肯定会为你带来极致的荒野体验——各公园每年旅行者的数量都很难达到三位数。这里令人惊叹的地理风貌如月球般空旷,即使费用再高你也会觉得物有所值。

见929页

在路上

Yukon 育空地区 878页	
Northwest Territories 西北地区 905页	**Nunavut** 努纳武特地区 929页
British Columbia 不列颠哥伦比亚省 724页	**Newfoundland & Labrador** 纽芬兰-拉布拉多省 526页
Alberta 艾伯塔省 649页	**Manitoba** 马尼托巴省 589页
Saskatchewan 萨斯喀彻温省 616页	**Québec** 魁北克省 254页
	Prince Edward Island 爱德华王子岛省 496页
Ontario 安大略省 64页	**New Brunswick** 新不伦瑞克省 447页
	Nova Scotia 新斯科舍省 376页

安大略省

包括 ➡

多伦多	71
尼亚加拉半岛	128
安大略省西南部	143
马斯克卡湖	171
乔治亚湾	176
安大略省北部	186
安大略省东部	210
渥太华	234

最佳餐饮

- ➡ Lee（见107页）
- ➡ ND Sushi（见108页）
- ➡ Beckta Dining & Wine Bar（见248页）
- ➡ Buoys（见186页）
- ➡ Pan Chancho（见226页）
- ➡ Tomlin（见202页）

最佳住宿

- ➡ Clarence Park（见100页）
- ➡ Drake Hotel（见103页）
- ➡ Taboo Resort（见173页）
- ➡ Three Houses Bed & Breakfast（见156页）
- ➡ Fairmont Château Laurier（见245页）
- ➡ Planet Travelers Hostel（见103页）

为何去

安大略省的四季风景令人惊叹，这里有广袤的荒原、无尽的森林和丰富的野生动植物。加拿大大约40%的人口都聚居于此，安大略省的面积超过了法国和西班牙国土面积的总和。这里有超过25万个湖泊，其中包括与美国交界的五大湖，占全球淡水资源的五分之一。

对于大部分安大略人而言，规模宏大的多伦多或繁华的首都渥太华才是他们的故乡。众多美食家、时尚潮人及喜剧演员聚集于多伦多活跃的多元文化社区，而远道而来的各国移民则相处融洽、分享彼此对于冰球的热爱。这两座城市热烈的艺术和娱乐氛围深受临近的纽约和蒙特利尔的影响，总能跟上时代脚步。

不管你是想再次与大自然亲密接触，还是想在这片文化多元、社会融合的热土上醉心体验，你都选对了地方。

何时去

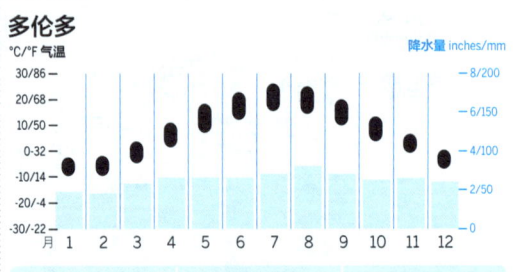

多伦多

5月至6月 迎接春天，安大略省公园中的驼鹿、延龄草以及潜鸟将带给你无限惊喜。

7月至9月 感受多伦多节日庆典的狂热气氛，或者在乡村度假村尽情享受盛夏时光。

10月至11月 在秋色斑斓的安大略省尽情释放你的艺术情怀。

安大略省亮点

1. **多伦多**（见71页）追寻时尚潮人和美食家的脚步，探索丰富多元的社区。

2. **渥太华**（见234页）在法式风情和博物馆中感受文化熏陶。

3. **布鲁斯半岛**（见181页）探索托伯莫里，乘渡轮去马尼图林岛。

4. **尼亚加拉瀑布城**（见129页）登上游船，惊叹于横贯美加两国边境瀑布的气势磅礴。

5. **乡村度假村**（见228页）乘船游览千岛群岛、马斯克卡湖和爱德华王子县，欣赏岸上的村舍和岩石岛屿上的隐居之所。

6. **斯特拉特福**（见153页）在小镇中感受逝去的时光，重温莎士比亚剧作，共赏艺术魅力。

7. **阿尔贡金省立公园**（见210页）在这片7600平方公里的广袤荒野徒步或划独木舟，这里是北部众多省立公园中的一个。

历史

早在欧洲人第一次穿越皑皑白雪踏上安大略省这片土地之前,数个原住民族群就已生活于此。阿尔贡金部落(Algonquin)和休伦部落(Huron)长期占据安大略省的南部地区。然而时过境迁,易洛魁联盟[Iroquois Confederacy;又称五族联盟(Five Nations)]在18世纪早期的欧洲殖民主义时期已统治了乔治亚湾以南及东临魁北克省的地区。奥杰布瓦人(Ojibwe)则占据了五大湖(Great Lakes)以北、西至北美大草原上的克里人(Cree)领土[今艾伯塔省(Alberta)和萨斯喀彻温省(Saskatchewan)]的大片地区。

最先踏足安大略省的欧洲人是17世纪的法国皮毛贸易商,他们在此建立了早期要塞,以此促进与密西西比河流域之间的贸易往来。1775年前后,英国保皇党人到达此地,从此开始了大规模定居。1812年战争之后,英国移民大量涌入。到19世纪末,安大略省的农业、工业和城市快速发展。两次世界大战之后都爆发了欧洲移民潮——从此多伦多逐渐发

安大略省旅行线路

4天

你可以先去**央-登打士广场**,熟悉一下**多伦多**(见71页)的大致方位,然后登上**加拿大国家电视塔**(见72页)俯瞰城市全景。在有所了解之后,你可以从**皇后西街**和**肯辛顿市场**开始,感受多伦多各个街区独特的景色和风土人情。第二天,漫步国王街街头:**娱乐区、圣劳伦斯市场**(见78页)和**酿酒厂区**(见78页)等景点让人流连忘返。不过这也只是走马观花了解一下多伦多而已。

第三天,要想在一天之内游览**尼亚加拉瀑布**(见129页)和**湖滨尼亚加拉**(见139页),参加**Chariots of Fire**(见95页)的团队游是最经济舒适的方式。你也可以租一辆小汽车自驾游,并在瀑布地区过上一夜。第四天,向西来到美丽的河畔村落**埃洛拉**和**弗格斯**(见151页),在**圣雅克布斯**(见151页)的门诺派教徒社区体验传统生活,之后继续前往**斯特拉特福**(见153页)这座遍布艺术和美食的小镇,晚上观看一场戏剧节演出,最后再赶回多伦多。

2周

在温暖的季节里,安大略省特别适合公路旅行。你可以结合以下两条参考路线,但游览的范围就会很大。

自然环线之旅:一路向北领略**马斯克卡湖**(见171页)的美景,然后从西门进入**阿尔贡金省立公园**(见210页),你可以在此划独木舟、观看驼鹿,探游几日,之后再朝着乔治亚湾的方向穿过公园。铁杆的皮划艇爱好者、徒步者和露营者可以顺着半岛到达**基拉尼省立公园**(见188页),而那些更偏好独处并注重物质享受的旅行者们则可以在**马尼图林岛**(见184页)得到满足。喜欢冒险的人可以向北走,前往**苏必利尔湖省立公园**(见195页)这样的公园探索一番,但是之后需要原路返回并乘坐"芝芝马龙"渡轮才能到达神奇的**托伯莫里**(见182页)和壮丽的**布鲁斯半岛**(见181页),最后经**科灵伍德**(见179页)回到多伦多。

文化环线之旅:先在动感十足的**多伦多**(见71页)盘桓数日,别错过附近的亮点:**尼亚加拉瀑布**(见129页)、**湖滨尼亚加拉**(见139页)和**斯特拉特福**(见153页),之后再沿着安大略湖向东行。在**爱德华王子县民宿**(见217页)体验乡村魅力以及具有当地特色的美酒佳肴。你还可以去位于这个县的**沙洲省立公园**(见218页)游泳,然后在颇具历史意义的**金斯顿**(见221页)留宿一两晚。之后继续前往**加纳诺克**(见228页),乘船游览让人赏心悦目的**千岛群岛**,接着继续沿着圣劳伦斯河经过古雅的**布罗克维尔**(见231页)和古老的**上加拿大村庄**(见234页)。最后,向北到达**渥太华**(见234页)——这个国家骄傲的首都,流连于城里数目众多的博物馆、美食餐厅、时髦酒吧,游览拥有185年历史的**里多运河**(见242页),后者因其文化重要性被列入联合国教科文组织遗产名录。

展成为世界上文化最多元的城市之一。

凭借发达的工业和制造业，安大略省吸引了全国大约40%的人口。就算艾伯塔省的经济发展一枝独秀，安大略省依然是各国加拿大移民的首选定居地，因为这里拥有稳定的就业市场，而多伦多完善的移民服务也为移民在加拿大的工作生活提供了强有力的支撑。

快速参考

- 人口：13,505,900
- 面积：1,076,395平方公里
- 省会：多伦多
- 奇闻逸事：千岛群岛实际上共有1864座岛屿。

当地文化

每个人都能在多伦多找到归属感。多伦多人热爱这座城市，甚至对它的缺陷视而不见：苦寒的冬季、高昂的房价、拥堵的街道和匮乏的公共交通。面对世人的批评，他们一笑置之，把维护这座城市的声誉视为己任。多伦多的民族文化颇具多样性，人们藐视对特定文化加以定义或抵制，所以大家总能够和谐相处。在这里你会发现各种行业、各种肤色和各种文化背景的人。

和多伦多、渥太华等国际化大都市相比，安大略省的乡村地区虽然融合了法国、比利时、德国、中国、芬兰和原住民的文化，也接受了大量的移民劳动力，却仍然显得同质化又和谐纯朴。当地的农场主务实肯干，脚踏实地，从不过多参与农场之外的事情。大部分安大略人性情温良，懂得享受高质量的生活，又不爱吹嘘。

虽然像冰壶这种对抗性较小的冬季运动还是会有一些爱好者，但这里可是"冰球大帝"韦恩·格雷茨基（Wayne 'The Great One' Gretzky）的诞生地，安大略省对冰球的热爱比其他任何一个省都要狂热。有一点是共通的——每当天气晴朗的时候，城市居民和乡村村民都会前往阳光明媚的水滨，和自然交流，与家人谈心。美酒、美食、挚友、良好的交流和讨论，在这里都会被珍视。

土地和气候

安大略面积广袤，南北跨越1730公里，东西相距1568公里。和加拿大崎岖的西部地区不同，安大略省的大部分地区地势平坦，只有少部分地区位于山区，湖泊则数不胜数：五大湖中的4个湖泊都有部分湖岸分布在安大略省内。安大略省50%的面积（约5000万公顷）被横贯加拿大的北方森林（亦称"北部亚马孙"）所覆盖，这片广阔的林区也是世界碳储量最丰富的地区之一，它位于苏必利尔湖和哈得孙湾之间，从北纬50度开始横贯安大略省，由东向西绵延1000公里。

在安大略省南部，南下的寒流遇到从五大湖北上的暖流，形成大量降雨，使得这里夏季潮湿、冬季温和。整个安大略省在冬季都会被大雪覆盖，但是像帕里桑德（Parry Sound）、巴里（Barrie）和伦敦（London）这些位于雪带（从乔治亚湾到休伦湖）上的城镇所遭受的强降雪袭击最为严重。尽管安大略湖通常能够保护多伦多市区免受暴雪侵袭，但是冬季风暴也曾导致城市完全瘫痪。尼亚加拉半岛1月的平均气温为-4℃，北部地区则为-18℃。

夏季来临，安大略省西南部和尼亚加拉半岛变得炎热潮湿，多伦多和渥太华的潮湿空气和令人窒息的污染让人倍感压抑。夏季风暴常沿着尼亚加拉断崖（Niagara Escarpment）席卷而来，有时会形成龙卷风。这里7月的平均气温是23℃，北部地区为15℃。晚春和初秋是旅行的最好季节，届时天气暖和、阳光明媚，昼长夜短。

国家公园和省立公园

安大略省有6个国家公园：乔治亚湾群岛国家公园、布鲁斯半岛国家公园（见183页）、五英寻国家海洋公园（见183页）、皮利角国家公园（见168页；位于加拿大大陆最南端）、普克斯克瓦国家公园（见198页）和千岛群岛国家公园（见228页）。省内还有330多座省立公园，其中许多都提供徒步和露营设施。6人的露营营地一晚需花费$35至$52。从不带淋浴或电力设备的基础营地到带淋浴和电力设备、位置优越的营地，各种条件的营地一应俱全。可以联系安大略省公园管理局（Ontario

安大略省地区速览

不要错过

要想远离多伦多的喧闹，**尼亚加拉半岛**（见128页）一日游是个很好的选择，当然如果你有时间的话也可以在半岛上多待几天。如果你已经领略过这座世界著名瀑布令人惊叹的魅力，又厌倦了俗丽的旅游景点，那么你可以沿公路而上，来到风景如画的**湖滨尼亚加拉**（见139页），这里有很多酿酒厂、画廊、精品店和小酒馆。城里从来不乏舒适的住处，可以用来舒缓你疲惫的大脑。

也可以考虑往东走，前往安大略省出众的美食目的地——**爱德华王子县**（见217页），这片土地上遍布各种葡萄园和有机农场。**沙洲省立公园**（见218页）也在这里，拥有几个安大略湖最好的湖滨游泳场。

想去更多有趣的地方吗？距离多伦多1.5小时车程的地方有一些古朴的河畔村镇，例如毗邻的两个历史村庄**埃洛拉**和**弗格斯**（见151页）。你可以在**斯特拉特福节**（见155页）上领略莎士比亚的艺术魅力。而如果你真的想要避开喧嚣的人群，那就向北去往**桑德贝**（见199页）和颇具野性魅力的**苏必利尔湖**（见195页）沿岸，或者去欣赏一下**布鲁斯半岛**（见181页）的壮丽景色，半岛的西侧是拥有美丽沙滩和温暖水域的休伦湖，东侧则是碧蓝、令人惊艳的**乔治亚湾**（见176页）。

期待什么

安大略省堪称加拿大的"面包篮子"，从渥太华到桑德贝都拥有上好的餐厅。如果你想燃烧掉这些美食带来的热量，可以在这总长达数千公里的自行车道中选择一段并恣意骑行，沿途风景令人赏心悦目。当然，在面对四季都阴晴不定的天气时，需要随机应变，还要有点儿

Parks；☎800-668-2746；www.ontarioparks.com）进行预订。

❶ 到达和当地交通

飞机

大多数加拿大航空公司和主要国际航空公司的航班都会到达**多伦多皮尔逊国际机场**（Toronto Pearson International Airport；见126页）。**加拿大航空公司**（Air Canada；www.aircanada.com）和**西捷航空**（West Jet；www.westjet.com）在这里提供大量省内和省际航线业务。**比利毕晓普多伦多市机场**（Billy Bishop Toronto City Airport；见126页）位于市区，**波特航空**（Porter Airlines；☎888-619-8622；www.flyporter.com）的航班从这里飞往安大略省北部及渥太华、蒙特利尔、芝加哥、纽约、波士顿和华盛顿等地。

如果无法买到前往多伦多的机票，可以搭乘美国廉价班机前往**约翰·卡尔·芒罗哈密尔顿国际机场**（John C Munro Hamilton International Airport，代码YHM；☎905-679-1999；www.flyhi.ca；9300 Airport Rd, Mt Hope）。偏远的安大略省北部（见186页）也拥有不错的机场网络，包括穆索尼（Moosonee）、诺斯贝（North Bay）、苏圣玛丽（Sault Ste Marie）、萨德伯里（Sudbury）、蒂明斯（Timmins）和桑德贝（Thunder Bay）。

小小的**渥太华麦克唐纳德-卡蒂埃国际机场**（Ottawa MacDonald-Cartier International Airport；https://yow.ca/en）运营去往伊卡卢伊特（努纳武特地区）和耶洛奈夫（黄刀镇；西北地区）的航班，由**北加拿大航空公司**（Canadian North；☎800-661-1505；www.canadiannorth.com）、**第一航空公司**（First Air; firstair.ca）和**北部航空公司**（Air North；www.flyairnorth.com）承运，其网络遍布整个北部地区。

长途汽车

一般情况下，**加拿大灰狗长途巴士**（Greyhound Canada；www.greyhound.ca）均有从多伦多前往安大略省西南部和渥太华地区的各种线路；**安大略省北交通局**（Ontario Northland；www.ontarionorthland.ca）在安大略省北部地区提供服务；**Megabus**（☎866-488-4452；ca.megabus.com）则提供极其便宜的服务，从多伦多沿着东部走廊前往蒙特利尔和尼亚加拉瀑布（城），并穿越边境直达纽约州的布法罗市（Buffalo）。对

幽默感。记得带上望远镜,因为这里有很多野生动植物可供观赏,例如鸟类、海狸、驼鹿、水獭和鹿等。

阴雨天时可以选择参观博物馆,几乎每个重要的小镇都有博物馆,渥太华和多伦多的一些博物馆堪称世界一流。一定要有耐心——多伦多的交通经常拥堵。安大略省幅员广阔,还有很多惊喜等待你去发现,所以留出充足的时间去尽情探索吧!

准备工作

安大略省的夏季虽然短暂,但各种活动使得漫长的白昼充满活力。从多伦多到桑德贝,各地总有一些节日庆典和其他有趣的活动上演。一定要提前订好房间。

安大略省的天气变化无常。如果你打算露营,或者做其他户外活动,记得做好应对气温变化的准备,并带上喷雾杀虫剂。

网络资源

安大略省旅游信息中心(☎800-668-2746;www.ontariotravel.net)有用的网站,办公室遍布全省。

多伦多旅游(见82页地图;☎416-203-2500;www.seetorontonow.com;207 Queens Quay W;⊙周一至周五8:30~18:00;⑤Union)这个网站对提前计划在多伦多的行程提供了很有用的资源。

渥太华旅游局(www.ottawatourism.ca;见252页)是首都的综合门户网站。

Lonely Planet(www.lonelyplanet.com/canada/ontario)目的地信息、酒店预订、旅行者论坛以及更多。

Megabus来说,提早订票可以获得不菲的折扣。如果一家运输公司没有你想要的线路,就试试其他的公司。

Go Transit(www.gotransit.com)的长途汽车只开往多伦多周边地区,比如哈密尔顿(Hamilton)和伦敦。**公园巴士**(Parkbus;☎800-928-7101;www.parkbus.ca)提供有限的季节性服务,可将游客送至安大略省最好的国家和省立公园。欲知详情请查询网站。

小汽车和摩托车

在多伦多以外的地方,安大略省的公路状况良好,可以为你带来愉快的驾驶体验(只要你不在繁忙的Hwy 401公路上行驶)。在多伦多驾车时,你得先停稳后才能在红灯处右转。开车时用手机发短信或接打电话都是违法的。尽量留意北部的限速标志,别以为公路空旷就可以随便飙车,即使是轻微的违章行为也将被处以超过$100的罚款。

如果你想在安大略省尽情玩玩,租辆小汽车很有必要,但是多伦多不太适合自驾——对那些熟悉路线的当地居民来说,在市区开车、停车都是件异常痛苦的事情,对游客来说,这些琐事或许会影响你的行程。在城里搭乘多伦多公车局(Toronto Tranist Commission,简称TTC)的巴士就可以了,在准备离开多伦多时再租车。汽车租赁公司遍地都是。在多伦多租车比在渥太华等其他地区都便宜。

两条干线分别为加拿大横贯公路(Trans-Canada)和Hwy 401,前者由渥太华西北通往马尼托巴省(Manitoba)边界[就在肯诺拉(Kenora)以西],后者东起安大略省和魁北克省的交界处,之后向西南方向延伸至温莎(Windsor)和美国底特律(Detroit)之间的边境线。

火车

加拿大国家铁路公司(VIA Rail;☎888-842-7245;www.viarail.ca)的列车服务于繁忙的安大略省—魁北克省走廊,这条线路从位于西南方的温莎开始,直到蒙特利尔。该公司也提供泛加路线服务,线路途经安大略省北部,通往马尼托巴省以及更远的地区。

GO Transit是多伦多的不定期通勤火车,有时也会有列车前往哈密尔顿(Hamilton)、尼亚加拉瀑布(城)、巴里、基奇纳(Kitchener)和圭尔夫(Guelph)。

如果想要领略北部地区的风光,那就乘坐**北**

Greater Toronto Area（GTA）大多伦多地区

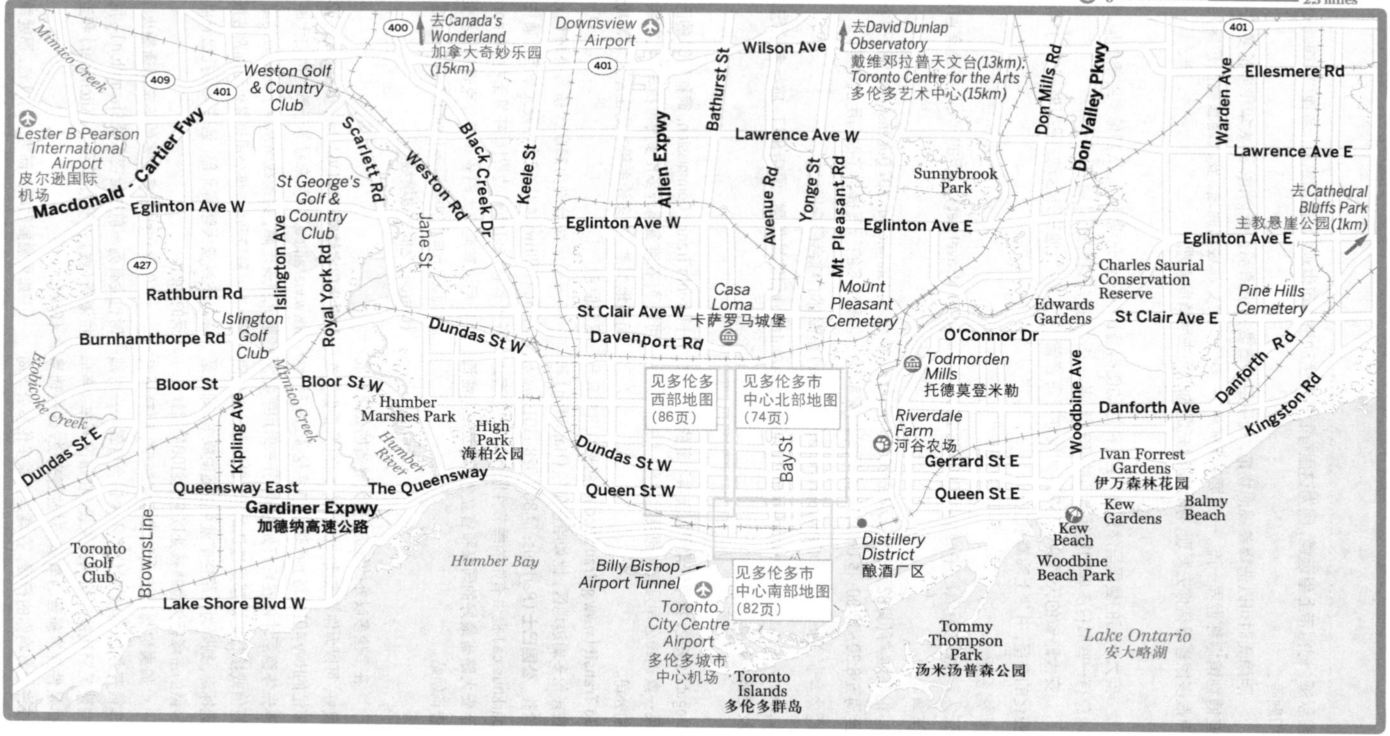

极熊特快列车（Polar Bear Express；见206页）吧。列车从科克伦（Cochrane）开往更偏远的穆索尼，从该地可以前往詹姆斯湾（James Bay）和穆斯法克特里岛（Moose Factory island）。

多伦多（TORONTO）

人口 6,100,000

欢迎来到多伦多，作为世界上文化最多元的城市，多伦多流通着140多种语言。据估计，一半以上的多伦多居民都不是在加拿大出生的，尽管文化构成复杂多样，多伦多人却总是能和谐共处。天气晴朗时，多伦多便沸腾起来，活力充盈着这座非凡的城市。这里有世界上最好的餐厅、新潮酒吧、夜店和各种节日。

不可否认，多伦多的冬季漫长而又难熬。拥堵的高速公路和陈旧的公交系统乱成一团。但只要你有耐心、心态开放，那么在气候宜人、五彩缤纷的春秋季节来访，你一定会度过一段愉快的时光。

多伦多是一座清新脱俗的国际化都市。这大概是因为多伦多汇聚了来自世界各地的移民；或者这里是泛美运动会的举办地吧。无论如何，这个城市正在日益崛起，闪耀着荣光。

历史

如今的多伦多在17世纪时曾是塞内卡人（Seneca）原住民的家园。法国人艾蒂安·布鲁尔（Étienne Brûlé）是第一个踏足此地的欧洲人（1615年），但是当地人极力阻止法国人的入侵，直到1720年，法国人才在如今多伦多市区的西端建立了一个皮毛贸易站。1763年，英国人接管多伦多，上加拿大（Upper Canada）副总督约翰·西姆科（John Simcoe）将首都从湖滨尼亚加拉（Niagara-on-the-Lake）迁入新建立的约克（York）。1813年4月27日，美国军队强夺约克，并将其夷为平地，但美军仅占领了约克6天便被加拿大军队赶回了华盛顿。

1834年，威廉姆·莱恩·麦肯西（William Lyon Mackenzie）市长将这个镇更名为"多伦多"（在原住民语言中意为"聚集之地"），多伦多由此诞生。在维多利亚时代，这里被保守派控制，并被称为"美好的多伦多"（Toronto the Good）。当时的宗教限制和扫黄法律极为严格，例如在星期日禁止租用马匹、必须放下商店橱窗的窗帘（因为浏览商店橱窗是有罪的！），以及禁止放映电影。

1904年，多伦多发生了一场严重的火灾，内城烧毁面积达5公顷，122座建筑被夷平。令人惊讶的是，大火并未造成人员死亡。到20世纪20年代，Bay St繁荣起来，部分原因是人们在安大略省北部发现了金、银和铀矿。

第二次世界大战之前，多伦多80%的人口是来自英国的盎格鲁-凯尔特人（Anglo-Celtic）。战后，总理莱斯特·B.皮尔森（Lester B Pearson）开创了世界上计分制移民体系的先河。从此，多伦多开始吸引全球几百万技术移民和难民到来。目前，多伦多的盎格鲁-凯尔特人的人口比例接近50%。1998年，5处蔓延发展的市郊——约克、东约克、北约克、怡陶碧谷（Etobicoke）和士嘉堡（Scarborough）——融合组成了大多伦多地区（Greater Toronto Area，简称GTA）。作为北美第五大城市，与最开始的"泥泞约克"（Muddy York）、安大略次选城市相比，繁荣发展的当代多伦多早已今非昔比。

◉ 景点

多伦多市中心的方格布局非常清晰，你可以轻而易举地辨清方向，这里既有自由奔放的活力社区，也有充满民族情调的文化社区，还有颇具历史意味的古老社区。世界上最长的街道Yonge St将城市一分为二：所有东西走向的市中心街道都以Yonge St为界区分东西。这里不像纽约的街道一样以大道（avenue）和街（street）来区分街道的走向：Spadina Ave为南北道路，而Danforth Ave却为东西走向，甚至还有一条街叫作Avenue Road。去探索一下吧！

大部分的旅游景点都集中在市中心南端的港畔区（Harbourfront District）、娱乐区（Entertainment District）和金融区（Financial District）。加拿大国家电视塔、罗渣士中心（Rogers Centre）体育馆、港畔中心（Harbourfront Centre）、联合车站（Union Station）和剧院区（Theatre District）都在这里。当地人会来到湖滨之南的多伦多群岛

在多伦多的……

2天

只有一个周末的短暂时间？乘电梯登上**加拿大国家电视塔**（见72页）塔顶观光吧——这里是多伦多最高的地方——如果不是乘坐飞机或者喝高了的话。你可以在**圣劳伦斯市场**（见78页）吃个午饭，接着去**布尔尔-约克维尔**逛逛商店。还有兴致的话，还可以去**肯辛顿市场**淘些物美价廉的商品，最后到**唐人街**简单吃顿饺子。

第二天早点儿出发去参观令人惊叹的**皇家安大略博物馆**（见81页）、有趣的**卡萨罗马城堡**（见84页）或者**安大略美术馆**（见80页），接着去**贝尔德温村**慢慢享用午餐。然后乘轮渡去**多伦多群岛**（见89页）骑车，直到太阳落山。最后回到大陆，去气氛浓郁的**酿酒厂区**（见78页）的 **Mill Street Brewery**（见115页）惬意地喝上一杯。

4天

先参加 **Double Deck tours**（见133页）在城里转一圈，对多伦多拥有一些方向感，然后去**安那克斯社区**（见84页）游览一番，再在**小意大利区**（见85页）吃顿晚饭。第二天，参加社区的**步行游览**（见90页）活动，或者去东面的**李斯利维尔区**吃顿早午餐，为去**湖滨区**（见104页）游玩储存些能量。晚上找一家带露台的餐厅吃晚餐，再喝点儿东西，然后去**娱乐区**或**恰奇-威801里村**看看演出、跳跳舞。

花一两天时间沿**皇后区西**、**三一贝尔伍德**和**皇后区西以西**逛逛精品店，泡泡酒吧，尝尝小饭馆。去**海柏公园**（见91页）野餐，或者如果你更喜欢热狗和啤酒，可以去**罗渣士中心**（见73页）看场棒球，或者去**加拿大航空中心**（见123页）看场冰球比赛，不然也可以去 **Wayne Gretzky's**（见117页）酒吧，花一半的价钱就能完成上面3项活动。

1周

去市中心以外的地方探索一番，比如**士嘉堡悬崖**（见92页）、**沙伦礼拜堂**（见93页）或**麦克迈克尔加拿大艺术馆**（见92页）。去**尼亚加拉瀑布**（见129页）和**湖滨尼亚加拉**（见139页）玩一天。

（Toronto Islands）放松心情，虽然往返要半天时间，但是可以将多伦多壮观的天际线尽收眼底，绝对不虚此行。回到大陆上，Yonge St以东、Don Valley Pkwy以西的地带就是老约克（Old York）地区，这里有多伦多最古老、保存得最完好的社区。即便你没有被多伦多的美景所折服，我们也推荐你亲身感受一下这座城市的气质与魅力：只要稍稍走远一点儿即可感受到。

许多人说西区是最好的：安那克斯社区（The Annex）、肯辛顿市场（Kensington Market）和皇后西区（Queen West）都在这里。东区又是完全不同的感觉，虽然也别有一番风情，但是更接地气。主要景点有李斯利维尔区（Leslieville），人人都爱去吃饭的希腊城[Greektown，亦称丹福思（Danforth）]和带有些许旧金山风格的湖滨区（The Beaches）。

在多伦多，我们建议你出行尽量使用多伦多公车局提供的巴士服务，在这里开车俨然成为一门艺术，而很多当地人至今尚未掌握个中奥秘。城里停车费高昂，道路拥堵。避免在早晚高峰期出行，因为地铁和电车人满为患，还经常晚点。

◎ 港畔区（Harbourfront）

在Yonge St和York St延展至安大略湖的尽头，就是重新规划过的港畔区。这里曾经是个衰落的社区，只有仓库、工厂和码头，经过重建后变得十分热闹，皇后码头（Queens Quay）一带遍布餐厅、剧院、美术馆、艺术工作室、商店、公寓和公园，人头攒动。去多伦多群岛的渡船在此处停靠。

★ 加拿大国家电视塔 塔

（CN Tower, La Tour CN；见82页地图；☏416-868-6937；www.cntower.ca；301 Front St W；登塔

成人/儿童 $35/25；◎9:00~22:30；ⓢUnion)加拿大国家电视塔是多伦多的标志，它是20世纪70年代的建筑奇观，外表看起来像一只巨大的水泥注射器。它作为通信塔的功能已经退居次席，现在主要的功能是供游客游览以吸引资金。加拿大国家电视塔曾是世界上最高的独立建筑（553米），乘坐玻璃电梯登塔则是你在多伦多必须要做的事情之一。不然的话，你也一定要看一看电视塔的夜景，整座建筑全年都会上演精彩的免费灯光表演。

晴天时，塔顶的风景令人震惊，如果起雾（常常起雾）的话你是看不到任何东西的。在每个入口搭乘电梯都可能要排两个小时的队。网上购票可以节省15%。这里有家必去的旋转餐厅（叫360°），虽然价格较高，但是用餐顾客可以免费搭乘电梯。有钱而又敢于冒险的人（13岁以上）可以选择体验"高空塔边行走"（Edge Walk；$175)：在距离地面356米的无栏主舱外用20分钟漫步一周。这项活动不适合胆小者。想要欣赏更高的风光，那就试试"天空之盖"（Sky Pod；447米；另付$12)——不过这位于室内。

McCaul St和皇后西街（Queen St W)的交叉路口在电视塔的正北面，是观塔的最佳位置。

港畔中心 地标

(Harbourfront Centre；见82页地图；📞416-973-4000；www.harbourfrontcentre.com；York Quay, 235 Queens Quay W；◎售票处周二至周六13:00~18:00，表演之夜至20:00；🅿️♿；🚌509、510）这座占地4公顷的公益性港畔中心通过举办不同类型的全年活动，为多伦多的社区提供了教育和娱乐场所，其中包括周日的家庭日活动，以及在多伦多音乐花园（Toronto Music Garden）和音乐会舞台（Concert Stage）举办的免费户外夏日音乐会。这里还有一个湖畔滑冰场，冬天可以在上面溜冰。不要错过免费的美术馆，包括摄影走廊（Photo Passage）和运作良好的工艺画室（Craft Studio)。由皇后码头（Queens Quay）过来，到达安大略广场（Ontario Square）后，直接去种植着水杉的加拿大广场，从这里可以眺望安大略湖。

从广场向西走15分钟，多伦多音乐花园巧妙地沿着港畔区西部而建，大提琴家马友友（Yo-Yo Ma）也参与了音乐花园的设计工作。弧形的松柏林，野花丛中的曲径，还有举办免费音乐会的露天草地剧场，用景观完美演绎出了巴赫无伴奏大提琴第一组曲。

发电厂当代艺术画廊 画廊

(Power Plant Contemporary Art Gallery；见82页地图；📞416-973-4949；www.thepowerplant.org；231 Queens Quay W；◎周二和周三 10:00~17:00，周四至20:00，周五至周日至18:00；🚌509、510) 免费 发电厂画廊位于港畔中心，漆字的烟囱让这里非常显眼。这座曾经的发电厂摇身一变，成为多伦多顶级的加拿大当代艺术画廊。最棒的是，它是免费开放的，展品定期更换。

溪鸣啤酒厂 啤酒厂

(Steam Whistle Brewing；见82页地图；www.steamwhistle.ca；255 Bremner Blvd；45分钟团队游 $10；◎周一至周四正午至18:00，周五和周六 11:00~18:00，周日至17:00；🅿️；ⓢUnion、🚌509、510) "将一件事做到极致"是溪鸣啤酒厂的格言。这是一家精酿酒厂，只生产清爽的欧式比尔森啤酒（pilsner)。溪鸣啤酒厂建在一座1929年的火车维修厂内，一直坚持环保理念，使用可再生能源、蒸汽加热以及全天然原料（通常是本地产的)，所用的酷炫姜汁啤酒瓶可以循环使用40次。从下午1点到5点，每隔半小时就有团队游出发，其中包括品酒环节。

罗渣士中心 体育场

(Rogers Centre；见82页地图；📞416-341-2770；www.rogerscentre.com；1 Blue Jays Way；1小时团队游成人/儿童 $16/10；ⓢUnion) 罗渣士中心体育场于1989年对外开放，可容纳55,000人，拥有世界上第一个可完全伸缩的圆形顶棚，技术含量之高令人惊叹。游览项目包括在视频墙上观看震撼人心的过往比赛的辉煌瞬间，以及音乐会和大型活动的录像短片，此外还可参观包厢、更衣室（无运动员在内)；体育场还设有一间大事记纪念馆。在多伦多蓝鸟棒球队（Blue Jays）或多伦多阿尔戈英雄足球队（Argonauts）的比赛期间买张特价票进场观看比赛，是参观这个体育场最便

Downtown Toronto North 多伦多市中心北部

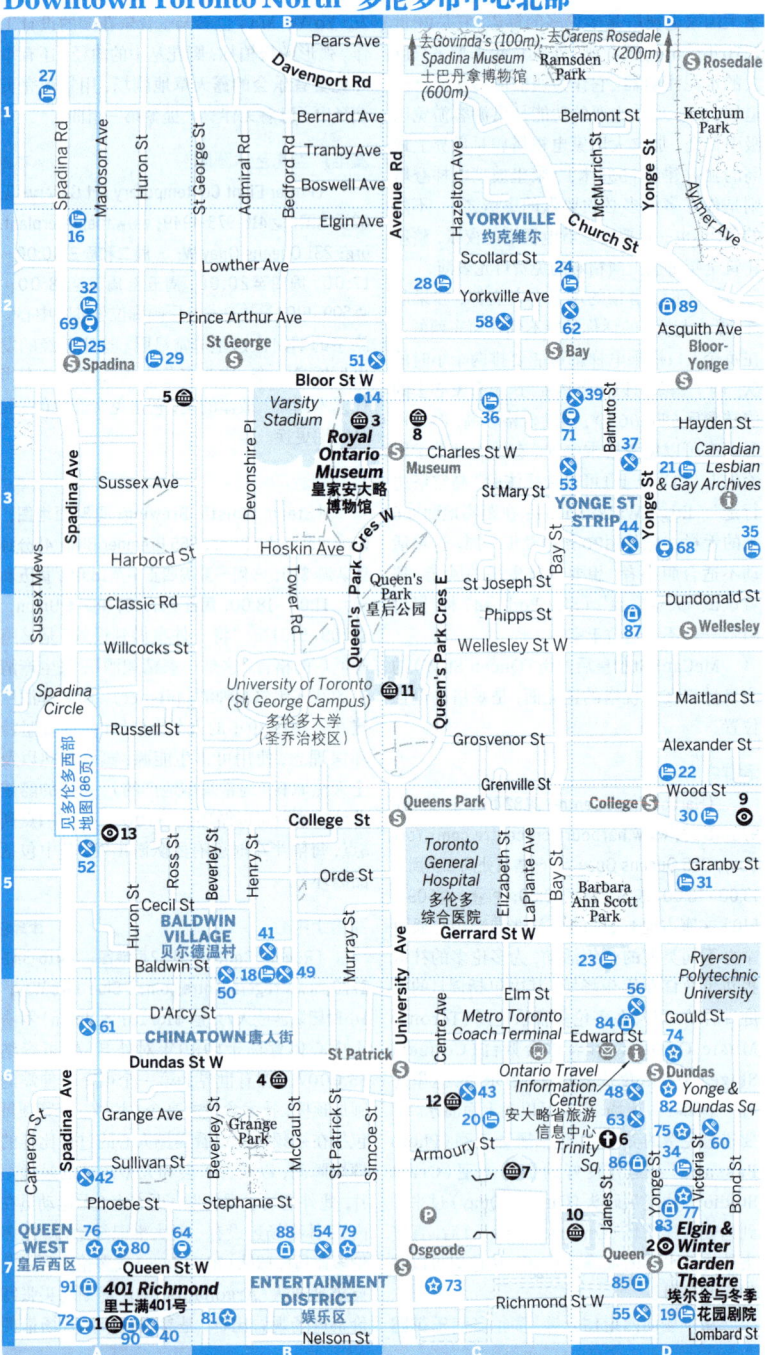

宜的方式。

约克堡国家历史遗址　　　　　古迹

（Fort York National Historic Site；☎416-392-6907；www.fortyork.ca；250 Fort York Blvd；成人/儿童 $9/4.25；◎6月至12月 10:00~17:00，1月至5月至16:00；P；🚌509、511）1793年，为了保卫当时的约克镇，英国人建立了约克堡。在1812年战争期间，一小队奥杰布瓦士兵和英国军队无力抵抗美国人的攻击，约克堡几乎毁于一旦。只有少数的木质、石质和砖混原建筑得到了修复。5月至9月期间，人们会穿上19世纪的英国军服进行行军演习，并且向天鸣放火枪。

约克堡全年开放，可查询主页了解特别活动和团队游的详细信息。

士巴丹拿码头湿地　　　　　　公园

（Spadina Quay Wetlands；见82页地图；☎416-392-1111；www.toronto.ca；479 Queens Quay W；◎黎明至黄昏；🚌509、510）士巴丹拿码头湿地占地2800平方米，由湖滨停车场改造而来。这片繁荣、可持续的生态系统里栖息着各种蛙类、鸟类、鱼和蝴蝶。当年湖畔的钓鱼者发现，每年春天白斑狗鱼都来这里产卵，市政府便决定将这里建成新的栖息地。人们在此种上开花灌木和杨树，并修建了一个鸟舍，这片精巧的湿地焕发出异彩，率先掀起了港畔区升级改造的热潮。

加拿大瑞普利水族馆　　　　　水族馆

（Ripley's Aquarium of Canada；见82页地图；☎647-351-3474；www.ripleysaquariumofcanada.com；288 Bremner Blvd；成人/儿童 $30/20；◎9:00~23:00；Ⓢ Union）加拿大瑞普利水族馆是多伦多最新的景点，老少咸宜。这里有超过15,000种水生动物，所有水箱的储水量接近570万升，还有水族馆的夜活动、触摸式水箱和寓教于乐的潜水表演。这里全年开放，举办特殊活动时则会提早闭馆。

展览广场　　　　　　　　　知名建筑

（Exhibition Place；☎416-263-3600；www.explace.on.ca；紧邻Lake Shore Blvd W，在Strachan Ave和Dufferin St之间；P；🚌509、511）每年8月，具有历史意义的展览广场就会回归其建造初衷——加拿大国家博览会（Canadian

Downtown Toronto North 多伦多市中心北部

◎ **重要景点**
1 里士满401号...A7
2 埃尔金与冬季花园剧院................................D7
3 皇家安大略博物馆.......................................B3

◎ **景点**
4 安大略美术馆..B6
5 巴塔鞋类博物馆..A2
6 圣三一教堂..D6
7 市政厅..C7
8 加德纳博物馆..C3
9 枫叶花园..D5
10 旧市政厅..D7
11 省议会..C4
12 加拿大纺织博物馆......................................C6
13 多伦多公共图书馆 – Lillian H Smith分馆..A5

◎ **活动、课程和团队游**
14 ROM Bus..B2

◎ **住宿**
15 Amsterdam Guesthouse...........................F5
16 Annex Quest House A2
17 Au Petit Paris E3
18 Baldwin Village Inn B5
19 Cambridge Suites......................................D7
20 Chestnut Residence................................. C6
21 Comfort Hotel... D3
22 Courtyard Toronto Downtown........... D4
23 Eaton Chelsea.. D5
24 Four Seasons C2
25 Global Guesthouse................................... A2
26 Grand Hotel & Suites E6
27 Havinn... A1
28 Hazelton.. C2
29 Holiday Inn Toronto Bloor-Yorkville A2
30 Holiday Inn Toronto Downtown Centre D5
31 Les Amis Bed & Breakfast................... D5
32 Madison Manor... A2
33 Neill-Wycik College Hotel E5
34 Pantages D6
35 Victoria's Mansion Inn & Guesthouse.. D3
36 Windsor Arms C3

◎ **就餐**
37 7 West Café D3
38 B Espresso Bar E7
39 Bloor Street Diner D2
40 Burrito Bandidos.......................................A7
41 Cafe la Gaffe B5
42 Dark Horse Espresso A7
43 Eat Fresh Be Healthy............................... C6

National Exhibition；见97页）将在此火热开幕。届时，上百万游客将涌入这里，参加狂欢节、伐木比赛和其他原创活动，坦白说，这可比在主日学校的野餐要有趣得多。

从1927年加拿大60周年国庆开始，胜利者（Victory）艺术雕像就傲然伫立在王子门（Princes' Gate）上。展览广场举办的其他活动包括7月的本田印地赛车多伦多站（Honda Indy Toronto；见97页）、丰富的观赏性运动赛事和独立设计展。而其他时候，这片场地常常空无一人。

◎ 金融区 (Financial District)

联合车站是加拿大最繁忙的交通枢纽，日人流量250,000人次。最近的一次全面整修已经接近尾声，但车站、地铁区域和周边街道的改造工作2018年仍将继续。车站以北的King St和Adelaide St一带以及东临Bay St的区域堪称多伦多的"华尔街"，这里有最漂亮的摩天大楼，而"Bay St的骄子们"更是努力让自己相信他们真的置身纽约。

冰球名人堂　　　　　　　博物馆

（Hockey Hall of Fame；见82页地图；✆416-360-7765；www.hhof.com；Brookfield Pl, 30 Yonge St；成人/儿童 $18/12；◷周一至周六 9:30~18:00, 周日 10:00~18:00；Ⓢ Union）冰球名人堂是一座加拿大的老牌机构，位于蒙特利尔银行（Bank of Montréal；约1885年）的大楼内，这是一座华丽的洛可可风格灰色石砌建筑。即使是那些对这种极速暴力运动不是很了解的人也会被这个博物馆打动，这里拥有世界上最多的冰球纪念品。你可以参观一下"德州电锯杀人狂"风格的守门员面罩藏品，也可以去和虚拟现实版的冰球大帝韦恩·格雷茨基过过招。

云花园温室　　　　　　　花园

（Cloud Gardens Conservatory；见82页

44	Ethiopian House	D3
45	Golden Diner Family Restaurant	E5
46	Good View	E6
47	Hair of the Dog	E4
48	JOEY Eaton Centre	D6
49	Kekou Gelato House	B5
50	Kinton Ramen	B5
51	Morton's the Steakhouse	B2
52	Mother's Dumplings	A5
	ND Sushi	（见49）
53	Okonomi House	C3
54	Queen Mother Café	B7
55	Richmond Station	D7
56	Salad King	D6
57	Sambucas on Church	E4
58	Sassafraz	C2
59	Schnitzel Queen	F7
60	Senator Restaurant	D6
61	Swatow	A6
62	Trattoria Nervosa	C2
63	Urban Eatery	D6

◎ 饮品和夜生活

64	Black Bull	A7
65	Black Eagle	E4
66	Blake House	E4
67	Crews & Tangos	E4
68	Fly 2.0	D3
69	Madison Avenue Pub	A2
70	O'Grady's	E4
71	One Eighty	C3
72	Wide Open	A7
	Woody's/Sailor	（见65）

◎ 娱乐

73	Canadian Opera Company	C7
	Cineplex Odeon Varsity	（见39）
74	Cineplex Yonge & Dundas	D6
75	马维殊剧院	D6
76	Horseshoe Tavern	A7
77	梅西剧院	D7
78	凤凰音乐厅	F5
79	Rex	B7
80	Rivoli	A7
81	Scotiabank Theatre	B7
82	TO Tix	D6

◎ 购物

83	8th + Main	D7
84	BMV	D6
85	Drake General Store	D7
86	伊顿中心	D6
87	Glad Day	D4
88	New Tribe	B7
89	Page & Panel: The TCAF shop	D2
90	Spacing Store	A7
91	Te Koop	A7

地图；Bay Adelaide Park；☎416-392-7288；14 Temperance St；⊙周一至周五 10:00～14:30；⑤Queen）🌿免费 云花园温室内设有瀑布，雾气萦绕，遍布巨大的丛林植物、藤蔓和棕榈树，是个让人眼前一亮的保护区。信息板块很好地回答了游客关于"雨林是什么"的疑问。温室是冬日避寒的好地方，但是不要在天黑之后进入这片地区——附近的公园有些形迹可疑的人出没。

多伦多道明因纽特艺术馆　　博物馆

（TD Gallery of Inuit Art；见82页地图；☎416-982-8473；https://art.td.com/visit；79 Wellington St W, TD Centre底层和中层；⊙周一至周五 8:00～18:00，周六和周日 10:00～16:00；⑤St Andrew）免费 暂时远离金融区的喧闹，多伦多道明因纽特艺术馆提供深入了解因纽特文化的平台。在多伦多道明中心，有一系列的玻璃展柜，里面陈设着水獭、黑熊、老鹰，以及日常生活场景中的因纽特人雕像。

设计交流中心　　博物馆

（Design Exchange，简称DX；见82页地图；☎416-363-6121；www.dx.org；234 Bay St；成人/儿童 $10/8；⊙周二至周五 9:00～17:00，周六和周日 正午至16:30；⑤King）这座工业设计展览中心的前身是多伦多证券交易所（Toronto Stock Exchange）。这里虽然是个极小的博物馆，却拥有众多引人注目的工业设计展，常设藏品包括加拿大60年来的1000多件收藏品。特别展览的票价不固定。

◎ 老约克（Old York）

从历史的角度讲，约克的旧城只有10个街区。但如今这个社区的面积不断扩大，东西向从Yonge St延伸至顿河（Don River），南北向从Queen St直到滨湖步行道。多伦多的过往散落在各个角落。

★ 酿酒厂区 地区

(Distillery District；☏416-364-1177；www.thedistillerydistrict.com；9 Trinity St；◎周一至周三10:00~19:00，周四至周六至20:00，周日11:00~17:00；🚌503、504)酿酒厂区占地5公顷，以建于1832年的古德汉·沃兹酿酒厂(Gooderham and Worts distillery；一度曾是大英帝国最大的酿酒厂)为中心。如今是多伦多市中心最受欢迎的景点之一。维多利亚时代的工业仓库现在已被改造成高品位的美术馆、艺术工作室、设计精品店、咖啡厅和小餐馆。周末，新婚夫妇会来到这里以红砖和鹅卵石为背景拍照，年轻的家庭会带着狗来此散步，时尚潮人们则会在迷人的复古山墙和台架下采购艺术品。这里在夏季会举办现场爵士乐表演、展览和美食节等活动。

Young Centre for Performing Arts(见121页)和Mill Street Brewery(见115页)也坐落于此。

★ 圣劳伦斯市场 市场

(St Lawrence Market；见82页地图；☏416-392-7129；www.stlawrencemarket.com；92-95 Front St E；◎周二至周四8:00~18:00，周五至19:00，周六5:00~17:00；P；🚌503、504)两个世纪以来，热闹繁荣的圣劳伦斯市场一直是老约克居民的集会地。这座建于1845年的高桁架结构的南市场(South Market)在经过重建后，如今拥有50多个特色小吃摊位：奶酪供应商、鱼贩、屠夫、面包师和意面厨师在此汇聚一堂。Carousel Bakery和St Urbain分别因为豌豆粉培根三明治和地道的蒙特利尔式百吉饼而闻名。

楼上的老会议厅里有个市集画廊(Market Gallery；见82页地图；☏416-392-0572；www.toronto.ca/marketgallery；95 Front St E；◎周二至周四10:00~18:00，周五至19:00，周六9:00~17:00，周日10:00~16:00；🚌503、504) 免费 ，轮流展出绘画、摄影、文献和历史文物。

Front St对面的北市场(North Market)会在周六5:00起举办农贸市场，在周日举办很棒的古物集市，早点儿去淘好东西吧。早在2010年，改造北市场大楼的设计大赛就已决出了胜负，但至今没有动工的迹象。往北走几步就可以看到辉煌的圣劳伦斯大厅(St Lawrence Hall，建于1849年)，它的屋顶呈双重斜面四边形，还有座包铜式钟楼。

◉ 娱乐区和国王西街 (Entertainment District & King Street West)

多伦多的娱乐区位于金融区以西，在University Ave和Spadina Ave之间的King St一带，这里汇聚了各种剧院、表演大厅、预演酒吧和受欢迎的多伦多国际电影节贝尔星光宝盒剧院(Toronto International Film Festival Bell Lightbox；见122页)。以Spadina Ave为西侧边界的这一整片区域是夜店聚集地。沿着King St向东，往酿酒厂区(见本页)的方向走，你会发现沿路有很多高端家具和设计品商店，还有一些精美的历史建筑，值得一逛。

★ 里士满401号 画廊

(401 Richmond；见74页地图；www.401richmond.net；401 Richmond St W；◎周一至周五9:00~19:00，周六至18:00；🚌510) 免费 纽约风格的里士满401号于1994年经过翻修，位于20世纪早期一个石版画家的仓库内，占地18,500平方米。这里有130个风格各异的当代艺术画廊，展出的作品几乎涵盖了你能想到的任何艺术媒介。你还可以在底层的咖啡厅买些小吃和拿铁，去宽阔的屋顶花园享受一番——这片花园是很少有人知道的夏季绿洲。

加拿大广播中心 博物馆

(Canadian Broadcasting Centre，简称CBC；见82页地图；☏416-205-5574；www.cbc.ca/museum；250 Front St W；◎周一至周五9:00~17:00；Ⓢ Union，🚌504) 免费 多伦多规模庞大的加拿大广播中心是全加英语广播和电视的总部。你可以随时去瞄一眼广播编辑部，或者去世界一流的格连·古尔德演播室(Glenn Gould Studio；见119页)听一场音乐会。一定要去CBC博物馆(CBC Museum)参观，这里收藏了很多精妙的古董麦克风和广播设备。旁边的格雷厄姆斯普赖剧院(Graham Spry Theatre)滚动播放CBC的各种节目。最好的是，这里全场免费!

Downtown Yonge

沿Yonge St向北走便可来到央-登打士广场（Yonge & Dundas Sq），这是多伦多版的纽约时代广场，是市中心的核心地带。这一公共空间的选址很奇怪，看起来既不美观，又不通达。这里经常举行活动，但一般都是商业拓展或者社区建设类活动。街对面就是多伦多的地标伊顿中心商场（Eaton Centre mall），它位于Dundas St和Queen St之间，和一些历史剧院及瑞尔森大学（Ryerson University）一样是游客的首选。沿Yonge St继续北上，绕过异彩纷呈的恰奇-威里司宜（Church-Wellesley）同性恋村，在和Bloor St的交叉路口就会看到时髦的约克维尔区（Yorkville）。

★ 埃尔金与冬季花园剧院　　剧院

（Elgin & Winter Garden Theatre；见74页地图；☎416-314-2871；www.heritagetrust.on.ca/ewg；189 Yonge St；团队游成人/学生 $12/10；ⓢQueen）经过修复之后，埃尔金与冬季花园剧院这一建筑瑰宝成为世界上最后一座仍在运营的爱德华时代的双层剧院。这家剧院刚刚在2013年举办了建成100周年的庆祝活动。冬季花园最初是作为一个连锁性的综艺表演的旗舰演出场地而修建的，但这一项目最终未能成功发展起来，而楼下的埃尔金则在20世纪20年代被改造成了电影院。

剧院在1981年的大拆除中幸存下来，而修复工作共花费了$2900万，包括用面团使原始的玫瑰花园壁画重见天日，联系制作原版地毯的比利时公司制作新地毯，以及替换冬季花园的镶花天花板——工程艰巨而辛苦细致。

市政厅　　历史建筑

（City Hall；见74页地图；☎416-392-2489，311；www.toronto.ca；100 Queen St W；◐周一至周五 8:30~16:30；Ⓟ；ⓢQueen）免费 备受非议的市政厅是多伦多勇敢迈向建筑现代化的代表作品。于1965年完工的状若含珠之蚌的双子塔，中间呈飞碟形状的会议厅，以及

孩子们的多伦多

多伦多是孩子们的乐园：带孩子的游客在这里有很多项目可以选择。

➡ Harbour KIDS会在**港畔中心**（见73页）举办各式活动。每年8月，**加拿大国家博览会**（见97页）也会举办精彩活动。

➡ 充满好奇心的小朋友会喜欢**加拿大国家电视塔**（见72页）、**安大略省科学中心**（见91页）、**皇家安大略博物馆**（见81页）和**乐高乐园探索中心**（见92页）。

➡ 热爱艺术并富有创造性的孩子大概会喜欢**加德纳博物馆**（见84页）的陶艺课程；他们也可能会喜欢在**多伦多公共图书馆-Lillian H Smith分馆**（Toronto Public Library-Lillian H Smith Branch；见74页地图；☎416-393-7746；www.torontopubliclibrary.ca；239 College St；◐周一至周四 9:00~20:30，周五至18:00，周六至17:00，周日 13:30~17:00；🅟；🚌506、510）免费 听故事；也可以去**Young People's Theatre**（见121页）观看演出。

➡ 未来的环境卫士和动物医生会想让你带他们去**瑞普利水族馆**（见75页）、**河谷农场**（见89页）、**海柏公园**（见91页）、**士巴丹拿码头湿地**（见75页）和**汤米汤普森公园**（见89页）。

➡ 调皮好动的小朋友可以去**加拿大奇妙乐园**（见92页），或者选择温和一些的**湖心岛游乐园**（见89页）。青少年也会喜欢**伊顿中心**（见108页）和**肯辛顿市场**（见111页）。

➡ 以下这些酒店有价格合理且宽敞的房间，适合家庭入住：**Eaton Chelsea**（见101页），这里有多条大型滑水道；**Courtyard Toronto Downtown**（见102页）；**Grand Hotel & Suites**（见101页）；**Cambridge Suites**（见101页）。

www.helpwevegotkids.com为父母们提供了非常方便的网络资源，上面列举了多伦多和儿童有关的所有事情，包括保姆和日托服务。

坡道和马赛克锦砖镶嵌都是出自芬兰建筑师威里欧·若威尔(Viljo Revell)的获奖设计。暴躁的弗兰克·劳埃德·赖特(Frank Lloyd Wright)将它比作一座墓碑。而设计师若威尔在竣工之前就去世了。

市政厅外的内森菲利普斯广场(Nathan Phillips Square；不过大多数人还是将它统称为市政厅)对轮滑者、示威群众、快餐车以及自拍的游客们有莫名的吸引力,标示着"多伦多"的英文字母不分昼夜地闪烁着。盛夏时节,草地斜坡上有"新鲜周三"(Fresh Wednesdays)农民集市、免费音乐会和特别活动,午休的上班族也会在此出没。在Bay St和Queen St的交叉口有一个游客中心。冬天,喷泉池结冰,摇身变成了充满乐趣的溜冰场。

旧市政厅　　　　　　　　　　历史建筑
(Old City Hall; 见74页地图; ☏416-327-5614; www.toronto.ca/oldcityhall; 60 Queen St W; ☉周一至周五 8:30~16:30; ⓈQueen) 免费 现在的市政厅(见79页)隔着Bay St的对面就是多伦多建筑师E.J.伦诺克斯(EJ Lennox)于1899年完成的不朽之作。如今这里坐落着法庭,还有一座倾斜的钟楼、有趣的壁画和怪兽状的滴水嘴。

圣三一教堂　　　　　　　　　　教堂
(Church of the Holy Trinity; 见74页地图; ☏416-598-4521; www.holytrinitytoronto.org; 10 Trinity Sq; ☉周一至周五 11:00~15:00, 礼拜 周三 12:15, 周日 10:30和14:00; ⓈDundas)三一广场隐藏在庞大的伊顿中心西侧的背后,是一块绿洲般的地方,因受人推崇的圣三一圣公会教堂而得名。1847年,教堂对外开放,成为多伦多第一个不向教区居民收费的教堂。如今的圣三一教堂因其对同性婚礼的宽容态度而远近闻名,这里既是礼拜堂,又是小型音乐会场地,也是社区活动中心——可以说拥有市中心教堂应有的一切!

加拿大纺织博物馆　　　　　　　博物馆
(Textile Museum of Canada; 见74页地图; ☏416-599-5321; www.textilemuseum.ca; 55 Centre Ave; 成人/儿童 $15/6, 周三 17:00~20:00 捐赠入场; ☉周四至周二 11:00~17:00, 周三至

20:00, 团队游周日 14:00; ⓈSt Patrick)这座博物馆隐藏在公寓楼脚下,收藏有10,000件来自拉丁美洲、非洲、欧洲、东南亚、印度和当代加拿大的常设展品。工作坊会教授蜡染、编织、针织和各种各样的针线活。

3Pass(www.3pass.ca)通票包含了巴塔鞋类博物馆(Bata Shoe Museum；见83页)、加德纳博物馆(Gardiner Museum；见84页)和加拿大纺织博物馆的门票,票价$30的通票已含税。

◉ 唐人街和贝尔德温村 (Chinatown & Baldwin Village)

多伦多的唐人街占据了市中心部分地区,从University Ave到Spadina Ave, 在College St和Queen St之间。一对朱红色的龙门标注了唐人街中心的位置。树林茂密的贝尔德温村位于Beverley St和Mc Caul St之间的Baldwin St一带,这里有很多廉价的餐馆,想要躲开汹涌人潮的人们可以在这里美餐一顿。这座村庄拥有犹太渊源,但如今这里奔放不羁的氛围是由在越南战争期间逃至此地的反对主流文化的美国人士带来的。

安大略美术馆　　　　　　　　　画廊
(Art Gallery of Ontario, 简称AGO; 见74页地图; ☏416-979-6648; www.ago.net; 317 Dundas St W; 成人/18岁以下 $19.50/11; ☉周二和周四 10:30~17:00, 周三和周五至21:00, 周六和周日至17:30; ⓐ505)安大略美术馆的艺术展品质量上乘,品种繁多(想要全部看完需要一定耐力)。由建筑大师弗兰克·盖里(Frank Gehry)设计并于2008年完成的外观翻新工作并未收到惊艳的效果,也许是因为其位于无聊的市中心。幸运的是,一旦步入其内,一切就都不一样了。永久收藏品的亮点包括珍稀的魁北克宗教雕像、第一民族和因纽特雕像、加拿大七人画社(Group of Seven)的杰出作品、亨利·摩尔雕像展览馆(Henry Mooresculpturepavilion)以及一座复原的乔治亚时代房屋——葛兰许(The Grange)。

◉ 恰奇-威里司里村 (Church-Wellesley Village)

从央-登打士广场向北沿Yonge St朝

College St和Bloor St的方向走，你会看见瑞尔森大学和一些便宜的餐馆、成人用品店、异性恋和同性恋恋的脱衣舞俱乐部。多伦多的同性恋村——又叫"恰奇-威里司里"或"村子"——从Church St和College St的交叉路口开始，以Church St和Wellesley St交叉路口以北的几个街区为中心。每年夏天，在加拿大国庆日长周末前后，超过100万欢乐的人群会涌上大街，参与盛大的多伦多同性恋骄傲大游行（见96页）——该游行标志着骄傲月的结束——共同庆祝性开放、性多样性和性自由。

枫叶花园　　　　　　　　　　　　　体育馆
（Maple Leaf Gardens, Mattamy Athletic Centreand Loblaws; 见74页地图; ☎416-598-5966; www.mattamyathleticcentre.ca; 50-60 Carlton St; ⓢCollege）这个神圣的冰球竞技场建造于经济大萧条期间，耗时仅5个月，着实令人惊诧。50多年来，这里曾是多伦多枫叶队（Toronto Maple Leafs）的主场，直到1999年，他们才迁往加拿大航空中心（见123页）。在体育场全盛时期，猫王、辛纳特拉（Sinatra）和甲壳虫乐队（Beatles）都曾在此引吭高歌。经过一系列的重建工作，现在这里已成为瑞尔森大学的运动中心（Athletic Centre）。

◉ 布卢尔-约克维尔（Bloor-Yorkville）
一度是多伦多版本的纽约格林威治村或旧金山的海特-阿什伯里（Haight-Ashbury），这个原本反主流文化的先驱已经改头换面，摇身变为多伦多富有、出名、迷人和美妙的中心聚集区。约克维尔的主干道是从Bloor St W到Avenue Rd的延伸路段，也被称为豪华大道（Mink Mile）。如果你喜欢高端品牌，可以来逛逛。霍尔特伦弗鲁（Holt Renfrew）百货公司就在这里，还有古奇（Gucci）、普拉达（Prada）、杜嘉班纳（D&G）和路易威登（Louis Vuitton）等品牌的专卖店。在Bloor Rd以北到Davenport Rd之间，以及Avenue Rd以东的区域内还有一些可爱的精品店和咖啡馆。在多伦多国际电影节（Toronto International Film Festival, 简称TIFF）期间，好莱坞名人经常出没于约克维尔区的酒吧。

多伦多的一些数据
➤ 居住在多伦多的加拿大移民: 1/4
➤ 居住在多伦多的非加拿大出生居民: 1/2
➤ 同性恋骄傲周的游客数量: 1,000,000
➤ 一品脱当地啤酒: $5
➤ TTC地铁费: $3
➤ 自驾一日可到多伦多的美国人占美国总人口的百分比: 50%
➤ 加拿大国家电视塔的高度: 553米
➤ 蓝鸟队比赛最便宜的坐票: $13
➤ 公园面积占多伦多总面积百分比: 18%
➤ 一年中公园绿意盎然的月份数: 6个月
➤ 枫叶队上次获得斯坦利杯的年份: 1967年
➤ 多伦多人平均每天的通勤时间: 82分钟

★ 皇家安大略博物馆　　　　　　　博物馆
（Royal Ontario Museum, 简称ROM; 见74页地图; ☎416-586-8000; www.rom.on.ca; 100 Queen's Park; 成人/儿童 $15/12; ⊙周六至周四10:00~17:30, 周五至20:30; ⓢMuseum）2014年是皇家安大略博物馆的100周年庆，这座包罗万象的博物馆是加拿大最大的自然历史博物馆，也是北美最大的博物馆之一。2007年，位于Bloor St上的主入口处的原建古迹建筑旁新建了一座名为"水晶"（the Crystal）的副楼，看上去就好像是捅破了原有结构而伸到街上的巨大的玻璃碎片，它与周边环境是否协调就见仁见智了。

博物馆内有超过600万件永久收藏品和手工艺品，分为两个主要展厅：自然历史馆（二楼）和世界文化馆（一、三、四楼）。这里的中国寺庙雕塑、朝鲜艺术画廊和服装纺织藏品都属于世界上最优秀藏品之列。孩子们会争着参观恐龙馆、埃及木乃伊和牙买加蝙蝠洞穴的复制品。来自不列颠哥伦比亚省第一民族部落的雪松木雕刻而成的图腾柱非常精美。

Downtown Toronto South 多伦多市中心南部

安大略省 多伦多

地图标注

- ◎ 4
- ◎ 42
- ◎ 59
- ✖ 36
- ✖ 40
- St James Park
- Adelaide St E
- 45
- ✖ 41
- 23
- King St E 国王东街
- 53
- ② 46 St Lawrence Market 圣劳伦斯市场
- 去CanStage (350m)
- Lombard St
- Frederick St
- George St
- Market St
- Jarvis St
- Lower Jarvis St
- Colborne St
- 54
- Front St E
- 44
- 15
- Wellington St E
- 56
- Cooper St
- Freeland St
- Lake Shore Blvd E
- Harbour St
- Queens Quay E
- 去Distillery District 酿酒厂区(800m); Mill Street Brewery(900m); Young Centre for Performing Arts(900m)
- ✖ 35
- Toronto Islands Ferries 多伦多群岛渡轮
- Yonge St
- Jarvis St Slip
- Inner Harbour
- Victoria St
- 20
- King
- 26
- 25
- ⑦
- 14 Yonge St
- FINANCIAL DISTRICT 金融区
- The Esplanade
- 33
- Bay St
- ⑤ 5
- 37
- Front St W
- ⓈUnion 62 Station 联合车站
- 50
- 39
- Bay St
- Queens Quay
- Harbour Square Park
- 皇后码头
- 34
- 见多伦多市中心北部地图(74页)
- York St
- ⓈSt Andrew
- 38
- 13
- Wellington St W
- 21
- Piper St
- 32
- University Ave
- Emily St
- 60
- Station St
- Bremner Blvd
- York St
- HARBOURFRONT 港畔区
- 16
- 17
- York St Slip
- Nelson St
- 47
- Adelaide St W
- Pearl St
- 30
- 55
- ENTERTAINMENT DISTRICT 娱乐区
- 57
- 52
- 58
- 29
- THEATER BLOCK 剧院区
- 3
- John St
- 51
- 60
- Simcoe St
- Metro Convention Centre 会展中心
- ◎ CN Tower 加拿大国家电视塔
- 1
- 9
- Bobbie Rosenfeld Park
- 12
- ◎ 6
- Lower Simcoe St
- Queens Quay W
- 8
- 18
- Simcoe St Slip
- ✖ 43
- Widmer St
- 22
- 24
- 49
- 28
- King St W
- 48
- 31
- Blue Jays Way
- Clarence Square Park
- 19
- Peter St
- Front St W
- 27
- ◎ 10
- Bremner Blvd
- Rees St Slip
- Peter St Slip
- Spadina Ave
- Wellington St W
- 见多伦多西部地图(86页)
- 去Fort York 约克堡 (200m)
- Lake Shore Blvd W: Gardiner Expwy
- 去Exhibition Place展览广场(1.8km); Molson Amphitheatre 莫尔森加拿大露天剧场(2km)
- Queens Quay W
- 11
- Spadina Ave Slip
- Camden St
- Bremner Blvd
- Spadina Ave
- Gardiner Expwy 加德纳高速公路

500 m
0.25 miles

Downtown Toronto South 多伦多市中心南部

◎ 重要景点
- **1** 加拿大国家电视塔 C3
- **2** 圣劳伦斯市场 G2

◎ 景点
- **3** 加拿大广播中心 C2
- **4** 云花园温室 E1
- **5** 设计交流中心 E1
- **6** 港畔中心 C4
- **7** 冰球名人堂 E2
- 市集画廊 ....(见2)
- **8** 发电厂当代艺术画廊 D4
- **9** 加拿大瑞普利水族馆 C3
- **10** 罗渣中心 C3
- **11** 士巴丹拿码头湿地 A4
- **12** 溪鸣啤酒厂 C3
- **13** 多伦多道明因纽特艺术馆 D1

◎ 活动、课程和团队游
- **14** Chariots of Fire E2
- **15** Europe Bound Outfitters F2
- **16** Mariposa Cruises D4
- **17** Tall Ship Kajama D4
- **18** Wheel Excitement C4

◎ 住宿
- **19** Clarence Park B1
- **20** Cosmopolitan F1
- **21** Fairmont Royal York D2
- **22** Hilton Garden Inn Toronto Downtown B1
- **23** Hostelling International Toronto F1
- **24** Hôtel Le Germain B1
- **25** Hotel Victoria E1
- **26** One King West E1
- **27** Renaissance Toronto B3
- **28** Residence Inn Toronto Downtown B2
- **29** Ritz Carlton C2
- **30** Shangri-La Hotel D1
- **31** Soho Metropolitan Hotel B2
- **32** Strathcona Hotel D2
- **33** Trump Toronto E1
- **34** Westin Harbour Castle E4

◎ 就餐
- **35** Against the Grain Urban Tavern G4
- **36** Bombay Palace G1
- **37** Bymark E2
- **38** Earl's D1
- **39** Harbour Sixty Steakhouse E3
- **40** Hiro Sushi G1
- **41** Nami F1
- **42** Patrician Grill G1
- **43** Ravi Soups B1
- **44** Sultan's Tent & Café Maroc F2
- **45** Terroni F1

◎ 饮品和夜生活
- **46** C'est What F2
- **47** Crocodile Rock C1
- **48** Underground Garage B1
- **49** Wayne Gretzky's B2

◎ 娱乐
- **50** 加拿大航空中心 E3
- **51** 格连·古尔德演播室 C2
- **52** 威尔士王妃剧院 C1
- **53** Rainbow Cinemas F1
- **54** Reservoir Lounge F2
- **55** 亚历山德拉皇家剧院 C1
- **56** Sony Centre for the Performing Arts F2
- **57** 贝尔星光宝盒剧院 C1
- **58** 多伦多交响乐团 C1
- **59** Young People's Theatre G2

◎ 购物
- **60** Bay of Spirits Gallery D2
- **61** MEC B1
- **62** 联合夏日 D2

皇家安大略博物馆每年都会举行多个大型临时展览,展出来自世界各地的藏品(特展额外收费)。馆内的当代文化研究所(Institute of Contemporary Culture)通过艺术、建筑、讲座和影像探讨当今的种种问题。博物馆每天都有免费团队游。留意春季和秋季周五晚间的现场活动,届时博物馆将敞开大门,设置临时的迪斯科舞厅并邀请DJ驻场打碟。7月到9月的"ROM夏季周五"活动期间,在周五16:30之后入场门票有折扣。

巴塔鞋类博物馆　　博物馆

(Bata Shoe Museum;见74页地图;📞416-979-7799;www.batashoemuseum.ca;327 Bloor St W;成人/儿童 $14/5,周四 17:00~20:00建议捐赠$5;⊙周一至周三、周五和周六 10:00~17:00,周四至20:00,周日正午至17:00;Ⓢ St George)穿双好鞋在生活中是非常重要的,这是巴塔鞋类博物馆坚定的立场。建筑师雷蒙德·森

山（Raymond Moriyama）将博物馆设计成令人印象深刻的独具一格的鞋盒，里面展示着来自世界各地的10,000件"鞋类工艺品"。你可以在这里仔细端详19世纪法国能踩碎板栗的木屐鞋、加拿大原住民极地靴，或是埃尔顿·约翰（Elton John）、英迪拉·甘地（Indira Gandhi）和巴勃罗·毕加索（Pablo Picasso）等名人穿过的鞋履。

3Pass（www.3pass.ca）通票包含了巴塔鞋类博物馆、加德纳博物馆和加拿大纺织博物馆（见80页）的门票，票价$30的通票已含税。

加德纳博物馆 博物馆

（Gardiner Museum；见74页地图；☎416-586-8080；www.gardinermuseum.on.ca；111 Queen's Park；成人/儿童 $15/免费，周五 16:00~21:00半价；◉周一至周四 10:00~18:00，周五至21:00，周六和周日至17:00；⑤Museum）这座由慈善家创办的加德纳博物馆坐落在皇家安大略博物馆对面，用来陈列他们的陶瓷藏品。收藏品分布在3个楼层，藏品年代跨越几千年。有些展厅集中展示17、18世纪的英国酒馆陶器、意大利文艺复兴时期的马略尔卡陶器、美洲古陶器和蓝白相间的中国瓷器。每天14:00有免费的导览游。

3Pass（www.3pass.ca）通票包含了加德纳博物馆、巴塔鞋类博物馆和加拿大纺织博物馆（见80页）的门票，票价$30的通票已含税。

◉ 多伦多大学和安那克斯社区
（University of Toronto & The Annex）

著名学府多伦多大学（University of Toronto，简称U of T）成立于1827年，是加拿大最大的大学，拥有近80,000名学生和18,000名教职工。你可以在位于中心地带的圣乔治（St George）校区里自由漫步，欣赏宏伟的维多利亚式和罗马式建筑群。多伦多大学的西侧和北侧是多伦多最大的市中心住宅区——安那克斯社区，这里深受广大学生和学者们的喜爱。众多小酒馆、有机食品杂货店、世界各地小吃和宗教场所汇聚于此，数量众多。多伦多一些最庄严的建筑也在这里。

★ 卡萨罗马城堡 历史建筑

（Casa Loma；☎416-923-1171；www.casaloma.org；1 Austin Tce；成人/儿童 $18/10；◉9:30~17:00，最晚入场时间 16:00；🅿；🚌127，⑤Dupont）虽然这座多伦多唯一的城堡可能从未有贵族居住过，但它依然气派非凡。城堡坐落在悬崖边上，俯瞰安那克斯社区，这里曾经是冰川湖易洛魁湖（Lake Iroquois）的湖畔，安大略便是起源于易洛魁湖。这里提供各种主题的导览游。如果你在圣诞节前后来多伦多，这里是必游之地。详情请登录网站查询。从Davenport Rd北边的Spadina Ave沿着**贝尔德温台阶**（Baldwin Steps）向上走27米就能到达城堡。

这座拥有98个房间的宅邸是城堡、烟囱、旗杆、角楼和童话长发公主（Rapunzel）式阳台建筑的集合。城堡建于1911年至1914年，是为亨利·佩拉爵士（Sir Henry Pellat）而修建的，他是一位通过为多伦多供电而发家致富的投资家，后来却因为一次失败的土地投机买卖而家产尽失，丧失抵押品赎回权迫使亨利和他的妻子减少了排场。

★ 士巴丹拿博物馆 博物馆

（Spadina Museum；☎416-392-6910；www.toronto.ca/museums；285 Spadina Rd；团队游成人/儿童 $8/5，庭院免费；◉周二至周日正午至16:00；🅿；⑤Dupont）这座建于1866年的雅致建筑位于贝尔德温台阶顶端，附带一个维多利亚-爱德华时期的花园，是金融家詹姆斯·奥斯汀（James Austin）及其家人的一处乡间地产。该建筑于1978年被捐赠给当地政府，1984年辟为博物馆，并于近期经过精心改造，以重现20世纪20年代至30年代的盛况。强烈推荐。

省议会 历史建筑

（Provincial Legislature；见74页地图；www.ontla.on.ca；Queen' Park；◉周一至周五 8:30~18:00；⑤Queens Park）**免费** 安大略省议会坐落在一座建于1893年的华丽砂岩建筑中，位于College St以北的皇后公园（Queen's Park）中。要是想在当地找点儿娱乐活动，可以在议会开会期间去旁听各方立方的激辩（3月至6月及9月至12月的周一、周二和周四）。旁听是免费的，但是安检非常严格。

肯辛顿市场和小意大利区

肯辛顿市场的周边有些破旧但仍不失优雅,可谓是多伦多文化多元丰富的真实写照,也是其最为有趣的地方。它不仅是居民区市场,你还可以在这里进行一场价廉物美的世界美食之旅——这里现在到处都是食客。在这里购物更像是一场狂欢,你可以淘到城内最好以及最多的古旧或二手衣物、书籍以及小古董。你会看到梳着发辫的城市嬉皮士、文身朋克族、大麻客和大麻贩子、自行车爱好者、哥特式潮人、乐师、艺术家和无政府主义者,他们总体上举止有度、相处融洽。空气中不时飘来烈酒和醉酒呕吐物的味道。每逢周末,这里就像一个小型节日,"行人星期天"(Pedestrian Sundays)更是如此,届时这里几乎全被行人占据。虽然工作日稍显冷清,但私人空间更多,逛起来会比较轻松。

你可乘坐College有轨电车到达Spadina Ave或Augusta Ave,然后跟着大家走就行了。位于College St和Dundas St之间的Augusta Ave是最热闹的路段,但Augusta Ave和Bellevue Ave之间的那一小段Nassau St则拥有一些精致的咖啡馆,是避开人群的绝佳休憩处。

沿着College St继续走,便会来到**小意大利区**,这是座众望所归的美食王国。这里有历史悠久的露天咖啡馆、酒吧和时尚餐厅一条街,这些店经常易主,因为众所周知,富有的顾客十分善变。沿着College St越往西走,传统气息越是浓厚,随处可见香气四溢的面包房、临街的冰激凌店以及朴实的意式餐厅。

维奇伍德公园　　　　　　　　公园

(Wychwood Park; Davenport Rd和Bathurst St交叉路口; ⑤Dupont)维奇伍德公园建于19世纪后期,展示了多伦多最美丽、最引人入胜的古迹建筑,并曾经是封闭的艺术家领地。这是一个散步的好地方。需要注意的是,维奇伍德实际上是一个有很多人居住的生活社区,所以请注意文明礼貌。

多伦多本土加拿大中心　　　　文化

(Native Canadian Centre of Toronto; 见86页地图; ☏416-964-9087; www.ncct.on.ca; 16 Spadina Rd; ◎周一至周四 9:00~20:00,周五至18:00, 周六 10:00~16:00; ⑤Spadina)这座社区中心每周四晚举办击鼓联欢会、季节性的帕瓦仪式(powwows)和老年人文化活动,以促进部落成员和非第一民族居民之间的和谐与交流。你也可以报名参加工作坊和手工艺培训班,如珠绣和舞蹈班。

◎ 皇后西区和三一贝尔伍德
(Queen West & Trinity Bellwoods)

尽管皇后西区不是任何重要景点的所在地,但它却是多伦多最有名的居民区,是旅行的必去之处。任何20~40岁且还自认为年轻的、对流行文化感兴趣的人都希望把这条时尚大道作为旅行的第一站。

为了更好地体验Queen St,安排一天的行程是必要的:从Yonge St拐角处出发,一路向西,你将到达位于皇后西街和University Ave交叉路口的Osgoode地铁站,这段路当真乏善可陈。皇后西区从此处开始绵延1.5公里,直至Bathurst St。在走到Spadina St前,你会先经过几个遍布主流零售商、酒吧以及各种精品店的街区,而真正的狂野之地是从Spadina St到Bathurst St之间的区域。尽管与其他地方相比更加脏乱,但是在这里,你可以找到散布于家具、艺术品和音乐商店之间的价廉物美的美食店。这里有许多咖啡馆和酒吧,置身其中能让你灵感迸发、流连忘返。

从Bathurst St往西,经过三一贝尔伍德公园,向着Dufferin St的方向走大约2公里,就来到了著名的皇后西区西(West Queen West)。位于Bathurst St和热闹的Ossington Ave——位于Bloor St以南,一直贯穿至Queen St——之间的一小片地方是多伦多最棒的观光地之一,你可以在这里尽享美食,也可以观察人群。这里就是三一贝尔伍德社区——适宜时尚人士、设计师、社交达人或非主流同性恋者居住(是的,多伦多社区就是如此开放……)。当高昂的房租迫使许多商

West Toronto 多伦多西部

West Toronto 多伦多西部

◉ 景点
1 加拿大多伦多当代艺术博物馆................A6

◎ 活动、课程和团队游
2 Community Bicycle Network.............C6
3 Native Canadian Centre of Toronto...............D2

🛏 住宿
4 Planet Travelers Hostel D4
5 Thompson Toronto C7

⊗ 就餐
6 Aunties & Uncles C4
7 Avenue Open Kitchen D7
8 Bar Italia B4
9 Burger's Priest D6
10 By the Way..D2
11 Caplansky's Deli.................................D4
12 Chabichou C3
13 Chippy's B6
14 Country Style Hungarian Restaurant.......................................C2
15 Jumbo Empanadas D5
16 Kalendar B4
17 Khao San Road B6
18 Kupfert & Kim D7
19 Lee..C7
20 Moonbean Coffee Company.............D5
21 Mr Tonkatsu C2
22 New York Subs & Burritos.................C6
23 Nguyen Huong D5
24 Patria...D7
25 Pho Hu'ng D5
26 Pizzeria Libretto A5
27 Rose and Sons Swan........................A6
Thompson Diner...........................(见5)
28 Union..A6
29 Urban Herbivore..................................D4
30 Wvrst...C7

◎ 饮品和夜生活
31 Bar Chef D6
32 Clinton's B2
33 El Convento Rico A4
34 Handlebar D5
35 Java House D6
Mod Club ....(见33)
36 Ossington A6
37 Red Room D4
38 Sneaky Dee's C4
39 Sweaty Betty's A6
40 Uniun...D7

✪ 娱乐
41 Cameron House..................................D6
42 Cineforum C4
43 Dakota Tavern.....................................A5
44 工厂剧院...C7
Hot Docs Ted Rogers Cinema..(见21)
45 Lee's Palace C2
46 Theatre Passe Muraille......................C6

🛍 购物
47 Beguiling..C2
48 BMV..D2
49 Come as You Are C6
50 Courage My Love................................D5

铺向西搬迁时，Ossington Ave附近出现了许多优质美食店和饮料店。Queen St复兴得很快，比原先更加时髦。Queen St的最西端则更为幽静，一批设计师家具商店聚集于此。

有轨电车沿着皇后西街（在其成为Queensway之前）来往穿梭，十分适合在走累了或经过一天的疯狂购物后提着许多袋子乘坐，因为步行回市中心真的很远。

加拿大多伦多当代艺术博物馆 博物馆

（Museum of Contemporary Art Toronto Canada；见86页地图；http://museumofcontemporaryart.ca；Queen St W；🚋501）2017年5月，当代艺术馆（MoCA）正式入驻街对面的加拿大多伦多当代艺术博物馆。博物馆位于Queen St和Ossington Ave交叉路口，地处皇后西区西的设计与艺术步行区的中心地带，当代艺术馆授权展览加拿大和国际艺术家创作的当代主题的创新艺术品。更大、更新的博物馆将设立展品线上数字中心，通过艺术来诠释现代世界。查看网站了解开放时间和细节信息。

◉ 东区 (East End)

从Parliament St向东到顿河（Don River）之间的区域曾是逃离1841年马铃薯饥荒的爱尔兰移民的定居地。因为该地区的沙质土壤适宜种植圆白菜，因此也被称为白

男女同性恋的多伦多

说多伦多是同性恋(LGBTI)友好城市其实是种轻描淡写。可以这样说,和其他规模相当的城市相比,它更能充分接受多样性。2003年,多伦多成为北美第一个同性婚姻合法化的城市。仅仅过了一年,安大略省一家法院就批准了第一宗同性离婚案,这仿佛在提醒我们,无论性取向如何,婚姻都不是能够轻易维持的。

多伦多同性恋骄傲大游行(见96页)是世界上规模最大的同性恋活动之一。在游行当天,恰奇-威司里地区的街道上会聚集着上百万名幸福的同性恋者及亲朋好友。如果你想参加骄傲大游行,不要忘了提前预订住宿,这里的旅馆很快都会爆满。在一年中的其他时候,彩虹区Church St上阳光明媚的露台、酒吧、咖啡馆和餐馆吸引着从骑车熊男到妆容精致的女同性恋在内的各种人,他们会来这里坐看人来人往。天黑后就是舞蹈时间了:无论是卡巴莱歌舞还是曳步舞,无论是重低音的40大金曲(top-40)、R&B,还是怪异的朋克音乐,深夜的狂欢者都会和着音乐涌上街头,特别是在周末。

其他同性恋友好社区包括安那克斯社区、肯辛顿、皇后西区、白菜镇(Cabbagetown)和李斯利维尔区(也因英文谐音被称为"女同性恋村")。这里有很多同性恋夜生活场所,尽管男士酒吧和夜店的数量大大多于女士场馆。此外,多伦多还是变装国王、女士专场浴室狂欢夜和女同读书系列活动的发祥地。

多伦多是同性恋者或试图探索自己性取向的人们的绝佳之地。你可以查看*Daily Xtra* (www.dailyxtra.com)在线杂志来了解彩虹区的LGBTI活动信息。此外还有很多免费的社区资源和相应的互助组织:

519号 (The 519, Church St Community Centre; 见74页地图; 416-392-6874; www.the519.org; 519 Church St; 周一至周五 8:30~22:00, 周六 9:00~22:00, 周日 10:00~17:00; ⓢWellesley)在超过35年的时间里,这里都是多伦多LGBTI社区的中心枢纽,提供各种各样的项目、服务和支持,从咨询到免费的匿名HIV检测,一应俱全。路过的时候来进来看看吧!

加拿大同性恋档案馆(Canadian Lesbian & Gay Archives, 简称CLGA; 见74页地图; 416-777-2755; www.clga.ca; 34 Isabella St; 周二至周四 6:30~21:00, 周五 13:00~17:00; ⓢWellesley)于2013年举行了40周年庆,这个档案馆保留了和加拿大LGBTI研究相关的所有资料,是世界上同类档案馆中规模最大的。在线查看馆内2楼画廊的展览时刻表,或者直接登门即可。

Hassle免费诊所(Hassle Free Clinic; 见125页)提供匿名的免费HIV(仅限预约)和性传播感染(STI)测试,以及生育和性健康服务。

Queer West (www.queerwest.org)适合那些更偏好非主流的人们。登录网站查看以下相关信息:多伦多西部的LGBTI生活、多伦多同性恋艺术节(Toronto Queer Arts Festival)、Queer West电影节和Smash Words Festival。

菜镇(Cabbagetown)。作为以住宅为主的地区以及官方指定的遗产保护区(Heritage Conservation District),它拥有北美最大的维多利亚民居建筑群之一,是个散步的好去处。

步行穿过河谷公园(Riverdale Park),沿Broadview Ave向北走,然后再沿着Danforth Ave向东走,之后你便来到了希腊城/丹福思(Greektown/The Danforth),一路走来实在惬意。沿着Gerrard St E继续向东行,你将到达小印度区(Little India)。这两个地方都是美食爱好者的天堂。南下至Queen St E,就可以到达李斯利维尔区(Leslieville)。这里深受女同性恋者们和年轻富有的妈妈们的喜爱。与多伦多的皇后西区相反,这里有精致、卫生、可爱的早午餐用餐地。自2005年《纽约时报》(*New York Times*)将新兴的李斯利维尔区称为多伦多的热点社区开始,该地区的地价和热度骤升。

★ 河谷农场
博物馆

（Riverdale Farm；☎416-392-6794；www.toronto.ca/riverdalefarm；201 Winchester St；⊙9:00~17:00；🅿🚻；🚌506）**免费** 前身为河谷动物园（Riverdale Zoo），1888年到1974年间，动物园里的草原狼一到夜晚就发出狼嚎，吓坏了白菜镇的孩子们。河谷农场是市中心的一片绿洲，现已成为一个现营农场博物馆，拥有两个谷仓、一个夏季儿童泳池和一些圈养的鸟兽。农夫在做日常杂事时（包括在10:30挤牛奶），孩子们常跟在后面四处转悠。周二有农贸集市（5月至10月 15:00~19:00）。

汤米汤普森公园
公园

（Tommy Thompson Park；☎416-661-6600；www.tommythompsonpark.ca；Leslie St，紧邻Lake Shore Blvd E；⊙4月至10月 周六和周日 9:00~18:00，11月至次年3月至16:30；🚌83 Jones S，🚌501）汤米汤普森公园是位于港畔区和湖滨区之间5公里长的人工半岛，比多伦多群岛更深入安大略湖。这个"临时荒地"是用外港淤泥和市区建筑工地的填方堆积而成的，现已成为重要的野生动物栖息地。它是世界上最大的环嘴鸥巢居地，也是燕鸥、黑冠夜鹭、海龟、猫头鹰、狐狸及土狼的天堂。

公园在周末和节假日向公众开放，交通工具和宠物禁止入内。夏季通常会有特定生态主题的讲解项目和步行导览游。公园尽头有个灯塔，还可欣赏壮丽的城市风景。在Queen St E随便搭乘一辆有轨电车，在Leslie St下车，然后往南步行800米就可以到达公园大门处，沿着马丁古德曼小径（Martin Goodman Trail）也可以到达公园。

◉ 湖滨区 (The Beaches)

对当地居民而言，湖滨区已成为一个富有、专业的湖畔社区。对其他人而言，它是安大略湖畔的社区、湖滨以及公园地带。在所有湖滨中，Kew Beach（☎416-392-8186；www.toronto.ca/parks/beaches/beaches；⊙黎明至黄昏；🚌501）是最受欢迎的，其木板路向东连接Balmy Beach，向西通到Woodbine Beach。

邻近的Kew Gardens有卫生间、小吃店、滑冰场、草坪滚球场和网球场。在西侧，有奥运会标准的公共游泳池。自行车和直排轮滑爱好者可沿着马丁古德曼小径一路穿过尘桥湾公园（Ashbridge's Bay Park）。紧邻Queen St E的下沉式的伊万森林花园（Ivan Forrest Gardens）可通往格兰斯图尔特峡谷（Glen Stewart Ravine），花园里有一些餐厅，这块充满野趣的天然绿地一直向北通至Kingston Rd。

RC哈里斯滤水厂
知名建筑

（RC Harris Filtration Plant；☎416-392-2934；www.toronto.ca；2701 Queen St E；🅿；🚌501）你可以在这块价值不菲的地产上欣赏湖畔天堂般的美景。RC哈里斯滤水厂是出现在无数电影和电视节目中的装饰艺术杰作，造型优雅。由于它在经济大萧条时期高昂的建筑费用，最初它被蔑称为"净化宫殿"（Palace of Purification）。全面运作的工厂很少向公众开放——可以在开放节（见96页）时试试看，但这里平时可以作为极佳的摄影对象。

◉ 多伦多群岛 (Toronto Islands)

从前并没有多伦多群岛，只有一个向湖中延伸9公里的巨大沙洲。1858年4月13号，飓风刮过沙洲，形成了如今被称为东通道（Eastern Channel）的缺口，也诞生了多伦多宝石般的群岛。这20多座岛屿共占地240公顷，阿尔贡金岛（Algonquin Island）和沃德斯岛（Ward's Island）上拥有800多个紧密结合的社区。登岛的交通工具只有渡轮（15分钟，成人/儿童 $7.50/3.65）。从联合车站到渡轮码头，可乘坐509路港畔方向或510路士巴丹拿方向的有轨电车，往南在港湾和皇后码头站（Bayand Queens Quay）下车。

湖心岛游乐园
游乐场

（Centreville Amusement Park；☎416-203-0405；www.centreisland.ca；骑乘游乐设施全天票成人/儿童/家庭 $40/28.50/122；⊙5月至9月 10:30~20:00；🚢Centre Island）从中央岛（Centre Island）渡轮码头出发，漫步走过信息亭，到达古雅的湖心岛古董旋转木马、高飞高尔夫球场、小火车和空中缆车。不嫌多农场（Far Enough Farm）动物园为孩子提供拥抱

步行游览
多伦多地下蓝调之旅

起点: 联合车站
终点: 三一广场
距离: 3公里
耗时: 3~5小时

当外面太冷不宜出行时,你可以躲进多伦多的PATH地下商街(www.toronto.ca/path)。这是一系列迷宫般的地下走廊,总长达28公里(还在不断增加),连接起市中心的各个景点、摩天大楼和商店。如果想尝试下列所有行程,需要一整天的时间。

从 ❶ **联合车站**(见127页)出发,你可向东南方向到达 ❷ **加拿大航空中心**(见123页),或者沿着管状结构空中天桥,越过铁道来到户外,前往 ❸ **加拿大国家电视塔**(见72页),它就在 ❹ **罗渣士中心**(见73页)的旁边。该电视塔是必去之地,即使从外面路过也好。

回到联合车站的PATH地下商街,从地下来到Front St马路对面,然后上台阶来到 ❺ **Fairmont Royal York**(见99页)。从这里出发,沿着不同颜色的箭头即可到达 ❻ **Brookfield Place**和 ❼ **冰球名人堂**(见76页)。漫步穿过商业法庭,之后便可来到 ❽ **多伦多道明中心**。参观过数码股市显示屏后,左转来到 ❾ **设计交流中心**(见77页)。

从多伦多道明中心下方的通道顺着TD Waterhouse Tower的指示牌走,即可来到 ❿ **多伦多道明因纽特艺术馆**(见77页)。

随后可依次游览交易大楼(Exchange Tower)和里士满-阿德莱德综合设施(Richmond-adelaide complex)之后到达 ⓫ **市政厅**(见79页)以及内森菲利普斯广场。

从市政厅你可回到地下,沿着 ⓬ **The Bay**(加拿大最古老的百货商店)的指示牌到达商店,或者经过The Bay,右转上楼,来到Temperance St和 ⓭ **云花园温室**(见76页)。

继续沿着PATH地下商街走即可到达 ⓮ **伊顿中心**(见108页)。从这里出发,你可以轻松到达 ⓯ **圣三一教堂**(见80页)旁的三一广场,或在登打士地铁站乘地铁继续旅行。

毛茸茸的动物和亲近动物饲养环境的机会。园区免费开放，但你需要购买通票才能玩各种游乐设施。

汉兰角
公园

（Hanlan's Point; Lakeshore Ave; ⓢHanlan's Point）中央岛的西端就是汉兰角，以世界划船冠军内德·汉兰（'Ned' Hanlan，1855~1904年）的名字命名，他是第一户永久定居于此的家庭中的一员。1914年，巴比·鲁斯（Babe Ruth）在参加职业棒球小联盟的比赛时曾在此打出了他职业生涯中第一次全垒打——那场比赛用的球就沉在安大略湖底，这颗终极纪念品永远消失了！

沃德斯岛
岛屿

（Ward'sIsland; swww.torontoisland.com; ⓢWard' Island）这里是多伦多群岛中人口最多的岛屿。18洞的**弗里斯比高尔夫球场**（Frisbee Golf Course; swww.discgolfontario.com; Ward' Island; ⓒ黎明至黄昏）**免费** 位于沃德斯岛的西端。一条老式的木板路沿着岛屿的南岸蜿蜒，起点是沃德斯岛海滩，经过全年营业的Rectory Café（见115页）的后门——这家咖啡馆拥有一个赏心悦目的湖畔露台。

◉ 大多伦多地区
(Greater Toronto Area, 简称GTA)

在大多伦多更偏僻的地区，有很多值得游览的景点，这里的社区显得更加偏远，也越发相似。缺点在于，乘坐公共交通工具甚至驾车也不容易到达。

★ 海柏公园
公园

（High Park; www.toronto/parks; 1873 Bloor St W; ⓒ黎明至黄昏; Ⓟ; ⓢHigh Park, 🚌501、506、508）海柏公园是多伦多最受欢迎、最著名的公园，非常适合野餐、游泳、打网球和骑自行车，冬季可以在**掷弹兵池塘**（Grenadier Pond）滑冰，春季则可以漫步樱花林（1959年由日本大使捐赠给公园）。公园内还有一个戏剧舞台、一个小小的儿童动物园以及由霍华德家族（Howard family, 该家族在1873年将海柏公园的大部分土地捐赠给这座城市）于1836年所建的科尔伯恩别墅（Colborne Lodge）。

你可以在6月中旬和9月初的周末和假日在海柏公园地铁站乘坐30B路公共汽车，环游整个公园。或者从地铁站步行200米到公园北门。506路海柏公园电车在公园东侧停靠。如果你从南门的科尔伯恩别墅出园，可步行至Lake Shore Blvd W，然后乘坐任何一辆东行的电车，即可返回市中心。

万年青砖厂
公园

（Evergreen Brick Works; ☎416-596-7670; ebw.evergreen.ca; 550 Bayview Ave; ⓒ周一至周五 9:00~17:00, 周六 8:00~17:00, 周日 10:00~17:00; Ⓟ; 🚌28A, ⓢBroadview）**免费** 这片曾经破损严重的古建筑被成功地改造成了地理旅游的首选地点，也因此闻名于世。这个社区荣获了能源与环境设计认证（Leadershipin Energy & Environmental Design, 简称LEED）。作为社区环境中心和公园，这里经常举办互动工作坊和社区节庆活动，活动主题多与生态、科技和环境相关。此外这里还有一个花园市场和多条天然小径。

托德莫登米勒
古迹

（Todmorden Mills; ☎416-396-2819; www.toronto.ca/todmordenmills; 67 Pottery Rd; 成人/儿童 $6.19/2.65, 美术馆免费; ⓒ4月至12月周一至周五 10:00~16:30, 周六和周日正午至17:00; Ⓟ; ⓢBroadview）托德莫登米勒充满着顿河田园牧歌式的韵味，它由18世纪末期的磨坊变成锯木厂，随后又变成酿酒厂，最后变成造纸厂。内有历史文物展出。导游会带领游客参观老磨坊和小型的顿火车站（Dontrainstation）。你可以乘坐地铁到Broadview站，然后换乘任一辆公共汽车，在Mortimer/ Pottery Rd（Dairy Queen）下车，左转沿Pottery Rd直走，即可到达。

修葺一新的**造纸厂剧院和美术馆**（Papermill Theatreand Gallery）展出当地和新兴艺术家的作品。天然小径从小桥附近开始，绕回隐蔽的**托德莫登米勒野花保护区**(Todmorden Mills Wildflower Preserve; www.hopscotch.ca/tmwp), 9公顷的野花在从前的工业废地上茁壮成长，与木板路和观景台相得益彰。

安大略省科学中心
博物馆

（Ontario Science Centre; ☎416-696-1000;

www.ontariosciencecentre.ca; 770 Don Mills Rd; 科学中心成人/儿童 $22/13，全天域电影 $13/9，联票 $28/19；◎周日至周五 10:00~17:00，周六至20:00；P；⊠34、25）在卓越的互动式安大略省科学中心，你可以体验岩墙攀爬、人类心脏中心之旅、根据DNA指纹识别来抓获罪犯、乘坐奥运大雪橇等项目。800多个高科技展品和现场演示会让孩子们惊叹不已（而身后的大人们也会假装很感兴趣）。这里还有巨幕全天域穹顶电影院。

士嘉堡悬崖 公园

（Scarborough Bluffs；☏416-392-1111；www.toronto.ca；Scarborough；◎黎明至黄昏；P；⊠12，SVictoria Park）站在这条绵延14公里的冰川湖岸悬崖上，你可以饱览安大略湖的壮丽美景。侵蚀形成的岩石尖峰宛如大教堂的尖顶，显露出5个不同冰河时期的痕迹。没有车子的话，抵达断崖会比较费劲。乘地铁到维多利亚公园站后，换乘12路公共汽车沿Kingston Rd到达位于St Clair Ave E交叉路口东面的Cathedral Bluffs Dr。

如果你选择驾车，沿Kingston Rd（Hwy 2），在Cathedral Bluffs Dr向南转，到达断崖顶峰的**主教悬崖公园**（Cathedral Bluffs Park；65米）。你也可以从更东面的Galloway Rd到达。再往东约6公里，你眼前将会出现多伦多最美的盛景之一——**吉尔德伍德公园**（Guildwood Park），这里随处可见建筑文物和雕塑，均由富有远见的罗莎·克拉克和斯宾塞·克拉克（Rosaand Spencer Clark）在20世纪50年代到70年代收集而来。

戴维邓拉普天文台 天文台

（David Dunlap Observatory；☏905-883-0174；www.theddo.ca；123 Hillsview Dr, Richmond Hill；$10；◎6月至10月周六21:00，以及7月和8月周五21:00；P；⊠91，SFinch）位于多伦多市区北部的戴维邓拉普天文台拥有加拿大最大的光学望远镜（反射镜达1.9米）。在周六的晚上，天文台先会举办介绍现代天文学的讲座，然后组织行星观测活动。来之前请先确定天气情况是否适宜，门票有限，需提前数月预订，不过这里偶尔也会举办无须门票、可随意参观的展览。部分活动不允许12岁以下的儿童参加。

乐高乐园探索中心 游乐场

（LEGOLAND Discovery Centre；☏1-855-356-2150；www.legolanddiscoverycentre.ca/toronto；1 Bass Pro Mills Dr, Vaughan；成人/儿童 $22/18；◎周一至周六 10:00~21:00，周日 11:00~19:00；SYorkdale）这里虽然算不上是经典的乐高主题公园，却仍深受儿童和富有童心的成年人喜爱，其趣味性在于一系列寓教于乐的实践型乐高景点，包括一个地震模拟震动台、4D电影院以及乐高工厂。该乐园位于庞大的沃恩米尔斯购物中心（Vaughan Millsshoppingcenter）。乘坐地铁，在约克岱尔站（Yorkdale）下车，转乘360路约克区公车局的枫叶快车（360 YRT Maple Express bus）即可到达沃恩米尔斯购物中心。请注意这里并不是货真价实的乐高乐园，而是一个相对较小的缩略版本。

加拿大奇妙乐园 游乐场

（Canada's Wonderland；☏905-832-8131；www.canadaswonderland.com；9580 Jane St, Vaughan；一日通票成人/儿童 $63/52；◎6月至8月 10:00~22:00，5月和9月 只周六和周日开放，关门时间提前；P；SYork Mills）游乐场爱好者会想要尝试一下这个加拿大最大的游乐场。园内拥有60多台游乐设施，包括高达93米的大型过山车利维坦（Leviathan）。这儿有座人造火山、占地20公顷的旋水滑梯（Splash Works）水上乐园和白浪峡谷。这里通常会排起长队，大多数游乐设施风雨无阻地开放，网上订票更优惠。从约克坊（York Mills）地铁站出发，乘坐60路GO巴士（60 GO Bus）即可到达（需另外付费）。

麦克迈克尔加拿大艺术馆 美术馆

（McMichael Canadian Art Collection；☏905-893-1121；www.mcmichael.com；10365 Islington Ave, Kleinburg；成人/儿童 $18/免费；◎10:00~17:00；P；⊠13）手工制作的木结构建筑（包括从其原址搬迁而来的画家汤姆·汤姆森的小屋）被安置于40公顷的保护区内，这里收藏了加拿大最著名的风景画家——七人画社的作品，以及来自第一民族、因纽特人及其他加拿大著名艺术家的杰作。此处距多伦多34公里，驾车来此需要45分钟。请一定使用GPS导航。团队游的费用已包含在门票

安大略湖

虽然面积、人口和湖畔面积都和邻近城市芝加哥类似,但和芝加哥不一样的是:多伦多忽略了它的湖滨。芝加哥拥有长达29公里的连续湖畔小径、公园和沙滩,这深受当地人民的喜爱。多伦多有的却是尾气满溢的加德纳高速公路(Gardiner Expwy)、湖滨大道(Lake Shore Blvd)以及遮挡了湖泊美景的湖畔高层公寓楼。湖岸最近几十年才开放,各种项目正以极其缓慢的速度试图振兴湖滨线。你可以在www.toronto.ca/waterfront找到最新信息,如果想要了解规模更大的湖畔小径项目多伦多路段的相关信息,可登录www.waterfronttrail.org。

长期以来的化工废料、污水和化肥排污严重污染了安大略湖的水质,不过目前情况正在逐渐改善。现在不少当地人愿意去多伦多的8个被评为"蓝旗沙滩"(Blue-Flag sanctioned beaches)的**沙滩游泳**了:www.toronto.ca/parks/beaches有详细信息。但对于大多数市民来说,安大略湖仅仅是一座阻止美国人把车开到Yonge St的巨大、冰冷的灰色大湖。

安大略湖是世界第14大湖,是五大湖中面积最小且位置最靠东侧的湖泊:它长311公里,宽85公里,深达244米。"安大略"这一名称源自易洛魁语"Skanadario",意为"闪光之湖"。这一名称贴切生动,不管水面以下埋藏着什么,它依然闪耀着光芒。你可以去多伦多群岛和汤米汤普森公园领略安大略湖真正的风采,感受它的冷峻、强大和无穷魅力。

中,停车费$5。

沙伦礼拜堂　　　　　　　　　　历史建筑

(Sharon Temple; ☎905-478-2389; www.sharontemple.ca; 18974 Leslie St, East Gwillimbury; 成人/儿童 $15/免费; ⊙5月至10月 周四至周日 10:00~16:30)沙伦礼拜堂是一处国家历史遗址,同时也是加拿大最古老的博物馆之一。这座古雅迷人的礼拜堂由被称为"和平的孩子"(Children of the Peace)的贵格会教派(Quaker sect)于1832年建立,拥有独特的建筑风格。博物馆于2011年修葺一新,讲述了其创建者的故事,是在多伦多周边开展一日游的绝佳选择。礼拜堂位于市中心以北约55公里处。

🚶 活动

虽然在冬天通常穿着臃肿,但多伦多人仍然喜欢健身。这里的户外活动十分丰富:骑车、滑冰、沿湖岸跑步以及攀登城市峡谷。滑冰和冰球是冬天最受欢迎的活动。

骑自行车和直排轮滑

对自行车和直排轮滑爱好者而言,**马丁古德曼小径**是运动的绝佳场所。这条人工铺设的休闲小径从湖滨开始,穿过港畔区到达西边的汉波河(Humber River)。到了湖边,你就会发现这条小径。马丁古德曼小径会在Cherry St与顿河谷(Don Valley)的山地自行车道相接。在**多伦多群岛**,南岸的木板路和相互连接的多条人行道禁止车辆进入。如果你想进行一次长距离徒步,可以选择**安大略湖湖滨小径**(Lake Ontario Waterfront Trail; www.waterfronttrail.org)——马丁古德曼小径就是它的一部分,这条湖滨小径从多伦多东部一直通到湖滨尼亚加拉,绵延450公里。

若你选择骑自行车游多伦多,尽可能选择有标志的自行车道。尽管市多当地人骑车上班,但在市中心骑车仍然充满危险:鲁莽的司机、各种电车以及光顾看着手机而不看路的行人。骑自行车的人经常会被突然打开的车门撞倒,还经常会因被电车轨道绊倒而发生事故。安大略省不强制要求戴头盔骑车。

如想了解骑车人所需的实用信息,请见www.toronto.ca/cycling/map。用智能手机上网的人可以去www.ridethecity.com了解实时路线规划。

★ 多伦多自行车共享计划　　　自行车

(Bike Share Toronto; ☎855-898-2378; www.bikesharetoronto.com; 1天/3天通票 $7/15)加入多伦多自行车共享计划,你就可以在当

天或三天内无限次使用共享自行车,每次限时30分钟。城中有超过200个自行车站点,游客可以在这些地方任意取用和归还自行车,非常便捷。加入计划时,服务商会从你的信用卡中冻结$101作为押金。可以使用Transit App应用来购买通票、查找站点和获取解锁自行车的骑行码。

如果你没有一天通票,那么租用自行车的头30分钟是免费的。之后的30分钟收取$1.50,再下一个30分钟则收取$4,之后的每30分钟则将收取$7。

Toronto Islands Bicycle Rental 骑自行车

(☎416-203-0009; www.torontoislandbicyclerental.com; Centre Island; 每小时自行车/双人自行车 $8/15, 2/4座多人自行车 $17/30; ◎5月至9月 10:30~18:00; ⛴Centre Island)骑自行车是探索中央岛最好的方式之一。这个租车点在前景码头(Outlook Pier)旁。

Toronto Bicycling Network 骑自行车

(简称TBN; www.tbn.on.ca; 非会员骑车 $5)这个休闲自行车俱乐部欢迎非会员参与其组织的骑车活动,手续费$5。

Wheel Excitement 户外活动

(见82页地图; ☎416-260-9000; www.wheelexcitement.ca; 249 Queens Quay W; 自行车和直排轮滑每小时/天 $15/35; ◎10:00~18:00; 🚋509、510)靠近去多伦多群岛的渡轮码头。这里的日租金比中央岛便宜,使你能自由地探索更远的地方。

Community Bicycle Network 骑自行车

(社区自行车网络,简称CBN;见86页地图; ☎416-504-2918; www.communitybicyclenetwork.org; 761 Queen St W; 租金 第一天/周末/一周 $25/35/65; ◎周二至周五正午至18:00, 周六 10:00~18:00; 🚋501)🖋为庆祝可持续交通倡议行动开展20周年,社区自行车网络(CBN)提供自行车租赁和修理服务,有时也会举办研讨会和其他一些活动。

徒步

想要活动一下筋骨?可以选择深入多伦多的城市公园、自然保护区和峡谷。或者,参加像Hike Ontario(☎905-277-4453; www.hikeontario.com)或Toronto Bruce Trail Club (www.torontobrucetrailclub.org)这样的团队,进行高强度的全天徒步旅行。

滑冰

当地人酷爱滑冰。当天气骤冷、雪花纷飞时,多伦多市中心的户外滑冰场便开始热闹起来。最著名的溜冰场位于市政厅外的内森菲利普斯广场(Nathan Phillips Square)和港畔中心(见73页)。这些人工冰场从11月中旬开到次年3月,每天10:00~22:00开放(天气允许时)。无须门票,冰鞋租赁费用为成人$10、儿童$5。多伦多公园和休闲部门(Toronto Parks & Recreation; www.toronto.ca/parks)提供包括Kew Beach附近的Kew Gardens和西多伦多的三一贝尔伍德公园在内的其他滑冰场的实用信息。如果天气足够冷,你也可在海柏公园的掷弹兵池塘滑冰。初学者比较喜欢不为人知的瑞尔森溜冰场(Ryerson Rink),它隐藏在央-登打士广场北侧的Gould St25。

游泳

尽管7月到8月期间,十几个城市沙滩(其中8个经蓝旗认证)均配有救生员,但多伦多人一般不在安大略湖中游泳。在动身之前,请咨询沙滩水质管理热线(Beach Water Quality Hotline; app.toronto.ca/tpha/beaches.html),因为大雨过后,水质恶化,大肠杆菌是个潜在风险。

从6月到9月,多伦多会有50多个公共户外游泳池开放营业,营业时间一般为黎明至黄昏。如需完整列表,可登录www.toronto.ca查询。

👉 团队游

船

5月到9月期间,游轮运营商会从港畔区的皇后码头站(Queens Quay Terminal)或约克码头中心(York Quay Centre)发船。如果你选择提供早午餐和晚餐的游轮巡游活动,建议提前预订船票。值得注意的是,乘渡轮到多伦多群岛也是个不错的选择,沿途风景类似,费用却只有游轮的一半而已。

Mariposa Cruises 乘船游

(见82页地图; ☎416-203-0178; www.

mariposacruises.com; Queens Quay Terminal, 207 Queens Quay W; 1小时团队游成人/儿童 $22/15.50; ☉5月至9月; ☐509、510) 提供带导游解说的、两小时自助午餐港口团队游（成人/儿童 $50/26）。周日也提供早午餐和晚宴舞会游轮之旅。

Tall Ship Kajama　　　　　　乘船游

（见82页地图；☎416-203-2322; www.tallshipcruisestoronto.com; 249 Queens Quay W, Suite 111; 90分钟巡游成人/儿童 $27/15; ☉5月至10月; ☐509、510) 你可以乘坐这艘1930年的德国货船——派头十足的三桅船Kajama——从Lower Simcoe St的尽头出发并开始湖上巡游，通常在皇后码头旁会设有一个售票亭。可网上订票。

公共汽车

多伦多不像伦敦、巴黎或罗马，你无法坐在舒适的马车上饱览那数不清的历史奇观。如果预算有限，你可以充分发挥多伦多公车局（TTC）一日通票的作用，搭乘公车四处观光。

★ City Sightseeing Toronto　　巴士

（☎416-410-0536; www.citysightseeingtoronto.com; 成人/儿童 $38/20) 你可以坐在敞篷双层伦敦式巴士上观光，巴士会沿着24个站点环游城市，途中可随时上下车。该路线经过大多数主要景点并附有解说，此外还包括免费（季节性）乘船游览安大略湖的活动。车票72小时内有效：若你打算在3天内乘坐巴士，那么这一巴士游是个划算的选择，而且也是熟悉城市方位的好办法。

★ Chariots of Fire　　　　　　巴士

（见82页地图；☎1-905-877-0855; www.tourniagarafalls.com; 33 Yonge St; 一日团队游 $77; ⓢKing) 从多伦多到尼亚加拉瀑布的低成本一日游，包括"吹号者尼亚加拉"号（Hornblower Niagara）游船之旅和游览湖滨尼亚加拉的自由活动。这些工作人员的组织性很强，为只有一天时间的多伦多游客展现最壮观的瀑布美景。

ROM Bus　　　　　　　　　　巴士

（见74页地图；☎416-586-8000; www.rom.on.ca/en/whats-on/rombus; 100 Queen's Park; 全天团队游 $125~155; ⓢMuseum) 多伦多皇家安大略博物馆（见81页）会组织不定期的特别游，由博学、见闻广博的导游提供有关历史、文化和建筑等主题的解说。尽管比较昂贵，但如果正好是你所感兴趣的主题，这些全天游肯定物有所值。

步行和骑自行车

虽然骑自行车旅游能让你游览更多的地方，但游览多伦多最便捷的方法还是步行。

★ Heritage Toronto　　　　　　步行

（☎416-338-3886; www.heritagetoronto.org; 157 King St E; 鼓励捐赠; ☉4月至10月) 提供一系列迷人的历史、文化和自然主题的步行游、自行车游和巴士游（多伦多公车局），由博物馆专家和社区历史协会成员带队。团队游的时间一般为1~3小时。

ROM Walks　　　　　　　　　步行

（☎416-586-8000; www.rom.on.ca/en/whats-on/romwalks; 免费至$10; ☉5月至9月周三和周日) 皇家安大略博物馆（见81页）见多识广的志愿者们会带领游客进行一到两个小时的历史和建筑步行游览，行程包含城里一些鲜为人知但十分有趣的建筑和社区。大多数步行项目不收费，不过接受小费。花费最多的收费项目则需要$10。

A Taste of the World　　　　　步行

（☎416-923-6813; www.torontowalksbikes.com; 2~3.5小时团队游 $25~50) 提供另辟蹊径的徒步和自行车团队游，导游虽然有些古怪但素质还是很高的。游览线路覆盖多伦多各个角落，通常以美食为焦点，但也会包含"抓鬼游"项目。建议提前预订。

✿ 节日和活动

多伦多所缺乏的视觉吸引力在活动中得以弥补：这座活力城市无时无刻不充满乐趣，节日期间也不例外。这里的夏季虽然短暂（6月到8月），但在温暖惬意的漫长白天和夜晚，丰富的活动会让你眼花缭乱，不知该如何选择。当有重大活动重叠时，最好的选择方法就是走出去、看缘分。

1月
冬日美食节
美食美酒节

（Winterlicious; www.toronto.ca/winterlicious; ◉1月）在1月的两个星期内，城中的一大批餐馆会推出丰盛的午餐和晚餐套餐，吸引着当地居民们倾巢而出，投入这场充分展现多伦多饮食多样性的饕餮盛会。如果你在冬季来此旅游，我们强烈建议你不要放过任何一个享用价廉物美的吃食的机会！

下一舞台戏剧节
戏剧节

（Next Stage Festival; http://fringetoronto.com/next-stage-festival; ◉1月）该节日由多伦多艺穗节（Toronto Fringe Festival）主办方设立。从艺穗节的参与者中选取10位艺术家，在工厂剧院（Factory Theatre；见121页）展示他们的作品，以鼓励他们在未来取得更大的成就。活动期间会搭建一个恒温啤酒帐篷，可以供观众在表演前后与演员和工作人员进行交流。

2月
加拿大国际车展
车展

（Canadian International Auto Show; www.autoshow.ca; ◉2月末）世界各地的行业巨头齐聚多伦多会展中心（Metro Toronto Convention Centre），观摩交流与汽车相关的精尖技术和产品，其间会穿插一些展示汽车业历史的展览。

4月
纪录片电影节
（加拿大国际纪录片节）
电影节

（Hot Docs, Canadian International Documentary Festival; www.hotdocs.ca; 506 Bloor St W; ◉4月末）北美最大的纪录片电影节的主场地设在Hot Docs Ted Rogers电影院，届时将放映超过100部来自世界各地的纪录片。

420集会
文化节

（420 Rally; Dundas Sq; ◉4月20日）在4月20日，成千上万的大麻爱好者纷纷从地下窒冒出来，齐聚央-登打士广场，在这个加拿大最大城市的市中心推广大麻合法化。

5月
由内而外电影节
（多伦多LGBT电影节）
电影节

（Inside Out, Toronto LGBT Film Festival; www.insideout.ca; ◉5月末至6月）在超过25年的时间里，多伦多LGBT电影节展示了大量来自世界各地的同性恋题材或同性恋人群感兴趣的影片，一些影片将在设备完善的多伦多国际电影节贝尔星光宝盒剧院（见122页）放映。整个电影节从5月的最后一周一直持续到多伦多同性恋骄傲大游行伊始。

多伦多开放日
文化节

（Doors Open Toronto; www.toronto.ca/doorsopen; ◉5月）免费 在5月的第四个周末，500多个具有建筑和历史意义的公共建筑和私人建筑将敞开大门，欢迎访客参观，你可以借此机会免费一窥平时不开放的场所的热门内容和独特之处。可以提前预订徒步游项目和参观著名建筑的行程、比如市政厅。

6月
多伦多艺术电影节
文化节

（Luminato; www.luminatofestival.com; ◉6月）多伦多艺术电影节旨在呈上一场汇集全世界最著名的音乐家、舞蹈家者、艺术家、作家、演员和制片人的创意盛宴，这充分体现了多伦多的多样性。演出场地遍布城内各处，很多演出都是免费的。参加过表演的有艾瑞莎·弗兰克林（Aretha Franklin）、琼尼·米歇尔（Joni Mitchell）、凯蒂莲（kd lang）以及洛福斯·温莱特（Rufus Wainwright）。

东北偏北艺术节
表演艺术节

（North by Northeast, 简称NXNE; www.nxne.com; ◉6月中）为了给音乐节上在多伦多最酷的场所上演的众多独立乐队（大约1000个）演出、电影、秀场和酒宴录制音乐小样，乐师们将在6月中旬的整个星期都忙得不可开交。这里各种各样的为你量身打造的腕带是额外的惊喜。

多伦多同性恋
骄傲大游行
LGBT

（Pride Toronto; www.pridetoronto.com; ◉6月至7月）多伦多同性恋骄傲大游行是多伦多

最引人瞩目的节日，彰显了性取向与性别认同的多样性。在为期一整月（以前只有一周）的节庆活动中，将举办各种社区活动、研讨会和聚会，大多数是免费的。当超过100万的狂欢者聚集到恰奇-威里司里村的街道上时，打破陈规的变性者游行（Trans March）、女同性恋游行（Dyke March）和7月初的同性恋大游行（Pride Parade）将活动推向高潮，加拿大总理贾斯廷·特鲁多（Justin Trudeau）还参加了2016年的游行。

国家原住民日　　　　　　　　　　文化节

（National Aboriginal Day; www.aadnc-aandc.gc.ca; ☉6月21日）每年的夏至日（6月21日）将举行庆祝加拿大第一民族、因纽特人和梅蒂斯人（Métis）文化遗产的活动，相关活动从前一周就开始了。

多伦多爵士音乐节　　　　　　　　音乐节

（Toronto Jazz Festival; www.tojazz.com; ☉6月末至7月初）爵士、蓝调和世界音乐将响彻城市的大街小巷、夜总会以及音乐厅，同时还有音乐研讨会和电影放映活动。

联合夏日　　　　　　　　　　　美食美酒节

（Union Summer; 见82页地图; http://torontounion.ca; Union Station, 65 Front St W; ☉周一至周五 7:00至黄昏，周六和周日 11:00至黄昏; ᴾ; ⑤Union Station）联合车站的夏日美食市场在2015年时大放异彩，因此成了一个固定节日。从6月末一直到9月初，市场里每天都有超过20个美食摊铺提供佳肴，游客还能体验各种活动、免费户外电影放映、现场音乐和饮品。

7月

多伦多夏日美食节　　　　　　　美食美酒节

（Summerlicious; www.toronto.ca/summerlicious; ☉7月）这个美食盛会将在多伦多近200家餐厅、酒吧和咖啡馆举行，请提前预订座位。三大价格区间的高品质套餐菜单可迎合所有人的口味和预算要求。

多伦多艺穗节　　　　　　　　　　文化节

（Toronto Fringe Festival; http://fringetoronto.com; ☉7月初）该节日已创立超过25年。在7月初，这一多伦多最大的戏剧和表演艺术节在众多舞台上上演几十台各类表演，为期两周。演出包括了从另类戏剧到极度感人的戏剧，以及儿童剧在内的各式剧目，旨在使人们能充分接触戏剧。

露天音乐电影节　　　　　　　　　电影节

（Open Roof Festival; www.openrooffestival.com; ☉7月）一群热情的电影和音乐爱好者在城市各时尚地点组织起电影放映和乐队演出活动，呈现一场天台/户外视听盛宴。

多伦多本田印地赛车节　　　　　　运动节

（Honda Indy Toronto; www.hondaindytoronto.com; ☉7月中）众多国际赛事的赛车手在一大群观众面前竞赛，沿着Lake Shore Blvd，时速飙到300公里，许多当地人因忍受不了引擎轰鸣而纷纷逃离这座城市。

湖滨国际爵士音乐节　　　　　　　音乐节

（Beaches International Jazz Festival; www.beachesjazz.com; ☉7月末）**免费** 这一为期3天的免费爵士乐节在伍德拜恩花园（Woodbine Gardens）、Kew Gardens以及湖滨木板路（Beaches Boardwalk）旁举行。节日的亮点是为期两天的街头音乐节（Streetfest），从Queen St E延伸两公里的活动现场车辆限行，只向50多个加拿大乐队和成千上万步行乐迷开放。

8月

加勒比节　　　　　　　　　　　　狂欢节

（Caribana, 即Toronto Caribbean Carnival; www.caribana.com; ☉7月末至8月初）这是北美最大的加勒比节，狂欢节游行以绚丽和夸张的服装为特色，长达5小时。

加拿大国家博览会　　　　　　　　农业节

（Canadian National Exhibition, 简称CNE; www.theex.com; ☉8月末至9月初）博览会从1879年开始兴办，超过700个展商、农业展览会、伐木工人比赛、户外音乐会和嘉年华在展览广场（见75页）举办，为期18天的博览会持续至劳动节（9月第一个周一）结束。飞行表演和劳动节烟火表演是整个活动的最高潮。

多伦多国际街头艺人节　　　　　　音乐节

（Toronto International Buskerfest; http://

torontobuskerfest.com；⊙8月末）在8月下旬的3天时间里，一个由加拿大和国际街头艺人组成的联合剧团会抵达位于市中心的Yonge St进行表演，他们旨在支持多伦多癫痫症协会（Epilepsy Toronto）的工作。届时将有吞剑者、杂技演员和有特殊才艺的音乐家参与演出。

9月

多伦多国际电影节 　　　　　　　　　电影节

（Toronto International Film Festival，简称TIFF；torontointernationalfilmfestival.ca；⊙9月）自1976年创立起，多伦多国际电影节已经发展成为当地最负盛名的节日，在世界电影界占有举足轻重的地位。在为期10天的电影节期间，超过400,000名影迷将会关注名人红地毯秀，各大新片也会争相上映。

在1990年，电影节的内容得以扩充，持续全年的多伦多电影节实验电影项目正式开办，播放来自全世界各地的作品。20年过去了，拥有5家上好电影院、时髦餐厅和酒吧的贝尔星光宝盒剧院（见122页）已经成为电影节和组织方的大本营。

如果你在电影节开幕期间来到多伦多，请务必提前预订：电影放映和活动的门票将很快售罄，而酒店房间本已不菲的价格也一路飙升至顶。明星和狗仔队也在城中露脸，多伦多人从各处蜂拥而来，感受类似好莱坞的风范：走过路过可别错过！

10月

多伦多不眠之夜艺术节 　　　　　　　文化节

（Nuit Blanche；http://nbto.com；⊙10月第一个周六）时而一夜的艺术节活动包含了130多种通宵城市艺术体验活动，举办场所遍布城里各处。在10月的第一个周六，人为的"偶遇"、互动舞蹈片段、通宵街市都是乐趣所在（有时也有些混乱）。

国际作家节 　　　　　　　　　　　　文学节

（International Festival of Authors；www.readings.org；⊙10月中）该节日在10月中旬举行，持续11天，邀请来自加拿大和国外的著名作家到港畔中心（见73页）参加读书会、讨论会、讲座、颁奖典礼和签名售书会。也会举办一些相应的儿童活动。

11月

皇家冬季农业博览会 　　　　　　　　农业节

（Royal Agricultural Winter Fair；www.royalfair.org；⊙11月）自1922年起，每年11月世界上最大的室内农业和骑术博览都会在展览广场（见75页）举办，为期10天。

圣诞老人大游行 　　　　　　　　　　圣诞节

（Santa Claus Parade；www.thesantaclausparade.ca；⊙11月；👶）这是自1905年起就延续下来的传统，一年一度的圣诞老人大游行的特色为：在圣诞节前很久，一群老伙计会扮成圣诞老人，在市中心逗留数小时（交通因此停滞），给孩子们带去欢乐。每年的日期有所不同——通常是在11月的中下旬举行。

12月

多伦多圣诞集市 　　　　　　　　　　圣诞市场

（Toronto Christmas Market；www.torontochristmasmarket.com；⊙12月）**免费** 酿酒厂区（见78页）在12月头两个星期最热闹，在这一欧式风格的圣诞集市上展示了数以百计的当地手工产品。

🏠 住宿

多伦多不缺住房，但是住宿可能会很贵，尤其是在夏天，房间很快就会被订完，价格也是平时的两倍。从5月中旬到9月底，住宿尤其需要提前预订。

请注意，通常情况下你需要在房费报价之上额外支付13%的协调销售税（harmonizedsalestax，简称HST）。

尽量避免在3月去旅游：天气糟糕，而且大型的年度加拿大勘探开发者协会（PDAC）矿业年会将占据市中心的大部分床位。

**Bed & Breakfast
Homes of Toronto** 　　　　　　　住宿服务 $$

（📞416-363-6362；www.bbcanada.com/associations/toronto2）从朴素的家庭住房到豪华套房，应有尽有。网站还可以搜索专门接待男女同性恋、双性恋、变性者、跨性别者和间性者（LGBTI）的民宿（但这也不代表其他民宿就不欢迎这些人士）。

Downtown Toronto Association of Bed and Breakfast Guest Houses 住宿服务 $$

(📞647-654-2959；www.bnbinfo.com）房源覆盖多个社区，主要为翻新的维多利亚式房屋。

🛏 港畔区 (Harbourfront)
Renaissance Toronto 酒店 $$

（见82页地图；📞416-341-7100；www.renaissanceToronto.com；1 Blue Jays Way；双/套 $199/289起；🅿❄️🌀📶🏊；🚇Union）共有70套套房，可俯瞰罗渣士中心运动场——准备好应对泛光灯的强光以及情绪高昂的体育迷。如果只想在房间里好好休息，别担心：餐厅和酒吧也能俯瞰运动场。

Westin Harbour Castle 酒店 $$

（见82页地图；📞416-869-1600；www.westinharbourcastletoronto.com；1 Harbour Sq；双 $262起；🚋509, 510）如果这是一个汉堡包，它会是配齐了所有相关配料的那种——餐馆、商店、健身房、会议中心、泳池、无障碍套房等一应俱全。作为如此庞大的酒店，其员工可谓相当活泼。也许是大堂让他们欢乐无比，因为那里的大理石多到能与好莱坞豪宅媲美。住客还可以享受引人入胜的湖边美景。

🛏 金融区 (Financial District)
Hotel Victoria 精品酒店 $$

（见82页地图；📞416-363-1666；www.hotelvictoria-toronto.com；56 Yonge St；双 $244起；🌀❄️📶；🚇King）开业于20世纪初期，Hotel Victoria保留着迷人的复古大堂。客房偏小，但都经过了简单的现代化翻新，还有一个健身房。浴室有极好的浴缸，但梳妆空间较小，有些人可能会失望。

Strathcona Hotel 酒店 $$

（见82页地图；📞416-363-3321；www.thestrathconahotel.com；60 York St；双 $157起；🌀❄️📶；🚇Union）这个位于市中心的酒店提供紧凑、修葺一新的房间，配有不错的浴室。楼下有酒吧和咖啡馆，十分便利。虽然没有内部停车场，但是它离联合车站很近，不过有些人会觉得车站长期建设项目有点儿烦人。

One King West 酒店 $$

（见82页地图；📞416-548-8100；www.onekingwest.com；1 King St W；双含早餐 $224起；🅿🌀❄️📶🏊；🚇King）多伦多天际线上最标致的建筑之一，这座造型优美的One King West塔楼高耸在多伦多道明银行（Toronto Dominionbank）总部原历史建筑的上方，有种游刃有余的和谐美感。酒店提供宽敞时尚的小开间公寓和独卧公寓，位于市中心，地铁和有轨电车就在门口。

Fairmont Royal York 酒店 $$$

（见82页地图；📞416-368-2511；www.fairmont.com/royalyork；100 Front St W；双 $379起；🅿❄️📶🏊；🚇Union）从蒂娜·特纳（Tina Turner）到亨利·基辛格（Henry Kissinger），声名显赫的Royal York[曾是加拿大太平洋铁路公司（Canadian Pacific Railway）的重要资产和多伦多的标志性建筑]自1929年起就开始为名流显贵提供住宿。这里的1300多间房间已经进行了全面的改造，价格也相应地大幅提高。你可以考虑在Library Bar享受下午茶，并参观鲜为人知的屋顶养蜂场。

Trump Toronto 酒店 $$$

（见82页地图；📞416-306-5800；www.trumphotelcollection.com/toronto/；325 Bay St；双 $594起；🅿❄️🌀📶🏊；🚇King）可以用来形容Trump Toronto的超大号、现代客房的词语有：奢华、颓废、大胆、放纵。挑高天花板和落地窗增加了空间感和豪华感。在这里，多位荣获"金钥匙"奖（Clefs d'Or）的优秀的酒店管理人员会为你提供最细心的服务。如果资金充裕，欢迎入住。

🛏 老约克 (Old York)
Hostelling International Toronto 青年旅舍 $

（见82页地图；📞416-971-4440；www.hostellingtoronto.com；76 Church St；铺/双 $35/109起；🌀❄️📶；🚋504）这家曾经获过奖的青年旅舍从外面看起来并不出彩，但屋顶露台和友好的员工为其增色不少。大部分宿舍拥有独立浴室，豪华客房个人设施齐全，含早餐，性价比很高。旅舍内的Cavern Bar & Bistro会举办主题游戏之夜，帮你结识新朋友。

Cosmopolitan 精品酒店 $$

（见82页地图；📞416-350-2000；www.cosmotoronto.com；8 Colborne St；套 $209起；🅿🚭❄🛜🏊；🚇King）这个紧凑的酒店时尚而安静，每层只有5个房间。入门级"禅意"套间（Zen-suites）较小。"莲花与宁静"套房（Lotus and Tranquility suites）明显更大，带厨房，有些可观赏湖景。所有房间均有阳台。水疗和楼下时髦的葡萄酒吧Eight（周五之夜特供，每盎司$1）都为这里增添了不少吸引力。

🏨 娱乐区和国王西街（Entertainment District & King Street West）

★ Clarence Park 青年旅舍 $

（见82页地图；📞647-498-7070；www.theclarencepark.com；7 Clarence Sq；铺 $32~36，双 $70~85；🅿@🛜；🚇St Andrew）位于风景如画的市中心，位置极佳，这个经济型旅舍拥有舒适干净的宿舍以及全新的单人间，一些房间可俯瞰草木葱郁的广场，所有房间均配有浴室。此外还有免费的Wi-Fi、极好的现代公共厨房以及可供在慵懒的夏日午后烧烤的巨大屋顶露台。

★ Residence Inn Toronto Downtown 酒店 $$

（见82页地图；📞416-581-1800；www.marriott.com；255 Wellington St W；套含早餐 $222起；🅿🚭❄🛜🏊；🚌504、508）这座现代商务/旅游酒店地理位置优越，拥有各种舒适实用的房型，甚至有双卧室套间，很适合想要长时间停留或带孩子旅行的游客。所有房间均配备厨房和舒适的装饰，而且光线充足。全自助早餐包含在房价中，物超所值。

Hôtel Le Germain 精品酒店 $$

（见82页地图；📞416-345-9500；www.germaintoronto.com；30 Mercer St；双/套 $285/480起；🅿❄@🛜；🚌504）Le Germain坐落于娱乐区一条安静的小巷内，时尚又不失和谐。干净利落的线条、令人心旷神怡的空间和富有禅意的装饰营造出酒店承诺的"幸福海洋"的氛围。奢华的洗浴用品、室内音响和屋顶露台都是额外的福利。停车费为 $35。

Hilton Garden Inn Toronto Downtown 酒店 $$

（见82页地图；📞416-593-9200；www.hiltongardeninn.com；92 Peter St；双 $169起；🅿🚭❄🛜🏊；🚌501）不要将这间酒店与其位于Jarvis St的姊妹产业相混淆，这个Garden Inn是个不错的中档选择。其位置优越，位于娱乐区的中心，靠近皇后西街——适合夜间出游。在周五和周六的晚上，这里会变得很嘈杂。

★ Thompson Toronto 酒店 $$$

（见86页地图；📞888-550-8368；www.thompsonhotels.com/toronto；550 Wellington St W；双 $369起；🅿❄🛜🏊；🚌504、508）许多人喜爱Thompson Toronto——这里太像洛杉矶了。时髦、现代的房间深受对设计情有独钟的人们青睐（看看网站上的评语）。屋顶酒吧、露台和泳池都是多伦多最好的。此外，这里有两个就餐选择：Thompson Diner（见106页）和Scarpetta，均值得一试。将这一切与优越的地理位置和卓越的服务相结合，这里绝对奢而有道。

Soho Metropolitan Hotel 精品酒店 $$$

（见82页地图；📞416-599-8800；www.sohometropolitan.com；318 Wellington St W；双 $345起；🅿❄🛜🏊；🚌510）美丽的枫木制品、私人更衣室、开放式落地窗以及意大利亚麻制品：Soho Met的92间客房和套房装修豪华、别具风格。精致的大理石浴室里有大浴缸、独立淋浴间以及人见人爱的摩顿布朗牌（Molton Brown）洗浴用品。

Ritz Carlton 酒店 $$$

（见82页地图；📞416-585-2100；www.ritzcarlton.com/toronto；181 Wellington St W；双 $465起；🅿❄🛜🏊；🚇St Andrew）作为多伦多新一批光鲜亮丽的五星级酒店的第一家，2011年开业的Ritz Carlton具有标志性意义，但是酒店的现代感和客房弥漫老式Ritz风格略显格格不入。当然，除了卓越的服务，你还可享受到众多舒适体验和五星级待遇。同样的价格有更好的选择。

🏨 Downtown Yonge

Baldwin Village Inn 民宿 $

（见74页地图；📞416-591-5359；www.baldwininn.com；9 Baldwin St；双含早餐、公共浴室 $105~125；🚭❄@🛜；🚌505、506）这座黄颜色的民宿位于漂亮的贝尔德温村飞地，距

安大略美术馆仅几个街区，正对着遍布有趣的经济餐馆和咖啡馆的绿荫街道。前面的庭院最适合散步和观察来往的行人。此外还有面朝花园、更清静的客房。

Les Amis Bed & Breakfast 民宿 $$

（见74页地图；☎416-928-0635；www.bbtoronto.com；31 Granby St；标单/双含早餐 $99/139起；P❄@；SCollege）这座气氛欢乐的民宿由一对通晓多国语言的巴黎夫妇经营，提供美味丰盛的素食早餐。色彩斑斓的房间里装饰着主人的艺术品，枝叶茂密的后露台是个放松休憩的好地方。

★ Cambridge Suites 酒店 $$

（见74页地图；☎416-368-1990；www.cambridgesuitestoronto.com；15 Richmond St E；套$227起；P❄@；SQueen）这家酒店全是套房，房间宽敞漂亮，配有独立的起居室和厨房设施，是个不错的中档住宿选择。更豪华的城市景观套房在高层，住客可免费享用餐厅的欧式早餐。还有3间令人印象深刻的顶层公寓。

Eaton Chelsea 酒店 $$

（见74页地图；☎416-595-1975；chelsea.eatonhotels.com；33 Gerrard St W；双/套 $225/365起；P❄@；SCollege）作为多伦多规模最大（约有1600个房间！）的酒店，这里能迎合每个人的需求，尤其受喜欢公寓式套房和室内水滑梯的家庭欢迎。许多房间有阳台。

Pantages 精品酒店 $$

（见74页地图；☎416-362-1777；www.pantageshotel.com；200 Victoria St；双含早餐 $209起；P❄@；SQueen）对长时间停留的旅行者来说，这里是个不错的选择。这个全套房酒店离央-登士广场、梅西剧院（Massey Hall）、伊顿中心最近，共有89个房间，每个房间均配有浴室、厨房和洗衣机。酒店位于住宅楼内：进入大门后，左转可到达酒店大堂。

Grand Hotel & Suites 酒店 $$

（见74页地图；☎416-863-9000；www.grandhoteltoronto.com；225 Jarvis St；双/套含早餐 $249/299起；P❄@；SDundas，🚌505）酒店本身可圈可点，但美中不足的是，其所在街区老旧、脏乱，好在这一切将会在未来几年内随着附近公寓项目的完成而改变。酒店提供各种房型，甚至包括双卧室套房，房内都有免费的Wi-Fi、小厨房以及大理石浴室。早餐是丰盛的自助餐，包含在房费中。

Shangri-La Hotel 酒店 $$$

（见82页地图；☎647-788-8888；www.shangri-la.com/toronto；188 University Ave；双$380起；P❄@；SStAndrew）这家五星级的香格里拉酒店拥有簇新、优雅的客房，努力将亚洲的简约与西方的豪华融于一体，它也是多伦多最大的酒店之一。每间房都有独立的浴缸、淋浴间、厕所、开放式落地窗、意式浓缩咖啡机、智能手机基座以及设计师洗浴用品。酒店位于University Ave，地理位置极佳。

🏠 怡奇-威里司里村
(Church-Wellesley Village)

Victoria's Mansion Inn & Guesthouse 旅馆 $

（见74页地图；☎416-921-4625；www.victoriasmansion.com；68 Gloucester St；标单/双/开间公寓 $79/99/139起；P❄@；SWellesley）Victoria's Mansion装饰着国际彩旗，也接待同性恋住客。旅馆坐落在一栋经过翻新的19世纪80年代的红砖历史建筑内，前面有个优美的花园。所有房间内都有冰箱、微波炉和私人浴室，面积偏小的单人间是市中心性价比很高的住宿选择。

Neill-Wycik College Hotel 青年旅舍 $

（见74页地图；☎416-977-2320；www.torontobackpackershotel.com/；96 Gerrard St E；标单/标双/标三带公共浴室含早餐 $58/85/115；P❄@；SCollege）旅舍名称的发音为"Why-zik"，它最受经济型旅行者喜爱，从5月初营业到8月底，正是学生出游的时节。公寓式套房内是带电话的单人卧室、共用的厨房（兼休息室）及浴室。这里还有洗衣设施、储物柜、电视休息室和由学生运营的餐厅，阳台景色美得令人难以置信。

Amsterdam Guesthouse 青年旅舍 $

（见74页地图；☎416-921-9797；209 Carlton

St; 双和标双 $76; 😊✳️🛜; 🅿️506）这里秉承一切从简的风格，位于市中心的边缘地带。员工有些高冷，不过床铺很舒适。这里很干净，是恰奇-威里司里同性恋村附近不错的经济型住宿选择。只需步行15分钟就能到达College和Yonge，或是搭乘有轨电车5分钟即可。

Holiday Inn Toronto Downtown Centre 酒店 $$

（见74页地图；📞416-977-6655; www.holidayinn.com; 30 Carlton St; 双 $173起; 🅿️✳️🛜♨️; Ⓢ College）这座看似庞大笨拙的Holiday Inn拥有修葺一新的时髦卧房，位置优越，靠近College地铁站、各种廉价商店、餐厅和娱乐场所，使其成为最佳的实惠选择。这也意味着这里的房间毫无景致可言，且标准间非常紧凑。

Courtyard Toronto Downtown 酒店 $$

（见74页地图；📞416-924-0611; www.marriott.com; 475 Yonge St; 双 $151起; 🅿️✳️🛜♨️; Ⓢ College）这个离恰奇-威里司里村最近的大型酒店有着得天独厚的地理位置，内有健身房、热水浴缸和游泳池，是个不错的中档酒店。所有房间大小适中，有免费的超高速Wi-Fi，一些房间还带阳台。提前网上订房有可能享受折扣价。

🏨 布卢尔-约克维尔 (Bloor-Yorkville)

Holiday Inn Toronto Bloor-Yorkville 酒店 $$

（见74页地图；📞416-968-0010; www.holiday-inn.com/torontomidtown; 280 Bloor St W; 双 $212起; 🅿️✳️🛜; Ⓢ St George）高耸的砖砌大楼外那熟悉的绿色旗帜并没有提升其美感。内部的普通客房拥有舒适的大号或特大号床，房间宽敞。价格和位置是重点：地铁近在咫尺，多伦多大学、皇家安大略博物馆以及Bloor St购物区就在附近。

Comfort Hotel 酒店 $$

（见74页地图；📞416-924-1222; www.choicehotels.ca/cn228; 15 Charles St E; 双和标双 $189起; 🅿️✳️🛜; Ⓢ Bloor-Yonge）这家旅游酒店很普通，毫无华丽感可言，只有基本的住宿设施，但附近有一些优秀的咖啡馆，而且离Bloor St繁华地段也不远，房价却只有那里的1/3。

★ Four Seasons 豪华酒店 $$$

（见74页地图；📞416-964-0411; www.fourseasons.com/toronto; 60 Yorkville Ave; 双 $555起; Ⓢ Bay）该酒店是多伦多最资深、最受尊重的高端酒店之一，这里的一切都在诠释着奢华、放松和享受的理念：清爽、干净、阳光充足的客房拥有令人赞叹的美景和舒适的氛围，花岗岩浴室堪称至上享受，精致的大堂也很美。

如果房价对你来说不成问题，那么你同样不会觉得米其林星级餐厅Café Boulud太过奢侈，你还可以去"水疗馆"里进行一次身体护理和心灵提升，那里简直就是天堂。

★ Hazelton 精品酒店 $$$

（见74页地图；📞416-963-6300; www.thehazeltonhotel.com; 118 Yorkville Ave; 双 $446起; 🅿️✳️🛜♨️; Ⓢ Bay）近年来，豪华酒店间的激烈竞争已经使得Hazelton越来越难以保持其自称的多伦多最高档酒店的称号。但不妨一试，你将得益于它所做的努力。这家酒店精致迷人、引人注目，但同时也很小（62个房间、15间套房），足以使你觉得自己很特别。

对于那些设计发烧友而言，这里简直就是世外桃源。而多伦多烹饪大师马克·麦克尤恩（Mark McEwan）的"ONE"餐厅将会"榨干"你的钱包，但也一定能愉悦你的味蕾。

Windsor Arms 精品酒店 $$$

（见74页地图；📞416-971-9666; www.windsorarmshotel.com; 18 St Thomas St; 套 $396起; 🅿️✳️🛜♨️; Ⓢ Bay）Windsor Arms体现了多伦多历史的精华——来留宿或享受下午茶吧。它是一栋1927年的新哥特式大厦，有宏伟的入口通道、彩色玻璃窗、完美的服务和自己的盾形纹章。豪华的超大套房拥有独立浴缸、淋浴、摩顿布朗洗浴用品、管家服务和自助早餐。令创意工作者迷恋不已的是，这里为每个房间都配备了专属的乐器！

🏨 多伦多大学和安那克斯社区 (University of Toronto & The Annex)

Havinn 客栈 $

（见74页地图；📞416-922-5220; www.

havinn.com; 118 Spadina Rd; 标单/双带公共浴室含早餐 $69/84; [P][❄][@][🛜]; [S]Dupont)坐落于繁忙的Spadina Rd, 这家小客栈拥有6个带公共浴室的基本房间和一个公共厨房。房价包含一份简单的早餐。价格地位合理, 比大多数民宿便宜, 比青年旅舍更具私密性。

Global Guesthouse 旅馆 $

(见74页地图; ☎416-923-4004; http://globalguesthousetoronto.com; 9 Spadina Rd; 标单/双 $84/94, 带公共浴室 $74/84; [P][❄][🛜]; [S]Spadina)这座建于1889年的老式维多利亚风格红砖建筑拥有美丽的雕刻山墙, 位于Bloor St北侧、士巴丹拿站旁边。旅馆拥有10间豪华房, 并配有有线电视、公共小厨房和店主夫人的画作。这里不算特别干净, 但价格优惠, 所以房间总是很快就被预订一空。

Annex Quest House 旅馆 $

(见74页地图; ☎416-922-1934; www.annexquesthouse.com; 83 Spadina Rd; 双 $95起; [P][❄]; [S]Spadina)这间美妙的旅馆秉承与风水学类似的vastu建筑原则, 即通过自然材料和不对称布局增加宁静度的印度建筑学。这家漂亮的背包客旅馆有着精巧、简单的房间。木地板、有图案的床罩和制作精巧的铜碗为居住空间增色不少。

Madison Manor 精品酒店 $$

(见74页地图; ☎416-922-5579; www.madisonmanorboutiquehotel.com; 20 Madison Ave; 双含早餐 $99~189; [P][❄]; [S]Spadina)位于一栋修葺一新的维多利亚式住宅内, 靠近多伦多大学。房间带独立浴室和传统风格的家具, 一些房间还配有壁炉或阳台。请注意, Manor位于一个兄弟会会所和Madison Avenue Pub(见116页)之间, 有读者反映周末有噪声。

Chestnut Residence 酒店 $$

(见74页地图; ☎416-977-0707; www.chestnut.utoronto.ca; 89 Chestnut St; 双和标双含早餐 $157; [❄][🛜]; [S]St Patrick)这栋多伦多大学的高层住宅楼有众多学生出入, 不用太在意陈旧的房间, 充分享受住在市中心的这处临时住所吧。早餐不错, 而市政厅就位于隔壁。床铺舒适, 房间很大还带有桌子(当然是为了学习之用), 浴室干净且带有浴缸。

肯辛顿市场和小意大利区 (Kensington Market & Little Italy)

★ Planet Travelers Hostel 青年旅舍 $

(见86页地图; ☎416-599-6789; www.theplanettraveler.com; 357 College St; 铺/双/标三 $31/75/90; [⊖][❄][🛜]; [📞]506) Planet开业已久, 在业界口碑极佳, 还有一个非常棒的屋顶露台酒吧, 房价不错, 并且承诺提供干净、环保的住处。储物柜配有插座, 可以方便地为小型数码产品充电。旅舍共有94个宿舍床位、10间单间以及干净整洁的公共区域, 你可以尽情结识朋友、享受旅舍生活。

皇后西区和三一贝尔伍德 (Queen West & Trinity Bellwoods)

★ Drake Hotel 精品酒店 $$

(☎416-531-5042; www.thedrakehotel.ca; 1150 Queen St W; 双/套 $169/319起; [P][❄][🛜]; [📞]501)其他酒店拥有房间, 而Drake拥有"临时住所、巢穴和沙龙"以及摇滚小套间, 吸引着波希米亚人、艺术家和独立音乐人入住, 所费不多。临时住所虽小, 但兼具时尚功能。事实上, 所有的房间都很小, 但其装饰都令人无可挑剔。

附属的酒吧(☎416-531-5042; www.thedrakehotel.ca; 1150 Queen St W; ⏰8:00~23:00; [📞]501)和乐队练习室是多伦多欣赏现场音乐的最佳场所之一。在夏季, 空中庭院(Sky Yard)屋顶露台就会被DJ的节拍和装着科罗那啤酒的冰桶引爆现场。

★ Gladstone Hotel 精品酒店 $$

(☎416-531-4635; www.gladstonehotel.com; 1214 Queen St W; 双/套 $229/375; [P][⊖][❄][🛜]; [📞]501)这家创新酒店共有37间经过艺术家设计的房间, 每间看起来都像是从塔森(Taschen)出版社出版的那些设计书里照搬出来的一样。你可以在信息丰富的网站上挑选一个主题房间, 抵达时, 便可搭乘手动鸟笼式电梯到达3楼或4楼的艺术卧室。本地生产的浴室用品和绿色屋顶展示了Gladstone的环保承诺。

楼下的Melody Bar(见116页)乐队练习室和咖啡馆是多伦多不可或缺的独立音乐演出场所, 而二楼被艺术家承租用作工作室和展览场所。

Bonnevue Manor　　　　　　民宿 $$

(☏416-536-1455; www.bonnevuemanor.com; 33 Beaty Ave; 双含早餐 $157起; P❋❄@; ⓢ501、504、508)这家舒适的民宿隐匿在皇后西街和国王西街延长线最远端之间的小巷内,所在建筑是一栋经过修复的19世纪90年代的红砖别墅,身处其中,依稀可见非凡的手工建筑细节。6间客房内部均为暖色调,室内设计以花朵为主题,都配有浴室。你可以在布满葡萄藤的露台上享受热乎乎的早餐。

东区和湖滨区
(East End & The Beaches)

★ Only Backpackers Inn　　青年旅舍 $

(☏855-463-3249; http://theonlyinn.com; 972 Danforth Ave; 铺含早餐 $26~30; ❋@❄; ⓢDonlands)Only很招人喜欢!旅舍主人James周游世界,并撷取旅行的灵感创立了这家青年旅舍,这儿满足了你所需要的一切:干净、私密、靠近地铁站,而且旅舍位于丹福思(Danforth),虽算不上是市中心,但地理位置也很优越。这里提供华夫饼早餐以及两个私人露台。楼下有家咖啡馆,那里有一个大露台和24种优质扎啤。

Au Petit Paris　　　　　　民宿 $

(见74页地图; ☏416-928-1348; www.bbtoronto.com/aupetitparis; 3 Selby St; 标单/双/标三含早餐 $105/145/175; ❄❋❄; ⓢSherbourne)白菜镇这家精致的维多利亚式飘窗山墙风格房屋结合了硬木地板与现代装饰。4个套房中以有天窗的"游牧"套房(Nomad's Suite)和"艺术家"套房(Artist's Suite)最为经典,可以欣赏到花园美景并拥有超大浴缸。讨喜的素食早餐包括法式薄煎饼、水果和华夫饼。如果不需要早餐,则可获得房价折扣。

多伦多群岛 (Toronto's Islands)

Smiley's B&B　　　　　　民宿 $$

(☏416-203-8599; www.erelda.ca; 4 Dacotah Ave, Algonquin Island; 房间带公共浴室 $106, 公寓每晚/周 $257/1400; ❄❋❄; ⓢWard's Island)你可以在"观景楼"(Belvedere,一间阳光明媚的房间)过夜,与主人一起吃饭,或躲进带独立厨房和浴室的小开间公寓(仅限6月至9月)内自得其乐。在这个无车的岛上,你肯定能放松下来。从Bay St搭渡轮过来约为15分钟。

🍴 就餐

　　没有什么比餐桌上的食物更能体现出多伦多的多元文化那震撼人心的强大力量。在这里就餐是种享受——你能尝到任何美食,从韩国核桃蛋糕到香辣的泰式咖喱、纽约牛排以及用面包夹豌豆培根搭配枫糖浆制成的加拿大薄饼。融合美食正当其道:传统的西方食谱加上吸引人的东方食材,然后再用亚洲方法烹调。英伦影响也是显而易见的——起泡的午餐啤酒和正式的下午茶点是深受喜爱的传统。

　　行政主管们前往金融区和老约克的高档餐馆就餐,而各种实惠的餐厅则在贝尔德温村、肯辛顿市场、皇后西区、Ossington Ave和Yonge St一带遍地开花。小意大利区、希腊城(丹福思)、小印度区以及唐人街供应始终如一的民族小吃。想好自己想尝点什么,看看附近有哪些好的餐饮选择,然后就进去开吃吧!

🍴 港畔区 (Harbourfront)

Against the Grain
Urban Tavern　　　　　小酒馆食物 $$

(见82页地图; ☏647-344-1562; corusquay.atgurbantavern.ca; 25 Dockside Dr; 主菜 $14~26; ⊙周日至周二 11:00~21:00, 周三至22:00, 周四至23:00, 周五和周六至午夜; ⓢ509)这间著名酒馆的最大特点是巨大的湖畔露台(季节性开放),可在此观赏多伦多港畔区的最佳景色。与朋友一起来享受阳光和马提尼,分享一盘五花肉或香辣虾炸玉米饼,或把招牌手撕猪肉三明治吃得满手都是。

Harbour Sixty Steakhouse　　牛排 $$$

(见82页地图; ☏416-777-2111; www.harboursixty.com; 60 Harbour St; 主菜 $32~130; ⊙周一至周五 11:30至深夜, 周六和周日 17:00至深夜; ⓢ509、510)位于1917年建成的多伦多港畔委员会(Toronto Harbour Commission)的哥特式大楼内,位置较偏僻。这间华丽的巴洛克

风格餐厅拥有闪亮的铜灯和豪华的卡座。不妨放纵一下,品尝各种超大牛排、三文鱼或季节性的佛罗里达石蟹腿以及烧烤加勒比龙虾尾。配菜的分量足够两个人吃。做好钱包大出血的准备。需要预订。

金融区 (Financial District)

B Espresso Bar 咖啡馆 $

（见74页地图; ☎416-866-2111; bespressobar.com; 111 Queen St E; 咖啡 $3~6; ⏰周一至周五7:30~17:00; Ⓜ501）这个意大利小酒馆风格的咖啡馆供应"热气腾腾、泡沫丰富、顺滑、浓郁、可口、粗放、美味"的咖啡。够牛的,不过咖啡听上去有那么香艳吗? 是的,几乎就和那些从血液里都热爱咖啡的员工们一般性感。

★ Richmond Station 各国风味 $$

（见74页地图; ☎647-748-1444; www.richmondstation.ca; 1 Richmond St W; 主菜 $21~28; ⏰周一至周六 11:30~22:30; ⓂQueen）这个餐厅忙碌而简单,强烈建议提前预订。餐厅创始人为真人秀《加拿大顶级厨师大赛》(*Top Chef Canada*)的冠军得主卡尔·海因里希 (Carl Heinrich)。菜肴秉持着"注重食材,匠心烹制"的理念。试试丰盛的龙虾沙拉和奶油蘑菇意大利宽面条。种类繁多的菜品虽然简单,但令人意犹未尽,价格适中,精心搭配的酒单以及每日黑板特价菜为餐厅增色不少。

Terroni 意大利菜 $$

（见82页地图; ☎416-203-3093; www.terroni.com; 57 Adelaide St E; 主菜 $14~25; ⏰周一至周四 9:00~22:00,周五和周六至23:00,周日 17:00~22:00; ⓂKing）这是家受欢迎的意大利小饭馆的Adelaide St分店（多伦多有几家分店,洛杉矶也有多家分店）,位于前法院大楼内,拥有很高的拱形天花板和迷宫般的就餐区域。开放式餐厅气氛酷炫,尽管面积不大,但经常客满。柴烤比萨、味道香浓的意大利面以及新鲜的帕尼尼三明治定价合理,能满足最挑剔的顾客。但不能根据要求更换菜肴配料。

Nami 日本菜 $$

（见82页地图; ☎416-362-7373; www.namirestaurant.ca; 55 Adelaide St E; 午间套餐 $18~24,晚餐主菜 $20起,寿喜烧每人 $33起; ⏰周一至周五 11:45~14:30和17:30~22:00,周六 17:30~22:00; ⓂKing）店名意为"波浪"[发音类似tsunami（海啸）]——大厦外面的一波波霓虹灯闪耀酷炫醒目。室内采用黑色装饰,穿着和服的女服务员以及专注的寿司师傅们忙着不可开交,店家针对北美人的口味,对食物做了极少的改良。炉端烧(Robatayaki)是特色菜。这里也是个尝试家常寿喜烧火锅的好去处。

Bymark 创意菜 $$$

（见82页地图; ☎416-777-1144; www.bymark.mcewangroup.ca; TD Centre, 66 Wellington St W; 主菜 $28~65; ⏰周一至周五 11:30~15:00,周一至周六 17:00至午夜; ⓂSt Andrew）多伦多的烹饪大师马克·麦克尤恩(Mark McEwan)以其精致的欧式菜肴打造出这个位于市中心的时尚双层餐馆。他所带领的创意烹饪团队对季节性的本地原料（野生松露、鹌鹑、软壳螃蟹）进行奇妙的组合,每道菜都会搭配推荐的葡萄酒或啤酒。餐厅就在底楼。

老约克 (Old York)

Patrician Grill 正餐 $

（见82页地图; ☎416-366-4841; 219 King St E; 餐 $3.75~10.95; ⏰周一至周五 7:00~16:00,周六 8:00~14:00; ⓂKing）Patrician建于20世纪50年代,自1967年起就一直由同一个家族经营,而且看上去像模像样。外面的霓虹灯以及原始的内部装饰就能够摄影师拍一整天的了。汉堡、培根生菜番茄三明治、煎培根和鸡蛋（熟的程度刚刚好）以及家常炸薯条组成白天的菜单。周五的午餐烘肉卷是当地名吃,很

节日食品

在**多伦多夏日美食节**（见97页）和**冬日美食节**（见96页）这样的美食节期间,能够找到物美价廉的固定价格套餐,此外,在温暖的季节里,联合车站还会举办**联合夏日**（见97页）美食市集。在多伦多,快餐车供应各种各样的美味,很受欢迎。可以下载App来查看附近快餐车的具体位置。

Bombay Palace 印度菜 $

（见82页地图；📞416-368-8048；www.bombaypalacetoronto.com；71 Jarvis St；自助午餐$12.99；⏰11:30～14:00和17:00～21:30；🚇King）这家受欢迎的印度餐馆占据了这栋古怪的老房子的前一半。餐饮有着良好的用餐氛围、礼貌且传统的服务，提供摆盘精美的地道菜肴。按正餐菜单点菜有点儿贵，但你绝对不能错过物超所值的每日自助午餐和周日自助晚餐。

Sultan's Tent & Café Maroc 中东菜 $$$

（见82页地图；📞416-961-0601；www.thesultanstent.com；49 Front St E；主菜$24～37；⏰周一至周五正午16:00，周六11:30～16:00；🚌503、504）暗色调装修、大气，到处都是彩色玻璃灯、烛台和流苏靠垫，Sultan's Tent提供传统的摩洛哥菜肴。尝尝皇家蒸粗麦粉（couscous royale，$24）以及点心keskesu（甘甜的蒸粗麦粉、肉桂、杏仁、葡萄干和橙花水）。

Hiro Sushi 寿司 $$$

（见82页地图；📞416-304-0550；www.hirosushi.ca；171 King St E；午餐特色菜$12起，晚餐$35～70；⏰周二至周六正午至14:30和周六17:30～22:30；🚌503、504）如果你喜欢寿司，快乐幽默的寿司师傅Hiro就是你的选择。这家正宗的寿司店遵循传统的"厨师发办"（omakase）原则来经营：一切交给厨师来办。如果你愿意，一段诱人的旅程在等待着你。Hiro也能理解西方用餐者的特殊需求，并会提供有限的按菜单点菜服务，但是菜单会根据食材供应情况和他本人的心情而变化。

🍴 娱乐区和国王西街（Entertainment District & King Street West）

Wvrst 欧洲菜 $

（见86页地图；📞416-703-7775；www.wvrst.com；609 King St W；香肠$6起；⏰周日至周三11:30～23:00，周四至午夜，周五和周六至次日1:00；🚌504、508）喜欢香肠吗？如果Wvrsts的非凡成就算是这里的一大象征，那么足以说明多伦多的潮人也喜欢香肠。这里有各式各样的香肠和灌肠，在这个"啤酒与香肠大堂"内尽情享受猪肉的美味吧。要不要再搭配点儿鸭肉和薯条？

Avenue Open Kitchen 正餐 $

（见86页地图；📞416-504-7131；7 Camden St；三明治/汉堡$3/4.5起；⏰周一至周五7:00～16:00，周六8:00～15:00；🚌504）这个紧邻Spadina Ave的舒适小店似乎已经在这里开了很久，但仍是一尘不染、物超所值。点一份培根生菜番茄三明治配奶酪，再配上炸薯条和肉汁，你敢以此为午餐吗？早餐和汉堡真的很传统，而且还比较省钱。每天都有特价菜。

Burrito Bandidos 墨西哥菜 $

（见74页地图；www.burritobandidos.com；120 Peter St；墨西哥卷饼$6.55起；⏰周一至周四11:30～23:00，周五和周六至次日4:00，周日正午至21:00；🚌501、502）不幸没有挤进夜店的人可以来这个地下餐馆，用大量的辣椒、酸奶油和辣调味汁，甚至是香辣猪肉来填补他们的失望。这家店空间很小，最好外带。

Ravi Soups 各国风味 $

（见82页地图；📞647-435-8365；www.ravisoup.com；322 Adelaide St W；汤类$9.99；⏰周一至周六11:00～22:00，周日至20:00；🚌504、508）这家店很简单：只有7种汤（想象一下玉米蓝蟹杂烩汤和牛肝菌菰米浓汤）和6种制作精良的卷饼（咖喱牛肉烤蕃薯），都很美味。就餐区域很小，只有一张公共餐桌，通常拥挤不堪。

Thompson Diner 美式小餐馆 $

（见86页地图；📞416-601-3533；www.

素食主义者的天堂

无肉及/或不含乳制品的食品在美食盛行的多伦多经历了从兴盛到过时的全过程。以下是完胜的餐馆：

Govinda's（见111页）

Kekou Gelato House（见107页）

Kupfert & Kim（见112页）

Urban Herbivore（见112页）

thompsondiner.com；550 Wellington St W；早餐$10起，主菜$14起；⊙24小时；📙504、511）作为迷人的Thompson Toronto（见100页）的休闲餐厅，这里24小时营业（全天供应早餐）。你可以在任何时候坐在这里观看行人，毕竟，这里是夜店聚集地。你可以放心在这个现代风格的经典美式小餐馆里吃到地道的暖心美食。

Dark Horse Espresso　　　　　咖啡馆 $

（见74页地图；📞416-979-1200；www.darkhorseespresso.com；215 Spadina Ave；咖啡$3~6；⊙周一至周五 7:00~19:00，周六和周日8:00~19:00；📙510）在天花板很高的空间内享用上好的咖啡，你可以在这里奋笔疾书，也可以慵懒地打量来往的人。

★ Lee　　　　　　　　　　　　亚洲菜 $$

（见86页地图；📞416-504-7867；www.susur.com/lee；601 King St W；主菜$15~45；⊙周日至周三 17:30~22:30，周四至周六至23:30；📙504、508）这是一场真正的感官盛宴。在广受好评的厨师李国纬（Susur Lee）的同名旗舰餐厅就餐是一次最好的分享体验。机灵的服务员会帮你选择中西结合的亚洲美食，你肯定想要最地道正宗的搭配。仅体验新加坡卷心菜卷等招牌菜是不可能充分感受这里色香味俱全的烹饪精髓的。食材是重点！

Khao San Road　　　　　　　泰国菜 $$

（见86页地图；📞647-352-5773；www.khaosanroad.ca；785 Queen St W；主菜$13~16；⊙周一和周二正午至14:30和17:00~22:00，周三至周六正午至14:30；🈶📝；📙504、508）经常能在这家餐厅看到等候用餐的队伍，因为这是多伦多最好的泰国餐厅之一。当然，如果你是泰国菜的忠实粉丝，它绝对值得等位。一进入店里，一切都有条不紊：上菜超快，食物可口。餐厅也提供素食菜单。

Patria　　　　　　　　　　　西班牙菜 $$

（见86页地图；📞416-367-0505；www.patriatoronto.com；480 King St W；小盘$5~18；⊙每天17:30至深夜，周日 10:30至次日2:30；📙504、508）在这家宽敞、现代的餐厅里，一切都十分完美。这里专门供应西班牙小吃和美食。懂行的服务员会为你推荐令人食指大动的美味饭菜，包括奶酪、肉类和海鲜。餐前小吃适合多人分享，可以多点一些，千万不要独自前来。周日的早午餐与平常的菜肴大不相同，但同样令人赏心悦目。

🍴 唐人街和贝尔德温村 (Chinatown & Baldwin Village)

Kekou Gelato House　　　　　冰激凌 $

（见74页地图；📞416-792-8858；http://kekou.ca；13 Baldwin St；⊙周日至周四 12:30~22:30，周五和周六至23:00；📝；🅢Osgoode）威士忌、黑芝麻或乌龙茶，不，这不是在说鸡尾酒，而是味道鲜美的、颇具亚洲风情的冰激凌。冰激凌的口感淳厚，既不会太过甜腻，也没什么添加剂的味道。这里的无乳姜汁黑巧克力冰激凌，可谓是多伦多口感最佳的素食冰激凌了。这家店位于贝尔德温村的尽头，还有一个分店在皇后西街靠近Spadina的转角。

Pho Hu'ng　　　　　　　　　越南菜 $

（见86页地图；📞416-593-4274；http://phohung.ca；350 Spadina Ave；主菜$6~13；⊙10:00~22:00；📙510）要想吃到Pho Hu'ng美味的越南羹汤——其他菜都可以忽略，你不得不忍受缩水的服务和人满为患的餐桌。有些菜对某些人来说可能过于原汁原味（比如猪肠和猪血），但越南式咖啡是很棒的。

Mother's Dumplings　　　　中国菜 $

（见74页地图；📞416-217-2008；www.mothersdumplings.com；421 Spadina Ave；10个饺子$8.50起；⊙11:30~22:00；📝；📙506、510）这家是唐人街上最干净、位置最佳的饺子店，采用祖传配方，供应馅大多汁的饺子。饺子馅包括猪肉、鸡肉、牛肉、虾肉、素馅，或蒸或煎，任你挑选。这些饺子既美味又实惠。店里总是顾客盈门。

Kinton Ramen　　　　　　　　面条 $

（见74页地图；📞647-748-8900；www.kintonramen.com；51 Baldwin St；面条$9.50起；⊙周日至周四11:30~22:30，周五和周六至23:30；📙505、506）拉面在日本几乎是一种信仰，在多伦多也越来越流行。这家创意面店的厨师头脑聪明，凭借"一招鲜"的蜜汁叉烧（caramelizedpork）风味拉面，掀起了当地

拉面的新风潮。这里甚至还有奶酪面条，令人大开眼界。这家分店的氛围热烈、喧闹、市井，不过仍然很经典。

Swatow 中国菜 $$

（见74页地图；☎416-977-0601；309 Spadina Ave；主菜 $8~14；⏰11:00至次日2:00；🚌505、510）为了迎合深夜的人群，这里的菜单涵盖了汕头的美食。厨师在制作面条时淋上了发酵的糯米酒，使得这道招牌面条别有一番灼热的酒香味，这种做法被昵称为"卤面"。这里只收现金，而且需要排队。

★ ND Sushi 日本菜 $$

（见74页地图；☎416-551-6362；www.ndsushiandgrill.com；3 Baldwin St；主菜 $11~22；⏰周一至周五 11:30~15:00和周一至周六 17:00~22:00；🚌505、506）这家低调的食堂位于Baldwin St起点处的显眼位置，供应最受欢迎的日本美食，比如饺子、天妇罗和生鱼片，均为真材实料。主打特色美食是寿司，包括各种经过改良的西式寿司卷，辣味彩虹寿司卷很美味。在别的地方，你可能要多花不少钱才能吃到如此高水准的日本食物。

老式小餐馆

在这样一个各行业都难逃加盟连锁命运的城市，社区不断变化，餐馆开开关关，当你发现有些事物还保持着最初的样子时，总会感到异常振奋。我们收集了一些多伦多最经典的小饭馆、经济小吃店以及便宜的吃食，带你穿越时光，回到塑料和贴面卡座、哪儿都像需要好好擦擦和时尚家庭菜当道的黄金时代。以下推荐的食物便宜、美味，但对保持身材不利。不过，你不是在度假吗？那还等什么？

Patrician Grill（见105页）

Avenue Open Kitchen（见106页）

Golden Diner Family Restaurant（见109页）

Gale's Snack Bar（见114页）

Senator Restaurant（见本页）

Thompson Diner（见106页）

Cafe la Gaffe 咖啡馆 $$

（见74页地图；☎416-596-2397；www.cafelagaffe.com；24 Baldwin St；主菜 $15~29；⏰周一至周五 11:30~22:00，周六和周日 10:00~22:00；🚌505、506）条纹棉质桌布和新鲜的花朵将这间小小的咖啡馆装饰得别具情调。餐馆有一个临街的餐区和一个枝繁叶茂的花园露台，你可以在那里享用市场沙拉、菲力牛排三明治或手抛比萨饼。小小的酒单上有多种酒类可供选择。

🍴 Downtown Yonge

Urban Eatery 美食城 $

（见74页地图；1 DundasStW；⏰周一至周六 10:00~21:00，周日至19:00；🛜 ♿；Ⓢ Dundas）Urban Eatery不仅仅是个美食广场，它位于规模庞大的**伊顿中心**（见74页地图；☎416-598-8560；www.torontoeatoncentre.com；220 Yonge St；⏰周一至周五 10:00~21:00，周六至19:00，周日 11:00~18:00；🛜；Ⓢ Queen、Dundas）地下一层，拥有从快餐店到正餐厅的24家餐饮店。如果你急着想吃东西又累得走不动了，那一定会喜欢这里，事实上，你多半会眼花缭乱、难以取舍。在冬季，这个连接着PATH地下商街和地铁系统的美食城堪称地下避风港。

Salad King 泰国菜 $

（见74页地图；☎416-593-0333；www.saladking.com；340 Yonge St；主菜 $8.50~10.50；⏰周一至周四 11:00~22:00，周五 11:00~23:00，周六 正午至23:00，周日 正午至21:00；Ⓢ Dundas）色彩鲜艳、有点儿名不副实的Salad King深受附近瑞尔森大学（Ryerson University）学生们的欢迎。这里供应大碗的泰式咖喱、汤面、米饭以及沙拉，价格在$10左右。长长的不锈钢公共餐桌和舒适的卡座里通常挤满了饥饿的食客。你可以选择不同程度的辣度等级，从1级到20级！

Senator Restaurant 美式小餐馆 $

（见74页地图；☎416-364-7517；www.thesenator.com；249 Victoria St；主菜 $8.45~17.95；⏰周日和周一 8:00~14:30，周二至周六至21:00；Ⓢ Dundas）艺术装饰爱好者肯定会爱上Senator的弧形玻璃窗、有凹槽的铝柜台面以及新颖的卡座。这里的家常食物非常简单，我们

喜爱炸鱼和薯条、烘肉卷和通心粉。不用再多说了吧？

Good View 中国菜 $$

（见74页地图；📞416-861-0888；www.goodviewrestaurant.ca; 134 Dundas St E；主菜 $12~22；⏰周一至周四 11:30~22:00，周五至 23:00，周六 16:30~23:00；🚇Dundas）这个靠近央-登打士广场中餐外卖店远近驰名。供应现做的美味粤菜。午餐和晚餐特价菜物有所值，可打包回酒店。但与几个朋友一起堂吃，并从菜单选择各种各样的菜肴才是真正的快乐。

Eat Fresh Be Healthy 各国风味 $$

（见74页地图；📞647-258-8808；www.eatfreshbehealthy.com; 185 Dundas St W；午餐/晚餐 $11/14起；⏰周一至周五 11:30~21:00，周六 15:00~21:00；🚋505）这间美妙的餐厅简直就是"不要以貌取人"的真实例子，因为在单调的Dundas St上你很容易忽略掉外观普通的餐厅。但这里真的不容错过。餐馆里有各种健康、家常的饭菜在等待着你，包括午餐时供应的新鲜制作、材料丰富的三明治和精致的意大利面，以及晚餐时供应的红焖羊肉（braisedlamb）和芥末猪排（mustard-glazedporkchops）。

JOEY Eaton Centre 新派美国菜 $$

（见74页地图；📞647-352-5639；www.joeyrestaurants.com; 1 Dundas St W；主菜 $14~35；⏰周日至周三 11:00至次日1:00，周四至周六至次日2:00；🚇Dundas）这是家高档休闲烧烤店兼休闲酒吧设在多伦多市中心的分店，就位于Dundas地铁站上方的伊顿中心里。店内有着令人印象深刻的装饰以及配得上其城区中心位置的菜单。受欢迎的菜品包括巴哈鱼炸玉米饼（Bajafishtacos）、脆皮鸡肉三明治和龙虾烤芝士三明治。餐馆也有专为麸质不耐受者和素食主义者准备的菜肴。

🍴 怡奇-威里司里村 (Church-Wellesley Village)

Jet Fuel 咖啡馆 $

（📞416-968-9982；www.jetfuelcoffee.com; 519 Parliament St；咖啡 $3.25~5；⏰6:00~

最棒的露台

夏日如此短暂，渴求维生素D的当地人一有机会就直奔多伦多的露台酒吧和餐馆。准备占个最好的桌子吧，或者，只要找到张桌子就算是幸运了！以下是一些最受欢迎的：

Hair of the Dog（见110页）

Earl's（见82页地图；📞416-916-0227；www.earls.ca; Suite 100, 150 King St W；主菜 $13~29；⏰11:30至深夜；🚇St Andrew）

Queen Mother Café（见113页）

Rectory Café（见115页）

One Eighty（见115页）

Java House（见116页）

Allen's（见114页）

Drake Hotel（见103页）

Against the Grain Urban Tavern（见104页）

20:00；🚋506）这个咖啡馆又酷又有艺术范儿，城东的新兴中产阶级、自行车骑手和文化界人士汇聚于此，戏谑地拿约克维尔的帅哥美女"开涮"。这里供应Yonge St以东最好的咖啡。

Golden Diner Family Restaurant 美式小餐馆 $

（见74页地图；📞416-977-9898; 105 Carlton St；早餐 $2.50起；⏰6:30~22:00；🚇College）这家不错的老式希腊餐馆位于地下层，拥有整洁的卡座，全天候供应城中性价比最高的早餐。$6.95的早餐包括鸡蛋、酥脆或面包夹豌豆培根、一堆薯条和一大杯咖啡。煎饼每个$2.50！这不是城里最好的早餐馆，但是分量足又省钱，让你可以把更多的钱花在晚餐上。

Ethiopian House 非洲菜 $

（见74页地图；📞416-923-5438；www.ethiopianhouse.com; 4 Irwin Ave；主菜 $10~14；⏰正午至23:00；🚋；🚇Wellesley）在这里你可以体验到最为原始的就餐文化——这里没

有餐具，人们将调味鹰嘴豆（sherro wot）和五香牛肉（gored-gored）加到美妙的湿面包（injera）中，用手抓着吃，然后再体验一下餐后饮咖啡的仪式。人们普遍认为，咖啡起源于当年埃塞俄比亚的卡法王国（Kaffa）。餐馆还提供许多素食，$8的午餐也很不错。

Guu　　　　　　　　　　　　日本菜 $

（☎647-351-1314；www.guu-izakaya.com/toronto；1314 Queen St W；主菜 $8~14；⊙周三至周一 17:30~23:30；🚌501）时尚年轻的日本人使用流行语"guu"来表示"好"或"酷"。这个翻版的日本居酒屋（izakaya）刚刚从狭小的Church St店面搬过来，不过新址依然很热闹。你可以和朋友结伴来享用啤酒、清酒以及令人垂涎欲滴的小份美食，如香辣金枪鱼腩（spicy negitoro）、油炸布里干酪配芒果酱，以及香蕉天妇罗配椰子冰激凌！

★ Hair of the Dog　　　　　小酒馆食物 $$

（见74页地图；☎416-964-2708；www.hairofdogpub.com；425 Church St；拼盘 $8~14，主菜 $13~25；⊙周一至周五 11:30至深夜，周六和周日 10:30至深夜；Ⓢ College）在温暖的季节，这家小酒馆氛围最佳，双层的荫凉露台引来一大群同性恋或异性恋开怀畅饮，酒馆气氛也变得活跃起来。虽然不像几个街区以北的同性恋村的酒馆那么有主流范儿，但这家氛围轻松的小酒馆依然能够让人们感到放松和愉悦。虽说这里被认为是"喝酒"的场所，但其美味的食物也同样值得一试，拼盘和沙拉都不错。没有哪个非素食主义者能抵制得住黄油鸡烤奶酪的诱惑。

Sambucas on Church　　　意大利菜 $$

（见74页地图；☎416-966-3241；www.sambucas.ca/home；489 Church St；主菜 $10~22；⊙10:30~22:30；Ⓢ Wellesley）在这里，你可以享用工作日午餐、周末的早午餐以及晚餐。Sambucas的意大利菜单里包含了一些按照北美人口味进行了改良的菜肴。意大利面很丰盛，意大利奶油焗饭柔滑可口，鸡肉菜肴也值得一试。尝尝看 $25的固定价格午市套餐，配有美味的海鲜意式扁面条。如果你够幸运，可以选择靠窗的桌子，一边用餐一边观看来来往往的同性恋村"村民"。

🍴 布卢尔-约克维尔（Bloor-Yorkville）

★ Trattoria Nervosa　　　　意大利菜 $

（见74页地图；☎416-961-4642；www.eatnervosa.com；75 Yorkville Ave；主菜 $16~29；⊙周一至周三 11:30~23:00，周四至周六至午夜，周日正午至22:00；🅿；Ⓢ Bay）餐厅坐落在约克维尔光怪陆离的中心区域，是个自在放松、享受美食的意式绿洲。露台视野绝佳，食客在观看多伦多富裕阶层的同时，还能够品尝简单美味的意面。这里的蘑菇意面（mafalde al funghi）蘑菇味道浓郁，点缀风味的奶油恰到好处。

Okonomi House　　　　　　日本菜 $

（见74页地图；☎416-925-6176；23 Charles St W；主菜 $6~12；⊙周一至周五 11:30~22:00，周六正午至22:00；Ⓢ Bloor-Yonge）Okonomi House是多伦多（也可能是全北美）唯一几家烹制正宗御好烧（okonomiyaki，好吃的日本煎菜饼，由肉类、海鲜或蔬菜制成）的餐馆。爱好日本菜的旅行者切不可错过。

7 West Café　　　　　　　　咖啡馆 $$

（见74页地图；☎416-928-9041；www.7westcafe.com；7 Charles St W；主菜 $11.95~17.95；⊙24小时；Ⓢ Bloor-Yonge）这间咖啡馆共有3层，室内灯光昏暗，装饰着织纹玉漆和裸体装饰画，木质的教堂靠背长凳和天花板上活泼的天使造型都营造出一种别样的用餐氛围，丰富的菜品令人眼花缭乱，包括比萨、意大利面、三明治和24小时供应的早餐。当月亮在街对面投下阴影时，你可以像吸血鬼一样啜饮着血红色的葡萄酒（可以按杯售或瓶售）。很酷。

Bloor Street Diner　　　各国风味 $$

（见74页地图；☎416-928-3105；www.bloorstreetdiner.com；Manulife Centre，55 Bloor St W；主菜 $18~33，早午餐 $34；⊙正午至次日1:00；Ⓢ Bloor-Yonge）虽店名颇具误导性（意为"布卢尔街小餐馆"），但光鲜亮丽的Bloor Street Diner餐厅已在多伦多流行了30多年，以其巴黎风格的露台、出色的葡萄酒单以及令人印象深刻的周日自助早午餐（带巧克力喷泉）而深受欢迎。

Morton's the Steakhouse　　牛排 $$$

（见74页地图；☎416-925-0648；www.

mortons.com/toronto; 4 Avenue Rd; 主菜 $28
起; ⏲周一至周六 17:30~23:00, 周日至22:00;
Ⓢ Bay)如果你喜欢牛排, 却在这里找不到让
你非常满意的菜, 他们肯定会及时弥补你的
缺憾。这些人对待牛排很认真: 服务员将会
用手推车将包着收缩膜的牛排呈上你的餐
桌, 你可以清楚地看到自己点的牛排。两个人
在这里用晚餐的话, 加上酒水要花一两百美
元, 准备好美餐一顿吧。

Sassafraz 创意菜 $$$

(见74页地图; ☎416-964-2222; www.sassa
fraz.ca; 100 Cumberland St; 主菜 $21~39; ⏲周
二至周六 11:30至次日2:00, 周日和周一至午夜;
Ⓢ Bay)Sassafraz很受到访名人和暴发户的欢
迎, 它的风格集中体现了约克维尔区的特点。
餐馆会为周末享用早午餐的食客们演奏爵士
乐, 时髦的接待员会将顾客安排在阳光充足
的露台和枝繁叶茂的室内庭院。食物? 当然
很好。

🍴多伦多大学和安那克斯社区
(University of Toronto & The Annex)

Govinda's 素食 $

(☎888-218-1040; www.govindas.ca; 243
Avenue Rd; 套餐 成人/儿童 $10/5; ⏲周一至周六
正午至15:00和18:00~20:00; 🍴; Ⓢ Rosedale)印
度教克利须那派运动(Hare Krishna move-
ment)几十年来一直为全球节约型旅行者提
供食物。多伦多也不例外。面对任何劝说你改
变信仰的人, 你只要礼貌地拒绝就好, 然后就
可以享受美味、不会产生因果报应的印度素
食, 这些饭菜总体上有益于身心。

Chabichou 法国菜 $

(见86页地图; ☎647-430-4942; 196 Borden
St; 小吃 $6~25; ⏲9:00~19:00; 🚌510)这个法
国熟食店(traiteur)厅拥有令人垂涎的上好
奶酪和肉酱(试试鸭肉和开心果)、新鲜烤
制、食材丰富的三明治以及每日特色菜(如
猪肉苹果炖汤), 简单、丰盛又美味。小咖啡
馆环境宜人, 但出售的各项食物仿佛都在说
"快点儿带我去野餐吧"!

Mr Tonkatsu 日本菜 $

(见86页地图; www.mrtonkatsu.com; 530
Bloor St W; 主菜 $11~15; ⏲周一至周六 11:30~
14:30和16:30~22:00, 周日至21:00; Ⓢ Bathurst)
这里有要求你自己磨碎搭配米饭的芝麻, 这
或许只是让你领略这个地方有多地道的小伎
俩罢了, 不过还挺管用。裹着面包屑的炸猪排
(或鸡排)外焦里嫩, 尤为酥脆可口, 且Mr
Tonkatsu拥有那种在日本当地餐厅特有的美
妙而轻松的氛围。

Carens Rosedale 创意菜 $$

(☎647-352-8111; www.carensrosedale.
com; 1118 Yonge St; 主菜 $16~34; ⏲周一 17:00至
午夜, 周二至周五 8:00至午夜, 周六 10:30至次日
2:00, 周日 10:30至午夜; Ⓢ Rosedale)在这家气
氛欢快、布置华丽的餐厅, 员工会很乐意为店
里的世界各地精选奶酪推荐合适的葡萄酒佐
餐。以会议室风格装饰的小酒馆看上去颇为
严肃, 足够正式约会或是开工作会议了。$49
的固定价格套餐可能会包括油封鸭肉, 或是
法式及当地经典菜色, 比如安大略虹鳟鱼。

★ Country Style
Hungarian Restaurant 匈牙利菜 $$

(见86页地图; ☎416-536-5966; 450
Bloor St W; 炸肉排 $18起; ⏲11:00~22:00;
Ⓢ Bathurst)这家令人愉快的匈牙利餐馆仍在
使用格子桌布, 员工都是自家人, 友好热情,
这种经营模式至少已经保持了一代人的时
间。各种脆可口、裹着面包屑的超大炸肉排
是城里最好的, 黄瓜沙拉也是一种经典。希望
他们尽可能不要改变任何东西。值得一提的
是, 菜单价格含税!

By the Way 中东菜 $$

(见86页地图; ☎416-967-4295; www.bythe
waycafe.com; 400 Bloor St W; 主菜 $10~18; ⏲周
日至周三 9:00~21:00, 周四至22:00, 周五和周六
至23:00; 🍴; Ⓢ Spadina)这个欢快的街角小酒
馆是安那克斯社区的老字号, 提供具有中东
风味的创意菜。尽管菜单上有很多肉类, 但素
食者也不会挨饿。

🍴肯辛顿市场和小意大利区
(Kensington Market & Little Italy)

Moonbean Coffee Company 咖啡馆 $

(见86页地图; ☎416-595-0327; www.

moonbeamcoffee.com; 30 St Andrews St; 咖啡 $3~4.25; ⏰7:00~21:00; 🚇510)"这里的一切都不太寻常"——收银台之后的那位老兄这么说道,这完全没错。Moonbean购买有机和公平交易咖啡,供应Yonge St以西最好的拿铁、$6左右全天供应的早餐以及"吃我"(Bite Me)系列的素食饼干。挑选自己心仪的现磨咖啡斤约为每磅$10。

Aunties & Uncles 咖啡馆

(见86页地图; 📞416-324-1375; www.auntiesanduncles.ca; 74 Lippincott St; 主菜 $4.25~9.25; ⏰9:00~15:00; 🚇510)这个总是人来人往的餐馆提供早午餐/午餐,菜单很简单,自制的菜肴价廉物美。在篱笆外的人行道上总有人排队等候。你可以坐在不配套的椅子上,津津有味地享受美食,如烤布里干酪配梨子核桃酱白面包、香蕉燕麦饼或烤加拿大切达干酪。只收现金。

Jumbo Empanadas 智利菜 $

(见86页地图; 📞416-977-0056; www.jumboempanadas.ca; 245 Augusta Ave; 肉馅卷饼 $4.50起; ⏰10:00~20:00; 🚇510)厚实的智利肉馅卷饼(empanadas,塞满了牛肉、鸡肉、奶酪和蔬菜的烤制美食)以及搭配牛肉、橄榄和鸡蛋的开胃玉米饼总是很早就卖光了。迷你肉馅卷饼仅售$1.50。面包和萨萨酱都是自制的。

Nguyen Huong 三明治 $

(见86页地图; 📞416-599-4625; www.nguyenhuong.ca; 322 Spadina Ave; 三明治 $5起; ⏰8:30~20:30; 🚇510)越南三明治(banh-mi,法棍里夹着肉酱、香菜、猪肉和泡菜)目前在多伦多大行其道,这家店是这股风潮的鼻祖,来此享用便宜又美味的越南三明治吧。

Urban Herbivore 素食 $

(见86页地图; 📞416-927-1231; www.herbivore.to; 64 Oxford St; 主菜 $7~14; ⏰9:00~19:00; 🍴; 🚇510)这个简单的天然食物餐厅专门供应不含添加剂和防腐剂的素食,包括沙拉、盖浇饭、浓汤以及特制素食无麸糕点。现在在伊顿中心的Urban Eatery也有分店(见108页)。

Kalendar 咖啡馆 $$

(见86页地图; 📞416-923-4138; www.kalendar.com; 546 College St; 主菜 $12~18; ⏰周一至周五 11:30至深夜,周六和周日 10:30至深夜; 🚇510)这里感觉像是小意大利区里的法国,由深色木材、瓷砖地板和精致的人行道露台构成。供应各种不同的卷(可丽饼式的烤肉条搭配各种蔬菜和酱汁)和nannettes——印度薄饼搭配各种美食,比如香蒜沙司(pesto)、洋蓟心(artichokehearts)和艾斯阿格芝士(Asiagocheese)。

Bar Italia 意大利菜 $$

(见86页地图; 📞416-535-3621; www.bar-italia.ca; 582 College St; 主菜 $13~26; ⏰周一至周三 11:00~23:00,周四至午夜,周五和周六至次日 2:00,周日 10:00~22:00; 📶; 🚇506)当地人喜欢Bar Italia,因为这是一个适合欣赏别人展示自己的地方(特别是当你占据了院子前让人梦寐以求的有利位置时)。点一份三明治或有嚼劲的意大利面,餐后再来份柠檬冰激凌和香醇咖啡,如此便可消磨掉整个下午或晚上。

Caplansky's Deli 美式小餐馆 $$

(见86页地图; 📞416-500-3852; www.caplanskys.com; 356 College St; 主菜 $7~18; ⏰周一至周四 10:00~22:00,周五和周六至23:00,周日 9:00~22:00; 🚇510)全天供应的早餐和蒙特利尔式熏肉餐热三明治是这家正宗的犹太熟食店的招牌美食,这里也提供丰盛的肉菜和每日特色菜。友好的店员不会让你觉得自己无足轻重,但是如果你喜欢的话,他们也欢迎你点这道"碎鸡肝"(choppedliver,$15,在英语里是无名小卒的意思,也指这道犹太名菜)。

🍴 皇后西区和三一贝尔伍德 (Queen West & Trinity Bellwoods)

Kupfert & Kim 素食 $

(见86页地图; 📞416-504-2206; www.kupfertandkim.com; 140 Spadina Ave; 主菜 $10~12; ⏰周一至周五 7:30~22:00,周六和周日 10:30~22:00; ❄🌱🍴; 🚇Osgoode, 🚇501)这家餐厅的主人是一对韩裔和加拿大夫妇,他们将韩国石锅拌饭改造成了无肉、无小麦的超级美食,味道鲜美,令人称赞。石榴、枸杞、藜麦、彩虹萝卜和大量绿色生食蔬菜是这道素食的

特色，非常受年轻的夫妇和身着健身服的单身人士的欢迎。

Chippy's 炸鱼和薯条 $

（见86页地图；☎416-866-7474；www.chippys.ca；893 Queen St W；炸鱼/薯条 $9.75/4起；⊙11:30～21:00，12月至次年3月 周一歇业；🚍501）在多伦多这个具有多元饮食文化的城市里，好的炸鱼和薯条可不多见，但Chippy's是个例外：鱼很新鲜，薯条是用产自安大略省和爱德华王子岛省的土豆现切的，每批炸鱼用的面糊里都加了两瓶吉尼斯黑啤（Guinness）。你可以坐在对面的三一贝尔伍德公园里享用你的美食。

New York Subs & Burritos 快餐 $

（见86页地图；☎416-703-4496；520 Queen St W；墨西哥卷饼 $3.49起；⊙周一至周五 11:30至午夜，周六至22:00；🚍501）很难描述这么多口味新奇的墨西哥卷饼（有人想要黄油鸡肉吗？），多年来一直吸引着许多夜猫子顾客光顾，但真的很好吃。店面并不花哨，但食物便宜、美味而且分量足。蘑菇爱好者应坚持内心所爱，而且必有所获。

★Queen Mother Café 创意菜 $

（见74页地图；☎416-598-4719；www.queenmothercafe.ca；208 Queen St W；主菜 $13～19；⊙周一至周六 11:30至次日1:00，周日至23:00；🅂Osgoode）这家位于Queen St的知名餐饮店，以其舒适、深色的木质卡座和出色的泛亚洲菜而大受欢迎。这里也提供加拿大家常美食——尝尝这里的汉堡。注意观察他们挂在墙上的旧物件，都是上一次翻新的时候在墙里发现的。露台比较隐蔽，是城里最好的露台之一。

Pizzeria Libretto 意大利菜 $$

（见86页地图；☎416-532-8000；http://pizzerialibretto.com；221 Ossington Ave；主菜 $10～17；⊙11:30～23:00；🚍505）位于葡萄牙村（Portugal Village），这里的比萨可以说是城里最好的。秘诀？比萨烤炉工匠的第三代传人用从意大利运来的石头建造了烧柴火的比萨炉。除了地道的那不勒斯比萨饼和各种那不勒斯美味外，还有定价工作日午餐（沙拉、比萨和冰激凌，$16）和全是意大利酒的酒单。

Burger's Priest 汉堡包 $$

（见86页地图；☎647-748-8108；www.theburgerspriest.com；463 Queen St W；汉堡包 $5.49起；⊙周一至周六正午至21:30，周日至20:00；🕾，🚍501）有些人说这里简单的汉堡包是城里最好的：新鲜的碎牛肉、松软的面包，烘烤得恰到好处。顶级选择：覆盖着裹面油炸的大蘑菇的"the Priest"（店名同款，当然是招牌汉堡了）。但如果你够勇敢的话，可上网查看这里其他的秘制菜单。甜点的话，一定要尝尝Vatican冰激凌：一种夹在两片烤奶酪三明治之间的冰激凌……绝对会是一种难忘的体验。

Rose and Sons Swan 咖啡馆 $$

（见86页地图；☎647-348-7926；www.roseandsons.ca；892 Queen St W；主菜 $14～28；⊙周日至周三 9:00～22:00，周四至周六 至23:00；🕾，🚍501）Rose and Sons延续了Swan的传奇，在装饰艺术的卡座内优雅地呈现小餐馆的经典。特色早午餐包括：鹰嘴豆鸡蛋配炒花菜、蜂蜜黄油热酱汁和松仁。晚餐较为国际范，有炸鸡、米饭和柬埔寨式凉拌卷心菜。

Julie's Cuban 拉丁美洲菜 $$

（☎416-532-7397；www.juliescuban.com；202 Dovercourt Rd；西班牙小吃 $4～15，主菜 $16～22；⊙周二至周日 17:30～22:00；🚍501）这个位于皇后西区西的街坊餐厅供应传统的古巴菜，如古巴炖牛肉（ropa vieja，香辣番茄酱碎牛肉加大蕉、白米和黑豆）。餐厅曾经是个街角商店，现在仍尽量保留这种氛围。

★Union 创意菜 $$

（见86页地图；☎416-850-0093；www.union72.ca；72 Ossington Ave；主菜 $18～34；⊙周一和周二 18:00～22:00，周三至周日 正午至15:00和18:00～23:00；🚍501）这个时髦的一流小厨房提供美味的法国和意大利创意菜，尽管你可能会认为腌剑鱼配雪蟹不能算简单的菜式，但店家还是以"简单易做"为卖点来招揽顾客。幸运的是，这里的食物、装饰以及服务都让人满意，牛排、鸡肉、排骨和鱼是主要食材。餐馆后面有个可爱的露台餐区。

最好的咖啡店?

喝啤酒太早?那避开咖啡连锁店,去品尝由咖啡师调配的地道咖啡吧:

Rooster Coffee House(☎416-995-1530;www.roostercoffeehouse.com;479 Broadview Ave;小吃 $3~11;⊙7:00~20:00;🚌504、505)在河谷公园对面。

Dark Horse Espresso(见107页)位于时尚区(Fashion District)/唐人街。

B Espresso Bar(见105页)位于金融区/库克镇(Corktown)。

Moonbean Coffee Company(见111页)位于肯辛顿市场。

Jet Fuel(www.jetfuelcoffee.com;见109页)位于白菜镇。

Remarkable Bean(见本页)位于湖滨区。

🍴 东区和湖滨区
(East End & The Beaches)

Gio Rana's Really Really Nice Restaurant　　意大利菜 $

(☎416-469-5225;1220 Queen St E;主菜 $9~23;⊙周二至周六 18:00~23:00;🚌501、502、503)这家古怪、有趣的餐厅没有招牌,你只会在一座毫无特征可言的20世纪50年代建造的银行大厦外面看到一个巨大的意大利式的鼻子。当地人喜欢来这里享受欢乐幽默的气氛以及传统的意大利家常美食:巨大的肉丸、热香肠意大利调味饭、小牛肉和"美味的鸭子"。

Remarkable Bean　　咖啡馆 $

(☎416-690-2420;2242 Queen St E;小吃 $3~10;⊙7:00~22:00;🚌501)这家受到海滩人士欢迎的咖啡馆供应牧羊人馅饼以及刚出炉的自制甜点,可以搭配拿铁或马黛茶(maté,南美称之为"生命之茶")。争取抢到一个靠窗的位置,店里很多穿着考究的人士。

Schnitzel Queen　　欧洲菜 $

(见74页地图;☎416-504-1311;211Queen St E;炸肉排 $6.50~14.50;⊙周一至周五 11:00~19:00,周六 13:00~18:00;🚌301,501,502)这个狭小的德国菜外卖店专卖裹着面包屑的炸肉排三明治——色泽金黄、美味无比,是绝佳的野餐食物。食物分量超足,绝对物有所值,通常能吃两顿——炸肉排是面包的两倍大。纯粹主义者应该找一张吧台椅——坐下点一份真正的晚餐盘,其中包含蘑菇酱、土豆沙拉和德国酸菜($9.99)。

Gale's Snack Bar　　美式小餐馆 $

(539 Eastern Ave;菜品 $3~4;⊙周一至周五 10:00~18:00,周六 正午至17:00;🚌501、502、503)远离日益中产化的李斯利维尔区,在这个车来车往的蓝领阶级的街角,你会发现这家坚韧不拔的简陋餐馆。如果你能接受它十几年来从未翻新过的店面,你会在此发现一些多伦多最便宜的小馆美食,比如三文鱼、火鸡或培根馅的三明治。

Siddhartha　　印度菜 $$

(☎416-465-4095;1450 Gerrard St E;主菜 $9~18;⊙11:30~22:00;🚌506)Siddhartha位于一个好吃的南亚美食随处可见的社区里,但它一直都是人们的最爱。尽管它的"吃到饱"自助午餐和自助晚餐($14)比较受欢迎,但你也可以从菜单上点菜。印度薄饼堪称完美,咖喱是经典菜,萨莫萨咖喱饺的个头很大。你可以用"翠鸟"啤酒给火辣的舌头降降温。

Pan on the Danforth　　希腊菜 $$

(☎416-466-8158;www.panonthedanforth.com;516 Danforth Ave;开胃菜 $8~15,主菜 $17~32;⊙周日至周四 正午至23:00,周五和周六 至午夜;🚇Pape)这家餐馆同希腊城(即丹福思)一样充满了希腊气息,店内色彩缤纷,气氛休闲,供应实在的传统希腊风味美食,如炸鱿鱼、碎肉茄子,还有填满了菠菜和羊乳酪的圣托里尼岛鸡(搭配新土豆和烤蔬菜)。最后可以享用黏牙的巧克力果仁蜜饼。

★ Allen's　　小酒馆食物 $$$

(☎416-463-3086;www.allens.to/allens;143 Danforth Ave;主菜 $12~36;⊙11:30至次日2:00;🚇Broadview,🚌504、505)Allen's有全城最好的露台用餐区(在天气温暖的几个月里开放)。尽管它是爱尔兰音乐和舞蹈爱好者

聚集的好地方，但它不仅仅是一个酒馆。菜单随季节变更，供应丰盛而精致的爱尔兰美食：不加激素和添加剂的牛肉（比如多伦多最好的牛肉汉堡之一）、羊肉、小牛肉、麦芽酒炖比目鱼和咖喱。

多伦多群岛 (Toronto Islands)

Rectory Café　　　　　　　　　　咖啡馆 $$

（☎416-203-2152；therecotycafe.com；102 Lakeshore Ave, Ward's Island；主菜 $13～21；◎周日至周四 11:00～21:00，周五和周六 至 22:00；⑤Ward's Island）位于木板路旁，这间舒适的画廊咖啡馆提供简餐、茶以及周末早午餐，同时可欣赏汤米汤普森公园的美景。想吃早餐和晚餐的话，建议预订，快餐和饮料则不受此限。如果阳光不错，可以选择坐在湖边的露台上用餐。

🍷 饮品和夜生活

酒吧和小酒馆

多伦多的酒吧和小酒馆多种多样。有地毯黏黏的啤酒屋、千篇一律的英式特许酒吧、美式运动酒吧，还有华丽的马提尼酒吧、屋顶露台、高空红酒吧和少数几个活跃的同性恋聚会地点。如此多的酒馆，怎能让人不垂涎欲滴！当地法规严格规定，室内公共场所禁止吸烟，尽管有些室外露台不受此限。酒吧通常从中午开始营业，一直开到深夜一两点。

★ Bar Chef　　　　　　　　　　鸡尾酒吧

（见86页地图；☎416-868-4800；www.barcheftoronto.com；472 Queen St W；鸡尾酒 $15～45；◎周二和周三 18:00至次日1:30，周四至周六 至次日2:00；⑤Osgoode）在这里约会可绝对不会冷场。昏暗的酒吧气氛十足，邻座的客人对这里的鸡尾酒赞不绝口。这里的鸡尾酒样式繁多，有的饰以小型盆栽，有的罩在钟形香草玻璃容器下，有的则用山核桃木烟熏过。除了新颖独特的样式，酒水本身的味道也非常诱人。虽然复杂多变的搭配令人叹为观止，这家酒吧也很好地突出了某些独特的味道，比如松露雪、洋甘菊糖浆、雪松香氛，以及土壤的味道！

Handlebar　　　　　　　　　　　酒吧

（见86页地图；☎647-748-7433；159 Augusta Ave；◎19:00至次日2:00；🚇505）这个袖珍酒吧向自行车及其爱好者们表示敬意，店主出身名门。酒吧位于肯辛顿市场南面，位置很不错，有某种奇妙的复古风格以及一群快乐的客人。这个酒吧经常举行各种时尚有趣的活动，孤身一人的旅客很容易找到归属感。

Clinton's　　　　　　　　　　　　酒吧

（见86页地图；www.clintons.ca；693 Bloor St；◎周一至周五 16:00至次日2:00，周六和周日 11:00至次日2:00；⑤Christie）每周的主题DJ之夜、现场音乐和喜剧表演都是这家著名酒吧的主打活动，这吸引了一群有趣且附庸风雅的人。前面的小酒馆供应不错的食物，后面有个很棒的舞厅。周五的"20世纪90年代男生女生舞会"很火爆。

One Eighty　　　　　　　　　　　酒吧

（见74页地图；☎416-967-0000；www.the51stfloor.com；51层，Manulife Centre, 55 Bloor St W；◎周一至周四 17:00至深夜，周五至周日 正午至深夜；⑤Bay）这是多伦多市许可经营的最高的露台酒吧——华丽时髦，价格无人能及。据说从这里可以欣赏到多伦多数一数二的美景，仅次于从加拿大国家电视塔看到的风景。它位于宏利中心（Manulife Centre）大厦，与国家电视塔不同，这里不额外收取门票，只是，如果不消费点杯马提尼或是吃顿饭，你会遭到鄙视的。

Mill Street Brewery　　　　　　　啤酒厂

（☎416-681-0338；www.millstreetbrewery.com；55 Mill St, Bldg 63, Distillery District；◎11:30至午夜；🚇503、504）这里的工作人员在气氛浓郁的酿酒厂区（见78页）现场酿造13种特色啤酒，他们可以称得上是当地微酿业的名人。点一份品酒组合，你就能尝到包括Tankhouse淡啤酒、Stock黄啤、有机贮藏啤酒在内的所有获奖啤酒。在阳光明媚的午后，庭院是个好去处。这里供应的精酿啤酒搭配食物包括汉堡包和卷饼。

Ossington　　　　　　　　　　　酒吧

（见86页地图；☎416-850-0161；www.theossington.com；61 Ossington Ave；入场费 $5；◎18:00至次日2:00；🚇501）前面酒吧的烛光摇曳，巨大幽深的后屋在周五和周六会举办DJ

之夜。喜欢这家酒吧的当地人从20岁到30岁不等，他们身上尚有少许活力激情，所以选择离经叛道。

Crocodile Rock 小酒馆

（见82页地图；📞416-599-9751；www.crocrock.ca；240 Adelaide St W；⏰周三至周五16:00至次日2:00，周六19:00至次日2:00，周日21:00至次日2:00；ⓈSt Andrew）Crocodile Rock似乎与其身处的夜店和娱乐中心位置格格不入，它的服务对象是年龄稍大的人，对原本就很棒的屋顶露台进行翻新后更是如此。来客有外地人、下班后特地为$3的特价酒而来的工薪族以及怀念20世纪80年代且仍喜欢派对的人。

Java House 酒吧

（见86页地图；📞416-504-3025；537 Queen St W；⏰周一至周五10:00至次日2:00，周六和周日9:00至次日2:00；🚌510）在皇后西区脏乱的中心地段，你会发现这个更为脏乱的乐园：这里的饮料、食物都非常便宜，还有巨大的侧边露台，夏天总是挤满了人。

Blake House 小酒馆

（见74页地图；📞416-975-1867；www.theblakehouse.ca；449 Jarvis St；⏰周日至周四11:00至午夜，周五和周六至次日1:00；ⓈWellesley）这栋建于1891年的历史大厦位于恰奇-威里司里村东边，各个方面都很出色。经过翻修后的酒吧以深色调为主，冬日非常舒适诱人，夏天时，门前则有个很不错的露台。这里有冰啤酒、美食和亲切的服务员。酒吧很受欢迎，而且不拥挤。

Gladstone Hotel 酒吧

（📞416-531-4635；www.gladstonehotel.com；1214 Queen St W；⏰8:00~22:00；🚌501）这家古老的酒店（见103页）集中表现了多伦多的先锋派艺术，其Art Bar酒吧和Gladstone Ballroom舞厅常举办标新立异的DJ打碟、诗歌会、爵士乐、读书会、另类乡村音乐及蓝调音乐等活动，而Melody Bar酒吧则常有卡拉OK和其他音乐活动。

Black Bull 小酒馆

（见74页地图；📞416-593-2766；www.blackbulltavern.ca；298 Queen St W；⏰正午至午夜；📶；🚌501）Black Bull可以说拥有多伦多最好的露台，这里的阳光好像比别处都多。它是从Queen St购物归来后畅饮一杯的绝佳休憩地。

C'est What 小酒馆

（见82页地图；📞416-867-9499；www.cestwhat.com；67 Front St E；⏰周日和周一11:30至次日1:00，周二至周六至次日2:00；🚌503、504）这家地下小酒馆（仔细找找入口）供应30多种威士忌和72种加拿大微酿啤酒（主要产自安大略省）。驻店的酿酒师会对酒品进行严格检查，保证随时供应纯天然不含防腐剂的扎酒。酒馆食物不错，原料一般都是来自隔壁的圣劳伦斯市场（见75页）的新鲜农产品。

Madison Avenue Pub 小酒馆

（见74页地图；📞416-927-1722；www.madisonavenuepub.com；14-18 Madison Ave；⏰周一至周六11:00至次日2:00，周日至午夜；ⓈSpadina）喧闹的Madison由安那克斯社区的3栋维多利亚式房子组成，吸引着多伦多大学20多岁的学生。这里有台球、飞镖、运动酒吧、抛光的铜饰，楼上的空间挂着帷幔，典雅的灯具散着微光。这里有5个露台，异性客人之间往往能碰撞出火花。

Underground Garage 酒吧

（见82页地图；📞416-688-8787；www.undergroundgarage.ca；365 King St W；入场费$7；⏰周日至周三22:00至次日2:00，周四至周六21:00至次日2:00；🚌504、510）这家都市摇滚酒吧勇于尝试在虚浮的娱乐区保持一份真实。它位于一段陡楼梯的下面，楼梯周围贴满了齐柏林飞船乐队（Led Zeppelin）、威利·纳尔逊（Willie Nelson）和约翰·列侬的海报。这里有低沉动听的吉他曲、冰啤酒和美好时光，非常符合这家酒吧的气质。

Red Room 小酒馆

（见86页地图；📞416-929-9964；444 Spadina Ave；⏰11:00至次日2:00；🚌506、510）这里是Red Room的地盘。它是小酒馆，是餐馆，还是复古的休闲场所——这个位于青辛顿市场的房间，是个附庸风雅的地方。宿醉之后，你可以在这里喝上一杯微酿啤酒、吃上一顿全天供应的早餐，再听点儿英伦摇滚以恢复精神。沉浸在光线幽暗的小隔间里，忘记自己的过错。

Sweaty Betty's 酒吧

（见86页地图；📞416-535-6861；13 Ossington Ave；◎周一至周四 17:00至次日2:30，周五至周日 15:30至次日2:30；🚌501）这个城市拥有果味伏特加和创意鸡尾酒，但Betty's的调酒师绝不会混合3种以上的东西。这一务实简约的做法同样让泡吧回归本质——与朋友把酒言欢，享受美好时光。周末，这家小小的酒吧挤满了时尚人士，再加上其客厅式的布置，感觉有点儿像大学的派对。

Sneaky Dee's 酒吧

（见86页地图；📞416-603-3090；www.sneaky-dees.com；431 College St；◎周一至周五 11:00至次日3:00，周六和周日 9:00至次日3:00；🚌506、511）Sneaky Dee位于Bathurst St和College St交叉路口的著名位置，店面装饰着涂鸦作品。楼下的酒吧真的很难看，破旧的小隔间一看便知年代久远。在这里，你可以一边喝着便宜的啤酒，一边吃着得克萨斯-墨西哥风味食品（周二墨西哥鸡肉卷半价）。楼上的乐队练习室一片黑暗，是当地新兴摇滚的摇篮。每周六，这里会举办20世纪60年代到80年代流行乐"Shake-a-tail"派对之夜。

Wayne Gretzky's 小酒馆

（见82页地图；📞416-348-0099；www.gretzkys.com；99 Blue Jays Way；◎周一至周五 11:30至深夜，周六和周日 10:00至深夜；🚌503、504）Wayne Gretzky这位加拿大最受欢迎的冰球传奇人物曾是这家酒吧的合伙人，不过如今这里只有保留了他的名字。这是家运动酒吧，也有餐厅和非常棒的屋顶露台，供应相当健康的新派美国食物。运动迷可以前来观看冰球纪念物，但这里也是在市中心喝啤酒的好去处。

Wide Open 酒吧

（见74页地图；📞416-727-5411；www.wideopenbar.ca；139a Spadina Ave；◎周一至周五 16:00至次日2:00，周六和周日 19:00至次日2:00；🚌510）只一眨眼的工夫，你就可能错过这家不显眼的小酒馆。不过，一旦你找到它，

你便发现了多伦多最便宜的酒：周一半价，$10一壶。在周四的欢乐时光酒水优惠时段（17:00～20:00）内，所有酒均一价$2.50。此外，每天都有特价酒。

夜店

夜店区位于Richmond St W和Adelaide St W之间的John St一带。天黑后，平凡无奇的大门纷纷打开，脖颈粗壮的保镖在人行道上拉起隔离带，衣着暴露的女孩和盛装出席但举止笨拙的男孩开始排队入内。空气中弥漫着荷尔蒙和令人兴奋的气息，几小时之后，事情会变得一团糟：喝醉了的女孩摇摇晃晃，男孩挥舞着拳头，卖热狗的摊主忙着往面包上抹着各种调料。现在，有不少夜店提供或要求"订酒预约服务"：你可以花高价预订一瓶酒和一张桌子，这样你就无须排队了。多数夜店在21:00或22:00左右开门（不过跳舞得更晚一点），次日4:00左右关门。

觉得时间不合适？那就去附近的小意大利区、恰奇-威里司里村、皇后西区和安那克斯社区寻找更密集的人群，扩大选择范围。入场费从$5到$15不等。带乐队练习室或后面带迷你夜店的酒吧的开放时间较早，到次日2:00或3:00关门。

Uniun 夜店

（见86页地图；📞416-603-9300；http://uniun.com；473 Adelaide St W；◎周五至周日 22:00至次日3:00；🚌504、508）这家超时髦、超酷炫的夜店提供"订酒预约服务"，其入口紧邻Portland St。除非你看上去像百万富翁，或者预算极为宽裕，否则不要进去。夜店的墙壁和天花板上镶嵌着炫目的LED照明系统，空间超大，恨不得能容纳1500人，风格相当新潮。

Mod Club 夜店

（见86页地图；www.themodclub.com；722 College St；◎周一至周四 20:00至午夜，周五和周六 18:00至次日3:00；🚌506）这家出色夜店位于小意大利区，展示的都是英国式的东西。店里播放着电子音乐、独立音乐和英式流行乐，偶尔有杀手乐队（The Killers）和缪斯乐队（Muse）的现场演出。若是想炫耀自己的嘻哈押韵技巧，可以尝试"卡拉OK大赛"（trap karaoke）。

同性恋的场所

★ Fly2.0
夜店

（见74页地图；☎416-925-6222；www.flyyyz.com；6G loucester St；入场费 $3~12；⊙周六22:30至次日4:00；ⓢWellesley）这家有趣的同性恋夜店位于恰奇-威里司里村外，紧邻Yonge St，占据了好几层楼的空间。每周六这里都会举办电子舞夜场，如此震撼的场景大概也只能在电视剧里可见一斑。美国版《同志亦凡人》（Queer as Folk USA）中的巴比伦夜店就在此取景。时至今日，这里依然是多伦多专属于男女同性恋、双性恋、变性者、跨性别者和间性者（LGBTI）的超大夜店之一。提早到店入场费更低。

El Convento Rico
夜店

（见86页地图；☎416-588-7800；www.elconventorico.com；750 College St；入场费 $8~10；⊙周五和周六 21:00至次日3:30；🚌506）这家以拉丁风情为主题的LGBTI酒吧客人背景各不相同，但待人友善。周五23:30有免费的萨尔萨舞课程，周五和周六还有变装秀表演。

Black Eagle
同性恋

（见74页地图；☎416-413-1219；www.blackeagletoronto.com；457 Church St；⊙周一至周六15:00至次日3:00，周日至深夜；ⓢWellesley）这家男性专属酒吧吸引的是皮革男、制服控和他们的仰慕者。全年开放的屋顶露台是邂逅年长同性伴侣的绝佳场地：周日下午的烤肉活动吸引着大批人群。楼上有交流区，楼下有装修过的舞厅。只要你放得开，当地人和酒吧员工都会对你友好相待。

Woody's/Sailor
酒吧

（见74页地图；☎416-972-0887；www.woodystoronto.com；465-7 Church St；⊙正午至次日2:00；ⓢWellesley）这是多伦多最有名的男同性恋酒吧，位于一座庞大的综合建筑内，活动丰富，包括变装秀、屁股选美等。这里还有台球桌和每晚DJ打碟。时尚的Sailor酒吧位于建筑的侧面。

Crews & Tangos
酒吧

（见74页地图；☎416-972-1662；www.crewsandtangos.com；508 Church St；⊙17:00至次日2:00；ⓢWellesley）白天它是个很大的酒吧（有个很棒的后露台），夜晚是人头攒动的夜总会，以变装秀和现场卡巴莱歌舞表演为特色，还有DJ打碟。在这样热情的空间里，男同性恋、女同性恋、有女孩气质的男孩、男子气的女孩及他们的朋友欢聚一堂。

O'Grady's
小酒馆

（见74页地图；☎416-323-2822；www.ogradyschurch.ca；517 Church St；⊙11:00至次日2:00；ⓢWellesley）天气一暖和起来，这家恰奇-威里司里村里最大的露台上就迅速挤满了人。但是在稍冷的季节里，这家比较一般的男同性恋爱尔兰酒馆就显得没什么特别了。

☆ 娱乐

你可能已经猜到，多伦多的娱乐活动总是不断，爵士乐、艺术电影放映、另类戏剧、歌剧、朋克摇滚、嘻哈音乐和冰球等，一应俱全。夏季，这里总有免费的户外节日活动和音乐会，而且多伦多全年都有舞蹈和现场音乐活动。同性恋群体的娱乐生活也很丰富、开放，有大量专属的夜店、流行乐团、酒吧之夜等。

想获知最新的夜店、另类文化和现场音乐会活动的清单，请参见多伦多各场所、地铁口或网站上的免费杂志或信息，如*Now*（now-toronto.com）以及专门刊载LGBTI活动的*Daily Xtra*（www.dailyxtra.com）。

为了推动艺术和文化发展，许多场所和活动组织者推出了"自由支付"政策（Pay What You Can，简称PWYC），即门票免费或捐赠入场，你可以支付你认为合理的价格。除此之外，Ticketmaster（www.ticketmaster.ca）出售大型演唱会、体育赛事和大型活动的门票。

现场音乐

我出你的朋克音乐教父Iggy Pop的T恤衫，穿上马丁靴，尽情投入这里的演出吧。多伦多的现场音乐演出异彩纷呈，另类摇滚、重金属摇滚、斯卡音乐、朋克和放克音乐，无所不包。另外还有比博普嗣士乐、慵懒沙哑的沼泽蓝调和原声民谣。工作日的晚上，你通常可以免费（或花上几加元）欣赏现场音乐，周末演出的票价为$20。罗渣士中心（见71页）、加拿大航空中心（见123页）、莫尔森加拿大露天剧场（Molson Canadian Amphitheatre）常会举办宏大的巡回音乐会。

★ Horseshoe Tavern　　　现场音乐

（见74页地图；☏416-598-4753；www.horseshoetavern.com；370 Queen St W；◎正午至次日2:00；🚌501、510）传奇的Horseshoe已经有超过65年的历史了，但仍在为当地独立摇滚的发展发挥着重要作用。这里处处透着旧日荣光和经典演出的味道。来喝杯啤酒，亲眼看看。

Reservoir Lounge　　　爵士乐

（见82页地图；☏416-955-0887；www.reservoirlounge.com；52 Wellington St E；◎周二至周六19:30至次日2:00；🚌503、504）摇摆舞者、爵士歌手及蓝调歌手在这个酷炫的地下休闲吧轮番演出，多年来，这里举办了不少音乐盛会。你可以边看表演边喝着马提尼，还能吃着草莓巧克力火锅，如此的享受，你在别的地方能找到吗？

歌剧院　　　演出场所

（Opera House；☏416-466-0313；www.theoperahousetoronto.com；735 Queen St E；🚌501、502、503）古老的歌剧院是20世纪早期的歌舞杂耍表演厅。多年来，黑乌鸦乐队（The Black Crowes）、讨伐体制乐团（Rage Against the Machine）、痞子阿姆（Eminem）、完美集团乐队（A Perfect Circle）和贝克（Beck）等音乐力量都曾在这个舞台上有过精彩表现，更不用说还有许许多多的舞会和表演。

Lee's Palace　　　现场音乐

（见86页地图；☏416-532-1598；www.leespalace.com；529 Bloor St W；◎9:00至次日2:30；🚇Bathurst）大名鼎鼎的Lee's Palace多年来为恐龙二世（Dinosaur Jr）、碎南瓜乐队（Smashing Pumpkins）和石器时代女皇（Queens of the Stone Age）等团体提供了表演舞台。1990年，涅槃乐队曾在此演出，科特·柯本正是因为在那场演出中扔瓶子而遭到了众人指责。寻找前门有显眼原色壁画的地方，你不可能错过它。

格连·古尔德演播室　　　古典音乐

（Glenn Gould Studio；见82页地图；☏416-

205-5555；glenngouldstudio.com；Canadian Broadcasting Centre, 250 Front St W；票价$15~40；◎售票处 周一至周五 14:00~18:30，周六 至20:00；🚇Union，🚌504）格连·古尔德演播室的良好音效配得上这位钢琴大师的名声。9月至次年6月间，将有独奏艺术家、室内乐团、合唱团和管弦乐队奉献精彩的晚间古典乐或现代音乐演奏会，你可以购买预售票。这里也常会推出年轻的国际艺术家的演出。

Dakota Tavern　　　现场音乐

（见86页地图；☏416-850-4579；www.thedakotatavern.com；249 Ossington Ave；◎周一至周五 20:00至次日2:00，周六和周日 10:00至次日2:00；🚌63，🚌501）这家地下小酒馆мало有木桶凳和一个可以进行小型现场演出的小舞台。你在这里听到的大多是乡村音乐、蓝调音乐和一些摇滚乐。周六和周日的蓝草音乐早午餐（$15，11:00~15:00）非常火爆，味美、量多还很有趣，只是你必须排队等位。

梅西剧院　　　演出场所

（Massey Hall，见74页地图；☏416-872-4255；www.masseyhall.com；178 Victoria St；◎售票处演出日正午开始营业；🚇Queen）很少有地方像梅西剧院一样举办类型如此丰富的演出，这家剧院至今已有120多年的历史。对后台区域的大规模改造让这座拥有2500个座位的演出场所与时俱进，同时亦保留了其所具有的时代魅力。

多伦多交响乐团　　　古典音乐

（Toronto Symphony Orchestra，简称TSO；见82页地图；☏416-593-4828；www.tso.ca；Roy Thomson Hall, 60 Simcoe St；◎售票处 周一至周五 10:00~18:00，周六 正午至17:00；🚇St Andrew）多伦多交响乐团在Roy Thomson音乐厅（有时也在梅西剧院和多伦多艺术中心）演奏古典乐、科尔·波特流行乐和世界各地的新音乐。想要知道"想咳嗽了怎么办？""可以鼓掌了吗？"这些问题的答案，可以登录乐团网站查询。

多伦多艺术中心　　　古典音乐

（Toronto Centre for the Arts，☏416-733-9388；www.tocentre.com；5040 Yonge St；◎售票处 周一 11:00~18:00，周二至周六 至20:00，

周日 正午至16:00；ⓢNorth York Centre）多伦多艺术中心位于Yonge St北部。可容纳1000人的George Weston演奏厅是多伦多交响乐团的总部。可容纳1700人的Main Stage剧院和小剧场Studio Theatre也举办芭蕾舞和戏剧演出。

Dominion Pub and Kitchen　　爵士乐

（☎416-366-5555；www.dominionpub.ca；500 Queen St E；⊙周一至周五 11:00至深夜，周六和周日 10:30至深夜；🚌501、502、503）这个爵士酒馆最近刚刚装修好，它凭借着时髦歌手、3人组合、6人组合和成熟的摇摆乐队依然在乐迷中保持着很好的口碑。每晚21:00左右，音乐开始。啤酒大多以精酿为主，还有大量的红葡萄酒可以抚慰你在大城市里受伤的心。

Cameron House　　爵士乐

（见86页地图；☎416-703-0811；www.thecameron.com; 408 Queen St W；⊙周一至周六 16:00至深夜，周日 18:00至深夜；🚌501、510）这个舞台汇集了灵魂乐、爵士乐者和乡村音乐歌手和创作型歌。前后房间都挤满了艺术家、乐手、梦想家和"宅"在这里的人。

凤凰音乐厅　　演出场所

（Phoenix；见74页地图；☎416-323-1251；www.libertygroup.com; 410 Sherbourne St；🚌506）可容纳1000人的凤凰音乐厅位于和谐俱乐部（Harmonie Club）的旧址内。这个古老庄严的音乐厅曾举办过像The Tragically Hip这样的乐队的演唱会，现场令人陶醉。

Rivoli　　现场音乐

（见74页地图；☎416-596-1908；www.rivoli.ca; 334 Queen St W；⊙11:30至次日1:00；🚌501）女歌手妃丝特（Feist）就是在Rivoli出道的。这里举办的活动有：每晚的现场音乐演出（摇滚、独立音乐及创作型歌手独唱）、每周一次的脱口秀和每月一次的嘻哈之夜。楼上还有个很棒的台球房，店里的食物也很棒。

Sound Academy　　演出场所

（☎416-649-7437；www.sound-academy.com; 11 Polson St；🚌72、72A）这处位于港口边的场地可举办近3000人的摇滚演唱会和现场表演。这里曾举办过枪炮玫瑰、杀手乐队及翻闹小子（Fall Out Boy）等乐队的演唱会。

Rex　　爵士乐

（见74页地图；☎416-598-2475；www.therex.ca; 194 Queen St W；⊙音乐 18:30和21:30；🚌501）Rex过去是蓝领阶层的拳击场，现在蜕变成为杰出的蓝调爵士乐演出场地。每周会有十几场不同种类的音乐演出在这里上演，包括迪克西兰爵士乐、实验音乐及其他当地的和国际性的演出。

戏剧

冬天，长时间闭门不出有助于戏剧创作和表演。此外，多伦多依靠邻近百老汇和世界大都市蒙特利尔的地理优势，一直保持着戏剧家游乐场的美称。娱乐区和央-登士广场周围的剧院区（Theatre Block）内聚集了城内的多家剧院，百老汇剧目和外百老汇音乐剧及戏剧在这里轮番上演。酿酒厂区（见78页）和皇后西区邻近港畔区一带也有无数的小型表演场地和活跃的年轻制作公司。详细的节目单请查看免费街头杂志。可通过Ticket King购买主要演出剧目的门票。你也可以在TO Tix（见74页地图；www.totix.ca; Yonge & Dundas Sq, 5 Dundas St E；⊙周二至周六 正午至18:30；ⓢDundas）购买临时折扣票，或到售票处询问是否有开场前加急票。

Mirvish Ticket King　　订票服务

（☎416-872-1212；www.mirvish.com/ticketking）Mirvish Ticket King出售亚历山德拉皇家剧院（见121页）、威尔士王妃剧院（见121页）、马维殊剧院和松下剧院的门票。

马维殊剧院　　剧院

（Ed Mirvish Theatre；见74页地图；☎416-872-1212；www.mirvish.com; 244 Victoria St；ⓢDundas）马维殊剧院原名佳能剧院，2011年为纪念已故的马维殊先生而改名，他是多伦多深受爱戴的商人、慈善家和艺术赞助人。作为马维殊4个剧院中的一个，这个20世纪20年代的歌舞杂耍表演厅备受音乐爱好者的喜爱。

Sony Centre for the Performing Arts　　演出场所

（见82页地图；☎416-872-7669；www.

sonycentre.ca; 1 Front St E; ☺售票处 周一至周五 10:00~17:30, 周六 至13:00; ⓢUnion) 门口的雨篷像蜂鸟鸟喙一样向Front St突出, 让人很难不注意到这座剧院。可以通过手机或网络预订各种音乐演出的门票。

Young Centre for Performing Arts　剧院

(☎416-866-8666; www.youngcentre.ca; 55 Mill St, Bldg 49; ⊜503、504) 耗资$1400万打造的Young Centre拥有4个独立的表演空间, 分别租给了Soulpepper (见本页) 和乔治·布朗戏剧公司 (www.georgebrown.ca/theatre) 等顶级戏剧团体。剧院里还有一间书店和一个酒吧。

威尔士王妃剧院　剧院

(Princess of Wales Theatre; 见82页地图; ☎416-872-1212; www.mirvish.com; 300 King St W; ⊜504) 威尔士王妃剧院 (简称POW) 可容纳2000人, 演出多为《舞厅王子》(*Strictly Ballroom*) 和《摩门经》(*The Book of Mormon*) 这样的高成本大制作剧目。

Canadian Opera Company　歌剧

(见74页地图; ☎416-363-8231; www.coc.ca; Four Seasons Centre for the Performing Arts, 145 Queen St W; ☺售票处 周一至周六 11:00~19:00, 周日至15:00; ⓢOsgoode) 加拿大国家歌剧公司已有50多年的历史, 通常来说, 演出票很快就会售罄。理查德·布拉德肖圆形剧场 (Richard Bradshaw Amphitheatre) 位于著名的四季演艺中心内, 从9月到次年6月举办免费音乐会 (通常是正午时间)。可上网查询具体日期。

Theatre Passe Muraille　剧院

(Theater Beyond Walls; 见86页地图; ☎416-504-7529; www.passemuraille.on.ca; 16 Ryerson Ave; 门票 $20~35, 预演 $16; ☺演出 周二至周六 19:30, 日场 周六 14:00; ⊜501) Theatre Passe Muraille位于历史悠久的Nasmith's Bakery & Stables。从20世纪60年代开始, 这里就以演出当代加拿大主题的激进新剧目为主。演出结束之后经常举办和演员以及制作人的交流活动。周六的日场的演出票可以"自由支付"。

工厂剧院　剧院

(Factory Theatre; 见86页地图; ☎416-504-9971; www.factorytheatre.ca; 125 Bathurst St; ⊜511) 这家创新型的戏剧公司有"加拿大剧作家摇篮"之称, 已拥有超过35年历史。周日的日场演出时, 观众可按照"自由支付"方式购票。

Young People's Theatre　剧院

(见82页地图; ☎416-862-2222; www.youngpeoplestheatre.ca; 165 Front St E; ☺售票处 9:00~17:00; ♿; ⊜503、504) 在这个创意剧场 (之前名叫Lorraine Kimsa Theatre for Young People) 里看一场演出, 这里经常上演发人深省的儿童剧, 还会组织戏剧营。

Can Stage　剧院

(Canadian Stage Company; ☎416-368-3110; www.canstage.com; 26 Berkeley St; ☺售票处 周一至周六 10:00~18:00, 演出日至20:00; ⊜503、504) 当代风格的Can Stage在其位于Berkeley街的剧院上演加拿大和世界一流的戏剧作品, 其中包括大卫·马梅 (David Mamet) 和东尼·库什纳 (Tony Kushner) 这样的戏剧大师的作品。同时, 公司还在海柏公园的星空下推出亲民的 (门票由观众自行定价) 仲夏"莎士比亚公园剧场" (Shakespeare in the Park)。带条毯子, 早点儿来。

亚历山德拉皇家剧院　剧院

(Royal Alexandra Theatre; 见82页地图; ☎416-872-1212; www.mirvish.com; 260 King St W; ⊜504) 亚历山德拉皇家剧院正如人们敬爱的亚历山德拉皇后一样, 令人印象深刻, 它也是很多著名百老汇音乐剧的表演地。

Soulpepper　剧院

(www.soulpepper.ca) 这家公司鼓励新创戏剧, 还将表演艺术开发成了教授第二语言 (英语) 的方法。

电影院

多伦多人很爱看电影, 这可能跟天气有关。成人票价约$14。周二有折扣, 有可能买到半价票。

★ 贝尔星光宝盒剧院　　　　电影院

（TIFF Bell Lightbox；见82页地图；www.tiff. net；350 King St W的交叉路口；☎504）作为多伦多国际电影节（见98页）的举办地，这处富丽堂皇的综合电影院如今已成为电影节期间所有活动的中心。影院全年主要作为TIFF实验电影院放映世界电影、独立影片，还举行导演作品回顾展等其他一些特别活动。可能的话，在这里看部电影吧。

Scotiabank Theatre　　　　电影院

（见74页地图；☎416-368-5600；www. cineplex.com；259 Richmond St W；Ⓢ Osgoode）这家巨大的多厅影院由Cineplex管理运营，位于皇后西区的中心位置。影院采用了包括IMAX 3D在内的最新技术。在楼下买票，然后乘坐大型扶梯上楼，可以在楼上购买看电影时吃的比萨、奶酪浇肉汁土豆条和爆米花！

Polson Pier Drive-In Theatre　　电影院

（☎416-465-4653；www.polsonpier.com；11 Polson St；◷4月至10月周五至周日 20:30起开始营业）即使是在市区也可以找到汽车影院！黄昏时分，会在湖边首轮放映流行大片和特别策划片，只限夏日。

Rainbow Cinemas　　　　电影院

（见82页地图；☎416-491-9731；www.rain bowcinemas.ca；80 Front St E；☎503、504）在这里，你能以二轮放映价观看首轮电影，影院就在Market Sq。周二票价只需$5。

Cineforum　　　　电影院

（见86页；☎416-603-6643；www.cine forum.ca；463 Bathurst St；24岁以上/以下 $20/10；◷放映 周六至周四 19:00和21:00；☎506、511）Cineforum为顾客提供非同寻常的观影体验。脾气暴躁的多伦多名人Reg Hartt在电线杆上贴满了自家电影院的小广告——该影院就在他家前屋，经常播放经典及先锋影片。Reg擅长举办动画回顾展，此外他还专情于里萨尔瓦多·达利（Salvador Dalí）的印制画作。这里还有一些另类讲座帮你放大你的感知与会者的意识（比如"我从LSD致幻剂中学到了什么"）。只有20个座位；带上自己的食物和饮品。

Hot Docs Ted Rogers Cinema　　电影院

（Bloor Hot Docs Cinema；见86页地图；☎416-637-3123；www.bloorcinema.com；506 Bloor St W；Ⓢ Bathurst）这家具有艺术装饰风格的影院有个双层阳台，播放的影片多种多样，有新片、艺术片、短片、纪录片和经典老片。同时，它还是让人大开眼界的加拿大国际纪录片节（见96页）的主办地。

Cineplex Odeon Varsity　　　电影院

（见74页地图；☎416-961-6304；www.cine plex.com；Manulife Centre, 55 Bloor St W；◷正午至午夜；Ⓢ Bloor-Yonge）这家设备先进的多厅影城有VIP观影厅和小屏幕厅。

Cineplex Yonge & Dundas　　电影院

（见74页地图；☎416-977-9262；www.cine plex.com；10 Dundas St E；Ⓢ Dundas，☎505）这家巨大的综合影城位于央-登士广场中央，内设24个观影屏，有很棒的阶梯座位、IMAX宽屏和饮食区，地铁直通建筑内部，特别适合在周二折扣日和严寒的周日前来看场电影。

运动

不少多伦多人一提到自己最爱的球队就喜极而泣。夏季，这里有职业棒球比赛（蓝鸟队）和橄榄球赛（阿尔戈英雄队），冬季则有冰球赛（枫叶队）、篮球赛（多伦多猛龙队）和长曲棍球赛（多伦多滚石队）。**Ticketmaster**（www.ticketmaster.ca）、加拿大航空中心和罗渣士中心（见73页）都出售预售票。倒卖黄牛票是非法的，但是好像也阻挡不了任何人。

多伦多枫叶队　　　　冰球

（Toronto Maple Leafs；☎416-815-5982；www. mapleleafs.com；◷10月至次年4月）曾13次赢得斯坦利杯（Stanley Cup，联盟冠军奖杯）的多伦多枫叶队隶属于国家冰球联盟（National Hockey League，简称NHL），主场位于加拿大航空中心（Air Canada Centre，简称ACC）。在这里，每场比赛的门票都会售空，还有少量的当天票，可在10:00通过Ticketmaster购买，也可在17:00到加拿大航空中心的售票窗口购买。

同样，你还可以通过网络向持有赛季通票但又无法前往观战的球迷购买球票，只是价格都不会低于$80。

多伦多蓝鸟队
棒球

（Toronto Blue Jays；☎416-341-1234；bluejays.com；◯4月至9月）蓝鸟队是多伦多美国职棒大联盟球队，他们是多伦多的标志，也是该城的骄傲。其主场在罗渣士中心（见73页），门票可通过Ticketmaster或在球场9号口附近的售票处购买。争取买到垒线边上的低层座位（价格更高），这样你就很有可能接到飞球（或者眼睁睁看着球从你旁边擦过去）。

多伦多阿尔戈英雄队
橄榄球

（Toronto Argonauts；☎416-341-2746；www.argonauts.ca；◯6月至10月）多伦多阿尔戈英雄队隶属于加拿大足球联赛（Canadian Football League，简称CFL），比赛场地是罗渣士中心（见73页）。阿尔戈英雄队创纪录地获得过16次格雷杯（Grey Cup，联赛冠军奖杯），最近一次夺杯是在2012年。带件夹克，因为露天的罗渣士中心的晚上很冷。可通过Ticketmaster或罗渣士中心购买门票。

多伦多猛龙队
篮球

（Toronto Raptors；☎416-815-5500；www.nba.com/raptors；◯10月至次年4月）多伦多猛龙队的常规赛季与冰球赛季重叠，比赛场地也是加拿大航空中心。猛龙队于1995年成立，但一直成绩平平。

加拿大航空中心
表演赛

（Air Canada Centre，简称ACC；见82页地图；☎416-815-5500；www.theaircanadacentre.com；40 Bay St；Ⓢ Union）曾13次获得斯坦利杯的多伦多枫叶队隶属于国家冰球联盟，比赛场地就位于加拿大航空中心。

多伦多滚石队
表演赛

（Toronto Rock；☎416-596-3075；www.torontorock.com；◯1月至4月）一提到加拿大的体育运动，人们可能不会立即想到长曲棍球（lacrosse），但多伦多的长曲棍球队非常勇猛，已经6次获得冠军。比赛场地是加拿大航空中心，可以通过Ticketmaster买票。

🛍 购物

购物在多伦多是件大事。当户外气温低至-20℃时，你就要找点儿事情做，以便打发掉午餐和看电影之间的空闲时间。这时候，人们喜欢添置新衣，给房子购置新装饰品，或者只是像僵尸一样游走在伊顿中心（Eaton Centre）这样温暖的大型商场里。这种习惯会一直延续到夏天，届时可以打着逛精品店的名义逛街（反之亦然）。

MEC
运动和户外

（Mountain Equipment Co-op；见82页地图；☎416-340-2667；www.mec.ca；400 King St W；◯周一至周五 9:00~21:00，周六和周日至18:00；☎；Ⓢ St Andrew）MEC对于热衷于户外和探险装备的人来说简直就是天堂。这家店位于市中心，四周墙面都挂满了琳琅满目的背包游、露营、徒步和旅行用品装备。店员虽然乐于解答问题，但在周末的时候会被诸多顾客包围，分身乏术，因此最好在工作日的时候前去购物。这家加拿大店铺可以接受当场申请加入终身会员（$5）。

Te Koop
时尚和配饰

（见74页地图；☎416-348-9485；www.te-koop.ca；421 Queen St W；◯周一至周六 10:00~21:00，周日 11:00~20:00；Ⓢ Osgoode）这家背包和旅行箱店铺主打加拿大本土牌，比如Herschel，同时也出售时髦、昂贵的国际品牌。箱包都不便宜，不过你在多伦多别的地方也不大可能找到同款更低的价格。

New Tribe
纹身

（见74页地图；☎416-977-2786；www.newtribe.ca；2层，232 Queen St W；文身 至少$80；◯周一至周四 正午至20:00，周五和周六 至21:00，周日至18:00；🚋501）人体艺术在多伦多非常受欢迎，城里的文身穿孔店比比皆是。这家店铺位于皇后西街中心区，服务颇受好评。能够为客人设计绝佳的文身，还提供成品或定制的穿刺饰品。

Come as You Are
成人

（见86页地图；☎416-504-7934；www.comeasyouare.com；493 Queen St W；◯周二至周三 11:00~19:00，周四至周六至20:00，周日和周一正午至17:00；🚋501）这家合作成人商店走在时代前沿，全球仅此一家。商店的产品可以满足不同性别和各种取向的人的需求。在这里买一些素食者安全套、报名参加情色摄影或捆绑101（Bondage 101）研讨会吧。

Craft Ontario Shop　　礼物和纪念品
（☎416-921-1721; www.craftontario.com; 1106 Queen St W; ⏰周一至周三和周六 10:00~18:00, 周四和周五至19:00, 周日 正午至17:00; Ⓢ501）七十多年的时间过去了，这间店依然在努力推动手工艺品的发展。在其位于皇后西街的新店内，陶瓷制品、珠宝、玻璃制品、绘画和雕刻品占据了主要的展示柜，但你还是可以看见类似庞纳唐（Pangnirtung）织布或多塞特角（Cape Dorset）制图这样的特展。

Page & Panel: The TCAF shop　　漫画
（见74页地图; ☎416-323-9212; www.torontocomics.com/tcafshop; 789 Yonge St; ⏰周一至周五 10:30~20:30, 周六 至17:00, 周日 正午至17:00; ⓈBloor-Yonge）这里最初只是多伦多漫画艺术节（Toronto Comic Arts Festival, 简称TCAF）的一个临时举办地，如今已经成为永久的漫画中心。这是一家导赏式店铺，主打加拿大本国和国际知名的漫画小说，还会展示精致的设计师礼品。

Drake General Store　　礼物和纪念品
（见74页地图; ☎416-861-6009; www.drakegeneralstore.ca; 176 Yonge St, Lower Level; ⏰周一至周六 10:00~21:30, 周日至19:00; ⓈQueen）这家本土店铺主打各种精致礼品。这里的商品设计上乘、制作精良，一点也不比博物馆纪念品店逊色。这里出售的Designer Toronto系列纪念品包括颇具艺术气息的蓝鸟队T恤衫，是本土设计师的杰作。这家店在Hudson's Bay商店的地下层有一家类似的分店，在联合车站的联合皮尔逊快线站台层还设有一个快闪店。

8th + Main　　时尚和配饰
（见74页地图; ☎647-348-1222; 211 Yonge St; ⏰周一至周六 10:00~21:00, 周日 至19:00; ⓈQueen）作为温哥华的传奇精品店，8th + Main现在也面向多伦多的时尚达人，设计了诸多价格合理的产品。这家仓储式的大店铺很适合闲逛，无须被他人打扰。这里的重点是一些当代小众品牌。

Glad Day　　书籍
（见74页地图; ☎416-961-4161; www.gladdaybookshop.com; 598a Yonge St; ⏰周日至周二 11:00~18:00, 周三至周五 至19:00, 周六 至20:00; ⓈBloor-Yonge）这是世界现存最古老的同性恋书店，对男女同性恋、双性恋、变性者、跨性别者和间性者（LGBTI）来说颇有纪念意义。作为曾经挑战LGBTI刊物审查制度的店铺，这家书店现在已经转型成性少数群体聚集和举办活动的场所，为更多的言论自由和创意而发声。

Toronto Designers Market　　设计
（☎416-570-8773; www.torontodesignersmarket.com; 1605 Queen St W; ⏰周三至周日 11:00~18:00; Ⓢ501）在皇后西街最不引人注目的西端，30余名设计师在一个空旷的空间内建立起了这家小小的工作室式店铺。这里出售的商品鱼龙混杂，不过在首饰、衣服和礼品里加入了很多新颖的想法，比如说胡须梳。

Spacing Store　　礼物和纪念品
（见74页地图; ☎416-644-1017; http://spacing.ca/toronto; 401 Richmond St W; ⏰周一至周五 11:00~19:00, 周六 正午至18:00; ⓈOsgoode）Spacing杂志记录了加拿大的都市生活。它开办的这家店铺主打城市生活用品，包括T恤、复古TTC画报和其他本地设计师的作品。穿上最能代表你社区文化的服饰，在店里听听八卦的店员聊聊多伦多街头最近的变化吧。

BMV　　书籍
（见74页地图; Dundas Sq, 10 Edward St; ⏰周一至周六 10:00~23:00, 周日 正午至20:00; ⓈDundas）这是多伦多最大（也是最受欢迎）的二手书店，还有一家分店位于Bloor Street（见86页地图; 471 Bloor St W; ⏰周一至周六 10:00~23:00, 周四至周六 至午夜, 周日 正午至21:00; ⓈSpadina）。

Bay of Spirits Gallery　　礼物和纪念品
（见82页地图; ☎416-971-5190; www.bayofspirits.com; 156 Front St W; ⏰周一至周六 10:00~18:00; ⓈUnion）作为第一位在加拿大国家美术馆举办个人展的原住民艺术家，诺瓦尔·莫里索（Norval Morrisseau）的作品在这家氛围浓厚的店里骄傲地展示着。店里还展示了加拿大各地的原住民艺术。找一找太平洋西岸图腾柱（从袖珍小模型到4米多高的大图腾柱不等），还有因纽特雕刻品和因努伊特（Inukshuk）雕像。

Beguiling　　　　　　　　　　　书籍

（见86页地图；☏416-533-9168；www.beguilingbooksandart.com; 601 Markham St; ⊗周一、周二、周四和周六 11:00~19:00,周三和周五 至21:00,周日 正午至18:00; ⑤Bathurst）想找一本漫画书？这家店人潮拥挤、藏品丰富，连罗伯特·克鲁伯（Robert Crumb）都会来此淘书（事实上，他的确来过一次）。这里出售的原创科幻杂志、独立漫画、流行文化书籍、限量版的艺术作品和海报令人着迷。登录网站查看近期活动。

Courage My Love　　　　　　服装

（见86页地图；☏416-979-1992；14 Kensington Ave; ⊗周一至周六 11:30~18:00,周日 13:00~18:00; 🚌505、510）各种古着店已占据肯辛顿市场几十年，而奇趣怀旧服装店Courage My Love凭着其二手吊带裙、复古裤和各式各样的白礼服衬衫让时尚行家眼前一亮。这里的珠子、纽扣、皮革品、银饰都是经过精挑细选的。

❶ 实用信息

危险和麻烦

➡ 根据北美标准，多伦多是个适宜居住和旅游的安全城市，但不要因此放松警惕。

➡ 大黑以后，女生不要单独在以下地方行走：Parliament St、Jarvis St分别与Carlton St、Dundas St E及Queen St E的十字路口，尤其是艾伦花园（Allan Gardens）和George St附近——即使是白天也可能不安全。

➡ 午夜之后，有些醉鬼会在娱乐区一带惹事。

紧急情况

警察局（Police; ☏紧急情况 911, 非紧急情况 416-808-2222; www.torontopolice.on.ca）
SOSFemmes（☏416-487-4794; www.sosfemmes.com）为女性开设的法语紧急求助热线。
多伦多强奸危机应对中心（Toronto Rape Crisis Centre; ☏416-597-8808; www.sexualassaultsupport.ca）

媒体

《环球邮报》（Globe & Mail; www.theglobeandmail.com）历史悠久的全国性日报。
Metro（www.metronews.ca）免费日报，提供时事短讯、体育和娱乐新闻（常有人随手放在地铁座位上）。
NOW（www.nowtoronto.com）非传统周报（适合查询活动和音乐会信息），周五免费发放。
Toronto Life（www.torontolife.com）高档月刊，内容涵盖生活方式、饮食、艺术和娱乐等方面的信息。
《多伦多星报》（Toronto Star; www.thestar.com）加拿大最大的报纸，综合性的左倾日报。
《多伦多太阳报》（Toronto Sun; www.torontosun.com）通俗性报纸，还有不错的体育赛事报道。
Where Toronto（www.where.ca/toronto）信息量最大的免费的高档印刷旅游杂志。
Daily Xtra（www.dailyxtra.com）在线LGBTI新闻和娱乐资源，前身为街头报纸。

医疗服务

Dental Emergency Services（☏416-485-7172; www.dentalemergencyservices.ca; 1650 Yonge St; ⊗8:00至午夜; ⑤StClair）可以提供即时预约。工作人员讲英语、日语、菲律宾语和法语。

Hassle免费诊所（Hassle Free Clinic; ☏416-922-0566; www.hasslefreeclinic.org; 2层, 66 Gerrard St E; ⊗女性周一、周三和周五 10:00~15:00, 周二和周四 16:00~20:00, 男性周一和周三 16:00~20:00, 周二和周四 10:00~15:00, 周五 16:00~19:00, 周六 10:00~14:00; ⑤College）提供不记名的免费HIV（仅限预约）和性传播疾病测试，以及生殖及性健康服务。

西奈山医院（Mount Sinai Hospital; ☏416-596-4200, 急诊 416-586-5054; www.mountsinai.on.ca; 600 University Ave; ⊗24小时; ⑤Queens Park）

圣米高医院（St Michael's Hospital; ☏416-360-4000; www.stmichaelshospital.com; 30 Bond St; ⊗24小时; ⑤Queen、Dundas）这家大型的教育和研究型医院的急诊部水平一流，位于市中心的Victoria St和Shuter St的交叉路口，就在伊顿中心所在路口附近。

多伦多全科医院（Toronto General Hospital; ☏急诊 416-340-3111; www.uhn.ca; 190 Elizabeth St;

女子学院医院（Women's College Hospital；☏416-323-6400；www.womenscollegehospital.ca；76 Grenville St；⏰24小时；ⓈCollege）无急诊，致力于女性和家庭健康。

现金

➡ 如果你的国际信用卡或借记卡拥有Cirrus或Plus标志，则可以轻松地在这里的自动取款机上取现，基本每个街角处都有自动取款机。

➡ 很多便利店内的自动取款机收取额外的机器服务费。

➡ **美国运通**（American Express；☏905-474-0870；www.americanexpress.com/canada）多伦多的分部起着旅行社的作用，不进行金融交易。如需交易可去银行或者**Money Mart**（☏416-920-4146；www.moneymart.ca；617 Yonge St；⏰24小时；ⓈWellesley）。

邮局

多伦多不再设邮政总局。城内各处的启康药业（Shopper's Drug Mart）连锁店里有很多分局。最主要的服务性邮局如下：

阿德莱德大街邮局（Adelaide Street Post Office；☏800-267-1177；www.canadapost.ca；31 Adelaide St E；⏰周一至周五8:00~17:30；ⓈQueen）

Atriumon Bay Post Office（见74页地图；☏416-506-0911；www.canadapost.ca；595 Bay St；⏰周日至周五9:30~17:30；ⓈDundas）

旅行信息

安大略省旅游信息中心（Ontario Travel Information Centre；见74页地图；☏416-314-5899；www.ontariotravel.net；Union Station, 65 Front St W；⏰周一至周六8:00~20:00，周日10:00~18:00；ⓈUnion）这家大型分支机构位于联合车站的西侧。拥有专业知识全面、会多种语言的工作人员，还有一架子介绍安大略省几乎每个角落的宣传册，适合作为你在多伦多的第一站，这里也是搭乘联合皮尔逊快线列车从机场进城后下车的地方。

多伦多旅游（Tourism Toronto；见69页）你可以拨打其中一个电话进行咨询，工作时间之外请使用自动按键式语音服务。

❶ 到达和离开

多伦多的主要机场拥有多条国际及国内航线，十分便捷。如果从美国前来，选择就更多一些，包括一个更小的岛屿机场以及从布法罗市和纽约开来的几趟美铁列车。你可以由西南方向在底特律-温莎镇过境，进入安大略省。

飞机

多伦多皮尔逊国际机场（Toronto Pearson International Airport, 代码YYZ；Lester B Pearson International Airport；☏3号航站楼416-776-5100，1号和2号航站楼416-247-7678；http://torontopearson.com；6301 Silver Dart Dr, Mississauga）多数本地和国际航空公司的飞机都会停靠在这个加拿大最繁忙的机场。它位于多伦多市中心西北27公里处。不同航班出发和到达的航站楼不尽相同且会更改，提前打电话确认或是在机场入口处标志上查询。

比利毕晓普多伦多市机场（Billy Bishop Toronto City Airport, 代码YTZ；☏416-203-6942；www.torontoport.com）位于多伦多群岛上。这个小型机场是一些区域航空公司、波特航空、各直升机公

灰狗长途巴士信息

目的地	票价	时长	班次
哈密尔顿	$9.50	1小时	每天2班
伦敦	$35~39	2~4小时	每天11班
蒙特利尔	$55	8~9小时	每天5班
尼亚加拉瀑布城	$18	1.5~2小时	每天6班
渥太华	$64	5~7小时	每天7班
苏圣玛丽	$112	11小时	每天1班
萨德伯里	$73	5小时	每天1班
桑德贝	$227	21小时	每天1班

司和私人飞机的基地。加拿大航空爵士航空（Air Canada Jazz）由渥太华飞来的航班在此降落，而非皮尔逊机场。

长途汽车

➜ 长途汽车从艺术装饰风格的**Metro Toronto Coach Terminal**（见74页地图；☏416-393-4636；610 Bay St；ⓈDundas）开出。

➜ **加拿大灰狗长途巴士**（greyhound.ca）有多条路线从多伦多开出。Megabus（ca.megabus.com）的目的地相对少，票价也相对便宜。提前购票可以省不少钱；在线预订通常在开车前2小时停止销售。

➜ 市中心的**联合车站**（Union Station；☏416-869-3000；www.viarail.com；140 Bay St）是**GO Transit**（www.gotransit.com）的汽车和火车站，该公司提供大多伦多地区（GTA）的市郊通勤交通服务。

➜ **公园巴士**（Parkbus；见69页）提供有限的季节性车次，开往布鲁斯半岛、阿尔冈金省立公园、基拉尼省立公园、乔治亚湾群岛和埃洛拉峡谷（Elora Gorge）。公司不断扩大目的地范围和发车频次，可在其网站上查询最新情况。

小汽车和摩托车

➜ 多伦多处在多车道的公路网里，交通经常瘫痪。加德纳高速公路（Gardiner Expwy）沿着湖岸向西延伸到伊丽莎白皇后道（Queen Elizabeth Way，简称QEW），再到尼亚加拉瀑布（城）。在多伦多市的西部边界，Hwy 427向北延伸到机场。Hwy 401是东西走向的主干道，经常出现交通堵塞。在城市东部，顿河谷公园大道（Don Valley Pkwy）和Hwy 401相连，通往加德纳高速公路。Hwy 400和Hwy 404从多伦多向北延伸。强烈推荐使用GPS导航仪。

➜ 所有主要的汽车租赁公司都在皮尔逊机场设有服务台，在市中心和城市各处也设有办公室，比如**Avis**（☏800-230-4898；www.avis.ca）和**Enterprise**（☏800-261-7331；www.enterpriserentacar.ca）。提前预订可以获得最大优惠。夏日周末时，小汽车通常会被租赁一空。

➜ 小一点的独立租车公司费用相对较低，但是车会少一些（而且还旧）。**Wheels 4 Rent**（☏416-585-7782；www.wheels4rent.ca；77 Nassau St；☏510）的紧凑型车出租费用从一天$39左右起，不含税。

➜ 进行长途旅行，试试**Auto Drive-Away Co**（☏416-225-7754；www.torontodriveaway.com；5803 Yonge St；⏰周一至周五 9:00~18:00, 周六至15:00；☏97）。它提供加拿大和美国范围内的私人汽车送车服务（relocation）。

火车

➜ 宏伟的联合车站（Union Station）位于市中心，是多伦多的主要铁路枢纽。车站设有货币兑换亭和旅游者援助协会（Traveller's Aid Society）的服务台。该车站仍在翻修中（但正常运营），最新的计划是在2018年内完工。

➜ **加拿大国家铁路公司**（VIA Rail；见69页）的列车频繁往返于繁忙的温莎—蒙特利尔铁路线及更远处的目的地。

➜ **美铁**（Amtrak；www.amtrak.com）的火车将多伦多的联合车站和布法罗市（$57, 4.5小时，每天1班）、纽约市（$156, 13.5小时，每天1班）连接起来。

➜ **GO Transit**（www.gotransit.com）的火车和长途汽车也停靠联合车站，其服务的目的地不断增加，目前已包括基奇纳（Kitchener）、哈密尔顿

加拿大国家铁路公司列车班次信息

目的地	票价	时长	班次
金斯顿	$90	2.5小时	频繁
伦敦	$69	2小时	每天7班
蒙特利尔	$109	5.25小时	每天6班
尼亚加拉瀑布城	$24	2小时	季节性发车, 不频繁
渥太华	$108	4.5小时	每天8班
萨德伯里中转站	$96	7小时	每天1班
温哥华	$725起	83小时	每周3班

(Hamilton)、巴里(Barrie)以及其他一些安大略省地点，该公司的火车票价通常是最便宜的。

❶ 当地交通

抵离机场

联合皮尔逊快线(Union Pearson Express, 简称UP Express; www.upexpress.com; 单程成人/儿童/5人以内的家庭 $12/免费/25, PRESTO卡 单程$9; ⏱5:30至次日1:00; 🚆)由皮尔逊国际机场抵达市中心最快捷的方式便是搭乘联合皮尔逊快线的列车。舒适的列车每15分钟一班，提供Wi-Fi和电源插座，仅需25分钟便能抵达联合车站。

成人单程票价为$12，使用**PRESTO卡**(www.prestocard.ca)则为$9——强烈推荐使用该卡，卡片工本费为$6，可充值后反复使用，如果还需要搭乘快线返回机场，买卡的花费其实已经回本了。该卡还可以在多伦多的当地交通以及GO Transit上使用。

船

➡ 从4月到9月，**多伦多群岛渡轮**(Toronto Islands Ferries; 见82页地图; ☎416-392-8193; www.city. toronto.on.ca; Bay St; 成人/儿童往返 $7.50/3.65; ⓈUnion Station)的开放时间为8:00到23:00，每15~30分钟一班。

➡ 在10月至次年3月期间，渡轮的班次会相对减少（大概每小时一班），只开往沃德斯岛，另外每天还有一、两班前去汉兰角。

➡ 到沃德斯岛或汉兰角船程都只要15分钟。但是周末和假日排队的人会很多。早点来，或者在线提前预订(secure.toronto.ca/Ferry Ticket Online)，以避免排队购票之苦。

➡ 多伦多群岛渡轮码头(Toronto Islands Ferry Terminal)就在Bay St尽头，紧邻皇后码头。

➡ 码头上还有一些水上计程车服务；无论目的地为何处，每人收费都在$10左右（船上付钱），船满离岸。

小汽车和摩托车

多伦多的停车费很贵，一般为每半小时$3至$4。私人停车场在7:00前和18:00后会降低停车费。在施工不断的环境下驾车很可怕，所以我们不建议你在市中心驾车。如果要开车，你就得在电车靠站时，在电车门后停车，以等候乘客上下车，而且要在人行道信号灯闪烁时停车避让行人。此外，还要当心那些处于你视线盲区内的骑车人。

Hwy 407(www.407etr.com)是条东西走向的电子收费公路，东起马卡姆(Markham)，西至米西索加(Mississauga)。如果不想走拥挤的Hwy 401，不妨试试这条路。电子摄像机会记录你的车牌、行车时间和距离。你的邮箱里会收到一份账单——无论你在加拿大、美国还是桑给巴尔(Zanzibar)，他们都会找到你。

公共交通

➡ 地铁通常的运营时间为6:00左右（周日为9:00）到次日1:30。主要的两条地铁线路是跨多伦多市的布鲁尔－丹福思(Bloor-Danforth)线和U形的Yonge—大学—士巴丹拿(Yonge-University-Spadina)线。地铁站一般很安全，指定候车区(Designated Waiting Areas, 简称DWAs)装有监控摄像头。

➡ 在高峰期，电车经常走走停停，非常缓慢。主要的电车路线为东西走向，经过St Clair Ave、College St、Dundas St、Queen St和King St。南北走向的电车经过Bathurst St和Spadina Ave。TTC的公共汽车一般在郊区运营。要前往更远的地方，TTC系统和GO Transit网络相连，可以到达附近的里士满山(Richmond Hill)、布兰普顿(Brampton)和哈密尔顿。

出租车

出租车按路程打表计费。起步价为$4，每公里加收$1.75，根据交通情况有所不同。

Crown Taxi(☎416-240-0000; www.crowntaxi.com)

Diamond Taxicab(☎416-366-6868; www.diamondtaxi.ca)

Royal Taxi(☎416-777-9222; www.royaltaxi.ca)

尼亚加拉半岛
(NIAGARA PENINSULA)

尼亚加拉半岛是一片从哈密尔顿向东延伸而出的陆地，在伊利湖和安大略湖中间形成了一条天然分界线。它是真正的旅游胜地，很多人选择从多伦多出发到此进行一日游，他们往往只看大瀑布和克利夫顿山(Clifton Hill)，其实这里有很多可以探索的地方。可以考虑来个多日游，全面体验半岛的美景。

水从比安大略湖高出100米的伊利湖分两路流出：沿着韦兰运河（Welland Canal）穿过水闸平稳向下，或是漫过尼亚加拉瀑布急速倾泻而下。陡峭的石灰岩断崖沿着半岛的山脊呈现出参差不齐的样子，形成了独特的小气候。这里气候湿润而且经常没有霜冻，最适宜葡萄的栽培，湖滨尼亚加拉的一些备受赞誉的酒庄可以证明这一点。

尼亚加拉瀑布城（Niagara Falls）

人口 83,000

连绵不断的激流水势汹涌，从弧形断崖陡然落入河床，水声震耳。水流跌落激起的羽般冰雾高达数百米，宛若朦胧的面纱遮掩了激流后巨大的断崖。尼亚加拉瀑布水势澎湃，水雾缥缈，景色蔚为壮观，每天吸引着数以千计的游客来此一览盛景。

然而，尼亚加拉瀑布城可能并不像你想象的那么完美，这个小镇实际上像个过时的游乐场。自从拿破仑的弟弟带着他的新娘来到尼亚加拉，此处便成为蜜月旅行胜地，这里也开始被人们冠以"供新婚夫妇和将死之人游玩的瀑布"、"壮阳瀑布"等标签。克利夫顿山和伦迪斯路（Lundy's Lane）上有大量的赌场、庸俗的汽车旅馆、黑店和脱衣舞店——简直就是一个小拉斯维加斯！不管你是喜欢还是讨厌，它就是这样的独一无二！

◎ 景点和活动

瀑布以及克利夫顿山周边景点和活动区域的车位有限，停车昂贵。

◎ 瀑布及周边

尼亚加拉瀑布如同一道天然裂隙横亘在加拿大安大略省和美国纽约州之间。在美国一侧，新娘面纱瀑布（Bridal Veil Falls）和相邻的美国瀑布（American Falls）直冲而下，撞在巨大的落石上。而在加拿大一侧，更壮观、水势更为强大的马蹄瀑布（Horseshoe Falls; 见130页地图）免费 轰然跌入云雾缥缈的雾中少女池（Maid of the Mist Pool）中。最佳的观瀑点在平顶岩（Table Rock; 见131页），这里离瀑布只有几米之远——尽量早到，好避开人群。

尼亚加拉瀑布虽不是最高的瀑布（仅远远排在第50名），但若论水流量，它却是无可匹敌的——每秒的流量比100万个浴缸的总水量还多。不管春夏秋冬，无论白天还是晚上，瀑布的壮观景色都会令人惊叹连连；每年1200万的游人就是最好的证明。即使是在冬季，即使水势变小，瀑布两侧结冰，但壮观的水景表演同样毫不逊色。整个瀑布完全被冻住的可能性极小，第一次发生在1848年的复活节早上，冰层完全将水流拦截。

瀑布4个景点的票价如下所示，可分别购买。推荐在网上购买**尼亚加拉瀑布探险联票**（Niagara Falls Adventure Pass; www.niagaraparks.com, 成人/儿童 $55/37），可享受30%的折扣。这种门票包含了乘坐Hornblower Niagara号游船以及水帘洞历险（见134页）、白水漫步和尼亚加拉飞瀑狂潮的费用，还包括WEGO公共汽车两日通票。可在位于平顶岩信息中心的尼亚加拉公园委员会（Niagara Parks Commission; 见136页）及大多数景点购买各种票。

★Hornblower Niagara号游船 乘船游

（www.niagaracruises.com; 5920 River Rd; 成人/儿童 $20/12.25; ◎6月至8月 9:00～19:45, 4月、5月、9月和10月 至16:45）Hornblower是城里新兴的船游公司，其前身是颇有些年头的"雾中少女"（其游船仍在瀑布的美国境内运营）。该公司能容纳700人的双体船可以航行到靠近**新娘面纱瀑布**（美国瀑布；见130页地图）和马蹄瀑布（见本页）的地方，还会途经其他轰鸣而泻的瀑布。船上提供的薄雨衣不足以对抗瀑布的水雾（也挺有意思的）。

在天气允许的情况下，15分钟就发一次船。日出和夜间烟火游也在日程表中，可咨询一下最新情况。

白水漫步 步行

（White Water Walk; 见130页地图; ☏905-374-1221; 4330 Niagara Pkwy; 成人/儿童 $12.25/8; ◎9:00～19:30）在城镇的北端即惠尔浦大桥（Whirlpool Bridge）附近，白水漫步是另一种可以近观瀑布的方式：乘坐箱式电梯下至325米长的悬臂木板路上，看瀑布下游的狂暴激流从脚下轰鸣而过。

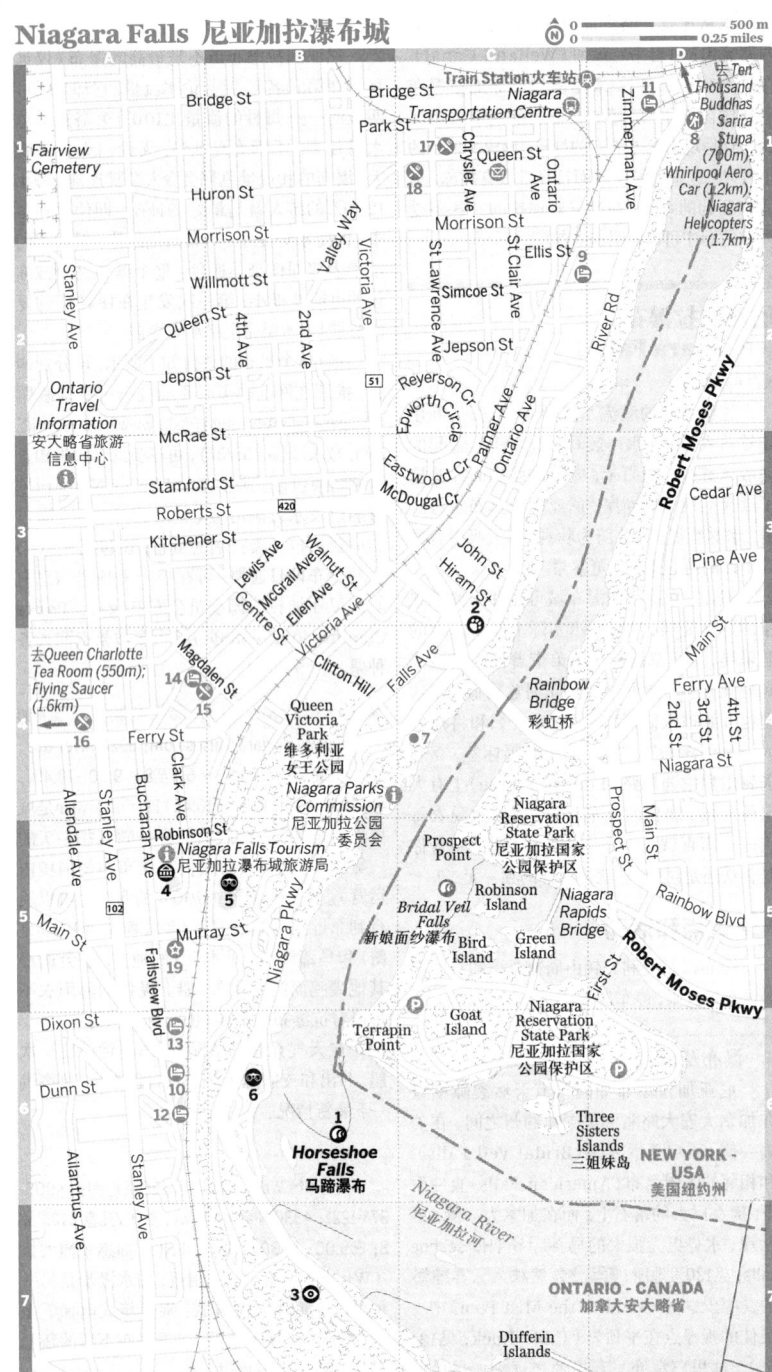

Niagara Falls 尼亚加拉瀑布城

Niagara Falls 尼亚加拉瀑布城

◉ **重要景点**
1 马蹄瀑布 B6

◉ **景点**
2 鸟类王国 C3
3 Floral Showhouse B7
4 IMAX电影院和超胆侠展馆 A5
5 Skylon Tower B5
6 平顶岩 B6

◉ **活动、课程和团队游**
7 Double Deck Tours C4
   水帘洞历险 .... (见6)
   尼亚加拉飞瀑狂潮 .... (见6)
8 白水漫步 D1

◉ **住宿**
9 Always Inn Bed & Breakfast C2
10 Embassy Suites A6
11 Hostelling International Niagara
    Falls D1
12 Marriott Niagara Falls A6
13 Oakes Hotel A6
14 Sterling Inn & Spa A4

◉ **就餐**
15 AG A4
16 Napoli Ristorante Pizzeria A4
17 Paris Crepes Cafe C1
18 Taps on Queen Brewhouse & Grill C1

◉ **娱乐**
19 Niagara Fallsview Casino A5

平顶岩
观景点

（Table Rock；见130页地图）**免费** 主要的瀑布观景点就在平顶岩，距离马蹄瀑布的落水处仅数米之遥——该瀑布是尼亚加拉瀑布群的主要景点。早点来以避开人群，不过即使人多，你也只需等待几分钟便能排到前面观景。

Whirlpool Aero Car
缆车

（Niagara Spanish Aero Car；☎905-354-5711；3850 Niagara Pkwy；成人/儿童 $14.25/9.25；⊙3月至11月 9:00~20:00）空中缆车由西班牙工程师莱昂纳多·托雷斯·克韦多（Leonardo Torres Quevedo）设计，自1916年运营至今（无须担心，该缆车仍运转良好）。它悬于马蹄瀑布以北4.5公里处的尼亚加拉河（Niagara River）之上。缆车穿行于两块露头岩（位于瀑布形成的致命漩涡池之上）之间，全程长550米，数数下方漩涡里有多少个着旋的原木和轮胎吧。没有无障碍设施。

尼亚加拉飞瀑狂潮
模拟器

（Niagara's Fury；见130页地图；☎905-358-3268；6650 Niagara Pkwy；成人/儿童 $14.25/9.25；⊙10:30~16:00 每30分钟一次）新建于平顶岩上层的环球影院式的模拟器，提供360度的影院互动模拟体验，让游客亲身体验瀑布的形成过程。雨、雪及温度急剧下降等大量高科技手段让游客宛如身临其境。这里似乎只针对儿童顾客。

Floral Showhouse
花园

（见130页地图；☎905-354-1721；www.niagaraparks.com；7145 Niagara Pkwy；成人/儿童 $5/3.75；⊙9:30~20:00）位于马蹄瀑布南部约1公里处的Showhouse常年有花卉展，寒冷季节时是不错的临时取暖处。与之相反，停靠在激流处的**老平驳船**是一艘锈迹斑斑的钢铁船，从1918年起一直遭受着瀑布的洗礼——西方帝国主义摇摇欲坠的象征，不是吗？

◉ 克利夫顿山 (Clifton Hill)

克利夫顿山是一条街的名字，但实际上，它泛指位于瀑布附近的一大片区域，这里有一连串极具诱惑力的人造景点——弗兰肯斯坦的房子（House of Frankenstein）、杜莎夫人蜡像馆（Louis Tussaud's Waxworks）和德古拉城堡（Castle Dracula）都在这里。不过，大多数情况下，购票参观后会有种上当受骗的感觉。

IMAX电影院和超胆侠展馆
博物馆

（IMAX Theatre & Daredevil Exhibit；☎905-358-3611；www.imaxniagara.com；6170 Fallsview Blvd；超胆侠展馆成人/儿童 $8/6.50，电影票价不定；⊙9:00~21:00）这儿最吸引人的是附属于IMAX尼亚加拉影院（IMAX Niagara，播放关于瀑布的大片和影片；套票有售）的超胆

侠展馆。你会吃惊地看到各种坑坑洼洼桶和泡沫垫球状物，人们曾经乘坐这些东西穿越瀑布——不过成功者寥寥无几（见136页方框文字）。这里还有个关于瀑布走钢丝表演史的展览。

鸟类王国
动物园

（Bird Kingdom；见130页地图；905-356-8888；www.birdkingdom.ca；5651 River Rd；成人/儿童 $17/12；◎9:00~18:30；⏵）鸟类王国自诩为世界上最大的室内鸟舍，拥有400种来自世界各地的自由飞行的热带鸟类。你也可以在爬行动物区（Reptile Encounter Zone）与蟒蛇亲密接触，或是给鸟类喂食。通过其网站购票可以享受折扣。

Ten Thousand Buddhas Sarira Stupa
寺庙

（Cham Shan Temple；905-371-2678；4303 River Rd；◎9:00~17:00，主寺庙仅周六和周日开放）如果景区的喧嚣让你感到烦躁不安，可以在这座远离尘嚣的佛教寺庙寻找宁静。现代风格的西式建筑结构一尘不染。欢迎游客漫步于建筑群之间，欣赏各种雕塑、钟以及艺术品。

Skylon Tower
观景点

（见130页地图；905-356-2651；www.skylon.com；5200 Robinson St；成人/儿童 $15/9；◎8:00~22:00）Skylon Tower是一座158米高的难看尖塔，塔外附着像臭虫一样爬上爬下的黄色箱式电梯。但从室内或户外观景台上看到的景象令人震撼。此外，这里还有一个旋转餐馆。

尼亚加拉瀑布城周边 (Around Niagara Falls)

尼亚加拉河娱乐小径
骑行

（Niagara River Recreation Trail；www.niagaraparks.com；免费）田园风格的尼亚加拉河娱乐小径宽3米，可以在上面骑自行车、慢跑或散步。这条小径与交通缓慢、绿树成荫的尼亚加拉公园道（Niagara Pkwy）平行，可大致分为4段，在每一段骑行都要花两小时左右的时间。尼亚加拉公园道沿着尼亚加拉蜿蜒56公里，从湖滨尼亚加拉经瀑布一直延伸到伊利堡（Fort Erie）。

沿途分布着公园、野餐区和观景点。当季的时候，路两旁还有售卖冰镇樱桃苹果酒的小摊子。你可以从网上下载一张地图，或者在游客中心拿一张。

尼亚加拉峡谷自然保护区
公园

（Niagara Glen Nature Reserve；905-371-0254；www.niagaraparks.com；Niagara Pkwy；◎黎明至黄昏；P）这个特别出色的自然保护区位于尼亚加拉瀑布以北8公里左右的地方。在这里，你可以一窥欧洲人未到此地前这片地区的原始样貌。总长4公里的各种步道蜿蜒曲折，一直延伸到峡谷、古老的大岩石、寒冷的洞穴，穿行于野花丛中和森林深处。夏季的时候，尼亚加拉公园委员会每天会提供自然之旅导览步行游服务，并象征性地收取一定费用。带点儿水，因为尼亚加拉河的水很不干净。

植物园和蝴蝶温室
花园

（Botanical Gardensand Butterfly Conser-

锯齿状边缘

尼亚加拉断崖全长725公里，是形成尼亚加拉瀑布的主要地质构造，已被联合国教科文组织认定为世界生物圈保护区。这座断崖起于美国威斯康星州东部，沿着密歇根湖北岸延伸，向南穿过休伦湖，又跨越马尼图林岛，经过安大略省后又从安大略湖南部绕过，最终止于纽约州，是一道绵长的布满矮丛林的岩脊。这一地形由白云石灰岩组成，即原来的石灰床与古老海床的结合物，这比其周围的土地更稳固，后者逐渐被侵蚀，使得石灰岩的凸起部分会在五大湖周围缓慢移动——注意观察哈密尔顿、弥尔顿、狮子头及托伯莫里附近的悬崖峭壁。

该断崖不仅仅造就了壮观的大瀑布，它还与安大略湖共同作用，形成了非常适合葡萄栽培的微气候。这里的土壤（混合了石灰岩和黏土）和受安大略湖影响的温暖气候都构成了类似法国勃艮第（Burgundy）地区风土条件的生长环境。

韦兰运河地区

具有重要历史意义的韦兰运河始建于1914年，于1932年完成。它从伊利湖流向安大略湖，是绕过尼亚加拉瀑布的船行旁道。韦兰运河是圣劳伦斯河海道（St Lawrence Seaway）的一部分，保证了北美工业中心和大西洋之间的航运运输。这条长42公里的运河设有8道水闸，以克服这两座湖泊近100米的水位落差。

在韦兰运河还没有向东通至威勒港（Port Weller）前，最早的运河是从达尔豪西港村（Port Dalhousie）的湖滨公园（Lakeside Park）注入安大略湖的。如今，这个古朴的港口区散发着古典与现代相结合的韵味，有一处重建的木结构水闸和建于1835年的灯塔，周围散布着多家酒吧、餐馆和冰激凌店。

徒步者和骑自行车的人可以沿着45公里长的**梅利特小径**（Merritt Trail；www.canadatrails.ca）运动，这条设施完备的小径沿着韦兰运河从达尔豪西港村一直通往科尔伯恩港（Port Colborne）。

如果想用更现代的视角来审视这条运河，**韦兰运河中心**（Welland Canals Centre；☎905-984-8880；www.stcatharineslock3museum.ca；1932 Welland Canals Pkwy；⊙9:00~17:00；P）免费的3号水闸处有一个观景平台，就在圣凯瑟琳斯（St Catharines）外。从这处观景台上，几乎可以触摸到正等待水位上升或下降的建筑物大小的轮船。你可以在网上查看轮船时刻表，然后计划何时前去参观。这里还坐落着**圣凯瑟琳斯博物馆**（St Catharines Museum；成人/儿童/优惠 $4.20/2.50/4），展示了城镇的历史和运河修建过程，此外还有长曲棍球名人堂。

伊利湖的湖水从科尔伯恩港流入运河。港口有个420米长的8号水闸，是世界上最长的水闸之一。可以到位于Main St以南的**8号水闸公园**（Lock 8 Park；Mellanby St；⊙24小时）看看。

---

vatory；☎905-356-8119；www.niagaraparks.com；2565 Niagara Pkwy；蝴蝶温室成人/儿童 $14.25/9.25，花园免费；⊙周一至周五 10:00~16:00，周六和周日 至17:00，7月和8月 10:00~19:00；P）进入这片占地40公顷的**植物园**，不需要支付任何费用，但如果想参观**蝴蝶温室**则需要购票。温室里有50多个品种的蝴蝶（有的身形如鸟般大小），它们在130种左右的花草树木间翩跹飞舞。这里还有一处蝴蝶养殖园，你可以在那里观看放飞幼蝶的过程。停车费$5。

昆士顿遗产公园　　　　　　　　古迹

（Queenston Heights Park；☎905262-6759；www.niagaraparks.com；14184 Niagara Pkwy，Queenston；⊙黎明至黄昏；P）免费沉寂的昆士顿村（Queenston）位于瀑布北边，靠近通往美国的刘易斯顿桥（Lewiston Bridge），村中有一处国家级的历史遗迹，它就是昆士顿遗产公园。这里矗立着高耸的**布罗克纪念碑**（Brock Monument），它是为纪念少将艾萨克·布罗克爵士（Sir Isaac Brock）而建的，他被誉为"上加拿大的救星"。如果参加山坡自助步行团队游，导游会为你讲解1812年昆士顿高地战（1812 Battle of Queenston Heights）的详情，并带你步行至山顶欣赏壮观的风景。

马更些印刷和报业历史博物馆　　博物馆

（Mackenzie Printery & Newspaper Museum；☎905-262-5676；www.mackenzieprintery.org；1 Queenston St，Queenston；成人/儿童 $6/4.75；⊙5月至9月 10:00~17:00；P）这家被常青藤环绕的博物馆是备受尊敬的威廉姆·莱恩·马更些（William Lyon Mackenzie）曾经主编的大胆敢言的*Colonial Advocate*报的旧址。

团队游

Double Deck Tours　　　　　公共汽车

（见130页地图；☎905-374-7423；www.doubledecktours.com；River Rd和Clifton Hill交叉路口；团队游 成人/儿童 $80/52起；⊙4月至10月 11:00）提供4小时的红色豪华双层巴士游。票

价涵盖Whirlpool Aero Car（见131页）、水帘洞历险及Hornblower Niagara号游船瀑布观光游（见129页）。

Niagara Helicopters　　　　观光飞行
（☎905-357-5672; www.niagarahelicopters.com; 3731 Victoria Ave; 9分钟飞行成人/儿童$140/87; ⊙9:00至日落, 视天气情况而定）能和瀑布来个亲密接触, 但是花费太高, 而且也不是最环保的方式。

水帘洞历险　　　　步行游览
（Journey Behind the Falls; 见130页地图; ☎905-354-1551; www.niagarafallstourism.com; 6650 Niagara Pkwy; 成人/儿童 4月至12月$16.75/10.95, 次年1月至3月 $11.25/7.30; ⊙9:00~22:00）从平顶岩信息中心（Table Rock Information Centre）取一件难看的塑料雨披, 穿好后沿石壁开凿的通道下行走到悬崖一半的地方——这是离瀑布最近的地方了, 想要再靠近些, 除非你跳进木桶漂流过去了。这个项目全年开放, 只是要做好排队的准备。冬季的时候, 下层平台通常会关闭; 因此价格也较低。

✹ 节日和活动

冬季彩灯节　　　　灯光秀
（Winter Festival of Lights; ☎905-374-1616; www.wfol.com; ⊙11月末至次年1月中）从11月一直持续到次年1月中旬的漫长活动季, 包括125场动画展演, 并会布设300万支树灯和地灯。其中公认的最大亮点是长达36公里的大型夜间灯光展。还有音乐会、公益长跑及啦啦队比赛。

🛏 住宿

通常来说, 尼亚加拉瀑布地区能提供的床铺都比游人多, 但是镇上的旅馆有时候会满房。在夏天、周末和假日期间, 旅馆价格上涨幅度很大。便宜的汽车旅馆遍布伦迪斯路（Lundy's Lane）沿线。如果你从多伦多专门来看大瀑布的话, 实在无须在此过夜; 当日游就足够了。

Hostelling International Niagara Falls　　　　青年旅舍 $
（见130页地图; ☎905-357-0770; www.hostellingniagara.com; 4549 Cataract Ave; 铺/双含床单 $29/84起; P🅿️@🛜）这家颜色缤纷且舒适的旅舍安静地坐落于老镇上, 可容纳90人左右。这里设施良好, 包括一个大厨房、台球桌、储物柜和凉爽的地下休息室。店员很友好, 还注重环保。这里距离火车站和汽车站都很近。你还可以租自行车, 一天$15。

Always Inn Bed & Breakfast　　　　民宿 $$
（见130页地图; ☎905-371-0840; 4327 Simcoe St; 双含早餐 $130~180; P@🛜）这座维多利亚式老房子内部极为整洁, 在这一带算得上是个令人惊喜的住宿地点。公共早餐物美价廉, 也是一大惊喜。从这里沿着公园道往南步行20分钟就可到达瀑布, 沿途景色令人心旷神怡。

Niagara Parkway Court　　　　汽车旅馆 $$
（☎905-295-3331; www.niagaraparkwaycourt.com; 3708 Main St; 双含早餐$109起; P❄)旅馆在近年内进行过2次装修, 典雅的房间风格多样, 提供优异的客户服务, 有平板电视。旅馆就位于小镇外, 环境宜人, 还可以派车免费将住客送至瀑布景区, 是不错的低价住宿选择。

Embassy Suites　　　　酒店 $$
（见130页地图; ☎800-420-6980; www.embassysuitesniagara.com/; 6700 Fallsview Blvd; 套$195起）这家隶属希尔顿集团的全套房酒店规模巨大, 地理位置很好, 让你感觉仿佛置身于瀑布的最高处。因此酒店房间的入住率不错, 还很宽敞, 套房种类很多, 多数都能看到瀑布。同时, 价格已包含早餐和免费的欢迎饮料。

Sterling Inn & Spa　　　　精品酒店 $$
（见130页地图; ☎289-292-0000; www.sterlingniagara.com; 5195 Magdalen St; 房间$135起; 🛜）这家精品酒店价格实惠, 房间却很时尚（要么带按摩浴缸, 要么带蒸汽淋浴房）, 吸引着你和那个"他"（或"她"）一起放松, 即使你只身前来也不会失望。你可以期待高品质的室内陈设、便利设施和床上早餐服务, 这些都是不错的体验。

酒店内的AG餐馆（见136页）装饰华丽, 食物可口。这里还有全方位的水疗服务, 非常适合夫妻或情侣。需要注意的是，这家旅馆层高较低且和瀑布有点儿距离，因此看不到瀑布风景。

Marriott Niagara Falls 酒店 $$

（见130页地图；☎888-501-8916；www.niagarafallsmarriott.com; 6740 Fallsview Blvd; 房间 $149起）这家大型旅馆距离瀑布很近，你几乎伸手就能摸到水流。房间种类多样，但许多人最爱的是双层阁楼套房，这里有按摩浴缸、壁炉，从落地窗可以看到很棒的瀑布景色。

Oakes Hotel 酒店 $$

（见130页地图；☎905-356-4514；www.oakeshotel.com; 6546 Fallsview Blvd; 双/套 $109/159起；P❄@🛜❄）Oakes紧挨着Fallsview Casino，是座银色的小尖塔房子，气氛欢乐。它处在前排中间的瀑布观景位置，不是每个房间都能看到瀑布，可以的话订个带阳台的房间，当然可能贵一些。有的房间有按摩浴缸和壁炉。

✖ 就餐

老城区的餐厅曾多次尝试再现荣光，却都以失败告终。不过话说回来，如果没什么好的就餐选择，倒不妨挖掘一下这里的新餐厅。在游客常去的地带，快餐（以及穿着体面、价格过高的快餐）非常多。然而，最美味的食物则在更远一点儿的地方。为了能找到水准之上的美食，你最好开车前往湖滨尼亚加拉。

Flying Saucer 快餐 $

（☎905-356-4453；www.flyingsaucerrestaurant.com; 6768 Lundy's Lane; 主菜 $8~27; ⏲周日至周四 6:00至次日3:00, 周五和周六至次日4:00）想要品尝与众不同的快餐，你就不能错过位于伦迪斯路汽车旅馆区的这家标志性餐厅。著名的$1.99早鸟价早餐从6:00供应到10:00（包括鸡蛋、炸薯条和吐司），可以另外买一份饮料。丰盛点儿的食物包括牛排、海鲜、墨西哥鸡肉卷、汉堡包和热狗。

Queen Charlotte Tea Room 英国菜 $

（☎905-371-1350；www.queencharlottetearoom.com; 5689 Main St; 简餐 $7~14, 下午茶点 $22; ⏲周二至周五 9:00~19:00, 周六和周日 10:00~19:00）那些身在他乡的人，如果想要喝

布鲁斯小径

布鲁斯小径（Bruce Trail; www.brucetrail.org）长800公里，沿着尼亚加拉断崖（Niagara Escarpment）顶部延伸，从尼亚加拉半岛直抵布鲁斯半岛。这条保护良好的宽阔小径很适于夏季徒步旅行，而冬天时，那些穿着越野滑雪板的人就沿着这条路滑雪。晴朗的下午，徒步行走在小径上感觉也很不错。

这条小径于1967年开放，是加拿大历史最久、安大略省最长的徒步小径。它蜿蜒穿过公共区域、私人土地，部分路段沿车行道延伸。沿途你会经过酒庄、农田和森林，还能欣赏到乔治亚湾碧蓝湖水映衬着断崖白色峭壁的壮丽景致。路边还分布着多处露营地，为长途旅行的人提供了经济型住宿，而小径沿线村镇也有大量民宿。

杯地道的英式茶，吃点儿黄瓜三明治、牛排、牛腰，或者来点儿豌豆泥配炸鱼和薯条，可以直接前往这家气氛古雅的知名英式餐厅，就位于伦迪斯路与Main St的交叉路口旁。

Napoli Ristorante Pizzeria 意大利菜 $$

（见130页地图；☎905-356-3345；www.napoliristorante.ca; 5545 Ferry St; 主菜 $14~32; ⏲16:00~22:30）想在城里吃上最好的意大利美食？很简单，来Napoli吧。美味的比萨、丰盛的意大利面、香浓的意大利奶油调味饭和奶酪小牛肉都是这份让人倍感亲切的菜单上的特色菜。

Taps on Queen Brewhouse & Grill 各国风味 $$

（见130页地图；www.tapsbeer.com; 4680 Queen St; 主菜 $9~14; ⏲周一、周二和周日 正午至22:00, 周三至周六 至午夜;🅿）这里混合了各种风味，从牧羊人馅饼到古老的谷物咖喱（藜麦、蒸粗麦粉、红豆、绿豆和蔬菜），不一而足。当然，如果再配上一杯这里自酿的上好啤酒，所有食物都成了至上美味。

Paris Crepes Cafe 法国菜 $$

（见130页地图；☎289-296-4218；www.

pariscrepescafe.com；4613 Queen St；主菜 $12~30；◎周一至周五 10:00~22:00，周六和周日 9:00~22:00）在重新活跃起来的Queen St社区，你会发现一家距离巴黎街道万八千里远、却名为"巴黎可丽饼"的古朴薄饼店，你不会错过这座深红色的建筑。纯正的巴黎菜包含甜美可口的可丽饼（crepe）以及各种欧陆美食。

AG   加拿大菜 $$$

（见130页地图；📞289-292-0005；www.agcuisine.com；5195 Magdalen St；主菜 $18~36；◎周二至周日 18:00~22:30）在尼亚加拉瀑布附近找到高级美食可不是件容易的事，正因为如此，Sterling Inn & Spa（见134页）里的这家餐厅才令人神往。这里的服务、装饰和摆盘都很讲究，食物的质量则堪称上乘。菜单随季节而更新，特色菜有茴香粉小梭鱼、烤鹿腰肉和脆皮鳟鱼。食材均取自当地。

☆ 娱乐

Niagara Fallsview Casino   赌场

（见130页地图；📞905-371-7569；www.fallsviewcasinoresort.com；6380 Fallsview Blvd；◎24小时）这家赌场从不关门。其建筑本身就很值得一看——将商业和博彩奇妙地融为一体，大堂里的喷泉令人赞叹。常有一些老明星，如肯尼·罗杰斯（Kenny Rogers）和唐尼·奥斯蒙（Donny Osmond）前来演出。

❶ 实用信息

大尼亚加拉全科医院（Greater Niagara General Hospital；📞905-378-4647；www.niagarahealth.on.ca；5546 Portage Rd；◎24小时）有急诊室。

安大略省旅游信息中心（Ontario Travel Information；见130页地图；📞905-358-3221；www.ontariotravel.net；5355 Stanley Ave；◎8:00~20:00）位于市区西郊，提供免费旅游手册，内有地图和优惠券。

邮局（见130页地图；www.canadapost.ca；4500 Queen St；◎周一至周五 8:00~17:00）

尼亚加拉公园委员会（Niagara Parks Commission；见130页地图；📞905-371-0254；www.niagaraparks.com；◎6月至8月 9:00~23:00）这是瀑布管理部门，在雾中少女广场（Maid of the Mist Plaza）和平顶岩信息中心设有问询台。

尼亚加拉瀑布城公共图书馆（Niagara Falls Public Library；📞905-356-8080；www.nflibrary.ca；4848 Victoria Ave；◎周一和周二 9:00~20:00，周三至周六 至17:30；📶）可以免费上网，有Wi-Fi。

尼亚加拉瀑布城旅游局（Niagara Falls Tourism；见130页地图；📞905-356-6061；www.niagarafallstourism.com；5400 Robinson St；◎9:00~17:00）

超胆侠

令人惊讶的是，穿越过尼亚加拉瀑布并且能活下来讲述自己冒险故事的人居然还颇有几位。首次成功的瀑布漂流发生在1901年——时年63岁的教师安妮·泰勒（Annie Taylor）居然穿着裙子完成了这次冒险。这带动了一批人试着置身于各种桶中跳下瀑布，这种行为一直持续到20世纪20年代，其中就包括博比·利奇（Bobby Leach）——他成功完成了瀑布跳跃，却因踩到橘子皮滑倒，感染坏疽而丧命。

1984年，卡雷尔·苏塞克（Karl Soucek）坐在红色的桶里飞越瀑布，重新兴起这一传统。他成功了，但是6个月后，他却在休斯敦的一次木桶穿越瀑布冒险中身亡。在20世纪80年代，有两位当地居民头靠头躺在一个桶里，并且成功完成了冒险。

1995年，一个尝试用喷气式快艇越过瀑布的美国人差点儿就成功了——如果他的火箭助推降落伞能够打开的话。2003年，另一位名叫柯克·琼斯（Kirk Jones）的美国人不借助任何工具完成瀑布穿越。加拿大警察随后指控其非法进行特技表演，后来他加入了马戏团。

只有一个人意外跌落瀑布侥幸生还。1960年时，一位7岁的田纳西男孩从上游的船上落水后漂到瀑布下方，他甚至连一根骨头都没伤到。

你可以在**IMAX尼亚加拉影院**（见131页）模拟坠落瀑布，还可以在超胆侠展馆见识一下那些穿越瀑布的人使用过的各种桶。

在瀑布的加拿大境内，这里提供关于尼亚加拉周边不同社区和最新活动的相关信息。办公室靠近Skylon Tower观光台的底层。

ℹ️ 到达和离开

尼亚加拉瀑布（城）有很好的长途汽车网络，线路通往加拿大和美国。停车很困难，所以最好别自驾前往。

长途汽车

➜ **尼亚加拉交通运输中心**（Niagara Transportation Centre；见130页地图；📞905-357-2133；4555 Erie Ave）位于老城区。加拿大灰狗长途巴士开往多伦多（$19, 1.5～2小时, 每天5班）和纽约州的布法罗市（$12, 1～1.5小时, 每天6班）。GO Transit也提供从多伦多[经伯灵顿（Burlington）]出发的铁路和公路联营服务，近些年来，周末也有直达火车（从6月到9月）。如需查询，请登录www.gotransit.com。

➜ **尼亚加拉空客**（Niagara Airbus；📞905-374-8111；www.niagaraairbus.com）提供尼亚加拉瀑布城与多伦多皮尔逊国际机场（单程/往返$94/147, 1.5小时）或纽约州布法罗国际机场（Buffalo International airport, NY; $95/156, 1.5小时）之间的直达共享班车服务。

➜ **Niagara Fallsview Casino**（见136页）经营的Safeway Tours提供每小时一班由多伦多前往赌场的长途汽车服务，途中经停多地，包括Gerrard St E、Carlton St以及Spadina Ave。非赌场会员在抵达时需要支付$20的往返费用，这是前往瀑布地区最便宜的方式之一，不过不允许携带行李，且只限成人（会查看证件，毕竟这是辆赌场巴士）。可以直接在现场上车，或是在网站（safewaytours.net/casino-tours）上预订——车上有可能满员。

火车

尼亚加拉瀑布城火车站（Niagara Falls Train Station；📞888-842-7245；www.viarail.ca; 4267 Bridge St）与多伦多的往来列车仅由GO Transit在夏日周末提供服务。然而，你能够从瀑布城前往纽约市（$151, 11.5小时, 每天1班）。

ℹ️ 当地交通

自行车

尼亚加拉地区特别适合骑行。**Zoom Leisure**

伊利堡

科尔伯恩港以东、尼亚加拉瀑布城以南便是**伊利堡**（Fort Erie；📞905-871-0540；www.oldforterie.com; 350 Lakeshore Rd; 成人/儿童 $12.25/7.95；⏰5月至11月10:00～17:00; 🅿️），伊利湖的湖水在此处汇入尼亚加拉河。和平桥（Peace Bridge）将伊利堡和美国纽约州的布法罗市连接起来。此处最有名的景点是古老的星形伊利堡，它在1812年战争中意义重大，曾是"加拿大最惨烈的战场"。这座城堡被称为"老石堡"（Old Stone Fort），最早建于1764年。美国在1814年曾一度控制城堡，后撤离。

堡内设有一座博物馆，有仪容整洁、穿着制服的士兵进行真实的军事训练。导览游（每30分钟一次）很不错，值得参加，费用已包含在门票内。

Bicycle Rentals（📞866-811-6993；www.zoomleisure.com; 3850 River Rd, Niagara Falls）在尼亚加拉瀑布和尼亚加拉公园道上均有办公室，并提供送车到尼亚加拉地区任何地方的服务。由尼亚加拉瀑布公园道办公室出发，从尼亚加拉瀑布城到湖滨尼亚加拉的90分钟骑行可不轻松。他们还组织出色的骑车团队游。

小汽车和摩托车

在中心区域周围开车和停车既昂贵又费脑筋。在IMAX靠近Fallsview Blvd和Robinson St交叉路口的停车场停车（全天只需$5），然后步行，或者按照停车区指示，将车寄存起来（大约$6/半小时，或$15/天）。大型的Rapidsview停车场（及WEGO车库）位于瀑布以南3公里处，紧邻River Rd。可以在以下网站查询所有停车场所: www.niagarafallstourism.com/plan/parking。

公共交通

➜ 沿着瀑布和Fallsview Blvd之间50米的陡坡上下颠簸的是一列古色古香的**斜坡火车**（Incline Railway; www.niagaraparks.com; 6635 Niagara Pkwy; 单程票/一日通票 $2.75/7）。它可以为你节省10到20分钟的步行时间，最适合上山时搭乘。

➜ **WEGO**（www.niagaraparks.com/wego; 一日通票成人/儿童 $7.50/4.50）原来是运行于尼亚加拉

各个公园间的季节性大众运输工具,如今是一套节能、高效且全年运转的运输系统,主要服务于游客。WEGO共有3条线路:红线、绿线和蓝线。这些线路覆盖了主要景点和住宿地。如果要去更远的地方,当地人会使用**尼亚加拉公共交通**(Niagara Transit; ☎905-356-7521; www.niagarafalls.ca; 单程成人/学生 $2.75/2.50,一日通票 $7),不过大部分人都有私家车。

步行

穿上你的运动鞋,出发——步行是游玩的最佳方式!只有在如下情况出现时你才需要车:你住在伦迪斯路上,或者要去欣赏位于尼亚加拉公园道沿线那些偏远景点。瀑布的主要景点几乎没有乘凉的地方。

尼亚加拉半岛葡萄酒产区(Niagara Peninsula Wine Country)

尼亚加拉半岛位于北纬43度,与美国加利福尼亚北部的纬度接近,比法国的波尔多更靠南。这是一片顶级的葡萄酒产区,矿物质丰富的土壤和温和的区域小气候是葡萄栽培成功的秘诀。你可以趁着一日游或懒散的周末前来游玩,那会是一次很放纵的旅行。气派的老葡萄园和浮华的新葡萄园争相吸引着你的眼球。

游览这些葡萄园最好的方式是自驾。有两个地区值得关注:Vineland周围的圣凯瑟琳斯(St Catharines)以西,以及湖滨尼亚加拉附近的伊丽莎白皇后道(QEW)以北的地区。地区旅游局办事处会提供葡萄酒之路旅游地图和手册,在酒庄的品酒室也能找到相关资料。

☞ 团队游

Crushon Niagara   葡萄酒

(☎905-562-3373; www.crushtours.com; 团队游 $90~120)上午和下午出发的小型小巴车队,可到尼亚加拉地区的多个站点接人。

尼亚加拉空客   葡萄酒

(Niagara Airbus; ☎905-374-8111; www.niagaraairbus.com;从尼亚加拉瀑布城出发的团队游 $49~129,从多伦多出发的团队游 $129~190)带你访问著名的葡萄酒庄,其中一些旅行线路包括游览葡萄园、在湖滨尼亚加拉吃午餐和购物等内容。

✦ 节日和活动

全年有3个与葡萄酒相关的节日(☎905-688-0212; www.niagarawinefestival.com):**尼亚加拉新品种葡萄节**(Niagara New Vintage Festival)——庆祝尼亚加拉新季葡萄酒和地区美食的节日,于6月底举办;重头戏是**尼亚加拉葡萄酒节**(Niagara Wine Festival)——9月中旬举办,为期一周,旨在庆祝该地区采摘最好的酿酒葡萄;**尼亚加拉冰酒节**(Niagara Icewine Festival)——1月中旬举行的为期10天的冬日节庆活动,展示安大略省最浓稠、最甜的冰酒。

🛏 住宿

Squirrel House Gardens   民宿 $$

(☎905-685-1608; www.squirrelhouseniagara.ca; 1819 5th St, St Catharines; 套含早餐 $180; ⓟ⊖@❄)你可以考虑入住这个位于旧谷仓里的巨型套房。这座谷仓始建于1850年,是田庄的一部分。精心布置的房间通向一个巨大的花园,石砖和彩色水泥地板颇有特色,原有的木梁和法式落地窗通往露天平台。院子里有个游泳池,还有天井和篝火坑。

可爱的房主富有艺术气息,待人热情友好,他们会像照顾自己漂亮的乡村花园那样很好地照顾你。

Bonnybank   民宿 $$

(☎905-562-3746; www.bonnybank.ca; RR 1, Vineland Station; 房间含早餐 $125~154; ⓟ⊖❄🛜)在一片到处都是猫头鹰的荒地上,耸立着一座庄严的都铎一格里姆斯比风格的砂岩房子。这里稍微有点儿偏僻。

🍴 就餐

Pie Plate   面包房 $

(☎905-468-9743; www.thepieplate.com; 41516 Niagara Stone Rd, Virgil; 三明治 $7~11; ⏱周二至周日 10:00~18:00)午餐简单、美味(轻易就能狼吞虎咽地吃掉梨子和布里干酪三明治),价格合理。这家店当然少不了典型的安大略省面包房必备的黄油蛋挞，但更妙的是，这里还有薄皮比萨、肉馅饼、沙拉和几种扎啤。这家面包房是你在葡萄酒乡游玩时补充能量的好去处。

Peach Country Farm Market 市场 $

（☎905-562-5602；4490 Victoria Ave, Vineland Station；商品 $2起；⊙6月至8月 9:00~20:00，9月和10月 至18:00）这个开放式的谷仓售卖新鲜水果、果酱、冰激凌和水果馅饼。所有商品从种植、采摘到现场烘焙都是由这里的第四辈农民完成的——这里可谓是路边的珍宝！

Peninsula Ridge 创意菜 $$$

（☎905-563-0900；peninsularidge.com；5600 King St W, Beamsville；主菜 $24~34；⊙周三至周六 正午至14:30和17:00~21:00，周日 11:30~14:30）这座高耸的维多利亚式庄园建于1885年，你可以坐在外面、楼上或者楼下用餐，餐厅就位于同名**葡萄酒庄**（☎905-563-0900；peninsularidge.com；5600 King St W, Beamsville；团队游 $5；⊙10:00~17:00）内。这里供应高档美食，并配有本地葡萄酒。

❶ 到达和离开

从多伦多到半岛中心距离为100公里，驱车需要约1.5小时：沿着Hwy 403行驶，然后在哈密尔顿向东驶入伊丽莎白皇后道，开向尼亚加拉瀑布城。在伊丽莎白皇后道附近的乡村高速公路和偏僻小路上，你会看到指向官方葡萄酒之路的路标。

湖滨尼亚加拉 （Niagara-on-the-Lake）

作为北美地区保存得最完好的19世纪城镇之一，富庶的湖滨尼亚加拉（简称N-o-t-L）无疑是一个华丽的地方：街道绿树成荫，公园郁郁葱葱，翻新的房子无可挑剔。它的前身是中立的第一民族村，美国独立战争结束后，来自纽约州的保皇派建立了这座城镇，后来成为上加拿大殖民地的第一个首都。如今，乘旅游大巴而来的游客穿行在街道上，人们吸着古巴雪茄，小镇的魅力不再。镇上的喷泉里扔满了硬币，却没有无家可归的人来这里抢夺。这真的是一个城镇？或者只是一副空壳？躯壳深处是否还有灵魂存在？有，在17:00以后。

可爱的Queen St上到处是各种卖古董、英式风格纪念品和自制软糖的商店。

⦿ 景点

林肯和威兰军团博物馆 博物馆

（Lincoln & Welland Regimental Museum；☎905-468-0888；www.lwmuseum.ca；King St和John St交叉路口；成人/儿童 $3/2；⊙周三至周日

美味冰酒

1991年，尼亚加拉地区的葡萄酒厂在法国波尔多葡萄酒与烈酒博览会（Vinexpo）上脱颖而出。在"蒙眼品酒"环节，评审员将一项众人期盼的金奖颁给了来自加拿大安大略省的一款冰酒，这让来自世界各地的参展商大跌眼镜！这一地区的特色佳酿凭借其费事费力的采收和甘甜、层次丰富的口感，不断吸引着葡萄酒迷们前往尼亚加拉半岛。

为了酿造冰酒，人们会在常规采摘结束后特意在藤上留些葡萄不摘。如果这些葡萄逃过被鸟吃、风暴或霉变的厄运，它们就会变得糖度更高，果肉更紧致。酿造者们耐心等到12月或次年1月，直到连续3天的低温（-8℃）将这些葡萄完全冻住。

人们要赶在天亮以前用手将葡萄小心翼翼地摘下来（这样太阳还没有融化葡萄的冰，葡萄汁液的浓度尚并被稀释），挤压后放在桶里发酵一年。过滤后，细滑的冰酒尝起来有一股浓郁的苹果味，或者是更奇特的水果味，而且酒劲十足。

冰酒为什么这么昂贵？制作一瓶冰酒消耗的葡萄数量是制作普通葡萄酒的10倍，再加上劳动密集型生产方式和减产的高风险，导致每瓶（375毫升）冰酒售价至少在$50以上。当年较早采摘的晚收葡萄酒可能略便宜些（口味也淡些），但同样口感十足、香气浓郁。

酒庄自驾游

以下几条自驾路线连接起尼亚加拉最好的酒庄。除了可以品尝美酒外，酒庄通常还会提供团队游和餐食。在葡萄园内，可以免费停车。

从多伦多过来，自伊丽莎白皇后道（Queen Elizabeth Way，简称QEW）的78号出口驶上FiftyRd即可到达威诺娜（Winona）和Puddicombe Estate Farms & Winery（www.puddicombefarms.com；见145页），后者是个专门酿造果酒的简朴农场，还提供午间简餐。

紧邻伊丽莎白皇后道74号出口的便是Kittling Ridge Winery（905-945-9225；www.kittlingridge.com；297 South Service Rd, Grimsby；品酒和团队游 免费；☉周一至周六 10:00~18:00，周日 11:00~17:00）。它看起来像一座工厂，但友好的工作人员、屡获大奖的冰酒和晚收葡萄酒一定能让你心满意足。

沿着Main St W继续向东南方向前行，到达King St。很上镜的Peninsula Ridge（见139页）高踞山顶之上，你不可能错过。高耸的原木装饰的品酒室、餐厅和山巅景色赋予这里无穷魅力。

在Cherry Ave右转，沿路行驶10公里后上山，左转进入Moyer Rd便能看见Vineland Estates Winery（905-562-7088；www.vineland.com；3620 Moyer Rd, Vineland；品酒团队游$12，如购买葡萄酒$7；☉10:00~18:00）的石砌建筑，这是尼亚加拉地区葡萄酒业的老牌酒庄。这里的葡萄酒几乎都是品质上乘的佳酿。餐厅和住所也非常棒。

返回到King St，在King St和Cherry Ave的交叉路口你会发现当红冰球明星的酒庄——Wayne Gretzky Estate（www.gretzkyestateswines.com；3751 King St, Vineland；☉周一至周六 10:00~20:00，周日 11:00~18:00）。

沿着King Rd向东，右转进入Victoria Ave，然后左转进入7th Ave就到了气氛亲切友好的Flat Rock Cellars（905-562-8994；www.flatrockcellars.com；2727 7th Ave, Jordan；品酒团队游 $5~15；☉周一至周六 10:00~17:00，周日11:00起）。酒庄的六边形建筑、周围的湖光景色与这里的美酒一样令人赞不绝口。

朝着湖泊方向返回到4th Ave，你就能发现令人愉快的Creekside Estate Winery（905-562-0035；www.creeksidewine.com；2170 4th Ave, Jordan Station；团队游免费；☉10:00~18:00），在这里你可以参观酿酒设备和地下酒窖（在线预约）。

10:00~16:00；P）该博物馆藏有年代久远的加拿大军人徽章，很不错。

尼亚加拉历史学会博物馆　　博物馆

（Niagara Historical Society Museum；905-468-3912；www.niagarahistorical.museum；43 Castlereagh St；成人/儿童 $5/1；☉10:00~17:00；P）Simcoe Park以南的尼亚加拉历史学会博物馆拥有大量与本镇历史有关的藏品，从第一民族的手工制品到保皇派在1812年战争期间留下的物品（包括珍贵的少将艾萨克·布罗克爵士的帽子），不一而足。

乔治堡　　古迹

（Fort George；905-468-6614；www.pc.gc.ca/fortgeorge；51 Queens Pde；成人/儿童 $11.70/5.80；☉5月至10月 10:00~17:00，4月和11月仅周六和周日；P）位于小镇东南角的乔治堡始建于1797年，后经过重建。它见证了1812年战争中的不少血腥的战役——英军和美军多次在此交战。堡垒的城垛里有营房、厨房（目前仍在使用）、火药库和储藏室。夏天，这里会举办幽灵团队游、技巧演示、老式坦克展览以及战争重现等活动。停车费为$6，购买门票可免停车费。

团队游

Grape Escape Wine Tours　　葡萄酒

（866-935-4445；www.tourniagarawineries.com；团队游 $54~139）提供各种围绕葡萄酒展开的地区团队游，包括自行车游、小从7th Ave快速返回伊丽莎白皇后道,然后向东进入湖滨尼亚加拉地区。从38号出口向北,进入Four Mile Creek Rd,沿着这条路你便可来到Trius Wineryat Hillebrand(☎800-582-8412; www.hillebrand.com; 1249 Niagara Stone Rd; 品酒 $5~10; ◎10:00~21:00)。这里的葡萄酒都是畅销产品,对于刚接触葡萄酒的人来说,这里每小时1次的介绍性团队游和品酒演示非常不错。

再向北走,占据湖边优势的Konzelmann Estate Winery(☎905-935-2866; www.konzelmann.ca; 1096 Lakeshore Rd; 团队游 $5~15; ◎10:00~18:00,团队游 5月至9月)是本地区最早的酿酒厂之一,并且是唯一一个充分利用了湖边小气候的酿酒厂。晚收威代尔(vidal)葡萄酒和冰酒的确超凡脱俗。

右边毗邻的是Strewn(www.strewnwinery.com; 见本页),主要生产金牌葡萄酒,并有一家很棒的餐厅。此外还有Wine Country Cooking School(www.winecountrycooking.com; 见141页),这所烹饪学校为期一天、周末和一周的烹饪课程非常有名。

离湖滨尼亚加拉更近一点儿的是Sunnybrook Farm Estate Winery(☎905-468-1122; www.sunnybrookwine.com; 1425 Lakeshore Rd; 品酒 $1~3; ◎10:00~18:00),其主要特色是独特的尼亚加拉水果酒、浆果酒以及一种有点儿"烈"的苹果酒。这里占地面积较小,因此旅游大巴通常不在这里停靠。

Stratus(☎905-468-1806; www.stratuswines.com; 2059 Niagara Stone Rd; ◎11:00~17:00)位于湖滨尼亚加拉以南的Niagara Stone Rd上,是加拿大第一栋赢得能源与环境设计认证(LEED)的建筑。建筑设计强调复杂的循环使用、有机、节能和本土等理念。

沿着尼亚加拉公园道南下,便可到达Reif Estate Winery(☎905-468-7738; www.reifwinery.com; 15608 Niagara Pkwy; 团队游 $5~20; ◎9:00~18:00)。它读作"Rife",是一座著名的酒庄。这里的冰酒值得你远道而来。

你可以选择在Inniskillin(☎888-466-4754; www.inniskillin.com; 1499 Line 3, Niagara Pkwy 拐角处; 品酒 $1~20, 团队游 $5~15; ◎9:00~18:00, 团队游 5月至10月 每小时1次)结束你的游览(如果你还没醉的话),这里的冰酒堪称大师之作。

巴游及越野车游。旅行途中不乏美食(从低价游提供的奶酪拼盘,到美味晚宴大餐,应有尽有)。提供旅馆免费接送服务。

Niagara Wine Tours International　　美食美酒游

(☎905-468-1300; www.niagaraworldwinetours.com; 443 Butler St; 团队游 $65~165)在当地的酒庄间骑着自行车游玩,享用午餐和晚餐,团队游种类多样,包括品酒环节。

Whirpool Jet Boat Tours　　乘船游

(☎905-468-4800; www.whirlpooljet.com; 61 Melville St; 45分钟团队游成人/儿童 $61/51; ◎4月至10月)乘船在尼亚加拉河上航行,溅起阵阵水花——带上换的衣服(也许还要带内衣)。需要预订。

Wine Country Cooking School　　烹饪

(☎905-468-8304; www.winecountrycooking.com; 1339 Lakeshore Rd)这家烹饪学校有为期一天、周末和一周的课程,全都是很棒的美食体验。课程在高级餐厅Strewn(☎905-468-1229; www.strewnwinery.com; 1339 Lakeshore Rd; 团队游 免费; ◎10:00~18:00, 游览 13:30)里举办,这家餐厅的酒庄出产获奖葡萄酒。

★ 节日和活动

无与伦比美食节　　美食

(Fabulicious; www.niagaraonthelake.com)无与伦比美食节于2月底或3月初举办,为期一周,其亮点是该地区的美食,其间十几家餐厅会推出物超所值的午餐和晚餐菜单。

萧伯纳戏剧节　　　　　　　　　　戏剧

(Shaw Festival; ☎905-468-2172; www.shawfest.com; 10 Queens Pde; ◷4月至10月, 售票处 10:00~20:00) 布莱恩·多尔蒂 (Brian Doherty) 既是一位律师, 也是一个充满激情的剧作家, 他在1962年带领一批居民演出了乔治·萧伯纳 (George Bernard Shaw) 的8场戏剧, 包括《康蒂坦》和《人与超人》中的《地狱中的唐璜》。多尔蒂的热情从首度表演一直发展壮大成今天备受关注的萧伯纳戏剧节。在45年中, 该节目吸引了来自全球各地的观众, 他们对此都不吝赞美之词。

🛏 住宿

虽然镇上有300多家民宿, 不过住宿费用依旧比较昂贵, 而且经常一房难求。萧伯纳戏剧节期间的住宿更是紧张, 所以要提前制订好计划。

★ Historic Davy House B&B Inn　　民宿 $$

(☎888-314-9046; www.davyhouse.com; 230 Davy St; 双含早餐 $155~204; P🐾) 旅馆所在房屋建于1842年, 已被列为 "指定古建" (Historically designated, 为具有重要历史意义的加拿大遗址), 如今它已修复一新, 成为一家收费合理的民宿, 在店主的精心打理下依然保持着其殖民地时代的魅力。旅馆开业至今已有30多年。主人会邀请客人观赏草木繁盛的景观院落和田园风情的会客室。在这个民宿饱和的地区, 这家舒适、宁静、可靠的旅馆是个非常棒的选择。

Charles Hotel　　　　　　　　　酒店 $$

(☎905-468-4588; www.niagarasfinest.com/charles; 209 Queen St; 双含早餐 $195起) 这是家位于高尔夫球场附近的风格浪漫、惹人喜爱的小酒店 (建于1832年前后)。不同大小的房间经过奢华的装饰后呈现出不同的风格。

White Oaks Resort & Spa　　　　酒店 $$

(☎800-263-5766; www.whiteoaksresort.com; 234 Taylor Rd SS4; 双 $159起) 这座拥有220间客房的度假村占地广阔, 紧邻伊丽莎白皇后道, 距离湖滨尼亚加拉15公里, 提供设施完善的房间、度假村风格的服务和设施, 如水疗护理和餐厅。提供各种住宿套餐。

Britaly B&B　　　　　　　　　　民宿 $$

(☎905-468-8778; www.britaly.com; 57 The Promenade; 房间含早餐 $140~160; P❄🐾) 这家简单的民宿有3个房间 (分别为英式、意大利式和加拿大式), 因其价格合理、主人热情好客而深受客人的欢迎。这里的房间和花园都在主人的精心打理下达到了最高水准。

Moffat　　　　　　　　　　　　　旅馆 $$

(☎905-468-4116; www.vintage-hotels.com/moffat; 60 Picton St; 双 $189起; ➜❄🐾) 屋外修剪整齐的绿树和花盆给Moffat带来了爱尔兰风情, 这里自称为 "时髦小屋"。24个房间的装饰风格各有特色、品位不俗。你会发现自己在参观这些房间时, 情不自禁地一次次发出 "太迷人了" 这样的赞美之词。

Prince of Wales Hotel　　　　　　酒店 $$$

(☎905-468-3246; www.vintage-hotels.com; 6 Picton St; 双/套 $299/$439起; P➜❄@🐾♨) 这家维多利亚风格的优雅旅馆是湖滨尼亚加拉地区酒店中的贵族 (店名意为 "威尔士亲王" 酒店)。它始建于1864年, 至今仍保留着很多当年的印记: 拱形的天花板、嵌入式的实木地板以及身穿红色马甲的服务员。对于老年人和度蜜月的夫妻来说, 这里的装饰和印花看起来很不错, 此外, 这里对任何想要挥霍的人来说也是一个绝妙的选择。

🍴 就餐

1875 Restaurant　　　　　　　加拿大菜 $$

(☎905-468-3424; www.notlgolf.com/restauranthome; 143 Front St; 主菜 $11~28; ◷8:00~22:00) 这家餐厅位于北美最早的高尔夫球场内, 曾经是湖滨尼亚加拉的最大秘密之一, 不过如今已不再神秘: 它的湖滨天台无与伦比、气氛悠闲 (以湖滨尼亚加拉地区的标准来看) 且服务友好。菜单看似普通, 食物却很美味, 有升级版的蟹饼、炸鱼和薯条。来这里吃早午餐、午餐或晚餐都可以, 即便只是来喝杯酒都会有意外惊喜。

Irish Harp Pub　　　　　　　小酒馆食物 $$

(☎905-468-4443; www.theirishharppub.

com; 245 King St; 主菜 $12~20; ⊙周一至周四正午至23:00, 周五至周日 11:00~23:00)尼亚加拉地区的居民都喜欢这里丰盛可口的小酒馆饭食（想想爱尔兰火锅、牛排和黑啤馅饼），有些人只是为这里的爱尔兰生活乐趣（娱乐和聊天）而来，当然，还有这里的啤酒！店里有桶装的吉尼斯黑啤和爱尔兰Harp淡啤，都是用传统配方在本地酿制的。说完了，这些足够你润润喉咙、填饱肚子了。

Epicurean　　　咖啡馆 $$

（☎905-468-3408; 84 Queen St; 主菜 $12~29; ⊙周三至周六 9:00~21:00, 周日至周二至17:30)白天，这家完美的自助餐厅供应新鲜美味的三明治、沙拉、派和乳蛋饼。到了晚上，气氛就越来越热烈。你可以在这里找到各种法式小馆美食，比如脆皮鸡配蒸米饭以及加入了青葱和香菇的泰式椰浆咖喱。在温暖的月份里，街边的院子里总是挤满了人。

Escabèche　　　创意菜 $$$

（☎905-468-3246; www.vintage-hotels.com; 6 Picton St; 主菜 $27~48; ⊙7:00~21:00)这里可以说是尼亚加拉半岛最好的餐厅。它在富丽的Prince of Wales Hotel里，每道菜都极讲究。以当代菜式为主的菜单上包含了很多美味的创意菜，如以当地熏制的火腿、腊肠、番茄和乳酪为馅的烘饼，还有烤羔羊肉配芥末、小块马铃薯和琥珀色萝卜炖冰酒腿骨汁。留些胃口尝尝点心（提醒你了啊）。

❶ 实用信息

游客信息中心（Chamber of Commerce Visitors Information Centre; ☎905-468-1950; www.niagaraonthelake.com; 26 Queen St; ⊙10:00~19:30)这是一个到处都摆放着小册子的信息中心。工作人员可以帮你订房，收费$5。拿份《湖滨尼亚加拉官方旅行指南》（Niagara-on-the-Lake Official Visitors' Guide)，上面有地图和自助徒步游的信息。

❶ 到达和离开

长途汽车 多伦多和湖滨尼亚加拉之间没有直达的长途汽车，游客只能先去圣凯瑟琳斯或者尼亚加拉瀑布城，然后转车。
Central出租车（Central Taxi; ☎905-358-3232; www.centralniagara.com)在尼亚加拉瀑布城和湖滨尼亚加拉间运送客人。打电话确认接送位置和时间。两地之间的单程出租车费通常为$48左右。
自行车 骑自行车是游览该地区的绝佳方式。你可以到游客推荐的**Zoom Leisure Bicycle Rentals**（☎905-468-2366; www.zoomleisure.com; 431 Mississagua St; 租金每半天/1天/2天 $20/30/50; ⊙9:00~19:00)处租一辆自行车（或让他们给你送过来)。该租车公司提供免费运送自行车的服务。由尼亚加拉瀑布公园道办公室启程，从尼亚加拉瀑布到湖滨尼亚加拉需要骑行90分钟之久。

安大略省西南部（SOUTHWESTERN ONTARIO）

环绕安大略湖的是大多伦多地区的卫星城。用一日游方式造访新兴的时髦地区哈密尔顿，或是远离多伦多的势力范围，到宜人的埃洛拉、弗格斯村落及圣雅克布斯（St Jacobs)独有的门诺派教徒居住地享受清净。

有勇气走得更远的话，可以转转圭尔夫、滑铁卢和伦敦这些兴盛的大学城，如果你深入了解，每个地方都有其独特的吸引力。附近的斯特拉特福是贾斯汀·比伯（Justin Bieber）的出生地，如今仍然是一个重要的文化之城，是除埃文河畔斯特拉特福（莎翁故乡，在英国）之外另一个举办莎士比亚戏剧节的地方。

你可以从这里往西北方向行驶，直到看到农田融入休伦湖的沙滩，或者沿着极其平整的金色田野前进——小麦、玉米和一切作物的种植区，一直行驶到伊利湖北岸和加拿大最南边的皮利岛（Pelee Island)。这条路一直通往美加边境的温莎。

哈密尔顿（Hamilton）

☎519,289,905/人口 519,949

哈密尔顿正在经历着特殊的变革。哈密尔顿曾经是举世闻名的加拿大钢铁工业中心，人们过去只是在前往尼亚加拉半岛的路上匆匆经过此地，现如今这座城市重振复兴的市中心让人惊喜连连。美味的餐馆，别致的

Southwestern Ontario 安大略省西南部

商铺,独立的画廊和酷炫的酒吧在这里随处可见,构成了光怪陆离的都市生活。但这座城市的生活节奏仍然比较徐缓,步行就可以到达一个邻近港口的公园。你可以爬上城堡,饱览港口的景色。

◎ 景点

登顿古堡 博物馆

(Dundurn Castle;☑905-546-2872;610 York Blvd;成人/6~12岁儿童 $11.50/6;☺周二至周日 正午至16:00;Ⓟ)令人意外的惊喜是,这处拥有36个房间的圆柱形的宅邸曾经属于Allan Napier McNab爵士——加拿大1854年至1856年的总理。博物馆坐落在悬崖上、俯瞰着港湾,院子里种着栗子树,而房间的装潢保留着19世纪中期的风格。门票包含了1小时的导览游(30分钟1场)以及进入哈密尔顿军事博物馆的费用。

皇家植物园 花园

(Royal Botanical Gardens;☑1-800-694-4769;www.rbg.ca;680 Plains RdW, Burlington;门票含穿梭巴士 成人/4~12岁儿童 $16/9;☺10:00~20:00;Ⓟ)植物园位于哈密尔顿西北,是加拿大最大、最壮观的植物园,园内种植了超过1000公顷的树木、花卉和植物,包括多种珍稀品种。还有一个石景花园、植物园、野生动物保护区以及横穿湿地和茂密峡谷的小径。从6月到10月,百年玫瑰园(Centennial Rose Garden)里繁花似锦。春天,超过125,000朵含苞待放的花蕾会掀起一场色彩的盛宴。

蒂凡尼瀑布保护区 瀑布

(Tiffany Falls Conservation Area;☑905-525-2181;Wilson St E, Ancaster)免费 这是哈密尔顿"最具价值"的瀑布——只需从停车场走5分钟,就能来到21米高的瀑布之下。瀑布的规模不大,游人可以近距离观赏美景。在途中还会经过种满糖枫、红橡木和黑胡桃木的树林。

Bayfront公园 公园

(Bay St N和Simcoe St W交叉路口;☺日出到日落)在附近的James St N上吃点东西后,沿着港口轻松漫步到一处小海滩,来到鹅群、游艇还有钓鱼的人中间。夏天的时候,草地上会举办节庆活动,宽敞的步道上还有划轮滑的人,这条小道是全长7.5公里的哈密尔顿水滨步道(Hamilton Waterfront Trail)的一部分。

Puddicombe Estate Farms & Winery　　　酿酒厂

(☎905-643-1015; www.puddicombefarms.com; 1468 Hwy 8, Winona; 品酒 $0.50; ⊙5月至12月 每天 9:00~17:00, 次年1月至4月 周一至周五 10:00~16:00)这家乡村农场专产水果葡萄酒（试试看桃子和冰苹果味道的）。可以提供简单的午餐, 还可以采购新鲜采摘的水果, 比如草莓和桃子, 水果种类因季节而异。

🛏 食宿

Hamilton Guesthouse　　　客栈 $$

(☎289-440-8035; 158 Mary St; 宿/双 $25/46)如果你想住在市中心区域, 离James St N附近的餐厅以及港口更近一些的话, 可以选择住在改造过的1855年的宅邸里。这里内部装饰的家具是混搭风格, 房间宽敞、安静, 有些能看见花园景色。可以免费使用洗衣房, 或者在厨房里加茶水, 这使这里平添了一丝家庭温馨之感, 更物有所值。

C Hotel by Carmen's　　　酒店 $$

(☎905-381-9898; http://carmenshotel.com; 1530 Stone Church Rd E; 标单/双 $150起; Ⓟ❋❄🛜♨)你可能会惊讶于如此规模的酒店居然是一家位于哈密尔顿的贝斯特韦斯特（Best Western）酒店。该酒店帅气的建筑以艺术装饰风格给人留下了深刻印象。房间和套间都非常宽敞、典雅, 此外, 这里还有自带的意大利餐厅、室内游泳池和所有舒适的设施, 价格也会让你喜出望外。

Jack and Lois　　　小酒馆食物 $

(☎289-389-5647; www.jackandlois.com; 301 James St N; 主菜 $10~13.50; ⊙周一至周五 9:00~21:00, 周四至22:00, 周五和周六至23:00, 周日至20:00)隐蔽的后门为这家小酒馆式的餐厅增添了一些酷意。庭院是放松的好去处, 可以在此尽情享用味道鲜美、分量十足的早餐或三明治（如夹在法棍中的鸡肉、小牛肉和黄油蘑菇）。少数几种啤酒可以保证你吃得心满意足。价格含税。

Wild Orchid　　　葡萄牙菜 $$

(☎905-528-7171; www.wildorchidrestaurant.ca; 286 James St N; 主菜 $13~25; ⊙周日和周二至周四 11:00~21:00, 周五和周六 至22:00)这家大餐厅供应（上菜很慢）朴实不花哨、分量充足的海鲜——就和你能在任何一个葡萄牙镇子找到的那样: 烤沙丁鱼、鱿鱼、蚕豆和大量的橄榄油。James St N仍然被当地人看作是"小葡萄牙", 饭后沿着港口散步（几乎）能让人回忆起里斯本港口。

Black Forest Inn　　　德国菜 $$

(☎905-528-3538; www.blackforestinn.ca; 255 King St E; 主菜 $11.90~20.60; ⊙周二至周四和周日 11:30~21:00, 周五和周六至22:00)自1967年起, 这家位于市中心的老牌餐厅就开始满足肉食爱好者和啤酒爱好者的胃口。如果你喜欢炸猪排、红烩牛肉、香肠和德国啤酒, 那么就更有理由来哈密尔顿了。这家餐厅价格合理, 所以常常挤满食客。夏天时, 这里的院子会变成啤酒花园——太棒了!

☆ 娱乐

Zyla's Music and Menu　　　现场音乐

(☎780-488-0970; http://zylas.ca; 199 James St N; ⊙周三至周四 18:00至午夜, 周五和周六 至次日1:00)James St N也有可爱的场地, Zyla's足够亲密, 可以体验到哈密尔顿真正的气息。在此表演的喜剧演员和独立乐队距离年轻、酷炫的观众仅一步之遥。就算没有表演, 还是可以在这里品尝不错的卷饼和小酒馆食物, 有多种素食可以选择。

ⓘ 实用信息

哈密尔顿旅游局(Tourism Hamilton; ☎1-800-263-8590; www.tourismhamilton.com; 28 James St N; ⊙周一至周五 8:30~16:30)这个旅游局位于城镇中心, 提供所有关于哈密尔顿和周边地区的资料, 你还可以登录他们的网站——内容丰富, 即时更新。

ⓘ 到达和离开

GO Centre(www.gotransit.com; 36 Hunter St E; ⊙周一至周五 5:00~23:00, 周六和周日 6:15~23:00)Coach Canada、加拿大灰狗长途巴士和开往多伦多方向的Go Transit通勤巴士（$10.75, 1~2小时, 每20分钟1班）与火车（$10.75, 1小时, 每3班）都从这里出发——位于哈密尔顿市中心以南

布兰特福德（Brantford）

人口 93,650

布兰特福德是个文化重镇。几个世纪以来，此地的六部落（Six Nations）领土已经成为第一民族的中心，你可以领略到古今文化的差异。在这里，游客可以回顾原住民历史、观看当代艺术并参观一处原住民演出场所。1784年，约瑟夫·布兰特（Joseph Thayendanegea Brant）上尉领导六部落人民离开上纽约州来到这里，你可以在世界上唯一一座皇家印第安小教堂（Royal Indian Chapel）内参观他的墓地。想要了解更多的英国-加拿大历史的话，去看看亚历山大·格拉汉姆·贝尔（Alexander Graham Bell）的宅第，正是他第一个发明了电话。

没什么特别的原因需要在布兰特福德过夜，附近的哈密尔顿（当然还有多伦多）提供更好的住宿和用餐选择。

⊙ 景点

格兰河区域的六部落　　　　　地区

（Six Nations of the Grand River Territory; www.sixnations.ca）布兰特福德东南是格兰河区域的六部落：莫霍克（Mohawk）、奥奈达（Oneida）、奥内达加（Onondaga）、卡尤嘉（Cayuga）、塞内卡（Seneca）、塔斯卡罗拉（Tuscarora）。此外，Ohsweken村也在此区域内，这个村是一个有名的原住民社区。格兰河区域建于18世纪末，旅行者在这里可以一览第一民族的传统和当代文化。网站sixnationstourism.ca列明了本地区活动、手工店铺和画廊的相关信息。

贝尔宅第国家历史遗址　　　　古迹

（Bell Homestead National Historic Site; ☎519-756-6220; www.bellhomestead.ca; 94 Tutela Heights Rd, Brantford; 成人/7~12岁儿童 $6.50/4.50; ⊙周二至周日 9:30~16:30; P）你也许知道，1874年7月26日，亚历山大·格拉汉姆·贝尔通过发明电话改变了人类未来（虽然美国国会认为此殊荣属于意大利人Antonio Meucci）。那你知道他就是在布兰特福德获得灵感的吗？贝尔在北美的第一个家经全面整修已恢复原貌。

森林文化中心　　　　知名建筑

（Woodland Cultural Centre; ☎519-759-2650; www.woodland-centre.on.ca; 184 Mohawk St; 成人/5~18岁儿童 $7/5; ⊙周一至周五 9:00~16:00, 周六和周日 10:00~17:00; P）这里是原住民艺术家的演出场所、文化博物馆，同时也是画廊。展品按照时间顺序排列，从史前易洛魁（Iroquoian）和阿尔贡金（Algonquian）的展览到当代原住民艺术，应有尽有。所属商店出售编织篮筐和珠宝首饰，还有书籍、陶瓷和绘画。

莫霍克皇后教堂　　　　教堂

（Her Majesty's Chapel of the Mohawks; ☎519-756-0240; http://mohawkchapel.ca; 291 Mohawk St; $5; ⊙5月至9月 周二至周日 10:00~16:00, 10月至次年4月 不开放; P）布兰特船长之墓就位于小巧而精致的莫霍克皇后教堂的庭院里——正是他带领着六部落人民来到了这个地区定居。最好选一个阳光明媚的下午来这里参观，那时阳光透过绚烂的彩色玻璃窗照进教堂，美妙之极。教堂位于原计庄的旧址上，是安大略省最古老的新教教堂（1785年），也是世界上唯一的皇家印第安小教堂（Royal Indian Chapel）。

ⓘ 实用信息

布兰特福德游客信息中心（Brantford Visitors & Tourism Centre; ☎519-751-9900; www.discoverbrantford.com; 399 Wayne Gretzky Pkwy; ⊙周一至周五 9:00~20:00, 周六 至21:00, 周日 至17:00）这间闪亮簇新的游客信息中心在Hwy 403的北面，这里提供大量小册子，也有热心助人的工作人员，他们对布兰特福德未来的发展抱有乐观态度。

六部落旅游局（Six Nations Tourism; ☎866-393-3001; www.sixnationstourism.ca; 2498 Chiefswood Rd; ⊙周一至周五 9:00~16:30, 周六和周日 10:00~15:00）位于Hwy 54的拐角处，提供与本地历史遗址、景点和六部落活动相关的信息。

ⓘ 交通

长途汽车　加拿大灰狗长途巴士的车从多伦多（$24.70, 1.5~2.5小时, 每天2班）、伦敦

($20.80，1~2小时，每天3班)和尼亚加拉瀑布城($30.10，5或7小时，每天2班，途经多伦多和哈密尔顿)开往**布兰特福德中转枢纽**(Brantford Transit Terminal；☏519-753-3847；www.branthord.ca/transit；64 Darling St)。

火车 加拿大国家铁路公司的列车从多伦多($41，1小时，每天5班)和伦敦($72，1小时，每天7班)开往**布兰特福德火车站**(☏519-752-0867；www.viarail.ca；5 Wadsworth St)。

圭尔夫(Guelph)

人口 121,700

1827年，一位苏格兰小说家仿照欧洲城镇的样式规划了这座城镇。圭尔夫最有名的便是它极受欢迎的大学和……啤酒！这里有Sleeman啤酒厂和两家微酿啤酒厂。强大的制造业和教育业有助于保持这里的低失业率，从而带来了一番充满活力、年轻人的场景：令人放松的咖啡馆、美味的食品、火爆的酒吧和流行精品店。凭借丰富的地方历史、一座出色的博物馆和可爱的维多利亚式建筑，圭尔夫值得一游。

◉ 景点和活动

★ 圭尔夫城市博物馆 博物馆

(Guelph Civic Museum；☏519-836-1221；www.guelph.ca/museum；52 Norfolk St；$5；◐周二至周日10:00~17:00；🅿🍴)这座漂亮的砂岩建筑建于1854年，曾是座女修道院，在2012年经过了全面改造。这家引人入胜的博物馆经过能源与环境设计认证(LEED-certified)，通过各种展览、项目和活动来挖掘这座城市的历史文化内涵(它是以英国皇室的祖先"圭尔夫"命名的)。馆内名为"在圭尔夫长大"的儿童展览也很有意思。

每个月第4个周五的开放时间由17:00延长到21:00，入场免费。

圣母大教堂 教堂

(Basilica of Our Lady Immaculate；☏519-824-3951；www.churchofourlady.com；28 Norfolk St；入场乐捐；◐7:00至黄昏；🅿)这座石头外立面的哥特复兴式圣母大教堂(想想看伦敦的英国国会大厦)庄严地俯视着圭尔夫市区。在圭尔夫城里转悠，抬头总能看到圣母大教堂的双塔和高贵典雅、比例相称的玫瑰窗——城内新建筑的高度都不得超过大教堂。它从1888年开始对教区居民们开放，那时候它还只是座教堂。2014年，教皇方济各授予它大教堂的称号。

圭尔夫大学植物园 花园

(University of Guelph Arboretum；☏519-824-4120；www.uogulelph.ca/arboretum；College Ave E；◐周一至周五8:30~16:30；🅿🍴)**免费**

这座动植物的微缩王国仿照哈佛大学阿诺德植物园(Arnold Arboretum of Harvard University)建成，令人赞叹，拥有165公顷精心规划的土地和长达8.2公里的小路。这里的物种多得惊人，最重要的是，你可以免费入场。6月到8月期间，周三夜间步行(19:00)团队游有导游带领，价格为$2。

麦克唐纳·斯图尔特艺术中心 画廊

(Macdonald Stewart Art Centre；☏519-837-0010；www.msac.ca；358 Gordon St；建议捐款$3；◐周二至周日正午至17:00；🅿)这间美术馆由森山雷蒙(Raymond Moriyama)精心设计，馆内收藏了7000多件展品，主要为因纽特和加拿大艺术品。**唐纳德·福斯特雕塑公园**(Donald Forster Sculpture Park)是加拿大所有公共美术馆中最大的雕塑园，展出面积达1公顷，展品包括各种违背地心引力的立方体、搁浅的船只和钉在镰刀上的手机。

Speed River Paddling 皮划艇

(www.fb.me/speedriverpaddling；116 Gordon St；皮划艇/独木舟每小时租金周一至周五$12/15，周六和周日$15/18；◐6月至8月周二至周日10:00~19:00)划完船后去隔壁吃冰激凌。这里是自助生态遗产步行环路的起点，这条线路沿Speed河与Eramosa河延伸，全长6公里，沿途没有路标。

★◉ 节日和活动

山坡节 表演艺术

(Hillside Festival；☏519-763-6396；www.hillsidefestival.ca；◐7月)在超过30年的时间里，山坡节一直为人们带来快乐，参与表演者众多，既有经验丰富的演员，也有积极进取的明日之星。你可以在7月的周末来到这里，感受这份热情并参与其中。登录网站可查询这一年度的节目安排和详情。

🛏 住宿

Comfort Inn
汽车旅馆 $

（☎519-763-1900；www.choicehotels.ca；480 Silvercreek Pkwy；双含早餐$90起；🛜）2012年进行过精致的翻修，这家位于城中心以北5公里处的汽车旅馆干净整洁，提供超值客房，房费包含清淡的早餐。

Norfolk Guest House
民宿 $$

（☎519-767-1095；www.norfolkguesthouse.ca；102 Eramosa Rd；房间含早餐 $129~269；🅿❄🛜）地处中央位置，内有装潢华丽的主题客房，大部分房间配有按摩浴缸，这一切都使这家修复一新的维多利亚式民宿成为圭尔夫市中心选择豪华住处时的一个合理选择。

Delta Guelph Hotel & Conference Centre
酒店 $$

（☎519-780-3700；www.deltahotels.com；50 Stone RdW；双/套$149/169起；🅿❄🛜）这家布置高雅的现代化酒店位置便利，靠近圭尔夫大学，距市中心3公里，设有宽敞的标准客房，配有深色实木家具和舒适的床。套房种类多，价格合理，一些还配有壁炉、厨房和柔软的沙发。

🍴 就餐

★ Joint Cafe
咖啡馆 $

（☎519-265-8508；www.thejointcafe.com；43 Cork St E；主菜 $11~14；⏱9:00~15:00；🛜📶）Joint Cafe提供全天候的早午餐，来这里喝咖啡或是喝杯饮料，多种多样的菜单上一定会有一些令你感兴趣的东西。这里强调健康家常饮食，素食主义者有多种选择。

Cornerstone
咖啡馆 $

（☎519-827-0145；www.fb.me/thecornerstoneguelph；1 Wyndham St N；主菜 $6~10；⏱周一至周五 8:00至午夜，周六和周日 9:00至午夜；📶）厚厚的石墙加上陈旧的木质地板营造出极为舒适的感觉，这间素食咖啡馆深受大家喜欢。早上去喝杯咖啡，晚上去喝杯酒，听听现场音乐。如果你想吃三明治，可以考虑尝尝"Taste of Downtown"，里面有鳄梨、布里干酪、红辣椒和蒜泥蛋黄酱（$8）；或者直接买一份清甜的豆腐芝士蛋糕。

Miijidaa
法式小馆 $$

（☎519-821-9271；www.miijidaa.ca；37 Quebec St；主菜 $15~25；⏱周一至周四 10:00~23:00，周五和周六 至午夜，周日 至21:00；🛜📶）这个宽敞的咖啡馆兼法式小馆是享用午餐和晚餐以及在露台上喝一杯的悠闲之所。主菜多为法国菜和葡萄牙菜的现代改良版——这两种菜系风靡整个加拿大。试试看干草烟熏鸭胸脯肉配羽衣甘蓝，或是野生三文鱼、渍鲑鱼片和刺山柑"腌"比萨。此外还有丰富的沙拉、素食的选择以及一份儿童菜单。

Bollywood Bistro
印度菜 $$

（☎519-821-3999；www.thebollywoodbistro.com；51 Cork St E；主菜 $10~17；⏱周一至周四 11:30~14:30和17:00~21:00，周五和周六 至22:00，周日 17:00~21:00；📶）圭尔夫最受欢迎的印度餐厅，受尼泊尔、德里和孟买的影响，采用传统的泥炉打造出融合现代风味的知名菜肴。这里的黄油鸡（$15）细腻柔滑，是附近味道最好的黄油鸡之一，此外还有每日（除周日外）的午市特价菜。

Artisanale
法国菜 $$$

（☎519-821-3359；www.artisanale.ca；214 Woolwich St；主菜 $23~28；⏱周二至周六 11:30~14:30和17:00~21:00）这家法国乡村厨房主打本地出产的新鲜时令产品，午餐菜单很简单，深受欢迎的是周三固定价格$35的晚餐套餐。你也可以从令人无法抗拒的什锦小吃和配菜，以及丰盛的主菜（如油焖牛肉配胡萝卜浓汤）中自由搭配选择。

🍷 饮品和夜生活

★ Woolwich Arrow
小酒馆

（☎519-836-2875；www.woolwicharrow.ca；176 Woolwich St；⏱11:30至深夜）这家店铺以制作微酿啤酒而闻名，被人们亲切地称作"长毛"（Wooly），而其搭配啤酒的美味小吃亦备受好评，例如长角牛肉辣椒土豆条（小份

$5)和伊利湖炸鱼薯条($17)。

Manhattan's
酒吧

(☎519-767-2440; www.manhattans.ca; 951 Gordon St; ⊙周一至周五11:00至深夜, 周六和周日16:00至深夜; ⊚)这里的比萨像店里轻柔的爵士乐一样温暖新鲜, 几乎每晚都有乐队演出。登录网站获取详情。无须入场费。

☆ 娱乐

Bookshelf
艺术中心

(☎519-821-3311; www.bookshelf.ca; 41 Québec St; 主菜含电影$25; ⊙eBar酒吧周二至周六17:00至深夜, 书店周一至周六9:00~21:30, 周日10:30~20:00) Bookshelf虽然只有40年的历史, 却是圭尔夫文化心脏的起搏器, 它兼具书店、电影院、咖啡馆和音乐厅的功能。在这里, 你可以随手翻看文件, 来艺术影院看场电影, 或者在eBar酒吧里吃点儿东西。定期的萨尔萨之夜、诗歌朗诵会和复古周五是这里的特色, 每个人都能找到自己喜欢的东西。

❶ 实用信息

圭尔夫旅游服务中心(Guelph Tourism Services; ☎800-334-4519; www.visitguelphwellington.ca; 52 Norfolk St; ⊙周一至周六9:00~16:30)位于城市博物馆内, 友好的工作人员对当地非常熟悉。

❶ 到达和离开

所有长途汽车和火车都从**圭尔夫中央车站**(Guelph Central Station, 即Guelph Central GO Station; ☎888-842-7245; http://visitguelphwellington.ca; Wyndham St和Carden St交叉路口; ⊙周一至周五6:00~13:00和16:00至午夜, 周六和周日9:00~14:00和16:00至午夜)出发。

加拿大灰狗长途巴士(greyhound.ca)有开往多伦多($24, 1.5小时, 每天7班)和伦敦($30, 2~4小时, 每天3班)的汽车, 在线购票有折扣。

GO Transit(gotransit.com)有开往多伦多的长途汽车-火车联运服务($14, 2小时, 每30分钟1趟); 还有2班昼间火车沿着基奇纳(Kitchener)线路开往多伦多($14, 1.5小时)。

加拿大国家铁路公司有开往多伦多($30, 1.5小时, 每天2班)和伦敦($37, 2.25小时, 每天2班)的火车。

基奇纳-滑铁卢 (Kitchener-Waterloo)
☎519.226/人口280,000

基奇纳(由于其起源与德国有关, 以前被称作柏林)与其相邻城市滑铁卢的相同点和不同点一样多。尽管"上城区"滑铁卢因其漂亮的砂岩建筑、两所大学和安大略湖最大的社区博物馆显得更可爱些, 但两个城市都不是非常吸引人。最佳的旅游时间是节日期间, 届时这对姊妹城仿佛复活了——这里的10月节是德国慕尼黑10月节以外第二大的啤酒节! 或者, 直接经过这里前往埃洛拉、弗格斯、圣雅克布斯或斯特拉特福。

⦿ 景点和活动

滑铁卢地区博物馆
博物馆

(Waterloo Region Museum; www.waterlooregionmuseum.com; 10 Huron Rd, Kitchener; 成人/儿童$10/5; ⊙周一至周五9:30~17:00, 周六和周日11:00~17:00; P)滑铁卢最现代的景点就是这座占地24公顷的原色本土历史博物馆。它通向Doon Heritage Crossroads, 这是一个重建的先驱者定居区, 穿着旧时服装的志愿者会尽他们所能帮助你进行一次时间之旅。

约瑟夫·施耐德故居
古迹

(Joseph Schneider Haus; ☎519-742-7752; http://josephschneiderhaus.com; 466 Queen St S, Kitchener; 成人/儿童$6/4; ⊙周一至周六10:00~17:00, 周日13:00~17:00, 9月至次年6月周一和周二 闭馆; P)这是一处国家历史遗址。约瑟夫·施耐德故居是该地区最早建造的住宅之一, 最初是为一位富有的宾夕法尼亚门诺派教徒修建的。如今该建筑已完全恢复其19世纪时的辉煌样貌, 其建筑结构令人赞叹。在故居内, 从串珠到玉米皮玩偶的每样东西都充分展示了19世纪的日常生活。这里有一座两层楼的洗衣房和一个晾果房。

滑铁卢中心铁路
铁路

(Waterloo Central Railway; ☎519-885-2297; www.waterloocentralrailway.com; 10 Father David Bauer Dr, Waterloo; $16起; ⊙4月至12月)在温暖的季节里, 这辆经过修复的蒸汽火车

会在周二、周四和周六往返于滑铁卢和圣雅克布斯之间。登录网页可查询具体班次和车票详情。

节日和活动

滑铁卢上城爵士音乐节 音乐节

(Uptown Waterloo Jazz Festival; www.uptownwaterloojazz.ca; ⊙7月中) 免费 顶级的爵士乐配上精致的小镇氛围。滑铁卢周边会有为期3天的免费爵士乐演出。

10月节 啤酒节

(Oktoberfest; ☎519-570-4267; www.oktoberfest.ca; ⊙10月) 这是一场为时9天、令人沉醉的巴伐利亚式盛会,也是北美地区同类活动中最盛大的节日,还可能是德国以外规模最大的10月节。它是基奇纳-滑铁卢居民最喜欢的节庆活动,于每年10月上旬到中旬举行,届时会吸引约50万人前来参与。参与者可以享受各种各样的泡菜、铜管乐、现场乐队演出、皮短裤和啤酒花园。

食宿

Bingemans Camping Resort 露营地 $

(☎519-744-1002; www.bingemans.com; 425 Bingemans Centre Dr, Kitchener; 帐篷/房车营地 $45/50, 小屋 $75起, 预订 $10; P☀) Hwy 401南边的Bingemans集水上公园和露营地于一身,有足够的游泳池、池塘和滑水道,足以配得上"大湖"(Great Lake)之名号。小屋看着不大,可以住4个人。有多种露营和水上乐园套餐可供选择。

Crowne Plaza Kitchener-Waterloo 酒店 $$

(☎519-744-4144; www.crowneplaza.com; 105 King St E, Kitchener; 双 $144起; P☀☎⊛) 翻修之后的皇冠假日酒店集团拥有新的未来派大堂和201间熠熠生辉的现代客房,是方圆几英里内最好的住处。

Walper Terrace Hotel 酒店 $$

(☎519-745-4321; www.walper.com; 1 King St W, Kitchener; 房间 $189起; P☀☎⊛) Walper始建于1893年,位于中心区,有着浓厚的历史感,2011年经过了重新装修,格调优雅,气派不凡。所有房间都配有高高的天花板、具有时代特色的装潢、平板电视和免费Wi-Fi。但标准间并不十分舒适。套房更加宽敞。

Princess Cafe 咖啡馆 $

(☎519-886-0227; www.princesscafe.ca; 46 King St N, Waterloo; 帕尼尼 $8.50; ⊙11:30~22:30) 这个紧邻电影院、古色古香的咖啡馆供应咖啡、烤帕尼尼和其他风味小吃。如果你是个夜猫子,可以来尝尝这里的"墨菲奶酪"(Cheeses Murphy)——顶级佐酒小食。

Concordia Club 德国菜 $$

(www.concordiadub.ca; 429 Ottawa St S, Kitchener; 主菜 午餐 $8~12, 晚餐 $11~24; ⊙周一至周六 11:30~23:00, 周日 至14:00) 这是德国人钟爱的餐厅,有几十年的历史,供应正宗的德国风味,你可以在这儿把炸肉排吃个够。与其菜单相得益彰的是这里深色的木质装潢、低矮的天花板、白色的亚麻布和大声交谈的随意氛围。周五、周六的晚上和夏季啤酒花园期间还有热辣的波尔卡舞表演。

❶ 实用信息

滑铁卢市游客及遗产信息(City of Waterloo's Visitor and Heritage Information Centre; ☎519-885-2297; www.explorewaterlooregion.com; 10 David Bauer Dr, Waterloo; ⊙4月至12月周一至周六 9:00~16:00) 工作人员十分友好。位于滑铁卢中心铁路的终点站。

基奇纳接待中心(Kitchener Welcome Centre; ☎519-745-3536; www.explorewaterlooregion.com; 200 King St W, Kitchener; ⊙周一至周五 8:30~17:00) 位于市政厅内。

❶ 到达和离开

飞机 位于城市以东7公里的**滑铁卢国际机场**(Waterloo International Airport; ☎519-648-2256; www.waterlooairport.ca; 4881 Fountain St N, Breslau) 有飞往卡尔加里、美国底特律和芝加哥的航班。

长途汽车 加拿大灰狗长途巴士在**Charles Street Transit Terminal**(☎800-661-8747; www.greyhound.ca; 15 Charles St W, Kitchener) 提供客运服务,这里离市中心只要5分钟的步程。汽车开往多伦多($23, 1.5~2小时, 每小时1班)和伦敦

圣雅克布斯和埃尔迈拉的门诺派教徒

门诺派的故事可以追溯到16世纪,由于宗教纷争,当时的瑞士新教教徒曾在欧洲不断迁移。最终,部分门诺派教徒在如今的美国宾夕法尼亚州乡村地带定居下来,美国保证给予他们宗教自由和繁荣。19世纪后期,安大略省南部土地便宜,而且许多门诺派教徒不愿为美国而战,于是他们前往安大略南部生活;门诺派教徒至今生活在这一地区,仍然遵守着重视家庭、谦逊、朴素保守以及和平主义的基本价值观。

如需了解详细历史和相关信息,可以登录www.mhsc.ca,或者前往距离基奇纳20分钟车程的圣雅克布斯,到那里古朴的村落里进行一日游。此外,你还可以前往圣雅克布斯以北8公里的埃尔迈拉(Elmira)一日游。在这里,黑色轻便马车来来往往,空气里充斥着牛群的气味,帽子、背带和扣子是社交的必备饰物。

圣雅克布斯以南3公里处有一个朴实而典型的**乡村集市**(countrymarket;519-747-1830; www.stjacobs.com; King St和Weber St交叉路口, St Jacobs; 全年周四和周六7:00~15:30,6月至8月 周二 8:00~15:00)。人们从几公里外赶来就是为了买这里的新鲜农产品、熏肉、奶酪、烤均、艺术品和手工艺品。在**游客中心**(visitors center; 519-664-3518; www.stjacobs.com; 1406 King St, St Jacobs; 周一至周六 9:00~17:00)可以参观"门诺派的故事"(Mennonite Story)展览,它介绍了门诺派的历史、文化和农业成就。其中一项成果就是枫糖浆:你可以在**Maple Syrup Museum & Quilt Gallery**(800-265-3353; www.stjacobs.com; 1441 King St N, St Jacobs; 周一至周六 10:00~18:00,周日 正午至17:30; P)**免费**了解相关知识,或者在**枫糖浆节**(Maple Syrup Festival; www.elmiramaplesyrup.com; 4月初)上品尝这种液体黄金。离开前,再去**Stone Crock Bakery**(519-664-2286; 1402 King St N, St Jacobs; 单品 $2~8; 周一至周六 6:30~18:00,周日 11:00~17:30)打包些新鲜的水果派和司康饼。

($26, 1.5小时,每天1班)。

火车 基奇纳火车站(Kitchener Train Station; 888-842-7245; www.viarail.ca; Victoria St和Weber St交叉路口, Kitchener)位于市中心以北,步行可轻松抵达。加拿大国家铁路公司的火车从这里开往多伦多($24, 1.5小时,每天2班)和伦敦($34, 2小时,每天2班)。GO Transit有发往多伦多的通勤火车($17, 2小时,每天2班)。

埃洛拉和弗格斯
(Elora & Fergus)

这里不再是安大略省最秘而不宣的秘境。在优美的惠灵顿县(Wellington County),河畔小镇埃洛拉和弗格斯横跨蜿蜒流淌的格兰河两岸,正等着游客的到来。两地都竭尽全力保留下来自己的历史遗迹和小镇风貌。迷人的埃洛拉凭借峡谷和天然的游泳水潭,成了逃避盛夏酷暑的绝妙之地,而毗邻的弗格斯会唤起人们的怀旧之情,让人想起遗失的岁月、遥远的北方王国,以及尝遍这里温馨酒吧的愿望。

⊙ 景点

埃洛拉峡谷保护区 公园

(Elora Gorge Conservation Area; www.grandriver.ca; Rte 21, 7400 Wellington County Rd, Elora; 成人/儿童 $6/3; 4月下旬至10月中旬 8:00~20:00; P)埃洛拉以南2公里处就是风景如画的埃洛拉峡谷保护区,这是一条陡峭深邃的石灰岩峡谷,格兰河从中奔腾而过。有轻松的步道通往悬崖顶、洞穴和层层叠叠的瀑布——从层层绝壁上倾泻而下。想要从埃洛拉市中心免费欣赏峡谷风景,那就去紧邻Metcalfe St的James St尽头。

你可以在峡谷里进行**轮胎漂流**(出租 $25; 9:00~17:00),以此来惬意地度过一个温暖的午后。你也可以在这里露营(见152页)和玩飞索。

埃洛拉采石保护区 自然保护区

(Elora Quarry Conservation Area; www.

grandriver.ca; Rte 18, 319 Wellington County Rd, Elora; 成人/儿童 $6/3; ⓢ6月至8月 周一至周五 11:00~20:00, 周六和周日 10:00~20:00; Ⓟ) 从埃洛拉向东步行一小段路, 就是一片深不见底的水域和12米高的石灰岩峭壁——这里是绝好的天然泳池。荷尔蒙旺盛的青少年们喜欢在这里从高处一跃而下(他们直接无视那些禁止跳水的标志)。

惠灵顿县博物馆 博物馆

(Wellington County Museum; ☎519-846-0916; www.wcm.on.ca; Rte 18, Elora; 捐赠入场; ⓢ周一至周五 9:30~16:30, 周六和周日 13:00~16:00; Ⓟ) 在1957年成为博物馆之前, 这个坐落在埃洛拉和弗格斯之间简朴的、红色屋顶的"穷人之家"为老年人和无家可归的人们提供了一个避难所, 这种情况持续了近一个世纪。通过12个画廊里的历史展览和当地的现代艺术展览, 博物馆展现出当地人对自身历史和现代文化的自豪感。这里最重要的展览是新的"如果墙壁会说话"(If These Walls Could Speak)展览, 它展现了曾在这里生活和工作过的人们的故事。

👉 团队游

Elora Culinary Walking Tours 步行

(☎226-384-7000; www.eloraculinarywalkingtour.com; 8 Mill St W; 每人 $25; ⓢ5月至9月周六 14:00~16:00) 你可以在两小时的导览游期间品尝埃洛拉的橄榄油、冰激凌、咖啡和酥皮糕点。不管下雨还是晴天, 都从Village Olive Grove (8 Mill St W) 前面出发。

🎊 节日和活动

埃洛拉节 音乐节

(Elora Festival; www.elorafestival.com; Elora; ⓢ7月中至8月中) 这是一个汇集了古典乐、爵士乐、民谣和艺术内容的节庆活动, 从7月中旬一直持续至8月中旬, 节日期间将在采石场和小镇附近举行多场音乐会。来自全国各地的歌手和乐师都在埃洛拉这一顶级盛会中献艺。

弗格斯苏格兰节和高地运动会 文化节

(Fergus Scottish Festival & Highland Games; www.fergusscottishfestival.com; Fergus; ⓢ8月中) 节日内容有着浓郁的苏格兰风情: 拔河比赛、掷木桩比赛、吹风笛、凯尔特舞蹈、花格短裙、杂碎香肠和苏格兰威士忌闻酒(品酒会)。在8月中旬举行, 持续2天。

🛏 住宿

想要了解更多民宿选择, 可以联系 **Fergus Elora Bed & Breakfast Association**(www.ferguselorahosts.com)。

Elora Gorge Conservation Area Campground 露营地 $

(☎519-846-9742; www.grandriver.ca; Rte 18, Elora; 露营地 $32~46, 预订费 $13; Ⓟ) 这里有6个各有特色的河边露营区, 提供550多个露营位置。夏天, 这里到处都是露营的人, 尤其是在假日周末期间。

★ Stonehurst B&B 民宿 $$

(☎519-843-8800; www.stonehurstbb.com; 265 St David St S, Fergus; 标单/双含早餐 $123/140) 这间美丽的乡村住宅从1853年至1933年一直属于该地区最富有的家庭之一, 在2001年改造成为民宿这一最合适的用途前, 还一度曾是疗养院和报社。4个舒适的房间内都配有浴室。热情的主人精心打理着这里的房子、公用区域和大花园。

Bredalbane 旅馆 $$

(☎519-843-4770; www.bredalbaneinn.com; 487 St Andrew St W, Fergus; 套含早餐 $185起) 这家小旅馆里的房间典雅且不俗气。一些房间有华盖床, 大部分都有按摩浴缸。它地处主要街道, 还自带一个小酒吧和法式小馆, 这样你就不必太远处寻找娱乐活动了, 不过这里有时会有点儿嘈杂。

Drew House 旅馆 $$

(☎519-846-2226; www.drewhouse.com; 120 Mill St E, Elora; 房间含早餐 $135起; Ⓟ🐕❄) 这家旅馆将新旧世界的特色完美融合, 主楼位于宽敞的庭院里, 既有精心改造的马厩套房(带私人浴室)也有客房(带共用浴室)。当你渐入梦乡时, 近1米厚的石墙仿佛在静静地诉说着历史。这里的早餐有新鲜的水果、热咖啡、培根和按照你的喜好烹饪的鸡蛋。

🍴 就餐

Desert Rose Cafe
素食 $

(📞519-846-0433; 130 Metcalfe St, Elora; 主菜 $11~13; ⏰周三和周四 11:00~16:00, 周五和周六 至19:30, 周日 至15:00; 📶)这家提供海鲜和素食的咖啡馆由一位当地人经营了很长时间,供应美味的乳蛋饼、什锦蔬菜沙拉、汉堡、烟熏三文鱼百吉饼和墨西哥卷,环境放松舒适。烤茄子穆萨卡(Moussaka)令人心满意足。也提供无麸质食品的选择。

Gorge Country Kitchen
美式小餐馆 $

(📞519-846-2636; 82Wellington Rd, Elora; 餐 $8~22; ⏰周日和周一 7:00~20:00, 周二至周四 至20:30, 周五和周六 至21:00; 🅿)这里适合全家人一起前来聚餐,乡村风味的食物物美价廉,早上还有丰盛的早餐。每天都有特价菜。

Brewhouse
小酒馆食物 $$

(📞519-843-8871; www.brewhouseonthegrand.ca; 170 St David St S, Fergus; 主菜 $10~22; ⏰周日至周一 11:30~23:00, 周二至周六 至次日1:00)在绿树成荫的庭院中,你可以享受切达干酪配麦芽汤、香肠土豆泥或咖喱鸡肉玉米卷饼,还可以与格兰德河边垂钓的人挥手打招呼。这家舒适的酒吧还供应桶装欧洲啤酒,现场音乐引爆全场。

Cork
欧洲菜 $$

(📞519-846-8880; www.eloracork.com; 146 Metcalfe St, Elora; 主菜 $23~36; ⏰11:30~21:00)Cork由母女两人共同经营,是一家高级休闲餐厅,以其优良的服务、精致的菜肴和露天阳台吸引着惠灵顿县的众多回头客。从烤甜菜、山羊芝士沙拉到藏红花龙虾调味饭,我们相信你一定会对这里的美食赞不绝口。

Mill St Bakery & Bistro
咖啡馆 $$

(📞519-384-2277; www.millstreetbakerybistro.com; 15 Mill St E, Elora; 主菜 $14~18; ⏰周一至周六 9:00~19:00, 周日 10:00~19:00)这家热闹的早餐和午餐餐馆有梦幻般的河景露台,提供三明治、你最爱的家常食物和有限的晚餐选择。

🍷 饮品和夜生活

Goofie Newfie
小酒馆

(📞519-843-4483; www.goofienewfie.ca; 105 Queen St W, Fergus; ⏰11:30至深夜)美食、冰酒、河景、现场娱乐活动和热情的老顾客让这里成为一片欢乐的海洋。

Shepherd's Pub
小酒馆

(8 Mill St W, Elora; ⏰周一和周二 正午至23:00, 周三至周六 至次日1:00, 周日 至22:00)酒馆位于河边,供应酒馆式主菜($9~$13)与凉爽的吉尼斯黑啤酒和安大略省精酿啤酒。如果你前一天晚上在这儿待得太晚了,油煎菜、啤酒糊炸鱼、薯条和扎实的牛肉派这些全天供应的早餐会让你恢复元气。

ℹ️ 实用信息

埃洛拉接待中心(Elora Welcome Centre; 📞519-846-2563; www.elora.info; 9 Mill St E, Elora; ⏰周一至周五 9:00~17:00, 周六 10:00~18:00, 周日 至17:00)工作人员对惠灵顿县各种典故一清二楚。

ℹ️ 到达和离开

公园巴士(parkbus.ca)从多伦多的Carlton St开出,往返埃洛拉峡谷的费用为$49,含门票。在5月到10月间,每两周左右在周末就会有大巴提供一次这样的一日游;登录网站查看时刻表,提前预订。

加拿大灰狗长途巴士和其他公司的大巴都不再开往埃洛拉和弗格斯,如果公园巴士的一日游不能满足你的需要,你最好要有自己的交通工具。**Green Taxi**(📞519-787-3700; 275 Gordon St, Fergus)提供从圭尔夫到弗格斯的服务,行程20分钟左右,车资约$30,提前电话联系以确保他们会来接你。

埃洛拉和弗格斯之间驾车需10分钟,**Green Taxi**(见本页)也提供此服务,费用约$10。

斯特拉特福(Stratford)

人口 30,890

斯特拉特福堪称一个成功励志的故事,也是一座神奇的小镇:这里战胜了困扰着全世界乡村中心区的人口负增长。故事是这样的,在1952年,当听到加拿大国家铁路公司

（当地最大的雇主）将要关闭它在斯特拉特福的设施时，一位名为汤姆·帕特森（Tom Patterson）的年轻记者向地方议会申请贷款。他的计划是吸引一批演员，以充分利用小镇名字的优势（莎士比亚出生于英国的斯特拉特福，此地与其同名）。他的计划成功了。首场演出在1953年举行，这一活动已发展成后来的斯特拉特福节（Stratford Festival；见155页）。它是同类节日中规模最大的，创造一个全新的支柱产业，一直支撑着这座小镇，直到现在。

斯特拉特福迷人、文雅、优美，再加上一系列其他节日，它比其他面积比它大两倍的城市更具有吸引力。无论是就餐还是住宿，这里都有很多相当棒的地方。无论什么季节，你都能享受这里的自然风光、艺术品和建筑，当地人会让你感到宾至如归。

◎ 景点

斯特拉特福美术馆　　　　　　　　　　美术馆

（Gallery Stratford；☎519-271-5271；www.gallerystratford.on.ca；54 Romeo St；⊙6月至9月 周二至周日 10:00~17:00，10月至次年5月 至15:00；P）**免费** 美术馆位于一间翻新的黄砖泵房里（约建于1880年），展现现代创新艺术，侧重加拿大本土作品。这里会定期举办艺术工作室、电影之夜和家庭日活动。特别适合小朋友前来游玩。

埃文河（Avon River）　　　　　　　　河流

斯特拉特福天鹅游弋的埃文河（果然又与莎翁故乡河流同名）缓缓流经小镇，河边分布着多片草坪，可供人们休息。莎士比亚花园（Shakespearean Gardens）坐落在斯特拉特福旅游局正西的河岸上，位于从前毛纺厂的旧址内。花园内有花圃、修剪整齐的树篱、香草、玫瑰和一座比尔的青铜半身雕塑——你可以从斯特拉特福旅游局（☎519-271-5140，800-561-7926；www.visitstratford.ca；47 Downie St；⊙周日和周一 10:00~14:00，周二至周五 9:00~17:00，周六 10:00~18:00）领本介绍小册子。

沿着河流继续向前走，便可来到皇后公园（Queen's Park），这里有一些小路从节日剧院（Festival Theatre）延伸出来，沿着河边经过Orr Dam大坝和一座建于1885年的石桥，通往英国花卉园（English flower-garden）。

斯特拉特福-佩斯博物馆　　　　　　博物馆

（Stratford-Perth Museum；☎519-393-5311；www.stratfordperthmuseum.ca；4275 Huron Rd；建议捐款 成人/儿童 $7/5；⊙5月至10月9:00~17:00；P）这个博物馆藏品丰富多样，有从19世纪早期到当代的各种人工制品和纪念品，意义非凡。博物馆旨在庆祝和纪念斯特拉特福和佩斯县的社区历史。

☞ 团队游

Boat Tours　　　　　　　　　　　　　游轮

（☎519-271-7739；www.avonboatrentals.ca；30 York St；团队游成人/儿童 $8/5起；⊙5月至10月 9:00至黄昏）参加这一活动的话，可将埃文河畔的公园、天鹅、河岸和几座气派的花园尽收眼底。团队游从斯特拉特福旅游局下方的河边出发。还可以出租独木舟、皮划艇（每小时$16）、明轮船和自行车（每小时$15）。

✦ 节日和活动

斯特拉特福园游会　　　　　　　　　　花园

（Stratford Garden Festival；www.on.lung.ca/stratfordgardenfestival；$9；⊙3月初）为时4天的园艺盛事，以来自世界各地的植物、特邀演讲嘉宾和演讲展示为特色。

斯特拉特福夏季音乐节　　　　　　　音乐节

（Stratford Summer Music；☎519-271-2101；www.stratfordsummermusic.ca；门票 $10~45；⊙7月中至8月中）为期4周的音乐节期间有各种活动，包括古典乐、卡巴莱歌舞和音乐剧的演

天鹅游行

斯特拉特福最受欢迎的天鹅不会整个冬天都在埃文河上游来游去，相反，它们会被安置在温暖的冬季棚圈里。到了次年4月初，人们会把天鹅放回它们夏季河畔栖息地，如今这已成为斯特拉特福的一场庆典。天鹅们会成群结队地在街上蹒跚而行，后面跟着穿苏格兰短裙的风笛手。

斯特拉特福节

在备受赞誉的**斯特拉特福节**(Stratford Festival; ☏519-273-1600; www.stratfordfestival.ca; ◷4月至11月)的开幕晚会上,阿莱克·吉尼斯爵士(Sir Alec Guinness)会出演理查德三世。这一节日诞生之初很不起眼,起源于皇后公园内的一顶帐篷里。如今这一节日已连续举办了超过60届,赢得了良好的国际声誉。与当初的帐篷演出截然不同的是,如今的戏剧节从4月一直举办到11月,在4家剧院上演当代戏剧、历史剧和歌剧,当然,还少不了莎翁的多部作品。世界各地的演员都珍视受邀前来参演的机会。

除了戏剧表演外,还有一些有趣的周边活动,包括剧后讨论会、幕后探班、讲座、音乐会以及戏剧读书会。有些是免费的。

主要演出集中在能够容纳1800人的节日剧院(Festival Theatre)和有1000个座位的埃文剧场(Avon Theatre)。汤姆·帕特森剧院(Tom Patterson Theatre)和Studio Theatre表演空间更小一些。1月初,组织者开始对外公开售票,等到临近演出时,几乎所有剧目的戏票都会售罄,记得提前订票。春季预演和秋天的季末剧目演出票经常有30%的优惠。临场票优惠50%,演出开始前2小时出售。

出,表演者都是来自加拿大各地最受欢迎的音乐家。

斯特拉特福美食节 美食美酒节

(Savour Stratford Festival; ☏519-271-7500; www.visitstratford.ca/savour-stratford; ◷9月中)啤酒、葡萄酒、美食品鉴会、工作坊、农场团队游和特色晚宴尽显佩斯县的物产丰饶。不同活动的价格也有所不同。

斯特拉特福大蒜节 美食美酒节

(Stratford Garlic Festival; $10; www.stratfordgarlicfestival.com; ◷9月中)一个大蒜飘香的周末,有厨艺、展示和产品。记得带上薄荷糖。

住宿

斯特拉特福有太多的住宿选择,但是精明的当地人知道如何赚钱,斯特拉特福节期间房价可能会高得惊人。

Stratford General Hospital Residence 青年旅舍 $

(SGH Residence; ☏519-271-5084; www.sgh.stratford.on.ca/residence; 130 Youngs St; 标单/双$65/80; P❄☼)这些经过翻新的护士宿舍是镇上最接近青年旅舍的住宿选择,共有360个房间,配有公共浴室、厨房和一个温水泳池。这里便宜、干净、舒适,但是不适合开派对。

Parlour Historic Inn & Suites 酒店 $$

(☏519-271-2772; www.theparlour.ca; 101 Wellington St; 双$159起)这家酷炫的酒店位于市中心的一座历史建筑内,靠近埃文剧场(Avon Theatre),内部精心改造后达到了很高的水准——大多数房间都宽敞明亮。楼下还有一家带有可爱露台的酒吧,但并不拥挤吵闹。

Mercer Hall Inn 精品酒店 $$

(☏519-271-1888; www.mercerhallinn.com; 108 Ontario St; 双$90~200; P❄☼☀)位于市中心的这家酒店比大多数酒店都高级,独具艺术气息的房间内有手作家具、小厨房和电子壁炉。一些房间还配有按摩浴缸。

Swan Motel 汽车旅馆 $$

(☏519-271-6376; www.swanmotel.on.ca; 960 Downie St S; 房间$114~140; P❄☼☀☼)这座建于20世纪60年代的路边汽车旅馆位于市中心以南3公里处,至今保存完好,房间一尘不染,装饰着服装设计图和原创艺术品。公园般的庭院里布置着多座锻钢雕塑,还有喷泉和池塘。这家旅馆从10月底到次年5月初不营业。

Forest Moteland Woodland Retreat 汽车旅馆 $$

(☏519-271-4573; www.forestmotel.on.ca; 2941 Forest Rd /RR 4; 双$99~235)这是一处隐匿在湖边密林之中的珍宝般的住宿地,主人会热情地迎接你。其实这里距离城镇只有10

分钟路程，离高速公路也很近。房间内舒适的装修展示了康拉德时代（Conrad）的木工手艺。你会觉得自己更像是走进了一间乡村小屋，而不是一家旅馆。所有房间都配有微波炉、冰箱和家用设备。

Festival Inn　　　　　　　　　汽车旅馆 $$

（☎519-273-1150; www.festivalinnstratford.com; 1144 Ontario St; 双 $119~189）这个庞大的四翼楼汽车旅馆综合楼设有160多间装修精致、风格迥异的客房和套房，节日期间住在这里很划算。旅馆位于高速公路附近，周边便利设施齐全，开车只需要几分钟就可以到节日活动现场和市中心的景点。

Acrylic Dreams　　　　　　　　民宿 $$

（☎519-271-7874; www.acrylicdreams.com; 66 Bay St; 房间含早餐 $140~175; P❄✻⛄）这家1879年建造的民宿由一对夫妻经营，房屋进行过翻修，有光亮的木地板和水疗设施。店主不仅是位画家（墙上挂着不少丙烯画杰作），还擅长全身按摩和足底穴位按摩，并能满足不同饮食要求。

Loftsat 99　　　　　　　　　　精品酒店 $$

（☎519-271-1121; 99 Ontario St; 房间 $99~299; P❄✻⛄）这家配有深色实木家具的现代酒店有多间宽敞的跃层套房和阁楼。天窗、厨房和具有时代感的装潢都是标配，前台服务员态度友好，楼下咖啡馆/酒吧的顾客络绎不绝（所以这家酒店只适合睡眠质量好的人）。

★ Three Houses
Bed & Breakfast　　　　　　　　民宿 $$$

（☎519-272-0722; www.thethreehouses.com; 100 Brunswick St; 套含早餐 $225~695; P❄✻⛄❅）两座爱德华风格的联排别墅、一座花园马车房和一座19世纪70年代的意大利风格房子构成了这座拥有18间顶级客房的旅馆。明亮的房间里，连细节的设计都十分精心——行李架都符合不同房间的设计风格。海水泳池和宜人的秘密花园让你更加放松。

✶ 就餐

当地的厨师学校和附近的农田让这里成为美食家的圣地。如在节日期间前往，建议提前预订。

Boomer's Gourmet Fries　　　　快餐 $

（☎519-275-3147; www.boomersgourmetfries.com; 26 Erie St; 单品 $3~15; ⊙周二至周五11:30~19:00，周六 正午至19:00）疯狂、奇怪、杀手级、美味、令人惊叹、不可抗拒，这些词都被用来形容这家气氛怪异友好的小店里的炸薯条、奶酪浇肉汁土豆条、汉堡包和油炸食物。

York Street Kitchen　　　　　　三明治 $

（☎519-273-7041; www.yorkstreetkitchen.com; 24 Erie St; 主菜 $7~16; ⊙周一至周六 8:30~18:00，周日 至15:00）舒适的厨房提供人气火爆的自制面包三明治、布里干酪、沙拉、乳蛋饼和甜品。试试"门诺"（Mennonite）三明治，里面有香肠、切达干酪、玉米糊、番茄、蜂蜜芥末、蛋黄酱和生菜。

Mercer Hall　　　　　　　　　欧洲菜 $$

（☎519-271-9202; www.mercerhall.com; 104 Ontario St; 午餐 $8~16，晚餐 $12~28; ⊙周日和周一正午至20:00，周二和周三 11:00~22:00，周三至周六 至午夜）这家时尚的手工餐馆拥有非常棒的早午餐菜肴和时令晚餐，如牛腩、老野牛肉和美味的小扁豆蔬菜咖喱。

Raja　　　　　　　　　　　　　印度菜 $$

（☎519-271-3271; www.rajaindiancuisine.ca; 10 George St W; 主菜 $12~22; ⊙11:30~14:30和17:00~21:00; ✎）这家餐馆以大量火辣的红辣椒和香料挑战斯特拉特福正统的英式口味，供应无敌咖喱、鲜汤、沙拉、面包、素食菜肴和泥炉菜肴。店里铺着白色亚麻桌布，员工们都穿戴整齐，彬彬有礼。

★ Bijou　　　　　　　　　　　　法国菜 $$$

（☎519-273-5000; www.bijourestaurant.com; 105 Erie St; 午餐 $9~19，晚餐 $48~54; ⊙周五和周六 11:30~13:00，以及周二至周六 17:00~21:00）风格典雅的法式餐厅每天晚上都将固定价格套餐菜单写在黑板上。选用当地食材制作的风味美食包括鹌鹑、祖传西红柿沙拉或者酸橘汁腌休伦湖三文鱼。

ⓘ 实用信息

斯特拉特福公共图书馆（Stratford Public Library; ☎519-271-0220; www.stratford.library.on.ca; 19

St Andrew St; ⊙周一 13:00~21:00, 周二至周四 10:00~21:00, 周五和周六 10:00~17:00)可以免费上网。

斯特拉特福旅游局（Stratford Tourism；见154页）协助处理住宿和其他与节日有关的事宜。网站上有大量的信息资源，包括各种团队游信息。市中心办事处里有一把贾斯汀·比伯亲笔签名的吉他（吸引一批又一批笑呵呵的迷妹从世界各地来这里围观）。这里甚至还有自助式贾斯汀·比伯团队游的项目，如果你实在没什么更有趣的事可做，可以看看他第一次约会的地方。

❶ 到达和离开

乘坐**斯特拉特福直达汽车**（Stratford Direct; www.stratfordfestival.ca）只需花$25就可以在戏剧节期间往返于多伦多和斯特拉特福的4家剧院之间（只在5月至10月间的演出日运营）。客车在Front St以南、洲际多伦多酒店（Intercontinental Toronto）旁的Simcoe St上下客。他们可能会要求你出示剧院门票。一定要在旅行前一天的23:00前买好车票，不过车票很可能早就被预售一空，特别是在剧院门票便宜的日子里。多伦多和斯特拉特福之间没有停靠站点，但车上有免费Wi-Fi和洗手间。发车时间不同，你可以登录主页查询详细情况并订票。

斯特拉特福机场接送乘客专车（Stratford Airporter; ☎519-273-0057; www.stratfordairporter.com; $79起）每天都有开往**皮尔逊国际机场**（见126页）的穿梭巴士，斯特拉特福的发车时间为4:00~19:00，多伦多的发车时间则为7:30~23:30。如果你和其他人一起乘坐，会便宜一点儿。

加拿大国家铁路公司的火车从**斯特拉特福火车站**（Stratford Train Station; ☎888-842-7245; www.viarail.ca; 101 Shakespeare St）开往多伦多（$48, 2小时，每天2班）和伦敦（$30, 1小时，每天2班）。

休伦湖岸
（Lake Huron Shoreline）

休伦湖是五大湖区中最纯净的水域。它是如此的宽广，你甚至可以看到夕阳落在它西岸的水线上——期待一下这美妙的日落吧。如果你在多伦多和安大略湖游玩过，再看到休伦湖的"纯蓝"和白色沙滩，你会倍感惊讶和耳目一新。

大本德（Grand Bend）

一年的大部分时间里，坐落在休伦湖东南湖滨的大本德都颇为沉寂。但每年5月下旬到10月下旬，来自伦敦、基奇纳和温莎附近城镇渴望阳光的大学生们会给这个小镇带来勃勃生机。这是一种难以想象的转变：当地居民整年平静的生活被一种迷你版的佛罗里达式春假所打破。

从主湖滨的宽广沙岸望去，你可以看到小镇名称的由来：湖岸在这里向北急转，直到几乎变成一条直线。早春时节，站在阳光下的沙滩上，望向边缘被冰雪覆盖的湖面，可以看到湖的边缘被风吹成了冰冻的波浪，这给人一种不真实的感觉。

🛏 食宿

Pinery Provincial Park 露营地 $

（☎信息咨询 519-243-2220, 预订 888-668-7275; www.reservations.ontarioparks.com; RR2; 价格不等; ⊙8:00~22:00）在大本德南面坐落着很受欢迎、风景如画的松林省立公园（Pinery Provincial Park），园内分布着10公里长的沙滩，这里的树林和沙丘间有很多徒步小径（自行车/独木舟出租每天$45/40）。这里有几百个露营位置和几座圆顶小屋可供选择。一定要提前预订，露营地很快就订满了。

Bonnie Doone Manor on the Beach 旅馆 $$

（☎519-238-2236; www.bonniedoone.ca; 16 Government Rd; 双 $160~255; P❋@☎）许多人都热爱这个老旧的假日汽车旅馆，这是沙滩上唯一一家旅馆，50多年来，店主一家一直精心经营着它。房间有复古的感觉，又带有明亮鲜艳的特点。很多房间都可以看到水上落日的美妙景象。这里还有一间古朴的私人小屋。这是唯一一家建在沙滩上的住宿场所，走几步就可以到Main St。

Amber Hotel 精品酒店 $$

（☎519-238-2100; www.amberhotel.ca; 99 Ontario St S; 双 $139起）这里有设备齐全的公寓，不过即使是Amber Hotel最便宜的房间也让人感觉像是住在新公寓大楼里：高品质的床单、给力的空调以及极其干净、现代的浴室。遮光窗帘和隔音效果很好的墙保证了深度睡眠。可以忽略酒店位于购物广场这一点，直接去最近的湖滨即可。

Riverbend Pizzeria 比萨 $

(☏519-238-6919; 26 Ontario St S; 主菜 $10~18; ⏰周一 15:00~22:00, 周二至周四 至23:00, 周五和周六 11:00至午夜, 周日 正午至20:00) 这家店的店名看上去是个比萨店，但常客一年到头都喜欢来这里吃大份而鲜美多汁的热鸡翅、唱卡拉ok或在露台上畅饮冰爽啤酒。

Schoolhouse Restaurant 各国风味 $$

(☏519-238-5515; www.grandbendschoolhouse.ca; 1981 Crescent St; 主菜 $11~26; ⏰周一至周五 9:00~21:00, 周六和周日 8:00~21:00; ♿) 这家吃货最爱的餐厅适合所有人的口味，它坐落在曾经的大本德公立学校(Grand Bend Public School)里。从香嫩烤鸡到多汁牛排、肋排、湖鲜和各种一级的素食，你会欣喜地发现这里毫不亚于Main St上那些游人如织的餐馆。

❶ 到达和离开

没有公共交通前往大本德。从伦敦租一辆汽车吧，这样做还能够避开进出多伦多的麻烦。

戈德里奇 (Goderich)

迷人的戈德里奇曾荣获加拿大最美小镇的殊荣，近些年来因为2011年8月21日16:03的EF-3龙卷风造成的灾难而再次引发关注。事情发生在一个周日，人山人海的集市刚刚结束。休伦湖上形成的旋风径直穿过小镇的八角形镇广场、市政厅及其他地方。广场上原有的97棵百年古树只有3棵幸存下来，成百上千的房屋遭受损坏，数十人受伤，一人遇难。

经过数年时间，修缮和重建工作已经完成。树木开始生长，人们以一传百，游客们现在看见的是一个现代、成熟的漂亮城镇。戈德里奇旅游局(Tourism Goderich)的工作人员会为你提供自助遗迹步行游览手册，并且会回答有关这座小镇、龙卷风和其他方面的任何问题。

◉ 景点

戈德里奇有3处休伦湖沙滩，由几公里长的木板路连接起来。不要错过在优美的落日下漫步沙滩的机会。

休伦县博物馆 博物馆

(Huron County Museum; ☏519-524-2686; www.huroncountymuseum.ca; 110 North St; 成人/儿童 $5/3.50; ⏰1月至4月周一至周五 10:00~16:30, 周六 13:00~16:30, 5月至12月 周一至周六 10:00~16:30, 周日 13:00~16:30) 走在馆内的木地板上，从翔实的展览中了解当地的历史、工业和交通运输业。展品从古董家具、瓷器到老式蒸汽发动机和油箱，丰富多样、不一而足。周四开放时间更长，一直到20:00。

和休伦历史监狱的联票价格为成人$7.50, 儿童$5.50。

休伦历史监狱 博物馆

(Huron Historic Gaol; ☏519-524-6971; www.huroncountymuseum.ca; 181 Victoria St N; 成人/儿童 $5/3.50; ⏰5月至10月下旬 周一至周六 10:00~16:30, 周日 13:00~16:30, 10月下旬至11月 周六 10:00~16:30, 周日至周五 13:00~16:00) 循着一条阴森的灰色走廊走进这座八角形的堡垒，曾在近130年中被用作法院和监狱(也是1869年加拿大最后一次执行公开绞刑的地方)。

✪ 节日和活动

凯尔特节 文化节

(Celtic Roots Festival; www.celticfestival.ca; ⏰8月) 北美规模最大的庆祝凯尔特历史和文化的活动之一，8月初的小镇里游客如织。

布莱斯节 戏剧节

(Blyth Festival; ☏519-523-9300; www.blythfestival.com; ⏰6月至8月) 布莱斯村有一条就连摇滚歌手布鲁斯·斯普林斯汀(Bruce Springsteen)都会歌颂的主街道——夏季布莱斯节的举办地。从户外的先锋表演到让人笑破肚皮的室内喜剧表演——6月到8月是加拿大戏剧上演的时间。

在有表演的日子，售票处的开放时间为9:00~21:00; 没有表演的日子17:00关门。

🛏 食宿

Colborne B&B 民宿 $

(☏519-524-7400; www.colbornebandb.

com; 72 Colborne St; 双含早餐 $95~130; P❋🛜) 这座漂亮的3层小楼从前是长老教会牧师的住所,有4间明亮的、精心装饰的客房,每间都配有独立卫生间,其中两间还配有浴缸。餐厅提供的美味早餐将开启你美好的一天。

Benmiller Inn & Spa　　　　　　旅馆 $$

(☎800-265-1711; www.benmiller.ca; 81175 Benmiller Line; 双 $172~289; P❋🛜) 位于河畔的Benmiller就在戈德里奇城外,以老式的奢华和乡村的热情欢迎你。这里有一个梦幻般的可以看到河景的室内游泳池、全方位的Aveda水疗护理服务、Ivey正餐厅和57间迷人的客房。

Maple Leaf Motel　　　　　　汽车旅馆 $$

(☎519-524-2302; www.themapleleafmotel.com; 54 Victoria St N; 双 $159起; P❋🛜) 这家汽车旅馆地处中心地带,拥有11间客房,这里的田园风格亲切古朴,各项设施维护得很好。

Culbert's Bakery　　　　　　面包房 $

(☎519-524-7941; 49 West St; 单品 $2起; ⊙周二至周六 8:00~17:30) 人们从各地远道而来,就为了品尝这家老式面包房里的美味面包糕点:香浓的奶油泡芙、松饼、馅饼和新鲜出炉的面包。早起的鸟儿有美食吃。

West Street Willy's　　　　　美式小餐馆 $

(☎519-524-7777; 42 West St; 单品 $8~18; ⊙周二至周五和周日 7:00~20:00, 周六 至21:00) Willy餐厅的丰盛早餐和家常风味美食正在等待你,馅饼、比萨、烘肉卷、汉堡包都在菜单上。

Thymeon 21　　　　　　各国风味 $$$

(☎519-524-4171; www.thymeon21.com; 80 Hamilton St; 主菜 $20~38; ⊙周日和周二至周四 11:30~20:00, 周五 至21:00, 周六 17:00~21:00) 即使没有竞争者,戈德里奇唯一一家知名休闲精品餐厅表现也很不错。令人垂涎的菜单上有各国的风味美食,包括龙虾、牛肉、泰式炒河粉和蛋奶酥。

❶ 实用信息

戈德里奇旅游信息中心 (Goderich Tourist Information Centre; ☎519-524-6600; www.goderich.ca; 91 Hamilton St; ⊙9:00~19:00) 在这里取一本自助遗迹步行游览手册*4 Heritage Walking Tours*或游客导览 (Visitor's Guides), 了解此地概况。

❶ 到达和当地交通

戈德里奇现已没有长途汽车可以到达, 所以你需要自己的交通工具, 或者坐大巴到一些更大的城镇, 比如伦敦。

南安普敦及周边 (Southampton & Around)

南安普敦已经巧妙地将自己从喧闹的暑假旅游路线中抽离出来。感觉上, 古色古香的殖民地沙滩似乎还没被发掘, 沿着主街道漫步, 会发现一些家庭经营的小店和安妮女王风格的建筑。

在南边, 邻近的**埃尔金港** (Port Elgin) 常年都是当地购物、餐饮和夜生活的圣地。这里也有一些更好的、更方便到达 (免费停车) 且鲜为人知的休伦湖湖滩。

南安普敦以北20公里的**娑波滩** (Sauble Beach) 有一片宜人的白沙滩和温暖清澈的湖水, 但这里假日时超高的人气和高昂的停车费部分破坏了它的魔力。冬季时这里就是个鬼镇。

◉ 景点和活动

教堂岛 (Chantry Island)　　　　　　岛屿

教堂岛距离湖岸2公里, 矗立着一座孤零零的灯塔, 这里也是候鸟的庇护所。游览教堂岛的唯一途径是参加教堂岛团队游。

布鲁斯县博物馆　　　　　　博物馆

(Bruce County Museum; ☎519-797-2080; www.brucemuseum.ca; 33 Victoria St N, Southampton; 成人/儿童 $8/4; ⊙周一至周六 10:00~17:00, 周日 13:00~17:00, 6月至9月 周三 至20:00) 这座博物馆陈列着大量从当地沉船中打捞上来的人工制品。夏天也有为孩子准备的轮展。

Saugeen-Paisley火车小径　　　　骑自行车

(Saugeen-Paisley Rail Trail) 骑行爱好者将会非常享受这段绵延25公里的废弃铁道——从Albert St和Adelaide St的交叉路口

开始，到Paisley小镇结束。

Thorncrest Outfitters　　　　皮划艇

(☎519-797-1608; www.thorncrestoutfitters.com; 193 High St, Southampton; 独木舟租赁$35起)在南安普敦汇入休伦湖的索金河（Saugeen River）是安大略省南部最适宜划独木舟和皮划艇的路线之一。Thorncrest Outfitters经营众多活动项目，包括针对无经验桨手的简短自助游和有组织的旅行项目。

教堂岛团队游　　　　乘船游

(Chantry Island Tours; ☎519-797-5862, 866-797-5862; www.chantryisland.com; 每人$30; ◎6月至9月)航运传统协会（Marine Heritage Society）组织信息丰富的出游活动，你可以借此了解当地的航运史，还有机会爬上闪烁着灯光的灯塔。需要提前预订，因为每次团队游只有9个名额。

🛏 食宿

Aunt Mabel's Inn　　　　汽车旅馆 $

(☎866-868-2880; www.auntmabels.com; 5084 Hwy 21 S, Port Elgin; 双$80起)这些一尘不染的房间布局紧凑，配有平板电视、冰箱、微波炉和舒适的床，有些房间还配有大浴缸。从这里开车去湖畔最好的游泳沙滩只需要几分钟。更棒的是，酒店的厨房从6:00就开始供应最棒的家常早点。

Southampton Inn　　　　旅馆 $$

(☎519-797-5915; www.thesouthamptoninn.com; 118 High St, Southampton; 房间/套$135/155; P❄🐕🛜)如果湖边的风沙还不能很好地帮你去角质的话，可以去旅馆楼下做一个全套的水疗护理。楼上全是布局不规整的客房。套房均配有一个阳光明媚的私人客厅。

Chantry Breezes　　　　民宿 $$

(☎519-797-1818; www.chantrybreezes.com; 107 High St, Southampton; 房间含早餐$139~189; P🐕🛜)这个安妮女王风格的古老庄园躲藏在茂密的常青树林后面，略显凌乱却又讨人喜欢的古建筑中分布着7个房间，还有一间私人花园小屋。在门廊上享受定制早餐吧。

Elk and Finch　　　　咖啡馆 $

(fb.me/ElkandFinch; 54 Albert St, Southampton; 主菜$8~24; ◎周一至周四10:00~20:00, 周五至21:00, 周六8:00~21:00, 周日8:00~20:00)这家"咖啡酒吧"不仅提供含咖啡因和酒精的饮料，还有三明治、沙拉和薄皮比萨。你可以坐在陈旧的房子里或草坪上的桌子旁尝尝最流行的啤酒。

Armen's　　　　创意菜 $

(224 HighSt, Southampton; 主菜$6~14.65; ◎每天9:00~16:00, 以及周三至周六17:00~20:00)忘掉当地的经济小吃店，来和健谈的Armen打个招呼吧，这里不断变化的菜单中总是有可口的三明治。6月、7月和8月的轮转菜单主打全球美食，某个晚上是加拿大美食，第二天晚上就变成了摩洛哥美食。你的味蕾会一直处于兴奋的状态。默默上楼，到阳光明媚的屋顶去享受你的新鲜美食吧。

ℹ 实用信息

南安普敦商会(Southampton Chamber of Commerce; ☎519-797-2215; 201 High St, Southampton; ◎周一至周六10:00~16:00, 周日正午至16:00)这个规模不大的办公室就坐落在市政厅里，后者是一座带钟楼的高大砖结构建筑。

索金湖岸办公室(Saugeen Shores Chamber Office; ☎519-832-2332; 559 Goderich St, Port Elgin; ◎周一至周五9:00~17:00, 周六10:00~16:00, 周日正午至16:00)位于埃尔金港湖岸线8公里处，能够提供当地的综合信息。

娑波滩旅游局(Sauble Beach Tourism; ☎7月至8月519-422-1262, 9月至次年6月519-422-2457; www.saublebeach.com; 672 Main St, Sauble Beach; ◎9:00~17:00)可以查询小镇的旅游信息。

ℹ 到达和离开

到达多伦多皮尔逊国际机场的乘客可以乘坐**Grey Bruce Airbus**(☎800-361-0393; www.greybruceairbus.com)的客车前往南安普敦和埃尔金港($81, 3小时, 每天4班)。**Can-ar**(☎800-387-7097; www.can-arcoach.com)运营前往埃尔金港($35~44, 4.75小时, 每天1班)的长途汽车，从多伦多联合车站发车，停靠镇中心的Ralph's Hiway Shoppette。

伦敦（London）

人口 366,000

伦敦的人口在安大略省排名第三（排在大多伦多地区和渥太华之后），它位于多伦多和底特律的半途，也被称作"森林之城"。这是一座与英国的同名都市完全不符的城市，在这里既看不到精美的维多利亚式房屋，也看不到泰晤士河和俯首可见的葱郁公园、花园。除了零星几座艺术装饰风格的建筑外，如果不是还有一点儿20世纪70年代的感觉的话，伦敦的市中心几乎呈现出典型的21世纪城市中心的样貌。

西安大略大学（University of Western Ontario）位于伦敦城北，多伦多很多经济较好的家庭会将自己的孩子送往这里读书。学生群体让这里一直维持着年轻、乐观的生活氛围。

镇上有很多住宿的地方，有一些适合学生、价位较低的餐馆和一些有趣的旅游景点，你可以在温暖的季节来这里游玩（冬季降雪很多），这里也是个宜居之地。随着多伦多的不断扩张，接下来几年会有更多人关注伦敦。

◉ 景点

凡沙开拓村 古迹

（Fanshawe Pioneer Village；☎519-457-1296；www.fanshawepioneervillage.ca；1424 Clarke Rd；成人/儿童 $7/免费；⊙5月至10月周二至周日 10:00~16:30；🅿）凡沙开拓村坐落在小镇东隅，由30栋房屋组成。在这里，你可以探究伦敦的历史。扮演铁匠、农夫和工匠的人会身着旧时服装，在19世纪风格的开拓村里各司其职。村子旁边的Fanshawe Conservation Area Campground（见162页），你可以游泳、散步和露营。

埃尔登楼 历史建筑

（Eldon House；☎519-661-5169；www.eldonhouse.ca；481 Ridout St N；成人/儿童 $7/5；⊙周二至周日 正午至17:00）建于1834年，埃尔登楼是伦敦现存最古老的房屋，自20世纪以来基本没有变化。在房子内部，你会发现不少属于哈里斯家族（Harris）有趣迷人的传家宝，在屋外你可以欣赏美丽的19世纪花园。

加拿大皇家兵团博物馆 博物馆

（Royal Canadian Regiment Museum；☎519-660-5275；www.thercrmuseum.ca；750 Elizabeth St；成人/儿童 $5/3；⊙周二、周三和周五 10:00~16:00，周四 至20:00，周六和周日 正午至16:00；🅿）这家博物馆位于简朴的Wolseley Hall内，重点介绍了加拿大最早的步兵团，展品涵盖从1885年西北反叛（North-West Rebellion）到两次世界大战和朝鲜战争的历史。

莎嘉娜道印第安人村和博物馆 古迹

（Ska-Nah-Doht Village & Museum；☎519-264-2420；www.lowerthames-conservation.on.ca/Ska-Nah-Doht；Longwoods Rd Conservation Area；成人/儿童 $3/免费；⊙9:00~16:30；🅿）这个博物馆位于伦敦以西32公里处，重现了具有千年前历史的易洛魁人的长屋社区。村庄建筑外面是一圈迷宫。博物馆藏有上千年前的文物，记录了当地的历史。

安大略考古博物馆 博物馆

（Museum of Ontario Archaeology；☎519-473-1360；www.uwo.ca/museum；1600 Attawandaron Rd；成人/儿童 $5/3；⊙10:00~16:30；🅿）作为西安大略大学的教学研究机构，安大略考古博物馆展出了安大略省境内有关11,000年前原住民历史的史料和人工制品。博物馆隔壁是洛森遗址（Lawson site），这是一个挖掘现场，正在出土的是500多年前、即外来文化到来前的一座中立易洛魁人村落。

伦敦博物馆 博物馆

（Museum London；☎519-661-0333；www.museumlondon.ca；421 Ridout St N；捐赠入场；⊙周二至周三和周五至周日 正午至17:00，周四 至21:00；🅿）生机勃勃的伦敦博物馆有5000多件艺术品和25,000多件人工制品，侧重于展示视觉艺术及其与历史的关系。每周日14:00组织免费团队游。

✦ 节日和活动

伦敦艺穗节 文化节

（London Fringe Festival；www.londonfringe.ca；⊙6月中）为期11天，城镇中心区会有戏剧、

阳光嘉年华 音乐节

(Sunfest; www.sunfest.on.ca; ⊙7月)加拿大最重要的世界音乐节。

公园摇滚节 音乐节

(Rock the Park; www.rockthepark.ca; ⊙7月)公园摇滚节已经成功举办了12年。在7月的某个周末,河边的哈里斯公园(Harris Park)挤满了披着长发的摇滚爱好者们,吸引了Whitesnake乐队、Platinum Blonde乐队和Tragically Hip这样的摇滚明星。

伦敦骄傲 LGBT节日

(London Pride; www.pridelondon.ca; ⊙7月)无论从面积和同性恋人口来说,伦敦都足以举办属于自己的骄傲大游行。

伦敦美食节 美食美酒节

(Londonlicious; www.londonlicious.ca; ⊙7月至8月)作为向火爆的多伦多夏日美食节(见97页)致敬的节日,伦敦美食节带来的是物美价廉的美食。

住宿

从Hwy 401通往Wellington Rd的途中聚集着大量的廉价连锁汽车旅馆。但如果可能的话,还是住在市中心比较好。

Woodfield Bed & Breakfast 民宿 $

(☎519-675-9632; www.woodfieldbb.com; 499 Dufferin Ave; 标单 $90~100,双 $95~125)在历史悠久的伍德菲尔德(Woodfield)的中心——伦敦最具有吸引力的地区之一,你会发现这个坐落在庞大的维多利亚式豪宅内的华丽民宿。不同于伦敦普通的旅游饭店,在这里你能够充分感受这座风景如画的城市的万千风情。

Station Park All Suite Hotel 酒店 $

(☎800-561-4574; www.stationparkinn.ca; 242 Pall Mall St; 套 $119起; P 🗢)这家全套房酒店的客房拥有超大的卧室和独立的客厅。不过,房间或许需要修葺一下,但这里的服务非常好,而且邻近Richmond Row和维多利亚公园(Victoria Park)的地理位置占尽了优势。

Holiday Inn Express & Suites 酒店 $

(☎519-661-0233; www.holidayinn.com/london; 374 Dundas St; 双 $109起; P 🅿 ❄ 🗢)这家酒店位于市中心,附近有一些出色的餐厅。酒店保护得很不错,明亮的客房内配有舒适的大床和很棒的淋浴,还有冰箱、微波炉和大电视,此外还提供免费网络和早餐。

Fanshawe Conservation Area Campground 露营地 $

(☎519-451-2800; www.fanshaweconser

圣托马斯: 全部上车!

圣托马斯是位于伦敦以南20公里处的一个低调的农业社区,就在去往伊利湖的路上。镇中心的维多利亚式建筑保存完好,这里曾经是加拿大南部的铁路中心。在其鼎盛时期,每天有上百辆火车从这里通过,当然这番盛景在今日已是很难想象。不过尚有一些当年的有趣遗迹留存至今,值得探索一番。

你需要有自己的交通工具才能到达这里。从伦敦取道Hwy 401或Hwy 402,然后转到Kings Hwy 4。

北美铁路名人堂(North American Railway Hall of Fame; ☎519-633-2535; 750 Talbot St; ⊙周一至周五 8:30~16:30)位于精心整修的1873年建筑加拿大南部站(Canada Southern Station)内。名人堂还包含一间小小的免费博物馆,而这幢非凡建筑的改建工作仍在进行着。候车室、车站会议室和售票处如今改造成为历史展品的陈列室。铁路爱好者,快来这里打个招呼吧!

埃尔金县铁路博物馆(Elgin County Railway Museum; ☎519-637-6284; www.ecrm5700.org; 225 Wellington St; 成人/儿童 $5/2; ⊙6月至9月 周二至周日 10:00~16:00; P)是一间砖制的老仓库,里面停满了各种很受欢迎的火车头,对火车旅行爱好者以及仍然拥有童真的人来说,是个必看之地。这里会举办喜剧表演等各种特别活动。

vationarea.ca; 1424 Clarke Rd; 露营地 $37~47, 预订 $13; ⊙5月至10月; Ｐ❀) 这是一处位于市区范围内的露营地, 方便到达, 穿过凡沙开拓村（见161页）就可以到达。露营地内还出租皮划艇（每4小时$30）。

Metro 精品酒店 $$

(☎519-518-9000; www.hotelmetro.ca; 32 Covent Market Pl; 双 $158起) 这家时髦的精品酒店位于市中心, 客房里有裸露的砖墙、花洒淋浴、大浴缸和许多有趣的设计元素, 一定会让你流连忘返。

Delta Armouries 酒店 $$

(☎519-679-6111; www.deltahotels.com; 325 Dundas St; 双 $169起; Ｐ❀❀❀) 伦敦最著名酒店的翼楼原来是一座历史悠久的军事训练设施。你在这里仍然能够感受到浓厚的时代气息, 不过多数房间都位于主塔楼内。这里的房间舒适、装潢采用中性色调, 地理位置优越, 物有所值。

✖ 就餐

★ Covent Garden 市场 $

(☎519-439-3921; www.coventmarket.com; 130 King St; 单品 $2起; ⊙周一至周四及周六 8:00~18:00, 周五 至19:30, 周日 11:00~16:00; ❀) 这座极大的仓储式集市可以满足各种人对于美食的需求。这里有几家固定的熟食店、面包房、巧克力店、时鲜农产品店、全球风味餐厅和季节性摊位, 阳光明媚的庭院中还有很多街头艺人。

Morrissey House 小酒馆食物 $

(☎519-204-9220; www.themorrisseyhouse.com; 359-361 Dundas St; 主菜 $9~16; ⊙11:00至深夜; ❀) 这家位于市中心的"美食酒吧"(grub-pub)供应精心准备的经典菜肴, 维多利亚庄园式房间和阳光明媚的露台气氛休闲放松。免费的Wi-Fi和美妙的音乐更是锦上添花。来这里用餐、喝上几杯或是二者兼而有之: 其他人都是这么做的。

Early Bird 美式小餐馆 $

(☎519-439-6483; 355 Talbot St; 主菜 $13~16; ⊙周二至周四和周日 9:00~21:00, 周五和周六 至23:00)餐厅全天候提供美味早餐, 周四还会举办烧烤啤酒之夜, 以及全程自制的风味家常菜肴。说道风味独特, 不得不提到Fat Elvis, 这是一种用法式吐司搭配熏腊肉、面包屑炸香蕉、花生酱和当地蜂蜜制成的三明治。敞开肚子尽情享受美味吧。

Zen Gardens 素食 $

(☎519-433-6688; www.zen-garden.ca; 344 Dundas St; 主菜 $10~15; ⊙周一至周六 11:30~21:00, 周日 17:00~21:00; ❀) 这家位于市中心的亚洲素食餐厅肯定会赢得素食主义者和他们身旁坚定的肉食主义者的一致好评。豆腐、蘑菇和酱汁大豆蛋白及面筋类制品非常有特色。装在日式便当盒里的组合定食价格与一份主菜相当, 非常划算。

★ Budapest 欧洲菜 $$

(☎519-439-3431; 348 Dundas St; 主菜 $12~25; ⊙周一至周六 11:00~22:00, 周日 16:00~21:00) 如果你做了50多年的生意, 那你一定是在做正确的事情。在这家低调的餐馆里, 店主Marika一直秉承货真价实的经营理念。多年来, 她的炸肉排、匈牙利红椒鸡（chicken paprikash)和欧式饺子日趋完美。特价午餐真的是物超所值。

Thaifoon 泰国菜 $$

(☎519-850-1222; www.thaifoonrestaurant.com; 120 Dundas St; 主菜 $14~22; ⊙周一至周五 11:30~14:00, 以及每天 16:30~21:00) 沿着Dundas St往北走一段, 你会看到Thaifoon。平静安详的氛围和汩汩作响的水景造型减轻了简陋街道带来的烦躁, 满是红辣椒的咖喱饭、快炒菜、鲜汤和沙拉十分可口。

Bertoldi's Trattoria 意大利菜 $$

(☎519-438-4343; www.bertoldis.ca; 650 Richmond St; 主菜 $14~28; ⊙周一至周四 11:30~22:00, 周五 至午夜, 周六 16:00至午夜, 周日 至22:00) 悠闲而不失优雅的Bertoldi位于Richmond Row, 这里有地道的意大利菜、特别的地区风味菜和丰富的葡萄酒。天气暖和时, 餐厅还会开放美丽的露台餐区。

🍷 饮品和娱乐

充满活力的学生群体让这里的娱乐场所年轻而有活力。在夏季将要结束、新学期

尚未开始之时，伦敦的Richmond Row（从Oxford一直到Dundas之间的Richmond St）成了派对中心。

可查阅本地小报Scene（www.scenemagazine.com）以获得当地娱乐场所列表。

Barneys/CEEPS　　　　　　　　　　小酒馆

（671 Richmond St; ⊙11:00至次日2:00）不要问酒馆的名字是什么意思，我们也不知道。相传，这里有伦敦最大、最忙碌的露台。来这里体验乐队表演、DJ打碟、台球桌、沙狐球和当地扎啤吧。它是Richmond Row一带当之无愧的老牌夜店。

Call the Office　　　　　　　　　　现场音乐

（☏519-432-4433; www.calltheoffice.com; 216 York St; ⊙17:00至深夜）一家有些邋遢的休闲酒吧，饮品便宜，有另类摇滚乐队表演，如Jon Spencer Blues Explosion乐队。

London Music Club　　　　　　　现场音乐

（☏519-640-6996; www.londonmusicclub.com; 470 Colborne St; ⊙周三至周六 19:00至深夜）位于郊区一幢奶白色砖砌房屋后面，有时会有巡回音乐人的蓝调和民谣表演。周四晚上有电子蓝调乐演出，周五是麦克风开放日。

❶ 实用信息

伦敦公共图书馆（London Public Library; www.londonpubliclibrary.ca; 251 Dundas St; ⊙周一至周四 9:00~21:00，周五至18:00，周六至17:00，周日 13:00~17:00; ✉）漂亮的现代图书馆，有小咖啡馆、阅读花园和免费Wi-Fi。

邮局（Post Office; ☏800-267-1177; www.canadapost.ca; 515 Richmond St, at Dufferin St; ⊙周一至周五 9:00~17:00）

伦敦旅游局（Tourism London; ☏519-661-5000; www.londontourism.ca; 391 Wellington St; ⊙周一至周五 8:30~16:30，周六 10:00~17:00）与加拿大医学名人馆（Canadian Medical Hall of Fame）在一幢楼里。名人馆里展出了有趣而吓人的大脑、心脏和骨骼。

❶ 到达和当地交通

伦敦国际机场（London International Airport; www.londonairport.on.ca; 1750 Crumlin Rd）是加拿大航空公司、西捷航空和达美航空（Delta）的区域性枢纽，经营飞往多伦多、底特律和其他一些加拿大及美国城市的航线。

加拿大灰狗长途巴士的长途汽车从**伦敦汽车站**（London Bus Station; ☏800-661-8747; www.greyhound.ca; 101 York St; ⊙6:30~21:00）开往多伦多（$35~39，2~4小时，每天11班）和温莎（$37，2.5小时，每天4班）。

伦敦火车站（London Train Station; ☏519-672-5722; www.viarail.ca; York St和Clarence St交叉路口; ⊙周一至周五 5:00~21:30，周六和周日 6:30~21:30）开通有加拿大国家铁路公司（viarail.ca）的火车，开往多伦多（$69，2小时，每天7班）和温莎（$58，2小时，每天4班）。

伦敦运输（London Transit，简称LTC; www.ltconline.ca; 150 Dundas St; ⊙周一至周五 7:30~19:00，周六 8:30~18:00）提供覆盖该区大部分地方的公共汽车服务（每次$2.75）。在本书调研之时，LTC的新智能卡系统已投入使用，但用户体验有待加强，且仅提供月卡服务。

温莎（Windsor）

人口 209,000

温莎位于安大略省西南端的公路尽头，横跨在从美国底特律流过的河流之上，这座曾经的制造业和商业重镇如今风光不再。Gordie Howe国际大桥将于2020年竣工，这或许能让这座城镇恢复昔日的荣光。新建的大桥不仅可以增加贸易量，也将使边境通关更为快捷。

就目前而言，街面萧条的温莎正在承受衰退带来的后果。有利的一面？低价的房地产、毗邻美国和伊利湖，这些都慢慢吸引着有意改变生活节奏的时髦城里人来此居住。

温莎并非旅游胜地，而是一座不断变化的多元文化小城，吸引着人们来此猎奇，探寻有趣的城市特色。市中心往东可以找到地道的黎巴嫩美食，再往南走则有意大利家常菜餐馆，旅行者在继续前往美国之前，可以在这里稍事停留，开启小小的美食之旅。

◉ 景点

游客们很享受沿着河滨步道散步的惬意感觉，这条从大使桥（Ambassador Bridge）下延伸出来的多功能道路，沿着河道蜿蜒5公里。历史悠久的沃克威尔（Walkerville）社区值得探访一番。

迪耶普花园 花园

（Dieppe Gardens；Ouellette St和Riverside Dr交叉路口）在这些美丽的花园里，能够远眺底特律梦幻脱离的城市天际线，花园所在地曾经是底特律-温莎渡轮用地，但在1929年大桥落成和1930年隧道建成后，渡船退出市场。

沃斯地下铁路博物馆 博物馆

（Walls Underground Railroad Museum；519-727-6555；www.undergroundrailroadmuseum.org；855 Puce Rd, Maidstone；门票 $5；5月至10月 10:00~16:00；P）博物馆位于温莎以东20公里处，坐落在1846年约翰·弗里曼·沃斯（John Freeman Walls）建造的小木屋中。约翰是位来自美国北卡罗来纳州的逃亡奴隶，他建造的这个小屋是当年那些追求自由的人们的安全终点站，小屋本身即是这个景点的重点。沃斯的后人至今仍在经营着这座博物馆。

加拿大俱乐部品牌中心 酿酒厂

（Canadian Club Brands Centre；519-973-9503；www.canadianclubwhisky.com；2072 Riverside Dr E；门票含团队游 $12；1月至4月 周四至周六，5月至12月 周三至周日；P）从1858年起，加拿大俱乐部（Canadian Club）酒厂就开始在这里酿酒（以前名为Walkerville Distillery）。你可以参加团队游（11:00、13:00、15:00和17:00，时长1.5小时），探索这座华丽的意大利建筑的历史，了解蒸馏酿酒过程，然后可以品尝佳酿。只能通过团队游参观。

温莎美术馆 画廊

（Art Gallery of Windsor，简称AGW；519-977-0013；www.agw.ca；401 Riverside Dr W；成人/儿童 $10/5；周三至周日 11:00~17:00；P）**免费** 温莎美术馆漂亮气派的玻璃混凝土建筑里设有超棒的常设展览，侧重展出加拿大当代雕塑和绘画艺术。门票包含免费团队游（周三和周日 14:00）。

🍴 食宿

University Place Accommodations 酒店 $

（519-254-1112；www.windsorexecutive

地下铁路

地下铁路（Underground Railroad）不在地下，也不是真正的铁路，它指的是由废奴主义者及人道主义者（既有黑人也有白人）建立的一套隐秘的救援奴隶的网络，他们引导、掩蔽、隐藏并往北方运送从美国逃跑的奴隶，让他们进入加拿大，获得自由。在美国内战以前，据估计有40,000名勇敢的奴隶成功完成了这样的危险逃亡。安大略省西南部的这一区域距离美国边境非常近，因此保留了众多地下铁路的遗迹。许多当地城镇拥有大量的非裔人口，多为当年在这里寻求避难的奴隶的后裔。

历史景点包括**阿默斯特堡自由博物馆**（Amherstburg Freedom Museum；见167页）和**沃斯地下铁路博物馆**（Walls Underground Railroad Museum；见左图）。可以登录www.blackhistorysociety.ca获取更多信息。

stay.com；3140 Peter St；房间带公用浴室 $39起；P❋☎⚙）酒店虽然不附属于大学，但这家酒店能够提供干净的客房和洗衣房等公用设施，长期或短期住宿都很合适。也提供自带浴室的房间以及自行车出租服务。

Kirk's B&B 民宿 $

（519-255-9346；www.kirksbandb.com；406 Moy Ave；标单/双 $75/89起；P❋☎⚙）这家民宿距离河边一个街区，是一座3层的老式砖结构建筑，有座郁郁葱葱的花园。温馨干净的客房内配有舒适的床。

Holiday Inn Windsor Downtown 酒店 $$

（519-256-4656；www.holidayinn.com；430 Ouellette Ave；双 $119起；P❋☎⚙）这家一般的酒店看起来有点儿过时，但正处市中心的位置无可匹敌，客房宽敞，床铺舒适。酒店附设一个提供全方位服务的餐厅，另有游泳池和充足的停车位。

Squirrel's Cage 咖啡馆 $

（519-252-2243；www.thesquirrelcage.ca；1 Maiden Lane W；单品 $2~14；周一至

周四和周六 8:30~20:00，周五 至23:00，周日10:00~15:00）从前的时髦城里人如今很享受在温莎的新生活，并将多伦多国际化大都市的气息融入了这家时尚欢乐的特许咖啡馆。这里有咖啡、汤、美味扎实的帕尼尼三明治，每天提供健康沙拉，周末还有早午餐。

Cook's Shop　　　　　　　　　意大利菜 $$

（☏519-254-3377；cooksshoprestaurant.wordpress.com；683 Ouellette Ave；主菜$15~24；⊙周二至周日 17:00~22:00）这家价格公道的高级餐厅已经在这座百年老屋内经营了超过35年。海鲜、意大利面、羊肉和牛肉都是这里的特色菜肴。

Spago Trattoriae Pizzeria　　　意大利菜 $$

（☏519-252-2233；www.spagos.ca；690 Erie St E；主菜$10~28；⊙周一至周六 11:30~22:00，周日 13:00~21:00）温莎的意大利餐厅尤为出名，而Spago就是其中的典范。如果你暂时对美味的意面没有兴趣，尽管放心，工作人员会端来超赞的炭烤比萨、海鲜、沙拉和牛肉片。

🍷 饮品和娱乐

Manchester　　　　　　　　　　小酒馆

（☏519-977-8020；www.themanchester.ca；546 Ouellette Ave；⊙11:30至深夜）酒馆拥有热情的工作人员、丰盛的英式酒吧美食和便利

汤姆叔叔的小屋

汤姆叔叔的小屋历史遗址（Uncle Tom's Cabin Historic Site；☏519-683-2978；www.uncletomscabin.org；29251 Uncle Tom's Rd, Dresden；成人/儿童/家庭 $7/4.50/20；⊙5月至10月 周一至周六 10:00~16:00，周日 正午至16:00；🅿）位于温莎东北方向100公里处（还没到查塔姆）。汤姆叔叔是哈里特·比彻·斯托（Harriet Beecher Stowe）于1852年创作的小说人物，其原型是一位真实的英雄——约西亚·亨森教士（Reverend Josiah Henson）。这处历史遗址占地5公顷，陈列的展品都与小说和"地下铁路"有关，还有剧院、画廊和讲解中心。从Hwy 401的101出口下高速，跟着路标就可以找到这里。

的市中心位置，是个品尝佳肴、小酌几杯休闲放松的好去处。菜单上也有很多北美小吃。

Caesar's Windsor　　　　　　　赌场

（☏800-991-7777；www.caesarswindsor.com；377 Riverside Dr E；⊙24小时）这个省属赌场（与拉斯韦加斯的恺撒酒店属于同一家集团）推动了温莎的经济发展，但更加严格的边境安检和加元的坚挺导致客流有所减少。19岁以上方可入内。

附属酒店拥有镇上最好的房间——简而奢华，色调中性，有些房间能俯瞰温莎的河畔小径或底特律风光。有一个泳池供18岁以上人士使用。

ℹ️ 实用信息

安大略省旅游信息中心（Ontario Travel Information Centre；☏519-973-1338；www.ontariotravel.net；110 Park St E；⊙8:30~20:00）有各种的小册子，工作人员热心助人。

温莎艾克塞斯旅游局（Tourism Windsor Essex；☏519-255-6530；www.visitwindsoressex.com；Suite 103, 333 Riverside Dr；⊙周一至周五 8:30~16:30）提供温莎及相关地区的信息。从PittSt末来最方便。

ℹ️ 到达和离开

底特律—温莎一线是重要的国际过境通道，跨越边境途径或为出了名宽阔的**大使桥**（过桥费 $6.25/US$5），或经由连通两城市中心区的**底特律—温莎隧道**（Detroit–Windsor Tunnel；www.dwtunnel.com；过路费 $4.75~5.75/US$4.50~5）过境。

温莎汽车站（Windsor Bus Station；☏519-254-7577；www.greyhound.ca；300 Chatham St W；⊙7:00~21:00）有长途汽车经伦敦（$36, 2小时，每天4班）开往多伦多（$54, 5小时，每天4班）。加拿大灰狗长途巴士运营前往美国芝加哥（$79, 7~9小时，每天4班）的线路，中途须在底特律换乘美国灰狗长途巴士的汽车。在网上可以提前订票可享受优惠价格。**Transit Windsor**（☏519-944-4111；www.dwtunnel.com）运营前往底特律（$5, 30分钟，每半小时1班）的Tunnel Bus汽车，记得带上护照。

温莎火车站（Windsor Train Station；☏888-

842-7245；www.viarail.ca；Walker St和Wyandotte St交叉路口；◎5:15~23:30）位于城镇以东3公里处，有途经伦敦（$56，2小时）开往多伦多（$124，4小时，每天4班）的列车。

伊利湖岸（Lake Erie Shoreline）

伊利湖岸从尼亚加拉附近的韦兰运河一直延伸到温莎的底特律河（Detroit River），是一片风景优美的狭长地带，分布着人烟稀少的沙滩、宁静的小镇和公园。许多安大略人都在这里拥有别墅小屋。通过近期的环保举措，你现在已经可以在伊利湖（五大湖里最浅、水温最高的湖）里游泳，但是在下水前一定先向当地人咨询一下。如果你想走远一点儿，可以去加拿大最南端的岛屿——奇特的皮利岛。湖岸沿线几乎没有公共交通，下面的活动需要你开车前往。

阿默斯特堡（Amherstburg）

对1812年战争和"地下铁路"感兴趣的人会爱上这个历史悠久的小镇，它位于温莎的南面，底特律河在这里汇入伊利湖。尽管近期风平浪静，但这里在过去风起云涌，发生了太多故事。

◉ 景点

公园屋博物馆　　　　　　　　　　博物馆
（Park House Museum；☎519-736-2511；www.parkhousemuseum.com；214 Dalhousie St；成人/儿童 $4/2.50；◎10:00~17:00）博物馆所在建筑是小镇历史最悠久的房屋，也是唯一一座外来建筑。它始建于河岸另一侧，1799年由渡轮运过河、迁移至此。现在是按照19世纪50年代的风格装饰的。

阿默斯特堡自由博物馆　　　　　博物馆
（Amherstburg Freedom Museum；☎519-736-5433；www.amherstburgfreedom.org；277 King St；成人/儿童 $7.50/6.50；◎周二至周五午至17:00，周六和周日 13:00~17:00；P）博物馆的主建筑中展出了从美国逃亡的奴隶的资料，以及本地黑人的历史材料。博物馆的亮点包括一座被列为国家历史遗址的纳兹里非裔卫理圣公会教堂（Nazrey African Methodist Episcopal Church），这座教堂当年由获得自由的奴隶们修建完成，曾在当时的"地下铁路"（见165页）中发挥了积极作用。

马尔登堡国家历史遗址　　　　　　古迹
（Fort Malden National Historic Site；☎519-736-5416；www.amherstburg.ca；100 Laird Ave；成人/儿童 $4/2；◎5月至10月 10:00~17:00；P）这个英式堡垒于1840年在沿河的堤防土方上修建而成。自从毛皮商人抵达此地开始，这个地方就见证了发生在法国殖民者、第一民族、英国殖民者以及后来的美国人之间的一系列争端。在1812年战争期间，英国布罗克将军（General Brock）正是在这儿与他的盟友萧尼人首领特库姆塞（Shawnee Chief Tecumseh）共谋攻占底特律的。

✹✹ 节日和活动

伊利之滨　　　　　　　　　　　葡萄酒节
（Shores of Erie；www.soewinefestival.com；◎9月初）在夏末秋初，葡萄酒和娱乐活动成为这一节日的主题。要提前订好旅馆。过去曾经出现过节日取消的情况，所以提前登录网站确认。

🛏 食宿

Bondy House B&B　　　　　　　　民宿
（☎519-736-9433；www.bondyhouse.com；199 Dalhousie St；双带公共/私人浴室 $110/125起；P❄✻⊛）你可以选择去湖边踱步，或者就在这座维多利亚式建筑休憩，欣赏莲花池大花园的美景。套房和"船长"房（Captain's Room）装修最为精美，不过所有的5个房间都很舒适。

Lord Amherst Public House　　小酒馆食物 $
（☎519-713-9165；www.lordamherst.ca；273 Dalhousie St；主菜 $10~16；◎周一至周日 11:30至深夜）这是间有些年头的古雅酒吧，精致美味的菜肴和新研发的啤酒可供你在探索历史渊源之余愉快地消遣一下。

Artisan Grill　　　　　　　新派加拿大菜 $$
（☎519-713-9009；www.artisangrill.ca；269 Dalhousie St；主菜 $12~28；◎周二至周日

11:00~22:00，周五和周六23:00）能在阿默斯堡这个小城镇发现不俗的高级休闲餐厅，也算是出人意料的惊喜。Artisan Grill可谓是个中翘楚。这里有卷饼、三明治、沙拉和牛排，甚至还有龙虾，的确不同凡响。

❶ 实用信息

阿默斯特堡游客信息中心（Amherstburg Visitors Information Centre；📞519-736-8320；www.amherstburg.ca；Sandwich St和William St交叉路口；⏰5月下旬至10月 周四至周一 10:00~17:00）这处位于水畔的设施能够为你的历史探索之旅指明方向。

❶ 到达和离开

需要有自己的交通工具才能到达阿默斯特堡。新近开张（仅限出租车服务）的**Amherstburg Taxi**（📞519-736-1761；www.amherstburgtaxi.ca）可以将你送到温莎——离此最近的大城镇，费用约$40。

利明顿和皮利岛
(Leamington & Pelee Island)

位于湖滨的利明顿是"安大略省的番茄之都"，尽管大部分人来这里并不是为了番茄，而是为了乘渡船前往皮利岛。皮利角国家公园（是加拿大大陆的最南端）位于城镇的东南方向，春季和秋季时，是成千上万迁徙候鸟的中途栖息点。

作为加拿大最南端的前哨，皮利岛是伊利湖中间一处绿洲，出奇地沉寂。这座岛屿的历史可以追溯到1788年，当时奥杰布瓦（Ojibwe）和渥太华（Ottawa）原住民将它租给了托马斯·麦肯（Thomas McKee），但直到威廉·麦考米克（William McCormick）于1823年收购该岛后这里才得到开发。到了1900年，皮利岛已拥有800位居民、4间教堂和4所学校。现在，岛上只有275位居民，他们的生活都靠当地松散而鲜有起色的旅游业维系，除此之外就没有什么了。岛上绿树成荫，四周为沙滩、浅滩所环绕，不用出省就可以体会到逃离尘世的生活。

◉ 景点

皮利岛遗址中心　　　　　　　　博物馆

(Pelee Island Heritage Centre；📞519-724-2291；www.peleeislandmuseum.ca；1073 West Shore Rd, Pelee Island；成人/儿童 $3/2；⏰5月至10月 10:00~17:00；🅿)靠近西码头（West Dock），小小的皮利岛遗址中心有安大略省最好的自然历史收藏之一。展品涉及历史、地理、野生生物、工业、航运等方面，时间跨度从早期的原住民时代到20世纪，内容丰富有趣，并有一些沉船展览。

皮利岛酿酒厂葡萄酒馆　　　　　酿酒厂

(Pelee Island Winery Wine Pavilion；📞800-597-3533；www.peleeisland.com；20 East-West Rd, Pelee Island；特别游览成人/儿童 $5/免费；⏰10月至次年5月 11:00~16:00, 6月至9月至20:00；🅿)在皮利岛酿酒厂葡萄酒馆里尽情享受岛屿生活的成果吧。常规团队游是免费的，通常在正午、14:00和16:00出发。而美酒配奶酪团队游和美酒配巧克力团队游可以通过电话预约。

菲什角自然保护区　　　　　　　公园

(Fish Point Nature Reserve；📞519-825-4659；www.ontarioparks.com/park/fishpoint；1750 McCormick Rd, Pelee Island；⏰黎明至黄昏；🅿)这片长长的沙质湖岬绝对是加拿大的最南端。一条往返距离3.2公里的森林步道通向这座岛屿菲什角，这是岛上最适合游泳的地方。保护区里是观鸟者的伊甸园，你会在路上看到黑冠夜鹭和大量滨鸟。

皮利角国家公园　　　　　　　　公园

(Point Pelee National Park；📞519-322-2365；www.pc.gc.ca；Point Pelee Dr, Leamington；成人/儿童 $8/4；⏰黎明至黄昏；🅿)这座备受欢迎的国家公园位于利明顿东南方13公里处，主要特色是自然小径、湿地栈道、森林以及可爱的沙滩。秋季，黑脉金斑蝶迁徙时会在这里形成一股黑色和橙色的旋涡奇观。

👣 团队游

Explore Pelee　　　　　　　　自行车游

(📞519-325-8687；www.explorepelee.com；Pelee Island；$40起)团队游将带你逐个游览最古老的民居、运河、泵房、灯塔和岛上的墓地。

🛏 食宿

Stonehill Bed & Breakfast 民宿

(✆519-724-2193；www.stonehillbandb.com；911 West Shore Rd, Pelee Island；标单/双带公共浴室 $75/90；🅿🐕）这座建于1875年的古老农舍用的是后面采石厂的石灰石，从这里能看到滨湖景色和公园般的环境。主人非常热情。温馨的卧室内有拼布被子。

Wandering Pheasant Inn 旅馆 $$

(✆519-724-2270；www.thewanderingpheasantinn.com；1060 E West Rd, Pelee Island；双含早餐 $115~175）这是加拿大最南端的旅馆，位于岛屿东岸，占地1公顷。因为没有路灯，所以很容易就在这里看到神奇的萤火虫。有15间简单的客房和一个热水浴缸。小孩禁入。

Anchor & Wheel Inn 民宿 $$

(✆519-724-2195；www.anchorwheelinn.com；11 West Shore Rd, Pelee Island；露营地无电力/有电力 $25/40，双 $90~115，小屋 $150起；🅿🐕❄）这家朝气蓬勃的宾馆位于皮利的西北角，从长满绿草的露营地到带有空调和按摩浴缸的客房以及码头边的小屋，应有尽有。还自带一家餐厅。

Conorlee's Bakery & Delicatessen 面包房 $

(✆519-724-2321；rickolte.wix.com/bakery；5 Northshore Dr, Pelee Island；三明治 $5~7；⏱周一至周三 8:30~16:00，周四至周日至21:00）Conorlee's有新鲜的烤面包、蛋糕、比萨和馅饼，还有意式浓缩咖啡和当地蜂蜜。你可以外带个三明治，坐在沙滩上吃。

🍷 饮品和夜生活

Scudder Beach Bar & Grill 酒吧

(✆519-724-2902；www.scudderbeach.com；325 North Shore Rd, Pelee Island；主菜 $8~16；⏱5月至9月正午至22:00）这家木结构酒吧提供各种卷饼和三明治，还有凉爽的啤酒。甚至，周六晚上可能还会有现场乐队演出，而周六白天则可能是烧烤日。

ℹ 实用信息

➤ 在Scudder Beach Bar & Grill有一台自动柜员机，不过在繁忙的周末现金可能会被取光！记得带现金来。

➤ 登录www.tourismleamington.com查找关于利明顿的更多信息，或者去Talbot St找Big Tomato。

➤ 你可以在www.pelee.org找到关于皮利岛的各种信息。提前预订好渡轮和住宿。服务和便利设施都有限，包括上网服务。

ℹ 到达和当地交通

4月到12月，游客可以乘坐颠簸的乡间车辆渡轮登上皮利岛。一年中的其他时段，你需要乘飞机前往。记住了，这毕竟是一个岛，许多路都是未铺路面的。

安大略渡轮（Ontario Ferries；✆519-326-2154；www.ontarioferries.com；成人/儿童/老年人 $7.50/3.75/6.25，汽车/自行车/摩托车 $16.50/3.75/8.25；⏱4月至12月中旬）从利明顿[有时从金斯维尔（Kingsville）]出发，开往皮利岛。时刻表依天气和季节而定，预订很重要。单程需要1.5小时。

皮利岛交通（Pelee Island Transportation；✆800-661-2220；www.ontarioferries.com）的渡轮还将美国俄亥俄州的桑达斯基（Sandusky）和皮利岛连接了起来。冬天不运营。

你可以在西码头（West Dock）附近的**Comfortech Bicycle Rentals**（✆519-724-2828；www.peleebikerental.com；West Shore Rd, Pelee Island；每小时/天 $10/25；⏱5月至10月）租到自行车。

斯坦利港（Port Stanley）

斯坦利港（www.portstanley.net）是位于壶溪（Kettle Creek）拐角处的一个隐秘的渔村，拥有很小但风景如画的闹市区和愉快、朴素的气氛。在这里，街上的行人都会与你交谈。

火车爱好者和心态年轻的游客会喜欢**Port Stanley Terminal Rail**（✆877-244-4478；www.pstr.on.ca；309 Bridge St；成人/儿童 $15/9），这是伦敦—斯坦利港铁路线中的一段，长14公里。时刻表不固定，登录网站查询详细信息。

斯坦利港节日剧院（Port Stanley Festival Theatre；✆519-782-4353；www.portstanleytheatre.ca；302 Bridge St；成人/儿童 $32.50/19.50；♿）的演出总能将夏季来这里的游客逗

得捧腹大笑。

如果你喜欢这里的节奏,可以考虑入住 **Inn on the Harbour**(☎519-782-7623;www.innontheharbour.ca;202 Main St;双 $189~299;P※※※),你可以在这座高档的湖上旅馆中看着渔船进出,卸下一筐筐的鲈鱼和小梭鱼。在这家旅馆后面,**Little Inn** 提供主题套房(想象一下"非洲游猎"或"巴黎精品"风格),每晚$259。

多佛港及周边 (Port Dover & Around)

多佛港是一个避暑沙滩小镇,洋溢着休闲轻松的气氛。夏季时,晒黑了的中年人、穿着比基尼的年轻人和吃着冰激凌的孩子在主要区域内走来走去。这里很适合观鸟和游泳,对于户外爱好者来说是个热门的地方;对那些喜欢速度与激情的人来说,每逢13号周五都有个奇特的大型摩托车赛,吸引了大批古怪人士前来参加,沉寂的多佛港也变得人声鼎沸,人来人往。

◉ 景点

长点省立公园 公园

(Long Point Provincial Park;☎519-586-2133;www.ontarioparks.com;350 Erie Blvd,Port Rowan;门票每车 $11;⊙5月至10月;P)这个不错的省立公园位于多佛港的西南湖岸线上,占据了一片延伸入湖的沙岬,很适合游泳。

不带电力的露营地收费$28,带电力的则需$33。

Turkey Point Provincial Park 公园

(☎519-426-3239;www.ontarioparks.com;194 Turkey Point Rd,Turkey Point;门票每车 $11;⊙5月至10月;P)沿着湖岸向西南行驶便能到达这个很棒的省立公园。这里的森林中聚集了鸟类发烧友和自然爱好者。

不带电力的露营地收费$28,带电力的则需$33。

多佛港港口博物馆 博物馆

(Port Dover Harbour Museum;☎519-583-2660;www.portdovermuseum.ca;44 Harbour St;捐赠入场;⊙11:00~18:00)这是一座重建的捕鱼棚屋,它着重介绍了伊利湖的捕鱼业以及当地老水手亚历山大·迈克尼里奇船长(Captain Alexander McNeilledge,"不戴眼镜、不抽雪茄、带一点点酒")的功绩。

✦ 节日和活动

13号周五 文化节

(www.pd13.com)13号周五举办的大型摩托车节颇具特色,每个黑色星期五都会吸引数以百计的哈雷机车爱好者在多佛港汇聚。与世界同类摩托车节相比,这个节日的举办规模算是较大的,全北美近15万名摩托车爱好者们齐聚一堂,蔚为壮观。提前预订住宿,其间价格会水涨船高。

🛏 住宿

Erie Beach Hotel 酒店 $

(☎519-583-1391;www.eriebeachhotel.com;19 Walker St,Port Dover;双 $120;P※※※)城里最为中心的住宿就是白墙粉刷的 Erie Beach Hotel。最好的客房可以俯瞰完美的草坪,酒吧式餐厅主要供应鲈鱼和海虾(主菜 $10~20)。10月至次年5月,房价会稍低一些。

ⓘ 实用信息

多佛港游客中心(Port Dover Visitors Centre;☎519-583-1314;www.portdover.ca;19 Market St

---

烟雾迷了你的眼

诺福克县(Norfolk County)北部位于多佛港(Port Dover)和斯坦利港之间,这里拥有平坦的沙质土壤,为轮作农作物提供了理想的生长条件。过去这儿一直是烟草种植区,现在也种植大麻和西洋参。想要嗅一嗅空气中烟草的味道,可以沿County Rd 45向内陆方向前进1小时,到达斯坦利港的东北部,来到**德里烟草博物馆和遗产中心**(Delhi Tobacco Museum & Heritage Centre;☎519-582-0278;www.delhimuseum.ca;200 Talbot Rd,Delhi;捐赠入场;⊙6月至8月 周一至周五 10:00~16:30,周六和周日 13:00~16:00;P),这是一个用木板箱和叶子打造的多文化博物馆,主要介绍了当地历史和烟草生产。

W, Port Dover; ◐10:00~17:00)可以帮助游客预订住宿并免费出租自行车。

马斯克卡湖
(MUSKOKA LAKES)

巴里标志着多伦多广大近郊区域的尽头,也是马斯克卡湖地区的门户。然而,这座美丽的湖畔小城看上去更像是多伦多郊区的延续。

马斯克卡湖(或只是马斯克卡)是该地区的统称,包括马斯克卡湖、罗索湖(Lake Rosseau)、约瑟夫湖(Lake Joseph)以及其他许多更小的湖泊。该地区原先木材业和造船业兴盛,如今是乡村度假区的中心。家庭游客非常喜欢来这里欣赏山水风景或享受退休后的生活。安大略省最奢侈的别墅都在马斯克卡湖边上的"Millionaires' Row"(百万富翁大道)上。你可以安排几天时间,来这里探索森林和水乡,这里的秋季尤为美丽和宁静。

该地区公共交通不发达,最好是自驾游玩,可以在网站www.discovermuskoka.ca/suggested-driving-tours查询具体信息。注意,夏季时,Hwy 400周五北行(从多伦多)和周日南行的交通简直就是噩梦。

安大略省北交通局(Ontario Northland; www.ontarionorthland.ca)运营的长途汽车途经每个城镇,但班次有限,因此每游览一个城镇可能都得待个2晚。

安大略省旅游信息中心(Ontario Travel Information Centre; ☏705-725-7280; www.ontariotravel.net; 21 Maple View Dr; ◐8:00~20:00)值得一去。沿着Hwy 400向湖的方向走,中心就在公路沿线,你可以在这里领取地图和小册子。

奥里利亚(Orillia)

奥里利亚傲然矗立在辛科湖(Lake Simcoe)的北端。辛科湖注入库切琴湖(Lake Couchiching),两者严格说来都不是马斯克卡湖的组成部分,但都是特伦特-塞文水道(Trent-Severn Waterway)沿线的主要景点。三角帆和汽艇在港口停得满满的,而司机们从Hwy 11下来,到历史悠久的Mississaga St闲逛——它才是奥里利亚的主街。

⦿ 景点和活动

加拿大科德沃特遗产博物馆　　　　博物馆

(Coldwater Canadiana Heritage Museum; ☏705-955-1930; www.coldwatermuseum.com; 1474 Woodrow Rd, Coldwater; 捐赠入场; ◐5月末至10月周一至周六 10:00~16:00)在奥里利亚以西Hwy 12公路与Hwy 400公路交会前,你会发现这座迷人的河边民俗博物馆。这里集中展示了1830年到1950年之间的殖民地时期建筑,述说着乡村生活的历史。

里库克博物馆　　　　　　　　　　博物馆

(Leacock Museum; ☏705-329-1908; www.leacockmuseum.com; 50 Museum Dr; ◐10:00~16:00) 免费 1928年,加拿大幽默大师史狄芬·里库克(Stephen Leacock)在滨水地区建造了一栋奢侈的湖滨别墅,后来成了今天的里库克博物馆。现在博物馆免费开放,每天都开放,很方便。7月,博物馆会举办里库克夏季文化节(Leacock Summer Festival),这是一个备受好评的文学节。

Island Princess　　　　　　　　　游轮

(☏705-325-2628; www.obcruise.com; ◐6月至10月)虽然潘尼唐古辛(Penetanguishene)和帕里桑德有很多风景如画的巡游活动可供选择,但奥里利亚也有搭乘Island Princess号游船展开的各种观光游。在7月和8月,这里每天有多达4班团队游。含中晚餐的游船需要提前预订。登录网站查询巡游的种类、行程和价格。

🛏 食宿

Stone Gate Inn　　　　　　　　　酒店 $$

(☏705-329-2535; www.stonegateinn.com; 437 Laclie St; 房间含早餐 $140起; Ⓟ🌀❄🐾)额外的惊喜——游泳池、完整的商务中心、周末开胃小菜和房间里的浴衣——将这家时尚旅馆和其他旅馆区分开来。

Cranberry House　　　　　　　　民宿 $$

(☏705-326-6871; www.orillia.org/cranberryhouse; 25 Dalton Cres S; 双含早餐 $140起)

这家民宿坐落在寂静的大街上，很像电视节目《两小无猜》(The Wonder Years)中的场景。这个街区的每栋房屋看上去都是整洁而温馨的，这家民宿也不例外。房间内配有浴室。

Mariposa Market　　　　　　　市场 $

(☎705-325-8885; www.mariposamarket.ca; 109 Mississaga St E; 单品$2起; ◎周一至周四和周六 7:00~18:00, 周五至20:00, 周日 8:00~17:30)这个一半是面包房一半卖小玩意的店铺提供了视觉和口感的盛宴。试试这里可口的糕点和清淡的午餐，挑块甜品，然后再买点儿纪念品。

Webers Hamburgers　　　　　　汉堡包 $

(☎705-325-3696; www.webers.com; Hwy 11; 汉堡包$4.25~6.25; ◎10:30至深夜)这家传奇的炭火烧烤汉堡餐厅位于奥里利亚以北12公里处Hwy 11路边，用物美价廉的汉堡吸引着过往的人们，路对面的行人可以顺着天桥走来。对多油食物垂涎欲滴的人们排起了无尽的长队。

☆ 娱乐

Orillia Opera House　　　　　　表演艺术

(☎705-326-8011; www.orilliaoperahouse.ca; 20 Mississaga St W)塔楼状的歌剧院内举办各种演出，例如《猫》和《俄克拉荷马》(Oklahoma)等经典剧目。

Casino Rama　　　　　　　　　　赌场

(☎705-329-3325; www.casinorama.com; 5899 Rama Rd; ◎24小时)流光溢彩的赌场也是巡回娱乐表演的主舞台。

❶ 到达和离开

加拿大灰狗长途巴士(greyhound.ca)提供往来奥里利亚和多伦多的客运服务($32, 2.25小时, 每天6班)。**安大略省北交通局**(Ontario Northland; www.ontarionorthland.ca; $31, 2.25小时, 每天5班)也运营相同的路线。

格雷文赫斯特(Gravenhurst)

当附近的布雷斯布里奇(Bracebridge)备受游客青睐时，格雷文赫斯特也在逐渐成长。去看看马斯克卡码头(Muskoka Wharf)，你会见证千禧年后湖畔的发展，这里聚集着商店、餐厅、公寓、农贸集市和博物馆。

◉ 景点

白求恩纪念馆　　　　　　　　历史建筑

(Bethune Memorial House; ☎705-687-4261; www.pc.gc.ca/bethune; 297 John St N; 成人/儿童 $4/2; ◎6月至10月 10:00~16:00)这个小型博物馆是为纪念加拿大医生诺尔曼·白求恩(Norman Bethune)而建的，他以一名外科医生和教育工作者的身份将其一生奉献给了中国。白求恩在西班牙革命期间，在西班牙建立了世界上第一个移动输血诊所。

马斯克卡船和遗产中心　　　　　博物馆

(Muskoka Boat & Heritage Centre; ☎705-687-2115; www.realmuskoka.com; 275 Steamship Bay Rd; 成人/儿童 $7/2; ◎周一至周五 10:00~18:00, 周六和周日至16:00)这个博物馆里的20多艘木船讲述着这个地区轮船和酒店业的丰富历史。另外，在这里，你还会发现以下两艘船: Segwun号是北美还在运营中的最古老的轮船，过去曾是偏远的马斯克卡飞地的邮政服务船; Wenonah Ⅱ号是具有老派设计风格的现代巡洋舰。这里有各种巡航团队游可选，登录网站了解详情。

✦ 节日和活动

驳船音乐会　　　　　　　　　　音乐节

(Musiconthe Barge; http://fb.me/musiconthebarge; Gull Lake Park; 捐赠入场; ◎6月末至8月末)在夏季，成千上万的人会涌来此处观看大牌乐队演出，聆听爵士乐或乡村音乐。从6月下旬到8月下旬，每个周日19:30都会有音乐会。

🛏 食宿

Residence Inn Muskoka Wharf　酒店 $$

(☎705-687-6600; www.marriott.com; 285 Steamship Bay Rd; 双/套 $125/160起; ▣❄✿❀)如果你想住在水边，那没有比马斯克卡码头上这家庞大的新酒店更适合的了。这里有宽敞且装饰一新的开间和套房，套房还配有设施齐全的厨房、独立的客厅、卧室

和宽敞的浴室。部分客房有阳台,可以观赏湖景。房价含自助早餐,旅游高峰期价格最高。

★ Taboo Resort　　　　　　　度假村 $$$

(☎705-687-2233; www.tabooresort.com; 1209 Muskoka Beach Rd; 双 $199起; ⓟ❄🛜🏊)安大略省这处具有国际吸引力的精品住宿地终于开业了。度假村在狭小的半岛上占据着临湖的风水宝地,酒店式客房和套房干净整洁、风格简约,采用灰色枫木装饰、华丽的浴室以及品牌洗浴用品。如果你带着孩子,3层小楼是最合适的,孩子们会沉浸在儿童俱乐部里,这样你可以在游泳池畔享受鸡尾酒,打打高尔夫或者品尝精美的食物。

Pizza Station　　　　　　　比萨饼 $

(☎705-687-3111; 415 Bethune Dr N; 小比萨 $7起; ⊙周一至周六 10:00~22:00)这家不起眼的比萨小店深得当地人喜爱,热气腾腾的芝士比萨外皮酥脆,配料分量恰到好处。

Blue Willow Tea Shop　　　　英国菜 $

(☎705-687-2597; www.bluewillowteashop.ca; 900 Bay St; 下午茶 $24, 主菜 $14~16; ⊙周一至周四 10:00~16:00, 周五和周六至20:00, 周日至15:00)这个可爱的湖滨茶室每天14:00开始供应下午茶。有限的晚餐菜单上有英式主食,如香肠土豆泥、炸鱼和薯条。

☆ 娱乐

Gravenhurst Opera House　　　剧院

(☎705-687-5550; www.gravenhurstoperahouse.com; 295 Muskoka Rd S)这座迷人的文物建筑在夏季会举办专业戏剧演出。

ⓘ 实用信息

格雷文赫斯特商会(Gravenhurst Chamber of Commerce; ☎705-687-4432; www.gravenhurstchamber.com; 685 Muskoka Rd N; ⊙周一至周五 8:30~17:00, 周六 9:00至正午)坐落在城镇边缘。更多信息请登录www.gravenhurst.ca。

ⓘ 到达和离开

安大略省北交通局(Ontario Northland; www.ontarionorthland.ca)在诺斯贝(North Bay)线路上运营来往多伦多和格雷文赫斯特之间的长途汽车($40, 3小时, 每天4~5班),汽车会停靠格雷文赫斯特火车站。该地区已经多年不通火车。

布雷斯布里奇(Bracebridge)

森林密布的布雷斯布里奇坐落在北纬45度,即北极和赤道的中间位置。这个迷人的小镇一年四季都拥有独特的自然魅力:夏天大树郁郁葱葱,瀑布喷薄而下,枫树林秋色烂漫。

◉ 景点

布雷斯布里奇瀑布　　　　　　瀑布

(Bracebridge Falls)你会在游客中心附近看到布雷斯布里奇22座瀑布中最著名的瀑布——布雷斯布里奇瀑布。其他备受欢迎的瀑布还有位于小镇以南6公里处的马斯克卡南瀑布(Muskoka South Falls, 33米)和小镇北面的威尔逊瀑布(Wilson's Falls)、高瀑布(High Falls)。

马斯克卡啤酒厂　　　　　　　啤酒厂

(Muscosa Brewery; ☎705-646-1266; www.muskokabrewery.com; 13 Taylor Rd; ⊙周一至周六 11:00~17:00, 周日至16:00)马斯克卡啤酒厂的瓶装啤酒口味不错,包括奶油麦酒(creamale)和一系列拉格淡啤。在夏季,周四至周六的12:30到15:30间,逢半点会有免费的品酒团队游。

ⓒ 团队游

Lady Muskoka　　　　　　　乘船游

(☎705-646-2628; www.ladymuskoka.com; 游轮成人/儿童 $32/16起; ⊙5月至10月)你可以乘坐马斯克卡最大的游轮,尽情领略马斯克卡湖的美景,包括令人瞠目结舌的富人休闲区"百万富翁大道"。巡游项目种类丰富,还有包括早午餐的巡游可供选择。

✱ 节日和活动

Muskoka Autumn Studio Tour　　文化

(www.muskokaautumnstudiotour.com)每到9月份,当地的艺术家都会敞开工作室大门让公众参观,这一活动已经持续了35年以上。

食宿

Innatthe Falls 酒店 $$

(☏705-645-2245；www.innatthefalls.ca；1 Dominion St；双 $109~179；🅿❄🛜)这是本地的地标，拥有宏伟的主体建筑和6间小屋，铁灯笼、古色古香的枝形烛台、肖像画和栅栏都保留了19世纪70年代的氛围。这里还是备受欢迎的婚礼场地。套房拥有迷人的装饰和船般的大床。酒店内的美食酒吧拥有迷人的露台，周围有分层布置的花园，可以俯瞰湖湾美景。周日到周四的房价更低。

Wellington Motel 汽车旅馆 $$

(☏705-645-2238；www.wellingtonmotel.com；265 Wellington St；双/套 $110/179；🅿❄)这个整洁的红砖旅馆坐落在市中心，古朴而干净。客房里配有冰箱、微波炉和宽敞的浴室。套房里还有全套厨房设备。

Old Station 小酒馆食物 $$

(☏705-645-9776；www.oldstation.ca；88 Manitoba St；主菜 $13~30；🕛周日至周四 11:30~22:00，周五和周六至23:00)夏天的夜晚，这里是镇上最热闹的地方。在露台可以俯瞰主干道，非常适合在划完皮划艇后放松休憩。好好尝尝这里的手撕猪肉三明治，再来一品脱的马斯克卡麦酒，这款酒就是马路对面的啤酒厂酿造的。

Riverwalk Restaurant 地中海菜 $$$

(☏705-646-0711；1 Manitoba St；主菜午餐 $12~18，晚餐 $28~37；🕛周二至周日 11:30~14:30和17:30~20:30)如果你能做到的话，将你的视线从美景中移开，关注一下这里的菜单。你可以在猪肉、鸡肉、鸭肉、小牛肉、牛肉、羊肉和海鲜之间做出选择。建议提前预订。

ℹ️ 实用信息

布雷斯布里奇游客中心（Bracebridge Visitors Centre；☏705-645-8121；www.bracebridge.ca；1 Manitoba St；🕛全年 周一至周五 9:00~17:00，周六 10:00~17:00，6月至8月 周日正午至16:00)全年开放。

ℹ️ 到达和离开

安大略省北交通局（Ontario Northland；www.ontarionorthland.ca)的诺斯贝线路连接了多伦多（$43，3小时，每天4~5班)与布雷斯布里奇。

罗索和卡灵港（Rosseau & Port Carling）

罗索是一座沉寂的小镇，你可能在前往其他地方的途中会路过此地。这是一座古朴的小村庄，有小沙滩、历史悠久的图书馆、几个古董商店和一两间咖啡馆。如果你想住在马斯克卡的奢华度假村，那最好选择**罗索**（JW Marriott Resort & Spa；☏705-765-1900；www.therosseau.com；1050 Paignton House Rd, Minett；双/套 $199/249起；❄)，这里非常适合有钱的夫妻带着孩子游玩（或者不带孩子），在这里，父母可以在游泳池游泳，孩子们则可以参加自然导览徒步游。用餐选择只有度假村里比较昂贵的菜肴。套房内配有厨房，但房价略高。总之，这里很大很美，什么都有，但并不适合所有人。

沿着Rte 118来到布雷斯布里奇北面富裕的卡灵港，你便可看到一幅很漂亮的古船**壁画**。仔细观察你就会发现，壁画其实是用老照片拼贴而成的，这太了不起了！马斯克卡壮阔的自然风光为当地的艺术家提供了各种灵感。联系**马斯克卡艺术和手工艺品**（Muskoka Arts and Crafts；muskokaartsandcrafts.com）了解更多信息。

亨茨维尔（Huntsville）

美丽的亨茨维尔是马斯克卡最大的城镇，坐落在片片湖泊和松树林之间，是通往安大略省东部阿尔贡金省立公园的门户。不妨以此为落脚点，进行前往阿尔贡金省立公园或是周游马斯克卡的一日游，也可以在开启阿尔贡金冒险长途之旅前来这里转转，不过你需要有自己的交通工具。

◉ 景点

马斯克卡遗产地 博物馆

(Muskoka Heritage Place；☏705-789-7576；www.muskokaheritageplace.org；88 Brunel Rd；成人/儿童 $17/12；🕛5月至10月)你可以在这个遗产地景区以历史性的视角来观察这个地区。

这里包括一个原汁原味的开拓者村落、几个展览丰富的博物馆和一列从1902年就开始工作的蒸汽火车（每天数班；门票包含车费）。

❀ 节日和活动

艺术节　　　　　　　　　　　　　　艺术节
（Festival of the Arts; www.huntsvillefestival.on.ca）全年都有音乐、电影和各种艺术庆典活动。

🛏 住宿

Huntsville Inn　　　　　　　　汽车旅馆 $
（☎866-222-8525; www.hunstvilleinn.com; 19 King William St; 双 $55起; ᴾ❋ⓢ）旅馆位于桥边的绝佳地段，装修一新的房间内配有平板电视和免费Wi-Fi，性价比很高。

AuPetit Dormeur　　　　　　　　旅馆 $
（☎705-789-2552; www.aupetitdormeur.com; 22 Main St W; 双 $80~100; ᴾ❋ⓢ）旅馆位于一座殖民地时期的精美建筑中，房间风格独特，甚至还有健身器材。可以在阳台上吃早餐，俯瞰湖泊美景。

Hidden Valley Resort　　　　度假村 $$
（☎705-789-2301; www.hvmuskoka.com; 1755 Valley Rd; 双 $115起; ❋）这家20世纪90年代风格的度假酒店最近才装修一新，大多数布局合理的房间都有阳台，可以观看到湖泊美景和精心维护的庭院。酒店内有一家带着漂亮露台的餐厅、室内外游泳池，附近甚至还有一个小型坡地滑雪场。酒店就位于亨茨维尔以北8公里处。

Knights Inn Motel　　　　　汽车旅馆 $$
（☎705-789-4414; www.knightsinn.ca; 69 Main St W; 双/标双 $100/110; ᴾ❋ⓢ）旅馆位于湖边小道附近的一座可爱小坡上，步行一小段路就可到城中心，这家品质良好的汽车旅馆在阳光明媚的公共休息室里提供早餐。此外还有野餐区、房内微波炉和儿童玩乐设施。

🍴 餐饮

★ That Little Place
by the Lights　　　　　　　　　意大利菜 $
（☎705-789-2536; www.thatlittleplacebythelights.ca; 76 Main St E; 餐 $6~14; ⊘周一至周六 10:00~21:30）这里是当地人的最爱，餐厅的老式比萨、意大利面和胶凝冰糕备受欢迎。物超所值。

Louis' Restaurant　　　　　　美式小餐馆 $
（☎705-789-5704; www.eatatlouis.com; 24 Main St E; 主菜 $9~18; ⊘7:00~21:00）这家令人愉快的家庭餐厅有便宜的早餐，还有老式培根生菜番茄三明治、汉堡包和烤肉串等美味午餐。每天都有特价菜。

Bo's Authentic Thai　　　　　　泰国菜 $$
（☎705-789-8038; 79 Main St E; 主菜 $12~19; ⊘11:00~21:00; 🅿）正如名字所显示的，这家湖畔餐馆主打正宗的泰国菜（不过菜单上只有英文名字）。素食主义者也有多种选择。

Millon Main　　　　　　　　　加拿大菜 $$
（☎705-788-5150; www.themillonmain.ca; 50 Main St E; 主菜 $12~20; ⊘周一至周四 11:00~21:00，周五和周六至次日1:00，周日至20:00）试试这里著名的奶酪球——绝对会令人念念不忘。餐厅对传统名菜做了一些一流的原创改良，你可以坐在有棚露台上，一边观赏水景一边享用美食。这里是一个休闲聚餐或者喝上几杯的好去处。周末有时会有乐队现场演出。

On the Docks　　　　　　　　　　　小酒馆
（☎705-789-7910; www.onthedockspub.com; 90 Main St E; 单品 $6~14; ⊘11:30至次日1:00）坐在餐厅漂亮的层叠式水景露台上，尝尝各种美味的卷饼、开胃菜和三明治。

❶ 实用信息

商会（Chamber of Commerce; ☎705-789-1751; www.huntsville.ca; 8 West St N; ⊘周一至周五 9:00~17:00，周六 10:00~15:00）你可以在这里获取大量的当地信息。

❶ 到达和离开

安大略省北交通局（Ontario Northland; www.ontarionorthland.ca）有从多伦多（$39.30，3小时，每天4~5班）开往亨茨维尔的长途汽车，但没有公共交通工具继续前往公园。

公园巴士（Parkbus；parkbus.ca）提供物有所值的季节性服务，有从多伦多前往阿尔贡金省立公园（往返$88，3~4小时）班车。班次不频繁，且很受欢迎——务必在网站上提前预订。

乔治亚湾（GEORGIAN BAY）

乔治亚湾地区令人无限神往，周围有开阔碧蓝的水域和绿色的树木。夏日，可以伴着和风在优美的湖岸沙滩上漫步，秋季枫叶如火，而到了冬天，茂密的松树林在刺骨的寒风中瑟瑟抖动。天上人间般的奇景让加拿大最有名的画家们灵感大发，如今这里也成了无数新兴艺术家的聚集地。

华沙加湖滩（Wasaga Beach）位于乔治亚湾南部的弧形地带，是世界上最长的淡水沙滩。附近的科灵伍德（Collingwood）和蓝山（Blue Mountain）是安大略省最受欢迎的冬季滑雪胜地。

从欧文桑德（Owen Sound）的沿着西岸向北走，气势磅礴的布鲁斯半岛以其嶙峋的石灰岩露头岩层、波光粼粼的湖岸和陡峭的悬崖而闻名。这里值得骄傲的是小巧却令人印象深刻的托伯莫里和马尼图林岛。如果时间允许，可以在这里多待几天。

这一地区幅员广阔，游客需要自备交通工具，并且满怀着对公路旅行的强烈渴望。公园巴士（Parkbus；parkbus.ca）也提供一些线路，尤其是开往托伯莫里这处人气极高的夏季绝佳之选，所以记得提前预订。

帕里桑德（Parry Sound）

作为曾经繁忙的航运港口，小小的帕里桑德静静地隐匿在乔治亚湾数以百计的小岛背后。这里的气氛悠闲宁静，只有码头附近铁道上的巨型装置发出的咆哮声响彻天际。

◎ 景点和活动

鲍比·奥尔名人堂 博物馆

（Bobby Orr Hall of Fame; ☎877-746-4466; www.bobbyorrhalloffame.com; 2 Bay St; 成人/儿童 $9/6; ⊙周二至周六 10:00~17:00，周日 11:00~17:00）对于外行来说，当地传奇人物、冰球英雄鲍比·奥尔以勇猛的进攻实力永久地改变了防守队员的角色。在他这座庞大的现代圣殿中，球迷们可以变身为一个体育播音员，或者穿上

守门员的装备，挑战自动冰球发球机。

MV Chippewa III
游轮

(☎705-746-6064; www.spiritofthesound. ca; Seguin River Parkette, Bay St; ◎6月至10月) 你会乘坐这艘绿色的小型拖船展开巡游，其中有含午餐和含晚餐等多种巡游项目。可登录网站查询票价和时刻表。

Island Queen
游轮

(☎800-506-2628; www.islandqueencruise. com; 9 Bay St; 2小时上午游轮成人/儿童 $30/15, 3小时下午游轮 $40/20; ◎6月至10月) 坐着 Island Queen号游轮游览附近30,000个小岛（没错！）。有多种航行方式可供选择。

White Squall
皮划艇

(☎705-342-5324; www.whitesquall.com; 53 Carling Bay Rd, Nobel; 租赁 $27起, 一日游 $129起; ◎4月至10月 9:00~17:30) 友好的工作人员会为你介绍各种项目，比如，你可以乘坐租来的皮划艇参加导览游，探索这个地区的水路。机构总部位于帕里桑德西北15公里处，在去往杀熊省立公园 (Killbear Provincial Park) 的途中，靠近诺贝尔 (Nobel)。

节日和活动

Festival of the Sound
音乐节

(www.festivalofthesound.ca; ◎7月中至8月中) 帕里桑德举办全国闻名的古典音乐节。门票价格不定。

食宿

Bayside Inn
民宿 $$

(☎705-746-7720; www.psbaysideinn.com; 10 Gibson St; 房间 $108~148; P❄@) 这座奢侈的私人住宅建于19世纪80年代，重新装修后充满惊喜：壁炉后面有一个旋转上升的楼梯，12间漂亮的卧室里都配有记忆棉床垫。所有房间都有浴室。

Lill's Place
咖啡馆 $

(46 Seguin St; 单品 $5~15; ◎周三至周日 8:00~15:30) 这里的精品特色早餐是出色的火腿蛋松饼和不错的咖啡。咖啡馆为家庭式经营，友善的店主和蔼客气，店里弥漫着朴素的地方特色。

Wellington's
小酒馆食物 $$

(☎705-746-1333; www.wellingtonspubandgrill.com; 105 James St; 主菜 $12~25; ◎11:00~22:00) 这是一家"最淡爽的"酒吧。这里看起来像常规的酒吧，但更注重健康。菜单上有山核桃鸡等低热量食物。

❶ 实用信息

乔治亚湾地区游客中心 (Georgian Bay Country Visitors Centre; ☎705-746-1287; www.gbcountry. com; 70 Church St; ◎周一至周五 9:00~17:00) 位于老火车站内。

❶ 到达和离开

安大略省北交通局 (Ontario Northland; www.ontarionorthland.ca) 的萨德伯里 (Sudbury) 线路连接了多伦多 ($57.20, 3~4小时, 每天3班) 和帕里桑德。

米德兰和潘尼唐古辛 (Midland & Penetanguishene)

原住民休伦-欧恩达特人 (Huron-Ouendat) 最先在这里定居，随后逐渐发展成联盟以促进和周边原住民部落之间的互助合作。后来，这个联盟引起了法国探险家以及耶稣会传教士的注意，后者热切地要来拯救这里的人们的灵魂。米德兰引人入胜的历史主要集中在休伦人和基督教坚定分子的血腥冲突上。如今，米德兰也以其30多幅生动的壁画而闻名，这些壁画已经将市中心变成了户外艺术/历史的课堂。

沿着公路上行不到6公里，就来到了小镇潘尼唐古辛，镇子虽小，名气却很响亮，是探索乔治亚湾上星罗棋布的30,000个小岛的最佳大本营。如今，很多人选择从多伦多到这两个地方进行一日游或者度过一个轻松的周末。

◉ 景点和活动

阿文达省立公园
公园

(Awenda Provincial Park; ☎705-549-2231; Awenda Park Rd; 日间入园 每车 $12~20, 露营地 $32~46; ◎5月至10月) 这座风景优美的公园

距离潘尼唐古辛15公里，拥有4处沙滩游泳场和总长达30公里、轻松易行的步行小径以及200多种鸟类。

发现港 博物馆

（Discovery Harbour; ☎705-549-8064; www.penetanguishene.ca; 93 Jury Dr, Penetanguishene; 成人/优惠 $8/7; ◎5月至9月）推荐参加导游游来游览这座重建的英国要塞，导游会带领你登上两艘复制船，并介绍这座要塞的历史。

休伦人博物馆和休伦欧恩达特村庄 博物馆

（Huronia Museum & Huron-Ouendat Village; ☎705-526-2844; www.huroniamuseum.com; 549 Little Lake Park Rd, Midland; 成人/儿童 $12/7.25; ◎每天 9:00~17:00, 10月至次年5月 周六、周日不开放）村庄仿照拥有500年历史的休伦欧恩达特人定居点重建。馆内约有100万件藏品，但并没有完全展出。

圣玛丽遗址 古迹

（Ste-Marie among the Hurons; ☎705-526-7838; www.saintemarieamongthehurons.on.ca; Hwy12, Midland; 成人/儿童 $10/9; ◎4月至10月 10:00~17:00）这座重建的历史遗址重现了17世纪耶稣会的传教活动，身着旧时服装的工作人员会向游客生动介绍当年的传教士用微笑迎接苦难和折磨的故事。

殉道者朝圣地 纪念碑

（Martyrs' Shrine; www.martyrs-shrine.com; Hwy 12, Midland; 成人/儿童 $5/免费; ◎5月至10月 8:00~21:00）这一圣地为纪念6位传教士而建，他们死于易洛魁人之手。这里包括一片开阔的草地，上面竖立着几座十字架，还有一座壮观的大教堂型的圣殿教堂。每年，成千上万的朝圣者都会来到这里，向殉道的St Jean de Brébeuf致敬。

团队游

30,000 Island Tours 乘船游

（☎705-549-3388; www.midlandtours.com; 177 King St, Midland; 成人/儿童 $30/16, 含午餐 $45/34; ◎5月至10月）"米德兰小姐"（Miss Midland）并不是当地的选美比赛，而是一艘船的名字。它每天14:00从米德兰码头出发，开始巡游。7月至8月间还有供应午餐和晚餐的巡航项目。

食宿

Silver Star 汽车旅馆 $

（☎705-526-6571; www.silverstarmotel.ca; 748 Yonge St, Midland; 双 $65起; ℗❄︎☎）便宜、欢乐、干净、市中心！重新装修过的房间配有平板电视和免费Wi-Fi。这里是城中性价比最高的选择。

Comfort Inn 汽车旅馆 $$

（☎705-526-2090; 980 King St, Midland; 双 $105起; ℗❄︎）开车直达的单元房、合理的折扣房价和友好的店员为这家老旧但维护良好的汽车旅馆赢得了口碑。旅馆周围草木葱郁，距市中心3公里。

Georgian Terrace 民宿 $$

（☎705-549-2440; www.georgianterrace.ca; 14 Water St, Penetanguishene; 房间含早餐 $150~175; ℗❄︎☎）这家古老的建筑得到了精心修复和升级改造，门前的立柱非常吸睛。房间典雅，没有太多装饰，带有Wi-Fi和平板电视。

Cibouletteetcie 熟食 $

（☎705-245-0410; www.cibouletteetcie.ca; 248 King St, Midland; 单品 $6起; ◎周一至周六 8:00~18:00, 周日 10:00~16:00）这家精制熟食店兼咖啡馆里有种类丰富的各种美食、冷盘肉、奶酪、新鲜的汤和调味汁。咖啡馆提供很棒的咖啡和简餐，还有各种外卖食品。

★Captain Ken's Diner 炸鱼和薯条 $$

（☎705-549-8691; www.captainkensdiner.com; 70 Main St, Penetanguishene; 主菜 $12.50~30; ◎7:00~21:00）过来跟Ken打个招呼，他会为你炸制从湖里新鲜捕捞的梭鱼，味道堪称完美。当年这个店面还是个台球厅，14岁的他开始在这里兼职。17岁时，他就买下了这里，并花了几十年时间将其打造成经营有方卖炸鱼和薯条的运动酒吧。多么励志的故事！食物和故事一样耐人寻味。

Explorer's Cafe 各国风味 $$

（☎705-527-9199; www.theexplorerscafe.com; 345 King St, Midland; 主菜 $21~30; ◎周

日、周二和周三 17:00～22:00，周四至周六 正午至22:00）这家古怪的餐厅一直是人们的最爱，店里的墙上装饰着来自世界各地淘来的战利品。虽然饭菜很国际化，但他们使用的都是当地食材。

Cellarman's Ale House　　小酒馆食物 $$

（☎705-526-8223; http://cellarmans.ca; 337 King St, Midland; 主菜 $13～18; ⓗ周一至周四 11:30～23:00，周五和周六至午夜）这家温馨的酒吧位于King St附近的一个隐秘的位置。丰盛的英式美食让当地人在多风的冬季保持健壮，你可以尝尝苏格兰鸡蛋、牛排和蘑菇派，味道真不错。

☆ 娱乐

King's Wharf Theatre　　剧院

（☎888-449-4463; www.kingswharftheatre.com; 93 Jury Dr, Penetanguishene; ⓗ5月至9月）这是座美妙的木结构湖畔剧院，主要出品大牌音乐剧的小镇版。

ⓘ 实用信息

南乔治亚湾商会（Southern Georgian Bay Chamber of Commerce; ☎705-526-7884; http://southerngeorgianbay.ca; 208 King St, Midland; ⓗ周一至周五 9:00～17:00）提供《南乔治亚湾游客指南》（*Southern Georgian Bay Visitor Guidebook*），可以从网站上下载。

旅游局办事处（☎705-549-2232; 2 Main St, Penetanguishene; ⓗ5月至10月 9:00～17:00）别错过码头上的这个季节性的旅游局办事处。

ⓘ 到达和离开

从多伦多没有直达该地区的长途汽车。不过**加拿大灰狗长途巴士**（greyhound.ca）有开往巴里的长途汽车。1小时之后有另一班长途汽车从巴里开往米德兰和潘尼唐古辛（$19, 1小时, 每天1班）。如果你没开车的话，**Central Taxi Midland**（☎705-526-2626; www.centraltaximidland.ca）可以为你提供往返米德兰和潘尼唐古辛的出租车服务。

科灵伍德和蓝山（Collingwood & Blue Mountain）

美丽的科灵伍德位于湖滨，它毗邻滑雪和度假胜地蓝山，这两个地方一年到头都吸引着喜欢在自然风光里开展各种活动的游客前来朝圣。这片区域被统称作蓝山山脉（Blue Mountains），度假村叫蓝山。如果你不喜欢户外活动，不如让自己在苹果派小径（Apple Pie Trail）上好好徒步一番，欣赏安大略省风景如画的苹果产区（潮湿的湖畔气候非常适宜苹果的生长），还能享用吃不完的香甜苹果派。

🏃 活动

★ **蓝山**　　滑雪

（Blue Mountain; ☎705-445-0231; www.bluemountain.ca; 108 Jozo Weider Blvd, Blue Mountains; 日间和夜场缆车票成人/儿童 $20/19; ⓗ9:00～22:00）去过惠斯勒（Whistler）和蒙特朗布朗滑雪的人会告诉你，安大略省最好的滑雪场和单板滑雪场还是在蓝山：这里有适合自由式滑雪的地形、U形滑道、跳上跳下式的传送带、16架缆车，还有从入门级到双黑钻级别的35条滑雪道。蓝山滑雪学校（Blue Mountain Snow School）提供了多种课程，适合各种水平的人学习，费用为$89起，包括日间缆车费用、说明指导和器械租用服务。

夏天的活动同样丰富多彩，有山地自行车骑行、帆船、爬山、徒步和风帆冲浪，不一而足。

华沙加：世界最长的淡水沙滩

华沙加拥有世界上最长的淡水沙滩，这份殊荣毋庸置疑。这里也是距离多伦多最近的成熟沙滩度假村，每年夏天吸引着成千上万的游客前来。绵延14公里的柔软沙滩和拍岸湖水大部分都属于**华沙加湖滩省立公园**（Wasaga Beach Provincial Park; ☎705-429-2516; www.wasagabeachpark.com; 日间入园每车 $15; ⓗ5月至10月）。园内能露营。夏天这片沙滩备受关注，以至于许多人忘记了：冬天里，华加沙原始的沙丘变成小雪坡，是越野滑雪的完美地点。

加拿大灰狗长途巴士（greyhound.ca）的长途汽车来往多伦多和华沙加东湖滩（Wasaga Beach East; $35, 3小时, 每天1班）。

Scanidnave Spa　　　　　　水疗

(☎705-443-8484; www.scandinave.com/en/bluemountain; 152 Grey Rd 21, Blue Mountain; 洗浴 $55; ◎10:00~21:00)你可以在这里放纵自己。这个斯堪的纳维亚风格的水疗馆有热水浴、冷水浴、瀑布浴、雪浴（只在冬季有）和桑拿浴。

Free Spirit Tours　　　　　　探险运动

(☎705-444-3622, 519-599-2268; www.freespirit-tours.com; 236720 Grey Rd 13, Heathcote; 活动 $55起)逃离喧闹的人群，在乔治亚湾花上一天时间尽情投入攀岩、探洞或划皮划艇（夏天）等户外活动中。冬天，则可以尝试一下雪鞋徒步。

✦ 节日和活动

Elvis Festival　　　　　　表演艺术

(www.collingwoodelvisfestival.com; ◎7月)从1995年起，每年7月科灵伍德都会成为猫王粉丝的海洋，届时会举办猫王模仿赛，其规模在全球范围内也是数一数二的。

Wakestock　　　　　　运动

(www.wakestock.com; ◎8月)在8月份，年轻的尾流跳板（wakeboard）好手齐聚科灵伍德，带着他们昂贵的极限运动装备参加这个集运动和音乐于一体的节日。

✦ 食宿

Mariner Motor Hotel　　　　汽车旅馆 $$

(☎705-445-3330; www.marinermotorhotel.ca; 305 Hume St, Collingwood; 双 $109起; P ☎)谁能想到建筑大师弗莱克·劳埃德·赖特的传奇作品最终竟沦为科灵伍德路边的汽车旅馆？这间旅馆看起来简单、复古甚至有点儿令人困惑，但我们就是喜爱它的真实。

Days Inn & Suites　　　　　汽车旅馆 $$

(☎705-444-1880; www.daysinncollingwood.com; 15 Cambridge St, Collingwood; 双 $110起)这座拥有76间客房的连锁汽车旅馆位于科灵伍德和蓝山之间，得益于专业的员工，这里一直维护良好。房间采用中性色调装潢，都配备了微波炉。

Blue Mountain Inn　　　　　　酒店 $$

(☎705-445-0231; www.bluemountain.ca; 110 Jozo Weider Blvd, Blue Mountain; 房间 $89~499; P ✳ @ ☎)房型从标准客房到高档的豪华三卧套房不等，且近年来所有客房都已经过修缮。更多选择请登录网站查询，价格波动可能会很大。

★ Westin Trillium House　　　度假村 $$$

(☎705-443-8080; www.westinbluemountain.com; 220 Gord Canning Dr, Blue Mountain; 双/套 $199/249起; ☎)本着欢迎情侣、可带宠物、举家入住的理念，这家酒店一直以其出色的服务维护着品牌的良好声誉。这里有各类装饰豪华的客房和套房，大部分房间都可以俯瞰蓝山村、池塘或室外泳池。看看你出行的时候是否有折扣或优惠套餐吧!

Grandma Lambe's　　　　　　市场 $

(Hwy 26; ◎周六至周四 8:00~18:00, 周五至19:00)要经过35公里的长途奔波才能到达这个市场，它位于索恩伯里（Thornbury）和米福德（Meaford）之间的Hwy 26的西边，但是你一定会感到不虚此行。在这里，你可以享用枫糖浆葡萄酒、黄油蛋挞和各种蔬菜，另外还有满桌子堆得高高的馅饼、面包和果冻等。

Tremont Cafe　　　　　　欧洲菜 $$$

(☎705-293-6000; www.thetremontcafe.com; 80 Simcoe St, Collingwood; 主菜 $16~34; ◎周三至周一 11:00~15:00和17:30~21:30)这家精致的咖啡馆餐厅位于一座古老的Tremont建筑中，快来这里品尝令人垂涎的周末早午餐或经典晚餐吧! 吃完羊肉棒后，还想再来份法式鸭腿或大西洋三文鱼吗？这里的菜单会定期更新。

❶ 实用信息

乔治亚三角旅游协会（Georgian Triangle Tourism Association; ☎705-445-7722; www.visitsouthgeorgianbay.ca; 45 St Paul St, Collingwood; ◎9:00~17:00)你可以通过这个机构了解乔治亚湾这片美妙的地区。

❶ 到达和当地交通

加拿大灰狗长途巴士（greyhound.ca）提供从多伦

多到科灵伍德（$39，3小时，每天1班）再继续前往欧文桑德（$43，4.25小时，每天1班）的客运服务，班次有限。

Ace Cabs（☎705-445-3300；www.collingwoodtaxi.com）可以提供科灵伍德和蓝山之间的出租车服务（$26，15分钟）。

AUC旅游（AUC Tours，☎416-741-5200；www.auctours.com）运营多伦多市政厅至蓝山的穿梭巴士（$21，仅在12月至次年4月间运营）。登录网站可在线订票。

布鲁斯半岛（Bruce Peninsula）

布鲁斯半岛位于尼亚加拉断崖北端，是一段绵延100公里的石灰岩露头岩层，拥有峭壁林立的湖岸线和郁郁葱葱的林地。水中那些指形凸状地带将乔治亚湾清澈的冷水与休伦湖温度较高的水隔开。欧文桑德是这一地区最大的中心城镇，而位于半岛顶端景致宜人的托伯莫里则会让你感到不虚此行。

欧文桑德（Owen Sound）

欧文桑德，一个曾经充满酒色的港口，有一段不堪回首的历史。后来，情况演变到了一发不可收拾的地步，以至于这里被禁酒达60多年，至今都令人难以置信。1972年，当禁酒令解除时，这个小镇一跃成了繁荣的新兴艺术家聚居地，并延续至今。当你到达镇上时，一定要去看看欧文桑德艺术家合作商店（Owen Sound Artist's Co-op）。

◉ 景点

汤姆·汤姆森美术馆 博物馆

（Tom Thomson Art Gallery；☎519-376-1932；www.tomthomson.org；840 1st Ave W；⊙周一至周五10:00~17:00，周六和周日正午至17:00）免费 博物馆展出加拿大现代风景画之父汤姆·汤姆森的作品。据说，他那些精妙而忧郁的风景画促成了七人画社的形成。汤姆森在欧文桑德附近长大，其大部分作品都是在附近的灌木丛完成的。如今博物馆免费开放，尤其值得一去。

欧文桑德农贸市场 市场

（Owen Sound Farmers Market；114 8th St E；⊙周六8:00~12:30）此处小贩云集，是安大略省最古老的合作市场之一。除了最新鲜的农产品，这里还有枫糖浆、香皂和烘焙食品。

比利·毕晓普遗产博物馆 博物馆

（Billy Bishop Heritage Museum；☎519-371-3333；www.billybishop.org；948 3rd Ave W；成人 $5，随成人的儿童 免费；⊙周二至周五11:00~17:00，周六和周日正午至17:00，1月至4月周六和周日 闭馆）当地英雄威廉·艾弗里（"比利"）·毕晓普[William Avery（"Billy"）Bishop]是"一战"时期加拿大远近闻名的飞行员，这座比利·毕晓普遗产博物馆就建在他童年故居，赞颂了加拿大的航空历史。

格雷·罗茨博物馆和档案馆 博物馆

（Grey Roots Museum & Archives；☎519-376-3690；www.greyroots.com；102599 Grey Rd, 18/RR 4；成人/儿童 $8/4；⊙10:00~17:00）通过有关早期定居者及当地英雄的展览，这座有趣的博物馆展示了这个地区丰富多彩的开拓史。交互式展览侧重介绍自然资源、气候和地形等方面的知识。介绍过去情况的展览主题丰富多样，甚至还有以艾伯塔恐龙和厕所历史的主题展。

✦ 节日和活动

夏季民间音乐节 音乐

（Summerfolk Music Festival；www.summerfolk.org；⊙8月中）8月中旬，众多世界级表演者和艺术家会远道而来，参加这一为期3天的民间节日盛会。

🛏 食宿

Highland Manor 民宿 $$

（☎519-372-2699；www.highlandmanor.ca；867 4th Ave AW；标单/双 $130/170；🅿❄🛜）这座宏伟的维多利亚风格大厦（建于1872年前后）已被细心的主人装饰得非常豪华，古老而又宽敞的套房都配有独立浴室，且多数都有原装壁炉。你可以在环绕式露台上品美酒，也可以蜷坐在壁炉旁。强烈推荐。

Diamond Motor Inn 汽车旅馆 $$

（☎519-371-2011；713 9th Ave E；双 $80~149；🅿❄）环境宜人且装饰简朴，这家小小的

汽车旅馆提供明亮的客房，配有木镶板和小厨房。

Shorty's Bar & Grill
加拿大菜 $$

(☎519-376-0044; www.shortysonline.com; 967 3rd Ave E; 主菜$20~34; ⓒ周一至周六11:30至深夜)当地人都喜欢这家小店，这一定有足够的好理由。这里的开胃菜——如法式蜗牛、蟹肉蛋糕和炸鱿鱼从来没让海鲜爱好者失望过，主菜则包括汉堡包、牛排、鸡肉、海鲜等各式美食。当然，这里还有多种冰啤酒，气氛融洽，适宜交流。

Kathmandu Cafe
创意菜 $$

(☎519-376-2232; 941 2nd Ave E; 主菜$13~25; ⓒ周一至周六 11:30~22:00; ✐)来自那不勒斯的餐厅主人是有机食物的倡导者，这里为你准备了野猪肉、藏式饺子，还有很多素食供你选择。你可以品尝到种类繁多的南亚风味食物，尤其是美味的咖喱。一些当地人仍然记得Kathmandu之前的店名Rocky Racoon Café。

🔒 购物

欧文桑德艺术家合作商店 艺术和手工艺品

(Owen Sound Artists' Co-op; artistscoop.ca; 279 10th St E; ⓒ周一至周六 9:30~17:30, 周日 正午至16:00)来这里看看42位当地艺术家手工制作的艺术和手工艺品。艺术作品都可以出售。

ⓘ 实用信息

欧文桑德游客信息中心(Owen Sound Visitors Information Centre; ☎519-371-9833; www.owensound.ca; 1155 1st Ave W; ⓒ周一至周五 9:00~17:00)你可以向友好的当地人咨询布鲁斯半岛一些不为外人所知的旅游胜地。

ⓘ 到达和离开

加拿大灰狗长途巴士(greyhound.ca)有经由巴里($35, 2.5小时，每天1班)到多伦多($43, 4.25小时，每天1班)的长途汽车。去圭尔夫($35, 9小时，每天1班)需要在多伦多转车。

First Student(☎519-376-5712)在7月至9月初的周五、周六和周日会有开往托伯莫里的汽车($34, 1.5小时，每天1班)，车次较少。

欧文桑德至托伯莫里
(Owen Sound to Tobermory)

即使在最好的情况下，从欧文桑德到托伯莫里的100公里公路也是非常单调的。建议走一两条支线道路，观赏一下布鲁斯独特的风景。

从欧文桑德出发，顺着Grey County Rd 1一直向前行，这条公路沿着欧文桑德与古朴村落的威尔顿(Wiarton)之间遍布松树林的美丽湖岸线蜿蜒。你可以在威尔顿稍作停留，向Wiarton Willy[即加拿大版的土拨鼠费尔(Punxsutawney Phil, 是美国宾夕法尼亚州旁苏托尼一年一度的土拨鼠节的吉祥物，传说能预测节气)]打个招呼，然后再顺着Hwy 6行至沉静如画的狮子头(Lion's Head)湖湾，此处是吃午餐的好地方。

顺着Hwy 6再向北前进约25公里，就来到了Dyer's Bay Rd，右转再行驶10公里，则是位于戴尔湾(Dyer's Bay)的小村庄，这里美丽的护墙板房屋和湖岸线风景无不令人联想起科德角(Cape Cod)风光。在这儿，你需要决定是否再行驶11公里前往偏远的**卡伯特大灯塔**(Cabot Head Lighthouse; 捐赠入场; ⓒ5月至10月)，在这里，你可以借助守塔人的高台看到绝美的风景。这里的风景既原始又美好，但是蜿蜒绕行的道路崎岖不平，行进缓慢，而且进出都只有这一条路。回到Hwy 6，向北继续行驶至托伯莫里。

托伯莫里 (Tobermory)

你已经成功地到达了布鲁斯半岛的顶端，从多伦多到这里的旅程真可谓是艰苦的跋涉。小小托伯莫里因拥有安大略省一些最为壮美的风景和日落而享有盛名，是嬉皮士和自然爱好者的天堂。村庄以一个被称为Little Tub的港区为中心，这一港区在渡轮季(5月至10月末)熙熙攘攘，而在冬季却荒无人烟。

这里绝美的深蓝湖泊群是北美最好的沉船潜水区。你可以在水下潜游，观看22艘失事船只，其中一些船只的历史可以追溯到19世纪。需要注意的是，这里的水温通常只比冰水高一度。所有的潜水者必须亲自到加拿大公园游客中心(Parks Canada Visitors Centre)登记注册。

👁 景点和活动

五英寻国家海洋公园　　　　公园
（Fathom Five National Marine Park；☎519-596-2233；www.pc.gc.ca/fathomfive；成人/儿童 $6/3）为保护托伯莫里周围大量的失事船只和群岛，人们设立了这座公园，这也是加拿大此类公园中的第一座。除失事船只外，公园还以备受喜爱的花盆岛（Flowerpot Island）而闻名——该岛因长期受波浪侵蚀而形成了头重脚轻的花盆状。

布鲁斯半岛国家公园　　　　国家公园
（Bruce Peninsula National Park；☎519-596-2233；www.pc.gc.ca/brucepeninsula；成人/儿童 $6/3；⊙5月至10月）托伯莫里南部大片区域都属于这个国家公园，该公园以拥有安大略省最好的资产为傲：尼亚加拉断崖、千岁杉树、稀有兰花和映射着石灰岩的清澈水域。一定要记得到游客中心登记。此外，必游的地点包括：小科夫湾（Little Cove）、哥若拖岩洞（Grotto）和位于Hwy 6对面的音乐沙滩（Singing Sands）。近年来，尽管这里突然成了热点地区，但这座公园一直保持着淡然的氛围：做好准备，在短暂的夏季与大量游客分享这片神奇的地方。

Bruce Anchor Cruises　　　　游轮
（☎519-596-2555；www.bruceanchor.com；7468 Hwy 6；成人/儿童 $28/19起；⊙5月至10月）巡航团队游从位于托伯莫里的Hwy 6尽头（也是一个观赏日落的绝佳地点）的私人停靠码头出发，玻璃底的游轮会经过那些锈迹斑斑、长满藤壶的失事船只的上方，然后开往花盆岛。有些航行路线会特意绕行那些失事船只，有些则直达花盆岛，请在网上查询具体行程安排。如果想像鲁滨孙那样探索岛屿，需支付额外费用。

Diver's Den　　　　潜水
（☎519-596-2363；www.diversden.ca；3 Bay St S）这家潜水机构的员工会帮助你租赁装备，此外还有各种认证课程（开放水域认证课程 $625起）和临时潜水活动（$50起）供你选择。

Thorncrest Outfitters　　　　皮划艇
（☎519-596-8908；www.thorncrestoutfitters.com；Hwy 6；租赁 $40起，日间课程 $120起）店中组织的各种皮划艇游主要面向中级桨手，你可以从中选择适合自己的。独立桨可以从这家气氛友好的店中租到任何想要的设备。

🛏 食宿

Cyprus Lake Campground　　　　露营地 $
（☎519-596-2263；www.pc.gc.ca；Cyprus Lake Rd；露营位置/圆顶帐篷 $23.50/120起，预订 $13.50）布鲁斯半岛国家公园内的这座最靠中间的露营地拥有大量露营位置，必须提前到加拿大公园管理局预订（推荐）或在游客中心登记。你甚至可以装饰自己的圆顶帐篷。另外，还有荒野露营地可供选择。

Peacock Villa　　　　汽车旅馆 $
（☎519-596-2242；www.peacockvilla.com；31 Legion St；双 $50~174；P 🛜）这里有6间简单宜人的汽车旅馆房间和4间舒适的小屋，周边环境宁静，树木环绕，而且距离市区仅咫尺之遥，性价比超高！友好的旅馆主人Karen对镇上及周边的情况都很熟悉。

Innisfree　　　　民宿 $$
（☎519-596-8190；www.tobermoryaccommodations.com；46 Bay St；房间 含早餐 $95~170；⊙5月至10月；P 🐕 🛜）不管是新鲜的蓝莓松糕的香味，还是从日光室和大露台上望见的绝妙的港区风景，都会让游客爱上这个迷人的乡村住所。

Big Tub Harbour Resort　　　　汽车旅馆 $$
（☎519-596-2219；www.bigtubresort.ca；236 Big Tub Rd；双 $155起；P 🛜）这个安静的汽车旅馆位于Big Tub Harbour的另一侧，从镇上或Little Tub出发只需驾车几分钟或走一段路就可到达。这里有宽敞的木质房间（底层听得见踢足球的声音），修剪整齐花园还带有很棒的观景台。无论是这里僻静的环境还是旅馆内独立的小酒馆Bootlegger's Cove都堪称一流。此外，各种可供租赁的水上运动装备可以让你的每一天都过得非常充实。

Blue Bay Motel　　　　汽车旅馆 $$
（☎519-596-2392；www.bluebay-motel.com；32 Bay St；双 $100起；P ❄ 🛜）此酒店位于中心地带，有16间宽敞明亮的客房，大部

分都可以俯瞰Little Tub Harbour。清新又时尚的房间各有特色，你可以从带两张双人床、带大床或带特大号床的房间里选择自己中意的。有些房间还配有壁炉、大浴缸和液晶电视。在网站上浏览选择吧。

Craigie's Fish and Chips　　　　快餐 $

(☏519-596-2867; 4 Bay St; 主菜 $11~18; ⏱5月至10月 7:00~19:00)自1932年以来，这个临湖的白色小餐馆就一直在托伯莫里提供炸鱼和薯条。吃点儿富含油脂的特色早点，然后再去赶早班渡轮，或者走进大自然开始一天的跋涉。只接受现金。

Bootlegger's Cove　　　小酒馆食物 $$

(☏519-596-2219; 236 Big Tub Rd; 单品 $8~25; ⏱正午至20:00)服务优良、食物鲜美，还有一个极好的露台可以俯瞰Big Tub Harbour，这种种优点让这座小酒馆美名远扬，不再是当地人秘而不宣的地方了。菜单上有卷饼、油炸玉米粉饼、比萨和一些地方风味食品。

🍷 饮品和夜生活

Crows Nest Pub　　　　　　小酒馆

(☏519-596-2575; www.crowsnestpub.ca; 5 Bay St; ⏱4月至10月 11:00至深夜)装修一新的Crows Nest Pub是Little Tub唯一的小酒馆，其架高的室外露台可以俯瞰全镇。小酒馆式的菜单上有卷饼、汉堡包、比萨和大量的精酿扎啤。

ⓘ 实用信息

加拿大公园游客中心(Parks Canada Visitors Centre; ☏519-596-2233; www.pc.gc.ca/fathomfive; Alexander St; ⏱5月至10月 8:00~20:00)有个非常棒的解说中心、各种展览、电影院、几条徒步小径和20米高的观景台(112级阶梯)。从LCBO对面的布鲁斯小径纪念碑(Bruce Trail Monument)出发，沿着海狸标志步行到这里需要10分钟。
托伯莫里商会(Tobermory Chamber of Commerce; ☏519-596-2452; www.tobermory.org; Hwy 6; ⏱9:00~21:00)当你驾车从南面进入小镇时，该商会就在你的右手边，进来查看最新消息吧。

ⓘ 到达和离开

First Student(☏519-376-5712)从7月到9月期间，周五、周六和周日有往返欧文桑德和托伯莫里的长途汽车($34, 1.5小时, 每天1班)。如果你从多伦多出发，可以选择**公园巴士**(Parkbus; www.parkbus.ca)的快客服务(往返$89, 5小时)，这种车时间固定但班次有限，中途会经过几个市中心的站点。可在线查询时刻表并订票。

托伯莫里并不是行程的终点，从布鲁斯半岛乘"芝芝马龙"渡轮(Chi-Cheemaun Ferry)穿过乔治亚湾口，便可到达马尼图林岛。渡轮由**安大略渡轮**(Ontario Ferries; ☏800-265-3163; www.ontarioferries.com; 成人/儿童/车辆 $17/9/37; ⏱5月至10月下旬)运营，它连接了托伯莫里和南湾口(South Baymouth; 2小时)。6月末至9月初，每天会有4班渡轮，其他时间每天只有2班，但周五晚上会加开一班。强烈建议预订。

马尼图林岛 (Manitoulin Island)

马尼图林(在奥杰布瓦语中意为"灵魂之岛")是一个神奇而又偏远的地方。在这里，你真的会有一种超脱世俗的感觉。面积广阔的白硅岩和花岗岩露头岩层造就了令人屏息的景致和隐含的符文，但是你必须要有耐心才能发现它们。马尼图林是世界上最大的淡水岛屿，岛上还有一些小型社区，它们拥有类似Mindemoya、Sheguiandah和Wikwemikong的名字，彼此相距很远。只要你说出的词超过6个音节，Haweaters(出生在马尼图林的人)在1英里以外都能发现你。但是千万不要因为这些冗长的名字而停下你游览的脚步，在马尼图林待上几天，你的灵魂就会得到慰藉。

👁 景点和活动

马尼图林岛拥有的自然美景要远多于历史景点。花点儿时间在周边自驾游，深入探索这片充满民族文化魅力的地区吧。

新娘面纱瀑布　　　　　　　　瀑布

(Bridal Veil Falls; Kagawong)这个美丽的瀑布紧邻Hwy 540，就在即将到达Kagawong的地方，瀑布的上方有个可爱的野餐点。你可以沿着幽径走到瀑布下面，泡一泡，然后再继续向古老的小镇迈进。

奥杰布瓦文化基地　　　　　　博物馆

(Ojibwe Cultural Foundation; ☏705-377-

4902; www.ojibweculture.ca; Hwy 540和Hwy 551交叉路口, M' Chigeeng; 成人/儿童 \$7.50/免费; ⓧ周一至周五 9:00~18:00, 周六 10:00~16:00, 周日正午至16:00) 参观这座颇具内涵的博物馆时, 你可以自行游览, 强烈推荐你参加这里的导览游。轮展介绍了这里充满传说和精致工艺品的丰富历史。

无玷圣母教堂   教堂

(Church of the Immaculate Conception; M' Chigeeng) 这座圆顶教堂代表了印第安式的圆锥帐篷、篝火坑和生命的循环, 以包容的姿态接纳原住民传统和天主教信仰。当地艺术家五彩缤纷的画作描绘了耶稣受难像, 而多座精美的雕刻表现了基督耶稣和Kitche Manitou大神。

★ Great Spirit Circle Trail   文化游

(☏877-710-3211; www.circletrail.com; 5905 Hwy 540; 活动和团队游 \$30起) 这是由当地8个第一民族社区共同组成的联营机构, 全年组织一系列有趣的活动、跨文化日以及各种过夜团队游, 这是了解马尼图林及其人民的极好方式。

Cup&Saucer Trail   徒步

起点位于Hwy 540与Bidwell Rd (位于小卡伦特西南18公里处) 交会处附近, 这条12公里长的小径 (2公里路段沿途矗立着70米高的峭壁) 直达该岛的最高点 (351米), 北峡 (North Channel) 崎岖湖岸线的震撼美景尽收眼底。

✷ 节日和活动

De-ba-jeh-mu-jig Theatre Group   戏剧

(www.debaj.ca; ⓧ7月至8月) 它是加拿大最古老的原住民剧团。剧团的名字意为"说故事的人"。它通过各种形式的表演演绎众多原创剧作的感人片段。详情可登录网站。

Wikwemikong Pow-wow   文化节

(☏705-859-2385; www.wikwemikongheritage.org; 成人/儿童 \$10/2; ⓧ8月) 不屈的Wikwemikong第一民族 (当地人称为"wiki") 会在8月的第一个周末举办盛大聚会, 届时你会看到充满生机的绚丽舞蹈、鼓乐和传统游戏。

🛏 食宿

MyFriends Inn   汽车旅馆 \$

(☏705-859-3115; www.myfriendsinn.com; 151 Queen St, Manitowaning; 双 \$85起; P✳🛜) 旅店老板Maureen Friend曾做过护士, 退休后为了离女儿更近些, 和丈夫来到了马尼图林, 初次进军酒店业, 他们的服务一流。这座好客的小汽车旅馆位于马尼图林中部美丽的Manitowaning村外, 房间时髦而温馨。强烈推荐。

Auberge Inn   青年旅舍 \$

(☏705-377-4392; www.aubergeinn.ca; 71 McNevin St, Providence Bay; 铺/双含早餐 \$40/97; P🛜) 这座热情好客的酒店其实就是个升级版的青年旅舍, 只有一个上下铺房间和一个私人房间。这里虽然不大, 但是很舒适, 而且装饰为暖色系, 配有经典的传统雪松床铺, 距离湖滩也仅有几步之遥。如果住的时间长, 还能获得一些折扣。

Queen's Inn   民宿 \$\$

(☏705-282-0665, 416-450-4866; www.thequeensinn.ca; 19 Water St, Gore Bay; 标单/双 \$110/135起; ⓧ5月至12月; P) 这座宏伟的民宿宛如偏远南雅的廊柱庙宇, 凝视着戈尔湾 (Gore Bay) 寂静的小湖湾。你可以从古老的图书室书架上拿本书, 在紫丁香盆栽环绕的白色长廊上一边休息一边惬意翻阅。

Southbay Gallery & Guesthouse   民宿 \$\$

(☏877-656-8324; www.southbayguesthouse.com; 15 Given Rd, South Baymouth; 双含早餐 \$90~150; ⓧ5月至9月; P✳🛜☰) 从渡轮码头步行一分钟, 宜人的多彩客房和消夏别墅就呈现在了你面前。友好的主人Brenda准备的早餐一定会让你赞不绝口。此外, 你还可以参观手工艺品画廊, 作品都是出自当地天才艺术家之手。

Lake Huron Fishand Chips   炸鱼和薯条 \$

(☏705-377-4500; 20 McNevin St, Providence Bay; 炸鱼和薯条 \$11起; ⓧ正午至20:00) 在这个四面临水的岛上, 这里是个好去处: 有炸得金黄的新鲜湖鱼和香脆的薯条, 之后你会怀念这些味道的。

Garden Shed
咖啡馆 $

(10th Side Rd, Tekkummah; 主菜 $3~10; ◉9:00~14:00) Garden Shed将田园风的魅力提升到一个新档次，直接安排客人坐在运营中的温室里。你可以在片片绿色中吃东西，或在明亮通风的棚子里喝咖啡。早餐$2.99起!

★ Buoys
海鲜 $$

(☎705-282-2869; www.buoyseatery.com; 1 Purvis Dr, Gore Bay; 单品 $10~18; ◉正午至20:00) 这家小餐馆位于戈尔湾湖滩与码头旁边，有着上佳咖啡馆该有的一切——气氛、位置、使用本地食材精心烹制的美食。当季的白鲑鱼入口即化，如果你不喜欢鱼肴，比萨、意大利面、汉堡包一定会让你满意。饭后，你还可以带瓶啤酒在阳光露台上流连，感受远隔重洋的他乡风情。

Garden's Gate
咖啡馆 $$

(☎705-859-2088; www.manitoulin-island.com/gardensgate; Hwy 542, Tehkummah; 主菜 $10~21; ◉正午至20:00; P) 咖啡馆位于Hwy 6与Hwy 542相交的路口附近，你可以在这里吃到味道超赞的家常菜。主人Rose坚持自己全程制作各种食物，而且一直喜欢琢磨点心的新花样，这些点心时不时还会登上当地报纸。

ⓘ 实用信息

马尼图林旅游协会 (Manitoulin Tourism Association; ☎705-368-3021; www.manitoulintourism.com; Hwy 6, Little Current; ◉5月至10月 8:00~20:00) 在南湾口渡轮终点站或"芝芝马龙"渡轮上，你都可以找到关于这个岛屿的宣传册和地图。

ⓘ 到达和离开

有两种上下岛的方式：乘坐前往南湾口的渡轮，或是穿过北部的吊桥。乘坐陆上公交无法到达马尼图林及其周边地区，所以你需要有自己的交通工具。

安大略渡轮 (Ontario Ferries; 见169页) 运营的"芝芝马龙"(Chi-Cheemaun)混装渡轮从托伯莫里开往南湾口港(2小时，每天2~4班)。建议预订。

从马尼图林，沿Hwy 6向北行驶65公里到达小卡伦特 (Little Current)，一座狭窄的平旋桥将其与大陆相连。在夏季，这座桥在每小时的前15分钟关闭，以便让途经这一峡湾的船只通行。过桥后沿着Hwy 6继续向北50公里后，可在埃斯帕诺拉 (Espanola) 与加拿大横贯公路交会。

安大略省北部
(NORTHERN ONTARIO)

安大略省北部的特点就是大。它的面积相当于6个英格兰再加上一两个苏格兰。这里的工业规模也都不小：世界上大部分的银和镍矿石都产自这里的矿山，无边无际的森林也使得这个地区成为木材的主要产地。当地的人口总数却不大——仅萨德伯里和桑德贝两地的人口数超过了10万。

两条主要公路汇成了省内交叉路线。加拿大横贯公路直至该地区的绝美之处——苏必利尔湖上方的北峰。在苏圣玛丽和桑德贝之间，宛如峡湾一般的航道雾气缥缈，隐藏着片片偏僻湖滩及周围茂密的松树、雪松和桦树丛。

Hwy 11一直延伸至北方，北极熊特快列车(Polar Bear Express)将科克伦(Cochrane)和穆斯法克特里(Moose Factory)岛连接起来，后者是个原住民保护区，过去曾是哈得孙湾公司设在詹姆斯湾(James Bay)附近的贸易站。

安大略省北交通局(Ontario Northland's; ☎705-472-4500; www.ontarionorthland.ca)的长途汽车网络提供多伦多开往诺斯贝(North Bay)和萨德伯里(Sudbury)的班车，然后继续向北前往塔玛戈米(Temagami)和科克伦(Cochrane)的班车。同样，**加拿大灰狗长途巴士**(☎800-661-8747; www.greyhound.ca) 将多伦多和渥太华和诺斯贝以及萨德伯里连接起来，之后继续向西北沿着苏必利尔湖岸边前往桑德贝(Thunder Bay)和马尼托巴省。

公园巴士(Parkbus; ☎800-928-7101; www.parkbus.ca)提供实用便捷的巴士服务，连接多伦多和安大略省的各个省立公园，包括基拉尼。

充满传奇色彩的北极熊特快列车(见206页)由科克伦向北前往偏僻的边区村落穆索尼(Moosonee)，后者是通向詹姆斯湾附近穆斯法克特里岛的门户。**加拿大国家**

Northern Ontario 安大略省北部

安大略省 安大略省北部

铁路公司（☎1-888-842-7245; www.viarail.ca）的列车从萨德伯里往西北方向经由沙普洛（Chapleau）开往怀特河（White River）。萨德伯里附近的萨德伯里中转站（Sudbury Junction station）位于加拿大国家铁路公司在多伦多和温哥华之间的泛加路线（Canadian line）上。

在诺斯贝、萨德伯里、苏圣玛丽（Sault Ste Marie）、桑德贝和Timmins等地的机场均有航班飞往多伦多以及更远的目的地，这些机场也设有租车公司网点。

基拉尼省立公园（Killarney Provincial Park）

645平方公里的基拉尼省立公园覆盖了乔治亚湾岸线的广大区域，是驼鹿、黑熊、海狸和鹿，以及超过100种鸟类的家园。公园始建于1964年，七人画社的艺术家们对此功不可没。如今，公园被认为是世界上最棒的皮划艇目的地之一。

◉ 景点和活动

基拉尼省立公园　　　　　　　　　　户外

（☎705-287-2900; www.ontarioparks.com/park/killarney; Hwy 637; 日间入园每车$11.25，露营地$37~45，偏远露营地成人/18岁以下儿童$12.50/6，圆顶帐篷$98，小屋$142; ⓢ全年开放）基拉尼公园常被誉为安大略省公园系统皇冠上的明珠，同时也被认为是世界上最好的皮划艇运动胜地之一。桨手可以花1天到1周的时间探索50多个湖泊，包括钟形山（La Cloche Mountains）两侧的两个清澈、深邃的湖泊。

七人画社的艺术家们在Hwy 6（就在公园以西）附近有一个小屋，正是他们说服了安大略省政府建立了这个公园。事实上，公园的**钟形剪影小径**（La Cloche Silhouette Trail）就是以富兰克林·卡迈克尔（Franklin Carmichael）的一幅描绘本地山脉的传奇画作命名的。这条总长80公里（需要7~10天）的崎岖小径蜿蜒穿过山区，沿途会看到多个蓝宝石般的湖泊、干枯的桦树、葱郁的松树林和闪耀的硅岩峭壁，富有经验的徒步者可以尝试这条小径。

此外，公园内还纵横分布着多条路途较短、难度较低的路线，如**蔓越橘沼泽小径**（Cranberry Bog Trail, 4公里，环形）和**花岗岩山脊小径**（Granite Ridge Trail, 2公里，环形），沿着这些小径徒步也能一睹公园秀美的地貌。

Killarney Kanoes（☎888-461-4446; www.killarneykanoes.com; 1611 Bell lake Rd; 独木舟出租每天$25~40; ⓢ5月至10月8:00~20:00）提供独木舟和皮划艇租赁业务，而**基拉尼户外用品商店**（Killarney Outfitters; ☎705-287-2828; www.killarneyoutfitters.com; 1076 Hwy 637, Killarney; 独木舟和皮划艇出租每天$26~37，活动$35起）则提供设备出租，还为徒步、独木舟、皮划艇以及立式单桨冲浪提供全装备的套餐（你只需带牙刷来就够了!）。

🛏 食宿

在基拉尼村，**Killarney Mountain Lodge**（☎705-287-2242; www.killarney.com; 3 Commissioner St, Killarney; 双/套 含早餐$180/249起; ⓢ5月至10月; 🅿🍴 ✏）是一处布局不规则的假日旅馆，配有大量设施，也有林中度假屋房间和小屋，是非露营者很好的选择。

在基拉尼省立公园（见本页）里也有几处露营和住宿场所。广受欢迎的乔治湖（George Lake）入口处有一个信息中心及数量有限的露营地（都不通电）。可以联系安大略省公园管理局（Ontario Parks; www.ontarioparks.com）预订住宿，夏季尽量提前预订。

从通往基拉尼村的岔路口继续沿着Hwy 69向南行驶40公里，便会见到**Grundy Lake Supply Post**（☎705-383-2251; www.grundylakesupplypost.com; Hwy 69和Hwy 522交叉路口; ⓢ5月中至7月初9:00~17:00，7月初至9月初8:00~21:00），你可以备足食物和柴火。

基拉尼村里有几家旅馆餐厅和一家炸鱼薯条店，村子位于公园以西10公里处的Hwy 637旁。同样是在这个村子里，Killarney Mountain Lodge的餐厅供应三餐，还提供美国式（全含）和改良美国式（半含）的住宿套餐。

ℹ 到达和离开

大部分人会从Hwy 69上的Hwy 637支路进入

公园，这条路一直通至基拉尼村。

夏季，**公园巴士**（Parkbus）会提供由多伦多开往公园的班车服务（成人/学生/13岁以下儿童$94/85/47，5.5小时），但班次有限。除此之外，你需要自备交通工具。

萨德伯里（Sudbury）

萨德伯里的崛起是一个偶然。19世纪80年代，它还只是一个被称为"Ste-Anne-des-Pins"荒凉的伐木场。之后，当1883年加拿大太平洋铁路（Canadian Pacific Railway）施工时，人们在这里发现了镍铜矿石主矿脉，使得这里由一个凄凉的地区摇身变成世界最大的镍生产基地。到了1920年，工业毒物和酸雨杀死了树木，污染了土壤，萨德伯里因此变成了不毛之地，就连岩石都沾着黑乎乎的一层灰。周围地貌荒凉，以至于美国国家航空航天局（NASA）在20世纪60年代时把萨德伯里作为训练基地。

今天，萨德伯里更加注重环境保护：作为该城"重现绿色"项目的一部分，自1980年起，当地人已经累计种植了超过1200万棵树，尽管重工业和矿业仍然是当地的龙头产业。萨德伯里拥有一所大学、两座精彩的科学博物馆、一些酷炫的休闲场所和冷峻的当地人，但是除非你刚好经过这里，否则也没有必要专程来此游玩。

◉ 景点

如果你打算去看看北方科学博物馆（Science North）和活力地球博物馆（Dynamic Earth），使用"Dynamic Duo通行证"（成人/儿童 $50/41）可以省些钱。通行证有效期3天，包含了上述两处博物馆的门票，以及馆内特展和放映的电影。

★ **北方科学博物馆**   博物馆

（Science North; ☏705-522-3701; www.sciencenorth.ca; 100 Ramsey Lake Rd; 成人/儿童 $26/22岁; ⊙7月和8月 9:00~18:00，9月至次年6月 10:00~16:00）首先你要穿过一条深凿于有着25亿年历史的加拿大地盾（Canadian Shield）内的隧道，之后便可一路穿越博物馆的螺旋形建筑——你可以在里面见到各种令人激动不已的互动项目：漫步于生机勃勃的蝴蝶谷，在数字化天文馆眺望星辰或者在丛林飞机模拟器上自由翱翔。临时展览和IMAX电影会定期更新。

"玩转全天通行证"（Play All Day Passport）包含了参观临时展览、观看IMAX电影以及其他一些额外项目的费用，价格为$37（儿童$31）。

由这里开始的步道通往拉姆齐湖（Ramsey Lake）的湖滨。

伟大的七人画社

充满了青春热情的七人画社（亦称阿尔贡金学派）由加拿大男性画家组成。从1920年至1933年，他们走遍了安大略省北部的蛮荒之地，捕捉记录了各个季节不同的加拿大荒野风景。画布上色彩鲜明的山脉、湖泊、森林和城镇体现了他们的活力。从阿尔贡金省立公园（见210页）到基拉尼省立公园（见188页）再到苏必利尔湖，他们的画笔让安大略省北部的山川旷野成为永恒。

1917年，就在该画社正式成立之前，他们的同行兼朋友汤姆·汤姆森在创作鼎盛期于阿尔贡金溺水身亡。后来，画社成员AY·杰克逊（AY Jackson）、亚瑟·利斯麦尔（Arthur Lismer）、JEH·麦克唐纳（JEH MacDonald）、法兰克·约翰斯顿（Frank Johnston）、拉伦·哈里斯（Lawren Harris）、弗雷德·瓦利（Fred Varley）和法兰克林·卡迈克尔（Franklin Carmichael）都将汤姆·汤姆森视为激发他们创作的源泉。从多伦多的安大略美术馆（见80页）和渥太华的加拿大国家美术馆（见237页）收藏的汤姆·汤姆森画作中，可以明显看出画家与这片土地之间的密切联系。他的乡村小屋也已经被迁移到多伦多麦克迈克尔加拿大艺术馆（见92页）的院落中。这些美术馆都极好地见证了七人画社成员的卓越才能。

安大略省 萨德伯里

活力地球博物馆
博物馆

(Dynamic Earth; ☎705-522-3701; www.dynamicearth.ca; 122 Big Nickel Rd; 成人/儿童 $21/17, 停车 $5; ⓢ4月到10月 9:00~18:00) 活力地球博物馆内最吸引人的是模拟爆炸地下游。通过参观发人深思的交互式展览,游客们可以获得许多地理知识并深入了解我们的星球。夏季时,导览游在9:45至16:45之间每隔半小时就有一次。一定要在9米高的全不锈钢大镍币(Big Nickel)前拍照,其原型是1951年发行的加拿大5分硬币。

库柏克里弗博物馆
历史建筑

(Copper Cliff Museum; ☎705-692-4448; 26 BalsamSt, Copper Cliff; 捐赠入场; ⓢ7月和8月周三至周日 10:00~16:00) **免费** 这个位于市中心以西6公里处的拓荒小木屋充满了定居者最初达到此地勘测土地时的遗迹。为了给附近的一个矿区让道,这幢2层楼高的19世纪小屋被迁移至此,这里曾是库柏克里弗首个住宅所在地。

🛏 食宿

Radisson Sudbury
商务酒店 $$

(☎705-675-1123; www.radissonsudbury.com; 85 St Anne Rd; 双 $116起; P❄️📶🏊) 位居中心地带的Radisson提供147个舒适安静的房间,这里的服务和装潢比同业竞争业更为出色。设施包括一处泳池、热水浴缸、健身中心和客用洗衣房,同时客人还可以在相连的Rainbow Centre商场里闲逛,那里有一个美食天地和杂货店。

Holiday Inn
商务酒店 $$

(☎705-522-3000; www.holidayinn.com; 1696 Regent St; 房间 $114起; P❄️📶🏊) 从外面看,这家假日酒店的风格像是定格在了1972年,而里面却不会让你失望——装饰焕然一新,客房大小适中。此外,这里还有一个室内泳池、热水浴缸和健身中心。加早餐的话需另付$10,或者你也可以直接在餐厅里按菜单点早餐。

Motley Kitchen
咖啡馆 $

(☎705-222-6685; www.themotleykitchen.com; 70 Young St; 主菜 $12; ⓢ周二至周五 11:00~15:00, 周六和周日 10:00~14:00) 这里拥有萨德伯里最受欢迎的早午餐,菜肴很有特色,比如早餐墨西哥卷饼、威尔士干酪、克罗地亚薄煎饼,还有夹着香蕉、Nutella巧克力酱或草莓和酸奶的法式吐司。摆盘上搭配有自制的薯条和新鲜水果,工作日的午餐供应炸玉米饼、三明治和沙拉。唯一的不足是上菜速度稍有些慢——生意太火爆了。

★ Respectis Burning
意大利菜 $$

(☎705-675-5777; www.ribsupperclub.com; 82 Durham St; 午餐主菜 $10~15, 晚餐 $17~32; ⓢ周一至周四 16:30~22:00, 周五和周六至次日 1:00; 📶) 这里自称超级俱乐部,以托斯卡纳乡村美食为主要卖点,不过大厨们也很乐于尝试新创意。千变万化的菜单保证你每咬进去一口都会唇齿留香。周末夜提供各式美味的试吃拼盘和午夜饮料。2014年时,这家餐厅在火灾中化为乌有,如今它正如店名预示的一样,已浴火重生,重新焕发生机。

🍷 饮品和娱乐

Laughing Buddha
酒吧

(☎705-673-2112; www.laughingbuddhasudbury.com; 194 Elgin St; ⓢ周四至周六 11:00至次日2:00, 周日至周二至23:00, 周三至午夜) 这是萨德伯里潮人和懒人们的安乐窝,他们在这里吃着三明治(比如"Brie LT"三明治; $9)和比萨($13),店里很有气氛。夏天,偷偷溜到红砖庭院,来这里享受惬意的午餐或从上百种啤酒里挑一款畅饮吧。

Kuppajo Espresso Bar
咖啡馆

(☎705-586-1298; 109 Larch St; ⓢ周一至周五 7:00~21:00, 周六和周日 9:00~17:00; 📶) 这家咖啡馆一周七天生意都很火爆,提供酥皮糕点和帕尼尼,可搭配咖啡食用。此外还有早餐三明治($8)和蟹肉沙拉三明治。

Towne House Tavern
现场音乐

(☎705-674-6883; www.thetownehouse.com; 206 Elgin St; ⓢ周一和周六 11:00至次日2:00, 周日从正午开始营业) 在这是个备受欢迎而又有些邋遢的地方,演出以加拿大本土独立音乐为主,如朋克、福音等,还有当地乐队以及来自南方的明星大腕的现场表演。除了音

乐娱乐之外，这里还有一间游戏室和一个提供小酒馆食物的酒吧，酒吧有露天的座椅。

❶ 实用信息

大萨德伯里发展公司（Greater Sudbury Development Corporation；☎1-866-451-8525；www.sudburytourism.ca；Tom Davies Square, 200 Brady St；◉周一至周五 8:30～16:30）位于市政厅，可以提供帮助，还有各种小册子。

❶ 到达和当地交通

大萨德伯里机场（Greater Sudbury Airport；☎705-693-2514；www.flysudbury.ca；5000 Air Terminal Dr）位于市区东北方约25公里处。加拿大航空公司、贝尔斯金航空（Bearskin Airlines）和**波特航空**（见68页）提供往返多伦多、渥太华、苏圣玛丽、桑德贝、Timmins、Kapuskasing和诺斯贝的航班。

在机场和市中心，有几个汽车租赁公司的营业网点，包括**Enterprise**（☎705-693-9993；www.enterpriserentacar.ca）。

安大略省北交通局（Ontario Northland；见171页）提供从萨德伯里到多伦多的长途汽车（$80, 5.75小时，每天3班）。**加拿大灰狗长途巴士**（见179页）提供从萨德伯里到多伦多（$81, 5小时，每天1班）、桑德贝（$219, 14.25小时，每天1班）和渥太华（$83, 7小时，每天1班）的长途汽车。

加拿大国家铁路公司（见186页）的火车路线覆盖了从**萨德伯里火车站**（Sudbury Train Station；233 Elgin St）到几个偏远小镇的服务，包括经由沙普洛开往怀特河（White River；$60起, 8.25小时），一周3班。萨德伯里附近的萨德伯里中转站在市中心东北10公里处，就在加拿大国家铁路公司的泛加线路（Canadian line）的多伦多和温哥华之间的路线上。

城市巴士从**中转枢纽**（transit terminal；☎705-675-3333；www.greatersudbury.ca；Elm St）出发漫游整个市中心区域，单程票价为$3.10。

埃利奥特湖（Elliot Lake）

萨德伯里和苏圣玛丽之间的道路两旁绿树成荫，沿途只有无尽的森林景致。埃利奥特湖是当地最大的居民区，颇受不太富裕的退休人士的欢迎，在冬季，摩托雪橇爱好者也

喜欢来这里。实际上，该地区全年都是户外运动的胜地，包括徒步、钓鱼、划独木舟以及越野滑雪。

小镇在2012年时登上了头条——该镇的商场发生了意外，一大块屋顶在毫无征兆的情况下坍塌了。混凝土直坠3层楼，造成2位女性死亡，19人受伤。

登录www.tourismelliotlake.com/en查看关于该镇的更多信息。

米西萨吉省立公园　　　　　　省立公园

（Mississagi Provincial Park；☎705-865-2021, 10月至次年5月 705-862-1203；www.ontarioparks.com/park/mississagi；Hwy639；日间入园每辆车 $11.25, 露营地 $37；◉5月末至9月初）米西萨吉省立公园位于埃利奥特湖以北35公里处，是一片拥有铁杉林、多沙湖滩、枝叶摇摆的白杨树以及啁啾叫唤的鸟类的隐僻之地。园内还有各种长度的徒步小径：一条0.8公里的线路沿着Flack湖向前，沿途可以见到波纹石这种由于数十亿年的波浪作用而形成的地理特色；另一条长达22公里的马更些（MacKenzie）线路则穿过荒野之地，全程耗时数日。公园内可以租到独木舟。

米西萨吉安静、未开发：所有的露营地都不提供电力，有限的设施（只有公园警卫处和厕所）位于Jim Christ湖和Semiwite湖之间的Hwy 639旁，由太阳能提供电力。Flack湖也有厕所和一处野餐区。在**安大略省公园管理局**（Ontario Parks；www.ontarioparks.com）预订露营地。

❶ 到达和离开

埃利奥特湖位于Hwy 108上，距离Hwy 17以北27公里。

加拿大灰狗长途巴士（见179页）的长途汽车开往萨德伯里（$48, 3.25小时，每天1班）和苏圣玛丽（$57, 4.5小时，每天1班）。

苏圣玛丽（Sault Ste Marie）

人口 75,141

苏圣玛丽（俗称The Soo）默默地控制着休伦湖和苏必利尔湖之间的狭窄湍流。这座沉寂的城市位于美加边境处和圣劳伦斯河海道末端，是通往安大略省西北部广袤区

域的非官方门户。这里最初名为Baawitigong（"湍流之地"），是奥杰布瓦人传统的聚集地，直至今日仍然是第一民族的一个重要地区。法国毛皮贸易商把它的名字改为"苏圣玛丽"或"圣玛丽瀑布"，但如今一座瀑布也看不到了，因为它们都已经变成了一座座巨大的水闸。

坦白说，苏圣玛丽并不是最美丽的城市。尽管如此，苏圣玛丽仍是个友好的地方，也是横贯加拿大旅游线路上合适的夜宿地。此外，这里也有美加过境口岸。

⊙ 景点

Art Gallery of Algoma 画廊

（☎705-949-9067；www.artgalleryofalgoma.com；10 East St；成人/学生/12岁以下儿童 $7/5/免费；◎周二和周四至周六 9:00~17:00，周三至21:00）这家画廊位于图书馆后面，拥有常设展览及季节性展览，展示七人画社以苏必利尔湖为主题的作品。尤其是在夏季时，馆内会展出当地风景画作以及当地第一民族艺术家的作品。

苏圣玛丽运河国家历史遗址 古迹

（Sault Ste Marie Canal National Historic Site；☎705-941-6205；parkscanada.gc.ca/sault；1 Canal Dr；◎游客中心5月中至10月初 周一至周五 10:00~16:00）**免费** 在圣玛丽河靠近加拿大一侧，沿着2.2公里长的阿提卡玫克徒步小径（Attikamek Walkingtrail）绕过南圣玛丽斯

在安大略省玩摩托雪橇

安大略省有着世界上总长度最长的娱乐性摩托雪橇道（约50,000公里）。萨德伯里是该省非官方的摩托雪橇运动中心之一。安大略省北部很多汽车旅馆和旅馆都有迎合这一亚文化的服务，汽车旅馆会打广告，宣传自己有带录像监控设备的摩托雪橇停放场或安全围栏，这并不少见。可登录**安大略省摩托雪橇俱乐部联合会**（Ontario Federation of Snowmobile Clubs；☎705-739-7669；www.ofsc.on.ca；501 Welham Rd, Barrie）网站，深入了解这一热门运动。

岛（South St Mary's Island），就能看见这条建于1895年的运河——它曾是世界上最长的船闸，也是第一座电力运行的船闸。这处船闸的另一个创新之处在于：一旦发生事故，这里会启用紧急浮动大坝以保护船闸。如今，大部分的货运船只都经由远处的美国船闸往来通行，年代更为久远的加拿大船闸仅供娱乐船只使用。

苏圣玛丽博物馆 博物馆

（Sault Ste Marie Museum；☎705-759-7278；www.saultmuseum.com；690 Queen St E；成人 $8，老年人和学生 $6；◎周二至周六 9:30~17:00；🅟）这座3层博物馆的前身是个建于1906年的老邮局，博物馆也是对20世纪初致敬，通过多角度展览详细地阐述了小镇的历史。Discovery Gallery专为孩子们设计准备，而Skylight Gallery不容错过。馆内史前至20世纪60年代的互动式大事年表，结合了当地历史学会收集的一系列独特的化石和文物进行展览，很有意思。

加拿大丛林飞机历史中心 博物馆

（Canadian Bushplane Heritage Centre；☎705-945-6242；www.bushplane.com；50 Pim St；成人/儿童/学生 $12/3/7；◎6月至9月 9:00~18:00，10月至次年5月 10:00~16:00；🅟）参观苏圣玛丽这座最具活力且最适合儿童的博物馆，是了解安大略省北部基本状况的很好的途径。丛林飞机对于那些无法通过陆路抵达的偏远社区极其重要。这座博物馆坐落在建于1924年的政府飞机库旧址内，当你穿行在这些退役的航空器之间，会发现它们其实很小。飞行模拟器可以带乘客体验沿着宝蓝色湖泊和参天松树林飞行的刺激旅程。

👉 团队游

阿格瓦峡谷列车团队游 火车

（Agawa Canyon Tour Train，简称ACR；☎800-242-9287；www.agawatrain.com；129 Bay St；◎6月末至10月中）阿尔戈玛中心铁路（Algoma Central Railway）全长475公里，从苏圣玛丽向北通往Hearst，工程于1899年动工，旨在将原材料运往苏圣玛丽的工业企业。如今，游客们乘着火车沿这条铁路线观赏古老的湖泊和加拿大地盾（Canadian

Shield)地区嶙峋的花岗岩,穿越未被破坏的荒野之地。

阿格瓦峡谷列车提供向北开往阿格瓦峡谷的一日游(成人/儿童 $102/70),该峡谷位于苏必利尔湖崎岖的腹地,曾经出现在七人画社的画作中。团队872800从苏圣玛丽出发,18:00返回。最佳游览时间是9月中旬至10月旬中,届时列车会在绚烂秋色中蜿蜒穿行,极目远眺,层林尽染。

食宿

Great Northern Rd沿路有多家汽车旅馆,靠近Hwy 17,有快餐厅和商场。城镇中心也有多种食宿选择,多数位于Bay St,湖滨有些风景名胜,绝大多数景点也位于中心区。但天黑之后便利设施很少营业。

Water Tower Inn　　　　　　　酒店 $$

(📞800-461-0800; www.watertowerinn.com; 360 Great Northern Rd; 双 $119起; P✱☎⛲)Water Tower因拥有室内外泳池、烧烤酒吧/餐厅、比萨小酒馆和水疗中心而与众不同,只需支付一间客房的房价就能得到度假村的待遇。房间种类繁多,包括家庭房和套房。

Sleep Inn　　　　　　　　　汽车旅馆 $$

(📞705-253-7533; choicehotels.ca/cn658; 727 Bay St; 房间含早餐 $109起; P✱☎)这家游客汽车旅馆临近湖边,环境优美。房间有大有小,配有锻炼室和桑拿房。

Muio's　　　　　　　　　美式小餐馆 $

(📞705-254-7105; www.muios.com; 685 Queen St E; 午餐/晚餐 主菜 $10/18; ⏰7:00~20:00)已经拥有55年历史的老字号餐厅Muio's坐落在一栋1890年的历史建筑内,室内挂满了怀旧的照片,散发出一种昔日荣光的年代气息。这里几乎所有菜肴都是自制的,包括意大利面,当地人前来品尝汉堡类的快餐,以及牛排和海鲜这些更考究的菜式。

★ Arturo's Ristorante　　　意大利菜 $$$

(📞705-253-0002; www.arturoristorante.com; 515 Queen St E; 主菜 $24~45; ⏰周二至周六 17:00~22:00)这家餐厅宛如沉闷的城中心干道上的一颗璀璨明珠,营业历史已有几十年,是那种让人念念不忘的地方。这里气氛十

足但又不刻意造作,灯光柔和,桌布浆洗得雪白,墙上还装饰着欧洲风光作品。意大利主菜如马萨拉小牛肉和香溜鸡肉片(配柠檬和刺山柑)嫩滑多汁,酱汁丰富,搭配不同的葡萄酒。

☆ 娱乐

Lop Lops　　　　　　　　　　现场音乐

(📞705-945-0754; www.loplops.com; 651 Queen St E; ⏰周三至周六 16:00至次日2:00)在闪闪发光的不锈钢吧台边喝杯葡萄酒或是当地精酿啤酒,聆听柔和的吉他声和郁闷艺术家们的窃窃私语,享受这样的一个晚上。

ℹ️ 实用信息

Algoma Kinniwabi Travel Association(📞800-263-2546, 705-254-4293; www.algomacountry.com; 334 Bay St; ⏰周一至周五 8:30~16:30)很有帮助的办事处及网站,提供苏必尔湖周边以及内陆地区的旅游信息和灵感。

安大略省旅游信息中心(Ontario Travel Information Centre; 📞705-945-6941; www.ontariotravel.net; 261 Queen St W; ⏰8:30~16:30)出售在周边荒野地区露营、钓鱼和打猎的许可证,还提供季节性的报告——告诉大家去哪欣赏最美的秋叶、春花和雪景。中心位于国际大桥(International Bridge)附近,设有货币兑换处。

苏圣玛丽旅游局(Tourism Sault Ste Marie; 📞705-759-5442; www.saulttourism.com; 1层, Civic Centre, 99 Foster Dr; ⏰周一至周五 8:30~16:30)这里提供苏圣玛丽地区的手册和指南。位于经济发展合作(Economic Development Corporation)办公室内。

ℹ️ 到达和当地交通

苏圣玛丽机场(Sault Ste Marie Airport, 代码YAM; 📞705-779-3031; www.saultairport.com; 475 Airport Rd)位于市中心以西约18公里。取道Second Line(即Hwy 550)往西走13公里,然后沿着Airport Rd(Hwy 565)向南开5公里。

加拿大航空和波特航空均有往返多伦多的航班。贝尔斯金航空则提供去往桑德贝和萨德伯里的直飞航班服务,之后继续前往温尼伯、Timmins和诺斯贝。

灰狗长途巴士(Greyhound; 📞800-661-8747;

www.greyhound.ca)的长途汽车从汽车站（☎705-541-9305; 503Trunk Rd）开往萨德伯里（$74, 4.5小时, 每天1班）和桑德贝（$148, 9.5小时, 每天1班），**汽车站**位于Howard Johnson Inn外的Hwy 17旁，距离市中心以东5公里。

你还可以乘坐**国际大桥巴士**（International Bridge Bus; ☎906-632-6882; www.saultstemarie.com/soo-area-and-great-waters-region/international bridge; 单程$2; ⊙周一至周五7:00~19:00, 周六9:00~17:00）前往美国密歇根州的姐妹城苏圣玛丽（Sault Ste Marie）。巴士从加拿大一侧发车的时间是每个整点过后的第一个二十分钟，发车地点位于Bay St上Station Mall前门旁边的汽车站；以及半点时，从同样位于市中心的Queen St E和Dennis St交叉路口的汽车总站发车。逢整点则从美国一侧出发。你必须携带护照。

城内共有11条公交路线，搭乘公交车票价为$2.50（准备好零钱，不设找赎）。登录www.saultstemarie.ca了解更多信息和线路详情。

苏必利尔湖岸
（Lake Superior Shoreline）

辽阔秀美的苏必利尔湖名副其实（英文意为出众的），它总面积达82,100平方公里，是地球上最大的淡水湖，拥有自成一体的生态系统和微气候。苏必利尔湖位于加拿大境内的大部分美丽湖岸被加拿大横贯公路（Trans-Canada Hwy, 在这一带称为Hwy 17）所环绕，有些人认为从瓦瓦（Wawa）到苏圣玛丽之间的路段是总长达8030公里的横贯公路上最美的地方之一。其中一段90公里长的路段直接穿过苏必利尔湖省立公园。

到了冬季，大湖会冻结数月，这里列举的大部分商业设施和公园都是季节性开放的（5月至10月）。在公路上行驶时要留意乱窜的驼鹿，特别是在黄昏或黎明时。

想要了解环苏必利尔湖的摩托车旅行（途经安大略省、密歇根州、威斯康星州和明尼苏达州），可以登录www.ridelakesuperior.com查询，并准备一份游客地图。

◉ 景点和活动

和谐湖滩　　　　　　　　　　　　沙滩

（Harmony Beach）从Hwy 17上的苏圣玛丽出发，往北约40公里，找到左转处的"Harmony Beach Road"路标，就可以到达这个热门的夏季游泳景点，能欣赏到开阔湖景。

奇普瓦瀑布　　　　　　　　　　　瀑布

（Chippewa Falls）这些气势磅礴的瀑布位于苏圣玛丽以北55公里处Hwy 17路边，春季为最佳观赏季节，随着大量积雪开始融化，平时水势平稳的瀑布变成澎湃激流，轰鸣而下。从公路上就能看见这座瀑布，可以把车停在奇普瓦河的桥南，近距离观赏瀑布。

煎饼湾省立公园　　　　　　　　省立公园

（Pancake Bay Provincial Park; ☎1-888-668-7275, 露营地预订705-882-2209; www.ontarioparks.com/park/pancakebay; Hwy 17; 日间入园$14.50; ⊙5月末到10月中）尽管车程漫长，但你终于来到了加拿大最美的白沙滩之一。如果你到达公园的时间适宜，还可能独享整片沙滩美景。夏季游人较多，不过园内长度从3.5~14公里不等的徒步小径，或许能够为你提供一丝宁静。记得要从300多个露营地位置中提前预订一个（不带水电接口的帐篷营地$41.25起），或者只是在此游个泳。

Caribou Expeditions　　　　　　皮划艇

（☎800-970-6662, 705-649-3540; www.caribouexpeditions.com; 1021 Goulais Mission Rd, Goulais River; 课程$75起, 一日游$105起）加入经验丰富的大自然爱好者团队[其基地位于苏圣玛丽以北约34公里处的高莱斯湾（Goulais Bay）的宁静水域]，沿着苏必利尔湖的北部进行各种皮划艇探险。提供独木舟和皮划艇出租服务。

林冠冒险　　　　　　　　　　冒险运动

（Treetop Adventures; ☎705-649-5455; www.treetopadventures.ca; 6 Post Office Rd, Goulais River; 门票$40起）这座森林冒险公园提供了多项让人心跳加速的活动，例如导览林冠之旅、泰山式（Tarzan-style）高空滑索以及夜间高空滑索。该公园全年开放，但要通过电话预约。

🛏 住宿

Salzburgerhof Resort　　　　　度假村 $

（☎705-882-2323; www.salzburgerho

圣约瑟夫岛

圣约瑟夫岛坐落在苏圣玛丽东南约60公里处（位于休伦湖的西北角的美加边境线上），岛上有广阔而静谧的森林。通过紧邻Hwy 17的桥可以到达该岛。这里的**圣约瑟夫堡国家历史遗址**（Fort St Joseph National Historic Site；☎705-246-2664；www.pc.gc.ca/fortstjoseph；Hwy 548；成人/儿童 $4/2；⏱7月和8月，6月和9月 周三至周日 10:00~17:00)曾是英国殖民者在北美最偏远、最西面的前哨。具有200年历史的遗址群保存完好，是考古学家的钟爱之地。

fresort.com; Corbeil Point Rd, Batchawana Bay; 房间 $91起; ⏱5月初至10月末; ❄)这个度假村始建于1972年，所有者和经营者是一个奥地利家族。度假村颇具蒂罗尔(Tyrol，横亘奥地利西部与意大利北部的阿尔卑斯山脉的一个区域)风情，虽然位居苏必利尔湖岸，却毫无违和感。林中小屋，欧洲风情，外加一点点复古情怀，令这里显得格外迷人。这里还有私人沙滩和奥地利餐馆。从巴查湾纳湾沿着紧邻Hwy 17的Hwy 563一路向南，即可到达。

这里提供多种住宿选择，从汽车旅馆式房间、套房到2卧或3卧瑞士小屋都有。

Twilight Resort 露营地 $

(☎705-882-2183；www.facebook.com/Twilight Resort；Hwy 17，Montreal River Harbour；帐篷营地 $30~40，小屋 $100起；⏱5月至10月)这个绝妙的隐匿之所就位于苏必利尔湖省立公园入口以南，曾是被派去修建加拿大横贯公路的门诺派反战者们的营地。如今，这里是朴素而充满旧日氛围的度假胜地，有8座渔民小屋和大量的露营地——都可以看到令人震撼的苏必利尔湖落日美景。

Rossport Inn and Cabins 旅馆 $

(☎807-824-3213；6 Bowman St, Rossport；小屋 $65起；⏱4月初至10月中；❄)这个历史悠久的旅馆于1884年由加拿大太平洋铁路公司修建，自建成之日起便为往来之客带来了愉悦的住宿体验。旅馆友善的主人已退休，但仍然将9座俯瞰Rossport港的精巧古朴的小屋出租。这里的设施包括一座桑拿房和皮划艇。提前电话预订。

★ Voyageur's Lodge 汽车旅馆 $$

(☎705-882-2504；www.voyageurslodge.com; Hwy 17，Batchawana Bay; 房间 $94~119，套 $145；⏱4月至10月末；❄)巴查湾纳湾(Batchawana Bay)有长达4公里的沙滩，在其对面的公路上，你会发现这个路边汽车旅馆和**小餐馆**(☎705-882-2504；www.voyageurslodge.com; Hwy 17，Batchawana Bay; 主菜 $11~14；⏱4月至10月末 7:00~21:00)。干净舒适的木质房间相当适合沙滩度假，配有冰箱、微波炉和咖啡机。两间家居套房配有一个卧室、一个带有折叠沙发的休息室和设备齐全的厨房。这里还有一个出售酒精饮料的杂货店和一个加油站。

苏必利尔湖省立公园
(Lake Superior Provincial Park)

苏必利尔湖省立公园(☎705-882-2026，705-856-2284；www.lakesuperiorpark.ca; Hwy 17; 每车每天/2小时/4小时 $14.50/5.25/7.50，露营地 $41.25~46.90，荒野露营地 成人/儿童 $10.17/5.09；⏱阿格瓦湾游客中心 6月至9月 9:00~20:00，5月末和10月初 至17:00)保护着1600平方公里的雾气弥漫的如同峡湾般的航道、茂密的常绿树林和宁静的沙滩湖湾，它们看起来就像是从未有人类涉足一般。公园最佳的景点需要徒步或划独木舟抵达，且需要有一定经验。但如果你不是很感兴趣或时间有限，径直穿过公园的公路边上就有无数明信片般的美景。景区和设施通常于5月至10月对外开放。

你的第一站应该是**阿格瓦湾游客中心**(Agawa Bay Visitors Centre)，它距离公园南界9公里。这里有一个互动博物馆和众多公园专家，你可以从这里获得很多建议。如果你是从另一个方向进入公园，北面53公里处的**红岩湖**(Red Rock Lake)还有一处规模较小的信息区。如果打算在公园停留，必须购买许可证，但如果只是沿着Hwy 17从公园直接穿过则不必。

凯瑟琳湾(Katherine Cove)和老妇人湾

（Old Woman Bay）野餐区都在路边，可以欣赏到壮美朦胧的沙滩湖岸全貌。初出茅庐的业余人类学家会喜欢这里的阿格瓦岩石象形文字（Agawa Rock Pictographs）；这一遗迹的历史介于150～400年之间，上面的红赭色图像代表了奥杰布瓦（加拿大最大的第一民族团体）的精神家园。一条500米长的崎岖小径从游客中心通往一处岩脊，如果湖水平静的话，这些神秘的象形文字便清晰可见。在7月和8月天气允许的情况下，公园解说员会在11:00到15:00在现场。

公园里11条特别精彩的小径一定会让狂热的背包客欣喜不已。其中的精华徒步路径是65公里长的Coastal Trail，这条陡峭惊险的小路途经悬崖峭壁和卵石湖滩（全程需要5～7天）。沿途有6个接入点，你可以选择几小时或几天时间，走完部分路段。Nokomis Trail（5公里）环绕着标志性的老妇人湾——之所以如此命名是因为悬崖上好像可以看到一张老妇人的脸。根据天气情况，缥缈的雾和随风晃动的北极桦树木散发出独特的原始气息。富于变化的Orphan Lake Trail（8公里）就位于凯瑟琳湾北面，可以让你从各个方面体验公园的超凡魅力：偏僻的卵石湖滩、雄伟壮观的瀑布、高耸的瞭望台和茂密的枫树林。

这里有蓬勃发展的划桨文化，公园里有独木舟出租（每小时/天 $10/30）。园内有数条附有路线图的内陆路线，如难度相对适中的16公里长的环线Fenton-Treeby Loop（有11个短途陆上运输点，每个最长150米）和只能通过阿尔戈玛中心铁路（见192页，如果其客运服务恢复的话）方可到达的高难度路线。Naturally Superior Adventures（见本页）和Caribou Expeditions提供公园及其周边种类繁多的划桨项目。

靠近公路的地方有2个露营地，分别是位于苏必利尔湖的阿格瓦湾营地，以及位于一个内陆湖边的Rabbit Blanket Lake营地，后者风更小、温度更高，但湖岸景色略为逊色。务必通过安大略省公园管理局（www.ontarioparks.com）预订。

瓦瓦（Wawa）

在茫茫蛮荒中，漫长的冬季简直就像是西伯利亚噩梦的现实版，而面积很小的瓦瓦就像一只不屈不挠的小鸟，忍受着严寒。Wawa是奥杰布瓦语，字面意思就是"大雁"。这个18世纪20年代的毛皮贸易站之所以得名，是因为每年都会有成千上万的大雁在季节性迁徙途中栖息于瓦瓦湖（Lake Wawa）畔。这也是人们在此树立起那尊雄雁雕像背后的故事，8.5米高的雕像自20世纪60年代以来将大批游客从公路上引诱到镇上。正是这个原因，让瓦瓦成为许多司机在穿越加拿大横贯公路时不得不停靠的一处站点。这里也是探索苏必尔湖的便利大本营，拥有瀑布、湖滩和风景优美的观景台。

◉ 景点和活动

Magpie High Falls　　　　　　　　　　瀑布

（High Falls Rd）又被称作Scenic High Falls，是Magpie河上一处高23米、宽38米的瀑布，位于城西南5公里处。这里有一条设有解说牌的步行小径和一个可以烧烤的野餐处。在游客信息中心询问有关3公里长的沿河Voyageur徒步小径的详细信息，该小径由此向南通向Silver Falls——在这里，Magpie河在Michipicoten River Village村附近汇入Michipicoten河。

Sandy湖滩　　　　　　　　　　　　　湖滩

（Harbour Rd）沿着一条碎石路和一条与沙丘及脆弱植物平行的小道，就能抵达Michipicoten湾这处长达1公里的白沙滩，七人画社中的AY Jackson曾把此地画入笔下。它位于城西南6公里处，可以从Hwy 17经由Tremblay Rd（瓦瓦以北）到达，也可以选择从Michipicoten River Village村往Rock Island Lodge的方向走。

瓦瓦大雁　　　　　　　　　　　　　纪念碑

（Wawa Goose; 26 Mission Rd）来到瓦瓦，如果没有与游客信息中心前面的瓦瓦大雁纪念碑来张合影，那这趟瓦瓦之旅就不算完整——工程师说这尊8.5米高的大雁从里到外都锈了，2017年，原来生锈的大雁被价值$500,000的崭新大雁取代。城里主路上还有两座大型的大雁雕像，看看你能不能找到它们。

★ **Naturally Superior Adventures**　皮划艇

（☎800-203-9092, 705-856-2939; www.

另辟蹊径

沙普洛

从瓦瓦向内陆前进140公里,就可到达小小的沙普洛(Chapleau,读作chap-loh)。它是通往世界上最大的禁猎自然保护区的门户,该保护区占地近100万公顷,严禁捕猎。更多信息可访问www.chapleau.ca/en,或前往镇上的**百年博物馆和信息中心**(Centennial Museum & Information Centre; ☎705-864-1330; www.chapleau.ca/en; 94 Monk St; ⊙5月至8月9:00~16:00)。你可能会邂逅白头鹰、海狸、猞猁、黑熊和驼鹿等野生动物。

密西奈比河(Missinaibi River)从其源头密西奈比湖(该湖位于沙普洛西北80公里处)流出,向东北方向奔流750公里直至詹姆斯湾,途中流经**密西奈比省立公园**(Missinaibi Provincial Park; ☎705-864-3114, 紧急情况705-234-2222; www.ontarioparks.com/park/missinaibi; 日间入园 每车 $11.25,露营地 $35起,荒野露营 成人/18岁以下儿童 $10.17/5.09; ⊙5月初至9月中)——这个公园位于沙普洛禁猎自然保护区内,长500公里。河岸设有几处户外用品店,提供独木舟出租和团队游,包括**MHO Adventures**(☎855-226-6366; www.missinaibi.com; 41 Widjiitiwin Rd, Huntsville)。

🛏 住宿

这里有许多汽车旅馆,有些一尘不染,有些则廉价肮脏。城里和快到瓦瓦的路上随处可见汽车旅馆,位于Hwy 17的旅馆更靠近湖滩和苏必利尔湖周边的瀑布。

Parkway Motel 汽车旅馆 $

(☎705-856-7020; www.parkwaymotel.com; Hwy 17; 房间 $89起; 🐾)主人是波兰人,13间上好的房间配备了微波炉、冰箱、咖啡机、液晶有线电视以及必不可少的七人画社画作复制品。房间内还有DVD播放器,前台有一个免费的电影图书馆,在旅馆前的草坪上还有船形的野餐和烧烤平台。旅馆位于公路沿线,距离瓦瓦南部5公里。

Bristol Motel 酒店 $

(☎705-856-2241; www.bristolmotel.com; 170 Mission Rd; 标单/双/三 $75/85/95; ✴🐾)这里提供价格优惠而又喜人的住处,床铺舒适,Wi-Fi好用,房间内的冰箱和电视弥补了老旧地毯带来的不适之感。设施还包括热水浴缸、后院的野餐桌以及大堂内的微波炉。免费的咖啡和松饼从一大早5:00便开始供应,为长途旅行的司机垫垫肚子。

★ Rock Island Lodge 度假屋 $$

(☎705-856-2939; www.rockislandlodge.ca; 10 Government Dock Rd, Lake Superior; 房间/圆顶房含早餐 $119/70,帐篷/露营地 $37/20; ⊙5月至10月; 🐾)这一Naturally Superior Adventures(见196页)旗下的度假屋坐落于苏必利尔湖沿岸崎岖广阔的石地和平坦的沙滩之间,3种基本房型和一个小屋一尘不染、舒适安逸、自带浴室,可以欣赏到湖畔夕阳西下的美丽画面。提供一个装修漂亮的客用厨房和休息室,还有Wi-Fi,但没有电视。

在瓦瓦以南6.5公里处驶离Hwy 17,往Michipicoten River Village村的方向开就能到达这处度假屋。

🍴 就餐

★ Kinniwabi Pines 各国风味 $$

(☎705-856-7226; Hwy 17; 主菜 $18~32; ⊙5月至10月9:00~22:00)你希望在瓦瓦以南7公里处的公路边的汽车旅馆里找到什么?特立尼达岛的美食,天哪!给你的旅途来点儿风味美食,试一下这里的烤猪肉或炖鲶鱼。对于那些对食物不挑剔的人来说,这里还有各式欧洲菜和中国菜,以及包括梭鱼在内的海鲜。

---

naturallysuperior.com; 10 Government Dock Rd, Lake Superior; 课程 $50起,一日游$137)基地设在瓦瓦西南8公里处,Naturally Superior的强大团队为那些渴望经由皮划艇、独木舟、立式单桨滑板和徒步小径探索苏必利尔湖地区的人们提供指导。这里有各种水上旅行项目和课程,课时长度各不相同,有按天的、周末的以及长达一周的,包括沙滩露营。此外,还包括划桨自助导览游、指导认证课程以及摄影工作坊等多种活动。

🛍 购物

Young's General Store 食物、户外用品

(☎705-856-2626; www.youngsgeneral store.com; 111 Mission Rd; ⏲8:00~21:00)在长途驾车之前,先来这个创建于1971年并令人愉悦的老式店铺内补充一些物资吧。大量的新鲜农产品(香肠和软糖是特产)、渔具、T恤衫,怪异的驼鹿头或是在货架上高高堆起,说是挂在天花板上,琳琅满目。

ℹ 实用信息

游客信息中心(Visitors Information Centre; ☎800-367-9292, 705-856-2244; www.experience wawa.ca; 26 Mission Rd; ⏲7月和8月 8:00~20:00,5月末、6月、9月和10月初 9:00~17:00; 📶)来这里询问瓦瓦和本地区各公园的相关信息,包括住宿地点名录和不错的游客地图。这里还有座介绍当地历史的博物馆,以及一个展示本镇艺术和手工艺品的画廊。

ℹ 到达和离开

加拿大灰狗长途巴士(见179页)连接瓦瓦、苏圣玛丽($57, 2.75小时,每天1班)和桑德贝($104, 6.75小时,每天1班)。

普克斯克瓦国家公园
(Pukaskwa National Park)

在安大略省唯一的荒野**国家公园**(☎807-229-0801; www.parkscanada.gc.ca/pukaskwa; Hwy 627; 日间入园 成人/儿童 $5.80/2.90, 带水电接口的露营地 $30, 不带水电接口的露营地 $26, 荒野露营地 $9.80; ⏲5月至10月), 真的有熊出没。该公园拥有完整原始的食物链生态系统,还有一小群行踪不定的北美驯鹿,园内的地形特征与苏必尔湖省立公园非常相似。在1878平方公里的荒野中,公路总长仅有4公里,游客们可以通过纵横分布的徒步小径和水上皮划艇路线来探索这里。

普克斯克瓦的现成露营区位于**哈蒂湾**(Hattie Cove)附近唯一一处通用的露营地,靠近公园入口处。到达后请去**游客中心**(visitors center; ☎807-229-0801; Hattie Cove; ⏲7月至8月 9:00~16:00)登记,导览徒步游和其他活动大多会在夏季晚上从这里出发。

3条短途徒步小径始于哈蒂湾,沿途可以看到原始风光。热门的**Southern Headland Trail**(2.2公里)是一条多岩石的矛形路线,途中可以从高处拍摄湖岸风光和崎岖的加拿大地盾。这里有被强风吹拂形成的奇特而矮小的树木。小径**Bimose Kinoomagewnan**(又称Walk of Teachings; 2.6公里)环绕着Halfway Lake延伸,沿途能够看到奥杰布瓦人从前留有故事和艺术作品的木板。**Beach Trail**(1.5公里)小径沿着马蹄湾(Horseshoe Bay)和苏必尔湖蜿蜒而行,沿途可以欣赏到波浪拍岸和起伏沙丘的开阔景色。

3条小径可以组合成6.3公里长的徒步线路, 而**Manito Miikana**(又称Spirit Trail; 2公里)则沿着岩石沟壑通向**Beach Trail**, 路上的观景平台可以俯瞰湖景和Pic River沙丘。

普克斯克瓦的偏远荒野地区不适合弱者前往,1878平方公里的荒野偏僻而原始,与世隔绝。**Coastal Hiking Trail**(60公里)是背包客的主干线,沿着广阔的湖岸线倾斜而下。想浅尝荒野之地体验的背包客会选择穿越这条小径的前7.8公里,行程的精彩亮点是30米长、25米高的**白水吊桥**(White Water Suspension Bridge)。这条路潮湿艰险,仅有一条进出路线(全长15公里)。

划桨者可以在3条不可思议的多日路线中进行选择,其中有著名的**White River Canoe Route**(72公里; 4~6天),它将哈蒂湾和**白湖省立公园**(White Lake Provincial Park)连接到一起。在我们调研期间,该路线的一部分由于水电项目而关闭,去之前记得向游客中心查询。如果只想随便划划船,可以在哈蒂湾和Halfway湖的湖湾和岛屿间试水。

没有充分的准备以及登记,不要尝试任何徒步活动和水上航行。如果你需要水上出租车,**McCuaig Marine Services**(☎705-206-2758; mccuaigmarine@shaw.ca)会将你接送至湖岸的任何地方,但是变幻无常的天气会延迟其服务。如果你不是一个经验丰富的独立徒步旅行者,Naturally Superior Adventures可以为你提供各种在普克斯克瓦偏远荒野地区的导览徒步游。它还经营多日皮划艇线路, Caribou Expeditions(见194页)也提供相同的服务。

马拉松至尼皮贡 (Marathon to Nipigon)

你可以沿着蜿蜒的小径翻越苏必利尔湖北部的山峰，这会是一次愉快的短途旅行，也是锻炼脚力的好方法。多岩石的 Neys省立公园（Neys Provincial Park; ☎807-229-1624; www.ontarioparks.com/park/neys; 日间入园 每car $11.25）位于马拉松西面26公里处，拥有崎岖的湖滩、毛茸茸的北美驯鹿、短途徒步小径和缓慢而又迷人的落日美景。

你可以去拜访一下特勒斯湾（Terrace Bay; www.terracebay.ca）的小镇，然后从那里乘船13公里到斯莱特群岛（Slate Islands; ☎807-825-3403; www.ontarioparks.com/park/slateislands）。这个群岛可能是一块远古陨石的残留物，世界上最大的林地驯鹿种群之一和北美野兔在此繁衍生息，葱郁的水湾非常适合皮划艇探险。Naturally Superior Adventures（见196页）在这里提供皮划艇探险项目。

你可以在Neys省立公园露营，或是考虑在小小的Rossport投宿一晚，后者位于轰隆隆的铁路和苏必利尔湖唯一几座天然港口中的一座之间。历史悠久的Rossport Inn and Cabins（见195页）是非常棒的非露营式住宿选择。

睡巨人省立公园 (Sleeping Giant Provincial Park)

从桑德贝的方向远眺湖水，崎岖嶙峋的睡巨人半岛（Sleeping Giant Peninsula）看上去就像一位躺着的巨人，岛上森林遍布的陡峭地形几千年来一直被视作是神圣的领域。睡巨人省立公园（☎807-977-2526; www.ontarioparks.com/park/sleepinggiant; Hwy 587; 日间入园 每car $11.25, 帐篷营地 $37~42, 小屋 $170起, 露营挂车 $98~142）占据了湖岬大部分的多岩地带，可以欣赏到苏必利尔湖的壮美景观。

公园原始气息十足，足以提供荒野露营地以及总长超过80公里的徒步小径。同时，这里占地面积不大，从西面约70公里外的桑德贝出发，紧凑的一日游即可游览完毕。可联系安大略省公园管理局（www.ontarioparks.com）预订。Kabeyun长40公里，顺着半岛壮观的湖岸线而行，需要徒步多日，途中可能会看见驼鹿、狼、狐狸和猞猁出没在北方森林里。也有最短为1公里长的各种小径，以及皮划艇和独木舟出租。

在半岛顶端，你会发现银岛（Silver Islet）偏远的社区。在19世纪80年代中期，这个小镇上因世界上最富饶的银矿而快速发展，但如今，这里已遭废弃，在20世纪初时曾经是好莱坞电影的外景地。

桑德贝 (Thunder Bay)

人口 125,000

在桑德贝，你可以找到自己想要的那种舒适的孤独感——这里位于苏圣玛丽以西706公里、温尼伯（马尼托巴省）以东703公里处。如果你通过陆路到达，欢迎回到文明世界：无论森林和湖岸多么美丽，在车行数百公里之后都可能让人感到怠倦。随着对历史景点、周边自然风光、一些市中心重新焕发生机的娱乐区的创意餐馆和酒吧的了解，你可能会惊喜地发现桑德贝是如何顽强地抵抗并颂扬着它那漫长而黑暗的冬季，也许是因为这里10%的人有芬兰血统吧。如果你路过这里，可以考虑在这儿住两晚，感受一下这里的风情。

◎ 景点

★ 威廉堡历史公园　　博物馆

（Fort William Historical Park; ☎807-473-2344; www.fwhp.ca; 1350 King Rd; 成人/儿童 $14/10; ◎5月中至9月中 10:00~17:00, 导览游 每隔45分钟）这座历史公园再现了法国探险家、苏格兰绅士和奥杰布瓦人在19世纪初是如何在这里生活的。1803年至1821年，威廉堡是西北公司（North West Company）的总部。最终，该公司并入哈得孙湾公司，此后该地区作为贸易中心的地位慢慢削弱。如今，庞大的遗产中心有46座重建历史建筑，里面到处是有趣的老物件，如步枪、毛皮和桦树皮独木舟。

港口公园　　港口

（Marina Park; www.thunderbay.ca/Living/recreation_and_parks; Sleeping Giant Pkwy）作为令人激动的发展计划的重头戏，桑德贝的

港口地区是一个步行天堂,拥有公园、喷泉、步道、滑冰公园和公众艺术。在旅游局办事处领取一本免费的《公众艺术步行游览导览》(*Public Art Walking Tour Guide*,也可以从www.thunderbay.ca/Living/culture_and_heritage/Public_Art.htm下载),该导览册介绍了河滨的多座装置艺术作品。夏季时,这里还会举办户外电影放映、音乐会和节日等活动。该地区也被称作是Prince Arthur's Landing,或者老水滨。从市中心过来的话,在Red River Rd的东端穿过蓝色的步行桥即可,靠近Pagoda Information Center。

Bay & Algoma历史区域　　地区

桑德贝拥有超过1万名芬兰裔加拿大人,他们的祖先从19世纪末开始陆续迁居此地。当地人对自己的传统引以为傲,蒸桑拿、吃馅饼是这里的常见习俗。在城里这一传统芬兰区,即Bay St和Algoma St交叉路口附近,北欧风格的商铺随处可见,可能还会听见老人们说着芬兰语。

大卫汤普森天文台　　天文台

(David Thompson Astronomical Observatory; ☏807-473-2344; www.fwhp.ca; 1350 King Rd; 成人/儿童 $10/8; ◷5月至8月 周四至周六 22:00至午夜,9月至10月 周四至周六 21:00~23:00,11月至次年2月 周四至周六 19:00~21:00,3月至4月 周四至周六 21:30~23:30)这是一座精彩的开放天文馆,你可以通过位于威廉堡历史公园内的加拿大最大的望远镜之一观赏星星。登录网站查询最新的观星条件。即使天气多云,也可以加入Star War团队游进行一场虚拟的星空漫游。

桑德贝艺术馆　　画廊

(Thunder Bay Art Gallery; ☏807-577-6427; www.theag.ca; 1080 Keewatin St, Confederation College; 成人/学生/12岁以下儿童 $3/1.50/免费; ◷周二至周四正午至20:00,周五至周日至17:00)这座桑德贝首屈一指的艺术馆展现了丰富多样的当代艺术,包括来自安大略省西北部以及其他地区的原住民艺术家的作品。自然意象的运用、引人注目的面具和灼人的原始色彩都会给游客留下深刻的印象。

桑德贝博物馆　　博物馆

(Thunder Bay Museum; ☏807-623-0801; www.thunderbaymuseum.com; 425 Donald St E; 成人/儿童 $3/1.50; ◷6月中至9月初 11:00~17:00,9月初至次年6月中 13:00~17:00)这家百年博物馆对于成年人和儿童来说都极具吸引

小熊维尼的由来

怀特河(White River; www.whiteriver.ca)这个伐木小镇号称自己是小熊维尼(Winnie the Pooh)原型的家乡。

据说,早在1914年,一个猎人带着一只父母双亡的黑熊幼崽回到怀特河。当时,一位叫哈里·寇波恩(Harry Colebourn)的军队兽医正好在乘火车中途怀特河休息,他遇到了这个猎人,非常喜欢那只熊崽,并以$20买下了她。他给她取名为"Winnipeg"(温尼伯),并将她带上了开往魁北克省的部队火车。最终,哈里带着Winnipeg回到了他的家乡——英国。

后来,当哈里应召赴法国服役时,他将Winnie(Winnipeg的昵称)留在了伦敦动物园,她在那里很快就成了大热明星。随后,她迅速俘获了广大粉丝,其中就包括艾伦·亚历山大·米恩(AA Milne)年幼的儿子——克里斯多夫·罗宾·米恩(Christopher Robin Milne)。克里斯多夫经常去动物园,并给小熊起名为"Winnie the Pooh"。在1926年的第一版中,艾伦·亚历山大·米恩指出,他的故事就是以他的儿子、伦敦动物园的这只小熊以及克里斯多夫的几个毛绒玩具为原型的。

最终,迪士尼从米恩手里买下了小熊维尼和克里斯多夫的故事,之后的故事大家都已经知道了。后来,人们为真实的小熊和以她为原型创作的卡通形象竖立了纪念碑,该纪念碑至今仍矗立在怀特河公园内,就在游客中心旁边。

特里福克斯瞭望台和纪念馆　　　　纪念地

（Terry Fox Lookout & Memorial; 1000 Hwy 11/17）这座纪念馆是为了纪念特里·福克斯而建的,他是位年轻的癌症患者,因病截肢。1980年4月12日,他开始步行穿越加拿大,为癌症研究筹集资金。在从纽芬兰的圣约翰斯出发,走了5373公里后,他到达桑德贝。当时,他的病情开始恶化,再也没能离开。纪念馆所在地位于当年特里结束他伟大的"希望马拉松"（Marathon of Hope）附近。

麦凯山　　　　　　　　　　　　　　　观景点

（Mt Mackay; ☎807-623-9543; www.fwfn.com; Mission Rd; 每车 $5; ◷5月中至9月初 9:00～22:00）麦凯山比桑德贝高出350米,这里视野开阔,你可看该地区错落有致的松树和隆起的岩层尽收眼底。瞭望台是Fort William First Nation的一部分,晚上是最雄伟精彩的时刻,山谷就如同一片灯光闪烁的海洋。从观景区至山顶有一条长175米的步行小径。爬山时,要小心脚下的岩石,以防跌倒。

紫水晶矿赏景　　　　　　　　　　　古迹

（Amethyst Mine Panorama; ☎807-622-6908; www.amethystmine.com; 500 Bass Lake Rd; 成人/5岁以下儿童 $8/免费, 紫水晶 每镑$3; ◷5月中至10月中 10:00～17:00）你可以参观这座位于桑德贝以东60公里的矿山,并可自己在公共开采区挑选紫水晶,它是安大略省的官方宝石。在开车进入停车场时,你可能会注意到这里的砂石呈现淡淡的靛青色,这充分证明该地区确实遍布这些准宝石级别的矿石。

🚶 活动

Sail Superior　　　　　　　　　　　乘船游

（☎807-628-3333; www.sailsuperior.com; Pier 3, Sleeping Giant Pkwy）在苏必利尔湖上进行帆船游,出发点是桑德贝的码头,包括1.5小时港口周边的环游（成人/10岁以下儿童 $49/25, 最少4人起）。

值 得 一 游
维麦特峡谷省立公园

维麦特峡谷（Ouimet Canyon; ☎807-977-2526; Ouimet Canyon Rd; 建议捐赠$2; ◷5月至10月）位于桑德贝以东90公里处,是由上一次冰川期的水蚀和风蚀形成的危险裂隙。峡谷底部150米处有适宜少量珍稀高寒植物生长的小气候。一条长1公里的峡谷环线绕着峭崎的断崖蜿蜒而行,沿途景色令人腿脚发软。峡谷内禁止露营。峡谷距离Hwy 17的岔道口12公里。

附近的**Eagle Canyon Adventures**（☎807-355-3064; www.eaglecanyonadventures.ca; 275 Valley Rd, Dorion; 成人/儿童 $20/10, 高空飞索 $50; ◷5月至10月中 10:00～18:00）拥有加拿大最长的悬索人行桥（183米）——高悬于深深的峡谷之上。这里还有加拿大最长、最高、最快的一条高空飞索,适合那些永不满足的探险者。

Loch Lomond Ski Area　　　　　　滑雪

（☎807-475-7787; www.lochlomond.ca; 1800 Loch Lomond Rd; 全天/半天缆车票 $46/34起; ◷12月至次年4月）这里有17条滑雪道,初级、中级和高级滑雪者均能找到适合自己的滑道。这里是学习滑雪或与孩子一起滑雪的绝佳之所。提供滑雪板、单板滑雪以及其他设备出租,还有各种课程。夏天时,山地向徒步和山地自行车爱好者开放。

Kangas　　　　　　　　　　　　　　桑拿

（☎807-344-6761; www.kangassauna.ca; 379 Oliver Rd; 桑拿房/热水浴缸租金 $17/15起; ◷8:00～22:00）这个老字号体现了桑德贝的芬兰传统,提供1.5小时私人租用桑拿房的机会。每一间允许6个人使用,因此你可以单独行动,也可以为你和你的"同事们"订一个"会议室"。这里也有热水浴缸和早餐非常受欢迎的咖啡馆（主菜 $10）。

Chippewa Park　　　　　　　　　　游泳

（www.chippewapark.ca; City Rd）晴天,这家湖滨公园是游泳、嬉戏或野餐的绝佳场所。

🛏 住宿

桑德贝的旅馆很多，多数大的连锁汽车旅馆都在Hwy 11-17和Hwy 61的交叉路口附近。

Thunder Bay International Hostel
青年旅舍 $

(☎807-983-2042; www.thunderbayhostel.com; 1594 Lakeshore Dr; 帐篷营地 $20, 铺 $25; @⛶) 草坪上摆着鹿角、儿童钢琴等各色各样的小玩意。迷人的店主Lloyd提倡徒步旅行的生活方式。他为人热心，游历甚广，而且关心旅客。旅舍位于镇东25公里处。

Strathcona Motel
汽车旅馆 $

(☎807-683-8136; www.strathconamotel.ca; 545 Hodder Ave; 双 $80起; ⛶) 我们非常喜欢这家小旅馆。当Ken还是个孩子的时候，他家就开始经营这家旅馆了。带独立卧室的住宿单元真的非常陈旧，但却一尘不染，氛围浓郁。旅馆在中心区往东几公里的一个可爱的社区里。

Days Inn & Suites
汽车旅馆 $$

(☎807-622-3297; www.daysinn.com; 645 Sibley Dr; 标双含早餐 $129起; ⛶⛶⛶) 这家家庭式旅馆位于中心地带，到广阔的桑德贝的任何地方都很方便。小孩子喜爱这里的室内游泳池。旅馆房间干净宽敞，装饰风格不俗。

Nor' Wester
汽车旅馆 $$

(☎807-473-9123; www.bestwestern.com; 2080 Hwy 61; 标双 $149起) 虽然离市中心（如果桑德贝有市中心的话）有15公里远，但是你不会介意。因为旅馆环境好，员工服务周到，房间舒适干净，而且还有很棒的套房可供选择。这里有个超大的室内游泳池，寒冷的夜晚还有热水浴缸服务。强烈推荐。

🍴 就餐

★ Hoito Restaurant
芬兰菜 $

(☎807-345-6323; www.314baystreet.com; 314 Bay St; 主菜 $8~13; ⓒ周一至周五 7:00~19:30, 周六和周日 8:00~19:30) 你会以为自己无意中来到了芬兰的一家员工餐厅。事实上，Hoito从一个世纪前就开始为芬兰的工人们提供实惠饭菜。这家桑德贝的老牌餐厅全天都提供早餐，扁平的芬兰lättyjä馅饼是唯一的选择。它位于历史悠久的Finnish Labour Temple的地下层，这栋建筑如今是一个文化中心。

★ Tomlin
加拿大菜 $$

(☎807-346-4447; www.tomlinrestaurant.com; 202 Red River Rd; 主菜 $16~28, 小盘 $10~14, 鸡尾酒 $10~14; ⓒ周二至周四 17:00~22:00, 周五和周六至23:00) 主厨Steve Simpson在当地颇具名望，通过使用季节性的当地食材，他能让普通的菜肴增色不少。菜单定时更换，分为小盘（如鞑靼牛肉和烟熏花菜）和大盘（小牛肉贝壳粉、蟹肉和扇贝扁豆面、红鳍鳟鱼）。葡萄酒全都来自安大略省，还包括冰酒。

Tokyo House
亚洲菜 $$

(☎807-622-1169; www.tokyohouse.ca; 231 Arthur St W; 午餐/晚餐 自助 $15/24起; ⓒ正午至15:00和16:30~22:00) 这家明亮的自助餐馆其实并没有正宗的日本菜。但这里可是桑德贝，我们应该庆幸能在这么遥远的北方吃到亚洲菜。你喜欢的大部分日本菜这里都有，还有很多做好的寿司可供选择。

Uptown Cut
牛排 $$$

(☎807-344-4030; www.uptowncut.ca; 252 Algoma St S; 主菜 $25起; ⓒ周四和周五正午至15:00, 周二至周六 17:00至深夜) 这里的美味菜单以和牛牛排和风干牛扒为主，旨在推广安大略省的牛肉。这里的牛排味道鲜美，《纽约时报》的美食评论家曾撰文称，他在这家店吃到了有生以来吃过的最佳和牛料理。素食菜色也有很多原创性，这里的美食体验将令人印象深刻。

Bight
各国风味 $$$

(☎807-622-4448; bightrestaurant.ca; 2201 Sleeping Giant Pkwy; 主菜 $15~35; ⓒ11:30~22:00; ⓟ⛶) 在这个低调的海滨餐厅，主厨Allan Rebelo自创了一份当代菜单，包括熟food拼盘、比萨、鱼肉玉米饼和小虾、龙虾扁意面。可以坐在户外巨大的泪滴形雕塑中间，或是黑白配色、金属装饰的店内。

Prospect or Steakhouse　　　　牛排 $$$

(☎807-345-5833; www.prospectorsteakhouse.com; 27 Cumberland St S; 主菜 $32; ⊙周日至周四 17:00~21:00, 周五和周六至22:00; 🏠)别光注意环境而影响了食欲,这家餐厅位于历史悠久的蒙特利尔银行大楼内,供应分量十足的肉类料理。餐厅的装饰以黑白基调为主,能看到驼鹿推车、兽头、独木舟和农场里使用的旧物。吃这里大名鼎鼎的牛肋排对你的动脉是个锻炼。所有的主菜都搭配畅享沙拉吧、汤和新鲜的小圆面包。

Caribou Restaurant & Wine Bar　　　　创意菜 $$$

(☎807-628-8588; www.cariburestaurant.com; 727 Hewitson St; 午餐 主菜 $15~18, 晚餐主菜 $17~48; ⊙周四和周五 11:30~14:00和每天 17:00~21:00; 🅿)在桑德贝南部高速公路网的烟雾和四四方方的大卖场之间坐落着这城最棒的就餐地。尽管从外面看上去,这里像是平庸的特许经营店,但里面却充满了讲究的细节,桌上铺着白色桌布,摆放着设计师设计的高脚杯。提供的菜肴包括木柴烤比萨,配香辣Creole酱的海鲜以及烤炉北极鲑等等。

Bistro One　　　　各国风味 $$$

(☎807-622-2478; www.bistroone.ca; 555 Dunlop St; 主菜 $27~42; ⊙周二至周六 17:00~22:00; 🅿)这是隐藏在市中心以南粗犷的实用型地区里的一块钻石。餐厅菜单新颖,经常更新,装修豪华,更有传奇般的葡萄酒单。

Giorg　　　　意大利菜 $$$

(☎807-623-8052; www.giorg.ca; 114 Syndicate Ave N; 主菜 $15~47; ⊙周二至周六 17:30~21:00; 🅿)这家迷人的意大利餐厅的外观并不讨喜,却算得上是桑德贝最佳餐厅之一,现场制作美味的意面。分量更足的主食包括煎鸭胸脯肉、熟牛柳和油爆虾配意大利烟肉。

★ Prime Gelato　　　　冰激凌

(☎807-344-1185; 200 Red River Rd; 杯 $3.50~6.50, 华夫筒 $4.50~7.50; ⊙周二至周日正午至22:00)🍦这家冰激凌店一心想打造成为北部的Ben & Jerry's,这里出售的冰激凌和果汁冰糕口味独特,比如咸焦糖,还有用肯诺拉的Lake of the Woods啤酒做成的带酒味冰激凌。这里还提供十几种不含麸质的冰激凌选择,且品种经常更换,但大多数都使用了新鲜的当地特产,如枫糖或草莓。

🍷饮品和夜生活

★ Red Lion Smokehouse　　　　精酿啤酒

(☎807-286-0045; redlionsmokehouse.ca; 28 Cumberland St S; ⊙周二至周四 正午至午夜,周五至次日1:00, 周六 15:00至次日1:00)桑德贝新晋的热门休闲地,仓库风格的店内布满了暴露在外的管道。酷炫的工业风格,闲适的桌游,爽口的食物和女侍者推荐的美味啤酒在这里有机地结合在一起。菜单上有2页啤酒可供选择,包括当地酿造的Sleeping Giant扎啤,还有自制的菜肴($12~29),比如汉堡和手撕猪肉。

Sovereign Room　　　　酒吧

(☎807-343-9277; www.sovereignroom.com; 220 Red River Rd; ⊙周二至周五 16:00至次日2:00, 周六和周日 11:00开始营业)从吧台后的枝形吊灯到华丽的橄榄绿墙纸,从暗色的木质卡座到店前窗边盘旋向上的楼梯,Sovereign Room以其特有的魅力成为一处喝啤酒的绝佳场所。这里有现场音乐表演。菜单(主菜 $10~20)上满是惊喜,比如奶酪浇鸭肉汁土豆条、石烤比萨、鸡翅和粟米卷饼。

The Foundry　　　　酒吧

(☎807-285-3188; www.thefoundrypub.com; 242 Red River Rd; ⊙周一至周六 11:00至次日2:00)这是家两层楼的酒吧,一直很受当地人欢迎,供应数十种扎啤以及各种餐食。菜肴包括美味的椰汁咖喱汤、桑德贝干酪浇肉汁土豆条,以及以面糊中加了当地Sleeping Giant啤酒炸制而成的炸鱼和薯条。大多数晚上都有现场音乐。

St Paul Roastery　　　　咖啡馆

(☎807-344-3900; 11 St Paul St; ⊙周一至周五 7:30~17:00, 周六 9:00~17:00)这家时尚的咖啡殿堂里供应现做咖啡,还现场烘焙,毗邻一家唱片店。

Growing Season　　　　果汁吧

(☎807-344-6869; www.growingseason.ca; 201 Algoma St S; ⊙周一至周六 11:00~19:00)

健康果汁和奶昔是这里的主打。搭配奶昔的还有美味佳肴,这里种类繁多的食材大多出自当地多家生产商。

Madhouse Tavern Grill　　　　酒吧
(☏807-344-6600; 295 Bay St; ⏰11:30至次日1:00)在不起眼的门面之后,这个邻家酒吧是个休闲的好地方,可以在热情友好的闲聊和冰镇啤酒中释放压力。墙上悬挂着著名艺术家和作家扭曲的画像,包括弗里达·卡罗(Frida Kahlo)和亨特·S.汤普森(Hunter S Thompson)。

❶ 实用信息

宝塔信息中心(Pagoda Information Center; ☏807-684-3670; www.tourismthunderbay.com; Red River Rd和Water St交叉路口; ⏰7月和8月周二至周六10:00~18:00)加拿大成立最早的游客信息咨询机构,位于一栋年代可以追溯至1909年的特色建筑内,如今仍是该城最中心的游客信息源。

桑德贝旅游局(Tourism Thunder Bay; ☏807-983-2041; www.tourismthunderbay.com; 1000 Hwy 11/17; ⏰9:00~17:00)该城最大的旅游局办事处,位于镇东6公里处的特里福克斯瞭望台和纪念馆。

❶ 到达和离开

桑德贝机场(Thunder Bay Airport, 代码YQT; ☏807-473-2600; www.tbairport.on.ca)位于城市西南方向,距离市中心约10公里,就在Arthur St W和Hwy 61交叉路口。机场执飞加拿大航空、西捷航空、波特航空、Wasaya和贝尔斯金航空(Bearskin)等公司的航班,每天约有15班航班来自多伦多($120单程)。其他航线包括萨德伯里、苏圣玛丽、渥太华和温尼伯。

加拿大灰狗长途巴士(见179页)往返苏圣玛丽($148, 9.5小时, 每天1班)和温尼伯($126, 9.5小时, 每天1班)。灰狗巴士的**车站**(☏807-345-2194; 815 Fort William Rd)位于城际购物中心(Intercitymall)附近,就在Harbour Expwy边。

❶ 当地交通

汽车租赁公司在机场都有柜台。

桑德贝运输(Thunder Bay Transit; ☏807-684-3744; www.thunderbay.ca/transit)的公交服务覆盖全城。**Waterfront中央总站**(Water St)开出的公共汽车去往城市的各个方向,包括往南去往机场、灰狗长途巴士车站以及威廉堡历史公园的车。单程票价为$2.75。

科克伦到穆斯法克特里和穆索尼(Cochrane to Moose Factory & Moosonee)

岁月对小小的科克伦真是残忍,它存在的理由就是北极熊特快列车(Polar Bear Express)——这辆停靠小镇的火车载着乘客开往北部偏远的詹姆斯湾深处。科克伦并不假装自己是个美丽的旅游胜地,从某种程度上来说,这种诚实让人耳目一新。小镇的冬日狂风肆虐,酷寒又漫长,但即便如此,镇上许多讲法语的居民性格随和、待人友好。

穆索尼和穆斯法克特里坐落在冻土带附近,是大多数人能够到达的加拿大东部地区的最北端。想继续往北行走,则必须要借助水上飞机、独木舟、摩托雪橇、狗拉雪橇或雪地靴。

1932年,通往穆索尼的铁路开通,这大约比雷维永公司(Révillon Frères)在这里建立贸易站晚了30年。附近的穆斯法克特里岛是克里人的小型居住地,此外,还有哈得孙湾公司于1672年成立的贸易中心站的历史遗址。

❷ 景点和活动

穆索尼有种陈腐的工业氛围,而穆斯法克特里是个生机勃勃的保留地,那里的人依旧很友好而且还有大量的食品熏制房,两者大不相同。要体验这个地区,最好参加由当地克里人担任导游的团队游。

北极熊栖息地和古迹村　　　　动物园
(Polar Bear Habitat & Heritage Village; ☏800-354-9948, 免费705-272-2327; www.polarbearhabitat.ca; 1 Drury Park Rd, Cochrane; 成人/学生/5~11岁儿童 $16/12/10; ⏰5月中旬至9月中旬9:00~17:00, 9月中旬至次年5月中旬10:00~16:00; ♿)尽管关于北极熊的说法不少,但其实这一地区并没有野生北极熊出没。世界

> 值得一游

桑德贝到马尼托巴省

人生充满选择。如果你从苏必利尔湖往西开往温尼伯,有两种选择:北边的路线(Hwy17)相对较快,有更多的服务,但南边的路线(Hwy 11和Hwy 71)有更多令人难忘的美景。

离开桑德贝,过了卡卡贝卡瀑布(Kakabeka Falls; ☏807-473-9231; www.ontarioparks.com/park/kakabekafalls; Hwy 11-17; 日间入园 每车 $11.25),公路和车流的景致逐渐远去。之后,公路在Shabaqua Corners岔开,北边的路线直达温尼伯,南边的路线则缓缓经过风景优美的乡间,相比北边的路线要多花两个小时。不管选哪条路,你都要穿过如同田园牧歌一般美丽的森林湖(Lake of the Woods)地区——这里以捕鱼为主,肯诺拉(Kenoro)是这里非官方的首府。

会有标志牌提示你进入新时区(往西走,晚一个小时)。

北线

伊格纳茨(Ignace)和大一点的德莱顿(Dryden)分别位于Agimak湖和Wabigoon湖(此湖和美国小说家Garrison Keillor笔下虚构的Minnesota城里的Wobegon湖并无关系),都可以停留住宿。不过,肯诺拉(lakeofthewoods.com)是最大最好的中途休息地。它是美丽的森林湖地区非官方的首府,也是当地夏季小屋和垂钓之旅的旅游枢纽。森林湖位于安大略省、马尼托巴省和美国明尼苏达州之间,对当地过周末的温尼伯人来说,就如同多伦多的乡村度假村(见228页)般的存在。

M.S. Kenora (☏807-468-9124; www.mskenora.com; Bernier Dr; 成人/3~10岁儿童 $29/15.50; ⊘5月至9月)每天都提供2.25小时的游轮之旅,沿森林湖的北部航行,可欣赏该地区长达10万公里的湖岸线以及14,500座岛屿中的一小部分。还提供日落晚餐游轮之旅。

森林湖博物馆(Lake of the Woods Museum; ☏807-467-2105; www.lakeofthewoodsmuseum.ca; 300 Main St S, Kenora; 成人/6~17岁学生 $4/3; ⊘7月至8月,9月至次年6月 周二至周六 10:00~17:00)展示了该地区的原住民、工业和金矿等方面的历史,介绍百年内发生的巨大变化。

南线

南线路程相对较长,从桑德贝前往温尼伯途中经过几处不错的景点。阿提科坎(Atikokan)是经过Shabaqua Corners南北两线公路岔路口后的第一个大的停靠点。这个散发着粗犷气息的矿业镇是个不错的落脚点,你可以从这里出发前往美妙绝伦却人迹罕至的奎提科省立公园(Quetico Provincial Park; ☏807-597-2735; www.ontarioparks.com/park/quetico; Hwy 11; 日间入园 每车 $11.25,露营地 带/不带水电接口 $52/45,荒野露营 成人 $12.50~21.50, 18岁以下儿童 $6~8.50, 小屋 $86)进行一日游。一眼望不到头的水涝保护区拥有一些加拿大最棒的荒野独木舟和陆运路线以及通往原始偏远地区的徒步小径。Canoe Canada Outfitters (☏807-597-6418; www.canoecanada.com; 300 O'Brien St, Atikokan)提供前往激动人心的荒野地区的自助和导览探险活动。

再往西走,弗朗西斯堡(Fort Frances)就在美加边界上,这里有一座桥通向明尼苏达州。弗朗西斯堡博物馆(Fort Frances Museum; ☏807-274-7891; www.fort-frances.com/museum; 259 Scott St, Fort Frances; 成人/5~12岁儿童 $4/3; ⊘5月中至9月初 10:00~17:00, 9月 11:00~16:00, 10月至次年5月中旬 周二至周六 11:00~16:00)介绍了这一地区的历史。马尼图古坟丘(Manitou Mounds, Kay-Nah-Chi-Wah-Nung; ☏807-483-1163; www.manitoumounds.com; Shaw Rd, Stratton; 门票 $10; ⊘5月至9月 周三至周六 10:00~18:00)位于弗朗西斯堡以西60公里处(Emo再过去25公里),是神圣的奥杰布瓦人遗址,里面有加拿大最大的古代墓地。

在回到肯诺拉附近的Hwy 17之前,还可以考虑在Nestor Falls和Sioux Narrows两个安静的度假小镇停车游览,这两个地方都位于Hwy 71旁。

上最大的北极熊保护中心就坐落于此，它也是唯一一个拥有天然湖泊的保护中心，专门用于保护和照料北极熊，以保证它们的健康。园内目前的"居民"有Ganuk和Henry，在不久后，这里可能会接纳新的住户。游客可以和它们互动，还可以在"和养熊人面对面"环节（夏季每天）了解有关北极熊的更多知识。

北极熊特快列车　　　　　　　　　　　火车之旅

（Polar Bear Express；☎800-265-2356，免费 705-472-4500；www.ontarionorthland.ca；往返成人/11岁以下儿童 $118.54/59.27；◎6月末至8月末 周日至周五，8月末至次年6月末 周一至周五）这辆在小镇停靠的火车是诞生于1964年的北方传奇，对居住在偏远的穆索尼和穆斯法克特里的居民而言，北极熊特快列车仍然是价格最实惠、最具人气的交通工具。火车9:00从科克伦出发，13:50到达穆索尼，然后再于17:00南行往回开，21:42回到科克伦。乘客的组成颇具看点：有当地人、猎人、生物学家、地质学家、游客、钓鱼迷及划船高手。

Moose Cree Outdoor Discoveries & Adventures　　　　户外

（☎705-658-4619；www.moosecree.com/tourism/outdoordiscoveries.html；22 Jonathan Cheechoo Dr, Moose Factory）这个组织由穆索尼克里第一民族（Moose Cree First Nation）的旅游部门经营，为游客量身打造旅游活动，比如，他们会将文化活动（讲故事和品尝传统食物）和夏季的独木舟划行活动及冬季的雪鞋步行活动结合起来。为了符合你的探险口味，友好的组织人员会询问你具体想体验什么。

潮汐省立公园　　　　　　　　　　　省立公园

（Tidewater Provincial Park；☎705-272-7107；www.ontarioparks.com/park/tidewater；日间入园 每人 $5，露营 每人 $10；◎6月底至9月初）公园包括了Moose River河口的5个岛，荒野露营地位于穆斯法克特里和穆索尼之间的Charles Island岛上。从露营点向外看，你没准还能瞥见海豹或是白鲸那奶白色的脊背。可以从穆索尼乘坐水上出租车前往该岛；这些水道只适合富有经验的独木舟能手。联系Moose Cree Outdoor Discoveries & Adventures获得许可证。

克里文化讲解中心　　　　　　　　　博物馆

（Cree Cultural Interpretive Centre；☎705-658-4619；www.moosecree.com/tourism/ccic.html；Riverside Dr, Moose Factory；◎6月至8月 周日至周五 9:00~17:00）博物馆由穆索尼克里第一民族经营，其室内和室外展览展示了很多人工制品，包括骨质工具、传统玩具、可重复使用的床布及外来文化到来前的民居。如果你愿意的话，可以了解一下克里人的因果报应观（pashtamowin）。最好跟着导游参观这个博物馆，他们会讲述这些有趣的物品有哪些好玩的细节，又有哪些奇闻逸事。

🛏 住宿

穆索尼有两三个住宿点，但我们建议住在穆斯法克特里岛。这里除了生态旅馆之外，Moose Cree Outdoor Discoveries & Adventures（见本页）也能安排住宿以及在穆斯法克特里和临近岛屿的露营。

科克伦也有几处住宿选择，包括**Best Western Swan Castle Inn**（☎705-272-5200；www.bestwestern.com；189 Railway St, Cochrane；单/双含早餐 $145/155起；❄@☎）和火车站旁的**Commando Motel**（☎705-272-2700；t.cthomas@hotmail.com；80 7th Ave, Cochrane；单/双 $70/75；☎）——当然，还有火车站本身提供的旅馆。

Hudson's Bay Company Staff House　　　　　　　　　　　客栈 $

（☎705-658-4619；www.moosecree.com；4 Front St, Moose Factory；房间 $75；☎）这个历史建筑同时也是个博物馆，一楼的展品包括皮草交易年代的藏品，那时候哈得孙湾公司的员工就居住于此，而经理则住在隔壁。这里由穆索尼克里第一民族管理，4间粉色的房间共用一个厨房和浴室。

Thriftlodge　　　　　　　　　　　汽车旅馆 $

（☎705-272-4281；www.travelodge.com；50 Hwy 11 S, Cochrane；单 $75~80，双 $85~90；❄@☎）这里是科克伦最物有所值的住宿选择之一，这家连锁汽车旅馆提供40个舒适的房间，配有吹风机、咖啡机和冰箱，旁边就是在Terry's Steakhouse，这里的食物味道还行。楼上的公寓没那么好，除非你确实需要精打细算，否则不推荐入住。

Cree Village Ecolodge　　　度假屋 $$

(☎705-658-6400; www.creevillage.com; 61 Hospital Dr, Moose Factory; 房间含早餐$180起; 🛜) Cree Village Ecolodge是北半球第一家由原住民开办和经营的旅馆。房间的窗户正对绿树成荫的Moose River，迷人的人字形建筑的设计和装修反映的是克里人传统的价值观念。环保设计体现在地毯、毛毯和床上用品中，因为它们使用的都是有机羊毛和棉花，每个房间都摆放着有机香皂。

Moose River Guesthouse　　　客栈 $$

(☎705-336-1555; www.mooseriverguesthouse.com; 51 Gardiner Rd, Moosonee; 房间$120, 套$135~185; 🛜) 这家由谷仓改造的颜色靓丽的客栈位于一条安静的死胡同，距离穆索尼火车站约300米，拥有7个以古雅的乡村风格装饰的房间和套房。每个房间都需要和另一个房间共用一个浴室，而套房则有独立的设备，房价包含欧式早餐。

🍴 就餐

Station Inn　　　加拿大菜 $

(200 Railway St, Cochrane; 主菜$8~15; ⊙8月底至次年6月底周一至周五7:00~20:00, 6月底至8月底周日至周五) 就像Station Inn (☎705-272-3500; www.ontarionorthland.ca; 200 Railway St, Cochrane; 标单/双$118/130; ❄🛜) 其余部分一样，这家餐厅同样更注重功能，没什么气氛。这里供应分量十足的食物，每日特色菜如猪肉或牛肉排、农夫香肠、千层面和汉堡。菜单上还有三明治和卷饼、沙拉以及素食选择。

Polar Bear Restaurant　　　美式小餐馆 $

(☎705-272-5345; Fast Stop, Hwy 11 S, Cochrane; 主菜$7~18; ⊙6:00~22:00) 讲法语的卡车司机们都聚集在这个加油站餐厅里，服务员随时准备着添加饮料，这里供应大分量的早餐，有馅饼或法式吐司配培根和枫糖浆。午餐和晚餐供应快餐厅式菜肴，如"北极熊最爱"(鱼肉汉堡)或"北极熊奶酪浇肉汁土豆条"(没错，北极熊是这里的主题)，此外还有一些不太应景的希腊特色菜。

Kaylobs Kafe　　　咖啡馆 $

(☎705-272-4025; 282 8th Ave, Cochrane; 主菜$10~13, 三明治$5; ⊙周一至周五6:00~19:45, 周六8:00~19:45, 周日8:00~15:45) 这个位于Lake Commando旁的当地咖啡馆供应汉堡、奶酪浇肉汁土豆条、早餐、每日特色菜和大份的家常菜肴，比如肝和洋葱。

Terry's Steakhouse　　　牛排 $$

(☎705-272-4770; Hwy 11 S, Cochrane; 主菜$15~25; ⊙周一至周五11:00~21:00, 周六16:00~21:00, 周日10:00~21:00) 桌上铺着红黑格的桌布，天花板下垂着俗丽的枝形吊灯，这里烹饪的牛排是科克伦最棒的。牛眼肉和菲力牛排经过炭火烧烤，配上像干胡椒粒这样的经典酱料。菜单上还有汉堡、意大利面、海鲜、传统美食如肝和洋葱、三明治和卷饼。

❶ 实用信息

科克伦旅游局办事处 (☎705-277-4926; www.cochraneontario.com; Hwy 11 S, Cochrane; ⊙周一至周五9:30~17:00) 这个小型办公室位于一座被称为Chimo (其名字来自克里语，意思是"受欢迎的")的北极熊雕像旁边，位于Hwy 11 S (通向诺斯贝) 和Hwy 11 W (通向桑德贝) 的交叉路口。

科克伦火车站 (☎705-272-4228; 200 Railway St) 火车站的售票处是了解北部知识的又一个信息来源。

Moose Cree Outdoor Discoveries & Adventures (见206页) 提供和穆斯法克特里有关的住宿和活动信息。

❶ 到达和当地交通

安大略省北交通局 (见186页) 运营着科克伦和Timmins ($21.50, 1.5小时) 之间的长途汽车，可以和**北极熊特快列车** (见206页) 接驳。在有火车运营的日子里，汽车6:25从Timmins出发，22:45从科克伦返回。Timmins有一个机场，开通往返多伦多的航班。

安大略省北交通局还运营着从**科克伦火车站** (见本页) 到诺斯贝 ($92.50, 6.25小时, 每天1班) 和萨德伯里 ($81.50, 6.5小时, 每天1班) 的长途汽车。

穆索尼是前往穆斯法克特里的门户，无法从南面开车到达，只能乘坐北极熊特快列车（见206页）到达。Air Creebec（☎705-336-2221；www.aircreebec.ca）从科克伦或Timmins（$442，1小时）有航班运营。火车和航班的均为每周5~6班次。

水上出租车把乘客从穆索尼运到3公里以外的穆斯法克特里（$15，15分钟）。如果你去Cree Village Ecolodge的话要告诉司机，因为它设有自用码头，位于岛的主码头以北。冬天，河流会冻成牢固的冰桥，汽车和卡车可以从上面通过（出租车$10）。在深秋河流刚结冰、初春河水开融之季，前面提及的两种交通方式都不够安全，你需要搭乘**直升机**（☎705-336-6063；www.expeditionhelicopters.com；Airport Rd，Moosonee；单程航班$40）前往。

乘坐出租车可从穆索尼火车站到东面1公里以外的码头，每人$6。

塔玛戈米（Temagami）

正当虔诚的埃及人建造奇迹般的金字塔时，这个长满参天古松、布满安静湖泊的地区已具备了繁荣的贸易交通网络。如今，散布在各个省立公园内隐蔽的考古遗址都证明了那些古道的存在。塔玛戈米以独木舟胜地和原始荒野中出色的陆上运输体验而著名，吸引着探险人士来此划船，包括英国电视名人Ray Mears。

你可以前往Obabika River Park，或是巨大的伊芙琳夫人静水省立公园（Lady Evelyn Smoothwater Provincial Park），后者拥有安大略省的最高峰——Ishpatina Ridge（693米高）。这一带没有任何设施，只能划独木舟到达露营地。前往白熊森林（White Bear Forest）相对容易，这里的Caribou Mountain山上有个高耸的**火警瞭望塔**（O'Connor Rd；☉5月末至10月中）**免费**，从这里可以鸟瞰下方连绵的粗壮树木。从**塔玛戈米信息中心**（☎705-569-3344；www.temagamiinformation.com；7 Lakeshore Dr；☉6月末至9月初周三9:00~14:00，周四至周一11:00~17:00）领取一份《白熊森林原始森林小径》（*White Bear Forest Old Growth Trails*）地图，了解距离从1~5公里不等的多条步行路线详情。

景点和活动

就算是按照加拿大的标准来说，塔玛戈米也算是个粗犷原始、适合户外运动的地方。夏天时，可以在荒野中开启独木舟之旅，需要多留出几天——你至少需要4天时间才能到达荒无人烟的荒蛮腹地。冬天时，可以来此体验雪橇摩托车小径。

芬雷森点省立公园 省立公园
（Finlayson Point Provincial Park；☎705-569-3205；www.ontarioparks.com/park/finlaysonpoint；Hwy 11；日间入园 每车$14.50，露营地带/不带水电接口$47/41.50；☉5月末至9月）这个公园位于塔玛戈米湖的小半岛上，可以划独木舟、游泳和露营。在城南1公里处Hwy 11旁的公园办公室停留一下，了解关于塔玛戈米周边几个保护区的信息。

Temagami Outfitting Co 划独木舟
（☎705-569-2595；www.icanoe.ca；6 Lakeshore Dr）这里热情的工作人员提供装备齐全的荒野独木舟之旅（$95每人每天）；你不需要自己准备，对方就能帮你完美安排行程——从独木舟到服装再到露营设备。需要向导的话，每团每天需要另付$150。他们还提供覆盖整个湖区的穿梭航班服务，$75起。

住宿

Northland Paradise Lodge 度假屋 $
（☎705-569-3791；www.northland-paradise.com；51 Stevens Rd；标单/双$55/85，套$150；❄❀）就位于湖边，是一处不错的老式钓鱼和狩猎度假屋，带有一个游戏室、屠宰房和装备清洗室。汽车旅馆式的客房带有小厨房，是一整天水上运动结束后的完美休憩场所，淳朴的家居套房配有对着湖景的阳台，很适合户外休息。

诺斯贝（North Bay）

人口 54,000

诺斯贝推出的城市口号是"够北部、够ध美"，这就引发了一个问题：完美在哪里？其实，它只是足够靠北，这令前来旅游的多伦多人感觉像在冒险。这里的湖滨很美，但城市本身没什么特别值得吸引人的地方。这么说吧，它真正动人之处在于靠近湖泊的便利位置以及周边的乡村地带——后者正在逐渐演变成乡村度假村（见228页）的一部分，一到周末，就会有城里人从一房难求的马斯克卡一路向北，来到这里度假。除了这些迷人之处之外，诺斯贝的湖边还有大量不错的旅馆和一些美味的餐厅。

安大略省的两条主要公路（Hwy 11和Hwy 17）就在经过小镇时交会。诺斯贝也就成为沿加拿大横贯公路旅行的游客必经的停靠点。两条公路直到西北1000公里之外的尼皮贡（Nipigon，就在桑德贝之前）才会再次相交。

◉ 景点和活动

尼皮辛湖滨　　　公园

（Lake Nipissing Waterfront）沿着美丽的尼皮辛湖行走，你会发现许多有趣的东西。灌木、树木和多年生长的植物在路旁林立，由诺斯贝遗产园丁组织（North Bay Heritage Gardeners）维护。在码头上，Heritage Railway and Carousel餐厅位于*Chief Commanda*号船上，Fun Rantals出租皮划艇，而Chief Commanda Ⅱ号客轮则提供湖上游轮之旅。

Fun Rantals　　　皮划艇

（☏705-471-4007；www.funrentals.ca；Memorial Dr；1.5小时皮划艇/独木舟/立式单桨浪板 $25/35/30，3小时皮划艇/独木舟/立式单桨滑板 $40/50/50；◷7月和8月11:00至黄昏，5月、6月和9月周五16:00起，周六和周日11:00起营业）尼皮辛湖是安大略省的第4大湖，租用这家公司的皮划艇、独木舟或者立式单桨滑板来一场小小的湖上探险吧。如果刮西风的话，不要划得离岸太远，注意安全，风力可能很强。他们还出租"独一无二的自行车"（30分钟/1小时/天 $15/20/60起），可以一家人沿着湖滨一同骑车。

Chief Commandall　　　游轮

（☏705-494-8167；◉www.chiefcommanda.com；King's Landing, 20 Memorial Dr；◷5月末至10月初）这艘宜人的客船提供不同的观光线路：有的经过尼皮辛湖上的曼尼托岛（Manitou Islands；成人/儿童 $27/14），有时周日沿法兰西河（French River；$44/24）

前进，黄昏时开往卡兰德湾（Callander Bay；$34/18）。最后一种还提供晚餐，此外2小时的湖北岸枫叶之旅也很受欢迎。提前预订。

Heritage Railway and Carousel　　　游乐园

（☏705-495-8412；www.heritagetrainandcarousel.weebly.com；230 Memorial Dr；游乐设施每次 $2；◷6月底至9月初10:00至黄昏，5月、6月、9月和10月初周六和周日；▣）骑上旋转木马上的彩色小马转一圈吧，这个旋转木马的历史可以追溯到19世纪90年代，现在已经修葺一新，也可以在迷你铁路上坐一趟小火车——铁路是由当地退休的铁路工人所建。

🛏 食宿

★Lincoln Inn　　　汽车旅馆 $

（☏705-472-3231；www.thelincolninn.ca；594 Lakeshore Dr；房间/公寓 $69/130起；✱⏴）这里是个不错的经济选择，靠近餐厅，房间舒适，还有自炊式公寓，后者的卧室内有两张床，还有带沙发床的休息室。多看几个房间再做选择，因为房间的大小和设施都不太一样；117房是个不错的选择。房价包括欧式早餐，通常房价都有折扣。

★Sunset Inn　　　汽车旅馆 $$

（☏705-472-8370；www.sunsetinn.ca；641 Lakeshore Dr；房间 $119起；✱⏴）这个干净的湖滨旅馆在紧邻尼皮辛湖隐蔽的小湾处有个私人沙滩，这足以弥补装修品位上的古怪失误。房间种类很多，包括带心形按摩浴缸和大平板电视的豪华套房和带厨房的两卧和三卧家庭套房。沙滩上还有可爱的双人浪漫小屋。

White Owl Bistro　　　加拿大菜 $$

（☏705-472-2662；www.thewhiteowlbistro.ca；639 Lakeshore Dr；主菜 $25；◷周一至周六11:00~21:00，周日 10:00~15:00和17:00~21:00；⏴🍴）这家可爱的法式小馆建于1934年，位于湖滨的几座汽车旅馆中间，供应各种不同的菜肴，包括沙拉、意大利面、鹿肉汉堡、虹鳟鱼、梭鱼和周日早午餐，可以坐在餐厅里或者露台上。鸡肉和猪肉来自酒馆老板兼主厨经营的Somewood农场。此外店里还提供当地的精酿扎啤。

★ **Churchill's** 牛排 $$$

(☎705-476-7777; churchills.ca; 631 Lakeshore Dr; Churchill's/Winnie's Pub; 主菜$36/16, 西班牙小吃$10; ⊙周一至周六11:00~22:00, 周日16:00开始营业; 🛜)🍴这个灯光昏暗的法式小馆是超级连锁店Tim Hortons的第一家分店, 这点足以说明一切, 这里供应加拿大最棒的牛排和肋排, 搭配当地种植的土特产, 还有安大略省多伦多以北最多的葡萄酒选择。安大略省的羊肉和大西洋三文鱼也在菜单上。或者, 可以在酒吧享用西班牙小吃或是从Winnie's Pub的菜单上选择一些酒吧食物。

❶ 实用信息

诺斯贝商会 (North Bay Chamber of Commerce; ☎705-472-8480; www.northbaychamber.com; 205 Main St E; ⊙周一至周五9:00~16:00) 提供小册子, 工作人员Sue消息灵通, 很有帮助。

Heritage Railway and Carousel (见209页) 售票处提供小册子、地图和信息。

❶ 交通

安大略省北交通局 (见171页) 有长途汽车往来多伦多和诺斯贝 ($80, 5.5小时, 每天4班)。**加拿大灰狗长途巴士** (见179页) 连接诺斯贝和萨德伯里 ($32, 2小时, 每天1班)、渥太华 ($76, 5.25小时, 每天1班) 之间。客运服务的枢纽是老火车站, 如今被称为**the Station** (☎705-495-4200; 100 Station Rd)。

加拿大航空、贝尔斯金航空和波特航空有航班从多伦多、萨德伯里和Timmins飞往小小的**诺斯贝杰克加兰机场** (North Bay Jack Garland Airport; ☎705-474-3026; yyb.ca; 50 Terminal St), 机场位于城东北10公里处。

安大略省东部
(EASTERN ONTARIO)

安大略省东部包括从多伦多以东直至魁北克省边界线的乡村地区。从多伦多过来, 一个周末便能往返爱德华王子县, 其肥沃的牧场保持了该地悠久的农业传统以及方兴未艾的葡萄酒产业。沿着繁忙的Hwy 401旅行的游客不妨绕道参观这片景色优美、美食丰富、历史悠久的土地。

想要看看博物馆、感受历史和城市氛围, 就去金斯顿吧, 它曾是现代加拿大的第一个首都, 当然还要去现今欣欣向荣的首都——渥太华。位于金斯顿东面的是千岛群岛地区, 雾气缭绕的孤零零小岛组成的群岛散布在深深的圣劳伦斯河海道旁, 加纳诺克和布罗克维尔这两个城镇都拥有一种古雅的维多利亚时代的感觉。

安大略省东部的天然美景一直延伸到腹地, 这里到处是风景公园和保护区。阿尔贡金省立公园是该地区的招牌景点。游客可以在高耸的短叶松和湖泊之间划独木舟或观察野生动物, 这种体验无与伦比。类似的地形一直延伸至哈利伯顿高地、卡瓦萨斯 (Kawarthas) 和蓝多湖 (Land O' Lakes)。

阿尔贡金省立公园
(Algonquin Provincial Park)

公园建于1893年, 是安大略省最古老的以及第二大的公园, 是个赏心悦目之处。公园占地超过7600平方公里, 园内有浓密的松树林、峥嵘险峻的悬崖、缓缓流淌的清澈小溪、长满青苔的沼泽, 还有几千个 (几千个!) 湖泊。任何人都可以轻松地进入这片崎岖的开阔地。它是块户外运动宝地, 是独木舟和徒步爱好者的必到之处。

Hwy 60穿过公园南部边缘一小部分。从这条常用道路可以到达很多露营地、度假屋、景点和短途徒步小径。而要前往阿尔贡金公园深处的广阔森林, 只能经由总长超过2000公里的独木舟行舟路线 (有地图) 和艰苦的徒步小径进入。

如果想在公园的任何地方停留, 必须在入口购买一张白天许可证 ($17)。如果不打算停车, 那么由Hwy 60穿过阿尔贡金则不必许可证。

◉ 景点

阿尔贡金游客中心 博物馆

(Algonquin Visitors Centre; ☎613-637-2828; www.algonquinpark.on.ca; Hwy 60的43公里处; ⊙5月中至6月中和10月9:00~17:00, 6月中至9月至19:00, 11月至次年4月至16:00) 这个世界级

Eastern Ontario 安大略省东部

的游客中心以平面展览和立体模型的方式展示了公园的野生动植物、历史和地质情况。中心还有一个书店、咖啡厅、Wi-Fi和拥有壮丽景色的瞭望台。

阿尔贡金艺术中心　　　　　　　　画廊

（Algonquin Art Centre；705-633-5555；www.algonquinartcentre.com；Hwy 60的20公里处；6月至10月 10:00~17:00）**免费** 这里通过绘画、摄影、雕刻和雕塑等形式展示了一系列原野主题艺术。2017年公园内设立了关于加拿大艺术家汤姆·汤姆森生平作品的讲解牌，以纪念其逝世100周年。登录网站查看夏季艺术课程和活动的详情。

阿尔贡金伐木博物馆　　　　　　　博物馆

（Algonquin Logging Museum；613-637-2828；Hwy 60的55公里处；7月至10月 9:00~17:00）**免费** 这个精彩的博物馆陈列着丰富的展品，介绍了公园的伐木传统。展品分布在1.5公里长的小径上。即使接待区、书店和剧院都关门，这里依然开放。

活动

阿尔贡金因野生动植物和景色优美的瞭望台而出名。春天，你十有八九会在Hwy 60旁看到驼鹿，它们正忙着躲避恼人的黑蝇、舔舐着冬天除冰盐残余的盐分。你还能碰到鹿、海狸、水獭、貂和很多鸟类。这里有无穷无尽的自然美景，令人叹为观止。

阿尔贡金也是划独木舟和皮划艇的好地方。户外用品店为初学者提供了很多机会，同时也为有经验的户外运动高手安排高难度的野外冒险活动。Hwy 60旁的Canoe Lake适合初学者开始尝试水上运动，下水码头在夏季总是被挤得水泄不通。

自助导览划船游很受欢迎。每个荒野露营地能接纳的游客数量都有限制，所以需要提前预订，才能在心仪的路线上划独木舟。

★ Portage Store　　　　　　　　独木舟

（夏季 705-633-5622，冬季 705-789-3645；www.portagestore.com；Canoe Lake, Hwy 60的14公里处；独木舟 每天 $30起，2天全装备套餐 $92起）这个布局不规整的综合楼位于公园西门以内14公里处，就在Canoe Lake的5号接入点，带有一个餐厅、户外用品店、杂货铺和礼品店……对了，还有北美最大的独木舟舰队。你完全可以穿着最为休闲的夏威夷T恤出现,工作人员会把你从头到脚武装起来,他们会准备好露营装备、独木舟和陆上运输的基本物资并告诉你注意事项,然后让你进入荒野地带。

★ Opeongo Outfitters　　　户外运动

(📞613-637-5470, 800-790-1864; www.opeongooutfitters.com; 29902 Hwy 60, Whitney; 独木舟每天 $23起)阿尔贡金最古老的户外用品店就在公园的东门外。这里提供全套装备的独木舟和露营套餐(每人$72～82),以及3～5天的探险活动,后者会用水上出租车将你带到一个已经布置好的偏远的露营地,你可以在那露营、划独木舟、钓鱼和观看驼鹿。

Voyageur Quest　　　户外运动

(📞800-794-9660, 416-486-3605; www.voyageurquest.com; Kawaawaymog/Round Lake)这个已经开了25年的户外用品店位于1号接入点,提供受欢迎的划船游,还有小屋可供租住。

Northern Edge Algonquin　　　户外运动

(📞888-383-8320; www.northernedgealgonquin.ca; 100 Ottawa Ave, South River)提供皮划艇游、女士逍遥游、瑜伽静修、小屋及冬日的特别定制项目。位于阿尔贡金的西北部,在去往1号接入点(Kawawaymog/Round Lake)的路上。

Canoe Algonquin　　　独木舟

(📞800-818-1210, 705-636-5956; www.canoealgonquin.com; 1914 Hwy 518 E, Kearney; 皮划艇每天 $28起)这家户外用品店位于亨茨维尔以北,就在公园的西面,距离2号(Tim River)、3号(Magnetawan Lake)和4号(Rain Lake)接入点最近。

Algonquin Portage　　　独木舟

(📞613-735-1795; www.algonquinportage.com; 1352 Barron Canyon Rd, Pembroke; 独木舟每天$25起,房间每位成人/13岁以下儿童 $30/20,帐篷营地每人 $6)这里提供俭朴的房间(自带睡袋)、接送服务、露营装备、独木舟、皮划艇、山地自行车、食物和加油服务。位于公园最东部边界的东侧,在Rte 28上。

Algonquin North Wilderness Outfitters　　　独木舟

(📞877-544-3544; www.algonquinnorth.com; Crooked Chute Lake, Hwy 17和Hwy 630; 独木舟每天 $35起)这家户外用品店位于阿尔贡金省立公园北部Hwy 17和Hwy 630的交叉路口处,在马塔瓦以西约18公里的地方。这里的一条铺设好的路会将你带到南面30公里处的Kioshkokwi Lake接入点,你可以从此处开始

阿尔贡金省立公园的五大徒步路线

不管你是打算用一天还是一个月参观这里,一定要在公园内总长超过140公里的徒步小径中选择几条尝试一下,从Hwy 60进园的许多短途旅行也算! 徒步小径从西门(0公里)和东门(56公里)之间Hwy 60沿线的各里程标杆处(其实是公里标志)出发。你可以在信息中心和小径起点处花$0.50买份徒步导览图。

Mizzy Lake(中等难度,11公里环线)这是观看多种野生动物的绝好机会。公园内所有已知品种都能在某个时间点看到。在15公里标志处。

Track & Tower(中等难度,7.7公里环线)这是条幽静的湖边小径,废弃的铁轨旁有个特别的高架观景台。在25公里标志处。

Booth's Rock(高难度,5公里环线)沿着废弃的铁轨延伸,沿途可以看见湖泊和森林令人屏息的美景。从40公里标志处沿着路往南走8公里可到达此线路。

Centennial Ridges(高难度,10公里环线)公园最佳全景,无可匹敌。从37公里标志处沿着Rock Lake Road走可到达此线路。

Lookout Trail(中等难度,2公里环线)阿尔贡金游人最多的徒步小径,人多自有它的理由: 壮观的天然美景无处不在。在40公里标志处。

在荒野地区的探险活动。该店提供独木舟出租和导览游。

Algonquin Outfitters　　　　　　独木舟

（☎800-469-4948；www.algonquinoutfitters.com；独木舟每天$23起，一日游$29起）他们拥有好几个店铺，亨茨维尔有一家三层楼的分店，西门外的Oxtongue Lake也有一家分店，更远处的阿尔贡金公园内的Opeongo Lake和Brent各有一家户外用品店，业务范围覆盖了整个公园。这里提供导览游服务，还可以预约水上出租车，从而让你快速穿越Opeongo Lake到更荒野的地区去。

🛏 住宿

阿尔贡金是自然保护区，这也就意味着多数的非露营住宿地都位于公园外面。汽车旅馆和度假屋集中在东门和西门外，分别位于惠特尼和通往亨茨维尔的Hwy 60旁。

安大略省公园管理局露营地　　露营地 $

（Ontario Parks Campgrounds；☎信息 705-633-5572，预订 888-668-7275；www.ontarioparks.com/park/algonquin；露营地 带/不带浴室 $45/40，圆顶帐篷$98，荒野露营成人/18岁以下儿童$13/6）公园内有11处可以开车直接进入的成熟露营地，其中8处可以从Hwy 60开车抵达，一些有圆顶帐篷。3个位于北部的营地（Achray，Brent和Kiosk）只能通过小路到达，需要通过Hwy 17前往。荒野露营地只能经由徒步或独木舟才能前往。无论如何，务必提前预约，尤其是夏季。

🛏 西门 (West Gate)

★ Wolf Den Nature Retreat　　青年旅舍

（☎705-635-9336，866-271-9336；www.wolfdenbunkhouse.com；4568 Hwy 60, Oxtongue Lake；铺/标单/双 不带浴室 $27/43/66起）这个颇具户外风情的青年旅舍兼度假村位于西门以外10公里处，提供从宿舍到超赞的生态小屋（可住6个人）等不同的住宿类型。客人们还可以选择简朴的20世纪50年代的小屋、人字形简易住屋，以及舒适的中心度假屋内的宿舍房间（浴室公用）。中心度假屋带有超大厨房，二楼有个景色不错的休息室，附近还有雪松木桑拿室。

Riverside Motel　　　　　　　　汽车旅馆 $

（☎705-635-9021；www.riversidemoteldwight.com；Hwy 60, Dwight；房间/家庭房 $95/120起；❄）路边的汽车旅馆很少毗邻河畔，坐拥自己的瀑布和游泳水潭。泪泪流水从步桥下流向这个拥有11个房间的小巧整洁的汽车旅馆，大片草地旁的池塘边设置了野餐桌，使画面更加完美。

Dwight Village Motel　　　　　汽车旅馆 $$

（☎705-635-2400；www.dwightvillagemotel.com；2801 Hwy 60, Dwight；房间 $129；❄ 🛜）从公路上就会注意到这个不错的汽车旅馆：对着森林的房间保证你住得舒服。外面有一块不错的野餐区，有生火用的土坑，还有可供儿童玩耍的大片地方。旅馆位于公园西门以西约25公里处，过了Dwight村就到了。

🛏 公园内部 (Park Interior)

除了露营选择之外，公园还有3个高档度假屋，都能通过Hwy 60到达。Arowhon Pines、Bartlett Lodge和Killarney Lodge的开放时间为5月到10月。他们多数提供美国式（全含）和改良美国式（半含）的住宿套餐。

Arowhon Pines　　　　　　　　度假屋 $$$

（☎866-633-5661，705-633-5661；www.arowhonpines.ca；Arowhon Rd, 在Hwy 60的16公里处拐弯；房间每人 $220~407, 私人小屋每人 $373~520；⏰5月底至10月初；@ 🛜）想知道参加成人夏令营是什么样子，Arowhon Pines会告诉你答案。这家阿尔贡金最大最豪华的旅馆设备一应俱全，有独木舟、皮划艇、徒步和山地自行车小径、网球场、一个桑拿房及高档餐厅（允许自带酒水）。这里非常僻静，就在Hwy 60以北8公里处。房价为美国式（全含）住宿。

★ Killarney Lodge　　　　　　度假屋 $$$

（☎866-473-5551，705-633-5551；www.killarneylodge.com；Lake of Two Rivers, 在Hwy 60的33公里处拐弯；小屋每人 全含 $280起；⏰5月中至10月中；❄）这里拥有27座带有一间或两间卧室的湖畔小屋，建于20世纪30年代，这种朴素的小屋一度是家庭度假游的同义词，住在这里可以让人想起那个纯真年代。位于

湖畔半岛上的Killarney是个田园牧歌式的地方，你可以在湖上划船，或者在自己的私人露台上喝着红酒（酒水自带）放松。宜人的原木小屋式餐厅提供丰盛美味的三餐。

Bartlett Lodge 度假屋 $$$

（☎866-614-5355，705-633-5543；www.bartlettlodge.com；Cache Lake，在Hwy 60的24公里处拐弯；奢华帐篷 标单/双 $218/290，开间 标单/双 $318/424；⏰5月中至10月；🅿️）这里完全依靠太阳能，带2间卧室的湖畔"日出"房可能是这里最有趣的小屋。这里还有各种各样的开间套房、小木屋及豪华露营平台帐篷。从西门内24公里处坐船可到达旅馆，可以在岸边拨打电话叫船过来。帐篷含早餐，其他住宿类型也包括晚餐。

Couples Resort 度假村 $$$

（☎866-202-1179；www.couplesresort.ca；139 Galeairy Lake Rd，Whitney；房间 含早餐 $250起；❄️🅿️♨️）别被酒店的名字误导了，这个时髦的度假村可不是什么自然主义浪子的聚居地，而是专为夫妻和情侣设计的浪漫之地。46个房间位置都不错，就在公园外面的Galeairy湖上，酒店向客人们出借公园出入许可证。所有房间的室外都有热水浴盆，室内有特大床和壁炉。

绝佳的私人（还有点儿俗气的）湖景"城堡"体现了这个度假村的座右铭："每天都是情人节"——木雕、舒适的沙发、富丽堂皇的浴室、按摩浴缸、桑拿，甚至还有一个小温室。看厌了彼此的情侣可以划独木舟和皮划艇、骑山地自行车、骑马、在码头边游泳，或是逛逛艺术画廊、享受一场水疗。夏季的周五，一间"城堡"房的房价会超过$1000；周四和周日的价格更有竞争力，冬天淡季时也是如此。

东门（East Gate）

Algonquin East Gate Motel 汽车旅馆 $

（☎613-637-2652；www.algonquineastgatemotel.com；Hwy 60，Whitney；标单 $67~75，双 $73~82，农舍 $125；❄️🅿️）这家温馨的小旅馆就在公园的东门外，有11间带有小浴室的舒适的房间，员工友善、乐于助人。旅馆后面还有个家居独立小屋。早餐（$6.50）物有所值，菜单上包括了法式土司。可以安排独木舟一日游（$25）。

ℹ️ 实用信息

阿尔贡金省立公园一年四季开放。你可以沿着Hwy 60驾车穿过公园，但要支付日间车辆费用才能停车参观（每辆车$17）。Hwy 60公园区域内路段的手机信号十分有限，公路两侧几公里内信号也不好。不过，这里有几个付费电话亭。

公园内的Hwy 60路段每公里都设有标记，从西门（被称为"0公里"）起，到东门（被称为"56公里"）结束。旅行户外用品店和旅馆都使用这些标记来指明自己的位置。

阿尔贡金游客中心（见210页）有信息服务台、书店和Wi-Fi。

信息中心位于公园的**西门**（☎管理 613-637-2780，信息 705-633-5572；www.algonquinpark.on.ca；Hwy 60的0公里处，West Gate；⏰5月至9月8:00~18:00，10月至次年4月9:00~16:00）和**东门**（☎管理 613-637-2780，信息 705-633-5572；www.algonquinpark.on.ca；Hwy 60的56公里处，East Gate；⏰5月至9月8:00~18:00，10月至次年4月9:00~16:00），分别位于Hwy 60的0公里和56公里处。

ℹ️ 到达和离开

除去Hwy60上的东门和西门外，阿尔贡金还有34个接入点，它们分布在公园周围和公路边上，这些接入点主要通往公园的偏远区域。

马斯克卡（Muskoka）的两大镇——亨茨维尔和布雷斯布里奇（Bracebridge）距离西门的车程不到一个小时。其他小镇包括东门外的惠特尼（Whitney）、梅努斯（Maynooth）和班克罗夫特（Bancroft）——它们分别位于东门以南40和65公里处；马塔瓦（Mattawa）则位于公园以北的Hwy 17上。

自己驾车是最便利的游览方式，不过**公园巴士**（☎800-928-7101；www.parkbus.ca）提供班次有限的夏季快速长途汽车服务，由多伦多和渥太华前往几个阿尔贡金住宿点以及西门（单程 成人/儿童 $63/32）。从两地出发的行车时间都在3~4小时之间。查看官方网站可获取最新班次信息，这一服务很受欢迎，提前预订以确保座位。公园巴士还提供包括交通、独木舟、设备和食物的服务套餐。

狼嚎

阿尔贡金省立公园在狼类研究方面一直非常积极。人类公开的"嚎叫"也是证明这些毛皮动物存在的一种令人难以置信的方法。狼能立即回应人类模仿的嚎叫声,因此,公园管理人员会在夏天的夜晚不定期地举行集体嚎叫活动。这类活动已经高度组织化了,你可以混在2000个人中,站在黑夜里等待着令人毛骨悚然的嚎叫声。模仿狼嚎叫的活动通常是在8月和9月初的周四举办,不过要在举办当天才会确定。可以去公园公告栏或www.algonquinpark.on.ca上查看,或者打电话到**信息热线**(**☎**613-637-2828)确认。

此外,**加拿大灰狗长途巴士**(**☎**1-800-661-8747; www.greyhound.ca)偶尔也有从安大略省南部开往梅努斯、亨茨维尔和布雷斯布里奇的班次。

哈利伯顿高地
(Haliburton Highlands)

这块广阔崎岖的针叶林区就像是阿尔贡金省立公园向南延伸的部分。300多平方公里的茂密森林带是哈利伯顿森林的一部分,是一座隶属私人的林地保护区,游客可以在此徒步或骑山地自行车。这一地区的主要城镇是班克罗夫特,就位于Hwy 62和Hwy 28交叉处。

团队游

哈利伯顿森林   户外运动

(Haliburton Forest; **☎**705-754-2198, 800-631-2198; www.haliburtonforest.com; 1095 Redkenn Rd, Haliburton; 日间入园 春季、夏季和秋季 $16,冬季 $49; ☉总办公室 8:00~17:00)这块私人林地占地324平方公里,林地的总办公室位于哈利伯顿镇以北30公里处的Kenneisis Lake,可以由此进入森林。这里提供多种活动,包括徒步和山地自行车小径,不过最值得一试的当属4小时的林冠之旅(成人/儿童 $95/70),通过悬空的木板栈道(距离森林地

面20米),游客可以在树顶之间穿梭,体验心跳加速的快感。

游览内容包括乘独木舟跨湖和参观野狼中心(Wolf Centre),游客可以在6公顷大的围场外安全地观看野狼。冬天积雪很厚时,乘坐摩托雪橇和狗拉雪橇(半天 成人/儿童 $125/75起)的活动都很受欢迎。

South Algonquin Trails   骑马

(**☎**800-758-4801, 705-448-1751; www.southalgonquintrails.com; 4378 Elephant Lake Rd, Harcourt; 骑马1小时 $60; **▣**)在哈利伯顿高地和阿尔贡金省立公园南部的森林里骑马,景色优美。

节日和活动

Rockhound Gemboree   文化节

(www.rockhoundgemboree.ca; ☉7月)小镇班克罗夫特是加拿大最大宝石节的举办地。它坐落于York River Valley内,地处加拿大地盾区南部边缘。小镇以其丰富的矿产资源闻名于世。每逢宝石节(为期一个长周末),地质学家会带队在附近的废弃矿井里搜寻奇石。

这种"奇石采集"冒险活动一般都非常成功:在加拿大淘到的超过80%的矿石通常都是出自这一地区。

住宿

Arlington Hotel & Pub   青年旅舍 $

(**☎**613-338-2080; www.thearlington.ca; 32990Hwy 62, Maynooth; HI会员铺/标单/双/标三/四 不带浴室 $25/40/63/85/108,非会员铺/标单/双/标三/四 不带浴室 $28/45/70/95/120; ☉小酒馆周五和周六 19:00至次日1:00; **▣**)这个高大的百年老店有一种魔力,可以让你心甘情愿地沉溺其中。在梅努斯小镇上,这家旅社是那些想暂时沉浸在自己小世界里的艺术家、作家以及孤独的流浪者的好去处。

彼得伯勒和卡瓦萨斯
(Peterborough & the Kawarthas)

彼得伯勒位于树木覆盖的卡瓦萨斯中

心，距离多伦多东北140公里。这里既是不错的周末度假胜地，也是游览神圣的原住民土地的起点。作为一个绿色的大学城，彼得伯勒文化资源丰富，还拥有许多景色宜人的自然保护区。繁忙的住宅区周围是数以千计、环绕多湖泊而建的私人别墅。其中最大的斯托尼湖（Stoney Lake）周围有此地最多最漂亮的私人住宅。

如果你想到处走走，可以考虑在美丽的湖区（Lakefield）住一晚。它位于镇北14公里处、Katchewanooka湖的最尽头。在彼得伯勒市内，你会见到大量的餐馆、购物商店和一个古雅的城市中心。彼得伯勒水闸（Peterborough Lift Lock）位于特伦特-塞文水道之上，游轮和独木舟在此往返游弋。自行车道遍布全城，在Otonabee河边也有分布。加拿大独木舟博物馆是个必去之地。

◉ 景点

加拿大独木舟博物馆　　　　　博物馆
（Canadian Canoe Museum；☏866-342-2663；www.canoemuseum.ca；910 Monaghan Rd, Peterborough；成人/儿童$12/9.50，周四17:00~20:00 免费；⏱周一至周三、周五和周六10:00~17:00，周四至20:00，周日 正午起营业；🅿）这家博物馆收藏的独木舟和皮划艇堪称世界之最，非常值得一看。博物馆展出了大约150只独木舟（还有500只被放在临近的"独木舟教堂"仓库中），颇为壮观，充分展现了加拿大悠久的水上航行的历史，展示了独木舟的原住民起源。1870年至1940年，独木舟作为交通工具被用于探险与皮毛贸易。在当时，这一地区可是北美洲的独木舟造船之都。在博物馆参观一小时后，你就会产生泛舟碧波上的冲动。

颇具活力的各种活动、团队游和研讨会，使得博物馆越发值得一看。2020年时，博物馆将搬至位于Lift Lock地区的气派的新建筑中。

Whetung Ojibwa Gallery　　　　画廊
（☏705-657-3661；www.whetung.com；875 Mississauga St；Curve Lake Indian Reserve；⏱9:00~17:00）**免费** 位于湖区一处半岛，在彼得伯勒以北约34公里处的Hwy 23旁，这个集画廊、商店和文化中心为一身的机构收藏了来自全国各地的原住民工艺品，藏品丰富，包括著名艺术家诺瓦尔·莫里索（Norval Morrisseau）的珍贵作品。

华沙洞穴保护区　　　　公园
（Warsaw Caves Conservation Area；☏877-816-7604，705-652-3161；www.warsawcaves.com；289 Caves Rd；门票每车$14；⏱5月中至10月中；🅿）这是一处风蚀石灰岩隧道群，游人可以在这里徒步、游泳、露营、划独木舟和进行洞穴探险。保护区就位于彼得伯勒东北约26公里处的Hwy 28旁。

岩画省立公园　　　　公园
（Petroglyphs Provincial Park；☏705-877-2552；www.ontarioparks.com/park/petroglyphs；2249 Northey's Bay Rd, Woodview；门票$11.50；⏱5月中至10月中 10:00~17:00）这个公园只限白天使用，位于彼得伯勒东北50公里处，拥有加拿大最好的史前原住民岩画收藏（古代原住民刻在岩石上的图案），这些岩画描绘了乌龟、蛇、鸟类、人类以及其他更多物像。这处

特伦特-塞文水道

这条风景优美的**特伦特-塞文水道**（Trent-Severn Waterway；www.trentsevern.com；⏱5月至10月）斜穿安大略省东部，将辛科县（Simcoe County）的河流和湖泊与森林密布的卡沃萨斯（Kawarthas）连接起来。这条景观"水上高速路"起点位于安大略湖爱德华王子县附近的昆蒂湾（Bay of Quinte），经过河上的45道水闸后，最终注入休伦湖。100多年前，这条386公里长、由原住民开辟的独木舟水路上商船往来穿梭，一派繁荣景象。而今，这条水道已成为船屋、游轮和独木舟的航行水域。

在彼得伯勒，可以去城市博物馆附近的**彼得伯勒水闸**。这是世界上最大的液压升降机，也是城市市民的骄傲，还设有专门的游客中心。你可以在城里租艘独木舟，荡舟穿过Little Lake、沿着运河划到水闸所在地。

重要的精神文化遗址于1954年重见天日，包含了900多个图案（只有少数依稀可辨），都被刻在石灰岩山脊上，俯瞰着下方蓝绿色的McGinnis湖。该景区有5~7公里长度不等的徒步小径，这处遗址目前游客还不多。

食宿

Lake Edge Cottages 度假村 $$$

(☎705-652-9080；www.lakeedge.com；45 Lake Edge Rd, Lakefield；农舍$235起；🅿🏊🐕)这个户外度假村提供简朴但设备齐全的湖滨农舍。农舍匿身于僻静的林间，有一卧或两卧之分，都配有露台和厨房。这里有很棒的游泳池，配有烧烤炉以及电气或天然气壁炉，大多数还有私人热水浴缸。

彼得伯勒农夫市集 市场 $

(Peterborough Farmers Market；Peterborough Memorial Centre, 151 Lansdowne St W, Peterborough；比萨$12；⏰周三10:00~14:00)这个社区市集是喝杯咖啡的好地方，还可以在C'est Chaud小铺享用木炭烤比萨。市场主要目的是吸引人们品尝和购买当地农产品，但也有商贩出售蔬菜沙拉、俄罗斯菜和法式吐司。夏天时，在George St和Aylmer St N之间的Charlotte St还会举办周三户外市场。

Kawartha Dairy 冰激凌 $

(☎705-745-6437；www.kawarthadairy.com；Park Lane Plaza, 815 High St, Peterborough；小甜筒$4.20；⏰9:00~21:00)这个冰激凌店设有车辆外卖窗口，出售各式各样的冰激凌，包括值得推荐的"麋鹿踪迹"（Moose Tracks）口味冰激凌。冰激凌可以做成圆筒、华夫甜筒、冰激凌杯、奶昔、冰沙甚至碎巧克力饼干三明治。店内有空调，在炎热的夏天令人倍感舒适。

❶ 实用信息

彼得伯勒和卡瓦萨斯游客中心（Peterborough & The Kawarthas Visitors Centre；☎800-461-6424, 705-742-2201；www.thekawarthas.ca；1400 Crawford Dr, Peterborough；⏰9:00~17:00)你应该把这个中心作为第一站，乐于助人的工作人员会告诉你当地有哪些值得一看的文化景点和风景优美的自然保护区。

❶ 到达和离开

加拿大灰狗长途巴士（见215页）往返于多伦多（$23, 2小时，一天5班）。

蓝多湖（Land O' Lakes）

雄伟壮丽的蓝多湖地区（www.travellandolakes.com）位于哈利伯顿高地南部、卡瓦萨斯东部。它将广阔的湖区内陆、粗壮的常青树林与圣劳伦斯河海道的温带草原连接在一起。该地区一半面积属于被列入联合国教科文组织名录的隆特纳克拱门生物圈（Frontenac Arch Biosphere；见232页）。

宁静的**邦艾科省立公园**（Bon Echo Provincial Park；☎613-336-2228；www.ontarioparks.com/park/bonecho；16151Hwy 41, Cloyne；日间入园每车$11.50，露营地带/不带水电接口$52/45，荒野露营地 成人/儿童$10.50/5.50，圆顶帐篷$98起，小屋$142起；⏰5月中至10月中)就像是本地区皇冠上的明珠，它原生态的美景和Mazinaw Rock——一块原住民岩画中曾描绘过的陡峭岩壁，都吸引着艺术家和冒险人士纷至沓来。**隆特纳克省立公园**（Frontenac Provincial Park；☎613-376-3489；www.ontarioparks.com/park/frontenac；Salmon Lake Rd, Sydenham；日间入园每车$11.50，荒野露营 成人/儿童$12.50/6)距离圣劳伦斯（St Lawrence）更近，跨越安大略省南部低地和崎岖的加拿大地盾，栖息着独特的野生动物。这两座公园都提供徒步和独木舟探险活动。

团队游

Frontenac Outfitters 皮划艇

(☎613-376-6220；www.frontenac-outfitters.com；6674 Bedford Rd, Sydenham；皮划艇出租每天$50；⏰4月至10月9:00~17:00)出租独木舟、皮划艇和立式单桨滑板，位置靠近隆特纳克省立公园入口。这里还提供里多运河（Rideau Canal）和千岛群岛（Thousand Islands）的划船之旅。

爱德华王子县（Prince Edward County）

爱德华王子县非常适合摄影，这里分布

着广袤的树林、色彩斑斓的河川、起伏的田园山丘、崎岖的断崖陡坡和疾风劲吹的湖岸线。金色的田野物产丰富,"从农场到餐桌"的美食来自大自然的馈赠,这里有精致的食物,温馨舒适的住宿地点以及崭露头角的葡萄酒庄。

皮克顿(Picton)面积虽小却富有活力,是这片富饶地峡区的非官方首府,也是多伦多人钟爱的度假地。沙洲省立公园(Sandbanks Provincial Park)位于安大略湖湖岸上,公园里的沙滩广受老派度假者欢迎,他们在漫长炎热的暑天,或是夏季暴风雨中,以及无数个温和宜人的夜晚在这里围着篝火狂欢。而冬季又是完全不同的一番光景了。

Loyalist Parkway(Hwy 33)从特伦顿(Trenton)沿着安大略湖展开,直至金斯顿,全长100公里。走在这条路上,可以回溯英国保皇党人的足迹。他们在美国独立战争时逃亡到此处并定居下来。Loyalist Parkway在格伦诺拉(Glenora)附近神秘的芒顿湖(Lake on the Mountain)下方中断,在那里,你可以搭乘渡轮抵达艾多普斯顿(Adolphustown)。

◉ 景点和活动

沙洲省立公园 公园

(Sandbanks Provincial Park; ☎613-393-3319; www.ontarioparks.com/park/sandbanks; 3004County Rd 12; 日间入园 每车 $17; ⊙4月末至10月初 8:00~20:00)沙洲省立公园广受欢迎,它拥有多个安大略省最佳的沙滩浴场。公园分为两部分:**奥特莱特**(Outlet,拥有一处非常讨人喜欢的白色沙滩带,是安大略省最干净的沙滩之一)和**沙洲**(Sandbanks,这里的沙丘绵延起伏,构成了世界上最为宏大的湾口沙丘屏障,令人惊叹)。一条短途小径穿越这片与安大略省其他地方完全不同的沙丘地带。

芒顿湖省立公园 省立公园

(Lake on the Mountain Provincial Park; ☎613-393-3319; www.ontarioparks.com/park/lakeonthemountain; 296 County Rd 7; ⊙5月中至10月中)**免费** 格伦诺拉附近的芒顿湖是一个谜,它高出毗邻的安大略湖60米,源源不断

布赖顿和半岛省立公园

从Hwy 401的509号出口拐下高速路,即可到达宁静的布赖顿(Brighton)和伸入安大略湖独特的L形**半岛省立公园**(Presqu'ile Provincial Park; ☎613-475-4324; www.ontarioparks.com/park/presquile; 328 Presqu'ile Pkwy, Brighton; 日间入园 每车 $14.50, 露营地 带/不带水电接口 $47/41.50起; ⊙日间参观 7:00~22:00)。可以在园内的沙滩上休息,春天时观看迁徙的候鸟,或者沿Jobes Wood Trail这样的短途小径徒步,这是一条1公里长的环形小径,沿途景色颇有田园气息,分布着多种多样的林地和野生动植物。你还可以驱车6公里到半岛顶端的灯塔处。

Friends of Presqu'ile(www.friendsofpresquile.on.ca)为游客提供当地植物和动物群的所有相关信息。露营需通过**安大略省公园管理局**(www.ontarioparks.com)进行预订(4月末至10月初)。

地流出清洁的湖水。科学家至今仍无法确认其源头的位置。以前莫霍克人曾向湖中的神灵供奉礼物,而早期定居者认为这是无底之湖。如今,在这座省立公园里一处景色宜人的野餐场地,可以欣赏到安大略湖上昆蒂湾(Bay of Quinte)的美丽景观。

Bloomfield Bicycle 骑自行车

(☎613-393-1060; www.bloomfieldbicycle.ca; 225 Bloomfield Main St, Bloomfield; 半天/全天 租金 $25/35起; ⊙4月至10月 10:00~18:00)小小的布卢姆菲尔德(Bloomfield)位于去往沙洲以及从皮克顿前往惠灵顿的路上,你可以在此租上自行车和装备,游览周边的乡村景观。6月,游客可以骑车出游,去众多农场的葡萄地里采摘甘美的草莓。访问网站查询该地区可打印PDF格式的自行车骑行路线图。提供自行车送取服务。

👣 团队游

★ **Taste Trail** 美食美酒游

(www.tastetrail.ca)Taste Trail(寻味小

径）是探索爱德华王子县众多葡萄和食品生产商的绝佳方式。从网站下载一份可打印的PDF自助游文件，去探索餐厅、农场、酒庄和精酿酒厂，展开一次美食之旅。

Arts Trail 团队游

（www.artstrail.ca）Arts Trail（艺术小径）是自助导览游的绝佳选择，通往爱德华王子县内的数十家工作室和画廊。你将欣赏到各种艺术创作：陶艺、玻璃制品、摄影、珠宝和绘画等。你可以从网站下载一份PDF地图。

Waupoos Estates Winery 葡萄酒

（☎613-476-8338；www.waupooswinery.com；3016 County Rd 8；团队游 $5，品酒 $1~2；⊙5月至10月 10:30~18:00）带有白色山形墙的Waupoos葡萄酒厂有一处可以眺望葡萄园和美丽湖景的露台，为眼光独到的游客提供多种团队游和美酒品鉴活动。团队游于11:00、13:00和15:00开始，持续30~145分钟，期间可以品尝2种葡萄酒。若你很喜欢葡萄酒带来的味觉享受，何不停下来享用午餐呢。这里还有一个儿童宠物动物园，可供对葡萄酒没有兴趣的孩子们玩乐。

🛏 住宿

爱德华王子县有太多高档民宿、精品酒店和旅馆，它们散布在全县3个最大的城镇里：皮克顿、布卢姆菲尔德和惠灵顿。房价通常在每晚$125和$200之间。便宜的住宿很快就会被预订一空，北部的Hwy 2和Hwy 401旁选择会多一些，那边靠近功能性更强的贝尔维尔（Belleville）和特伦顿。

夏季时请提前预订。皮克顿的商业和旅游协会（Chamber of Tourism & Commerce；见221页）有住宿名录。

沙洲省立公园 露营地 $

（☎613-393-3319；www.ontarioparks.com/park/sandbanks；3004 County Rd 12；帐篷营地 不带水电接口 $45起，农舍 每晚/周 $312/1400起）夏季，在沙洲省立公园露营，既能欣赏风景，又能释放压力，但这些湖滨露营地至少需提前5个月预订。这里也有两幢农舍，夏季住宿的最短入住期限为一周。两幢农舍拥有2间或4间卧室、一个正常使用的壁炉、卫星电视和一个带有全套设备的厨房。通过安大略省公园管理局预订。

Lake on the Mountain Resort 旅馆 $$

（☎613-476-1321；www.lakeonthemountain.com；246 County Rd 7；农舍 $100起，房间 $130起，套 $250起；⊙4月底至11月；☎）这家旅馆包含8栋舒适的自炊式农舍和一幢漂亮的维多利亚式的"马路对面的房子"（House across the road）——这幢房子的房间装修得格外精致高雅，还可以欣赏到宜人景色。这间古朴的旅馆就像是那种你特想守住却又忍不住与他人分享的秘密宝地。你可以访问其网站查询最新的住宿优惠信息，包括这里同样著名的餐馆和酿酒厂供应哪些美食美酒。

Claramount Inn & Spa 旅馆 $$

（☎613-476-2709；www.claramountinn.com；97 Bridge St, Picton；双 $199~249；❄☎☎）♪ 这幢豪华的黄色大厦令人印象深刻，这里现在是一家顶级水疗度假酒店兼高档餐馆。其个性化的主题房间和套房面积很大，包括乔治王朝时代风格的家具、华盖大床、具有异域风情的家纺用品、壁炉以及带有独立大浴缸和淋浴喷头的豪华盥洗室。

Red Barns 民宿 $$

（☎613-476-6808；www.theredbarns.com；167 White Chapel Rd, Picton；房间含早餐 $125~140，套 $165；☎）很难为Red Barns下一个准确的定义，因为它既是一座民宿，也是艺术家的避世之地，此外还充当了手工艺品中心和学校。这家占地6公顷的休息寓所是该县的艺术创意中心。艺术家会来这里租用工作室（有一个玻璃吹制工作室和一个木工作坊）或者参加陶艺、玻璃吹制和木雕艺术研讨会，而客人们则在花园间漫步，享受户外艺术，感受颇具创意的氛围。

3间民宿房间设置在农舍里，此外还有2个阁楼房和马车房套房。

Newsroom Suites 客栈 $$

（☎613-399-5182；www.newsroomsuites.ca；269 Main St, Wellington；房间 $105~135；❄☎）在《惠灵顿时报》（Wellington Times）的办公室楼上，你将发现这两套令人愉悦的、宽敞的私人套房，其室内装饰和设计极具舒

Drake Devonshire Inn　　　　精品酒店 $$$

(☎613-399-3338; www.drakedevonshire.ca; 24 Wharf St, Wellington; 房间 $250起; ✴🌐)多伦多颇具传奇色彩的Drake Hotel团队经营着这家酒店。酒店就在安大略湖边，由一家铸造厂改造而成，如今被打造成令人叫绝、时尚新潮的当代精品酒店。历时3年的装修完成之后，酒店于2015年重新开放。这座酒店及其餐厅和文化活动，以迅雷不及掩耳之势成为当地一道风景线。

🍴 就餐

Fifth Town Artisan Cheese Co　　奶酪 $

(☎416-984-4734; www.fifthtownca; 4309 County Rd 8, Picton; 奶酪 $7~18; ⏱周四至周一 11:00~17:00)🍴如果你想准备一次野餐，那就去这家使用太阳能的潮流乳品店，买一些本店自制的意大利风味的山羊、奶牛和绵羊奶酪。还可以在店内凉亭里品尝奶酪和熟食拼盘，对于人数较多的食客团队，该店还提供品味试吃活动，为客人讲解奶酪和爱德华王子县的葡萄酒。

Miller House　　　　　　　　自酿酒吧 $$

(☎613-476-1321; www.lakeonthemountain.com; 246 County Rd 7; 拼盘 $18; ⏱11:00至黄昏)位于Lake on the Mountain Resort（见219页），这家餐厅匿身于一座改造过的18世纪末的磨坊农舍，这里的露台落日美景无与伦比。熟食和奶酪拼盘展示了这个县最好的特产。无须预订。

County Canteen　　　　　　　创意菜 $$

(☎613-476-6663; www.thecountycanteen.com; 279 Main St W, Picton; 主菜 $18; ⏱11:00~22:00; 🌐)这个气氛亲切的酒吧供应多种多样的精酿啤酒，还有各国风味小吃，从意式蒜末烤面包到油炸玉米粉饼，再到泰式咖喱和摩洛哥皮塔饼应有尽有。

The Inn　　　　　　　　　　各国风味 $$

(☎613-476-1321; www.lakeonthemountain.com; 246 County Rd 7; 主菜 $25; ⏱11:00至深夜)这家迷人的餐馆位于Lake on the Mountain Resort（见219页），供应丰盛的肉类和海鲜菜肴，比如 *tourtière*（一种法式加拿大牛肉和猪肉馅饼）。所有菜肴均取材于当地最好的食材，你还可以从餐厅附设的自酿酒吧选择美味的啤酒搭配。计划在建的扎啤屋将会为这个自酿酒吧带来更多的关注。

Eastand Main　　　　　　　法式小馆 $$

(☎613-399-5420; www.eastandmain.ca; 270 Main St, Wellington; 午餐/晚餐主菜 $12/25; ⏱周三至周日正午至14:30和17:30~21:00)这家精致法式小馆的菜肴色香味俱全，农场时鲜肉类、蔬菜和刚捕获的湖鲜构成了"享乐者的宝藏"。食材经过厨师巧妙烹饪，再搭配当地出产的葡萄酒，简直完美至极。晚餐的特色菜包括牛排薯条，而午餐则更为休闲一些，有乳蛋饼、三明治、炖菜和汉堡。

County Cider Company　　　咖啡馆 $$

(☎613-476-1022; www.countycider.com; 657 Bongards Crossroad, Waupoos; 主菜 $17; ⏱5月至10月 11:00~16:00)这家咖啡馆位于小山顶上的一处庭院中，周围环绕着葡萄园，向下俯瞰着湖水。午餐供应比萨、汉堡、沙拉和用当地食材烹制的卷饼，当然还会搭配各种起泡苹果酒。去品味室尝尝附近的果园出产的水果。

Blūmen Garden Bistro　　　创意菜 $$$

(☎613-476-6841; www.blumengardenbistro.com; 647 Hwy 49, Picton; 主菜 $24~33; ⏱周三至周一 17:00~22:00)自2008年起，这家餐厅就获得了皮克顿最佳餐厅的美誉，这一殊荣一直延续至今。餐厅由瑞士主厨Andreas Feller一手打造，他所创作的菜肴深受南美美食的影响。这家法式小馆环境放松舒适，拥有一个可爱的花园，踏过石板路即可到达烛光摇曳的私人餐桌，餐桌周围环绕着芬芳的花朵。菜单以肉食为主，主打菜包括焖兔肉和煎梭鱼。建议提前预订。

🍷 饮品和夜生活

Acoustic Grill　　　　　　　　　　酒吧

(☎613-476-2887; www.theacousticgrill.ca; 172 Main St, Picton; 主菜 $12~16; ⏱11:30至深夜)在这家美好时光酒吧兼烧烤店，你可以听到各种音乐，包括原生民谣、传统民谣和蓝

调音乐,令人不禁击节赞叹。酒吧的美味菜肴对于这个遍布美食的县来说算是清新实在,但仍然是选用当地新鲜食材烹制,音乐也是现场演奏。每周五和周六19:00,现场表演便拉开序幕,夏季的周三、周四和周日也有表演。

Bean Counter Cafe 咖啡馆

(☏613-476-1718; www.beancountercafe.com; 172 Main St, Picton; 咖啡/三明治 $4/8; ⊙7:30~17:00; 🛜)皮克顿最受欢迎的咖啡馆,供应无数种咖啡,此外还有糕点、三明治、沙拉、百吉饼和奶昔。店内的墙壁装饰着当地艺术和摄影作品,餐厅前面的座位让你可以欣赏穿梭于水面的皮克顿游轮。

☆ 娱乐

Regent Theatre 剧院

(☏613-476-8416; www.theregenttheatre.org; 224 Main St, Picton)时髦的Regent Theatre建于1830年,历经多次装修升级(包括1931年时好莱坞风格的装潢),上演各种戏剧、音乐会和读书会等活动。剧院新增了一台投影仪,从而使其节目范围得以扩大,可以放映一些精选的艺术片和主流电影。

ⓘ 实用信息

查看一下爱德华王子县具有启发性的旅游网站,网址为prince-edward-county.com。

商业和旅游协会(Chamber of Tourism & Commerce; ☏800-640-4717, 613-476-2421; www.pecchamber.com; 116 Main St, Picton; ⊙周一至周五9:00~16:30, 周六10:00~16:30)这家很有用的办事处位于皮克顿的蒙特利尔银行对面,提供观光小册子和骑行地图,以及自行车出租户外店和短期住所的名单。

ⓘ 到达和离开

该县的景点分布很分散,你需要有自己的交通工具才能更好地游览这一地区。如果你沿着Hwy 33前往金斯顿或者从那边过来,在格伦诺拉和艾多普斯顿之间搭乘5分钟的**汽车渡轮**(⊙6:00至次日1:15)过河。

没有车的话,你可以搭乘直达的**加拿大国家铁路公司**(见69页)的火车,从多伦多、金斯顿、布罗克维尔和渥太华到贝尔维尔。从贝尔维尔再坐**Deseronto Transit**(☏613-396-4008; deseronto.ca/departments/deseronto-transit)的长途汽车经由布卢姆菲尔德到皮克顿($11, 45分钟),发车时间仅限工作日的固定时间。

金斯顿(Kingston)

人口 115,000

金斯顿曾是现代加拿大的第一个首都,但在3年后就被剥夺了这个头衔,因为维多利亚女王担心这里离美国边界太近而不好防守。如今,这座美丽的城市找到了自己的战略定位,是旅行者往返蒙特利尔或渥太华和多伦多之间的休息地。

金斯顿常常被称为"石灰岩之城"(Limestone City),因其遍布由手工切割的石头建成的大礼堂和端正的维多利亚风格宅邸。这座城市没有太多现代建筑,仍保持着原有的历史韵味。除了有趣的博物馆和历史遗址之外,这里还拥有美丽的湖滨景观和充满生气的五彩斑斓的花园。

创建于1841年(金斯顿在同年被定为首都)的女王大学(Queen's University)为这座风韵十足的城市增添了些许的青春气息。金斯顿有各种类型的优质餐厅,有些对学生来说价格合理,此外这里的夜生活也很丰富。

⊙ 景点

大多数遗址位于历史悠久的市中心及周围地区,很方便。如果你计划花一天甚至更长时间探索金斯顿,可以考虑购买**K-pass**单日或3日折扣卡(www.kpass.ca; $78起),该卡包含了很多景点门票和团队游行程,包括Kingston 1000 Islands Cruises(见224页)和Kingston Trolley Tours(见224页)。

金斯顿公共集市 市场

(Kingston Public Market;见222页地图; www.kingstonpublicmarket.ca; Springer Market Sq; ⊙4月至11月周二、周四和周六, 4月至10月 周日9:00~18:00)加拿大最古老的持续经营的集市会在市政厅后面的广场上开市。摊铺售卖食物、新鲜农产品、手工制品和艺术品,在4月至10月的周日还有古董出售。

Kingston 金斯顿

亨利堡国家历史遗址 古迹

（Fort Henry National Historic Site；☎613-542-7388；www.forthenry.com；Fort Henry Dr；成人/6岁以下儿童 $18/免费；◎5月末至9月初9:30~17:00，7月和8月 周三至22:00）这座经过整修的英军防御工事建于1832年，坐落于山顶，能俯瞰整个金斯顿。守卫穿着鲜艳的制服进行19世纪60年代时的军事训练、火炮演习，再加上旧时的横笛和鼓乐伴奏，都令这座如明信片般完美的城堡重现当年风采。城堡里全天都有士兵表演，不要错过驻军大阅兵（Garrison Parade；5月末至9月初 14:30）。门票包括这座城堡的导览游（可选）。

查看网站获取全年各种特殊活动的详情，包括秋天的"恐怖城堡"（Fort Fright）寻鬼游和冬天的"霜冻城堡"（Fort Frost）项目。

贝勒维故居 博物馆

（Bellevue House；☎613-545-8666；www.parkscanada.gc.ca；35 Centre St；成人/6~16岁儿童 $4/2；◎7月至8月10:00~17:00，5月末、6月、9月和10月初 周四至周一 10:00~17:00）这处国家历史遗址在19世纪中叶时，曾经是加拿大第

Kingston 金斯顿

◎ 景点
- **1** 市政厅 D3
  - 金斯顿公共集市 .... (见1)
- **2** 五大湖海洋博物馆 C5
- **3** 水泵间蒸汽博物馆 C5

◆ 活动、课程和团队游
- **4** Haunted Walk D3
- **5** Kingston 1000 Islands Cruises D3
- **6** Kingston Trolley Tours D3

◉ 住宿
- **7** Holiday Inn Kingston Waterfront D2
- **8** Queen's Inn C2
- **9** Residence Inn by Marriott Kingston Water's Edge C4
- **10** Rosemount Inn B3
- **11** Secret Garden B3

◎ 就餐
- **12** Atomica C2
- **13** Chez Piggy D2
- **14** Curry Original D3
- **15** Le Chien Noir C2
- **16** Mlt Dwn B2
- **17** Pan Chancho D2
- **18** Stone City Ales B2
- **19** Wok Inn B2

◎ 饮品和夜生活
- **20** Coffee & Company D2
- **21** Kingston Brewing Company D3
- **22** Red House D2
- **23** Stages A2
- **24** Tir nan Og D3

◎ 娱乐
- **25** Grad Club A4
- **26** Grand Theatre B2

安大略省 金斯顿

一任总理——同时也是一位声名狼藉的酒鬼——约翰·A.麦克唐纳德爵士（Sir John A Macdonald）的短期居所。而建筑师似乎也是在微醺时设计的，因为这座意大利风格的宅邸完全不对称，着色光亮而绚丽，阳台也向各个方向扭转。室内收藏了许多古董，屋外还有一座阳光灿烂的花园，工作人员穿着旧时服装，更为这所故居增添了诡异的魅力和趣味。6岁以下儿童免费。

监狱博物馆
知名建筑

（Penitentiary Museum；☎613-530-3122；www.penitentiarymuseum.ca；555 King St W；捐赠入场；⊙5月至10月周一至周五 9:00~16:00，周六和周日 10:00起，6月末至9月初周二至周日至19:00）加拿大官方用"惩教服务"来称呼该国的监狱系统，如果你想要了解这一监狱系统，却又不想做个偷车贼以身试法，那么可以来这座博物馆一探究竟。博物馆坐落在前监狱长的住宅内，对面就是真正的监狱。这里收藏了大量武器和工具——都是在犯人试图越狱时没收的。

登录www.kingstonpentour.com可以预约监狱的导览游，该监狱已于2013年关闭。

市政厅
知名建筑

（City Hall；见222页地图；☎613-546-4291；www.cityofkingston.ca/city-hall；261 Ontario St；⊙周一至周五 8:30~16:30，团队游 5月中至10月中 周一至周五，5月末至8月末 周六和周日 10:00~16:00）**免费** 宏伟的市政厅是这个国家最精致的古典建筑之一，也是金斯顿作为首都时留下的遗迹。友好的志愿者会在夏天提供免费导游服务，游客将会看到绚丽的彩绘玻璃、数十幅肖像画、落满灰尘的牢房和一个装饰华丽的会议室。你还可以从网站上下载一份自助导览手册。

水泵间蒸汽博物馆
博物馆

（Pump House Steam Museum；见222页地图；☎613-544-7867；www.steammuseum.ca；23 Ontario St；成人/儿童 $5/2；⊙5月末至9月初 周二至周六 10:00~17:00，周日 正午起，4月、5月和9月末至11月末 周四、周五和周六 正午至16:00；👶）这座独一无二、整修一新、以蒸汽为动力的水泵间于1849年至1952年使用。现如今，这座水泵间博物馆主要展出各种蒸汽动力物品，包括两套实物大小的列车组模型以及新近修复的蒸汽船Phoebe号。馆内还有2座19世纪末的蒸汽水泵从安大略湖中取水，以保证城市用水。

五大湖海洋博物馆
博物馆

（Marine Museum of the Great Lakes；见222页

地图；☏613-542-2261; www.marmuseum.ca; 55 Ontario St; 成人/儿童 $6.50/5; ⏰10:00~17:00) 从1910年到1960年间，金斯顿曾经是重要的造船中心之一。这座博物馆建于老船厂旧址上，里面的展品详尽地展示了这里所造的迷人船只的历史，并介绍了如今圣劳伦斯和五大湖的船运情况。遗憾的是，该博物馆在2016年搬离了其具有历史意义的旧址，寻找新址开放。可以向金斯顿旅游局（见227页）询问更新的信息。

军事通信和电子产品博物馆　博物馆

（Military Communications & Electronics Museum; ☏613-541-4675; www.c-and-e-museum.org; 95 Craftsman Blvd; 捐赠入场; ⏰11:00~17:00) 尽管馆名听上去很无趣，但这家位于金斯顿军事基地的博物馆展品全面且精心布展，按年代顺序展示了各种通信技术和五花八门的军事装置。许多志愿者导游都是军队退伍老兵。

👉 团队游

Haunted Walk　团队游

（见222页地图；☏613-549-6366; www.hauntedwalk.com; 成人/10岁以下儿童 $16/免费）团队游以绞刑架和盗墓贼的故事为特色，从Prince George Hotel（200 Ontario St）大厅的售票处出发。访问网站查询详情，不过时长1.5小时的游览多数夜晚从20:00开始。还提供亨利堡附近令人毛骨悚然的夜间步行以及从容平淡的时空冒险之旅。

Kingston 1000 Islands Cruises　乘船游

（见222页地图；☏613-549-5544; www.ktic.ca; Confederation Park; 游轮 $29起; ⏰5月至10月初）各种观光游轮会从联邦公园（Confederation Park）东北角的码头（和售票处）发船。其中包括1.5小时的金斯顿港口游轮之旅和3小时的千岛群岛游轮之旅，以及包含午餐和晚餐的短途游。可以访问网站了解最新价位和航行时间。它也运营Kingston Trolley Tours随时上下的城市无轨列车游。

Kingston Trolley Tours　团队游

（见222页地图；☏613-549-5544; www.kingstontrolley.ca; 成人/4~12岁儿童 $26/12; ⏰5月末至10月初）一列迷你型无轨列车每隔30~45分钟从金斯顿旅游局（见227页）对面的市政厅出发，游程1.25小时，途中包含有趣的历史讲解。途经9个站点，包括贝勒维故居（见222页），可随时上下。还经营以鬼怪为主题的夜间团队游。3岁以下儿童免费。

🎊 节日和活动

6月中旬到9月初，大多数午饭时间、周四和周五的19:00以及周六的16:00，在联邦公园都有现场音乐表演。周四日落时分则在Springer Market Sq放映免费电影。登录www.downtownkingston.ca了解更多详情，也可以访问tourism.kingstoncanada.com查看全年活动的完整列表。

石灰岩城蓝调音乐节　音乐节

（Limestone City Blues Festival; www.kingstonblues.com）8月份，众多明星音乐家会齐聚此地，参加为期4天的即兴音乐会。

金斯顿街头艺术节　音乐节

（Kingston Buskers Rendezvous; www.kingstonbuskers.com）于7月份举办，为期4天，有不少滑稽的表演。

🛏 住宿

金斯顿的高档住宿远远多于低档住宿，有大量昂贵的住处可供选择，而廉价经济型住宿地则较少。汽车旅馆沿着市区Hwy 2（即Princess St）两侧分布。金斯顿旅游局（见227页）的工作人员消息灵通，可以帮助游客找到其他的选择。一些历史悠久的民宿位于枝叶繁茂的Sydenham St; 可以访问www.historicinnskingston.com, 查询跟多住宿选择。

David C Smith House　青年旅舍 $

（☏613-533-2223; queensu.ca/summeraccommodations; 222 Stuart St; 标单带/不带浴室 $99/50, 双 $116; ⏰5月至8月; 🅿✳@🛜）这里属于女王大学，当学校放暑假时也对非学生开放，提供价格适宜的校园住宿，步行至市中心约20分钟。简单的卧室和公共休息室营造出朴实无华的舒适感，还能让你回忆起宁静的学生时代。接待处有一个简易咖啡馆，附近还有一家Tim Hortons的连锁咖啡店。以外，旅舍还有带2间卧室和1个浴室的套间。

★ Rosemount Inn　　　　民宿 $$

（见222页地图；☎888-871-8844, 613-531-8844; www.rosemountinn.com; 46 Sydenham St; 房间 $175~229, 套 $299; ▣ ❋ ❄ ☎）这家位于历史街区的旅馆曾经是一位干货商人的住宅，你可以来这里享受一次极尽奢华的住宿体验。这所住宅建于1850年，是一座庞大的托斯卡纳式石头别墅，保存得极其完好，拱形门廊和天花板上玫瑰装饰都体现了19世纪的精致。小小的水疗所提供葡萄酒精华面部护理和巧克力全身护理，房价包含全套早餐和下午茶。

Secret Garden　　　　民宿 $$

（见222页地图；☎877-723-1888, 613-531-9884; www.thesecretgardeninn.com; 73 Sydenham St; 标单 $165~199, 双 $175~209; ▣ @ ☎）无论你是倚靠在豪华的沙发上，头顶上悬挂着枝形大吊灯，还是上楼躺在自己的四柱床上，你都能在这个安妮女王式的维多利亚风格住所享受舒适的体验。房价包含早餐，不包早餐可以节省$10。

Queen's Inn　　　　精品酒店 $$

（见222页地图；☎866-689-9177; www.queensinn.ca; 125 Brock St; 房间含早餐 $120~160; ❋ ☎）建于1839年，是加拿大最古老的酒店之一。酒店外立面为庄严的石灰石构造。有些房间内还有石墙、天窗，以及窗外葱郁的风景。酒店地处闹市区，楼下还有一家酒馆，这使得Queen's Inn成为住客的理想选择。

Holiday Inn Kingston Waterfront　　酒店 $$

（见222页地图；☎613-549-8400; www.hikingstonwaterfront.com; 2 Princess St; 双 $169~290; ▣ ❋ ☎ ❄）这家水畔酒店的地理位置无可匹敌。它总共拥有197间宽敞的房间，都带有阳台和冰箱，还可以要求配备微波炉。各种设施包括室内外游泳池，以及一个港口边的露台餐厅——金斯顿唯一一家位于水边的餐厅。入住套餐包含早餐和停车费，后者另付的价格为$16。

Fireside Inn　　　　汽车旅馆 $$

（☎613-549-2211; www.bestwesternkingston.ca; 1217 Princess St; 房价 含早餐 $179起; ▣ ❋ ❄ ☎）这家位于住宅区的汽车旅馆最棒的就是奢华但有趣的梦幻客房，让人不禁联想到日式情人酒店或月球基地。标准间为乡村风格装饰，配备手工松木家具和壁炉。此外旅馆还有一个露天游泳池和两家餐厅。

Residence Inn by Marriott Kingston Water's Edge　　酒店 $$$

（见222页地图；☎613-544-4888; www.marriottresidenceinnkingston.com; 7 Earl St; 房间含早餐 $229起; ▣ ❋ ❄ ☎）这家庞大的新开业酒店提供141间开间和公寓，带有超大床、小厨房和配备折叠式沙发的休息室。位于大学附近的一个绝佳的湖滨位置，离市中心步行仅需几分钟。设施还包括室内咸水泳池和桑拿室。

🍴 就餐

★ Stone City Ales　　　　小酒馆食物 $

（见222页地图；☎613-542-4222; www.stonecityales.com; 275 Princess St; 主菜 $13; ⏰11:00~23:00）在这家时髦的自酿酒吧和餐厅暴露的管道之下，工作人员忙着更换唱片、上熟食拼盘、指导酒客们选择适合自己的品酒组合款（3种6盎司啤酒 $8）。你可以在主流和特供啤酒中选择，再搭配菜单上的肋排、鸡翅、薯条、沙司、奶酪拼盘以及其他菜肴享用。

Mlt Dwn　　　　快餐 $

（见222页地图；☎613-766-1881; www.mltdwn.com; 292 Princess St; 三明治 $6起; ⏰周一至周四 11:00~22:00, 周五和周六至次日3:00, 周日至21:00）这家以奶酪为主打的快餐厅已经从这家老店发展到在加拿大首都和魁北克开设了分店。热气腾腾的烤芝士三明治散发着诱人的香气，漫溢而出的浓郁酱汁虽然热量极高，却让你无法拒绝，尤其是当你跟跟跄跄地从酒馆回去的时候。菜单还提供奶酪味不那么浓郁的三明治和小吃，从手撕猪肉到奶酪浇肉汁土豆条应有尽有。

Wok Inn　　　　亚洲菜 $

（见222页地图；☎613-549-5369; 30 Montréal St; 菜肴 $6.95起; ⏰周二至周六 11:30~14:30和16:30~21:00）这家位于市中心的餐馆

外表并不起眼，以柬埔寨菜、越南菜和泰国菜为特色，饥肠辘辘的大学生们很喜欢订这家餐馆的外卖。

★ Pan Chancho　　　　创意菜 $$

（见222页地图；☎613-544-7790；www.panchancho.com；44 Princess St；主菜 $15；⏱7:00～16:00）这家堪称现象级的面包房兼咖啡馆能用貌似普通的食材做出舌尖上的美味，比如越南春卷和芝麻金枪鱼肉丸。推荐摩洛哥式茴香调味的羊肉皮塔饼配鹰嘴豆。全天候早餐特色菜中有咖喱鸡蛋。夏天时，金斯顿人把后院都挤满了。

Atomica　　　　意大利菜 $$

（见222页地图；☎613-530-2118；www.atomica.ca；71 Brock St；主菜 $18；⏱11:30～22:00；🍴）这个忙碌的市中心比萨店和葡萄酒吧供应各种豪华版经典比萨，此外还出售意面、沙拉、每日特色菜、周末早午餐和一些不错的甜点选择。也提供不含麸质的食物，鸡尾酒打折的欢乐时光在14:30～16:30。

Curry Original　　　　印度菜 $$

（见222页地图；☎613-531-9376；www.curryoriginal.ca；253a Ontario St；主菜 $15；⏱周二至周六 11:30～14:00和周二至周日 17:00～21:00）在这家精致的餐馆里，可以吃到金斯顿顶级的印度菜肴，包括各种经典咖喱，从黄油鸡到咖喱肉（vindaloo）、korma咖喱和马德拉斯咖喱（madras），无一不好。

Le Chien Noir　　　　法式小馆 $$$

（见222页地图；☎613-549-5635；www.lechiennoir.com；69 Brock St；午餐/晚餐 主菜 $18/37；⏱11:30～21:00）🍴这家餐厅位于以英语为主的金斯顿市中心，价位还偏高，但当地人仍然会涌入这里尝尝融合了地道的巴黎风味和少许魁北克口味的菜肴，美味的奶酪浇肉汁土豆条值得一试。主菜包括羊肉、鸭肉和必点的爱德华王子县贻贝或牛排薯条。

周末早午餐供应至14:30，周日中午开始露台上有现场爵士乐表演，每天的14:30到16:30是酒水打折的欢乐时光。

Chez Piggy　　　　创意菜 $$$

（见222页地图；☎613-549-7673；www.chezpiggy.com；68r Princess St；晚餐/午餐 主菜 $35/15；⏱周一至周六 11:30～23:00，周日 10:00起）这家餐馆隐藏在一所繁花盛开的石头庭院里，是这座城市里最有名的餐馆，因其创意菜和迷人的氛围而赢得口碑。晚餐的主菜包括卤水鸵鸟肉和俄式油封鸭腿，而午餐菜单则更为休闲。周末建议提前预订，周日的早午餐尤为受欢迎。

🍷饮品和夜生活

Red House　　　　小酒馆

（见222页地图；☎613-767-2558；www.redhousekingston.com；369 King St E；⏱11:30至次日2:00）这家牧场式邋遢的小酒馆有大量超赞的精酿啤酒和出色的酒吧菜肴，从家常美食（奶酪浇肉汁土豆条、招牌汉堡）到高雅的菜肴（烤三文鱼、牛排薯条）一应俱全，可以在休闲放松的小酒吧环境中慢慢享用。我们特别喜欢它的配菜：香草鸭油浸烤土豆。

Kingston Brewing Company　　　　自酿酒吧

（见222页地图；☎613-542-4978；www.kingstonbrewing.ca；34 Clarence St；主菜 $15；⏱11:00至次日2:00）在闪烁的圣诞节灯光下和俗气的啤酒主题餐具中，大口咀嚼汉堡和三明治，或在庭院中找张露天桌子大吃一顿。夏季时，他们会使用一份年头可以追溯到1841年的秘方酿造啤酒，那时候金斯顿还是加拿大省的首都。尝尝Dragon's Breath Pale Ale淡啤酒和White Tail Cream Ale，两种都很受欢迎，就在场外酿造和装瓶。

Tir nan Og　　　　小酒馆

（见222页地图；☎613-544-7474；www.facebook.com/kingston.tirnanog；200 Ontario St；⏱11:00至深夜；📶）这家爱尔兰酒吧位于水边最古老最迷人的建筑内，酒吧室内装潢风格以木饰为主，气氛舒适，有现场音乐演出、各种各样的酒和小酒馆美食。啤酒有两种容量：14盎司或18盎司。

Coffee & Company　　　　咖啡馆 $

（见222页地图；☎613-547-9211；www.facebook.com/coffeeandcompanykingston；53 Princess St；⏱7:00～20:00；📶）每天到这家咖啡馆享受由专业咖啡师调制的有机咖啡吧，

还可以使用免费的Wi-Fi。何不一边喝咖啡一边享受歌帝梵（Godiva）巧克力或者白山（White Mountain）冰激凌。

Stages
夜店

（见222页地图；☏613-547-5553；www.stages.ca；393 Princess St；⊗周一和周四至周六22:00至次日3:00）Stages是金斯顿年轻人激情燃烧、随旋律舞动直至精疲力竭的地方。每逢重要节日（比如加拿大国庆日），这里都会举办活动之夜。

☆ 娱乐

Grad Club
现场音乐

（见222页地图；☏613-546-3427；queensgradclub.wordpress.com；162 Barrie St；⊗周一和周二11:00~20:00，周三至周五至次日1:00）Grad Club位于一座雄伟的维多利亚式建筑中，是女王大学最热门的现场音乐场地之一。这里还会举办特别活动，比如品尝当地的精酿啤酒。

Grand Theatre
剧院

（见222页地图；☏613-530-2050；www.kingstongrand.ca；218 Princess St）这里曾经是一家歌剧院，后来成为电影院，而现在该剧院是市内上演戏剧、音乐会和喜剧片的最佳场所。该剧院自1967年起经过了多次大范围的整修，包括2008年的全面整修。**金斯顿交响乐团**（Kingston Symphony orchestra；www.kingstonsymphony.on.ca）定期在这里表演。

❶ 实用信息

邮局（见222页地图；☏866-607-6301；www.canadapost.ca；120 Clarence St；⊗周一至周五8:00~17:30）坐落在中心位置的邮局。

金斯顿旅游局（Kingston Tourism；见222页地图；☏888-855-4555，免费613-548-4415；tourism.kingstoncanada.com；209 Ontario St；⊗10:00~16:00）这是家很有帮助的信息中心，工作人员知识渊博、态度友好，对于该市的历史了如指掌。位于市政厅对面，夏季开放时间更长。

❶ 到达和离开

金斯顿长途汽车站（Kingston Bus Terminal；☏613-547-4916；1175 John Counter Blvd）在Hwy 401以南1公里处，即Division St西侧。**Megabus**（见68页）白天有几班开往多伦多（$33起，3小时）和蒙特利尔（$26，3.25小时）的长途汽车。**加拿大灰狗长途巴士**（见215页）每天有一趟班车开往渥太华（$35，2.75小时）。

如果你是沿着Hwy 401自驾而来，611号到623号出口都通往市区。城里的租车连锁店包括**Enterprise**（☏613-547-0755；www.enterprise.ca；2244 Princess St）。

金斯顿火车站（Kingston train station；☏888-842-7245；www.viarail.ca；1800 John Counter Blvd）在Princess St和John Counter Blvd交叉口以东大约300米处，每天有几趟列车开往蒙特利尔（$87，2.75小时）、渥太华（$71，2.25小时）和多伦多（$90，2.5小时）。

想要了解当地公共汽车的班次和票价，可咨询**金斯顿运输公司**（Kingston Transit；☏613-546-0000；www.cityofkingston.ca/residents/transit）。单程票价为$2.75，可以现场支付。**金斯顿旅游局**（见本页）出售单日通票（$7.25）。

16路公共汽车经过市中心，连接长途汽车站和火车站，从两个站出发的时间一般都为每个小时的15分和45分。周日时班次减少至每小时一班。

自行车骑手会开心地发现金斯顿的地势总体平坦，而且Hwy 2和Hwy 5两侧都铺有路肩。可去**Ahoy Rentals**（☏613-549-4277；www.ahoyrentals.com；23 Ontario St；每小时/每天租金$5/25）租用自行车。

千岛群岛（Thousand Islands）

"千岛群岛"由超过1800个崎岖岛屿组成。这些岛屿星罗棋布，散落在从金斯顿到布罗克维尔的圣劳伦斯河河段。郁郁葱葱的群岛笼罩在薄雾中，延龄草的花瓣缤纷飘落，一湾湾潮池波光旖旎，大量19世纪的夏日宅邸坐落于此，宅邸的角楼在雾中若隐若现。

狭窄并且行驶缓慢的**千岛群岛景观大道**（Thousand Islands Parkway）沿着Hwy 401的南端连接了加纳诺克和布罗克维尔，沿着河岸行驶35公里之后重新与公路汇合。景观大道沿途尽是美丽的河岸田园风光，蜿蜒前行，你可以看到如画般的美景和梦幻般

乡村度假村

安大略省的很多地区都是乡村度假村，包括从伊利湖岸到马斯克卡的地区，以及卡瓦萨斯、哈利伯顿高地和千岛群岛。岩石岛和草木丛生的湖滨线点缀着这里成千上万的湖泊，美丽的落日景色令人沉醉，尤为适合周末前往。当你到访多伦多不久，就会有人邀请你感受一下别墅的慢节奏的生活和热情好客的氛围，因为安大略夏日的主题就是喝着冰爽啤酒和优质红酒，吃着美味食物，与朋友家人交流增进感情，和大自然亲密接触。

天气一转暖，多伦多人就成群结队地前往湖区。春天冰雪融化后，摇摇晃晃的垂钓小屋会在第一时间打开大门，湖边星罗棋布的大宅也从沉寂中苏醒来：花盆里开始种上花草，冰箱里开始备货，家庭游客开始每周从城市来湖区巡礼。

乡村度假大热现象背后折射出的是人们对自己所在地的自豪感和对广阔户外天地的向往。独木舟、皮划艇、快艇和"西度"水上摩托艇（Sea-Doo）全都出动了。人们白天懒散，夜晚疯狂，直到冬天来临，湖泊被冻住，摩托雪橇登场。如此年复一年，循环往复。

的野餐区。圣劳伦斯自行车道（St Lawrence Bikeway）作为河滨小径（Waterfront Trail）的一部分，位于湖滨尼亚加拉和康沃尔之间，长度延伸了整条景观大道。

★ 1000 Islands Tower　　　　观景点

（☎613-659-2335; www.1000islandstower.com; 716 Hwy 137, Hill Island; 成人/儿童 $11/6; ⏰5月至9月10:00~18:00）这里就位于Ivy Lea以东，距离加纳诺克约20公里，数座高架桥横跨多座岛屿，将安大略省与美国的纽约州相连。路途过半，在跨越边境线前，你就能看到这座130米的观景塔，从这里可以欣赏群岛的壮丽美景。塔上有两处露天平台，另有一座装有玻璃围栏的平台，上面设有一些说明性展览。是的，这里有电梯。

千岛群岛国家公园　　　　国家公园

（☎613-923-5261; www.pc.gc.ca/pn-np/on/lawren/index.aspx; 2 County Rd 5, Mallorytown; 停车 $7, 帐篷营地不带水电接口 $16, 帐篷小屋营地 $100~121; ⏰游客中心5月末到6月周六和周日, 7月至9月每天10:00~16:00）千岛群岛国家公园的马洛里敦兰丁游客中心（Mallorytown Landing Visitors Centre）位于马洛里敦以南的千岛群岛景观大道上。该公园负责保护一片由20余座小岛组成的绿色群岛，这些小岛零星分布于金斯顿和布罗克维尔之间。2公里长的步道和解说中心有助于游客们了解与当地葱郁的地貌环境及野生动植物相关的信息。此外还有更长的徒步小径和独木舟线路，

可以让游客深入探索公园。

其中的十几个岛屿可以进行荒野露营（准备好自己的船）。游客中心和其中的两个岛屿还提供奢华的住宿选择，游客可以住在小屋式的游猎帐篷里。

天空之木生态探险公园　　　　探险运动

（Skywood Eco Adventure; ☎613-923-5120; www.parks.on.ca/attractions/skywood-eco-adventure-park; Thousand Islands Pkwy, Mallorytown; 滑索团队游成人/12~15岁青年 $45/41; ⏰9:00~17:00; ♿）这个新建的运动中心位于马洛里敦以东，是加拿大最大的空中探险和滑索公园，能让游客体验丛林乐趣，从高空滑索到林冠之旅应有尽有，还有很大的儿童树屋游戏区。

圣劳伦斯自行车道　　　　骑自行车

（St Lawrence Bikeway; www.waterfronttrail.org）这条车道作为河滨小径的一部分，位于湖滨尼亚加拉和康沃尔之间，长度延伸了整条千岛群岛景观大道，从加纳诺克直到布罗克维尔。

加纳诺克（Gananoque）

在雾气氤氲的圣劳伦斯河上观看了一整天的绿苔岛屿后，小小的加纳诺克（读作gan-an-*awk*-way）是个休息眼睛的好地方。夏天和初秋，在这个位于千岛群岛地区中心的秀丽维多利亚小镇上，会出现许多渴望乘船观光的游客。而在春天和深秋，这个小镇则非常

安静。

想要在漫步这个古雅小镇的同时,也了解一些相关历史背景知识的话,可以在游客中心领取一份以历史遗产主题的自助步行游览地图。

景点和活动

★伯特城堡 城堡

(Boldt Castle; ☎800-847-5263,315-482-9724; www.boldtcastle.com; Heart Island, Alexandria Bay, 纽约州, 美国; 成人/儿童 $9/6; ❂5月至9月底 10:00~18:30,9月底至10月中 11:00~17:00)这座建于20世纪初的城堡坐落在圣劳伦斯河中间的岛上,但实际上位于美国,尽管它离加纳诺克只有25公里。所以,如果你想参观这座奢华城堡,还需带上护照(和有效签证)。这座城堡由著名的纽约市华尔道夫大酒店(Waldorf Astoria Hotel)原业主乔治·C.伯特(George C Boldt)所建。如今,许多千岛群岛观光游轮都会在此停靠,你也可以从加纳诺克开车23公里到达美国纽约州的亚历山大湾(Alexandria Bay),从那里再搭乘水上穿梭艇,坐船10分钟航行1公里就能到达城堡。

从千岛群岛景观大道开始,Hwy 137/81穿过千岛群岛大桥(和边境)通向亚历山大湾。从加纳诺克出发的加拿大游轮提供5小时的团队游(包括游轮航行和参观城堡的时间)项目,从Rockport出发的团队游则有3.5或5小时两种选择。

1000 Islands Kayaking 皮划艇

(☎613-329-6265; www.1000islandskayaking.com; 110 Kate St; 半天出租/团队游 $35/85起)如果你感觉精力充沛,那么划皮划艇游览群岛不失为一个好办法。种类繁多的旅行套餐包括课程,半日游、一日游和日落游,还有结合了独木舟和露营的周末游,你可以从中选择自己心仪的项目。

Gananoque Boat Line 游轮

(☎888-717-4837; www.ganboatline.com; 280 Main St; 1小时游轮 成人/6~12岁儿童 $25/13起; ❂5月至10月中)提供多条观光游览路线,其中一条路线中途会停靠伯特城堡2小时,令这家机构千岛群岛巡航之旅的热门选择。城堡实际位于美国境内,如果你想前往参观的话,一定要带上护照(以及有效签证)。全天都有游轮游,在一些特殊的音乐之夜,游轮也会出航。

住宿

Misty Isles Lodge 度假屋 $$

(☎613-382-4232; www.mistyisles.ca; 25

不要错过

沃尔夫岛

面积达120平方公里的沃尔夫岛是千岛群岛众多岛屿中最大的一个,是安大略湖和圣劳伦斯河的分界处。在占全岛大部分面积的未开发农田上,如今叠立着数百座风力发电机,看上去有点超现实感。可以从金斯顿乘坐免费的**沃尔夫岛汽车轮渡**(☎613-548-7227; www.wolfeisland.com; ❂6:15至次日2:00 每小时1班)**免费**到达该岛,这趟航程本身就乐趣多多:在25分钟船行过程中,欣赏城市、亨利堡和座座小岛的万千景致。

沃尔夫岛适合骑自行车,4条骑行路线分别用不同的颜色来表示。可以在www.wolfeisland.com下载一份地图。**金斯顿旅游局**(见227页)可以为探索该岛提供更多建议。你可以从**Ahoy Rentals**(见227页)或者在岛上租一辆自行车。在金斯顿,渡轮站位于Ontario St和Barrack St的交叉路口。登录网站查看完整的渡轮时刻表。

该岛除了有**沃尔夫岛汽车轮渡**往返金斯顿之外,还有**Horne's Ferry**(☎613-385-2402; www.hferry.com; 乘客/自行车/汽车 $2/3/18; ❂4月末至10月中 8:00~19:00 每小时1班)运营的渡轮往返美国纽约州的开普文森特(Cape Vincent),该轮渡从岛南端的Alexandria Point发船,全程11公里,用时10分钟。你需要携带护照并持有加拿大及美国有效签证方可搭乘国际轮渡。

River Rd, Lansdowne；房间$95起，露营地 带水电接口$40；🛜）小屋位于加纳诺克东部约5公里处，在千岛群岛景观大道上。这家悠闲的湖滨旅馆有舒适的单元套房，并配以柳木家具。旅馆还提供各种各样的探险设备，包括出租皮划艇（半天$35）和导览游（半天$75），以及去河上灌木丛生的岛屿露营的旅行套餐。

Gananoque Inn　　　　　　　　　　　旅馆 $$

（☎613-382-2165；www.gananoqueinn.com；550 Stone St S；房间$199~245；🛜）🍴这是家拥有标志性绿色百叶窗的气派的旅馆，就坐落在加纳诺克河与圣劳伦斯河海道的交汇处。旅馆由旧马车车厢工厂改造而成，于1896年开始接待住客，至今仍保持着其最初的魅力。房间没什么特别之处，但位于河滨的位置无与伦比。套餐包括住宿和一些活动项目，比如水疗和搭乘直升机等，都能在线预订。

Houseboat Holidays　　　　　　　船屋 $$$

（☎613-382-2842；www.houseboatholidays.ca；RR3, Gananoque；价格周末/周中/每周$550/750/1000起）唯一比住在航道附近要好的事就是住在航道上！这家资深机构位于加纳诺克以西4公里处，可以为你安排一个属于你自己的水上酒店，并为航运新手们提供简短的指导性课程。其服务范围覆盖了整个千岛群岛和里多运河地区，从加纳诺克一直到布罗克维尔和金斯顿。

🍴 就餐

Socialist Pig　　　　　　　　　　　咖啡馆 $

（☎613-463-8800；www.thesocialistpiggananoque.com；21 King St E；主菜$14；⏰8:00~20:00）这家咖啡馆是加纳诺克最受欢迎的休闲场地，装修很酷，包括一个用旧书搭起来的柜台。店里供应炸玉米饼、玉米煎饼、亚洲风味沙拉、三明治和周末早午餐——所有菜都使用农场新鲜的食材，用心烹饪。

★ Stonewater Pub　　　　　　小酒馆食物 $$

（☎613-382-2542；www.stonewaterbb.com；490 Stone St；主菜$18；⏰周日至周三11:00~21:00，周四至周六至次日1:00）位于一家民宿楼下，这家水畔爱尔兰小酒馆和餐厅气氛亲切温馨，供应丰盛美味的菜肴，"爱尔兰里脊肉"（烤制培根裹羊肉末和牛肉末）和"胖小猪"（猪大排汉堡）是正宗肉食爱好者的必点菜肴。酒馆还提供各种创意沙拉。内部环境和《白鲸记》（Moby Dick）里的场景如出一辙，有的时候还会播放现场音乐，让人尤为愉悦。

Maple Leaf Restaurant　　　　　捷克菜 $$

（Czech Schnitzel House；☎613-382-7666；www.mapleleafrestaurant.ca；65 King St E；主菜$18；⏰周三至周日11:00~21:30）正如典型的加拿大餐厅一样，Maple Leaf算是老派的家庭式餐馆，虽然"枫叶"这个店名字不够欧式，但提供的却是欧洲人真正喜欢的菜肴：金黄炸肉排、红烩牛肉、罗宋汤和啤酒。汉堡和奶酪浇肉汁土豆条让你意识到自己还在加拿大境内。夏天时，餐馆后面还有一个小小的露台可供使用。

Ivy Restaurant　　　　　　　新派加拿大菜 $$$

（☎613-659-2486；www.ivyleaclub.ca；61 Shipman's Lane, Lansdowne；主菜$30；⏰周一至周六11:30~21:00，周日10:30起）这家经过翻新的漂亮餐馆位于加纳诺克以东12公里处的迷人水岸边，属于豪华的Ivy Lea Club会所，但它的码头也向非会员开放。休闲的露台午餐和周日早午餐是享受周围绝佳风景的实惠方式，当然你也可以享受餐馆的精美晚餐菜肴。如果你想点半只鸡尝尝，那可以试试先用脱脂牛奶腌过再炸制的康沃尔（Cornwall）炸鸡。

另外，你还可以停下来买点儿甜点，餐馆门前有一个特别棒的冰激凌摊点。

🍷 饮品和夜生活

Gananoque Brewing Co　　　　　自酿酒吧

（☎613-463-9131；www.ganbeer.com；9 King St E；12盎司啤酒/啤酒品尝组合$4.50/6.25；⏰5月至10月正午至21:00，11月至次年4月周四至周日13:00~20:00）酒吧位于一个改造过的19世纪马车零件工厂内，有着木头横梁，不妨尝尝Naughty Otter和Smuggler's Rush等精酿啤酒。酒吧还组织免费的酿酒团队游。

☆ 娱乐

Thousand Islands Playhouse 剧院

(☎866-382-7020、613-382-7020；www.1000islandsplayhouse.com；185 South St)自1982年起，这家令人愉悦的湖滨剧院就开始上演一系列高质量的戏剧演出，多以轻松的夏季戏剧和音乐剧为主。

Shorelines Casino 赌场

(☎613-382-6800；shorelinescasinos.com/thousandislands；380 Hwy 2；◉24小时)这家不大的赌场常有老年人进入，这也折射出现代社会的悲哀。工作人员很友善，且对许多赌客来说，这里很好，健康有趣。19岁以下不得入内。

❶ 实用信息

游客服务中心(Visitor Services Centre；☎844-382-8044、613-382-8044；www.travel1000islands.ca；10 King St E；◉5月中至10月中 9:00~17:00，10月中至次年5月中 周二至周六 10:00~16:00)这家完美的游客中心有令人愉快的工作人员，他们知晓千岛群岛及周围的所有大事小情。

❶ 到达和离开

加纳诺克在金斯顿以东35公里处，需从Hwy 401绕行一小段2公里的路。

加纳诺克火车站(☎888-842-7245；www.viarail.ca；North Station Rd)位于城北6公里处，有直达列车往返多伦多($94，3小时，一天1班)和渥太华($101，1.75小时，一天1班)。

布罗克维尔和普雷斯科特 (Brockville & Prescott)

迷人的布罗克维尔标志着千岛群岛地区的东部边缘。众所周知，这个被称为"千岛群岛城"的城市分布着许多奢华精美的宅邸：一排排的哥特式尖顶建筑物呈螺旋状伸向天空，不禁让人联想起曾经在这些街道上咯噔咯噔徐徐驶过的四轮马车。河畔公园和街上的博物馆静静地朝着内陆方向延伸，使得布罗克维尔成为打发一天时间的好去处。

普雷斯科特与布罗克维尔相邻，顺着路走大约20公里即可到达。普雷斯科特可以说是布罗克维尔的弟弟，它面积更小也更有生气，不过也有些住宿选择和其他设施。这座19世纪的小镇距离国际大桥仅6公里，该桥连接了加拿大安大略省的Johnstown和美国纽约州的奥格登斯堡(Ogdensburg)。

◉ 景点

福尔福德庄园博物馆 博物馆

(Fulford Place；☎613-498-3003；www.heritagetrust.on.ca/Fulford-Place；287 King St E, Brockville；成人/儿童 $6/免费；◉5月底至9月初 10:00~17:00)这座爱德华时代风格的豪华建筑拥有35间客房，建于20世纪初，曾经是假药商百万富翁乔治·泰勒·法尔福特(George Taylor Fulford，即药丸"Pink Pills for Pale People"的生产者)的住所。你何不停下来，在博物馆的游廊里喝一杯茶呢。入场费包含导览游。

布罗克维尔铁路隧道 历史建筑

(Brockville Railway Tunnel；Water St E和Block House Island Pkwy交叉路口)在Armagh S Price Park公园内旅游局办事处的斜对面，你可以找加拿大最古老的铁路隧道的入口，该隧道历史可以追溯到1860年。冬季期间隧道关闭，将于2018年4月2日重新开放。

Aquatarium 博物馆

(☎613-342-6789；www.aquatarium.ca；Tall Ships Landing, 6 Broad St, Brockville；成人/儿童 $20/10；◉10:00~17:00；🅿)这个和唱歌跳舞相关的互动中心于2016年开放，受众主要是儿童。博物馆将圣劳伦斯河海道及水流和遇难船只生动地展现出来。

惠灵顿堡国家历史遗址 历史建筑

(Fort Wellington National Historic Site；☎613-925-2896；www.pc.gc.ca/eng/lhn-nhs/on/wellington/index.aspx；370 Vankoughnet St, Prescott；成人/儿童 $4/2；◉5月末、6月和9月初至10月初 周四至周一，7月至9月初 每天 10:00~17:00)城堡最初建于1812年战争期间，1838年被再次用作战略工事——当时美国的入侵似乎迫在眉睫。如今，部分原来的防御工事、营房、火药库和一些军官住所得以保留，穿着旧时服装的讲解员和展品令此地宛若重生。该

隆特纳克拱门生物圈保护区

加拿大共有18个联合国教科文组织指定的生物圈保护区,**隆特纳克拱门生物圈保护区**(Frontenac Arch Biosphere Reserve; ☎613-659-4824; www.frontenacarchbiosphere.ca; 19 Reynolds Rd, Lansdowne; ⊙游客中心 5月至10月 9:00~17:00)即是其中之一。该保护区包含了从加拿大地盾至纽约州北部的阿第伦达克山脉(Adirondack Mountains)的一处古老的花岗岩landmark。曾经高耸的山脉被风化成起伏的丘陵和嶙峋的悬崖,当你驾车穿过平原后,仍会被眼前这些反差巨大的景色所震撼。考古发现表明,这里曾是人类迁徙路线的一部分:该地区曾发现过来自耶洛奈夫(黄刀镇,Yellowknife)地区的刀子和加勒比海的贝壳。

这一地区包括5座森林,是动植物天然的生长地,创造了丰富的野生动植物多样性。这个占地2700平方公里的保护区拥有70%的陆地和30%的水域(即位于加纳诺克和布罗克维尔之间的千岛群岛水域),为游人提供了大量的娱乐机会,从骑自行车和徒步到划皮划艇和潜水,不一而足。沿着Hwy 401和加纳诺克和布罗克维尔之间的Thousand Islands Pkwy即可轻松到达保护区,游客中心就位于1000 Islands Tower的转角处。该保护圈优秀的网站www.frontenacarchbiosphere.ca列有到达不同入口的方式。

建筑不断进行着翻新和完善。

布罗克维尔博物馆　　　　博物馆

(Brockville Museum; ☎613-342-4397; www.brockvillemuseum.com; 5 Henry St, Brockville; 捐赠入场; ⊙5月至10月 周一至周六 10:00~17:00,周日 13:00~17:00,11月至次年4月 周一至周五 10:00~17:00)你可以到此一览当地的历史,参观关于布罗克维尔曾经的汽车建造业和制帽业的展品,并了解其他社区趣闻。博物馆包含了Isaac Beecher故居,它是一栋建于19世纪中叶的住宅,属于同名的制革工人,是逃离美国的保皇党人所建住宅的典范。

下午及夜间的步行团队游($6)围绕布罗克维尔过去的犯罪史展开,时间为1.5小时,7月和8月的周五从此地出发。可以通过博物馆预订。

🏃 团队游

1000 Islands Cruises　　　　乘船游

(☎800-353-3157, 613-345-7333; www.1000islandscruises.com; 30 Block House Island Pkwy, Brockville; 游船$24~50; ⊙5月至10月)提供游览千岛群岛的观光团队游,时长1.5~2个小时,有两种船型可选:一艘传统的观光游轮和一艘"山猫"号(Wildcat)高速游轮。后一项目能看到伯特城堡和Singer城堡——位于国境线另一侧的城堡岛屿。访问网站可查询详情。

🛏 住宿

布罗克维尔有大量的住宿选择,从历史悠久的民宿到连锁酒店应有尽有,令人满意。住宿分别集中在市中心和Hwy 401与Stewart Blvd(Hwy 29)交叉路口的住宅区。普雷斯科特的圣劳伦斯河沿岸有一些原汁原味的老住处。

Dewar's Inn　　　　旅馆 $

(☎613-925-3228, 877-433-9277; www.dewarsinn.com; 1649 County Rd 2, Prescott; 房间$84~87, 农舍 $91~115; 🅿)这家旅馆古雅的河畔农舍、利用率高的单元房和汽车旅馆房间装修别致,且打扫得一尘不染。旅馆位于一座19世纪初的酿酒厂内,你在后院进行水肺潜水时还能看到沉底的老式酒瓶。从河边的平台上能够看见纽约州的奥格登斯堡。房价包含早餐。宠物不得入内,且不接待12岁以下儿童。

Green Door　　　　民宿 $$

(☎613-341-9325; www.greendoorbb.com; 61 Buell St, Brockville; 房间含早餐$115; ⊙5月至10月; ❄)这处建于1928年的砖砌礼拜堂位于一条迷人的住宅街上,如今的新使命是一家民宿。白天,日光会照进这里宽敞的公共空间。

Ship's Anchor Inn 民宿 $$

(☎613-925-3573；www.shipsanchorinn.com；495 King St W, Prescott；标单 $79~125，双 $99~145，公寓$199；❄❂）这里曾经是一位脾气暴躁的船长在湖滨地区的住所，这处手工切割石材建成的庄园有着185年的历史。你可以透过这里丰富的展品追忆过去的岁月，这里有各种鱼类标本、大量的锚和护卫舰木模型。

🍴 就餐

Georgian Dragon Ale House 小酒馆食物 $

(☎613-865-8224；www.facebook.com/TheGeorgianDragonAleHouseAndPub；72 King St W, Brockville；主菜 $14；⏰周一至周五 11:00至深夜，周六和周日 9:00起）这家位于主街上的英式酒馆供应多种精酿啤酒和美味的英式酒馆菜肴，比如黄油鸡块和农家派。

The Mill 意大利菜 $$

(☎613-345-7098；www.themillrestaurant.ca；123 Water St W, Brockville；午餐/晚餐主菜 $13/22；⏰周一至周六 11:30~14:00和17:00~21:00）这家古雅的意大利餐馆的氛围美好浪漫，它是由一座1852年的磨坊改造而成，厚厚的石墙边有汩汩作响的溪水流过。价格合理的菜单上有西班牙小吃、意大利面、海鲜和小牛肉，后者的做法是意式炸小牛肉薄片配玛莎拉白葡萄酒。

Buell Street Bistro 各国风味 $$

(☎613-345-2623；www.buellstreetbistro.com；27 Buell St, Brockville；主菜 $13~32；⏰周一至周五 11:30~22:00，周六和周日 17:00起）这是家颇受当地人喜爱的餐馆，占据着3层楼以及一个令人愉悦的露台，内部空间可得以分割。菜肴包括海鲜和意大利面、牛排薯条和海鲜牛排，以及异域风味的咖喱菜肴，菜品种类齐全，能够满足最挑剔食客的要求，还有一整套无麸质的菜单。

☆ 娱乐

布罗克维尔艺术中心 艺术中心

(Brockville Arts Centre；☎877-342-7122, 613-342-7122；www.brockvilleartscentre.com；235 King St W, Brockville；⏰售票处 周一至周五 10:00~17:00，周六 至15:00）该建筑在1858年落成时曾是布罗克维尔市政厅，在历经了一次火灾和几番易主后，现在成了艺术中心。如今，剧院内有翻唱乐队以及经典钢琴家表演，而位于大厅的画廊则展示当地艺术家和大师的作品。

ℹ 实用信息

布罗克维尔地区旅游局（Brockville District Tourism；☎613-342-4357；www.brockvilletourism.com；10 Market St W, Brockville；⏰5月至10月 周一至周六 8:00~18:00，周日 10:00~17:00，11月至次年4月 周一至周五 9:00~17:00）全年开放，提供这条航道沿线景点的丰富资料。

ℹ 到达和离开

加拿大国家铁路公司的火车每天从位于城中心以北1公里的布罗克维尔**火车站**（☎888-842-7245；www.viarail.ca；141 Perth St, Brockville）出发，前往多伦多（$90，3小时，每天7班）和渥太华（$35，1.25小时，每天5班）。

Megabus（☎866-488-4452；ca.megabus.com）的巴士开往多伦多（$22起，4小时，每天3班）和蒙特利尔（$10，2.5小时，每天3班）。巴士从Stewart Blvd (Hwy 29)和Jefferson Dr交叉路口的西南角出发，就位于Hwy 401旁，从市中心往内陆的方向行驶2公里左右。

梅里克维尔（Merrickville）

不大的梅里克维尔应该感谢加拿大铁路局从来都没有让铁轨穿过城镇。如果这座袖珍城镇成为铁路线上的站点，其石头结构的建筑就将会被丑陋的工业建筑代替。相反，今天从渥太华前来的一日游游客可以沿着运河漫步，回到过去，当时这个区域是保皇党人的一处要塞，准备捍卫英皇对抗美国的反抗。事实上，梅里克维尔如此令人满意，以至于当年里多运河的总规划师Colonel By在这里建造了避暑住宅，而Benedict Arnold（美国独立战争时期的革命家和军事家，后叛逃）的儿子们则曾被赠予了附近的土地，作为背叛美国人的奖励。

历史迷们将会享受里多运河两岸宏伟的19世纪建筑，而古玩爱好者则会流连于这里

无数的艺术工作室。

碉堡博物馆　　　　　　　　　历史建筑
(Blockhouse Museum；☏613-269-4791；www.merrickvillehistory.org；Main St和St Lawrence St交叉路口；⊙6月中至9月初10:00~17:00，5月底至6月中和9月初至10月中周六和周日正午至16:00) 免费 好好探索一番这个位于水闸旁的防御工事，这里由英国人于19世纪30年代初建造，旨在保卫里多运河，相似的堡垒建筑还有三处。馆内的展品展现了梅里克维尔和运河的历史。运河曾为该村带来了繁荣和贸易、财富，后来铁路的修通改变了一切，梅里克维尔被人遗忘，只剩下一片沉寂。

梅里克维尔位于渥太华以南85公里处，二者之间由Hwy 416相连。开车来这里是最便利，不过County Shuttle (☏613-552-0432；www.thecountryshuttle.com) 有直接开往渥太华麦克唐纳-卡蒂埃国际机场 (MacDonald-Cartier International Airport；$57起，1小时) 的长途汽车。

登录www.realmerrickville.ca查看有关梅里克维尔的更多信息。

莫里斯堡 (Morrisburg)

精巧的莫里斯堡以其一流的历史遗址而远近闻名，这处遗址便是上加拿大村庄 (Upper Canada Village；☏613-543-4328；www.uppercanadavillage.com；13740 County Rd 2, Morrisburg；成人/儿童 $19/12；⊙5月至9月9:30~17:00，团队游 9月初至10月初 10:30、13:00和15:00；🅿)。身着旧时服装的讲解员在这座重建的村镇里模拟着的19世纪60年代的生活场景。在上加拿大村庄以东6公里处的Hwy 2 (即County Rd 2) 河边，上加拿大候鸟保护区 (Upper Canada Migratory Bird Sanctuary；☏613-537-2024；www.uppercanadabirdsanctuary.com；5591 County Rd 2, Ingleside；露营地带/不带水电接口$45/35起，小屋$93起；⊙游客中心 5月中至10月末 周一至周四和周日 9:00~16:30, 周五和周六至21:00，10月末到次年5月中 开放时间不定；🅿) 免费 内有总长8公里的多条自助游小径，蜿蜒经过各种鸟类栖息地。

如果你从康沃尔方向过来或者打算过去，一定要走Long Sault Pkwy，这条从Hwy 2旁延伸出来的公路风景优美，沿途可以欣赏圣劳伦斯河里星罗棋布的沙滩小岛。

Megabus (☏866-488-4452；ca.megabus.com) 的巴士在蒙特利尔和多伦多之间运营，途经康沃尔、布罗克维尔和金斯顿，司机会应乘客的要求在上加拿大村庄的入口处停车下客，从这里步行到主要遗址区有500米的距离。

渥太华 (Ottawa)

人口 951,727

关于渥太华的描述，读起来很像吸引人的征友资料：充满活力，社交氛围浓厚，能说

感受阿克维萨尼

你可以参观一下康沃尔岛 (Cornwall Island) 上小小的解说中心 (☏613-575-2250；www.akwesasne.ca；Peace Tree Mall, 167 Akwesasne International Rd, Cornwall Island；⊙周一至周五 8:30~16:30) 免费，此地位于前往美国边境站的桥和返回加拿大大陆的桥之间，你可以在此了解更多和阿克维萨尼莫霍克 (Akwesasne Mohawk) 保留地相关的信息。这一保留地蔓延分布于安大略省、魁北克省和美国纽约州。除了解说板、艺术作品和宣传册之外，工作人员也很有帮助，他们乐意分享这一超过12,000人的社区中的故事。该中心还负责组织保留地内的文化体验和户外活动。

你可以问问如何参观附近的Native North American Travelling College，这个学院也位于岛上，他们有诸如编篮子这样的主题展览。开车过桥去康沃尔岛的费用为$3.50，冬天的时候，提前打电话确认中心是否开放。该岛位于美国和加拿大边境站之间，如果你之后要返回康沃尔岛，就需要穿越加拿大边境，请确认你的护照、加拿大及美国有效签证随身携带。

在渥太华的……

1天

如果你在渥太华的行程仅有1天,就不要浪费时间了。首先去游览**国会山**(见239页),拍一些精美的照片,并游览和平塔,快速浏览其豪华的哈利·波特式的内部装饰。然后,再前往**加拿大国家美术馆**(见237页),欣赏闪闪发光的玻璃尖顶、精心布展的加拿大和世界级的艺术收藏品以及经过修复的可爱的木质教堂遗址。中午,在**拜伍得集市广场**(见249页)吃午饭。集市上有许多商贩,他们会在褐红砖的市场大楼附近兜售新鲜的农产品,其中包括八百种当地和国际奶酪。尝尝海狸尾炸面团(beavertail),然后去逛逛**里多运河**(见242页),冬季这段运河会成为世界上最大的溜冰场(7.8公里长)。

3天

第一天的旅程包括了**渥太华水闸**(见239页)附近的主要景点,第二天侧重参观极富魅力的建筑、城市景观以及**加拿大历史博物馆**(见238页)内各种迷人的展品。然后,去**加拿大自然博物馆**(见239页),参观巨型动物标本。之后,再前往风景如画的**加蒂诺公园**(见375页)进行一次振奋人心的徒步或游泳。确保你能及时赶回城中享受茶点,比如在**El Camino**(见248页)喝鸡尾酒、吃炸玉米饼,或是在**Métropolitain Brasserie**(见247页)品尝当日推荐菜。

第三天,悠闲地吃完早午餐,在**联邦公园**里散会儿步,然后于下午前往**冷战博物馆**(见242页),了解冷战时期遗留下的古怪奇迹,同时欣赏城镇外的美丽风景。吃完可口的晚餐后,去**加拿大国家艺术中心**(见252页)观看演出,或去拜伍得集市周边众多场馆,随着现场音乐的节奏摇摆起来。

双语,喜欢孩子和河边散步。如果亲自来看看,这座引人注目的首都城市果然名不虚传。

加拿大庞大的哥特式国会大厦庄严地矗立在市区的核心位置,里多运河周边的几个蓬勃发展的地区联合组成了这片市中心区。值得花几天时间逛逛城里的世界级博物馆,在富于灵感的建筑内部展示着种类繁多的有趣收藏。

公园、花园和宽阔的公共空间使得渥太华一年四季都充满魅力。在11月至次年3月之间,平均气温都在零度以下,冬季似乎是这座城市最漫长的季节,但当地人会举办众多室外活动来庆祝这一季节。许多人会沿结冰的运河滑着冰去上班或上学,而在冰雪节(Winterlude)上则可以看到极富想象力的冰雕。春夏之交时,寓意吉祥的郁金香使整个市区欢快起来,然后就是秋天的缤纷秋叶,街道旁满是耀眼的红色和黄色。

历史

与其他很多殖民地首都一样,渥太华并非一座天然存在的城市。当时,维多利亚女王(Queen Victoria)选择此地作为蒙特利尔与多伦多在地理上的折中,于是这座城市就这样诞生了。加拿大人最初很难接受女王的决定,因为渥太华离主要的殖民重镇都很远。很多人认为,这个地方就是一片荒无人烟的冰天雪地,而事实上,阿尔贡金人曾长期居住在渥太华地区,他们将这里奔腾的河流称为"Kichissippi",即"大河"(Great River)。

在随后的近一个世纪中,渥太华一直都是一座安静的首都。在第二次世界大战后,巴黎市的规划者杰·格里博(Jacques Greber)奉命给渥太华"整容",提升它的都市气质。这位总规划师赋予了这座城市与众不同的欧式感觉,这座首都令人眼前一亮,拥有了充足的公共区域和休闲娱乐场所——正如我们今天所看到的。

◉ 景点

渥太华有大量世界级的博物馆,且彼此之间距离不远,步行可达。有些博物馆周四晚上普通入场免费,而一些博物馆则在冬季时

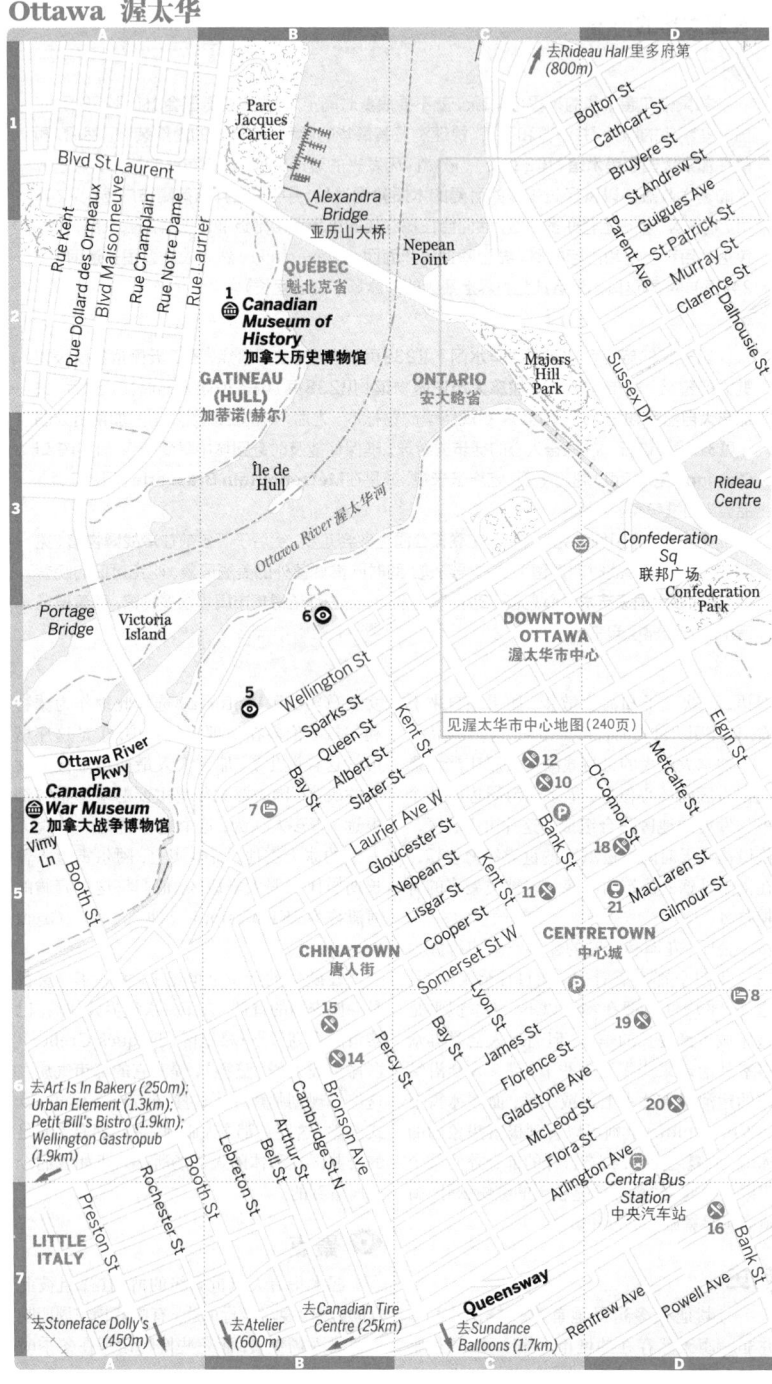

Ottawa 渥太华

安大略省 渥太华

Ottawa 渥太华

◎ 重要景点
1. 加拿大历史博物馆 B2
2. 加拿大战争博物馆 A5

◎ 景点
3. 加拿大自然博物馆 E6
4. 劳瑞尔之家国家历史遗址 F2
5. 图书馆和加拿大国家档案馆 B4
6. 加拿大最高法院 B4

⊜ 住宿
7. Albert at Bay Suite Hotel B5
8. Best Western Plus Ottawa Downtown D6
9. McGee's Inn E2

⊗ 就餐
10. Bread & Sons Bakery C4
11. Ceylonta C5
12. Eggspectation C4
13. El Camino E5
14. Saigon Boy Noodle House B6
15. Shanghai B6
16. The Works D7
17. Town E5
18. Union Local 613 .... D5
19. Whalesbone Oyster House D6
20. Wilf & Ada's D6

◎ 饮品和夜生活
21. Centretown Pub D5
    Manx .... （见13）

⊗ 娱乐
22. ByTowne Cinema E2

每周关闭1~2天（通常是周一）。个别博物馆会在闭馆前1小时内允许游客进入免费参观，不过你没有足够的时间欣赏丰富多样的馆藏展品。使用博物馆护照（Museums Passport; www.museumspassport.ca; 成人/家庭$45/99）是个更好的主意。如果你打算既参观历史博物馆又参观战争博物馆，可以购买打折票，详情可咨询其中任意一个博物馆。

城郊西面有3个有趣的景点：冷战博物馆（见242页）、桑德斯农场（见242页）和博纳谢尔洞穴群（见243页）。

★ **加拿大国家美术馆** 博物馆
(National Gallery of Canada; 见240页

地图；☎613-990-1985, 800-319-2787；www.gallery.ca；380 Sussex Dr；成人/儿童 $12/6，周四 17:00~20:00免费；⏰5月至9月 每天 10:00~17:00，10月至次年4月 10:00~17:00，全年 周四至20:00）国家美术馆本身就是一件艺术品，这座美术馆的粉红色花岗石和玻璃尖塔非常醒目，与附近国会大厦华丽的铜质塔顶遥相呼应。在内部，带有穹顶的展览里主要陈列着加拿大艺术家的作品——经典和当代展品都有，因纽特以及其他原住民艺术家的馆藏品令人印象深刻。这里拥有世界上最完整的加拿大艺术品收藏，而欧洲和美国展厅的镇馆之宝中不乏一些艺术大师的杰作。参观者可以通过解说板深入了解这个国家的历史和文化发展历程。

在美术馆深处，有两个平坦的庭院和引人注目的里多街女修道院（Rideau Street Convent Chapel）。这座修道院建于1888年，是一座非常漂亮的木结构教堂，曾遭拆除，在修建100年之际又在此重建——非常精彩。

★ 加拿大历史博物馆　　　博物馆

（Canadian Museum of History；见236页地图；☎819-776-7000；www.historymuseum.ca；100 Rue Laurier, Gatineau；成人/3~12岁儿童 $15/9，加拿大战争博物馆联票 $23/13；⏰周五至周三 9:30~17:00，周四至20:00；👶）一定要留出足够的时间来参观这座高科技博物馆，这里不容错过。博物馆位于魁北克省的赫尔（Hull），就在河对面。馆内一系列精彩的展览记录了加拿大的历史发展，从各个方面客观描述了加拿大的大事年表，包括原住民时期、殖民初期和当今加拿大丰富的多元文化。门票包括加拿大儿童博物馆（Canadian Children's Museum），儿童馆以"大冒险"（the Great Adventure）为主题，有超过30个展示空间，为孩子们开启周游世界之旅。

在馆外，可以欣赏到河对面国会山壮观的景色。博物馆引人注目的石头外馆被打造成流畅的曲线造型，宛如起伏的波浪，这种设计体现出对原住民信仰的尊重，原住民认为邪恶的幽灵就藏在有棱角的角落里。馆内设有各种可以亲身体验的临时展览、活动和先进的宽屏影片，一年四季都吸引着游客来此参观。

从渥太华水闸可以乘坐 **Aqua-Taxi**（见240页地图；☎819-329-2413; aufeeldeleau.ca; Canal Lane；单程 $6）的渡轮到达这里。

★ 加拿大战争博物馆　　　博物馆

（Canadian War Museum；见236页地图；☎819-776-8600；www.warmuseum.ca；1 Vimy Pl；成人/3~12岁儿童 $15/9，加拿大历史博物馆联票 $23/13；⏰周五至周三 9:30~17:00，周四至20:00）这座雕塑状的现代化博物馆内部宛如一座迷宫，引人入胜的展览迂回陈设其间，馆内收藏有加拿大最全面的军事文物，追溯记录了加拿大的军事历史。许多感人而发人深省的展品非同凡响，包括一处第一次世界大战的战壕复制品。如果可以，在夜晚来看看这

孩子们的渥太华

加拿大农业和食物博物馆（Canada Agricultural and Food Museum；见239页）是个有趣的实验农场。夏天，起伏的农田是观光野餐的最佳去处；冬天，这一带就变成主要的乘雪橇滑雪的运动场所。农场可以经由城市的自行车线路网到达。3岁以下儿童免费入场。

桑德斯农场（Saunders Farm；见242页）很像农场，但是没有动物，这里的迷宫可让孩子们在里面转上许久，你就可以放松地在一旁看着了。该农场位于渥太华西南约45分钟车程的地方，这里还有水上公园、踏板车、乘坐干草马车兜风的服务和许多季节性的有趣活动。

另外，渥太华大多数博物馆在设计时都考虑到了家庭旅行者，有几家博物馆的翼楼全部设为儿童活动区，比如加拿大自然博物馆、加拿大科学和技术博物馆（于2017年7月重新开放），以及加拿大历史博物馆（见本页）内充满互动展览的加拿大儿童博物馆。

适合家庭的住宿点包括 **Albert at Bay Suite Hotel**（见245页）、**Les Suites**（见246页）和 **Courtyard Ottawa East**（见245页）。

建筑物的外立面：灯光一闪一闪，用摩斯密码显示出英语和法语的"Lest We Forget"（永志不忘）和"CWM"（加拿大战争博物馆的缩写）。

渥太华水闸 　　　　　　　　　　　历史建筑

（Ottawa Locks；见240页地图）这组陡峭的阶梯式水闸位于劳瑞尔城堡（Château Laurier）和国会山之间，标志着里多运河的北端，这条200公里长的运河一路向南通向金斯顿。Colonel By是这条运河的规划师，1826年在这里设立了工程总部。

国会山 　　　　　　　　　　　　　历史建筑

（Parliament Hill；见240页地图；☎613-992-4793；www.parl.gc.ca/vis；111 Wellington St；⊙东楼团队游 7月至9月初 9:45~16:45，中央大楼团队游 7月至9月初 9:00~16:30，9月初至次年6月 时间不定，声光秀 7月 22:00，8月 21:30，9月初 21:00）免费 大型的拱门、铜制尖顶和新哥特式怪兽状滴水嘴是这座醒目的石灰和砂岩国会大厦的主要外观特色。大厦主要建筑为中央大楼（Centre Block），它支撑着标志性的和平塔。国会大厦于1865年完工，是加拿大政治活动的中心。一年四季开放，供游客参观。中央大楼是众议院、下议院和国会图书馆的所在地，而东楼在建成的头100年，一直是加拿大政府的中心；目前有2种免费团队游，分别从政治和历史的角度对中央大楼和东楼进行有趣的讲解。

圣母院圣殿主教座堂 　　　　　　　教堂

（Notre Dame Cathedral-Basilica；见240页地图；☎613-241-7496；notredameottawa.com；385 Sussex Dr；⊙9:00~18:00）这座闪耀着光芒的锡顶教堂建于19世纪40年代，是渥太华最古老的教堂，也是这座城市中罗马天主教的主教座堂。在入口处拿份小册子，它介绍了教堂的许多独特之处，包括精细的木雕和布满星辰的耀眼的靛蓝色天花板。

劳瑞尔之家国家历史遗址 　　　　　古迹

（Laurier House National Historic Site；见236页地图；☎613-992-8142；www.parkscanada.gc.ca；335 Laurier Ave East；成人/儿童 $4/2；⊙7月和8月 每天 10:00~17:00，5月底、6月、9月和10月初 周四至周一 10:00~17:00）这座铜顶维多利亚式宅第建于1878年，曾是两届著名总理的府第：威弗里得·劳瑞尔（Wilfrid Laurier）和古怪的马更些·金（Mackenzie King）。整座宅第装饰华美，陈列着两位政客的纪念物和私人物品。不要错过顶层的书房。

加拿大自然博物馆 　　　　　　　　博物馆

（Canadian Museum of Nature；见236页地图；☎613-566-4700；www.nature.ca；240 McLeod St；成人/3~12岁儿童 $13.50/9.50，周四 17:00~20:00免费；⊙周三和周五至周日 9:00~17:00，周四至20:00；🚌1路、5路、6路、7路和14路）这座庞大的建筑庄严气派，馆内的自然历史藏品堪称世界顶级，用现代化和互动的方式栩栩如生地展示出来。这里有令人印象深刻的化石收藏、一头蓝鲸的完整骨架和一系列出色的恐龙骨架和模型。大家都喜欢哺乳动物和鸟类的仿真立体模型，它们展示了加拿大的野生动物。标本动物如此生动逼真，你会很庆幸和它们还隔着一层玻璃。

周四的17:00~20:00普通入场免费。

里多府第 　　　　　　　　　　　　知名建筑

（Rideau Hall；☎613-991-4422；www.gg.ca/rideauhall；1 Sussex Dr；⊙7月至9月初 10:00~16:30，5月、6月、9月和10月 周六和周日 正午至16:00）免费 里多府第曾是总督的住所，建于19世纪30年代，历总督陆续做过一些宏伟的改进。通过45分钟的免费徒步游，你可以了解这座奢华漂亮的建筑，获知过往岁月中的各种奇闻逸事。另外，8:00到日落前的1小时之间，游客可以免费在庭院中游览（7月和8月的15:00至16:30建筑本身也可以免费入场）。

加拿大农业和食物博物馆 　　　　　农场

（Canada Agriculture and Food Museum；☎613-991-3044；www.agriculture.technomuses.ca；901 Prince of Wales Dr；成人/3~12岁儿童 $10/7；⊙2月底至10月，11月至次年2月 周三至周日 9:00~17:00）不，加拿大农业和食物博物馆讲的可不是有关干草叉的历史——它是一个很有意思的实验性农场。这里是属于政府的产业，位于城市西南，拥有500公顷的花园和牧场。孩子们会喜爱这里的家畜，它们在畜棚周围发出各种哼哧哼哧的声音。给家畜喂

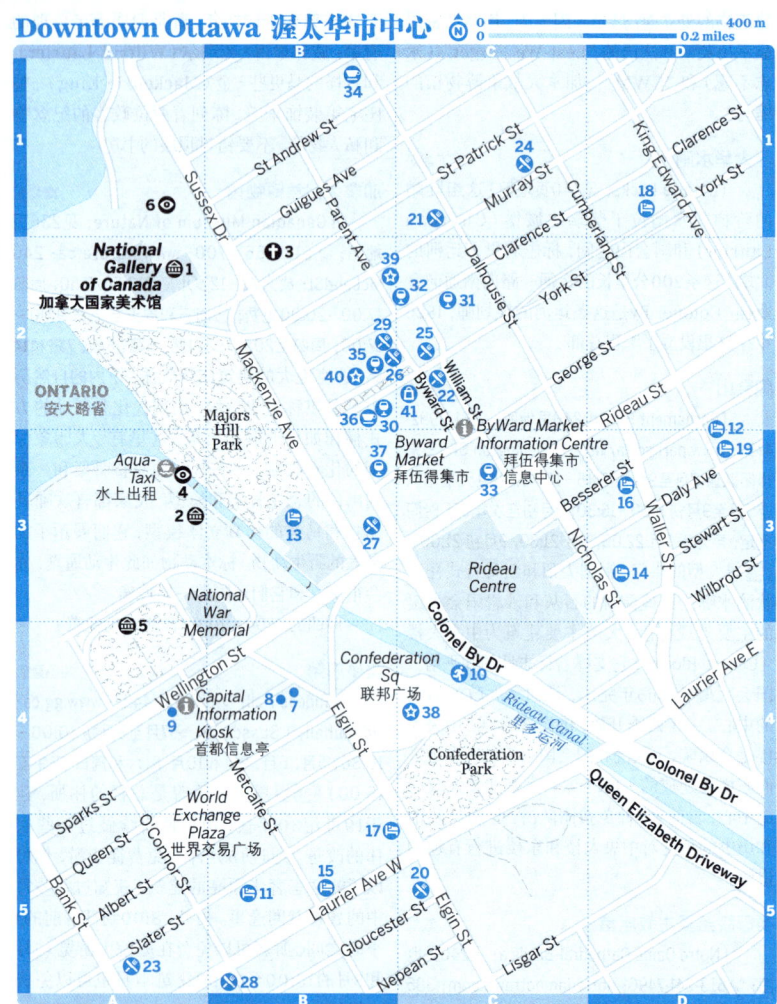

Downtown Ottawa 渥太华市中心

安大略省
渥太华

食时,友善的农场工人甚至会让孩子们参与帮忙。

加拿大最高法院　　知名建筑

(Supreme Court of Canada; 见236页地图; ☎613-995-5361; www.scc-csc.ca; 301 Wellington St; ⊙5月至8月 每天,9月至次年4月 周一至周五 9:00至正午和13:00~17:00) 免费 这座让人敬畏的建筑实现了现代钢筋混凝土外壳与传统铜顶建筑之间的微妙平衡。参观者可以信步游览漂亮的庭院、壮丽的门厅和用黑橡木板装修的法庭审判室。5月到8月之间,这

里会组织30分钟的团队游活动,由来自渥太华大学(University of Ottawa)法律系的学生进行友好而深刻的导游讲解,整点开始。而在一年中的其他时间,参加团队游须预约。

加拿大皇家骑警音乐骑术表演中心　博物馆

(RCMP Musical Ride Centre; ☎613-741-4285; www.rcmp-grc.gc.ca/en/ride-centre; 1 Sandridge Rd; ⊙5月至8月 9:00~15:30,9月至次年4月 周二和周四 10:00~13:00) 免费 名字听起来就像是以穿红马甲的警察为主角的迪士尼最新大片,这家音乐骑术表演中心实际上是一

Downtown Ottawa 渥太华市中心

◎ 重要景点
1 加拿大国家美术馆	A2

◎ 景点
2 拜城博物馆	A3
3 圣母院圣殿主教座堂	B2
4 渥太华水闸	A3
5 国会山	A4
6 加拿大皇家铸币	A1

◎ 活动、课程和团队游
7 Gray Line	B4
8 Haunted Walk	B4
Lady Dive	(见7)
9 Ottawa Walking Tours	A4
Paul's Boat Line	(见4)
10 里多运河	C4

◎ 住宿
11 Arc	B5
12 Barefoot Hostel	D2
13 Fairmont Château Laurier	B3
14 Hostelling International（HI）Ottawa Jail	D3
15 Hotel Indigo	B5
16 Les Suites	D3
17 Lord Elgin Hotel	B5
18 Ottawa Backpackers Inn	D1
19 Swiss Hotel	D3

◎ 就餐
20 Beckta Dining & Wine Bar	C5
21 Benny's Bistro	C1
22 Boulangerie Moulin de Provence	C2
拜伍得集市广场	(见41)
23 C'est Japon à Suisha	A5
24 Chez Lucien	C1
25 Lapointe	C2
26 LUXE Bistro & Steakhouse	B2
27 Métropolitain Brasserie	B3
28 Tosca	B5
29 Zak's Diner	B2

◎ 饮品和夜生活
30 Château Lafayette	B2
31 Clocktower Brew Pub	C2
32 Heart & Crown	C2
33 Highlander Pub	C3
34 I Deal Coffee	B1
35 Lookout Bar	B2
36 Planet Coffee	B2
37 Social	B3

◎ 娱乐
38 加拿大国家艺术中心	C4
39 Rainbow Bistro	B2
40 Zaphod Beeblebrox	B2

◎ 购物
41 拜伍得集市	C2

安大略省 渥太华

个舞台，是加拿大骑警们（Mounties）完善他们盛大表演的场所。欢迎大众前往游览马厩、博物馆和骑警学校，如果骑警在这里时还可以当面会会这些骑警和他们的坐骑。骑警在5月到10月间到处巡回演出，可在网站上查看他们的时间安排。该表演中心在中心城（Centretown）东北方向7公里处。

拜城博物馆
博物馆

(Bytown Museum; 见240页地图; ☎613-234-4570; www.bytownmuseum.ca; 1 Canal Lane; 成人/儿童 $6.50/3; ☉6月至9月 周五至周三 10:00~17:00 周四 10:00~20:00, 10月至次年5月 周四至周一 11:00~16:00) 从Wellington St沿着渥太华水闸（见239页）沿着阶梯下行，即可来到拜城博物馆。博物馆就坐落在最后一个水闸处，这条人工运河在这一带汇入渥太华河湍急的水流中。在这座城市最古老的石砌建筑中，精心布展的人工制品和文献介绍了渥太华殖民地历史。

加拿大科学和技术博物馆
博物馆

(Canada Science & Technology Museum; ☎613-991-3044; www.sciencetech.technomuses.ca; 1867 St Laurent Blvd; 成人/儿童 $12/8; ☉9:00~17:00) 参观这座博物馆，你会听到各种噼噼啪啪的声音，因为在这座互动博物馆里，游客们都在小心翼翼地扭动各种把手或是摁各种按钮，探索统治万物的物理定律，比如光学错觉和时间。在"疯狂厨房"（Crazy Kitchen）里参观一圈简直令人崩溃，这是个地面倾斜的展厅，从头到尾观众都是跟跟跄跄、蹒跚难行。博物馆后面有火车，你可以借此学习煤蒸汽机引擎的科学原理，还可以观看内容丰富的航天技术展览。该博物馆寓教于乐，颇受成人和儿童欢迎。

加拿大航空博物馆
博物馆

（Canada Aviationand Space Museum；613-991-3044；casmuseum.techno-science.ca；11 Aviation Pkwy；成人/3～12岁儿童 $13/8；5月中至8月 9:00～17:00，9月至次年5月中 周三至周一 10:00起；129路）这个庞大的钢结构飞机库位于市中心东北5公里处，里面停放着差不多120架飞机，你会错以为自己正置身于机场。在这座博物馆，你可以穿行仓库中，驾驶飞机模拟器，或是近距离端详各种飞器，从1909年的银镖（Silver Dart）机型到第一架涡轮喷气式子爵（Viscount）客机，一应俱全。

加拿大皇家铸币
知名建筑

（Royal Canadian Mint；见240页地图；613-993-8990；www.mint.ca/tours；320 Sussex Dr；导览游成人/儿童 $6/3，周末 $4.50/2.25；10:00～17:00）尽管加拿大的流通货币铸造厂已经搬到了温尼伯，但这座皇家铸币厂依然保有自己的一席之地——负责铸造特版硬币。这座壮观的石砌建筑看起来有点儿像伦敦塔（Tower of London），自1908年以来一直负责提炼黄金和铸币。极力推荐参加工作日团队游观看铸币全过程，参观者可以见证一片片金属板是如何成为一堆堆硬币的。皇家铸币厂周末不工作，也看不到铸币过程，所以周末团队游的价格会降低。

图书馆和加拿大国家档案馆
知名建筑

（Library & National Archives of Canada；见236页地图；613-996-5115；www.collectionscanada.gc.ca；395 Wellington St；周一至周五 6:00～23:00，周六和周日 10:00～18:00）**免费** 这座巨大的混凝土建筑的任务是收集和保管加拿大的文献档案。在小小的格状窗户后面，收藏着大量的档案文献，包括绘画、地图、照片、日志、书信、海报招贴画以及60,000册卡通画和漫画，都是在最近两个世纪里收集而来的。在一层有流动展览。

冷战博物馆
历史建筑

（Diefenbunker；613-839-0007；www.diefenbunker.ca；3929 Carp Rd, Carp；成人/儿童 $14/8；3月至12月 每天 11:00～16:00，1月和2月 周二至周日 11:00～15:30，售票处 10:30～15:30）冷战期间，紧张的官员下令修建了这座庞大的4层地下秘密掩体，希望一旦遭受核攻击，政府可以在地下安全地运作30天。往下走20多米，游览的重点包括总理套房、CBC无线电播音室以及加拿大央行保险库。门票包含一个可选择的1小时语音导览器，此外，也可以参加11:00和14:00开始的导览团队游，7月和8月会增加正午和13:00两场团队游。

博物馆位于城市以西40公里处，就在Hwy417旁的Carp村里。

桑德斯农场
公园

（Saunders Farm；613-838-5440；www.saundersfarm.com；7893 Bleeks Rd, Munster；门票 $15；7月和8月 周二至周日，6月和9月 周六和周日 10:00～17:00；）位于渥太华西南方向约45分钟车程的地方。这座家庭农场拥有世界上种类最多的篱笆迷宫，还有一个水上乐园、踏板车以及乘坐干草车和其他季节性娱乐项目，很容易就能打发几个小时的时间。

活动

这座城市的冬天寒冷而漫长，但当地的居民无论什么季节，都一如既往地热爱户外活动。

里多运河（见240页地图；www.ottawatourism.ca/ottawa-insider/rideau-canal-skateway）是渥太华最有名的户外活动景区，同时也是世界上最大的溜冰场。经过平整的冰面长达7.8公里，其面积相当于90个奥运会正式冰球场的总和。溜冰场上各处都有休息站和换衣服的地方，但更重要的是，溜冰者可以在休息时去木头售货亭购买美味的油炸面团，人称"海狸尾巴"。3个**溜冰鞋和雪橇出租点**分别位于加拿大国家艺术中心附近、Dow's Lake附近和第五大道（5th Ave）上。

附近一些**滑雪度**假村分布着多种高山和越野滑雪路线。**加蒂诺群山**（Gatineau Hills）离市区约20公里，有超过50个滑雪斜坡。**Camp Fortune**（819-827-1717；www.campfortune.com；300 Chemin Dunlop, Chelsea）是一个全年开放的探险娱乐场所，多条滑雪道在夏季则成为**山地自行车**和**高空滑索**运动的天堂。著名的滑雪胜地**Mont Cascades**（819-827-0301；www.montcascades.ca；448 Mont-des-Cascades Rd, Cantley）在夏天同样吸

另辟蹊径

博纳谢尔洞穴群

博纳谢尔洞穴群（BONNECHERE CAVES; ☎613-628-2283; www.bonnecherecaves.com; 1247 Fourth Chute Rd; 团队游成人/儿童 $18/13; ◎5月末至10月初10:00~16:00）位于渥太华以西约130公里处，就在通往阿尔贡金省立公园的半路上，是世界上溶洞（岩石经酸性水溶蚀形成的洞穴）的典型代表之一。博纳谢尔洞穴群已有5亿年的历史，由热带海床形成。潮湿的通道里有数量惊人的化石，包括一块史前章鱼化石。这里的团队游很有趣，导游会详细讲述这处遗址的离奇历史，你可以从中了解洞穴学方面的知识。

如果你足够灵活，不妨多挤过几条狭窄潮湿的通道，这还挺有意思的。在Hwy 60公路上道格拉斯（Douglas）和伊根维尔（Eganville）附近，设有洞穴群的标志牌。

引着大量游客，经营着一个广阔的水上乐园。**Mount Pakenham**（☎613-624-5290; www.mountpakenham.com; 577 Ski Hill Rd, Pakenham）位于渥太华以东65公里处，专营冬季活动项目。**越野**滑雪者会爱上**加蒂诺公园**的滑雪小径（☎819-827-2020; 33 Scott Rd; ◎5月至10月 9:00~17:00，11月至次年4月周一至周五 9:00~16:00，周六和周日至17:00）。

👉 团队游

首都信息亭（Capital Information Kiosk; 见240页; ☎844-878-8333; canada.pch.gc.ca/eng/1446841663343; 90 Wellington St; ◎5月中至9月中9:00~18:00，9月中至次年5月中至17:00）可以提供有关自助徒步游的实用小册子。你还可以从www.canada.pch.gc.ca下载步行游览的App，只需搜索capital App即可。

Sundance Balloons 　　　　　　　　　　热气球

（☎613-247-8277; www.sundanceballoons.ca; 每人 $250起; ◎5月至10月）热气球向来是首都地区的热点休闲运动。Sundance Balloons提供日出和日落的热气球之旅，从卡尔顿大学（Carleton University）出发。

Gray Line 　　　　　　　　　　　　　　团队游

（见240页地图; ☎613-562-9090; www.grayline.com/ottawa; Sparks St和Elgin St交叉路口; ◎4月至10月）观光团队游包括随时上下的巴士服务、巴士加自行车团队游和渥太华河游轮游。访问网站或在人行道旁的售票处查询时刻表和价格。巴士游览从售票处出发，游轮则从渥太华水闸发船。

Haunted Walk 　　　　　　　　　　　　步行游

（见240页地图; ☎613-232-0344; www.hauntedwalk.com; 46 Sparks St; 步行 $16~19）组织多种恐怖故事徒步游活动，包括参观过去的县监狱，该监狱现在是HI青年旅舍。

Ottawa Walking Tours 　　　　　　　　步行游

（见240页地图; ☎613-799-1774; www.ottawawalkingtours.com; 90 Wellington St; 成人/11岁以下儿童 $15/免费）这些有趣的团队游有专业的导游讲解，时长2小时，寓教于乐，在旅游局办事处前的Terry Fox雕像处集合出发。只收取现金。

Lady Dive 　　　　　　　　　　　　　　巴士游

（见240页地图; ☎613-223-6211; www.ladydive.com; Sparks St和Elgin St交叉路口; 成人/3~12岁儿童 $32/22; ◎5月至10月初; 👪）这个时长1小时的团队游搭乘一辆水陆两栖巴士（amphibus，即可陆上当车，也可下水当船），先去渥太华很受欢迎的景点，然后开着巴士下水游渥太华河。孩子们会爱上这种游览方式。

Paul's Boat Line 　　　　　　　　　　乘船游

（见240页地图; ☎613-225-6781; www.paulsboatcruises.com; Canal Lane; 游轮成人/儿童 $25/15起; ◎5月至10月）渥太华河上时长1.5小时的游轮观光活动，从渥太华水闸出发。

Urban Elemnet 　　　　　　　　　　　　烹饪

（☎613-722-0885; www.theurbanelement.ca; 424 Parkdale Ave）🍴位于一座改造一新的消防站内，这个舌尖上的烹饪课程仅靠概念就已取胜。你可以通过预约前来这处厨房兼教室上课，然后就能亲手做出一顿美味的多道菜大餐了（当然是在有经验的厨师指导下完成的）。烹饪教师除了几位定期上课的大厨外，还包括城里各处高级餐厅的到访烹饪专家。

✵ 节日和活动

首都一年四季都很热闹，每年都有60多个节日和节庆活动。登录www.ottawafestivals.ca了解更多信息。

渥太华和它所代表的加拿大的历史在"渥太华2017"（Ottawa 2017; www.ottawa2017.ca）节日庆典上得以充分展现。这是加拿大全国范围的盛典，以纪念加拿大联邦1867年7月1日形成了现代国家加拿大，迄今已达150周年。渥太华举办了丰富多彩的活动，主要的博物馆和画廊也都布置了特别的展览。

冰雪节 节日

（Winterlude; ☎800-363-4465; www.canadascapital.gc.ca/winterlude; ⊙2月）2月初，人们会利用冰天雪地的3周时间来庆祝渥太华的冬日。届时，人们会聚集在结冰的运河、联邦公园和Parc Jacques Cartier一带。随处可见令人惊叹的冰雕，此外还有世界上最大的溜冰场和冰雪游乐场。

加拿大郁金香节 节日

（Canadian Tulip Festival; ☎800-668-8547; www.tulipfestival.ca; ⊙5月）漫长的冬季过后，冰雪融化，渥太华便迸发出了绚烂的色彩——200多种郁金香竞相绽放。1945年，荷兰王室为感谢加拿大在战争期间收留荷兰公主和公主的女儿们，赠送给渥太华市100,000多头郁金香花球。节日庆祝活动包括游行、船赛、汽车赛、舞蹈表演、音乐会和焰火晚会。

加拿大国庆日 文化节

（Canada Day; ☎800-363-4465; canadaday.gc.ca; ⊙7月1日）渥太华是感受7月1日加拿大国庆节庆祝活动最好的地方。届时，无数人前来观看音乐会和欣赏国会建筑上方绽放的烟火。

希望排球夏日节 运动节

（HOPE Volleyball Summerfest; ☎613-742-4673; www.hopehelps.com; ⊙7月）于7月中旬举行的一场盛大的排球比赛和摇滚音乐节，为当地的慈善机构筹款。

渥太华蓝调音乐节 音乐节

（Ottawa Bluesfest; ☎613-247-1188; www.ottawabluesfest.ca; ⊙7月）世界最大的蓝调音乐节之一，7月中举办，为期10天，届时会有音乐界明星到场助阵，还会举办多场难忘的演唱会。

首都骄傲节 LGBT

（Capital Pride; ☎613-680-3033; ottawacapitalpride.ca; ⊙8月）8月中旬举办，为期一周，喧闹的大游行将这个彩虹节气氛推至最高潮。

🛏 住宿

渥太华有各种价位的酒店，令人印象深刻。夏季和重大节日期间，尤其是冰雪节期间，建议预订。

市中心和一直往南延伸到Queensway（Hwy 417）的中心城提供无数住宿选择，包括精品酒店、套房酒店和拜伍得集市（ByWard Market）周边的青年旅舍。位于市场南面的桑迪山（Sandy Hill）地区拥有宜人的民宿，这一地区有大量气势恢宏的古迹民居和国际大使馆——所有住处都可步行到市中心。

🛏 中心城 (Centretown)

★ **Hostelling International (HI) Ottawa Jail** 青年旅舍 $

（见240页地图；☎613-235-2595; www.hihostels.ca/ottawa; 75 Nicholas St; 非会员铺$37~41, 标单/标双/双不带浴室$47/87/89, 房间$107; ）这家奇特的青年旅舍位于已有155个年头的原渥太华监狱旧址内，占据了9层楼的位置，被认为是城里闹鬼最凶的建筑之一。客人们可以把自己关在房间或宿舍里——这些都曾经是真正的牢房，还可以住在更为传统的4床或8床宿舍或带浴室的客房内。房价包含欧陆早餐，国际青年旅舍会员可以优惠$5。

你还可以在8楼的"死囚牢房"（death row）博物馆里见识一下绞刑架，在这里曾有许多罪犯因为他们的残忍罪行而被处以绞刑。牢房后的酒吧以及参观这座气氛独特的建筑的每日免费导览游为客人们的独特住宿

★ Lord Elgin Hotel　　　　　历史酒店 $$

（见240页地图；☏613-235-3333；www.lordelginhotel.ca；100 Elgin St；标单/双 $169/179起；P❄❅☎）宏伟的Lord Elgin 酒店建于1941年，地理位置理想，建筑风格与多伦多的Fairmont Royal York类似，但没有那么奢华。346个房间宽敞明亮，装修设计令人感到舒适，配备了现代设施，包括大平板电视机。许多房间可以欣赏到联邦公园美丽的风景。

Best Western Plus Ottawa Downtown　　　　酒店 $$

（见236页地图；☏613-567-7275；www.bestwesternottawa.com；377 O' Connor St；房间含早餐 $188起；P@☎）这家拥有128个房间的酒店位置绝佳，靠近加拿大自然博物馆，让你的钱花得物有所值。明亮、通风的套房拥有分开的卧室和休息室，位于行政和豪华楼层，所有房间都配有写字桌、有线电视、带冰箱、微波炉和咖啡机的小厨房。还提供欧陆早餐，8楼有健身房和桑拿室。

Albert at Bay Suite Hotel　　　酒店 $$

（见236页地图；☏800-267-6644；www.albertatbay.com；435 Albert St；套 $209起；P❄☎）这个全套房酒店对举家出游和喜欢家般舒适感的旅客来说，绝对是不错的选择。酒店提供超大型单卧室和双卧室套房，所有套房都有设备齐全的厨房，装修豪华舒适。许多房间有阳台。酒店在市中心的西面，离市中心核心地带有点儿远，但仍然是非常超值的。

Courtyard Ottawa East　　　　酒店 $$

（☏613-741-9862；www.marriott.com；200 Coventry Rd；房间 $142起；P❄☎❅）这家酒店最靠近加拿大国家铁路公司火车站（VIA Rail station），而火车站不在渥太华市中心。如果你开车的话，这家酒店也不失为一个上佳选择，因为这里提供免费停车位，从Hwy 417过来也很方便。房间宽敞实用，装修时髦。酒店有一个屋顶室内游泳池以及一间酒吧兼餐厅。如果你想要住在市中心核心地段，或者你在冬季到访渥太华又没有开车，还是考虑其他酒店吧。

Hotel Indigo　　　　　　　　　酒店 $$

（见240页地图；☏613-369-5002；www.ottawadowntownhotel.com；123 Metcalfe St；房间 $160~260；P❄☎❅）这家拥有106间房的洲际集团旗下的酒店位于市中心的黄金地段，有着成为精品酒店的雄心壮志，地理位置为其加分不少。酒店的特别之处在于有一个天井式大堂，房间内都装饰着从地板到天花板整面墙的摄影壁画，还有iPad扩展坞和用俳句形式写下的客户信息。但一些房间有点儿小，有点儿暗。如果价格合适，这里倒不失为一个好住处。

Arc　　　　　　　　　　　　精品酒店 $$

（见240页地图；☏613-238-2888；www.arcthehotel.com；140 Slater St；标单/双 $119/129起；P❄☎）Arc是一家成熟的精品酒店，拥有112间风格极简而雅致的客房和套房，酒店地理位置极佳，低调、柔和、宁静而又不失时尚感。时髦的高级酒吧和餐厅里同样延续了这种成熟沉稳的氛围。停车需要另付费。

★ Fairmont Château Laurier　历史酒店 $$$

（见240页地图；☏800-441-1414，613-241-1414；www.fairmont.com/laurier；1 Rideau St；双 $259起；P❄@☎❅）这家酒店是全市最有名的酒店，在渥太华水闸附近，本身也是城市的地标性建筑。酒店建于1912年，风格模仿了一座16世纪的法国城堡，426间客房和套房面积相当大，装修极尽奢华。你可以在豪华的大理石门廊里信步闲游，欣赏那些独特的建筑艺术，还可以斜躺在有厚软垫的贵妃椅上，就好像你是城里最受欢迎的家伙——无论你是住客还是自在地在这里闲逛的旅者。停车费 $30。

拜伍得集市和桑迪山 (ByWard Market & Sandy Hill)

Ottawa Backpackers Inn　　　青年旅舍 $

（见240页地图；☏613-241-3402；www.ottawahostel.com；203 York St；铺/标单/双/标三/四 $26/60/75/90/130起，公寓 $130起；P@☎）这家悠闲的青年旅舍由19世纪末的一幢老房子改建而来，拥有崭新的浴室、敞亮的宿舍，每个床边都配有电源插口，非常方便。宿舍有4~10张床铺，混住房和女性房都有，大一些

Barefoot Hostel
青年旅舍 $

(见240页地图; ☎613-237-0336; www.barefoothostel.com; 455 Cumberland St; 铺 $36; P❄@≋)一个舒适的休息室、小巧的自炊型厨房、两间现代浴室以及一处户外庭院,这些都使得Barefoot成为名副其实的"精品旅舍",这里只有4间客房,分别是混住房和单一性别的四床宿舍。

Australis Guest House
民宿 $$

(☎613-235-8461; www.australisguesthouse.com; 89 Goulburn Ave; 双带/不带浴室 $129/109; P≋)主人Brain和Carol为这家家庭式的客栈营造了一种友好的氛围,位于多树的桑迪山地区,就在里多河和渥太华大学之间。对独自一人的旅行者和那些想要在首都获得一些本土视角的人来说,这里是个不错的选择。

Avalon
民宿 $$

(☎613-241-6403; www.avalonbedandbreakfast.com; 539 Besserer St; 双 $85~125; P≋)Avalon旅舍让人倍感清新,与那些堆满古玩的常见民宿完全不同,它位于河旁边一条有着宏伟屋舍和树木的街道上,装修风格雅致而时髦。4个品位不俗的房间都带有浴室和双层床垫。早餐营养丰富分量足。

★ Swiss Hotel
精品酒店 $$

(见240页地图; ☎613-237-0335; www.swisshotel.ca; 89 Daly Ave; 房间 $148起; P❄@≋)主人Sabina的瑞士血统体现在酒店的各种细节中:从丰盛的自助式早餐($15),到房间极具设计感的印花板装饰风格。22间装修时髦的客房都带有家电,如意式浓缩咖啡机和iPad。那些带有大号床的房间配有壁炉,是不错的选择,而按摩浴缸套房则令人赞不绝口。

Benner's B&B
民宿 $$

(☎613-789-8320; www.bennersbnb.com; 541 Besserer St; 房间 含早餐 $95~130; P❄≋)设备齐全,客房宽敞,这家历史悠久的联排房是个舒适的住宿选择。它位于桑迪山地区,在拜伍得集市以西约1.5公里处。阁楼大床房间非常超值。

McGee's Inn
民宿 $$

(见236页地图; ☎613-237-6089; www.mcgeesinn.com; 185 Daly Ave; 房间 含早餐 $109~198; P❄≋)这座庞大的维多利亚式宅邸有着各时代的装饰品:从印花配饰和镶边藤椅到毛茸茸的大眼泰迪熊、再到涂过漆的缝纫机和古董布谷鸟报时钟,极富情调。十几个房间和套房把你带回旧日时光,包括优雅、极具气氛的John McGee房。对于喜欢历史和古典魅力的住客来说,这家旅馆是一个好住处。停车$10。

Les Suites
酒店 $$

(见240页地图; ☎613-232-3200; www.les-suites.com; 130 Besserer St; 套 $150起; P❄≋≋)这家市区酒店位于拜伍得集市的边缘,拥有宽敞的套房,套房有一间或两间卧室、设备齐全的厨房以及配套的洗衣房。酒店员工因其客户服务而享有盛名。一些套房是最近才重新装修的,比其他房间显得更新一些,预订之前要了解清楚。停车$22。

✕ 就餐

渥太华的文化多样性在当地的饮食文化中得到了突出体现,这里的就餐选择丰富多样,可与多伦多和蒙特利尔相媲美,不过渥太华更容易享受到美食。这里城市布局紧凑,很容易就可以找到美食,而且这里有各种各样的优质餐馆,能满足绝大多数不同口味和预算的客人的需要。在渥太华,你可以享用到世界各地不同风味的美食——都是用当地新鲜食材烹制而成的。

中心城和唐人街 (Centretown & Chinatown)

★ Wilf & Ada's
美式小餐馆 $

(见236页地图; ☎613-231-7959; wilfandadas.com; 510 Bank St; 主菜 $14; ⏰周一至周五 7:00~15:00, 周六和周日 8:00起)这家"简陋的小餐馆"是渥太华最时髦的早餐和午餐地点之一,颇具复古艺术风格,所有东西都是自制的。早餐有自家熏制的培根、脱脂牛奶法式吐司、自制薯条和枫糖浆,而厚厚的三明治、汤、沙拉和奶酪浇肉汁土豆条则出现在午餐菜单上。如果这里客满了，那就绕到后面，那里有一家附属的Arlingon Five咖啡馆。

Art Is In Bakery 面包房 $

（☎613-695-1226；www.artisinbakery.com；250 City Centre Ave；三明治$8~13；⏲周一至周五7:00~18:00，周六8:00~17:00，周日9:00~16:00；🅿🛜）在这个忙碌的面包房兼咖啡馆里，用一份早餐三明治或羊角包配着上好的卡布奇诺开始新的一天吧。这个面包房位于一个工业园区的仓库内。美味的三明治夹着像软泡菜和泰式鸡这样的馅料，还有不含麸质的面包和沙拉可供选择。

Saigon Boy Noodle House 越南菜 $

（见236页地图；☎613-230-8080；648 Somerset St W；主菜$11；⏲11:00~21:00）当地人把这里评选为城里吃越南米粉的最佳选择，这种越式汤粉配有牛肉或鸡肉。其他菜有如烤猪肉和米饭也有提供。

Shanghai 中国菜 $

（见236页地图；☎613-233-4001；shanghairestaurantottawa.com；651 Somerset St W；主菜$13；⏲周三至周五16:30~22:00，周六至次日2:00，卡拉OK周六21:00起；🎵）这家餐馆是渥太华唐人街的第一家餐馆，现由原业主的具有艺术天赋的孩子们经营。菜看很美味，包括创意中式菜肴和很多素菜，但真正吸引顾客的是时髦的装饰、经常变换的艺术展以及由当地女歌手、收音机女神"中国娃娃"主持的美妙的周末活动（比如"Disco Bingo"和卡拉OK）。

Ceylonta 斯里兰卡菜 $

（见236页地图；☎613-237-7812；somerset.ceylonta.ca；403 Somerset St W；主菜$14；⏲周日至周五11:30~14:00，每天17:00~21:00）当地人推荐这家友好的邻家风格斯里兰卡餐厅，这里供应食材新鲜，菜式精美的料理。试试看鱼肉或鸡肉浅盘套餐，或是羊肉碎饼（*kothu rotti*）。

Bread & Sons Bakery 面包房 $

（见236页地图；☎613-230-5302；breadandsons.com；195 Bank St；糕点$2；⏲周一至周五7:00~17:30）这面包房声称供应本街区最

当地知识
吃得像个当地人

登录**美味渥太华**（Savour Ottawa；www.savourottawa.ca）的官网和Facebook主页，查看餐厅、市集摊商和推广地方特产的美食节的完整列表。

在工作日的午餐时间，市中心各处会有快餐车出没，向渥太华饥肠辘辘的职场人士出售各种各样的美食，比如奶酪浇肉汁土豆条和海鲜。你可以从Streetfood app.com/ottawa下载快餐车App，这样就能好好计划街头美食之旅了。你还可以在渥太华城市网站Ottawa.ca上找到相关地图。

棒的咖啡。这里的确有不错的糕点、饼干、司康饼、果馅饼、迷你乳蛋饼、比萨和早餐羊角包。

★ Town 意大利菜 $$

（见236页地图；☎613-695-8696；www.townlovesyou.ca；296 Elgin St；主菜$20；⏲周三至周五11:30~14:00，每天17:00~22:00）这家一流、整洁且非常出色的餐馆常常门庭若市，顾客包括附庸风雅的时髦人群，还有精心打扮过的富裕家庭主妇。渥太华的食客们对这里所使用的当地食材和意大利北部烹饪方式很满意。菜单上的菜色不多，根据季节供应，菜品的分量有大小盘之分，比如主流的意大利干酪肉丸，有多种多样的尼亚加拉葡萄酒可供佐餐。

★ Union Local 613 现代美国菜 $$

（见236页地图；☎613-231-1010；www.union613.ca；315 Somerset St W；主菜$25；⏲上菜周三至周五11:30~14:00，周六和周日10:00起，周一至周六17:30~22:00；🛜）客人在装饰着蜂鸟和热气球的昏暗的灯光下，喝着店里提供的啤酒和其他当地产的精酿啤酒。这里的食物都很有代表性，包括南部炸鸡和燕麦裹鲇鱼。在地下室的书架后面还有一个"地下酒吧"（周三至周六22:30至次日2:00）。

Métropolitain Brasserie 法国菜 $$

（见240页地图；☎613-562-1160；www.metropolitainbrasserie.com；700 Sussex Dr；小

吃$5~16，主菜$18~35；⊙9:00至午夜）这家典型的自酿酒吧的设计里融合有一丝现代气息：螺旋形的锌质柜台、华丽的装置以及高卢背景音乐——你会感觉你正在红磨坊（Moulin Rouge，巴黎著名歌舞厅）里享受美食。在"高峰时段"（Hill Hour，即工作日的16:00~19:00，以及每天21:30起），会有热血沸腾的政客们来餐厅享用便宜的当日推荐菜，他们的闲聊声不绝于耳。

★ El Camino 墨西哥菜 $$

（见236页地图；☎613-422-2800；eatelcamino.com；380 Elgin St；炸玉米饼$6；⊙周二至周日17:30至深夜，周二至周五外卖正午至14:30）这家店的装饰风格是时髦的工业美学风，以亡灵节作为主题，喜欢这里的人夸赞这里拥有渥太华最好的炸玉米饼，对这里嗤之以鼻的人则认为菜品价格过高了。来这里尝尝西班牙辣香肠和脆脆的鱼肉炸玉米饼，可以坐在凳子上吃也可以打包带走，也可以喝鸡尾酒（$13），比如又甜又辣的El Fuego——记得提前预订。

Eggspectation 早餐 $$

（见236页地图；☎613-569-6505；www.eggspectation.ca；171 Bank St；主菜$9~23；⊙7:00~15:00）这家位于市中心的连锁餐厅很方便，提供系列早餐（和更多系列美食），以鸡蛋为主题，其美味让我们忍不住要和大家分享。这里价格便宜，环境好，明亮的开放式窗户充满阳光。一天当中，鸡蛋汉堡、鸡蛋意面和更多其他用鸡蛋制作的美食让客人络绎不绝。

The Works 汉堡包 $$

（见236页地图；☎613-235-0406；www.worksburger.com；580 Bank St；汉堡包$15；⊙11:00~22:00）这家经营有方的汉堡小店在短短十几年内竟发展为一家成功的特许经营店。你可以为自己的加拿大牛肉馅饼挑选各种店里推荐的和你自己搭配的馅料，如煎蛋、布里干酪和花生酱。

Tosca 意大利菜 $$

（见240页地图；☎613-565-3933；www.tosca-ristorante.ca；144 O'Connor St；主菜$17~39；⊙周一至周五11:30~22:00，周六和周日16:00起）位于市中心核心地段，这家高档但平易近人的意大利餐厅供应美味正宗的菜肴和各种酒，而且服务周到，午餐时吸引来了商务人士和忙着购物的妈妈们，你可以用不到$20的价格享用汤和一份主菜。晚上，餐馆有安静的烛光氛围，绝对适合浪漫的约会或与老友促膝长谈。

C'est Japon à Suisha 日本菜 $$

（见240页地图；☎613-236-9602；www.japaninottawa.com；208 Slater St；寿司和生鱼片$6起，主菜$25；⊙周一至周五11:30~14:00，周一至周六17:00~21:30）在渥太华，其他风味的美食很多，但却很少有好的日本料理店。这家经营许久的餐厅是个例外，它提供诱人的正宗日本料理，摆盘也十分讲究，比如寿司船的造型，环境方面亦设有传统的日式和室包间。其料理品种丰富，有各种料理组合和便当盒。午市套餐价格约为$18。

Lapointe 海鲜 $$

（见240页地图；☎613-241-6221；www.lapointefish.ca；55 York St；主菜$17；⊙11:30~21:30）这个鱼市自1867年就开始为当地社区提供服务。这里提供所有的鱼类菜肴，如鳕鱼炸玉米饼以及传统的炸鱼和薯条。可以选择坐在前面的露台上、餐厅一层或者地下室。

★ Beckta Dining & Wine Bar 现代加拿大菜 $$$

（见240页地图；☎613-238-7063；www.beckta.com；150 Elgin St；午餐 主菜$17~25，晚餐 套餐$68；⊙周一至周五11:30~15:00，每天17:30~22:00）需提前预订，因为这家餐馆即使不是全加拿大最火的餐馆，也是渥太华最火的餐馆之一。Beckta提供的是一种高档的用餐体验，厨师在地区烹饪技法的基础上加入了原创性的改良。午餐可以自己点菜，晚餐则是3道菜的套餐或是受灵感启发的5道菜品尝套餐（$95）——是体验这家餐厅构建更大格局的绝佳途径，还提供佐餐的葡萄酒。

LUXE Bistro & Steakhouse 牛排 $$$

（见240页地图；☎613-241-8805；www.luxebistro.com；47 York St；主菜$17~49；⊙周一至周五11:30~21:30，周六和周日9:00~14:30和17:00~21:30）如果你想要你的牛排带一点儿

法式风味,又带一点儿纽约风味,这家位于拜伍得集市的时尚法式小馆一定会吸引你。这里的装修很时髦,在暖和的月份里,户外露台很受欢迎。

Whalesbone Oyster House　　　海鲜 $$$

(见236页地图;☎613-231-8569;www.thewhalesbone.com;430 Bank St;主菜$25~40;⊙周一至周五11:30~14:00,每天17:00~22:00)🍃若你看到当地的大厨们正在Whalesbone餐厅批发区侧"翼"(或许应该称"鳍")挑鱼,那毫无疑问这里肯定是城里吃海鲜的最佳场所。现场的餐厅供应几种特别受欢迎的海鲜,比如牡蛎、龙虾和扇贝酸橘汁腌鱼等——都为小盘供应。请提前预订。

🍴 拜伍得集市和桑迪山 (ByWard Market & Sandy Hill)

Boulangerie Moulin de Provence　　面包房 $

(见240页地图;☎613-241-9152;www.moulindeprovence.com;55 ByWard Market Sq;单品$2起,主菜$13;⊙7:00~22:00)在美国前总统奥巴马光临之后,这里的热度持续未减,这家面包房摆满甜甜的、令人愉悦的各种美味。"奥巴马饼干"很畅销,而其他人则偏爱酥脆的羊角面包。这里还有三明治、沙拉和放在保温锅里的现成餐食,对于想要享用一份价格不错的快速午餐的人来说是个好选择。

Zak's Diner　　　　　　　　美式小餐馆 $

(见240页地图;☎613-241-2401;www.zaksdiner.com;14 ByWard Market Sq;主菜$10~15;⊙24小时)这家俗气的小餐馆播放的流行乐更加重了空气里的油腻感。白天时,这家拜伍得集市知名小店以家庭客居多,而午夜时店里最热闹,许多在夜店嗨完的人会过来吃宵夜。这里供应卷饼、奶酪浇肉汁土豆条和粟米脆饼,所以这里可不仅仅是"回到未来"主题公园。

★ 拜伍得集市广场　　　　　　　市场 $

(ByWard Market Square;见240页地图;☎613-244-4410;www.bywardmarketsquare.com;ByWard Market Sq;⊙周一至周三和周五9:30~18:00,周四至20:00,周日至17:00)地处集市区,这栋结实的砖墙建筑是饥饿感来袭时填饱肚子的完美去处。除了新鲜的农产品和奶酪,这里还有一系列国际外卖餐馆,供应沙拉三明治、香辣咖喱、酥皮糕点和寿司,一应俱全。不要错过卖"河狸尾巴"的小摊,这是一种渥太华招牌油炸面点。集市位于William St、Byward St、George St和York St四条街道的交汇处。

附近的露天市场(见240页地图;☎613-562-3325;www.byward-market.com;York St和ByWard St交叉路口;⊙6:00~18:00)也有丰富的美食小吃——这里是北美最大的露天农贸市场之一。

Fraser Cafe　　　　　　　　　　咖啡馆 $$

(☎613-749-1444;www.frasercafe.ca;7 Springfield Rd;主菜早午餐$10~17,午餐$14~18,晚餐$27~32;⊙周二至周五11:30~14:00,周六和周日10:00起,每天17:30~22:00)这家优雅的咖啡馆/餐馆位于里多河对岸、拜伍得集市的东北方向。它值得你走上一段路过去,尤其是你很想吃早午饭(仅周末提供)时。这里的菜肴健康、美味、有创意,由最新鲜的食材制作而成,非常符合小店"季节性厨房"的自我定位。

Chez Lucien　　　　　　　　　法式小馆 $$

(见240页地图;☎613-241-3533;137 Murray St;主菜$17;⊙11:00至午夜)裸露的勃艮第红色砖墙,免费自动点唱机上播放着古典音乐,这一切令这家高卢风情的美食酒馆成为渥太华最受欢迎的、在风格上别致放松的地方之一。菜单上有各种不同的汉堡、第戎鸡和粟米脆饼。

Signatures Restaurant　　　　法国菜 $$$

(☎613-236-2499;www.signaturesrestaurant.com;453 Laurier Ave E;午餐主菜/套餐$24/34,晚餐套餐$68;⊙周二至周五11:30~13:30,周二至周六17:30~21:00)这家餐馆位于一座历史悠久的都铎式Munross宅邸内,附属于享有声望的Le Cordon Bleu餐饮学校——该学校专注于现代法式菜肴,由法国主厨Yannick Anton管理。长长的酒水单更像是一本百科全书。这里的午餐和晚餐都有三道主菜,菜品定期更换,供应各种季节性的佳肴菜品,比如细炖慢煮的羊腿。

更远的地方

White Horse Restaurant
美式小餐馆 $

(☎613-746-7767; www.thewhitehorserestaurant.com; 294 Tremblay Rd; 主菜 $7; ☉周一至周五 5:15~19:00, 周六至15:00, 周日 7:00~16:00) 这家美妙的廉价小饭馆是离渥太华火车站最近的餐饮场所,提供美味的传统家常菜和全城最便宜的早餐。

Stoneface Dolly's
创意菜 $$

(☎613-564-2222; www.stonefacedollys.com; 416 Preston St; 午餐/晚餐 主菜 $17/22; ☉每天7:30~14:30, 周三至周日 17:00~21:00) 这间酒吧以酒吧主人母亲的名字命名,她擅长在玩牌时虚张声势。这家受欢迎的酒吧是品尝当地精酿啤酒(如Beau's)的绝佳去处。这里全天供应食物,早午餐很受欢迎。时令菜肴不拘一格,从南非菜肴到螃蟹和烤乳猪宽面条都能提供。

Benny's Bistro
法式小馆 $$

(见240页地图;☎613-789-7941; www.bennysbistro.ca; 119 Murray St; 主菜 $19; ☉周一至周五 11:30~14:30, 周六和周日 10:30起) 新鲜焙烤的巧克力面包香味浓郁,从这家又酷又有艺术风情的法式小馆前面的法式面包房中飘散而出。糕点是按照靠谱的法国老方子制作的。如果你向往法式风情,那就在这个铺着黑白格地板的小酒馆找张桌子坐下,享受诸如渍三文鱼片和羊肉丸这样的美味佳肴。

Wellington Gastropub
现代加拿大菜 $$

(☎613-729-1315; www.thewellingtongastropub.com; 1325 Wellington St W; 午餐/晚餐主菜 $16/25; ☉周一至周五 11:30~14:00, 周一至周六 17:30~21:30) 这家美食酒吧丰盛的主菜很是美味,吸引着渥太华的食客们涌向城大快朵颐。店里的主菜包括蔬菜炖手撕猪肉和东海岸大扇贝等,还提供十几种精酿扎啤,以及种类更多的瓶装啤酒。

Atelier
创意菜 $$$

(☎613-321-3537; www.atelierrestaurant.ca; 540 Rochester St; 套餐 $110; ☉周二至周六 17:30~20:30) ✦Atelier是由名厨兼分子美食爱好者Marc Lépine开办的,可以说是一座白墙实验室,专门研究挑逗味蕾的美食。这里没有炉灶、没有烤箱,只有煤气喷灯、液氮和电炉,用来打造独特的12道菜品尝套餐。

🍷 饮品和夜生活

从便宜而闹腾的啤酒吧到当地热闹的酒馆,再到"看与被看"的休闲酒吧,渥太华应有尽有。位于南面的Bank St或Elgin St是当地人常出没的夜生活地带,而嘈杂的拜伍得集市地区上演的则是尽情狂欢。想要有些不同的体验的话,就去位于Union Local 613(见247页)地下层的酒吧。当渥太华在凌晨2:00安静下来之后,许多人会过河去魁北克省的赫尔(Hull)参加派对。

Heart & Crown
爱尔兰小酒馆

(见240页地图;☎613-562-0674; www.heartandcrown.ca; 67 Clarence St; ☉11:00至次日2:00) 这家位于拜伍得集市的知名酒馆很受年轻渥太华人的欢迎,他们会来这里喝啤酒、享用丰盛的小酒馆食物。几个房间和露台彼此延伸交错,与其他4家小酒馆连在一起,大屏幕上播放着足球赛。一周七天都有现场乐队演奏或者原声音乐。

Highlander Pub
小酒馆

(见240页地图;☎613-562-5678; www.thehighlanderpub.com; 115 Rideau St; ☉11:00至次日1:00) 穿着苏格兰短裙的服务生、17种扎啤和200多中苏格兰单一麦芽威士忌,这些都为这家位于拜伍得集市附近的酒馆增添了些许苏格兰风情。下酒菜也很美味。

Clocktower Brew Pub
酒吧

(见240页地图;☎613-241-8783; www.clocktower.ca; 89 Clarence St; ☉11:30~23:45) 来这家酒吧品尝自酿啤酒,比如Raspberry Wheat和Bytown Brown。它位于拜伍得集市的热闹地段,内部都是裸露的砖墙,提供多种酒吧小吃。酒吧在渥太华市其他地方还开有4家分店。

Manx
酒吧

(见236页地图;☎613-231-2070; manxpub.com; 370 Elgin St; 主菜 $13~15; ☉周一至周三 11:30至次日1:00, 周四和周五至次日2:00, 周六 10:00至次日2:00) 自从2016年Rideau St被关

闭后，这家地下室酒吧就自诩为"渥太华最早的小酒馆"，这里提供种类繁多的加拿大微酿啤酒（包括很受欢迎的Creemore）来的，桌面是铜制的。

I Deal Coffee
咖啡

（见240页地图；☏613-562-1775；www.idealcoffees.com；176 Dalhousie St；咖啡 $3；◷周一至周五 7:00~19:00，周六 8:30起，周日 9:00~18:00）这里的确很完美：现场烘烤咖啡豆、制作纯手工咖啡。装修很简单，写着"light organic blend"和"prince of darkness"的箱子和麻布袋就堆在烘焙机旁。来这里的唯一目的就是为了享受口感丰富美味的咖啡（冷热都好喝）。依照一位开心的客人的说法，这里的卡布奇诺可能是渥太华最棒的。

Château Lafayette
小酒馆

（见240页地图；☏613-241-4747；www.thelaff.ca；42 York St；◷11:00至次日2:00）这家店的历史可以追溯到1849年，是渥太华最古老的酒吧，仍然保留了其独特的魅力——这里的破败景象将拜伍得集市悠闲的风格诠释得淋漓尽致。

Social
酒吧

（见240页地图；☏613-789-7355；www.social.ca；537 Sussex Dr；午餐/晚餐 主菜 $20/30；◷周一和周日 11:30~15:00，周一至周五 17:00至深夜）这个时尚的休闲酒吧人来人往，有DJ打碟助兴，再加上软和的家具、鸡尾酒和同样有创造性的菜肴，一切都吸引着时髦的人们。周三晚上露台有现场爵士乐上演，周五和周六则有DJ表演，周末提供早午餐。

Planet Coffee
咖啡

（见240页地图；☏613-789-6261；www.facebook.com/planetcoffeeott；24a York St；◷周一至周六 7:30~22:00，周日8:00~20:00）这家位于拜伍得集市的咖啡馆开业已有几十年了，你不妨在安静院子中找个角落，让自己养精蓄锐放松一下。多糖冰咖啡很畅销。

同性恋酒吧

渥太华的同性恋场所小而十分活跃，尽管附近的蒙特利尔更为热闹一些——驱车北行2小时就到蒙特利尔了。访问网站Capital Xtra（www.xtra.ca）的渥太华部分查询详情。

Centretown Pub
男同性恋

（见236页地图；☏613-594-0233；centretownpub.blogspot.ca；340 Somerset St W；◷14:00至次日2:00）这家社区小酒馆在首都的男同性恋圈内可谓家喻户晓，已经开了30年，门面不起眼，但店里通常气氛热烈。一楼有个小池子和精巧的后院露台，而楼上则在盛大夜店之夜和有活动时开放。

Lookout Bar
男女同性恋

（见240页地图；☏613-789-1624；www.thelookoutbar.com；41 York St；◷周二至周五 14:00至次日2:00，周日和周一至22:00）在过去的20年里，这家店都一直在取悦拜伍得集市的同性恋人群，周二和周三有卡拉OK之夜，周六则有变装秀。

☆ 娱乐

渥太华有许多出版物（纸质版或电子版），提供各种最新消息的独家报道。《邮报》（Xpress；www.ottawaxpress.ca）是城市的免费娱乐周刊，在市内的咖啡馆、酒吧和书店都能找到。访问www.ottawaentertainment.ca可以了解更多信息。查阅周四的《渥太华公民报》（Ottawa Cizitin；ottawacitizen.com），可全面了解最新的夜店和娱乐活动动态。

现场音乐

Zaphod Beeblebrox
现场音乐

（见240页地图；☏613-562-1010；www.zaphods.ca；27 York St；◷20:00至深夜）"Zaphod Beeblebrox"的店名源自《银河系漫游指南》（Hitchhiker's Guide to the Galaxy）中的外星人，这家对外太空痴迷的"位于宇宙边缘的夜店"供应异域风情的鸡尾酒，比如这里的招牌Pan Galactic Gargle Blaster。地球公民在这里试图忘记大地的存在，这个音乐场地和夜店是朋克风，超级劲爆。

Rainbow Bistro
现场音乐

（见240页地图；☏613-241-5123；www.therainbow.ca；76 Murray St）老式但精美：这是城里欣赏现场蓝调音乐的最好场所。夏天每晚都能在这里观看现场音乐,有些场次从15:00就开始上演了。

Irene's Pub　　　　　　　　　　现场音乐
(☎613-230-4474; www.irenespub.ca; 885 Bank St; ⊙11:30至次日2:00)这家友好而时髦的酒馆可能在忙碌的周末略显脏乱,对住在周围Glebe街区的艺术家和音乐家来说,这里可是个存了30多年的精神家园。一周的有几个晚上,这里提供凯尔特音乐、民间音乐和蓝调音乐的现场表演和其他娱乐演出。这里还提供精选威士忌和当地精酿扎啤。

剧院和电影院

加拿大国家艺术中心　　　　　　　剧院
(National Arts Centre,简称NAC;见240页地图;☎613-947-7000; www.nac-cna.ca; 53 Elgin St)这个艺术中心是首都最主要的表演艺术综合设施,上演歌剧、戏剧、百老汇剧目和驻ακ交响乐团的演出。NAC坐落在运河河岸的联邦广场上,外观华丽,刚刚翻修一新。

Mayfair Theatre　　　　　　　　电影院
(☎613-730-3403; www.mayfairtheatre.ca; 1074 Bank St;成人/13岁以下儿童 $10/5)这家艺术电影院自20世纪30年代以来没有太大变化。

ByTowne Cinema　　　　　　　　电影院
(见236页地图;☎613-789-3456; www.bytowne.ca; 325 Rideau St)渥太华独立影片放映堡垒,已有70多年的历史,一直放映独立影片和外国电影。

运动

Canadian Tire Centre　　　　　观赏运动
(☎613-599-0100; www.canadiantirecentre.com; 1000 Palladium Dr, Kanata)渥太华是一个对冰球痴迷的城市。即使你不喜欢冰球,也值得买张票看场比赛,疯狂的球迷们本身就是看点。国家冰球联赛(简称NHL)球队渥太华参议院队(Ottawa Senators; www.senators.com)就在这里比赛,这里是他们的主场,球场位于城市西端,市中心西南约25公里处。大型演唱会也会在这里举办。

TD Place Arena　　　　　　　　观赏运动
(☎613-232-6767; www.tdplace.ca; 1015 Bank St)你可以在Ottawa 67的主场观看他们比赛,这是一支属于冰球小联盟的球队。你还可以在这里听演唱会, Ottawa Fury足球队俱乐部和Ottawa Redblacks Canadian足球队也在这里踢球。

🛍 购物

拜伍得集市(见249页)是城里一站式购物的最好场所。Dalhousie St位于集市以东一个街区,因一些时髦的精品店与服装店而逐渐发展起来。

Glebe是个多彩的邻区,在Queensway正南,有很多古怪的古董商店和富有魅力的咖啡馆。Bank St是各种活动的聚集地。

❶ 实用信息

渥太华旅游局(www.ottawatourism.ca)提供了关于这个国家首都的全面广泛的在线资料,可以帮助旅行者规划旅行线路和预订住宿。

首都信息亭(Capital Information Kiosk;见243页)这个办公室是提供渥太华资讯和预订的中心枢纽,很有帮助。

拜伍得集市信息中心(ByWard Market Information Centre;见240页地图;☎613-244-4410; www.byward-market.com; ByWard St和George St; ⊙7月和8月 7:30~18:00, 9月至次年6月 8:00~17:00)提供关于整个城市的信息。

渥太华医院(Ottawa Hospital; ☎613-722-7000; www.ottawahospital.on.ca; 501 Smyth Rd; ⊙急诊24小时)在市中心东南边的Alta Vista,设有急诊科。

中央邮局(见236页地图;☎866-607-6301; www.canadapost.ca; 59 Sparks St; ⊙周一至周五 8:30~17:00)主要的邮局,占据了一座历史建筑。

Accu-Rate Foreign Exchange(☎613-238-8454; www.accu-rate.ca; 1层, World Exchange Plaza, 111 Albert St; ⊙周一至周五 9:15~17:15)提供货币兑换、旅行支票兑换以及电子转账(EFTs)服务。

❶ 到达和离开

飞机
现代化的**渥太华麦克唐纳德-卡蒂埃国际机场**(Ottawa MacDonald-Cartier International Airport,代码YOW; ☎613-248-2125; yow.ca; 1000 Airport Pkwy)位于市区以南15公里处,非常小,小得有些不可思议。在抵达首都之前,几乎所有国际航班都需要转机（通常是在多伦多的皮尔逊国际机场中转）。尽管如此，多家北美的航空公司都有航班飞往这个机场，包括加拿大航空公司、西捷航空、波特航空、美联航、达美航空和美国航空公司。

长途汽车
中央汽车站（centralbusstation；见236页地图；☎613-238-6668; 265 Catherine St）就位于Queensway（Hwy 417）旁，靠近Kent St，有几家公司在这里经营长途汽车服务，包括**加拿大灰狗长途巴士**（见215页），它开通了前往多伦多的长途服务（$71起，5.5小时，每天6班）。

小汽车和摩托车
主要汽车租赁连锁公司在机场都设有接待处，在市中心的几个地方、Catherine St和火车站（后两者都在Hwy 417旁）也设有办公室。你如果在多伦多租车价格或许更优惠。

火车
加拿大国家铁路公司火车站（VIA Rail Station；☎888-842-7245; www.viarail.ca; 200 Tremblay Rd）在市中心以东7公里处，靠近Hwy 19和Hwy 417的Riverside Dr出口。加拿大国家铁路公司运营着经由布罗克维尔和金斯顿开往多伦多（$108, 4.5小时，每天8班）以及经由蒙特利尔（$62, 2小时，每天6班）开往魁北克市的火车。

❶ 当地交通

抵离机场
去机场最便宜的方式是乘坐市内公共汽车。在Elgin St和Bronson Ave之间的Slater St上乘坐97路公共汽车即可到达机场（确认你是去往"South Keys & Airport"的方向）。车程40分钟，车资$3.65。
渥太华穿梭巴士服务（Ottawa Shuttle Service；☎613-680-3313; www.ottawashuttleservice.com; 1或2位乘客$59; ⏰办公室10:00~22:00）提供包车和拼车服务，可从市中心的酒店接客。
Blue Line Taxi（☎613-238-1111; www.bluelinetaxi.com）和**Capital Taxi**（☎613-744-3333; www.capitaltaxi.com）提供出租车服务，抵离机场的费用约$30。

自行车
Rent-A-Bike（☎613-241-4140; www.rentabike.ca; East Arch Plaza Bridge, 2 Rideau St；租车每小时$10起; ⏰4月至10月 7:00~19:00）就位于里多运河的自行车道上，这里的员工态度友好，可以帮你挑选自行车，还可以推荐给你一些风景宜人的自行车小径。**首都信息亭**（见243页）也可以提供自行车地图。

小汽车和摩托车
位于Albert St的世界交易广场（World Exchange Plaza）周末可以免费泊车。在市中心一带，可以找到按小时收费的咪表停车位，停车场每天收费约$20。中心城附近有多座收费约$10的停车场，包括位于Lyon St N以东的Somerset St W上。

在冬季，不允许在街道上通宵停车——如果积雪已达（或可能将达）7厘米厚的话——以便让铲雪车通过。有关停车的其他问题，请咨询**City of Ottawa**（☎613-580-2400; ottawa.ca）。

公共交通
OC Transpo（☎613-741-4390; www.octranspo.com）运营着渥太华实用有效的公共汽车网络和被称为O-train的轻轨系统。公共汽车票价为$3.65（13岁以下儿童$1.90），可以直接在公共汽车上购买，请自备零钱。你也可以从司机那购买一日通票（$8.50），或者在便利店购买6次通票（$9.90）。在快车线路上，成人需要支付$5.15。上公共汽车时，务必从司机处拿取车票，持票可在90分钟内搭乘其他公共汽车。**首都信息亭**（见243页）可以提供公共汽车地图。

O-train目前不在市中心停车。当Confederation线在2018年完工时，这个轻轨系统将会更为有用，届时新线路将连接起国会和加拿大国家铁路公司火车站。

渥太华和赫尔/加蒂诺地区各自运营单独的公共交通系统。乘客可从一个系统的客车转乘另一个系统的客车，但可能需额外付费。

魁北克省

包括 ➡

蒙特利尔	259
劳伦琴斯	292
魁北克市	308
沙勒沃伊	330
萨格奈	336
南岸	343
加斯佩半岛	350
北岸	363
玛德琳群岛	368
远北地区	372
乌塔韦	375

最佳餐饮

- ➡ L'Express（见281页）
- ➡ Liverpool House（见280页）
- ➡ Manoir Hovey（见304页）
- ➡ Chez Boulay（见320页）
- ➡ Vent du Large（见370页）

最佳住宿

- ➡ Auberge Saint-Antoine（见318页）
- ➡ Hôtel Gault（见275页）
- ➡ Maison Historique James Thompson（见316页）
- ➡ Hôtel Le Germain（见276页）
- ➡ Auberge Festive Sea Shack（见354页）

为何去

魁北克省简直就像一个国中之国，一座语言和文化的孤岛，漂浮在四周更为广阔的加拿大之海上。当然，这里还是加拿大，广袤的荒野和世界主义精神的交融在这里丝毫不缺，但是魁北克省对法国风情的包容、它独特的语言、它对葡萄酒佳酿、精美烹饪等一切事物的热情，这些就是另一回事了。

蒙特利尔和魁北克市都是繁忙的大都会，它们完美地混合了高雅和娱乐，其饱含历史韵味的街区隐匿于城中各处。东部城镇弥漫着老魁北克的乡村魅力，田园诗般的沙勒沃伊以其丰富的农产品为该地区一流的餐厅增光添彩。除了这些物质享受还有原生态的户外风情：未加雕琢的加斯佩半岛蜿蜒曲折的海岸线，北岸地区广阔的针叶林和苔原，以及玛德琳群岛海风劲吹的遗世独立之感。

何时去

蒙特利尔

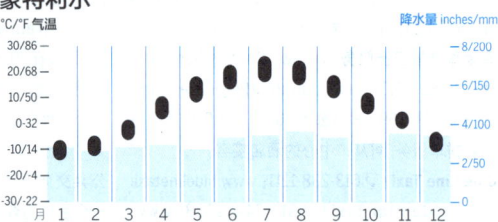

12月和次年1月 前往蒙特朗布朗（Mont-Tremblant）——北美最好的滑雪区之一。

2月 穿得暖暖和和，参加每年寒冬在魁北克市举办的节日——狂欢节。

7月 国际爵士音乐节（Festival International de Jazz）拉开了蒙特利尔夏日派对的序幕。

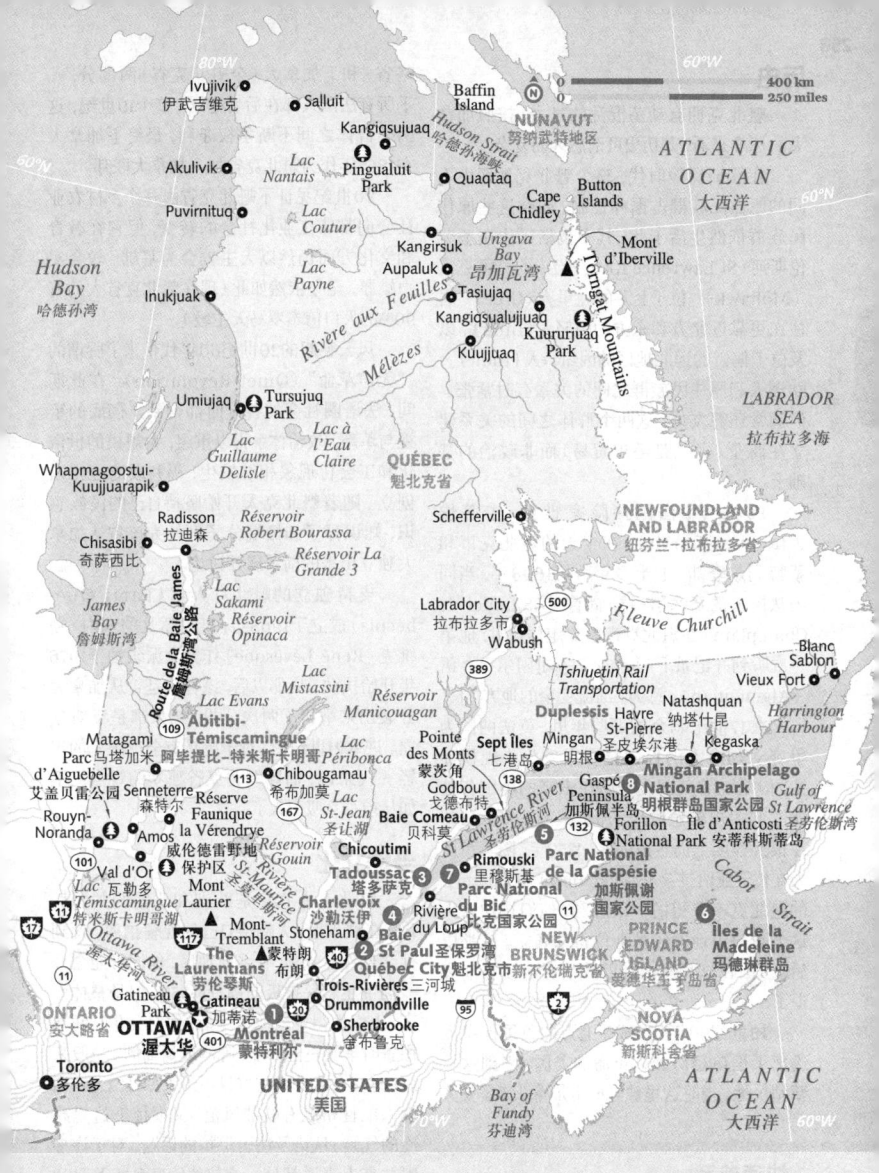

魁北克省亮点

① **蒙特利尔**（见259页）在这座充满活力的城市，体验夜生活。

② **魁北克市**（见308页）在这座城墙环绕的城市中感受举世无双的文化、历史与魅力。

③ **塔多萨克**（见336页）在萨格奈河峡湾被鲸鱼喷出的水淋湿。

④ **圣保罗湾**（见331页）在这里领略艺术氛围，品尝当地美食。

⑤ **加斯佩谢国家公园**（见355页）在这座漂亮的国家公园徒步攀登林木线之上那些令人叹为观止的高峰。

⑥ **玛德琳群岛**（见368页）在这个细长如带的群岛上欣赏阿卡迪亚音乐，享用鱼肉馅饼。

⑦ **比克国家公园**（见348页）在这个壮丽之地回归自然。

⑧ **明根群岛国家公园**（见366页）在这些鬼斧神工的偏远岛屿之间体验海上皮划艇。

历史

魁北克拥有动荡混乱的过去,按照加拿大的标准来看,其历史可谓悠久而复杂。

在欧洲探险时代,整个魁北克地区由不同的原住民族群占据并控制,如今这些原住民族群依然生活于此,其中包括居住在圣劳伦斯河(St Lawrence River)沿岸的莫霍克人(Mohawk)、位于上游的克里人(Cree)、居住在更靠近北方和东方的因努人(Innu),以及位于偏僻的远北地区的因纽特人(Inuit)。欧洲人和原住民族群之间的关系有时紧张,但通常还算友好,这两个群体之间的关系建立在商业(尤其是毛皮贸易)而非政治的基础上。

1535年,法国探险家雅克·卡蒂埃(Jacques Cartier)在今天的魁北克市和蒙特利尔登陆。七十多年后的1608年,当同为法国人的塞缪尔·德·尚普兰(Samuel de Champlain)在魁北克市建立定居点时,他第一次听到并记录下"kebec"一词[阿尔贡金语(Algonquian),意为"河流变窄的地方"]。

在17世纪剩余的那些年里,英法两国为争夺对加拿大的控制权多次发生小规模冲突,但是随着英国人开始在未来的美国各处建立起大规模殖民地,加拿大的法裔人口却在很大程度上仍然很稀疏。1759年,随着英国人在位于亚伯拉罕平原(Plains of Abraham)的魁北克市获得的一次胜利,他们在加拿大这个新殖民地的领袖地位得以确立。从那以后,法国在这片新大陆的政治影响便逐渐衰退了。

18世纪70年代,成千上万的英国保皇派逃离了正在经历独立革命的美国,来到这片新殖民地,当时这里被分成上加拿大(今安大略省)和下加拿大(今魁北克省)两部分,几乎所有法国人都在后者定居。整个19世纪,这两个群体之间不断争权夺利,最终下加拿大在1867年作为魁北克省加入加拿大联邦。

20世纪见证了魁北克省由一个乡村农业社会向都市工业化社会的转变,但它在教育和文化方面仍然以天主教会为基础。教会实力雄厚,至今依然如此(现在魁北克省大约有90%的人口信奉罗马天主教)。

风云突起的20世纪60年代带来了所谓的"无声革命"(Quiet Revolution),在此期间,法语圈社会的各方面都得到了彻底的审视与革新。政治体系得以重组,大规模的世俗化和工会化现象相继发生,福利政府也得以创立。随着魁北克人开始坚持自己的民族意识,知识分子和极端分子开始为该省从加拿大独立出来的前景展开讨论。

支持独立的魁北克人党(Parti Québécois)成立于1968年,魅力超凡的瑞内·勒维克(René Lévesque)作为党派领袖于1976年开始执政。从那以后,该省就是否从加拿大分裂出来举行了两次公投,结果都是反对独立。进入21世纪后,对于更具有全球眼光的年轻一代来说,倡导魁北克省独立的观点已不如从前那么吸引人了。

当地文化

魁北克人真正是欧洲和北美的共同后代。在城市里,人们给自己的晚餐拍照,发到社交软件上分享;在乡村地区,他们可能会开一辆带迷彩保护板的福特F-350。但是整体而言,人们懂得更慢地过生活,他们会花时间在用餐时享受一杯咖啡、啤酒或葡萄酒。一般来说,这里的人非常友好且不给人威压之感;当地人的性格既有欧陆风范,又根植于这里寒冷的气候。法语及法语保护的话题,对于许多魁北克人来说都是一个与他们息息相关且让他们十分看重的问题,那些在蒙特利尔——这里英语更惯用——长大的魁北克人也不例外。

土地和气候

劳伦琴斯是一片松林覆盖的新月形崎岖山地,毗邻北岸地区疾风阵阵的海滨以及广袤的森林苔原。陡峭的悬崖笔直地插入加

快速参考

- 人口: 8,215,000
- 面积: 1,540,687平方公里
- 省会: 魁北克市
- 奇闻逸事: 魁北克市的隆特纳克城堡(Château Frontenac)是全世界被拍摄次数最多的酒店。

魁北克省旅行线路

1天
先在蒙特利尔的 **L' Express**（见281页）吃一顿早午餐，然后徒步登上**皇家山公园**（见272页），消耗掉热量后，再经**麦尔安得社区**（见282页）或**皇家山高地**（见266页）下山，这里的餐饮选择多得令人眼花缭乱。

3天
将体验蒙特利尔悠闲氛围的时间限制在一天之内，然后驱车经劳伦琴斯前往**蒙特朗布朗城**（见295页）。预留一天的时间，在**魁北克老上城**（见310页）内闲逛，然后到**老下城**（见312页）去搜寻至尊版定食套餐（table d'hôte）。

一周
前3天按照3日游旅行线路游览，然后经**沙勒沃伊**（见330页）漫至**萨格奈河**玩两天，在**圣保罗湾**（见331页）或**拉马尔拜**（见333页）吃午餐。最后两晚在热情好客的**塔多萨克**（见336页）度过，在那里观鲸或坐船游览峡湾。

斯佩半岛周围蔚蓝的海水，而沙勒沃伊的一块块农田逐渐过渡到圣劳伦斯一望无际的海湾。然后是远北地区（Far North）：荒野，人口稀少，只有点缀着地衣的苔原和被寒风雕琢的山峰。

在气温方面，魁北克省呈现出两极分化的极端气候。蒙特利尔和魁北克市的气温能够在6个月内从40℃降到-40℃，到了5月仍然可能遇到鹅毛大雪。魁北克省的夏季往往温度适宜，不过湿度过高会使得蒙特利尔雾气沉沉的。虽然这里冬季多雪，但通常仍以阳光明媚的干燥天气为主。

公园

魁北克省的保护区是任何一场魁北克之旅的亮点。它们不仅保存了一片片美丽非凡的地区，还提供了一系列充满活力的运动，包括划独木舟和皮划艇、漂流、徒步、骑自行车及野外露营。佛里昂国家公园（Forillon National Park）以及萨格奈、比克、蒙特朗朗和加斯佩谢等省立公园尤为值得推荐。

加拿大公园管理局（Parks Canada；888-773-8888；www.pc.gc.ca）管理着魁北克省的3个国家公园，24处国家历史遗址和1个国家海洋保护区（National Marine Conservation Area）。历史遗址大多仅限白天参观游览，向游客揭示了一些引人入胜的历史。

魁北克野外设施局（Société des Établissements de Plein Air du Québec，简称Sépaq；800-665-6527；www.sepaq.com）监督管理魁北克省内的27个省立公园和15个野生动物保护区——令人困惑的是，他们也将许多省立公园称为"国家"公园，其中从海滩和鸟类保护区到曲折的峡谷都有，同时也提供了一些很不错的露营、野生动物观赏、生态旅游和其他户外休闲活动。如果省立公园的入口无人值守（除了夏天经常会有这种情况），你应该付门票钱并将收据的一半放进公园提供的信封里。你保留收据的另一半作为入园凭证。

魁北克省的野生动物保护区（Réserve fauniques）起到了保育动物和保护环境的作用，同时也向公众开放。猎人和渔民可以使用保护区（需办许可证），但越来越多的游客发现，这些地方游人较少不拥挤，是替代国家公园和省立公园的上好选择。

❶ 到达和当地交通

魁北克省毗邻美国的纽约州（New York）、佛蒙特州（Vermont）、新罕布什尔州（New Hampshire）和缅因州（Maine），乘坐飞机、长途汽车、小汽车或火车都可轻松进入该地区。

飞机

魁北克省的主要机场位于蒙特利尔，不过魁北克市的机场也很繁忙。为该省服务的航空公司包括加拿大航空（Air Canada）、Air Canada

Express、法国航空（Air France）、波特航空（Porter Airlines）、Pascan航空，以及加拿大越洋航空（Air Transat）和西捷航空（West Jet）两家廉价航空公司。飞往远北地区的有**第一航空**（First Air；☎800-267-1247；www.firstair.ca）、**因纽特航空**（Air Inuit；☎800-361-2965；www.airinuit.com）和**克里比克航空公司**（Air Creebec；☎800-567-6567；www.aircreebec.ca）等。**Air Canada Express**（☎888-247-2262；www.aircanada.com）提供从魁北克市和蒙特利尔飞往北岸（North Shore）和玛德琳群岛（Îles de la Madeleine）的服务。

船

在圣劳伦斯河上有大量的渡轮服务，也有一些轮船开往海湾诸岛，包括玛德琳群岛，另有船只沿着偏僻的下北岸（Lower North Shore）开往拉布拉多（Labrador）。

长途汽车

Maritime Bus公司的长途汽车将魁北克省与加拿大大西洋区连接起来，而加拿大灰狗长途巴士（Greyhound Canada）和Megabus的汽车则将魁北克市和蒙特利尔与安大略省连接起来。灰狗公司每天还有5班长途汽车从美国发车，往返于蒙特利尔和纽约市。该省的长途汽车服务特别便捷。

> ### 网络资源
>
> **Lonely Planet**（www.lonelyplanet.com/canada/quebec）目的地信息，酒店预订，旅行者论坛等等。
>
> **蒙特利尔生活方式**（Montréal Lifestyle；www.cultmontreal.com）蒙特利尔的艺术、文化和夜生活信息。
>
> **蒙特利尔旅游**（Tourism Montréal；www.tourisme-montreal.org）蒙特利尔的官方游客门户网站。
>
> **魁北克旅游局**（Tourism Québec；www.quebecoriginal.com）这个官方旅游网站提供可靠的食宿信息。
>
> **魁北克市旅游局**（Tourism Québec City；www.quebecregion.com）提供对魁北克市及周边地区的优质介绍。

Autobus Maheux（☎819-825-4767；www.autobusmaheux.qc.ca）
Galland（☎450-687-8666；www.galland-bus.com）
加拿大灰狗长途巴士（☎800-661-8747；www.greyhound.ca）
Intercar（☎800-806-2167；www.intercar.qc.ca）
Limocar（☎866-692-8899；www.limocar.ca）
Maritime Bus（☎在新不伦瑞克省800-575-1807；www.maritimebus.com）
Megabus（☎866-488-4452；www.ca.megabus.com）
Orléans Express（☎888-999-3977；www.orleansexpress.com）

小汽车和摩托车

美国大陆公路网（Continental US highways）在几处边境口岸直接与加拿大公路网相连。这些道路又跟加拿大横贯公路（Trans-Canada Hwy）连接，其中位于魁北克境内的高速公路Hwy 40直接穿过蒙特利尔和魁北克市。

整个省的公路路况很好。而在东部和北部的偏远地区，公路普遍蜿蜒曲折，甚至未铺柏油路面，车速缓慢，服务设施可能也很少。欲了解路况——在冬季会成为影响出行的关键因素，请致电☎888-355-0511。需要注意的是，在某些地区尤其是蒙特利尔岛和魁北克市，红灯时不允许右转（都会有相应的道路标识）。

拼车中介**Kangaride**（☎855-526-4274；www.kangaride.com）可将付费乘客与前往相同方向的司机进行匹配，从而提供了一种在魁北克省旅行的廉价方式。

如果你打算到蒙特利尔或魁北克市游览，不妨将汽车留在家里。与其他北美洲城市不同，魁北克省的大都会适合步行游览，熙熙攘攘的人行道两边还有众多露天咖啡馆供你休憩。

火车

加拿大国家铁路公司（VIA Rail；☎888-842-7245，在蒙特利尔☎514-989-2626；www.viarail.ca）在魁北克市-温莎走廊（Québec City–Windsor corridor上有班次频繁的快车服务，这条铁路线途经蒙特利尔，并有列车开往南岸（South Shore）和加斯佩谢。**Amtrak**（☎800-872-7245；www.amtrak.com）每天有一班火车从美国发车，往返于蒙特利尔与纽约市之间。

蒙特利尔（MONTRÉAL）

人口 410万

蒙特利尔事实上是北美大陆唯一的双语城市。在历史上，它曾经被那条"主街"（Blvd St-Laurent）一分为二，东边是法语区，西边是英语区。如今，这条街的两侧都点缀着众多小型法语区，而说英语的加拿大人也掀起一股新浪潮，在一些从前的法语区定居，并且，由于源源不断的移民潮，在日常生活中能说三种而非一两种语言的蒙特利尔人并不罕见。由于新一代人更关心全球性问题（具体地说是环境问题），语言之争已经变得过时了。

蒙特利尔之所以具有令人如此难以抗拒的魅力，其原因毋庸置疑。这是法式生活乐趣与国际化大都市的活力组合而成的秘密混合体，它们共同培育出这里繁荣的艺术活动、蓬勃发展的独立摇滚乐、众多闻名世界的精品酒店、隐藏在皇家山高地上的时尚餐馆以及弥漫在拉丁区（Quartier Latin）每个露台（terrasse）上的酷酷的巴黎气氛。你会不由自主地想象自己穿越到某个遥远的地方，那里以享乐主义为民族使命。只有当你登上皇家山公园的孔迪亚龙克观景台（Kondiaronk Lookout），看到典型的北美天际线在眼前构成一幕令人惊叹的景色时，你才会恍然意识到自己身在何处。

历史

1642年5月，由若干船只组成的一个小型船队沿圣劳伦斯河溯流而上。船上有几十名传教士，他们在寒冷的冬季从故乡法国横渡狂暴的大西洋并幸存了下来。最后，他们抵达了其同胞探险家雅克·卡蒂埃于100多年前曾艰难跋涉经过的一个地方。在保罗·肖梅迪·德迈松纳夫（Paul Chomedey de Maisonneuve）的率领下，这些拓荒者下船登岸，建起一个小型定居点并称之为"玛丽城"（Ville-Marie），蒙特利尔就从这里诞生了。

尽管遭到当地易洛魁人（Iroquois）的强烈反抗，玛丽城仍然快速发展成为一个重要的毛皮贸易中心和勘探基地。双方不断发生小规模战斗，一直到1701年和平条约的签订才告一段落。这个城市一直属于法国，直到1763年法国签署了《巴黎条约》（Treaty of Paris）将加拿大割让给了英国。1775年，美国革命者曾短暂地占领过这个城市，但由于未能说服魁北克人与他们一起组成抵抗英国人的联军，他们又离开了这里。

尽管在19世纪20年代的毛皮贸易中输给哈得孙湾（Hudson Bay）失去领先地位，但蒙特利尔在整个19世纪依旧蓬勃发展。在铁路和拉欣运河（Canal de Lachine）建成之后，工业化正式开始了，这反过来也吸引了大批的移民。

第一次世界大战之后，蒙特利尔漫不经心地度过了一段被称为"罪恶之城"的时期，因为成群结队的美国人为躲避禁酒令，越过边境到这里来寻欢作乐。到了让维普（Jean Drapeau）担任市长期间，蒙特利尔有了质的飞跃。在他漫长的任期内（1954~1957年及1960~1986年），蒙特利尔修建了地铁系统、市中心的很多高层写字楼、地下城和艺术广场（Place des Arts）。让维普还两度让全世界的目光聚焦于这座城市：1967年的世界博览会和1976年的奥运会。

在过去的20年里，蒙特利尔的经济一直持续增长，多亏了其高科技领域的繁荣发展，它也安然度过了全球经济衰退。

◎ 景点

在大多数旅行线路上，列在首位的景点都是蒙特利尔老城，游客可一边徜徉于城中心迷宫般的蜿蜒小巷，一边领略其雄伟而又富有历史底蕴的一面。位于老港口（Old Port）的水滨景点因近期的改造振兴而获益，河对面，让维普公园（Parc Jean-Drapeau；见271页）里也有众多景点和小径，是夏季逃离都市水泥丛林的绝佳去处。市中心拥有若干一流的博物馆和大学，弥漫着波希米亚风情的麦尔安得和皇家山高地一带是闲逛的完美地点。彩虹区和拉丁区到了夜晚才会蒙然苏醒。奥林匹克公园和拉欣就在城外，拥有最棒的观光景点。而在皇家山上可将所有这一切尽收眼底。

◎ 蒙特利尔老城区（Old Montréal）

蒙特利尔最古老的部分如同一个拥挤的迷宫，由无数曲折的鹅卵石小巷组成，两侧排列着殖民时代和维多利亚时代的石头房子，里面布满氛围亲密的餐厅、画廊和精品店。浪漫主义者和建筑迷到这里逛一逛肯定会欣喜万分。夜里尤为如此，大多数漂亮的建筑立面都有景观照明，熠熠生辉，而且这里离水滨区也不远。

热闹活跃的雅克卡蒂埃广场（Place Jacques Cartier）和威风凛凛的兵器广场（Place d'Armes）就位于蒙特利尔老城区，繁忙的Rue Notre-Dame大街将它们连接起来。而雅克卡蒂埃广场的南端与Rue St-Paul相连，后者是该地区最漂亮、最古老的街道。

★ 圣母大教堂　　　　　　　　　　教堂

（Basilique Notre-Dame；见262页地图；☎514-842-2925；www.basiliquenddm.org；110 Rue Notre-DameOuest；成人/儿童 $5/4；☉周一至周五 8:00~16:30，周六至16:00，周日 12:30~16:00）作为蒙特利尔的著名地标，圣母大教堂是一曲由木雕、绘画、镀金雕塑和彩色玻璃窗组成的既令人愉悦但又略显俗丽的视觉交响曲。它建于1829年，此前这里曾有一座更古老、更小的教堂。圣母大教堂还拥有一架闻名于世的卡萨普瓦（Casavant）管风琴和 Gros Bourdon低音大钟——据说它是北美洲最大的钟。

这座大教堂曾两度登上报纸头条：1994年，歌手席琳·迪翁（Céline Dion）在它高耸的天花板下举行了婚礼；2000年，在为加拿大前总理皮埃尔·特鲁多（Pierre Trudeau）举行的国葬仪式上，吉米·卡特（Jimmy Carter）与菲德尔·卡斯特罗（Fidel Castro）共同为他扶灵。

在主祭坛的后面，有个规模小得多的圣心礼拜堂（Chapelle du Sacré Coeur），是普通蒙特利尔人举行婚礼的热门地点。它是在1978年火灾后重建的，将历史风格与当代风格杂糅一身，其中最吸引人眼球的元素是高及天花板的青铜祭坛屏风画。

兵器广场　　　　　　　　　　　　古迹

（Place d'Armes；见262页地图；Ⓜ Place-d'Armes）这是一座开阔的广场，四周环绕着蒙特利尔老城区的一些最精美的建筑，包括它最古老的银行、第一座摩天大楼和圣母大

在蒙特利尔的……

1天

到**麦尔安得社会**（见282页）吃一顿漫长而悠闲的早午餐——这简直成了当地的仪式，由此开始一天的行程。然后徒步攀登**皇家山**（见272页），在**孔迪亚龙克观景台**（见272页）停下来歇口气，拍些城市风光，最后来到**皇家山高地**（见266页）吃晚餐，享受夜间的娱乐生活。

2天

第一天按一日游旅行线路游览，第二天从探索**蒙特利尔老城区**铺着鹅卵石的小巷开始。先在**卡利耶角考古学与历史博物馆**（见261页）学习一点历史知识，或者到**蒙特利尔美术馆**（见263页）了解一点文化背景。晚餐去**小意大利区**（见268页）吃，然后到**彩虹区**（见282页）的夜店体验夜生活。

4天

第三天从**奥林匹克公园**（见269页）开始。如果天气不错，接下来再到**生态馆**（见269页）参观，顺便在**植物园**（见269页）来一次芳香之旅。

最后一天，前往**Marché Atwater**（见264页）采购野餐食材，然后租一辆自行车沿着**拉欣运河**（见272页）骑行游览，或者在**拉欣激流**上乘坐喷射艇。

在**Toqué!**（见278页）或**L'Express**（见281页）这样大名鼎鼎的地方吃过晚餐后，前往金碧辉煌的**蒙特利尔赌场**（见272页）花掉你度假资金的最后一分钱。

Montréal 蒙特利尔

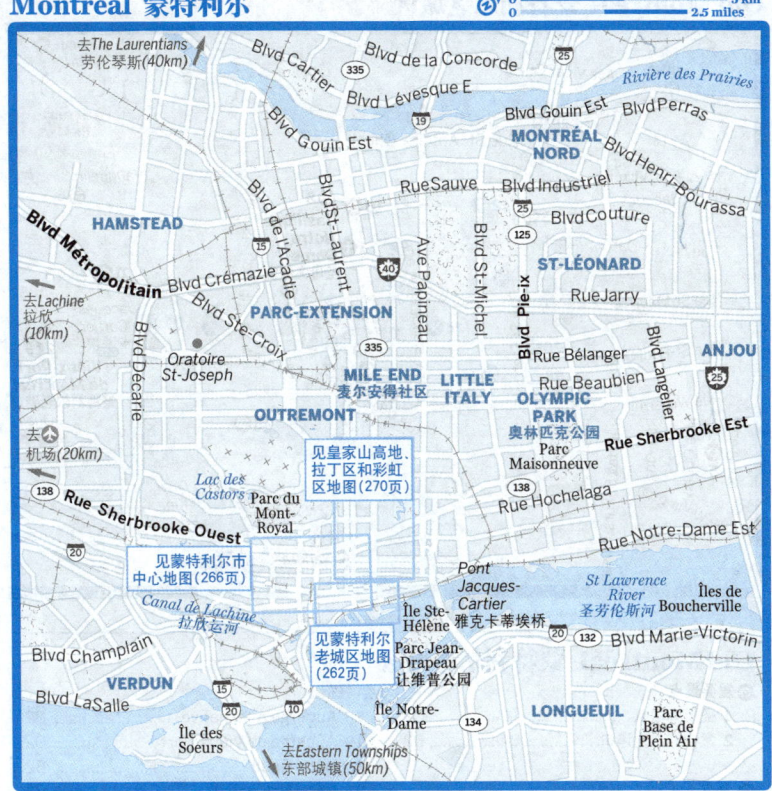

教堂。广场的名字源自于在这里发生过的多场战斗，当年宗教殖民者和原住民部落为了争夺对后来的蒙特利尔的控制权爆发了冲突。在广场中央伫立着迈松纳夫纪念碑（Monument Maisonneuve），以纪念这座城市的创建者保罗·肖梅迪·德迈松纳夫先生。

卡利耶角考古学与历史博物馆　　博物馆

（Musée d'Archéologie et d'Histoire Pointe-à-Callière, Museum of Archaeology & History；见262页地图；☎514-872-9150；www.pacmuseum.qc.ca；350 Pl Royale；成人/儿童 $20/8；◉周一至周五 10:00~18:00，周六和周日 11:00~18:00；⛴；ⓂPlace-d'Armes）这座博物馆是蒙特利尔最迷人的地方之一，它从蒙特利尔的早期岁月开始，带领游客漫游其数百年的历史。游客应该先观看一段名为《真正的蒙特利尔》

（Yours Truly, Montréal）的18分钟短片，短片介绍了美洲印第安人的到来，蒙特利尔的建立和其他重要时刻。然后再参观**考古地穴**（archaeological crypt），探索这座城市古老的排水与河流系统遗迹，你还能看到它第一批建筑和公共广场的地基。

雅克卡蒂埃广场　　广场

（Place Jacques-Cartier；见262页地图；⛴；ⓂChamp-de-Mars）**免费** 作为蒙特利尔老城区最生机勃勃的地方，这座略带坡度的广场到处都是表演艺人和街头音乐家，广场边上的露台餐厅传出令人愉悦的嘈杂之声。1803年，原本矗立于此的一座城堡失火烧毁，后来人们在这里建造了一座公共市场。**尼尔森纪念柱**（Colonne Nelson）高耸于广场的北端，它是为纪念在特拉法加（Trafalgar）海战中击

Old Montréal 蒙特利尔老城区

Old Montréal 蒙特利尔老城区

◎ 重要景点
1 圣母大教堂 C2
2 蒙特利尔老港口 D2

◎ 景点
3 蒙特利尔科学中心 C3
4 Cours Le Royer C2
5 Fonderie Darling A3
6 市政厅 D1
7 卡利耶角考古学与历史博物馆 B2
8 纽约生活大厦 C1
9 旧海关大楼 C2
10 兵器广场 C1
11 雅克卡蒂埃广场 D2
12 皇家广场 C2
13 皇家银行大楼 B2

◎ 活动、课程和团队游
14 Ça Roule Montréal C2
15 Guidatour B2
   Le Bateau Mouche .... (见32)
   Le Petit Navire .... (见32)
16 MTL Zipline E2
17 Patinoire du Bassin Bonsecours E3

◎ 住宿
18 Auberge Alternative B2
19 Auberge du Vieux-Port D2
20 Hôtel Gault B2
21 Hôtel Nelligan C2
22 L Hotel B1
   Lofts du Vieux-Port .... (见19)

◎ 就餐
23 Barroco B2
24 Garde-Manger B2
25 Le Serpent A3
26 Olive + Gourmando B2
27 Titanic B2
28 Toqué! B1

◎ 饮品和夜生活
29 Philémon C2
   Terrasse Nelligan .... (见21)

◎ 娱乐
30 半人马剧场 B2
31 太阳马戏团 D3

◎ 交通
32 渡船 D3

蒙特利尔科学中心
博物馆

(Centre des Sciences de Montréal, Montréal Science Centre; 见262页地图; ☏514-496-4724; www.montrealsciencecentre.com; King Edward Pier; 成人/青少年/儿童 $15/13/8.50, IMAX 3D电影 $23/19.50/14; ◎周一至周五 9:00~16:00, 周六和周日 10:00~17:00; 🅿; ⓜPlace-d'Armes) 这个造型优美的科学中心是一栋玻璃幕墙建筑, 馆内设有各种虚拟和互动游戏、高科技展示, 还有一个在巨大的屏幕上放映电子游戏的"浸入式剧院"。需要注意的是, 门票价格根据你想看的影片和/或展览的内容不同分许多档次。该中心还有一个IMAX电影院, 放映生动的自然和科学类影片。

❖ 市中心 (Downtown)

蒙特利尔现代化的城市中心区呈现出北美城市的样貌, 一条条宽阔的干道将摩天大楼水泥丛林切割成棋盘状布局。站在街道上, 你会发现城里一些最美丽的教堂、壮观的大楼、博物馆、绿地和主要购物区。你还会发现, 这里的咖啡馆、餐厅和酒吧几乎全都弥漫着一种拉丁氛围, Rue Crescent一带尤为如此。

★ 蒙特利尔美术馆
博物馆

(Musée des Beaux-Arts de Montréal, Museum of FineArts; 见266页地图; www.mbam.qc.ca; 1380 Rue Sherbrooke Ouest; 常设展览 成人/13岁以下儿童 $12/免费, 特展 $20/12; ◎10:00~17:00, 周三至21:00 仅特展; ⓜGuy-Concordia) 对艺术爱好者来说, 这家美术馆不容错过。它收集了数千年来的绘画、雕塑、装饰艺术、家具、版画、素描和摄影作品。馆内收藏有伦勃朗、毕加索和莫奈等欧洲重量级艺术大师的作品, 但真正让它光彩夺目的却是加拿大艺术, 其中的亮点包括让-巴蒂斯特·罗伊-奥迪(Jean-Baptiste Roy-Audy)和保罗·凯恩(Paul Kane)的作品、七人画社(Group of Seven)的风景画、让-保罗·里奥贝勒(Jean-Paul Riopelle)的抽象艺术。

这里还有大量来自因纽特人和原住民的人工制品, 以及很多奇特的装饰性小摆设, 包括日本的香盒和维多利亚时代的柜子。

各种展览占据了两座展馆: 一座是大理

败拿破仑舰队的尼尔森将军修建的。

市政厅
历史建筑

(Hôtel de Ville, City Hall; 见262页地图; 275 Rue Notre-Dame Est; ◎8:30~17:00; ⓜChamp-de-Mars) 免费 蒙特利尔漂亮的市政厅建于1872年至1878年间, 1926年失火后又进行了重建。远不只是单调的行政中心, 它实际上见证了魁北克省历史上的许多著名事件。其中最有名的历史事件发生在1967年, 当时法国领导人夏尔·戴高乐(Charles de Gaulle)就站在这里的阳台上, 向外面的民众高呼: "Vive le Québec libre!" ("魁北克自由万岁!"), 点燃了魁北克分裂主义之火, 使得法国与渥太华(Ottawa)之间的关系紧张了好些年。

★ 蒙特利尔老港口
公园

(Vieux-Port de Montréal; 见262页地图; 🅿) 蒙特利尔的老港口(Old Port)如今已经变成公园和娱乐区, 它与气势磅礴的圣劳伦斯河平行, 长达2.5公里, 共有4个大型码头。当地人和游客都喜欢来这里散步、骑车、玩直排轮滑。游船、渡轮、喷射艇和快艇团队游全都从这里的各个码头出发。到了冬季, 你还可以在这里的室外溜冰场一展身手。

石覆面的古典建筑——Michal and Renata Hornstein Pavilion，另一座是街对面清新简约的当代建筑——Jean-Noël Desmarais Pavilion。

唐人街　　　　　　　　　　　　地区

（Chinatown；见267页地图）虽然这个街区非常紧凑地集中在几条很容易辨别方向的街道内，但它本身并没有明确的地址，这是个吃午餐和购买稀奇玩意儿的好地方。其主要干道Rue de la Gauchetière位于Blvd St-Laurent和Rue Jeanne Mance之间，因为聚集了众多珍珠奶茶店、港式面包店和越南靓汤餐厅而格外热闹。公共的中山广场吸引了三五成群的华裔老人来此坐坐。

加拿大建筑中心　　　　　　　　博物馆

（Centre Canadien d'Architecture，简称CCA；见266页地图；www.cca.qc.ca；1920 Rue Baile；成人/儿童 $10/免费，周四17:30~21:00免费；◎周三至周日 11:00~18:00，周四 至21:00；MGeorgest-Vanier）建筑爱好者的必去之处，这个中心一半是博物馆，一半是研究机构。建筑布局将珍贵的19世纪灰色石灰岩建筑**Shaughnessy House**完美地融合进来。这部分的亮点包括玻璃温室和一个华美的起居室，里面有精美的木工艺品和一个巨大的石头壁炉。各个展厅关注的是加拿大国内外的优秀建筑作品，尤其侧重城市设计。

加拿大建筑中心的雕塑公园位于一片俯瞰蒙特利尔南城的草地上。这里还有一个存货丰富的繁忙书店。

麦科德加拿大大历史博物馆　　　博物馆

（Musée McCord, McCord Museum of Canadian History；见267页地图；☎514-398-7100；www.mccord-museum.qc.ca；690 Rue Sherbrooke Ouest；成人/学生/儿童 $14/8/免费，特展另付$5，周三17:00后免费；◎周二、周四和周五 10:00~18:00，周三 至21:00，周六和周日 至17:00；MMcGill）麦科德加拿大历史博物馆的展厅虽然略显局促，几乎难以腾出一寸空间，但这里的氛围十分热烈。数千件文物和档案展示了加拿大从18世纪到今天的社会、文化和考古历史。

麦吉尔大学　　　　　　　　　　大学

（McGill University；见266页地图；☎514-398-4455；www.mcgill.ca；845 Rue Sherbrooke Ouest；MMcGill）1828年由富有的苏格兰毛皮商詹姆斯·麦吉尔（James McGill）出资创立，麦吉尔大学如今是加拿大最负盛名的学术机构之一，拥有39,000名在校学生。这所大学在医学和工程学领域声誉不凡，许多校园建筑堪称维多利亚风格的典范。位于皇家山脚下的校园是个散步的好去处，而且校园里还有雷德帕斯博物馆（Musée Redpath；见266页地图；☎514-398-4086；www.mcgill.ca/redpath/redpathmuseum；859 Rue Sherbrooke Ouest；门票乐捐；◎全年 周一至周五 9:00~17:00，周日 夏季13:00~17:00 冬季11:00~17:00；MMcGill）**免费**。

当代美术馆　　　　　　　　　　博物馆

（Musée d'Art Contemporain；见270页地图；☎514-847-6226；www.macm.org；185 Rue Ste-Catherine Ouest；成人/儿童 $15/5，周三17:00~21:00门票半价；◎周二11:00~18:00，周三至周五 至21:00，周六和周日 10:00~18:00；MPlace-des-Arts）这座现代加拿大和国际艺术的优秀展馆有八个展厅，分别关注以往的杰作（1939年以后）和当下令人兴奋的发展。7600件永久藏品可谓极具分量，其中包括魁北克传奇让-保罗·里奥贝勒、保罗-埃米尔·博尔迪阿（Paul-Émile Borduas）和热纳维耶芙·加杜（Geneviève Cadieux）的作品，不过也有来自加拿大国内外艺术家并反映最新艺术趋势的临时展览。艺术形式包括各种传统和新媒介，从绘画、雕塑和印刷品到装置艺术、摄影和视频等。

Marché Atwater　　　　　　　　市场 $

（☎514-937-7754；www.marchespublics-

> **🛈 蒙特利尔博物馆通票**
>
> 这种便利的通票（www.museesmontreal.org；$80）是为文化爱好者量身定制的，是参观蒙特利尔41家博物馆的最经济的方式，有效期为3天——通票包括这段时间内不限次数的公共交通。

步行游览
蒙特利尔老城区的艺术和建筑

起点：圣母大教堂
终点：兵器广场
距离：2公里；2小时

兵器广场的东南方向就是 ❶**圣母大教堂**（见260页）。里面有一个十分华丽的讲道台，彩色玻璃窗呈现了与建城有关的重要事件。

沿着曾被称为加拿大华尔街的Rue St-Jacques继续前行。驻足于恢宏的 ❷**皇家银行大楼**（Royal Bank Building），观看它如同宫殿的内饰。

绕回圣母大教堂，然后沿着Rue St-Jean向下走。在Rue de l'Hôpital的拐角处，❸**刘易斯大厦**（Lewis Building）的建筑立面上雕刻着龙和面目狰狞的滴水嘴兽。该大厦是为蒸汽船公司Cunard Shipping Lines修建的。

再往前走几个街区是 ❹**Place d'Youville广场**，蒙特利尔老城区最漂亮的广场之一。1642年，第一批欧洲殖民者在这里定居。广场上有一座纪念城市建立的方尖碑。

附近是引人入胜的 ❺**卡利耶角考古学与历史博物馆**（见261页）。进去见识一下这座城市的古地基，或者去顶楼欣赏老港口的风景。

街对面是建于1836年的 ❻**旧海关大楼**（Old Customs House）。它伫立在 ❼**皇家广场**（Place Royale）前方，这个广场是早期定居点在17世纪和18世纪的市场。

沿着Rue St-Paul走下去，看看2006年竖立的青铜雕像 ❽**Les Chuchoteuses**（耳语者），它藏身在Rue St-Dizier附近的一个拐角。它是致力于复兴老城区的众多项目之一。

顺着St-Dizier向上走，然后左拐来到可爱的 ❾**Cours Le Royer**，这是一个带喷泉的宁静步行街区。北侧的过道有一扇彩色玻璃窗，上面的人物是蒙特利尔的建立者之一Jérôme Le Royer。

在Rue St-Sulpice右转，回到兵器广场。留意 ❿**纽约生活大厦**（New York Life Building），这是蒙特利尔第一栋高层建筑（1888年），共有8层。

Downtown Montréal 蒙特利尔市中心

魁北克省 蒙特利尔

mtl.com；138 Ave Atwater；◎周一至周三 7:00~18:00，周四 至19:00，周五 至20:00，周六和周日 至17:00；👤；Ⓜ Atwater）🍴 这个美妙的市场就在拉欣运河（Canal de Lachine；见272页）的河边上，供应各种令人垂涎欲滴的当地农场新鲜农产品、优质葡萄酒、外壳松脆的面包、精美奶酪和其他美味食物。市场的特色商店全年开放，户外食品摊从3月开放到10月。市场位于一座1933年建成的砖砌大厅里，大厅顶部有一个钟楼，按时发出悦耳动听的现场音乐。绿草连绵的河岸俯瞰着河流，是野餐的好地方。

◎ 皇家山高地 (Plateau Mont-Royal)

位于皇家山公园东边的这个高地是蒙特利尔最年轻、最活跃和最有艺术气氛的街区。这里最初是工薪阶层居住区，20世纪60年代和70年代，由于众多作家、歌手和其他创意群体的迁入，街区的性质也随之改变。他们中包括剧作家米歇尔·特朗布莱（Michel Tremblay），他在作品中将该地区一些多姿多彩的人物刻画得入木三分，从而让这片高地

坚定地踏上了向嬉皮世界转变的方向。

如今,这片高地比波希米亚风格更高雅,但它提质改造的方式看上去仍然很波希米亚。当你漫步穿过它那些小巷,欣赏着一幕幕特征鲜明的街景及其盘曲的楼梯、装饰性的铸铁栏杆阳台和维多利亚式屋顶,你会逐渐明白其中的缘由。

高地地区的大致范围为:北至Blvd St-Joseph,南及Rue Sherbrooke,西倚皇家山,东邻Ave de Lorimier。高地内的主要街道有Blvd St-Laurent(主街)、Rue St-Denis和Ave du Mont-Royal,街道两边的人行道上林立着一家家咖啡馆、餐厅、夜店和精品店。Rue Prince Arthur在20世纪60年代曾是蒙特利尔嬉皮士经常光临的经典街区,如今,它和Rue Duluth都因众多允许自带酒水(BYOW)的小餐馆而变得生机勃勃。

◎ 拉丁区和彩虹区 (Quartier Latin & The Village)

拉丁区是一个喧闹的街区,这个略显残破的娱乐区因为融入了法式的浮华做派

Downtown Montréal 蒙特利尔市中心

◉ 重要景点
1 蒙特利尔美术馆 C1

◉ 景点
2 加拿大建筑中心 A3
3 唐人街 G3
4 麦吉尔大学 D1
5 麦科德加拿大历史博物馆 E2
6 雷德帕斯博物馆 D1

⊜ 住宿
7 Auberge Les Bons Matins B3
8 HI-Montreal Hostel B3
9 Hotel Le Crystal C3
10 Hôtel Le Germain D2

⊗ 就餐
11 Bistro Isakaya F1
12 Boustan C2
13 Café Parvis F2
14 Ferreira Café D2
15 Kazu A2
16 Myriade B2
17 Pikolo Espresso Bar F1

⊙ 饮品和夜生活
18 Bleury Bar à Vinyle F2
19 Dominion Square Tavern D3
20 Upstairs B2

✪ 娱乐
21 Bell Centre C4

⊙ 购物
22 Cheap Thrills D1

而显得耀眼夺目。随着1893年蒙特利尔大学（Université de Montréal）的进驻，这片街区开始蓬勃发展，大学也吸引了几家颇有声望的文化机构和富有的法国资产阶级来到此地。之后，蒙特利尔大学又再次迁往皇家山以北一个更大的校园，该地区也随着大学的迁出而变得不再那么前卫、时髦，并经历了一段犯罪猖獗、备受冷落的艰难时期。不过，随着魁北克大学（Université du Québec）于1969年在此创建，这里的情况又开始有所好转。

拉丁区是各种活动的热土，尤其是在国际爵士音乐节（International Jazz Festival）、法语音乐戏剧节（Les Franco Folies；见274页）和蒙特利尔嬉笑节（Just for Laughs Festival；见274页）期间，该区那一排排挤得密密匝匝的酒吧、新潮法式小馆、音乐夜店和唱片店全天24小时都会保持活跃的状态。拉丁区的边界很明显，分别是Rue Sanguinet、Rue Sherbrooke、Rue St-Hubert和Blvd René-Lévesque。蒙特利尔老城区就在它南边，经Rue St-Denis前往那里最方便。

在过去10年左右的时间里，蒙特利尔的同性恋群体为城市东端一度贫瘠的彩虹区注入了新的活力。如今，这里已经不仅仅是一个对待同性恋群体态度友好的社区。不同信仰、不同理念的人们在Rue Ste-Catherine上擦身而过，在其咖啡馆、法式小馆和那些品味独到的小餐馆里尽享生活乐趣。这里的夜生活以其活力而著称，而到了白天，来自附近大型媒体公司的职员们又会让街道变得熙熙攘攘。夏季是最狂热的时候，因为成千上万的国际访客会聚集于此，庆祝Divers/Cité，这里一年一度的同性恋骄傲大游行。

Rue Ste-Catherine Est是彩虹区的主干道，这里还有两条分支街道，分别为西侧的Rue St-Hubert和东面的Ave de Lorimier。

◉ 小意大利区和麦尔安得社区 (Little Italy & Mile End)

高地北边生机勃勃的小意大利区洋溢着古老国度的热情与风味，这里的意式浓缩咖啡似乎更加提神，意大利面酱汁更浓郁，大厨们也更胖一些。意大利足球联赛的比赛似乎直接在Blvd St-Laurent大街上播放，而绿、白、红相间的意大利国旗也在这里骄傲地飘扬。出去逛逛，尽情感受这里的气氛，别错过了Marché Jean Talon（见289页），那里总有各种活动，一派忙碌的景象。

为了寻找相对便宜简朴的住处，大批学生和艺术家纷纷来到麦尔安得社区，并称之为"新高地"。它拥有其前辈的所有时尚元素，同时还有两家现象级的百吉饼店。Ave Laurier沿街一带有大量高档餐厅，而在位于中心区的Rue St-Viateur和Blvd St-Laurent两条街道上，也有无数越来越新潮的娱乐据点。多元文化是这里的特色——哈西德派（Hasid）犹太人与来自全欧各地的移民比邻而居，在Ave du Parc两侧那些正宗的希腊餐厅和Rue St-Urbain上那座新拜占庭风格的波兰教堂圣米歇尔教堂（Église St-Michel）就能深深体会这种不同文化之间的和谐相融。

加拿大著名小说家莫迪凯·里奇勒（Mordecai Richler）的很多小说都是以麦尔安得社区为背景，包括《学徒》（*The Apprenticeship of Duddy Kravitz*）。

⊙ 奥林匹克公园及周边 (Olympic Park & Around)

蒙特利尔曾主办1976年夏季奥运会，这为它带来了一连串景点，包括紧邻市中心东部地区的那个漂亮的植物园，经Rue Sherbrooke即可达。

植物园　　　　　　　　　　　　　花园

（Jardin Botanique；☎514-872-1400；www.espacepourlavie.ca/jardin-botanique；4101 Rue Sherbrooke Est；成人/儿童 \$20/10；◎5月中旬至9月初 9:00~18:00，9月初至次年5月中旬 周二至周日 9:00~17:00；👪；ⓂPie-IX）🍴蒙特利尔的植物园是全世界第三大植物园，仅次于伦敦邱园和柏林植物园。自1931年开放以来，这座占地75公顷的花园不断壮大，现在拥有数万个物种，分布在二十多个主题花园中，而且它的众多开花植物都得到了精心调控，实现分阶段开花。月季花圃是一道靓丽的夏日风景。气候可控的温室里种植着仙人掌、芭蕉树和1500个兰花品种。观鸟爱好者应该带上自己的双筒望远镜。

最受欢迎的主题园是景观园林日本园（Japanese Garden），其中点缀着传统亭台、茶室和画廊；这里的盆景"森林"是亚洲之外规模最大的。蒙特利尔与上海的姐妹城市关系促进了中国园（Chinese Garden）。园中来自香港的观赏盆景树已有百岁高龄。梦湖（Lac de Rêve）四周围绕着一座明式特色花园。在植物园的北部，你会找到弗雷德里克树木亭（Frédérick Back Tree Pavilion），这座介绍生命的常设展厅位于占地40公顷的树木园中。展品包括黄桦，它是魁北克官方徽章的一部分。第一民族园（First Nations Garden）介绍了11个美洲印第安和因纽特民族与本土植物的密切联系，如银桦、枫树、拉布拉多杜香茶（Labrador）和茶等。主建筑中的兰花礼品商店（Orchidée Gift Shop）有很多美妙的商品，包括手工制作的珠宝和工艺品，填充动物玩具和插图精美的书。

秋天的时候（9月中旬至11月初），中国园会换上最精美的装扮，迎来极受欢迎的异彩灯笼节（Magic of Lanterns），届时会有数百个手工制作的丝绸灯笼在暮色中闪烁。

在甲虫形状的昆虫馆（Insectarium），令人头皮发麻的小爬虫备受青睐。25万件展品中的大多数是标本，但活体展品包括蜜蜂和狼蛛（tarantulas）。

门票价格含各个花园、温室和昆虫馆。

生态馆　　　　　　　　　　　　　博物馆

（Biodôme；☎514-868-3000；www.espacepourlavie.ca；4777 Ave du Pierre de Coubertin；成人/儿童 \$20/10；◎6月末至9月 9:00~18:00，一年的其余时间9:00~17:00；👪；ⓂViau）在这个儿童友好的迷人展馆里，你可以在一片热带雨林中漫步，探索南极岛屿，观赏连绵起伏的林地，认识圣劳伦斯湾的海洋生物，或者沿着原生态的大西洋海滨徜徉——所有这些都不需要离开这栋建筑。记得要多层穿衣，因为各个展区温度差异较大。这五个生态系统包括成千上万个动植物物种；按照自导览环形路线参观，你就能看到所有展品。

天文馆　　　　　　　　　　　　　地标

（Planétarium；☎514-868-3000；www.espacepourlavie.ca；4801 Ave du Pierre de Coubertin；成人/儿童 \$20/10；◎周日、周二和周三 9:00~17:00，周四至周六 至20:00；ⓂViau）天文馆2013年正式开放，这些未来主义风格的金属建筑为蒙特利尔带来了一抹宇宙色彩，这要归功于两座高科技穹顶剧场和充满互动性的外太空展览。两座圆形剧院拥有略微不同的布局和内容：银河剧场（Milky Way Theatre）更加传统，有舒适的座椅和令人大开眼界的外部空间简介的影片，而混沌剧院（Chaos）有懒人沙发和阿迪伦达克椅（Adirondack chair，宽木条制成的户外沙

The Plateau, Quartier Latin & The Village
皇家山高地、拉丁区和彩虹区

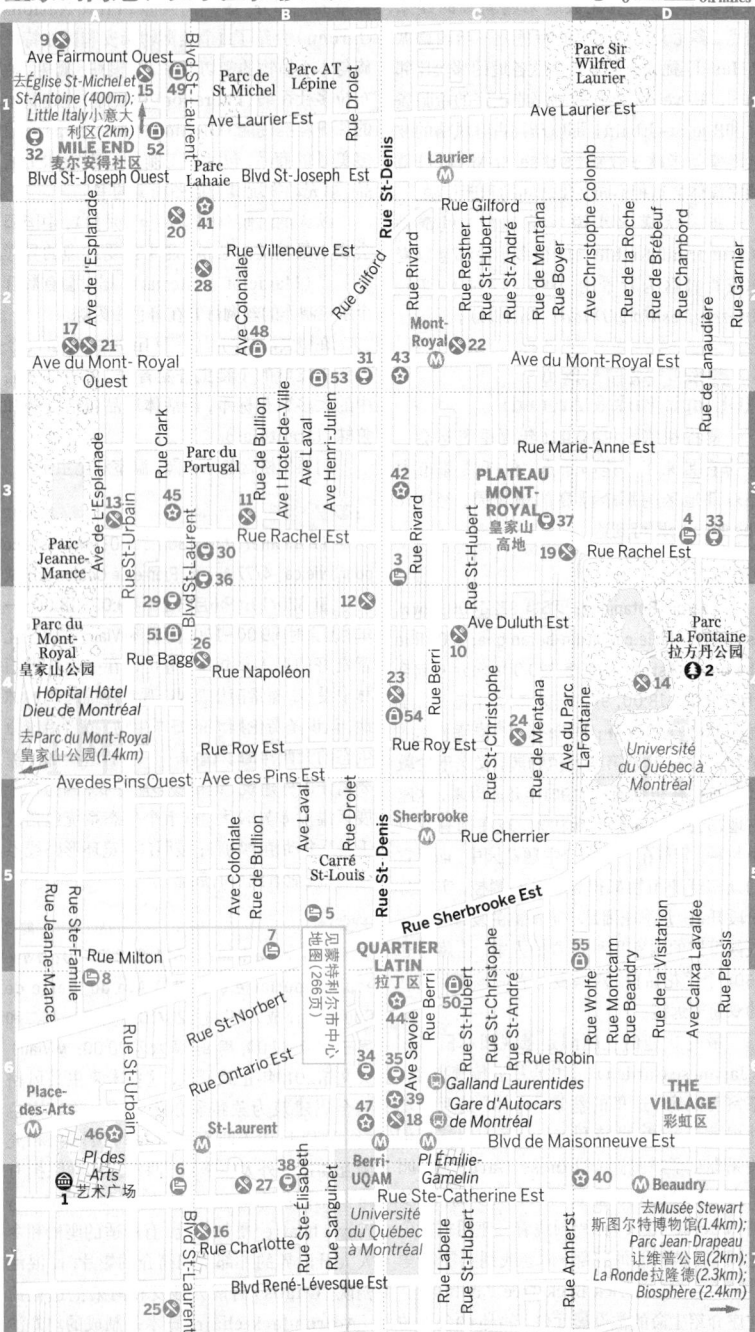

魁北克省 蒙特利尔

The Plateau, Quartier Latin & The Village
皇家山高地、拉丁区和彩虹区

◎ 景点
1 当代美术馆	A7
2 拉方丹公园	D4

住宿
3 Anne Ma Soeur Anne	C3
4 Auberge De La Fontaine	D3
5 Gingerbread Manor	B5
6 L' Abri du Voyageur	A7
7 Le Gîte du Plateau Mont-Royal	B5
8 Trylon Apartments	A6

◎ 就餐
9 Arts Cafe	A1
10 Au Pied de Cochon	C4
11 Cafe Névé	B3
12 Chu Chai	B4
13 Crudessence	A3
14 Espace La Fontaine	D4
15 Fairmount Bagel	A1
16 Foodlab	B7
17 Hà	A2
18 Juliette et Chocolat	C6
19 La Banquise	C3
20 La Sala Rosa	A2
21 Le Filet	A2
22 Les Folies	C2
23 L' Express	C4
24 L' Gros Luxe	C4
25 Mai Xiang Yuan	A7
26 Moishe's	B4
27 Ong Ca Can	B7
28 Robin des Bois	B2

饮品和夜生活
29 Barfly	A4
30 Big in Japan	B3
31 Bily Kun	B2
32 La Buvette Chez Simone	A1
33 Le Lab	D3
34 Le Saint Sulpice	B6
35 L' Île Noire	C6
36 Majestique	B3
37 Pub Pit Caribou	C3
38 Pub Ste-Élisabeth	B7

◎ 娱乐
39 Bistro à Jojo	C6
40 Cabaret Mado	D7
41 Casa del Popolo	B2
42 Dièse Onze	C3
Foufounes Électriques	(见27)
43 La Rockette	C2
44 Le 4e Mur	C6
45 Le Divan Orange	A3
46 蒙特利尔交响乐团	A6
47 圣丹尼斯剧场	B6

◎ 购物
48 Artpop	B2
49 Au Papier Japonais	A1
50 Aux Quatre Points Cardinaux	C6
51 Friperie St-Laurent	A4
52 Jet-Setter	A1
53 Le Port de Tête	B2
54 Librairie Planète BD	C4
55 圣雅克市场	D5

魁北克省

蒙特利尔

发),并对宇宙进行更富哲学意味的观察。

◎ 让维普公园 (Parc Jean-Drapeau)

让维普公园(www.parcjeandrapeau.com; P🅿️🅿️)占据着大获成功的1967年世界博览会的会址,由两个被圣劳伦斯河环绕的岛屿组成:圣海伦岛(Île Ste-Hélène)和圣母岛(Île Notre-Dame)。尽管自然风光是公园的主要魅力所在,但它也容纳了一座跟拉斯维加斯赌场大小相当的赌场、一条一级方程式赛车道和一座古老的要塞博物馆。夏季,公园在让维普地铁站附近还设有一个信息亭(☎514-872-6120; ◷周一至周五 8:30~17:00)。

自驾游客可经雅克卡蒂埃桥(Pont Jacques Cartier)前往圣海伦岛,或经孔科尔德桥(Pont de la Concorde)前往圣母岛。渡轮(见325页)可将行人和自行车从老港口运送至公园。自行车骑手和直排轮滑爱好者可按照指向阿弗尔城(Citédu Havre)的路标所示前往公园,然后沿着拉欣运河(见272页)自行车道前往圣母岛。

777路公共汽车(Casino)和767/769路公共汽车(La Ronde)往返于两座岛屿之间。

拉隆德 游乐场

(La Ronde; ☎514-397-2000; www.laronde. com; 22 Chemin Macdonald; 成人/儿童 $64/47;

不要错过

皇家山公园

蒙特利尔人很为他们的这座"山"骄傲，它和纽约中央公园都是设计师弗雷德里克·劳·奥姆斯特德（Frederick Law Olmsted）的作品。皇家山公园（Parc Du Mont-Royal; ☏514-843-8240; www.lemontroyal.qc.ca; ♿）是一个占地面积广大的游戏场，绿荫如盖，是骑自行车、慢跑、骑马、野餐以及冬季玩越野滑雪和平板雪橇的完美地点。在天气晴好的日子，从孔迪亚龙克观景台或东观景台（Observatoire de l'Est）都可看到壮观的全景风光。前者附近有座古老而宏伟的石头别墅——皇家山小屋（Chalet du Mont-Royal），夏季会有一些著名乐队在里面举办音乐会；而后者则是情侣幽会的热门地点。

两个观景台之间步行约需30分钟。途中你会看到那座40米高的地标——蒙特利尔十字架纪念碑（Cross of Montréal; 1924年落成），晚上纪念碑会被灯光照亮。它是为纪念这座城市的创建者迈松纳夫而修建的。1643年，为感谢上帝让他那个初具规模的村庄在洪水中幸免于难，他曾单枪匹马地将一个木头十字架扛上山来。

⏲时间不定；🅿♿）作为魁北克省最大的游乐场，拉隆德拥有一连串令人难忘的骑乘娱乐设施，包括全世界最高的双层木结构过山车"怪兽"（Le Monstre），以及转弯时让人翻肠倒肚的螺旋过山车"吸血鬼"（Le Vampire）。如果想体验不那么刺激的娱乐设施，这里还有个摩天轮（Ferris wheel）以及一列设计温和的单轨小火车，从上面可看到河流与城市的风景。

斯图尔特博物馆 _{博物馆}

（Musée Stewart; ☏514-861-6701; www.stewart-museum.org; 20 Chemin du Tour de l'Île; 成人/儿童 $10/免费; ⏲周二至周日 10:00~17:00; ♿）这座博物馆位于古老的英军兵工厂要塞内（19世纪时曾有驻军），经过了漂亮的翻修，馆内的常设展区历史和记忆（History and Memory）陈列着很多加拿大的历史文物。夏天的时候，还有演员穿着18世纪的军服表演阅兵式；登录网站查看更多细节。

蒙特利尔赌场 _{赌场}

（Casino de Montréal; ☏514-392-2746; http://casinos.lotoquebec.com; 1 Ave du Casino; ⏲24小时; 🅿; Ⓜ Jean-Drapeau，然后转乘777路公共汽车）蒙特利尔赌场于1993年开门营业，其所在建筑原是1967年世博会的法国馆，一开业立即大受欢迎（并获利颇丰），几乎马上就开始了扩建。它至今仍是加拿大最大的赌场，在2013年完成了为期4年、耗资3亿加元的大改造后焕然一新，设计十分时尚。

67号住宅区 _{著名建筑}

（Habitat 67; www.habitat67.com; Ave Pierre Dupuy）为保护港口免受湍急水流与浮冰的破坏，人们建造了一座名为勒阿弗尔城（Cité-du-Havre）的人工半岛。1967年，当时23岁的建筑师摩西·萨夫迪（Moshe Safdie）在此为世博会设计了一系列方形模块组成的极具未来感的自有产权公寓——从远处看，它们像是细盐在显微镜下的特写。这片狭长的土地通过孔科尔德桥连接圣海伦岛和蒙特利尔老城区。

蒙特利尔其他地区 (Elsewhere in Montréal)

拉欣位于西郊，拥有独特的历史文化、建筑和氛围，很值得前去游览一番。这里游客不多，但它却揭示了蒙特利尔的部分起源和文化。宏伟的圣安娜（St-Anne）女修道院和市政厅都位于Blvd St-Joseph街道上，它们的后面有众多小巷，是闲逛的好地方。

拉欣运河 _{运河}

（Canal de Lachine; ♿ 免费）拉欣运河建成于1825年，以便绕过圣劳伦斯河上湍急的拉欣激流。如今，这里完美地集合了城市基础设施和公共绿色空间：一条长14公里的自行车和徒步小道，还有许多野餐区和户外空间。自从运河在2002年重新开通航运以来，常有三三两两的娱乐和观光船在它平静

拉欣皮草交易国家历史遗址 古迹

（Fur Trade at Lachine National Historic Site; www.pc.gc.ca; 1255 Blvd St-Joseph; 成人/儿童 $4/2; ◎5月末至9月初 10:00~17:00; ⓟ195; MAngrignon）这座建于1803年的石砌仓库如今是一座迷人的小博物馆，讲述着加拿大皮草交易的历史。哈得孙湾公司（Hudson Bay Company）选择拉欣作为其皮草交易的中心，是因为激流令船只无法航行得更远。现在，参观者可以观看皮毛陷阱和猎人下套使用的古老装备，还有装扮成猎人的讲解员展示原住民是如何搬运大包货物和独木舟的。

🚶活动

骑自行车与直排轮滑

蒙特利尔是自行车骑行者的乐园。最近，相关部门在市中心又设立了300多个Bixi太阳能自助租车站点，使得任何人都可轻松享受城市里长达500多公里的自行车道和轮滑道。如果你正在计划一次历时较长的骑行之旅，那么最好前往租车店，那里有更多的自行车和地图可供选择。

有一条与拉欣运河平行的热门路线，全长14.5公里，从蒙特利尔老城区开始，沿途经过诸多历史景点。道路两旁有很多野餐桌。因此，出发前不妨到MarchéAtwater市场去采购一些美味的食物。

在圣母岛上，平坦的吉尔斯·维伦纽夫赛道（Circuit Gilles Villeneuve）是另一条很酷的车道。它从4月中旬到11月中旬向所有人免费开放——但6月中旬加拿大一级方程式赛车大奖赛期间除外。

Ça Roule Montréal 自行车

（见262页地图; ☎514-866-0633; www.caroulemontreal.com; 27 Rue de la Commune Est, Old Port; 自行车每小时/天 $8/30, 直排轮滑 第1个小时/每增加1小时 $9/4; ◎9:00~19:00, 冬季开放时间缩短; MPlace-d' Armes）位于老港口附近，有多种自行车、直排轮滑、备用配件可供选择，并有一个不错的修理店。每套出租装备都包含车锁、头盔、修车工具套装和骑行地图。你还可以租到儿童自行车、双人前后座自行车和带童座拖斗的自行车。

Bixi 自行车

（☎514-789-2494; http://montreal.bixi.com; 基本费用 每30分钟/1天 $3/5; ◎4月中旬至10月 24小时）🚲在全城各处共设有400多个取车和还车点，每隔几个街区就有一个，并遍布城区的主要景点。

Vélopiste Jacques-Cartier/Portneuf 自行车

（☎418-337-7525; www.velopistejcp.com）🚲这条68公里长的自行车道在苍翠的乡村风景中穿行，从前是连接St-Gabriel-de-Valcartier和Rivière-à-Pierre的一条铁路线。它通过另一条铁路改造的自行车道——22公里长的Corridor des Cheminots——与魁北克市的市中心相连。（顺便提一下，自行车爱好者也可以从蒙特利尔坐火车抵达这条自行车道; VIA Rail每周有三列火车从蒙特利尔开往Rivière-à-Pierre，这条线路最西端的终点站。）

滑冰

河狸湖 滑冰

（Lac des Castors; Parcdu Mont-Royal; 门票免费, 冰鞋出租每2小时 $8.50; ◎天气允许时 周日至周四 9:00~21:00, 周五和周六 至22:00）露天滑冰的绝好去处——它就隐藏在一个大型停车场和亭子附近的树林中间。

Patinoire du Bassin Bonsecours 滑冰

（见262页地图; Parc du Bassin Bonsecours, Old Port; 成人/儿童 $7/4, 冰鞋出租 $9; ◎12月至次年3月初 周一至周三 10:00~21:00, 周四至周六 至22:00; ⓟ14; MChamp-de-Mars）它是蒙特利尔最热门的露天滑冰场之一，位于圣劳伦斯河岸边，毗邻Pavilion du Bassin Bonsecours。

其他活动

MTL Zipline 探险运动

（见262页地图; ☎514-947-5463; https://mtlzipline.com/en; 363 Rue de la Commune Est; 成人/儿童 $20/17起; ◎5月至10月 11:00~21:00）这个城市飞索设施可以让你从老港口上空掠过——或者在"Quick Jump"（基本上就是蹦极）项目中感受老港口以令人恐惧的速度迎面扑来。只接受12岁及以上的客人。

Plage des Îles *海滩*

(Île Notre-Dame; 成人/儿童 $9/4.50; ⊙6月中旬至8月末 每天10:00~19:00, 8月末至9月初 周六至周一 正午至19:00; MJean-Drapeau, 然后转乘767路公共汽车) 在温暖的夏日, 这个人工沙滩可以容纳5000名晒太阳和游泳的人。这里很安全、干净, 适合儿童; 现场有野餐设施和供应啤酒的小吃吧台。还可租赁脚踏船、独木舟和皮划艇。

团队游

Le Petit Navire *划船*

(见262页地图; ☎514-602-1000; www.lepetitnavire.ca; Quai Jacques-Cartier; 45分钟团队游 每名成人/儿童 $20/9, 2小时团队游 $26/19; ⊙5月中旬至10月中旬10:00~19:00; MChamp-de-Mars) 除了可以让你自己划船外, 这家机构还提供蒙特利尔最生态环保的乘船游。电力驱动的Le Petit Navire号噪声很小, 每小时1班, 全程45分钟, 载着乘客在老港口区域周围游览。同样有趣的是沿着拉欣运河溯流而上的1.5小时游览 (周五、周六和周日的11:30从雅克·卡蒂埃码头出发, 14:00从Marché Atwater出发)。

Le Bateau Mouche *划船*

(见262页地图; ☎514-849-9952; www.bateaumouche.ca; 1小时团队游 成人/儿童 $25/13, 1.5小时团队游 成人/儿童 $29/15; ⊙60分钟团队游 5月至10月 11:00、14:30、16:00和17:30, 90分钟团队游 5月至10月 12:30) 这艘带有玻璃屋顶、不受气候影响的游船非常舒适, 带领乘客漫游老港口和让维普公园, 还提供讲解服务。另有晚餐游船团队游。提前打电话预订并确保在出发前15分钟登船。

Guidatour *步行*

(见262页地图; ☎514-844-4021; www.guidatour.qc.ca; 成人/儿童 $25/14; ⊙既定团队游4月至11月 周六和周日和6月至10月 每天, 私人团队游全年) Guidatour营业已经超过三十年, 专业的双语导游会用逸闻趣事和传说描绘蒙特利尔老城区多姿多彩的历史。他们还提供美食团队游, 以及12月的"蒙特利尔老城区圣诞秘密"团队游。

★ 节日和活动

冰雪节 *冬季节日*

(Fête des Neiges; www.parcjeandrapeau.com; ⊙1月底至2月初) 在蒙特利尔的冰雪节上会有冰雕比赛、狗拉雪橇比赛和雪地游戏, 还会有扮装角色, 如名为"雪球"(Boule de Neige) 的北极熊吉祥物。在1月底和2月初的连续3个周末举行。

蒙特利尔灯光艺术节 *文化节*

(Montréal en Lumière; www.montrealenlumiere.com; ⊙2月末/3月初) 蒙特利尔灯光艺术节有助于消除冬末的阴郁, 它就像是一个在冬天举办的狂欢节, 有音乐会、展览和烟火表演。艺术广场会变成一个彩灯璀璨的露天游乐场, 有摩天轮和飞索。大多数活动在市中心举办。

法语音乐戏剧节 *文化节*

(Les FrancoFolies; www.francofolies.com; ⊙6月底) 这个国际法语音乐和戏剧节每年举行一次, 聚焦于当今最著名的明星和冉冉升起的新星。文化节举办10天以上。

蒙特利尔国际爵士音乐节 *音乐节*

(Festival International de Jazz de Montréal; www.montrealjazzfest.com; ⊙6月底至7月初) 长达11天, 它让蒙特利尔市中心的心脏地带回荡着爵士乐和蓝调的音乐声。音乐节期间总共会举办650场音乐会, 大多数都在户外举行, 而且免费。

蒙特利尔嬉笑节 *喜剧节*

(Just for Laughs Festival; www.hahaha.com; ⊙7月) 在长达两周的国际嬉笑节期间, 在蒙特利尔将有数百场演出, 令人眼花缭乱、欢笑不断, 其中包括在拉丁区举行的一些免费演出。

蒙特利尔同性恋骄傲周 *LGBT节日*

(Montréal Pride; ☎514-903-6193; www.fiertemontrealpride.com) 蒙特利尔的同性恋骄傲周, 包括每年8月举办的蒙特利尔LGBTA游行, 届时会吸引数万人参加。

黑蓝节 *LGBT节日*

(Black & Blue Festival; ☎514-875-7026;

www.bbcm.org）这是蒙特利尔最大的同性恋活动之一，有盛大的舞蹈派对以及文化和艺术秀，所有一切都发生在10月的第二周。

住宿

蒙特利尔的住宿条件包括多种多样的房间和风格。虽然价格并不特别便宜，但按照国际标准也算合理——与多伦多或温哥华这样的加拿大城市相比就更合理了。法式和维多利亚风格的旅馆和独立酒店适合多种预算水平。

蒙特利尔老城区

Auberge Alternative 青年旅舍 $

（见262页地图；514-282-8069；www.auberge-alternative.qc.ca；358 Rue St-Pierre；铺含税 $27~30，房间 $75~85；@令；MSquare-Victoria）这家气氛休闲、略带波希米亚风格的青年旅舍位于老港口附近，附设一个迷人的咖啡馆兼餐厅，你可以在那里和其他旅行者打成一片，或者享用一顿有机早餐（另收$5）。客人住在带有彩绘的整洁宿舍里，宿舍里是上下铺，有4至20人间。有一个洗衣房，没有宵禁政策。

★ **L Hotel** 精品酒店 $$

（见262页地图；514-985-0019；www.lhotelmontreal.com；262 Rue St-Jacques Ouest；双 $170~280；P※令；MSquare-Victoria）L Hotel位于一座华丽的1870年建筑中，十分吸引艺术爱好者。这家酒店是Guess牛仔裤的创始人乔治·马西昂（Georges Marciano）在2010年开设的，房间和公共区域摆满了伟大的艺术作品。这里汇聚了安迪·沃霍尔（Andy Warhol）、罗伊·利希滕斯坦（Roy Lichtenstein）、弗兰克·斯特拉（Frank Stella）和其他几十位著名艺术家的原作，你的客房里可能就有一件这样的作品。

★ **Hôtel Nelligan** 精品酒店 $$$

（见262页地图；514-788-2040，877-788-2040；www.hotelnelligan.com；106 Rue St-Paul Ouest；双 $238起；P※@令；MPlace-d'Armes）蒙特利尔老城区的这家美丽的酒店位于两座经过修复的建筑中，酒店的名字是为了纪念魁北克的著名悲剧诗人埃米尔·奈利冈（Émile Nelligan）。酒店既拥有原建筑细节（如裸露的砖石结构），也有豪华设施（鸭绒被、高端洗浴用品，部分房间还有按摩浴缸）。豪华酒吧兼餐厅Verses就在隔壁，那有一个非常棒的屋顶露台，名叫Terrasse Nelligan。

★ **Hôtel Gault** 精品酒店 $$$

（见262页地图；866-904-1616，514-904-1616；www.hotelgault.com；449 Rue Ste-Hélène；房间$230起；P※@令；MSquare-Victoria）这家酒店有30个宽敞的房间，为客人带来美感和舒适。部分房间有可爱的19世纪的建筑细节，如裸露的砖墙或石墙，不过酒店大部分采用的是时尚的当代设计。房间有极为舒适的床、符合人体工学的椅子、高高的天花板、巨大的窗户和一尘不染的浴室（部分房间有双人浴缸），浴室的地砖下还装有地暖。

Auberge du Vieux-Port 精品酒店 $$$

（见262页地图；888-660-7678；www.aubergeduvieuxport.com；97 Rue de la Commune E；房间 $200~430；P※令；MChamp-de-Mars）这家风格十足的精品酒店坐落在一座建于1882年的货栈里，拥有裸露的砖墙或石墙、木梁、铸铁床、高端家具（偶见古董），以及俯瞰水滨的大窗户。想要更多空间和私密性的话（一个厨房，多个房间），你可以预订一个它的极简主义**loft公寓**（见262页地图；514-876-9119；www.loftsduvieuxport.com；公寓 $190~300；※），这些公寓位于附近一栋单独的建筑中。

市中心

Trylon Apartments 公寓 $

（见270页地图；877-843-3971，514-843-3971；www.trylon.ca；3463 Rue Ste-Famille；公寓 每天/周/月 $99/546/1560起；P※令※；MPlace-des-Arts）位于现代高层建筑中的Trylon Apartments豪华舒适，可与高端酒店相媲美，而价格便宜得多。小开间（36平方米）和单卧公寓（51平方米）都配备了现代化的家具设施和小厨房，客人可以使用室内游泳池、桑拿、健身房和屋顶露台。部分房间有阳台。

HI-Montreal Hostel 青年旅舍 $

（见266页地图；514-843-3317，866-843-

孩子们的蒙特利尔

蒙特利尔有许多适合小游客的景点。根据不同季节,你们可以去划船、骑车和轮滑,或者去游乐园体验直冲云霄的刺激。在天气温暖的时候,皇家山公园和各个社区公园都是野餐和开展无拘无束的户外活动的好地方。

儿童友好型博物馆

➡ 孩子们会爱上**生态馆**(见269页),这是一座庞大的室内动物园,有森林、河流以及海洋生物栖息地。

➡ 看看植物园的昆虫馆(见269页),那里的250,000件标本要么爬来爬去,要么做成了静态标本供人参观。

➡ 到**天文馆**(见269页)领略宇宙的奥秘,那里有穹顶剧场和关于太空的互动展览。

➡ 带上你的孩子去引人入胜的太空中心 **Cosmodôme**(✆450-978-3600; www.cosmodome.org; 2150 Autoroute des Laurentides; 成人/家庭/学生/7岁以下儿童 $15/40/12/免费; ⊙6月末至9月初9:00~17:00, 一年中的其他月份 10:00~17:00; ◻61或70; ⓂMontmorency),参加一场前往火星的视觉之旅。

➡ 在**加拿大火车博物馆**(Musée Ferroviaire Canadien; ✆450-632-2410; www.exporail.org; 110 Rue St-Pierre/Rte 209, St-Constant; 成人/儿童 $18/9; ⊙7月至9月10:00~18:00, 其他月份开放时间不定; ◻),有各种各样的火车——静止的,运动的,新车型和老式的,别说孩子了,大人也会兴奋的。

3317; www.hostellingmontreal.com; 1030 Rue Mackay; 铺 $30~45, 房间 $55~110; ✷@⍾; ⓂLucien-L' Allier)这家青旅很大且设施齐全,有维护良好的明亮宿舍房(所有宿舍都有空调),可住4至10人,此外还有几个有独立卫浴的私人房。房间较小,可能感觉有些局促(取决于你同宿舍的伙伴)。充满活力的工作人员会组织每日活动和外出(酒吧串游、自行车团队游、一日游),一楼还有一个气氛活泼的咖啡馆兼酒吧。

Le Gîte du Plateau Mont-Royal   青年旅舍 $

(见270页地图; ✆877-350-4483, 514-284-1276; www.hostelmontreal.com; 185 Rue Sherbrooke Est; 铺/双/标三 公共卫浴 $20/62/84起; @⍾; ⓂSherbrooke)这家青旅很受欢迎,位于皇家山高地的南端,市中心的西部边缘。这里拥有你期望的所有青旅特色(厨房、洗衣房和休息室),不过房间和设施都很基础。工作人员友好,屋顶露台和公共休息室是遇见其他旅行者的好地方。

Auberge Les Bons Matins   精品酒店 $$

(见266页地图; ✆514-931-9167; www.bonsmatins.com; 1401 Ave Argyle; 房间 $130~210; ✷⍾; ⓂLucien-L' Allier)房间宽敞,酒店还有美丽的艺术品、硬木地板、砖墙和美味的早饭。无电梯的公寓房间分布在气派的传统联排房屋中,酒店位置方便,就在市中心的边缘。

L' Abri du Voyageur   酒店 $$

(见270页地图; ✆866-302-2922, 514-849-2922; www.abri-voyageur.ca; 9 Rue Ste-Catherine Ouest; 房间 $100~165; P✷⍾; ⓂSt-Laurent)位于Rue Ste-Catherine的一个声名狼藉的路段上,但是如果你没有被附近的性俱乐部(这里没有双关)吓走的话,你就能享受到干净、温馨的房间,房间里有裸砖墙、木地板和舒适的家具。

★ Hôtel Le Germain   酒店 $$$

(见266页地图; ✆514-849-2050, 877-333-2050; www.germainmontreal.com; 2050 Rue Mansfield; 房间$255起; P✷⍾; ⓂPeel)这家酒店极具风格,豪华客房里有红木装饰(床头板、木质百叶窗)、奶油色的墙壁、纱帘和充满艺术气息的照明。你会找到所有物质享受,

➜ 前往**斯图尔特博物馆**（见272页），在一座古老的英军兵营里看超大尺寸的大炮、士兵列队表演和穿着旧时服装的导游。

户外乐趣

➜ 在魁北克省最大的游乐园**拉隆德**（见271页），孩子们可以获得许多兴奋刺激的体验——某些晚上还有烟火表演。对孩子们来说，位于市中心的庞大的**皇家山公园**（见272页）在冬季尤其有趣，有平底雪橇、滑雪、雪鞋行走和滑冰等活动。**拉方丹公园**（Parc La Fontaine；见277页地图；Rue Sherbrooke Est和Ave du Parc La Fontaine交叉路口；☉6:00至午夜；🚻🐕；MSherbrooke）很适合悠闲随意的户外漫步，公园就坐落在熙熙攘攘的皇家山高地的边缘。或者尝试**圣雅克角自然公园**（Parc Nature du Cap-St-Jacques；📞514-280-6871；20099 Blvd Gouin Ouest, Pierrefonds；门票$9；☉6月至8月10:00~18:00，9月至次年5月10:00~17:00；P🚻；🚌69；MHenri-Bourassa）这座青翠的公园里有徒步小道、一片沙滩、一个枫糖小屋和一座运转中的农场。

现场表演

➜ 闻名世界的**太阳马戏团**（见287页）在能量满满的夏季演出中结合了舞蹈、戏剧和马戏。它会让孩子们兴奋不已，而且适合所有年纪的人。

➜ 全年不断的娱乐演出在**TOHU**（📞888-376-8648, 514-376-8648；www.tohu.ca；2345 Rue Jarry Est；导览游 $7；☉周一至周五 9:00~17:00；Md'Iberville，然后换乘94路公共汽车）上演，它是位于St-Michel区的一个圆形剧场。

例如鹅绒被、iPod基座音响和大花洒淋浴；浴室有点不拘一格，一面大窗户朝着房间内部。（高级房只有淋浴。）

Hotel Le Crystal 精品酒店 $$$

（见266页地图；📞514-861-5550；www.hotellecrystal.com；1100 Rue de la Montagne；套$259起；P❄🛜🏊；MBonaventure）若想在住宿方面挥霍一番，这家套房精品酒店是个好地方。商务休闲风格的房间可以俯瞰城市美景，客房围绕着一个大厅，大厅装饰得像是个现代艺术展馆。要想充分享受酒店的豪华设施，还可以在游泳池将城市天际线尽收眼底。

🏨 皇家山高地

Auberge De La Fontaine 旅馆 $$

（见270页地图；📞514-597-0166, 800-597-0597；www.aubergedelafontaine.com；1301 Rue Rachel Est；房间 $122~197，套 $237起；P❄🛜；MMont-Royal）这家可爱的旅馆坐落在拉方丹公园（Parc La Fontaine；见277页）的边缘地带，房间床铺舒适，气氛活泼，点缀着一些艺术品。标准间有些小，而最好的房间可以欣赏到公园的景色。宽敞的套房还有在房间里的按摩浴缸。小冰箱里有免费的零食，这是很贴心的小细节点。还有轮椅可达的房间。

Gingerbread Manor 民宿 $$

（见270页地图；📞514-597-2804；www.gingerbreadmanor.com；3445 Ave Laval；房间 不带/带浴室 $110/130起；P🛜；MSherbrooke）这个迷人的民宿位于树木茂密的圣路易斯广场（Carré St-Louis）附近，店主会在这里热情欢迎你的到来。房屋本身是修建于1885年的气派的三层联排别墅，有飘窗、装饰细节和一个与其相连的马车库。优雅的房间——总共有5个——都有独特的装修风格（只有一个房间有独立浴室，其他房间共用一个）。

Anne Ma Soeur Anne 酒店 $$

（见270页地图；📞514-281-3187；www.annemasoeuranne.com；4119 Rue St-Denis；房间 $87~220；P❄🛜；MMont-Royal）这些设施齐全的时尚小开间是皇家山高地的一处难得的住宿选择。它们很适合短期或长期逗留；每个小开间都有带微波炉和炉子的"微型厨房"、工作空间和宜家风格的内嵌家具。最便宜的房间有点局促而且床垫有些薄；其他房间有私人露台，其中一些俯瞰着荫凉的后院。

早餐时分会有羊角面包送到你的门口。噪音会是个问题；要花园一侧的房间，不要临街的房间。

就餐

蒙特利尔是北部最棒的美食目的地之一。你会在这里找到各种各样出色的佳肴，包括经典的法式烹饪、丰盛的魁北克大菜和来自八十多个民族的无数风味餐厅。如今的高级料理（haute cuisine）既可能出自魁北克烹饪学院（Académie Culinaire du Québec）毕业生之手，也同样有可能是才华横溢的非洲、日本或印度年轻大厨的手艺。

蒙特利尔老城区

Titanic 三明治 $

（见262页地图；514-849-0894；www.titanicmontreal.com；445 Rue St-Pierre；三明治约$10；周一至周五 8:00~16:00；Square-Victoria）午休时分，上班族们从蒙特利尔老城区的四面八方一路小跑来到这里逼仄的地下室房间里，只为这里的三明治。菜式品种繁多，包括烤蔬菜配羊乳酪、烟熏鲑鱼配烤甜椒或烤牛肉配山葵。沙拉、汤、乳蛋饼和开胃什锦小吃（antipasto misto）都很不错，是很受欢迎的外带食品。

Mai Xiang Yuan 中国菜 $

（见270页地图；514-875-1888；1082 Blvd St-Laurent；主菜 $6~10；11:00~21:00；Place-d'Armes）这是家不起眼的街边小店，它厨房供应的煎饺和蒸饺仿佛令人尝到了天堂的滋味，你很难在蒙特利尔找到更好的饺子了。每盘饺子有15个，馅料多种多样，从羊肉大葱馅到猪肉韭菜馅都有，还有为素食者准备的西红柿鸡蛋馅。

★ Olive + Gourmando 咖啡馆 $$

（见262页地图；514-350-1083；www.oliveetgourmando.com；351 Rue St-Paul Ouest；主菜 $10~17；周二至周六 8:00~17:00；Square-Victoria）这家面包房兼咖啡馆以老板的两只猫的名字命名，热腾腾的帕尼尼、分量十足的沙拉和酥脆的烘焙食品让它成了城里的传奇。绝佳之选包括融化山羊奶酪帕尼尼配焦糖洋葱、令人堕落的奶酪通心粉，以及"the Cubain"（一款含有火腿、烤猪肉和格鲁耶尔干酪的三明治）。

Le Serpent 意大利菜 $$

（见262页地图；514-316-4666；www.leserpent.ca；257 Rue Prince；主菜 $13~35；周一至周三 17:45~22:30，周四和周五 至23:00，周六 17:00~23:00；Square-Victoria）这个经过翻修的工厂挨着**Fonderie Darling**（见262页地图；514-392-1554；www.fonderiedarling.org；745 Rue Ottawa；$5，周四免费；周三和周五至周日正午 至19:00，周四至22:00；Square-Victoria）艺术空间，弥漫着浓浓的工业风，吸引了许多科技行业的创意人才前来就餐。菜单上包括各种有趣的意大利调味饭和意大利面（如圆管面配脆皮油封猪肉），还有几种精心烹制的海鲜和肉类菜肴（小牛里脊配意式奶酪饺子）。此外，还有不重样的每日特色菜。

★ Barroco 各国风味 $$$

（见262页地图；514-544-5800；www.barroco.ca；312 Rue St-Paul Ouest；主菜 $28~41；18:00~22:30，周五和周六 至23:00；Square-Victoria）小巧舒适的Barroco有美丽的石墙和摇曳的烛光，摆盘精美的烤鸭、炖小牛排和烤鱼。菜品不多（只有六道左右的主菜和数量相当的前菜），但没有一道会让你失望——海鲜和西班牙香肠饭尤为出色。

Toqué! 法国菜 $$$

（见262页地图；514-499-2084；www.restaurant-toque.com；900 Pl Jean-Paul-Riopelle；主菜 $46~55；周二至周五 11:30~13:45，周二至周四 17:30~22:00，周五和周六 至22:30；Square-Victoria）大厨Normand Laprise选用当地农场的食材研发出的创意菜谱，赢得了食客们的热烈评价。明亮、宽阔的餐厅有高高的天花板和活泼的配色，玻璃封闭的酒窖中悬挂起来的酒瓶若隐若现。包含3道菜的赏味套餐（menu dégustation, $120）是蒙特利尔饮食的制高点——享用这顿大餐需要预留出3个小时。

Garde-Manger
各国风味 $$$

（见262页地图；☎514-678-5044；www.crownsalts.com/gardemanger；408 Rue St-François-Xavier；主菜 $34~40；⊙周二至周日 17:30~23:00；MPlace-d'Armes）自从2006年开业以来，Garde-Manger的名声几乎从未减退。这家小小的烛光餐厅同时吸引了当地追随者和外地美食爱好者来此享用龙虾调味饭、牛小排、小母鸡酿鹅肝酱和黑板上其他不重样的特色菜。

🍴 市中心

Kazu
日本菜 $

（见266页地图；☎514-937-2333；http://kazumontreal.com；1862 Rue Ste-Catherine Ouest；主菜 $10~17；⊙周日、周一和周三至周五 正午至15:00，周三至周一 17:30~21:30；MGuy-Concordia）老板Kazuo Akutsu开在康考迪亚中国城（Concordia Chinatown）的这家街边小馆人气超旺，客人排着长队在这里等待日式煎饺（gyoza）、拉面和非常棒的创意菜品，例如48小时猪肉。做好心理准备：店内空间狭小。

Satay Brothers
亚洲菜 $

（☎514-933-3507；www.sataybrothers.com；3721 Rue Notre-Dame Ouest；主菜 $8~15；⊙周三至周日 11:00~23:00；MLionel-Groulx）置身于红墙、吊灯和不匹配的二手店家具之间，这个生气勃勃、多姿多彩的地方供应蒙特利尔最棒的一些"街头食物"。客人们蜂拥而至，大快朵颐美味的鸡肉沙爹三明治配花生酱抹烤面包、口感刺激的青木瓜沙拉、焖猪肉（或豆腐）小笼包，以及叻沙（laksa lemak，一种浓郁的辣味椰奶汤）。

Ong Ca Can
越南菜 $

（见270页地图；☎514-844-7817；79 Rue Ste-Catherine Est；主菜 $8~16；⊙周一 11:00~15:00，周二至周四 11:00~21:00，周五 至22:00，周六 17:00~22:00；）尽管铺着干净的白色亚麻桌布，装饰着精致的艺术品，但这家熙熙攘攘的越南餐厅只是看起来价格不菲而已。在那些忠实的老主顾的心中，柠檬香草卷和任何牛肉菜品都尤为值得推荐。

Boustan
黎巴嫩菜 $

（见266页地图；☎514-844-2999；http://boustan.ca；2020 Rue Crescent；主菜 $5~10；⊙11:00至次日4:00；MGuy-Concordia）这家友好的黎巴嫩小店在蒙特利尔的土耳其烤肉界人气很旺，以美味的烤皮塔三明治著称。由于营业到很晚，所以对于那些喜欢串酒吧的夜猫子们来说，这里是补充能量的最佳去处。

★ Café Parvis
法式小馆 $$

（见266页地图；☎514-764-3589；www.cafeparvis.com；433 Rue Mayor；小盘菜 $6~8；⊙周一至周三 7:00~23:00，周四和周五 至午夜，周六 10:00至午夜，周日 至22:00；MPlace-des-Arts）藏身于市中心的一条僻静小巷里，Café Parvis拥有超大窗户、悬吊绿植、旧木地板和复古家具。这个房间曾经是皮毛交易市场的一部分，精心改造成餐厅后，供应馅料组合极具创意的美味比萨。

Foodlab
各国风味 $$

（见270页地图；☎514-844-2033；www.sat.qc.ca/fr/foodlab；3rd fl, 1201 Blvd St-Laurent；主菜 $15~25；⊙周一至周五 17:00~22:00；MSt-Laurent）Foodlab位于艺术中心SAT的楼上，是个创意烹饪空间，菜肴不多但每两周更换一次，包括全球各种美食。它是一个气氛休闲但设计得十分漂亮的空间，顾客们坐在吧台高脚椅上，啜饮着创意鸡尾酒，观看动作麻利的大厨们在开放式厨房施展技艺。

Le Vin Papillon
各国风味 $$

（www.vinpapillon.com；2519 Rue Notre-Dame Ouest；小盘菜 $7~17；⊙周二至周六 15:00至午夜；MLionel-Groulx）Joe Beef的经营团队还在Liverpool House（Joe Beef的另一项成功产业）的隔壁开了这家店，这是个令人愉悦的葡萄酒酒吧兼小盘菜餐馆。令人垂涎的创意素食菜肴是这里的主打菜，爆款菜品包括西红柿鹰嘴豆沙拉、油煎鸡油菌和烟熏茄子鱼子酱，此外还有烤百椰菜配鸡皮、油封珍珠鸡，以及熟食奶酪拼盘。

Bistro Isakaya
日本菜 $$

（见266页地图；☎514-845-8226；www.bistroisakaya.com；3469 Ave du Parc；主菜 $19~26；⊙周二至周五 11:30~14:00，周二至周四 18:00~21:30，周五 18:00~22:30，周六17:30~22:00，周

日17:30~21:00；MPlace-des-Arts，然后转乘80或129路公共汽车）这家货真价实、毫不装模作样的日本餐厅有着相当简朴的装修，但这里的鱼新鲜得不可思议。海鲜都是老板亲自挑选的，并采用经典的日式方法烹制。

★ Liverpool House　　魁北克菜 $$$

（☏514-313-6049；http://joebeef.ca；2501 Rue Notre-Dame Ouest；主菜 $24~50；⊘周二至周六17:00~23:00；✍）Liverpool House 是Joe Beef的姊妹店（也是邻居），它建立了令众多魁北克餐厅竞相追逐的标准：一种令人感觉悠闲放松的氛围，就像某个朋友的晚餐聚会，食物仿佛是天使亲自送来的。你在这里可以吃到牡蛎、熏鲑鱼、炖兔肉、龙虾意面以及其他各种地区风味佳肴。

Joe Beef　　魁北克菜 $$$

（☏514-935-6504；www.joebeef.ca；2491 Rue Notre-Dame Ouest；主菜 $29~52；⊘周二至周六18:00至深夜；MLionel-Groulx）Joe Beef位于小勃艮第（Little Burgundy）街区的中心地带，擅长以当天采购的新鲜食材制作实在而不矫情的佳肴美味，并因此维持着美食评论

家宠儿的地位。店内布置采用乡村大众艺术风格，若想品尝新鲜牡蛎、炖兔肉、烤扇贝配熏洋葱以及一系列时常变化的丰盛魁北克菜肴，这是一个很棒的去处。

Ferreira Café　　葡萄牙菜 $$$

（见266页地图；☏514-848-0988；www.ferreiracafe.com；1446 Rue Peel；主菜 $26~45；⊘周一至周五11:45~15:00，周一至周三17:30~23:00，周四至周六17:30至午夜，周日17:00~22:00；MPeel）这家温馨迷人的餐厅供应蒙特利尔一些最棒的葡萄牙菜肴。Cataplana（马赛鱼汤风格的海鲜炖菜）这道菜令人叫绝；柔嫩的烤鱼烹调得恰到好处才会端上餐桌，而肉食爱好者可以大快朵颐羔羊颈脊或香料腌制的安格斯肋眼牛排。晚饭吃得晚的人可以在22:00到关门的这段时间享用价格$24的3道菜大餐。

✂ 皇家山高地

La Banquise　　魁北克菜 $

（见270页地图；☏514-525-2415；www.labanquise.com；994 Rue Rachel Est；主菜 $8~15；⊘24小时；☙；MMont-Royal）自1968年开业以来就是蒙特利尔的一个传奇，这里大概是在城里

蒙特利尔的第三次浪潮

和大多数北美洲城市一样，蒙特利尔已经被所谓的咖啡行业"第三次浪潮"所席卷，这股浪潮将咖啡饮用者从批量生产、所有人都可获得的咖啡品牌[如Folgers（第一次浪潮）]，以及星巴克这种聚焦于地区产品和意大利浓缩咖啡的连锁店（第二次浪潮），推向手工制作、高度专业化的咖啡生产商——其咖啡豆由单一农场直接供应，并在店内自行烘焙。

本质上，从豆子变成杯中咖啡的过程就像一个故事，对品鉴者来说，它就跟咖啡本身的味道一样重要。正如葡萄酒酿造者重视葡萄的产地、种类，推动第三次浪潮兴起和发展的咖啡师和烘焙师们，也关注咖啡的风味（香味、色调、浓度）、咖啡豆的品种及其来源农场，其中"单一产地"咖啡最受欢迎。为了给一天的漫步与观光之旅补充能量，体验最雅致的高级咖啡文化，不妨考虑到以下咖啡馆品尝咖啡：

Cafe Falco（见283页）

Cafe Névé（见281页）

Myriade（见266页地图；☏514-939-1717；www.cafemyriade.com；1432 RueMackay；烘焙食物约 $7；⊘周一至周五7:30~20:00，周六和周日9:00~19:00；MGuy-Concordia）

Pikolo Espresso Bar（见266页地图；☏514-508-6800；www.pikoloespresso.com；3418bAveduParc；主菜 $6.50~9⊘周一至周五7:30~19:00，周六和周日9:00~18:00；☙；MPlace-des-Arts）

享用奶酪浇肉汁土豆条（poutine，法式薯条加奶酪和肉汁）的最佳地点了。一共有超过30个品种，包括素食土豆条、boogalou（配手撕猪肉）和经典款奶酪浇肉汁土豆条。这里有一个户外露台，种类丰富的早餐选择和精酿啤酒，另外厨房永不打烊。周末会排长队。

Cafe Névé
咖啡馆 $

（见270页地图；514-903-9294；www.cafeneve.com；151 Rue Rachel Est；三明治约$8；周一至周五 8:00~21:00，周六和周日 9:00起；MMont-Royal）这个深受喜爱的社区咖啡馆供应优质咖啡，而且食物种类远比大多数咖啡馆里常见的烘焙食品丰富得多。早上进来品尝班尼迪克蛋或酸奶、格拉诺拉麦片（granola）和新鲜水果。午餐的话，有美味的三明治（包括几种素食之选）和法式洋葱汤。

Espace La Fontaine
法式小馆 $

（见270页地图；514-280-2525；www.espacelafontaine.com；3933 Ave du Parc La Fontaine；主菜 $10~16；周二至周五 11:00~20:00，周六 10:00起，周日 10:00~17:00；MSherbrooke）置身于一座水上小木屋，Espace La Fontaine 是一家明亮、气氛活泼的法式小馆，供应三明治和沙拉，还有美味的周末早午餐。夏天有一个很棒的户外露台，冬天小木屋的下面就是个滑冰场。

★ L' Gros Luxe
法式小馆 $$

（见270页地图；514-447-2227；www.lgrosluxe.com；3807 Rue St-André；小盘菜 $5~10；周一至周五 17:00~23:30，周六和周日 11:00~23:30；MSherbrooke）拥有大大的窗户、品位不俗的复古装修以及实惠的暖心菜肴，L' Gros Luxe的吸引力显而易见。小小的餐厅里总是挤满了皇家山高地的年轻居民，他们来到这里享用猪肉炸玉米饼、素食汉堡以及炸鱼薯条。一盘菜的分量不大，但没有超过$10的菜品，而且酒水单极为丰富（价格比食物贵得多）。

★ L' Express
法国菜 $$

（见270页地图；514-845-5333；http://restaurantlexpress.com；3927 Rue St-Denis；主菜 $22~28；周一至周五 8:00至次日2:00，周六和周日 10:00开始营业；MSherbrooke）L' Express 拥有巴黎法式小馆的所有标志性特征——黑白格子地板、艺术装饰风格的球形灯饰、用纸糊的桌面和贴有镜子的墙壁。高端法式小馆菜肴让它达成完美，优质菜品包括烤鲑鱼、牛骨髓配海盐、烤鸭配沙拉和鞑靼牛肉等。

La Sala Rosa
西班牙菜 $$

（见270页地图；514-844-4227；http://lasalarosa.com；4848 Blvd St-Laurent；主菜 $13~17；周二至周日 17:00~23:00；MLaurier）这家难得的伊比利亚小馆子吸引了很多兴高采烈、说西班牙语的当地顾客。Sala Rosa最著名的是5种美味的西班牙海鲜饭（包括素食品种），另外还有种类多样的西班牙小吃和时常变化的西班牙特色菜。周四晚上（20:45起）有现场弗拉门戈舞表演，店里会变得热闹拥挤起来。

Hà
越南菜 $$

（见270页地图；514-848-0336；www.restaurantha.com；243 Ave du Mont-Royal Ouest；主菜 $11~25；周二至周五 11:45~23:00，周六和周日 15:00起；MMont-Royal）受到越南的街头小吃（和啤酒）的启发，大厨Hong Hà Nguyen在这家位于皇家山山脚附近的迷人餐厅里供应简单但美味的菜品。菜单不长，亮点包括烤牛肉配西洋菜沙拉、香柠檬草猪肋排和口感刺激的青木瓜沙拉。

Les Folies
加拿大菜 $$

（见270页地图；514-528-4343；www.restofolies.ca；701 Ave du Mont-Royal Est；主菜 $14~20；周日至周三 9:00至午夜，周四至次日 00:30，周五和周六 至次日1:00；MMont-Royal）来一抹20世纪50年代的复古风，混搭些皇家山地区的嬉皮风潮，再加上一些美味的奶酪浇肉汁土豆条（配上柔嫩的鸭肉！）和汉堡（鸡肉、羊奶酪和枫糖浆焦糖洋葱圈），你就抓住了Les Folies的精髓。早餐实在太棒了，所以早上不要错过这里。

Chu Chai
泰国菜 $$

（见270页地图；514-843-4194；www.chuchai.com；4088 Rue St-Denis；主菜 $14~22；周二至周五 11:00~14:00和17:00~22:00，周六 至23:00，周日 17:00~21:00）作为蒙特利尔的首家高级素食餐厅，受泰国菜启发的美

味炒菜和椰浆汤风格清新，探索了泰国青柠（Kaffirlime）、柠檬香草和紫花罗勒（sweet basil）芳香的潜力。素鸭的味道几可乱真，就算味觉最敏锐的肉食者也未必分辨得出来。

Robin des Bois
创意菜 $$

（见270页地图；☎514-288-1010；www.robindesbois.ca；4653 Blvd St-Laurent；主菜 $13~23；⊙周一至周五 11:30~22:00，周六 17:00~22:00；MSt-Laurent，然后转乘55路公共汽车）颇具侠义精神的餐馆老板Judy Servay简直就是蒙特利尔的罗宾汉，她将自己这个位于St-Laurent的热门餐馆的所有利润和小费都捐给当地慈善业。黑板上潦草地写着经常变化的菜单，其中可能包括多汁的炖猪排、浓郁的法式洋葱汤或奶油般柔滑的野蘑菇意大利调味饭。

Crudessence
严格素食 $$

（见270页地图；☎514-510-9299；www.crudessence.com；105 Rue Rachel Ouest；主菜 $11~17；⊙11:00~21:00；❄）这里的原生态全素有机食物保证符合你的胃口。用一碗鼠尾草籽（chia）、格拉诺拉麦片和杏仁奶开始你的一天，或者你也可以等到午餐时来体验未经烘焙的千层面配澳洲坚果乳清干酪，或者橄榄脆皮比萨配"crumesan"（巴西胡桃帕尔马干酪）。繁忙的纯有机果汁吧向成群结队的麦尔安得社区当地人供应冰沙和活力奶昔。

Le Filet
海鲜 $$$

（见270页地图；☎514-360-6060；www.lefilet.ca；219 Ave du Mont-Royal Ouest；小盘菜 $21~30；⊙周二至周五 17:45~22:30，周六 17:30起；MMont-Royal）灯光朦胧的Le Filet正对珍妮-曼斯公园（Parc Jeanne-Mance），供应精心烹制的日式鱼类和海鲜菜肴。一小盘菜的分量不大，而且是用来共享的（两人通常点4至5道菜）。

Au Pied de Cochon
魁北克菜 $$$

（见270页地图；☎514-281-1114；www.aupieddecochon.ca；536 Ave Duluth Est；主菜 $27~48；⊙周三至周日 17:00至午夜；MMont-Royal）作为蒙特利尔最有名望的餐厅之一，这里除了匠心打造的猪肉、鸭肉和牛排菜肴之外，还有标志性的鹅肝酱。骄傲的大厨Martin Picard获得过厨艺大奖，擅长将简单的食材转化为艺术品。菜肴滋味浓郁，分量很大，所以记得带上你的好胃口。

Moishe's
牛排 $$$

（见270页地图；☎514-845-3509；www.moishes.ca；3961 Blvd St-Laurent；主菜 $26~67；⊙周一和周二 17:30~22:00，周三 至23:00，周四和周五 至午夜，周六 17:00至午夜，周日17:00~22:00；MSt-Laurent，然后转乘55路公共汽车）Moishe's让人感觉有点像社交俱乐部，三教九流的客人都会到此来享用极负盛名的肉类和海鲜烧烤。排得密密麻麻的餐桌和老式硬木镶板构成了一席席盛宴的背景。略过开胃小吃，直接来一份庞大的肋眼牛排配美味的炸薯条或一份蒙特卡罗土豆。

拉丁区和彩虹区

Juliette et Chocolat
咖啡馆 $

（见270页地图；☎514-287-3555；www.julietteetchocolat.com；1615 Rue St-Denis；主菜 $8~15；⊙周日至周四 11:00~23:00，周五和周六 至午夜；❄；MBerri-UQAM）想吃巧克力的欲望来袭时，就直奔Juliette et Chocolat吧。这是一个熙熙攘攘的小咖啡馆，供应各种形状和样式的巧克力——浇在可丽饼上的，融入柔滑的奶昔和咖啡中的，或者直接就是一杯纯巧克力饮品。环境很迷人，但是有点小而且人多。想要安静一些的话，可以去377 Ave Laurier Ouest的分店。

小意大利区和麦尔安得社区

Fairmount Bagel
面包房 $

（见270页地图；☎514-272-0667；www.fairmountbagel.com；74 Ave Fairmount Ouest；百吉饼 90¢；⊙24小时；MLaurier）蒙特利尔最有名的百吉饼面包房之一——人们不分白天黑夜地蜂拥至此，买走刚刚出炉的百吉饼。蒙特利尔人不会在百吉饼上追求太多创意，他们会坚持制作经典的芝麻或罂粟籽口味，不过在这里你还可以挑选从肉桂到全馅料的品种。

Arts Cafe
各国风味 $

（见270页地图；☎514-274-0919；www.

artscafemontreal.com; 201 Ave Fairmount Ouest; 主菜 $11~16; ⊘周一至周五 9:00~22:00, 周六和周日 10:00~16:00; ☑; MLaurier）Arts Cafe拥有木地板、白色护墙板和用来装饰空间的雕塑质感小摆设（窗户上方的一串灯泡，弥漫着复古风情的农舍旧配件），让人一眼就喜欢上这里。但最值得关注的还是食物，全天供应优质早餐/早餐。

Cafe Falco 咖啡馆 $

（☑514-272-7766; www.cafefalco.ca; 5605 Ave de Gaspé; 主菜 $5~11; ⊘周一至周四 8:00~17:00, 周五 至16:00; MBeaubien）浓醇咖啡、美味三明治和日式小饭碗——不太协调的搭配，但东西很好吃。

Porchetta 三明治 $

（☑514-278-7672; www.porchettamtl.ca; 6887 Blvd St-Laurent; 主菜 $7~9; ⊘周一和周二 11:00~20:00, 周三至周日 至21:00）我们之所以喜爱Porchetta，源于它基本上只专注于一件事：美丽的意大利街头食物。招牌菜品是烤乳猪（porchetta）和摩泰台拉香肚（mortadella）三明治，烘烤得恰到好处，几乎会在口中融化；全部浸入新鲜面包的油脂会让你想要一些餐巾纸的。

La Croissanterie Figaro 咖啡馆 $

（☑514-278-6567; www.lacroissanterie figaro.com; 5200 Rue Hutchison; 三明治 $9~13; ⊘7:00至次日1:00; MLaurier）拥有装饰艺术风格的固定设备、大理石桌面的锻铁桌子和可爱的露台，这个迷人的社区咖啡馆散发出些许巴黎风情，而且很久以来都一直是富有的当地人最喜欢的聚会场所。进来品尝热乎乎的黄油羊角面包（蒙特利尔最佳）、法棍三明治或浓郁的甜点。这里还是喝一杯咖啡或鸡尾酒的好地方。

Caffè Italia 咖啡馆 $

（☑514-495-0059; 6840 Blvd St-Laurent; 三明治约$8, 咖啡 $2~3; ⊘6:00~23:00; MDe Castelnau）这个地方的老派和撒哈拉沙漠的干旱一样显而易见。"老派"不仅仅是一个形容词，它还是这家小小的意大利浓缩咖啡馆的精髓，留着花白胡子和戴着鸭舌帽的顾客仿佛是穿越时间隧道来到这里，在塑料贴面吧台喝一杯咖啡。来一个潘妮朵尼蛋糕（panettone）和一杯浓缩咖啡，享受这甜蜜的生活。

Comptoir 21 炸鱼和薯条 $

（☑514-507-3474; www.comptoir21.com; 21 Rue St-Viateur Ouest; 主菜 $8~14; ⊘周日至周四 11:30~23:00, 周五和周六 至午夜; MLaurier）在马蹄形木质柜台周围找一个高脚凳坐下来，痛快地享用炸鱼和薯条，这些食物都用蓝白格子包装纸裹着，放在漂亮的木篮子里被端上来。精巧的喷雾醋瓶和多种多样的酱汁是加分项。这是个舒适的空间，吸引了蒙特利尔社会的各色人等前来就餐。

Salmigondis 魁北克菜 $

（http://salmigondis.ca/en/; 6896 Rue St-Dominique; ⊘周四和周五 11:30~14:00, 周三至周六 18:00~23:00, 周六和周日 10:00~15:00, 周日 17:00~22:00; ☑; MCastelnau）年轻的侍者穿过通风良好的空间和荫凉的后门廊，手上端着摆盘充满艺术感的高端魁北克料理：农场鹿肉配芝麻菜、酸橘汁腌北极鲑（arctic char ceviche）和龙虾意式调味饭。厨房的员工们在充满竞争的餐饮领域刻下了自己的名字；在这里吃一顿饭，你就知道什么叫名不虚传。

Impasto 意大利菜 $$$

（☑514-508-6508; www.impastomtl.ca; 48 Rue Dante; 主菜 $29~36; ⊘周四和周五 11:30~14:00, 周二至周六 17:00~23:00; MDe Castelnau）这家完美的意大利餐厅名气很大——这在很大程度上要归功于它背后大胆的美食家：畅销烹饪书作者Stefano Faita和名厨Michele Forgione。他们都和意大利烹饪有很深的渊源，这在一些明星菜品上体现得淋漓尽致，例如焖牛面颊肉配萨瓦风格马铃薯，北极鲑配花椰菜浓汤和小扁豆，以及家常意大利面如卷卷面（busiate）配龙虾。

🍴 蒙特利尔其他地区

Ludger 创意菜 $$

（☑438-383-3229; www.buvetteludger.com; 4001 Rue Notre-Dame Ouest; 主菜 $17~28;

⊙周一至周六 17:00~23:00, 周日 10:00~15:00; MPlace-Saint-Henri)这是一家非常现代却又惬意悠闲的餐厅,新潮的法国-加拿大融合菜是这里的主打菜,并让它在这座城市的整个西南地区大放光彩。周日早午餐不容错过,其中一款三明治非常美味,馅料包括青酱、鸡肉、格鲁耶尔干酪和鸡蛋。

Su 土耳其菜 $$

(📞514-362-1818; www.restaurantsu.com; 5145 Rue Wellington; 主菜 $18~26; ⊙周二至周六 17:00~22:30, 周六和周日 10:00~15:00; MVerdun)大厨Fisun Ercan推出家常风格却又创意十足的土耳其菜肴,超越了你对烤肉串(kabobs)和咖啡的期望。她会烹制羽毛般轻盈的炸鱿鱼(fried calamari)、牛肉土耳其饺子(manti)配大蒜酸奶和辣味西红柿、滋味浓郁的海鲜饭(配料有虾、贻贝和鱼)以及美味的土耳其软糖(lokum)。值得为这家餐厅去一趟Verdun;一定要预订。

★ Tuck Shop 魁北克菜 $$$

(📞514-439-7432; www.tuckshop.ca; 4662 Rue Notre-Dame Ouest; 主菜 $25~34; ⊙周二至周六 18:00~23:00; 📝; MPlace-Saint-Henri)🖉坐落在工薪阶级社区St-Henri腹地的Tuck Shop看起来就像是从伦敦或纽约直接搬过来的一样,只是这里有一张独特的本地菜单,令人愉悦地融合了市场和本地来源的食材,例如卡穆拉斯卡(Kamouraska)的羊小腿、当天捕获的鱼配菊芋浓汤和魁北克奶酪盘,所有这些都是才华横溢的大厨Theo Lerikos准备的。

🍷 饮品和夜生活

蒙特利尔人喜欢美酒,或许这是来自欧洲的影响:在这座城市,下了班就开始鸡尾酒时间并一直持续到深夜是完全可以接受的,甚至是人们期望的。在阳光灿烂的周五下午,17:00到19:00(cinq-à-sept)的传统打折欢乐时段常常迎来持续不断的点单。提个醒:很多酒吧都有一条酒桌服务规则,这意味着如果你不坐在吧台旁,就必须坐下来等待侍者前来服务。这是一条恼人的政策——也许出发点很好,但它似乎限制了顾客四处走动交流的乐趣。

★ Whisky Café 休闲酒吧

(📞514-278-2646; www.whiskycafe.com; 5800 Blvd St-Laurent; ⊙周一至周三 17:00至次日1:00, 周四和周五 至次日3:00, 周六 18:00至次日3:00, 周日 19:00至次日1:00; MPlace-des-Arts, 然后转乘80路公共汽车)这家20世纪30年代风格的高级酒吧藏身于麦尔安得社区的工业区附近,古巴雪茄和精品威士忌是这里的绝妙搭配。通风良好的雪茄休息间和主酒吧是分开的,后者供应150种苏格兰威士忌,此外还有葡萄酒、波特酒和包含三种酒的品酒套餐。小吃包括鸭肉酱(duck rillettes)和比利时巧克力等。

La Buvette Chez Simone 葡萄酒吧

(见270页地图; 📞514-750-6577; http://buvettechezsimone.com; 4869 Ave du Parc; ⊙16:00至次日3:00; MLaurier)这家舒适的葡萄酒吧很受顾客喜爱,这里的顾客群体充满艺术和时尚气息,大多数是讲法语的美食家和职业人士。员工很懂葡萄酒,丰富的酒单还搭配有珍馐级别的西班牙小吃。每到周末,这个地方就会从傍晚的欢乐打折时段一直拥挤到凌晨。

Bily Kun 酒吧

(见270页地图; 📞514-845-5392; www.bilykun.com; 354 Ave du Mont-Royal Est; ⊙15:00至次日3:00; MMont-Royal)作为"时尚酒馆"(tavernchic)的先驱之一, BilyKun是当地人和朋友一起度过悠闲夜晚的最佳地点。初来乍到的客人通常先是呆呆地望着俯瞰酒吧的鸵鸟头装饰品,但很快就会沉浸在现场爵士(18:00~20:00)和DJ(22:00以后)的音乐声中。

Big in Japan 鸡尾酒吧

(见270页地图; 📞438-380-5658; 4175 Blvd St-Laurent; ⊙17:00至次日3:00; MSt-Laurent, 然后转乘55路公共汽车)在大街上完全找不到这家酒吧的标志, Big in Japan总是能让第一次来的客人感到惊奇。沿着熙熙攘攘的St-Laurent走下去,你会找到它没有任何标识的门,打开门之后,沿着一条普普通通的走廊走进一个房间,里面的光线如同点着上千根蜡烛(至少看上去如此)。

Barfly
酒吧

（见270页地图；☎514-284-6665；www.facebook.com/BarflyMtl；4062 Blvd St-Laurent；⏰16:00至次日2:30；Ⓜ️St-Laurent，然后转乘55路公共汽车）廉价、粗犷、喧嚣、有趣，还有一点失控——正是我们喜欢的地下酒吧的样子。在St-Laurent街上的这个小酒吧，蓝草及乡村摇滚现场乐队和颓废的嬉皮士掌控着局面，此外还有上了年纪的摇滚老炮。

Majestique
酒吧

（见270页地图；☎514-439-1850；www.restobarmajestique.com；4105 Blvd St-Laurent；⏰每日 16:00至次日3:00，周日 11:00~15:00；Ⓜ️St-Laurent，然后转乘55路公共汽车）Majestique做到了艳俗和品位共存，装饰着木镶板墙壁、暖色调的照明和一个俯瞰下方酒桌的雄鹿鹿头。这里的酒保会调制出漂亮的饮品，小吃菜单也同样有创意。

Dominion Square Tavern
希腊小馆

（见266页地图；☎514-564-5056；www.dominiontavern.com；1245 Rue Metcalfe；⏰周一至周五 11:30至午夜，周六和周日 16:30至午夜；Ⓜ️Peel）这家翻修一新的雅致希腊小馆可以追溯到20世纪20年代，曾经是个破败潦倒的酒吧。如今它令人想起经典的法式小馆，但却有英式小酒馆风格的长吧台。厨师长Éric Dupuis将自己的创意注入佐酒小食，菜品包括贻贝烹培根和烟熏鳟鱼沙拉配咖喱汁等。

L'Île Noire
小酒馆

（见270页地图；☎514-982-0866；www.ilenoire.com；1649 Rue St-Denis；⏰15:00至次日3:00；Ⓜ️Berri-UQAM）位于拉丁区腹地的这家小酒馆就像一块小小的苏格兰高地，在这里可以品尝到超过140种苏格兰威士忌和其他威士忌，此外还有15种扎啤和几十种葡萄酒。

Le Saint Sulpice
小酒馆

（见270页地图；☎514-844-9458；www.lesaintsulpice.ca；1680 Rue St-Denis；⏰15:30至次日3:30，周一歇业；Ⓜ️Berri-UQAM）这个长期受学生青睐的地方藏身于一座古老的维多利亚风格石头房子里，一共占据了四层空间——一个咖啡馆，几个露台，一个迪斯科舞厅和一个用来喝酒聊天的形状不规则的后院。音乐会随着DJ的心情变化，从嘻哈乐、氛围音乐到主流摇滚和爵士都有。

Pub Pit Caribou
精酿啤酒

（见270页地图；☎514-522-9773；www.pitcaribou.com；951 Rue Rachel Est；⏰周一至周六 14:00至次日3:00，周日 至午夜；Ⓜ️Mont-Royal）魁北克省有一些令人赞叹的精酿啤酒商，而Pit Caribou就是业界翘楚。它在蒙特利尔开设了这家直营店，供应它的全系列精品佳酿。

Le Lab
鸡尾酒吧

（见270页地图；☎514-544-1333；www.barlelab.com；1351 Rue Rachel Est；⏰17:00至次日3:00；Ⓜ️Mont-Royal）这里拥有蒙特利尔的一些最棒的鸡尾酒，最令Le Lab自豪的就是它极具创意的鸡尾酒配方和才华横溢的酒保，后者会根据你的口味调制出符合你心意的漂亮鸡尾酒。环境很有品位，有硬木长吧台、穿马甲打领带的工作人员，还有老派的装修，但它仍然是个有趣、不装腔作势的地方。

Upstairs
酒吧

（见266页地图；☎514-931-6808；www.upstairsjazz.com；1254 Rue Mackay；⏰周一至周四 11:30至次日1:00，周五 至次日2:00，周六 17:30至次日2:00，周日 18:30至次日1:00；Ⓜ️Guy-Concordia）这家一流的市中心酒吧每天晚上都有现场爵士和蓝调音乐，本地和巡回乐手都会上台，演出水平很高。酒吧后面带墙壁的露台在日落时分极为迷人，晚餐菜单上有创意满满的沙拉和正餐。

Pub Ste-Élisabeth
小酒馆

（见270页地图；☎514-286-4302；www.ste-elisabeth.com；1412 Rue Ste-Élisabeth；⏰15:00至次日3:00；Ⓜ️Berri-UQAM）这个亮眼的小酒馆藏身于一条小巷，很多人都是被它青藤覆盖的庭院以及种类丰富的酒水单吸引而来的。精选佳酿包括各种啤酒、威士忌和波特酒。还有阵容强大的优质扎啤，包括进口和精酿啤酒。

Terrasse Nelligan
酒吧

（见262页地图；☎514-788-4021；www.

terrassenelligan.com; 106 Rue St-Paul Ouest; ⓗ夏季11:30~23:30; Ⓜ️Place-d'Armes)在传统酒店Hôtel Nelligan（见275页）楼上，这个令人愉悦的露台是趁着夕阳西下的美景品尝一杯莫吉托鸡尾酒的好地方。提供种类齐全的午餐和晚餐菜单，可以俯瞰圣劳伦斯河与老港口的壮丽景色。

Bleury Bar à Vinyle
酒吧

（见266页地图；📞514-439-2033; www.vinylebleury.ca; 2109 Rue de Bleury; ⓗ周二、周三、周五和周六 21:00至次日3:00, 周四 20:00至次日3:00; Ⓜ️Place-des-Arts）它所处的位置有些像夜生活的荒漠地带，但如果你喜欢音乐的话，这个类似休闲酒吧的舒适空间还是很值得一去。DJ和现场乐队很会调动气氛，音乐类型包括灵魂乐、放克乐、新浪潮迪斯科、民族流行和浩室音乐。

Philémon
夜店

（见262页地图；📞514-289-3777; www.philemonbar.com; 111 Rue St-Paul Ouest; ⓗ周一至周三 17:00至次日3:00, 周四至周六 16:00至次日3:00, 周日 18:00至次日3:00; Ⓜ️Place-d'Armes）Philémon是本地潮人在老城区辗转各个酒吧的重要一站，它的建筑是砖石和木材建造的，大大的窗户俯瞰着Rue St-Paul。巨大的中央吧台围坐着二十来个客人，喝着基础款鸡尾酒，品尝小吃（牡蛎、熟食拼盘、熏肉三明治），一名DJ播放着浩室乐和嘻哈乐。

Burgundy Lion
小酒馆

（📞514-934-0888; www.burgundylion.com; 2496 Rue Notre-Dame Ouest; ⓗ周一至周五 11:30至次日3:00, 周六和周日 9:00至次日3:00; Ⓜ️Lionel-Groulx）这家时髦的英式风情小酒馆供应多种多样的佐酒小吃、啤酒和精选威士忌，而且对所有客人一视同仁，每个人（和他们的父母）在这里饮酒就餐都会感到宾至如归，可以尽享快乐时光。周末深夜会变得疯狂起来，是那种美好的疯狂。

☆ 娱乐

蒙特利尔是加拿大的非官方艺术之都，几乎每一周的晚上都有法语和英语戏剧、舞蹈、古典和爵士乐，以及各种各样有趣的舞台艺术。这座城市的双语特性独一无二，鼓励创意合作和文化交流，为表演艺术的舞台增光添彩。

现场音乐

Le 4e Mur
现场音乐

（见270页地图; http://le4emur.com; 2021 Rue St-Denis; ⓗ17:00至次日3:00, 周日 19:00至次日3:00; Ⓜ️Sherbrooke）这个酒吧位于一扇没有任何标记的门后——寻找那个令人望而生畏的大块头保安或是从他身旁走过的俊男靓女。继续走，进入一个地下室酒吧，这里有专家级的鸡尾酒，经常有现场音乐，滑稽剧也是固定节目。

Le Divan Orange
现场音乐

（见270页地图；📞514-840-9090; www.divanorange.org; 4234 Blvd St-Laurent; ⓗ17:00至次日3:00; Ⓜ️St-Laurent, 然后转乘50路公共汽车）这个空间像是餐厅和娱乐场所的结合。这里有令人赞叹的艺术氛围。在任何一个夜晚这里都会有DJ、世界音乐表演者或唱片播放。

La Rockette
现场音乐

(Rockette Bar; 见270页地图；📞514-845-9010; 4479 Rue St-Denis; ⓗ16:00至次日3:00)半是酒吧半是音乐会场地，外表难称光鲜，但La Rockette是个欣赏演出的重要地点，氛围亲密（言下之意：有时候很吵且拥挤），如果没有表演的话，它还是个享用廉价啤酒的好地方。

Bistro à Jojo
蓝调

（见270页地图；📞514-843-5015; www.bistroajojo.com; 1627 Rue St-Denis; ⓗ正午至次日3:00; Ⓜ️Berri-UQAM）自1975年在拉丁区开业以来，这家风格狂放的店一直风头不减。它是低俗法语、英语蓝调和摇滚乐队的夜晚驻唱地。如果坐得足够近的话，还能看到乐队成员脸上的汗水。

Dièse Onze
现场音乐

（见270页地图；📞514-223-3543; www.dieseonze.com; 4115 Rue St-Denis; 约$10; ⓗ18:00至深夜; Ⓜ️Mont-Royal）这家楼下爵士俱乐部拥有恰到好处的氛围——有一个亲切的

小舞台，所以你能靠近乐手。大多数晚上都有表演，艺人的风格流派兼收并蓄。你可以在乐队演奏时吃点东西，这里有很不错的西班牙小吃，还有少数几种分量大些的主菜（羊乳酪汉堡，蘑菇意式调味饭）。建议打电话预订。

Casa del Popolo　　　　　　　现场音乐

（见270页地图；☎514-284-0122；www.casadelpopolo.com；4873 Blvd St-Laurent；入场费 $5~15；◎正午至次日3:00；MLaurier）作为蒙特利尔最迷人的现场音乐场地之一，这个店的名字意为"人民之家"。除此之外，这里的素食三明治和沙拉以及才华横溢的DJ也十分有名，另外这里也经常举办艺术电影放映和语言类表演。它与西班牙小吃吧La Sala Rosa（见281页）及其音乐会场地La Sala Rossa有关联。

Foufounes Électriques　　　　现场音乐

（见270页地图；☎514-844-5539；www.foufouneselectriques.com；87 Rue Ste-Catherine Est；◎15:00至次日3:00）作为曾经的另类狂人大本营之一，这个如洞穴般空旷的朋克音乐经典场地仍然会举办一些狂野音乐之夜（乡村摇滚、牙买加斯卡乐、金属乐），以及奇怪的"无音乐"日（一晚上都是职业摔跤或室内滑板比赛）。它的英文店名为"Electric Buttocks"（电臀），准确地说这里并不算是一个主演出场所，从其布满涂鸦的墙壁以及它散发出的工业气息便可窥见一二。

蒙特利尔交响乐团　　　　　　古典音乐

（Orchestre Symphonique de Montréal，简称OSM；见270页地图；☎514-840-7400；www.osm.ca/en；1600 Rue St-Urbain, Maison Symphonique, Pl des Arts；MPlace-des-Arts）这个国际知名的管弦乐团大本营位于艺术广场的蒙特利尔交响音乐厅（Maison Symphonique de Montréal），演出总是座无虚席，这座音乐厅在2011年揭幕使用，音响效果非常出色。交响乐团的圣诞表演《胡桃夹子》（*The Nutcracker*）堪称经典传奇。

资历卓越的加利福尼亚人长野健（Kent Nagano）在2006年接过了乐团音乐总监的指挥棒，一头不羁的长发让他看起来像个摇滚明星，事实证明他很受欢迎。注意查询在圣母大教堂（见260页）、奥林匹克体育场和蒙特利尔地区各市政公园举办的免费音乐会。

戏剧和舞蹈

太阳马戏团　　　　　　　　　剧院

（Cirque du Soleil；见262页地图；www.cirquedusoleil.com；Quai Jacques-Cartier；MChamp-de-Mars）享誉世界的太阳马戏团是这座城市最著名的出口产品之一，大约每过两年就会在夏天推出新的杂技和音乐演出，就在这座令人赞叹的帐篷场地里上演。这些演出不会令人失望，所以不要错过在太阳马戏团的主场欣

同性恋的蒙特利尔

　　蒙特利尔是一个深受女同性恋、男同性恋和双性恋旅行者欢迎的目的地。同性恋社区集中在彩虹区，而且是庞大的产业。为期一周的**蒙特利尔同性恋骄傲周**（见274页）每年8月都会吸引成千上万的人，而10月初的**黑蓝节**（见274页）有盛大的舞蹈派对，此外还有各种文化和艺术活动。

　　同性恋者完全融入了蒙特利尔的生活。例如在皇家山高地这样的社区，两个男子在公众场合下手拉手很少会引来异样的目光。

蒙特利尔男女同性恋社区中心和图书馆（Montréal Gay & Lesbian Community Centre & Library；☎514-528-8424；www.ccglm.org；2075 Rue Plessis；◎周一至周五13:00~18:00，周三至20:00；MBeaudry）成立于1988年，提供一个藏书丰富的图书馆和关于蒙特利尔同性恋场所和活动的大量信息。

Fugues（www.fugues.com）是免费的法语权威月刊指南，介绍魁北克省的男女同性恋场所和活动。它是发现最新夜店和同性恋友好型住宿地点的好途径。

赏演出的机会。

Cabaret Mado
卡巴莱歌舞

（见270页地图；☏514-525-7566；www.mado.qc.ca; 1115 Rue Ste-Catherine Est; 票价$5~15；◈周二至周日 16:00至次日3:00；ⓂBeaudry）Mado是一位光芒四射的名人，曾经登上过同性恋娱乐杂志Fugues。她的卡巴莱歌舞厅是当地的著名演出场所，这里的变装秀表演者穿着令人瞠目的服装，表演穿插着挖苦讽刺，令人捧腹。周二、周四和周末晚上有演出；详情可登录网站查询。

圣丹尼斯剧场
表演艺术

（Théâtre St-Denis; 见270页地图；☏514-849-4211; www.theatrestdenis.com; 1594 Rue St-Denis; ◈售票处 周一至周六 正午至18:00；ⓂBerri-UQAM）这座蒙特利尔的地标性电影院历史悠久，经常上演百老汇的巡回演出、摇滚音乐会，以及各种戏剧和音乐表演。它的两座演出大厅都配备了最新的声光设备，并在蒙特利尔嬉笑节（见274页）期间呈现多场演出。

半人马剧场
剧院

（Centaur Theatre; 见262页地图；☏514-288-3161; www.centaurtheatre.com; 453 Rue St-François-Xavier; ⓂPlace-d'Armes）蒙特利尔最大的英语剧场，呈现从莎翁经典剧目到加拿大本土剧作家创作的实验戏剧等众多作品。它位于蒙特利尔证券交易所（建于1903年）旧址内，是一座拥有古典柱子的宏伟建筑。

体育

Bell Centre
体育馆

（见266页地图；☏877-668-8269, 514-790-2525; www.centrebell.ca; 1909 Ave des Canadiens-de-Montréal）当这座城市挚爱的蒙特利尔加拿大人（Montréal Canadiens）冰球队没在这里比赛时，这座可容纳21,000名观众的市中心体育场就会举办所有大型音乐会。U2和席琳·迪翁等国际大牌歌手来蒙特利尔开演唱会时通常会选择这里。

Montréal Alouettes
橄榄球

（☏514-871-2255; www.montrealalouettes.com; Ave des Pins Ouest, Molson Stadium; 票价$29起；ⓂMcGill）蒙特利尔云雀队（Montréal Alouettes）是加拿大橄榄球联盟（Canadian Football League）的明星球队，几经沉沦后终于在2002年、2009年和2010年赢得了联赛的"格雷杯"大奖。加拿大橄榄球的规则与美式橄榄球稍有不同：球场更大，而且只有三档进攻。比赛在麦吉尔大学的莫尔森体育场（Molson Stadium）举行，有时也会在Stade Olympique体育场举行。

🛍 购物

时尚是蒙特利尔生活方式的代名词，这座城市本身就是美丽的，而当地人也不遑多让。或许这是因为大肆炒作的来自欧洲的影响，但大部分蒙特利尔人似乎本能地过着有格调的生活，无论收入水平如何，都不妨碍他们享受生活美学之乐，例如食物、艺术，当然还有时尚。

音乐、书籍和文具

★ Drawn & Quarterly
书籍

（☏514-279-2224; http://211blog.drawnandquarterly.com; 211 Rue Bernard Ouest; ◈10:00~21:00；ⓂOutremont）这是家小众独立漫画和插图小说出版商的旗舰店，现已成为当地的一个文学天堂。这里会举办很酷的图书发行仪式，而且这家古雅的小店还出售各种各样的读物，包括童书、古董丁丁历险记漫画、最近的小说和艺术图书。

Librairie Planète BD
漫画

（见270页地图；☏514-759-9800; www.planetebd.ca; 3883 Rue St-Denis; ◈周一至周三、周六和周日 10:00~18:00, 周四和周五 至21:00；ⓂSherbrooke）如果你喜欢漫画和插图小说——尤其是法语的，那这里就是必须停留的一站了。老板们对他们挚爱的题材很有热情，会在书架摆上你在其他任何地方都难以找到的书。

Cheap Thrills
音乐

（见266页地图；☏514-844-8988; www.cheapthrills.ca; 2044 Rue Metcalfe; ◈周一至周三和周六 11:00~18:00, 周四和周五 至21:00, 周日正午至17:00）当你浏览这里出售的大量二手图书和音乐产品（CD和一些黑胶唱片）时，你很

Le Port de Tête 书籍

（见270页地图；☏514-678-9566；www.leportdetete.com；262 Ave du Mont-Royal Est；⊙周一至周六 10:00～22:00，周日 至20:00；ⓂMont-Royal）这是一家布置得非常精彩的书店，常常陈列来自活跃的小出版商的优秀作品。书籍类型极为多样：几千本哲学书和戏剧、诗歌以及插图小说分享同一个空间。

工艺品

Artpop 工艺品

（见270页地图；☏514-843-3443；129 Ave du Mont-Royal Est；⊙周一至周三 10:00～20:00，周四和周五 至21:00，周六 10:00～19:00，周日 11:00～19:00；ⓂMont-oyal）虽然店面很小，但要说到寻觅以蒙特利尔为主题的礼物，Artpop实在是一大发现。你会找到绘图T恤衫、包包、枕套、苹果手机壳和绘有城市地标的印刷品。

Au Papier Japonais 工艺品

（见270页地图；☏514-276-6863；www.aupapierjaponais.com；24 Ave Fairmount Ouest；⊙周一至周六 10:00～18:00，周日 正午至16:00；ⓂLaurier）你可能永远猜不到日本纸能变成多少种样子，直到你来到这家超赞的小店，这里拥有超过八百个品种。折纸工具组合和画集是很棒的礼物，此外还有雅致的茶壶、陶器和佛板（Buddha board，你可以用水在上面"画"出即刻作品）。

食品

Le Marché des Saveurs du Québec 食品

（☏514-271-3811；www.lemarchedessaveurs.com；280 Pl du Marché-du-Nord；⊙周六至周三 9:00～18:00，周四和周五 至20:00；ⓂJean-Talon）从食物到手工肥皂再到这座城市最好的本地精酿啤酒、枫糖制品、果酱和奶酪，这里的所有东西都是货真价实的魁北克出品。这家商店的开设令本地生产商能够提高土特产品的曝光率，就算只是看看也是一道宜人的景致。

圣雅克市场 市场

（Marché St-Jacques；见270页地图；☏514-418-6527；www.marchesaintjacques.com；1125 Rue Ontario；⊙周一至周五 9:00～19:00，周六 至18:00，周日 至17:00；🅿；ⓂBeaudry）这座市场从1879年起就伫立于此，是加拿大最古老的公共市场之一。目前的建筑源于1931年，设计呈现出可爱的艺术装饰风格。虽然商品种类比较有限——尤其是与**Marché Jean-Talon**（☏514-937-7754；www.marchespublics-mtl.com；7075 Ave Casgrain；⊙周一至周三和周六 7:00～18:00，周四和周五 至20:00，周日 至17:00；🅿；ⓂJean-Talon）和Marché Atwater（见264页）相比，但它仍然是挑选野餐食材或是游玩彩虹区时简单用餐的好地方。

服装

Friperie St-Laurent 时装和饰品、二手店

（见270页地图；☏514-842-3893；3976 Blvd St-Laurent；⊙周一至周三 11:00～18:00，周四和周五 至20:00，周六 至17:00，周日 正午至17:00；ⓂSherbrooke）皇家山高地最受喜爱的古着店（friperies）之一，拥有来自几十年前的服饰，种类虽然不多但都是精挑细选出来的。皮毛衬里的短夹克、优雅的20世纪50年代连衣裙、牛仔和机车靴子、花呢夹克和老式学院派毛衣都是这个聚宝盆里的看家宝贝。

其他特色

★ Monastiraki 二手店

（www.monastiraki.blogspot.ca；5478 Blvd St-Laurent；⊙周三 正午至18:00，周四和周五 至20:00，周六和周日 至17:00；ⓂLaurier）这家难以归类的商店是以雅典的一个跳蚤市场社区命名的，它自称是"古玩店/艺术空间的杂合体"，但这并不足以囊括插图师Billy Mavreas售卖的东西：20世纪60年代的漫画书、当代爱好者杂志（自制杂志）、丝网印刷海报，以及大量复古且有收藏价值的小玩意儿，还有本地图形艺术家最近的作品。

Jet-Setter 旅行用品

（见270页地图；☏514-271-5058；www.jet-setter.ca；66 Ave Laurier Ouest；⊙周一至周三 10:00～18:00，周四和周五 至21:00，周六 至

17:00, 周日 正午至17:00; Ⓜ Laurier) Jet-Setter 是最先进的行李箱和奇妙的旅行小配件的狂欢, 这里有装葡萄酒瓶的气囊、口袋大小的T恤、"速干"内衣、丝绸睡袋、迷你熨斗和吹风机、防水帽和许多其他物品。

Aux Quatre Points Cardinaux 地图

(见270页地图; ☏514-843-8116; www.aqpc.com; 551 Rue Ontario Est; ⊙周一至周三 10:00~18:00, 周四和周五 至21:00, 周六 至17:00; Ⓜ Berri-UQAM) 这家商店的员工走遍世界各地, 为资深旅行者弄来了各种好东西, 如地图集、地球仪、地图、航空照片以及英语和法语的旅行指南, 包括若干精选Lonely Planet图书。

❶ 实用信息

紧急情况

蒙特利尔警察局(Montréal Police Station; 紧急情况☏911, 非紧急情况☏514-280-2222)

媒体

报纸 《**蒙特利尔新闻报**》(*Montréal Gazette*)是这里主要的英文日报, 其报道全面覆盖了国内新闻、政治和艺术等领域。周六版列出了近期举办的各种活动, 非常实用。

杂志 在线另类杂志*Cult*(www.cultmontreal.com)和*Hour Community*(www.hour.ca)是活动信息方面更好的来源。

博客 MTL Blog(www.mtlblog.com)是浏览最新活动清单和列表式文章的好地方。

医疗服务

CLSC(Centre Local de Services Communautaires; ☏514-934-0354; www.santemontreal.qc.ca/en; 1801 Blvd de Maisonneuve Ouest; ⊙周一至周五 8:00~20:00; Ⓜ Guy-Concordia)治疗小病小痛的社区医疗中心, 就诊无须预约。

健康热线(☏811)非紧急情况下的医疗服务。

蒙特利尔综合医院(Montréal General Hospital; ☏514-934-1934; www.muhc.ca/mgh; 1650 Ave Cedar; Ⓜ Guy-Concordia)

Pharmaprix Pharmacy(www.pharmaprix.ca; 1500 RueSte-Catherine Ouest; ⊙8:00至午夜; Ⓜ Guy-Concordia)这家"超级"药房还有一家24小时营业的分店, 位于**皇家山**(☏514-738-8464; 5122 Chemin de la Côte-des-Neiges)附近。

性侵犯救助中心(Sexual Assault Center; ☏在蒙特利尔514-398-8500, 在魁北克市☏418-522-2120; www.sacomss.org/wp)

现金

Calforex(www.calforex.com; 1230 Rue Peel; ⊙周一至周六 8:30~21:00, 周日 10:00~18:00)

邮局

加拿大邮政局(Canada Post, Postes Canada; ☏866-607-6301, 416-979-3033; www.canadapost.ca)加拿大的国家邮政系统。

旅游信息

蒙特利尔旅游信息中心(Centre Infotouriste Montréal; 见266页地图; ☏514-844-5400, 800-230-0001; www.tourisme-montreal.org; 1255 Rue Peel; ⊙8:30~19:00; Ⓜ Peel)提供蒙特利尔以及整个魁北克省的信息。可免费预订酒店、团队游和汽车, 并可换汇。

魁北克旅游局(Tourisme Québec; ☏在加拿大877-266-5687, 世界各地☏514-873-2015; www.tourisme.gouv.qc.ca)魁北克全省范围内的旅游官方机构、魁北克旅游局在蒙特利尔和魁北克市都设有旅游局办事处(称为"Centres Infotouristes")。

参考网站

The Main MTL(www.themainmtl.com)就餐、饮酒、音乐和艺术的最新内幕消息。

Ville de Montréal(www.ville.montreal.qc.ca)这座城市的官方网站提供有用的旅行信息和活动日程。

❶ 到达和离开

飞机

服务蒙特利尔的机场是**特鲁多国际机场**(Pierre Elliott Trudeau International Airport; Trudeau YUL; www.admtl.com), 法语名称为Aéroport Montréal-Trudeau, 或者简称特鲁多机场(Trudeau Airport)。它位于市中心以西约21公里处, 是大多数国内、美国和国际航班的枢纽。从特鲁多机场[有时还会被称呼它的旧名字"多瓦尔"(Dorval)机场]乘坐汽车和机场大巴进城都很方便。

Autocars Skyport(☏514-631-1155; www.skyportinternational.com; 单程/往返成人 $98/165) Autocars Skyport在冬季和夏季运营从特鲁多

机场前往蒙特朗布朗滑雪度假村的直达大巴。

长途汽车

Galland Laurentides（见270页地图；📞450-687-8666，877-806-8666；www.galland-bus.com；1717 Rue Berri；至蒙特朗布朗 单程/往返 $29/58）提供长途客运服务，从蒙特利尔前往蒙特朗布朗以及劳伦琴斯境内其他目的地。

加拿大灰狗长途巴士（www.greyhound.ca）运营前往渥太华、多伦多、温哥华、波士顿、纽约以及其他加拿大和美国境内目的地的长途路线。

Limocar（www.limocar.ca）提供从蒙特利尔前往东部城镇的长途汽车服务。

Moose Travel Network（www.moosenetwork.com）这个旅行交通网很受背包客的欢迎，它提供贯穿加拿大的几条环线，让旅行者可以沿线上下车。搭乘地点位于蒙特利尔、魁北克市、渥太华和多伦多，还有其他地方。魁北克省内的目的地包括蒙特朗布朗和加斯佩半岛。

Orlérl Express（www.orleansexpress.com）往返蒙特利尔和魁北克市，车程3小时。

小汽车和摩托车

所有主要的国际租车公司都在机场、火车总站和全城各处设有分公司。**Auto Plateau**（📞514-281-5000；www.autoplateau.com；3585 Rue Berri；ⓂSherbrooke）是一家很有信誉的本地公司。**Kangaride**（见258页）是另一家靠谱的拼车中介，如果从蒙特利尔前往魁北克市，车费大约$15。

火车

加拿大的火车大概是在这个国家旅行最令人享受而且最浪漫的方式。然而乘坐火车长途旅行的价格比乘坐长途汽车贵得多，而且提前订票对周末和假期的旅行至关重要。提前几天订票可以优惠不少钱。

Gare Centrale（中央火车站；📞抵达和离开 888-842-7245，信息和预订 📞514-989-2626；www.viarail.ca；895 RuedelaGauchetièreOuest；ⓂBonaventure）加拿大庞大的铁路网络**加拿大国家铁路公司**（VIA Rail；📞514-989-2626；www.viarail.ca；ⓂBonaventure）的地区枢纽，连接蒙特利尔和国内的其他城市。

Amtrak（www.amtrak.com）在它的阿尔岗金（Adirondack）路线上提供纽约市和蒙特利尔之间的火车客运服务。这趟旅程虽然很慢（11个小时），但是会穿过尚普兰湖（Lake Champlain）和哈得孙河（Hudson River）沿线的可爱景色。

AMT（📞514-287-8726；www.amt.qc.ca/en）提供服务蒙特利尔郊区的通勤火车。从中央火车站出发的列车速度快，但班次不多，有些车次的间隔长达2小时。

渡船

渡船（见262页地图；📞514-281-8000；http://navettesmaritimes.com；Quai Jacques Cartier；单程$4.25；🕒5月中旬至10月）这些渡船往返于老港口和让维普公园。

ⓘ 当地交通

抵离机场

公共汽车

747路公共汽车是最便宜的进城方式，车程45至60分钟。公共汽车昼夜不停地运转，在到达大厅门外发车，将乘客载到市中心的长途汽车站（Gare d'Autocars；见270页地图；📞514-842-2281；www.gamtl.com；1717 Rue Berri；ⓂBerri-UQAM）和拉丁区的Berri-UQAM地铁站。可以用维萨卡（Visa）、万事达卡（Master Card）或现金在国际到达区的自动售票机上支付$10的票价，也可以上车买票（只收硬币，准备好零钱）。持票能让你24小时无限次乘坐蒙特利尔的公共汽车和地铁网络。

出租车

从机场到市中心至少需要20分钟，价格是固定的$40。还有豪华轿车服务（$55起）。

公共交通

STM（Société de Transport de Montréal，蒙特利尔交通协会；📞514-786-4636；www.stm.info）STM是这座城市的公共汽车和地铁运营商。每条地铁线路的运营时间略有差异，但地铁通常会在周日至周五的5:30运营到午夜，周六晚上末班车时间更晚一些（最迟到次日1:30）。

一张公共汽车或地铁单程票的价格是$3.25。地铁站还出售双程票（$6）。如果你在蒙特利尔逗留时间较长，购买可充值的Opus卡能让你省下一些钱：这张卡需要预付$6，但是能以折扣价购买10次车票（$26.50），以及一日（$10）、三日（$18）和一周（$25.50，周一至周日）不限次车票或者月票（$82）。

公共汽车接受车票或现金，但司机不找零。如果从地铁转乘公共汽车，可以用原来的地铁票免费换乘。如果你在公共汽车之间换乘或者先乘坐公共汽车再换乘地铁，向司机要一张免费换乘凭证（transfer slip，法语为correspondance）。

出租车

起步价是标准的\$3.45，之后每公里加收\$1.70，行驶途中等候时间收费为每分钟63¢。价格显示在出租车内的车窗上。

Taxi Co-Op（☏514-725-9885；www.taxi-coop.com）在蒙特利尔提供出租车服务。

Taxi Champlain（☏514-273-1111；www.taxichamplain.qc.ca）在蒙特利尔提供出租车服务。

劳伦琴斯(THE LAURENTIANS)

劳伦琴斯在法文中叫"Les Laurentides"，距离蒙特利尔市区仅1小时的车程，它或许是蒙特利尔最秘而不宣的一日游目的地。你会在这里发现山势平缓的群山、清澈湛蓝的湖泊以及蜿蜒流淌的河川，河流两岸点缀着城镇、村庄。到这个自然乐园游玩一日，就像在漫长的一天结束后坐下来休息那么惬意。

尽管蒙特朗布朗不时因过度商业化而招致批评，但这里有着出色的滑雪场，整个加拿大也只有惠斯勒（Whistler）能与之媲美。劳伦琴斯还分布着很多更加低调的度假村庄。精巧的镇中心弥漫着阿尔卑斯山的氛围，还有微风吹拂的室外就餐区和由独立设计师执掌的服装专卖店。

在夏季和圣诞节假日等旺季期间，你要做好准备面对更加昂贵的价格和拥挤的人群。提前查询冬季的营业时间。

❶ 实用信息

Tourisme Laurentides（劳伦琴斯旅游局办事处；☏800-561-6673，预订服务 450-224-7007；www.laurentides.com；La Porte-du-Nord, Hwy 15, 51出口；⊙6月末9月初 9:00~20:00，其他月份 至17:00）这个地区旅游局办事处能通过电话回答咨询，并可协助游客预订房间，还可通过电子邮件发送信息。它提供免费的客房预订服务，专门预订Parc Linéaire le P'tit Train du Nord（北方小火车铁路公园）沿线的住宿。

❶ 到达和当地交通

Galland Laurentides公司（见291页）每天有3班长途汽车从蒙特利尔中央汽车站（Central Bus Station）开往劳伦琴斯。停靠的城镇包括圣热罗姆（St-Jérôme）、圣索弗尔（St-Sauveur）、瓦尔-戴维（Val-David）和蒙特朗布朗。

沿着高速公路Hwy 15——即Autoroute des Laurentides几乎可以到达劳伦琴斯所有城镇。老公路Rte 117与之平行，虽然车速较慢，但沿途的风光更美。

从5月中旬至10月中旬，**Autobus Le Petit Train du Nord**（☏888-893-8356, 450-569-5596；www.autobuslepetittraindunord.com；长途车票价 \$28~70，租自行车 每天/周 \$25/126；⊙5月中旬至10月中旬）每天有两班长途汽车往返于圣热罗姆和劳里尔山（MontLaurier）之间（票价 \$28至\$70），途中可随时停车，并免费搭运自行车。

圣热罗姆(St-Jérôme)

圣热罗姆位于蒙特利尔以北约43公里处，是通往劳伦琴斯的官方门户。尽管这里散发着行政管理部门所在地和工业区的气质，但仍然值得停留，参观那座罗马-拜占庭风格的大教堂（355 Pl du Curé-Labelle；⊙周一至周五 8:30~16:30，周六和周日 至正午；🅿 免费）。圣热罗姆也是北方小火车铁路公园（Parc Linéaire le P'tit Train du Nord；☏450-745-0185；www.laurentides.com/parclineaire；🚲）的南部终点站，这个轨道系统是在旧铁轨上修建的。距离蒙特利尔车程不到1个小时，附近的劳伦琴斯当代美术馆（Musée d'Art Contemporain des Laurentides；☏450-432-7171；www.museelaurentides.ca；101 Pl du Curé-Labelle；门票乐捐；⊙周二至周日 正午至17:00，周六 10:00~17:00；🅿）经常举办地区艺术家的作品展览，规模虽小但品质一流。

圣索弗尔山(St-Sauveur-des-Monts)

圣索弗尔山（简称"圣索弗尔"）是劳伦琴斯最繁忙的村庄，由于靠近蒙特利尔（60

公里），这里经常挤满了一日游游客。它迷人的主街Rue Principale上有一座漂亮的教堂，街两边则是一些餐厅、咖啡馆和精品店。

五座主要的滑雪山丘上大约有100条雪道纵横交错，不同级别的滑雪者都能一试身手。这里的速降雪道是圣索弗尔周边地区最棒的。**圣索弗尔山**（Mont St-Sauveur）是五座山中最大的一座，以夜间滑雪而闻名。寻求刺激的人也会喜欢名为"Le Dragon"的双道高空飞索，以及"**Viking**"——一条1.5公里长的旱地平底雪橇滑道，沿途穿过崎岖不平的山地，风景优美；它们和圣索弗尔山以及水上乐园一起，都位于**圣索弗尔山谷度假村**（St-Sauveur Valley Resort）。越野滑雪者则会蜂拥来到莫林高地（Morin Heights）那些纵横交错的小径上，它们的总长度超过150公里。

圣索弗尔会在7月末举办艺术节（Festival des Arts）。

🏃 活动

水上乐园　　　　　　　　　　　　水上运动
（Parc Aquatique, Water Park; ☎450-227-4671; www.parcaquatique.com; 350 RueSt-Denis; 成人/青少年/儿童每天 $37/30/17, 半天 $28/27/15; ◎6月至8月 10:00~19:00, 9月至17:00; 🅿）一到夏天，圣索弗尔山就会摇身变成水上乐园。各个年龄段的孩子都喜欢在它的波浪池里把自己弄成落汤鸡，或是跳进滑道里直冲而下（有些可乘坐滑雪缆椅到达），或是在漂流中感受激浪扑面的快感。

圣索弗尔山　　　　　　　　　　　　滑雪
（Mont St-Sauveur; ☎450-227-4671, 514-871-0101; www.montsaintsauveur.com; 350 Ave St-Denis; 缆车票成人/青少年/儿童 $56/48/38; ◎11月至次年3月 周一至周五 9:00~22:00, 周六和周日 8:30~22:00; 🅿）圣索弗尔山是该地区的主要滑雪场之一。山丘的坡度不大，但这里有夜间滑雪和多种多样的滑雪道，而且在滑雪季地面百分之百都会被白雪覆盖，这要归功于设置在山坡上的造雪机。

🎉 节日和活动

艺术节　　　　　　　　　　　　表演艺术
（Festival des Arts; ☎450-227-0427; http://festivaldesarts.ca/en; ◎7月末）圣索弗尔的艺术节长达8天，届时会有数十个国际舞蹈团体到镇上。很多演出都是免费的。

🛏 食宿

Le Petit Clocher　　　　　　　　民宿 $$
（☎450-227-7576; www.lepetitclocher.com; 216 Rue de l' Église; 标单 $165~215, 双 $185~235; 🅿❄🛜）位于小镇上方的一个小山坡上，这家豪华的旅馆占据了一座经过改建的修道院。它共有7间法国乡村风格的客房，其中几间可以看到可爱的美景。

Auberge Sous L' Edredon　　　　民宿 $$
（☎450-227-3131; www.aubergesousledredon.com; 777 Rue Principale; 房间 $139~199; ❄🛜♨）这座维多利亚风格的旅馆距离村子的中央大约有2公里，靠近一个小湖，很有个性。客房装潢漂亮，比外表看上去更现代，部分房间配有壁炉和"极可意"按摩浴缸。

La Brûlerie des Monts　　　　　　咖啡馆 $
（☎450-227-6157; www.bruleriedesmonts.com; 197 Rue Principale; 主菜 $5~13; ◎周一至周三 6:00~19:00, 周四 至20:00, 周五和周六 至21:00, 周日6:30~19:00; 🛜❄）是镇里吃早餐和三明治的地方，有一个很棒的露台。咖啡豆是现场烘焙的。

Chez Bernard　　　　　　　　　　熟食 $
（☎450-240-0000; www.chezbernard.com; 407 Rue Principale; 菜肴 $6~15; ◎周一至周四 10:00~18:00, 周五 至20:00, 周六 9:00~18:00, 周日 10:00~17:00; ❄）用当地特产制作的美味熟食，有些是自制的，另外还有非常适合野餐的全套餐食。

Orange & Pamplemousse　　　　创意菜 $$
（☎450-227-4330; www.orangepamplemousse.com; 120 Rue Principale; 主菜 $14~32; ◎每天 8:00~14:30, 以及周三至周日 17:00~21:00; 🅿）日式竹制喷泉柔和的流水声，更加衬托出周围环境的幽静, 如果想大快朵颐, 享用意面和美味的烤鱼, 这家餐厅是个好地方。早餐也很不错。

Le Rio 烧烤 $$

(www.riorestaurant.ca; 352 Rue Principale; 主菜 $14~35; ⏱16:00~22:00; P🅿️) 在魁北克省乡村的群山之中点一桌烧烤晚餐, 这情景似乎有点奇怪。但这家时尚的正餐餐馆(对于烧烤来说也是有点奇怪的环境)在美国游客和当地人中都收获了如潮的好评。离开之前至少要尝尝鲜嫩多汁的后肋排, 肉嫩得几乎脱骨。

❶ 实用信息

旅游局办事处 (☎450-227-2564; www.valleeesaintsauveur.com; 30 Rue Fillion, Ste-Adèle) 这个气氛友好的办事处提供导览游以及有关该地区住宿的信息。

瓦尔-戴维(Val-David)

花了几个小时享用美味的食物, 在铺了木板的林间小径上徜徉, 品尝浓醇咖啡并欣赏Rivière du Nord(这条河流过多处重要地点)沿岸的风景之后, 你就会开始查询这里的房地产信息了, 小小的瓦尔-戴维就是这样的一个村庄。它的魅力吸引了众多艺术家, 村里的主干道Rue de L'Église两侧分布着他们的画室和艺廊。

这里在20世纪60年代曾经是嬉皮士文化的一大圣地, 如今则呈现出浓郁的新时代风貌。手工面包房、夏日周末的爵士乐表演以及众多艺术和手工艺人士达成了完美的平衡(也使这里风格更为明显)。镇上的旅游局办事处位于一座可爱的老火车站里, 位置很方便, 就在休闲性质的铁路北方小火车铁路公园(见292页)沿线。如果你周六上午在镇上的话, 不妨去看看瓦尔-戴维农夫市场(Val-David Farmers Market, Marché d' Été; ⏱5月末至10月中 9:00~13:00) 🍃。

🚶 活动

精彩的户外活动是瓦尔-戴维的主要魅力之一。Roc & Ride (☎819-322-7978; www.rocnride.com; 2444 Rue de l' Église; 越野滑雪装备套装每半天/天 $20/25; ⏱周六至周三 9:00~17:00, 周四和周五 至18:00) 出租越野雪橇、雪鞋、冰鞋, 在夏季出租自行车。À l' Abordage (☎819-322-1234; www.activites-plein-air-laurentides.com; 2268 Rue de l' Église; 3小时皮划艇团队游 $40起; ⏱6月23日至9月5日 9:00~16:30) 出租自行车、皮划艇和独木舟, 并提供Rivière du Nord河骑行-独木舟套餐和导览游。

攀岩之于瓦尔-戴维, 正如滑雪之于劳伦琴斯的其他村庄。从简单的岩壁到极具挑战性的悬崖, 这里共有500多条攀岩路线。

一条步行和自行车小道沿着河边道路(Chemin de la Rivière; 🚶🚲) 🍃延伸, 而后者环抱Rivière du Nord河并蜿蜒穿过镇上大部分地区。这条维护良好的绿色道路提供美丽可爱的水景, 尤其是在La Maison de Bavière周边, 那里有座秀美的石桥高架水流湍急的瀑布之上, 然后与一条通向Chemin de l' Île的短途步行道相连。

🎉 节日和活动

1001陶器节 艺术节

(1001 Pots Festival; www.1001pots.com; ⏱7月中旬至8月中旬) 每年夏天, 这场盛大的工作坊陶器展销会都会吸引约100,000人造访小镇。

🛏 食宿

★ La Maison de Bavière 民宿 $$

(☎819-322-3528; www.maisondebaviere.com; 1470 Chemin de la Rivière; 房间 $115~165; P🅿️🛜) 在这里你可以枕着窗外Rivière du Nord河的潺潺流水声进入梦乡。这家旅馆有手绘的巴伐利亚装饰图案和木梁, 赋予它一种欧式滑雪小屋的感觉。从位于北方小火车铁路公园(见292页)边上的优越位置, 到每天早上令人精力充沛的全套美食早餐, 这里的一切都是为一天的户外活动准备的。

Le Mouton Noir 创意菜 $$

(☎819-322-1571; www.bistromoutonnoir.com; 2301 Rue de l' Église; ⏱周一至周三 8:00~21:00, 周四和周五 至23:00, 周六 10:00~23:00, 周日 10:00~21:00) 这个充满艺术气息的餐馆吸引了各式各样瓦尔-戴维式蓄胡人士——有些是嬉皮士风格的, 有些是颓废风格的, 有些是伐木工人风格的(女性顾客穿着同样风格

的服饰,只是没有胡子)。每个人都喜欢时髦别致的加拿大创意菜:吃过印度咖喱的奶酪浇肉汁土豆条么?非常美味。周末晚上的现场音乐一直持续到深夜。

Bistro Des Artistes 加拿大菜 $$

(☎819-320-0899; www.bistroartistesvaldavid.com; 2489 Rue de l' Église; 主菜 $13~28; ⊙11:00~21:00; ⊕)餐厅选用当地的应季食材,精心烹制加拿大暖心食物,从当地烤香肠配土豆泥到新鲜出炉、热腾腾的比萨,应有尽有。葡萄酒单非常棒。

🍸 饮品和夜生活

Le Baril Roulant 精酿啤酒

(www.barilroulant.wordpress.com; 2434 Rue de l' Église; ⊙周一至周四 15:00至午夜,周五至周日 正午至次日1:00)氛围悠闲且充满本地特色,这个艺术气息十足的精酿啤酒馆除了供应自酿啤酒外,还提供来自周围地区的许多其他品牌。夏天可以在户外平台上放松,或者在室内色彩缤纷的椅子和沙发上舒舒服服地坐着,这里的墙壁粉刷成了明亮的颜色。现场乐队和DJ提供各种音乐流派的固定表演,从爵士乐到迷幻乐(psychedelia)再到电子流行(electro-pop)都有。

ℹ️ 实用信息

旅游信息处 (☎外部 4235 819-324-5678; www.valdavid.com; 2525 Rue de l' Église; ⊙9:00~17:00)这个非常有用的旅游局办事处就位于城镇绿地的边上,北方小火车铁路公园正好穿过它。

蒙特朗布朗城
(Ville de Mont-Tremblant)

蒙特朗布朗城地区是劳伦琴斯皇冠上的明珠,那座968米高的同名山峰巍然耸立于此,四周点缀着大大小小的原始湖泊,多条河流蜿蜒而过。这是一个极受欢迎的四季游乐场,滑雪爱好者会在10月底至次年4月中旬这段时间蜂拥而至,而在其余月份,这里则会成为徒步者、自行车骑手、高尔夫球手、水上运动迷和其他热衷户外活动人士的乐园。

蒙特朗布朗城地区分为三大部分:Station Tremblant是指滑雪场所在的山坡和位于山脚下只允许步行的旅游度假区,位于其西南方4公里处的蒙特朗布朗村(Mont-Tremblant Village; ⊕)是一个小型住宅区和商业区;St-Jovite是该地区主要城镇和商业中心,紧邻Rte 117,位于山南约12公里处。

⊙ 景点和活动

山峰南边的山脚下有一个充满活力的步行街区旅游度假村,内有大型酒店、商店和餐厅,洋溢着游乐场般的欢乐气氛。千篇一律的建筑并没有如规划者当初设想的那样散发出欧洲的魅力,但对于那些年复一年地沿着此地鹅卵石小巷漫步的250万游客来说,这似乎根本就无关紧要。

根据《滑雪》(Ski)杂志和广大铁杆滑雪粉丝的说法,建立于1938年的Mont-Tremblant Ski Resort(☎514-764-7546, 888-738-1777; www.tremblant.ca; 1000 Chemin des Voyageurs; 缆车票价成人/青少年/儿童 $87/60/50; ⊙11月末至次年4月中 8:30~16:00; ⊕)是北美洲东部的顶级国际滑雪胜地之一。山体的垂直落差达645米,山坡上分布着95条雪道和3个冰雪公园,由14架缆车提供服务,包括一个快速厢式缆车。滑雪装备每日租金为$32。

Station Tremblant步行度假村有多座信息亭,可以安排滑雪度假村组织的各种户外活动,包括钓鱼、独立木舟和骑马等;也可在此咨询有关北欧式水疗、沙滩车路线、高空飞索、徒步小道和几十种其他活动的详细情况。夏天的时候你还能看到一条无舵雪橇轨道(luge track; ☎819-681-3000; www.skylineluge.com/luge-canada/skyline-luge-mont-tremblant; 1/3/5次乘坐 $15.50/23/32; ⊙5月至10月; ⊕),滑道的顶点就设置在步行度假村上方;它从山中蜿蜒而下,全长1.4公里。

🎉 节日和活动

布鲁斯国际音乐节 音乐节

(Festival International du Blues; http://blues.tremblant.ca/en; ⊙7月初)加拿大规模最大的布鲁斯音乐节,长达10天,届时Station Tremblant度假村会沉浸在音乐的海洋中。

铁人赛 体育

(Ironman; www.ironman.com; ◷8月末) 一年一度的北美洲铁人三项锦标赛(Ironman North American Championship)在这里举行，包括在特朗布朗特湖(Lac Tremblant)里游3.8公里，骑自行车穿越周边的森林和山地（全程180公里），以及沿着北方小火车铁路公园(见292页)的路线跑42.2公里，终点位于Station Tremblant步行度假村。6月底，这里还会举行强度更低的70.3公里铁人三项赛。

🛏 住宿

HI Mont-Tremblant Hostel 青年旅舍 $

(☎819-425-6008, 866-425-6008; http://hostellingtremblant.com/en; 2213 Chemin du Village, Mont-Tremblant Village; 铺 $30, 房间 $75~100; @🛜) 这个青年旅舍就在摩尔湖（LacMoore; 可免费出租独木舟）旁边，有个巨大的厨房，以及一个带酒吧、台球桌和壁炉的大型聚会厅。干净而宽敞的房间经常住得满满的，尤其是在滑雪季节。沿着主路就能找到这家青旅，它就位于蒙特朗布朗村以东1公里，山坡雪场以西4公里处。

Homewood Suites 酒店 $$

(☎819-681-0808; www.homewoodsuites.com; 3035 Chemin de la Chapelle, Station Tremblant; 套 $160起; ✱@🛜♨) 酒店正处在步行度假村的中央，因此无论冬夏，这个舒适如家的连锁酒店都是所有活动的核心（滑雪场的厢式缆车距酒店大门仅500米）。这里提供性价比很高的套间，里面装潢考究，可以看见壮观山景，还提供热乎乎的简单早餐。

Auberge Le Lupin 民宿 $$

(☎819-425-5474, 877-425-5474; www.lelupin.com; 127 Rue Pinoteau, Mont-Tremblant Village; 房间 $152~165; P@🛜) 这座建于20世纪40年代的木头房子距滑雪站仅1公里，提供温暖舒适的住处，在波光粼粼的特朗布朗特湖边上还有一个私人沙滩。主人Pierre会在他温暖如家的乡村厨房里为客人准备美味的早餐，以此开启完美的一天。

Hotel Quintessence 精品酒店 $$$

(☎866-425-3400; www.hotelquintessence.com; 3004 Chemin de la Chapelle, Mont-Tremblant Village; 套 $399起; ✱@🛜♨) 这栋奢华的宅邸完美融合了北美的自然风光和旧大陆风格的华丽氛围，从木装饰壁炉到能俯瞰特朗布朗特湖美景的独立阳台，再到地热大理石地板和巨大的浴池，令人沉醉其中。

🍴 就餐

Creperie Catherine 法式薄饼 $

(www.creperiecatherine.ca; 977 Rue Labelle, Mont-Tremblant Village; 主菜 $8~16; ◷周日至周四 7:30~21:00, 周五和周六 至22:00; 🍴) 这家气氛友好的法式薄饼小店很受当地人和来自大城市的魁北克一日游游客的喜爱。店里供应十几种不同的可丽饼，其中的多款薄饼都会淋上大量贝夏梅尔调味酱（béchamel sauce）。另外分量也很大。来都来了，谁还需要节食呢?

Microbrasserie La Diable 小酒馆食物 $$

(☎819-681-4546; www.microladiable.com; 117 Chemin Kandahar, Station Tremblant; 主菜 $13~28; ◷11:30至次日2:00) 在山里进行了一整天俯冲速滑之后，到这家位于Station Tremblant的热闹酒馆来吧，这里丰盛的香肠、汉堡包和意大利面保证能把你喂得饱饱的——不过这里真正的亮点是各种精酿啤酒: 淡色啤酒、红啤、比利时修道院啤酒、小麦啤酒，还有浓黑烈性啤酒，无一不好，更有每月轮换的特价啤酒。

sEb 新派加拿大菜 $$$

(☎819-429-6991; www.seblartisanculinaire.com; 444 Rue St-Georges, St-Jovite; 主菜 $30~52, 多道菜套餐 $49~90; ◷周四至周一 18:00~23:00) 🍴 远离平庸，到这里来品尝一下当地烹饪名师选用可持续性的、应季当地食材打造出的美食。灵活多变的厨房尽可能满足客户需求，菜品令人难忘，长长的葡萄酒单似乎永远不会完结，这些都提升了餐厅愉悦的就餐氛围。可以这么说，这家餐厅将高山小屋与环球旅行家（比如室内装饰的非洲面具）以及好莱坞式的时尚气质[迈克尔·道格拉斯（MichaelDouglas）是这里的常客]融合发挥得淋漓尽致。务必提前订位。

❶ 实用信息

Centre Médical de St-Jovite(☎819-425-2728; 992 Rue de St-Jovite, St-Jovite; ◎周一至周四8:00~19:00, 周五至17:00)当地诊所。

蒙特朗布朗旅游局(Mont-Tremblant Tourism; ☎877-425-2434; https://mont-tremblant.ca/en; 5080 Montée Ryan, Rte 327交叉路口; ◎9:00~18:00)这个旅游办事处可以帮助游客规划国家公园和滑雪场行程。

❶ 到达和当地交通

Galland Laurentides(见291页)的长途汽车停靠在231 Rue de St-Jovite(位于St-Jovite)和位于Station Tremblant度假村边缘处的Montagne Chalet des Voyageurs。

周日至周四6:00~20:00,以及周五和周六6:00~23:00,有穿梭巴士($3)往返于Station Tremblant、蒙特朗布朗村与St-Jovite之间。

蒙特朗布朗国家公园(Parc National du Mont Tremblant)

在**蒙特朗布朗国家公园**(☎819-688-2281, 预订 800-665-6527; www.sepaq.com/pq/mot; Chemin du Lac Supérieur; 成人/儿童 $8.50/免费; ℗♿)✍,大自然呈上了一台令人叫绝的盛大演出。公园开放于1895年,占地面积1510平方公里,囊括了风光旖旎的劳伦琴湖区、河流、群山和森林,是魁北克省最古老、规模最大的公园。园内分布着多种珍稀植物——包括银枫(silvermaple)和红栎(redoak)。此外,还有众多徒步和骑行小径以及若干条独木舟线路。这里生活着狐狸、鹿、驼鹿和狼,也是超过206种鸟类的栖息地,其中还包括一个大型青鹭(blueheron)种群。

公园分成三大区域。开发最完善的是**Diable**区,美丽的湖泊Lac Monroe就坐落于此。正门位于Station Tremblant东北方28公里处。从入口再往前走11公里便可到达全年运营的服务中心,这里也可出租各种装备。

Diable区拥有多条美妙的小径,从途经几座瀑布、20分钟即可走完的轻松路线,到需要跋涉一整天、但沿途山色壮丽的长途步道,种类丰富。游客可以在部分小道骑自行车,或者租一条独木舟沿着Rivière du Diable河蜿蜒的河道顺流而下。湖泊Lac Chat与La Vache Noire之间的路段比较平缓,非常适合全家出行。

继续向东,从St-Donat驱车10分钟即可抵达公园的第二个区域——**Pimbina**区。在这里,你会找到一家信息中心、独木舟和皮划艇出租机构,以及附设基本设施的露营地。该区域的活动包括在湖泊LacProvost里游泳,以及到附近的小径徒步和骑自行车。而该区域的精彩亮点是14.4公里长的小径**Carcan Trail**,它通往公园第二高峰(883米)的山顶,途中会经过几座瀑布,满目青翠。

再往东走便是公园的第三个区域——**L'Assomption**区,可经小镇St-Côme进入。这是园内最原始粗犷的地区,拥有更多小径、隐蔽的小木屋和偏远露营地。到了冬季,你无法自驾进入该区域,大雪会把道路封住。

更加荒僻的公园腹地和东部区域只能经由土路到达,其中有些是从前的伐木路线。这些人迹罕至的地区野生动植物资源丰富。如果不怕路程辛苦,你就有可能独享整个湖区。

到了8月底,晚上开始变得寒冷,再过几个月,皑皑白雪为国家公园增添了几分神秘感。而此时在Diable和Pimbina地区,正是越野滑雪和雪地徒步的旺季。

🚶 活动

Via Ferrata　　　　　　　　　　　攀岩

(☎800-665-6527; www.sepaq.com/pq/mot/index.dot; 成人/儿童 $42/31.50起; ◎6月中旬至10月中旬)✍作为很受欢迎的半日攀岩导览游,Via Ferrata可带领游客攀上La Vache Noire的岩壁顶端,将背倚劳伦琴斯的Rivière du Diable河壮丽景色尽收眼底。参加者不需要有攀岩经验,导游会介绍基础知识,并提供装备。可通过公园预订。

🛏 住宿

Campgrounds　　　　　　　　露营地 $

(☎800-665-6527; www.sepaq.com/pq/mot/tarifs.dot; 露营地/圆顶帐篷/小屋 $24/110/120起)既有朴素的帐篷营地,也有四人圆顶帐篷,以及介于帐篷和小屋之间、不用你亲自扎营的设施。

Cabins 小屋 $$

（☎800-665-6527；www.sepaq.com/reservation/chalet.dot；小屋 $124~250）位于蒙特朗布朗国家公园内，小屋可住2~10人。

❶ 实用信息

信息中心（☎819-688-2281；⊙5月中旬至10月中旬，以及11月中旬至次年3月）

蒙特利尔到魁北克市
(MONTRÉAL TO QUÉBEC CITY)

在魁北克省的两个大都会之间，分布着一片片田园诗般的乡村牧场，无穷魅力甚至超越了国境线。你不妨放松下来，在此稍作停留，好好享受东部城镇那美如明信片般的风光，沉浸在这里因不断涌入的美国游客而愈发浓郁独特的双语氛围。如若不然，也可前往莫里切地区——从三河城（Trois-Rivières）以北延伸至圣让湖（Lac St-Jean），并包括了波澜壮阔的圣莫里斯河（Rivière St-Maurice）流域，这片荒野一直以来都令无数游客魂牵梦绕，来此寻求粗犷纯粹的自然之美。

加拿大横贯公路（Trans-Canada Hwy，即Hwy 20）从蒙特利尔直接通往魁北克市。东部城镇就位于这个地区与美国佛蒙特州的边境线之间，主要在Hwy 10沿线；而莫里切则位于Hwy 20北边的Hwy 40沿线。

东部城镇（Eastern Townships）

郁郁葱葱的小山起伏绵延，大大小小的湖泊如水晶般晶莹剔透，四四方方的农田呈棋盘状分布，在东部城镇，也就是法语区居民所说的"Cantons-des-l'Est"，到处都是这样美丽的景色。该地区从蒙特利尔东南方80公里处开始，夹在由直达美国佛蒙特和新罕布什尔州边境的次级公路构成的迷宫中间。新英格兰人在这里感觉宾至如归：美国阿巴拉契亚山脉（Appalachian mountain）的末端雕刻出了这里起伏不平的地形，周围散落着一座座廊桥和圆形谷仓。

春天到此游览，绝对不虚此行，此时正是"熬糖浆"的季节——从树上抽取枫树汁熬煮制成枫糖浆。到了秋天，层林尽染，宛如一场斑斓的色彩秀，人们会用当地酒馆里出售的新酿苹果酒庆祝这个季节的到来。目前，该地区已成为一个飞速发展的葡萄酒产区，出产质量上乘的白葡萄酒和一款优质冰酒——一种用冰冻后的葡萄制作的甜酒。

⊙ 景点和活动

夏季时，这里众多湖泊成为垂钓和游泳的理想地点，在温暖的月份里，骑自行车也是非常受欢迎的活动，这里的各种骑行小径总长接近500公里，沿途风景秀丽。而冬季则意味着人们可在三大滑雪区——布罗蒙特（Bromont）、奥福特山（Mont Orford）和萨顿（Sutton）体验刺激的高山速降滑雪。

弗雷林斯堡 村庄

（Frelighsburg）距离佛蒙特州边境线仅数公里，这座村庄是东部城镇Route des Vins（葡萄酒之路）上令人愉悦的一站。众多砖石和木结构房屋横跨在从镇中心流过的小溪两岸，周围的区域遍布苹果园。当地餐馆擅长制作熏鱼和枫糖制品；如果你喜欢吃甜食，别忘了去镇中心那家古老杂货店兼咖啡馆品尝著名的枫糖浆果馅饼。

科提库克峡谷公园 公园

（Parc de la Gorge de Coaticook; ☎819-849-2331, 888-524-6743; www.gorgedecoaticook.qc.ca; 400 Rue St-Marc, Coaticook; 成人/儿童 $7.50/4.50; ⊙全年; ⛯）横跨科提库克（Coaticook）城外的一条郁郁葱葱的可爱峡谷，这座风景宜人的公园以全世界最长的步行吊桥闻名遐迩。游客们夏天来这里徒步、骑山地自行车和骑马，冬天来此坐滑雪轮胎和雪鞋行走。你还可以露营或者住在公园的小屋里。周围地区拥有东部城镇最漂亮的一些风景，那些很棒的奶酪加工商就更不用提了。

索麦斯线路 观光自驾

（Route des Sommets; Summit Drive; www.routedessommets.com）独辟蹊径的索麦斯线路在美国新罕布什尔州边境以北的高山中蜿蜒伸展193公里，穿过La Patrie和St-Adrien之间的一系列村庄和风景优美的瞭望台。它

Montréal to Québec City & Around
蒙特利尔到魁北克市及周边

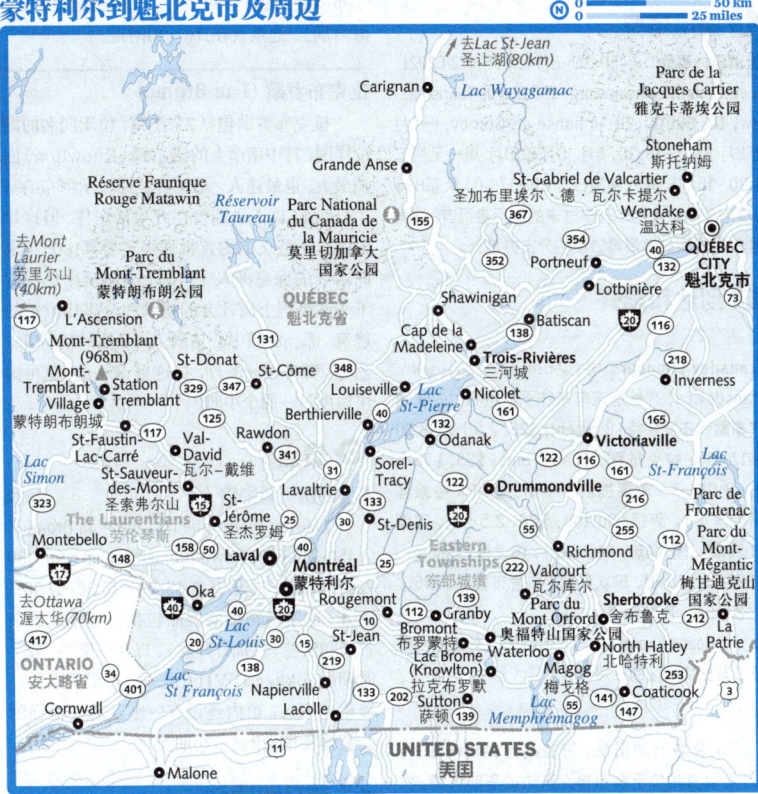

是欣赏东部城镇壮美秋色的一个绝佳选择。

🛏 食宿

Au Chant de l'Onde 民宿 $$

(☎450-298-5676;www.auchantdelonde. ca;6 Rue de l'Église, Frelighsburg;房间含早餐 $112起;❄🐾)位于秀丽的村庄弗雷林斯堡的中心,这家宁静的民宿共有三个房间,位置极为优越,就在Rivière aux Brochets的岸边。客人可以使用一个可爱的露台和宽敞的后院,近得能听到河水的声音。此外还有一个书房供客人放松、阅读或下棋。

Le Bocage 民宿 $$

(☎819-835-5653;www.lebocage.qc.ca; 200 Chemin Moe's River, Compton;双 $100~ 125,套 $165~250,全部含早餐;☻周二至周日;

❄🐾🅿)从温馨的欢迎到浓郁的复古风情,位于科提库克和舍布鲁克(Sherbrooke)之间的这家维多利亚风格的民宿实在是不可多得。每晚供应含多道菜的晚餐,菜肴可能会是珍珠鸡酿蘑菇、野猪肉、赤鹿肉排或其他野味。住宿多晚有折扣,必须提前预订。

Cabane du Pic-Bois 魁北克菜 $$

(☎450-263-6060;www.cabanedupicbois. com;1468 Chemin Gaspé, Brigham;成人/儿童 $32/18;☻3月和4月 周五至周日 预约订餐;🅿) 如果你想尽享一切,那么这座传统枫糖小屋里的自助宴席就是你的不二之选。这里供应所有经典菜肴——煎蛋卷(omelettes)、猪颈肉、火腿、枫糖香肠、豆子和马铃薯,此外还有洋白菜沙拉浇上餐厅著名的枫糖醋。尽管上一次我们吃到扶墙出,但我们还是会很高

兴地重返此地。

❶ 实用信息

旅游局办事处（☎450-375-8774, 866-472-6292; www.easterntownships.org; 100 Rue du Tourisme, Hwy 10, 68出口, St-Alphonse-de-Granby; ⊙6月至8月 8:30~18:00, 5月、9月和10月 周一至周五 8:30~16:30, 周六和周日 9:00~17:00)紧邻Hwy 10。对于从蒙特利尔开车过来的旅行者而言,这里是东部城镇旅游局最方便的分支办事处。

❶ 到达和离开

长途汽车

Transdev Limocar公司（☎514-842-2281; www.transdev.ca）有长途汽车来往于蒙特利尔的**长途汽车站**和布罗蒙特（Bromont; $26, 2.5小时, 8:30和17:40)、拉克布罗默（Lac Brome; $25, 1.75小时, 8:00——需要提前打电话,此班车按乘客需求发车)、萨顿（Sutton; $26, 2.5小时, 工作日16:30, 周六4班, 周日6班)、梅戈格（Magog; $32, 1.5~2小时, 班次频繁)和舍布鲁克（$36, 2~2.5小时, 班次频繁)。

Orléans Express公司（见307页)有长途汽车开往莫里切地区的三河城。

小汽车

从蒙特利尔出发,沿着高速路Hwy 10行驶,可以直达位于舍布鲁克东边的东部城镇,然后这条公路将改名为Rte 112继续向前延伸。如果是从魁北克市出发,沿着Hwy 20行驶,需在Drummondville附近转入Hwy 55,这是前往东部城镇的最快路线。

布罗蒙特（Bromont）

这个小镇环绕着**布罗蒙特滑雪场**（Ski Bromont; ☎450-534-2200; www.skibromont. com; 150 Rue Champlain; 全天/半天 $55/49)分布。滑雪场位于533米高的布罗默山（Mt Brome)的山坡上,为全年运营的度假村。布罗默山和它的姊妹峰是周围地区的制高点,冬天松林银装素裹,春夏苍翠繁茂,秋天绚烂多彩。因此,布罗蒙特一年四季都非常美丽。

5月至10月间的周末,巨大的**跳蚤市场**（Marché Aux Puces Bromont; ☎450-534-0440; www.mapbromont.com; 16 Rue Lafontaine; ⊙5月至10月 周六和周日 9:00~17:00; Ⓟ 免费)构成了布罗蒙特的另一大看点（主要景点当然是滑雪场),地点就在Hwy 10附近。

拉克布罗默（Lac Brome）

拉克布罗默包括7个小镇,位于同名的湖泊周围,其中南岸上的诺尔顿（Knowlton)面积最大、也最迷人。尽管有证据显示阿布纳基（Abenaki)人早期曾在此生活居住,但这个地区真正意义上的首批居民还要算1802年来此定居的保皇派人士。这个小镇至今仍保留了些许英国上流社会的格调和众多19世纪的建筑。漂亮的镇中心挤满了高品质的精品店、艺廊、咖啡馆和餐厅,在这里逛一逛,就可愉快地度过一两个小时。

◎ 景点

布罗默历史博物馆 博物馆

（Musée Historique du Comté de Brome; ☎450-243-6782; www.bromemuseum.com; 130 Rue Lakeside; 成人/儿童 $8/2; ⊙10:00~17:00; Ⓟ♿)这座博物馆的展品包括一座重建的杂货店和法院（仅周日开放),以及一架"一战"时期的Fokker D-VII飞机——它跟周围的环境格格不入。馆内还设有一座互动性很强的儿童博物馆,很适合小朋友。

✿ 节日和活动

鸭子节 文化节

（Canard en Fête, Brome Lake Duck Festival; www.canardenfete.ca; ⊙9月末)在9月末的最后两个周末举办,这个节日旨在纪念拉克布罗默最著名的禽鸟。除了鹅肝酱、鸭肉酱和其他鸭肉美食之外,摊贩还出售本地葡萄酒、苹果酒、奶酪和工艺品。

🛏 食宿

Auberge Knowlton 历史酒店 $$

（☎450-242-6886; www.aubergeknowlton. ca; 286 Chemin Knowlton; 双含早餐 $148起; 📶)位于一座地标性的1849年建成的旅馆中,这个地方拥有舒适的乡村主题房间,到处都有古董陈设。酒店附属的餐厅Le Relais供应地区特色菜肴。早餐是照着菜单点菜。

Le Relais 法国菜 $$

（☎450-242-2232；www.aubergeknowlton.ca/relais；286 Chemin Knowlton；午餐 $12~21，晚餐 $14~35；⊙周一至周五 11:00~15:00和17:00~22:00，周六 8:00~22:00；❀）位于Auberge Knowlton，这家餐厅采用多种方式烹饪美味多汁的布罗默鸭肉，例如鸭肉意式饺子配蘑菇酱汁、油封鸭肉配橘子酱和鸭肝配黑黄油（blackened butter）。

🛍 购物

布罗默湖养鸭场 食品

（Brome Lake Duck Farm；☎450-242-3825；www.canardsdulacbrome.com；40 Chemin Centre；⊙周一至周三 8:00~17:00，周四和周五 至18:00，周六 9:30~18:00，周日 至17:30）拉克布罗默以鸭子而闻名，从1912年起，这里的人们就开始用一种包括黄豆和维生素的特殊饲料饲养鸭子。在这家商店挑选一些鸭肉酱和其他鸭制品；它在蒙特利尔还有一家分店。

ℹ 实用信息

旅游局办事处（☎450-243-1221；http://ville.lac-brome.qc.ca；696 Chemin Lakeside；⊙6月至8月）双语员工乐于助人，可以为你安排住宿并提供地图。

萨顿（Sutton）

萨顿当年是保皇人士建立的一个小镇，有一条漂亮的主要街道，可让你尽情购物。你也可以在滑雪之后参加镇上的派对，彻底放松（滑雪区Mont Sutton就在附近）。作为魁北克南部最迷人的村庄之一，萨顿很受文艺人士的青睐，他们喜欢来这里欣赏周围的美丽风景——主要是在格林山脉北部一带。镇中心的狭长地带充斥着咖啡馆、餐厅、旅馆和民宿，还有一个很有帮助的旅游局办事处。

⦿ 景点和活动

圣阿涅斯小教堂 葡萄酒厂

（Chapelle Ste-Agnès；☎450-538-0303；www.vindeglace.com；2565 Chemin Scenic；导览游含品酒 $20~30；⊙导览游 6月至10月 周三和周日 13:30，其他时间预约安排；🅿）作为魁北克省最著名的冰酒生产商之一，备受赞誉的圣

> ### 小孩都爱格兰比
>
> 如果你带着孩子去**格兰比动物园**（Granby Zoo；☎450-372-9113；www.zoodegranby.com；525 Rue St-Hubert, Granby；成人/儿童 $39/26；⊙5月末至8月 10:00~20:00，9月和10月 周六和周日 10:00~17:00；🅿），肯定会马到成功。老虎、袋鼠、大象和大约170种其他水生动物、鸟类和兽类朋友总能将小家伙们吸引住。凭门票可进入**Parc Aquatique Amazoo**，这是一个小型的水上公园，有一个波涛翻滚的波浪池和若干滑道。从Hwy 10的68出口出来即可到达动物园。

阿涅斯小教堂葡萄酒厂就在美国佛蒙特州边境的北边，位于萨顿附近。除了正式导览游之外，如果你在6月至10月的10:00~17:00间恰好在此的话，很可能有机会参加30分钟的迷你团队游。

自然环境公园 徒步

（Parc d'Environnement Naturel；☎450-538-4085；www.parcsutton.com；成人/儿童 $6/3；⊙6月至10月；🅿）夏季的萨顿是一处主要的徒步区，尤其是在这个保护区内，林木繁密的群山之间纵横分布着总长达80公里的小径。背包客可在3个原始的露营地扎营。

Mont Sutton 滑雪

（☎450-538-2545；www.montsutton.com；671 Chemin Maple；日票成人/青少年/儿童 $62/43/35；⊙9:00~16:00；🅿）家族经营的Mont Sutton是位于萨顿以东5公里的滑雪区，有60条适合各种水平的下坡雪道，尤以林中滑雪闻名。

🛏 食宿

⭐ Le Pleasant Hôtel & Café 历史酒店 $$

（☎450-538-6188，888-538-6188；www.lepleasant.com；1 Rue Pleasant；房间 $140~220；❄@❀）这家豪华旅馆是周末遁世的好地方。客房时尚而现代——与古典风情的建筑立面形成了微妙的平衡，部分客房可欣赏Mont Sutton的景色。

Le Cafetier 咖啡馆 $

(☎450-538-7333; 9 Rue Principale N; 主菜 $8~15; ⊙7:00~19:00; 🛜🐶) 这家呆萌可爱、气氛活泼的咖啡馆位于萨顿的中心,当地人蜂拥至此享用晨间咖啡、羊角面包、奶昔、煎蛋卷和自制牛奶什锦早餐,但它在下午也同样受欢迎,会供应沙拉、素辣豆(vegetarian chili)、帕尼尼和法式火腿干酪热三明治(croque monsieurs)。葡萄酒和啤酒、免费Wi-Fi、多种纸牌游戏和儿童玩具鼓励所有年龄段的顾客前来休闲娱乐。

Auberge des Appalaches 加拿大菜 $$

(☎450-538-5799; http://auberge-appalaches.com; 234 Chemin Maple; 主菜 $17~25; ⊙周一 17:00~20:00,周二和周五至周日 18:00~22:00; 🚗) 本地食材和对细节的高度重视,这就是这家旅馆菜肴的突出特点。应季菜单很难预测,前一天晚上可能会供应烧小牛肝,第二天就可能是枫糖浆调味的驼鹿肉。

ℹ 实用信息

旅游局办事处(☎450-538-8455, 800-565-8455; https://tourismesutton.ca; 24a Rue Principale S; ⊙9:00~17:00) 萨顿地区的旅游信息。

瓦尔库尔 (Valcourt)

如果不是因为Ski-Doo(雪地摩托车)之父约瑟夫·阿尔芒·邦巴尔迪耶(Joseph Armand Bombardier)是当地居民,瓦尔库尔不过就是雷达上的一个小点,加拿大人把这一发明视为民族的骄傲。你可以在**邦巴尔迪耶博物馆**(Musée J Armand Bombardier; Museum of Ingenuity; www.bombardiermuseum.com; 1001 Ave J-A Bombardier; 成人/儿童 $12/8; ⊙5月至8月 10:00~17:00,9月至次年4月 周一闭馆; 🅿) 了解关于他的发明的一切。除此之外,瓦尔库尔并没有邻近城镇的历史魅力,感觉就像是一个沉寂的住宅区。

梅戈格 (Magog)

门弗雷梅戈格湖(Lac Memphrémagog)形状好像香蕉,向南延伸了44公里,一直穿过加美边境线,是东部城镇面积最大、最著名的湖泊,大部分水滨地产为私人拥有,而梅戈格在这座湖的北岸上占据了重要位置。它是湖畔最大的城镇,有一条漂亮的主街和多家很不错的餐厅和酒店。

◉ 景点和活动

梅戈格有个**沙滩**,不过,到了夏季,要在这里挤出块地方躺下晒晒太阳可能会比较困难。湖岸上的其余地方大部分为私人所有。因此,探索这个湖泊的最佳方式是走水路游览,提供类似团队游的公司包括水上运动机构**Club de Voile** (☎819-847-3181; www.voilememphremagog.com; 155 Plage des Cantons) 和**Croisières Escapades Memphrémagog** (☎819-843-7000; www.escapadesmemphremagog.com; 成人 $37~74,儿童 $15~41; ⊙5月至10月; 🚢),后者提供带解说的巡航游。留意寻找Memphré,据说这是种活跃但难觅其踪的生物,与尼斯湖水怪一样神秘,就生活在这片湖泊的水底!

湖畔圣本笃修道院 修道院

(Abbaye St-Benoît-du-Lac; ☎819-843-4080; www.st-benoit-du-lac.com; 1 Rue Principale, St-Benoît-du-Lac; ⊙教堂 5:00~20:30,商店 周一至周六 9:00~10:45和11:45~18:00) 这座宁静的修道院坐落在门弗雷梅戈格湖的西岸,距离梅戈格以南12公里。这个建筑群将传统与现代建筑完美结合起来,包括一条装饰着彩色瓷砖的走廊和一座建有裸露结构横梁和砖墙的教堂。尽量在7:30、11:00和17:00到这里参观,届时可欣赏修道士练习格利高列圣咏,这个仪式在魁北克省非常有名。同样有名的是修道士酿造的苹果酒和精心制作的奶酪。

🛏 食宿

Au Coq du Bonheur 民宿 $$

(☎866-643-6745; www.aucoqdubonheur.com; 79 Rue Bellevue; 房间 $99~125; ❄🛜) 这家民宿风格简单,服务优质,拥有全硬木地板、自然采光和别致的艺术品,洋溢着温馨好客的氛围,还提供美味的早餐。

À L' Ancestrale B & B 民宿 $$

(☎819-847-5555; www.ancestrale.com; 200 Rue Abbott; 房间含早餐 $99~160; @🛜) 在这家亲切的隐居之所,早上醒来就可享用有

5道菜的美味早餐。它的5间客房都装饰成了浪漫的乡土风格，并配有冰箱和咖啡机。它位于镇中心一处安静街道上，真可谓闹中取静。

Ô Bois Dormant 民宿 $$

(☎819-843-0450, 888-843-0450; www.oboisdormant.qc.ca; 205 Rue Abbott; 房间含早餐$110~145; ❄@☎❀)虽然这座高大气派的维多利亚风格建筑距离主街仅几步之遥，但在这里宽阔的后草坪上漫步，感觉就像置身于一个幽静的度假胜地内（游泳池在这方面也有所裨益）。房间舒适，虽然有一点点俗气。

Bistro Chez Sirano 法式小馆 $$

(☎819-769-4006; 362 Rue Principale W; 主菜 $11~25; ⊗周二、周四和周日17:00~21:00，周五和周六至22:00; ♿)它十分接地气，堪称餐饮界一股清流，是字面意义上最棒的社区法式小馆，拥有舒适、悠闲的氛围和美味的食物，从经典的牛排炸豆饼(steak frites)到鸭肉意式饺子，无不令人食指大动。

Fondissimo 瑞士菜 $$

(☎819-843-8999; www.fondissimo.ca; 276 Rue Principale E; 主菜 $22~28; ⊗17:00~23:00)从"Fondissimo"这样的店名不难猜出这个时尚餐厅的特色菜是什么。它位于一座经过翻修的老工厂里面，单是瑞士火锅就有8种。中式火锅——包括肉类、蔬菜和海鲜——也是一种热门选择，你可在滚沸的油汤底里自己把菜烫熟。

❶ 实用信息

旅游局办事处(☎819-843-2744; www.tourisme-memphremagog.com; 2911 Rue Milletta; ⊗9月至次年6月末9:00~17:00，6月末至8月至18:00)紧邻Rte 115。

奥福特山国家公园 (Parc National du Mont Orford)

在金色的阳光下，置身于苍翠的山脚、凉爽的蓝色湖泊或能够将所有景色一览无余的观景点，也许会有比这更好的度过夏日时光的方式，但是我们还没找到它。与此同时，我们将高兴地继续钟情奥福特山国家公园(☎819-843-9855; www.sepaq.com/pq/mor;

3321 Chemin du Parc, Orford; 成人/儿童 $8.50/免费; ⊗全年; 🅿)，这里有鳄龟(snapping turtles)、一日游的家庭、数不清的鸟类，以及大量的徒步、划皮划艇和独木舟机会。国家公园的布局相当紧凑，而且因为靠近梅戈格，游人总是很多。

公园边界外面坐落着**奥福特艺术中心**(Orford Arts Center, Centre d'Arts Orford; ☎819-843-3981; www.arts-orford.org; 3165 Chemin du Parc, Orford)，它每年6月底至8月中旬都会举办久负盛名的**奥福特音乐节**(Orford Festival)，期间将举办40~50场古典音乐会。

🏃 活动

Station de Ski Mont-Orford 滑雪

(☎819-843-6548; www.orford.com; 4380 Chemin du Parc; 缆车票成人/儿童 $62/35)垂直落差达589米，共有几十条速降滑雪道，大部分都适合初学者和中级水平的滑雪者。这里还有个冰雪公园，里面布置了一个U形场地和其他娱乐设施。

🛏 住宿

Auberge du Centre d'Arts Orford 旅馆 $

(☎819-843-3981; www.orford.mu/services-hoteliers; 3165 Chemin du Parc, Orford; 房间 $60~90)这个经济实惠的住宿场所位于奥福特山国家公园边缘90公顷的土地上，提供89个没有电视或电话的房间。它附属于奥福特艺术中心，所以该中心的夏季音乐节期间不提供住宿。不过可以在秋季、冬季和春季前来，这是个可爱的休憩之处，小径和山间美景就在客房门外豁然展开。

北哈特利 (North Hatley)

所有的东部城镇都可爱迷人，但北哈特利的可爱程度堪比一只打哈欠的小萌狗。这座迷人的小镇位于梅戈格以东约17公里处，就在水晶般清澈的湖泊Lac Massawippi的北端，景色令人陶醉。在20世纪20年代，因为这里秀丽的风景——而且不受禁酒令限制，北哈特利成为许多富有美国人的第二个家。如今，很多历史住宅都改造成了旅馆和民宿。流行的夏日活动包括游泳、划船、欣赏湖畔的自然美景，浏览村庄里的画廊、古玩店和工艺品店。

🏃 活动

Randonées Jacques Robidas
骑马

(☎819-563-0166; www.equitationjacquesrobidas.com; 32 Chemin McFarland; 骑马 $65起, 2日套餐 $299起; 👶) 来这家专业机构参加骑马活动, 是探索北哈特利周围连绵起伏的乡村风景的美妙方式。除了种类多样的骑马远行活动, 还有为新手准备的骑马课程。

🛏 食宿

★ Manoir Hovey
度假村 $$$

(☎819-842-2421, 800-661-2421; www.manoirhovey.com; 575 Rue Hovey; 双 $506起, 含晚餐和早餐 $679起; P❄@🐕🏊) 这个可爱的度假村坐落在风景如画的湖畔, 提供布置得整齐漂亮的房间。你会在这里发现广阔的花园、一个加热游泳池和溜冰场 (冬季), 还可以安排多种户外活动——风帆冲浪、乘船游湖和高尔夫。屡获殊荣的餐厅 Le Hatley 是东部城镇的最佳餐厅之一, 3道菜正餐呈现出精致的魁北克味道 (非住店客人 $75)。

Pilsen
小酒馆食品 $$

(☎819-842-2971; www.pilsen.ca; 55 Rue Main; 主菜 $12~27, 定食套餐 $32起; ⏰11:30至次日3:00) 北哈特利最热闹的餐厅, 以烤制或熏制的鲑鱼和高级的小酒馆食品闻名。它还有个漂亮的河畔露台和一个湖畔露台。

★ Auberge Le Coeur d'Or
魁北克菜 $$$

(☎819-842-4363; www.aubergelecoeurdor.com; 85 Rue School; 4道菜套餐 $42; ⏰11月至次年4月 18:00~21:00, 周一和周二歇业) 想度过一个轻松愉悦的外出夜, 就去这个迷人的农舍旅馆吧。餐馆的4~5道菜晚餐尽量选用本地食材, 包括来自舍布鲁克的奶酪、斯坦斯特德 (Stanstead) 的兔肉、奥福特的鸭肉和东赫里福德 (East Hereford) 的熏鲑鱼。留点胃口品尝泡芙 (profiteroles)、巧克力慕斯蛋糕, 或者这里标志性的焦糖蛋奶冻 (crème brûlées) 三款组合。

☆ 娱乐

Piggery Theatre
剧院

(☎819-842-2431; www.piggery.com; 215 Chemin Simard) 这个很受欢迎的剧院上演英语戏剧、音乐会和喜剧。

ⓘ 实用信息

Café North Hatley (☎819-842-4722; 90 Rue Main; ⏰9:00~17:00; 📶) 有一个小型信息中心, 供应美味的咖啡, 可免费上网, 位于Passerose精品店的2楼。

舍布鲁克 (Sherbrooke)

本地区的商业中心舍布鲁克是座繁忙的城市, 也是返回东部城镇前补充现代化便利装备的完美地点。它的历史核心区"舍布鲁克老城区"(Vieux Sherbrooke) 位于两条河流的交汇处, 被两条主要的商业街Rue Wellington和Rue King一分为二。城市亮点包括规模不大但精心布展的美术馆, 里面收藏着魁北克和加拿大艺术家的作品, 还有18公里长的 Réseau Riverain, 这条步行和骑行线路沿梅戈格河 (Rivière Magog) 而建, 起点就在市中心以西的Blanchard公园。

⊙ 景点

国家湖
湖泊

(Lac des Nations; 🅿) 🚴 在所有景点的南边, 梅戈格河静静流入秀丽的国家湖。一条景色优美的柏油小路环绕湖泊周围, 非常适合徒步、玩直排轮滑和骑自行车 (有装备出租)。

主教大学
历史建筑

(Bishop's University; www3.ubishops.ca/chapel; Rue du Collège; 礼拜堂周一至周六 8:30~18:00, 周日 正午至18:00) **免费** 如果你对学术研究感兴趣, 那就南行5公里前往Lennoxville, 参观圣公会主教大学, 这座大学仿照英国牛津大学与剑桥大学于1843年创立。**圣马可礼拜堂** (St Mark's Chapel) 是校园建筑的精彩亮点, 精雕细琢的教堂长椅和彩色玻璃窗极富装饰效果。

美术馆
博物馆

(Musée des Beaux-Arts; ☎619-821-2115; www.mbas.qc.ca; 241 Rue Dufferin; 成人/学生 $10/7; ⏰6月末至8月10:00~17:00, 9月至次年6月末 周二至周日 正午至17:00) 馆内的永久藏品非

常出色，着重展示了当地艺术家的作品。这里也举办临时展览。

舍布鲁克历史学会　　博物馆
(La Société d' Histoire de Sherbrooke；819-821-5406；www.histoiresherbrooke.org；275 Rue Dufferin；成人/儿童 $7/4；周二至周五 9:00至正午和13:00~17:00，周六和周日 13:00~17:00) 该中心关于城市历史发展的展示引人入胜，还有展览介绍了东部城镇地区既亲英又说法语的奇特身份认同。

食宿

Hotel Le Floral　　酒店 $$
(819-564-6812；www.hotellefloral.com/en；1920 12e Avenue N；房间 $109起；P❄🐾🌐) 作为中档酒店的翘楚，Le Floral拥有时髦、别致、都市风尚的房间和友好的服务。

Au Coin du Vietnam　　越南菜 $$
(819-566-8383；www.aucoinduvietnam.com；1530 Galt Ouest；定食套餐 $25起；周二至周五 11:00~14:30，每日 17:00~22:00) 如果你吃腻了加拿大/魁北克菜，就来这里享用优质新鲜的东南亚菜肴吧。

饮品和夜生活

Siboire　　精酿啤酒
(819-565-3636；www.siboire.ca；80 Rue du Dépôt；周一至周五 6:00至次日3:00，周六和周日 7:30至次日3:00) 舍布鲁克曾经的列车库如今坐落着这家气氛十足的精酿啤酒馆，它供应十来种扎啤，包括Siboire自家酿造的IPA啤酒、小麦啤酒、燕麦啤酒、爱尔兰红爱尔啤酒(Irish red ale)和应季枫糖苏格兰威士忌爱尔啤酒(maple scotch ale)。高高的天花板、砖墙和夏日繁花似锦的露台营造出尽情畅饮的宜人氛围，还可以品尝到东部城镇最美味的一些炸鱼和薯条。

❶ 实用信息

自动柜员机在镇中心随处可见。

国民银行(Banque Nationale；3075 Blvd Portland；周一至周三 10:00~15:00，周四 至18:00，周五至16:00)

Hospital Hôtel-Dieu (819-346-1110；www.chus.qc.ca；580 Rue Bowen S；24小时) 当地医院，提供多种医疗服务。

东部城镇旅游(Tourism Eastern Townships；819-820-2020，800-355-5755；www.easterntownships.org；20 Rue Don-Boscon S；周一至周五 8:30~16:30)

旅游局办事处(Destination Sherbrooke；819-821-1919；www.destinationsherbrooke.com；785 Rue King W；周一至周六 9:00~17:00，周日9:00~15:00)

ZAP Sherbrooke(www.zapsherbrooke.org) 列出了舍布鲁克所有免费无线网络覆盖的区域。

❶ 到达和离开

Transdev Limocar公司(见300页)的长途汽车站位于80 Rue du Dépôt；往返蒙特利尔的车次频繁。舍布鲁克紧邻Hwy 10，位于梅戈格东北方约25公里处。

梅甘迪克山国家公园 (Parc National du Mont-Mégantic)

和魁北克省的许多其他省立公园类似，梅甘迪克山国家公园是加拿大东部森林和荒野保护区的一部分，这个可爱的地方可以让你从文明世界暂时逃离到田园牧歌之中。但它和许多省立公园又有所不同的是，梅甘迪克山有着浓重的科学色彩：这里有一座重要的**天文台** (819-888-2941；http://astrolab-parc-national-mont-megantic.org/en；189 Rte du Parc；成人/儿童 $18.50/免费起；6月末至8月 正午至17:00，其他时间查询网站)，而且这里还是全世界第一个国际黑暗夜空保护区 (International Dark Sky Reserve)。用科学术语说，这意味着这片地区的夜视能见度异乎寻常地好。用外行话说就是：哇哦，这儿的星星可真漂亮。

莫里切(Mauricie)

尽管莫里切占据着蒙特利尔和魁北克市半途的战略性位置，但它却是魁北克省鲜为人知的地区之一。它从三河城沿着奔腾的圣莫里斯河(Rivière St Maurice)向北延伸300公里，直至圣让湖(Lac St Jean)。几个世纪以来，这条河流一直都是该地区工业传统的命脉，原木沿河而下，漂向下游的纸浆厂和造纸厂，一直持续到1996年。几个世纪之前，加拿大的钢铁工业就诞生于该地区。原来的那座炼铁厂如今已成为一处国家历史遗址。工业仍然在下游地区占据着主导地位，但在这条河流抵达莫里切加拿大国家公园（Parc National du Canada de la Mauricie）后，景色变得更加优美了。

三河城 (Trois-Rivières)

创建于1634年的三河城是墨西哥以北的北美洲第二古老城市，不过你根本看不出它的古老：1908年，一场大火席卷了整个城市，几乎将这里的历史古迹全部化为灰烬。不过，在位于圣劳伦斯河北岸的市中心，仍然有一些颇具吸引力的地方和几处名副其实的旅游景点。河边有一条步行道路通往Rue des Ursulines沿街一带，那里是城里最古老的地区。

顺便说一句，这座城市叫这个名字其实是用词不当，因为这里只有两条而非三条河流。不过，在圣莫里斯河（Rivière St Maurice）的入海口，几个小岛屿将河流分成三股，倒是确实形成了三条支流。

◎ 景点和活动

乔利·洛比尼埃酒庄　　　　　　　博物馆

(La Domaine Joly de Lotbinière; ☏418-926-2462; www.domainejoly.com; Hwy 132, Rte de Pointe-Platon; 成人/儿童/学生 $16/1/10; ⓢ5月末至9月末 10:00~17:00; P) 这座庄严的博物馆位于三河城和魁北克市之间，是为纪念亨利-古斯塔夫·乔利·洛比尼埃（Henri-Gustave Joly de Lotbinière, 1849~1908年）建造的，他曾经担任过魁北克省的省长。这座宅邸是魁北克领主时期所建建筑中最令人印象深刻的一座，而且一直保留着其19世纪末的风貌。附属建筑和植物繁茂的花园十分漂亮，咖啡馆供应午餐和下午茶。

魁北克大众文化博物馆　　　　　　博物馆

(Musée Québécois de Culture Populaire; ☏819-372-0406; www.culturepop.qc.ca; 200 Rue Laviolette; 成人/儿童 $13/8; ⓢ6月至9月 10:00~18:00) 作为该地区最有趣的景点之一，这座博物馆不断更换的展品涵盖了所有领域，从民间艺术到流行文化，深入挖掘魁北克省的社会和文化生活。最近的展览包括一场关于车库拍卖的社会重要性的奇怪展示，以及该地区常见鸟类的木雕艺术品。

圣莫里斯炼铁厂　　　　　　　　　博物馆

(Les Forges-du-St-Maurice; www.pc.gc.ca; 10000 Blvd des Forges; 成人/儿童 $4/2; ⓢ6月中旬至9月 10:00~17:00; P ⓘ) ⓟ 圣莫里斯炼铁厂位于市中心西北方向约7公里（乘坐4路公共汽车可达），它是国家历史遗址，保存了18世纪加拿大钢铁工业的诞生地。穿着古装的导游会带着你围绕厂区进行参观，并会带你进入鼓风炉，而一场声光秀则会为你展示加拿大首座钢铁厂的日常运转情况。

乌尔苏拉会博物馆　　　　　　　　博物馆

(Musée des Ursulines; ☏418-694-0694; www.museedesursulines.com; 734 Rue des Ursulines; 成人/儿童 $8/免费; ⓢ周二至周日 10:00~17:00) 若想了解一下这座城市的宗教史，那就到这座由乌尔苏拉会修女在1639年创立的医院旧址参观一下吧。它为博物馆内展览的涉及宗教的精美纺织品、瓷器、书籍和版画藏品提供了一个漂亮的背景。精美的壁画装饰着礼拜堂。附近的Rue des Ursulines是个适合悠闲漫步的宜人之地，有明信片风景般的私人住宅（有些现在开作民宿），遍布整个社区的信息牌介绍了它许多鲜为人知的历史。

老监狱　　　　　　　　　　　　　博物馆

(Vieille Prison; ☏819-372-0406; www.enprison.com; 200 Rue Laviolette; 成人/儿童 $15/10, 含博物馆 $21/13; ⓢ周二至周日 10:00~18:00) 在90分钟的团队游中，导游（包括从前这里的一些犯人）会为游客栩栩如生地介绍狱中的残酷生活，游览途中会在潮湿的地下囚室——它们被称为"坑"(the pit)——短暂停留。从6月末至8月底，每天11:30和15:30之间会有英语团队游，其余月份需预约。12岁以下儿童不得入内！

Croisières AML　　　　　　　　　划船

(☏866-856-6668; www.croisieresaml.com; 成人/儿童 $30/17; ⓢ6月中旬至9月初; ⓘ) 想从不一样的角度欣赏三河城，不如沿

着圣劳伦斯河来一场90分钟的乘船游览。这个乘船游仅夏季开放，一天三次，从港口驶向Laviolette桥、**圣母角圣殿**（Notre-Dame-du-Cap; www.sanctuaire-ndc.ca/en; 626 Rue Notre-Dame; ⊙8:30~20:00; Ⓟ）、圣昆廷岛（Île St-Quentin）以及圣劳伦斯河与圣莫里斯河交汇处，沿途都会有历史讲解。

🛏 食宿

Auberge Internationale de Trois-Rivières
青年旅舍 $

（☎819-378-8010; www.hihostels.ca; 497 Rue Radisson; 铺/双 $25/75; @🛜）这家非常干净且友好的青年旅舍位于一栋两层的乔治王风格的砖砌房屋中，步行轻松可达长途汽车站（见本页）、河滨和城市所有景点。每个宿舍有4~8张床位，还有价格合理的独立客房。可租赁自行车。

Le Gîte Loiselle
民宿 $$

（☎819-375-2121; www.giteloiselle.com; 836 Rue des Ursulines; 房间 $95~135; Ⓟ❄@🛜）来到这座距离河边只有一个街区的维多利亚式红砖建筑，迎接你的是当地艺术品、华丽的木制品、品位不俗的古董。朴素的客房带有独立厕所和一个公用淋浴间，让你一下子置身于老城中心。意气相投的主人Lisette和Mario都是活力十足的自行车手和前餐饮业主，为你提供丰盛的早餐准备开启一天的冒险。

Le Poivre Noir
创意菜 $$$

（☎819-378-5772; www.poivrenoir.com; 1300 Rue du Fleuve; 主菜 $14~32; ⊙周三至周五 11:30~14:00, 周二至周日 17:30~22:00; 🍴）在这个位于河滨的高级餐厅，大厨José Pierre Durand充满创意，常常大胆地将法国、魁北克和各国风味融合在一起，创造出难忘的餐饮体验。在芦笋血橙沙拉或热山羊乳酪"雪球"配西红柿和开心果这样的开胃菜之后，是同样美味的主菜。

🍷 饮品和夜生活

Gambrinus
自酿酒吧

（☎819-691-3371; www.gambrinus.qc.ca; 3160 Blvd des Forges; ⊙周一至周五 11:00至次日 1:00, 周六 15:00至次日1:00）位于河滨以北大约3公里，这家拥有10年历史的自酿酒吧供应十几种啤酒，包括应季蔓越橘、覆盆子和苹果爱尔啤酒，一种品质优良的IPA啤酒和一种非传统的大麻蜂蜜混合口味啤酒，名为Miel d'Ange。

ℹ 实用信息

圣约瑟夫医院（Hôpital St-Joseph; ☎819-370-2100; 731 Rue Ste-Julie）当地医院。

三河城旅游局办事处（☎819-375-1122; www.tourismetroisrivieres.com; 1457 Rue Notre-Dame; ⊙7月和8月9:00~19:00, 5月中旬至6月和9月 周一至周五 9:00~17:00, 周六和周日 10:00~16:00, 10月至5月中旬 周一至周五 9:00~17:00）非常有帮助的旅游局办事处。

ℹ 到达和离开

三河城位于蒙特利尔东北约150公里处、魁北克市西南约130公里处，经高速公路Hwy 40和Hwy 20或者普通公路Rte 138和Rte 132都可轻松抵达。

长途汽车站（Gare d'Autocars; ☎819-374-2944; 275 Rue St-Georges）位于Hôtel Delta后面。

Orléans Express公司（☎514-395-4000; www.orleansexpress.com）有长途汽车开往蒙特利尔和魁北克市。

莫里切加拿大国家公园 (Parc National du Canada de la Mauricie)

驼鹿在田园诗般的湖边吃草，一只潜鸟悲鸣着掠过水面，幼熊在桦树、白杨、枫树和其他树丛中尽情嬉戏，而到了秋天，这些树木将上演一场辉煌的色彩秀。这一切都是当你置身于**莫里切国家公园**（☎888-773-8888, 819-538-3232; www.pc.gc.ca/mauricie; 成人/儿童 $7.80/3.90; Ⓟ🐾）🌿时可能邂逅的景致。或许是魁北克省运营和管理得最好的公园，它也是游客最多的一个。不管是从独木舟还是徒步小径上放眼望去，这里的自然之美会令所有人赏心悦目，但它尤其适合那些不想完全脱离"文明世界"的人。

🚶 活动

园内有众多**徒步小径**，短的只需半个小时即可走完，最长的则需要5天的跋涉。这些小径让游客得以一窥当地的动植物、溪流和瀑布（位于公园西区的Chutes Waber瀑布特别值得一去），行走其间的游人们还可以一览周围那些精致美丽的山谷、湖泊与河流。

最长的步道Le Sentier Laurentien长度超过75公里，从公园北部崎岖的荒野中穿过。途中每隔7~10公里就有一个荒野露营地。不管任何时候，这条步道上的游客都被限制在40人以内，因此务必提前预约。如果想要沿这条步道徒步，你需要缴纳$46的费用，而且从步道终点回到Rte Promenade的那30公里路，你还必须自己安排交通。园内有售地形图。

莫里切公园很适合划独木舟。这里共有5条独木舟线路，长度从14公里至84公里不等，适合从初学者到专业人士在内的所有人。园内有3个地方出租独木舟和皮划艇（每小时/天 $14/40），其中最热门的一个是Lac Wapizagonke，这里有沙滩、陡峭的悬崖和瀑布。一条热门的一日游路线以Wapizagonke露营地为起点，划船到湖的西端，然后沿着7.5公里的环形小路徒步前往Chutes Waber，再划独木舟返回。

这里最受欢迎的冬季运动是越野滑雪，维护得当的雪道总长约85公里。

🛏️ 住宿

如果在指定地点露营，无电营地的露营费为$25.50，有电营地的费用为$29；如果在独木舟之旅中野营，不用篝火的露营费为$15，使用篝火则为$25。

Outdoor Lodges　　　　　　　　度假屋 $

（☎819-537-4555；www.info-nature.ca；每人每两晚 成人/儿童 $75/37；P）你也可以到两个户外度假屋之一住宿，那里的宿舍可以住下4~10人，它们距离最近的停车场有3.5公里，因此你必须徒步、骑自行车、划独木舟或滑雪来到这里。

Otentiks　　　　　　　　　　　　小屋 $$

（☎877-737-3783；小屋 $120；P）半帐篷的Otentiks是家庭游客、情侣以及结伴游客（最多5人）的理想住处，它位于公园东端的Rivière-à-la-Pêche区域，位置绝佳。每个住处都有一个烧木头的炉子和若干盘子，你需要自备床上用品、食品和饮品。

ℹ️ 实用信息

信息中心（Information Center；☎888-773-8888；Hwy 55, 226出口，途径 St-Jean-des-Piles；⏰6月至9月7:00~21:30，其他月份时间不定，10月末至次年5月初关闭）莫里切国家公园的信息和接待中心。

魁北克市（QUÉBEC CITY）

人口 542,045

在墨西哥城以北的北美洲，魁北克市是唯一拥有城墙的城市，它是那种可让人以小见大的地方。这里拥有被联合国教科文组织认定为世界遗产的老城区，几个世纪以来，那些老城区内的小巷和广场见证了这片大陆上首座教区教堂、首座博物馆、首座石头教堂、首座圣公会主教座堂、首个女校、首个商业区和首座法语大学的出现。如今，这些机构中的大多数仍然以某种形式保存了下来。这样的历史之最无处不在：当你翻阅《魁北克纪事电讯报》（Québec Chronicle-Telegraph）时，你其实是在阅读北美洲最老的报纸。如果你不得不去L'Hôtel-Dieude Québec看病，那么，一想到它是这片大陆上最老的医院，你至少也会感觉到一丝安慰。

一旦走过世界上出镜率最高的酒店隆特纳克城堡（Le Château Frontenac），你就会发现自己受到多个街区所具有的多元魅力的诱惑，不知该如何选择。在作为历史中枢的老上城（Old Upper Town），众多一流的博物馆和餐厅隐藏在俗气的鸢尾花T恤衫商店之间。位于陡峭悬崖脚下的老下城（Old Lower Town）则如同一个迷宫，在你从圣劳伦斯河北岸钻出这个迷宫之前，不妨让自己尽情沉醉于那些街头艺术家和温暖舒适的小旅店带来的惬意之中。离开了星形魁北克城堡（Citadelle）附近那个城墙环绕的镇子之后，时尚的圣让-巴蒂斯特区（St-Jean-Baptiste）属于那些历史虽然不太悠久却仍然十分有趣的地区之一，它也是活力四射夜生活的中心。

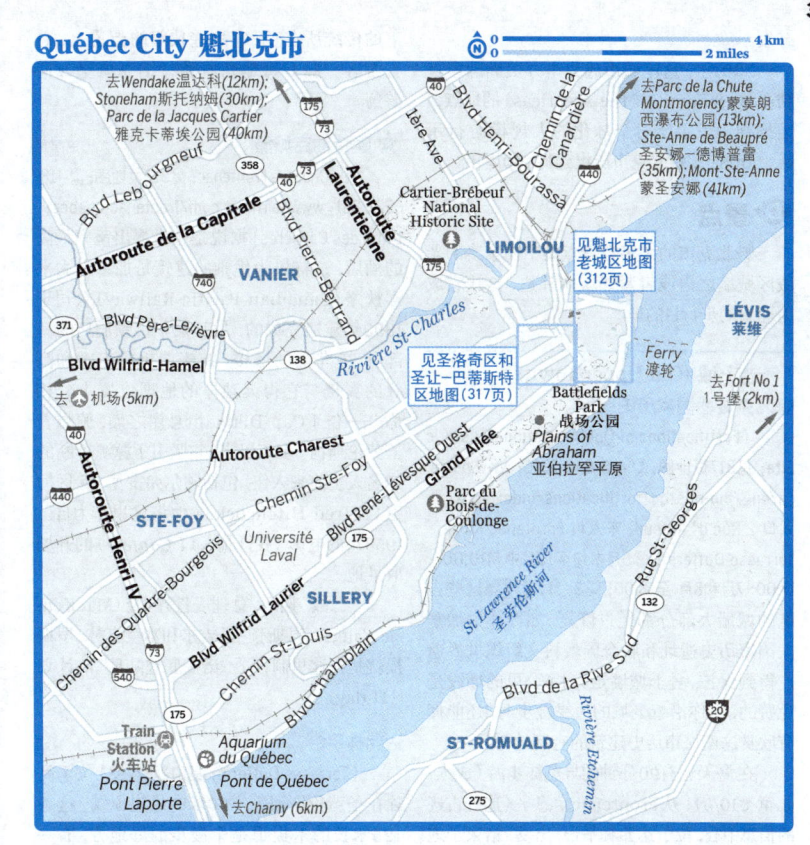

Québec City 魁北克市

地图标注

去Wendake温达科(12km); Stoneham斯托纳姆(30km); Parc de la Jacques Cartier 雅克卡蒂埃公园(40km)

去Parc de la Chute Montmorency蒙莫朗西瀑布公园(13km); Ste-Anne de Beaupré 圣安娜－德博普雷(35km); Mont-Ste-Anne 蒙圣安娜(41km)

Blvd Lebourgneuf

1ère Ave

Blvd Henri-Bourassa

Chemin de la Canardière

Autoroute de la Capitale

Autoroute Laurentienne

Blvd Pierre-Bertrand

Cartier-Brébeuf National Historic Site

VANIER

LIMOILOU

见魁北克市老城区地图(312页)

Blvd Père-Lelièvre

Rivière St-Charles

LÉVIS 莱维

Blvd Wilfrid-Hamel

见圣洛奇区和圣让-巴蒂斯特区地图(317页)

去✈机场(5km)

Ferry 渡轮

去Fort No 1 1号堡(2km)

Battlefields Park 战场公园

Plains of Abraham 亚伯拉罕平原

Autoroute Charest

Chemin Ste-Foy

Blvd René-Lévesque Ouest

Grand Allée

Parc du Bois-de-Coulonge

STE-FOY

Autoroute Henri IV

Université Laval

Chemin des Quatre-Bourgeois

Blvd Wilfrid Laurier

SILLERY

Chemin St-Louis

St Lawrence River 圣劳伦斯河

Rue St-Georges

Blvd Champlain

Blvd de la Rive Sud

Rivière Etchemin

Train Station 火车站

Aquarium du Québec

ST-ROMUALD

Pont Pierre Laporte

Pont de Québec

去Charny (6km)

魁北克省 魁北克市

历史

1535年，当法国探险家雅克·卡蒂埃在第二次前往新大陆的航行中在此登陆时，如今魁北克市所在的地方矗立着一个休伦（Huron）印第安人的村庄"Stadacona"——这些印第安人将村庄称为"Kanata"（意为"定居点"），加拿大的国名就来源于此。1541年，他回到这里，打算建立一个永久性的贸易站，但这一计划未能成功，这也使得法国扩张殖民地的计划推迟了50年。1608年，探险家塞缪尔·德·尚普兰终于为法国建立起这个城市，并称之为"Kebec"——来自阿尔贡金语，意思是"河流变窄的地方"。这是首个作为永久性定居点而非贸易站而建立起来的北美洲城市。

1629年，英国人成功攻下魁北克，但根据一份3年后签订的条约，它又被归还给法国，并成为新法兰西的中心。随后英国人又对这里多次发动攻击。1759年，沃尔夫将军（General Wolfe）率领英军在亚伯拉罕平原战胜了蒙卡尔姆（Montcalm）。这是北美洲最著名的战役之一，它实际上结束了英法之间持续多年的冲突。1763年，《巴黎条约》规定加拿大归英国所有。1775年，美国革命者试图夺取魁北克，但很快被赶了回去。这里在1864年举行了若干次会议，促成了加拿大在1867年建国。魁北克市也成为这个省的首府。

19世纪时，这座城市所具有的地位和重要性被蒙特利尔取代。当1929年的经济大萧条击破蒙特利尔的泡沫之后，魁北克市作为政府中心又重新获得了一定的声望。一些颇有商业头脑的当地人在20世纪50年代发起了现在大名鼎鼎的冬季狂欢节，以刺激旅游业的蓬勃发展。显然，这个策略至今仍然有效。

2001年，这座城市成为举办美洲国家首脑会议（Summit of the Americas）的地点，结果却引发了反对全球化的大规模游行示威。2008年，魁北克市庆祝建城400周年。

◉ 景点

魁北克市的大多数景点集中在紧凑的老城区城墙之内或者紧邻城墙外边，这让它成为理想的步行目的地。

◉ 老上城（Old Upper Town）

魁北克城墙国家历史遗址 古迹

（Fortifications of Québec National Historic Site；见317页地图；☏418-648-7016；www.pc.gc.ca/eng/lhn-nhs/qc/fortifications/index.aspx；西入口 2 Rue d'Auteuil，东入口 Frontenac Kiosk，Terrasse Dufferin；⏱5月中旬至10月中旬10:00～17:00，7月和8月 至18:00；❒3、11）**免费** 这些古老的城墙大部分都经过修复，如今作为加拿大国家历史遗址和联合国教科文组织世界遗产得到保护。登上城墙走完4.6公里的环线是免费的，当你沿着老城的边缘漫步时，还能拥有欣赏这座城市历史建筑的有利地形。

在夏天还有90分钟的导览徒步游（成人/儿童 $10/5），从Frontenac信息亭（这处古迹的信息中心，位于达弗林平台）出发，结束于炮台公园（Artillery Park）。10:30和14:30出发。

魁北克城堡 要塞

（La Citadelle；见312页地图；☏418-694-2815；www.lacitadelle.qc.ca；Côte de la Citadelle；成人/儿童 $16/6；⏱5月至10月 9:00～17:00，11月至次年4月10:00～16:00）这座北美洲最大的要塞占地2.3平方公里，是由法国人在18世纪50年代开始修建的，并由英国人于1850年建成，旨在抵抗美国的入侵（但从未发生）。时长为1小时的导览游包括参观军团博物馆和多处历史遗址。仅在夏季（6月末至9月初）举办的活动包括卫兵换岗仪式（每天10:00）以及鸣金收兵仪式，以士兵们在站岗结束后"咚咚"敲鼓为特色（周六18:00）。

◉ 拉丁区（Latin Quarter）

拉丁区楔入老上城的东北角，是魁北克市的传统所在。在它那些狭窄的街道上，总有游客一脸好奇地朝着隆特纳克城堡方向游荡。

★ 隆特纳克城堡 历史建筑

（Le Château Frontenac；见312页地图；☏418-692-3861；www.fairmont.com/frontenac-quebec；1 Rue des Carrières）据说是全世界出镜率最高的酒店，这栋极为优雅的建筑是加拿大太平洋铁路（Canadian Pacific Railway）公司于1893年建造完成的，是其豪华连锁酒店的一部分。它华丽的塔楼、蜿蜒曲折的走廊和高耸的翼楼与它得天独厚的地理位置十分相称——位于Cap Diamant悬崖之巅，俯瞰着圣劳伦斯河。多年以来，它吸引了源源不断的知名人士前来入住，包括阿尔弗雷德·希区柯克（Alfred Hitchcock），他将这里作为自己1953年的电影《我忏悔》（*I Confess*）的开场取景地。

"二战"期间，总理麦肯齐·金（MacKenzie King）、温斯顿·丘吉尔和富兰克林·罗斯福就是在这里制订了"诺曼底登陆日"的计划（D-day）。

达弗林平台 公园

（Terrasse Dufferin；见312页地图）位于高耸在圣劳伦斯河上空60米的悬崖顶端，这条425米长的木板道是个漫步的好地方，有一览无余的壮丽景色。夏天的时候，这里到处都是街头艺术家；冬天的时候这里会搭起一条激动人心的平底雪橇滑道（见315页）。在塞缪尔·德·尚普兰的雕像附近，台阶向下通往尚普兰的第二座要塞的遗迹，在1620年至1635年间曾矗立在此，到近些年才被发掘。你可以在附近搭乘索道缆车前往老下城。

美洲法语者博物馆 博物馆

（Musée de l'Amérique Francophone，Museum of French-Speaking America；见312页地图；☏418-643-2158；www.mcq.org；2 Côte de la Fabrique；成人/青少年/儿童 $8/2/免费；⏱10:00～17:00）位于**魁北克神学院**（Séminaire de Québec）的庭院内，据说是加拿大最古老的博物馆。永久展品探索了殖民地时代的神学院生活，此外还有临时展览。当年的教师是经验丰富的旅行者和收藏家，博物馆内有一些

孩子们的魁北克市

这座城市拥有丰富的历史、建筑和美食资源。虽然老城区的大部分设施——包括住宿和餐厅——针对的都是成年人,但在位于中央的核心区,也有很多适合儿童玩耍的地方,而其周边更是有很多完全为小孩子设计的景点。

在历史区,所有年龄段的游客都可以沿着城墙(见310页)步行游览城市美景。魁北克城堡的各种仪式(见310页)都会有穿着军装的士兵参加,也很受小孩子欢迎。达弗林平台(见310页)拥有美丽的河景和众多街头艺人,经常能令孩子们开怀大笑。而兵器广场和皇家广场很适合欣赏街头艺术家的表演。

Érico(见324页)是一座有关巧克力的博物馆和商店。到这里上一堂历史课,参观厨房,品尝一块巧克力,再试试能否抵制到店内购物的冲动。

魁北克水族馆(Aquarium du Québec; ☎418-659-5264, 866-659-5264; www.sepaq.com/ct/paq; 1675 Ave des Hôtels; 成人/儿童 $18.50/9.25; ◎6月至10月9:00~17:00,11月至次年5月10:00~16:00; ♿)生活着海象、海豹、北极熊以及数千种比较小的海洋生物。

蜜蜂博物馆(Musée de l'Abeille; ☎418-824-4411; www.musee-abeille.com; 8862 Blvd St-Anne; ◎5月、6月、9月和10月 9:00~17:00,7月和8月 至18:00; ♿)**免费**是一个养蜂工场博物馆(作坊),位于距市区东北方30公里的Hwy 138路旁,小孩子会喜欢这里的"蜜蜂之旅",而成人则更喜欢这里的蜂蜜酒。

他们从欧洲带回来的精美科学物品,例如古老的意大利天文学仪器。博物馆内还有一部精彩的短片,从魁北克人的视角展示新世界的历史。

乌尔苏拉会博物馆　　　　　　　　博物馆

(Musée des Ursulines;见312页地图;☎418-694-0694; www.ursulines-uc.com/musees.php; 12 Rue Donnacona; 成人/青少年/儿童 $8/3/免费; ◎5月至9月 周二至周日 10:00~17:00,10月至次年4月 周二至周日 13:00~17:00; 🚌3、7、11)位于一座古老的女修道院内,这座博物馆考虑周到、布局精妙而且轮椅可无障碍出入,讲述了乌尔苏拉会修女们引人入胜的故事,以及她们在17和18世纪产生的影响。这些修女在1641年建立了北美的第一所女子学校,同时招收原住民和法裔学生。关于女修道院学校生活的展览十分生动,有大量历史文物,包括乌尔苏拉会的精湛刺绣。毗邻的礼拜堂建于1902年,但里面保存了一些1723年的室内装饰。

圣路易斯城堡国家历史遗址　　　考古遗址

(St-Louis Forts & Châteaux National Historic Site;见312页地图; www.pc.gc.ca/eng/lhn-nhs/qc/saintlouisforts/index.aspx; 成人/儿童 $4/2,含导览团队游 $10/5; ◎5月中旬至8月 10:00~18:00,9月至10月中旬 至17:00)🍃藏身于达弗林平台下方,是塞缪尔·德·尚普兰当年修建的4座堡垒和2座城堡的遗址,此外还有1620年至1694年的其他一些早期魁北克住宅的遗址。这些建筑是2005年至2007年间发掘的,在被毁前的两百多年里,它们曾是法国和英国派遣的魁北克总督的府邸,后来毁于轰炸、火灾和年久失修。在天气温暖的时候,加拿大公园管理局(Parks Canada)会组织团队游,介绍这处考古遗址和相关出土文物,团队游为英语,一天两次。

魁北克圣母圣殿主教座堂　　　　教堂

(Basilique-Cathédrale Notre-Dame-de-Québec;见312页地图;☎418-694-0665; http://holydoorquebec.ca/en; 16 Rue de Buade; 导览游 $5; ◎周一至周五 8:45~15:45,周六和周日 至16:45,夏季每天 至20:15)魁北克的罗马天主教堂始建于1647年,当初不过是一个小教堂。虽然在后来的岁月中频繁遭受火灾和战争创伤(尤其是1759年英法军队之间的战斗),但这座教堂经历了不断的修复和重建,最终成为你今天见到的这座比原来大得多的主教座堂,它完工于1925年。教堂内部拥有与外表相称的

Québec Old Town 魁北克市老城区

魁北克省 魁北克市

宏伟,不过它的大部分珍宝都在1922年的火灾中被毁了,那场火灾只剩了四壁和地基。

◎ 老下城 (Old Lower Town)

老下城夹在上城区和水滨之间,它拥有这座城市最有趣的博物馆,适合步行的街道分布着许多匾额和雕像,以及数不胜数的户外咖啡馆和餐厅。古装街头艺人令人联想到数百年前的生活风貌。

拥挤的Rue du Petit-Champlain据说

Québec Old Town 魁北克市老城区

◎ 重要景点
- **1** 隆特纳克城堡 C4
- **2** 文明博物馆 D2

◎ 景点
- **3** 魁北克圣母圣殿主教座堂 C3
- **4** 凯旋圣母教堂 D3
- **5** 魁北克城堡 B6
- **6** 皇家广场博物馆 D3
- **7** 美洲法语者博物馆 C3
- **8** 乌尔苏拉会博物馆 B4
- **9** 圣路易斯城堡国家历史遗址 C3
- **10** 达弗林平台 C4

⊕ 活动、课程和团队游
- **11** Cyclo Services A1
- **12** Glissade de la Terrasse C4
- **13** Les Promenades Fantômes C3
- Les Tours Voir Québec .... (见13)

🛏 住宿
- **14** Auberge Saint-Antoine D3
- **15** Chez Hubert B4
- Fairmont Le Château Frontenac .... (见1)
- **16** HI Auberge Internationale de Québec A3
- **17** Hôtel 71 .... D2
- **18** Hotel Manoir Victoria A2
- **19** La Marquise de Bassano C4
- **20** Les Lofts 1048 .... A3
- **21** Maison Historique James Thompson B4

❂ 就餐
- 1608 .... (见1)
- **22** Apsara A4
- **23** Aux Anciens Canadiens B4
- **24** Batinse B2
- **25** Chez Ashton A3
- **26** Chez Boulay A3
- **27** Le Cochon Dingue D4
- **28** Le Lapin Sauté D4
- **29** Le Saint-Amour A4
- **30** L'Échaudé D2
- **31** Paillard Café-Boulangerie A3
- **32** Toast! D3

◉ 饮品和夜生活
- **33** Bar Ste-Angèle A3
- **34** L'Oncle Antoine D3

◉ 娱乐
- **35** Les Yeux Bleus A3

◉ 购物
- **36** Art Inuit Brousseau B4
- **37** 老港口市场 B1

和Rue Sous-le-Cap一样都是北美洲最狭窄的街道，而且它是北美大陆最古老的商业区Quartier Petit-Champlain的核心。留意那些绘制在17世纪和18世纪古建筑上的精美壁画。

皇家广场（Place Royale）底蕴深厚，已有四百多年的历史。当塞缪尔·德·尚普兰建立魁北克时，它所在的这一段河岸就是首先建立定居点的地方。1690年，这里设置的大炮阻挡了英国海军司令菲普斯（Phipps）及其部下的进攻。如今所说的"皇家广场"常常泛指这个地区。

在皇家广场东北方向，围绕老避风港修建的老港口（Vieux Port, Old Port）正在被重新开发成多功能滨水区。

从上城区出发，你有好几种办法可以抵达下城。你可以从Rue des Ramparts沿着Côte de la Canoterie步行前往老港口，也可以沿着那条迷人而陡峭的Rue Côte de la Montagne慢慢往下走。大约走到一半的时候，右手边有一条所谓的"断颈台阶"（Break-Neck Stairs, Escalier Casse-Cou）下行通往Rue du Petit-Champlain，这段阶梯是条近道。此外，你还可以乘坐缆车。

★ 文明博物馆
博物馆

（Musée de la Civilisation, Museum of Civilization；见312页地图；☎418-643-2158；www.mcq.org；85 Rue Dalhousie；成人/青少年/儿童$16/5/免费；◉10:00~17:00）甚至在还没看到展品前，你就会为这座博物馆发出赞叹了。它呈现出引人入胜的现代设计风格，将此前现存的建筑和当代建筑完美融合。常设展览十分独特，值得一看，如关于魁北克原住民文化的展览，以及名为"魁北克的人民：过去和现在"（People of Québec: Then and Now）的展览，而且很多展品配有先进的互动元素。任何时候这里都有杰出的轮回展览。

皇家广场博物馆　　　　　　　　博物馆

（Musée de la Place-Royale；见312页地图；☎418-646-3167；www.mqc.org；27 Rue Notre-Dame；成人/青少年/儿童 $7/2/免费；⏱周二至周日10:00~17:00；🅿）这个解说中心宣传了皇家广场作为法国殖民历史摇篮的地位。展品侧重于展示具体的人、房屋和在圣劳伦斯河边营建定居点面临的挑战。某些文物令人略感沉重，但仍然包括一些值得一看的展览，它们有助于观众深入了解17世纪初到20世纪当地生活的样貌。

凯旋圣母教堂　　　　　　　　　　教堂

（Église Notre-Dame-des-Victoires, Our Lady of Victories Church；见312页地图；☎418-692-1650；32 Rue Sous-le-Fort；⏱6月末至8月 9:30~20:30，5月末至6月末 至16:30）教堂历史可追溯至1688年，并以法国人在1690年和1711年对英国人的胜利而命名，它是北美最古老的石造教堂。这一地点曾是德·尚普兰修建其"住所"——一圈小小的防御栅栏的原址，80年后教堂建好，矗立于此。教堂里有鲁本斯和范戴克画作的摹本。天花板上还挂着木船布雷泽号（Brézé）的复制品，那艘船曾被视为跨洋航行和与易洛魁人作战的幸运符。

👁 城墙之外 (Outside the Walls)

大多数游客都会冒险穿过圣路易门（Porte St-Louis），以便欣赏魁北克市古城墙外最具吸引力的观光地：战场公园，著名的亚伯拉罕平原战役就发生在这里。遗憾的是，他们中的大多数随后都会匆忙返回城墙内那个童话般的地方。游览这里的一些景点肯定比再拍张城堡的照片更有意思——尤其是议会大楼（Hôtel du Parlement）和省会观景台（Observatoire de la Capitale）确实值得一游。圣让-巴蒂斯特区和圣洛奇区（St-Roch）可让你感受魁北克的日常生活，在游览完历史悠久的老城区后，这里是舒缓疲劳的减压舱。

议会大楼　　　　　　　　　　　历史建筑

（Hôtel du Parlement, Parliament Building；见317页地图；☎418-643-7239；www.assnat.qc.ca/en/visiteurs；1045 Rue des Parlementaires；⏱6月末至8月 周一至周五 8:30~16:30，周六和周日9:30~16:30，9月至次年6月末 周一至周五 8:00~17:00）**免费** 作为魁北克省立法机关的驻地，议会大楼是法兰西第二帝国时代的建筑，完工于1886年。免费的30分钟英法双语导览游全年不断，可以让你进入国民大会会议厅（National Assembly Chamber）、立法会会议厅（Legislative Council Chamber）和议长画廊（Speakers' Gallery）。建筑立面上装饰着23尊魁北克省重要历史人物的青铜雕像，包括塞缪尔·德·尚普兰（1570~1635年）、早期新法兰西总督方提纳（Louis de Buade Frontenac，1622~1698年），以及传奇将军詹姆斯·乌尔夫（James Wolfe，1727~1759年）和路易-约瑟夫·蒙卡尔姆（Louis-Joseph Montcalm，1712~1759年）等人。

省会观景台　　　　　　　　　　知名建筑

（Observatoire de la Capitale, Capital Observatory；见317页地图；☎418-644-9841，888-497-4322；www.observatoirecapitale.org；1037 Rue de la Chevrotière；成人/儿童 $14/免费；⏱2月至10月中旬 每天10:00~17:00；10月中旬至次年1月 周一关闭）来到高达221米的31层，俯瞰老城和圣劳伦斯河的美丽景色，如果足够晴朗，甚至还能远眺劳伦琴斯。这些景色全都有助于你判断自己所处的方位，而身边的信息板能让你快速了解一些当地历史。

战场公园　　　　　　　　　　　　古迹

（Battlefields Park, Parc des Champs de Bataille；☎418-649-6157；www.ccbn-nbc.gc.ca/en；835 Wilfrid-Laurier Ave；⏱8:30~17:30；🅿）🌿 作为魁北克市的必看景点之一，这座位于悬崖顶上的葱郁公园包括亚伯拉罕平原（Plains of Abraham），是1759年那场著名战斗的战场，这场战斗决定了北美大陆的命运，作战双方是英国将军詹姆斯·乌尔夫和法国将军路易-约瑟夫·蒙卡尔姆。公园内满是古老的大炮、纪念碑和纪念匾额，这里也是本地人野餐、跑步、滑冰、滑雪和雪鞋行走的好地方，还是冬季狂欢节和夏季露天音乐节的举办场地。想要了解更多信息，可前往亚伯拉罕平原信息和接待中心（见325页）。

魁北克国家美术馆　　　　　　　博物馆

（Musée National des Beaux-Arts du Québec；

☏418-643-2150；www.mnbaq.org；Battlefields Park；成人/青少年/儿童 $18/5/免费；⏰9月至次年5月 周二至周日 10:00~17:00，6月至8月 每天10:00~18:00，全年周三 至21:00）留出至少半天时间参观这个优秀的美术馆，它是魁北克省最好的美术馆之一。常设展览既有早期法国殖民时代的艺术品，也有魁北克抽象艺术家的作品，并设有部分20世纪艺术巨匠的独立展厅，如让-保罗·勒米厄（Jean-Paul Lemieux）和让-保罗·里奥佩尔（Jean-Paul Riopelle）。美术馆的另一个亮点是布鲁索因纽特艺术收藏（Brousseau Inuit Art Collection），展出个人历时50年收藏的2639件艺术品。

圣让-巴蒂斯特区 区域

（St-Jean-Baptiste；见317页地图）若想感受这个散发着波希米亚风情地区的脉动，沿着Rue St-Jean漫步是个不错的办法。尤其当你刚刚走过繁忙的Ave Honoré Mercier大街平静下来后，这片地区那种务实的生活态度会让你怦然心动。街边各种店铺一直延伸至Rue Racine，排列着众多一流的餐厅、时尚的咖啡店和酒吧，以及有趣的店铺——有些特别迎合同性恋顾客群体的需求。沿着任何一条小巷步行下山（朝西北方走），便可来到居民区那些狭窄的街道，如Rue d'Aiguillon、Rue Richelieu和Rue St-Olivier。

圣洛奇区（St-Roch） 区域

传统上，圣洛奇区是个劳动阶级聚集区，在工厂和海军工作的人居住于此，但如今这里已逐步向中产阶级社区转型。在主要街道Rue St-Joseph上，老旧的商店和二手服装店中间已经冒出些时尚的新开业餐厅和酒吧。在这里以及Rue St-Vallier Est上也能找到一些私人画廊。

沿着圣让-巴蒂斯特区的Côte Ste-Geneviève前行，你可来到一处陡峭的阶梯——Escalier de la Chapelle，顺着楼梯走下去就可来到圣洛奇区。

🚶 活动

★ Corridor du Littoral/Promenade Samuel-de-Champlain 骑车、步行游览

（🅿️🌿）从魁北克市西南边的Cap-Rouge出发，向东北方向进发，途经老下城抵达蒙莫朗西瀑布（Montmorency Falls），这条水滨走廊（Corridor du Littoral）是一条长48公里、沿着圣劳伦斯河延伸的多用途休闲道路，很受骑行者、步行者和直排轮滑爱好者的青睐。这条道路的核心是塞缪尔-德-尚普兰步行大道（Promenade Samuel-de-Champlain），这一2.5公里长的路段尤其美丽。

Glissade de la Terrasse 雪上运动

（见312页地图；☏418-528-1884；www.au1884.ca；Terrasse Dufferin；每人 $3；⏰12月中旬至次年3月中旬 周日至周四 11:00~17:00，周五和周六 至18:00；🅿️；🚌3、11）在隆特纳克城堡（见310页）外，只要天气条件允许，河畔风景优美的达弗林平台（见310页）在整个冬天都会搭起这条三槽平底雪橇滑道，让人体验风驰电掣的快感。在滑道的底端出租平底雪橇，最多可坐4人；在Au 1884号信息亭买票，然后抓起你的平底雪橇，走到顶端，滑下来吧！

Place d'Youville Skating Rink 滑冰

（见317页地图；☏418-641-6256；就在Porte St-Jean外面；滑冰免费，冰鞋出租 $8；⏰10月中旬至次年3月中旬 周一至周四 正午至22:00，周五至周日 10:00~22:00；🅿️）当冬天到来时，这个临时搭建的户外溜冰场是景色最美、最受欢迎的滑冰场地。这是个融入当地人的好地方，你还可以在现场租冰鞋。

👉 团队游

导览徒步游可在很短时间里让你了解许多特别的知识。例如，在一次团队游中，当游人盲目地走过Rue St-Louis时，导游会向游客指出人行道旁一棵树上其实嵌着一枚炮弹。

Cyclo Services 骑车

（见312页地图；☏877-692-4050，418-692-4052；www.cycloservices.net；289 Rue St-Paul；租车 每2/24小时 $15/35起；⏰周一至周五 9:00~17:30，周六和周日 10:00~17:00，11月至次年4月时间不定；🅿️）这家机构可出租各种类型的自行车（混合动力、城市、双人、公路和儿童自行车），还组织超赞的魁北克市和外围地区自行车团队游，前往温达科（Wendake）或

蒙莫朗西瀑布公园（Parc de la Chute Montmorency）。知识渊博且风趣的导游经常用英语带团。在冬天时，这家机构只出租雪鞋，而且营业时间有限。

Les Tours Voir Québec 步行

（见312页地图；☎418-694-2001, 866-694-2001; www.toursvoirquebec.com; 12 Rue Ste-Anne; 团队游 $23起）这个团体提供优秀的团队游，带领游客领略魁北克市的历史、建筑和美食。2小时的"精彩游"（grand tour）很受欢迎，囊括了旧城区的诸多亮点，而美食团队游包括品尝葡萄酒、奶酪、可丽饼、巧克力、枫糖制品和其他魁北克特色食品，会去多个不同的商店和餐厅。提前预约。

Les Promenades Fantômes 步行

（见312页地图；☎418-692-0624; www.promenadesfantomes.com; 12 Rue Ste-Anne; 成人/儿童 $18.50/15.75; ◷5月至10月 20:00）在摇曳的灯笼光芒中进行一次夜间游览，了解魁北克市历史上阴暗的一面。

✦ 节日和活动

魁北克狂欢节 狂欢节

（Carnaval de Québec, Québec Winter Carnival; www.carnaval.qc.ca; ◷1月或2月）这一年一度的著名活动是魁北克市所独有的，并自诩为全球最盛大的冬季狂欢节，有游行、冰雕、滑道、划船比赛、舞蹈、音乐，当然少不了开怀畅饮。这些活动会在全城各地举行，而那条标志性的滑道则位于隆特纳克城堡（见310页）后面的达弗林平台（见310页）。

如果你想去的话，请提前制订计划，因为住宿很快就会被预订一空，千万别忘了带上足够的保暖衣物。

魁北克省庆——圣-让-巴蒂斯特节 文化节

（Fête Nationale du Québec, Festival of John the Baptist; www.fetenationale.quebec; ◷6月24日）在这个夜晚，魁北克市会尽情享受欢乐的聚会。这个节日最初是用来纪念施洗者圣约翰的，如今已演变成一种半政治性的活动，用以庆祝魁北克独特的文化和民族主义意识。在亚伯拉罕平原上举行的主要节日活动大约从20:00开始。

夏日节 音乐节

（Festival d'Été; www.infofestival.com; ◷7月）这个为期11天的7月音乐节会吸引来自世界各地的音乐家。

彩虹节 LGBT

（Fête Arc-en-Ciel; ☎418-809-3383; www.arcencielquebec.ca）这个同性恋骄傲庆典于9月份举办，届时魁北克市一派热闹景象。

🛏 住宿

从老式民宿到时尚的精品酒店，魁北克市有一些美妙的住宿之选。最佳选择是散布于老城四周、为数众多的欧式小酒店和维多利亚风格民宿。你应该已经预料到了，在这样一座很受欢迎的旅游城市，首选住所常常处于满房状态，所以要尽量提前预订，尤其是周末的时候。夏日周六上午或节假日贸然出现在城里，期望在当天晚上找一间客房，这样的做法是很不明智的。

在夏天和冬季狂欢节这样的旺季住宿会涨价。在其他时间，住宿价格通常比旺季价格便宜30%左右。

🛏 老上城

HI Auberge Internationale de Québec 青年旅舍 $

（见312页地图；☎418-694-0775, 866-694-0950; www.aubergeinternationaledequebec.com; 19 Rue Ste-Ursule; 铺 $29~34, 房间不带浴室 $72~84 带浴室 $100~125 全部含早餐; ✦@✦）迷宫般的走廊似乎走不到头，但是这个地方位置优越、生气勃勃，一年到头都活力十足。它吸引了许多独行者、家庭和团体游客。员工很友好，但光是招呼客人的来来往往就够他们忙的了。尽管拥有将近300张床位，它在夏天也通常是满员的，所以尽可能提前预订。

★ Maison Historique James Thompson 民宿 $$

（见312页地图；☎418-694-9042; www.bedandbreakfastquebec.com; 47 Rue Ste-Ursule; 房间 $75~135; ✦✦）参加过亚伯拉罕平原战役的老兵詹姆斯·汤普森（James Thompson）的故居，这是座18世纪的老房子，历史爱好者若是到此住上一晚，定会大呼过瘾。房屋修复得

St-Roch & St-Jean-Baptiste
圣洛奇区和圣让-巴蒂斯特区

St-Roch & St-Jean-Baptiste 圣洛奇区和圣让-巴蒂斯特区

◎ 景点
1 魁北克城墙国家历史遗址 D1
2 议会大楼 D3
3 省会观景台 C3
4 圣让-巴蒂斯特区 C2

✪ 活动、课程和团队游
5 Place d'Youville Skating Rink D1

🛏 住宿
Auberge JA Moisan .... （见15）
6 Hôtel Le Vincent A1

🍴 就餐
7 Le Hobbit C2

🍷 饮品和夜生活
8 Le Drague C2
9 Le Moine Échanson B2
10 Le Sacrilège B3

🎭 娱乐
11 Bateau de Nuit A3
12 Fou-Bar B3
13 Scanner A1

🛍 购物
14 Érico B2
15 JA Moisan Épicier C2

非常漂亮,在前门旁边保留了原来的"谋杀孔"。客房十分宽敞明亮,装饰着主人Guitta创作的一些格调欢快的艺术品。

★ La Marquise de Bassano 民宿 $$

(见312页地图;☏418-692-0316, 877-692-0316;www.marquisedebassano.com; 15 Rue des Grisons; 房间含早餐 $110~179; P@令)年轻、爱交朋友的房主们对这座19世纪维多利亚风格家庭住宅进行了漂亮的布置,在它的5个房间里配备了一些贴心的细节,例如带帷帐的四柱床和狮脚浴缸。民宿位于一条车不多的安静街道上,四周都是古宅,距离重要景点只有几分钟之遥。只有2个房间有独立浴室;其他3个房间使用公用卫浴。

Les Lofts 1048 公寓 $$

(见312页地图;☏418-657-9177;www.condovieuxquebec.ca; 1048 Rue St-Jean; 公寓 $170~300; ❄令)想在老上城区的核心地带找一家温馨的落脚点,不妨试试这家经过精美翻修的明亮公寓。房间为挑高天花板,有舒适的床品、设备齐全的厨房、超现代的浴室和洗衣设施,让你有宾至如归之感。

Chez Hubert 民宿 $$

(见312页地图;☏418-692-0958;www.chezhubert.com; 66 Rue Ste-Ursule; 房间 无浴室含早餐 $85~155; P@令)这家可靠的家庭民宿位于一栋维多利亚式联排别墅里,里面饰有枝形吊灯、壁炉架、彩色玻璃窗、一段可爱的弧形楼梯和东方风格的地毯。在3间颇具品位的暖色调客房中,有2间可以看到隆特纳克城堡(见310页)的风景。所有房间共用2个浴室,房价包括丰盛的自助早餐,还可以免费停车。

Fairmont Le Château Frontenac 酒店 $$$

(见312页地图;☏418-692-3861, 866-540-4460;www.fairmont.com/frontenac; 1 Rue des Carrières; 房间 $409起; P❄令)这里绝不仅仅是一家酒店,地标性的隆特纳克城堡是魁北克市历史最悠久的象征之一。2014年的整修让它焕然一新,611个房间分为十几种类型。备受推崇的河景房价格不一,既有藏身于18层屋檐下的高级房,也有超级宽敞的费尔蒙金尊签名房(Fairmont Gold Signature),配备门房服务、弧形飘窗和复古建筑细节。

Hotel Manoir Victoria 酒店 $$$

(见312页地图;☏800-463-6283;www.manoir-victoria.com; 44 Côte du Palais; 房间 $199~369, 套 $329~550; P❄令❅)历史风情浓郁的旧大陆风格建筑立面,酒店内部分布着时尚的大堂和酒吧间、配备平板电视的现代客房,还有一个室内游泳池。酒店配套的水疗和健身房会让你无惧老城区冬日的严寒。

老下城

★ Auberge Saint-Antoine 精品酒店 $$$

(见312页地图;☏418-692-2211, 888-692-2211;www.saint-antoine.com; 8 Rue St-Antoine; 房间 $200~549, 套 $600~1000; P❄@令)它是加拿大最出色的酒店之一,拥有现象级的服务和数不胜数的便利设施。豪华、宽敞的房间配备了高端床垫、鹅绒被和奢侈床品,而大厅感觉就像一个画廊,摆放着酒店扩建工程中发掘出来的法国殖民时代遗物。魁北克最受欢迎的高级餐厅 Panache 就在隔壁。

Hôtel 71 精品酒店 $$$

(见312页地图;☏888-692-1171, 418-692-1171;www.hotel71.ca; 71 Rue St-Pierre; 房间/套 $309/409起; ❄@令)坐落在一栋高耸的19世纪玄武岩建筑中,Hôtel 71为客人提供精品住宿体验。极简主义的时尚客房令人倍感舒适,有优质床垫、豪华羽绒床品、超大电视和灯光效果极为梦幻的浴室。顶楼套房有环形观景窗,可以从最好的角度俯瞰魁北克市,皇家广场、圣劳伦斯河以及隆特纳克城堡(见310页)都一览无余。

城墙之外

在城墙之外的地区,房费低得多,房间也大得多。对于自驾游的司机来说,停车问题也突然变得不那么复杂了。从以下任意一个住处步行或开车到老城区至多需要15分钟。

Centre de Plein Air de Beauport 露营地 $

(☏418-641-6112, 877-641-6113;www.centrepleinairbeauport.ca; 95 Rue de la Sérénité; 露营地和房车营地 $38起; ⊙6月至9月初; P)这个一流的露营地靠近蒙莫朗西瀑布,郁郁葱

魁北克省最酷的酒店

造访**Ice Hotel**（Hôtel de Glace；✆877-505-0423，418-623-2888；www.hoteldeglace-canada.com；1860 Valcartier Blvd；团队成人/青少年/儿童 $18/16/9；◷1月至3月；ⓟ）就像是走进了冰雪童话世界。几乎每样东西都是冰做成的：前台、你房间里的水槽、还有你的床——全都是冰。

这座容易消逝的酒店使用了大约500吨冰和15,000吨雪，在5周之内建筑完成。第一印象非常令人震撼——在大堂里，高高的冰雕柱子支撑起了天花板，上面挂着水晶枝形吊灯。在你所到之处，一件件冰雕、桌子和椅子摆在迷宫般的走廊和客房里。孩子们会爱上冰滑梯，而成年人会被冰做的酒吧吸引，那里的烈酒都是用冰做的鸡尾酒杯端上来的（还有为孩子们准备的热巧克力）。

酒店通常从1月开放到3月，提供每人$380起的住宿套餐（促销优惠可以在这个价格上降低$100）。住在这里更多的是为了探险，而不是好好睡一晚上，不过铺在蓬松鹿皮上的厚睡袋的确能让你享受到意料之外的舒适。

对大多数人来说，更好的选择是购买一日通票（成人/青少年/儿童 $18/16/9），它可以让你参观客房和酒店的所有公共空间，包括冰酒吧和冰滑梯。酒店位于魁北克市西北方向，开车约40分钟可达，紧邻Rte 371。

葱，非常安静，且距离老城区只有15分钟的车程，沿着Hwy 40朝蒙莫朗西方向行驶，经321出口下高速并向北拐。

Auberge JA Moisan   民宿 $$

（见317页地图；✆418-529-9764；www.jamoisan.com；695 Rue St-Jean；标单 $130~150，双 $140~160；ⓟ❋ⓐ）这个可爱的顶楼民宿坐落在著名的JA Moisan Épicier（见324页）杂货店上方。卧室有些小，而且掖在屋檐下，客房下面的楼层是公共区域，包括一个客厅、茶室、日光浴室、露台和电脑房。爱社交的主人Clément St-Laurent让客人感觉宾至如归，房费包含早餐、下午茶和免费停车。

Grand Times   酒店 $$

（✆418-353-3333；www.grandtimeshotel.com；5100 Blvd des Galeries；房间 $140~160，套 $240~410；ⓟ❋ⓐ☀）酒店霸气的名字似乎承诺了很多，但事实是，这家距离市区有些远的酒店提供设计时尚的中档价位住宿。房间都是简约公寓的视觉风格，酒店有许多配套设施，包括水疗和加温室内游泳池。

Hôtel Le Vincent   精品酒店 $$$

（见317页地图；✆418-523-5000；www.hotellevincent.com；295 Rue St-Vallier Est；房间含早餐 $179~279；ⓟ@ⓐ）这家酒店毫无特色的砖墙立面或许看上去令人失望，但当你走进去之后，情况就立刻大大改观了。大堂和毗邻的石墙早餐区的舒适的家具以及壁炉旁宜人的阅读角落，十分迷人，楼上的客房时尚而舒适，尤其是拐角套房，有砖墙、高高的窗户、现代化生活设施和豪华浴缸。

🍴 就餐

魁北克市的餐饮水平从未像现在这样好。虽然这座首府一直擅长经典的法式美食，但近些年来许多新餐厅的出现为法式小馆的餐饮体验增加了一抹现代风情。与此同时，这座城市最有名的一些大厨积极践行"北方餐饮"（cuisine boréale）的理念，强调回归本土北方食材，例如野味、海鲜、蘑菇、苹果、浆果和根茎蔬菜。很多比较好的餐厅固然有些贵，但是不要避开它们。不妨学当地人的做法吧：午餐时间，吃精心选择的套餐（table d'hôte），以更实惠的价格享用完全一样的食物。

🍴 老上城

Paillard Café-Boulangerie   面包房 $

（见312页地图；✆418-692-4392；www.paillard.ca；1097 Rue St-Jean；三明治 $8~10；◷周日至周四 7:00~21:00，周五和周六 至22:00）

在这个明亮、熙熙攘攘、挑高充足的空间，就餐者坐在一张张长木桌旁，大快朵颐美味的精美三明治、汤羹和沙拉。附属的面包房在橱窗里陈列着令人难以抗拒的各色点心——试试tentation（一种含有大量浆果的甜酥皮糕点，十分美味），或者享用咸味的fougasse（普罗旺斯风格的面包，刷有橄榄油，表面点缀着油橄榄和香草）。

Chez Ashton　　　　　快餐 $

（见312页地图；☎418-692-3055；www.chez-ashton.com；54 Côte du Palais；主菜 $4~10；⊙周日至周四 11:00~23:30，周五和周六 至次日4:00）如果吃腻了高级餐厅，就来魁北克市的这家快餐连锁名店，它在城里开了几十家餐厅。每到周末，当地饮酒狂欢者就会在深夜来到这里，用经典的魁北克暖心食物奶酪浇肉汁土豆条（炸薯条浇奶酪凝块和肉汁）来补充能量。

Apsara　　　　　柬埔寨菜 $

（见312页地图；☎418-694-0232；http://restaurantapsara.com；71 Rue d'Auteuil；主菜 $10~15；⊙周一至周五 11:30~14:00，每日 17:30~23:00）从泰国到越南再到柬埔寨，各种类型的东南亚料理在这家餐厅都能找得到，但柬埔寨菜是招牌美食，非常诱人，包括爆炒牛肉片以及猪肉虾仁水饺。

★ Chez Boulay　　　　魁北克菜 $$

（见312页地图；☎418-380-8166；www.chezboulay.com；1110 Rue St-Jean；午餐套餐 $17~26，晚餐主菜 $20~34；⊙周一至周五 11:30~22:00，周六和周日 10:00~22:00）著名大厨Jean-Luc Boulay最近开的餐厅，菜单时常变化，菜品受到了应季魁北克食材的启发，如鹿肉、鹅肉、野蘑菇和加斯佩半岛的海鲜。午餐特色菜和双人熟食拼盘（14:00~17:00供应）提供了经济实惠的午后用餐选择，而灯光朦胧的时尚用餐区域则是享用晚餐的浪漫场所。

Batinse　　　　　魁北克菜 $$

（见312页地图；☎581-742-2555；http://batinse.com/home/；1200 Rue St-Jean；主菜 $18~27；⊙周一至周五 11:00~23:45，周六和周日 9:00~23:45）这里的厨房工作人员幽默风趣，再看看他们兼收并蓄的菜单，你很难不笑起来。从牛排配茶酱到鲑鱼派配鹌鹑蛋贝夏梅尔调味酱，再到棒极了的虾和西班牙辣香肠沙拉，菜品十分丰富。环境时尚，食材来自当地，不容错过。

Le Saint-Amour　　　法国菜、魁北克菜 $$$

（见312页地图；☎418-694-0667；www.saint-amour.com；48 Rue Ste-Ursule；主菜 $32~52，固定价格套餐 $68~115；⊙周一至周五 11:30~14:00和18:00~22:00，周六 17:30~22:00，周日 18:00~22:00）作为魁北克市最受喜爱的高端餐厅之一，Le Saint-Amour用它精心烹制的烤肉和海鲜赢得了一批忠诚的追随者。高高的温室风格天花板布满许多垂吊绿植，营造出温馨宜人的环境，而午饭套餐（$25~33；仅工作日供应）提供上城区最罕见的体验——世界级的餐饮搭配极为合理的价格。

Aux Anciens Canadiens　　魁北克菜 $$$

（见312页地图；☎418-692-1627；www.auxancienscanadiens.qc.ca；34 Rue St-Louis；主菜 $31~59，3道菜套餐 $20起；⊙正午至21:30）位于历史建筑Jacquet House（始建于1676年）内，这个餐厅是个热门旅行目的地，主打色香味浓的乡村风味和经典魁北克特色菜，侍者都穿着复古服装为食客上菜。当日套餐（menu du jour）从正午供应至18:00，是目前为止$20左右能吃到的最好的3道菜套餐，包括一杯葡萄酒或啤酒。

🍴 老下城

Le Lapin Sauté　　　　法国菜 $$

（见312页地图；☎418-692-5325；www.lapinsaute.com；52 Rue du Petit-Champlain；主菜 $16~26；⊙周一至周五 11:00~22:00，周六和周日 9:00~22:00）这家舒适的乡村风格的餐厅位于缆车脚下附近，很自然地，兔肉（lapin）是这里的当家菜，在豆焖兔肉或兔肉奶酪浇肉汁土豆条等特色菜肴中占据着明星地位，其他诱惑包括沙拉、法式洋葱汤、熟食拼盘和非常实惠的午餐套餐（$15起）。天气晴好的日子，可以坐在鲜花盛开的庭院里用餐，俯瞰小巧玲珑的菲利克斯·勒克莱尔公园（Félix Leclerc park）。

Le Cochon Dingue　　　法国菜 $$

（见312页地图；☎418-692-2013；www.

cochondingue.com；46 Blvd Champlain；主菜 $15~34；☺周一至周四 7:00~22:00，周五 至23:00，周六 8:00~23:00，周日 至22:00；🅿)自1979年开业以来，这家一直受到热烈追捧的餐馆为游客和当地人供应正宗的法式餐饮，从碗装（en bôl）牛奶咖啡到火腿奶酪三明治（croquemonsieur）、三明治、牛排薯条（steakfrites）、沙拉、贻贝或乳蛋饼（quiche）。

1608 奶酪 $$

（见312页地图；☎418-692-3861；http://1608baravin.com；1 Rue des Carrières；主菜 $22~34；☺周一至周四 16:00至午夜，周五至周日 14:00至次日1:00）在这个葡萄酒和奶酪吧，你可以自己选择一些奶酪，或者让工作人员带领你深入葡萄酒和奶酪的世界——反正也不会让你多长几斤肉。葡萄酒、奶酪和烛光摇曳下的圣劳伦斯河景色，所有这些共同营造出非常浪漫的氛围。

★ Toast! 法式小馆 $$$

（见312页地图；☎418-692-1334；www.restauranttoast.com；17 Rue Sault-au-Matelot；主菜 $25~38；☺周日至周四 18:00~22:30，周五和周六 至23:00）在Christian Lemelin（在2014年被同行评选为魁北克省最佳厨师）的指引下，Toast!成为这座城市最棒的餐厅之一。招牌的鹅肝酱开胃菜过后，是一系列豪华菜肴和超赞的葡萄酒单，火红的配色营造出浪漫的气氛。

L' Échaudé 法国菜 $$$

（见312页地图；☎418-692-1299；www.echaude.com；73 Rue Sault-au-Matelot；午餐套餐 $15~28，晚餐主菜 $24~36；☺周一至周五 11:30~14:30和17:30~23:00，周六 10:00~14:00和17:30~23:00，周日 9:00~14:00和17:30~23:00；🅿)这家法式小馆的当地回头客比游客更多，这在老城区的餐馆里颇为罕见，这里的一切食物都摆盘考究、滋味十足。经典菜式包括油封鸭肉、牛排薯条和鞑靼鲑鱼，此外菜单上还有每日特色菜，例如龙虾葡萄酒肉汤炖鱼和贻贝。一流的葡萄酒单中有法国进口葡萄酒。

奶酪浇肉汁土豆条，当然啰！

和所有快餐一样，备受魁北克人喜爱的奶酪浇肉汁土豆条（poutine）在你因头晚痛饮BoréaleBlonde而出现gueuledebois（宿醉）时吃是最棒的。在这种饱含卡路里的奇葩美食中，该省典型的炸薯条（现切现炸的，从未冷冻过，端上餐桌时也不是软绵绵、油腻腻的样子）上撒着奶酪并浇着肉汁。这道菜在20世纪80年代一经推出，很快就像燎原之火一样传遍了魁北克。

在路边随处可见的小餐馆、cantines或cassecroûtes里，奶酪浇肉汁土豆条是当家主食。你可在这些地方品尝经过改良的不同口味，如加有通心粉的意式奶酪浇肉汁土豆条。各个小餐馆通常都有自己严格保密的独家秘方，例如瓦尔-戴维（Val-David）的 Le Mouton Noir（见332页）就有一款浇上大量印度咖喱的版本。魁北克市的 Chez Ashton（见320页）是尝试奶酪浇肉汁土豆条的好地方。

🍴 城墙之外

Bügel Fabrique De Bagels 加拿大菜 $

（☎418-523-7666；http://bugel-fabrique.ca；164 Rue Crémazie Ouest；主菜 $7~15；☺周日和周一 7:00~19:00，周二至周六 至21:00）别被名字骗了：这家可爱的社区小店不光只有百吉饼。更准确地说，是百吉饼配上别的一些什么：百吉饼配布里干酪和青酱，或者脆皮百吉饼配火腿和芦笋，或者百吉饼上面铺些熏鲑鱼。食材均来自当地。

Le Croquembouche 面包房 $

（www.lecroquembouche.com；225 Rue St-Joseph Est；酥皮糕点 $2起；☺周二至周六 7:00~18:30，周日 至17:00；🅿)作为魁北克市最精美的面包房，Croquembouche备受追捧，从黎明到黄昏一直吸引着虔诚追随的当地人。充满诱惑的糕点包括云朵般蓬松的羊角面包、撩人的蛋糕和奶油卷（éclairs）、堆满树莓的奶油蛋卷（brioches），以及使用刚烤出来的新鲜面包制作的美味三明治。这里还

有一系列口味出众的danoises（丹麦酥皮糕点），包括橙子和茴香、蔓越橘、开心果和巧克力、柠檬、姜和罂粟籽，无一不好。

La Cuisine　　　　　　　　美式小餐馆 $

（☎418-523-3387; www.barlautrecuisine.com; 205 Rue St-Vallier Est; 主菜 $10; ⓗ周一至周三 11:00至次日1:00, 周四和周五 11:00至次日3:00, 周六 14:00至次日3:00, 周日14:00至次日1:00）这家灯光朦胧的时髦餐厅位于圣让-巴蒂斯特区和圣洛奇区中间，是当地人常来的地方，复古装修和一直供应到凌晨的暖心食物是它的特色。塑料贴面的桌子、不搭配的瓷器和餐具、用滤锅做的灯具、一台复古的沃立舍牌自动唱机和棋盘游戏为这个地方赋予了一种活泼放松的感觉。周末晚上有DJ打碟助阵，从电子乐到灵魂乐都有。

Bati Bassak　　　　　　　柬埔寨菜、泰国菜 $

（☎418-522-4567; 125 Rue St-Joseph Est; 主菜 $12~19; ⓗ周二至周五 11:00~14:00, 周二至周日 17:00~21:30, 🍴）这个熙熙攘攘的泰国-柬埔寨小餐馆是换个口味的好地方，菜单上有各种各样美味的肉类和鱼类菜肴，还有几种素食之选。工作日特惠午餐很实惠，仅售$10至$14，包括开胃菜、茶和甜点。不提供酒水，但欢迎自带。

L'Affaire est Ketchup　　　法式小馆 $$

（☎418-529-9020; 46 Rue St-Joseph Est; 主菜 $17~34; ⓗ周二至周日 18:00~23:00）这个奇特的餐厅是当地人的最爱，它只有8张桌子，记得提前订座。创始人François和Olivier穿着T恤衫，戴着棒球帽，一边放松地彼此开着玩笑，一边在两个电炉上烹饪。他们擅长在家常菜肴中加入一抹时尚的现代元素。酒吧存货充足，供应多种葡萄酒和配制饮品。

Chez Victor　　　　　　　汉堡包 $$

（☎418-529-7702; www.chezvictorburger.com; 145 Rue St-Jean; 主菜 $13~18; ⓗ周日至周三 11:30~21:30, 周四至周六 至22:00; 🍴）作为魁北克市最受欢迎的社区餐馆之一，Chez Victor擅长制作美味多汁的汉堡，不但好吃而且创意满满。先从鹿肉、鲑鱼、野猪肉、牛肉或素食夹料中选择，然后就可以用多种方式给它调味了（布里干酪、熏培根、奶油干酪等）。城里还有其他几家分店，包括老港口附近的一家。

Le Hobbit　　　　　　　　法式小馆 $$

（见317页地图; ☎418-647-2677; www.hobbitbistro.com; 700 Rue St-Jean; 主菜 $16~29; ⓗ周一至周五 8:00~22:00, 周六和周日 9:00~22:00）这个热门、诱人的法式小馆拥有室外桌位、轻松的气氛和性价比很高的午餐和晚餐特色菜（看看黑板上的菜单）。经典菜肴做得非常棒，包括鲜美多汁的油封鸭肉和牛排薯条。各种新鲜的意大利面食和沙拉让菜单更加完善，还有一张虽然不长但价格合理的葡萄酒单。周末的早餐一直供应到14:30。

Morena　　　　　　　　　法式小馆 $$

（☎418-529-3668; www.morena-food.com; 1038 Ave Cartier; 主菜 $15~17; ⓗ周一至周三 8:00~19:00, 周四和周五 至20:00, 周六和周日 至18:00）小馆藏身在时髦漂亮的街道Ave Cartier一个美味熟食杂货店里，这个意大利主题的社区法式小馆是一个生气勃勃但颇为低调的午餐站点。写在黑板上的每日特色菜精美地呈现在顾客面前，配以新鲜的蔬菜和一道汤或沙拉开胃菜。15:00之后提供点菜用餐的小吃菜单。

🍷饮品和夜生活

★ Le Sacrilège　　　　　　　　　酒吧

（见317页地图; ☎418-649-1985; www.lesacrilege.com; 447 Rue St-Jean; ⓗ正午至次日3:00）这家酒吧的标志很特别，是个僧侣一边大笑一边跳舞，调皮地炫耀自己的灯笼裤，绝对不会让人弄错。它很长一段时间以来都是魁北克市夜猫子们的畅饮之地，他们会在这里用狂欢开始或结束自己的周末。即使在周一，这里也只有站席。后面有一个很受欢迎的露台；走过去需要穿过酒吧，或者从隔壁一条小小的砖砌走廊过去。

Le Moine Échanson　　　　　葡萄酒吧

（见317页地图; ☎418-524-7832; www.lemoineechanson.com; 585 Rue St-Jean; ⓗ周一至周四 7:30~22:00, 周五 至23:00, 周六和周日 10:00~23:00）作为魁北克市葡萄酒鉴赏家们

的心头所爱。这个欢乐的砖墙法式小馆供应一系列来自地中海的葡萄酒，令人沉醉且时常变化，可论杯或论瓶点酒，佐以丰盛朴实的小吃和主菜。

Les Salons d'Edgar   酒吧

(☎418-523-7811; www.lessalonsdedgar.com; 263 Rue St-Vallier Est; ⓘ周三至周六 16:30至深夜，周日 17:30至深夜)这个酒吧是魁北克市戏剧社群的非官方"正式"聚集地，在这里，偷听邻桌的谈话跟喝酒一样有趣——你会听到些八卦，比如谁丢掉了什么角色，谁又获得了哪个角色。

La Revanche   酒吧

(☎418-263-5389; 585 Blvd Charest Est; ⓘ周一 17:00至午夜，周二至周四 16:00至次日1:00，周五 至次日2:00，周六 正午至次日2:00，周日 至午夜)这个酒吧兼咖啡馆是桌游和棋盘游戏爱好者的天下。说真的，这里有一面墙壁简直像是从玩具商店直接搬过来的。工作人员很愿意帮助你搞清任何游戏的门道。

Macfly Bar & Arcade   酒吧

(☎418-528-7000; 422 Rue Caron; ⓘ16:00至次日3:00)这家酒吧的《回到未来》主题不是巧合：整个内部令人想起20世纪80年代，或者至少是80年代的特别元素——老式街机、明亮的柜台台面，以及等待你大展身手的一排弹球机。喝了两大杯啤酒之后再去挑战最高分可不容易……

La Barberie   自酿酒吧

(☎418-522-4373; www.labarberie.com; 310 Rue St-Roch; ⓘ正午至次日1:00)这家位于圣洛奇区的合作经营自酿酒吧深受喜爱，这里有绿树成荫的露台、循环供应的8种自酿啤酒，还有独一无二的允许顾客外带小吃的政策。应季精选佳酿包括经典的淡色爱尔啤酒，也有更加古怪的选择，例如橙味烈啤酒（orange stout）或辣椒琥珀色啤酒（hot pepper amber）。犹豫不决？那就来一个8种啤酒都包括的品酒套餐吧！

Le Drague   男同性恋酒吧

(见317页地图; www.ledrague.com; 815 Rue St-Augustin; ⓘ10:00至次日3:00)魁北克市的同性恋活动场地不多，Le Drague是其中的佼佼者，有一个店前户外平台，一个两层的迪斯科舞厅（会上演变装秀），以及一个气氛更悠闲的希腊小馆。

Bar Ste-Angèle   酒吧

(见312页地图; ☎418-692-2171; 26 Rue Ste-Angèle; ⓘ20:00至次日3:00)这是一个光线幽暗、气氛私密的避世桃源，友好的服务人员会帮助你从各种鸡尾酒以及当地和欧洲的瓶装啤酒中选择合适的酒品。

L' Oncle Antoine   小酒馆

(见312页地图; ☎418-694-9176; 29 Rue St-Pierre; ⓘ11:00至次日1:00)这家出色的希腊小馆藏身于一栋老房子的石砌地窖里，而这栋老屋是全城现存最古老的房子（可追溯到1754年）之一。店里供应优质魁北克精酿啤酒（尝试Barberie Noir烈性黑啤或比利时风格的Fin du Monde烈啤）、几种桶装（enfût）啤酒和各种欧洲啤酒。

☆ 娱乐

表演艺术在魁北克市的发展状况很好。这座城市有一个交响乐团——魁北克交响乐团（L'Orchestre Symphonique de Québec），还有一个歌剧公司——魁北克歌剧院（Opéra de Québec）。土生土长的魁北克乐队经常在城里表演，此外还有来自加拿大各地、美国和欧洲的乐队巡回演出，尤其是在7月的夏日节期间（见316页）。现场演出的场所很多，从音乐厅到露天剧院、小型爵士和摇滚乐俱乐部，以及生气勃勃的*boîtes à chanson*（魁北克民间音乐俱乐部）——一代代当地人在这里唱歌跳舞，享受无拘无束的欢乐。法语剧院也是这里一道有趣的风景，会有很多小公司制作各种剧目。

★ Le Cercle   现场音乐

(☎418-948-8648; www.le-cercle.ca; 226½ Rue St-Joseph Est; ⓘ周一至周三 11:30至次日1:30，周四和周五 11:30至次日3:00，周六 15:00至次日3:00，周日 10:00至次日1:30)这个非常酷的艺术空间和演出场所拥有国际化的DJ和地下乐队（从独立摇滚到电子乐，从蓝调到法裔卡真音乐），吸引了一大批潮人。它还举办众多其他活动，包括电影节、时装节和四格漫画节，图书和专辑发布会，以及品酒活动等等。价格亲民的西班牙小吃、周末早午餐和气氛十足的酒吧空间都为这里增色不少。

Fou-Bar　　　　　　　　　　　现场音乐

（见317页地图；☏418-522-1987；www.foubar.ca；525 Rue St-Jean；⏱14:30至次日3:00）气氛轻松，有各种各样的乐队助阵演出，这个酒吧是城里欣赏优秀现场音乐表演的经典场所之一。价格合理的食物以及周四、周五晚上的免费开胃小吃（pique-assiettes）也让它很受欢迎。

Scanner　　　　　　　　　　　现场音乐

（见317页地图；☏418-523-1916；www.scannerbistro.com；291 Rue St-Vallier Est；⏱周六至周四 15:00至次日3:00，周五 11:30至次日3:00）随便问问当地18～35岁的人有没有什么喝酒的好地方推荐，他们八成会让你来这里。DJ和现场乐队演出劲爆，呈现各种音乐流派，从重金属到硬核摇滚到庞克再到乡村摇滚。夏季有一个户外露台，全年都可玩桌上足球和台球。

Les Yeux Bleus　　　　　　　　现场音乐

（见312页地图；☏418-694-9118；1117 Rue St-Jean；周一、周二和周四 21:00至次日3:00，周三 20:00至次日3:00，周五至周日 16:00至次日3:00）作为本市最好的boîte a chanson（现场演出的非正式的歌手/词曲制作人俱乐部），这是发现新人的好去处。这里偶尔也会举办法语的明星音乐会和魁北克经典音乐会。

Bateau de Nuit　　　　　　　　现场音乐

（见317页地图；☏418-977-2626；275 Rue St-Jean；⏱周一和周二 19:00至次日3:00，周三至周五 17:00至次日3:00，周六和周日 20:00至次日3:00）我们真的很喜欢廉价酒吧里有大量现场音乐表演，而这个可爱精巧的地方就是如此。了解内幕的酒吧工作人员会告诉你关于当地乐手（或者那些把姓名首字母刻进墙里的人）的事——说实话这里的客人似乎也扮演过这两种角色。

🛍 购物

虽然魁北克的国际大牌商店和高端精品店没有某些更大的城市多，但它仍然是购物者的天堂，只不过是以它自己的独特方式。货真价实的别致精品小店让这个旅游城市的零售业名声在外，而城区小巧的面积让它很适合四处漫步，在逛街中发现惊喜。最适合随便逛逛的街道包括老下城的Rue du Petit-Champlain和Rue St-Paul，蒙卡尔姆（Montcalm）的Ave Cartier、圣洛奇区的Rue St-Joseph，以及Rue St-Jean（包括城墙内和城墙外）。

★ JA Moisan Épicier　　　　　　食品

（见317页地图；☏418-522-0685；www.jamoisan.com；695 Rue St-Jean；⏱周一至周六 8:30～21:00，周日 10:00～19:00）建于1871年，这个迷人的商店自称是北美最古老的杂货店。食物和各种厨房与家居用品摆放得整齐、美观，简直令逛街人士美梦成真。很多产品有点贵，但你会在这里发现从没见过的物件，以及成堆的当地货物和创意礼品。

Art Inuit Brousseau　　　　　　工艺品

（见312页地图；☏418-694-1828；www.artinuit.ca；35 Rue St-Louis；⏱9:30～17:30）这是一个令人惊叹的艺廊，出售由魁北克省北部因纽特人制作的皂石、蛇纹石和玄武岩雕塑艺术品，价格从$45至数千加元不等。

老港口市场　　　　　　　　　　食品

（Marché du Vieux-Port；见312页地图；☏418-692-2517；www.marchevieuxport.com；160 Quai St André；⏱周一至周五 9:00～18:00，周六和周日 至17:00；🅿）在这个非常注重本地特色的食品市场，你可以买到新鲜水果和蔬菜，以及几十种当地特产，从奥尔良岛黑加仑酒到苹果酒、蜂蜜、奶酪、香肠、巧克力和草本护手霜，当然还有枫糖制品。周末人很多，到时候可以品尝更多酒。

Érico　　　　　　　　　　　　　食品

（见317页地图；☏418-524-2122；www.ericochocolatier.com；634 Rue St-Jean；⏱周一至周三和周六 10:30～18:00，周四和周五 至21:00，周日 11:00～18:00，夏季营业时间延长）这里充满异域风情的气味和味道会让巧克力爱好者快乐无比。主商店里到处都是松露巧克力、巧克力屑饼干、冰激凌和应季巧克力点心，而隔壁奇特的博物馆有一条完全使用巧克力做成的裙子、老式糖果机（发售25¢的糖果），还有一扇窗户，你可以透过它看到巧克力的现场制作过程。

❶ 实用信息

CLSC et Unité de Médecine Familiale de la Haute-Ville（☎418-641-2572；www.ciusss-capitalenationale.gouv.qc.ca/node/2023；55 Chemin Ste-Foy，⊙周一至周五 8:00~20:30，周六和周日 至16:00）魁北克市看小病的主要医疗诊所。

亚伯拉罕平原信息和接待中心（Plains of Abraham Information & Reception Centre；见312页地图；☎855-649-6157, 418-649-6157；www.ccbn-nbc.gc.ca；835 Ave Wilfrid-Laurier；⊙7月和8月 8:30~17:30, 9月至次年6月 周一至周五 8:30~17:00, 周六和周日 9:00~17:00）毗邻战场公园（见314页）主入口的亚伯拉罕平原博物馆（Musée des Plaines d'Abraham）。

邮局（Post Office；见312页地图；5 Rue du Fort；⊙周一至周五 8:00~19:30, 周六9:30~17:00）位于老上城。

魁北克市旅游局（Tourism Québec City；☎418-641-6290, 877-783-1608；www.quebecregion.com）提供关于魁北克城的旅游信息。

❶ 到达和离开

飞机
加拿大航空公司有定期航班（45分钟）从蒙特利尔飞往魁北克的让·勒萨热机场。还有一些从美国和欧洲起飞的直飞航班。

魁北克让·勒萨热国际机场（Aéroport International Jean-Lesage de Québec, 代码YQB；☎418-640-3300, 418-640-2600；www.aeroportdequebec.com；505 Rue Principal）魁北克市的魁北克让·勒萨热国际机场位于市中心以西大约15公里。

船
渡轮（见312页地图；☎877-787-7483；www.traversiers.com；单程小汽车和司机/成人/儿童$8.35/3.55/2.40）提供魁北克市和莱维之间的轮渡交通，船程只需10分钟。

长途汽车
Orléans Express（www.orleansexpress.com）每天都有客车从蒙特利尔的长途汽车站（见307页）往返魁北克市的**Gare du Palais汽车站**（见330页）。车程3~3.5小时，单程/往返票价$25/50起。

如果你从蒙特利尔来，你的长途汽车可能先会停靠市中心以西10公里的Ste-Foy-Sillery 汽车站（见325页），下车前问清楚。

汽车站（☎418-525-3000；320 Rue Abraham-Martin）毗邻火车站，有发往蒙特利尔的定期长途客车。

RTC（Réseau de Transport de la Capitale；☎418-627-2511；www.rtcquebec.ca）魁北克市境内的公共汽车服务。

Ste-Foy-Sillery汽车站（☎418-650-0087；3001 Chemin des Quatre Bourgeois）

Transport Accessible du Québec（☎418-641-8294；www.taq.qc.ca）提供可坐轮椅上下的无障碍面包车。至少提前24小时预订。

小汽车和摩托车
魁北克市位于蒙特利尔东北大约260公里（车程3个小时）。最常使用的路线是沿圣劳伦斯河北岸延伸的Autoroute 40，以及沿南岸而行的Autoroute 20。

Avis（☎418-523-1075，机场 418-872-2861；1100 Blvd René-Lévesque）小汽车租赁。

Budget（☎418-523-1075，机场 418-872-8413；1100 Blvd René-Lévesque E）和Avis共用一个办事处。

Discount（☎418-781-0847；www.discountquebec.com；7300 Blvd Wilfrid-Hamel W）小汽车租赁。在2300 Chemin Sainte-Foy还有一个办事处（☎418-652-7371）。

Enterprise（☎418-523-6661，机场 418-861-8820；690 Blvd René-Lévesque）小汽车租赁。

Hertz（☎418-694-1224，机场 418-871-1571；44 Côte du Palais）小汽车租赁。

火车
加拿大国家铁路公司（VIA Rail, www.viarail.ca）每天都有几趟班次往返于蒙特利尔的中央火车站和魁北克市的**Gare du Palais火车站**（☎888-842-7245；www.viarail.ca；450 Rue de la Gare du Palais）。全程3.5小时，单程/往返票价通常为$98/196，不过我们也遇到过低至$38的促销单程票价。

所谓的魁北克市—温莎走廊（Québec City–

Windsor corridor)的服务状况也很好,这条线路连接魁北克市与蒙特利尔、渥太华、金斯顿、多伦多和尼亚加拉大瀑布。

❶ 当地交通

抵离机场

出租车是往返机场和魁北克市中心区的最佳选择,两地之间没有便捷的公共交通。

出租车进城的固定价格是$34.25,如果你只是去机场周围的自治市镇的话,收费$15。从市中心到机场打表车费,应该不到$30。

自行车

魁北克市拥有四通八达的自行车道路网(总长约70公里),包括一条圣劳伦斯河沿线的自行车道,它与Riviére St-Charles沿线的自行车道相连。可在旅游局办事处或当地自行车店里拿一张免费的地图。

就在魁北克市火车站的对面,**Cyclo Services**(见315页)租赁多种类型的自行车,包括混合动力、城市、双人、公路和儿童自行车。它还组织魁北克市地区的自行车团队游。

小汽车和摩托车

布局紧凑的魁北克老城更方便步行探索而不是开车。如果你是开车来到这里,做好在这停好车不开车的准备。

老城及周边停车库的收费标准通常是周一至周五每天费用为$16至$20,周末每天费用为$8至$12。在老上城,位置最中央且最便宜的车库之一位于市政厅的地下,距离隆特纳克城堡只有几个街区。在老下城,Rue Dalhousie沿线有几个方便的停车场。咪表计时街边停车位也很普遍,但是较贵(每小时$2)。很多客栈提供附近停车库的折扣券。

在冬季,很多街道的夜间铲雪时间是23:00至次日6:30。不要在这个时间把车停在任何有"déneigement"(铲雪)标识和一个闪烁红灯的街道上,否则醒来之后你就会发现自己的车被拖走了,还要缴纳高额罚款!

公共交通

RTC(见325页)提供遍及全城的高效服务。RTC公共汽车的单程票价是$3.50;或者购买售价$8.25的日票、$28.50的5日票,或不限次数的周末票($15)。可搭乘多趟线路的最方便的枢纽站位于Place d' Youville,就在老城区的城墙外。可以乘坐21路或800路公共汽车从Gare du Palais火车站或长途汽车站前往这里。

出租车和带篷马车

起步价是固定的$3.45,之后每公里$1.70,行驶途中等候时间收费为每分钟63¢。出租车内的车窗上贴有价格表。

Taxis Coop(✆418-525-5191; www.taxiscoop-quebec.com)提供魁北克市内的出租车服务。

在魁北克市内,40分钟带篷马车(calèches)团队游收费$100,最多可乘坐4名乘客。Porte St-Louis内、Parc de l'Esplanade内和隆特纳克城堡附近都有带篷马车。

魁北克市周边
(AROUND QUÉBEC CITY)

魁北克市周围有一片古朴的村庄、适合一日游的小村镇和郊区,它们都散发着融合了欧洲渊源的小镇(Ville)风情。除了莱维,本地区景点全都位于圣劳伦斯河的北岸:温达科(Wendake)、圣加布里埃尔·德·瓦尔卡提尔(St-Gabriel de Valcartier)、斯托纳姆(Stoneham)和雅克卡蒂埃公园(Parc de la Jacques Cartier)都位于魁北克市以北,其余的则位于东北方向。河南岸的景色也同样秀丽可爱。

莱维(Lévis)

如果乘坐那趟航程1公里的渡轮过河前往莱维镇,最好的景色无疑是在魁北克市这一侧。在高踞悬崖顶上的都市风景中,魁北克城堡(见310页)、隆特纳克城堡(见310页)和神学院无疑最为引人注目。一旦下船,位于河畔的莱维是一个令人放松的桃源之地,可让你暂离魁北克市老城区应接不暇的冲击感。

在渡轮码头附近有一个观景台**Terrasse de Lévis**,它是1939年由英王乔治六世(King George Ⅵ)和未来的伊丽莎白女王二世(Queen Elizabeth Ⅱ)主持剪彩的,从RueWilliam-Tremblay的小山顶上可眺望到魁北克市以及更远地区的美景。

莱维老城区的主要商店和餐厅都位于Ave Bégin。如果想远眺魁北克市的更多风光，不妨沿着河畔小道往南穿过Parc de l'Anse-Tibbits公园。

◎ 景点和活动

1号堡　　　　　　　　　　　　　　　要塞
（Fort No 1, Lévis Forts National Historic Site；✆418-835-5182；www.pc.gc.ca/eng/lhn-nhs/qc/levis/index.aspx；41 Chemin du Gouvernement；成人/儿童 $3.90/1.90；✿7月和8月10:00~17:00,9月至次年6月 仅周六和周日；▣）1865年至1872年，为了保护魁北克市免受美国入侵（虽然入侵从未真正实现），英国在南岸修建了3座要塞，其中的1号堡已经被修复，如今作为一处国家历史遗址对外开放，还提供导览团队游。它位于郊区小区之中，在莱维的东边，紧邻Rte 132/Blvd de la Rive Sud。

Éco-Parc de la Chaudière　　　　　　　骑车
（https://levis.chaudiereappalaches.com；Hwy 73, Breakeyville出口）这条小道全长5公里，沿着风景如画的河流Chaudière River延伸，深受徒步者和骑行者青睐。

❶ 实用信息

莱维旅游局办事处（Tourisme Lévis；✆418-838-6026；996 Rue de la Concorde；✿5月至10月）设在渡轮码头上的旅游局办事处，提供地图。

温达科（Wendake）

温达科是一个相对有活力的原住民社区，如果不是街上随处可见的用休伦-温达特语（Huron-Ouendat）写的标识，这个地方和魁北克省的其他村镇别无二致。在这种语言中，数字8是个字母，读为"oua"（读音类似"沃"），这就解释了奇怪的村庄名字"Onhoüa Chetek8e"（✆418-842-4308；www.huron-wendat.qc.ca；575 Rue Chef Stanislas Koska；导览团队游 成人/青少年/儿童 $13.95/10.95/8.95；✿5月至10月 9:00~16:00,11月至次年4月10:00~16:00；▣），这个村子是世界上仅有的一座重建休伦人村庄。

1960年，温达科成为首个拥有自己银行的印第安人保护区。如今，它也为其他部落的人提供了就业机会。这个城镇基本是个居住区，甚至很安静，在重建的村庄之外，主要的生活迹象无非就是那些日常事物：学校、教堂和几座仓库。

温达科的主要景点就是Onhoüa Chetek8e村。游客只能通过45分钟的团队游进村。导游很棒（一位导游甚至是从前的土地权利谈判人员），带你游览村庄，介绍休伦人的历史、文化和日常生活。虽然这座村庄是人造景点，但游客很喜欢这个地方，孩子们更是为圆锥帐篷、独木舟和弓箭靶场疯狂。

温达科距离魁北克市只有25分钟车程，沿着QC-175行驶可方便到达。

关于温达科与魁北克市之间的班车服务，可咨询**温达科旅游局办事处**（Tourisme Wendake；✆418-847-1835；http://tourismewendake.ca）。

圣加布里埃尔·德·瓦尔卡提尔（St Gabriel de Valcartier）

这个郊区原本没有什么出彩的地方，但规模庞大的游乐场——乡村度假酒店（Village Vacances）为它增色不少，这个地方会勾起许多在魁北克东部长大的人的怀旧回忆。如果你对此类体验并不感兴趣，雅克卡蒂埃河（Jacques Cartier Rivière）沿岸也有很多户外探索的机会。

"海盗窟"（pirate's den）滑道将拥挤的停车场笼罩在其阴影里，**乡村度假酒店**（Village Vacances；✆418-844-2200；www.valcartier.com/en；1860 Blvd Valcartier；夏季成人/儿童 $36/30；✿6月至9月 10:00~19:00冬季开放时间见网站；▣▣）是一个水城，位于村庄的高处，就像电影《星球大战》莱娅公主旁边的赫特人贾巴一样。这里共分成11个区域，每个区域都有若干滑道、水上游戏和温水游泳池。对孩子们来说，这里简直就是人间天堂。在冬季的时候（12月至次年3月），还会开放一个冬季游乐场。

在距离魁北克市以北不到1小时车程的地方，你就体验到亲近自然的乐趣。**Expeditions Nouvelle Vague**（✆418-520-7238；www.expeditionsnouvellevague.com；246 5e Ave；

漂流 $24~109，1/2日皮划艇课程 $99/179起；🅿）🍴提供沿着雅克卡蒂埃河顺流而下的漂流之旅，有导游带领。这个机构提供多种漂流体验，既有适合举家游玩的2小时迷你漂流（3岁及以上）——超级低调的选择，也有前往难度为三级、四级和（有时候为）五级的水域，进行3~7小时的白浪漂流，让人全情投入、肾上腺素飙升。

斯托纳姆（Stoneham）

离开魁北克市的郊区后，Rte 371沿着雅克卡蒂埃河一路蜿蜒，穿过连绵起伏的一座座小山，通往斯托纳姆。在这里，**Stoneham Mountain Resort**（☎800-463-6888；www.ski-stoneham.com/en；600 Chemin du Hibou, Stoneham-et-Tewkesbury；缆车票价成人/青少年/儿童 $60/44/29；⊙12月至次年4月中旬）洋溢着度假村友好温馨的氛围，向游客提供一系列活动，这片度假区有多座小屋和一家餐厅。斯托纳姆是魁北克省的主要滑雪中心之一，到了夏季则摇身变成徒步、登山、定位寻宝（geocaching）和皮划艇等活动的乐园。

Aventures Nord-Bec（☎418-848-3732；www.traineaux-chiens.com；4 Chemin des Anémones；露营 $31，小屋 $130）提供的主要活动是狗拉雪橇，看看周围悬挂的大型哈士奇广告画就知道了，它也有河边露营、小屋和一个餐厅。想试试你的狗拉雪橇驾驶技术吗？不妨参加冬季训练课程，成人/儿童收费为 $80/40。

奥尔良岛（Île d'Orléans）

在雅克·卡蒂埃用奥尔良公爵的名字命名这个岛屿之前，这里因为盛产野葡萄而被称为"酒神岛"（L'Île de Bacchus）。400年后，魁北克民谣歌手菲利克斯·勒克莱尔（Félix Leclerc，他于1988年在岛上去世）将这个岛屿比作法国著名的沙特尔大教堂（Chartres cathedral）。如今，奥尔良岛是一座位于魁北克市东北15公里处的小岛一片沉寂，丝毫没有酒神狄厄尼索斯纵酒狂欢的迹象。但这里仍吸引着大批游客蜂拥而至。这个岛屿仍然以农业区为主，俨然成为魁北克省农业旅游运动的核心。来自周围各地的美食家涌向当地的作坊（économusée），观看美食匠人工作。

岛上有条环岛公路（60公里），另外还有两条南北向的公路。道路两侧点缀着一块块草莓田、果园、苹果酒坊、风车、工坊和画廊，不一而足。有些村庄还保存着一些老房子，有的古建历史甚至可以追溯到300年前，另外还有一些诺曼底风格的木头和石头农舍。

⊙ 景点

La Forge à Pique-Assaut 画廊

（☎418-828-9300；www.forge-pique-assaut.com；2200 Chemin Royal, St-Laurent；⊙6月至9月 9:00~17:00，10月至次年5月 周一至周五 9:00至正午和13:30~17:00；🅿）颇有艺术气质的铁匠Guy在这个作坊里制作一流的栏杆和装饰物。它还有个附属的商店。

德劳因宅邸 历史建筑

（Maison Drouin；☎418-829-0330；www.fondationfrancoislamy.org；2958 Chemin Royal, Sainte-Famille；成人/儿童 $6/免费；⊙6月中旬至8月 每天 10:00~18:00，9月至10月中旬 周六和周日正午至16:00；🅿）🍴这栋房子建于1730年，是岛上最引人入胜的景点之一，尽管直到1984年都还有人居住，它却从未进行过现代化的改造（例如没有电力和自来水）。夏天时，会有身着历史服装的导游带领团队游参观。

圣劳伦斯海事公园 博物馆

（Parc Maritime de Saint-Laurent；☎418-828-9673；http://parcmaritime.ca/en；120 Chemin de la Chalouperie, St-Laurent；成人/青少年/儿童 $5/3/免费；⊙6月11日至10月10日 10:00~17:00；🅿🍴）这个温馨的小博物馆不仅展示了该地区深厚的航海传统，还介绍了一座河口小岛的日常生活节奏。模型船、绳结工作室和热情满满的导览团队都包含在内。

ÉcoloCyclo 骑车

（☎418-828-3070；www.ecolocyclo.net；517 Chemin Royal, St-Laurent；⊙6月至9月 10:00~18:00）除了电动自行车（$30/63）和双人自行车（$27/72）之外，这里也出租传统自行车（每

小时/天 $16/38)。它位于桥附近, 从旅游局办事处(见330页)拐过街角就到了。

🛏 食宿

Camping Orléans　　　　　　露营地 $

(☎888-829-2953, 418-829-2953; www.campingorleans.com; 357 Chemin Royal, St-François; 露营地 $36~55; ⏰5月20日至10月10日; 🅿🏊)这个绿树婆娑的营地位于岛屿距离大桥较远端的河边, 是大魁北克市地区仅存的一处露营地, 设有一个游泳池和小酒馆。

Auberge Restaurant
Le Canard Huppé　　　　　　民宿 $$

(☎418-828-2292; www.canardhuppe.com/en; 7326 Chemin Royal, St-Laurent; 房间 $158~188; 🅿🛜)从外面看, 感觉它像是布列塔尼风格的乡村遁世之所, 但内部房间的风格不一, 既有迷人的旧风情, 也有舒适的现代风。然而真正的吸引力在于美味佳肴——这个小客栈和这座岛上的本地膳食食材供应商联系密切, 每天轮换的菜单足以证明这一点。

Dans les Bras de Morphée　　民宿 $$

(☎418-829-3792; www.danslesbrasdemorphee.com; 5474 Chemin Royal, St-Jean; 房间 $138~174; 🅿❄@🛜)🍴对推崇本地膳食的人来说, 这座石砌豪宅如同梦想之地, 它位于未受污染的花园、溪流与农场之中, 老板Marc和Louise就从那些农场获得烹制早餐的食材。这可不是普普通通的早餐: 身为职业厨师的Marc一手打造出色香味俱全的3道菜美食, 简直够资格登上美食杂志 *Bon Appétit* 的封面了。

Au Toit Bleu　　　　　　民宿 $$

(☎418-829-1078; 3879 Chemin Royal, Ste-Famille; 房间 $87~120; 🅿❄)位于Le Mitan精酿啤酒厂隔壁, 这家民宿用老板在旅行途中收集的装饰品营造出完美的效果, 房间风格多样, 有非洲、印度、印尼和日式等主题房。你可以选择使用公共浴室或自己的独立浴缸, 然后躺在一张能俯瞰河景的吊床上, 思索各种重大问题。

La Boulange　　　　　　面包房 $

(☎418-829-3162; 2001 Chemin Royal, St-Jean; 简餐 $5~10; ⏰6月至9月每天, 5月和10月周四至周日, 11月至次年4月 周六和周日 7:30~17:30)La Boulange是家极具特色的面包房, 拥有一个令人难以抗拒的小店面, 不管是中午来吃点三明治或比萨简餐, 还是采购野餐食品, 这里都是一个完美的地点。一边欣赏圣劳伦斯河与隔壁那座18世纪的教区教堂, 一边大口享用美味的羊角面包。

Le Moulin de St Laurent　　地中海菜 $$

(☎418-829-3888; www.moulinstlaurent.qc.ca; 754 Chemin Royal, St-Laurent; 主菜 $18~35, 餐 $37~51; ⏰5月至10月 11:30~14:30和17:30~20:30)在这座19世纪初的面粉磨坊后面, 露台上的餐桌与瀑布近在咫尺, 你再也找不到比这里更合心意的进餐地点了。精心准备的菜肴种类繁多, 在欧陆风格的基础上融合了一些地方美味, 如鳟鱼和小牛肉。也有度假屋($160起)供客人住宿。

☆ 娱乐

Le Nouveau Théâtre
de l'Île d'Orléans　　　　　剧院

(☎418-828-0967; http://nouveautheatredelile.com; 1721 Chemin Royal, St-Pierre)这家活力四射的剧院为奥尔良岛的文化生活带来一抹挚爱的戏剧风情。如你所料, 这里的戏剧是法语的。

🛍 购物

Chocolaterie de l'Île d'Orléans　食品

(☎418-828-2252; www.chocolaterieorleans.com; 150 Chemin du Bout-de-Île, Ste-Pétronille; ⏰周一至周四 11:00~19:00, 周五至20:00, 周六 9:30~20:00, 周日 至19:00)在这栋拥有200年历史的老房子里, 巧克力匠人们用来自比利时的可可豆精心制作出美味的巧克力, 包括杏仁夹心巧克力和风味松露巧克力。

Domaine Steinbach　　　　　食品

(☎418-828-0000; www.domainesteinbach.com; 2205 Chemin Royal, St-Pierre; ⏰5月至10月 10:00~19:00)这个商店备有几十种农产品, 包括7种用有机果园出产的苹果酿造的苹果酒, 其中一种加有枫糖浆。在品酒过程中, 如果那些浓郁的美酒刺激了你的味蕾, 那干脆就坐到俯瞰河流的露台上，享用一份奶酪或鸭肉拼盘吧。

Cassis Monna & Filles　　食品

（☎418-828-2525；www.cassismonna.com/en；721 Chemin Royal, St-Pierre；◉6月末至9月10:00~20:00）关于cassis（黑加仑），亦即魁北克人所说的"gadelle noire"，你可以在这里了解所有你想知道的（而且远远不止于此），临走前再挑选一些美味特产，包括果酱（黑加仑-洋葱果酱很受欢迎）、油醋汁（vinaigrette）、芥末、葡萄酒和烈酒。店内的餐厅为这些星级美味搭配了午餐简餐。

❶ 实用信息

奥尔良岛旅游局办事处（Île d'Orléans Tourist Office；☎866-941-9411, 418-828-9411；http://tourisme.iledorleans.com/en/；490 Côte du Pont, St-Pierre；◉6月初至9月初 8:30~18:00，一年中的其他月份 9:00~16:30）走过那座桥之后很快就会看到这个很有帮助的旅游局办事处，这里的小册子值得你花上$1购买。

圣安娜-德博普雷（Ste Anne de Beaupré）

在蒙特利尔这样的城市，你可能永远无法领会魁北克省的罗马天主教传统有多么深厚，但是在省内，这种身份认同非常强烈，而在这里，在圣安娜-德博普雷，这种感觉几乎令人无处可逃。沿Rte 138前往这个城镇，

不要错过

勒马斯夫

位于小河圣弗朗索瓦（Petite Rivière St Francois）外，勒马斯夫（Le Massif；☎877-536-2774；www.lemassif.com；1350 Rue Principale, Petite-Rivière-St-Francois）或许是加拿大鲜为人知的滑雪中心里最好的一个。它拥有落基山以东垂直落差最大（770米）、降雪量最多（600厘米）的雪道，并可欣赏到圣劳伦斯河的美丽风景。开放时间随季节变化，更多信息可登录网站或打电话查询。

就会看到两座尖塔矗立在那些汽车旅馆和dépanneurs（便利店）之上，这两座塔属于20世纪20年代建造的大教堂（☎418-827-3781；www.sanctuairesainteanne.org；10018 Ave Royale；◉8:00~17:00；🅿）免费。在魁北克省幸存的少数与自然或人造娱乐无关但却与信仰有关的超级景点中，这座教堂是其中之一。从17世纪中期开始，这个村子就已经成为一个重要的基督教圣地。每年7月底举办的朝圣仪式会吸引数千人到访此地，他们会将每一处露天的空地都挤得满满的。

PLUMobile（☎418-827-8484, 866-824-1433）的长途汽车从魁北克市的Place d'Youville和Gare du Palais汽车站（见325页）开往这座大教堂。舒适的大巴里有免费的Wi-Fi。

沙勒沃伊（CHARLEVOIX）

冬天，冰雾从白雪皑皑的山顶朝着沙勒沃伊的乡村山谷倾泻而下，而到了夏天，湛蓝色的天空与圣劳伦斯河的幽蓝相映成趣。在一年当中的所有时刻，这里都是一片令人赞叹的户外游乐场。200年来，这片由溪流和山丘构成的田园一直都是达官显贵的夏季避暑胜地。最近，它已经成了魁北克市人偏爱的逃离城市生活压力的憩息之地。

联合国教科文组织已经将整个地区列为一处世界生物圈保护区（World Biosphere Reserve），因此当局对这里的开发做了限制——这样做非常值得，当地居民明显也为此感到自豪。在那些可爱的小镇上还有很多让人引以为豪的事物，例如圣保罗湾（Baie St Paul），它那寥寥可数的几条街道上排列着一个个ateliers（艺术家的工作室）、艺廊和精品店。

如果驾车游览，可以考虑下面这条路线：去的时候沿着"溪径"（River Drive，即Rte 362）行驶，穿过圣保罗湾、圣伊雷内（Ste-Irénée）和拉马尔拜。回来的时候则沿着"山间公路"（Mountain Drive，即Rte 138）经过那些会让人产生失重感的山峦，朝着内陆方向驶去，中途顺道去马里维耶尔马尔贝高山峡谷公园（Parc des Hautes Gorges de la Rivière

值得一游

在沙勒沃伊坐火车

如果你是火车迷，或者只是喜欢用更怀旧的方式四处旅行的话，考虑坐火车吧。具体地说，就是Train de Charlevoix（☎418-240-4124; http://reseaucharlevoix.com/english; 50 Rue de la Ferme; 魁北克至拉马尔拜单程/往返$49/70起），这条线路全长125公里，连接魁北克市与拉马尔拜，途经7个沿海定居点，途中将沙勒沃伊的自然风光尽收眼底。这趟火车之旅单程耗时约4.5小时，但是如果你想下车探索一番再重新上车的话，也没问题——只是当下一趟列车来的时候，你不一定会有座位。

火车上有免费Wi-Fi，但手机信号时断时续。没有餐车，但供应小吃，这些小吃常常来自该地区的许多农业制造商。观赏沙勒沃伊壮美的乡村风景，这是你能想到的最令人放松的方式。另外，这条铁路还会经过公路系统不能覆盖的地方；除非你是徒步达人，否则永远到不了这些地方。

这条路线的主要行政办事处位于圣保罗湾，主要的售票处设在圣保罗湾、魁北克市和拉马尔拜，不过你可以上车后买票，或者在沿线的小车站买票。

Malbaie; ☎418-439-1227, 预订 800-665-6527; www.sepaq.com/pq/hgo; 成人/儿童 $8.50/免费; ⓢ游客中心6月末至8月末 8:00~21:00，其他月份见网站; 🅿🐕）✏，徒步游览公园。

沙勒沃伊是烹饪艺术的一个中心。Route des Saveurs（寻味小径）上有31个农场和小餐馆，而当地菜单通常情况下就像是沙勒沃伊农产品的清单。

圣保罗湾（Baie St-Paul）

在从魁北克市出发可以一日游的所有小城镇中，这座融合了户外风情与波希米亚风的美丽小镇或许最为迷人——它还是太阳马戏团的家乡。我们并不推荐一日游：如果你要来圣保罗湾的话，可以在改造成一流度假屋（gîte）的古老宅邸中预订一晚住宿，享用一些当地菜肴，喝一杯葡萄酒，融入圣劳伦斯河与Gouffre River河的律动中，这两条河流蜿蜒流经圣保罗湾。

◉ 景点

格兰兹贾丁斯公园　　　　　　　省立公园

（Parc des Grands Jardins; ☎418-439-1227; www.sepaq.com/pq/grj; 成人/儿童 $8.50/免费; 🅿）这座省立公园占地310平方公里，其中大部分都是泰加林针叶林。绝佳的徒步小径和崎岖的地形是这个珍宝之地的魅力所在。群山中分布着100多个小湖。在这里你可能会邂逅北美驯鹿。攀登天鹅湖山（Mont du Lac-des-Cygnes, Swan Lake Mountain）需要半天时间，那将是一次非同寻常的短途徒步。

当代美术馆　　　　　　　　　　博物馆

（Musée d'Art Contemporain; ☎418-435-3681; www.macbsp.com; 23 Rue Ambroise-Fafard; 成人/学生/儿童 $10/7/免费; ⓢ6月中旬至8月 10:00~17:00，9月至次年6月中旬 周二至周日 11:00~17:00）✏这座美术馆在建筑方面颇为引人注目，馆内陈列着当地艺术家创作的当代艺术作品，以及从加拿大国家美术馆借展的一些摄影作品。它还会在8月举行一次国际当代艺术研讨会。

🏃 活动

Randonnées Nature-Charlevoix　　户外

（☎418-435-3864; www.randonneesnature.com; 陨石坑团队游 成人/儿童 $45/30起）非营利机构Randonnées Nature-Charlevoix会组织2小时法语团队游，带领游客参观附近的一个陨石坑。可安排英语导游，收费$110。

Katabatik　　　　　　　　　　　皮划艇

（☎800-453-4850; www.katabatik.ca; 210 Rue Ste-Anne; 半日海上皮划艇团队游成人/青少年 $64/49，半日溪降 成人/儿童 $89/69，滑翔伞 $114; ⓢ7月和8月 8:00~18:30，6月 周日至周五 8:30~17:00，周六 8:00~18:00，9月和10月 周日至周五 9:00~16:00，周六8:30~17:00; 🅿）✏作为

沙勒沃伊成立最久的户外/探险团队游公司之一，Katabatik提供海上皮划艇团队游、溪降和双人滑翔伞等各种活动。

🛏️ 食宿

Gite Fleury　　　　　　　　　　民宿 $

（☏418-435-3668；http://gitefleury.com；102 Rue St-Joseph；房间淡季/旺季 $76/84；🅿️❄️📶）这家民宿可爱得像只小猫，主人François和Mario优雅而好客，为客人烹制还不错的早餐。他们很乐意为那些想要穿越海边村庄和沙勒沃伊高地的旅行者提供大量建议，但你禁不住会想在温馨的卧室里再睡一晚。

Nature et Pinceaux　　　　　　民宿 $$

（☏418-435-2366；www.natureetpinceaux.qc.ca；33 Rue Nordet；房间 $110~145；☉4月至11月；🅿️❄️📶）这家迷人的民宿位于山顶上，可以从宽敞的客房俯瞰下方河流的美丽风景，能够比这美景略胜一筹的只有老板Mariette烹制的非凡早餐，共有3道菜。房子就在小镇东边，在Rte 362旁有路标。

L' Orange Bistro　　　　　　法国菜 $$

（☏418-240-1197；www.orangebistro.com；29 Rue Ambroise-Fafard；主菜 $17~29；☉11:00~21:00）这家餐厅位置居中，色彩缤纷，从它的露台上可以俯瞰那条通往镇上的交通要道。但它的食物如此美味，以至于你很容易就会忘掉外面驶过的车辆。这里供应的当地农产品包括有机鸡肉、肋排、小牛肉、鹿肉和贻贝，而盘子围边搭配的新鲜香草和有机蔬菜则将菜肴装饰得几近完美。

Le Mouton Noir　　　　　　法国菜 $$$

（☏418-240-3030；www.moutonnoirresto.com；43 Rue Ste-Anne；套餐 $36~41；☉11:00~15:00和17:00~23:00）自1978年以来，外表古朴的Black Sheep就一直在为顾客烹制精致的法国美食。在产鱼的季节，这里会提供鱼类菜肴——包括淡水鱼之王白斑鼓眼鲈（walleye），同时也供应水牛肉、北美驯鹿肉菜肴和牛排。主厨以其精湛的烹饪手法将野蘑菇与当地农产品完美地融入各种菜肴中。其室外露台俯瞰Rivière du Gouffre。建议预订。

ℹ️ 实用信息

沙勒沃伊旅游局办事处（Charlevoix Tourist Office；☏418-665-4454；www.tourisme-charlevoix.com；444 Blvd Mgr-de-Laval；☉6月24日至8月8:30~19:00）位于小镇西边的Rte 138上。

天鹅湖山游客信息亭（Mont du Lac-des-Cygnes Visitors Kiosk；☏418-439-1227；www.sepaq.com/pq/grj；Rte 381；☉6月末至8月末 8:30~20:00，其他月份根据季节变化）为前往格兰兹贾丁斯公园的旅行者提供信息和旅游服务。

镇旅游局办事处（Town Tourist Office；☏800-667-2276；6 Rue St-Jean-Baptiste；☉夏季 9:00~18:00）

ℹ️ 到达和离开

长途汽车站（☏418-435-6569；https://intercar.ca；50 Rue de la Ferme）就在Le Germain Hotel，酒店，从镇中心步行过去大约需要15分钟。Intercar公司每天有3班汽车开往魁北克市（$24，1.25小时），周末则只有两班车。

奥克斯考德莱斯岛（Île Aux Coudres）

宁静而又充满乡野气息的奥克斯考德莱斯岛总给人一种极其偏僻的感觉。从这里眺望，圣劳伦斯河北岸的群山从来都不甚遥远，但这地方仍会让人忘掉世上的一切。顺便提一句，"coudriers"是一种小榛子树，而这座岛屿覆盖着茂密的田园林地。在西南角，教堂湾（Anse de l' Église）是海岸线上的一个小弧形，那里有一个小村庄和一座天主教堂。

👁️ 景点和活动

Les Moulins　　　　　　　　　博物馆

（☏418-760-1065；www.lesmoulinsdelisleauxcoudres.com/home-visit；36 Chemin du Moulin；成人/儿童 $8.70/4.00；☉5月21日至10月10日 10:00~17:00）作坊博物馆Les Moulins拥有两座19世纪的磨坊，都经过了修复。另外，还有展览展示了过去是如何使用磨石来碾磨小麦和荞麦的。

航海博物馆　　　　　　　　　博物馆

（Musée Maritime；☏418-635-1131；www.

museemaritime.com/en; 305 Rue de l'Église; 成人/儿童 $5/免费; ◎5月至10月 9:00~17:00) 在登上St-Joseph-de-la-Rive的渡轮之前或之后，你可以顺道去参观一下这座航海博物馆。它详细介绍了该地区的纵帆船建造历史——过去，在圣劳伦斯河上常常能见到20种不同类型的商业船只。参观者还可以爬到船坞里的一些漂亮船只上看看。馆内也有关于本地区那个著名陨石坑的展览。

Centre Vélo-Coudres 骑车

(☎418-438-2118; 2926 Chemin des Coudriers; 自行车 每小时$4; ◎7月和8月 8:00至日落，5月、6月、9月和10月 至17:00) 你可以（免费）使用这里的攀岩墙，或者租用其自行车和自行车装备，如头盔和儿童小拖车。如果你提前打电话，这里还提供往返渡轮码头站的免费巴士服务。

🛏 住宿

Le Long Détour 民宿 $$

(☎418-438-1154; www.lelongdetour.com; 3101 Chemin des Coudriers; 房间 $100~110; P🛜) 在这家装饰得颇有品位的民宿，你有两个选择——"秋天"客房或"春天"客房。两个房间都有DVD播放机和很大的双人床。老板殷勤好客，提供奢侈的早餐，包括甜品。

❶ 实用信息

旅游局办事处 (☎418-760-1066; www.tourismeisleauxcoudres.com; 1024 Chemin des Coudriers; ◎7月至10月 9:00~17:00) 在港口外的十字路口附近。

❶ 到达和离开

内燃机船Joseph-Savard号（夏天还有内燃机船Radisson号）运营免费的小汽车和行人**渡轮**(☎咨询 877-787-7483，预订 877-562-6560; www.traversiers.com/en/home; ◎7:00~23:30)，从St-Joseph-de-la-Rive出发，开往奥克斯考德莱斯岛的北岸。5月至10月期间 9:00~18:00 每30分钟1班，7:00~9:00和18:00~23:00 每小时1班，其余月份班次较少。

圣伊雷内（Ste Irénée）

圣伊雷内岛上众多的咖啡馆俯瞰着该地区最好的沙滩之一，这个小岛是圣保罗湾和拉马尔拜之间一个吸引人的中间站。

从6月至8月，古典音乐、爵士乐和舞蹈欢庆的节日 Domaine Forget (www.domaineforget.com) 会吸引来自世界各地的表演者。

Hôtel Le Rustique (☎418-452-8250; http://lerustique.charlevoix.qc.ca; 285 Rue Principale; 标单/双 $80/90起) 是沙勒沃伊地区最友好、最迷人的民宿之一，它所在的建筑曾是一个工业家的豪宅。房间为淡色装潢，点缀着老板Diane在旅行中拍摄的照片，让人感觉这些房间就像艺术家的海滨别墅。这里还提供3套设施齐全的独立公寓。

拉马尔拜（La Malbaie）

拉马尔拜是加拿大的首批度假胜地之一，现在包括5个以前的独立村庄。从19世纪末开始，黎塞留和安大略航海公司（Richelieu and Ontario Navigation Company）以及加拿大汽船公司（Canada Steamship Lines）的轮船就停泊于此。

不管是经Rte 362从南边过来，还是经Rte 138从西边过来，你路过的第一个村子都是Pointe-au-Pic。20世纪初，这个村子是很多富人的度假地，吸引了最远来自纽约的精英们。

Ste-Agnès位于远离圣劳伦斯河的西北部。拉马尔拜毗邻Pointe-au-Pic（严格意义上说已经和它融为一体），从马尔拜河（Malbaie River）的西岸开始，一直延伸至河流对岸。位于拉马尔拜北边的是Rivière Malbaie，而St-Fidèle和可爱至极的Cap al'Aigle都位于东边的Rte 138上。

◎ 景点和活动

LesJardins du Cap à l'Aigle 花园

(☎418-665-3747; 625 Rue St-Raphael, Cap à l'Aigle; 成人/儿童 $6/免费; ◎6月至10月 9:00~17:00) 这些花园位于拉马尔拜以东2公里处的小村Cap à l'Aigle里，人们在这里的小山上种植了800种丁香，这里还有一处瀑布、一座人行小桥和众多兜售拙劣作品的艺术家。丁香花盛开的时候，这里仿佛天堂般令人

流连，值得绕道而来。

沙勒沃伊博物馆 博物馆

(Musée de Charlevoix; ☎418-665-4411; www.museedecharlevoix.qc.ca; 10 Chemin du Havre, Pointe-au-Pic; 成人/学生/儿童 $8/6/免费; ◎9:00~17:00; 🅿) 部分为画廊，部分是博物馆，这个水滨展览场所通过多种媒体展览展示了沙勒沃伊的社会生活和在各个时代的风貌。

Maison du Bootlegger 历史建筑

(☎418-439-3711; www.maisonduboot legger.com; 110 Rangdu Ruisseau-des-Frênes, Ste-Agnès; 成人/儿童 $10/5, 餐食、团队游和娱乐 $40起; ◎6月末至9月 每天10:00~17:00,6月初、10月和11月 周六和周日10:00~17:00)这是一个带给人们意外惊喜的旅馆，位于一座外表传统的19世纪农庄里，而在禁酒时期，一个贩卖私酒的美国人曾对房屋秘密改建。团队游会带领游客游览为躲避搜查小队而修建的秘道和密室。从18:00开始，这里就会变成一个排队餐厅，在摆满肉食的宴席上，人们畅饮靴形玻璃杯中的Al Capone啤酒，尽情享受喧闹的娱乐。

Manoir Richelieu 历史建筑

(☎418-665-3703; www.fairmont.com/richelieu-charlevoix; 181 Rue Richelieu, Pointe-au-Pic)这座灰色建筑宛如魁北克市的隆特纳克城堡（见310页）在乡间的姊妹建筑，宫殿般恢宏，令人心生敬畏，为Fairmont连锁酒店旗下所有，看上去就像老式任天堂游戏里大boss的老巢。这座城堡般的建筑建于1928年，占地面积大，建有铜造屋顶，这些都说明该地区长期以来都很富足。你可以到它的屋顶花园散散步，在露台上小酌一杯，顺便再到展出当地艺术品的艺廊看看。在它的外面，一辆辆大巴满载着梦想发财的人来到广告铺天盖地的沙勒沃伊赌场（Casino de Charlevoix）。

🛏 住宿

Parc des Hautes Gorges de la Rivière Malbaie Campsites 露营地 $

(☎800-665-6527; www.sepaq.com/pq/hgo; 露营地 $23~35; 🅿) 公园内到处都设有露营地，既有相当朴素的营地，也有可停靠旅行房车的营地。

Camping des Chutes Fraser 露营地 $

(☎418-665-2151; www.campingchutes fraser.com; 500 Chemin de la Vallée, La Malbaie; 帐篷和房车营地 $30起, 小屋 $95起; ◎露营5月至10月, 小屋全年)这个通往蒙格兰芳公园

> **值 得 一 游**
>
> ## 里维耶尔马尔贝高山峡谷公园
>
> 到占地233平方公里的里维耶尔马尔贝高山峡谷公园（Parc Des Hautes Gorges De La Rivière Malbaie）徒步，消耗掉自己享用的沙勒沃伊当地出产的美味。公园拥有若干独特之处，包括落基山以东最高的峭壁。这些岩石垂直落差达800米，耸立于静静流淌的马尔拜河上方，塑造出魁北克省最可爱的河谷之一。这座公园位于拉马尔拜西北方向大约40公里处。
>
> 公园内分布着各种小径，既有围绕Barrage des Érables（枫树水坝）的平坦小道，也有从枫树林攀上永久冻土地带的需要旅行者艰难跋涉的徒步线路，难易程度不一。
>
> 在群山夹持的河流中坐船逆流而上，这样的巡航游（☎800-665-6527; www.sepaq.com/pq/hgo; 成人/儿童 $35/免费; ◎5月末至10月; 🅿) 是园内的一个亮点。游客也可以划着独木舟或皮划艇欣赏这条河，和租赁自行车一样，你可以在园内找到出租这些船只的地方。船票在公园入口处的游客中心有售，从入口继续前行7公里，水坝附近有租赁店。
>
> 很多人都是从拉马尔拜到此一日游，但公园里也有一些简陋的营地。要到达位于河边的3个露营地，可借助独木舟。需要自行携带所有必需品。
>
> 要抵达这座公园，可从拉马尔拜沿Rte 138向着西北方的圣保罗湾前进，然后拐上通往St-AimédesLacs的小路，再继续前行30公里即到。

（Mont Grand-Fonds park）的露营地内还有一座瀑布，景色秀丽，如同一首田园牧歌。

Auberge des Eaux Vives　民宿 $$

（☎418-665-4808; www.aubergedeseauxvives.com; 39 Rue de la Grève, Cap à l'Aigle; 房间 $145~165）Sylvain和Johanne是这家民宿的完美主人。这里有3间客房，供应的早餐值得大书特书——想象一下，在一个俯瞰圣劳伦斯河的露台上，沐浴着清晨的阳光，享用奶昔和一顿包括4道菜的豪华大餐。房间的装饰现代而别致，还有一个仅供客人使用、配有Nespresso咖啡机的角落，以及一个拥有全套设施的厨房、两个壁炉和美不胜收的景色。

Auberge des 3 Canards　旅馆 $$

（☎418-665-3761; www.auberge3canards.com; 115 Côte Bellevue, Pointe-au-Pic; 房间 $145~225，套 $265; ▣❋🛜🍴）旅馆共有49间客房，都配有平板电视、汽船老照片、当地艺术品和能俯瞰网球场（后方就是圣劳伦斯河）的阳台，这个开业长达50年之久的老字号远比它从Rte 138上看上去更特别。

Les Terrasses Cap-à-L'Aigle　出租屋 $$$

（☎514-583-5720; www.terrassescapalaigle.com/en; 1晚/周 $850/1725起; ▣❋🛜🍴）这10栋村舍全都是当代建筑的典范；几乎全部拥有时尚的几何感设计，巨大的玻璃窗令沙勒沃伊的自然光线洒进生活空间。这些住宅尤其适合集体出行的游客分享入住——每栋住宅可以睡4~10人。

🍴就餐

Café Chez-Nous　加利福尼亚菜 $

（☎418-665-3080; http://cafecheznous.com; 1075 Rue Richelieu, La Malbaie; 主菜 $6~15; ⊙周日至周三 7:00~20:00, 周四至周六 至21:00; 🍴）这个阳光灿烂的小餐馆充斥着可爱的艺术品和小摆设，菜品融合了加州、意大利和魁北克风味。这是个好事情！百吉饼配鲑鱼、托斯卡纳比萨以及蘑菇小方饺出现在同一张餐桌上。

Pains d'Exclamation　面包房 $

（☎418-665-4000; www.painsdexclamation.com; 398 Rue St-Étienne, La Malbaie; 三明治 $6~8; ⊙周二至周六 6:30~17:30, 周日和周一 至17:00）这个面包房是享用午餐的好地方，它的烤三明治尤其值得一提，上面撒有布里干酪似的当地奶酪Le Fleurmier、苹果和核桃仁。

Restaurant Bistro le Patriarche　魁北克菜 $$$

（☎418-665-9692; www.bistrolepatriarche.com; 30 Rue du Quai, Pointe-au-Pic; 套餐 $34~64; ⊙周二至周日 17:00~21:00）这个雅致的法式小馆开在一座始建于1860年的老房子里，虽然只有10张餐桌，却很快名声大振。厨师Michel精心烹制出完美无瑕的法式美食，而且通常都能够将当地最好的食材物尽其用，摆盘也是趣味十足。

❶ 实用信息

地区旅游局办事处（Regional Tourist Office; ☎418-665-4454, 800-667-2276; www.tourisme-charlevoix.com; 495 Blvd de Comporté, La Malbaie; ⊙6月24日至9月24日 8:30~19:00, 其他月份时间不定）紧邻Rte 362，是整个沙勒沃伊的地区旅游局办事处。

圣西梅翁（St Siméon）

圣西梅翁是坐落在圣劳伦斯河畔的一个悠闲渔业小镇，最著名的是Parc d'Aventure Les Palissades探险公园和前往Rivière du Loup的渡轮（☎418-862-5094; https://traverserdl.com/en/homepage; Rue du Quai; 成人/儿童/小汽车 $19.20/12.80/45.50; 🛜🍴）。此外，穿过小镇的道路——以及通往渡口的码头道路——都能欣赏到北边海岬的美丽风景。

Parc d'Aventure Les Palissades

（☎418-647-4422; http://aventurex.net/palisades; 1000 Rte 170; 高空滑索/铁索攀岩 $13/50; ⊙9:00~17:00; 🍴）是一个探险体育活动中心，有多条徒步小道、大量攀岩机会（150多条）、一座吊桥和绳降设施，以及两处铁索攀岩悬崖步道——你得系上安全索（不需要经验）。公园内还有一条高空滑索。住处从露营和宿舍床位到小屋，一应俱全。园内也有一个湖畔水疗馆和桑拿浴室。

圣西梅翁位于拉马尔拜以北大约35公里处，沿Rte 138行驶可达。Intercar（见258页）每天有一辆长途汽车抵达这里，它9:45从魁北克市出发（$40，3小时），11:00离开拉马尔拜（$10）。

圣凯瑟琳湾（Baie Ste Catherine）

色彩缤纷的房屋紧紧地攀在岩壁上，正对着圣劳伦斯河注入狂野的大海。圣凯瑟琳湾是户外探索的中心，景色迷人，气氛悠闲。

景点和活动

黑岬观测中心　　　　　　　　　　科学中心

（Pointe Noire Observation Centre; ☎418-237-4383, 888-773-8888; www.pc.gc.ca/eng/amnc-nmca/qc/saguenay/natcul/natcul1.aspx; 141 Rte 138; 成人/儿童 $5.80/2.90; ◎6月至8月 每天 10:00~17:00，9月和10月 周五至周日 10:00~17:00）从渡轮码头上坡，就来到了这个位于萨格奈河（Saguenay River）与圣劳伦斯河交汇处的鲸类研究站，观测中心内设有展览、幻灯片演示和电影放映，还有个安着望远镜的观测台。通常，你可以从那条木板道上看见白鲸（belugas）出现在萨格奈河靠近海岸的地方，尤其是在涨潮的时候。

Pourvoirie Humanité　　　　　　　　　　划船

（☎418-638-5151; http://pourvoiriehumanite.com/en; 紧邻Chemin des Loisirs; 皮划艇 $50; ▣）位于圣凯瑟琳湾之外大约10公里，这个"人文度假屋"既是户外活动中心，也提供小屋住宿。这里最大的魅力是在4座蔚蓝湖泊上的皮划艇活动，但是你也可以玩立式滑板，钓北美溪鲑（speckled trout），定位寻宝，观察驼鹿，8月的时候还可以采摘蓝莓。

Croisières AML　　　　　　　　　　观鲸

（☎418-237-4274, 800-563-4643; www.croisieresaml.com/en; 159 Rte 138; 成人/儿童 $70/40; ◎5月至10月 8:00~18:00，11月至次年4月 8:30~17:00）提供进入圣劳伦斯河海道（St Lawrence Seaway）的各种观鲸团游，乘坐大型考察船或较小的Zodiacs橡皮艇。

住宿

Gîte Entre Mer Et Monts　　　　　　民宿 $

（☎877-337-4391, 418-237-4391; www.entre-mer-et-monts.com; 476 Rte 138; 房间 $70起; ▣☎）这是一家友好的小民宿，早上供应一些不错的薄饼和奶油蛋卷。当你晚上疲惫的时候，就可以入住这里温馨别致的复古房间。

❶ 到达和离开

在小镇的南端，有免费渡轮横渡萨格奈河，开往塔多萨克（Tadoussac），船程10分钟。渡轮为24小时服务，4月底至10月的7:00~21:00每20分钟发一班船，其余时段每40分钟到1小时发一班船。

萨格奈（SAGUENAY）

沙勒沃伊北部的道路蜿蜒伸展，当它们逼近一片郁郁葱葱的崎岖裂缝时，都延伸成几十条绕行道。这片裂缝深入魁北克省的中心：萨格奈河峡湾（Rivière Saguenay fjord）。俯瞰着萨格奈河幽蓝河水的，是被劲风吹拂、绿苔青松覆盖、高约500米的峭壁。这片峡湾形成于最后一个冰河时期，是北半球最靠南的峡湾之一。虽然有的地方深达270米，但在位于塔多萨克的峡湾入海口，河床只有20米的高度。

这使得萨格奈河相对温暖的淡水注入圣劳伦斯河冰冷的咸水上方，大量磷虾在此栖息繁殖，进而又吸引了该地区的旅游热点动物：鲸鱼。这些鲸鱼和整个水道现在都被列为受保护状态。

萨格奈地区分为两大部分：第一部分环绕萨格奈河，由一座公园和河流两岸一些景色优美的村庄组成；第二部分则是部分工业化的城镇地区，以中等规模的希库蒂米（Chicoutimi）为中心。

塔多萨克（Tadoussac）

对很多来魁北克省旅行的游客而言，塔多萨克是他们在该省除蒙特利尔和魁北克市之外唯一会造访的地方。成群结队的游客源源不断地来到这里，吸引他们的正是各种鲸鱼。游客不仅可以乘坐Zodiacs橡皮艇出海寻找这些庞然大物，还可以从海岸上看见诸如白鲸和小须鲸这样的小型鲸类。

除此之外，这里也提供丰富多彩的活动，如海上皮划艇、冲浪飞车（surfbiking）、乘船或步行探索峡湾，或者只是在沙丘和岬角之间漫游。从11月至次年5月，随着鲸鱼迁徙离去，塔多萨克也稍稍沉寂下来，但它仍然是个历史悠久、弥漫着不羁气息的小镇，无论何时，当地人总有时间跟你聊聊天。

历史

1600年，塔多萨克成为欧洲在北美开设的首个毛皮贸易站，比魁北克市建立的时间还要早8年。在因努-艾蒙语[Innu-aimun；即蒙塔尼语（Montagnais）]中，"tatouskak"的意思是乳房，指的是位于峡湾与海湾旁边的两座圆圆的小山。在哈得孙湾公司（Hudson's Bay Company）关门大吉后，塔多萨克暂时被遗忘，直到1864年塔多萨克酒店（Hotel Tadoussac）建成后，这里才成为一个旅游胜地，同时也因其在造纸业中的重要作用而重新焕发生机。

⊙ 景点

海洋哺乳动物讲解中心 博物馆

（Centre d'Interprétation des Mammifères Marins，简称CIMM；☎418-235-4701；http://gremm.org；108 Rue de la CaleSèche；成人/儿童 $12/免费；◐5月至10月 9:00~20:00）通过多媒体展览，这座博物馆介绍了有关当地海洋动物的背景信息，内容丰富精彩。

小礼拜堂 古迹

（Petite Chapelle；☎418-235-4324；www.chapelledetadoussac.com；180 Rue du Bord de l'Eau；◐6月至10月初 10:00~17:00）由耶稣会修士建于1747年，是北美洲最古老的木造教堂之一。它也被称为"印第安礼拜堂"（Indian Chapel），教堂内部有个关于传教生活的小型展览。

Poste de Traite Chauvin 古迹

（☎418-235-4657；157 Rue du Bord de l'Eau；成人/儿童 $4/2.50；◐6月至10月10:00~19:00）这是北美大陆首个毛皮贸易站的复原建筑，介绍了原住民与欧洲人之间早期贸易的相关历史。

🏃 活动

观鲸

从5月至11月，游客们竞相来到塔多萨克。观鲸活动轰动一时，尤其是在能够看到蓝鲸的8月和10月。整个镇上都可买到乘船游的船票，从12人的Zodiac橡皮艇到可容纳600人的Grand Fleuve号大型船，可供选择的类型很多，因此请仔细挑选。最好等待一个风平浪静的日子出游，以免狂风巨浪和船只颠簸影响观鲸。要么一大早出发，要么傍晚出发，因为鲸在这两个时段更活跃一些，周围的船只也比较少。Zodiac橡皮艇会给乘客提供防水雨衣，不管你选择的是哪种游览类型，都要带上大量保暖衣物。

Otis Excursions（☎418-235-4537；www.otisexcursions.com；431 Rue du Bateau-Passeur；2小时Zodiac之旅 $64，3小时游船之旅 $74）是一家已运营了35年的当地公司。它的Zodiac橡皮艇破浪而行，坐在上面虽然最颠簸，但也最刺激。不过，老年人和年幼的儿童不可乘坐。

Croisières AML（☎866-856-6668；www.croisieresaml.com；177 Rue des Pionniers；Zodiac之旅 $65起，游船之旅 $70；🅿）经营的Zodiac橡皮艇比其他同类快艇大一倍。

如果想体验更冒险的活动，海上皮划艇运动的佼佼者**Meret Monde**（☎418-232-6779；www.meretmonde.ca；148 Rue du Bord de l'Eau；3小时之旅 $66起；◐8:30~18:30）🏃 提供观鲸探险和沿着峡湾逆流而上的短途旅行。

徒步

塔多萨克及周边有4条1公里长的小道，旅游局办事处（见302页）发放的地图上都有标注。码头旁边的Pointe de l'Islet和沙滩另一端的Pointe Rouge周围环绕的几条可爱小径是在沙滩上观鲸的最好路线。

萨格奈河峡湾国家公园（Parc National du Fjord-duSaguenay）分布在河的两岸，毗邻峡湾。这个省立公园拥有总长超过100公里的精彩步道，可从350多米高的悬崖俯瞰下方的峡湾，步道旁还有一些避难小屋可让你过

Charlevoix, Saguenay & South Shore
沙勒沃伊、萨格奈和南岸

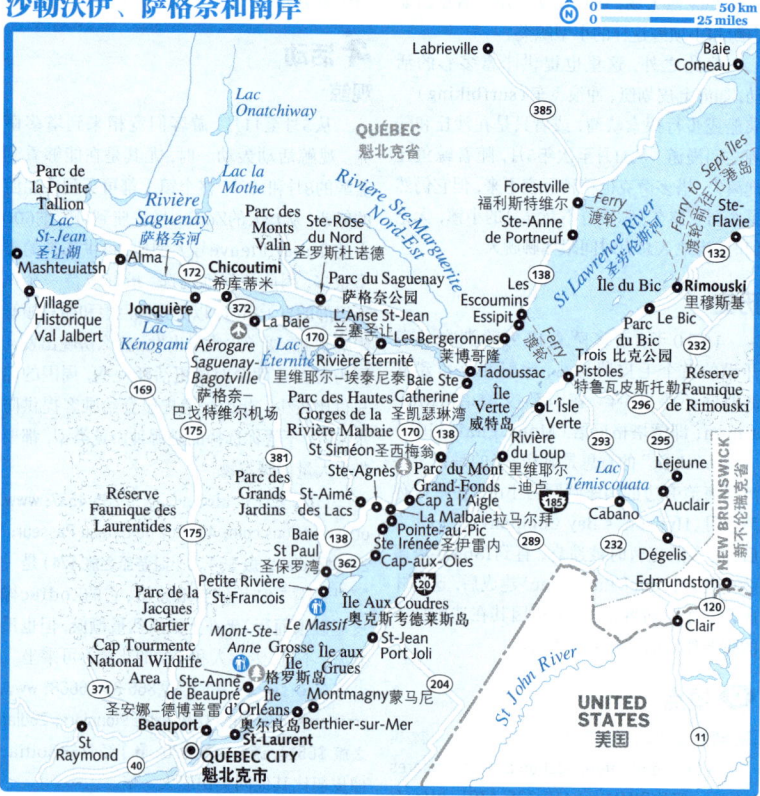

夜。从塔多萨克通往圣玛格丽特湾（Baie Ste-Marguerite）的步道长43公里，沿途有3个避难小屋，5月至10月开放。顺便说一下：本地人口中的"沙丘"其实是海浪冲刷形成的海岸阶地，并不是风成沙丘。

作为魁北克省首个由联邦政府和省政府联合管理的保护项目，**萨格奈河-圣劳伦斯河海洋公园**（Parc Marin du Saguenay–St-Laurent; ☎418-235-4703; http://parcmarin.qc.ca; ♿）与萨格奈河峡湾国家公园部分重叠，并延伸到了萨格奈、沙勒沃伊和北岸地区，有多个入口。海洋公园面积达1138平方公里，保护了这两条河流及其海岸线，范围从Gros Cap à l'Aigle直至Les Escoumins，并沿着萨格奈河一直延伸到Ste-Fulgence附近的Cap à l'Est。

✦ 节日和活动

香颂音乐节   音乐节

（Festival de la Chanson, Song Festival; ☎418-235-2002; www.chansontadoussac.com; ◷6月）塔多萨克繁忙的夏季从热烈的音乐节开始。这个节日已有25年历史，是法语音乐——尤其是魁北克的法语音乐的狂欢，也是个热闹的派对。在节日举办的那个漫长周末里，众多舞台在全镇各处拔地而起，住宿地往往人满为患。

🛏 住宿

La Maison Harvey Lessard   客栈 $

（☎418-235-4802; www.harveylessard.com; 房间$63起; ᴘ❄⊛）位于小镇边上的一个居住区，Harvey Lessard提供简单而舒适

的房间，房间可俯瞰美丽的峡湾，观看萨格奈河与圣劳伦斯河的交汇口盛景。

Domaine des Dunes　　　　　　露营地 $

（☎418-235-4843；www.domainedesdunes.com；585 Chemin du Moulin à Baude；帐篷和房车营地 $32，拖车或联体式房车营地 $45，度假屋 $174起；P⛨）这个绿树葱茏的露营地距离城镇3公里远。还提供可自己做饭的度假屋；需要注意的是，这里给出的度假屋价格只是7月和8月的，一年中的其他月份会降价。

Hôtel Tadoussac　　　　　　酒店 $$

（☎418-235-4421，800-561-0718；www.hoteltadoussac.com；165 Rue du Bord de l'Eau；房间 $165起；P✱⛨）谈到位置，这家酒店正对着塔多萨克宽阔的海湾，可谓得天独厚。这里还弥漫着一种历史感：这家酒店自从1870年就开始接待客人了。功能齐全（虽然有些俗丽）的房间有豪华地毯、吊扇和美丽的河景。价格在旺季（7月和8月）之外差异很大。

Auberge la Sainte Paix　　　　旅馆 $$

（☎418-235-4803；www.aubergelasaintepaix.com；102 Rue Saguenay；房间 $98~133；P✱⛨）爽快的主人Marie如同清晨的一缕阳光，她准备的丰盛而新鲜的早餐也同样如此。她非常乐意帮助客人制订旅行计划和安排观光游，还会根据当地情况提供不错的建议。这里只有7间客房，因此要尽早预订。

✕ 就餐

Chantmartin　　　　　　　　美式小餐馆 $$

（☎418-235-4733；www.chantmartin.com/restaurant.html；412 Rue du Bateau-Passeur；主菜 $12~26；⏰夏季 6:30~22:00，其他季节 至21:30；P）尽管外表看似卡车加油站，还有一排附属的普通汽车旅馆房间，实际上Chantmartin仍然是个不错的快餐店，供应从奶酪浇肉汁土豆条和比萨到螃蟹、对虾和烤鸡的各种菜肴，此外还有一些非常不错的卡车司机早餐（鸡蛋、香肠、培根等）。锦上添花之处：它是全年开放的。

Café Bohème　　　　　　　　咖啡馆 $$

（www.lecafeboheme.com/en；239 Rue des Pionniers；套餐 $14~26；⏰7月和8月 7:00~23:00，5月、6月、9月和10月 8:00~22:00；☑⛨）作为村里人经常光临的就餐地点，这也是享用水果、酸奶酪或意式三明治（panino）早餐的地方，或者也可以像店里的当地文人雅士一样，简单地点一杯公平贸易咖啡慢慢品味。晚上，你可以在诸如油封鸭肉沙拉和新鲜的当日意面等菜肴中进行选择。

Chez Mathilde　　　　　　　创意菜 $$$

（☎418-235-4443；227 Rue des Pionniers；套餐 $31起；⏰6月至10月 10:00~21:00）在这栋可爱的小房子里，一流的厨师利用当地丰富的农产品，创造出种类有限但却充满创意的美食。你可以坐在凉风习习的露台上，一边品尝那些烹制得恰到好处的创新菜肴，一边欣赏港口风景。

La Galouïne　　　　　　　魁北克菜 $$$

（☎418-235-4380；http://lagalouine.com；251 Rue des Pionniers；主菜 $22~34；⏰5月至10月7:30~22:00）从当天海湾中捕捞的新鲜扇贝到森林里捕获的野味，本地食材是餐桌上的主打菜。酒单相当丰富，让你能更惬意地享受夜晚。

❶ 实用信息

旅游信息处（Tourist Information Office；☎866-235-4744，418-235-4744；www.tadoussac.com；197 Rue des Pionniers；⏰9:00~17:00）位于镇中心，工作人员很有耐心，可帮助寻找住处。

❶ 到达和离开

从沙勒沃伊的圣凯瑟琳湾，有24小时运营的免费渡轮开往这里，只需10分钟就可到达。渡轮码头就在Rue du Bateau-Passeur的尽头。

塔多萨克紧邻Rte 138。**Intercar**（见258页）的长途汽车从这里前往蒙特利尔（$106，8小时）和魁北克市（$53，4小时），每天有两班车，往东北方最远可达七港岛。长途汽车站就在Camping Tadoussac露营地对面的加拿大石油公司（Petro-Canada）的加油站附近。

莱博哥隆（Les Bergeronnes）

北岸地区缓慢的生活节奏从莱博哥隆展开，这里游人罕至，环境宜人。它凭借少数景

⊙ 景点

从莱博哥隆沿Rte 138向东北行进12公里,就来到位于Les Escoumins外面的一个因努人社区 Essipit。Essipit Centre(见本页)提供观鲸巡游活动(Zodiac橡皮艇团队游$58起);在这个地区更有可能看到蓝鲸。

海洋环境探索中心 科学中心

(Marine Environment Discovery Centre; ☎418-233-4414; 41 Rue des Pilotes; 成人/儿童 $7.80/3.90; ⊙6月至8月 9:00~18:00,9月 周五至周日 9:00~17:00; Ⓟ🅷)🅿 由加拿大公园管理局运营,海洋环境探索中心拥有一些精致复杂的设施,例如信息丰富的展览,以及与在港湾海底探索的自然学家兼潜水员相连的一台视频设备。工作人员帮助游客从岸上观察海洋哺乳动物。

Cap de Bon Désir Interpretation Centre 科学中心

(☎418-232-6751; 13 Chemin du Cap de Bon Désir; 成人/儿童 $7.80/3.90; ⊙6月至8月 9:00~18:00,9月 周三至周日 9:00~17:00; Ⓟ🅷)🅿 一半是科学中心,一半是公园,这个地方有自然小道、正对着鲸鱼出没(但愿)的圣劳伦斯海域的观景台,以及一座古老的灯塔。提前打电话了解各种讲座和活动的信息(别忘了问问活动是不是英语的)。

Archéo Topo 科学中心

(☎418-232-6286; www.archeotopo.com; 498 Rue de la Mer; 成人/儿童 $6/3; ⊙6月至10月15日 8:00~18:00,7月和8月 至20:00; Ⓟ)这个研究和展览中心致力于展示和研究北岸一带的考古发现。在展馆外面,有几条小径通往下方的沙滩,可以一睹北岸海边悬崖的壮美景色。

🛏 住宿

Camping Paradis Marin 露营地 $

(☎418-232-6237; www.campingparadismarin.com; 4 Chemin Émile Boulianne; 露营地/度假屋 $30/85起; ⊙5月至10月; Ⓟ)在位于莱博哥隆东北方、紧邻Rte 138的Camping Paradis Marin,你可以在自己的帐篷(或棚屋)里听到鲸呼吸的声音,可以租赁皮划艇(每天 $9)和安排皮划艇团队游($62)。

Essipit Centre 住宿服务 $$

(☎888-868-6666, 418-233-2266; http://vacancesessipit.com/en; 46 Rue de la Réserve, Essipit; 露营地/小屋/公寓 $28/157/181起; Ⓟ❄🅷)Essipit Centre可以安排你入住当地露营地、小屋和设施舒适的海边公寓。价格在7月和8月之外会下降。

兰塞圣让(L'Anse St Jean)

峡湾南岸上的第一站是小村兰塞圣让,这里有很多艺术家的工作室,活动丰富。这里既有自我放逐的嬉皮士,也有在乡村度假的全家出游者,气氛令人愉悦,更不用提大量户外活动基础设施了。如果你开车来到峡湾,会在L'Anse de Tabatière看到令人赞叹的美景。

🏃 活动

Fjord en Kayak 皮划艇

(☎866-725-2925, 418-272-3024; www.fjord-en-kayak.ca; 359 Rue St-Jean-Baptiste; 3小时/1天团队游 $58/134; 🅷)🅿 提供备受好评的皮划艇之旅,时长2小时至3天。还可以安排自行车租赁、观鲸团队游和游艇。

Les Croisières du Fjord 划船

(☎418-543-7630, 800-363-7248; www.croisieresdufjord.com; 355 Rue St-Jean-Baptiste; 峡湾巡游成人/儿童 $56/29起; ⊙7月至9月; 🅷)这个团队游公司组织良好、运转高效,经营沿着萨格奈河峡湾而上的精彩游览,还有一辆可运载自行车的水上出租车,连接兰塞圣让和圣罗斯杜诺德(Ste Rose du Nord)、里维耶尔-埃泰尼泰(Rivière Éternité)和塔多萨克。车票视目的地而异,但是只需$150,你就可以获得为期一周的"峡湾通票"(Passe-Fjord),持票可随意上船下船。

Centre Équestre des Plateaux 骑马

(Equestrian Center; ☎418-272-3231; www.cedp.ca; 34 Chemin des Plateaux; 3小时团队游 $70)有普通马和矮种马,冬天甚至还有冰雪

娱乐的马拉雪橇,从RueSt-Jean-Baptiste到其位于山上的办公室都有路标指示。

🛏 食宿

L'Auberge du Boutdumonde　　旅馆 $

（☎418-272-9979；www.boutdumonde.ca；40 Chemin des Plateaux；铺/公共圆顶帐篷/房间$25/35/50；🅿🛜）隐藏在一座陡峭的小山上（即使驾驶小汽车上去也颇具挑战性），这里确实让人有种世界的尽头的感觉。5位从小在此长大的20多岁的年轻人对这个从前的生态公社进行了改造,创立了现在的旅馆。除了瑜伽课,这里还有文化中心、湖泊、香草园和成片的森林。在到达此地前要到杂货铺采购好食品。这里只接受现金。

Auberge des Cévennes　　旅馆 $$

（☎877-272-3180、418-272-3180；www.auberge-des-cevennes.qc.ca；294 Rue St-Jean-Baptiste；房间含早餐$88~144；🅿🛜）在这个可爱的旅馆里,你可以听见街对面河水汩汩流淌的声音。店内有个餐厅（套餐$30）,俯瞰着那座廊桥。内饰老派,甚至有点像祖母的村舍,但装修和环境很搭,店主也十分友好。

Bistro de L'Anse　　小酒馆食物 $$

（319 Rue St-Jean-Baptiste；主菜$12~22；🕒6月末至8月 正午至次日1:00,9月至10月15日 周四至周六 15:00至次日1:00）这是当地一个很受欢迎的活动中心,你可在它的外廊上尽情享用三明治、沙拉和意面,周末还可欣赏现场音乐。

ⓘ 到达和离开

Transport Adapté du Fjord（☎418-272-1397；213 Rte 170；单程/往返$4/8起）在希库蒂米经营小巴,连接起峡湾沿线各城镇；票价视目的地而异。提前预约,可到旅馆接你。

长途汽车（单程/往返$7.50/15）在周一至周五（周三停运）的7:30从兰塞圣让发车,大约9:00抵达希库蒂米；返程汽车在周一至周五的13:15从希库蒂米发车,14:30抵达兰塞圣让。

里维耶尔-埃泰尼泰 (Rivière Éternité)

除了令人意想不到的宗教艺术藏品,这个小镇简直乏善可陈,但它是通往萨格奈河-圣劳伦斯河海洋公园（见338页）与萨格奈河峡湾国家公园的主要入口之一。

沿着一条往返需4小时的徒步线路,途中经过一段极长的阶梯后,可到达一尊8米高的**圣母马利亚**（Virgin Mary）雕像。这尊雕像矗立在峡湾最高的一处峭壁上,庇护着下方的水手和船只。此像是Charles Robitaille在1881年建造的。在前一年的冬天,他骑马过河时,因冰层破裂而跌入河中,险些丧命。为感谢救命之恩,他发誓尊奉圣母马丽亚,于是请人制作了这尊重达3200公斤的雕像,花了一个星期的时间才把它运到这里安装起来。

回到镇上,小镇的**教堂**因收集了250件圣诞马槽装饰而闻名。离教堂不远,在经过Rte 170旁的木桥后就可来到**Halte des Artistes**,这是一个可驾车穿行游览的免费公园,陈列着一些放在小马槽里的雕塑。

联系位于里维耶尔-埃泰尼泰的**公园信息处**（park information office；Parc National du Fjord-du-Saguenay；☎418-272-1556；www.sepaq.com/pq/sag；91 Rue Notre Dame；🕒6月至9月 8:30~21:00）,了解萨格奈河峡湾国家公园内各种游览活动、徒步小径、海上皮划艇、帆船、Zodiac橡皮艇出海游和多种导览活动的相关信息。

希库蒂米 (Chicoutimi)

作为当地的地区中心,希库蒂米是重返萨格奈荒野前处理琐事的宜人地点。1676年这里曾是一个毛皮贸易站,直到1842年才建起城镇,并于20世纪初成为世界造纸业之都。从通往市区的公路上眺望,它显得相当工业化,但市中心却因众多城中大学和Cégep（大学预科）的学生们而显得生机勃勃。

👁 景点

La Pulperie　　博物馆

（☎418-698-3100；www.pulperie.com；300 Rue Dubuc；成人/儿童$14.50/7；🕒6月至8月 每天 9:00~18:00,9月至次年5月 周三至周日 10:00~16:00）这里曾是世界上最大的纸浆厂。馆内有导览游和多个展览,介绍该厂的历史及它在小镇发展进程起到的关键作用——

镇上的人口从1899年的708人增加至1929年的4255人。**亚瑟·维尔纳夫故居**（House of Arthur Villeneuve）也坐落于此，如今也辟为博物馆向公众开放。这位理发师兼艺术家将整所房子都当作画布，在房屋里里外外画满了他那色彩明艳、充满童真气息的民俗风格绘画。

峡湾博物馆　　　　　　　　　　　博物馆

（Musee du Fjord；418-697-5077；http://museedufjord.com；3346 Blvd de la Grande-Baie Sud；成人/儿童 $15/8.50；7月至9月 9:00~18:00，周二至周五 9:00~16:30，10月至次年6月周六和周日 13:00~17:00；P）一半是博物馆，一半是水族馆，峡湾博物馆致力于帮助游客了解萨格奈河峡湾独特的生态系统。它是个友好、信息量丰富的地点，但除非你带着孩子，否则我们建议略过多媒体剧院的简介短片。

小白房博物馆　　　　　　　　　　博物馆

（Musée de la Petite Maison Blanche, Little White House；418-549-6600；www.petitemaisonblanche.com；441 Rue Gédéon；成人/儿童 $5/2.60；6月至8月 每天 9:00~21:00，9月 至17:00，10月初 仅周六和周日 至17:00；P）这座形状细长的博物馆所在地区被称为"the Basin"（盆子、水池）。在1996年那场给魁北克蒂米造成160亿加元经济损失的大洪水中，这座建于1900年的建筑抵挡住了与尼亚加拉大瀑布冲力相当的水流。如今，这座博物馆就像是个装满杂物的俗气阁楼，展品包括来自20世纪初的小古玩，以及与这场洪水有关的展品，甚至还有一些描绘老宅居民的电子机器人，散发出一种独特的吸引力。

🛏 食宿

Auberge Racine　　　　　　　　　民宿 $$

（418-543-1919；www.aubergeracine.com；334 Rue Racine E；标单/双 $119/129起；P）在这所19世纪的房子里，令人愉快的房间保留了原建筑的部分细节，并用首任屋主的3位妻子和12个孩子中一些人的名字来命名。

★ La Parizza　　　　　　　　　　　比萨 $$

（418-973-9732；http://laparizza.com；337 Rue Racine E；比萨 $12~28；周三至周日 10:00~22:00；）客观地说，比萨饼最棒了。魁北克人对本土食材的迷恋也很棒。当这两种烹饪理念碰撞在一起时，La Parizza就此诞生，这家餐厅供应多种创意满满的比萨，例如搭配各种本地肉类熟食的玛格丽特比萨，上面放松露生牛肉片的比萨，还有一种包含菠菜、山羊乳酪、蜂蜜和核桃的馅饼。

Rouge Burger Bar　　　　　　　　汉堡包 $$

（418-690-5029；http://rougeburgerbar.ca；460 Rue Racine E；主菜 $16~25；周二和周三 17:00~22:00，周五和周六 至23:00，周日和周一 至21:00）这个自选馅料汉堡吧在面包夹肉这件事上可谓水平一流。这里有众多奶酪浇肉汁土豆条和汉堡馅料可供选择，从羔羊肉和鲑鱼到蔬菜，再到优质熟牛肉，此外还有美味的鞑靼牛肉配西班牙辣香肠和松露油。

ⓘ 实用信息

旅游局办事处（418-698-3157, 800-463-6565；http://tourisme.saguenay.ca；295 Rue Racine E；周一至周四 8:30~16:30，周五 至20:00，周六和周日 10:00~16:00）帮助你在大峡湾地区进行相关预订。

ⓘ 到达和离开

在距离希库蒂米市中心大约16公里处，**萨格奈-巴戈特维尔机场**（Saguenay-Bagotville Airport, 代码YBG；418-677-2651；http://aeroport.saguenay.ca；7000 Chemin de l' Aéroport, Saguenay）开通了Air Canada Express、加拿大越洋航空（Air Transat）和Pascan三家航空公司的航班，往返蒙特利尔、七港岛（Septîles）和玛德琳群岛。

Intercar（订票 800-806-2167，车站418-543-1403；https://intercar.ca；55 Rue Racine E）有长途汽车（每天4班）开往魁北克市（$48, 2.5小时）、蒙特利尔（$100, 6小时）和塔多萨克（$26, 1.5小时）。

Transport Adapté du Fjord（见341页）经营沿萨格奈河开往兰塞圣让的小巴，中途还会经过其他城镇。

圣让湖（Lac St-Jean）

希库蒂米和圣让湖之间广袤的平原乍看，不如附近壁立万仞的峡湾地区那样令人震撼，但是抵达与圣让湖同名的湖泊后，你会

在这片开阔的区域发现一种精致的美：水天一色，只有一些浅色的木头房子和闪亮的教堂尖顶打破这一片蔚蓝。该地区自诩魁北克省的蓝莓和肉馅饼（tourtière）之都。另外这里也是魁北克民族主义的中心。

◉ 景点和活动

Musée Amérindien de Mashteuiatsh
博物馆

（☎418-275-4842; www.museeilnu.ca; 1787 Rue Amishk, Mashteuiatsh; 成人/儿童 $12/7; ⊙10:00~18:00; Ⓟ）Roberval北边的湖岸坐落着全省管理得最好的原住民村庄之一，博物馆就位于村里，馆内布置了多个不错的展览，介绍了该地区的Pekuakamiulnuatsh族群。

Village Historique Val Jalbert
古迹

（☎418-275-3132; www.valjalbert.com; 95 Rue St-Georges; 成人/儿童 $28/14; ⊙6月至9月 9:00~18:00）这个Val Jalbert历史村落从1901年开始就有人定居，但在1927年纸浆厂关闭后没几年便沦为"鬼城"。村里有辆无轨电车，穿着戏装、热情好客的导游会在车上滔滔不绝地向游客介绍这里的情况。村里有一家气氛宜人的餐厅，就位于壮观瀑布旁边的老磨坊里。这个宁静的地方还有一个露营地和若干小屋可供住宿（$280）。

Véloroute des Bleuets
骑车

（Blueberry Bike Trail, 蓝莓自行车小径; www.veloroute-bleuets.qc.ca/en）湖泊周围那些总长达272公里的骑行小道共同构成了这条**蓝莓自行车小径**，沿途的每个小镇几乎都有一些让旅程更轻松的设施：自行车出租店和修车铺、满足骑行者需要的民宿以及休息区等。如果需要地图、路线建议和实用的休息站清单，可前往位于阿尔马（Alma）的**自行车信息中心**（Maisondu Vélo, Bicycle Tourism Information Center; ☎418-668-4541; www.veloroute-bleuets. qc.ca; 1692 Ave du Pont N, Alma; ⊙6月至9月 8:30~18:00）。

🛏 住宿

Auberge Île du Repos
露营地、青年旅舍 $

（☎418-347-5649; www.iledurepos.com; 105 Rte Île du Repos; 营地/铺/房间 $27/38/80 起）Auberge Île du Repos度假村占据了紧邻Péribonka和Parc de la Pointe Taillon公园的一整座小岛，拥有宿舍、厨房设施、独立的度假屋房间、露营地、一个咖啡馆兼酒吧、沙滩、槌球场和排球场等众多设施。尽管它粉红色的建筑立面显得欢快活泼，但由于离它最近的Intercar车站位于西北25公里处的Dolbeau-Mistassini，因此，它还是显得有些冷清。

圣罗斯杜诺德 （Ste Rose du Nord）

圣罗斯杜诺德位于萨格奈河人迹较少的北岸上，是魁北克省最美乡村联合会（Association of the Most Beautiful Villages of Québec）的成员。沿着紫色悬崖下方的小路徒步前往码头，远处就是峡湾，很容易就能看出这里美在何处。

你可以在**Camping Descente des Femmes**（☎418-675-2581; http://camping saguenay.com; 154 Rue de la Montagne; 露营地 $22~30; ⊙6月至9月; Ⓟ）的小山丘上搭起帐篷，一觉醒来就能看见村子和峡湾令人屏息的美丽风景。淋浴设施和厕所位于一个经过改造的粮仓里，老板很风趣。

在Ste-Fulgence和Ste-Anne du Rose之间的Rte 172上，有路标指向**Pourvoirie du Cap au Leste**（☎418-675-2000; www. capauleste.com; 551 Chemin du Cap a l' Est; 房间 $115~150, 套 $180~220; Ⓟ❄🛜），从这里可以俯瞰一大段峡湾的壮观风景，值得你颠簸7公里开车前来。小屋朴素而迷人，有阳台和烧木头的炉子，餐厅供应非常好吃的地方美食。这里可组织徒步、独木舟、皮划艇、登山和骑山地自行车等活动。

南岸（SOUTH SHORE）

南岸包括Chaudière-Apalaches和Bas St-Laurent地区，在前往加斯佩半岛的途中，游客很容易从这里匆匆而过。然而，这个地区不乏别致多样的奇妙景点，从令人难以忘怀的格罗斯岛到优雅的里维耶尔-迪卢，都各具特色。其他值得驻足游览的地方还包括一个大型木雕中心、曾是走私贩窝点的岛屿，以及几家博物馆，分别介绍了类似"泰坦尼克号"的悲剧事件、巴斯克的捕鲸人和六角形手风琴。

除此之外，这里风景壮丽，可以眺望点缀着岛屿的圣劳伦斯河，视线直抵远方连绵起伏的北岸。Hwy 20是最快的路线，但Rte 132沿途的风光更美，还可从多座河畔村庄的中央横穿而过。

格罗斯岛（Grosse Île）

出了魁北克市规模庞大的市区，头一站就是该地区最有趣的地方之一。在19世纪和20世纪初，格罗斯岛曾是到达欧洲移民主要的隔离检疫站。你可以参加**格罗斯岛国家历史遗址**（Grosse Île National Historic Site; ☎418-234-8841, 888-773-8888; www.pc.gc.ca; 成人/儿童 $17.60/8.80; ⓒ7月和8月每天，5月、6月、9月和10月 周三至周日）的团队游，了解这段鲜为人知的北美洲历史。还可以前往**奥克斯格鲁埃斯岛**（Île aux Grues）游玩，它总共包括21个岛屿。在游览全程，都要穿上保暖衣服和舒服的鞋子。

魁北克市东北55公里处的Berthier-sur-Mer码头位于Rte 132（也可经Hwy 20进入）沿线，距离蒙马尼15公里，是最近的格罗斯岛乘船游出发点。

Croisières AML（☎855-268-9090; www.croisieresaml.com; 110 Ruedela Marina, Berthier-sur-Mer; 团队游成人/儿童 $65/35）提供前往格罗斯岛的往返巡航游，沿途还有解说。

蒙马尼（Montmagny）

作为莱维以东的第一个城镇，蒙马尼彰显了弥漫在南岸地区的那种悠闲放松、以家庭为中心的态度。主街Rue St-Jean-Baptiste E和你在魁北克任何其他地方能够找到的同类街道都一样漂亮。

大多数游客经过蒙马尼，然后前往景色秀丽的**奥克斯格鲁埃斯岛**（Île aux Grues）。该岛长10公里，属于一个由21个岛屿组成的群岛，也是群岛中唯一有人定居的岛屿，分布着北美洲最大的、未受破坏的湿地之一。每年的春秋两季，观鸟爱好者都会蜂拥来到这一地区观看包括雪雁在内的各种候鸟。岛上还有几条徒步小径。

这里还有北美洲唯一一家**手风琴博物馆**（Musée de l' Accordéon, Accordion Museum; ☎418-248-7927; www.accordeonmontmagny.com; 301 Blvd Taché E; 成人/儿童 $8/2; ⓒ7月和8月每天 10:00~16:00, 9月至次年6月 周一至周五 10:00~16:00; ♿），人们可以在这里见识高卢音乐场景中这种常见的巨型乐器。六角形手风琴的历史可追溯到1820年，使用了诸如象牙和珍珠母等材质。8月底，这里会举行长达4天的集市（Carrefour），届时将有来自全球各地的六角形手风琴爱好者进行表演。

Orléans Express（见258页）的长途汽车连接魁北克市及更远的地方；长途汽车停靠在20 Blvd Taché E。

渡轮（☎877-562-6560; www.traversiers.com; ⓒ4月至12月）**免费** 从蒙马尼码头前往奥克斯格鲁埃斯岛，航程30分钟。每天有2~4班，仅4月至12月开通。还有一些前往群岛的其他商业游览活动。

圣琼港朱利（St Jean Port Joli）

20世纪30年代，这个非常漂亮的小镇因作为手工艺品中心而声名鹊起，现在它仍不遗余力地维护这一声誉。河畔的三贝雷帽公园（Parc des Trois Berets）得名于头戴贝雷帽的三兄弟，是他们将该镇打造成木雕之都。每年6月，在这个公园里都将举办国际**雕塑节**。

这里有几十个艺术家工作室、精品店以及众多路边艺术品，旅游局办事处（见345页）发放的免费地图上都有相关信息。

《老加拿大人》（Les Anciens Canadiens）的作者菲利普·奥博特·德·加斯佩（Philippe Aubert de Gaspé）就葬在那座18世纪的**教堂**里。

◉ 景点

生活记忆博物馆 博物馆

（Musée de la Mémoire Vivante, Museum of Living Memory; ☎418-358-0518; www.memoirevivante.org; 710 Ave de Gaspé W; 成人/儿童 $8/

免费；⊙7月和8月 9:00~18:00, 6月和9月10:00~17:00, 10月至次年5月 周一至周五 10:00~17:00；P）这座引人入胜的博物馆通过数千个社群互动案例和数千次口述历史采访探索了魁北克文化（尤其是圣琼港朱利的文化）。提个醒：我们参观时馆内的展品只有法语说明。

魁北克航海博物馆　　　　　　　博物馆

（Musée Maritime du Québec；☏418-247-5001；www.mmq.qc.ca；55 Chemin des Pionniers E, L'Islet；成人/儿童 $12/8；⊙7月和8月 9:00~18:00, 6月 10:00~17:00, 3月至5月和9月至11月 周三至周日 10:00~16:00；P ♿）这座庞大、现代的博物馆探索了该地区与造船业以及海洋的深厚的历史和文化渊源。馆内有一艘实物大小的船可以登上去，还有绳结课程和孩子们感兴趣的互动活动。

老加拿大人博物馆　　　　　　　博物馆

（Musée des Anciens Canadiens；☏418-598-3392；www.museedesancienscanadiens.com；332 Rte 132 W；成人/儿童 $8/3；⊙7月和8月 8:30~20:00, 5月、6月、9月和10月 9:00~17:30）这座博物馆展出了超过250件木雕人像作品，从瑞内·勒维克到哈利·波特都有。展览还详细介绍了头戴贝雷帽的Bourgault三兄弟和其他当地名人的作品。

🛏 食宿

Au Boisé Joli　　　　　　　　　民宿 $

（☏418-598-6774；www.auboisejoli.com；41 Ave de Gaspé E；标单/双 $85/95起；❋ ⓦ）这家经营良好的小民宿占据着一座朴素的民宅；内部有温暖的配色、硬木地板和一抹艺术风情。管理人员可以帮助你租自行车并介绍该地区的概况。

Camping de la Demi Lieue　　　 露营地 $

（☏418-598-6108, 800-463-9558；598 Rte 132；营地 $32起，村舍 $120起；⊙5月至9月；＠ ❄）规模很大且设施不错，而且比其他露营地都更靠近小镇。

La Belle Époque　　　　　　　民宿 $$

（☏418-598-9905；www.auberge-labelleepoque.com；63 Ave de Gaspé E；标单/双 $105/120起；❋ ⓦ）品位不俗的复古特色、各种艺术品，以及那种充满生活气息的氛围，让Belle Époque（意为"美好时代"）就像一个有历史感的家（这和它的名字倒是很相称），但服务和设施都是现代而周到的。

La Coureuse des Grèves　　　　法国菜 $$

（☏418-598-9111；www.coureusedesgreves.com；300 Rte de l' Église；主菜 $12~23；⊙周日至周四 8:00~22:00, 周五和周六 至23:00；❄）这家餐厅到处洋溢着愉悦的氛围，从容悠闲又颇有古风。在这个村舍改造而成的法式餐厅，气氛就是如此，而它的内饰大量使用旧木头，菜肴都是精心烹制的经典菜式。

La Boustifaille　　　　　　　魁北克菜 $$

（☏418-598-3061；547 Rte 132 E/Ave de Gaspé E；主菜 $15~25；⊙6月至9月 8:00~21:00；P ♿）以大份的当地经典菜肴——如法式猪肉杂烩、肉馅饼、奶酪乳蛋饼以及与它毗邻的那座剧院而闻名。

🍷 饮品和夜生活

Microbrasserie Ras L' Bock　　　精酿啤酒

（☏418-358-0886；www.raslbock.com；250 Rue du Quai；⊙周三至周日 正午至次日3:00）现场音乐、烈性啤酒、一个户外花园（所有潮酷青年都在这里玩）和一种不怕接受挑战尽情狂欢的悠闲氛围——这个深受喜爱的精酿啤酒吧是当之无愧的赢家。

ⓘ 实用信息

旅游局办事处（☏418-598-3747；20 Ave de Gaspé W；⊙6月末至8月 9:30~19:30, 9月至次年6月末 周三至周六 9:00~17:00, 周日 至16:00）提供城镇地图，而且可以帮你联系上当地艺术家的工作室。

ⓘ 到达和离开

Orléans Express运营往返于该镇与魁北克市之间的长途汽车，汽车在镇中心的Épicerie RégentPelletier停车，地址是10 Rte 132。

里维耶尔-迪卢（Rivière du Loup）

这个令人费解的名字（意为"狼河"）指的可能是海豹（也被称为"海狼"），也有可

能是指一个美洲印第安部落或一艘17世纪的法国船。不过，有一点是肯定的：里维耶尔-迪卢的确是个有些独特之处的小镇。它位于沿海地区与圣劳伦斯河流域之间的毛皮贸易与邮政路线上，这个关键的位置使它在19世纪成为魁北克省东部的主要城镇。镇上以前以说英语的人口为主，其市政规划也仿照了英国城镇的模式：大型建筑前面有大片开阔空间，例如那座拥有银色屋顶的哥特式建筑St Patrice就是如此。虽然这个镇子在20世纪初一度衰落，但现在再度繁荣起来，是魁北克省人口出生率最高的地方之一，而且还有一些逃离大城市的人来到这里，很多学成归来的人也回到了他们美丽的家乡。

⊙ 景点

瀑布公园 公园

（Parc des Chutes, Sentier Parc des Chutes; P）瀑布公园面积虽小但却富于魅力，到处是短途小径，位于Rue Frontenac的尽头，距离镇中心只有几分钟的步程。如果你迷失了方向，只需看着车声和30米高的瀑布轰鸣声走就能找到路，这些瀑布还为一座小型水电站提供了动力。

十字公园 公园

（Parc de la Croix）开一小段路进入小镇的山区地带，就能到达这个小小的十字公园。这里矗立着一个有灯光照明的十字架，守卫着小镇与河流的壮观风景。要从镇中心前往公园，可沿着RueLafontaine往南，来到那个通往Rue Témiscouata的地下通道。在Chemin des Raymond上往左拐，然后在Rue Alexandre再往左拐，到Rue Bernier往右拐，最后，在Rue Ste-Claire左拐。

Musée du Bas St-Laurent 博物馆

（☎418-862-7547; www.mbsl.qc.ca; 300 Rue St-Pierre; 成人/学生 $7/5; ⊙6月和8月每天9:00~17:00, 9月至次年5月 周三至周日 13:00~17:00）这个充满活力的博物馆收藏着一系列当代魁北克艺术品，但其主要展品却是200,000张当地的老照片。你可以在那些揭示圣劳伦斯河水上生活的互动主题展览中看到这些照片。

Fraser Manor 知名建筑

（☎418-867-3906; www.manoirfraser.com; 32 Rue Fraser; 成人/儿童 $7/4; ⊙7月至9月9:30~17:00）在19世纪，里维耶尔-迪卢被称为"Fraserville"，得名于那个势力强大的苏格兰家族，他们居住在奢华的Fraser Manor庄园内。如今，这座庄园展示了当年这片正处于发展期的殖民地的上层阶级的生活。

🏃 活动

La Société Duvetnor 游轮

（☎418-867-1660; www.duvetnor.com; 200 Rue Hayward）近岸地区分布着多座受到保护的岛屿，岛上设有若干鸟类庇护所，同时也为其他野生生物提供了栖息地。非营利团体La Société Duvetnor提供到这些岛屿观鸟和进行自然旅行的机会。白鲸在这里很常见。最大的岛叫l'Île aux Lièvres上有总长达45公里的交错小径和包括一个露营地在内的多家住宿场所。

Pot au l'Eau de Vie（意为"白兰地瓶"）因在禁酒时代被用作走私中转站而得名，前往该岛的巡航游全程1.5小时，费用$25起。

Petit Témis Interprovincial Linear Park 骑车、徒步

（☎418-853-3593; www.petit-temis.ca）Petit Témis Interprovincial Linear Park是条风景优美的骑行和徒步小径。这条小径沿着一条老铁轨通往新不伦瑞克省的埃德门兹顿，全长135公里，大部分路段都很平坦。旅游局办事处可以提供地图，而Hobby Cycles可以出租自行车。

Croisières AML 游轮

（☎866-856-6668; 200 Rue Hayward; 3.5小时团队游$70; ⊙6月至8月; 🚗）如果你想观鲸，可以联系Croisières AML。如果你打算过河去塔多萨克，也可以到那里后再安排观鲸。

Hobby Cycles 骑行

（☎418-863-1112; www.hobbycycle.ca; 278 Rue Lafontaine; 租车每天 $30起; ⊙周二和周三10:00~17:30, 周四至20:00, 周五至18:00, 周六10:00~16:00）出租和修理自行车，而且可以告诉你如何前往一些很好的小径。

🛏 食宿

Auberge Internationale　　青年旅舍 $

(☎418-862-7566; www.aubergerdl.ca; 46 Blvd de l'Hôtelde Ville; 铺/房间含早餐 $28/60 起; P@🛜) 这个位于小镇中心一座老房子里的国际青年旅舍非常不错,小客房内带有浴室。长期在此工作的员工营造出宁静、好客的气氛,旅舍弥漫着一种融洽的集体氛围。

Auberge de la Pointe　　度假村 $$

(☎800-463-1222, 418-862-3514; www.aubergedelapointe.com; 10 Blvd Cartier; 房间 $105~185, 套 $320起; P❄🛜❄) 这个庞大的建筑群位于镇外不远的地方,包括几栋楼阁,俯瞰着圣劳伦斯河的一处河湾。房间的设计非常巧妙,在利落炫酷和温馨舒适之间取得了美妙的平衡,这里还有水疗中心、餐厅、酒吧,甚至还有个剧院。

Au Vieux Fanal　　汽车旅馆 $$

(☎418-862-5255; www.motelauvieuxfanal.com; 170 Rue Fraser; 房间 $70~125; ⏰5月至11月; ❄) 它是这一带最好的汽车旅馆之一,装潢色彩绚丽,坐拥美丽河景,此外还有个加温游泳池。

★ L'Innocent　　咖啡馆 $$

(☎418-862-1937; 460 Rue Lafontaine; 主菜 $10~15; ⏰9:00~22:00; 🍴) 周边地区最时尚的咖啡馆,店里的背景音乐是斯卡舞曲、独立摇滚等各种很酷的音乐流派,供应性价比很高的每日特色菜。这里也是结识当地人的最佳地点。如果你赶时间,他们也供应外卖咖啡。

L'Estaminet　　小酒馆食物 $$

(☎418-867-4517; www.restopubestaminet.com; 299 Rue Lafontaine; 主菜 $15~32; ⏰周一至周三 7:00~23:00, 周四 至午夜, 周五 至次日1:00, 周六 8:00至次日1:00, 周日 8:00~23:00) 到这个拥有150种啤酒的"世界法式小馆"(bistro du monde)尽情享用丰盛的小酒馆食物和特色菜吧,招牌菜是扇贝配薯条。试试野牛肉汉堡(bison burger)。

Chez Antoine　　法国菜 $$$

(☎418-862-6936; www.chezantoine.ca; 433 Rue Lafontaine; 晚餐主菜 $28~45; ⏰周一至周五 11:00~14:00, 周一至周六 17:00~21:00) 一直以来,这里都被认为是镇上最好的就餐地点之一,它保持着自己的传统。特色菜包括大西洋鲑鱼、duBreton猪里脊和菲力牛排,可以在位于白色老屋优雅的餐厅里享用这些佳肴美馔。

❶ 实用信息

旅游局办事处(☎888-825-1981; www.tourismerivieredulou.ca; 189 Blvd de l'Hôtel de Ville; ⏰7月和8月8:30~19:30, 9月 周一至周五 8:30~16:30, 周六 11:00~16:30, 10月至次年6月 周一至周五 8:30~16:30; 🛜) 可上网,还能提供免费的老城区徒步地图。

❶ 到达和离开

渡轮(☎418-862-5094; www.traverserdl.com; 成人/儿童往返 $24/16.30) 往返于里维耶尔-迪卢的码头和圣西梅翁之间。

Highway 20(503出口)、Rte 132和Hwy 85都直接通往里维耶尔-迪卢。

Orléans Express有长途汽车开往魁北克市和里穆斯基,在**长途汽车站**(317 Blvd de l'Hôtel de Ville) 停靠。前往新不伦瑞克省的旅行者可在里穆斯基转车。

加拿大国家铁路公司(☎888-842-7245; www.viarail.ca; 615 Rue Lafontaine) 的火车将里维耶尔-迪卢跟魁北克市和哈利法克斯连接起来,每两天1班。火车站仅在半夜有火车抵达时才开放。

威特岛(ÎleVerte)

过了里维耶尔-迪卢之后,道路变得更加狭窄,只剩下单车道,但繁忙的交通状况会一直持续到里穆斯基。途中若想休息一下,可乘坐那趟15分钟的渡轮前往威特岛。

直到最近几年,这个11公里长的岛上才开始出现一些夏季别墅,而常住人口也只有45人。这里是观鸟、骑自行车、观鲸以及冬季进行冰上垂钓的热门地点。

圣劳伦斯河上最古老的**灯塔**(1809年)里有个博物馆。你可以住在附近的农舍**Les Maisons du Phare**(☎418-898-2730; http://phareileverte.com; 标单/双含早餐 $88/120; ⏰5

月至10月；🛜）。这家小酒店的小房间色彩绚丽，采光充足。这些房间分布在几座村舍当中。如果你想找点吃的，气氛友好的小咖啡馆 Café d'Alphé（主菜$9~16；⊙10:00~22:00）供应新鲜鸡蛋、汤和意大利面，还有当地奶酪和自酿啤酒。

Location de Bicyclettes Entre Deux Marées（☎418-860-7425；4404 Chemin de l'Île；每天$30起）向登岛游客出租自行车。提前打电话订车；租车点的开放时间与渡轮的抵离时间重合。

渡轮（☎418-898-2843；www.traversiers.com；1804 du Quai d'En Bas, Notre-Dame-des-Sept-Douleurs；单程成人/小汽车/自行车$6.70/40/1）往返于该岛和Notre-Dame-des-Sept-Douleurs，一天5班。冬季时，河面冰封，只能通过飞机或摩托雪橇进岛；拨打☎418-898-3287询问如何过河，而且在去岛上任何地方之前都要先打电话确认，因为旅游设施很可能会关闭。

特鲁瓦皮斯托勒（Trois Pistoles）

一进入这个村庄，你就会注意到说法语的魁北克似乎不见了，眼前只剩下巴斯克民族主义的一个前哨；每个商业机构的名字似乎都反映了当地的巴斯克传统。据说巴斯克捕鲸人是维京海盗之后首批在圣劳伦斯河上航行的欧洲人，比雅克·卡蒂埃还早。在这里停留的主要原因是探索圣劳伦斯河：Kayak des Îles（☎418-851-4637；www.kayaksdesiles.com；60 Ave du Parc；3/6小时团队游$55/110）在这里经营优质的海上皮划艇之旅。

⊙ 景点

奥克斯巴斯克岛　　　　　　　　　岛屿
（Île-aux-Basques；☎418-851-1202；www.provancher.qc.ca；成人/儿童$2/免费；⊙6月至8月）这个林木葱茏的岛屿有着田园牧歌式的美景，点缀着一些16世纪的巴斯克炉子、几条总长达2公里的小径，还有个鸟类庇护所。Société Provancher在夏季提供导游团队游——这是登岛的唯一方式。

✷ 节日和活动

Festival Rendez-vous des Grandes Gueules　文化节
（http://compagnonspatrimoine.com）这一节日在10月的第一个周末举办，庆祝全世界的法语讲故事传统。

🛏 住宿

La Rose des Vents　　　　　　　民宿 $
（☎418-851-4926；80 2e Rang W；标单/双含早餐$85/105；🅿@🛜）经过修改的屋顶轮廓线让这个可爱的老地方很容易辨别。早餐室的大窗户对着北岸，而简单的房间里床又大又软，让赶路的人能好好休息一下。

Camping & Motel des Flots Bleus Sur Mer　　　　　　　露营地 $
（☎418-851-3583；Rte 132；帐篷和房车营地$25，房间$60；⊙5月到10月中旬；🅿🛜）这个安静的小型露营地离特鲁瓦皮斯托勒没多远，包括一个只有基本设施的汽车旅馆。

比克国家公园（Parc National du Bic）

当你接近加斯佩半岛的时候，在紧邻圣劳伦斯河的地方大片云带开始翻卷而来，弥漫在座座森林茂密的幽深水湾、小岛和月牙形的海湾上空。这片土地上有33平方公里被划为保护区，称为比克国家公园（☎418-736-5035；www.sepaq.com/pq/bic；3382 Rte 132；成人/儿童$8.50/免费；⊙全年）。园内有个不错的讲解中心，还可以组织多项活动，乐于助人的工作人员会组织徒步、骑山地自行车、海上皮划艇、导览徒步游和自驾游、日间和夜间野生生物观测、雪鞋行走和北欧式滑雪等各种活动。通往Champlain Peak（346米）的小径往返需2小时，沿途可欣赏到Îlet au Flacon对面的风景，园内也运营穿梭巴士。

8月初举办的比克岛音乐节（Festival Concerts aux Îles du Bic；www.bicmusique.com/en；⊙8月初）是一场小型音乐节，在比克国家公园森林和岛屿壮丽景色的映衬下举行。

位于比克国家公园和里穆斯基之间的 Theatre du Bic（☎418-736-4141；http://

theatredubic.com；50 Rte du Golf-du-Bic），以组织高水准的原创演出季而出名，呈现一流的音乐、戏剧、舞蹈和喜剧演出。

里穆斯基（Rimouski）

里穆斯基不像魁北克那些更上镜的城镇那样令人一见钟情——它是一个大型石油输送中心，但它欣欣向荣、富有活力，是重要的地区商业重镇。这里有一些不错的餐馆、有趣的博物馆和数量足够多的学生。它是个等待渡轮的好地方。

◎ 景点和活动

圣巴拿波岛　　　　　　　　　　岛屿
（St-Barnabé Island；☎418-723-2280；www.ilestbarnabe.com；50 Rue St-Germain W；成人/儿童 $19/12.50；◎6月至9月 去程 9:00~14:30 每30分钟一班，返程 10:15~18:15每30分钟一班）圣巴拿波岛距离里穆斯基大约20分钟的路程，是各种活动的天堂。这座安静的小岛上森林茂密，十分可爱，平缓的林间小径蜿蜒而过。岛的四周环绕着岩石和沙滩，海浪拍打着海岸，这里还栖息着青鹭和海豹。结实的充气船从里穆斯基的码头开往这里。

Musée de la Mer　　　　　　博物馆
（☎418-724-6214；www.shmp.qc.ca；1034 Rue du Phare；成人/儿童 $15.75/9.25；◎6月至9月 9:00~18:00；🅿🅰）位于小镇以东7公里处，这个博物馆讲述了"爱尔兰女皇号"（Empress of Ireland）的悲剧，那是航海史上继"泰坦尼克号"之后最可怕的海难。这艘船在圣劳伦斯河上与一艘挪威运煤船相撞后，不到14分钟就完全沉没，1012人遇难。随着第一次世界大战在两个月后爆发，这场灾难几乎被忘得一干二净。

佩雷角灯塔　　　　　　　　　　灯塔
（Pointe au Père Lighthouse；成人/儿童 $4/3；◎9:00~18:00）它是加拿大东部最高的灯塔之一，优雅地伫立在圣劳伦斯河海道上。它是Musée de la Mer建筑群的一部分。

里穆斯基地方美术馆　　　　　　画廊
（Musée Régional de Rimouski；☎418-724-2272；http://museerimouski.qc.ca；35 Rue St-Germain W；成人/儿童 $6/4；◎6月至8月 9:30~18:00，9月至次年5月 周三和周五至周日 正午至17:00，周四 至20:00；🅿）位于一座经过翻修的石砌教堂内，内设当代艺术展，并定期举办各种活动，包括电影之夜。

地狱之门峡谷　　　　　　　　　徒步
（Le Canyon des Portes de l' Enfer；☎418-735-6063；http://canyonportesenfer.qc.ca；1280 Chemin Duchénier；成人/儿童 $13/7；◎5月至10月；🅰）如果打算徒步、骑山地自行车并从该省最高的吊桥（62米）上欣赏峡谷和瀑布构成的美景，那就前往St Narcisse de Rimouski附近的地狱之门峡谷（Hell's Gate Canyon），从镇上沿Rte 232南行30公里就可到达。

🛏 食宿

Auberge de l' Évêché　　　　旅馆 $$
（☎866-623-5411, 418-723-5411；www.aubergedeleveche.com；37 Rue de l' Évêché W；房间含早餐 $99~120；🅿🛜）位于镇政厅对面的一个巧克力工厂上面，这里的客房都配有电视机，并装饰着老照片。这里有一种老旧但并不低廉的氛围。

Hôtel Rimouski　　　　　　　 酒店 $$
（☎418-725-5000；www.hotelrimouski.com；225 Blvd René-Lepage E；房间 $125起，套 $163起；🅿🅰@🛜🅰）里穆斯基的这座豪华酒店拥有上流社会的优雅和略微褪色的帝王风度。它那些整洁的客房大多数都可看到木板路和街对面水滨的景色。凭借店内会议中心，它在商务旅客中很受欢迎，而凭借其超快超有趣的滑水道以及室内游泳池，它也深受家庭游客的喜爱。

★ La Brûlerie d' Ici　　　　 咖啡馆 $
（☎418-723-3424；www.bruleriedici.com；91 Rue St-Germain W；三明治 $6；◎周一至周三 7:00~23:00，周四和周五 至次日1:00，周六 8:00至次日1:00，周日 8:00~23:00；🛜🅰）这是一个非常时尚的地方，供应危地马拉和埃塞俄比亚咖啡，以及从百吉饼到香蕉面包的各种小吃。你可以在这里使用Wi-Fi上网，夏季还会

Les Complices 魁北克菜 $$

(☎418-722-0505; www.lescomplices-resto.com; 108 Rue St-Germain E; 主菜 $11~22; ◎周一至周六 9:00~22:00, 周日 至14:00; P🐾)Les Complices的厨房表现出了对林木葱茏的南岸地区和加斯佩半岛的鱼、农产品和牲畜的热爱。鞑靼鲑鱼贻贝配frites——后者是薯条搭配一种葡萄酒（bourguignonne）酱汁，这就是不摆花架子的美味当地菜肴。

Le Crêpe Chignon 咖啡馆 $$

(☎418-724-0400; www.crepechignonrimouski.com; 140 Ave de la Cathédrale; 主菜 $9~15; ◎周一至周三 7:00~22:00, 周四和周五 至23:00, 周六 8:00~23:00, 周日 至22:00; P🐾）这里为里穆斯基餐饮业带来清新之风，供应美味的小盘菜和甜品可丽饼。它深受当地人和游客的青睐，所以可能要等位。

❶ 实用信息

旅游局办事处（☎800-746-6875, 418-723-2322; http://tourismerimouski.com; 50 Rue St-Germain W; ◎6月至8月 8:30~19:30, 9月和10月 周一至周五 8:30~17:30 周六和周日 11:00~16:00, 11月至次年5月 周一至周五 9:00至正午和13:00~16:30）位于老兵广场（Place des Veterans）上，就在Rue St-Germain W与Ave de la Cathédrale相交的十字路口。

❶ 到达和离开

船

从5月到9月，**渡轮**（☎418-725-2725, 800-973-2725; https://ssl.pqm.net/cnmevolution; ◎5月至9月）往返里穆斯基与北岸的福利斯特维尔（Forestville；单程成人/儿童/小汽车 $24/15/48, 1.75小时, 每天2~4班），可预订船票。

Relais Nordik（☎418-723-8787, 800-463-0680; www.relaisnordik.com; 17 Ave Lebrun; 返回纳塔什昆 $398◎4月初至次年1月中旬）每周有1班货船开往七港岛、安蒂科斯蒂岛（Île d'Anticosti）、圣皮埃尔港、纳塔什昆（Natashquan）和下北岸，也搭载乘客。船周二早上从里穆斯基码头出发，周五晚上到达布朗萨布隆（Blanc Sablon）。单程船票$640起。船上提供膳食，主菜价格为$6~20。你也可以带小汽车登船，不过费用相当昂贵（具体收费取决于交通工具的重量）。其实若想在货船中途暂停时上岸游览，骑自行车会更方便一些。

长途汽车

Orléans Express有长途汽车从**长途汽车站**（☎888-999-3977; www.orleansexpress.com; 90 Rue Léonidas）开往魁北克市（$58, 4小时, 每天3班）、里维耶尔-迪卢（$32, 1.5小时, 每天6班）和加斯佩（$78, 7小时, 每天5班）。

小汽车

拼车中介**Kangaride**（见258页）可将前往魁北克市和蒙特利尔等地的司机与寻找顺风车的乘客进行匹配。

火车

加拿大国家铁路公司的**火车站**（☎888-842-7245; 57 Rue de l'Évêché E）仅在火车进站时才开放，时间通常是在午夜之后。每隔一天就有火车往返蒙特利尔。

加斯佩半岛
（GASPÉ PENINSULA）

松林繁茂、悬崖壁立的加斯佩半岛（又称"La Gaspésie"）径直插入寒冷的圣劳伦斯湾（Gulf of St Lawrence），没有什么地方与这个半岛类似。经过马塔讷之后，路边的风景更加粗犷，色彩更加鲜艳的村舍高踞在岩石海角上，看着就危险，而风也更加冷冽，盐味儿更加明显，这时你就会意识到自己进入了沿海各省中说法语的那一个。

众多令人赞叹的壮丽风景被塞进了这块相对不大的陆地上。这里有佩尔塞著名的巨孔岩，还有一望无际的沙滩，旁边矗立着冰川塑造而成的峭壁。山峦起伏、森林密布的内陆坐落着景色令人屏息的加斯佩谢国家公园，马塔佩迪亚河谷（Matapédia Valley）公路、国际阿巴拉契亚小径（International Appalachian Trail），以及全省最僻静的Rte 198等道路从内陆穿过。

旅游季节大约从6月持续到9月中旬。在这段时间之外，这里会变得一片萧瑟。

历史

正如那些时常能看到的在远处喷水的鲸

Gaspé Peninsula 加斯佩半岛

一样，诺曼人、布列塔尼人、巴斯克人、葡萄牙人和海峡群岛人都曾被丰富的鱼类资源吸引到这里。因大饥荒和美国独立战争等动荡局势而逃亡的英格兰人、苏格兰人和爱尔兰人在南岸定居下来，留下一个个孤立的英语社区。如今，在Rte 132沿线的民居上方，飘扬着阿卡迪亚红白蓝三色金星旗帜。

圣弗拉维（Ste Flavie）

在圣弗拉维，那种来到别样之地的感觉变得明显起来了，道路环抱着海岸，还能看到……一群奇怪的雕像从海里走出来？稍后我们再说这些雕像——你只要知道，在应付随后即将出现在Rte 132上的多石地形之前，这里是个暂作停留、放松休息的好地方。

⊙ 景点

马塞尔·加尼翁艺术中心 画廊

（Centre d'Art Marcel Gagnon；☎866-775-2829, 418-775-2829；www.centredart.net；564 Rte de la Mer；⊙7:30~21:00；🅿 免费）小镇艺术界的明星就是马塞尔·加尼翁艺术中心。它的外面矗立着那件杰出的雕塑作品——《大集会》（Le Grand Rassemblement）：100多个石雕人物从圣劳伦斯河鱼贯而出。遗憾的是，这间展出加尼翁及其儿子作品的艺廊显得有点过于商业化，里面有各种《大集会》的纪念品供出售。

老磨坊 博物馆

（Vieux Moulin；☎418-775-8383；http://vieuxmoulin.qc.ca/wp；141 Rte de la Mer；博物馆$2.50；⊙8:00~21:00）这座19世纪的磨坊可让游客免费品尝莎士比亚最爱的烈酒——蜂蜜酒。这里还有个小型博物馆，陈列着殖民时代和史前时代原住民的文物。

🛏 住宿

Centre d'Art Marcel Gagnon Auberge 旅馆 $$

（☎418-775-2829, 866-775-2829；www.centredart.net/chambres；564 Rte de la Mer；房间含早餐$95~135；🅿 🛜）位于马塞尔·加尼翁艺术中心楼上的这家法式客栈拥有低调但风雅的房间，带独立浴室。

✗ 就餐

Centre d' Art Marcel Gagnon Restaurant
小酒馆食物 $$

(☎418-775-2829; 564 Rte de la Mer; 主菜$16~33; ⊙7:30~21:00; P 🏠)位于马塞尔·加尼翁艺术中心的这家餐厅供应比萨、意大利面和多种海鲜,最为突出的特点是酱汁量大且口感顺滑,可以一边用餐一边欣赏美丽的风景。

Capitaine Homard
海鲜 $$$

(☎418-775-8046; http://capitainehomard.com; 180 Rte de la Mer; 主菜 $16~40; ⊙5月至8月 11:00~22:00; P 🏠)店名的意思是"龙虾船长",它从1968年开始就已成为当地人经常出没的地方了。天花板采用了Davy Jones' Locker的深海装饰风格,供应超赞的海鲜,并提供上网、露营和度假屋住宿。

❶ 实用信息

加斯佩旅游局办事处(Tourisme Gaspésie office; ☎418-775-2223, 800-463-0323; www.tourismegaspesie.com/en; 1020 Blvd Jacques-Cartier; ⊙8:00~20:00)紧邻海滨公路,是加斯佩地区的主要旅游局办事处。如果你在淡季来到这里,可领取一份列出当地冬季设施名录的小册子。

大梅蒂斯(Grand Métis)

大梅蒂斯这个小镇主要以其美丽的景观花园闻名。当你沿着Rte 132向东北方向行驶时,它给人的感觉就像是圣弗拉维的延伸。

海滩小镇**梅蒂斯沙滩**(Métis Beach)和**海上梅蒂斯**(Métis sur Mer)位于大梅蒂斯以东约10公里处,有大片的草坪,街道路牌和邮箱上都写着英式名字,看起来更像美国城镇。该地区一直是英语区中产阶级传统的憩息之所,大部分人的母语是英语。

梅蒂斯花园(Jardins de Métis; Reford Gardens; ☎418-775-2222; www.refordgardens.com; 200 Rte 132; 成人/儿童 $20/免费; ⊙5月、6月和9月8:30~18:00,7月和8月 至20:00; P)🌿是加斯佩最令人推崇和喜爱的景点之一,包括90多公顷受到悉心照料的花园,种植着3000种植物。这些花园始建于1910年,也被称为"里福德花园"(Reford Gardens)——

当地知识

像当地人一样吃喝:加斯佩的精酿啤酒

加斯佩有狂暴的大海、劲吹的疾风和崎岖难行的徒步小径,这里的人喜欢穿法兰绒、抓绒衣以及方便运动的舒服鞋子,而男人喜欢留大胡子。当这样的人遇到这样的土地,出于某种原因,真正优质的啤酒似乎是理所当然应该出现的(参照美国俄勒冈州和科罗拉多州)。

加斯佩各地散落着一些超赞的精酿酒吧,对于某些人来说(他们可能正写着你现在看的这段文字),在毗邻大海的壮美阿巴拉契亚山徒步之后再来一杯烈性黑啤,那就是完美假期了。

下面是我们在路上遇到的一些最喜爱的自酿小酒馆。

La Fabrique(见353页)位于马塔讷,这个自酿小酒馆的菜单上都是丰盛的暖心食物,非常适合搭配它的应季佳酿。

Microbrasserie Le Malbord(见354页)探索加斯佩谢国家公园之后的另一个可以享用美食的歇脚处。

Pub Pit Caribou(见360页)位于佩尔塞,这个幽暗的小酒馆是个可爱的前哨,有加斯佩半岛最著名的精酿啤酒。

Le Naufrageur(见362页)在卡尔顿的这个相对名不见经传的精酿酒吧,人们使用最好的酿酒技术酿造出奇迹。

得名于埃尔西·里福德（Elsie Reford）。这片土地是她从其舅舅、加拿大太平洋铁路公司的创立者蒙特·史蒂芬勋爵（Lord Mount Stephen）那里继承的。史蒂芬勋爵那座拥有37个房间的别墅如今已成为博物馆。花园里还有ERE132，一座设计精巧的绿色家园，它是生态友好的当代建筑的小小奇迹。

马塔讷（Matane）

这个商业渔港虽然没有半岛上其他的小镇那样有着明信片般的美丽风光，但是它非常友好，还可以品尝到非常新鲜的当地海鲜。

🏃 活动

Sentier International des Appalaches 徒步

（📞418-562-7885；www.sia-iat.com；968 Ave du Phare W；2日2夜远足$265起；⏰办事处 周一至周五 9:00~17:00）🏃国际阿巴拉契亚小径穿过加斯佩半岛，而该机构在这条路线上为经验丰富者和初级者组织徒步旅行。它组织的很多徒步会穿越荒野崎岖的马塔讷动物保护区（Réserve Faunique de Matane）。

观测中心 钓鱼

(Observation Center; Zec de la Rivière Matane; 📞418-562-7560；www.zecsaumonmatane.com；235 Ave St-Jérôme；成人/儿童 $5/免费；⏰6月至9月 8:00~19:45；🐟)我们在观察什么? 鱼, 大鱼。6月，重达19公斤的鲑鱼会沿着马塔讷河（Rivière Matane）逆流而上产卵，如果你想看看它们的话，这个位于大坝上的观测中心很值得参观。它还出售钓鱼许可证，凭证可在以小镇为起点、长100公里的河道上钓鱼。

🛏️ 食宿

Camping Rivière 露营地 $

（📞418-562-3414；www.campingmatane.com；150 Rte Louis Félix Dionne；帐篷和房车营地$27起）在镇中心西南方的树林中，这个露营地拥有124个隐秘的独立营位置。从镇上朝着Amqui方向南行，营地就在Rue Henri Dunant边上。

La Seigneurie 旅馆 $$

（📞418-562-0021, 877-783-4466；http://aubergelaseigneurie.com；621 Ave St-Jérôme；房间 $89~119）这个友好的民宿占据了一座豪华的房子，其历史可追溯到1919年。它拥有若干阁楼房间、一架大钢琴，情侣间里还有独立的浴缸。

Hôtel Motel Belle Plage 酒店 $$

（📞418-562-2323, 888-244-2323；www.hotelbelleplage.com；1310 Rue Matane sur Mer；房间 $114~195；🅿️📶）你可以点一些熏鲑鱼和白葡萄酒，让服务员送到房间，然后在阳台上就餐。作为一家汽车旅馆，这里算是相当奢侈了! 酒店靠近渡轮码头，而且远离Rte 132的交通噪声。

La Fabrique 小酒馆食物 $

（📞418-566-4020；www.publafabrique.com；360 Ave St-Jérôme；主菜 $7~16；⏰11:30至次日1:30；🅿️）这是一家优秀的自酿酒吧，菜单上有泰式虾、熏火腿、红辣椒鸡（chipotle chicken）以及其他食材来自本地、受国际风味启发而改良的小酒馆食物——包括各种创意满满的烤奶酪三明治。

🔒 购物

Poissonnerie Boréalis 食品

（📞418-562-7001；www.borealismatane.com；985 Rte 132；⏰8:00~21:00）喜欢吃鱼? 那这就是你应该来的商店。我们这些长着鳍的朋友在这儿有各种花样: 寿司鱼、鲜鱼、熏鱼，以及其他包装好的选择。

ℹ️ 实用信息

旅游局办事处（📞418-562-6734, 418-562-1065；www.tourismematane.com；968 Ave du Phare W；⏰7月和8月8:00~19:00, 6月和9月9:00~18:00）位于海洋博物馆旁边的一座灯塔里。

ℹ️ 到达和离开

在马塔讷、贝科莫（科莫湾, Baie Comeau）和戈德布特（Godbout）之间有**渡轮**（📞877-562-6560, 418-562-2500；www.traversiers.com；1410 Rue Matane sur Mer；成人/儿童/小汽车 $20/12/48，每天4~6班）来往运营。渡轮码头紧

邻Rte 132，位于镇中心以西约2公里处。

长途汽车（☎418-562-4085；www.orleansexpress.com；521 Rte 132）从镇中心以东1.5公里处的Irving加油站抵离此地。**Orléans Express**（见258页）有开往加斯佩（$38，5小时，每天2班）和里穆斯基（$26.25，1.5小时，每天3班）的长途汽车。

卡普沙（Cap Chat）

卡普沙是个典型的加斯佩村庄，唯一的不同之处大概就是在一座座白色房子远方转动的133架大风车。这里是加拿大最大、全球最经济的风力发电场，发电量高达100兆瓦。占地面积100公里，这些梦幻般的设备矗立在圣劳伦斯湾起点处的那些小山顶上，它们中的"老大"是一架全球最大的垂直轴风车，可惜它已退役了。

如果你想参加时长1小时的团队游，参观该地区的风力发电机，不妨联系 Éole Cap-Chat（☎418-786-5719；www.eolecapchat.com；Rte 132；团队游$10；◉7月至10月 9:30~17:30）。留意卡普沙西边Rte 132上的路标。这里也组织英语团队游。

在卡普沙那座桥东边紧邻Rte 132的地方有个简单的露营地—— Camping au Bord de la Mer（☎418-809-3675；http://campingauborddelamer.wix.com/campingmer；173 Rue Notre Dame E；露营地$20~35），你可以在这里欣赏到秀美的河流风光，还能前往一些疾风劲吹的卵石河滩。

圣安娜-德斯蒙斯（Ste Anne des Monts）

当你沿着加斯佩半岛的北岸旅行时，悬崖变得越来越崎岖多石，越来越陡；这个小镇上有些房子看上去就像是攀附在岩壁上的一群山羊，看着就危险。作为前往加斯佩谢国家公园（Parc National de la Gaspésie）的路上自发形成的一个中间站，圣安娜-德斯蒙斯是前往内陆荒野前一个理想的补给之地。

◉ 景点

Exploramer 水族馆

（☎418-763-2500；www.exploramer.qc.ca；1 Rue du Quai；成人/儿童 $15/9.50；◉6月至10月 9:00~17:00；**P**）这个水族馆致力于展示圣劳伦斯湾的海洋生物，是个值得你在蜿蜒曲折的Rte 132上中途停车游玩的好去处。水族馆里有许多触摸式展览——如果你想摸摸海参的话就来这里吧；此外，这里还有一个海洋博物馆；你还可以参加这里的海上之旅，或是见识一下海上捕捞作业的全过程。小朋友或许更喜欢外面航海主题的游乐场。

🛏 食宿

★ **Auberge Festive Sea Shack** 青年旅舍 $

（☎418-763-2999, 866-963-2999；www.aubergefestive.com；292 Blvd Perron E；露营地$16，铺HI会员/非会员 $26/30，小屋 $80起；**P**@🛜）各种类型的农舍小木屋、小屋、帐篷，以及一个巨大的酒吧和公共区域，全部都藏身在圣安娜-德斯蒙斯以东10公里一片森林茂密的悬崖后面。这就是Sea Shack露营地，那种让人们开始背包旅行的地方。沙滩酒吧里有乐队在演奏，喜欢玩水的人可以取出皮划艇，或者在一个室外按摩浴池里静静欣赏圣劳伦斯河的风景。

Auberge Château Lamontagne 旅馆 $$

（☎418-763-7666；www.chateaulamontagne.com；170 1ère Ave E；房间 $95~140，套 $175起；**P**🛜）高踞在一座俯瞰着圣劳伦斯河的小山上，这个多姿多彩的旅馆拥有现代化的客房，房间里都铺着抛光橡木地板，室内装饰精致、典雅。对于想要品尝当地海产和陆产的人，附属餐厅是个高档、浪漫的用餐选择。

La Seigneurie des Monts 旅馆 $$

（☎418-763-5308；www.bonjourgaspesie.com；21 1ère Ave E；房间 $134~184）这家古怪的可爱民宿是个复古奇葩（但是感觉很好）：开裂的地板、男式和女式睡袍、有关古文物研究的书籍和几把躺椅。这样的效果很容易给人造作之感，但这里并没有这种感觉，美丽的风景和友好的老板让它更加迷人。

Microbrasserie Le Malbord 小酒馆食物 $$

（☎418-764-0022；www.lemalbord.com；178 1ère Ave W；主菜$8~17；◉11:00至次日1:00；**P**）在加斯佩谢国家公园跋涉了整整一天之后，

什么东西最温暖身心呢？当然是一大杯红啤酒和培根奶酪焗马铃薯，或者比萨配熏鲑鱼也很不错。除了本地啤酒和美味食物，这里还有现场音乐。

ⓘ 实用信息

旅游局（Tourist Bureau, Vacances Haute-Gaspésie; ☎418-763-0044; 464 Blvd Ste-Anne W; ⏰7月和8月 9:00~20:00, 6月和9月 10:00~18:00）紧邻Rte 132，在28e Rue Ouest的十字路口附近。

加斯佩谢国家公园（Parc National de la Gaspésie）

从圣安娜-德斯蒙斯出发，沿着Rte 299向南行驶，你会误以为自己已离开大西洋海岸，一头扎进了落基山脉的腹地，这也难怪。只是这样的对比对**加斯佩谢国家公园**（☎418-763-7494; www.sepaq.com/pq/gas/en; 成人/儿童 $8.50/免费; ⏰全年; 🅿♿♿)并不适合，这里自有一种原生态的崎岖山野之美，根植于它的毗邻海洋（虽然它处于加斯佩半岛内陆）和山区特质。公园一共占地802平方公里，风景引人入胜，点缀着一个个湖泊以及魁北克省最美的两道山脉：乔科山（Chic Choc）和McGerrigle，全省40座最高山峰中的25座都坐落于此。魁北克省的一些风景最美的露营地点也位于这座公园，另外还有总长达140公里的徒步小径，包括国际阿巴拉契亚小径中最好的路段之一。

提个醒：即使到了5月，这里仍然会有一些小径因为冰雪无法通行。欢迎来到加拿大！

🚶 活动

魁北克省的第二高峰**雅克卡蒂埃山**（Mont Jacques Cartier; 1268米）也是全省可攀登的最高峰。徒步攀登这座山往返大概要3.5小时，途中会经过高山地带，可看到壮丽的景色，在林地里邂逅北美驯鹿和驼鹿的概率也很大。

其他风景优美的徒步线路包括通往**Mont Albert**（1151米）顶峰的高难度路线，以及一条名气不大、刺激有趣的半日往返路线，通往**Mont Xalibu**（1140米），途中还可看到高山景观、山地湖泊和瀑布。**Mont Ernest Laforce**很适合观看驼鹿，它们经常会在早上和傍晚到**保罗湖**（Lac Paul）附近吃草。

公园里最轻松的徒步路线往返只有1.7公里，从游客中心通往令人难忘的瀑布**La Chute Ste-Anne**。还有一条更长的瀑布徒步路线，需要向山上走，经过一些壮丽的高山美景后，抵达**La Chute du Diable**，全长7公里。

🛏 住宿

公园露营地   *露营地*

（Park Campgrounds; 帐篷和房车营地 $24, 木屋/帐篷/小屋 $29/101/108起; 🅿) ♿ 公园内有4个露营地。最繁忙的那个在讲解中心（Interpretation Center）附近，配有服务人员。可以试试到最安静的那个营地——位于Lac Cascapédia湖边，找个地方安营扎寨。营地内也有可住2~8人的小屋、古朴的木屋以及永久性帐篷。

Gîte du Mont Albert   *旅馆 $$*

（☎418-763-2288, 866-727-2427; www.sepaq.com/pq/gma; 房间 $149起; ⏰6月至10月和次年1月至3月; ❄@♿♿)这个舒适的大型旅馆就在讲解中心旁边，适合那些喜欢自然风光但又不放弃奢华享受的人。旅馆内的设施包括一个游泳池、桑拿浴室和一流的餐厅，透过餐厅的大落地窗可看到山景，房间的审美令人惊喜，现代而时尚。

ⓘ 实用信息

讲解中心（Interpretation Center; ⏰7月至9月 每天 8:00~20:00, 10月至次年6月 时间缩短; ♿）这里的工作人员非常乐于助人，可以根据你的时间和预算为你制订游览时刻表。这里还租赁徒步装备。

ⓘ 到达和当地交通

有一班公共汽车（往返成人/儿童 $7.25/5.50）从圣安娜-德斯蒙斯的旅游局开往公园的**讲解中心**。从6月下旬至9月底，公共汽车每天8:00发车，17:00返回。

从讲解中心驾车去蒙圣皮埃尔（Mont St-Pierre），可先后沿着Rte 299和海岸线附近的Rte 132行驶，这么走比沿着贯穿公园的那条林荫车道

蒙圣皮埃尔（Mont St Pierre）

在圣安娜-德斯蒙斯以东，加斯佩半岛上的风光变得更加壮观。圣劳伦斯河的北岸从视野中消失，公路绕着座座嶙峋的峭壁蜿蜒而行，每过一处拐弯，眼前都会展现出一片群山绵延入海的美景。

拐过一个急转弯，蒙圣皮埃尔便赫然出现在眼前。它得名于一座418米高的山，山上的悬崖是北美大陆上玩悬挂式滑翔（hang gliding）和伞翼滑翔（paragliding）的最好地点。7月末，这里会举办长达10天的悬挂式滑翔伞节——自由飞翔节（Fête du Vol Libre），届时会有数百个滑翔伞翱翔空中，蔚为壮观。在小镇的东端附近和Camping Municipal露营地的南边，崎岖的公路逐渐盘旋向上，到达蒙圣皮埃尔高处，那里有滑翔伞起飞站，风景绝美。步行上山需要1个小时。

在蒙圣皮埃尔碎石山坡下方坐落着Camping Municipal（；418-797-2250；www.mont-saint-pierre.ca；103 Rte 2；露营地/房车营地 $22/35；6月至9月；）。这是个设施齐备的露营地，拥有洗衣设备、游泳池和网球场。

蒙圣皮埃尔以东（East of Mont St-Pierre）

这里分布着壁立千仞的悬崖、满是鹅卵石的海滩、矗立在碎石堆上的电线杆。在Ste-Madeleine de la Rivière Madeleine的灯塔（门票 $2.50）旁边，有一座介绍当地造纸厂的博物馆（$6含灯塔门票）。绕过大峡谷（Grande Vallée）附近高高的绿色山谷后，在布满岩层线的崖壁一侧惊涛不断拍岸，而公路另一侧的海湾则平静得多。小峡谷（Petite Vallée）是一个古朴的海滨村庄，尤其是蓝白色的老锻炉剧院（Théâtre de Vieille Forge；418-393-2222；4 Rue de la Longue-Pointe；Petite Vallée）及其周边地区。魁北克省最重要的民歌节之一——香颂音乐节（Festival en Chanson；418-393-2592；http://festivalenchanson.com；Petite Vallée；6月末至7月初）的大部分演出都在这个剧院举行。小小的St Yvon特别值得一提，它在"二战"期间曾遭到一颗鱼雷的意外攻击。Cap-des-Rosiers是通往佛里昂的门户，悬崖顶上有个Cimetière des Ancêtres公墓，从那里面的一块块墓碑可以了解村子里的爱尔兰、法国和海峡群岛定居者的历史。这里的灯塔是加拿大最高的。

佛里昂国家公园（Forillon National Park）

加斯佩半岛陆地正式终止之地景色美不胜收，周围环绕着佛里昂国家公园（www.pc.gc.ca/forillon；成人/儿童 $7.80/3.90；6月至10月接待 9:00~17:00；）。在这里，你可以沿着徒步小道爬到高高的林冠线，来到豪猪和花栗鼠出没的地方，远眺令人屏息的美丽海景，有时海风还会带来咸咸的海的气息。

公园的两个主要入口都设有游客中心，你可在游客中心获取地图。一个入口在L'Anse au Griffon，位于Petite Rivière au Renard以东的Rte 132上，另一个入口则位于公园南边的Penouille。

◉ 景点和活动

公园内绝不可错过的小道——而且的确是魁北克省最棒的徒步小道之一——是前往陆地尽头（Land's End）的环形线路，往返8公里。你会穿越教科书上列出的全部生物群落，从田野到森林到海边悬崖，沿途还有几个美丽的小海湾藏身在层层岩石之间。在加斯佩海角（Cap-Gaspé），你会找到国际阿巴拉契亚小径的终点、一座太阳能灯塔，以及大西洋西岸一些最新鲜的咸味空气。

北部的海岸线由陡峭的石灰岩悬崖和长长的鹅卵石海滩组成，有些峭壁高达200米，Cap Bon Ami是欣赏这片壮丽风光的绝佳地点。你可用望远镜留意观察鲸与海豹，不过要是幸运的话，用肉眼都能看到它们。而在北区（North Sector），即Cap-des-Rosiers以南的地区，分布着一片很棒的野餐区和一块小小的石头海滩。

南部的海岸线（包括陆地尽头徒步小道）有更多海滩，有些是沙质的，还带有若

加拿大的阿巴拉契亚山脉

国际阿巴拉契亚小径（International Appalachian Trail, 简称IAT）的总长度达到4574公里，其中在加拿大境内的路段长度为1034公里。2001年，加拿大境内路段被划入小径总长计程范围内，尽管这一路段仍然鲜为人知，但却为小径的名称前面加上了"国际"二字。阿巴拉契亚山脉是世界最古老的山系之一，而国际阿巴拉契亚小径作为北美洲最长的连续步道，以美国佐治亚州的斯普林格山（Mt Springer）为起点，一路翻越崇山险谷，一直延伸到加斯佩半岛末端的佛里昂国家公园。

位于加拿大境内的路段从缅因州与新不伦瑞克省之间的边境线开始，跨越整个新不伦瑞克省，包括该省最高峰卡尔顿山（Mt Carleton），然后从马塔佩迪亚进入魁北克省。而位于魁北克省境内的644公里则沿着马塔佩迪亚河谷蜿蜒伸展，通往Amqui，之后又转向东北方，进入这部分路段中的亮点——加斯佩谢国家公园及其周围的几个保护区。接着，它翻过群山，向下来到蒙圣皮埃尔，在沿着海岸蜿蜒248公里后，最后抵达终点加斯佩海角。

除了位于马塔佩迪亚河谷的那一段，这条小径的路况都维护得很好，路标也很清楚，沿途分布着休憩处和露营地。有些路段只有经验丰富的资深徒步者可以尝试，而且每个人都应该就遭遇黑熊之类的问题寻求建议。在马塔佩迪亚等地的旅游局办事处和公园信息中心，游客能获得更多信息和地图，详情请致电 418-562-7885或访问www.sia-iat.com。

干小海湾。据说Penouille Beach的海水最温暖，珍稀的海洋珍眼蝶（maritime ringlet butterfly）就在这里的咸水沼泽里繁衍生息，而曲折的半岛末端则是观赏落日的主要地点。在从Grande-Grave的历史遗址延伸出去的台阶的底部，还有一片与世隔绝的美妙海滩。

加拿大公园管理局（见257页）会在园内组织各种活动（每天至少有一次是用英语讲解），包括观鲸巡航游、海上皮划艇、垂钓和骑马等。

团队游

Cap Aventure　　　　　　　　　皮划艇

（877-792-5055；www.capaventure.net；2052 Blvd Grande-Grève, Cap-aux-Os；半天/全天游 $75/130起；5月至10月初）佛里昂的许多最壮观的景色在岸上是看不到的。你需要来到海上观看这座公园最原生态的陆地与海洋共存的景色——因此通过Cap Aventure安排皮划艇团队游是个很好的选择。

Croisières Baie de Gaspé　　　　观鲸

（Baleines Forillon；418-892-5500；www.baleines-forillon.com；Quai de Grande-Grave；成人/儿童 $75/40；6月至10月初；）在佛里昂的悬崖上观看鲸鱼的效果不尽如人意？没关系：登上Narval Ⅲ号船，你可以近距离亲密接触7种不同的鲸类物种。

住宿

Forillon Campgrounds　　　　　露营地 $

（北美 877-737-3783, 北美以外 519-826-5391；www.pccamping.ca；露营地 $25.50起，帐篷 $100起；6月至9月；）公园的3个露营地共容纳了超过350个露营位置，通常都会达到饱和状态。Petit-Gaspé露营地最受欢迎，因为它避开了海风的侵扰，还有热水淋浴。Cap Bon Désir露营地最小，只有38个仅供搭帐篷的露营位置。在Petit-Gaspé露营地内和附近还能找到带有床铺的永久性简单帐篷，称作"Otentiks"。

Auberge Internationale Forillon　　青年旅舍 $

（877-892-5153；www.aubergeinternationaleforillon.com；2095 Blvd Grande-Grève, Cap-aux-Os；铺/房间 $30/60；5月至11月；）对好游者来说，这家青年旅舍是个很好的落脚点，友好的工作人员可提供一些徒步建议。餐厅供应的食物价格很高，品质很一般。这座建筑可能会让人觉得刻板乏味，但眺望海湾风景也算是对这些不足之处的补偿。附近有个dépanneur（便利店）以及出租皮划艇和自行车的地方。

到达和当地交通

这一地区的交通服务相当有限。夏季，**Orléans Express**（见258页）的长途汽车往返于里穆斯基和加斯佩，每天会在公园内的Cap-des-Rosiers和Cap-aux-Os等地点停靠。不便之处在于，游客下车后仍需沿着Rte 132步行一段距离才能到达徒步小径和露营地，不过长途汽车司机也有可能让乘客在公园里面下车。

加斯佩（Gaspé）

作为这个半岛名义上的首府，加斯佩最美的风景非佛里昂莫属，可以从广阔的加斯佩湾对面欣赏。这里是雅克·卡蒂埃于1534年7月首次登陆的地方。在与本地区的易洛魁人会面之后，他无视他们的定居点，在此地竖起一个木头十字架，宣布这片土地为法兰西国王所有。如今，加斯佩是一个很不错的补给点；它不像佩尔塞那样旅游气息浓厚，不过它也没有后者那样风景如画。

◉ 景点

加斯佩谢博物馆 博物馆

（Musée de la Gaspésie；☏418-368-1534；http://museedelagaspesie.ca/en；80 Blvd Gaspé；成人/儿童 $12.25/6；◷6月至10月 9:00~17:00，11月至次年5月 周三至周五 10:00~17:00，周六和周日 12:30~17:00；🅿🐾）你可以在这间博物馆了解一下半岛的历史，馆内陈列的文物生动地展示出这里的海洋传统，藏品还包括一个17世纪的沙漏。最有意思的展览是有关雅克·卡蒂埃的，这位从前的船员说服法国海军支持他的远航，这些航行最终奠定了欧洲人在魁北克殖民的基础。博物馆外矗立着一座青铜纪念碑以纪念卡蒂埃的登陆。

Site d'Interpretation de la Culture Micmac de Gespeg 博物馆

（☏418-368-7449；www.micmacgespeg.ca；783 Blvd Pointe-Navarre；成人/学生 $11/8.50；◷6月至9月 9:00~17:00；🅿🐾）这个解说中心位于镇子的西北方，就在天主教朝圣地痛苦圣母（Notre Dame des Douleurs）教堂的隔壁，通过展览、英语和法语团队游、一座重建村庄以及工艺品作坊介绍了当地米克马克（Mi'kmaq）族群的历史与文化。

🍴 食宿

Auberge sous les Arbres 旅馆 $$

（☏418-360-0060；www.aubergesouslesarbres.com；146 Rue de la Reine；房间 $120~140；🅿🐾🛜）这栋可爱的旧宅被改造成了一个华丽的乡村村舍兼旅馆，最好提前预订，争取订到几间金色装饰的房间。旅馆内部装修呈现出20世纪初的夏日度假氛围，位置居中，方便客人进城。

Bistro Bar Brise-Bise 小酒馆食物 $$

（☏418-368-1456；www.brisebise.ca；135 Rue de la Reine；主菜 $12~28；◷11:00~22:00，有演出的夜晚至深夜）你可以在这里一边享受夜间丰富多样的娱乐活动，一边大嚼比萨、汉堡包、贻贝和薯条，以及从这片海域捕捞的新鲜鳕鱼和龙虾。

ℹ️ 到达和离开

加拿大航空公司每天有多个航班从位于城南6.5公里的那个小**机场**（☏418-368-2104）起飞，前往玛德琳群岛和蒙特利尔，途经魁北克市。**Orléans Express**（见258页）的长途汽车在**Motel Adams**（☏418-368-2244，800-463-4242；http://moteladams.com/en；）停靠，并连接加斯佩半岛的其他地点及更远的目的地。

佩尔塞（Percé）

加斯佩的魅力似乎深植于它的国家公园内而不是城镇里，但佩尔塞及其著名的巨孔岩（Rocher Percé）却是个例外。在北美洲最大的候鸟庇护所博纳旺蒂尔岛（Île Bonaventure）附近，这块岩石高耸于海面上方，是加拿大最著名的地标之一。岩石和鸟类庇护所都坐落在一片海湾之中，从1784年起，这个海湾就吸引了一批又一批捕捉鳕鱼的欧洲渔民。品尝过龙虾后，你可以在山间漫步，以助消化，这周围的山峦是阿巴拉契亚山脉的一部分，山间坐落着半岛上最迷人的小镇。

◉ 景点和活动

巨孔岩 地标

（Rocher Percé, Pierced Rock）这座多彩

的石灰岩高88米，长475米，无数旅行日志都曾描述过它，其中最早的一篇可追溯到塞缪尔·德·尚普兰船长写于1603年的航海日志。它已成为镇上的地标景点，人们只能通过从大陆乘坐游船或小艇靠近它。博纳旺蒂尔岛巡航游总是会环绕这块岩石航行一圈，导游会介绍与它相关的历史与民间传说。

那些落石警告的标牌可不是空穴来风：每年大约有150,000吨岩石碎片从这块巨岩上崩落。过去岩石上面有两个洞，但其中一个洞的天然拱门于1845年崩塌了。而在2003年，从上面掉落的碎石一次就达100,000公斤。

博纳旺蒂尔岛 (Île Bonaventure) 岛屿

在狼吞虎咽地享用完佩尔塞那些诱人的鱼肉拼盘后，你可以到满目青翠的博纳旺蒂尔岛上去会会那10万多只塘鹅，消耗掉多余的卡路里。在佩尔塞朝着码头的方向走，你会看到团队游经营者的小亭子以及兜售前往该岛巡航游船票的人。所有游船都会环绕巨孔岩，并靠近聚集在岛屿一侧的塘鹅群，然后停泊在博纳旺蒂尔岛西边的码头上。

徒步活动 徒步

在小镇的上方，有一些围绕加斯佩南部最崎岖、多山的地区铺展开来的精彩徒步路线。其中包括一条通往蒙圣安娜 (Mont Ste-Anne; 340米) 3公里长的小径，起点位于教堂上方，沿途可欣赏到美丽的风景，并可绕道前往La Grotte (洞穴)；另一条3公里长的小径通往Great Crevasse，这是山中的一条很深的岩石裂缝。旅游局办事处 (见360页) 发放实用的地图。

团队游

Les Croisières Julien Cloutier 划船

(📞418-782-5606, 877-782-2161; http://croisieres-julien-cloutier.com; 5 Rue du Quai; 成人/儿童 $30/14; ⊙5月15日至11月) 成立已久的团队游公司之一，经营前往博纳旺蒂尔岛和巨孔岩的游览。还组织观鲸团队游 (成人/儿童 $80/38)。

Club Nautique de Percé 水上运动

(📞418-782-5403; http://clubnautique perce.com/en; 199 Rte 132; 海上皮划艇前往巨孔岩/博纳旺蒂尔岛 $55/85) Club Nautique de Percé提供皮划艇和水肺潜水团队游及设备租赁；你在这里可以获得专业潜水教练协会 (PADI) 的开阔水域认证，收费$300。

住宿

Hôtel-Motel Rocher Percé B&B 民宿 $

(📞888-467-3723; www.hotelperce.com; 111 Rte 132 W; 标单/双 $59/75起; 🅿✱🐾) 这家温暖的小民宿可以提供精美的早餐，氛围温馨，房间墙壁上装饰着当地画作。店主可以为你指出当地徒步小径，而且很多房间都能欣赏到巨孔岩的景色，视角很不错。

Au Pic de l'Aurore 度假屋 $$

(📞418-782-2151, 866-882-2151; www.percechalet.com; 1 Rte 132 W; 房间 $69~175, 度假屋 $74~210; ⊙5月至10月; 🅿✱@🐾) 高高地矗立在一座俯瞰佩尔塞的悬崖上，这个名为"黎明峰" (Peak of Dawn) 的地方面积很大，有多种房型供你选择：带或不带小厨房的度假屋、时尚的汽车旅馆房间，甚至还有一整栋带有4个卧室的房子可供出租。室内布置了松木家具，洋溢着木头小屋的温暖舒适感，并有一个可看到美丽风景的酒吧。旺季时，房价一周一个样。

Hôtel La Normandie 酒店 $$

(📞418-782-2112, 800-463-0820; www.normandieperce.com; 221 Rte 132 W; 房间 $99~249; ⊙5月至10月; 🅿@🐾) Normandie是镇上最豪华的酒店，仿佛一个静修之所，提供一些真正的便利设施：海滩、客房阳台、一间海鲜餐室，还有宽阔的庭院草坪，从这里可以尽览巨孔岩全景。

Gîte au Presbytère 民宿 $$

(📞418-782-5557, 866-782-5557; www.perce-gite.com; 47 Rue de l'Église; 标单/双含早餐 $82/139; ⊙5月至10月; 🅿@🐾) 这栋宽敞、明亮的老房子过去是教区长的住宅，就在巨大的教堂旁边，还带有经过精心打理的花园。房间里铺着闪亮的硬木地板，是镇上最好的住宿选择之一。友好亲切的主人Michel拥有丰富的当地知识。

✕ 餐饮

Boulangerie Le Fournand 咖啡馆 $

(☎418-782-2211; www.boulangerielefournand.com; 194 Rte 132; 小吃 $4~13; ⏱5月至10月 7:30~18:30)如果需要采购早餐面包,享用可口的意大利咖啡和令人垂涎的法式酥皮点心和乳蛋饼,那就到这家色彩鲜艳的面包房来试试吧。

La Maison du Pêcheur 海鲜 $$

(☎418-782-5331; 155 Pl du Quai; 比萨 $13~23, 套餐 $18~50; ⏱6月至10月 11:00~14:30和17:30~21:30; ⓟ🛜)这个以前的渔民棚屋于20世纪60年代成为一个嬉皮士公社(屋顶还保留着当时的涂鸦),如今则是一个很棒的餐厅,供应海鲜(包括龙虾)以及十几种在枫木柴火炉里烤制的比萨。

Restaurant La Maison Mathilde 海鲜 $$$

(☎418-782-2349, 800-463-9700; www.aubergelestroissoeurs.com; 77 Rte 132; 套餐 $24~49; ⏱7:00~21:00; ⓟ)这个温馨、朴实的地方供应一级棒的当地海鲜。这里是加斯佩,所以会有很多比目鱼、鳕鱼和龙虾,而且会用融化的黄油和奶油烹制出浓郁的风味。

Pub Pit Caribou 精酿啤酒

(☎418-782-1444; www.pitcaribou.com/pub; 182 Rte 132 W; ⏱11:00至次日1:00)这里拥有幽暗的室内环境和落了灰的木墙,工作人员和顾客看上去像是从海明威的小说里穿越来的一样,是个品尝加斯佩著名的精酿啤酒的好地方,晚上有时会有现场音乐。

ⓘ 实用信息

旅游局办事处(☎855-782-5448, 418-782-5448; 142 Rte 132; ⏱7月和8月 8:00~21:00, 6月、9月和10月至17:00)坐落在小镇的中心。

ⓘ 到达和离开

Orléans Express(见258页)开往加斯佩的长途汽车($14, 55分钟, 每天1班)中途会在旅游局办事处停靠,乘客可在加斯佩换乘开往佛里昂国家公园和向西开往里穆斯基的汽车($77, 8小时, 每天1班)。

新卡莱尔(New Carlisle)

当年由亲英派创建的新卡莱尔是半岛上的主要英语城镇之一,镇上有一座座新不伦瑞克风格的护墙板房屋,网格分布的街道上矗立着新教、英国圣公会和长老会的教堂。与这一切不协调的是,主打魁北克法语认同这张牌的政治家瑞内·勒维克(René Lévesque)居然是在这里长大的,以前就住在16 Rue Mount Sorel。

帕拉迪奥风格的**哈密尔顿庄园**(Hamilton Manor; ☎418-752-6498; www.manoirhamilton.com; 115 Blvd Gérard Lévesque; 团队游 $5; ⏱团队游 5月至12月)由小镇的首任镇长建于1852年。从维多利亚女王的画像到面包炉,再到女仆的阁楼房间,所有的一切都完美体现了殖民地生活。客房是按照19世纪的风格装饰的。在6月至9月间,周三到周日,这里会用陶瓷茶具供应下午茶。起居室里的petit théâtre(小剧场)会放映一些经典影片。提前打电话预订团队游。

Hamilton Manor(房间含早餐$80; ⏱5月至12月; ⓟ✱@)还提供住宿。它有一点发霉,但是这座19世纪的酒店真是有个性。对于吹毛求疵的旅行者而言,它不是最好的住宿地点,但是如果你不介意瓷砖缝里的填缝水泥浆,你就会爱上这种由历史、过时的装修和古怪的服务杂糅在一起的感觉。

如果你在这里想吃点什么,**Cafe Luna**(☎418-752-6693; 148 Blvd Gérard Lévesque; 三明治 $6~10; ⏱9:00~21:00)是个很不错的选择,它感觉像是使用了某种计算机软件制造出来的终极可爱咖啡馆。这里有别致的艺术摆设、浓醇咖啡、美味帕尼尼、棋盘游戏、卷了边的旧书(甚至还有一些老版的Lonely Planet指南),总体上弥漫着一股波希米亚式的友好氛围。

博纳旺蒂尔(Bonaventure)

博纳旺蒂尔由阿卡迪亚人建于1791年,沿着Rte 132和水边狭长地带扩张,最终形成了一个非常小的镇"中心",是当地民事活动的枢纽。博纳旺蒂尔的广为人知是因为它是阿卡迪亚人的"大变革"(Great Upheaval)的重要一站,阿卡迪亚的旗帜在镇上随处可见。

◉ 景点和活动

Grotte de St Elzéar 洞穴

(☎418-534-3905, 877-524-7688; https://lagrotte.ca; 136 Chemin Principal; 成人/儿童 $45/35; ⊙团队游7月和8月 8:00～15:00每天4次; P)✈拥有将近500,000年历史的Grotte de St Elzéar是魁北克省最古老的洞穴之一。你可以深入它冰凉的洞穴深处(带上暖和的衣物),欣赏那些钟乳石、石笋和"月奶石"(moonmilk;在洞里找到的一种半流体状的神秘沉积物)。提前预订英语团队游。

阿卡迪亚博物馆 博物馆

(Musée Acadien; ☎418-534-4000; www.museeacadien.com; 95 Ave Port-Royal; 成人/儿童 $12/8; ⊙7月至10月9:00～17:00,11月至次年6月时间缩短; P)小小的阿卡迪亚博物馆以艺术的形式讲述了阿卡迪亚人曾遭遇的困境、放逐以及最终在北美各地重新定居的历史。夏季的周三晚上,这里还会举办很受欢迎的阿卡迪亚露天音乐会。

Cime Aventure 皮划艇

(☎800-790-2463, 418-534-2333; www.cimeaventure.com; 200 Athanase-Arsenault; 帐篷营地/圆顶帐篷/生态旅馆/度假屋 $33/115/159/300起; ■)✈活力四射的Cime Aventure提供独木舟/皮划艇游览活动,有9公里的路线,也有从半天($45起)到3天的多种团队游($665)可供选择,并提供食物和装备。游览过程中,大多数时候都是在风景如画而又宁静闲逸的博纳旺蒂尔河上。该机构还经营着一个很好的露营地,提供可住8～12人的度假屋、通过树冠步道抵达的生态旅馆和一个乡村风格的餐厅兼酒吧。

✕ 就餐

Boulangerie Artisanale La Pétrie 咖啡馆 $

(☎418-534-3445; www.boulangerieartisanalelapetrie.com; 128 Grand-Pré; 主菜 $4～9; ⊙周一至周五 6:00～18:00,周六和周日 7:00～

16:30; P✈)这个充满艺术气息的咖啡馆装饰着一幅鲜艳多彩的巨大壁画,供应热乎乎的美味三明治、切成片的松软乳蛋饼以及碗装格兰诺拉麦片。

Café Acadien 咖啡馆 $$

(☎418-534-4276; http://cafeacadien.com; 168 Rue Beaubassin; 主菜 $15～25; ⊙7:30～21:30; P✈)俯瞰着码头,船棚形状的Café Acadien是吃早餐可丽饼、鲑鱼、火腿鸡蛋美食的好地方。其菜单上也有百吉饼以及阿卡迪亚、法裔卡真和意大利特色的食品。楼上有几间色彩缤纷的小客房(标单/双 含早餐 $70/80)。

❶ 实用信息

旅游局办事处(☎418-534-4014; 127 Ave de Louisbourg, 紧邻Rte 132; ⊙6月至9月 周一至周五 9:00至正午和13:00～16:00; ✈)有免费Wi-Fi和可上网的电脑。

卡尔顿(Carleton)

这片宜人的山麓海岸拥抱着Baie-des-Chaleurs海湾,海边的卡尔顿(Carleton-sur-Mer)备受加斯佩一日游旅行者们的喜爱,这里有着片片沙洲,可观鸟,还可在那些小径上徒步。

◉ 景点

游客可以乘船从码头出发,踏上钓鱼或观光之旅。在码头外的Bancde Carleton的**观鸟塔**(bird observation tower)上,你可以看到沙洲上的鹭鸶(herons)、燕鸥(terns)、鸻鸟(plovers)和其他水禽。在555米高的**圣约瑟夫山**(Mont St-Joseph; ☎418-364-3723; www.montsaintjoseph.com; 小礼拜堂团队游成人/儿童 $7/6; ⊙小礼拜堂 6月至8月 9:00～19:00, 9月和10月至17:00)✈顶上,有一间带有金属屋顶的蓝色小礼拜堂,多条步道和Rue de la Montagne都通往这里。从山顶极目远眺,下面的海湾直至新不伦瑞克省都可一览无余。你还可以在小礼拜堂里看到令人惊艳的马赛克镶嵌画、彩色玻璃窗和装饰艺术风格的大理石雕刻装饰,这里还有个艺廊。

🛏 食宿

Camping de Carleton 露营地 $

(📞418-364-3992; www.carletonsurmer.com; 319 Ave du Phare; 露营地 $22起; ⓘ6月至9月; P)这个露营地占据了Baie-des-Chaleurs和平静的内陆海湾之间的一片陆地,从这里可以进入绵延数公里的海滩,你可以在沙滩上露营。

Manoir Belle Plage 酒店 $$

(📞800-463-0780, 418-364-3388; www.manoirbelleplage.com; 474 Blvd Perron; 房间 $145起; P❄@🛜)这家位于公路上的酒店气氛欢快,拥有现代化的房间,房内配有奢华的亚麻床上用品。酒店内有个高级餐厅,供应当地特色菜。整个酒店的装饰都采用了品位不俗、异想天开的航海主题——例如精心摆设的浮木和优美的海洋诗篇。

Brûlerie du Quai 咖啡馆 $

(📞418-364-6788; www.brulerieduquai.com; 200 Rte du Quai; 咖啡 $2起; ⓘ7:30~17:00)当地人一窝蜂地来到这个气氛活跃的烧烤店、商店兼咖啡店,品尝超级好喝的浓缩咖啡。它那个小小的室外就餐区可俯瞰码头区,这里也欢迎你自带午餐或野餐食品——附近的La Mie Véritable (📞418-364-6662; 578 Blvd Perron; 烘焙食物 $2~6; ⓘ7:00~18:00; P🍴)是购买此类食物的好地方。

Le Marin d'Eau Douce 海鲜 $$

(📞418-364-7602; www.marindeaudouce.com; 215 Rte du Quai; 主菜 $16~30; ⓘ正午至14:00和17:00~22:00)是码头边一家诱人的小餐馆,就在水上,供应新鲜的海鲜和其他使用当地食材烹制的特色菜。感觉很上档次。服务人员殷勤友好。

Restaurant La Seigneurie Hostellerie Baie Bleue 魁北克菜 $$$

(📞418-364-3355; 482 Blvd Perron; 主菜 $25~35; ⓘ周一至周六 7:00~11:00, 周日至正午, 每天 18:00~21:00; P)如果你想吃用本地食材烹制的加斯佩高级菜肴,不用再到处找馆子了:在这里就能吃到炖牛肉配野蘑菇,还有山羊乳酪酱汁烩虾肉团子(gnocchi)。

🍷 饮品和夜生活

Le Naufrageur 精酿啤酒

(📞418-364-5440; www.lenaufrageur.com; 586 Blvd Perron; ⓘ11:00至午夜)考虑到价格,Naufrageur顾客们畅饮的St-Barnabé烈啤完全可以和来自爱尔兰的任何一款黑啤较量。说实话,这家自酿酒吧里十分有才的工作人员酿造出的任何一款啤酒都不会让你失望。

ℹ 实用信息

旅游局办事处(📞418-364-3544; 774 Blvd Perron; ⓘ6月至9月 8:00~20:00)设在市政厅。

ℹ 到达和离开

Orléans Express(见258页)的长途汽车在561 Blvd Perron停靠,乘客可在Restaurant Le Héron餐厅里购买车票。长途汽车开往里穆斯基($56, 3~4小时)和加斯佩($37, 4小时)。

虽然这里有一座火车站,但在本书调研期间,并没有连接卡尔顿的定期列车。

马塔佩迪亚河谷 (Matapédia Valley)

驾车穿过马塔佩迪亚河谷时,你会对这里的地形感触颇深,这里也给沿国际阿巴拉契亚小径(见357页)徒步的人们带来不少挑战。漫山遍野都是茂密的树木,只有河流、悬崖和荒野中的巨型高压线铁塔所在之处除外。如果是下雨天,雾气弥漫的松林看起来就像是奇幻小说里的场景。马塔佩迪亚河(Rivière Matapédia)是著名的鲑鱼垂钓地,吸引了包括美国前总统尼克松和卡特在内的众多垂钓爱好者。

马塔佩迪亚 (Matapédia)

小镇马塔佩迪亚如今正与科沙普斯卡(Causapscal)分庭抗礼,争夺户外运动中心的地位,而户外探险公司在竞争中起着领军作用。Nature-Aventure (📞418-865-3554; www.matapediaaventure.com; Rue de l'Église, Matapédia; 2/4小时团队游 $45/65; ⓘ5月中旬至9月)就是其中一家。

它在当地多条河流上开展难度不一、充满挑战的划船之旅,其中包括马塔佩迪亚

河("入门级别")和里斯提古奇河(Restigouche,"最高级别")。旅游套餐包括2小时的团队游,以及持续1/2/3/4/5天($95/270/340/480/600)的远足游览活动。这里也出租独木舟、湿式潜水服和露营装备,组织进入山区的几条不同的徒步路线。可安排露营(露营位置$20起)。

科沙普斯卡(Causapscal)

正如镇上那尊庞大的雕塑"河流之王"(the king of our rivers)所暗示的那样,科沙普斯卡为鲑鱼而疯狂。在这里捉到的最大鲑鱼重达16公斤。小镇的其他户外活动中还包括徒步,纵横交错的小径穿过周围的群山。小镇本身也有一座漂亮的石砌教堂和很多古老的房屋,顶上覆盖着魁北克省典型的银色屋顶。不过,来自附近那些锯木厂的气味有时会破坏这里美如图画的风光。

马塔佩迪亚河是最适合鲑鱼健康生长的河流,在繁殖季节开始时,经常能捕到13公斤重的大鱼。镇南有座廊桥,镇中心还有一座横跨马塔佩迪亚河的人行吊桥。垂钓者会到桥上,往马塔佩迪亚河与科沙普斯卡汇合处抛出钓线。

前往历史遗迹Matamajaw Historic Site(☏418-756-5999; www.sitehistoriquematamajaw.com; 53 Rue St-Jacques; 成人/儿童 $8/免费; ⊙6月至9月 周二至周日 9:30~16:30)参观,去看看从前古老钓鱼俱乐部的那些家伙在河上度过艰难的一天后,是怎样在木板镶条装饰的奢华房间里放松休息的。在Rte 132(进镇后这条路称为Rue St-Jacques)的另一侧有个鲑鱼池。

老式风格的Auberge La Coulée Douce(☏418-756-5720, 888-756-5270; www.lacouleedouce.com; 21 Rue Boudreau; 房间/度假屋 $102/143起; P❀❀)看上去十分迷人,很适合垂钓者和那些只想坐在舒适的餐室里听钓线"呼呼"作响的人们。附属的餐厅是镇上吃家常菜最棒的地方(基本上也就这一个地方)。

CGRMP(Corporation de Gestion des Rivières Matapédia et Patapédia; ☏418-756-6174; www.cgrmp.com; 1 Rue St-Jacques N; ⊙6月至9月)可办理(昂贵的)钓鱼许可证。

旅游局办事处(☏418-756-6048; www.causapscal.net; 5 Rue St-Jacques S; ⊙7月和8月 8:00~20:00)提供在马塔佩迪亚河谷内的住宿、钓鱼和徒步相关信息。

北岸(NORTH SHORE)

当你驾车驶入北岸地区的辽阔腹地时,边域的感觉变得更加强烈了。不知从什么时候开始,一块块农田变成了无尽的幽深针叶林和苔原,再往前就能看到铁灰色的圣劳伦斯河注入大西洋。出入这里只有一条路——Rte 138——这让人不免会油然而生一种奇怪的孤独感。

这片广袤的区域由两个地区组成:延伸至戈德布特的马尼夸根(Manicouagan)和位于拉布拉多(Labrador)边界线东侧的Duplessis。这里的统计数据和你驾车穿过该地区时走过的漫长路程一样令人惊叹。这两个地区总面积达328,693平方公里(相当于新西兰、比利时和瑞士三国面积的总和)。在这一大片辽阔的地区,只生活着10多万吃苦耐劳的居民,其中大多数都居住在1250公里长的海岸线附近,这也使得该地区的人口密度仅为每平方公里0.3人。

贝科莫(科莫湾,Baie Comeau)

这个城镇因《芝加哥论坛报》(Chicago Tribune)的前老板罗伯特·麦考密克(Robert McCormick)而存在,他于1936年决定在此修建一座巨型造纸厂。为了满足该企业的能源需求,就必须在马尼夸根河与乌塔尔德河(Outardes River)上开发水电站,这反过来又催生了其他依赖水电的行业,如铝加工业。

如今,这里已经成了一个追求本土食品和拥有自酿酒吧的工业城镇——这些东西不应该只在魁北克省的蒙特利尔那样的地方才有,所以这是一个令人足够愉悦、可以逗留一天的地方。

◉ 景点

贝科莫是Rte 389的起点,这条路向北延伸,经过全球第五大陨石坑马尼夸根水库(Manicouagan Reservoir),直至拉布拉多市(Labrador City)和Wabush。沿途风景迷人,包括湖泊遍布的荒原、苔原以及位于水电综合设施ManicCinq以北约120公里处的Groulx Mountains山脉,其山峰高达1000米。

🛏 食宿

L'Hôtel Le Manoir　　　　　酒店 $$

(☏418-296-3391; www.manoirbc.com/en; 8 Ave Cabot; 房间$140起; P❄@🛜) 这个酒店很配得上自己的名字(意为"庄园酒店"),至少从外观上说是这样——它看上去就像是一座河畔城堡。内部有点朴素,但对于需要一些睡眠的人来说,房间依然舒适且设备齐全。

Manoir du Café　　　　　咖啡馆 $

(☏418-294-6652; 5 Pl La Salle; 主菜$5~11; ⊙周一至周五7:00~22:00, 周六和周日7:30起; 🛜@) 这里的咖啡种类非常丰富,员工将它们制作得既浓醇又美味,此外还供应一些新鲜三明治和自制比萨。总而言之,这里是个能使用Wi-Fi和填饱肚子的出乎意料的可爱之地。

Café Vieille France　　　　法国菜 $$$

(☏418-295-1234; 1050 Rue de Bretagne; 套餐$26~38; ⊙17:30~21:30) 哇哦,这个地方是从哪里来的? 外表看上去像是个防空洞,坐落在一栋毫无特色的民宅对面,但里面呢? 不可思议的法式菜肴: 用当地枫糖浆烹制的兔肉配培根、新鲜鳕鱼搭配浓郁的黄油酱汁,还有好吃得要命的甜点。

🍷 饮品

Microbrasserie St-Pancrace　　精酿啤酒

(☏418-296-0099; www.stpancrace.com; 55 Pl La Salle; ⊙13:00至次日1:00) 如果你要在这个镇上喝一杯啤酒的话,那就选择来这个气氛友好的小自酿酒吧喝杯本地酿造吧。除这些之外,还供应一些美味的中档小酒馆食物以佐酒。

ⓘ 到达和离开

全年运营的**渡轮**(☏877-562-6560; 14 Rte Maritime; 每位成人/儿童/每辆小汽车$19.70/12.15/48)开往马塔讷,每天4班,航行时间为2.5小时,是通往南岸的交通路线中最靠东边的。如果需要带小汽车过海,务必提前预订; 步行散客建议至少提前一天订票。

戈德布特(Godbout)

这个沉寂的村庄位于一个风景优美的海湾中,最主要的活动就是渡轮的抵达。如果你喜欢游泳的话,可前往美洲印第安人博物馆下方的海滩。

美洲印第安人与因纽特人博物馆(Musée Amérindien et Inuit; ☏418-568-7306; 134 Rue Pascal Comeau; 成人/儿童$5/2; ⊙7月至9月9:00~22:00; P) 更像是展示美洲原住民艺术和本土工艺品的画廊——你大概已经从名字里猜出来了,这里还关注因纽特人的艺术。

戈德布特与马塔讷之间有**渡轮**(☏877-562-6560; www.traversiers.com; 117 Rue Pascal Comeau; 成人/儿童/小汽车$19.70/12.15/48)来往运营。Intercar(见258页)有长途汽车前往渡轮码头,大约18:00抵达。

蒙茨角(Pointe des Monts)

这个被风暴和海风侵袭的小小海角标志着海岸转向北方,圣劳伦斯河逐渐从河流变成海湾。

蒙茨角灯塔(Pointe des Monts Lighthouse; ☏418-939-2400; http://pharedepointedesmonts.com; 1830 Chemin du Vieux Phare Casier; 成人/儿童$6/免费; ⊙6月至9月9:00~17:00)是一座建造于1830年前后的灯塔,也是魁北克省最古老的灯塔之一。尽管它一直在发挥着作用,但仍有几十艘船失事。灯塔矗立在风景如画的陆岬上,如今已被改建成了博物馆,内部的展览介绍了灯塔看守人及其家人的生活。

坐落在灯塔旁边的**Le Gîte du Phare de Pointe-des-Monts**(☏866-369-4083, 418-939-2332; 1937 Chemin du Vieux Phare Casier; 度假屋每天/周$88/580起; ⊙5月至10月; P) 有一系列度假屋,而且是镇上唯一的住宿场所。房间都布置得很舒适,坐拥美景,主人Jean-Louis对当地传说了如指掌。

三一湾(Baie Trinité)

如果你对圣劳伦斯河漫长的船难史产生了一种病态的兴趣,那就不妨到圣劳伦斯国

家船难中心 (Centre National des Naufrages du St-Laurent, National Shipwrecks Center of the St Lawewnce; ☎418-939-2231; 27 Rte 138; 成人/儿童 $8/6; ◎6月至9月 9:00~18:00; P) 参观一番，这座小型博物馆陈列着很多从圣劳伦斯河里打捞上来的遗物。

七港岛（Sept Îles）

七港岛感觉有点像文明终结前的最后一座城市，这并非完全不准确的印象，也不是对圣皮埃尔港 (Havre St Pierre) 不敬。所以如果你所期望的这座边疆城镇没有事实上那样酷，也是情有可原的。当然，七港岛是加拿大最繁忙的港口之一，这也解释了为什么它具有如此令人耳目一新的国际都会感。探索当地博物馆，吃一顿美味佳肴，造访社区酒吧，都是缓解长途驾驶疲劳的灵丹妙药。

◉ 景点

格兰德巴斯岛 (Île Grande Basque)   岛屿

（◎6月至9月）漂亮的格兰德巴斯岛是七港岛附近那些小群岛中最大的一个岛屿，你可以到上面度过愉快的一天，或沿着总长12公里的多条小径漫步，或在海岸上野餐。夏季，Les Croisières du Capitaine在这座岛屿和七港岛的港口之间经营渡轮（成人/儿童 $25/15起），航程10分钟，班次频繁，另外也经营群岛巡航游。船票可在老码头公园 (Parc du Vieux Quai) 内的港口购买。

北岸地区博物馆   博物馆

（Musée Régional de la Côte-Nord; ☎418-968-2070; http://museeregionalcotenord.ca/mrcn; 500 Blvd Laure; 成人/儿童 $7/免费; ◎周二至周四 10:00至正午和13:00~17:00，周五 10:00~17:00，周六和周日 13:00~17:00; P⛴）这个小博物馆通过各种小物件和人工制品——如一些17世纪的地图——讲述了北岸的历史以及它8000年的人类定居史。

Le Vieux Poste   历史遗址

（☎418-968-6237; http://vieuxposte.com; Blvd des Montagnais; 成人/学生 $12/10; ◎7月和8月 周二至周日 10:00~18:00，周一 至17:00）17世纪的毛皮贸易站LeVieuxPoste已整修完毕，

与其他一系列建筑一起，展示了以森林为家的猎人的生活方式。

Musée Shaputuan   博物馆

（☎418-962-4000; 290 Blvd des Montagnais; 成人/ $5/免费; ◎7月和8月 周一至周五 8:00~16:30，周六和周日 13:00~16:00，9月至次年6月 周一至周五）这是北岸有关原住民文化的最好的博物馆。颇具气氛的环形展厅被分成4个部分，象征着四季，展览追随着因努人（即蒙塔格尼人，Montagnais）猎捕北美驯鹿以及在变幻莫测的春季河流上航行的足迹展开。

👉 团队游

Les Croisières du Capitaine   乘船游

（☎418-968-2173; http://lescroisieresducapitaine.com; Vieux Quai; 成人/儿童 $25/15起）提供前往格兰德巴斯岛的团队游。

Croisière Petit Pingouin   乘船游

（☎418-968-9558; ◎6月中旬至9月中旬）经营前往格兰德巴斯岛的船游，并组织各种团队游，包括3小时观鸟游，邂逅与企鹅很像的海雀。

🛏 食宿

Le Tangon   青年旅舍 $

（☎418-962-8180; www.aubergeletangon.com; 555 Rue Cartier; 铺/标单/双 $22/35/55; P@🖃）在Rte 138上驾车长途跋涉之后，看到这家HI青年旅舍的木结构阳台，你会不由得为之一振。工作人员会在前台热情地迎接你，旅舍里面有加压花洒，并有小小的宿舍房以及让人感觉宾至如归的休息厅和厨房。

Hôtel le Voyageur   酒店 $$

（☎418-962-2228; www.hotellevoyageur.com; 1415 Blvd Laure; 房间 $99~231; P✱🖃）酒店外面的复古招牌虽然显得有些滥俗，但它的房间却很温馨舒适，配备了现代的家具。房间绝对是中档水平，但对于这个城镇的大多数住宿来说，这就是理想条件了。

Blanc Bistro   魁北克菜 $$

（☎418-960-0960; http://blancbistro.ca; 14 Rue Père-Divet; 主菜 $17~37; ◎周二至周五

11:30~14:00，周二至周六 17:00至次日1:00）拥有深红色氛围照明，还有穿得像伐木工一样、有文身的工作人员，以及开放式厨房的布局，这个地方感觉就像是从蒙特利尔的St-Denis直接挪过来的一样。呈现给客人的菜肴多为当地出产的鱼和肉类，例如炖鸭腿、新鲜的三文鱼和自制香肠。

Les Terrasses du Capitaine　　海鲜 $$$

（☎418-961-2535；295 Ave Arnaud；套餐$28起；◉周一至周五 11:00~13:30，每天 16:00~21:00）位于渔市后面，这个地方名扬加拿大北部，是品尝当地海鲜的最佳地点。它的装修和餐饮都非常任性地保持着老派风格，而在品尝过黄油煎鱼之后，你绝对不会饿着肚子离开。

🍷 饮品和夜生活

Edgar Café Bar　　酒吧

（☎418-968-6789；490 Ave Arnaud；◉周二至周五 11:00至午夜，周六和周日 13:00至午夜，周一 16:00至午夜）俊男靓女都是为了它丰富的精选啤酒和优质赏味烈酒来到这个酒吧。

❶ 实用信息

旅游局办事处（☎418-962-1238，888-880-1238；www.tourismeseptiles.ca；1401 Blvd Laure W；◉5月至9月 每天 7:30~21:00，10月至次年4月 周一至周五）位于小镇以西的公路旁。

❶ 到达和离开

七港岛机场位于镇子以东8公里处，从市中心坐出租车前往约需$12。**拉布拉多航空**（Air Labrador，☎800-563-3042；www.airlabrador.com）有航班飞往下北岸、拉布拉多、纽芬兰、魁北克市和蒙特利尔。

Relais Nordik（☎418-968-4707，800-463-0680；www.relaisnordik.com）的渡轮沿着下北岸航行（从里穆斯基出发），开往安蒂科斯蒂岛（Île d'Anticosti）。

Intercar（☎418-627-9108；https://intercar.ca；126 Rue Mgr Blanche）周一至周五每天有一班长途汽车往返七港岛和贝科莫（$41, 4小时）之间，另有一班长途汽车往返于圣皮埃尔港（$40, 2.75小时）之间。

明根群岛国家公园（Mingan Archipelago National Park）

过了七港岛之后，风景变得原始而荒芜，覆盖着地衣的黑色沼泽一直延伸到远方灰色的地平线上，点缀着几片潮湿的松树林，在风中兀自萧索。该地区的主要景点是**明根群岛国家公园**（☎418-538-3331；www.pc.gc.ca/eng/pn-np/qc/mingan/index.aspx；成人/儿童 $5.80/2.90；◉6月至9月；Ⓟ）✍，这一小块加拿大的荒野奇景就坐落在距离大陆不远的地方。你穿越漫长旅途才来到这里；现在为你的行程添艘船吧，开启一场北部海岸跳岛之旅。

◉ 景点和活动

夏天的时候，旅行机构在圣皮埃尔港和Longue-Pointe-de-Mingan（这个小镇坐落着群岛大部分行政机构和旅游基础设施）的码头经营出海游览活动。通常，船只越小，体验越好，但是要留意天气，因为风浪太大时会取消行程。

鲸类讲解中心　　科学中心

（Cetacean Interpretation Centre；☎418-949-2845；www.rorqual.com；378 Rue du Bord de la Mer, Longue-Pointe-de-Mingan；成人/儿童 $8.50/4；◉6月至9月9:00~17:30；Ⓟ♿）✍它是由明根岛鲸类研究所（Mingan Island Cetacean Study，简称MICS）的研究人员建立的。这个科学中心不仅介绍了鲸类研究的科学知识，也让观众对这些神秘的哺乳动物加深了了解。

Research Day Trip　　户外

（☎418-949-2845；www.rorqual.com；Rue du Bord de la Mer, Longue-Pointe-de-Mingan；每人 $140, 含装备；◉6月至10月；♿）✍如果想亲眼看看鲸鱼在自然栖息地里生活的独特景象，你可以和明根岛鲸类研究所的科学家一起进行一次田野调查一日游。在大约6小时的团队游中，你将学习并实践海洋生物学家教给你的野外考察技术，真正做到寓教于乐。如果天气允许，船只会于每天7:30从明根码头出发。

🛏️ 住宿

Camping 露营地 $

(☎877-737-3783; https://reservation.pc.gc.ca/parkscanada; 露营位置 $15.70起, 另加$5.80登记费, 永久式帐篷 $120) 部分岛屿允许露营, 但你必须在接待和讲解中心或圣皮埃尔港旅游信息处登记。明根现在提供永久性的Otentik帐篷, 很适合那些全家出行或者希望住得更舒服的旅行者。

Île aux Perroquets 历史酒店 $$$

(☎418-949-0005; www.ileauxperroquets.ca; 标单/双 $285/425起; ☺6月至9月; ❄) 在明根群岛之旅中想要增加一些历史和奢华之感吗? Île aux Perroquets岛上的灯塔和守塔人的居所已经被改造成了一个温馨豪华的休憩之所。房间里装饰着北岸地区的艺术和工艺品, 酒店还提供面向美食爱好者和观鸟者的住宿套餐。费用含前往岛上的交通。

ℹ️ 实用信息

接待和讲解中心 (Reception & Interpretation Center; ☎418-949-2126; 625 Du Centre St, Longue-Pointe-de-Mingan; ☺6月中旬至8月8:00~18:30) 提供关于公园的各种信息。

ℹ️ 到达和离开

Hwy 138的很长一段路从公园穿过。Intercar运营公园往返七港岛或圣皮埃尔港的长途汽车。

Croisières Anticosti (☎418-538-0911, 418-949-2095; www.croisieresanticosti.com; $130起; ☺6月至9月) 运营过海前往安蒂科斯蒂岛的船只, 航程50分钟。

圣皮埃尔港 (Havre St Pierre)

在前往东北方的途中, 这个渔业小镇值得你稍作停留, 主要是因为这里的加油站是接下来124公里路上的最后一个补给点。

圣皮埃尔港是个观看船只进港的好地方; 夏天, 码头旁的旅行社会经营前往明根群岛的团队游 (3小时团队游约65加元)。留意镇上无处不在的旗帜——红白蓝三色并装饰着一颗金星, 这是阿卡迪亚的象征。

Auberge Boréale (☎418-538-3912; www.aubergeboreale.com; 1288 Rue Boréale; 房间 $60; ❶❄) 有9间蓝白色装饰的漂亮客房, 还可看到美丽的海景。**Gîte Chez Françoise** (☎418-538-3778; www.gitechezfrancoise.qc.com; 1122 Rue Boréale; 标单/双 $68/95起; ❶❄@❄) 是个气氛友好的地方, 客房装饰得颇有艺术品位。

旅游信息处 (☎418-538-2512; 1010 Promenade des Anciens; ☺6月中旬至9月中旬9:00~21:00) 和 **Variété Jomphe et Les Confections Minganie** (☎418-538-2035; 843 Rue de ' Escale; ☺9:00~16:30) 提供关于团队游的海量信息。

Intercar (见258页) 的长途汽车每天17:30在843 Rue de' Escale停靠上客, 开往七港岛 ($40, 2.5小时)。

安蒂科斯蒂岛 (Île d'Anticosti)

这个面积达7943平方公里的岛屿直到最近几年才开始向越来越多的游客展现美景。1895年, 法国巧克力生产商HenriMenier (他的商业帝国在日后成了雀巢公司) 买下了这个岛屿, 并将它变成自己的私人狩猎场。很久以来, 由于岛上拥有数目众多的白尾鹿和鲑鱼, 所以这里一直很受猎人和渔夫欢迎。如今, 其野生生物保护区吸引了众多自然爱好者登上这座森林茂密、悬崖壁立的岛屿, 探索这里的瀑布、峡谷、洞穴和河流。

尽管自行抵达和游览这个岛屿并非不可能, 但却需要详细规划。大多数游客都会选择参加小型团队游; **Sépaq** (www.sepaq.com) 提供2~7天的飞行旅游套餐。如果你计划自己登岛, 该机构也提供更短的半日游。

🛏️ 住宿

Auberge de la Pointe-Ouest 小屋 $

(☎418-535-0335; www.anticosti.net/Auberge_Pointe_Ouest; 房间 $35起) 这两个灯塔看守人的小屋位于Port Menier港以西大约20公里, 能够让你度过舒适的一晚。老板可以帮忙安排导览团队游。

ℹ️ 实用信息

旅游局办事处 (☎418-535-0250; www.ileanticosti.com; 7 Chemin des Forestiers, Port Menier; ◎6月至8月)可帮忙安排住宿和前往Port Menier村的团队游。

❶ 到达和当地交通

Croisières Anticosti提供大陆发船的乘船过海服务，**Relais Nordik**也提供此服务。

还可以坐飞机抵达这座岛屿，但航班很贵。更多信息咨询**旅游局办事处**。

岛上有一条泥土路横贯全岛。来到安蒂科斯蒂岛的游客几乎都是跟团来的，所以大多已提前做好各种安排。如果你自行上岛，需要提前打电话安排岛上的交通；**Location Sauvageau**（☎866-728-8243, 418-535-0157; www.sauvageau.qc.ca; 5 Rue Panhard, Port Menier)可安排四驱越野车租赁。

纳塔什昆（Natashquan）

原始荒凉，疾风劲吹，遗世独立，纳塔什昆是这条路的尽头。好吧，向东50公里的Kegashka才是Rte 138真正的终点，但通往那里的路有一半都是石子路。这里有什么？辽阔的海岸，顽强地屹立在苔原风中的座座村舍，茂密的针叶林，缭绕雾气，以及波涛汹涌的圣劳伦斯湾的壮阔风景。

◉ 景点

Les Galets 古迹

🏴 在海风劲吹的半岛上，几座亮红色屋顶的白色小屋挤挤挨挨，这就是Les Galets；从远处看，它们宛如"与世隔绝"一词的课本插图。以前，渔夫会在这里把自己捕捞的海产品腌起来、风干。如今，除了欣赏周围的海滩，你还可以沿着通往内陆的小径，徒步穿过那些偏僻宁静的树林，沿途经过多座瀑布和观景台，这里人迹罕至，就算你挖鼻孔也绝没有旁人鄙视你。在紧邻Rte 138地方驶离Allée Les Galets就可到达。

老学校 博物馆

(Vieille École, Old School; 24 Chemin d'En Haut; 成人/儿童 $5/2; ◎7月至9月 10:00～16:00)这个小小的学校只有一个房间，曾在这里上学的纳塔什昆人Gilles Vigneault后来成了魁北克省的国家级歌曲创作人。如今，这个校舍改造成了一个博物馆，介绍了Vigneault的歌以及纳塔什昆的历史。

🛏 食宿

Auberge La Cache 酒店 $$

(☎418-726-3347; www.aubergelacache.ca; 183 Chemin d'En Haut; 房间 $150起; ℙ🐾)这座两层酒店提供干净的房间（干净得有点儿诊所的感觉），还提供丰盛的早餐。

John Débardeur 加拿大菜 $

(☎418-726-3333; 9 Rue du Pré; 主菜 $8~13; ◎11:00~20:00; ℙ)这个气氛欢乐的小餐馆供应分量很大的菜肴——肝配洋葱、鳕鱼米饭以及其他由肉和两种蔬菜组成的特色佳肴，让你在北岸的漫漫长夜里保持温暖。

❶ 实用信息

旅游局办事处(☎418-726-3054; www.copactenatashquan.net; 24 Chemin d'En Haut; ◎8:30~17:30)同时也是讲解中心。

玛德琳群岛（ÎLES DE LA MADELEINE）

圣劳伦斯湾中点缀着一些海风劲吹、野草萋萋的红土岛屿，是一道引人注目的美丽风景。在地图上，玛德琳群岛的一连串岛屿看上去就像一个曼德勃罗集图形（Mandelbrot set)，散落在爱德华王子岛（Prince Edward Island)以北105公里处的海域。富含铁质的红色悬崖点缀着群岛绵延350公里长的海滩，风浪将崖壁侵蚀塑造成各种小水湾和洞穴，期盼着好奇的人们划着皮划艇前去探索。

当你搭乘飞往群岛的小飞机在那些月牙形的海滩上空盘旋时，你可能不禁好奇，怎样才能贯穿这样一条多风的岛链：实际上，群岛中6座最大的岛屿通过那条长达200公里、被经典地命名为Rte 199的公路连接起来。如果你中途不停车欣赏美景，从群岛的一端行驶到另一端只需要一个多小时，不过谁也抵挡不住这片美景的诱惑。

❶ 到达和离开

飞机

机场位于阿弗尔奥麦逊岛（Île du Havre aux Maisons）西北角。**Air Canada Express**（见258页）每天有多个航班从蒙特利尔、魁北克市和加斯佩飞抵岛上；**Pascan**（☎888-313-8777；www.pascan.com）也有从上述两个城市和博纳旺蒂尔飞抵此地的飞机。2016年3月，前联邦内阁部长和记者让·拉皮埃尔（Jean Lapierre）及机上其他6人（包括他的妻子、妹妹和两个兄弟）乘坐的私人飞机在靠近这座岛时坠毁，机上人员全部遇难。自从这次悲剧以来，航空协管员似乎对前往玛德琳群岛的航班格外小心，能见度低的时候经常会延误和取消航班。

船

前往群岛最便宜也最常见的方式是从爱德华王子岛省的苏里斯（Souris）乘坐渡轮前往卡普奥缪斯岛（Île du Cap aux Meules）。**CTMA 渡轮**（☎418-986-3278，888-986-3278；www.ctma.ca；成人/儿童/自行车/小汽车 $51.50/26/12.50/96）全年提供服务，航程5小时。巨大的渡轮可以在最恶劣的天气下航行，7月至9月初期间每日发船；5月、6月和9月，除周一外，每天都有班次；而从10月至次年4月，每周发大约4班船。在仲夏时节，如果你是自驾出行的话，强烈建议预订船票（步行的话，保险起见最好也预订）。9月中旬至次年6月中旬期间有打折票。

6月至10月间，CTMA还经营一种历时7天的巡航游，从蒙特利尔出发（单程/往返 $434/1000起），途经加斯佩半岛上的钱德勒（Chandler）。这是欣赏圣劳伦斯河沿途风光的一个绝佳选择，你还可以带着小汽车（$305）一起乘船，然后开车返回。

❶ 当地交通

卡普奥缪斯岛上的 **Le Pédalier**（☎418-986-2965；www.lepedalier.com；545 Chemin Principale, Cap aux Meules；1小时/4小时/1周 租金 $6/18/85）提供自行车出租。Hertz和当地公司在机场设有租车办事处；尽早预订。

RéGÎM（☎877-521-0841，418-986-6050；www.regim.info；提前/上车 $3/4；☺周一至周五）的3条公共汽车线路连接这些岛屿，但周末不运营。登录网站查看公交线路和时间，候车时比时刻表提前5分钟到达公交站等候；需要注意的是，司机不负责找零。

卡普奥缪斯岛 （Île du Cap aux Meules）

群岛中一多半的人口都生活在这个岛上，而和毗邻的岛屿相比，这座群岛商业中心相当发达。尽管如此，它仍然具有纯正的玛德琳特色，凭借这里舒适便利的生活设施、住宿和活跃的夜生活，以及居中的位置，成为探游各岛的理想落脚点。

⊙ 景点

在岛屿的西边，你能够看到极为壮观的红色悬崖。从La Belle Anse和Fatima之间的崖顶小径，可以看到峭壁上风蚀作用形成的各种纹理。岛西南部的灯塔 **Cap du Phare**（Cap Hérissé）是个欣赏日落的热门地点。在 **Anse de l' Étang du Nord**，聚集了多家色彩缤纷的精品店和咖啡馆，下方有艘失事船只的残骸。而在岛屿中央的 **Butte du Vent**，可以看到一些南北向分布的连绵沙洲。

☞ 团队游

Aerosport Carrefour d'Aventures　皮划艇
（☎418-986-6677；www.aerosport.ca；1390 Chemin Lavernière, L' Étang-du-Nord；3小时海上皮划艇团队游 $44；☺7月至9月9:00~18:00）经营这家公司的是一群年轻、热情、追求刺激的人，他们为游客提供皮划艇探险和探洞之旅，让你亲密接触岸上见不到的海岛壮观风景。风驰电掣的沙滩风帆车（kite buggies）也很令人难忘。

MA Poirier　巴士
（☎418-937-7067；1027 Chemin du Grand-Ruisseau, Fatima；团队游 $99起）经营几种类型的巴士导览游，行程涵盖群岛主要景点。

🛏 食宿

Parc de Gros-Cap　青年旅舍、露营地 $
（☎800-986-4505，418-986-4505；www.parcdegroscap.ca；74 Chemin du Camping,

L' Étang-du-Nord；露营地 $24起，铺/房间 $34/72 起；⊙6月至9月；[P][@][🛜]) 位于Gros Cap半岛上，俯瞰一个满是穿着防水长靴垂钓者的小海湾，这里可以说是HI网络中最安静的休憩之所。旅舍弥漫着一种嬉皮公社的氛围，也是组织各种活动的好地方。

Pas Perdus 旅馆 $

（Not Lost；☎418-986-5151；169 Chemin Principal, Cap aux Meules；房间 $75起；[P][❄][🛜]）你可以在位于餐厅楼上的明亮卧室里好好睡上一觉。我们不知道地板有多厚，但是就算楼下很吵，楼上也相当安静。

Café d' Chez Nous 咖啡馆 $

（☎418-986-3939；197 Chemin Principal, Cap aux Meules；主菜 $5~9；⊙周一至周五 7:00~18:00，周六和周日 10:00~18:00；[P][🛜][✏])一个气质不羁、温馨可爱的咖啡馆，你可以在这里享用一杯浓醇咖啡和新鲜的羊角面包，或者你心仪的其他任何简餐三明治、沙拉或烘焙食物。

Pas Perdus 创意菜 $$

（☎418-986-5151；www.pasperdus.com；169 Chemin Principal, Cap aux Meules；主菜 $15~28；⊙7月至9月 8:00~23:00；[P][❄][🛜]）🍴选择露台上的位子，或者在那个以红色为主调、装饰着哈哈镜和精心挑选的本地艺术品的餐室里找个座位坐下，大快朵颐汉堡包或龙虾沙拉，这里绝对可以让你触摸到这片群岛奔放不羁的脉搏。

ⓘ 实用信息

旅游局总办事处（Main Tourist Office；☎877-624-4437, 418-986-2245；www.tourismeilesdelamadeleine.com；128 Chemin Principal, Cap-aux-Meules；⊙7月和8月7:00~20:00，6月和9月 9:00~17:00，10月至次年5月 9:00至正午和13:00~17:00）可以提供有关这些岛屿的实用信息。办事处位于渡轮码头附近。

ⓘ 到达和当地交通

卡普奥缪斯岛是群岛中位置最居中的，去机场和**渡轮码头**（☎418-986-3278；www.traversierctma.ca；70 Chemin du Débarcadère, Cap-aux-Meules）都很方便。

阿弗尔奥博特岛（Île du Havre Aubert）

从卡普奥缪斯岛向南行，前往群岛中最大的岛屿，Rte 199从沙丘之间穿过，映衬着远处蔚蓝色的大西洋和Baie-du-Havre-aux-Basques。

小镇阿弗尔奥博特上最活跃的地区是La Grave，一座座小村舍、工艺品商店、海滩上停泊的船只，或许还有室外的晾衣绳，彰显着这个玛德琳渔业社区的质朴又有些陈旧的韵味。沿着Chemin du Bassin开车环绕这座岛屿大约需要半小时，沿途风景美丽。

⊙ 景点

Sandy Hook 海滩

（Plage de Havre-Aubert；经Chemin du Sable 可达, Havre Aubert；[P][🏖])这片绵延12公里、海风吹拂的沙滩感觉就像是世界的边缘（8月中举行沙堆城堡大赛期间除外）。游泳可要当心，周围没有救生员。

Le Site d' Autrefois 知名建筑

（☎418-937-5733；www.sitedautrefois.com；3106 Chemin de la Montagne, Havre Aubert；成人/儿童 $10/4；⊙6月至8月 9:00~17:00，9月 10:00~16:00；[P]）像玛德琳群岛这样的地方很容易吸引一些特立独行的人，但他们都没有渔夫Claude有趣，他在这个模型村庄中通过讲故事和唱歌的形式将群岛的传统文化保存了下来。

🛏 食宿

Chez Denis à François 旅馆 $$

（☎418-937-2371；www.aubergechezdenis.ca；404 Chemin d' en Haut, Havre Aubert；房间含早餐 $95~165；[P][❄][🛜]）这座经典的海边休息寓所是用打捞起来的沉船木头修建的。维多利亚风格的宽敞房间里配有吊扇、冰箱、沙发和独立浴室。

★ Vent du Large 魁北克菜 $$$

（☎514-919-9662；www.ventdularge.ca；1009 Chemin de la Grave, Havre Aubert；西班牙小

吃 $6~16；☺周一至周五 11:00~23:00，周六和周日 9:00~23:00；🅿🍴)友好的老板经常举办现场音乐之夜，葡萄酒和啤酒口感一流，有一个俯瞰大海的露台，小盘菜的菜单从扇贝到海豹香肠再到芝士火锅应有尽有，真的很难不爱上这个地方。

🛍 购物

Artisans du Sable 工艺品

（www.artisansdusable.com；907 Rte 199, Havre Aubert；☺10:00~21:00)这家艺廊商店出售各种棋盘、烛台和其他纪念品……全都是用沙子做的。

ℹ 实用信息

阿弗尔奥博特岛是群岛最南端的岛屿，距离卡普奥美缪斯岛大约有20分钟的车程。

阿弗尔奥麦逊岛（Île du Havreaux Maisons）

机场所在的阿弗尔奥麦逊岛是群岛中人口最多的岛屿之一，但你绝对感觉不到这一点。Rte 199以东的地区很可能是风景最美的地方，Chemindes Buttes路蜿蜒穿过一座座绿色山丘和美如图画的村舍，是欣赏该地区美景的最佳位置。

从Chemin des Échoueries上位于Cap Alright附近的停车场向上攀登一小段路，便可来到山顶竖着十字架的**Butte Ronde**，从这里可以欣赏到蜿蜒起伏的海岸线构成的美景。

🛏 住宿

La Butte Ronde 民宿 $$

（☎866-969-2047, 418-969-2047；www.labutteronde.com；70 Chemin des Buttes, Havre aux Maisons；房间含早餐 $100~165)时钟的"嘀嗒"声、古典音乐声、装饰着图阿雷格游牧人老照片的漂亮客房、一座面朝大海的温室，在这座位于校舍旧址的华丽住宅内，你可以感受到一种图书馆似的静谧气氛。

Domaine du Vieux Couvent 酒店 $$$

（☎418-969-2233；www.domaineduvieux couvent.com；292 Rte 199, Havre aux Maisons；房间含早餐 $150~275；☺3月至12月营业，餐厅 5月至12月 17:00~21:00；🅿🛜)正处群岛的中央，这酒店是玛德琳群岛上最奢华漂亮的住处。每个房间都有一整面墙大小的落地玻璃窗，可以让你尽情眺望大海，而且其服务水平和优雅格调比通常情况下岛民更乐于赞同的闲逸生活态度高了一个等级。

格罗斯岛（Grosse Île）

群岛中大多数说英语的少数民族都居住在这个岛屿上，他们那种类似于纽芬兰的口音说明他们的祖先是凯尔特人。这个更古老的英语社区跟他们那些说法语的邻居过去关系紧张，酒吧斗殴之类的事也曾有耳闻。直到今天，仍然有很多说英语的人不会说法语，但通婚和双语正在变得越来越常见，而且格罗斯岛上的许多旅游基础设施是说法语的人经营的。

Old Harry的Seacow Rd通往海象登陆的地点，人为为了获取它们的油脂，曾在这里对它们大肆杀戮。附近的**St Peter's by the Sea**是1916年时用失事船只的木头修建的，其周围是Clarke 和Clark家族的坟墓。这个姓氏的变化源于官方档案中的拼写错误。

在Pointe de la Grosse Île和Old Harry之间，坐落着湿地面积达684公顷的东点国家野生动物保护区（East Point National Wildlife Reserve)，它拥有这个群岛中最为壮观的海滩：**Plage de la Grande Échouerie**（🏖)🏖。这片开阔的白色沙滩绵延10公里，从Pointe Old Harry向东北方延伸，沙滩附近及从East Cape通往Old Harry的公路沿途都有停车场。

这座岛屿位于卡普奥美缪斯岛以北40公里，一条由平缓隆起的沙丘支撑的堤道将它与群岛的其他部分隔开。

格兰德昂特雷岛（Île de la Grande Entrée）

即使按照玛德琳群岛的标准看，格兰德昂特雷也算是一个偏僻的前哨了，渔港里的桅杆似乎比房屋还要多。这里基本上就是名副其实的道路尽头了,公路末段变成了通向码头的船用斜坡道。

◉ 景点

海豹讲解中心 科学中心

(Centre d'Interprétation du Phoque;✆418-985-2833; www.loup-marin.com; 377 Rte 199; 成人/儿童 $7.50/4; ◉6月至9月10:00~18:00, 10月至12月 周一至周五 10:00至正午和13:00~16:00)这座博物馆深入介绍海豹的生物学知识和习性,探索它们对这些岛屿文化上的重要性,尤其关注了具有争议性的棒杀海豹行为。

⊨ 食宿

La Salicorne 露营地 $

(✆418-985-2833, 888-537-4537; www.salicorne.ca; 377 Rte 199; 露营地 $22起)这个酒店/综合设施是组织各种活动的热闹据点,包括海上皮划艇、风帆冲浪、探洞、自然徒步、群岛团队游、品尝海鲜、听渔夫讲故事甚至泥浆浴。它有一个露营地和一个乏味的自助餐厅(主菜 $13至$25);房间仅供选择多日团队游套餐的客人住宿。

Bistro Plongée Alpha 海鲜 $$

(✆418-985-2422; 898 Rte 199; 主菜 $10~24; ◉7月至9月 11:00~21:00; ⓟ☏)这家餐厅经营者是位南北极潜水员兼制片人,这种奇遇你可不是天天都能碰到,不过这里可是玛德琳群岛,有什么事不会发生呢?这个海鲜餐厅供应龙虾卷、蛤蜊比萨和丰盛的蛤蜊杂烩浓汤。

远北地区(FAR NORTH)

远北地区真正代表了魁北克省最后的边疆,这个省份在此逐渐变得荒芜并最终消失在北冰洋深处。在这片辽阔的远北地区,偏远的村庄、原住民的强烈存在感以及令人惊叹的地理环境吸引着那些不走寻常路的旅行者们。大地蕴藏着宝贵的资源,如白银、黄金和铜矿,北美驯鹿在这里自由地奔跑,水里也有数量众多的鱼。

北方是一片广袤的区域,其中最靠北的部分点缀着一些因纽特人和第一民族的小定居点,只有乘坐丛林飞机才可抵达。那些相对发达的地区主要依靠大规模的工业活动而存在——如采矿、伐木和水电工程。虽然进入真正的远北地区[努纳维克(Nunavik)的因纽特社区]必须要搭乘费用昂贵的飞行工具,但如果你时间充裕,也可驾驶小汽车或搭乘长途汽车轻松到达阿毕提比-特米斯卡明哥和詹姆斯湾(James Bay)地区的其他目的地,体验加拿大北方的真正风采。

阿毕提比-特米斯卡明哥 (Abitibi-Témiscamingue)

在这片65,140平方公里的土地上,人口数量几乎比不上湖泊总数。即便如此,这个地区也在魁北克人心中占据着特殊的位置。这是人类定居与大规模开发的最后区域,是梦想与艰苦的象征。

作为阿尔贡金人的传统土地,阿毕提比-特米斯卡明哥由两个独特的地区组成,以居住于此的不同部落分别命名。特米斯卡明哥地区可以从瓦勒多(Val d'Or)经安大略省北部(Northern Ontario)或沿Rte 117西行抵达。这里游客罕至,植被和地貌更具多样性,拥有众多山谷以及壮阔的特米斯卡明哥湖(Lac Témiscamingue)。而阿毕提比大部分地区地势平坦,旅游者常去,艾盖贝雷公园(Parc d'Aiguebelle)内绝美的山谷和悬崖更加激动人心。

魁北克省的这片广阔区域保留了一种异国气氛,这是因为它的偏远。通常,游客要么在它的那些国家公园里感受天地寂寥,要么正在奔赴北方更壮丽的目的地的途中。

威伦德雷野地保护区 (Réserve Faunique la Vérendrye)

长途驾驶之后,没有什么比划桨泛舟更能振奋人心,而要是在威伦德雷野地保护区(Réserve Faunique la Vérendrye; ✆819-438-2017; www.sepaq.com/rf/lvy; Hwy 117; 成人/儿童 $8.50/免费; ◉5月至9月; ⓟ)⚓划船,那就更完美了,毕竟这里坐拥一大批壮丽的湖泊(足足有4000个)。

露营、钓鱼、打猎和独木舟是这个公园的

主要吸引力所在。甚至在盛夏的热浪中，你也有可能几乎独享整个湖泊。

露营地（☏819-435-2331; www.sepaq.com/rf/lvy; 营地 $21~47, 度假屋 $121起）遍布这座公园。

这座公园的南入口可通过Hwy 117抵达，位于276公里处（Km 276）。**Southern Registration Center**（☏819-435-2216; Hwy 117, Lac Rapide; ⊙5月至9月）可提供更多信息。

瓦勒多（Val d'Or）

瓦勒多于1933年围绕Sigma金矿而生，如今看起来就像一个曾经繁华的采矿城镇，街道宽阔，主街（3e Ave）仍保留着当年那种粗犷的气质，让人很容易想象到淘金热期间这里曾是何等的狂热。Sigma金矿仍在运营，但它已不再是这座城市的经济引擎。

◉ 景点

瓦勒多展览中心   文化中心

（Centre d'Exposition de Val-d'Or; ☏819-825-0942; www.expovd.ca; 600 Rue 7e; ⊙周一和周二 13:00~19:00, 周三和周五 至20:30, 周六和周日 13:00~17:00; P）展览中心陈设着各种旅行方面的展览和当地艺术家（有些是原住民）的作品。这是个参观、交谈、了解瓦勒多时下动态的好地方。

黄金之城   博物馆

（La Cité de l'Or; ☏819-825-1274; www.citedelor.com; 90 Ave Perreault; 语音导览成人/儿童 $7/3, 导览团队游 成人/儿童 $25.25/12.25; ⊙7月和8月 团队游 8:30~17:30, 9月至次年6月 仅预约; P）这座金矿经整修后被改造成了信息丰富的历史遗址，由La Cité de l'Or（黄金之城）经营管理。当你下井参观时，要穿戴矿工的装备——真酷！事实上不仅是酷，矿井下面还很冷。你还可以探索**Village Minier de Bourlamaque**，这是座分布着80座木屋的重建矿村。

🛏 食宿

Hôtel Forestel   酒店 $$

（☏819-825-5660; http://forestel.ca; 1001 3e Ave E; 房间 $135起; P✱@⛉）拥有大大的玻璃窗、光滑的石头地板、工业风时尚设计和对几何感的强调，在这片荒凉之地，这是一个别致奢华的住宿选择——而且价格很实惠。

Balthazar Café   咖啡馆 $

（☏819-874-3004; www.balthazarcafe.ca; 851 3e Ave; 主菜 $6~12, 自助餐 $15起; ⊙周一至周五 7:00~17:00, 周六 10:00~16:00; ⛉✎）既是咖啡馆、面包房，也是熟食店，Balthazar供应美味的自制三明治、冷餐和热餐自助，以及非常实惠的套餐。无论如何，你都能吃到多种多样的汤、沙拉和各种放在面包上的美味食物。

Microbrasserie Le Prospecteur   小酒馆食物 $$

（☏819-874-3377; www.microleprospecteur.ca; 585 3e Ave; 主菜 $12~18; ⊙周一至周五 11:00至次日3:00, 周六 16:00至次日3:00）鸭肉汁土豆条、麋鹿肉汉堡、野牛肉三明治和藜麦沙拉都是这里的特色菜肴，用餐时还可以搭配一大杯自酿啤酒。

ℹ 实用信息

旅游局办事处（☏819-824-9646; http://tourismevaldor.com; 1070 3e Ave E; ⊙8:30~18:30）位于镇子东边的Hwy 117上。

ℹ 到达和离开

Pascan（见369页）、**Air Canada Express**（见258页）和**克里比克航空公司**（见258页）都有航班从蒙特利尔飞往瓦勒多。**Autobus Maheux**（☏819-874-2200; www.autobusmaheux.qc.ca; 1420 4e Ave）有长途汽车开往蒙特利尔（$106, 7小时, 每天3班）、马塔加米（Matagami, $66, 3.5小时, 除周六外每天1班）以及经森特尔（Senneterre）开往希布加莫（Chibougamau; $90, 6小时, 每天1班）。

艾盖贝雷公园（Parc d'Aiguebelle）

由于阿毕提比的风景略显乏味，因此**艾盖贝雷公园**（☏819-637-7322; www.sepaq.com/pq/aig; 12373 Rte d'Aiguebelle; 成人/儿童 $8.50/免费; ⊙全年; P）的优美景色会给人

带来加倍的惊喜。

这座秀美的公园坐拥壮丽的峡谷、大自然"鬼斧神工"般的巨大峭壁以及崎岖难行的精彩步道（有些长达60公里）——步道两旁的树木有着200年树龄。这个"小"公园（面积只有268平方公里）有两个入口：Mont Brun（在瓦勒多西边的Hwy 117上有清楚的路标；这个入口距离吊桥最近）和Taschereau（从Rte 111往南，位于La Sarre和Amos之间）。

从夏天一直到秋天，露营地（☏819-637-7322；www.sepaq.com/pq/aig；露营地$22起，小屋$124起，Huttopia帐篷$100~120；◎6月至11月；P）🍴提供永久式的Huttopia帐篷。

詹姆斯湾（James Bay）

这个地区是魁北克省偏远腹地的真正代表，拔地而起的北方云杉在这里形成了一望无垠的苍茫林海。在很多个夜晚，北极光会给天空染上万花筒般的粉色和蓝色，并最终消失在绚丽的橘黄色霞光中。在这个面积与德国差不多大的地区内，只生活着42,000人。其中近一半是克里人，他们居住在8个彼此相距数百公里的保留区里。

那条近乎神话的詹姆斯湾公路（Rte de la Baie James）止于拉迪森（Radisson），这个小村子位于蒙特利尔以北1400公里处、Amos以北800公里处。一条长达100公里的支路向西通往奇萨西比（Chisasibi），那是位于詹姆斯湾附近的一个克里人保留区。该地区最鲜明的特色是庞大的詹姆斯湾水电项目，一系列水电站满足了魁北克省一半的能源需求。很多游客会专程到此一观这些水电设施的风采。

马塔加米（Matagami）

经过大片大片的北方针叶林之后，马塔加米仿佛是不知从何处冒出来的一样突然出现，而且令人惊讶地繁忙。自1963年建立以来，它就成了一个铜矿和锌矿的开采地。它也是魁北克省最靠北的伐木中心。这两种行业至今仍在此保持着强劲的发展势头，轮班的工人总在这里来来去去。此外，几乎所有沿Rte 109驾车前往拉迪森的人都会在这里过夜。

Hôtel-Motel Matagami（☏819-739-2501, 877-739-2501；www.hotelmatagami.com；99 Blvd Matagami；房间$107起；❋@🛜）在镇上被视为一个顶级住宿地点。它相当体面，而且似乎总是人满为患——主要是因为它的餐厅（5:00~22:00营业）。

奇萨西比（Chisasibi）

克里人村庄奇萨西比很值得拜访，它位于拉迪森以西100公里处，就在Rivière La Grande和詹姆斯湾的交汇处。村子周围的泰加针叶林暴露在来自詹姆斯湾的北极微风中，令人难以忘怀。

这个小镇直到1981年才呈现出我们现在看到的模样。在此之前，村镇里的居民都生活在乔治堡（Fort George）的岛上，那里距镇上10公里，是哈得孙湾公司于1837年建立的毛皮贸易站所在地。旧有生活方式的遗迹通过那些圆锥形的印第安帐篷留存下来，你可以在很多家庭的后院里看到这种帐篷，现在主要用于熏鱼。

关于各种活动的信息以及奇萨西比及周边的潜在团队游机会，可咨询Cree Nation of Chisasibi（☏819-855-3311, 819-855-2878；www.chisasibi.org；◎周一至周五9:00至正午和13:00~17:00）。

努纳维克（Nunavik）

它是魁北克省最北端的边界，一片只比法国小一点儿的土地，但却只有大约13,000人生活在这里的14个村庄。绵延数百公里的苔原将这些村子彼此分隔开，也没有公路将它们连接起来。这些人口中有90%都是因纽特人，其余的则包括克里人、纳斯卡皮人（Naskapi）和魁北克白人。这片梦幻般的区域从北纬55度一直延伸到北纬62度，西至哈得孙湾，北临哈得孙海峡（Hudson Strait），东接昂加瓦湾（Ungava Bay）和拉布拉多边界。

由于只能靠搭乘飞机才能进入努纳维克，因此只有极少数游客来过这里。不过，那些愿意接触当地人的游客，自己也可独立到此旅行。要准备好为各种商品和服务支付更高的价格。一般来说，这里食品的价格差不多为魁北克市的两倍。

❶ 到达和离开

第一航空(First Air；见258页)在蒙特利尔和Kuujjuaq之间提供服务。**因纽特航空**(Air Inuit；见258页)也有航班飞同一条航线，另外还有往返于魁北克市与Puvirnituq之间的航班。还有一些航班从Puvirnituq飞往其他村子，如Whapmagoostui-Kuujjuarapik。

搭乘**克里比克航空公司**(Air Creebec；见258页)的航班，你可以从蒙特利尔直飞Whapmagoostui-Kuujjuarapik和奇萨西比。这些航班的价格都超过$1000，要去那里绝对不便宜。

乌塔韦(THE OUTAOUAIS)

经过魁北克省的赫尔(Hull)之后，渥太华河谷(Ottawa Valley)在河对面变成了乌塔韦(Outaouais，发音就像是用法裔加拿大口音说"渥太华")。这片地区十分广大，大部分属于乡村，从渥太华河向北经过马尼沃基(Maniwaki)，向西经过古隆吉堡(Fort Coulonge)，向东抵达蒙特贝罗(Montebello)。

加蒂诺(Gatineau)

加蒂诺既像是渥太华的双子城，又像是一个独立的城镇。和它在安大略省的邻居相比，这片城市外延区更有工业风。2001年末，作为行政重组的一部分，"赫尔"(Hull)改名加蒂诺，但渥太华河两岸的当地人仍然用老名字称呼它。加蒂诺拥有该地区大部分法语人口，不过在河两边都能找到说法语的人。

在加蒂诺这一侧的河岸，最受欢迎的景点是一流的**加拿大历史博物馆**(Canadian Museum of History)，这是一座振奋人心的建筑，登上表面有涟漪纹路的石墙，可以看到足以印上明信片的议会建筑群的风景。

赫尔的餐饮在很大程度上受到法国菜的影响；这座城市拥有该地区的两个最好、最有名的餐厅，其中包括Le Baccara (☎819-772-6210； Blvd du Casino；晚餐主菜 $45~58；⊙周三、周四和周日 17:30~21:30，周五和周六 至22:30)。

❶ 实用信息

渥太华旅游局(见252页)有关于该地区的大量信息。

Maison du Tourisme (☎819-778-2222；www.tourismeoutaouais.com；103 Rue Laurier；⊙6月至8月 周一至周六 8:30~18:00，周一至周五 8:30~16:30，9月至次年5月 周六和周日 10:00~16:00)位于加蒂诺，过了亚历山大桥(Alexandra Bridge)没多远就是。

❶ 到达和离开

Société de Transport de l'Outaouais (☎819-773-2222；www.sto.ca；111 Rue Jean-Proulx)有公共汽车沿着渥太华的Rideau St和Wellington St运营。从市中心出发，8路、27路和40路公共汽车都开往Promenade du Portage。

加蒂诺公园(Gatineau Park)

加蒂诺公园位于魁北克省的加蒂诺山区(Gatineau Hills)，是一片占地36,000公顷的林地和湖泊，十分受欢迎。夏天的时候，这片雪松和枫树构成的绿色森林提供了总长150公里的徒步小径和超过90公里的骑行小道。冬天的游客同样很多，因为这里有很多适合高山滑雪的山峰。Lac Lapêche、Lac Meech和Lac Philippe等胡泊有适合游泳的沙滩(包括Lac Meech的男同性恋裸体沙滩)，吸引被陆地环绕的当地人来这里清爽一下。

同样，在公园里的还有**麦肯齐金庄园**(Mackenzie King Estate；www.ncc-ccn.gc.ca/places-to-visit/mackenzie-king-estate；每辆小汽车 $10；⊙5月末至10月 9:00~19:00)，它是加拿大前总理的消夏庄园。**秋色节**(Fall Rhapsody；☎819-827-2020；www.ncc-ccn.gc.ca/places-to-visit/gatineau-park/fall-rhapsody；⊙10月初)庆祝的是绚烂的秋色，在10月份举办。

❶ 实用信息

加蒂诺公园游客中心距离渥太华国会山(Parliament Hill)12公里，紧邻Hwy 5。

新斯科舍省

包括 ➡

哈利法克斯	380
南岸	397
阿卡迪亚海岸	407
安娜波利斯河谷	410
新斯科舍省中部	420
日出小径	425
布雷顿角岛	431
东岸	444

最佳餐饮

➡ Wild Caraway Restaurant & Cafe（见425页）

➡ Le Caveau（见419页）

➡ Black Spoon（见441页）

➡ Lincoln Street Food（见403页）

➡ 2 Doors Down（见390页）

➡ Shanty Cafe（见409页）

最佳住宿

➡ Keltic Lodge at the Highlands（见437页）

➡ Cabot Links（见432页）

➡ Queen Anne Inn（见415页）

➡ Roselawn Lodging（见417页）

➡ Maple Inn（见424页）

➡ Jumping Mouse Campground（见438页）

为何去

如果将新斯科舍省比作一部电影，那它的主人公一定粗犷而善良，有一张饱经风霜的脸，心胸就像大海一样宽广。这部影片的背景画面会是连绵起伏的绿色田野和高高的海边悬崖；背景音乐回荡着动人心弦的小提琴、鼓和钢琴合奏；情节则轻松喧闹，生气勃勃，围绕着历史、社群和家庭等主题展开。

新斯科舍省是个极具价值的旅行目的地。它狂野而多姿多彩的地貌滋养了聪明、好客的多元族群，他们喜欢唱歌、跳舞，但是在玩躲避球游戏时可以嬉笑之间把你打败。

短暂的夏季是纯粹的快乐时光，当地人抖一抖身上的寒气，出来庆祝生活：住宿场所很快就会客满，价格也随之飙升。虽然春末和仲秋的气候条件正在变得难以预测，但这些时候仍然有着壮丽的景色和比较温和的气候，而白雪皑皑的漫长冬季十分寒冷，但风景绝美。

何时去

哈利法克斯

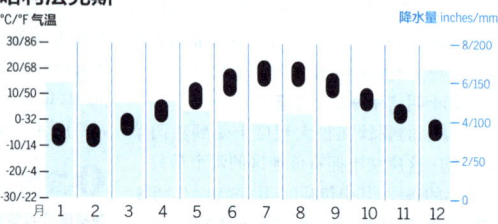

5月和6月 避开价格飙升的夏季，感觉自己好像独享着省内风光。

7月和8月 随着温度（和价格）的升高，鲜花盛开，白天似乎永远不会结束。

9月和10月 在漫长冬季到来之前，沉醉在当地层林尽染的绚烂秋色中。

历史

从远古时代起，米克马克第一民族（Mi'kmaq First Nation）一直生活在如今的新斯科舍省一带。1605年，法国人在皇家港口（Port Royal，如今的皇家安娜波利斯）建立了第一个欧洲人的定居地，大酋长曼波托（Grand Chief Membertou）热情地接待了他们，并且与法国探险家塞缪尔·德·尚普兰（Samuel de Champlain）交往密切。

英国人控制了新斯科舍省之后，对这种密切的关系产生了怀疑，并且悬赏米克马克人的头皮。从1755年开始，大多数讲法语的阿卡迪亚人（Acadian）都因为拒绝宣誓效忠英国王室而被驱逐到美国路易斯安那州[Louisiana，他们在那里被称为卡津人（Cajuns）]及其他地方。

后来，大约35,000名从美国独立战争中撤退的效忠派（United Empire Loyalists）来到新斯科舍省定居，其中包括少数保皇党拥有的非裔黑奴和被解放的黑人保皇党。新英格兰的殖民者建立了其他定居地，而且，从1773年开始，苏格兰高地人（Highland Scot）大批涌入。

大多数新斯科舍省人的祖籍都可以追溯到不列颠群岛上，看看电话簿里以"Mac"和"Mc"开头的人名占了多少页，你就知道了（"Mac"和"Mc"均来自盖尔语，即苏格兰和爱尔兰部分地区使用的语言）。1764年之后，一些阿卡迪亚人得以从路易斯安那重返家园，却发现位于安娜波利斯河谷（Annapolis Valley）的土地已经被占领。他们转而选择雅茅斯（Yarmouth）和迪格比（Digby）之间的法兰西海岸（French Shore）、谢蒂均普（Chéticamp）附近的布雷顿角岛和Isle Madame安营扎寨。如今阿卡迪亚人大约占总人口的12%，不过仍然以法语为母语的就没这么多了。非裔新斯科舍人约占总人口的5%。新斯科舍省拥有将近34,000名原住民，其中大约22,000人属于第一民族，主要来自18个不同的米克马克社群。

当地文化

新斯科舍省拥有近8000公里的海岸线，当地的文化也围绕着海洋发展。以往这一地区以采煤和渔业为主，崇尚辛勤劳作。如今体力劳动仍然是这里的主流，不过随着基础产业的萎缩，新斯科舍省有不少年轻人被迫离开家乡找工作。

也许因为冬天很漫长，工作很辛苦，喜爱音乐的新斯科舍省人特别多。家庭聚会时有人弹吉他，有人拉小提琴，有人用脚打拍子，有人跳舞，尤其是阿卡迪亚人和苏格兰人。

快速参考

- 人口：942,930
- 面积：55,284平方公里
- 省会：哈利法克斯
- 奇闻逸事：拥有西半球唯一的潮汐发电站

❶ 到达和离开

飞机

哈利法克斯斯坦菲尔德国际机场（见394页）与多伦多、蒙特利尔、渥太华、圣约翰（Saint John）和蒙克顿（Moncton）等城市每天都有多个航班往来，也有前往波士顿和纽约的航班，但班次较少。夏秋两季有航班直飞伦敦和冰岛。覆盖这些航线的航空公司包括加拿大航空（Air Canada）、康多尔航空（Condor）、达美航空（Delta）、冰岛航空（Iceland Air）、联合航空（United）和西捷航空（Westjet）。

PAL航空（PAL Airlines，简称PB；✆800-563-2800；www.palairlines.ca）有从魁北克省、新不伦瑞克省和纽芬兰省内陆区前往新斯科舍省的航班。

圣皮埃尔航空（Air St-Pierre, PJ；✆877-277-7765；www.airsaintpierre.com）还有航班从**悉尼JA道格拉斯麦柯迪机场**（Sydney JA Douglas McCurdy Airport, YQY；✆902-564-7720；www.sydneyairport.ca；280 Silver Dart Way）飞往法国领地圣皮埃尔（St Pierre）和密克隆（Miquelon）。除此之外，该机场只飞加拿大国内航班。

船

新不伦瑞克省

Bay Ferries（✆877-762-7245；www.ferries.ca）运营从迪格比前往新不伦瑞克省圣约翰（成人/儿童单程$36/20起，2.5小时起）的船只。运载机动车

新斯科舍省亮点

① **卡伯特小径**（见433页）驾车领略布雷顿角岛上的美景。

② **路易斯堡国家历史遗址**（见443页）赞叹该省悠久的殖民历史。

③ **21号码头加拿大移民博物馆**（见381页）在哈利法克斯思加拿大的多元文化的根脉。

④ **梅莫里莱恩遗产村落**（见443页）去夏洛特湖看一个社群如何保存历史。

⑤ **制铁厂蒸馏酒厂**（见400页）

地图标注

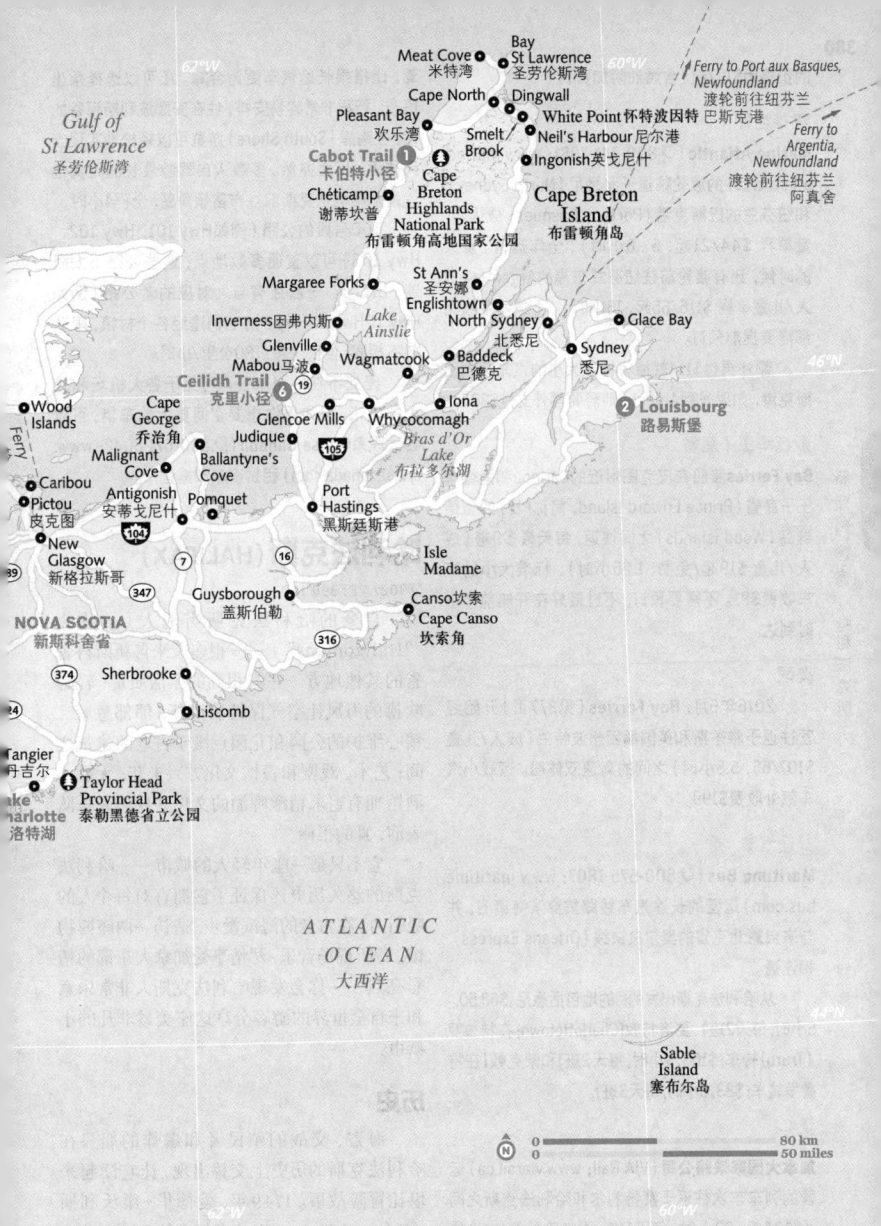

Meat Cove 米特湾
Bay St Lawrence 圣劳伦斯湾
Cape North
Dingwall
Pleasant Bay 欢乐湾
White Point 怀特波因特
Neil's Harbour 尼尔港
Ingonish 英戈尼什
Smelt Brook
Cabot Trail 卡伯特小径 ①
Chéticamp 谢蒂坎普
Cape Breton Highlands National Park 布雷顿角高地国家公园
Cape Breton Island 布雷顿角岛
Gulf of St Lawrence 圣劳伦斯湾
Margaree Forks
St Ann's 圣安娜
Englishtown
Inverness 因弗内斯
Lake Ainslie
North Sydney 北悉尼
Glace Bay
Mabou 马波
Wagmatcook
Baddeck 巴德克
Sydney 悉尼
Ceilidh Trail 克里小径 ⑥ (19)
Cape George 乔治角
Glencoe Mills
Iona
Louisbourg 路易斯堡 ②
Wood Islands
Judique
Whycocomagh
Bras d'Or Lake 布拉多尔湖
Malignant Cove
Ballantyne's Cove
(105)
Caribou
Antigonish 安蒂戈尼什
Pomquet
Port Hastings 黑斯廷斯港
Pictou 皮克图
(104)
New Glasgow 新格拉斯哥
Isle Madame
(7) (16)
Canso 坎索
Cape Canso 坎索角
NOVA SCOTIA 新斯科舍省
(347)
Guysborough 盖斯伯勒
(316)
(374)
Sherbrooke
Liscomb
Tangier 丹吉尔
Taylor Head Provincial Park 泰勒黑德省立公园
Charlotte 洛特湖

ATLANTIC OCEAN 大西洋

Sable Island 塞布尔岛

Ferry to Port aux Basques, Newfoundland 渡轮前往纽芬兰巴斯克港
Ferry to Argentia, Newfoundland 渡轮前往纽芬兰阿真舍

0   80 km
0   50 miles

在**卢嫩堡**品尝Bluenose朗姆酒。

⑥ **Glenora Inn & Distillery**（见431页）在**克里小径**的酒厂了解单一麦芽威士忌是如何酿造的。

⑦ **加更斯化石中心**（见422页）在岩壁面前思考进化历程。

⑧ **格朗普雷国家历史遗址**（见416页）铭记阿卡迪亚人当年的困境。

⑨ **德奥角灯塔**（见425页）惊呆在**阿德沃基特港**的美景面前。

纽芬兰省

Marine Atlantic（☎800-341-7981；www.marine-atlantic.ca）的渡轮往返于北悉尼（North Sydney）和纽芬兰的巴斯克港（Portaux Basques；成人/儿童单程$44/21起，6~8小时），全年运营。夏天的时候，还有渡轮前往纽芬兰东岸的Argentia（成人/儿童单程$116/65起，16小时）。上述两条线路都需要提前预订。

额外再付$114就能将标准大小的汽车运到巴斯克港，如果是到Argentia则需要额外支付$203。

爱德华王子岛省

Bay Ferries渡船在皮克图附近的Caribou和爱德华王子岛省（Prince Edward Island，简称PEI）的伍德群岛（Wood Islands）之间往返，每天最多9趟（成人/儿童$19起/免费，1.25小时）。标准大小的汽车收费$81。不需要预订，不过最好在开船前半小时到达。

美国

2016年6月，**Bay Ferries**（见377页）开始经营往返于雅茅斯和美国缅因州波特兰（成人/儿童$107/65，5.5小时）之间的高速双体船。运载小汽车额外收费$199。

长途汽车

Maritime Bus（☎800-575-1807；www.maritimebus.com）运营的长途汽车线路贯穿滨海诸省，并与来自魁北克省的奥尔良快线（Orleans Express）相连通。

从哈利法克斯出发的目的地包括悉尼（$63.50，5小时，每天2班）、夏洛特敦[Charlottetown；在特鲁罗（Truro）转车；$103，9小时，每天2班]和蒙克顿（在特鲁罗转车；$83，8小时，每天3班）。

火车

加拿大国家铁路公司（VIA Rail；www.viarail.ca）运营的列车车次往返于蒙特利尔和哈利法克斯之间（$134起，22小时，每天1班，周二除外），中途停靠阿默斯特（Amherst；距蒙特利尔17小时车程）和特鲁罗（距蒙特利尔18小时车程）。提前订票可以打折。

❶ 当地交通

目前四处游览最简便的交通方式就是租车自驾，比搭乘长途汽车更为合算。还可以选择乘坐班车。行程非常容易安排，住在安娜波利斯河谷的话，去南岸（South Shore）游览可以轻松地实现当天往返，反之亦然。多数人自驾游最长的距离也就是从哈利法克斯前往布雷顿角岛，全程4小时。

100号段的公路（例如Hwy 101、Hwy 102、Hwy 103）可以直通多数地点；这些公路不太限速、出口少。一般还有与之对应的老公路（例如Hwy 1、Hwy 2、Hwy 3），它们途经各个村镇，限速各不相同，但很少超过80公里/小时。

无处不在的租车公司可见于各大机场和较大的城市，但如果你想要空间更大的车辆，可以尝试联系**Cruise Canada**（☎800-671-8042；www.cruisecanada.com）租赁房车和露营车。

哈利法克斯（HALIFAX）

☎902/人口 390,100

自豪的哈利法克斯当地人（被称为"Haligonians"）——很多人来自新斯科舍省的其他地方——有很高的生活质量；轻轻吹拂的海风让空气保持着清新；郁郁葱葱、精心维护的公园和花园点缀于古老的建筑之间；艺术、戏剧和餐饮文化方兴未艾；无数小酒馆拥有追求精酿啤酒的文化并且热爱乐队表演，真的很棒。

它不只是一座年轻人的城市——哈利法克斯的悠久历史还保证了它拥有对每个人的吸引力。在古老的海滨漫步，造访一两座博物馆，聆听现场音乐，尽情享受加拿大东部的精彩亮点——你会发现哈利法克斯人非常乐意和来自全世界的游客分享这座美妙非凡的小城市。

历史

海盗、交战的殖民者和爆炸的船只在哈利法克斯的历史上交替出现，让它读起来堪比冒险故事。1749年，爱德华·康沃利斯（Edward Cornwallis）在如今的Barrington St一带建起了哈利法克斯，此后，这个英国人的定居地就不断发展壮大。1760年英国人摧毁了位于路易斯堡（Louisbourg）的法国军事堡垒，提升了自己的统治地位，从而奠定了哈利法克斯作为新斯科舍省最重要城市的地位。

19世纪初哈利法克斯已经拥有两所大学,不过依然是个简陋的水手聚集地,1812年战争期间,这里成了皇家海盗(privateer)的黑市交易中心。在海盗行为失去了政府的支持以后,哈利法克斯平稳地过渡到了商业时代,各条城市街道——尤其是Market St和Brunswick St——充斥着数不尽的酒馆和妓院。

1912年4月14日,3艘哈利法克斯的船只在收到一条求救信号后出发:"永不沉没"的皇家邮轮泰坦尼克号撞上了一座冰山。超过1500人在这场悲剧中丧生,不少遇难者就葬在费尔文公墓(Fairview Cemetery),旁边就是Bedford Hwy上的Fairview Overpass。

当地历史上一件相对鲜为人知的悲剧发生在1917年第一次世界大战期间,当时有一艘法国军火船"勃朗峰"号(Mont-Blanc)满载着炸药和高度易燃的苯在哈利法克斯海峡里与挪威船只"伊莫"号(Imo)相撞,撞击引起了火灾。法国船燃烧了20分钟,然后火势蔓延到船上载着的有毒货物上。随后引发的爆炸席卷全城,被称为"哈利法克斯大爆炸"(Halifax Explosion),这是原子弹试验之前全世界威力最大的爆炸,超过1900人遇难,约9000人受伤。整个Richmond郊区被冲击波夷为平地,沿海的第一民族米克马克社区被爆炸引发的海啸淹没。这次事件是哈利法克斯历史上最重大的灾难。

◉ 景点

◎ 市中心

★ 21号码头加拿大移民博物馆　博物馆

(Canadian Museum of Immigrationat Pier 21; ☎902-425-7770; www.pier21.ca; 1055 Marginal Rd; 成人/儿童 $11/7; ◉5月至11月 9:30~17:30,12月至次年4月时间缩短)21号码头(Pier 21)对于加拿大来说就相当于埃利斯岛对于美国一样(Ellis Island,美国移民历史的象征)。从1928年到1971年,有超过100万移民从这里进入加拿大。这些移民的人生经历以及致使他们背井离乡的历史背景构成了这座一流博物馆的基础,引人入胜的常设展览包括最近更新的"21号码头故事"(Pier 21 Story)和新增的"加拿大移民故事"(Canadian Immigration Story)。展品包括第一手的证据和文物,博物馆内还有相关主题的临时展览。

★ 城堡山国家历史遗址　古迹

(Citadel Hill National Historic Site; ☎902-426-5080; www.pc.gc.ca; 5425 Sackville St; 成人/儿童 $12/6; ◉9:00~17:00)城堡(Citadel)是游人最多的加拿大国家历史遗址。它是一座星形的堡垒,规模巨大,可能还有些阴森,高踞在哈利法克斯城中央的山上。城堡在1749年随着哈利法克斯的建立而破土动工,如今矗立在这里的建筑是1818年到1861年期间进行的第4次修建的结果。导览游会介绍这座堡垒的形状和历史。堡垒内的院子全年对外开放,没有展览的时候可以免费参观。

从11月至次年5月,虽然庭院依然开放,但游客的体验服务有限。

新斯科舍省艺术馆　画廊

(Art Gallery of Nova Scotia; ☎902-424-5280; www.artgalleryofnovascotia.ca; 1723 Hollis St; 成人/儿童 $12/5, 周四 17:00~21:00 免费; ◉周三、周五和周六 10:00~17:00, 周四至21:00, 周日 正午至17:00)不要错过催人泪下的常设展览"莫德·刘易斯绘画小屋"(Maud Lewis Painted House),展品包括一个3米×4米的小屋,成年后的刘易斯几乎在这里生活了一辈子。下层展厅会定期推出不同的展览主题,从古代艺术到先锋派应有尽有。每个周日的14:00都会安排免费导览,7月和8月每天都有免费导览。

自然博物馆　博物馆

(Museum of Natural History; ☎902-424-7353; http://naturalhistory.novascotia.ca/; 1747 Summer St; 成人/儿童 $6.30/5.25; ◉5月中旬至10月 周三 9:00~20:00, 周四至周二 至17:00; 11月至次年5月中旬周一闭馆; ◉)每天开展的暑期项目,向孩子们介绍哥法地鼠龟格斯(Gusthe gopher tortoise),还会展示如何烹饪小虫子。关于历史和自然世界的展览也会让父母们都要认真观看。

哈利法克斯公共花园　花园

(Halifax Public Gardens; www.halifaxpublicgardens.ca; 5665 Spring Garden Rd; ◉日出至

382

Halifax 哈利法克斯

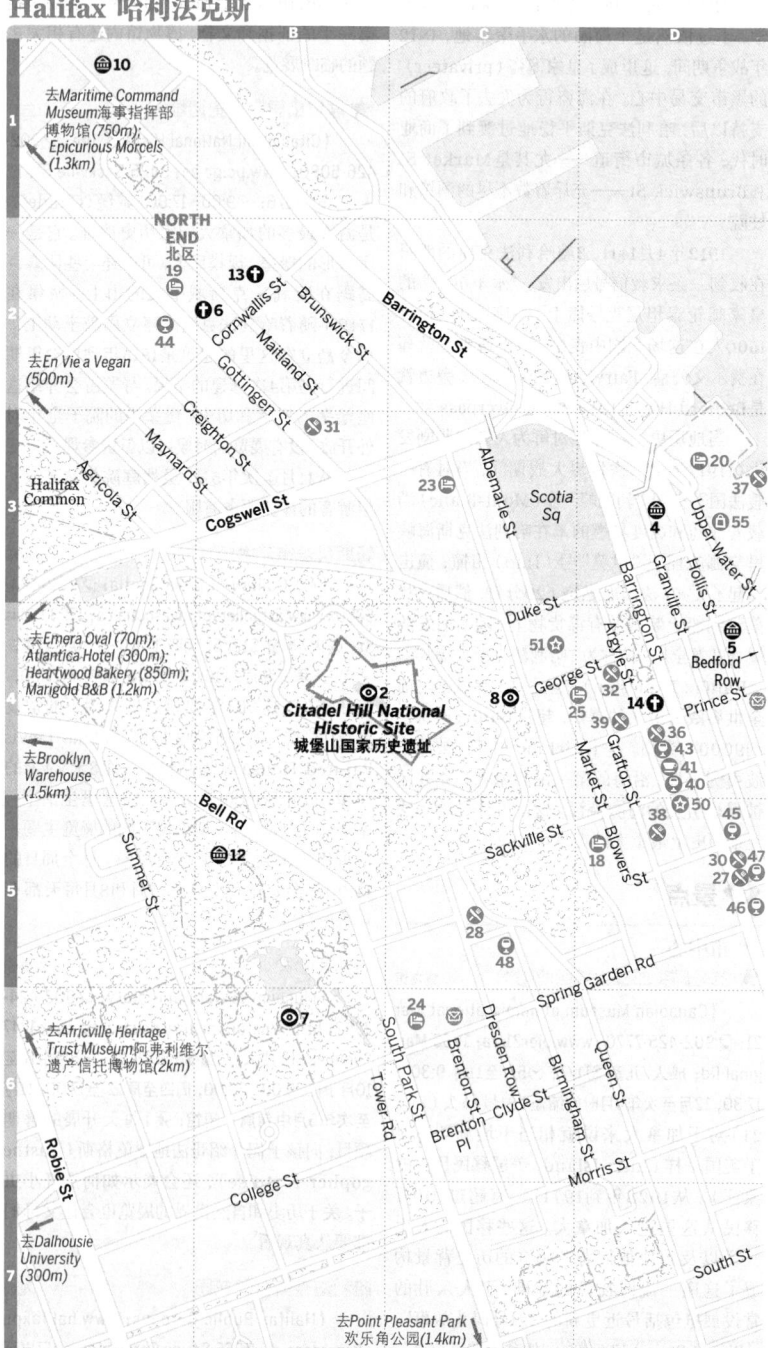

去 Maritime Command Museum 海事指挥部博物馆(750m);
Epicurious Morcels (1.3km)

NORTH END 北区

去 En Vie a Vegan (500m)

Halifax Common

去 Emera Oval (70m);
Atlantica Hotel (300m);
Heartwood Bakery (850m);
Marigold B&B (1.2km)

去 Brooklyn Warehouse (1.5km)

Citadel Hill National Historic Site
城堡山国家历史遗址

去 Africville Heritage Trust Museum 阿弗利维尔遗产信托博物馆(2km)

去 Dalhousie University (300m)

去 Point Pleasant Park 欢乐角公园(1.4km)

新斯科舍省 哈利法克斯

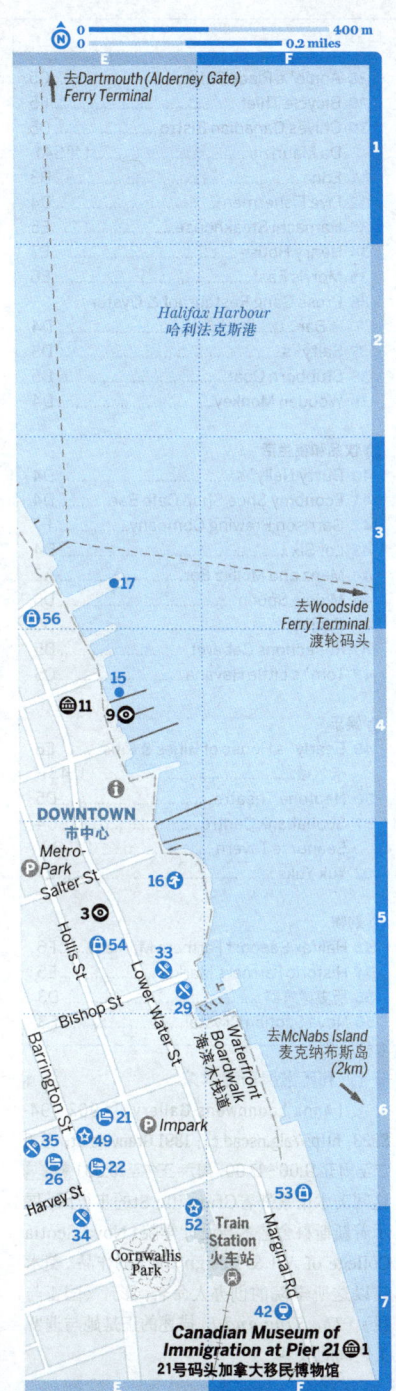

日落）免费1867年为了庆祝加拿大联邦的成立而建造，哈利法克斯令人愉悦的公共花园被很多人认为是北美地区最精美的维多利亚式城市花园。夏天的周日午后，老年乐队会在凉亭里表演跑调的音乐，练习太极的人们一展身手，只要带上一副国际象棋，就可以在户外的桌子上与人对弈一番。

圣保罗教堂

教堂

（St Paul's Church；902-429-2240；www.stpaulshalifax.org；1749 Argyle St；周一至周六9:00~16:00，周日弥撒10:00）这座教堂是哈利法克斯最古老的现存建筑，同时也是加拿大境内最古老的新教教堂。圣保罗圣公会教堂（St Paul's Anglican Church）在1749年兴建哈利法克斯时落成，曾经的服务区域十分广阔辽远，从纽芬兰到安大略省的教民都在它的管辖之下。可以在任意时间来到这座迷人的建筑，在导游带领下参观或自助游览。

亚历山大·基思新斯科舍酿酒厂

酿酒厂

（Alexander Keith's Nova Scotia Brewery；902-455-1474；www.keiths.ca；1496 Lower Water St, Brewery Market；成人/儿童 $26/12；周一至周六11:30~20:00，周日 至18:00）身穿旧时服装的工作人员加上优质的啤酒和昏暗的走廊，这家酿酒厂的团队游可以带你穿越到19世纪的哈利法克斯。1小时的游览结束后，地下室的小酒馆会有一个派对，你可以享用桶装啤酒，听听跟啤酒有关的故事。注意：你需要带上身份证明。这里准备了柠檬水招待小朋友们。6月至10月的每天、11月至次年5月的周五至周日有多个团队游；团队游时间可登录网站查询。

大西洋海事博物馆

博物馆

（Maritime Museum of the Atlantic；902-424-7490；http://maritimemuseum.novascotia.ca；1675 Lower Water St；成人/儿童 5月至10月 $9.50/5，11月至次年4月 $5/3；5月至10月 9:30~17:00，11月至次年4月时间缩短）这个很受欢迎的海事博物馆的一部分从前是个杂货店，出售船只所需的各种装备。你可以闻到绳子烧焦了的气味，这样加工过的绳子不怕海水浸泡。馆内有一系列常设展览，包括关于皇家邮轮泰坦尼克号与哈利法克斯大爆炸

Halifax 哈利法克斯

◎ 重要景点
- **1** 21号码头加拿大移民博物馆..................F7
- **2** 城堡山国家历史遗址..........................B4

◎ 景点
- **3** 亚历山大·基思新斯科舍酿酒厂............E5
- **4** 安娜·利奥诺温斯美术馆.....................D3
- **5** 新斯科舍省艺术馆.............................D4
- **6** 康沃利斯街浸信会教堂........................B2
- **7** 哈利法克斯公共花园...........................B6
- **8** 哈利法克斯钟楼.................................C4
- **9** 加拿大皇家海军舰艇萨克维尔号...........E4
- **10** 荷兰小教堂......................................A1
- **11** 大西洋海事博物馆.............................E4
- **12** 自然博物馆......................................B5
- **13** 圣乔治圆形教堂................................B2
- **14** 圣保罗教堂......................................D4

◎ 活动、课程和团队游
- **15** Bluenose II......................................E4
- **16** I Heart Bikes...................................E5
- **17** Murphy's the Cable Wharf.................E3
  - Tall Ship Silva...............................（见17）
  - Tattle Tours...................................（见8）

◎ 住宿
- **18** Cambridge Suites Halifax..................D5
- **19** Halifax Backpackers Hostel...............A2
- **20** Halifax Marriott Harbourfront............D3
- **21** Halliburton......................................E6
- **22** HI Nova Scotia.................................E6
- **23** Homewood Suites by Hilton Halifax-Downtown...........................C3
- **24** Lord Nelson Hotel & Suites................C6
- **25** Prince George Hotel..........................D4
- **26** Waverley Inn....................................E6

◎ 就餐
- **27** 2 Doors Down...................................D5
- **28** Annie's Place Cafe............................C5
- **29** Bicycle Thief....................................E5
- **30** Chives Canadian Bistro......................D5
  - Da Maurizio..................................（见54）
- **31** Edna...B3
- **32** Five Fishermen.................................D4
- **33** Hamachi Steakhouse.........................E5
- **34** Henry House....................................E7
- **35** Morris East......................................E6
- **36** Press Gang Restaurant & Oyster Bar..D4
- **37** Salty's..D3
- **38** Stubborn Goat.................................D5
- **39** Wooden Monkey..............................D4

◎ 饮品和夜生活
- **40** Durty Nelly's....................................D4
- **41** Economy Shoe Shop Cafe Bar.............D4
- **42** Garrison Brewing Company................F7
- **43** Lot Six..D4
- **44** Menz and Mollyz Bar.........................A2
- **45** Middle Spoon..................................D5
- **46** Pacifico...D5
- **47** Reflections Cabaret...........................D5
- **48** Tom's Little Havana..........................C5

✪ 娱乐
- **49** Bearly's House of Blues & Ribs..........E6
  - 卡尔顿...（见43）
- **50** Neptune Theatre..............................D5
- **51** Scotiabank Centre............................C4
  - Seahorse Tavern............................（见41）
- **52** Yuk Yuks...E7

◎ 购物
- **53** Halifax Seaport Farmers Market.........F6
- **54** Historic Farmers Market....................E5
- **55** 历史建筑群.....................................D3
- **56** Nova Scotian Crystal.........................E3

的展览。在博物馆外的船坞你可以参观加拿大科考船（Canadian Scientific Ship, 简称CSS）"阿卡迪亚"号（Acadia），这是一艘来自英格兰的退役水文测量船。

在加拿大的官方海军纪念馆，"二战"中的最后一艘轻型巡洋舰**加拿大皇家海军舰艇萨克维尔号**（HMCS Sackville; ☎902-429-2132; www.hmcssackville.ca; 成人/儿童 $3/2; ⊙6月至10月 10:00~17:00）就停泊在附近，船上的工作人员是加拿大海军官兵。

安娜·利奥诺温斯美术馆　画廊

（Anna Leonowens Gallery; ☎902-494-8223; http://alg.nscad.ca; 1891 Granville St; ⊙周二至周五 11:00~17:00, 周六 正午至16:00）**免费** 这间美术馆紧邻着Granville St的步行区，展示着新斯科舍艺术与设计学院（Nova Scotia College of Art & Design）师生的作品。美术馆以这所学院的创办人命名，影片《国王与我》（*The King and I*）描述的正是她与暹罗王之间的故事。

哈利法克斯钟楼
知名建筑

（Halifax Town Clock, Old Town Clock; Brunswick St）坐落在城堡山（Citadel Hill）之巅，这座哈利法克斯的帕拉第奥式钟楼看上去更适合出现在威尼斯的街巷，但它已经在这里忠实地记录了两百多年的时间。在肯特公爵[the Duke of Kent，即爱德华王子（Prince Edward）]下令建造时钟之后，时钟的内部结构在1803年从伦敦运抵哈利法克斯。

费尔文劳恩公墓
古迹

（Fairview Lawn Cemetery; ☎902-490-4883; 3720 Windsor St）当皇家邮轮泰坦尼克号沉没时，那些没有在深海中失踪的遇难者遗体被送到了哈利法克斯。除了其他墓地之外，有19人葬在橄榄山天主教公墓（Mt Olivet Catholic Cemetery; 7076 Mumford Rd），121人葬在这个费尔文劳恩公墓，其中包括J Dawson，莱昂纳多·迪卡普里奥（Leonardo DiCaprio）在电影《泰坦尼克号》中所扮演角色的名字就源自这个名字。目光敏锐的人会发现令人动容的凯尔特十字架（Celtic Cross）和无名儿童（Unknown Child）纪念碑。

◉ 北区（North End）

差不多从哈利法克斯诞生之日起，北区就一直是一个独特的街区。18世纪50年代初，这个"北部城郭"地带开始变得热闹起来，随后蓬勃发展，这要归功于该地区较大的建筑用地面积。

阿弗利维尔遗产信托博物馆
博物馆

（Africville Heritage Trust Museum; www.africvillemuseum.org; 5795 Africville Rd; 成人/儿童 \$4/2.30; ⏰6月至8月 周二至周日 10:00~16:00，9月至次年5月 周二至周五 10:00~16:00）你可以在这座博物馆了解阿弗利维尔的故事，阿弗利维尔是哈利法克斯的非裔聚居郊区，这里的居民曾在20世纪60年代遭到驱逐，他们的家园遭到洗劫，这是哈利法克斯的一大丑闻。2010年，哈利法克斯的市长对该社区正式道歉。Seaview United Baptist Church曾经是这个社区的中心，如今这座博物馆所在建筑正是复建的教堂建筑，这不免令人唏嘘。

海事指挥部博物馆
博物馆

（Maritime Command Museum; ☎902-721-8250, www.psphalifax.ca/marcommuseum; 2725 Gottingen St; ⏰周一至周五 9:00~15:30）**免费** 1819年以前，负责整个北美地区英国海军的上将驻扎在哈利法克斯，也常在Admiralty House——也就是如今的海事指挥部博物馆——举行盛大的聚会。博物馆拥有美丽的乔治亚风格建筑，此外，这里包罗万象的收藏品也值得一看，包括打火机、银餐具和船上的铃铛，这只是其中的一小部分。

圣乔治圆形教堂
教堂

（St George's Round Church; ☎902-423-1059; www.roundchurch.ca; 2222 Brunswick St）教堂修建于1800年，是一座罕见的以帕拉第奥式建筑风格建造的圆形教堂，圆形大厅直径达18米。这座教堂以及它附属的荷兰小教堂（Little Dutch Church; 2393 Brunswick St; ⏰7月至9月预约）**免费** 的团队游都需要预约安排。

康沃利斯街浸信会教堂
教堂

（Cornwallis Street Baptist Church; ☎902-429-5573; www.cornwallisstreetbaptist.ca; 5457 Cornwallis St）康沃利斯街浸信会教堂从19世纪30年代起一直为非裔新斯科舍省人服务。周日上午路过这里可以听到从教堂里传来的福音音乐。

◉ 市中心以外

水晶新月海滩省立公园
省立公园

（Crystal Crescent Beach Provincial Park; http://parks.novascotia.ca/content/crystal-crescent-beach; 223 Sambro Creek Rd）位于哈利法克斯以南18公里，在村庄桑布罗（Sambro）附近，这座景色优美的省立公园拥有三个风格迥异的海滩，分布在不同的小海湾里：其中朝西南方向往外数的第3片海滩是一个天体海滩（穿不穿衣服随你），也欢迎同性恋者。内陆有一条长8.5公里的徒步路径一路通向Pennant Point，沿途经过荒地、沼泽和岩石。

🏃 活动

去哈利法克斯市郊景点游览时特别适

当地知识

在公园免费滑冰

Emera Oval（☎902-490-2347；www.halifax.ca/SkateHRM；5775 Cogswell St；⊙7:00~19:00）**免费** 位于哈利法克斯公园（Halifax Common），冬天是个速滑冰场，到了夏天就会变成轮滑场地。这里免费出借冰鞋、头盔和雪橇（只能在外道使用），甚至还提供免费教学。可登录网站查询，记得带上有照片的有效身份证明。

合骑车。你可以带自行车乘坐去达特茅斯的渡轮，也可以骑车通过麦克唐纳大桥（Mac Donald Bridge）。夏天的时候，在Bishop's Landing（位于Bishop St尽头）周边的海滨地带通常有几个出租自行车的机构。

在非常靠近市中心的位置就有适合徒步的长短路线。Hemlock Ravine是一片面积达80公顷的林地，有5条徒步路线，适合各种水平的徒步爱好者。要去那里的话，可以从哈利法克斯市中心沿Bedford Hwy前行，在Kent Ave左转，这条路的尽头有个停车场和徒步路线地图。在www.novatrails.com有更加详细的路线说明，还可以了解如何前往其他路线起点。

麦克纳布斯岛 徒步

（McNabs Island；www.mcnabsisland.ca）坐落在哈利法克斯港的这座小岛共有400公顷，岛屿的海岸线铺着细沙和鹅卵石，岛上分布着盐沼、森林和废弃的军事设施，在这里只需要凭借一点想象力，你就像是穿越到了过去。登录网站查询抵达这里的各种方式，在岛上可以做什么（以及不能做什么），网站还提供可下载的地图。

欢乐角公园 徒步

（Point Pleasant Park；☎902-490-4700；5718 Point Pleasant Dr；⊙日出至日落；🚌9）这座75公顷的保护区就位于市中心以南1.5公里处，拥有长约39公里的观景小道、野餐区和一座美丽的18世纪圆堡（Martello Tower）。在公园外围的小道上可以眺望麦克纳布斯岛、开阔的海面和North West Arm。

I Heart Bikes 骑车

（☎902-406-7774；www.iheartbikeshfx.com；1507 Lower Water St；租车每小时$12起）如果你喜欢骑车胜过走路，你就会喜欢这家机构的员工的。这里位置居中，靠近哈利法克斯海滨，是个挑选一辆二轮战车，开始骑行的好地方。他们既出租自行车，也提供骑行团队游。

👉 团队游

Halifax Free Tours 步行

（www.halifaxfreetours.wixsite.com/halifaxfreetours；⊙6月至9月 10:00和15:00）**免费** 这些步行团队游的价格不能再低了，因为是免费的。由友好的当地向导带领，游览哈利法克斯的市中心，全程1.5小时。发邮件预订名额，而且要记得给小费！

Adventure Canada 生态游

（☎905-271-4000；www.adventurecanada.com）这个生态冒险团队游的运营商是少数有资质在塞布尔岛（见387页）经营的公司之一，岛上有野马种群和全世界最大的灰海豹（grey seal）繁殖地。

Murphy's the Cable Wharf 游轮

（☎902-420-1015；www.mtcw.ca；1751 Lower Water St）这家大型旅游公司在哈利法克斯港组织一系列游览项目，包括深海钓鱼、2小时的乘船观光游，以及乘坐人气很高的水陆两栖大巴参加55分钟Harbour Hopper Tours（成人/儿童 $35/20），还有非常受孩子们欢迎的"拖船西奥多号港口大冒险"（Theodore the Tugboat's Big Harbour Adventure Tour；$20/10）。

Pedal & Sea Adventures 骑行

（☎877-777-5699；www.pedalandseaadventures.com；租自行车每天/每周 $35/149起）在新斯科舍省提供独特的全包骑行团队游，此外还有优质自行车出租，可以送车上门（租车时间2天起），还附带头盔、车锁和修车工具。

Tall Ship Silva 乘船游

（☎902-420-1015；www.tallshipsilva.com；1751 Lower Water St；乘船游览成人/儿童 $30/19）

乘坐哈利法克斯的高桅帆船参加白天1.5小时的游览或者晚上2小时的派对乘船之旅。登录网站查看航行时间表。

Bluenose Sidecar Tours　　　　自驾
（☎902-579-7433；www.bluenosesidecartours.com；团队游$89起）乘坐好玩又复古的跨斗摩托游览哈利法克斯周边地区，或者前往佩吉海湾（Peggy's Cove）、卢嫩堡（Lunenburg）和南岸地区，自由自在地吹着风，欣赏沿途风景。

Bluenose II　　　　乘船游
（☎800-763-1963；www.bluenose.novascotia.ca；Lower Water St；2小时乘船游成人/儿童$20/10）这艘"蓝鼻子"号（Bluenose）纵帆船的经典复制品有时候在哈利法克斯，有时候在卢嫩堡。登录网站查看详情。

Great Earth Expeditions　　　　生态游
（☎902-223-2409；www.greatearthexpeditions.com；团队游$90起）从哈利法克斯出发的半日生态游和一日生态游项目包含徒步、皮划艇或者历史景点，其中包括游览哈利法克斯港的麦克纳布斯岛。还组织时间更长的4日游，行程包括卡伯特小径（见433页）和穿越克吉姆库吉克国家公园（见404页）。

Local Tasting Tours　　　　美食美酒游
（☎902-818-9055；www.localtastingtours.com；团队游$40起）参加这些美食主题的团队游，边玩边吃，感受哈利法克斯蓬勃发展的餐饮新热潮，每个团队游涵盖多达6个当地餐厅。

Tattle Tours　　　　步行
（☎902-494-0525；www.tattletours.ca；◉周三至周日19:30）从老钟楼出发，2小时的行程生动有趣，能听到许多本地的八卦趣闻、海盗传说和鬼故事。还可以根据需求组织步行游览。收费取决于参团人数。

East Coast Balloon Adventures　　　　热气球
（☎902-306-0095；www.eastcoastballoonadventures.com；飞行45分钟$275）从哈利法克斯出发，在日出或日落时分飞越安娜波利斯河谷的片片田野，欣赏这个绝美省份宁静祥和的极致景色。儿童至少要8岁才能参加。

✦ 节日和活动

哈利法克斯同性恋骄傲周　　　　LGBT
（Halifax Pride Week；www.halifaxpride.com；◉7月）蒙特利尔以东最大的同性恋骄傲游行活动，届时整个城市都会被装扮成粉色和缤纷的彩虹色，乐趣多多，包括各种活动和表演。

另辟蹊径

塞布尔岛

这个长44公里的沙岬一直在移动，位于哈利法克斯东南方向约300公里处，已经造成了超过350起记录在案的沉船事故。不过让塞布尔岛（Sable Island）更为出名的则是这里生活着一群世界罕有的真正的野马，岛上还分布着地球上最大的灰海豹繁殖地。

1760年有60匹马被船运到了岛上，它们正是如今塞布尔岛马群的元祖，当时正值阿卡迪亚人被英国人驱逐出新斯科舍省，被迫放弃了他们的全部家畜，最终是一位名为托马斯·汉考克（Thomas Hancock）的波士顿商船主擅自将他们的马归为己有。为了低调行事，汉考克把马送到塞布尔岛上放养。那些存活下来的马逐渐演变成了野马。

如今，这座岛成为一个研究中心；科学家们每年登岛研究这些马匹和其他野生动物，并注意观察附近的能源项目Exxon Mobil Sable Offshore Energy Project是否对岛屿造成影响。该项目距离塞布尔岛仅有10公里，从1999年就开始开采天然气了，不过目前停工计划正在酝酿中。

作为一个外行，到塞布尔岛游览又麻烦又昂贵——但也不是不可能；实际上每年都有50~100位有冒险精神的好游人士来到这座岛。可以联系与加拿大环境部（Environment Canada）协作的Sable Island Station（☎902-426-1993；www.pc.gc.ca），了解如何获得必需的许可以及如何自行安排交通。此外，Adventure Canada（见386页）还组织团队游。

新斯科舍军乐节 文化节

（Nova Scotia Tattoo；www.nstattoo.ca；门票$32起；◎7月）这个军事风格的活动是全世界"最大的年度室内表演"，能看到许多军乐队。

TD哈利法克斯爵士音乐节 音乐节

（TD Halifax Jazz Festival；www.halifaxjazzfestival.ca；门票$28起；◎7月）已经举办了三十多年，哈利法克斯深受喜爱的爵士音乐节拥有免费的室外爵士音乐会，晚上还另有演出，从世界音乐到古典爵士三重奏，内容多种多样。

哈利法克斯国际街头艺人节 表演艺术

（Halifax International Busker Festival；www.buskers.ca；◎8月）作为加拿大同类节日中历史最悠久、规模最大的一个，它吸引了来自世界各地的喜剧演员、哑剧表演者、特技表演者和音乐人到哈利法克斯的海滨一展身手。

大西洋电影节 电影节

（Atlantic Film Festival；www.atlanticfilm.com；门票$10~16；◎9月）为期一周的电影节展出来自大西洋地区和世界各地的优秀电影。

大西洋艺穗节 戏剧节

（Atlantic Fringe Festival；www.atlanticfringe.com；◎9月）这个戏剧节9月份的时候在城里举办10天，届时艺坛新人和知名艺术家会带来标新立异的实验性戏剧。

哈利法克斯流行音乐节 音乐节

（Halifax Pop Explosion；www.halifaxpopexplosion.com；日票$59起；◎10月）4天时间，15个场地，大约150名艺人轮番上阵，音乐流派多样，包括嘻哈、朋克、独立摇滚和民谣。

住宿

Marigold B & B 民宿 $

（☎902-423-4798；www.marigoldbedandbreakfast.com；6318 Norwood St；标单/双$75/85；P❄❀）这间温馨的艺术工作者之家到处是鲜艳的花卉图案和毛茸茸的猫咪，如果这是你喜欢的氛围，这里会有家一般的感觉。它位于北区一个绿树成行的住宅区，公共交通很便利。

Dalhousie University 青年旅舍 $

（☎902-494-8840；www.dal.ca/dept/summer-accommodations.html；6230 Coburg Rd；标单/双$49/69；◎5月至8月；P❀❄）使用公共卫浴的标单和标双宿舍房很干净，但也索然无味。大多数房间毗邻大学里所有的便利设施，而且距离SpringGardenRd地区只有一小段步行路程。

HI Nova Scotia 青年旅舍 $

（☎902-422-3863；www.hihostels.ca；1253 Barrington St；铺/房间$30/68；❄）这家拥有75张床位的青年旅舍地理位置相当靠近市中心，多人间晚上光线昏暗，自助早餐区明亮又让人愉快。工作人员很友好，公用厨房生气勃勃，建筑是维多利亚风格的。在夏季提前预订。HI会员有少许折扣。

Halifax Backpackers Hostel 青年旅舍 $

（☎888-431-3170；www.halifaxbackpackers.com；2193 Gottingen St；铺/双/标三$23/55/65；❄）这家位于北区时髦的青年旅舍一共有36张床位，多人间男女混住，每间不超过6张床位。这里吸引了不少时尚的年轻人，而且大家都会聚在楼下的咖啡馆里，和形形色色的当地回头客一起灌下浓咖啡，吃便宜的早餐。市区的公共汽车站就在旅舍门口，不过这附近稍微有点儿乱。最适合活力满满、喜欢派对和社交的旅行者。

★ Cambridge Suites Halifax 酒店 $$

（☎902-420-0555；www.cambridgesuiteshalifax.com；1583 Brunswick St；双$149~209，套$169~299；P❀❄）这家新近升级的酒店适合那些注重家居舒适的旅行者，这里有多种多样的小开间和套间，装修很有品位，配备了深色木地板，还有极具风格的多彩配色。单卧套房及以上房型非常宽敞且布局巧妙，窗户可以打开。除了这些，酒店的位置也是最棒的。房费包含免费的欧陆式早餐、Wi-Fi和本地电话。

★ Prince George Hotel 酒店 $$

（☎902-425-1986；www.princegeorgehotel.com；1725 Market St；双$179~269；P❀@

位于中心地带的Prince George酒店好像一颗宝石,温文尔雅,面面俱到。花园露台非常适合小酌或就餐,甚至可以作为室内会客区的另一种选择,用来工作也不错。客房和套间在哈利法克斯算是相当有品位,而且酒店的公共区域洋溢着都市时尚的气质。

Homewood Suites by Hilton Halifax-Downtown 酒店 $$

(☎855-605-0320; www.hilton.com; 1960 Brunswick St; 房间/套 $119/$159起; P☺❄@⛅☂)正如店名暗示的那样,这个位于市中心的酒店更适合长期住客或者注重家居舒适性的全家出游者;所有套间(从小开间到双卧套间)都有设施齐全的厨房。房费含每天的早餐和"晚间社交"(周一至周四),而且会根据季节有很大的变动。

Pebble Bed & Breakfast 民宿 $$

(☎902-423-3369; www.thepebble.ca; 1839 Armview Tce; 房间 $195~265; ☺☂☎)这家奢华民宿的两个套房有豪华舒适的高床和华丽的浴室,装修风格将现代与古典融为一体。主人伊丽莎白(Elizabeth)是爱尔兰人,在一个开小酒馆的家庭里长大,她把生机勃勃又其乐融融的气氛从那座绿宝石之岛带到了她宜人的家。这家民宿位于一个海滨豪华住宅区,距离市中心只有几步之遥。6月至10月期间实行至少入住两晚的政策。

Atlantica Hotel 酒店 $$

(☎902-423-1161; www.atlanticahotelhalifax.com; 1980 Robie St; 双 $139~199; P☺❄☂☺)年头比较老的酒店内在也比较扎实,而Atlantica也不例外。2016年新近升级之后,这家位置良好的私有酒店准备好了一切让客人愉快入住的要素,既有经过良好训练的员工,也有一系列不同类型的客房,所有房间都很宽敞,装饰中规中矩。附属餐厅可送餐到房间。酒店还有一个明亮的室内游泳池,更是让它物有所值。

Waverley Inn 旅馆 $$

(☎902-423-9346; www.waverleyinn.com; 1266 Barrington St; 双 $135~235; P❄@☎)这家历史旅馆里的每一个房间都独一无二,装饰着大量古董和豪华家纺。奥斯卡·王尔德(Oscar Wilde)和P. T.巴纳姆(PT Barnum)都在这儿住过,如果他们现在还活着,很可能会再次选择这里。要说缺点的话,客房和浴室都不大,但位置弥补了这些缺憾。适合喜欢原创性和漂亮时髦的旅行者。

Lord Nelson Hotel & Suites 酒店 $$

(☎902-423-5130; www.lordnelsonhotel.com; 1515 Spark St; 双 $159~239, 套 $229~349; P☺❄@☎)Lord Nelson长时间以来都名声在外,因为很多明星,比如滚石乐队来哈利法克斯时都会住在这里,但这并不意味着它是哈利法克斯的顶级酒店。房间大小不一,既有紧凑的客房,也有装饰风格优雅(但并不古板)的超大套间。适合重视历史和个性的旅行者。

Halliburton 旅馆 $$

(☎902-420-0658; www.thehalliburton.com; 5184 Morris St; 双 $125~195, 套 $235~305; P❄@☎)这家舒适且服务良好的历史酒店就坐落在市中心,这里有品位,但不摆花架子。色彩缤纷的房间里有Keurig咖啡机和iPod基座,房间大小不一,既有紧凑的"袖珍房"(petit rooms),也有带露台或四柱床的小套间。

Halifax Marriott Harbourfront 酒店 $$$

(☎902-421-1700; www.marriott.com; 1919 Upper Water St; 双 $229~369)面积广阔的Marriott Harbourfront酒店占据着得天独厚的位置,你或许已经猜到了,它坐落在哈利法克斯的海滨。相对于价格而言,豪华的房间还可以再活泼一点,但主要的魅力在于酒店的公共区域,从大理石大堂到酒吧和健身中心,都令人印象深刻。

🍴 就餐

Heartwood Bakery 素食 $

(☎902-425-2808; www.iloveheartwood.ca; 6250 Quinpool Rd; 主菜 $11~16; ⏱11:00~20:00; ☝)在自助沙拉吧台尝尝本地有机沙拉,烘焙的点心令人惊喜,配上一杯公平贸易咖啡很不错。此外,这里还供应汤、三明治、比萨和素食汉堡。

Annie's Place Cafe 早餐 $

（www.anniesplacecafe.ca；1592b Queen St；早餐 $4~10；⊙周一至周五 7:00~15:00，周六 8:00~14:00）哈利法克斯市中心充满小镇风情的一隅，安妮（Annie）会把你迎进门，再为你准备一顿丰盛的早餐，包括新鲜烘焙的面包和自制的印度奶茶。等到离开的时候，你已经认识了一批新朋友。

★ En Vie a Vegan 素食 $$

（☎902-492-4077；www.enviehalifax.com；5775 Charles St；主菜 $11~18；⊙周二至周五 11:00~21:00，周六和周日 10:00~21:00；🖉）这家餐厅专注于来自当地的可持续有机植物性食材，却能迷住各种口味的客人，实在是难得。这里的菜品绝对不会让人觉得索然无味或平淡无奇。菜单上的大部分名字保留了荤菜的菜名——例如椰子虾和双层培根奶酪汉堡，但是任何一道菜都没有动物性成分，却足以假乱真。

★ 2 Doors Down 新派加拿大菜 $$

（☎902-422-4224；www.go2doorsdown.com；1533 Barrington St；主菜 $10~20；⊙11:00~22:00）这家美食爱好者的流连之所供应各种基础款主食，如汉堡包、咖喱以及炸鱼和薯条，此外，还有更高级的菜品，如虾肉和雪蟹肉酿香菇帽以及许多不含麸质的选项。不接受订座。这家温馨舒适的餐厅已是名声在外，所以在繁忙时段要等一会儿才有座。

★ Henry House 小酒馆食物 $$

（☎902-423-5660；www.henryhouse.ca；1222 Barrington St；主菜 $11~24；⊙11:30至午夜）这座漂亮的铁石结构建筑建造于1834年，供应高档小酒馆食物，衣冠楚楚的就餐者坐在开放式壁炉旁闲聊，餐厅里飘荡着爵士和古典音乐。当楼上奢华而低调的Drawing Room开放的时候（周五和周六 18:00至午夜），你就在自己的约会对象面前侃侃而谈精品威士忌和烟熏鸡尾酒，用这些渊博的知识令她倾倒。

Brooklyn Warehouse 加拿大菜 $$

（☎902-446-8181；www.brooklynwarehouse.ca；2795 Windsor St；主菜午餐 $10~18，晚餐 $16~30；⊙周一至周六 11:30~22:00；🖉）这间北区的热门餐厅拥有多种多样适合素食者和严格素食者的菜式——茄子穆萨卡（eggplant moussaka，希腊传统荤菜）非常美味。这里的啤酒和鸡尾酒种类都十分丰富，环境很像时髦、现代版的《欢乐酒店》（*Cheers*，20世纪90年代美国情景喜剧）——不过食物要好吃多了。

Wooden Monkey 加拿大菜 $$

（☎902-444-3844；www.thewoodenmonkey.ca；1707 Grafton St；主菜 $15~30；⊙11:00~22:00；🖉）这间位于角落的餐厅舒适、幽暗，天气晴朗的时候会在人行道摆出露天座位，这里坚定地支持本地的有机农场，既有美味的无麸质食品和适合严格素食者的菜肴，还有一系列良心制作的海鲜和肉类菜肴，是一个绝妙的去处。

Salty's 海鲜 $$

（☎902-423-6818；www.saltys.ca；1869 Upper Water St；主菜吧和烧烤 $12~22，餐厅 $25~30）这是一家游客友好型的海滨海鲜餐厅，楼下是休闲酒吧和烧烤，楼上是餐厅。幸运的是，口碑日盛的Salty's能在繁忙而地道的哈利法克斯环境中，供应色香味俱佳的美味海鲜。每晚特色菜很是实惠。

Stubborn Goat 小酒馆食物 $$

（☎902-405-4554；www.stubborngoat.ca；1579 Grafton St；小盘菜 $9~19，主菜 $16~29；⊙11:30至次日2:00）自称美食小酒馆，这家店超越了寻常的小酒馆食物，供应时髦的高端小盘菜，如令人垂涎的鞑靼三文鱼腩和一直很受欢迎的"丸子"（奶酪夹心的肉丸子）。龙虾和熏肉卷等主菜总是很诱人。你也可以简单一点，只要一杯啤酒和一个汉堡。登录网站查询Goat的应季海滨啤酒花园的营业地点和时间。

Edna 新派加拿大菜 $$

（www.ednarestaurant.com；2053 Gottingen St；早午餐 $12~20，主菜 $18~35；⊙周二至周五 17:00~22:00，周六和周日 10:00~14:30和17:00~22:00）从南部风味的炸芦花鸡（fried rock hen）到把海里的美味一网打尽的大西洋海鲜浓汤（Atlantic bouillabaisse），你一定会在这里找到自己喜爱的食物。你可以选择木头大餐桌，和来自各地的客人坐在一起边吃边聊，如果没那么爱交际，可以坐在吧台，若是2人就餐，可以选择常规的老餐桌。这里的氛围既独特又活泼，充满了对美食和美酒的爱。

Hamachi Steakhouse　日本菜 $$

（☎902-425-1600；www.hamachirestaurants.com；1477 Lower Water St；主菜 $12~28，铁板烧 $28~39；◎周一至周六 11:30~22:00，周日 16:00~22:00）坐在铁板烧旁边可以全程观看大厨的表演：将食物切片、切块，再点火烧烤肉类、海鲜和蔬菜，做成诱人的日式铁板烧（teppanyaki）。如果对这样的表演不感兴趣，也可以选个餐桌，一边安静地享用铁板烧、寿司或者艾伯塔牛排，一边欣赏海港的美丽景色。

Morris East　意大利菜 $$

（☎902-444-7663；www.morriseast.com；5212 Morris St；比萨 $15~20；◎11:30~21:00）这家有着国际范的咖啡馆供应别具一格的木炭烘烤比萨，饼底有白面、全麦和无麸质（额外收费$3.50）三种选择；可以尝尝加入了桃肉、迷迭香蒜泥蛋黄酱和意大利熏火腿的比萨。这里还有时尚别致的鸡尾酒，例如加了罗勒和青柠的伏特加潘趣酒（vodka punch）。

Epicurious Morcels　创意菜 $$

（☎902-455-0955；www.epicuriousmorsels.com；5529 Young St；主菜 $10~29；◎周二至周日 11:30~14:30和17:00~20:30）菜单品种丰富，特色菜有熏三文鱼、莳萝渍三文鱼（gravlax）和一系列美味且充满创意的汤品。每个人都能在这里找到自己喜欢的东西。

★ Bicycle Thief　意大利菜 $$$

（☎902-425-7993；www.bicyclethief.ca；1475 Lower Water St；主菜午餐 $10~26，晚餐 $20~39；◎周一至周五 11:30至深夜，周六 17:30至深夜）这间怀旧风格的海滨餐厅以1948年的意大利经典电影命名，成为本地美食爱好者眼中的经典，而且实至名归。先尝尝当地的牡蛎或者野生蘑菇炖肉配波伦塔玉米粥（polenta with wild mushroom ragout），之后还有开心果蜂蜜烤三文鱼或意式培根卷猪里脊等菜肴可供选择。这里的葡萄酒和鸡尾酒单比菜单还多出了好几页。

Press Gang Restaurant & Oyster Bar　海鲜 $$$

（☎902-423-8816；www.thepressgang.ca；5218 Prince St；单个生蚝 $3.25，主菜 $36~40；◎周日至周三 17:00~22:00，周四至周六 至午夜）你可以点任意数量的产自新斯科舍省和爱德华王子岛的生蚝，是烤还是生吃随你搭配——如果你是这种海洋双壳贝的粉丝，这里就是你的天堂。还可以按菜单点菜，菜品不多但令人难忘，一边享用美味的开胃菜和主菜，一边沉浸在这家风尚餐厅的气氛中。打扮得气派一点。

Five Fishermen　海鲜 $$$

（☎902-422-4421；www.fivefishermen.com；1740 Argyle St；主菜 $29~39；◎周一至周五 正午至22:00，周六和周日 17:00~22:00）这家一流餐厅曾经是John Snow殡仪馆的所在地，埋葬了长眠于哈利法克斯的150名泰坦尼克号遇难者中的许多人，这个阴郁离奇的事实似乎并没有吸引人们进来吃饭：万幸的是，海鲜的品质决定了一切。除了高级海味，这里还供应羔羊肉和牛排。

Chives Canadian Bistro　加拿大菜 $$$

（☎902-420-9626；www.chives.ca；1537 Barrington St；主菜 $24~35；◎17:00~21:30）这里的菜单会根据当季食材的不同而变化，使用的大部分原料来自本地。食物是高级餐厅的档次，而灯光幽暗、十分惬意的就餐环境可以归类为高档休闲。

Da Maurizio　意大利菜 $$$

（☎902-423-0859；www.damaurizio.ca；1496 Lower Water St；主菜 $28~39；◎周一至周六 17:00~22:00）这里是很多本地人心目中哈利法克斯最棒的餐厅，裸露的砖墙和干净的线条把这座古老酿酒厂建筑的风情展现得淋漓尽致。菜品和环境一样好。强烈建议提前预约。

🍷 饮品和夜生活

★ Lot Six　鸡尾酒吧

（☎902-428-7428；www.lotsix.ca；1685 Argyle St；◎16:00至次日2:00）这家一流的酒吧兼餐厅有一个很赞的玻璃中庭，四季都可使用，增加了一些情调。如果你是自己来的话，就找一个舒服的座位，如果你带着意中人前来，就在非常可爱的双人卡座坐下来吧。

Tom's Little Havana　　酒吧

(☎902-423-8667; www.tomslittlehavana.wix.com/cafe; 1540 Birmingham St; 11:30至次日2:00) 精酿啤酒、游戏之夜、苏格兰威士忌之夜，以及每天都有的酒水打折的欢乐时段（17:00~20:00），让这家酒吧感觉就像你最好的朋友家的客厅。这里洋溢着温暖友好的氛围，夜晚降临时就更加温馨了。

Durty Nelly's　　爱尔兰酒吧

(☎902-406-7640; www.durtynellys.ca; Argyle St和Sackville St交叉路口; 11:30至次日1:00) 它是哈利法克斯超受欢迎的爱尔兰酒吧，来这里有很多理由，包括开放麦之夜和脱口秀之夜、定期现场音乐、冰爽啤酒、美味的食物，以及有趣友好的氛围。

Middle Spoon　　鸡尾酒吧

(☎902-407-4002; www.themiddlespoon.ca; 1559 Barrington St; 周一至周六 16:00~23:00) 这里专门供应啤酒、葡萄酒、创意鸡尾酒和诱人犯罪的甜点，你以为这就无敌了？再告诉你一个超级大秘密（我们真应该把它写出来吗？）怎么样？在楼下还有个受到非法酒吧启发的休闲酒吧，那里的鸡尾酒还要更胜一筹。点击网站上的">:"标志获取入场口令，不要对任何人说是我们告诉你的……

Economy Shoe Shop Cafe Bar　　咖啡馆

(☎902-423-8845; www.economyshoeshop.ca; 1663 Argyle St; 周一至周四 11:30至午夜，周五至周日 至次日2:00) 十多年来这里一直是哈利法克斯最有魅力的适合喝酒和观看人群的去处。周末晚上的人群里有不少演员和记者。午后在这里小酌相当令人愉快，厨房不间断供应西班牙小吃，直到凌晨1:45打烊。

Pacifico　　夜店

(☎902-422-3633; www.pacifico.ca; 1505 Barrington St; 周五和周六 21:00至次日2:00) 哈利法克斯最热辣的娱乐场所，位于Barrington St和Salter St的地下，有活力四射的DJ，有瓶装酒，还有许多派对达人。

Garrison Brewing Company　　自酿酒吧

(☎902-453-5343; www.garrisonbrewing.com; 1149 Marginal Rd; 周日至周四 10:00~20:00, 周五和周六 至22:00) 在阳光灿烂的露台上花$2来一杯尝鲜装的自酿啤酒是何等乐事，更好的是这家酿酒厂每天会供应5种不同的桶装啤酒，所以你有5种尝鲜装可以喝。这里的商店也出售其他瓶装啤酒，不过因为它在法律上不算一个酒吧（而且加拿大对酒精类饮料的管理很复杂），买了也不能在店里喝。

Reflections Cabaret　　同性恋酒吧

(☎902-422-2957; www.reflectionscabaret.com; 5187 Salter St; 周四至周一 22:00至次日3:00) 如果你想展现魅力的话，这家主要面向同性恋的迪斯科舞厅吸引了各种各样的人群。夜间娱乐多种多样，从摔跤到变装秀，再到刺激感官的舞台秀全都有。登录网站查看活动列表。

Menz and Mollyz Bar　　同性恋酒吧

(☎902-446-6969; www.facebook.com/menznmollyz; 2182 Gottingen St; 16:00至次日2:30) 自诩加拿大大西洋沿岸首屈一指的LGBTQI目的地，Menz and Mollyz可去可不去，不过自从手机约会App问世以来，这句话也适用于很多社区酒吧。保持友好并在有活动时参与进来，你还是会度过一段美好时光的。

☆ 娱乐

Coast（www.thecoast.ca）是一本免费周刊，市区各处都找得到。这是一本必备的指南，可以告诉你最近有什么好玩的音乐、戏剧、电影和活动。

现场音乐

哈利法克斯热爱它的音乐，每个周末城区各地都有音乐演出，包括民谣、嘻哈、另类音乐、乡村音乐和摇滚。入场费取决于演出乐队。

Seahorse Tavern　　现场音乐

(☎902-423-7200; www.theseahorsetavern.ca; 1665 Argyle St) 这个地方举办的活动总

是能吸引很多真正酷（而不是假酷）的人。朋克、独立摇滚、金属、放克、摩城（Motown）、灵魂……以及每月一次的主题舞蹈派对。登录网站查看活动内容和时间。

Bearly's House of Blues & Ribs 现场音乐
（902-423-2526; www.bearlys.ca; 1269 Barrington St; 17:00至午夜）加拿大大西洋沿岸最好的蓝调音乐人会在这里表演，入场费便宜到令人难以置信。周三的卡拉ok之夜总会吸引一大群人和一些还不错的歌手。

Carelton 现场音乐
（902-422-6335; www.thecarleton.ca; 1685 Argyle St; 正午至次日2:00）欣赏不插电演出，然后享用这里的食物，有一张深夜菜单。

戏剧

Shakespeare by the Sea 剧院
（902-422-0295; www.shakespeareby thesea.ca; Point Pleasant Park; 6月至9月）莎翁的作品在欢乐角公园中央的一座古老防御工事Cambridge Battery精彩呈现。爱上哈利法克斯的又一个理由！在网站上可以查看地图并了解详细信息。

Neptune Theatre 剧院
（902-429-7070; www.neptunetheatre.com; 1593 Argyle St）这座位于市中心的剧院在主舞台上演音乐剧和著名戏剧（$35起），更加先锋的剧目会安排在工作室（$15起）。

Yuk Yuks 喜剧
（902-429-9857; www.yukyuks.com/halifax; 1181 Hollis St）在这里可以看到当地和国际喜剧演员的单人脱口秀和即兴表演：登录网站查看表演内容和时间。

运动

Scotiabank Centre 体育馆
（902-451-1221; www.scotiabank-centre.com; 1800 Argyle St; 售票处 9:00~17:00）哈利法克斯最重要的多功能室内体育馆，坐落在市中心腹地。这里举办城里最盛大的比赛、游戏和音乐会。

🛍 购物

★ Halifax Seaport Farmers Market 市场
（902-492-4043; www.halifaxfarmers market.com; 1209 Marginal Rd; 周一至周五 10:00~17:00, 周六 7:00~15:00, 周日 9:00~15:00）虽然自1750年开始营业以来换过好几个地方，现在才有了Halifax Seaport Farmers Market（哈利法克斯海港农夫市场）这个名字（2010年搬入目前的地址），但它仍然是北美连续经营时间最长的市场。新斯科舍省以"农场到餐桌"和海洋食材的传统为豪，因此这个拥有250多个摊位的市场值得一去。

历史建筑群 购物中心
（Historic Properties; www.historicpro perties.ca; 1869 Upper Water St; 各店营业时间不定）历史建筑群是一组经过修复的仓库建筑，位于Upper Water St，建于1800年至1905年，后来改造成了精品店、餐厅和酒吧，由海滨的木栈道相连。建于1814年的**皇家海盗仓库**（Privateers Warehouse）是这一地区最古老的石砌建筑，从前是得到政府批准的皇家海盗的仓库。其他古老建筑还包括木结构的**Old Red Store**和建于1854年的**西蒙仓库**（Simon's Warehouse）。

Nova Scotian Crystal 工艺品
（888-977-2797; www.novascotiancrystal.com; 5080 George St; 周一至周五 9:00~18:00, 周六和周日 10:00~17:00）在这里既可以购物，还可以观看玻璃工人吹制漂亮的水晶玻璃杯和花瓶，如果有心仪的款式，可以在旁边的精品店购买。

Historic Farmers Market 市场
（902-329-3276; www.historicfarmer smarket.ca; 1496 Lower Water St; 周六 7:00~13:00）如果你在某个周六上午身处哈利法克斯，不妨去这个会员制经营的草根非营利合作市场去看看，它位于一栋美丽的19世纪20年代的石头建筑中。

ℹ 方位

North West Arm水湾将哈利法克斯的陆地与一座小巧紧凑的半岛分隔开来，这个半岛是市中心的所在地，同时还分布着3所大学和一些相对古老的街区。游客感兴趣的所有景点差不多都集中在这一地区,因此步行是最好的游览方式。欢乐角公园地处半岛的最南端,热闹且文化多元的北区从中部一直延伸到最北端,北区是非裔新斯科舍省人和艺术院校学生的聚集地,哈利法克斯的同性恋酒吧也大多分布在这里。

海港上有两座桥,连通哈利法克斯和达特茅斯,也通往北部(前往机场)和东部的公路。位于North St东端的麦克唐纳大桥离市中心最近。

❶ 实用信息

上网
哈利法克斯中心图书馆(Halifax Central Library; ☎902-490-5700; www.halifaxcentrallibrary.ca; 5440 Spring Garden Rd; ⓗ周一至周四 9:00~21:00,周五和周六 至18:00,周日 正午至18:00;⃠)

医疗服务
Family Focus(☎902-420-2038; www.thefamilyfocus.ca; 5991 Spring Garden Rd; ⓗ周一至周五 8:30~21:00, 周六和周日 11:00~17:00)可以接待未预约或当天预约的病人。

Halifax Infirmary(Charles V Keating Emergency and Trauma Centre; ☎902-473-3383, 902-473-7605; www.cdha.nshealth.ca; 1796 Summer St; ⓗ24小时)接待急诊。

邮局
Lawton's Drugs(☎902-429-0088; 5675 Spring Garden Rd; ⓗ周一至周五 8:00~22:00, 周六 9:00~21:00, 周日 正午至20:00)这家药店的后半部分有个邮局。

邮政总局(Main Post Office; ☎902-494-4670; www.canadapost.ca; 1660 Bedford Row; ⓗ周一至周五 9:00~17:00)

旅游信息
新斯科舍省旅游局(Tourism Nova Scotia; ☎800-565-0000, 902-425-5781; www.novascotia.com)在哈利法克斯和新斯科舍省内其他地方设有游客信息中心,另外还提供免费的住宿预订服务,盛夏房源紧张时很有帮助。旅游局还发行了《行动家与梦想家指南》(*Doers & Dreamers Guide*),列出了住宿、景点和旅行社信息。

游客信息中心(Visitors Information Centre, 简称 VIC; ☎902-424-4247; www.novascotia.com; 1655 Lower Water St; ⓗ9:00~17:00)位于哈利法克斯的海滨,这个省政府官方经营的信息中心是开始哈利法克斯市中心游览的好地方;他们会提供地图和友好的建议。**机场**(☎902-873-1223; Halifax International Airport; ⓗ9:00~21:00)也设有VIC的一个官方接待中心。

参考网站
Destination Halifax(www.halifaxinfo.com)
Halifax Regional Municipality(www.halifax.ca)

❶ 到达和离开

飞机
新斯科舍省的大多数航班都在哈利法克斯起降,每天有多个航班飞往多伦多、卡尔加里(Calgary)和温哥华。

国际航班目的地包括波士顿、纽约和伦敦。

哈利法克斯斯坦菲尔德国际机场(Halifax Stanfield International Airport, 代码YHZ; ☎902-873-4422; www.hiaa.ca; 1 Bell Blvd)位于市区东北方向32公里处,沿着Hwy 102前往特鲁罗的途中可达。

长途汽车
Maritime Bus(见380页)是唯一一家省内(及跨省)长途汽车公司,服务于从肯特维尔(Kentville)到哈利法克斯再到特鲁罗的主要公路沿线。行车路线在特鲁罗分岔,一条开往北悉尼(North Sydney),另一条先开往阿默斯特(Amherst),再继续前往新不伦瑞克省(New Brunswick)。

Advance Shuttle(☎877-886-3322; www.advanceshuttle.ca)提供从哈利法克斯机场和市区酒店前往爱德华王子岛的慢速班车服务($69起)。

Cloud Nine Shuttle(☎902-742-3992; www.thecloudnineshuttle.com)沿南岸地区行驶,最远可达雅茅斯。票价$75起,行程约3.5小时。

火车
滨海诸省仅存的几座宏伟的加拿大火车站当中有一座就位于1161 Hollis St。**加拿大国家铁路公司**(VIARAIL; www.viarail.ca)运营开往蒙特利尔的过夜火车($134起, 21小时, 除周二外每天1班)。

❶ 当地交通

抵离机场
前往机场最便宜的方式是乘坐Metro Transit的320路公共汽车, 5:00到午夜每半小时或1小时一班,发车地点在Duke St和Cogswell St之间的Albemarle St上的Metro X车站。

如果你在半夜抵达(许多航班都是此时到港),唯一的选择就是搭乘出租车,到哈利法克斯市中心需要$56。出租车数量经常不够,因此提前预约一辆是明智之举。可以联系**哈利法克斯机场出租车**(Halifax Airport Taxi; ☏902-999-2434; www.halifaxairportlimotaxi.com),它在机场提供24小时服务。从机场到市区的车程不会超过30分钟。

Maritime Bus(www.maritimebus.com)从5月到10月运营机场大巴($22, 30~45分钟)。

小汽车和摩托车

在哈利法克斯,行人通常都享有优先通行的权利,因此需要对急停的车辆多加小心。

在市中心核心区域之外,经常都能找到免费的街边停车位,最多可以停2小时。哈利法克斯在周一至周五的8:00至18:00强制使用停车计时器。

加拿大所有主要的连锁租车品牌在机场和哈利法克斯市中心都设有办事处,有些公司允许你在市区提车,在机场还车,不额外收费。

公共交通

Halifax Transit(☏902-480-8000; www.halifax.ca/metrotransit; 单程票价$2.50~3.50)运营市区的公共汽车系统和前往达特茅斯的渡轮。在渡轮总站和ScotiaSq购物中心的信息台有地图和时刻表。

7路公共汽车(Bus 7)经Robie St和Gottingen St穿过市中心和哈利法克斯北区,路过哈利法克斯的两家青年旅舍。1路公共汽车(Bus 1)沿途经过Spring Garden Rd、Barrington St和Gottingen St南段,之后过桥开往达特茅斯。

哈利法克斯周边
(AROUND HALIFAX)

达特茅斯(Dartmouth)

建于1750年,只比海港对面的哈利法克斯晚了1年,蓝领阶级的达特茅斯很长一段时间以来都被视作哈利法克斯瘦小羸弱的兄弟。近些年来,由于临近东岸地区的海滩,前往哈利法克斯市中心十分便捷,而且海滨进行了一系列再开发项目,这都为达特茅斯的人口结构年轻化、越来越受到欢迎做出了贡献。

◉ 景点

达特茅斯紧凑且历史悠久的市中心是个漫步饮酒的宜人之地:从哈利法克斯坐渡轮来此的过程就足够有趣了——这是北美最古老的海洋渡轮系统,日落的时候景色尤为出色。在返程之前,沿着Alderney Dr向西,爬上Dartmouth Commons的断崖,欣赏港口一览无余的美景。天黑后应在公园里保持应有的警惕。

贵格会小屋 历史建筑

(Quaker House; ☏902-464-2300; www.dartmouthheritagemuseum.ns.ca; 59 Ochterloney St; 门票$5; ⏰6月至8月 周二至周日10:00~17:00)1786年从逃离美国独立战争从楠塔基特岛(Nantucket)来到这里的贵格会捕鲸人建造,贵格会小屋是哈利法克斯地区现存最古老的房屋。门票包含附近长青小屋中的达特茅斯文化遗产博物馆。

达特茅斯文化遗产博物馆 博物馆

(Dartmouth Heritage Museum; ☏902-464-2300; www.dartmouthheritagemuseum.ns.ca; 26 Newcastle St; 门票$5; ⏰周二至周六10:00~17:00)在**常青小屋**(Evergreen House)展示着风格各异的当地历史文物,常青小屋是民俗学者海伦·克赖顿(Helen Creighton)的故居,她曾在20世纪初走遍全省,收集各种故事和歌曲。购买门票后还可以在当天免费游览1786年建造的贵格会小屋。

✕ 就餐

Portland Street Creperie 法式薄饼 **$**

(☏902-466-7686; www.portlandstreetcreperie.com; 55 Portland St; 可丽饼$4~9; ⏰周一至周四和周六 8:30~17:00, 周五 至19:00, 周日10:00~13:00)在这家当地人最爱的可丽饼店,每个人都能找到自己喜欢的口味。从风味十足的"**蘑菇泥**"(mushroom melt)到甜蜜十足的"**蜂巢**"(honey comb)——滴滴答答流着香浓的新斯科舍省蜂蜜和黄油汁,这些诱人的小点心价格实惠,一份饼似乎有些意犹未尽。

Nena's All Day Breakfast　　　美式小餐馆 $

（☎902-406-0006; www.nenasbreakfast.com; 273 Wyse Rd; 餐 $6~16; ◎7:00~15:00）在被二手店和机修车间包围的一个单调乏味的街角，你会找到这家忙碌的早餐小店，店内一尘不染，供应美式小餐馆风格、饱含油脂、深受喜爱的食物。早餐全天供应，但这里也有一张午餐菜单。如果你是法式薯条（或家常薯条）和加拿大肉汁的粉丝，建议前往。

Twolf By Sea　　　面包房 $

（☎902-469-0721; www.twoifbyseacafe.ca; 66 OchterloneySt; 酥皮糕点$3~5; ◎周一至周五 7:00~18:00, 周六和周日 8:00~17:00）提个醒……如果你想来这里大快朵颐店里著名的大个儿黄油巧克力羊角面包，行动快一点：它们常常在13:00之前就卖完了。就算吃不到糕点，这个时髦的地方也很适合在天气晴朗的日子里喝杯咖啡、观看人群，感受令当地人自豪的达特茅斯氛围。

🍷饮品和夜生活

★ Battery Park Beer Bar & Eatery　　　精酿啤酒

（☎902-446-2337; www.batterypark.ca; 62 Ochterloney St; ◎周三至周一 14:00至午夜）这个当地人合作经营的酒吧在城里很出名，因为它有产量不大的特色精酿啤酒，还提供美好的品酒套餐（最好与人分享）。装修美学是实木工业风，客人们很新潮，培根软糖（bacon fudge）令人上瘾。

Celtic Corner　　　小酒馆

（☎902-464-0764; www.celticcorner.ca; 69 Alderney Dr; ◎11:00至午夜）达特茅斯最受欢迎、位置最为居中的小酒馆，大多数晚上有现场音乐，此外还供应丰富多样的桶装啤酒和丰盛的小酒馆食物（主菜 $10 ~17）。

Just Us! CoffeeRoaster's Co-Op　　　咖啡馆

（www.justuscoffee.com; 15 King's Wharf; ◎周一至周四 7:00~17:30, 周五和周六 至21:00; 🛜）这家明亮又惬意的咖啡馆供应自家烘焙的公平贸易咖啡，以及用本地出产的原材料制作的面包甜点。这个品牌在1995年成立的时候是加拿大的第一家公平贸易咖啡豆烘焙商，如今已经在全省开了好几家分店，全都有免费Wi-Fi。登录网站查看其他分店地址。

🔒购物

Alderney Landing　　　市场

（☎902-461-4698; www.alderneylanding.com; 2 Ochterloney St; ◎周一至周五 9:30~17:00）这个多功能场所有一个剧场、一个市场和一系列咖啡馆、餐厅及商店。

ℹ️到达和离开

Halifax Transit（www.halifax.ca/transit）运营便捷的长途汽车和渡轮交通网络，服务区域很广。在达特茅斯，可以从位于Alderney Gate的**达特茅斯渡轮码头**（Dartmouth Ferry Terminal; 摆着一架公用钢琴）搭乘渡轮前往哈利法克斯（$2.50, 20分钟）。

佩吉海湾（Peggy's Cove）

佩吉海湾不愧是加拿大游人最多的渔村之一：高低起伏的花岗岩海湾上矗立着一座完美的红白两色灯塔，即便旅游大巴往来不绝，这里也散发着梦幻般的海滨宁静气息。在10:00之前、18:00之后或者淡季前来，避开拥挤的人流，享受这个地方真正的美丽和宁静。

如果你在寻找同一类型的气氛，又不想和大批游客挤在一起的话，可爱小巧的 Lower Prospect 就在它东边30公里，跨越泰伦斯湾（Terrence Bay）可达。

👁️景点

★ 德加尔特美术馆和纪念碑　　　美术馆

（William E de Garthe Gallery & Monument; ☎902-823-2256; 109 Peggy's Point Rd; 门票 $2; ◎美术馆5月至10月9:00~17:00）出生于芬兰的当地艺术家威廉·德加尔特（Williamde Garthe, 1907~1983年）将自己家后面一块30米高的岩层雕刻成了壮观的《新斯科舍省渔夫纪念碑》（*Lasting Monument to Nova Scotian Fishermen*）。这座雕塑刻画了32个渔夫及其妻儿、伸展着翅膀的圣埃尔默（St Elmo），还有传说中的佩吉（这个海湾的名字

就是由此而来）。他的住宅如今是一座美术馆，里面展示着德加尔特的其他65件作品。

瑞航111航班纪念碑　　　　　　　纪念物

（Swissair 111 Memorial; 8250 Hwy 333）这座令人动容的纪念碑为纪念在1998年9月2日空难中丧生的229名遇难者而立。当时瑞士航空公司飞往瑞士日内瓦的111航班坠入了距离佩吉海湾8公里的海中。

佩吉点灯塔　　　　　　　　　　　　灯塔

（Peggy's Point Lighthouse; 185 Peggys Point Rd; ◎5月至10月 9:30~17:30）佩吉海湾的亮点正是这座美不胜收的灯塔，灯塔曾作为邮局运转了很多年。花岗岩海岸的地势高低起伏，正如前方冰冷的大海一样。这附近很适合漫步。

食宿

Wayside Camping Park　　　　　露营地 $

（☎902-823-2271; www.waysidecampground.com; 10295 Hwy 333, Glen Margaret; 帐篷/房车营地 $25/35; ◎5月至10月; ）位于佩吉海湾以北约10公里处，距哈利法克斯36公里，这个露营公园在一座小山上，有多个阴凉的露营位置。盛夏这里会很拥挤。

Oceanstone Seaside Resort　　度假村 $$

（☎902-823-2160; www.oceanstoneresort.com; 8650 Peggy's Cove Rd, Indian Harbour; 房间 $105~195, 村舍 $195~335; ）装修奇特的村舍距海滩咫尺之遥，从佩吉海湾开车很快就能到。住客可以踩脚踏船去不同的小岛探险。旅馆的餐厅Rhubarb被认为是该地区最好的海鲜餐厅之一。

Peggy's Cove Bed & Breakfast　民宿 $$

（☎902-823-2265; www.peggyscovebb.com; 17 Church Rd; 双 $155; ◎4月至10月; ）这间民宿是海湾上唯一的住宿地点，拥有让人羡慕的地理位置和新斯科舍省数一数二的绝佳视野，俯瞰着渔码头和灯塔。它曾经为艺术家威廉·德加尔特拥有。必须要提前预订。

Dee Dee's　　　　　　　　　　　冰激凌 $

（www.deedees.ca; 110 Peggy's Cove Rd; 蛋筒冰激凌$3.50起; ◎5月至9月 正午至18:00）炎热的日子里，在游客信息中心附近的Dee Dee's买一个用本地原材料自制的美味甜筒冰激凌，一边慢慢吃一边在当地转转。

☆ 娱乐

Old Red School house　　　　　剧院

（☎902-823-2099; www.beales.ns.ca; 126 Peggy's Point Rd; 门票乐捐建议$10）这个演出场地在旺季时会推出喜剧和音乐表演。每季有几场表演，届时会安排小客车在剧院和哈利法克斯的各个酒店之间往返。可以在网站了解详情。

❶ 实用信息

游客信息中心（Visitor Information Centre, 简称 VIC; ☎902-823-2253; 109 Peggy's Cove Rd; ◎5月至10月 9:00~19:00）刚一进村庄就能看到带洗手间的免费停车场和旅游局办事处。6月中旬到8月每天都有免费的45分钟**步行团队游**，从这个旅游局办事处出发。

南岸(SOUTH SHORE)

作为新斯科舍省游客最多的海岸线，这里有经典的灯塔、绿树成荫的小海湾和洁白的沙滩，一些从前的渔村已经变成了旅游小镇。哈利法克斯和卢嫩堡之间尽是城市精英们享受乡间野趣之处，也是广受一日游游客青睐的目的地。

切斯特(Chester)

小城切斯特建立于1759年，不少生活富裕的美国人和哈利法克斯人选择在这里购置避暑别墅。小镇的历史可谓丰富多彩，这里曾是海盗的老巢，还是禁酒时期私酿杜松子酒走私者的窝点。如今镇上许许多多的艺术工作室正在延续这里的多姿多彩。8月中旬会举行盛大的**划船比赛**（regatta）。

⊙ 景点

坦库克岛　　　　　　　　　　　　岛屿

（Tancook Island; www.tancookislandtourism.ca）从切斯特政府码头乘坐45分钟的渡轮（往返 $5.50, 周一至周五每天4班, 周末

每天2班）就能到达这座岛屿（人口190人）。19世纪初有德国和法国的胡格诺派教徒在岛上定居，因此岛上的德国泡菜（sauerkraut）很出名，岛上还分布着纵横交错的**徒步小径**。每天最后一班来自切斯特的渡轮会在坦库克岛过夜。

贵族之家博物馆　　　　　　　　　　博物馆

（Lordly House Museum；902-275-3842；133 Central St；6月至9月 周二至周六 10:00~16:00）免费 修建于1806年的贵族之家博物馆是乔治亚风格建筑的精美典范，按时代划分的3个展室呈现着19世纪上流社会的生活和切斯特的历史。这所博物馆同时也是一间艺术工作室。

🛏 食宿

Graves Island Provincial Park　　　露营地 $

（902-275-4425；www.parks.gov.ns.ca；露营地 $24）马洪贝（Mahone Bay）的一座小岛由一条堤道与陆地相连，岛上有64个位于树林中或开阔地带的露营位置。房车一般停在中间，另外有些阴凉的独立帐篷区隐藏在中央高地的两侧。

Mecklenburgh Inn B & B　　　　　　民宿 $$

（902-275-4638；www.mecklenburghinn.ca；78 Queen St；房间 $135~155；5月至12月；🛜）这间安逸的客栈建于1890年，有4个房间和清风吹拂的二楼长廊。有些房间附带独立的阳台，大多数都带独立浴室。客栈的主人是一位蓝带大厨，所以美味的早餐值得期待。

Kiwi Café　　　　　　　　　　　　咖啡馆 $

（902-275-1492；www.kiwicafechester.com；19 Pleasant St；主菜 $9~16；周日至周三 8:00~16:00，周四至周六 至20:00；🛜✏）一位来自新西兰的大厨为你烹制美味的汤、沙拉、三明治和烘焙食品，可以在店里吃也可以外带。这里的墙壁刷成了猕猴桃的绿色，还供应啤酒和葡萄酒，气氛悠闲。

Rope Loft　　　　　　　　　　　　小酒馆

（902-275-3430；www.ropeloft.com；36 Water St；11:30~23:00）这家海湾边小酒馆的环境无可匹敌，太适合来此喝杯爱尔啤酒了。这里还供应丰盛的小酒馆食物，室内或室外均可就餐。

☆ 娱乐

Chester Playhouse　　　　　　　　剧院

（902-275-3933；www.chesterplayhouse.ca；22 Pleasant St；票价约$25）这间剧院颇有些年头了，现场演出的音响效果相当好。7月和8月差不多每晚都有戏剧表演或剧院晚宴，春秋两季偶尔会有音乐会。

ⓘ 实用信息

切斯特游客信息中心（Chester Visitor Information Centre；902-275-4616；www.vic.chesterchamber.ca；20 Smith Rd；9:30~17:30）位于通往切斯特的公路出口附近的旧火车库里，员工是当地人，谈起本地情况，他可谓如数家珍。

马洪贝（Mahone Bay）

马洪贝的阳光比海岸沿线的其他地方都更充足。这片海湾里有100多个岛屿，而它距哈利法克斯不到100公里，如果要探索南岸这片区域的话，马洪贝是相当理想的大本营。你可以划皮划艇出游或骑车游览，也可以沿着海港边缘的主街（Main St）漫步，这条街上分布着各种商店，出售古董、被子、陶器和当地画家的作品。

◉ 景点和活动

在马洪贝的海滨地平线上点缀着三座宏伟的老教堂，它们吸引了不少铁杆摄影爱好者，在夏天还会有现场古典音乐演出。

马洪贝定居者博物馆　　　　　　　博物馆

（Mahone Bay Settlers' Museum；902-624-6263；www.mahonebaymuseum.com；578 Main St；6月至10月中旬 10:00~16:00）免费 关于该地区建筑和1754年"外国新教徒"（Foreign Protestants）在这里定居的展览。

Sweet Rides Cycling　　　　　　　骑车

（902-531-3026；sweetridecycling.com；523 Main St；租车半天/全天 $20/30；周一至周六 10:00~17:00，周日 正午至17:00）在这里挑一辆最合自己心意的自行车，然后向友好的员工询问这个地区最好的骑行路线。

🚌 团队游

South Shore Boat Tours 游轮

(☎902-543-5107;www.southshoreboattours.com;团队游 $45起;⊙6月至10月)跟随Captain Chris参加马洪贝周边引人入胜的游轮之旅,领略当地野生动物、传统捕鱼和造船业的风采。

✦ 节日和活动

稻草人节和古董集市 文化节

(Great Scarecrow Festival & Antiques Fair; www.mahonebayscarecrowfestival.com;⊙10月)10月的第一个周末,当地人会制作稀奇古怪的稻草人并将雕刻好的南瓜放在自己的屋外。同时还有一个受欢迎的古董集市,十分热闹。

🛏 食宿

Kip & Kaboodle Backpackers Hostel 青年旅舍 $

(☎902-531-5494;www.kiwikaboodle.com;9466 Hwy 3;铺/双/标三 $30/69/105;⊙4月至10月;🅿🛜)这间青年旅舍气氛友好,有9张床位,位置极佳,距马洪贝的各个景点3公里,距卢嫩堡7公里。老板可以去镇上接客人,同时还组织经济实惠的游览项目、提供班车服务、安排烧烤和篝火活动,给你关于当地的好建议。这里还出租自行车,提供一间独立客房。

Fisherman's Daughter 民宿 $$

(☎902-624-0483;www.fishermans-daughter.com;97 Edgewater St;房间 $135~145;🅿🐾🛜)坐落在海湾之上,毗邻3座美丽的教堂,这座相当古老的房子(1840年)经过精心的改造,更加舒适的同时,还完全保留了老屋的魅力。两间客房有哥特式的尖顶窗,适合眺望风景,全部4间客房都自带宽敞的浴室。顶级民宿能够提供的各种友好服务,这里一样都不缺。

Three Thistles B&B 民宿 $$

(☎902-624-0517;www.three-thistles.com;389 W Main St;房间 $115~150;🅿🐾🛜)🍴主人阿玛·菲利斯(Ama Phyllis)使用环保清洁剂,用有机食材烹饪食物。房间光洁如新,还有一片后花园一直延伸到树林中。有瑜伽课程。阁楼套间真的很不错。

Biscuit Eater 咖啡馆 $

(☎902-624-2665;www.biscuiteater.ca;16 Orchard St;主菜 $8~20;⊙周三至周一9:00~17:00;🛜)在众多图书的环绕下享用美味的有机餐食,种类包括汤、沙拉和三明治。

海盗的宝藏

马洪贝附近的橡树岛(Oak Island)有一个叫作"大钱坑"(money pit)的地方,迄今为止,对它的挖掘工作已耗资超过200万加元,6人因此丧命。然而它到底是什么,里面又可能埋藏着什么,至今仍然没有多少确定的信息,如果你想了解更多情况,目前正在播出的电视真人秀《橡树岛的诅咒》(The Curse of Oak Island)准备验证所有的理论,没准儿还真能发现一些宝藏!

这个谜团出现于1795年,岛上的3个居民发现了一处洼地。想到这个地区从前常有海盗出没,他们决定挖挖看能够发现什么。刚挖了半米深,他们就碰到了一层平平整整的石板,又挖了2.5米,出现了一块橡木板,之后又有一块。挖到9米深的时候,这几个人暂停了挖掘,不过8年之后又回来了,而且带来了一组专业的团队——Onslow Company。

Onslow队伍一直挖到了27.5米,第二天一早这群人回来的时候,这个深坑已经被水淹了,挖掘工作被迫暂停。1年之后,他们再次回来,在第一个坑洞旁边挖了一个与之平行的33.5米的深坑,结果又被水淹了。1850年,人们发现距离坑洞150米外的Smith Cove有5条地下水道直通"大钱坑",形成了陷阱机关,那里的海滩原来是人造的。

从那时起,人们从四面八方来到"大钱坑"淘金,只挖掘到了几条金链、一些羊皮纸稿、一个水泥拱顶和一块刻着字的石头。

或者只是停下来喝一杯公平贸易咖啡，和家人打个视频电话。

LaHave Bakery　　　　　　　　　　熟食 $

(902-624-1420; www.lahavebakery.com; 3 Edge water; 三明治 $5~9.50; 8:30~18:30;) 这家面包房以用料丰富的面包而闻名。三明治就是用厚切面包片制作的。

★ Mateus Bistro　　　　　新派加拿大菜 $$$

(902-531-3711; www.mateusbistro.com; 533 Main St; 主菜 $22~35; 周二和周三 17:00~21:00, 周四至周一 11:30~21:00) 餐厅隐藏在一个小小的美术馆里，有一个室外露台，这里或许没有海景，不过等你尝到了这里的鸡尾酒、葡萄酒和食物，海景对你来说可能就无所谓了。从牡蛎和芬迪扇贝到鸭肉和五颜六色的蔬菜，这里的菜单从欧洲风味汲取灵感，随当地新鲜食材的变化而改变。

购物

Amos Pewter　　　　　　　　　　工艺品

(800-565-3369; www.amospewter.com; 589 Main St; 周一至周六 9:00~19:00, 周日 10:00~19:00) 参观锡制品的制作工艺演示，然后可以在附属商店购买成品。

实用信息

Mahone Bay（www.mahonebay.com）网站上有各家餐厅和住宿地点的链接。

马洪贝游客信息中心（Mahone Bay Visitors Information Centre; 902-624-6151; 165 Edgewater St; 5月至10月 9:00~18:00）提供自助步行游览的小册子。

卢嫩堡（Lunenburg）

充满历史感的卢嫩堡是南岸最大的渔村，也是该地区唯一一处被列入联合国教科文组织世界遗产名录的地方，还是哈利法克斯之外的第一个英国人定居地。日落时分，从海上望向这座小镇，会看到港口停满了船，后方色彩鲜艳的方正老建筑在夕阳中微微发光，这是小镇最美的画面。

卢嫩堡早期的定居者大部分是德国人、瑞士人和法国新教徒，他们最初是英国人雇佣到哈利法克斯的劳工，后来成为渔民。如今新斯科舍省因为鱼类资源减少而受到严重打击，而卢嫩堡生机勃勃的旅游业为支撑当地经济做出了贡献。

◉ 景点和活动

记得在小镇上找与众不同的"卢嫩堡凸窗"（Lunenburg Bump），这是老建筑的一种独特结构，位于2楼的五面外凸悬窗，悬在1楼之上。

制铁厂蒸馏酒厂　　　　　　　　　蒸馏酒厂

(Ironworks Distillery; 902-640-2424; www.ironworksdistillery.com; 2 Kempt St; 周三至周一 正午至17:00) 品酒是免费的，不过想从这座古老的制铁厂建筑里走出去却不买一瓶好酒可不容易。这里出产一系列烈酒，一种烈性苹果白兰地和一种非常容易入口的调味黑朗姆酒，全部是用本地原料酿造的。

Knaut-Rhuland House　　　　　　博物馆

(902-634-3498; 125 Pelham St; 门票 $3; 6月至9月 周二至周六 11:00~17:00, 周日 13:00~17:00) Knaut-Rhuland House被视为省内乔治亚风格建筑的杰出典范。导游身穿旧时服装，在这座建于1793年的房屋里讲解它的与众不同之处。

大西洋渔业博物馆　　　　　　　　博物馆

(Fisheries Museum of the Atlantic; 902-634-4794; http://fisheriesmuseum.novascotia.ca; 68 Bluenose Dr; 成人/儿童 $10/3; 9:30~17:00) 大西洋渔业博物馆知识渊博的工作人员之中有一些是退休的渔民，他们可以带来渔业方面亲身经验的知识讲解。一楼有一个可爱的水族馆，可以仔细观察比目鱼、一只6公斤重的龙虾以及其他海洋生物。一整天都有影片播映和对话活动。

Pleasant Paddling　　　　　　　　皮划艇

(902-541-9233; www.pleasantpaddling.com; 221 The Point Rd; 皮划艇租赁 $35起, 团队游 $50起; 5月至10月) 这里风景优美，工作人员见多识广，既出租皮划艇也组织游览活动，可选择单人或双人皮划艇。

Lunenburg 卢嫩堡

🔭 团队游

Lunenburg Walking Tours
步行

(☎902-521-6867; www.lunenburgwalkingtours.com; 团队游 成人/儿童 $20/10起) 由热情又经验老到的希拉·艾伦 (Sheila Allen) 和她的团队带领,既有在白天进行的轻松悠闲的游览项目,也有提着灯笼、有点儿吓人的夜间游览。

Trot in Time
团队游

(☎902-634-8917; www.trotintime.ca; 成人/儿童 $20/10; ⊙6月至10月中旬) 乘坐30分钟的马车游览小镇。从大西洋渔业博物馆外出发。

Bluenose II
乘船游

(☎902-634-1963; www.bluenose.novascotia.ca; 2小时乘船游 成人/儿童 $20/10) 这艘"蓝鼻子"号(Bluenose)纵帆船的经典复制品有时候从哈利法克斯发船,有时候在卢嫩堡。登录网站查看详情。

🎉 节日和活动

博克斯伍德音乐节
音乐节

(Boxwood Festival; www.boxwood.org; 音乐节通票 $50; ⊙7月) 来自世界各地的横笛手和风笛手带来精彩的公共音乐会。

卢嫩堡乡村港音乐节
音乐节

(Lunenburg Folk Harbour Festival; ☎902-634-3180; www.folkharbour.com; ⊙8月) 加拿大及其他地区的创作型歌手演出,此外还有传

Lunenburg 卢嫩堡

◎ 景点
1 大西洋渔业博物馆...................A3
2 制铁厂蒸馏酒厂........................D3
3 Knaut-Rhuland House C2

⊕ 活动、课程和团队游
4 Bluenose II................................B3
5 Trot in Time A3

🛏 住宿
6 1775 Solomon House B&B A1
7 Sail Inn B&B B3

🍴 就餐
8 Fleur de Sel..............................A2
9 Lincoln Street Food..................A2
10 Magnolia's Grill.......................C3
11 Salt Shaker Deli C3

统音乐和福音音乐。

新斯科舍省民间艺术节　　　　艺术节

（Nova Scotia Folk Art Festival; www.nsfolkartfestival.com; ☉8月）自助晚餐、艺术家对话和一个大型的艺术品展销会，这些统统发生在8月的第一个周日。

🛏 住宿

Board of Trade Campground　　　　露营地 $

（☎902-634-8100; www.lunenburgns.com/campground; 11 Blockhouse Hill Rd; 帐篷/房车营地 $28/40; 🛜）这个露营地盘踞在卢嫩堡高处的山上，景色很美，有多个碎石房车位置。帐篷位置在一片草地上，互相离得很近，缺少树荫遮挡。

Sail Inn B&B　　　　民宿 $$

（☎902-634-3537; www.sailinn.ca; 99 Montague St; 房间 $110~180; P🐾🛜）房间明亮、通风，现代之中还融入了一丝古典的元素，可以看到海滨的风景。入住就可以免费乘坐一次主人的15米双桅纵帆船。不要错过底楼由一口老井改造而成的灯光鱼池。

Alicion B&B　　　　民宿 $$

（☎902-634-9358; www.alicionbb.com; 66 McDonald St; 房间 $139~169; P✳🐾🛜）🍃 这家1911年创立的经典民宿有一个弧形的门廊，坐落在一座郁郁葱葱的小山上，距离市中心有一小段有利于身心健康的步行距离，浑身散发着加拿大的气息。经典但不古板，四个通风明亮的房间简直会让你想坐下来看书，只是镇上还有那么多东西可看，那么多事可做。民宿还提供精心准备的早餐，老板很有生态环保意识。

Lunenburg Oceanview Chalets　　　　村舍 $$

（☎902-640-3344; www.lunenburgoceanview.com; 78 Old Blue Rocks Rd; 村舍 $139~179; P🐾🛜）想要体验一点儿不一样的？卢嫩堡边缘地带一座小山顶上的这些古朴的原木小屋或许就是你正在找的。它们的设备都很齐全，有Wi-Fi、篝火、海景（有一段距离），还能听见马匹在草地里的嘶鸣声，令人神清气爽。这里的气氛轻松而浪漫，而且价格合理。6月至9月执行最少入住两晚的住宿政策。

Topmast Motel　　　　汽车旅馆 $$

（☎902-634-4661; www.topmastmotel.ca; 76 Masons Beach Rd; 双 $105~155）这是一座简单、明亮、一尘不染的汽车旅馆，位于港口对面，房间能欣赏到卢嫩堡不可思议的美景，镇上的其他住处都没有这么好的视角。旅馆经理是你能期望的最友好的主人了。如果你想要体验有时民宿所缺少的那种私密和隔离之感的话，这里是非常棒的选择。

1775 Solomon House B&B　　　　民宿 $$

（☎902-634-3477; solomonhouse@ns.sympatico.ca; 69 Townsend St; 双 $135; 🛜）有着高低不平的地板和比较低的门框，这个美妙的民宿拥有极为友善的主人，非常有帮助。古老墙壁环绕的房间温暖舒适，这里的早餐会让你在接下来的旅途中念念不忘。唯一的缺点是浴室相当局促。

🍴 就餐

Salt Shaker Deli　　　　熟食 $

（☎902-640-3434; www.saltshakerdeli.com; 124 Montague St; 主菜 $9~17; ☉11:00~21:00）这里的环境是干净利落的现代风格。有一个滨海露天平台，食物好吃得令人赞叹，怪不得这家熟食餐厅总是挤满了人。尝尝薄底比萨，或者点一磅可以自选做法的贻贝。

Nellie's Takeout　　　　快餐 $

（☎902-634-4574; www.facebook.com/nelliestakeout; 53 Falkland St; 菜品 $4~9; ☉周一至周六 11:00~18:00, 周日 正午至18:00）位于经常被忽视的一大块柏林墙附近（没错，它是正宗的），Nellie的快餐车是当地人的最爱，目前还没有多少游客听到风声——这一切都要改变了。我们谈论的是炸鱼和薯条、煎扇贝、汉堡包和富含油脂、价格实惠的各种小吃美食。

Magnolia's Grill　　　　美式小餐馆 $

（☎902-634-3287; www.magnolias-grill.com; 128 Montague St; 主菜 $9~17; ☉周一至周六 11:00~21:00）这间美式小馆风格的餐厅是本地人的最爱，可以在多种当日例汤里选一种尝尝。这里还供应海鲜，包括所罗门甘迪腌鲱鱼（Solomon Gundy），此外还有一张相当

★ Lincoln Street Food 加拿大菜 $$$

(902-640-3002; www.lincolnstreetfood.ca; 主菜 $24~29, 3道菜定价套餐 $45; ⊙周三至周六 17:00~21:00, 周日11:00~14:00和17:00~21:00;) 这个地方用它从市场上买回来的新鲜农产品做成的美食吸引回头客，有严格素食、素食以及可持续鱼类和肉类等选择。除了食物之外，这里还有各种不添加防腐剂的葡萄酒，内饰洋溢着都市时尚气质，就像是从纽约的下东区直接搬过来的一样。

Fleur de Sel 法国菜 $$$

(902-640-2121; www.fleurdesel.net; 53 Montague St; 主菜 $22~38; ⊙周三至周日 17:00~22:00) 连续12年令来自世界各地的就餐者大饱口福之后，老板Martin和Sylvie在2016年休假了一年，之后重新回到他们这座优雅的餐厅，继续为客人呈现用有机食材烹制的法式菜肴。访问网站，督促他们信守诺言。

❶ 实用信息

Explore Lunenburg (www.explorelunenburg.ca) 当地的历史和旅游信息。

游客信息中心 (Visitors Information Centre, 简称VIC; 902-634-8100; 11 Blockhouse Hill Rd; ⊙5月至10月 9:00~20:00) 高踞在小镇上方，这个很有帮助的游客中心提供地图，而且可以在住宿紧张时帮助你寻找床铺。

卢嫩堡公共图书馆 (Lunenburg Public Library; 902-634-8008; 19 Pelham St; ⊙周二、周三和周五 10:00~18:00, 周四 至20:00, 周六 至17:00;) 免费上网。

❶ 到达和离开

卢嫩堡和哈利法克斯之间由Hwy 103相连，两地相距将近100公里。目前哈利法克斯和卢嫩堡之间没有公共长途汽车服务。

利物浦（Liverpool）

充满历史感的利物浦是南岸较大的中心城镇之一，在这里能看的东西很多，能做的事情也很多。它是一座漂亮的城镇，有一些精美的历史建筑，而且位置也很便利，既可以探索几处绝美的海滩，又可以游览克吉姆库吉克国家公园（Kejimkujik National Park；向北69公里处）和它的海滨附属公园（Seaside Adjunct；西南32公里处），不过与北边其他的海边村庄相比，利物浦少了一点儿海滨情趣。

◉ 景点

罗西尼奥尔文化中心 博物馆

(Rossignol Cultural Centre; 902-354-3067; www.rossignolculturalcentre.com; 205 Church St; 成人/儿童 $5/3; ⊙周一至周六 10:00~17:30) 对标新立异的事物感兴趣的人都不应该错过当地名人谢尔曼·海恩斯（Sherman Hines）最精彩的作品——这间博物馆。馆内有一个展厅接一个展厅的动物标本，一个橱窗接一个橱窗的精美原住民串珠，一面墙接一面墙的海恩斯精彩摄影作品（其中一些出自他的蒙古探险之旅），另外还有一个房间，专门用来展示世界各地的户外厕所。

汉克·斯诺故乡博物馆 博物馆

(Hank Snow Home Town Museum; 902-354-4675; www.hanksnow.com; 148 Bristol Ave; 门票 $4; ⊙周一至周六 9:00~17:00, 周日 正午至17:00) 这座博物馆展示了新斯科舍省在音乐方面的地位，堪称北方的纳什维尔（Nashville, 美国著名的音乐城）。博物馆位于旧火车站，呈现了斯诺、维尔夫·卡特（Wilf Carter）和其他低吟歌手及约德尔歌手的昔日风采。

福特角灯塔 灯塔

(Fort Point Lighthouse; 902-354-5260; 21 Fort Lane; ⊙5月至10月 10:00~18:00) 免费 在福特角有一个堆石纪念碑，标志着法国人塞缪尔·德·尚普兰在1604年的登陆地点。在位于Main St尽头的**灯塔**（lighthouse）里，你可以亲手奏响手动的雾笛。

皇后郡博物馆 博物馆

(Queen's County Museum; 902-354-4058; www.queenscountymuseum.com; 109 Main St; 门票 $4; ⊙周一至周六 9:30~17:30, 周日

13:00~17:30)这间博物馆展示着第一民族的手工制品和与小镇历史相关的史料,还有一些早期公民的文字资料。

珀金斯之家博物馆　　　　　　博物馆

(Perkins House Museum; ☎902-354-4058; http://perkinshouse.novascotia.ca; 105 Main St; 成人/儿童 $4/2; ⏱6月至10月 周一至周六 9:30~17:30,周日 13:00~17:30)珀金斯之家博物馆展示着殖民地时期的物品和家具,它所在的建筑修建于1766年,是新斯科舍省博物馆(Nova Scotia Museum)旗下最古老的房屋。

✦✦ 节日和活动

皇家海盗日　　　　　　　　　文化节

(Privateer Days; www.privateerdays.ca; ⏱6月)这是一个为期三天的夏季节日,届时会举办以海盗和城镇历史为主题的庆祝活动。

🛏 食宿

Geranium House　　　　　　　民宿

(☎902-354-4484; 87 Milton Rd; 房间 $60; ⏱5月至9月)这间民宿位于默西河(Mersey River)畔一大片树木繁茂的区域,有3个房间和一个公用浴室,很适合骑车的人和一家人入住,主人非常有趣。

Lane's Privateer Inn　　　　旅馆 $$

(☎902-354-3456; www.lanesprivateerinn.com; 27 Bristol Ave; 双$135~190; 🛜)这座有着200年历史的旅馆最初是一位飞扬跋扈的皇家海盗的家,如今拥有全部现代生活设施,是个干净宜人的住处。夏天这里是各种活动的热闹据点,周末有现场音乐表演,还会有品酒之类的特别活动。旅馆还有一个很好的餐厅(主菜 $10~25, 7:00~22:00营业)。

☆ 娱乐

Astor Theatre　　　　　　　　剧院

(☎902-354-5250; www.astortheatre.ns.ca; 59 Gorham St)Astor是新斯科舍省最古老的持续经营的演出场所。1902年建成之初是利物浦歌剧院(Liverpool Opera House),现在有电影放映、戏剧和现场音乐演出。

克吉姆库吉克国家公园
(Kejimkujik National Park)

克吉姆库吉克国家公园(当地人简称"Keji")拥有新斯科舍省的一些最独特、壮丽且未受破坏的地貌。主公园位于内陆,占地381平方公里,而面积较小的海滨附属公园(Seaside Adjunct)位于南边107公里处。

在克吉姆库吉克的旷野之中,车辆可以通行的区域不足20%;剩下的只能步行或者划独木舟进入了。观鸟爱好者可以说是有福了,其他野生动物还包括豪猪、黑熊等。还有一件事情听起来就不怎么开心了,公园里叮人的虫子泛滥,还要小心湖里堪比鳗鱼的水蛭和那些相当大的蚊子。

克吉姆库吉克的附属公园(简称"Keji Adjunct")保护着天堂般的风景:高低起伏的低矮灌木丛、野花、白沙小海湾以及分布在Port Joli和Port Mouton Bay之间的地表花岗岩。

Port Joli Basin包括Point Joli候鸟保护区(Point Joli Migratory Bird Sanctuary),里面有大量的水鸟和涉禽。只有皮划艇才能比较容易地进入保护区。

🚶 活动

9月到10月初是最好的徒步时间,春天的虫子简直让人受不了。通过一套水陆联运系统将十几个湖泊连接起来,可以进行多达7天的独木舟之旅。雄心勃勃计划多日游的游客应该买一张地形图($10)。

主公园里的主要徒步环线George Lake Trail长60公里,从George Lake的东端开始,在Big Dam Lake的小路起点结束。另一条较短的环线Channel Lake Trail长26公里,以Big Dam Lake为起点和终点,很适合徒步过夜游。

在主公园的附属公园里,两条几乎在平地上的小径从停车场通向海岸。Harbour Rocks Trail(往返5.2公里)沿着一条古老的乡村运输小路,穿过混合针叶林,来到一片经常能看到海豹的海滩。Port Joli Head Trail是一条长8.7公里的环线。

Rossignol Surf Shop　　　　　　冲浪

(☏902-354-7100; www.surfnovascotia. com; White Point Beach Resort, White Point; ⊙7月至8月10:00~17:00)Rossignol Surf Shop距离附属公园32公里,出租冲浪板(半日/全日租金$20/35)并提供2小时冲浪课程($85)。日程安排有限,登录网站查看详情。

Keji Outfitters　　　　　　　独木舟

(☏902-682-2282; www.whynotadventure. ca; ⊙6月至9月 8:00~21:00)在公园里的Jakes Landing能租到独木舟和其他装备。租用双人皮划艇、独木舟或自行车1小时/24小时的价格是$15/40。上述任意装备租用1周的价格都是$165。淡季时如有预约这里也会营业。

🛏 住宿

Jeremy's Bay Campground　　露营地 $

(☏877-737-3783; 帐篷/房车营地 $26/30; ⊙5月至10月)在公园里的360个露营位置之中,有30%按照先到先得的顺序分配。预订营地需要$10起。

Caledonia Country Hostel　　青年旅舍

(☏902-682-3266; www.caledoniacountry hostel.com; 9960 Hwy 8, Caledonia; 铺/双 $30/70; 🛜)这间一尘不染的青年旅舍位于Caledonia的中心,Caledonia是公园附近唯一一个拥有网吧、加油站和杂货店的城镇。床位在一座可爱的维多利亚式住宅的二楼,电视、图书和老式软垫座椅堆满各个角落,显得温暖惬意。旅舍还提供团队游和班车服务。

Raven Haven Hostel & Family Park　　　　　　青年旅舍

(☏902-532-7320; www.hihostels.ca; 2239 Virginia Rd, South Milford; 铺/小屋 $24/72, 帐篷/房车营地 $20/24; ⊙6月至8月; P🐾🛜)这间国际青年旅舍旗下的青旅及露营地位于皇家安娜波利斯(Annapolis Royal)以南25公里,克吉姆库吉克国家公园以北27公里。有4张床位的旅舍坐落在海滩附近的一座小屋之中,乡村风格的双人间小屋配有设施齐全的厨房,但没有床上用品。有15个露营位置,不过公园里的露营地更好一些。出租独木舟和脚踏船。

Mersey River Chalets　　　　小屋 $$

(☏902-682-2447; www.merseyriverchalets. ns.ca; 315 Mersey River Chalets Road E, Caledonia; 圆锥帐篷 $90~115, 小屋 $175~195; P🛜)舒适的小屋铺着松木地板,有烧柴的火炉,安静私密的门廊,还可以烧烤,堪称完美。小屋里的房间有独立的露台可以看到湖景,温暖惬意的圆锥帐篷(tipis)配备了齐全的厨房设施。住宿客人可以免费借用独木舟和皮划艇。

托马斯·雷德尔省立公园　　　露营地

(Thomas Raddall Provincial Park; ☏902-683-2664; http://parks.novascotia.ca/content/thomas-raddall; 露营地 $24; ⊙5月至10月)托马斯·雷德尔省立公园与克吉姆库吉克的附属公园之间隔着PortJoliHarbour,这里的露营地宽敞又僻静,其中有8个是无须预约的。森林中的露营地一直向外延伸到几片很棒的海滩。

ⓘ 实用信息

克吉姆库吉克国家公园游客中心(Kejimkujik National Park Visitor Centre; ☏902-682-2772; www. parkscanada.gc.ca/keji; 3005 Main Pkwy, Maitland Bridge; 公园门票成人/儿童 $6/3; ⊙7月至9月 8:30~20:00,5月、6月和10月 至16:30)在这里领取进园许可和公园地图,预订荒野露营地。如果你喜欢观鸟,看看他们是否有《新斯科舍省观鸟之灯塔路线》(*Nova Scotia Birding on the Lighthouse Route*)。

ⓘ 到达和离开

克吉姆库吉克国家公园需要从位于Hwy 8路边的游客中心进入,可以从西北方向49公里处的皇家安娜波利斯到这里来。在东边,公园与利物浦相距69公里,与Bridgewater相距68公里,再过19公里就是卢嫩堡。

进入克吉姆库吉克国家公园海滨附属公园的唯一方式是先走Hwy 103,然后拐进一条长6.5公里的石子路。这个公园位于谢尔本以东47公里,利物浦以西32公里。如果你有GPS导航系统,可以搜索下面这个地址:1188 Saint Catherine's River Road, Port Joli。

谢尔本(Shelburne)

谢尔本充满历史感的海滨地带有帆船在

海面上轻摇，17幢建造于19世纪以前的民居伫立于此——感觉像是历史重现。这些保存完好的低矮建筑中曾经居住着从美国独立战争撤退到此地的保皇党人士。1783年的谢尔本曾是英属北美最大的社区，共有16,000名居民，其中有许多是来自纽约的贵族，盘剥住在附近的伯奇镇（Birchtown）的黑人保皇党的劳动力。每年7月最后一个周末是建城者日（Founders' Days），以纪念谢尔本的历史。

◉ 景点

从6月中旬到8月中旬，谢尔本每天都会有穿着旧时服装的人们在城镇各地进行展示表演，内容包括老式的烹饪、缝纫、音乐、军事演习、雕刻技艺等，演出在13:00左右开始，日程安排每天都不一样。详情可咨询游客信息中心。

黑人保皇党文化遗产中心   博物馆

（Black Loyalist Heritage Centre；☏902-875-1310；http://blackloyalist.novascotia.ca；119 Old Birchtown Rd；成人/儿童 $8/5；⊙10:00~17:00）伯奇镇的黑人保皇党文化遗产中心和博物馆在2015年搬到了这个崭新的场馆，它坐落在市区外7公里处，所在地正是加拿大18世纪80年代最大的非裔自由民定居点。这座博物馆以引人入胜的视角揭示了加拿大的这段少有人知的历史。有一条适合徒步或骑车的小径从位于Main St最南端的Spencer's Garden Centre直通伯奇镇，全长6公里。

小渔船商店博物馆   博物馆

（Dory Shop Museum；☏902-875-3219；http://doryshop.novascotia.ca；11 Dock St；成人/儿童 $4/免费；⊙6月至10月中旬 9:30~17:30）小渔船商店博物馆仍然经营定制小渔船（dory）业务，这种没有甲板的小船以前的用途是脱离母帆船进行捕鱼，如今作为救生船使用。

罗丝-汤姆森之家   博物馆

（Ross-Thomson House；☏902-875-3141；http://rossthomson.novascotia.ca；9 Charlotte Lane；成人/儿童 $4/免费；⊙6月至10月中旬 9:30~17:30）罗丝-汤姆森之家修建于1784年，原屋主是从科德角（Cape Cod）来到谢尔本的保皇党富商。展品包括家具、绘画和当时商店里的商品。围绕在房屋四周的是真正的旧时花园。周日上午免费参观。

谢尔本郡博物馆   博物馆

（Shelburne County Museum；☏902-875-3219；www.shelburnemuseums.com；20 Dock St；⊙仅预约）**免费** 现在的谢尔本郡博物馆曾经是保皇党人士的一座房子（建于1787年前后）。这里收藏着一系列保皇党的家具，展示了当地渔业的历史，还有一小部分米克马克人的手工制品。

🛏 食宿

Islands Provincial Park   露营地 $

（☏902-875-4304；http://parks.novascotia.ca/content/islands；183 Barracks Rd；露营地 $24；⊙6月至10月）与谢尔本一港之隔，在一片成熟林地里有65个露营位置，还有一片可以游泳的海滩。

★ Cooper's Inn B&B   民宿 $$

（☏902-875-4656；www.thecoopersinn.com；36 Dock St；房间 $130~220；☎）这座位于海滨的建筑有一部分修建于1784年，是从波士顿转移到这里的。如今这座民宿相对现代，但仍然保留着迷人的历史风格，有6个房间。这里还有一座开满鲜花的花园，日落

伯奇镇的黑人保皇党

正如谢尔本曾是英属北美地区最大的定居地，伯奇镇曾是北美地区得到解放的非裔黑奴最大的定居地。美国独立战争之后，约有3500名黑人保皇党人士得到了英国奖赏的土地，得以在谢尔本、哈利法克斯、迪格比和盖斯伯勒（Guysborough）附近定居。9年之后的1792年，由于严冬和不公的待遇让他们几乎难以生存，其中的1200人登上了15艘开往西非塞拉利昂的船，并在那里建立起了弗里敦（Freetown）。在1812年战争之后，又有2000人从美国来到滨海诸省定居，还有一些人是在19世纪90年代从加勒比地区来到布雷顿角岛的煤矿上工作的。

时分你可以在花园里享用赠送的那瓶Jost葡萄酒。

Bean Dock
咖啡馆 $

(902-875-1302；三明治 $3.50~7；周一、周二和周四至周六 10:00~16:00，周三至20:00)找一张俯瞰海湾的木桌喝咖啡，品尝烤三明治和口味清淡的主菜，例如炸鱼糕和番茄干意面沙拉。门外巨大的阿第伦达克椅也很值得一提。

★ Charlotte Lane
新派加拿大菜 $$$

(902-875-3314；www.charlottelane.ca；13 Charlotte Lane；主菜 $18~33；周二至周六 11:30~14:30和17:00~20:00)有人专门从哈利法克斯开车来这里吃东西，而且赞不绝口。如果想吃晚餐强烈建议提前预订。来自瑞士的大厨罗兰·格洛塞(Roland Glauser)一直在润色丰富着那已经很详尽的葡萄酒单，来搭配总在更新的菜单，菜式包括当地海鲜、肉类和意大利面。

❶ 实用信息

游客信息中心(Visitor Information Centre，简称VIC；902-875-4547；43 Dock St；5月至9月 9:00~16:00)提供自助步行游览历史街区的优质路线图。

阿卡迪亚海岸
(ACADIAN SHORES)

沿着阿卡迪亚海岸(包括一段称为法兰西海岸的更小的区域)前行，一路上你经常会看到随风飘扬的海洋之星旗(Stella Maris)，那是印有一颗星星的阿卡迪亚三色旗。除了英式风情的雅茅斯之外(该地区最大的城镇，最初为阿卡迪亚人定居，但后来成了新帝国保皇党的一个重要据点)，该地区是由以自己的法兰西-阿卡迪亚语言和传统为骄傲的小社区组成的。在这里可以瞻仰精美的天主教堂，了解坚韧的阿卡迪亚人在历史上的挣扎和奋斗，还可以沿着铺着细沙的海滩散散步。如果你打算多待一段时间，不要错过当地夏季富有节奏感的音乐表演。

阿卡迪亚海岸是一片长120公里的带状土地，大部分位于海滨，北边是迪格比，南边是雅茅斯市以及多个Pubnicos社区。雅茅斯之外没有公共交通，而且除非你是骑行健将，否则各个社区之间的距离会让自驾成为探索该地区唯一可行的方式。

法兰西海岸(French Shore)

在与迪格比内克(Digby Neck)隔着圣玛丽湾(St Mary's Bay)的大陆上，教堂角(Church Point)、Grosses-Coques、贝利沃海湾(Belliveau Cove)和圣伯纳德(St Bernard)这几个村庄是法兰西海岸的中心。当年阿卡迪亚人在遭到驱逐后重返新斯科舍省，却发现位于安娜波利斯河谷的家园已经被占了，于是来到了这几个村庄定居。现在这些村庄都是小渔村，由Hwy 1相连——这条公路差不多就是每个村镇唯一的马路。

探索新斯科舍省这片正在逐渐衰退但独一无二的地区，最好的方式是沿着Hwy 1自驾，这条公路拥抱着海岸线，从贝利沃海湾一直延伸到南边的Mavilette Beach。也可以反方向行驶。

◉ 景点和活动

海湾之约
文化中心

(Rendez-Vousdela Baie；www.rendezvousdelabaie.com；23 Lighthouse Road, Church Point；周一至周五 7:00~19:00，周六和周日 9:00~17:00) **免费** 如果这片海岸上有一个必去之处，那就是这里了。在博物馆了解阿卡迪亚历史和文化，在美术馆欣赏当地艺术品，在剧院观看音乐会及其他演出，在游客信息中心获得旅游建议。这个文化中心还组织以阿卡迪亚为主题的团队游。

海岛湾省立公园
省立公园

(Smuggler's Cove Provincial Park；http://parks.novascotia.ca；7651 Hwy 1, Meteghan；5月中旬至10月中旬)因为19世纪海盗盛行而得名，如今这个公园经常有野餐者光顾。一条100级的木台阶向下通往一片岩石海滩。在台阶上方有带烧烤炉的野餐场地，还可以眺望到圣玛丽湾对面的布赖尔岛(Brier Island)。

吉尔伯特湾灯塔
灯塔

(Gilbert's Cove Lighthouse；902-

837-5584; www.gilbertscovelighthouse.com; 244 Lighthouse Rd, Gilbert's Cove; ◎5月至9月 周一至周六 10:00~16:00, 周日 正午至16:00) **免费** 这座灯塔建造于1904年, 在它整个运转期间只有两任看守人。1982年, 当地历史学会将它从人为破坏和自然损毁中拯救了下来, 并将它改造成了一座迷人的博物馆。这里有一个风景优美的野餐区, 是在海滩漫步和游泳的好地方。

圣伯纳德教堂 教堂

(Église St Bernard; ☎902-837-5637; 3623 Hwy 1, St Bernard; ◎5月至11月 9:00~17:00) 圣伯纳德因教堂而闻名, 1910年到1942年, 当地人每年垒起一排石块, 终于建成了这座宏伟的花岗岩建筑。这里的音响效果好得惊人, 每年夏天都会举办多场音乐演出。

贝利沃海滩（Belliveau Beach） 海滩

贝利沃海滩靠近贝利沃海湾的南端, 由大片大片被海水冲刷得光亮的石头组成, 偶尔会出现一小丛坚韧不拔的冷杉树。就在海滩后方有一片公墓和一座纪念碑, 追忆着早期在法兰西海岸定居的阿卡迪亚人的艰苦奋斗。

Hinterland Adventures & Gear 皮划艇

(☎902-837-4092; www.kayakingnovascotia.com; 54 Gates Lane, Weymouth; 租用皮划艇每小时/天 $8/42, 团队游 $48起) 这家备受推崇的机构经营游览项目已超过15年, 平日里有皮划艇和独木舟出租, 最拿手的业务是在St Mary's Bay和Sissiboo River组织划船之旅。

✦ 节日和活动

克莱尔阿卡迪亚文化节 文化节

(Festival Acadien de Clare; www.festivalacadiendeclare.ca; ◎8月) 克莱尔阿卡迪亚文化节是最大、最古老的年度阿卡迪亚文化节, 在教堂角（Church Point）这个村庄及周边举办, 历时7天。

🍴 食宿

À la Maison d'Amitié B&B 民宿 $$

(☎902-645-2601; www.houseoffriendship.ca; 169 Baseline Rd, Mavilette; 房间 $185; ◎6月至10月; 🅿) 引人注目地坐落在一个离海滩很近的悬崖之上, 周围是6公顷的私人海滩。这座美式风格的大型住宅建筑有着教堂一样的天花板和高高的窗户, 从每一面都能看到风景。

Roadside Grill 阿卡迪亚菜 $

(☎902-837-5047; 3334 Hwy 1, Belliveau Cove; 主菜 $9~18; ◎8:00~21:00) 在这家怡人的复古风老字号本地餐厅品尝清蒸蛤蜊或rappiepie（把土豆挤碎成泥状并去除淀粉, 再浇在肉饼上）。这里有3间小屋出租（单人间/双人间 $60/80）, 带有线电视和微波炉。6月到8月, 每周二17:30至19:30有阿卡迪亚现场音乐演出。

La Cuisine Robicheau 阿卡迪亚菜 $$

(www.lacuisinerobicheau.ca; 9651 Hwy 1, Saulnierville; 主菜 $10~25; ◎周二至周日 8:00~21:00) 这是法兰西海岸最高档的阿卡迪亚餐饮。Rappiepie、海鲜千层面和巧克力派都如此好吃又不贵, 可能让你大赞"天呐!"。餐厅为家庭式经营, 客人总是很多, 而且夏天在晚餐时间常有现场音乐表演。

雅茅斯（Yarmouth）

1761年由来自美国马萨诸塞州的新英格兰人创立, 雅茅斯在19世纪70年代达到了繁荣的顶峰。由于曾经拥有将新斯科舍省与巴尔港（Bar Harbor, 美国缅因州）相连的渡轮, 它现在仍然是新斯科舍省南部最大的城镇。当渡轮在2010年停运时, 雅茅斯度过了一段艰难时光, 当地人争取恢复渡轮的努力失败了。但他们得到的东西在很多人看来比之前更好：一艘可以搭载乘客和汽车的高速双体船, 连接雅茅斯和缅因州最大的城市波特兰。

雅茅斯除了少数几个有趣的景点之外, 以Collins St为中心的柯林斯文化遗产保护区（Collins Heritage Conservation District）还有一些精美的维多利亚风格建筑, 但是这里并没有特别引人入胜的原因让人在此地停留。话虽如此, 由于它最近将自己重新定位为探索静谧优美的阿卡迪亚海岸和安娜波利斯河谷的门户,当地人希望你会留下来。

◉ 景点和活动

★ 佛楚角灯塔　　　　　　　　灯塔

(Cape Forchu Lightstation, Yarmouth Light; ☏902-742-4522; www.capeforchulight.com; Hwy 304; ◉6月至9月 9:00~17:00) **免费** 这座灯塔宛如一根巨大的红白条纹蜡烛,是当地的地标性建筑,在2015年庆祝了175岁的生日。灯塔周围风景绝美,下面还有一间茶室。可以开车进去再开出来,这个过程也有点儿神奇。

新斯科舍省艺术馆　　　　　　画廊

(Art Gallery of Nova Scotia; ☏902-749-2248; www.artgalleryofnovascotia.ca; 341 Main St; 成人/儿童 $6/免费,周四 17:00之后免费; ◉周二、周三、周五和周六 10:00~17:00,周四至21:00,周日 正午至17:00) 这家时尚的新斯科舍省艺术馆分馆让人耳目一新,落户在走多实路线的雅茅斯让人有些意外。超现代的建筑收藏着精心挑选的作品,多数出自滨海居住的艺术家之手。

雅茅斯郡博物馆　　　　　　　博物馆

(Yarmouth County Museum; ☏902-742-5539; www.yarmouthcountymuseum.ca; 22 Collins St; 成人/学生 $5/2; ◉6月至9月周一至周六 9:00~17:00,10月至次年5月 周二至周六 14:00~17:00) 这座博物馆位于一座教堂旧址内,设有五个按时代划分的展室,都与海洋相关。门票还包含了隔壁的佩尔顿-富勒之家。

佩尔顿-富勒之家　　　　　　历史建筑

(Pelton-Fuller House; ☏902-742-5539; www.yarmouthcountymuseum.ca; 20 Collins St; 成人/儿童$5/2; ◉6月至9月时间不定) 这栋1892年的维多利亚意大利风格木结构建筑让人有一种时光倒流之感,里面摆满了古董和纪念品,屋后还有一个精心维护的月季园。门票含隔壁的雅茅斯郡博物馆。

🛏 食宿

★ MacKinnon-Cann
House Historic Inn　　　　　旅馆 $$

(☏866-698-3142; www.mackinnoncanninn.com; 27 Willow St; 房间 $169~239; ☎) 六个房间分别代表从维多利亚时期的20世纪初到时髦的20世纪60年代之间的每个十年,淋漓尽致地展示了不同时期的风格,同时又令人感到安心和舒适。有两个房间之间可以连通的,成为家庭套房。

Best Western Mermaid　　　汽车旅馆 $$

(☏902-742-7821; www.bwmermaid.com; 545 Main St; 双 $115~165; ℗✱✽☎✺) 靠近渡轮码头,这家连锁汽车旅馆维护状况很好,而且重要的方面都有所顾及:干净的房间、稳定的水压和舒适的床铺,还有一个天气温暖时孩子们会喜欢的游泳池,此外还有免费早餐和Wi-Fi。

Lakelawn B&B Motel　　　　汽车旅馆 $$

(☏902-742-3588; www.lakelawnmotel.com; 641 Main St; 房间 $109~159; ☎✺) 在汽车旅馆当中这里算是讨人喜欢、注重服务的了。房间干净而简单,在乡村风格的餐厅能吃到镇上还算不错的食物。如果想住得再好一些,中间那栋维多利亚式房屋里还有4间民宿风格的房间。

★ Shanty Cafe　　　　　　　咖啡馆 $

(☏902-742-5918; www.shantycafe.ca; 6b Central St; 单品 $4~9; ◉周一至周六 7:00~19:00; ✱) 在这处活泼欢快的咖啡馆里用美味健康的食物开始一天的美好旅程,这几乎就足以值得你来雅茅斯一趟,到这里你就会发现大家对这里的喜爱溢于言表。午餐菜单实惠且多样,除了西餐,还有印度和墨西哥风味。

Rudder's Brew Pub　　　　小酒馆食物 $

(☏902-742-7311; www.ruddersbrewpub.com; 96 Water St; 酒馆菜单 $8~14,晚餐主菜 $14~32; ◉11:00至深夜) 这间海滨的小酒馆兼餐厅有300个座位,很快就会坐满。在店里自酿的啤酒相当美味,菜单非常丰富。夏天晚上生意好的时候,酒会一直供应到凌晨。

Marco's Grill and
Pasta House　　　　　　　意大利菜 $$

(☏902-742-7716; www.marcosgrill.com; 624 Main St; 主菜 $10~24; ◉11:00~21:00) 如果

值得一游
阿卡迪亚人的村庄

占地17英亩的**新斯科舍阿卡迪亚历史村落**(Le Village historique acadien de la Nouvelle-Écosse, Historical Acadian Village of Nova Scotia; ☎902-762-2530; http://levillage.novascotia.ca; 91 Old Church Rd, Lower West Pubnico; 成人/儿童 $7/3; ⊙6月至10月9:00~17:00)俯瞰着Pubnico Harbour,是一个重建的阿卡迪亚村庄,有复古的阿卡迪亚建筑和一处公墓。村庄所在的West Pubnico曾是新斯科舍省最初的阿卡迪亚社区之一(不要将它和附近的Pubnicos混淆),从雅茅斯向东南方向行驶40分钟可达。

你在新斯科舍省旅行了一段时间,那么终有一天,再吃一只龙虾或一桶贻贝的想法会让你胃口全无。此时这里超赞的正宗意大利面将成为仅次于妈妈的千层面最令人舒心的东西。不要拒绝裹面包屑烹制的蘑菇。

Stanley Lobster Pound 海鲜 $$

(☎902-742-8291; www.stanleylobster.com; 1066 Overton Rd; 随市场价格变化; ⊙周三至周六 15:00~20:00)自己挑选龙虾然后带回家,没有比这更原汁原味的了。好吧,虽然你做不到这一点,但你可以给自己的龙虾选择两种方式——活的或者做好的。这种小生物的烹饪方式很简单,只要煮熟就行了,所以你可以在俯瞰芬迪湾(Bay of Fundy)的篝火旁用餐。洋溢着新斯科舍省淳朴的乡土风情。

ℹ 实用信息

游客信息中心(Visitors Information Centre, 简称 VIC; ☎902-742-5033; 228 Main St; ⊙5月至10月 7:30~21:00)要一张当地步行游览地图。

艾萨克·沃尔顿·基拉姆纪念公共图书馆(Izaak Walton Killam Memorial Library; ☎902-742-2486; 405 Main St; ⊙周一至周六 10:00~16:00; 🛜)可免费上网。

ℹ 到达和离开

雅茅斯位于哈利法克斯西南方向300公里处,沿Hwy 103可达;位于迪格比以南104公里,沿Hwy 101可达。

雅茅斯到哈利法克斯及更远的地方没有班车服务,不过**Cloud Nine Shuttle**(见394页)可以让你前往首府或哈利法克斯国际机场。

2016年6月,雅茅斯再次通过海路与美国相连。**Bay Ferries**(www.ferries.ca)运营的渡轮前往缅因州的波特兰市(成人/儿童 $107/65, 5.5小时)。运输小汽车额外收费$199。

ℹ 当地交通

你可以从**Wheelhouse**(☎902-307-7433; www.thewheelhouse.ca; 5 Collins Street; 自行车每小时$12起; ⊙9:00~17:00)租赁自行车和萨里式游览车(surrey, 四轮式带顶自行车),用一种有趣的方式探索雅茅斯。

安娜波利斯河谷
(ANNAPOLIS VALLEY)

历史上,肥沃且人口稀少的安娜波利斯河谷在加拿大的殖民时期曾是主产粮区。如今,这里仍然生产新斯科舍省很大一部分新鲜农产品,尤其是苹果,但真正令人兴奋的是这条河谷葡萄酒产业的增长。这里的酒庄声称自己与法国波尔多的纬度相似,并利用起了这里的沙质土壤和该地区与法兰西的深厚渊源。

地区亮点包括**安娜波利斯河谷苹果花节**(Annapolis Valley Apple Blossom Festival; www.appleblossom.com),前往皇家安娜波利斯(Annapolis Royal)的芬迪海岸欣赏壮观的潮汐和一块块农田,活力四射、生机勃勃的沃尔夫维尔(Wolfville),以及一边在格朗普雷凝视世界遗产一边回想过去。

ℹ 到达和离开

Hwy 101始于哈利法克斯的郊区,延伸74公里后抵达安娜波利斯河谷北端的沃尔夫维尔,然后一路南下至迪格比。由于各个城镇之间距离较远,而且有许多不同的支线可以探索,所以自驾是在该地区旅行最具可行性也是最舒适自在的方式。

在迪格比,**Bay Ferries**(www.ferries.ca)通过可搭载汽车的渡轮连接新斯科舍省和新不伦瑞克省的圣约翰(Saint John)。旺季航程大约2.25小

时, 淡季大约2.75小时。登录网站查看时刻表。

❶ 当地交通

Kings Transit(www.kingstransit.ns.ca)公共汽车线路在6:00到19:00左右每2小时发1班车, 从Weymouth(就在教堂角北边)前往Bridgetown(就在皇家安娜波利斯北边), 然后继续向前, 最远抵达沃尔夫维尔, 沿途的每个小镇都会停靠。

长岛 (Long Island)

一片狭长的陆地仿佛长颈鹿的脖子一样伸出来, 将芬迪湾内的景象窥视一番, 它被称为**迪格比内克**(Digby Neck)。在这个半岛的最西端, 长岛以及布赖尔岛通过渡轮与半岛的其他部分相连。整个地区都是观鲸和观鸟者的天堂。

很多人会直接前往布赖尔岛, 但长岛更容易抵达, 而且岛上的居民也更多一些。位于长岛东北边缘的**蒂弗顿**(Tiverton, 人口300)是一个小小的渔业社区。沿着主路前行15公里, 你会抵达这座岛的西南端, 一个叫**自由港**(Freeport, 人口250)的村庄, 它位于探索布赖尔岛和长岛的中间位置。

在这座岛屿的中央, **中央湾省立公园**(Central Grove Provincial Park)有一条2公里长的泥泞徒步小径通往芬迪湾。

❂ 景点和活动

岛屿博物馆 博物馆

(Island Museum; ☎902-839-2034; www.islandshistoricalsociety.com; 243 Hwy 217, Freeport; 门票乐捐; ⓒ6月至9月 9:30~16:30) **免费** 这座当地历史博物馆有以岛上生活为主题的展览和一处旅游信息台。

★ Ocean Explorations Whale Cruises 观鲸

(☎902-839-2417; www.oceanexplorations.ca; 团队游$75起; ⓒ6月至10月)新斯科舍省最好的观鲸团队游之一, 由生物学家汤姆·古德温(Tom Goodwin)带队, 颇有冒险精神的一项活动是你会坐在一艘橡皮艇(Zodiac)里, 来到鲸鱼所在的水面上。所以穿上由海岸警卫队批准的橙色救生衣, 坐稳抓牢了!古德温从1980就开始带队进行观鲸之旅, 并且经常将收益捐赠给野生动物保护区和环保教育机构。

✖ 就餐

Lavena's Catch Café 咖啡馆 $

(☎902-839-2517; 15 Hwy 217, Freeport; 主菜 $7~18; ⓒ11:30~20:00; ☎)这是一间乡村风格的咖啡馆, 就位于自由港码头的上方。这里是欣赏日落的完美地点, 而且你说不定能从阳台上看见鲸鱼。晚上偶尔会有现场音乐演出。

❶ 到达和离开

长岛和迪格比内克之间有渡轮往来(行人/小汽车 免费/$5), 从名字十分恰当的东渡口(East Ferry)开往蒂弗顿, 从9:30开始到16:30结束, 每小时1班, 返程渡轮整点出发。

布赖尔岛 (Brier Island)

布赖尔岛自诩顶级生态旅游目的地。这座岛是乔舒亚·斯洛克姆(Joshua Slocum)的故乡, 他在1895年成为了独自环球航行第一人。布赖尔岛上的西港(Westport)是岛上唯一的聚居地, 这是个古色古香的渔村, 很适合作大本营, 去探索遍布小岛的众多崎岖、风大但风景极佳的徒步小径。小岛的海岸线上随处可见柱状玄武岩, 在海滩上还能找到玛瑙。

汹涌的芬迪海浪卷起了海里的浮游生物, 吸引着长须鲸(finback)、小须鲸(minke)和座头鲸(humpback), 这里也是观赏濒临灭绝的北大西洋露脊鲸(North Atlantic rightwhale)的全球最佳地点。世界上最大的动物蓝鲸偶尔也会出现, 另外你肯定能看到许多海豹。

记得多带保暖衣物(不管你感觉当天有多么暖和), 也别忘了带防晒霜和望远镜, 建议准备晕船药。

❂ 景点和活动

布赖尔岛灯塔 灯塔

(Brier Island Lighthouse, Western Light; 720 Lighthouse Rd)始建于1809年, 这个粗犷的前哨历经多次重建。它现在的建筑是一座建于1944年的红白条纹醒目混凝土高塔, 高18.3

Brier Island Whale & Seabird Cruises

观鲸

（☎902-839-2995；www.brierislandwhalewatch.com；成人/儿童 $50/28起；⊙6月至10月）你可以在这家颇有环保意识的公司预订精彩的观鲸之旅（2.5小时至5小时，取决于鲸鱼出现的位置）。

🛏 住宿

Brier Island Lodge

度假屋 $$

（☎902-839-2300；www.brierisland.com；557 Water Street, Westport；房间 $109~169；⊙5月至10月；❄️🐾🍽）坐落在西港以东1公里处的断崖之上，有37个房间，很多房间都能看到海景。这里的餐厅（主菜 $8~29）两侧都能看到风景，服务友善，海鲜极其新鲜美味。供应盒装午餐。

ℹ️ 到达和离开

即使按照加拿大的标准，布赖尔岛也相当偏僻。它距迪格比70公里多一点（后者和新斯科舍省的其余地区已经有点距离感了），通过长岛中转可达，需要坐两次汽车渡轮。把握渡轮时间的最佳方式是查看www.brierisland.org/info.html。不用说，你肯定需要自驾。

迪格比（Digby）

坐落在紧邻芬迪湾的一处隐蔽小水湾里，迪格比以扇贝、温和的气候和开往新不伦瑞克省圣约翰的每日渡轮而闻名。1783年联合帝国保皇党人士曾在这里定居，如今这里拥有全世界规模最大的扇贝捕捞船队。

近些年的居民外迁对迪格比影响明显，小镇的一部分看上去已经有些破败了。它本身并不像卢嫩堡、沃尔夫维尔和皇家安娜波利斯那些明星城镇一样在建筑方面独具魅力，不过它仍然是探索迪格比内克、长岛和布赖尔岛以及法兰西海岸的理想大本营。

如果你只是顺便路过这里，最佳行程就是沿着海滨散步，看捕捞扇贝的拖网小渔船来来往往，再尽可能多地把它们的渔获吃进肚子，然后去Point Prim看日落。

👁 景点

迪格比海军上将博物馆

博物馆

（Admiral Digby Museum；☎902-245-6322；www.admiraldigbymuseum.ca；95 Montague Row；门票乐捐；⊙周一至周六 9:00~17:00）小镇里唯一一个真正的景点就是迪格比海军上将博物馆，这座建于19世纪中期的乔治亚式民居内有关于小镇的海上历史和早期移民的展览。

🎊 节日和活动

迪格比扇贝美食节

美食美酒节

（Digby Scallop Days；www.digbyscallopdays.com；⊙8月）如果你在夏天来到这里，记得多留些胃口，迎接这个美味的海鲜节日。

码头之鼠拉力赛

摩托车

（Wharf Rat Rally；www.wharfratrally.com；⊙8月末至9月初）在8月末为码头之鼠拉力赛启动你的引擎，这个赛事每年吸引成千上万的摩托车手蜂拥而至，参加摩托车类的比赛、游览活动和聚会交流。提前预订好住宿。

🛏 食宿

Digby Backpackers Inn

青年旅舍 $

（☎902-245-4573；www.digbyhostel.com；168 Queen St；铺/房间 $30/65；🛜）4人间条件不错，萨斯基亚（Saskia）和克劳德（Claude）把房子打扫得一尘不染，还经常举办烧烤活动或者组织整个青年旅舍的人去看日落。古老的房子里有不少公共区域，包括一片露台，气氛温馨友好。房价里包含上网、浴巾和一顿清淡的早餐。只收现金。

Digby Pines Golf Resort & Spa

度假村 $$

（☎902-245-2511；www.digbypines.ca；103 Shore Rd；双/套/村舍 $140/195/265；⊙5月至10月；🅿️❄️@🐾🍽🏊）虽然标准客房装修高雅，有暗色木家具和舒适的床，但对于价格来说房间有些小，而且这家度假村还可以再提供一些温暖的关怀设施。话虽如此，但这里仍然是镇上最高标准的住宿，有殷勤周到的员工、一个优秀的餐厅和适合全家人的出色设施，包括一个世界级的高尔夫球场、户外游泳池和日间水疗间。

Josie's Place　　　　　　　　　　美式小餐馆 $

（☎902-245-2952；88 Warwick St；主菜 $7~18；⏰7:00~20:00）这里没有什么华而不实的东西——只有不摆花架子的老派美式小餐馆风格优质菜肴，从鸡蛋火腿之类的快速油煎早餐到烘肉卷（就像是你妈妈从前做出来的那样），以及三明治、沙拉，还有炸鱼和薯条，应有尽有。价格便宜，气氛欢乐。摩托车手们来镇上的时候，门外会排起长队。

Shoreline Restaurant　　　　　　海鲜 $$

（☎902-245-6667；88 Water St；主菜 $12~28；⏰11:00~21:00）穿过礼品店走到后面的餐厅，可以选一张靠窗的桌子，或者在俯瞰一片草坪和远处港口的露台上找个卡座。菜单上有每日特色和所有你最喜爱的海鲜佳肴（包括扇贝培根卷！），此外还有牛排、汉堡和沙拉。

❶ 实用信息

西部郡地区图书馆（Western Counties Regional Library；☎902-245-2163；www.westerncounties.ca；84 Warwick St；⏰周二至周四 12:30~17:00 和 18:00~20:00，周五 10:00~17:00，周六 10:00~14:00；📶）免费上网。

❶ 交通

迪格比位于皇家安娜波利斯西南方向32公里处，紧邻Hwy 1。从雅茅斯出发，沿着Hwy 101向东北方向行驶104公里可达。

Kings Transit（☎902-628-7310；www.kingstransit.ns.ca；单程票价 成人/儿童 $3.50/1.75）运营当地长途汽车服务，向北远至沃尔夫维尔，途经皇家安娜波利斯。

Bay Ferries（www.ferries.ca）经营前往新不伦瑞克省圣约翰的汽车渡轮服务，提供服务的是芬迪玫瑰号（*Fundy Rose*；成人/儿童 $36/20起，2.25小时至2.75小时）。运输机动车的费用为$107起，含燃油附加费。

贝尔河（Bear River）

贝尔河是个令人愉悦的河畔飞地，很受艺术家的青睐，也有不少人从较大的中心城镇逃离到这里享受更轻松的生活。这里米克马克文化的存在感很强，与苏格兰的文化根基相融合，让贝尔河拥有一种独一无二的气质。河边有些建筑建在高脚木桩上，其他的古老民居则坐落在山谷两侧的陡坡之上。就在城镇外不远处陆续出现了多家新兴的葡萄酒庄园。

👁 景点

贝尔河第一民族文化遗产中心　　　文化中心

（Bear River First Nation Heritage & Cultural Centre；☎902-467-0301；194 Reservation Rd；门票$3）贝尔河第一民族文化遗产中心距贝尔河镇有5分钟车程：过桥之后左转，在马路分岔处向左就能到达。中心后面是一条1公里的徒步路径的起点，小路沿途有许多传统药用的植物。文化遗产中心有传统手工艺展示，还有可以亲自动手的工作坊，不过遗憾的是这里不经常开门。

Annapolis Highland Vineyards　　葡萄酒庄

（☎902-467-0363；www.annapolishighlandvineyards.com；2635 Clementsvale Rd；⏰周一至周六 10:00~17:00，周日 正午至17:00）如果你来到这家相当商业化的葡萄酒厂参加免费品酒活动，不要错过获金奖的白色婚礼餐后甜酒（White Wedding dessert wine）。酒厂还出产好喝的果酒。

Bear River Winery　　　　　　　葡萄酒庄

（☎902-467-4156；www.wine.travel；133 Chute Rd；⏰仅预约）🌿 在这家可爱的小型葡萄酒厂里，所有产自酒庄的优质葡萄酒在生产过程中使用的都是太阳能、生物柴油、风能和庄园里的天然坡地。你可以来参加免费的游览和品酒活动（7月到9月），或者在友善的克里斯（Chris）和佩吉（Peggy）经营的只有1个房间的民宿（每晚$140）住下来，慢慢参观酿酒工坊，度过悠闲的时光。

🍴 就餐

Myrtle and Rosie's Cafe　　　　咖啡馆 $

（☎902-467-0176；1880 Clementsvale Rd；主菜 $7~14；⏰周二至周日 10:00~17:00）进来和当地人聊聊天，喝杯咖啡再配上一块派，或者坐下来享用美味的培根生菜番茄三明治或鲜美多汁的汉堡，好好欣赏一下贝尔河的风景。

购物

Flight of Fancy
礼品和纪念品

(📞902-467-4171; www.theflight.ca; 1869 Clementsvale Rd; ⏰10:00~18:00)这是一间悉心经营的手工艺品店兼画廊,有将近200位艺术家和手艺人的作品。如果你只打算从新斯科舍省带走一样宝贝,这里是个寻宝的好地方。

皇家安娜波利斯 (Annapolis Royal)

为了修复村庄并将它推广为旅行目的地,当地人付出了巨大的努力,使得皇家安娜波利斯成了这一地区的最佳旅行目的地之一。在本书撰写期间,皇家安娜波利斯仍然是新斯科舍省内仅有的几座没开Tim Hortons(随处可见的咖啡和甜甜圈连锁店)的热门旅游城镇之一。

虽然给人的感觉非常袖珍,但皇家安娜波利斯有重大的历史意义:这里是加拿大第一个欧洲人的永久定居地,而且是1749年哈利法克斯建城之前新斯科舍省的首府。它曾经的名字是皇家港口(Port Royal),由法国探险家塞缪尔·德·尚普兰在1605年创建。因为英法之间的战争,这个定居地几经易主。1710年英国人取得了决定性的胜利,为了向安妮女王(Queen Anne)致敬而将城镇的名字改成了皇家安娜波利斯。

👁 景点

★ 安妮堡国家历史遗址
古迹

(Fort Anne National Historic Site; 📞902-532-2397; www.parkscanada.gc.ca/fortanne; Upper St George St; 成人/儿童 $4/2; ⏰9:00~17:30)这处位于城镇中心的古迹保存了阿卡迪亚人早期定居的记忆和1635年法国堡垒的遗迹。进入面积广阔的庭院不需门票,不过你肯定也想参观一下博物馆,手工艺品摆放在代表不同时期的多个展室里,还有一张精美绝伦的4幅式挂毯,由超过100名志愿者刺绣而成,描绘了400年的历史。

皇家港口国家历史遗址
古迹

(Port Royal National Historic Site; 📞902-532-2898; www.pc.gc.ca; 53 Historic Lane; 成人/儿童 $4/2; ⏰9:00~18:00)皇家港口国家历史遗址位于皇家安娜波利斯西北部约14公里处,是佛罗里达以北第一个欧洲人永久定居地的实际所在地。古迹复制了德·尚普兰在1605年做皮毛贸易时的住所,有身着旧时服装的工作人员讲述这个早期定居点的故事。

皇家安娜波利斯历史花园
花园

(Annapolis Royal Historic Gardens; 📞902-532-7018; www.historicgardens.com; 441 St George St; 成人/儿童 $14.50/6; ⏰7月和8月 9:00~20:00, 5月、6月、9月和10月 至17:00)这些绚烂的花园占据着6.5公顷形状不规则的土地,花园里有各种主题区域,例如一座可能出现在17世纪末的阿卡迪亚人菜园,还有一座现代的创新型菜园。你可以在这里尽情享用蓝莓,参观各种蔬菜,寻找青蛙的踪迹。Secret Garden Café供应午餐和德国风味的烘焙食品。

✈ 活动

★ Tour Annapolis Royal
步行

(www.tourannapolisroyal.com; 团队游 成人/儿童 $9/5; ⏰7月至10月)这家机构组织几种以历史为主题的游览项目。最棒的是一种令人略感惊悚的团队游,一位打扮成殡仪员的导游带队游览安娜堡的墓地。每个人都提着一盏灯笼,在墓碑之间绕来绕去,探究这座小镇的历史。组织游览的收入将捐给当地历史学会。21:30开始,时长1小时。登录网站查询日期。

Delap's Cove Wilderness Trail
徒步

从皇家安娜波利斯越过北山(North Mountain),Delap's Cove Wilderness Trail会带你一直走到芬迪海岸。它包括两条环形徒步路径,由一条古老的内陆道路相连,这条路曾经服务于一个黑人保皇党的社区。如今,树林中只剩下古老的地基和苹果树。两条环形小径的往返距离都是9公里。

🛏 食宿

Dunromin Campground
露营地 $

(📞902-532-2808; www.dunromincampground.ca; 4618 Hwy 1, Granville Ferry; 帐篷/房车

营地$30/45起，小屋/大篷车$70/145起；☉5月至10月；🅿🛜❄）这个备受欢迎、标新立异的露营地有一些僻静的河边露营位置，也有更精致方便一点的选择，例如最多可以住下6个人的锥形帐篷，以及一辆吉卜赛大篷车。还出租独木舟（每小时$10）。

Croft House B&B　　　　　　　　　民宿 $

（📞902-532-0584；www.crofthouse.ca；51 Riverview Lane；双$85起；🅿🛜❄）这间农舍坐落在一片将近40公顷的土地上，距离河对岸的皇家安娜波利斯大约5分钟车程。几位热情的主人中有一位是大厨，他会用有机食材烹制美味的早餐。

★ Queen Anne Inn　　　　　　　　旅馆 $$

（📞902-532-7850；www.queenanneinn.ns.ca；494 Upper St George St；房间$129~179，花园房$189起；☉5月至10月；🅿❄🛜）这间民宿可能是皇家安娜波利斯最典雅的住所，复古的装潢和精致的优雅达到了完美的平衡。一切都太美了，蒂凡尼灯饰的复制品、精心修剪的庭院、宽阔的楼梯，这一切也许会显得有些古板，但友善的店主会让你感觉随意自在，让你感觉自己（差点）可以把脚搁在那张古董咖啡桌上。

Bailey House B&B　　　　　　　　民宿 $$

（📞902-532-1285；www.baileyhouse.ca；150 Lower St George St；房间$145；🅿🛜）Bailey House是唯一一家水滨的民宿，也是这一地区最古老而且品质出类拔萃的旅馆之一。友善的主人们成功地保留了复古的魅力（任何身高超过183厘米的人都可能在门口撞到头），同时又加入了所有现代化的舒适与便利。

★ Cafe Restaurant Compose　　　欧洲菜 $$

（📞902-532-1251；www.restaurantcompose.com；235 St George St；主菜午餐$11~18，晚餐$18~34；☉周三17:00~20:30，周四至周二11:30~14:30和17:00~20:30；🛜）这家咖啡馆在令人放松的环境里供应精美餐食，还可以欣赏芬迪湾的美妙景色。户外用餐（取决于季节）的话还能更接近海岸。注重新鲜海产和本地食材，菜单看上去就十分精彩，菜品也烹饪得非常出色，每个人都会找到自己喜欢的东西。

Bistro East　　　　　　　　　　　法式小馆 $$

（📞902-532-7992；www.bistroeast.com；274 St George St；主菜$12~28；☉11:00~22:00）Bistro East供应味美多汁的牛排、生猛海鲜和手工意大利面的历史已经将近十年了，是个吃午餐和晚餐的好地方。周五和周六20:00开始有活跃气氛的现场音乐助兴。这就是那种很难令人感到扫兴的欢乐小馆。

German Bakery & Sachsen Cafe　　　　　　　　　德国菜 $$

（📞902-532-1990；www.germanbakery.ca；358 St George St；主菜$9~20；☉9:00~19:00）在这样一个海鲜为王的地区，能够在这家悠闲随意（虽然价格略高）的咖啡馆找到丰盛的德国面包、炸肉排和甜点，还是很不错的。

🍷 饮品和娱乐

Ye Olde Pub　　　　　　　　　　　小酒馆

（📞902-532-2244；9 Church St；☉周一至周六11:00~23:00，周日正午至20:00）传说是新斯科舍省最小的小酒馆，但它绝对不是最无聊的。在天气晴朗的日子，可以坐在室外露台喝啤酒，品尝美味的酒馆小吃（主菜$5~15）；天气比较凉的时候，就钻进昏暗舒适的老酒吧，这儿从前是一家银行。

King's Theatre　　　　　　　　　剧院

（📞902-532-7704；www.kingstheatre.ca；209 St George St；电影$10，现场表演$15起）这家非营利剧院就位于海滨，7月和8月大多数晚上都会有音乐剧、戏剧和音乐会演出，其余时间偶尔会有演出。周末这里经常播映好莱坞电影，独立电影一般安排在周二播映，全年都有。

🔒 购物

Farmers & Traders Market　　　　市场

（www.annapolisroyalfarmersmarket.com；St George St和Church St交叉路口；☉5月至10月 周六8:00至正午，以及7月和8月 周三10:00~14:00）皇家安娜波利斯的艺术家和手艺人群体日益发展壮大，所以这个热闹的市场除了本地农产品之外，还有他们的作品。周六上午这里常有现场演出。

实用信息

游客信息中心（Tourist Information Centre；902-532-5769；www.annapolisroyal.com；236 Prince Albert Rd；⊙5月至10月 10:00~18:00）位于潮汐发电工程（Tidal Power Project）所在地，可以拿一份步行游览古迹的小册子。

沃尔夫维尔和格朗普雷（Wolfville & Grand Pré）

从视觉上就非常引人注目，沃尔夫维尔完美地融合了古老大学城的文化气息、小镇的安逸亲切和与周边葡萄酒产业协调发展的餐饮风情。加上小镇的常住居民、当地阿卡迪亚大学（Acadia University）的学生和教职工令小镇人口激增到7000多人，为这个本来十分安静的地区注入了年轻的活力，并让沃尔夫维尔成为省内最宜居且种族最多元的城镇之一。

沿着公路继续向前就到了格朗普雷。作为沃尔夫维尔充满牧歌田园风情的邻居，它是一个小小的双语社区。然而在18世纪50年代，这里发生了加拿大东部历史上最悲惨又最引人瞩目的事件之一：阿卡迪亚人遭到驱逐。2012年，格朗普雷的沼泽地和围垦地农场被联合国教科文组织评为世界遗产。

在这两个城镇以外的广大地区，你会找到阿卡迪亚人修筑的堤坝、风景优美的行车道以及芬迪海岸沿线数一数二的徒步路线。

◉ 景点

格朗普雷国家历史遗址 古迹
（Grand Pré National Historic Site；902-542-3631；www.pc.gc.ca；2205 Grand Pré Rd, Grand Pré；成人/儿童 $8/4；⊙5月至10月 9:00~18:00）这个解说中心分别从阿卡迪亚人、米克马克人和英国人的视角阐述了法裔阿卡

沃尔夫维尔和格朗普雷的葡萄酒庄

新斯科舍省最好的酒庄和葡萄园大多数都位于沃尔夫维尔和格朗普雷附近连绵的山丘和河谷中。我们的优中选优：

Luckett Vineyards（902-542-2600；www.luckettvineyards.com；1293 Grand Pré Rd, Wolfville；品酒 $5起；⊙5月至10月 10:00~17:00）坐拥葡萄园和下方芬迪湾悬崖山坡的壮丽景色。在品尝过红葡萄酒、白葡萄酒、果酒、餐后甜酒以及尤为出色的冰酒之后，还可以留下来在露台上享用午餐。

Gaspereau Vineyards（902-542-1455；www.gaspereauwine.com；2239 White Rock Rd, Gaspereau；⊙5月至10月 10:00~17:00，团队游正午、14:00和16:00）这是全省最著名的酒庄之一，出产获奖的冰酒和一款雅致的Estate Riesling。工作人员超级友好。

Domaine de Grand Pré（902-542-1753；www.grandprewines.ns.ca；11611 Hwy 1, Grand Pré；团队游 $9；⊙10:00~18:00，团队游 11:00、15:00和17:00）一个出色的酒庄景点，也是省内最著名的酒庄之一。它生产一种芳香型麝香葡萄酒和一种不错的起泡尚普兰香槟（Champlain Brut）。

L' Acadie Vineyards（902-542-8463；www.lacadievineyards.ca；310 Slayter Rd, Wolfville；⊙5月至10月 10:00~17:00）这家酒庄俯瞰着Gaspereau Valley，使用地热能源，种植经过有机认证的葡萄，以传统工艺酿造气泡酒和干葡萄酒。

Blomidon Estate Winery（902-582-7565；www.blomidonwine.ca；10318 Hwy 221, Canning；品酒$5起；⊙6月至9月 10:00~18:00）友善又悠闲的酿酒师会走出来和品酒的人聊天。这里最好的酒可能是气泡酒和TidalBay，不过有橡木香气的红葡萄酒也值得尝试。

如果你不想开车，可以搭乘**Wolfville Magic Winery Bus**，运营时间从6月直到10月中旬。

迪亚人遭驱逐事件的历史背景，并且追溯了阿卡迪亚人离开和重返滨海诸省时走过的多条路线。解说中心旁边有一座宁静的公园，里面有几座花园、一座阿卡迪亚式石头教堂以及美国诗人亨利·沃兹沃斯·朗费罗（Henry Wadsworth Longfellow）的一座半身像。诗人在《伊凡吉琳：阿卡迪亚人的故事》（Evangeline: A tale of Acadie）之中按年代顺序编写了关于阿卡迪亚人的长篇故事，公园里还有一座故事里虚构人物伊凡吉琳的雕像，如今她已经成为阿卡迪亚人的浪漫象征。

★ 纠缠花园　　　　　　　　　　花园

（Tangled Garden；902-542-9811；www.tangledgardenherbs.ca；11827 Hwy 1, Grand Pré；花园 $5；10:00~18:00）在这些独一无二的华丽的台地花园里，你可以欣赏周围乡村的美妙景色。花园用心维护得一丝不苟，是个漫步、野餐或沉思的绝佳地点，中世纪迷宫更是引人入胜。礼品店大概是新斯科舍省最好闻的购物体验。记得买一罐超赞的迷迭香楂橙果冻。

兰德尔之家博物馆　　　　　　博物馆

（Randall House Museum；902-542-9775；171 Main St, Wolfville；门票乐捐；6月至9月 周一至周六 10:00~17:00，周日 14:00~17:00）兰德尔之家博物馆介绍了定居于此的新英格兰初期移民和殖民者的历史，他们取代了被驱逐出此地的阿卡迪亚人。

海滨公园　　　　　　　　　　公园

（Waterfront Park；Gaspereau Ave和Front St交叉路口, Wolfville）在海滨公园能看到潮间带泥滩、米纳斯湾（Minas Basin）和布洛米顿角的红色悬崖等令人目眩的美景。有展览讲解潮汐、堤坝、动植物和当地历史等方面的知识。在这里开始一段步行或骑车前往堤坝都是很方便的。

👉 团队游

Wolfville Magic Winery Bus　　　巴士游

（902-542-4093；www.wolfvillemagicwinerybus.ca；随上随下巴士通票 $30；6月至10月周四至周日）如果你想在该地区的四座令人赞叹的葡萄园酒庄多品尝几杯佳酿的话，最好找个当地人开车载你——就是这辆经典的英式双层巴士了！登录网站查看最新时刻表。

★★ 节日和活动

加拿大深根音乐节　　　　　　音乐节

（Canadian Deep Roots Festival；www.deeprootsmusic.ca；9月末）如果你在初秋时节来到沃尔夫维尔，可以在这个一年一度的音乐节上聆听现代世界根源音乐。

🛏 住宿

Garden House B & B　　　　　　民宿 $

（902-542-1703；www.gardenhouse.ca；220 Main St, Wolfville；房间 $85~120；🐾）这幢历史悠久的房屋既保留住了古朴的风情，又最大程度保证了舒适性。地板咯吱作响，野花装饰着质朴的早餐桌，你马上就会感受到一种居家的氛围（这里鼓励每个人都脱掉鞋子）。浴室是公用的。

★ Olde Lantern Inn & Vineyard　　旅馆 $$

（902-542-1389；www.oldlanterninn.com；11575 Hwy 1, Grand Pré；房间 $129~150；🐾）简洁的线条、友善的接待和对舒适度无微不至的关注让这里成为绝佳的住宿选择。葡萄园庭院俯瞰着米纳斯湾，从那里你可以看着芬迪潮汐起起落落，凝视格朗普雷联合国教科文组织世界遗产的风景。

★ Blomidon Inn　　　　　　　　旅馆 $$

（800-565-2291；www.blomidon.ns.ca；195 Main St, Wolfville；双 $139~159，套 $179~269；❄@🐾）宏伟的维多利亚式建筑加上旧时代的奢华感让这座旅馆有一种贵族气质。旅馆坐落在打理得完美无瑕的2.5公顷花园里，房间的装修也同样尽善尽美。可登录网站了解套餐折扣。

★ Roselawn Lodging　　　　　汽车旅馆 $$

（902-542-3420；www.roselawnlodging.ca；32 Main St, Wolfville；双 $95~185；P@🐾）这个奇妙的20世纪60年代风格建筑群既有各种风格的汽车旅馆式房间，也有刚刚升级、配备了全套厨房设施的可爱村舍、

值得一游

布洛米顿角和上安娜波利斯河谷

北山（North Mountain）止于壮观的布洛米顿角（Cape Blomidon），形成了安娜波利斯河谷的一侧。山的另一边是芬迪湾的渔村。河谷谷底纵横分布着多条小型公路，在农田和果园之间延伸。是时候拿出手中的公路地图——或者干脆不用它，开始探索吧。

距离村庄Port Williams大约3公里处，坐落着建于1814年的普莱斯考特之家博物馆（Prescott House Museum; ☎902-542-3984; http://prescotthouse.novascotia.ca; 1633 Starr's Point Rd; 成人/学生 $4/3; ◉6月至9月周一至周六 10:00~17:00, 周日 13:00~17:00），它被认为是新斯科舍省内乔治亚式建筑的精美典范。这座博物馆是一位园艺学家的故居，他曾把许多不同种类的苹果引入安娜波利斯河谷种植。

在坎宁（Canning）这座古雅又充满历史感的小镇，你可以在Art Can Gallery & Café（☎902-582-7071; www.artcan.com; 9850 Main St; 主菜 $10~14; ◉9:00~17:00; ☎）停下来喝一杯公平贸易的咖啡（或者上一堂艺术课），也可以在离小镇不远的Blomidon Estate Winery（见416页）品尝葡萄酒。

离开坎宁沿Hwy 358向北，可以在沿途路标清楚的观景台（Look-Off）稍作停留。它位于安娜波利斯河谷上方约200米处，是欣赏山下农场的完美地点，如果你幸运的话，还能看到头顶盘旋的秃鹰；被当地养鸡场吸引，它们的数量在11月至次年3月可达到几百只。

Hwy 358止于苏格兰湾（Scots Bay），14公里长的斯普利特角徒步小径（Cape Split hiking trail; www.scottsbay.com/cape-split）通向米纳斯湾和芬迪湾，风景很美。如果你不想徒步，附近的布洛米顿省立公园（Blomidon Provincial Park; ☎902-582-7319; www.parks.gov.ns.ca; 3138 Pereau Rd, Canning）有一片野餐区和多条更轻松的步行路线。

呼吸过新鲜空气之后，该吃午饭了。前往Centreville的Hall's Harbour Lobster Pound（☎902-679-5299; www.hallsharbourlobster.com; 1157 W Halls Harbour Rd; 主菜 $13~24; ◉5月至10月正午至19:00），本地出产的海鲜佳肴会让你大快朵颐。

下午可以去肯特维尔（Kentville），该地区的郡政府所在地。你可以在这里的Valley Stove & Cycle（☎902-542-7280; www.valleystoveandcycle.com; 353 Main St; 自行车租赁半天/全天 $25/35）租一辆自行车，去瞻仰这座城镇庄严的老房子，或者在布莱尔之家博物馆（Blair House Museum, Kentville Agricultural Centre; ☎902-678-1093; 32 Main St; ◉6月至9月周一至周五 8:30~16:30）**免费**研究一下本地区的苹果栽培历史，也可以到老国王郡博物馆（Old King's County Museum; ☎902-678-6237; www.kingscountymuseum.ca; 37 Cornwallis Ave; ◉6月至8月 周一至周六 9:00~16:00, 4月、5月和9月至12月中旬 周六闭馆）**免费**了解当地其他方面的历史和艺术。

是沃尔夫维尔豪华民宿之外的另一种怡人的选择。配备一个游泳池、网球场和宽敞的院子，很容易把这里当成你千里之外的另一个家。

Victoria's Historic Inn　　旅馆 $$

（☎902-542-5744; www.victoriashistoricinn.com; 600 Main St, Wolfville; 房间 $149~229）这家优雅的旅店就坐落在阿卡迪亚大学正对面。它的每个房间都是豪华装修，而且风格不一，但都很有品位且注重细节。奢华设施包括四柱床、古典家具、精美家纺和令人难忘的英式早餐。登录网站查看你最喜欢的房间；Chase套间无可匹敌。

Gingerbread House Inn　　旅馆 $$

（☎902-542-1458; www.gingerbreadhouse.ca; 8 Robie Tufts Dr, Wolfville; 双 $125, 套 $185~210; ☎☎）虽然品位尚可，但是这间风格独特、有花卉图案和许多褶边的民宿从外面看很像裹着白色蕾丝花边的粉色生日大蛋糕。所有房间都有自己专属的外部入口。

✖ 就餐

沃尔夫维尔临近当地的葡萄园,而且它作为哈利法克斯之外美食热点的名气也越来越大,这意味着这里绝不缺少美妙的食物,无论它们是来自学生价位的美味小餐馆还是优雅的高级餐厅。

格朗普雷的餐饮仅限于该地区的一些高端酒庄咖啡馆和餐厅。

Naked Crepe 法式薄饼 $

(☎902-542-0653; www.thenakedcrepebistro.ca; 402 Main St, Wolfville; 可丽饼 $3~12; ⊙9:00~23:00)谁不喜欢像华夫饼一样薄、里面还有美味的或甜或咸馅料的酥脆可丽饼呢?既供应早餐,也为深夜前来的人提供能量,Naked Crepe拥有丰富多样的创意馅料。性价比很高。

Tin Pan 咖啡馆 $

(☎902-691-0020; 978 Main St, Port Williams; 主菜 $6~14; ⊙周一至周六 8:00~20:00)从沃尔夫维尔沿着Hwy 358行驶,也就是一眨眼的工夫就到Tin Pan。这里是摩托车手们的最爱,周六上午他们会聚集在这里享用丰盛的早餐。

Troy 地中海菜 $$

(☎902-542-4425; www.troyrestaurant.ca; 12 Elm Ave, Wolfville; 主菜 $16~26; ⊙正午至20:00)在一家现代且色彩缤纷到不可思议的餐厅里享用健康的地中海菜肴,美妙的味道令人为之一振,这在新斯科舍省大多循规蹈矩的乡村实在是难得的体验。清爽开胃菜以西班牙小吃的方式呈现,此外就是主打肉类的各种烤肉串和主菜,包括一些素食和不含麸质的选项。

★ Le Caveau 欧洲菜 $$$

(☎902-542-1753; www.grandprewines.ns.ca/restaurant; 11611 Hwy 1, Grand Pré; 主菜午餐$12~18; 晚餐 $20~34; ⊙5月至10月 11:30~14:00和17:00~21:00)这间瑞士餐厅位于Domaine de Grand Pré(见416页)的庭院里,公认是省内最精致的北欧风味餐厅。美丽的室外露台铺着粗石,遮蔽在葡萄藤的阴凉里。

Privet House 创意菜 $$$

(☎902-542-7525; www.facebook.com/PrivetHouse Restaurant; 268 Main St, Wolfville; 主菜午餐 $12~20, 晚餐 $19~38; ⊙周二至周日11:30~15:00和17:00~21:00)这间镇上最高档的餐厅供应熟成大西洋牛肉、本地的海鲜和野味(所有食材都来自加拿大),烹饪方式受到从欧洲到印度和泰国的各地风味的影响。桌布很白,葡萄酒单很长,服务一流。

🍷 饮品和娱乐

Library Pub & Wine Tavern 小酒馆

(☎902-542-4315; www.thelibrarypub.ca; 472 Main St, Wolfville; ⊙11:00至午夜)这个老牌小酒馆位于沃尔夫维尔的主街上,置身于一栋古雅的历史建筑中,是个欢乐的地方。如果你是一个人而且心情恰好还不错的话,一定会在这里交上一些新朋友的。

Acadia Cinema's Al Whittle Theatre 剧院

(☎902-542-3344; www.alwhittletheatre.ca; 450 Main St, Wolfville)这栋精美的历史建筑是沃尔夫维尔的文化地标,它是一个多功能场所,是电影院、剧院和表演空间,由志愿者组织——阿卡迪亚电影合作社(Acadia Cinema Co-op)经营。登录网站查看常规活动列表和放映时间,还可以了解这座剧院的历史。

❶ 实用信息

沃尔夫维尔纪念图书馆(Wolfville Memorial Library; ☎902-542-5760; 21 Elm Ave, Wolfville; ⊙周二至周六 10:00~17:00, 周日 13:00~17:00; ❄)免费上网。

游客信息中心(Tourist Information Centre; ☎902-542-7000; www.wolfville.ca; 11 Willow Ave, Wolfville; ⊙5月至10月9:00~21:00)

❶ 到达和离开

沃尔夫维尔通过Hwy 101与哈利法克斯相连;交通状况好的话需要1小时。

Maritime Bus(www.maritimebus.com)从哈利法克斯发出的长途汽车停靠在阿卡迪亚大学,具体停靠点是紧邻Highland Ave的Wheelock Hall前面。

Kings Transit（www.kingstransit.ns.ca）的长途汽车在Cornwallis（皇家安娜波利斯的西南方向）和沃尔夫维尔之间运行，停靠在209 Main St.。

温莎（Windsor）

温莎曾经是英国人在这一地区唯一的大本营，然而如今这里只是个逐渐黯淡的小镇，在公路和Avon River之间勉强维持着存在感。在温莎能欣赏到蓝草音乐（bluegrass）——想象一下好多班卓琴快速齐奏的场面。

来到镇上可以去参观哈利伯顿之家（Haliburton House；902-798-2915；http://haliburtonhouse.novascotia.ca；414 Clifton Ave；成人/学生 $4/3；6月至10月 周一至周六 10:00~17:00，周日 13:00~17:00），这里是托马斯·钱德勒·哈利伯顿法官（Judge Thomas Chandler Haliburton, 1796~1865年）的故居，他是山姆·斯利克（Sam Slick）故事的作者，他的不少表达方式，例如"一眨眼的工夫"（quick as a wink）和"油滑的城里人"（city slicker），至今仍在被人们使用。镇上还会举办蓝调音乐节（blues festival；www.smokinbluesfest.ca），温莎最炙手可热的盛会，一票难求。

可以住在Clockmaker's Inn（902-792-2573；www.theclockmakersinn.com；1399 King St；双含早餐 $99~179；P），这是一座法国城堡风格的大宅，有弧形的凸窗、多面彩色玻璃和宽阔的硬木楼梯。这里对同性恋很友善，每天还会提供下午茶。

新斯科舍省中部
(CENTRAL NOVA SCOTIA)

在这个非常怡人但常常被忽视的地区，可以选择的活动有徒步、漂流和寻石（rock hounding，矿石采集）。如果你从加拿大其他地区经陆路而来，只要你从加拿大横贯公路（Trans-Canada Hwy，在这里被称为Hwy 104）拐下来，阿默斯特（Amherst）就会是你来到新斯科舍省的第一站，它是滨海诸省的地理中心，也是往来新不伦瑞克省、爱德华王子岛和新斯科舍省三地的交通枢纽。

从阿默斯特开始，你可以沿着"Glooscap Trail"（以米克马克传说中创造了芬迪湾独特地形的人物命名）探索，最远可以到达安娜波利斯河谷中的沃尔夫维尔，或者走人迹罕至的道路，尽情拥抱海岸线，造访被列入世界遗产名录的加更斯化石悬崖（Joggins Fossil Cliffs）、令人愉悦的小村阿德沃基特港（Advocate Harbour）和村庄帕斯博勒（Parrsboro）。令新斯科舍省闻名的传奇芬迪潮汐（Fundy Tides）和涌潮漂流都在这个地区。

实用信息

阿默斯特游客信息中心（Amherst Visitor Information Centre，简称VIC；902-667-8429；Amherst；8:30~20:00）当你从新不伦瑞克省跨越省界时，就会在Hwy 104的1号出口找到这个巨大的游客信息中心。

到达和离开

阿默斯特是通过陆路抵达新斯科舍省的门户，不过这座城镇的很大一部分会被加拿大横贯公路（Hwy 104）绕过去。

Maritime Bus（www.maritimebus.com）有长途汽车连接阿默斯特与新不伦瑞克省的蒙克顿（$14，1小时，每天3班），也有班车往返特鲁罗和哈利法克斯（$25.50，1.5小时，每天5班）。

舒伯纳卡迪（Shubenacadie）

舒伯纳卡迪，或简单地称为"舒伯"（Shube），位于特鲁罗以南35公里，紧邻Hwy 2，最出名的是舒伯纳卡迪省立野生动植物公园（Shubenacadie Provincial Wildlife Park；902-758-2040；www.wildlifepark.novascotia.ca；149 Creighton Rd；成人/儿童 $5/3；5月中旬至10月中旬 每天 9:00~18:30，10月中旬至次年5月中旬 周六和周日 9:00~15:00），在公园可以与新斯科舍省的动物们亲密接触。你可以亲手给鹿喂食，如果你走运的话，还能摸摸驼鹿。这里的动物要么是在圈养的条件下出生的，要么就曾经被作为"宠物"饲养，所以不能放归野外，而是生活在巨大的围场里。从Hwy 102的11号出口转出，沿着Hwy 2前行就能到达公园入口。

梅特兰（Maitland）

小小的梅特兰是参加激浪漂流的地方，奔腾向海的舒伯纳卡迪河（Shubenacadie River）和涌向陆地激荡汹涌的芬迪潮汐交汇在一起，形成了白水激浪。梅特兰也是加拿大最古老的城镇之一。

浪的高度取决于月相变化，可以从你选定的漂流公司了解当天的浪高情况，因为浪高将影响你的漂流体验（是平静还是兴奋）。急流中，外挂发动机橡皮艇在白浪里颠簸行进2到3小时，做好浑身湿透的准备——不需要有漂流经验。

活动

★ **Shubenacadie River Runners** 漂流

(902-261-2770; www.tidaloberafting.com; 8681 Hwy 215; 半天漂流 $60~70) 该地区最大的漂流公司，方方面面都井然有序并且很专业。价格取决于潮汐和浪的大小，可登录网站查看详情。

Shubenacadie River Adventures 漂流

(902-261-2222; www.shubie.com; 10061 Hwy 15; 团队游 $60起) 除了刺激的涌潮漂流一日游，还有舒缓的河上半日游。可登录网站查看潮汐时刻表和所有详细信息。

住宿

Cresthaven by the Sea 民宿 $$

(902-261-2001; www.cresthavenbythesea.com; 房间 $139~149; ⓢ5月至10月; ⓡ) 这里观赏芬迪潮汐的视角可能是最好的。一尘不染的白色维多利亚式房屋坐落在一座断崖之上，正下方就是舒伯纳卡迪河汇入海湾的位置。所有的房间都能看到河景，轮椅可以无障碍地进入底层的房间。

Tidal Life Guest house 民宿 $$

(902-261-2583; www.thetidallife.ca; 9568 Cedar St; 铺/房间 $55/110; ⓢ5月至10月; Ⓟⓡⓧ) 这栋美丽的老房子拥有宽敞通风的房间，透过大窗户可以看到草地。公共空间随处可见，设计得很有艺术感，后门廊还挂着一张假期标配吊床。所有房型都包含一顿使用

涌潮的力量

当芬迪湾的汹涌潮汐掀起的第一波大浪在满潮时涌向河上游，涌潮现象就发生了。有时涌入的海浪只是一片水波，不过如果月相正合适，潮头浪高可达1米左右，让人觉得河水像是在倒流。你得坐上一会儿才能看出潮汐的变化；一处观潮的好地方是Tidal Bore Rd上的瞭望台，就在Hwy 236附近，可以沿特鲁罗西北侧的Hwy102行驶，拐下14号出口向西不远就是Hwy 236。

登录**加拿大环境部**网站（www.tides.gc.ca/eng/find/zone/30），查看不同地点的涌潮抵达时间。

当地食材制作的丰盛健康的早餐。浴室是公用的。

特鲁罗（Truro）

这里是几条主要公路的交会点，还有一条加拿大国家铁路公司的铁路线，因此特鲁罗以新斯科舍省的交通枢纽著称也就不足为奇了。这个小镇的确有点像一座有些年头的购物中心，但这里服务设施相当齐全，是很好的补给站，可以采购那些之前一直念叨着要买的东西或者只是储备些食物。

在**维多利亚公园**（Victoria Park; Park St, 紧邻Brunswick St）可以让你远离特鲁罗街道上的喧嚣，这座400公顷的绿地正处于城镇的正中心，包括一道深谷和两座瀑布。公园吸引了数十种鸟类。

米尔布鲁克第一民族（Millbrook First Nation）举行年度聚会（annual powwow; 902-897-9199; www.millbrookfirstnation.net; ⓢ8月）期间是游览特鲁罗的最佳时间。此时有露营位置和淋浴设施，禁止使用毒品和饮酒。

如果你想在特鲁罗找个住处，**Baker's Chest B&B**（902-893-4824; www.bakerschest.ca; 53 Farnham Rd; 房间 $100~130; ⓡⓧ）是一座近期修复过的经典老式民居，有一间健身房、游泳池和热水浴缸。著名的茶

室在工作日的正午到14:00营业,是个享用汤羹、小吃和一杯好茶的好地方。

❶ 实用信息

特鲁罗接待中心(Truro Welcome Centre;902-893-2922; 695 Prince St;⊙5月至10月9:00~17:00;☎)提供上网服务以及有关城镇各处树雕的介绍指南。30多年前这一地区的树木感染了荷兰榆树病,树雕就是用那些染病的树木雕刻而成的。

❶ 到达和离开

Hwy 102从哈利法克斯(95公里)延伸出来,在特鲁罗与加拿大横贯公路(Hwy 104)相交,此外还有许多其他高速公路和支线公路经过这里。

Maritime Bus(www.maritimebus.com)有长途汽车从哈利法克斯($25.50, 1.5小时)出发,中途停靠特鲁罗,再继续前往阿默斯特($25.50, 1.25小时)。

伊科诺米和五岛(Economy & Five Islands)

Hwy 2紧贴着芬迪湾东北方的臂弯米纳斯湾海岸延伸。伊科诺米会是你在特鲁罗以西经过的第一个还算大的村镇,然后就是名字取得非常贴切的五岛。该区域有一些很棒的徒步路线和风景,还有几个有趣的景点。

◉ 景点和活动

科贝奎解说中心 博物馆

(Cobequid Interpretive Centre;902-647-2600; www.cobequidinterpretivecentre.com; 2 River Philip Rd, Economy;门票乐捐;⊙6月至9月9:00~16:30)停下来看看该地区生态和历史方面的展览。登上一座"二战"时期的瞭望塔能够鸟瞰周边地区的风景,可以从工作人员那里了解关于徒步的实用信息。附近的**托马斯湾海岸徒步路径**(Thomas Cove Coastal Trail)其实是2条3.5公里的环线,沿途能够欣赏米纳斯湾对岸和科贝奎山脉(Cobequid Mountains)的美景。徒步路径的起点在解说中心以东500米处的Economy Point Rd。跟着路标就能找到停车场。

五岛省立公园 省立公园

(Fivelslands Provincial Park;902-254-2980; http://parks.novascotia.ca/content/five-islands)位于伊科诺米以西仅7公里处,这座公园里有几条徒步路线。4.5公里的**Red Head Trail**开发得很好,有瞭望台和长椅,能看到美丽的风景。

伊科诺米瀑布群 徒步

(Economy Falls)这一地区最有挑战性的徒步路线位于伊科诺米瀑布群附近。**Devil's Bend Trail**的起点在通往科贝奎山脉的River Phillip Rd前方7公里处。长6.5公里(单程)的徒步路径沿着河流的方向通向瀑布。而20公里长的环形路线**Kenomee Canyon Trail**从瀑布群开始,蜿蜒通往河流上游方向,然后深入一片隐蔽荒野。

需要注意的是,第二条路线沿途有几条小溪需要涉水而过;沿途没有指定露营地,这条路很适合进行两天的冒险之旅徒步。

值得一游

加更斯化石悬崖

这片绵延15公里的海边悬崖蕴藏着丰富的化石,包括一些稀有的陆地物种,全都保存在它们最初的生活环境中。如果想了解地球后石炭纪(3亿多年前)生命的样子,据说这里是全世界数一数二的好去处。

先进的**加更斯化石中心**(Joggins Fossil Centre; www.jogginsfossilcliffs.net; 100 Main St, Joggins;团队游 $10.50起;⊙4月中旬至10月10:00~16:00,11月至次年4月中旬 仅预约)是你开始参观的第一站,通过展览和影片讲解这处被列入联合国教科文组织世界遗产名录的崖壁。参观崖壁的最佳时机是落潮期间,这时可以前往所有海滩——其他时间上涨的海水会阻断前往一些比较有趣的景点的路。登录网站查看各种团队游和每种团队游的难度。可以提前预约,但需要注意的是团队游出发时间不定,取决于潮汐的情况。

🛏 食宿

High Tide B&B 民宿 $

(☎902-647-2788; www.hightidebb.com; 2240 Hwy 2, Lower Economy; 双 $85~95; 🛜)这座温馨现代的平房视野非常好。民宿的主人之一珍妮特（Janet）很快就会带你去海滩煮蛤蜊吃。

Four Seasons Retreat 度假村 $$

(☎902-647-2628; www.fourseasonsretreat.ns.ca; 320 Cove Rd, Upper Economy; 村舍 $110~255; P❄🛜🐕🏊)度假村正对着米纳斯湾，设施齐全的小屋周围绿树环绕。夏天在游泳池附近有一个热水浴缸；寒冷的晚上有柴火炉。

That Dutchman's Cheese Farm 咖啡馆 $

(☎902-647-2751; www.facebook.com/ThatDutchmansCheeseFarm; 112 Brown Rd, Upper Economy; 主菜 $8~13; ⏰7月和8月 11:00~17:00)这间咖啡馆供应美味的三明治、汤和农民自制的怪味高德干酪（Gouda）盘。支付一小笔费用就可以游览农场。

帕斯博勒（Parrsboro）

寻石者从四面八方来到米纳斯湾沿岸最大的城镇之一——帕斯博勒，在这里的海岸搜索寻石。芬迪地质博物馆有出色的展览和优质的活动，会带你前往有着新斯科舍省"侏罗纪公园"之称的海滩地区。

◉ 景点

芬迪海洋能源研究中心 研究站

(Fundy Ocean Research Center for Energy, 简称FORCE; ☎902-254-2510; www.fundyforce.ca; 1156 West Bay Road, Black Rock; ⏰6月至10月周四至周一 10:00~17:00) **免费** 这家令人着迷的高科技研究中心研究的是潮汐能源，欢迎游客前来参观，科学和环境爱好者会喜欢这里的。最好提前打电话表露你的兴趣。

渥太华之家博物馆 博物馆

(Ottawa House Museum; ☎902-254-2376; 1155 Whitehall Rd; 门票 $2; ⏰10:00~18:00)这座共有21个房间的大宅曾经是查尔斯·塔珀爵士（Sir Charles Tupper, 1821~1915年）的避暑别墅，他曾任新斯科舍省省长和加拿大的总理。博物馆的展览围绕着造船业、朗姆酒走私和帕特里奇（Partridge）岛的历史移民等主题展开。

芬迪地质博物馆 博物馆

(Fundy Geological Museum; ☎902-254-3814; http://fundygeological.novascotia.ca; 162 Two Islands Rd; 成人/儿童 $9/5; ⏰10:00~17:00)这座获奖的博物馆在2010年时耗资一百万加元进行翻新，通过互动展览，帮助参观者"穿越"到远古时代，遍布帕斯博勒各个海滩的那些化石当时还是活蹦乱跳的古生物。在博物馆内，你还可以参观一间对恐龙化石进行清理和组装的实验室。门票还包含以矿石或化石为主题的海滩之旅；游览时间、距离和次数都视潮汐的情况而定。

✨ 节日和活动

新斯科舍省宝石和矿石展 宝石展

(Nova Scotia Gem & Mineral Show; http://fundygeological.novascotia.ca/gemshow; ⏰8月中旬)这个一年一度的活动持续三天，是帕斯博勒的日历上最重要的日子，寻石者会从四面八方来到芬迪海岸采集矿石寻宝。

🛏 食宿

Riverview Cottages 村舍 $

(☎902-254-2388; www.riverviewcottages.ca; 3575 Eastern Ave; 小屋 $60~105; ⏰5月至11月; P🛜🐕)这些质朴的乡村风格的可爱小屋设施完备，相当超值。你可以在旁边的小河上划独木舟和钓鱼，还有一片大草坪，是完美的烧烤地点。这里给人的感觉就像是穿越回了20世纪60年代的度假营，只是设施都维护得非常好。

Mad Hatter Hostel 青年旅舍 $

(☎902-254-3167; www.madhatterhostel.webs.com; 16 Prince St; 铺/标单/双 $20/35/50; 🛜)这个"青年旅舍"更像是一个温馨的家中位于楼上的几个房间和几张床，招待客人相当热情，配备厨房设施，就在镇上，位置相当好。

⭐ Sunshine Inn 汽车旅馆 $$

(☎877-706-6835; www.thesunshineinn.

值得一游

航海时代

航海时代文化遗产中心（Age of Sail Heritage Centre; ☎902-348-2030; www.ageofsailmuseum.ca; 8334 Highway 209, Port Greville; 门票 $4; ◉5月至10月 10:00~18:00）位于Port Greville，就在帕斯博勒以西20公里左右的Rte 209沿线。你可以在这里停下来享用茶和烘焙食品，再参观一下。这里不但保留了当地的造船业传统，还有一座经过修复的1857年卫理公会教堂和一间正在营业的铁匠铺。

net; 4487 Hwy 2; 房间$110, 村舍$139~149; ◉5月至11月; P❄❅）真是阳光灿烂的旅馆！它位于帕斯博勒以北3公里处，自然明亮而且多风。有维护得非常干净而且装潢一新的20世纪70年代风格的汽车旅馆房间，也有一系列设施齐全的温馨村舍，同样维护良好并分散在汽车旅馆附属的美丽土地上，这里还有一个自己的湖。到处都弥漫着超值品质的良好氛围。

★ Maple Inn   民宿 $$

（☎902-254-3735; www.mapleinn.ca; 2358 Western Ave; ®$99~169; ◉5月至10月; P❄❅）这家优雅的民宿位于镇上曾经的医院里，民宿态度友好的老板值得称道。装修精美的房间有来自加拿大和奥地利的华美古董装饰，也有毫不突兀的现代便利设施，例如按摩浴缸、强劲增压花洒、Wi-Fi和平板电视。美味的早餐为你开启美好一天。

Evangeline's Tower B&B   民宿 $$

（☎902-254-3383; www.evangelinestower.ca; 322 Main St; 双$95~110; P❄❅）这座19世纪90年代的维多利亚式民居装修雅致，有3个房间，其中的两间可以合并成一个双卧的家庭套房。丰盛的自制早餐很美味，欢迎骑行者入住。

★ Black Rock Bistro   法式小馆 $$

（☎902-728-3006; www.blackrockbistro.ca; 151 Main St; 主菜$14~24; ◉5月至10月 正午至21:00; P）友好、殷勤的服务和精美呈现的餐食——从精致的家常意大利面到新鲜的海鲜（烧扇贝、龙虾棒棒糖）和鲜嫩多汁的牛排都有，除此之外还有一张极好的葡萄酒酒单，毗邻的葡萄酒酒吧偶有音乐家表演。记得为令人堕落的甜点留出点儿肚子。

Harbour View Restaurant   加拿大菜 $$

（☎902-254-3507; 476 Pier Rd; 主菜$12~24; ◉7:00~20:00）在这个气氛悠闲、适合全家人就餐的餐厅和当地渔民一起大吃帕斯博勒最好的炸鱼薯条，还有海鲜浓汤和自制馅饼，等等。餐厅就开在水边。

☆ 娱乐

Ship's Company Theatre   剧院

（☎902-254-3000; www.shipscompanytheatre.com; 18 Lower Main St; 票价$15起; ◉7月至9月）这间创新的剧团在一艘叫作MV *Kipawo*的船上表演加拿大和沿海诸省的新戏剧，这艘船是米纳斯湾的最后一艘渡轮，如今已经整合改造成了一个新剧院。这里有为孩子准备的优质戏剧，还有即兴喜剧演出、阅读会和音乐会。

🔒 购物

Tysons' Fine Minerals   岩石与矿石

（☎902-254-2376; www.tysonsfineminerals.com; 249 Whitehall Rd; ◉10:00~16:00）这里更像一间博物馆而不是商店，展示的矿石也许是你能见到的最闪亮发光、个头最大又最多彩的。有时候Helen会带客人进到里面欣赏Tysons自己的私人收藏，那些藏品更是摄人心魄。

阿德沃基特港（Advocate Harbour）

阿德沃基特港是个美得令人屏息的小地方，5公里长的海滩堆着高高的浮木，并且随着潮汐涨落产生巨大的变化。在海滩后面，阿卡迪亚人所建堤坝形成的盐沼如今充斥着各种鸟类。

大多数游客经过这里是为了前往阿默斯特（一路上都风景优美），或者途经此地前往阿默斯特以南32公里处，位于加更斯的著名联合国教科文组织世界遗产化石悬崖（见422页）。

👁 景点和活动

★ 德奥角灯塔
灯塔

（Cape d' Or Lighthouse；☎902-670-0534；www.capedor.ca；1 Cape d' Or Rd, Diligent River）这个由陡峭悬崖组成的壮丽海角被塞缪尔·德·尚普兰在1604年误命名为德奥角（即黄金角）——他看到的在悬崖上闪闪发光的矿物其实是铜。1897年到1905年矿产被开采，闪耀的光芒也就此消失。现在的灯塔是1922年修建的。通过紧邻Hwy 209的一条未完全铺装好的支路抵达德奥角，然后沿着土路步行可达。如果你流连忘返，这里还有一个客栈。

★ 希格内克托角省立公园
省立公园

（Cape Chignecto Provincial Park；☎902-392-2085；http://parks.novascotia.ca/content/cape-chignecto；W Advocate Rd；徒步许可每天/年 $5/25；◎5月至10月）这座在芬迪湾内与世隔绝的荒野公园拥有辽阔的海边悬崖、原生态的海岸、隐蔽的海湾以及珍稀动植物。公园里最出名的是**希格内克托角海岸小径**（Cape Chignecto Coastal Trail），这条崎岖不平的60公里环线展现着公园的自然之美。来到公园的所有游客都必须在游客中心登记并留下行程表；在荒野里露营需要预约。

更轻松的过夜徒步路线包括**米尔布鲁克峡谷小径**（Mill Brook Canyon Trail，15公里），这条路通往**避难者海湾**（Refugee Cove，20公里），以及**伊顿维尔小径**（Eatonville Trail，28公里），后者可以只走部分路线，作为一日游路线。所有路线都需要良好的健康状态。

有些徒步者为了避开小径的上坡和下坡而选择在退潮时从海滩抄近路，结果被芬迪湾的潮汐困住了。出发前记得拿一份潮汐时间表，并向公园工作人员咨询当前的潮汐条件。

Nova Shores Adventures
皮划艇

（☎866-638-4118；www.novashores.com；3838 Hwy209；1日游 $100起；❀）参加Nova Shores Adventures组织的团队，划着皮划艇游遍希格内克托角省立公园。经常能看见海豹和熊。过夜游包含食宿。

🛏 食宿

Cape d' Or Kitchen & Guest House
旅馆 $$

（☎902-670-0534；www.capedor.ca；1 Cape d' Or Rd, Diligent River；房间 $80~110，整栋房子 $340；◎5月至10月；❀❀）最初是灯塔看守人的住所，如今改造成一座气氛悠闲的客栈，有4个房间，完美的地理位置可能是整个新斯科舍省内数一数二的（日落之后更是美极了）。客栈时尚的**餐厅**有无可匹敌的风景，供应午餐（主菜 $7~15）和晚餐（主菜 $12~30），包括海鲜、肉类和素食菜肴。从Hwy 209拐下来之后，沿着前往德奥角的标识走那条未完全铺装的道路就能抵达这里。从停车场需要再步行大约150米的陡峭下坡土路。

Cape Chignecto Provincial Park Campgrounds
露营地

（☎902-392-2085；http://parks.novascotia.ca/content/cape-chignecto；露营地 $24；◎5月至10月）除了沿海岸小径分布于6处露营点的51个荒野露营位置和游客信息中心附近27个无须预约的露营位置外，还有一间简易小屋和一间荒野小屋（两个小屋都是$55，最多住4个人）。公园里没有汽车能直达的露营地。所有营地都可以在网上预约。

★ Wild Caraway Restaurant & Cafe
加拿大菜

（☎902-392-2889；www.wildcaraway.com；3721 Hwy 209；主餐午餐 $7~16，晚餐 $18~28；◎周四至周一 11:00~20:00；❀）这家美丽的咖啡馆兼餐厅拥有这条海岸沿线最棒的本土餐饮；它本身也漂亮得好像明信片。可以尝尝农夫午餐（ploughman's lunch），里面配有店家自制的烟熏猪肉和当地That Dutchman's Cheese Farm（见423页）生产的奶酪，或者尝尝苹果木熏的鲭鱼或各种特色时令菜肴。

日出小径（SUNRISE TRAIL）

位于新斯科舍省北部海岸和爱德华王子岛之间的诺森伯兰海峡（Northumberland Strait），据说是在美国北卡罗来纳州以北地区之中水温最高的水域，夏季平均水温略高

于20℃。日出小径是游览海滩、骑车和探游好客村镇的最佳路线。

塔塔马古什（Tatamagouche）

Malagash半岛（Malagash Peninsula）向位置隐蔽的塔塔马古什湾（Tatamagouche Bay）延伸，是一条低调的田园风情的自驾或骑行环线。品尝当地葡萄酒，去众多海滩，或者去就在内陆不远处的几间有趣的博物馆看看。塔塔马古什是诺森伯兰海岸一带皮克图西侧最大的城镇，非常适合作为探索该地区的大本营。

◉ 景点

巴尔莫勒尔磨坊　　　　　　　　古迹
（Balmoral Grist Mill；☎902-657-3016；http://balmoralgristmill.novascotia.ca；544 Peter MacDonald Rd, Balmoral Mills；成人/儿童 $4/3；⊙周一至周六 9:30~17:30，周日 13:00~17:30）巴尔莫勒尔磨坊周遭的环境极美，旁边的小溪曾经给磨坊提供动力，夏天，这里仍然会磨小麦。从塔塔马古什出发，沿Hwy 311（位于城镇最东边）往南，再沿Hwy 256向东。

约斯特葡萄酒厂　　　　　　　　葡萄酒厂
（Jost Winery；☎902-257-2636；www.devoniancoast.ca；48 Vintage Ln, Malagash；团队游 $5；⊙葡萄酒商店 3月至12月 10:00~17:00；团队游 6月至9月 正午和15:00）在风景如画的约斯特葡萄酒厂参加团队游。普通葡萄酒可以免费品尝，但冰酒需要$5。如果你想把3种冰酒都尝个遍，可以要求用一大杯的价钱品尝3个小杯的酒。驶离Hwy 6后，沿葡萄酒厂的路牌行驶5公里即可到达。

华莱士湾国家野生动植物区　　　保护区
（Wallace Bay National Wildlife Area；☎800-668-6767；www.ec.gc.ca）位于小镇西北方向大约30公里处，这个巨大的保护区守卫着585公顷的土地，其中包括潮汐湿地和淡水湿地。春天，密切留意在停车场附近筑巢的秃鹰，停车场就在堤道正前方的左手边。

蓝海海滩　　　　　　　　　　　海滩
（Blue Sea Beach；651 Blue Sea Rd, Malagash Point）位于Malagash半岛的蓝海海滩拥有温暖的海水和细腻的沙滩，内陆不远处有一片湿地是理想的观鸟地点。海滩上有野餐桌，也有换衣服用的小棚子。

拉什顿海滩省立公园　　　　　　省立公园
（Rushton's Beach Provincial Park；http://parks.novascotia.ca/content/rushtons-beach；723 Hwy 6, Brule）拉什顿海滩就位于塔塔马古什东边的Brule，有许多小屋聚集在海滩附近。在这里可以寻找海豹（在木栈道尽头左转，再朝海滩尽头走），毗邻的盐沼适合观鸟，值得一游。

萨瑟兰蒸汽工厂　　　　　　　　古迹
（Sutherland Steam Mill；☎902-657-3365；http://sutherlandsteammill.novascotia.ca；3169 Denmark Station Rd, Denmark；成人/儿童 $4/3；⊙6月至10月 周一至周六 9:30~17:30，周日 13:00~17:30）萨瑟兰蒸汽工厂修建于1894年，在1958年之前曾经生产过木材、马车、货车和窗户。如果要从塔塔马古什抵达这里，可以沿着Hwy 6行驶大约10公里，抵达它与Hwy 326的交会处，然后向南行驶4公里。

华莱士博物馆　　　　　　　　　博物馆
（Wallace Museum；☎902-257-2191；www.wallaceandareamuseum.com；13440 Hwy 6；门票乐捐；⊙3月至11月 周一至周五 9:00~17:00）游客信息中心位于华莱士博物馆。博物馆里展示着米克马克人编织的篮子、旧时代的服装和造船业的纪念物品。

✦ 节日和活动

10月节　　　　　　　　　　　　啤酒节
（Oktoberfest；☎902-657-2380；www.nsoktoberfest.ca；票价 $10~20；⊙9月）广受欢迎的10月节在9月的最后一个周末举办——没错，是9月。

🛏 食宿

Wentworth Hostel　　　　　　青年旅舍 $
（☎902-548-2379；www.hihostels.ca；249 Wentworth Station Rd, Cumberland；铺/房间 $30/50；☎）从塔塔马古什出发，沿着Hwy 246向南行驶26公里，直到你抵达Hwy 4。拥

有24张床铺的Wentworth Hostel位于Hwy 4以西1.3公里的Valley Rd, 沿着陡峭的土路Wentworth Station Rd向上走就是。这座形状不规则的农舍修建于1866年, 作为青年旅舍已经有几十年了。这里地理位置居中, 适合作为游览日出小径和米纳斯湾沿岸许多地方的大本营。

徒步和骑山地自行车的路线起点就在门外; 冬天有很多人在附近进行越野滑雪和高山滑雪, 到时候这家青年旅舍很快就会被预订一空。

★ Train Station Inn 旅馆 $$

(☎902-657-3222; www.tatatrainstation.com; 21 Station Rd; 火车车厢$109~199; ◎5月至11月; ☎❄) 它是一间博物馆, 它是一家古怪的礼品店, 它是一间餐厅, 它是一个旅馆, 它还是……一列静止不动的火车。每一个独特的车厢都是火车爱好者的梦想; 装饰着老火车的海报、玩具火车和关于火车的书。

旅馆背后的追梦者詹姆斯·勒弗雷纳(James Le Fresne)在铁轨另一边长大, 他使这座火车站免遭拆除。你可以在1928年前后的餐车上享用美味的海鲜、肉类和沙拉, 或者在火车站里吃一块蓝莓薄饼作早餐。自助游从礼品商店出发, 是免费的。

Sugar Moon Farm 加拿大菜 $$

(☎902-657-3348; www.sugarmoon.ca; 221 Alex MacDonald Rd, Earltown; 主菜$12~30; ◎7月和8月9:00~16:00, 9月至次年6月时间缩短) 简单美味的薄饼和本地制作的香肠搭配枫糖浆——食物是这座营业中的枫糖农场和林地的亮点。可以在网站了解是否有特别的活动。如果从塔塔马古什出发, 只需要沿着Hwy 311向南行驶25公里, 然后沿着MacDonald Rd的路标就能找到这座农场。

🛍 购物

Lismore Sheep Farm 礼品和纪念品

(☎902-351-2889; www.lismoresheepfarmwoolshop.com; 1389 Louisville Rd, River John; ◎9:00~17:00) 这个经营中的农场有300多只羊, 就算你不打算买小羊毛地毯、毛毯或是毛袜子, 这里依然是个有趣的去处。从5月到10月, 这里的畜棚会对游客开放, 你可以摸摸小羊, 还能了解羊毛生产的方方面面。这个农场位于塔塔马古什以东19公里处, 紧邻Hwy 6。

ℹ 实用信息

弗雷泽文化中心(Fraser Cultural Centre; ☎902-657-3285; www.fraserculturalcentre.org; 362 Main St; ◎6月至9月 周一至周五 10:00~17:00, 周六 至16:00, 周日 11:00~15:00; ☎) 提供旅游信息和上网服务, 还有关于当地历史的展览。

皮克图(Pictou)

不少人到皮克图只是顺路逛逛或者从爱德华王子岛乘坐渡轮时中途停留, 不过这里也是探游诺森伯兰海峡怡人的落脚点。主要街道Water St两边排列着有趣的商店和美丽的石头老建筑(不过遗憾的是, 海景被远处一间冒着烟的巨大工厂破坏了)。这座城镇被称为"新苏格兰的诞生地"(Birthplace of New Scotland), 因为1773年第一批来到新斯科舍省的苏格兰移民就是在这里登陆的。

◉ 景点和活动

可以在距离镇区10分钟车程的Caribou-Munroes Island Provincial Park野餐和游泳。

"赫克托"号 船

(Hector; ☎902-485-4371; www.shiphector.com; 33 Caladh Ave; 成人/儿童 $8/6; ◎6月至10月 10:00~16:00) "赫克托"号曾经载着从苏格兰高地来的第一批200名移民来到新斯科舍省, 如今, 这艘船的复制品停泊在水面上供人参观。进入巨大的船舱后, 就看到里面被床铺塞得满满的, 不难想象当年越洋的艰难。票价还包括参观"赫克托"号历史码头。

"赫克托"号历史码头 博物馆

(Hector Heritage Quay; ☎902-485-4371; 33 Caladh Ave; 成人/儿童 $8/6; ◎6月至10月 10:00~16:00) 票价含"赫克托"号的登船门票。这座码头有一个解说中心、一个重建的铁匠铺、一系列造船的手工制品以及与"赫克托"号及船上乘客有关的展览。

值得一游

通向乔治角的道路

从新格拉斯哥到安蒂戈尼什,日出小径的东半段有很多景色美丽的支线——天气好的时候很适合进行半日游。记得带上一些小吃和沙滩浴巾。

你的一天或许可以从参观工业博物馆(见429页)开始,这里的动手实践活动尤其适合随行的孩童,然后沿着海岸抵达漂亮的阿瑞塞伊格省立公园(Arisaig Provincial Park; ☏902-863-4513; 5704 Hwy 245),在这里游泳或者寻觅化石。继续前行来到马里格南特湾(Malignant Cove)。从这里开始,55公里长的Hwy 245海滨公路的景色可以和卡伯特小径的部分路段媲美,只是少了一些山,也更容易通行。

向东行驶一小段距离之后,你会抵达乔治角灯塔(Cape George Point Lighthouse; www.parl.ns.ca/lighthouse),今日行程的一大亮点,在这里你可以俯瞰圣乔治湾(St Georges Bay)平静的海面。如果已经接近午餐时间,就path过乔治角来到巴兰坦湾金枪鱼解说中心(Ballantyne's Cove Tuna Interpretive Centre; 57 Ballantyne's Cove Wharf Rd)附近的一辆卖炸鱼薯条的食品车,然后在Crystal Cliffs Beach(见430页)游泳或漫步,消化刚吃下去的油炸食品。

再往南行驶15分钟,安蒂戈尼什(见430页)有很多好看的、好玩的地方,你也可以坚持户外游主题,前往Anchors Above Zipline Adventure(☏902-922-3265; www.anchorsabovezipline.ca; 464 McGrath Mountain Rd, French River; 1次 $30; ◎10:00~17:00)玩高空滑索,尖叫着穿过树梢。此处滑索设施距离安蒂戈尼什40公里,在加拿大横贯公路(Hwy 104)上留意路牌就能找到。

诺森伯兰渔业博物馆 博物馆

(Northumberland Fisheries Museum; ☏902-485-8925; 21 Caladh Ave; 门票 $5; ◎周一至周六 10:00~18:00)这座博物馆位于老火车站之内,探索了当地的捕龙历史。展品包括奇怪的海洋生物和一艘漂亮的20世纪30年代初的捕龙虾船——"银子弹"(Silver Bullet)号。

节日和活动

皮克图登陆第一民族聚会 文化节

(PictouLanding First Nation Powwow; ☏902-752-4912; www.plfn.ca/cultural-history/yearly-events/powwow; ◎6月)在皮克图港口(Pictou Harbour)对面(经新格拉斯哥开车需25分钟)举办,这个一年一度的聚会在6月的第一个周末举办,届时会有日出庆典、击鼓和手工艺展示。聚会场地提供露营和食物,饮酒和毒品是严格禁止的。

龙虾嘉年华 美食美酒节

(Lobster Carnival; ☏902-485-5150; www.pictoulobstercarnival.ca; ◎7月)1934年第一次举办,当时是渔民嘉年华,现在这个为期4天的活动包括免费的娱乐表演、赛船和许多尽情享用龙虾的机会。

住宿

Caribou-Munroes Island Provincial Park 露营地 $

(☏902-485-6134; www.parks.gov.ns.ca; 2119 Three Brooks Rd; 露营地 $24)这个公园与皮克图相距不到10公里,坐落在一片相当漂亮的海滩上。1号到22号位置靠近白天开放的园区,不够幽静,78号到95号位置铺着碎石,适合房车使用。其余的位置树木茂盛,很幽静。

★ Pictou Lodge 度假村 $$

(☏902-485-4322; www.pictoulodge.com; 172 Lodge Rd; 房间 $129~239, 村舍 $189~429; ❄❄❄)这家20世纪20年代的度假酒店很有气氛,坐落在Caribou-Munroes Island Provincial Park和皮克图之间的一片60多公顷的林地上。翻修得很漂亮的原木小屋坐落在海边,配备原建石头壁炉。酒店也提供汽车旅馆式房间。这里有个巨大的棋盘,还有脚踏船和一片私人海滩,酒店餐厅是镇上最好的。

Willow House Inn
民宿 $$

(902-485-5740; www.willowhouseinn. com; 11 Willow St; 房间 $90~130; 🌐🐾)这座建于1840年左右的历史民居是个由楼梯和惬意古雅的房间组成的迷宫。主人会下厨做美味的早餐,也很爱与客人聊天,给客人出出主意,告诉他们去哪儿玩。

Customs House Inn
旅馆 $$

(902-485-4546; www.customshouseinn. ca; 38 Depot St; 双 $90~125; 🌐)这家旅馆高高的石头墙壁既有扑面而来的时尚气息,又有一种让人安心的稳固感。厚重有年代感的装修也和建筑一样显得稳重又高雅,许多房间都能看到海滨的风景。在这里,你可以做自己想做的事而不被打扰,就连在地下室吃欧式早餐时也是如此。在民宿闲聊了好几天之后,这是个不错的休息机会。

☆ 娱乐

deCoste Centre
现场演出

(902-485-8848; https://decostecentre. ca; 91 Water St; 票价 $20起; ⊙售票处 周一至周五 11:30~17:00, 周六和周日 13:00~17:00)这个令人印象深刻的艺术表演中心位于海滨对面,举办一系列现场演出。夏天会举办多场同乐会(ceilidhs, 读作kay-lees; 成人/儿童 $15/7),届时可以欣赏到一流的苏格兰音乐。登录网站查看演出日期和时间。

❶ 实用信息

东部和诺森伯兰海岸游客信息中心(Eastern and Northumberland Shores Visitor Information Centre; 902-485-8540; Pictou Rotary; ⊙9:00~17:00)这个大型信息中心位于小镇的西北部,可以在这里遇到从爱德华王子岛乘渡轮过来的旅行者。

Town of Pictou (www.townofpictou.ca) 有各个景点和节日的链接。

皮克图公共图书馆(Pictou Public Library; 902-485-5021; 40 Water St; ⊙周二和周四正午至21:00, 周三 至17:00, 周五和周六 10:00~17:00)免费上网。

❶ 到达和离开

开往爱德华王子岛的**Bay Ferries**(见377页)从距皮克图几公里的一个渡轮总站出发。位于南边17公里外的新格拉斯哥是距离最近的城镇。

新格拉斯哥(New Glasgow)

新格拉斯哥是诺森伯兰海岸(Northumberland Shore)最大的城镇,一直是一个工业枢纽;附近的Stellarton在1807年开了第一个矿。不过这里仍然是个怡人的城镇,有不少老建筑,漂亮的小河从城镇中心穿流而过。当地为数不多的主要景点在Stellarton,位于新格拉斯哥以南5公里处。

◉ 景点

克龙比艺术馆
画廊

(Crombie House; 902-755-4440; www.sobeyartfoundation.com; 1780 Granton Abercrombie Rd, Pictou; ⊙7月和8月 周三 9:00~11:00和13:00~16:00 每小时有团导游)**免费** 从镇上向北行驶10分钟,就来到了这座私人美术馆,它位于Sobeys连锁超市创始人的个人住宅之内。馆内收藏着一系列19世纪至20世纪早期出色的加拿大艺术品,其中包括科尔内留斯·克里格霍夫(Cornelius Krieghoff)和七人画派(the Group of Seven)的作品。

工业博物馆
博物馆

(Museum of Industry; 902-755-5425; http://museumofindustry.novascotia.ca; 147 N Foord St, Stellarton; 成人/儿童 $9/4; ⊙7月至10月 周一至周六 9:00~17:00, 周日 10:00~17:00; 🐾)这是个适合小朋友的好地方。有一个可以亲手参与的水力发电展览,还有一个需要小朋友努力跟上节奏的装配流水线。

🛏 食宿

Comfort Inn
汽车旅馆 $

(902-755-6450; www.newglasgow comfortinn.com; 740 Westville Rd; 双 $79~139; 🅿🌐)我们在新格拉斯哥最喜欢的汽车旅馆,最近经过装修的Comfort Inn有下车就到门口的房间,而且维护得非常好。它也是吃实惠简餐的好地方。

The Bistro
新派加拿大菜 $$

(902-752-4988; www.thebistronew

glasgow.com; 216 Archimedes St; 主菜 $19~32; ⊙周二至周六 17:00开始营业)这家小馆菜单上唯一不变的就是香料和酱汁里蕴含的创意。菜肴会根据每天有什么食材而变化,夏天所有食材都是有机的。餐厅里展示的当地艺术品既供人欣赏,也可以出售。

Hebel's　　　　　　各国风味 $$$

(☎902-695-5955; www.hebelsrestaurant.ca; 71 Stellarton Rd; 主菜午餐 $10~14, 晚餐 $18~36; ⊙周二至周五 11:30~14:00,周二至周六 17:00~21:00)在一幢优雅的维多利亚式建筑中,这个明亮、温馨的餐厅以炉火取暖,将世界各地的风味和新斯科舍省出产的新鲜食材融合在一起。从克里奥尔风味的海鲜(seafood creole)或俄式酸奶牛柳(beef Stroganoff)到味噌三文鱼配日式面条,可供选择的菜式应有尽有。

安蒂戈尼什(Antigonish)

城镇以北的美丽海滩和适合徒步的地区很有可能让你好几天都有事干,不过安蒂戈尼什这座城镇本身就相当生机勃勃,还有一些不错的餐馆。当年苏格兰天主教徒在这里定居并建立了圣弗朗西斯泽维尔大学(St Francis Xavier University),今天这所大学仍然主导着这座城镇的氛围。安蒂戈尼什自1861年起每年7月都会举办闻名遐迩的高地运动会(Highland Games)。

◎ 景点

圣弗朗西斯泽维尔大学　　　　　大学

(St Francis Xavier University; www.stfx.ca)迷人的校园让这座拥有125年历史的大学成为有趣的漫步之地。氏族厅(Hall of the Clans)在Angus L MacDonald Library老楼的三楼,这座图书馆就在圣尼尼安大教堂停车场后面。氏族厅里展示着在这一地区定居的所有苏格兰氏族的纹章。这些氏族每年7月齐聚安蒂戈尼什高地运动会。

圣尼尼安大教堂　　　　　　　　教堂

(St Ninian's Cathedral; 120 StNinian St; ⊙7:30~20:00)该地区的天主教主教座堂建于1874年,是加拿大罗马式建筑的精美典范。

安蒂戈尼什遗产博物馆　　　　博物馆

(Antigonish Heritage Museum; ☎902-863-6160; www.heritageantigonish.ca; 20 East Main St; ⊙7月和8月 周一至周六 10:00~17:00,9月至次年6月 周一至周五 10:00至正午和13:00~17:00; ℗)免费 这个布局紧凑的博物馆位于镇上的老火车站里,展览以纪念安蒂戈尼什及其居民的历史为主题展开。

🏃 活动

Crystal Cliffs Beach　　　　　　游泳

(Crystal Cliffs Farm Rd)位于安蒂戈尼什东北方向大约15公里处,驶离Hwy 337后,沿着Crystal Cliffs Farm Rd前行,就能来到这片很受欢迎的海岸,既可以游泳也可以在沙滩漫步。

Antigonish Landing　　　　　　徒步

有一条4公里的徒步和骑行路径通往Antigonish Landing登陆点的自然保护区,小路从安蒂戈尼什遗产博物馆对面的铁轨开始,沿Adam St向下延伸400米。登陆点一带的河口是不错的观鸟地点,你可能会看见鹰、鸭子和鱼鹰。

🎉 节日和活动

安蒂戈尼什高地运动会　　　　　文化节

(Antigonish Highland Games; www.antigonishhighlandgames.ca; ⊙7月)这是一场盛大的狂欢盛会,将举行舞蹈演出、风笛演奏以及抛掷原木和铁球等力量型赛事。

🍴 就餐

Gabrieau's Bistro　　　　新派加拿大菜 $$

(☎902-863-1925; www.gabrieaus.com; 350 Main St; 主菜午餐 $10~16, 晚餐 $18~30; ⊙周一至周五 10:00~21:00,周六 16:00~21:30; 🅿)可以在午餐或晚餐时间从一系列充满想象力的素菜、沙拉、肉类和海鲜之中任选一些品尝。当地人认为主厨马克·加布里欧(Mark Gabrieau)代表着安蒂戈尼什餐饮业的最高水平。充满异域风情的菜单上经常出现泰式虾和意式龙虾饭这样的美味佳肴。

ℹ 实用信息

安蒂戈尼什游客信息中心(Antigonish Visitor Information Centre；☎902-863-4921；145 Church St；◉6月至9月 10:00～20:00；🌐）有小册子，可以免费打本地电话，可以免费上网。坐落在Hwy 104和Hwy 7交叉路口处的Antigonish Mall停车场。

安蒂戈尼什公共图书馆（Antigonish Public Library；☎902-863-4276；274 Main St；◉周二和周四 10:00～21:00，周三、周五和周六 至17:00；🌐）可以免费上网。入口紧邻College St。

❶ 到达和离开

安蒂戈尼什位于Hwy 7的北端，距离舍布鲁克62公里。新格拉斯哥在它西边57公里，走加拿大横贯公路可达（Hwy 104）。

Maritime Bus（www.maritimebus.com）有长途汽车往返哈利法克斯（$42，3.5小时）和悉尼（$46，3.25小时），停靠站点位于圣弗朗西斯泽维尔大学的Bloomfield Centre。

布雷顿角岛
(CAPE BRETON ISLAND)

布雷顿角岛就像个光环漂浮在新斯科舍省其余部分的上方，这个天堂般的小岛被森林覆盖着，是秃鹰与迁徙鲸鱼的领地，你可以清楚地感觉到这里的历史，也会在这里听到节奏感很强的音乐。从西海岸沿线的克里小径（Ceilidh Trail）出发，各个小酒馆和社区中心都回荡着凯尔特音乐，继续前进，音乐也逐渐变化成更兼收并蓄的阿卡迪亚风格小调。

这座岛屿通过一座钢索吊桥与新斯科舍省的大陆相连，它自豪地拥有全省旅游王冠上的明珠：297公里长的**卡伯特小径**（Cabot Trail），这条小径蜿蜒向上，穿行布雷顿角高地国家公园（Cape Breton Highlands National Park）及周边地区。这条小径穿过海滨高山，沿途能看到波澜壮阔的大洋，还会经过公路上那些到处溜达的驼鹿（千万小心！），更有几十条富于挑战的路线可以让你回归自然。

大多数游客会在7月和8月到访，许多餐厅、住宿场所和景点只从6月开到10月。**凯尔特色彩**（Celtic Colours；www.celtic-colours.com；◉10月）音乐节是一个很受欢迎的流动音乐盛会，吸引着与凯尔特文化相关国家的顶级音乐人到场。在音乐节的推波助澜之下，布雷顿角岛的旅游季节一直延续到秋天——这是一个绝佳的游览时间。

克里小径（Ceilidh Trail）

从黑斯廷斯港（Port Hastings）开始，克里小径（Hwy 19）沿着布雷顿角岛的西海岸迂回前进。最早在这片地区定居的是苏格兰人，如今，这里仍以同乐会上的音乐表演、方块舞和派对而闻名。

马波（Mabou）是布雷顿角凯尔特音乐的热门地区。在这里你可以白天徒步，晚上跳舞——要是赶不上拍子，可以用路边蒸馏酒厂的单一麦芽威士忌帮帮忙。

顺着这条小径继续前行，来到曾经的煤矿小镇**因弗尼斯**（Inverness），这里有沙滩和1公里长的沿海木板路；然后克里小径向北蜿蜒延伸至**马加里福克斯**（Margaree Forks），在这里可以接上卡伯特小径。

◉ 景点

★ **Glenora Inn & Distillery**　　蒸馏酒厂
（☎902-258-2662；www.glenoradistillery.com；13727 Route 19, Glenville；导览游含品酒 $7；◉导览游 6月至10月 9:00～17:00 每小时1次）在加拿大唯一一家生产单一麦芽威士忌的蒸馏酒厂参加导览游，尝尝这种堪比"火箭燃料"的酒。在美食小酒馆（每天午餐时间和晚餐时间有同乐会）享用出色的一餐，或者也可以过夜。如果你没少喝当地的酒，那些像洞穴一样的房间（每晚$125至$150）可以让你好好睡一觉醒醒酒；如果你想要更明亮的环境，度假屋（$175至$240）是更好的选择。

因弗尼斯郡艺术中心　　文化中心
（Inverness County Centre for the Arts；☎902-258-2533；www.invernessarts.ca；16080 Hwy 19, Inverness；◉10:00～17:00）因弗尼斯郡艺术中心是一幢美丽的建筑，有几间画廊和一个高档的礼品店，出售本地和整个地区艺术家的作品。这里还是音乐演出场地，当然少不了一个专门建造的舞池。

凯尔特音乐解说中心　　博物馆
（Celtic Music Interpretive Centre；

☏902-787-2708；www.celticmusiccentre.com；5473 Hwy 19, Judique；展厅 $8；⏱6月至8月 周一至周五 10:00~17:00）提供对当地文化很好的讲解。半小时的**团队游**（如果你到解说中心时恰好导游没空，你可以自助游览）可能包括小提琴课，还会教你简单的舞步。在售票台周围能看到当地方块舞的广告，上面标出演出时间和地点，这个中心还会举办同乐会；详情可咨询该中心。

因弗尼斯矿工博物馆   博物馆

（Inverness Miners' Museum；☏902-258-3822；62 Lower Railway St, Inverness；门票乐捐；⏱6月至10月 周一至周五 9:00~17:00，周六和周日 正午至17:00）就在海滩后方的老火车站里，因弗尼斯矿工博物馆展示了当地的历史。

🏃 活动

Cape Mabou Highlands   徒步

在Cape Mabou Highlands之内，徒步路径四通八达，在马波和因弗尼斯之间向Hwy 19的西海岸一侧延伸。在火灾高发危险期，这些小路可能会关闭，其他时候，总长4~12公里不等的徒步路径从3处不同的小径起点开始。这些小路开放时，在马波的Mull Café & Deli马路对面的杂货店能找到出色的徒步指南（$5）。各个小路起点也张贴着地图。

🛏 食宿

MacLeods Inn   旅馆 $$

（☏902-253-3360；www.macleods.com；30 Broad Cove Marsh Rd, Inverness；房间 $160~180；⏱6月至10月；🅿🐾🛜）MacLeods Inn是一家高端民宿，位于因弗尼斯以北约5公里处。房屋很大很现代，装修与布雷顿角的历史感相得益彰。

Duncreigan Country Inn   旅馆 $$

（☏902-945-2207；www.duncreigan.ca；11411 Hwy 19, Mabou；房间 $145~220；🛜）这座旅馆坐落在河岸上的橡树林里，房间私密又宽敞，有些带阳台，能看到河景。房客可以使用自行车，还有一间持证营业的**餐厅**为客人准备早餐，晚餐需预约（主菜 $10~23）。

Clayton Farm B&B   民宿 $$

（☏902-945-2719；11247 Hwy 19, Mabou；标单/双 $80/105；⏱5月至11月；@🛜）这间1835年的农舍坐落在一个运营中的饲养红安格斯牛的牧场上，由勤劳的艾萨克·史密斯（Isaac Smith）经营。布雷顿角岛上从前的生活用品和艾萨克一家的各种小物件就随意地摆放在公共区域和舒适的客房里。这里很质朴却堪称完美。

★ Cabot Links   度假村 $$$

（☏855-652-2268；www.cabotlinks.com；15933 Central Ave, Inverness；房间 $295~435，别墅 $975起；⏱5月至10月；🅿🐾✴🛜）即使你不打高尔夫，你也会考虑在这个时髦度假村住上一两晚，享受绝对有保障的奢华。房型既包括主建筑内风格十足的酒店式房间，也有俯瞰果岭的私人别墅，以及真正令人肆意享受（且昂贵）的多卧室住宿。期待在这里和精英人士比邻而居。

★ Red Shoe Pub   小酒馆食物 $$

（☏902-945-2996；www.redshoepub.com；11533 Hwy 19, Mabou；主菜 $13~25；⏱周日至周三 正午至23:00，周四至周六 至次日2:00）这间小酒馆横跨在克里小径上，是马波跳动的心脏。你可以一边聆听当地小提琴手（往往是Rankin家的一员）的演奏，一边享用啤酒和美味餐食。这里的甜点包括姜饼配朗姆奶油酱和糖渍水果（fruit compote），好吃极了。

🛍 购物

Bear Paw   书籍

（☏902-258-2528；15788 Central Ave, Inverness；⏱周一至周五 9:00~17:00）这个小小的书店出售当地加拿大小说家阿利斯泰尔·麦克劳德（Alistair MacLeod, 1936~2014年）的作品。

ℹ 实用信息

游客信息中心（Visitor Information Center, 简称 VIC；☏902-625-4201；96 Hwy 4, Port Hastings；⏱9:00~20:00）当你开车抵达布雷顿角岛时，右手边就是这个又大又繁忙的游客信息中心。这里绝对值得一去；在布雷顿角岛很难找到其他的游客信息中心了，7月和8月以外的时间尤其如此，而且这里的工作人员对当地的情况了如指掌。

卡伯特小径（Cabot Trail）

沿着卡伯特小径行驶是新斯科舍省最著名的休闲活动，你会沿着蜿蜒曲折的道路行驶，来到静谧的湖边，头顶上是翱翔的雄鹰，眼前是悬崖顶端的壮阔景色，景色美得令人窒息。

一路上，艺术家的工作坊点缀着小径东南侧从Englishtown到圣安娜湾（St Ann's Bay）一段。把握这个难得的机会：走进一两家工作室，会遇上非常有趣的人。你会在这里找到陶器、皮革、玻璃和锡镴等工艺的工匠，还有画家和雕塑家，并发现米克马克和阿卡迪亚文化鲜活的遗迹。

最动人心魄的风景位于岛屿的西北海岸，卡伯特小径在这里下行进入欢乐湾（Pleasant Bay）和谢蒂均普（Chéticamp）。随着风景变得越来越迷人，一定要记得看看蜿蜒曲折的道路：这里有很多地方可以停车观景，或者徒步穿越织锦般秀美的地貌，欣赏浩瀚无边的无尽冰洋。

这条道路全长298公里，沿线的住宿却十分有限。如果你打算在这条路上自驾一两天，可以住在它东侧的巴德克（Baddeck）或英戈尼什（Ingonish），或者路西侧的谢蒂均普或欢乐湾。在7月和8月的旺季，一定要尽早预订。

如果你想要寻找生态环保的住处，可以考虑在Chanterelle Country Inn & Cottages（902-929-2263；www.chanterelleinn.com；48678 Cabot Trail, North River；房间$145起；5月至11月；）住一晚。它位于巴德克以北约35公里处，俯瞰着一片60公顷连绵起伏的牧场，一派世外桃源的景象。餐食（另外收费）在主建筑的封闭门廊内供应。

可以想见的是，这条道路上的餐饮选择也有限，而且海鲜是王道。如果你有饮食方面的限制或者单纯地不喜欢甲壳类动物，最好提前研究一下你的用餐选择。在住处安顿下来后，询问旅馆的人什么最适合你。当地人通常都非常友好，很乐意帮你的忙。

在Dancing Goat（902-248-2727；www.facebook.com/DancingGoatCafe；6289 Cabot Trail, Margaree Valley；单品$5~13；周六至周四8:00~17:00，周五至20:00；），所有食物都是自制的，大多数食材来自当地，而丰盛的早餐是你在布雷顿角能够吃到的最棒早餐。大份三明治和沙拉可以堂食，也可以外带在徒步时候享用。这里也是全年营业的少数几家餐厅之一。

谢蒂均普（Chéticamp）

谢蒂均普不只是从西边前往布雷顿角高地国家公园的门户，更重要的是，它是新斯科舍省最具有活力、最繁荣的阿卡迪亚社区，而文化保留方面的成功很大程度上要归功于它在地理方面的隔离——1949年之前这里还不通公路。无论从哪个方向进入镇里，你都会立即感觉自己仿佛来到了一个法国小村庄，只是风景令人想起崎岖不平的苏格兰高地。

在温暖的月份，这里总是进行着各种各样的活动，有很多机会观察和体验阿卡迪亚文化，包括有趣的博物馆、民间工艺品（谢蒂均普的钩针编织地毯很有名），以及令人禁不住跟着打拍子的现场音乐表演。

◎ 景点

仲四旬斋假日中心　　　　　博物馆
（Le Centre de la Mi-Carême；902-224-1016；www.micareme.ca；51 Old Cabot Trail Rd, Grand Étang；成人/儿童 $5/4；6月至10月 10:00~16:00）在四旬斋（Lent）中期进行庆祝的仲四旬斋假日（Mi-Carême）是谢蒂均普对忏悔星期二（Mardi Gras）的回应。当地人头戴面具，乔装打扮，四处串门，让别人猜他们是谁。这间博物馆讲解了这个节庆活动的历史，展示着传统的面具。

Les Trois Pignons　　　　　博物馆
（902-224-2642；www.lestroispignons.com；15584 Cabot Trail；成人/儿童 $5/4；5月至10月 9:00~16:00）这间出色的博物馆介绍了钩针编织地毯这项技艺是如何从家居活动走向国际市场的。钩针编织地毯等手工艺品勾勒出了谢蒂均普早期的生活面貌和手工艺的发展状态。博物馆里的所有东西——从瓶子到地毯——几乎都是由一位特立独行的当地居民收集的。

圣皮埃尔教堂　　　　　教堂
（Église St Pierre, St Peter's Church；

902-224-2064; 5 Aucoin Rd）圣皮埃尔教堂建于1893年，银色的尖塔和多彩的壁画在镇上颇为醒目，风格独特的建筑非常上镜。

👉 团队游

Love Boat Whale Cruises　　　　观鲸

（☎902-224-2899; www.loveboatwhalecruises.ca; Quai Mathieu; 团队游$40起; ⊙6月至10月）友好的船长和定期的出海航行让这个观鲸团队游运营商成为谢蒂均普较好的选择之一。最少要有六名乘客上船才能出海巡游。团队游时间为2.5～3小时，虽然不能保证一定就会看到鲸，但游客的评价都很高。

🛏 住宿

Albert's Motel　　　　汽车旅馆

（☎902-224-2077; 15086 Cabot Trail; 双$79～129; ⊙5月至10月; ）这家精巧的汽车旅馆有4个温馨舒适的房间，房间里配备了讨喜的拼布被子、小冰箱、微波炉和大电视，此外还有一个俯瞰港口的公共露台。这个地方干净得一尘不染，主人也十分友好。

★ Maison Fiset House　　　　民宿 $$

（☎902-224-1794; www.maisonfisethouse.com; 15050 Cabot Trail; 双/套 $169/219; ）这座宏伟的古老民居修建于1895年，如今在这里还能找到谢蒂均普的些许奢华感。如果你住的是套房，可以懒洋洋地泡在按摩浴缸里欣赏海景。最重要的是，店主会让你处处感受到阿卡迪亚人的热情好客。在民宿后面咨询租用设备的相关详情。全年开放。

Cornerstone Motel　　　　汽车旅馆 $$

（☎902-224-3232; www.cornerstonemotel.com; 16537 Cabot Trail; 双$99～169; ⊙5月至10月; ）当地那些20世纪50年代开业的汽车旅馆总是看上去非常棒，尤其是重新粉刷并进行了一些升级之后。这家汽车旅馆就是如此，它正处于布雷顿角高地国家公园边上，距离城镇7公里。旅馆拥有所有的标准设施，配备舒适的床铺和热水淋浴、篝火坑以及一个可爱的观景台，充满了公路旅行的纯正氛围。欢迎摩托车手入住。

🍴 就餐

La Boulangerie Aucoin　　　　面包房 $

（☎902-224-3220; www.aucoinbakery.com; 14 Lapointe Rd; 单品$3.50～9; ⊙周一至周六 7:00～17:00; ）来这里吃新鲜出炉的法式和美式烤面包、酥皮糕点、蛋糕、馅饼和预先做好的三明治，这些食物都很适合在卡伯特小径沿途野餐。面包房为家族所有，从1959年就开始经营了。

Harbour Restaurant　　　　加拿大菜 $$

（☎902-224-1144; www.baywindsuites.com; 15299 Cabot Trail; 主菜 $14～30）在Harbour Restaurant能够享受到当地最棒的港湾滨海餐饮，包括品种丰富的加拿大和阿卡迪亚菜肴，并且不仅限于海鲜。话虽如此，但是，如果你和同伴一起来的话，蘑菇扇贝和阿卡迪亚morue en cabane（慢烹鳕鱼配猪肉和香葱）也是很棒的分享组合。

All Aboard　　　　加拿大菜 $$

（☎902-224-2288; www.facebook.com/AllAboardRestaurant; 14925 Cabot Trail; 主菜$10～24; ⊙周三至周一 正午至21:00; ）这个适合家庭用餐的餐厅供应海鲜（包括龙虾、黑线鳕和产自当地的三文鱼）、牛排、汉堡、意大利面和沙拉，正在迅速成为地区最受欢迎的地方。美味，超值。

🍷 饮品和夜生活

Doryman Pub & Grill　　　　小酒馆

（☎902-224-9909; www.doryman.ca; 15528 Cabot Trail）每周六（14:00至18:00）有小提琴和钢琴现场表演，值得前来这个小酒馆欣赏一番。大多数工作日的晚上都有现场表演。

ℹ 实用信息

游客信息中心（Tourist Information Centre; ☎902-224-2642; www.lestroispignons.com/visitor-information; 15584 Cabot Trail; ⊙5月至10月 8:30～17:00）和Le Trois Pignons文化中心位于同一栋建筑。

布雷顿角高地国家公园 (Cape Breton Highlands National Park)

布雷顿角高地国家公园（☎902-224-

阿卡迪亚人

当法国人最早在米纳斯湾周围地区定居时,他们把这片区域称为Arcadia,这个词在古希腊和古罗马意为"世外桃源"。到了18世纪,词的写法变为Acadia,而阿卡迪亚人对这片土地的感情已经超过了他们远方的故乡卢瓦尔河谷(Loiren Valley)。

然而对于英国人来说,阿卡迪亚人永远是法国人,因此对抗和怀疑始终如一。即使在乌德勒支条约(Treaty of Utrecht)将新斯科舍省割让给英国之后,阿卡迪亚人仍拒绝宣誓效忠英王,认为这冒犯了他们的天主教信仰。强硬的副总督查尔斯·劳伦斯(Charles Lawrence)在1754年上任后,他受够了阿卡迪亚人,下令驱逐他们。英国人烧毁了多座村庄,把大约14,000名阿卡迪亚人赶上船。

许多阿卡迪亚人前往美国的路易斯安那州和新奥尔良,其他人去了不同的滨海地区:新英格兰、加勒比地区的马提尼克(Martinique)、多米尼加共和国(Dominican Republic)的圣多明各(Santo Domingo),或者重返欧洲。还有一些人躲了起来,留在了阿卡迪亚。多年之后不少遭到驱逐的人重返这里,却发现他们的土地被占了。在新斯科舍省,阿卡迪亚人重新在布雷顿角岛的谢蒂均普地区和雅茅斯北部的法兰西海岸安家落户。

2306;www.pc.gc.ca;成人/儿童/车辆及乘客 $8/4/20)向旅行者呈现加拿大东部最壮丽的风景。可以通过著名的卡伯特小径抵达这里,这条道路的三分之一路段从公园里穿过。你会在园内发现广阔的森林、苔原、沼泽和令人震撼的海景。公园修建于1936年,面积占布雷顿角总土地面积的20%。如果说布雷顿角岛是新斯科舍省的帽子,那这个公园就宛如帽子上别致的羽毛。

一共有两个公园入口,一个在谢蒂均普,一个在英戈尼什海滩(Ingonish Beach);在两个地方都可以买到门票。一日通票直到第二天中午有效。在两个入口都能拿到免费地图,上面标出了轮椅无障碍通行小路的位置。

🏃 活动

徒步

公园西海岸的两条徒步路径都能看到壮美的海景。Fishing Cove Trail通往蜿蜒的Fishing Cove River的河口,下坡平缓,8公里的路程海拔高度只下降了330米。你也可以选择坡度更陡、路程更短的2.8公里徒步路线,起点在第一条小路起点以北5公里处。如果你想要当天返回,就得加倍计算你的行程。不然你必须在谢蒂均普游客信息中心提前预订一个荒野露营位置($10),一共有8个可选。www.cabottrail.com有公园内部和附近多条徒步路径的评价。

其他的小路大多距离更短并靠近马路,不少都通向山脊顶端,能看到令人叹为观止的海岸景色。其中最好的是Skyline Trail,这条7公里的环线会带你走到一个海岬悬崖的边缘,脚下就是海水。该小路的起点位于Corney Brook Campground以北约5.5公里处。

就在尼尔港南部不远处,位于公园东岸上的Coastal Trail往返距离为11公里,穿越更加平缓的海岸线。

骑车

不要把这里选做你的骑行首秀:骑行过程很艰苦,许多路段没有路肩,你得习惯和路上的房车共享沿途的迷人风光。或者,你可以骑山地自行车游览公园里的4条内陆小路;只有Branch Pond Lookoff Trail能看到海景。

Sea Spray Outdoor Adventures 骑行

(☎902-383-2552;www.cabot-trail-outdoors.com;299 Shore Rd, Dingwall;自行车租赁每天/每周 $45/160起;⊙6月至10月 9:00~17:00)位于Dingwall附近的Smelt Brook,这家机构既出租自行车,也提供紧急修车服务。它还可以帮忙规划行程,并且会组织骑车、皮划艇和徒步旅行。

🛏 住宿

Cape Breton Highlands National Park Campgrounds
露营地

(帐篷营地/房车营地/半固定帐篷 $18/30/100起) 布雷顿角高地国家公园有6个汽车可以直达的露营地。大多数位置都是先到先得，不过无障碍露营位置、团队露营位置和荒野露营地可以提前预订，收费$9.80。在距离公园入口较远的较小型露营地，直接选个位置，自己登记即可。如果想在公园入口附近3个较大的露营地露营，需要在游客信息中心登记。

Chéticamp Campground和Broad Cove campground现在有半固定oTENTiks帐篷，它们非常受欢迎。

从10月下旬到次年5月初，你可以在Chéticamp Campground和Ingonish Campground露营，价格是$22，包含木柴。天气非常恶劣时，露营者可以躲进厨房棚屋，里面有木柴炉。

ℹ 实用信息

谢蒂均普游客信息中心（Chéticamp Information Centre; ☏902-224-2306; www.parkscanada.gc.ca; 16646 CabotTrail; ◉8:30~19:00）中心陈设一些展览和公园地形图，还有一间书店。可以从工作人员那里得到徒步或露营方面的建议。

英戈尼什海滩游客信息中心（Ingonish Beach Information Centre; ☏902-285-2535; 37677 Cabot Trail; ◉5月至10月 8:00~20:00）位于公园的东部边缘，有展览、地图和友好的双语工作人员。

欢乐湾 (Pleasant Bay)

欢乐湾是探索布雷顿角高地国家公园便捷的落脚点，这里是在周围一片荒野中开辟出的弹丸文明之地。这个活跃的渔港还以观鲸之旅和藏式寺院而闻名。

⊙ 景点和活动

甘波修道院
修道院

(Gampo Abbey; ☏902-224-2752; www.gampoabbey.org; 1533 Pleasant Bay Rd; ◉团队游 6月至9月 周一至周五 13:30~15:30) 这间修道院位于欢乐湾以北8公里处，途经小村Red River，是一间藏传佛教信徒的修道院。佩玛·丘卓比丘尼（Ane Pema Chödrön）是这所修道院的院长，也是一位著名的佛学作家，不过你不太可能在这里见到她，因为她总是云游四方。白天你随时可以进入院内参观，不过参加有人导引的团队游会让你有更真实的体验。

鲸鱼解说中心
博物馆

(Whale Interpretive Centre; ☏902-224-1411; 104 Harbour Rd; 成人/儿童 $5/4; ◉6月至10月 9:00~17:00) 在去毗邻的码头参加观鲸之旅前先来这里看看。公园门票在此有售，楼下可以上网。

Captain Mark's Whale & Seal Cruise
观鲸

(☏902-224-1316; www.whaleandsealcruise.com; 成人/儿童 $55/35; ◉5月至9月) 根据季节的不同，每天会有2至5次乘船游，要么乘坐价格较低的Double Hookup号摩托艇（成人/儿童 $45/20），要么搭乘更加惊险刺激的橡皮艇（Zodiac）。马克船长（Captain Mark）承诺不仅能看到鲸鱼，也会有时间观赏海鸟和海豹，还会参观甘波修道院。出发地点在鲸鱼解说中心旁的码头。

Pollett's Cove
徒步

通往Pollett's Cove的徒步路径往返20公里，很受欢迎又富于挑战，小径起点在通往甘波修道院的道路尽头。沿途能看到优美的风景，当你抵达废弃的渔村时能找到很不错的露营地点。这不是一条加拿大公园管理局（Parks Canada）旗下的徒步路线，因此路面粗糙难行。

🛏 住宿

HI-Cabot Trail Hostel
青年旅舍 $

(☏902-224-1976; 23349 CabotTrail; 铺/房间 $28/68; @❋) 这间气氛非常融洽的青年旅舍明亮而简单，有18个床位，带一个公共厨房和一个烧烤区。

英戈尼什 (Ingonish)

英戈尼什和英戈尼什海滩[以及英戈尼什渡口（Ingonish Ferry）、英戈尼什港（Ingonish Harbour）和英戈尼什中心（Ingonish Centre）］都位于布雷顿角高地国家公园东部入口，小镇中满是林立的汽车旅馆和农舍小屋。这里很长时间以来一直是热门的旅游目的地，不过这里几乎没有什么真正的景点。在附近的国家公园里有几条徒步路径和一个游客信息中心。

◎ 景点和活动

英戈尼什海滩（Ingonish Beach） 海滩
这条宽广绵延的沙滩隐藏在一处海湾之中，四周青山环绕。

Highlands Links Golf Course 高尔夫
（☎902-285-2600；275 Keltic Inn Rd；场地费$60起；◎5月至10月 6:00~18:00）懂行的高尔夫手报告称，这座由世界著名设计师斯坦利·汤普森（Stanley Thompson）设计的18洞高尔夫球场，72标准杆，堪称全加最美丽也最具挑战性的高尔夫球场之一。

🛏 食宿

Driftwood Lodge 旅馆 $
（☎902-285-2558；www.driftwoodlodge.ca；36125 CabotTrail, North Ingonish；房间/套$55/80；◎5月至11月；🅿🐕🛜）这间时髦的木屋旅店位于英戈尼什公园入口以北8公里处，十分超值。旅馆的老板在国家公园工作，对于徒步和各种活动的信息了如指掌。旅馆下方就是一片细沙海滩。

Maven Gypsy B&B &Cottages 民宿 $$
（☎902-929-2246；www.themavengypsy.com；41682 Cabot Trail, Wreck Cove；房间$105~135；◎6月至11月；🛜🐕）主人很友好，早餐能吃到新鲜的烘焙食物，从这座可爱的浅黄色小屋走到海滩只需要3分钟。

★ Keltic Lodge at the Highlands 度假屋 $$$
（☎902-285-2880；www. kelticlodge.ca；Ingonish Beach；房间 $155~285，村舍 $329~589；◎5月至10月；🛜🐕🏊）这座高踞在悬崖顶端的度假村建于1940年，并在2016年进行了全面翻新，都铎风格的度假村里散布着这一地区最为精致的住宿选择，它和同名的高尔

夫球场共同占据了Middle Head半岛。这里房型众多，从普通客房到公寓再到华美的田园村舍，一应俱全；登录网站查看详情。日间水疗和游泳池在新斯科舍省不可多得。

Clucking Hen Deli & Bakery 咖啡馆 $
（☎902-929-2501；45073 Cabot Trail；主菜$7~18；◎5月至10月 7:00~19:00）你可以一边听当地人闲聊，一边享用自制面包、汤和沙拉等美味餐食。

★ Main Street Restaurant & Bakery 加拿大菜 $$
（☎902-285-2225；www.mainstreetrestaurantandbakery.ca；37764 Cabot Trail, Ingonish Beach；主菜 $10~24；◎周二至周六 7:00~21:00）就目前来说，这里提供布雷顿角高地国家公园附近最好的早餐，而且午餐和晚餐也很出色。三明治和法式吐司都是用新鲜的厚片面包制作的，海鲜盘棒极了。尝试龙虾天使意面搭配白兰地奶油沙司焗螃蟹和贻贝，你绝不会失望。

远北地区（The Far North）

在英戈尼什以北，布雷顿角高地国家公园之外的第一个村庄就是尼尔港（Neil's Harbour），该地区的所有偏远前哨中最精致的一个。沿着New Haven Road继续前行，来到怀特波因特（White Point）。这两个地方都是辛勤劳作的简朴社区，渔船的数量比房屋还多。如果这两个村庄都没能吸引你停下，就沿着蜿蜒曲折、疾风劲吹的White Point Rd回到卡伯特小径吧。

如果你一心想要前往新斯科舍省的顶端，那就沿着Bay St Lawrence Rd去看看漂亮的聚居点圣劳伦斯湾（Bay St Lawrence）。从这里开始，道路变得更加崎岖难行，自然风光也更加狂野。圣劳伦斯湾和米特湾（Meat Cove）之间有一条13公里长、车流通行缓慢的繁忙公路，而且最后7公里还是石子路。如果你不是勇猛无畏的露营和徒步爱好者，米特湾可能不是你的心仪之地。

◎ 景点和活动

卡伯特斯兰丁省立公园 省立公园
（Cabots Landing Provincial Park；☎902-

662-3030；http://parks.novascotia.ca）这个美妙的省立公园位于卡伯特小径以北10公里，可以在前往圣劳伦斯湾的途中拐到这里来欣赏Aspy Bay和它迷人的海滩。

Grassy Point　　　　　　　　　　徒步

在Grassy Point看到的海岸风景是无与伦比的。这条短途步行小路（往返约40分钟）的起点就在米特湾露营地前面一点。记得在Grassy Point坐一会儿，找一找鲸鱼和筑巢的秃鹰。

圣劳伦斯角灯塔
（Cape St Lawrence Lighthouse）　徒步

从米特湾开始，一条16公里的徒步小径向西延伸通往圣劳伦斯角灯塔和Lowland Cove。花上一个钟头凝望大海，你一定能看到成群的领航鲸（pilot whale）。整个春天和夏天它们都会在这里嬉戏，直到进入秋天。记得带上一个指南针，克制住探索分支小路的冲动，连当地人都会在这个地区迷路。

Captain Cox's Whale Watch　　　观鲸

（☎902-383-2981；www.whalewatching-novascotia.com；578 Meat Cove Rd, St Margaret Village；成人/儿童 $45/25）考克斯船长（Captain Cox）从1986年起就一直带游客乘坐35英尺长的"北方塘鹅"号（Northern Gannet）出海看鲸鱼。他在7月和8月的10:30、13:30和16:30带队出海。可以打电话咨询春季和秋季的时间安排。

🛏 食宿

★ Jumping Mouse
Campground　　　　　　　　　露营地 $

（☎902-383-2914；www.ecocamping.ca；3360 Bay St Lawrence Rd, Bay St Lawrence；帐篷营地/小屋 $30/60；◎6月至9月）这个生态环保的露营地是驶离卡伯特小径的最佳理由，有10个神奇的海滨露营位置和一个有4张床位的漂亮小屋。这里配备热水淋浴、简易厕所、一个可以做饭的棚屋，经常能看到鲸鱼，而且整个露营地几乎没有虫子。

Two Tittle　　　　　　　　　　民宿 $

（☎902-383-2817；www.twotittle.com；2119 White Point Rd, White Point；房间 $60~100；P🐾）在温馨的Two Tittle下榻，这里弥漫着晚餐的气息。从民宿后面可以步行前往Two Tittle诸岛，这个民宿的店名正是来源于此。这段路程不长，不过风景秀美，沿途还可以留意一下鲸鱼和鹰。

Hine's Ocean View Lodge　　度假屋 $

（☎902-383-2512；www.hinesoceanviewlodge.ca；Meat Cove；房间 $60，整栋房子 $200；🐾🚫）这个偏僻的地方坐落在它专属的道路高处（紧邻Meat Cove Road，设置了路标），房间几乎像学生宿舍一样朴素，带一个公用厨房。风景真是摄人心魄，但不太适合那些受不了隔绝之感的人。只收现金。

Meat Cove Campground　　　露营地 $

（☎902-383-2379；www.meatcovecampground.ca；2475 Meat Cove Rd, Capstick；帐篷营地/小屋 $30/60起；◎6月至11月；🚫）这个偏远的营地位于一个景色绝对壮丽的地方，地处一片长满青草的陡岸，高踞海面之上，四周什么都没有。4间不通电也不带抽水马桶的小屋共享着这片景色；记得带自己的寝具。注意：这里没有装护栏，曾经有宿营者从这里失足坠落死亡。不适合孩子。做好刮大风的准备。

Chowder House　　　　　　　海鲜 $$

（☎902-336-2463；90 Lighthouse Rd, Neil's Harbour；海鲜浓汤 $7~12，主菜 $14~24；◎5月至10月 11:00~20:00）这个知名餐厅在尼尔港灯塔的那一边，是完美的午餐和晚餐地点。这里以海鲜浓汤著称，不过也供应性价比很高的雪蟹、龙虾、贻贝等晚餐美味。有许多当地人在这里吃饭，他们乐于一边享用海鲜，一边和来自远方的朋友聊天。

ℹ 实用信息

米特湾接待中心（Meat Cove Welcome Center；☎902-383-2284；2296 Meat Cove Rd, Meat Cove；◎7月至9月 8:00~20:30；🚫）在这里了解关于徒步路线的详尽信息，查看电子邮箱，或者买点儿吃的（从三明治到龙虾晚餐这里都有）。如果小径起点处没有停车位，可以把车停在这里。

巴德克（Baddeck）

高地和低地在巴德克相接，它是一座古

老的度假小镇，周围一派田园风光，位于布拉多尔湖（Bras d'Or Lake）的北岸，后者是一片真正的内陆咸水湖，鹰在这里筑巢，海鹦（puffin）在这里玩耍。占地面积达到1099平方公里，布拉多尔湖是新斯科舍省最大的湖泊，该湖将布雷顿角岛一分为二。就在巴德克南边，两个米克马克社区组成了**威格玛库克第一民族社区**（Wagmatcook First Nation; www.wagmatcook.com）。

⦿ 景点

★ 亚历山大·格拉汉姆·贝尔国家历史遗址　　　　　　　　博物馆

（Alexander Graham Bell National Historic Site; ☎902-295-2069; www.pc.gc.ca; 559 Chebucto St; 成人/儿童 $8/4; ⏱5月至10月 9:00~18:00）电话的发明者贝尔就葬在他的避暑别墅**Beinn Bhreagh**附近，从巴德克望向湖湾的对面就能看见。亚历山大·格拉汉姆·贝尔国家历史遗址位于城镇的东部边缘，这座精彩的博物馆展览内容涵盖贝尔发明与创新的方方面面。虽然博物馆在第一眼看上去的时候并没什么让人眼前一亮的东西，不过贝尔的人生故事会把你牢牢吸引。你将看到医疗设备、电气设备、电报机、电话机、风筝和水上飞机，然后再了解它们是如何运转的。

氏族大厅博物馆　　　　　　　　博物馆

（Great Hall of the Clans Museum; ☎902-295-3411; www.gaeliccollege.edu/great-hall-of-the-clans; 51779 Cabot Trail, Englishtown; 成人/儿童 $8/6; ⏱6月至10月 周一至周五 9:00~17:00）这座博物馆位于巴德克以北大约20公里的凯尔特工艺美术盖尔语学院（Gaelic College of Celtic Arts & Crafts）内，追溯了从古代到高地大清除（the Highland clearances）时期全部的凯尔特历史。

威格玛库克文化遗产中心　　　　　　　　博物馆

（Wagmatcook Culture & Heritage Centre; ☎902-295-2999; www.wagmatcookcentre.com; Hwy 105, Wagmatcook; ⏱5月至10月 9:00~20:00, 11月至次年4月时间缩短）前往巴德克西边的米克马克人村寨威格玛库克参观威格玛库克文化遗产中心。这个有点空荡荡的文化景点会带你走近米克马克人的文化和历史。

👉 团队游

Amoeba　　　　　　　　游轮

（☎902-295-7780; www.amoebasailingtours.com; 2小时团队游 成人/儿童 $25/10; ⏱6月至10月）在布拉多尔湖上经典的纵帆船之旅中，航行途中将经过亚历山大·格拉汉姆·贝尔宏伟的宅邸Beinn Bhreagh，秃鹰还会在头顶翱翔。

🛏 住宿

Bear on the Lake Guest house　　青年旅舍 $

（☎866-718-5253; www.bearonthelake.com; 10705 Hwy 105, Aberdeen; 铺/房间 $32/78; P❄@🛜）这家青年旅舍位于威格玛库克和相邻的城镇Whycocomagh之间，俯瞰着湖面，是个很有趣的地方。旅舍有宿舍床铺和独立房间，此外还有温馨的公共区域和一个阳光灿烂的大露台。不过背包客应该注意的是，如果没有汽车，这个地方相当偏僻，附近没有基础设施或公共交通工具。

★ Silver Dart Lodge　　度假屋 $$

（☎902-295-2340; www.maritimeinns.com; 257 Shore Road; 房间/度假屋 $150/180起; P❄☀🛜⊛）Silver Dart的房间最近才彻底翻新过，既有位于后部带小厨房的古雅度假屋，也有汽车旅馆式的房间。自带的酒吧兼餐厅McCurdy's Dining Room有美味的食物和可爱的风景。在夏季炎热的时候甚至还有一个不错的游泳池。

Dunlop Inn　　民宿 $$

（☎902-295-1100; www.dunlopinn.com; 552 Chebucto St; 双 $120~170; P❄🛜）这家雅致且充满历史感的民宿就坐落在布拉多尔湖边，位置无可匹敌，所以水景无处不在。它的5个设施齐全的房间装饰得很有品位，自助式早餐厨房刚刚翻新过。

Lynwood Inn　　旅馆 $$

（☎902-295-1995; www.lynwoodinn.com; 441 Shore Rd; 双 $100起; 🛜）这家超大型旅馆的房间远远超过一般酒店的标准，房间内配有维多利亚式的木床，色调柔和，起居空间宽敞通风。楼下有一间家庭式的餐厅，供应早餐、午餐和晚餐，房价不包含早餐。

Broadwater Inn & Cottages　　旅馆 $$

(902-295-1101; www.broadwaterinn.com; 975 Bay Rd; 房间 $129~159, 村舍 $149~289; ◎5月至11月; P🅿️🐾📶❄️)这间建于1830年左右的民居位于巴德克东北方向1.2公里处的一片安静地带之中,曾经属于J. A. D. 麦柯迪(JAD McCurdy),他曾与亚历山大·格拉汉姆·贝尔合作进行过早期的飞机设计。如今,这间旅馆的每个客房都极富个性,坐拥湖湾的风景,装饰着精致的印刷品,体现出了主人独到的审美情趣。现代风格的村舍建在树林里,非常适合一家人入住。

🍴 餐饮

Herring Choker Deli　　熟食 $

(902-295-2275; www.herringchokerdeli.com; 1958 Hwy 105; 单品 $6~15; ◎5月至10月 9:00~18:00; 📶)在巴德克西南方向12公里处,位于Hwy 105旁,这家熟食店是该地区最好的中途休息站之一,可以在这里吃到美味的三明治、汤和沙拉。

Highwheeler Cafe　　咖啡馆 $

(902-295-3006; 486 Chebucto St; 三明治 $9; ◎5月至10月 6:00~20:00; 📶)这里烘焙的面包和其他食品都很好吃(有些是无麸质的),供应大份的美味三明治、墨西哥玉米饼(quesadilla)和汤品等。可以在阳光明媚的露台来一个蛋卷冰激凌为一餐收尾。这里还提供适合徒步者的盒装午餐。

★ Baddeck Lobster Suppers　　海鲜 $$$

(902-925-3307; www.baddecklobstersuppers.ca; 17 Ross St; 主菜 $22~28; ◎6月至10月 16:00~21:00)这家知名餐厅位于军人礼堂的旧址之中,你可以选择龙虾、三文鱼、雪蟹或前腰脊牛排作为主菜,搭配不限量的贻贝、海鲜浓汤和甜点,价格为$38。在这里大快朵颐珍馐美馔,不用受到高级餐厅繁文缛节的束缚。

Big Spruce Brewing　　精酿啤酒

(902-295-2537; www.bigspruce.ca; 64 Yankee Line Rd, Nyanza; ◎正午至19:00)这家农场庭院里的啤酒厂位于巴德克西南方向14公里处,你可以在这里畅饮一大杯未过滤、未经高温消毒、"难以置信的好喝"的本地自酿啤酒。

☆ 娱乐

Baddeck Gathering Ceilidhs　　现场音乐

(902-295-0971; www.baddeckgathering.com; 8 Old Margaree Rd, St Michael's Parish Hall; 成人/儿童 $10/5; ◎7月和8月 19:30)每晚这里都有小提琴演奏和舞蹈。礼堂就在小镇的中心位置,游客信息中心对面。

❶ 实用信息

Visit Baddeck(www.visitbaddeck.com)提供地图,有团队运营商、高尔夫球场等相关资讯。

游客信息中心(Tourist Information Centre; 902-295-1911; 454 Chebucto St; ◎6月至10月 10:00~16:00)

❶ 到达和离开

巴德克坐落在加拿大横贯公路(Hwy 105)路旁,在悉尼西南方向78公里处。

Maritime Bus(www.maritimebus.com)每天有一或两班长途汽车开往悉尼($21, 1.5小时)和哈利法克斯($64, 5.5小时)。

北悉尼(North Sydney)

北悉尼是一座友好的工业小镇,不过这里没什么看的,也没什么可以做的。如果你从悉尼前往卡伯特小径,或者乘坐渡轮往返纽芬兰的话,才可能会经过这里。

🛏️ 食宿

A Boat to Sea　　民宿 $$

(902-794-8326; www.aboattosea.com; 61 Queen St; 房间 $100~110; P🅿️🐾📶❄️)这家民宿位于水边,美丽的花园环绕在四周(可以留意一下秃鹰),这座宏伟的民居有彩色玻璃窗和一系列奇特的古董收藏。你可以在滨水露台放松一下,享用丰盛的早餐。这里只有3间客房,所以旺季时记得提前预订,而且旺季有至少住宿两晚的规定。

Heritage Home B&B　　民宿 $$

(902-794-4815; www.bedandbreakfast

northsydney.com; 110 Queen St; 房间 $110~120; ⓢⓟ) 这个维多利亚式民居装饰得非常精美而且维护得非常好, 考虑到房价, 堪称一个极为优雅的住宿场所。早餐是自家烹饪的, 而且大多数房间都有独立卫浴。

Bette's Kitchen 海鲜 $

(☎902-794-4452; 138 Queen St; 主菜 $9~18; ⓢ正午至20:00) 这是布雷顿角岛上吃传统煎炸食品的好地方。煎扇贝、香嫩的酥皮炸鱼和金黄松脆的薯条……都很好, 但是或许对你的身体不是很好。管他呢, 人生在世, 只活一次。

★ Black Spoon 新派加拿大菜 $$

(☎902-241-3300; www.blackspoonbistro.com; 320 Commercial St; 主菜 $12~19; ⓢ周一至周四 11:00~20:00, 周五和周六 至21:00) 这间时尚的餐厅以黑色和米色为主色调, 在当地人最爱的菜式里加入了美味的新元素, 例如裹着面包屑的黑线鳕搭配芒果菠尔萨辣酱, 或是色彩缤纷的烤蔬菜沙拉配山羊奶酪。这里还有浓缩咖啡、鸡尾酒和价格公道的各类葡萄酒。

Lobster Pound & Moore 海鲜 $$$

(☎902-794-2992; 161 QueenSt; 主菜 $24~38; ⓢ周二至周日 正午至20:00) 这里的龙虾普遍都有1公斤重(2磅), 因为分量超大, 所以你得尽量饿着肚子来。不过分量大并没有影响食物的新鲜、优质和美味。尝尝韩式烤牛排、烩海鲜或者里面塞着新鲜的龙虾肉、上面又堆了更多龙虾肉的意式饺子。从装修上看, 这里是时髦的法式酒馆与海鲜小店的综合体。

❶ 到达和离开

北悉尼与悉尼相距21公里, 距离卡伯特小径上的印第安布鲁克(Indian Brook)48公里, 后者可搭乘24小时运营的混装渡轮Englishtown ferry ($7, 5分钟)抵达。

Marine Atlantic ferry (☎800-341-7981; www.marine-atlantic.ca) 有渡轮从这个城镇开往纽芬兰和拉布拉多省(NL)的巴斯克港(Port-aux-Basques; 单程成人/儿童 $44/21, 6~8小时)、NL的阿真舍(Argentia; 单程成人/儿童 $116/65, 16小时)。将标准大小的机动车运到巴斯克港需要额外支付$114, 运到阿真舍的费用是$203。

悉尼(Sydney)

☎902 / 人口 31,600

悉尼是新斯科舍省第二大城市, 也是布雷顿角岛上唯一一座真正的城市, 岛上的工业地带陷入困境, 作为核心的悉尼也早已四面楚歌, 曾经是这一地区最大雇主的钢厂和煤矿如今已经倒闭, 现在这座城市显得有点空旷, 不过还有一些可爱的老房子, 在North End居民区尤其多, 那里也是大多数民宿的所在地。总体说来, 这座城市服务设施比较齐全, 以这里为大本营去游览路易斯堡和卡伯特小径比住在景色更美的地区要划算。

◉ 景点

在市中心, Charlotte St两旁是成排的商店和餐厅, Esplanade沿线有一条怡人的木栈道。

North End历史街区有一种粗犷坚韧的魅力。North End中两个街区半径范围内就分布着8座1802年之前的建筑。其中3座对公众开放。

★ 布雷顿角矿工博物馆 博物馆

(Cape Breton Miners' Museum; ☎902-849-4522; www.minersmuseum.com; 42 Birkley St, Glace Bay; 团队游和下井参观 成人/儿童 $15/13; ⓢ10:00~18:00) 格雷斯贝(Glace Bay)位于悉尼东北方向6公里处, 如果不是这座杰出的博物馆, 这里不过又是一个衰落的煤炭城镇罢了。馆内亮点包括一位退休矿工带领下的"Men of the Deeps"探险团队游, 参观位于海底之下已经关闭的矿井——不适合幽闭恐惧症患者。博物馆的餐厅 (11:00至20:00) 值得大力推荐, 供应海鲜、三明治和汉堡(主菜 $13~28), 每天正午14:00有自助午餐。

约斯特遗产之家 历史建筑

(Jost Heritage House; ☎902-539-0366; 54 Charlotte St; 门票 $3; ⓢ周一至周六 9:00~17:00, 周日 13:00~17:30) 约斯特遗产之家展出一系列模型船, 还有一位20世纪初的药剂师

布雷顿角传统与科学中心　　博物馆

(Cape Breton Centre for Heritage & Science; ☎902-539-1572; 225 George St; 门票$2; ◎周一至周六9:00~16:00)这个低调的当地历史中心讲述了布雷顿角岛的社会与自然历史。

圣帕特里克教堂博物馆　　历史建筑

(St Patrick's Church Museum; ☎902-562-8237; 87 Esplanade; 门票$2; ◎6月至10月 周一至周六9:00~17:00)1828年修建,建筑风格是先锋哥特式,圣帕特里克教堂是布雷顿角岛上最古老的天主教堂,如今里面坐落着一座博物馆,追溯了悉尼的宗教发展史。

柯西特之家　　历史建筑

(Cossit House; ☎902-539-7973; http://cossithouse.novascotia.ca; 75 Charlotte St; 成人/优惠票$2/1; ◎6月至10月 周一至周六9:00~17:00,周日13:00~17:00)建于1787年,它是悉尼最古老的房屋,也是新斯科舍省最古老的现存建筑之一。

👉 团队游

Ghosts & Legends of Historic Sydney　　步行

(☎902-539-1572; www.oldsydney.com; 团队游$13; ◎7月和8月 周四18:30)这个步行团队游就是想吓你一跳,从圣帕特里克教堂博物馆出发,以环形路线游览各个历史建筑,最后再以享用茶和司康饼收尾。

🛏 食宿

悉尼有一些不错的连锁酒店,而且和岛上的其他大部分地方不同,这里的大多数商业场所都全年营业。

★ Colby House　　民宿 $$

(☎902-539-4095; www.colbyhousebb.com; 10 Park St; 房间$100~125; ☎)在这间出类拔萃的民宿中你能享受到可以承受的奢华,值得作为在悉尼的住宿选择。民宿的主人曾经因为工作的关系遍游加拿大,并决定把自己在旅途上想要的一切都在这里提供给客人。于是就有了这般历史与现代融合的设计风格,你能想象到的最柔软的床单、为客人准备的浴袍,还有太多不胜枚举的贴心细节。

Hampton Inn by Hilton　　酒店 $$

(☎855-605-0317; www.hilton.com; 60 Maillard St; 双$149~269; P☀❄☎☞)距离悉尼的海滨区域只有一小段距离,这个令人难忘的旅游酒店尤其受到家庭旅行者的欢迎。时尚舒适的宽敞房间超出了品牌标准,而且酒店的员工棒极了。

Cambridge Suites Sydney　　酒店 $$

(☎902-562-6500; www.cambridgesuitessydney.com; 380 Esplanade; 双$139~239; P❄☎)这家时尚酒店拥有市中心无可匹敌的位置,经过翻修的舒适客房有一系列不同的配置,很多房间可以看到海景。房费含不错的自助早餐和免费Wi-Fi。

Gathering House B&B　　民宿 $$

(☎902-539-7172; kmp38@msn.com; 148 Crescent St; 房间$85~125; P☞❄☎☞)这间气氛友好的略显破旧的维多利亚式民居靠近市中心,住在这里会感觉自己好像热闹大家庭的一员。

Governors Pub & Eatery　　小酒馆食物 $$

(☎902-562-7646; www.governorseatery.com; 233 Esplanade; 主菜$9~22; ◎11:00~23:00)这里无疑是悉尼最受欢迎的地方。来这儿和下班后的当地人一起喝几杯,享用以本地原材料制作的美味小吃,最后再留下来欣赏现场音乐表演,比如周三晚上的爱尔兰即兴演奏会。在网站上能了解近期活动。

Flavor on the Water　　新派加拿大菜 $$

(☎902-567-1043; www.cbflavor.com/flavor; 60 Esplanade; 主菜$11~28; ◎11:00~20:00; ☎)悉尼滨海区Esplanade最奢华的餐厅,供应摆盘充满艺术感的菜肴,从午餐的沙拉、三明治和汉堡到晚餐的鱼、鸡和牛排,都是用当地食材烹饪的。这家餐厅本身极具风格,令人难忘,有高高的天花板及毗邻水边的优越位置。登录网站了解它的草根起源和在当地开设的其他分店。

☆ 娱乐

来自布雷顿角岛西海岸的小提琴手和其

他传统音乐人以及众多巡回乐队都会在该地区演出。

萨沃伊剧院　　　　　　　　　　　　剧院
(Savoy Theatre; ☎902-842-1577; www.savoytheatre.com; 116 Commercial St, Glace Bay) 距离悉尼6公里,格莱斯贝宏伟的萨沃伊剧院是该地区的主要娱乐场所。

Casino Nova Scotia　　　　　　　　赌场
(☎902-563-7777; www.sydney.casinonovascotia.com; 525 George St; ◎11:00至次日3:00) 这个很受欢迎的赌场(城里也没多少别的事可干)有几台老虎机、21点扑克台和游戏桌,还有现场表演。

❶ 实用信息

悉尼港旅游信息处 (Sydney Port Tourist Information; ☎902-539-9876; 74 Esplanade; ◎8:30~18:00) 提供关于悉尼和布雷顿角的地图和小册子。

❶ 到达和离开

悉尼和哈利法克斯的陆地交通距离是403公里。**Maritime Bus** (www.maritimebus.com) 的长途汽车从悉尼前往哈利法克斯 ($72.50, 7小时) 和特鲁罗 ($63.50, 5小时),然后你可以从这里转车前往新不伦瑞克省和爱德华王子岛。

如果你能够提前预订,而他们又能安排司机的话,**Bay Luxury Shuttle** (☎855-673-8083; www.capebretonshuttle.ca) 有车从格莱斯贝途经北悉尼、悉尼和Hwy 105开往哈利法克斯 (单程$65起)。

加拿大航空和西捷航空都有直飞哈利法克斯和多伦多的航班,从距离悉尼市中心13公里的**JA道格拉斯麦柯迪机场** (见377页) 起飞,这是个相当小的机场。

圣皮埃尔航空 (Air St-Pierre; ☎877-277-7765; www.airsaintpierre.com) 有班次较少的季节性航班前往法国海外领地圣皮埃尔和密克隆。

路易斯堡 (Louisbourg)

位于悉尼东南部35公里处的路易斯堡因历史悠久的堡垒而闻名。小镇本身拥有仍在使用的渔业码头,一直在这里的老居民和友善的氛围,非常有特色。

值 得 一 游
梅莫里莱恩遗产村落

从丹吉尔出发,行驶20分钟,就来到了这座重建的20世纪40年代东岸的**梅莫里莱恩遗产村落** (Memory Lane Heritage Village; ☎877-287-0697; www.heritagevillage.ca; 5435 Clam Harbour Rd, Lake Charlotte; ◎6月至9月11:00~16:00),它出色地展示了一个社区如何通力协作,保存自己的历史。村里有一系列经过重新安置和修复的可爱建筑,到处都是老物件,仿佛凝结在时光中。你会找到古董轿车、养着动物的农场 (非常适合小朋友)、校舍、教堂、矿工小屋、铁匠铺和几座造船作坊,不一而足。任何类型的历史爱好者必到之地。

◉ 景点

★路易斯堡国家历史遗址　　　　　　古迹
(Louisbourg National Historic Site; ☎902-733-3552; www.fortressoflouisbourg.ca; 58 Wolfe St; 成人/儿童 $18/9; ◎9:00~17:00) 你至少需要几个小时来充分探索这处杰出的古迹,它忠实地重现了1744年的路易斯堡要塞和当时人们的风貌——穿着旧时服装的演员扮演着不同的角色,并且十分投入。古迹里全天都有免费的导览游。行动不便的旅行者可以申请把车开进古迹里。

这座堡垒是为了保护法国人在这一地区的利益而修建的,也曾作为捕捞鳕鱼的基地和当地的行政中心。路易斯堡大约在1719年到1745年一直发挥着作用。1745年,英国人经过46天的围攻后最终占领了这里,后来这座堡垒又曾两次易主。1760年,英国军队在詹姆斯·沃尔夫将军 (General James Wolfe) 的指挥下攻占了魁北克市,在那之后路易斯堡的城墙被毁,整座城市也被一把火烧光。

1961年,随着布雷顿角岛多座煤矿陆续关闭,联邦政府为了创造就业机会,出资进行了加拿大历史上规模最大的古迹重建工作。

虽然重建的规模相当大,路易斯堡的四分之三至今仍是废墟。全程2.5公里的**废墟步**

行游览（Ruins Walk）带你穿过未经改建的原始地段。带解说的步行游览路程不长，解说内容还探讨了法国人和米克马克人的关系。

路易斯堡灯塔 灯塔

（Louisbourg Lighthouse; 555 Havenside Rd）1734年，加拿大的第一座灯塔就建造在这个原始崎岖且风景非常优美的地方。目前的灯塔是1923年启用的。你不能进入塔内，但这个地点值得探游一番，还有一条崎岖的6公里小路沿着海岸一路穿过沼泽和形成于前寒武纪的光亮花岗岩。

食宿

★ Cranberry Cove Inn 旅馆 $$

（902-733-2171; www.cranberrycoveinn.com; 12 Wolfe St; 房间 $105~160; 5月至11月; ）从深粉色的建筑立面到拥有完美年代感的室内，这间令人惊艳的民宿仿佛为你戴上"玫瑰色"的镜片，带你回到过去。每一个房间都是独一无二的，有几间带按摩浴缸和壁炉。

Point of View Suites 旅馆 $$

（888-374-8439; www.louisbourgpointofview.com; 15 Commercial St Extension; 房间 $125~265; ）如果民宿不是你喜欢的类型，那你在城里的最佳选择就是这个旅馆了，它有一系列房型，从汽车旅馆式的房间到设施齐全的公寓都有，公寓里配备了全套厨房设备。大多数房间都能俯瞰港口美景。

Grubstake 加拿大菜 $$

（902-733-2308; www.grubstake.ca; 7499 Main St; 主菜午餐 $8~18, 晚餐 $16~35; 11:00~20:00）这间氛围随意的餐馆是镇上最好的就餐选择。午餐有汉堡套餐，晚餐有意大利面和新鲜的海鲜。

Beggar's Banquet 海鲜 $$$

（888-374-8439; www.louisbourgpointofview.com; 15 Commercial St Extension; 餐 $38; 7月至9月 18:00~20:00）你终于有机会穿上旧时服装，在一个原样复制的18世纪小酒馆里饱食当地海鲜了。这里有4种美味又丰盛的主菜可供选择，包括螃蟹和龙虾。

☆ 娱乐

Louisbourg Playhouse 剧院

（902-733-2996; www.louisbourgplayhouse.ca; 11 Lower Warren St; 票价 $15起; 6月至8月 20:00至深夜）在这间17世纪风格的剧院里，有年轻的当地音乐人为大家带来欢乐。

❶ 实用信息

游客信息中心（Tourist Information Office; 902-733-2720; 7495 Main St; 9:00~19:00）由Destination Cape Breton Association经营；就坐落在小镇中心。

东岸（EASTERN SHORE）

如果你想远离夏天的人群，躲进朦胧的雾里，这个充满原始风情的地区就是你该来探索的地方。东岸地区从达特茅斯的边缘开始，穿过哈利法克斯的海港，一直抵达大陆最东端的坎索角（Cape Canso），这里没有什么大城镇，主干道几乎和它随着延伸的崎岖海岸线一样迂回蜿蜒。如果你想寻觅野生动物和几乎很少有人涉足的荒野，或者想要享受徒步、皮划艇或钓鱼乐趣的话，这里就是你的天堂。

在历史上，该地区的村庄只能坐船来往，后来通了铁路，后来火车又取消了。这些紧密联系的社区生气勃勃又坚韧十足，仍然维系着自己的传统，历经数十年不曾动摇。

◉ 景点和活动

整片东岸地区都绵延分布着大片美丽的白沙滩，不过海水永远都不怎么暖和。东岸众多海滩之中位置最近、游人最多的彩虹港海滩（Rainbow Haven）长1公里，配备了洗手间、淋浴设施和一间餐厅，还有一条通向海滩、适合轮椅通行的木栈道。游泳区有救生员值守。

最受欢迎的冲浪目的地是布满鹅卵石的劳伦斯汤海滩（Lawrencetown Beach），这个海滩面向正南方，数百公里之外的飓风或热带风暴经常在这里掀起大浪。这里有一片救生员值守的游泳区，还有洗手间和一间餐厅。如果你想尝试冲浪，但没有冲浪板或者毫无经验的话，East Coast Surf School（☎902-449-9488；www.ecsurfschool.com；4348 Lawrencetown Rd, East Lawrencetown；课程 $75起）可以让你在板上站起来，开始弄潮冲浪。

马提尼克海滩（Martinique Beach）是新斯科舍省最长的游泳海滩，也是这一地区最漂亮的海滩，超过3公里的白色沙滩背靠着海滩草地。就算你觉得海水太冷不能游泳，在这个美丽的地方还可以散步、观鸟或者玩飞盘。

食宿

Liscombe Lodge Resort 度假村 $$

（☎902-779-2307；www.liscombelodge.ca；2884 Nova Scotia Trunk 7, Marie Joseph；房间 $149~199，度假屋 $175~285；◎5月至10月）简直是自然爱好者的梦想之地，这是一个形状不规则的乡村旅馆，主建筑中有30个装修精美、宽敞的河畔房间，还有一个加拿大风格的三卧村舍，17个甜蜜温馨的度假屋，度假屋都配有壁炉和俯瞰林地河流的露台。

Dobbit Bakehouse 面包房 $

（☎902-889-2919；7896 Hwy 7, Musquodoboit Harbour；烘焙食物 $2~6；◎8:00~17:00；🖰）来到这家美妙的乡村面包房，和友好的当地万事通烘焙师聊聊天。这里有乡村风格的新鲜面包和其他烘焙食物，不添加防腐剂而且尽可能只使用应季本地食材。每天供应的品种都不一样。店内还有免费Wi-Fi。

盖斯伯勒（Guysborough）

盖斯伯勒是个沉寂的地方，美国独立战争之后拥帝国保皇党人士曾来到这里定居。尽管拥有如此漫长的历史，但这个城镇也变成了一座风景极其优美而经济发展却面临挑战的东岸社区。不过近些年的一些投资见证了它已重现部分旅游吸引力。

景点和活动

26公里的盖斯伯勒小径（Guysborough Trail）是加拿大横贯小径（Trans Canada Trail，简称TCT）的一部分，非常适合骑车和徒步，而该地区隐蔽的小海湾和海湾则期待着人们划着皮划艇深入探索。

老法院博物馆 博物馆

（Old Court House Museum；☎902-533-4008；106 Church St；◎周一至周五 9:00~17:00，周六和周日 10:00~16:00）**免费** 老法院博物馆展示着与早期农耕和家务有关的人工制品。还提供旅游信息和徒步路径的向导服务。

食宿

Boylston Provincial Park 露营地 $

（☎902-533-3326；www.parks.gov.ns.ca；紧邻Hwy 16；露营地 $18）36个绿树成荫的露营位置从来没有住满过。在露营地下方公路旁的野餐区附近，有一座人行桥通往紧邻海岸的一座小岛，小岛位于盖斯伯勒以北约12公里处。

Desbarres Manor 旅馆 $$

（☎902-533-2099；www.desbarresmanor.com；90 Church St；房间 $189~259；🖰）这座1830年的宏伟宅邸翻修得十分雅致，房间豪华（部分房间有海景），如果你要在镇上住一晚的话是个好选择。

Rare Bird Pub 小酒馆食物 $$

（☎902-533-2128；www.rarebirdpub.

不要错过

泰勒黑德省立公园

这座壮美的**泰勒黑德省立公园**（Taylor Head Provincial Park；☎902-772-2218；http://parks.novascotia.ca/content/taylor-head；20140 Hwy 7, Spry Bay）是新斯科舍省一个风景优美又鲜为人知的精彩亮点，园内有一座伸入大西洋6.5公里的半岛，有一侧是一条沙质细腻的绵长海滩，正对着一片隐蔽的海湾。总长近17公里的多条徒步路径纵横交错，从云杉与冷杉林中蜿蜒穿过。其中最长的**Headland Trail**往返距离8公里，沿着崎岖的海岸线通向风景如画的**泰勒黑德**。较短的**Bob Bluff Trail**往返距离3公里，通往一座景色不错的断崖。

com；80 Main St；主菜 $12~18；⏱5月至10月11:30~20:00）Bird是合乎逻辑的去处，在这里可以痛饮当地啤酒，吃一盆贻贝，周末有一些东海岸音乐演出，下面的码头偶尔有小提琴手演奏。可以在网站了解演出时间表。

坎索（Canso）

作为北美最古老的海港之一，今天的坎索只是一小片四四方方的渔民住宅，孤零零地聚集在Chedabucto Bay一棵树都没有的海岸上。自从北部的鳕鱼储量在1990年左右锐减后，长期依赖渔业的坎索遭到了人口外迁和失业的重创。

◉ 景点和活动

格拉西岛国家历史遗址　　　　　古迹

（Grassy Island National Historic Site；☎902-366-3136；www.pc.gc.ca；1465 Union Street；门票乐捐建议$3.50；⏱6月至9月 10:00~18:00）海滨的一座解说中心讲述着格拉西岛国家历史遗址的故事，这座古迹就在近岸处，16:00之前可以乘船前往。1720年英国人建造了一座小型堡垒，以抗衡总部设在路易斯堡的法国人，不过1744年堡垒就被完全摧毁了。如今在废墟之间，有一条适合自助游的徒步路径穿行其间，途中有8个解说点介绍当地的历史。如有需求且天气允许，前往格拉西岛的船会从解说中心发船。

惠特曼之家博物馆　　　　　博物馆

（Whitman House Museum；☎902-366-2170；1297 Union St；⏱6月至9月 9:00~17:00）免费 建于1885年的惠特曼之家博物馆收藏着与小镇历史有关的纪念品，屋顶的观景台景色绝佳。这座博物馆还是坎索的非正式旅游局办事处。

Chapel Gully Trail　　　　　徒步

这条10公里的木栈道和徒步路径沿着河口延伸并通往海岸。坎索最东边的医院后面有座小山，山上的灯塔附近是小路的起点。

✺ 节日和活动

★ **斯坦·罗杰斯民谣音乐节**　　　　　音乐节

（Stan Rogers Folk Festival；www.stanfest.com；⏱7月）大多数人都是为了斯坦·罗杰斯民谣音乐节来到坎索的，这是新斯科舍省最盛大的音乐节，吸引来的游客4倍于小镇人口，6个舞台上演民谣、布鲁斯，来自世界各地的传统音乐人也会在此一展身手。

⌂ 住宿

Last Port Motel　　　　　汽车旅馆 $$

（☎902-366-2400；www.lastportmotel.ca；10 Hwy 16；房间 $80~100；🅿🛜）这家汽车旅馆位于城外，是坎索唯一的住宿地点，提供基本设施，一尘不染，而且气氛超级友好。

丹吉尔（Tangier）

丹吉尔位于泰勒黑德省立公园西南方向约10公里处，是滨海诸省最好的皮划艇场地之一。

口碑极佳的Coastal Adventures Sea Kayaking（☎902-772-2774；www.coastaladventures.com；紧邻Hwy 7；团队游$75起，单人/双人皮划艇 租赁$50/70起；⏱6月至9月）提供入门级别的海上皮划艇之旅、长途导览游和皮划艇租赁服务。如果你想留下来的话，它还提供舒适的房间。

除非露营或者和你的皮划艇伙伴们住在一起，否则最近的住宿位于达特茅斯。如果你打算在该地区的海湾里花时间划皮划艇的话，一定要自带食物。该地区的饮食服务有限。

Murphy's Camping on the Ocean

（☎902-772-2700；www.murphyscamping.ca；291 Murphy's Rd；帐篷/房车营地 $27/39；⏱5月至10月；🛜🐾）可以让你走出帐篷，下水捞贻贝；然后你可以在海滩烧烤派对上一边享用你的劳动成果，一边听着老板布莱恩（Brian）讲故事。这里出租房车，有房车场地和僻静的帐篷露营位置，还有一个非常简朴的房间位于码头上方，可以睡4个人。

新不伦瑞克省

包括 ➡

弗雷德里克顿	450
上圣约翰河谷	456
大瀑布镇	458
芬迪群岛	466
大马南岛	469
圣约翰	472
芬迪国家公园	478
蒙克顿	481
米拉米希	489
巴瑟斯特	492
坎贝尔顿	494

最佳餐饮

➡ Rossmount Inn Restaurant（见465页）
➡ Port City Royal（见475页）
➡ Naru（见454页）
➡ Inn at Whale Cove（见470页）
➡ Manuka（见483页）

最佳住宿

➡ Quartermain House B&B（见453页）
➡ Algonquin Resort（见463页）
➡ Mahogany Manor（见474页）
➡ Hotel Paulin（见492页）
➡ Treadwell Inn（见463页）

为何去

20世纪初期，新不伦瑞克曾是个名气很大的地方。大富豪、职业棒球大联盟的选手和美国总统们都会到这里旅游，他们在波光粼粼的河流中钓三文鱼，在原始森林深处的简陋帐篷里露营。但是，过去的几十年里，新不伦瑞克日益衰落，变得默默无闻。如今，一些人开玩笑称它是"免下车省"，因为度假者们往往倾向于赶往附近更著名的爱德华王子岛省和新斯科舍省。

不过，这里仍然存在着未遭破坏的茫茫荒野。有可以划皮划艇的河流和沿岸岛屿，可以滑雪的雪山，以及可以探游的古朴雅致的阿卡迪亚村庄。因此，帮你自己一个忙，不要只是开车经过这里。我们保证，当你结束了在此地的游玩之后，爱德华王子岛景致依旧。

何时去

弗雷德里克顿

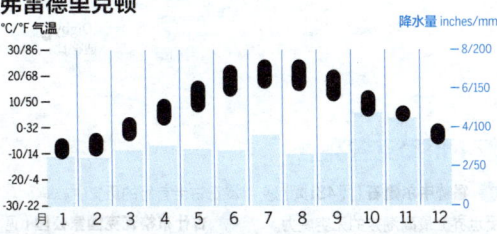

7月至9月 海边圣安德鲁斯熙熙攘攘，观鲸者众多。

8月 在卡拉凯特，阿卡迪亚人在阿卡迪亚节上尽情展示着他们的法裔加拿大人精神。

11月至次年3月 越野滑雪爱好者尽情滑过芬迪国家公园平整过的雪径。

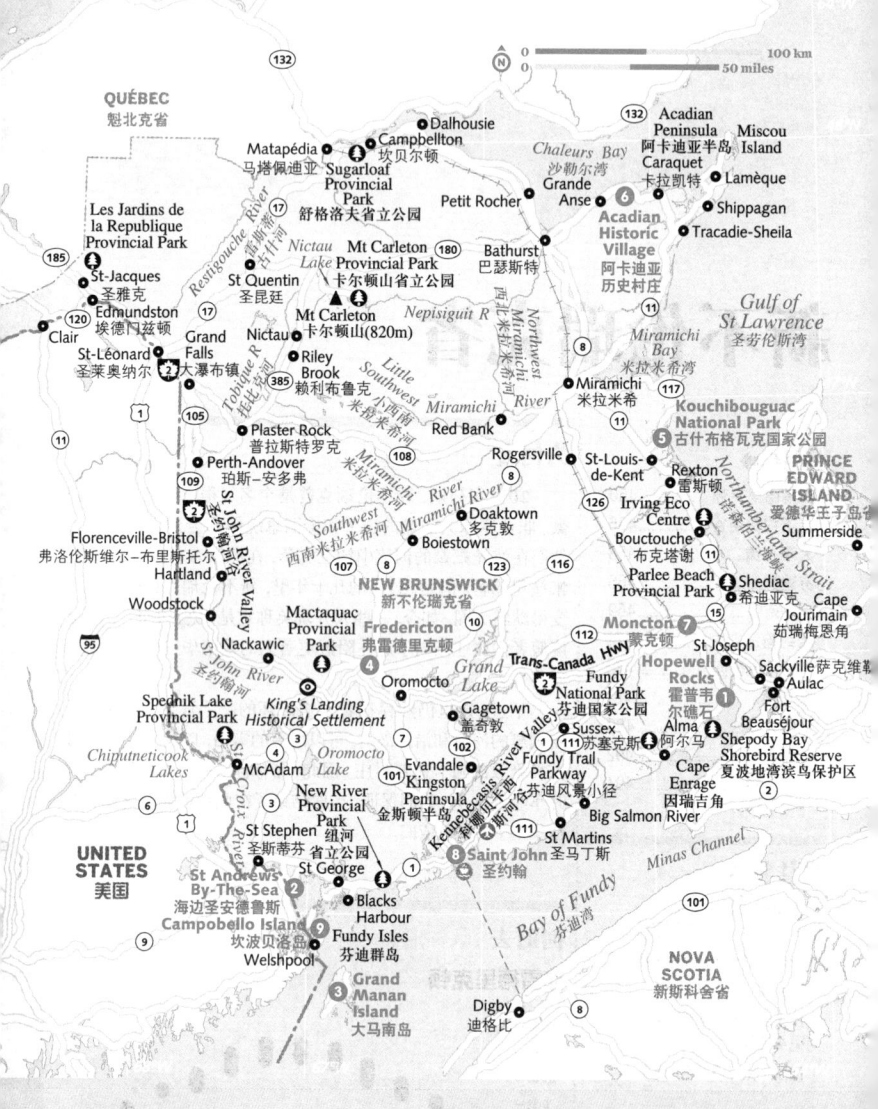

新不伦瑞克省亮点

❶ **霍普韦尔礁石**（见481页）感受世界上最高潮汐的无穷威力。

❷ **海边圣安德鲁斯**（见462页）探索这座风景如画的海滨城镇。

❸ **大马南岛**（见469页）呼吸清新海风，放松身心。

❹ **弗雷德里克顿**（见450页）沉浸在古老省府的历史中。

❺ **古什布格瓦克国家公园**（见488页）在沙滩上舒展身体或者在潟湖中戏水。

❻ **阿卡迪亚历史村庄**（见491页）在重建的生活场景中领会阿卡迪亚人的历史。

❼ **蒙克顿**（见481页）在城市的当地市场里品尝美味佳肴。

❽ **圣约翰**（见472页）品尝啤酒，享受新潮美食文化。

❾ **坎波贝洛岛**（见467页）在富兰克林·德拉诺·罗斯福最喜欢的度假之地感受他的脚步。

历史

新不伦瑞克的土地最初是属于米克马人（Mi'kmaq）以及分布在西部和南部地区的马力希特原住民（Maliseet Aboriginals）的。尽管原住民（现今人数大约为17,000人）现在主要集中居住在一些小范围的土地上，但许多地方仍然沿用着他们原来的名称。

17世纪，法国殖民者紧随探险家萨缪尔·德·尚普兰（Samuel de Champlain）的脚步来到这里。这些后来被称为阿卡迪亚人的法裔移民开垦了芬迪湾（Bay of Fundy）周边的地区。1755年，他们被英国人驱逐，其中很多人沿着沙勒尔湾（Bay of Chaleur）定居下来。在接下来的几年里，美国独立战争的爆发使得许多来自波士顿和纽约的英国保皇派人士涌入新不伦瑞克的荒野寻求避难。这些流亡者在圣约翰河（St John River）河谷和圣克鲁瓦河（St Croix River）河谷定居，建立了小城圣约翰（Saint John），并且在弗雷德里克顿巩固了驻防城镇。

整个19世纪，伐木业和造船业蓬勃发展，而在20世纪初，渔业等其他行业方兴未艾。随着经济大萧条的到来，繁荣时代随之结束。如今，造纸业、炼油业以及马铃薯种植业是新不伦瑞克省的主要支柱产业。

地理和气候

该省拥有丰富多样的地貌，包括潮湿、多岩石的沿海，气候温和的内陆河谷以及森林茂密而多山的腹地。夏季总体来说温和舒适，偶尔炎热。芬迪海岸则经常是雾霭弥漫，尤其是春季和夏初。主要旅游季节从6月下旬持续到9月上旬。而一年中的其他时间，许多旅游设施及服务（海滩、团队游和度假区的一些住宿场所）均会关闭。

语言

新不伦瑞克是加拿大唯一的官方双语省份；三分之一的居民以法语为母语。你几乎不需要担心用英语或法语交流会存在沟通问题。

❶ 到达和离开

飞机

加拿大航空公司每天有几班飞机从哈利法克

快速参考

➡ 人口: 756,800

➡ 面积: 73,400平方公里

➡ 省会: 弗雷德里克顿

➡ 奇闻逸事: 世界上最大的人造龙虾（希迪亚克）、斧子（Nackawic）以及蕨菜（普拉斯特罗克）的故乡

斯、蒙特利尔、渥太华和多伦多飞往蒙克顿、圣约翰、弗雷德里克顿和巴瑟斯特。蒙克顿有西捷航空（West Jet）来自多伦多的航班。西捷航空公司也有飞往弗雷德里克顿的航班。

船

Bay Ferries（☎877-762-7245; www.bayferries. com; 成人/儿童/老人 $46/31/36, 小汽车/自行车 $92/10) 的渡船全年往返于圣约翰与新斯科舍省的迪格比（Digby）之间。3小时航程可大大省去驾车的奔波。

官方运营的免费渡轮往返鹿岛（Deer Island）和怀特海德岛（White Head Island）; **East Coast Ferries**（☎506-747-2159; www.eastcoastferries.nb.ca; 小汽车和司机 $16, 额外乘客 $3; ⊗9:00~19:00）的渡轮往返坎波贝洛岛（Campobello Island）和鹿岛。另一家私营渡轮公司还提供前往大马南岛的服务。提前预订。

长途汽车

Maritime Bus（☎800-575-1807; www.maritimebus.com）提供新不伦瑞克主要公共交通路线服务，其目的地包括新斯科舍省、爱德华王子岛，并且还有远至魁北克省里维耶尔-迪卢（Rivière-du-Loup）的车次，可从那里转乘 **Orléans Express**（☎888-999-3977; www.orleansexpress.com）的班车前往西部各地。

小汽车和摩托车

对驾车者来说，进入新不伦瑞克的主要门户是埃德门兹顿（Edmundston）和霍尔顿（Houlton）这两座城市，可以取道新斯科舍省、爱德华王子岛或美国缅因州前来。如果你打算去爱德华王子岛，可以从茹瑞梅恩角（Cape Jourimain）东行，免费经由联邦跨海大桥（Confederation Bridge）前往，但返回时需付费。一般情况下交通都很顺畅，但在

缅因州边境过境时常常会在海关耽搁。

火车

加拿大国家铁路公司（VIA Rail；☎888-842-7245；www.viarail.ca）提供蒙特利尔和哈利法克斯之间的客运服务，中途停靠坎贝尔顿（Campbellton）、巴瑟斯特、米拉米希（Miramichi）和蒙克顿。

弗雷德里克顿
（FREDERICTON）

人口 56,000

这座美丽的城市是新不伦瑞克的省会，它古雅别致得恰到好处。圣约翰河水流缓慢，蜿蜒流过弗雷德里克顿，沿岸矗立着庄严的政府大楼和建在山上的大学校园。堤岸两旁绿树成荫，草坪修剪整齐，点缀着喷泉、步行道以及运动场。在温暖的周末，这个被誉为"绿色"（The Green）的地方看起来好像一幅水彩画一般，全家人出游散步，孩子们踢着足球，还有正在野餐的情侣。

河岸上一处宽阔平坦的河湾坐落着规模不大的市中心商业区，红色砖墙的店面呈网格状整齐地分布着。周围是居住区，街道两边排列着高大、优美的榆树，保存完好的乔治王朝和维多利亚风格的住宅和繁花似锦的花圃掩映其间。这片树荫华盖延伸至市中心，树冠间不时浮现出直插天际的教堂尖塔。

◉ 景点

Queen St沿线被York St和Regent St隔出的两个街区被称作历史军事营地区（Historic Garrison District）。这一区域包括兵营广场（见本页）和军官广场（见452页）。1875年，弗雷德里克顿成为新成立的新不伦瑞克省的省会，而在18世纪末和19世纪初的大多数时间里，这个历史城区是英国士兵的驻军营地。如今，这里是一个充满活力的多功能地区，有着令人印象深刻的石砌建筑群。

★ 比弗布鲁克艺术馆　　　　博物馆

（Beaverbrook Art Gallery; www.beaverbrookartgallery.org; 703 Queen St; 成人/儿童 $10/免费; ◎周一至周三、周五和周六 10:00~17:00，周四至21:00，周日正午至17:00）这个相当出色的艺术馆是比弗布鲁克勋爵（Lord Beaverbrook；见比弗布鲁克老屋，489页）对这座城市的慷慨馈赠。馆内独树一帜的藏品包括多位世界级大师的作品，非常值得花上1小时左右的时间参观。你有机会欣赏到达利（Dali）、弗洛伊德（Freud）、庚斯博罗（Gainsborough）、特纳（Turner），还有加拿大艺术家汤姆·汤普森（Tom Thompson）、埃米莉·卡尔（Emily Carr）以及科尔内留斯·克里格霍夫（Cornelius Krieghoff）等名家大师的作品，此外馆内还会举办当代大西洋地区艺术轮展。

兵营广场　　　　　　　　　　广场

（Barracks Square; 497 Queen St）兵营广场作为历史军事营地区（包括两个城市街区，是一处重要的国家历史遗址）的组成部分，旁边就是兵营（Soldiers' Barracks）和警卫楼（Guard House）。你可以在这里了解19世纪20年代普通士兵是如何生活的（吃的是差劲的食物，却喝了太多酒）。当一名士兵不执勤的时候，他可以在建造于1828年的警卫楼里休息，房间的床是用硬木板做的。生活条件（尤其是对于那些被关进禁闭室里的人而言）非常恶劣。

效忠派村庄　　　　　　　　　古迹

（Loyalist Village; ☎506-363-4999; www.kingslanding.nb.ca; 5804 Rte 102, Prince William; 成人/儿童/家庭 $18/12.50/42; ◎6月中旬至10月 10:00~17:00）这座重建的19世纪初效忠派村庄是全省最棒的景点之一，位于弗雷德里克顿以西36公里处。村里的工作人员身着旧时服饰在百年前典型的住宅、学校、教堂、商店和锯木厂里扮演着各种角色，重现了一座鲜活的博物馆，让人了解体验到当时加拿大滨海诸省开拓者的生活风貌。各种表演、展示活动全天进行，马车拉着游客四处游逛。村里经常举办精彩的儿童节目和特别活动。

King's Head Inn是一个建于19世纪中叶的小酒馆，在烛光下供应传统食物和饮品。在这里，半天或更久的时光很容易就被消磨掉了。这里所体现出的效忠派人士奢侈浮华的生活可以与位于卡拉凯特（Caraquet）的阿卡迪亚历史村庄（Acadian Historic Village）相媲美。

Fredericton 弗雷德里克顿

Fredericton 弗雷德里克顿

◎ 重要景点
1 比弗布鲁克艺术馆 D2

◎ 景点
2 兵营广场 D1
3 基督大教堂 D2
4 弗雷德里克顿地区博物馆 D1
5 政府大楼 A1
6 军官广场 D1
7 老效忠派墓地 C2

✈ 活动、课程和团队游
Haunted Hikes .... (见8)
8 Heritage Walking Tours D2
9 Lighthouse on the Green C2
10 Second Nature Outdoors A1

🛏 住宿
11 Carriage House Inn D3
12 Crowne Plaza Lord Beaverbrook C2
13 Quartermain House B&B D3

🍴 就餐
14 540 Kitchen & Bar D1
15 Caribbean Flavas B2
16 Chess Piece Patisserie & Cafe C1
17 Fredericton Boyce Farmers Market C2
18 Naru D1
19 Ten Resto C2
20 The Palate D1

🍷 饮品和夜生活
21 Boom! Nightclub D1
22 Lunar Rogue Pub C2
23 Red Rover Ciderhouse D1

🎭 娱乐
24 Playhouse D2

老效忠派墓地
墓地

（Old Loyalist Burial Ground; Brunswick St; ⊙8:00~21:00）这个效忠派墓地的历史可追溯到1784年，这里气氛十足，埋葬着一些大家族的成员以及不幸夭折的孩子，饱含发人深省的历史意义。1776年美国独立战争之后，这些保皇人士从13个殖民地来到本地区。

基督大教堂
教堂

（Christ Church Cathedral; http://cccath.ca/

wp; 168 Church St) 这座大教堂建于1853年，装饰着精美的彩色玻璃，堪称19世纪哥特复兴式建筑的早期优秀代表作。它是仿照诺福克斯内蒂瑟姆（Snettisham, Norfolk）的圣玛丽大教堂（St Mary's）建造的。

政府大楼　　　　　　　　　历史建筑

（GovernmentHouse; www.gnb.ca/lg/ogh; 51 Woodstock Rd; ◎周一至周六 10:00~16:00, 周日正午至16:00) **免费** 这座华丽宏伟的砂岩宫殿是在1826年为英国总督建造的。在新不伦瑞克省拒绝继续承担总督的开销之后，这位女王的代表于1893年搬离了这里。在20世纪大部分时间里，这个建筑群是加拿大皇家骑警（Royal Canadian Mounted Police, 简称RCMP）的总部。如今，跟随身穿旧时服饰的工作人员带领的团队游参观，刹那间让人有种恍若隔世的感觉。

军官广场　　　　　　　　　古迹

（Officers' Square; www.historicgarrisondistrict.ca; Carleton St和Regent St之间; ◎仪式 7月和8月每天 11:00和16:00, 以及周二和周四19:00）军事营地区的军官广场曾经是军事阅兵场，如今，夏季时，这里会举行身着全套军礼服的卫兵换岗仪式，此外还有Calithumpians夏日室外剧场（Calithumpians Outdoor Summer Theatre）的表演，演出每天都有，时间是工作日的12:15以及周末的14:00。免费的历史短剧带有诙谐幽默的色彩。夏季夜晚还有爵士、凯尔特音乐以及摇滚音乐会，时间安排详见网站。

弗雷德里克顿地区博物馆　　　博物馆

（Fredericton Region Museum; ☎506-455-6041; www.frederictonregionmuseum.com; Officers' Sq; 成人/学生 $5/2; ◎7月和8月 10:00~17:00, 4月至6月和9月至11月 至16:00, 12月至次年3月 需预约）这家博物馆坐落在19世纪的军官营房之中，位于军官广场的西侧，馆内藏品记录着这座城市的过去。展品以军事为主，有布尔战争（Boer War）和两次世界大战中英、德军队使用过的物品以及当地兵团的遗物，还陈设着来自保皇党起居室和维多利亚时代卧室的家具以及原住民和阿卡迪亚人制作的工艺品。不要错过科尔曼青蛙（Coleman Frog），一个重达42磅的弗雷德里克顿传奇生物。它究竟是真的，还是石膏做的？还是由你自己来判断吧。

✈ 活动

Lighthouse on the Green　　徒步、骑自行车

（Regent St和St Anne Point Dr交叉路口; ◎9:00~18:00）这座灯塔位于河滨地区。城镇周围和沿河地区有多条总长达87公里的休闲小道，这些小道要么起始于这座灯塔，要么在此交会[这里是加拿大横贯小径（Trans Canada Trail）的组成路段]。灯塔同时也是一个有营业执照的露台餐厅。

Second Nature Outdoors　　　划船

（www.secondnatureoutdoors.com; 紧邻 Woodstock Rd; 皮划艇每小时 $15, 半天自行车租赁 $15; ◎5月至9月）在圣约翰河边上政府大楼旁边的Small Craft Aquatic Centre外面营业，可以出租独木舟、皮划艇、单桨冲浪板和自行车。他们会在Heart Island Resort把你放下来，然后你就可以顺流而下，尽情划桨泛舟，挑战自己的肌肉极限。

Haunted Hikes　　　　　　　步行

（☎506-457-1975; www.calithumpians.com; 796a Queen St; 成人/儿童 $14/9; ◎7月和8月周一至周六 21:00）来自大学的演员们乔装打扮成食尸鬼的模样，组织有趣的弗雷德里克顿鬼怪团队游。

Heritage Walking Tours　　　步行

（☎506-457-1975; 796 Queen St; ◎7月和8月 每天 10:00、14:30和17:00, 6月、9月和10月 16:00) **免费** 这个免费的1小时团队游非常不错，由身着古代服饰、热情洋溢的年轻人带领，从市政厅（City Hall）出发，游览河流、政府区或者历史军事营地区。

✦ 节日和活动

新不伦瑞克高地竞赛节　　　　文化节

（New Brunswick Highland Games Festival; ◎7月末）这个一年一度的高地竞赛盛典非常有趣，在政府大楼的空地上举办，届时会呈现苏格兰短裙、部落和所有绝对属于凯尔特文化的元素。参赛者和游客都被它浓浓的苏格

兰文化风情吸引：舞蹈、抛杆比赛、威士忌品酒、风笛音乐，等等。

银浪电影节
电影节

（Silver Wave Film Festival；www.swfilmfest.com；⌚11月初）由新不伦瑞克电影人联合会（NB Filmmaker's Cooperative）组织，进行为期3天的新不伦瑞克、加拿大和国际电影展映与讲座活动。

哈维斯特爵士与布鲁斯音乐节
音乐节

（Harvest Jazz & Blues Festival；www.harvestjazzandblues.com；⌚9月）这个为期一周的活动将市中心地区变成了"北方新奥尔良"。来自北美各地的爵士、布鲁斯和迪克西兰爵士乐表演者们齐聚在这里。

🛏 住宿

Bishop Drive和Prospect St（城镇西南）沿线有许多低价和中档价位的汽车旅馆。

麦克塔夸克省立公园
露营地 $

（Mactaquac Provincial Park；☎506-444-5205；https://parcsnbparks.ca/Mactaquac；1256 Hwy 105；露营地和房车营地 $32；⌚6月至10月）麦克塔夸克省立公园位于弗雷德里克顿以西26公里处（也就是在Kings Landing Settlement以北10公里处），这里很像度假村且适合儿童游玩，园内有游泳海滩，各种钓鱼、徒步、野餐场地，提供租船服务，还有一个巨大的露营地。

★ Quartermain House B&B
民宿 $$

（☎506-206-5255；www.quartermainhouse.com；92 Waterloo Row；房间 $110~145）作为迄今为止新不伦瑞克省同类住宿中最高级的民宿，Quartermain在所有方面都做得恰到好处：令人愉悦的复古房间坐落在弗雷德里克顿安静的街道Waterloo Row上；主人热情而专业；早餐棒极了。和该地区的其他地方相比，价格有点贵得离谱，不过要是你想挥霍一把的话，来这儿就对了。

Delta Fredericton
商务酒店 $$

（☎506-457-7000；www.marriott.com；225 Woodstock Rd；房间 $159起；🅿❄@）相对于没什么特色的连锁酒店体验，这家连锁酒店着实令人惊喜。它的位置非常理想，位于圣约翰河的边上，还有一条河畔小道。最近的翻新带来了时尚利落的感觉：宽敞的房间令人赏心悦目，此外还有丰富的配套设施（游泳池、餐厅和健身房）。房费不含早餐。酒店位于市中心步行距离之内。

新不伦瑞克大学
大学住宿 $$

（University of New Brunswick；☎506-447-3227；http://stay.unb.ca；20 Bailrey Dr；标单/双/标三独立卫浴 $54/84/115；标单/双公共卫浴 $40/62.50；⌚5月至8月中旬 7:00~23:00；🅿🛜）弗雷德里克顿唯一的经济型住宿就坐落在这所大学里。价格很实惠，可惜房间在夏天才有。传统房间配有公共卫浴，但提供简便的欧陆风味早餐。"套间"式客房则有独立卫浴和小厨房。房间里或许没什么设施，但这是一座可爱的校园，可以俯瞰弗雷德里克顿和圣约翰河的风景。

Brennan's B&B
民宿 $$

（☎506-455-7346；www.bbcanada.com/3892.html；146 Waterloo Row；房间 $115~195，双 $125~210，含早餐；🅿❄@）这座带角楼的白色宅邸位于河滨地区，是1885年为一个富有的木材商人家族建造的。如今它是一家拥有6间客房的漂亮民宿；其中3个房间坐拥水景，两个房间配有小厨房。房间里到处都是最初建造时的浮雕细工装饰。

Carriage House Inn
民宿 $$

（☎506-452-9924；www.carriagehouse-inn.net；230 University Ave；房间含早餐 $129~149；🅿❄🛜）位于"绿色"（The Green）旁边一个绿树成荫的维多利亚风格社区内，这位漂亮的"安妮女王"（Queen Anne）风格宅邸是1875年为一位木材大亨兼前弗雷德里克顿市长而建造的。豪华的公共休息室里铺着锃亮的硬木地板，装饰有古董、舒服的沙发、壁炉以及一架三角钢琴。楼上的情况就开始不妙了。虽然很有魅力，但客房已经有衰败的迹象，高高的天花板、花卉壁纸和古老的艺术品都渐显老旧（且维护不足）。民宿内还有一条长长的游廊供人们休闲、打发时间。

Crowne Plaza Lord Beaverbrook
酒店 $$$

（☎506-455-3371；www.cpfredericton.

com; 659 Queen St; 房间 $120~270; ▣✱✿✾）这家市中心的酒店建于1948年，总是有婚礼在办、有会议在开，还有商务旅行者来来往往。它是比弗布鲁克勋爵对这座城市的另一馈赠遗产。建筑立面的海狸镶嵌画生动漂亮，而大堂有些许复古的魅力，但168间客房略显出老旧的迹象，不过还算舒适。在线查看特价活动。

🍴 就餐

Chess Piece Patisserie & Cafe 咖啡馆 $

（www.chesspiece.ca; 361 Queen St; 小吃 $3~8; ⏱周一至周五 7:00~21:00，周六 8:00~21:00，周日 10:00~16:00）作为当地餐饮业的新成员，这个气氛悠闲的小咖啡馆拥有一个自己的酥皮糕点面包房，真是棒极了。这里是弗雷德里克顿喝咖啡和汤的最佳地点之一，但真正值得大快朵颐的是分量十足的蛋糕和酥皮糕点，都是用优质原料店内自制的。啊，这里的食物不但美味，而且养眼。

Fredericton Boyce Farmers Market 市场 $

（www.frederictonfarmersmarket.ca; 665 George St; ⏱周六 6:00~13:00）弗雷德里克顿的这个老牌市场是挑选新鲜水果、蔬菜、肉、奶酪、手工艺品、甜点以及鲜花的好去处。这里大约有150个摊位，其中的许多摊位都会使人联想到这座城市是有着欧洲传统的，从德式香肠到法国鸭肉食品，还有英国的果酱，应有尽有。市场里还有一个餐馆，弗雷德里克顿人在这里一边排着队一边聊天，或看着过往的人。

★ Ten Resto 各国风味 $$

（☎506-206-3951; www.facebook.com/tenresto; 87 Regent St; 主菜 $19~30; ⏱周二至周六 17:00~21:00; ✍）来这里吃饭就像是玩一种非正统的数字游戏。怡人的餐厅里摆着10张餐桌，每人可以从10道菜中选择一道（每年更换10次菜单）。这意味着取决于预约时间，餐厅里可能空荡荡，也可能坐满了人。原因？老板Keith和Shelley想让你感觉在自己家一样。

★ Naru 日本菜 $$

（536 Queen St; 主菜 $12~15; ⏱周一至周四和周六 11:00~21:00，周五 至22:00; ✍）给日料爱好者提个醒：这家品质一流的日式餐厅在它的菜谱中融入了加拿大的食材和烹饪理念。但是，考虑到加拿大海鲜和农产品的优质程度，以及这些菜肴精致的摆盘，最终的效果非凡。生鱼片（sashimi）、卷筒寿司（maki）和天妇罗（tempura）都很棒；但最值得一试的是烤扇贝卷，浇有帕尔马干酪和飞鱼卵（tobiko）。素食之选也很丰富。

The Palate 各国风味 $$

（www.thepalate.com; 462 Queen St; 主菜 $19~22; ⏱周一至周五 11:00~15:00和17:00~21:00，周六 10:00~15:00和17:00~21:00）这个朴素的地方适合全家人就餐，它有一种意大利法式小馆的感觉，并且因为不自吹自擂而出类拔萃。它在弗雷德里克顿美食小酒馆的激烈竞争中经受住了时间的考验，把自己最擅长的事坚持做了16年：使用新鲜食材烹制不矫揉造作但令人享受的海鲜、鸡肉和意大利面菜肴，部分食材来自它自己的花园。

540 Kitchen & Bar 各国风味 $$

（540 Queen St; 主菜 $14~32; ⏱周一和周二 11:30~21:00，周三和周四 至22:00，周五和周六 至23:00; ✍）这家超赞的美食小酒馆一直坚持着自己的秘诀：产自本地的食材；所有东西都用基础原料自制，不用成品；还有顺应季节的菜单。用一款精选啤酒搭配五花肉或嫩羊羔肉。这里有10种扎啤，都是产自本地的精酿啤酒。素食菜肴也不错。早点过来或者提前预订；餐厅很受欢迎。

Caribbean Flavas 加勒比菜 $$

（www.caribbeanflavas.ca; 123 York St; 主菜 $15~30; ⏱周二至周五 11:30~14:30，及周二至周六 16:30~20:00）这个明亮欢快的小角落供应美味且色彩绚丽的加勒比菜，是个品尝可口的休闲便餐和果汁饮料的好地方（也就是说这里不提供酒精饮料）。

Schnitzel Parlour 德国菜 $$

（☎506-450-2520; www.theschnitzelparlour.com; 304 Union St; 主菜 $15~21; ⏱周二至周六 17:30~20:00）这家舒适惬意的乡村餐厅位于圣约翰河北岸，专门烹制丰盛、老式的德国食物，有口味丰富、香浓的菜炖牛肉（秘制原料是巧克力），炖野猪肉，还有9种炸肉排搭配自制德国鸡蛋面疙瘩（spätzle，一种软的鸡蛋面）。自备酒水。现场的 Chocolaterie Fackleman（营业时间和餐厅一样）出售松露和传统中欧果子奶油蛋糕。

饮品和夜生活

在晚上，King St和Queen St的酒吧、小酒馆和屋顶露台都活跃起来。精酿啤酒（和一个很棒的苹果酒屋）在这里很受追捧。年轻人喜欢去一种叫The Tannery的商店享受一站式饮酒体验。

Red Rover Ciderhouse　　酒吧
（www.facebook.com/redroverbrew; 546 Queen St; ⏰周一17:00~21:00, 周二至周四 正午至21:00, 周五和周六 正午至22:00）如果你对精酿啤酒略感厌倦，或者更喜欢葡萄酒或鸡尾酒的话，那么这个弥漫着工业风的时尚苹果酒屋就是最适合你的。它供应新不伦瑞克省的第一批（而且是很有激情的一家）苹果酒制造商生产的精酿苹果酒。他们不断用加拿大的苹果完善自己的酿造工艺，创造出各种口味（目前有14种），而他们的努力也屡获大奖。

Lunar Rogue Pub　　小酒馆
（www.lunarrogue.com; 625 King St; ⏰周一至周六 11:00至深夜, 周日 至22:00）号称"世界优质威士忌酒吧"，而且名副其实：这个当地人喜爱的聚集地供应各式各样的优质单一麦芽威士忌，这些只是它五百多种威士忌藏品的一部分。穿过品尝威士忌的人群，走到户外露台上去；天气暖和一些的时候，露台大受欢迎。

可以享用非常精美的早餐，感受这里的氛围和酒香，吧台菜单上还有正餐供应（主菜$8~14）。

Boom! Nightclub　　夜店
（www.boomnightclub.ca; 474 Queen St; 服务费 $5~8; ⏰周三至周日 20:00至深夜）这是一家时髦的同性恋酒吧兼夜店，欢迎各界人士光顾。

娱乐

在夏季，从军官广场（Officers' Sq）到Lighthouse on the Green这些市中心的场地，都会上演户外夏季音乐会（outdoor summer concerts; www.tourismfredericton.ca），从高原风笛和鼓乐，再到乡村音乐及蓝调音乐，流派多样。可以登录网站查阅时间表。

Playhouse　　剧院
（☎866-884-5800; www.theplayhouse.nb.ca; 686 Queen St）全年上演音乐会、戏剧、芭蕾舞剧以及其他各种演出。

实用信息

整个CBD区都有免费的网络连接。此外，
弗雷德里克顿公共图书馆（Fredericton Public Library; 12 Carleton St; ⏰周一、周二和周四 10:00~17:00, 周三和周五 至21:00）可免费上网，先到者先得。

埃弗雷特·查尔默斯医生医院（Dr Everett Chalmers Hospital; ☎506-452-5400; 700 Priestman St）在市中心以南2公里处。

邮政总局（Main post office; ☎506-444-8602; 570 Queen St; ⏰周一至周五 8:00~17:00）

游客信息中心（Visitor Information Centre; ☎506-460-2129; www.tourismfredericton.ca; City Hall, 397 Queen St; ⏰7月和8月 10:00~20:00, 6月和9月 至17:00, 5月和10月 至16:30）提供免费市内停车证。夏季会在金斯兰丁（Kings Landing）设立第二办事处（42 Prince William Rd, Prince William; ⏰6月至10月 10:30~17:30）。

到达和离开

飞机
弗雷德里克顿国际机场（Fredericton International Airport, 代码YFC; ☎506-460-0920; www.frederictonairport.ca）位于城镇东南14公里处的Hwy 102。加拿大航空有航班往返弗雷德里克顿和美国的目的地，包括纽约和奥兰多（在其他加拿大城市中转），也有航班飞往英国伦敦。弗雷德里克顿也是加拿大完善的国内航班网络的一部分。

长途汽车
Maritime Bus（☎506-455-2049; www.maritimebus.com; 105 Dundonald St; ⏰周一至周五 8:00~20:00, 周六和周日 10:00~20:00）的汽车站位于城镇西南几公里的地方。部分实用的长途汽车目

的地包括蒙克顿(Moncton; $44; 2.25小时;每天2班)、爱德华王子岛的夏洛特敦(Charlottetown, PEI; $69; 5.5小时;每天2班)、美国缅因州的班戈(Bangor, ME; $58; 7.5小时;每天1班)以及圣约翰(Saint John; $31; 1.5小时;每天2班)。

小汽车和摩托车

5月至10月,持外省车牌照的小汽车可以从市政厅(City Hall)的游客信息中心(见455页)取得弗雷德里克顿市中心的3日免费停车证。本省牌照的游客可以领取1日停车证。各大汽车租赁公司都在机场设有办事处。

❶ 当地交通

开往机场的出租车费用是$18至$22。

这个城市有相当不错的公交系统,票价$3,包括免费转乘。公交车运营时间是周一至周六的6:15至23:00。大部分的城市公交线路起点站是King's Place Mall,位于York St和Carleton St之间的King St上。

在**Radical Edge**(📞506-459-3478; www.radicaledge.ca; 386 Queen St; 租金 每天 $25)可以租赁自行车。

上圣约翰河谷(UPPER ST JOHN RIVER VALLEY)

圣约翰河(St John River)蜿蜒穿过省西部边界茂密的森林和富饶的农田。它流过两岸绿树成荫的弗雷德里克顿,绕过平坦岛屿,流经连绵起伏的山间,最后注入700公里外的芬迪湾(Bay of Fundy)。这条河流是这个省的一大特色,而且几个世纪以来一直是主要的交通干道。河谷中的悦目美景吸引人们乘车或骑车沿加拿大横贯小径(Trans Canada Trail,简称TCT)来这里游山玩水,这条小径的大部分路段是依河修建的。

两条汽车公路蜿蜒穿行于河谷之中:一条是更快一些的加拿大横贯公路(Trans-Canada Hwy,即Hwy 2),该公路大部分路段位于河的西岸;另一条公路是景色更美的老Hwy105,它位于河的东岸,穿行于众多村庄之间。从河谷岔出的道路有Hwy 17[位于圣莱奥纳尔(St-Léonard)]和Rte 385[位于珀斯-安多弗(Perth-Andover)]。Rte 385向东北延伸,穿过阿巴拉契亚(Appalachian)高原,通向崎岖的卡尔顿山省立公园(Mt Carleton Provincial Park)。

卡尔顿山省立公园和托比克河谷(Mt Carleton Provincial Park & the Tobique Valley)

这座占地17,427公顷的省立公园是本地区的最佳秘境之一。它野趣盎然,分布着高山、河谷、河流和各种野生动物,如驼鹿(moose)、鹿和熊。公园的主要特色是一系列圆形冰蚀山峰和山脊,包括海拔820米的卡尔顿山。这片山峦是阿巴拉契亚山脉(Appalachian Mountains)的余脉,后者始于美国佐治亚州,止于魁北克省。卡尔顿山鲜为人知,即使在仲夏时节,依然游客稀少。

公园在5月中旬至10月对外开放。所有道路均为沙砾铺设。距离这里最近的城镇是南边40公里的赖利布鲁克(Riley Brook)和北边42公里的圣昆廷(St Quentin),所以记得带足食物并给车加满油。

🏃 活动

划独木舟

卡尔顿山地区拥有优越的划独木舟地理条件。在公园里,本身就有Nictau和Nepisiguit湖群,是在景色优美、草木繁盛的山地轻松进行休闲一日游的理想场所。发源于Big Nictau Lake的小托比克河(Little Tobique River)水浅而水流湍急,适合有经验的独木舟爱好者,这条河急转流淌,穿过茂密森林,直到在Nictau汇入托比克河。更偏远的Nepisiguit River从Nepisiguit Lakes流出,穿过荒野,直到流入100多公里外巴瑟斯特的沙勒尔湾(Bay of Chaleur)。

托比克河下游从Nictau开始,穿过精巧的赖利布鲁克,然后向下流入普拉斯特罗克(Plaster Rock),这一河段笔直,可以轻松地划着独木舟穿过森林和草地,随着河谷变宽,农田出现在视野之中,沿途有几个河畔露营地。在Nictau和赖利布鲁克的Bear's Lair码头之间平缓的10公里航程,让人可以轻松荡舟,度过一个惬意下午。

> **不要错过**
>
> ## 弗洛伦斯维尔-布里斯托尔
>
> 整洁葱郁的河畔村庄弗洛伦斯维尔-布里斯托尔(Florenceville-bristol)是全球炸薯条业的起源地。麦肯食品(McCain Foods)冷冻食品帝国就位于此地,四面八方围绕着成千上万公顷马铃薯田,不断为它提供原料支持。公司于1957年由麦肯兄弟创建,这家弗洛伦斯维尔的工厂生产的炸薯条占全世界总量的三分之一。这意味着每小时就有453,600千克的薯条被加工出来,每年净销售额达58亿加元。如果想了解这个马铃薯产业,可以前往马铃薯世界(Potato World; www.potatoworld.ca; Rte 110; 团队游成人/家庭 $5/16, 体验式团队游 $10/32; ⓢ6月至8月 周一至周五 9:00~18:00,周六和周日 至17:00,9月至10月中旬 周一至周五 9:00~17:00),这里有品位不俗、一流的互动式展览,介绍了不起眼的马铃薯在这些地区的发展历史。

Bill Miller
划独木舟

(☏506-356-2409; www.millercanoes.com; 4160 Rte 385, Nictau)Bill Miller欢迎旅行者到他位于Nictau(村里人口约8人)杂乱的独木舟制作车间参观,这里位于卡尔顿山脚下托比克河草木丛生的河畔,他的祖父从1922年就开始在这里手工制作独木舟了,后来他的父亲和他先后接了父辈的班。

Guildo Martel
水上运动

(☏506-235-0286; 皮划艇和独木舟 每天$40; ⓢ6月至9月)Guildo Martel白天出租独木舟和皮划艇,而且会把船具送到客人指定的地点。他的工作室距离公园4公里,在圣昆廷的方向。他还可以提供向导服务,在租赁价格之外另收$100(最多6人)。

Bear's Lair
皮划艇

(☏506-356-8351; www.bearslairhunting.com; 3349 Rte 385, Riley Brook; 皮划艇/独木舟租赁 每天 $35/50)老板会把你带到上游,让你可以顺流而下,划船回到Bear'sLair大本营这处温馨的度假屋。

徒步

探索卡尔顿山最好的方法是徒步。公园有总长近70公里纵横交错的小径,其中大部分蜿蜒环绕着几座圆形岩石峰顶分布。国际阿巴拉契亚小径(International Appalachian Trail, 简称IAT)就从这里经过。

最容易攀登的山峰是贝利山(Mt Bailey),有一条7.5公里长的环形小径由日间休息区盘绕延伸至564米高的山顶。大部分徒步者都可以在3小时之内走完此路线。如果要攀登最高峰,可以经卡尔顿山小径(Mt Carleton Trail)到达。顺着10公里长的盘山小路可到达820米高的圆形峰顶,山顶建有防火瞭望塔。要做好艰苦跋涉5个小时的准备,并裹紧你的防风雪大衣,越过林木线,山风会很刺骨。

难度最大(而且风景最值得期待)的徒步路线是萨加穆克小道(Sagamook Trail)。这条环线全长6公里,通向777米高的山顶,可一览Nictau Lake和北边高地的美景,全程需跋涉4小时。山顶小道(Mountain Head Trail)连接着卡尔顿山和萨加穆克小道(后者是阿巴拉契亚小径的一部分),让你可以长途穿越这片山峦。

所有计划长距离跋涉的徒步者都必须在出发前到游客中心(见458页)登记。过了宿营季节(5月中旬至9月中旬),你需要事先打电话确认公园正门是否正常开放,因为卡尔顿山小径起点位于公园入口13.5公里处。否则,你可以在入口处停车,步行入园,贝利山(Mt Bailey)小径起点距离大门仅有2.5公里。

✦ 节日和活动

世界冰湖冰球锦标赛
体育节

(World Pond Hockey Tournament; www.worldpondhockey.com; Rte 109, Plaster Rock; 入场免费; ⓢ2月)森林小镇普拉斯特罗克(Plaster Rock; 人口1200人)距离卡尔顿山84公里,是世界冰湖冰球锦标赛的举办地。届时鲁斯顿湖(Roulston Lake)上会修整出20个冰场,湖畔环绕着高高的常绿树木、售卖热巧克力的摊位以及被吸引来观看4天赛事的几千名观众的草砖席位。一共会有超过120

个业余运动队从世界各地前来参加比赛，每队4人。

如果你想参加比赛，请尽早登记。如果想观看比赛，那就带上保暖内衣和羊绒帽，并尽早预订住宿房间。赛事组织者有愿意提供住宿的当地人名单，这些当地人乐意为外来者提供居家住宿。

托比克的小提琴 音乐节

(Fiddles on the Tobique；☏506-356-2409；◷6月末）这个一年一度的周末音乐节在Nictau和赖利布鲁克举办。这一创意简直不可思议：在社区大厅晚餐、摇滚爵士即兴演出和音乐会轮番上阵后，在周日下午达到高潮，船上音乐会沿托比克河顺流而下，从Nictau直抵赖利布鲁克。每年会有800多艘独木舟和皮划艇加入到船队之中——一些载有乐师，一些只有划船者，河岸两旁还有8000多名观众驻足观看。不过一些人认为，这一活动已被盛名所累，沦为一场喧嚣的豪饮巡游。而对更多的人来说，它仍是一场盛大的聚会和很有意思的娱乐活动。

🛏 住宿

Heritage Cottages 村舍 $

(☏506-235-0793；www.nbparks.ca；Mt Carleton Provincial Park；双 $60~90）11栋经过修复的可爱村舍（原建筑可追溯到19世纪末）坐落在巴瑟斯特湖边，位于Little Nictau。你必须带上所有东西，包括床上用品、水壶和平底锅。部分小屋需共享设施；其他小屋自带厨房和浴室。

Armstrong Brook Campground 露营地 $

(☏506-235-0793；www.nbparks.ca；露营地/房车营地 $28/28；◷5月至10月）这个公园里最大的露营地共有88个露营位置，就坐落在Nictau Lake北岸的云杉林之间，距离公园入口处3公里。营地设有卫生间、淋浴和一个简易厨房，但是所有营地均没有上下水和电路接口。房车司机经常开着吵人的发电机，所以建议住帐篷者去露营地北侧的8个只限扎帐篷的营地投宿。

Bear's Lair 旅馆 $

(☏506-356-8351；www.bearslairhunting.com；3349 Rte 385, Riley Brook；房间 $65起；◷5月至9月；🅿🐾）如果说新不伦瑞克省有一个地方能表达出北部森林中生活的真谛，那么非这里莫属。一座舒适的原木狩猎者小屋坐落在托比克河岸边，在秋季捕猎期间这里最为繁忙——有着高高天花板的主厅里面装饰着许多动物标本，不过这里一年到头都是户外运动爱好者的歇脚基地。

ℹ 实用信息

游客中心(Visitors center；☏506-235-0793；www.nbparks.ca；紧邻Rte 385；每车 $10；◷5月至9月8:00~20:00；10月 至18:00）在公园的入口处。提供地图和相关信息。在这里交入园费用。

大瀑布镇（Grand Falls）

这里的瀑布落差达25米，长1.6公里的峡谷两边矗立着80米高的峭壁，这些瀑布绝对值得你在这个没有其他景致的小镇驻足。前往大瀑布镇最好的时节是开闸放水时（常常是在下雨之后），夏天大部分河水都被分流用于发电——然而峡谷却是在任何时候都那么迷人。

🏃 活动

Open Sky Adventures 探险运动

(☏506-477-9799；16087 Rte 105, Drummond；◷6月至10月）尽情享受Open Sky Adventures丰富多彩的活动。一小时的划船之旅收费$25（每名儿童$15），这里还有俯身绳索速降（deepelling；感受脸朝下速降的战栗；$100）、高空滑索（$35）和皮划艇（每天$30起）。

La Rochelle 户外

(1 Chapel St；团队游 成人/儿童 $5/2；◷7月和8月）从Malabeam Reception & Interpretation Centre过桥，在Victoria St的左侧就是La Rochelle，从这里沿一道有着401级台阶的阶梯可以下到谷底。

🛏 食宿

Falls & Gorge Campground 露营地 $

(☏506-475-7769；120 Manse St；露营地/房

车营地 $25/35；◐6月至9月）如果你决定在大瀑布镇过夜，这里有景色壮观的帐篷营地和房车营地。

Le Grand Saut　　　　　　　　美国菜 $$

（www.legrandsautristorante.com；155 Broadway Blvd；主菜 $11~20；◐10:30~22:00）Le Grand Saut是个很受欢迎的地方，两层楼，正面的装饰引人注目，供应分量很大的沙拉、意大利面、比萨以及牛排。

❶ 实用信息

Malabeam Tourist & Interpretation Centre（☏506-475-7788；www.grandfalls.com；25 Madawaska Rd；免费入场；◐5月和6月 10:00~18:00，7月和8月 9:30~18:00，9月和10月 10:00~17:00）该中心位于城镇中心并俯瞰着瀑布，这里还兼任着旅游局办事处的角色。陈列品中的峡谷微缩模型展示了这里四通八达的步道系统。比较新的解说中心副楼坐拥壮观的瀑布景色。

❶ 到达和离开

Maritime Bus（☏506-473-4862；www.maritimebus.com；555 Madawaska Rd；◐正午至深夜）的长途汽车停靠Esso车站，就在市中心的西边。

Hwy 108（当地人称之为Renous Hwy）横穿该省，从普拉斯特罗克一路延伸至东部海岸，几乎全程穿行于森林之中。这条路虽然单调乏味，但很快捷。途中要当心鹿和驼鹿。

埃德门兹顿及周边 （Edmundston & Around）

埃德门兹顿是一座劳动阶级的城市，有一个大型造纸厂、一个实用主义的城镇中心。居民主要是能讲英法双语的法裔。这里的景点很少，但是对于那些从魁北克省向东而来的旅行者来说，它是个便利的中途停留地。

◉ 景点

Petis Témis Interprovincial Linear Park　　　　　　　　公园

（Edmundston）埃德门兹顿是Petis Témis Interprovincial Linear Park的东部终点，这个带状省际公园位于埃德门兹顿和魁北克里维耶尔-迪卢（Rivière-du-Loup）之间，为134公里长的自行车和徒步路线。它沿着马达沃斯卡河（Madawaska River）和特米斯考塔湖（Lake Témiscouata）岸边的老铁道路基蜿蜒，沿途经过几个小村庄和露营地。山地自行车爱好者可以在周围阿巴拉契亚山脉中的山地自行车小径骑行，这些单道山地自行车小径总长达45公里。

新不伦瑞克植物园　　　　　　　　花园

（New Brunswick Botanical Garden；www.jardinnbgarden.com；紧邻Rte 2, St-Jacques；成人/儿童 $14/7；◐5月、6月和9月 9:00~17:00，7月和8月 至20:00）魁北克边界和埃德门兹顿中途的小型社区圣雅克（St-Jacques）就是新不伦瑞克植物园所在地。园内有8万棵植物、一座香草展示馆和许多3D花卉造型雕塑，可以点亮你一天的心情，所有的一切都有古典音乐伴奏。孩子们可能更喜欢精巧的临时展览，比如蝴蝶园。

🛏 食宿

千万别错过ploye（一种荞麦薄饼），对马达沃斯卡河谷来说，这种食物是历史和传统的重要组成部分。它常常搭配黄油、糖或枫糖浆食用。

网站www.acadiegourmet.ca列出了使用并推广本地农产品的当地餐厅；更全面的餐馆列表见旅游局网站。

Auberge Les Jardins　　　　　　　　旅馆 $$

（☏506-739-5514；www.lesjardinsinn.com；60 Rue Principale, St-Jacques；房间 $119~175；🅿🛜🏊）离开风格粗犷的埃德门兹顿，住在与植物园相邻的AubergeLesJardins，这家亲切的旅馆有17间客房，每个房间都以加拿大一种不同的花或树为主题来进行装饰。后面还有一个现代的汽车旅馆，以及一个由木材和彩色玻璃装饰的**餐厅**，被视为该省数一数二的餐厅（看看妙不可言的葡萄酒单吧）。

Restaurant le Patrimoine　　　　　　　　比萨 $$

（http://pizzalepatrimoine.com；115 Chemin Rivière-à-la-Truite, St-Jacques；比萨 $12~20；◐周三和周日 16:00~21:00，周四 至22:00，周五和周六 至23:00）位于一座从前的高尔夫俱乐

部会所中,它的优质比萨远超平均水准。饼底有白面和全麦两种选择,配以珍馐级馅料,每一次从木柴炉中端出来的时候都会令人无比幸福。Squisito(美味)!

ⓘ 实用信息

埃德门兹顿游客信息中心(Edmunston Visitor Information Centre; www.tourismedmundston.com; 121 Victoria St; ⓒ6月至8月 9:00~19:00, 9月至次年5月 周一至周五 至17:00)有关于埃德门兹顿和当地的信息。

圣雅克省立游客信息中心(Saint Jacques Provincial Visitor Information Centre; www.tourismnewbrunswick.ca; 17412 Rte 2, Saint Jacques; ⓒ5月、6月和9月 9:30~18:30, 7月和8月 至19:30)这个地区性旅游局办事处位于魁北克省边界以北20公里处,提供关于新不伦瑞克省的信息。

ⓘ 到达和离开

The **Maritime Bus**(☎506-739-8309; www.maritimebus.com; 191 Victoria St, Edmundston; ⓒ5:00至午夜)的长途汽车停靠埃德门兹顿,向南开往弗雷德里克顿($53.25, 3.5小时, 每天1或2班)及更远, 或向西开往里维耶亚-迪卢($29.50, 30分钟, 每天1或2班), 你可以在这里转车前往魁北克省。

西芬迪海岸
(WESTERN FUNDY SHORE)

几乎整个新不伦瑞克的南部边缘都被芬迪湾永不停歇的潮起潮落所主宰。

度假胜地海边圣安德鲁斯(StAndrews By-The-Sea)、宁静安详的芬迪群岛、美丽的海岸景致和丰富的历史都让这里轻而易举地成为全省最令人向往的地方之一。观鲸是本地区最激动人心的活动。最常见的是长须鲸(fin)、座头鲸(humpback)和小须鲸(minke),比较少见的是日渐稀有的露脊鲸(right whale)。鼠海豚(porpoise)和海豚(dolphin)数量众多。另外,别忽略了这里的海鲜——丰盛且味美。

圣斯蒂芬 (St Stephen)

圣斯蒂芬就位于美国和加拿大的边境线上, 与缅因州的卡利斯(Calais)隔河相望。它是个繁忙的口岸城市, 有着小镇的迷人魅力和"美味"的吸引力。这里是巧克力家族企业——盖农(Ganong)的所在地, 于1873年开始经营; 它的产品在加拿大东部很有名气。盖农兄弟于1910年发明了5分钱巧克力果仁棒, 并且将心形盒装巧克力发扬光大, 使其在情人节时随处可见。

ⓞ 景点和团队游

巧克力博物馆 博物馆

(Chocolate Museum; ☎506-466-7848; www.chocolatemuseum.ca; 73 Milltown Blvd; 成人/学生/家庭 $10/8.50/30; ⓒ4月至11月 周一至周五 10:00~16:00, 周六和周日 11:00~15:00)这座巧克力博物馆有别具一格(并且美味)的互动式展览, 从古老的巧克力盒子到生产设备, 一应俱全。

Chocolate Museum Guided Heritage Walking Tour 步行

(成人/儿童 $15/13.50; ⓒ7月和8月)夏天的时候, 这座博物馆(见本页)还组织圣斯蒂芬的遗产导览步行团队游, 由当地学生带领。

✱ 节日和活动

巧克力盛宴 美食节

(Chocolate Fest; www.chocolate-fest.ca; ⓒ8月初)圣斯蒂芬的巧克力盛宴是一个关于可可与糖的节日, 届时这座小镇会庆祝所有与巧克力有关的事情, 有游行、盖农工厂团队游、可以不限量品尝产品(没错, 是真的!), 还有给孩子们玩的游戏。

🛏 食宿

BlairHouse 旅馆 $$

(☎506-466-2233; www.blairhouseheritageinn.com; 38 Prince William St; 房间含早餐 $100起; ▣❄☀❁)这栋极好的维多利亚式民居有5间不拘一格但非常舒适的客房, 此外还有一个安静的花园。亲切的David会下厨烹制分量很大的早餐。你可以从这里步行前往城镇的主要街道, 非常便利。

Something's Brewing 咖啡馆 $

(www.somethingsbrewingcafe.ca; 140

> 值得一游

观光自驾: 下圣约翰河河谷

省会与港口城市圣约翰之间的主要公路（Rte 7）一路向南，经过大片大片的树、树、更多的树。而另一条风景好得多的路线（但距离几乎翻倍）沿着水流缓慢、蜿蜒曲折的圣约翰河延伸，穿过连绵起伏的农田和几个历史性村庄，一路抵达下游的芬迪湾沿岸。

从弗雷德里克顿的河流北岸出发，沿着Rte 105向南行驶，穿过Maugerville，到达Jemseg。经新桥穿过Hwy 2 West。（这座桥代替了2015年停运的盖奇敦渡轮；当地人如今仍在抗议关闭渡轮。查看一下它是否恢复运营。）

前往漂亮的18世纪村庄盖奇敦（Gagetown），这里非常值得一看。Front St两旁排列着手工作坊、商店以及几家诱人的咖啡馆。停下脚步，进入出色的女王郡博物馆（Queen's County Museum; 16 Court House Rd, Gagetown; 成人/儿童 $3/免费; ◎6月中旬至9月中旬 10:00~17:00）——它是镇上第一个法院，以及伦纳德·蒂利爵士（Sir Leonard Tilley）童年时住过的蒂利之家（Tilley House; 69 Front St, Gagetown; 成人/儿童 $3/免费; ◎6月中旬至9月中旬 10:00~17:00）。一流的工作人员会通过展品给你介绍这个地区前殖民时代原住民历史、18世纪定居者的生活，展览历史跨度直到"二战"时期。

从盖奇敦出发，沿着Rte 102向南行进，当地称这条路为"老河路"（the Old River Road），表明了在当年河上汽船衰落，而现代分车道公路尚未建设的那段更轻松、更简单的年代里，"老河路"作为进出河谷交通要道的重要地位。河谷两边每隔一段距离都会出现一些高大的旧农舍和历经风雨的干草棚，都是当年那个简单时代的产物。在盖奇敦和伊文德尔渡轮码头（Evandale ferry landing; ◎全年 24小时）之间，42公里长的多山路段景色格外优美，野花地、白色农舍、一座座绿色和金色相间的小岛点缀在湛蓝河水中，形成了一幅美丽的全景图卷。

一百年前，伊文德尔曾经是一个繁华热闹的小地方，还有一支带伴舞的乐队会为船上的旅客表演。如今过河后，沿着Rte 124就可到达不远处的拜耳艾渡轮码头（Belleisle ferry; ◎全年 24小时）。渡轮可以载着你来到田园风光的金斯顿半岛（Kingston Peninsula），然后你可以穿过半岛，再搭乘Gondola Point Ferry（见479页）直接前往圣约翰。

Milltown Blvd; 小吃 $4~10; ◎7:00~20:00, 周五至22:00）一家可爱的本地小咖啡馆，是来喝杯咖啡的好地方——实际上有一系列公平贸易咖啡和有机咖啡[如果你将豆奶印度茶拿铁（soy chai latte）也算作咖啡的话，不过纯粹主义者肯定不会同意]。无论如何，这里还有很棒的茶以及美妙的自制烘焙蛋糕和酥皮糕点。

Carman's Diner 美式小餐馆 $

（☎506-466-3528; 164 King St; 主菜 $4~16; ◎7:00~22:00）这里供应家常菜，柜台前的高脚凳和桌上你自己独享的迷你（而且还能用的）自动点唱机让你感觉回到了20世纪60年代。从汉堡包到三明治，这里什么都有，但自制馅饼才是最值得吃的。有车的话到这里来才算方便，因为它不在镇中心。

购物

巧克力博物馆商店 食品

（Chocolate Museum Shop; www.chocolatemuseum.ca; 73 Milltown Blvd; ◎9:00~17:00）巧克力博物馆的商店出售盖农手工巧克力，并且可以免费参观。品尝一下招牌的"鸡骨头"（巧克力夹心肉桂棒），或者名叫Pal-O-Mine的老式巧克力棒糖。

实用信息

旅游局办事处（Tourist office; www.tourismnewbrunswick.ca; Rte 170, Unit 4; ◎5月和6月、9月和10月 9:00~18:00, 7月和8月 至19:00）这个新的旅游局办事处位于Circle K Irving Complex, 就在你进入小镇的那个交叉路口，提供关于新不伦瑞克省的信息。

新不伦瑞克省 圣斯蒂芬

❶ 到达和离开

边境对岸缅因州的卡利斯有 **West's Coastal Connection**（☎800-596-2823；www.westbusservice.com）的长途汽车开往班戈（Bangor；单程票 $27，4小时，每天1班）。在班戈，长途汽车的终点站是灰狗总站（Greyhound terminal），可以由此前往班戈机场（Bangor airport）。

海边圣安德鲁斯（St Andrews By-The-Sea）

圣安德鲁斯是一个雅致的夏季度假城镇。这里有着得天独厚的气候条件和美丽风景，并且还拥有着丰富多彩的历史。它于1783年由保皇党建立，是全省历史最悠久的城镇之一。7月和8月，这里到处是度假者和夏季居住者，但是在一年的其他时间，这里的海鸥比人还多。

城镇坐落在一个向南伸入芬迪湾的半岛上。Water St是镇上主要街道，两旁布满了餐馆和几个工艺品商店。

◉ 景点

米尼斯特斯岛　　　　　　　　岛屿

（Minister's Island；☎506-529-5081；www.ministersisland.ca；成人/8岁以下儿童 $10/免费；⊙5月至10月）这座风景如画的潮汐岛屿曾经是威廉·科尔尼里阿斯·范·霍恩（William Cornelius Van Horne）的度假之地，他是加拿大太平洋铁路（Canadian Pacific Railway）的建立者，加拿大最富有的人之一。除了在4条长度不一且有路标的小道上步行游览这座岛屿之外，你还可以参观 Covenhoven，这是霍恩一座爱德华时代风格的华丽村舍，里面有50个房间，还有塔式石头浴室、潮汐游泳池以及像城堡一样的谷仓（加拿大最大的独立式木建筑）。

注意：这座岛只有在落潮的时候才能参观，届时你可以从紧实的海床上开车（或者步行，或者骑自行车）登岛。几小时后，海床就会没入水下3米处，所以要小心！涨潮的时候，会有一艘渡轮从Bar Rd驶出。如果想要从圣安德鲁斯的市中心前往米尼斯特斯岛，需要沿Rte 127向东北走1公里，然后右转走Bar Rd即可到达。

野生三文鱼自然中心　　　博物馆、水族馆

（Wild Salmon Nature Centre；☎506-529-1384；http://wildsalmonnaturecentre.ca；Chamcook Lake No 1 Rd，紧邻Rte 127；成人/学生/儿童 $6/4/3；⊙5月至8月 周一至周六 9:00~17:00，周日 正午至17:00）这座漂亮的小屋内有一个流动的水族馆，导览团队游和展览致力于拯救濒临灭绝的野生大西洋三文鱼并追寻它们的轨迹。

安德鲁治安官故居　　　　　　历史建筑

（Sheriff Andrew House；☎506-529-5080；King St和Queen St交叉路口；门票乐捐；⊙6月中旬至9月 周二至周日 9:30~16:30）这座建于1820年的新古典主义风格的建筑已经被重新修复，看起来像是一个19世纪的中产阶级住宅。这里还有身着旧时服饰的导游在此服务，他们的讲解生动有趣，内容丰富。

圣安德鲁斯木堡　　　　　　　历史建筑

（St Andrews Blockhouse；Joe's Point Rd；⊙6月至8月 10:00~18:00）**免费** 这个木结构碉堡历史遗迹如今已修复一新，它是1812年战争期间建造的几个防御性木堡中唯一一个尚存的。在潮水退去的时候，有小路显露出来，从木堡延伸至潮汐滩涂。

金斯伯里花园　　　　　　　　花园

（Kingsbrae Garden；☎506-529-3335；www.kingsbraegarden.com；220 King St；成人/学生/家庭 $16/12/38，团队游每人 $3；⊙5月至10月 9:00~18:00，7月和8月 至20:00）金斯伯里花园面积广阔、色彩纷呈，被誉为全加拿大最好的园艺展示地之一。留心看一下瓦勒迈松（wollemi pine），它是世界上最古老、最珍贵的树种之一。

芬迪探索水族馆　　　　　　　水族馆

（Fundy Discovery Aquarium；www.huntsmanmarine.com/aquarium；1 Lower Campus Rd；成人/儿童 $14.25/10；⊙10:00~17:00）这家水族中心致力于当地的海洋生态事业。一个20,000平方英尺大的水族箱里面汇聚了在芬迪湾水域发现的大部分海洋生物，包括海豹（喂食时间是11:00和16:00）、海马（喂食时间是10:15和15:30）、三文鱼（喂食时间是10:35和15:00），以及龙虾和鲟鱼。孩子们（还有家长们）都很

喜欢专门展示滑溜溜鳐鱼的"触摸池"。

🏃 活动

很多公司提供乘船游和观鲸游，多在King St尽头的码头旁设有办事处，他们在6月中旬至9月初营业。游轮（大约$60）沿着可爱的海岸航行。海鸟司空见惯，看到鲸鱼也属平常。然而观看鲸鱼的理想水域是海湾的更远处，所以，如果你要去芬迪群岛，还是到那里参加观鲸游吧。

Two Meadows Walking Trail　　　　步行

800米长的Two Meadows Walking Trail是一条在田野、林地间穿行的木板路和步道，起点位于165 Joe's Point Rd对面，过了木堡就是。

Eastern Outdoors　　　　骑车、皮划艇

(📞506-529-4662; www.easternoutdoors.com; 165 Water St; 山地自行车每小时/每天 $20/30, 皮划艇每天 $60; ⊗5月至10月)这家位于圣安德鲁斯的装备供应商提供各种各样的旅行服务，包括在附近Navy Island周边的3小时游览（$60）以及前往帕萨马科迪湾（Passamaquoddy Bay; $125）和鹿岛（$125）的全天游览。

Quoddy Link Marine　　　　乘船游

(📞506-529-2600; http://quoddylinkmarine.com/; 成人/儿童 $58/28; ⊗6月中旬至10月)认真的观鲸者应该跳上这艘双体船，工作人员是训练有素的海洋生物学者。每天有1~3次的团队游。

Jolly Breeze　　　　乘船游

(📞506-529-8116; www.jollybreeze.com; 成人/儿童 $60/40; ⊗团队游 6月至10月 9:00、12:45、16:30)乘坐老式的高桅横帆船航行于帕萨马科迪湾，寻找海豹和鲸鱼，还有鼠海豚（porpoises）和鹰。

🛏 住宿

Kiwanis Oceanfront Camping　　　　露营地 $

(📞877-393-7070; www.kiwanisoceanfrontcamping.com; 550 Water St; 露营地/房车营地 $31/39; ⊗4月至10月)享受过圣安德鲁斯的绿色和宁静之后，这个其貌不扬的地方——基本是供拖车使用的沙砾停车场——令人震惊。如果你能挤得进去，这里还有少量可以搭帐篷的空间。露营地位于小镇最东头的印第安角（Indian Point）。

Picket Fence Motel　　　　汽车旅馆 $

(📞506-529-8985; www.picketfencenb.com; 102 Reed Ave; 房间 $85~110; P❄🐾)这些十分整洁但略显过时的汽车旅馆风格房间位于靠近小镇的地方，但离小镇的主街道在步行距离之内。这是你在圣安德鲁斯能够找到的最便宜的住宿之一，虽然管理非常友好，但我们觉得性价比实在一般。

★ Treadwell Inn　　　　民宿 $$

(📞506-529-1011, 888-529-1011; www.treadwellinn.com; 129 Water St; 房间含早餐 $179~229; ⊗5月至9月; 🐾❄🛜)这座船具商的旧宅建于1820年，里面的房间宽敞、明亮、通风，十分漂亮。4个房间都配有独立露台，坐拥海景。令人愉悦的民宿店主Tom让一切都保持得井然有序。早餐是自助欧陆式早餐。

Garden Gate　　　　民宿 $$

(📞506-529-4453; www.bbgardengate.com; 364 Montague St; 房间 $150; P🛜)这个漂亮的民居距离海边只有几个街区，阳光倾泻在三个一尘不染的房间里。精美的烹制早餐和一些小细节，如茶和饼干，造就了令人愉悦的住宿体验。

Rossmount Inn　　　　旅馆 $$

(📞506-529-3351; www.rossmountinn.com; 4599 Rte 127; 房间 $129~138; ⊗4月至12月; P❄🛜🐾)这是一座堂皇宏伟的黄色夏季别墅，房前的旗帜随风飘动。旅馆坐落在一个草木整齐的坡顶上，俯瞰着帕萨马科迪湾。旅馆共有18间客房，房间布置时髦，融合了古董和现代装饰，还有手工木雕家具以及雪白的亚麻床上用品。它位于圣安德鲁斯市中心以北约4.5公里处，在Rte 127上。

早餐收费$6（欧陆风格）或$9（英式）。酒店餐厅不仅是城里最好的——我们认为这个范围足以扩大到整个新不伦瑞克。

★ Algonquin Resort　　　　酒店 $$$

(📞855-529-8693, 506-529-8823; www.

St Andrews By-The-Sea
海边圣安德鲁斯

algonquinresort.com; 184 Adolphus St; 房间 $229 起; P❋🛜🐕)作为新不伦瑞克酒店中的老前辈,这个都铎式的"海边城堡"从1889年开始就高踞在一座小山上,俯瞰着城镇。酒店在2015年进行了一次翻新。这里有优雅的游廊、花园、屋顶露台、高尔夫球场、网球场,还有带水上滑梯的室内游泳池。即使不在此过夜,也值得来看一看。房价会根据季节和需求而变化。

🍴 就餐

Clam Digger 海鲜 $

(4468 Hwy 127, Chamcook; 主菜 $6~15; ⊙4月至9月 11:30~15:00和17:00~21:00)在这家红白相间的海鲜小馆外面,汽车停得里三层外三层,到这里吃海鲜是这一带的夏季传统。简而言之:当地人为它疯狂。点上一大盘蛤蜊,或是滴出油脂的奶酪汉堡,找一张刷着红漆的野餐桌坐下。餐厅位于游客中心以北3.5公里处。

St Andrews By-The-Sea
海边圣安德鲁斯

◎ 景点
1 金斯伯里花园	D2
2 安德鲁治安官故居	C4
3 圣安德鲁斯木堡	A3

⊕ 活动、课程和团队游
4 Eastern Outdoors	C4
5 Jolly Breeze	C4
Quoddy Link Marine	（见5）

🛏 住宿
6 Algonquin Resort	B2
7 Picket Fence Motel	A1
8 Treadwell Inn	B4

🍴 就餐
9 Gables	B4
10 Honeybeans	C4
Kingsbrae Garden Cafe	（见1）
11 Niger Reef Tea House	A3

🍷 饮品和夜生活
12 Red Herring Pub	C4
13 Shiretown Pub	C4

Honeybeans　　　　咖啡馆 $

（157a Water St；小吃 $3~6；◎周三至周一7:30~17:00，周日 10:00~17:00）喝一杯优质浓咖啡，吃一块新鲜出炉的烘焙点心，听听旁边客人聊的八卦（当地人很喜欢来这里）。

★ Rossmount Inn Restaurant　　　　新派加拿大菜 $$

（☎506-529-3351；www.rossmountinn.com；4599 Rte 127；主菜 $18~30；◎17:00~21:30）在这家热情、充满艺术气息的餐厅里，瑞士老板兼厨师充分地利用了当地的丰富物产。它的菜单千变万化，可能会包括罕见的鹅舌绿叶菜和野生蘑菇，玉黍螺（periwinkles），或者新不伦瑞克龙虾。每一种食材都在这些复杂、精致的菜肴中扮演着必不可少的角色，比如，龙虾搭配旱金莲花饺子香草浓汤，或是鹅肝搭配可可碎和香蜂草蒸桃子。

Gables　　　　海鲜 $$

（☎506-529-3440；143 Water St；主菜 $10~20；◎11:00~22:00）这是一个舒适的餐厅，特色招牌菜主打海鲜，还可以透过高大的玻璃窗欣赏Navy Island的美景。想要到这里的话，沿小巷前行，它位于水边一个花园露台的上方。

Kingsbrae Garden Cafe　　　　咖啡馆 $$

（www.kingsbraegarden.com；220 King St；主菜 $10~18；◎5月至10月 10:00~17:00，7月和8月 至19:00）位于景色优美的金斯伯里花园内，这个露台咖啡馆供应午餐三明治和沙拉，搭配一杯葡萄酒或本地麦芽酒。优质早午餐包括三文鱼和炒蛋（$15）。

Niger Reef Tea House　　　　加拿大菜

（www.nigerreefteahouse.com；1 Joes Point Rd；主菜 $12~29；◎5月至10月 11:00~21:00）坐落在俯瞰水面的木堡附近的一栋历史建筑里，室内的壁画可以追溯到20世纪20年代。老板兼大厨David将各种新鲜本地食材搭配起来（菜肴取决于当天的食材），打造出赏心悦目的沙拉以及各种主菜，如咖喱羔羊肉炖蔬菜和蕨菜汤。

🍷 饮品和夜生活

The Clubhouse　　　　酒吧

（http://algonquinresort.com；465 Brandy Cove Rd；◎5月至10月 7:00~21:00）在这座一流的高尔夫球场，这个酒吧号称"第19球座"，在这里享用一杯啤酒、葡萄酒或鸡尾酒，好好放松一下，观看选手们来到第18洞击球。引人入胜的露台有该地区数一数二的美景。

Red Herring Pub　　　　小酒馆

（211 Water St；◎3月至次年1月 正午至次日2:00）这个有趣的市中心酒吧位置有些深幽，有台球桌、现场音乐以及冰镇加拿大啤酒。

Shiretown Pub　　　　小酒馆

（www.kennedyinn.ca；218 Water St；◎11:00至次日2:00）这是一家非常老派的英式小酒馆，位于令人愉快的、吱呀作响的Kennedy Inn的底楼，它吸引了形形色色的热爱派对的人们。午后不久，人们就开始在门廊上啜饮新不伦瑞克酿造的海盗苦啤酒（Picaroons bitter）。深夜的时候，会有现场音乐表演和喧嚣的卡拉OK活动。

实用信息

旅游局办事处(Tourist office; www.townofstandrews.ca; 46 Reed Ave; ⓒ7月和8月 9:00~19:00, 5月、6月、9月和10月 至17:00; @)这个组织良好的办事处提供免费步行游览手册,内容包括一张地图和一些最值得参观的地方的简介。还可以免费上网。

纽河省立公园 (New River Provincial Park)

这个大型**公园**(☎506-755-4046; https://parcsnbparks.ca)紧邻Hwy 1,位于圣约翰以西大约35公里处,就在前往圣斯蒂芬的路上。这里有芬迪海岸沿线最好的海滩之一,一片广阔的沙滩与巴纳比岬角(Barnaby Head)崎岖海岸的一边接壤。在露营季节里,公园收费是每车每天$10,包括在海滩和巴纳比岬角小径起点的停车费。

你可以沿巴纳比岬角5公里长的天然路网步行,享受几小时徒步的乐趣。**奇蒂克海滩小径**(Chittick's Beach Trail)穿过海岸森林和4个海湾,沿路你可以在鲱鱼坝里看看捕获情况,或是在潮汐水塘中探寻海洋生物。2.5公里长的**巴纳比岬角小径**(Barnaby Head Trail)从这条环路延伸出来,大部分路段沿海岸线延伸,一路向上走可以到达芬迪湾之上15米高的峭壁边缘。

公园的**露营地**(☎506-755-4046; https://parcsnbparks.ca; 78 New River Beach Rd; 露营地/房车营地 $28/31; ⓒ5月至9月)从海滩横跨公路,位于一处林木繁茂之地。其优势是拥有100个隐蔽的露营位置,既充满了淳朴的自然气息,又有上下水和电源接口。缺点是遍地的沙砾和交通噪声。

芬迪群岛 (FUNDY ISLES)

人口稀少、未遭破坏的芬迪群岛是个宁静、避世、亲近自然的理想之所。这些岛有着美丽的风景、藏在海洋里有趣的钓鱼码头、最高水准的观鲸活动、整洁的步行小径,还有清蒸海鲜,这一切使你所有的压力逐渐消失,血压降低。3个主要岛屿各有特色,令人难忘,给人一种"润物细无声"式的宁静感受。除了

Fundy Isles
芬迪群岛

夏季的时候,几乎所有地方都没了游客,多数服务机构也随之关闭。

鹿岛 (Deer Island)

鹿岛是芬迪群岛三大主岛中最近的一个,是个适宜长期居住的朴素渔村。自1770年起,人们开始在这个长16公里、宽5公里的小岛上生活,如今全年约有1000人居住在此。岛上森林覆盖,鹿群繁盛。主要的水产是龙虾,有6个码头分布在岛的四周。

通过一日游来参观鹿岛非常便捷。狭窄、多弯的公路从岛的两侧向南通往坎波贝洛岛(Campobello Island)和渡船渡口。

◉ 景点

Cranberry Head Rd的路尽头是荒芜的

龙虾塘　　　　　　　　　　观景点

(Lobster Pound, Lamberts Cove)兰伯茨湾(Lamberts Cove)有一个用来存放活龙虾的超大型龙虾池塘(这可能是世界上最大的)。而另一个大型龙虾池塘位于北方海港(Northern Harbor)。

老母猪漩涡　　　　　　　　　水滨

(Old Sow Whirlpool; Deer Island Point Park)社区经营的鹿岛角公园(Deer Island Point Park)占地16公顷，景色优美。在公园的海岸边，涨潮前几小时可以看到被称作"老母猪"(Old Sow)的漩涡，它是世界上第二大天然潮汐漩涡。鲸鱼偶尔从这里游过。

团队游

鲸鱼一般会在6月中旬来到这片水域，直到10月游走。如果幸运的话，在岸上就能看到这些生物；如果想离得更近一些，可以参加 **Seascape Kayak Tours** (506-747-1884; www.seascapekayaktours.com; 40 NW Harbour Branch Rd, Richardson, Deer Island; 半天/全天游 $85/150; 5月中旬至9月中旬)组织的团队游。

食宿

Deer Island Inn　　　　　　客栈 $

(506-747-1998; www.deerislandinn.com; 272 Route 772, Lord's Cove; 房间含早餐 $85~105; 5月至10月中旬)如果你对海岛住宿情有独钟，那么这个位置便利的超值民居将为你带来一抹鹿岛的历史风情，它有5个装修舒适得体的房间。精致的英式早餐为你补足游览本地景点所需的能量。

Deer Island Point Park　　露营地 $

(506-747-2423; www.deerislandpointpark.com; 195 Deer Island Point Rd; 露营地 $25~30; 6月至9月)这个露营地位于坎波贝洛渡轮码头的正上方。你可以在高高的断崖上支起帐篷，在晚上观看老母猪漩涡。

The Pilgrim's Rest　　　　快餐 $

(18 Cooks Lane, Lord's Cove; 小吃 $4~12, 龙虾卷 $11.50; 5月至6月中旬 周六和周日 正午至20:00, 6月中旬至9月末 周二至周日 正午至20:00)一个名副其实的地方(店名的意思是"旅行者的休息处")。它是一个简朴、狭小的饭馆，可以在小小的露台上大快朵颐，享用海鲜(很多是油炸的)和龙虾卷，也可以外带野餐。

实用信息

旅游信息处(Tourist information; 506-747-0119; www.deerisland.nb.ca; 193 Rte 772, Lords Cove; 7月至9月 10:00~17:00)办事处位于社区中心外，由当地志愿者运营，是个很有帮助的地方。

到达和离开

可搭乘政府运营的免费渡轮(25分钟)前往鹿岛，登船地点位于Letete，就在圣乔治(St George)以南14.5公里处，沿Hwy 172经由Back Bay即可到达。渡轮全年运行，6:00至19:00之间 每半小时1班，19:00至22:00之间每小时1班。旺季时要提早排队。

夏天，**East Coast Ferries** (506-747-2159; www.eastcoastferries.nb.ca; 小汽车和司机 $20, 额外乘客 $4; 6月末至9月末 8:30~18:30)有往返坎波贝洛岛的渡轮。

坎波贝洛岛 (Campobello Island)

坎波贝洛岛是一座优雅、繁荣的岛屿，一直都是富裕阶层的避暑胜地。由于这座岛屿和新英格兰(New England)往来方便，它给人的感受更像是美国而不是加拿大的一部分，这里的游客也多为美国人。

像许多富豪家庭一样，罗斯福家族(Roosevelts)也于19世纪末在这片宁静的海岸买下地产。坎波贝洛岛的南半部分几乎全是公园，而高尔夫球场占地更广。

来这个岛之前要做好准备。作为岛上最大的社区，位于罗斯福公园以北10公里的威尔逊海滩(Wilson's Beach)只有一个杂货店兼邮局。唯一的自动柜员机在威尔士浦(Welshpool)。岛上没有加油站。16公里长的坎波贝洛岛上居住有1000名居民，他们必须过桥到美国缅因州的卢贝克（Lubec）去加油。

◉ 景点

★ 坎波贝洛罗斯福国际公园　　　公园

（Roosevelt Campobello International Park; ☏506-752-2922; www.fdr.net; Hwy 774）**免费** 坎波贝洛岛最南端的一片绿色地区坐落着占地1100公顷的公园。园内对游客吸引力最大的是**罗斯福小别墅**（Roosevelt Cottage），这座有34个房间的度假屋是富兰克林·德拉诺·罗斯福（Franklin D Roosevelt）成长的地方（1905~1921年在此居住），即使在他任美国总统期间（1933~1945年），也会定期回来小住。这栋建筑呈现出工艺美术的风格，内部布置着罗斯福的家具以及手工艺品。与之相邻的是**哈伯德住宅**（Hubbard House），建于1891年，也对游客开放。

公园距卢贝克桥（Lubecbridge）仅2.5公里，你可以从罗斯福宅邸的前廊直接眺望到缅因州的伊斯特波特（Eastport）。你几乎感觉不到自己正身处加拿大。

与修剪整齐的博物馆地区不同，国际公园大部分都保留了其自然原始状态，以保护那些曾深受罗斯福喜爱的动植物。几条碎石路蜿蜒穿过公园，通向海滩，园内还有总长达7.5公里的自然景观小径。公园原始得让人吃惊，是坎波贝洛岛少有人光顾的地方。这里是鹿、驼鹿和郊狼（coyote）栖息的家园，在离游客中心6公里处的海边，Lower Duck Pond附近的岩礁上，有时可以看到海豹。留意寻找鹰（eagle）、鹗（osprey）和潜鸟（loon）的踪迹。

赫林科夫省立公园　　　公园

（Herring Cove Provincial Park）**免费** 连接坎波贝洛罗斯福国际公园北部边界的是赫林科夫省立公园。这个公园里有一条10公里长的步行小径，在1.5公里长的弓形海滩上，还有露营地和野餐区。这如画的风景无疑是享用午餐的好地方。

东科地头灯塔　　　灯塔

（East Quoddy Head Lighthouse）威尔逊海滩以北4公里处坐落着东科地头灯塔。鲸鱼在近海处漫游，很多人坐在岩石密布的海岸线旁，一边手持望远镜观鲸，一边享受着徐徐的海风。

⌕ 团队游

Island Cruises　　　游轮

（☏506-752-1107; www.bayoffundywhales.com; 62 Harbour Head Rd, Wilson's Beach; 成人/儿童 $50/40; ◷7月至10月）提供2.5小时的观鲸游轮之旅。

🛏 食宿

Herring Cove Provincial Park　　　露营地 $

（☏506-752-7010; www.campobello.com/cmpgrdfe.html; 136 Herring Cove Rd; 露营地/房车营地 $22/24; ◷6月至9月）这个有76个营地位置的公园位于岛的东侧，距离鹿岛渡轮码头约3公里。营区有一些很隐蔽的林间营地，另外这里还有沙滩和许多徒步场所。

Owen House B&B　　　民宿 $$

（☏506-752-2977; www.owenhouse.ca; 11 Welshpool St, Welshpool; 双含早餐独立卫浴/公共卫浴 $115/104起; Ⓟ）这座不久前才建成的经典海滨度假别墅，配有古色古香的线轴立柱床、床褥、舒适的读书角以及许多面朝大海的窗户。

Pollock Cove Cottages　　　村舍 $$

（☏506-328-7932; pollockcove@gmail.com; 2455 Rte 774, Wilson's Beach; 村舍 $75~175; Ⓟ@）这里有几栋单卧室和双卧室小墅，简朴而整洁，拥有着无价的风景。所有房型都有厨房。

Fireside Restaurant　　　新派美国菜 $$

（☏506-752-6055; www.fdr.net; Roosevelt Park; 特价午餐 $12~18, 主菜 $12~28; ◷5月至10月中旬 周日至周三 正午至17:00, 周四至周六 至21:00）位于亚当斯家族的一座消夏宅邸旧址内（亚当斯夫人是罗斯福总统的表亲），这个可爱的地方设有每日特价午餐、沙拉和意面，当然还有龙虾卷（价格取决于龙虾市价）。

Family Fisheries Restaurant　　　海鲜 $$

（www.familyfisheries.com; 1977 Rte774,

Wilson's Beach；主菜 $9~25；⊙4月至9月11:30~21:00）这个十分简陋的海鲜小屋是鲜鱼市场的一部分，拿手菜是炸鱼薯条（所有海鲜都是老板的家人捕获的），还有令人垂涎欲滴的海鲜杂烩浓汤和龙虾卷。

❶ 实用信息

游客中心（Visitors Center；✆506-752-2922；www.fdr.net；Hwy 774；⊙10:00~17:00）主要是坎波贝洛罗斯福国际公园的信息中心，但也可以为你指出前往岛上其他地点的正确方向。

❶ 到达和离开

East Coast Ferries（见449页）连接着鹿岛和坎波贝洛岛上的威尔士浦（25分钟，半小时1班）。

大马南岛 （Grand Manan Island）

大马南岛是一个宁静、未遭破坏的地方。这里没有快餐店，没有时尚的咖啡馆或夜总会，没有交通指示灯，也没有车来车往，只有矗立着巍峨悬崖的美丽海岸线、点缀着云杉森林的沙滩海湾以及长满了高高绿草的田野。包括著名的燕尾灯塔（Swallowtail Lighthouse）在内，几座美妙的灯塔高踞悬崖之上，守卫着这座岛屿。沿着东部海岸，一连串美丽而繁荣的渔村由曲折的海岸公路相连。这里有充足的新鲜空气，以及当今这个世界最稀有而宝贵的东西——安静，只有富于节奏的海浪声打破这一片静谧。一些人来此一日游，但我们推荐不妨多逗留些时日。

◉ 景点

大马南美术馆　　　　　　　　　画廊

（Grand Manan Art Gallery；✆506-662-3662；www.grandmananartgallery.com；21 Cedar St, Castalia；$2；⊙6月中旬至9月末周一至周六正午至18:00，周日13:00~17:00）除了展出历史名家和新兴艺术家的作品之外，这间可爱的非营利当地画廊还展出本地的、周期性的和地区性的艺术创作。绝对值得一看。

捕捞坝　　　　　　　　　　　　地标

（Fishing Weirs）大马南岛周围的水域点缀着这些圆形的精巧装置，它们用木桩制成，设计借鉴了古代的捕鱼陷阱；你看到的一些可以追溯到19世纪，然而令人遗憾的是，保留至今的只是少数。它们从前都有标牌，写着"废墟"（Ruin）、"胜利者"（Winner）、"希望渺茫"（Outside Chance）、"怨恨"（Spite），这些名字唤起了依靠冷漠大海生活的人们的伤心事。

塞尔考夫（Seal Cove）　　　　　古迹

塞尔考夫是这座岛上最美丽的村庄。它的迷人魅力主要来自渔船、码头以及聚集在潮溪口周围熏制鲱鱼的小屋。一个世纪以来，熏鲱鱼是大马南岛的主要特色产业。上千名男人和女人曾在全岛各处300间熏鱼棚工作，将鲱鱼片开，用线串起来，然后烘干。最后一间熏鱼棚在1996年被关闭。尽管鲱鱼仍然是周边最大的产业，但如今都是在现代化的罐头工厂中加工制作。

大马南历史博物馆　　　　　　博物馆

（Grand Manan Historical Museum；✆506-662-3524；www.grandmananmuseum.ca；1141 Rte 776, Grand Harbour；成人/学生和老人 $5/3；⊙6月至9月 周一至周五 9:00~17:00，及7月和8月 周六 9:00~17:00）这个博物馆在雾天是个不错的目的地。馆内收藏的当地工艺品丰富多样，可以使人们很快地对岛屿历史有初步了解。在这里你可以参观一个有关海难知识的展览，见识到来自附近塘鹅岩灯塔（Gannet Rocklighthouse，建于1904年）的煤油灯原物。还有一个房间里陈列着200多件鸟类标本[包括现在已经灭绝的候鸽（passenger pigeon）]。

燕尾灯塔　　　　　　　　　　　灯塔

（Swallowtail Lighthouse；www.tourismnewbrunswick.ca；成人/12岁以下儿童 $5/免费；⊙7月和8月）粉刷成白色的燕尾灯塔（建于1860年）是这个岛上的标志性景观，位于渡轮码头以北大约1公里一处崎岖的海岬上。通过一段陡峭的楼梯和木质人行桥进入灯塔。自从1986年这座灯塔改为自动化操作后，这个地方已失去它原有的作用，任由风吹雨打。然而，绿草如茵的断崖却是野餐的上好地点。你可以自己探索灯塔（小额收费）；即使在关闭的时候它及其周围的风景也很美。

🚶 活动

总长约70公里的徒步小径纵横交错，环岛分布。综合指南《大马南岛传统小径和步道》(*Heritage Trails and Footpaths on Grand Manan*; $5)在岛上的大多数商店都可以买到。注意远离悬崖边缘，因为不牢固、掏空的地面可能在你的脚下坍塌。

想要进行一次轻松的徒步，可以尝试1.6公里长的海岸线小径（木板步行道），从Long Pond通向Red Point（往返行程大约需要1小时；适合孩子）。鲸鱼湾(Whale Cove)的Hole-in-the-Wall是个伸入海中的天然石拱门，很适合拍照。从停车场到那里只需要徒步一小段路。

Sea Watch Tours　　　　　观鸟

(📞877-662-8552, 506-662-8552; www.seawatchtours.com; Seal Cove Fisherman's Wharf; 成人/儿童 $115/56; ⏰7月和8月 周一至周六)组织前往与世隔绝的**马基亚斯海豹岛**(Machias Seal Island)的出海活动，去看大西洋角嘴海雀(Atlantic puffins)蹒跚而行，在鸟巢的草皮上嬉戏。每天仅限15名参观者登岛，因此最好尽早预订。登岛时一定要非常小心，因为海浪很高，且岩石很滑。建议穿结实点儿的鞋子。

Whales-n-Sails Adventures　　乘船游

(📞888-994-4044, 506-662-1999; www.whales-n-sails.com; North Head Fisherman's Wharf; 成人/儿童 $66/46; ⏰7月至9月)乘坐"Elsie Menota"号帆船进行令人愉快的观鲸团队游，聆听由海洋生物学者进行的讲解。你通常可以看到海鹦、刀嘴海雀(razorbill)、海鸦(murre)以及其他海鸟。

Adventure High　　皮划艇、骑自行车

(📞506-662-3563; www.adventurehigh.com; 83 Rte 776, North Head; 一日游 $45～110, 自行车每半天/一天/一周 $18/25/125; ⏰5月至10月)这家旅行用品商提供大马南岛海岸线团队游，从轻松的2小时日落划船游到芬迪湾多日探险游，一应俱全。沿途提供极具教育性的信息。

🛏 住宿

大马南岛上的住宿夏季时需要提前预订。

Hole-in-the-Wall Campground　露营地 $

(📞506-662-3152; www.grandmanancamping.com; 42 Old Airport Rd, North Head; 营地/小屋 $28/42; ⏰5月至10月)这片露营地坐落在悬崖顶上，相当壮观。它隐蔽在岩石和树丛之中，拥有篝火坑、野餐桌和令人心旷神怡的风景。如果你有梦游症或患有晕眩症，请选择靠里面的营地位置。有淋浴和洗衣设施可供使用，同时还有几栋干净而简单的小屋（提供床上用品）。

Anchorage Camping　　露营地 $

(📞506-662-7022; Rte 776, Anchorage; 营地/房车营地 $24/26; ⏰5月至9月)这个适合家庭入住的露营地位于一片开阔的土地上，周围被高高的常绿树环绕，这里从前是一座省立公园，位于Grand Harbour和塞尔考夫之间的Anchorage。露营地设有雨天使用的带棚厨房、游乐场地、洗衣房和长长的卵石海滩。最好在树下扎营，可以挡风。该地区毗邻几片湿地，其中包含了一个候鸟保护区，还有几条短途徒步小径。

Inn at Whale Cove　　旅馆 $$

(📞506-662-3181; www.whalecovecottages.ca; Whistle Rd, North Head; 标单/双含早餐 $145/155; ⏰5月至10月; P ❄)"从1910年开始为定居乡下的人提供服务"，这其中包括作家薇拉·凯瑟(Willa Cather)，她的几部小说就是于20世纪20年代和30年代在这里创作的。主屋（建于1816年）和6个木瓦村舍（其中两个配有设施齐全的厨房）仍然保持着早年的魅力。房间内有抛光的松木地板、石头壁炉、古玩、印花棉布窗帘以及藏书丰富的书架。

它们对独自出行的旅行者来说有些贵，但这里有更加全面的体验。有小径通往鲸鱼湾，而且该地区开满野花。

McLaughlin's　　客栈 $$

(📞506-662-3672; www.mclaughlinswharfinn.ca; 1863 Rte 776, Seal Cove; 房间 $109)如果它离那些熏鱼小屋再近一些的话，你自己都快

要挨熏了。客栈位于塞尔考夫的一处码头,极具氛围且十分温馨,有绗缝床品和独一无二的景色。

Compass Rose 民宿 $$

(☎506-662-3563; www.compassroseinn.com; 65 Rte 776, North Head; 房间含早餐 $99~165; P❀⑤)这个整洁的小民宿中规中矩,最近刚进行了翻修,通风而舒适的客房全都坐拥港口景色。走几步路就可以到达渡轮码头,而且附设餐厅的氛围堪称全岛一流。很方便的是,老板Kevin经营着当地的皮划艇公司。

🍴 就餐

岛上可供就餐的地方本来就不多,到了淡季的时候,几乎就没有了。对于少数晚餐时间营业的体面餐厅,提前预订至关重要。一定要尝试掌状红皮藻(dulse),它是产自当地的一种深紫色海藻,当地人像吃薯条一样食用它。大厨用它来调味。你甚至还能见到"DLT三明治"(没错,用掌状红皮藻代替培根)。

★ Innat Whale Cove 新派加拿大菜 $$$

(☎506-662-3181; www.whalecovecottages.ca; Whistle Rd, North Head; 主菜 $22~28; ⓒ17:00~19:00)这个颇有乡土休闲风情的餐厅位于鲸鱼湾,可以品尝到美妙的食物。菜单每天都有变化,但一定会有令人垂涎欲滴的菜肴,比如手撕猪肉条和意大利宽面、海鲜马赛鱼汤以及"死了也要尝一口"的榛子奶油焦糖甜点。早点到店,还可以在舒适的老式客厅壁炉旁享用一杯鸡尾酒。

要准时(否则就要冒主人发火的风险——不过店主是为了保证她的民宿客人的宁静)。

Food for Thought 咖啡馆

(922 Rte 776; 小吃 $4.25~7; ⓒ4月至12月周一和周二 6:30~17:00, 周三和周四 至18:00, 周五至20:00, 周六 7:00~15:00)它是大马南岛餐饮业的相对较新的面孔,虽然从外面看不出什么来,但跨进门里,你就会发现这是个舒适温馨的地方,供应新鲜美味的现场制作食品,包括适合野餐的美味面包卷和沙拉,还有丰盛的汤。光是饼干和酥皮糕点就值得专门来一趟(不要错过肉桂面包卷!)。老板是置办店内所有餐饮的人,很容易就能看出个中原因。

🛍 购物

Roland's Sea Vegetables 市场

(174 Hill Rd; ⓒ9:00~17:00)这是了解掌状红皮藻的全球最佳地点。大马南岛是仅存的几个掌状红皮藻产地之一。掌状红皮藻是海藻的一种,在加拿大的大西洋沿岸和世界各地的人们,都用它做小吃或调味品。落潮的时候,采集者涉水在岩石之间采摘海藻,然后将其平铺在岩石床上晾干,这种采制方法已经延续了几百年。

ℹ 实用信息

旅游信息办事处(Tourist Information Office; ☎506-662-3442; www.grandmanannb.com; 130 Rte 776, North Head; ⓒ6月中旬至8月末)本地运营的旅游组织,有地图、小册子和渡轮时间表。

ℹ 到达和离开

从大陆的布莱克港(Blacks Harbour)到大马南岛北岬角(North Head)的唯一方式是乘坐私营公司 **Coastal Transport**(☎506-662-3724; http://grandmanan.coastaltransport.ca; 成人/儿童/小汽车/自行车 $12/6/36/4.10)的渡轮。过海航程需要1.5小时,夏季每个港口日发船3至4班。提前预订并支付票款,因为人会很多。最好买往返票而不是单程票,以免困在岛上。航行途中注意观察鼠海豚和鲸鱼。

渡轮码头距离几家酒店、餐馆、商店和旅行社只有几步之遥。如果想探寻整个岛屿,你需要自己带车过海,因为大马南岛上没有汽车租赁公司。

ℹ 当地交通

渡轮停靠在岛屿北端的北岬角村。主路Rte 776沿着东部海岸绵延全岛,长28.5公里。这条公路连接了大马南岛的所有定居点,一直通向灯塔——它矗立在南岬角(South Head)的一座断崖顶上。你可以驱车从一端到另一端,大概需要45分钟。大马南的西面无人居住,而且有些难以通行。那里陡峭的岩石峭壁从海中升起,背靠着茂密的森林和沼泽,只有在Dark Harbour处有一个缺口,陡峭的道路自此向下延伸到水边。若干徒步路径通向这片原野。

Adventure High（见470页）出租自行车。不过需要注意的是，道路蜿蜒曲折，而且旺季时车很多。在其他时间，自行车爱好者可以充分享受连绵起伏的道路。

圣约翰（SAINT JOHN）

人口 70,100

圣约翰城堪比新不伦瑞克省的经济发动机，是一座坚韧不拔的港口城市，洋溢着庄重的首府所缺少的动感活力。这里的环境令人难忘——一圈陡峭的岩石悬崖、小海湾以及半岛环绕着一座深水天然港，气势磅礴的圣约翰河（Saint John River）和科娜贝卡西斯河（Kennebecasis River）在此汇入了芬迪湾。你可能需要发挥点儿想象力来欣赏这里的自然美景，因为纸浆厂的烟囱、炼油厂以及平凡的城市荒野遮掩住了自然的魅力。然而，对于能不顾一切、坚决深入城市历史核心区域的旅行者来说，那些保存完好的19世纪红砖或砂岩建筑、陡峭的狭窄小巷尽头波光粼粼的大海，都是最好的回报。

最初，圣约翰是法国的殖民地。1785年，英国保皇党将其合并，变成加拿大首个法定城市。19世纪中期马铃薯饥荒的时候，成千上万的爱尔兰移民来到这里，并帮助建设了这座城市，使其成为一个繁荣兴旺的工业城市，木船制造业地位尤为重要。今天，从事重工业的人占人口比例的很大一部分，其中包括在纸浆厂、炼油厂以及驼鹿头酿酒厂（Moosehead Brewery）工作的人。

◉ 景点

芬迪湾的潮汐及其影响是一大地区特色。圣约翰河的激流是其中一部分，也是全省最著名的潮汐景象之一。虽然称为"反转激流"（reversing rapids），但这个词并不恰当。当芬迪湾海潮高涨时，河中的水流会逆转，导致河水逆流而上。当海潮回落时（落差可达8.5米），水流恢复常态。总而言之，看起来的确像是激流。

圣约翰游客中心-反转激流（Saint John Visitors Centre – Reversing Rapids；见476页）位于河上方桥的旁边，可以提供潮汐时刻表，上面介绍了海潮周期。

效忠派墓地 墓地

（Loyalist Burial Ground）这个庄严的墓地坐落于城市中心，紧邻国王广场（Kings Sq），是个公园式的墓地，其中最古老的一块墓碑历史可追溯至1784年。

圣约翰犹太历史博物馆 博物馆

（Saint John Jewish Historical Museum; 91 Leinster St；门票乐捐；◐6月至10月 周一至周五 10:00~16:00，及7月和8月周日 13:00~16:00）这座朴素的博物馆回溯了圣约翰一度繁盛的犹太社区的历史，社区成员包括在好莱坞享有盛名的米高梅电影公司（Metro-Goldwyn-Mayer，简称MGM）的路易斯·B.梅耶（Louis B Mayer）。

欧文自然公园 公园

（Irving Nature Park；◐5月至10月 8:00至黄昏）对于自驾而且喜爱自然的人来说，位于圣约翰西南方向9公里处的欧文自然公园不容错过，园内有着崎岖、未遭破坏的滨海地貌。它也是观鸟的绝佳地点，常见鸟类达几百种。近海的岩石边有时候还能看到海豹的身影。7条小径穿行于海滩、峭壁、树林、泥滩、湿地和岩石之间。穿上结实的鞋子。具体路线是：从市区沿Hwy 1西行，在Exit 107南转至Bleury St，然后右转驶上Sand Cove Rd，继续前行2公里即到达公园入口。

新不伦瑞克博物馆 博物馆

（New Brunswick Museum; www.nbm-mnb.ca; 1 Market Sq；成人/学生/家庭 \$10/6/22；◐周一至周三和周五 9:00~17:00，周四至21:00，周六 10:00~17:00，周日 正午至17:00）作为加拿大最古老的（也是新不伦瑞克省最出色的）博物馆之一，新不伦瑞克博物馆收藏着各式各样的有趣展品。海洋生物区设有专门介绍鲸鱼的部分，十分令人着迷，还包括一个实物大小的鲸鱼标本。馆内还有互动式展区，展示着古帆船模型，顶楼陈列着令人吃惊的加拿大和世界各地艺术品收藏，很值得入馆参观。

卡尔顿圆形石造碉堡 历史建筑

（Carleton Martello Tower; 454 Whipple St；成人/儿童 \$3.90/1.90；◐6月末至9月 10:00~17:30）这座圆形的石造堡垒建于1812年战争期间，用于防御，其主要特色是一个重新修

Saint John 圣约翰

Saint John 圣约翰

◎ 景点
1 效忠派墓地.................................C1
2 效忠派大楼.................................B1
3 新不伦瑞克博物馆........................A2
4 圣约翰犹太历史博物馆..................D2

⊜ 住宿
5 Mahogany Manor........................C3

⊗ 就餐
Billy's Seafood Company.........（见16）
6 Britt's Pub & Eatery...................B3
7 East Coast Bistro........................B3
8 Java Moose.................................B2
9 Port City Royal...........................B2
10 Saint John Ale House.................A2
11 Taco Pica..................................B2

⊜ 饮品和夜生活
12 Big Tide Brewing Company........B3
13 Happinez Wine Bar....................B3
14 O'Leary's..................................B3

⊕ 娱乐
15 帝国剧院...................................C2

⊕ 购物
16 Old City Market........................B1

复的兵营以及其他历史展览,但是吸引游客来此的真正原因,在于它高踞山顶的优越位置,可以看到圣约翰和芬迪湾一览无余的壮阔景色。

效忠派大楼　　　　　　　　历史建筑

（Loyalist House; ☏506-652-3590; www.loyalisthouse.com; 120 Union St; 成人/儿童/家庭 $5/2/7; ⊙5月末到9月 10:00~17:00）这座乔治亚式的效忠派大楼始建于1810年,是城中最古老且未改变原貌的建筑之一。如今,这里是一座博物馆,介绍了效忠派时代的历史,并收藏了一些精致的木器。

⚐ 活动和团队游

作为一个很受游轮旅客喜欢的停留点,圣约翰可供游览的团队游项目非常丰富。但遗憾的是,圣约翰并不是适合的观鲸之地,偶然才能看到出没不定的小须鲸。

海港走廊（Harbour Passage） 步行

海港走廊的起点是市场广场[Market Sq；希尔顿酒店（Hilton Hotel）后面]的木板人行道，它是一段可步行也可骑行的红色小径。它环绕海港延伸，上行是Bennett St，下行走Douglas Ave，前往反转瀑布桥（Reversing Falls bridge）和瞭望台。沿途设有信息指示牌，步行单程大约需要1小时。

Roy's Tour 自驾游

（www.roystours.webs.com；团队游每组每小时 $60）由知识渊博的当地人罗伊·弗劳尔斯（Roy Flowers）带领并讲解的个性化出租车团队游，行程5至6小时，游览城市及周边地区。

Walks' n Talks with David Goss 步行

（506-672-8601；步行免费至$5；6月至9月 周二 19:00）在近30年的时间里，大卫·戈斯（David Goss）一直组织以穿越城市和自然生态环境为主题的步行游览活动。这些步行游非常有特色，以至当地人也和游客一样经常参加。出发的地点和时间会有变化；可向游客中心查询。

🛏 住宿

圣约翰的汽车旅馆主要集中在上城（uptown）以西7公里的Manawagonish Rd上。上城也有几家高档连锁酒店。

University of New Brunswick Summer Residences 学生宿舍 $

（506-648-5755；www.unbsj.ca；紧邻SandyPoint Rd, Rockwood Park附近；标单/双/套$40/50/80；）5月至8月期间，新不伦瑞克大学（University of New Brunswick）圣约翰校区提供两幢宿舍楼中的简单房间以及带有简易小厨房的套房。大学位于市中心以北6公里处。从国王广场（Kings Sq）乘坐公共汽车可达，在公共汽车时刻表中寻找"University"（大学）的字样就能找到正确的公共汽车。

洛克伍德公园 露营地 $

（Rockwood Park；506-652-4050；www.rockwoodparkcampground.com；Lake Dr S；露营地/房车营地 $29/39；5月至9月；）从市区向北几公里就是巨大的洛克伍德公园，园内有几个小湖、步行小路纵横交错的林地以及建在一小片开阔地上的宿营地。

★ Mahogany Manor 民宿 $$

（506-636-8000；www.sjnow.com/mm；220 Germain St；双含早餐 $110起；）这栋维多利亚时代的建筑坐落在圣约翰最可爱的

不要错过

观光自驾：芬迪小径

壮丽的芬迪小径（Fundy Trail Parkway；www.fundytrailparkway.com；成人/儿童/家庭 $7.50/5/23；5月至10月6:00~20:00）其实并不是一条道路，而是芬迪湾沿岸由公路、小道和步行小径交织而成的道路网。主要的自驾景观路段横过佛罗里达（Florida）和纽芬兰（Newfound land）之间被称为"仅存的一片沿海荒野"的崎岖地区。19公里长的景观公路经大鲑鱼河（Big Salmon River）前往Long Beach（2016年开放），结束了原始荒野路段，但景色仍然美丽；下车后，周围分布着许多观景点、野餐区和停车场。2018年，这条景观公路将延伸到芬迪国家公园（总长30.5公里）。

与景观公路平行的是一条11公里长的多用途小道，专门供徒步者和骑行者使用。在淡季，它的大门关闭，但是你可以将车停在入口处，然后徒步或骑自行车进入。

在大鲑鱼河，可以参观大鲑鱼河解说中心（Big Salmon River Interpretative Center；5月中旬至10月中旬 8:30~20:00），馆内展品来自一个曾经生活在这一带的伐木社区。附近有一座吊桥，通往道路尽头之外广阔的荒野徒步地区，它被称为芬迪步道（Fendy Footpath），但只适合铁杆徒步者——从大鲑鱼河前往芬迪国家公园的古斯河（Goose River），行程需要5天的辛苦跋涉。想象一下途中将会遇到的荒野、碎石坡、潮汐渡口，甚至还有一两处绳梯。你必须在步道两端登记。

街道，对同性恋友好，里面摆满了古玩，是个可以临时当成家的好地方。5个明亮通风的客房非常舒适，古朴雅致又不失豪华，还有现代寝具。开朗的主人对这座城市的了解非常深入，甚至对在哪家餐馆里点哪道菜都能如数家珍。

Chateau Saint John　　　商务酒店 $$

（☎506-644-4444；www.chateausaintjohn.ca；369 Rockland Rd；房间 $155起；[P][❄][❀][🌐]）虽然外表看上去庞大笨重，但位于CBD边缘一条主路上的Chateau Saint John令人惊喜，有宽敞的大房间和城市美景。专业的服务和超高性价比让这里成为一个理想选择。步行15分钟可以走到市区，旅馆有充足的停车位。很受团队游客和商务人士的青睐。

Homeport　　　民宿 $$

（☎888-678-7678，506-672-7255；www.homeport.nb.ca；60 Douglas Ave；房间含早餐 $109~175；[P][❄][❀][🌐]）这个壮观的意大利风格民宿坐落在一度繁华的Douglas Ave上，曾经是两栋独立的宅邸，分属于造船专家两兄弟。民宿有着精品酒店的氛围、一间富丽堂皇的会客厅、酒类丰富的酒吧以及10个优雅的旧世界风情客房（尝试订一间有狮爪浴缸的客房）。位于上城半岛以西大约1公里处。

🍴 就餐

Java Moose　　　咖啡馆 $

（www.javamoose.com；84 Prince William St；小吃 $3~6；⏰8:00~18:00；🌐）在这家使用本地产咖啡豆的咖啡馆里享用你的咖啡（味道绝妙与否取决于你本地或国际化的味蕾）。

Taco Pica　　　墨西哥菜、危地马拉菜 $$

（www.tacopica.ca；96 Germain St；主菜 $14~24；⏰周一至周六 10:00~22:00）这家多姿多彩的酒馆供应融合了正宗的危地马拉和墨西哥风味的菜肴，是标准餐食之外的别样之选，很受欢迎。店里一道经济实惠的招牌菜是pepian——这道简单、辛辣的炖牛肉，能与你在危地马拉任何人家中吃到的相媲美。勤劳的危地马拉老板已经移居至此多年了。常常有现场音乐。

★ Port City Royal　　　各国风味 $$

（☎506-631-3714；www.portcityroyal.com；45 Grannan St；分享菜肴 $12~14；⏰周二至周五 11:30至深夜，周六 14:00至深夜）这个热门餐厅位于一栋经过翻修的历史建筑中，老板兼大厨Jacob亲自主持这里的工作。他声称"菜单处于永不结束的革新状态"。他喜欢用当地食材做实验，经常使用整只动物（以及它们的各部位制作肉酱、汤和香肠），他的菜肴（主要是供分享的菜式）总是常变常新。

★ East Coast Bistro　　　各国风味 $$

（☎506-696-3278；www.eastcoastbistro.com；60 Prince William St；主菜 $20~31；⏰周一 11:00~16:00，周二至周四 至21:00，周五 至23:00，周六 至22:00）East Coast Bistro是圣约翰的杰出餐厅之一，以让人可接受的价格供应品质一流的菜肴。符合可持续理念的本地菜肴是这里的真正撒手锏——就连面包都是自制的。菜单会顺应季节变化，慢炖大西洋牛颊意大利肉饺和海鲜酱只是这个悠闲随意之地的美味菜肴当中的两道。

Britt's Pub & Eatery　　　新派美国菜 $$

（www.brittspub.ca；42 Princess St；主菜 $14~24；⏰周一至周三 7:30至次日1:00，周四和周五 至次日2:00，周六 9:00至次日2:00，周日 9:00至午夜）这个气氛愉悦的地方是这一带价格比较亲民的餐厅之一，吸引了众多食客。它试图模仿英式小酒馆（不过我们不敢确定它是否做到了这一点），但这里有美味、现代的菜肴和各种酒水。适合独自一人的旅行者，只要你能享受这样的体验，不像在加拿大小酒馆里一个挥舞米字旗的英国人般突兀的话。

Saint John Ale House　　　新派美国菜 $$$

（www.sjah.ca；1 Market Sq；主菜 $18~40；⏰周一至周五 11:00至深夜，周六和周日 10:30至深夜）大多数当地人都推荐这家啤酒屋，因为这里有很多优质啤酒，既有精酿啤酒也有桶装扎啤（在楼下的小酒馆供应），还因为它时髦宽敞的法式小馆以及丰盛的菜肴，菜肴的秘诀是"本地土特产"（菜单每天都会变化）。它还提供很棒的早午餐菜肴，从手撕猪肉配蛋到菜肉馅煎蛋饼（frittata），无一不好。

芬迪海潮

芬迪湾的潮汐是全世界最高的。米克马克人的传说称，海潮之所以永不停歇地涨落，是因为鲸鱼的巨尾翻江倒海造成的。而真实而毫无诗意的解释则是，海湾本身的长度、深度和平缓漏斗形的构造成就了这一现象。

涨潮与退潮之间的落差，在海湾的东端和Minas Basin附近表现最为显著。海潮可涨10~15米，每日两次，间隔12.5小时。有记录的最高海潮达16.6米，足有四层楼高，出现在新斯科舍省诺埃尔（Noel）附近的Burncoat Head。

Billy's Seafood Company　　　海鲜 $$$

（www.billysseafood.com；49 Charlotte St；主菜$25~32；⊙周一至周六 11:00~22:00，周日16:00~22:00）毕竟我们是在东部海岸……这家位于City Market上方的休闲餐厅颇受欢迎，烹制价钱公道的海鲜菜肴。它是在周日晚上开业的少数餐厅之一。

Kingston Farmers Market　　　市场

（Rte 845, Kingston；⊙周六 8:00~13:00）圣约翰人最喜欢（且有趣）的周六上午活动就是逛这个市场，来这里挑选新鲜水果、蔬菜以及各种各样的民族风味食品。

🍷 饮品和娱乐

O'Leary's　　　小酒馆

（www.olearyspub.com；46 Princess St；⊙周一和周二 11:30~23:00，周三至周五 至次日2:00，周六15:00至次日2:00）可以在这家有些幽深旧气氛友好的市中心酒馆里和当地的酒吧常客闲聊。

Happinez Wine Bar　　　酒吧

（www.happinezwinebar.com；42 Princess St；⊙周三和周四 16:00至午夜，周五 至次日1:00，周六 17:00至次日1:00）想在时髦的都市氛围中安静地喝一杯酒，就躲进这家私密的小葡萄酒吧里吧。酒窖里按瓶销售的葡萄酒价格很贵，但论杯销售的葡萄酒还是可以承受的。

Big Tide Brewing Company　　　自酿酒吧

（www.bigtidebrew.com；47 Princess St；⊙周一至周六 11:00至午夜，周日 15:00~21:00）这家地下室自酿小酒馆是个安逸舒适的地方，在这里喝一杯啤酒——尝尝联盟奶油啤酒（Confederation Cream Ale）或是旱獭黑啤（Whistlepig Stout），吃一份小酒馆菜单上的食物，或是进行一场冷知识友谊赛。所有桶装扎啤都是在这里酿造的。

帝国剧院　　　剧院

（Imperial Theatre；☎506-674-4100；www.imperialtheatre.nb.ca；24 Kings Sq S）如今，这家剧院已经整修一新，重现其1913年时的光彩，它是这座城市最重要的演出场所，演出范围从古典音乐到现场戏剧表演，无所不包。

🛍 购物

Old City Market　　　市场

（☎658 2820；47 Charlotte St；⊙周一至周五 7:30~18:00，周六 至17:00）这个让人眼花缭乱的美食大厅位于North Market St和South Market St之间，自1876年起，它就是生意兴隆的地方。内部是令人印象深刻的砖混建筑，里面挤满了农产品摊位、面包房、鱼贩和肉铺，同时还有许多柜台出售一系列美味的精制餐食。当地人都会直奔Slocum和Ferris的午餐柜台。

ℹ 实用信息

邮政总局（Mainpost office；126 Prince William St）

圣约翰图书馆（Saint John Library；1 Market Sq；⊙周一和周二 9:00~17:00，周三和周四 10:00~21:00，周五和周日 10:00~17:00）免费上网。

圣约翰地区医院（Saint John Regional Hospital；☎506-648-6000；400 University Ave；⊙24小时）位于市中心西北。

圣约翰游客中心-巴伯衫总店（Saint John Visitors Centre - Barbours General Store；St Andrew's Bicentennial Green；⊙5月中旬至9月 10:00~18:00）位置便利，就在老派的巴伯衫总店里，St Andrew's Bicentennial Green的中央。

圣约翰游客中心-反转激流（Saint John Visitors Centre - Reversing Rapids；450 Bridge Rd；⊙5月中旬至9月 9:00~18:00，7月和8月 至19:00）

旅游局（Visitor & Convention Bureau；☎506-658-2990；www.discoversaintjohn.com；City Hall,

15 Market Sq; ⏰5月中旬至10月中旬 9:00~18:00, 7月和8月 至19:00)工作人员知识渊博、友好热情。可以在此索取自助步行游览手册。

❶ 到达和离开

飞机

机场位于城东5公里处,就在通往圣马丁斯(St Martins)的Loch Lomond Rd上。加拿大航空公司(Air Canada)运营飞往多伦多、蒙特利尔和哈利法克斯(Halifax)的每日航班。

船

Bay Ferries(见449页)全年每天都有渡轮往返圣约翰和新斯科舍省的迪格比。3小时的航程可以省去长途驾驶之苦。

渡船在7月和8月非常繁忙,所以一定要尽早到达或提前打电话预留车位,即使进行了预订,也需要在开船前1小时到达。而步行者和骑自行车的人则可以选择在启程前的任何时间到达。那里还有一个餐厅和一个酒吧。

长途汽车

Maritime Bus(📞506-672-2055; www.maritimebus.com; 125 Station St; ⏰周一至周五 8:00~20:00, 周六和周日 9:00~20:00)经营长途汽车服务。目的地包括弗雷德里克顿($25.50, 1.5小时)和蒙克顿($34, 2~4小时)。

❶ 当地交通

圣约翰市中心[被称为上城(Uptown)]坐落在圣约翰河口和考特尼湾(Courtenay Bay)之间的一个方形多丘陵的半岛上。国王广场(Kings Sq)标志着城市的核心区,广场小路被设计成英国国旗的图案。

向西越过海港大桥是圣约翰西区(Saint John West)。这里的许多街道名称都与圣约翰市的完全相同,为避免混淆,它们的结尾都加以"西"(west)后缀,比如Charlotte St W。圣约翰西区有前往新斯科舍省迪格比的渡轮。

东芬迪海岸 (EASTERN FUNDY SHORE)

圣约翰至霍普韦尔角(Hopewell Cape)之间是粗犷崎岖、未遭破坏的东芬迪海岸,它的很大一部分已经与芬迪风景小径(Fundy Trail Parkway)融为一体,这既是一条19公里长的公路,也是与之平行的10公里小道,没多远就和芬迪国家公园(Fundy National Park)连为一体。毫不夸张地说,徒步者、骑行者、划皮划艇者,还有所有热爱自然的人,都会被这片不可思议的壮观海岸迷住,为激动人心的悬崖峭壁和磅礴的潮汐而倾倒。由于目前尚不能从圣马丁斯(St Martins)沿海岸线驾车直达芬迪国家公园,所以需由内陆经苏塞克斯(Sussex)绕道而行。

圣马丁斯(St Martins)

圣马丁斯位于圣约翰以东40公里处,是个可爱迷人的海滨小村庄,四周被陡峭的悬崖和鲜花盛开的草场环绕着。这里曾经是重要的木船制造中心,这个地方(现在很宁静)会在夏天迸发出活力。徒步者、骑行者和自驾旅行者蜂拥而至,来到19公里长的芬迪小径(见474页),这条小径从村庄东边开始,沿着令人惊艳的海岸线蜿蜒前进。在城里,留心一下马克海滩(Mac's Beach)那让人印象深刻的红砂岩海蚀洞,退潮的时候可步行抵达。村庄里的双廊桥很适合拍照,记得带上你的照相机。

👉 团队游

Red Rock Adventure   皮划艇、步行

(📞506-833-2231; www.redrockadventure.ca; 415 Main St; 每人步行团队游 $30~50, 皮划艇之旅 $125)坐落在圣马丁斯码头和可爱廊桥对面, Red Rock Adventures组织步行团队游(包括圣马丁斯历史之旅)和皮划艇探险游。

River Bay Adventures   皮划艇

(📞506-663-9530; www.riverbayadventures.com; 团队游 $65起)经营2至3小时、导览皮划艇海上之旅,沿着海岸划船前往洞穴和岛屿。

🛏 食宿

Salmon River B&B   民宿 $$

(📞506-833-1110; www.salmonriverbandb.com; 4 Snows Lane; 房间 $105~125; ⏰5月中旬

至10月中旬)这8间朴素但舒适怡人的房间就位于Fiori的餐馆上面,同样由Fiori经营。位置很便利,正处小镇中央。

The Caves 餐厅 $

(82 Bayview Rd; 主菜 $10~27; ⊙5月至10月 11:00~19:00, 7月和8月 至20:30)餐厅坐落在马克海滩上,是这里两家以奶油般柔滑的海鲜浓汤著称的餐厅之一。还供应沙拉、汉堡包和三明治。

Seaside Restaurant & Take Out 海鲜 $$

(80 Big Salmon River Rd; 主菜 $10~20; ⊙3月至11月 11:00~20:00)就在马克海滩上,这个宽敞但简朴的Seaside Restaurant供应炸鱼薯条、扇贝和海鲜杂烩浓汤(chowder)等佳肴。现在你才真正感觉到自己在度假了。

芬迪国家公园 (Fundy National Park)

芬迪国家公园(www.pc.gc.ca/eng/pn-np/nb/fundy; 每日许可证成人/儿童/家庭 $7.80/3.90/19.60; ⊙5月至10月)是该地区最受欢迎的国家公园。亮点包括全世界最高的海潮、侵蚀形成的不规则砂岩峭壁和落潮时显露出来的宽广海滩,落潮的时候还可以在海滨寻找小海洋生物和碎片残骸,充满乐趣。公园有令人愉悦的繁茂植被,还以四通八达而令人印象深刻的徒步小径网而著称。

活动

骑自行车

有6条小径允许骑行山地自行车:古斯河(Goose River)、马文湖(Marven Lake)、黑洞(Black Hole)、东部分支(East Branch)、本尼特小溪(Bennett Brook;部分开放)和梅普尔丛林(Maple Grove)。让人意外的是,最新报告显示,芬迪国家公园或附近的阿尔马(Alma)并没有自行车出租服务。联系游客中心,获取最新信息。

徒步

芬迪国家公园纵横分布着总长达120公里的徒步小路,从短途漫步到3日的远足,内容丰富多彩。一些小路需要徒步者涉水过河,所以要提前做好准备。

最受欢迎的背包徒步游线路是芬迪环路(Fundy Circuit),3天行走45公里,穿越公园腹地。徒步者通常在特蕾西湖(Tracy Lake)度过第一夜,在布莱恩湖(Bruin Lake)度过第二夜,然后经由鲑鱼河上游(Upper Salmon River)返程。你必须在线预订野外露营地(每晚 $10)。

芬迪国家公园中可以进行轻松一日徒步游的路线包括马修斯岬环线(Matthews Head Loop)——一条4.5公里长的路线,途中可欣赏到公园最美丽的海滨景色(中高级难度),以及第三拱顶瀑布小径(Third Vault Falls Trail)——3.7公里长的单程徒步线路,通往公园最高的瀑布,很具挑战性。也可以沿着一条木板路进行怡人的短途漫步,前往迪克逊瀑布(Dickson Falls)。

对于有经验的铁杆徒步者,最受欢迎的过夜荒野徒步线路是古斯河小径(Goose River Trail)。它与芬迪步道(Fundy Footpath;不要将它与芬迪环路混淆)相接。芬迪步道是未开发的5日荒野徒步路线,是全省难度最大的线路之一。虽然你可以骑自行车到古斯河,但余下的行程就只能靠双脚了。

夏季的时候,会有守林人带领的各种适合家庭的教育活动项目,包括夜间徒步等。

游泳

此处的大海寒冷刺骨。这里有一个恒温海水游泳池(⊙7月和8月 11:00~18:30),距离公园南入口不远。

住宿

Point Wolfe Campground 露营地 $

(☎877-737-3783; http://reservation.pc.gc.ca; 露营地 $26)这个可爱的露营地(有146个位置和10个oTENTiks半固定帐篷)位于游客中心西南方向8公里处,与这座公园的其他主流宿营地相比更加幽静;它是所有营地中最靠近水边的。12个营地位置配有水和电力,这就意味着你会遇到房车。

Chignecto North 露营地 $

(☎877-737-3783; http://reservation.pc.gc.ca; 露营地/房车营地 $26/36)这个树木葱茏的

> 值得一游

观光自驾：科娜贝卡西斯河谷

在夏季的周六，你可以像许多圣约翰人那样，乘坐Gondola Point Ferry（紧邻Hwy 1，从141号出口拐出去，有路标）前往田园诗般的金斯顿半岛（Kingston Peninsula），然后沿着Rte 845向东到Kingston Farmers Market（见476页）。尝尝这里出售的新鲜水果、蔬菜以及各种各样的民族风味食品，或者停下脚步，在经过修复的1810 Carter House Tea Room（www.facebook.com/1810CarterHouse；874 Rte 845, Kingston；蛋糕和茶 $5~9；◐6月至8月 周二至周六 9:00~16:00）吃一顿午餐。据说这家店闹鬼，这个鬼魂喜欢整理和重新摆放书籍。

离开城市人群，沿Rte 845继续往前走，进入熙熙攘攘的汉普顿（Hampton）社区，转入Rte 121，这条路沿着科娜贝卡西斯河（Kennebecasis River）北岸延伸，穿过农业地区以及Norton和Apohaqui两座村庄，进入苏塞克斯（Sussex；人口4200）。

苏塞克斯是一个坐落在翠绿山谷中、仍在运营的农场社区，周围散布着多座乳牛场。老式的主街像是一部关于20世纪50年代感人往事电影中的场景（但是拜托啦，有太多户外壁画了）。保存良好的火车站里设有旅游信息中心（Tourist Information Center）、一家介绍本地区军团的小型博物馆和一间冰激凌店。

Gasthof Old Bavarian（☎506-433-4735；www.oldbavarian.ca；1130 Knightville Rd, Studholm；主菜 $10~24；◐周五至周日 正午至22:00）是这片乡村地区能享用真正难忘一餐的地方。它坐落在幽静山谷之中的乡村公路边，山谷定居着德国和荷兰农民，所以这里一包括啤酒杯及所有一切——都像是从黑森林（Black Forest）地区照搬过来的一样。尽管餐厅位置多少有些荒僻，但是永远坐满了食客，建议提前预订。只收现金。

从Gashof出来后向左转，从餐厅后面开上Knightville Rd，然后再向左转，在Anagance Ridge改走CountryViewRd，然后右转上Rte 890进入佩提科迪亚克（Petitcodiac）。这段路两旁都是连绵起伏的青翠乡村，景色令人陶醉，恨不得立刻变卖家产，搬到这里来养鸡。如果意犹未尽，你可以漫步走过温室，在Cornhill Nursery & Cedar Cafe（www.cornhillnursery.com；2700 Rte 890, Cornhill；主菜 $9~15；◐5月至10月 周日至周四 10:00~16:00，周五和周六 至21:00）享受一顿健康的有机午餐或茶和蛋糕。从佩提科迪亚克出发，再次回到Hwy 1，向东行驶可到达蒙克顿，也可以向西回到芬迪公园和圣约翰。汉普顿和苏塞克斯之间的Hwy 1沿途的山谷景色也十分优美。

美丽露营地（总共有251个位置）很受家庭旅行者的欢迎，因为它有游戏场和良好的设施。场地虽然很大，但幽静私密，从海滩开车4公里可达。还有圆顶帐篷和oTENTiks半固定帐篷（价格都是$100）。

Headquarters Campground   露营地 $
（☎877-737-3783；http://reservation.pc.gc.ca；露营地/房车营地 $26/37，oTENTiks半固定帐篷/圆顶帐篷 $100/115）在芬迪国家公园的所有露营地中，这个是最主流的，而且是唯一一家同时靠近海滩和阿尔马村的露营地。它共有101个位置，并且为没有自己的露营装备的人提供圆顶帐篷和oTENTiks半固定帐篷。不是全部场地都有树木笼罩，但帐篷露营地绿草青葱。

★Fundy Highlands Motel & Chalets   小屋、汽车旅馆 $$
（☎888-883-8639, 506-887-2930；www.fundyhighlands.com；8714 Hwy 114；房间 $99，小屋 $125起；◐5月至10月）作为芬迪国家公园唯一的独立住宿，这个地方有迷人的小屋，全部都有平台、小厨房以及美到极致的风景。在同一个地址还有一家维护良好的小型汽车旅馆，提供带小厨房的房间。虽然不豪华，但散发出一抹复古魅力，令人愉悦的老板和员工确保客人有愉悦的入住体验。

新不伦瑞克省 芬迪国家公园

❶ 实用信息

游客中心总部(Headquarters Visitors Centre; ☎506-887-6000; ⓧ5月至10月 10:00~18:00, 6月和7月 至20:00)位于公园的南入口。

❶ 到达和离开

如果朝东前行的话,目前还无法从圣马丁斯沿着海岸线直接前往芬迪国家海岸,必须绕道内陆的苏塞克斯才行。该地区没有公共交通服务。

阿尔马(Alma)

规模虽小但配套齐全的渔村阿尔马是芬迪国家公园的一个很有帮助的补给中心。它有住宿点、餐馆、一个小加油站、杂货店、出售酒类的商店和洗衣店。大部分设施在冬季歇业,那时村里宛如空城,街上一个人影都没有,除了莫利·库尔(Molly Kool;好吧,是她的雕像),她是北美大陆的第一位女船长。

Fresh Air Adventure(☎800-545-0020, 506-887-2249; www.freshairadventure.com; 16 Fundy View Dr; 团队游$69起; ⓧ6月至9月)组织各种类型的皮划艇团队游,从2小时游到多天的远航之旅都有,旅行范围在芬迪及其周边水域。

🛏 食宿

Parkland Village Inn 旅馆 $$

(☎506-887-2313; www.parklandvillageinn.com; 8601 Hwy 114; 房间$125~165)Parkland Village Inn是一家拥有60年历史的繁忙民宿,翻修过的房间非常舒适,部分房间坐拥芬迪湾的无敌美景。房费仅在旺季之外的时间含早餐。

The Beach House B&B 民宿

(☎506-887-9880; http://thebeachhousebedandbreakfastalma.com; 24 Foster Rd; 房间$100; ⓧ5月至10月; ⓟ🅦)旅居加拿大的英国人Lynn和Jeff非常友好,经营着这个朴素、舒适的民宿,这里提供两个宽敞整洁的房间。位置便利,紧邻着繁忙的主街道。Lynn提供丰盛的早餐,而且这里还有卫星电视。

Octopus's Garden Café 咖啡馆 $

(8561 Main St; 小吃$4~12, 主菜$18; ⓧ6月至10月 7:00~22:00; 🅦)阿尔马以海鲜为中心的餐饮业迎来了这家新加入的成员,作为连锁餐厅,Octopus(意为"章鱼")的业务触角甚至远至意大利。它供应超赞的自制意大利面和酱汁,美味帕尼尼和优质早餐如牛奶什锦麦片(muesli)和酸奶。等一下,这里还有一台浓缩咖啡机。没错,员工还知道如何使用它(在这些地区可不常见)。

Kelly's Bake Shop 面包房 $

(www.facebook.com/homeofthestickybun; 8587 Main St; 小吃$2.50起; ⓧ7:00~18:00)甜食爱好者从遥远的地方赶来,就为一件事:肉桂面包卷。追随他们准没错。

因瑞吉角和玛丽角(Cape Enrage & Mary's Point)

拥有150年历史的灯塔矗立在狂风肆虐、名字起得恰如其分(Enrage有"愤怒"之意)的**因瑞吉角**(Cape Enrage; www.capeenrage.ca; 紧邻Rte 905; 成人/儿童$6/5; ⓧ5月中旬至10月 10:00~17:00, 7月和8月 至20:00),如今这里是一个非营利性组织,通过门票收入和组织探险活动维持运转:活动项目包括在陡峭岩壁上进行**绳索垂降**,此外还有一条高空滑索。或者你也可以只是在海滩上漫步,找找"化石"(退潮后才行!)。它的灯塔是新不伦瑞克最早修建的12座灯塔之一,至今仍在运行,只不过换成了自动控制的灯。

在因瑞吉角以东22公里的玛丽角(Mary's Point),坐落着**夏波地湾滨鸟保护区**(Shepody Bay Shorebird Reserve; Mary's Point Rd, 紧邻Hwy 915) **免费**。7月中旬至8月中旬,成千上万的滨鸟聚集在玛丽角一带(主要是鹬)。天然小径和木板路穿过堤坝和湿地。解说中心(interpretive center)仅在6月末至9月初对外开放,但任何时候你都可以在6.5公里长的小径上漫步。

当所有这些活动让你感到饥肠辘辘时,可以前往**Cape House Restaurant**(www.facebook.com/CapeHouseRestaurant; 主菜$14~33; ⓧ11:30~23:00)。这里原来是灯塔看

守人的住所，你可以一边享用煎本地扇贝、丰盛的牛排和龙虾海鲜浓汤，一边欣赏令人赞叹的壮观美景。

新不伦瑞克东南部 (SOUTHEASTERN NEW BRUNSWICK)

新不伦瑞克省的东南角是平坦的沿海平原，纵横分布着潮汐河和盐沼。蒙克顿（Moncton）——众所周知的"中心城市"，是主要的交通枢纽。它有两个颇具吸引力的著名景点，那里的大自然好似在公然挑战地心引力。东南部，朝新斯科舍省（Nova Scotia）的方向，是重要的历史遗迹和鸟类保护区。

蒙克顿（Moncton）

蒙克顿曾经是主要的木船制造港口，如今它是滨海诸省中经济增长最快的城市，以运输业和依托大量双语劳动力聚集建成的电话客服中心为经济基础。蒙克顿是一个令人愉快的郊区城市，沿着佩提科迪亚克河（Petitcodiac River）泥泞的河岸分布着红砖房屋林立的精巧市中心。那里有一些相当不错的餐馆和酒吧，一个热闹的阿卡迪亚农贸市场，还有一座设在Resurgo Place建筑群的有趣博物馆。除此之外，几乎没有什么能留住旅行者的了。

◉ 景点

蒙克顿博物馆和交通探索中心 博物馆

（Moncton Museum & Transport Discovery Centre; ☏506-856-4383; http://resurgo.ca/monctonmuseum; 20 Mountain Rd; 成人/儿童/青少年 $10/5/7; ⏱周一至周六 10:00~17:00, 周日正午至17:00, 9月至次年5月 周一闭馆）这些有趣的展览会让你通过文物和照片了解蒙克顿及其发展，包括从米克马克人到现在的相关信息，还有阿卡迪亚的历史以及农业和造船业。毗邻的交通探索中心（Transport Discovery Centre）有关于任何会动的物体的互动展览，对孩子尤其有吸引力。关于旅行的展览也值得一看。

磁力山 游乐园

（Magnetic Hill; Mountain Rd和Hwy 2交叉路口; 门票每车 $5; ⏱5月至9月 8:00~20:00）磁力山是加拿大最著名（尽管并非最受喜爱）的景点之一，这里的地心引力似乎是在反向作用。坐在山底的汽车里，你会向上移动。你自己去弄明白是为什么吧。非营业时间和淡季入园

值 得 一 游

霍普韦尔礁石

在霍普韦尔角，佩提科迪亚克河（Petitcodiac River）注入夏达地湾（Shepody Bay）处有一片**霍普韦尔礁石**（Hopewell Rocks; www.thehopewellrocks.ca; 紧邻Hwy 114; 成人/儿童/家庭 $10/7.25/25.50, 班车每人 $2; ⏱5月至10月 9:00~17:00, 夏季时间更长; ♿）。这些礁石是砂岩，从海床拱起后被侵蚀成奇形怪状，被称作"花盆岩"。它们看上去像是巨大的拱门、石头蘑菇和蛋卷冰激凌。这些礁石的模样就像是来自苏斯博士（Dr Seussian）故事一样，令来到这里的旅行者惊叹不已，堪称新不伦瑞克最佳景点（当然也是最拥挤的地方之一）。只有退潮时，你才能步行穿梭于这些礁石之间。在任意一家旅游局办事处或当地酒店都可以查询潮汐时刻表。涨潮时，从海岸上方树林中蜿蜒而过且车来车往的景观公路上也能看到这些石塔。如果想感受不一样的视角，**Baymount Outdoor Adventures**（见483页）提供这些礁石周边的2小时皮划艇团队游。

公园设有一个大型的解说中心，里面有寓教于乐的展览、两家咖啡馆和野餐区（要自行准备好食品）。旺季常会出现交通拥堵，人也很多（台阶上都站满了人）。虽然有旅游大巴，但自驾前往霍普韦尔礁石是最便利的。这里有一个巨大的停车场，不过夏天时会停满车。

Moncton 蒙克顿

🛏 住宿
1 Auberge au Bois Dormant Inn A1
2 C' mon Inn B2
   L' Hotel St James .... （见8）

🍴 就餐
3 Cafe Archibald B1
4 Cafe C' est la Vie C3
5 Calactus C2
6 Manuka C1
7 Pump House D2

🍷 饮品和夜生活
8 Saint James' Gate C3
9 Tide & Boar C3

✪ 娱乐
10 国会剧院 C3

🛍 购物
11 蒙克顿市场 C3

免费。这是个可以让你挠头大笑的新奇事儿，但是如今围绕着这座山而衍生出的所有赚钱手段多到有点儿过分了。适合全家出游的景点包括一个动物园、一个出售冰激凌和旅游纪念品的人造村庄以及一个水上乐园。磁力山坐落在市中心西北大约10公里的地方，紧邻Mountain Rd。

👉 团队游

Roads to Sea

巴士游

（📞506-850-7623；www.roadstosea.com；每人 $173；🕐5月至10月）Roads to Sea提供前

往霍普韦尔礁石（见481页）和芬迪湾（包括芬迪国家公园和因瑞吉角以及几座灯塔和廊桥）的9小时巴士游。这家公司独一无二的一大卖点是你可以在同一天见到极高和极低的潮汐。巴士可以坐12人。

Baymount Outdoor Adventures　　皮划艇

(☎877-601-2660; www.baymountadventures.com; 团队游成人/儿童 $69/59; ◎6月至9月)提供霍普韦尔礁石周边的2小时皮划艇团队游。

🛏 住宿

提前预订是个明智之举，因为蒙克顿是一个主要的会议目的地，经常人满为患。大多数的连锁酒店都聚集在磁力山和主街（Main St）周围。

C' mon Inn　　青年旅舍 $

(☎506-530-0905, 506-854-8155; www.monctonhostel.ca; 47 Fleet St; 铺 $37, 房间 $78~83; P@🛜)蒙克顿的两家青年旅舍之一，坐落于一座杂乱无章的维多利亚建筑中，距离公共汽车站两个街区。两个小宿舍（其中一个只限女生）和使用公共卫浴的独立双人房都没有什么新奇之处，但整洁而舒适。有一个供客人使用的厨房，游廊上有充足的休闲空间。老板Monique很乐意帮忙。

Auberge au Bois Dormant Inn　　民宿 $$

(☎506-855-6767; www.auberge-auboisdormant.com; 67 John St; 标单 $85~140, 双 $95~150; ❄✱🛜)一座优雅的维多利亚建筑，装修时加入了充满活力的现代元素。这家民宿对同性恋者友好开放。位于安静的林荫住宅区的街道旁，提供出色的早餐。部分房间通向阳台，阁楼很可爱。

L' Hotel St James　　精品酒店 $$$

(☎888-782-1414; www.stjamesgatecanada.com; 14 Church St; 房间 $169~289; P✱🛜)这家市中心的精品酒店位于一座19世纪砖结构商铺的二层，拥有10间现代风格、都会时尚的客房，这些房间即使在蒙特利尔或纽约，都不会觉得有丝毫过时。华丽的设计格调涵盖了现代的瓷砖墙壁、清爽的白色亚麻床上用品、巨大的平板电视以及iPod基座。楼下有一个广受欢迎的小酒馆（见484页）和餐厅。

🍴 就餐

如果想购买新鲜农产品、烘焙食物和各种民族风味，可以去两个很棒的市场 **Dieppe Farmers Market**（www.marchedieppemarket.com; Acadie Ave和Gauvin Rd交叉路口, Dieppe; ◎周六 7:00~13:30）和**蒙克顿市场**（Moncton Market; www.marchemonctonmarket.ca; 120 Westmoreland St; ◎7:00~14:00）。

Calactus　　素食 $

(☎506-388-4833; www.calactus.ca; 125 Church St; 主菜 $11~17; ◎11:00~22:00; ✐)素食者的香格里拉（Shangri-la；意为天堂）！尽情享受从全球风味菜单上任意点餐的自由吧，这里的菜单包括成盘的炸鹰豆三明治（felafel plates）、豆腐奶酪比萨（tofu cheese pizza）和印度油炸帕可拉（印度的炸蔬菜小吃），真是应有尽有。天然的木材、温暖的大地色系和汩汩的喷泉，营造出一种令人心灵得到抚慰的氛围。优质服务进一步提升了就餐体验。

Cafe C' est la Vie　　咖啡馆 $

(www.cafecestlavie.ca; 75 Main St; 小吃 $6.50~7.50, 石锅拌饭 $10; ◎周一至周三 7:30~18:00, 周四和周五 至20:00, 周六和周日 9:00~18:00)一个享用丰盛便捷午餐的好地方，例如美味的三明治、帕尼尼和沙拉。韩国老板还供应种类丰富的石锅拌饭（bibimbap）。

Cafe Archibald　　法国菜、加拿大菜 $

(221 Mountain Rd; 主菜 $8~13; ◎周一至周四 9:00~23:00, 周五 至午夜, 周六和周日 8:30至午夜)这个法式小馆看上去有些陈旧，但菜肴很好。可丽饼（crepes）是招牌菜，在开放厨房里烹制好后，客人可在红木矮长凳前享用，也可以在封闭式门廊上品尝。还可以尽情享用熏三文鱼和马苏里拉奶酪比萨，再搭配一份蔬菜沙拉。

★ Manuka　　各国风味 $$

(☎506-851-5540; www.facebook.com/restomanuka; 184 Alma St; 午餐主菜 $12~14, 3道菜晚餐套餐 $25; ◎周二至周五 11:00~14:00, 周三至周六 17:00~21:00)不太协调地开在一座有

黄色护墙板的民居中，这家比利时人经营的餐厅营造出一种去朋友家赴宴的感觉……只是这个朋友恰好是个非常好的厨师。这里能享受到高级餐厅的体验，是城里最好的美食选择之一，所有食物都是大厨用最基础的材料做成的。

Pump House　　　　　　　　自酿酒吧 $$

（www.pumphousebrewery.ca; 5 Orange Lane; 主菜 $12~15; ⊙周一至周六 11:00至深夜，周日正午至深夜）Pump是当地人放松的好地方，你也可以在这儿吃到不错的汉堡包、牛排套餐或木烤比萨。这里有自家酿造的啤酒，其中蓝莓麦芽酒（blueberry ale）很受欢迎，Muddy River烈性黑啤味道不错，更不错的是你还可以尝试托盘里的品酒套餐。

Little Louis'　　　　　　　　新派加拿大菜 $$$

（☎506-855-2022; www.littlelouis.ca; 245 Collishaw St; 主菜 $24~36; ⊙17:00~22:00）这个新派菜式小酒馆所在的位置有点奇特，位于一座不知名的沿公路商业区的楼上，但是这一点更增加了其私房菜的色彩。这里的氛围安逸舒适，有着柔和的灯光、白色的台布以及现场爵士音乐。当地的"吃货"们为这里的菜肴所倾倒，比如平底锅烧扇贝、煎牛排、烤花椰菜和黑兵豆（beluga lentils）。

🍷 饮品和娱乐

Saint James' Gate　　　　　　　　酒吧

（www.stjamesgate.ca; 14 Church St; ⊙周一至周五 11:00至次日2:00，周六和周日 10:00至次日2:00）这是一家高端希腊式小馆，室内建有许多摩尔式的拱顶，更显人声鼎沸。酒吧配备了人造皮革镶钉座椅，是个聊天吹牛的好地方，而户外小露台在夏天会吸引鸡尾酒爱好者。还提供朮哨的食物（主菜$18~33）。楼上是精品酒店L' Hotel St James（见483页）。

Tide & Boar　　　　　　　　小酒馆

（☎506-857-9118; www.tideandboar.com; 700 Main St; ⊙周一至周三 11:00至午夜，周四至周六 至次日2:00，周日 正午至午夜）这是一家品位不俗的美食小酒馆，供应有非常有趣的精选啤酒（你在别处找不到的品种），此外还有葡萄酒和别致的鸡尾酒。店内洋溢着一种积极的氛围，周末有音乐演出。

国会剧院　　　　　　　　剧院

（Capitol Theatre; www.capitol.nb.ca; 811 Main St）幕间休息的时候，你可以在宏伟的国会剧院里喝上一杯葡萄酒。剧院建于1922年，曾是一间杂耍表演厅，如今已修复一新，重现当初的风采。这里全年都会举办音乐会和戏剧演出。

ℹ 实用信息

蒙克顿医院（Moncton Hospital; ☎506-857-5111; 135 Mac Beath Ave）有急诊室。

蒙克顿公共图书馆（Moncton Public Library; https://monctonpubliclibrary.ca; 644 Main St; ⊙周四至周一 10:00~17:00，周二和周三 至21:00; ☎）可以免费上网。

游客信息中心（Visitors Information Center; 20 Mountain Rd, Resurgo Pl; ⊙周一至周六 10:00~17:00，周日 正午至17:00）这个新的信息中心位于刚刚开业的蒙克顿博物馆里。

ℹ 到达和离开

飞机

大蒙克顿国际机场（Greater Moncton International Airport, 代码YQM; ☎506-856-5444; www.gmia.ca）位于Champlain Place Shopping Centre 经Champlain St向东6公里处。加拿大航空公司（Air Canada）运营飞往多伦多和蒙特利尔的每日航线。

长途汽车

Maritime Bus（☎506-854-2023; www.maritimebus.com; 1240 Main St）的长途汽车开往弗雷德里克顿（$41.75; 2.5小时）、圣约翰（$33.75; 2小时）、爱德华王子岛的夏洛特敦（Charlottetown, PEI; $41.75; 3小时）以及哈利法克斯（$53.25; 4小时）。

小汽车和摩托车

城里有6个市政停车场，此外还有几个私营停车场。公共停车计价器的计费标准是每小时$1至$2.50。Westmorland St上的蒙克顿市场（Moncton Market）市政停车场在周六、周日和每天18:00以后免费。这座城市使用一种叫作Hot Spot Parking的移动支付服务，可以让你用手机支付停车费（还能给计价器计费的停车时间充值）。可登录www.moncton.ca查看费率和地图。

火车
加拿大国家铁路公司（☎506-857-9830；www.viarail.ca；1240 Main St）的Oceanline（蒙特利尔—哈利法克斯）经过新不伦瑞克省北部，途经米拉米希（Miramichi）和坎贝尔顿（Campbellton），然后进入魁北克，抵达蒙特利尔。前往哈利法克斯（$39起）的火车每周有3天有车发出。

❶ 当地交通
20路公共汽车往返于机场和Champlain Pl之间，工作日运营，每天9班。从机场搭乘出租车到市中心的费用大约为$15至$20。
Codiac Transit（www.codiactranspo.ca）是当地的公交系统，共有40辆Wi-Fi覆盖的公共汽车，开往全城各地。

如果你需要代步工具，机场设有租车柜台。或者也可以联系城里的**Discount Car Rentals**（☎506-857-2309；www.discountcar.com；470 Mountain Rd，High St交叉路口；◷周一至周五7:30~17:30，周六8:00至午夜）。

萨克维勒（Sackville）
萨克维勒是一座相当古朴的大学城，规模不大，很适合稍作停留，对于鸟和人来说都是如此（学生在校期间，市区人口几乎翻倍）。萨克维勒水鸟公园（Sackville Waterfowl Park）位于一条重要的鸟类迁徙路线上。

萨克维勒水鸟公园　　　鸟类保护区
（Sackville Waterfowl Park；◷24小时）
免费 萨克维勒水鸟公园与紧邻East Main St的大学隔街相望，处在一条鸟类迁徙的重要路线上。值得沿着木板步行道逛一逛。说明牌上的信息可以让你对这个区域稍作了解。

The Black Duck　　　咖啡馆 $
（www.theblackduck.ca；19 Bridge St；餐$6.50~8；◷7:00~21:00）充满现代感的气氛以及它的食物让这座面包房兼咖啡馆在大学生中很受欢迎，这里美妙的烘焙食品都是现场制作的。菜单上有美味的烤三明治、百吉饼和价格合理的咖啡；很适合在这里享用全套餐食。

Mel's Tea Room　　　美式小餐馆 $
（17 Bridge St；主菜$5~11；◷8:30~20:30）在Mel's Tea Room开启有趣的回忆之旅。它自1919年起就开始在镇中心经营，如今散发出一种20世纪50年代美式小餐馆的魅力——这里有自动点唱机，以及与之相配的价格。供应优质早餐鸡蛋菜肴，还有奶昔和冰激凌。

Coy Wolf Bistro　　　各国风味 $$
（☎506-536-8084；www.coywolfbistro.ca；19 Bridge St；主菜$20~30；◷周三至周日17:00~21:00）这家前沿餐厅拥有一张非常值得称道的菜单。它遵循"可持续与本土"的饮食理念，烹制富有创意的菜肴，而且菜单总是在变化和演进。想象一下诸如诺森伯兰蛤蜊海鲜浓汤或"狼汉堡"（wolf burger；在当地牛肉里塞入珍馐级的馅料）这样的菜肴。时髦别致的装修没有那种用力扮酷的感觉，也是加分项。

❶ 实用信息
萨克维勒游客信息中心（Sackville Visitor Information Centre；https://sackville.com/explore-sackville/visitor-information；34 Mallard Drive；◷5月至10月 9:00~17:00，7月和8月 至20:00）

❶ 到达和离开
有长途汽车往返萨克维勒和蒙克顿（$14.25，45分钟，每天3班）。

诺森伯兰海岸（NORTHUMBERLAND SHORE）
新不伦瑞克省的诺森伯兰海岸从联邦跨海大桥（Confederation Bridge）延伸到古什布格瓦克国家公园（Kouchibouguac National Park），周围点缀着渔村和夏季小别墅。希迪亚克（Shediac）——所有龙虾爱好者旅游日程上必去的一站，是一系列夏季海边和海滩的游乐场中很受欢迎的度假胜地。这里有相当一部分居民说法语，其中布克塔谢

(Bouctouche)是阿卡迪亚文化的大本营。再向北,古什布格瓦克国家公园保护着面积广阔、风景绮丽的海滨生态系统。

茹瑞梅恩角(Cape Jourimain)

坐落在诺森伯兰海峡(Northumberland Strait),占地675公顷的茹瑞梅恩角自然中心(Cape Jourimain Nature Centre; ☎506-538-2220; www.capejourimain.ca; Rte 16; 入园免费; ⊙5月至10月 8:00~19:00)拥有13公里长的步行小径、一座介绍该地区信息的博物馆以及一家餐厅。一座四层楼高的塔楼可让你一览联邦跨海大桥(通向爱德华王子岛)和茹瑞梅恩角灯塔(Cape Jourimain Lighthouse;建于1869年)的美景。这里是观鸟者的最爱,迁徙的鸟类会经过这里。

希迪亚克(Shediac)

自诩为"龙虾之都"的希迪亚克是一座繁忙热闹的夏季海滨城镇,是每年7月龙虾节的举办地。和"世界上最大的龙虾"雕塑一起拍个照,你不可能错过它!(它就位于很有帮助的旅游局办事处附近,大钳子非常显眼。)

只要是在炎热的周末,好像全省一半的人都会躺在Parlee Beach的沙滩上。在Cap-Pelé南边是大片大片的沙质海岸线。极好的Aboiteau Beach拥有超过5公里的无人监管的沙滩,而其他的海滩均有便利服务设施和救生人员。

希迪亚克海湾游轮(Shediac Bay Cruises; ☎888-894-2002, 506-532-2175; www.lobstertales.ca; Pointe-du-Chenewharf; 成人/儿童/家庭$70/48/204)非常受欢迎,它会带旅客出海,捞起龙虾笼,然后教你如何烹制龙虾,并教你怎么吃它们(也就是怎么把它们弄开)。

晚餐过后,可以在非常复古的Neptune Drive-In (www.neptunedrivein.ca; 691 Main St; 每人/车 $10/20; ⊙6月至9月)看一场电影。

食宿

Auberge Gabriele Inn 旅馆 $$

(☎506-532-8007; www.aubergegabrieleinn.com; 296 Main St; 房间 $125~170; P ❄)希迪亚克较好的住宿选择之一,是一栋漂亮的黄色建筑,不错的附属餐厅更是为其增色不少。楼上的房间虽然略显陈旧,但仍然怡人,有一种复古和现代混搭的温馨之感。

Maison Tait 旅馆 $$

(☎506-532-4233; www.maisontaithouse.com; 293 Main St; 房间含早餐 $149起; ❄)旅馆位于1911年修建的奢华宅邸Maison Tait中,拥有9间洒满阳光的客房。虽然房间都有些年头了,但仍气派奢华,足以让你享受住在里面的感觉。

Captain Dan's 海鲜 $$

(www.captaindans.ca; Pointe-du-Chêne wharf; 主菜 $11~28; ⊙6月至9月 11:00~22:00)餐厅位于繁忙的Pointe-du-Chene码头,店里总是食客云集,可以在这里品尝到新鲜的海鲜和草莓鸡尾酒。

Paturel's Shore House 海鲜 $$

(☎506-532-4774; www.paturelrestaurant.ca; 2 Cap Bimet Rd, Grand-Barachois; 主菜 $17~33; ⊙5月末至9月中旬 周二至周日 16:00~22:00)这个简朴的地方靠近海边,看上去像是一个大白房子,是外出享用新鲜海鲜的最佳之选。它位于希迪亚克以东7公里处,驶离Main St,沿Cap Bimet Road再往北开就能抵达。

❶ 实用信息

游客信息中心(Visitors Information Centre; ☎506-533-7925; www.shediac.ca; 229 Main St; ⊙5月至9月 9:00~17:00,7月和8月 至21:00)提供关于新不伦瑞克省的优质信息,还有希迪亚克及周边的地图。

❶ 到达和离开

Maritime Bus(www.maritimebus.com)的长途汽车从希迪亚克前往蒙克顿($12.25, 30分钟,每天1班)和弗雷德里克顿($46, 3小时,每天1班);必须提前24小时预订。还有长途汽车从希迪亚克前往新斯科舍省的哈利法克斯。

布克塔谢(Bouctouche)

这个面积不大却出奇繁忙的海滨城镇是

阿卡迪亚文化重镇，有着几个独一无二的景点。**游客信息中心**（visitors information center）位于城镇的南入口，那里的盐沼上铺有一条令人难忘的木板道。

◉ 景点和活动

欧文生态中心　　　　　　　　　　公园

（Irving Eco Centre; www.irvingecocentre.com; 1932 Rte 475, St-Édouard-de-Kent; ⊙解说中心5月末至9月末10:00~18:00）这家自然中心位于布克塔谢东北9公里的海岸上，保护并通往"布克塔谢的沙丘"（La Dune de Bouctouche）——一条伸入海峡、美丽而狭长的沙嘴。解说中心有关于动植物的展览，但这里的亮点还是1公里长的木板人行道，它沿着沙丘在海草上方蜿蜒延伸。半岛本身长12公里，如果想在松散的沙地上徒步一个来回，需4至6小时。这里有一条长12公里的徒步/骑自行车小径，穿过混生林，到达布克塔谢城镇，小径的起点就位于生态中心停车场。

Le Pays de la Sagouine　　　　公园

（☎506-743-1400; www.sagouine.com; 57 Acadie St; 成人/儿童/家庭 $20/15/45; ⊙7月和8月 10:00~17:30）这个重建的阿卡迪亚村庄坐落于布克塔谢河（Bouctouche River）的一个小岛上，每天提供英语和法语的活动项目。这里有互动式的烹饪和手工艺演示、历史住宅团队游和现场音乐，同时还有几家咖啡馆，可以在里面品尝一下老式阿卡迪亚菜肴。7月和8月的时候经常有晚餐剧场表演（票价$20起）。

奥利维尔肥皂厂　　　　　　　　博物馆

（Olivier Soapery; www.oliviersoaps.com; 831 Rte 505, Ste-Anne-de-Kent; ⊙6月至8月 9:00~19:00, 9月至次年5月 周一至周五 8:30~16:30）一家包装成"博物馆"的老式肥皂厂。但它实际上更像是一个商店，里面有一大堆气味芬芳的手工香皂。这里会定期举办肥皂制作工艺的讲解，以及一些有趣的历史展览。

🛏 食宿

Chez les Maury　　　　　　　露营地 $

（☎506-743-5347; www.fermemaury.com; 2021 Rte 475, St-Édouard-de-Kent; 露营地 $25~30; ⊙5月至10月初）这个朴素的小露营地

大人物

　　肯尼思·科林·欧文[Kenneth Colin (KC) Irving]1899年出生在布克塔谢（Bouctouche）。他靠销售汽车起家，逐渐缔造了一个商业王国，业务遍及炼油、造船、大众传媒、运输、制浆造纸、加油站、便利店等领域。欧文的名字随处可见。全省至少8%的劳动力都是被欧文集团所雇用。欧文于1992年去世，将欧文集团这一庞大帝国传给了他的3个儿子。

位于一个家族经营的葡萄园的空地上，与欧文生态中心相距200米，有厕所、淋浴，路对面还有一片袖珍私人海滩。18:30会有铃声响起，提醒露营者免费品尝这里的产品——我们说的是接骨木葡萄酒和草莓葡萄酒（它们的品质都很好）。

Le Vieux Presbytère　　　　　　旅馆 $$

（☎506-743-5568; www.vieuxpresbytere.nb.ca; 157 Chemin du Couvent; 公寓 $160; ☎)这座前牧师的寓所曾经是来自全省各地的阿卡迪亚人喜爱的一个宗教静修之所。几个朴实无华但非常可爱的公寓间十分抢手，有高高的造型天花板和令人愉悦的明朗布置。所有房型都有厨房和花园，可以看到水景。要求至少入住三晚。

SCKS Société culturelle
Kent-Sud　　　　　　　　　　　咖啡馆 $

（www.sckentsud.com; 5 Blvd Irving; 小吃 $9~11; ⊙9月至次年5月 周二至周六 8:00~15:00, 6月至8月 每天 至17:00）一间小小的非营利咖啡馆，是个停下来喝杯咖啡的好地方（有浓缩咖啡机），简单的法式小吃尽可能使用本地食材。

Restaurant La Sagouine　　阿卡迪亚菜 $

（www.sagouine.nb.ca; 43 Blvd Irving; 主菜 $8~18; ⊙6:00~22:00）这个简单、老派的地方供应炒蛤蜊或传统的阿卡迪亚正餐，餐厅弥漫着一股烹制海鲜的淡淡味道（这可以理解）。夏天的时候户外露台上有位子。

ℹ 实用信息

游客信息中心（Visitors Information Center;

☎506-743-8811; www.tourismnewbrunswick.ca; 14 Acadie St; ⓘ5月末至9月末 10:00~15:00, 夏季开放时间更长）

古什布格瓦克国家公园（Kouchibouguac National Park）

这里拥有海滩、潟湖以及绵延25公里的近海沙丘。你可以在这儿悠闲地散步、观鸟或是挖蛤蜊。公园（www.pc.gc.ca；成人/儿童$7.80/3.90；ⓘ全年8:00至黄昏）还分布着数公顷的森林和盐沼，自行车道、徒步小径和平整过的越野滑雪道或穿越其间或环绕四周。古什布格瓦克（发音为koosh-e-boo-gwack）这个名字源自米克马克语，意思是"长周期潮汐之河"。公园内还有驼鹿、鹿，有时还能遇到黑熊。

🏃 活动

古什布格瓦克有60公里长的自行车道——蜿蜒穿过公园荒野地区的碎石小径。

海岸和南北延伸25公里的沙丘之间为平静的浅水水域，可在宁静的早晨划船戏水。Voyageur Canoe（☎506-876-2443；每人$29.40）提供在这里必须完成的活动，尤其适合不爱走路的人。你可以乘坐4人或8人加拿大独木舟，划船前往沙洲，了解米克马克人的生活方式，还可以观鸟。活动亮点是观察灰海豹；每年夏天都有300~600头灰海豹回到这些觅食场。

公园共有10条小径，大多短而平坦。极好的沼泽小径（Bog Trail；1.9公里）是一条从瞭望塔后方延伸出来的木板路，只有前几百米是碎砾石铺成的。香柏小径（Cedars Trail；1.3公里）是一条设有讲解牌的可爱木板路。鱼鹰小径（Osprey Trail；5.1公里）是一条穿过森林的环形小路。凯利海滩木板道（Kelly's Beach Boardwalk；单程600米）架设在草地覆盖的沙丘之上。当你到达海滩时，向右转，徒步6公里左右可抵达沙丘的尽头（尽头的位置不确定，取决于笛鸻每年把巢筑在哪里）。带好饮用水。

对喜欢游泳的人来说，潟湖水域水浅而温暖，对孩子们来说也很安全，而成人则会觉得在靠海一侧的深水中畅游更痛快。

🛏 住宿

古什布格瓦克有两个可开车进入的露营地和3个简易露营区，共有360个营地位置。露营季节是从5月中旬至10月中旬，公园在整个7月和8月都十分繁忙，尤其是在周末。绝大部分的营地必须预订。入园费额外支付。

3个简易露营区只有简易（抽水）厕所，费用是每人每晚$10。要是去Sipu和Petit-Large，你需要自带水。Pointe-a-Maxime最难到达（只能通过水路前往），但也并非遥不可及，附近的渔船码头有不断往来的机动船只，可以将你送过去。

Cote-a-Fabien　　　　　　　　露营地 $

（☎877-737-3783；www.pccamping.ca；露营地开车进入/步行进入 $21/11）位于古什布格瓦克河（Kouchibouguac River）的北岸，对于那些想要寻求一丝宁静和私密的人们来说，这里是最佳选择。这里有水和简易厕所，但是没有淋浴设施。一些营地位置在岸边，其他的坐落在树林中。对想要在无车环境下露营的人来说，营地共有12个只能步行进入的露营位置（100米；提供运送行李的小推车）。鱼鹰徒步小径从这里开始。

South Kouchibouguac　　　　　　露营地 $

（☎877-737-3783；www.pccamping.ca；露营地/oTENTiks半固定帐篷 $28/15）South Kouchibouguac是最大的露营地，位于公园内13公里处树木环绕的大片开阔空地上，靠近海滩，有oTENTiks半固定帐篷（一种圆顶帐篷），还有帐篷营地和房车营地、淋浴和一个简易厨房。

ℹ 实用信息

游客中心（Visitors Center；☎506-876-2443；www.pc.gc.ca/kouchibouguac；186 Rte 117；ⓘ10月至次年5月 8:00~16:30,6月至9月 至20:00）提供地图，乐于助人的工作人员掌握很多信息。如果中心关门，可以去对面全年开放的行政办事处。

ℹ 到达和当地交通

如果没有汽车或自行车，将很难到达公园，也很难在公园里四处走动。从公园门口至少还有

10公里才能到达露营地和海滩。

最近的公共汽车站在雷斯顿(Rexton),位于公园以南16公里处。**Maritime**(☎800-575-1807; www.maritimebus.com; 126 Main St)的长途汽车停靠Irving Circle K加油站。每天有1班长途汽车向南开往蒙克顿($20.25),还有1班车向北驶向米拉米希($14.25)。

米拉米希河谷地区 (MIRAMICHI RIVER VALLEY AREA)

在新不伦瑞克省,米拉米希(Miramichi)这个词既指城市也指河流,但是它的言外之意更多:一种虚无缥缈、摄人魂魄的神秘氛围。这个地区散发的神奇魔力一部分是源自阿卡迪亚和爱尔兰民族特色的民俗、民间传说、迷信和鬼故事,另外也源于茂密的森林、无边的荒野地区,还有那为了生存而与自然不屈抗争的民族特性。这里有蜿蜒穿过田野的河流、清澈的小溪和三文鱼捕捞业。这片土地孕育了动听、朴实的民族音乐,激发了艺术家的创作灵感。著名作家大卫·亚当斯·理查兹(David Adams Richards)就是其中之一,他的作品巧妙地再现了这个地区的独特气质。

米拉米希(Miramichi)

米拉米希(旧称纽卡斯尔)是劳动阶级的工业城市,由查塔姆(Chatham)、纽卡斯尔(Newcastle)、道格拉斯镇(Douglastown)、劳吉维尔(Loggieville)、内尔森(Nelson)以及其他几个小镇组成,分布在米拉米希河(Miramichi River)两岸12公里长的地带。由于它的第一民族和爱尔兰、苏格兰及法国背景,讲英语的米拉米希城像一块飞地夹在主要讲法语的地区中间。

传统民族音乐爱好者可能会为了**爱尔兰节**(Irish Festival; www.canadasirishfest.com; ⊗7月中旬)和**米拉米希民歌节**(Miramichi Folksong Festival; www.miramichifolksongfestival.com; ⊗8月初)而来到这里,后者是北美同类节日中最古老的。

◉ 景点

比弗布鲁克老屋 博物馆

(Beaverbrook House; www.beaverbrookhouse.com; 518 King George Hwy; ⊗6月至9月 周一至周六 9:00~17:00,周日 13:00~17:00)**免费** 米拉米希的中心广场矗立着比弗布鲁克勋爵(Lord Beaverbrook; 1879~1964年)的雕像,他是英国历史上最具影响力的报业巨头之一,也是家乡省份的一个主要捐赠者。他的骨灰被埋在雕像下面,雕像表达了这座城市对他的纪念。比弗布鲁克老屋是他的童年故居,建于1877年,现在辟为博物馆。

🛏 食宿

Enclosure Campground 露营地 $

(☎506-622-0680; http://enclosurecampground.com; 8 Enclosure Rd, Derby Junction; 露营地/房车营地 $31/36; ⊗5月至10月)这里曾经是省立公园,位于纽卡斯尔西南,紧邻Hwy 8。它拥有一个树木繁茂的美丽区域,为露营者提供了宽敞的近乎原始状态的露营位置。虽然网站宣传这里设有餐厅,但餐厅已经停业了。

Rodd Miramichi River 酒店 $$

(☎506-773-3111; www.roddmiramichi.com; 1809 Water St; 房间 $200起; ▣✻⊛☷)作为米拉米希比较高端的酒店之一,规模庞大

另辟蹊径

特拉卡迪历史博物馆

特拉卡迪历史博物馆(Historical Museum of Tracadie; Rue du Couvent; 成人/儿童 $5/免费; ⊗6月中旬至9月初 周一至周五 9:00~17:00,周六和周日 正午至17:00)展示了一段鲜为人知但令人唏嘘的历史,侧重介绍从1849年一直到1965年当地麻风病收容所的情景。这座博物馆是加拿大唯一一个详细介绍麻风病院的地方。附近的墓地有59座汉森氏病(Hansen's Disease; 即麻风病)患者之墓。特拉卡迪-希拉(Tracadie-Sheila)位于米拉米希东北方向77公里处。

的Rodd Miramichi River酒店坐落在米拉米希河的南岸。它拥有商务酒店的所有现代化设施,但有一种类似度假村的氛围。在线查询特价活动。

Governor's Mansion 民宿 $$

(506-622-3036; www.governorsmansion.ca; 62 St Patrick's Dr; 房间含早餐 $89~159; P※⊜)这座民宿位于河流南面,俯视着Beaubears Island,曾是一座维多利亚风格的州长官邸(建于1860年),首任副州长为爱尔兰人,曾居住于此。民宿虽然吱吱作响但仍显优雅气派,到处摆放着古董。客房虽然有些陈旧,但很可爱,是个能让你放松休息的地方。

Bistro 140 各国风味 $$

(www.facebook.com/Bistro140; 295 Pleasant St; 主菜 $15~25; ⊙周一至周四 11:30~21:00, 周五和周六 16:00~22:00)它被当地人称为米拉米希的"高级餐饮之选",虽然这样的评价有些言过其实,但它确实是一间友好的法式小馆,绝佳的食物有令人惊喜的创意并注重地方特色(使用应季羊齿蕨作为搭配蔬菜)。需要穿过一个办公室风格的建筑进入。

❶ 到达和离开

Maritime Bus(506-773-5515; www.maritimebus.com; 186 King St)的长途汽车从Best Value Inn发车。每天都有车开往弗雷德里克顿($63.50; 5小时)、圣约翰($65.05; 5小时)和坎贝尔顿($38.75; 3小时)。

加拿大国家铁路公司火车站(www.viarail.ca; 251 Station St, George St交叉路口)位于纽卡斯尔。从蒙特利尔和哈利法克斯发车的火车在此停靠。

米拉米希河谷
(Miramichi River Valley)

米拉米希河实际上是一个由数条大河及其支流构成的复杂水网,汇聚了新不伦瑞克中部的大部分河流。它的重要支流——217公里长的西南米拉米希河(Southwest Miramichi River),发源于哈特兰(Hartland)附近,穿过森林,到达米拉米希,在那里与另一重要支流——西北米拉米希河(Northwest Miramichi River)汇合。

一百多年来,整个水系的宁静之美和不可思议的假蝇垂钓大西洋三文鱼之趣,无不引发人们由衷的赞叹。著名的商界巨头、国际政要、体育和娱乐明星,甚至查尔斯王子(Prince Charles)都曾在此挥竿小钓,就连玛丽莲·梦露(Marilyn Monroe)据说也曾在这片水域戏过水。

这里富有传奇色彩的捕鱼业曾因过度捕捞、非法偷猎和其他不明原因(也许是全球变暖)的影响而起伏不定,而人们对于维持渔业资源水平的最佳方法尚存争论:是投放鱼苗还是自然恢复。虽然游钓活动正在萎缩,但该地区仍然美丽依旧。

◉ 景点

美特佩纳吉亚格遗产公园 古迹

(Metepenagiag Heritage Park; 506-836-6118; www.metpark.ca; 2156 Micmac Rd, Red Bank; 成人/儿童 $8/6; ⊙5月至10月 10:00~17:00)在米拉米希西北方向40公里的艾斯克河(Esk River)河畔,美特佩纳吉亚格遗产公园有解说团队游,组织参观有着3000年历史的考古遗址,介绍米克马克的文化和历史。

大西洋三文鱼博物馆 博物馆

(Atlantic Salmon Museum; www.atlanticsalmonmuseum.com; 263 Main St, Doaktown; 成人/儿童 $5/3; ⊙6月至10月 周一至周六 9:00~17:00, 周日 正午至17:00)在这家外观形似度假屋的博物馆中了解历史悠久的多克敦(Doaktown)精彩的捕鱼史,参观精美的艺术品和珍贵的人类学研究样本。多克敦位于米拉米希西南方向90公里处。

⚐ 活动

米拉米希小径(Miramichi Trail)是一条可以步行和骑自行车的小径,沿一条废弃的铁路线而建,设计长度为200公里,现已完成了其中的75公里。

在位于多克敦西南方向15公里处的麦克纳米(McNamee),供徒步使用的城市悬索吊桥（Priceville Suspension Bridge）横跨河上。独木舟和皮划艇爱好者都喜欢在此下水，划船前往下游的多敦敦，需要半天的时间。四处问问设备出租、接送服务，以及带导游的休闲独木舟游、皮划艇游，甚至轮胎沿河漂流之旅等相关信息。

游钓（Sportfishing）可不是一天之内能完成的活动。它是一项持续多日的活动，因此很少有旅行者参加这个项目。而对于真正的钓鱼爱好者来说，这一活动出于环保的目的已受到严格的控制。垂钓者必须申请许可证，而且还要雇一位有执照的导游。非本地居民的3日许可证是$60。所有鱼都必须放回河中。（事实上，省内吃到的大部分三文鱼都是在芬迪湾人工养殖的）。

住宿

美丽的乡村小屋和露营地随处可见，许多都再现了这里20世纪30年代和40年代的盛况。若要了解更多关于住宿和垂钓用品供应商的信息，可浏览www.miramichirivertourism.com。

Storeytown Cottages 村舍 $$

（☎506-365-7636; www.facebook.com/storeytowncottages; 439 Storeytown Rd, Doaktown; 村舍$129起）由一对活力四射的年轻情侣经营，简单而舒适的小木屋依河而建。户外活动包括轮胎漂流（$10）、皮划艇（$35）、独木舟（$40）和桨板冲浪（$35）。支付$5，他们会开车把你送到上游，让你漂流或划桨而下。带上驱蚊剂。

购物

WW Doak & Sons 体育和户外用品

（www.doak.com; 331 Main St, Doaktown; ◎周一至周六 8:00~17:00）WW Doak & Sons是加拿大最好的假蝇钓鱼商店之一。

实用信息

游客信息中心（Visitor Information Centre; www.doaktown.com; 263 Main St, Doaktown; ◎6月至10月 周一至周六 9:00~17:00, 周日 正午至17:00）这家旅游局位于多克敦的三文鱼博物馆，是大部分河谷活动的大本营。

新不伦瑞克东北部
(NORTHEASTERN NEW BRUNSWICK)

新不伦瑞克人都知道北岸（North Shore）是该省阿卡迪亚文化的中心地带。这个地区在250年前就有法国农民和渔夫来此定居，驱逐事件（英国人将大约14,000名阿卡迪亚人驱离了该地区）发生后，他们再一次白手起家，持续不断地与米克马克原住民通婚。海岸公路北起米拉米希，环绕阿卡迪亚半岛（Acadian Peninsula），沿着沙勒尔湾一直延伸到坎贝尔顿，途经多处小渔民定居点，海岸风光秀丽，一派宁静祥和。在舒格洛夫省立公园（Sugarloaf Provincial Park），阿巴拉契亚山脉向下延伸直抵海边。在它背后，分布着面积广阔、渺无人烟的荒芜河流和茂密的森林，纵深数百公里，直抵该省内陆地区，几乎从未被探索开发过。

卡拉凯特（Caraquet）

卡拉凯特是最古老的阿卡迪亚村庄，由被迫放弃家园向南逃亡的难民于1757年建立。如今，它是半岛法语社区宁静的劳动阶级中心。卡拉凯特五彩缤纷、熙熙攘攘的渔船港口紧邻Blvd St-Pierre Est，各式各样的船舶停泊在码头上。Blvd St-Pierre在Rue le Portage被分成了东西两条街。

这座小镇自诩为"阿卡迪亚文化之都"，每年8月都会自豪地举办盛大的阿卡迪亚节（Festival Acadien; www.festivalacadien.ca; ◎8月），以这个充满历史意义的节日纪念阿卡迪亚人的劫后余生。蜂拥至此的游客有10万之众，还有超过200名艺人来到这里演出，包括歌手、乐手、演员和舞者，分别来自阿卡迪亚和其他法语区（一些来自海外）。

景点

阿卡迪亚历史村庄 公园

（Acadian Historic Village; www.villagehistoriqueacadien.com; 14311 Hwy 11; 成人/学生/家庭$20/16/45; ◎6月至9月 10:00~18:00）阿卡迪亚历史村庄位于卡拉凯特以西15公里处，这个重要的历史重建项目重现了一个古老村庄。33

座原建房屋搬迁至此，身着当时服饰的演员展示了1780年至1880年的生活场景。详细参观这个地方需要数个小时，之后你一定想吃点东西。就餐选择包括La Tabledes Ancêtres的老式阿卡迪亚正餐、Château Albert餐厅推出的1910年历史菜肴，此外还有几家小吃店。

村庄中还有专门为儿童准备的项目（$35）——向孩子们提供服装道具，带领他们参加长达7小时的历史方面的活动。

食宿

★ Maison Touristique Dugas
旅馆、露营地 $

(☎506-727-3195; www.maisontouristiquedugas.ca; 683 Blvd St-Pierre W; 露营地/房间$25/89起，小屋 $119) 这个形状不规则、能满足所有人需求的地方位于卡拉凯特以西8公里处，超级友好的杜加斯（Dugas）家族在此世代经营，如今已是第五代了。这座充满了古董的家庭式住宅建于1926年，拥有11间客房，其中4间使用公共卫浴。还有5栋干净、舒适的小屋，都带有私人卫生间和厨房设施。除此以外还有一小块可以停放旅行房车的场地，以及一个可以走到水边的安静且绿树成荫的帐篷营地。

★ Hotel Paulin
酒店 $$

(☎506-727-9981, 866-727-9981; www.hotelpaulin.com; 143 Blvd St-Pierre W; 房间含早餐$149~289; P🛜) 在别处可以精打细算，但可以入住高雅精致的Hotel Paulin，挥霍一晚。这家复古的海边度假酒店俯瞰着海湾。它建于1891年，从1905年开始就由鲍林（Paulin）家族经营。酒店依然保留着良好的老派服务，客房阳光充足，而且明亮洁净，布置着清爽的白色亚麻床品、蕾丝和优质古玩。

Château Albert
旅馆 $$$

(☎506-726-2600; www.villagehistoriqueacadien.com/chateauanglais.htm; Acadian Historic Village; 双含晚餐和场地参观 $150; P🛜) 要想浸入式体验阿卡迪亚历史村庄，那么就入住这家保持着20世纪初期格调的旅馆吧——没有电视、没有电话，只有一个怡人、宁静的房间，经过翻修后重现1909年的昔日辉煌（带有现代浴室）。Albert原建筑坐落在卡拉凯特的主街道上，1955年被大火烧毁。酒店提供住宿套餐，包括早餐和场地参观。

Mitchan Sushi
日本菜 $$

(www.mitchansushi.com; 114 Blvd St-Pierre West; 寿司 $6~10, 主菜 $8~14; ⊙周三至周六17:00~20:00) 这里提供有品位且井然有序的就餐体验，精美呈现的日式料理选用新鲜的本地海鲜。遗憾的是，它并非每天都开门营业；去之前查看营业时间。

Le Caraquette
加拿大菜 $$

(89 Blvd St-Pierre Est; 主菜 $8~15; ⊙周一至周六 18:00~21:00, 周日 19:00~21:00) 这是一间务实不花哨的美式小餐馆风格家庭餐厅，俯瞰着海港美景，供应滨海诸省的标准菜式，比如炒蛤蜊和蛋黄酱鲜虾沙拉（mayonnaise shrimp salad），同时还有法式加拿大特色菜，例如干酪浇肉汁土豆条（poutine）和熏肉三明治。

实用信息

游客信息中心（Visitor Information Centre; ☎202-726-2676; www.caraquet.ca/en/tourism/discover-caraquet; 39 Blvd St-Pierre West; ⊙6月至9月 9:00~17:00) 提供有关本地事务以及阿卡迪亚历史村庄的相关信息。

到达和离开

该省这一地区周边的公共交通非常有限，Maritime Bus的长途汽车不经过这里。想去米拉米希或巴瑟斯特搭乘长途汽车或火车的当地居民，先要乘坐面包车充当的班车，然后才能换乘；详情可到**游客信息中心咨询**。

巴瑟斯特（Bathurst）

这里曾是一座矿业城镇，宁静、漂亮的小城巴瑟斯特坐落在巴瑟斯特港（Bathurst Harbour），被卡伦角（Carron Point）和阿尔斯通角（Alston Point）两座半岛环绕。小城本身被一座横跨海港的桥相连，游客感兴趣的区域大都位于南边。

2015年，几栋历史建筑被火灾损坏，但街道仍然是适合伸展一下腿脚的怡人漫步之地。整修一新的港滨地带有一个旅游局办事处和两三家餐馆。城里没有多少可以做的事，但对于小城周边及广大的沙勒尔湾地区亲近自然的活动而言，这里是一个很好的出发地点，适宜的目的地包括尤果海滩（Youghall Beach；阿尔斯通角附近）、可爱的戴利角自然保护区（Daly Point Nature Reserve）以及帕比诺瀑布（Pabineau Falls）。

巴瑟斯特最初的名字是Nepisiquit，这个米克马克单词的意思是"汹涌的水域"。

◎ 景点

戴利角自然保护区   自然保护区

（Point Daly Reserve; Carron Dr）位于巴瑟斯特以东5.5公里处，这座可爱的自然保护区拥有若干带标识牌的小径，它们全都是以前一家矿产公司的杰作。秋天的时候，你会看到迁徙的加拿大雁。保护区内还有鹰、鱼鹰以及可爱的树林和灌木丛。小径沿线均设有信息牌。

巴瑟斯特历史遗产博物馆   博物馆

（Bathurst Heritage Museum；☎506-546-9449；360 Douglas Ave；◎6月末至8月中旬8:30～16:30）巴瑟斯特的历史在这里得到展示，博物馆藏品丰富，包括照片和档案文件等史料。

🛏 食宿

Auberge & Bistro l'Anjou   民宿 $$

（http://aubergedanjou.com；587 Principale St, Petit Rocher；房间 $89～108）民宿位于巴瑟斯特西北方向30公里外的小村庄Petit-Rocher，是任何想在当地过夜的旅行者的完美选择。它既是舒适的民宿，也是时尚的法式小馆。当地人对它的菜肴赞誉有加（推荐不可错过的糖馅饼）。这家法式小馆周三至周日营业；登录网站查看营业时段。

L'Étoile du Havre B&B   民宿 $$

（☎506-545-6238；www.etoileduhavre.com；405 Youghall Dr；房间 $125；P ❋ ⓢ）正对着一座高尔夫球场，位置十分安静，而且就在前往尤果海滩的途中，这家极具设计感的超现代民宿有六个房间，室内空间呈敞开式布局，看上去简直就像是从家居杂志里直接照搬的一样。烹饪早餐（煎饼之类）向所有客人供应，可在巨大的敞开式厨房兼休息室享用。这里对同性恋友好。

Pabineau Seafood Restaurant   海鲜

（☎506-546-5150；www.facebook.com/pabineauseafood；1295 Pabineau Falls Rd, Pabineau First Nation；主菜 $8～20；◎5月至9月 周四至周日 11:00～20:00）坐落在**帕比诺瀑布**（Pabineau Falls; Pabineau Falls Rd, Pabineau First Nation）附近，这家由当地第一民族团体经营的小餐馆是前往瀑布之前采购野餐食品的好地方。菜单上有龙虾卷和煎炸的虾、扇贝和蛤蜊。提前打电话确认它是否开门营业。

Nectar   各国风味 $$$

（www.facebook.com/nectarcuisineinter

> **值 得 一 游**
>
> ### 观光自驾：阿卡迪亚半岛
>
> 到新不伦瑞克省的最东北端去看看，穿过圣劳伦斯湾（Gulf of St Lawrence）到达拉布拉多（Labrador），这里有一连串地势低且平坦的岛屿。Rte 113横穿盐沼后首先到达**Shippagan**，这里有省内最大的渔船队，王牌渔获就是螃蟹。跨过桥到达**Lamèque**，这个整洁的渔村已连续30多年举办**Lamèque国际巴洛克艺术节**（Lamèque International Baroque Festival；☎506-344-5846；www.festivalbaroque.com；◎7月末）。留心看一看几乎家家门廊上飘扬的红白蓝阿卡迪亚旗帜。在非常不错的**Aloha Café-Boutique**（41 Rue Principale, Lamèque；主菜 $7～9；◎周一至周四 7:00～16:00，周五至21:00，周六和周日 8:30～16:00；ⓢ）吃一顿简便的午餐。从Rte 113继续向北行进，来到**米斯库岛**（Miscou Island）。道路的尽头是一座美丽的灯塔。返程途中，在即将过桥之前的码头上，前往餐厅**La Terrasse à Steve**（Rte 113, Quai de Miscou, Miscou Island；主菜 $20起，海鲜拼盘 $130；◎5月至9月 8:00～20:00），在那里，龙虾和海鲜让你大快朵颐。好消息是什么？新鲜的鱼和完全不用油煎炸的做法。

nationale; 50 Douglas Ave; 主菜 $26~36; ⊙周一至周六 9:00~20:00)坐落在巴瑟斯特港上方，Nectar为多种多样的客户群体服务，从喝咖啡的人（楼下）到吃简便午餐的食客，再到那些追求更高级（也更昂贵）的餐饮体验的人（楼上）。富于进取心的菜单上什么都有，从龙虾三明治到三文鱼菜肴和各式各样的沙拉。这里还有一个时尚的马提尼酒廊，在当地商务人士中很受欢迎，是个不会令人失望的选择。

❶ 实用信息

旅游局办事处（☏506-548-0412；www.bathurst.ca；Bathurst Harbor；⊙9月至次年4月 周一至周五 9:00~16:00，5月 至17:00，6月至8月 至20:00）这个很有帮助的办事处可以介绍你参加巴瑟斯特周边亲近自然的活动。

❶ 到达和离开

Maritime Bus（www.maritimebus.com）的长途汽车会在巴瑟斯特停靠。便利的目的地包括弗雷德里克顿（$68.50，6小时，每天1班）、坎贝尔顿（$25.50，1.5小时，每天1班）、圣约翰（$63.50，6.25小时，每天1班）和蒙克顿（$46，3.25小时，每天1班）。注意：如果要前往希池亚克（$41.75，2.75小时，每天1班），必须提前24小时预订。登录网站查询前往新斯科舍省悉尼的班次。

坎贝尔顿（Campbellton）

坎贝尔顿位于魁北克与新不伦瑞克的省界上，是一个令人愉快但并不起眼的工业城镇。长长的雷斯蒂古什河（Restigouche River）蜿蜒穿过新不伦瑞克北部地区，成为新不伦瑞克省与魁北克省的界河，最后在此奔腾入海。城镇一侧濒临沙勒尔湾，其余几面被连绵起伏的壮阔山脉环绕。越过省界即可到达马塔佩迪亚（Matapédia），Hwy 132在魁北克省延伸148公里后抵达蒙若利（Mont Joli）。

1760年，"七年战争"（Seven Years' War）最后一次海军交战就发生在紧邻这片海岸的海域。雷斯蒂古什战役（Battle of Restigouche）标志着英国和法国为争夺加拿大而进行的长期争斗终于落下帷幕。

如今，来这里的原因只有两个：往来魁北克省时经过这里，或是去**舒格洛夫省立公园**（Sugarloaf Provincial Park；www.parcsugarloafpark.ca；596 Val d'Amours Rd, Atholville）徒步、滑雪和露营。海拔近400米的舒格洛夫山（Sugarloaf Mountain）高耸在公园里，这座山和里约（Rio）那座与其同名的山看起来有点儿像。从415号出口驶离Hwy 11就能到达公园。仅需半小时就可以从山脚步行到山顶，那里视野开阔，坎贝尔顿和雷斯蒂古什河的美景绝对令你不虚此行。另一条长4.2公里的小道绕在山脚下。

🛏 住宿

Campbellton Lighthouse Hostel 青年旅舍 $

（☏506-759-7044；www.hihostels.com/hostels/hi-campbell-ton；1 Ritchie St；铺 $16.50；⊙6月至8月；🅿）这家青年旅舍位于雷斯蒂古什河（Restigouche River）旁边一座改造过的灯塔内，是个绝对新奇的住处。宿舍很干净，而且是男女分开的。它靠近Maritime汽车站和坎贝尔顿8.5米高的**三文鱼雕塑**（salmon sculpture）。

Dans les Draps de Morphée 民宿 $

（☏506-329-0274；www.drapsdemorphee.com；7 Ritchie St；房间 $75~100）这家一尘不染的民宿有四个房间（及一间阁楼公寓），位于一栋怡人的民宅里，位置居中，就在灯塔附近。老板的厨房供应丰盛的烹饪早餐。

舒格洛夫省立公园 露营地 $

（☏506-789-2366；www.parcsugarloafpark.ca；596 Val d'Amours Rd；露营地/房车营地 $28/36 圆顶帐篷 $43；⊙5月底至9月底）距离坎贝尔顿市中心4公里，共有76个露营位置，是周边最美丽的非荒野露营区域之一。房车有单独的区域，不过你可能还是会听到发电机的噪声。如果你没有自备帐篷，可以选择这里的圆顶帐篷。公用厨房有一个可以烘焙的木柴烤炉。

Maison McKenzie House B&B 民宿 $$

（☏506-753-3133；www.bbcanada.com/4384.html；31 Andrew St；房间带公共卫浴含早

餐 $75~100；P😊🐕）这家民宿位于一栋建于1910年的温馨民宅内，离市中心很近。花费$60，当地人会租给你一艘皮划艇，还会把你送到河流上游。

❶ 实用信息

省立旅游局办事处（Provincial touristoffice；📞506-789-2367；www.tourismnewbrunswick.ca；56 Salmon Blvd；⊙5月和6月 9:00~17:30，7月和8月 9:00~19:00；9月和10月 9:30~18:00）这个很有帮助的旅游局办事处就在City Centre Mall的隔壁，离8.5米高的巨型三文鱼雕塑不远。

❶ 到达和离开

Maritime Bus（📞506-753-6714；www.maritimebus.com；157 Roseberry St；⊙6:00~21:00）的长途汽车停靠站设在Prince William St附近的Pik-Quik便利店。长途汽车每天前往弗雷德里克顿（$82；7.5小时）和蒙克顿（$59；5小时）。**Orléans Express**（www.orleansexpress.com）每天有2班（早晨1班，下午1班）长途汽车从Pik-Quik发车，开往加斯佩（Gaspé；$41；6小时）和魁北克市（Québec City；$91；7小时）。

加拿大国家铁路公司火车站（www.viarail.ca；99c Roseberry St）是个位置居中的便利枢纽。有火车开往魁北克市（$95含税，8小时），每周三班。

爱德华王子岛省

包括 ➡

夏洛特敦 500
爱德华王子岛
国家公园 513
新格拉斯哥 517
肯辛顿 519
卡文迪什 520
萨默赛德 522
泰恩河谷 524
蒂格尼什和北角 524

最佳就餐

➡ Inn at Bay Fortune (FireWorks;见511页)

➡ New Glasgow Lobster Supper(见518页)

➡ Landmark Café(见513页)

➡ Harbourview Restaurant (见509页)

➡ Water Prince Corner Shop & Lobster Pound (见505页)

最佳住宿

➡ Fairholm National Historic Inn(见504页)

➡ Dalvay by the Sea (见515页)

➡ Barachois Inn(见517页)

➡ Great George(见503页)

➡ Around the Sea(见517页)

为何去

爱德华王子岛如故事书一般漂亮精致,确切地说,那本故事书就是露西·莫德·蒙哥马利的经典之作《清秀佳人》(*Anne of Green Gables*)。与这本书的女主角、受到全世界爱戴的安妮·雪丽的红头发一样,这座岛屿也是红色的——在全岛各个地方,赭石色泽的富饶土壤滋养着苍翠的牧场,而海岸线布满玫瑰花和金色沙滩。安妮挚爱的风景几乎没有改变过,仍然是连绵不绝的田野、整洁的村舍屋顶和海滨村庄拼凑出的一幅绿色画卷。

这座岛屿在很大程度上是自给自足的,而且已经打造出了美食目的地的名声,这里的特色是将农场和海洋端上餐桌。岛的面积不算太大,因此开车或骑车探索都比较容易——这座岛的联邦小径是全世界最好的骑行目的地之一。而且和滨海诸省的其他地区一样,这里的人民既热情又充满了魅力。

何时去

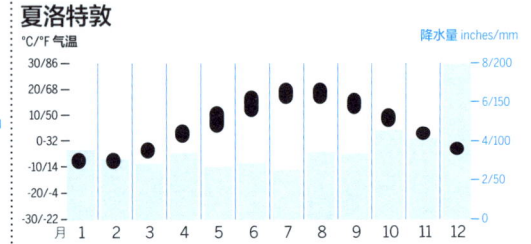

夏洛特敦

6月 在人潮涌来之前,享受宁静的春天和繁盛的野花。

7月和8月 整座岛屿进入节日模式,每晚都有现场音乐和龙虾晚餐。

9月 传统音乐与节庆事揭开岛上秋季美食节的序幕。

历史

米克马克人是这座岛屿的土著居民，他们称这个岛为Abegeit（哺育在浪花中的土地）。虽然法国人雅克·卡蒂埃（Jacques Cartier）于1534年首次记录了岛屿的存在，但直到1603年这里才迎来首批来自欧洲的定居者。在爱德华王子岛，法国殖民地起初的规模很小，直到英国在18世纪50年代将阿卡迪亚人从新斯科舍驱逐出来后，这里的法国殖民地才逐渐发展起来。1758年，英国人又占领了这座当时被称为"圣让岛"（Ile St Jean）的岛屿，并且驱逐了岛上的3000名阿卡迪亚人。根据1763年签署的《巴黎条约》（Treaty of Paris），法国正式把这座岛屿割让给英国。

为了吸引更多的居民，英国当局把岛屿分成67块，并举行抽签仪式来分配土地。但不幸的是，这次"大赠送"的获奖者多数都是投机商，他们并没有定居下来或者去开发这个岛屿。这些在外地主的饱受争议的行为不仅阻碍了人口增长，还引发了定居者之间的动乱。

1867年，爱德华王子岛未能成为加拿大的一部分，其主要原因是联邦政府没有提出一个解决土地问题的方案来。1873年，《强制土地征收法案》（*Compulsory Land Purchase Act*）迫使在外的地主出售土地，并为爱德华王子岛于该年的晚些时候加入加拿大扫清了道路。自从20世纪30年代以来，岛上的人口数量一直稳定保持在14万左右。

经过激烈的争论之后，在1997年，联邦大桥（Confederation Bridge）将爱德华王子岛与新不伦瑞克及加拿大大陆连接起来。大桥全长近13公里，是世界上架在冰封水域上最长的人造桥梁。

到达和离开

爱德华王子岛的公共交通数量很少。大多数游客会租赁小汽车或自行车。

飞机

夏洛特敦机场（见508页）距离市区8公里，运营进入和离开该省的所有航班。

加拿大航空（Air Canada, AC；☎888-247-2262；www.aircanada.com）每天都有航班从哈利法克斯（Halifax）和多伦多（Toronto）飞往夏洛特敦，旺季（6月到9月）还有从蒙特利尔（Montréal）飞来的航班。

达美航空（Delta Airlines, DL；☎800-241-4141；www.delta.com）在旺季每天从纽约和波士顿各有一趟航班直飞夏洛特敦。

西捷航空（West Jet, WS；☎888-937-8538；www.westjet.com）提供直飞多伦多和渥太华的航班。

自行车

骑自行车的人和行人禁止通行联邦大桥，而必须使用24小时随到随走的摆渡服务（自行车/乘客 $8.75/4.25）。在爱德华王子岛一侧，可前往位于博尔登-卡尔顿（Borden-Carleton）的门户村庄（Gateway Village）的大桥管理楼；在另一侧，载客点位于Rte 16的51号出口处的茹瑞梅恩角自然中心（Cape Jourimain Nature Centre）。

联邦小径路面平坦，路况良好，横亘整座岛屿，穿越一些景色优美的村庄和小镇。可登录网站www.tourismpei.com/pei-confederation-trail查询详情。

长途汽车

Advanced Shuttle（见508页）从夏洛特敦或萨默赛德提供方便的班车前往哈利法克斯或沿途任何地点（成人单程$69）。面包车提供自行车挂架。

Maritime Bus（☎800-575-1807；www.maritimebus.com）经营的班车从新不伦瑞克的蒙克顿（Moncton）开往夏洛特敦（单程$41.75，3小时，每天2班），沿途停靠博尔登-卡尔顿和萨默赛德。每天有两趟班车开往哈利法克斯（单程$58.25，5.5小时），需要在新斯科舍省的阿默斯特（Amherst）换车。

Trius Transit（见508页）经营夏洛特敦和萨默赛德的交通服务，它的County Line Express每天3趟沿着Rte 2往返两地（单程$9）。车次时刻表可以在它的网站上查询。

快速参考

- 人口：146,283
- 面积：5700平方公里
- 省会：夏洛特敦
- 奇闻逸事：马铃薯产量极大，年产13亿公斤

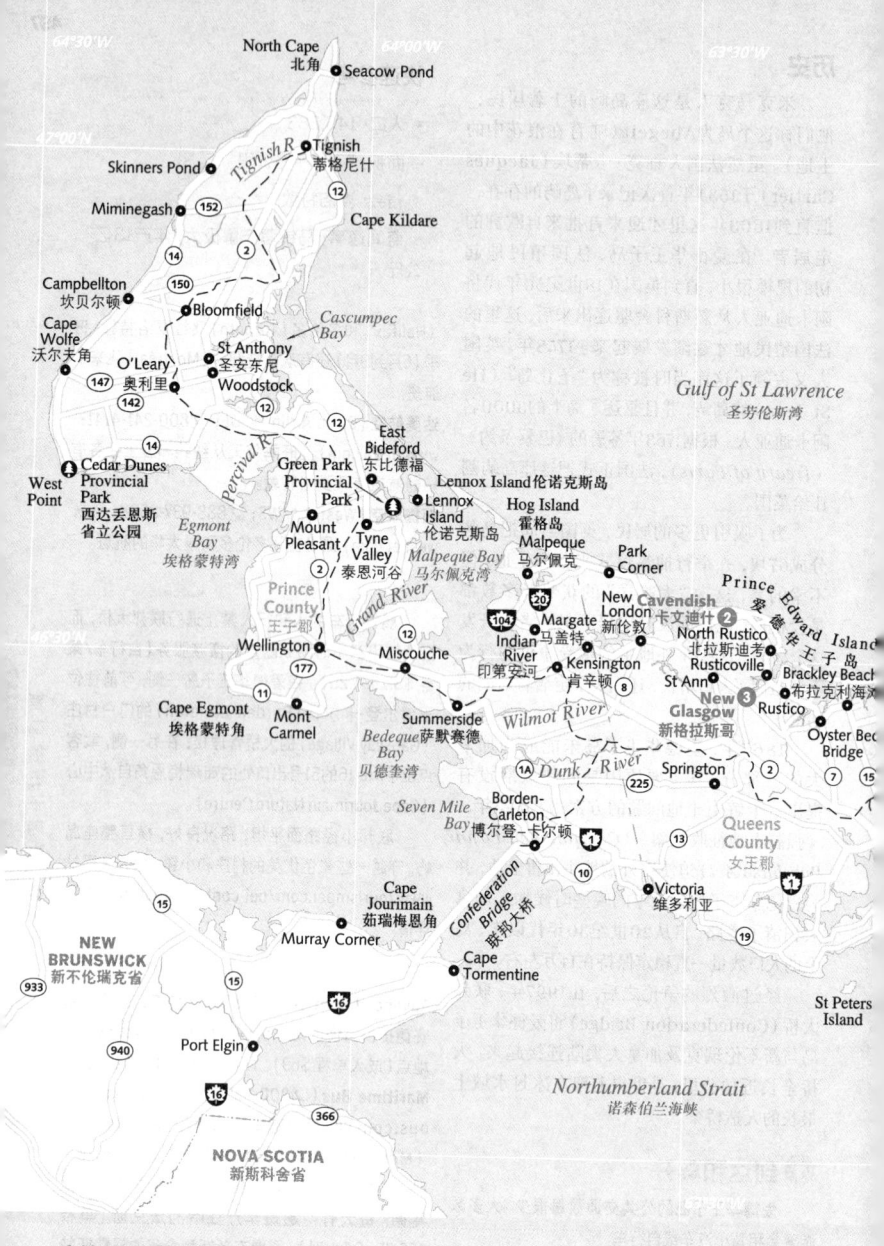

爱德华王子岛省亮点

❶ 夏洛特敦（见500页）住在古宅中的民宿里，沿着景色优美的滨水区散步，品尝美食。

❷ 《清秀佳人》绿色小屋（见520页）在**卡文迪什**穿越到《清秀佳人》的字里行间。

❸ **New Glasgow Lobster Supper**（见518页）在**新格拉斯哥**的龙虾盛宴上大快朵颐。

❹ **格林尼治解说中心**（见512页）沿着浮动的木栈道走进高低起伏的沙丘。

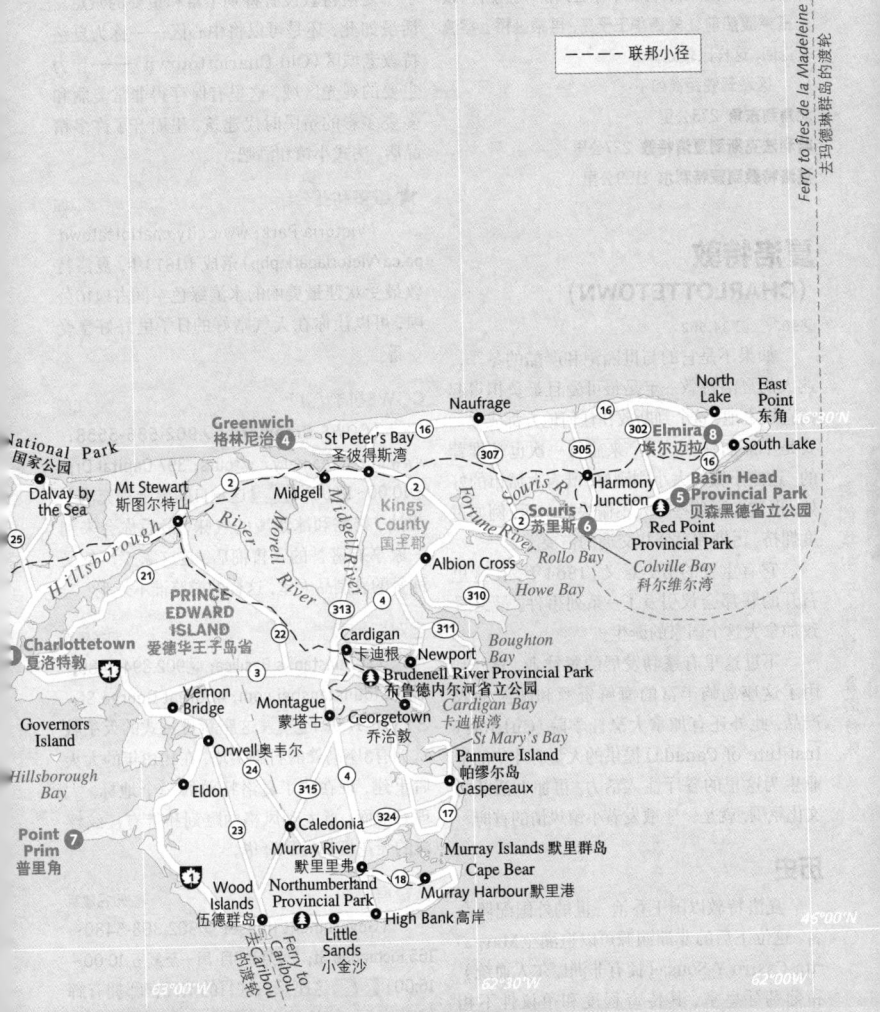

⑤ 贝森黑德省立公园（见511页）聆听这里的沙子在你的双脚之间发出的吟唱之声，然后去游泳。

⑥ Inn at Bay Fortune（见511页）在苏里斯附近的这个一流餐厅享受生活。

⑦ 普里角灯塔（见504页）想象自己是来自遥远过去的孤独灯塔看守人。

⑧ 埃尔迈拉铁路博物馆（见511页）回到童年，发现隐藏在自己身体里的那个火车迷。

小汽车和摩托车

联邦大桥是从新不伦瑞克和新斯科舍中东部前往爱德华王子岛最快捷的方式。但糟糕的是,两侧1.1米高的护栏遮挡了你想要欣赏的美景。过桥费在离开爱德华王子岛的时候收取,费用从车内所有乘客。如果你计划在行程中体验大桥和渡船,可以先搭乘渡船前往爱德华王子岛,再乘坐桥上摆渡车返回,这样比较划算。

区域驾驶距离如下:

北角到东角 273公里

哈利法克斯到夏洛特敦 227公里

夏洛特敦到蒙特利尔 1199公里

夏洛特敦
(CHARLOTTETOWN)

902/人口 34,562

如果不是它的与世隔绝和严酷的冬季,迷人的夏洛特敦一定是最可爱且最负担得起的宜居之地,这个判断放在任何地方都成立。要是不能居住在这里,来旅行一次也是推荐的。这座小城的大小刚刚好,既有大城市的好处,也避免了那些令人不愉快的东西,例如过度拥挤、污染和对公共交通的需要。

它有重要的历史意义。1864年,在这里召开的联邦会议引发了一系列事件,最终导致加拿大这个国家的诞生。

不过这里有蓬勃发展的餐饮业,充分利用了这座岛屿丰富的海鲜资源和新鲜的农产品,此外还有加拿大烹饪学院(Culinary Institute of Canada)提供的大量有才华的毕业生为这里的餐厅注入活力。再加上活跃的文化氛围,就是一座散发着小镇风情的首府。

历史

夏洛特敦以国王乔治三世的外国配偶命名。这位王后的非洲渊源可以追溯到Margarita Castro Y Sousa(拥有非洲摩尔人血统)和葡萄牙皇室,其传奇程度和争议性不相上下。

虽然许多人相信城市壮丽的港口是夏洛特敦成为省府的原因,但现实并没有那么光鲜亮丽。1765年,当时的总测量师之所以看上夏洛特敦,是因为他觉得赋予岛屿贫穷地区一些特权是有先见之明的。但不管怎样,凭借1864年在这里召开的著名的联邦会议,夏洛特敦作为国家的诞生地被铭记到了加拿大的历史之中。

⊙ 景点

夏洛特敦没有特别丰富和重要的景点。话虽如此,还是可以将中心区——称为夏洛特敦老城区(Old Charlottetown)——作为主要的观光区域,这里有保存得非常美丽和多姿多彩的殖民时代建筑,里面开了许多精品店、法式小馆和酒吧。

★ 维多利亚公园   公园

(Victoria Park; www.city.charlottetown.pe.ca/victoriapark.php)落成于1873年,夏洛特敦最受欢迎最美丽的水滨绿色空间占地16公顷,可以让你在天气晴好的日子里好好享受一番。

COWS乳制品厂   工厂

(COWS Creamery; 902-566-5558; www.cowscreamery.ca/tours; 397 Capital Dr; ⊙10:00~18:00) **免费** 这趟自助游全程充满了黄油、奶酪和冰激凌的气味,最后你会来到一家享有盛誉的零售商店,是这家工厂备受称赞的乳制品天堂,这样的游览谁不爱呢?

圣邓斯坦教堂   知名建筑

(St Dunstan's Basilica; 902-894-3486; www.stdunstanspei.com; 45Great George St; ⊙9:00~17:00) **免费** 这座新哥特式的天主教堂拥有3座高耸的石砌尖塔,在1913年的大火后重建,现在成了夏洛特敦的一个地标。大理石地面、意大利风格的雕刻和带有棱纹浮雕的天花板都极尽奢华。

省督官府   知名建筑

(Government House; 902-368-5480; 165 Richmond St; ⊙7月和8月 周一至周五 10:00~16:00) **免费** 这座惹人注目的殖民官邸拥有辉煌的大厅、帕拉第奥式的窗户和多利斯式的柱廊,自1835年起一直是爱德华王子岛副总督的官邸。由于它是私人住宅,这栋房子平时不向公众开放,只在7月和8月组织导览团队游。

比肯斯菲尔德古屋   知名建筑

(Beaconsfield Historic House; 902-

368-6603; www.peimuseum.com; 2Kent St; 成人/学生/家庭 $5/4/14; ⊙10:00~17:00)比肯斯菲尔德古屋拥有完美无瑕的观景楼、造型精美的边饰和19世纪雅致的装潢，是夏洛特敦最精美的维多利亚风格建筑。不妨前来转转，或是坐在露台，壮丽的景色一定会让你印象深刻。

团队游

夏洛特敦游客信息中心（见508页）提供自助徒步游的手册。

★ Happy Clammers 钓鱼

(☏866-887-3238; www.experiencepei.ca/happy-clammers; Rte 1, Pinette; 成人/儿童 $100/25 至少4人; ⊙7月至10月周一至周六时间取决于潮汐）很多人来这里捕获蛏子、软壳蟹、浪蛤和圆蛤。用渔获填满你的小桶，回到吉尔伯特（Gilbert）和高迪（Goldie）的家中烹饪你新鲜捕获的食物，搭配这个当地充满魅力的家庭烹制的其他可口餐点，尽情享用吧。

★ Confederation Players Walking Tours 步行

(☏800-565-0278; www.confederationcentre.com; 6Prince St; 成人/儿童 $15/8; ⊙7月至8月每天）这是游览夏洛特敦最好的方式。演员装扮成19世纪时联邦的创始人，寓教于乐地穿梭在城镇的历史街区之中。团队游从创始人纪念馆出发，有一系列不同的主题和路线可以选择。

Peake's Wharf Boat Cruises 游轮

(☏902-566-4458; www.charlottetownboattours.com; 1Great George St; 团队游 $34起; ⊙6月至8月 14:30、18:30和20:00）登上45英尺长的Fairview号，观察海洋生物，聆听趣味故事，并从不同的角度在港湾海域欣赏夏洛特敦。有不同路线可选，游玩的时间各异。

Harbour Hippo Hippopotabus 团队游

(☏902-628-8687; www.harbourhippo.com; 2Prince St; 1小时团队游成人/儿童 $26/19)想要了解夏洛特敦的历史风情，又担心孩子会无聊？跳上这艘水陆两栖船吧，先会带你前往所有陆地景点，然后在海上漂流。

✦✦✦ 节日和活动

爱德华王子岛汉堡节 美食节

(PEI Burger Love; www.peiburgerlove.ca; ⊙3月）在这个持续一个月的活动中，不起眼的汉堡包是主角。它很受夏洛特敦各个餐厅的重视，每家餐厅都用尽浑身解数，要做出爱德华王子岛最受喜爱的汉堡。

小会堂节 音乐节

(Festival of Small Halls; www.smallhalls.com; ⊙6月中旬）那些曾经离开家乡，"功成名就"的岛上音乐家、舞蹈家和讲故事的人们，在这个很受欢迎的节日里回到故土，在爱德华王子岛全境的乡村社区会堂进行表演。

夏洛特敦节 表演艺术

(Charlottetown Festival; ☏800-565-0278; www.confederationcentre.com; ⊙6月至9月）由联邦艺术中心（见507页）组织，这个活动已经运营了很长一段时间，包含免费的户外表演、儿童剧场和舞蹈节目。

故土周 文化节

(Old Home Week; ☏902-629-6623; www.oldhomeweekpei.com; ⊙8月中旬）这个为期10天的活动在省立展览馆（Provincial Exhibition）的庭院里举行，包含嘉年华、音乐演奏会、博彩游戏、驾车赛马和牲畜大会。

秋季美食节 美食节

(Fall Flavours; ☏866-960-9912; www.fallflavours.ca; ⊙9月）这场规模宏大的厨艺盛宴现在是岛上最大型的节日之一，持续一个月，有美味的佳肴搭配传统的音乐。不要错过牡蛎脱壳锦标赛或是海鲜浓汤挑战赛。

🛏 住宿

夏洛特敦老城区的魅力以及和主要景点与知名餐厅之间的近距离，使其成了最受追捧的过夜选择。在夏季，夏洛特敦会举办大量活动，因此建议提前预订好。在淡季的时候，住宿点会很充裕，许多地方也会降低价格。所有住宿都提供（或在附近有）免费的停车位。

Charlottetown Backpackers Inn 青年旅舍 $

(☏902-367-5749; www.charlottetown

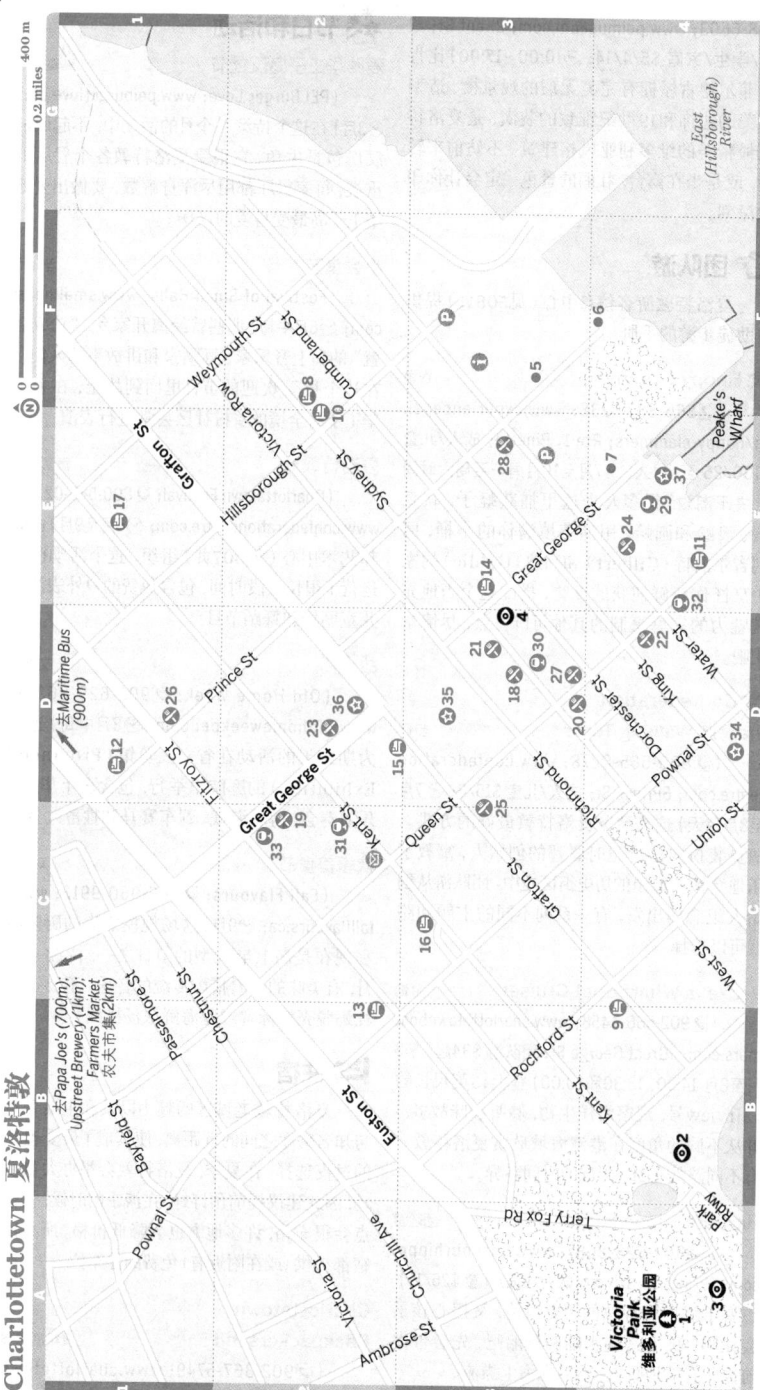

Charlottetown 夏洛特敦

502

爱德华王子岛省 夏洛特敦

Charlottetown 夏洛特敦

◎ 重要景点
1 维多利亚公园 A4

◎ 景点
2 比肯斯菲尔德古屋 B4
3 省督官府 A4
4 圣邓斯坦教堂 D3

⊙ 活动、课程和团队游
5 Confederation Players Walking Tours F3
6 Harbour Hippo Hippopotabus F4
7 Peake's Wharf Boat Cruises E4

⊜ 住宿
8 Aloha Tourist Home F2
9 Charlotte's Rose Inn B4
10 Charlottetown Backpackers Inn E2
11 Delta Prince Edward E4
12 Fairholm National Historic Inn D1
13 Fitzroy Hall B&B B2
14 Great George E3
15 Holman Grand Hotel D2
16 Rodd Charlottetown C3
17 Spillett House B&B E1

⊗ 就餐
18 Brickhouse Kitchen & Bar D3
19 Cedar's C2
20 Churchill Arms D3
21 Claddagh Oyster House D4
22 Kettle Black D4
23 Leonhard's D2
24 Local 343 .... E4
25 Pilot House C3
26 Splendid Essence D1
27 Terre Rouge D3
28 Water Prince Corner Shop & Lobster Pound E3

⊖ 饮品和夜生活
29 Brakish E4
30 Gahan House D3
31 Hopyard C2
   Marc's Studio .... (见18)
32 Merchantman E4
33 Old Triangle C2

⊙ 娱乐
   Baba's Lounge .... (见19)
34 城市电影院 D4
35 联邦艺术中心 D3
36 Mack D2
   Olde Dublin Pub .... (见21)
37 Peake's Quay E4

---

backpackers.com; 60Hillsborough St; 铺/双含早餐 $33/80; 🛜)红白油漆粉刷的外墙十分明亮,还有快乐的宾客在草坪上随意走动,你绝对不会错过这家非常棒的背包客旅舍的。这里提供男女专用和混合的多人间、一间不错的厨房以及一个不同寻常的公共休息室,里面有一台唱机转盘和丰富的黑胶唱片收藏。准备好,这里随时会自发举办户外烧烤和饮酒活动。

Spillett House B&B 民宿 $

(☎902-892-5494; www.spilletthouse.pe.ca; 157Weymouth St; 双$70起; 🛜)这座迷人的老房子干净得一尘不染,配有擦亮的硬木地板和古董装饰,自家缝的被子铺在床上,窗边挂着蕾丝窗帘。这里欢迎儿童入住,并且提供自行车存放设施。有公共卫浴。

Aloha Tourist Home 民宿 $

(☎902-892-5642; www.alohaamigo.com; 234Sydney St; 双/套$65/140起; 🛜)这座名副其实的民宿老屋位置居中,是一个很受欢迎的选择,装配了古董和舒适的大床,但价格并不贵;6个房间中有3个共用浴室,还有一个双卧家庭套房。有美味的自助早餐。

Holman Grand Hotel 酒店 $$

(☎877-455-4726; www.theholmangrand.com; 123 Grafton St; 双/套$119/189起)这个极简主义的现代私人酒店拥有一系列简单时尚的客房,其中融入了一些独特的元素,如洒满阳光的露台和高高的天花板。室内游泳池和健身房是那种看上去就真的想去享受的!

Great George 精品酒店 $$

(☎902-892-0606; www.thegreatgeorge.com; 58Great George St; 双/套 $179/219起; ❋🛜)这幅由色彩斑斓的知名建筑构成的拼贴画位于夏洛特敦最著名的一条街,房间类型风格多样,有的奢华复古,有的现代前卫,

值得一游

奥韦尔角和普里角

如果你在寻找从夏洛特敦出发且适合儿童的漂亮半日游目的地,而且你已经了解了《清秀佳人》的背景知识,那就从夏洛特敦沿着Hwy 1向东吧。大约30公里后,你就会抵达**奥韦尔角历史村庄**(Orwell Corner Historic Village; 902-651-8510; www.peimuseum.com; Resource Rd 2, Vernon Bridge; 成人/儿童 $9/4.50; 7月至9月9:00~16:30,6月和9月至11月周一至周五 9:30~16:30),这里用动物、古董和穿着古装的当地人再现了一座古朴的19世纪农场村落。继续沿着公路前行即可到达**Sir Andrew MacPhail Homestead**(902-651-2789; www.macphailhomestead.ca; 271 MacPhail Park Rd, Vernon Bridge; 7月至9月 周三至周日 10:00~17:00),这里在夏日的午后营业,提供茶点。

这场半日游的真正亮点是在沿着Rte 1继续向南11公里之后,你会在那里看到前往普里角Point Prim的路标。这片有着田园风光的狭长海angle在夏季被野玫瑰、野胡萝卜花(Queen Anne's lace)和麦田所覆盖,两侧都能欣赏到红沙滩。最末端是这个省份最古老的灯塔**普里角灯塔**(Point Prim Lighthouse; 902-659-2768; www.pointprimlighthouse.com; 2147 Point Prim Rd, Belfast; 成人/儿童 $3.50/2; 7月和8月 10:00~18:00,6月和9月 周三至周日 10:00~18:00),我们认为也是最漂亮的灯塔。如果幸运的话,你还能爬上灯塔的顶端,鸣响雾笛。

如果你想做更多事,可以联系**Happy Clammers**(见501页)友好的员工,他们会带你搜寻软壳蟹、浪蛤和圆蛤,然后把你带回家,告诉你如何将自己的收获变成美味大餐。

在海边的**Point Prim Chowder House**(902-659-2187; www.chowderhousepei.com; 2150 Point Prim Rd, Belfast; 主菜 $8~25; 6月至10月 11:00~19:00)用一份海鲜浓汤作为这一天的结尾,然后回到夏洛特敦,或者继续向南前往伍德群岛(30公里),在那里搭乘渡轮前往新斯科舍省。

但都非常漂亮。这里对同性恋和家庭出游的旅行者都很友好,还提供儿童照看服务和一个健身房。

Rodd Charlottetown   历史酒店 $$

(902-894-7371; 75 Kent St; 双$149起; P❄@🐾)由加拿大太平洋铁路(Canadian Pacific Railways)公司在1931年修建,这座曾经宏伟的酒店多年以来变化不大。很多人可能会说它需要翻新了,但其他人会爱上稍微有些年代感的房间、老式浴室、实木门和敞开式窗户。它有一定的年头了,再加上城里酒店业的竞争,意味着只要你保持关注,就能发现特价活动。

Fitzroy Hall B&B   民宿 $$

(866-627-9766; www.fitzroyhall.com; 45 Fitzroy St; 双/套$165/219起; 🐾)这幢房屋融合了优雅和舒适的气质,由内而外散发着富丽堂皇的感觉,对客人的欢迎也是温暖且真挚的。民宿主人费尽心思让客人住得舒服,提供了精致的古董和素雅的配色,还有一些小细节,比如设有带冰箱的隐蔽壁龛供客人存放冷饮,还有供客人煮茶的热水壶。

Charlotte's Rose Inn   客栈 $$

(902-892-3699; www.charlottesrose.ca; 11 Grafton St; 公寓$150起,双 $165起; ❄🐾)阿加莎·克里斯蒂笔下的玛波小姐一定是住在附近。这幢颓废的维多利亚风格的建筑洋溢着十足的英伦风情,有色彩鲜艳的玫瑰图案墙纸、蕾丝边床罩、松软的大床和宽敞的浴室。客人们可以依偎在起居室的炉火旁,享受免费的茶点和蛋糕。其中现代的阁楼套间能够住下5个人,并且拥有私人屋顶露台。实行至少住两晚的政策。

★ Fairholm National Historic Inn   旅馆 $$$

(902-892-5022; www.fairholm.com; 230 Prince St; 双/套$129/289起; 🐾)这座历史悠久的客栈建于1838年,房间有奢华的布料、美丽的当地艺术品和大古董。后面有设计精美、设施齐全的现代化公寓。本书调研期间,这家旅馆极为聪明、神通广大且友好的老板正在将自己的商业帝国扩建到一块同样美丽的毗邻地皮上。记得登录网站查看详情。

★ Delta Prince Edward　　　酒店 $$$

(902-566-2222; www.marriott.com; 18Queen St; 双/套$169/269起; ）Delta的位置无与伦比,位于水滨,而且就在夏洛特敦生气勃勃的餐饮区域的核心位置。这些刚升级过的舒适房间很难挑出错来,它们有清爽、干净的线条和现代的式样,很多房间还能看到海港的景色。如果你是直接预订的房间,那么就会提供免费的Wi-Fi。

就餐

这座城市盛产大量的高档餐馆,这在很大程度上要归功于加拿大烹饪学院(Culinary Institute of Canada)持续培养出色的大厨。夏季时,Victoria Row的步行街和水滨区域迎来大量食客和酒徒。小酒馆的食物很划算,也是性价比不错的就餐选择。

Cedar's　　　黎巴嫩菜 $

(902-892-7377; 181 Great George St; 主菜 $10~25; 周一至周六 11:00~23:00,周日至16:00; ）Cedar自从1979年就开始为夏洛特敦的人们供应家常风格的黎巴嫩菜肴,至今仍被评为城里享用廉价、美味和健康餐食的最佳之选。每天都有夜间特价菜。

Leohnard's　　　咖啡馆 $

(www.leonhards.ca; 142 Great George St; 三明治 $8起; 周二至周六 9:00~17:00)这座小巧的咖啡馆放置了大量的坐垫椅,让人备感舒适,乡村风格素雅的色调也非常抚慰人心。让自己享用一番美味的德国糕点、沙拉和创意十足的三明治。还有全天候提供的早餐,包含土鸡蛋、种类丰富的奶酪和冷盘肉,比如黑森林火腿。配上农夫市集的茶和浓缩咖啡大快朵颐吧。

Splendid Essence　　　中国菜 $

(902-566-4991; www.splendidessence.com; 186Prince St; 主菜 $7~14; 11:30~15:00 和17:00~20:00; ）这家温馨的维多利亚风格建筑装修使用暖色调的木镶板,私密的包厢运用赤色、绿色和金色装饰,还点缀着中国艺术品,提供可口的台湾素食料理。推荐辣味素什锦和炒饭,再配上一杯热气腾腾的杏仁牛奶。

Maid Marian's　　　美式小餐馆 $

(902-566-4641; 7 Ellis Rd; 餐 $5~9; 7:00~20:00)这个老派的当地热门餐馆总是十分忙碌。它不在市中心,但它是你在去机场的途中吃个简便廉价早餐的好地方。这里没有花里胡哨的东西: 只有令人赞叹的20世纪80年代的绿色塑料卡座、观看爱德华王子岛的居民的机会、夜间特价菜如扇贝晚餐,以及$10以下的大量简单而丰盛的菜肴。

Papa Joe's　　　加拿大菜 $

(902-566-5070; www.papajoespei.ca; 345University Ave; 主菜 $10~18; 11:00~21:00)这个家庭风格的餐馆非常受当地人欢迎。人们来到这里都会放下架子,尽情品尝培根肉饼、火鸡肉馅饼或牛排三明治。周三则全天供应充满异域风情的印度料理。

Kettle Black　　　咖啡馆 $

(902-370-0776; 45 Queen St; 简单午餐 $9; 7:00~19:00)温馨舒适的面包房和咖啡馆好似介于郊外农舍和都市美术馆之间的混合体。品尝美味的咖啡、早餐和简单午餐。

★ Water Prince Corner Shop & Lobster Pound　　　海鲜 $$

(902-368-3212; http://waterprincelobster.ca; 141Water St; 主菜 $12~36; 9:30~20:00)如果当地人想要吃海鲜,他们都会前往这家毫不显眼的小餐馆。餐馆邻近码头,外墙粉刷成海蓝色。这里的扇贝汉堡有口皆碑,同时新鲜的龙虾也是镇上味道最好的。你或许需要排队等座位,也可以选择龙虾外带,这样会有不少折扣。

★ Claddagh Oyster House　　　海鲜 $$

(902-892-6992; http://claddaghoysterhouse.com; 131 Sydney St; 主菜 $13~32; 17:00~21:00)当地人盛赞Claddagh,认为它是夏洛特敦的最佳海鲜餐厅之一。相信他们! 从爱尔兰汲取灵感的这道"高威湾之乐"(Galway Bay Delight)的做法是在扇贝和鲜虾上淋上

一层新鲜的奶油，配上煎香的蘑菇和洋葱，再浇上利口酒Irish Mist，然后用火点燃。

Terre Rouge 加拿大菜 $$

(☎902-892-4032; www.terrerougepei.ca; 72 Queen St; 主菜 $12~32; ⊙周二至周日 11:00~15:00和17:00~22:00)自封为精工厨房（craft kitchen），Terre Rouge是那种健康饮食意味着舒适和有趣的地方。只有最无趣的就餐者才会在面对菜单时找不到令自己感到兴奋的东西：牛肉沙拉、鱼肉饼、海鲜浓汤、兵豆汉堡和炸玉米片都在嬉皮士风格的欢乐环境中为你呈现。

Local 343 咖啡馆 $$

(☎902-569-9343; 98 Water St; ⊙11:30~20:00; ⏎)在我们泄露天机之前，这家超赞的熟食店兼咖啡馆是当地的一个秘密。来品尝美味的家常风格汤羹、沙拉、三明治、乳蛋饼、烘肉卷、蟹肉饼……明白这里的菜式了吧。这里的很多东西都可以当作爱德华王子岛的完美野餐，你也可以把它们带回自己的住处，放松惬意地享用。

Brickhouse Kitchen & Bar 新派加拿大菜 $$

(☎902-566-4620; http://brickhousepei.com; 125 Sydney St; 主菜 $16~36; ⊙11:00~22:00)这座砖墙结构的经典建筑的时尚氛围与充满创意的料理相得益彰，深受岛屿文化影响，并且运用当地食材烹制而成。不妨尝试一下龙虾奶酪浇肉汁薯条（lobster poutine）、海鲜马赛鱼汤（seafood bouillabaisse）、泰式咖喱鸡或只是一个上好的本地牛肉汉堡。千万不要忘了在楼上享用一杯鸡尾酒或甜点后再离去。

Churchill Arms 小酒馆食物 $$

(☎902-367-3450; www.churchillarms.ca; 75 Queen St; 主菜 $10~22; ⊙周一至周六 11:30~21:00)既是个单独喝酒的地方，也是个生气勃勃的英式小酒馆，它成功达到了原汁原味的大分量英式小酒馆食物的标准：咖喱、牧羊人派（shepherd's pie）、香肠和土豆泥（bangers and mash）、王牌炸鱼薯条（食材来自当地）、炸马铃薯和洋白菜（bubble and squeak），适合在那些没别的事好做的时候前来。

Pilot House 新派加拿大菜 $$$

(☎902-894-4800; http://thepilothouse.ca; 70 Grafton St; 主菜 $24~39; ⊙周一至周六 11:00~22:00)罗杰斯通讯集团（Roger's Hardware）历史悠久的建筑大楼有超大型的木梁和砖柱，供应高档餐饮或酒馆美味。忠实的顾客大口吃下龙虾鸡肉卷、蔬菜比萨或海鲜挞。午餐的特价菜肴为$10起。

🍷饮品和夜生活

夏洛特敦酒吧林立，生意欣欣向荣。历史悠久的酒馆遍布老城区。多数酒吧和酒馆在周末或举办现场音乐表演的时候都会收取小额的入场费（大约$5）。这些场所一般在次日2:00关门，届时会有大量人潮涌向街道。

★Gahan House 小酒馆

(☎902-626-2337; http://charlottetown.gahan.ca; 126 Sydney St; ⊙11:00至午夜)在这幢气氛温馨的历史建筑内，酒馆老板酿造了本地的麦芽酒。不妨从Sir John A的蜂蜜麦芽啤酒（Honey Wheat Ale）开始了解这里，然后再品味馥郁醇厚的Sydney Street Strout烈性黑啤。这里的食物也很可口——和新老朋友一起来享用吧。

Hopyard 酒吧

(☎902-367-2599; 131 Kent St; ⊙11:00至午夜)啤酒、食物和塑料台面：夏洛特敦日益增长的酒吧业的这些新成员肯定会为你呈现这些……而当地人非常喜欢！

Upstreet Brewery 自酿酒吧

(☎902-894-0543; www.upstreetcraftbrewing.com; 41 Allen St; ⊙正午至午夜)拥有欢乐的气氛和美妙的啤酒，这家自创精酿啤酒制造商正在迅速成为夏洛特敦最受喜爱的饮酒之地。

Old Triangle 爱尔兰酒吧

(☎902-892-5200; www.oldtrianglecharlottetown.com; 189 Great George St; ⊙11:00~22:00)这家生气勃勃的爱尔兰酒吧经常有现场音乐演出，并源源不断地供应吉尼斯啤酒（Guinness）。

Merchantman 酒吧

(☎902-892-9150; www.merchantman.ca;

23 Queen St；⊙11:00~21:00）Merchantman身兼多种身份；它是个酒吧，是个餐厅，也是个外卖餐馆。夏天的时候，露台上的餐桌是沐浴阳光和享用一杯好酒的好地方，新鲜的爱德华王子岛牡蛎、海鲜和各种高档小酒馆食物绝对会让你食欲大开，大快朵颐。

Brakish　　　　　　　　　　　酒吧

（☎902-894-1112；www.brakish.com；2 Lower Water St；⊙正午至23:00）这家酒吧会在夏天焕发活力，因为夏洛特敦最好的海滨露台让它十分出名，很适合用美酒打发漫长的晴朗白天，不过要是你必须吃东西的话，菜单上也有很多新鲜的当地海鲜。

Marc's Studio　　　　　　　　酒吧

（☎902-566-4620；http://brickhousepei.com/marcs-studio.html；125Sydney St；⊙16:30至午夜）爬上楼享用一杯鸡尾酒或是在晚上来小酌一杯。凝望着当地已故艺术家马克·盖伦特（Marc Gallant，他在20世纪80年代修复了这幢建筑）的艺术品沉思一番，然后依偎在裸露砖墙旁边的沙发上舒服地待着。这家酒吧通常在午夜时分关门，但在人群消散之前会一直营业。

☆ 娱乐

夏洛特敦拥有大量的戏剧、音乐、岛屿文化和乐趣。在全城各地，每个娱乐场所都会举办传统的同乐会（ceilidhs，读作kay-lees），有时称为"厨房聚会"（kitchen parties）。这些富有生气的社区聚会通常会有欢快的凯尔特歌舞。《卫报》（*Guardian*）的周五版和每月免费印刷的*Buzz*都会刊列同乐会即将举行的时间和地址，并且提供其他娱乐活动的时间、地点等细节。

联邦艺术中心　　　　　　　　剧院

（Confederation Centre of the Arts；☎902-566-1267；www.confederationcentre.com；145Richmond St）这栋现代建筑拥有大型的剧院和户外圆形剧场，可以上演音乐会、戏剧和设计华美的音乐剧。自1964年音乐剧《清秀佳人》（*Anne of Green Gables*）开始登台献演以来，它就作为夏洛特敦节的一部分娱乐了一批又一批的观众，成为加拿大最经久不衰的一部音乐剧。你可以悄悄地欣赏这部作品，不必让你的朋友知道。

Peake's Quay　　　　　　　　现场音乐

（☎902-368-1330；www.peakesquay.com；11 Great George St；⊙正午至午夜）它实际上更像是一个餐吧（拥有岛上最大的露台），但这里是夏洛特敦最接近夜店的地方了，有客座DJ和特别活动。

Mack　　　　　　　　　　　　剧院

（128 Great George St）这家私密的剧场让观众围绕圆桌观赏演出，剧目以喜剧为主。

城市电影院　　　　　　　　　电影院

（City Cinema；☎902-368-3669；http://citycinema.net；64 King St）一家独立小剧场，放映加拿大本土和外国的电影。

Benevolent Irish Society　　　现场音乐

（☎902-963-3156；582 North River Rd；$10；⊙周五 20:00）位于城镇北侧的这个地方是欣赏同乐会的好去处。由于座位有限，请尽早前来。

Olde Dublin Pub　　　　　　　现场音乐

（☎902-892-6992；131 Sydney St；$8）这家传统的爱尔兰风情酒馆洋溢着欢乐的气氛，在夏天每晚都会举行现场娱乐表演。凯尔特乐队和当地大腕儿相继登台表演，尽情狂欢。

Baba's Lounge　　　　　　　现场音乐

（☎902-892-7377；81University Ave；⊙正午至午夜）这家温馨友好的场所位于Cedar's Eatery餐馆的楼上，当地乐队在此演奏他们的曲目。这里偶尔也会举办读诗会。

🔒 购物

农夫市集　　　　　　　　　　市场 $

（Farmers Market；☎902-626-3373；http://charlottetownfarmersmarket.weebly.com；100Belvedere Ave；⊙周六及7月和8月的周三9:00~14:00）饿着肚子、两手空空地来吧。享用一些烹饪好的岛屿美食，品尝丰盛的新鲜有机水果和蔬菜。市集位于城镇中心以北，紧邻University Ave。

ℹ️ 实用信息

夏洛特敦游客信息中心（Charlottetown Visitor Information Centre；☏902-368-4444；178 Water St；⊙5月至10月 9:00~17:00）岛上的主要游客中心，为你解决各种问题，提供大量手册和地图，并且可以免费上网。

邮政总局（Main Post Office；☏902-628-4400；101 Kent St；⊙周一至周五 9:00~17:00）中央邮局。

专业综合医疗中心（Polyclinic Professional Centre；☏902-629-8810；polycliniconline.com；199 Grafton St；⊙周一至周五 17:30~20:00，周日 9:30~12:00）夏洛特敦正常营业时间之外的医疗诊所，不用预约。

伊丽莎白女王医院（Queen Elizabeth Hospital；☏902-894-2111；60Riverside Dr；⊙24小时）设有急诊室。

加拿大皇家骑警（Royal Canadian Mounted Police；☏902-368-9300；450University Ave）只针对非紧急事件。

ℹ️ 到达和当地交通

飞机

夏洛特敦机场（Charlottetown Airport, YYG；☏902-566-7997；www.flypei.com；250 Maple Hills Ave）位于市中心以北8公里处。从市区乘坐出租车抵离机场的单程花费是$12，然后每多增加一人，需要多收取$3.50。

租车是比较好的交通方式，市区和机场有很多供应商。夏天的时候车辆紧缺，所以务必提前预订。

Trius Transit（T3 Transit；☏902-566-9962；www.triustransit.ca/）提供有限的公共交通，但对于这个布局紧凑的城市，步行或租一辆自行车都是很好的交通方式。

Advanced Shuttle（☏877-886-3322；www.advancedshuttle.ca）提供往返爱德华岛和新斯科舍的班车。

City Taxi（☏902-892-6567；www.citytaxipei.com）运营出租车服务。

MacQueen's Bycycles（☏902-368-2453；www.macqueens.com；430Queen St；租车每天/每周$25/125）出租各种优质自行车。儿童自行车半价。

Smooth Cycle（☏902-566-5530；www.smoothcycle.com；330University Ave；租车每天/每周$26/115）提供价格公道的自行车租赁和销售。

Yellow Cab PEI（☏902-566-6666；www.yellowcabpei.com）

爱德华王子岛省东部（EASTERN PRINCE EDWARD ISLAND）

爱德华王子岛可划分成3个部分，你可以自行穿越最东部的国王郡（Kings County），这也是岛上游客数量最少的地区。从修葺整洁的庄园再到蜿蜒曲折的东海岸，一路上可见受保护的港湾、宽阔的海滩和乡村客栈，茂密的树冠似乎不停地沿着遗产公路向远方延伸。全长338公里的东角海岸公路（Points East Coastal Drive）沿着海岸蜿蜒而去，一路经过许多精彩之处。

伍德群岛（Wood Islands）

伍德群岛是乘坐渡船启程前往新斯科舍的起点。

如果你需要在码头等候船只，很值得步行一点距离前往**伍德群岛省立公园**（Wood Islands Provincial Park）及其建于1876年的灯塔。

从伍德群岛出发，Rte4向东沿着诺森伯兰海峡（Northumberland Strait），在高岸（High Bank）折向内陆，通往默里河活跃又极具艺术气息的渔民定居点。海岸公路变成Hwy 18，环绕着熊角（Cape Bear），一路都能欣赏海景。在返回**默里港**（Murray Harbour）的村庄并抵达默里河之前，途经海角的灯塔。这条平坦空旷的公路提供宁静华美的景色，非常适合骑自行车。骑行者可以从默里河沿着海岸公路，然后折回前往伍德群岛，进入联邦小径的分支。

👁 景点

Newman Estate Winery　　　　葡萄酒厂
（☏902-962-4223；www.newmanestatewinery.com；9404Gladstone Rd, Gladstone；⊙需要预约）从默里河沿着Rte 348（Gladstone Rd）前往海边，就能找到Newman Estate Winery。这座迷人的酒庄专业酿造蓝莓酒，但最近开始尝试酿造白葡萄酒。

Rossignol Estate Winery 葡萄酒厂

(☏902-962-4193; www.rossignolwinery.com; 11147 Shore Rd, Murray River; ⏰5月至10月周一至周六 10:00~17:00,周日 13:00~17:00)想要在品酒的同时追求高雅的情调,可以乘坐游轮前往距离伍德群岛渡船码头9公里处的小金沙(Little Sands),这里的Rossignol Estate Winery提供免费品酒,并且专营果味葡萄酒。非常可口的黑莓蜂蜜酒(Blackberry Mead)赢得过一系列的金奖,使用玫瑰果酿造的野玫瑰利口酒(Wild Rose Liquor)同样也值得一试。冬季造访时,请提前致电。

🍴 就餐

Crabby's Seafood 海鲜 $

(☏902-962-3228; 84 Lighthouse Rd, Wood Islands; 单品$5起; ⏰6月至9月 正午至18:00)在渡船码头附近的Crabby's Seafood狼吞虎咽一份黄道蟹三明治或龙虾卷三明治吧。

★ Harbourview Restaurant 加拿大菜 $$

(☏902-962-3141; www.harbourviewrestaurant.ca; 7 Mariners Lane, Murray Harbour; 主菜 $8~24; ⏰周一至周六 8:00~21:00,周日 11:00~21:00)这家很受欢迎的餐厅此前名叫Brehaut's,它的前老板退休之后,部分员工决定接手并将餐厅重新命名,在保留了之前当地人最爱菜品的同时增加了新的选项。在乡村风格的温馨卡座里享用岛上最好的海鲜浓汤和其他休闲小吃。他们制作的奶昔也很棒!默里港位于伍德群岛以东21公里处。

ℹ️ 实用信息

伍德群岛游客信息中心(Wood Islands Visitor Information Centre; ☏902-962-7411; 13054 Shore Rd; ⏰10:30~21:00)这里是乘坐渡轮来到爱德华王子岛的旅行者们的主要游客中心。

ℹ️ 到达和离开

伍德群岛位于夏洛特敦东南方向51公里处,**Bay Ferries**(见377页)有渡轮在此载客前往新斯科舍省的Caribou(成人/儿童 $19/免费, 1小时15分钟)。普通的机动车收费$81。

蒙塔古及乔治敦
(Montague & Georgetown)

蒙塔古山势起伏的样貌让人产生如同身处内陆的别样错觉。这座繁忙的小镇横跨蒙塔古河的两岸,是国王郡的服务业中心。街道一头连接着微风徐徐又充满古迹的码头区域;另一头通往现代的购物中心、超市和快餐店。

在半岛四周,位于乔治敦的许多建筑遗产佐证了小镇在维多利亚时代占据着造船业中心的重要地位。如今,这座安逸的小镇凭借餐饮业和滨水环境成为旅游景点。

◉ 景点和活动

潘默尔海德灯塔 灯塔

(Panmure Head Lighthouse; ☏902-838-3568; 62 Lighthouse Rd, Panmure Island; 团队游$5; ⏰7月和8月 9:30~17:00,6月和9月时间不定)这座灯塔需要一点精心修缮了,它是这座岛的八角形灯塔,也是最古老的木质灯塔。

海湾花园博物馆 博物馆

(Garden of the Gulf Museum; ☏902-838-2467; www.montaguemuseumpei.com; 564Main St, Montague; 成人/12岁以下儿童$3/免费; ⏰6月至9月 周一至周五 9:00~17:00)在河的南侧,过去是邮局和海关大楼(建于1888年)的两座高耸的建筑俯瞰着码头区域,里面就是这座海湾花园博物馆。馆内的一些文物展示了当地的历史。

Tranquility Cove Adventures 钓鱼

(☏902-969-7184; www.tranquilitycoveadventures.com; Fisherman's Wharf, 1Kent St, Georgetown; 半天/全天 $60/100起)Tranquility Cove Adventures组织有口皆碑的垂钓和拾蛤之旅,还可以前往无人荒岛练习昆达利尼瑜伽(kundalini yoga)。登录网站了解其他团队游套餐的细节。

布鲁德内尔骑马场 骑马

(Brudenell Riding Stables; ☏902-652-2396; www.brudenellridingstables.com; 1小时骑马 $35; ⏰6月至9月)你可以参加骑马之旅,沿着小径穿越光影婆娑的树林并前往海滩,时长1小时。

🎊 节日和活动

潘默尔岛巫术仪式　　　　　文化节

(Panmure Island Powwow; ☎902-892-5314; ⊙8月中旬)这是一个一年一度的巫术庆典，有击鼓、工艺展示和蒸汗帐篷等内容——它吸引了大约5000名旅行者，所以休想拥有任何僻静的海滩!

🛏 住宿

★ Maplehurst　　　　　民宿 $$

(☎902-838-3959; www.maplehurstproperties.com; 1220 Route 347; 双 $145起; ⊙5月至11月; ⛔)想要享受奢华，可以选择富丽堂皇的Maplehurst民宿。玛莎·莱福特维奇(Marsha Leftwich)展现着加拿大南方人的热情好客，造就了这家精美的民宿，里面使用华美的枝形吊灯照明，而且极为注重细节。

Georgetown Inn & Dining Room　　客栈 $$

(☎902-652-2511; www.peigeorgetownhistoricinn.com; 62 Richmond St, Georgetown; 双 $105起; ⛔)这家客栈处于乔治敦的中心，以本地主题房间(包括一间《清秀佳人》主题房)和精致惬意的岛屿佳肴而知名。

布鲁德内尔河省立公园　　　露营地

(Brudenell River Provincial Park; ☎902-652-8966; www.tourismpei.com/provincial-park/brudenell-river; 紧邻Rte 3, Cardigan; 帐篷营地 $21, 房车营地 $24~28; ⊙5月至10月)就在城镇的北部，城市的发展与自然在布鲁德内尔河省立公园相遇。这是一块结合了度假村和公园的场地。提供帐篷和房车营地，还有村舍和汽车旅馆风格的住宿。活动包括皮划艇和徒步等，还可以在两块锦标赛场地打高尔夫。

帕缪尔岛省立公园　　　　　露营地

(Panmure Island Provinvial Park; ☎902-838-0668; www.tourismpei.com/provincial-park/panmure-island; Hwy 347; 帐篷和房车营地 $27起; ⊙6月至9月)你可以带上野餐来到帕缪尔岛省立公园的海滩，这里有专人负责监管。公园的露营地在树荫和岸边设有44处扎营点(多数都很简陋)。

🍴 就餐

Cardigan Lobster Suppers　　　海鲜 $$

(☎902-583-2020; www.peicardiganlobstersuppers.com; 4557 Wharf Rd, Cardigan; 成人/儿童 $39/26; ⊙6月至10月17:00~21:00)在小城卡迪根的一栋位于卡迪根港(Cardigan Harbor)的历史建筑中享受五道菜的龙虾晚餐。

Famous Peppers　　　　　比萨 $$

(☎902-361-6161; www.famouspeppers.ca; 3 Rink St, Montague; 比萨 $10起)供应城里最好的比萨——因为没有几家比萨店。

Clamdigger's Beach House & Restaurant　　海鲜 $$

(☎902-652-2466; 7 West St, Georgetown; 主菜 $12~37; ⊙11:00~21:00)一些人宣称这里供应着爱德华王子岛最美味的海鲜浓汤，但无论你持什么样的意见，从平台或透过餐厅的大窗户眺望水景的时候，都会忍不住大为赞叹。

Windows on the Water Café　　新派加拿大菜 $$

(☎902-838-2080; Sackville St和Main St交叉路口; 主菜 $9~17; ⊙5月至10月 11:30~21:30)一边享用丰盛美味的海鲜、鸡肉和素食，一边眺望河景，还有一些公路风景。尝试一下龙虾乳蛋饼(lobster quiche)，然后为新鲜出炉的烘烤甜点留点肚子。

ℹ️ 实用信息

岛屿接待中心(Island Welcome Center; ☎902-838-0670; Rte 3和Rte 4交叉路口; ⊙5月至10月 9:00~18:00)河岸上的老火车站里有一个岛屿接待中心，提供着爱德华王子岛这个角落的大量信息。

苏里斯(Souris)

作为熙熙攘攘的渔民社区，苏里斯(读作sur-rey)被科尔维尔湾(Colville Bay)的海水包围。它得名于阿卡迪亚法语和贪婪的老鼠，它们总是肆意破坏居民的粮食。如今，欢欣鼓舞的年度音乐节早已取代了往昔饥肠辘

> **不要错过**
>
> ## 贝森黑德省立公园
>
> 贝森黑德省立公园(Basinhead Provincial Park; www.tourismpei.com/provincial-park/basin-head; Basin Head)的明星景点是**贝森黑德海滩**(Basin Head Beach)金灿灿的大片沙滩。许多岛民将其视为他们最爱的海滩,我们也认可这种说法。这里的沙子以鸣唱声而闻名,当你踏沙而过,会听见些许的歌唱——好吧,是嘎吱作响。不过,沙子只会在干燥的时候发出声响,如果是下雨天就不会有动静。从博物馆往南,在5分钟的步行路上,你可以听见欢愉悦耳的"音乐般的"脚步声,并且没有人会来打搅——好好享受吧!

辘的啮齿动物,成为这里的新名片。

这个小镇是个不错的起点,骑行爱好者能够随着沿海公路(Rte 16)和经过这座小镇的联邦小径骑行。也可以在苏里斯乘坐渡船,前往魁北克省的玛德琳群岛。树木葱郁的海岸和这片海岸沿线轻快活泼的口音平添了与内陆农场不同的趣味。硕大的白色风车组成一道壮丽的风景线。北湖(North Lake)和诺弗拉港都是值得驻足的地方,如果你想钓鱼,不妨加入包船的行列,搜寻重达450公斤的巨型金枪鱼。

◉ 景点

埃尔迈拉铁路博物馆　　　　　博物馆

(Elmira Railway Museum; ☎902-357-7234; Rte 16A; 成人/学生/家庭 $5/4/10; ◐6月至9月 10:00~18:00)位于埃尔迈拉的这座博物馆包括一条稀奇古怪的火车线路(成人/学生/家庭 $6/4/15),火车穿梭于周围的森林之中,火车站是联邦小径东端的尽头。

东角灯塔　　　　　灯塔

(East Point Lighthouse; ☎902-357-2106; 成人/儿童 $4/2; ◐6月至8月 10:00~18:00)东角灯塔的建造与加拿大的统一在同一年,至今仍然守卫着爱德华王子岛的东北海岸。1882年,灯塔因为英国皇家军舰凤凰号(Phoenix)的船难事故而被责难,随即被搬到距离海岸线

更近的地方。日益侵蚀的海岸线现在正逐步逼近。在灯塔的隔壁,有一家礼品商店和小巧玲珑的咖啡馆,供应龙虾卷($9.50)、海鲜浓汤和三明治。

贝森黑德渔业博物馆　　　　　博物馆

(Basin Head Fisheries Museum; ☎902-357-7233; 成人/学生 $4.50/2; ◐6月至9月 9:00~18:00)这座小小的博物馆探索了爱德华王子岛的渔业历史。

✦✦ 节日和活动

爱德华王子岛蓝草和怀旧音乐节　　　音乐节

(PEI Bluegrass & Old Time Music Festival; ☎902-569-3153; http://peibluegrass.tripod.com; ◐7月初)吸引许多表演者愿意不远万里赶来,例如从纳什维尔。你可以就来一天,或是露营三天。

🛏 食宿

Johnson Shore Inn　　　　　旅馆 $$

(☎902-687-1340; www.jspei.com; 9984Northside Rd, Hermanville; 房间 $175起; ◐5月至次年2月; ❄)在这家经营得无可挑剔的旅馆奢侈一下,好好款待自己。这家旅馆坐享非常漂亮的景色,所处的红岩悬崖能够俯瞰一望无际的大海。

★ Inn at Bay Fortune　　　　　旅馆 $$$

(☎902-687-3745; www.innatbayfortune.com; 758 Rte 310, Bay Fortune; 房间 $225起; ❄❄)曾经在这里度过7年学艺时光之后,名人大厨Michael Smith携妻子Chastity回到了他们成长的地方,并重新阐释了这座超赞的旅馆及其餐厅**FireWorks**,后者是加拿大最热门的美食目的地。这里有史诗级的互动就餐体验"The Feast"($95起),享用完美食之后可以住在旅馆里。

21 Breakwater　　　　　加拿大菜 $$

(☎902-687-2556; 21Breakwater St; 主菜 $12~28; ◐周一至周六 11:30~20:00)这座古老的公馆俯瞰着工业发达的水滨区域,顾客们来这里享受气氛休闲的高级美食体验。菜肴以常见的美食为主,例如汉堡包、扇贝意面、清蒸贻贝或海鲜浓汤,但其备餐和服务都是

❶ 到达和离开

苏里斯位于夏洛特敦以东72公里处,坐落在这座岛的东北角。苏里斯还是前往魁北克省玛德琳群岛($52起,5小时)的**CTMA Ferry**(traversierctma.ca/en)渡轮的载客点。

圣彼得斯湾到斯图尔特山(Saint Peter's Bay to Mt Stewart)

圣彼得斯湾和斯图尔特山这两座村庄之间的区域是骑行的乐土。联邦小径接近圣彼得斯湾的一段路依附着海岸线,骑行者能够尽享海岸风光。在斯图尔特山,联邦小径的3条河畔路段在此会合,相对紧凑的空间为骑行者和徒步者献上目不暇接的迷人选择。

◉ 景点

格林尼治解说中心　　　　　　自然保护区

(Greenwich Interpretation Centre;☎902-961-2514; Rte 13;⊙7月和8月 9:30~19:00,5月、6月、9月和10月至16:30)格林尼治解说中心是谷仓与前卫艺术的结合品,充满创意的视听演示详细介绍了沙丘的生态系统和当地的考古历史。不过亮点是可以深入吞噬树木的沙丘。园内有4条徒步路线,格林尼治沙丘小径(Greenwich Dunes Trail;往返4.5公里,1.5小时)的景色格外迷人。

🛏 食宿

该地区只有少数几个住宿的地方,主要集中在联邦小径周边。圣彼得斯湾和斯图尔

值 得 一 游

格林尼治

气势磅礴的沙丘变幻莫测,这是格林尼治以西的典型景观。这些抛物线形状的稀世巨物面向一片漂亮的海滩,而且通常都没有人,必须到此一游。这片6公里的海岸线在1998年被划为加拿大公园管理局(Parks Canada)的保护区,目前是爱德华王子岛国家公园的一部分。可在格林尼治解说中心了解关于它的一切。

特山餐饮的最高水平也就是外卖和美式小餐馆了。附近的苏里斯有更适合美食爱好者的去处。

Inn at St Peters Village　　　　客栈 $$$

(☎902-961-2135, 800-818-0925; www.innatstpeters.com; 1168 Greenwich Rd; 双 $125~265;❀)即使拥有宽敞舒适的房间和令人震撼的海景,入住这家客栈的主要原因还是因为这里的餐厅,在这里你可以一边面对着夕阳,一边品味全岛最精致的美味佳肴(午餐/晚餐主菜 $17/22起)。房间的装修简洁优雅,搭配古董家具,如果你不住在这里,我们也强烈推荐你短暂停留,享受一餐(欢迎大汗淋漓的骑行者用餐)。

★ Trailside Cafe & Inn　　　　咖啡馆 $$

(☎902-628-7833; www.trailside.ca; 109Main St, Mt Stewart;主菜 $12~17;房间 $89)这是一家咖啡馆,也是一处音乐场馆,还是一个舒适又实惠的客栈。这里到处都符合爱德华王子岛最佳的品质。点上一锅贻贝,或是更可口的本地奶酪,再来份啤酒,与本土音乐一起摇摆。登录网站查询演出时间和售票信息。

❶ 实用信息

省立旅游局办事处(Provincial Tourist Office;☎902-961-3540; Rte 2;⊙7月和8月 8:00~19:00,6月、9月和10月 9:00~16:30)在圣彼得斯的大桥旁边,可以找到联邦小径和一个旅游局办事处。

爱德华王子岛中部(CENTRAL PRINCE EDWARD ISLAND)

爱德华王子岛中部汇聚了该岛屿的一些精华:郁郁葱葱的田野、古色古香的村庄,还有连绵不绝的森林,向北伸向爱德华王子岛国家公园,直抵海滩上波澜壮阔的沙丘。露西·莫德·蒙哥马利于1908年创作的小说《清秀佳人》女主人公安妮让往昔的乡村卡文迪什(Cavendish)赢得了全球的瞩目。但是这里毕竟还是爱德华王子岛,即使大规模地过度开发带来的旅游陷阱和俗套的商业设施也几乎是离奇有趣的:粉刷一新的墙面,并装饰着鲜花。

如果你沿着联邦大桥进入爱德华王子岛中部，值得在门户村庄游客信息中心（Gateway Village Visitors Information Centre; ☎902-437-8570; Hwy 1; ⊙8:30~20:00）驻足停留，这个中心就位于爱德华王子岛一侧的桥边。这里提供免费地图、小册子、洗手间和一处引人入胜的介绍展览，名叫"我们的岛屿家园"（Our Island Home; 5月至11月开放）。员工会向你指出联邦小径的方向，起点就在附近不远处。

维多利亚（Victoria）

这座迷人的小渔村值得你去徘徊和体验，而不只是"看看"而已，它拥有树木成荫的小巷，洋溢着万种风情。整个村庄由4个街区组成，至今仍然保留着1819年小镇建造时的布局。五颜六色的墙面和鹅卵石修砌的民居让大量旅行者为之倾倒，并决定住在这里。这里拥有大量的艺术场所、咖啡馆和餐厅，夏季还会举办精彩绝伦的戏剧节。

⊙ 景点和活动

维多利亚海港灯塔博物馆 博物馆

（Victoria Seaport Lighthouse Museum; 捐款入场; 6月至8月 9:00~17:30）这座博物馆提供关于当地历史的趣味展览。如果门没开，可以向马路对面的商店索取钥匙。

By the Sea Kayaking 皮划艇

（☎902-658-2572; www.bytheseakayaking.ca; 1 Water St; 皮划艇出租每小时/天 $25/50起）在周围自行划船或参加团队导览，然后可以在海滩游泳，那里有更衣室。该机构也主办"我挖蛤故我得"（I Dig Therefore I Clam）的拾蛤蜊活动（$8），并且提供自行车出租（每小时$15）。

🛏 食宿

Orient Hotel B&B 民宿 $$

（☎902-658-2503; www.theorienthotel.com; 34 Main St; 双/套 $95/135起; 📶）这幢维多利亚风格的房屋讨人喜欢，结合了奶黄色、桃红色和淡蓝色，这座历史悠久的客栈是十全十美的行业典范。

★ Landmark Café 咖啡馆 $$

（☎902-658-2286; www.landmarkcafe.ca; 12 Main St; 主菜 $12~28; ⊙5月至9月 11:30~22:00）就餐者从数英里外赶来，就是为了尝一尝这个家庭经营的咖啡馆提供的创意料理。所有食物都使用健康食材，菜肴色彩斑斓，包括千层面、家常热汤、法裔风味炒菜和葡萄叶裹羊奶酪在内的每一种餐食都美味无比。

🍷 饮品和娱乐

Lobster Barn Pub and Eatery 小酒馆

（☎902-658-2722; 19 Main St; ⊙正午至22:00）这家位于旧谷仓的华丽小酒馆是个喝啤酒的好地方，但食物也相当特别——没错，菜单上有龙虾！

Victoria Playhouse 剧院

（☎902-658-2025; www.victoriaplayhouse.com; 20 Howard St; 票价不定; ⊙6月至9月 20:00）这座装饰精美的剧院在夏季时会上演一系列的剧目，而且在周一的夜晚会有该地区一些最优秀的音乐家演奏会。

爱德华王子岛国家公园（Prince Edward Island National Park）

高耸的沙丘和砂岩赤壁衬托着岛屿最美的一处沙滩，令人叹为观止。欢迎光临爱德华王子岛国家公园（☎902-672-6350; www.pc.gc.ca; 日票成人/儿童 $7.80/3.90）。壮阔的海岸线背后是狭窄的湿地和森林，那里生活着种类丰富的植物、动物和禽鸟，包括赤狐和濒临灭绝的笛鸻（piping plover）。

国家公园全年开放，但多数游客接待服务只在5月中旬和10月中旬之间进行，7月和8月提供全面服务。入场费（6月中旬至9月中旬野餐场地和海滩开放期间收取）可以让你进入除了《清秀佳人》绿色小屋（见520页）之外的园内所有地点。如果你计划待5天以上，不妨研究一下季节通票。公园在卡文迪什游客信息中心（Carvendish Visitor Information Centre; 见521页）设有信息台。

Around PEI National Park 爱德华王子岛国家公园周边

◎ 景点和活动

滨草（marram grass）和野玫瑰沿海滩生长着，覆盖了国家公园全部42公里的海岸线。在多数加拿大人的心目中，公园与这些沙滩画上了等号。达尔维海滩（Dalvay Beach）在最东边，几条短距离的徒步小径穿梭林间。斯坦霍普海滩（Stanhope Beach）地貌平坦，沙地向外蔓延。一条木板栈道从这里的露营地通向海岸。宽广又受欢迎的布拉克利海滩（Brackley Beach）在西边一点点，背后有沙丘衬托。在公园的最西边，卡文迪什海滩（Carvendish Beach）的面积拔得头筹。夏季期间，这座海滩在高耸的沙丘下迎来大批游客。如果你不想碰上大批人潮，那么东边的沙滩总是人迹罕至。在盛夏，会有救生员在卡文迪什、布拉克利和斯坦霍普海滩值班。一条漂亮的自行车道沿着海岸延伸。

⛺ 住宿

加拿大公园管理局经营着3处受到高度欢迎的露营地（☎800-414-6765；www.pc.gc.ca/eng/pn-np/pe/pei-ipe/visit.aspx；帐篷/房车营地 $28/36；⊙6月至8月），它们沿着公园纵向分布。可在线预订。你申请的时候，不能指定要哪一个露营地，必须在到达的时候接受安排。虽然80%的营地可以提前预约，但剩下的营地都贯彻"先到先得"的原则，所以最好尽早抵达。

斯坦霍普露营地（Stanhope Campground; Gulfshore East Pkwy）栖息在同名海滩背后的树林之中。这里有一家物资充盈的商店。鲁滨孙岛露营地（Robinsons Island Campground; Gulfshore East Pkwy）坐落在布拉克利角（Brackley Point）的末端，是3处露营地中最荒僻的一处。如果刮起风来，

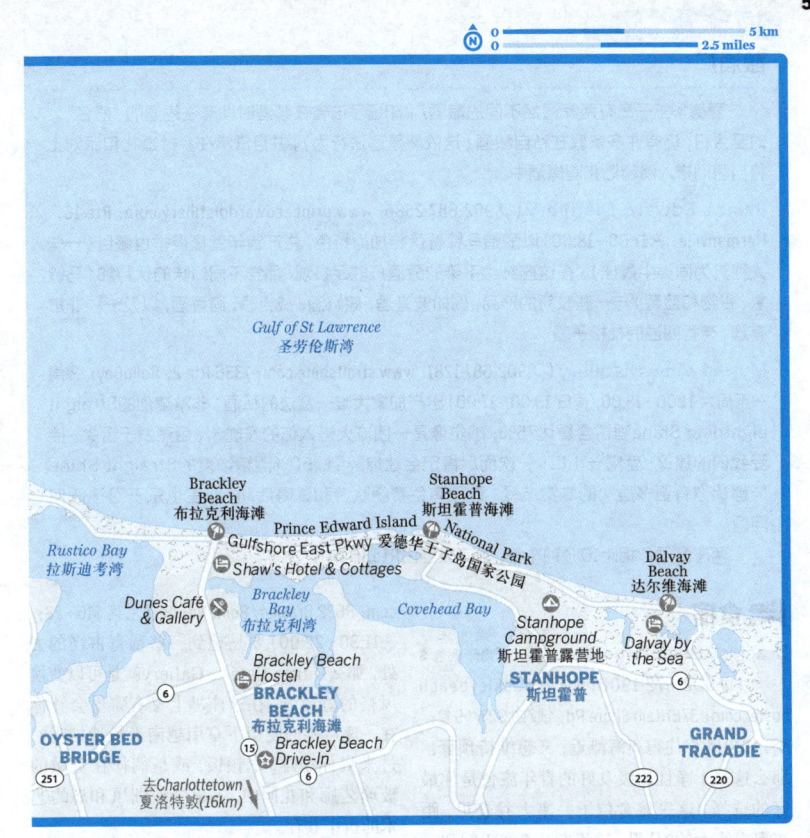

那可会令旅行者大失所望。**卡文迪什露营地**（Cavendish Campground）紧邻Rte 6，周围的景致令其最受青睐。这里拥有面向大海的露天营地，还有带遮篷和树荫的营地。不要被风景冲昏头脑：景色漂亮固然好，但睡眠更重要。

Angy's Surfside Inn 旅馆 $

（☎902-963-2405；469 Gulfshore Pkwy W；双$50起；🅿）这座轮廓形状不规则的淳朴客栈位于爱德华王子岛国家公园内，从北拉斯迪考朝向奥比角（Orby Head）的方向前进2.7公里即可到达，它俯瞰着景色优美的道尔斯湾（Doyle's Cove）。这里自20世纪30年代以来一直是鸡尾酒吧兼旅馆。夜晚，不妨在门廊处坐下，把双脚抬起并仰望夜空，感谢你的幸运之星。住宿条件一般，使用公共卫浴。

★ Dalvay by the Sea 历史酒店 $$$

（☎902-672-2048；www.dalvaybythesea.com；16 Cottage Cres, Dalvay；双/村舍 $199/379起；⏲5月至10月；🅿🛜🐾）俯瞰着与它同名的海滩，这座建于1895年的豪华古宅拥有一段令人神往的历史。除了拥有美丽树林和乡村度假屋豪华风格的主旅馆之外，这里的场地上还点缀着高端小屋。休息室酒吧是个喝一杯酒或者享用休闲小吃的好地方，而公共餐厅非常高级。

布拉克利海滩 （Brackley Beach）

布拉克利海滩没有城镇的规模，更像是设施零散的乡村，并且作为主要的海滩，能够通往爱德华王子岛国家公园中东部的其他海滩。

值得一游

酿酒厂

爱德华王子岛有两家迥然不同的酿酒厂,印证了该省在禁酒时期非法售酒的"盛名"。时至今日,仍有许多家庭在私自酿酒(这依然是违法行为),并且常常在乡村婚礼和派对上将自酿酒掺入潘趣酒和鸡尾酒中。

Prince Edward Distillery(☎902-687-2586; www.princeedwarddistillery.com; Rte 16, Hermanville; ⊙11:00~18:00)以酿造马铃薯伏特加为特色,生产首年就赢得举世瞩目(一些人称其为同类中最佳)。在这座纤尘不染的酿酒厂驻足参观,品尝不同口味的伏特加(马铃薯、谷物和蓝莓)与一些较新的产品,例如波旁酒、朗姆酒、威士忌、茴香酒,以及一种非常有趣、芳香四溢的杜松子酒。

Myriad View Distillery(☎902-687-1281; www.straitshine.com; 1336 Rte 2, RolloBay; ⊙周一至周六 11:00~18:00,周日 13:00~17:00)出产加拿大唯一合法的私酒。非常浓烈的Straight Lightning Shine酒精含量达75%,感觉像是一团流火进入你的喉咙,然后蒸发于舌尖。接受我们的建议:就喝一小口!一饮而尽肯定会让你醉倒。50%酒精浓度的Straight Shine能够让你有更多层次的味觉感受。这里有免费团队游和试喝活动,业主也乐于回答任何问题。

两座酿酒厂相距10分钟车程,都可以经由Rte307前往。

食宿

Brackley Beach Hostel 青年旅舍 $

(☎902-672-1900; www.brackleybeachhostel.com; 37Britain Shore Rd; 铺/四 $27/59起; ☎)如果既想住得离海滩近,又想维持预算,那么这家干净且超级友好的青年旅舍是你最好的选择。这家旅舍位于一座大谷仓里,距离海岸线大约2公里。这里有几个八人间和一些四人间,并且提供数量充足的淋浴位和一间设备齐全的厨房。

Shaw's Hotel & Cottages 村舍 $$

(☎902-672-2022; www.shawshotel.ca; 99Apple Tree Rd; 双/村舍 $95/175起; ✱☎)Shaw's Hotel & Cottages从1860年就开始营业,是加拿大最古老的家庭客栈。占据30公顷的家庭农场,住处有一条私人小巷,可以步行600米到达布拉克利海滩。客栈的房间复古又简约。小屋的卧室数量从1~4个不等,既有淳朴又有现代的装修风格,分散在农场的周围。餐厅对非住客开放(主菜$18~28);建议预约周日傍晚很受欢迎的自助餐($45;在7月和8月提供)。

Dunes Café & Gallery 创意菜 $$

(☎902-672-2586; www.dunesgallery.com; 3622 Brackley Point Rd; 晚餐主菜 $16~28; ⊙11:30~22:00)要是想到一些稀奇古怪的去处,那么Dunes Café & Gallery就是可以变换风格的好地方。在这座岛上又有哪里会让你在一座巨佛的庇荫下享用越南米粉沙拉呢?过来喝杯咖啡,吃顿饭,或是徜徉在宽敞的玻璃艺廊和花园中,去感受亚洲风和岛屿艺术的折中共存。

娱乐

Brackley Drive-In Theatre 电影院

(☎902-672-3333; www.drivein.ca; 3164 Brackley Point Rd; 成人/儿童 $9/6起; ⊙5月至9月)这家汽车电影院已经有年头了,在这里看一场电影很有意思。登录网站查看放映场次和内容。

拉斯迪考和北拉斯迪考(Rustico & North Rustico)

阿卡迪亚人在海边的拉斯迪考定居的历史可以追溯到1700年,一些精美的建筑古迹证明了这座小村庄在过去的重要地位。

沿着Rte 6向北5公里,北拉斯迪考感觉不太像一座旅游小镇。渔夫们的住所四四方方的,看起来不太牢稳,用海蓝色、砖红色和米黄色粉刷着外墙。从码头向东沿着栈道散步，是游览这座氛围十足的小村庄以及它繁忙渔港的最佳方式。

◎ 景点和活动

如果你想在大海钓上一条大鱼，Harbourview Dr沿线有许多深海垂钓运营商。每人需要支付大约$50。

拉斯迪考农民银行博物馆　　　　　博物馆

（Farmer's Bank of Rustico Museum；☎902-963-2194；www.farmersbank.ca；Church Rd, Rustico；成人/学生 $4/2；◎周一至周六 9:30~17:30, 周日13:00~17:00）拉斯迪考农民银行是一栋坚固的红色岩石建筑，从1864年到1894年在这里经营。银行隔壁是**杜塞之屋**（Doucet House），是迁移至此的过去阿卡迪亚人的住所。这座博物馆现在位于这两座古旧建筑里，描述了社区定居和银行成立的往事。

Outside Expeditions　　　　　户外

（☎902-963-3366；www.getoutside.com；374Harbourview Dr；团队游$45起；◎5月至10月）这家公司位于码头末端的一座亮黄色的渔棚之中，经营时长1.5小时的入门型"海湾初学者"（Beginner Bay）课程，以一节皮划艇的技术课程开始。最受欢迎的旅程是3小时的"港口通道"（Harbour Passage）团队游（$65），每天组织两次。还可以租赁自行车和皮划艇。

🍴 食宿

★ Around the Sea　　　　　公寓 $$

（☎866-557-8383；www.aroundthesea.ca；130 Lantern Hill Dr；公寓$125起；☒🐾）这栋两层楼民居可以说是真正的独一无二，有四套设施齐全、高标准装修的公寓。整栋建筑坐落在一个缓慢安静地旋转的巨大发动机上，所以海景总是在变化。提供地下室机械设备的参观机会。旺季时有最少住宿两晚的政策。

★ Barachois Inn　　　　　民宿 $$

（☎902-963-2906；www.barachoisinn.com；2193Church Rd, Rustico；房间 $145起；✱🐾）这座阿卡迪亚风格的宏伟古老寓所装饰了各种各样的精品古董和油画。浴室几乎和卧房一样大，在新建副楼（为了完美复制老屋而建造）的地下室，隐藏着一间健身房、桑拿室和会议室。

North Rustico
Motel & Cottages　　　　　汽车旅馆 $$

（☎902-963-2253；www.cottages-pei.ca；7103 Cavendish Rd；房间/村舍$89/125起）这个现代化的20世纪80年代风格度假地产有各种住宿类型，最佳特色是散布在郁郁葱葱的场地中十分迷人的村舍，房间里镶着木板，设施齐备。

Fisherman's Wharf
Lobster Suppers　　　　　海鲜 $$$

（☎902-963-2669；http://fishermanswharf.ca；7230 Rustico Rd；龙虾晚餐 $32起；◎正午至21:00）在7月和8月的晚间用餐时间，这家硕大的餐馆门外会大排长龙。饿着肚子过来，这里提供大份的海鲜浓汤、可口的本地贻贝、三明治卷饼和各种甜点，用来搭配你的龙虾主菜。如果一切顺利的话，你能坐到一个海景餐位。

☆ 娱乐

Watermark Theatre　　　　　剧院

（☎902-963-3963；www.watermarktheatre.com；North Rustico Village；票价不定）为了庆祝《清秀佳人》出版100周年，这家剧院在2008年落成营业，表演的剧目来自露西·莫德·蒙哥马利的生平和时代。演出在一座翻修的19世纪教堂里举行，是蒙哥马利亲自做过礼拜的地方。门票很快就会售罄，所以请提早预订。

新格拉斯哥（New Glasgow）

新格拉斯哥是一座静谧的小镇，优雅地散布在克莱德河（River Clyde）的两岸。这里是夏洛特敦市民吃龙虾晚餐最爱的去处，不过现在美味的水果酱也渐渐得到赏识。

◎ 景点

格拉斯哥格伦农场　　　　　农场

（Glasgow Glen Farm；☎902-963-2496；

http://glasgowglenfarm.ca; 190 Lower New Glasgow Rd; ⏰5月至10月周二至周六 9:00~17:00) 奶酪制造商有福了,他们是这么说的。这座农场生产多种高德干酪(Gouda),是任何野餐食篮里完美的添加品。另外这些奶酪也可以大量使用在岛上最美味的比萨上。

住宿

★ New Glasgow Highlands Camping & Cabins 露营地 $

(☎902-964-3232; www.newglasgowhighlands.com; 2499 Glasgow Rd, Hunter River; 帐篷/房车营地 $36/42起,小屋 $65起; ⏰4月至11月; 📶🏊) 在新格拉斯哥东边7公里的Hunter River,你会发现这个可爱的露营地,营地之间距离宽敞,而且每个营地都拥有专属的火坑。如果下雨,小屋提供简易的烹饪设备。这里还有明亮的小屋,每个屋子都配备一套上下铺、一张双人床、一张沙发和一个野餐桌,但不提供床单和枕头。浴室共用。务必提前预约,并且休想在半夜弄出噪声,安静才是这里的第一准则。这里还有洗衣房、小商店,而且不知何故,这里并没有虫子。

My Mother's Country Inn 民宿 $$

(☎902-964-2508; www.mymotherscountryinn.com; 6123 Hwy13; 房间/村舍 $110/135起; 📶) 一片绿洲占地20公顷,汇聚着连绵的山峦、清澈的溪流和迷人的林地,在这么纯净的乡村是多么令人愉悦的事情。民宿汲取了乡村风格的精华,用海绿色和赭石色粉刷墙面,选用了色彩素雅的床上用品,铺设了木地板,光线充足。一座红色的大谷仓建在故事书里写到的那种溪流旁,最适合摄影了。

就餐

在新格拉斯哥棒极了的Lobster Supper大吃一顿是在爱德华王子岛必做的事情。如果你没有这么享用过海鲜的话,一定要试一下。

由于这里游客众多,附近也开了很多本土膳食餐厅来满足那些对壳类海鲜不感兴趣的旅行者。

★ New Glasgow Lobster Supper 海鲜 $$

(☎902-964-2870; http://peilobstersuppers.com; 604Rte 258; 龙虾晚餐 $35起; ⏰6月至10月16:00~20:00) 你可以在爱德华王子岛原创龙虾晚餐的大本营(自1958年起)大吃一顿这里的龙虾,狼吞虎咽那些源源不断供应的美味海鲜浓汤、贻贝、沙拉、面包和自制甜点。晚餐的最后一道菜是厚得突破天际的柠檬派……如果你还吃得下的话。

★ Prince Edward Island Preserve Company 咖啡馆 $$

(☎902-964-4300; http://preservecompany.com; 2841 New Glasgow Rd; 主菜 $12~26; ⏰9:00~20:00; 📶) 在俯瞰克莱德河的这家餐厅享用悠闲的一餐之前,先试着品尝一些美味但昂贵的当地果酱(如树莓香槟和橙子姜汁)的免费样品。但愿你去的时候不会碰上旅游大巴,否则会破坏这里的宁静。有足够多的素食菜肴,而且这里的当家特色树莓奶油奶酪派好吃到爆。

新伦敦(New London)

新伦敦是《清秀佳人》作者的家乡,均与露西·莫德·蒙哥马利有着密切的联系。当然,这座城镇到处充斥着所有与安妮有关的东西。

◎ 景点

露西·莫德·蒙哥马利出生地 博物馆

(Lucy Maud Montgomery Birthplace; ☎902-886-2099; www.lmmontgomerybirthplace.ca; Rte 6和Rte 20交叉路口; 门票 $4; ⏰9:00~17:00) 这间屋子现在变身为一座博物馆,保留了露西·莫德的一些个人物品,包括她的婚纱。

清秀佳人博物馆 博物馆

(Anne of Green Gables Museum; ☎902-886-2884; www.annemuseum.com; 4542 Rte 20; 成人/儿童 $5/1; ⏰5月至10月 9:00~18:00) 这座迷人的屋子为44公顷赏心悦目的院落所包围,露西·莫德叫它"银色灌木"(Silver Bush)。这里自始至终都是她的最爱,并且选择起居室作为她1911年举行婚礼的地点。这座博物馆展示的藏品包括她的书桌和亲笔签名的首版书。

课程

★ Table 烹饪

(☏902-314-9666；thetablepei.com；4295 Graham's Rd；2小时课程 $65起)从前是非常受欢迎的Annie's Table，这家独一无二的机构在新大厨Derrick的指导下以类似的方式继续运作。在这座改造成大厨房的华丽古老教堂中参加烹饪课程，了解当地薰衣草的秘密，探索如何将爱德华王子岛的马铃薯做得别具一格，把海鲜烧得有滋有味。

餐饮

★ Blue Winds Tea Room 茶室 $$

(☏902-886-2860；http://bluewindstearoom.blogspot.com；10746 Rte 6, New London；餐 $10~14；◎周一至周四 11:00~18:00，周五和周日 至20:00)这里是可以坐下来吃点东西或是喝杯茶的最迷人的地方，四周围绕着英式花园。和该地区的所有别的东西一样，菜肴都很有"安妮"的范儿。点一杯树莓甜酒（raspberry cordial）或一些新月布丁（New Moon Pudding），这两道菜的菜谱都摘自露西·莫德的日记。

Sou' west Bar and Grill 酒吧

(☏902-886-3000；http://souwestbargrill.com；6457 Rte 20；◎5月至10月 正午至23:00)这个现代酒吧有阳光灿烂的水滨啤酒露台，大屏幕电视上播放着体育节目，每周一次的现场音乐看上去和田园乡村有点儿不搭调。

购物

★ Village Pottery 陶瓷

(☏902-886-2473；www.villagepottery.ca；10567 Rte 6；◎10:00~17:00)爱德华王子岛运营时间最长的陶艺工作室是一个家族作坊，而且深受人们的喜爱。来这里见见Suzzane（她是最棒的！），和她聊聊天或者让她演示一番。我们觉得你肯定会买一件美丽多彩的原创作品回家，会是很好的纪念品。

肯辛顿（Kensington）

肯辛顿是一座繁忙的集镇，就在卡文迪什和萨默赛德之间。这里是采购补给的好地方，也是距离大受欢迎的印第安河流音乐节最近的服务中心。

团队游

Malpeque Bay Kayak Tour Ltd 皮划艇

(☏866-582-3383；www.peikayak.ca；3小时皮划艇团队游 $55)距离肯辛顿仅15公里，这家机构会为你提供装备，让你漂浮在这些著名的牡蛎上方的水面上。提供皮划艇和立式桨板团队游。

节日和活动

印第安河流音乐节 音乐节

(Indian River Festival；www.indianriverfestival.com；◎7月至9月)印第安河流音乐节会上演整整一个夏季的演出，加拿大最优秀的音乐家们（从凯尔特音乐到合唱团）都会在音响效果绝美的圣玛丽教堂（St Mary's Church）进行表演。

食宿

Home Place Inn & Restaurant 旅馆 $

(☏902-836-5686；www.thehomeplace.ca；21 Victoria St E；双/套$89/149起；◎5月至10月；☏)Home Place Inn & Restaurant流露出极致的乡村优雅。早上，你会被肉桂面包卷新鲜出炉的香气给唤醒。这里还有一家持有售酒执照的酒馆和餐厅。

★ Malpeque Oyster Barn 海鲜 $$

(☏902-836-3999；King St, Malpeque Bay；6个牡蛎 $14；◎周一至周六 11:00~21:00，周日正午至21:00)小村庄马尔佩克湾（Malpeque Bay）是爱德华王子岛著名的同名牡蛎的产地，这种牡蛎以其似海水的咸味著称，适合搭配啤酒。这家气氛十足的咖啡馆坐落在俯瞰海湾的一个渔家谷仓的顶上。

Shipewright's Café 新派加拿大菜 $$

(☏902-836-3403；http://shipwrightspei.com；11869 Hwy 6, Margate；主菜 $18~28；◎周一至周五 11:30~20:30，周六和周日 17:00~20:30)在距离肯辛顿5公里处的马盖特（Margate），Shipwright's Café位于一座19世纪80年代的农舍里，俯瞰着连绵起伏的田野和花园。海鲜佳肴、有机香料和使用种在花园里的蔬菜进

行料理的素食风味赢得了许多赞誉。

卡文迪什（Cavendish）

熟悉《清秀佳人》的读者普遍会把卡文迪什视为一座古朴雅致的村庄，伴着鸟语花香，又渗透着乡村风情，可是这么想就错了。虽然与安妮和露西·莫德·蒙哥马利相关的景点与书本中的描写丝丝相扣，但卡文迪什本身就混搭了各种类型的景点，没有一个特别的中心。

Rte6和Rte13这两条公路的交会处是这里的旅游业中心和这片地区的商业枢纽。当你看见加油站、蜡像馆、教堂、公墓和风格各异的饭店时，你就知道你已经来到了这里。仅次于夏洛特敦，这里是爱德华王子岛游客数量最多的城镇，尽管在风光秀丽的景色中显得有一些丑陋，但却是一座儿童的游乐园。

◉ 景点

《清秀佳人》绿色小屋　　　　　　古迹

（Green Gables Heritage Place；☎902-672-7874；www.pc.gc.ca/eng/lhn-nhs/pe/greengables/visit.aspx；8619 Hwy6；成人/儿童 $8/4；⏱周一至周六 10:00~17:00）卡文迪什也是《清秀佳人》作者露西·莫德·蒙哥马利（1874~1942年）的故乡。她在这里被简称为露西·莫德或LM。绿色小屋及其维多利亚风格的周边建筑曾经属于她祖父的表兄弟，现在因为她小说的场景而名声大噪。提供各种组合门票和套餐。

1937年，屋子成为国家公园的一部分，现在还被列为国家遗产地。屋里的展品和视听演示是用来纪念露西·莫德和她笔下的安妮的。

卡文迪什海滩　　　　　　　　　　海滩

（Cavendish Beach；http://cavendishbeachpei.com）美丽的卡文迪什海滩在夏季时会吸引成群的游客，但毕竟拥有无可挑剔的沙滩和较为温暖的海水，你也不会抱怨太多。

露西·莫德·蒙哥马利的卡文迪什庄园　古迹

（Lucy Maud Montgomery's Cavendish Homestead；☎902-963-2231；www.peisland.com/lmm；8523 Cavendish Rd；成人/儿童 $3/1；⏱9:00~17:00）这里被全世界的安妮粉丝视为圣地。露西·莫德由她的祖父母抚养长大，1876~1911年间居住在这里，并且在此写下了《清秀佳人》。你会找到房屋过去的地基，有许多讲解牌介绍露西·莫德的生平，还有一座小型的博物馆和一个书店。

✺ 节日和活动

卡文迪什海滩音乐节　　　　　　音乐节

（Cavendish Beach Music Festival；www.cavendishbeachmusic.com；⏱7月初）这个超受欢迎的周末音乐节会吸引美国乡村音乐最大牌的歌手和来自滨海诸省的狂欢者。

跟随露西·莫德的脚步

如果你还没有读过著于1908年的《清秀佳人》（Anne of Green Gables），不妨在这里捧读——这样不仅能让你沉浸于小说情节，也能帮助你理解此处夸张的景点宣传。在书中，故事围绕生气勃勃的11岁孤女安妮·雪丽（Anne Shirley）展开，她扎着红色马尾辫，充满奇思妙想，被阴差阳错地从新斯科舍送至爱德华王子岛的一户农家。这户农家中年长体弱的卡斯伯特兄妹原本期待着一位魁梧的小伙子来帮他们干些农活，但最后，安妮坚毅的性格使她在人生的道路上赢得了每一位相识者的认可。

若想真正感受《清秀佳人》的景色，最佳的路线起点是露西·莫德·蒙哥马利的卡文迪什庄园，然后穿越"闹鬼的树林"（Haunted Wood），沿着小径徒步前往《清秀佳人》绿色小屋，往返1.1公里。这样你就不用经过一大停车场和现代化的入口，而是从小屋下面欣赏奇妙的景色。来到绿色小屋，除了游玩景点，你还可以赏玩周围的多条小路，包括"情人小道"（Lover's Lane），最后再折返回卡文迪什庄园。

🛏 食宿

尽管过夜的选择无数，但要牢记这里是游客数量最多并且住宿最昂贵的地区。在北拉斯迪考的东边有更多便宜的选择，环境也更具乡村风情，或者住在夏洛特敦（相距37公里），来这里一日游。

Parkview Farms Tourist Home & Cottages　　　　客栈 $

（📞902-963-2027; www.parkviewfarms. com; 8214 Cavendish Rd; 房间/村舍 $65/170起; ❄🐾）这个不错的选择位于一座运营中的奶牛场，就在卡文迪什以东2公里处。这些舒适宽敞的旅行者寓所拥有海景和浴室，还有花纹图案的壁纸和装饰。7座村舍中的每一座都有厨房和烧烤架，还有一个阳台能够捕捉到壮丽的日出和日落美景。可在5月至10月中旬入住这些村舍；民宿全年开放。

Kindred Spirits Country Inn & Cottages　　　　旅馆 $$

（📞902-963-2434; www.kindredspirits. ca; 46 Memory Lane; 房间/村舍 $95/120起; ❄🐾）宽大的建筑毫无瑕疵，这里的房型可以满足任何人：从故事书里的那种客栈风格民宿再到奢华的套间。房间的装修是每位安妮的粉丝所梦寐以求的，点缀着花卉图案，铺设着擦亮的木地板，并且摆放着松软舒适的大床。楼下的客厅有一座让你盼望下雪的壁炉。

Carr's Oysters　　　　海鲜 $$

（📞902-886-3355; www.carrspei.ca; 32 Campbellton Rd, Stanley Bridge; 主菜 $14~32; ⏰10:00~19:00）品尝来自马尔佩克湾的牡蛎，或者龙虾、贻贝和你未曾听说过的海鲜品种，比如圆蛤（quahogs）。这里也提供种类丰富的鱼类，包括三文鱼和鳟鱼。明亮的环境利于交际，还附带一个海鲜市场。

⭐ Pearl Eatery　　　　新派加拿大菜 $$$

（📞902-963-2111; http://pearleatery.com; 7792 Cavendish Rd, North Rustico; 早午餐 $8~12, 主菜 $22~32; ⏰每天 16:30, 周日10:00~14:00）这座鹅卵石结构的屋子就在刚出卡文迪什城外不远的地方，被花朵簇拥着，绝对是一处迷人的就餐场所。这里提供丰富的特别菜品，依照时令不停变换，比如冰酒鸡肝酱配豪达奶酪面包和本土特色主菜，如美味的黄油焗扇贝。

🍷 饮品和夜生活

Lost Anchor Pub　　　　小酒馆

（📞902-388-0118; 8572 Cavendish Rd; ⏰正午至21:00）如果所有这些关于安妮的元素让你想喝一杯的话，就来这里吧。供应简单而丰盛的小酒馆餐食。

🔒 购物

埃文利村　　　　游乐园

（Avonlea Village; 📞902-963-3050; www. avonlea.ca; Rte 6; 成人/家庭 $19/70; ⏰6月至9月10:00~17:00）这座曾经的主题公园已经沉静下来，变成了一座高档商场。不过仍然有穿着戏服的演员扮演着书本里的角色并重现《清秀佳人》的场景和戏剧性时刻。你可能会看到挤奶的场景，还可以坐马车。

ℹ 实用信息

卡文迪什游客信息中心（Cavendish Visitor Information Centre; 📞902-963-7830; Rte 6和Hwy 13 交叉路口; ⏰9:00~17:00）安妮的粉丝会想和友好的员工聊一聊的，他们对爱德华王子岛的所有事情都很了解。

爱德华王子岛西部 (WESTERN PRINCE EDWARD ISLAND)

马尔佩克湾（Malpeque Bay）和贝德奎湾（Bedeque Bay）的汇聚几乎让爱德华王子岛最西侧的三分之一与该省的其余地区分割开来。这片地区的范围包括整个面积较大的王子郡（Prince County），结合了国王郡（Kings County）境内人迹罕至的牧场风景和女王郡（Queens County）一些崎岖陡峭的海岸风光。

这里拥有岛上最与众不同的文化史。一支自豪的米克马克部落在伦诺克斯岛（Lennox Island）想尽办法保留过去的

技艺和知识。在本地区南部的埃格蒙特湾（Egmont Bay）和贝德奎湾，阿卡迪亚法国人也同样如此。

爱德华王子岛的第二大城市萨默赛德（Summerside）位于该地区的南岸。

萨默赛德（Summerside）

📞 902 / 人口 14,751

萨默赛德没有夏洛特敦的优雅和国际都会的氛围，而是一座更加简单而干净的海滨小村，你可以在这里满足基本需求。这座小巧玲珑的海滨村庄深藏在贝德奎湾，是爱德华王子岛的第二大"城市"，拥有一片现代的滨水区，安逸的街巷排列着郁郁葱葱的树木和宏伟的老宅邸。该省历史上的两次经济大繁荣（造船业和狐狸养殖业）在19世纪和20世纪初奠定了城市的发展规模。与夏洛特敦一样，郊区的建筑非常碍眼，你会在平行于滨水区的Water St及其附近发现萨默赛德的大多数有趣之处。

◉ 景点

阿卡迪亚博物馆　　　　　　　　博物馆

（Acadian Museum; 📞902-432-2880; http://museeacadien.org; 23 Maine Dr E, Miscouche; $5; ⏰9:30~19:00）位于米斯库什的阿卡迪亚博物馆非常值得一游，这里用18世纪的阿卡迪亚器物、文本、图像和音乐启发参观者，介绍了自1720年以来阿卡迪亚人在爱德华王子岛悲惨壮烈和引人入胜的历史。充满反思精神的录像介绍了一种新奇的理论，认为英国人对阿卡迪亚人的残暴压迫在某种程度上反而促成了爱德华王子岛上阿卡迪亚文化的残留。

瓶子屋　　　　　　　　　　　　建筑

（Bottle Houses; 📞902-854-2987; Rte 11, Cape Egmont; 成人/儿童 $5/2; ⏰9:00~20:00）这是爱德华·阿森诺（Edouard Arsenault）巧妙而不朽的资源回收工程，是岛民最喜爱的一个地方。25,000多只大小、形状不等的瓶子（都是爱德华从当地收集而来的）堆叠在白色水泥墙中，从而在几座建筑内打造出了晶莹剔透的马赛克墙面。

三角帆市场（Spinnaker's Landing）　水滨

这条翻新的滨水区是萨默赛德的主要景点。你可以在一条不断延伸的栈道上漫步，欣赏港湾及其周围秀丽的风景。这里有一些不错的餐馆、一个在夏季会有现场音乐演出的舞台和无数的商铺。一座仿制的灯塔提供了一处迷人的瞭望台和一些当地实用信息，而一艘大船模型成为孩子梦想中的游乐场。

埃普特克展览中心　　　　　　　画廊

（Eptek Exhibition Centre; 📞902-888-8373; 130 Harbour Dr; 门票乐捐; ⏰10:00~16:00）造型现代的埃普特克展览中心主办当地和巡回艺术展览。

🛏 食宿

西达丢恩斯省立公园　　　　露营地 $$

（Cedar Dunes Provincial Park; 📞902-859-8785; www.tourismpei.com/provincial-park/cedar-dunes; 帐篷营地 $23~25, 房车营地 $26~27）在毗邻西角灯塔的露天草坪提供帐篷营地。这里的红沙滩是岛上的一处珍宝。

Willowgreen Farm　　　　　　民宿 $

（📞902-436-4420; www.willowgreenfarm.com; 117 Bishop Dr; 房间 $65起; 🅿）这座布局凌乱的农舍屋后就是联邦小径，是一个性价比超高的住宿地。你会感觉仿佛置身乡间，但实际上却地处萨默赛德市中心。房屋明亮，乡村风格醒目的内饰与落入俗套的复古装潢不同，让人眼前一亮。可在火炉旁读书，或是看看农场里一些有趣的动物。

Summerside Bed & Breakfast　　民宿 $$

（📞902-620-4993; www.summersideinnbandb.com; 98 Summer St; 房间 $115起; ※🅿）这家民宿诗情画意地位于Summer St和Winter St的路口（寓意冬与夏的交接）。显而易见，你应该争取入住明亮宽敞的春之屋（Spring Room）。这幢精美的建筑遗产内曾经住过两位加拿大总理，拥有许多会客区域，显得魅力四射。主人热情友善，已为你准备好了热腾腾的早餐。

Five Eleven West　　　　　加拿大菜 $$

（http://fiveelevenwest.com; 511 Notre Dame St; 主菜 $12~24; ⏰周一至周五 11:30~14:00, 每

Summerside 萨默赛德

Summerside 萨默赛德

景点
1 埃普特克展览中心..................B3
2 三角帆市场..........................B3

住宿
3 Summerside Bed & Breakfast..........A2
4 Willowgreen Farm......................D1

娱乐
5 管乐和凯尔特表演艺术学院..........D2
6 Feast Dinner Theatres..................D2
7 Harbourfront Theatre..................A3

天17:00~20:00)萨默赛德最现代的餐馆非常出乎人意料地藏匿在该市多功能的体育设施之中。一旦你找到了这里(就在小食吧的左侧),准备好大吃一惊吧。所有餐食的分量都很大,啤酒炸鱼薯条、马德拉斯咖喱鸡饭、清蒸贻贝和牛排等的摆盘都很漂亮,用餐环境也很雅致。

☆ 娱乐

管乐和凯尔特表演艺术学院　现场音乐

(College of Piping & Celtic Performing Arts; ☎902-436-5377; http://collegeofpiping.com; 619 Water St E; 同乐会成人/学生 $12/7; ◎9:00~21:00, 同乐会 19:00)为了纪念凯尔特舞蹈和音乐,这座学校在周一至周五为参观者提供免费的20分钟迷你演奏会,演出时间是11:30、13:30和15:30,敬请期待风笛演奏、唱歌和舞蹈表演。受到鼓舞了?然后不妨去参加"高地风暴"(Highland Storm),这个凯尔特音乐和舞蹈盛事包括30名岛上最佳的演出者。夏季每周演出3天。

Feast Dinner Theatres　剧院

(☎902-888-2200; http://feastdinnertheatres.com; 618 Water St E; 晚餐和演出 $40起; ◎6月至12月周一至周六 18:30)当地人谈及他们上次在Feast Dinner Theatres的经历时,多数人都会笑得乐不可支。它是加拿大大西洋地区历史最悠久的剧院餐厅。音乐、剧本和即兴演出,再加上邀请观众参与体验,为你营造出一个难以忘怀的夜晚。食物也不算太差。

Harbourfront Theatre　剧院

(☎902-888-2500; www.harbourfronttheatre.com; 124 Harbour Dr)这座现代的剧院上演各类戏剧、喜剧和其他表演。

❶ 实用信息

游客信息中心（☎902-888-8364；124 Harbour Dr；◎7月和8月 9:00~19:00，5月、6月、9月和10月营业时间缩短）领取一份实用的步行导览手册，里面详细介绍了镇里精美出色的19世纪小镇建筑。

❶ 到达和离开

萨默塞德在Rte 2路边，位于夏洛特敦以西61公里处。

Maritime Bus（见380页）有长途汽车往返萨默赛德和夏洛特敦（$21,1.5小时）。

泰恩河谷（Tyne Valley）

这片地区以其出产的马尔佩克牡蛎而闻名，也是省内风景最秀丽的地方之一。河谷的村庄聚集着华丽的房屋、徐缓的河流和艺术工作室，绝对值得你造访一番。

伦诺克斯岛（Lennox Island）坐落在马尔佩克湾的进口处，在霍格岛（Hog Island）的遮蔽之下，而且这里生活着250位米克马克部落居民。小岛与主岛由一条堤道相连，可以从紧邻Rte 12的小镇东比德福（East Bideford）前往。

◉ 景点

加拿大马铃薯博物馆 博物馆

（Canadian Potato Museum；☎902-859-2039；www.canadianpotatomuseum.info；1 Dewar Lane, O'Leary；门票 $8；◎5月至10月周一至周六 9:00~17:00，周日 13:00~17:00）坐落在内陆的奥利里（O'Leary）。这里有些像是一个大场面的学校科学竞赛项目，大堂的墙壁上摆放着讲解牌和照片。

伦诺克斯岛原住民生态旅游中心 知名建筑

（Lennox Island Aboriginal Ecotourism Complex；☎866-831-2702；2 Eagle Feather Trail, Lennox Island；成人/学生 $4/3；◎6月至9月 周一至周六 10:00~18:00）这里有小型的各种临时展览和关于环绕小岛的两条精彩的小径的信息。这些小径由两条环绕构成，总长度达13公里，较短的一条（3公里）可以通行轮椅。如果你够幸运，且有人在附近，支付小额费用即可雇用当地人作为向导。还可以在信息台询问是否还有其他项目，因为这个中心的安排会频繁发生变化。

格林帕克造船博物馆 博物馆

（Green Park Shipbuilding Museum；☎902-831-7947；360 Green Park Rd；成人 $5；◎9:00~17:00）这座博物馆以及经过修复的维多利亚风格民宅**自耕农旧居**（Historic Yeo House）附近还有一座重建的造船厂和一艘重达200吨的双桅帆船的部分结构，它们共同诉说了19世纪繁荣一时的造船业。

✲ 节日和活动

泰恩河谷牡蛎节 美食节

（Tyne Valley Oyster Festival；www.tvoysterfest.ca；◎8月）持续四天啜食黏滑的牡蛎。并非适合所有人。牡蛎爱好者不可错过。

🛏 食宿

Green Park Campsites 露营地 $

（☎902-831-7912；www.greenparkcampground.com；364 Green Park Rd；帐篷营地 $23~25，提供电源 $30，小屋不带浴室 $45；◎6月至9月）公园有58处露营地分布在一片混生林之中。露营地后的12座小屋非常便宜划算。

Landing Oyster House & Pub 海鲜

（☎902-831-3138；www.thelandingpei.com；1327 Port Hill Station Rd；主菜 $9~16；◎周一和周二 11:00~21:00，周三 至23:00，周四至周六 至午夜，周日 8:00~20:00）不出意料，这里的招牌菜是油炸牡蛎，尽情享受吧。现场乐队（入场费$4~8）周五晚上在这里演出，另外在夏季的周六也有演出。

蒂格尼什和北角（Tignish & North Cape）

蒂格尼什是隐匿在北角附近的一座安逸小镇，只有一小部分来到爱德华王子岛的旅行者会前往这里。高耸的**圣西门和圣犹大教堂**（Church of St Simon & St Jude；1859年）是岛上建造的第一座砖砌教堂。进去一探究竟，天花板已经复原到最初华美而不张扬的模样，而管风琴（1882年）的体积非常庞大。

狭长的北角大风呼啸，不仅仅是大西洋

风力测试场（Atlantic Wind Test）的所在地，也拥有美洲大陆最长的天然礁石。落潮时，可以向外走出800米，探索潮汐池并搜寻海豹的踪迹。

蒂格尼什文化中心　　　　　　知名建筑
（Tignish Cultural Centre；☎902-882-1999；305 School St, Tignish；◎周一至周五 8:00~16:00）免费 联邦小径的起点位于School St上那座教堂以南两个街区处。蒂格尼什文化中心在教堂附近，提供旧地图和老照片的精美展览以及旅游信息。

解说中心　　　　　　　　　　　博物馆
（Interpretive Center；☎902-882-2991；Rte 12, North Cape；门票$6；◎9:30~20:00）运用高科技展示讲解风力能源，并且提供详尽的展示呈现该地区的历史。水族馆总是深受孩子们的喜爱。黑沼泽自然小径（Black Marsh Nature Trail；2.7公里）从解说中心出发，带你前往北角的西侧——夕阳西下的时候，暗红色的悬崖在湛蓝色海水的映衬下熠熠生辉。

Wind & Reef Restaurant & Lounge　　海鲜
（☎902-882-3535；主菜 $9~29；◎正午至21:00）这家餐厅就在解说中心的楼上，氛围很好，菜单和景色一样赏心悦目，并且选择丰富。

纽芬兰-拉布拉多省

包括 ➡

圣约翰斯	530
阿瓦隆半岛	542
博纳维斯塔	552
比林半岛	554
圣皮埃尔和密克隆	555
格罗斯莫恩国家公园	558
科纳布鲁克	572
基利克海岸	579
拉布拉多	580

最佳就餐

- ➡ Merchant Tavern（见538页）
- ➡ Bonavista Social Club（见553页）
- ➡ Chafe's Landing（见544页）
- ➡ Norseman Restaurant（见570页）
- ➡ Adelaide Oyster House（见537页）

最佳住宿

- ➡ Fogo Island Inn（见562页）
- ➡ Tuckamore Lodge（见571页）
- ➡ Artisan Inn（见551页）
- ➡ Skerwink Hostel（见551页）
- ➡ Quirpon Lighthouse Inn（见570页）

为何去

岩石崎岖的峭壁、漂浮的冰山以及扇动着翅膀走过去的角嘴海雀，加拿大最东部的省份——也是历史上最叛逆的省份——拥有自己的一片令人赞叹的天地。这座岛屿很长一段时间以来都保持着自己的节奏，使用自己独特的时区（比大陆要早半小时），抑扬顿挫地讲着自己属于旧世界的方言（《纽芬兰英语辞典》会提供翻译解释）。

圣约翰斯有活跃的音乐演出、现代的餐饮体验和陡峭、多雾的街道，这里的娱乐活动很多。离开了尽享好时光的省府圣约翰斯，只有一些星星点点的小渔村零散地分布在海岸边和与世隔绝的偏远岛屿上。你可以在这里尽情享受大自然。启程前去林地徒步，采摘浆果，玩海上皮划艇，一路总是会有光彩夺目的景色。不要错过维京海盗的遗迹、鳕鱼舌和蔓虎刺浆果馅饼等美食，还有浸泡在朗姆酒中的故事，它们给这块广阔的北方岩石之地增添了无限色彩。

何时去

圣约翰斯

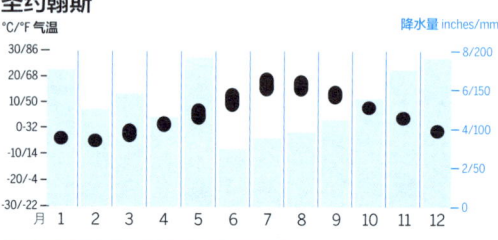

6月 近海的冰山闪闪发亮，但是气候潮湿多雾。

7月和8月 鲸在腾跃，节日令周末焕发生机，该省也到了它最阳光明媚的时候。

12月和次年1月 滑雪者从雪道呼啸而下，云石山的积雪深达5米。

纽芬兰-拉布拉多省亮点

❶ **圣约翰斯**（见530页）举起酒杯，加入幽灵团队游，还可以品味北美古老的城市之一的历史。

❷ **惠勒士湾生态保护区**（见544页）与鲸鱼和角嘴海雀共享这片海。

❸ **兰塞奥兹牧草地国家历史遗址**（见569页）探索维京人莱夫·埃里克松令人崇敬的足迹。

❹ **格罗斯莫恩国家公园**（见558页）在山脊上徒步，在峡湾似的湖泊上玩皮划艇。

❺ **福戈岛**（见561页）尝试这里现代化的外港生活。

❻ **特威林盖特岛**（见560页）凝望冰山，徒步，品尝Moose Joose。

❼ **圣皮埃尔**（见555页）感受法国风韵：葡萄酒、闪电泡芙和法棍。

❽ **红湾**（见583页）了解巴斯克的捕鲸历史，行走在古老的鲸骨旁。

历史

古印第安人（Paleo-Indians）大约在9000年前迁徙到拉布拉多，他们靠狩猎海豹和捕获鲑鱼为生，并尽力保持温暖。公元1000年，北欧的维京人在莱夫·埃里克松（Leif Eriksson）的带领下漂洋过海，抵达纽芬兰的兰塞奥兹牧草地（L'Anse aux Meadows），建立了欧洲人在北美的第一个定居地。

之后，在1497年，约翰·卡伯特[John Cabot，意大利语原名为乔瓦尼·卡伯托（Giovanni Caboto）]受雇于英格兰国王亨利七世，驾船绕着纽芬兰的海岸行驶。卡伯特回到欧洲之后，将这片地方描绘得有姿有色，称那里的鳕鱼资源非常丰富，以至人都可以在海上行走，这个故事传遍了整个欧洲。不久，法国人、葡萄牙人、西班牙人和巴斯克人纷纷前往纽芬兰的海岸捕鱼。

1713年的《乌得勒支和约》（Treaty of Utrecht）让整个纽芬兰都成了英格兰的领地。这片土地在随后的两个世纪都是英国的

> ### ⓘ 计划你的行程
>
> ➔ 提前租车和预订住宿。如果你在7月中旬至8月初的旅游旺季前来，在4月或5月就要租好车，并且立即订好房间。纽芬兰-拉布拉多旅游局（Newfoundland & Labrador Tourism; ☎800-563-6353; www.newfoundlandlabrador.com）的网站提供相关信息名录。
>
> ➔ 在这里开车，路途都很漫长，所以对一切可能发生的情况都要做好准备。例如，从圣约翰斯到格罗斯莫恩的距离是708公里。公路距离数据库（Road Distance Database; www.stats.gov.nl.ca/DataTools/RoadDB/Distance）可以提供不错的参考数据。
>
> ➔ 了解何时适合观赏角嘴海雀（5月至8月）和鲸鱼（7月至8月）。冰山（6月至7月初）的踪迹尤其难以捉摸。登录网站冰山发现者（Iceberg Finder; www.icebergfinder.com）掌握冰山的最新动向。

殖民地，并重点进行了渔业开发。纽芬兰的原住民贝奥图克人（Beothuk）的噩梦与英国人的定居大幕一起被拉开，疾病和领土争斗致使该部落在1829年灭亡。

1949年，纽芬兰成为加入加拿大的最后一个省。不过，虽然拉布拉多一直是该地区的一部分，但它当时并没有列入省份名称，直到2001年它才成为省名的组成部分。

语言

两百多年前，来自爱尔兰和英格兰的沿岸渔民几乎构成了当地所有的人口。由于居住环境偏僻，他们的语言包括近60种不同种类的方言。浓重的口音、抑扬顿挫的语调、独一无二的俗语和五花八门的成语为当地语言增添了无限魅力，有时甚至令当地的居民都摸不着头脑。

权威的资料可以参考《纽芬兰英语辞典》（*Dictionary of Newfoundland English*; www.heritage.nf.ca/dictionary）。

地理和气候

人们并不是平白无故地称纽芬兰为"岩石"（Rock）的。断裂的冰川形成一片崎岖的风景，这景象由巨石、湖泊和沼泽组成。纽芬兰的内陆一片荒凉贫瘠，岛屿上的城镇都聚集在海边。

拉布拉多的人口比纽芬兰还要稀疏，这里主要是大片坑洼的苔原和连绵不断的广阔山脉。

7月和8月的温度最高，白天的最高气温平均达20℃。这也是最干燥的月份；30天里大约有15天会降雨或降雪。冬季的气温徘徊在0℃左右，浓雾和大风在全年多数时候会肆虐海岸地区（许多航班会因此取消）。

公园和野生动物

鲸、驼鹿和角嘴海雀都是这里的野生动物种群中的主角，多数游客都会看见它们。赏鲸团队游从全省各地出发，带领你与这些海洋哺乳动物做近距离接触（通常是座头鲸和小须鲸）。外表滑稽可爱的角嘴海雀看起来像企鹅和鹦鹉的结晶，它们在惠特士湾（Witless Bay）和艾利斯顿（Elliston）周围振翅翱翔。驼鹿会出没在全省各地的路边哨

纽芬兰旅行线路

5天

从**圣约翰斯**开始，先参观**信号山**（见531页）和**斯皮尔角**（见542页）。这两个地方都是古迹，但它们也有徒步小道和风景，你可能会看到一座冰山或/和一头鲸。到了晚上，就去品味圣约翰斯的餐厅、别致的商店和音乐环绕的小酒馆。

两天"大城市"的生活之后，继续上路并穿越**阿瓦隆半岛**。在**惠勒士湾生态保护区**（见544页）乘船观看鲸鱼和角嘴海雀，在**费里兰**（见546页）计划野餐或者在**圣玛丽斯角生态保护区**（见549页）观鸟。最后一天在**特里尼蒂**（见550页）和**博纳维斯塔**（见552页）的东部社区感受历史氛围，并在两者之间的悬崖畔徒步。

10天

完成5天的行程之后向西去，也许可以搭乘快速航班前往**鹿湖**（见564页），然后在**格罗斯莫恩国家公园**（见564页）收获壮丽的峡湾景色，在**兰塞奥兹牧草地国家历史遗址**（见569页）感受不朽的维京历史。剩下的几天你可以乘船穿越**贝尔岛海峡**，然后慢慢穿行在小镇和**拉布拉多海峡**（见580页）宏伟的花岗岩悬崖之间。

食灌木丛，所以驾车的时候务必留心。一些游客还会在阿瓦隆野生动物保护区（Avalon Wilderness Reserve）瞥见北美驯鹿，这很特别，因为这种动物通常只生活于高纬度寒带地区。北美驯鹿群落也会在拉布拉多出没，但是它们的数量在近几年迅速下滑。

到达和当地交通

飞机

圣约翰斯国际机场（见541页）是该地区主要的交通枢纽。不过对于主要活动于北部半岛（Northern Peninsula）的游客，鹿湖机场（Deer Lake Airport；见564页）是一个非常好的选择。航空公司包括**加拿大航空**（Air Canada；888-247-2262；www.aircanada.com）、**PAL航空**（PAL Airlines；709-576-1666；www.palairlines.ca）、**波特航空**（Porter；888-619-8622；www.flyporter.com）和**联合航空**（United；800-864-8331；www.united.com）。

船

Marine Atlantic（800-341-7981；www.marine-atlantic.ca）经营两艘大型客轮（同时也是汽车渡轮），往返于北悉尼（新斯科舍）和纽芬兰之间。全年每天都有前往巴斯克港（纽芬兰西部）的班次，用时6小时。夏季还有前往阿真舍（Argentia；在阿瓦隆半岛）的班次，每周3班，用时14小时。建议预订，特别是前往阿真舍的班次。

Provincial Ferry Service (www.gov.nl.ca/ferryservices) 经营较小的船只，在省内穿梭前往各个岛屿和沿海城镇。每个班次都有专属的电话号码，并且提供及时更新的信息。建议登船前电话询问信息。

长途汽车

DRL（709-263-2171；www.drl-lr.com）每天都有一辆长途汽车往返于圣约翰斯和巴斯克港（13.5小时），沿途停靠25个站点。其他公共交通由地区穿梭小客车运营，这能连接起一个或更多数量的主要城镇。虽然路线覆盖得并不全面，但是系统运作良好，并且能够满足多数人的需求。

小汽车和摩托车

加拿大横贯公路是穿越岛屿的主要路线。驾驶距离的数据具有欺骗性，因为许多路线都是单行道，且扭曲迂回。在黄昏的时候特别要注意避让驼鹿。

注意：租车公司可以提供的车辆不多，因为岛屿位置偏僻和旅游季节短暂。这就意味着在盛夏时节，有过多的游客在此争夺有限的租车资源。届时，租车费用会涨到每天$100（包含税费和里程费）。务必提早预订。如果你在7月中旬到8月初的旅游旺季前来，在4月或5月就可以预先订车了，并且在你到达之前，要确认你的预订信息。

各地之间的自驾距离如下：
圣约翰斯至巴斯克港 905公里
圣约翰斯至格罗斯莫恩 708公里
格罗斯莫恩至圣安东尼 372公里

纽芬兰快速参考

- 人口：52.7万
- 面积：40.52万平方公里
- 省会：圣约翰斯
- 奇闻逸事：纽芬兰有82个名叫"长池"（Long Pond）的地方，42个名叫"白角"（White Point）的地方，还有一个地方的名字叫"杰瑞的鼻子"（Jerry's Nose）。

圣约翰斯（ST JOHN'S）

人口 10.62万

北美最古老的城市坐落在一个温暖舒适的避风港陡峭的斜坡上。五颜六色的排屋涌现在起伏的街道旁，这座城市常常被比作旧金山——虽然是迷你版的。和旧金山一样，这里也拥有艺术家、音乐家、最新潮的餐厅、过度膨胀的楼市和使用iPhone的年轻居民。不过身为纽芬兰的最大城市和省府，这里仍然拥有令人耳目一新的小镇气息。

行程亮点包括攀登信号山，观赏港口一览无余的全景，前往George St一带的小酒馆聆听现场音乐，畅饮啤酒（或是朗姆酒）干杯。许多游客利用了这座城市出类拔萃的餐饮和住宿选择，将圣约翰斯作为在阿瓦隆半岛探索的大本营。斯皮尔角（Cape Spear）、惠勒士湾生态保护区（Witless Bay Ecological Reserve）和费里兰（Ferryland）都是一日游的好去处。

历史

圣约翰斯的天然良港伸向曾经鳕鱼翻腾的大海，促使欧洲人在1528年首次建立定居点。在17世纪末和18世纪的大部分时间，圣约翰斯成为法国人、英国人和荷兰人争夺的对象，几经易主并被掠夺一空。到1762年，英国人在信号山取得了最终的胜利。

这座港口随后在20世纪稳坐着全世界咸鳕鱼交易的头把交椅。到20世纪中叶，仓库鳞次栉比地排列在Water St的旁边，商人们更是因此腰缠万贯。在20世纪60年代，圣约翰斯人均百万富翁的人数是北美洲最高的。

如今，这座城市的码头仍然为全世界的渔船和时而靠岸的大型游船提供加油补给，但是1992年禁渔令的颁布让鳕鱼产业的发展严重受挫。近海石油勘探现在成了推动经济的龙头产业。

◉ 景点

多数景点都在市区或几公里的范围之内，但还是要做好爬高坡的准备。

★ Rooms　　博物馆

（☎709-757-8000；www.therooms.ca；9 Bonaventure Ave；成人/儿童 $7.50/4，周三 18:00~21:00免费；⏰周一、周二和周四至周六 10:00~17:00，周三 至21:00，周日 正午至17:00）没有几个博物馆会同时展出巨型乌贼、先锋派声音雕塑以及古代兵器。而这就是Rooms，多功能合一的历史博物馆、美术馆和档案馆。庞大的玻璃和岩石结构建筑群本身就足够令人难忘，还有俯瞰全城的风景。有一家附属咖啡馆，同时也是很棒的餐厅。

奎迪威迪　　古迹

从城区出发，翻过信号山，风景如画的袖珍村庄奎迪威迪（Quidi Vidi）就坐落在那里。看18世纪的兵营和湖畔的赛舟会博物馆前，务必记得先去拜访奎迪威迪酿酒厂（见533页）。门票包括丰富的试喝机会，还送你一瓶，可以一边参观一边喝。一定要尝尝"冰山"（Iceberg）品牌，它是用湖水酿造而成的。

附近坐落着18世纪50年代的绿头鸭小屋（Mallard Cottage；见539页），它是北美洲历史最悠久的小屋。到发稿时为止，小屋正在被改造成一座供应纽芬兰家常菜的餐馆。

建于1762年的奎迪威迪兵营（Quidi Vidi Battery）位于Cuckhold's Cove Rd尽头的山顶，是法国人占领圣约翰斯后建造的。英国人很快将它占为己有，它的军事用途一直保留到19世纪。

奎迪威迪湖（Quidi Vidi Lake）位于村庄的内陆部分，是让全城万人空巷的圣约翰斯赛舟会的举办地。圣约翰斯皇家赛舟会博物馆（Royal St John's Regatta Museum；☎709-576-8921；Lakeview Ave和Clancy Dr交叉路口，紧邻Forest Rd；⏰需要预约）免费 位于船屋的二楼。一条徒步小径颇受欢迎，环绕着湖泊。

奎迪威迪距离市区东北角大约2公里。走Plymouth Rd，向左转向Quidi Vidi Rd，然后向右转进入Forest Rd（之后变成Quidi Vidi Village Rd）。如果要前往酿酒厂，向右拐入Barrows Rd。如果要前往兵营，就要拐进Cuckold's Cove Rd。如果要前往赛舟会博物馆，从Forest Rd左转进入Lakeview Ave。你也可以从信号山沿着Cuckold's Cove Trail步行，需要大约30分钟。

信号山国家历史遗址　　　　　　　　　古迹

（Signal Hill National Historic Site；☎709-772-5367；www.pc.gc.ca/signalhill；⏰庭院 24小时）圣约翰斯最著名的地标，光是壮观的风景就值得你前往，不过这儿还有更多的看点。山顶上是小巧玲珑的卡伯特塔（Cabot Tower；⏰4月至11月 8:30~17:00）免费，建于1900年。顾名思义，是为了纪念航海家约翰·卡伯特在1497年的首航，同时，也是为了纪念维多利亚女王的钻石大庆。在仲夏时节，士兵穿着19世纪纽芬兰皇家军团（Royal Newfoundland Company）的服装，进行队列表演（见540页）和发射火炮的表演。

信号山游客中心（见534页）运用互动展示介绍遗址的历史。1762年，英法"七年战争"（Seven Years' War）最后一场北美战役就发生在这里，英军的胜利终结了法国人想要称霸北美洲东部的野心。军事表演就在旁边的O'Flaherty Field举行。

你可以在山更高处的女王炮台和兵营（Queen's Battery & Barracks）看见大炮和18世纪末英军炮台的遗迹。在卡伯特塔的里面，展览重现了意大利发明家伽利尔摩·马可尼（Guglielmo Marconi）1901年在这里首次成功接收来自英格兰康沃尔郡的无线电波的场景。在7月和8月，一支无线电爱好者社团会在塔内运营电台。

信号山也提供庭院的团队导览，其中周四的午餐让你像一位18世纪的士兵一样用餐，还有夕阳音乐会。查看网站的"活动"部分（Activities）了解详细信息和花费。

长1.7公里的北角小径（North Head Trail）是返回市区的一条很棒的徒步路线。

遗址距离市区1.5公里，沿着Signal Hill Rd上山即可到达。

C.A.皮派公园　　　　　　　　　　　　公园

（CA Pippy Park；www.pippypark.com）充满各种特色的C.A.皮派公园占地1343公顷，覆盖了市区的西北角。园内的休闲设施包括步行小径、野餐区、游乐场、高尔夫球场和露营区。纽芬兰纪念大学（Memorial University）是该省唯一的一座大学，也在这里。大学的植物园（见532页）位于公牛池（Oxen Pond），就在公园的西侧，紧邻Mt Scio Rd。

植物园内拥有栽培区和一处自然保护区，它们和公园的长池（Long Pond）湿地一起为游客展示了纽芬兰的植物、栖息地环境（主要是北方针叶林和泥塘）和动物（可以在长池寻觅食鸟以及偶尔出没的驼鹿）。沿着3公里的长池步道（Long Pond Walk）可以饱览全景。

Fluvarium（☎709-754-3474；www.fluvarium.ca；5 Nagle's Pl；成人/儿童/家庭 $8/6/25；⏰7月和8月 周一至周五 9:00~17:00，周六和周日 10:00开始，9月至次年6月 营业时间缩短）可以称为"自流水族馆"，是用玻璃隔出的河流截面，与露营地隔街相望。参观者能够透过巨大的玻璃窗，观赏内格尔山溪（Nagle's Hill Brook）表面下未被打扰的世界，可以看见数不胜数的褐鳟鱼，偶尔还会发现河鳗。如果遇到狂风或暴雨，所有原本可见的动物都会消失在混沌之中。

如果要从市区来这里，沿着Bonaventure Ave向北抵达Allandale Rd，然后沿着路标即可到达，距离大约2公里。

约翰逊地质学中心　　　　　　　　　博物馆

（Johnson Geo Centre；☎709-737-7880；www.geocentre.ca；175 Signal Hill Rd；成人/儿童 $12/6；⏰9:30~17:00）全世界只有在纽芬兰可以那么轻松地穿越地质史，来到地球诞生的初期。通过地下互动展示，约翰逊地质学中心成功地让原本枯燥乏味的地质学知识变得魅力十足。

中心还有关于"泰坦尼克号"（Titanic）的展览，告诉人们酿成那起悲剧的不只是冰山，更是人为疏失——比如，船主为了不让"甲板一片混乱"而没有在船上携带足量的救生艇，而船员也无视了大量的冰情警告。不

St John's 圣约翰斯

纽芬兰 – 拉布拉多省 圣约翰斯

过这个展览和地质学有什么关系呢——虽然我们也不清楚，但谁会介意呢? 这个展览办得真是太棒了。

小径在室外蜿蜒环绕着这座建筑，并配有讲解信息牌。地质学中心位于Signal Hill Rd的上坡路上，距离市区大约1公里。

纽芬兰纪念大学植物园 花园

(Memorial University Botanical Garden; ☎709-737-8590; www.mun.ca/botgarden; 成人/儿童 \$8/3; ◎5月至8月 10:00~17:00, 9月至次年

St John's 圣约翰斯

◎ 重要景点
- 1 Rooms B3

◎ 景点
- 2 施洗者圣若望圣公会大教堂 C3
- 3 施洗者圣若望宗座圣殿 B3
- 4 纽曼酒窖 B6

✚ 活动、课程和团队游
- 5 Iceberg Quest C5
- 6 O' Brien's D2
-   Outfitters .... （见42）
-   圣约翰斯的鬼怪冒险之旅 .... （见2）

ⓛ 住宿
- 7 Abba Inn C2
- 8 At Wit's Inn D1
-   Balmoral House .... （见7）
- 9 Cabot House B2
- 10 Courtyard St John's D2
- 11 Gower House C3
- 12 HI St John's D1
- 13 JAG B6
- 14 Luxus D3
- 15 Narrows B&B C3

ⓧ 就餐
- 16 Adelaide Oyster House B5
- 17 Bacalao A5
- 18 Basho C3
- 19 Ches's A4
- 20 Chinched B5
- 21 Fixed Coffee & Baking D2
- 22 Hungry Heart C2
- 23 Merchant Tavern B5
- 24 Piatto B4
- 25 Reluctant Chef C3
- 26 Rocket Bakery C4
- 27 Sprout B4

ⓒ 饮品和夜生活
- 28 Duke of Duckworth C4
- 29 Gypsy Tea Room B5
- 30 Mochanopoly C4
-   Velvet .... （见35）
- 31 Yellow Belly Brewery B4

ⓔ 娱乐
- 32 Fat Cat B5
- 33 Resource Centre for the Arts C3
- 34 Rock House B4
- 35 Rose & Thistle C4
- 36 Shamrock City B5
- 37 Ship Pub C3
- 38 圣约翰斯冰帽队 A5

ⓢ 购物
- 39 Downhome B5
- 40 Fred's D2
- 41 Living Planet C4
- 42 Outfitters C4

4月 营业时间缩短）该省首屈一指的植物园，坐落在一个占地100英亩的自然保护区内，有自然小道、一座大型栽培花园和一座温室。

纽曼酒窖　　　　　　　　　　　　古迹

（Newman Wine Vaults；📞709-739-7870；www.seethesites.ca；436 Water St；捐赠入场；⏰需要预约）这些阴暗冰冷的酒窖建于18世纪80年代，是纽曼公司用于存放波尔图葡萄酒的地点并一直使用到1996年（欧盟在这一年强制规定这道工序要在葡萄牙进行）。这里提供团队导览游，可在网站上找到提供团队游服务的机构信息。酒窖时常举行音乐、文学和美食活动。

奎迪威迪酿酒厂　　　　　　　　酿酒厂

（Quidi Vidi Brewery；📞709-738-4040；www.quidividibrewery.ca；35 Barrows Rd；品酒或团队游$10；⏰10:00~16:00）奎迪威迪酿酒厂是一家精酿啤酒厂，位于小码头一处老旧的鱼肉加工厂里，是个让你解渴的好地方。开车的话，从市区走Forest Rd，经过湖泊，然后拐进Quidi Vidi Village Rd。当地人希望你把车停在村子边上，然后步行进入。

施洗者圣若望圣公会大教堂　　　教堂

（Anglican Cathedral of St John the Baptist；📞709-726-5677；www.stjohnsanglicancathedral.org；16 Church Hill；下午茶$9；⏰9:30~16:00）这座圣公会大教堂服务着加拿大最古老的教区（1699年），是北美洲最精美的哥特式教堂建筑之一。虽然最初建于19世纪30年代，但外墙结构在1892年的大火中化成灰烬。在1905年得到重建，它哥特式的肋架拱顶、造型优雅的石砌拱门和外形薄而长的彩绘玻璃窗都是永恒的经典。7月和8月工作日的下午在地下室供应**下午茶**。

港畔公园（Harbourside Park） 公园

拥有一只纽芬兰犬和一只拉布拉多猎犬的标志性的雕像，这座公园是圣约翰斯免费音乐（City of St John's free Music）的演出场所，会在整个夏天每周五的12:30举办一系列港畔午餐时间音乐会。

宝灵公园 公园

（Bowring Park；www.bowringpark.com；Waterford Bridge Rd）占地200英亩，是一座美丽的城市公园，有一个鸭子池塘、若干网球场、一个游泳池和一块游戏场地。

信号山游客中心 博物馆

（Signal Hill Visitor Centre；成人/儿童 $3.90/1.90；◎5月至10月 10:00~18:00）有和信号山历史相关的互动性展览。1762年，"七年战争"在北美的最后一次战斗就发生在这里，英国人的胜利终结了法国重新控制北美东部的希望。

施洗者圣若望宗座圣殿 教堂

（Basilica of St John the Baptist；☎709-754-2170；www.thebasilica.ca；200 Military Rd；◎9:30~17:00）建于1855年，教堂高耸的尖顶双塔直入云霄，从信号山就能看见。教堂的设计标志着古典式建筑风格在北美的复兴。在教堂内部，65扇彩绘玻璃窗让引人注目的意大利风格彩色天花板和上面高亮的金箔更加璀璨。

🏃 活动

★ 北角小径 步行

北角小径（North Head Trail；1.7公里）是从信号山返回市区的一条很棒的徒步路线，从卡伯特塔通往港湾边的巴特里区（Battery）。步道从卡伯特塔的停车场出发，一路沿着悬崖，沿途能眺望波澜壮阔的海景，有时还能看见鲸鱼喷涌的水柱。因为大部分路紧贴崖峭壁，不建议在路面结冰、大雾或夜间行走。

Grand Concourse 步行

（www.grandconcourse.ca）Grand Concourse是一个长达160公里的步道网络，遍及全市，并通过市中心人行道、小道、河流走廊和旧铁轨连接圣约翰斯与附近的Mt Pearl和Paradise。

👉 团队游

★ 圣约翰斯的鬼怪冒险之旅 步行

（St John's Haunted Hike；www.hauntedhike.com；成人/儿童 $10/5；◎6月至9月周日至周四 21:30）托马斯·维克汉姆·贾维斯神父（Reverend Thomas Wyckham Jarvis Esq）身着黑色披肩，带着游客探寻城市的每个黑暗角落。他会讲述无头船长、谋杀犯和其他的幽灵故事，吓得你汗毛倒竖。游览从圣公会大教堂的西门出发。在盛夏的周五和周六，令人脊背发凉的游览挪至信号山，大家在室内坐着聆听鬼故事（20:00，门票$15）。

孩子们的圣约翰斯

不管天气如何，圣约翰斯总是可以让小家伙们玩得尽兴。

乘船游 各种乘船游也是很棒的选择，不过事先要询问该地区是否有冰山和鲸鱼。

宝灵公园（见534页）池塘里总有嗷嗷待哺的鸭子喜欢孩子们的陪伴。

C.A.皮派公园（见531页）儿童的天堂，拥有一座巨大的游乐场和许多步道，当然还有Fluvarium这座水族馆。

约翰逊地质学中心（见531页）尽管地质学看起来不能点燃孩子的兴趣，但建在地下的这个中心能够化腐朽为神奇。

海洋科学中心（见580页）观看海洋生物。

信号山队列表演（见540页）光是表演最后的鸣炮就足够让孩子们流连忘返。

圣约翰斯的鬼怪冒险之旅（见534页）年龄大一点的孩子会喜爱的。

Outfitters
皮划艇

(📞709-579-4453; www.theoutfitters.nf.ca; 220 Water St; 半天/全天 团队游 $69/169; ⏱周一至周三 10:00~18:00, 周四和周五 至21:00, 周六 10:00~18:00, 周日 正午至17:00) 从Outfitters位于市中心的店铺组织受欢迎的皮划艇团队游项目, 提供接送服务(往返$30)。还可租户外装备, 提供关于东海岸小径(见543页)的大量信息。

McCarthy's Party
巴士游

(📞709-579-4480; www.mccarthysparty.com; 566 Water St; 3小时团队游 $55) 这是一家经验丰富的团队游公司, 导游很棒, 会让你感觉到真正的当地文化。路线多种多样, 从圣约翰斯和斯皮尔角(Cape Spear)的半日游到游遍纽芬兰岛的12天漫游都有。

Iceberg Quest
乘船游

(📞709-722-1888; www.icebergquest.com; Pier 6; 2小时团队游 成人/儿童 $65/28) 从圣约翰斯的港口出发前往斯皮尔角, 在6月观赏冰山, 在7月和8月时寻觅鲸鱼的踪迹。新船可以坐100名乘客, 每天出发多次。

O'Brien's
乘船游

(📞709-753-4850; www.obriensboattours.com; 126 Duckworth St; 2小时团队游 成人/儿童 $58/30) 在惠勒士湾观赏鲸鱼、角嘴海雀和冰山。船只从31公里以南的贝布尔斯(Bay Bulls)出发, 但是O'Brien's提供接送服务(往返$25), 涵盖圣约翰斯各个酒店。在O'Brien's的店内购票。

Legend Tours
巴士游

(📞709-753-1497; www.legendtours.ca; 3小时团队游 $59~69) 这家赢得过奖项的旅行社路线涵盖圣约翰斯、斯皮尔角和阿瓦隆半岛的东北部。解说风趣幽默, 介绍历史逸事。需要电话预订。他们会到你下榻的酒店或民宿接你。

🎪 节日和活动

Sound Symposium
表演艺术

(www.soundsymposium.com; 票价 $10起; ⏱7月初) 在偶数年举行, 盛大的前卫艺术周包含音乐会、讲习班、舞蹈和实验电影。

海边的莎士比亚节
戏剧节

(Shakespeare by the Sea Festival; 📞709-722-7287; www.shakespearebytheseafestival.com; 票价 $20~25; ⏱7月初至8月中旬) 在信号山、当地公园和其他场地举行现场的户外表演。可以在现场购票, 只接受现金。一些演出还会免费进行。

乔治街节
音乐节

(George Street Festival; www.georgestreetlive.ca; 票价 $20起; ⏱7月底或8月初) 气派的乔治街变身为长达一星期的时间里华丽绽放的夜总会, 夜以继日地举行音乐表演。

市区街头艺术表演节
狂欢节

(Downtown Busker Festival; www.downtownstjohns.com; ⏱8月初) 有的玩抛接杂耍, 有的表演魔术, 有的大秀杂技, 有的说学逗唱。在这个长周末, 各种街头艺术家汇聚在街头, 展现他们的看家本领。

纽芬兰-拉布拉多民间艺术节
音乐节

(Newfoundland & Labrador Folk Festival; www.nlfolk.com; ⏱8月初) 这项为期3天的庆祝活动包含传统纽芬兰音乐、舞蹈和故事会。就在赛舟会比赛之后的周末进行。

圣约翰斯皇家赛舟会
体育节

(Royal St John's Regatta; www.stjohnsregatta.org; ⏱8月的第一个周三) 街道空无一人, 商铺纷纷打烊, 众人竞相前往奎迪威迪湖的岸边。赛舟会正式起源于1825年, 现在是北美洲持续举办时间最悠久的体育赛事。如果赛舟的条件不好就会延期举办。

开放日
文化节

(Doors Open; www.doorsopendays.com; ⏱9月初) 每年9月的第二周, 通常情况下私有的商业和建筑就会打开它们的大门, 向公众开放。每年开门的场馆都会变化, 但包括货栈、教堂和旧博物馆。

🛏 住宿

圣约翰斯的核心区有不少民宿可供选择, 通常它们比酒店和汽车旅馆更具性价比。但是民宿很容易就被抢订一空, 需要提前预订。许多民宿要求住客至少住两晚。本书所

媒体和网络资源

圣约翰斯市官方网站（www.stjohns.ca）"参观我们的城市"（Visiting Our City）的条目下提供景点、住宿、餐馆和活动的详细信息和链接。

Downhome（www.downhomelife.com）通俗的地方月刊，类似《读者文摘》。

The Overcast（www.theovercast.ca）免费的另类报纸，涵盖当地的艺术和政治新闻。

《**圣约翰斯电报**》（*St John's Telegram*; www.thetelegram.com）本市日报。

列出的民宿都提供热腾腾的早餐，以下列出的价格不含该市17%的税费。所有住所（或附近）都可以停车。

Memorial University Rooms　　住宿服务 $

（☎877-730-7657; www.mun.ca/conferences; 房间公共卫浴 $59~72; ⏱6月末至8月; 🛜）这座当地大学提供城里最实惠的住宿选择，夏天将有公共卫浴的学生宿舍向游客开放。宜人的现代化房间里有两张单人床或一张双人床。客人可以使用厨房设施、一个游泳池和健身中心。没有电视，自带洗漱用具。

HI St John's　　青年旅舍 $

（☎709-754-4789; www.hihostels.ca; 8 Gower St; 铺 $38, 房间 $89~103; @🛜）这里具备优秀的青年旅舍所应该拥有的特性——地处热闹的场所，设施干净整洁，规模不太大（总共有16张床），而且员工服务友善。双人间不太实惠，相对于价格而言房间看上去有些破旧。一块白色的书写板每天都列出城里所有好玩的新鲜事。这家旅舍也提供团队游的预订，标价合乎情理。

JAG　　精品酒店 $$

（☎709-738-1524; www.steelehotels.com; 115 George St W; 房间 $236起; ❄@）谁不喜欢在大堂播放滚石乐队或鲍勃·迪伦的酒店呢？这家摇滚主题的酒店占据了一栋多层高楼，可以看到海港的景色。宽敞的房间非常时尚，配色柔和，还有带褶的皮革床头板和超大窗户（专为摇滚明星制作的双层玻璃和遮光窗帘）。酒店内部的餐厅和酒吧很不错。

Cabot House　　民宿 $$

（☎709-754-0058; www.abbainn.com; 26 Monkstown Rd; 标单/双 $209/219; P 🛜）1904年建造的安妮女王风格宅邸，改造成民宿之后再次焕发出活力。这座轮廓形状不规则的房子充满了古董和彩绘玻璃窗，让宾客尽享沉静、别致的住宿体验。华丽、宽敞的房间基本上恢复了它们原来的布局，并增添了浴室和一个带按摩浴缸的套间。主人不住在这里，因此住宿体验更像是酒店。

Leaside Manor　　民宿 $$

（☎709-722-0387; www.leasidemanor.com; 39 Topsail Rd; 房间 $179~229; ❄@🛜）这座古老的商人寓所提供高端的房间，遮蓬大床、壁炉和按摩浴缸，难怪《环球邮报》（*Globe and Mail*）评论它是加拿大"最浪漫的目的地"之一。从市区走过来大概需要半小时；如果你想住得离城里近些，可以咨询一下城区里的公寓。

Gower House　　民宿 $$

（☎709-754-0058; www.abbainn.com; 180 Gower St; 标单/双 $149/159; ❄🛜）Gower House与其说是装修华丽的民宿，不如说是个寄宿家庭。房间虽小，但提供舒适的床铺、一台平板电视和设施齐全的配套浴室。一位当值经理烹饪富含鸡蛋的早餐。

At Wit's Inn　　民宿 $$

（☎709-739-7420; www.atwitsinn.ca; 3 Gower St; 房间 $160; ❄@🛜）擦亮的木地板、石膏装饰图案的天花板、精美的壁炉、色彩明亮的墙面和让你舍不得离开的床，它们造就了这家令人难忘的民宿。起居室和餐厅既华丽又非常舒适。它的位置也很方便到达。

Balmoral House　　民宿 $$

（☎709-754-5721; www.balmoralhouse.com; 38 Queen's Rd; 房间 $149~199; ❄@）Balmoral从许多方面来看都是一家典型的民宿（摆放着小天使雕像和古董长木桌），但因为它的主人并不住在这里，而且早餐也采取自助形式，所以与其他很多民宿相比，这儿更

Abba Inn
民宿 $$

(☎709-754-0058; www.abbainn.com; 36 Queen's Rd; 标单/双 $159/169; ❖❄@☎) Abba和Balmoral House（见536页）在同一座建筑里，而且两家民宿提供类似的基本设施，环境格调也很相仿。如果Abba客满，业主还有附近的Gower House和Cabot House。主人常常不在这里，客人使用门锁密码自己入住即可。

Narrows B&B
民宿 $$

(☎709-739-4850; www.thenarrowsbb.com; 146 Gower St; 标单/双 $135/170; ❖☎) 在这座热情友好的民宿里，暖色调搭配了优雅的装修以及木制大床。部分房间有些小。拥有大量的现代设施，一座富丽堂皇的会客厅和阳台可以让顾客彼此交流，分享有关鲸鱼的故事。

Courtyard St John's
酒店 $$

(☎709-722-6636; www.marriott.com/yytcy; 131 Duckworth St; 房间 $189~244; P❄@☎) 这里是典型的万豪（Marriott）连锁酒店风格，有舒适的大床。一些房间可以看见港湾的景色（需多付约$20）。

★Luxus
精品酒店 $$$

(☎844-722-8899; www.theluxus.ca; 128 Water St; 房间 $379~579; ☎) 由一位出身于该地区的商人开办，Luxus的设施就像是那些为生计而频繁旅行者的愿望清单。博世（Bose）音箱，有的。淋浴双喷头和独立浴缸，有的。日本电子马桶，有的。所有六个豪华房间都能看到港口的景色，而且都配备了迷你吧和一台巨大的70英寸（178厘米）平板电视。不要错过在氛围十足的鸡尾酒吧的欢乐时段。停车位在它外面的一座车库里。

🍴 就餐

★Adelaide Oyster House
各国风味

(☎709-722-7222; 334 Water St; 小盘菜 $8~17; ⊙17:00~22:00) 这家小小的时尚酒吧兼餐厅很受欢迎，这里欢闹、繁忙的欢乐时段大概是全城最好的了。它的特色是小盘菜如墨西哥玉米饼包炸鱼（fish tacos）、生菜叶包神户牛肉搭配辣泡菜，当然还有来自沿海两岸的新鲜牡蛎。有可爱的鸡尾酒，也适合一个人前往。

★Battery Cafe
咖啡馆 $

(☎709-722-9167; 1 Duckworth St; 小吃 $3~9; ⊙周一至周五 6:30~18:30, 周六和周日 7:30~18:30) 这个供应意式浓缩咖啡的咖啡馆是澳大利亚人开的，它煮的咖啡是城里最好的；这里还有很好的三明治和烘焙食物。天气好的时候有户外野餐桌椅。

Piatto
比萨 $

(☎709-726-0709; www.piattopizzeria.

猪油渣、炸面包和海豹鳍馅饼：一份美食指南

当你来到纽芬兰，就该准备好认识一些全新的厨艺词汇。第一课——当地人用"scoff"来表示一顿大餐。

介绍两道纽芬兰最受欢迎的美食：面包泡鱼肉汤（fish 'n' brewis）和吉格餐（Jiggs dinner）。面包泡鱼肉汤混合了咸鱼、洋葱、猪油渣（scruncheons）和煮过的面包。吉格餐是一道大菜，包含烤肉（火鸡肉——或者也可能是驼鹿肉）配上煮制的马铃薯、胡萝卜、卷心菜、盐腌牛肉和豌豆面包布丁。炸面包（touton）可以蘸着黏稠的糖浆食用。

鳕鱼舌（codtongues）是指鱼颚间肉质鲜嫩的部分，通常会用面糊炸制。鳕鱼颊（cod cheeks）就是鳕鱼面颊两侧的肉。鱼饼（fishcakes）混合了鳕鱼、马铃薯和洋葱，捣成泥后炒制，非常美味。另外，勇敢的人可以尝尝海豹鳍馅饼（flipper pie），海豹肉挥之不去的腥味绝对是一场难能可贵的体验。

在结束饱餐之前，试试这里的无花果布丁（figgy duff），这道甜品因在布袋中烧制而产生了一种浓厚黏稠的质感。

com; 377 Duckworth St; 主菜 $12~19; ⓘ周一至周四 11:30~22:00, 周五和周六 至23:00, 周日 至21:00) 让你花不多的钱就能度过一个很棒的夜晚, 砖墙垒砌的温馨餐厅Piatto用烧木柴的炉子烘烤出种类繁多的比萨。可以选择传统的种类, 或者试试加了风干火腿（proscuitto）、无花果和香脂的薄底比萨。非常美味。还供应新鲜沙拉、葡萄酒和意大利鸡尾酒。

Fixed Coffee & Baking　　　　咖啡馆 $

（www.fixedcoffee.com; 183 Duckworth St; 烘焙糕点 $3~8; ⓘ周一至周五 7:00~18:00, 周六和周日 9:00开始; ⓘ) 作为嬉皮士的避难所, Fixed总是奉上城内最可口的热巧克力, 以及醇厚的咖啡和印度茶, 并且比别的地方都便宜。自制的百吉饼和面包更是妙不可言。

Rocket Bakery　　　　　　面包房 $

（www.rocketfood.ca; 272 Water St; 主菜 $3~10; ⓘ周一至周六 7:30~21:00, 周日至18:00; ⓘ) 氛围欢乐的Rocket是喝杯咖啡、来份三明治或者甜点的好地方。尝试鹰嘴豆泥配自家烘烤的酥脆杂粮面包, 或是羊角面包配柠檬酱, 鱼饼的口味也是有口皆碑。先在收银台点餐, 然后端着你的菜品去隔壁的房间享用美味。

Hungry Heart　　　　　　咖啡馆 $

（ⓘ709-738-6164; www.hungryheartcafe.ca; 142 Military Rd; 主菜 $13~16; ⓘ周一至周六 10:00~14:00) 在这家暖色调的咖啡馆用餐, 你就是在帮助那些遭受虐待的妇女和其他一些需要在餐饮服务业接受培训的人。尝试一下咖喱芒果鸡或手撕猪肉三明治。周六的早午餐提供奶酪司康饼配自家熏制的酥脆加拿大培根和樱桃面包布丁。还有许多烘焙糕点。服务贴心。

Sprout　　　　　　　　　素食 $

（ⓘ709-579-5485; www.thesproutrestaurant.com; 364 Duckworth St; 主菜 $10~15; ⓘ周一至周五 11:30~21:00, 周六 10:00开始; ⓘ) 全素食餐厅在纽芬兰几乎闻所未闻。Sprout既供应严格素食, 也提供不含麸质的菜品。所以在这家小咖啡馆坐下来, 品尝脆渍豆腐汉堡、核桃松子青酱奶酪三明治和糙米奶酪肉汁浇薯条（只不过使用的是味噌酱而不是肉汁）。三明治使用的是厚实的自制面包。

International Flavours　　巴基斯坦菜 $

（ⓘ709-738-4636; 4 Quidi Vidi Rd; 主菜 $11~14; ⓘ周二至周六 正午至19:00; ⓘ) 作为当地人在午餐时间最喜欢的选择之一, 这家中东餐厅可以让你暂时逃离炸鱼和薯条。巴基斯坦老板塔拉特（Talat）用大勺舀出一盘满满的豆酱（dal）或咖喱, 淋在印度香米（basmati rice）上, 辛辣可口, 搭配餐厅每天的固定套餐（也有素食选项）。它位于Signal Hill Rd尽头的一个小房间里。

Ches's　　　　　　　　　快餐 $

（ⓘ709-726-2373; www.chessfishandchips.ca; 9 Freshwater Rd; 主菜 $8~15; ⓘ周日至周四 11:00至次日2:00, 周五和周六 至次日3:00) Ches's和它的炸鱼薯条是纽芬兰的传统——不说大话, 鳕鱼真的会融化在你的嘴中。

★ Merchant Tavern　　　加拿大菜 $$$

（ⓘ709-722-5050; http://themerchanttavern.ca; 291 Water St; 主菜 $15~45; ⓘ周二至周四 11:30~14:00和17:30至午夜, 周五 至次日2:00, 周六 10:30至次日2:00, 周日 10:30~15:00) Merchant是个雅致的希腊小馆, 位于一栋从前的银行大楼内, 它的主厨和加拿大顶级餐厅Raymond's的是同一位, 但没有动辄$400的消费。分量充足的海鲜炖菜、烤本地羔羊肉香肠和鳕鱼配熏培根都接近完美。最后一定不要错过咸焦糖甜点。部分座位朝着开放式厨房——很适合和厨师们聊天。

Chinched　　　　　　新派加拿大菜 $$$

（ⓘ709-722-3100; www.chinchedbistro.com; 7 Queen St; 主菜 $14~35; ⓘ周一至周六 17:30~21:30) ⓘ有高品质的菜肴, 但没有白桌布的矫揉造作——期待章鱼玉米卷饼或纽芬兰野菌炖饭吧, 在装饰着大量红木的温馨房间中享用。菜单总是在变化, 肉类是其中的主角——不要错过熟食拼盘和自制泡菜。年轻主厨的创造力更是涵盖甜点（比如罗萨麻冰激凌）和自制烈酒（蔓虎刺浆果伏特加）。

Reluctant Chef　　　　新派加拿大菜 $$$

（ⓘ709-754-6011; www. thereluctantchef.

ca; 281 Duckworth St; 套餐 $60; ⊙周二至周日 17:00至21:30) 不情愿但热情的（店名意为"不情愿的大厨"）Jonathan Schwartz精心准备了5道菜套餐，让你在这个气氛亲密的餐厅中享用。菜肴总在变化，但可能包括一些原创菜品，如蒲公英清汤炖鸭肉或大黄和酸模甜点。还供应周末早午餐（$18）。查看该店脸书网页上的菜单并提前预订。然后准备享受3小时的美食盛宴。有特殊饮食需求的人应该提前咨询。

Bacalao 新派加拿大菜 $$$

(☎709-579-6565; www.bacalaocuisine.ca; 65 Lemarchant Rd; 主菜 $26~36; ⊙周二至周五 正午至14:30, 周六和周日 11:00开始, 周二至周日 18:00~22:00) 热情洋溢的Bacalao选用本地环保的食材，推出"纽芬兰新式餐饮"。菜肴包括每日盐腌鳕鱼（code du jour）和蔓虎刺浆果酱配驯鹿肉（caribou in partridgeberry sauce），都可以搭配当地的啤酒和葡萄酒。它位于市区以西1.5公里处。沿着Water St向南，然后转向Waldegrave St，再进入Barters Hill Rd即可抵达。

Mallard Cottage 加拿大菜 $$$

(☎709-237-7314; www.mallardcottage.ca; 2 Barrows Rd; 主菜 $19~35; ⊙周三至周六 10:00~14:00, 周二至周六 17:30~21:00, 周日 10:00~17:00) 对于本地和可持续性饮食，很多餐厅都会说一些口头上的应酬话，但这家餐厅绝对不做表面文章，而且菜肴非常美味。写在黑板上的菜单每天都在变化。想象一下芜菁配酸奶和爽脆的青葱，或盐水鸭肉配鸡蛋面疙瘩和煎迷迭香。可爱的Mallard Cottage是一栋历史建筑，可追溯到18世纪50年代。

Basho 寿司 $$$

(☎709-576-4600; www.bashorestaurant.com; 283 Duckworth St; 主菜 $22~36; ⊙周一至周六 18:00至深夜) 这个新开业的时尚餐厅是在圣约翰斯享用高级传统寿司、松久信幸（Nobu）风格的生鱼片以及酥脆天妇罗配海盐的最佳场所。Basho还以一流的鸡尾酒闻名。周五晚餐时段开始前1小时，深受欢迎的酒吧间就会开始营业。

🍷 饮品和夜生活

George St是市区著名的夜店街。Water St和Duckworth St也有丰富的饮酒之所可供选择，但是环境相对安静。酒吧会营业到次日2:00（周末营业至次日3:00）。在周末或有现场乐队表演的时候，许多场所都会收取小额的入场费（大约$5）。不要忘了尝试一下当地的Screech朗姆酒。

★ Duke of Duckworth 小酒馆

(www.dukeofduckworth.com; McMurdo's Lane, 325 Duckworth St; ⊙正午至午夜; 🖥) 大家都把这里叫作"The Duke"，是一家简简单单的英伦风情酒馆，展现了纽芬兰和纽芬兰人的风采。周五晚上，蓝领和白领、工人、年轻人和老者都在此齐聚一堂，你甚至会看见Great Big Sea乐队（加拿大音乐组合，来自纽芬兰-拉布拉多省）的成员瘫坐在年久失修的红丝绒酒吧座椅上。

Mochanopoly 咖啡馆

(☎709-576-3657; 204 Water St; 桌游每小时 $2.50; ⊙周一至周四 正午至午夜, 周五和周六 至次日1:00, 周日 至23:00) 欢迎来到纽芬兰的第一个桌游咖啡馆。受到韩国同类场所的启发，游戏专家、年轻的兄弟Erich和Leon开了这家很受欢迎的店。这里有三百多种游戏，既有经典之作如Battleship，也有Pandemic和Exploding Kittens。19:00之后通常人满为患。它还供应小吃和咖啡饮品。6岁以下儿童玩游戏免费。

Yellow Belly Brewery 小酒馆

(☎709-757-3784; www.yellowbellybrewery.com; 288 Water St; ⊙周一至周五 11:30至次日2:00, 周六和周日 至次日3:00) 这个气氛悠闲的聚会场所是一栋可追溯到1725年的砖砌建筑，这里的重点是清爽的自酿啤酒。每个人都会很快活，而且供应搭配啤酒的优质小酒馆食物。想要更多气氛，可以去幽暗的地下室，那里有一种非法酒吧的感觉。

Velvet 夜店，同性恋

(http://twitter.com/Velvetniteclub; 208 Water St; ⊙周五和周六 23:00至次日3:00) 这是纽芬兰首屈一指的同性恋舞厅。异性恋顾客

尖叫而来

如果你在圣约翰斯待上几天，每个人都肯定会问你有没有遭遇"尖叫而来"（screeched in）的礼遇，或是用传统纽芬兰的俚语询问："你尖叫了吗？"（Are you a screecher?）这可不像听起来那么痛苦，实际上，这是当地人欢迎游客的有趣方式。

"尖叫"起源于20世纪40年代对新移民的欢迎仪式，以及捉弄第一次走上冰面的海豹捕猎者的恶作剧。如今，这项仪式在当地的酒馆进行，你会吞下一杯朗姆酒（本地确实有一种名为"尖叫"的品牌），操着当地的语言背诵一首难以发音的诗歌，亲吻一只鼓囊囊的鳕鱼，然后就会获得一张"纽芬兰荣誉岛民"证书。虽然这招是为了招揽游客，但的确乐趣无穷。因为人越多就越能玩得更开心，所以尽量在人群之中"尖叫而来"吧。

也同样受欢迎，谁都可以来感受欢乐的能量。位于Rose & Thistle的楼上，入口在Mc Murdo's Lane。

Gypsy Tea Room　　　　　　　酒吧

（☎709-739-4766; www.gypsytearoom.ca; 315 Water St; ⓗ周一至周五 11:30~15:00和17:30~23:00，周六和周日 11:00~15:00和17:30~23:00）这里有一家受到好评的地中海餐厅和时尚酒吧，但你应该还是更喜欢待在这里的庭院里，在星空下喝一小口葡萄酒、鸡尾酒或其他沁人心脾的饮料。

☆ 娱乐

The Overcast（www.theovercast.ca）提供每天的演出信息。或许因为这是一座人与人之间亲近的城市，口耳相传或贴在电灯杆上的传单成为娱乐信息对外传播的主要途径。娱乐场所彼此也挨得很近，溜达一圈，尽情地玩吧！

现场音乐的入场费从$5至$10不等。Mighty Pop（www.mightypop.ca）列出了即将上演的演出信息。

Ship Pub　　　　　　　　　现场音乐

（☎709-753-3870; 265 Duckworth St; ⓗ正午至午夜）情绪低落的人和未成年者都不准进入这家藏匿在Solomon's Lane的小酒馆。你会在这里听到各种类型的音乐，包括爵士乐和独立音乐，甚至还有古怪的读诗会。周三是民谣之夜。

Shamrock City　　　　　　现场音乐

（www.shamrockcity.ca; 340 Water St; ⓗ正午至午夜）这家酒馆欢迎各个年龄段的顾客，每晚会有乐队演出，主要表演爱尔兰和纽芬兰风格的音乐。

Rose & Thistle　　　　　　现场音乐

（☎709-579-6662; 208 Water St; ⓗ9:00至深夜）当地知名的民谣乐手会在这座小酒馆里进行演奏。

Fat Cat　　　　　　　　　　蓝调

（www.fatcatbluesbar.com; George St; ⓗ周二至周日 20:00至深夜）在夏季的夜晚，温暖的Fat Cat会洋溢着蓝调音乐。

Rock House　　　　　　　现场音乐

（☎709-579-6832; 8 George St）每当独立乐队光临这座小镇的时候，他们都会在这里进行表演。

信号山队列表演　　　　　　军事表演

（Signal Hill Tattoo; www.rnchs.ca/tattoo; $10; ⓗ7月和8月 周三至周四，周六和周日 11:00~15:00）这项备受赞誉的历史还原表演重现了英国19世纪军队的姿容，有大炮发射、迫击炮和滑膛枪、横笛和军鼓组成的乐队为之伴奏。位于信号山的顶部。

Resource Centre for the Arts　　表演艺术

（☎709-753-4531; www.rca.nf.ca; 3 Victoria St）这里以前是市中心码头工人工会礼堂（又名LSPU Hall），是纽芬兰艺术家的独立戏剧、舞蹈的舞台和电影的放映地。登录网站购票。

圣约翰斯冰帽队　　　　　　　冰球

（St John's IceCaps; www.stjohnsicecaps.com; 50 New Gower St; ⓗ10月至次年5月）这支受欢迎的球队参加美国冰球联盟（American

Hockey League)的比赛,以Mile One Centre 为主场进行比赛。

🛍 购物

你会在Water St和Duckworth St的犄角旮旯找到购买传统音乐、野莓果酱和当地艺术品的商店。

Outfitters
体育和户外用品

(☎709-579-4453; www.theoutfitters. nf.ca; 220 Water St; ⊙周一至周三和周六10:00~18:00, 周四和周五至21:00, 周日正午至17:00)你可以在这座野营装备店了解当地最新的户外资讯(查看告示牌),还能租赁到很好的设备。对于徒步者,它出售东海岸小径(见543页)的地图和丁烷气罐。

Fred's
音乐

(☎709-753-9191; www.fredsrecords.com; 198 Duckworth St; ⊙周一至周五9:30~21:00, 周六至18:00, 周日正午至17:00)圣约翰斯首屈一指的音乐商店,有Hey Rosetta、Buddy Wasisname、Ron Hynes、Amelia Curran、The Navigators和Great Big Sea等当地音乐人的作品。

Living Planet
礼品和纪念品

(☎709-739-6810; www.livingplanet.ca; 181 Water St; ⊙周一至周六10:00~17:00, 周日正午至17:00)在这儿能买到稀奇古怪的游客文化衫和纽扣,是当地人也会自豪穿戴的东西。

Downhome
礼品和纪念品

(☎709-722-2070; 303 Water St; ⊙周一至周六10:00~17:30, 周日正午至17:00)这里虽然俗气,但的确提供了一些精美的当地商品,如果酱、羊毛服装、驼鹿肉烹饪书以及大家都想要的CD《如何弹奏音乐勺子》(*How to Play the Musical Spoons*)。

ℹ 实用信息

医疗服务

Health Sciences Complex (☎709-777-6300; 300 Prince Phillip Dr)有24小时的急诊室。

现金

银行聚集于Water St和Ayre's Cove的交叉路口。

加拿大帝国商业银行 (CIBC Bank; 215 Water St; ⊙周一至周五9:30~17:00)

斯科舍银行 (Scotia Bank; 245 Water St; ⊙周一至周五9:30~17:00)

邮局

中央邮局 (Central Post Office; ☎709-758-1003; 354 Water St)

旅游信息

奎迪威迪游客中心 (Quidi Vidi Visitors Centre; ☎709-570-2038; tourism@stjohns.ca; 10 Maple View Pl, Quidi Vidi Village Plantation; ⊙周二至周日11:00~17:00)圣约翰斯游客中心的驻外办事处,提供关于当地活动的信息。全年开放。

游客中心 (☎709-576-8106; www.stjohns.ca; 348 Water St; ⊙5月至10月初10:00~16:30)提供免费优质的全省和市区道路地图,员工乐意回答问题并且会协助进行各类预订。

ℹ 到达和离开

飞机

圣约翰斯国际机场 (St John's International Airport, YYT; ☎709-758-8500; www.stjohnsairport. com; 100 World Pkwy; 🅿)位于市区以北6公里处,坐落在Portugal Cove Rd (Rte 40)。

加拿大航空有每天往返伦敦的直飞航班。**西捷航空**直飞都柏林和伦敦的盖特威克机场。**联合航空** (见529页)有飞往美国的航班。主要航空公司包括:

加拿大航空 (见529页)
PAL航空 (见529页)
波特航空 (见529页)
西捷航空 (☎888-937-8538; www.westjet.com)

长途汽车

DRL (见529页)每天发一班车,往返于圣约翰斯和巴斯克港之间($126, 只收现金, 13.5小时),该线路沿着905公里长的Hwy 1行驶,中途停靠25个站点。7:30从C.A.皮派公园的纪念大学学生中心出发。

小汽车和摩托车

Avis、Budget、Enterprise、Hertz、National和Thrifty都在机场设有办事处。**Islander RV** (☎709-364-7368; www.islanderrv.com; Paddy's Pond,

Exit 40, Trans Canada Hwy) 出租房车和旅宿车。

拼出租车

这些宽敞的小客车可以容纳15人,并且沿途可以随意上下。你必须提前致电预约。他们会在你下榻的酒店提供接送服务。只接受现金。

Foote's Taxi (☎709-832-0491) 每天前往比林半岛,最远可以到达福琼 ($45, 4.5小时)。

Newhook's Transportation (☎709-682-4877, 普拉森舍 709-227-2552) 前往阿瓦隆半岛的西南部,抵达普拉森舍 ($35, 2小时),可以接驳阿真舍的渡船。

Shirran's Taxi (☎709-468-7741) 每日往返于博纳维斯塔半岛,中途停靠特里尼蒂 ($50, 3.5小时)、博纳维斯塔 ($40, 4小时) 以及其他站点。

❶ 当地交通

公共汽车

Metrobus (☎709-722-9400; www.metrobus.com; 25 Messenger Dr) 的网络覆盖城市大部分区域 (车费$2.25)。在游客中心可以领取地图和时刻表,网上也可以查看。3路公共汽车很有用,它沿着 Military Rd 和 Water St 绕市区一圈然后前往大学。新的"电车线"(实际是一辆公共汽车)将主要的旅游景点一个个串联起来,包括信号山。每天的车费为$5/人、$20/家庭。

小汽车和摩托车

市区的单行道和与众不同的交叉路口会让人摸不着头脑,但是幸好市民们会非常耐心地为你解围。沿着 Water St 和 Duckworth St 的停车计价器每小时计费$1.50。**Sonco Parking Garage** (☎709-754-1489; Baird's Cove 和 Harbour Dr 交叉路口; ◷6:30~23:00) 位置居中,不过还有其他几座停车场;大多数停车场的收费标准是每小时$2左右。

出租车

除了从机场出发的路线,所有的出租车都使用计价器计算车费。市区内的费用大约为$8。

Jiffy Cabs (☎709-722-2222; www.jiffycab.com) 提供可靠的服务。

阿瓦隆半岛
(AVALON PENINSULA)

公路蜿蜒曲折地沿着海岸线延伸,沿途散布着纽芬兰经典的渔村风光。许多游客选择从圣约翰斯出发进行便捷的一日游,欣赏这座半岛的风光。不过,如果在库皮兹 (Cupids) 或布兰奇 (Branch) 稍作停留,依偎着躺在被窝里,窗外的大海闪烁着微光,一定别有风情。全省共有6个海鸟生态保护区,其中4个都位于这片地区,并且在全省41处国家历史遗迹之中,这地区就有28处。

东海岸小径 (见543页) 的很大一部分穿越了这片地区。渡船从阿真舍 (Argentia) 前往新斯科舍。

阿瓦隆半岛东南部
(Southeastern Avalon Peninsula)

这片地区有时被称为"南海岸"(South Shore),以其野生动物、考古发现、乘船和皮划艇团队游闻名。风景秀丽的Rte 10和Rte 90这两条公路又名爱尔兰环线 (Irish Loop; 见547页),环绕着这片地区。想要快速领略一下该地区的风情,可以前往斯皮尔角灯塔 (Cape Spear Lighthouse) 和渔村佩蒂港 (Petty Harbour),不过更往南的地方也值得探索。亮点包括在惠勒士湾 (Witless Bay) 观察角嘴海雀和鲸,探索拉芒什省立公园 (La Manche Provincial Park),以及在东海岸小径徒步。

斯皮尔角 (Cape Spear)

从圣约翰斯向东南方向驱车15公里,就能到达北美洲的最东端,这里有蔚为壮观的沿海景色,在夏季大多数时候都能看到鲸鱼的影踪。一条小径伸向海岬悬崖的边缘,经过"北美大陆最东端"的观景平台,一直通往灯塔。你可以继续沿着东海岸小径,一直走到Maddox Cove 和佩蒂港。就算只徒步一小段路也是非常超值的体验。

留意警示标志,不要靠近海边的岩石,湍急的海浪曾经把人卷入海中。

◉ 景点和活动

★ 斯皮尔角灯塔　　　　　　　　　　灯塔

(Cape Spear Lighthouse; 门票包含在斯皮尔角国家历史遗址中; ◷6月至8月 10:00~18:00, 5

月、9月和10月营业时间缩短)建造于1835年,是该省保存至今的最古老的灯塔,坐落在北美大陆最东端景色壮阔的海角上。

斯皮尔角解说中心　　　　　　　博物馆

(Cape Spear Interpretive Center; 门票包含在斯皮尔角国家历史遗址中; ☉5月至10月10:00~18:00)展览关注的是灯塔使用的技术以及它随时间发生的变化。

斯皮尔角国家历史遗址　　　　　　古迹

(Cape Spear National Historic Site; ☎709-772-5367; www.pc.gc.ca/capespear; Blackhead Rd; 成人/儿童 $3.90/1.90; ☉庭院全年开放)坐落在疾风劲吹、开阔雄浑的环境中,斯皮尔角国家历史遗址包括一个解说中心,一座建于1835年并重新翻修过的灯塔,以及在"二战"期间(1941年)为保护港口而建的重机枪兵营和弹药库。徒步者还可以在这里踏上东海岸小径。

❶ 到达和离开

很多从圣约翰斯出发的一日团队游都包括斯皮尔角。另外还可以从圣约翰斯乘坐私家车或出租车前来。

沿着Water St,跨过市区以南的沃特福德河(Waterford River),然后沿着Blackhead Rd前行11公里即可到达。

古尔兹和佩蒂港
(Goulds & Petty Harbour)

背靠陡峭的山坡,美丽、袖珍的佩蒂港是一座活跃的港口中保护着饱经风浪的船只,港口里到处都是泊位和棚屋。它拥有一种充满活力的社区感,而且有很多事可做。附近的古尔兹是个采购杂货的好地方。

◉ 景点和活动

佩蒂港迷你水族馆　　　　　　　水族馆

(Petty Harbour Mini Aquarium; ☎709-330-3474; www.miniaqua.org; Main Rd, Petty Harbour; 成人/儿童 $8/5; ☉6月至10月 10:00~18:00)这个小景点很适合孩子们,他们会爱上充满了海洋动物的触摸池。旅游季结束后,这些动物会被放回海洋。最吸引人的是狼鱼(wolf fish)和金色龙虾(golden lobster)。

★ Fishing for Success　　　　　　钓鱼

(www.islandrooms.org; 10d Main Rd, Petty Harbour; 成人/儿童 $99/50) 🌿 由当地渔民Kimberly和Leo一家人经营,这个新开业的非营利组织致力于拯救当地渔业传统,方式是将这些传统教给当地的孩子和旅行者。出海之旅包括传统木船的划船课程和钓鳕鱼。额外再付$50,他们可以直接在码头上以纽芬兰的方式烹饪你自己钓上来的鱼,让你大快朵颐一番。还有需要一整天的项目,包括编织渔网、绳索作业的课程,以及一场历史码头团队游。

North Atlantic Zip Lines　　　　探险运动

(☎709-368-8681; www.zipthenorthatlantic.

徒步东海岸小径

沿途是布满洞穴的悬崖、童话般的森林和一片又一片可食用的浆果,世界级的**东海岸小径**(East Coast Trail; ☎709-738-4453; www.eastcoasttrail.ca)是穿越徒步者的心头好。它从圣弗朗西斯角(Cape St Francis; 圣约翰斯以北)向南绵延265公里通往卡帕海登(Cappahayden),还有275公里正在开发当中。

它一共由26个部分组成,有的轻松易行,有的充满挑战,但大多数都适合一日徒步。如果想领略一下,可以试试斯皮尔角和Maddox Cove(佩蒂湾附近)之间风景优美的9.3公里,它应该能在4~6小时内完成。

对于经验丰富的徒步者,东海岸小径可以当作一条穿越路线,结合在沿途村庄的露营或其他形式的住宿。露营地通常有简易厕所,附近有良好的水源。禁止生火。小道起点有当地出租车服务,可以带你去附近的住处或者你停车的地方。

Outfitters(见535页)或Downhome(见541页)提供地形图。登录小径的网站查看导览徒步游的信息和详情。

com; 62 Main Rd, Petty Harbour; 成人/儿童 \$130/95）加拿大最长的高空滑索场地，在它的家庭探险中心设有10条高空滑索路线，长度为300英尺至2200英尺不等。团队游在11:00、15:00和18:00开始。

就餐

WaterShed
咖啡馆 \$

（☎709-747-0500; 24a Main Rd, Petty Harbour; ⊙6月至9月 10:00~16:00，冬季仅周六和周日；⊙）在一座翻新过的水滨棚屋里享用真正的意式浓缩咖啡，真是令人愉悦的体验。老板Karen喜欢谈论当地的传说，她还喜欢制作适合徒步时吃的能量满满的饼干。这里还有很棒的烘焙食物和三明治。如果你有足够时间的话，可以在露台上享用它们。

★ Chafe's Landing
海鲜 \$\$

（☎709-747-0802; www.chafeslanding.com; 11 Main Rd, Petty Harbour; 主菜 \$9~19; ⊙周一至周四 11:00~20:00，周五和周六至21:00，周日 14:00~21:00）从圣约翰斯一日游到这里的大多数人都是专门来吃炸鱼和薯条的，它们是你能找到的最新鲜的炸鱼和薯条了。队排得很长，根本没办法停车，但是都很值得。这里还供应本地制作的驼鹿肉香肠、啤酒蒸贻贝和沙拉。

购物

Bidgood's
食品

（www.bidgoods.ca; Bidgood's Plaza, Goulds; ⊙周一至周六 9:00~19:00，周日 10:00~17:00）只是一家普普通通的超市，但里面供应新鲜的海豹鳍（分别做成馅饼、罐头和肉条干）和驯鹿肉排。蔓虎刺浆果（partridgeberry）和云莓（bakeapple）果酱也都是纽芬兰当地的特产。位于古尔兹，坐落在Rte 10和前往佩蒂港的公路的交会处。

惠勒士湾生态保护区和周边 (Witless Bay Ecological Reserve and Around)

这是观赏鲸鱼、冰山和角嘴海雀的主要区域，乘船团队游会从**贝布尔斯**（Bay Bulls; 圣约翰斯以南31公里处）的小镇和**Mobile**（贝布尔斯以南10公里处）出发，带你去寻找它们。在这两座小镇中央的**惠勒士湾**（Witless Bay）有可以住宿的地方。

惠勒士湾附近的四座海岛和南部地区被划为**惠勒士湾生态保护区**（Witless Bay Ecological Reserve; www.env.gov.nl.ca/parks），代表了北美洲东部最佳海鸟繁育地的典范。这个保护区是北美最大的北极角嘴海雀栖息地，春末和夏天有超过26万对这种鸟类在这里筑巢。事实上每年夏天会有超过100万对鸟儿聚集此地，包括角嘴海雀、三趾鸥（kittiwake）、海燕（storm petrel）和长得像企鹅的崖海鸦（murre）。团队游船只前往这些岛屿，在悬崖峭壁下紧挨着海岸前行，全程的声响震耳欲聋，但风景会让你大饱眼福。

6月底和7月最适合旅行，届时座头鲸和小须鲸抵达这片海域，一起与海鸟疯狂地争食毛鳞鱼（capelin）。如果你运气真的很好，在初夏也可能会看见冰山。

团队游

从贝布尔斯出发的大型旅行团前往海鸥岛（Gull Island），那里聚集着惠勒士湾生态保护区内数量最多的海鸟。前往东宝莱（Bauline East）以南的旅行团会游玩附近的格雷特岛（Great Island），那里生活着种群规模最大的角嘴海雀。东宝莱距离保护区较近，因此路上交通用时较短，但所有团队游的行程都会遇见同样的野生动物。

皮划艇也是颇受欢迎的活动，并提供了观察野生动物的独特视角。毕竟你不仅能看见，还会感觉到鲸鱼的存在。

你不会错过提供这类乘船团队游的旅行社，因为Rte 10附近的招牌非常醒目。如果乘客数量不足，有时小型旅行社会取消行程，因此最好提前电话预约，以避免这类意外。这些旅行社都在5月中旬至9月中旬期间运营，多数在每天的9:30至17:00间有多次行程。

★ Captain Wayne's
观鲸

（☎709-763-8687; www.captwaynes.com; Northside Rd, Bay Bulls; 团队游 \$80）作为纽芬兰渔民的后代，Captain Wayne对这片海岸非常了解，而他的热情非常具有感染力。最棒的是，他只组织最多12人的小型团队游。三小时的团队游包括观察角嘴海雀和观鲸。每天出发数次，但摄影爱好者应该在17:00出发，此时的光照条件最好。

Molly Bawn Tours
乘船游

(☏709-334-2621; www.mollybawn.com; Rte 10, Mobile; 1小时团队游 成人/儿童 $45/40)这些很受欢迎的团队游可以让你乘坐35英尺长的小船乘风破浪。Mobile位于贝布尔斯和东宝莱的中间。

Outfitters
皮划艇

(☏709-579-4453; www.theoutfitters.nf.ca; Bay Bulls; 半天/全天团队游 $69/169)半日团队游受到欢迎，在9:00和14:00出发。全天团队游在9:30出发，穿越贝布尔斯近岸的海湾，直抵生态保护区的核心。提供来往圣约翰斯和位于220 Water St的Outfitters的接送服务（往返$25）。

O'Brien's
乘船游

(☏709-753-4850; www.obriensboattours.com; 2小时团队游 成人/儿童 $55/25)O'Brien's位于贝布尔斯的南部，是团队游的鼻祖，包括故事和音乐表演以及漂亮的大船。乘坐高速Zodiac船（$85）进行2小时的行程，是另一个较为昂贵但令人兴奋的选择。提供来往圣约翰斯的接送服务（往返$25）。

Gatherall's
乘船游

(☏800-419-4253; www.gatheralls.com; Northside Rd, Bay Bulls; 1.5小时团队游 成人/儿童 $57/38)乘坐一艘宽敞、快速的双体船。对于容易晕船的旅行者来说是个很好的选择。

住宿

Armstrong's Suites
汽车旅馆 $

(☏709-334-2201; 236 Main Hwy, Witless Bay; 房间 $80)虽然只是一家普普通通的路边汽车旅馆，但即使是你的祖母也很难比它更好地接待你。好心的老板一点也不嫌麻烦，为东海岸小径的全程徒步者提供额外的简易小床和毛巾，还有补充能量的早餐。

Bread & Cheese
民宿 $$

(☏709-334-3994; 22a Bread & Cheese Rd, Bay Bulls; 房间含早餐 $149; ☎)这座华丽的乡村住宅有一个宽阔的门廊和一片形状不规则

不 要 错 过

RUNNING THE GOAT

这个活跃的印刷厂（☏709-334-3239; http://runningthegoat.com; Cove Rd, Tors Cove; ⏰5月中旬至10月 周四至周二 10:30~17:30)是藏书家的梦想。老板Marnie Parsons会带你参观她的印刷机，其中一台来自19世纪30年代的伦敦。除了手工制作的诗歌集和小册子，这里还有当地画家精彩作品的印刷复制品，以及由纽芬兰人创作的适合大人和朋友看的好书。

的草坪，距离东海岸小径只有一小段步行距离，在双脚疲惫的旅行者看来是抚慰人心的一道景致。房间时尚而现代，有一个无障碍房间可供残疾人使用。我们唯一的希望是店家迎接客人时能再快活一些。

Bears Cove Inn
民宿 $$

(☏709-334-3909; www.bearscoveinn.com; 15 Bears Cove Rd, Witless Bay; 双带海景/林景 $149/129; ☎)作为一个怡人的住宿之选，这家拥有7个房间的民宿拥有你想要的所有设施，包括海景和一座可爱的花园及烧烤区域。房间是乡村装饰风格，配备平板电视。老板很热心，还经营着一个小酒馆，会说法语。

拉芒什省立公园
(La Manche Provincial Park)

这座郁郁葱葱的公园（www.env.gov.nl.ca) 免费 就位于圣约翰斯以南53公里处，生活着多种多样的鸟类，以及河狸、驼鹿和雪鞋兔（snowshoe hare）。行经1.25公里长的小径前往拉芒什的遗迹是公园的亮点，这座小渔村是在1966年被剧烈的冬季风暴摧毁的。抵达后，你会看见新建的悬索桥悬吊在海峡之上，这是东海岸小径（见543页）的一部分。小径的起点坐落在公园消防出口的路上，经过主入口。

La Manche Provincial Park Camping

(☏709-685-1823; www.nlcamping.ca; Rte 10; 营地 $18~26，每辆车 $5; ⏰5月至9月)有很不错的露营条件。景色优美而且有树荫，这里有83块营地、野餐桌、火炕、自来水和简易厕所。检

费里兰 (Ferryland)

费里兰是北美洲最早的殖民定居点之一，可以追溯到1621年，当时乔治·卡尔弗特爵士（Sir George Calvert）建立了阿瓦隆殖民地（Colony of Avalon）。在此度过了几年纽芬兰的寒冬之后，他离开这里，南迁到了温暖的地方——今天美国的马里兰州，最终成为首任巴尔的摩勋爵（Lord Baltimore）。来自英格兰的另外一些家族随后搬迁而来，继承了这一殖民地的管辖权，但是这里在1673年和1696年分别被荷兰人和法国人肆虐掠夺。

想要看到一览无余的壮阔全景，不要错过前往灯塔的2公里步行。

◎ 景点

阿瓦隆殖民地　　　　　　　　　　考古遗址

（Colony of Avalon；☎709-432-3207, 709-432-3200；www.colonyofavalon.ca；Rte 10；成人/儿童 $12.70/10.20；◎6月至9月 10:00~18:00）阿瓦隆殖民地考古遗址周围的海滨环境为之增添了别样的风情，你会看见考古学家正在进行挖掘工作，从斧子到碗，发现的文物各式各样。值得一去的解说中心提供美丽的展览和许多发掘出来的文物。可应要求提供45分钟的导览团队游。

费里兰历史博物馆　　　　　　　　博物馆

（Historic Ferryland Museum；☎709-432-2711；www.manl.nf.ca/ferrylandmuseum；Baltimore Dr；$3；◎6月至8月 周一至周六 10:00~16:00，周日 13:00~16:00）村庄过去的法院大楼现在成为小小的费里兰历史博物馆。博物馆后方的高山是过去殖民者监视入侵军舰的瞭望台，也是躲避荷军与法军入侵的庇护所。欣赏美景后，你会明白当初的定居者为什么要把这座山称为"凝望山"（the Gaze）了。

☞ 团队游

Stan Cook Adventures　　　　　　探险游

（☎709-579-6353；www.wildnfld.ca；Harbour Rd, Cape Broyle；2.5小时皮划艇团队游$59起）位于费里兰附近，这家公司提供很棒的导览皮划艇团队游，皮划艇初学者和高手都很适合，此外还有山地自行车和徒步的选项。

✖ 餐饮

★ Lighthouse Picnics　　　　　三明治 $$

（☎709-363-7456；www.lighthousepicnics.ca；Lighthouse Rd；每人$26；◎6月至9月 周三至周日 11:30~16:30；🅿）🍴Lighthouse Picnics 依靠别出心裁的设计脱颖而出：这里提供一条毯子和有机的野餐食物（比如咖喱鸡肉三明治、时蔬什锦沙拉和玻璃罐装的柠檬汁），让游客可以一边坐在可以俯瞰壮美海景的田野看风景，一边狼吞虎咽地品尝美味。它位于费里兰的旧灯塔之中，紧邻Rte 10；你必须停车，然后徒步2公里才能抵达，但是景色绝对值得这么做。务必提前预约。

错误点生态保护区 (Mistaken Point Ecological Reserve)

在2016年被列入自然遗产地，这座生态保护区（www.env.gov.nl.ca/parks）免费保护着世界上最古老的多细胞海洋生物化石，距今有5.75亿年的历史。只能通过45分钟的徒步才能前往，由护林员免费带领，从南葡萄牙湾（Portugal Cove South）的阿瓦隆边缘解说中心（Edge of Avalon Interpretive Centre；☎709-438-1100；www.edgeofavalon.ca；Rte 10；成人/儿童 $8/5；◎5月中旬至10月 10:00至18:00）出发。这个中心提供关于该保护区历史的信息和有趣的展览。

你也可以沿着这里至雷斯角（Cape Race）颠簸的碎石路驾车驶入。一座灯塔竖立在公路尽头，就在1904年马可尼无线电报站的复制品旁边，里面陈列着文物。泰坦尼克号最后的求救信息正是这里的人收到的。

顺便说一句，"错误点"的名字起源于笼罩在这片地区的浓雾，多年来曾经导致许多艘船只失去方向。

Route 90沿线

这片地区从圣文森特斯（St Vincent's）一直到圣玛丽斯（St Mary's）的范围内，有很多可以看见鲸鱼的机会，特别是座头鲸，它们会在海岸附近觅食。圣文森特斯海滩是最佳的观测点。两座村庄之间的拉海耶角

另辟蹊径

阿瓦隆野生自然保护区

阿瓦隆野生自然保护区（Avalon Wilderness Reserve）占地1070平方公里，据守着这片地区的核心。在20世纪80年代，非法狩猎导致该地区北美驯鹿的数量降至100头左右。30年过后，数千只驯鹿又游荡在这片区域。保护区内允许徒步、划独木舟和观鸟，需要先去拉芒什省立公园办理许可证。

即使你不打算深入野生的世界，你仍然可能在机会湾省立公园（Chance Cove Provincial Park）和圣史蒂文斯（St Stevens）之间的Rte10沿线看见北美驯鹿。

自然风景区（Point La Haye Natural Scenic Attraction）有一段深入圣玛丽斯湾的鹅卵石海滩，非常适合漫步。

萨莫尼尔国家公园（Salmonier National Park; ☎709-229-7189; www.env.gov.nl.ca/snp; Rte 90; ◉6月至8月 10:00~17:00, 9月和10月 至15:00） **免费** 是受伤和无依无靠的动物的疗养所，有一座解说中心为儿童提供触摸式展览。一条长2.5公里的小道穿过松树林，经过本地植物和动物围场，里面生活着驼鹿、北美驯鹿和欢呼雀跃的水獭。公园位于Rte 90上，就在它与Hwy 1的交叉路口往南12公里处。

沿线定居着爱尔兰后裔，风景优美的Rte 90是名字取得恰如其分的爱尔兰环线（Irish Loop; www.theirishloop.com）的一部分，后者是阿瓦隆半岛上一条漂亮的自驾路线。

巴卡琉小径（Baccalieu Trail）

贝德弗德半岛（Bay de Verde Peninsula）拥有一条风景优美的自驾路线，名为巴卡琉小径（Baccalieu Trail）。渔村和海盗出没之地无穷无尽地绵延分布于康塞普申海湾风景宜人的西海岸，距离圣约翰斯仅仅80公里。不要错过布里格斯（Brigus），英式的石墙民居映衬着北极的历史。还有库皮兹（Cupids），这座1610年建立的殖民地拥有一处值得探索的考古挖掘点。

布里格斯（Brigus）

如天堂般的村庄布里格斯栖息在海边，被岩石峭壁包围。潺潺的溪流徐缓地流淌，经过以前的石墙建筑和色彩斑斓的花园，最后倾入宁静的港湾池（Harbour Pond）。

第一次世界大战期间，美国画家罗克韦尔·肯特（Rockwell Kent）就住在这里，由于古怪的举止，他被人怀疑是德国人的间谍，1915年被驱逐出境。有一条小路通向他的旧居小屋，很适合步行。

罗伯特·巴特莱特船长（Captain Robert Bartlett）是小镇最著名的居民，他是20世纪最早的北极探险家之一。巴特莱特的故居 Hawthorne Cottage（☎709-753-9262; www.pc.gc.ca/hawthornecottage; Irishtown Rd和South St交叉路口; 成人/儿童 $4/2; ◉7月和8月，及6月周三至周日 10:00~18:00）是一处国家历史遗址和博物馆。

就在海滨的教堂下面，1860年打通岩层修筑了布里格斯隧道（Brigus Tunnel），因此罗伯特·巴特莱特可以将他的船停泊在深水湾，然后轻松地来到隧道的另一侧。

每个完美的乡村都需要一座完美的餐馆。在North St Cafe（☎709-528-1350; 29 North St; 简餐 $6~14; ◉5月至10月 11:00~18:00），鸡蛋馅饼、鱼饼、司康饼和下午茶都在供应之列。

库皮兹（Cupids）

这座很有氛围的村庄有着悠久的历史。商人约翰·盖伊（John Guy）在1610年驾船来到这里，建立了英格兰在加拿大的第一处殖民地，现在成了库皮兹湾种植园省立历史遗址（Cupids Cove Plantation Provincial Historic Site; ☎709-528-3500; www.seethesites.ca; Seaforest Dr; 成人/儿童 $6/3; ◉5月至10月 9:30~17:00）。这里有正在进行的考古挖掘工作，值得游览一番。沿着公路走一小段距离就是库皮兹遗产中心（Cupids Legacy Centre; www.cupidslegacycentre.ca; Seaforest Dr; 成人/儿童 $8/4; ◉6月至10月 9:30~17:00），有引人入胜的展览。

然后，前往小镇的北部，沿着本特角小径（Burnt Head Trail）徒步。爬上崎岖的海岬，经过蓝莓灌木丛和曾经守护着殖民地者花园的石墙，俯瞰被海浪拍打的海岸，这正是吸引盖伊登陆的同一片海。小径以Cupid's Haven B&B and Tea Room（☏709-528-1555; www.cupidshaven.ca; 169 Burnt Head Loop; 房间 $119~169; ❄❀）为起点，这座漂亮的民宿是一座古老的圣公会教堂改造的。四个房间各自都有独立的浴室、拱顶天花板和哥特式的透光拱窗。

格雷斯港和周边 (Harbour Grace and Around)

过去500多年来，曾有许多著名的历史人物相继经过格雷斯港，包括海盗彼得·伊斯顿（Peter Easton）和传奇女飞行家艾米利亚·埃尔哈特（Amelia Earhart）。康塞普申海湾博物馆（Conception Bay Museum; ☏709-596-5465; www.hrgrace.ca; Water St; 成人/儿童 $3/2; ◷6月至8月 10:00~18:00）传扬着他们的故事。附近的格雷斯港机场（Harbour Grace Airfield; www.hrgrace.ca/air.html; Earhart Rd）是1932年艾米利亚英勇地出发并完成独自飞越大西洋壮举的地方。

很难不注意到停泊在港湾口的巨大船只。这艘船就是SS Kyle（1913年），在1967年的一场风暴中失事。因为当地人喜欢这艘船的模样，不想移走，就花钱修复了它。

贝德弗德（Bay de Verde）和格雷蒂斯湾（Grates Cove）位于半岛的最北端，这两座偏远的村庄令人印象深刻，依附在悬崖的旁边。500年历史的石墙依着环绕格雷蒂斯湾的群山而建，现在成为一处国家历史遗址。

距离海岸较远的巴卡琉岛生态保护区（Baccalieu Island Ecological Reserve）难以登陆，岛上生活着300多万对白腰叉尾海燕（Leach's storm petrel），是世界上最大规模的海燕种群。

哈茨康坦特 (Heart's Content)

电报站省立历史遗址（Cable Station Provincial Historic Site; ☏709-583-2160; www.seethesites.ca; Rte 80; 成人/儿童 $6/3; ◷5月至10月 10:30~17:30）介绍了1866年铺设第一条跨越大西洋的永久性电缆的故事。"永久性"这个词具有重要意义，因为这第一条成功铺设的电缆（1858年连通了特里尼蒂湾的Bull Arm），在维多利亚女王和美国总统詹姆斯·布坎南（James Buchanan）发表贺电庆祝这条电缆线投入使用之后不久就坏了。

迪尔多 (Dildo)

哦，继续，去给迪尔多的路牌拍张照。正式说明一下，没有人知道这个地名究竟从何而来，有人说是因为这个海湾的形状像是男性生殖器（"dildo"在英语里是"人造阴茎"的意思），还有人认为这个名字来自一种螺旋桨的销子。无论如何，自豪且坚定的当地人已经否决了好几次改名活动了。

撇开玩笑不谈，其实迪尔多是一座迷人的村庄，它的海岸很适合观赏鲸鱼。

迪尔多解说中心（Dildo Interpretation Centre; ☏709-582-3339; Front Rd; 成人/儿童 $2/1; ◷6月至9月 10:00~16:30）有一具鲸鱼骨架，展览介绍了迪尔多岛目前正在挖掘的"多塞特爱斯基摩人"（Dorset Eskimo）的考古点。虽然并不是特别精彩，但你可以在外面与迪尔多船长和一只巨大的乌贼合影。

Kountry Kravins 'n' Krafts（☏709-582-3888; ◷6月至9月 周一至周六 9:00~20:00, 周日 10:00~18:00）出售的许多标着"Dildo"的商品或许是适合带回家的不错的纪念品。

海角海岸 (Cape Shore)

渡船和大批鸟类离开阿瓦隆半岛的西南端，这里也有法国人留下的痕迹。

阿真舍 (Argentia)

从前是"二战"期间美国的一个海军军港，如今阿真舍的主要功能是迎接从新斯科舍省开过来的渡轮。

一处省立游客中心（☏709-227-5272; Rte 100）位于距离渡船3公里的Rte 100上。营业时间与渡船班次的时间相衔接。

Marine Atlantic渡轮（☏800-341-7981; www.marine-atlantic.ca; 成人/儿童 $115/54, 小汽车/摩托车 $225/113; ◷6月中旬至9月末）连接阿真舍与新斯科舍省的北悉尼，行程14小时。与圣约翰斯相距134公里。

普拉森舍 (Placentia)

在19世纪早期,普拉森舍——当时还被叫作"普莱桑斯"(Plaisance)——是纽芬兰的法国殖民地首府,法国人就是从这里出发袭击圣约翰斯的英国人的。如今这里是乘坐渡轮前往新斯科舍省的一个便利的交通枢纽。

◉ 景点

城堡山国家历史遗址(Castle Hill National HistoricSite; ☏709-227-2401; www.pc.gc.ca/castlehill; 成人/儿童 $3.90/1.90; ⏰6月至8月 10:00~18:00)位于小镇附近,威风凛凛地耸立在海岸边。法国和英国堡垒遗迹可追溯到17世纪和18世纪,从这里可以俯瞰小镇全景。

在圣公会教堂的旁边有一座吸引人的墓地,埋葬着从17世纪70年代以来居住在这里的各国居民。想了解当地历史,可以前往欧雷利故居博物馆(O'Reilly House Museum; ☏709-227-5568; 48 Orcan Dr; 成人/儿童 $5/2; ⏰6月至8月 9:00~17:00)和其他知名建筑,包括罗马天主教堂和石砌女修道院。一条栈道沿着海滩铺设开来,可以很欢乐地打水漂嬉戏。

🛏 食宿

Rosedale Manor B&B　　　　　　民宿 $$

(☏877-999-3613; www.rosedalemanor.ca; 40 Orcan Dr; 房间 $109~139; ❋📶)一座美丽的古老民宿,有鲜花盛开的花园和配备狮脚浴缸的浪漫房间。

Philip's Cafe　　　　　　　　　　咖啡馆 $

(170 Jerseyside Hill; 主菜 $3~12; ⏰周二至周六 7:30~15:30; 📶)坐船前后,一定要到这个地方饱餐一顿,品尝美味的烘焙糕点和创意三明治,如苹果切达奶酪葡萄干糖浆面包。这里的早餐很有名;早点来,免得等太久。

Three Sisters　　　　　　　　小酒馆食物 $$

(☏709-227-0124; 2 Orcan Dr; 主菜 $8~30; ⏰周一至周五 8:00~21:00,周六和周日 10:00~21:00)这栋很有气氛的普拉森舍民宅供应可爱的小酒馆食物和大杯冰啤酒。人通常很多。

圣玛丽斯角生态保护区和周边(Cape St Mary's Ecological Reserve & Around)

圣玛丽斯角生态保护区位于半岛的西南端,是北美大陆最容易抵达的鸟类聚集地之一,这里云集了7万多只鸟,包括塘鹅(gannets)、三趾鸥(kittiwakes)、海鸠(murres)和刀嘴海雀(razorbills)。观鸟者会被迷得神魂颠倒,就算你不那么喜欢鸟儿,也会惊叹连连。

22公里之外的袖珍小镇布兰奇(Branch)有吃饭和住宿的地方。

◉ 景点

在解说中心(见549页)停留一下,问问前往鸟岩的1公里小径该怎么走。

鸟岩(Bird Rock)　　　　　　　　观景点

一条轻松易行的步行小道通向鸟岩。你会穿越成群的绵羊和蓝色的鸢尾花,然后突然来到悬崖边,面对着近乎垂直的峭壁,沉浸于各种鸣叫声之中。

圣玛丽斯角生态保护区　　　　　　公园

(Cape St Mary's Ecological Reserve; ☏709-277-1666; www.env.gov.nl.ca/parks) 免费 一个重要的海鸟栖息地,繁殖季节这里会有成千上万的北方塘鹅、黑腿三趾鸥和普通海鸠。观鸟很容易,陆地观察的距离最近只有10米。这里还有厚嘴海鸠、刀嘴海雀、黑海雀、双冠鸬鹚和大鸬鹚以及暴雪鹱。提前打电话预约免费导览团队游。

解说中心　　　　　　　　　　　　博物馆

(Interpretive Centre; ☏709-277-1666; ⏰5月至10月 9:00~17:00)有各种筑巢鸟类的相关信息以及关于当地生态的展览。

🛏 食宿

Driftwood Cottage　　　　　　　村舍 $$

(☏709-338-2133; www.driftwoodcottagebranch.com; Branch; 房间含早餐 $120; 📶)如果想住在保护区附近的话,这个小小的村舍是个美妙的地方。它维护得很好,墙面粉刷得明亮、欢快,有一个俯瞰水面的露台。

Loft　　　　　　　　　　　　　　海鲜 $

(☏709-338-2090; Main Rd, Branch; 主菜

$10~12；⊙11:00~20:00）俯瞰着水面（在一家便利店的二楼），这个小小的地方供应新鲜的鱼肉和驼鹿肉汉堡。

纽芬兰东部
(EASTERN NEWFOUNDLAND)

从腹地伸出来的两座半岛构成了纽芬兰的东部地带。博纳维斯塔半岛（Bonavista Peninsula）伸向北边，受到大批来客的钟爱。历史悠久的渔村散布在海岸线上，徒步小径在狂风呼啸中沿着海边延伸。克拉伦维尔（Clarenville；www.clarenville.net）是进入博纳维斯塔半岛的门户和服务中心，不过那儿值得观光的景致并不多。

广袤的比林半岛（Burin Peninsula）插向南方，但是游人更少，这里的渔村在鳕鱼资源减少后都在挣扎谋生。你需要带上护照才能从福琼（Fortune）乘渡船前往附近的圣皮埃尔岛和密克隆岛，那里是法国的海外领地，有美酒、闪电泡芙和布里奶酪。

特里尼蒂（Trinity）

说实在的，特里尼蒂是博纳维斯塔半岛最受欢迎的一站，这座历史小镇拥有曲折的沿海小巷、如诗如画的遗产民居和白色篱笆环绕的花园。而特里尼蒂湾（Trinity Bight）是邻近12处社区的统称，包括特里尼蒂、伦克斯顿港（Port Rexton）和纽博纳旺蒂尔（New Bonaventure）。

如果眼前的场景令人感到熟悉，那可能是因为《真情快递》（*The Shipping News*）在这里取过景。虽然电影引起的兴奋已经退却，但这里仍然有历史建筑、令人惊叹的徒步美景和剧院，还有观鲸的机会。

1500年，葡萄牙探险家米格尔·科尔特-雷阿尔（Miguel Corte-Real）第一次造访这里，而特里尼蒂定居点始建于1580年，是美洲大陆最古老的殖民地之一。

◉ 景点

特里尼蒂历史建筑 古迹
（Trinity's Historic Buildings；可进入7座建筑；成人/儿童 $20/免费；⊙5月至10月中旬 9:30~17:00）一张门票可以让你参观到散布在全村不同角落的7座建筑。它们的运营方是特里尼蒂历史学会（Trinity Historical Society）和省政府（www.seethesites.ca）。

➤ 解说中心
（Interpretation Centre；☏709-464-2064；www.seethesites.ca；West St）如果对特里尼蒂的历史感兴趣，值得在这里停留片刻。

➤ Lester Garland Premises
（☏709-464-2064；www.seethesites.ca；West St）Lester Garland Premises有穿着古装的讲解员，重现了一座19世纪20年代的百货商店。

➤ 特里尼蒂博物馆
（Trinity Museum；www.trinityhistoricalsociety.com；Church Rd）展览着2000多件历史遗物，包括北美第二古老的消防车。

➤ Cooperage
（☏709-464-3599；www.trinityhistoricalsociety.com；West St）这是一处曾用于渔业和航运相关活动的历史古迹。一开始是加工鳕鱼的季节性"鱼屋"（fishing room），后来经营着不断扩张的商业，现在有现场木桶制作表演。

➤ Hiscock House
（☏709-464-2064；www.seethesites.ca；Church Rd）这座修复后的商人住宅建于1910年。

➤ Green Family Forge
（☏709-464-3599；www.trinityhistoricalsociety.com；West St）陈列着许多铁器的铁匠博物馆。

➤ Lester Garland House
（☏709-464-3599；www.trinityhistoricalsociety.com；West St）这座古宅是为了纪念特里尼蒂和英格兰多塞特郡的文化联系而重建的，这两个地方在17~19世纪期间是主要的贸易伙伴。

堡垒角（Fort Point） 古迹
免费 堡垒角又名上将角（Admiral's Point），你会在这里发现一座漂亮的灯塔和四座大炮，是1745年英军防御工事的遗迹。水中还有十多座英军大炮，都是1762年法国人的"赠礼"。一座解说中心和一条小径叙述着这里的故事。堡垒角可以从Rte 239几公里以南的邓菲尔德（Dunfield）前往。

✈ 活动

★ Skerwink Trail　　　　徒步

（www.theskerwinktrail.com）这条5公里的环线很值得走一走，沿途有海蚀柱在沿海形成的壮丽景象、初夏的冰山和一座灯塔。小心驼鹿。小径起点位于东特里尼蒂（Trinity East）的教堂附近，紧邻Rte 230。

👉 团队游

Rugged Beauty Tours　　　　野生动植物

（☎709-464-3856; www.ruggedbeautyboattours.net; 3小时团队游 成人/儿童 $90/60; ⏲5月至10月 10:00和14:00）与布鲁斯船长（Captain Bruce）一起进行独一无二的旅程，前往废弃的小港，倾听往昔的故事。你甚至可能会看见一只老鹰。

Sea of Whales　　　　乘船游

（☎709-464-2200; www.seaofwhales.com; 1 Ash's Lane; 3小时团队游 成人/儿童 $80/50）充气船每天3次出发搜寻鲸鱼的影踪。

特里尼蒂历史徒步游览　　　　步行

（Trinity Historical Walking Tours; ☎709-464-3723; www.trinityhistoricalwalkingtours.com; Clinch's Lane; 成人/儿童 $15/免费; ⏲7月和8月 周一至周六 10:00）寓教于乐的团队游从Hiscock House的后方出发。

🛏 食宿

这里优质的客栈和民宿数不胜数。房间在夏天会很紧张，所以需要提前预订。

★ Skerwink Hostel　　　　青年旅舍 $

（☎709-436-3033; www.skerwinkhostel.com; 铺/房间 $34/69; ⏲5月至10月; 🛜）各个年龄段的旅游者都会住在温馨、社区模式的Skerwink。这里有两个六张床的宿舍（配备表面覆盖塑料膜的松软床垫）和两个独立客房，它是国际青年旅舍联盟的成员。许多当地人都会过来聊聊几句，与员工一起弹弹吉他。早餐包含新鲜面包和淡咖啡，非常棒的Skerwink Trail（见551页）就在街对面。

位置紧邻Rte 230，距离Skerwink Trail大约500米。

★ Artisan Inn & Campbell House　　　　旅馆 $$

（☎709-464-3377; www.trinityvacations.com; 57 High St; 房间含早餐 $125~179; ⏲5月中旬至10月; 🐾🛜）梦幻中的海滨休憩之地，这两家华丽的住处相互毗邻，并由同一个团队管理。两个地方都有海景。Artisan Inn是拥有三个房间的客栈，高高地屹立在海边；离海稍远一点的Campbell House有茂盛的花园。

Fishers' Loft　　　　旅馆 $$

（☎709-464-3240; http://fishersloft.com; Port Rexton; 房间含早餐 $145~218; 🛜）置身于当地19世纪的传统建筑里，这座殖民地风格的旅馆是回头客的最爱。房间和套房明亮宽敞，有蓬松的羽绒被和羽绒枕头；树冠之上的房间可以让你欣赏海湾的壮丽景色。设施配备得非常完美，有iPod基座、徒步杖和双筒望远镜。

Eriksen Premises　　　　民宿 $$

（☎709-464-3698; www.newfoundlandexperience.com; 8 West St; 房间 $130~190; ⏲5月中旬至10月中旬; 🐾🛜）这座19世纪的商人宅邸提供高档的住宿和餐饮（主菜$20~30，提供午餐和晚餐）。这里也管理着附近的两家民宿：Kelly's Landing（4间房）和Bishop White Manor（9间房）。

Trinity Mercantile　　　　咖啡馆 $

（www.trinitymercantile.ca; 24 West St; 主菜 $6~15; ⏲8:00~18:00; 🛜）来这里喝杯咖啡，来一份百吉饼（上面铺着这里自制的熏三文鱼），偷听隔壁桌客人谈论的当地流言蜚语。这里还有烘焙糕点、三明治、海鲜浓汤、盐腌鳕鱼和啤酒。

★ Twine Loft　　　　加拿大菜 $$$

（☎709-728-1805; 57 High St; 定价套餐 $46）Artisan Inn附属的高档餐厅，使用当地特产烹制含三道菜的定价套餐，其中有美妙的海鲜和一位店内侍酒师推荐的精美葡萄酒。预订是必要的，不过你也可以在露台上喝一杯，顺便欣赏落日。查看贴在门前的每日菜单。

🍷 饮品和娱乐

Two Whales Cafe
咖啡

(☎709-464-3928; http://twowhales.com; 99 Main Rd, Port Rexton; ⓘ10:00~18:00) 一家可爱的咖啡馆，供应各种富含咖啡因的饮品以及能量超标的柠檬蓝莓蛋糕。它还有很不错的素食以及有机沙拉。

特里尼蒂庆典
剧院

(Trinity Pageant; 成人/儿童 $27/免费; ⓘ周三和周六14:00) 在涨潮剧院上演关于特里尼蒂历史的戏剧。

涨潮剧院
剧院

(Rising Tide Theatre; ☎709-464-3232; www.risingtidetheatre.com; Water St; ⓘ6月至9月) 大名鼎鼎的涨潮剧院就在Lester Garland Premises的旁边，举办"特里尼蒂湾四季戏剧节"(Seasons in the Bight)和特里尼蒂庆典。

Rocky's Place Lounge
现场音乐

(☎709-464-3400; High St; ⓘ19:00起) Rocky's时不时地会邀请乐队表演，但就算没有音乐，这里也是喝啤酒的好去处。

ℹ️ 实用信息

小镇的网站(Town of Trinity; www.townoftrinity.com)有旅游信息。

加拿大皇家银行(RBC Royal Bank; West St; ⓘ周一至周四10:30~14:00, 周五至17:00) 没有自动柜员机。

ℹ️ 到达和离开

特里尼蒂距离圣约翰斯259公里，可以沿着Hwy 1行驶，再经由Rte 230抵达。**Shirran's Taxi**(☎709-468-7741) 每天都有来往圣约翰斯的出租车服务。

博纳维斯塔（Bonavista）

"噢！多么漂亮的景色！"（O buona vista!）意大利航海家约翰·卡伯特从这里抵达新大陆后这样惊呼道，而小镇的名字就是这么来的，那是在1497年6月24日。根据各方面的记录，这处风景漂亮的地方就是他踏上美洲大陆的第一站。时至今日，博纳维斯塔海岸线上的灯塔、角嘴海雀和峭壁依然持续让人涌起千般情愫。

👁️ 景点

博纳维斯塔角灯塔
灯塔

(Cape Bonavista Lighthouse; ☎709-468-7444; www.seethesites.ca; Rte 230; 成人/儿童 $6/3; ⓘ5月至10月 9:30~17:00) 始建于1843年，是一座漂亮的红白条纹灯塔。内部修复成了19世纪70年代的样子，它现在已被列为省级历史遗址。一处角嘴海雀群落就在海岸不远处。夕阳西下时分，这些鸟儿就是最美的风景。

地牢公园
公园

(Dungeon Park; Cape Shore Rd, 紧邻Rte 230) 你会在地牢公园感受到大海鬼斧神工的力量，这座周长90米的深坑是由两座海蚀洞塌陷而形成的，现在能听见波涛雷鸣般地拍打到海岸上的声音。

Ye Matthew Legacy
古迹

(☎709-468-1493; www.matthewlegacy.com; Roper St; 成人/儿童 $7.25/3; ⓘ6月至9月 9:30~16:45) 卡伯特在15世纪来到博纳维斯塔乘坐的船只 *The Matthew* 号的复制品。

莱恩历史遗址博物馆
古迹

(Ryan Premises National Historic Site; ☎709-468-1600; www.pc.gc.ca/ryanpremises; Ryans Hill Rd; 成人/儿童 $3.90/1.90; ⓘ6月至9月 10:00~18:00) 莱恩历史遗址博物馆修复自一座19世纪的咸鱼商业建筑群。这一大片白色墙面的建筑通过多媒体展示和解说展现了纽芬兰5个世纪以来的捕鱼历史。

🛏️ 住宿

这座可爱的小镇会在旺季住满了人。登录网站www.bonavista.net查看其他住宿选择。

White's B&B
民宿 $

(☎709-468-7018; www.bbcanada.com/3821.htm; 21 Windlass Dr; 标单/双 $95/100; ⓘ@ⓢ) 低调的White's有三间房可供选择，要么配备了私人浴室，要么就是个套间。

这里有自行车出租、烧烤设施和大海景色，可以好好享受。

HI Bonavista
青年旅舍 $

（☎709-468-7741；www.hihostels.ca；40 Cabot Dr；铺 $26~30，房间 $79~120；@⚡）这座整洁的白墙面旅舍有四间独立客房，还有两个多人间宿舍，以及免费的自行车、厨房和洗衣设施可供使用。距离小镇中心步行片刻即可到达。

Harbourview B&B
民宿 $$

（☎709-468-2572；www.harbourviewgetaway.com；21 Ryans Hill Rd；房间 $115；⏱6月至9月；🐕⚡）民宿的名字"港湾风景"可不是假的——在这里的四个房间可以看见迷人的海景，还可以和主人佛罗伦斯（Florence）和阿尔伯特（Albert）共用夜宵（蟹腿）。早餐有不含麸质的选项。

🍴 就餐

博纳维斯塔在该省是餐饮业水平最高的地方之一。

Boreal Diner
咖啡馆 $

（☎709-476-2330；61 Church St；主菜 $6~15；⏱周二至周六 11:00~19:00；🌱）位于一座鲜艳的红色殖民地建筑中，这个夫妻经营的小咖啡馆供应很棒的另类食物。蟹肉锅贴饺、鳕鱼浸龙蒿沙司以及烤圆面包片汉堡只是美味菜肴中的一部分。它还有素食和不含麸质的选项。真正的浓缩咖啡会让你保持头脑清醒。

Neil's Yard
咖啡馆 $

（www.neilsyard.org；Mockbeggar Plantation, Mockbeggar Rd；主菜 $5~12；⏱5月至10月 10:00~20:00；⚡）令人舒适。在这里，健谈的英格兰老板会为你调制一杯充满异域风情的热茶，同时他的妻子烹饪着荞麦可丽饼、胡萝卜姜汤、芝士蛋糕配当地浆果以及其他健康食物。虽然上菜速度不快，但咖啡馆还有一家手工艺品店，有很多值得一看的物件能够打发时间。

Walkham's Gate
咖啡馆 $

（☎709-468-7004；www.walkhamsgatepub.ca；主菜 $5~12；⏱24小时；⚡）Walkham's Gate的一边是供应大块馅饼和丰盛热汤的咖啡馆，另一边是令人愉悦的小酒馆，由音乐发烧友老板哈维（Harvey）管理。位于小镇中心的法院附近。

★ Bonavista Social Club
新派加拿大菜 $$

（☎709-445-5556；www.bonavistasocialclub.com；Upper Amherst Cove；主菜 $12~23；⏱周二至周日 11:00~20:00）🌱 Social Club 创意十足的菜肴使用的都是本地食材，而且这里还有景色可以欣赏。从不可思议的木柴烘烤面包和比萨，到大黄柠檬汁（rhubarb lemonade）和使用当地驼鹿肉制作的汉堡配蔓虎刺浆果酱，厨房总是能烹制出令人满意的餐食。餐桌数量不多，供不应求。漫步在庭院里的山羊是羊奶酪的来源，鸡蛋也由鸡圈供应。需要提前预约。

这座古朴的餐厅距离博纳维斯塔大约15分钟，沿着Rte 235能够到达，当你看见上阿默斯特湾（Upper Amherst Cove）的路牌后向左转。所有的精美木饰都是由主厨的父亲在隔壁的工作室里雕刻而成的。

☆ 娱乐

Garrick Theatre
剧院

（www.garricktheatre.ca；18 Church St）这家精心修复的剧院播映主流和独立影片，并且会举办现场音乐演出。

ℹ️ 实用信息

现金

这里有几个银行网点，包括镇上的**丰业银行**（Scotia bank；☎709-468-1070；1 Church St；⏱周一至周四 9:30~16:00）。

医疗服务

博纳维斯塔社区健康中心（Bonavista Community Health Centre；☎709-468-7881；Hospital Rd）

旅游信息

小镇的网站（www.townofbonavista.com）提供旅游信息。

ℹ️ 到达和离开

博纳维斯塔位于特里尼蒂以北，沿着风景

值得一游

艾利斯顿:地下储藏窖和角嘴海雀

艾利斯顿(Elliston)也可以叫"世界地下储藏窖之都"(Root Cellar Capital of the World),位于博纳维斯塔以南6公里处的Rte 238上。这座袖珍小镇的人们之前一直在苦思发展的方向,直到有一天突然想到,可以对外宣传他们这儿135处地下的蔬菜储藏窖,游客很快就接踵而至。实际上,最令游客印象深刻的还要数距离海岸不远的**角嘴海雀群落**,这些小鸟有着胖嘟嘟的头和橙色的鸟喙,从5月中旬至8月中旬,成群来到这里。一条沿着悬崖的小路带你轻松方便地接近它们,并且还可以眺望鲸鱼和冰山的美景。

来到小镇,先去**艾利斯顿游客中心**(☏709-468-7117;www.townofelliston.ca;Main St;⊙10:00~17:00),热心的员工会给你指出一些景点的方位,并且送上一份储藏窖的地图(欢迎入内一观)。

你还要保持旺盛的胃口,因为**Nanny's Root Cellar Kitchen**(☏709-468-7998;Orange Hall;主菜 $7~15;⊙8:00~22:00)在历史悠久的橙厅(Orange Hall)烹饪着非常丰盛的龙虾、吉格斯餐(Jiggs dinner,烤肉配煮熟的马铃薯、胡萝卜、卷心菜、咸牛肉以及豌豆面包布丁)以及其他传统风味美食,餐厅还同时拥有售酒执照。

咆哮的美食节(Roots, Rants and Roars Festival;www.rootsrantsandroars.ca;⊙9月中旬)汇聚了全省的顶级大厨,他们会在震撼人心的风景中烹制露天盛宴。

从毗邻的小村**马伯利**(Maberly)出发,一条17公里的沿海徒步小径蜿蜒而上,非常壮观,通往小卡塔利娜(Little Catalina)。

秀丽的Rte 230行驶50公里即可到达。**Shirran's**(☏709-468-7741;$40)每天有一辆班车从圣约翰斯开过来。

比林半岛(Burin Peninsula)

由于渔业经济衰退的影响,比林半岛给人的感觉并不活跃。然而,沿海的徒步线路仍能振奋人心,若是准备前往圣皮埃尔享用法棍面包,不妨先来这片低调的地区逗留一两天。

玛丽斯敦(Marystown)是比林半岛最大的城镇,除了一些巨型零售商,那儿也没有别的特色。**比林**(Burin)是这片地区最迷人的小镇,有一条亲水栈道依附着崎岖的海岸线。**圣劳伦斯**(St Lawrence)以萤石开采和迷人的沿海徒步路线而闻名。在**格兰德班克**(Grand Bank)有一条充满趣味的自助步道,穿过历史建筑,并沿着海边延伸。**福琼**(Fortune)就在南边,化石资源丰富,是前往圣皮埃尔的起点。

◉ 景点

福琼角生态保护区 公园

(Fortune Head Ecological Reserve;www.env.gov.nl.ca/parks;紧邻Rte 220;⊙24小时)这个保护区拥有的化石可以追溯到我们星球生物进化史中最重要的时段——大约5.5亿年前,那时地球上的生命从简单的有机体渐渐发展为复杂的动物。这个保护区位于福琼角灯塔(Fortune Head Lighthouse)附近的Rte 220以西大约3公里处。

福琼角地质中心 博物馆

(Fortune Head Geology Centre;☏709-832-3031;www.fortunehead.com;Bunker Hill Rd, Fortune;成人/儿童 $7.50/5;⊙6月至8月 8:00~20:00)新的展品探索了比林半岛的地质状况、矿物和岩石、1929年大浅滩(Grand Banks)海啸和史前动物。孩子们会喜欢这个强调互动性的中心,这里有来自福琼角生态保护区的化石可以触摸;它位于镇上,就在圣皮埃尔渡轮码头旁。它还提供孩子们的日间夏令营,按天收费。每天都组织前往保护区的团队游($25)。

比林遗产博物馆 博物馆

(Burin Heritage Museums;☏709-891-2217;Seaview Dr, Burin;⊙4月至9月 周一至周五 9:00~18:00,周六和周日 10:30~18:00)**免费** 这两座

历史故居讲述了在这座偏远港口生活的喜怒哀乐。

省立航海者博物馆　　　　　　　　博物馆
（Provincial Seamen's Museum；☏709-832-1484；www.therooms.ca/museum；MarineDr, GrandBank；门票 $2.50；⏱5月至10月 9:30~16:45）这座博物馆的外观令人印象深刻，描绘了纵帆船兴盛的时代，讲述当地数百年来渔业的兴衰变迁。

✈ 活动

在比林遗产博物馆询问前往**库克瞭望台**（Cook's Lookout）的小径起点。从小镇出发，走上20分钟，即能饱览全部的美景。在圣劳伦斯的Pollux Cres附近，曲折迂回的**海角小径**（Cape Trail；4公里）和**海湾洞穴小径**（Chamber Cove Trail；4公里）令人叹为观止。一路沿着悬崖边缘，可以看见沿岸令人陶醉的美景和一些"二战"时期著名的沉船。另一条不错的（也比较好走的）小径是**海洋徒步路线**（Marine Hike；7公里），探索格兰德班克附近的上将海滩（Admiral's Beach）。它的出发点位于紧邻Rte 220的Christian's Rd。

🛏 食宿

这里食宿的选择很少。如果要前往圣皮埃尔，格兰德班克和福琼是最好的落脚点。格兰德班克的住宿条件较好，但是它距离码头8公里，离圣皮埃尔更远。福琼有一家令人垂涎的面包房，就在码头边。如果想要知道更多的吃住信息，请浏览 **Heritage Run**（www.theheritagerun.com）。

Thorndyke B&B　　　　　　　　民宿 $$
（☏709-832-0820；www.thethorndyke.ca；33 Water St, Grand Bank；房间 $130；⏱5月至10月；😊）这座老船长的故居看起来很漂亮，俯瞰着港湾。古典的木制家具填满了四个敞亮又通风的房间，房间里都配备了私人浴室。如果提前告知，主人会提供晚餐。

Fortune Harbourview B&B　　　　民宿 $$
（☏709-832-7666；www.fortuneharbourview.com；74 Eldon St, Fortune；房间 $119~159；😊）这儿的五个房间并不豪华，而且位于一家美发厅的楼上，但它们都很整洁，何况最大的优点，就是位于圣皮埃尔渡船码头附近的便利位置。这里提供欧陆风格的自助早餐。

Stage Head Cafe　　　　　　　　咖啡馆
（☏709-832-5796；18 Bayview St, Fortune；主菜 $6~14；😊）附属于福琼的渡轮办事处，这家小餐厅生意很好，供应快速的早餐、午餐三明治和炸鱼薯条。定价晚餐（$30）非常划算，使用的食材是刚捕捞上来的海鲜。

Sharon's Nook & the Tea Room　咖啡馆 $
（☏709-832-0618；12 Water St, Grand Bank；主菜 $7~12；⏱周一至周六 7:30~21:00，周日 11:00~19:30）这座俗气的乡村风格餐馆提供千层面、辣酱汤、三明治和十几种极为可口的芝士蛋糕。

ℹ 到达和离开

可以先沿着Hwy 1，再沿着Rte 210抵达比林半岛。从圣约翰斯前往格兰德班克的行驶距离为359公里，需要4个多小时。若干公司提供从圣约翰斯前往半岛的班车服务，最远可以抵达福琼，包括**Foote's Taxi**（☏709-832-0491）和**Matthew's Taxi**（☏709-832-4633）。

圣皮埃尔和密克隆
(ST-PIERRE & MIQUELON)

人口 6100

这一小片法国领土距离比林半岛25公里。岛上的贝雷帽、长棍面包和波尔多红酒不仅仅是营造法国风情，圣皮埃尔和密克隆的的确确是法国的海外领土，法国的三色旗在这里飘扬。

当地人行贴面礼，用欧元付款，无数家面包房散发出诱人的香气，还有法国产的轿车挤满了狭窄的单行道。这是一个完全不同于纽芬兰的世界。

圣皮埃尔岛的人口更多，经济也较发达。岛上一共有5500人，其中多数居民生活在圣皮埃尔镇上。密克隆岛的面积较大，但总共只有600位居民。

1520年，葡萄牙人首次发现了这里。1536年，雅克·卡蒂埃（Jacques Cartier）将这座岛屿纳入法国版图。1763年，英法"七年战争"结束，岛屿被移交给了英国管理。而到了1816年，统治权又被交还给了法国，并且由法国管辖至今。

◉ 景点

密克隆岛和朗格拉德岛　　　　　　　岛屿

（Miquelon & Langlade；成人/儿童 3小时团队游 €35/18；⊙6月至9月）与圣皮埃尔岛相比，密克隆岛游客数量较少，经济也欠发达。小村密克隆（Miquelon）以教堂为中心，位于岛屿的最北端。一条徒步小径从附近的米朗德潟湖（l'Étang de Mirande）伸向一处瞭望台和瀑布。从镇上的桥梁出发，一条景色优美的公路延伸25公里，穿越地峡，抵达无人居住的朗格拉德（Langlade）荒原。岛上生活着一些野马，你还可以在崎岖的海岸周围发现海豹和海鸟。Comite Regional de Tourisme组织团队游。

马林岛　　　　　　　　　　　　历史建筑

（Île aux Marins；3小时团队游 成人/儿童 €24/16；⊙5月至9月 9:00和13:30）神奇的马林岛是一座被人遗弃的美丽村庄，坐落在圣皮埃尔港内的一座岛屿上。一位精通英法双语的导游会带你游览色彩鲜艳的房屋、一座小型的校舍博物馆和大教堂（建于1874年）。在游客中心预订团队游。你还可以乘坐没有导游的小船（€6），但要留意多数标识都是法语的。在7月和8月之外的时候，必须提前安排船只（详细咨询旅游局办事处）。

Les Salines　　　　　　　　　　　　街区

（Rue Boursaint和滨水区）怀旧的人徘徊在这片风景怡人、色彩缤纷的渔夫棚屋之间。

L'Arche Museum　　　　　　　　博物馆

（☏508-410-435；www.arche-musee-et-archives.net；Rue du 11 Novembre；成人/儿童 €5/3；⊙6月至9月 周二至周日 10:00至正午和14:00~18:00）这处精彩的展览涵盖了群岛的历史，包括禁酒令时期的点点滴滴。北美洲唯一的一架断头台是这里的镇馆之宝。岛上的人们仅使用过这台"正义的木刑具"一次，1889年，一位杀人犯被就地正法。博物馆还提供英法双语的建筑徒步游览（€7）。

🏃 活动

在圣皮埃尔，当你不吃东西的时候，最棒的事就是四处走走，沉浸在这里的气氛里。进入一家商店，就能够品尝到大西洋彼岸的美味，或是在这里开展调查，找出最美味的巧克力羊角面包。一些徒步小径从城镇边缘的发电站附近出发，在遥远的海岸和内陆湖泊之间穿行。

充气船游　　　　　　　　　　　　乘船游

（Zodiac Tours；成人/儿童 €41/35）乘坐充气船（Zodiac）的全天英法双语团队游，路线涵盖密克隆岛和朗格拉德岛。需要在游客中心预订。费用含小吃。

Fronton　　　　　　　　　　　　　回力球

（Rue Maître Georges Lefèvre和Rue Gloanec）在室外球场观看当地人的运动，这种来源于巴斯克的回力球项目（pelote）是一种手球运动。

✦ 节日和活动

从7月中旬到8月底，圣皮埃尔的广场都会上演民族舞蹈。

巴斯克节　　　　　　　　　　　　文化节

（Basque Festival；⊙8月中旬）为期一周的节日，上演音乐、游行以及耳目一新的街头娱乐活动。

巴士底日（法国国庆日）　　　　　文化节

（Bastille Day；⊙7月14日）全年最盛大的节日。

🛏 住宿

圣皮埃尔大约有十几处住宿点可供选择；大多数提供欧陆风格早餐。夏季需要提前预约。

Auberge Quatre Temps B&B　　民宿 $

（☏508-414-301；www.quatretemps.com；标单/双 €78/82；@🛜）从渡船码头需要费力地走上15分钟才能到达Quatre Temps，但不要因此打消你入住的意愿。这里的六个房间都配备独立浴室，还有一处精美的露台，你可以在这里买上几杯饮料，然后在户外啜饮。业主还经营着Saveurs des Îles餐厅。

Bernard Dodeman B&B　　　　民宿 $

(☎508-413-060; www.pensiondodeman.com; 15 Rue Paul Bert; 房间 €55; ☺@⏶)Dodeman的三个简易的房间共用着两个浴室和一个公共电视起居室。从渡船码头步行15分钟即可到达，位于俯瞰城区的一座小山上。

★Auberge St Pierre　　　　　民宿 $$

(☎508-414-086; www.aubergesaintpierre.fr; 16 Rue Georges Daguerre; 双 €88~176; ⏶)这是家庭经营的岛上民宿，客人对这里温暖的服务和可爱的氛围赞誉有加。这里有冰过的葡萄酒和奶酪。改造过的房间里有平板电视和漩水按摩淋浴；还配备了浴袍和额外的毛巾。费用含往返渡轮码头的交通以及岛上的团队游。

Nuits St-Pierre　　　　　　　民宿 $$

(☎508-412-720; www.nuits-saint-pierre.com; 10 Rue du Général Leclerc; 房间 €130~175; ☺⏶)高端住宿之选，面向欢度蜜月的新婚眷侣。五个房间都配备着私人浴室和填满羽绒的舒适大床，房间都以法国著名文豪的名字命名。提供机场或渡船的免费接送。附带的茶舍每天从14:00到18:00营业，必须要来品尝一杯陈酿或是一片蛋糕。还有一个健身中心。

Hotel Robert　　　　　　　　酒店 $$

(☎508-412-419; www.hotelrobert.com; 2 Rue du 11 Novembre; 双 €90~118; ⏶)大多数旅行者都住在这家又体面又超值的酒店，它是岛上最大的住宿地。房间很怡人，有干爽的白床单和功率强大的淋浴。部分房间有些过时。楼下的一家餐厅供应早餐(不包括在房费内)，但是提个醒：只有一个服务员招呼着两个用餐的房间，不停在饥肠辘辘的客人呼唤他。它和渡口离得很近，步行可达。

🍴 就餐

岛上的少数几家餐厅在夏天根本不能满足需要，所以如果你打算外出就餐，一定要尽量提前预订。所有餐厅全部订满的情况也并非罕见。

★Guillard Gourmandises　　　面包房 $

(31 Rue Boursaint; 糕点 €1~3; ◷周二至周六 7:00~12:00和14:00~17:30, 周日至16:30)为了品尝这一块美好的法国风情，值得记住它复杂的营业时间。毕竟，这些奶香蓬松的巧克力闪电泡芙、马卡龙和奶油蛋糕就是你来到这儿的原因，对吧?

Le Cafe du Chat Luthier　　　寿司,比萨 $$

(www.lecafeduchatluthier.com; 6 Rue Amiral Muselier; 主菜 €9~22; ◷周二至周五 正午至13:30,周二至周日 18:00~22:00)对圣皮埃尔所缺少的一切来说是个完美的补充，这个友好的地方是嬉皮士出没之所，供应可口的寿司卷、木柴烘烤的酥脆薄底比萨，还有美味的汉堡。如果晚餐时间没有提前预约的话，外带是个不错的选择。工作日提供午餐套餐。

L' Atelier Gourmand　　　　　法国菜 $$$

(☎508-415-300; www.lateliergourmandspm.com; 12 Rue du 11 Novembre; 主菜 €18~25; ◷正午至14:00和18:00~22:30; ⏶)这家舒适温

圣皮埃尔的饮酒往事

20世纪20年代，当"禁酒令"让美国人无酒可喝，艾尔·卡彭(Al Capone)在圣皮埃尔设立了酒吧，为自己，也为美国人满足饮酒的欲望。

他和他的同伙将这座安逸的渔港变成了一座蓬勃发展的码头，仓库里满是酒精饮料。酒瓶从板条箱里取出，放在较小的袋子里，然后由走私酒贩偷偷带入美国。成摞的Cutty Sark威士忌箱子堆得老高，当地人灵机一动，想出了用板条箱的木材搭建房屋和烧木取暖的主意。至少有一座板条箱搭建的屋子保存至今，被称为"Cutty Sark威士忌小屋"，多数巴士团队游的行程都会经过此地。

游客信息中心提供一项特别的两小时禁酒令团队游(Prohibition tour; 成人/儿童 €20/10)，行程涉及各个相关的地点。如果对这个没什么兴趣，也可以探访一下游客中心附近的Hotel Robert，艾尔·卡彭的帽子还挂在这里，你可以在礼品店里看见它。

馨的餐厅有一座街边露台，大量食客前来品味经典的法国佳肴。然而定价套餐可吃不吃，上菜速度也慢得令人痛苦。不过绝不会令人失望的是搭配一种美味醋汁的大碗贻贝以及白巧克力焦糖布丁。

❶ 实用信息

除了加拿大公民之外，所有其他国籍的游客都需要持护照才能入境。逗留时间超过30天的加拿大公民也需要申请签证。其他国籍人士需要向所在国的法国大使馆询问是否需要在入境前办理签证。加拿大公民可以使用驾照入境。

营业时间
多数商家和企业会在正午至13:30午休。一些店也会在周六下午关门，多数商店会在周日关门。

海关
如果要获得酒精饮品的免税权，你必须在群岛逗留至少48小时。

语言
法语，但多数人也会讲英语。

现金
大多数商家接受信用卡。部分商家接受加拿大元，不过他们会用欧元找零。如果你逗留的时间不止一个下午，或许去当地的自动柜员机提取欧元是最简便的方法。

电话
给这两座岛屿打电话属于国际长途，这意味着你必须在当地电话号码前加拨 ☎011。电话网络接入法国的系统，所以使用你的手机时，小心巨额的漫游费。

时间
比纽芬兰的时间早半小时。

旅游信息
游客中心（www.st-pierre-et-miquelon.com；⊙8:30~18:30；☎）邻近渡船码头，提供的地图标注了所有银行和餐厅的信息。员工也提供岛上的酒店和团队游的信息，免费安排预订。

❶ 到达和离开

飞机
圣皮埃尔航空（Air St-Pierre；www.airsaintpierre.com；往返$353）飞往圣约翰斯、蒙特利尔和哈利法克斯。每座城市每周有2至3班。抵离机场的出租车收费大约€5。

船
St-Pierre Ferry（☎709-832-3455；www.saintpierreferry.ca；14 Bayview St, Fortune；成人/儿童往返 $93/58）从纽芬兰的福琼出发，1小时行程，7月和8月每天往返一次（周三往返两次）。全年其余时间班次较少。出发时间会变动，请注意查看网站。渡船只能搭载乘客，不过目前有开设两班汽车渡轮的计划。工作人员协调安排在码头附近停车（每天 $10）。如果你需要停车的话，提前买票并在出发前30分钟或1小时抵达码头。

❶ 当地交通

群岛的多数地区可以步行游览。道路陡峭，所以准备好气喘吁吁地游览。汽车租赁公司不愿意把车租给游客，因为说实话这里没有路牌的狭窄单行道对他们来说很难驾驭。

游客中心可以租借自行车（每天 €13），而且还提供电动自行车。当地的渡船前往密克隆岛和朗格拉德岛。在游客中心可以查询到时刻表和船票价格。

纽芬兰中部
（CENTRAL NEWFOUNDLAND）

在纽芬兰中部，令人赞叹的景色没有省内其他地区那么密集，因为这片广袤的土地主要分布着荒芜的沼泽地和森林。圣母湾（Notre Dame Bay）的群岛是例外，尤其是当漂流的冰山擦过特威林盖特岛（Twillingate）时。

特拉诺瓦国家公园
（Terra Nova National Park）

背倚湖泊、泥沼和山林，面对着克洛德峡湾（Clode Sound）和纽曼峡湾（Newman Sound），特拉诺瓦国家公园被Hwy 1一分为二。

◉ 景点

博恩赛德考古中心 博物馆
（Burnside Archaeology Centre；☎709-677-

2474; www.digthequarry.com; Main St; 成人/儿童 $3/1; ⊙7月至10月 9:00~18:00)距离特拉诺瓦国家公园西门大约15公里,博恩赛德考古中心展出的文物均来自当地的贝奥图克部落(Beothuk)遗址。

特拉诺瓦国家公园 公园

(Terra Nova National Park; ☏709-533-2801; www.pc.gc.ca/terranova; 成人/儿童/家庭 每天 $5.80/2.90/14.70)虽然这里不如省内其他国家公园景色壮丽,但是可以看见驼鹿、熊、河狸和秃鹰,并且提供舒适休闲的徒步、划桨、野营和乘船团队游活动。

🚶 活动

特拉诺瓦国家公园的14条徒步小径总长近100公里,记得在游客中心(见559页)领取地图。特别推荐马拉迪小径(Malady Head Trail; 5公里),全程的高潮位于一处海角的悬崖边缘,能够看见Southwest Arm和Broad Cove壮观的景色。桑迪池小径(Sandy Pond Trail; 3公里)是一条轻松易行的环线,可以围绕池塘一周,这里最容易看到河狸。这片地区也很适合游泳,有海滩、更衣室和野餐桌。在冬天,公园成为一片越野滑雪的天地。

史诗般的偏远渔村小径(Outport Trail; 48公里)一路沿着纽曼峡湾,可以前往偏远的露营地和被人荒弃的定居点。整条路径的风景都很物有所值,但请注意:一些路段没有标识,另外路程非常泥泞。如果要完成这条路线,一定要准备好指南针和地形图,并且听从护林员的建议。

游客中心的亭子提供皮划艇出租。询问了解桑迪池-邓菲池路线(Sandy Pond-Dunphy's Pond Route; 10公里),它可以让你尽情地划桨,途中只有一小段路是陆路。

萨尔维奇(Salvage)也位于这片地区,是一座非常上镜的渔村,拥有标识清晰的徒步小径。这里靠近公园的北端,位于Rte 310的尽头,距离Hwy 1大约26公里。

👥 团队游

Boat Tours 乘船游

(每名成人/儿童 $45/30)有趣的乘船游览抵达更加偏远的定居点。在特拉诺瓦国家公园游客中心或博恩赛德考古中心咨询详情。

Coastal Connections 乘船游

(☏709-533-2196; www.coastalconnections.ca; 2.5小时团队游 成人/儿童 $85/35; ⊙5月至10月 10:00和14:00)登上船,开始穿梭纽曼峡湾的旅程,你可以在那里拉起龙虾笼,观测显微镜下的浮游生物,并且参与到其他动手实践的活动中去。老鹰很容易见着,运气好的话还能看见鲸鱼。

🛏 住宿

露营是在公园里住宿的唯一选择。如果想要睡在床上,那么就要前往伊斯特波特(Eastport),它位于公园北端的Rte 310上,距离Hwy 1大约16公里。如果要预约露营地(夏季周末建议预约),电话联系加拿大公园管理局(Parks Canada; ☏877-737-3783; www.pccamping.ca; 预订费 $10.80)或上网预约。

Backcountry Camping 露营地 $

(需要免费的许可证,帐篷营地 $16)偏远渔村小径、比奇池(Beachy Pond)、邓菲岛(Dunphy's Island)和邓菲池(Dunphy's Pond)附近散落着几处偏远的露营地,可以通过划船、徒步或两者结合的方式抵达。在游客中心注册登记。

Newman Sound Campground 露营地 $

(营地 $26~30)这是公园主要的露营地,更加热闹,有343处营地、一家杂货店和自助洗衣店。这里有电、厕所和淋浴。在冬季也开放露营。

ℹ️ 实用信息

先到特拉诺瓦国家公园游客中心(Terra Nova National Park Visitors Centre; ☏709-533-2942; Hwy 1; ⊙7月和8月 10:00~18:00,5月、6月和9月至16:00)看看,那里提供大量的公园信息、护林员导览的项目、触摸式海洋生物展览和水下照相机。游客中心和Hwy 1相距1公里,位于甘德以东80公里处,就在萨尔顿(Salton)的日常生活区。

甘德(Gander)

甘德位于Hwy 1和通向圣母湾的Rte 330

的交会处。这是一处方便的停靠站，还有一些适合飞行爱好者的景点。因为这是该地区的主要城镇，随处可见大规模的零售商。如果你需要囤积粮草，那就在这里准备吧。

对于航空发烧友而言，北大西洋航空博物馆（North Atlantic Aviation Museum; ☎709-256-2923; www.northatlanticaviationmuseum.com; Hwy 1; 成人/儿童 $6/5; ⊙7月和8月 9:00~19:00, 9月至次年6月 周一至周五 至16:00) 是必去的地方。位于Hwy 1以东的无声的见证纪念碑（Silent Witness Monument) 给人以肃穆的感觉，是为纪念1985年12月坠毁在这里的飞机而修建的，机上当时搭载着248名美军士兵。

位于甘德核心区域的Sinbad's Hotel & Suites（☎709-651-2678; www.steelehotels.com; Bennett Dr; 房间 $129~147）虽然昂贵，但拥有整洁的酒店房间，很适合在高速公路上长途驾驶之后好好休息一下。

在进城的Hwy 1上，有一个游客中心（www.gandercanada.com; ⊙6月至9月 8:00~20:00, 10月至次年5月 8:30~17:00）。

甘德机场（Gander Airport, YQX; ☎709-256-6666; www.ganderairport.com）运营着一些往返航班。DRL（☎709-263-2171; www.drl-lr.com）前往圣约翰斯（4小时）和巴斯克港（9小时）的长途汽车沿途在机场停靠。

特威林盖特岛和新世界岛（Twillingate Island & New World Island）

圣母湾的这片地区备受瞩目，这要归功于每年夏天到这里来的鲸鱼和冰山。特威林盖特由南北两座几乎紧挨着的岛组成，坐落在新世界岛以北。这些岛屿可以从大陆沿着短距离堤道到达。夏天的时候这里会有很多游客，不过风景依然壮丽。每个公路转弯处都能看见不同的海景、渔民码头，或者盘踞在岩石之上整洁素雅的房屋。

◉ 景点

★ 最佳泊位渔业博物馆 博物馆
（Prime Berth Fishing Museum; ☎709-884-2485; www.primeberth.com; Main Tickle Causeway; $5, 团队游 $8; ⊙7月和8月 10:00~17:00）选择这里作为你的第一站吧。这座私人博物馆由一位迷人的渔夫管理，通过天马行空和颇具迷惑性的简单概念进行妙趣横生的展示（一场鳕鱼切割秀！），成熟学者和学龄顽童也都会被这里吸引。这是你穿过堤道抵达特威林盖特的第一个地方。

长角灯塔 灯塔
（Long Point Lighthouse; ☎709-884-2247; ⊙10:00~18:00) **免费** 长角灯塔能够看见沿岸悬崖的壮丽景色。跟随灯塔守护者1876年的足迹，沿着楼梯拾级而上，凝望360度的全景。灯塔坐落在北特威林盖特岛的顶端，5月和6月是观测冰山的理想时节。

Auk Island Winery 葡萄酒厂
（☎709-884-2707; www.aukislandwinery.com; 29 Durrell St; 试喝 $3, 参加团队游 $5; ⊙7月和8月 9:00~21:00, 9月至次年6月 营业时间缩短）参观这座使用冰山水和当地浆果制酒的酒厂，品尝Moose Joose（原料是蓝莓和蔓虎刺浆果）、Funky Puffin（蓝莓和大黄）和其他果味酒。这里还有用冰山融水制作的冰激凌。

Little Harbour 水滨
位于前往特威林盖特镇的途中，Little Harbour有一条长5公里的小径，经过一座搬迁的社区遗迹和石拱，抵达僻静又风景如画的Jone's Cove。

特威林盖特博物馆 博物馆
（Twillingate Museum; ☎709-884-2825; www.tmacs.ca; 捐赠入场; ⊙5月至9月 9:00~17:00）这座博物馆位于一座以前圣公会教区长屋里，紧邻主街。它讲述了这座岛屿从18世纪中叶首批英国移民者抵达以来的历史。一个展室深入探讨了海豹捕猎及其带来的争议问题。隔壁有一座历史悠久的教堂。

德雷尔博物馆 博物馆
（Durrell Museum; ☎709-884-2780; Museum St; 成人/儿童 $3/1.5; ⊙6月至9月 9:00~17:00）不要错过景色优美的德雷尔，还有它的博物馆，就在Old Maid Hill的顶上，紧邻Durrell St。这里的北极熊是个加分项。带上你的午餐；这里有一些野餐桌，可以欣赏壮观的风景。

👉 团队游

两小时的团队游充满乐趣,可以观测冰山和鲸鱼,5月中旬至9月初每天出发。

Iceberg Man Tours　　　　划艇

(☎800-611-2374; www.icebergtours.ca; Southside; 成人/儿童 $50/25)由Captain Cecil带领,这个很受欢迎的两小时团队游在9:30、13:00和16:00出发。客人对服务赞誉有加。

Twillingate Adventure Tours　　　　划艇

(☎888-447-8687; http://twillingateadventuretours.com)从紧邻Main St的特威林盖特码头出发,时间为10:00、13:00、16:00(有时还有19:00)。

🎇 节日和活动

捕鱼、娱乐和民俗节　　　　音乐节

(Fish, Fun & Folk Festival; www.fishfunfolkfestival.com; ◎7月底)传统的音乐和舞蹈可以追溯到16世纪,特威林盖特在这为期一周的节日里笼罩在欢乐的气氛之中。

🛏 食宿

尽管这里有大约20处住宿选择,但特威林盖特在夏季还是会变得非常忙碌。务必提早预订。

Paradise B&B　　　　民宿 $

(☎709-884-5683; www.capturegaia.com/paradiseb&b.html; 192 Main St; 房间含早餐 $90~110; ◎5月至9月; ❀❀)位于一座悬崖之上,俯瞰着特威林盖特的港口,Paradise可以看到镇上最漂亮的景色。你可以在屋下的海滩徘徊散步,或是在草坪椅子上舒适地休息,全身心地投入大自然中。另外,三个客房也很舒适,如果能抢到1号房那就更好了。只接受现金。

Anchor Inn Hotel　　　　酒店 $$

(☎709-884-2777; www.anchorinntwillingate.com; 3 Path End; 房间 $135~165; ◎3月至12月; ❀)Anchor位于海边,房间里摆放着舒适的软床。酒店还有观景平台以及自助的烧烤设备。另外这里还有一家很棒的餐厅。

Captain's Legacy B&B　　　　民宿 $$

(☎709-884-5648; www.captainslegacy.com; Hart's Cove; 房间 $110~140; ◎5月至10月; ❀❀)这座古老的"渔乡宅邸"曾经居住着一位名叫彼得·特洛克(Peter Troake)的真正的船长,现在是一座拥有四个房间的民宿,可以俯瞰港湾。

R&J Restaurant　　　　海鲜 $

(☎709-884-2212; 110 Main St; 主菜 $8~14; ◎8:00~23:00)这家餐厅很受全家出行游客的欢迎——很可能是因为它除了fish 'n' brewis(里面有咸鱼、洋葱、煎肥猪肉和一块几乎煮烂的面包)之外,还供应比萨和汉堡。

★ Doyle Sansome & Sons　　　　海鲜 $$

(www.sansomeslobsterpool.com; 25 Sansome's Place, Hillgrade; 主菜 $8~24; ◎10:00~21:00)这个经典的鱼棚供应炸得脆脆的鳕鱼、用大黄调味的鱼饼和新鲜的龙虾,很值得从公路上拐下来,到这里来吃一餐。如果天气好的话,码头上的座位很适合欣赏美景。不要被名字骗了——在这里做饭的是很多友好的妇女。Hillgrade这座村庄与它附近的特威林盖特相距17公里。

☆ 娱乐

Twillingate/NWI Dinner Theatre　　　　剧院

(☎709-884-2300; Crow Head; 成人/儿童 $32/16; ◎6月至9月 周一至周六 15:30)纽芬兰最好的六家剧院之一,不仅会为你奉献一顿传统佳肴,还能用妙趣横生的表演逗得你捧腹大笑。位于长角灯塔以南。

福戈岛和钱齐群岛(Fogo Island & Change Islands)

人口 2400

福戈岛自17世纪80年代以来就有人居住,迷人的岛屿有着崎岖的山势,值得四处闲逛。但是要注意:这里正在开展一项雄心勃勃的旅游发展计划——艺术主题可持续发展旅游,正在该地区如火如荼地展开。而罕见的纽芬兰小马则在西边的钱齐群岛徘徊漫步。

景点和活动

在福戈岛上，乔巴特湾（Joe Batt's Arm）的村庄背后映衬着山林，呈现出几百年之前的光景。但是由于崭新的奢华酒店Fogo Island Inn的建造，这里反倒洋溢着一些现代的风情。周六上午的溜冰场会有农贸市场。

附近的蒂尔廷（Tilting）或许是岛上最有吸引力的村庄。小村与爱尔兰的渊源深厚，因此能在这儿听见爱尔兰口音。内陆河港被图画般的捕鱼站和晒鱼架包围着，被陈旧的支柱撑着以防被涨潮淹没。这里还有一条沿海的特平小径（Turpin's Trail；9公里），它从桑迪湾（Sandy Cove）海滩附近的蒂尔廷出发，十分精彩。

小村福戈（Fogo）和坚强不屈的硫黄角（Brimstone Head）孑然屹立于岛屿的另一端。品味了岩石与众不同的风景之后，不妨在村镇里再进行一次不错的徒步，狮穴小径（Lion's Den Trail；5公里）会途经马可尼的一座无线电报站。留意在岛上生活的少量驯鹿。

作为开发方案的一部分，岛上的徒步小道沿途建造了一些艺术工作室，并邀请了全世界的画家、电影制片人和摄影师前来居住。

钱齐群岛是纽芬兰小马保护区（Newfoundland Pony Sanctuary；709-621-6381；www.nlponysanctuary.com；12 Bowns Rd；捐赠入场；需要预约）的所在地，旨在保护濒危的本土纽芬兰小马。目前生活在该省登记在案的育龄马的数量不到100匹。

节日和活动

布里姆斯通海德乡村音乐节 音乐节

（Brimstone Head Folk Festival；www.brimstoneheadfestival.com；8月中旬）为期三天的民歌会，能够听见爱尔兰和纽芬兰的音乐。

大福戈岛木船比赛 文化节

（Great Fogo Island Punt Race；www.fogoislandregatta.com；7月底）当地人用传统的木船（被称作"punt"）进行划船比赛，在开阔海域划桨16公里前往钱齐群岛并返回。

食宿

住宿选择既有民宿，也有纽芬兰独一无二的酒店。提前预约，因为福戈岛在夏天很受欢迎。

★ **Tilting Harbour B&B** 民宿 $

（709-658-7288；www.tiltingharbourbnb.ca；10a Kelley's Island Rd, Tilting；房间$98~110；）在招待客人方面表现得十分杰出，这座拥有100年历史的传统民宅有4个一尘不染的房间，配备了修葺一新的浴室。虽然夹角尖锐，但房间舒适温馨。最棒的是，老板Tom是一位全能的大厨，用当地的海鲜烹制出美妙的社交晚宴（$35）。早餐供应的司康饼也是一大特色。

Peg's B&B 民宿 $

（709-266-2392；www.pegsbb.com；60 Main St, Fogo；房间$85~105；5月至10月；）位于福戈村庄的中央地带，Peg的四个房间提供着友好的氛围和港口的风光。

Quintal House 旅馆 $$

（www.quintalhouse.ca；153 Main Rd, Joe Batt's Arm；双$130~150；）全年营业，这座色彩缤纷的古老民宅只有三个客房，装饰着当地手艺人的作品。客人可以使用厨房和洗衣房。如果要说缺点，它就在靠近繁忙车流的主路旁。仅接受预订。

★ **Fogo Island Inn** 旅馆 $$$

（709-658-3444；www.fogoislandinn.ca；Joe Batt's Arm；两晚住宿含餐$1775~2875；）拥有极简主义的现代设计和优秀的服务，这家有29个房间的旅馆坐落在世界边缘，是一座壮观的建筑奇迹。加拿大总理贾斯廷·特鲁多（Justin Trudeau）在这里度假。房间里有超大的床和舒适的被子，此外还有双筒望远镜和超一流的海景。主厨会搜寻岛上的食材做成菜肴。7月，非住店客人可以在11:00和14:30游览这个生态环保的旅馆。

Growler's 冰激凌 $

（Joe Batt's Arm；蛋筒冰激凌$5；周三至周日12:30~19:00）要是错过这个海边的冰激凌店就太可惜了，这里供应自制的蔓虎刺浆果馅饼冰激凌，上面撒有肉桂和少许咸味面包皮。

Nicole's Cafe   咖啡馆 $$

（☎709-658-3663；www.nicolescafe.ca；159 Main Rd, Joe Batt's Arm；主菜 $16~22；◎周一至周六 10:30~20:00）❖Nicole运用岛上的食材——生态捕猎的海鲜、根茎蔬菜和野生莓果，做成当代菜肴，包括吉格斯餐、驯鹿肉酱和每日蔬菜拼盘。屋里摆放着大木桌，墙上装饰着当地的艺术品和张贴画，让人如沐春风。

Fogo Island Inn Restaurant   加拿大菜 $$$

（☎709-658-3444；www.fogoislandinn.ca；Joe Batt's Arm；午餐主菜 $20~45, 晚餐定价套餐 $115；◎7:00~10:00, 正午至15:00和18:00~21:00, 仅预订）❖坐拥波光粼粼的海景，这家小小的美食餐厅供应创意十足的三道菜晚餐套餐，食材都尽可能来自本地。菜单每天都不一样。想象一下精心烹制的雪蟹肉配海盐、爱德华王子岛牛肉和黑麦冰激凌配荨麻。饮品额外收费。非住店客人应该至少提前3天预约，来的时候将车停在路边，再步行5分钟就能走到这家旅馆。

❶ 到达和离开

Rte 335带你前往小镇Farewell, 渡船从这里驶往钱齐群岛(20分钟), 然后继续前往福戈岛(45分钟)。夏天的需求量很大——为了确保你的小汽车能上船, 值得在开船时间两小时前来到渡口。

从7:45到20:30, 有5个渡船班次。时刻表会有所变化, 请随时咨询**Provincial Ferry Services**（☎709-627-3492；www.gov.nl.ca/ferryservices；往返福戈岛 机动车/乘客 $18/6）。注意从福戈岛的渡船码头前往乔巴特湾大约25公里。

大瀑布-温莎镇 （Grand Falls-Windsor）

人口 1.37万

这两座造纸业小镇经过扩张已经交织在一起, 合并为大瀑布-温莎镇。历史悠久的大瀑布位于Hwy 1以南, 邻近埃克斯普洛伊茨河（Exploits River）, 对游客而言更为有趣。

◉ 景点

玛丽·玛奇省立博物馆   博物馆

（Mary March Provincial Museum；☎709-292-4522；http://manl.nf.ca；24 St Catherine St；成人/儿童 $2.50/免费；◎5月至10月 周一至周六 9:00~16:30, 周日 正午开始）值得参观, 展览围绕着这片地区原住民的过去和现在展开, 包括已经灭绝的贝奥图克部落（Beothuk）。从18A号出口向南可以抵达这里。博物馆的门票还包含伐木者博物馆。

鲑鱼解说中心   公园

（Salmonid Interpretation Centre；☎709-489-7350；www.exploitsriver.ca；成人/儿童 $6.50/3；◎6月至9月 8:00~20:00）观赏大西洋鲑鱼奋力逆流而上产卵。不幸的是, 它们还要在这个过程中忍受纸浆厂的污染。如果要前往这里, 越过High St以南的河流, 然后沿着路牌即可到达。

✦ 节日和活动

三文鱼音乐节   音乐节

（Salmon Festival；www.evsalmonfestival.com；◎7月中旬）为期5天的三文鱼音乐节会吸引大牌加拿大摇滚乐队来此表演。

🛏 食宿

Hill Road Manor B&B   民宿 $$

（☎709-489-5451；www.hillroadmanor.com；1 Hill Rd；房间 $119~129；☞）优雅的装修和松软的床垫让你睡过头也毫无怨言, 生机勃勃的阳光房也很时尚。这里欢迎儿童入住。

Kelly's Pub   汉堡包 $

（☎709-489-9893；18 Hill Rd；主菜 $8~14；◎9:00至次日2:00）这家别具乡村风情的餐馆就静静地藏在青灰色的酒吧后面。这里提供镇上最美味的汉堡, 炒菜也不算太差劲。

❶ 到达和离开

DRL（☎709-263-2171；www.drl-lr.com）的汽车站位于Hwy 1支路上的Highliner Inn。长途汽车开往430公里之外的圣约翰斯（$72）和477公里之外的巴斯克港（$124）。

南海岸中部 （Central South Coast）

Rte 360延伸130公里, 穿越本省的中部直抵南海岸。要前往埃斯普瓦湾（Bay

d'Espoir)的第一座定居点，需要沿着这座和缓的峡湾行驶很长一段路。注意沿途没有加油站，所以要在Hwy 1给油箱加满。圣奥尔本斯(St Alban's)坐落在峡湾的西侧。你会在海湾的末端找到一些提供伙食的汽车旅馆与酒吧。

一些小渔村聚集在比较靠南的地方。沿着Rte 364前往赫米蒂奇(Hermitage)的路上，以及布雷顿港(Harbour Breton)的周边，景色都令人印象非常深刻。布雷顿港是该地区规模最大的城镇(人口1700)，依偎在一座内陆海湾的山脊附近。

食宿

Southern Port Hotel 酒店 $$

(☎709-885-2283; www.southernporthotel.ca; Rte 360, Harbour Breton; 房间 $110~129; ☎)提供宽敞的标准装修客房。偶数号的房间还能看到港湾的美景。

Scott's Snackbar 汉堡包 $

(☎709-885-2406; Harbour Breton; 主菜 $7~15; ☎周日至周四 10:30~23:00, 周五和周六至次日1:00)就在Southern Port Hotel附近，Scott's Snackbar提供汉堡包和家常菜，并且拥有售酒执照。

❶ 到达和离开

想要去这个偏僻的地方，最好乘坐私人交通工具，不过**Thornhill Taxi Service**(☎709-885-2144)也在大瀑布和布雷顿港之间运营。

Provincial Ferry Services(☎709-292-4302; www.tw.gov.nl.ca/ferryservices)有渡轮前往赫米蒂奇，让前往南海岸西部偏远渔村的梦想变成可能。

北部半岛
(NORTHERN PENINSULA)

北部半岛就像是一根特别长的食指，伸出纽芬兰的主体。你几乎都能够感受到它在大摇大摆地吆喝着："要是没来过我这里，休想离开纽芬兰。"

留意这个建议。该省的两处世界遗产位于此地：格罗斯莫恩国家公园(Gros Morne National Park)拥有峡湾般的湖泊和地质奇观，坐落在半岛的底部。另外，具有千年历史的维京人定居点就在半岛北端的兰塞奥兹牧草地(L'Anse aux Meadows)。维京小径(Viking Trail; www.vikingtrail.org)又名Rte 430，连接了这两处著名的景观。这条公路本身就是一条景观大道，贴着海边，一路向北，经过乔伊什港(Port au Choix)的古代墓冢和渡船港，前往广袤无垠的拉布拉多。

虽然这片地区已经开始发展旅游业，但游客数量还是远远比不过一些著名的国家公园——比如黄石或者班夫国家公园。

鹿湖(Deer Lake)

虽然鹿湖没什么美景可看，但是这里可以作为一个完美的中转站，游客可以先飞到这儿，再转往北部半岛和西海岸周围地区。

如果要享受民宿的舒适，可以下榻朴实简洁的**Auntie M's Lucas House**(☎709-635-3622; www.lucashouse.net; 22 Old Bonne Bay Rd; 房间 $75~85; ☎5月至9月; @☎), 距离机场5分钟车程。

DRL(☎709-263-2171; www.drl-lr.com)的汽车停靠在Irving加油站，与游客中心(☎709-635-2202; dlvic@gov.nl.ca; Hwy 1; ☎9:00~19:00)一起紧挨着Hwy 1。乘坐出租车从机场前往这些地点的费用大约为$10。

前往格罗斯莫恩国家公园的游客通常飞往鹿湖机场(Deer Lake Airport, YDF; ☎709-635-3601; www.deerlakeairport.com; 1 Airport Rd; ☎)。长途DRL公交车在Trans Canada Hwy上运营。

格罗斯莫恩国家公园 (Gros Morne National Park)

这座国家公园(☎709-458-2417; www.pc.gc.ca/grosmorne; 每天 成人/儿童/家庭 每天 $9.80/4.90/19.60)拥有平坦壮丽的山顶和深邃的水道，俨然是超自然的游乐场。在1987年列入世界遗产名录，这座公园对地质学家而言具有特殊的重要意义，它是我们地球的蓝图。这座古铜色的高地(Tablelands)拥有来自地壳深处的岩石，为板块学说等理论提供了证据。在这个世界上，只有在格罗斯莫恩才能如

捕猎海豹的争议

每年3月和4月,加拿大的海豹捕猎行动在纽芬兰的东北海岸、圣劳伦斯湾附近,还有玛德琳群岛和爱德华王子岛周围进行,并且总能激起千层浪。争论双方是动物保护主义者和海豹捕猎者(通常是在捕鱼淡季捕猎海豹的当地渔夫),主要围绕着这样几个问题:

是否会杀害幼年海豹? 是,也不是。刚出生的竖琴海豹(harp seals)拥有洁白的皮毛,因此被称为Whitecoats,我们在一些令人惊恐的图片中看到过它们的身影。然而几十年来捕猎它们始终是违法行为。不过当幼海豹在大约12~14天大的时候褪去白色的毛之后,它们就是合法的捕猎对象。

动物的杀害过程是否符合人道主义? 海豹捕猎者的回答说是,用他们的枪和/或棍棒杀害海豹是符合人道主义的行为。动物保护主义者对此持有不同意见,认为这些海豹只是被打伤后痛苦地留在冰上,直到海豹捕猎者稍后过来结束它的生命。

海豹种群的数量是否能够维持? 加拿大政府的回答是能够,并且根据生活在该地区的海豹总数(估计为730万),设定了每年猎杀的配额。2015年捕杀竖琴海豹的配额为46.8万只,尽管市场需求正在下降。

海豹捕猎是否真的是当地经济的重要组成部分? 动物保护主义者认为不是,不承认这是纽芬兰收入的一部分。该省则不认同这种看法,一些海豹捕猎者称捕猎占到了他们年收入的三分之一。对于失业率接近12%的纽芬兰而言,这是非常重要的。

2009年,欧盟禁止了海豹制品的销售,极大地挫伤了这项产业的发展。如果想要了解更多两方观点,请查看加拿大海豹捕猎者协会(Canadian Sealers Association; www.sealharvest.ca)和美国动物保护协会(Humane Society of the United States; www.protectseals.org)的网站内容。

此容易地见到这种物质。

几座小型的渔村点缀着海岸线,并且提供了食宿设施。博讷湾(Bonne Bay)直插而入,将这片地区一分为二:南边有Rte 431以及**格伦伯尼**(Glenburnie)、**伍迪角**(Woody Point)和**特劳特河**(Trout River)这几个村镇;北边有Rte 430,以及**诺里斯角**(Norris Point)、**洛基港**(Rocky Harbour)、**萨利斯湾**(Sally's Cove)和**牛角**(Cow Head)。位于中部的洛基港是最大的居民点,并且是最受欢迎的住处。邻近的诺里斯角和更远些的伍迪角也是不错的落脚点。

◉ 景点

公园的面积非常大,从最南端的特劳特河到最北端的牛角有133公里,景点都很分散。别忘了在公园的游客中心停留一下,那里提供解说项目和导览徒步游。

高地(Tablelands) 地质奇观

高地矗立在公园的西南角,靠近特劳特河,看起来奇异怪诞、难以征服。在从板块深处抬升到地表之前,这座庞大的平顶山峦曾是地幔的一部分。构成它的岩石与众不同,植物都不能在这里生长。你可以在Rte 431上近距离地观察,或是在诺里斯角高处的摄影瞭望台从远处观望。在高地的西边,壮观的火山柱和海蚀穴使**绿色花园**(Green Gardens)海岸与众不同。

博讷湾海洋站 水族馆

(Bonne Bay Marine Station; ☏709-458-2550; www.bonnebay.ca; Rte 430, Norris Point; 成人/儿童/家庭 $6.25/5/15; ⏰6月至8月 9:00~17:00)这个研究站位于诺里斯角的码头,隶属纽芬兰纪念大学。每半小时就会有互动的团队游,水族馆展示了博讷湾的海洋生态栖息地的环境。孩子们会喜爱这里的触摸式水族箱,还有一只罕见的蓝色龙虾潜伏在水里四处闲逛。

石拱省立公园
(Arches Provincial Park) 公园

这些漂亮的石拱位于帕森斯池(Parsons

Pond）以北的Rte 430上，由巨浪拍打而成，值得一看。

浅湾（Shallow Bay） 海滩

这片温柔、安全的海滩有连绵的沙丘，看上去有些不太协调，好像是从加勒比海搬过来的一样。但是冰冷刺骨的温度还是会将你拉回现实——水温很少会超过15℃。

布鲁姆角钓鱼营地 古迹

（BroomPoint Fishing Camp; Rte 430, Broom Point; ⏱5月至10月 10:00~17:30) **免费** 这座修复的钓鱼营地距离西布鲁克池（Western Brook Pond）的北畔不远。马奇（Mudge）三兄弟和他们的家庭从1941年开始就在这里钓鱼，直到1975年向国家公园出售了整座营地，包括船只、龙虾笼和网兜。由向导进行管理。

SS Ethie 沉船

（Rte 430, 经过Sally's Cove）顺着公路上的路牌来到SS Ethie号沉船遗址，浪花不停拍打着缠成一团的生锈残骸。有人以1919年沉船的经历以及后续的救援为灵感，编写了一首著名的民谣歌曲。

🚶 活动

徒步

20条难度不一的小径常年有人维护，行走其间可以迂回穿越公园景色最秀丽的100公里。前往格罗斯莫恩顶峰的**格罗斯莫恩山区小径**（Gros Morne Mountain Trail）长16公里，是最精彩的一条路线，可以到达海拔806米的最高点。天气不好的时候，另一个不错的选项是长16公里的**绿色花园小径**（Green Gardens Trail），它既拥有怡人的美景，又极具挑战性。

可以饱览风景的短途徒步路线有**高地小径**(Tablelands Trail; 4公里)，通向温特豪斯溪峡谷（Winterhouse Brook Canyon）；还有**瞭望台小径**(Lookout Trail; 5公里)，这条路从探索中心的背后出发，蜿蜒通往林木线之上的一座老火警观察塔；**龙虾湾角小径**（Lobster Cove Head Trail; 2公里）围绕着潮汐潭；而**西布鲁克池小径**（Western Brook Pond Trail; Rte 430) 是最受欢迎的一条步道。

Long Range Traverse（35公里）和 **North Rim Traverse**（27公里）是所有徒步小径的鼻祖，需要翻山越岭地多日徒步才能完成。需要获得许可证，并听取公园管理员的建议。

如果你计划体验几条小径的徒步，支付$20即可获得一本《格罗斯莫恩国家公园小径指南》（*Gros Morne National Park Trail Guide*），这张防水的地图在背后详细地介绍了每条小径的信息，通常可以在游客中心获取。

皮划艇和划船

在高地的倒影中划皮划艇，然后游走在鲸鱼的喷水柱之间，这是你一定要体验的。

★ Western Brook Pond Boat Tour 划船

（2小时乘船游 每名成人 $58~65，儿童 $26~30）这个受到高度赞扬的团队游由Bon's Tours运营，拥有举世无双的风景。上午的团队游是最便宜的。从Bon's Tours的办事处到小道起点需要开车大约25分钟。从Rte 430下来，步行3公里可以抵达码头，途经容易行走的西布鲁克池小径。

Gros Morne Adventures 团队游

（📞709-458-2722; www.grosmorneadventures.com; Norris Point wharf; 2小时皮划艇团队游成人/儿童 $55/45）体验博讷湾的一种很棒的方式就是参加这个机构每天组织的海上皮划艇团队游。另外还有全天和多天的皮划艇行程以及各类徒步团队游。还向经验丰富的桨手提供皮划艇租赁（单/双 每天 $55/65）。

Bon Tours 划船

（📞709-458-2016; www.bontours.ca; Ocean View Motel, Main St, Rocky Harbour）Bon经营的Western Brook Pond乘船游非常精彩，从10:00到17:00之间运营，每小时出发一班。Bon还经营博讷湾乘船游。如果你还没有购买公园通票，那么必须在上船前购买。船票需要提前预订，可以通过网络或者Bon在Ocean View Hotel的办事处购买。

博讷湾乘船游 划船

（2小时行程 成人/儿童 $45/19）博讷湾乘船游从诺里斯角的码头出发，另外还有水上出租船（成人/儿童 往返 $14/10，只能搭载乘客和自行车)从诺里斯角前往伍迪角。出租船和团队游都是Bon Tours经营的。

滑雪

公园里震撼人心的55公里越野滑道系统中许多条条滑道都是由加拿大的冬奥会冠军皮埃尔·哈维(Pierre Harvey)设计的。联系游客中心总部(见568页)了解小径信息,并预订入住滑雪小屋。

骑车

总部在科纳布鲁克(Corner Brook)的 Cycle Solutions(☎709-634-7100; www.cyclesolutions.ca; Rte 430, Rocky Harbour)提供穿越格罗斯莫恩国家公园的山地自行车和骑行团队游,从轻松的半日骑行到艰苦的多日行程,价格各不相同。办事处位于洛基港小镇游客中心的隔壁。

✦ 节日和活动

伍迪角作家节 文学节

(Writers at Woody Point Festival; ☎709-453-2900; www.writersatwoodypoint.com; 票价$20起; ⏱8月中旬)来自纽芬兰、加拿大和全世界的作家齐聚伍迪角遗产剧院,进行朗诵会。还有现场音乐。

格罗斯莫恩戏剧节 戏剧节

(Gros Morne Theatre Festival; ☎709-243-2899; www.theatrenewfoundland.com; 票价$15~35; ⏱5月底至9月中旬)八部纽芬兰出品的戏剧演出会于整个夏季在室内和室外举行。

🛏 住宿

洛基港的住宿选择最多。伍迪角和诺里斯角也有不错的住处。酒店会在7月和8月被抢订一空。

如果想住在徒步可达的野外露营地,可以在游客中心总部(见568页)咨询。公园内有四处经过开发的露营地(☎877-737-3783; www.pccamping.ca):Berry Hill(营地$19~26, oTENTik帐篷 每晚$120, 预订费用$11; ⏱6月至9月), Lomond(营地$19-26, 预订费用$11; ⏱6月至10月), Trout River(营地$19~26, 预订费用$11; ⏱6月至9月), 以及浅湾(营地$19~26, oTENTik帐篷 每晚$120, 预订费用$11; ⏱6月至9月)。

Gros Morne Accommodations & Hostel 青年旅舍 $

(☎709-458-3396; www.grosmorneaccommodationsandhostel.com; 8 Kin Pl, Rocky Harbour; 铺/房间$30/70; ⏱🛜)在这座井井有条的崭新旅舍里,多人间宿舍摆放着松木制作的上下床,床上铺着覆盖塑料的薄床垫。使用有线电视、公用厨房和毛巾需要支付一小笔费用。旅舍里没有接待处。需要前往格罗斯莫恩野生动物博物馆(Gros Morne Wildlife Museum)登记入住,地址是76 Main St。如果你没有开车,可要走上不少的路。

Aunt Jane's B&B 民宿 $

(☎709-453-2485; www.grosmorneescapes.com; Water St, Woody Point; 双$70~90; ⏱5月至10月; ⏱)这座历史民居别具一格。较便宜的房间共用一间浴室。它位于海边,所以你可能会在清晨被鲸鱼们隆隆的呼吸声给吵醒。

Gros Morne Cabins 小屋 $$

(☎709-458-2020; www.grosmornecabins.ca; Main St, Rocky Harbour; 小屋$149~209; 🛜)虽然屋后就是柏油路,但多数漂亮的小木屋都面朝着大海,预订的时候可以问清楚,以确保能住到海景房。每座小屋都有完整的厨房、电视和供儿童睡觉的沙发床。你可以在隔壁的Endicott's杂货店进行预订。

Anchor Down B&B 民宿 $$

(☎709-458-2901; www.theanchordown.com; Pond Rd, Rocky Harbour; 房间$100~110; ⏱@)这家民宿有五间客房,风格很简洁,但宾客对主人热情友好的待客之道和卓越的厨艺赞不绝口。费用较高的房间有一个按摩浴缸。

Middle Brook Cottages 小屋 $$

(☎709-453-2332; www.middlebrookcottages.com; 紧邻Rte 431, Glenburnie; 小屋$99~149; ⏱3月至11月; ⏱🛜)这些小屋全部都由松木建造,一尘不染,既浪漫又受到孩子喜爱。小屋提供厨房和电视,你可以在屋后的深水潭和瀑布间嬉水畅游。

就餐

Java Jack's
咖啡馆 $

(709-458-3004; www.javajacks.ca; Main St, Rocky Harbour; 主菜 $9~19; 5月至9月 周三至周一 7:30~20:30;)要想逃避煎炸食物的暴政，就来这里吧。这个艺术气息浓厚的咖啡馆提供格罗斯莫恩最美味的咖啡、卷饼和每日例汤。到了晚上，楼上的餐厅高朋满座，饥肠辘辘的徒步者结束了征程，都来这儿品味上好的海鲜、驯鹿肉和素食。蔬菜都很新鲜，都来自咖啡馆的有机花园。

Earle's
加拿大菜 $

(709-458-2577; Main St, Rocky Harbour; 主菜 $8~14; 9:00~23:00) Earle位于洛基港，除了销售杂货和租借DVD，这儿还提供美味的冰激凌、比萨、驼鹿肉汉堡以及传统的纽芬兰美食，你可以在露台大快朵颐。

Old Loft
海鲜 $$

(709-453-2294; www.theoldloft.com; Water St, Woody Point; 主菜 $10~21; 7月和8月 11:30~21:00, 5月、6月和9月至19:00) 坐落在伍迪角的海边，这家小巧玲珑的餐馆以其纽芬兰传统美食和海鲜而深受欢迎。尝尝酥脆的洋葱圈。

实用信息

公园的门票包括各条小径、探索中心和所有的游乐区域。

探索中心 (Discovery Centre; 709-453-2490; Rte 431, Woody Point; 5月至10月 9:00~18:00) 提供互动的展品和一座多媒体剧院，详细阐述了这片地区的生态风貌和地质构造。这里还有提供地图的信息台、每日解说活动以及一座小咖啡馆。

游客中心总部 (Main Visitor Centre; 709-458-2066; Rte 430; 5月至10月 8:00~20:00) 除了签发日间徒步和偏远地区住宿的许可证，这里还提供地图、书籍、维京小径的阅读材料。还有一处令人印象深刻的解说区域。

公园入口信息台 (Park Entrance Kiosk; Rte 430; 5月至10月 10:00~18:00) 邻近Wiltondale。

洛基港 (www.rockyharbour.ca) 洛港住宿、餐厅和景点的在线信息。

纽芬兰西部旅游局 (Western Newfoundland Tourism; www.gowesternnewfoundland.com)

到达和离开

鹿湖机场位于洛基港以南71公里处。有穿梭巴士（见575页）从机场前往洛基港、伍迪角和特劳特河。

乔伊什港（Port au Choix）

乔伊什港飘荡在一座萧瑟的半岛上，距离维京小径13公里，拥有一支大型捕鱼船队、一座光怪陆离的博物馆和一处珍贵的深入研究古代墓冢的珍贵考古遗址。

景点

乔伊什港国家历史遗址
古迹

(Portau Choix National Historic Site; 709-861-3522; www.pc.gc.ca/portauchoix; Point Riche Rd; 成人/儿童 $3.90/1.90; 6月至9月 9:00~18:00) 它们是三个不同原住民部落的古代墓地，距今有5500年的历史。造型现代的游客中心介绍了这些部落在这片地区求得生存的创举，以及一个部落在3200年前无故消失的谜团。遗址周围有几条不错的小径，你可以进一步地探索。步行可达的菲利普花园（Phillip's Garden）是一座拥有古因纽特人房屋的遗迹，不要错过。

你可以沿着两条小径来到菲利普花园。其中一条就是菲利普花园沿海小径（Phillip's Garden Coastal Trail; 4公里），从小镇尽头的Phillip Dr出发。从这里，你可以沿着怪石嶙峋的小径，小心翼翼地步行1公里到达。

如果你继续向前3公里，可以到达富裕角灯塔（Point Riche Lighthouse; 建于1871年），也可以沿着游客中心前的公路抵达这里。

另一条前往菲利普花园的路径是多塞特小径（Dorset Trail; 8公里），从游客中心出发，蜿蜒经过树木矮小的荒原，再经过一处多塞特古爱斯基摩墓穴，最后再到达菲利普花园，那里与沿海小径相连。

Ben's Studio
美术馆

(709-861-3280; www.bensstudio.ca; 24

Fisher St; ⊙6月至9月 周一至周五 9:00~17:00; 每隔一周的周末 9:00~17:00) 免费 本·普劳曼 (Ben Ploughman) 突发奇想的民间艺术工作室就位于小镇的边缘。像《鳕鱼的十字架》(*Crucifixion of the Cod*) 这类的作品都很经典，艺术家本人欢迎聊天。

食宿

Jeannie's Sunrise B&B　　　　　民宿 $

(☎709-861-2254; www.jeanniessunrisebb.com; Fisher St; 房间 $79~99; ❋⚛) Jeannie 拥有宽敞的房间、明亮的读书角和色香味俱全的松饼，一切都洋溢着主人殷勤的待客之道。客人对供应自制果酱的丰盛早餐赞不绝口。较便宜的房间共用一个卫生间。

Anchor Cafe　　　　　　　　　　海鲜 $

(☎709-861-3665; Fisher St; 主菜 $12~18; ⊙11:00~21:00) 你不能错过这里，原因如下：第一，餐厅的前半部分是一艘船的船首；第二，这里的服务很好而且主菜肴是镇上最美味的。完美的薯条和鳕鱼、浓郁的炖驼鹿肉和自创沙拉在舒适温馨的皮革卡座供应。午餐时价菜的性价比也很高，晚餐则有种类繁多的海鲜可选。

圣巴尔贝到兰塞奥兹牧草地 (St Barbe to L'Anse aux Meadows)

随着维京小径逐渐靠近圣巴尔贝，海湾的水域迅速变得狭窄，让游客第一时间看到对岸拉布拉多荒芜的海岸。渡船定期往返于圣巴尔贝和拉布拉多海峡（Labrador Straits）之间。在埃迪斯湾（Eddies Cove），这条公路离开海岸，向内陆延伸。

当你接近半岛的最北端，Rte 430突然折向圣安东尼（St Anthony），两条新建的公路取而代之，伸往几座非常小的渔村，这些渔村是你前往兰塞奥兹牧草地国家历史遗址路上的完美落脚点。Rte4 36依很着东海岸，自南向北经过圣卢奈尔-格里盖（St Lunaire-Griquet）、炮兵湾（Gunners Cove）、Straitsview和兰塞奥兹牧草地村庄。

兰塞奥兹牧草地有一种美妙的道路尽头的氛围，四周环绕着美丽的小岛和冰山。Rte 437 St Lunaire-Griquet向西经过皮斯托利特湾（Pistolet Bay）、罗利（Raleigh）和洋葱角（Cape Onion）。

◎ 景点

★ 兰塞奥兹牧草地国家历史遗址　　古迹

(L'Anseaux Meadows National Historic Site; ☎709-623-2608; www.pc.gc.ca/lanseauxmeadows; Rte 436; 成人/儿童/家庭 $11.70/5.80/29.40; ⊙6月至9月 9:00~18:00) 莱夫·埃里克松和他的维京弟兄们大约在公元1000年的时候生活在这里。游客可以看到海边定居点的遗迹——八座木制草皮建筑现在就剩下了草坪上模糊的轮廓，另外还有三座建筑复制品居住着身穿古装的讲解员。讲解员们的名字类似"索拉"（Thorn）和"伯恩"（Bjorn），都很有古斯堪的纳维亚风格，他们仿照维京人做着家务活，比如纺毛线和锻造钉子。在这儿预留两三个小时四处走走，好好感受一下周

维京人

尽管人们历来将"发现"北美洲的功劳都归功于哥伦布（Christopher Columbus），但维京人才是真正首批踏上这片大陆的欧洲人。在莱夫·埃里克松（Leif Eriksson）的带领之下，他们从斯堪的纳维亚和格陵兰岛远渡重洋，在兰塞奥兹牧草地登陆，比哥伦布的航程早了500年。他们在此定居生活，建造房屋，养活自己，甚至从泥沼地里熔炼出铁用来锻造钉子。要知道，这些都是由一群20多岁的毛头小子完成的，让人不得不刮目相看。

数世纪以来，斯堪的纳维亚传说中提到的一处遗址叫作"文兰"（Vinland），但没有人能够证明它真实存在过。直到1968年，考古学家在兰塞奥兹牧草地的土壤里找到了一枚罩衣别针。考古学家现在相信这处遗址过去曾是探险营地，证明了维京人沿着海岸线探索到了北美内陆更深的区域。

边的氛围。

这里可能看似无聊，就是一片偏僻的荒沼，再凝视着几座坐落在这里的草皮屋子遗迹发呆。但就是这片遗址所在的荒芜土地成了纽芬兰最激动人心的景点之一。

一定要去参观一下解说中心，并且观赏介绍影片，它讲述了这个遗址的再次发现者挪威探险家海尔格·英斯塔（Helge Ingstad）令人着迷的故事。另外，有一条3公里的小径曲折地穿越贫瘠的土地，并沿着解说中心周围的海岸延伸，非常值得一去。

诺斯泰德 古迹

（Norstead；709-623-2828；www.norstead.com；Rte 436；成人/儿童/家庭 $10/6.50/30；6月至9月 9:30~17:30）对大胡子维京人的生活方式了解得还不够吗？来诺斯泰德看看吧，它就在前往国家历史遗址的岔路边。这座重建的维京村庄有身穿古装的讲解员在四座建筑的篝火边打铁、编织、烘烤和讲故事。听起来这些活动没什么营养，但是它们能够寓教于乐。这里还有一艘维京船舰的大型复制品。

🏃 活动

★ Quirpon Lighthouse Inn 探险运动

（709-634-2285；www.linkumtours.com；Main Rd；每人套餐含船只转乘 $250~400；5月至9月）这座荒凉的岛屿坐落在兰塞奥兹牧草地以西9公里处，鲸鱼和冰山从它身边经过。就偏远的隐居小屋而言，这家拥有10个房间的旅馆是最棒的，它紧邻一座仍然在运行的灯塔，灯塔里有一个室内观鲸站。住宿套餐含徒步、乘坐充气船游览和带导游的皮划艇之旅。

🛏 食宿

Hillsview B&B 民宿 $

（709-623-2424；Gunner's Cove；房间 $80起）这个可爱的民宿位于一栋宽敞的现代民宅中，坐享海湾美景，女主人名叫Ina Hill。房间有一种复古的美丽，床铺舒适，有羽绒床罩。早餐有自制的果酱。

Viking Village B&B 民宿 $

（709-623-2238；www.vikingvillage.ca；Hay Cove, L'Anse aux Meadows village；标单/双 $65/88起）这座拥有舒适房间以及配备了棉被的木屋民居可以欣赏海景，距离维京遗址仅仅1公里。要一间可以通往阳台的房间，然后就能观赏日出了。

Valhalla Lodge B&B 民宿 $$

（709-623-2018；www.valhalla-lodge.com；Rte 436, Gunners Cove；房间 $95~115；5月至9月）位于一座山丘上。正是从这里看到的海景给获得普利策奖的作家E.安妮·普劳克斯（E Annie Proulx）带来了灵感，让她在这儿写下了《真情快递》（The Shipping News）。可以睡在简单的村舍或者更现代的主度假星里，那里有一个温馨的客厅壁炉和一个露台，可以舒服地观看冰山。有5个房间的Valhalla距离维京遗址仅8公里。

Snorri Cabins 小屋 $$

（709-623-2241；www.snorricabins.com；Rte 436, Straitsview；小屋 $119；6月至9月）这些现代小屋不仅舒适简约，而且还性价比很高。非常适合家庭入住，配备了一个齐全的厨房、起居室和一张沙发床。住处还有一个便利商店。

Northern Delight 海鲜 $

（709-623-2220；Rte 436, Gunners Cove；主菜 $10~16；8:00~21:00）品尝当地人的最爱，如多宝鱼和香煎鳕鱼、新鲜龙虾和贻贝，或者来一份"Newfie Mug-up"（面包、糖浆和一杯浓茶）。一些夜晚还会上演现场音乐。

Daily Catch 海鲜 $$

（709-623-2295；112 Main St, St Lunaire-Griquet；主菜 $10~26；11:00~21:00）Daily Catch是一家时尚的小餐馆，供应精心烹饪的海鲜和红酒。罗勒黄油三文鱼（basil-buttered salmon）受到顾客青睐。鱼饼、奶油焗蟹（crab au gratin）和鳕鱼汉堡也能够挑动你的味蕾。

★ Norseman Restaurant & Art Gallery 海鲜 $$$

（709-623-2018；www.valhalla-lodge.com；Rte 436, L'Anse aux Meadows village；主菜

值得一游

Rte 432和法兰西海岸

惊喜悄然守候在孤寂的Rte 432旁边。跟随驼鹿的脚步来到Tuckamore Lodge（☎709-865-6361；www.tuckamorelodge.com；Main Brook；房间含早餐 $150~180；@⚲），一座湖畔隐居地般的木屋，位置非常偏僻，提供非常舒服的床和家常菜。主人巴伯·甘格（Barb Genge）善于和一流的向导一起安排垂钓、观鸟、狩猎和摄影课等各种活动。

海岸沿线的这片小镇称为法兰西海岸（French Shore；www.frenchshore.com），因为法国裔渔民从1504年至1904年都在这片地区生活。在这些小镇之中，康奇（Conche）拥有迷人又集中的景点：一架"二战"飞机1942年在这座小镇坠毁，海滨的Captain Coupelongue徒步小径经过古老的法国墓碑，当地的解说中心还有一张大得夸张的壁毯。

一位名字含义是"欢乐"（Delight）的妇女经营着这家温暖的Bits-n-Pieces Cafe（☎709-622-5400；9 Stage Cove Rd, Conche；主菜 $10~15；◎8:00~20:00，周四至周六至21:00），用大勺舀出鳕鱼饼、泰式鸡肉和其他令人满意的佳肴。它距离Tuckamore Lodge大约68公里，先沿着Rte 433行驶，再转入未铺设柏油的Rte 434即可到达。

$20~38；◎5月至9月 正午至21:00）这家可爱的海滨餐厅是纽芬兰的最佳餐饮之选。强调当地食材和创意十足的料理，菜单会让你在诸多撩人的选择之间犹豫不决。享用甘蓝菜凯撒沙拉搭配红点鲑、烧扇贝或柔嫩的拉布拉多驯鹿里脊肉。提供浓缩咖啡和用冰山的冰块冷冻的鸡尾酒。

❶ 到达和离开

前往北部半岛的公路很窄，而且坑坑洼洼。下雨的时候车更是开不快。只有私人交通工具才能抵达。

每天有一班渡轮往返圣巴尔贝和魁北克省的布朗萨布隆（Blanc Sablon；位于拉布拉多省边境附近）。跨越贝尔岛海峡（Strait of Belle Isle）的航程需要2小时，渡轮的经营方是**Labrador Marine**（☎866-535-2567；www.labradormarine.com；成人/儿童/机动车 $8.25/6.60/25）；登录网站查看时刻表。

圣安东尼（St Anthony）

恭喜，你已经到达了公路的终点，你汽车的风挡玻璃削减了昆虫的数量，并且你已经见证了两处世界遗产。经历了大风大浪，圣安东尼或许有些不那么成气候。虽然并不漂亮，但它拥有独特的粗犷条的魅力，以及振奋人心的徒步和观赏冰山与鲸鱼的体验。

格伦费尔（Grenfell）在这里可是一个响当当的名字。威尔弗雷德·格伦费尔爵士（Sir Wilfred Grenfell）是当地历史上一位传奇人物，人们对他称赞有加。他出生于英格兰，接受教育成为一名医生，并且在1892年第一次来到了纽芬兰。在随后的40年间，他乘坐着狗拉雪橇和船只，在拉布拉多沿岸和圣安东尼周围建造起了医院和护理站，并且组建了渔民合作社。

◉ 景点

捕鱼角公园（Fishing Point Park） 　　公园

穿过城镇的主路止于捕鱼角公园，在那里你会看见一座灯塔和高耸的海岬悬崖俯视着大海。冰山通道小径（Iceberg Alley Trail）和鲸鱼观赏者小径（Whale Watchers Trail）都通往悬崖顶部的观景平台。小径的用途顾名思义。

这里还有一个游客中心兼咖啡馆以及一家工艺品商店；隔壁的房间有一处北极熊的展览。每年春季融冰时，北极熊这类大家伙就会时不时地在圣安东尼出没。

格伦费尔解说中心 　　历史建筑

（Grenfell Interpretation Centre；www.grenfell-properties.com；West St；含多个场馆门票 成人/儿童/家庭 $10/3/22；◎6月至9月 8:00~

17:00) 一些与先驱医生威尔弗雷德·格伦费尔有关的遗址归属格伦费尔历史建筑区。解说中心 (Interpretation Centre) 坐落在医院对面,是一座现代的展览馆,回顾了格伦费尔跌宕起伏的一生。它的**手工艺品商店**拥有一些优质的雕刻和艺术品,还有一些当地人缝制的皮大衣。收益所得用于历史建筑区的维护。

格伦费尔博物馆 博物馆

(Grenfell Museum; www.grenfell-properties.com; 含多个场馆门票 成人/儿童/家庭 $10/3/22; ◎6月至9月 9:00~18:00) 格伦费尔历史建筑区的门票费用还包含了格伦费尔漂亮的房子,现在这里已经成为博物馆。它位于医院背后,从海边步行过来大约5分钟。那些珍贵的纪念品陈列在染色粗麻布墙和古董家具中间,其中还有一条北极熊地毯。如果传言没有错,这里还飘荡着格伦费尔夫人的幽灵。

👉 团队游

Northland Discovery Tours 乘船游

(☎709-454-3092; www.discovernorthland.com; 2.5小时团队游 成人/儿童 $60/32; ◎6月至9月 9:00、13:00和16:00) Northland提供非常值得推荐的游船赏鲸/冰山项目。游船出发的码头就在格伦费尔解说中心背后的West St。如果你容易晕船,提前做好服药准备。

🛏 食宿

Fishing Point B&B 民宿 $$

(☎709-454-3117; www.bbcanada.com/6529.html; Fishing Point Rd; 房间 $110; 🅿🛜) 这家小小的民宿依附在岩石上,就在去往灯塔的路上,可以欣赏圣安东尼最漂亮的港湾风景。早点儿起床,享用丰盛的早餐,然后看着船儿扬帆起航。三个房间都配备了独立浴室。

Lightkeeper's Seafood Restaurant 海鲜 $$

(☎709-454-4900; Fishing Point Park; 主菜 $12~20; ◎6月至9月 11:30~20:00) 这家餐厅就在灯塔脚下,望出去就能看到冰山和鲸鱼。不幸的是,让你花上一大笔钱的正是这风景,而不是相当普通的食物。肥鱼汉堡配薯条远胜过平淡无味的鳕鱼和土豆泥晚餐。

❶ 到达和离开

圣安东尼机场位于市区西北方向22公里处。**PAL航空**(PAL Airlines; ☎800-563-2800; www.provincialairlines.ca; St Anthony Airport) 每天都有从圣约翰斯飞来的航班。

如果你准备驱车离开圣安东尼,有两个选择:原路沿着Rte 430返回,或是选择Rte 432,绕路沿着东海岸和野兔湾(Hare Bay)前行,在普鲁姆角(Plum Point)附近,这条路会在圣巴尔贝和乔伊什港之间与Rte 430交会。

纽芬兰西部 (WESTERN NEWFOUNDLAND)

因为渡船在纽芬兰西部的巴斯克港靠岸,这里便成了许多游客到达纽芬兰的第一站。这片地区面积很大,悬崖遍布,木制房屋倚靠着崎岖的海岸线,在呼啸的大风中甚至还显得有些令人望而生畏。从巴斯克港出发,一些小渔村向东散布着。纽芬兰的第二大城镇科纳布鲁克的雪山,傲然昂首于东北边。

科纳布鲁克 (Corner Brook)

人口 1.99万

纽芬兰的第二大城镇相当沉静,但是滑雪、徒步和钓鱼爱好者都会在这儿找到丰富的活动场所。景色怡人的亨伯谷(Humber Valley)位于东边大约10公里处,是各种户外活动的主战场。以云石山(Marble Mountain)的滑雪场为中心,这片地区在全球经济陷入颓势之前都在经历发展热潮。这股劲头现在正重新席卷而来。亨伯谷为户外运动发烧友提供了一片天地,而市区则散布着大型零售商店和一家冒着烟的制浆造纸厂。

👁 景点和活动

詹姆斯·库克船长纪念碑 纪念碑

(Captain James Cook Monument; Crow Hill Rd) 纪念碑是为纪念詹姆斯·库克在18世纪60年代中期勘察这片地区的成就而竖立的。尽管这座悬崖顶的纪念碑非常值得瞻仰,但是真正值回票价的是群岛湾(Bay of Islands)

Corner Brook 科纳布鲁克

的美丽全景。

纽芬兰铁路社团　博物馆

（Railway Society of Newfoundland；709-634-2720；Station Rd，紧邻Humber Rd；门票$3；6月至8月9:00~20:00）位于历史悠久的亨伯茅斯火车站（Humbermouth Station）之内，拥有一台漂亮的蒸汽机车和一些窄轨火车，这些车辆在1921年至1939年在该省行驶。

✶ 活动

云石山　滑雪

（Marble Mountain；709-637-7616；www.skimarble.com；Hwy 1；日票 成人/儿童 $60/35；12月至次年4月 周六至周四10:00~16:30，周五9:00~21:30）云石山是许多游客前往科纳布鲁克的原因。拥有35条滑雪道和4部电梯，垂直落差达到488米，年降雪量5米，这里是加拿大大西洋地区最佳的滑雪场所。这里还有用于滑雪板和充气滑雪的场地，周五还开放夜间滑雪，你看到滑雪坡的时候一定会有"我的天啊"（Oh My Jesus）的感慨。

积雪消融的时候，史泰迪溪瀑布小径（Steady Brook Falls Trail；500米）从滑雪场背后的停车场出发，就在Tim Hortons咖啡馆的后面，前往一座高达30多米的瀑布。

Cycle Solutions　骑自行车

（709-634-7100；www.cycle-solutions.ca；35 West St；周一至周三和周六9:00~18:00，周四和周五至20:30）这家迷人的自行车商店组织

Corner Brook 科纳布鲁克

✈ 活动、课程和团队游
1 Cycle Solutions B2

🛏 住宿
2 Brookfield Inn D3
3 Garden Hill Inn D1
4 Glynmill Inn B3

🍴 就餐
　Brewed Awakening ....(见1)
5 Gitano's A2
6 Taste of Jamaica A2
　Thistle's Place ....(见5)

🛍 购物
7 Newfoundland Emporium A2

Blow-Me-Down Cross-Country SkiPark 滑雪

(☎709-639-2754; www.blowmedown.ca; Lundigran Dr; 日票 $20; ⊙12月至次年4月 日出至21:00)拥有50公里专业滑雪道，可以租借滑雪装备（每天$15）。位于市区西南大约6公里处。

Marble Zip Tours 探险运动

(☎709-632-5463; www.marbleziptours.com; Thistle Dr; 2小时团队游成人/儿童$99/89)这是加拿大东部最高的溜索。从接近山顶的位置出发，之字形迂回地经过一个个溜索站，穿越到达史泰迪溪瀑布所在的峡谷。全程会让你惊叹不已。每天出团4~5次。办事处在云石山的旅馆旁边。

My Newfoundland Adventures 探险运动

(☎709-638-0110; www.mynewfoundland.ca)如果你觉得滑雪不够刺激，那一定要尝试一下雪地风筝(snow-kiting，风帆冲浪与滑雪板滑雪的结合项目)，或者雪鞋徒步、冰上钓鱼，甚至攀冰。天气温暖的时候会有划独木舟、钓三文鱼和洞穴探险活动。这里的向导很有耐心，所以一切皆有可能。不需要相关经验。办事处就在云石山的山脚下，咖啡店Tim Hortons的旁边。

🛏 食宿

Brookfield Inn 民宿 $

(☎709-639-3111; brookfieldinn@gmail.com; 2 Brookfield Ave; 房间$60~90; ❄@)一对出色的情侣经营着这家民宿。粉刷了的白墙，自由温馨的房间，铺着硬木地板，有蓬松的床铺。早晨你可以从储备丰富的厨房选择鸡蛋、培根、奶酪和面包，自己烹饪早餐。傍晚在观景平台欣赏日落。你乐意的话，看门狗很喜欢你给它挠痒痒。

Glynmill Inn 酒店 $$

(☎709-634-5181; www.steelehotels.com; 1 Cobb Lane; 房间 含早餐$135~165; ❄@)都铎时代风格的Glynmill十分雅致，四周环绕着草坪和花园。在20世纪20年代，这座建筑最早是为了监工造纸厂建设的工程师而建造的，这在造纸历史上是一项重大的工程。酒店虽然有些岁月的痕迹，但仍保留了优雅的氛围。

Garden Hill Inn 民宿 $$

(☎709-634-1150; www.gardenhillinn.ca; 2 Ford's Rd; 房间$95~120; ❄@)戈登·贝尔(Gordon Bell)轮廓不规则的绿色屋子位于山顶，去市区只需步行15分钟。八间舒适的小房间都配备私人浴室，1号和4号房能看见港湾的景色。早餐包括咖啡、水果和蓝莓薄煎饼。

★ Taste of Jamaica 牙买加菜 $

(www.tasteofjamaica.ca; 33 Broadway; 主菜$8~16; ⊙周二至周日11:30~22:00)这些令人垂涎的牙买加辣味烤鸡、酿鳄梨和香料烤肉串一下子就让人回到了加勒比海。大厨Kirk Myers是本地岛民，尽力用当地食材做出最好的牙买加风味。

Brewed Awakening 咖啡 $

(www.brewedawakening.ca; 35 West St; 烘焙糕点$3~7; ⊙周一至周五7:00~21:00, 周六8:00~21:00, 周日9:00~18:00; ⓢ)这家小巧时尚的咖啡店随处都流露着艺术的气息，供应着有机爪哇咖啡。这里附属于出色的自行车商店Cycle Solutions。

Thistle's Place 咖啡馆 $

(☎709-634-4389; www.thistledownflorist.com; Millbrook Mall, Herald Ave; 三明治$6~11; ⊙周一至周六9:00~17:00; ⓢ)走过屋前的花店，在后院袖珍的咖啡馆中品味熏肉、咖喱鸡肉和全麦蔬菜卷饼的滋味。

Gitano's 地中海菜 $$

(☎709-634-5000; www.gitanos.ca; Millbrook Mall, Herald Ave; 西班牙小吃$8~14, 主菜$22~45; ⊙周一至周五11:30~14:00, 周日至周四17:00~21:00, 周五和周六至22:00; ⓢ)🍴就在Thistle's Place的后面，由同一个家庭经营。Gitano's烹饪estofado(炖红薯、鹰嘴豆和无花果配上蒸粗麦粉)、意大利面和使用当地食材制作的西班牙小吃(尝试一下咸鱼饼)。周末，现场爵士乐飘扬在夜店风格

的餐厅之中。

🛍 购物

Newfoundland Emporium 礼品和纪念品
(☎709-634-9376; 11 Broadway; ⊙周一至周六9:00~17:00)售卖当地工艺品、音乐、古董和书籍。

ℹ 实用信息

加拿大帝国商业银行(CIBC Bank; ☎709-637-1700; 9 Main St; ⊙周一至周五10:00~17:00)
邮局(14 Main St; ⊙周一至周五9:00~17:00)
游客中心(☎709-639-9792; www.cornerbrook.com; 15 Confederation Dr; ⊙9:00~17:00)紧邻Hwy 1的5号出口。拥有一家工艺品店。
西部纪念医院(Western Memorial Regional Hospital; ☎709-637-5000; 1 Brookfield Ave)

ℹ 到达和离开

科纳布鲁克是纽芬兰主要的客运交通枢纽。
DRL(☎709-263-2171; www.drl-lr.com; Confederation Dr)停靠在小镇郊外的Irving加油站(Irving Gas Station),就在Hwy 1的5号出口,游客中心的对面。

其他所有客运公司都使用Millbrook Mall内的
汽车站(☎709-634-7777; Herald Ave, Millbrook Mall)。如下列出的都提供小客车承运,价格都是单程的,必须预订。

Burgeo Bus(☎709-634-7777,预订 709-886-6162; bus station, Millbrook Mall)前往伯吉奥($40,只收现金,2小时),周一至周五15:00出发。8:00至9:00从伯吉奥返回。

鹿湖机场穿梭巴士(☎709-634-4343)沿途从各大酒店前往鹿湖机场($22, 45分钟),每天3~5班。

Eddy's(☎709-643-2134; bus station, Millbrook Mall)往返斯蒂芬维尔($25, 1.25小时),工作日每天2班,周末每天1班。

Gateway(☎709-695-9700; bus station, Millbrook Mall)在工作日的15:45前往巴斯克港($40, 3小时)。7:45从巴斯克港返程。

Martin's(☎709-453-2207, 709-458-7845; bus station, Millbrook Mall)工作日运营,16:30前往伍迪角($18, 1.5小时)和特劳特河($20, 2小时)。9:00从特劳特河返程。

另辟蹊径
斯蒂芬维尔的舞台

经过废弃的飞机库、堆叠的生锈管道和成片的房屋,你会觉得斯蒂芬维尔(Stephenville)很难算是个旅游中心。然而**斯蒂芬维尔戏剧节**(Stephenville Theatre Festival; ☎709-643-4553; www.stephenvilletheatrefestival.com; Stephenville; ⊙7月和8月)很值得绕道前去一趟。除了先锋纽芬兰戏剧,它还会用吟游诗人和百老汇演出搅动小镇的气氛。

Pittman's(☎709-458-2486; bus station, Millbrook Mall)在工作日的16:30前往洛基港($35, 2小时),途经鹿湖。正午从洛基港返程。

布洛米顿山 (Blomidon Mountains)

布洛米顿山又名Blow Me Down Mountains——有"糟糕""见鬼"的意思。北美板块在5亿年前与欧洲大陆冲撞,向上堆叠,沿着亨伯湾的南侧形成了这条山脉,在科纳布鲁克以西。这里让徒步者心驰神往,可以看见许多漂亮的海景,还能发现驯鹿的踪迹。几条小径——特别是荒原上的那几条——路牌都未能标记清楚,所以地形图和指南针是所有徒步者的必备物品。继续向前,布洛米顿省立公园有海滩和漂亮的景色。

🎯 活动

Rte 450从科纳布鲁克沿着大海一路向西延伸60公里,许多徒步小径的起点也在这里。

铜矿小径 徒步
(Copper Mine Trail; York Harbour)这条难度适中的7公里小径位于约克港(York Harbour)的旁边,可以看到群岛湾壮观的风光,也能连接到国际阿巴拉契亚小径。

布洛米顿溪小径 徒步
(Blow Me Down Brook Trail; Frenchman's Cove)布洛米顿山脉最受欢迎且最轻松的一条路线,这条小径长5公里,起点位于法国人完成小径的全程需要1小时左右。对痴迷徒步的游客来说，可以继续沿着山脉前行，进入国际阿巴拉契亚小径的一部分。

🛏 住宿

唯一的住处是省立公园中的露营地。

布洛米顿省立公园   *露营地* $

（Blow Me Down Provincial Park；☎709-681-2430；www.nlcamping.ca；Rte 450；营地$18，每辆车$5；⊙6月至8月）坐落在海滩，很不错的露营地。

波尔港半岛（Port au Port Peninsula）

斯蒂芬维尔以西的巨大半岛是一个讲法语的地区，18世纪开始，巴斯克人、法国人和阿卡迪人都来到这片海岸定居。时至今日，法国文化仍然在**圣乔治角**（Cape St George）和**卢尔德**（Lourdes）之间的西海岸很兴盛。这里的儿童上法语学校，保留着自己的方言，与法国和魁北克省的法语截然不同。

在邻近斯蒂芬维尔的西波尔港（Portau Port West），漂亮的碎石小径（Gravels Trail；3公里）沿着海岸，经过一片又一片僻静的海滩。来到菲利克斯湾（Felix Cove）附近的**纽芬兰羊驼园**（Alpacas of Newfoundland；www.alpacasofnfld.ca；Rte 460，Felix Cove；⊙9:00~18:00）**免费**，参加有趣的农场团队游。

> ### ℹ 国际阿巴拉契亚小径
>
> 以为**国际阿巴拉契亚小径**（International Appalachian Trail）在魁北克就结束了？再想想！它在纽芬兰继续延伸着，长达1200公里的小径贯穿了纽芬兰的西海岸，从巴斯克港一直延伸到兰塞奥兹牧草地。本省在阿巴拉契亚山脉的支脉长岭山脉（Long Range Mountains）中已经连接起了现存的小径、伐木公路和老旧的铁轨。目前这项工程还在建设之中，一些位于科纳布鲁克和布洛米顿山脉附近的路段已经完工。登录www.iatnl.com了解小径的详细信息。

巴斯克港（Port aux Basques）

人口 4170

传统的木屋用湛蓝色、猩红色和海绿色粉刷得非常明亮，稳稳地盘踞在山石之上，但巴斯克港的重点总是和渡船有关。多数游客将这里作为从新斯科舍到纽芬兰的第一站，或是返程的最后一站。但这并不意味着小镇不值得待上一天或一夜。晾衣绳上飘荡着洗晒的衣物，船只停泊在屋后的海湾，而当地人永远都会对新来的游客问候致意。

巴斯克港——偶尔被称为"钱纳尔巴斯克港"（Channel-Port aux Basques）——得名于16世纪初来到贝尔岛海峡（Strait of Belle Isle）水域劳作的巴斯克渔民和捕鲸者。在继续启程之前可以很方便地在这座小镇购置食物和燃料，还可以取现金。

◉ 景点

几座风景秀丽的渔村位于东边。

格兰德湾西海滩   *海滩*

（Grand Bay West Beach；Kyle Lane）坐落在小镇以西不远处。这片绵长的海岸与杂草丛生的沙丘交相辉映，是濒临灭绝的珍稀鸟类笛鸻（pipingplover）的繁育地。**格兰德湾西小径**（Grand Bay West Trail）从这里出发，紧贴着海岸延伸10公里。

铁路遗产中心   *博物馆*

（Railway Heritage Centre；☎709-695-5775；紧邻 Hwy 1；博物馆 $2，列车厢 $5；⊙7月和8月10:00~20:00）遗产中心有两个看点。一个是塞满了各类沉船的文物的一间展馆，其中有一个1628年用黄铜打造的葡萄牙天体观测仪（astrolabe），这块航海导航工具非常惹人注目，且保存得非常完好，全世界仅存三四十块。修复的列车车厢则是遗产中心的另一个宝贝。

斯科特斯湾公园   *公园*

（Scott's Cove Park；Caribou Rd）这座公园拥有修复的栈道、色彩斑斓的小吃棚和船形剧场，可以结识当地镇民、聆听现场音乐。

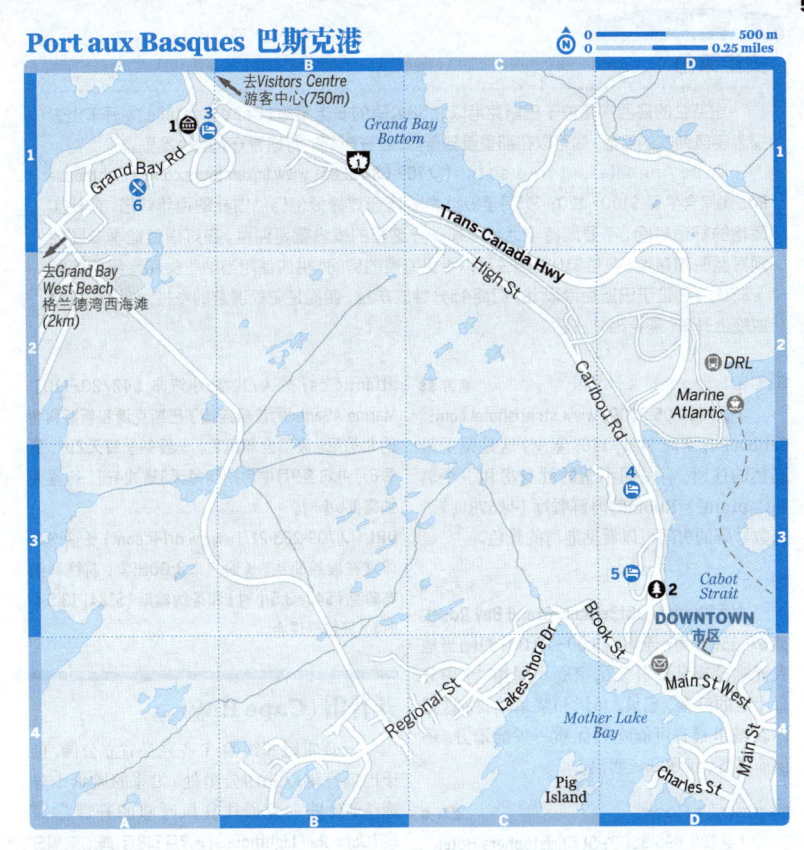

Port aux Basques 巴斯克港

食宿

Radio Station Inn 民宿 $

（☎709-695-2906；jggillam@hotmail.com；100 Caribou Rd；房间$69起；⊙5月至10月）位于悬崖之上，俯瞰着这座港湾，Radio Station拥有五间客房，是距离渡船码头最近的住处之一，步行10分钟即可。有三个房间配备了独立的浴室，另外两间则需要共用卫生间，还有一个客用厨房。

Hotel Port aux Basques 酒店 $$

（☎709-695-2171；www.hotelpab.com；1 Grand Bay Rd；房间$85~170；❄️🛜）在城里最受欢迎酒店的角逐中屈居亚军，这家酒店更有年头，但也更有特色。行政套房有按摩浴缸。儿童可以免费入住。

Port aux Basques
巴斯克港

◎ 景点
1 铁路遗产中心 A1
2 斯科特斯湾公园 D3

住宿
3 Hotel Port aux Basques A1
4 Radio Station Inn D3
5 St Christopher's Hotel D3

❂ 就餐
6 Alma's A1
  Captain's Room .... （见5）

值 得 一 游

安圭莱角

纽芬兰的最西端是位于巴斯克港以北58公里的安圭莱角（Cape Anguille）。开车出去探索疾风劲吹的灯塔，你可以在那里看到蓝鲸，住在毗邻的灯塔看守人的小屋里。

Cape Anguille Lighthouse Inn（709-634-2285; www.linkumtours.com; 1 Lighthouse Rd; 房间含早餐 $100~120; ⊙5月至9月）是一座经过修复但仍然古朴的百年灯塔，有朴实风格的舒适房间。不要期待电话或电视——这里的概念就是遁世。在灯塔就能季节性地观察蓝鲸和鸟类。多付$10就能住上可以看见海景的房间。供应使用当地鱼类和浆果的晚餐（$30）。它位于巴斯克港以北，相距45分钟的车程，四周是驼鹿漫游的乡村；如果在黄昏或晚上开车，需要格外注意。

St Christopher's Hotel　　酒店 $$

（709-695-3500; www.stchrishotel.com; CaribouRd; 房间 $121~146; ❋ 🛜）这是镇上最高档的住所，有一间小型的健身房和一个名叫Captain's Room的海鲜餐厅（见578页）。奇数号码的房间可以看见港湾的景色。

Alma's　　加拿大菜 $

（709-695-3813; Mall, Grand Bay Rd; 主菜 $7~15; ⊙周一至周六 8:00~20:00）跟随当地人光临这座装修朴实的家庭小餐馆，享用分量十足的鳕鱼、扇贝、鱼饼和浆果馅饼。这是你在城里最有可能吃到优质一餐的地方，还供应早餐、汉堡和三明治。

Captain's Room　　海鲜 $

（709-695-3500; St Christophers Hotel, Caribou Rd; 主菜 $10~17; ⊙7:00~13:30和17:00~22:00）美味食物和航海主题的结合。想想海鲜和驼鹿肉汉堡吧。原汁原味的土豆皮胜过薯条。

❶ 实用信息

蒙特利尔银行（Bank of Montréal; 83 Main St; ⊙周一至周五 10:00~17:00）
医院（709-695-2175; Grand Bay Rd）
邮局（3 Main St; ⊙周一至周五 8:30~17:00）
游客中心（709-695-2262; www.portauxbasques.ca; Hwy 1; ⊙5月至10月 周一至周五 9:00~17:00）提供全省的信息，有时会为了接驳渡船的时间而稍晚开门。

❶ 到达和离开

Marine Atlantic（800-341-7981; www.marineatlantic.ca; 成人/儿童/小汽车 $42/20/110）Marine Atlantic的渡船连接了巴斯克港和新斯科舍的北悉尼。渡船全年运营，一般冬季每天2班，夏季6月中旬至9月中旬期间每天3班或4班。行程大约需要6小时。

DRL（709-263-2171; www.drl-lr.com）长途汽车停靠在渡船码头。长途汽车8:00出发，前往科纳布鲁克（$42, 3.5小时）和圣约翰斯（$124, 13.5小时）。只接受现金。

开普雷（Cape Ray）

开普雷毗邻约翰·T.齐兹曼省立公园，位于巴斯克港以北19公里处。沿岸的风景十分迷人，公路一直通往狂风呼啸的**开普雷灯塔**（Cape Ray Lighthouse; ⊙7月和8月 周二至周日 8:00~20:00）免费。这座灯塔始建于1871年，后在1885年被雷劈中并起火被焚毁，重建后的灯塔屹立至今。对多塞特古爱斯基摩人来说，这片地区是已知他们最靠南的生活遗址，可以追溯到公元前400年至公元400年。数千件文物曾在此出土，还能够看见几处居住遗址。

约翰·T.齐兹曼省立公园（John T Cheeseman Provincial Park; www.nlcamping.ca; Rte 408）就在海滩的旁边，拥有一流的设施。

该地区有一些不错的徒步路线。**桌山小径**（Table Mountain Trail; Hwy 1）更像是一条崎岖不平的公路（可不要想当然地以为能够自驾上山），起点位于Hwy 1开普雷出口的对面。这条徒步小径通向海拔518米的高地，那里有一处"二战"时期美军秘密建设的雷达站和机场。虽然路线不难，但它有12公里长，所以还是要准备三四个小时完成全程。

如果你寻找露营地的话，约翰·T.齐兹曼省立公园露营地(John T Cheeseman Provincial Park Campground; ☎709-695-7222; www.nlcamping.ca; Rte 408; 营地 $18~28，每辆车 $5; ◎6月至9月)有92块营地，带野餐桌和火坑。提供水和简易厕所。

南海岸(South Coast)

游客时常会忽略Rte 470，这实在是太可惜了，因为沿途真的非常漂亮。从巴斯克港向东前行45公里，然后沿着海岸线行驶，公路起起伏伏，途经被狂风侵蚀过的土地。冰川看起来就像是昨天刚刚犁过的耕地。

死人岛(Isle aux Morts)因为近400年来在附近发生的许多船难而得名。哈维小径(Harvey Trail; 7公里)曲折着依附于崎岖的海岸，名字源于参与船难救援的一户英勇的家庭。在镇上留意路牌。

公路上最后一处定居点则是另一个亮点，罗斯布兰切(Rose Blanche)绝对是一座非常漂亮的传统村庄，在天然良港的海湾畔，宛如经典纽芬兰渔村的模板。从这里沿着路牌，可以到达经过复原的罗斯布兰切灯塔(Rose Blanche Lighthouse; ☎709-956-2052; www.roseblanchelighthouse.ca; 门票 $6; ◎5月至10月 9:00~21:00)。建于1873年，这是大西洋海岸仅存的一座花岗岩灯塔。

如果你沉醉于罗斯布兰切，舍不得离开，可以在Rose Sea Guest House(☎709-956-2872; www.roseblanche.ca; 房间 $95~110; ◎6月至10月)过夜。位于海边，刚刚经过翻修，提供五间传统民居客房。它还组织关于手工艺或地质学的研讨会。

基利克海岸(KILLICK COAST)

位于圣约翰斯西北方向的这座半岛称为基利克海岸，55公里的单程之旅让它成为一日游的绝佳目的地。在圣约翰斯以北大约8公里，纽芬兰纪念大学的海洋科学中心(见580页)在夏天有户外展览。中部湾(Middle Cove)和外部湾(Outer Cove)偏僻又崎岖，位置较北，也可以沿着Rte 30到达。这两个地

另辟蹊径

南海岸渔村

如果你有足够的时间和耐心的话，穿行南海岸并游览被称为"小港"(outport)的偏远渔村，将会是领略纽芬兰独特文化的最佳方式。这些小型社区是北美最偏远的定居地，只能坐船前往，因此它们紧挨着曲折回旋的海岸。伯吉奥(Burgeo; 人口1460)是个反常的例子，可以沿着一条便捷的公路到达；它有一种原汁原味、偏远孤僻之感。但是对旅行者来说，这里拥有良好的设施。拉米亚(Ramea; 人口525)是另一个简单的选择。这个伯吉奥周边的离岸小岛有着各色住宿和活动。

当太阳初升，大海在浩瀚无垠的水湾和岛屿之间闪烁着粼粼的波光，伯吉奥就是一个如梦似幻的地方。拾级而上登临少女茶山(Maiden Tea Hill)，心怀崇敬地极目远眺。位于沙洲省立公园(Sandbanks Provincial Park)的7公里长的白沙滩可能是全省所有公园中最好的(至少栖息于此的笛鸻会这么认为)。

作家法利·莫厄特(Farley Mowat)曾经在伯吉奥居住过几年，直到他创作了《护鲸记》(*A Whale for the Killing*)，因激怒了当地人而离开。书中讲述了伯吉奥镇民如何对待于附近潟湖搁浅受困的一条重达80吨长须鲸的故事。对鲸鱼来说故事颇为不幸。当地人能指出潟湖和莫厄特故居的位置，不过你很可能会听到阵阵怨言。

Ramea Retreat (☎709-625-2522; www.ramea.easternoutdoors.com; 2 Main St, Ramea; 铺/房间 $39/89; ◎5月至11月; ❀)是一家探险旅馆，提供10张青旅床铺，还可以安排皮划艇、观鸟、徒步和垂钓之旅等活动。除此以外，旅馆老板还出租在拉米亚(Ramea)周边的样式多变的老式木制隔板屋。

方很适合海滩野餐。

特洛伊神父小径（Father Troy Path）坐落在**托贝湾**（Torbay Bight）以北的海角，这条舒适怡人的短途路线依很着海岸线。虽然要从波奇湾（Pouch Cove）一路经过碎石路颠簸过来，但从**圣弗朗西斯角**（Cape St Francis）眺望的景色让这段辛苦的旅程物有所值。这里有一座旧兵营，你还可能看见一两头鲸。

沿着Topsail Rd（Rte 60）从城区向西，刚一过Paradise，就会抵达**托普塞尔海滩**（Topsail Beach），那里有野餐桌和一条步行小径，可以欣赏康塞普申海湾（Conception Bay）及其岛屿的全景。

要想去贝尔岛的话，从圣约翰斯朝着西北方向行驶14公里，抵达葡萄牙湾（Portugal Cove）和渡口。

◉ 景点

贝尔岛社区博物馆　博物馆

（Bell Island Community Museum; ☎709-488-2880; 成人/儿童 $12/5; ⏱6月至9月 11:00~18:00）这里的矿工以前在海下矿井劳作，这是世界上最大的海下铁矿。环境阴沉冷酷：这座博物馆讲述了青少年在烛光下每天工作10个小时的悲惨故事。游客也可以到地下去；记得穿着保暖的衣服。

海洋科学中心　水族馆

（Ocean Sciences Centre; ☎709-864-2459; www.mun.ca/osc; ⏱6月至8月 10:00~17:00）**免费** 如同现实版本的《海底两万里》（*20,000 Leagues Under the Sea*），这座附属于大学的中心调查鲑鱼的生活周期、海豹的巡游、寒带海域的洋流和生物活动。户外的参观区域陈列着包含当地海洋生物的触摸式鱼缸。这家水族馆位于圣约翰斯以北大约8公里的地方，离Logy Bay不远。

从市区出发，先沿着Logy Bay Rd（Rte 30）行驶，然后是Marine Dr，再到Marine Lab Rd，一直走到这条路的尽头。

贝尔岛　岛屿

（Bell Island; www.tourismbellisland.com）康塞普申海湾之中面积最大的岛屿，可以从圣约翰斯出发开展有趣的一日游。它是北美大陆在"二战"期间唯一曾被德军袭击过的地方。1942年，它的港口和8万吨铁矿石遭到了U形潜艇的鱼雷攻击。你仍然可以在退潮的时候看见一些残迹。贝尔岛有夹杂着海滩和海岸的怡人风光，还有灯塔和徒步小径。

❶ 到达和离开

旅行者需要开车才能探索基利克海岸。**Bell Island Ferry**（☎709-895-6931; www.tw.gov.nl.ca; 每人/车 $2.50/7; ⏱6:00~22:30 每小时1班）提供葡萄牙湾和这座岛屿之间的快速交通。

拉布拉多 (LABRADOR)

人口 2.67万

山峦起伏、多岩坑洼的广袤地区人迹罕至，构成了拉布拉多一派荒僻原始的景象。作为因纽特人（Inuit）和伊努人（Innu）的土地，拉布拉多地区面积29.3万平方公里，一直延伸到北极圈。如果你想知道人类涉足之前的世界是什么样子，就应该来这里领略一番。

因纽特人和伊努人已经在这里生活了几千年。直到20世纪60年代，他们还基本上是这里唯一的居民，另有少数被称为"liveyers"的欧洲裔定居者长期生活于此，通过捕鱼和狩猎，他们得以在海边的小渔村勉强维持生计。而内陆地带则是一片未被开垦的荒野。

想要领略这片"大土地"（Big Land），最简单的方法便是通过**拉布拉多海峡**（Labrador Straits），那里每天有一趟渡船通往纽芬兰。拉布拉多海峡地区有一条公路与内陆的主要城镇相连。要是想去原住民生活的北海岸，则只能搭乘飞机或是补给船前往。在这里，新设计的托恩盖特山国家公园（Torngat Mountains National Park）能让你充分领略超级偏僻的荒野。

拉布拉多阴冷潮湿而多风，虫子十分危险甚至可能致命。这一地区面积很大，但服务设施稀缺，所以请务必提前做好准备。

拉布拉多海峡 (Labrador Straits)

你觉得纽芬兰的北部半岛足够威风凛

Labrador 拉布拉多

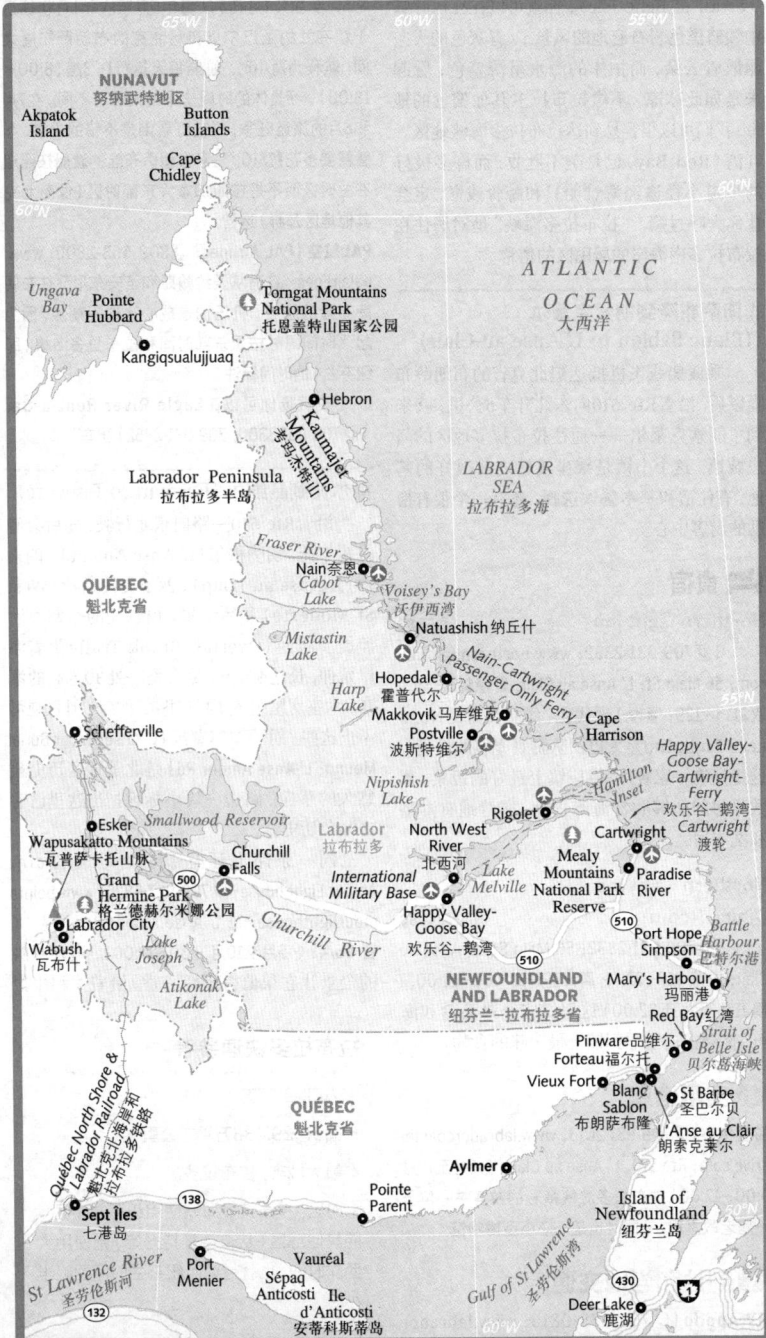

凛吗？乘船航行28公里，穿过贝尔岛海峡（Strait of Belle Isle），你就可以在狂风呼啸中领略黑色岩石遍地的风景了。青灰色的天空飘散着云朵，而拍岸的海水呈淡紫色，看起来是如此冰凉。不像拉布拉多其他偏远的地带，我们可以很容易到达拉布拉多海峡地区。红湾（Red Bay）已是美不胜收，而许多极好的步道小径途经海难船只和鲸骨残骸，定会让你大呼过瘾。"拉布拉多海峡"是对居住在拉布拉多南海岸的居民区的俗称。

布朗萨布隆到朗索克莱尔 (Blanc Sablon to L'Anse au Clair)

乘渡船或飞机抵达魁北克省的布朗萨布隆以后，沿着Rte 510向东北开车6公里，就来到了朗索克莱尔——通往拉布拉多地区的门户城镇。这个小镇是乘坐渡轮之前很好的基地，有住宿和基本餐饮选择，还有一个很有帮助的游客中心。

🛏 食宿

Northern Light Inn 酒店 $$

(☎709-931-2332; www.northernlightinn.com; 56 Main St; L'Anse au Clair; 营地$25~35, 双$115~129; ❀⚡) 现代化、维护良好的Northern Light Inn是大巴团队游观光客的最爱，这里还有一家餐厅，供应镇上最好的饭菜。偶数号房间能够欣赏海湾景色。露营地有淋浴和洗衣房。

Northern Light Inn Dining Room 加拿大菜 $$

(☎709-931-2332; 56 Main St, L'Anse au Clair; 主菜$12~27; ◉周日至周四 7:00~21:00, 周五和周六 至22:00) 这里供应经典菜肴和海鲜，你会在这里吃到镇上最美味的食物。

ℹ 实用信息

游客中心 (☎709-931-2013; www.labradorcoastaldrive.com; Rte 510, L'Anse au Clair; ◉6月至10月 9:00~17:00) 拉布拉多海峡精彩的游客中心位于一座老教堂里，它同时也是一座小型博物馆。

ℹ 到达和当地交通

MV Apollo (☎709-535-0810; www.labradormarine.com; 成人/儿童/小汽车 $8.25/6.60/25; ◉5月至次年1月初) 从每年5月至次年1月初往返于纽芬兰的圣巴贝尔和魁北克的布朗萨布隆之间，航程为两小时。航船每天运行1~3趟 (8:00~18:00)。而具体的时间安排每天都有不同。在7月和8月的旅游旺季，提前订票倒是不错的主意，尽管需要多花费$10。注意布朗萨布隆的渡船按照纽芬兰时区而不是按照加拿大东部时区（像魁北克其他地区那样）运营。

PAL航空 (PAL Airlines; ☎800-563-2800; www.palairlines.ca) 有从圣约翰斯和圣安东尼飞往布朗萨布隆的航班。机场怕是成心让你犯糊涂，因为起飞时间同时按照东部时间和拉布拉多海峡 (即纽芬兰) 的时间标注。

在机场你可以在**Eagle River Rent-a-Car** (☎709-931-3300, 709-931-2352) 租车。

福尔托到品维尔 (Forteau to Pinware)

沿着Rte 510一路向东北行驶，先后会经过福尔托、朗萨穆尔（L'Anse Amour）、朗索卢（L'Anse au Loup）、西圣莫代斯特（West St Modeste）和品维尔。福尔托的**布鲁克湍流徒步路径**（Overfall Brook Trail）沿着海岸延伸，长达4公里，尽头是一处30米高的瀑布。六座房屋组成了村庄**朗萨穆尔**，但景观可不止这些。**朗萨穆尔墓丘** (L'Anse Amour Burial Mound; L'Anse Amour Rd) 是北美地区历史最悠久的墓丘。路边一块小标牌指出这里已有7500年历史。

同一条路上还有**穆尔角灯塔** (Point Amour Light house; ☎709-927-5825; www.pointamourlighthouse.ca; L'Anse Amour Rd; 成人/儿童 $6/4; ◉5月至10月 9:30~17:00)，塔顶壮观的全景让它很值得攀登一番。沿着**罗利小径**

拉布拉多快速参考

➜ 人口: 2.67万

➜ 面积: 29.433万平方公里

➜ 最大城市: 拉布拉多市

➜ 时区: 拉布拉多海峡使用纽芬兰时区，而其他地区（从卡特赖特开始）则使用大西洋时间，也就是说比纽芬兰时间要晚半小时。

另辟蹊径

托恩盖特山国家公园

高而尖的山峰和布满岩石的陆岬坠入一片青绿色的河流盆地，造就了一幅超凡脱俗的景象，**托恩盖特山国家公园**（Torngat Mountains National Park；709-922-1290；www.pc.gc.ca/torngat）是自然最荒蛮的面貌。它还有一个用于科学研究的重要区域，那里有一些全世界最古老的岩石（39亿年），在一处淡水湖栖息地里还生活着一个珍稀的海豹种群。公园南部的**考玛杰特山**（Kaumajet Mountains）同样可以为你带来恍如隔世的徒步体验。

这里坐落在拉布拉多寒冷的尖端，只能通过包机、私人船舶或游艇才能抵达。健康的北极熊个体意味着游客需要拥有武装的保镖保护。因纽特人运营的托恩盖特山露营基地和研究站（Torngat Mountains Base Camp & Research Station；见585页）提供团队游套餐。公园总部位于奈恩，那里的工作人员可以指引你找到因纽特人向导。

（Raleigh Trail；2公里），你可以找到这处遗址并参观海滩上的战舰残骸。

过了朗索卢，**炮台小径**（Battery Trail；4公里）蜿蜒穿过一片树林到达炮台，你可以欣赏到一览无余的开阔海景。公路在品维尔转向岛内，与品维尔河（Pinware River）纵横交叉。穿过单车道桥之后的湍急河水以钓鲑鱼闻名。

团队游

Labrador Adventures 团队游

（709-931-2055；www.tourlabrador.ca）为海峡方向的SUV徒步游或一日游提供经验丰富的向导。还安排过夜包游价廉。这是浏览该地区相当不错的方式。

食宿

Pinware River Provincial Park 露营地 $

（709-927-5516；www.nlcamping.ca；Rte 510；营地 $18；6月至9月）此处露营地有22个营地，提供饮用水、简易厕所、淋浴和垃圾站。附近有很不错的钓鱼场地和徒步小道。和布朗萨布隆渡口相距53公里。

Grenfell Louie A Hall B&B 民宿 $$

（709-931-2916；www.grenfellbandb.ca；Willow Ave, Forteau；房间 $95~110，村舍 $165；5月至10月）这家迷人的民宿位于从前的护士站里，几代拉布拉多海峡人在这里降生——据说这里还飘荡着一些幽灵。5个房间有羽绒床罩和乡村风格的装修，共用两个卫生间。部分房间有海景。

Max's House 历史酒店 $$$

（Point Amour Lighthouse；709-931-2840；www.tourlabrador.ca；Point Amour Lighthouse；村舍 $256；6月至10月初；）坐落在穆尔角灯塔的场地上，这座历史酒店曾是灯塔看守人Max Sheppard的住所。这栋房子有5个客房，配备一个设施齐全的厨房和两个浴室，一共可以睡10个人。晚餐在灯塔供应，还能看到鲸鱼和冰山。酒店里没有电话。

Dot's Bakery 面包房 $

（709-927-5311；Rte 510, L'Anse au Loup；小吃 $4~8；周一至周六 7:00~23:00）这家小面包房供应新鲜的甜甜圈、派和比萨。

Seaview Restaurant 加拿大菜 $$

（Rte 510, Forteau；主菜 $10~25；11:00~21:00）享用一些新鲜的海鲜，或者大口品尝这里著名的炸鸡和鲜嫩驯鹿肉吧。这里还有一间杂货店和一家果酱工厂。

红湾（Red Bay）

拥有两个场馆的红湾国家历史遗址在2013年被联合国教科文组织列入了世界遗产，它用不同方式展示三艘16世纪巴斯克捕鲸船在海床上被发现的历史。由于海水冰冷，这三艘船的残骸得以保存完好，它们生动讲述了大约400年前这里人们生活的故事。

公元16世纪，红湾是世界上最大的捕鲸港，有2000多人居住在这里。你可以在这里看看重修过的chalupa（一艘用来捕鲸的巴斯克小渔船）以及其他遗迹。然后跳上一艘小船前往附近的**马鞍岛**（Saddle Island；$2），在

那里有一条徒步路径绕着考古发掘地,各处遗址的讲解详尽。建议你在博物馆和岛上至少待2到3小时。

◉ 景点和活动

海湾对面,令人叹为观止的鲸骨海岸徒步小径(Boney Shore Trail; 2公里)在海岸边延伸,途经零星散布在路边的远古鲸骨(它们看起来特别像岩石)。崔西山丘徒步小径(Tracey Hill Trail)有一条木板路向上攀升,总共有670个台阶,通向美国洛基人山(American Rockyman Hill),在那里你可以鸟瞰整个海港。这两条徒步路线都需要走20分钟。

红湾国家历史遗址 古迹

(Red Bay National Historic Site; ☎709-920-2051; www.pc.gc.ca/redbay; Rte 510; 成人/儿童/家庭 $7.80/3.90/19.60; ◉6月至9月 9:00~17:00)16世纪中期,巴斯克捕鲸人来到贝尔岛海峡捕获了大量露脊鲸和弓头鲸,收获的鲸油点亮了全欧洲的油灯。红湾曾经的重要捕鲸港口如今是国家历史遗址和世界遗产地。来这里参观最初的巴斯克文物、遗迹和一座原址重建的捕鲸船。

赛尔玛巴克汉姆镇中心 博物馆

(Selma Barkham Town Centre; 门票 $2; ◉7月至9月 9:00~17:00)赛尔玛·巴克汉姆(Selma Barkham)不知疲倦地调查着当地的历史。在这座怡人的博物馆看看她发现的故事,这里还有一具长15米、有400年历史的北大西洋露脊鲸骨架。

🛏 食宿

Basinview B&B 民宿 $

(☎709-920-2002; blancheearle@hotmail.com; 145 Main St; 标单/双带公共卫浴 $60/70, 双 $90)Basinview B&B是一栋简单的民居,有四个房间,公用卫生间就在海水的正上方。

Whaler's Station 旅馆 $$

(☎709-920-2156; www.redbaywhalers.ca; 72-76 West Harbour Dr; 房间 $95~135)位于几栋不同的建筑中,这些古朴但舒适的房间为前往历史遗址的旅行者提供位置居中的大本营。部分房间提供水景。全部房间都有独立卫浴、电视、一个微波炉和一个冰箱。还有附属的餐厅。

Whaler's 海鲜 $$

(主菜 $9~20; ◉8:00~20:00)想要吃炸鱼薯条以及蔓虎刺浆果馅饼的话,这家友好的餐厅就是最佳选择。对于来到这片海湾的游客而言,它是一大焦点。它还供应分量充足的早餐,野餐者可以订购盒装午餐。

巴特尔港(Battle Harbour)

精心重修的小村庄和巴特尔港的咸鱼货栈位于拉布拉多海(Labrador Sea)中一座小岛上。19世纪初,这里曾是拉布拉多的非官方"首府",那时的码头停满了捕鱼的帆船,现在它已成为国家历史街区。久负盛名的另一个原因:罗伯特·E.皮里1909年到达北极后在这里第一次召开了新闻发布会。

★Battle Harbour
Heritage Properties 旅馆 $$

(☎709-921-6325; http://battleharbour.com; 房间 $75~245, 含三餐、团队游及交通的住宿套餐 $545起; ◉6月至9月; 🛜)除了一家经典的旅馆,这里到处都是可爱的古老民宅和村舍。带海景的露台令人心旷神怡,此外这里也没有令人分心的事情:岛上没有汽车、手机信号和电视。你只会发现徒步小道和乘船游览的机会,而且徒步时还有很大的机会采摘浆果。旅馆的公共休息区域有无线网络,这里也是供应餐食的地方。

Battle Harbour Dining Room 加拿大菜 $$

(Battle Harbour Inn; 餐费含在住宿费内; ◉8:00~18:00)在固定时间开饭,饭菜美味——这是岛上住宿套餐的一部分。

ℹ 到达和离开

从玛丽港(Mary's Harbour)坐船(11:00开船,航行1小时)可以到达巴特尔港。乘客的渡轮船票含在住宿内。

北海岸(Northern Coast)

卡特赖特北部到昂加瓦湾(Ungava Bay)

之间有五六个半传统半现代的小型因纽特人社区，只能坐船或是乘坐飞机沿着崎岖不平而未遭破坏的海岸才能抵达这些社区。托恩盖特山国家公园是这一路途中的最高点。

1993年，地质学家在邻近奈恩的沃伊西湾（Voisey's Bay）海岸发现了铜、钴以及大量的镍。矿产业预计在未来几十年内能为本省增加几十亿加元的收入，不过这也会损害当地环境以及本土因纽特人和伊努人的生活方式。

⊙ 景点

参观北海岸到达的第一个港口是马库维克（Makkovik）。这里是早期的皮毛交易站，也是传统的捕鱼狩猎居民点。这里还销售新旧款式的手工艺品。

在更北一些的霍普代尔（Hopedale），你可以参观古老的木制摩拉维亚教堂（Moravian mission church，建于1782年）。这个国家历史遗址（☎709-933-3864；门票 $5；⊘7月至10月 8:30~19:00）包含一个商店、居民区、一些木屋和一些博物馆收藏品。

纳丘什（Natuashish）是一个新兴的小镇，它是在问题村落戴维斯因莱特（Davis Inlet，也即Utshimassit）在2002年迁移到大陆之后形成的。2000年的一次调查发现，戴维斯因莱特村被调查的169名年轻人中有154人滥用溶剂（即吸食汽油），其中60人更是每天如此，之后政府便决定将这个村庄整体迁移。

渡船的最后一站是奈恩（Nain）。历史上，捕鱼是这个小镇的主要产业，但是由于沃伊西湾的镍矿正在开采，这一切也正在发生变化。它是你北行途中最后一座小镇。

🛏 住宿

多数游客把渡船当作水上旅馆。对于那些希望下船等下一班船的游客来说，这通常意味着需要寻找住宿，而只有在波斯特维尔（Postville）、霍普代尔和奈恩才有正规的住处。

Amaguk Inn 酒店 $$

（☎709-933-3750；www.amagukinn.ca；3 Harbour Dr, Hopedale；标单/双 $130/155；📶）这家旅馆共有18个房间，也有餐厅（餐费 $15~20），还有一间休息室，你可以在那里喝上一杯冰镇啤酒。还提供机场接送服务。

Atsanik Lodge 酒店 $$

（☎709-922-2910；atsaniklabrador@msn.com；Sand Banks Rd, Nain；房间 $125~180；📶）这家酒店空间很大，共有25个房间，并拥有一家餐馆（餐费$15~22）。它可以说是在奈恩最可能找到房间的酒店了。

★ Torngat Mountains Base Camp & Research Station 度假屋 $$$

（☎855-867-6428；www.thetorngats.com；Torngat Mountains National Park；4晚全包套餐 $5200起；⊘7月和8月）在托恩盖特山国家公园过夜的唯一方式就是这个坐落在公园里的高端大本营。客人住在舒适的圆顶帐篷里，有些更奢华的圆顶帐篷还能供暖和提供电力。这里还有淋浴和大厨烹制的饭菜。露营地的活动包括徒步、划船和自行车团队游。一道通电围栅将北极熊隔绝在外。

ℹ 到达和离开

拉布拉多航空（Air Labrador；☎800-563-3042；www.airlabrador.com）和**PAL航空**（Provincial Airlines；☎800-563-2800；www.palairlines.ca）每天都有航班从欢乐谷-鹅湾（Happy Valley-Goose Bay）飞往北部海岸。

6月中旬至11月中旬，内燃机船"**北方游侠号**"（MV Northern Ranger；www.labradorferry.ca；单程成人/儿童 $157/78）只能搭载乘客，定期往返于沿岸这片地区。每周一班，在欢乐谷-鹅湾和奈恩之间单程航行3天，沿途停靠马库维克、霍普代尔和纳丘什。行程和票价一直在变化，你可以在线咨询获取有关信息。

拉布拉多中部（Central Labrador）

拉布拉多中部地区十分广袤，人烟稀少，有着远古蛮荒的景象。然而自相矛盾的是，这里却有拉布拉多最大的城镇欢乐谷-鹅湾（Happy Valley-Goose Bay），镇里有一处军事基地。这座城镇（人口7600）拥有所有常见设施，但除非你是钓客或者猎手，不然没什么值得赏玩。

鹅湾建于"二战"期间，当时它用作机前往欧洲的中转站。它的机场也是美国国家航空航天局（NASA）备用的宇宙飞船返回着陆点。

🎯 景点

拉布拉多讲解中心
博物馆

（Labrador Interpretation Centre；☎709-497-8566；www.therooms.ca/exhibits/regional-museums；2 Portage Rd, North West River；⏰周一至周六 9:00~16:30, 周日 13:00~16:30）**免费** 它是省级博物馆，藏有一些拉布拉多最精致的艺术品。位于北西河（North West River），走Rte 520可达。

北极光大楼
博物馆

（Northern Lights Building；☎709-896-5939；170 Hamilton River Rd, Happy Valley-Goose Bay；⏰周二至周六 10:00~17:30）**免费** 里面有一处军事博物馆，还能观赏到有趣逼真的自然景象和模拟的北极光。

🛏️ 食宿

Big Land B&B
民宿 $

（☎709-896-2082；http://biglandbedandbreakfast.com；34b Palliser Cres, Happy Valley-Goose Bay；房间$85；📶🐾）友好的家庭经营民宿，也欢迎宠物入住。房间设施齐全，供应欧陆风格的早餐，包括自制面包和地区特色果酱。

Royal Inn & Suites
酒店 $$

（☎709-896-2456；www.royalinnandsuites.ca；5 Royal Ave, Happy Valley-Goose Bay；标单/双/套$120/130/150起；🅿️📶）这家酒店有各类房间可供选择；很多房间带有厨房。它通过覆盖全区域的安全计划向司机出租卫星电话。

Davis' B&B
民宿 $

（☎709-896-5077；valleybb5077@gmail.com；14 Cabot Cres, Happy Valley-Goose Bay；标单/双$100/120；📶）这家温馨的民宿共有四间房，并有可口的驯鹿肉香肠，附近有餐馆和便利设施。

El Greco
比萨 $

（☎709-896-3473；133 Hamilton River Rd；Happy Valley-Goose Bay；主菜$9~18；⏰周日至周三 16:00至次日1:00, 周四至周六至次日3:00）El Greco的比萨和外卖很受欢迎，还供应意大利面和希腊式烤肉串，位于Royal Inn附近。

Mariner's Galley
海鲜 $$

（☎709-896-9301；25 Loring Dr, Happy Valley-Goose Bay；主菜$7~24；⏰6:00~21:00）来这里尝尝炸鳕鱼舌配猪皮（scruncheons）或雪蟹鸡尾酒。游客们对友好的服务和自助之选赞誉有加。

ℹ️ 实用信息

游客信息中心（Visitor Information Centre；www.tourismlabrador.com；6 Hillcrest Rd, Happy Valley-Goose Bay；⏰周一至周五 8:30~20:00, 周六和周日 9:00~17:00；📶）提供关于拉布拉多中部的信息，此外还有小册子和地图。会在脸书主页上公布活动安排。还有一个有用的城市网站（www.happyvalley-goosebay.com）。

ℹ️ 到达和离开

飞机

每天都有航班从圣约翰斯飞往欢乐谷-鹅湾，经停鹿湖和哈利法克斯。蒙特利尔每天都有航班飞往瓦布什（Wabush）。下列航空公司提供服务：

加拿大航空（Air Canada；☎888-247-2262；www.aircanada.com）

PAL航空（Provincial Airlines；☎800-563-2800；www.palairlines.ca）

船

可以搭乘不运载汽车的"**北方游侠号**"**客运内燃机船**（MV Northern Ranger；☎709-896-2262；www.labradorferry.ca；至奈恩成人/儿童$157/78；⏰7月至8月）前往欢乐谷-鹅湾。

小汽车和摩托车

从欢乐谷-鹅湾沿着基本是石子路的Rte 500向西行驶，先到丘吉尔瀑布，之后抵达拉布拉多市。这段路程需要大约7小时。而直到丘吉尔瀑布才有服务站，所以记得出发前加满油，带足补给。你可以在The Royal Inn & Suites免费领取卫星电话（地区安全计划的一部分）。

部分铺装的Rte 510前往卡特赖特（383公

里)和朗索克莱尔(623公里)。

在出发前,请咨询交通工程部(Department of Transportation & Works; www.roads.gov.nl.ca)获取最新路况信息。很多租车协议禁止在横贯拉布拉多高速公路(Trans Labrador Hwy)上行驶或者不提供保险,某些租车公司有专门为这条路线准备的汽车。你还可以从**National**(☎709-896-5575)租到汽车。

拉布拉多西部(Labrador West)

拉布拉多市(人口9400)和瓦布什(人口1900)这两座矿业双子城相距只有区区5公里,离魁北克省也仅有15公里之遥。这两座城市合起来被人们称为拉布拉多西部,这里也是拉布拉多西部地区的人口聚居地。世界上最大的铁矿开采区之一就在拉布拉多市,不过附近的瓦布什铁矿因为钢铁需求下降在2014年关闭了。这里的景色波澜壮阔,北极光出现时,天空中色彩多变,往往会笼罩整个夜空。

◎ 景点和活动

格兰德赫尔米娜公园 公园

(Grande Hermine Park; ☎709-282-5369; ☉6月至9月)从瓦布什沿着Rte500向东行驶39公里即到。这座公园有海滩和一些不错的景致。**Menihek徒步小径**(15公里)沿途树木茂盛,经过瀑布和苔原。旅行用品商会带垂钓者去一些极好的垂钓水域。

拉布拉多之门 博物馆

(Gateway Labrador; ☎709-944-5399; 1365 Rte 500; ☉周一至周五 9:00~16:00,周六 10:00~17:00) 免费 与游客中心位于同一栋建筑内,这家博物馆和它的蒙太奇展览厅(Montague Exhibit Hall)使用令人称奇的手工艺品和展品展现了这片地区3500年来的人类历史和文化,包括皮毛贸易。

⚡ 活动

瓦普萨卡托山脉(Wapusakatto Mountains)离城镇仅有5公里,它就像是从北部苔原点缀的广袤土地上一跃而出的。10月末至次年4月底,这里会降雪,气候干冷,因而这里的滑雪季节比加拿大其他地区都要长。

Menihek Nordic Ski Club 滑雪

(☎709-944-5842; www.menikhneknordicski.ca;日赛成人/儿童 $20/15)提供30公里长的世界级越野滑雪路线。加拿大国家队在此训练,不过也欢迎新手。这里有滑雪课程和夜间滑雪活动,还租赁滑雪板和雪鞋。

Smokey Mountain Ski Club 滑雪

(☎709-944-2129; www.smokeymountain.ca; Smokey Mountain Rd; ☉11月至次年4月)这个小型滑雪运动度假村的垂直落差高达845米,也有一些陡峭的雪坡。有一条双人缆椅和一条带四人缆椅的拖牵(poma lift)。距离拉布拉多市5公里。

🛏 食宿

Ptarmigan's Nest 民宿 $

(☎709-944-3040; theptarmigansnest@gmail.com; 28 Snow's Dr; 房间 $98; @)这个湖畔休憩之地位于一片安静的区域,距拉布拉多市大约有10分钟的车程,装饰优雅、古典。房费含欧陆风格的早餐。

Wabush Hotel 酒店 $$

(☎709-282-3221; www.wabushhotel.com; 9 Grenville Dr, Wabush; 房间 $165~175; ❄@)这家有着度假屋风格的酒店位于瓦布什市中心,68个房间宽敞而舒适。餐厅的自助餐很受欢迎。这个地方还能免费借到在该省偏僻地区行驶时使用的卫星电话。

Carol Inn 汽车旅馆 $$

(☎709-944-7736; www.carolinn.ca; 215 Drake Ave, Labrador City; 标单/双 $140/165; ❄@)这里共有20个房间,每间房都带有小厨房。这里还有一家供应不错餐食的餐厅和一个小酒馆。

Sushi Lab 寿司 $

(☎709-944-4179; 118 Humphrey Rd, Labrador City; 主菜 $6~16; ☉周一至周五 11:00~14:00和17:00~23:00,周六和周日 17:00~23:00)这里令人愉悦的餐饮体验完全是新拉布拉多式的。你可以用iPad选择几十种寿司卷,绝对不会让你失望。对于不那么爱冒险的就餐者,这里还有中国菜或比萨。

❶ 实用信息

Destination Labrador（www.destinationlabrador.com）是一个全面的旅游网站，提供特殊活动、服务和建议，而且还有一个**游客中心**（☏709-944-5399；www.labradorwest.com；1365 Rte 500）坐落在拉布拉多市以西，和拉布拉多之门博物馆位于同一建筑内。

❶ 到达和离开

飞机

加拿大航空（Air Canada；☏888-247-2262；www.aircanada.com）、**PAL航空**（Provincial Airlines；☏800-563-2800；www.palairlines.ca）、**因纽特航空**（Air Inuit；☏800-361-2965；www.airinuit.com）和**拉布拉多航空**（见585页）都有航班飞往欢乐谷-鹅湾和瓦布什，以及其他一些目的地。

小汽车和摩托车

沿着Rte 500从拉布拉多市往西15公里便是魁北克省的费蒙特（Fermont）。从那里开始的Rte 389绝大部分路段都已铺平，也有几段的沙砾路，但路况不错。继续向南行驶581公里就到了科莫湾（Baie Comeau）。

沿着Rte 500（被认为是一条很不错的石子路）行驶7小时便能抵达欢乐谷-鹅湾。**Budget**（☏709-282-1234）在机场设有办事处，但是租来的车可能不允许开上Rte 500。

马尼托巴省

包括 ➔

温尼伯	591
温尼伯湖	604
赫克拉/磨石省立公园	606
布兰登	607
赖丁山国家公园	607
汤普森	609
丘吉尔港	610

最佳餐饮

- Deer + Almond（见600页）
- Lazy Bear Cafe（见614页）
- 福克斯市场（见600页）
- Gypsy's Bakery（见614页）
- Segovia（见601页）
- Marion Street Eatery（见601页）

最佳住宿

- Beechmount B&B（见599页）
- Blue Sky Bed & Sled（见613页）
- Lazy Bear Lodge（见614页）
- Inn at the Forks（见599页）
- Mere Hotel（见599页）
- Solmundson Gesta Hus Bed & Breakfast（见606页）

为何去

马尼托巴有两大明星城市——充满大城市复杂性的温尼伯和拥有丰富自然奇观的丘吉尔港，但这个经常遭人误解的草原省份的真实面貌则藏于两者之间。一望无际的旷野绵延不绝，缓缓起伏的谷田、向日葵田和遍地野花一直向北延伸，直至北极冻原。

要想充分领会这片土地之广袤，你要站在那片艳黄色油菜花田的边缘，细数地平线上的三处形态各异的暴风雨。或者去哈得孙湾的边缘细数崎岖海岸线上的北极熊和远处游弋的白鲸。漫步空旷的道路，停驻引人回味的小镇，发现微妙的戏剧化的土地并期待惊喜——无论是在你面前一闪而过的驼鹿，还是正在舞台上表演的未来的流行传奇。

何时去

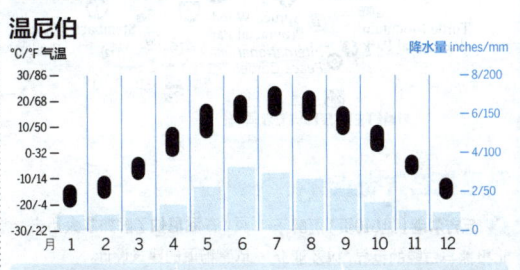

温尼伯

5月 路边竞相绽放的野花标志着漫长冬季的结束。

6月至8月 白天可能温和宜人，但夜晚依旧寒凉。在丘吉尔港，18℃就被认为热了。

10月和11月 是去丘吉尔港观赏北极熊的最佳时节。

马尼托巴省亮点

① **丘吉尔港**（见610页）沉醉于北极熊与白鲸的世界，以及亚北极地区城市中的古堡。

② **赖丁山国家公园**（见606页）在马尼托巴最好的自然环境里徒步和划船。

③ **加拿大人权博物馆**（见593页）在**温尼伯**了解加拿大历史，欣赏前卫的建筑设计。

④ **英格利斯粮仓国家历史遗址**（见609页）寻找过去守护大草原的不朽哨兵。

⑤ **赫克拉/磨石省立公园**（见606页）沉醉在几乎完全被温尼伯湖包围的自然风光中。

⑥ **皮修瀑布省立公园**（见609页）驾车经过人迹稀少的道路，并停下来欣赏沿途美景。

⑦ **尼帕瓦**（见608页）探寻小镇的田园风光。

历史

早期的欧洲探险家们厌倦了被人们冠上的温和形象的标签，他们避开更为舒适好客的南部，转而向哈得孙湾寒冷而崎岖的北海岸发起了挑战。在哈得孙湾公司（Hudson's Bay Company，简称HBC）于17世纪在这里建立贸易点后，土著提纳人（Dene）很快也加入了毛皮贸易。

英国农耕者在1811年来到这个后来被称为温尼伯的地方，与当地的梅蒂斯人（Métis）就土地权问题持续发生摩擦。在哈得孙公司将部分土地出售给联邦政府时，梅蒂斯人的领袖路易斯·里尔（Louis Riel）发起叛乱，还组建了地方政府。里尔和联邦政府的谈判最终令马尼托巴于1870年作为加拿大的第五个省加入了联邦，然而里尔自己却以叛国罪被处决。

地理和气候

马尼托巴省非常辽阔，正如你在这个国家的其他地方所见到的。南部的平原农田逐渐融入拥有加拿大最大湖泊的绿色林地。冰川期留下的坑坑洼洼的湖泊、加拿大地盾（Canadian Shield）短粗的植被以及光秃秃的土地都是北部的特征。无论你走到哪里，天空都是广阔无垠的。

这里气候多变，而且完全无法预测。北部的平均气温可以从冬季的-50℃到夏季最热时的20℃。南部的平均气温从夏季的25℃到冬季-15℃。大风全年肆虐，夏季会导致沙尘暴，偶尔还会出现龙卷风，冬季会出现暴风雪，寒风会让人觉得气温比实际温度还要再低30℃。春季，洪水在南部地区相当常见，而草原上夏季激烈的雷暴雨可谓独一无二。

公园和野生动植物

在这里能看到加拿大每一种常见动物——这可不是夸大其词。这里生活着驼鹿、海狸、熊、猞猁、鹿、北美驯鹿、狐狸、兔子等，当然还有真正的明星：丘吉尔港的北极熊。

赖丁山国家公园是马尼托巴省生态的缩影，沃珀斯克国家公园（Wapusk National Park）则定义了真正的原始荒野。

由马尼托巴公园管理局（Manitoba Parks；www.manitobaparks.com）发行的《马尼托巴省立公园指南》（*Manitoba Provincial Parks Guide*）可在游客信息中心获取。因为露营地经常爆满，最好提前预订。

到达和离开

主要航空公司的航班连接着温尼伯与加拿大其他大城市以及美国中西部的枢纽城市。**静空航空公司**（Calm Air；800-839-2256；www.calmair.com）则服务于北部努纳武特的乡镇和丘吉尔港。

马尼托巴省与美国的北达科他州和明尼苏达州共享着十几处美国—加拿大车辆过境处。这里还有几条去往萨斯喀彻温省（Saskatchewan）的公路，但是只有加拿大横贯公路（Trans-Canada Hwy）通往安大略省（Ontario）。马尼托巴省南部四通八达的公路网会在向北行进的途中逐渐消失，去北部只有Hwy 10和Hwy 6可以选择，相应的服务也寥寥无几（记得留意你的汽油表）。

加拿大国家铁路公司（VIA Rail）的"加拿大号"（Canadian）途经温尼伯和南部的乡镇，每周运行2或3班。自温尼伯出发的列车还去往亚北极区的丘吉尔港，同样为每周2班或3班。

温尼伯（WINNIPEG）

人口 66.36万

温尼伯相当令人惊叹。这座大都市位于大草原上，就在你最意想不到的地方。它文雅、自信而且颇为迷人，远不只是加拿大横贯公路上的一个中途休息站，更是一个吸引人的目的地，这里有两个国际水准的博物馆和丰富多样的餐饮选择。漫步于历史悠久的街区，感受成为《辛普森一家》（*Simpsons*）中玩笑（"就是它！回温尼伯去！"）的嘲讽对象的那种氛围，你还可以陶醉于世界上名列前

快速参考

- 人口：128.2万
- 面积：64.88万平方公里
- 省会：温尼伯
- 奇闻逸事：马尼托巴省的7-11便利店"思乐冰"（slurpee）冰沙的人均消费量是世界上最高的

Greater Winnipeg 大温尼伯地区

茅的艺穗节之中。

历史

这个历史长达6000年之久的原住民枢纽城市，在19世纪是哈得孙湾公司与西北公司（North West Company）毛皮贸易竞争的中心。它位于阿西博因河（Assiniboine River）和红河（Red River）的交汇处，这使得它在命名上别无选择——"Winnipeg"源于欧化了的"winnipee"（克里语中"浑水"的意思）。

法国移民在这里建立了圣博尼法斯（St-Boniface）街区，而它正是梅蒂斯人（Métis）的领袖、备受争议的路易斯·里尔（Louis Riel）的出生地。

1886年贯通至此的铁路巩固了温尼伯在商业上的重要地位，但是后来巴拿马运河（Panama Canal）的开通又令其变得可有可无。尽管1919年里程碑式的总罢工促进了加拿大各地对工会的认可，但温尼伯还是不久后就成了一潭死水。如今这里拥有多样化的经济和温和的增长。当地最著名的品牌是人人熟知的小吃——炸薯片的制造商"老荷兰"（Old Dutch）。

◎ 景点

温尼伯的景点几乎都集中在市区内，步行即可到达，而去往市区外的其他景点最为便利的方式是乘车。

"Portageand Main"标志着市区的中心位置，这里因惊人的大风和极低的温度而闻名——兰迪·巴克曼（Randy Bachman）和尼尔·杨（Neil Young）曾写过一首关于它的歌——《大草原城镇》（*Prairie Town*），歌曲的和声重复着这样的句子——"Portageand Main, -50℃"。

往北走就是满是仓库和艺术馆的贸易区（Exchange District），其标志是20世纪的石灰岩建筑。福克斯区位于市区以南，红河对岸是法国人街区圣博尼法斯区，而西边的奥斯伯恩村（Osborne Village）和Corydon Ave则是闲逛的好地方。驾车从市中心出发，向西行驶一小段即可抵达阿西博因公园及其超棒的动物园。其他一些景点分布于城市周边的各处。

◎ 市区 (Downtown)

温尼伯艺术馆　　　　　　　　　　　画廊

（Winnipeg Art Gallery, 简称WAG；♪20

4-786-6641; www.wag.ca; 300 Memorial Blvd; 成人/儿童 $12/6; ◎周二、周三和周五至周日 11:00~17:00, 周四 至21:00)这座船形的艺术馆能带你了解当代的马尼托巴当地和加拿大其他地方的艺术家, 馆内有着世界上规模最大的因纽特人作品, 并永久收藏着一些欧洲文艺复兴艺术品。临时展览则包括夏加尔（Chagall）及卡雷尔·芬克（Karel Funk）的作品, 还有国际知名因纽特雕刻家奥维卢·图尼利（Oviloo Tunnillie）的蛇纹石雕刻艺术品。

马尼托巴立法大楼 知名建筑

（Manitoba Legislative Building; 见596页地图; 204-945-5813; www.gov.mb.ca/legtour; 450 Broadway Ave; ◎8:00~20:00, 每小时讲解 7月和8月 9:00~18:00）免费 这栋20世纪20年代建造的大楼设计于20世纪早期, 当时温尼伯正处于欣欣向荣的上升期, 它显示了新古典主义美术派的设计风格、坚实的石灰岩构造和红河上的政府的重要地位。大楼周围环绕着完美的草坪和花园, 其中的古代神明和现代英雄们的雕塑永垂不朽, 包括面朝圣博法斯区的路易斯·里尔的纪念像。《青春永驻和进取精神》（Eternal Youth and the Spirit of Enterprise）, 又名"金童"（Golden Boy）的雕像覆盖着23.5克拉黄金, 在建筑的已氧化的铜圆顶上闪耀着令人目眩的光彩。

上加里堡文化遗产省立公园 古迹

（Upper Fort Garry Heritage Provincial Park; 见596页地图; www.upperfortgarry.com; 130 Main St）免费 这里有可追溯到19世纪30年代的橡树、石头和灰浆墙, 还有4座不同的、自1738年就竖立于此的堡垒。整个遗址以其曾是温尼伯的诞生地, 同时也是加拿大这片比东欧还广阔的土地上的贸易中心为世人所知, 在经历了一次彻底的整修后, 这里作为一座颇为豪华的城市公园于2005年重新对外开放, 其格子结构正好利用并展示了部分老墙。这里还有一个解说中心, 预计于2018年对外开放。

当代艺术研究学院 画廊

（Plug In Institute of Contemporary Art; 204-942-1043; www.plugin.org; 460 Portage Ave; ◎周二、周三、周五 正午至18:00, 周四 至20:00, 周六和周日 9:00~17:00）免费 这座画廊摆满了当代艺术作品, 交替变换的展览出自当地及世界各地的艺术家。

◉ 福克斯区 (The Forks)

这里是浑浊而且狭窄的阿西尼博因河与浑浊但宽大的红河交汇的地方, 具有重要的战略意义和历史意义, 千年来一直吸引着源源不断的人们。

该区将几个不同的独立区域结合, 是许多旅行者的游览重点。由加拿大公园管理局（Parks Canada）管理的古迹被景色如画的公园环绕其中。而附近老旧的铁路商店如今已被改造成了Forks（204-957-7618; www.theforks.com）, 在这座经过整修的老建筑内挤满了服务旅客的商店、咖啡馆和餐馆。

★ 加拿大人权博物馆 博物馆

（Canadian Museum for Human Rights; 见596页地图; 204-289-2000; www.humanrightsmuseum.ca; Waterfront Dr & Provencher Blvd; 成人/7~17岁/学生 $18/9/14◎周四至周二 10:00~17:00, 周三 至21:00）这座异乎寻常的博物馆设在一座令人叹为观止的现代建筑之内, 建筑设计出自美国建筑师安东尼·普雷多克之手, 通过显著的互动展示、录像、艺术品等各种媒介, 这座不同寻常的博物馆探讨着各种与加拿大有关的人权问题、人权文化和人权在世界上其他国家的发展状况。展览也并没有回避一些敏感话题, 如"二战"期间对日裔加拿大人的监禁, 20世纪90年代强迫原住民儿

马尼托巴省旅行信息

马尼托巴旅游局（Travel Manitoba; 800-665-0040; www.travelmanitoba.com）是个极有用的资源。除了设在进入该省的主要公路入口处的季节性信息亭（开放时间为9:00~19:00）, 它还管理着位于温尼伯的马尼托巴探索中心（Explore Manitoba Centre）。

Bed & Breakfast of Manitoba（www.bedandbreakfast.mb.ca）列出了很多民宿的相关信息。

童人读寄宿学校事件，大屠杀及大饥荒等话题也都被给予了谨慎的处理。

★ 福克斯国家历史遗址 古迹

（Forks National Historic Site；见596页地图；☏204-957-7618；www.theforks.com；👶）一组现代化的设施位于美丽的河畔，公园内以表演和解说性质的展览描述着该地区作为几个世纪以来原住民们聚会的地方的历史。

受春季径流影响，河水经常泛滥，被淹没的小径并不罕见，这相当令人兴奋，但也十分危险。可从Splash Dash（见598页）租一艘独木舟，沿水路行进。孩子们可在以文化遗产为主题的游乐场各类文化遗产探险乐园（Variety Heritage Adventure Park）里尽情玩耍。

温尼伯铁路博物馆 博物馆

（Winnipeg Railway Museum；见596页地图；☏204-942-4632；www.wpgrailwaymuseum.com；123 Main St；成人/儿童 $5/3；⏰4月至10月 每天10:00~16:00，其他月份 周一和周四9:00~13:00，周六和周日11:00~16:00；👶）温尼伯壮观却并未得到充分利用的联合车站[Union Station；于1911年投入使用，由设计纽约中央车站（Grand Central Terminal）的公司进行设计]内安放着有一个规模较小但内容全面的博物馆，这里展示着加拿大的铁路历史。亮点包括令人印象深刻的模型铁轨、达芬伯爵夫人号火车头及一组颇具历史意义的加拿大轨道车，你可以爬到车里感受一下。

◎ 贸易区（Exchange District）

已有百年历史的砖砌建筑在经过修复后

孩子们的温尼伯

在福克斯区，孩子们可在马尼托巴儿童博物馆（Manitoba Children's Museum；见596页地图；☏204-924-4000；www.childrensmuseum.com；45 Forks Market Rd；门票 $11；⏰周日至周四9:30~16:30，周五和周六 至18:00；👶）里边做边学，这里可没有"请勿动手"这回事。多彩有趣的互动展览鼓励孩子们扮演列车长、宇航员甚至帝国缔造者。夏季还会安排户外活动。

大受欢迎的马尼托巴青年戏剧中心（Manitoba Theatre for Young People；见603页）也在福克斯区内，这里会用丰富多彩的布景为孩子们献上有趣的演出，而不太会顾及成人的喜好。

阿西尼博因公园动物园（Assiniboine Park Zoo；见596页）内居住着2000多只动物，而且专门饲养那些原本生长在严寒气候之中的动物。新建的国际北极熊保护中心（International Polar Bear Conservation Centre）不但举办北极熊相关展览，还经常关照那些失去了母亲的北极熊幼仔。它是动物园规模巨大且相当棒的丘吉尔港之旅（Journey to Churchill）节目的组成部分，该节目把展览与活的动物结合在一起，如麝牛及狼群。马尼托巴全省的生态环境从沼泽到北极的海滩，类型多样。

在加拿大西部航空博物馆（Western Canadian Aviation Museum；见592页地图；☏204-786-5503；www.wcam.mb.ca；958 Ferry Rd；成人/3~12岁 $7.50/3；⏰周一至周五9:30~16:30，周六10:00~17:00，周日 正午至17:00）内，孩子们还有扮演飞行员或空中交通管制员的机会。过去90年间，该馆周围一直环绕着各式飞机。

要想体验传统的紧张刺激，可以去工匠镇家庭开心乐园（Tinkertown Family Fun Park；☏204-257-8095；www.tinkertown.mb.ca；621 Murdock Rd；不限乘坐次数的通票 $17；⏰正午至17:00，5月至9月的一些日子营业至19:00；👶），那里有各种可供搭乘和游玩的嘉年华式娱乐设施。可以玩玩迷你高尔夫，再尝尝袖珍的甜甜圈。

孩子们也会喜欢怀特堡（Fort Whyte；见597页）里的动物和活动。马尼托巴博物馆（见595页）中的科学馆（Science Gallery）同样深受孩子们喜爱，科学馆包括一间可以在里面造一辆赛车的实验室。

成为贸易区的布景，这里是温尼伯最具活力的街区。这些传统建筑里挤满了餐馆、夜店、精品店及艺术画廊，嬉皮士、旅行者和流浪汉经常聚集在这里。这里是国家历史遗址，步行游览能让你更好地了解相关背景。

老集市广场（Old Market Square）的草坪是该街区的活动中心。夏季还会定期在颇具争议的现代风格**立方体**（Cube；见596页地图；Old Market Square）举办现场音乐演出。

★ 马尼托巴博物馆　　　　　博物馆

（Manitoba Museum；见596页地图；☎204-956-2830；www.manitobamuseum.ca；190 Rupert Ave；成人/儿童 $11/9起；⊗5月底至9月10:00~17:00，其他月份开放时间缩短；▣）自然之旅带你穿过亚北极区，历史之旅带你进入20世纪20年代的温尼伯，文化之旅则涵盖了过去1.2万年的历史——如果这一切都能在马尼托巴实现，那么必然是在这里。除了优质的展览，这里还有天文馆和引人入胜的科学馆。有一个展览展示了丘吉尔港在4.5亿年以前作为热带丛林的样子，除此之外，这里还展有"无双号"的复制品，这艘船曾在17世纪开启了加拿大西部的贸易活动，它也是博物馆的另一大亮点。

外部工作艺术馆　　　　　　画廊

（Outworks Art Gallery；见596页地图；☎204-479-4804；www.outworksgallery.com；290 McDermot Ave；⊗周四至周六 正午至16:00）**免费** 温尼伯本地艺术家在这里展出绘画、摄影、陶瓷及其他艺术作品。

城市巫师当代土著艺术馆　　　画廊

（Urban Shaman Contemporary Aboriginal Art；见596页地图；☎204-942-2674；www.urbanshaman.org；290 McDermot Ave；⊗周二至周六 正午至17:00）这是一家由艺术家经营的画廊，主要展出当代的加拿大土著艺术品，从绘画至装置艺术，不一而足。

◉ 圣博尼法斯区（St-Boniface）

这里是加拿大魁北克省以外最为古老的法国人社区，从福克斯区越过红河即可到达。

游客信息中心可以提供很不错的自助式历史步行游览地图。**Taché Promenade**步行区顺着红河沿Ave Taché而延伸，途中会经过圣博尼法斯区的很多历史遗迹。

★ 圣博尼法斯博物馆　　　　博物馆

（St-Boniface Museum；见596页地图；☎204-237-4500；http://msbm.mb.ca；494 Ave Taché；成人/6~17岁/学生 $6/4.50/5.50；⊗周一至周五 10:00~16:00，周六和周日 正午至16:00）这座19世纪中叶建造的女修道院不仅是温尼伯最古老的建筑，也是北美洲最大的橡木结构建筑。女修道院内的博物馆主要展示了圣博尼法斯区的建立、梅蒂斯人国家的诞生和第一个到达此处的灰衣修女（Grey Nuns）乘独木舟从蒙特利尔出发跋涉3000公里到此的旅程。艺术品包括拓荒先驱时期的家具和工具，第一民族的镶珠饰品和武器制造工艺，以及用于装运处决后的路易斯·里尔遗体的棺材。

直布罗陀堡　　　　　　　　　公园

（Fort Gibraltar；见596页地图；☎204-237-7692；www.fortgibraltar.com；866 Rue St-Joseph；成人/6~17岁 $8/5；⊗周三和周四 10:00~18:00，周五和周六 至16:00）这座重建的毛皮贸易堡垒坐落在木墙的后面。官方解说员令人振奋，可以跟随他们参观，真实的服装、工具、毛皮、床铺、烤饼和铁匠铺勾勒出1810年福克斯区的生活景象，直布罗陀堡最初就坐落于此。

圣博尼法斯教堂　　　　　　　古迹

（St-Boniface Basilica；见596页地图；151 Ave de la Cathédrale）1968年的火灾摧毁了这座教堂的大部分建筑，只有最初的白石外立面依旧竖立百年，看起来颇为壮观，提醒着人们曾经有一座教堂矗立在这里。后来在遗迹上又建起了一座更加现代的建筑，马尼托巴的建立者路易斯·里尔的朴实无华的墓碑就位于这里的公墓之中。

◉ 大温尼伯地区（Greater Winnipeg）

★ 阿西尼博因公园　　　　　　公园

（Assiniboine Park；www.assiniboinepark.ca；2355 Corydon Ave；⊗24小时开放）**免费** 这座占地4.5平方公里的城市公园是温尼伯的一颗翠绿色明珠，至少能让你享受半天的欢乐

Central Winnipeg 温尼伯市中心

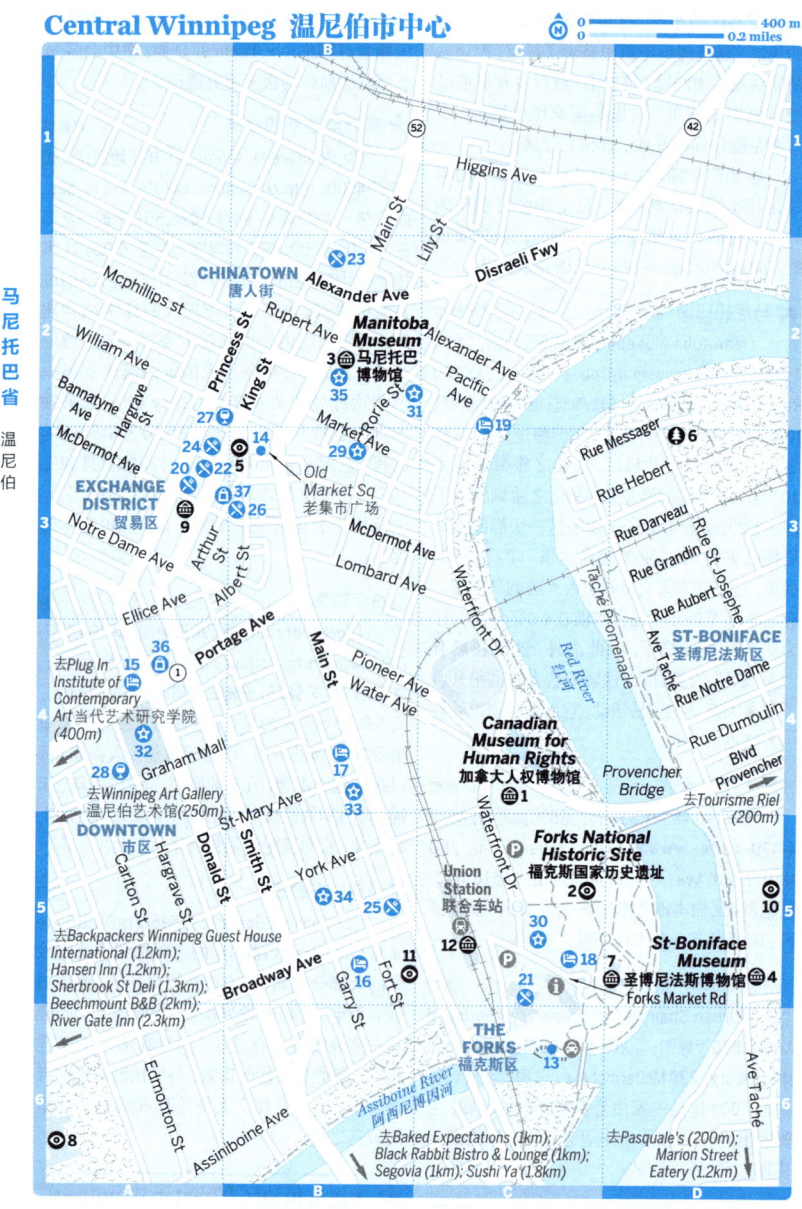

时光。除了一流的动园（☎204-927-6000; www.assiniboineparkzoo.ca; 460 Assiniboine Park Dr; 成人/儿童 $19.75/17.50; ◎9:00~18:00），这里还有游乐场、花园、一间温室及许多其他设施。

加拿大皇家铸币厂

（Royal Canadian Mint; ☎204-257-3359; www.mint.ca; 520 Blvd Lagimodière; 团队游 成人/17岁以下 $6/3; ◎周二至周六 9:00~16:00）这家拥有尖端技术的铸币厂铸造了价值高达数十

知名建筑

Central Winnipeg 温尼伯市中心

◎ 重要景点
- **1** 加拿大人权博物馆 C4
- **2** 福克斯国家历史遗迹 C5
- **3** 马尼托巴博物馆 B2
- **4** 圣博尼法斯博物馆 D5

◎ 景点
- **5** 立方体 B3
- **6** 直布罗陀堡 D3
- **7** 马尼托巴儿童博物馆 D5
- **8** 马尼托巴立法大楼 A6
- **9** 外部工作艺术馆 A3
- **10** 圣博尼法斯教堂 D5
- **11** 上加里堡文化遗产省立公园 B5
- 城市中巫师当代土著艺术馆 .... (见9)
- **12** 温尼伯铁路博物馆 C5

◎ 活动、课程和团队游
- **13** Splash Dash C6
- **14** 贸易区历史步行游览 B3

◎ 住宿
- **15** Alt Hotel Winnipeg A4
- **16** Fort Garry Hotel B5
- **17** Humphry Inn B4
- **18** Inn at the Forks C5
- **19** Mere Hotel C2

◎ 就餐
- **20** Deer + Almond A3
- **21** 福克斯市场 C5
- **22** King + Bannatyne A3
- **23** Kum-Koon Garden B2
- **24** Peasant Cookery A3
- Tall Grass Prairie .... (见21)
- **25** VJ's Drive-In B5
- **26** Winnipeg Free Press News Cafe B3

◎ 饮品和夜生活
- **27** King's Head Pub A2
- **28** Tavern United A4

◎ 娱乐
- 马尼托巴歌剧院 .... (见35)
- **29** 马尼托巴戏剧中心 B3
- **30** 马尼托巴青年戏剧中心 C5
- **31** MTC 仓库 B2
- **32** MTS Centre A4
- 温尼伯皇家芭蕾舞剧团 .... (见35)
- **33** Times Chang(d) High & Lonesome Club B4
- **34** Windsor Hotel B5
- **35** 温尼伯交响乐团 B2

◎ 购物
- **36** Mountain Equipment Co-Op A4
- **37** Red River Books A3

亿加元的卢尼（加拿大1元硬币），除了加拿大，它还为其他60个国家铸造钱币。参观这座金字塔形的玻璃设施能看到钱币是如何制造出来的（最大的参观活动在工作日进行）。铸币厂位于市中心东南9公里处。周末门票会便宜一些。

里尔故居国家历史遗址   古迹

（Riel House National Historic Site; ☏204-257-1783; www.parkscanada.ca/riel; 330 River Rd; 成人/儿童 $4/2; ◎7月和8月 10:00~17:00）路易斯·里尔在1885年因叛国罪被处决之后，他的遗体被送回了家乡的旧居，而后才被移至圣博尼法斯教堂下葬。里尔在这座农场的一间河畔小屋内长大，那栋19世纪80年代的房子如今已被公开展出，而直到20世纪60年代，里面都还住着他的后代。故居位于市中心以南9公里处，在一片住宅小区的包围之中。

原生态大草原博物馆   公园

（Living Prairie Museum; ☏204-832-0167; www.winnipegmuseums.org; 2795 Ness Ave; ◎7月和8月 10:00~17:00, 5月、6月、9月和10月仅周日开放）**免费** 这里保护着12公顷原始的、未经开垦的、如今已极为稀有的大草原高草。参加从自然中心出发的自助游能看到四季的野花，这些野花曾经构成了遍布草原色彩缤纷的花海，而且供养着数百万头北美野牛。7月中旬至8月中旬，每周三10:00会有免费的自然徒步活动，需提前预订。

怀特堡   公园

（Fort Whyte; ☏204-989-8355; www.fortwhyte.org; 1961 McCreary Rd; 成人/儿童 $8/6; ◎周一至周五 9:00~17:00, 周六和周日 10:00~17:00）这片广阔的交织着步行小径的自然场地非常注重环保。在这里能看到北美野牛、鹿和其他野生动物。你可以了解草泥墙房屋的相关知识,而且能以适中的价格租用季节性的活动设备,比如雪地鞋和独木舟。冬季可以免费使用平底雪橇。怀特堡位于市中心西南13公里处。

团队游

★ Square Peg Tours　　　　步行游览

(☎204-898-4678; www.squarepegtours.ca; 成人/儿童 $12/8起)这里有很多以娱乐、以历史为主题的步行游览,包括很受欢迎的"谋杀、悬疑和骚乱"(Murder, Mystery & Mayhem)以及"瘟疫、巫师和医生"(Pestilence, Shamans & Doctors),整个夏季都按固定的日程表出发。"象征、秘密和金童下的牺牲"(Symbols, Secrets & Sacrifices Under the Golden Boy)探讨资本背后隐藏的意义,是备受赞誉的主题游览。但贸易区的"淘气井游"(Naughty Bawdy Tour)仅限18岁以上人士参加。

★ 贸易区历史步行游览　　步行游览

(Historic Exchange District Walking Tours; 见596页地图; ☎204-942-6716; www.exchangedistrict.org; Old Market Sq; 成人/儿童 $10/免费; ◎5月初至8月 周一至周六 9:00~16:30)这里提供多种娱乐主题游和历史主题的游览,从老集市广场出发。需要预约。

Splash Dash　　　　　　　乘船游

(见596页地图; ☎204-783-6633; www.splashdash.ca; 成人/儿童 $11/9; ◎5月至10月 10:00至日落)这里提供30分钟的河上游览,内容丰富,从福克斯区出发。

Routes on the Red　　　　团队游

(www.routesonthered.ca)这里有全面且可下载的各种温尼伯游览路线,适合徒步者、骑行者、自驾及滑雪爱好者。

节日和活动

船夫节　　　　　　　　　　文化节

(Festival du Voyageur; http://festivalvoyageur.mb.ca; Fort Gibraltar; ◎2月中旬)温尼伯的标志性活动。每个人都会沉浸在这个为期10天的冬季节日的氛围之中,共同纪念皮草商人和法国的货运船夫。庆祝活动集中在直布罗陀堡一带,可以欣赏音乐会、观看狗拉雪橇比赛及点火炬活动,同时享受生活的乐趣。

温尼伯同性恋大游行　　　　LGBT

(Pride Winnipeg; www.pridewinnipeg.com; ◎5月下旬)为期9天的LGBT庆祝活动,届时将举行盛大的游行、音乐及其他各种活动。

★ 温尼伯民俗节　　　　　音乐节

(Winnipeg Folk Festival; ☎204-231-0096; www.winnipegfolkfestival.ca; ◎7月上旬)伯兹山省立公园(Birds Hill Provincial Park)的7个舞台将上演100多场音乐会,至少持续3天。

★ 温尼伯艺穗节　　　　　表演艺术

(Winnipeg Fringe Theatre Festival; ☎204-943-7464; www.winnipegfringe.com; ◎7月中旬)这是北美洲第二大艺穗节,上演的喜剧、戏剧、音乐和卡巴莱歌舞表演通常极具创意,不但新鲜而且非常有趣。在贸易区举行,会持续10天以上。

民风节　　　　　　　　　　文化节

(Folklorama; ☎204-982-6230; www.folklorama.ca; ◎8月上旬)世界上同类活动中存续时间最长的多元文化盛事。会在大帐篷里举办表演、讲故事等多种活动,以展现镇上不同文化的特色。

Manito Ahbee　　　　　　文化节

(☎204-956-1849; www.manitoahbee.com; ◎8月下旬)盛大的原住民文化庆祝活动,包括音乐、艺术、手工及舞蹈,会吸引来自世界各地的参加者。

住宿

在温尼伯周围的主要道路及机场附近分布着大量的连锁汽车旅馆。虽然市区的酒店属城中昂贵的选择,但更便于步行探索这座城市。在Sherbrook St及附近安静的居民区中分布着不少客栈,而且步行轻松可达市区。

Hansen Inn　　　　　　　客栈 $

(☎204-960-6516; www.hanseninn.com; 150 Sherbrook St; 房间 $79~89; ❋❢)这家安静的民居里有一些带电扇的房间(大部分是带浴室的套间)、开间及公寓,都配有厨房、冰箱及高速无线网。从这里去市区和机场都很方便,不远处就有一些不错的餐厅。

Backpackers Winnipeg
Guest House International　　青年旅舍 $

(☎204-772-1272; www.backpackerswinnipeg.com; 168 Maryland St; 铺/房间 $30/60; P❋@♞❄)这家青年旅舍由地板嘎吱作响的维多利亚时代的房子改造而成,坐落在市中心以西的一条安静的三车道街道上。有些发霉的地下室里有一个拥挤的游戏室和一个有些狭窄的淋浴室,房间清洁程度有待提高。附近就有酒馆和商店。

★ Beechmount B&B　　民宿 $$

(☎866-797-0905; www.beechmount.ca; 134 W Gate; 双 $108~130, 家 $216; ♞❄)这家修葺一新的19世纪遗址酒店颇有历史,它的过往与温尼伯的历史紧密交织在一起。这里有三间豪华的房间,由和蔼可亲的克里斯蒂娜和乔瓦尼精心打理,意大利风味早餐精致美味。主人家会非常乐意与你分享关于本地的各种知识。

★ Mere Hotel　　精品酒店 $$

(见596页地图; ☎204-594-0333; www.merehotel.com; 333 Waterfront Dr; 房间 $149起; ❋♞)除了绝佳的河边地理位置,这家安静的精品酒店还有许多其他亮点:乐于助人的员工,紧凑的现代风格房间(家具摆放松散些会更舒适),装有雨淋式花洒的浴室,大胆而炫目的配色……尽早来,车位有限。

★ Inn at the Forks　　精品酒店 $$$

(见596页地图; ☎204-942-6555; www.innforks.com; 75 Forks Market Rd; 房间 $148~259; P❋@♞)这家时髦的精品酒店亮点很多:酒店位于福克斯区安静的绿荫地带,拥有环保生态认证,浴室超级现代,117个宽敞的房间中随处可见现代艺术及纯色调的装饰,还有一间很棒的新开业的餐厅,菜肴的烹饪将本地食材发挥到了极致……充分欣赏河景,并且享受一下高级的水疗服务吧。

River Gate Inn　　民宿 $$

(☎204-489-5817; www.rivergateinn.biz; 186 W Gate; 房间 $129~149; P❋♞❄)这里有着仿若铎风格的外立面和嘎吱作响的地板,这家兼具公馆特色的民宿位于三车道的街区,可以俯瞰河景,这里是温尼伯最具特色的酒店之一。主人家鲍勃与梅维斯会根据你的需要烹制精致美味的早餐,此外这里还有一间荣誉吧(honor bar)可供客人们消遣社交。

Alt Hotel Winnipeg　　商务酒店 $$

(见596页地图; ☎431-800-4279; www.althotels.com; 310 Donald St; 房间 $149; P❋♞)这家时尚炫目的酒店坐落在贸易区中心地带,是酒店业中颇受欢迎的后起之秀。房间颇具风格,十分注重舒适享乐设施(超棒的床榻、水疗风格的淋浴),装饰风格极简,除健身房内有些炫目色彩外,其他地方全部以白色搭配深灰色。

Humphry Inn　　酒店 $$

(见596页地图; ☎204-942-4222; www.humphryinn.com; 260 Main St; 房间 $139~169; P❋@♞❄)这家现代酒店共6层,坐落在市区交通十分便利的地方。房间宽敞漂亮,而且配有电冰箱和微波炉。可以选朝东的房间,能看到很棒的风景。免费的自助早餐内容丰富,但车位不多,尽早前来,确保可以在酒店里有一个车位。

Fort Garry Hotel　　酒店 $$

(见596页地图; ☎204-942-8251; www.fortgarryhotel.com; 222 Broadway Ave; 房间 $118~209; P❋@♞❄)这座当地特有的、建于1913年的石灰岩建筑遗产仿佛是从电影里搬出来的,处处流露着温尼伯的历史。它作为加拿大的城堡式火车经停站之一而存在,其豪华的休息室体现了酒店的精神,留意排列在墙上的历史悠久的照片,并为今非昔比而惋惜。早餐内容丰富,水疗设施一流,但房间有一点儿过时,墙很薄,有待整修。

✘ 就餐

温尼伯是享用美食的好地方,这里的选择多种多样,从埃塞俄比亚餐到前卫创意菜,应有尽有。贸易区、圣博尼法斯区、奥斯伯恩村和Corydon Ave一带都有很多不错的选择。从市中心向西步行15分钟,在Sherbrook St上有一些熟食小吃和小饭店也非常值得一试。

市区

VJ's Drive-In
快餐 $

（见596页地图；☎204-943-2655；170 Main St；主菜$6~11；⊙10:00至午夜）从联合车站穿过去就会到达VJ's，这里的外卖套餐极受欢迎。午餐时间可能要排队，馅料丰富的辣味热狗、高脂的奶酪汉堡和焦黄的炸薯条在温尼伯一直是公认的最佳美食，肯定不会让你失望。座位只有户外的野餐餐桌，这里的服务员也不亲善。

福克斯区

福克斯区的商业区内有一些专门以旅行者为目标客户、服务态度比较冷淡的餐馆，不过市场很好地补偿了这一点，里面有许多一流的餐馆，可以在这里尽享午餐。

★ 福克斯市场
市场 $

（Forks Market；见596页地图；www.theforks.com；1 Forks Market Rd；主菜$5~12；⊙周一至周四及周六 9:30~18:00，周五 至21:00；📶🍴）各路美食专家和摊贩们出售加工好了的食物。这里的很多摊位都有颇具民族特色的菜肴，从日料小吃、加勒比及智利风味到丰盛的波兰菜和斯里兰卡美食，应有尽有，令人难以抗拒。可在室内享用美食，也可到河边野餐。

Tall Grass Prairie
面包房 $

（见596页地图；☎204-957-5097；www.tallgrassbakery.ca；1 Forks Market Rd；主菜$4起；⊙周一至周六 7:00~21:00，周日 至18:30）🍴这个堪称当地传奇的面包店在福克斯市场占据了两个摊位，出售用马尼托巴出产的有机食材制作的可爱的烘焙食物、三明治和预加工餐食。这里的咖啡也很棒。

Peasant Cookery
法式小馆 $$

（见596页地图；☎204-989-7700；www.peasantcookery.com；100-283 Bannatyne Ave；主菜$10~28；⊙周一至周五 11:00~14:00，每天 17:00~21:00）这家诱人的小餐馆在建于1907年的仓库内，在仓库里层高很高、颇为引人注目的角落。其菜单上的食材直接取自加拿大中部富饶的乡村。这里的肉和蔬菜都是按季节供应的，最受欢迎的有蛤蜊培根意面（Clam and bacon pasta）和牛腩。午餐一般会供应熏牛肉三明治及汉堡。

贸易区和周边

夏季的夜晚，在贸易区充满活力却又历史悠久的街道上找一个时髦的地方，坐在其户外，是难得的乐事。在这里可以寻见整个温尼伯最富创意的餐馆，及温尼伯小小的唐人街上的中国风味。

★ King + Bannatyne
三明治 $

（见596页地图；☎204-691-9757；www.kingandbannatyne.com；100 King St；主菜$9起；⊙周一至周六 11:00~21:00）这家繁忙且随性的小馆制作的手切肉馅三明治堪称完美。这里只有5种馅料选择（牛腩、熏鸡肉、慢烤猪肉等），其中只有一种为非食肉顾客准备的美味选项：烤波托贝洛蘑菇配融化的波萝伏洛干酪（provolone）。取到你的三明治后，配上自制腌菜、当日例汤或者盐烤焦糖玉米花。完美！

Winnipeg Free Press News Cafe
咖啡馆 $

（见596页地图；☎204-943-0682；www.winnipegfreepress.com/cafe；237 McDermot Ave；主菜$7~12；⊙周六至周四 8:00~18:00，周五 至22:00；📶）这家出众的街角咖啡馆由温尼伯的主要日报《自由新闻》（Free Press）经营。除了美味的早餐（自制格兰诺拉麦片）和午餐——包括著名的手撕猪肉三明治，这里还充满了明显的新闻氛围。不但经常有记者在一些餐桌旁做采访，还会定期安排围绕当地问题展开的对谈和本地及周边音乐家的演出。

★ Deer + Almond
创意菜 $$

（见596页地图；☎204-504-8562；www.deerandalmond.com；85 Princess St；主菜$12~25；⊙周一至周六 11:00~15:00和17:00~23:00）贸易区最具创意的餐馆菜单经常变化，大厨曼德尔大胆尝试搭配各种食材，这让他成为人们眼中疯狂的天才。然而这一切最终碰撞出了美味组合：野生红鲑鱼（Sockeye）配樱桃、童子鸡配枫酱……这里的鸡尾酒和啤酒也不会让你失望，离开之前别忘了尝试一下甜点，非比寻常。

Kum-Koon Garden
中国菜 $$

（见596页地图；☎204-943-4655；www.

kumkoongarden.com; 257 King St; 主菜 $4~20; ◎11:30~22:00) 好吃的点心就装在一辆小推车里面，被推着在大厅里穿梭，为这家唐人街上的餐馆吸引了大批忠诚的常客。就餐环境稍有不佳，比如厨房里传出的用刀剁鸭子的声音，但是，在你浏览大厚本菜单的时候几乎不会注意到这些。菜量很大，足够几个人吃——这就是你看到每个人离开时都带着许多小饭盒的原因。

圣博尼法斯区

圣博尼法斯迷人的老街区内有一些不错的小餐馆，它们展现了当地法裔的特色，并擅长制作疗愈美食。餐馆都在从市中心出发、过河后步行20分钟以内的范围。

★ Marion Street Eatery 加拿大菜 $

(☎204-233-2843; www.marionstreeteatery.com; 393 Marion St; 主菜 $12~15; ◎周一及周二 11:00~20:00, 周三至周六 7:00~20:00, 周日 9:00~14:00; P🐕📶) 这里的装饰颇具工业风格，马蹄形的吧台边有许多位置，可供单人用餐，这家繁忙的餐馆的宗旨是饮食至上。高糖和高碳水化合物食物是这里的主打菜，从早餐的苹果威士忌薄饼到超级培根、生菜加番茄三明治，以及可能是马尼托巴最好的芝士通粉（mac 'n' cheese），应有尽有。

Pasquale's 意大利菜 $$

(☎204-231-1403; www.pasqualesrest.com; 109 Marion St; 主菜 $14~29; ◎周一至周五 11:00~22:00, 周六 16:00开始营业) 经典的搭配红色酱汁的意大利食物总是令这家家庭餐馆被挤得水泄不通。这里的贻贝和薄饼比萨非常棒，不过茄汁肉卷（cannelloni）也算是这家餐馆不起眼的最美味食物。饭菜的分量相当足。天气好的时候，可以在屋顶平台上就餐，让自己沐浴在大草原的闪烁星光之中。

奥斯伯恩村和Corydon Ave

温尼伯的一些时髦餐馆都聚集在靠近市中心的奥斯伯恩村；这里还有一些不错的酒馆，数量是餐馆的两倍。

Corydon Ave高雅的街道上排列着各种类型的餐馆，这条大道正好穿过温尼伯最古老又最讨人喜欢的街区。靠近中间的位置有一连串咖啡馆，它们构成了小意大利区（Little Italy），大部分咖啡馆都带露台，是享受一杯浓咖啡的好地方。

Baked Expectations 咖啡馆 $

(☎204-452-5176; www.bakedexpectations.ca; 161 Osborne St; 主菜 $9~19; ◎周五至周四 11:30至午夜，周五和周六 至次日1:00; 🐕📶) 这间讨喜的咖啡馆主打令人迷失的烘焙美味和各种简餐。

Sherbrook Street Deli 洁食 $$

(☎204-615-3354; www.sherbrookstreetdeli.com; 102 Sherbrook St; 主菜 $6~11; ◎10:00~20:00; 🐕) 这家著名的洁食熟食店复刻了纽约熟食店的风格，混搭以马尼托巴食材及摇滚背景音乐。面丸子汤绝对是顶级的慰藉食物，三明治也同样出色，从熏肉及粘在黑麦面包上的芥末酱到熏鲑鱼及奶油芝士，再到腌鲱鱼配酸奶油，无一不美味。

★ Segovia 地中海菜 $$

(☎204-477-6500; www.segoviatapasbar.com; 484 Stradbrook Ave; 小吃 $5~16; ◎周三至周一 17:00~23:00) Segovia在一栋整修得颇为时髦的老房子内，虽然紧挨着喧闹的Osborne St，却是个安静之处，这里的葡萄酒和鸡尾酒种类繁多，你可以一边在露台上品酒，一边享用精致的小份菜肴，如香煎扇贝配柠檬蒜蓉（gremolata）及三文鱼脆玉米饼（tostada）配墨西哥辣椒酱（chipotle aioli）。

Black Rabbit Bistro & Lounge 创意菜 $$

(☎204-615-1130; www.blackrabbit.menu; 135 Osborne St; 主菜 $15起; ◎11:30至次日2:00; 🐕) 这是家运动主题酒吧吗? 还是家颇具品味的酒馆? Black Rabbit努力扮演着这两种角色，这里的酒单很全面，囊括一众加拿大啤酒及世界其他地方的葡萄酒，还设有观看比赛的大屏幕，供应有鞑靼牛肉，橘汁腌海鲜和其他美味小菜，以及颇具创意的薄皮比萨。

Sushi Ya 寿司 $$

(☎204-452-3916; 659 Corydon Ave; 主菜 $13~22; ◎周一至周五 11:30~22:00, 周六及周日至21:00; 📶) 这家寿司店拥有Corydon Ave沿

街典型的活泼店面，经典的寿司卷及其他美食令前来光顾的当地人络绎不绝。这里的炸豆腐赢得了满堂彩，还有一种辣泡菜有点韩国料理的味道。

饮品和夜生活

最好的去处都集中在奥斯伯恩村和贸易区。可以找找当地的"加里堡"（Fort Garry）和"半品脱"（Half Pints）微酿啤酒。

★ King's Head Pub　　　　　　　　　小酒馆

（见596页地图；☏204-957-7710；www.kingshead.ca; 120 King St; ⊙11:00至次日2:00; ）带着朦胧的英伦风情，在怡人的夜晚，聚集着大批顾客的路边餐桌会成为贸易区里的不二选择。店内随处可见未经加工又略显杂乱的木头。这里可能会相当吵（提示：这里并不合适浪漫的约会哦）。

Tavern United　　　　　　　　　　　　酒吧

（见596页地图；☏204-944-0022; 345 Graham Ave; ⊙正午至深夜）屋顶平台也十分宽敞，能看到MTS Centre。这里充满了运动酒吧的氛围，而且在喷射机队进行主场比赛时会掀起狂潮。

☆ 娱乐

除了最受欢迎的冰球，温尼伯令人难忘的艺术和文化环境也为这座城市赢得了当之无愧的赞美。这里还造就了尼尔·杨（Neil Young，加拿大摇滚艺术家）。

现场音乐

★ Times Chang (d)

High & Lonesome Club　　　　　　现场音乐

（见596页地图；☏204-957-0982; www.highandlonesomeclub.ca; 234 Main St; ⊙19:00至深夜）在这家喧闹、随意而实在的复古小店里，酒吧音乐、乡村音乐、摇滚乐和蓝调风格的周末乐队经常即兴演出，啤酒和威士忌则无处不在。不要错过周日晚上的即兴演奏会。

Windsor Hotel　　　　　　　　　　　现场音乐

（见596页地图；☏204-942-7528; 187 Garry St; ⊙19:00至深夜）传统的Windsor是温尼伯领军的现场蓝调音乐演出酒吧。有些晚上会安排开放式舞台表演。周末还有乐队演出。这里的演出颇具本地特色，褒贬不一，要看你的喜好了。

牵动着家乡的喷射机队

1996年，温尼伯深受喜爱的国家冰球联盟（National Hockey League, 简称NHL）球队——温尼伯喷射机队（Winnipeg Jets）决定南迁，而且并不是暂时的冬天南迁，是永远的迁往南部。温尼伯冰球迷们（基本包括镇上的每一个人）的心都碎了。为了追求电视转播的收益，这支球队迁到了菲尼克斯，并改名为野狼队（Coyotes）。

与此同时，马尼托巴各地的冰球迷也在祈祷、恳求、希望并计划着能有一支名叫喷射机的新球队。2011年，温尼伯乃至全省的心声终于得到了回应。真北体育娱乐公司（True North Sports & Entertainment）买下了败绩连连的亚特兰大NHL球队——鸫鸟队（Thrashers），并把它迁到了温尼伯。作为巨型球场MTS Centre的经营者，真北拥有充分的理由去购买一支球队，以确保能在为冰球而疯狂的温尼伯卖球票。这场赌博赢得毫无悬念，重生的喷射机队赛季门票被一抢而空，甚至刷新了纪录。

虽然重生的喷射机队在赛季前期是否能在冰上赢得胜利还很难说，但门票销售的势头很猛，而且在进行主场比赛的日子里，温尼伯也会变得热闹非凡、激情四射。深受球迷喜爱的吉祥物——驼鹿米克E（Mick E Moose）取自小联盟球队——马尼托巴驼鹿队（Manitoba Moose），在失去了喷射机队的数年间，这支球队一直在温尼伯打比赛。现在它的装束还包括一个老式的飞行员头盔。

还有一项传统是"白服"（White Out），这要求球迷在喷射机队打季后赛时穿着全白的衣服，当然这需要喷射机队打进季后赛再说。

表演艺术

温尼伯交响乐团
古典音乐

(Winnipeg Symphony Orchestra; 见596页地图; ☎204-949-3999; www.wso.ca; Centennial Concert Hall, 555 Main St; 票价 $20~60; ⊙9月至次年5月)这里会有古典音乐演出,珍·亚顿(Jann Arden)及席娜·伊斯顿(Sheena Easton)等歌手也会在这里登台献艺。

温尼伯皇家芭蕾舞剧团
芭蕾舞

(Royal Winnipeg Ballet; 见596页地图; ☎204-956-2792; www.rwb.org; Centennial Concert Hall, 555 Main St)这里享有的国际声誉意味着在世纪音乐厅(Centennial Concert Hall)上演的演出十分受欢迎。

马尼托巴歌剧院
歌剧

(Manitoba Opera; 见596页地图; ☎204-942-7479; www.manitobaopera.mb.ca; Centennial Concert Hall, 555 Main St; 票价 $35~115; ⊙11月至次年4月)这里的演出包括各种经典剧目如《费加罗的婚礼》(*The Marriage of Figaro*)到新剧首映,如《马斯奈·维特》(*Massenet Werther*)。

马尼托巴戏剧中心
剧院

(Manitoba Theatre Centre; 简称MTC; 见596页地图; ☎204-942-6537; www.mtc.mb.ca; 174 Market Ave)这家公司在主舞台上演大众喜爱的演出,并在MTC仓库上演更加大胆的作品。

MTC 仓库
剧院

(MTC Warehouse; 见596页地图; ☎204-956-1340; www.mtc.mb.ca; 140 Rupert Ave)会有先锋戏剧作品在这里上演。

马尼托巴青年戏剧中心
剧院

(见596页地图; ☎204-942-8898; www.mtyp.mb.ca; 2 Forks Market Rd; 票价 $20; ⊙10月至次年4月)马尼托巴青年艺术中心更具先锋特色,在热情洋溢的儿童表演中采用了更为斑斓的布景,这样成人也不会打瞌睡。

运动

★ 温尼伯喷射机队
冰球

(Winnipeg Jets; ☎204-987-7825; www.nhl.com/jets; MTS Centre; 260 Hargrave St; ⊙9月至次年4月)整个马尼托巴都为喷射机队而疯狂,他们的主场是MTS Centre。每场比赛都喧闹不已,门票经常售罄。可以四处打听一下能否买到门票。

MTS Centre
体育场

(见596页地图; ☎204-987-7825; www.mtscentre.ca; 260 Hargrave St)这所现代的体育场位于市区,常常举办音乐会和体育比赛。

🔒 购物

贸易区挤满了艺术画廊和时髦的商店。奥斯伯恩村和Corydon Ave是随意逛逛的好地方(尤其是后者沿线的Lilac St一带)。Academy Rd则聚集着高端精品店。

Red River Books
书籍

(见596页地图; ☎943-956-2195; 92 Arthur St; ⊙周六至周二 10:00~17:00, 周三至周五至19:00)毫不夸张地说,这里有成堆的二手书、动漫及各类杂书集锦,是文学作品的宝库。

Mountain Equipment Co-Op
运动及户外用品

(简称MEC; 见596页地图; ☎204-943-4202; www.mec.ca; 303 Portage Ave; ⊙10:00~21:00)加拿大很受欢迎的户外用品商店,出租徒步和露营装备、皮划艇、雪地鞋等。

ℹ️ 实用信息

马尼托巴探索中心(Explore Manitoba Centre; 见596页地图; ☎204-945-3777; 25 Forks Market Rd; ⊙10:00~18:00)这是马尼托巴省信息中心,位于福克斯区。这里有大量关于温尼伯及马尼托巴省其他地区的信息。

千禧年图书馆(Millennium Library; ☎204-986-6450; http://wpl.winnipeg.ca/library; 251 Donald St; ⊙周一至周四 10:00~21:00, 周五和周六至18:00; 📶)有免费Wi-Fi和可以上网的电脑。

Tourisme Riel(☎204-233-8343; www.tourismeriel.com; 219 Blvd Provencher; ⊙9:00~17:00)圣博尼法斯游客信息中心,专门介绍法语区的景点。

ℹ️ 到达和离开

飞机

温尼伯国际机场(Winnipeg International Airport;

YWG；www.waa.ca；2000 Wellington Ave）的航站楼相当奢华，位于市区以西10公里处，交通便利。这里有航班飞往加拿大各城市，如多伦多、蒙特利尔、卡尔加里及温哥华和美国主要交通枢纽城市。地区性运输公司则承担着边远地区的行程，包括丘吉尔。

长途汽车

灰狗长途巴士（Greyhound）停靠在温尼伯国际机场的一个**航站楼**（☎204-949-7777；www.greyhound.ca；2015 Wellington Ave）。

火车

加拿大国家铁路公司（VIA Rail）运营的横贯大陆的"加拿大号"（Canadian）列车从**联合车站**（Union Station；123 Main St）出发，每周朝两个方向各开出3班。去往丘吉尔港的"哈得孙湾号"行程乏味且漫长，每周2班，途中会经过汤普森。

❶ 当地交通

从市区步行去往任何一个周边街区都不难，还能发现许多乐趣。如果天公不作美，可以走连接着市区建筑的地下和地上人行通道。

公交车

温尼伯公交（Winnipeg Transit；☎204-986-5700；www.winnipegtransit.com；成人/儿童 $2.65/2）在本区域运营有广泛的公交线路，基本上都交汇在福克斯街。可以换乘，准备正好的零钱。有免费的市中心精灵（*Downtown Spirit*），每天3班，将福克斯、贸易区的Portage Ave和唐人街连接了起来。

小汽车和摩托车

市区的路旁停车位（18:00后免费）和停车场相当多。汽车盗窃在联合车站（Union Station）很常见，如果你要乘火车，最好把车停在市区的封闭式停车场内。

若要开车前往温尼伯，有些耗时的加拿大横贯公路（Trans-Canada Hwy）正好穿过市区。你也可以经环形的Hwy 100绕开这条路，尽管城市西边、东边和南边的郊区公路总是拥堵不堪。

水上出租车

乘坐由**River Spirit**（见596页地图；☎204-783-6633；www.splashdash.ca；单程/一日通票$3.50/20；⏱7月和8月 周一至周三 正午至21:00,周四至周日 至23:00）运营的水上出租车穿行于福克斯区、立法大楼、奥斯伯恩村、圣博尼法斯区和贸易区之间，你可以从一个新的视角来欣赏这座城市。

温尼伯周边
（AROUND WINNIPEG）

下加里堡（Lower Fort Garry）

红河岸上规模庞大的石墙环绕着唯一一座保存下来的石头**堡垒**（☎204-785-6050；www.parkscanada.ca/garry；5925 Hwy 9；建筑成人/6~16岁 $8/4；⏱建筑 5月至9月 每天 9:30~17:00，庭园全年开放）。它建于毛皮贸易盛行时期，现在依旧完好无缺。城墙矮得不可思议，令人不禁疑惑当初它是如何抵御外敌入侵的。堡垒经过完美的修复重现了19世纪中期的景象，身着当时服饰的导游令参观过程更显生动有趣。这个令人愉快的地方很像公园，位于温尼伯东北32公里处。

橡树冈湿地
（Oak Hammock Marsh）

橡树冈湿地（☎204-467-3300；www.oakhammockmarsh.ca；Rte 200, Hwy 67；成人/3~17岁 $8/6；⏱10:00~16:30）正好位于马尼托巴省南部湿地的中央，这里是几十万种鸟类的栖息地及迁徙目的地，也是附近最好的禁猎区之一。春季能观察到很多种鸟类，秋季则可以看到多达40万只野鹅。只有游客中心及铺架在水面上的步道需要购买门票，一系列短途步道则是免费开放的。把你的车钥匙留在接待台，可以换取一个双筒望远镜。

温尼伯湖（LAKE WINNIPEG）

自20世纪20年代以来，加拿大第五大湖的南端一直都是度假的地方。白色的沙滩、持久的阳光和海洋般广阔的大湖为所有温尼伯人带去了"到海边去"的错觉。夏季，这里极受欢迎，然而，到了冬季，当白沙滩被雪花覆盖，湖面也结冰了的时候，它几乎就会变得空无一人。南岸沙滩小镇中最具魅力的当属吉姆利，附近的赫克拉则是20世纪20年代冰岛

大草原的灵魂：路易斯·里尔

路易斯·里尔于1844年出生在红河，就在离今天的温尼伯不远的地方。他成为梅蒂斯人的领袖，这些人像他一样，都是原住民和欧洲人所生的混血儿。他为保护梅蒂斯人的权利而战，并在他们的支持下领导了红河起义（Red River Rebellion），为他们赢得了政治权利，但这也使他自己被流放到了美国。最终里尔返回加拿大，而在1885年，他因叛国罪受审，并被处以绞刑。

每年2月的第三个周一是纪念里尔的省立假日。你在马尼托巴省和萨斯喀彻温省能发现很多里尔的遗产。里尔故居（见597页）是他出生的地方和家庭住宅，被处决后他的遗体被送回了这里，而里尔墓（见597页）则在圣博尼法斯教堂里。

可以去看看季节性演出的剧目《路易斯·里尔的审判》（Trial of Louis Riel；见624页），以戏剧形式表现他因叛国罪而受审的过程。另外，巴托什（Batoche；见640页）是他最后一次战斗的地方。

遗址的极佳范例。

你可以在赫克拉磨石省立公园观赏鸟类及动物，在**格兰德湖滩省立公园**（Grand Beach Provincial Park; ☎204-754-2212; Hwy 12）内徒步，那里有数百种鸟都在利用湖滩后面的潟湖和附近高达12米的沙丘。那里也是马尼托巴最繁忙的露营地之一（露营地 $12~24，房车营地 $16~29），也就是说，公园内可能相当嘈杂。

周围的大部分土地，以及温尼伯湖和马尼托巴湖（Lake Manitoba）及温尼伯戈西斯湖（Lake Winnipegosis）之间的区域，又名湖间区（Inter lake），大多归私人所有，也许能租到度假小屋。很多小镇和村庄全年都颇具生机，所以到处都能找到规范的汽车旅馆和民宿。

吉姆利（Gimli）

从表面上看，它似乎是另一处老套的旅游陷阱，但是在媚俗和低级趣味的外表下是颇具历史意义的吉姆利（冰岛语中"众神之乡"的意思）。1875年，有1000多名来自冰岛的移民来到这里定居，建立了"新冰岛"，如今这座整洁的小镇依然保留着颇具魅力的文化遗产。

新冰岛遗产博物馆（New Iceland Heritage Museum; ☎204-642-4001; www.nihm.ca; 94 1st Ave; 成人/儿童 $7/6; ◎6月至8月 10:00~16:00）装满了历史记录和人工制品，这些展品讲述了一个不被看好的民族在加拿大一处更不被看好的地方定居的故事。去湖边找找巨大的**维京海盗雕像**（Vikingstatue）吧，那是吉姆利镇上最具代表性的冰岛遗产。

HP Tergesen & Sons（☎204-642-5958; 82 1st Ave; ◎周一至周六 10:00~18:00）这家杂货店自1899年一直经营至今，在当地历史中有着重要的地位。

✿ 节日和活动

Islendingadagurinn   文化节

（www.icelandicfestival.com; ◎8月上旬）是一个很受欢迎的省立节日，届时一切都会与冰岛有关，活动包括冰岛舞（Islendingadance）、冰岛游戏和现场音乐[没有比约克（Björk）]，维京战役表演及焰火，当然还有一大群金发的人进行以冰岛为主题的大游行。

🛏 食宿

Lakeview Resort   酒店 $$

（☎204-642-8565; www.lakeviewhotels.com; 10 Centre St; 房间 $130~170; P ❋ ⓦ ≋）在阳台上可以感受到来自湖面的微风，这家大酒店的房间十分宽敞，风格平实，房间内配有卫星电视及咖啡机。虽然在这里你可能没法刷你的社交媒体，但你可以充分享受湖滨舒适体验。

Autumnwood Motel & RV Resort   汽车旅馆 $$

（☎204-642-8835; www.autumnwoodre

sort.com; 19150 Gimli Park Rd; 房间 $100~160; P❄❈❄）位于城外，有17个标准间，皆以多变的色彩为装饰。它被绿树环抱，环境很安静。

✗ 餐饮

Ship and Plough　　　　酒吧餐 $$

（☏204-642-5276；42 Centre St；主菜 $13~26；⊙周一至周四 正午至23:00，周五和周六 至次日2:00；❄）你可以在这间舒适的酒吧里品尝自制的烘肉卷、炸鱼薯条、肉排及墨西哥鱼肉卷，周末还可以欣赏现场音乐。这里没有饮品单，但可以试试经典的鸡尾酒，品质很有保障，啤酒鸡尾酒（beergaritas）及几款本地精酿也很不错。

★ Flatland Coffee Roasters　　咖啡

（☏204-651-0169；40 Centre St；咖啡 $2.50 起；⊙7:00~17:00）与吉姆利小镇相比，这里显得非常酷，咖啡店的店招上写着"这是那家最好的咖啡店"。这儿也确实名副其实，无论你是点意式浓缩、拿铁还是法布基诺（frappuccino），他们都能用埃塞尔比亚沃卡、哥伦比亚诺迪安德地或其他各种异域咖啡豆烹制出完美的咖啡。行家必人。

赫克拉/磨石省立公园（Hecla/Grindstone Provincial Park）

在远离温尼伯湖的俗气喧闹的一座岛上，分布着一片天然绿洲，它展现了马尼托巴本质的一面。在这些岛屿、沼泽和森林中满是鹿、驼鹿、海狸和熊。可在草关沼泽（Grassy Narrows Marsh）略作停留，那里的观鸟步行小径离公园入口很近，沿路可前往庇护站和塔楼，塔楼非常适合眺望栖息地的景色。小型的讲解中心（Interpretive center; www.manitobaparks.com; Village Rd, Hecla School; ⊙7月及8月 周六 14:00~16:00，周日 11:00~15:00）位于赫克拉学校内，可为游客提供相关信息。

完美如画的赫克拉传统历史村（Heritage Historic Village; Village Rd; 驾驶游览门票 $5）自1876年以来一直都是有人居住的冰岛殖民地。你可以进行1公里长的自助式游览，参观古老的湖畔建筑，它们大多使用至今，也可以去湖边观赏下盘桓在渔船附近的鹈鹕。去赫克拉学校询问下赫克拉岛遗址家园博物馆（Hecla Island Heritage Home Museum），那里是仿20世纪20年代重建的冰岛移民村。

除了赫克拉村本身，赫克拉岛附近还有众多步道，赫克拉岛遗址家园博物馆里有相关的详细信息，驾车游览赫克拉岛需要购买驾驶许可证。

Solmundson Gesta Hus Bed & Breakfast（☏204-279-2088; www.hecla.ca; Village Rd; 房间 $95~110; P❄❈❄❄）是一栋漂亮且颇具历史的住宅，有一个热水浴缸。房子周围环绕着修剪整齐的花园。位于湖畔，教堂的正北面。

马尼托巴省东南部（SOUTHEASTERN MANITOBA）

从温尼伯往东，大草原典型的平坦开阔与大湖（Great Lakes）地区典型的森林和湖泊交融在一起。马尼托巴省东部地区与相邻的安大略省拥有同样的起伏不平的林地地貌，不过大部分游客都会匆匆穿过凯诺拉（Kenora）及更远的地方。

白贝壳省立公园（Whiteshell Provincial Park）

在白贝壳省立公园（www.manitobaparks.com）内的平原冒出来的覆盖着松树的丘陵地带，预示着苍翠森林、清澈湖泊和安大略省北部的加拿大地盾即将映入你的眼帘。

这座公园相当商业化，每隔几公里就能看到度假村和商店，较大的中心还设有公园办事处。不过这里仍有脱俗之处，你可以挑战长度各不相同的徒步小径——最长的是需要耗时6天、长达60公里的曼塔里奥（Mantario）——和独木舟路线[其中最受欢迎的是茶叶罐湖（Caddy Lake）的隧道]。

公园内散布着上百处露营地。Falcon Lakeshore Campground（☏204-948-3333; www.gov.mb.ca; 露营地 $12~24，房车营地 $16~29）颇为宽敞，且设备齐全，绿树成荫，从湖滨步行一小段路即可到达。Big Whiteshell Lodge（☏204-348-7623; www.bigwhiteshelllodge.com; Hwy 309; 小屋 $175~250）有一

些豪华小木屋，可供2~6个人居住，坐落在安静的森林之中，位于大白贝壳湖（Big Whiteshell Lake）的湖岸上，就在Rte 309的尽头处。

马尼托巴省西部
(WESTERN MANITOBA)

位于温尼伯和萨斯喀彻温省之间的马尼托巴省似乎是广阔无垠的农业大省，你只能到处绕路，去欣赏容易被忽略的自然美景，如令人惊喜的沙丘、英格利斯（Inglis）那颇具氛围的20世纪火车升降机，它们分布在Hwy 16沿线。

赖丁山国家公园里密布着森林和湖泊，这使其成为最佳消夏胜地，人们可以在这里徒步、骑行、划艇，在这里还有可能看到野牛。

布兰登（Brandon）

人口 46,061

马尼托巴省的第二大中心是一座极具吸引力的住宅城，其历史悠久的市区被阿西尼博因河（Assiniboine River）一分为二。

从河岸发现中心（Riverbank Discovery Centre; ☎204-729-2141; www.brandontourism.com; 545 Conservation Dr; ⊙8:30~20:00）开始你的河畔漫步之旅吧，这里有许多不错的游览信息。

布兰登东边的加拿大皇家炮兵博物馆（Royal Canadian Artillery Museum; ☎204-765-3000; www.rcamuseum.com; Hwy 340, Shilo; 成人/学生 $6/4; ⊙10:00~17:00）值得一看，它主要展出几个世纪以来的各种兵器。

虽然Redwood Motor Inn（☎204-813-6998; www.redwoodmotorinn.ca; 345 18th St N; 双 $72; ）并不会获什么建筑奖项，但依然非常整洁舒适，物有所值，房间内部配备了平板电视及私人卫浴。这里是长途旅行的最佳休憩之处。

Chilli Chutney（☎204-573-9310; www.thechillichutney.ca; 555 34th St; 主菜 $12~15; ⊙周一至周五 11:30~21:00，周六 正午至22:00，周日 16:30~21:30; ）位于布兰登的西端，在这家朴实无华的餐厅可以品尝到正宗的东印度风味，弥补了餐厅氛围上的不足。果阿咖喱虾完美地结合了美味与刺激，馕饼堪称完美，自助餐（午餐/晚餐 $14/17）非常物有所值。

布兰登位于温尼伯以西214公里处，加拿大横贯公路旁，这里有一个灰狗长途巴士（Greyhound; ☎204-727-0643; 141 6th St）车站。每日会有往返温尼伯与里贾纳（Regina）之间的大巴途经此处，双方向各一次。

赖丁山国家公园（Riding Mountain National Park）

高高耸立的赖丁山国家公园（☎204-848-7275; www.parkscanada.ca/riding; 成人/儿童 $8/4）犹如大草原上的幻象，它占地超过3000平方公里，由北方针叶林、深深的山谷、巍峨的山区和高山湖泊组成。游览1小时或者整整一周时间，你都会有所收获。起自奥南道尔（Onandole）的354号土路通往野牛围场（Bison Enclosure），你可以在路上或观赏点看到这些庞然大物们，甚至有可能看到熊或驼鹿。

公园的大部分地区都是旷野。沃萨加明（Wasagaming）位于与之同名的清水湖（Clear Lake）的南岸，这座完美的夏季小镇几乎家喻户晓。

✱ 景点和活动

Hwy 10 和 53公里的路程正好位于公园的中间，公园内遍布无数徒步、骑行路线和骑马小径。徒步路线长短不一，选择范围十分广泛，从1公里长的湖畔小径（Lakeshore Trail），到17公里长、需要穿过森林和草甸，最终到达环保斗士格雷·奥尔（Grey Owl）居住的小屋的艰苦行程。

站立式单桨冲浪和皮划艇（kayaking）都很棒，能提供沿岸观赏野生动物的机会。可从Clear Lake Marina（☎204-848-1770; www.theclearlakemarina.com; Wasagaming Pier; 每小时 $19起; ⊙5月至9月）租用相关设备。

Elkhorn Resort旁边的Elkhorn Riding Adventures（☎204-848-4583; www.elkhornridingadventures.com; 沿路径骑马游览 $40起）除了度假村本身，还为旅行者提供骑马（赖丁

草原上的鲜花：马尼托巴省的小镇

马尼托巴省杂乱无章的乡村公路是信步而行、随性探索的理想选择。很多公路都通往值得花时间一游的小镇。这里列出的就是我们最喜欢的几个：

卡曼（Carman）这里有壮丽的河流风光，沿着5公里长的步行小径，朝温尼伯西南方向行进1小时即可到达。

明尼多萨（Minnedosa）完美的Main St上有Dairy Isle冰激凌摊和一家保龄球馆。

莫登（Morden）拥有砖砌建筑、一间粮仓、加拿大化石发现中心（Canadian Fossil Discovery Centre）和马尼托巴棒球名人堂（Manitoba Baseball Hall of Fame）的南部小镇。无须多言。

尼帕瓦（Neepawa）绿树成荫的街道和老房子意味着这座小镇经常获得马尼托巴省最美城镇的称号。留意这里的自摘浆果农场。

挪威豪斯（Norway House）沉浸在历史之中规模巨大的克里人社区，位于温尼伯湖与世隔绝的北岸。

雪湖（Snow Lake）位于雪湖湖畔的风情小镇，就坐落在Hwy 10的正北面，建有矿业博物馆，路边经常能看到熊的粪便。

斯通沃尔（Stonewall）这里有悬挂着的篮子、宁静的氛围和采挖石灰岩所形成的游泳场，位于温尼伯以北1小时路程处。

维多利亚湖滩（Victoria Beach）位于温尼伯湖东岸，一直是最为绿色的村庄。以小屋为主的镇中心限制车辆通行（可以步行或骑车），这里拥有温尼伯沙子最多的湖滩。

山的字面意思为"骑马山"）的机会。

食宿

允许野外露营，详情可咨询游客中心。沃萨加明有很多汽车旅馆和出租小屋，其中有些全年营业。

公园内有600处露营地，其中Wasagaming Campground最受欢迎，Lake Audy有很多野生动物，Whirlpool Lake位于密林之内，从停车场步行50米即到。

Idylwylde Cabins　　　　　度假屋 $$

（☏204-848-2383; www.idylwylde.ca; 136 Wasagaming Dr, Wasagaming; 小屋 $105~245; ❄️📶）这些小巧可爱、配备齐全的小屋从紧凑质朴到安有按摩浴缸的豪华房型，一应俱全。

Elkhorn Resort　　　　　度假屋 $$

（☏204-848-2802; www.elkhornresort.mb.ca; Mooswa Dr W, Wasagaming; 房间 $144~259; ❄️🏊📶🐕）如果喜欢私人木屋、汽车旅馆式的房间、丰富多彩的活动及超棒的牛排餐厅，这里绝对是不二之选。

Whitehouse Bakery　　　　　面包房 $

（☏204-848-7700; www.whitehousebakeryclearlake.ca; 104 Buffalo Dr, Wasagaming; 小吃 $3起; ⊙5月至9月 8:00~16:00）从绵软的肉桂面包到卷饼、意式三明治及沙拉，一应俱全，这里是采购野餐补给的好去处。

实用信息

漂亮的**游客中心**（Visitor Center; ☏204-848-7275; Wasagaming Rd; ⊙7月和8月 9:30~20:00，5月、6月、9月和10月 至17:00）建于20世纪30年代，里面有令人印象深刻的立体地图、极为实用的《游客指南》（*Visitor Guide*），还能提供边远地区的通行证。

马尼托巴省北部 （NORTHERN MANITOBA）

"北纬53度"，当多湖的林地慢慢过渡为遥远的北方寸草不生的苔原，粗犷自然美的远比便利更有吸引力。丘吉尔港附近成群结队的野生动物无疑是该地区最大的吸引力，足以成为你北上的理由。此外，声名在外的还有号称"狼都"的汤普森，与丘吉尔港的"北极熊之都"相呼应。皮修瀑布省立公园（Pisew Falls Provincial Park; www.manitobaparks.ca; Hwy 6）位于Hwy 6沿线，汤普森西南方80公里处，可以在这里停一站，感受从峡谷中喷薄而出的瀑布，享受一下扑面水雾吧。

帕斯（The Pas）

帕斯（发音为pah）曾是北美原住民和欧洲皮货商的传统集合地，如今则是有用的停靠点，能让你在北方旅行中享受一些服务。

机场附近的清水湖省立公园（Clearwater Lake Provincial Park; ☎204-624-5525; www.gov.mb.ca）是鹈鹕的天堂，那里有一条景色优美的步道。

北马尼托巴诱捕者节（Northern Manitoba Trappers' Festival; ☎204-623-2912; www.trappersfestival.com; ◎2月中旬）是庆祝当地文化传统的节日，届时将举行一系列喧闹的冬季活动。

Hwy 10沿线坐落着很多汽车旅馆。在Andersen Inn & Suites（☎204-623-1888; www.anderseninn.com; 1717 Gordon Ave; 房间$129; ）你可能没法刷社交媒体，房间隔音也有待改善，但这里整洁舒适，还带有一个小游泳池。Miss the Pass（☎204-623-3130; 158 Edwards St; 主菜$8起; ◎周一至周六7:00~19:00）有一种狩猎者小屋的氛围，能提供美味而丰盛的饭菜，让你为之后的探险活动做好准备。

帕斯距弗林弗伦（Flin Flon）140公里，离汤普森392公里。

加拿大国家铁路公司运营的慢车会在帕斯的火车站（380 Hazelwood Ave）停靠，列车南至温尼伯，北达丘吉尔港，途经汤普森。

汤普森（Thompson）

20世纪50年代，矿业团体在北方森林之中造就了汤普森。这座城镇位于通往丘吉尔港的沿途，本身缺乏魅力，不过也有两处亮点。它近年来新被冠以"世界狼城"之名，这里有一座北方探索中心（Boreal Discovery Centre; www.borealdiscoverycentre.org），游客们可以了解到这些捕食者的全部信息，它们经常出没于城镇四周的荒野。此外，这里还有这片北方森林里其他动物的信息。新规划的精灵之路（Spirit Way; www.thompsonspiritway.ca）将

粮仓升降机

粮仓的红色、鲜亮的白色、深夜的黑色和拖拉机的绿色；简单直接却令人印象深刻；功能性与形式感兼具：和里面储藏着的麦谷一样，它们标志着典型的草原景色。有升降机设备的粮仓曾是草原建筑的最佳典型。

自1880年推行粮仓制度以来，到1930年，加拿大铁路沿线已经建起了7000多座竖式木制粮仓。它们将大草原变成了"世界的面包篮"，其重要性无可估量。粮仓建在铁路旁边，这是装载和分拣谷物的一次创新。它们坚实而质朴的风格还为加拿大的画家、摄影家和作家提供了灵感，在他们的作品中，这些粮仓仿佛拥有自己的灵魂。

如今的混凝土替代品就像与之相邻的连锁快餐店一样。若想看一看正在消失的过去，可以绕道前往英格利斯粮仓国家历史遗址（Inglis Grain Elevators National Historic Site; ☎204-821-6131, 204-563-2412; www.inglielevators.com; ◎6月至8月 周一至周六 10:00~18:00，周日正午至18:00）免费。一排5个谷仓正在进行修复，旨在重现最初的壮观场面。在帕特森谷仓嘎吱作响的升降机内部，展示了这些粮仓短暂的生命——由那些粮食商品交易者的狂想而导致的兴起和衰落。

英格利斯位于黄头公路（Yellowhead Hwy，即Hwy 16）以北20公里处，就在萨斯喀彻温省边界附近。

城镇重要的地标连接起来,自北方遗产博物馆(Heritage North Museum; ☎204-677-2216; www.heritagenorthmuseum.ca; 162 Princeton Dr; ◎周一至周五 9:00~17:00) 免费 一直延伸至巨幅狼壁画、狼雕像(www.thompsonspiritway.ca)及诺斯曼水上飞机(Norseman floatplane)处。

McCreedy Campground (☎204-778-8810; 114 Manasan Dr; 帐篷及房车营地 $22起; ◎5月至9月)是专为房车(RV)而建的,这里还有几处位于林间的露营地。它就在河的北面。

Lakeview Inn & Suites (☎204-778-8879; www.lakeviewhotels.com; 70 Thompson Dr N; 房间 $125~135; P🐾🌐)位于城镇中心,其典型汽车旅馆风格的房间内配有浴缸,员工十分热情,乐意为刚刚结束巴士/火车颠簸的旅客提供提前入住服务。

Holy Spice (☎204-939-3435; 146 Selkirk Ave; 主菜 $11起,自助午餐 $14; ◎6:00~21:00; 🍴)在Burntwood Inn隔壁,令人放松,这里提供加拿大早餐和正宗的印度菜,包括五花八门的素食菜肴。如果你嗜辣,一定要和服务员强调一下。自助午餐及塔利定食(Thalis)都物有所值。不过非常令人疑惑的是,招牌上还写着"葡萄"(Grapes)。

汤普森机场 (YTH, Thompson Airport; ☎204-778-5212; www.thompsonairport.ca)位于城镇以北10公里处,静空航空公司(Calm Air; 见591页)的航班从这里往返于马尼托巴省各地,包括温尼伯和丘吉尔港。

从**汽车站**(☎204-677-0360; 81 Berens Rd)出发,每天有1班灰狗(Greyhound)过夜长途汽车往返于温尼伯(Winnipeg; $108, 9小时)。去往其他Hwy 6沿线的目的地,可以去位于北方遗产博物馆内游客中心附近的汽车站。

汤普森是铺有柏油的道路的尽头,由加拿大国家铁路公司运营的列车向北开往丘吉尔港(周一、周三及周五的17:00, 16个小时),向南驶向温尼伯(周三、周五及周日的14:00, 45个小时),途经帕斯(只有周三的列车路过帕斯),行程令人昏昏欲睡。**火车站**(☎204-677-2241; 1310 Station Rd)位于离镇1公里远的工业区,那里不太安全,因此不要在此停放车辆。McReedy Campground能帮你保管车辆,而且设有去往火车站的班车(1晚/周 $8/40)。

丘吉尔港(Churchill)

人口 820

作为世界上首屈一指的"北极熊之都",丘吉尔港诱惑着人们到哈得孙湾的海岸去观赏伟大的捕食者们、白鲸、庞大而古老的石头堡垒和亚北极地区一望无际的壮丽风光。仅仅凭借其超级丰富的野生动物资源已足以将丘吉尔港安排进任何一次旅行,但还是有一些无形的因素让人们停留得更久,并把他们再一次带回这里:一种极具诱惑力的精神,令世界上的其他地方都比实际上显得离你更远。

最好的游览时间是7月和8月,还有观赏北极熊的旺季,即10月中旬至11月。而在其他时候,丘吉尔港往往寒冷而孤绝,不过这也拥有独特的吸引力。

历史

在有记载的古老海岸线上,永冻层每千年大约上升2.5厘米,这将古老的海岸线载入编年史并将附近原住民存在的证据保留了3000年之久。在欧洲人的探险过程中,丘吉尔港是加拿大最古老的地方之一。哈得孙湾公司[据说其简称HBC也意味着"比基督更早来到此地"(Here Before Christ)]于1717年在这里建立了首个前哨站。而对塞缪尔·赫恩(Samuel Hearne)和丘吉尔勋爵(Lord Churchill)这样的探险家而言,它还是寻找传说中的西北航道(Northwest Passage)途中的停靠站。丘吉尔勋爵曾担任过哈得孙湾公司的主管,也是这个小镇的同名人物。

几个世纪以来,丘吉尔港的战略位置使这里一直驻有军队。1929年,铁路的开通与巨型港口的开放将这座城镇变成了草原诸省至关重要的国际粮食航运点。

⊙ 景点

城镇本身是北方破败建筑的聚合体。可在街道上漫步、停下来仔细欣赏海滩及因纽特石碑(inukshuk)、参观超棒的博物馆,再到陆地和水面上去欣赏大自然最壮丽的风光。

★ **Itsanitaq文化博物馆**   博物馆
(Itsanitaq Museum, Eskimo Museum; ☎20

4-675-2030；242 La Verendrye Ave；捐赠入场；⊙周一13:00~17:00，周二至周六9:00至正午和13:00~17:00)这间只有一个房间的博物馆里展示着不寻常的展品，有用鲸鱼骨头、皂石及驯鹿角制成的因纽特雕刻、有上千年历史的鱼叉头、萨满及熊骨雕刻，这些都是从前因纽特时代伊格鲁利克（Igloolik）地区的图勒（Thule）和赛特（Dorset）文化中流传下来的。这里会紧紧地吸引住你，一晃几个小时就过去了。

★ 玛丽角（Cape Merry） 古迹

小镇西北方向2公里处，摇摇欲坠的墙壁后面有一门孤零零的大炮，这是玛丽角当年火炮组的唯一残留了。这里自有一番令人难以置信的美景。如果赶上了夏季，在岸边可以看到海中的白鲸。这是丘吉尔港文化之旅的一部分。

威尔士亲王堡国家历史遗址（Fort Prince of Wales National Historic Site) 古迹

尽管建造了40年之久，其大炮也从未启用过，但是这座用石头建造的星形城堡自18世纪70年代以来一直矗立在丘吉尔河对岸岩石构成的爱斯基摩角（Eskimo Point）之上，极为醒目。18世纪20年代，在英国和法国关系紧张时，哈得孙湾公司出于驻扎和战略上的考虑选择了这个地方，但是在法国人于1782年发起第一次进攻的时候，该公司就投降了，使这里成为益格鲁-马奇诺防线的先驱雏形。这是个偏僻且多蚊虫的地方，"最好不要在这里服役"可谓是真实感想。

这个城堡是由加拿大公园管理局（Parks Canada；☎204-675-8863；⊙周一至周五8:00至正午和13:00~16:00)管理的三大遗址之一，它们记载着丘吉尔港灿烂的历史。经水路去往遗址的交通由拥有执照的团队游运营商提供，门票含在团队游的费用内。

在丘吉尔港陷入严冬期间，位于堡垒以南4公里处的帆船湾（Sloop's Cove）就成了欧洲船舶的停靠港口。早期的探险家们到过此地的唯一迹象简单但是深远：他们的名字——比如塞缪尔·赫恩，18世纪时的当地总督，也是第一个经陆路到达北冰洋的人——就刻在海边的岩石上。

北极熊监狱

位于机场附近的前飞机仓库内，这个安全的地方是用来监禁有问题的北极熊的，它们通常反复地出现在丘吉尔港，并且对附近的居民造成安全威胁。除了一些北极熊家庭外，单个北极熊一般会被监禁至少30天再释放。反复作案者会被直升机带离这个区域。

沃珀斯克国家公园 公园

（Wapusk National Park；☎204-675-8863；www.parkscanada.ca/wapusk）建立这座位置偏僻的公园主要是为了保护北极熊的繁育点（wapusk在克里语中是"北极熊"的意思）及水禽滨鸟们的重要聚居地，它位于丘吉尔港东南45公里处，沿着哈得孙湾的海岸伸展开来。该公园地处北方森林和北极苔原之间，对于监测气候变化的效力具有十分重要的意义。游客中心有关北极熊的信息，游客只能通过持有执照的运营商进入公园。

约克法克特里国家历史遗址 古迹

（York Factory National Historic Site；www.parkscanada.ca/yorkfactory；⊙6月至9月）这个由哈得孙湾公司建立的贸易站位于丘吉尔港东南大约250公里处，靠近海斯河（Hayes River)，遥远得难以想象。它曾是进入内陆腹地的重要门户，活跃了273年之久，直到1957年。这里全白的建筑与荒芜的环境形成了鲜明的对比，构成了一道惊人的风景。想到达此地只能乘飞机或乘船。

猪小姐（Miss Piggy） 地标

机场外面陈列着一架柯蒂斯C-46货运飞机的残骸，它因发动机故障于1979年撞毁于此，但并没有造成死亡。因为这架货运飞机经常超载（且曾运载过一飞机的猪），所以被称作"猪小姐"。

丘吉尔堡（Fort Churchill） 古迹

坐落在起伏的岩石、季末的寒冰和参差不齐的矮树之间的丘吉尔堡是冷战时期的遗物。如果你驾车从机场向东行驶20公里，很快就能看到它，丘吉尔堡是加拿大的航天中心。1954年以来，已有3500多枚小型火箭因军事和科学任务从这里升空。

课程

丘吉尔港北方研究中心　　　野生动植物观赏

（Churchill Northern Studies Centre，简称CNSC；☏204-675-2307；www.churchillscience.ca；Launch Rd；课程 $1425起）该中心位于城镇以东23公里处的丘吉尔堡，是研究人员的活动基地。学习假期以全包式（宿舍、三餐以及当地交通）的多日课程为特色，能跟科学家们一起研究与白鲸、野花、鸟类和北极熊有关的项目。这里还开设了冬季生存、北极光和天文学方面的课程。

团队游

独自探索在丘吉尔港是不被提倡的，不仅是出于安全上的考虑，更主要的原因是专业技能。当地的导游拥有丰富的知识，能带你观赏野生动物，还能提供探索该地区所需的极其重要的背景知识。

北极熊团队游

北极熊令丘吉尔港的其他魅力黯然失色。夏季，作为团队游项目的一部分，你能看到北极熊出现在陆地上，甚至在河里及哈得孙湾。到了一年中的下半年，观赏北极熊就会成为主要活动。特殊的轻型车都装有巨大的轮胎，底盘也很高，以便在一日游（每人约$400）的探险活动中保护苔原。暖和的车厢和露天平台能为你提供很好的视野，以便观察正在捕食的北极熊。

★Lazy Bear Lodge　　　　　野生动植物游

（☏204-663-9377；www.lazybearlodge.com；夏季2夜游 $420起）有可以住宿的苔原车，也会在夏季运营多天营地外的考察游，以便研究白鲸和北极熊。超棒的白日外出活动包括皮划艇及浮潜、与白鲸亲密接触、苔原越野探险、哈得孙湾全日观鲸游船游，以及丘吉尔港及附近的文化之旅。

Great White Bear Tours　　　野生动植物游

（☏204-487-7633；www.greatwhitebeartours.com；266 Kelsey Blvd；每天 $473起）使用苔原车，但是只经营日间游览。客人需要回镇上住宿。日间游览在10月和11月，夏季偶尔安排出行。

Tundra Buggy Adventure　　　野生动植物游

（☏204-949-2050；www.tundrabuggy.com；124 Kelsey Blvd；团队游 $189~469；◎6月至11月及2月至3月）坐着苔原车去观看北极熊的开拓者们在夏天可以进行6个小时的苔原游览，10月和11月可以全天活动寻找北极熊及其他苔原野生生物。2月和3月，可乘苔原车去看极光。

丘吉尔的5个季节

在气候学术语中，丘吉尔港有3个季节：7月、8月和冬季。但是对旅行者而言，这里有5个季节：观鸟季、野花季、白鲸季、北极熊季和北极光季。

观鸟季（旺季：5月中旬至9月）有200多种鸟类将丘吉尔港当作筑巢地——包括稀有的罗斯氏鸥，或是飞往更北方途中的短暂停留地。港口边的粮仓池塘（Granary Ponds）、梅里角（Cape Merry）和鸟湾（Bird Cove）都是不错的观赏点。

野花季（6月至8月）当冰雪融化，阳光在几个月之后首次照射在土地上的时候，丘吉尔港将变得姹紫嫣红，芬芳馥郁。

白鲸季（6月中旬至8月）白鲸像海豚一样充满了好奇心，像其称号"海中金丝雀"所指的那样拥有美妙的声音。每年夏季，约3000头水亮洁白、可达4米长的白鲸就会聚集在丘吉尔河（Churchill River）中。去浮潜吧（从7月起开始）。也可在船上观赏或接近它们。

北极熊季（9月至11月下旬）旺季是10月下旬至11月下旬，不过从7月开始就能看到北极熊的身影了。

北极光季（10月至次年3月）北极光动人的浅绿—青绿—黄色跃动绝对是奇观。

陆上游和海洋游

有几家公司在夏季组织该地区的陆上游，通常是游览梅里角、丘吉尔港北方研究中心（CNSC）和废弃的导弹基地，也会组织游客参观新奇的事物，比如，失事的飞机和搁浅的船。通常几小时的费用平均为$85，看到一两头熊的可能性相当大。

海上游览通常围绕观鲸、与白鲸一起浮潜、划皮划艇等活动展开。关注鲸类安全健康问题的人们应当注意，与鲸一同游泳会被视为扰乱其生存环境与习性的行为。

冬夏两季，都会有狗拉雪橇的活动和观光飞行。

★ Sea North Tours 探险游

（☎204-675-2195；www.seanorthtours.com；39 Franklin St；团队游$105起；❂7月和8月）夏季的白鲸观赏游会使用定制的观察船和充气艇。游览通常包括威尔士亲王堡。6月初的浮冰之旅是绝佳的观鸟时机，另一个选项是在7月参加与好奇的白鲸一同浮潜的活动。此外，7月还会有皮划艇及站立式冲浪短途旅行。

★ Nature 1st 步行游览

（☎204-675-2147；www.nature1sttours.ca；团队游$95起；❂6月至8月）提供由徒步、艰苦跋涉和观鸟组合而成的半日或整日的自然游，主要探索丘吉尔港周围的4个独特的生态系统。

Blue Sky Mushing 狗拉雪橇

（www.blueskymush.com；每人$95）冬天有娱乐性强、注重安全的狗拉雪橇活动，夏天则是狗拉小车在森林巡游。行程的结尾会观看一个幻灯片，还会提供新鲜出炉的燕麦饼。

Wapusk Adventures 狗拉雪橇

（☎204-675-2887；www.wapuskadventures.com；每人$95）梅蒂斯训犬师大卫（Dave）将带你认识他那些活泼热情的哈士奇，他会讲解犬队的运作方式，然后带你乘上狗拉雪橇或者小车，进行1公里森林环形轨道巡游。

Churchill Wild 探险

（☎204-377-5090；www.churchillwild.com；多日游$9295起；❂7月至10月）这家公司拥有数间位置偏僻的小屋，要从丘吉尔港乘坐水上飞机和船才能到达。亮点是他们组织的接近北极熊的观赏游，以及所到的偏远之处，免受干扰使那里成为最理想的观赏北极光之处。

🛏 住宿

在北极熊观赏旺季，需求大增，人们甚至会提前一年进行预订，房价自然也会大幅升高。这里有不少汽车旅馆风格的酒店、一间旅社、几家民宿客栈以及一些便宜的住处。所有地方都位于镇中心，可步行抵达。露营通常是不被允许的，因为规定禁止把你自己送入熊口。大部分住宿处在12月至次年6月间歇业。

Blue Sky Bed & Sled 民宿 $$

（☎204-675-2001；www.blueskymush.com；100 Button St；房间$120，3晚套餐包含2人狗拉雪橇游$400；🛜）客栈就位于苔原的边界上，Gerald是这家的主人，他亲自带客人乘坐哈士奇拉雪橇，他勤劳的妻子Jenifar准备的早餐是镇上最好的，她做的饼干堪称本地传奇。4间温暖的房间里都装饰着北地主题的贴画，有给孩子们用的折叠床，脚边蜷着友好的哈士奇们。

Polar Bear B&B 民宿 $$

（☎204-675-2819；http://polarbearbandb.web.fc2.com；26 Hearne St；单/双$55/110；❂12月至次年4月歇业；🐾🛜）这家正是本地酒店业最好的补充，可能是镇上最接近青旅规格的一家了。3个房间（每间最多可容纳4人）都涂装成令人开心的黄色，配有北极熊样式的床榻，这里为客人提供免费的自行车，热心的主人可以帮你安排超轻型飞机观光。没有安装阻拦蚊虫的纱窗，夏天可能是个问题。

Polar Inn & Suites 汽车旅馆 $$

（☎204-675-8878；www.polarinn.com；153 Kelsey Blvd；单/双$145/165，观熊季 单和双$200起；🛜）这个拥有基本条件的汽车旅馆式单元房配有冰箱，房间像小木屋，别具一格。这里也有带小厨房的一室公寓房和设施完备的公寓，通常都会先被预订完。这里由Sea North运营，很受旅行团的欢迎。

★ Lazy Bear Lodge　　度假屋 $$$

(☎866-687-2327; www.lazybearlodge.com; 313 Kelsey Blvd; 单/双 $200/240; ❄❀)这家丘吉尔港最为舒适的旅社充分地利用了自然灾害，它完全由经森林火灾焚烧过的木桩建造而成。公共区域令人惬意，尤其是餐厅，堆着巨大的石头火炉。木板铺就的房间十分紧凑，浴室配有浴缸，服务热情周到。团队套餐预订优先，但也欢迎个人旅客。

🍴 就餐

可以尝试一些野味，如驯鹿肉或野牛肉。一定要尝尝红点鲑（Arctic char），这种当地出产的鱼非常美味，有鲑鱼和鳟鱼混合的味道。在镇上6家餐馆中，有3家特别突出。

★ Lazy Bear Cafe　　加拿大菜 $$

(☎204-675-2969; ww.lazybearlodge.com; 313 Kelsey Blvd; 主菜 $18~25; ⏰7:00~21:00; ❀❄)这里有驯鹿肉、红点鲑和野牛肉，加上本地梅子和蘑菇，这家餐厅会让你熟悉马尼托巴最好的天然野生食材。每日都有不同的创意素菜菜肴，这里有镇上唯一一台意式咖啡机（咖啡饮料都以员工名字命名）。

★ Gypsy's Bakery　　加拿大菜 $$

(☎204-675-2322; 253 Kelsey Blvd; 主菜 $8~30; ⏰7:00~21:00; ❀)这里是在丘吉尔港就餐的最佳选择。美味的烘焙食物摆在展示柜里供顾客挑选，你也可以用全自助式的菜单点菜。早餐、三明治、希腊卷饼（Gyros）配希腊沙拉及意面等美食都是一流的。乘火车离开前，最好在这里采购外卖食物，以代替加拿大国家铁路公司提供的那些东西。

Tundra Inn Lounge　　加拿大菜 $$

(☎204-675-8831; 32Franklin St; 主菜 $15~25; ⏰周二至周六 16:00至深夜; ❀❄)这里将创意菜肴与镇上最受欢迎的酒吧结合在了一起，从而成为大赢家。野生米/豆/蔬菜北极汉堡及蔬菜咖喱是不错的素食菜肴。另外，肉食爱好者可以享用驯鹿肉卷、肉排及鸡翅。

🛍 购物

Arctic Trading Company　　工艺品

(☎204-675-8804; www.arctictradingco.com; 141 Kelsey Blvd; ⏰周一至周六 10:00~18:00, 周日 14:00~16:00)出售当地制造的鹿角雕刻品、因纽特石雕、服装、当地艺术家创作的迷幻风格绘画、骨制首饰、各式各样的串珠装饰的软皮平底鞋和长筒靴。

❶ 实用信息

夏季必须跟成群的蚊子和黑蝇作战。罐装驱虫剂至少要含有30%的避蚊胺（DEET）。最好一直带着保暖的衣物，即便是夏季，这里降温的速度也很快。一定要留意所有的北极熊警示。

www.churchill.ca和www.everythingchurchill.com都是非常实用的网站。

商会（Chamber of Commerce; ☎204-675-2022; 211 Kelsey Blvd; ⏰7月至11月 周一至周六 11:00~15:00）位于火车站附近。

加拿大公园管理局（Parks Canada; 见611页）必不可少的第一站，但开放时间不固定。

皇家银行（Royal Bank; ☎204-675-8894; La Verendrye Ave）当地的几个自助取款机之一。

❶ 到达和离开

没有通往丘吉尔港的公路，只能乘飞机或火车前往。一种较为受欢迎的选择是，驾车探索马尼托巴直至汤普森，然后在汤普森搭乘火车或飞机。

飞机

静空航空公司（见591页）的航班往来于汤普森和温尼伯，以及丘吉尔港北面努纳瓦特各地。机票的价格高得让你心疼，就像是被北极熊咬了一口：从温尼伯出发的往返票平均售价$1400，从汤普森出发的为$660。每个月有那么几天，航空公司会提供一些稍微便宜一点的座位，但是在大部分日子里，价格还会更高。

火车

加拿大国家铁路公司运营的**丘吉尔港列车**速度很慢，该列车每周2~3班，每周四和周六 7:30 从温尼伯出发（座/卧/私人车厢 $220/573/979, 45.5小时）的那趟至少途经汤普森（座/卧/私人车厢 $70/284/483, 15.5小时）及帕斯（座/卧/私人车厢 $120/415/711, 28小时）；周二发车终点站在帕斯。这意味着，你将见识到令人着迷的景致，你可能会在一片北地森林中睡去，醒来时发现自己置身于一望无际的青苔沼泽或低矮的树林之中，或者正好相反。你也可以搭火车北上,再乘飞机返回。

ⓘ 当地交通

丘吉尔港机场(Churchill Airport, YYQ; ☏204-675-8868)在城镇以东11公里处。和你的旅店安排好接送机,否则你就得叫**出租车**(☏204-675-2517),从机场到小镇要花费$25。

绝大多数当地人都在紧凑的小镇内步行或骑车,但是你依旧需要当心北极熊。**Polar Inn**(☏204-675-8878; 15 Franklin St; 每天 $20)及**Polar Bear B&B**出租自行车,每天$20。**Tamarack Rentals**(☏204-675-2192; www.tamarackrentals.ca; 299 Kelsey Blvd; ◎8:30~17:00)出租破旧的小货车和SUV,还能到机场取车。价格为每天$75~150。

萨斯喀彻温省

包括 ➡

里贾纳 619
穆斯乔 625
奥格马 626
格拉弗尔堡 626
斯威夫特卡伦特 627
卡佩勒河谷 630
约克顿 631
维里金 632
萨斯卡通 632

最佳就餐

- ➡ Ayden Kitchen & Bar（见554页）
- ➡ Flip Eatery & Drink（见623页）
- ➡ Willow on Wascana（见622页）
- ➡ Blue Bird Cafe（见631页）

最佳住宿

- ➡ James（见635页）
- ➡ Delta Bessborough（见635页）
- ➡ Hotel Saskatchewan（见621页）
- ➡ Sturgeon River Ranch（见639页）

为何去

套用一句老话，没有乏味的萨斯喀彻温，只有乏味的游人。虽然这片土地缺乏刺激，人口不多，两个主要的城市奠定了这里诸如"还不错"等模棱两可的评价，但这也意味着，内行玩家可以挖掘出这个省份藏在深处的真正魅力。

一切始于这片平坦的旷野：翻滚的麦浪仿佛一首流动的诗歌，美丽动人，鸟儿的歌唱及蟋蟀的鸣叫在无尽的瑟瑟风声中显得别有风味。如果你已做好准备享受不受打扰的静谧，那就挑一条土路，去信马由缰地探索吧，你会在寻得水光潋滟的溪谷及绿树成荫的山丘时感受到欢欣。

这个省份的人们同样不能小觑。不仅是现在生活在这里的居民，还有那些曾在这片土地上坚强生存着的拓荒者与革命人士，是他们共同谱写了萨斯喀彻温的历史。

何时去

萨斯卡通

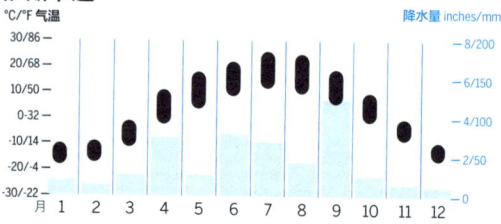

5月 冬去春来，万物复苏，野花装饰出多彩绚丽的风景，鸟儿动听的叫声此起彼伏。

6月至8月 长长的晴天朗日把快乐的当地人吸引到湖泊、公园和露台。

9月 清新的空气、无垠的天空和迷人的秋色预示着一年最终的收获。

萨斯喀彻温省亮点

❶ 萨斯卡通（见632页）尽情在这座草原上的巴黎享受都市乐趣吧，尤其是饮食方面。

❷ 里贾纳（见619页）去顶一顶西瓜皮帽子，和最热情的加式橄榄球球迷们一起看一场狂野骑士队的比赛。

❸ 穆斯乔（见625页）在阿尔·卡彭时代的地下世界，深度体验下这座小镇旧日时光。

❹ 巴托什国家历史遗址（见640页）在路易斯·里尔几乎改变整个加拿大历史轨迹的地方纪念梅蒂斯人革命者。

❺ 草原国家公园（见628页）倾听高草丛间的沙沙声和北美野牛发出的雷鸣般的叫吼声。

❻ 奥格马（见626页）在南方草原列车和南方腹地先驱者博物馆内回到往昔。

历史

克里人（Cree）、提纳人（Dene）和阿西尼博因人（Assiniboine）这些原住民族群在这个地区已经居住了1万多年。1690年英国哈得孙湾公司的亨利·凯尔西（Henry Kelsey）成了跟这些本地原住民打交道购买皮货的第一个欧洲人。1774年，一处永久性殖民地在萨斯卡通的东北方建立起来。

不断索取土地的欧洲人经常引发与当地人的流血冲突。随着更多移民的到来，紧张关系也不断升级。1865年时，据估计约有6000万头野生的北美野牛生活在萨斯喀彻温，它们为原住民提供了食物以及缝制衣服和建造住所所需的原材料。然而，短短十年间，移民定居者和猎人的大规模屠杀就将其数量锐减至500头，造成了巨大的历史影响。1890年，大部分原住民都迁入了保留地。

萨斯喀彻温省成立于1905年。1912年6月30日，年轻的省府里贾纳被加拿大史上最致命的龙卷风毁于一旦，灾难摧毁了500栋建筑，还夺走了28人的生命。

两次世界大战和大萧条都促进了小麦种植产业的快速发展。如今，尽管这里发现了大规模的天然气和石油，移民数量的增加也刺激着经济的增长，但农业仍是萨斯喀彻温省的命脉。萨斯喀彻温有着持续增长的石油产业，是世界上最大的碳酸钾出产地，也是最大的铀出口地之一。

地理和气候

短暂而温和的夏季是旅行的最佳时节：白天很长，夜晚非常凉快。不要以为萨斯喀彻温的景色之美仅仅局限于你经过Hwy 1时快速掠过的、由麦田和天空构成的迷人画面。如果你是从加拿大的其他地方来到这里的，那么你肯定有兴趣探索该省的南部，去欣赏独特而对比鲜明的景色。虽然北部的北方森林、未遭破坏的旷野和原始的湖泊与其他省份类似，但这里就是让你摆脱一成不变生活的理想之地。

摄影爱好者一定会乐于观察夏季风暴滚滚而来的过程：蔚蓝色的天空会变成混浊的灰色，当灰色再次转为怪异的绿色时，就表示有大量的冰雹即迫在眉睫。萨斯喀彻温南部经常出现超级雷暴雨——每年都会数次遭到龙卷风的侵袭。准备进行长距离旅行时，一定要留意天气预报。

冬季往往在10月到来，能把脑仁冻僵的寒冷（低至-40℃）将一直持续到次年4月。很大的雪并不常见，但降雪开始的比较早，并将持续积雪。这就是当地的所有停车位都配有插座的原因——为了方便人们给汽车的引擎起动预热器插上电源。

公园

萨斯喀彻温有两座截然不同的国家公园。位于北部的艾伯特王子国家公园（见639页）是森林自然保护区，拥有湖泊和未遭破坏的土地，栖息着许多野生动物，是进行独木舟、徒步和露营等户外运动的绝佳场所。草原国家公园（见628页）则位于南部腹地，有着一派绵延广阔、与世隔绝的美丽风光，那些无树的丘陵似乎与无尽的天空相连接。

萨斯喀彻温省还有许多省立公园。和艾伯塔省共同管理的赛普里斯丘陵省际公园（见629页）拥有壮丽的景色、大量的野生动物及独特的小气候。

大部分公园都可以露营，有些公园在偏远地区同样设有营地。可登录网站www.saskparks.net，查询信息并预订。

❶ 到达和离开

若非自驾旅行，几乎不可能很好地了解萨斯喀彻温。如果你没有自己的车，乘加拿大灰狗长途巴士运营的长途汽车可以去往艾伯塔省、马尼托巴省及更远的地方。从多伦多去往温哥华的加拿大国家铁路（VIA Rail）列车会在萨斯卡通停站。

如若自驾，从艾伯塔省至马尼托巴省的Hwy 1从本省南部穿过，途经里贾纳、穆斯乔和斯威夫特卡伦特；Hwy 16则斜穿本省，途经萨斯卡通；

萨斯喀彻温省 历史

快速参考

➔ 人口：113万

➔ 面积：65.1万平方公里

➔ 省会：里贾纳

➔ 奇闻逸事：帽衫在该省被称为"bunny hug"，谁也不知道究竟是为什么。

区域驾驶距离

萨斯卡通至艾伯特王子国家公园: 230公里

萨斯卡通至里贾纳: 260公里

里贾纳至赛普里斯丘陵省际公园: 415公里

赛普里斯丘陵至草原国家公园: 225公里

这里还有许多公路通往美国的蒙大拿州和北达科他州。萨斯卡通的约翰·G.迪芬贝克(John G Diefenbaker)国际机场及里贾纳国际机场都有频繁的航班往返于加拿大主要城市。

🛈 当地交通

若想对荒野进行极限深度探索,租一辆四轮驱动车或是SUV会很适用,尽管驾驶普通的车也可以穿越各种乡间水潭。很多省道都没有铺设路面,冬季的冰雪融化之后,主要公路可能会变得坑坑洼洼。一定要留意这些潜在的危险,还要小心野生的鹿、麋鹿和驼鹿。动身之前,要确保已经备足了汽油、音乐和零食。这里的城镇很小,相隔的距离却很远。

如果要在省内活动,**萨斯喀彻温运输公司**(Saskatchewan Transportation Company; ☎800-663-7181; www.stcbus.com)的长途汽车覆盖着约300个社区。使用频繁搭乘票卡可以享有20%的票价折扣。

里贾纳(REGINA)

人口 19.31万

被加拿大横贯公路(Trans-Canada Hwy, 在这里名为Victoria Ave)一分为二的首府里贾纳无疑是到萨斯喀彻温来的旅行者们的主要目的地。从作为克里人猎场的年代至今,他就与北边230公里处的充满魅力的萨斯卡通存在某种程度上的激烈竞争,克里人曾把她称为里贾纳·瓦斯卡纳(Regina Wascana, 意思是"骨头堆")。

绿荫成片的公园将这座城市变成了令人愉快的地方:瓦斯卡纳中心(Wascana Centre)和维多利亚公园(Victoria Park)是坐下来用心欣赏的绝佳场所。其他亮点包括经过美化的大教堂村(Cathedral Village)以及很有发展前途的里贾纳仓库区(Warehouse District),当然在比赛日的时候,狂野骑士队的橄榄球比赛才是本城唯一的焦点。

里贾纳有不少令人满意的餐馆、酒吧和舒适的住处。再加上这里地理位置合适,也就成了探索萨斯喀彻温南部的理想基地。在你穿越加拿大内地时,这里也是适合逗留的好地方。

◎ 景点和活动

⭐ 省立法机关 知名建筑

(Provincial Legislature; ☎306-787-2376; www.legassembly.sk.ca; Legislative Dr; ⏱6月至8月 8:00~21:00, 9月至次年5月 至17:00; Ⓟ) **免费** 这座壮观的立法院在竣工那年(1912年)的那场毁灭性的龙卷风中得以幸免,它依偎在瓦斯卡纳中心绿树成荫的怀抱里,是里贾纳人自豪的象征。这个学院派的建筑典范相当奢华,你可以参加每半小时一次的免费游览,仔细观赏其精美的大理石和装饰华丽的雕刻作品,或者干脆在门外的大草坪(Great Lawn)上玩飞盘。

瓦斯卡纳中心 公园

(Wascana Centre; 见620页地图; Ⓟ)这片规模庞大的公共自然庇护所是里贾纳的地理和文化中心,拥有数英里长的湖畔步行小径,而且是萨斯喀彻温皇家博物馆(Royal Saskatchewan Museum)、萨斯喀彻温烈士纪念碑(Saskatchewan War Memorial)及萨斯喀彻温科学中心(Saskatchewan Science Centre)的所在地。公共活动和庆典常以瓦斯卡纳湖(Wascana Lake)的清澈湖水为背景,它如镜子般倒映着壮观的省立法机关(Provincial Legislature)大楼和斯普鲁斯岛(Spruce Island)鸟类保护区。园内的"居民"包括水貂、野兔和海狸,偶尔还能看到驼鹿。

萨斯喀彻温皇家博物馆 博物馆

(Royal Saskatchewan Museum; 见620页地图; ☎306-787-2667; www.royalsaskmuseum.ca; 2445 Albert St; 建议捐款成人/儿童 $6/3; ⏱9:30~17:00 Ⓟ)皇家博物馆提供了深入了解萨斯喀彻温人及该省地理的绝佳机会。三个

Regina 里贾纳

萨斯喀彻温省 里贾纳

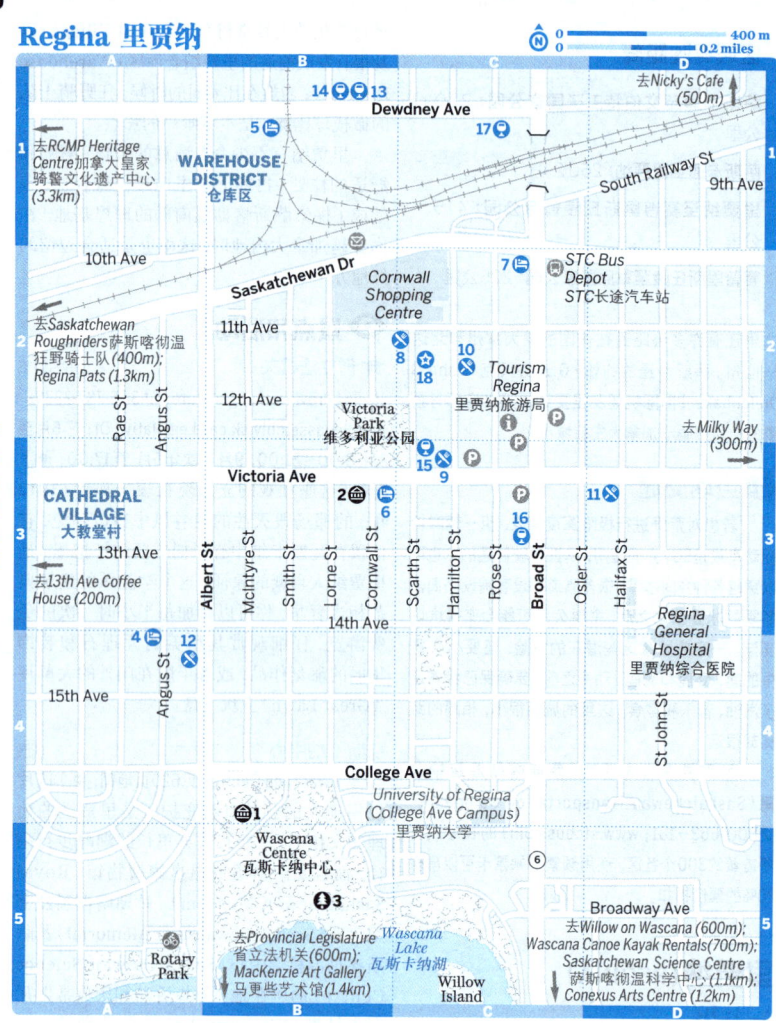

展厅分别以土地、生命科学和原住民历史为重点。大草原的实景模型讲述了依靠这片严酷的土地而生长的当地动植物以及生活在这里的文化群落的故事。你将会看见北美印第安人的圆锥形帐篷、恐龙和鹿。别错过那条名为大怪兽（Megamunch）的机器雷克斯霸王龙（Tyrannosaurus rex）。

的展览揭示了作为国家象征的加拿大皇家骑警的过去、现在乃至未来（游客甚至可以装扮成皇家骑警）。这里也是加拿大皇家骑警（Royal Canadian Mounted Police，简称RCMP）培训中心的一部分：可在总警长检阅（Sergeant Major's Parade）仪式中，留意一下骑警们昂起的下巴。

加拿大皇家骑警文化遗产中心　　　　博物馆

（RCMP Heritage Centre；☏306-522-7333；www.rcmpheritagecentre.com；5907 Dewdney Ave W；成人/儿童 $10/6；⊙11:00~17:00；P）这里

萨斯喀彻温科学中心　　　　博物馆

（Saskatchewan Science Centre；☏306-522-4629；www.sasksciencecentre.com；2903 Powerhouse Dr；成人/儿童 $10/8，IMAX影片

Regina 里贾纳

◎ 景点
- **1** 萨斯喀彻温皇家博物馆 B4
- **2** 萨斯喀彻温体育名人堂 B3
- **3** 瓦斯卡纳中心 B5

🏠 住宿
- **4** Dragon's Nest B&B A4
- **5** Four Points by Sheraton B1
- **6** Hotel Saskatchewan B3
- **7** Wingate by Wyndham C2

🍴 就餐
- **8** Beer Bros. Gastropub & Deli C2
- **9** Flip Eatery & Drink C3
- **10** Green Spot Cafe C2
- **11** Italian Star Deli D3
- **12** La Bodega A4

🍷 饮品和夜生活
- **13** Bushwakker Brewpub............................ B1
- **14** McNally's Tavern.................................... B1
- **15** O' Hanlon's C3
- **16** Q Nightclub and Lounge C3
- **17** Rebellion Brewing C1

🎭 娱乐
- **18** Globe Theatre C2
  《路易斯·里尔的审判》 .... （见1）

$18/14; ⏰周一至周五 9:00~18:00, 周六和周日 11:00~18:00 P 🅿）科学课可没有这里这么好玩！你可以试着去战胜虚拟守门员进球得分，也可以吹出汽车大小的泡泡，或是探索打嗝的秘密。这里有180个可以动手参与的展览，很受孩子喜爱。该中心还设有IMAX影院和天文台。

马更些艺术馆　　　　　　　　　　　画廊

（MacKenzie Art Gallery; ☎306-584-4250; www.mackenzieartgallery.ca; 3475 Albert St; ⏰周一及周三至周六 10:00~17:30, 周日 正午至17:30）**免费** 这座艺术馆的特色是长期展示的露天雕塑花园，里面"放养着"由乔·费法德（Joe Fafard）创作的著名铜牛。该馆用经常轮换展品和特设展览的方式来保持游人的新鲜感，展品主要以历史上和当代的加拿大艺术作品为主。

萨斯喀彻温体育名人堂　　　　　　博物馆

（Saskatchewan Sports Hall of Fame; 见620页地图; ☎306-780-9232; www.sasksportshalloffame.com; 2205 Victoria Ave; 成人/儿童 $5/2; ⏰周一至周五 10:00~16:30, 周六 正午至17:00 P）这座博物馆主要着重于介绍草根运动员，讲述了萨斯喀彻温省480多位体育明星的故事。

Wascana Canoe Kayak Rentals　水上运动

（Marina Rentals; ☎306-757-2628; 3000 Wascana Dr; 出租独木舟/皮划艇/脚踏船每小时 $15/10/15; ⏰5月至9月 正午至19:00）这家季节性开放的供应商位于瓦斯卡纳中心内的瓦斯卡纳码头（Wascana Marina），出租能让你在瓦斯卡纳湖（Wascana Lake）上泛舟的独木舟、皮划艇和脚踏船。

✦ 节日和活动

每当短暂的夏日来临，城市变得夜短昼长，里贾纳便开始充满了活力。要查阅所有活动的列表，可以登录网站www.tourismregina.com。

加拿大第一民族大学帕瓦仪式　　　文化节

（First Nations University of Canada Pow; www.fnuniv.ca/powwow; ⏰4月）该仪式在春季的一个周末举行，是该省规模最大、历史最长的庆祝第一民族文化的大型活动，来自北美洲各地的舞者都会赶来参加这一盛事。

Queen City Ex　　　　　　　　宗教狂欢节

（☎306-781-9200; www.thequeencityex.com; ⏰7月至8月初）这是萨斯喀彻温省人气最高的节日。人们会精心打扮，穿上新潮的衣服，享受为期6天的活动，包括音乐会、享用烤薄饼早餐、游乐园、蓄胡子大赛和街头游行。每年的举行日期都不同。

🛏 住宿

里贾纳有很多非常不错的住处。城东的Victoria Ave（Hwy 1）一带聚集着连锁旅馆。

★ Hotel Saskatchewan　　　　　历史酒店 $$

（见620页地图; ☎306-522-7691; www.

hotelsask.com；2125 Victoria Ave；房间 $100~250；P🐾❄@🛜）这家俯瞰着维多利亚公园的酒店1927年创建，它曾是加拿大国家铁路公司（Canadian Natonal Railroad）的"贵妇"，如今依旧保持着高贵的气质。你走进酒店时会禁不住赞叹。这里有224个房间，种类多样，有些简洁紧凑，有些宽敞豪华，装饰充满古典气息。

Four Points by Sheraton 酒店 $$

（见620页地图；306-789-8008；www.starwoodhotels.com；2415 Dewdney Ave；房间 $95~160；P❄🛜）这座新酒店位于市中心区以北，与其有几条轨道之隔，步行可达狂野骑士队的比赛场地及夜生活丰富的仓库区。127个房间都十分宽敞，且配有冰箱及微波炉。有室内游泳池。

Homesuites by d3h 汽车旅馆 $$

（306-522-4434；www.homesuites.ca；3841 Eastgate Dr；房间含早餐 $100~200 P）这家酒店的亮点在于其实用性以及出色的设计，在城外 Hwy 1 沿途的一众汽车旅馆中属于上乘的选择。这里有60间宽敞的套房，都带有小厨房，并且配备有水疗设施。

Wingate by Wyndham 酒店 $$

（见620页地图；306-584-7400；www.wingatebywyndhamregina.com；1700 Broad St；房间 $90~160；P❄@🛜）市中心的 Wingate 坐落在一座颇为现代的七层建筑内，提供了118间性价比高、宽敞而且舒适的客房。房间内配备有冰箱及微波炉。

Dragon's Nest B&B 民宿 $$

（见620页地图；306-525-2109；www.dragonsnestbb.com；2200 Angus St；标单/双 含早餐 $100/125起，带公用浴室 $70/85；❄🛜）这家时髦的民宿有6个房间，由一名风水师经营，因此，一切设计都是为了获得最佳的舒适感。所含的早餐新鲜而丰盛，而且颇具乡村风情。这处房屋的历史可以追溯至1912年。

🍴 就餐

里贾纳有很多有趣且有创意的餐馆，分布在市区的中心地带及附近区域。

Milky Way 冰激凌

（306-352-7920；www.milkywayicecream.com；910 Victoria Ave；小吃 $2起；⊙3月至10月 11:00~22:00）以6种不同口味的软冰激凌为基础制作的奶昔、圣代及蛋卷等五花八门的各种美味让你可以在这里品尝到里贾纳的夏日趣味。当你刚刚享用了汉堡、热狗或者辣椒烧肉，这正是不错的调剂。

Italian Star Deli 熟食

（见620页地图 306-757-6733；www.italianstardeli.com；1611 Victoria Ave；三明治 $5~8；⊙周二至周六 9:00~17:00）自1966年以来，这家正宗的意大利熟食店一直在为大草原提供诱人的欧洲风味。人们经常聚集在这里享用美味的意式三明治（panini），建议你也加入到他们的行列中——这里的三明治非常超值，新鲜的馅料分量十足。非常适合野餐食用。

13th Ave Coffee House 咖啡馆 $

（306-522-3111；www.13thavecoffee.com；3136 13th Ave；主菜 $6~15；⊙周二至周六 7:30~21:00；🛜）这家店位于大教堂村（Cathedral Village），"健康、新鲜和本地食材"是这里坚守的准则。来尝尝本地烘焙的咖啡，再补充一下每日所需的藜麦、抗氧化物及维生素。喜欢吃肉的人不会被拒之门外，不过素食者肯定能在此感到宾至如归。

Green Spot Cafe 素食 $

（见620页地图 306-757-7899；www.greenspotcafe.ca；1838 Hamilton St；小吃 $4起；⊙周一至周五 7:00~17:00，周六 8:00~15:00；🛜）这家100%的素食咖啡馆享有在市中心的绝佳位置，菜单上都是品质出众的健康美味。

★ Willow on Wascana 加拿大菜 $$

（306-585-3663；www.willowonwascana；3000 Wascana Dr；主菜午餐 $12~25，晚餐 $20~30；⊙周一至周六 11:30~23:00，周日至13:30）从这里俯瞰瓦斯卡纳湖是里贾纳的高档享受之一。菜单随时令变化，其创意堪称从农场到桌上的经典表率。菜肴简单质朴，以突出食材本身的美味。可以尝试下由6道菜组成的试吃套餐，来感受后厨的绝佳手艺。还有品种丰富的红酒可供选择。

★ Flip Eatery & Drink　　新派加拿大菜 $$

（见620页地图；☎306-205-8345；www.fliprestaurant.ca；1970 Hamilton St；主菜 $16~30；⊙周一至周四 11:00~23:00，周五及周六 至14:00，周日 10:00~15:00）这家创意餐厅的菜单变化丰富，但都基于萨斯喀彻温本地出产的时令食材。虽然有些菜肴颇具亚洲风味，但总体上口味比较折中。酒廊直到深夜都很热闹，有精选啤酒和红酒可供选择，丰富的鸡尾酒种类也充分体现了餐厅的十足创意。

Nicky's Cafe　　加拿大菜 $$

（☎306-757-3222；www.nickys.ca；1005 8th Av；主菜 $8-25；⊙7:00~21:00；🅟）这里的慰藉食物登峰造极，绝无别家可以超越其舒爽美味。早餐特色有著名的炸薯饼、豪华蛋卷和适宜冬季暖身的松饼。日间会有种类繁多的汉堡可供选择，还有海鲜及肉排。菜品分量很大，质量超高。

Beer Bros. Gastropub & Deli　　酒馆餐食 $$

（见620页地图；☎306-586-2337；www.beerbros.ca；1821 Scarth St；主菜 $12~20；⊙周日至周四 11:30~23:00，周五和周六 至次日1:00）这家市中心的小酒馆会让你一见倾心，它位于堪称文化遗产的北方银行（Northern Bank）大楼内。让人胃口大开的三明治、汉堡、奶酪拼盘在这里被加工为高端美食。这里的啤酒品种很多，而且有种类丰富的加拿大微酿啤酒可供选择。

La Bodega　　西班牙小吃 $$

（见620页地图；☎306-546-3660；www.labodegaregina.com；2228 Albert St；西班牙小吃 $10~15，主菜 $12~30；⊙周二至周日 16:00至午夜）这间餐馆坐落在绿树成荫的居民区，绝佳的用餐氛围是这里的招牌。让人惊艳的三层露台围绕一棵巨树建造而成。菜肴以西班牙经典风味为主，但也有加拿大最受欢迎的菜式，包括炸鱼薯条及龙虾肉汁薯条（Poutine）。酒单也不错。

🍷 饮品和夜生活

市中心区和附近区域以及旁边的**仓库区**（www.warehousedistrict.ca）分布着一些不错的酒吧和精酿酒馆。在夏季，户外露台是人们的聚集场所。

★ Rebellion Brewing　　微酿酒馆

（见620页地图；☎306-522-4666；www.rebellionbrewing.ca；1901 Dewdney Ave；⊙11:30~22:00）这间萨斯喀彻温最好的微酿酒馆毗邻旧火车铁轨，酒吧间里供应有美味的汉堡和比萨。这里有着现代褶皱金属的风格及啤酒花形状的装饰物。如想参加周六的参观活动（14:00），请提前预订。啤酒种类繁多且酒单经常变化，不过一定要尝尝这里的酸味黑麦（Sour Rye）。

Bushwakker Brewpub　　小酒馆

（见620页地图；☎306-359-7276；www.bushwakker.com；2206 Dewdney Ave；⊙周一至周六 11:00至深夜）Bushwakker开在一座1913年的仓库里，它足以成为让你穿过铁道前往仓库区的理由。在很多个晚上，这里都有现场音乐表演，然而真正吸引人的还是这里的啤酒——这里有十多种自酿啤酒可供选择。

Q Nightclub and Lounge　　同性恋酒吧

（见620页地图；☎306-569-1995；www.glcrclub.ca；2070 Broad St；⊙17:00至次日3:00）这家同性恋酒吧兼夜店位于从前的教堂建筑内。它由会员们合作经营，服务热情，对异性恋顾客也十分友好。令人印象深刻的多层空间布局粗犷而随意，还带有一个露天平台。许多晚上这里都会有DJ驻唱。

O'Hanlon's　　小酒馆

（见620页地图；☎306-566-4094；www.ohanlons.ca；1947 Scarth St；⊙11:30至深夜）O'Hanlon's有着略显颓废的爱尔兰酒吧氛围，其路边卡座俯瞰着维多利亚公园和Hotel Saskatchewan。这里是一个可以让你吃吃喝喝，聊天到深夜的地方。还有不错的啤酒单。

McNally's Tavern　　休闲酒吧

（见620页地图；☎306-522-4774；2226 Dewdney Ave；⊙16:00至深夜）这家仓库区酒吧有一种朴实的砖墙氛围；从乐队演出到卡拉OK再到可自由参与现场表演和即兴演奏之夜，这里几乎每晚都有节目。

☆ 娱乐

★ 萨斯喀彻温狂野骑士队 橄榄球

（Saskatchewan Roughriders；☎888-4743377, 306-525-2181；www.riderville.com；Mosaic Stadium, Elphinstone St；◎6月至11月）这支"绿色骑士"（Green Riders）在狂热的当地球迷心目中的位置是无可比拟的，他们已经在加拿大橄榄球联赛（Canadian Football League，简称CFL）中获得了令人崇拜的地位。千万别低估里贾纳人为这支球队疯狂的程度。新的场馆，马赛克体育场（Mosaic Stadium；www.newmosaicstadium.com）可以容纳3.3万人，超过本地人口的四分之一！

★《路易斯·里尔的审判》 戏剧

（见620页地图；Trial of Louis Riel；☎306-728-5728；www.rielcoproductions.com；2445 Albert St, 萨斯喀彻温皇家博物馆；成人/儿童$20/10；◎7月和8月）这场演出以里尔在1885年接受审判时的真实记录为基础（审判的结果是里尔被处以绞刑），是加拿大上演历史第二长的剧目，首演时间是1967年。演出于夏季在萨斯喀彻温皇家博物馆（见620页地图）进行，为期三周。

Regina Pats 冰球

（☎306-543-7800；www.reginapats.com；Brandt Centre, 1700 Elphinstone St；$13~23◎9月至次年3月）西部冰球联盟（Western Hockey League，简称WHL）中更年轻、更强壮、更富有激情的球员们造就了这个激动人心的冰球品牌。其主场位于市中心以西约3公里处。

Conexus Arts Centre 剧院

（☎306-565-4500；www.conexusartscentre.ca；200a Lakeshore Dr）这个艺术中心是交响乐团的总部，也为巡回演出的音乐家和剧团提供表演的舞台。它看上去有点像老式的萨斯喀彻温粮仓。

Globe Theatre 剧院

（见620页地图☎306-525-6400；www.globetheatrelive.com；1801 Scarth St；票价不等）这里的演出安排包括了整场的现代戏剧表演、现场音乐会以及其他各种演出。

❶ 实用信息

市区的大部分地方及大教堂村地区都有免费Wi-Fi覆盖。

里贾纳公共图书馆（Regina Public Library；☎306-777-6000；2311 12th Ave；◎周一至周四 9:30~21:00，周五至18:00，周六至17:00，周日 13:30~17:00；⑦）可以免费上网。

邮政总局（Main Post Office；见620页地图；☎866-607-6301；2200 Saskatchewan Dr；◎周一至周五 9:00~17:00）

里贾纳综合医院（Regina General Hospital；☎306-766-4444；www.rqhealth.ca；1440 14th Ave；◎24小时）设有急诊室。

《草原土拨鼠》（Prairie Dog；www.prairiedogmag.com）言辞犀利的免费双周报，上面有非常不错的娱乐信息以及餐厅列表。

里贾纳旅游局（Tourism Regina；见620页地图；☎306-789-5099；1-800-661-5099；www.tourismregina.com；1925 Rose St；◎周一至周五 9:00~17:00）有一些本地指南和地图。

❶ 到达和离开

里贾纳国际机场（Regina International Airport；简称YQR；☎306-761-7555；www.yqr.ca；5200 Regina Ave）位于市区以西5公里处，这里有飞往加拿大各大主要城市的航班。

加拿大灰狗长途巴士（Greyhound Canada；www.greyhound.ca）运营的长途汽车向东去往温尼伯（$105, 9.5小时，每天1班），向西则可以到达卡尔加里（Calgary, $77, 11小时，每天1班）。

STC（☎306-787-3340；www.stcbus.com）的长途汽车开往四面八方，包括萨斯卡通（$51, 2.75~4小时，每天3班）。所有车都从STC汽车站（STC Bus Depot，见620页地图；1717 Saskatchewan Dr）出发。

❶ 当地交通

从市区搭出租车到机场需要10分钟（$15），没有相应的公交服务。

里贾纳运输公司（Regina Transit；☎306-777-7433；www.reginatransit.com；成人/儿童$3/2.5，一日通票$9）运营着市内的公共汽车，大部分车都会集中到市区的11th St。

里贾纳出租车（Regina Cabs；☎306-543-3333；www.reginacabs.com）电话叫车，随叫随到。

萨斯喀彻温省南部 (SOUTHERN SASKATCHEWAN)

加拿大横贯公路沿途是典型的萨斯喀彻温风光，一望无际的开阔草原正是乡村歌曲所描绘的那种景象。行驶在鲜有人迹、野兔成群的乡村土路上，很容易让人产生与现代生活脱节的感觉。亦不难想象，遍布于附近山上的成千上万头北美野牛、山谷之中的原住民村落或是西北骑警（North West Mounted Police，简称NWMP）骑马巡视大草原的情景。这片土地广袤无垠但景色多样，既有起伏的草原、低矮但尖锐的山丘，也有和经典西部片相匹配的崎岖荒地。

穆斯乔（Moose Jaw）

人口 33,280

穆斯乔是草原海洋迎接游客前来的门户，它犹如一颗未经加工的钻石，拥有令人啧啧称奇的魅力。该镇起初相当不起眼，它只是加拿大太平洋铁路（Canadian Pacific Railway）的前哨站，后来其规模不断扩大，但同时也开始变得臭名昭著——叛乱、贪腐、3K党（Ku Klux Klan，奉行白人至上主义的民间组织），甚至存在奴役问题。在20世纪二三十年代美国的禁酒时期（Prohibition），它成了阿尔·卡彭（Al Capone，黑帮头目）及其帮派的巢穴，他们把这里当成了通过"苏"铁路线（Soo Line）向芝加哥过境走私威士忌酒的基地（讽刺的是，雄伟的旧火车站现在成了一家酒品专卖店）。

今天的穆斯乔已经改头换面，尽管它一直记录着那些不堪岁月中的迷人故事，但已告别了无法无天的过去。这座小镇也被称为"小芝加哥"，因为它很好地保留着艺术装饰风格的建筑、丰富多彩的壁画及其骇人听闻的历史。

⊙ 景点

Main St和历史悠久的市中心应该是你关注的重点。最好花上几个小时在这里转一转。至少有45幅壁画装饰在镇中各处的墙壁上，它们把穆斯乔历史上的平凡瞬间很好地保存了下来。

穆斯乔隧道 隧道

（Tunnels of Moose Jaw；☎306-693-5261；www.tunnelsofmoosejaw.com；18 Main St；团队游成人/儿童 $15/8.50起；⊙全年开放，开放时间不一）深埋在城镇街道下面的一系列通道有着悲惨而吸引人的历史。你可以参加这里的巡展，了解华工在他们的"致富道路"上所遭受的虐待和歧视。随后将时间继续向前推进几十年，你便可以找到这里与芝加哥的不解渊源。据传，著名的阿尔·卡彭曾在20世纪20年代来过穆斯乔，以便监督他的私酒买卖，这些走私交易正是在这些隧道里策划的。

伊薇特·摩尔画廊 画廊

（Yvette Moore Gallery；☎306-693-7600；www.yvettemoore.com；76 Fairford St W；⊙周一至周六 10:00~17:00）免费 这位著名的当地艺术家在Main St西边的一座能让人深感自豪的传统建筑内，展示着她超写实主义风格的作品，它们生动地描绘了萨斯喀彻温和当地的居民，能让参观者产生共鸣。这里还有一家简朴但口味不错的咖啡馆，可供应午餐。

西部发展博物馆 博物馆

（Western Development Museum，简称 WDM；☎306-693-5989；www.wdm.ca；50 Diefenbaker Dr；成人/儿童 $10/4；⊙9:00~17:00；P）如果你能开汽车、驾驶飞机、骑自行车或划船，就很有可能在西部发展博物馆的这座分馆内找到各种交通工具的样本。该博物馆致力于展示萨斯喀彻温的各种运输工具，有飞机、火车、汽车甚至现已颇为少见的马车。位于城中心以北支路旁。

✦ 活动

可以从网站www.tourismmoosejaw.ca下载供步行游览参照的地图。

坦普尔花园矿泉水疗中心 水疗

（Temple Gardens Mineral Spa；☎306-694-5055；www.templegardens.sk.ca；24 Fairford St E；成人/儿童周一至周四 $8/7，周五至周日 $16/11；⊙10:00至深夜）这个现代化的建筑群包含当

地著名的室内和户外水池，池内冒着热气的矿泉水取自大草原的地底深处。可供选择的疗法种类繁多。附属的度假村则没什么出彩之处。

Moose Jaw Trolley Company 大巴

(☎306-693-8537; www.tourismmoosejaw.ca; 成人/儿童 $13/7; ⏰6月至8月) 你可以搭乘"假电车"来欣赏城市的壁画及历史建筑。团队游从游客中心出发(见本页)。

🛏 食宿

Grant Hall Hotel 历史酒店 $$

(☎844-885-4255; www.granthall.ca; 401 Main St N; 房间 $80~140; P❄🛜) 这家开在镇中心的历史悠久(1928年)的酒店可谓是"小家碧玉"。2001年，经过大规模修葺，现在酒店的公共区域十分奢华气派。28间客房复古且舒适。露台很适合一边在阳光下休息放松、一边欣赏公园景致。

Wakamow Heights Bed & Breakfast 民宿 $$

(☎306-693-9963; www.wakamowheights.com; 690 Aldersgate St; 房间含早餐 $100~120; P🛜) 这家历史悠久的民宿位于小镇边缘，环境颇显高贵。这里有草木茂盛的花园，以及各种装饰品位出众的客房，每间都有不同的配色方案。

Déjà Vu Cafe 美式小餐馆 $

(☎306-692-6066; www.dejavucafe.ca; 23 High St E; 主菜 $8~15; ⏰11:00~21:00) "花样十足"——是这家位于市中心的传奇餐馆的主题。这里的奶昔有80多种口味，搭配各种油炸食品(嫩鸡肉条、薯条、洋葱圈)的蘸料有几十种选择。这里的菜单很简单，但每道都是精品。

Bobby's PlaceOlde World Tavern 酒吧食物 $

(☎306-692-3058; 63 High St E; 主菜 $9~13; ⏰周一至周六 11:00至深夜) 这家酒馆总是热闹非凡，多年来一直如此。你可以到这儿的露台上喝啤酒，或是跟其他人一样，在此享用美味的家常饭菜。外面裹了面包屑的家常鸡柳鲜嫩多汁，总是很受欢迎。

❶ 实用信息

游客中心 (Visitors Centre; ☎866-693-8097; www.tourismmoosejaw.ca; Hwy 1上的Thatcher Dr E; ⏰5月中旬至8月 9:00~17:00, 9月至次年5月中旬 9:30至正午和13:00~16:30) 请留意支路旁巨大且形态逼真的驼鹿雕像，游客中心就在此地。

❶ 到达和离开

STC (www.stcbus.com) 运营的长途汽车从市中心的**长途汽车站**(bus station; ☎306-692-2345; 63 High St E)出发，开往里贾纳($19, 1小时，每天2~3班)。

奥格马(Ogema)

这是个地处本省南部的荒芜地区，规模虽小，但是社区精神强大的村落，这里有两处与众不同的景点值得一览。

奥格马的**南方草原列车** (Southern Prairie Railway; ☎306-459-7808; www.southernprairierailway.com; 401 Railway Ave; 团队游成人/儿童 $47/32起; ⏰6月至9月 周六及周日)自2012年为庆祝小镇的百年纪念首次行驶以来一直备受瞩目。富有知识性的1.5~3小时导览游，可以带你伴着列车声愉快地穿越草原，去探索废弃的粮仓及其他景点。这里全年都会组织特殊的游览活动，包括不定时的观星探险之旅。

出于保存奥格马祖先的记忆、故事和物质文化的需求，令人称奇的**南方腹地先驱者博物馆** (Deep South Pioneer Museum; ☎306-459-7909; www.ogema.ca; 510 Government Rd; 成人/儿童 $5/2; ⏰5月至9月 周六和周日 10:00~17:00)早在1977年就建立起来了。这里的收藏相当惊人，包括30多座保存完好的建筑，还有耕作设备、大批车辆以及数量庞大且颇具历史意义的文物。镇上的老老少少都为创造和维护这个独一无二的纪念场所贡献着自己的力量。精心维护的建筑群营造的真实感，以及展示方式的开放性都让这里非同寻常。

格拉弗尔堡(Gravelbourg)

漂亮的格拉弗尔堡位于里贾纳西南大约

190公里处，这里的居民以法国裔为主，是浩瀚大草原上仅有的几处散发着欧洲风情的地方之一，是一个令人惊奇的旅游目的地。奢华的建筑可以追溯到20世纪初，当时是为吸引法国移民来此定居而建造的。

富丽堂皇的建筑分布在1st Ave沿途，包括那小小的社区小学，**格拉弗尔堡小学**（École Élémentaire de Gravelbourg）。

景点和活动

游览这里的最佳途径是参加**文化遗产步行游**（Heritage Walking Tour），在网站www.gravelbourg.ca上就能找到。

圣母升天联合大教堂　　　　　教堂

（Our Lady of the Assumption Co-Cathedral, La Co-Cathédrale Notre Dame de l'Assomption; ☎306-648-3322; www.gravelbourgcocathedral.com; 1st Ave; P) **免费** 毋庸置疑，这座教堂是这个漂亮小镇的核心，它建于1919年，是古罗马式建筑风格，极其美丽。这座大教堂在1995年被认定为加拿大国家历史遗址。如果正好遇到教堂开放，你可以进去，伸长脖子忘我地欣赏西斯廷教堂式的精美壁画。梅拉德阁下（Monsignor Maillard）不仅设计了小礼拜堂的内景，主持了这个教区，还亲自绘制了壁画——从1921年开始绘制，直到1931年才完工，实在是一项颇为惊人的壮举。

格拉弗尔堡及地区博物馆　　　博物馆

（Gravelbourg & District Museum; ☎306-648-2332; 300 Main St; 门票$5; ◐周二至周六10:00~17:30）博物馆位于大教堂以南，相隔两个街区，在这里可以了解到格拉弗尔堡丰富的文化传统。

食宿

Bishop's Residence　　　　　　民宿 $

（☎888-648-2321; www.bishopsresidencebandb.com; 112 1st Ave W; 房间含早餐$60~100; P) 前主教气派的黄砖宅第现在已经变成了一家独特的民宿，共有9个房间，有些房间还附带私人洗手间和阳台。

Gravelbourg Inn　　　　　　汽车旅馆 $

（☎306-648-3182; Hwy 43和Hwy 58交汇路口; 房间$60~80; P※⊚）这家旅馆风格简朴，有整洁的客房，位于从东边进入小镇的道路上。

Café Paris　　　　　　　　　咖啡馆 $

（☎306-648-2223; 306 Main St; 主菜$6~12; ◐周一至周六9:00~18:00）在这可以见到友善的当地人，品尝简单随意的午餐，并喝上一杯美味的奶昔。店面就位于镇中心，店内各种细节都透露着复古气质，如由压花锡板组成的天棚。

斯威夫特卡伦特（Swift Current）

这座城镇之所以小有名气，主要在于它是旅行者在Hwy 1上的"绿洲"。镇中心位于公路带以南大约3公里处——跟着路标走即可。

景点

门诺派历史村庄　　　　　　博物馆

（Mennonite Heritage Village; ☎306-773-7685; www.mennoniteheritagevillage.ca; 17th Ave SE; 捐款入内◐7月及8月周五至周日13:00~18:00）这座20世纪的文化村展示了一种对大多数人来说都颇为陌生的生活方式。门诺派是16世纪起源于欧洲的一个新教派别，如今，这个地区仍有门诺派和哈特派（Hutterite，主张财产共有的再洗礼派之一）信徒的社区。每年这里都会举行一年一度的夏季西瓜节。

斯威夫特卡伦特博物馆和游客中心　　博物馆

（Swift Current Museum and Visitors Centre; ☎306-778-9174; www.tourismswiftcurrent.ca; 44 Robert St W; ◐周一至周五9:00~17:00）**免费** 你应该到此稍作停留，在这座小博物馆了解一下笨重的长毛野牛。该馆就设在斯威夫特卡伦特游客中心内。

食宿

Safari Inn Motel　　　　　　汽车旅馆 $

（☎306-773-4608; www.safariinn.ca; 810 S Service Rd E; 房间$65~100; P⊚）这是在一众汽车旅馆中的一个非连锁酒店选择，挂着复古的霓虹招牌。店主人热情备至，房间设施齐全，都配有冰箱、微波炉、甚至网飞（Netflix）。这里算不上奢华，但贵在有态度。

Home Inn & Suites　汽车旅馆 $$

（☎306-778-7788；www.homeinnswiftcurrent.ca；1411 Battleford Trail E；房间含早餐 $120~180 P ❋ ❄ ≋）这家连锁汽车旅馆的套房很现代，而且装饰雅致，配有小厨房和舒适的床铺，空间也足够宽敞。这里有带水滑梯的室内游泳池和小型的日间水疗中心，能让你放松一下因长途驾驶而疲惫的肌肉。

★ Russell Up Some Grub　美食小餐馆 $$

（☎306-778-4782；12a 1081 Central Ave N；主菜 $8~20；◯周一至周三和周六 6:00~15:00，周四至周五至20:00）这里供应门诺派教徒的家常饭菜，比如切达干酪大饺子配香肠肉汁和越橘鸡，还有种类繁多的三明治、汉堡、本地的鱼和沙拉，值得让你驶离高速公路到此停留。无麸质菜单、友善的工作人员和一尘不染的明亮餐厅共同构成了令人愉快的画面。

Akropol Family Restaurant　希腊菜 $$

（☎306-773-5454；133 Central Ave N；主菜 $9~20；◯周一至周六 11:00至深夜）这家希腊餐馆供应传统且深受人们喜爱的美味，比如希腊式皮塔三明治（gyro）、炸鱿鱼和希腊式菠菜馅饼（spanakopita）。这里有一个可爱的户外露台，并且供应本地酿造的黑桥啤酒（Black Bridge beers）。酒廊很受欢迎，经常有现场音乐演奏。

Miso House　亚洲菜 $$

（☎306-778-4411；285 N Service Rd W；主菜 $6~20；◯周二至周日 11:00~22:00）Miso House 做了一件了不起的事——它把美味的寿司、韩国料理和日本的便当带到了大草原上。餐厅位于汽车旅馆聚集处。

☆ 娱乐

Lyric Theatre　剧院

（☎306-773-6292；www.lyrictheatre.ca；227 Central Ave N）这是萨斯喀彻温省现在还在使用的剧院中历史最悠久的一座，建于1912年。如今这里正在进行整修，以恢复昔日的辉煌，同时，这里每周都在举办开放舞台之夜、即兴表演及其他活动。

❶ 到达和离开

Hwy 1 正好从斯威夫特卡伦特穿过，这座城镇就在艾伯塔省的边界线以东大约170公里处。每天会有一班 STC（www.stcbus.com）的长途汽车开往萨斯卡通（Saskatoon，$54，3.75小时）。

瓦玛丽和草原国家公园（Val Marie & Grasslands National Park）

小村庄瓦玛丽美丽而质朴，是进入公园（Park；☎877-345-2257；www.parkscanada.ca/grasslands）的门户。这里有上千公顷的草甸、连绵起伏的丘陵、香气扑鼻的野花及无尽的静谧。这里几乎没有树木，是欣赏壮丽景观的最佳地点。游客中心（visitors center；☎306-298-2257；Hwy 4 和 Centre St 交叉路口，Val Marie；◯7月及8月 每天；5月中旬及6月和9月至10月中旬周四至周一 9:00~17:00）是必不可少的休息处，可以获得相关的旅行建议，比如在哪里露营、怎样游览才是体验公园所有壮丽景观的最佳方式等。要为探险做好充分的准备，并且一定要自备遮蔽物——大草原荒凉孤寂，还有可能遇上响尾蛇。如果运气好，你也许能看到成群的在这里定居的野牛。公园住宿设施包括原始的露营地（$16）及帐篷（$45）。

倘若你想找一处更"优雅"的住处，那么去 Convent Inn（☎306-298-4515；www.convent.ca；Hwy 4；房间含早餐 $75~95；P）睡一晚吧，这里采用了经典的砖结构，还有漂亮的硬木地板。它建于1935年，曾经是一所寄宿学校，如今拥有10间修葺一新的房间，迷宫般的楼梯，甚至还有一间忏悔室（以备不时之需）。这里还有一个漂亮的露台可供纳凉赏景。

伊斯滕德（Eastend）

伊斯滕德孤零零地坐落在萨斯喀彻温省的西南部，小镇非常寂静，但是也并非毫无魅力。这座小镇依偎在一座小山谷里，仅有的几条街道旁排列着古老的建筑，历史可以追溯至小镇最初建立时的1914年。

伊斯滕德声名鹊起的原因,是由于1994年在这里出土了迄今为止最为完整的雷克斯霸王龙(Tyrannosaurus rex)的骨骼之一。**雷克斯霸王龙发现中心**(T-Rex Discovery Centre; ☎306-295-4009; www.trexcentre.ca; T-Rex Dr; 捐款入内; ⏰6月至8月 10:00~18:00; 🅿)是个令人炫目的工作研究室,就坐落在山坡上。这里组织各种各样的团队游,你还可以选择体验一下挖掘恐龙化石。

伊斯滕德历史博物馆和游客信息中心(Eastend Historical Museum and Visitor Information; ☎306-295-4144; www.eastendhistoricalmuseum.com; Red Coat Dr与Elm Ave S交叉路口; ⏰5月至9月 10:00~17:00)**免费** 这里陈列着更多的化石和骨骼。旁边还有一个1905年的小木屋。

枫溪(Maple Creek)

这座坐落在铁路主干线上的小镇建于1883年,镇中心颇具魅力,是加拿大横贯公路上的一处理想的休息站。Jasper St是镇上主要的购物区之一,是闲逛的好去处。小镇还是去往赛普里斯丘陵省际公园的门户,镇上有各种活动并提供相关的服务。

假如,你选择在这里过夜,**Maple Creek Commercial Hotel**(☎306-662-2988; www.maplecreekcommercialhotel.ca; 26 Pacific Ave; 房间 $75~135; ❋📶)是个不错的选择,这家修葺一新的1885年的酒店有着非常舒适现代化的房间。餐厅的午餐和晚餐都很不错,酒廊和露台都是很好的放松场所。

Daily Grind(☎306-662-3133; 132 Jasper St; 小吃$3~6; ⏰8:00~17:00)是主街上一处可爱的店面,这里有着超棒的咖啡和香喷喷的烘焙食物,保证你当天有个好心情。

赛普里斯丘陵省际公园 (Cypress Hills Interprovincial Park)

这座与世隔绝的**省际公园**(interprovincial park; ☎306-662-4411; www.cypresshills.com; 🅿)跨越了艾伯塔省和萨斯喀彻温省的边界线,园内的反差相当引人注目:一望无际的大草原转变为覆盖着柏树林的起伏丘陵,其间还点缀着内陆湖。麋鹿、鹿、驼鹿和各种鸟类都在这个富饶的自然保护区内繁衍生息。这里的两个园区给人截然不同的感觉。我们建议两边都要探索一番,以便了解公园的全貌。

枫溪小镇是通往公园的门户,那里有一条主街,颇有历史,还有一些不错的咖啡店以及各种活动及服务设施。

👁 景点

👁 中心区(Centre Block)

这是公园最适合游览的一部分。这里有无数的徒步小径,各种游览活动项目也可以为你提供刺激性的体验。有一些活动项目安排在枫溪镇。

一定要从公园入口开始就沿着Bald Butte Rd前往**瞭望点**(Lookout Point)和**Bald Butte**。两地都属于落基山脉和拉布拉多地区(Labrador)之间海拔最高的地点之一,能让你眺望大海般的广阔草原,看到几乎令人窒息的美景(如果你一路兴奋地跑到了最顶端,一定会气喘吁吁)。

👁 西区和赛普里斯丘陵 (Western Block & Cypress Hills)

与中心区相比,西区更为偏僻,它一直延伸到了艾伯塔省的赛普里斯丘陵。沃尔什堡国家历史遗址是这里主要的景点,公园其他的部分则过于偏远且不容易到达。靠近萨斯喀彻温的一侧宁静而偏僻。在艾伯塔那边的Elkwater,你可以在湖周围及附近的公园里悠闲地散散步——或许还会遇到在黄昏时分觅食的麋鹿。一旦过了夏季的旺季,就只有轻柔的鸟鸣和你思考的声音才会打破这里的寂静。

★ 沃尔什堡国家历史遗址　　古迹

(Fort Walsh National Historic Site; ☎306-662-3590; www.parkscanada.ca/fortwalsh; Hwy 271旁,赛普里斯丘陵省际公园,成人/儿童 $10/5; ⏰7月及8月 每天 6月及9月 周二至周六 9:30~17:30; 🅿)这片起起伏伏的地形中藏着一座有趣的历史遗址。这座前哨站建于1875年,使用了8年,规模虽小,却在西部历史中扮演着相当重要的角色。在卡斯特背水一战的小巨角河战役之后,部落酋长"坐牛"(Sitting Bull)和他的5000名追随者来到了这个地区。当地的加拿大皇家骑警把总部迁到了沃尔什堡,并在苏族人(Sioux)逗留加拿大期间跟他们保持着和睦的关系。

活动

赛普里斯丘陵生态探险 探险运动

(Cypress Hills Eco-Adventures; ☎306-662-4466; www.ecoadventures.ca; Hwy 21 S旁; 探险活动 $55起; ◎10:00~18:00)在这里工作的友善且爱好户外活动的员工将让你用一眨眼的工夫就飞快速掠过森林的地面,这是萨斯喀彻温唯一的树冠飞索游乐项目。这里还提供其他多种惊险刺激的活动,包括走绳、攀岩和我们最喜欢的树顶降落。如要在此地游玩,建议提前预订。

住宿

赛普里斯丘陵露营地 露营地 $

(Cypress Hills Campgrounds; ☎中心区预订 855-737-7275; www.cypresshills.com; 帐篷及房车营地 $16~36; P)颇受欢迎的赛普里斯丘陵中心区露营地在周末和假日期间总是人满为患,5处露营地提供了遍布公园的600多个露营区,可提供一系列的服务。如在夏日旺季前来,最好在www.saskparks.net提前预订。西区在Elkwater附近有350多个营地。

赛普里斯丘陵度假村 度假村 $$

(Resort at Cypress Hills; ☎306-662-4477; www.resortatcypresshills.ca; Hwy 21 S旁; 房间 $105~200; P)在稠密的柏树林包围之中,这个坐拥连绵山林的度假村有一串舒适的汽车旅馆式客房、性价比颇高的小屋及连体别墅。这里还有一家餐馆,还会在公园内组织一大堆有趣的活动。

Elkwater Lake Lodge and Resort 度假村

(☎403-893-3811; www.elkwaterlakelodge.com; 401 4th St, Elkwater, Alberta; 房间 $140~200; 木屋 $190起; P❄︎☎❄︎)这座僻静的度假村坐落在赛普里斯丘陵省际公园艾伯塔一侧的湖畔,距风景如画的Elkwater Lake小镇仅有几分钟的路程,可以提供各种现代化的房间和套房,有些还配有按摩浴缸和壁炉。所有房间的装饰风格都恰到好处地呼应了地处林间的位置。

实用信息

赛普里斯丘陵省际公园游客中心(Cypress Hills Interprovincial Park Visitors Centre; ☎306-662-5411; www.cypresshills.com; Hwy 221旁, 中心区; ◎开放时间不定)在中心区入口附近,有必要停靠一下。

卡佩勒河谷 (Qu'Appelle Valley)

卡佩勒河谷有宽阔的河流和起伏的丘陵,绝妙地体现了萨斯喀彻温反差鲜明的特色。

从里贾纳出发,沿着Hwy 10朝东北方向走,不要害怕离开主干道,去探索美景吧。行进70公里后,你会经过卡佩勒堡垒(Fort Qu'Appelle),然后右转上Hwy 56,去往勒布雷特(Lebret)村和漂亮的用大卵石建造的圣心教堂(Sacred Heart Church),它是1925年竣工的。在周围转转,可以参观到让人感觉不祥的耶稣受难像(Stations of the Cross)和山上礼拜堂(Chapel on the Hill)。如果觉得受到了感召,你也可以爬上山近距离去感受一下。

沿着Hwy 10旁的Hwy 22走一段,会经过阿伯内西(Abernethy)村及附近的历史公园。

水滨小镇卡特普瓦比奇(Katepwa Beach)坐落在风景如画的Hwy 56旁。这里有一处可爱的草地露营地及游泳点,还有步行小径、野餐区和成荫的树林。

景点

马瑟韦尔农庄国家历史遗址 古迹

(Motherwell Homestead National Historic Site; ☎306-333-2116; www.parkscanada.gc.ca/motherwell; Hwy 22, Abernethy; 成人/儿童 $4/2; ◎7月及8月每天, 6月周一至周五 10:00~

值得一游

大草原上的小湖滩

里贾纳湖滩（Regina Beach）

这里在里贾纳西北方50公里处，在这片满眼田园风光的夏日胜地，孩子们能在拉斯特山湖（Last Mountain Lake）的岸边玩耍，郊游的人们可以欣赏绿树成荫的湖滨公园。

Blue Bird Cafe（☏306-729-2385; 108 Centre St; 主菜$8~15; ◉5月至9月 10:00~20:00）的木地板和嘎吱作响的纱门展示了复古的经典。这里的炸鱼和薯条犹如传奇，口感轻盈的松脆面皮包裹着的细嫩的雪白鱼肉。然后再来一份冰激凌，你将别无他求。

马尼图湖滩（Manitou Beach）

沃特勒斯（Watrous）镇附近的马尼图湖拥有死海般富含矿物质和盐分的湖水。水上的马尼图湖滩村仿佛带你回到了单纯的往昔。

在马尼图温泉度假村和矿物水疗中心（Manitou Springs Resort & Mineral Spa; ☏306-946-2233, 800-667-7672; www.manitousprings.ca; Lake Ave和Watrous St交叉路口; 游泳池当日通票成人/儿童 $18/12）有名声在外的具有治疗功效的温泉水。附近的**Danceland**（☏306-946-2743; www.danceland.ca; 511 Lake Ave; ◉6月至10月）也值得停留，这座惊人的舞厅仿佛陷入了神奇的"旋涡"，一直未受时光流逝的影响。当地人已在这里跳了八十多年的舞，他们告诉我们：在舞厅的全盛期，猫王（Elvis）、巴迪·霍利（Buddy Holly）、格伦·米勒（Glen Miller）和艾灵顿公爵（Duke Ellington）都曾在此登台表演。

16:00; ℗）马瑟韦尔农庄国家历史遗址位于阿伯内西以南3公里处，是一座迷人的萨斯喀彻温早期的农庄，你可以给高大的役马喂草，还能见到身穿传统服饰的人物角色。有一家小咖啡馆供应自制的午餐。

🛏 食宿

Sunday's Log Cabins　　　　　　　小屋 $$

（☏306-621-3900; www.sundayslogcabins.com; Hwy 56旁, Katepwa Beach; 小屋 $130~200; ◉5月至10月; ℗）可以提供四间漂亮且维护极佳的小屋，每间都像自己的家里一样非常舒适。这些小屋差不多都位于湖滨地区。沿着Hwy 56行驶，直至卡特普瓦省立公园（Katepwa Point Provincial Park），转向南行驶至公园水滨区；这些小屋就在街对面的一家商店旁。

Main Beach Bar and Grill　　　酒吧食物 $$

（☏306-332-4696; www.katepwahotel.com; Hwy 56, Katepwa Beach; 主菜$9~21; ◉正午至21:00）如果阳光明媚而动人，那就来这里坐一坐吧。这家店全年营业，供应冰啤酒和镇上最好（也是唯一）的酒吧食物。这里有一个很棒的大露台，可以眺望公园和湖泊。

萨斯喀彻温省东部（EASTERN SASKATCHEWAN）

约克顿（Yorkton）

约克顿是一座典型的草原小镇，无论你从哪个分支道路行经此地，都可以在这座耿直的小镇歇歇脚。在这片大平原上，特别是当你沿着Hwy 16向西北行驶的时候，可以去寻找下那些古老的东正教堂，它们就藏在金黄的麦浪中间。

在西部发展博物馆（Western Development Museum, 简称WDM; ☏306-783-8361; www.wdm.ca; Hwy 16 W; 成人/儿童 $10/4; ◉6月中旬至8月中旬每天9:00~17:00, 其他月份开放时间缩短）宽敞的分馆，约克顿骄傲地显示着它坚实的东欧和乌克兰根基。室内及户外展览都讲述了来自五十多个国家的移民们的故事，他们在条件恶劣的环境中创造了自己的生活。

圣玛丽乌克兰天主教堂（St Mary's Ukrainian Catholic Church; ☏306-783-4549; 155 Catherine St）高达16米的穹顶是一件激动人心的艺术品，它是史蒂芬·穆希（Stephen Meuhsh）在1939年至1941年绘制而成的。

在备受赞誉的**约克顿电影节**（Yorkton

Film Festival；☎306-782-7077；www.goldenshea fawards.com；⊙5月下旬）上，加拿大的电影制作人和导演将争夺加拿大"金束奖"（Golden Sheaf Awards）。该电影节主要表彰那些短于1小时的短片电影。

维里金（Veregin）

百年以前，在俄罗斯生活着一群被称为杜科波尔派（Doukhobors）的基督教教徒。他们因喜好和平和抵制东正教而受到压迫。最终，7500名杜科波尔派成员于1899年移居加拿大。他们的恩人是谁？——《战争与和平》的作者列夫·托尔斯泰（Leo Tolstoy）。如今，这个小村落正是那个时代遗留下来的逐渐衰退的前哨站。

你可以在国立杜科波尔派文化村(National Doukhobor Heritage Village；☎306-542-4441；www.ndhv.ca；Hwy 5；成人/儿童 $5/1；⊙5月中旬至9月中旬 10:00~18:00）了解他们的俄罗斯文化根基和故事，这个生动的人造景点再现了20世纪早期的乡村生活。在历史悠久的粮仓的衬托下，一片颇具时代特色的建筑对公众敞开了大门。如果你足够幸运，或许还能碰上他们烤面包。

维里金位于约克顿东北大约70公里处。

萨斯卡通（SASKATOON）

人口 22.35万

萨斯卡通充满了神秘的宝藏。不要被它带给你的第一印象所误导——进入市区的核心地带及内部的街区你就会发现，这是一座充满活力的都市。壮丽的南萨斯喀彻温河（South Saskatchewan River）蜿蜒穿过市区，给城市带来了各种美丽自然的风景。

绿树成荫的公园和湖畔适合散步的人行道能让你充分地享受长时间阳光明媚的夏日，这里还有很多适合停留的好地方，可以喝上一杯让人神清气爽的贮藏啤酒，再和当地人聊一聊。

尽管这座城市是由"禁酒殖民社团"（Temperance Colonization Society，来自安大略省的一群毫无乐趣的人）成员于1883年建立的殖民地发展而来的，但萨斯卡通很清楚怎样才能在寒冷的冬日和短暂的夏季夜晚热辣起来——这儿有生机勃勃的现场音乐表演，伴着当地的摇滚乐和乡村音乐舞动吧，这可是萨斯卡通一项令人骄傲的文化遗产。总之，如果你只能去一个萨斯喀彻温的城市的话，那就来萨斯卡通吧。

⊙ 景点

河面上横跨着一串颇具吸引力的桥梁，包括建于1907年、有些摇晃的维多利亚桥（Victoria Bridge）和1908年建造的、高耸的加拿大太平洋铁路桥（Canadian Pacific Railway Bridge）。岸边排列着人行道和自行车道，它们连接着位于市中心各处的宁静的公园，包括基瓦尼斯纪念公园（Kiwanis Memorial Park）和滨河公园（River Landing）。

市中心的西边是河畔区（Riverdale），这是一个古老又优雅的街区，有着颇具创意的精品店和餐厅。纳塔那区（Nutana）在河南岸，是个可以让你一整天尽情享受美食、美酒与音乐的好去处。

★ 米瓦辛河谷　　　　自然保护区

（Meewasin Valley；www.meewasin.com）米瓦辛河谷由南萨斯喀彻温河穿过市中心所形成的一条长而宽的地带构成，名字来自原住民克里语，意思是"美丽"。长成的大树占据着河岸，而长达60公里的米瓦辛小径（Meewasin Trail）的部分路段则是从市区的小道延伸而来的，它们蜿蜒穿过森林，并沿河岸伸展。深受步行爱好者、骑行者和四处漫游的旅行者喜爱的野餐区排列在小径边上。再往北是孟德尔岛（Mendel Island），那里是很多野生动植物的家园。

★ 西部发展博物馆　　　　博物馆

（Western Development Museum, 简称WDM；☎306-931-1910；www.wdm.ca；2610 Lorne Ave S；成人/儿童 $10/4；⊙9:00~17:00；P）萨斯喀彻温省西部发展博物馆的旗舰分馆，离萨斯卡通市区大约4公里远，忠实地再现了这座1910年前后新兴的城市。馆内有加拿大最长的室内街道，你可以漫步经过镇上的许多建筑，那里既有像是从恐怖电影里搬出来的一样的牙医诊所，也有墙上排列着数百种老式制剂的药房。这里还展示着火车、拖拉机、四轮马车和雪橇，甚至还有一座监狱。博物馆距市中心4公里。

瓦努斯克温文化遗产公园　　　　公园

（Wanuskewin Heritage Park; ☎306-931-6767; www.wanuskewin.com; Penner Rd, 紧邻Hwy 11; 成人/儿童 $8.50/4; ◎9:00~16:30; ℗）瓦努斯克温（发音为wah-nus-kay-win），在原住民克里语中是"寻求内心平静"的意思。这座河岸上的文化遗产公园位于萨斯卡通东北17公里处，它致力于探究本地土著居民的过去，向参观者们呈现一段7000年的历史。在这里，你可以漫步于带有说明的小径，穿过面积达116公顷的覆盖着青草的丘陵和山谷草甸，去探索19处与外来文化接触之前就已存在的原住民定居点。从周围的大草原上是看不见依旧保持着原始状态的Opamihaw Valley的，这是一个超越世俗的神圣之地。夏季的下午还会举行传统舞蹈表演。

雷米现代艺术馆　　　　画廊

（Remai Modern; 见634页地图; ☎306-975-7610; www.remaimodern.org; Spadina Cres）河滨区一大新亮点，雷米现代艺术馆内将会展出所有在目前已经闭馆的孟德尔艺术馆内的藏品。在2017年开馆后，这里会定期举办巡回特展。

儿童探索发现博物馆　　　　博物馆

（Children's Discovery Museum; 见634页地图; ☎306-683-2555; www.museumforkids.sk.ca; 950 Spadina Cres E; ♿）这座萨斯卡通儿童博物馆正在迁往位于河畔的孟德尔艺术馆（Mandel Art Gallery）原址。预计2018年可以完成搬迁；在此之前，博物馆位于2325 Preston Ave，一座小小的建筑内。

萨斯卡通动物园社团　　　　动物园

（Saskatoon Zoo Society; ☎306-975-3395; www.saskatoonzoosociety.ca; 1903 Forestry Farm Park Dr; 成人/儿童$12/7; ◎5月至8月 9:00~21:00, 9月至次年4月 10:00~16:00; ℗）这座令人愉快的小动物园离市区大约9公里远，它坐落在森林农场公园（Forestry Farm Park）带有树荫的野餐场地中间，是带孩子游玩的好地方。这里的动物大多都是被解救回来的，还有一些是无法继续在野外生存的，包括灰熊、羊驼、狼、美洲狮和草原土拨鼠。

萨斯喀彻温铁路博物馆　　　　博物馆

（Saskatchewan Railway Museum; ☎306-382-9855; www.saskrailmuseum.org; Hwy 60旁; 成人/儿童 $6/4; ◎5月至9月周五至周日 10:00~17:00; ℗）铁路为移民打开了萨斯喀彻温的大门，也是这里至关重要的生命线，因为只能依靠铁路把粮食源源不断地运往外地市场。这座博物馆展示了萨斯喀彻温的过去，当时铁路才是省内最重要的联系纽带，而不是公路。沿Hwy 7前往市中心西边，再沿Hwy 60往南走2公里即到。

加拿大乌克兰人博物馆　　　　博物馆

（Ukrainian Museum of Canada; 见634页地图; ☎306-244-3800; www.umc.sk.ca; 910 Spadina Cres E; 成人/儿童 $6/4; ◎周二至周六 10:00~17:00, 周日 13:00~17:00; ℗）这座博物馆讲述了加拿大乌克兰移民的历史。这里的展示重点是传统服装和当代艺术品，让参观者得以深入了解乌克兰裔加拿大人的世界。

ⓖ 团队游

Shearwater Boat Cruises　　　　乘船游

（见634页地图; ☎888-747-7572; www.shearwatertours.com; Spadina Cres E; 成人/儿童 $24/15; ◎5月至9月 周二至周日）整个夏季都会有敞篷船在河上巡游。你可以一边享用酒吧里的冷饮，一边欣赏河上的桥，周五的落日游览非常受欢迎。码头就在大学桥（University Bridge）旁。

✯ 节日和活动

萨斯喀彻温爵士音乐节　　　　音乐节

（Sasktel Saskatchewan Jazz Festival; ☎800-638-1211; www.saskjazz.com; ◎6月）音乐节从6月底开始，它是萨斯喀彻温规模最大的娱乐活动，演出场地遍及全镇。有些活动是免费的。

Potash Corp艺穗节　　　　戏剧节

（Potash Corp Fringe Theatre Festival; ☎306-664-2239; www.25thstreettheatre.org; 票价 $10起; ◎7月或8月）在7月或8月举行，风格粗犷的独幕剧、音乐表演和先锋派戏剧将让

Saskatoon 萨斯卡通

街道和演出大厅都随之而动。

萨斯喀彻温美食节　　　　　　　　美食节

(Taste of Saskatchewan; ☎306-975-3175; www.tasteofsaskatchewan.ca; Kiwanis Memorial Park; ◎7月)在7月中旬近一周的节日期间，三十多家当地的餐馆将出售各种各样的美食。同时还会有日程满满的现场音乐。

萨斯喀彻温莎士比亚戏剧节　　　　戏剧节

(Shakespeare on the Saskatchewan; ☎306-652-9100; www.shakespearesask.com; 票价 $25起; ◎7月和8月)你可以在河畔帐篷里及绝佳的户外场地上欣赏到莎士比亚最好的戏剧作品。

萨斯卡通博览会　　　　　　　　　狂欢节

(Saskatoon Ex; ☎306-931-7149; www.saskatoonexhibition.ca; Ruth St & Lorne Ave交会处, Prairieland Park; 成人/儿童 $16/12; ◎8月中旬)8月的萨斯卡通因博览会而变得活力十足，节日期间将举办现场音乐演出、赛猪和炊事马车比赛，还有各种惊险刺激的供人骑乘的游乐设施。如果成人伴行，11岁以下的儿童免费。

🛏 住宿

White Pelican B&B　　　　　　　民宿 $

(☎306-249-2645; www.saskatoon.ca; 912 Queen St; 房间 $80~100; ☜)这家民宿有3个房间，房子已经有100岁了，地处河畔，毗邻市中心公园。两个房间共用一个卫生间。店主人写过一本早餐食谱，令人期待。

Inn on College　　　　　　　　　客栈 $

(见634页地图; ☎306-665-9111; www.innoncollege.com; 1020 College Dr; 房间 $60~100; P❄☜)这个青年旅舍式的住宿处在萨

Saskatoon 萨斯卡通

◎ 景点
- 1 儿童探索发现博物馆...................D1
- 2 雷米现代艺术馆........................A3
- 3 加拿大乌克兰人博物馆...............C1

◎ 活动、课程和团队游
- 4 Shearwater Boat Cruises.........D1

住宿
- 5 Delta Bessborough..................C2
- 6 Hotel Senator.........................B2
- 7 Inn on College........................D2
- 8 James...................................C2
- 9 Park Town Hotel.....................C1

◎ 就餐
- 10 Asian Hut.............................A3
- 11 Ayden Kitchen and Bar..........B2
- Calories Bakery & Restaurant.............................(见21)
- 12 Christie's Il Secondo Bakery & Pizzeria................................C4
- 13 Grazing Goat........................A2
- 14 Homestead Ice Cream...........B4
- 15 Saskatoon Farmers Market....A3

◎ 饮品和夜生活
- 16 Congress Beer House............B2
- 17 Diva's Nightclub...................B2
- 18 Drift Sidewalk Cafe & Vista Lounge.................................A3
- 19 Hose and Hydrant.................C4
- Winston's English Pub & Grill.....(见6)

◎ 娱乐
- 20 Broadway Theatre.................C4
- 21 Buds on Broadway................C4
- 22 Gordon Tootoosis Nīkānīwin Theatre...............................A2
- 23 Persephone Theatre..............A3
- 24 TCU Place............................A2

斯卡通性价比最高。紧凑的房间非常干净,带有公用厨房。过了桥以后朝着市区的方向步行15分钟即可到达这里,位置相当让人满意。

Gordon Howe Campground　　露营地 $

(☎306-975-3328; www.saskatoon.ca; 1640 Ave P S; 帐篷/房车营地 $21/35; ◎4月中旬至10月中旬; P令)住在市区西南2公里处的这个露营地是个很酷的选择! 在宽敞的135处房车露营点及12处帐篷区之间分布着很多树木,足以保护你的隐私。

★James　　　　　　　　　精品酒店 $$$

(见634页地图; ☎306-244-6446; www.thejameshotel.ca; 620 Spadina Cres E; 房间 $160起; P❋)在James,你会体验到加拿大最优质的精品酒店服务。卓越而体贴的服务从你走进大门的一刻就开始了。以怡人的极简抽象派艺术风格作为装潢的房间颇为奢华,而且配有大理石浴室、阳台和顶级的寝具,酒店里还有时髦的鸡尾酒吧,James把一切都做得很好。酒店毗邻河畔公园,建议选一间可以欣赏风景的房间。

★Hotel Senator　　　　　　历史酒店 $$

(见634页地图; ☎306-244-6141; www.hotelsenator.ca; 243 21st St E; 房间 $90/150; P❋@令)这家历史能追溯到1908年的酒店维护良好而且毫不过时,尽管有些嘎吱作响,但仍然相当酷。紧凑的大堂能让你感受到其装饰华丽的过去。楼下的小酒馆是打发夜晚时间的好去处,酒店的位置也好得无可挑剔——一切都在很短的步行范围之内。

★Delta Bessborough　　　遗产酒店 $$

(见634页地图; ☎306-244-5521, 800-268-1133; www.deltahotels.com; 601 Spadina Cres E; 房间 $130起; P❋@令❄)秉承著名的加拿大铁路酒店的优秀传统,以巴伐利亚式城堡为原型建造的Bessborough没有它的盛名。在萨斯卡通的天际线上,它称得上是建筑物方面的"感叹号"。已整修一新的内部将现代的柔和风格与壮观的后装饰派建筑融为了一体。房间和套房分为很多不同的种类和大小。树木繁茂的公共花园是绝佳的放松之处。

Park Town Hotel　　　　　　酒店 $$

(见634页地图; ☎306-244-5564; www.parktownhotel.com; 924 Spadina Cres E; 房间 $100~160; P❋@令❄)这家酒店占据着公园及河流沿岸一带最好的房产。从172个房间中

挑一个能看到河景的吧。

🍴 就餐

"从农场到餐桌"的宝贵烹饪传统在萨斯卡通的很多餐馆都得到了充分的体现,从市中心一路吃到河畔区和纳塔那区吧。

Homestead Ice Cream   冰激凌 $

(见634页地图;306-653-5588;www.homesteadicecream.ca;822 Victoria Ave;吃食$2~7;13:00~20:30)这家老式冰激凌店坐落在纳塔那附近的居民区里,用红色加白色搭配出一派欢乐。可选择的口味可谓无穷无尽,在门外的松树下享用美味吧。

Asian Hut   亚洲菜 $

(见634页地图;306-954-0188;www.facebook.com/asianhutrestaurant;320 Ave C S;主菜 $7~12;周二至周五 11:00~14:00及17:00~21:00,周六及周日 11:00~21:00)这家河畔区的亚洲餐厅有种邋遢的嬉皮氛围,食物价格便宜,但味道精彩。人们会排队等待品尝这里提供的新鲜美味的中国菜、越南菜及泰国菜。

Saskatoon Farmers Market   市场 $

(见634页地图;306-384-6262;www.saskatoonfarmersmarket.com;414 Ave B S;市场 周三和周日 10:00~15:00,周六 8:00~14:00,咖啡馆周二至周日 10:00~15:00)这个市场位于滨河(River Landing)地区,里面有一个室内市场,那里的咖啡馆和货摊全年营业,不过主要的市场活动是户外的,而且仅在夏季的"市场日"进行。

Park Cafe   咖啡馆 $

(306-652-6781;www.parkcafe.ca;515 20th St W;主菜 $8~14;8:00~16:00)如果想在早上饱餐一顿以便为接下来的探险活动做好准备,那就到这个低调的河畔区咖啡馆来吧。这里供应传说中的大盘早餐:土豆煎饼和炸洋葱圈堪称艺术品般的完美。

Grazing Goat   创意菜 $$

(见634页地图;306-952-1136;www.thegrazinggoatgoodeats.com;210 20th St W;午餐主菜 $11~15,晚餐 $18~28;周二至周六 11:30~14:00和17:00至午夜)这间砖墙风格的酒廊餐厅非常时髦且创意十足,位于生机勃勃的河畔区20th St,兼容并包的菜单很好地诠释了"从农场到餐桌"的理念。这里有五花八门的小吃及可以分享的餐食,正好搭配选择丰富、口味超群的鸡尾酒和啤酒。

Berry Barn   咖啡馆 $$

(306-978-9797;www.berrybarn.ca;830 Valley Rd;主菜 $12~20;4月至12月中旬 10:00~20:00)商业化气息十足的Berry Barn距市中心15公里,这里既有琳琅满目的礼品店,也有一间很受欢迎的咖啡馆。你可以在此享受河畔的景致,夏天时还可以采摘一些多汁的萨斯卡通莓果——一种饱满的深蓝色果子,很像博伊森莓(Boysenberry)。好好享用一顿莓子大餐吧,所有的饮料、主食及甜品都有莓子点缀其间。

Calories Bakery & Restaurant   新派加拿大菜 $$

(见634页地图;306-665-7991;www.caloriesrestaurant.ca;721 Broadway Ave;午餐主菜 $12~15,晚餐 $20~26;周一至周六 11:00~14:30和17:00~21:00,周日10:00~15:00)这家餐馆优雅而随意,菜单每六周左右就会更换一次。该店秉承着用当地出产的有机食材烹制创意菜肴的宗旨,并以此为荣。这里还有无所不包的酒单、令人期待的周六早午餐菜单和让人馋涎欲滴的甜品柜台,选择这里准没错。

Christie's II Secondo Bakery & Pizzeria   咖啡馆 $$

(见634页地图;306-384-0509;802c Broadway Ave;主菜 $15~25;周二至周六 8:00~20:00)这家店位于纳塔那,新鲜的比萨、每天新烤的特价面包和美味的意式大馅三明治都很畅销。店内外的用餐区经常客满。

★ Ayden Kitchen & Bar   新派加拿大菜 $$$

(见634页地图;306-954-2590;www.aydenkitchenandbar.com;265 3rd Ave S;主菜 $20~40;周一至周五,11:30~14:00和17:30~22:00,周六 17:30~22:00)这家萨斯卡通时下最热门的餐厅会采用本地食材烹饪时令

特色美食。主厨戴尔·麦凯（Dale MacKay）及副主厨兼屠夫纳坦·古根海默（Natan Guggenheimer）是加拿大美食界的明星。在这家朴实的市中心小馆里，他们做出的餐食总是能让你惊喜。需提前预订。

🍷 饮品和夜生活

市中心及纳塔那区是爱喝酒和逛夜店的人的好去处。去品尝一下本地酿造的大西（Great Western）啤酒吧。

★ Congress Beer House　　　　小酒馆

（见634页地图；☎306-974-6717；www.congressbeerhouse.com; 215 2nd Ave S; ◐11:00至次日1:00）这间宽敞的酒吧有一种滑雪小屋的氛围，卡座式的皮座椅靠着桌子，十分舒适。尝过五花八门各种难得一见的啤酒后，你大概会得出结论——这里的啤酒是全省最好的。这里的餐食也很好，颇富创意的汉堡和其他的酒吧餐食都很不错。

Drift Sidewalk Cafe & Vista Lounge　　　　休闲酒吧

（见634页地图；☎306-653-2256；www.driftcafe.ca; 339 Ave A S; ◐周日至周四 8:00~22:00, 周五及周六至午夜）这个时髦的去处位于河畔区，"人格分裂"是它最大的特点。这家咖啡馆整天供应有可丽饼（crêpes）、三明治及一系列各种各样的小吃；你可以坐在露天卡座享用咖啡。酒廊则十分奢华，并且有着颇为有趣的鸡尾酒单，有许多自制饮料。这里还供应中等价位的国际餐食。

Winston's English Pub & Grill　　　小酒馆

（见634页地图；☎306-374-7468；www.winstonspub.ca; 243 21st St E; ◐11:00至次日2:00）这间宽敞的酒吧以其72个品种的桶装啤酒而广受欢迎。除了常见的国内外品种外，这里的酒单还经常囊括一些本地出产的微酿啤酒。餐食也很扎实：有炸鱼和薯条、汉堡及其他同类食物（主菜 $12~16）。

Diva's Nightclub　　　　同性恋酒吧

（见634页地图；☎306-665-0100；www.divasclub.ca; 220 3rd Ave S; ◐周三至周六 21:00至深夜）不管是同性恋或异性恋，在这家对异性恋十分友善的名为"女神"（Diva）的同性恋酒吧里，即便不是"女神"，你也可以尽情享受。需从胡同进入。

Hose and Hydrant　　　　小酒馆

（见634页地图；☎306-477-3473；www.hoseandhydrant.com; 612 11th St E; ◐11:30~23:00）由消防站改造而成的有趣的小酒馆。在室外露台餐位享用美食的同时可以欣赏到令人愉悦的小街风光。

☆ 娱乐

Buds on Broadway　　　　现场音乐

（见634页地图；☎306-244-4155；http://buds.dudaone.com; 817 Broadway Ave; ◐11:30至深夜）在这家充满酒气的小店里，经典的蓝调和老牌摇滚乐堪称标配。

值 得 一 游

米彻姆

在萨斯卡通正东大约68公里处，你会发现米彻姆村（Meacham）。在这里，有着自由思想的艺术家和朴实的农民们会在宁静和睦的共处中发现自我。如果想感受寂静的金色草原，米彻姆正是不二之选。这里那间超棒的**手之波画廊**（Hand Wave Gallery; ☎306-376-2221; www.handwave.ca; 409 3rd Ave; ◐5月至9月 周四至周一 11:00~18:00, 10月至12月, 周四至周一, 13:00~18:00）代表了一批才华横溢的艺术家。

在破落的村中心逛逛，可以找到一座需要预约的微型**博物馆**，以及专业的**舞蹈天空剧院**（Dancing Sky Theatre; ☎306-376-4445; www.dancingskytheatre.com; 201 Queen St）——1997以来，该剧院一直都在上演加拿大乡村戏剧。此外，还有一座原始的属于萨斯喀彻温联营的**粮仓**（grain elevator）。从萨斯卡通到米彻姆很方便，通过Hwy 16绕道前往也相当便利。

萨斯卡通交响乐团 古典音乐

（Saskatoon Symphony；306-665-6414；www.saskatoonsymphony.org；票价 $15~60）萨斯卡通交响乐团会定期在TCU Place登台演出。

Persephone Theatre 剧院

（见634页地图；306-384-7727；www.persephonetheatre.org；100 Spadina Cres E；票价不定）这座长盛不衰的剧院在码头区的雷米艺术中心（Remai Arts Centre）拥有超棒的新分院。喜剧、戏剧和音乐剧都是这里的常规演出。

Gordon Tootoosis Nīkānīwin Theatre 剧院

（简称GNT；见634页地图；306-933-2262；www.gtnt.ca；914 20th St W；2月至6月）由加拿大的第一民族、梅蒂斯、因纽特艺术家们打造的当代舞台作品，常以喜剧和戏剧的形式来凸显文化话题。

Broadway Theatre 电影院

（见634页地图；306-652-6556；www.broadwaytheatre.ca；715 Broadway Ave；成人/儿童 $10/5）这座历史悠久的电影院位于纳塔那区，主要放映备受推崇的经典影片和艺术电影，偶尔也举办当地的现场演出。这里经常播放《南方公园：更大，更长且未剪》（*South Park:Bigger, Longer and Uncut*）；你也可以一起合唱《都怪加拿大！》（*Blame Canada!*）

TCU Place 剧院

（见634页地图；306-975-7777；www.tcuplace.com；35 22nd St E）这里是萨斯卡通的艺术及会议中心，全年在此进行各种音乐会、讲座、舞蹈及戏剧演出，萨斯卡通交响乐团（Saskatoon Symphony）也经常在此演出。

萨斯卡通刀锋队 冰球

（Saskatoon Blades；306-975-8844；www.saskatoonblades.com；3535 Thatcher Ave, SaskTel Centre；成人/儿童 $23/13起 9月至次年3月）这支西部冰球联盟（WHL）的队伍有着快速、粗暴而敏捷的冰球风格。

实用信息

邮政总局（Main Post Office；见634页地图；800-267-1177；www.canadapost.ca；309 4th Ave N；周一至周五 8:00~17:00）

萨斯卡通市立医院（Saskatoon City Hospital；306-655-8000；www.saskatoonhealthregion.ca；701 Queen St；24小时）

Planet S（www.planetsmag.com）犀利的免费双周报，会刊登非常不错的娱乐信息。

萨斯卡通旅游局（Tourism Saskatoon；见634页地图；306-242-1206、800-567-2444；www.tourismsaskatoon.com；202 4th Ave N；周一至周五 8:30~17:00）有本地及区域信息。

到达和离开

飞机

约翰·G.迪芬贝克国际机场（John G Diefenbaker International Airport；简称YXE；306-975-8900；www.yxe.ca；2625 Airport Dr）位于城市东北5公里处，紧邻Idylwyld Dr和Hwy 16。有西捷航空公司（WestJet）和加拿大航空公司（Air Canada）的航班从这里飞往加拿大的主要城市。

大巴

STC（www.stcbus.com）的客运服务全面覆盖该省各地，这些车都从**长途汽车站**（见634页地图；306-933-8000；50 23rd St E）出发。有向南去往里贾纳（Regina, $51, 2.75至4个小时，每天3班）的车，也有向北去往艾伯特王子城（Prince Albert, $31, 2小时，每天3班）的车。**加拿大灰狗长途巴士**（www.greyhound.ca）运营的长途汽车去往温尼伯（Winnipeg, $134, 12.5小时, 每天1班）和埃德蒙顿（Edmonton, $71, 7小时, 每天2班）。

火车

萨斯卡通的**火车站**（train station; Chappell Dr）在市区西南8公里处，每周有3班加拿大国家铁路公司运营的温哥华至多伦多的"加拿大号"（Canadian）列车在此经停。

当地交通

乘出租车到机场或火车站大致要花费$20。便于联系的**Blueline Taxi**（306-653-3333；www.unitedgroup.ca）可提供出租车服务。

Bike Doctor（306-664-8555；www.bikedoctor.ca；623 Main St；出租每天 $60起）可出租自行车。

Saskatoon Transit（见634页地图；360-975-

7500; www.transit.saskatoon.ca; 成人/儿童 $3/2.25) 负责城市大巴的运营, 公交车集中在23rd St E (位于2nd Ave N和3rd Ave N之间) 的交通枢纽。

萨斯喀彻温北部 (NORTHERN SASKATCHEWAN)

在萨斯卡通北面,可以选择的行车路线将聚集成一条北方公路,而你周围的景色也会发生改变。南部广阔的麦田将一去不返,取而代之的是粗犷的北方森林和各种各样的湖泊。这里也存在着文化转变:一种独立精神——它在严酷的环境中帮助人们开创了生活。

巴特尔福德 (The Battlefords)

北萨斯喀彻温河 (North Saskatchewan River) 上的桥梁连接着巴特尔福德和他的老大哥北贝特尔福德 (North Battleford), 它们仿佛是从一个世纪以前直接搬过来的, 几乎没发生多少改变, 展现了早期草原移民的贫困生活。

在西部发展博物馆 (Western Development Museum, 简称WDM; 306-445-8083; www.wdm.ca; Hwy 16, 在Hwy 40, North Battleford; 成人/儿童 $10/4; ◎4月至12月 每天, 1月至3月 周二至周日 9:00~17:00, 10月至次年5月户外村关闭) 的北贝特尔福德分馆中,得以再现的小镇让人深刻地体会到了拓荒者们将草原改造成农田的过程中所付出的艰辛劳作。走在铺着木板路的街道上,经过一栋栋保存下来的房子,你就能轻易地想象出过去的生活究竟有多么艰苦。在巴特尔福德堡国家历史遗址 (Fort Battleford National Historic Site; 306-937-2621; www.parkscanada.ca/battleford; Hwy 4旁; 成人/儿童 $4/2; ◎7月及8月 每天, 6月 周一至周日 10:00~16:00), 身穿传统服装的导游和大炮射击 (cannon firings) 为这座建于1876年的西北骑警 (NWMP) 的堡垒带来了活力。

艺术爱好者会被位于Hwy 16上的艾伦·萨普画廊 (Allen Sapp Gallery; 306-445-1760; www.allensapp.com; 1 Railway Ave E, North Battleford; 捐款入内; ◎6月至9月 每天 11:00~17:00, 10月至次年5月 周三至周日 正午至16:00) 吸引, 而流连忘返。萨普的作品描绘了他们克里人的传统, 景色与人像的结合相当激动人心。

艾伯特王子国家公园 (Prince Albert National Park)

艾伯特王子国家公园犹如一块未经雕琢的璞玉。正当你以为永远无法到达广袤大草原的边际时, 一排排树木映入眼帘, 象征着巨大北部丛林的开端。在这座国家公园内, 你会产生一种置身于世界边缘的真实, 其独特魅力为世间少有。

别致的边远村落沃斯克苏湖 (Waskesiu Lake) 是你在公园内进行探索的休整基地。

◎ 景点和活动

艾伯特王子国家公园　　　　　　公园
(Prince Albert National Park; 306-663-4522; www.parkscanada.ca/princealbert; 成人/儿童 $8/4) 这里有着森林围绕保护下的湖泊、人迹罕至的土地及野生动物,是名副其实的"野生"公园。在此进行划独木舟、徒步、野营一类的户外活动再适合不过了。你可以徒步前往格雷·奥尔的小屋 (Grey Owl's cabin), 体验一段20公里的难忘旅程, 也可以划独木舟四处观光, 或者干脆就在湖滨沙滩休闲一下。

Waskesiu Marina　　　　　　　码头
(306-663-1999; www.waskesiumarina.com; Waskesiu Lake; 皮划艇每小时 $17起) Waskesiu Marina出租独木舟、皮划艇和摩托艇。还提供去往格雷·奥尔小屋的导览游船游。

Canoeski Discovery　　　　　独木舟
(306-653-5693; www.canoeski.com, 出租独木舟 每天 $45起) 可提供多种本地及附近区域的多天划船游览行程, 你可以一边欣赏乡间美景, 一边学习划独木舟。

住宿

★ Sturgeon River Ranch　　　农场 $$
(306-469-2356; www.sturgeonriverranch.com; Hwy 55旁, Big River; 野营探险每人 $500起) 坐落在公园西侧边界外面,因它对大自然的关注和能骑马 (每人$125起) 游览旷野而闻名。

不要错过

巴托什国家历史遗址

1885年,当路易斯·里尔(Louis Riel)率领梅蒂斯人保卫他们政府给予的土地时,一场实质上的内战曾在这里打响。梅蒂斯人是法国毛皮商人与原住民女性所生的混血儿,他们被迫于19世纪中叶离开了马尼托巴,其中很多人都在巴托什安了家。由于政府不断地违背协议,失望的梅蒂斯人及一些克里人宣布从加拿大独立。他们的行动引来了由弗雷德里克·米德尔顿少将(Frederick Middleton)率领的军队。尽管200名原住民与拥有800名士兵的军队相比人数上处于极大劣势,但是经过4天的奋战,梅蒂斯人几乎取得了胜利。不幸的是,里尔被俘(并在之后以叛国罪被处以绞刑)。

一度繁荣的巴托什遭到了蹂躏,几年之内几乎什么都没有留下,除了今天你所看到的那座教堂。**巴托什国家历史遗址**(Batoche National Historic Site; ☎306-423-6227; www.parkscanada.ca/batoche; Rte 225, Wakaw; 成人/儿童 $8/4; ☉7月及8月 每天,6月及9月周一至周五 9:00~17:00)是一处幸运之地,让人得以用心思忖1885年的事件,而大草原上的草在随风摇摆,形成了寂静的波浪。

巴托什位于萨斯卡通以北70公里处,就在Hwy 11下面。

Flora Bora Forest Lodging 圆顶帐篷 $$

(☎877-763-5672; www.florabora.ca; Hwy 263旁, Emma Lake; 圆顶帐篷 $165~200; ℗)去令人愉快的Flora Bora Forest Lodging住圆顶帐篷吧,它就坐落在艾玛湖(Emma Lake)和克里斯托弗湖(Christopher Lake)之间。这些充满野趣的小屋都带有甲板平台并且远离停车场。

Elk Ridge Resort 度假村 $$

(☎306-663-4653; www.elkridgeresort.com; Hwy 264旁, Waskesiu Lake; 房间 $120起 ℗☎)如果想玩得奢侈一点,你可以前往这家规模庞大的度假村,这里有一个私享的小湖、高尔夫球场及其他设施。

❶ 实用信息

Waskesiu Chamber of Commerce(☎306-663-5410; www.waskesiulake.ca; 35 Montreal Dr, WaskesiuLake; ☉7月及8月 9:00~17:00,9月至次年6月 开放时间缩短)和公园**游客中心**(visitor centor; ☎306-663-4522; 969 Lakeview Dr, Waskesiu Lake; ☉6月至8月 8:00~20:00)能向你提供住宿及停车信息。

拉隆格和遥远北方
(La Ronge & The Far North)

拉隆格是遥远北方的南部枢纽——在离开公路网之前,这里是你最后的补给机会。拉隆格是一座简陋而朴素的小镇,很受垂钓爱好者、狩猎者和旅人的喜爱。

难以置信的是,几乎半个萨斯喀彻温省都位于更远的北方。这里是边疆地区,甚至没有铺设了路面的公路。如果你不会因这里极度的偏远而大惊小怪,而且已经装备齐全,那么就上路吧!你将发现**绍森德**(Southend)这样的微型村庄,路过巨大的**驯鹿湖**(Reindeer Lake),最终到达终年严寒的**斯托尼拉皮兹**(Stony Rapids)——从拉隆格向北行进12小时左右可以到达。在这里,自给自足非常关键:一定要确保你做过汽车保养,带上了足够的汽油、装备和补给,还要注意集中精神。

拉隆格湖省立公园(Lac La Ronge Provincial Park; ☎306-425-4234; www.saskparks.net/laclaronge; Hwy 2; ☉5月至9月)这里被宽阔且遍布岛屿的拉隆格湖(Lac La Ronge)环绕,是钓鱼、划独木舟和在矮粗的松树林间徒步的好地方。这里有100多个湖泊和1000多个岛屿。公园内有5处全年开放的露营地和无数山野露营点。

如果你想买捕熊器、狼皮或整盒的烘豆,就到**罗伯森货栈**(Robertson's Trading Post; ☎306-425-2080; 308 La Ronge Ave, La Ronge; ☉周一至周六 8:00~17:00)去看看。在这里你几乎能买到任何你需要用到的物品,以及一些你从没想过能用上的东西。

国家公园

如果说有一样东西是加拿大在国际上数一数二的（除了冰球），那就是国家公园。作为19世纪末生态管理方面的早期倡导者，目前该国已经建立了44座国家公园，从颇具开创性、对游客非常友好的班夫，到北极辽阔而空旷的荒野，极具多样性。

目录

➡ 早期的西部公园

➡ 向东扩展

➡ 北部风情

➡ 较新的公园

上图：艾伯塔省，班夫国家公园的梦莲湖（见701页）

1. 幽鹤国家公园，在翡翠湖（见851页）划独木舟 2. 沃特顿湖群国家公园（见719页） 3. 班夫国家公园（见681页）的弓河 4. 冰川国家公园，在罗杰斯垭口（见849页）滑雪

早期的西部公园

加拿大国家公园系统的根扎在落基山脉雄伟的原始高峰之间。1885年,班夫的创立刺激了早期公园的发展,那时它们直接关系着跨大陆铁路的建设情况,而铁路会把富有且好奇心旺盛的游客送到之前尚未被人探索过的荒野地区。

班夫

只有美国的黄石公园和澳大利亚的皇家国家公园的建立时间要早于班夫,这座公园的历史与国家公园运动以及颇具开拓性的加拿大太平洋铁路公司的历史紧密地交织在一起,后者为它铺平了道路。

幽鹤

幽鹤这个名字取自古老的克里语,是惊异、惊叹的意思。它是落基山脉公园的地质亮点之一,这里伯吉斯贝岩(Burgess Shale)富含化石的沉积物展示了120个远古的海洋物种,其年龄超过了5亿年。

沃特顿湖群

加拿大落基山脉被遗忘了的角落继续向南延伸,就是冰川国家公园(美国),沃特顿湖群值得注意的是颇为便利的高山徒步一日游。具有历史意义的红色公共汽车将公园标志性的Prince of Wales Hotel与美国铁路公司运营的"帝国建设者号"(Empire Builder)列车连接在一起,这趟列车往返于西雅图和芝加哥之间。

贾斯珀

曾是毛皮商人聚集中心的贾斯珀在20世纪前10年迎来了两条铁路线。如今它们仍在运行,提供去往鲁珀特王子港和温哥华的客运服务,并更方便地前往班夫这个更大、更安静而且拥有更多动物群的北方邻居。

冰川

这座公园建于1886年,只比班夫晚了一年的时间。冰川是另一座"铁路公园",如今这里更为出名的是传说中降雪量极大的粉状雪,非常适合需搭乘直升机的高山滑雪,此外还有不容错过的野外郊游。

向东扩展

随着世界上首个国家公园服务协调机构加拿大公园管理局在1911年创立,公园网络开始向东扩展,而此时正好也是汽车时代,它将加拿大壮丽的自然美景带给了大众。尽管环境保护措施在任何时候都非常重要,但早期的国家公园更偏向于迎合最佳"游客体验"。

爱德华王子岛

爱德华王子岛在1937年成为国家公园,它通过背靠沙丘的沙滩、狭窄的湿地和一处巨大的文学遗产来弥补自己袖珍的身材,后者珍藏在老农庄"绿色小屋(Green Gables)"内,正是这里为露西·莫德·蒙哥马利(Lucy Maud Montgomery)于1908年创作的小说《清秀佳人》(Anne of Green Gables)提供了灵感。

赖丁山

这个联合国教科文组织划定的生物圈保护区覆盖着森林,其间还密布着数量众多的徒步小径——总长超过400公里。它位于马尼托巴省南部,就像是坐落在肥沃农田之间的一座森林岛屿。

皮利角

面积极小但是对鸟类(和鸟类观察者)却至关重要的皮利角位于安大略省,加拿大的最南端,俯瞰着伊利湖(Lake Erie),这里是超过360种鸟类的迁徙过境区。

布雷顿角高地

作为新斯科舍省曾经显著的法国-阿卡迪亚文化的所在地,布雷顿角在1936年成为国家公园,最好经25条难度适中的一日徒步路线进入这里,这些路线沿海岸延伸,就在卡伯特小径(Cabot Trail)风景优美的公路附近。

格罗斯莫恩

格罗斯莫恩是纽芬兰海岸上的峡湾、岬角、几乎垂直的峭壁和瀑布的壮丽组合,这里成为公园的时间较晚,1973年才归入加拿大公园管理局旗下。

1. 爱德华王子岛，新伦敦（见518页）灯塔
2. 在赖丁山国家公园（见607页）骑马
3. 皮利角国家公园（见168页）
4. 布雷顿角高地国家公园（见434页）

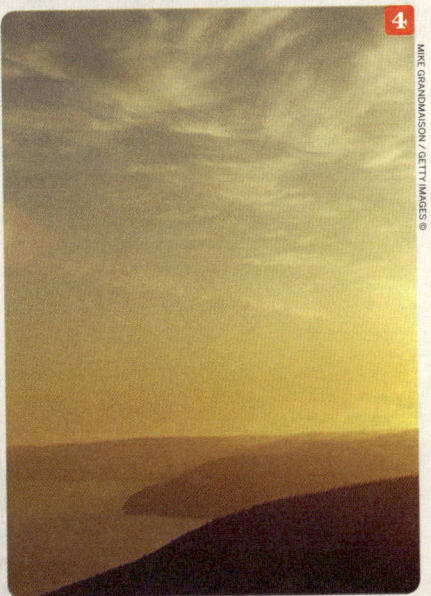

1. 沃珀斯克国家公园（见611页）的北极熊 2. 奥尤伊图克国家公园（见937页）的露营 3. 奥拉维克国家公园，班克斯岛（见928页）的冰冻的海洋 4. 伊瓦维克国家公园（见904页）

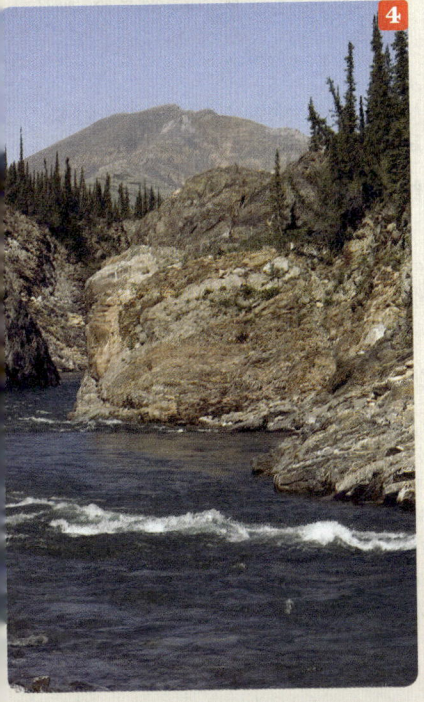

北部风情

到了20世纪80年代，国家公园服务已经转变了观念，从公园管理纯粹以游客为中心的视角，变成了优先考虑生态完整性的姿态。加拿大北部的辽阔旷野在公园的保护伞下逐渐得到了发展，而且往往会采取与当地原住民合作的形式。

奥拉维克

每年拜访月球的人比顺便前往奥拉维克的人都要多（官方统计的年游客数量很少超过十来人）。公园位于北极的班克斯岛（Banks Island），这片拥有麝牛和24小时夏日阳光的土地是真正的"偏远地区"。

沃珀斯克

北极熊是沃珀斯克的raison d'être（这个名字在克里语中是"白熊"的意思），这里是世界上在野外观察这些动物的最佳地点。可以预订一次导览游，然后前往马尼托巴省的丘吉尔港（Churchill）。

奥尤伊图克

几乎没有加拿大人能认识（或者会念）奥尤伊图克这个名字（意思是"一片从未融化的土地"），这里是另一座能让你把车留在家里的公园。它位于巴芬岛（Baffin Island），是滑雪、登山或野外露营的理想场所。

伊瓦维克

没有服务，没有任何设施，只有一大片未经开发的原始苔原。省下一些钱，尽力磨炼你的野外生存技能，并实践你的探险幻想。

纳汉尼国家公园保护区（见923页）

较新的公园

加拿大公园管理局在长期拓展规划和公园持续发展方面一直保持着开放式原则。2000年以来，又有8座公园获得了联邦的认可，目前其网络覆盖了加拿大总陆地面积的3%——几乎相当于意大利的大小，相当惊人。

纳汉尼

位于西北地区的纳汉尼国家公园保留地在20世纪70年代成为国家公园，更有幸在1978年成为联合国教科文组织收录的首个世界自然遗产地。经过数年的磋商，它在2011年实现了大面积的扩展。如今它是加拿大第三大国家公园，覆盖面积相当于比利时的大小。

托恩盖特山

这里拥有高山冰川和漫游在拉布拉多原始海岸上的野生驯鹿，景色质朴无华。该公园建于2005年，是加拿大的第42座国家公园。

纳茨伊奇沃

这座公园创立于2012年，紧邻着经过扩展的纳汉尼国家公园保留地。它对梅蒂斯人和提纳人有着重要的精神意义。该公园也是灰熊、驯鹿和多尔大角羊的北方栖息地。

塞布尔岛

绿草茵茵的塞布尔岛是离新斯科舍省300公里远的一处弯曲的沙嘴，这里生活着成百上千匹野马，人们普遍认为它们是18世纪50年代阿卡迪亚大驱逐（Great Acadian Expulsion）过程中留下的野马的后代。已有350多艘船在这个难以抵达的前哨葬身海底。它在2013年成为加拿大最新的国家公园。

艾伯塔省

包括 ➡

埃德蒙顿	653
卡尔加里	667
班夫国家公园和贾斯珀国家公园	681
班夫镇	689
路易斯湖	699
贾斯珀镇和周边	703
德拉姆黑勒和周边	712

最佳就餐

- ➡ Packrat Louie Kitchen & Bar（见660页）
- ➡ Market（见676页）
- ➡ 49° North Pizza（见721页）
- ➡ Trough（见686页）
- ➡ Other Paw Bakery（见710页）
- ➡ Al Forno Cafe & Bakery（见674页）

最佳住宿

- ➡ Deer Lodge（见702页）
- ➡ Tekarra Lodge（见708页）
- ➡ Mt Engadine Lodge（见683页）
- ➡ Varscona（见658页）
- ➡ Heartwood Inn & Spa（见714页）

为何去

艾伯塔以湖泊和山脉闻名，就像罗马以大教堂及小礼拜堂闻名一样，不过这里可没有苦修。要证明这一点，可西行前往贾斯珀和班夫，这是世界上历史最悠久的国家公园中的两座，尽管荒无人烟，地势也颇为崎岖，但这里依然保持着无拘无束的状态，而且容易到达。在完成以下任务之前，一定要珍惜宝贵的生命：向东到出土了恐龙的德拉姆黑勒周围的荒地去参观，向南到沃特顿湖群国家公园内的Crypt Lake小径去旅行，向北到广阔的北方稀树草原上去探寻北美野牛。

该省的中部有翻滚的麦浪，牛群徜徉其中；在这里你会找到历史悠久的农场、神圣的本地名胜、神秘的怪岩柱景致。艾伯塔省的各个城市用精神弥补了历史方面的缺憾：卡尔加里出人意料地十分酷炫，那里有顶级博物馆和鸡尾酒吧，而埃德蒙顿则拥有世界第二大艺穗节。

何时去

埃德蒙顿

7月 享受节日的黄金时段，可亲身感受埃德蒙顿的街头艺人节以及卡尔加里的牛仔节。

7月至9月 班夫和贾斯珀的小路上没有积雪，可进行各种各样的徒步游。

12月至次年2月 落基山脉的冬季运动旺季。

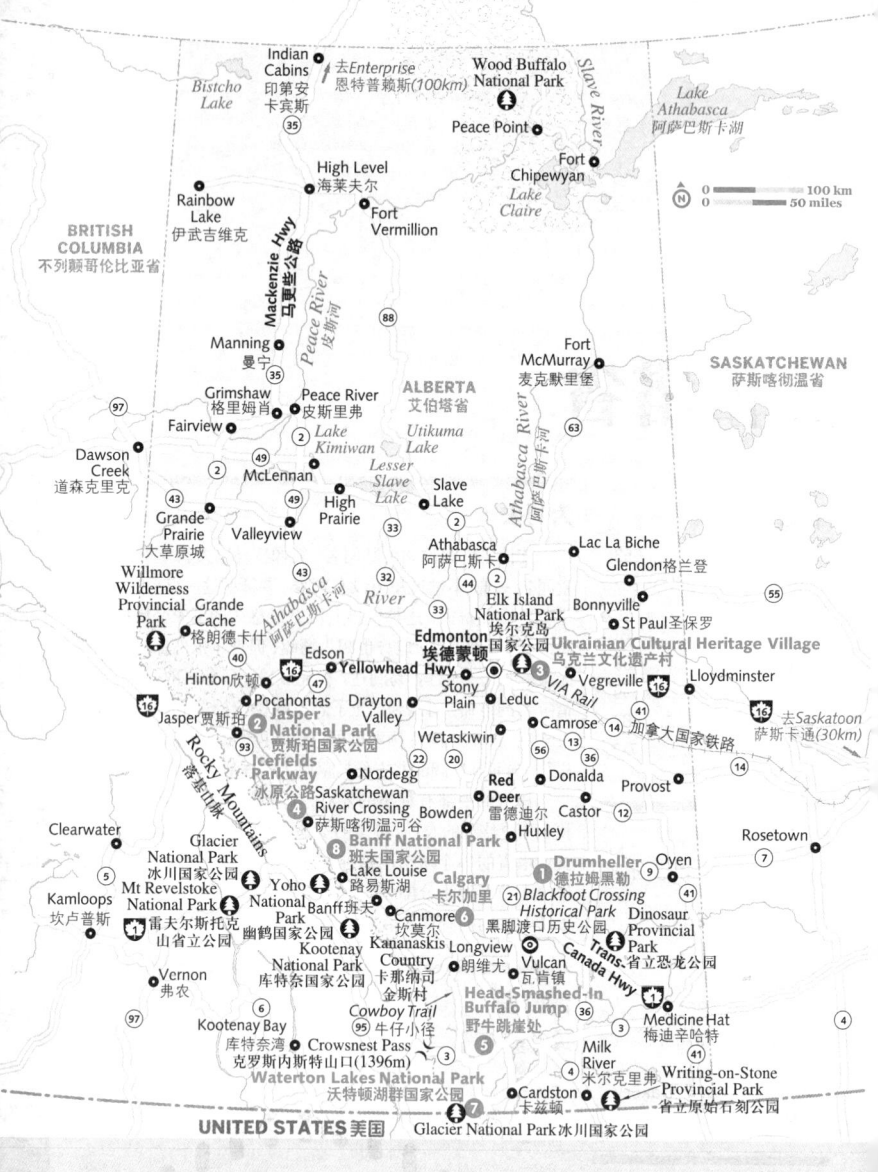

艾伯塔省亮点

1 皇家蒂勒尔古生物学博物馆（见712页）探索**德拉姆黑勒**的侏罗纪遗迹。

2 米特温泉（见603页）在**贾斯珀国家公园**的山峰下泡个澡。

3 乌克兰文化遗产村（见663页）穿越时空，探索世纪之交的新移民生活。

4 冰原公路（见686页）驾车驰骋于高耸的群山之间，欣赏熊群及风景如画的景点。

5 野牛跳崖处（见715页）深入探索第一民族的历史。

6 国家音乐中心（见669页）在卡尔加里享受摇滚乐的刺激吧。

7 沃特顿湖群国家公园（见719页）划着皮划艇，置身于童话般的景色中。

8 Lake Agnes Teahouse（见702页）在**班夫国家公园**享用冰川雪水烹茶。

历史

艾伯塔可能发展得有些慢，但它正在尽力弥补失去的时间。该省人类居住的历史可以追溯到7500年前：史前时代，黑脚人（Blackfoot）、凯耐瓦人[Kainaiwa，即布拉德人（Blood）]、西克西卡人（Siksika）、佩甘人（Peigan）、阿齐纳人[Atsina，也被称为"大肚子"（Gros Ventre）]、克里人（Cree）、苏提纳人[Tsuu T'ina，即萨尔西人（Sarcee）和阿西尼博因人（Assiniboine）的原始部落都居住在这里，他们的后代依然生活在这片土地上。这些游牧民族游荡在艾伯塔省南部的平原上，过着相对平和美满的生活，直到17世纪中叶，第一批欧洲人来到了这里。

伴随着欧洲人的到来，艾伯塔开始发生改变并不断发展。这些新来的人带来的影响可谓立竿见影，他们用廉价的威士忌酒换取野牛皮，导致野牛的数量减少，原住民传统的生活方式也遭到了破坏。仅一代人的时间，这些原住民就被迫迁入了保护区，野牛则濒临灭绝。

19世纪20年代，哈得孙湾公司在这个地区开设商店，欧洲移民持续不断地迁入。1870年，西北骑警（North West Mounted Police，简称NWMP）——加拿大皇家骑警（Royal Canadian Mounted Police，简称RCMP）的前身——在该省建立永久驻地，以便管理威士忌贸易并维持地方秩序。这是一件好事，因为10年后艾伯塔省通了铁路，移民数量也从涓涓细流变成了涌流。

这些新居民以农民为主，因此在接下来的一个世纪里，农业成了当地的经济基础。20世纪初，这里又发现了丰富的石油和天然气，然而开发它们需要时间。第二次世界大战结束时，这里只有500座油井。1960年，油井达到1万座，石油业也变成了镇上规模最大的行业。尽管如此，20世纪80年代以及2016年的石油价格下跌使经济一蹶不振，这表明自然资源可以带来经济繁荣与萧条。

艾伯塔人有很强的省份自豪感，从2013年卡尔加里洪灾和2016年麦梅利堡（Fort McMurray）野火火灾人们接力般的支持就可见一斑。凭着他们勇敢挑战的态度，毫无疑问

快速参考

- 人口：4,252,879
- 面积：642,317平方公里
- 首府：埃德蒙顿
- 奇闻逸事：霸王龙的近亲艾伯塔龙于1884年在马蹄峡谷首次被发现

他们会渡过难关的。

地理和气候

覆盖着艾伯塔省东部和南部地区的大草原在西部ейсе位于高耸的落基山脉，该山脉构成该省的西部边缘。山区的脊状隆起是标志性景色，艾伯塔省也因此而闻名。

艾伯塔阳光明媚，一年中的任何时候都能看到太阳。冬季温度可能骤降至-20℃（-4℉），令人感到冰冷刺骨。气候变化已经对当地的降雪产生了影响，城市的降雪量正在逐年减少。

奇努克风（落基山脉东边温暖干燥的风）经常在冬季的几个月里光临该省。这些从海岸吹来的温暖西风给山区带来降雨，让艾伯塔暂时摆脱冬季的严寒，有时一天内就能让温度上升20℃（36℉）！

这里的夏季往往炎热干燥，温度最高的月份是7月和8月，一般会保持在舒适的25℃（77℉）上下。"6月雨季"名副其实。秋色缤纷的9月则更为凉爽，处处都有惊人的美景。

❶ 实用信息

艾伯塔省旅游局（Travel Alberta；☎800-252-3782；www.travelalberta.com）有省内公园、游客中心的链接。

❶ 到达和离开

乘长途汽车、火车、飞机或自驾前往艾伯塔省都很便利。该省与美国的蒙大拿州接壤，还跟西北地区、不列颠哥伦比亚省及萨斯喀彻温省交界。

飞机

该省主要的两座机场分别位于埃德蒙顿和

卡尔加里，世界各地的主要枢纽每天都有航班飞往这两座城市。为该省提供服务的航空公司包括加拿大航空公司（Air Canada）、美国航空公司（American Airlines）、英国航空公司（British Airways）、达美航空公司（Delta）、地平线航空公司（Horizon Air）、荷兰皇家航空公司（KLM）、美国联合航空公司（United Airlines）以及西捷航空公司（WestJet）。

长途汽车

加拿大灰狗长途巴士（Greyhound Canada；customer service 877-463-6446，价格及行程咨询 800-661-8747；www.greyhound.ca）运营从邻近省份开往艾伯塔的长途汽车，美国灰狗则提供从美国发至该省的服务。根据联运方式的不同，时间差异颇大，预订可以享受优惠。

从埃德蒙顿开往常见目的地的单程票价如下：

乔治王子城（Prince George；$100，10小时，每天1班）
温哥华（Vancouver；$150，17小时，每天5班）
怀特霍斯（Whitehorse；$240，29小时，每天1班）
温尼伯（Winnipeg；$170，20小时，每天3班）

从卡尔加里发车前往的目的地包括：

坎卢普斯（Kamloops；$95，10小时，每天4班）
里贾纳（Regina；$85，10小时，每天2班）
萨斯卡通（Saskatoon；$78，9小时，每天4班）
温哥华（$99，15小时，每天5班）
温尼伯（$175，20小时，每天1班）
驼鹿旅游网（Moose Travel Network；604-297-0255；www.moosenetwork.com）经营加拿大西部的各类行程。起点是温哥华或班夫，沿途能欣赏山区公园及其他艾伯塔省不容错过的景点。冬季也经营滑雪游，对没有自驾车的滑雪迷来说是很好的选择。夏季，每天都有旅行团出发，冬季则是每周发几个团。

小汽车和摩托车

艾伯塔省是为自驾游量身设计的（这里的燃油供给十分充足）。该省高质量的公路维护得很好，还有乡村道路网可以探索。不管人口有多少，大部分地区的城镇都能提供相应的服务。

需要注意的是，在相对偏远的地区，尤其是北方，服务站间隔的距离相当远。一定要在可以加

艾伯塔省旅行线路

1周

在卡尔加里花上一天的时间探索格伦博博物馆（见669页）和国家音乐中心（见669页），在时尚的17th Ave选择一家餐厅享受一餐，或是漫步在肯辛顿和英格利伍德街区的艺术气息中。接下来，开启一天的流浪模式，到德拉姆黑勒参观皇家蒂勒尔古生物学博物馆（见712页）。回到卡尔加里，向东来到埃尔克岛国家公园（见666页）寻找野牛的踪迹，并且到原汁原味的乌克兰文化遗产村（见663页）穿越回过去。

起个大早，一路向西。以坎莫尔新鲜的面包圈为早餐后，继续深入班夫国家公园，再到加拿大落基山脉怀特博物馆（见690页）看看。

在班夫休息一晚，沿着景色迷人的Bow Valley Pkwy来到路易斯湖，抽时间徒步去Lake Agnes Teahouse（见702页），坐路易斯湖观光缆车（见699页）时也许可以看到灰熊。回头经过风光旖旎的冰原公路来到哥伦比亚冰原（见688页）。

一路行至贾斯珀，入住Tekarra Lodge（见708页）好好休息放松一下。到马林湖（见704页）进行一次短途徒步，邂逅熊或驼鹿。继续向北，在山间美景之中享受米特温泉（见703页）。离开群山来到埃德蒙顿，拜访老斯特拉思科纳街区，用Packrat Louie Kitchen & Bar（见660页）的美食结束艾伯塔之旅。

落基山全景

大体与1周的路线相似，但是在到达坎莫尔之前，沿Hwy 22向南来到巴尤农场（见715页），这一段路也被称为牛仔小径。继续向南到沃特顿湖群国家公园（见719页），体验最不为人知的山间天堂。转回向北，经过卡那纳司金斯村（Kananaskis Country），在Mt Engadine Lodge（见683页）喝杯茶或是休息一晚。之后继续向北前往坎莫尔。

油的地方加满油并准备好御寒衣物和水。

火车

艾伯塔省现代铁路网的修筑过程耗时多年，众多筑路工人为之献出了生命。建成后，该网络获得了19世纪工程壮举之一的美誉，但现在，艾伯塔省只剩两列普通客运列车在运营了。**加拿大国家铁路公司**（VIA Rail; ☎888-842-7245; www.via.ca）运营从温哥华开往多伦多的"加拿大号"（Canadian）列车，途经贾斯珀和埃德蒙顿，每周2~3班。从埃德蒙顿去往温哥华的费用为$225，行程27小时；从埃德蒙顿去往多伦多则需$405，行程55小时。开往多伦多的列车会在萨斯喀彻温省的萨斯卡通、马尼托巴省的温尼伯和安大略省的萨德伯里枢纽站停靠。加拿大国家铁路公司也运营从贾斯珀开往不列颠哥伦比亚省鲁伯特王子城（Prince Rupert; $117, 32小时, 每周3班）的列车。

落基山登山（Rocky Mountaineer; ☎604-606-7245; www.rockymountaineer.com; 5日$2650起; ⊙5月至10月）团队游会带你一路从东边的温哥华呼啸穿越落基山脉，途经坎卢普斯直至贾斯珀或班夫，或从温哥华出发向北途经惠斯勒及不列颠哥伦比亚，到达贾斯珀。这些多日行程的豪华的铁路列车已运送旅客25年了。

埃德蒙顿（EDMONTON）

人口 89.94万

现代、宽广且在一年大部分时间里都极其寒冷的埃德蒙顿是艾伯塔省的第二大城市及首府，也是政府所在地，关于这座城市的信息更可能出现在报刊的商业版上而非旅行副刊上。埃德蒙顿通常是去往贾斯珀国家公园的中转站，公园坐落在埃德蒙顿西边，车程4小时；也有人是为北方广阔空旷的风光而来。

富人和落魄者都聚集在市中心。人们曾希望广受赞誉的罗杰中心（Rogers Place）可以为市中心注入活力，但这期望貌似过高了。如果你想寻找这座城市的灵魂，可以前往河流南边的大学城和让人逍遥自在的Whyte Avenue，那里聚集着很多小剧院和不错的小餐馆，每周五晚上就会变得生机勃勃。埃德蒙顿也有不错的博物馆，一年一度的艺穗节是仅次于爱丁堡的第二大艺术节，附近还有一些顶级的景点，如乌克兰文化遗产村和驼鹿岛国家公园。

历史

克里族和黑脚族部落的祖先早在5000年前就来到了埃德蒙顿地区。直到18世纪末，欧洲人才首次踏上这片土地。1795年，哈得孙湾公司在这里建起了一处贸易站，它被称为埃德蒙顿堡（Fort Edmonton）。

捕猎者、商人和探险家经常光顾这个边界贸易站，但是直到1870年，在政府收购埃德蒙顿堡并向拓荒者开放该地区以后，埃德蒙顿的人口才首次实现了真正的增长。1891年，当卡尔加里通铁路后，这里的发展才开始加速。

与此同时，原住民部落却因疾病以及他们主要的食物来源短缺（北美野牛几近绝种）而严重衰落了。因为越来越脆弱，他们只得在1871~1921年签署了一系列条约，将大部分土地产权都转让给了加拿大政府，以换取金钱、受保护的土地和狩猎权。

金矿为该地区带来了首次大规模的高速发展——在艾伯塔并没有发现金矿，但是在育空地区却发现了。在追梦人们北行去往克朗代克（Klondike）之前，埃德蒙顿是已开发地区内的最后一站。一些人最终暴富，然而大部分人都没有那么幸运。一些人定居在埃德蒙顿，于是城市渐渐发展了起来。

20世纪40年代，第二次世界大战促成了阿拉斯加公路（Alaska Hwy）的修建，涌入的大批工人进一步增加了人口数量。乌克兰及其他东欧移民纷纷到埃德蒙顿寻找工作，也令这座城市更显充实。

如今，埃德蒙顿又成了那些希望在北方赚大钱的人们的聚集地。不过这次的目标既不是黄金也不是公路，而是石油。

◉ 景点和活动

★ 艾伯塔省艺术馆

画廊

（Art Gallery of Alberta; 见656页地图; ☎780-422-6223; www.youraga.ca; 2 Sir Winston Churchill Sq; 成人/儿童 $12.50/8.50; ⊙周二至周日11:00~17:00, 周三至21:00）随着这座特立独行的艺术馆在2010年对外开放，埃德蒙顿终于有了一座现代派的标志性建筑，以反击那

Edmonton 埃德蒙顿

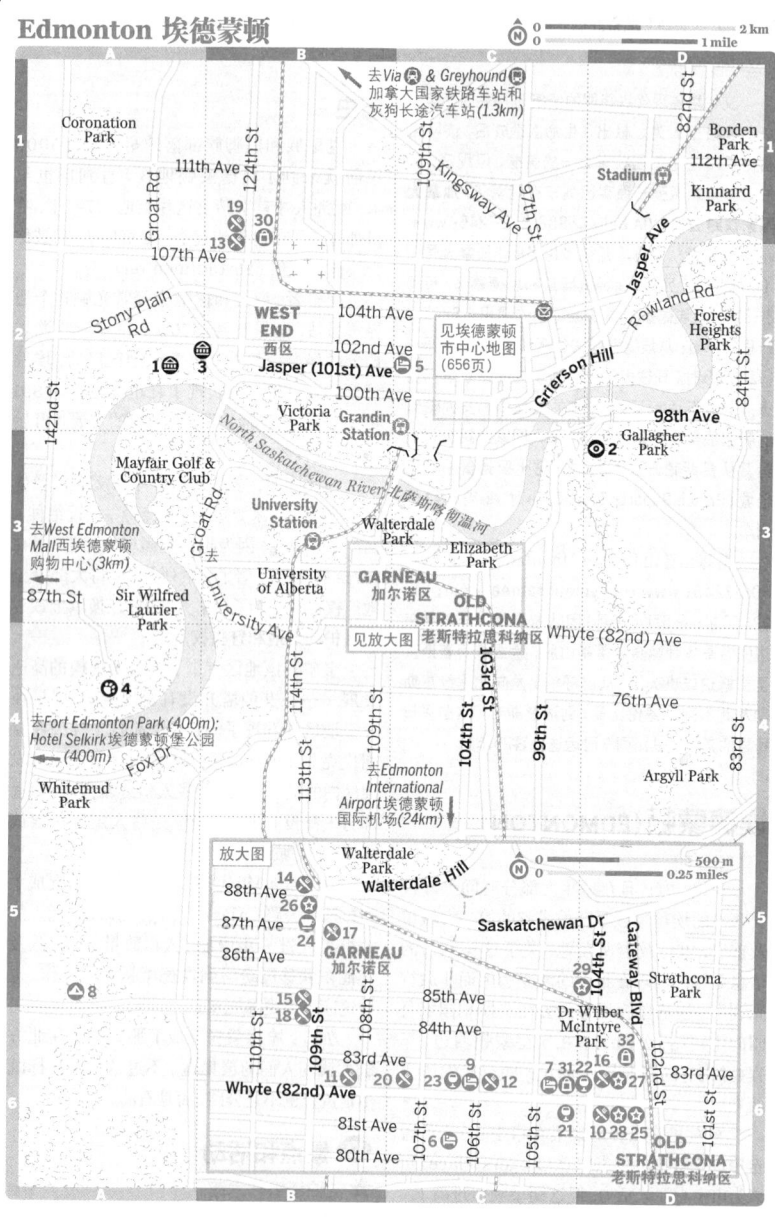

些无处不在的四四方方的摩天大厦，这座未来主义建筑的外形犹如一个由玻璃和金属构成的巨大的宇航员头盔。馆内收藏的历史及当代艺术品多达6000件，很多都带有强烈的加拿大风格，它们在8个画廊巡回展览。这里不时会有无数临时展览，你可以在这里找到一个商店、一家剧院及一间餐厅。

★ **埃德蒙顿堡公园** 古迹

(Fort Edmonton Park; ☎780-496-8787;

Edmonton 埃德蒙顿

景点
1 艾伯塔省政府大楼.................. A2
2 姆塔特温室........................... D3
3 艾伯塔省皇家博物馆.............. A2
4 河谷动物园........................... A4

住宿
5 Canterra Suites Hotel............ C2
6 HI-Edmonton Hostel.............. C6
7 Metterra Hotel on Whyte....... C6
8 Rainbow Valley Campground & RV Park................................A5
9 Varscona............................... C6

就餐
10 Block 1912........................... D6
11 Café Mosaics....................... B6
12 Da-De-O.............................. C6
13 Duchess Bake Shop.............B2
14 High Level Diner.................. B5
15 Noorish................................ B5
16 Packrat Louie Kitchen & Bar............. D6
17 Remedy Cafe....................... B5
18 Three Boars Eatery.............. B6
19 Tiramisu Bistro..................... B1
20 Tokyo Noodle Shop.............. C6

饮品和夜生活
21 Black Dog Freehouse........... C6
22 Next Act............................... D6
23 O'Byrne's............................. C6
24 Transcend Coffee................. B5

娱乐
25 Blues on Whyte.................... D6
26 加尔诺剧院........................... B5
27 新瓦斯科纳剧院.................... D6
28 Princess Theatre.................. D6
29 Roxy Theatre........................ D5

购物
30 124 Grand Market................ B1
31 Junque Cellar....................... C6
32 老斯特拉思科纳区农夫市场.... D6

www.fortedmontonpark.ca; Fox Dr和Whitemud Dr交叉路口; 成人/儿童/家庭 $26.20/20.90/95; ⏰7月及8月 10:00~17:00; 5月至6月 周一至周五 10:00~15:00 周六和周日 10:00~17:00; 9月 周六、周日和假日 11:00~17:00; ♿)通过河畔重新修建的哈得孙湾公司的木头堡垒,可以窥见这里19世纪80年代作为贸易站时的生活场景,甚至仿佛闻得到鞣制皮革的味道。到达这里需要经一座20世纪20年的游乐场和一座农场,以及几片分别保留着20世纪20年代、1905年和1885年风格的埃德蒙顿街区。可以跳上有轨电车或者一辆马车,与"当地人"(身穿相应时代服装的工作人员)聊聊,体验旧日购物,或试试投币游戏机。

姆塔特温室
花园

(Muttart Conservatory; 见654页地图; ☎780-496-8755; www.muttartconservatory.ca; 9626 96A St; 成人/儿童/家庭 $12.50/6.50/37; ⏰周五至周三 10:00~17:00, 周四 至21:00) 看上去很像某种金字塔形玻璃防空洞的姆塔特温室实际是一座植物园,它位于河的南侧,旁边就是詹姆斯·麦克唐纳桥(James MacDonald Bridge)。这里有4座"金字塔",各座气候不同,其中种植着与气候相适应的植物。这里很有趣,是个散步的好地方,尤其是对园艺爱好者、植物迷和那些心情压抑的人而言。还有一家出色的咖啡馆,采用本地食材及温室里种植的新鲜青菜烹饪美食。

艾伯塔省皇家博物馆
博物馆

(Royal Alberta Museum; 见654页地图; ☎780-453-9100; www.royalalbertamuseum.ca; 12845 102nd Ave)自2005年在女王伊丽莎白二世来访时获得了"皇家"的前缀以来,埃德蒙顿最重要的博物馆已经成功获得了整整$3.4亿财政支持,以便在市中心建一座新馆,预计将于2018年开馆。新馆(103A Ave)将是加拿大西部最大的博物馆,将会展出大量藏品,展示艾伯塔省自然文化历史。新馆开放前博物馆暂时关闭。

艾伯塔省铁路博物馆
博物馆

(Alberta Railway Museum; ☎780-472-6229; www.albertarailwaymuseum.com; 24215 34thSt; 成人/儿童 $7/3.50; ⏰5月至8月 周六和周日 10:00~17:00)这座博物馆位于城市的东北边缘,藏有75辆以上的有轨机车,包括蒸汽机车、柴油机车和各种铁路车辆,它们都是1877~1950年制造并使用的。每逢周末,志愿

Downtown Edmonton 埃德蒙顿市中心

者都会发动一些老引擎,周日的话,你可以跳上一辆柴油机车。1913年的蒸汽机车只在节假日的周末开动。

加拿大乌克兰人博物馆　　博物馆

(Ukrainian Museum of Canada; www.umcalberta.org; 10611 110th Ave; 捐赠入场; ◎5月至8月10:00~16:00) 免费 这里拥有大量乌克兰人口以及悠久的移民历史,但这家博物馆却出乎意料地十分袖珍。目前,展出的藏品比较稀少,包括传统服饰、玩具及艺术品,不过该博物馆一直在寻找更宽敞的场所。同一建筑内的文化中心每个月的最后一个周五会举办欧式饺子(pierogi)晚宴($15),查询其网站(www.uocc-stjohn.ca)可以了解详情。

泰勒斯科学世界　　博物馆

(Telus World of Science; www.edmontonscience.com; 11211 142nd St; 成人/儿童 $28/20; ◎周日至周三 9:00~18:00, 周四至22:00,周五和周六至20:00; ⓟ)这座科学博物馆偏重交互式展览,有无数事物等待着孩子们去发现。可以借助最新的技术去打击犯罪,可以看看宇宙飞船上的生活究竟是什么样的,也可以亲自进行恐龙挖掘,并探索是什么维持着人类身体的持续活动。该中心还包括IMAX影院(另收费)和配有多架望远镜的天文台(不另收费)。

河谷动物园

(Valley Zoo; 见654页地图; ☎780-496-8787; www.valleyzoo.ca; 13315 BuenaVistaRd; 成人/儿童/家庭 $14/8.75/45.50; ◎9:00~18:00; ⓟ)这里生活着100多种动物,包括从外国引进的、濒危的以及土生土长的。孩子们一定会喜欢这里的宠物动物园,而且可以骑骆驼和小马,还能乘坐小火车、旋转木马及明轮船。

Downtown Edmonton
埃德蒙顿市中心

◎ 重要景点
1 艾伯塔省艺术馆......................................E1

◎ 景点
2 温斯顿·丘吉尔广场..............................D2

🛏 住宿
3 Chateau Lacombe................................C4
4 Fairmont Hotel Macdonald D3
5 Matrix..A4
6 Sutton Place Hotel.............................D1
7 Union Bank Inn....................................D3

⊗ 就餐
8 Blue Plate Diner.................................B2
9 Corso 32..B3
Madison's Grill...........................（见7）
10 Remedy Cafe.......................................C3

🍷 饮品和夜生活
11 Cavern..B2
12 Pub 1905..A3
13 Yellowhead Brewery B2

☆ 娱乐
14 Citadel Theatre....................................E2

如果你勇敢地在严寒冬季拜访动物园，还可以享受优惠的门票价格。

北萨斯喀彻温河谷（North Saskatchewan River Valley） 公园

埃德蒙顿所拥有的城市公园比北美洲的其他任何一座城市都要多，其中大部分都包含在整个连通的河畔绿化带之内，实际上，它正好将城市一分为二。这道绿化带内点缀着湖泊、桥梁、荒地、高尔夫球场和深谷，还有约160公里长、非常值得骑车和徒步游览的小路。从市中心前往这里十分便利。

温斯顿·丘吉尔广场 广场

（Sir Winston Churchill Square；见656页地图）这个公共空间有巨型阳伞、水花四溅的喷泉和休闲桌椅，是你夏日里小憩的好去处。广场地面上还有一个巨型棋盘、几座乒乓球台，这里还有各种课程，包括尊巴（Zumba）、光剑（lightsaber）等。广场上的Tix内有一间超炫的礼品店，也非常值得一看，那里有本地艺术家的作品。

艾伯塔省政府大楼 历史建筑

（Alberta Government House；见654页地图；☎780-427-2281；12845 102nd Ave；⊙2月中旬至11月 周日和假日 11:00~16:30）**免费** 这座豪华的大楼曾是总督的宅第。现在用于承接政府会议及接待。大楼历史悠久，而且维护得很好，你肯定想不到它已经100多岁了。仅仅是为了艺术品就值得你前来参观：墙上排列着加拿大艺术家们的精彩之作。

👉 团队游

在夏季的几个月里，市中心商业协会（Downtown Business Association）会雇用放假的学生以提供颇具特色的市中心免费徒步游览。他们会在工作日的13:00从104th St

和101st Ave的交叉路口处带队出发。

★ Cobblestone Freeway   文化游

（☏780-436-7482；cobblestonefreeway.ca；一日游$89起）知识丰富的导游和本地的乌克兰社区有紧密的联系，途中你会欣赏到传统舞蹈表演、品尝纯正的乌克兰食物、一览遗迹景点及附近的乌克兰社区。他们还会带你去到城市最值得一游的景点，甚至远至贾斯珀。最棒的是他们可以根据游客的需要定制行程，服务人性专业。

Edmonton Ghost Tours   步行游览

（www.edmontonghosttours.com；团队游每人$10；⊙7月和8月 周一至周四 21:00）幽灵似的步行游览，由会讲故事的人带领着，重数埃德蒙顿的鬼魅历史。游览包括各种社区，去网站查一下在哪里集合。无须预约，只要提前15分钟到即可。只收现金。

✦ 节日和活动

国际街头艺人节   戏剧节

（International Street Performers Festival；www.edmontonstreetfest.com；⊙7月第二周）有时，最好的剧场就是户外。在这个街头艺人齐聚一堂的节日里，来自世界各地的表演者都会在户外进行表演。表演者们一般在温斯顿·丘吉尔广场做各种策划并准备物料。

克朗代克节   狂欢节

（K-Days；www.k-days.com；⊙7月下旬）多年来，首府博览会（Capital Ex）一直是埃德蒙顿的夏季大型节庆。2012年，这个节日更名为克朗代克节，它已很少关注过去的那段淘金热历史，而是更加偏重于当代娱乐活动。音乐表演明星云集，为两个舞台增色不少，游乐场里的设施会让你肾上腺素狂飙，你会觉得旧日的娱乐依然值得体验。

埃德蒙顿国际艺穗节   戏剧节

（Edmonton International Fringe Festival；www.fringetheatre.ca；门票$13 ⊙8月中旬）埃德蒙顿的终极体验是欣赏为期11天的非主流现场戏剧演出，场地是公园里的露天舞台、小剧场及场馆。其规模仅次于爱丁堡艺穗节。很多表演都是免费的，即便要买票，价格也不会超过$15。无须预约——选好一家剧院，直接去排队就可以了。艺穗节每年都会把50万人吸引到老斯特拉思科纳区（Old Strathcona）来。

🛏 住宿

虽然这个城市的许多酒店都是为阔绰的旅行者准备的，但埃德蒙顿还是有一些不错的独立住处，其中也不乏一些独具特色的选项。如果你留在市内主要是为了逛西埃德蒙顿购物中心，那么住在那里或是附近更便利，不过那边的住处肯定是观光型旅店。

HI-Edmonton Hostel   青年旅舍 $

（见654页地图；☏780-988-6836；www.hihostels.ca；10647 81st Ave；双$85，公用卫生间铺/双$31/69；🅿@🛜）这家繁忙的青年旅舍位于老斯特拉思科纳区的中心位置，选择这里准没错。许多房间摆放着床铺，显得有些拥挤，感觉有点儿像经过改造的老住宅（以前是一座女修道院），但最近的整修让这里增色不少，还增建了一个超棒的户外露台。这里的位置和价格都是无敌的。

Rainbow Valley Campground & RV Park   露营地 $

（见654页地图；☏780-434-5531；www.rainbow-valley.com；13204 45thAve；帐篷/房车营地$37/42；⊙4月至10月；🅿）如果要在市中心找个露营场所，这里就相当棒。它位置很好，既能方便地前往购物中心，又与它保持着一定的距离。这里绿树成荫，有一个操场、一间户外厨房、淋浴设施及烧柴的炉子。非旺季（旺季是5月底至9月初）来会有折扣。

★ Matrix   精品酒店 $$

（见656页地图；☏780-429-2861；www.matrixedmonton.com；10001 107th St；房间$150起；🅿@🛜）酒店大堂有低矮的皮沙发和内嵌玻璃的壁炉，现代且豪华，堪比詹姆斯·邦德的客厅。房间风格相似，有许多新潮的小玩意儿。服务一流且真诚，早餐分量十足。这家酒店会在晚上供应免费的葡萄酒和奶酪，还提供去往市中心的班车。

★ Varscona   精品酒店 $$

（见654页地图；☏780-434-6111；www.varscona.com；8208 106th St，Whyte Ave路口；房

间含早餐 $140起；P@⑤)这家迷人的酒店十分考究但不过分傲慢，所以你穿运动服或是商务套装都行，也可以穿融合了这两种风格的衣服。最近重新装修过的房间色彩丰富并且十分舒适，市内最时髦的街区就在门外。可停车，晚上供应的葡萄酒和奶酪令这里显得更贴心。

Metterra Hotelon Whyte 精品酒店 $$

（见654页地图；☎780-465-8150；www.metterra.com；10454 Whyte Ave；房间 $150起；P@⑤)这间小酒店很时髦且定期升级，位于Whyte Ave，地理位置优越，棕色色调、云彩般的床榻及随处可见的印度尼西亚艺术品让房间感觉十分豪华。热情的员工会向你介绍附近社区的各种新鲜事。

Hotel Selkirk 酒店 $$

（☎780-496-7227；www.fortedmontonpark.ca/hotel-selkirk/；7000 143rd St, Fort Edmonton Park；房间/套房 $149/169 起；P❉⑤)如果你想走进埃德蒙顿堡的过去，何不更进一步，直接在那里留宿一晚呢？这家酒店历史悠久，简单的装饰、颇具年代感的房间可以追溯到曾经人声鼎沸的20世纪20年代，住在这里能让你免费进入城堡及周边地区。这里还有一家餐馆，夏季会提供英式下午茶（$20）。缺点是：安静，非常非常安静。

Chateau Lacombe 酒店 $$

（见656页地图；☎780-428-6611；www.chateaulacombe.com；10111 Bellamy Hill；房间 $120起；P❉@⑤)引人注目的Chateau一直大胆地走着自己的路。2013年，这家连锁酒店被当地的私人投资者收购。这个坐落在河边的庞然大物共有24层，视野很棒，还有一家旋转餐厅。酒店设有不算豪华但宽敞的大厅、健身中心和夜店风格的酒吧。这里依旧保持着帝王般的奢华，而现在的价格却格外低廉！

Canterra Suites Hotel 酒店 $$

（见654页地图；☎780-421-1212；www.canterrasuites.com；11010 Jasper Ave；套 $199起；❉⑤)主要迎合商旅人士需求的Canterra提供宽敞而舒适的套房，房内还配有现代的小厨房。这里离市中心很近，隔壁就是一家超市。长期或短期留宿该酒店都是理想的选择。

★ Union Bank Inn 精品酒店 $$$

（见656页地图；☎780-423-3600；www.unionbankinn.com；10053 Jasper Ave；房间 $200起；P❉@⑤)这家一流的精品酒店坐落在Jasper Ave，其建筑以前是一家银行，历史能追溯到1910年，如今，它是高档的精品杰作。这里只有34个房间，工作人员总是有求必应，房间里的壁炉甚至能让埃德蒙顿严寒的冬季变得不那么难过。底层还有一家同样高档的餐馆Madison's Grill（见661页）。

Fairmont Hotel Macdonald 酒店 $$$

（见656页地图；☎780-424-5181；www.fairmont.com；10065 100th St；房间 $210起；P@⑤❉)埃德蒙顿历史悠久的Fairmont Hotel占据着市内最好的幽静之处（Fairmont旗下的酒店总是如此），而且一如既往地装饰着精致的拉毛粉饰、意大利大理石、华丽的枝形吊灯和漂亮的地毯。20世纪早期，它曾是铁路豪华连锁酒店的一员，该连锁的下属酒店分散在从东到西穿越大陆的铁路线边上。

Sutton Place Hotel 酒店 $$$

（见656页地图；☎780-428-7111；www.suttonplace.com；10235 101st St；房间 $230起；P@⑤❉)房间有着丝质壁纸、厚厚的地毯及高级亚麻日用织物，你会享受Sutton的这种奢华感的。与较小的酒店相比，这里的隐私保护并不到位。酒店有一个漂亮的游泳池、餐馆和颇为浮华又独具魅力的鸡尾酒吧。最好想办法拿到便宜的特价。

🍴 就餐

埃德蒙顿的饮食体现了这里的多元文化。只要愿意找，无论什么价位，你都能吃到品质出众的美食。种类最多且最经济的觅食去处是Whyte Ave及周边地区。市中心的最佳去处是Jasper Ave，或翻新之后的仓库区，它以Jasper Ave以北的104th St为中心。

★ Duchess Bake Shop 面包房、咖啡馆 $

（☎780-488-4999；www.duchessbakeshop.com；10720 124th St；烘焙食品 $2起，早餐及午餐 $6~13；⊙周二至周五 9:00~20:00，周六 10:00~18:00，周日 至17:00)Duchess能够终结

你的美食之旅。你会不惜横穿城市也要来这里吃东西——如果有必要，在雪中光脚步行前往也在所不惜。感觉这家店简直是从法国空降而来的，这里有路易十五风格的椅子、Duchess法式滤压咖啡和种类繁多的新鲜出炉的烘焙食品，保证叫你挑花了眼。摩卡蛋白酥（mocha meringues）、乳酪韭葱羊角包、樱桃罗勒闪电泡芙都只是冰山一角而已。

Block 1912　　　　　　　　　　　咖啡馆 $

（见654页地图；www.block1912.com；10361 Whyte Ave；小吃 $5~12；⊙周一至周六 9:00至午夜，周日 10:00~23:00）这个豪华并试图成为正宗都灵咖啡馆的诱人地方位于Whyte Ave。你可以靠在欧式沙发或扶手椅上，在闪烁的灯光下随意享用咖啡、啤酒或葡萄酒，也可以来点小吃或者硬菜，如咖啡牛排或泰式鸡肉。意式冰激凌被做出各种超棒的口味，如冰激凌沙士（root-beer float）或焦糖布丁，甜品都值得一尝。

Remedy Cafe　　　　　　　　　印度菜 $

（见656页地图；☏780-433-3096；www.remedycafe.ca；10279 Jasper Ave；主菜 $8~10；⊙8:00至午夜；🛜）Remedy在非常随意的咖啡馆环境中供应正宗的印度美食——也就是说，你可以一手连上Wi-Fi，用另一只手拿着印度烤饼去蘸咖喱酱。每个人都对这里的香料奶茶（chaitea）和黄油鸡赞不绝口，你也可以尝尝美味的蛋糕（很适合严格素食主义者）和出众的马沙拉薄饼（masaladosas，用酥脆的薄饼卷上咖喱炖菜）。

最早的门店（见654页地图；8631 109th St）在河流南岸的加尔诺区（Garneau）。

Café Mosaics　　　　　　　　　　素食 $

（见654页地图；☏780-433-9702；www.cafemosaics.com；10844 Whyte Ave；主菜 $6~12；⊙周一至周六 9:00~21:00，周日 11:00~14:30；🛜🌱）这个颇具艺术气息的酷酷的餐厅位于斯特拉思科纳，这里是坚持素食主义的无肉区域，它借鉴了旧金山的做法，把素菜做得既有趣又好吃。这里朴实干净，而非浮华邋遢。想体验一下这里到底多有吸引力的话，可以探索一下到这儿来戒肉一天的肉食爱好者究竟有多少。

Tokyo Noodle Shop　　　　　　日本菜 $

（见654页地图；☏780-430-0838；www.tokyonoodleshop.com；10736 Whyte Ave；主菜 $10~22；⊙周一至周四 11:30~21:30，周五和周六至22:30，周日 正午至21:00）供应一流的寿司、分量很大的面条、内容丰富的便当盒子、米饭套餐及各种美味的开胃小吃，满足你对一家日式餐馆的期待。不算高档，然而这一点正是它的特色。

High Level Diner　　　　　　　美式小餐馆 $

（见地图654页；☏780-433-1317；www.highleveldiner.com；10912 88th Ave；主菜 $6~15；⊙周一至周四 8:00~22:00，周五和周六至23:00，周日 9:00~21:00；🌱）周末早午餐及糯肉桂卷很受欢迎，学生、附近识货的居民及一些与众不同的时髦人士是这家怡人餐厅的常客。颇具特色的星期四乌克兰餐及星期六小排骨，让餐馆充满生机。这里也有一些一流的素食菜肴，如黑豆辣椒汤及菠菜蛋糕。他们还有自己做的番茄酱！

★Packrat Louie Kitchen & Bar　　　　　　　　加拿大菜 $$

（见654页地图；☏780-433-0123；www.packratlouie.com；10335 83rd Ave NW；午餐 $14~18，晚餐 $17~35；⊙周一至周六 11:30~22:00）Louie位于Whyte Ave旁一座改造过的砖墙建筑内，这是真正美食家的店。主菜包括黑橄榄煎鳕鱼、西班牙辣肠炸饼（chorizo fritters）、猪里脊配德式削面（spätzle），野生蘑菇葡萄酒酱汁为一直在更新的菜肴增色不少，保证道道惊艳。比萨更是上了一个新高度，甚至午餐三明治也令人欲罢不能。建议预订。

Three Boars Eatery　　　　　　西班牙小吃 $$

（见654页地图；☏780-757-2600；www.threeboars.ca；8424 109th St；小盘 $13~21；⊙16:00至深夜）🌱Three Boars是正在迅速发展的从农场到餐桌食品运动的参与者，餐馆采用本地供应的食材烹饪美味佳肴。这家店的特色在于小碟美食、优质的埃德蒙顿桶装微酿啤酒及精致调配的鸡尾酒。如果你偏爱大块的艾伯塔牛排，这里并不适合你；如果你想品尝罐焖猪肉和熏鹌鹑，那就正合你的胃口了。

Tiramisu Bistro
意大利菜 $$

（见654页地图；☎780-452-3393；www.cafetiramisu.ca；10750 124th St；意面 $12~15；◎周一 9:00~20:00，周二至周四 至21:00，周五和周六 至22:00；🅿）这家小馆供应新鲜的沙拉、卷饼、意式三明治和意面，但这里的意大利烩饭才是真正的重磅，尝试一下藏红花配油封鸭，或甜菜、青柠、山羊奶酪及灰皮诺（Pinot Grigio）。早餐有比萨和麋鹿肉樱桃香肠馅的可丽饼，这里还有很棒的儿童菜单，不过没有炸鸡条。

Blue Plate Diner
素食 $$

（见656页地图；☎780-429-0740；www.blueplatediner.ca；10145 104th St；主菜 $12~18；◎周一至周四 7:30~21:00，周五 至22:00，周六 9:00~22:00，周日 9:00~21:00；🅿）这家偏向于素食的小餐馆在埃德蒙顿仓库区的一座红砖建筑内，供应丰盛的健康美食。这里相当时尚，时髦的彩色照明和裸露的砖墙装饰着颇具格调的内部，你吃着本地产的蔬菜，却浑然不觉自己已经加入了嬉皮士公社。菜单颇具创意，烹饪技艺高超，这里还有很不错的儿童菜单，至于有甜品吗？这个……

★ Da-De-O
路易斯安那菜 $$

（见654页地图；☎780-433-0930；www.dadeo.ca；10548a Whyte Ave；主菜 $15~26；◎周一、周二和周四 11:30~22:00，周五和周六 至23:00，周日 正午至22:00）这家复古的餐馆出人意料地在寒冷的北方激起了新奥尔良[绰号"大快活"（Big Easy）]风情，这里有着红色的人造皮椅、镀铬的厨房餐桌及自动点唱机，而食物如卡真鱿鱼、牡蛎、什锦烩饭及南方炸鸡也很令人振奋。直接体现路易斯安那主题的是撒了调味品的炸甜薯条以及大得惊人的"穷小子"（po' boys，即三明治）——尤其是熏鲶鱼馅的。未成年人禁止入内。

Noorish
素食 $$

（见656页地图；☎780-756-6880；www.noorish.ca；8440 109th St；主菜 $10~20；◎周二至周日 11:00~22:00；🅿）Noorish将健康饮食提上了一个新的高度。核桃美洲南瓜肉及椰肉培根可能听上去很奇怪，但食客们很买账。尝尝风味十足的泰式炒面或松露芝士通心粉

当地知识

埃德蒙顿西区

虽然埃德蒙顿的市中心一直尽力打造综合性特色，但西边3公里处、以124th St为中心的一个小街区却更具魅力，人们有时也会叫它原来的名字"西区"（West End）。124th St位于Jasper Ave和111th Ave之间，它以自己的独特方式对抗着西埃德蒙顿购物中心。这里坐落着大量小型艺术馆，它们因多项临时艺术活动而彼此关联，还有一些由当地人经营的有趣的餐馆、先锋派罗克西剧院（Roxy Theatre）以及两家在温尼伯的这一边都能称得上最佳的欧式面包房/咖啡馆——Duchess Bake Shop（见659页）和Tiramisu Bistro（见661页）。最近，一个小型街市也在此生了根：124 Grand Market（见664页）将当地生产商贩售的有机商品集中在了一起。它是当地企业和商人主张回归社区的典型例子。

吧，吃完你就知道为什么了。这里有各种天然生食、无麸质食物及素食选择，吃完你也可以下楼去瑜伽室中养一下灵魂。

Corso 32
意大利菜 $$$

（见656页地图；☎780-421-4622；www.corso32.com；10345 Jasper Ave；主菜 $24~40；◎周二至周日 17:00~23:00）丹尼尔·考斯塔斯是这家餐厅的老板兼主厨，他能烹饪出最好的意大利菜。餐厅经典袖珍，以烛光照明，室内狭窄，装修极简，不断改善的菜单以一些食材为中心，如自制山羊乳清奶酪、兔肉、咸肉肉酱或黑松露蜂蜜。这里的意大利面都是自制的，葡萄酒单是埃德蒙顿最好的（如果你是意大利人）。

Madison's Grill
创意菜 $$$

（见656页地图；☎780-401-2222；www.unionbankinn.com；10053 Jasper Ave；主菜 $34~45；◎周一至周四 8:00~22:00，周五和周六 至23:00，周日 至20:00）Madison's Grill位于漂亮的Union Bank Inn内，而且在服务和品质方面奉行着同样的高标准。精致的美食摆盘十分美妙；尝试一下猪颈肉欧式饺子配萨

斯卡通莓、烧比目鱼配罗勒土豆团，或帕尔玛火腿裹无花果干酪鸡肉卷。三道菜配葡萄酒的价格为$100，物有所值。

🍷 饮品和夜生活

最好的夜生活区过去一贯集中在老斯特拉思科纳街区的Whyte Ave及其周边。夜店总是昙花一现，刚开张不久就有可能关闭，酒吧往往能经营得更久。

Transcend Coffee　　　　　　　咖啡馆

（见654页地图；www.transcendcoffee.ca/garneau；8708 109th St；⏱周一至周六 7:30～21:00，周日 至17:00；🛜）🌿 在这个城市，自己出产烘焙咖啡豆的咖啡馆寥寥无几，Transcend确实值得被当作稀罕之物来对待。跟他们在危地马拉的农民生产者十分熟识的咖啡调制专家会用足够精准的手法调制他们自己烘焙的咖啡，以满足对脱咖啡因要求严格的西雅图人。这家店位于一座整修一新的剧院里，很时髦，也很平易近人。

YellowheadBrewery　　　　　自酿酒吧

（见656页地图；www.yellowheadbrewery.com；10229 105th St NW；⏱周一至周五 11:00～18:00）先要搞清楚，这不是一家小酒馆，而是啤酒厂隔壁的一间品酒屋，在这里，你可以品味黄头（Yellowhead）提供的一种而且是唯一的一种酒：黄头琥珀啤酒——这种口感清淡、极易被人接受的陈贮啤酒是在能透过玻璃隔墙看到的大桶里酿造的。这里也供应小吃，而且会组织参观啤酒厂的活动，只要你提前预订。

Cavern　　　　　　　　　　　　葡萄酒吧

（见656页地图；📞780-455-1336；www.thecavern.ca；10169 104th St NW；⏱周一至周四 7:00～20:00，周五 至23:00，周六 8:00～23:00，周日 10:00～17:00）🌿 这个工业风格、以烛光照明的咖啡馆曾经是一座商业仓库，它位于时尚的104th St，堪称美食的地下堡垒，尤其是熟食部分（菜肴$6～16），做选择前可以浏览一下玻璃展示柜，吃的时候则要配上一杯葡萄酒。

Next Act　　　　　　　　　　　小酒馆

（见654页地图；www.nextactpub.com；8224 104th St NW；⏱周日至周四 11:00至次日1:00，周五和周六 至次日2:00）这家剧院区的小酒馆紧邻Whyte Avenue，处处都散发着艺术气息。这里有很多精选啤酒，包括本地的中坚品牌黄头（Yellowhead）和卡特小巷（Alley Kat），也有不少进口货，美味的汉堡和奶酪焗通心粉（mac-and-cheese）正好用来下酒。

Black Dog Freehouse　　　　　小酒馆

（见654页地图；📞780-439-1089；www.blackdog.ca；10425 Whyte Ave；⏱14:00至次日2:00）Black Dog在各类人群中都极具人气，它本身是一家小酒馆，但是有几处隐藏的额外福利：名为"汪顶露台"（wooftop patio）的屋顶平台，传统的底层酒吧（平日的晚上通常人挤人），以及地下室，特色是现场音乐和DJ表演，有时也举办聚会。这三个部分拼凑起来就是喧闹的埃德蒙顿娱乐机构。

O'Byrne's　　　　　　　　　　小酒馆

（见654页地图；📞780-414-6766；www.obyrnes.com；10616 Whyte Ave；⏱11:30至次日2:00）在这家大受欢迎的（埃德蒙顿历史最悠久的）爱尔兰酒吧里，你很可能会迷失在房间构成的迷宫之中。这里有多种桶装啤酒，包括必不可少的烈性黑啤酒。现场音乐（晚上8:30开始表演）会让这个地方充满活力，大露台上通常都挤满了人。

Pub 1905　　　　　　　　　　　小酒馆

（见656页地图；📞780-428-4711；10525 Jasper Ave；⏱11:00至午夜）这家本地酒吧极具人气，有热门的优惠时间、台球，供应有熏鸡腿和小排骨等各种小吃，这里还有许多电视，通常都会播放最新的油工队（Oilers）的比赛。

⭐ 娱乐

戏剧！假如你还没看过几场戏，就不要离开埃德蒙顿。*See*和*Vue*是当地的免费周报，刊登全面的艺术和娱乐活动信息，可以选择一份进行查阅。要了解每天更新的信息，可以看看《埃德蒙顿日报》（*Edmonton Journal*）。

★ Roxy Theatre　　　　　　　　剧院

（见654页地图；📞780-453-2440；www.theatrenetwork.ca；8529 Gateway Blvd）1940

当地知识

埃德蒙顿的乌克兰社区

如果你已经在埃德蒙顿待了一段时间,无论长短,你可能都想知道:为什么有这么多乌克兰饺子(perogies)?19世纪至20世纪,大约25万乌克兰人移居加拿大,定居在草原上的农耕社区,那里的风景让他们怀念家乡白雪皑皑的草原。今天,加拿大的乌克兰人口仅次于俄罗斯和乌克兰,许多著名的加拿大人都有乌克兰背景,包括冰球明星韦恩·格雷茨基(Wayne Gretzky)和音乐家兰迪·巴克曼(Randy Bachman)。埃德蒙顿附近的乌克兰裔加拿大人最多,16%的人声称他们具有乌克兰的血统。在这里,乌克兰文化影响远远不止乌克兰饺子。

文森特·里斯(Vincent Rees)是乌克兰文化大师,他是一名职业乌克兰舞蹈家,在埃德蒙顿和乌克兰都运营着文化旅游活动。他在埃德蒙顿已经居住了20多年,如果说有人深谙在埃德蒙顿体验乌克兰文化的方式,那就非他莫属了。

"我想你会发现,在埃德蒙顿很难感受不到乌克兰人的存在。这里有商店和餐馆,舞蹈团体及合唱团,还有圆顶林立的天际线。文化活动非常活跃而且与时俱进。体验乌克兰文化最有趣的方式之一当属探索乌克兰文化遗产村(Ukrainian Cultural Heritage Village; ☎780-662-3640; www.history.alberta.ca/ukrainianvillage; 成人/儿童/家庭 $15/10/40; ⏱5月至9月 10:00~17:00),那里会角色扮演的工作人员为大家展示乌克兰-加拿大农村社区生活的情形。"他还建议人们去看看城东的乌克兰小镇,如维格利威尔(Vegreville),那里有世界上最大的复活节彩蛋;慕代尔(Mundare)有巨大的乌克兰香肠;而在格兰登(Glendon)则有最大的——你猜到了——乌克兰饺子。

但是现在,乌克兰-加拿大人的文化早已不只是祖母制作乌克兰饺子这么简单了;许多年轻的埃德蒙顿人对他们的乌克兰文化充满了自豪感。"学校的乌克兰双语课程非常受欢迎,而且单这个城市里就有十几个乌克兰舞蹈团体,艾伯塔大学还开设关于乌克兰研究的项目。"不过,不管怎么说,那些乌克兰老奶奶依然非常具有说服力。"这里有许多乌克兰风味的餐厅,教堂里也会有特殊的饺子之夜,售卖可以带回家的巨型饺子,以备不时之需。在埃德蒙顿,你会发现乌克兰饺子总是在你不远处。"

想亲身体验乌克兰文化,可以联系Cobblestone Freeway(见654页),他们运营这个城市及所在地区的导览游。

年落成的RoxyTheatre曾是剧院中最受人欢迎的一个,现在的这一家是在火灾后重新修复的剧院。现今这家剧院依然不拘一格,主要为诙谐作品、现场乐队和喜剧提供舞台。

加尔诺剧院   电影院

(Garneau Theatre; 见654页地图; www.metrocinema.org; 8712 109th St NW)埃德蒙顿唯一一家幸存下来的装饰艺术时代的电影院。1940年以来,它以多种经营模式营业至今,最近一次易主就在2011年。可以充满情怀地用"复古"一词来形容它,其实就是说,座位还可以更舒适,但是当你为观看日场的《猜火车》(Trainspotting)而来,发现小卖部还贩售啤酒的时候,谁还在乎座位呢?

新瓦斯科纳剧院   剧院

(见654页地图; New Varscona Theatre; www.varsconatheatre.com; 10329 83rd Ave; 票价 $14起)瓦斯科纳堪称老斯特拉思科纳剧院区的基石,这里只有176个宝贵的座位,每年会上演350场演出,包括前卫戏剧、深夜喜剧和晨间儿童演出。

Princess Theatre   电影院

(见654页地图; ☎780-433-0728; www.princesstheatre.ca; 10337 Whyte Ave; 票价 成人/学生和儿童 $10/8)Princess是一家颇为雄伟的老剧院,如今,她仍然毫不屈服地挑战着多厅影院的地位,而在其他地方,后者显然更具优势。这家影院的历史可以追溯到有声电影出现之前(1915年),现在主要放映首映影片、艺术电影和备受推崇的经典老片。每周一及周末午后场的票价优惠。

Blueson Whyte
现场音乐

（见654页地图；☎780-439-981；www.bluesonwhyte.ca；10329 Whyte Ave）这里是那种会被你妈妈禁止前往的地方：脏乱、简陋，但就是莫名其妙的酷。它是欣赏现场音乐的绝佳去处，蓝调和摇滚乐是这里的标志。

埃德蒙顿爱斯基摩人队
表演赛

（Edmonton Eskimos；www.esks.com；成人/儿童 $43/21.50起）爱斯基摩人队会于每年7月至10月在**联邦体育场**（Commonwealth Stadium；11000 Stadium Rd）参加加拿大橄榄球联赛（Canadian Football League，简称CFL）。

埃德蒙顿油工队
表演赛

（Edmonton Oilers；www.edmontonoilers.com；票价 $38.50起）为了避免出现任何令人尴尬的情况，在前往埃德蒙顿之前，最好先了解一下油工队。这支当地的国家冰球联盟（National Hockey League，简称NHL）球队曾于20世纪80年代在比赛中高居统治地位，这要感谢某位名叫韦恩·格列斯基（Wayne Gretzky）的球员——他又被称为"伟人"（The Great One），但是自那以后，他们并没有赢得多少胜利。赛季从10月持续至次年4月。当你看到这些信息时，球队的主场应该已经挪到罗杰中心（Roger Place）去了。

埃德蒙顿歌剧团
歌剧

（Edmonton Opera；☎780-424-4040；www.edmontonopera.com；票价 $24起；◉10月至次年4月）自1963年初，埃德蒙顿歌剧团就开始受到歌剧迷们的热烈追捧，这里为《卡门》和《塞维利亚的理发师》等经典剧目赋予了新的生命。演出并不经常有，但如果上演时你恰好在城里，则非常值得一看。

Citadel Theatre
剧院

（见656页地图；www.citadeltheatre.com；9828 101A Ave；票价 $45起；◉9月至次年5月）埃德蒙顿一流的剧院，就位于市中心的温斯顿·丘吉尔广场。这家剧院经常上演莎士比亚和斯托帕德（Stoppard）热情洋溢的戏剧、狄更斯（Dickens）的改编剧，以及不同寻常的桑德海姆（Sondheim）的音乐剧。

🛍 购物

老斯特拉思科纳区是探索独特的独立商店的最佳场所，能找到老杂志、旧唱片、复古家具之类的东西。如果你要找大众化的商品——如众所周知的大型连锁销售品牌，到西埃德蒙顿购物中心（West Edmonton Mall）的800多家商铺去随意挑选即可。

★ 老斯特拉思科纳区农夫市场
食品

（Old Strathcona Farmers Market；见654页地图，☎780-439-1844；osfm.ca；10310 83rd Ave，在103rd St；◉7月和8月 周二 正午至17:00，周六 8:00~15:00）🍴这个市场，从1983年开市起，它的口号就一直是"自己制作！自己烘焙！自己种植！自己售卖！"。市场位于这个城市的旧公交车库内，提供有机食物、手工艺品等东西，可谓包罗万象。这里大约有130个货摊。人们都会在周六的上午前来采购，你最好也这样。

124 Grand Market
市场

（见654页地图；www.124grandmarket.com；108th Ave；123rd St与124th St交会处；◉周四 16:00~20:00）🍴这里有许多美食车、手艺人及各种产品，保证你吃个肚圆之后满载而归。

Junque Cellar
时装和饰品

（见654页地图；10442 Whyte Ave；◉周一至周六 10:00~21:00，周日 至18:00）某些人眼中单纯的废旧物品对其他人来说却有可能复古而时尚。你可以在打字机、熔岩灯、老式电话、漫画、服装及其他能重现昔日流行文化的物品中慢慢挑选。

西埃德蒙顿购物中心
购物中心

（West Edmonton Mall；见654页地图；www.westedmontonmall.com；170th St；◉周一至周五 10:00~21:00，周六 至18:00，周日 正午至18:00；🅿）热爱世俗却负担不起到拉斯维加斯一游的人可在西埃德蒙顿购物中心度过满足的一天，而那些不喜欢塑料植物和15世纪西班牙大帆船仿制品的人则会相当讨厌这里。埃德蒙顿的城市"巨兽"并不满足于单纯的购物中心定位，这里还拥有水滑梯、室内造浪池、游乐场、溜冰场、迷你高尔夫球场、周围游弋着一头海狮和一只企鹅的假礁石、宠物动物园、酒店以及锦上添花的800多家零售商铺。

ⓘ 实用信息

海关全球外汇兑换处（Custom House Global Foreign Exchange; 10104 103rd Ave）外币兑换。

埃德蒙顿旅游局（Edmonton Tourism; 见656页地图; exploreedmonton.com/visitor-centre; 9797 Jasper Ave; ⓢ8:00~17:00）非常友好，提供大量的宣传单和小册子。

邮政总局（Main Post Office; 见654页地图; 9808 103A Ave; ⓢ周一至周五8:00~17:45）

皇家亚历山德拉医院（Royal Alexandra Hospital; ☏780-477-4111; 10240 Kingsway Ave）有24小时创伤中心。位于市中心核心地带以北1公里处。

ⓘ 到达和离开

飞机

埃德蒙顿国际机场（Edmonton International Airport; YEG; www.flyeia.com）位于城市以南大约30公里处，从市中心出发，沿着Calgary Trail驱车45分钟左右即可到达。

长途汽车

规模很大的**灰狗长途巴士站**（Greyhound bus station; 12360 121st）长途汽车开往众多目的地，包括贾斯珀（Jasper; $74, 4.5小时, 每天4班）和卡尔加里（Calgary; $50, 至少3.5小时, 每天至少10班）。

Red Arrow（见656页地图; www.redarrow.ca）运营的长途汽车在市中心的Holiday Inn Express停靠，可去往卡尔加里（$70, 3.5小时, 每天6班）和麦克默里堡（Fort McMurray; $87, 6小时, 每天3班）。这些车配有Wi-Fi和笔记本电脑插座，可选单人或双人座椅，还有免费的小酒柜，并供应热咖啡。

小汽车和摩托车

所有主要的汽车租赁公司都在机场及城市各处设有办事处。**Driving Force**（www.thedrivingforce.com; 11025 184th St）可以出租、租赁或是卖给你一辆车。详情可查阅其网站，经常能看到一些划算的买卖。

火车

规模不大的**加拿大国家铁路车站**（VIA Rail station; www.viarail.ca; 12360 121st St）相当方便，它位于市中心西北5公里处，靠近埃德蒙顿市中心机场（Edmonton City Centre Airport）。每周有3班"加拿大号"（Canadian）列车向东去往萨斯卡通（Saskatoon; $105, 8小时）、温尼伯（Winnipeg; $220, 20小时）和多伦多（Toronto; $480, 55小时），向西则开往贾斯珀（$143, 5.5小时）、坎卢普斯（Kamloops; $207, 16.5小时）和温哥华（Vancouver; $268, 27小时）。在贾斯珀，你还能去往乔治王子城（Prince George）和鲁珀特王子港（Prince Rupert）。

ⓘ 当地交通

抵离机场

747路公共汽车每30~60分钟从到港大厅外面出发，开往世纪公园（Century Park; $5），这是埃德蒙顿轻轨（Light Rail）最南端的一站。定期列车从这里开往斯特拉思科纳（Strathcona）和市中心。

Sky Shuttle Airport Service（☏780-465-8515; www.edmontonskyshuttle.com; 成人/儿童 $18/10）运营着3条不同的路线，主要服务于市内大部分地区的酒店，包括市中心和斯特拉思科纳地区。其办事处在12号行李传送带旁边。行车时间约为45分钟。你若想搭车去机场，需至少提前24小时预订。

从机场乘出租车到市中心大约要花费$50。

小汽车和摩托车

按表计费的停车处遍及全市。老斯特拉思科纳区的大部分酒店都向客人提供免费停车服务。游客可以停车一整天，轻松地步行探索这个街区。埃德蒙顿也有公共停车场，费用为每天大约$12，或每半小时$1.50。晚上6点后停车可以享受$2左右的固定费用。

公共交通工具

城市公共汽车和共16站的轻轨交通（Light Rail Transit, 简称LRT）系统覆盖了城市的大部分地区。票价为$3.20。从清晨5:30至次日凌晨1:30，公共汽车每30分钟就会发出一班。可在网站www.edmonton.ca上查询优秀的交通规划资源。日间乘轻轨在丘吉尔站（Churchill）和格兰丁站（Grandin）之间通行是免费的。

从5月中旬至9月上旬，可搭乘有轨电车（往返$5, 从11:00至22:00, 每30分钟1班）越过High Level Bridge桥。老式的有轨电车是去往老斯特拉思科纳市场（Old Strathcona Market；103rd St，在94th Ave）的最佳方式，电车正好在那里有一站。也可从老斯特拉思科纳区乘电车到市中心车站，就在格兰丁轻轨站（Grandin LRT Station；109th St，在98th Ave和99th Ave之间）旁边。

出租车

Yellow Cab（☎780-462-3456）和**Alberta Co-Op Taxi**（☎780-425-2525；co-optaxi.com）是众多出租车公司之中的两家。从市中心乘出租车到西埃德蒙顿购物中心大约要花费$25。起步价是$3.60，之后每150米计价20¢。大部分出租车公司有从你的所在地到去机场的统一要价。

埃德蒙顿周边
(AROUND EDMONTON)

埃德蒙顿西部
(West of Edmonton)

从埃德蒙顿向东沿着Hwy 16行驶至贾斯珀，行程漫长而单调，它从起伏的树木茂盛的丘陵间穿过，途经一些农场，有无数的牛漫步其间。**欣顿**（Hinton）是一座风格粗犷的小镇，周围是灌木丛。在这里，你将第一次真正见识落基山。镇上无处不在的伐木产业是大多数居民的收入来源。这里有一些非常不错的山地自行车道。

欣顿西北还坐落着微型村落**格朗德卡什**（Grande Cache）。这座工业小镇没什么吸引人的地方——只有一些定价过高的酒店，它们的目标是那些使用公费报销的自然资源工作者。不过，驱车在欣顿和格朗德卡什之间的Hwy 40上奔驰能看到壮观的景色，沿途会经过地势起伏且郁郁葱葱的山麓丘陵和湖泊，还能看到很多野生动物。

✦ 活动

在这里玩山地自行车是不错的选项，**旅游信息中心**（Visitor Information Centre；☎780-865-2777；Hwy 16, Hinton；◉9:00~19:00）可提供更多关于路径的信息，其中包括3公里的自行车公园和距离较长难度不等的公园外路线，你可以从狂野车行（Vicious Bikes；☎780-865-7787；www.viciouscanada.com；106 Park St, Hinton；自行车每日$35起；◉周一至周六10:00~18:00，周日11:00~17:00）租一辆自行车。

在欣顿的时候，麦斯威尔湖（Maxwell Lake）附近的海狸大道（Beaver Boardwalk）

值 得 一 游

埃尔克岛国家公园

可能你并没有注意到，艾伯塔省有5个国家公园。微型的**埃尔克岛国家公园**（Elk Island National Park；www.pc.gc.ca/elkisland；成人/儿童/老年人$7.80/3.90/6.80）因高耸的落基山脉而黯然失色，所以它每年吸引的游客数量仅为班夫的5%，尽管它就位于埃德蒙顿以东不到50公里的地方。但不要让这个数字降低它对你的吸引力。这座公园——加拿大唯一一座被完整围住的国家公园——保持着世界上第二高的野生有蹄类动物的密度，仅次于坦桑尼亚的塞伦盖蒂平原（Serengeti）。如果你要到这儿来，可以计划看一看"六大动物"——平原野牛、森林野牛、骡鹿、白尾鹿、麋鹿和更善于躲避的驼鹿。森林野牛仅生活在公园较为安静的南部（该公园被Hwy 16公路一分为二），平原野牛则生活在北部。大部分基础设施也都位于北部，分布在**阿斯托汀湖**（Astotin Lake）周围。在这里，你能找到露营地、9洞高尔夫球场（有带餐馆的俱乐部会所）、湖滩和开船处。公园内有11条步行小径，其中4条以湖岸为起点，并延伸穿过艾伯塔北部的标签——生长着山杨的稀树草原，一种大草原和北方森林的自然混合。

没有去往这座公园的公共交通工具。可以租辆车，或者参加由**Watchable Wildlife Tours Group**（☎780-405-4880；www.birdsandbackcountry.com；每人$95）组织的、从埃德蒙顿出发的导览游，该组织由野生动物专家韦恩·米勒（Wayne Millar）领导。长长的夏季夜晚，在动物们的包围下欣赏日落实在妙不可言。

也值得一去。那里有5公里漂亮的步道，而且如你想象，有海狸!

阿萨巴斯卡观察滑雪中心　　滑雪、骑自行车

（Athabasca Lookout Nordic Centre; www.hintonnordic.ca; William A Switzer Park, Hwy 40; 当日票$10）能向冬季来访的游客提供长达25公里的整洁而漂亮的越野滑雪道。它也有1.5公里长而且带有照明的夜间滑雪道，以及1公里长的小雪橇滑道。夏天还可以在这里骑自行车。可以联系紧邻Hwy 16旁的游客中心（见666页）了解详细信息。

❶ 到达和离开

灰狗长途巴士（Greyhound; 见652页）每日运营有从埃德蒙顿发往欣顿的汽车（3小时40分钟, $57），终达贾斯珀镇（5小时, $71）。Sundog公司（见699页地图; www.sundogtours.com; 414 Connaught Dr, Jasper Town; ◐8:00~20:00）也提供这条路线上的运送服务，往返于埃德蒙顿机场与贾斯珀镇（$99）间，中途有一些停靠站。

卡尔加里(CALGARY)

人口 109.7万

卡尔加里的美景美食、一流的夜生活及长长的待做清单绝对会让你喜出望外。卡尔加里人并不只是以谦逊闻名；他们自爱而勇敢的态度令他们战胜了2013年的洪灾，2016年，在这种大无畏精神鼓舞下，市民们给予遭野火肆虐的麦克默里堡灾区居民无私的救助。不要忘了，这座城市曾非常成功地主办了1988年的冬季奥林匹克运动会，选举出北美洲的第一位穆斯林市长，还主持着加拿大最为盛大的聚会之一——卡尔加里牛仔节。

卡尔加里过去曾被指重视数量而忽视质量，但是，有迹象表明这种趋势正在发生改变，并且成效显著。在卡尔加里的新兴街区，比如英格尔伍德和肯辛顿，社区活动家们终于能够一醒来就闻到家庭自制烘焙的单一产地咖啡的香味了，新建的酒吧、精品店、餐馆和娱乐场所还会带来更多趣味和体验。长久以来，在外地人眼中，卡尔加里只是不受垂青又有些乏味的商业中心，或者只是途中实用的跳板，然而不知不觉间，它已今非昔比，这座城市确实变酷了。

历史

卡尔加里的起点较低，相对来说历史也不长，然而，如今它已经变成国际化现代城市，不但主办过奥运会，还拥有巨大的经济影响力。在它开始飞速发展之前，黑脚族人已在这个地区生活了几个世纪。最后，生活在弓河（Bow River）和埃尔博河（Elbow River）岸边的萨尔西人（Sarcee）与斯托尼人（Stoney）部落也来到这里。

1875年，西北骑警（NWMP）建起一处永久驻地，并把它称为卡尔加里堡，这个名字取自苏格兰马尔岛的卡尔加里海湾（Calgary Bay）。几年后通了铁路，再加上免费土地政策的激励，早期的拓荒者们开始向西行进，并在卡尔加里安家落户。当地的原住民黑脚族人、萨尔西人和斯托尼人于1877年跟英国殖民政府签署了"七项条约"（Treaty 7），该条约把他们带进了指定的部落保留地，也夺走了他们原本拥有的更多的土地产权。

因为这座城市一直是经营牧场的中心，所以牛仔文化注定与城市永远交织在一起。20世纪早期，卡尔加里因发展缓慢而颇显压抑。然而，到了20世纪60年代，一切都改变了。一夜之间，牧场成了过去式，石油成了新的宠儿。随着"黑金"从艾伯塔省各处的地下汩汩往上冒，卡尔加里也成了各公司总部所在地的必然选择。

当地人口激增，城市也开始以惊人的速度发展。由于石油价格持续飞涨，牛仔城的人们迎来了美好的时光。20世纪70年代的蓬勃发展突然止于80年代的经济萧条，发展放缓，城市转向多样化。

21世纪又开始了一轮比之前更为强劲的高速发展。房价飞涨，失业率接近于零，经济增长也比加拿大的其他地区快了40%。对一群牛仔来说倒也不是坏事。

◉ 景点

卡尔加里的市中心坐落着格伦博博物馆、新的音乐中心，但周围的社区更具魅力。17th Ave（17th Ave）汇集了顶级餐馆和酒吧，夜晚降临，这里就会上演形形色色的活动。英格尔伍德（Inglewood）就在市中心东边，是城市最时髦的街区，有古董店、独立精

Calgary 卡尔加里

668

KENSINGTON
肯辛顿

Prince's Island Park
王子岛公园

Bow River 弓河
Peace Bridge 和平桥
Memorial Dr
Louise Bridge

Eau Claire Ave SW
1st Ave SW
2nd Ave SW
3rd Ave SW
4th Ave SW
5th Ave SW
6th Ave SW
7th Ave SW
8th Ave SW
9th Ave SW
10th Ave SW
11th Ave SW
12th Ave SW
13th Ave SW
14th Ave SW
15th Ave SW
16th Ave SW
17th Ave SW
18th Ave SW
19th Ave SW
20th Ave SW
21st Ave SW
23rd Ave SW
24th Ave SW
25th Ave SW

DOWNTOWN 市中心
Stephen Ave Walk
BELTLINE
DESIGN DISTRICT
UPTOWN 17TH AVE
4TH ST - MISSION DISTRICT

去Greyhound 灰狗长途汽车站(400m); Pumphouse Theatres (700m)

Prospect Ave
Hillcrest Ave

11th St NW
10A St NW
10th St NW
12th St SW
11th St SW
10th St SW
9th St SW
8th St SW
7th St SW
6th St SW
5th St SW
4th St SW
3rd St SW
2nd St SW
1st St SW

艾伯塔省 卡尔加里

品店以及一些只有内行才知道的餐馆。肯辛顿（Kensington）在鲍河北面，有一些不错的咖啡馆，还有着明确的社区风格。

★ 国家音乐中心　　　　　　　　博物馆

（National Music Centre；见668页地图；403-543-5115；http://studiobell.ca；850 4St SE；成人/儿童 $18/11；周三至周日 10:00~17:00）这座崭新的博物馆令人叹为观止，且颇具娱乐气息，看上去像一座异想天开的黄铜城堡，它会带你徜徉于加拿大的音乐历史，你会看到许多很酷的物件（如"猜是谁"吉他，曾用以演奏《美国女士》）及互动演出。你可以利用鼓和电吉他一显身手，或者去录音棚体验一下，甚至创造属于你的乐器。别错过身体发声（Body Phonic）坊或太阳能支持的空中走廊，那里展有修复再利用的钢琴，它们曾在2013年洪灾中被损毁。

★ 格伦博博物馆　　　　　　　　博物馆

（Glenbow Museum；见668页地图；403-777-5506；www.glenbow.org；130 9th Ave SE；成人/儿童/家庭 $16/14/40；周一到周六 9:00~17:00, 周日 正午至17:00, 10月至次年6月 周一闭馆）格伦博博物馆有数量惊人的永久收藏品，还有一批经常更换的巡回展览，历史迷、艺术爱好者和流行文化狂人都能找到自己感兴趣的内容，流连忘返。临时展览通常活泼大胆，涵盖当代艺术和文化。通过有影响的历史人物及大量录音资料，将过去的历史生动地展示出来。去逛逛印第安帐篷、交易所，再到火车厢里走一走。

弓河生境展示站　　　　　　　　水族馆

（Bow Habitat Station；403-297-6561；aep.alberta.ca；1440 17A St SE；成人/儿童 $10/6；周二至周六 10:00~16:00, 导览游 正午及14:00）这里每年放养着多达150万只鳟鱼，这个运转着的孵育站中的水族馆是孩子们的最爱，这里有亲自动手参与的展览，并有机会在池塘喂鱼（5月至10月）。可以俯视一下孵育池塘，或者跟着导览游走上来靠近池塘喂小鱼。

埃斯科基地当代画廊　　　　　　博物馆

（Esker Foundation Contemporary Art Gallery; eskerfoundation.com; 1011 9th Ave SE, Inglewood；周二至周日 10:00~18:00）免费

Calgary 卡尔加里

◎ 重要景点
- **1** 格伦博物馆 E4
- **2** 国家音乐中心 F4

◎ 景点
- **3** 卡尔加里塔 E4
- **4** 当代卡尔加里 D3
- **5** 王子岛公园 D1

✪ 活动、课程和团队游
- **6** Rapid Rent D2

⊟ 住宿
- **7** Fairmont Palliser D4
- **8** HI-Calgary F3
- **9** Hotel Arts D4
- **10** Hotel Elan A5
- **11** Hotel Le Germain E4
- **12** International Hotel D3
- **13** Kensington Riverside Inn A2
- **14** Nuvo Hotel Suites B4
- **15** Sheraton Suites Calgary Eau Claire D2
- **16** Twin Gables B&B C7

⊗ 就餐
- **17** 1886 Buffalo Cafe D2
- **18** Al Forno Cafe & Bakery C2
- **19** Blink D4
- **20** Catch E3
- **21** Galaxie Diner A5
- **22** Higher Ground A2
- **23** Janice Beaton Fine Cheese B5
- **24** Jelly Modern Doughnuts B5
- **25** Market C5
- **26** Mercato D6
- **27** Model Milk C5
- **28** Myhre's Deli A5
- **29** Ox and Angela C5
- **30** Pulcinella A2
- **31** Simmons Mattress Factory F3
- **32** Teatro E3
- **33** Una C5

⊙ 饮品和夜生活
- **34** Analog Coffee C5
- **35** Back Lot D4
- **36** Barley Mill D2
- **37** Cru Juice B5
- **38** HiFi Club D4
- **39** Hop In Brew D4
- **40** Proof D5
- **41** Rose & Crown C5
- **42** Twisted Element B4

✪ 娱乐
- **43** Broken City C4
- **44** Epcor Centre for the Performing Arts E4
- **45** Globe Cinema C3
- **46** Plaza Theatre A2
- **47** Saddledome F5

这间袖珍且私密的画廊四层是一个美丽的空间，这里有精彩绝伦的当代展览。而历史展览包罗万象，从移民到西北航道，应有尽有。去网站查询下讲座的安排，还有，一定要去看一下鸟巢会议室。

王子岛公园 公园

（Prince's Island Park；见668页地图）要在牛仔城的市中心游览小巧的中央公园，可以过桥到这座岛上来，这里有适合玩飞盘的草地、自行车道以及能让人自由伸展的宽敞空间。在夏季的几个月中，你还能在公园的天然草坪剧场里欣赏莎士比亚的作品；或者你还可以参加7月的民间音乐节；你还可以在这里找到一家高级的河岛餐厅。

民俗公园历史村落 古迹

（Heritage Park Historical Village；☏403-259-1900；www.heritagepark.ab.ca；1900 Heritage Dr SW，在14th St SW；成人/儿童 $26.25/13.50；◉5月至8月每天，9月和10月 周六和周日 9:30～17:00）想看看卡尔加里曾经是什么样子的吗？到这座历史公园来，就能让你回到过去。这里的标准是村内的所有建筑必须源自1915年或者更早的时候，而它确实跟现代的卡尔加里风格迥异。公园内有10公顷再现旧景的重建小镇可以探索，包括堡垒、谷物磨坊、教堂、学校以及更多其他的建筑。想感受下草垛车的话，就去老古董般的游乐场，或者干脆跳上一辆火车。附近会有身着戏服的工作人员回答你的任何问题。

卡尔加里塔 知名建筑

（Calgary Tower；见668页地图；☏403-266-7171；www.calgarytower.com；101 9th Ave SW；成

人/青少年 $18/9；⊙观景廊9月至次年6月 9:00～21:00, 7月至8月 至22:00) 这座1968年建造的地标性高塔是卡尔加里空中景物轮廓线上的标志，尽管现在已经出现了很多更高的建筑，而它也陷入了可能迷失在摩天大楼森林中的危险。毫无疑问，这种一度辉煌的混凝土建筑的美学已经慢慢沦落到了媚俗的境地。但是，爱它也好，恨它也罢，这座高达191米、有些像男性生殖器的建筑依旧是市中心的固定成员。

当代卡尔加里 画廊

(Contemporary Calgary；☎403-770-1350; www.artgallerycalgary.org; Suite 900, 105 12 Avenue SE；⊙周三至周日 正午至18:00) **免费** 这间展出现代艺术作品的画廊2018年刚刚搬迁到这里，从前这里是百年天文馆的旧址。整个画廊的展览空间非常大，展览活动也比以往更为丰富。

卡尔加里动物园 动物园

(Calgary Zoo；☎403-232-9300; www.calgaryzoo.ab.ca; 1300 Zoo Rd NE; 成人/儿童 $25/17；⊙9:00～17:00；▣) 这里有来自世界各地的1000多种动物，很多动物的生活空间都模拟了它们的自然栖息地，这令卡尔加里动物园成了北美洲名列前茅的顶级动物园。公园有广受赞誉的动物保护小组研究，将一些加拿大濒危动物放归自然栖息地并予以保护。

泰勒斯活力 科学中心

(Telus Spark；☎403-232-6800; www.sparkscience.ca; 220 St George's Dr NE; 成人/儿童 $20/13；⊙10:00～17:00；▣) 你会希望理科课堂要是有泰勒斯科学世界这么好玩就好了。孩子们将在震撼中学到知识，科学中心环境友好且互动性极强。这里还有一个巨大的穹顶，是利用光线制造出宇宙的效果。

鱼溪省立公园 公园

(Fish Creek Provincial Park；☎403-297-5293; www.albertaparks.ca；⊙8:00至黄昏) 这座庞大的公园环抱着卡尔加里的西南边缘，是隐藏在城市范围内的旷野保护区。这里不计其数的小径彼此交织，构成了巨大的迷宫，徒步者、山地自行车爱好者以及以公园为家的动物都能乐在其中。

卡拉维公园 游乐园

(Calaway Park；☎403-240-3822; www.calawaypark.com; 成人/儿童/家庭票 $38/31/120；⊙7月至9月初 10:00～19:00, 9月初至10月初 周六和周日 11:00～18:00, 5月底至7月 周五 17:00～21:00, 周六和周日 10:00～19:00) 卡拉维公园是所有年龄段孩子的最爱，也是加拿大西部规模最大的户外家庭游乐场。主打30种可以搭乘的游乐设施，从刺激到和缓，各种程度无所不包，还有现场娱乐表演、22个食品摊贩、28项游艺活动、能钓鳟鱼的池塘以及一个互动式迷宫。孩子们会爱上在这个游乐场露营，这里离城区很近，开车可达。

英格尔伍德鸟类保护区 自然保护区

(Inglewood Bird Sanctuary；☎403-268-2489; 2425 9th Ave SE; 禁猎区和解说中心免费捐赠入场；⊙黎明至黄昏，解说中心 10:00～16:00) 在这个自然保护区可以看到成群的鸟类，这里栖息着260多种鸟，你肯定能遇到长着羽毛的朋友们。这个地方很安静，有步行小径和长椅，可以随意地观察保护区内的居民。

✦ 活动

Rapid Rent 自行车

(见668页地图；☎403-220-7954; www.outlawsports.ca; Barclay Pde SW; 自行车/轮滑/头盔 $30/15/5；⊙周一至周五 10:00～19:00, 周六至18:00, 周日 至17:00) 出租自行车、儿童拖车及旱冰鞋。

奥林匹克速滑馆 滑冰

(Olympic Oval；☎403-220-7954; www.ucalgary.ca/oval; 卡尔加里大学; 成人/儿童/家庭 $7/5/18.50；⊙7月至次年3月中旬) 要想在卡尔加里大学 (University of Calgary) 感受奥林匹克精神，可以到奥林匹克速滑馆去滑冰。冬奥会的速滑比赛就是在这里进行的，如今它向公众开放了长滑道，还出租冰鞋及必备的头盔。可以去网站了解最新的日程安排。

加拿大奥林匹克公园 探险运动

(Canada Olympic Park；☎403-247-5452; www.canadaolympicpark.ca; 88 Canada Olympic Rd SW; 山地自行车 山地票价/课程 $22/99；⊙周一至周五 9:00～21:00, 周六和周日 10:00～17:00)

1988年，冬季奥林匹克运动会首次在加拿大举行。卡尔加里是主办城市，当时的很多比赛项目都是在加拿大奥林匹克公园里进行的。公园靠近城市的西部边缘，就在Hwy 1沿线，你应该不会错过颇具特色的70米和90米高的跳台滑雪助滑道，它们在空中景物轮廓线上相当显眼。

卡尔加里步行游览　　　　　　　　　文化游

（Calgary Walking Tours；☏855-620-6520；www.calgarywalks.com；成人/青年/7岁以下$18/15/免费）参加2个小时的核心城市游览可以了解到各种知识，关于建筑、历史、各色建筑的文化内涵、雕塑、花园及城市的秘境。

✪ 节日和活动

要了解这座城市整年的节庆活动安排，可以登录www.visitcalgary.com/things-to-do/events-calendar。卡尔加里的盛大节日是一年一度的卡尔加里牛仔节，此外还有许多小节日、市场活动和展览贯穿全年。

卡尔加里民间音乐节　　　　　　　　　音乐

（Calgary Folk Music Festival；www.calgaryfolkfest.com；☉7月下旬）草根们在王子岛上举办为期4天的盛大现场音乐年度活动。来自世界各地的顶级演员都会带着节目长途跋涉到牛仔城。和12,000个志趣相投的朋友一起聚在草地上聆听夏天的音乐，这将是多么动人的场景。单日票大概$85，全程4天套票$195。

卡尔加里国际儿童节　　　　　　　　　节日

（Calgary International Children's Festival；☏403-294-9494；calgarykidsfest.ca；Epcor Centre for the Performing Arts, 205 8th Ave SE；票价$17；☉5月下旬）在这个一年一度的节日里，你可以体验下各种各样的逗乐把戏。音乐人、木偶师及演员们会轮番登台献艺，有的时候甚至会有疯狂科学家现身或有马戏节目上演。加拿大大牌明星，如弗莱德·彭纳（Fred Penner），也经常前来参加活动。

卡尔加里牛仔节　　　　　　　　　　牛仔竞技比赛

（Calgary Stampede；www.calgarystampede.com；☉7月的第二周）号称为世界上最大的户外活动。卡尔加里牛仔节有规模最大的牛仔竞技比赛，每天都有骑野马、扳小牛、马车比赛、游乐场活动及震撼的大型演出。市民情绪高涨，有现场音乐演出和免费的牛仔节早餐，而且全市的每个脑袋上都顶着牛仔帽。不过，动物权益的问题让这一切降温不少。

每年都有许多动物因为在牛仔节中受伤而遭到屠宰。动物保护协会及动物权益活动家们强烈反对因娱乐威胁动物生命，而扳小牛和马车比赛是牛仔节中最危险的活动。

🛏 住宿

近年来，卡尔加里创立了自己的独立精神，修建了一系列不同价位的精品酒店。

市中心的酒店价格昂贵早已是众所周知，尽管很多酒店经常推出特价。商务型酒店在周末往往比较便宜。靠近城市西部边缘[就在班夫小径（Banff Trail）城市轻轨站隔壁]聚集着你能想到的所有连锁酒店的分店。

牛仔节期间（7月上旬），价格会猛涨，房源紧张，一定要预订。

Calgary West Campground　　　　露营地 $

（☏403-288-0411；www.calgarycampground.com；Hwy 1；帐篷/房车营地$36/44；☉4月中旬至10月中旬；🅿@☺≋）这个建在斜坡上的露营地俯瞰着整个城市，这里有320个车位，设备齐全，包括一个可加热的室外游泳池、许多自然步道、迷你高尔夫球场及免费Wi-Fi。营地位于卡尔加里市中心的西侧，在加拿大横贯公路（Trans-Canada Hwy，即Hwy 1）上，离市区很近。

HI-Calgary　　　　　　　　　　　青年旅舍 $

（见668页地图；☏403-269-8239；www.hostellingintl.ca/Alberta；520 7th Ave SE；铺/双$33/100起；@☺）虽少了些家的温馨感，但这家令人愉快的青年旅舍十分整洁舒适，对预算有限的旅客来讲，这是卡尔加里为数不多的低价之选中的一家，这里有相对标准的带上下铺的宿舍，还有几个双人间。配有厨房、洗衣房、台球桌和上网设备，还有一个露台，备有烧烤工具。这里是深受旅行者欢迎的活动中心，也是组织骑行和分享旅游建议的好地方。

★ Kensington Riverside Inn　　　精品酒店 $$

（见668页地图；☏403-228-4442；www.

kensingtonriversideinn.com；1126 Memorial Dr NW；房间 $199起；P⛾）这家小的酒店的房间和服务都无可挑剔，相得益彰。配有沉浸式浴缸、壁炉、阳台、日内瓦音响系统、法式房门及精致的织品。它与市中心只有一桥之隔，酒店餐厅水平一流。

★ Hotel Alma 精品酒店 $$

（☎403-220-3203；www.hotelalma.ca；169 University Gate NW；房间 $129起，公寓 $180；⛾）这家时尚的精品酒店选址很明智，偏安大学校园一隅，充满活泼时尚的气息。超级现代的欧式房间虽然很袖珍但十分舒适，并不局促。城市套房中放置有一张床，下面是皮埃尔·里梭尼（Piero Lissoni）沙发及手工刺绣的靠垫。住客还可以使用校园内的设施，包括健身中心、游泳池和大堂里出众的法式小餐馆。

Hotel Elan 精品酒店 $$

（见668页地图；☎403-229-2040；www.hotelelan.ca；1122 16thAveSW；房间 周中/周末 $249/160起；❄⛾）Elan时尚且现代，深受商旅客人的喜爱。大堂朴实无华，功用性强，房间则非常令人惊喜。房间配有可以调节热度的浴室地板、枕头床垫等众多舒适设备，其他还包括降雨式淋浴喷头及美食咖啡。远离市中心，步行可达热闹的17th Ave。

Nuvo Hotel Suites 酒店 $$

（见668页地图；☎403-452-6789；www.nuvohotelsuites.com；827 12th Ave SW；套 $150起；❄⛾）这里是你另一个时髦的家，Nuvo有着宽敞、时尚的敞开式公寓房，配有设施完备的厨房，包括洗衣机。位于Beltline街区，所有房间的价格都相对优惠。从这里去往市中心和17th Ave很便利。

Centro Motel 汽车旅馆 $$

（☎403-288-6658；www.centromotel.com；4540 16th Ave NW；房间含早餐 $114起；P❄@⛾）"精品汽车旅馆"听起来似乎很矛盾，直到你来到这家名为"Centro"实际却相当误导人的旅馆才会明白其中的含义。这家汽车旅馆的老建筑旅馆经过整修被赋予了现代风格，独立经营的老板并没有漏掉任何细节，从灯饰到浴衣、木地板及步入式水疗淋浴，一应俱全。旅馆位于卡尔加里真正的"市中心"

当地知识

无车游卡尔加里

作为加拿大石油工业的主要运营中心，卡尔加里给人的印象往往是气派豪迈的汽车经繁忙的公路网奔驰在永无止境且尽是低层建筑的市郊。然而，在无所不在的石油背后，却隐藏着由城市公园式道路构成的"平行宇宙"（全长712公里），这些路专门服务于行人、骑行者和轮滑爱好者，多条路都沿着该市的两大河流——鲍河和埃尔博河的河岸而延伸。更好的是，这个无车交通网还以便宜而高效的轻轨系统为支撑：城市轻轨（C-Train）在2012年的扩建可谓意义重大，如今它的每日乘客运载量丝毫不亚于阿姆斯特丹地铁。是的，亲爱的读者，无车游卡尔加里并非不可能，更不会让人感到不快。

不必惊讶，最好的路线大多紧挨着河岸。鲍河穿过市中心，并延伸至一直人气高涨的王子岛，新建的和平桥（Peace Bridge）只能步行通过，为岛屿提供了必不可少的通路。如果觉得自己精力充沛，可以沿着河畔的小路南行20公里，前往鱼溪省立公园，途中有很多地方根本没有道路。Nose Creek Parkway是往来于城市北部的步行大动脉，绿树成荫的埃尔博河之路（Elbow River Pathway）则从英格尔伍德区通往南面的米申区。

Rapid Rent（见671页）紧靠着市中心的鲍河之路（Bow River Pathway），这个Outlaw Sports的零售店就位于Eau Claire购物中心的隔壁。

该市还出版了官方的《卡尔加里自行车车道和徒步路线》（*Calgary Bikeways and Pathways*）地图，可从当地任意一家休闲中心获取，或直接从网站City of Calgary（www.calgary.ca）下载。www.calgary.ca/mobileapps还有一个相应的App。

西北7公里处，在加拿大横贯公路（即Hwy 1)上。

International Hotel 酒店 $$

（见668页地图；☎403-265-9600; www.internationalhotel.ca; 220 4th Ave SW; 双$109起; P@🛜) 酒店的标准房也都是可以欣赏城市胜景的套房，并配有云彩般舒适的床。装修风格比较中庸，但服务一流。有一层为女士专属，另有一层为男士专备，配有定制的便利设施（稍显刻板）。

Carriage House Inn 旅馆 $$

（☎403-253-1101; www.carriagehouse.net; 9030 Macleod Trail S; 房间$159~189; P❄@🐕) 在你到达这里时，首先映入眼帘的其方方正正的外观确实欠缺灵感，然而里面的一切却能让你眼前一亮。最近重新装修过的房间优雅而现代。虽然羽毛床榻让人难以逃脱，但周围有很多用餐和购物的地方值得一试。旅馆位于卡尔加里市中心以南8公里处，就在干道麦克劳德小径（MacLeod Trail）上。

Twin Gables B&B 民宿 $$

（见668页地图；☎403-271-7754; www.twingables.ca; 611 25th Ave SW; 套$99~175; P@) 如果你于1910年来访，这里可能就像你的祖母家。这家民宿有着颇具特色的硬木地板、彩色玻璃窗、蒂芙尼灯具和古董家具，虽然有点过分讲究，但总体来说十分舒适。这所只有3个房间的民宿位于一座有历史的房子里，面冲埃尔博河，这意味着许多步道近在咫尺。

★ Hotel Le Germain 精品酒店 $$$

（见668页地图；☎403-264-8990; www.germaincalgary.com; 899 CentreStSW; 双$309起; P❄@🛜🍃) 一家高档的精品酒店挫败了卡尔加里市中心无聊的特许经营酒店群。Germain是一家小规模的法国-加拿大连锁酒店，格调却颇为奢华，房间十分雅致，有24小时健身房、室内按摩、免费报纸以及杰森风格（来自科幻题材动画片《杰森一家》）的休息室更为它增添了奢侈感。

Hotel Arts 精品酒店 $$$

（☎403-266-4611; www.hotelarts.ca; 119 12th Ave SW; 套$269起; P❄@🛜🐕) 这家精品酒店在卡尔加里设立了新的标准，因为它要面对艰难的境地：它不是国际连锁品牌名下的成员。它将目标定位于品位出众的旅行者，这里有硬木地板、连埃及人都要羡慕的织物密度，墙上挂着画廊水准的艺术品。标准大床房面积较小，但设计出色，配有降雨式淋浴喷头及暗舱窗帘。

Fairmont Palliser 酒店 $$$

（见668页地图；☎403-262-1234; www.fairmont.com/palliser; 133 9thAveSW; 房间$319起; P@🛜) 这家Fairmont旗下酒店被丝绸、天鹅绒及水晶包裹着，有着大理石圆柱、金色圆顶天花板，如宫殿一般富丽堂皇。和其他Fairmont酒店一样雅致的Palliser有一种贵族的气质，与本城其他去处截然不同。407个房间都整修一新，非常雅致。这里经典、华丽而且物有所值。

Sheraton Suites Calgary Eau Claire 酒店 $$$

（见668页地图；☎403-266-7200, 800-325-3535; www.sheraton.com; 255 Barclay Pde SW; 套$379起; P❄@🛜🐕) 这家商务型全套房酒店拥有绝佳的位置和极其完备的便利设施，非常舒适，而又避免了奢华。工作人员非常努力，所提供的服务会超出你的预期。更妙的是，这里还有代客停车服务和游泳池。

🍴 就餐

卡尔加里的餐馆业的发展不是快速，而是超音速，服务质量不停地升级，各种花样层出不穷。这里曾经以牛肉为主宰，如今蔬菜和香草也渐渐多了起来，这意味着过去深受人们信赖的餐桌主力——艾伯塔牛肉，已不再是支撑菜单的唯一食材。

在肯辛顿、英格尔伍德、17th Ave，以及市中心的Stephen St，都能找到不错的美食街。

★ Al Forno Cafe & Bakery 咖啡馆 $

（见668页地图；☎403-454-0308; alforno.ca; 222 7th St SW; 主菜$8~15; ⏰周一至周五7:00~21:00，周六和周日 8:00~21:00) 这家极现代、超舒适的咖啡馆是那种你想待上一天的地方。大桶啤酒、一瓶瓶的葡萄酒及超棒的咖

啡会让你不想走,还有各种杂志、舒服的沙发及靠窗座椅也会让你流连忘返。意大利面、面饼、沙拉、汤及帕尼尼都是手工自制的,不品尝下超级美味的蛋糕、甜果馅饼及饼干,就别想离开了。

★ 1886 Buffalo Cafe　　　早餐 $

(见668页地图;187 BarclayPdeSW; ⊙周一至周五 6:00~15:00,周六和周日 7:00开始营业)这家品质出众的小餐馆就位于以高层建筑为主的市中心。这间小木屋修建于1911年,是这里早期出伐木场的唯一现存建筑,屋内摆放着照片和古董钟,很有真实时代感。这里是典型的桌上摆着番茄酱、咖啡无限续杯的地方,以早午餐闻名,主打墨西哥式煎蛋。

Myhre's Deli　　　熟食 $

(见668页地图;1411 11th St SW;主菜 $5~13; ⊙11:00~16:00)已经为肉食动物服务了15年,这家熟食店的红木内饰和复古的标志是从一家名叫"Palace of Eats"的机构保留下来的,该机构曾于1918年至1964年位于Stephen Ave。新鲜制作的蒙特利尔熏肉三明治馅料满满,这里还有全牛肉热狗,包括配酸菜的鲁本(Ruben)热狗,有7种芥末可供搭配佐食。所有的食物上都配有一块腌菜。

Janice Beaton Fine Cheese　　　奶酪 $

(见668页地图;☏403-229-0900; janicebeaton.com/shop; 1017 16th Ave SW;奶酪 $3~15; ⊙周六至周四 10:00~18:00,周五 于19:00)这家店做奶酪出售给当地人已经15年了,奶酪热爱者应该去认真膜拜下。从瑞士奶酪到盐泉奶酪(Salt Spring),挨个尝一尝;不管你喜不喜欢蓝奶酪或者车达奶酪,你总能找到点什么填饱肚子。再来一袋自制面饼顺顺食物,堪称完美。那么珍妮丝·比顿(Janice Beaton)是谁?是最了解自己做的奶酪的那位女士。

Jelly Modern Doughnuts　　　面包房 $

(见668页地图;☏403-453-2053; www.jellymoderndoughnuts.com; 1414 8th St SW;甜甜圈 $2起; ⊙周一至周五 7:00~18:00,周六 9:00~18:00,周日 至17:00)这家亮粉色的店总是散发着香甜的气息,Jelly Modern主动出击,为甜甜圈添加了独特的口味,也成了正在发展的卡尔加里传统。枫糖熏肉或是波旁香草口味的甜甜圈虽然无法预防可能发作的心脏病,但强烈的对比会让你觉得以往吃过的其他口味甜甜圈都变得平淡无奇。

Gravity Espresso & Wine Bar　　　咖啡馆 $

(www.cafegravity.com; 909 10thStSE;午餐简餐 $6~12; ⊙周日和周一 8:00~18:00,周二至周四 至22:00,周五和周六 至午夜)这家咖啡馆兼酒吧,会依据客人的需要和所处的时段来改变自己的属性,由社区领导,而且更具关怀精神。经营的关键是本地烘焙的菲尔和塞巴斯蒂安咖啡豆,当然,这不是全部,其他的亮点还包括不插电现场音乐、咖喱之夜、自己烘焙的小吃和捐款活动。

Galaxie Diner　　　早餐 $

(见668页地图;☏403-228-0001; www.galaxiediner.com; 1413 11thStSW;主菜 $9~15; ⊙周一至周五 7:00~15:00,周六和周日 至16:00)这家美式小餐馆看上去比较平实,而不像是有主题、经典而实际,延续着20世纪50年代的风格,全天供应早餐、汉堡及奶昔。挤进一个卡座、在吧台抢个座或者(更有可能)在门口排队吧。

Higher Ground　　　咖啡馆 $

(见668页地图;☏403-270-3780; www.highergroundcafe.ca; 1126 Kensington Rd;小吃 $5~8; ⊙周一至周四 7:00~23:00,周五至周日 8:00至午夜)Higher Ground为卡尔加里仍旧有些冷清的独立咖啡馆界带来了它所需要的个人烘焙咖啡方面的尝试。这家店是艺术画廊、八卦商店、公共剧院和社区资源的有趣结合。而它也是那种能让你享用午餐分量的意式三明治和一杯绝妙咖啡的地方。

Peter's Drive-In　　　汉堡 $

(☏403-277-2747; www.petersdrivein.com; 219 16thAveNE;主菜 $2.50~5; ⊙9:00至午夜)Peter's于1962年开门营业,此后,当地人一直为了没有多大变化的菜单而聚集在这里,始终如一的美食包括超级浓郁的奶昔、刚离开烤架的汉堡和炸薯条,为健康着想之类的借口在这里根本站不住脚。它是真正的免下车餐馆,因此可以直接开车来,也可以在门外的草坪上愉快地享用。

★ Market
加拿大菜 $$

（见668页地图；☎403-474-4414；marketcalgary.ca；718 17th Ave SW；主菜 午餐 $12~17，晚餐 $8~20；⊙11:30至深夜）非常接地气，但又颇具未来感，获过奖的Market在主打新鲜本地食材的潮流中走得更远。他们不只自己烤面包，他们甚至自己屠宰、腌肉、制作奶酪，全年播种16种祖传种子。这还没完，这些食材最终都被烹制成了非常令人满足的美味佳肴。

Simmons Mattress Factory
加拿大菜 $$

（见668页地图；☎www.evexperience.com/simmons；618 Confluence Way SE；烘焙食品 $7~12，餐厅主菜 $12~25；⊙烘焙食品 8:00~18:00，餐厅 11:30~22:00，咖啡馆 7:30~21:00）这家英格尔伍德区的老旧砖厂获得了新生，这里可以满足你所有的口腹之欲：酒吧的楼上和屋顶餐厅的食物令人难以置信，用篝火烤好后直接上桌，在Sidewalk Citizen Bakery，你可以吃到沙拉、三明治及美味的小吃，而Phil & Sebastian Coffee Roasters有好喝到令人叫绝的咖啡。

Without Papers
比萨 $$

（☎403-457-1154；wopizza.ca；1216 9th Ave SE；比萨 $16~22；⊙周一至周四 11:00~22:00，周五及周六至23:00，周日 16:00至21:00）在天花板下放置着意大利比萨烤炉，用以烤制出口味纯正的比萨。这家繁忙的比萨店的命名是为了致敬早期意大利移民，而比萨和卡颂乳酪馅饼（calzone）十分新鲜且富有创意。墙上贴着各种老电影的海报，而餐厅里则总是挤满了兴高采烈的比萨食客。

Una
比萨 $$

（见668页地图；☎403-453-1183；www.unapizzeria.com；618 17th Ave SW；比萨 $17~22；⊙11:30至次日1:00）门口总是排着队，但似乎没人在乎这种等待——这就是这种薄皮比萨的魅力所在。丰富的馅料，如双份熏培根配意大利鲜奶乳酪，令人如上瘾一般。此外，这里还有许多很棒的自酿葡萄酒。

Ox and Angela
西班牙小吃 $$

（见668页地图；☎403-457-1432；www.oxandangela.com；528 17thAve SW；西班牙小吃 $4~14；⊙11:30至深夜）在现代的卡尔加里重现西班牙风情可不简单，不过，新开张的OxandAngela做得相当好，这里砖瓦色彩明快，小吃十分美味。菜单包括曼彻格（Manchego）奶酪、玉米粉圆饼（西班牙煎蛋饼）和熏火腿（jamónserrano）等菜肴。

Mercato
意大利菜 $$

（见668页地图；☎403-263-5535；www.mercatogourmet.com；2224 4th St SW；主菜 $16~22；⊙11:30~23:00）这家餐馆附属于一个开放式的意大利市场/熟食店，那里的商品非常丰富，从咖啡到蒜味香肠，可谓应有尽有。Mercato是一家本地餐馆，因此能做到尽善尽美。装饰、服务、格调、食物和价格，所有这一切都符合既现代却又必须正宗的需要，这正是在讨人喜欢的米申街区大受欢迎的诀窍。

Pulcinella
意大利菜 $$

（见668页地图；☎403-283-1166；www.pulcinella.ca；1147 Kensington Cres NW；比萨 $15~20；⊙11:30~23:00）Pulcinella有正宗的比萨烤炉。这家餐馆的特色是松脆的那不勒斯薄饼比萨，上面的馅料也有意配得比较简单。不尝尝这家黑樱桃和开心果等口味的自制冰激凌，你是不会想走的。

Blink
创意菜 $$

（见668页地图；☎403-263-5330；www.blinkcalgary.com；111 8th Ave SW；主菜 $20起；⊙周一至周五 11:00~14:00，周一至周六 17:00~22:00）确实，你有可能会忽略这片躲在繁华街边的小绿洲，这也确实是遗憾。在这个时髦的美食天堂，有位广受赞誉的海外大厨管理着这里不断进化的菜单，上面的精致菜肴包括熏奶酪意大利饺子配核桃及松露油醋汁，或牛外脊配焦糖红葱及红酒酱汁。食物都非常新鲜，尽量就地取材。

Catch
海鲜 $$

（见668页地图；☎403-206-0000；www.catchrestaurant.ca；100 8thAveSW；主菜 $17~27；⊙周一至周五 11:30~14:00和周一至周六 17:00~22:00）在位于内陆的卡尔加里，每家海鲜餐馆都存在一个问题，如果你认为食材够新鲜，那就不可能是本地人。Catch克服了这个难题，每天都从两侧的海岸（西侧的

不列颠哥伦比亚省和东侧的滨海诸省）空运鲜鱼。这家生气勃勃且广受欢迎的餐馆位于Stephen Ave Walk，在曾是银行的一栋老建筑内。

Teatro 意大利菜 $$$

（见668页地图；☏403-290-1012；www.teatro.ca; 200 8th Ave SE; 主菜 午餐$18~20，晚餐$28~50；⏰周一至周五 正午至16:00，每天17:00~22:00) Teatro在Epcor Centre of Performing Arts隔壁一栋曾经是银行的豪华建筑内，装修很有新艺术风格，这里有着大理石吧台、蜿蜒卷曲的金属饰物及高靠背弧形沙发。菜肴也颇具艺术感，融合了意大利特色、法国的新式烹调以及一点儿传统的艾伯塔风味。

Model Milk 加拿大菜 $$$

（见668页地图；☏403-265-7343；www.modelmilk.ca; 108 17thAveSW; 主菜 $19~32;⏰17:00至次日1:00) 上次做的更改还墨迹未干，Model Milk供应的菜式就又换了，但这家由乳品店改造而成的时髦餐馆什么都好吃。可以尝试下主打玉米粉及香肠或鸡肉配乳酪华夫饼及花生卷心菜丝。服务质量很有保障，这里有着开放式厨房和公共座位区，气氛很酷。

★Rouge 创意菜 $$$

（☏403-531-2767; www.rougecalgary.com; 1240 8thAveSE; 主菜 午餐$16~20；晚餐$30~46; ⏰周一至周五 11:30~13:30，周一至周六 17:00~22:00) Rouge是这座城市最知名的餐馆之一。它位于英格尔伍德区，在一栋于1891年建造的、具有历史意义的宅第内。这里极难订到座位，然而一旦进到了里面，你会享受到充满灵感而且可以续盘的美食，以及卓越的君主级别的服务。菜单每周更新，但常会有鸭子及开心果肉冻、牛肉博洛尼亚肉酱配以手工面条或石斑鱼配椰汁咖喱汤。

🍷 饮品和夜生活

想找好酒吧，就到17th Ave NW去，那里有很多马提尼酒吧和挤得水泄不通的小酒馆，4th St SW也是不错的选择，下班以后，那里总是充满了活力。其他值得关注的地区包括Kensington Rd NW和Stephen Ave。傍晚时分，你还能看到加长的豪华轿车，或是在公司的酒吧中享受喧闹的男性社交聚会，在光鲜的外表下，这是卡尔加里欲横流的一面。要了解卡尔加里同性恋夜生活方面的信息，可以拿一份*Outlooks*（www.outlooks.ca）参考。

★Proof 鸡尾酒吧

（见668页地图；☏403-246-2414；www.proofyyc.com; 1302 1st St SW; ⏰16:00至次日1:00) 地方虽小，但吧台却很宽敞，大到需要一个图书馆梯子的程度。这里有一些大皮椅及许多金属和木质的工艺品，十分亮眼，当然还有专家调制的鸡尾酒。菜单本身就漂亮得令人爱不释手，饮品则更是惊艳，你几乎都不舍得喝下去。

Cru Juice 果汁吧

（见668页地图；☏403-452-2159; www.crujuice.com; 816 16th Ave SW; 果汁$7~12) 冷榨果汁是卡尔加里的新宠。这就像是装在瓶子里的一餐，时尚的咖啡馆及这家旗舰店都有出售。有些口味超级好喝，例如精灵（Pixie，包括西瓜、葡萄柚、草莓、青柠及薄荷），但其他的就颇具挑战性——可以试试浑柠檬汁（Dirty Lemonade，包括柠檬、蜂蜜、炭烧）。

Analog Coffee 咖啡

（见668页地图；www.fratellocoffee.com; 740 17th Ave SW; 咖啡 $2~5; ⏰7:00~22:00) 在卡尔加里激起的第三波咖啡风潮是由Fratello之类的公司领导的，咖啡馆开在狭窄的17th Ave上，这里时髦人士川流不息，他们会在写字夹板上列出当天所用的咖啡豆，后面的墙上还摆放着成排的老唱片。

Barley Mill 小酒馆

（见668页地图；☏403-290-1500; www.barleymillcalgary.com; 201 Barclay Pde SW; ⏰11:00至深夜) 20世纪初的建筑风格，酒馆的顶层是原来的酿酒厂，外面还运转着一座真正的水车，Barley Mill的食物、长长的干啤酒单以及包罗万象的吧台总是能吸引一票人光顾。这里还有两个露台，天气暖和的时候可以去坐坐，上面还有一个大石头火炉，专门为冷天准备，所以无论什么季节，这里都很繁忙。

Back Lot
男同性恋酒吧

（见668页地图；📞403-290-1500；thebacklotbar.com；209 10th Ave SW；🕐21:00至次日2:30）这家西部好莱坞风格的酒吧是卡尔加里最老牌的一家同性恋酒吧，风格比较粗犷。酒水很便宜，经常有现场乐队演出或者卡拉OK。

Twisted Element
同性恋酒吧

（见668页地图；www.twistedelement.ca；1006 11th Ave SW；🕐周三至周日21:00至深夜）这家夜店是当地社区一致公认的最佳同性恋舞厅，每周都会举办易装秀、卡拉OK之夜等活动，而且每晚都有DJ打碟。它的口号是：出柜已不易，交际须及时。

HiFi Club
夜店

（见668页地图；www.hificlub.ca；219 10th Ave SW；🕐周三至周日21:00至次日2:30）HiFi是个"混血儿"。说唱、灵魂乐、浩室音乐、电子音乐、放克——舞池里的激情每晚都会随着现场DJ的声音而高涨，而DJ的特长就是让你满头大汗。

Rose & Crown
小酒馆

（见668页地图；📞403-244-7757；www.roseandcrowncalgary.ca；1503 4th St SW；🕐11:00至深夜）在20世纪20年代，这里曾经是一座殡仪馆，曾经很多人都相信这里会闹鬼，但是，现在这家英式小酒馆很受人们欢迎，是喝一杯的好去处。在楼上你会看到复古的墙纸，没准儿还有一两个鬼魂。

Hop In Brew
小酒馆

（见668页地图；📞403-266-2595；213 12thAveSW；🕐16:00至深夜）要不是有橱窗里手工印制的酒馆招牌，这家酒馆看上去就是一所老工匠风格的普通房子，在崭新的公寓楼之间坚守着自己宝贵的生命。既接地气又舒适，Hop持续位列卡尔加里最受欢迎的酒吧之一，这里有动听的歌曲和大量的散装啤酒。

☆ 娱乐

要了解全面的娱乐资讯，可以拿一份 *ffwd*（www.ffwdweekly.com），这是该市规模最大的娱乐周刊。刊物是免费的，在卡尔加里、班夫和坎莫尔的众多咖啡馆、餐馆和街头信箱里都能找到。

Ironwood Stage & Grill
现场音乐

（www.ironwoodstage.ca；1229 9th Ave SE；Inglewood；🕐演出周日至周四20:00，周五和周六21:00）进入时髦的英格尔伍德地区，就能找到卡尔加里音乐界草根们。在Ironwood热情洋溢的木制舞台上，本地乐队会轮流进行规模较大的巡演，带来每晚的动人音乐。乡村音乐和民谣是这里的主打。演出没有年龄限制。

卡尔加里火焰队
表演赛

（Calgary Flames；📞403-777-0000；flames.nhl.com）卡尔加里火焰队是埃德蒙顿油工队的主要对手，每年10月至次年4月，他们会在 Saddledome（见668页地图；Stampede Park）进行冰球比赛。去看比赛时一定要穿红色的衣服，赛后可以前往17th Ave或"Red Mile"，季后赛期间球迷们都这么叫它。

Loose Moose Theatre Company
剧院

（📞403-265-5682；www.loosemoose.com；1235 26t hAve SE）Loose Moose保证能让你在外面度过一个开心的夜晚，最近它已经迁到了靠近英格尔伍德街区的新址。这里的特色是即兴喜剧表演和观众参与互动（之前会有警告）。这里还有一个儿童剧院。

Epcor Centre for the Performing Arts
剧院

（见668页地图；www.epcorcentre.org；205 8th Ave SE）这里是卡尔加里现场戏剧演出的中心，包括4座剧院以及北美洲最好的音乐厅之一，在这里你可以欣赏到一切演出，从芭蕾舞到宝莱坞作品。

Globe Cinema
电影院

（见668页地图；www.globecinema.ca；617 8th Ave SW）这家艺术电影院专门放映外国影片和加拿大电影——往往都是在主流电影院里难得一见的作品。周二及周末午后场会有折扣，可以咨询一下。

Plaza Theatre
电影院

（见668页地图；📞403-283-3636；1113 Kensington Rd NW）20世纪20年代，这里曾是

一座停车场，20世纪30年代大萧条时期被改造成了小剧场。Plaza也是卡尔加里唯一还在运营的小剧场。它就位于肯辛顿区的中心位置，主要放映艺术电影和备受推崇的经典影片。打电话给24小时运营的电影热线，询问下正在上映的电影。

Broken City
现场音乐

（见668页地图；☎403-262-9976；www.brokencity.ca；613 11th Ave SW；⊙11:00至次日2:00）这里的大部分夜晚都有音乐相伴——从爵士乐即兴演奏会到嘻哈乐、喜剧表演及猜谜之夜，无所不包。屋顶露台在夏日是绝好的去处，菜单简单而精致，无论你是想要一份牛排三明治还是素食菜花鸡翅，都会得到满足。

卡尔加里牛仔队
表演赛

（Calgary Stampeders；☎403-289-0258；www.stampeders.com）卡尔加里牛仔队是加拿大橄榄球联赛的参赛球队，7月至9月，他们在市中心西北6公里处大学区（University District）内的麦克马洪体育场（McMahon Stadium；1817 Crowchil Trail NW）进行比赛。

Pumphouse Theatres
剧团

（www.pumphousetheatres.ca；2140 Pumphouse Ave SW）猜猜这里以前是做什么的？泵房。这家剧团主要上演先锋派的前卫作品，如One Man Star Wars Trilogy。

🛍 购物

卡尔加里有几个热门购物场所，但是这些区域都离得相当远。肯辛顿地区和17th Ave SW有很多有趣而时尚的服装店和时髦的小饰品零售店，非常值得一逛。Stephen Ave Walk是个步行商业街，聚集着商店和书店，很有气氛。英格尔伍德区则是在古董、旧货、药房以及二手书和唱片中淘宝的好去处。

Tea Trader
茶叶

（☎403-264-0728；www.teatrader.com；1228a 9th Ave SE；⊙周二至周六 10:00~17:00，周日 正午至16:00）加拿大人就是加拿大人，即便是在卡尔加里，他们也要喝茶。小店在一段楼梯之上，很容易被错过，但依然很值得特意寻找一下。架子上摆放着来自全世界的茶，以及一些本地特色：尝试下卡尔加里威尔士早餐茶或艾伯塔快船（Alberta Clipper）。

Smithbilt Hats
服装

（☎403-244-9131；www.smithbilthats.com；1103 12th St SE；⊙周一至周四 9:00~17:00，周五 8:00~16:30）你想过牛仔帽是如何制作的么？好了，这里就有答案。从你在门外拴马的时代开始，Smithbilt就一直用传统的方法制作着帽子。你可以选一顶稻草或者海狸毛制成的帽子，价格不一。

Alberta Boot Co
鞋

（☎403-263-4605；www.albertaboot.com；50 50th Ave SE；⊙周一至周六 9:00~18:00）参观由该省唯一的牛仔靴制造商经营的工厂和商店，并且挑一双自己喜欢的，材质包括袋鼠皮、公牛皮或是单调一些的老牛皮。制作一只靴子通常要花掉200小时，也可以进行专门定制。价格区间为$375~2100。

ℹ 实用信息

邮政总局（Main Post Office；见668页地图；207 9th Ave SW；⊙周一至周五 8:00~17:45）

卡尔加里旅游局（Tourism Calgary；见668页地图；www.tourismcalgary.com；101 9th Ave SW；⊙8:00~17:00）在卡尔加里塔底层有一个游客中心。工作人员能帮你找到住宿的地方。在机场的到港层和离港层都设有信息亭。

ℹ 到达和离开

飞机

卡尔加里国际机场（Calgary International Airport，YYC；www.yyc.com）位于市中心东北约15公里处，紧邻巴洛小径（Barlow Trail），从市中心驱车25分钟可以到达。

长途汽车

在**加拿大灰狗长途巴士**（Greyhound Canada；☎busstation；403-263-1234，购票电话 800-661-8747；www.greyhound.ca；850 16th St SW），有车开往班夫（Banff；$29，1.75小时）、埃德蒙顿（Edmonton；$52，3.5小时）、德拉姆黑勒（Drumheller；$38，1.75小时）和莱斯布里奇（Lethbridge；$46，2.5小时）。注意，线上预订可以享受优惠。

想获得更加舒适的旅行体验，可以乘坐Red

值得一游

特纳山谷

沿着牛仔小径（Cowboy Trail，即Hwy 22）一路向南时，你会经过特纳山谷（Turner Valley）。第一眼看去，这里似乎只有一些普通小镇，但是等你闻到空气里那诱人的食物香味，就会相信绝对值得在这里停下来，填饱肚子，带走几瓶美酒。

Chuck Wagon Cafe（www.chuckwagoncafe.ca；105 Sunset Blvd, Turner Valley；主菜 $15~30；⊙周一至周五 8:00~14:30，周六和周日 至15:30）在一间小小的红色谷仓中，这家有点传奇色彩的咖啡馆就像是自家厨房一样，方圆几公里的食客都被吸引而来。分量十足的早餐全天都供应——熏薯饼，AAA级牛排，火腿蛋松饼——绝对会让你大呼过瘾。这算得上是牧场料理的极致了。

Eau Claire Distillery（www.eauclairedistillery.ca；品酒 $6.50，品酒加导览游 $12，鸡尾酒 $17~20；⊙周一至周四 11:00~18:00，周五至周六 10:00~20:00，周日 10:00~18:00，导览游 12:00、14:00、16:00）就在这家咖啡馆旁边，这里是全省第一家工艺酿酒厂，使用艾伯塔的当地谷物和德国产的特制蒸馏器。这个屡获殊荣的酿酒厂建在原先镇上的电影院和夜总会的原址之间，你可以品尝到杜松子酒、伏特加、单麦芽威士忌和EquineOx——一种大麦酿制的蒸馏酒，添加了如刺梨和柠檬等自然口味。也可以参加一次导览游，或是坐在吧台来一杯鸡尾酒。

Arrow（见668页地图；www.redarrow.pwt.ca；205 9th Ave SE）的超豪华长途汽车去往埃德蒙顿（$71，3.5小时，每天6班）和莱斯布里奇（$49，2.5小时，每天1班）。

具有传奇色彩的**Brewster**（www.brewster.ca）也提供去往坎莫尔（Canmore）和班夫（$65，2.25小时，每天8班）的服务。

Red Arrow的车在市中心9th Ave SE和1st Ave SE的交叉路口处搭乘。Brewster的车则可在市中心的各个酒店搭乘。预订房间时可以咨询一下。

小汽车和摩托车

所有主要的汽车租赁公司都在机场和市中心设有办事处。

火车

令人费解的是，卡尔加里不欢迎客运列车（去往埃德蒙顿和贾斯珀的列车会绕过这座城市）。你需要查找去往那些城市的其他交通方式。

ⓘ 当地交通

抵离机场

从8:30前后到21:45，**Sundog Tours**（☎403-291-9617；www.sundogtours.com；成人/儿童 单程 $15/8）的车每半小时就会发出一班，往返于市中心的所有大酒店和机场。

你也可以乘公共交通工具往返于机场和市中心。如果从机场出发，可乘57路公共汽车到Whitehorn站（位于市中心东北），再换乘城市轻轨列车（C-Train）。从市中心出发只需把步骤反过来即可。你也可以在市中心搭乘300路公交车一直坐到机场。无论是哪个方向，全程花费仅为$3，行程在45分钟到1小时。

从市中心乘出租车到机场大约要花费$35。

小汽车和摩托车

在卡尔加里的市中心停车就是一场昂贵的噩梦——政策旨在促使人们使用公共交通工具。幸运的是，市中心的酒店通常都带车库。私人停车位的费用大约为每天$20。这里也有一些按表计价的停车位。在市中心核心地段以外停车免费，而且很容易找到位置。

卡尔加里有最大的car2go智能汽车（www.car2go.com）车队，这使城市和周边出行，甚至去往机场都变得超级方便。

公共交通工具

Calgary Transit（Calgary Transit；www.calgarytransit.com）高效而干净。你可以选择轻轨交通（Light Rapid Transit，简称LRT）轨道运输系统，又名城市轻轨（C-Train），以及普通的公共汽车。一价车票（$3）可以让你换乘其他公共汽车或城市轻轨。在市中心7th Ave沿线、10th St SW和3rd

St SE之间的地段乘坐城市轻轨列车是免费的。如果你要去更远的地方或者需要换乘，可在城市轻轨站台的售票机上购票。大部分公共汽车每天运营，发车间隔多为15~30分钟。这里没有夜班车。

出租车

需要出租车，可以致电Checker Cabs（☎403299-9999；www.thecheckergroup.com）或Calgary Cabs（☎403-777-1111）。首个150米的起步价为$3，之后每增加150米加收20¢。

班夫国家公园和贾斯珀国家公园（BANFF NATIONAL PARK & JASPER NATIONAL PARKS）

落基山脉横跨班夫和贾斯珀国家公园，这两座国家公园因此充满了如梦如幻、无拘无束的荒野气息。起伏的山峰直冲天际，巨大的冰川卧于峭壁之上。镜面一般的湖泊闪耀着祖母绿、松石绿及蓝宝石般的各种光芒，瀑布从悬崖上飞流直下，呼啸着飞驰过深不见底的峡谷，最终注入湖泊。茂密的树林覆盖着广阔的山谷，巍峨的高山草甸上开遍了野花。这般景致你只能期待在明信片上看到，而此时此刻就近在咫尺。还有许多特有的野生动物穿行其间，如熊、驼鹿、麋鹿、狼及巨角岩羊。

如今，有成千上万座国家公园分布世界各地，在它们当中，创建于1885年的班夫国家公园可是第三古老的，也是加拿大最古老的，而与之毗邻的贾斯珀只比它晚了22年。这两座毗连的公园都位于加拿大落基山脉的东侧，1984年，它们被指定为联合国教科文组织的世界遗产地。与北美洲的一些更加荒凉的公园相反，它们都支持小镇的发展，而这些小镇每年都会吸引200万至500万游客来此观光。

虽然会有大批的游客涌向知名的景点，如路易斯湖及米特温泉，想逃离嘈杂，在这片雄伟壮丽的奇幻之地拥有一份宁静依然不太难。既然你已来体验公园，何不去徒步、去偏远地区滑雪、划船或在城堡般巍峨的山下湖边静静地坐坐，公园美景的密集程度及尺度之大会让最有经验的旅行者也震惊不已。看见过的景色越多，你会愈加被公园的神奇魅力所折服——近而更想去发现和探索。

卡那纳司金斯村（Kananaskis Country）

卡那纳司金斯，或像当地人那样称它为卡村（K-Country），是高山连绵不绝的香格里拉，这里拥有班夫国家公园的所有自然美景，却几乎没有喧哗。这里既没有拥挤的交通也没有围栏，你很有可能会遇到许多的野生动物。卡那纳司金斯在西北方向与班夫国家公园毗连，在令人印象深刻的4000平方公里的土地上，有着可以领略的极其丰富的自然风光。幸好，这里的徒步小径能带你深入人烟稀少的偏僻地区，还能远离那些公路。徒步旅行者、越野滑雪爱好者、自行车骑手和登山者——基本都是熟悉情况的艾伯塔人——都渴望征服这片山区。这里原始却易于接近，未受破坏又极为诱人，堪称完美。如果你觉得这里的景色似曾相识，大概是因为你曾在电影中见过它，在这里拍摄的电影足有20部，包括著名的《断背山》（*Brokeback Mountain*）。

在山区的东部边缘，你可以驱车沿着景色优美而且车辆稀少的Hwy 40（南边紧邻Hwy 1，在坎莫尔以东20公里处）去往卡那纳司金斯湖区，然后拐上未封闭的Smith-Dorrien Rd，经景致如画的迂回路线驾车返回坎莫尔。或者，你也可以继续沿着Hwy 40公路前行——它将带你领略大片的松树林，边缘处还点缀着峻峭的山峰和少量的驼鹿——直到Highwood House。这段观光自驾之旅所走的路很少有人游览，因此很值得探索。但是需要注意的是，这段公路有一部分在冬季将会被封闭。

🏃 活动

卡村也是牛仔村（C-Country）。打扮成牛仔，然后到Boundary Ranch（☎403-591-7171；www.boundaryranch.com；Hwy 40；骑马$43.50起；◉5月至10月）去沿着一条小路骑行。在任何地方从1小时到几天都行。

为了在1988年的冬奥会上举办高山滑雪项目的相关赛事而修建的滑雪场Nakiska（www.skinakiska.com；Hwy 40，当日票 成人/青年$77/58）是参赛者的梦想，它位于该地区的主要服务中心卡那纳司金斯村（Kananaskis

Banff National Park 班夫国家公园

Banff National Park 班夫国家公园

◎ 重要景点
1 阿萨巴斯卡冰川 A1
2 班夫国家公园 C2
3 冰川高空漫步 A1
4 幽鹤国家公园 B3

◎ 景点
5 哥伦比亚冰原 A1
6 哥伦比亚冰原发现中心 A1
7 库特奈国家公园 B4
8 佩托湖 B2
9 哭墙 A1

✪ 活动、课程和团队游
Athabasca Glacier Icewalks .... (见13)

Glacier Adventure .... (见6)
10 路易斯湖滑雪场 C3
11 诺奎山 C3
12 阳光村 C4

🛏 住宿
13 Glacier View Inn A1
14 Kicking Horse Campground B3
15 Two Jack Lakeside D3
16 Waterfowl Lakes Campground B2
17 Wilcox Creek Campground A1

🍴 就餐
18 Num-Ti-Jah Lodge B2

Village)南侧，驱车5分钟即可到达。实际上，如今加拿大一流的滑雪者仍然会在这里接受训练。自2004年以来，卡村的另一处滑雪胜地Fortress Mountain一直时关时开（以关闭为主）。

卡那纳司金斯河（Kananaskis River）拥

有2级和3级的急流，在那些以班夫之外的地方为卖点的激浪漂流公司中很有人气。

★ 彼得洛希德省立公园　　　徒步

(Peter Lougheed Provincial Park; www.albertaparks.ca/peter-lougheed) 卡村的幽静小径和荒山野岭为人们提供了超棒的徒步环境，卡那纳司金斯西侧304平方公里的公园尤为理想，公园包括**上卡那纳司金斯湖、下卡那纳司金斯湖**和**高林通道**(Highwood Pass)，是加拿大最高的可通航公路通道(2350米；通常6月到10月开放)。这里还是观赏野生动物的好地方：找找狐狸、狼、熊、猞猁和郊狼吧。

卡那纳司金斯户外运动　　　户外

(Kananaskis Outfitters; www.kananaskisoutfitters.com; 卡那纳司金斯村; 自行车/滑雪装备出租 每日 $45/25; ☏10:00~18:00) 这家位于卡那纳司金斯村的户外用品运营商出租自行车、越野滑雪及冬季用的胖胎车。夏季他们会组织巴里尔湖(Barrier Lake)独木舟之旅，冬季则会有冰冻瀑布的骑行之旅。

住宿

★ Sundance Lodges　　　露营地 $

(☏403-591-7122; www.sundancelodges.com; Kananaskis Trail; 露营地 $32, 帐篷 $65~90, 猎人帐篷 $90; ☏5月中旬至10月) 如果想获得真正的加拿大体验，那就试试手工绘制的帐篷或者旧时的猎人帐篷吧，这处露营地由私人运营。如你所想，这里只设有基础设施——睡觉的地方及室内的一盏煤油灯，所以你得自备常用的露营装备，但孩子们一定会对这种约翰·穆尔(John Muir)历险般的气氛兴奋不已。

Delta Lodgeat Kananaskis　　　酒店 $$

(☏403-591-7711; www.deltahotels.com; 1 Centennial Dr, Kananaskis Village; 房间 $169起; ▣※@☎▣) 卡那纳司金斯"村"由这个住处及其附属建筑组成，安排十分合理有效，这里包括6个餐馆及户外运营商。这个住处曾承接过2008年G8峰会(乔治·沃克·布什、普京、布莱尔等人曾下榻于此)，并由此获得了国际知名度，也是由此开始，卡村(K-Country)出现在了地图上。

★ Mt Engadine Lodge　　　度假屋 $$$

(☏403-678-4080; www.mountengadine.com; Mt Shark Rd; 单/双/4人小屋 $220/500/795; ▣☎) 在这个僻静的山间小屋，你可以获得极致的田园安宁。旅馆有安静的房间和家庭套房(有阳台和起居室)，俯瞰纯净的草场和经常光顾舔舔天然盐分的驼鹿。度假村风格的装饰，墙上挂着鹿角吊灯和古董滑雪板。房间舒适而不刻意。

❶ 实用信息

巴里尔湖信息中心(BarrierLake Information Centre; ☏403-673-3985; www.albertaparks.ca; Hwy 40; ☏9:00~17:00) 有大量的信息，还出售野外露营许可证($12)。以Hwy 1公路为起点，沿着Hwy 40公路前进8公里左右便会来到中心。

埃尔博山谷信息中心(Elbow Valley Visitor Centre; ☏403-949-2461; www.albertaparks.ca; ☏5月至10月 周五 10:30~14:00和15:00~18:00，周六和周日 9:00~12:30和13:30~16:30); 就在布雷格溪(Bragg Creek)的西边。

彼得洛希德信息中心(Peter Lougheed Information Centre; ☏403-591-6322; www.albertaparks.ca/peter-lougheed; Kananaskis Lakes Rd; ☏7月和8月 9:00~21:00; 4月至6月和9月、10月 9:30~16:00, 11月至次年3月 中心关闭); 在与Hwy 742交会处附近，卡那纳司金斯湖的北边。

❶ 到达和离开

Brewster(☏403-762-6750; www.brewster.ca; 100 Gopher St, Banff Town)运营有2到3趟公交车，往返于卡那纳司金斯村的Delta Lodge及卡尔加里机场(成人/青年 $60/30)，有的时候你也可以从Delta搭乘班车前往Hwy 1旁的Nakoda Resort, 在那里你可以偶遇去往班夫或贾斯珀的Brewster公交车。

　　自驾为最佳方式。如果是租车的话，一定要仔细看好条款；Smith Dorrien Rd是未封闭的土路，并不是所有的租车保险都会涵盖这部分出的问题。还要注意的是那段路沿途实际上没有手机信号，也没有加油站。

坎莫尔(Canmore)

人口 12,288

　　坎莫尔以前是一座煤矿小镇，也是默默

地成了大众旅游胜地的班夫的替代品。但是，因为太多的"不为人知的秘密"之类的旅行文章，所有人都开始来此寻求平静与安宁。尽管已变得喧闹不已，小镇的灵魂却依旧如初，而坎莫尔，虽然不受国家公园保护，却坚持着明智的可持续发展——到目前为止皆如此。它离班夫只有26公里远，刚好位于卡那纳奇金斯村的顶点，一些最为壮丽的景色就集中在这里，你随时能看到。渴望享受少一些浮华虚荣、多一些自然之感的山区假日，坎莫尔仍然是很好的选择。

◎ 景点

坎莫尔博物馆及地理科学中心　博物馆

（Canmore Museum & Geoscience Centre; www.cmags.org; 907 7th Ave, 坎莫尔; 成人/青年/儿童 $7/5/免费; ◎5月至9月 周一至周五 正午至17:00, 周六和周日 11:00~17:00, 10月至次年4月 周五至周一 13:00~16:00）洪灾过去3年后，这里于2016年完成了彻底的重建工程，这个袖珍但管理有序的博物馆很值得一看。展览覆盖了这个区域的采矿历史以及1979年矿区关闭后社区的生存状况。可以去看看已有1.6亿岁的柏树树桩化石及本地摄影师克雷格·理查斯（Craig Richards）那些令人震撼的作品。

西北骑警营房　博物馆

（North West Mounted Police Barracks; www.cmags.org; 601 8th St, ◎夏季 周一和周二 13:00~18:00, 周三至周日 10:00~17:00, 冬季 周五至周一 13:00~16:00）**免费** 这是西加拿大所保留着的最古老的营房，它建成于1893年，并被加拿大皇家骑警（RCMP）使用至1929年。今天这间小小的木质建筑里展出着一些骑警主题的纪念品，还有一间古雅的茶室。

✈ 活动

坎莫尔的特色是3项山区活动：越野滑雪、山地自行车骑行和攀岩。

★ 坎莫尔滑雪中心　山地自行车、滑雪

（Canmore Nordic Centre; www.canmorenordic.com; Olympic Way）中心位于镇西边的山里，去往斯普雷湖水库（Spray Lakes Reservoir）的沿途，这条大型的雪道中心是1988年冬奥会中滑雪三项全能赛的比赛场地。它现在是西加拿大最好的山地自行车公园之一，这里有着超过65公里（40英里）的平整雪道，由一些这个国家顶级雪道设计师设计建造。冬天这些雪道将向越野滑雪爱好者开放（当日票$15），还有6.5公里有照明的雪道，可供夜间滑雪使用。

Yamnuska Mountain Adventures　攀岩

（☎403-678-4164; www.yamnuska.com; Suite 200, Summit Centre, 50 Lincoln Park; ◎周一至周五 9:00~17:00, 周六 至16:00）这个广受好评的公司提供有攀岩和攀冰的专业指导，针对初学者、中级或高级攀登者。7月及8月里，周二至周六会有每日攀岩活动，每人$140，包含装备及交通。你只要8:30出现在班夫弓河瀑布（见690页）即可。

Canmore Cave Tours　探险

（☎403-678-8819; www.canmorecavetours.com）石窟山（Grotto Mountain）下埋藏着一个深深的洞穴系统，被人们称作"鼠网"（Rat's Nest）。Canmore Cave Tours运营有导览游，带领人们走进那片错综复杂的迷宫路径及容易引发人幽闭恐惧症的大洞穴。

Snowy Owl Tours　狗拉雪橇

（☎403-678-9588; www.snowyowltours.com; 829 10th St; 2小时 成人/儿童 $160/85）几百年来，乘坐狗拉雪橇一直是加拿大落基山脉地区的传统出行方式，这样也可以充分欣赏到超棒的荒野景色。Snowy Owl Tours提供的雪橇之旅会让你乘坐特殊定制的雪橇，由忠心保护着你的西伯利亚及阿拉斯加哈士奇犬拉着踏上旅程。

🛏 住宿

相较于班夫，坎莫尔一向被视作一个更便宜、更放松的选项。不过，这里本身也有一些好酒店和民宿，也渐渐热门了起来，所以提前预订会是明智之举。

Canmore Clubhouse　青年旅舍 $

（☎403-678-3200; www.alpineclubofcanada.ca; IndianFlatsRd; 铺 $40起）这家隶属加拿大登山俱乐部的漂亮青年旅舍沉浸在攀岩历史和大山的神秘之中，它坐落在一片可以

当地知识

遗产小径

不像是其他的道路,在这条遗产小径(Legacy Trail)上你可以欣赏到迷人的美景,有可能邂逅驼鹿,还能尽情呼吸山间的新鲜空气。遗产小径全长26.8公里,铺设了路面的多用途路径连接着坎莫尔和班夫,专门为山地自行车、滑雪和徒步爱好者服务。这条路与Hwy 1大体平行,一路的爬升高度为30米,一般人2至3小时就可以完成全程。针对那些身体情况不佳,无法在这两条路上骑车/徒步的人,Bike 'n' HikeShuttle (☎403-762-2282; www.bikeandhikeshuttle.com; $10~20; ⊕5月至10月)会在小径的起点之间提供便利的公共汽车服务,能把你送回你的出发点。

还有两条小径连接着班夫和坎莫尔——崎岖的兰德尔河畔小径(Rundle Riverside Trail; 适合经验丰富的越野骑手)和简单些的山羊溪小径(Goat Creek Trail)。可通过加拿大公园管理局(Parks Canada; www.pc.gc.ca)了解当前的路况。

眺望山谷的山坡上,透过大落地窗,可以欣赏到外面的景色。在这里,能找到所有青年旅舍常见的便利设施,还可以洗桑拿浴。这里是寻找登山伙伴或使自己的探险精神得到满足的好地方。它位于小镇以南5公里处。

Lady Macdonald Country Inn 客栈 $$

(☎888-830-8883; www.blackstonecanmore.ca; 170 Kananaskis Way; 房间 $125~199, 套房 $200~255; P🕸)这间古雅的旅馆在康州(Connecticut)小镇显得毫无违和感,这里有优雅的走廊、角楼及木质的墙面。房间很袖珍,置有铸铁床、靠垫及一些印花图案装饰。每个房间都很特别,所以值得多试几个。

Blackstone Mountain Lodge 酒店 $$

(☎888-830-8883; www.blackstonecanmore.ca; 170 Kananaskis Way; 双/套房 $160/200起; P🕸🏊)这是在坎莫尔附近几个"贝尔之星"(Bellstar)住处中最好的一个,Blackstone距镇上不远,驱车可达,在Bow Valley Trail旁。传统的房间有奢华的织物用品,而套房还带有配备齐全的厨房(配有烤箱、洗碗机及洗衣机),很适合家庭居住。在所有有益健康的度假木屋中,FalconCrest多半是最出众的。宽敞而豪华的房间带有阳台,能欣赏坎莫尔著名的山峰美景,包括"三姐妹"在内。这里还有各种各样的套房可以选择。健身室和户外热水浴池能让你的落基山脉体验更加完整。总的来说,还是物超所值的。

Paintbox Lodge 民宿 $$

(☎; 403-609-0482; www.paintboxlodge. com; 629 10th St; 坎莫尔; 房间 $150~280起; P🕸)这家民宿由前奥运滑雪选手托马斯·格兰迪(Thomas Grandi)及莎拉·伦纳(Sarah Renner)共同经营,这里将加拿大装修风格抬上了一个新水平,尤其是花格子地毯。这里有五间各具特色的套房,混搭了乡村时尚的随意及奢华舒适。如果想要最大的房间,就定复式套房(Loft Suite),可供4个人居住,吊梁天花板很有特色,阳台可观山景,还配有性感的角落浴缸。

🍴 就餐

★ Communitea 咖啡馆 $

(www.thecommunitea.com; 1001 6th Ave; 主菜 $12~15; ⊕9:00~17:00; 🕸)✎这家本地运营的社区咖啡馆具有很强的道德感,餐食全都是有机食品,而且刻意地回避了各种喧闹奢华氛围,而是着力营造一种温暖、放松而简单的风格。食物超级新鲜,风味十足:面条、米饭、卷饼、沙拉、汉堡,应有尽有。大口享受鲜榨果汁、精致的咖啡吧,当然,这里还有你能想到的各种茶。

Rocky Mountain Bagel 咖啡馆 $

(☎403-678-9978; www.thebagel.ca; 829 8thSt; 百吉面包圈 $6~8; ⊕6:00~18:00; 🕸)✎生命中还有什么事情能胜过坐在Rocky Mountain Bagel的花篮下方,一边欣详"三姐妹"山峰在晨间投下的阴影,一边享用刚烤好的枫糖味面包圈和拿铁?可能没有吧。打包一份百吉面包三明治、比萨百吉面包、早餐百吉面包或一包百吉面包圈吧。来份Rocky

Mountain Bagels，全部搞定。

Grizzly Paw
酒吧食物 $$

（☎403-678-9983；www.thegrizzlypaw.com；622 8th St；主菜$13~20；⏰11:00至午夜）艾伯塔最好的微酿啤酒厂（整整供应了6年啤酒）就藏在坎莫尔的山里。美食与啤酒相得益彰，供应有大汉堡、手工调制的苏打水，这里还有一个风景如画的露台，非常受欢迎。树莓啤酒和暴躁熊（Grumpy Bear）啤酒的老们们在附近还设有一座啤酒厂和一座微型蒸馏酒厂，可以参观品酒。

★Trough
加拿大菜 $$$

（☎403-678-2820；www.thetrough.ca；725 9th St；主菜$32~38；⏰周二至周日17:30至深夜）这个坎莫尔最袖珍的小酒馆藏在9th St，绝对值得你花点力气找寻。它是落基山顶级餐厅榜单上的常客，而且名副其实。经营者是一对母子，他们创造出了爱德华王子岛（Prince Edward Island，简称PEI）贻贝配自制熏番茄、摩洛哥辣味艾伯塔羊肉块、不列颠鲽鱼配芒果及甜椒。只有9个餐桌，提前定位是明智之举。

❶ 实用信息

艾伯塔游客信息中心（Alberta Visitors Information Centre；☎403-678-5277；www.travelalberta.com；2801 Bow Valley Trail；⏰5月至10月8:00~20:00，11月到次年4月 至18:00）是该区域的游客中心，位于镇西北，加拿大横贯公路旁。

坎莫尔游客信息中心（Canmore Visitors Information Centre；www.tourismcanmore.com；907a 7th Ave；⏰9:00~17:00）

❶ 到达和离开

从班夫镇和卡尔加里沿Hwy 1公路前往坎莫尔相当便利。**Banff Airporter**（☎403-762-3330；www.banffairporter.com）每天最多会发出10班往返于卡尔加里机场的长途汽车（$59）。**Brewster**（☎866-606-6700；www.brewster.ca）也提供去往机场和卡尔加里市中心的服务，价格大致相同。

灰狗长途巴士（www.greyhound.ca）每日有多趟线路去往卡尔加里（$27, 75分钟）及班夫（$6, 25分钟）。**Roam**（☎403-762-0606；www.roamtransit.com；⏰6:00~10:00）每小时都有公交大巴发往班夫（$6, 20分钟）。公交车在市中心9th St邻近7th Ave的地方停靠。

冰原公路（Icefields Parkway）

冰原公路（www.icefieldsparkway.ca；Hwy 93）是北美海拔最高，也是最为壮观的一条公路。如果你下了车，在沿途无数的登山口中随便挑一个，沿着步道走上几个小时，你会感到你来到了世界之巅。路边有无数的休息站，色彩斑斓的冰山湖泊、奔腾汹涌的瀑布及精美绝伦的景点都会让你一饱眼福。虽然用几个小时就可以跨越路易斯湖和贾斯珀之间230公里的距离，但这里更值得你花上几天好好探索一下。

与冰原公路相连的路线大多是19世纪的原住民和皮毛商人修建的。20世纪30年代，这里修有一条早期的公路，是一个解决失业项目的一部分，目前的这条公路启用于20世纪60年代。现在这里基本完全服务于游客，只是偶尔会有驼鹿、土狼或大角羊在沿途游荡。7月和8月这里会非常繁忙，尤其是会有很多房车（RVs）出没。还有很多人干脆骑车游览——道路很宽，周围还散布着很多位置合理的露营地、青年旅舍和酒店。

⊙ 景点

这里有两类景点：静态的（湖泊、冰川和山脉）以及动态的（麋鹿、熊、驼鹿等）。如果你连一只野生动物都没看到（留意不可避免的"熊堵车"——由熊导致的交通堵塞），未免也太不走运了。

★阿萨巴斯卡冰川
冰川

（Athabasca Glacier；见682页地图）狭长的阿萨巴斯卡冰川从哥伦比亚冰原一直延伸到了公路对面，步行可达冰原中心。可以徒步游览，或者搭乘雪车前往。从1844年开始，冰川已经后退了大约2公里，当年冰川可以达到路北边冰碛石的位置。要前往其脚尖（底部边缘处），可以从冰原中心出发，沿着**Forefield Trail**步行1.8公里，然后进入1公里长的Toe of the Athabasca Glacier Trail，继续徒步。

你可以把车停在第二个步道的起点处。

虽然允许站在冰上被绳子圈起来的一小块区域内，但不要试图越过那些警示带。很多人都会去尝试，然而冰川布满了裂隙，几乎每年都有死亡事故。

若想安全地在哥伦比亚冰原上面行走，可能需要Athabasca Glacier Icewalks（见682页地图；☎780-852-5595；www.icewalks.com；Icefield Centre；Icefields Pkwy；3小时团队游成人/儿童 $95/50，6小时团队游 $120/60，◎6月至10月）的帮忙，它能提供你需要的所有装备，以及一名会把绳索指给你看的导游。基础游览为3小时；对于那些想深度探险冰川的人，可以选择6小时的游览。徒步者必须年满7岁。

还有其他更简单（而且更受欢迎）的登上冰川的方式，那就是参加由Brewster提供的雪车（Snocoach；见682页地图；www.columbiaicefield.com；Snocoach & Skywalk tour 成人/儿童 $85/43；◎4月至10月 9:00~18:00）冰川之旅，连带着可以一起参加高空漫步（Skywalk；见682页地图；www.brewster.ca；Skywalk 成人/儿童 $32/16；◎团队游 4月至10月 10:00~17:00）。对很多人来说，这就是他们的哥伦比亚冰原之旅中最典型的体验。公共汽车和卡车结合而成的大型车辆在冰上轧出一道痕迹，它还会停下来，让你在冰川上四处走动。一定要穿得暖和些，并穿上一双好鞋，再带上一个水杯，可以尝尝刚刚融化的冰川融水。可在冰原中心购票，或在线购票。团队游每15~30分钟就会发出一个旅行团队。

哭墙　　　　　　　　　　　　　　瀑布

（Weeping Wall；见682页地图）这片高耸的岩壁就矗立在公路的东侧。夏季，它是瀑布，许多清澈的"泪滴"会接连不断地从顶部倾泻而下，生成氤氲的水雾。到了冬季，这里又是一副截然不同的景象。水结成冰，形成庞大的冰块。

垂直的冰原是深受攀冰爱好者欢迎的旅游胜地，他们会从世界各地赶到这里，一试身手。如果攀冰者能幸运地登上哭墙的顶部，

冰原公路自行车游

　　230公里长的冰原公路拥有远古的地质、景观不定的冰川以及比毕加索蓝色时期的绘画更加蔚蓝的湖泊，它是世界上景色最壮丽的公路之一，当然，也是世界上景色最壮丽的自行车道之一——如果你的腿和肺足够强健，能够驾驭它的话。除了距离，路上还有几段长长的上坡、不太常见的崎岖路段以及两个主要山口需要应付：分别是鲍峰（Bow Summit；2088米）和森瓦普塔山口（Sunwapta Pass；2035米）。尽管如此，这条路线在7月和8月还是极具人气的（在冬季，挑战它这种事最好想都别想），雄心勃勃的骑手都轻信了它适合骑行的卖点。景观公路禁止商用货车通行，有一家确有保证的两轮公司全程提供服务，沿途的住宿场所（包括露营地和青年旅舍/酒店两种）不但多，而且位置极佳。有些人会把这条景观公路当成安排有序的游览之中的一个部分（有后备车辆），其他人则会用2至5天的时间单独挑战它。沿途可供选择的住处包括6家国际青年旅舍联盟旗下的青年旅舍和4处度假屋/汽车旅馆。一定要预约。可在路易斯湖（Lake Louise）以北83公里处的萨斯喀彻温河渡口（Saskatchewan River Crossing）获得基本补给。

　　被认为是相对容易的从北至南的骑行路线，起点位于贾斯珀，终点则是路易斯湖，但是差异并不大。有些人还将班夫和路易斯湖之间额外的60公里路程也加了进去，这样可以沿着安静的鲍河山谷景观公路（Bow Valley Parkway）开始或结束骑行之旅，进而避开繁忙的加拿大横贯公路（即Hwy 1）。

　　可在路易斯湖村的Wilson Mountain Sports（www.wmsll.com；Samson Mall, Lake Louise village；◎9:00~19:00）租用结实的公路自行车。Brewster的长途汽车有时也运输自行车，不过每次都要提前确认。Backroads（☎510-527-1555；www.backroads.com；7日游 $2800起）运营的加拿大落基山脉自行车游（Canadian Rockies Bike Tour）为期6天的旅程安排得井然有序，会骑车经过这条景观公路。

这将是无上荣耀。一定要在路边瞭望台的安全设施内欣赏冰原，冰箱大小的冰块从天而降可并不稀奇。

伊迪丝卡维尔山　　　　　　　　　山脉

（Mt Edith Cavell；见704页地图）伊迪丝卡维尔山（3363米）仿若一位凌驾于贾斯珀镇之上的冰雪卫士，它是公园内最特别也是最容易被辨认出来的山峰。其荒野空灵之美完全弥补了高度上的不足。到达这里的路十分蜿蜒曲折，中途有分支路线通往贾斯珀以南6公里处的冰原公路，这座山也以开满鲜花的草甸及翼型的**天使冰川**（Angel Glacier）而著名。

哥伦比亚冰原　　　　　　　　　　冰川

（Columbia Icefield；见682页地图）在路易斯湖村和贾斯珀镇的中间，你可以瞥见巨大的哥伦比亚冰原，该冰原占地面积与温哥华市的大小相当，而且还拥有8座冰川。它是最后一个冰河时期的遗迹，有几处足有350米厚，横跨**哥伦比亚山**（Mt Columbia；3747米）和**阿萨巴斯卡山**（Mt Athabasca；3491米）之间的高原。对于严肃认真的徒步者及攀岩者而言，这里也是冰原上唯一可以接近的区域。去往设在哥伦比亚冰原发现中心的加拿大公园管理局（见688页）就可以了解到更多的信息和情况。

佩托湖　　　　　　　　　　　　　湖泊

（Peyto Lake；见682页地图）你已经在1000张宣传用的照片中见到佩托湖无法用语言形容的蓝色了，然而什么都比不上亲眼凝视湖水时所感受到的震撼，尤其是从水面之上100米左右的有利位置观赏时。清晨观赏湖水最佳，即第一抹阳光洒在湖面上，第一班旅游巴士还未到达之时。

哥伦比亚冰原发现中心　　　　　　中心

（Columbia Icefield Discovery Centre；见682页地图；www.brewster.ca；Icefields Pkwy；◉5月至10月 10:00~17:00）**免费** 这座有着绿色屋顶的冰原中心坐落在冰原公路上，临近阿萨巴斯卡冰川底部边缘，夏天这里更像是一个动物园，停车场里总是挤满了旅游大巴。可以从这里悄悄溜走，买上票然后搭乘大巴去参加雪车和冰原高空行走活动。在这里你还可以

找到一家酒店、一个咖啡馆、一间餐厅、一座礼品店及加拿大公园管理局的问询处。

阿萨巴斯卡冰川至贾斯珀镇（Athabasca Glacier to Jasper Town）　　　　赏景路线

在你迂回穿过山区去往贾斯珀的途中，有几个地方值得驻足。**森瓦普塔瀑布**（Sunwapta Falls；见704页地图）以及离贾斯珀更近的**阿萨巴斯卡瀑布**（Athabasca Falls；见704页地图）都很值得一去。后者规模更大，尤其在夏季是最惊人的时候，那时会有大量的冰川融水为它助势。

拥有田园之美的蓝绿色的马蹄湖（见704页地图），颇受轻率的峭壁跳水者崇尚。不要试图冒险加入他们的行列。

在阿萨巴斯卡瀑布，Hwy 93A公路静静地向左边延伸。沿路而行吧。实际上，路上的人相当少，这条通往贾斯珀的老路交通之顺畅，足以令人欣喜若狂，沿途幽静，穿过宽广而阴暗的森林，并途经宁静的小湖和草地。

🛏 食宿

冰原景观公路（Icefields Parkway）沿途有几家颇为隐秘的青年旅舍。大部分都离公路很近，周围的景色也十分优美。更多的酒店/度假屋坐落在弓湖、萨斯喀彻温河渡口、哥伦比亚冰原和森瓦普塔瀑布。

在这些地区还有大量极为原始的露营地。不错的选择包括**Honeymoon Lake**（见704页地图；Icefields Pkwy；帐篷及房车位 $16；◉6月至9月）、**Jonas Creek**（见704页地图；Icefields Pkwy；帐篷及房车位 $16；◉5月至9月）、**Mt Kerkeslin**（见704页地图；Icefields Pkwy；帐篷及房车位 $16；◉6月至9月）、**Waterfowl Lakes**（见682页地图；Icefields Pkwy；帐篷及房车位 $22；◉6月至9月）和**Wilcox Creek**（见682页地图；Icefields Pkwy；帐篷及房车位 夏季/冬季 $10/16）。这些露营地都不能提前预订。

Mt Edith Cavell International Hostel　　　　　　青年旅舍 $

（见704页地图；☎780-852-3215；www.hihostels.ca；Cavell Rd；铺 $26；◉5月中旬至10月中旬）🌿 这家青旅坐落在落基山脉最宏伟的山峰脚下，可以在木质平台上或户外火堆旁坐享壮丽景观。厨房和公用房间有着木质横梁

及许多给人家庭感的物件。这里利用太阳能发电，但没有冲水马桶、淋浴、电话及Wi-Fi。旅舍就位于通往Tonquin Valley步道的入口处对面。

6月至10月期间，这里还会有一位经理，但2月至5月，越野滑雪者须自取钥匙。青旅总部在贾斯珀（见708页），那里的住客可以使用淋浴。

Athabasca Falls International Hostel 青年旅舍 $

（见704页地图；%780-852-3215；www.hihostels.ca；Icefields Pkwy；铺/双 $30/72；5月至9月）这家在树林里的青旅超级友善，设有精巧的喷壶改装的淋浴（只有夏天有）、宽敞的阿尔卑斯风格的厨房餐厅空间、乒乓球台以及独立木屋内有供暖的宿舍。这里没有自来水（只有户外水泵），卫生间在室外，这也让这里冠上"粗野"之名。

Sunwapta Falls Resort 酒店 $$

（见704页地图；888-828-5777；www.sunwapta.com；Icefields Pkwy；房间 $225起；P@）Sunwapta是位于贾斯珀镇以南53公里处的一个非常便利的冰原休息站，提供舒适的套房和度假屋客房，每间都配有壁炉或烧木头的火炉，一切都在宜人的自然怀抱之中。这里干净整洁，却不花哨，临近瀑布和许多徒步区域。这里的家常餐馆在搭乘旅游巴士的游客中很受欢迎。

Glacier View Inn 酒店 $$$

（见682页地图；877-423-7433；Icefield Centre, Icefields Pkwy；山脉/冰川景观 房间 $269/289；5月至10月；P）从这个度假屋看到的冰川全景简直令人难以置信，你就住在冰原中心所在的建筑群内，有时可能会让你产生自己正待在购物中心里的错觉。但是当所有公共汽车都消失殆尽时，你将置身于该地区景色最壮丽的地方之一。房间虽不奢华但非常舒适。

★Num-Ti-Jah Lodge 加拿大菜 $$$

（见682页地图；403-522-2167；www.num-ti-jah.com；Icefields Pkwy；主菜 $32~45，5月至10月 17:00~22:00）Num-Ti-JahLodge既朴实又优雅，历史悠久的鹿角餐厅（Elkhorn Dining Room）仿佛将你带回了辛普森那20世纪40年代的狩猎小屋，这里还有着石头壁炉和壮丽的景色。在驼鹿、狼獾及其他猎物警惕的注视下尝尝炖野牛小排或宽面条（pappardelle）吧。住店客人有选择餐厅座位的优先权，如果你住在别处，那么一定确保提前预订。

🛈 实用信息

哥伦比亚冰原发现中心（Columbia Icefield Discovery Centre；见688页）内有加拿大公园管理局问询处，那里有关于贾斯珀、班夫及冰原公路的相关信息，在这里还可以查询当前徒步的情况。

南门（South Gate）路易斯湖北边进入公园公路的入口，你可以在这里购买公园门票并获取地图和手册。

🛈 到达和离开

Brewster（www.brewster.ca）有大巴奔波往返于班夫、路易斯湖及贾斯珀之间的冰原公路上，中途会在萨斯喀彻温河渡口、哥伦比亚冰原发现中心和森瓦普塔瀑布处停靠。

如果你是自驾，最好先加满油。在萨斯喀彻温河渡口加油会很贵，唯一的加油站设在冰原公路上。

班夫镇（Banff Town）

人口 7584

这个旅游胜地聚集着精品商店、夜店和高档餐馆，估计不会得到任何一个国家公园纯粹主义者的认可。但是，班夫不是普通的城镇。它的发展方向不是住宅区，而是它周围的公园服务中心。时至今日，这里已经吸引了大批的游客光临，有人始于购物，有人沉迷于自然，受到班夫感召的人群中也不乏各路艺术家和作家。

无论如何，随便挑一个方向散步15分钟吧，你已然置身野外了，那里的原始食物链由熊、麋鹿、狼和大角羊构成。班夫文明？不过是传闻而已。

👁 景点

★班夫国家公园 国家公园

（Banff National Park；见682页地图；www.

pc.gc.ca/banff；当日票 成人/青年/家庭 $9.80/4.90/19.60)班夫的山脉与峡谷如同巨大的城堡一般直冲天际,这里提供给了人们无穷的机会,去欣赏野生动物、徒步、划船、攀岩、骑山地自行车、滑雪或者就是简单地欣赏自然。树木繁茂的峡谷中有着长满阿尔卑斯野花的高山田野,你会完全被眼前的美景所吸引,而蜿蜒流淌着的宁静水流及翡翠般的森林仿佛在召唤你深入其中。班夫建立于1885年,占地6641平方公里,是世界上第三古老,也是加拿大最古老的国家公园。

★ 加拿大落基山脉怀特博物馆　博物馆

(Whyte Museum of the Canadian Rockies; 见692页地图；www.whyte.org；111 BearSt；成人/学生/儿童 $10/4/免费；◎10:00~17:00)博物馆的建立者是彼得·怀特(Peter Whyte),这座已有百年历史的怀特博物馆不仅仅是雨天时才想得到的备选方案。漂亮的展览馆极富变化,是值得夸耀的亮点,这里展有从1800年至今加拿大本土及国际艺术家的作品,许多作品都是以落基山为主题。可以留意一下7人团(Group of Seven,也叫作Algonquin School)的作品。这里也有永久收藏品,讲述了班夫镇以及那些在大山中安家落户的、吃苦耐劳的男男女女的故事。

班夫箱式缆车　缆车

(Banff Gondola; ☎403-762-2523; MountainAve; 成人/儿童 $45/23；18:00后 $37/16; ◎5月 8:00~18:00,6月9:00~21:00,7月至10月 8:00~22:00)无论在夏季还是冬季,你都能借助班夫箱式缆车登上班夫附近的一座山峰。不到10分钟,4人乘坐的缆车就会升至萨尔弗山(Sulphur Mountain)的峰顶。这座山峰得名于山底涌出的温泉,它不仅是欣赏周围美景的完美地点,也是班夫的一处非常不错的景点。

上温泉池　温泉

(Upper Hot Springs Pool; www.hotsprings.ca; MountainAve; 成人/儿童/家庭 $7.30/6.30/22.50; ◎5月中旬至10月中旬9:00~23:00,10月中旬至次年5月中旬 周日至周四 10:00~22:00,周五及周六 至23:00)若无温泉,班夫也称不上班夫了,泉水出自萨尔弗山下2.5公里处,水温恒定于32℃(90℉)及46℃(116℉)

之间——这也是班夫最早吸引游客前来的因素。你可以在班夫缆车附近试用温和的上温泉矿泉水。

维米里翁湖(Vermilion Lakes)　自然保护区

位于镇的西北边,由三个宁静的湖泊组成,是观察野生动物的好地方,在这里你可以看到驼鹿、海狸、秃鹰,湖边附近还经常可以看到鱼鹰,尤其是在黎明或黄昏时分。湖南侧有4.5公里铺设好的车道,是遗产自行车道(Legacy bike trail)的一部分,但邻近加拿大横贯公路就意味着这里并不会那么安静。

弓河瀑布(Bow Falls)　瀑布

镇南边500米处,就在弓河与斯普雷河的交汇处,弓河飞流直下,汇入弓河瀑布呼啸着的白色的水幕。虽然落差较小——最高处只有9米,但弓河瀑布依然是一处令人震撼的胜景,尤其是在春天,厚厚的冰雪开始消融之时。

班夫公园博物馆　博物馆

(Banff Park Museum; 见692页地图； ☎403-762-1558; 93 BanffAve; 成人/儿童 $3.90/1.90; ◎10:00~17:00)这座博物馆占据着加拿大太平洋铁路的一座老旧的木建筑,其历史可以追溯至1903年,而该馆也是一处国家历史遗址。这里陈列的展品——各类本地动物的标本,包括灰熊和黑熊,还有一棵刻着涂鸦、可追溯到1841年的老树——策展人是诺曼·参森(Norman Sanson),直至1932年,他一直管理着博物馆和班夫气象站。许多必要的整修工作都在21世纪初得以完成。

岩洞和盆地国家历史遗址　古迹

(Cave & Basin National Historic Site; ☎403-762-1557; CaveAve; 成人/儿童 $3.90/1.90; ◎5月至10月中旬 10:00~17:00,10月中旬至次年5月中旬 周三至周日 正午至16:00)实际上,加拿大国家公园系统就诞生于这里的温泉。1883年,3名加拿大太平洋铁路(Canadian Pacific Railway)的工人在休息时偶然发现了温泉(而原住民早在1万年前就知道这个秘密了)。温泉被发现之后,很快就引发了私营企业的市场争夺战,它们为入浴者提供设施,以便尽情享受当时极为流行的温泉疗法。为了保护这片温泉,政府出面干涉,决定将班夫定为加拿大的首座国家公园。

🚶 活动

划独木舟和皮划艇

尽管现代人倾向于搭乘大型的汽车,但乘独木舟依然是非常典型的加拿大游览方式。班夫镇附近的最佳选择是明尼万卡湖(Lake Minnewanka)和邻近的图杰克湖(Two Jack Lake),它们都位于东北方向,此外,还有离小镇更近的弗米利恩湖区(Vermilion Lakes)。除非你有自己的独木舟,否则就需要租一艘,可以试试Banff Canoe Club(见692页地图; ☎403-762-5005; www.banffcanoeclub.com; Wolf St和Bow Ave交叉路口; 独木舟及皮划艇 第一个小时/加时 $36/20; ⊕5月中旬至9月中旬 10:00~18:00)。

骑车

班夫附近有很多骑行路线,既有公路又有精选的小径。班夫镇周围大受欢迎的路线包括日之舞(Sundance; 往返7.4公里)和斯普雷河环路(Spray River Loop; 12.5公里),二者都很适合家庭出游。斯普雷河和山羊溪(Spray River & Goat Creek; 单程19公里)以及兰德尔河畔(Rundle Riverside; 单程14公里)的起点和终点相同,且起点/终点靠近坎莫尔。前者相当简单,后者则更具挑战性,地面崎岖不平,很有惊险刺激的感觉。

热衷骑行的公路自行车手一定要试试连接班夫和路易斯湖的Hwy 1A公路。这里起伏的丘陵和宁静的公路对经常行走在路上的人来说极为理想。加拿大公园管理局出版的小册子《山地自行车和自行车骑行指南——班夫国家公园》(Mountain Biking & Cycling Guide–Banff National Park)介绍了各条路线和相关法规。在班夫游客中心(见698页)可以拿到这个小册子。

Snowtips/Bactrax(见692页地图; ☎403-762-8177; www.snowtips-bactrax.com; 225 BearSt; 出租自行车每小时/天 $12/42起; ⊕8:00~20:00)有满棚的城市及山地自行车可供出租,他们可以将自行车送到你的酒店。可以咨询一下去往小径起点处的班车。

徒步

徒步游是班夫的重头戏,也是很多旅行者来到这个地区的主要目的。可以很轻松就能找到徒步路径,路标很清晰,而且道路也维护良好,非常适合行走,但也相当崎岖,能让你获得难得的野外体验。

一般而言,越接近班夫镇,沿途看到的人就越多,路径的开发也越成熟。然而,无论你到公园内的什么地方徒步,你的努力都会得到相应的回报。

出发之前,最好先向班夫游客中心(见698页)确认路径的现状和可能封闭的路段。要记住,路径在进入夏季后仍旧被雪覆盖着的时间往往比你所了解的要晚得多,此外,路径很可能因为熊而封闭,尤其是在浆果成熟的季节(6月至9月)。

弓河瀑布和怪岩柱小径(Bow River Falls & The Hoodoos Trail)是从镇中心开始的最好的徒步路径之一,它的起点是弓河桥(Bow River Bridge),途经瀑布到达怪岩柱(Hoodoos),那里看上去很古怪的岩柱是因风和水的侵蚀而形成的。这条小径在坦纳尔山(Tunnel Mountain)的背面迂回,穿过森林及一些河边草甸,往返共10.2公里。

你也可以在明尼万卡湖的北岸沿着一条多功能小径行走数公里,这条路有时会因为熊的出没而封闭。经典路线是远足前往Alymer Lookout,单程还不到10公里。更加省力的选择是去往斯图尔特峡谷(Stewart Canyon)的5.6公里的环路徒步路线,到达峡谷后,你还能爬下岩石和大卵石,到卡斯卡德河(Cascade River)边去。

一些最好的多天徒步行程以阳光村停车场为起点(冬季滑雪的人们就从这个停车场搭乘箱式缆车)。如果要从这里出发,可以计划2至4天的短途行程,登上希利山口(Healy Pass),再下行到达埃及湖(Egypt Lake),或者乘长途汽车向北行至阳光村(Sunshine Village; 见682页地图, www.skibanff.com; 日间滑雪票 成人/青年 $95/73),从那里越过省界进入不列颠哥伦比亚省,并穿越阳光草甸(Sunshine Meadows)和阿西尼博因山省立公园(Mt Assiniboine Provincial Park)。

能带来最佳野外体验的可能是Sawback Trail小径,它从班夫向北延伸,到达路易斯湖,全程超过74公里,有6处简单的露营地,还会经过3个景色壮观的山隘。

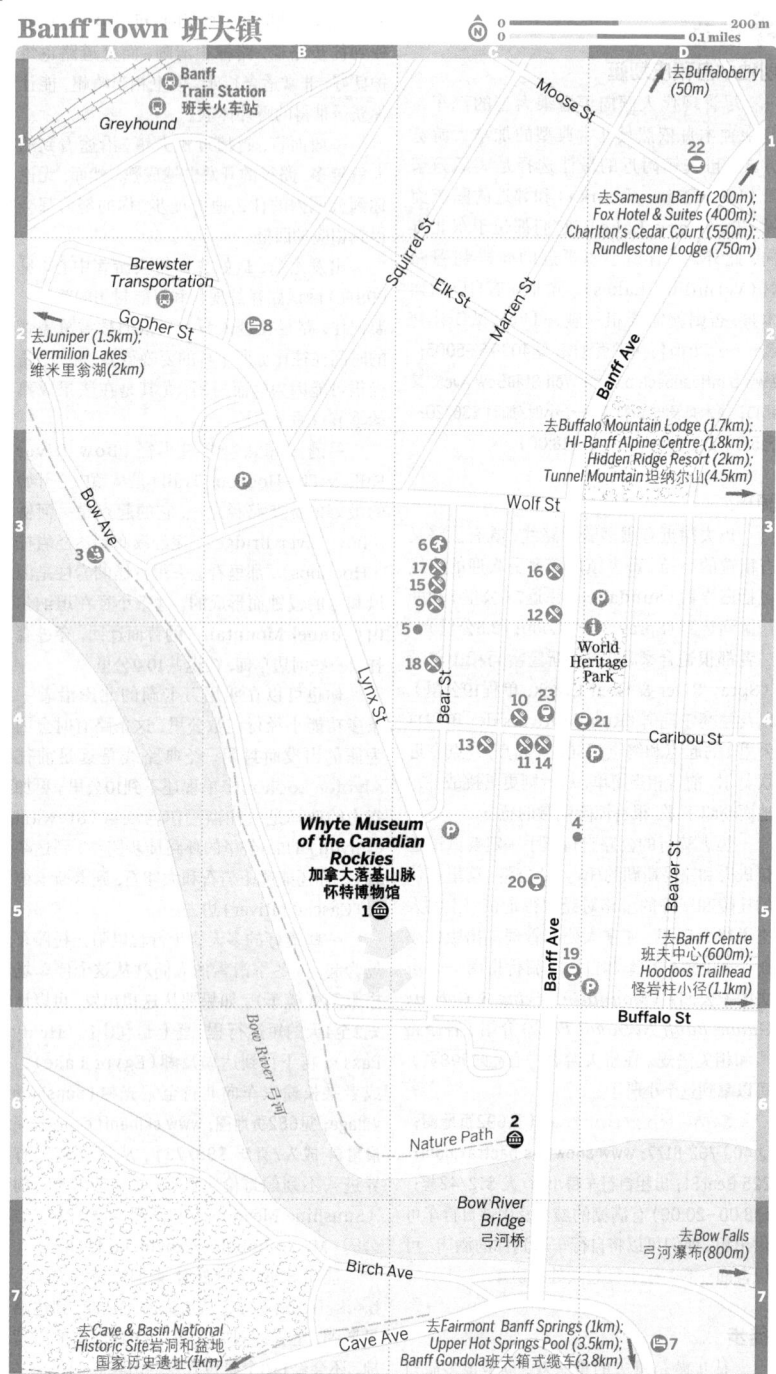

Banff Town 班夫镇

Banff Train Station 班夫火车站
Greyhound

Moose St

去Buffaloberry (50m)

去Samesun Banff (200m);
Fox Hotel & Suites (400m);
Charlton's Cedar Court (550m);
Rundlestone Lodge (750m)

Brewster Transportation

Gopher St
Squirrel St
Elk St
Marten St
Banff Ave

去Juniper (1.5km);
Vermilion Lakes
维米里翁湖 (2km)

去Buffalo Mountain Lodge (1.7km);
HI-Banff Alpine Centre (1.8km);
Hidden Ridge Resort (2km);
Tunnel Mountain 坦纳尔山 (4.5km)

Wolf St

Bow Ave

艾伯塔省 班夫镇

Lynx St
Bear St

World Heritage Park

Caribou St

Whyte Museum of the Canadian Rockies
加拿大落基山脉怀特博物馆

Beaver St

去Banff Centre
班夫中心 (600m);
Hoodoos Trailhead
怪岩柱小径 (1.1km)

Buffalo St

Bow River 弓河

Nature Path

Bow River Bridge
弓河桥

去Bow Falls
弓河瀑布 (800m)

Birch Ave

去Cave & Basin National
Historic Site岩洞和盆地
国家历史遗址 (1km)

Cave Ave

去Fairmont Banff Springs (1km);
Upper Hot Springs Pool (3.5km);
Banff Gondola班夫箱式缆车 (3.8km)

Banff Town 班夫镇

◎ 重要景点
1 加拿大落基山脉怀特博物馆 B5

◎ 景点
2 班夫公园博物馆 C6

۞ 活动、课程和团队游
3 Banff Canoe Club A3
4 Banff Trail Riders C5
　Discover Banff Tours ....（见12）
　GyPSy Guide ....（见12）
5 Hydra River Guides C4
6 Snowtips/Bactrax.................. C3

⌂ 住宿
7 Banff Y Mountain Lodge..................D7
8 Poplar Inn B2

✕ 就餐
9 Bear St Tavern C3
　Bison Restaurant & Terrace.........（见9）
10 Block Kitchen & Bar C4
11 Eddie Burger & Bar.................. C4
12 Evelyn's Coffee Bar.................. C3
13 Magpie & Stump C4
14 Maple Leaf Grille C4
15 Nourish C3
16 Park C3
17 Saltlik C3
18 Wild Flour C4

◉ 饮品和夜生活
19 Banff Ave Brewing Co C5
20 Elk & Oarsman C5
21 Rose & Crown D4
22 Whitebark Cafe D1
23 Wild Bill's Legendary Saloon.................. C4

可以看看Lonely Planet出版的指南*Banff, Jasper & Glacier National Parks*,了解关于单日和多日徒步游的更多细节。

骑马

班夫最初的欧洲探索者——皮货商人和铁路工程师——基本是骑在马背上深入这个地区的。你可以参加**Warner Guiding & Outfitting**(见692页地图；☏403-762-4551; www.horseback.com; 132 Banff Ave;导览骑行每人$54~139; ⊙9:00~18:00)的导览骑马游,再现他们的开拓精神,该机构会为你准备可靠的骏马,并带你沿着狭窄的小路走上一段时间。教学和向导都包含在内。或多或少的后背酸痛则是初学者难以避免的代价。还是笑着忍耐吧。

如果真想体验,可以选择Warner为期6天的野生动植物监控探险考察队(Wildlife Monitoring Adventure Expeditions),加拿大公园管理局的研究员会带着你进入受限的地区。

滑雪和单板滑雪

虽然看起来有些奇怪,但国家公园内有3个滑雪区,其中两个都位于班夫镇附近。巨大而多雪的阳光村是公认的世界级场地。小型的诺奎离镇中心只有5公里远,则是你打发半天时间、适合家庭出行的选择。

阳光村(见691页)横跨艾伯塔和不列颠哥伦比亚两省。虽然适合于滑雪的地区比路易斯湖小了一些,但是这里的降雪量要大得多(每年最多能达到9米的厚度),你也可以把雪称为"香槟粉"(Champagnepowder),这是艾伯塔人喜欢的称呼。狂热的滑雪爱好者对阳光村的高级滑道和漫长的滑雪季赞不绝口,它能一直使用到5月下旬维多利亚日(Victoria Day)的周末。高速箱式缆车只需17分钟就能把滑雪者送到村子,那里还坐落着班夫唯一的滑雪区酒店——Sunshine Mountain Lodge。

Ski Banff@Norquay(见682页地图; ☏403-762-4421; www.banffnorquay.com; MtNorquayRd;一日滑雪票 成人/青年/儿童$65/50/25; ⛷)就位于班夫镇中心以北6公里处,班夫的游客来此娱乐的历史相当长久。这是当地的3座山丘中规模最小、游客最少的一处,却也是能避开大多数的爱炫耀的人,并在紧张的半天时间内享受滑雪坡的好地方。

滑雪季期间,当地的公共汽车每30分钟就会从班夫的酒店接上乘客开往这两处滑雪胜地(还有路易斯湖)。

激浪漂流

最好的漂流地点并不在这座公园(及

省）内，而是位于不列颠哥伦比亚省幽鹤国家公园（Yoho National Park）的踢马河（Kicking Horse River）。这里有4级急流，意味着要面对大浪、漩涡以及不可避免的浸湿。在卡那纳司金斯河（Kananaskis River）及弓河的马蹄峡谷（Horseshoe Canyon）河段能找到较小的急流。班夫附近的鲍河更适合于老手的漂筏。

一些组织漂流活动的公司都位于公园。他们能提供相关的团队游，起价为$80左右（多付$15他们就会到班夫去接你）。

团队游

Hydra River Guides
漂流

（见692页地图；☎403-762-4554；www.raftbanff.com; 211 Bear St; ⓢ9:00~19:00）这个广受好评的公司经营漂流活动已经有30多年了。最受欢迎的当属20公里的Kicking Horse Classic（$125），可以感受不同的激流（可至4级），并包含烧烤午餐。更加硬派的激流爱好者可以尝试一下整日行程（$179）；新手和全家出行的游客可以选择比较和缓的漂流行程（$55）。如果赶时间的话可以选择Flast Blast（$90）。

Discover Banff Tours
团队游

（见692页地图；☎403-760-5007；www.bannfftours.com; Sundance Mall, 215 Banff Ave）Discover Banff有出色的团队游项目可供选择：3小时的班夫镇内游、日出及夜间野生之旅、哥伦比亚冰原1日游，甚至还有10小时的灰熊之旅——会领你去到灰熊保护区。

GyPSy Guide
自驾游

（见692页地图；☎403-760-8200；www.gypsyguide.com/canada；每天$39）提供这个区域可下载的旅行路线，生动的实时解说随时为你指出本地亮点、历史及推荐驻足景点。从1.5小时到3至5天的行程费用为$3~15，班夫、路易斯湖、哥伦比亚冰原、贾斯珀和卡尔加里都包含在旅程之内。最棒的是，如果你厌倦了导游设备，可以随时把它关掉。

住宿

与该省的其他地方相比，班夫镇的住宿场所相当昂贵，夏季还经常一房难求。老话说"早起的鸟儿有虫吃"在这里完全适用，强烈建议你尽早预订。

班夫/路易斯湖旅游局（Banff/Lake Louise Tourism Bureau）每天追踪本地酒店住房情况，可在班夫游客中心（见698页）查询酒店的名单。你也可以试试Enjoy Banff（☎888-313-6161；www.enjoybanff.com），它至少能在75家以上的酒店预订房间。

在班夫国家公园内露营不但受欢迎，而且还相当便利。公园内有13处露营地可供选择，大部分都位于弓河河谷景观公路（Bow Valley Parkway）沿线或班夫镇附近。

Two Jack Lakeside
露营地 $

（见682页; Minnewanka Loop Dr; 帐篷/房车营地$28；ⓢ5月至10月ℙ）Lakeside就位于双杰克湖（Two Jack）之上，这里是班夫最为景色优美的露营地，这里的74间房间不能预订，且很快就会客满。这里有10个半固定帐篷oTENTiks，从那里可以瞥见图志克湖，这些尖顶结构（A字形）的"帐篷"设施齐全，有淋浴和电力供应。可以住6个人，每晚费用在$120左右。

HI-Banff Alpine Centre
青年旅舍 $

（☎403-762-4122；www.hihostels.ca; 801 Hidden Ridge Way; 铺$32起, 双共享/独立卫生间$85/104起；私人木屋$124起；ℙ@ⓢ）班夫最好的青年旅舍位于坦纳尔山山顶附近，彻底远离了Banff Ave的喧嚣。这里的建筑属于典型的山中度假屋风格，但价格却没那么贵。房间十分整洁；可以选择宿舍、私人双人房及木屋。公共区域开放而舒适，设有壁炉，还能欣赏绝佳的美景。公共汽车会开到正门口，接送是免费的。

Samesun Banff
青年旅舍 $

（☎403-762-5521；www.banffhostel.com; 433 Banff Ave; 铺 含早餐$60起；ℙ@ⓢ）Samesun比当地其他地方让人住得更开心，更前卫也更便宜一些，特色包括宽敞的中央庭院，可以在里面烤肉，还带有附属酒吧，丰富的活动，现代而紧凑的房间可容纳4~16个人不等，有的带有卫生间（有的带有壁炉），一共可以提供100多个宿舍床铺；自制早餐包含在内。这里的住客来自世界各地，大多

野人

在班夫和贾斯珀之间的那些人迹罕至的地方,你几乎一定会遇到一些小型的野生动物。不过,如果你有心去寻找麋鹿甚至是棕熊的话,没准会发现一些更惊人的东西潜藏在那里。

大卫·汤普森(David Thompson)当年就有这样的经历。1811年,还是一个青年勘测员的他在落基山中工作,在前往贾斯珀的途中,他成为第一个遭遇了这种生物的欧洲人,这种生物在当时被人称为"怪物熊"(Monster Bear)。他在阿萨巴斯卡河附近偶然发现了它留下的足迹,竟然达到惊人的36厘米×20厘米。

在过去的一个世纪里,斯托尼人在萨斯喀彻温河附近时常能发现"怪物熊"。在他们的语言中将其称为"M-s-napeo",现在这种生物一般被叫作野人(Sasquatch)或是大脚怪(Bigfoot)。它体型庞大,多毛,而且据推测恶臭难闻。直到最近几年,在班夫和贾斯珀国家公园附近,仍不断有当地人或是游客报告目击到这种生物。张大双眼——还有鼻子!

是背包客,而且都很年轻(或者有一颗年轻的心)。

Banff Y Mountain Lodge 青年旅舍 $

(见692页地图;☎403-762-3560;www.ymountainlodge.com;102 SprayAve;标/双$109/129,带公用浴室$99/109;🅿@🛜)隶属基督教女青年会(简称YWCA)的这家旅舍是班夫最豪华的青年旅舍,能提供宿舍以及面向家庭的独立客房,位于南侧的河畔。建筑十分宽敞,方便轮椅进出,壁炉和大平台营造出了阿尔卑斯的气氛,虽然不那么有家的感觉。这里还有一个厨房、桑拿室和家庭房,也有很多活动。冬天价格会便宜很多。

坦纳尔山 露营地 $

(Tunnel Mountain;☎Tunnel Mountain Dr;帐篷/房车营地$28/39;⏰资讯站7:00至午夜)这里是班夫最大的露营地,分隔成了3个独立的"村子",一直蔓延到坦纳尔山的半山腰,有近1000个露营点。由于距离班夫镇中心只有很短的车程,位置十分便利,所以当夏季来临时,这里总是会客满。由于露营点散布在树林里,所以,实际并不像听上去的那么糟糕,但你若追求宁静的感觉,还是考虑一下其他的地方吧。

Poplar Inn 民宿 $$

(见692页地图;☎403-760-8688;www.thepoplarinn.ca;316 Lynx St;双$185;🅿)这家漂亮的遗产旅店有两个可爱的房间,让你有一种回家了的感受,距离Banff Ave很近。两个房间置有奢华的用品和设施,如埃及棉床单及直通花园露台的滑动拉门。早餐有麦芬、牛角面包及自制麦片,餐厅位于房子的一座角楼间。

Juniper 酒店 $$

(☎403-762-2281;www.thejuniper.com;1 Juniper Way;房间$229~460;🅿❄🛜♨)现代的Juniper对宠物很友好,位于美丽的诺奎山(Mt Norquay)脚下,房间十分舒适,套房配有按摩浴缸和壁炉。工作人员十分热情,深受许多徒步者、滑雪者及骑行爱好者热爱。小酒馆的菜单很有创意,在大露台可以一览盛景。由于离公路不远,酒店难免会有些噪声。

Charlton's Cedar Court 汽车旅馆 $$

(☎403-762-4485;www.charltonsbanff.com;513 Banff Ave;房间$219起;🅿❄🛜♨)没错,这里是有点老派,但它是Banff Ave旁这片汽车旅馆里价格最稳定合理的一家了。便宜的房间陈旧邋遢,所以最好选间大一些的错层套房,有些房间带有小厨房及阁楼式睡床。谈不上奢华,但属于镇中心价格比较合理的住处。

Rundlestone Lodge 酒店 $$

(☎403-762-2201;www.rundlestone.com;537 Banff Ave;双/套$209/274起;🅿🛜♨)这个地方充满了虚伪的老式英伦魅力,大堂内还摆放着MasterpieceTheater风格的座椅。标准间相当……嗯,标准,不过家庭套房和蜜月套房都配备了厨房、壁炉和阁楼。

★BuffaloMountainLodge 酒店 $$$

(☎800-661-1367;www.crmr.com/buffalo;

700 Tunnel Mountain Dr; 房间 $339~379; 🌐) 酒店位于坦纳尔山上, 3公顷的私家森林区使其成为班夫最宜人的山间住处。房间有一种奢华混搭淳朴的魅力, 房顶有木梁, 配有爪脚式浴缸、石头垒成的壁炉, 卧室有地暖加热。可以在酒店里的餐厅Cilantro用餐, 也可以步行15分钟去城内觅食。

★ Fox Hotel & Suites 酒店 $$$

(📞800-760-8500; www.bestofbanff.com; 461 Banff Ave; 双 $329起; P@🌐🏊) 从审美上讲, Fox绝对要比邻居们高明得多。森林般的大堂可以令人即刻平静下来。一众房间围绕着一个庭院, 房间并不过分奢华, 但很有加拿大风格, 尤其是壁纸。亮点是受岩洞和盆地启发而建成的浴缸, 屋顶上设计了开口, 可以看见天空。

Buffaloberry 民宿 $$$

(📞403-762-3750; www.buffaloberry.com; 417 Marten St; 房间 $385; P❄🌐) 这座专门打造的民宿十分舒适。4个房间各具特色, 非常温馨迷人, 地暖加热及每晚的睡前甜点会把你惯坏了的。早餐菜单经常变化 (如烤卡芒贝尔奶酪蛋羹、自制麦片及乳酪松饼), 十分丰盛美味。

Hidden Ridge Resort 度假村 $$$

(📞403-762-3544; www.bestofbanff.com; 901 Coyote Dr; 公寓 $319~629; P❄🌐🏊) Hidden Ridge半是酒店, 半是自助式的度假村, 是家庭出行的最佳选择, 这里有现代的公寓也有尖顶小木屋。基础的小木屋主打用木头生火的炉子、舱式厨房及可以看见山景的门廊; 高级房间里则配备了按摩浴池和舒适的儿童阁楼卧室。假如你想挑战一下山里的空气, 这里还有一个森林热水浴池可以尝试。

★ Fairmont Banff Springs 酒店 $$$

(📞403-762-2211; www.fairmont.com/banffsprings; 405 Spray Ave; 房间 $559起; P@🌐🏊) Banff Springs就像位于萨尔弗山脚树林之上的苏格兰传统毡帽, 从几英里之外就能看到, 它是20世纪20年代早期复兴派建筑的奇迹, 也是加拿大最有代表性的建筑之一。闲逛于酒店的开阔大堂及优雅的休息室、酒吧及餐厅, 很容易就会让人忘记这里还是一家酒店。

🍴 就餐

班夫可不是只会供应徒步者食物的地方。寿司和鹅肝很早以前就被端上Banff Ave路旁餐馆的餐桌了, 一些更为雅致的地方则鼓励满身泥污的徒步者先回酒店房间去冲个澡, 再来餐馆。班夫的很多酒店也有自己附属的优秀餐馆, 同样欢迎不是住客的人前去用餐。即便是最具异国情调的菜单上, 往往也会出现3A级艾伯塔牛肉。

Wild Flour 咖啡馆 $

(见692页地图; 📞403-760-5074; www.wildflourbakery.ca; 211 Bear St; 主菜 $5~10; ⏰7:00~19:00; 🌐♪) 🌿假如你想来一顿没有负罪感的餐食的话, 来这里尝尝乳酪蛋糕、黑巧克力蛋糕或者, 不, 应该说是 "和" 马卡龙吧, 及其他早餐食物, 如自制面包包裹着的馅料满满的三明治、汤, 通通都是有机食品。毫无疑问, 这里总是很忙碌; 生意好得不得了, 以至在Banff Ave又开了一家小分店, 只卖基础款美食 (咖啡和甜点)。

Evelyn's Coffee Bar 咖啡馆 $

(见692页地图; 📞403-762-0352; www.evelynscoffeebar.com; 215 Banff Ave; 主菜 $6~10; ⏰6:30~23:00; 🌐) 让星巴克靠边站的Evelyn's的2家分店都位于镇中心, Banff Ave路上。可以从中任选一家, 尽情享用墨西哥卷饼、西式馅饼和——最好的——自选大尺寸自制曲奇饼, 这简直是许多筋疲力尽的徒步者的救星。第二家分店在稍南些的街区, 119 Banff Ave。

★ Saltlik 牛排 $$

(见692页地图; 📞403-762-2467; www.saltlik.com; 221 Bear St; 主菜 $18~29; ⏰周一至周五 11:00至深夜, 周六和周日 11:30至深夜) Saltlik的菜单上有配柑橘迷迭香酱的里脊牛排以及胡椒粒纽约西冷, 它显然不是那种 "质朴无华型" 牛排馆, 并非只会供应无趣的T字形带骨肉排。不, 这家优美的餐厅充满了质朴典雅之感, 光是牛排菜单的长度就相当于很多餐馆的整个菜单。小镇上不乏供应牛排的

地方，而这里应该是最棒的一家了。

★ Bear St Tavern　　　　　　酒吧食物 $$

（见692页地图；🌐www.bearstreettavern.ca; 211 Bear St; 主菜 $15~19; ⏰11:30至深夜）这家美食酒馆有两大法宝：独创口味的比萨佐以本地酿造的啤酒。班夫人成群结队地跑到这里来只为了来一盘猪肉丝玉米片或者野牛肉洋葱比萨，再来上几罐苦味啤酒，露台可以俯瞰野牛庭院（Bison Courtyard），如果天气好，这是最好的放松休闲场所。

Block Kitchen & Bar　　　　西班牙小吃 $$

（见692页地图；📞403-985-2887; www.banffblock.com; 201 Banff Ave; 小吃 $7~26; ⏰11:00至次日1:00; 🌐）这家随意的酒吧供应的食物有浓重的亚洲和地中海地区风味——或者可称其为"地中海亚洲"风味。袖珍却创意十足的小吃可能满足不了饥肠辘辘的徒步者们长途跋涉之后的胃口，但这里还有许多素食和无麦麸的餐食选项，营业至凌晨1:00。店内摆有鸟笼及铜制品装饰，有种怪异但友好的氛围。

Nourish　　　　　　　　　　素食 $$

（见692页地图；📞403-760-3933; www.nourishbistro.com; 215 Bear St; 主菜 $12~29; ⏰11:30~22:00; 🌐）当你一进门时就会看到一棵巨大的纸艺树，有种怪异的美感，旋即你便会意识到，这不是一家普通的小馆。采用本地食材的菜肴，如波旁酒浇填馅蘑菇及无麦麸啤酒炸面裹洋葱圈。Nourish掀起了班夫美食的新风潮。晚餐有可分享的大盘菜肴（想象一下大号的西班牙小吃）。

Eddie Burger & Bar　　　　　汉堡 $$

（见692页地图；📞403-762-2230; www.eddieburgerbar.ca; 6/137 Banff Ave; 汉堡 $13~19; ⏰11:00至次日2:00）Eddie的汉堡可不一般。他对肉饼的热爱启发他创造出了那些解馋的大汉堡，从普通的经典口味到麋鹿肉配牛油果和高达奶酪汉堡，应有尽有。此外，再来上一份肉汁乳酪薯条（Poutine）及恺撒沙拉配鸡翅，然后就圆满了——可以扛一周。

Magpie & Stump　　　　　　墨西哥菜 $$

（见692页地图；📞403-762-4067; www.magpieandstump.ca; 203 Caribou St; 主菜 $9~21; ⏰11:30至次日2:00）这家经典而热闹的小饭馆里挤满了留着长发的滑雪板爱好者。这里将许多经典菜式进行了改良，如三只小猪奶酪玉米饼（Three Pig Queso Quesadilla）配猪肉丝、熏培根及辣味香肠，或爆米花大虾味的墨西哥煎玉米粉卷配芒果莎莎酱。自选搭配的玉米饼菜单简直就是自找麻烦。想留点肚子给装在罐子里的酸橙派也挺困难。

Park　　　　　　　　　　新派美国菜 $$$

（见692页地图；📞403-762-5114; www.parkdistillery.com; 219 Banff Ave; 主菜 $17~44; ⏰11:00至深夜）班夫终于迎来了一个微型蒸馏造酒厂，很好地补充了微酿酒厂，这里采用了各种烈酒（杜松子酒、伏特加及威士忌）及产自艾伯塔山脚下谷物制成的啤酒。最佳的佐酒菜有豆荚牛肉三明治、鱼肉玉米饼，或者随便点点儿什么，前菜菜单上的一切都很美味。

★ Bison Restaurant & Terrace　　　　　　加拿大菜、创意菜 $$$

（见692页地图；📞403-762-5550; www.thebison.ca; 211 BearSt; 主菜 $29~45; ⏰17:00至深夜）Bison似乎总是被穿着昂贵徒步装备且颇显时髦富有的卡尔加里人挤得水泄不通，菜单上各种本地食材制作的肉食菜肴吸引着食客纷至沓来。前菜有用骨头盛着的海鲜华夫及蜗牛，还有类似"北京烤鸭"的鸭肉或苹果酒炖猪腩，总之，这里有各种创意菜品。楼下是更加随意的Bear St Tavern（见697页）。

Maple Leaf Grille　　　　　加拿大菜 $$$

（见692页地图；📞403-762-7680; www.banffmapleleaf.com; 137 Banff Ave; 主菜 $25~55; ⏰11:00~22:00）在当地人和外国人中都备受赞誉的Maple Leaf忽视了其他所有的需求，而专注于一个发挥着决定性作用的词："加拿大风味"。因此，菜单上都是不列颠哥伦比亚鲑鱼、东海岸鳕鱼、艾伯塔牛肉和奥卡纳根葡萄酒之乡（Okanagan Wine Country）沙拉之类的菜肴……明白了吧，都很爱国，也都很美味。

🍷 饮品和夜生活

在BanffAve扔块石头，你砸到的可能是将进入大学的旅行者,而不是当地人。这些年轻人和一众酒馆让这里充满了活力,或者翻阅 *Banff Crag & Canyon* 周报的 "Summit Up" 栏目,查看最新的酒吧和现场音乐资讯列表。

★ Wild Bill's Legendary Saloon 酒吧

(见692页地图;403-762-0333;www.wildbillsbanff.com;201 Banff Ave;11:00至深夜)忘了时髦的葡萄酒吧和咖啡馆吧——如果你没到过Wild Bill's,那你算不得来过班夫。来这儿和真正的牛仔们一起玩耍吧,这里到处都是跳两步舞、骑蛮牛的人,还有卡拉OK和威利·纳尔逊(WillyNelson)那种常用拨弦乐器的现场音乐。这里的食物也完全符合你的期待:大份的烤猪皮、香脆玉米碎饼、汉堡和辣椒酱。

Elk & Oarsman 小酒馆

(见692页地图;www.elkandoarsman.com;119 Banff Ave;11:00至次日1:00)这里是小镇上最棒的运动主题酒馆,楼上的瞭望台能欣赏Banff Ave的街景,还有一排装在酒桶里的啤酒及现场音乐,非常不错。如果你觉得饿,厨房还会为你提供一些美食。屋顶露台在夏季极为抢手。

Whitebark Cafe 咖啡

(见692页地图;403-760-7298;www.whitebarkcafe.com;401 Banff Ave;6:30~19:00)这家咖啡馆位于Banff Ave上的Aspen Lodge里,它的出现掀起了班夫的咖啡新热潮,虽然室内座位空间有限,但Whitebark Café的爪哇咖啡及咖啡师团队的精湛手艺成功地弥补了这一点。小吃和三明治可以给你提供能量,但最重要的还是他们高质量的咖啡。

Banff Ave Brewing Co 精酿酒馆

(见692页地图;www.banffavebrewingco.ca;110 Banff Ave;11:30至次日2:00)这家感觉很像草原啤酒坊,有许多手工啤酒,加入了萨斯卡通浆果及与之类似的原料。这里也有椒盐卷饼(pretzel)、多味香肠、汉堡及沙拉,虽然服务比较慢,不过在等菜的时间,你可以多喝几杯。

Rose & Crown 小酒馆

(见692页地图;403-762-2121;www.roseandcrown.ca;202 Banff Ave, Banff Town;11:00至次日2:00)这间班夫最老的酒吧(从1985年开始!)是标准的英国风格酒吧,有着台球桌和屋顶露台。细数全镇所有酒馆,这里的现场音乐最为出名,这里的音乐可以一周七天不间断地掀翻屋顶,从群体合唱到西雅图邋遢摇滚,应有尽有。

ⓘ 实用信息

班夫游客中心(Banff Visitor Centre;见692页地图;403-762-1550 www.pc.ca/banff;224 Banff Ave;班夫镇;6月中旬至8月 9:00~19:00,9月至次年6月中旬至17:00)加拿大公园管理局的办事处会分发各种信息及地图。在这里你可以了解到最新的步道路况及天气预报,还可以在这里注册登记野外滑雪及露营。

班夫朋友(Friends of Banff;见692页地图;403-760-5331;www.friendsofbanff.com;224 Banff Ave)这个慈善机构运营有教育项目,包括步行游览及少年自然学家学习班。他们还运营着公园广播FM 101.1,播报天气及步道相关报道、本地历史及各种信息。这里还有一个礼品店,在班夫游客中心内设有一个信息亭。

矿泉医院(Mineral Springs Hospital;403762-2222;305 Lynx St;24小时)急诊。

ⓘ 到达和离开

飞机

最近的机场是**卡尔加里国际机场**(见679页)。每天都有20多趟班车往返于机场和班夫之间,全年无休。春秋两季的公共汽车略少一些。运营公司包括Brewster Transportation(见712页)和**Banff Airporter**(403-762-3330;www.banffairporter.com)。这两家公司的成人票售价均为单程$55至$65。

长途汽车

加拿大灰狗长途巴士(见692页地图;800-661-8747;www.greyhound.ca;327 RailwayAve)运营的长途汽车开往卡尔加里($28,1小时40分钟,每天4班)、温哥华($104,13小时,每天4班)及两地之间的各个站点。

Brewster Transportation(见712页)的长途汽车

会到酒店去接你,穿梭于卡尔加里($65,1小时15分钟)、贾斯珀($100,5小时,每天1班)和路易斯湖($30,1小时,每天多班)。

SunDog(www.sundogtours.com)的长途车也往返于班夫和贾斯珀(成人/儿童 $69/39,5小时,每天1班)和路易斯湖($20,1小时,每天1班)。

小汽车和摩托车

所有主要的汽车租赁公司(Avis、Budget和Enterprise)都在班夫镇设有分店。夏季,用于出租的车辆可能被预订一空,所以要提前打电话。如果你刚乘飞机抵达卡尔加里,在机场订车(车队排得很长)比你到了班夫镇再等着提车应该更划算一些。

❶ 当地交通

Banff Transit(☎403-762-1215;www.banff.ca)运营着两条主要路线上的4趟混合式"漫游"(Roam)公共汽车。站点包括坦纳尔山、Rimrock Resort Hotel、班夫上温泉池、Fairmont Banff Springs及Banff Ave沿线的所有酒店。可在所有公共汽车站打印路线图。早班车在早上6点半开出,末班的发车时间为晚上11点。票价成人/儿童 $2/1(或当日通票 $5)。

在街上招出租车(按表计价)很容易,尤其是在Banff Ave。此外,也可以致电 **Banff Taxi**(☎403-762-4444)叫车。

路易斯湖(Lake Louise)

人口 1175

路易斯湖让班夫国家公园成为世上的奇迹,如果不借助于那些毫无新意的形容词,根本无法描述这里令人惊叹的天然吸引力。身临其境,绿松石色的宁静湖泊美得令人惊叹,这里的自然界似乎(也确实)近得令人迷醉,湖水被雕琢精美的群山圆形剧场环绕着,群山将维多利亚冰川托举至人们的眼前。这里以茶室、灰熊及徒步步道出名。此外,很多评论的内容都是"拥挤的人群",以及名为路易斯湖城堡的高耸建筑群与环境不可思议的和谐(或者不协调——取决于你的视角)。但是,坦率地说,谁会在乎?来路易斯湖不是来躲避其他游客的。来这里,应该与众人分享落基山的这份美丽胜景,一个世纪以来,这里激发了无数登山者、艺术家及游客的想象。

你可以在波光粼粼的湖畔发发呆,然后徒步进入召唤着你的群山。路易斯湖还有备受赞誉的滑雪场以及一些同样迷人的越野场地。沿着蜿蜒的季节性公路向东南方向行进13公里,会来到另一处景色壮丽的水域——梦莲湖,它位于十峰谷及巴别塔山之间,这里山峰高耸入云,令人叹为观止,或许它不似它那大名鼎鼎的兄长那般灿烂炫目,但依然拥有着迷人的景色。在夏天,狭窄的道路有时会短暂地封闭,限制新游客进入,因为需要先疏散景点的交通。

路易斯湖村就在Hwy 1公路边上,更像是一个户外购物中心、一个加油站以及几家酒店。你渴望的全部目标都在5公里之外,可以沿着令人愉快的林荫小路——路易斯溪(Louise Creek)小径驱车或步行前往,距离还算合理,前提是熊没有外出巡逻(可向游客中心确认)。

与Hwy 1公路相比,连接着班夫镇和路易斯湖的弓河河谷景观公路(Bow Valley Parkway)走起来速度有些慢,但景色要美得多。如果没有围上围栏,这里也是观赏野生动物的最佳路线。

◉ 景点

★ 路易斯湖   *湖泊*

路易斯湖以维多利亚女王第四个女儿的名字命名(她还把自己的名字借给了这个省,除此之外她在其他方面默默无闻),美丽得令人目瞪口呆,是个需要多次观赏才能体会其动人之美的地方。除了标准的风景明信片式的拍摄(蓝天、更蓝的湖泊、银光闪闪的冰川),还应在6:00、8月的黄昏、10月的雨中或是冬季一场严重的暴风雪之后来到湖边,欣赏湖景。

你还可以从**路易斯湖船屋**(Lake Louise Boathouse;☎403-522-3511;独木舟出租每 30 分钟/1小时 $75/85;◷6月至9月天气允许情况下 8:00~20:30)租一艘独木舟,泛舟湖上。当心别落水——湖水极冷。

路易斯湖观光缆车   *缆车*

(Lake Louise Gondola;www.lakelouisegondola.com;Hyw 1旁;成人/儿童 $33/16;◷5月至6月和9月至10月 9:00~16:00,7月和8月 8:00~

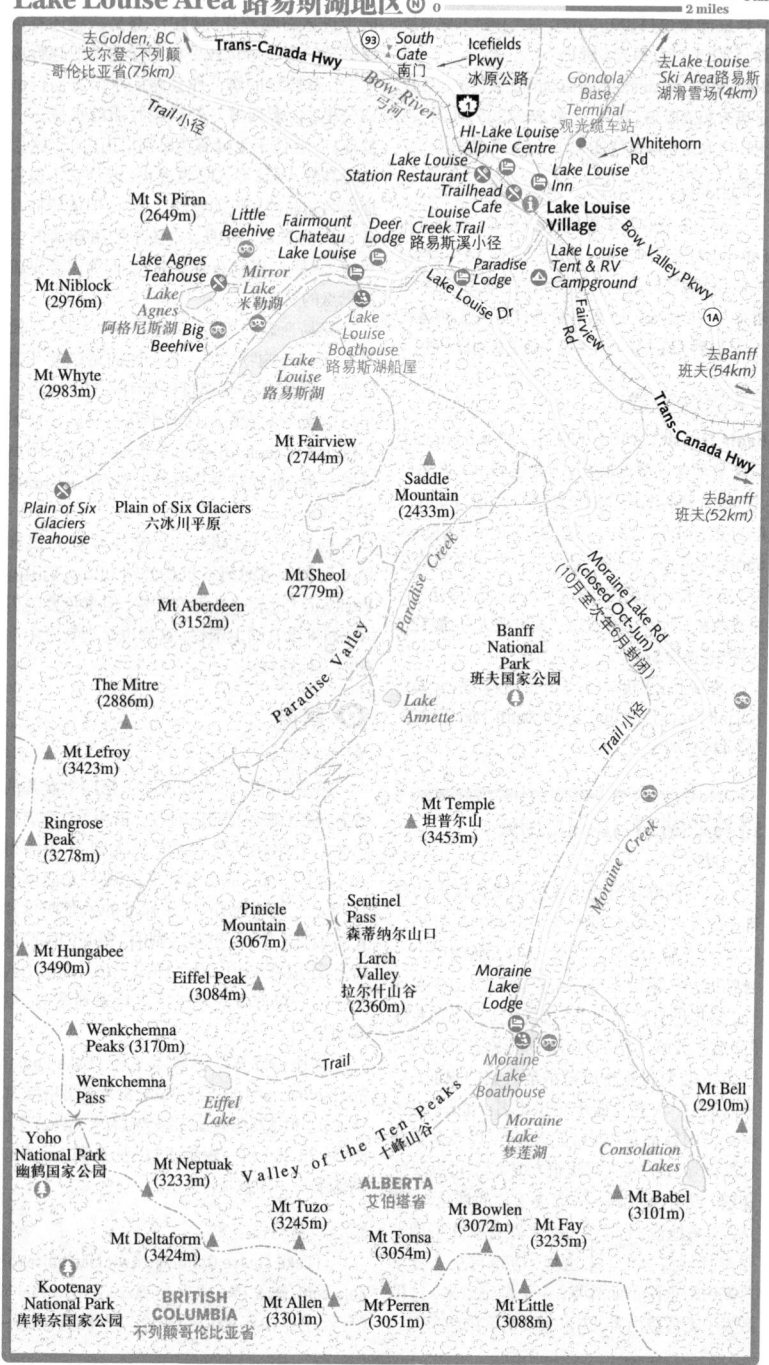

Lake Louise Area 路易斯湖地区

17:30；[图]）可以俯视整个梦莲湖区域，有机会看到在雪崩山坡上的灰熊，通过露天的滑雪起降机或封闭的缆车包厢，路易斯湖观光缆车能把你送往怀特霍恩山（Mt Whitehorn）的另一侧，那里距山谷地面2088米，景色惊人。望向山谷的另一侧，那里有着3544米的坦普尔山（Mt Temple），山峰直插云霄。

梦莲湖（Moraine Lake） 湖泊

在看到梦莲湖惊人的深蓝色湖水之前，周围的美景会先让你赞叹许久。这个湖地处十峰山谷（Valley of the Ten Peaks）中，通往湖边的狭窄而蜿蜒的公路能让你看到这些遥远而壮观的峰巅。因为这里没那么拥挤或喧闹，再加上无数美景，很多人宁愿选择道路更崎岖、位置更偏僻的梦莲湖，而非路易斯湖。

活动

徒步

路易斯湖的美并不肤浅。在壮观的美景背后徒步同样令人难忘。大部分经典路径的起点都位于路易斯湖和梦莲湖。有些道路笔直而简单，有些则极具挑战性，即便是最老到的登山者，也会忍不住气喘吁吁。一定记得带上防蚊虫喷雾和熊铃。

以路易斯湖城堡为起点有两条极具人气的一日徒步路线，通往高居湖泊上方、颇具高山风情的茶馆。路程较短但徒步难度有些大的是3.4公里长的路径，它将带你经过米勒湖（Mirror Lake），到达坐落在阿格尼斯湖（Lake Agnes）上的与之同名的茶馆Lake Agnes Teahouse（见702页）。在享用过用冰川水烹煮的茶或汤及厚实的三明治（只收现金）之后，你可以再跋涉1.6公里，前往更远、更高处景色极佳的Big Beehive观景台，以及选址最出人意料的加拿大瞭望台。继续沿路前行，直到Highline Trail，后者连接着六冰川平原（Plain of Six Glaciers），或者，你也可以单独从路易斯湖城堡沿湖岸前往这里（单程5.6公里）。无论哪条路都能清楚地欣赏到维多利亚冰川（Victoria Glacier）的冰嘎吱作响的壮观场面。Plain of Six Glaciers Teahouse（见702页）茶室也在这条路线上，那里会用厚实的三明治搭配啤酒，还有能让人振作起来的大杯热巧克力配棉花糖。

从梦莲湖去往森蒂纳尔山口（Sentinel Pass）的徒步路径会经过令人惊叹的拉尔什山谷（Larch Valley），最好是在秋季树叶开始变色的时候，这条路线沿途的景色最为迷人。伴随着坦普尔山及周围山峰的壮丽景色，经过一天的艰苦跋涉，并征服最后一段满地碎石的陡峭坡道后，便会到达山口。如果够幸运，你还能看到一些攀岩爱好者正在攀登Grand Sentinel——附近足有200米高的岩石塔。

更短也更轻松的路线是往返6公里的Consolation Lakes Trail小径，它能让你体会到典型的班夫式"并存"：从拥挤不堪的停车场到原始且未经开发的旷野不过几步之遥。

近年来，总有很多熊在梦莲湖地区活动。因此，每逢采摘浆果的季节（6月至9月），公园就会强制规定进入一些徒步路线的最小团队人数必须为4人。如果你是一个人来的，可以到路易斯湖村的信息中心去看看那里的布告栏，找其他想组队的徒步爱好者。

滑雪和单板滑雪

路易斯湖滑雪场（Lake Louise Ski Area；见682页地图；www.skilouise.com；当日票 成人/青年 $92/72 起；[图]）位于路易斯湖村以东3公里、班夫西北60公里处，它比阳光村滑雪场略大一些，但是自然积雪偏少。这里数量充足的滑道分布在4座不同的山上，面向初学者的以及适合中级滑雪者的区域都很多，因此，以加拿大境内的滑雪场来说，这里的滑雪体验最接近欧洲。前面的区域是滑雪后休息的好地方，能提供比较简单的美食，还能欣赏迷人的风光。远处的区域有一些很有挑战性的滑道，从Paradise Bowl几乎能摧毁膝盖的雪丘到拉尔什地区的高速滑道，都很令人兴奋。一定要在Temple Lodge的露天平台上吃汉堡包——这可是完整体验必不可少的部分。

住宿

路易斯湖有一家受欢迎的青年旅舍和一处超棒的露营地，但几乎没什么价格便宜的住处。

Lake Louise Tent & RV Campground　　　　　露营地 $

（www.reservation.parkscanada.gc.ca; Lake Louise village; 帐篷/房车营地 $28/33; ◎5月至9月帐篷公园,全年 房车公园）这个功能性颇高的森林露营地位于村子附近,由两部分组成,河一侧是房车,另一侧是帐篷和软边车,四周有通电铁丝网防熊。许多帐篷都带有篝火炉（$9）,选择一个离火车铁轨远点的营地,可以相对安静地享受坦普尔山美景。

HI-Lake Louise Alpine Centre　　青年旅舍 $

（☏403-522-2201; www.hihostels.ca; Village Rd, Lake Louise Village; 铺/双 $42/115起; ℗）这里符合青年旅舍应该达到的所有要求——干净、友好、经济,而且住满了有趣的旅行者。这栋用原木和石材建成的建筑具有典型的落基山风格,带有很强的乡村风情,而且十分舒适。宿舍房间相当标准,但独立客房比较小,收费也偏高了些。但这已经是路易斯湖区比较接近经济型酒店的一家了。

★ Deer Lodge　　　　　　　　酒店 $$$

（☏403-410-7417; www.crmr.com; 109 Lake Louise Dr; 房间 $250起; ℗ ⏾）Deer Lodge静静地坐落在路易斯湖城堡的后面,它可以追溯到20世纪20年代,而今依然带有真正的阿尔卑斯气质。质朴的外观和迷宫般的走廊从剪短发和弗·斯科特·菲茨杰拉德（F Scott Fitzgerald）的时代以来几乎没有太多改变。酒店房间比较小但十分古雅,然而宽敞的遗产房间有比较时髦的精品家具。

★ Moraine Lake Lodge　　　　酒店 $$$

（☏800-522-2777; www.morainelakelodge.com; 双 $400~700; ◎6月至9月; ℗ ⏾）住在这家酒店能让你体会到舒适、私密和幽静,服务也以优质著称。虽然度假屋的定位是乡村风情（没有电视）,但房间和小屋都有着颇具山区特色的奢华,配有大大的观景窗、烧木材的或古董煤气壁炉、浸入式浴缸以及各种特色舒适设施。阳台可以眺望美丽湖景。这里还有一家很棒的餐馆,同样备受赞誉。住客可免费划独木舟。

Paradise Lodge　　　　　　　小屋 $$$

（☏403-522-3595; www.paradiselodge.com; 房间 $260~340; ◎5月至9月）这家20世纪30年代的木屋酒店被维护得很好且十分舒适,四周被树林包围,离路易斯湖湖畔仅有几分钟路程。每间都很特别,但最好选择带有舒适大床、铁炉及爪脚式浴缸或沉浸浴缸的木屋。比较新的房间更有酒店的风格,四周的草坪提供了许多在森林树荫下休闲嬉戏的机会。

Fairmont Chateau Lake Louise　　酒店 $$$

（☏403-522-3511; www.fairmont.com/lake-louise; Lake Louise Dr; 双 $470起; ℗ @ ⏾ ✈）这家豪华的Fairmont大酒店就坐落在路易斯湖岸边,是世界上最令人羡慕的地点之一。其建筑最早建造于19世纪90年代,酒店则是1925年和2004年增设的。这家酒店及水泥砌筑的外观与周围环境格格不入。但几乎没有人可以否认的是,这位巨型入侵者内的设施、服务,还有动人的美景都极尽奢华。

✖ 就餐

★ Lake Agnes Teahouse　　　咖啡馆 $

（午餐 $7~13; ◎6月至8月9:00~18:00,9月和10月 10:00~17:30）路易斯湖至阿格尼斯湖（Lake Agnes）之间3.4公里风景如画的路是整个区域最受欢迎的一段步道,原因是整个步道的终点在这家绝美的高山风情的茶室,它仿佛飘浮在水云之间,旁边就是缥缈的湖泊与邻近的瀑布。这里以湖水烹茶,让你精神满满地踏上返程。只收现金。

Plain of Six Glaciers Teahouse　　咖啡馆 $

（小吃 $6~14; ◎6月至10月中旬 8:00~18:00）建于1927年,曾经是瑞士登山向导带领客人攀爬维多利亚山的中途休息站,这座两层的小木屋看上去像电影《海蒂》（*Heidi*）里的实景。它坐落在一片寂静的林间空地,供应有自制三明治、蛋糕、精致的茶水及热巧克力等一系列扎实的食物,以慰藉饥肠辘辘的徒步者。

Bill Peyto's Café　　　　　　咖啡馆 $

（☏403-522-2201; www.hihostels.ca; HI-Lake Louise Alpine Centre, Village Rd, Lake Louise Village; 主菜 $5~12; ◎5月至9月 7:00~22:00,10月至次年4月 至21:00）气氛活跃的Peyto有

现场音乐和不错的酒吧，是一个很受欢迎的去处。菜单不是很炫但餐食质量稳定。早餐可以选择自制麦片或鸡蛋玉米卷饼（burrito huevo），晚餐尝试一下海鲜辣椒酱或者芝士焗通心粉（mac 'n' cheese）。阳光（或月光）和煦的时候，露台是个很好的去处。青旅客满的时候，这里也会排起队伍等位。

★Lake Louise Station Restaurant
加拿大菜 $$

（☎403-522-2600；www.lakelouisestation.com；200 Sentinel Rd；主菜 $20~45；⊙11:00~16:00和17:00~21:00）你可以在车站大厅或者一截餐车里用餐，一点也不会有失风度。这里许多细节都做得很好，如一摞摞20世纪初的行李箱以及车长的写字台，让你觉得回到了1910年，那时这个火车站刚刚建好。可以深度体验下头等餐食，落基山香酚、枫糖三文鱼或野牛肉汉堡，然后把自己沉浸在这种真实的氛围中。建议提前预订。

❶ 实用信息

路易斯湖游客中心（Lake Louise Visitors Centre；Samson Mall, Lake Louise Village；⊙6月中旬至8月 9:00~19:00，5月至6月中旬和9月至10月中旬至17:00，10月中旬至次年4月 周四至周日 9:00~16:30）在这里可以咨询加拿大公园管理局，了解关于班夫和贾斯珀的信息，还可以在这里注册登记野外徒步。这里还有一些不错的地质展览、本地旅游信息服务台以及小电影院。

❶ 到达和离开

Brewster（见686页）的长途汽运营从这里往返于班夫和贾斯珀的路线，终点站是Samson Mall的一个相当明显的站点。从班夫来到这里的最便捷的方式是自己开车。

贾斯珀镇和周边
（Jasper Town & Around）

在班夫的基础上，将每年的游客数量减少一半，土地总面积增加40%，再把熊、麋鹿、驼鹿和驯鹿的数量翻3倍——结论就是：贾斯珀是另一座落基山脉公园，它比班夫更大、更让人自在，而且拥有更加丰富的野生动物资源。这个粗犷的边远地区因其深邃的河谷、犹如巨型壁垒的山脉以及良好的生态系统而赢得了广泛赞誉。

大部分人都是从南边经景色壮丽的哥特风格的冰原景观公路（Icefields Parkway）进入贾斯珀镇的，这条路从路易斯湖曲折北上，沿途经过水汽氤氲的瀑布以及由冰川雕刻而成的山脉，包括标志性的伊迪丝卡维尔山（Mt Edith Cavell），从镇上很容易看到。另一个选择是从埃德蒙顿或不列颠哥伦比亚省搭乘具有传奇色彩的加拿大国家铁路公司的列车，经过深受皮毛贸易和原住民历史影响的山麓丘陵进入小镇。

与加拿大的其他国家公园相比，贾斯珀的徒步优势、开拓历史、容易看到野生动物的程度以及逐步向前推进的越野滑雪的可能性，都为它赢得了高分。同样，自行车爱好者也一致称赞它拥有北美洲最棒的自行车单行网络之一。

◉ 景点

★贾斯珀国家公园
国家公园

（Jasper National Park；见704页地图；www.pc.gc.ca/jasper；当日 成人/青年/家庭 $9.80/4.90/19.60）山狮、狼、北美驯鹿、海狸及熊在这里自由地游荡；冰川出于山峰之间；瀑布从坡地上呼啸而下；山谷广阔而密林遍布；河水从其间激流而过——这就是贾斯珀国家公园，占地10,878平方公里，极其的多样化。贾斯珀现在依然比较原生态：虽然诸如徒步、山地自行车等活动都开展得不错，也理所当然地获得了人们的欢迎，但在公园里仍然到处都能很轻松地体验到一种孤寂和悠远的感觉。

★米特温泉
温泉

（Miette Hot Springs；见704页地图；www.pc.gc.ca/hotsprings；MietteRd；成人/儿童/家庭 $6/5/18.50；⊙8:30~22:30）米特温泉（"发现"于1909年）比班夫历史悠久的温泉更加偏僻，位于贾斯珀东北61公里处，紧邻Hwy 16公路，离公园的边界很近。这里令人放松的泉水总是保持在令人舒适的40℃（104°F），而且四周被山峦环绕着，而当雪花飘落在你的头上、你却被热气所围绕时，尤为令人享

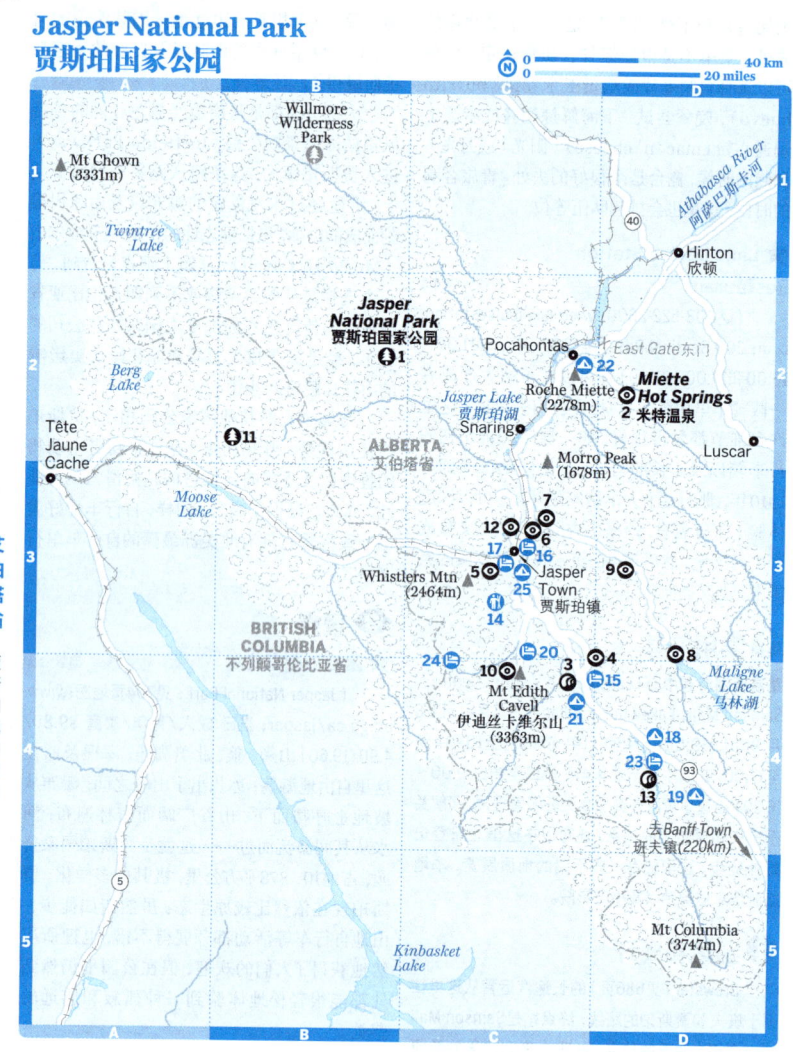

Jasper National Park
贾斯珀国家公园

受。夏季的雨夜也会带来非常棒的感受，一种云雾缭绕的氛围。

马蹄湖
湖泊

（Horseshoe Lake；见704页地图）这个蓝绿色的马蹄形湖泊处有一派美丽的田园风光，它位于冰原公路的旁边，经常被许多游客所忽略掉，这也让来访这里变得更加吸引人。夏天在这里游个泳会非常惬意，或者沿湖边散步也不错，湖的四周是一些悬崖峭壁，这里经常会有悬崖跳水者。可能看他们跳水比亲自参与要安全一些。

马林湖
湖泊

（Maligne Lake；见704页地图）长达22公里的马林湖离贾斯珀大约50公里远，就位于绝美的同名公路的尽头，这个湖一直是被大肆宣传的对象。它被称为公园内最漂亮的湖泊之一，它的魅力是毋庸置疑的：淡蓝色的湖水和环绕周围且极为上镜的岩石山峰堪称视觉盛宴。

Jasper National Park
贾斯珀国家公园

◎ 重要景点
1 贾斯珀国家公园	B2
2 米特温泉	D2

◎ 景点
3 阿萨巴斯卡瀑布	C4
4 马蹄湖	D3
5 贾斯珀缆车	C3
6 安妮特湖和伊迪斯湖	C3
7 马林峡谷	C3
8 马林湖	D3
9 梅迪辛湖	D3
10 伊迪丝卡维尔山	C4
11 罗布森山省立公园	B2
12 帕特里夏湖和皮拉米德湖	C3
13 森瓦普塔瀑布	D4

⊕ 活动、课程和团队游
14 马莫特盆地	C3

🛏 住宿
15 Athabasca Falls International Hostel	D4
16 Fairmont Jasper Park Lodge	C3
17 HI-Jasper Hostel	C3
18 Honeymoon Lake Campground	D4
19 Jonas Creek Campground	D4
Miette Hot Springs Resort	（见2）
20 Mt Edith Cavell International Hostel	C3
21 Mt Kerkeslin Campground	C4
22 Pocahontas Campground	C2
23 Sunwapta Falls Resort	D4
24 Tonquin Amethyst Lake Lodge	C4
25 Wapiti Campground	C3

马林峡谷 峡谷

（Maligne Canyon；见704页地图）这座陡峭而狭窄的峡谷形成于谷底流淌的河流。峡谷最窄的地方只有几米宽，而你脚下就是深达50米的峡底，这足以令人反胃。很多小径都以马林湖公路（Maligne Lake Rd）上的停车场为起点，那里有一座古雅而质朴的茶室，这些小径还会穿越6座桥。冬季，瀑布会冻结成一大条白冰，很受攀冰者的欢迎。

贾斯珀缆车 缆车

（Jasper Tramway；见704页地图；📞780-852-3093；www.jaspertramway.com；Whistlers MountainRd；成人/儿童/家庭 $40/20/100；⊙4月至10月 9:00~20:00）如果觉得从贾斯珀看到的普通而乏味的风景无法令你驻足，就来搭乘这个观光缆车吧。缆车会带你一边上升一边领略山里各种不同的生物区域，最终来到荒凉的惠斯勒山坡，那里有一间袖珍且价格不菲的咖啡馆。以山上的缆车站为起点，可以经陡峭的山路徒步1.5公里登上真正的顶峰，在这里能看到75公里外的胜景。

梅迪辛湖 湖泊

（Medicine Lake；见704页地图）梅迪辛湖在地理上十分罕见，把这个底下有孔洞的下沉湖泊比喻成一个下面没有塞子的浴缸，算是十分贴切。夏季雨水多的时候，湖水汇聚得比流走得快得多，水体显得广阔而深邃。冬天降水较少，水会逐渐流干，整个湖会缩小成一条小河。

安妮特湖和伊迪斯湖 湖泊

（Lakes Annette & Edith；见704页地图）安妮特湖和伊迪斯湖位于通往小镇的公路对面，夏季时这里是大受欢迎的水上活动场所，两个地方都有小小的沙滩和一些野餐区域。如果你足够勇敢，天气也确实很热，安妮特湖将是在水里稍微泡一下消消暑的好地方——不过要记住，这些水不久前还属于冰川！伊迪斯湖是皮划艇爱好者和划船的人经常光顾的地方。

帕特里夏湖和皮拉米德湖 湖泊

（Patricia & Pyramid Lakes；见704页地图）这两个湖离镇不到10公里（6.2英里），有丰富的水上活动。帕特里夏湖里有"二战"时期以冰为燃料的航空母舰"哈巴库克"（Habbakuk）的残骸，它被试图打造成不沉战船，在该秘密战时任务结束后沉没。有经验的潜水员可以在**贾斯珀潜水探险**（Jasper Dive Adventures，📞780-852-3560；www.jasperdiveadventures.com；潜水 $75；⊙5月至9月）的带领下到近处一探究竟。在一个度假村可以俯视皮拉米德湖，夏季很受独木舟和皮划艇爱好者的欢迎，冬季则会吸引一些滑冰爱好者。这里还有一个漂亮的岛屿，很受夜晚观星者的热爱，过桥即可到达。

活动

骑车

对单线山地自行车骑行来说,贾斯珀的条件要优于班夫。事实上,这里是加拿大最好的运动场所之一。很多路线都在小镇可追踪的范围之内。更加平坦的公路选择包括冰原景观公路沿线的长距离车道。对经验丰富的越野自行车手来说,五湖山谷(Valley of the Five Lakes)犹如"圣杯",这条富于变化的路线沿途景色极美,还会经过很多能让你随意行动的地方。要了解更多信息,可在贾斯珀信息中心(见711页)拿一份《贾斯珀国家公园山地自行车指南》(Mountain Biking Guide, Jasper National Park)。

Vicious Cycle(见707页地图;780-852-1111; viciouscanada.com; 630 ConnaughtDr, Jasper Town;自行车出租 每小时/天 $8/32起;9:00~18:00)能在你租车时帮忙挑选,还会额外提供路线信息。

徒步

即便是跟加拿大的其他国家公园相比,贾斯珀的徒步小径网络也极具优势,这里的人比南边的姐妹公园班夫要少得多,你更可能看到更多的野生动物以及较少的游人。

可以从发现小径(Discovery Trail)入门,开始你的徒步之旅,这条8公里长的简单路线环绕小镇,亮点是沿途的自然、历史和铁路遗迹。

其他短途路径还包括3.2公里长的玛丽·谢弗环路(Mary Schäffer Loop),这条靠近马林湖的路线得名自最早来到这个地区的一名欧洲游客,还有通往一个老毛皮贸易站的3.5公里老贸易站环路(Old Fort Loop),以及9公里长的米纳湖和赖利湖环路(Mina and Riley Lakes Loop),它直接以小镇为起点。

距离更远而且具有难度的路线包括著名的冰川之路小径(Path of the Glacier Trail),它长9.1公里,正好从令人印象深刻的伊迪丝卡维尔山下通过,带你经过开遍了野花的卡戈尔草地,到达天使冰川(Angel Glacier)的脚下。

天际线小径(Skyline Trail)是一流的多日徒步路线,全长46公里,几乎全程都在森林线以上或位于其上方,非同寻常,也提供了穿越公园的惊人风光。徒步通常分2天进行,由马林湖出发,从马林峡谷附近出来到达马林湖公路。你可以在露营地搭帐篷过夜,或者在历史悠久的Shovel Pass Lodge(见709页)留宿。

宣传册《贾斯珀国家公园徒步游指南》(Day-Hikers'Guideto Jasper National Park)介绍了公园内方便徒步的大部分路线,而野外地区游客指南《贾斯珀国家公园》(Jasper National Park)则详细说明了更长的徒步小径和野外露营地的相关情况,还有2至10天的徒步行程参考。如果准备留宿远足,必须申请并获得贾斯珀信息中心(见711页)的加拿大公园管理局签发的边远地区通行证(每人每晚$10,季度通票$69)。

骑马

带全程导游的夏季骑马之旅相当惊人,会带你进入无路的Tonquin Valley,并在偏僻(但舒适)的Tonquin Amethyst Lake Lodge(见710页)留宿。由Tonquin Valley Adventures(780-852-1188; www.tonquinadventures.com; 3/4天行程 $895/1195)组织的行程包括住宿、三餐以及在紫晶湖(Amethyst Lake)免费钓鱼。

滑雪和单板滑雪

贾斯珀国家公园唯一的滑降滑雪场是马莫特盆地(Marmot Basin;见704页地图; www.skimarmot.com; MarmotBasinRd;一日通票 成人/儿童 $89/71),位于小镇西南19公里处,紧邻Hwy 93A公路。尽管称不上传奇,但拥有86条滑道与落基山脉距离最长的高速四方缆椅,说明马莫特同样不会被轻易击败。与班夫的3处滑雪场相比,这里相对孤立的位置也意味着不用排太长时间的队就能坐上缆车。

这里还有一些越野滑雪路线以及一家估计颇为昂贵的日间旅馆,但是没有可以过夜的地方。在滑雪季,定期运行的班车将从这里往返于贾斯珀镇。严寒天气很可能突然袭击山区,因此要穿好适合的衣物。

激浪漂流

用冰川飞溅的冰雪融水来对抗夏季的高温是无与伦比的享受。贾斯珀地区有很多

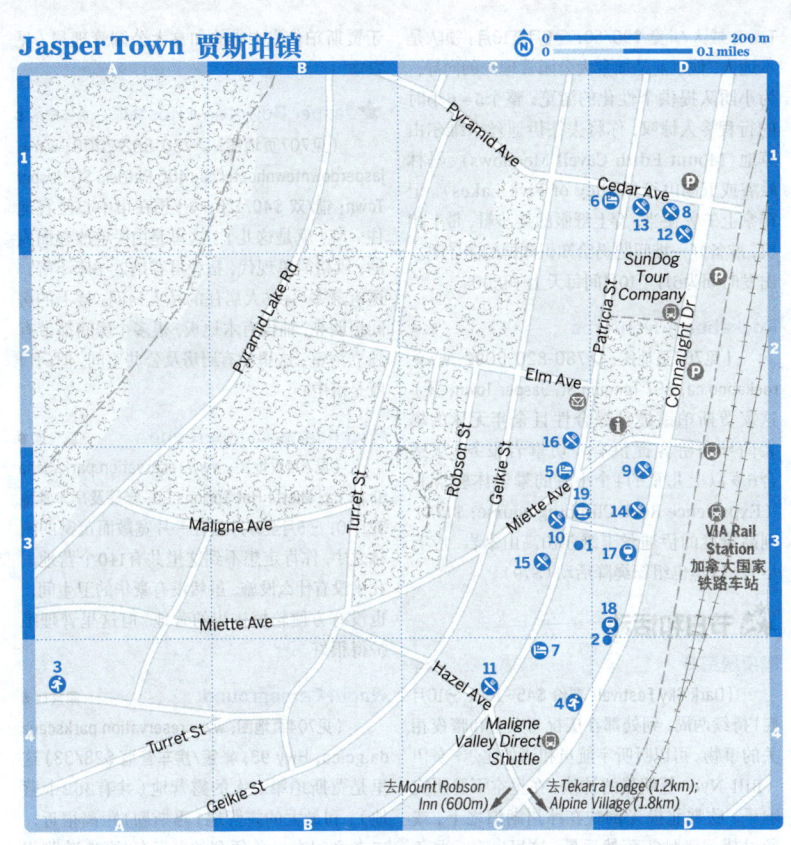

Jasper Town 贾斯珀镇

Jasper Town 贾斯珀镇

活动、课程和团队游
- 1 贾斯珀探险中心 C3
- 2 Jasper Walks & Talks D4
- 3 Rockaboo Adventures A4
- 4 Vicious Cycle C4

住宿
- 5 Athabasca Hotel C3
- 6 Jasper Downtown Hostel D1
- 7 Park Place Inn C4

就餐
- 8 Bear's Paw Bakery D1
- 9 Cassio's Trattoria D3
- 10 Coco's Cafe C3
- 11 Evil Dave's Grill C4
- 12 Jasper Pizza Place D1
- 13 Olive Bistro D1
- 14 Other Paw Bakery D3
- 15 Patricia Street Deli C3
- 16 Raven Bistro C2

饮品和夜生活
- 17 Downstream Bar D3
- 18 Jasper Brewing Co D3
- 19 SnowDome Coffee Bar C3

不错的漂流机会，从湍急到缓和的水流中漂流，都能在马林河、森瓦普塔河（Sunwapta River）及阿萨巴斯卡河（Athabasca River）上进行。漂流的季节从5月延续至9月。

团队游

Jasper Walks & Talks　徒步

（见707页地图；☎780-852-4994；www.walksntalks.com；626 Connaught Dr, Jasper

Town；成人/儿童\$90/50；⊙6月至10月）领队是本地人，他以前是加拿大公园管理局的向导，为小团队提供个性化的游览，整个5～6小时的行程令人惊叹，你将去往伊迪丝卡维尔山草地（Mount Edith Cavell Meadows）、马林峡谷或五湖山谷（Valley of Five Lakes）。记得拿上午餐便当，穿上舒服的徒步鞋，带上相机，准备好一堆问题扔给知识渊博的向导吧。出发时间为6月至10月间每天上午9:30。

Rockaboo Adventures　　　　　　攀岩

（见707页地图；☎780-820-0092；www.rockaboo.ca; 807 Tonquin St, Jasper Town；🅿）这家贾斯珀镇最具综合性且全年无休的攀岩向导向游客提供有一切攀岩服务，从适合6岁以上儿童的4个小时的攀岩体验课程（Experience Rock Climbing course; \$125）到高难度的伊迪丝卡维尔山高山攀岩，应有尽有。这里也组织绳降活动（\$79）。

🎉 节日和活动

暗夜星空节　　　　　　　　　　　科学

（Dark Sky Festival；票价\$45～100；⊙10月底）持续两周，到处都在庆祝与太空和暗夜相关的事物。可以听听宇航员和诸如比尔·奈伊（Bill Nye）等明星的访谈、在星空下聆听交响乐、欣赏北极光倒映在冰川湖泊之上，或通过望远镜眺望蔚然远景。这里也有一些免费活动，但重头戏节目门票提前几个月就会售卖一空。

🛏 住宿

尽管这里的安静有口皆碑，也是抗衡班夫的一大卖点，但贾斯珀镇在夏季依然会变得分外熙闹。需尽早预订，或者考虑在晚冬、初春不那么拥挤的平季来访，那时空无一人的山景（最好通过越野滑雪前往欣赏）将呈现出全新的一面。冬季时优惠力度相当大。

贾斯珀的住处通常比班夫便宜一些，但确实不上便宜太多。有几个位于镇外的地方专门提供平房（通常是小木屋），这些平房只在夏季对外开放。贾斯珀的10处公园露营地从5月中旬开放至9月或10月。有一处（Wapiti）在一定程度上全年开放。其中4处需要预订。要了解相关信息，可以联系位于贾斯珀信息中心的加拿大公园管理局（见711页）。

★Jasper Downtown Hostel　　　青年旅舍 \$

（见707页地图；☎780-852-2000；www.jasperdowntownhostel.ca; 400 Patricia St, Jasper Town; 铺/双\$40/126；🅿）想在市中心便宜地住一晚？就是这儿了！这里是由民宅改建而成的，风格简单现代，宿舍可容纳2～8床不等，还有最多可供5人居住的私人房间。楼上的房间更明亮，铺设有木地板，很多个房间都带有独立浴室。这里没有厨房及公共空间，但门口就是市中心。

Pocahontas Campground　　　　露营地 \$

（见704页地图；www.reservation.parkscanada.gc.ca; Miette Hot Springs Rd; 帐篷及房车营地\$21.50；⊙5月至9月）处在一片宽敞而茂密的树林之中，你肯定想不到这里共有140个营地。几乎没有什么设施，虽然没有豪华的卫生间，也没有方便轮椅进出的营地，但这里管理维护得很好。

Wapiti Campground　　　　　　　露营地 \$

（见704页地图；www.reservation.parkscanada.gc.ca; Hwy 93; 帐篷/房车营地\$28/33）这里是贾斯珀第二大的露营地（共有362个营地），和最大的露营地（惠斯勒）距离很近，二者之间有一条便利的自行车/徒步道路相连接，步道一直延伸到贾斯珀镇（5公里）。这里有干净且维护良好的淋浴和卫生间，但Wapiti最大的吸引力是其坐落在阿萨巴斯卡河河畔的绝佳位置。

HI-Jasper Hostel　　　　　　　　青年旅舍 \$

（见704页地图；☎780-852-3215；www.hihostels.ca; Whistlers Mountain Rd; 铺/双\$30/80；🅿@🛜）🌿这家青年旅舍不太招人喜欢。有能睡40人的宿舍间，这也就意味着保证你能听见别人打呼噜。而且离小镇很远，步行前往能把人累死——这已经是双重打击了。然而，尽管如此，这里还是留宿的好地方。

★Tekarra Lodge　　　　　　　　酒店 \$\$

（☎780-852-3058；www.tekarralodge.com; Hwy 93A; 酒店/木屋\$199/240起；⊙5月至10月；🅿🛜）公园内气氛最棒的小屋就坐落在阿

萨巴斯卡河边上，周围环绕着高大的树木，极为宁静。硬木地板、镶木板墙壁再加上壁炉和小厨房，更显舒适。离小镇不过1公里远，却带着显著的野外风情。按照贾斯珀的标准，附带的餐厅水平一流。

★ Park Place Inn　　　　　　精品酒店 $$

（见707页地图；☎780-852-9970；www.parkplaceinn.com；623 Patricia St, Jasper Town；房间 $229~269；@🖂）这家酒店坐落在镇中心的商店街上，在极为平庸的外观背后，有着出众的内在。你一登上台阶，进入ParkPlace豪华的开放式大堂，就会被它所吸引。2002年前，这里是加拿大公园管理局的办公室，14个自称为文化遗产的房间都很雅致，铺着锃亮的木质地板，配有按摩浴缸或爪脚式浴缸，整体感觉精致而奢华。

Shovel Pass Lodge　　　　　　度假屋 $$

（见707页地图；☎780-852-4215；www.skylinetrail.com；房间每人含早餐 $199；🗓6月至9月）Shovel Pass Lodge修建于1921年，并于1991年重建，坐落于地标性的天际线小径（Skyline Trail）的中途。7间木屋都比较简单，内置木床架、全新的床品、丙烷灯及每天供应的热水。包含两顿丰盛的餐食和一顿打包的午饭，还有四周惊人的美景。

Athabasca Hotel　　　　　　酒店 $$

（见707页地图；☎780-852-3386；www.athabascahotel.com；510 Patricia St, Jasper Town；房间带公用/独立浴室 $139/199；🅿@🖂）"Atha-B"（更为人所知的名字）是动物标本师的梦想之地，这里有着袖珍而整洁的房间，内有木质和铜质家具，铺着厚实的酒红色地毯。很多房间需要共用浴室，没有电梯。虽古老但不破旧，住在这儿的感觉像是住在祖母家（假如有个爱打猎的祖母）。服务变化无常，楼下的酒吧可能会很吵。它自1929年前后营业至今，是镇上最便宜的住处。冬天会有非常大的折扣。

Miette Hot
Springs Resort　　　　　汽车旅馆、小屋 $$

（见704页地图；☎780-866-3750；www.mhresort.com；Miette Hot Springs Rd；房间/木房/木屋 $99/127/187；🅿）这个低调的度假村位于温泉附近，这里有着从1938年使用至今的木屋和汽车旅馆，及20世纪70年代落成的木房，古旧而迷人。木屋可容纳6人居住，配有小厨

冬季的贾斯珀

半个贾斯珀会在冬季关闭，另外半个则会适应并变得跟夏季时的自己一样好（如果不是更好）。湖泊会变成溜冰场，徒步和骑行路线（以及一些公路）会变成越野滑雪道，瀑布会变成冰岩，还有——最后的但绝非最不重要的——价格也会变得合理得多。

最好的天然户外溜冰场是Fairmont Jasper Park Lodge前面的 Lac Beauvert，这个地区在天黑后有灯光照明。在小镇东北6公里处的皮拉米德湖（Pyramid Lake）也能找到适合溜冰的地方。

公园内的越野滑雪路线足有200公里长，相当惊人。以下路线中的积雪不易且较早就开始融化：皮拉米德湖火道（Pyramid Lake Fire Road）、水之会（Meeting of the Waters；沿着Hwy 93A公路的封闭路段）、莫阿布湖小径（Moab Lake Trail）和伊迪丝卡维尔山公路（Mt Edith Cavell Road）。在Tonquin Valley能找到相对安全但足够激动人心的越野滑雪场地，那里还有几处度假屋能让你过夜；但是，这些路线有时会由于保护驯鹿而关闭（要了解更多细节，可查阅网站www.tonquinvalley.com）。

由贾斯珀探险中心（Jasper Adventure Centre；见707页地图；☎780-852-5595；www.jasperadventurecentre.com；611 Patricia St, Jasper Town；成人/儿童 $65/29）提供的颇具标志性的马林峡谷冰上徒步游（Maligne Canyon Ice Walk）耗时3小时，运动量也稍微小一些。该项目能让你步行经过一连串只能在12月至次年4月间才能看到的冰冻瀑布。比较极端的人甚至会用套索下降和冰镐来对付这些光滑的庞然大物。

Alpine Village 小屋 $$$

(☎780-852-3285; www.alpinevillagejasper.com; 2~4人 木屋 $210/420起; ◎5月至10月; P ⊜)独具特色的木屋配备了现代且修葺一新的浴室,这也让其从一众竞争对手中脱颖而出,位置极其优越,紧靠阿萨巴斯卡河。享受宁静吧——这里完全地处城市喧嚣之外,但又相距不远,步行可达。木屋内装饰豪华且有乡村风格,配有阁楼式卧室及石头壁炉。最近的邻居通常是麋鹿。

Tonquin Amethyst Lake Lodge 度假屋 $$$

(见704页地图; ☎780-852-1188; www.tonquinadventures.com; 房间 每人 含早餐 $195)木屋颇有历史,房间质朴,可以欣赏到紫晶湖及高耸的兰帕斯山脉(The Ramparts range),离最近的路大致有24公里。你可以自行徒步,也可以参加旅馆组织的夏季多日骑马游览(3日/4日 $895/1195),冬天你可以通过越野滑雪到达这里。需要预订。

Mount Robson Inn 汽车旅馆 $$$

(☎780-852-3327; www.mountrobsoninn.com; 902 Connaught Dr, Jasper Town; 房间含早餐$260起; P ✲ @ ⊜)这个汽车旅馆式的地方刚刚修葺一新,十分舒适,位于贾斯珀镇的边缘,配备了热水浴池,有一家餐馆,并提供丰盛的早餐。房间从整洁的大床房到家庭房再到带有按摩浴缸的套房,应有尽有,你很难找到不喜欢的地方。

Fairmont Jasper Park Lodge 酒店 $$$

(见704页地图; ☎780-852-3301; www.fairmont.com/jasper; 1 Old Lodge Rd, Jasper Town; 房间 $480起; P @ ⊜)这处经典的老酒店坐落在LacBeauvert湖畔边,被修葺过的草坪和山峰所环绕,经典怀旧的木屋不能与挑的班夫及路易斯湖的Fairmont酒店相比。这里的气氛是乡村俱乐部与20世纪50年代度假村的结合体,舒适而便利的小屋和小别墅重现了更加奢侈的年代。

✖ 就餐

★ Other Paw Bakery 咖啡馆、面包房 $

(见707页地图; ☎780-852-2253; 610 Connaught Dr, Jasper Town; 小吃 $2~6; ◎7:00~18:00)附近一家更大的咖啡馆Bear's Paw的分店。Other Paw提供同样会令人疯狂着迷的美食搭配——面包、点心、松饼和咖啡,搭配美味的汤及馅料十足的卷饼。这家店营业到很晚。

Patricia Street Deli 三明治 $

(见707页地图; 610 Patricia St, Jasper Town; 三明治 $7~9; ◎周一至周五 10:00~17:00, 周六和周日 至18:00)假如你感觉饿,注意是十分饿,那么来Patricia Street Deli吧。这里有用自制的面包做成的三明治,馅料十足,慷慨的老板还会提供各种徒步贴士。从众多的馅料口味中挑一款吧,包括各种青酱、酸辣酱、素食及肉类选择。加入排队的人群,满足一下被荒野激发的旺盛食欲吧。

Bear's Paw Bakery 面包房、咖啡馆 $

(见707页地图; www.bearspawbakery.com; 4 Cedar Ave, Jasper Town; 甜点 $3~5; ◎6:00~18:00)这是温尼伯以西最好的烘焙-咖啡馆之一。感谢你的幸运星起作用了吧,当你刚刚结束一场筋疲力尽的徒步、骑行或滑雪, Bear Paw就出现在你最需要它的地方。随便尝一款松饼、饼干、麦芬、类似佛卡夏(focaccia)的面包及各种卷饼吧,你会疯狂上瘾的。这里的咖啡也令人幸福感爆棚。

Coco's Café 咖啡馆 $

(见707页地图; ☎780-852-4550; 608 Patricia St, Jasper Town; 主菜 $5~12; ◎8:00~16:00; ✐)🌱想找地方吃早餐的话,来Coco's就对了。店内的空间并不大,然而很多人都愿意挤在这里规划徒步行程、选择观察熊的服务项目。菜单包含许多本地采购的食材烹制的全素、素食、易吸收的餐食,而蒙特利尔熏肉、手撕猪肉及熏鲑鱼可以让肉食动物得到满足。午餐尝尝加料烤奶酪三明治配苹果洋葱酸辣酱。

Olive Bistro 地中海菜 $$

(见707页地图; ☎780-852-5222; www.

olivebistro.ca;401 Patricia St,Jasper Town;主菜 $16~25;⌚17:00~23:00;🍴）这家随意的饭馆有大大的卡座及经典的菜单。可以尝试下主菜，如威士忌烧烤排骨、野牛肉意式千层面或野生蘑菇焗饭，也可以选择一些可分享的餐食，如白松露扇贝或者本地熏肉拼盘。鸡尾酒很棒，而且这里经常有柔和的现场音乐。

Cassio's Trattoria　　　　　意大利菜 $$

（见707页地图；602 Connaught Dr, Jasper Town；主菜 $14~30；⌚7:30~23:00；🍴）在这家老牌的惠斯勒旅馆里，Cassio一家致力于烹制正宗的意大利餐食：土豆团子（gnocchi）、肉丸、烩小牛肉、烩意大利面及内容丰富的开胃菜拼盘。谈不上什么氛围，但你充分享受美食的同时也顾不上这些了。

Jasper Pizza Place　　　　　比萨 $$

（见707页地图；☎780-852-3225；402 Connaught Dr, Jasper Town；比萨 $13~20；⌚正午至22:00）用真正木柴烧火的烤炉烤出来的比萨十分美味。可以从长长的馅料单中选择搭配出自己独特口味的比萨，也可以尝试一下店家的巧妙搭配。这里可能会人满为患，门外会排起长队。餐厅风格随意，电视里播着体育比赛，啤酒随时可自取。

Raven Bistro　　　　　地中海菜 $$$

（见707页地图；☎780-852-5151；www.theravenbistro.com；504 Patricia St, Jasper Town；主菜 $24~32；⌚17:00~22:00；🍴）这家设计雅致的小餐馆供应素菜，有可分享的大盘菜肴，味道都很正宗，即便是将它放在一座西班牙小城里也不会产生突兀的感觉。菜肴很有创意，石榴汁炖羊腿及香兰叶椰汁海鲜锅使菜单非常出彩。夏天里，周末9:00~13:00会供应早午餐。

Evil Dave's Grill　　　　加拿大菜、创意菜 $$$

（见707页地图；☎780-852-3323；www.evildaves.com；622 Patricia St, Jasper Town；主菜 $22~35；⌚周一至周五 17:00~23:00，周六和周日 16:00~23:00）除了试图扭转贾斯珀形象外，Dave's并不邪恶，这里适合家庭用餐，而徒步后的饮食更适合填饱肚子，而不是刺激味蕾。优质创意美食的灵感来自全世界，加勒比、中东和日本元素的影响为这里的鱼和牛肉增添了亮点。给甜品留些空间，好吃得要死。

🍸 饮品和夜生活

SnowDome Coffee Bar　　　　咖啡馆

（见707页地图；www.607patricia.com；607 Patricia St, Jasper Town；⌚7:45~20:00）这里的咖啡是贾斯珀最好喝的——如假包换！小店位于Patricia St的一家叫Coin Clean Laundry的自助洗衣店外，这绝不是一家普通的洗衣店——干净得如外科手术室一般，这里还是一间艺术画廊，有淋浴设施、上网设备及丰富的社区资源。可以洗洗徒步之后的臭袜子，享受一杯拿铁吧。

Downstream Bar　　　　　酒吧

（见707页地图；620 Connaught Dr, Jasper Twon；⌚16:00至深夜）这里大概是贾斯珀库存最丰富的酒吧，有着各种各样的威士忌、伏特加及各种其他美酒，酒吧吧员谙熟调酒。除了酒水，这里还有许多美食，而且经常还会有现场音乐。

Jasper Brewing Co　　　　自酿酒吧

（见707页地图；☎780-852-4111；www.jasperbrewingco.ca；624 Connaught Dr, Jasper Twon；⌚11:30至次日1:00）🍴 这家自酿酒馆于2005年开业，是第一家开在加拿大国家公园内的自酿酒馆，会用冰川融水来酿造优质的啤酒，包括颇具特色的RockhopperIPA或是——更具冒险精神的——RocketRidge RaspberryAle。可以在这里坐下来，有电视，还有非常不错的食物菜单。

ℹ️ 实用信息

贾斯珀信息中心（Jasper Information Centre；见707页地图；☎780-852-6176；www.pc.gc.ca/jasper；500 Connaught Dr, Jasper Town；⌚5月至10月 9:00~19:00，11月至次年4月 10:00~17:00）这座精彩纷呈的信息中心位于1913年修建的贾斯珀最古老的建筑里。这里有加拿大公园管理局的问询处及本地旅游信息咨询台，还有一家很棒的礼品店。

邮局（Post office；见707页地图；502 Patricia St；⌚周一至周五 9:00~17:00）

西顿综合医院（Seton General Hospital；☎780-852-3344；518 Robson St）

❶ 到达和离开

长途汽车

长途汽车站（见707页地图；607 Connaught Dr, Jasper Town）位于火车站。灰狗（☎800-661-8747；www.greyhound.ca）长途汽车从这里开往埃德蒙顿（$70, 至少5小时）、乔治王子城（Prince George; $70, 6小时）、坎卢普斯（$78, 6小时）和温哥华（$148, 至少12小时）。

Brewster Transportation（☎403-762-6700；www.brewster.ca）运营的快车也从同一车站发车，去往路易斯湖村（$75, 4小时, 至少每天1班）和班夫镇（Banff Town, $100, 5小时, 至少每天1班）。SunDog（见667页）5月至10月每天也有车去往埃德蒙顿机场（$50）、路易斯湖（$59）、班夫（$69）及卡尔加里机场（$119）。

火车

加拿大国家铁路公司（☎888-842-7245; VIA Rail; www.viarail.ca）每周3班，向西去往温哥华（$242, 20小时），向东去往多伦多（$516, 62小时）。此外，还有每周3班去往不列颠哥伦比亚省鲁珀特王子港（Prince Rupert, $205, 33小时）的列车。可致电或在**火车站**（607 ConnaughtDr, Jasper Twon）查询确切的时刻表和详细费用。

❶ 当地交通

Maligne Valley Shuttle（见707页地图；☎780-852-3331; www.maligneadventures.com；成人 单程/往返$30/60，青年 单程/往返$14/30）每天9:00都有班车从贾斯珀信息中心发往马林湖，途中还会经过一些登山口。从马林湖出发的返程的班车于10:15、14:00、17:00发车。

贾斯珀出租车（☎780-852-3600）运营有打表计价出租车。

艾伯塔省南部
（SOUTHERN ALBERTA）

艾伯塔的国家公园和大城市霸占着艾伯塔省的大部分头条，而辽阔的南部地区几乎被遗忘了。这里是真正牛仔们的土地，牧牛人约翰·瓦尔（John Ware）及桑德丝·基德（Sundance Kid）的灵魂在这片无尽的农场土地上游荡。这里常常被分隔开，因为这里有着深深的峡谷、高耸的天然怪岩柱、仿佛来自苏博士（Dr Seuss）故事的古怪雕塑，而且视野之内，无所不在。野牛跳崖处和省立恐龙公园都承载着历史，这两个联合国教科文组织世界遗产地守护着这个地区的过往。

这里有许多风景如画的地方。德拉姆黑勒周围缺乏活力的荒地向东扩展变为宽广而开阔的大草原，继续延伸直至萨斯喀彻温省西部的赛普里斯丘陵。往西则是沃特顿湖群国家公园，那里有一部分落基山脉最为壮丽的景色——完全不同于班夫和贾斯珀，目前仍未引起大部分游客的注意。

德拉姆黑勒和周边
（Drumheller & Around）

当你到达德拉姆黑勒，路会急剧下降，深入雷德迪尔谷（Red Deer Valley），那里看上去很像一个大大的千层蛋糕。这个社区的建立起源于煤炭，如今却因一种地下资源——恐龙骨骼而兴盛，这座小镇被艾伯塔省的神秘荒地包围着。它充当着所谓**恐龙小径**（Dinosaur Trail）的中心。古生物学在这里是严肃的生意（附近超棒的皇家蒂勒尔古生物学博物馆更像一处研究中心，而不是旅游胜地），市中心的许多街角都矗立着卡通恐龙雕像，它们也给这个本来平庸的城市增添了不少的颜色和特点（虽然许多企业都带上了与恐龙有关的前缀，未免显得有些功利激进），还有更夸张的事——高达26米的玻璃纤维霸王龙经常出没于市中心的大片地区。把东峡谷附近的博物馆和韦恩的鬼魂也添加进行程单吧，这样你就有了充实的旅程计划。

这里的夏季非常炎热，德拉姆黑勒所在的深邃河谷将为千篇一律的大草原提供急需的间隔。天然怪岩柱主宰着这片荒地的风光，这个景象在很多电影中都出现过（以西部片为主）。

◉ 景点和活动

★ **皇家蒂勒尔古生物学博物馆** 博物馆
（Royal Tyrrell Museum of Palaeontology; ☎403-823-7707; www.tyrrellmuseum.com; 1500 North Dinosaur Trail, Midlands Provincial Park, Drumheller; 成人/儿童 $18/10; ◷5月中旬到8月

9:00~21:00，9月 10:00~17:00，10月至次年5月中旬 周二至周日 10:00~17:00；👶）这座神奇的博物馆是地球上杰出的恐龙博物馆之一。就算你对恐龙没兴趣，出来的时候你也会觉得你错失了成为古生物学家的机会。展览充满了令人震惊的事物。去找找2005年新发现的"地狱男孩"（Hell boy）的恐龙骨架，以及6700万岁的霸王龙"黑美人"，它站在那里昂首望天。你可以了解到它们是如何被挖掘出来的，甚至可以去看看化石实验室。

罗斯代尔吊桥 桥梁

（Rosedale Suspension Bridge；Hwy56，Rosedale）这座吊桥既不长也不高，但对胆小的人来说依然是个挑战。桥是由可透视的金属网制成的。它经常如同河中芦苇一般随风摆动。这座桥在1931年至1957年曾为采矿工人所使用；在雷德迪尔河的远端，你可以看到现今已经关闭的矿区。尽管之前也使用手划船和缆车渡河，但大风天和洪水来临的时候，这座桥才被认为是最危险的。

马蹄峡谷 峡谷

（Horseshoe Canyon；Hwy 9）在马蹄峡谷能看到最糟糕的荒地，这座壮观的峡谷在德拉姆黑勒以西17公里处切入了平坦的大草原，就位于Hwy 9公路的沿线。停车场的大指示牌说明了这个地区的地质情况，沿着徒步小径即可进入峡谷。那里带有斑纹的彩色岩石展现了数百万年的地质历史（一定要小心：岩石潮湿的时候非常滑）。

世界上最大的恐龙 地标

（World'sLargestDinosaur；60 1st Ave W，Drumheller；门票 $3；◎10:00~18:00；👶）在这个充斥着恐龙的镇上，这只霸王龙无疑是它们的王者。它站在一处停车场上，高达26米，在德拉姆黑勒的空中景物轮廓线上非常醒目（也是《吉尼斯世界纪录》中的世界之最）。还是值得登上106级台阶的，从它的嘴里可以欣赏到壮丽的景色。具有讽刺意味的是，这只恐龙的规格从技术上来说并不准确：它有46米长，几乎比早已绝种的原型大了4.5倍。

恐龙小径和怪岩柱车道（Dinosaur Trail & Hoodoo Drive） 赏景路线

德拉姆黑勒就在恐龙小径上，这条48公里长的环路从小镇向西北方向延伸，还包括了Hwy 837公路和Hwy 838公路，沿途的风光非常适合驱车一游。每次转弯，你都能看到惊人的荒地景观和河景。

环路将带你经过**米德兰省立公园**（Midland Provincial Park；禁止露营），在那里可以进行自助徒步游，中途会经过广阔的**马贼峡谷**（Horsethief Canyon），那里风景如画。然后乘坐免费的电缆控制的**Bleriot Ferry**平稳地掠过雷德迪尔河（Red Deer River），这艘渡轮自1913年一直运营至今；途中可以注意找找海狸，它们在这里筑巢。这个区域还经常会有驼鹿、山猫及美洲狮出没。山谷的西侧是**奥克尼瞭望点**（Orkney Viewpoint），可以在这里停留一下，远眺该地区令人印象深刻的峡谷。

25公里长的怪岩柱车道的起点位于德拉姆黑勒东南约18公里处，在Hwy 10公路上。路线通常需要往返తి思，就如同它是一个折返点。沿车道而行，你将看到**天然怪岩柱**的最佳典范：古怪、侵蚀严重、蘑菇状的砂岩石柱，它们位于罗斯代尔和理海（Lehigh）之间；这里还有一条带有解释内容的小径。

这个地区是曾经繁荣的煤矿社区所在地，现在历史悠久的**阿特拉斯煤矿**（Atlas Coal Mine；📞403-822-2220；www.atlascoalmine.ab.ca；East Coulee；$10，团队游 $20~25；◎9月至次年6月 9:45~17:00，7月至9月至19:30）及东峡谷学校博物馆（East Coulee School Museum；📞403-822-3970；www.ecsmuseum.ca；359 2nd Ave, East Coulee；◎10:00~17:00）都值得前往一看。可以沿着Hwy 10X公路（6公里的路程中包含11座桥）从罗斯代尔（Rosedale）顺便到小社区**韦恩**（Wayne；人口27）一游，那里是著名的传说中闹鬼的地方。

🛏 住宿

River Grove Campground & Cabins 露营地 $

（📞403-823-6655；www.campriverGrove.com；25 PoplarSt；Drumheller；露营地/房车营地/圆锥形帐篷/小屋 $35/41/67/125起；◎5月至9月；🅿🐕）这个河边树荫下的露营地就在小镇上，离霸王龙很近，而且配备了很多便利设施。帐篷里的设施很不错，你甚至能租一个圆锥形帐篷过夜，虽然它并不完全是忠实的实物还原(托尼族人的帐篷很可能没有混凝土地板)。

★ Heartwood Inn & Spa　　旅馆 $$

(☎403-823-6495；www.innsatheartwood.com；320 Nrailway Ave E, Drumheller；双 $155~190；@🛜) 这家可爱的乡村旅馆特色十足，本身就足以吸引你来德拉姆黑勒，房间十分豪华，且各具特色；有些带有按摩浴缸和壁炉，全部都有漂亮的装饰。这里有一个木质平台、一个小花园及水疗设施。店主们非常友好，可以提供海量当地信息。

Taste the Past B&B　　民宿 $$

(☎403-823-5889；281 2ndStW；Drumheller；标单/双 $115/140；P🛜) 这栋经过改造的、建于世纪之交的房子已经变成了一家位于镇中心的舒适民宿。所有房间都带独立浴室，楼下还有一个公共客厅，简直就像把你祖母家的客厅搬了过来。这里只有3个房间，住在这的感觉更像是来朋友家拜访。

✖ 餐饮

Ivy's Awesome Kitchen & Bistro　　法式小酒馆 $

(www.ivysawesomekitchen.com；35 3rd Ave West, Drumheller；主菜 $8~12；⊗8:00~17:00；🍴) 美味的家常菜保证不会堵塞你的血管，Ivy's 供应有早餐、意式三明治、汉堡、鲜美的汤羹及漂亮的沙拉。你会发现这里有适合纯素、素食者的菜肴及无麦麸的餐食。环境清静且友好，是午饭的理想场所。给自制甜品留点空间：巧克力熔岩蛋糕及甜糯太妃布丁让人无法抵抗。

Bernie and the Boys Bistro　　美式小餐馆 $

(☎403-823-3318；www.bernieandtheboys.com；305 4th St W, Drumheller；汉堡 $6~8；⊗周二至周六 11:00~20:30) 它不是法式小馆。但Bernie是那种小镇上由家族经营的美式小餐馆，它们总是能用料足而美味的汉堡及传奇性的奶昔填饱人们的肚子。加入等候的长队吧。

★ Last Chance Saloon　　酒吧

(☎403-823-9189；www.visitlastchancesaloon.com；Hwy 10X, Wayne；⊗11:00~23:00) LastChance绝对货真价实，这是一家从1913年经营至今的西部小酒馆，店里铺着熊皮，有着古旧的煤油灯、古董照片，墙上还有子弹坑。从全盛时期至今，韦恩的人口数量从2500人下降到了27人，在这个活泼而又兼容并包的地方，你会遇到他们中的许多人。肉饼、枫糖培根汉堡及鸡肉为主的晚餐和啤酒很配。

ⓘ 实用信息

旅游信息中心 (Tourist Information Center；☎403-823-1331；www.traveldrumheller.com；60 1st Ave W, Drumheller；⊗9:00~21:00) 就在霸王龙脚下。和通往巨兽内部的入口位于同一座建筑内。

ⓘ 到达和离开

加拿大灰狗长途巴士(见652页)从**长途汽车站**(308 CentreSt, Drumheller)开往卡尔加里($38, 2小时，每天2班)和埃德蒙顿($69, 7小时，每天2班)。

Hammerhead Tours (www.hammerheadtours.com) 组织从卡尔加里前往德拉姆黑勒荒地及皇家蒂勒尔古生物学博物馆的全天游览($124)。

省立恐龙公园 (Dinosaur Provincial Park)

世上没有另外一个地方像这里一样，如此小的地方却埋有如此惊人数量的恐龙骨头——有超过40个种族的400多块骨骼。这里是《失落的世界》(*The Lost World*)与《草原小屋》(*Little Houseon the Prairie*)的相遇之处，**省立恐龙公园** (☎403-378-4344；www.dinosaurpark.ca；紧邻Hwy 544；⊗周日至周四8:30~17:00, 周五和周六 至19:00) **免费** 是联合国教科文组织指定的世界遗产地，它位于峡谷的深处，会在你的脚离开草原之前突然暴露出来。这里仿佛虚幻的景观，非常干燥，随处可见天然怪岩柱、彩色的岩石和大量的恐龙。

占地81平方公里的公园等待着你去探索，这里有盛开的野花、在岩间游走的古怪响尾蛇，如果你足够幸运，或许还能碰上霸王龙。它不只是一处旅游景点，还是哺育科学的温床：古生物学家已经在这里发现了不计其数的恐龙骨骼，现在这些骨骼均陈列在世界公园内有5条带有解说又不算太长的徒步小径可供选择，还有一条环形车道穿过部分地区，让你有机会在恐龙死亡的地点观看到许多恐龙骨骼。但是，为了保护化石资源，园内70%的地方都限制进入。只能通过导览徒步游或巴士游（成人/儿童$15/8）参观这些禁止入内的地区，游览活动在5月下旬至10月进行（徒步和团队游都很受欢迎，最好预订一个位置）。

公园的恐龙游客中心（Dinosaur Visitors Center；☎403-378-4342；www.albertaparks.ca；成人/儿童$6/3；◎8:30~17:00）是位于德拉姆黑勒的皇家蒂勒尔古生物学博物馆（见712页）的野外工作站，有一系列规模不大但十分优秀的恐龙展览，以及一些真实的古生物展览。

公园内的恐龙露营地（Dinosaur Campground；☎403-378-4342；www.albertaparks.ca；露营地/房车营地$28/35，舒适营地$105~130，预订$12；◎全年营业；P）坐落在一条小溪旁边的溪谷中。充足的树荫很好地遮住了火辣的阳光。这里提供洗衣设施和热水淋浴，还有一家小商店和咖啡馆。露营地非常受欢迎，尤其是房车部分，所以要提前打电话进行预订。

虽然7500万年前，恐龙就徘徊在这里的热带山水之间，如今此处却变成了炎热的不毛之地——一定要穿着适当的衣物，并备好防晒霜和饮用水。它位于卡尔加里和梅迪辛哈特（Medicine Hat）的中途，就在布鲁克斯（Brooks）东北约48公里处。从Hwy 1公路出发，拐上二级公路Hwy 873，开往Hwy 544。

野牛跳崖处（Head-Smashed In Buffalo Jump）

在艾伯塔省的所有景点中，这个地方的

值得一游

巴尤农场和牛仔小径

牛仔文化已经融入艾伯塔省南部地区的文化结构，但是要体验它的质朴纯粹，就不得不离开卡尔加里和那些戴着牛仔帽的石油企业家，并一路向南，沿着Hwy 22（又名牛仔小径），穿过该省苍翠起伏的山麓丘陵。这条路如今是平坦的柏油公路，而且常有闪闪发光的SUV经过，但是在以前，它曾是满身灰尘的放牛人所用的土路，他们要把牛赶到北边位于卡尔加里的加拿大太平洋铁路公司去。这些地势起伏的山麓丘陵并未受到现代石油冲击的干扰，其间依然散布着巨大的农场，巴尤农场（Bar U Ranch；www.friendsofthebaru.ca；Hwy 22，Longview；成人/儿童/家庭$7.80/3.90/19.60；◎6月至10月 10:00~17:00）便是其中之一，现在它已被加拿大公园管理局改造成了留给后世子孙的历史遗址。

巴尤农场建于1882年，曾是世界上规模最大的商业农场之一，占地达16万英亩。约翰·韦尔（John Ware）是一名获得了自由的美国黑人奴隶，据说也是艾伯塔省的第一个牛仔，他是这里的早期访客。10年后，Harry Longabaugh[历史上以及好莱坞所熟知的"日舞小子"（Sundance Kid）]曾在农场负责训马。这个身手矫捷的银行劫匪曾于1891年在这座农场里工作，后来他转向了更加赚钱的营生，跟怀尔德·邦奇（WildBunch）一起抢劫银行。下一位来访者出身王室，但同样声名不佳。威尔士亲王，后来的爱德华八世（Edward VIII），曾于1919年经过此地，他对这个地方非常着迷，甚至买下了隔壁的EP Ranch农场。爱德华曾5次访问这个地区，其中两次是在他退位之后，而EP直到1962年一直都是他名下的产业。

这里有20多栋建筑，包括伙房、邮局、畜栏、铁匠铺和屠宰场，如今它们依然保持着"日舞小子"时代的辉煌。打扮成牛仔的工作人员演示着牧场技巧，也在讲述过去的故事。游客可以搭乘四轮运货马车，给马套马鞍，尝试一下套小牛，也可以和牛仔们一起聚在白杨树下，就着篝火喝一杯咖啡。当地的餐厅供应牧场风格的美食，像是肉饼汤或是野牛肉拌辣黑豆。

巴尤农场位于朗维尤（Longview）镇以南13公里处，就在Hwy 22边上。

名字最奇怪，在它背后隐藏着一个机智且足智多谋的故事，而这也是了解第一民族（和加拿大）文化遗产的关键。几千年来，黑脚族人一直利用麦克劳德堡（Fort Macleod）镇附近的悬崖捕猎野牛。野牛跳崖处（☏403-553-2731；www.head-smashed-in.com；SecondaryHwy 785；成人/儿童 $15/10；◎5月中旬至9月 9:00~17:00，10月至次年5月中旬 10:00~17:00）正是淳朴智慧创造的一个奇迹，解说中心巧妙地建在了山坡上，那里的电影就值得你从卡尔加里或莱斯布里奇专程来此一趟。

你可以沿着悬崖小径走到车道的尽头，也就是野牛的跳崖处。这个地方位于麦克劳德堡西北约18公里、Hwy 2以西16公里处，还有一家咖啡馆和一家商店，工作人员就是第一民族黑脚族人。

莱斯布里奇（Lethbridge）

在艾伯塔省南部农业地区的中心位置，坐落着从前的煤矿业城市莱斯布里奇，它被奥尔德曼河（Oldman River）与众不同的干河谷分成了两个部分。尽管这里没有太多吸引你的地方，但是大片的公用场地、几处不错的历史遗址以及博物馆，会让你轻松地安排好一天的行程。这里的镇中心跟北美洲很多城镇的中心地区一样，都在尽力保护自己并不太古老的历史。向东走，略显乏味的Mayor Mcgrath Dr（即Hwy 5）是遍布连锁商店的主街，在北美洲，这样的地方比比皆是。

◎ 景点和活动

奥尔德曼河谷中有很多徒步机会，这座100米深的斜壁深谷被铁路钢桥中著名的"埃菲尔铁塔"横跨而过，这座桥也是世界上同类桥梁中最大的一座。

高尔特博物馆暨档案馆　　　　博物馆

（Galt Museum & Archives；www.galtmuseum.com；320 Galt St；成人/儿童 $6/3；◎周一至周六 10:00~17:00，周四 至21:00，周日 13:00~17:00）莱斯布里奇的故事如今仍在高尔特博物馆内延续着，该馆在一座曾经是医院的建筑（1910年）内，位于河流上方高高的陡岸之上。面向孩子的互动式展览让你坐在有轨电车里，

观看一些历史镜头，可以在旁边的《先锋》（Herald）新闻室体验下印刷，然后点上一团（虚拟的）火；这里还有一间小画廊，主要展出当代和历史艺术品，肯定能吸引"大孩子们"的目光。从大厅望出去，能看到相当壮观的深谷景色，而且是免费的。

南艾伯塔艺术画廊　　　　博物馆

（Southern Alberta Art Gallery；☏403-327-8770；www.saag.ca；601 3rd Ave S；成人/儿童 $5/免费，周日免费；◎周二至周六 10:00~17:00，周四 至19:00，周日 13:00~17:00）这间专注于现代艺术的小画廊每3个月就会上新的临时展览。过去的展览包括本地、国内及国际艺术家的作品，从摄影到装置艺术，无所不有。这个空间本身十分开阔明亮，礼品店一流。

海伦·舒勒自然中心和
莱斯布里奇自然保护区　　　　自然保护区

（Helen Schuler Nature Centre & Lethbridge Nature Reserve；www.lethbridge.ca；Indian Battle Rd；捐赠入场；◎4月至5月和9月至11月 周二至周日 10:00~16:00，6月至8月 10:00~18:00，12月至次年3月 周二至周日 13:00~16:00）永久展讲述了河谷和深涧中的故事，而临时展览则专注于蝙蝠、蜜蜂一类。去看看那条叫苏菲的王蛇，然后去和虎皮蝾螈塔克·查理打个招呼吧。周围的小径会让你有机会去看看长耳朵的大角猫头鹰及许多豪猪，它们正在树上睡觉。

日加友好日本公园　　　　庭院

（Nikka Yuko Japanese Garden；www.nikkayuko.com；Mayor Magrath Dr和9th Ave S交叉路口；成人/儿童 $9/4；◎9:00~18:00，5月中旬至10月中旬）日加友好日本公园是远离公路压力的绝佳场所。这座无可挑剔的庭院点缀着池塘、流水、小桥、盆景和假山花园，在日常生活的喧嚣之中构筑了一处宁静的绿洲，还有正宗的日式建筑坐落在长满了青草的小丘之间。

喧闹堡　　　　要塞、博物馆

（Fort Whoop-Up；☏403-329-0444；www.fortwhoopup.ca；200 IndianBattleParkRd；◎5月至9月）在辽阔的印第安战争公园里还有一座名字十分古怪的喧闹堡，是艾伯塔省最早、最

臭名昭著的非法威士忌交易站的复制建筑。这类边远交易站中约有25个是1869年至1874年在该省建立的,目的是用威士忌、枪支、弹药和毛毯换取黑脚族部落的野牛皮和皮货。写下这段的时候,这里已经关闭了,正在寻找新的管理团队。去官网查询下是否已经重新开放。

食宿

Lethbridge Lodge　　　　　　　　　酒店 $$

(☎403-328-1123; www.lethbridgelodge.com; 320 Scenic Dr S; 房间 $99起; [P][@][⸙])像加拿大的大多数酒店一样,这里的房间也非常干净,只是难以给人留下太深的印象;而在另一方面,中庭却格外出色,使这里非常物有所值。所有房间都能俯瞰摆满了假植物的中庭热带内景,那里还有蜿蜒的砖砌小径、肾形水池以及水景。

★ Telegraph Tap House　　　　　　小酒馆 $

(☎403-942-4136; 310 6th Street S; 主菜 $10~16; ⊙11:30至深夜)这是最酷的莱斯布里奇人的去处。把自己"停泊"在这家酒吧里吧,这里有手工酿造啤酒、牛肉丝开胃汉堡及墨西哥辣椒奶酪薯条。够勇敢?尝尝致命的艾伯塔汉堡,两片烤芝士三明治中间夹着6盎司牛肉饼。难道那摞古董衣箱都是那些勇敢试吃但最终没能走出去的人们留下的?

墙上挂满了往昔莱斯布里奇人的黑白照片,电视大屏幕上经常放映着流行电视剧。

Bread Milk & Honey　　　　　　　咖啡馆 $

(☎403-381-8605; www.breadmilkhoney.ca; 427 5th St S; 菜单餐食 $6~12; ⊙周一至周五 7:30~19:00,周六 9:00~15:00; [⸙])这里有超

> **值 得 一 游**
>
> ### 瓦肯镇
>
> 这里最早是被一位铁路勘探员以罗马的火神命名,在20世纪90年代,瓦肯镇(Vulcan)大胆地做了一件别的地方从来都没有做过的事情——声称自己是全加拿大的《星际迷航》(Star Trek)总部,而且小镇的这个头衔居然在2010年被加拿大广播公司(CBC)官方承认了。
>
> 你来到这里的第一站会是**瓦肯旅游和迷航中心**(Vulcan Tourism & Trek Station; ☎403-485-2994; www.vulcantourism.com; 115 Centre Street E; ⊙5月至9月 9:00~18:00,10月至次年4月 10:00~17:00),这里修建得像是个空间站,塞满了各种纪念品。你可以在《星际迷航:下一代》的演员们签过名的控制中心里查查当地的信息,穿上戏服和演员们的纸板人像来合个影。你也可以买一些画着斯波克(Mr Spock)的T恤衫和其他《星际迷航》里的好东西。
>
> 在户外,一个企业号星舰的复制品矗立在小镇边上,像灯塔一般吸引着全世界上百名《星际迷航》爱好者聚集到这里,参与每年一度的斯波克日(Spock Day)和瓦肯节(Vul-Con Convention)。伦纳德·尼莫伊(Leonard Nimoy)等《星际迷航》的明星演员也曾经来过这里。
>
> 在小镇的主街上逛一逛,你会路过船员们的半身像、整面墙大小的壁画,还有一些商家起名叫作"拉帝锭一元店"(Latinum Loonie)或是"星舰补给点"(Starfleet Supplies),很明显这个小镇已经深陷《星际迷航》之中了。不过一些当地人已经对此有些厌倦,有人偷偷对我们说"我根本不喜欢《星际迷航》",但是不可否认的是,这个本来会被轻易错过的小镇由于这个非凡的设定变成了一个著名的地方,也给当地带来了虽不稳定但很受欢迎的商机。在全加拿大,只有这里你可以在杂货店买到瓦肯族(《星际迷航》中的种族)的耳朵,或者带着一把相位枪进酒吧也不招来奇怪的目光。瓦肯镇不会像附近的小镇一样几乎变成鬼城。事实上,这里会一直生生不息,繁荣昌盛。
>
> 从莱斯布里奇出发,沿着Hwy 23向北92公里,就可以到达瓦肯镇。

棒的咖啡和各种餐食,从拌满香蕉、肉桂及杏仁的燕麦粥到培根墨西哥玉米卷,应有尽有。这里是最好的早餐餐厅,内部以暴露的砖墙和木头作为装饰;如果莱斯布里奇有嬉皮士的话,他们一定会在这里出没,狼吞虎咽地吃着烤火鸡和布理奶酪卷或新出炉的司康烤饼。

ℹ️ 实用信息

奇努克乡旅游协会(Chinook Country Tourist Association; ☏403-320-1222, www.chinookcountry.com; 2805 Scenic Dr S; ⊙9:00~17:00)

ℹ️ 到达和离开

沿着Hwy 5向南行驶一小段路就会来到**莱斯布里奇机场**(☏403329-4474; www.lethbridgeairport.ca; 417 Stubb Ross Rd),隶属加拿大航空公司的通勤汽车往返其间。每天有六七架航班从这里飞往卡尔加里。

加拿大灰狗长途巴士(☏403-327-1551; www.greyhound.ca; 411 5th St S)的长途汽车从这里开往卡尔加里($46, 3小时, 每天5班)和里贾纳($117, 至少16.5小时, 每天2班)。

每天有1班**Red Arrow**(☏800-232-1958; www.redarrow.ca; 449 Mayor Magrath Dr S)的豪华长途汽车去往卡尔加里($55, 3小时)和麦克劳德堡($34, 45分钟)。

省立原始石刻公园(Writing-on-Stone Provincial Park)

这座省立原始石刻公园(☏403-647-2364; www.albertaparks.ca)**免费**最棒的一点大概就是它确实不在任何一条路上。对于那些愿意离开主干道的人来说,付出的所有努力都会得到回报。公园得名自大草原上的第一民族在3000多年前创作的大量石刻和绘画,这些作品分布在米尔克河(Milk River)沿岸的砂岩峭壁上。这里带解说的徒步小径非常不错,可以自助游览,能带你前往一些景色更加壮丽的瞭望点,还能看到古代石壁画。

你一定要沿着小径走,以免破坏那些怪岩柱。许多游客都想在怪岩柱上刻下自己

值得一游

黑脚渡口历史公园

黑脚渡口历史公园(Blackfoot Crossing Historical Park; ☏403-734-5171; www.blackfootcrossing.ca; Hwy 842; 成人/儿童 $12/8; ⊙周一至周五 9:00~17:00)在第一民族保留地之中坚忍独立,它继承和发扬真正的西克西卡(Siksika,即黑脚族)文化,很值得一去。

艾伯塔省南部地区1880年之前的历史属于黑脚族同盟,即佩甘人(Peigan)、布拉德人(Blood)和主要在蒙大拿州活动的黑脚族人部落的统一体。长久以来,黑脚渡口一直是重要的部落联系中心,其独特之处在于,它是唯一一个过着游牧生活的第一民族部落并建立了半永久性村落(而不是盖满了草的地窖)的地方。1877年,Chief Crowfoot酋长就是在这里签署了臭名昭著的《第7条约》(Treaty 7),把土地割让给了英国殖民政府,并建立了西克西卡保留地。1977年,在查尔斯王子来访后,建立历史遗址的想法诞生了,之后又经过了30年的规划,最终公园于2007年向公众敞开了大门。

园内有一座宏伟的环保型主建筑,圆锥形帐篷和羽毛头饰的灵感元素使其设计极具创意。内部包括设有100个座位的剧院——可以展示传统舞蹈,一组记载黑脚族历史的展览,还有由当地西克西卡族的解说员和说书人陪同的导览游。而在外面,你还能尽情探索各种各样的徒步小径、大草原上的瞭望点以及一座圆锥形帐篷村落,在那里能看到传统工艺品的制作过程,还能学一学。

要前往这个中心,可以沿着Hwy 1去往卡尔加里以东100公里处,然后上Hwy 842,向南行进7公里。历史公园尚处于起步阶段,游客们对这里充满了好奇,并能发现这里潜在的辉煌。

的名字——别学他们。那样做的话你不仅是在破坏一段历史,也是在亵渎第一民族的圣地。

最棒的艺术品位于禁区之内(以保护其免受故意破坏),你只能参加由公园管理员带领的导览游(夏季每天 10:00、14:00及18:00 成人/青年/儿童 $18/8/5)前往参观。这里还有其他可行的活动,包括夏季在河里划独木舟和游泳,以及冬季的越野滑雪。公园里生活着很多野生动物,还有一个游客中心,其外形很像传统的圆锥形帐篷,跟这个地区的自然和文化遗产完美地融为一体。需要注意的是:夏季可能会变得极其炎热,还有就是一定要穿不露脚趾的鞋(这里是响尾蛇的地盘)。

公园内位于河畔的露营地有64处露营点、自来水、淋浴及抽水马桶。周末时非常受欢迎。

这座公园位于莱斯布里奇东南方向,离美国的边境很近,向南望就能看到美国蒙大拿州北部的斯威特格拉斯山区(Sweetgrass Hills)。要前往公园,可从米尔克河镇出发,沿着Hwy 4向东42公里处开上Hwy 501。

沃特顿湖群国家公园(Waterton Lakes National Park)

在这里,平坦的大草原与落基山脉交会在一起,再加上波光粼粼的湖水和山顶的城堡,让你仿佛置身童话世界。然而,沃特顿湖群国家公园(www.pc.gc.ca/waterton; 成人/儿童 每天 $7.80/3.90)对游客来说却是默默无闻。尽管位于北方的同胞们——班夫和贾斯珀——总是因大批的游客和周末战士们而大伤元气,但沃特顿却独享一份超然的安宁。

该公园建立于1895年,现在是联合国教科文组织指定的世界遗产地、联合国教科文组织划定的生物圈保护区以及国际和平公园(还包括美国的冰川国家公园)的一部分,这一片占地525平方公里的保护区位于艾伯塔省的西南角。公园也是很多标志性动物——灰熊、麋鹿、鹿和美洲狮的保护区,而且还生长着八百多种野花。

沃特顿(Waterton)是一座非常迷人的高山村庄,这里的冬季人口仅为40人左右,与更大、更浮华的班夫形成了鲜明的对比。颇为豪华的Prince of Wales Hotel建于20世纪20年代,在湖畔山间俯瞰着小镇。

◉ 景点

★ 红岩峡谷(Red Rock Canyon) 峡谷

免费 在红岩峡谷那令人惊叹的绯红色之间,清澈的布莱基斯顿溪(Blakiston Creek)奔流而下。可以沿着0.7公里长的山间环游小径来欣赏那让人惊掉下巴的美景,顺便从路边的讲解牌上学习一些地质学知识。不过,另一半美景则是在到达这里的路上:沿着红岩公路(Red Rock Parkway)在布莱基斯顿山谷中穿行15公里,如茵的绿野与隐现的群山交相呼应,有熊出没,野花遍布。

卡梅伦湖(Cameron Lake) 湖

倚靠着陡峭的卡斯特山(Mt Custer),宁静的卡梅伦湖如桃源一般掩藏在大陆分水岭的三路交会点,位于蒙大拿、艾伯塔和不列颠哥伦比亚的交界。行驶16公里来到Akamina Parkway的尽头,游客们会在湖边野餐、徒步或是租船。从虎耳草到柳兰,无数种的野花在这里茁壮成长,在湖的南岸经常有灰熊的踪迹。

卡梅伦瀑布 瀑布

(Cameron Falls; Cameron Falls Dr)离小镇中心不远,在卡梅伦瀑布路西边尽头便是这一处水沫飞溅的激流瀑布,由于在这里发现了加拿大落基山脉中最古老的前寒武纪岩石,因此在地质学家之间相当知名。据估计,这些岩石的年龄在15亿年上下。这里的观景台为轮椅铺设了通路,瀑布在晚间也会被灯光装点得相当动人。

✵ 活动

徒步

那些想伸展双腿的人是幸运的——沃特顿是徒步爱好者的避风港。这里有超过225公里的徒步小径,即便是时间耗尽,你也不可能走完。小径也供骑车和骑马的人使用(在许可的地方),一旦下雪,同样的地方还会成为越野滑雪场地。通往Crypt Lake的17公里长的徒步路线极为出色:包括20米长的隧道、突然出现在地面上的溪流以及一段必经的阶梯。去往小径起点处的唯一方法是乘船。**沃特顿湖滨游轮**（Waterton Shoreline Cruises；☎403-859-2362；www.watertoncruise.com；成人/青年/儿童 $47/24/16；⏱5月至10月）在早上离开小镇的码头，并且会在下午到Crypt Lake小径的起点处去接疲惫的徒步者（成人/儿童$24/12）返回。

体现沃特顿"小即是美"这一特色的另一个典范是19公里长的**Carthew-Alderson Trail**小径，这条路经常被列入北美洲最佳高山徒步一日游的榜单。夏季，**Tamarack Outdoor Outfitters**（☎403-859-2378；www.hikewaterton.com；214 MtViewRd；⏱5月至9月8:00~20:00）每天上午都会有班车开往位于卡梅伦湖附近的小径起点（建议预约）。从这里上路，徒步越过山区就能返回小镇。

Tamarack也提供去往其他路线的班车，其中包括在Akamina Parkway上的徒步路线。

湖中游轮

对很多游客来说，这里的一大亮点是搭乘沃特顿湖滨游轮（见720页），穿过波光粼粼的湖面，去往美国蒙大拿州Goat Haunt一侧的湖岸。2小时的行程风光如画，途中还伴有生动的解说。在你跳上常常爆满的游轮之前，一定要带上护照并确保已有有效签证，船会在美国停靠半小时左右。

🏠 住宿

公园内有3处由加拿大公园管理局管理的露营地，允许车辆进入，其中一处就在沃特顿镇。一般的露营地可以通过网上或电话预约，但偏远的露营地则有一定限制，必须通过游客中心进行预订（见721页）。

Crandell Mountain Campground 露营地 $

（☎403-859-5133；Red Rock Pkwy；帐篷和房车营地 $22；⏱6月至9月初；P）想要更加开阔的景色，就到这个僻静的露营地来吧，沿红岩公路前往几分钟就能到达。露营地的一些位置，特别是在H和L环上，可以欣赏到美丽的山景，还可以直接通往布莱克斯顿溪。到了晚上，护林员会在一个迷人的露天剧场中给游客提供讲解。这处露营地不提供服务，有厕所但是没有淋浴间，不接受预订。

★ Northland Lodge 民宿 $$

（☎403-859-2353；www.northlandlodgecanada.com；408 Evergreen Ave；房间 $169~209；⏱5月中旬至10月中旬；🛜）坐落在小镇边缘的这所惬意的民宿，是Louis Hill（主持修建Prince of Wales Hotel的天才）当年为自己修建的住宅，在这里依稀可闻卡梅伦瀑布奔流的声音。民宿中有各种古色古香的房间（其中一些为公用卫生间）和一个嘎吱作响的楼梯，独具风格。热情的主人每天新鲜烹饪的早餐非常美味。

Crandell Mountain Lodge 酒店 $$

（☎403-859-2288；www.crandellmountainlodge.com；102 Mt View Rd；房间 $130起；🛜）一进门就有自制饼干，这幢修建于20世纪40年代的木屋，仿佛是一个安静的英国小镇中的一间都铎年代的农舍。房间中配有壁炉，被褥有点像祖母手工缝制的风格，门前的露台面对着马路对面的翡翠湾（Emerald Bay）。服务非常热情。

Bear Mountain Motel 汽车旅馆 $$

（☎403-859-2366；www.bearmountainmotel.com；208 Mt View Rd；房间 $115~135；⏱5月中至9月；P🐾）坦率来说，Bear Mountain是一家标准的复古风格汽车旅馆，房间整洁，服务友好。提供烧烤架和野餐桌；部分房间允许宠物入住，部分房间配有小厨房。这大概就是你在沃特顿镇上能找到的"经济型"的住宿。

Aspen Village Inn 酒店 $$

（☎403-859-2255；www.aspenvillageinn.com；111 WindflowerAve；房间 $129~269；⏱5月至10月中；P🛜）酒店房间是标准的汽车旅馆风格，受到全家的欢迎，设有儿童游乐场地，还有野鹿在周围吃草。烧烤架和野餐桌为夏日夜晚带来了更多欢乐的氛围，而在阴冷的秋天夜里也可以窝在屋里享受卫星电视。大多数房间都有小厨房。

★ Prince of Wales Hotel 历史酒店 $$$

（☎403-859-2231；www.princeofwaleswaterton.com；Prince of Wales Rd；房间 $249起；⏱5月至9月；P🛜）酒店坐落在峭壁之上，俯瞰

着沃特顿湖，瑞士风格的宏伟建筑与苏格兰城堡风格完美结合，让人仿佛置身霍格沃茨魔法学校一般。在主酒廊中，穿着苏格兰短裙的服务员会彬彬有礼地为你呈上下午茶，充满了怀旧的魅力。巨大的窗户正对湖面，原始的大自然美景在那里呼唤着你。

✖ 餐饮

★ 49° North Pizza
比萨 $

(☎403-859-3000；www.49degreesnorthpizza.com；303 Windflower Ave；比萨 $10~20；⊙5月至9月 正午至22:00)撒满各种配料的比萨让人非常满足，你还可以尝试一些有点创意的美食，比如野牛肉丸或是萨斯卡通卷。服务满分，还有不错的啤酒；如果店内外不多的位置都坐满了人，也可以选择打包。还要再多说吗？

Wieners of Waterton
热狗 $

(www.wienersofwaterton.com；301 Windflower Ave；热狗 $6~8；⊙11:00~23:00；☎)这里的热狗不同寻常，算得上极品美味，还提供本地熏肠热狗和早餐热狗等不同的选择。还可以来一份红薯薯条当作配菜。这里受欢迎也是理所应当的，在夏天经常能见到等候的队伍一直排到了门外。

Waterton Bagel & Coffee Co
咖啡馆 $

(☎403-859-2466；309 Windflower Ave；百吉面包圈 $5起；⊙10:00~22:00)如果你刚刚步履蹒跚地走出旷野，这里便是最合时宜的天赐之物。这家微型咖啡馆有几把靠窗的凳子，供应能救命的花生酱和果酱面包圈以及提神的咖啡饮料。

Thirsty Bear Saloon
小酒馆

(☎403-859-2111；111 Waterton Ave；⊙5月中旬至9月 周一至周六 16:00至次日2:00)从外面看起来这里似乎只是个暗暗的粗糙大厅，不过走进门你就会被这里吸引。酒吧里宽敞的空间装饰成谷仓的风格，服务很友好，在现场音乐、台球桌和不错的啤酒的陪伴下，你可以在这里享受狂欢的夜晚。

❶ 实用信息

My Waterton(www.mywaterton.ca)沃特顿湖商会的网站提供了最及时的旅行信息，包括每个月将要举办的活动。

加拿大国家公园游客中心(Parks Canada Visitor Centre；☎403-859-5133；www.pc.gc.ca/waterton；⊙5月至9月 8:00~19:00)从徒步线路到酒店，这里是获取所有信息的中心站点。就在Prince of Wales Hotel的街对面。

❶ 到达和离开

沃特顿位于艾伯塔省的西南角，离莱斯布里奇130公里，离卡尔加里156公里。进入公园的一条公路在其东北角的Hwy 5沿线。大部分从冰川国家公园和美国过来的游客都会从东南方向经Hwy 6[即酋长山国际公路(Chief Mountain International Hwy)]到达与Hwy 5的交叉路口。如果是从卡尔加里出发，可以先往北走，再沿Hwy 2一路向南到达Hwy 5并进入公园。如果是从东边过来，Hwy 5会经过卡兹顿(Cardston)，向西再向南进入公园。

没有从公园外的加拿大城市开到这里的公共交通工具。不过，从5月至9月，每天会有1班由**Glacier Park Inc**(☎预订电话866-435-1605；www.glacierparkinc.com)运营的班车(成人/儿童US$50/25)从Prince of Wales Hotel开往美国蒙大拿州的Glacier Park Lodge。从这里出发，可以搭上美国铁路公司(Amtrak)的列车前往美国的其他地区。

❶ 当地交通

Tamarack Outdoor Outfitters(720页)提供前往众多徒步路线的班车，包括酋长山($20)和Tamarack($30)，以及前往Akamina Parkway沿途路线的免费班车。可以在网上预订班车座位，也可以在店内预订。

克罗斯内斯特山口 (Crowsnest Pass)

在麦克劳德堡西面，克罗斯内斯特公路(Crowsnest Hwy，即Hwy 3)穿过大草原进入落基山脉，并到达克罗斯内斯特山口(1396米)和不列颠哥伦比亚省的边界。据了解，这个山口是正好位于不列颠哥伦比亚省边界东侧的一串小社区。值得注意的是**弗兰克**(Frank)镇的历史。1903年，附近的特特尔山(Turtle Mountain)发生了3000万立方米(大约相当于8200万吨)的坍塌，弗兰克镇差点儿被彻底掩埋，近70人因事故丧生。有人认为，应归咎于煤矿在山底挖煤。但采矿并未停止，在几百年前，这些"黑金"是整个地区获得财富的通行证。最后，由于对煤的需求减小，又发生了更多的塌方，出于对再次发生山体滑坡的恐惧，煤矿才永久关闭了。

★ **弗兰克滑坡解说中心** 博物馆

（Frank Slide Interpretive Centre; www.frankslide.org; Hwy 3; 成人/儿童 $13/9; ◎7月至8月 9:00~18:00, 9月至次年6月 10:00~17:00）这个优秀的博物馆俯瞰着克罗斯内斯特山谷（CrowsnestValley），帮助参观者了解弗兰克滑坡的惨剧。各种关于采矿、铁路和该地区早期历史的展览栩栩如生；孩子们会很喜欢在这里拉一拉，在那里跳一跳，还有拼图和各种有趣的活动。这里还会放映一部根据1903年的惨剧改编而成的虚构影片。从这个博物馆出发的一条小路，会带你来到滑坡现场。

艾伯塔省北部
（NORTHERN ALBERTA）

尽管声名狼藉的油砂越来越多，但艾伯塔省的上半部分依然很少有人问津，甚至是鲜为人知。一旦来到埃德蒙顿以北的地方，人口就会减少到西伯利亚的水平。这里强烈的偏僻感也相当令人恐惧。

如果你寻求孤独，这里便是天堂。绵延不绝的松林似乎根本没有尽头，夜间出现的北极光比任何化学致幻剂带来的幻觉都要令人迷醉。在这里，你依然能看到成群的野牛四处游荡。

克里族人（Cree）、斯拉维族人（Slavey）和提纳人（Dene）是这个地区最早的居民，如今他们中的很多人依然靠捕鱼和狩猎为生。东北部几乎不通公路，那里的主宰是伍德布法罗国家公园、阿萨巴斯卡河（Athabasca River）以及阿萨巴斯卡湖（Lake Athabasca）。西北部则更易前往，那儿的公路网连接着艾伯塔省和不列颠哥伦比亚省及西北地区。

皮斯河及周边
（Peace River & Around）

沿着Hwy 43公路向西北方向前进，到达不列颠哥伦比亚省的道森克里克（Dawson Creek）镇，也就来到了阿拉斯加公路（Alaska Hwy）的零公里碑。道森与埃德蒙顿之间的距离长达590公里，所以前往艾伯塔省北部这个与世隔绝的地区要走很长的路。沿途会经过大草原城（Grande Prairie），这是当地农业生产的经营基地，也是四轮马车竞赛的传奇人物凯利·萨瑟兰（Kelly Sutherland）的家乡。

皮斯河会如此命名，是因为敌对的印第安克里族人和比弗族人（Beaver）曾在河岸上讲和。皮斯河（Peace River）镇坐落在哈特河（Heart River）、皮斯河和斯莫基河（Smoky River）的汇流处。在镇外西侧，Hwy 2通向马更些公路。

马更些公路
（Mackenzie Highway）

小镇格里姆肖（Grimshaw）是马更些公路（即Hwy 35）的官方起点，这条路向北通往西北地区。除了零公里碑和几家商店，这里没有太多的东西。相对平坦而笔直的公路的大部分路段都铺设了路面，虽然有几段是松散的碎石路，这些部分的公路正在进行重建。

格里姆肖和曼宁（Manning）之间的沿途风光以农业景观为主，而后会被无边无际的云杉和松树林所取代。一定要有备而来——这里属于边境地带：随着你向北穿过旷野，相应的服务也会越来越少（而且越来越贵）。在从这里向北的路上，只要看到加油站，你就一定要加满你的油箱。

海莱夫尔（High Level）是到达西北地区边界之前的最后一处小村落，也是木材工业的中心。在一周的工作日内，工人们通常会住在汽车旅馆里。海莱夫尔和恩特普赖斯（Enterprise, 位于西北地区）之间唯一的加油站位于印第安卡宾斯（Indian Cabins）。

湖区（Lake District）

圣保罗（StPaul）位于埃德蒙顿东北200多公里处，艾伯塔省巨大的湖区从这里一直延伸至西北地区的边界。随着你跨过北萨斯喀彻温河（North Saskatchewan River），平原变成了密林覆盖的绵延群山，散布着废弃的农场和颇有怪异美感的残破房屋与谷仓。钓鱼在该地区大受欢迎（即便是在冬季，也会进行破冰钓鱼），不过很多湖泊，尤其是更靠北的，都不通公路，只能乘飞机前往。

如果你正在寻找小绿人（可能存在的外星生物），那么圣保罗（St Paul）可是必到之处。飞碟起降场（flying-saucer landing pad）——如今仍在等候第一位外星游客——开门营业。作为加拿大百年规划的一部分，当地居民在1967年建造了12米高的圆形起降场，号称这块土地是国际起降场（也可以号称宇宙起降场）。它自称世界上规模最大的、也是唯一的不明飞行物起降场。从那以后，UFO迷们一直源源不断地拜访此地。要去UFO数据中心（UFO Data Center; ☎780-645-6800, UFO热线 888-733-8367; www.town.stpaul.ab.ca/Tourist-Information; 50 Avenue, St Paul; ☉5月至9月 10:00~18:00）看看，太空主题的礼品店中出售的图书里，记载了137件当地的目击事件和关于牲畜被肢解、绑架以及麦田怪圈的图片和报道。这里的UFO热线提供给人们报告新的目击。

Hwy 63公路是进入该省东北旷野深处的主要路线。经过沿途的几处小村落和露营地，公路会把你带到位于埃德蒙顿东北439公里处的麦克默里堡（Fort McMurray）。它起初只是一处毛皮贸易站，现在这里坐落着阿萨巴斯卡油砂矿（Athabasca Oil Sands），世界上规模最大的油田，也是艾伯塔的经济命脉。油砂发现中心（Oil Sands Discovery Centre; ☎780-743-7167; http://history.alberta.ca/oilsands; 515 MacKenzie Blvd; 成人/儿童/家庭 $11/7/29; ☉5月中旬至9月中旬 9:00~17:00, 9月中旬至次年5月中旬 10:00~16:00）会利用互动方式讲述这片油砂矿的历史以及如何提取原油。小镇本身并不十分有趣；非石油工人通常会到这儿来欣赏北极光。2016年肆虐的野火让小镇惊动了全世界的媒体，全部居民都被疏散了几个月之久，很多人因此变得无家可归。

艾伯塔省

湖区

不列颠哥伦比亚省

包括 ➡

温哥华......................725
惠斯勒......................766
温哥华岛..................777
南海湾群岛..............791
弗雷泽河谷和
汤普森河谷..............823
奥卡纳根河谷..........826
库特奈山脉和
落基山脉..................844
卡里布、奇利科丁和
海岸地区..................862
不列颠哥伦比亚省
北部..........................865

最佳餐饮

- ➡ Bistro 694（见801页）
- ➡ Pilgrimme（见821页）
- ➡ Vij's（见750页）
- ➡ Ask for Luigi（见747页）
- ➡ The Nova Kitchen（见774页）

最佳住宿

- ➡ Free Spirit Spheres（见800页）
- ➡ Wickaninnish Inn（见806页）
- ➡ Shades of Jade Inn & Spa（见775页）
- ➡ Skwachàys Lodge（见743页）

为何去

从加拿大西部的不列颠哥伦比亚省（British Columbia，简称BC）游历归来时，旅行者总是不吝溢美之词，而诸如"哇""不得了""壮观"之类的词语已经不足以描绘那里的美。巍峨的群山、幽深的森林和雄伟的海岸线会让你忍不住打开话匣子，也能让你身心放松、归于平静。

不列颠哥伦比亚可不仅仅能让你亲近大自然。温哥华融合了来自亚洲甚至更遥远地方的美食和文化，而像维多利亚和基洛纳这样的中等规模城市也创造出生机勃勃的独特景象。热情友好且独具个性的小型社区散发着无可匹敌的魅力——从坎伯兰到鲍威尔河再到咸泉，它们就像不列颠哥伦比亚省的心跳，活力四射。

无论走到哪里，大自然始终在召唤你。这里是滑雪、划皮划艇和徒步旅行的圣地，极致的体验一定会让你终生难忘。

何时去

温哥华

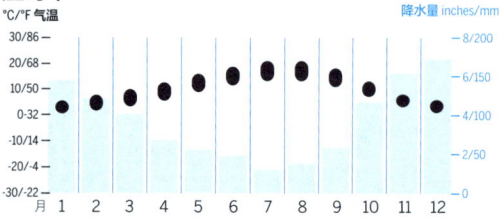

12月至次年3月 去惠斯勒-黑梳山滑雪的最佳时节。

7月和8月 在阳光普照的温哥华享受沙滩、露台和丰富的户外节日活动。

9月和10月 在托菲诺的海滩尽情冲浪、观赏风暴景象。

公园和野生动物

不列颠哥伦比亚的国家公园包括冰雪覆盖的冰川国家公园和被列入联合国教科文组织《世界遗产名录》的库特奈国家公园与幽鹤国家公园。新设立的海湾群岛国家公园保护区守卫着一片生态环境脆弱的海岸地区。可登录加拿大公园管理局（Parks Canada; www.pc.gc.ca）网站查看更多信息。

这片区域有近1000个省立公园，还有长达3000公里的徒步旅行小径。著名的公园有斯特拉斯科讷省立公园和偏远的斯科特角省立公园，还有位于卡里布的适合划独木舟的宝隆湖省立公园，以及位于库特奈的地形类似马特洪峰的阿西尼博因山省立公园。可登录不列颠哥伦比亚公园局（BC Parks; www.bcparks.ca）网站查看更多实用信息。

你还会发现一些不可思议的野生动物。陆地上的哺乳动物包括麋鹿、驼鹿、狼、灰熊和黑熊，它们总能让大部分旅行者放不下手中的相机。这里还有500多种鸟，包括青鹭和秃鹰。海上的旅行者可以注意观察周围，看看是否有虎鲸出没。

❶ 当地交通

仅仅是不列颠哥伦比亚省的面积就会让很多游客震惊不已，比如，从温哥华驾车到鲁珀特王子港居然要1508公里。在温哥华周边逛逛就很诱人——温哥华是大多数来不列颠哥伦比亚省旅行者的入口，但是如果你不出城看看就无法真切感受这个省份的魅力。

不考虑距离的话，在不列颠哥伦比亚最流行的交通方式仍然是自驾。通过 **Drive BC 网站**（www.drivebc.ca）规划自驾路线非常方便，还可以选择尝试四通八达的 **BC Ferries**（www.bcferries.com）系统提供的数十项服务。

加拿大国家铁路公司（VIA Rail; www.viarail.com）在不列颠哥伦比亚省运营着两条线路。一条从北部海岸通往贾斯珀，另一条从贾斯珀返回温哥华。第三条位于温哥华岛上的线路也将重新启用。

温哥华(VANCOUVER)

人口 604,778

适宜步行的街区、令人愉悦的美食美酒、难忘的文化以及景色壮丽的户外运动等，有

快速参考

➜ 人口：470万

➜ 面积：944,735平方公里

➜ 首府：维多利亚

➜ 参考：不列颠哥伦比亚省是北美第三大影视和电视制作中心。

满满一筐理由让你爱上这座安逸的大都市。

可以从市中心开始温哥华探索之旅。步行或者选择公共交通，仅仅几分钟后你就能混迹于当地人的队伍中进入城市众多多元且独特的社区。无论是寻找金马素街（Commercial Dr）的咖啡店还是在缅街（Main St）追逐潮流，无论是去城内的独立酒吧和餐厅还是流连于沙滩上的建筑遗产和Kitsilano赏心悦目的商店间，你会发现，整座城市都是进行轻松都市游的绝佳目的地。无论你去哪里，一定要和当地人聊聊：刚见面时，他们可能看起来有点害羞甚至冷漠，但温哥华人其实很爱谈论他们的城市。

历史

在西班牙探险家于16世纪末到达这里之前，第一民族已经在这个地区生活了16,000多年。当英国皇家海军的乔治·温哥华船长（Captain George Vancouver）于1792年登陆上岸时，遇到了几位西班牙船长，他们告诉他这片土地已归西班牙所有（他们相遇的那片海滩如今被称作西班牙海岸）。但是到了19世纪初，欧洲移民纷纷迁居此地后，英国王室对这里的控制日益增强。

毛皮贸易和淘金热很快就将这片地区重新定义为资源丰富的"阿拉丁宝洞"。到19世纪50年代，已有成千上万的淘金者来到此地，这也促使英国正式宣布其为殖民地。当地企业家"侃爷"杰克·戴顿于1867年抓住先机，在森林覆盖的布勒内湾海岸线上开了一间酒吧。此举带动了当地的快速发展，这座外号为"煤气镇"（加斯镇，Gastown）的小城就是今日温哥华的前身。

但并不是所有事情都能按部就班地发展。当温哥华人口迅速增至1000人时，1886年的一场火灾将城中建筑付之一炬，这次火灾

不列颠哥伦比亚省亮点

❶ 斯坦利公园（见728页）在**温哥华**8.8公里长的绝美海堤上漫步。

❷ 托菲诺（见803页）在温哥华岛狂野的西海岸，迎着风暴冲浪（或者只是观看风暴景象）。

❸ 奥卡纳根河谷（见826页）参加酒庄之旅，在葡萄园蜿蜒的小路上品尝美酒。

❹ 惠斯勒（见766页）去奥林匹克滑雪道上滑雪，在滑雪后的社交活动中喝杯热饮。

❺ 格怀伊哈纳斯国家公园保护区（见869页）探索神秘的远古热带雨林，再沿着海岸线划皮划艇，远眺这片区域。

❻ 咸泉岛（见816页）在热闹的周末市场闲逛，尽情品尝各种美食，大快朵颐。

❼ 阿勒特湾（见813页）沿着海边步道探寻第一民族的艺术和文化。

❽ 海天缆车（见763页）跳上斯阔米什附近的新缆车，从高处欣赏该地区耀眼的全景。

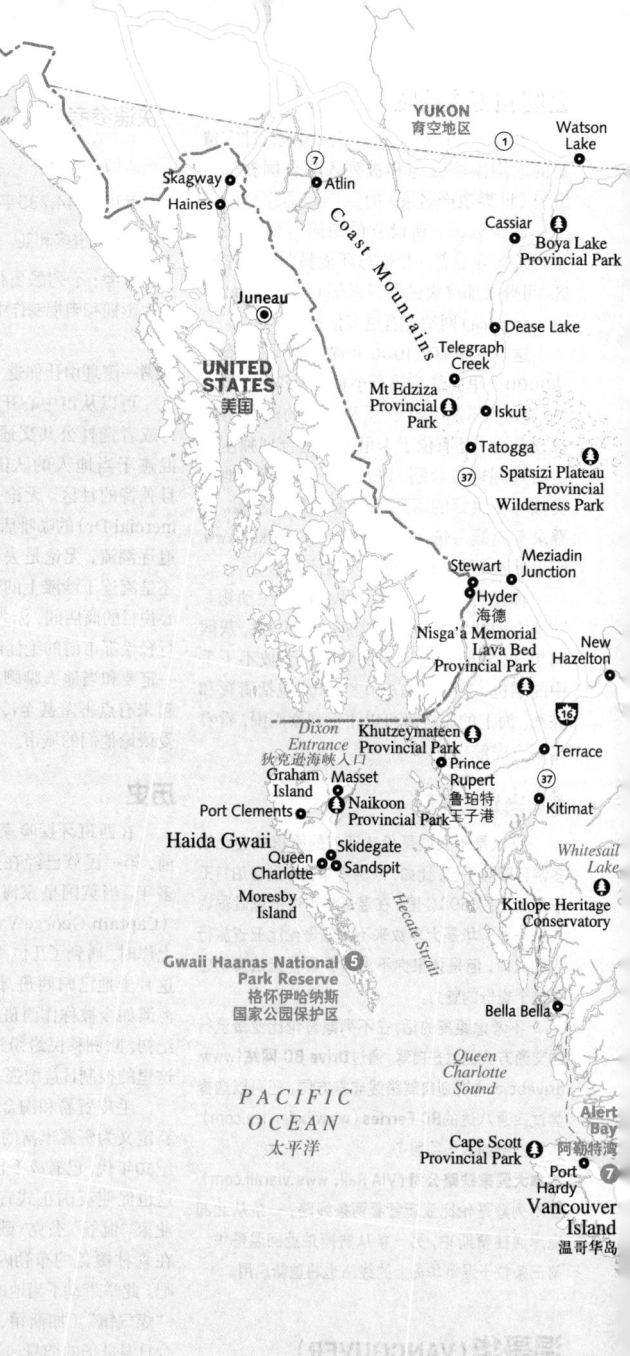

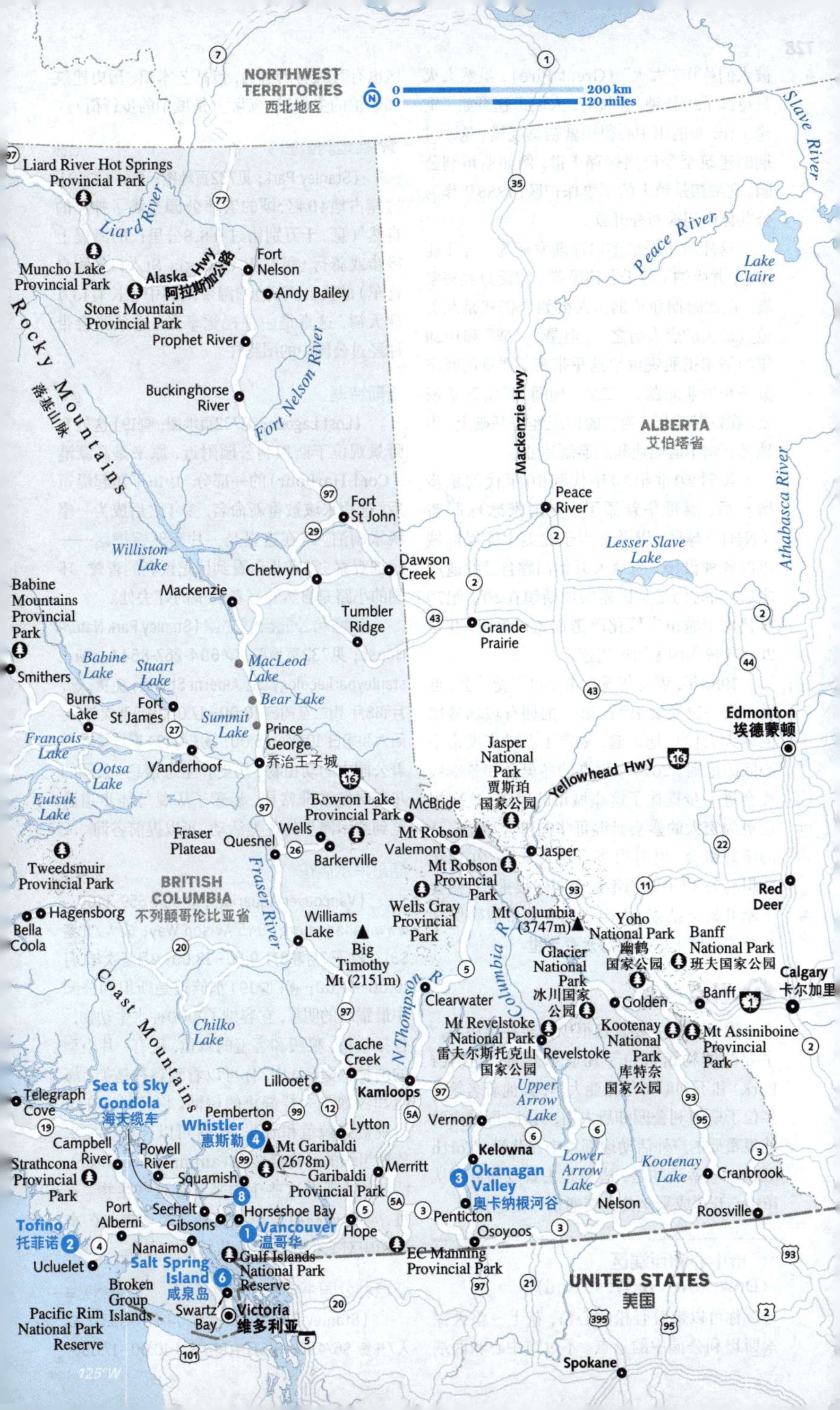

NORTHWEST TERRITORIES
西北地区
0 200 km
0 120 miles
Slave River
Liard River Hot Springs Provincial Park
Liard River
Muncho Lake Provincial Park
Alaska Hwy
阿拉斯加公路
Fort Nelson
Andy Bailey
Stone Mountain Provincial Park
Prophet River
Rocky Mountains
落基山脉
Buckinghorse River
Fort Nelson River
Peace River
Lake Claire
Mackenzie Hwy
ALBERTA
艾伯塔省
Athabasca River
Peace River
Lesser Slave Lake
Fort St John
Dawson Creek
Williston Lake
Chetwynd
Mackenzie
Babine Mountains Provincial Park
Tumbler Ridge
Grande Prairie
Smithers
Babine Lake
Stuart Lake
MacLeod Lake
Bear Lake
Burns Lake
Fort St James
Summit Lake
Prince George
乔治王子城
François Lake
Ootsa Lake
Vanderhoof
Edmonton
埃德蒙顿
Jasper National Park
贾斯珀国家公园
Yellowhead Hwy
Eutsuk Lake
Bowron Lake Provincial Park
McBride
Wells
Mt Robson
Fraser Plateau
Quesnel
Valemount
Barkerville
Jasper
Tweedsmuir Provincial Park
Mt Robson Provincial Park
BRITISH COLUMBIA
不列颠哥伦比亚省
Fraser River
Red Deer
Wells Gray Provincial Park
Mt Columbia (3747m)
Yoho National Park
幽鹤国家公园
Banff National Park
班夫国家公园
Bella Coola
Hagensborg
Williams Lake
Big Timothy Mt (2151m)
Glacier National Park
冰川国家公园
Calgary
卡尔加里
Coast Mountains
N Thompson R
Columbia R
Clearwater
Golden
Banff
Mt Revelstoke National Park
雷夫尔斯托克山国家公园
Revelstoke
Kootenay National Park
库特奈国家公园
Mt Assiniboine Provincial Park
Chilko Lake
Cache Creek
Telegraph Cove
Sea to Sky Gondola
海天缆车
Lillooet
Kamloops
Upper Arrow Lake
Pemberton
Whistler
惠斯勒
Lytton
Vernon
Campbell River
Powell River
Mt Garibaldi (2678m)
Kelowna
Strathcona Provincial Park
Squamish
Garibaldi Provincial Park
Merritt
Okanagan Valley
奥卡纳根河谷
Lower Arrow Lake
Kootenay Lake
Cranbrook
Port Alberni
Sechelt
Gibsons
Horseshoe Bay
Hope
Penticton
Nelson
Roosville
Tofino
托菲诺
Vancouver
温哥华
Osoyoos
Nanaimo
Salt Spring Island
咸泉岛
Gulf Islands National Park Reserve
EC Manning Provincial Park
Ucluelet
UNITED STATES
美国
Broken Group Islands
Pacific Rim National Park Reserve
Swartz Bay
Victoria
维多利亚
Spokane
125°W

被人们称作"大火"（Great Fire），虽然大火只持续了20分钟。紧接着，人们迅速开始了重建工作，新的市中心很快就初具规模。这一时期的建筑至今仍然保存于世，例如斯坦利公园。它最初是镇上的军事保护区，1888年作为公共休闲用地对外开放。

这座城市凭借港口逐渐发展为一个工业中心，并吸纳了数千名移民劳工以促进经济发展。在此时期建成的唐人街如今仍然是北美地区最大的唐人街之一。但是"一战"和1929年的华尔街股灾也给这里带来了严重的经济萧条和失业问题。"二战"期间，经济逐渐恢复，在以资源开发为主的传统经济基础上，当地又新增了造船业和武器制造业。

经过20世纪50年代和60年代的稳步增长后，温哥华新添了一支国家冰球联盟（NHL）球队，以及相当于北美中等规模城市的各种设施。当地人开始回顾自己的遗产之后，当时仍是贫民窟的加斯镇在20世纪70年代由于城市贵族化改造而得以保留，并在2010年成为国家历史遗迹。

1986年，温哥华成功举办世界博览会，推动了新一轮发展浪潮，第一批拥有玻璃幕墙的摩天大楼拔地而起，划定了温哥华城市中心区的范围。2010年举办的冬奥会和冬季残奥会进一步提振了这座城市的经济，这次规模更为宏大的盛会是温哥华向世界展示自己的绝好机会。但对很多当地人来说，2013年斯坦利公园的125周年纪念同样很重要：盛会不断开始又结束，而温哥华人则希望确保这片最美的城市绿地能够永存于世。

◉ 景点

温哥华的主要景点很少分布在市中心，主要的博物馆都位于凡尼尔公园（Vanier Park）和不列颠哥伦比亚大学，其他著名景点多位于斯坦利公园和唐人街，另外，区域内两处最重要的户外活动地都集中在北岸（North Shore）。幸运的是，这些必去景点都可以从市中心开车或乘坐公共交通很方便地到达。

◉ 市中心和西端区 (Downtown & West End)

你可以带着轻松的心情，花上一整天探索斯坦利公园中的景点。不过市中心和西端区也有其独特的魅力，包括艺术馆、历史建筑和繁忙的主街道（实际上是城中的步行街）。

★ 斯坦利公园 公园

（Stanley Park；见732页地图；P🅿；🚌19）这座占地404公顷的宏伟公园充满了神秘的自然气息。千万别错过在8.8公里长的海堤上漫步或骑行（可在W Georgia St入口处租自行车）的机会。旁边的温带雨林中生长着15万棵大树，这真是一种视觉享受。这条路会带你经过公园中的图腾柱。

洛斯特湖 湖泊

（Lost Lagoon；见732页地图；🚌19）这处乡野景观位于斯坦利公园附近，原来是高豪港（Coal Harbour）的一部分。1916年建起堤道后，这片水域被重新命名，多年之后成为一座淡水湖泊。现在这里是一片自然保护区——仔细观察，没准儿会看到目光锐利的青鹭，环湖的小路是自然爱好者散步的好去处。

斯坦利公园自然之家（Stanley Park Nature House；见732页地图；📞604-257-8544；www.stanleyparkecology.ca；Alberni St北面；免费；⊙7月和8月 周二至周日 10:00~17:00，9月至次年6月周六和周日 10:00~16:00；🅿；🚌19）**免费**展示着公园中的动植物、历史和生态信息。公园的步行导览游非常棒，涵盖了从观鸟徒步道游览到艺术漫步的各类活动，可以提前咨询。

温哥华水族馆 水族馆

（Vancouver Aquarium；📞604-659-3400；www.vanaqua.org；845 Avison Way；成人/儿童 $31/22；⊙7月和8月 9:30~18:00；9月至次年6月 10:00~17:00；🅿；🚌19）水族馆是斯坦利公园中最耀眼的明星，它容纳了9000种水生动物，包括鲨鱼、狼鳗和害羞的章鱼，还有一片小型的雨林，漫步其中，你可以看到各种鸟类、海龟和像雕塑一样静止的树懒。你还可以在馆内观赏到鲸鱼和海豚。游客可以选择参加水族馆组织的动物全接触（animal encounter）活动，来观看这些生物来亲近这些生物。不过，动物福利组织声称将鲸目类动物关在水族箱中对它们这种复杂生物非常有害。

斯坦利公园小火车 迷你火车

（Stanley Park Train；📞604-257-8531；成人/儿童 $6/4.75；⊙6月中旬至8月 10:00~17:00，

Vancouver 温哥华

Map of Vancouver and surrounding area

4月和5月的周六和周日及复活节、万圣节和圣诞节至16:00;🅿;🚌19)这条铁路是温哥华于1887年建造的第一段客运铁路的复制品，深受家庭游客的欢迎。一年当中的不同时段，火车会呈现给游客不同的面貌，夏季，它在树影斑驳的树林中缓缓穿行，而到了复活节、万圣节和圣诞节时，它会被装点得极富节日特色。

英吉利湾海滩 海滩

(English Bay Beach; 见732页地图; Denman St和Beach Ave交叉路口; 🚌5)沿着Denman St向南漫步，当你看到一片棕榈树林时，就来到了加拿大最好的城市海滩。你还会看见温哥华最受欢迎的公共艺术品：一系列大笑的巨型人物雕塑，它们也逗得每个路人哈哈大笑。夏天，这里的气氛如同一个大型派对，因为当地人会来到沙滩上晒太阳、看海或者向在沙滩上腾跳的排球手们抛媚眼。

罗德房屋博物馆 博物馆

(Roedde House Museum; 见732页地图; ☎604-684-7040; www.roeddehouse.org; 1415 Barclay St; $5; ⏰周二至周六 11:00~16:00，周日13:00~16:00，冬季营业时间缩短; 🚌5)如果你想看看西端区在建起公寓楼前是什么模样，可以来参观这座建于1893年的安妮王朝式样的建筑，现在这里是一座保存良好的迷人博物馆。它由声名狼藉的不列颠哥伦比亚省建筑师Francis Rattenbury设计，馆中摆放着各种古董，花园很保持着当年的风格。门票价格包含导览游，而星期日门票(Sunday entry)包含导览游、茶和点心，仅收$8。

温哥华美术馆 画廊

(Vancouver Art Gallery; 见732页地图; ☎604-662-4700; www.vanartgallery.bc.ca; 750 Hornby St;成人/儿童 $20/6; ⏰周三至周一 10:00~17:00，周二 至21:00; 🚌5)从2000年开始，人们对温哥华美术馆进行了大规模改造，使这里成为城市文化景观中至关重要的一部分。当代展览经常展示温哥华著名影像概念派艺术家的作品，如今也融入了轰动的国际旅行展览。你可以参加每个季度举行的深夜狂欢 **Fuse**(见732页地图; www.vanartgallery.bc.ca/fuse;门票$24; ⏰20:00至午夜)，与当地的年轻艺术家一起享受美酒和现场音乐。

加拿大广场 地标

(Canada Place; 见732页地图; ☎604-775-7063; www.canadaplace.ca; 999 Canada Place Way; 🅿; Ⓢ Waterfront)温哥华版的悉尼歌剧院——你可以多找几张明信片比照一下，这座地标性建筑的形状很像一排从港口伸向天空的风帆。这里既是一个游船码头，也是一个会议中心(隔壁扩建的建筑已经于2010年开放)，同时还是个适合散步的长堤，从这里可以拍到北岸的群山和水上飞机起落的美丽照片。

飞跃加拿大 剧院

(FlyOver Canada; 见732页地图; ☎604-

在温哥华的……

1天

先去**Templeton**(见744页)享用丰盛的早餐，接着往南闲逛到**温哥华美术馆**(见730页)。然后沿着**Robson St**逛逛，再走到海边，欣赏壮阔的海景和远处连绵的山峦。沿着**高豪港**海堤一路向西，便来到了郁郁葱葱的**斯坦利公园**(见728页)。下午的时间都可以在这里探索海滩、图腾柱和**温哥华水族馆**(见728页)，最后再漫步到**西端区**享用晚餐。

2天

接着第一天的行程，第二天早晨前往热闹的唐人街。在高耸的**千禧门**前驻足，再走进附近的**中山公园**(见731页)享受片刻宁静。逛一逛周边五彩缤纷的商店(尝尝诱人的猪肉包)，然后沿着缅街向南来到**科学世界**(见735页)，体验亲自动手的乐趣。随后，坐上附近车站的轻轨(SkyTrain)，来到滨水车站，再乘坐观光海上巴士前往北温哥华的**卡皮拉诺吊桥公园**(见738页)。返回的途中还可以在加斯镇的**Alibi Room**(见751页)喝几杯精酿啤酒。

620-8455；www.flyovercanada.com；999 Canada Pl；成人/儿童 $22/14；⊙10:00~21:00；冬季营业时间缩短；🅿；⑤Waterfront）这是加拿大广场的最新景点，刺激的电影屏幕模拟飞行带你体验穿越整个国家的感觉，从东海岸到西海岸的壮丽景色和城市地标都可以尽收眼底。途中，你的座椅会倾斜，脸上还能感觉到水雾，这让许多人开怀大笑。当短暂的旅程结束后，保准你意犹未尽。

比尔·里德西北海岸艺术馆　　画廊

（Bill Reid Gallery of Northwest Coast Art；见732页地图；☎604-682-3455；www.billreidgallery.ca；639 Hornby St；成人/儿童 $10/5；⊙5月中旬至9月 11:00~17:00，10月至次年5月中旬 周三至周日 11:00~17:00；⑤Burrard）艺术馆会展出加拿大最受尊敬的海达艺术家以及其他艺术家创作的雕刻、绘画和珠宝首饰，馆中陈列着美妙且精致的艺术品，还有方便的触屏介绍相关背景资料。活动中心位于大厅，那里总有雕刻家在进行现场创作。不要错过中间层，在那里你会看到一座长达8.5米的青铜像，刻画的是舌头极长、肢体交缠的神奇生物。

◉ 加斯镇和唐人街 (Gastown & Chinatown)

游览这片区域的最佳方式是步行，你可以花上几个钟头逛逛历史悠久的加斯镇和唐人街，这里有几条街道铺着鹅卵石，还有些独一无二的必看景点值得到访。

温哥华警察博物馆　　博物馆

（Vancouver Police Museum；见732页地图；☎604-665-3346；www.vancouverpolicemuseum.ca；240 E Cordova St；成人/儿童 $12/8；⊙周二至周六 9:00~17:00；🚌4）这座奇怪的小型博物馆里展示着这片地区的犯罪案件以及腐坏堕落的历史，你可以看到没收来的武器和假币。馆中有个地方曾经是太平间，那里的墙壁上还镶嵌着人体组织碎片——你可以看到被子弹打伤的大脑切片。建议你参加步行游（$20）了解这里曾经堕落的历史，还可以去礼品商店购买一件印着脚趾的T恤。

中山公园　　花园

（Dr Sun Yat-Sen Classical Chinese Garden &

最佳博物馆

➡ 人类学博物馆（Museum of Anthropology；见736页）

➡ 温哥华博物馆（Museum of Vancouver；见736页）

➡ 温哥华警察博物馆（Vancouver Police Museum；见731页）

➡ 罗德房屋博物馆（Roedde House Museum；见730页）

➡ 贝蒂生物多样化博物馆（Beaty Biodiversity Museum；见737页）

➡ 温哥华海洋博物馆（Vancouver Maritime Museum；见737页）

Park；见732页地图；☎604-662-3207；www.vancouverchinesegarden.com；578 Carrall St；成人/儿童 $14/10；⊙ 6月中旬至8月 9:30~19:00；9月和5月至6月中旬 10:00~18:00，10月至次年4月 10:00~16:30；⑤Stadium-Chinatown）从喧闹的唐人街出来，享受片刻宁静。在这个惬意的公园，你可以体会到道教教义中的平衡与和谐。门票包含了45分钟的导览游，会带你探索园中苍老遒劲的松树、蜿蜒的长廊和古老的石灰岩假山背后的象征意义。留意碧绿的水中慵懒的乌龟。

蒸汽钟　　地标

（Steam Clock；见732页地图；Water St和Cambie St交叉路口；⑤Waterfront）走到Water St中段，很容易就能看到这座奇特的响着汽笛的大钟。很多游客慕名前来拍照留念。这座钟建于1977年，其实是电力驱动的，只有顶部的汽笛靠蒸汽驱动（如果你把这个秘密告诉旁边耐心等待它鸣笛的游客，可能会引起小小的骚动）。蒸汽钟每15分钟鸣笛一次，每到整点还会响起一小段交响曲。

唐人街千禧门　　地标

（见地图732页；W Pender St和Taylor St交叉路口；⑤Stadium-Chinatown）2002年，当时的加拿大总理让·克雷蒂安主持了千禧门的落成仪式，这座高悬的门牌现在已是一处地标，吸引了很多游客前来参观。由于装饰物都聚集

Downtown Vancouver 温哥华市中心

733

Vancouver Harbour 温哥华港

SeaBus to North Vancouver 去北温哥华的海上巴士

Centennial Pier

W Cordova St
Canada Pl
W Hastings St
Waterfront Station
Waterfront
Burrard
Waterfront Rd
Portside Park
GASTOWN
Water St
Alexander St
Granville
W Hastings St
Trounce Al
Powell St
Blood Al
E Cordova St
CHINATOWN
Dunsmuir St
Abbott St
Cambie St
Carrall St
E Hastings St
Vancouver Art Gallery 温哥华美术馆
Vancouver City Centre
W Pender St
Taylor St
E Pender St
Granville Mall
Richards St
Homer St
Keefer St
Columbia St
E Georgia St
Smithe St
Hamilton St
Library Sq
Stadium-Chinatown
Andy Livingstone Park
Union St
Nelson St
Mainland St
Cambie St
Beatty St
Georgia Viaduct
Dunsmuir Viaduct
Prior St
去Cultch (2.3km);
Grandview Park 大观公园 (2.4km)
YALETOWN 耶鲁镇
Expo Blvd
Terry Fox Way
Pacific Blvd
National Ave
Main St-Science World
Pacific Central Station
Yaletown-Roundhouse
Thornton Park
Cooper's Park
False Creek
Science World 科学世界
Quebec St
去Mintage (2.1km);
Cannibal Café (2.2km);
Tangent Cafe (2.5km);
Jamjar (2.6km)
Cambie Bridge
Cambie St
W 1st Ave
去La Taqueria Pinche Taco Shop (600m);
Mountain Equipment Co-Op (1km); Vij's (1.2km);
Pronto (1.5km); Bloedel Conservatory 布洛德尔温室 (2.7km)
W 2nd Ave
去Brassneck Brewery (260m);
Main Street Brewing (500m);
Dock Lunch (850m);
Biltmore Cabaret (1km);
South Main (1.5km);
Rio Theatre (2.8km)

不列颠哥伦比亚省 温哥华

500 m
0.25 miles

Downtown Vancouver 温哥华市中心

◎ 重要景点
1	固兰湖岛公共市场	B6
2	科学世界	G6
3	斯坦利公园	A1
4	温哥华美术馆	E4

◎ 景点
5	不列颠哥伦比亚体育名人堂和博物馆	F5
6	比尔·里德西北海岸艺术馆	E3
7	加拿大广场	F2
8	唐人街千禧门	G4
9	中山公园	G5
10	374号机车展览馆	E6
11	英吉利湾海滩	A3
12	飞跃加拿大	G2
	HR麦克米兰太空中心	(见14)
13	洛斯特湖	B1
14	温哥华博物馆	A5
15	奥运村	G7
16	罗德房屋博物馆	C3
17	斯坦利公园自然之家	B1
18	蒸汽钟	G3
19	温哥华警察博物馆	H4

◎ 活动、课程和团队游
20	Cycle City Tours	E3
21	Ecomarine Paddlesport Centres	B6
22	Spokes Bicycle Rentals	C1

◎ 住宿
23	Buchan Hotel	B1
24	Burrard Hotel	D4
25	English Bay Inn	A2
26	Fairmont Hotel Vancouver	E3
27	Granville Island Hotel	C7
28	HI Vancouver Central	D5
29	HI Vancouver Downtown	C4
30	Listel Hotel	C2
31	Loden Hotel	C3
32	Opus Hotel	D6
33	Rosewood Hotel Georgia	E3
34	Samesun Backpackers Lodge	D5
35	Skwachays Lodge	G4
36	St Regis Hotel	E4
37	Sunset Inn & Suites	C4
38	Sylvia Hotel	A2
39	Times Square Suites Hotel	B1
40	Victorian Hotel	F4
41	YWCA Hotel	F5

◎ 就餐
42	Ask for Luigi	H3
43	Bao Bei	H4
44	Bestie	H4
45	Bistro 101	B7
46	Blue Water Cafe	E5
47	Bodega	H5

在入口的上方且高度很高,建议在远处欣赏,精美的雕梁画壁上是瓦片屋顶。牌楼东侧上方悬挂着题有"继往开来"的蓝底金字横匾。

◎ 耶鲁镇和固兰湖岛 (Yaletown & Granville Island)

固兰湖岛完全适合自助游——并不仅仅因为这里有个市场。坐上迷你渡轮穿过福溪(False Creek),以耶鲁镇为起点可以参观许多与历史和体育相关的景点。

★ 固兰湖岛公共市场 市场

(Granville Island Public Market;见732页地图;☏604-666-6655;www.granvilleisland.com/public-market;Johnston St;◉9:00~19:00;◼50;迷你渡轮)室内公共市场是固兰湖岛的一个亮点,这里有丰盛的北欧式自助餐,包括鱼、奶酪、水果以及烘焙食品。你可以挑几样带到旁边的凡尼尔公园(Vanier Park)野餐,或前往国际美食街(非高峰时段来容易找到位子)。如果当年农民收成好,从6月到9月,户外还会有农贸市场,你可以在那里买到不列颠哥伦比亚省产的樱桃、桃子和蓝莓。

374号机车展览馆 博物馆

(Engine 374 Pavilion;见732页地图;www.roundhouse.ca;Roundhouse Community Arts & Recreation Centre,181 Roundhouse Mews;◉10:00~16:00,淡季营业时间缩短;◼;⓼Yaletown-Roundhouse)免费1887年5月23日是温哥华历史上的幸运日。这一天374号机车火车头拉着首列横贯大陆的客运火车抵达这座新兴城市,标志着这座未来大都市与全国的连接。这辆机车于1945年退役,在被忽视了很多年后,最终被修复并安放在这座展览馆里。你可以和馆内热心的志愿者聊聊天,他们会告诉你拍照的最佳角度。

不列颠哥伦比亚体育名人堂和博物馆 博物馆

(BC Sports Hall of Fame & Museum;见732页

48	Chambar	F4
49	Fat Badger	C2
50	Finch's	F4
51	Flying Pig	D6
52	Forage	C3
53	Go Fish	B7
54	Guu with Garlic	B2
55	Indigo Age Cafe	F3
56	Jam Cafe	G4
57	L'Abattoir	G4
58	MeeT in Gastown	G3
59	Nuba	F4
60	Phnom Penh	H5
61	Purebread	H5
62	Ramen Butcher	H5
63	Rodney's Oyster House	D6
64	Royal Dinette	E3
65	Save On Meats	G4
66	Sura Korean Cuisine	C2
67	Sushi Itoga	C2
68	Tacofino	G4
	Timber	(见52)
69	Tractor	E2

😊 饮品和夜生活

70	Alibi Room	H3
71	Catfe	G4

72	Diamond	G4
73	Fortune Sound Club	H4
74	Fountainhead Pub	C4
75	Keefer Bar	H4
76	Liberty Distillery	B7
77	Narrow Lounge	H7
78	Six Acres	G3

😊 娱乐

79	Bard on the Beach	A5
	BC Lions	(见5)
80	Commodore Ballroom	E4
	FUSE	(见4)
81	Pacific Cinémathèque	D5
82	Rickshaw Theatre	H4
83	Scotiabank Theatre	D4
84	Vancity Theatre	D5
85	Vancouver Canucks	G5
	Vancouver Whitecaps	(见5)

😊 购物

86	Coastal Peoples Fine Arts Gallery	F3
87	Eastside Flea	H6
88	Gallery of BC Ceramics	B7
89	John Fluevog Shoes	G3
90	Paper Hound	F4

地图；☏604-687-5520；www.bcsportshalloffame.com；Gate A, BC Place Stadium, 777 Pacific Blvd；成人/儿童 $15/12；⊙10:00~17:00；🅿️；🆂Stadium-Chinatown）位于不列颠哥伦比亚体育场（BC Place Stadium）内，名人堂虽然面积不大，但是很好地展示了不列颠哥伦比亚省内最优秀的运动员（包括业余运动员和专业运动员）。这里展览着奖牌、奖杯和运动纪念品（从运动衫的尺寸来看，冰运动员过去的着装尺寸要比今天小得多），还组织了许多动手活动，让孩子玩得尽兴。

🔵 缅街和金马素街 (Main Street & Commercial Drive)

这里有一个网状穹顶的景点，非常受当地家庭的欢迎。还有各类独立私人画廊，这些画廊主要集中在缅街边上的第二大道（2nd Ave），其他画廊则像画家调色板上的油彩随意分布。

金马素街本身就是一处景点，波希米亚风格的步行街上可以找到许多有趣的小商店和咖啡店。街道的中心是大观公园（Grandview Park），走累了可以到这片绿地上小憩。

★ 科学世界   博物馆

（Science World；见732页地图；☏604-443-7440；www.scienceworld.ca；1455 Quebec St；成人/儿童 $25.75/17.75；⊙7月和8月 10:00~18:00，周四 至20:00，淡季营业时间缩短；🅿️🚻；🆂Main St-Science World）科学世界位于温哥华最受欢迎的网状穹顶建筑中（这也是唯一一座采用这种形式的建筑）。广受欢迎的科学和自然展览位于面积巨大的展馆中，室外的公园中有许多动手的有趣活动（没错，你可以举起2028千克的东西）。室内有两层寓教于乐的展览，包括可以进入的仓鼠轮、空气驱动的球迷宫等。

奥运村   景区

（Olympic Village；见732页地图；Athletes Way；🆂Main St-Science World）为2010年温哥华冬奥会和残奥会所建的奥运村可容纳2800名

运动员。当运动员结束比赛回国后，这些临海的玻璃建筑便发展成为城中最新的小区。让这里成为一处完善的社区花费了不少时间，但是商场和饭店以及漂亮的公共艺术都助力不少。去海堤上散步的时候，值得到这里一看。

大观公园 公园

（Grandview Park；Commercial Dr、Charles St和William St之间；📱20）这是位于金马素街上的一个户外社区，得名于树林中的绝佳风景：北面是北岸的群山，西面是高楼林立、熠熠生辉的都市风光。公园中有街头艺人、编着发辫的鼓手和临时的路边摊，这座公园是附近居民夏日纳凉的好去处。

◉ 费尔围和南固兰湖 (Fairview & South Granville)

这片区域最主要的景点是公园和植物园。可以通过Cambie St和Oak St上的公共交通很方便地到达各处。

范杜森植物园 花园

（VanDusen Botanical Garden；📞604-257-8335；www.vandusengarden.org；5251 Oak St；成人/儿童 4月至9月 $12.25/5.75，淡季票价有折扣；⏰6月至8月 9:00～20:30，淡季营业时间缩短；P🚻；📱17）这里是温哥华最受欢迎的观赏性绿地，公园总占地面积22公顷，共种植了255,000棵植物。蜿蜒曲折的小径构成一张网络，通往各个独具特色的小花园，包括春天时五彩斑斓的杜鹃花径（Rhododendron Walk）和种植着迷人的亚洲植物的韩国馆（Korean Pavilion）。建议留点时间去走走迷宫，观赏以池塘为家的苍鹭和乌龟。可查看网上日历，了解团队游和活动信息。

★ 布洛德尔温室 花园

（Bloedel Conservatory；📞604-257-8584；www.vandusengarden.org；Queen Elizabeth Park，4600 Cambie St；成人/儿童 $6.75/3.25；⏰5月至8月 周一至周五 9:00～20:00，周六和周日 10:00～20:00，9月至次年4月 每天 10:00～17:00；P🚻；📱15）这座网状穹顶温室位于伊丽莎白女王公园内的山顶上，不仅是下雨天保暖的理想场所，也是温哥华的绝佳景点。只要点一杯价格

稍贵的拿铁，就可以观赏到各种热带树木和其他植物，以及成百上千自由飞翔着的色彩鲜艳的鸟。别只顾看鹦鹉，你还可以注意下灌木丛中艳丽的七彩文鸟、漂亮的非洲栗头丽椋鸟和惊艳的白腹锦鸡。服务生甚至可能允许你给小鸟喂一些碗里的食物。

◉ 基斯兰奴和不列颠哥伦比亚大学 (Kitsilano & University of British Columbia)

基斯兰奴的凡尼尔公园中有一系列博物馆，以及温哥华市内最好的沙滩——海岸线一直延伸到不列颠哥伦比亚大学。远离市中心的大学校园也不仅仅是一处让游客换换口味的旅游景点。

★ 人类学博物馆 博物馆

（Museum of Anthropology；📞604-822-5087；www.moa.ubc.ca；6393 NW Marine Dr；成人/儿童 $18/16；⏰周三至周日 10:00～17:00，周二 至21:00；P；📱99 B-Line）这座温哥华最好的博物馆中装饰着第一民族美丽的图腾柱和雕刻，还收藏了大量来自世界各地不同文化的工艺品，从波利尼西亚的乐器到粤剧戏服，应有尽有。建议参加一趟免费的每日导览游（需提前查看时间表），除此之外，最好再给自己准备几个小时的自由参观时间。这里很让人沉迷。

温哥华博物馆 博物馆

（Museum of Vancouver；见732页地图；📞604-736-4431；www.museumofvancouver.ca；1100 Chestnut St；成人/儿童 $15/5；⏰10:00～17:00，周四 至20:00；P🚻；📱22）近年来，温哥华博物馆有了很大的进步。尽管为吸引文化层次较高的成人，这里举办了许多极具吸引力的临时展览和夜间活动，但馆内仍然保留着包括20世纪50年代的流行文化和60年代嬉皮士反主流文化的历史展览——它提醒着人们，基斯兰奴（"Kits"）是温哥华"花的力量"（flowerpower）运动中的吸大麻中心。还有一处五彩缤纷的陈列馆，这里展出着从城中各处收集而来的复古霓虹灯牌。

基斯兰奴海滩 海滩

（Kitsilano Beach；Cornwall Ave和Arbutus

St交叉路口；🚌22）基斯兰奴海滩面朝英吉利湾，是温哥华最受欢迎的夏日避暑场所之一。宽阔的沙滩吸引了很多飞盘投掷爱好者和欢乐的排球爱好者，还有很多打扮漂亮的人来这里享受日光浴。海边适合玩水，而真正的游泳爱好者应该去试试基斯兰奴泳池（Kitsilano Pool；☎604-731-0011；www.vancouverparks.ca；2305 Cornwall Ave；成人/儿童 $5.86/2.95；🕐6月中旬至9月中旬 7:00至晚上），它是全世界最大的户外咸水泳池。

不列颠哥伦比亚大学植物园　　花园

（UBC Botanical Garden；www.botanicalgarden.ubc.ca；6804 SW Marine Dr；成人/儿童 $9/5；🕐3月中旬至10月 9:30~16:30，周四 至20:00；11月至次年3月中旬 9:30~16:00；🅿；🚌99 B-Line 转C20）在这座占地28公顷的复合式主题花园中，你可以观赏到品种丰富的杜鹃花、神奇的草药园地和冬季依然绿意盎然的温室花卉。建议参加植物园内的Greenheart Tree Walk（☎604-822-4208；成人/儿童 $20/10；🕐4月至10月 每日 10:00~16:30，周四 至19:30；♿）可让游客在高出森林地面17米的走道上参加总长308米的导览生态游。植物园和步道联票价为$20。

贝蒂生物多样化博物馆　　博物馆

（Beaty Biodiversity Museum；☎604-827-4955；www.beatymuseum.ubc.ca；2212 Main Mall；成人/儿童 $12/10；🕐周二至周日 10:00~17:00；♿；🚌99B-Line）这是不列颠哥伦比亚大学中最后建起的一座博物馆，也是最适合阖家观赏的博物馆。当中200万件自然历史标本首次向公众开放。博物馆以化石、鱼类和标本为特色。亮点是一个长达25米的蓝鲸骨架，被精心摆放在两层楼高的主入口处，还有一些首次展出的藏品，大多数是动物牙爪标本。建议查看免费导览游和儿童活动的时间表。

HR麦克米兰太空中心　　博物馆

（HR MacMillan Space Centre；见732页地图；☎604-738-7827；www.spacecentre.ca；1100 Chestnut St；成人/儿童 $18/13；🕐7月至8月 10:00~17:00，9月至次年6月 周一至周五 10:00~15:00，周六 10:00~17:00，周日 正午至17:00；🅿♿；🚌22）太空中心很受中小学生的欢迎，

ℹ️ 如何省钱

凡尼尔公园探索通票（Vanier Park Explore Pass）的成人票和儿童票的票价分别为$36和$30，涵盖了温哥华博物馆、温哥华海洋博物馆和HR麦克米兰太空中心的门票。在这3处景点都可以买到通票，相比单独购买三处景点的门票，每位成人大概能节省$10。你还可以购买不列颠哥伦比亚大学博物馆和公园通票（Garden Pass）。成人票和儿童票分别为$33和$28，持卡可进入人类学博物馆、植物园、新渡户纪念花园和贝蒂生物多样化博物馆。以上景点都可以买到此通票。持有此通票的人士，还能享受Greenheart TreeWalk的折扣以及在校园内停车、购物和购买餐饮的折扣。

你可能得跟他们一起挤来挤去才能按到那些闪烁的按钮，这座稍显过时的科学中心展示着太空世界，组织许多妙趣横生的活动，比如大战外星人、设计宇宙飞船或者穿戴设备进行模拟的火星探测，还可以观看宇宙主题的纪录片。

温哥华海洋博物馆　　博物馆

（Vancouver Maritime Museum；www.vancouvermaritimemuseum.com；1905 Ogden Ave；成人/儿童 $11/8.50；🕐10:00~17:00，周四 至20:00，淡季营业时间缩短；🅿；🚌22）这座A型的博物馆位于海边，当中陈列着许多精致的舰船模型，细节精细的仿制船体和一些古代船只。镇馆之宝是圣罗克号（St Roch）——一艘于1928年建造的加拿大皇家骑警（Royal Canadian Mounted Police）的北极巡逻帆船。它是第一艘从两个方向驶过具有传奇色彩的西北航道（Northwest Passage）的船只。如果嫌门票太贵，可以周四入馆（17:00之后）参观，捐赠入内。

🧭 北岸（North Shore）

北岸拥有许多大温哥华区最受欢迎的室外景点。尤其是北温哥华地区也逐渐焕发生机，吸引着众多城市旅游者，尤其是Lonsdale Ave尽头的海岸线。你可以在海边漫步，沙

滩上的造船厂正被改造成为市场和公共艺术聚集地。同时，这里也是新建的 Polygon Gallery（www.presentationhousegallery.org）的所在地，你可以在官网上找到最新的展览资讯。

松鸡山 户外

（Grouse Mountain；604-980-9311；www.grousemountain.com；6400 Nancy Greene Way, North Vancouver；缆车成人/儿童 $44/15；9:00~22:00；P；236）这里自称是"温哥华之巅"（Peak of Vancouver），从山顶的游乐场能俯瞰市中心和波光潋滟的海面交相辉映的迷人景色。夏季时，空中缆车的票价还包含伐木工人表演、高山徒步、鸟类捕食展览和灰熊保护区参观。再加点儿钱还可以参加高空滑索和"风眼"（乘电梯直达20层楼高的风力发电机塔架，俯瞰全城美景，你肯定要忍不住不停按下快门）。

网络资源

不列颠哥伦比亚目的地（Destination British Columbia；www.hellobc.com）官方的旅行规划网站。

BC Explorer（www.bcexplorer.com）由Destination British Columbia策划的Instagram照片集合。

Mountain Biking BC（www.mountainbikingbc.ca）介绍不列颠哥伦比亚省的骑自行车活动。

Van Dop Arts & Cultural Guide（www.art-bc.com）介绍不列颠哥伦比亚省各地的艺术场地和画廊的位置。

不列颠哥伦比亚啤酒指南（British Columbia Beer Guide；www.bcbeer.ca）介绍省内各地的啤酒和酒厂。

Wines of British Columbia（www.winebc.com）方便的网页，可探索不列颠哥伦比亚省内的红酒产地。

Lonely Planet（www.lonelyplanet.com/canada/british-columbia）有目的地实用信息、酒店预订、旅行者论坛等。

卡皮拉诺吊桥公园 公园

（Capilano Suspension Bridge Park；604-985-7474；www.capbridge.com；3735 Capilano Rd, North Vancouver；成人/儿童 $40/12，淡季票价有折扣；6月至8月 8:30~20:00，淡季营业时间缩短；P；236）当你小心翼翼地走上这座世界上最长（140米）且最高（70米）的吊桥上时，会引得桥面轻轻晃动。你的下方是河水奔腾的卡皮拉诺峡谷——放心，吊桥的钢索是嵌在混凝土里的，十分结实。这样或许你脚下就能站稳了，除非有些半大小子在上面起哄。公园其他吸引人的景点还包括透明玻璃地面的崖边小路（cliffside walkway）和树林之上的高空树冠步道（canopy trail）。

枫林农场 农场

（Maplewood Farm；604-929-5610；www.maplewoodfarm.bc.ca；405 Seymour River Pl, North Vancouver；成人/儿童 $7.80/4.70；4月至10月 10:00~16:00，11月至次年3月 每周一关闭；；从Lonsdale Quay乘239，再转C15）这座人气很高的农场里，有很多可以参与实践的展览，另外还可以参观超过200种的鸟类和家畜。好奇的孩子可以在这里接触一些小动物，观看每日挤奶，还可以喂养总是饿得叫个不停的小鸡小鸭。亮点是每天都有的圈畜群（15:30），这时候饥饿的动物们会被赶回到食槽边进食。

省立西摩山公园 户外

（Mt Seymour Provincial Park；www.bcparks.ca；1700 Mt Seymour Rd, North Vancouver；黎明至黄昏）这座人气很旺的公园，是远离都市喧嚣亲近自然的好地方，公园面积巨大，树木成行，内有数十条夏季徒步小径，适合各种水平的步行者（难度最低的是2公里长的Goldie Lake Trail）。很多小径都会蜿蜒经过湖泊和树龄达几百年的古老花旗松树。这里也是城中3个冬季游玩胜地之一。

公园十分适合骑山地自行车，并且拥有多条专用骑车道。从温哥华市中心驾车约30分钟可达——驶上Hwy 1至Mt Seymour Parkway（近Second Narrows Bridge），然后再向东行至Mt Seymour Rd。

林恩峡谷公园 公园

（Lynn Canyon Park，www.lynncanyon.ca；

当地知识

官方认证

不列颠哥伦比亚的省鸟是暗冠蓝鸦，其官方哺乳动物代表柯莫德熊是一种拥有白色皮毛的黑熊。

Park Rd, North Vancouver; ⓘ7:00~21:00; 🅟; 🚌229)这家很受欢迎的省立公园隐藏在茂密的古树林中，主要的特色就是**吊桥**——可以说是卡皮拉诺吊桥的免费版。虽然没有游客如织的卡皮拉诺吊桥规模那么大，但是当你走在桥上，看着50米以下奔腾的河水时，也会一样腿脚发软，而且这里一直比较小众。还有很多**徒步小径**、游泳区域和野餐区，可以让你乐不思蜀。

公园中的**生态中心**（Ecology Centre; www.lynncanyonecologycentre.ca; 3663 Park Rd, North Vancouver; 建议捐赠$2入内; ⓘ6月至9月 10:00~17:00，10月至次年5月 周一至周五 10:00~17:00和周六和周日 正午至16:00; 🅟; 🚌227)✈ 有许多有趣的展品，包括关于当地生物多样性的立体透视模型和纪录片。这里还会组织面向儿童的讲座和活动，夏天的时候最多。

✈ 活动

温哥华丰富多彩的室外活动诱惑极大：早晨，你可以滑雪，到了中午，去海滩逛一逛；在风景如画的森林中徒步或者骑行；沿着海岸线冲浪；抑或者尽情地划皮划艇——尽兴是毫无疑问的，划船时有壮美的山脉作背景。这里还有一系列富有娱乐性和观赏性的体育运动等你来体验。

Ecomarine Paddlesport Centres　皮划艇

（见732页地图; ☎604-689-7575, 888-425-2925; www.ecomarine.com; 1668 Duranleau St; 皮划艇/桨板出租 2小时 $39/29; ⓘ6月和7月 9:00~21:00，8月 至20:00，9月至次年5月 10:00~18:00; 🚌50)总部位于固兰湖岛，这里友善的工作人员提供皮划艇和立桨冲浪桨板（SUP)出租以及十分受游客欢迎的地区导览游。市中心的分部Jericho Beach branch（1300 Discovery St, Jericho Sailing Centre; ⓘ周一至周五10:00至黄昏，6月至8月 9:00至黄昏; 🚌4)举办的一系列活动和研讨会为你提供和当地桨板爱好者交流的机会。还想探索更远的地方吗？他们还组织多日行程，去到不列颠哥伦比亚省最迷人的海域。

Spokes Bicycle Rentals　骑自行车

（见732页地图; ☎604-688-5141; www.spokesbicyclerentals.com; 1798 W Georgia St; 成人自行车出租 每小时/每天 $6.67/26.67起; ⓘ8:00~21:00，淡季营业时间缩短; 🚌5)当地规模最大的自行车经销商位于W Georgia St和Denman ST交叉路口，提供斯坦利公园骑行之旅。你和家人可以从这里齐全的型号中挑选到合适的自行车——从载货的cruiser自行车到儿童用单速车都可以找到。建议提前了解在海堤上骑行的注意事项；也可以骑去比斯坦利公园更远的地方。

松鸡山　雪上运动

（Grouse Mountain; ☎604-980-9311; www.grousemountain.com; 6400 Nancy Greene Way, North Vancouver; 冬季 成人/儿童 $58/25; ⓘ11月中旬至次年4月中旬 9:00~22:00; 🅟; 🚌236)温哥华冬季的人气地点，非常适合阖家游玩。松鸡山提供26条滑雪和单板滑雪滑道（包括16条夜间滑道)。还开设了各类班级和课程以满足初学者和进阶者的需求。这里森林覆盖的雪鞋步道景色迷人。如果你想喝杯热巧克力放松放松或者看看雪景，可以去周围的几家餐厅。

塞普拉斯山　雪上运动

（Cypress Mountain; ☎604-926-5612; www.cypressmountain.com; Cypress Bowl Rd, West Vancouver; 缆车票成人/青年/儿童 $71/57/38; ⓘ12月中旬至次年3月 9:00~22:00，11月中旬至12月中旬和4月 9:00~16:00)沿Hwy 99从West Van向北行驶约8公里可达。塞普拉斯省立公园（Cypress Provincial Park）到了冬季便成了塞普拉斯山滑雪场（Cypress Mountain resort)，拥有53条滑道、11公里长的雪鞋步道、越野滑雪道以及适合家庭游客的6道轮胎滑雪场地，即使是挑剔的当地人也慕名而来。这里为举办2010年冬奥会进行了升级改造，滑雪场中设施的更新措施包括房间的扩建以及多滑道的升级。

👉 团队游

★ Forbidden Vancouver　　步行

(☎604-227-7570;www.forbiddenvancouver.ca;成人/老人/学生 $22/19/19)这家奇特的公司提供很有趣的导览游：一个是带你认识禁酒时期的温哥华，另一个是参观古老的加斯镇破败的部分。不建议儿童参加。每隔几个月，这里还提供名声欠佳的Penthouse夜店（这是一家脱衣舞酒吧，有着许多迷人甚至肮脏的历史）游览，从中你会了解到这里的黑历史。具体信息可查询网页。

Talaysay Tours　　步行

(☎604-628-8555;www.talaysay.com)提供包括斯坦利公园徒步的一系列的导览游，导游都是土生土长的第一民族。这家旅行社还可以组织地区内有导游的皮划艇游览。

Sewell's Marina　　划船

(☎604-921-3474;www.sewellsmarina.com;6409 Bay St, Horseshoe Bay;成人/儿童 $87/57;⏱4月至10月;🅿;🚌250)西温哥华的马蹄湾（Horseshoe Bay）是Sewell's 海洋野生动物观赏之旅的起点，旅程总共花费2个小时。杀人鲸是全程的亮点，但是如果你没有碰到它们，仍有很大机会可以看到港湾海豹懒洋洋地躺在礁石上，无视你的目光。海鸟和白头海雕也是旅途中的明星。

Cycle City Tours　　团队游

(见732页地图;☎604-618-8626;www.cyclevancouver.com;648 Hornby St;导览游 $59起,自行车出租 每小时/天 $8.50/34;⏱9:00～18:00,冬季营业时间缩短;🚇Burrard)在温哥华，专用自行车道的数量一直在稳定增长，想要探索城市，骑车是个不错的方式。但是如果你的方向感不是很强，可以考虑加入这家友好的旅行社组织的导览游。如果你很喜欢吃牛肉，建议参加Craft Beer Tour($90)，你将有机会品尝到9种美味的牛肉。你也可以从这里租一辆自行车独自骑行，门口就是自行车道。

🎉 节日和活动

中国新年　　文化节

(Chinese New Year;www.vancouver-chinatown.com;⏱1月或2月)1月或2月会举办丰富多

不要错过
缅街最佳节日

如果你在每年6月的无车日（Car Free Day;www.carfreevancouver.org;⏱6月中旬）来到温哥华，建议你沿着缅街（位于Broadway南面的交叉路口）走走，至少走过30个街区，你就会发现这里的多元化超出你的想象。无车日是一个适合全家参与的社区节日，届时，街道上会有现场音乐表演、手工艺品摊点、流动的小吃摊点，气氛非常欢乐，让你感觉跟随当地人一起度过了派对一样的下午。如果你错过了呢？可以考虑一下9月的缅街秋收节（Autumn Shift Festival），这个节日也很有趣，以可持续发展为主题。

彩的节日活动，包括舞蹈、游行和美食盛宴。

冬日节　　艺术节

(Winterruption;www.granvilleisland.com;⏱2月中旬)人们在固兰湖岛上用游玩、音乐和表演，一扫冬日的阴郁。

温哥华国际葡萄酒节　　葡萄酒节

(Vancouver International Wine Festival;www.vanwinefest.ca;⏱2月末)这是温哥华历史最悠久且最精彩的年度葡萄酒庆典，每年会以不同地区为主题。

温哥华精酿啤酒周　　啤酒节

(Vancouver Craft Beer Week;www.vancouvercraftbeerweek.com;⏱5月末)可以品尝到不列颠哥伦比亚省内绝佳的精酿啤酒，届时全城都会举办各种活动。

温哥华国际儿童节　　表演艺术节

(Vancouver International Children's Festival;www.childrensfestival.ca;⏱5月末;👶)届时，固兰湖岛上会有讲故事、表演及其他活动。

温哥华国际爵士音乐节　　音乐节

(Vancouver International Jazz Festival;www.coastaljazz.ca;⏱6月和7月)从6月中旬开始，全城会有各种超级明星演出和免费的户外活动。

烟花节　　烟花节

(Celebration of Light;www.hondacelebratio

noflight.com；⊙7月末）免费英吉利湾上为期3天的盛大国际烟火表演。

同性恋骄傲周
狂欢节、节日游行

（Pride Week；www.vancouverpride.ca；⊙7月末）众多派对、音乐会和时尚表演，还有城中规模最大的游行。

太平洋国家展览
文化节

（Pacific National Exhibition；www.pne.ca；Hastings Park；⊙8月中旬至9月；💲）适合阖家参与，有表演、音乐会和露天游乐场。

温哥华国际电影节
电影节

（Vancouver International Film Festival；www.viff.org；⊙9月末）为期两周的加拿大和国际影片展映，很受欢迎。需提前预订，门票很抢手。

东区文化展
艺术

（Eastside Culture Crawl；www.culturecrawl.ca；⊙11月中旬）温哥华最好的视觉艺术节。在这4天中，数百位艺术家会开放他们的画廊和工作室供人参观。

圣诞老人巡游
圣诞节

（Santa Claus Parade；www.rogerssantaclausparade.com；⊙12月初；💲）温哥华最重要的圣诞巡游，以West Georgia St为中心，圣诞老人会参与其中。

ⓘ 家庭游览

适合家庭游览的温哥华为孩子们准备了很多好玩的。从人气很高的水族馆（见728页）到很棒的科学世界（见735页）——两处景点都很容易就消磨掉半天的时间。如果想近距离接触一些当地的动物，北岸（North Shore）有绝佳的枫林农场（见738页）。无论你要带孩子去哪里无论你如何安排孩子们的行程，都一定要带他们坐坐地铁：这里的轻轨系统很受孩子们的欢迎，因为他们可以去车头假装驾驶列车。他们可以将这个经历与更加传统的斯坦利公园迷你小火车（见728页）比较一番。

🛏 住宿

大温哥华区内共有超过25,000家酒店、民宿和客栈房间——其中许多都位于市中心及其周边。夏季时，城中的游客络绎不绝，所以建议提早预订，除非你打算睡在斯坦利公园中湿漉漉的木头上。房价在7月和8月是最高的，但是春季和秋季都能订到有折扣的房间，在这两个季节中，你很可能会遇到雨天。

🏠 市中心和西端区 (Downtown & West End)

Samesun Backpackers Lodge　青年旅舍 $

（见732页地图；📞604-682-8226；www.samesun.com；1018 Granville St；铺/房间 含早餐 $35/100；😊@🛜；🚇10）作为温哥华的派对旅舍，人气很高的Samesun就位于这座城市的夜生活一条街。如果你想好好睡上几个小时，还是要求一间靠后的房间吧，或者也可以直接加入旅舍酒吧（叫Beaver）中醉醺醺的人群。宿舍很小但是很舒适，厨房很宽敞。房价包含免费的欧式早餐。

HI Vancouver Central　青年旅舍 $

（见732页地图；📞604-685-5335；www.hihostels.ca/vancouver；1025 Granville St；铺/房间 含早餐 $40/100；😊❄🛜；🚇10）位于Granville Strip上，和姊妹店**HI Downtown**（见732页地图；📞604-684-4565；1114 Burnaby St；铺/房间 含早餐 $40/100；😊@🛜；🚇6）比起来，这个拥挤的旅舍更有派对酒吧的氛围。但它毕竟还是一间酒店，你可以享受到的设施包括空调和小房间，其中有一些已经变成单人房，剩下的则被改造成有4张床的宿舍。有一些宿舍是双床间（其中一些配有浴室），在意隐私的客人可以选择这些房间。

★ St Regis Hotel　精品酒店 $$

（见732页地图；📞604-681-1135；www.stregishotel.com；602 Dunsmuir St；双 含早餐 $299；😊❄@🛜；🚇Granville）经过近几年的转型，位于1913年的古建筑中的St Regis Hotel已经成为一家艺术精品酒店。酒店的装修具有年代感，几乎所有房间都不相同，散发着慵懒的气息——仿皮墙纸、大地色系床罩、平面电视和多媒体控制中心。房价包含许多增值

服务，比如早餐、附近的健身房和免费的国际电话。

Times Square Suites Hotel　　公寓 $$

（见732页地图；604-684-2223；www.timessquaresuites.com; 1821 Robson St; 双 $225；P❄@🐾; 🚌5）这间西端区的酒店位置极佳，步行便可到达斯坦利公园。它是温哥华最好的公寓式酒店，但位置很隐蔽（入口都很难找到）。房间通常都是单卧室的套房，内部很宽敞，配有浴缸、洗衣服务以及全套厨房，房内装修维护得很好（只是有点20世纪80年代的感觉）。房价包含使用健身房。

Burrard Hotel　　酒店 $$

（见732页地图；604-681-2331；www.theburrard.com; 1100 Burrard St; 双 $229起；P🐾@🐾; 🚌22）这间建于20世纪50年代的市区汽车旅馆经历了翻天覆地的大改造后，变成了一定意义上的时髦酒店，处处体现着漫不经心的复古摩登的气息。大多数客房都非常紧凑，配有复古摩登的装修，以及现代化的生活设施，包括冰箱、平面电视和Nespresso咖啡机。但也并不是所有的东西都改变了：室内庭院的佛罗里达风格的棕榈树还是非常时髦的。

Victorian Hotel　　酒店 $$

（见732页地图；604-681-6369；www.victorianhotel.ca; 514 Homer St; 双 含早餐 $145起；🐾@🐾; ⓈGranville）这家很受欢迎的欧式酒店位于一栋古建筑中，房间的天花板很高，内部铺设光洁的硬木地板，零星装饰着古玩，有些房间配有飘窗，散发出浓厚的历史韵味。最好的房间都位于经过翻新的扩建部分，均配有沐浴花洒、大理石卫生间地板和纯平电视，为这里增添了一丝奢华的气息。房价包含欧式早餐。夏季时，房间内会配备风扇。

Buchan Hotel　　酒店 $$

（见732页地图；604-685-5354；www.buchanhotel.com; 1906 Haro St; 双 有/没有卫生间 $149/109; P🐾@🐾; 🚌5）这座建于1926年的酒店性价比很高，而且距离斯坦利公园只有几步之遥。走廊中陈列着温哥华的历史照片，养老院风格的经济型客房（大部分带公共卫生间）干净、舒适且维护良好，虽然有些家具看起来比较陈旧。价格更贵的房间相应地也更漂亮，东面的房间采光更好。前台的员工非常友好。

Sylvia Hotel　　酒店 $$

（见732页地图；604-681-9321；604-681-9321；www.sylviahotel.com; 1154 Gilford St; 双 $199; P🐾@🐾; 🚌5）这座青藤缠绕的酒店建于1912年，拥有俯瞰英吉利湾的黄金位置。世代都有回头客经常光顾，许多人每年还会要求住同一个房间，享受这里古色古香的环境和能叫上名字的熟悉服务。房间的格局非常舒适（有些房间配有古董家具），但是最棒的还是大套房，其中有厨房，还能看到海滨美景。

Sunset Inn & Suites　　酒店 $$

（见732页地图；604-688-2474；www.sunsetinn.com; 1111 Burnaby St; 双 含早餐 $220; P❄@🐾; 🚌6）这家广受欢迎的酒店性价比不错，可以秒杀温哥华大多数的自助式酒店。这里的房间面积大于平均水平，厨房设施齐全。每个房间都有露台，有些房间（尤其是高层朝南的房间）可以看到英吉利湾的部分景致。房价包括欧式早餐，以及温哥华少见的免费停车。细心的员工也是城中数一数二的。

Listel Hotel　　精品酒店 $$

（见732页地图；604-684-8461；www.thelistelhotel.com; 1300 Robson St; 双 $265; 🐾@🐾; 🚌5）Listel自称"艺术酒店"，以其精致的内部陈设和与当地画廊的套房折扣吸引了很多成年人。很多房间里都装饰着艺术家们的原创作品，它们都带着一种放松随意的西岸风格。爱好艺术的客人可以去大厅里和雕塑自拍，店内的酒吧和餐馆是温哥华所有酒店当中最好的。

Loden Hotel　　精品酒店 $$$

（见732页地图；604-669-5060；www.theloden.com; 1177 Melville St; 双 $449; P❄@🐾; ⓂBurrard）这座格调优雅的酒店是设计师的得意之作，多年以来，这家精品酒店对耶鲁镇的Opus（见743页）构成了不小的挑战。优雅的巧克力色房间很有现代感，同时配备了现代化的设施，例如大理石浴室和极其现代化的地暖。酒店服务一流，一定要试试大堂

Rosewood Hotel Georgia 酒店 $$$

（见732页地图；☎604-682-5566；www.rosewoodhotels.com；801 W Georgia St；双 $520；🅿❄@🛜🏊🐕；🚇Vancouver City Centre）这家温哥华目前的"It"酒店在几年前进行了翻新，让这处建于1927年的地标找回了黄金岁月的光辉。尽管其公共区域陈列着抽象现代艺术品，房间内部却体现经典、优雅的格调，采用的是温暖的大地色和咖啡色调。客人拥有奢华的享受，如大而深的浴缸和（有些房间中）繁华的都市景观。

Fairmont Hotel Vancouver 酒店 $$$

（见732页地图；☎604-684-3131；www.fairmont.com/hotelvancouver；900 W Georgia St；双 $399；🅿❄@🛜🏊🐕；🚇Vancouver City Centre）酒店最初由到访的英国皇室所开设，如同一位贵妇人，是温哥华的一处地标。除了不同凡响的来历，酒店还很用心地平衡了舒适和优雅：酒店的大堂中装饰着水晶枝形吊灯，但是客房中却是商务酒店的风格。如果你预算充足，可以去Gold Floor了解其他需付费的附加服务。

English Bay Inn 民宿 $$

（见732页地图；☎604-683-8002；www.englishbayinn.com；1968 Comox St；双 含早餐 $260起；🅿🐕🛜6）这座都铎风格的民宿距离斯坦利公园不远，共有6间装饰有古董的房间，每间都有独立卫生间，其中几间还有豪华的4柱大床——会让你误以为来到了不列颠哥伦比亚古朴的首府维多利亚。房价包含3道菜早餐，记得早点儿到餐厅，以便能占到餐厅壁厢的餐桌。这里还有一个树荫遮蔽的花园，夏天的时候可以去散步。

🏨 加斯镇和唐人街

★ Skwachàys Lodge 精品酒店 $$

（见732页地图；☎604-687-3589；www.skwachays.com；29 W Pender St；双 $220；起；❄🛜；🚇Stadium-Chinatown）这间第一民族艺术风格的酒店共有18间客房，包括迷人的森林精灵套房（Forest Spirits Suite；桦树图案从地板一直伸到天花板），以及整洁的Longhouse Suite（配有金属的装饰）。豪华房符合标准（从等离子电视机到环保洗漱用品）。这里还有一间画廊，客人可以购买艺术品带回家。

🏨 耶鲁镇和固兰湖岛

★ YWCA Hotel 经济酒店 $

（见732页地图；☎604-895-5830；www.ywcahotel.com；733 Beatty St；标单/双/标三 公共浴室 $93/138/160；🅿❄@🛜；🚇Stadium-Chinatown）旅舍不仅性价比高，位置也很好，提供维护良好且简朴的、类似学生宿舍的房间。这里有多种选择，从单人间到五人间，有公共卫生间到私人卫生间各类房型。每个房间里都配有迷你冰箱。住客可以使用3个公用的大厨房。房费包括使用YWCA Health & Fitness Centre的费用，从旅舍步行10分钟就到了。

Opus Hotel 精品酒店 $$$

（见732页地图；☎604-642-6787；www.opushotel.com；322 Davie St；双 $390；🅿❄🛜；🚇Yaletown-Roundhouse）Opus开启了温哥华精品酒店的时代。经过定期的维护，这里一直是城中最佳的住宿之选。精心设计的房间非常时髦——大胆的色彩运用、现代的家具和按风水原则摆放的床位。同时，许多奢华的卫生间拥有明亮的窗户，可俯瞰街景（有暴露癖的人可以记一下）。

Granville Island Hotel 精品酒店 $$

（见732页地图；☎604-683-7373；www.granvilleislandhotel.com；1253 Johnston St；双 $375；🅿❄@🛜🐕；🚇50）这座华丽的精品酒店位于固兰湖岛上宁静的东南一隅，视野可以穿过福溪欣赏到耶鲁镇上的玻璃大厦。你可以去公共市场散步，顺便去门口的商场和影院逛逛。房间内的木质家具是典型的西岸风格。配有屋顶按摩浴缸。酒店内的酒馆兼餐馆有全温哥华最棒的露台。

🏨 基斯兰奴和不列颠哥伦比亚大学

HI Vancouver Jericho Beach 青年旅舍 $

（☎604-224-3208；www.hihostels.ca/vancouver；1515 Discovery St；铺/房间 $34/80；⊙5月至10月；🅿@🛜；🚇4）这是加拿大最大的

青年旅舍之一,外部看起来像是维多利亚时代的医院,但是周围风景不错,离海滩也近。从这里的标准房间来看,可能是温哥华国际青年旅舍中最不豪华的一家,但是这里有一间大厨房、新翻修的咖啡馆,提供自行车出租服务,宿舍面积也稍大一些。物美价廉的单人间(有独卫和公共卫生间可选)很受欢迎,需要预订。

Corkscrew Inn　　　　　　民宿 $$

(604-733-7276; www.corkscrewinn.com; 2735 W 2nd Ave; 双 含早餐 $215起; P令;4) 这座有着人字形屋顶的民宿很干净,和酒颇有渊源:它的里面有个小型博物馆,只对其住客开放,里面展出奇特的开瓶器和古老的葡萄园工具。除了这些饮酒设备,这座有百年历史的工匠之家里,提供5间很有艺术气息、铺着木地板的房间,我们很喜欢有艺术装饰的房间,而且海滩步行可达。提供丰盛的早餐。

✕ 就餐

温哥华有极为丰富的高性价比就餐选择:顶级的寿司店、热闹的中国餐馆、令人垂涎的特色饭店、诱人的流动餐车以及"农场到餐桌"的原生态餐厅。不只是只有当地人才能纵情享用这一切,跟随你的味蕾,让晚餐成为你温哥华之旅的亮点。

✕ 市中心和西端区

Templeton　　　　　　美式小馆 $$

(604-685-4612; www.thetempleton.ca; 1087 Granville St; 主菜 $10~16; 周一至周三 9:00~23:00, 周四至周日 至次日1:00; ;

温哥华最佳美食博客

Sherman's Food Adventures(www.shermansfoodadventures.com)

Vancouver Foodster(www.vancouverfoodster.com)

Food Gays(www.foodgays.com)

Van Foodies(www.vanfoodies.com)

Follow Me Foodie(www.followmefoodie.com)

---

10)Templeton的装修结合了铬合金和乙烯材料,很有20世纪50年代老餐馆的风格,这里供应超大份有机汉堡、让人上瘾的炸薯条、素食墨西哥馅饼(quesadilla)和或许是城中最好的宿醉良药"Big Ass Breakfast"早餐。遗憾的是桌上的迷你自动唱机不能播放,但是你可以用分量超大的美味巧克力冰激凌船来安慰自己。建议避开周末的高峰时间,不然要排很久的队。

Finch's　　　　　　咖啡馆 $

(见732页地图; www.finchteahouse.com; 353 W Pender St; 主菜 $5~10; 周一至周五 9:00~17:00, 周六 11:00~16:00; ;4) 想坐上觊觎已久的老式餐桌的话,建议在非高峰时段来这家敞亮的街角咖啡馆,这里有种"奶奶那个年代的时尚感"——地板嘎嘎作响,装饰着旧货店里的那种怀旧的小摆设。你会遇到一些对这里了如指掌的时尚潮人和创意人士。多年来,他们一直把这里叫作家门口的店而且会点上一份刚出炉的法棍三明治(梨、布里干酪、意大利熏火腿片)。

Tractor　　　　　　加拿大菜 $

(见732页地图; 604-979-0550; www.tractorfoods.com; Marine Building, 335 Burrard St; 周一至周五 7:00~21:30, 周六和周日 11:00~21:30; ; SWaterfront) 这是一间出售健康食品的快餐厅,位于海景大楼(Marine Building)的底层。需要去柜台点餐,提供至少10种大份量的混合沙拉,你可以从中挑选一种搭配半片或者一整片的烤三明治。吃起来非常健康,味道也不错,还提供家常例汤和炖菜,但是不要忘记点一杯柠檬水——通常有一两种很好的口味。

Sushi Itoga　　　　　　日本菜 $

(见732页地图; 604-687-2422; www.itoga.com; 1686 Robson St; 寿司套餐 $8~18; 周一至周六 11:30~14:00和17:00~20:00, 周日 17:00~20:00; 5)你需要和其他食客共享巨大的公共餐桌,这里的寿司是城中最新鲜的,环境也很休闲。留意随时更新的黑板,上面会显示哪些菜品在售,然后尽情享用地道且价格实惠的美食,最受欢迎的是:握寿司、寿司卷和生鱼片。还提供各类乌冬面。

★ Forage 加拿大菜 $$

(见732页地图;☏604-661-1400;www.foragevancouver.com;1300 Robson St;主菜$16~29;◎周一至周五6:30~10:00和17:00至午夜,周六和周日7:00~14:00和17:00至午夜;🚍5)作为当地"农场到餐桌"餐厅中现采现吃的农家乐中的佼佼者,这家倡导可持续发展的Forage餐馆是品尝当地美食的最佳选择。早午餐已经成为当地人的最爱,你可以点一份土耳其香肠煎马铃薯,晚餐尽情品尝各种美味佳肴。尽管菜单创新性强且基本使用当季蔬菜烹制,但尤其推荐点一份鹌鹑蛋海鲜浓汤。

★ Guuwith Garlic 日本菜 $$

(见732页地图;☏604-685-8678;www.guu-izakaya.com;1698 Robson St;小份菜$4~9,主菜$8~16;◎周一至周六11:30~14:30和17:30至次日0:30,周日11:30~14:30和17:30至午夜;🚍5)这里大概是温哥华最好的居酒屋之一了,内部装修为木质,很好地体现了文化的融合。服务热情,提供火锅和面条,但是最值得尝试的是日式酒馆的下酒菜,包括黑鳕鱼配味噌蛋黄酱、香炸鸡蛋和南瓜球,或者美味的日式炸鸡块。大多数菜式中都会使用大蒜。最好在开始营业前就来,以便能占上座位。

Royal Dinette 各国风味 $$

(见732页地图;☏604-974-8077;www.royaldinette.ca;905 Dunsmuir St;主菜$15~34;◎11:30~14:00和17:00~22:00;🚇Burrard)这间位于市中心的迷人餐馆多采用当季当地的食材为原料,并且提供的服务亲切、低调,这一切让它在众多餐馆中脱颖而出。午市提供2~3道菜的套餐($30或$35),值得一试,晚餐时则有机会可以享用到世界各地烹饪手法与当地食材结合的美食,我们最推荐墨鱼汁意粉。

Jam Cafe 早餐 $$

(见732页地图;☏778-379-1992;www.jamcafes.com;556 Beatty St;主菜$11~16;◎8:00~15:00;🚇🚍;🚉Stadium-Chinatown)它是维多利亚红极一时的早餐和早午餐明星,在温哥华开设这家分店后成功地打入了当地市场。店里一直门庭若市,所以你可能需要等位(不接受预约),建议你在非高峰时段去。店里的白墙上装饰着加拿大风格的饰品,提供鸡肉、华夫饼红丝绒松饼等各类美食。

Timber 酒吧食品 $$

(见732页地图;☏604-661-2166;www.timbervancouver.com;1300 Robson St;主菜$10~19;◎周一至周四11:00~13:00,周五和周六10:00~13:00,周日10:00至午夜;🚍5)Listel Hotel中的一处用餐选择。在这间餐吧中可以享用到来自不列颠哥伦比亚省各地的手工啤酒以及种类丰富的加拿大美食。可以和海狸标本和加拿大鹅标本留个影,然后品尝野牛肉汉堡,番茄酱配薯条(加拿大最受欢迎的口味)以及香煎凝乳奶酪。你很快就会明白高热量的加拿大食物到底是什么样。

Sura Korean Cuisine 韩国菜 $$

(见732页地图;☏604-687-7872;www.surakoreancuisine.com;1518 Robson St;主菜$10~20;◎11:00~16:00和17:00~22:30;🅿;🚍5)从Robson St的1400号开始,以及环绕着Denman St和Davie St的区域内,可以找到许许多多地道的韩国和日本餐馆。相比那些吸引留学生的同类餐馆,Sura是其中的佼佼者,店内提供美味的韩式美食,环境舒适。建议品尝辣牛肉汤、泡菜煎饼和口味一流的韩式拌饭。

Indigo Age Cafe 严格素食 $$

(见732页地图;☏604-622-1797;www.indigoagecafe.com;436 Richards St;主菜$10~13;◎周一至周四10:00~20:00,周五和周六至21:00;🚍;🚉14)这是一间深受温哥华素食主义者和生食爱好者欢迎的地下餐厅。选一张长桌,品尝种类丰富的自制美食。波兰饺子(Pierogi)、白菜卷和比萨人气都很高,但是我们推荐美味的翠玉瓜丝意粉配烤波特贝拉菇。

Fat Badger 英国菜 $$$

(见732页地图;☏604-336-5577;www.fatbadger.ca;1616 Alberni St;主菜$20~38;◎周二至周日17:00~23:00;🚍5)这家位于一栋尖顶建筑遗产内的餐厅,原来是一间英国酒吧,深色的木头内饰营造出一种舒适的环境,非常适合雨夜来角落里小坐或者享用苏格兰夹

Chambar
欧洲菜 $$$

（见732页地图；☎604-879-7119；www.chambar.com；562 Beatty St；主菜 $27~34；⊙8:00~15:00和17:00~22:00；🅿；ⓢStadium-Chinatown）这家内墙为砖饰的大型餐厅是浪漫晚餐的最佳选择。精致的比利时风格菜谱包括了美味可口的青口贝伴薯条，以及享誉当地餐饮界的无花果焖羔羊腿。除了有好喝的葡萄酒和鸡尾酒（建议尝试蓝无花果马提尼），还提供很棒的比利时啤酒。

加斯镇和唐人街

★ Tacofino
墨西哥菜 $

（见732页地图；☎604-899-7907；www.tacofino.com；15 W Cordova St；墨西哥煎玉米卷 $6~12；🚌14）广受欢迎的流动餐车Tacofino因为这间大而美的餐厅一炮而红（想想格调优雅的几何形地板和蜂窝状的灯罩）。菜单很简单，就是一系列各式各样的墨西哥煎玉米卷（午餐有6种选择，晚餐选择更多），以及墨西哥烤干酪辣味玉米片（nachos）、例汤和各类啤酒、龙舌兰和龙舌兰混合酒（tequila flights）。墨西哥鱼卷销量最高，但是我们更推荐口感绵软的羊肉炖菜（birria）。

★ Purebread
面包房 $

（见732页地图；☎604-563-8060；www.purebread.ca；159 W Hastings St；烘焙食品 $3~6；⊙8:30~19:30；📶；🚌14）当惠斯勒广受欢迎的面包店在这里开了分店，想尝鲜的温哥华人蜂拥而至。当你想从种类丰富的蛋糕、点心里挑几种品尝的时候，你会发现玻璃食品柜前的队伍已经长到令你瞠目结舌。蛋糕是主打，我们推荐椰子脱脂乳条面包，但也别忘记打包带上酥条或者咸味焦糖条，这两种都值得品尝。

Bestie
德国菜

（见732页地图；☎604-620-1175；www.bestie.ca；105 E Pender St；主菜 $4~11；⊙周日至周四 11:30~22:00，周五和周六 至午夜；📶；🚌3）虽说是间餐馆，但是感觉更像一辆流动

餐车狂热

不甘落后于波特兰和奥斯丁传奇的街边小吃，温哥华于2011年也赶了回潮流，并用17辆流动餐车启动了这项试行方案。此后发展顺利，现在城中已经遍布餐车，供应从大比目鱼墨西哥卷饼到韩式迷你汉堡、手撕猪肉三明治、法式薄饼等各种食物。每样主菜价格一般在$8~12。

城中还有很多实验性的创意餐车，有几家已经比较有名了：注意找最受当地人欢迎的Le Tigre、Kaboom Box、Taco Fino、Soho Road、Mom's Grilled Cheese和Vij's Railway Express——以及Johnny's Pops的冰棍。由于这些餐车都是流动的，有时候会很难找到；但是通常在加拿大线的温哥华市中心站（Vancouver City Centre Canada Line station）和市中心繁忙的主干道上会有一两家（比如Georgia、Robson以及温哥华美术馆周边）。也推荐去城中各个农贸市场和小啤酒厂附近的餐车（餐车的打包食物允许带入啤酒厂的品酒室）。

可以登录www.streetfoodapp.com/vancouver查看餐车名单、营业时间和位置。另外，你也可以参加Vancouver Foodie Tours（☎604-295-8844；www.foodietours.ca；团费$50起），他们组织的街头小吃之旅可以试吃四辆餐车的食品。但是如果你想大快朵颐一番，并且在一个下午，饱尝各类餐车美食，可以考虑参加8月为期3天的加拿大日美食节（YVR Food Fest；www.yvrfoodfest.com；Olympic Village；ⓢMain St-Science World），此时几十辆餐车会齐聚在这里，老饕们也能一饱口福。如果你想轻松出城游览，8月在新威斯敏斯特举办的Columbia Str Eat Food Truck Fest一日美食节（可以通过天车很方便地到达）很值得一去，届时会有超过70辆的餐车聚集于此。详情可参考www.downtownnewwest.ca。

餐车——不仅外表不起眼，内部装饰也就是白墙。特色菜是柏林风味的咖喱香肠，香肠上淋着厚厚的酱料，搭配炸薯条。路过此地的潮人们都不会错过这里，所以建议错开高峰期，这样更容易找到靠窗的座位——这是餐馆里的最佳位置。锦上添花的是，这里还提供数量不多但精心挑选的本地手工啤酒。

Ramen Butcher　　　　　日式拉面 $

（见732页地图；☎604-806-4646；www.theramenbutcher.com；223 E Georgia St；主菜$10~12；⊙周二至周四 11:00~15:00和17:00~22:00，周五至周日 11:00~22:00；🚌3）近些年来，唐人街新开了不少亚洲主题的餐馆，这就是其中一家，而且是北美地区第一家知名的拉面连锁店。主打的细面搭配多种肉汤，同时加入慢火熬制的猪肉片。我们推荐蒜香红油拉面（garlicky Red Ramen）。碗里还有汤底？他们可以免费加一次面。

Save On Meats　　　　　美式小馆 $

（见732页地图；☎604-569-3568；www.saveonmeats.ca；43 W Hastings St；主菜$5~15；⊙周一至周四 7:00~22:00，周五和周六 8:00~22:00，周日 8:00~19:00；🍴；🚌14）曾经的老式肉铺，如今已经变成一间时髦且深受欢迎的餐厅，它可不是徒有其表，找个卡座坐下，或者在长桌上找个位置，品尝美味的菜肴吧，包括全天供应的$5特惠早餐，还有很受欢迎的牧羊人派和芝士通心粉。

MeeT in Gastown　　　　严格素食 $$

（见732页地图；☎604-688-3399；www.eatmeet.ca；12 Water St；主菜$7~15；⊙周日至周四 11:00~23:00，周五和周六 至凌晨1:00；🍴；Ⓜ Waterfront）这是间让当地严格的素食主义者都能享受美食的地方，而且食物看起来并不像兔子吃的草。因为人气很高，所以店里有时候会很忙且嘈杂。但是这里同时让素食主义者和肉食主义者都能满意的美食很值得一试，不仅有米饭和芝士（采用的是纯素芝士）通心粉，还有素蘑菇汉堡和仿肉质奶酪薯条配腰果调味汁（推荐），等等。

Bodega　　　　　　　　　西班牙菜 $$

（见732页地图；☎604-565-8815；www.bodegaonmain.com；1014 Main St；小份菜$7~20；⊙周一至周五 11:00至午夜，周六和周日 16:30至午夜；🚌3）缅街上近期新开的餐馆，其前身其实是温哥华历史最长的西班牙餐厅，迁址到此。几十年来，它一直位居市中心的热门餐厅之列，新Bodega装修很华丽，配有胭脂红色的座椅，墙上挂着城市旧时风貌的画作，菜单包含可口的西班牙小吃，人气菜品有肉丸、烤八爪鱼和慢火烤兔肉。

Phnom Penh　　　　越南菜、柬埔寨菜 $$

（见732页地图；☎603-682-5777；244 E Georgia St；主菜$8~18；⊙周一至周四 10:00~21:00，周五周日 至23:00；🚌3）这家餐馆生意十分兴隆，菜品以柬埔寨和越南的经典菜肴为主。这里的鸡翅尤其让人上瘾，美味的辣椒酱让人停不下来。当你的面前堆满骨头之后，再吃第二轮：泰式青木瓜沙拉、黄油牛肉和春卷（它们淋漓尽致地展示了来自街头小吃的亚洲美食的高水准）。

Nuba　　　　　　　　　　中东菜 $$

（见732页地图；☎604-688-1655；www.nuba.ca；207 W Hastings St；主菜$9~30；⊙周一至周五 11:30~22:00；周六 正午至22:00，周日 17:00~22:00；🍴；🚌14）这间黎巴嫩餐馆位于地标建筑自治领大厦（Dominion Building）之中，顾客一半来自预算有限的老饕，一半来自耍酷的潮人。如果你不知道要吃点什么，给你点剧透：特别垫肚子的餐前小菜，包括美味的鹰嘴豆泥和法拉费炸豆丸，或者直接点一份两人套餐La Feast（$38），里面包含了所有的特色菜（包括一定要用到的打包袋）。

Bao Bei　　　　　　　　　中餐 $$

（见732页地图；☎604-688-0876；www.bao-bei.ca；163 Keefer St；小份菜$5~19；⊙周一至周六 17:30至午夜，周日 17:30~23:00；🍴；🚌3）中式啤酒屋位于唐人街上的一座古建筑中，内部做了时尚的翻修，这里的晚餐是地区最佳。亚洲风味中融入了现代烹饪元素，提供不含味精的小份美食，比如烧饼、鸭胸沙拉和上海生煎包。这里还提供各类鸡尾酒，客人等位的时候可以顺便在酒吧里消磨消磨时间。

★ Ask for Luigi　　　　意大利菜 $$$

（见732页地图；☎604-428-2544；www.askforluigi.com；305 Alexander St；主菜$22~24；

> **心安理得的炸鱼和薯条**
>
> 海鲜是不列颠哥伦比亚省的主要就餐选择。你可以光顾带有"Ocean Wise"标志的餐馆，以支持当地水产食品业的可持续发展，见www.oceanwise.ca。

◇周二至周五 11:30~14:30和17:30~22:30，周六 9:30~14:30和17:30~23:00，周日 9:30~14:30和17:30~21:30；□4）如果你不想花太多时间等位，建议你考虑下错开高峰时段再来（不接受提前预订座位）。从外面看，这间餐馆就像一间白色的棚屋，餐厅中铺设棋盘式的地板，采用柚木内饰，桌子摆得满满当当，桌上的（公用）碟子中乘放着让人心情愉快的美食，比如妈妈不会做的手工意大利面。建议品尝野牛肉意大利面，以及琉璃苣和乳清起司意大利饺子。

L'Abattoir 法国菜 $$$

（见732页地图；☎604-568-1701；www.labattoir.ca; 217 Carrall St; 主菜 $35~44; ◇周日至周四 17:30~22:00，周五和周六 至22:30，周六和周日 早午餐 10:00~14:00; □4）它是加斯镇上最高级的一间餐厅。烛光、砖墙让餐厅的每个细节当中都充满了艺术感。别在点菜前让热乎乎的餐前面包把肚子填饱了，菜单提供深受法国影响的西海岸美食。我们推荐法式merguez香肠配羊腿。建议提前预订座位，记得要求坐在屋后靠玻璃墙的位置。

🍴 耶鲁镇和固兰湖岛

Go Fish 海鲜 $

（见732页地图；☎604-730-5040; 1505 W 1st Ave; 主菜 $8~14; ◇周一至周五 11:30~18:30，周六和周日 正午至18:30; □50）从固兰湖岛入口沿着海堤向西走不远，就来到了这家非常受欢迎的海鲜餐馆。这里出售城中评价最高的炸鱼和薯条（有裹着金黄酥脆面糊的大比目鱼、三文鱼和鳕鱼可供选择）。也推荐口味清淡一些的鱼肉墨西哥卷饼。时常变换的每日特色菜原材料都来自附近的渔船，经常会有扇贝汉堡和黄鳍金枪鱼三明治。

★ Bistro 101 加拿大菜 $$

（见732页地图；☎604-724-4488; www.picachef.com; 1505 W 2nd Ave; ◇周一至周五 11:30~14:00和18:00~21:00; □50）温哥华性价比最高的优质餐馆之一。太平洋烹饪艺术学院（Pacific Institute of Culinary Arts）旗下的这间培训餐厅十分受当地人欢迎，尤其是午餐时段，你只要花$22就可以享受到美味的3道菜套餐（一般每道菜还有3种菜式可选），以及热情周到的服务。晚餐比午餐贵$8，每月的第一个周五会有美味的自助餐。建议预订座位。

Rodney's Oyster House 海鲜 $$

（见732页地图；☎604-609-0080; www.rohvan.com; 1228 Hamilton St; 主菜 $16~32; ◇11:30~23:00; ⓢYaletown-Roundhouse) Rodney数年来一直是温哥华最受欢迎的牡蛎餐馆，顾客向来都络绎不绝。这不仅是因为气氛欢乐的房间中航海风格的装饰，还因为他们深谙海鲜料理之道：刚剥壳的牡蛎搭配丰富的蘸料（试试辣味伏特加），保准让你印象深刻。这里还提供咸甜的青口、风味绝住的大西洋龙虾等各类美味佳肴。

Flying Pig 加拿大菜 $$

（见732页地图；☎604-568-1344; www.theflyingpigvan.com; 1168 Hamilton St; 主菜 $19~27; ◇周一至周五 11:30至午夜，周六 10:00至午夜，周日 10:00~23:00; ⓢYaletown-Roundhouse）耶鲁镇最好的中档餐馆。餐馆的装修以木头为主，非常温馨，他们尤其擅长提供友好的服务和烹饪让人垂涎欲滴的美食。菜肴的原料大多采用当地当季的食材，一定能让你胃口大开。我们最推荐红酒炖小牛排和烤鸡配脱脂乳，但是建议避开高峰时段。

Blue Water Cafe 海鲜 $$$

（见732页地图；☎604-688-8078; www.bluewatercafe.net; 1095 Hamilton St; 主菜 $29~48; ◇17:00~23:00; ⓢYaletown-Roundhouse) 这家温哥华最佳的高品质海鲜餐厅由赫赫有名的行政主厨Frank Pabst掌勺。内部装饰以蓝色调为主，采用砖墙，同时播放着轻柔的音乐。可在餐厅内以及平台上享用黑鳕鱼和像黄油一样入口即化的扇贝。对海鲜不感

兴趣?这里还提供一些包括和牛的肉类"主菜"来满足你的需求。

金马素街

★ Jamjar　　　　　　　　　　　　黎巴嫩菜

(☎604-252-3957; www.jamjaronthedrive.com; 2280 Commercial Dr; 小份菜 $6~12, 主菜 $17~22; ◎11:30~22:00; ✍; 🖥20) 这家装修得很像咖啡馆的餐馆提供的服务非常热情周到, 内部装修采用是田园风格。供应货真价实的黎巴嫩菜以及许多素食。即使你不是素食主义者, 也会喜欢上这里酥脆的炸豆丸子和让人无法抗拒的香炸花椰菜——如果你们是几个人一起吃, 肯定会一抢而光。

★ Cannibal Cafe　　　　　　　　汉堡 $$

(☎604-558-4199; www.cannibalcafe.ca; 1818 Commercial Dr; 主菜 $11~16; ◎周一至周四 11:30~22:00, 周五 11:30至深夜, 周日 10:00~22:00; 🖥20) 这家朋克风格的美式小餐馆为钟爱正宗汉堡的食客准备了精心制作的美食。富有创意的菜品不仅包括各类经典的汉堡, 还有我们推荐的韩式烤肉汉堡。顶级的食材制作出的美味会让你再也无法忍受快餐食品。可以在墙上查看今日推荐。工作日下午3点至6点是欢乐时光, 可以享受折扣。

Tangent Cafe　　　　　　　　　美式小馆 $

(☎604-558-4641; www.tangentcafe.ca; 2095 Commercial Dr; 主菜 $11~14; ◎周一和周二 8:00~15:00, 周三和周四 至深夜, 周五和周六 至凌晨1:00, 周日 至22:00; ☎; 🖥20) 这家深受欢迎的餐厅室内采用的是20世纪70年代风格的木制装饰。它集合了分量十足且经典的培根生菜番茄三明治和汉堡, 以及许多马来西亚咖喱美食。但是, 当地人最爱来这里吃早餐(供应到正午), 以消除前一晚的宿醉。这里还提供一系列很棒的手工牛肉美食(查看角落的黑板), 每周有3天晚上会有现场音乐表演(大多为爵士乐), 所以在晚餐时段, 人气很高。

缅街

Hawkers Delight　　　　　　　　亚洲菜 $

(☎604-709-8188; 4127 Main St; 主菜 $4~10; ◎周一至周六 正午至21:00; ✍; 🖥3) 这间门面不起眼且只接受现金支付的小店很容易被人错过, 但是却很值得一试。它从一间名不见经传的自营小店逐渐发展成为一家人气餐馆, 提供地道的马来西亚和新加坡的街头小吃。菜品价格很低, 所以可以几个人一起吃——从辣味的面薄(mee pok)到大分量的印度炒面(mee goreng)和叻沙虾面(laksa)。可以去前台点美味的菜饼, 两个仅售$1。

Slickity Jim's Chat 'N' Chew　　美式小馆 $

(☎604-873-6760; www.skinnyfatjack.

不要错过

不列颠哥伦比亚大学苹果美食节

在每年秋季周末举行的不列颠哥伦比亚大学苹果美食节(UBC Apple Festival; www.ubcbotanicalgarden.org/events; 成人/儿童 $4/免费; ◎10月中旬)上, 水果之王的爱好者们可以品尝到各类品种的苹果, 从Salish到Aurora Golden Gala, 从Gravensteins到Cox's Orange Pippins等。此项活动每年于10月在不列颠哥伦比亚大学植物园(见737页)中举办, 是温哥华最受欢迎的社区活动之一。届时不仅会有现场音乐表演, 还会有嫁接和苹果酒制作的现场展示。孩子们还可以参与到各类好玩的活动之中。但是活动最吸引人的地方, 是游客将有机会品尝到不列颠哥伦比亚省出产的约40,000磅的各类苹果, 它们的美味会让你觉得平常超市里卖的苹果简直味同嚼蜡。

想要尽情品尝更多的样品, 最佳的方法是另买$5的门票进品尝帐篷(Tasting Tent)。这里可以尽情品尝60种当地的特有品种以及近期培育出的新品种, 包括一些稀有品种的苹果, 比如Crestons和Oaken Pins。离开之前, 跟随香甜的气味走, 你也许可以找到有史以来最好吃的苹果派。节日的亮点是游客可以买到到各种分量十足、黄金酥脆的馅饼, 直到你吃得走不动路, 脸上还挂着苹果般的笑容。

com; 3475 Main St; 主菜 $8~14; ⊙周一和周二 8:30~16:00, 周三、周四和周日 至20:00, 周五和周六 至午夜; ◪; 🚌3) 这间在当地人气很高的餐馆中总是挤满了来解宿醉的醉眼惺忪的当地人, 内部光线昏暗, 拥有大卫林奇才会喜欢的那种古怪氛围, 但是很值得一试。早餐十分精致——既有传统又有创新(二者结合)的美食也都有个奇怪的名字, 比如"破碎的美梦早餐"(Breakfast of Broken Dreams)。

★ Dock Lunch　　　　各国风味 $$

(☎604-879-3625; 152 E 11th Ave; 主菜 $10~14; ⊙周一至周五 11:30~17:00, 周六和周日 11:00~15:00) 来到店里就如同来到了一名时髦的嬉皮士家中。这间漂亮的餐馆位于街边, 菜单每天都会变换一样或者两样灵魂食物主菜(如辣味墨西哥玉米卷或者周末早午餐套餐)。建议提早到店, 选位于窗口的两个位置, 很快就会有当地人找你聊天, 或者你也可以从书架上挑几本烹饪书籍或者赫胥黎的小说读一读。

费尔围和南固兰湖

★ La Taqueria Pinche Taco Shop　　　　墨西哥菜 $

(☎604-558-2549; www.lataqueria.ca; 2549 Cambie St, Fairview; 4个墨西哥卷饼 $8.50~10.50; ⊙周一至周六 11:00~20:30, 周日 正午至18:00; ◪; ⓢBroadway-City Hall) 这间人气餐馆已经从Hastings St上不起眼的小店(现址)扩展到现在更宽敞的店面。虽然店内还是一样的拥挤, 但幸运的是, 很多游客都选择外带。经过颜色鲜艳的桌子来到柜台前, 从十几种肉类或蔬菜墨西哥卷饼中点上几份(可以自由搭配或选套餐)。

★ Pronto　　　　意大利菜 $$

(☎604-722-9331; www.prontocaffe.ca; 3473 Cambie St, Cambie Village; 主菜 $14~22; ⊙周日、周二和周三 11:30~21:00, 周四至周六 至22:00; 🚌15) 这家令人愉悦的意大利餐厅位于Cambie Village 社区, 集合了烛光隔间、精心准备的自制意大利面和友好的服务, 能做到这样的餐馆寥寥无几。午餐推荐火烤五花三明治, 或者来吃晚餐, 这里铺设了木地板的亲密空间可以让人十分放松地享用美食。可根据黑板上展示的当日推荐点餐, 或者直接点一份面团配意大利蒜酱和意大利腌肉。

★ Vij's　　　　印度菜 $$$

(☎604-736-6664; www.vijsrestaurant.ca; 3106 Cambie St, Cambie Village; 主菜 $19~27; ⊙17:30~22:00; ◪; 🚌15) 由加拿大最受欢迎的东印度菜主厨掌勺的餐厅换了新址。餐厅内有温馨奢华的大厅、宽敞的用餐区域和时髦的顶楼平台。菜肴代表了当今东印度菜的高水准, 结合不列颠哥伦比亚省内的食材、国际及经典印度风味打造了很多新菜式。包括招牌的"羊肉棒"和各类可口的美食, 如姜汁西红柿肉汤炖银鳕鱼等。

基斯兰奴和不列颠哥伦比亚大学

基斯兰奴共有两条干道(即West 4th Ave和Broadway)有不少餐馆。这里很值得一来, 你既可以去沙滩上放松, 也可以去商区逛一逛, 到了晚上, 再用一顿大餐犒劳自己。这处街区过去曾经聚集着许多嬉皮士, 所以可以找到非常多的素食餐厅, 同时, 基斯兰奴近年来的经济发展也催生出了许多一流的高档餐厅。如果你在不列颠哥伦比亚大学, 附近也有许多餐厅可去, 或者你也可以搭公交车到基斯兰奴附近寻找更加高档的餐厅。

★ Mr Red Cafe　　　　越南菜 $

(☎604-559-6878; 2680 W Broadway; 主菜 $6~14; ⊙11:00~21:00; ◪; 🚌9) 供应地道的越北家常美食, 吃起来就像是一位和蔼可亲的老奶奶做的菜。不接受预订, 由于座位比较少, 建议避开用餐高峰前去, 这里的美食如同珍宝等待你去发现, 如各类猪肉三明治、辣味的煎鱼(cha ca han oi)和漂亮的金字塔形的米饺(里面包着猪肉和煮鹌鹑蛋)。

★ Fable　　　　西海岸菜 $$

(☎604-732-1322; www.fablekitchen.ca; 1944 W 4th Ave; 主菜 $19~31; ⊙周一至周五 11:30~14:00, 周一至周六 17:30~22:00, 周六和周日 早午餐 10:30~14:00; 🚌4) 这里是温哥华最受欢迎的从农场直达餐桌的餐馆之一。淳朴又别致的餐厅中能看到裸露的砖墙和木梁, 显眼的位置还挂着红公鸡的标志, 但是外观只是吸引人的部分原因。这里有精心准备的酒馆菜，采用当地应季食材烹制，比如鸭肉、羊肉以及大比目鱼。这里的食物是真正的美食，给人慰藉，又不浮华造作，所以夜里总是座无虚席。建议提前预订座位。

Naam　　　　　　　　　　　　　　素食 $$

(604-738-7151；www.thenaam.com；2724 W 4th Ave；主菜 $9~16；24小时；；4)这家素食餐馆位于一座让人联想起基斯兰奴嬉皮士过往的古建筑中，有种舒适的农舍感觉。在高峰时段通常是需要等位的，但是若能品尝到丰盛的炒菜、晚间供应的咖喱特色菜、分量十足的墨西哥薄饼以及广受欢迎的味噌酱汁炸薯条，等待也是值得的。虽然这是一家素食餐馆，但是很多爱好肉食的食客也乐在其中。

🍷饮品和夜生活

温哥华人很爱喝酒。当不列颠哥伦比亚省有了产酒业之后，使得手工蒸馏工艺急速地发展起来。到处都能买到的手工啤酒，也让酒鬼们一直保持着醉醺醺的状态。晚上出去玩的时候，不如点一杯当地产的啤酒给自己调剂一下，加入加斯镇、缅街和金马素街酒吧里的人群吧。

★ Alibi Room　　　　　　　　　　小酒馆

(见732页地图；604-623-3383；www.alibi.ca；157 Alexander St；周一至周四 17:00至次日0:30，周六 10:00至次日0:30，周日 10:00~23:30；；4)温哥华最好的精酿啤酒馆。酒吧的内部采用裸露的砖墙，提供约50种手工啤酒，其中大部分来自不列颠哥伦比亚省内著名的酿造厂，如Driftwood、Four Winds和Yellow Dog。想尝鲜的旅行者(比如时髦人士和啤酒爱好者等)都钟爱$11.50一份的frat bat——包括4种啤酒样品，你可以自己选择，也让他们搭配。留意黑板上时常更新的在售酒品。

★ Storm Crow Alehouse　　　　　小酒馆

(604-428-9670；www.stormcrowalehouse.com；1619 W Broadway, South Granville；周一至周四 11:00至次日1:00，周五 11:00至次日2:00，周日 9:00至次日1:00；9)这家酒吧面积很大，是书呆子们的最爱，从《星际迷航》里的博格人到《魔戒》里的大胡子矮人，都是它的座上客。人们到这里是为了一睹墙上的纪念品(比如《星球大战》中的千年隼号飞船模型和《超时空奇侠》中的Tardis门)、玩桌游，再吃一些应景的小食，包括《星际迷航》中的罗慕伦啤酒(Romulan Ale)和《银河系漫游指南》中的含漱爆破液(Pangalactic Gargleblasters)。饿了吗？分量十足的鹰嘴豆薯条一定会让你着迷。

★ Brassneck Brewery　　　　　　精酿啤酒厂

(604-259-7686；2184 Main St；周一至周五 14:00~23:00，周六和周日 正午至23:00；3)这间小啤酒厂在温哥华人气很高，开业的头六个月就配置了超过50种啤酒，之后又通过不断更新新鲜有趣的啤酒产品吸引着更多粉丝。他们的产品包括Bivouac Bitter、Stockholm Syndrome和Magician's Assistant。我们尤其推荐Passive Aggressive 干投酒花淡色艾尔啤酒。

★ Catfe　　　　　　　　　　　　　咖啡馆

(见732页地图；778-379-0060；www.catfe.ca；International Village Mall, 88 Pender St；点/不点咖啡 $5/8，咖啡另外计费；周五至周三 11:00~21:00；；SStadium-Chinatown)温哥华唯一的一家猫咖啡；建议网上预订(直接去店里也可以)，这里住着十几只猫咪，买上一杯咖啡，你就可以在这个大型的猫舍里陪它们玩耍。所有的猫都来自SPCA(防止虐待动物协会)，都可通过一定程序领养。

★ Shameful Tiki Room　　　　　　酒吧

(www.shamefultikiroom.com；4362 Main St；周日至周四 17:00至午夜，周五和周六 至次日1:00；3)来到这家没有窗户的酒吧，会让你感觉自己好像瞬穿越到了波利尼西亚的海滩。酒吧灯光(包括河豚形状的灯饰)昏暗，墙上装饰着提基面具和藤条，屋顶上则覆盖着稻草。这里的饮品品质都不错：最有代表性的包括Zombies、Mai Tais以及4人份的Volcano Bowl等。

Narrow Lounge　　　　　　　　　　酒吧

(见732页地图；www.narrowlounge.com；1898 Main St；周一至周五 17:00至次日1:00，周六和周日 至次日2:00；3)走进位于3rd Ave的

酒吧入口——门口的红灯会告诉你营业中还是休息，然后沿着满是涂鸦的楼梯上楼，你就到了温哥华最酷的小酒吧。这里的面积只比火车车厢稍宽敞一些，墙上装饰着被虫蛀的动物标本和旧货铺的画作，幽暗的环境如同午夜。夏天的时候，后院隐蔽的室外酒吧也会开放。

Fountainhead Pub　　　　同性恋酒吧

（见732页地图；604-687-2222；www.thefountainheadpub.com；1025 Davie St；周日至周四 11:00至次日1:00，周五和周六 至次日2:00；6）这是区域内最热闹、最骄傲的同性恋酒吧，服务友好，露天平台上的人群如同杯子里打翻的酒一样涌到 Davie St上。你可以加入夏季夜晚持续不断地娱乐活动——比如色迷迷地审视过去的当地人或者在酒吧里面找一处安静的角落喝点淡啤酒或者一杯挑逗的鸡尾酒：你要一杯艳星（Porn Star）还是红鹿（Red Stag Sour）？

> **举杯：不列颠哥伦比亚省最佳啤酒**
>
> 深渊狂潮美式IPA（Fat Tug IPA）Driftwood Brewery（www.driftwoodbeer.com）
>
> 潜水炸弹波特啤酒（Dive Bomb Porter）Powell Street Craft Brewery（www.powellbeer.com）
>
> Four Winds IPA　Four Winds Brewing（www.fourwindsbrewing.ca）
>
> Persephone Pale Ale　Persephone Brewing Company（www.persephonebrewing.com）
>
> Zunga Blonde Ale　Townsite Brewing（www.townsitebrewing.com）
>
> Red Racer India Red Ale　Central City Brewers & Distillers（www.centralcitybrewing.com）
>
> Father John's Winter Ale　Howe Sound Brewing（www.howesound.com）

Main Street Brewing　　　精酿啤酒厂

（604-336-7711；www.mainstreetbeer.ca；261 E 7th Ave；周一至周四 14:00~23:00，周五至周日 正午至23:00）Main Street Brewing位于一处历史悠久的老酒厂内。当中有一间很棒且极具工业感的品酒室。酒单分为一般啤酒和木桶两类。可以先品尝一套四种的样品然后再点正价的产品。我们最推荐威斯敏斯特棕啤（Westminster Brown Ale），但是印度淡色艾尔啤酒（IPA）也很值得喝上一两杯。

Diamond　　　　鸡尾酒吧

（见732页地图；www.di6mond.com；6 Powell St；周一至周四 17:30至次日1:00，周五和周六 17:30至次日2:00，周日 17:30至午夜；4）从不显眼的入口走上楼，你会发现自己置身于温哥华最温馨的小鸡尾酒吧之一。经过翻新的古老房间中镶嵌着框格窗，你可以坐在窗边看看风景，这里很受当地时尚人士的欢迎，但一点儿也不做作。这里还有很棒的鸡尾酒单和许多日式下酒菜。

Fortune Sound Club　　　夜店

（见732页地图；604-569-1758；www.fortunesoundclub.com；147 E Pender St；周五和周六 9:30~15:00，外加特别活动；3）这家城里一流的夜店已经从过去唐人街上老旧的原址搬迁到如今焕然一新的新场地了——店员真诚友好，聚集了很多温哥华别处不常见的更年轻的新潮酷炫的年轻人。进门之后你就会发现一个很大的舞池，里面挤满了爱好玩乐的当地人。周末这里会排队，可以参加"快乐结局周五"（Happy Ending Fridays）活动，你一定会跳得尽兴。

Keefer Bar　　　　鸡尾酒吧

（见732页地图；604-688-1961；www.thekeeferbar.com；135 Keefer St；周一 17:00至午夜，周二至周四和周日 17:00至次日1:00，周五和周六 17:00至次日2:00；Stadium-Chinatown）这是唐人街上一家昏暗、狭小却很有氛围的酒吧，从开业起就一直受到当地鸡尾酒爱好者的追捧。来这里花一个晚上品尝美酒，你肯定会被震撼到。这里供应精心调制的迷迭香鸡尾酒、暹罗slippers鸡尾酒和很棒的威士忌，还有美味的小吃配菜，你会在这里度过一个愉快的夜晚。

★ Liberty Distillery　　　蒸馏酒厂

（见732页地图；☎604-558-1998；www.thelibertydistillery.com；1494 Old Bridge St；⊙11:00~20:00；🚋50）这是温哥华最吸引人的工艺酒厂，它有一间像沙龙一样的品酒室，你可以通过这里的玻璃橱窗看到锃亮的且有种蒸汽朋克范的酿酒设备。当然，这里可不是徒有其表的。在欢乐时间（周一至周四15:00~18:00）尝试自制的杜松子酒、伏特加和白威士忌鸡尾酒的试喝款只需$6。还提供导览游（$10；每周六周日11:30和13:30）。

Six Acres　　　酒吧

（见732页地图；☎604-488-0110；www.sixacres.ca；203 Carrall St；⊙周日至周四 11:30~23:30，周五和周六 至次日0:30；🛜；🚋4）加斯镇最舒适的酒馆。经过精挑细选的桶装和瓶装啤酒适宜搭配各类美食。酒馆前面有个很惬意的夏日小露台，你也可以在屋内（尤其是楼上）泛着烛光的小角落里，慢慢品尝啤酒，再尝几道小菜。

☆ 娱乐

如果你想在温哥华找点娱乐活动，永远不必担心没地可去，这里从高级到低级的活动，应有尽有。你可以先在一个晚上找找乐子，第二天再看场球赛，接着再听一场现场音乐表演。推荐你去问问当地人的建议，他们没准儿会告诉你一些罕为人知的事情。

现场音乐

★ Commodore Ballroom　　　现场音乐

（见732页地图；☎604-739-4550；www.commodoreballroom.com；868 Granville St；🚋10）当地的乐队如果能在温哥华这家中型表演场演出的话，那就算是功成名就了。这家经过修复的舞场很有艺术感，由于地板下面铺设着轮胎，这里的地板一直是城中最有弹性的。如果你在狂舞之后需要休息，可以在舞场周围的桌子上喘口气，来瓶Stella，然后再接着跳入舞池。

Rickshaw Theatre　　　现场音乐

（见732页地图；☎604-681-8915；www.liveatrickshaw.com；254 E Hastings St；🚋14）经过对20世纪70年代老旧建筑的翻新，如今时尚的Rickshaw显示着东区住宅高档化的积极效果。这里有很多朋克和独立音乐演出，是观看乐队表演的好地方。在靠近舞台的地方还有大片的舞场，后面放着很多影院风格的座椅。

Biltmore Cabaret　　　现场音乐

（☎604-676-0541；www.biltmorecabaret.com；2755 Prince Edward St；🚋9）Biltmore是温哥华最好的另类场所之一，深受当地独立音乐爱好者的喜爱。这里天花板很低、气氛热烈，最适合随着当地音乐人或巡回音乐人的音乐狂舞。通常会举办一些夜间活动：可以上网查询最新活动信息，包括大受欢迎的 Kitty Nights Burlesque 表演（www.kittynights.com），此活动结束后还有全场共同参与的DJ热舞派对。

电影院

★ Pacific Cinémathèque　　　电影院

（见732页地图；☎604-688-3456；www.thecinematheque.ca；1131 Howe St；票价$11，两场连映$16；🚋10）这处人气很高的影院如同在举办一场永不谢幕的电影节，每天会上映不同的电影。你需要先在入口处办理$3的年度会员，然后就可以走进昏暗的影厅，和聚精会神的影迷（他们通常会以Fellini和Bergman给自己的孩子或者宠物取名）一起欣赏电影了。

Rio Theatre　　　电影院、剧院

（☎604-879-3456；www.riotheatre.ca；1660 E Broadway；ⓈCommercial-Broadway）温哥华最不拘一格的影院。对20世纪80年代的影院进行翻修后，如今更像是一家社区轮映影院。会上演从大片、艺术片到现场音乐（这里的音响系统一流）和即兴喜剧和晚间色情滑稽歌舞杂剧等五花八门的节目。可以查询他们的节目单，推荐Gentlemen Heckler担当旁白的电影。

Vancity Theatre　　　电影院

（见732页地图；☎604-683-3456；www.viff.org/theatre；1181 Seymour St；票价$12，两场连映$18；🚋10）这里是温哥华国际电影节（见741页）一流的电影中心，全年会在电影迷心中最

理想的影厅中放映不同类型的影片。影厅有充足的空间、宽大的扶手，而且175个座位都有很好的视线。就算在这里看上4小时只有字幕、有关滴水的水龙头的长篇叙事电影，你都会觉得很舒服。

Scotiabank Theatre　　　　　电影院

（见地图732页；www.cineplex.com；900 Burrard St；🚇2）这间位于市中心的豪华多厅影院规模已经大到有自己的企业赞助商了。很多人都爱到这里观看最新的大片。不仅如此，这里还时常播出和主要文化机构（比如伦敦的国家剧院和纽约的大都会歌剧院）合作的现场演出。周二来可以买到打折票。

剧院和古典音乐

★ Bard on the Beach　　　　表演艺术

（见732页地图；☎604-739-0559；www.bardonthebeach.org；Vanier Park, 1695 Whyte Ave；票价 $20~57起；◎6月至9月；🚌22）你在这里观看莎士比亚戏剧的同时，还能看到夕阳渐渐没入帐篷舞台背后的群山之中。这里已经成为温哥华夏日活动的亮点。通常会上演三部莎士比亚剧目，以及一部和吟游诗人相关的作品，如《君臣人子小命呜呼》（*Rosencrantz and Guildenstern are Dead*）等。周二的晚间表演结束后会有问答讨论会，整个演出季都会有经典歌剧、烟花表演和品酒活动。

★ Cultch　　　　　　　　　　剧院

（Vancouver East Cultural Centre；☎604-251-1363；www.thecultch.com；1895 Venables St；🚌20）自从1973年官方将其设为文化空间以来，原来被废弃的教堂逐渐变成了演艺人员和观众的据点。经过多年全面的翻修改造后，Cultch如今变成了温哥华最有名的娱乐场所之一，上演着各种当地的、边缘的和巡回戏剧表演，从各类口语形式的表演到易卜生的作品巡演应有尽有。

Arts Club Theatre Company　　剧院

（☎604-687-1644；www.artsclub.com）温哥华规模最大、最受欢迎且剧目最丰富的剧院。演出会在Arts Club旗下的3座城市剧院中上演。

Vancouver Symphony Orchestra　　　　　　　　表演艺术

（☎604-876-3434；www.vancouversymphony.ca）温哥华交响乐团会举办经典音乐会和通俗音乐会（如电影音乐）。表演场地不仅包括豪华的Orpheum Theatre，也有斯坦利公园宽阔的室外场地。

运动

Vancouver Canucks　　　　　冰球

（见732页地图；☎604-669-9283；www.canucks.nhl.com；Rogers Arena, 800 Griffiths Way；🚇Stadium-Chinatown）温哥华国家冰球联盟队（National Hockey League，简称NHL）在2011年斯坦利杯决赛中没有认真对待比赛，结果第7场比赛输给了波士顿棕熊队，这导致了全城的暴乱和抢劫事件。但是球迷们深爱着自己的球队，大多数比赛举办时，罗渣士体育馆（Rogers Arena）都座无虚席，呐喊声也此起彼伏。提前预订比赛门票，或者去当地的酒吧体验一下喧闹的比赛之夜。

Vancouver Whitecaps　　　　足球

（见732页地图；☎604-669-9283；www.whitecapsfc.com；BC Place Stadium, 777 Pacific Blvd；票价 $30~150；◎3月至10月；♿；🚇Stadium-Chinatown）Vancouver Whitecaps目前把不列颠哥伦比亚体育馆作为主场。这支温哥华的专业球队目前还在北美的顶级赛事——美国职业足球大联盟（Major League Soccer，简称MLS）中打比赛。他们在2011年晋级联盟之后经历了一小段艰难时刻，但是近几个赛季中，却稳扎稳打（对于足球运动员来说很重要）。建议留点儿时间买一件足球纪念衫，等你回去的时候一定会让大家刮目相看。

BC Lions　　　　　　　　　橄榄球

（见732页地图；☎604-589-7627；www.bclions.com；BC Place Stadium, 777 Pacific Blvd；票价 $35起；◎6月至11月；♿；🚇Stadium-Chinatown）在加拿大橄榄球联赛（Canadian Football League，简称CFL，与美国的同类赛事NFL相比毫不逊色）中，温哥华的主场球队是Lions。球队虽然近几年表现不俗，但是自2011年之后就再没夺回最重要的格雷杯

（Grey Cup）冠军。门票很好买，除非碰上他们对战死敌Calgary Stampeders的比赛。

购物

近几年，温哥华的零售业发展迅速。Robson St上有主流的连锁商店，加斯镇上可以找到许多独立商店，固兰湖岛的缅街和金马素街上遍布艺术商店和工作室，而南固兰湖和基斯兰奴的4th Ave上则分布着一系列吸引人的精品店。

★ Regional Assembly of Text 手工艺品

(604-877-2247; www.assemblyoftext. com; 3934 Main St; ⊙周一至周六11:00~18:00, 周日 正午至17:00; 📙3) 虽然数字时代已经来临，但讽刺的是，这家店里的期刊、手工铅笔盒和印着打字机图案的T恤衫，仍然吸引着闻惯了墨水味的当地人。建议浏览楼梯下面的小展厅，里面收藏着来自世界各地的杂志，也别错过每月举办的书信俱乐部（Letter Writing Club，每月第一个周四的19:00），届时你可以敲打古老的打字机，运用满腹文采制作一封书信传递对远方爱人和亲人的感情。

★ Paper Hound 书籍

(见732页地图; 604-428-1344; www.paperhound.ca; 344 W Pender St; ⊙周日至周四10:00~19:00, 周五和周六至20:00; 📙14) 这间书店已经开业有几年了，店面虽小但布置很用心，提供各类当下时新的出版物，很受当地人欢迎。这里是消磨时间的最佳地点，你可以找到引人入胜的大部头巨著（大多数是二手书，也有一些新书），从自然著作到诗歌再到百家争鸣的理论书籍。可以向店员咨询，他们对这里的书籍了如指掌。

★ Mintage 古着店

(604-646-8243; www.mintagevintage. com; 1714 Commercial Dr; ⊙周一至周六10:00~19:00, 周日11:00~18:00; 📙20) 时髦人士总能在这里给自己淘到一些复古装备。店面装饰是西式的沙龙风，但是别被它的外表欺骗了——这是温哥华城中最博采众长的商店。商品以女性服饰为主，从印度纱丽到芭蕾舞裙，应有尽有。男性服饰则在屋后，可以找到搭配肯尼·罗杰斯（Kenny Rogers）T恤的丝绒休闲服。

★ Mountain Equipment Co-Op 体育用品和户外用品

(604-872-7858; www.mec.ca; 130 W Broadway; ⊙周一至周五10:00~21:00, 周六9:00~18:00, 周日10:00~18:00; 淡季营业时间缩短; 📙9) 资深背包客看到这么多选择时估计都要感动得哭了，这家宽敞的户外用品店出售服装、皮划艇、睡袋和精巧的野营用品，多年来，他们一直致力于为专业的户外运动爱好者提供服务。需会员才能在这里购物，入会程序很简单，支付$5会员费即可。这里还出租各种设备，包括独木舟、皮划艇、野营装备等。

Eastside Flea 市场

(见732页地图; www.eastsideflea.com; Ellis Building, 1014 Main St; $3; ⊙周五18:00~22:00, 每月第三个周末的周六和周日11:00~17:00; 📙3) 多年以来，城中的一些会堂里都举办过跳蚤市场。每月一次的跳蚤市场位于新Ellis Building，届时不仅有50家新兴的复古服装商家，还会有流动餐车和现场音乐表演，你将体会到热情友好的氛围。建议早点到，这样没准能买到礼帽，戴着它走在市场中，你可以体验到旧时维多利亚时代绅士的感觉（记得提前把胡子打蜡）。

John Fluevog Shoes 鞋

(见732页地图; 604-688-6228; www.fluevog.com; 65 Water St; ⊙周一至周三和周六10:00~19:00, 周四和周五10:00~20:00, 周日正午至18:00; ⓢWaterfront) 这里就像是鞋子艺术馆，宽敞的鞋店中展示了当地设计师福卢弗格（Fluevog）设计的众多著名鞋款。如果他设计的男靴、女靴以及男士烤花皮鞋能一直这么有趣和时髦，没准会成为下一个Dr. Martens。选一双霸气诱惑的大腿靴或者让人看起来更高的乐福鞋吧。

Smoking Lily 服装

(604-873-5459; www.smokinglily.com; 3634 Main St; ⊙周一至周六11:00~18:00, 周日正午至17:00; 📙3) 这间主营女装的精品店里充满了艺术院校的酷感，短裙、皮带、吊带衫上印着古怪的蚂蚁、自行车和元素周期表的图案。心脏也是很受欢迎的图案,衬衣、珠宝和靠垫套上都能看到它。这里还出售一系列配饰,比如酷女孩们钟爱的奇形怪状的钱包和肩包。

★ Gallery of BC Ceramics 工艺品

(见732页地图;604-669-3606;www.bcpotters.com; 1359 Cartwright St; 10:30~17:30; 50)它是固兰湖岛的工艺品商店之星、不列颠哥伦比亚陶工公会对外的窗口,在这里展示并出售会员艺术家的杰出作品。你可以买到独一无二的瓷啤酒杯和绘有旋涡图案的汤碗,最火的商品是酷感十足的拉面杯,上面还有可以放筷子的孔。每人都能买到物美价廉的艺术品。

Coastal Peoples Fine Arts Gallery 工艺品

(见732页地图;604-684-9222;www.coastalpeoples.com; 312 Water St; 4月中旬至10月中旬 10:00~19:00, 10月中旬至次年4月中旬 至18:00; SWaterfront)这家店看起来很像博物馆,里面展示着一系列因纽特人和西北岸土著人的珠宝、雕刻和版画。就高品质艺术来说,如果你想找一些非常特别的纪念品回家送人,这里精美绝伦的商品是理想之选。不用担心,如果图腾柱无法放进你的行李箱,他们可以提供寄送服务。

Thomas Haas 食品

(604-736-1848; www.thomashaas.com; 2539 W Broadway; 周二至周六 8:00~17:30; 9)这个独立的巧克力商店里经常挤满当地人,他们来这里买美味的零食,比如焦糖核桃块和撒了辣椒粉的巧克力bon-bon。但是这里最出名的是裹巧克力的水果核冻(推荐覆盆子巧克力甘纳许)。这里也是购买温哥华特产的好地方,比如分量十足的茶和咖啡巧克力棒。

Red Cat Records 音乐

(604-708-9422; www.redcat.ca; 4332 Main St; 周一至周四 11:00~19:00, 周五 至20:00, 周日 至18:00; 3)雨天里缅街的最佳去处。一排排木架上整齐摆放着的新旧CD和黑胶唱片,使这里成为城中最时髦的唱片行。一些音乐家也是其所有人,你可以向他们咨询当地现场音乐表演的观看建议。

Front & Company 服装、饰品

(604-879-8431; www.frontandcompany.ca; 3772 Main St; 11:00~18:30; 3)在这家有3个门面的店里逛一圈怎么也得几个小时,最大的卖场里有时尚的代销服装,除了这里,你还能在哪儿买到二手天鹅绒晚间便服呢?隔壁有新式的很酷的家庭用品,第三个卖场里有必买的礼品和饰品,如日本漫画像、日本原单制冰盘和虚无主义者的口香糖(当然是无味的)。

❶ 实用信息

医疗服务

St Paul's Hospital(604-682-2344; 1081 Burrard St; 22)中心区处理事故和急诊的医院。
Shoppers Drug Mart(604-669-2424; 1125 Davie St; 24小时; 6)连锁药店。
Ultima Medicentre(604-683-8138; www.ultimamedicentre.ca; Plaza Level, Bentall Centre, 1055 Dunsmuir St; 周一至周五 8:00~17:00; SBurrard)无须预约。

现金

温哥华黄金与货币兑换中心(Vancouver Bullion & Currency Exchange; 604-685-1008; www.vbce.ca; 800 W Pender St; 周一至周五 9:00~17:00; SGranville)除了银行以外,还可以到温哥华黄金与货币兑换中心兑换货币。可兑换的货币种类丰富,汇率也很有优势。

邮局

豪街邮局(Howe St Postal Outlet; 见732页地图; 604-688-2068; 732 Davie St; 周一至周五 9:00~19:00, 周六 10:00~17:00; 6)

旅游信息

温哥华旅游局游客中心(Tourism Vancouver Visitor Centre; 见732页地图; 604-683-2000; www.tourismvancouver.com; 200 Burrard St; 8:30~17:00; SWaterfront)是旅行者的大型资源库,里面有咨询人员可以帮助你制订旅游计划。提供的服务和信息包括免费地图、旅游指南、半价剧场票,以及住宿和旅游预订,还有许多关于温哥华和不列颠哥伦比亚省的资料手册。

❶ 到达和离开

飞机

温哥华国际机场(YVR;604-207-7077;www.yvr.ca;)是温哥华第二繁忙的机场,位于市中心以南13公里的里士满。共有两座主航站楼——国际出发(包括飞往美国的航班)和国内出发,两座航站楼之间只有很短的步行距离。第三座(比前两座航站楼小很多)南部航站楼开车可很快到达。机场提供免费的接驳车往返于各航站楼之间。机场提供的服务包括水上飞机、直升机、小型飞机经一些小众线路到达不列颠哥伦比亚省及周边各省市社区。另外,到达和离开温哥华岛及周边的短途水上飞机(见776页)和直升机服务(见790页)也从城中心的滨水区(近加拿大广场)起飞或降落。

主机场里设有商店、美食街、货币兑换处和游客信息咨询处。也分布着土著艺术品商店。行李车免费(无须提供押金),且有免费的Wi-Fi。

船

BC Ferries(250-386-3431;www.bcferries.com)可到杜华逊(Tsawwassen;温哥华以南1小时船程),以及马蹄湾(从西温哥华市中心出发,船程30分钟)。公司运营着世界上最大的渡轮网络,包括省内的一些特别线路。

去往萨瓦森的渡轮是公司的主营业务,分别从温哥华岛的斯瓦茨湾(近纳奈莫)和南海湾群岛(Southern Gulf Islands)发船。

发往马蹄湾的渡轮从纳奈莫的起航港发船,从宝云岛(Bowen Island)和阳光海岸的兰代尔(Langdale)也有发往马蹄湾的渡轮。

要乘坐交通工具离开萨瓦森的话,乘坐620路公共汽车(成人/儿童$5.50/3.50)到Bridgeport站,再转乘加拿大线(Canada Line)到达市中心,全程需要花费约40分钟。

从马蹄湾去市中心,乘坐257路公共汽车(成人/儿童$4/2.75, 45分钟),比乘坐250路公共汽车节省时间,全程约35分钟。

从5月到9月,邮轮都是当地的热门交通工具,码头位于市中心的加拿大广场,或者其东面的巴兰坦码头(Ballantyne Pier)。

长途汽车

➡ 城市之间的直达巴士都会在温哥华闪着霓虹灯牌的**太平洋中央车站**(Pacific Central Station; 1150 Station St; Main St-Science World)停靠。这是加拿大的一个主要终点站。跨国的**加拿大灰狗长途巴士**(www.greyhound.com; www.greyhound.ca)、提供跨国的廉价长途汽车服务的**Bolt Bus**(www.boltbus.com)和提供从西雅图到西雅图-塔科马国际机场的汽车运输服务**Quick Shuttle**(www.quickcoach.com)均可在此乘坐。

➡ 车站除有售票处以及行李寄存箱,这里同时也是温哥华的国内线路和国际线路的火车终点站。

➡ 轻轨的缅街-科学世界站(The Main St-Science World)就位于街对面,从这里可换乘到市中心和郊区的各线。

➡ 站点设有租车柜台,出站则可以叫到出租车。

小汽车和摩托车

如果你是在美国境内租的车,然后开进加拿大,需要携带租车合同副本,以避免过境时产生问题。

一般来说,美国的汽油价格较低,在进入加拿大之前建议把油加满。

火车

➡ **太平洋中央车站**(见757页)是**加拿大国家铁路公司**(VIA Rail; www.viarail.com)从加拿大各地发往温哥华的长途列车的主要停靠站点,也是**美国铁路**(Amtrak; www.amtrak.com)从西雅图(国境线以南)以及其他地区发往温哥华的列车的主要停靠站点。这里还是城际交通的主要停靠点,包括跨国的长途汽车。

➡ 轻轨的缅街-科学世界站(The Main St-Science World)就位于街对面,从这里可换乘到市中心和郊区的各条线路。

➡ 站点设有租车柜台,出站则可以叫到出租车。

❶ 当地交通

抵离机场

出租车

➡ 根据机场内的指示牌就可以找到外面的出租车停靠点。乘坐出租车到市中心一般30分钟左右,费用在$35到$45,外加小费(一般是15%)。

➡ 你也可以选择豪华轿车服务,地点就在主要出租车停靠点的旁边,体验比出租车好,但是车费要高出$20以上。

火车

轻轨的**加拿大线**(www.translink.ca可查看线

路图)共有16个站,提供从机场到市中心的快速轨道交通服务。每隔几分钟就会发出一辆列车,运营时间从清晨到午夜之后,从机场到市中心的Waterfront站大约要25分钟。站点在室外,位于国内航站楼和国际航站楼之间。按照各航站楼内的指示牌从站台的自动售票机上购买车票。接受现金、信用卡和储蓄卡,如果你还是不清楚或者长时间的飞行让你筋疲力尽,可以向穿绿色夹克的加拿大线工作人员寻求帮助。根据你的目的地和出发时间不同,从机场出发的车票价格在$7.75和$10.50之间。

自行车

➜ 温哥华有总长300公里的自行车专用车道,非常适合骑车出行。

➜ 骑行者可以免费将自行车带上轻轨、海上巴士或者带自行车停放架的公共汽车。根据法律规定,骑行者必须佩戴自行车头盔。

➜ 近年来,市中心规划了许多专用自行车道,2016年,城中开展了一个共享单车计划 **Mobi**(www.mobibikes.ca)。

➜ 领取免费的《大温哥华地区自行车地图》(*Metro Vancouver Cycling Map*),从上面可以了解到地区内的各条线路情况、关于骑行活动的联络点以及资源,也可以从TransLink的网站上下载以上信息。

➜ 如果你没有带上自己的自行车,也可以从商行中租到其他带轮子的工具(通常包括直排轮滑),尤其推荐斯坦利公园附近的Denman St,它是温哥华最受欢迎的观景骑行线路。

船

渡轮公司出售一日优惠券(从$10~15)以及多程渡轮可享受折扣预订。单程票价$3.50起。
水上巴士渡轮公司(Aquabus Ferries;📞604-689-5858; www.theaquabus.com;成人/儿童 $3.50/1.75)提供从Hornby St下方与固兰湖岛之间的往来迷你渡轮服务(有些大船可以放自行车)。并且在福溪沿线,以及至科学世界沿线设有站点。
福溪渡轮公司(False Creek Ferries;见732页地图; www.granvilleislandferries.bc.ca;成人/儿童 $3.25/2起)提供从日落海滩(Sunset Beach)到固兰湖岛的渡轮服务,他们还会停靠福溪周边的几个码头。

小汽车和摩托车

如果只想在温哥华市内到处看看,其实不需要开车(游览市中心很适合步行游览,公共交通也四通八达)。要游览面积广大的地区比如山脉和社区,那么有辆汽车会方便很多,离城区越远,公共交通就越不方便。

公共交通
公共汽车

➜ 温哥华的**TransLink**(www.translink.ca)巴士网络四通八达。所有的汽车上都配备自行车架。并且,所有的汽车都可上下轮椅。需自备零钱(足够或者更多),公共汽车使用售票机,不设找零。票价为成人/儿童$2.75/1.75,换乘有效期达90分钟。温哥华的公交系统分为3个地理票价区间,所有的公共汽车都为1区间票价。

➜ 中心区域公共汽车的运营时间从清晨一直到午夜之后。同时,这里的夜班公交车系统十分便捷,从凌晨1:30到4:00,每30分钟就会有一辆班车发出。最后1班车会在3:09从温哥华市中心出发。留意指定公交车站的夜班公交标志。

海上巴士

➜ 著名的海上巴士是TransLink公交系统(采用一般票价)的一部分,全天运营。全程共12分钟,渡过布勒内湾往来于滨水车站和温哥华北部的兰斯道码头(Lonsdale Quay)之间。你可以在兰斯道码头转乘公共汽车去往北温哥华和西温哥华各地;在这里乘坐236路公交可到达卡皮拉诺吊桥和松鸡山(Grouse Mountain)。

➜ 海上巴士从滨水车站的发车时间是从周一至周六早上6:16到次日凌晨1:22(周日8:16至23:16),船上可以上下轮椅,也可携带自行车。

➜ 须在登船前从售票机购买船票,码头两岸均设有售票机,接受信用卡和借记卡,也提供最高为$20的找零服务。

轻轨(SkyTrain)

➜ TransLink的轻轨快速交通网络包括3条线路,是当地出行的很好选择,尤其是去市中心以外的地区。第4条线路——长青线(Evergreen Line),已于2017年投入运营,将会连接城中伯纳比(Burnaby)、高贵林(Coquitlam)和Port Moody各区。

➜ 需上车前从售票机上购买轻轨通行卡(可找

零，机器接受信用卡和借记卡）。

➡ 根据目的地远近，票价范围从$2.75到$5.50（如果是从机场上车，需多付$5元及以上的票价）不等。

出租车

温哥华市区暂时不允许Uber。建议选择以下老牌出租车公司的服务：

Black Top & Checker Cabs（☏604-731-1111; www.btccabs.ca; 🛜）

Vancouver Taxi（☏604-871-1111; www.vancouvertaxi.cab）

Yellow Cab（☏604-681-1111; www.yellowcabonline.com; 🛜）

南部大陆(LOWER MAINLAND)

南部大陆从沿海的马蹄湾一直延伸到草木葱茏的弗雷泽河谷，包括距离温哥华市中心需一两个小时驾车或乘坐公共汽车可达的市镇和城郊区域，其中那些与温哥华比邻的城市被称为大温哥华地区（Metro Vancouver）。这里很适合短途一日游，区域内群山巍峨、沿海公园森林覆盖，还有野生动植物保护地和历史遗迹。

伯纳比(Burnaby)

伯纳比紧邻温哥华东部，从城中心乘坐轻轨就可抵达，这里是片宁静的城郊，适合花半天时间游览。此地的信息可访问Tourism Burnaby（☏604-419-0377; www.tourismburnaby.com）。

宁静的鹿湖公园（6450 Deer Lake Park Ave）中的小路蜿蜒于草地和树林之中，环绕着一个飞禽和野生动物栖息的湖泊。夏季时，这里会举办一年一度的伯纳比蓝调乡村音乐节（Burnaby Blues + Roots Festival; www.burnabybluesfestival.com; ⊙8月）。毗邻的伯纳比乡村博物馆（Burnaby Village Museum; www.burnabyvillagemuseum.ca; 6501 Deer Lake Ave; ⊙5月至8月 周二至周日 11:00~16:30; 🅿) 免费 栩栩如生地再现了这座历史悠久的城镇的面貌，你可以看到当年的房屋和企业建筑的复制版，还有一座1912年的漂亮的旋转木马复制品。

驾车从紧邻Hwy 1的Sperling Ave出口下高速，然后沿着博物馆的标志直行即可到达。

有50年历史的西蒙菲莎大学（Simon Fraser University; www.sfu.ca; 8888 University Dr; 🚌135）位于伯纳比山的山顶，是南部大陆第二大校园社区。这里为数不多的旅游景点包括西蒙菲莎大学美术馆（SFU Gallery; ☏778-782-4266; www.sfu.ca/galleries; ⊙周二至周五 正午至17:00）与考古和民族学博物馆（Museum of Archaeology & Ethnology; ☏778-782-3135; www.sfu.ca/archaeology/museum.html; ⊙周一至周五 10:00至正午和13:00~16:00) 免费。

ℹ️ 到达和离开

TransLink（☏604-953-3333; www.translink.ca）轻轨的博览线（Expo）和千禧线（Millennium）全天每隔几分钟就有一班从温哥华发到伯纳比的列车。两个城市之间采用的是2区间票价（2区间票价为$4）。

兰里堡(Fort Langley)

小小的兰里堡拥有绿树成荫的街道和19世纪风格的店面，这让它成了南部大陆上最具风韵的历史古镇，非常适合午后从温哥华来此闲逛。除了小城本身，这里还遍布着各式的咖啡馆、精品店和美味的冰激凌店。

亮点是兰里堡国家历史遗迹（Fort Langley National Historic Site; ☏604-513-4777; www.parkscanada.gc.ca/fortlangley; 成人/儿童 $7.80/3.90; ⊙10:00~17:00; 🅿），它是这片地区最重要且最迷人的老式建筑地标。

1827年，这里建起了设防的贸易站。1858年，詹姆斯·道格拉斯（James Douglas）在这里宣布不列颠哥伦比亚成立。所以从法律上来说，兰里堡是不列颠哥伦比亚省名副其实的诞生地。你能看见穿着仿古服饰的人，还可以去重建的工匠作坊和孩子必玩的淘金区（他们还喜欢在木质的碉堡城墙上冲杀），这里是希望给旅途增添点教育意义的家庭的理想目的地。

如果你想在参观大楼前听听介绍，这里提供很有趣的时空穿越主题纪录片。同时，建议在去之前先查看他们的网站了解一系列丰富多彩的讲解活动。这些活动生动地再现了历史，比如铁匠工作坊（需提前预订）。

在兰里堡不必担心找不到美食。从城堡往外走几步，一路上有许多诱人的餐馆。如果你想去当地人爱去的餐馆，推荐Wendel's Bookstore & Cafe（☎604-513-2238; www.wendelsonline.com; 9233 Glove Rd; 菜肴 $8~14; ⓒ7:30~22:00; 📶）。

新威斯敏斯特
（New Westminster）

从温哥华市中心乘轻轨，就快可以到达新威斯敏斯特，这里是不列颠哥伦比亚省历史最悠久的社区之一。1859年，这里曾经被短暂地指定为新成立的不列颠哥伦比亚殖民地（Colony of British Columbia）的首府。它昔日的光辉在过去的一个世纪中已经渐渐黯淡，但是近些年又展现出了新生机。如果你想去温哥华周边的地区轻松游玩，这里很适合你花几个小时游览。

从轻轨的新威斯敏斯特车站下山车后，步行下山朝弗雷泽河（Fraser River）走。那里有一条Waterfront Esplanade Boardwalk，包括一段海岸线步道，一路上点缀着充满艺术感的河岸美景（你可以看到海豹、苍鹭和运木船）。

比邻的河岸市场（River Market; ☎604-520-3881; www.rivermarket.ca; 810 Quayside Dr; ⓒ10:00~18:00）是享用午餐的好地方，你还会看见海岸线上赫然耸立着的号称世界最大的锡兵。如果时间充裕，你还可以去弗雷泽河发现中心（Fraser River Discovery Centre; ☎604-521-8401; www.fraserriverdiscovery.org; 788 Quayside Dr; 建议捐款$6入场; ⓒ6月至8月 10:00~16:00, 9月至次年5月 周三至周六 10:00~16:00; 📶）了解一下这条伟大河流边发生的故事。逛完之后，返回河边，逛一逛附近Columbia St上的商店和历史建筑。

ℹ️ 实用信息

登录新威斯敏斯特旅游网（Tourism New Westminster; ☎604-526-1905; www.tourismnewwestminster.com; 777 Columbia St; ⓒ6月至9月 周一至周六 10:00~17:00, 10月至次年5月 10:00~16:00）查看关于该地区的更多信息。

ℹ️ 到达和离开

TransLink（☎604-953-3333; www.translink.ca）轻轨提供从温哥华市区到此地的往来列车，25分钟即可到达新威斯敏斯特。

里士满和史蒂夫斯顿
（Richmond & Steveston）

乘加拿大线轻轨从温哥华出发，很方便就可到达这座中国城。你可以花半天时间去亚洲购物商场逛一逛，再到中国、日本和越南餐馆中品尝美食。

不要错过城中最迷人的水滨村庄史蒂夫斯顿，很多当地人来这里一边观赏日落，一边吃美味的炸鱼和薯条。这里还有几座不错的博物馆。

◉ 景点

乔治亚海湾罐头厂   博物馆
（Gulf of Georgia Cannery; ☎604-664-9009; www.gulfofgeorgiacannery.org; 12138 4th Ave, Steveston; 成人/儿童 $10.20/6.30; ⓒ10:00~17:00; 📶; MRichmond-Brighouse, 转401）这里是不列颠哥伦比亚省内最好的"工业博物馆"，里面用场景和声音向人们展示了该地区曾经的劳动密集型的鱼类加工产业。很多旧机器都保存下来了，重点关注曾经在这里工作的人们。你会听到被录下来的工人们的证词，声音从空气中飘来如同鬼魅在倾诉，会让你身临其境，感受到站在生产线上看成千上万的罐头从眼前经过的场景。建议参加导览游，了解故事的全貌。

不列颠尼亚船厂   博物馆
（Britannia Shipyard; ☎640-718-8038; www.britanniashipyard.ca; 5180 Westwater Dr, Steveston; ⓒ5月至9月 周五至周三 10:00~17:00, 周四 至20:00, 10月至次年4月 周六和周日 正午至17:00; MRichmond-Brighouse, 转410）**免费**
一处临河的历史建筑，里面陈列着布满灰尘的工具、船只和让人回忆起当地海事历史的老物件。这是地区内最能引起回忆且最充满想象力的历史古迹。建议参观文物古迹村上屋（Murakami House），这里原本居住着一个日本大家庭，后在战争中被非法关押。可以向志愿者提问：他们会告诉你许多精彩的故事。

里士满夜市　　　　　　　　　　　市场

（Richmond Night Market；☏604-244-8448；www.richmondnightmarket.com；8351 River Rd, Richmond；成人/儿童 $3.25/免费；⊙5月中至10月中 周五和周六 19:00至午夜，周日至23:00；🚇Bridgeport）这里是里士满两个具有亚洲风情的夜市中较大的一个，搭乘公共交通来这里是最方便的。这个夏季的传统市场深受人们欢迎，你从入口处就能看到人潮涌动。夜市里，你不仅可以看到琳琅满目的小商品和现场娱乐活动，还可以找到几十个热气腾腾、让人食指大动的美食摊点。如果你是鱼丸、炸鱿鱼和珍珠奶茶的粉丝，来这里就对了。

在两个夜市中，这个市场的交通更便利。

Panda Market　　　　　　　　　　市场

（☏604-278-8000；www.pandamarket.ca；12631 Vulcan Way, Richmond；⊙5月至9月中旬 周五和周六 19:00至午夜，周日 至23:00；🚌407）**免费** 原来叫国际夏季夜市（International Summer Night Market），成千上万名当地人周末都涌到这里来逛小摊点——更重要的是来光顾美食摊位。空着肚子来，你可以品尝到来自韩国、日本和中国令人垂涎欲滴的小吃。不要错过炸土豆串。

里士满奥林匹克椭圆竞速滑冰馆　　体育场

（Richmond Olympic Ovall；☏778-296-1409；www.richmondoval.ca；611 River Rd, Richmond；⊙6:00~23:00；skytrain；🚇Brighouse，转🚌C94）这处临水的巨型场馆是为2010年冬奥会（这里举办了长道速滑比赛）所建。现在，成为当地居民社区的运动场馆。奥林匹克的五环还是留下了深刻印记，**Richmond Olympic Experience**（www.therox.ca）提供一系列体验活动，让你也能感受一把夺得奖牌的激动时刻。

国际佛教观音寺　　　　　　　　　佛教寺庙

（International Buddhist Temple；☏604-274-2822；www.buddhisttemple.ca；9160 Steveston Hwy, Richmond；⊙9:30~17:30；🚌403；🚇Richmond-Brighouse）**免费** 这座经典的中国寺庙亮点在大雄宝殿，深红色的外墙搭配微微翘起的飞檐。你可以观看100米高的彩色佛像壁画以及金色的千手观音像。另一处亮点是风景优美的花园，其中有雕像和盆景。不是佛教徒也能进去参观，里面的和尚非常友善。

🍴 就餐

★ Pajo's　　　　　　　　　　　　海鲜 $

（☏604-272-1588；www.pajos.com；The Wharf, Steveston；主菜 $9~16；⊙11:00至19:00；轻轨；🚇Richmond-Brighouse转🚌401）没有什么地方比史蒂夫斯顿船来船往的繁忙码头更适合享用炸鱼和薯条了。跟随你的嗅觉，来到小小的船舱前点餐。友好的服务以及比一般油炸食品店丰富得多的菜品，会让你不由自主胃口大开。推荐点新鲜炸制的鳕鱼、三文鱼或大比目鱼（搭配秘制酱料），再加一份豌豆泥就更完美了。

Parker Place　　　　　　　　　美食广场 $

（☏604-273-0276；www.parkerplace.com；4380 No 3 Rd, Richmond；主菜 $5~10；⊙周一至周四 11:00~19:00，周五和周六 11:00~21:00；📶；🚇Aberdeen）在里士满有好几个很受欢迎的亚洲商场，Aberdeen Centre和Lansdowne Centre更大一些，Parker Place里有一个正宗的美食广场，就像新加坡小贩市场。很多亚裔加拿大人都喜欢来这里，因为这里有物美价廉的面条、鱼丸和龙须糖，买几样尝尝吧。

Shibuyatei　　　　　　　　　　日式拉面 $

（☏778-297-1777；2971 Sexsmith Rd, Richmond；主菜 $7~14；⊙周一至周六 11:30~14:00和17:00~21:00）虽然这间餐馆地理位置不太好——隔壁是一家洗车店，外观也不起眼，但是颇受当地人欢迎。提供寿司、拉面（不含味精，主打菜）和美味的日式咖喱，以及日式炸鸡和炸猪排。店内只有一个人，如果你不想等太长时间，建议错过高峰期再来。

Shanghai River Restaurant　　　中餐 $$

（☏604-233-8885；7381 WestminsterHwy, Richmond；主菜 $10~22；⊙11:00~15:00和17:30~22:00；🚇Richmond-Brighouse）这家中国

北方菜餐馆的店面很宽敞，出售当地最美味的饺子。找个能看到厨房橱窗的位子坐下，你肯定会被师傅包饺子的技艺所折服。可以点几盘饺子，和同伴一起分享，通常的量大概是每人一盘菜。猪肉饺或虾饺的肉馅多汁，吃得时候小心别溅得别人一身汤。

Sushi Hachi 寿司 $$

（☎604-207-2882；8888 Odlin Cres, Richmond；主菜 $8~22；◎周一至周六 18:00~21:00；ⓢAberdeen）这是一间家庭自营的小餐馆，为当地人提供地道的口感一流的寿司（nigiri，球形米饭上放生鱼片或者海鲜）以及刺身。它在当地上百家同等大小的寿司店中独树一帜。需提前电话预订，你就可以享用到让人欲罢不能的鲆鱼、章鱼和竹夹鱼。搭配清酒味道更佳。

🔒 购物

Daiso 百货商店

（☎604-295-6601；www.daisocanada.com；4151 Hazelbridge Way, Aberdeen Centre；◎9:30~21:00；ⓢAberdeen）加拿大第一间（也是目前来说唯一一家）日本最受欢迎的折扣店分店，这里是大温哥华区的潮流前线。商店的面积很大，共有两层，到这里不亚于进行一次文化探索，你不仅可以买一些漂亮的低价文具、饭碗和诸如奥特曼之类的公仔，还能买到一些古怪的塑料制品（一些上面印着好笑的"日式英语"口号）。

YVR Thirft Store 二手店

（www.yvrchaplain.com/thrift-store；4871 Miller Rd, Vancouver International Airport；◎周五正午至17:00；ⓂYVR-Airport）如果你在温哥华国际机场还有一个小时的时间，从航站楼出发走10分钟就可到这间慈善二手商店。想想如果游客携带了剪刀和指甲剪过安检的时候会发生什么呢，还有乘客上飞机前后下的图书和毛线衫，这些东西最后都来到了这里。

ⓘ 实用信息

要获得关于两地的信息，可以去**里士满游客中心**（☎604-271-8280；www.tourismrichmond.com；3811 Moncton St, Steveston；◎7月至8月 9:30~18:00，9月至次年6月 周一至周六 9:30~17:00和周日 正午至16:00；🚌402）。

ⓘ 到达和离开

TransLink（☎604-953-3333；www.translink.ca）加拿大线轻轨全天每隔几分钟就有从温哥华发往这里的列车。列车到达Bridgeport站之后，会分为两条线，一条去往机场，另一条去往里士满之外的各地；需确认是否上了对的车。乘坐公共交通汽车（包括去往史蒂夫斯顿的）的话，在Bridgeport和其他换乘站点都可换乘加拿大线。

宝云岛（BOWEN ISLAND）

宝云岛是温哥华周边最棒的目的地之一，距马蹄湾仅20分钟船程，却像与市区相隔上百万英里一样。这里就像不列颠哥伦比亚省的微缩版。乘渡轮可前往Snug Cove，那里风景秀丽，村庄氛围浓郁，当地人稍显古怪，户外活动吸引力十足。

你可以漫步于Snug Cove的木板道上，或在几十间农场木屋和都铎风格建筑的老派氛围中畅饮。7月和8月的周末，艺术品、手工品和食品市场让这里生机勃勃。如果你错过了周末市场，就爬上陡峭的山坡去Artisan Square的画廊和精品店转转吧，可以逛逛Cocoa West Chocolatier（☎604-947-2996；www.cocoawest.com；581C Artisan Ln；◎5月至9月 10:00~17:00，淡季营业时间缩短）。

20世纪二三十年代，游客乘汽轮来到这里，参加Bowen Island Tours（☎604-812-5041；www.bowenislandtours.com；团队游 成人/儿童 $25/12起）有趣的远足活动，你会了解到那段平静美好的时光。你也可以探索Crippen Regional Park和Killarney Lake景色迷人的林间小径，登录www.bowentrails.ca了解详情。留意岛上最年长的树Opa，据说它已经有几百岁了。你还能通过Bowen Island Sea Kayaking（☎604-947-9266；www.bowenislandkayaking.com；Bowen Island Marina, Snug Cove，租赁/团队游 $45/$75起；◎4月至9月）进行水上活动。

在岛上修建旅馆的计划已经讨论了好几年，不过好在宝云岛还有一些很酷的住宿处可供选择。巧克力爱好者可以考虑住在Cocoa West Chocolatier的瑞士套房，入住的时候你

会在枕头上发现欢迎大礼包。你也可以考虑在老派的Union Steaming Marina（☎604-947-0707; www.ussc.ca; Snug Cove; 双 $180起; ❄）翻新的农场和建筑中度过特别的一夜。登录网站了解更多选择。

从渡轮码头漫步，你会发现附近的Doc Morgan's Restaurant & Pub（☎604-947-0808; 437 Bowen Island Trunk Rd; 主菜 $16~22; ⏲周日至周五 正午至23:00, 周六 10:00至次日 1:00）。

❶ 实用信息

前往**游客中心**（☎604-200-2399; www.tourismbowenisland.com; 432 Cardena Rd; ⏲9:00~16:00 5月中旬至9月）获取内部小贴士，就在渡轮码头不远处。

❶ 到达和离开

从温哥华市中心乘坐**TransLink**（☎604-953-3333; www.translink.ca）接驳公交车（257路特快公交是最佳选择），前往马蹄湾的**BC Ferries**（☎250-386-3431; www.bcferries.com）轮渡码头约需40分钟。全天都有从这里发往宝云岛Snug Cove的渡轮（成人/儿童/小汽车 $12.35/6.20/34.85, 20分钟, 每天12班）。

海天公路
（SEA TO SKY HIGHWAY）

这条风景如画的崖边公路为Hwy 99，它连接了西温哥华和利洛厄特之间的多个社区，也是大温哥华地区去往斯阔米什和惠斯勒的主要道路。完成升级后，这条蜿蜒的道路上有几个景点很值得一看，如果你是个户外运动迷、历史爱好者或对不列颠哥伦比亚令人瞠目的山地景观很感兴趣的人则更应该前往。

❶ 到达和离开

大多数从温哥华出发的旅行者都是驾车走Hwy 99（通过这条路，也可以从此地很方便地到达斯阔米什、惠斯勒及更远的地区）来到里士满和史蒂夫斯顿的。城际长途汽车也往返于同一条线路，包括**加拿大灰狗长途巴士**（www.greyhoundcanada.ca）和**Pacific Coach Lines**（☎604-662-7575; www.pacificcoach.com）。如果你驾车，可以收听Mountain Radio（FM107.1），获得实时交通与路况信息。

斯阔米什及周边
（Squamish & Around）

斯阔米什位于海洋、河流和高山林的交会处，在温哥华以北，有1小时车程，距离惠斯勒也是1小时车程。这里曾经只是破败的伐木小镇，如今已经成为户外活动的热门基地，也是周围顶级景点的中心。

◉ 景点

海天缆车 缆车

（Sea to Sky Gondola; ☎604-892-2551; www.seatoskygondola.com; 36800 Hwy 99, Squamish; 成人/儿童 $40/14; ⏲5月至10月 每天 10:00~18:00, 5月至9月 周五和周六 至20:00, 冬季营业时间缩短）这是斯阔米什地区最大的景点，已经开放多年。美丽的生态景色吸引了许多游客慕名前来，他们登上森林覆盖的山脉，然后在山巅的观景平台上欣赏不列颠哥伦比亚省令人窒息的美景。当你为捕捉Howe Sound美景而用尽了照相机的电池后，可以颤颤巍巍地走上高悬的吊桥，去往鸟儿围绕的森林步道以及观景餐厅。夏季时，这里有免费的**自然导赏团**，而冬季时，游客可以加入从**雪地轮胎**到田野雪鞋漫步等各类活动。

不列颠尼亚矿业博物馆 博物馆

（Britannia Mine Museum; ☎604-896-2260; www.britanniaminemuseum.ca; Hwy 99, Britannia Beach; 成人/儿童 $29/18.50; ⏲9:00~17:00; ♿）这里曾经是不列颠帝国最大的铜矿。沿Hwy 99行驶，这座铜矿距离斯阔米什只有10公里车程。推荐参加哐当哐当响的地下矿道火车团队游（门票已含），这里还组织了很多适合孩子参观的展览，比如淘金体验活动。当你在这里体验了什么叫作真正的工作后，回去一定再也不会抱怨你的老板了。建议留点时间逛一逛礼品店，买一块璀璨的黄铁矿石做纪念。

西海岸铁路遗址公园　　　　　　博物馆

（West Coast Railway Heritage Park；☎604-898-9336；www.wcra.org；39645 Government Rd, Squamish；成人/儿童 $18/13；◎10:00~17:00；☀）火车迷们必须得来这座几乎全露天的庞大博物馆看一看。这里距离斯阔米什中心区不远，护墙板搭起的展馆中保存着古老的火车头和车厢，包括存放在特制机车库中的不列颠哥伦比亚传奇的皇家胡逊号（Royal Hudson）蒸汽机车。你可以和志愿者们聊聊——他们中许多人都是退休的驾驶员，可以跟你分享许多故事，也不要错过邮政列车。建议提前查看为孩子们组织的各类活动，尤其在圣诞节期间和学校放假期间。

加里波第省立公园　　　　　　　　公园

（Garibaldi Provincial Park；www.bcparks.ca；Hwy 99）如果你是户外运动爱好者，直接来这里就对了。这座面积1950平方公里的公园因徒步小径而著名，公园里繁花盛开、野生动植物丰富，还有壮观的全景式自然风光。夏季，徒步者蜂拥而至，冬季，徒步小径又可兼作越野滑雪道。这里共有5片主要的小径区域，通往每个区域的方向都有蓝白色的标志指明，你下了Hwy 99就可以看得见。在公园最受欢迎的小径中，**切卡穆斯湖徒步小径**（Cheakamus Lake hike；3公里）的海拔最低，相对更容易一些。

斯塔沃姆斯峰省立公园　　　　　　公园

（Stawamus Chief Provincial Park；www.bcparks.ca；Hwy 99, Squamish）在从温哥华去斯阔米什的路上，你就会看见这座652米高的陡峭花岗岩山峰的身影。这里被人们称为"Chief"，吸引着很多勇敢的攀岩者前来挑战，它也是斯塔沃姆斯峰省立公园的亮点。并不是必须全副武装才能登顶，从后山的徒步小径也可以轻松登顶并欣赏到迷人的美景。可以考虑Squamish Rock Guides（见765页）以获得攀岩协助或参加相关课程。

香浓瀑布省立公园　　　　　　　　瀑布

（Shannon Falls Provincial Park；www.bcparks.ca；Hwy 99, Squamish）在距离斯阔米什4公里的地方，就能听到香浓瀑布省立公园里湍急的水声了。你可以把车停在停车场，走一小段路便可到达这座不列颠哥伦比亚省第三高的瀑布，观看流水从335米的高处倾泻而下。这里设有野餐桌，很适合户外午餐。

Gillespie's Fine Spirits　　　　蒸馏酒厂

（☎604-390-1122；www.gillespiesfinespirits.com；38918 Progress Way, Squamish；◎周五至周日 正午至18:00，周一至周四 需预约）它隐藏在一处工业区里，很不好找，但是这间友好的小酒厂非常值得探访。可以参加周六或周日的导览游（14:00）或者去品酒的酒吧里转转，随意品尝一杯他们自制的杜松子酒、伏特加以及利口酒——都装在极不相称的旧货店里卖的那种杯子里（3个样品酒$5）。可查询他们的Facebook，了解晚宴开幕详情和预订鸡尾酒课程。

白兰地瀑布省立公园　　　　　　　公园

（Brandywine Falls Provincial Park；www.bcparks.ca；Hwy 99）从斯阔米什沿着Hwy 99向北数公里，路边不远处就是这座绿荫环绕的白兰地瀑布省立公园。公园占地143公顷，当中最值得一提的是一道壮观的70米高的瀑布。穿过一片小树林，就来到了可以俯视瀑布顶端的让人双腿发软的平台，在这里能看见树丛中突然冲出一股水流，就好像从水龙头中喷薄而出的自来水一样。公园里还有一条长7公里的环形小径可以穿过茂密的森林和远古熔岩层，到达**卡尔奇克吊桥**（Cal-Cheak Suspension Bridge）。

🛪 活动

Sea to Sky Air　　　　　　　　　观光飞行

（☎604-898-1975；www.seatoskyair.ca；Squamish Airport, Squamish；$109起；◎4月至10月 9:00~18:00，11月至次年3月 周四至周日和周二 至17:00）组织一系列小型飞机旅游，飞机从城中森林环绕的小机场出发。热心的工作人员会帮你拍下白雪皑皑的山谷和闪闪发光的冰川湖的照片。但是，最推荐飞行体验入门（Introductory Flight Experience；$199），你可以从跑道飞机检查开始，在飞行员的帮助下让飞机起飞，然后自己驾驶飞机。

Squamish Spit　　　　　　　　　　户外

（Squamish）如果你更想用自己的方式

值得一游

KAOHAM SHUTTLE

它是不列颠哥伦比亚省内最小的铁皮小火车之一，虽然路程不长，却经过了省内风景最优美的地区，不论是当地人还是游客都可乘坐。Kaoham Shuttle（☎250-259-8300；www.tsalalh.net/shuttle.html；往返$10）共2节车厢，需提前预订座位，尤其是在夏季，30个座位很快会被一抢而空。推荐更适合一日游的周五列车。开车上Hwy 99，经彭伯顿（Pemberton）到达利洛厄特（Lillooet）站上车。全程不到2小时就可往返终点站Seton Portage和起点站利洛厄特，但是途中，你可以领略壮丽的湖泊和山峦美景，以及观看到各类野生动物，经常出现熊、大角羊和跑过前方铁轨的松鸡。最棒的是往返票价只需$10，非常亲民。

游览，Squamish Spit是很受欢迎的风筝冲浪（及帆板运动）中心；运动有季节限制，集中在每年5月到11月。可以从 Squamish Windsports Society（www.squamishwindsports.com）查询天气及水上条件，以及如何到达海角的信息。

Squamish Rock Guides　　　　　　攀岩

（☎604-892-7816；www.squamishrockguides.com；攀岩导览游 半天/全天 $85/135起）这里提供斯塔沃姆斯峰省立公园（见764页）中的攀岩团队游及相关课程。

食宿

Alice Lake Provincial Park　　　露营地 $

（www.discovercamping.ca；Hwy 99, Brackendale；露营地 $35）这处大型露营地位于斯阔米什以北13公里处，拥有超过100个露营点，很适合家庭。这里有两栋淋浴设施，配备冲水马桶。露营者可以尽情在这里游泳、徒步和骑自行车（可出租）。你可以参加由护林员讲解的团队游穿越树林（只限7月和8月）。记得要尽早预订，因为这里是不列颠哥伦比亚最受欢迎的露营地之一。

Sunwolf　　　　　　　　　　　　小木屋 $$

（☎604-898-1537；www.sunwolf.net；70002 Squamish Valley Rd, Brackendale；双 $150；☞☎）这是一处充满田园风光的地方，有10座舒适且维护良好的河边小屋，沿着森林覆盖的河岸分布，是远离都市喧嚣的理想之地。经常有白头海雕在空中盘旋，其他的景点包括人气很高的漂流以及尖顶的小餐馆，它吸引着许多当地人慕名而来——你可以坐在餐厅外的树下，享用当地最好的早餐或者早午餐。

Howe Sound Inn　　　　　　　　旅馆 $$

（☎604-892-2603；www.howesoundinn.com；37801 Cleveland Ave；Squamish；双 $129起；☎）这家舒适的旅馆很纯朴，木质房间温暖舒适。在攀登完斯塔沃姆斯峰之后，你可以来这里蒸桑拿放松——或者去楼下的啤酒馆，那里供应不列颠哥伦比亚一流的自酿啤酒，旅馆客人还可以免费参观酿酒厂。

即使你不在这里住宿，停下来在这里的餐馆品尝美味也很值。

Galileo Coffee Company　　　　 咖啡 $

（☎604-896-0272；www.galileocoffee.com；173 Hwy 99；烘焙食品 $4起；◷周一至周五6:00~15:00，周六和周日 7:00~15:00）这家咖啡店位于不列颠哥伦比亚矿业博物馆（见763页）入口的对面，很多去往惠斯勒的人都爱在这家咖啡馆进行休整，喝杯咖啡。

❶ 实用信息

你可以去游客中心——**斯阔米什探险中心**（Squamish Adventure Centre；☎604-815-5084；www.exploresquamish.com；38551 LoggersLane, Squamish；◷8:00~20:00；☎）向经验丰富的工作人员了解实用的信息。这里还可以找到很多关于当地步道和骑行道的实用信息。

❶ 到达和离开

加拿大灰狗长途巴士（www.greyhound.ca）运营从温哥华（$16，65分钟，每天2班）和惠斯勒（$12，70分钟，每天2班）开往斯阔米什的长途汽车。豪华一点儿的**Pacific Coach Lines**（☎604-661-1725；www.pacificcoach.com）也有从温哥华市中心（$60，70分钟，每天多达6班）开往这里的巴士。如果你有咨询当地人，他们会告诉你他们一

惠斯勒（WHISTLER）

人口 10,300

这里生活着一种多毛的旱獭，叫声好像气球正在放气。这片有着尖顶屋的高山村庄是2010年奥运会的比赛场地，也是世界上最好的滑雪场之一。小镇依偎在惠斯勒-黑梳山的山脚下，冬季白雪皑皑，看起来就像圣诞卡片上的风景。但现在夏季来这里的游客人数已经超过了冬季，他们被这里的自然美景所吸引，来参与徒步、山地骑行以及紧张刺激的户外活动。走在迷宫般的小村中很容易迷路，但是可能到了下一个转角，你会发现离目的地已经不远。

⊙ 景点

★ 奥戴因艺术博物馆　　　　　　画廊
（Audain Art Museum；见768页地图；☎604-962-0413；www.audainartmuseum.com；4350 Blackcomb Way；成人/儿童 $18/免费；⊙周六至周一和周三 10:00~17:00，周四和周五 至21:00）这是不列颠哥伦比亚省内最好的新艺术博物馆，它位于一栋多边形的壮观建筑内，是当地的地标。内部更为华丽。展馆中展示着历史悠久的第一民族雕刻，以及当地著名艺术家的代表画作，包括Emily Carr、EJ Hughes等，一定会让你大开眼界。不仅如此，这里还精心展示着当代作品，如Jeff Wall、Rodney Graham等人妙趣横生的图片观念主义作品。最后一间展馆中展出的是让你大开眼界的现代第一民族的作品。

横渡峰顶缆车　　　　　　索道
（Peak 2 Peak Gondola；☎604-967-8950；www.whistlerblackcomb.com/discover/360-experience；4545 Blackcomb Way；成人/青少年/儿童 $57/50/29；⊙10:00~16:45）它将两座山峰的山顶相连，这座打破记录的工程学壮举让对高山望而生畏的旅客也可以轻松游览，索道长4.4公里，全程共花费11分钟。沿途你会沉迷于一览无余的森林和雪山——特别是当你选到拥有透明地板的缆车车厢时（总共只有2个）。这里夏季和冬季都很受游客欢迎。

惠斯勒博物馆和档案馆　　　　　　博物馆
（Whistler Museum & Archives；见地图768页；☎604-932-2019；www.whistlermuseum.org；4333 Main St；建议捐赠$5进入；⊙11:00~17:00，周四 至21:00）图书馆背后有一间不知名的绿色棚屋，里面记录着惠斯勒从荒野村落到奥林匹克度假村的发展变迁。这间出色的小型博物馆中陈列了很多新奇的展品，包括1965年的滑雪缆车实物和一个2010年奥林匹克火炬。2016年中旬，人们计划开辟一些新展览并建造更大的展馆。建议提前查看活动时间表，并参加一个他们在夏季组织的徒步游（捐赠入内，6月至8月每天下午1点开始）。

斯阔米什利瓦特文化中心　　　　　　博物馆
（Squamish Lil' wat Cultural Centre；☎604-964-0990；www.slcc.ca；4584 Blackcomb Way；成人/儿童 $18/8；⊙4月至9月 9:30~17:00，10月至次年3月 周二至周日 10:00~17:00）这座漂亮的木梁建筑中展示着第一民族两个完全不同的族群生活——一个生活在沿海，一个生活在内陆。可以参加团队游体验博物馆品中的重要内涵。另外，他们在夏季举办的现场艺术表演也会让你大开眼界，届时每周二还会有烧烤晚餐。如果你错过了这个，可以去这里的咖啡馆尝尝班诺克面包卷（bannock tacos），以及去最近扩建完成的礼品店逛逛里面本省的手工艺品。

🏃 活动

滑雪和单板滑雪

姐妹峰惠斯勒-黑梳山（Whistler-Blackcomb；☎604-967-8950；www.whistlerblackcomb.com；冬季2天缆车票 成人/儿童 $285/129）共有37条缆车线路和纵横交错的200多条滑道，一条4.4公里的超长横渡峰顶缆车（见766页）将两座山峰连接在了一起。兴致勃勃的滑雪爱好者在两座山巅之间穿梭一趟只需要11分钟，所以你在一天之内就可以同时在这两座山的坡道上过足滑雪瘾。

这里超过一半的滑道都是为中等水平的滑雪者准备的。惠斯勒的滑雪季从11月末开始，次年4月迎来春天，而黑梳山则是11月至次年6月。两处的旺季都集中在12月至次年2月。

你可以去惠斯勒村缆车客户关系处购买清晨的Fresh Tracks票（$20，7:15～8:00），以避开高峰人流。除了常规缆车活动，Fresh Tracks票可延长1小时的滑雪时间，票内还包含山顶的Roundhouse Lodge供应的自助早餐。

单板滑雪爱好者还可以去看看自由式的地形公园，它们大多数都位于黑梳山，包括Snow Cross和Big Easy地形公园。惠斯勒则有很受欢迎的Habitat地形公园。

如果你没有自带装备，山地探险中心（Mountain Adventure Centres; 604-967-8950; www.whistlerblackcomb.com/rentals; 8:00～17:00）在镇上有几处可以出租设备的站点。他们还提供线上预订服务，你可以在抵达之前就选好自己喜欢的装备。以及针对新手设置的滑雪和单板滑雪课程。

越野滑雪和雪鞋徒步

闲逛或乘免费班车出村不远，就来到了洛斯特湖（Lost Lake; 604-905-0071; www.crosscountryconnection.ca；一日票 成人/儿童$20/10; 12月中旬至次年3月 8:00～20:00），这里是25公里长的森林越野滑雪道的中心，新手和老手在此都可以找到适合自己的线路。夜晚时，约4公里长的滑道会有灯光照明，方便晚间滑雪的人群。一间实用的"温暖小屋"（warming hut）可提供滑雪课程和设备出租服务。这里也可以进行雪鞋徒步，你可以穿着雪鞋自行在15公里长的小径上徒步，也可以租用设备和导游服务。

从村庄沿着Hwy 99向西南行驶16公里就来到了惠斯勒奥林匹克公园（Whistler Olympic Park; 604-964-0060; www.whistlersportlegacies.com; 5 Callaghan Valley Rd, Callaghan Valley; 停车位 工作日/休息日 每辆$10/15）。这座原始的白雪皑皑的公园，曾经举办过2010年奥运会的几项赛事。现在是旅行者和当地人进行雪鞋徒步和越野滑雪的理想目的地，有明确指示的小径总长130公里。夏季，这里也很受登山爱好者和徒步爱好者的欢迎。

山地自行车

夏季冰雪融化后，滑雪道就被惠斯勒山地自行车公园（Whistler Mountain Bike Park; 604-967-8950; http://bike.whistlerblackcomb.com; 1日通票 成人/儿童 $59/35; 5月至10月）接管了，可以从村庄的南端通过缆车进入公园，这里有维护良好的林中车道，有很多刺激的下坡道、疯狂的跳跃道、横梁和小桥。当然，你也可以不选择这些高难度的车道，这里还有很多标有绿色标志的简单路线。尽情摇摆（Crank It Up）上有蓝色的中级车道和黑钻级的高级车道，它是公园中最受欢迎的车道。

在公园区域之外，这个地区的小径还包括Comfortably Numb（26公里长的高难度车道，包括陡峭的坡道和桥梁）、A River Runs Through It（适合所有人群，有跷跷板和木头障碍）以及平缓的山谷小径（Valley Trail），这条14公里长的简单环形小径环绕村庄，周围还有湖泊、草甸和高山城堡，很适合新手。

徒步

这个地区对爱好户外徒步的人们来说非常理想，这里有40多公里的鲜花和森林覆盖的高山小径，大多数通过惠斯勒村庄缆车到达。最受欢迎的路线包括High Note Trail（8公里），它会穿过原始草甸，还有切卡慕斯湖（Cheakamus Lake）蓝绿色湖水的绝美风光。惠斯勒游客中心（见773页）提供免费的路线地图。Mountain Skills Academy & Adventures（见768页地图; 604938-9242; www.mountainskillsacademy.com; 4368 Main St; 8:00～19:00，淡季营业时间缩短）友善的工作人员提供徒步导览游服务，他们也会为你的攀岩行程提供帮助。

漂流

当你在当地的河流中进行惊险刺激的漂流时，你会看到倾泻而下的瀑布、茂密的森林和丰富多样的野生动物。韦奇漂流（Wedge Rafting; 见768页地图 604-932-7171; www.wedgerafting.com; 4293 Mountain Sq; 团队游 成人/儿童 $99/69起; ）提供"玩命划才能过关"的漂流线路，也有适合孩子的较为平缓轻松的短途线路。

✺节日和活动

同性恋骄傲冰雪节　　　　　　　　　LGBT节日
（Winterpride; www.gaywhistler.com; 1

Whistler 惠斯勒

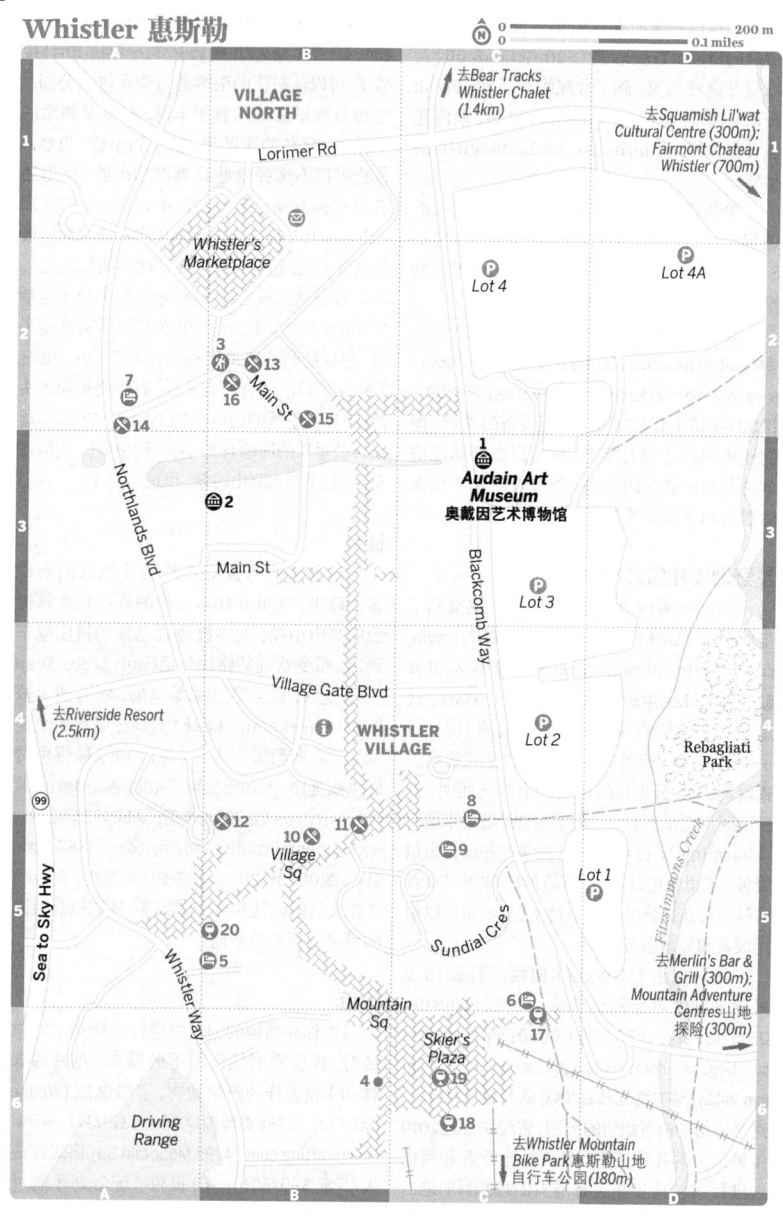

月)为期一周对同性恋友善的冰雪活动,还有深夜狂欢。

世界滑雪和滑雪板节   体育节
(World Ski & Snowboard Festival; www.wssf.com; ◎4月)一连多日的专业滑雪和单板滑雪比赛,以及聚会活动。

Crankworx   体育节
(www.crankworx.com; ◎8月)惊险刺激的自行车特技、速度比赛,以及泥浆四溅的游戏。

Whistler 惠斯勒

⊙ 重要景点
1 奥戴因艺术博物馆................................. C3

⊙ 景点
2 惠斯勒博物馆与档案库......................... B3

⊙ 活动、课程和团队游
3 Mountain Skills Academy & Adventures....................................B2
4 韦奇漂流... B6

⊙ 住宿
5 Adara Hotel B5
6 Pan Pacific Whistler Mountainside ... C5
7 Pinnacle Hotel Whistler A2
8 Whistler Peak Lodge........................... C4
9 Whistler Village Inn & Suites............... C5

⊙ 就餐
10 Araxi Restaurant & Bar....................... B5
11 Bar Oso... B5
12 Gone Village Eatery............................ B5
13 La Cantina Urban Taco Bar B2
Mount Currie Coffee Co .... (见14)
14 Peaked Pies.. A2
15 Purebread...B2
16 Sachi Sushi...B2

⊙ 饮品和夜生活
17 Dubh Linn Gate C6
18 Garibaldi Lift Company C6
19 Longhorn Saloon & Grill C6
20 Moejoe's... B5

Cornucopia
餐饮

(www.whistlercornucopia.com; ⊙11月)美食和美酒的饕餮盛宴,还有很多狂欢派对。

住宿

冬季是住宿价格的高点,尤其是12月和1月,但是如果你想临时从温哥华过来住一晚,即使在临行前的最后时刻也可能享受到优惠,可以登录**惠斯勒旅游网**(Tourism Whistler; www.whistler.com)查看客房优惠和打包价。大多数酒店都会收取高达$40/天的停车费,有些还要收取度假费,所以你在预订之前要先确认清楚。

HI Whistler Hostel
青年旅舍 $

(☎866-762-4122, 604-962-0025; www.hihostels.ca; 1035 Legacy Way; 铺/房间 $37/97; @☎)这座闪亮的酒店在修建之初是2010年冬季奥运会的运动员驻地,它在村庄以南7公里处,离方申庄很近。从镇上来往这里的巴士就停在酒店外。私人房间(有独立卫生间和电视)需要提前预订,或者小宿舍则价格便宜。这里没有HI青年旅舍一贯的风格,反而有着宜家风格的家具、具有艺术感的墙面和正规咖啡馆。

Riverside Resort
露营地、小屋 $$

(☎604-905-5533; www.whistlercamping.com; 8018 Mons Rd; 露营地/蒙古包/小屋 $35/119/219; ☎⊙)沿着Hwy 99行驶,过了惠斯勒再有几分钟的车程就能到达这里。这里的配套设施很齐全,很适合家庭露营,近些年,度假村对露营地和房车营地进行了升级改造,增加了舒适的小屋和蒙古包。强烈推荐蒙古包,里面配有基本的家具、电力和床铺。露营地的Riverside Junction Cafe供应非常棒的早餐。蒙古包和小屋两晚起订。

Whistler Peak Lodge
酒店 $$

(见地图768页;☎604-938-0878; www.whistlerpeaklodge.com; 4295 Blackcomb Way; 双$240起; ☎)酒店位置优越,位于小村的中心地带。其前身是假日酒店,经过升级改造之后,还是有一些性价比很高的房间(如果你提前很早预订的话)。酒店提供各类房型,每个房间都配有设施齐全的厨房或部分厨房设施——如果你不想自己做饭,走出去几步就可以找到不少餐馆。

Bear Tracks Whistler Chalet
民宿 $$

(☎604-932-4187; www.beartrackswhistler.ca; 7461 Ambassador Crs; 双 $130起; ℗☎)从村庄走一会儿就来到了这座巴伐利亚式的民宿,这里有好几间阳光充足的房间,房间中有松木家具和舒适的羽绒被,还有非常适合晚间小酌的花园。或者你也可以泡个热水澡,期待着第二天早晨丰盛的早餐。

另辟蹊径

方申庄

从村庄乘坐1号公共汽车向南，不到20分钟就可以到达这处深受当地人欢迎的社区中心。为了不影响村里圣诞卡片般的美景，**方申庄**（Function Junction）起初隐藏在树林中的一片工业区里。但是近年来，这里的工业企业逐渐被一些画廊和咖啡馆所取代。

在几条值得探索的街道之中，我们最推荐 Millar Creek Rd。先去 Purebread（☎604-983-3013; www.purebread.ca; 1040 Millar Creek Rd; 烘焙食品 $3~6; ◎8:30~17:00）品尝烘焙食品，再到街对面的**惠斯勒酿造公司**（Whistler Brewing Company; ☎604-962-8889; www.whistlerbeer.com; 1045 Millar Creek Rd; 团队游 $16; ◎周一至周四 13:00~20:00, 周五 13:00~22:00, 周六和周日 正午至19:00），这片地区专有的自酿啤酒有力地挑战了工厂酿造的啤酒在当地酒吧中的地位。你可以报名团队游，参观工厂设施，再在酒吧里品尝啤酒，如果幸运的话还能喝到当红的 Chestnut Ale。想要了解更多选择及信息，可登录网站www.shopfunction.ca。

Pinnacle Hotel Whistler 酒店 $$

（见地图768页; ☎604-938-3218; www.whistlerpinnacle.com; 4319 Main St; 双 $240起; 🛜❄🐾）这家服务友好、设施完善的酒店就在博物馆的对面，主要面向成年人，几乎每个房间都有非常好的配置：宽敞的大理石浴缸无与伦比，露台和全套厨房都是必备设备。如果因为太冷而不想走出房间太远，可以选择店内餐馆。

Adara Hotel 精品酒店 $$

（见地图768页; ☎604-905-4009; www.adarahotel.com; 4122 Village Green; 房间 $209起; 🛜❄🐾）和如今很多自诩为精品酒店的酒店不同，这家位于中心地段的精致酒店才真正称得上名副其实。酒店的设计注重细节，从大厅里中的时髦圆形沙发就可见一斑，客房配备水疗浴室和形似电视的壁炉。除了高级的美感，这里的服务也很热情亲切。建议提前查看打包价和淡季促销。

Whistler Village Inn & Suites 酒店 $$

（见768页地图; ☎604-932-4004; www.whistlervillageinnandsuites.com; 4429 Sundial Pl; 双 $189; 🛜❄🐾）地理位置优越，位于村中的活动中心，走几步就可到达惠斯勒索道（Whistler Village Gondola）。近几年来，这间舒适的20世纪80年代风格的酒店经过翻新后，提供一系列住宿选择。套房和标准客房过得去，但是高层套房很棒，房中配备当代的家具，小厨房也非常方便。

Nita Lake Lodge 精品酒店 $$$

（☎604-966-5700; www.nitalakelodge.com; 2135 Lake Placid Rd; 双 $240起; 🛜❄）这家酒店就在漂亮的湖畔火车站旁边，这座木质结构的时尚酒店能让你彻底放松。酒店位于湖边，舒适的房间配有独立露台、石质壁炉及有加热地板和大浴缸的浴室，有些房间还有便利的厨房。从这里步行几分钟就可以到达溪畔缆车站。还配有休闲健身中心帮助你放松身心。

酒店内有一家西海岸菜餐馆，但是如果你想出去吃，可以乘坐免费的班车到村里。

Pan Pacific Whistler Mountainside 酒店 $$$

（见768页地图; ☎604-905-2999; www.panpacific.com; 4320 Sundial Cres; 双 $240起; ❄🛜🐾）惠斯勒有两家Pan Pacific，这家胜在山景，你可以看到山坡上的滑雪爱好者正向着惠斯勒的山脚滑雪。客房就是舒适的公寓风格，配有齐全的厨房和壁炉，但是最值得一提的还是室外的（热水）游泳池和泳池周边的雪山风景。

🍴 就餐

★ Purebread 面包房 $

（见地图768页; ☎604-962-1182; www.purebread.ca; 4338 Main St; 烘焙食品 $3~6; ◎8:30~17:30）方申庄的传奇面包店终于在这里开了一家分店，当地人蜂拥而至，这里几乎永远都在排队。他们是来买羊角面包和各种

美味的烘焙食品的,包括咸味焦糖棒、酸樱桃巧克力碎饼干和美味的Crack(这是一种可爱的饼干棒)。这里还有开胃食物,你可以试试丰盛的英式蔬菜派或者厚比萨。

Peaked Pies　　　　　　　　澳大利亚菜 $

(见768页地图;☏604-962-4115;www.peakedpies.com;4369 Main St;主菜 $7~13;⊙8:00~21:00)这间适合闲聊的小餐馆在饭点非常忙碌(建议打包),提供澳大利亚历史悠久的食物——派,一定会让你着迷。当日供应的食物都会陈列在玻璃柜里,有袋鼠肉,但是我们最推荐牛油鸡,以及佐以土豆泥、豌豆泥和肉汁的"peaked"。再点一个椰蓉巧克力蛋糕(lamington)作为甜点就是十足的澳大利亚风味了。

La Cantina Urban Taco Bar　　墨西哥菜 $

(见768页地图;☏604-962-9950;www.tacoslacantina.ca;4340 Lorimer Rd;主菜 $8~14;⊙11:00~21:00)餐馆位于一个繁忙的路口。客人须在柜台点餐,然后找个位子坐下(靠里的高脚凳一般都有空座)。这里的特色是一系列标价$3的墨西哥玉米卷(tacos),如果你胃口很好,还可以试试鼓鼓囊囊的墨西哥肉饼(burrito)。高峰时间人很多,与其跟人抢位置,不如打包带走。

Gone Village Eatery　　　　　咖啡馆 $

(见768页地图;☏604-938-1990;www.gonevillageeatery.com;4205 Village Sq;主菜 $10~12;⊙6:30~21:00;🛜🅿)这家咖啡馆的位置有点儿隐蔽(就在Armchair Books书店背后),却深受当地人欢迎。提供一系列种类多样、高性价比的麻辣小吃、泰式炒河粉以及各种鲑鱼汉堡。很多人在滑雪前,都会先到这里储备好一天的能量,然后在滑雪结束后返回这里喝杯Marsbar咖啡。夏日的夜晚,还可以去屋后的露台小坐。

再点一杯Howe Sound Brewing的啤酒——满满一品托只需$5.50。素食主义者到这里也有许多选择。

Mount Currie Coffee Co　　　咖啡馆 $

(见768页地图;☏604-962-2288;www.mountcurriecoffee.com;4369 Main St;主菜 $5~9;⊙7:00~18:00;🛜)惠斯勒最受欢迎的独立咖啡馆。公司位于彭伯顿,这里是一家分店,也提供许多烘焙小食以搭配咖啡(最推荐胡萝卜蛋糕)。午餐时间供应的牛角面包和帕尼尼也很受欢迎。

Sachi Sushi　　　　　　　　　日本菜 $$

(见768页地图;☏604-935-5649;www.sachisushi.com;106-4359 Main St;主菜 $7~32;⊙周二至周五 正午14:00和每天 17:00至深夜)这间人气很高的日本餐馆虽然以寿司为主打,但也供应日式猪肉饺子、麻辣火锅和暖胃的乌冬面(天妇罗面口味最佳)等。它不仅是滑雪后放松的好去处,也是在寒冷的冬日来一杯温热米酒的地方。

Red Door Bistro　　　　　　　法国菜 $$$

(☏604-962-6262;www.reddoorbistro.ca;2129 Lake Placid Rd;$22~38;⊙17:00至深夜)在你决定要来惠斯勒的那一刻,就可以在这间位于溪流旁的餐馆定个位子,它很热门,不仅深受当地人欢迎,挑剔的游客也很喜欢。法式小餐馆中所采用的食材大多精选自西海岸当地,提供让人垂涎欲滴的羊肉以及海鲜佳肴,尤其推荐卡酥来砂锅(cassoulet),里面满满地装着鸭肉、熏猪肉等,非常丰盛。

Bar Oso　　　　　　　　　　西班牙菜 $$$

(见768页地图;☏604-962-4540;www.baroso.ca;4222 Village Square;小份菜 $7~27;⊙15:00至深夜)用西班牙烹饪的手法烹制来自不列颠哥伦比亚省的各类丰富菜肴,一流的小盘料理(不要错过羊肉丸)和自制的猪肉料理都是这里的亮点——特别是如果你能在漂亮且令人眩晕的酒吧里找到位子,来一两杯餐前鸡尾酒,那就更好了。

Christin's on Blackcomb　　　各国风味 $$$

(☏604-938-7437; Rendezvous Lodge, Blackcomb Mountain;主菜 $28~32)这间位于山顶的餐厅环境优美,可乘坐缆车到达。你可以穿着滑雪装备来享用丰盛的晚餐。它是你外出滑雪和徒步时用餐的理想之地。需提前预订(或者避开午餐时间)。推荐喀拉拉鱼咖喱(Keralan fish curry)。如果座位满了,隔壁的食堂提供汉堡、墨西哥肉饼和拉面等各类美食。

值得一游

绕道去牛仔乡村

如果你不想去热闹的惠斯勒(又不想去Grizzly Adams这样的郊野一日游),可以考虑沿Hwy 99向北,下个小镇就是**彭伯顿**(Pemberton)。小镇以种植业和畜牧业为主,仍保留着边缘哨岗的感觉,足够你花上半天的时间游览。你可以从惠斯勒乘坐99彭伯顿班车到达此地($4.50, 40分钟,每天4班),但是如果自己驾车前来,会更加方便游览。计划行程时,可参考网站www.tourismpemberton.com上的信息。

可以把树木掩映中的**Blackbird Bakery**(604-894-6226; www.blackbirdbread.com; 7424 Frontier St; 烘焙食品和三明治 $3~8; 周一至周六 6:00~20:00, 周日 7:00~20:00)作为你的第一站,享用咖啡和巨大的肉桂面包。这间小店位于前火车站内。然后去**彭伯顿博物馆**(Pemberton Museum; 604-894-5504; www.pembertonmuseum.org; 7455 Prospect St; 5月至10月 10:00~17:00)了解这座独具特色的小城的历史。向工作人员咨询为什么彭伯顿的吉祥物是一个看起来像牛仔的戴着围巾的土豆。

接着,开车去**彭伯顿酿酒厂**(Pemberton Distillery; 604-894-0222; www.pembertondistillery.ca; 1954 Venture Pl; 6月至9月上旬 周三和周四 正午至17:00,周五和周六 至18:00,冬季营业时间缩短)。它是当今手工酿酒运动的先驱,提供团队游以及品酒室。他们最初的业务是生产口感丝滑的土豆伏特加。后又拓展了业务生产更多的酒,包括畅销品杜松子酒、诱人的威士忌和野生蜂蜜酒。下一站径直上山去城外的**乔弗里湖**(Joffre Lakes),共20分钟车程。这里是一条2小时的徒步径起点,或者你就在停车场拍照,留下一些冰川的动人美景。

到了晚餐时间,回到小镇去往最后一站——田园风格、红色砖墙的**Pony**(604-894-5700; www.thepony.ca; 1392 Portage Rd; 主菜 $9~18; 6:30至深夜)。它是小镇中最大的一间餐厅,提供高品质的饱腹食物(推荐比萨),以及一些不列颠哥伦比亚的手工啤酒。

如果你是7月来,提前预订山间举办的**彭伯顿音乐节**(Pemberton Music Festival; www.pembertonmusicfestival.com)的门票吧,它是不列颠哥伦比亚省内最好且规模最大的音乐节之一。

Araxi Restaurant & Bar 加拿大菜 $$$

(见768页地图;604-932-4540; www.araxi.com; 4222 Village Sq; 主菜 $28~48; 每天晚餐17:00起)这里是惠斯勒最奢侈的餐馆。Araxi提供独特而精致的西北太平洋菜,以及体贴周到的服务。推荐烤野生扇贝,并从15,000瓶葡萄酒中选一瓶品尝,记得要留点肚子吃甜点——来份当地奶酪或巧克力酱馅饼,或者各来一份。

🍸 饮品和夜生活

Merlin's Bar & Grill 小酒馆

(604-938-7700; 4553 Blackcomb Way; 11:00至次日1:00)如果你一定要尝尝泡沫丰富的Kokanee啤酒,那么你应该来这里。这间宽敞的派对酒吧位于黑梳山的山脚下,拥有一个巨大的平台。原木装饰的墙面、安置在天花板上的升降机、挂着文胸的驼鹿头营造出了一种休闲的氛围。提供经典的酒馆食物(还能找到比Kokanee更好的啤酒)。在高峰季节还经常会举办现场音乐表演。

Garibaldi Lift Company 小酒馆

(见768页地图;604-905-2220; 4165 Springs Lane, Whistler Village Gondola; 11:00至次日1:00)这里是距离滑雪道最近的酒吧,大家都称它为GLC。当滑雪者或山地自行车骑行者从酒馆的露台旁疾驰而过的时候,你甚至都能闻到汗水的味道。这里的家具有着老酒馆的沧桑韵味,但是当有DJ或者乐队时,这里立刻就会变成夜店式的狂舞区。

Dubh Linn Gate 小酒馆

(见768页地图;604-905-4047; www.dubhlinngate.com; 4320 Sundial Cres; 周一至周

五 8:00至次日1:00, 周六和周日 7:00至次日1:00)这是惠斯勒最受欢迎的一间爱尔兰酒吧, 要不是热闹的露台面朝雪坡, 木质的装饰会让你误认为来到了戈尔韦郡的酒吧。你可以到屋内找个幽暗的角落坐下, 来点儿黑啤唤醒心中的小精灵, 这里有健力士黑啤和爱尔兰黑啤。更好的选择是稍贵的不列颠哥伦比亚精酿啤酒。这里经常会有爱尔兰风格的现场音乐表演。

Moejoe's 夜店

（见768页地图；604-935-1152；www.moejoes.com；4155 Golfer's Approach；周二至周日 21:00至次日2:00）这间在惠斯勒商店和咖啡馆工作的30岁以下的外国人当中很受欢迎, 他们在这里既能够尽情狂欢, 又能够尽情滑雪。如果你想放纵自己在湿漉漉的人群中狂舞, 这里是城中最合适的地方。当地人会告诉你, 周五的晚上是最值得一去的。

Longhorn Saloon & Grill 小酒馆

（见768页地图；604-932-5999；www.longhornsaloon.ca；4284 Mountain Sq；9:00至次日1:00)酒吧位于惠斯勒山山脚缆车站的对面, 露台上摩肩接踵的人群有时候简直要把整个村庄都填满了。这里很受20多岁人群的欢迎, 他们在这里喝着冒泡的啤酒, 目光搜寻着可能的同伴。这里的食物没什么特别的, 但是在热闹的冬季这里的氛围最好。

实用信息

邮政局（Post Office；见768页地图；www.canadapost.ca；4360 Lorimer Rd；周一至周五 8:00~17:00, 周六 至正午）

惠斯勒游客中心（Whistler Visitors Centre；见768页地图；604-935-3357；www.whistler.com；4230 Gateway Dr；6月至8月 周一至周三 8:00~20:00, 周四至周六 8:00~22:00, 淡季工作时间缩短）提供很多广告宣传单, 工作人员很友好。

公共图书馆（Public Library；604-935-8433；www.whistlerlibrary.ca；4329 Main St；周一至周四 11:00~19:00, 周五 10:00~18:00, 周六和周日 11:00~17:00；）提供免费的无线网络, 以及可上网的电脑（每人每天可免费使用1小时）。

Northlands Medical Clinic（604-932-8362；www.northlandsclinic.com；4359 Main St；9:00~17:30）门诊医疗中心。

到达和离开

大多数游客都是从温哥华通过Hwy 99开车来这里的。**加拿大灰狗长途巴士**（www.greyhound.ca）也提供这条线路的巴士服务, 可从温哥华（$26, 2.5小时, 每天4班）抵达溪畔（Creekside）和惠斯勒村。巴士上有免费无线网络。

Pacific Coach Lines（604-662-7575；www.pacificcoach.com）也提供从温哥华（$55, 2小时, 每天6班）和温哥华国际机场到惠斯勒各酒店的巴士服务。**雪上巴士**（Snowbus；604-451-1130；www.snowbus.com）在冬季提供从温哥华（成人$38, 最多3小时, 每天最多3班）到达这里的巴士服务。

Whistler Transit System（www.bctransit.com/whistler；单次/一日通行券 $2.50/7）配备放置滑雪器材和自行车的置物架。夏季时, 村子和洛斯特湖之间有免费的接驳车。

阳光海岸(SUNSHINE COAST)

从南部的兰代尔到北部的隆德, 这条总长139公里的海岸线被称为阳光海岸。因为海岸山脉和乔治亚海峡将其和南部大陆分隔开来, 使得这里有遗世独立的岛屿风貌, 其实从大温哥华区乘船或者乘飞机很快就能到达这里。Hwy 101将吉布森斯、锡谢尔特、鲍威尔河等几个主要社区连接了起来, 游客可以很轻松地游览以上区域。这里除了是登山爱好者、皮划艇爱好者和山地自行车爱好者的天堂, 还有生机勃勃且友好的艺术氛围。可以登录**阳光海岸旅游网**（Sunshine Coast Tourism；www.sunshinecoastcanada.com）查看更多信息。《娱乐地图和活动指南》（Recreation Map & Activity Guide）可提供地区内户外活动的建议。这本书有该区域上半部分和下半部分两个版本。

吉布森斯（Gibsons）

人口 4500

如果你是从马蹄湾乘坐BC Ferries去阳光海岸, 从兰代尔上岸后, 可以驾车或乘巴士进城, 第一站就是这座美丽的水边小镇——

吉布森斯码头（Gibsons Landing）。高处是俯瞰码头的色彩斑斓的小木屋，街上是一排排精品店和诱人的小餐馆。而码头则适合夏日漫步以及懒洋洋地观船。

在我们到达吉布森斯码头的时候，这里正在进行升级改造，一座新的酒店正破土动工，附近公共市场所在的漂亮建筑正在进行翻新。可向游客中心（☎604-886-2374; www.gibsonsvisitorinfo.com; 417 Marine Dr; ◯周三至周六和周一 10:00~16:00，周日 10:00~15:00) 咨询最新信息。

在吉布森斯公共美术馆（Gibsons Public Art Gallery; ☎604-886-0531; www.gpag.ca; 431 Marine Dr; ◯周四至周一 11:00~16:00) **免费**听听当地人谈论小镇的最新变化，这里每个月都会展出当地艺术家的作品。

想去水边游玩的话，可以通过Sunshine Kayaking（☎604-886-9760; www.sunshinekayaking.com; Molly's Lane; 皮划艇出租 2小时/24小时 $35/85; ◯9:00~19:00; 需提前电话预订）友善的工作人员租借皮划艇或参加导览游。

这里的住宿条件不错。古老的木质结构酒店Bonniebrook Lodge（☎604-886-2887; www.bonniebrook.com; 1532 Ocean Beach Esplanade; 双$199起; ⓟ) 十分温馨，俯瞰着平静的水面。这个地区还有很多民宿，包括不起眼但非常适合家庭居住的Arcturus Retreat

---

当 地 知 识

阳光海岸美术馆之旅

从当地的游客中心可领取免费的《紫色旗帜》（Purple Banner），上面刊登着当地几十间工作室和美术馆的地址。这些场馆中很多都对临时到访的游客开放（尤其在夏季），注意观看旅行沿途的紫色旗帜，这是与当地人接触和寻找独特纪念品的最佳方式。还可以登录www.suncoastarts.com查看更多信息。如果你是10月到此游玩，不要错过为期3天的阳光海岸艺术之旅（Sunshine Coast Art Crawl; www.sunshinecoastartcrawl.com），届时会有对当地工作室、美术馆和活动的展示，如同一个盛大的派对。

Bed & Breakfast（☎604-886-1940; www.arcturusretreat.ca; 160 Pike Rd; 双 $160起; ⓟ)，它就位于渡轮码头旁边的小山上，位置便利。他们还能告诉你如何前往附近的斯博罗基德山地自行车公园（Sprockids Mountain Bike Park）。

如果你想品尝阳光海岸的啤酒，可以去Persephone Brewing Company（☎778-462-3007; www.persephonebrewing.com; 1053 Stewart Rd; ◯周二至周四和周日 11:00~19:00, 周五和周六 10:00~21:00, 冬季营业时间缩短），尤其是到了夏日的周末，他们田园风格的品酒室会开放室外的木头餐桌，非常热闹；这里还会有现场音乐表演和一辆比萨餐车。不要错过美味的淡色爱尔啤酒，同时也可以多尝尝应季的啤酒。

🍴 餐饮

Smoke on the Water BBQ Shack 烧烤 $

（☎604-840-0004; www.smokeonthewaterbbq.ca; 611 School Rd; $10~16; ◯4月至10月 11:00~18:30）在码头上顺着香味就能找到这间位于卵石滩上的美味烧烤屋，它看起来就像是固定的（除去季节性）美食餐车。牛腩或者手撕猪肉是主食，但是不要错过有时会提供的烤三文鱼特餐——很快就会售罄。如果错过了，可以要一份奶酪浇肉汁土豆条（poutine，相当于你一周的卡路里摄入量）作为补偿，这是肉食者的最爱。

Smitty's Oyster House 海鲜 $$

（☎604-886-4665; www.smittysoysterhouse.com; 643 School Rd Wharf; 主菜 $12~24; ◯周二至周六 正午至深夜，周日 至20:00，冬季营业时间缩短）吉布森斯最佳海鲜餐馆（特别当你在海边步道旁的长桌上找到位置时）。多年前，Smitty's的开张在当地的餐饮界引发了一股复兴浪潮。现在它还是热门的餐馆，尤其是在夏季夜晚，这里提供新鲜的贝类，是你大快朵颐的好地方。

The Nova Kitchen 法式小馆 $$$

（☎604-886-5858; www.thenovakitchen.com; 546 Gibsons Way; $19~30; ◯周二至周四 16:30~21:00, 周五和周六 至21:30）虽然要爬一段陡峭的阶梯才能到这里，但是这间迷人的

"从农场到餐桌"的法式小馆会让之前的扫兴烟消云散——尤其是你在平台上找到了座位,从这里可以看到吉布森斯海陆的全景。菜单会按季节调整,精选了省内的食材,包括奇利瓦克(Chilliwack)的猪肉或者山水农场(Yarrow Meadow)本地养殖的鸭子,通过精心烹制为你奉上美味佳肴,服务也非常热情。

❶ 到达和离开

BC Ferries(☎250-386-3431;www.bcferries.com;车辆$16.15/54,40分钟,每天9班)到兰代尔(Langdale,吉布森斯东北方6公里)的渡轮。

Pacific Ferries(☎778-866-5107;www.pacificferries.ca)运营吉布森斯码头和马蹄湾(Horseshoe Bay;$15,30分钟,每天2班)的往返渡轮,只限乘客乘坐。

阳光海岸区域公交系统(Sunshine Coast Regional Transit System;www.busonline.ca)运营从兰代尔渡轮码头及其他阳光海岸社区到吉布森斯的公交巴士。

罗伯茨溪(Roberts Creek)

离开Hwy 101,经Roberts Creek Rd就来到了这个好像霍比特人小型社区的时髦中心区——如果霍比特人也追求嬉皮士风格的话。可以先逛逛这些木质结构的看起来像棚屋的商店和餐馆,然后下山到去往沙滩,观赏地面上时常变换的巨幅**Community Mandala**画像。

去**Gumboot Cafe**(1057 Roberts Creek Rd;主菜$8~11;◐周一至周五7:00~18:00,周六和周日8:00~18:00;⏿)和当地人一起品尝咖啡和烘焙食品(包括美味的比萨)。想要美餐一顿,可以到附近的**Gumboot Restaurant**(☎604-885-4216;www.gumbootrestaurant.com;1041 Roberts Creek Rd;主菜$14~27;◐周一至周四10:00~20:30,周五和周六9:00~21:00,周日9:00~20:30)吃晚餐,享用精心烹制的西海岸风味有机美食,包括羊肉和海鲜等。

🛏 住宿

Up the Creek Backpackers B&B   青年旅舍 $

(☎604-837-5943;www.upthecreek.ca;1261 Roberts Creek Rd;铺/房间$28/80;⏿)阳光海岸上最好的一家青年旅舍,包括简易的铺位以及面向夫妇和家庭旅行者的客房——后院的花园小屋十分舒适愉快。提供帐篷露营地($14),同时为没带帐篷的客人提供双人帐篷出租($28)。公用小厨房设备齐全,这里提倡积极的环保,实行的措施包括严格的回收利用。

Shades of Jade Inn & Spa   民宿 $$

(☎604-885-3211;www.shadesofjade.ca;1489 Henderson Rd;双$189;⏿)目标客户是那些寻求恬静生活的成年人。这间民宿共有两间单元房,其装修混合了亚洲和西海岸风格,能够让人十分放松。配有厨房和蒸汽淋浴房的宽敞的客房(我们更推荐楼上的那间,有一个隐蔽的小露台),以及室外的热水浴缸和健康休闲中心一定会让你流连忘返。

❶ 到达和离开

阳光海岸区域公交系统(www.busonline.ca)运营从兰代尔渡轮码头到罗伯茨溪及周边地区的公交巴士(成人/儿童$2.25/1.75)。

锡谢尔特(Sechelt)

人口 9775

锡谢尔特虽然没有吉布森斯、罗伯茨溪或者鲍威尔河那样迷人,但是也是你行走阳光海岸的旅程中一个不错的休息站:这里不仅有美味的餐厅让你补充能量,还可以参加一些有趣的户外活动,比如让你在忍不住不停按下快门的小镇海滨漫步。

从锡谢尔特沿East Porpoise Bay Rd向北走4公里,就是**海豚湾省立公园**(Porpoise Bay Provincial Park;www.bcparks.ca;Hwy 101),这里的冷杉和雪松郁郁葱葱,皮划艇非常适合从这里的沙滩下水。公园中有多条小径,还有一个巨大的**露营地**(www.discovercamping.ca;露营地$29),营地内配备了便利的热水淋浴。

对喜欢划船的游客来说,**Pedals & Paddles**(☎604-885-6440;www.pedalspaddles.com;7425 Sechelt Inlet Rd;皮划艇出租2小时/24小时$37/95)提供皮划艇出租服务,还组织皮划艇、充气艇和立桨冲浪桨板团队游,带你

游览这里平静的水域。不仅如此,你还可以参加Talaysay Tours(604-628-8555; www.talaysay.com; Porpoise Bay Provincial Park; 团队游 $59起; ◐4月至9月)组织的由第一民族人带队的皮划艇和徒步游。

如果你想到僻静的水边放松,可以考虑Beachside by the Bay(604-741-0771; www.beachsidebythebay.com; 5005 Sunshine Coast Hwy; 双 $199起; ✪)的小屋和两套宽敞的套房。你会在戴维斯湾壮观的美景中醒来。你还可以沿着Hwy 101继续驾车30分钟,经过锡谢尔特后,来到Painted Boat Resort Spa & Marina(604-883-2122; www.paintedboat.com; 12849 Lagoon Rd; 双 $385起; ✪✪)过夜,宽敞的别墅中可以俯瞰美丽的Halfmoon Bay。每个单元配有全套的厨房设施,附近有便利的超市(度假村中还有一间著名的餐馆)。

回到锡谢尔特之后,可以去市中心的Basted Baker(604-885-1368; bastedbaker.com; 5685 Cowrie St; $9~12; ◐周一至周五8:30~17:00, 周六和周日 9:30~16:00; ✪)品尝分量十足的饼干三明治(点单时可以注意下当日特选)搭配其自制的美味甜点。或者, 很受当地人欢迎的Ty's Fine Foods & Bistro(604-740-9818; www.tysfinefoods.com; 5500 Trail Ave; $12~18; ◐周一至周五 11:00~17:00, 周六 11:00~15:00)享用更接地气的美食,这里提供精心制作的餐前小食、例汤和三明治。

❶ 实用信息

想了解更多信息,可访问**锡谢尔特游客中心**(Sechelt Visitor Centre; 604-885-1036; www.secheltvisitorcentre.com; 5790 Teredo St; ◐7月和8月 9:00~17:00, 6月和9月 周一至周六 9:00~17:00, 冬季营业时间缩短)。

❶ 到达和离开

阳光海岸区域公交系统(www.busonline.ca)运营从兰代尔渡轮码头及其他阳光海岸社区到锡谢尔特的公交巴士。

Harbour Air Seaplanes(604-885-2111; www.harbourair.com)运营从温哥华市中心到锡谢尔特的水上飞机,每天3班($118, 20分钟)。

鲍威尔河(Powell River)

人口 12,900

历史悠久的鲍威尔河在一个多世纪前是个以造纸业为主的小镇,近些年,上阳光海岸社区进行了很多翻修工程。使这个小镇变得越来越时尚,尤其是古老的城址地区(Townsite)。这里还是前往精彩的户外活动地点的门户。

◉ 景点和活动

从游客中心(见777页)取一份免费的步行导览宣传单,前去探访城址的古建筑,包括被悉心维护的手工艺建筑。其中的亮点包括**亨德森老宅**(Dr Henderson's House; 6211 Walnut Ave)以及漂亮的**帕特里夏剧院**(Patricia Theatre; 604-483-9345; www.patriciatheatre.com; 5848 Ash Ave),这是加拿大最古老的还在营业中的影院,你可以走进去欣赏室内墙上的壁画。还可以去参观**城址遗迹协会**(Townsite Heritage Society; 604-483-3901; www.powellrivertownsite.com; 6211 Walnut Ave, Dr Henderson's House; $5),在夏季经常会组织历史社区里的导览游。

最后可以到位于邮局大楼旧址大楼里的**城址酿酒厂**(Townsite Brewing; 604-483-2111; www.townsitebrewing.com; 5824 Ash Ave;

不 要 错 过

另一处"西海岸小径"

温哥华岛的西海岸小径非常受欢迎,所以沿途总是不可避免地碰到许多徒步者。但是阳光海岸还有一处不为人知的小径,很多当地人也是刚刚知道这个地方。从索尔利特湾(Saltery Bay)到萨拉岬(Sarah Point),这条180公里长的**阳光海岸小径**(Sunshine Coast Trail)途经原始的森林、雄鹰出没的水滨和动人心魄的雪山,堪称荒野天堂。与西海岸小径不同的是,这里是免费的,而且无须预订,此外沿途还有12座可以免费使用的休息小屋。登录www.sunshinecoasttrail.com可查看更多信息。

4月至10月 11:00~19:00，11月至次年3月 周二至周六 11:00~19:00）（全年每周六以及夏季每周四）。花上$8，你就能品尝到4种啤酒样品，不要错过口感极好的阳光海岸淡色艾尔啤酒（Suncoast Pale Ale），这里是独家销售。在阳光海岸徒步的时候也需要来点酒提神？推荐购买他们这里非常热门的不锈钢保鲜瓶（不要忘记把它装满）。

如果你想振作精神，还可以去**Powell River Sea Kayak**（☎604-483-2160；www.bcseakayak.com；10676 Crowther Rd；3/12小时租金$35/44）参加惊险刺激的划船游。

食宿

需要休息的时候，没哪儿能比得好客的**Old Courthouse Inn**（☎604-483-4000；www.oldcourthouseinn.ca；6243 Walnut St；双$129起；⊛）酒店经过翻新，十分干净整洁，装饰有保存完好的都铎时代的古董。每间客房中的摆设都各不相同，就像是由家里品味一流的亲戚布置的一样，能让你有宾至如归的舒适感。房费包含免费的早餐，用餐地点在漂亮的**Edie Rae's Diner**（推荐自制的饼干），每周还会提供非常棒的周一晚餐。

想在上午10点左右来杯咖啡？**Base Camp**（☎604-485-5826；www.basecamp-coffee.com；4548 Marine Dr；主菜$8~16；☉周日至周四 7:00~19:00，周五和周六 7:00~21:00；⊛）在每天的一些时间点为城中居民提供服务。午餐时间，可以去附近色彩明亮的小餐馆**Costa del Sol**（☎604-485-2227；www.costadelsollatincuisine.com；4578 Marine Ave；主菜$10~16；☉周三至周一 11:30至深夜；⊛）享用墨西哥玉米卷。还可以去街对面拥有观景露台的**Coastal Cookery**（☎604-485-5568；www.coastalcookery.com；4553 Marine Ave；主菜$12~28；☉周一至周六 11:30至深夜，周日 16:00至深夜）享用手工啤酒和美食，推荐鸡肉和松饼三明治。菜单会按季节调整，食物的原料（以及顶级的啤酒）都产自不列颠哥伦比亚省内。

实用信息

游客中心（☎604-485-4701；www.powellriver.info；4670 Joyce Ave；☉7月和8月 9:00~18:00，9月至次年6月 至17:00）

到达和离开

如果你打算从下阳光海岸驾车来到这里，可以搭乘**BC Ferries**（☎250-386-3431；www.bcferries.com），它运营往返于Earls Cove和Saltery Bay之间的线路（乘客/车辆 $15.85/52.60，50分钟，每天最多7班）。下船后，再驾车行驶约40分钟可到达鲍威尔河。BC Ferries还提供鲍威尔河和Texada Island之间（乘客/车辆 $11.45/26.95，35分钟，每天最多9班）以及和温哥华岛的Comox之间的往返线路（乘客/车辆 $15.90/45.70，90分钟，每天最多5班）。

Pacific Coastal Airlines（☎604-273-8666；www.pacificcoastal.com）提供从温哥华国际机场南航站楼飞往鲍威尔河的航班，每天4班（$106起，35分钟）。

温哥华岛
（VANCOUVER ISLAND）

温哥华岛是北美西部和新西兰之间最大一块的有人居住的整块陆地——长约500公里、宽100公里——岛上有丰富多彩的独特的社区，其中很多社区都是名字中带"港"（Port）字的伐木业或渔业社区。

当地人都很友善，他们以当地的特色为荣。你就会发现很多好玩的景点和活动，其氛围与繁忙的温哥华内陆大相径庭。一个小提示：如果想让当地人对你有个好印象的话，千万别把"维多利亚岛"（Victoria Island）和这里弄混了。

尽管历史悠久的不列颠哥伦比亚首府维多利亚是你去往周边各地的一个始发站，但是它绝不应是你游览的唯一地方。爱好美食和葡萄酒的游客一定会爱上考伊琴河谷的农场；户外运动迷们不应错过以托菲诺为中心的原始的西海岸地区，这里非常适合冲浪；探索北部的游客会发现那崎岖难行的荒野中有鲜为人知的独立社区。

实用信息

联系**温哥华岛旅游局**（Tourism Vancouver Island；☎250-754-3500；www.vancouverisland.

travel)获得温哥华岛的相关信息以及资源。

维多利亚(Victoria)

人口 85,000

大维多利亚地区的人口数接近38万,一直以来,这座风景如画的首府都被称为北美最有英国特色的城市,而这种乏味的主题公园式的老英格兰风格如今已经荡然无存。在越来越多年轻人的推动下,一场静悄悄的革命已经渗透到差劲的专门针对游客的酒吧、餐馆和商店之中,它们被改造成那种会让任何一个城市都引以为傲的鲜艳的波希米亚风格店铺、咖啡馆和创新餐馆。这些"飞地"十分值得去走一走,不过热爱运动的游客也可以用骑行的方式游览:维多利亚是加拿大拥有自行车车道最多的城市。在你完成骑行之后,还可以去参观不列颠哥伦比亚省最好的博物馆,同时它也是一个被海风吹拂的海滨公园,从划独木舟到观鲸等各类户外活动都在等着你。

◉ 景点

★ 小人国　　　　　　　　　　博物馆

(Miniature World; 782页地图; ☎250-385-9731; www.miniatureworld.com; 649 Humboldt St; 成人/儿童 $15/10; ◑5月中旬至9月中旬 9:00~21:00,9月中旬至次年5月中旬 至17:00; ♿; ◻70)绕着Empress Hotel走就能找到,这处隐蔽的旧式景点是来维多利亚必打卡的地方,对于精细模型制作的爱好者来说更是如此。这里有几十个微型立体模型场景,都是按主题分类。拥有从亚瑟王传说中的王国卡美洛(Camelot)到太空,以及从童话仙境到老英格兰(Olde England)的各类主题,也有许

Vancouver Island 温哥华岛

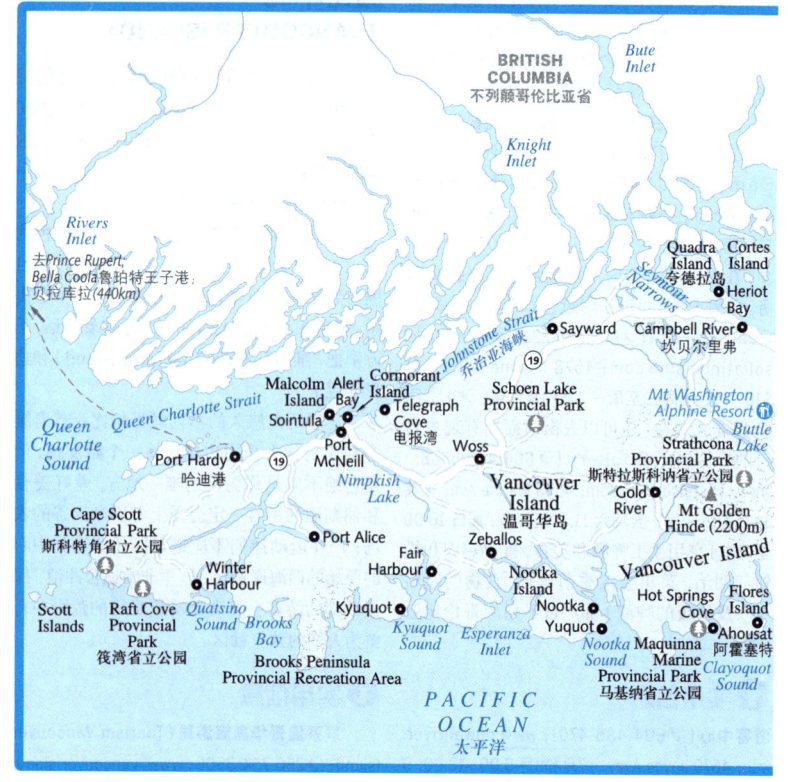

多带按钮的装置和一些开动的小火车。你还有机会从小人国的电影院荧幕中看到自己的影像。整洁且维护良好的小人国会让你回忆起纯真美好的往昔岁月。

★ 魁达洛古堡
博物馆

（Craigdarroch Castle；250-592-5323；www.thecastle.ca；1050 Joan Cres；成人/儿童$14/5；6月中旬至8月 9:00~19:00，9月至6月中旬 10:00~16:30；P；14）这是加拿大最气宇不凡的故居之一。优雅的塔式大厦展现了维多利亚时代城中巨富们的生活情景。奢华的木制窗户上装饰着彩色玻璃，房间中摆放着那个时代的古董，你会有种错觉，房主刚刚从他的椅子上起身走开。登上有87级台阶的塔楼，从那里可以远观奥林匹克山脉（Olympic Mountains）的美景。还可以抽空读一读曾居住在这里的家族许多悲欢离合的往事。

皇家不列颠哥伦比亚博物馆
博物馆

（Royal BC Museum；见782页地图；250-356-7226；www.royalbcmuseum.bc.ca；675 Belleville St；成人/儿童 $16/11起；每天 10:00~17:00，5月中旬至9月 周五和周六 至22:00；P；70）这里是不列颠哥伦比亚省最好的博物馆。参观活动从自然历史馆开始，首先映入眼帘的是一座体积庞大的长毛猛犸象，从这里开始参观实景模型。然后，去参观第一民族的展品以及迷人的面具展——终点是一个戴着雪貂面具的白人男性。博物馆的亮点是一条可以步行游览的殖民地街道，内有热闹的唐人街和有栩栩如生的商店。

比肯山公园
公园

（Beacon Hill Park；www.beaconhillpark.ca；Douglas St；P；3）这座滨海公园面对着波涛汹涌的大海，很适合感受海风，观赏悬

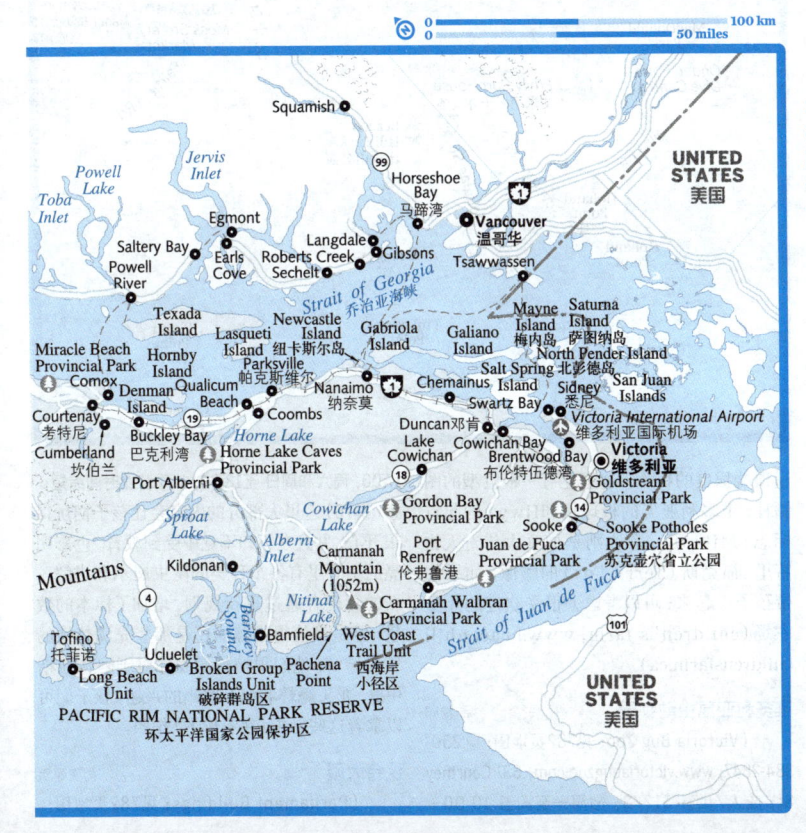

Victoria 维多利亚

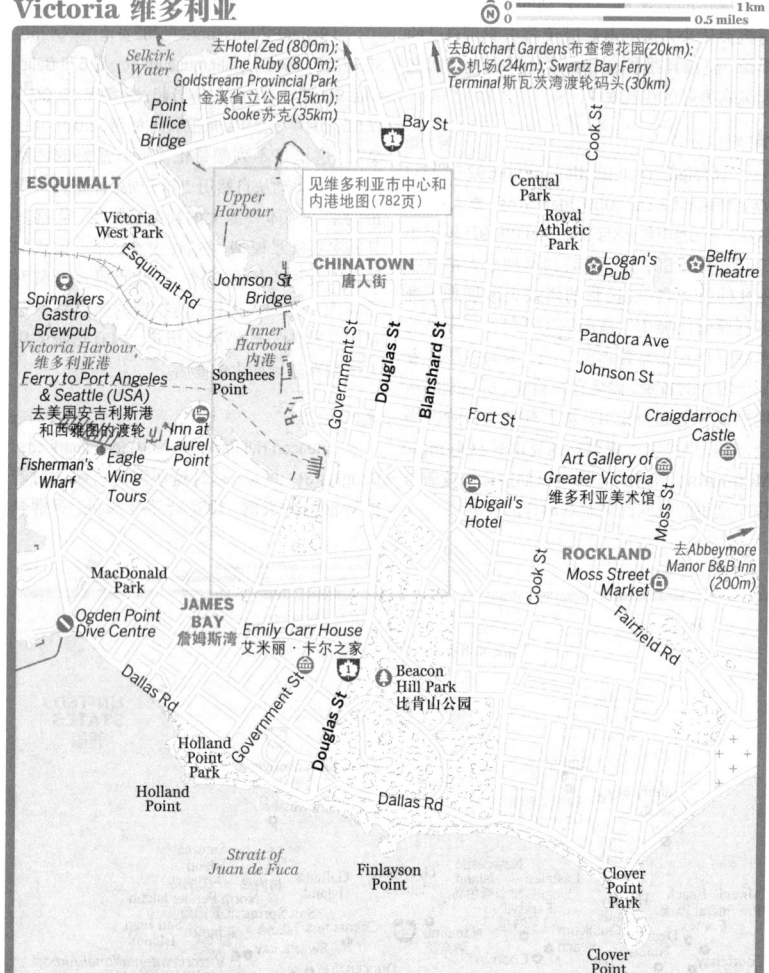

崖顶端摇曳的树木。这里还有一根巨型的图腾柱、维多利亚人的板球场和Hwy 1的起点标志(Mile 0), 旁边则是加拿大传奇人物特里·福克斯(Terry Fox)的雕像。如果你带孩子一起来, 可以考虑去很受欢迎的儿童农场(children's farm; www.beaconhillchildrensfarm.ca)。

维多利亚昆虫动物园 动物园

(Victoria Bug Zoo; 见782页地图; ☎250-384-2847; www.victoriabugzoo.com; 631 Courtney St; 成人/儿童 $12/8; ◎周一至周五 10:00~17:00, 周六和周日 至18:00, 淡季营业时间缩短; ♿; ❑70)这里大部分的内容会让孩子们玩得很开心, 并且在不知不觉中受到教育。色彩明亮的主厅里有各个种类的昆虫展示和讲解。新的管理者通过重新规划, 增加了标本的数量, 但是最值得推荐的还是那些充满热情的年轻导游, 他们很擅长激发你对于阿特拉斯甲虫、龙头蟋蟀和澳洲魔蜥的兴趣。孩子们可以拿着这些昆虫(在看护下)拍照。

议会大厦 历史建筑

(Parliament Buildings; 见782页地图;

📞250-387-3046；www.leg.bc.ca；501 Belleville St；❂团队游 5月中旬至8月 9:00~17:00,9月至次年5月中旬 周一至周五 9:00~17:00；🚌70) **免费**
博物馆对面就是这座壮观漂亮的大楼，它由塔楼、圆顶和彩色玻璃构成，是不列颠哥伦比亚省的立法机关办公地，同时也对历史爱好者开放。参加精彩的45分钟导览游（免费），了解这座大厦背后的故事，然后在里面"神秘的政客"餐馆吃午餐。晚上返回的时候，你会发现漂亮的大楼在灯光的照射下好像一棵圣诞树。

罗伯特·贝特曼中心   画廊

（Robert Bateman Centre；见782页地图；📞250-940-3630；www.batemancentre.org；470 Belleville St；成人/儿童 12.50/6；❂6月至8月 每天 10:00~17:00,周五和周六 至21:00；🚌70）这个画廊借用了内港地标建筑老码头大厦（Steamship Terminal）的一部分空间，展出加拿大最受欢迎的自然画家逼真的写实作品，也会有一些其他艺术家的作品轮展。首先观看5分钟的介绍影片，然后观赏一系列极其美丽的展现不列颠哥伦比亚等地野生动物的画作。

大维多利亚区美术馆   画廊

（Art Gallery of Greater Victoria；📞250-384-4171；www.aggv.ca；1040 Moss St；成人/儿童 $13/2.50；❂周一至周六 10:00~17:00,周日 正午至17:00,9月中旬至次年5月中旬 周一闭馆；🚌14）沿着Fort St往市中心的东边走，然后沿着画廊一条街上的路标，就可以来到加拿大收藏了艾米丽·卡尔（加拿大艺术家和作家）最好的作品的画廊。除了卡尔迷不可错过的风景油画外，这里还展出一系列的亚洲艺术作品和很多经常更新的临时展览。你可以在线查看这里的活动，包括讲座和导览游。每月第一个周二，门票是以捐款形式支付的。

艾米丽·卡尔之家   博物馆

（Emily Carr House；📞250-383-5843；www.emilycarr.com；207 Government St；成人/儿童 $6.75/4.50；❂5月至9月 周二至周六 11:00~16:00；🅿；🚌3）不列颠哥伦比亚最著名的画家就是在这里出生的。在这座亮黄色姜饼屋风格的房子中，许多房间都还保持着当时的面貌，当中还展出着关于这位艺术家生活和工作状态的展览。这里有时常变换的当地作品临时展，但是如果你想欣赏卡尔的更多作品，可以去大维多利亚区美术馆。屋子里有几只可爱的猫咪。

🏃 活动

观鲸

在5月至10月的观鲸季节，会有一船又一船身披雨衣的游客出海游览。鲸鱼不一定总会出现，所以大部分旅游团还会去参观当地懒洋洋的海狮和胖乎乎的海象经常出没的地方。

Eagle Wing Tours   观鲸

（📞250-999-0502；www.eaglewingtours.ca；12 Erie St, Fisherman's Wharf；成人/儿童 $125/95；❂5月至10月）总部设在渔人码头（Fisherman's Wharf），是一家经营多年的观鲸游船运营商。

Prince of Whales   观鲸

（见782页地图；📞250-383-4884；www.princeofwhales.com；812 Wharf St；成人/儿童 $120/95起；♿）经营多年的当地运营商，组织观鲸和观看海洋野生动物的各类观光行程。

Springtide Charters   观鲸

（见782页地图；📞250-384-4444；www.springtidecharters.com；1119 Wharf St；成人/儿童 $105/85起；❂8:00~22:00,淡季运营时间缩短）这家经验丰富的运营商已经有超过20年的观鲸旅游经验，是当地最受欢迎的海洋观光旅行社之一。

水上运动

沿着海岸线划船是欣赏此地美景的最佳方式，尤其是当你看到翱翔的鹰和躺着海星的沙滩时。如果你觉得从海面上看不尽兴，那再潜水去海底看看吧。

Ocean River Sports   皮划艇

（见782页地图；📞250-381-4233；www.oceanriver.com；1824 Store St；租金每2小时 $40,团队游 $75起；❂周一至周五 9:30~18:00,周六至18:00,周日 10:00~17:00）提供设备出租服务和很受欢迎的当地皮划艇一日游（包括夜间

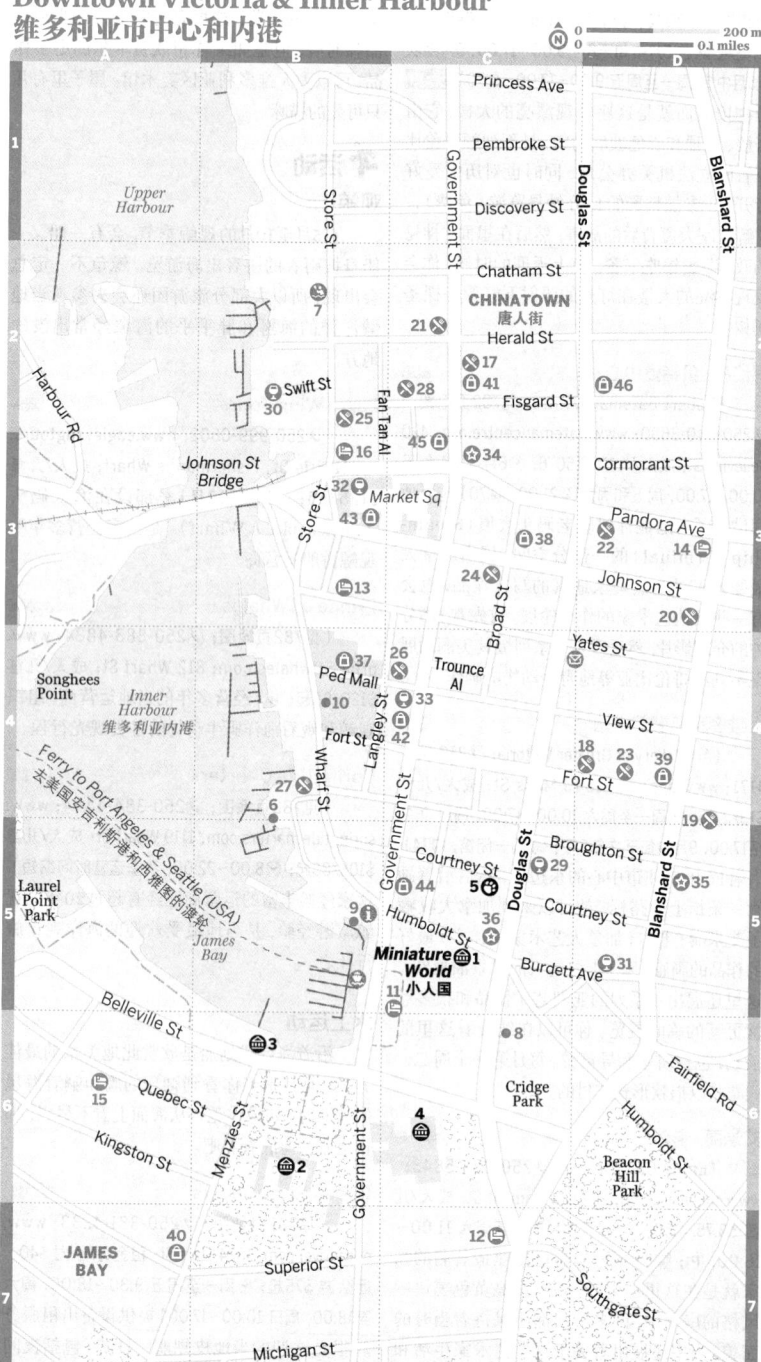

Downtown Victoria & Inner Harbour
维多利亚市中心和内港

Downtown Victoria & Inner Harbour
维多利亚市中心和内港

◎ **重要景点**
1 小人国 C5

◎ **景点**
2 议会大厦 B6
3 罗伯特·贝特曼中心 B6
4 皇家不列颠哥伦比亚博物馆 C6
5 维多利亚昆虫动物园 C5

⊕ **活动、课程和团队游**
6 Harbour Air B4
7 Ocean River Sports B2
8 Pedaler C6
9 Prince of Whales B5
10 Springtide Charters B4

🛏 **住宿**
11 Fairmont Empress Hotel C5
12 Helm's Inn C7
13 HI Victoria Hostel B3
14 Ocean Island Inn D3
15 Royal Scot Hotel & Suites A6
16 Swans Suite Hotel B3

🍴 **就餐**
17 Brasserie L'École C2
18 Crust Bakery D4
19 Fishhook D4
20 Foo Asian Street Food D3
21 Jam Cafe C2
22 John's Place D3
23 La Taqueria D4
   Legislative Dining Room .... (见2)
24 Lotus Pond Vegetarian
     Restaurant C3
25 Olo B2
26 ReBar C4
27 Red Fish Blue Fish B4
28 Venus Sophia C2

🍸 **饮品和夜生活**
29 Big Bad John's C5
30 Canoe Brewpub B2
31 Clive's Classic Lounge D5
32 Drake B3
33 Garrick's Head Pub C4

🎭 **娱乐**
34 McPherson Playhouse C3
35 Royal Theatre D5
36 Vic Theatre C5

🛍 **购物**
37 堡垒广场公共市场 B4
38 Cherry Bomb Toys C3
39 Ditch Records D4
40 詹姆斯湾市场 A7
41 Milkman's Daughter C2
42 Munro's Books C4
43 Regional Assembly of Text B3
44 Rogers' Chocolates C5
45 Silk Road C3
46 维多利亚公共市场 D2

行程)。也提供立式单桨冲浪和多日的行程。

Ogden Point Dive Centre   潜水

(☎250-380-9119; www.divevictoria.com; 199 Dallas Rd; ⊙9:00~18:00)距离内港仅有几分钟的路程,提供潜水教程和设备出租服务。

👉 团队游

Harbour Air   观光飞行

(见782页地图; ☎250-384-2215; www.harbourair.com; Inner Harbour; 团队游109起)参加他们从内港出发的水上飞机团队游可以俯瞰维多利亚全景,体验非常好,尤其是当飞机俯冲降落的时候。

Pedaler   骑自行车

(见782页地图; ☎778-265-7433; www.thepedaler.ca; 719 Douglas St; 团队游\$49起; 出租\$10起; ⊙9:00~18:00, 淡季营业时间缩短)提供自行车出租服务,也组织自行车市内导览游,包括以品尝手工啤酒样品为特色的Hoppy Hour Ride。

Hike Victoria   徒步

(☎250-889-3008; www.hikevictoria.com; 团队游\$65起)组织在维多利亚郊区亲近自然的徒步导览游(提供酒店接送服务),亮点是可以拍到很多美丽的风景照。

Big Bus Victoria   巴士

(☎250-389-2229; www.bigbusvictoria.

com; 1日 成人/儿童 $36/21; ⏰5月至10月) 提供方便的巴士游服务,可以轻松上下车,路线涵盖了维多利亚绝大部分的旅游景点;有一日游或者两日游两种选择。

✦ 节日和活动

维多利亚日游行 节日游行

(Victoria Day Parade; www.gvfs.ca; ⏰5月中) 街道盛会,届时会有舞者、游行乐队和5万多名观众。

Victoria Ska & Reggae Fest 音乐节

(www.victoriaskafest.ca; ⏰6月中旬) 加拿大国内同类规模最大的音乐节。

维多利亚国际爵士音乐节 音乐节

(Victoria International JazzFest; www.jazzvictoria.ca; ⏰6月末) 超过10天的音乐节期间,会有令人起舞的爵士乐表演。

维多利亚国际杂耍节 艺术节

(Victoria International Buskers Festival; www.victoriabuskers.com; ⏰7月中) 当地艺人和国际艺人持续10天的街头表演活动。

维多利亚艺穗节 戏剧节

(Victoria Fringe Theater Festival; www.victoriafringe.com; ⏰8月末) 城中为期两周的小众短剧表演和脱口秀表演。

里夫兰迪亚音乐节 音乐节

(Rifflandia; www.rifflandia.com; ⏰9月) 维多利亚最酷的音乐节,有很多独立乐队在城中表演。

🛏 住宿

从位于古建筑遗产内的民宿到时髦的精品酒店,再到高端的住宿,维多利亚的住宿条件能够满足各种预算需求,淡季的时候非常优惠。维多利亚旅游局的房间预订服务(☎250-953-2033, 800-663-3883; www.tourismvictoria.com/hotels)可以为你提供客房信息。需注意,大多数位于市区的客房都会加收停车费。

Ocean Island Inn 青年旅舍 $

(见782页地图; ☎250-385-178; www.oceanisland.com; 791 Pandora Ave; 铺/双 $28/96起; @📶; 🚌70) 这家色彩明亮的旅舍就像个迷宫,拥有很多小间的宿舍,以及3间装饰有印尼手工艺品的独卫客房(还配有独立的电视机和冰箱)。宿舍中也配有冰箱,每间最多放6个铺位。每层楼都配有一些独立浴室。房费中包含简单的早餐。活动很多,包括每周都会有的逛酒吧活动。

HI Victoria Hostel 青年旅舍 $

(见782页地图; ☎250-385-4511; www.hihostels.ca victoria; 516 Yates St; 铺/双 $33/80; @📶; 🚌70) 这家位于市中心的青年旅舍,位于一栋天花板很高的古建筑之中,位置闹中取静。共有两间男女分住的大宿舍、3间稍小的男女混住宿舍和几间单间。宽敞的游戏室和摆了很多书的阅读区,让你乐在其中。当然你也可以有自己的打算,这里还经常会提供免费的城市团队游。房费包含免费的早餐、茶和咖啡。

Hotel Zed 汽车旅馆 $$

(☎250-388-4345; www.hotelzed.com; 3110 Douglas St; 双 $175起; 🅿@📶; 🚌70) 这间汽车旅馆就像《王牌大贱谍》(Austin Powers)中出现的那种旅馆,有一种不正经的怀旧气息,外墙是七彩的,还可免费乘坐大众面包车去市中心(步行约10分钟)。房间的布置也很有趣,配有20世纪70年代的电话,卫生间里放着漫画书,墙壁涂成明亮的颜色。可以在前台租赁自行车和享受免费咖啡,如果你饿了,这里提供的餐饮也不错。

Helm's Inn 酒店 $$

(见地图782页; ☎250-385-5767; www.helmsinn.com; 600 Douglas St; 双 $140起; 🅿@📶; 🚌70) 这里是市中心性价比最高的酒店之一(距离内港也就一两个街区),共有3栋楼,提供42间维护良好的客房,都是汽车旅馆的风格,所有的客房都配备了方便的厨房设施(厨房、冰箱和微波炉)。这间酒店是家庭经营的,已经有30年的历史,还提供投币洗衣机。前台的工作人员会给你很多关于城市的游览建议。

Swans Suite Hotel 精品酒店 $$

(见782页地图; ☎250-361-3310; www.swanshotel.com; 506 Pandora Ave; 双 含早餐

$145起；🅿️📶❄️；🚌70）这里曾经是砖砌的仓库，后来被改造成艺术精品酒店。很多房间都是宽敞的复式套房，楼上的床放在尖顶的屋顶下方，每个房间都有木梁、淳朴而时尚的家具和宽大舒适的真皮沙发。全套厨房很方便。想喝几杯的话可以去楼下的啤酒吧。

Royal Scot Hotel & Suites 酒店 $$

（见782页地图；📞250-388-5463；www.royalscot.com；425 Quebec St；双 $230起；🅿️📶❄️；🚌70）议会大厦附近的内港岸边有几家中等酒店，这家酒店是其中最好的，房间内一尘不染。服务人员非常热情，大堂里有很多乘游轮来的老人。房间的配置各不相同，有的有全套厨房。提供当地的免费班车服务。

Inn at Laurel Point 酒店 $$

（见782页地图；📞250-386-8721；www.laurelpoint.com；680 Montreal St；双 $260起；✳️@📶❄️；🚌70）从市中心沿着内港的海边走不远，就来到了这座友好、舒适的艺术装饰酒店，这里最大的卖点就是能看见开阔的海景。宽敞的房间有独立露台，可以饮赏日落边喝酒。这里是由当地家庭经营的，像度假区一样让人宁静放松。提供客房内的疗养服务和自行车租赁服务。

Fairmont Empress Hotel 酒店 $$$

（见782页地图；📞250-384-8111；www.fairmont.com/empress-victoria；721 Government St；双 $340；✳️@📶❄️；🚌70）我们到访的时候，这家酒店正在进行升级改造（包括将Bengal Lounge酒吧移走）。酒店位于内港的百年老地标建筑中，是维多利亚最受欢迎的一间酒店。推荐这里的海景房，客房的装修是古典风格，服务热情友好。即使你不住在这里，也要在大厅里点一份茶点，感受一下这里旧世界的魅力。

Abbeymoore Manor B&B Inn 民宿 $$$

（📞250-370-1470；www.abbeymoore.com；1470 Rockland Ave；双 $199起；🅿️@📶；🚌14）这家旅馆位于充满浪漫气息的1912年工艺宅邸里，在漂亮的殖民地时期外观下隐藏着7个房间，里面装饰着古董和维多利亚时代的摆设。有的房间有厨房和大理石浴缸。丰盛的早餐将开启你一天的探索：魁达洛古堡（见779

值得一逛的街区

这里是加拿大最古老、可能也是最小的唐人街，它漂亮的大门就位于Government St和Fisgard St的交叉路口。Fisgard St从这里开始就遍布霓虹灯标牌和传统的杂货铺，而Fisgard St和Pandora Ave之间一条名为**Fan Tan Alley**的狭窄小路上挤满了传统和时尚的商店，出售便宜漂亮的小饰品、很酷的二手唱片和时尚的艺术品。如果你需要导游，可以通过**Discover the Past**（📞250-384-6698；www.discoverthepast.com；成人/儿童 $15/13；🕐全年周六 10:30，外加6月至8月的周二和周四）获得唐人街步行导览服务。

页）和大维多利亚区美术馆（见781页）就在附近。

Abigail's Hotel 民宿 $$$

（📞250-388-5363；www.abigailshotel.com；906 McClure St；双 $249起；🅿️@📶；🚌7）维多利亚地区最浪漫的住宿之一。这间奢华的民宿距离内港只有几步之遥。正面是一栋都铎式的建筑，客房包括碎花田园风的标准间和装饰着古董的尖顶套房（配有篷顶式大床、大理石壁炉和按摩浴缸）等。所有等级的客房都赠送美味的早餐：3道菜的原料精选自当地食材。仅限成人。

🍴 就餐

维多利亚的餐饮场所近年来有很大的提升。建议取一份免费的《饮食杂志》（*Eat Magazine*），查看最新的美食信息。想实地考察？可以去市中心的Fort St，那里是一条美食街。

Crust Bakery 面包房 $

（见782页地图；📞250-978-2253；www.crustbakery.ca；730 Fort St；烘焙食物 $3~6；🕐8:00~17:30；🚌14）建议提早到店，享受维多利亚最受欢迎的新式面包房。推荐新鲜烘焙的鸡蛋、培根和迷迭香丹麦面包，但是也要记得把蛋挞和最畅销的可颂甜甜圈、巧克力椰

蓉面包和黄油布丁放进你的购物袋；它们的卖相很好，在街上用10倍的价格也许都能卖出去。

La Taqueria
墨西哥菜 $

（见782页地图；☎778-265-6255；www.lataqueria.com；766 Fort St；墨西哥玉米卷 $3/个；⊙周四至周四 11:00~20:30，周五和周六 至23:00；👍；🚍14）这是温哥华人气很高的墨西哥餐厅的分店，味道地道，主色调是海蓝色，餐厅面积很大，服务极其热情，提供丰富多样的软皮墨西哥卷饼（4个$10.50，如果都选素的，价格会便宜），包括不同的每日特选。还提供墨西哥薄饼（Quesadillas），你可以搭配玛格丽塔（margaritas）、墨西哥啤酒或者梅斯卡尔酒（mezcal）——或者三种各来一杯。

Red Fish Blue Fish
海鲜 $

（见782页地图；☎250-298-6877；www.redfish-bluefish.com；1006 Wharf St；主菜 $6~16；⊙11:00~19:00；🚍70）🌿这座集装箱式的外卖小屋位于Broughton St尽头的滨水木板路上，供应新鲜制作的、让人食指大动的有机海鲜食品。亮点包括马面鱼奶酪浇肉汁土豆条、美味的海鲜浓汤和天妇罗牡蛎（当然，你也可以选择传统的炸鱼和薯条）。店家应顾客要求增加了座位数量，但是要小心盘旋的海鸥抢走你的盘中餐。

Foo Asian Street Food
亚洲菜 $

（见782页地图；☎250-383-3111；www.foofood.ca；769 Yates St；主菜 $9~14；⊙周一至周六 11:30~22:00，周日 至21:00；🅿；🚍70）这间餐厅就像一处固定的餐车，虽然位置不太好（在一座停车场里），但是却是很受当地人欢迎，主要提供一些亚洲小吃。你可以在店里或者店外找个位置，查看提示板上今日供应的菜单，享受新鲜出炉的高性价比的美食，菜品包括印度菠菜起司、章鱼沙拉等。啤酒也不错，可以买到当地产的啤酒，比如Hoyne和Driftwood。

Jam Cafe
早餐 $

（见782页地图；☎778-440-4489；www.jamcafevictoria.com；542 Herald St；主菜 $9~16；⊙8:00~15:00；📶👍）当地人是不会告诉你这家稍显偏僻的餐馆的，并不是因为他们不知道这里，而是他们不想让你也加入这家维多利亚最好的早餐餐馆门口的队列。各种美味的火腿蛋松饼非常受欢迎，我们还推荐法式鸡肉吐司。建议早点来或者避开高峰期，这里不接受预订。

Fishhook
海鲜 $$

（见782页地图；☎250-477-0470；www.fishhookvic.com；805 Fort St；主菜 $13~24；⊙11:00~21:00）🌿来到这家印度式和法式混合的海鲜餐馆，不要错过冒着热气的加入了椰子汁的杂烩浓汤，和这里的特色菜单片三明治。如果你还意犹未尽（你也不想放弃公共餐桌上的位置），你和同伴可以再分享一份海鲜印度香饭（biryani）。这里的菜品基本上都是以当地可持续的鱼类为原料烹制的。

Venus Sophia
素食 $$

（见782页地图；☎250-590-3953；www.venussophia.com；540 Fisgard St；主菜 $10~19；⊙7月和8月 10:00~18:00，9月至次年6月 周三至周日11:00~18:00；👍；🚍70）这是一间茶餐厅，墙面是令人愉快的奶油色，提供传统茶餐厅（包括美味的下午茶）里摆盘很讲究的素食午餐。这里的位置在唐人街中闹中取静。推荐蓝纹奶酪帕尼尼，搭配一款有机茶（放在极不相称的古董茶杯中）。我们觉得最棒的是格雷伯爵奶茶。

John's Place
美式小馆 $$

（见782页地图；☎250-389-0711；www.johnsplace.ca；723 Pandora Ave；主菜 $9~17；⊙周一至周五 7:00~21:00，周六和周日 8:00~16:00和17:00~21:00；📶👍；🚍70）这家友好的餐厅是当地人常去的地方，餐厅内部铺设木地板，装饰着一些里面有些古怪的纪念品，而丰富的菜品单却远胜普通的小餐馆。他们会先给你上一份美味的自制面包，但是你要留点儿肚子吃丰盛的意面和火腿蛋松饼早午餐堆得高高的沙拉主食，煎饼或者美墨边境风味的早午餐。这里几乎可以说是完美的早餐餐厅。墙上挂着许多名人的签名照。

The Ruby
美式小馆 $$

（☎250-507-1325；www.therubyvictoria.com；3110 Douglas St；主菜 $13~18；⊙8:00~

21:00; P🐾)Hotel Zed当中的高档餐厅吸引了许多当地人来品尝早餐时段供应的墨西哥卷饼和班尼迪克蛋(eggs Benedict),其他时段也提供让人食指大动的美味佳肴,包括鲜嫩多汁的烤鸡。主要采用当地的食材,肉和辣酱都是自制的。具体查看精美的菜单。

Lotus Pond Vegetarian Restaurant　　　　　中餐、素食 $$

(见782页地图;📞250-380-9293;www.lotuspond1998.ca;1998.ca;617 Johnson St;主菜 $9~17;⏱周二至周六 11:30~15:00和17:00~21:00,周日 正午至15:00和17:00~20:00;✍;🚌70)这家朴实的市区餐馆在素食流行之前就开始为当地的素食者们服务了。这里比很多中餐都上档次,菜单既适合肉食顾客也适合素食顾客,最好是中午来。一定要吃这里的特色萝卜糕。

Legislative Dining Room　　　加拿大菜

(见782页地图;📞250-387-3959;www.leg.bc.ca;501 Belleville St, Parliament Buildings;主菜 $9~18;⏱周一至周五时间不定;🚌70)作为维多利亚最不为人知的用餐地之一,这家老式餐馆由议会大厦补贴,议员和公众都可以来享用当地美食,餐品包括三文鱼沙拉、鲜嫩的牛排和不列颠哥伦比亚特产的葡萄酒。从大楼主入口内的安检台进入餐馆,需要出示有照片的身份证件。

ReBar　　　　　　　　　　素食、创意菜 $$

(见782页地图;📞250-361-9223;www.rebarmodernfood.com;50 Bastion Sq;主菜 $9~17;⏱周一至周五 11:30~21:00,周六和周日 9:30~21:00;✍;🚌70)很受当地人欢迎的一家新餐厅。外墙的颜色很素雅(尽管餐厅里的桌布十分鲜艳抢眼),这里是素食主义者和肉食爱好者都能大快朵颐的地方。很出名的杏仁汉堡是素食者的挚爱,而肉食爱好者可以点鱼和鸡肉,种类非常丰富。这里也是人气很高的早午餐餐厅。

Olo　　　　　　　　　　　加拿大菜 $$$

(见782页地图;📞250-590-8795;www.olorestaurant.com;509 Fisgard St;主菜 $24~30;⏱周日至周四 17:00至午夜,周五和周六 至次日1:00;✍)整修后的Ulla餐厅改名为Olo,升级为"从农场到餐桌"2.0版本。精致的季节性菜单十分丰富,从夸德拉岛扇贝到当地的熏鸭胸肉应有尽有,但是多道菜的家庭套餐更棒,如果你很有钱的话建议尝试($45/人起)。

Brasserie L'École　　　　　法国菜 $$$

(见782页地图;📞250-475-6260;www.lecole.ca;1715 Government St;主菜 $18~50;⏱周二至周六 17:30~23:00;🚌70)这家温馨的餐馆很受欢迎,很适合享受浪漫的晚餐,这里用法国酒馆手法烹饪西海岸食材。菜肴会随着应季的食材而变化,如无花果、美洲大树莓

值得一游

踏上小径

从维多利亚出发沿着Island Hwy前行16公里即可轻松到达位于Malahat Mountain山脚下的 Goldstream Provincial Park(📞250-478-9414;www.goldstreampark.com;2930 Trans-Canada Hwy;P),来一次亲近自然的一日游。这里有被苔藓覆盖的雪松,满地都是散着湿气的植物,以10月下旬至12月的大马哈鱼产卵季闻名。那时,饥饿的秃鹰被鱼群吸引,观鸟爱好者也会纷纷前来架好相机。可以去公园里的 Freeman King Visitors Centre (📞250-478-9414;2390 Trans-Canada Hwy;⏱9:00~16:30)了解这片区域的信息和自然历史展品。

除了观赏自然,你也可以进行很棒的徒步之旅:从难到易,有各种带标记的徒步小径,其中一些还可以供轮椅使用。推荐的路线包括徒步47.5米高的 尼亚加拉瀑布(并非世界闻名的那一个)和攀登陡峭难走的 Mt Finlayson,它是该地区最高的山峰之一。游客中心会提供有关小径的建议,如果你想露营,他们也会告诉你如何才能找到公园森林中的 露营地 (www.discovercamping.ca;露营地 $35;P)。

和祖传番茄，但是我们推荐菜单上的所有海鲜和一直会有的牛排薯条配红酒和葱酱。

饮品和夜生活

维多利亚是不列颠哥伦比亚最好的啤酒城之一，城中很多酒馆都有当地生产的精酿啤酒。请放心：这部分内容都是我们反复调研获得的一手信息。

★ Drake　　　　　　　　　　　　酒吧

（见782页地图；📞250-590-9075；www.drakeeatery.com; 517 Pandora Ave; ⊙11:30至午夜; 🛜; 🚌70）维多利亚最好的酒馆，出售超过30种美味的手工啤酒，包括不列颠哥伦比亚省著名的厂商Townsite、Driftwood和Four Winds的产品。挑个雨天的午后，你会发现自己一坐就是几个钟头。食物也很好，最畅销品是烟熏吞拿鱼，但是香肠奶酪拼盘也很值得一试。

Spinnakers Gastro Brewpub　　小酒馆

（📞250-386-2739; www.spinnakers.com; 308 Catherine St; ⊙11:00~23:00; 🛜; 🚌15）这里是加拿大第一批自酿啤酒酿造者之一，从市中心乘坐港口渡轮很快就能到这座铺着木地板的小酒馆。进去喝一杯黄铜色的Nut Brown Ale和让你意犹未尽的Lion牌Head Cascadia Dark Ale，再看看每日的酒单有什么特别供应。留点儿肚子品尝美味，这里也是老饕们常去的酒吧。

Garrick's Head Pub　　　　　　小酒馆

（见782页地图；📞250-384-6835; www.garricksいhead.com; 66 Bastion Sq; ⊙11:00至深夜; 🚌70）品尝不列颠哥伦比亚省啤酒的好地方。在长条形的吧台拉出一张椅子，你就能品尝到超过55种的啤酒，种类齐全，包括Driftwood、Phillips、Hoyne等品牌。这里一直会轮流摆着10种美酒（可以试喝），还提供让人垂涎的汉堡等下酒美食。

Clive's Classic Lounge　　　　休闲酒吧

（见782页地图；📞250-361-5684; www.clivesclassiclounge.com; 740 Burdett Ave; ⊙周一至周四 16:00至午夜，周五 16:00至次日1:00，周六 17:00至次日1:00，周日 17:00至午夜; 🚌70）酒吧位于Chateau Victoria Hotel的大堂，它是城中品尝精心调制的鸡尾酒的最佳地点。这里完全没有大城市鸡尾酒吧矫揉造作的气息，而是完全专注于它的调配酒单：不变的经典鸡尾酒和等待尝试的创新酒。

Canoe Brewpub　　　　　　　　小酒馆

（见782页地图；📞250-361-1940; www.canoebrewpub.com; 450 Swift St; ⊙周日至周三 11:30~23:00，周四 至午夜，周五和周六 至次日1:00; 🚌70）这里很宽敞，有砖砌内饰，很适合在阴雨天过来喝一杯。这里的露台也是城里最好的，可以看到港口阳光灿烂的美景。尽情享用这里的美酒，如啤酒花香浓郁的拉格啤酒和很适合夏天喝的蜂蜜小麦啤酒。这里的食物也很美味，推荐烤大比目鱼。

Big Bad John's　　　　　　　　小酒馆

（见782页地图；📞250-383-7137; www.strathconahotel.com; 919 Douglas St; ⊙正午至次日2:00; 🚌70）这家幽暗的乡村主题小酒吧不起眼，进去之后感觉像到了边远地区。但是这里看不到狡黠的班卓琴手，只能看到很多当地人享受这里洞穴式的氛围。地板上都是花生壳，天花板上还有落满灰尘的胸罩。这是个即使就去过一次，你也会跟别人提起的地方。

☆ 娱乐

查看免费周刊《周一杂志》（*Monday Magazine*）了解当地活动详情。还可以通过**维多利亚现场**（Live Victoria; www.livevictoria.com）和**维多利亚表演**（Play in Victoria; www.playinvictoria.net）等网站在线查看娱乐活动信息。

Logan's Pub　　　　　　　　　现场音乐

（📞250-360-2711; www.loganspub.com; 1821 Cook St; ⊙周一至周五 15:00至次日1:00，周六 10:00至次日1:00，周日 10:00至午夜; 🚌6）从市中心步行10分钟就来到了这里，这家风格极简的酒馆从外面看上去并没有什么不同，但是这里却上演着当地独立乐队的各种表演。周五和周六是观看表演的最好时间。可以通过他们的网站日程看看都有什么节目。

Vic Theatre　　　　　　　　　　电影院

（见782页地图；📞250-389-0440; www.

thevic.ca; 808 Douglas St; 🚌70)位于城市的核心地带，播放艺术电影和电影节的影片。买票需出示会员卡，会员卡的售价是$2。

Belfry Theatre 剧院

(☎250-385-6815; www.belfry.bc.ca; 1291 Gladstone Ave; 🚌22)从市中心步行20分钟即可到达。著名的Belfry Theatre会在曾是教堂的演出大厅上演现代剧目。

Royal Theatre 剧院

(见782页地图; ☎888-717-6121, 250-386-6121; www.rmts.bc.ca; 805 Broughton St; 🚌70)这里有洛可可式的内饰，通常上演主流剧作。这里也是维多利亚交响乐团和维多利亚太平洋歌剧院的所在地。

McPherson Playhouse 剧院

(见782页地图; ☎888-717-6121, 250-386-6121; www.rmts.bc.ca; 3 Centennial Sq; 🚌70)作为维多利亚主要的舞台之一，这里上演主流的巡回剧目和表演。

🛍 购物

虽然Government St是纪念品购物胜地，但如果你想购买更具原创性的商品，可以去Johnson St上Store St和Government St之间的路段，那里有很多很酷的独立商店。

Regional Assembly of Text 文具

(见782页地图; ☎778-265-6067; www.assemblyoftext.com; 560 Johnson St; ⊙周一至周六 11:00~18:00, 周日 正午至17:00; 🚌70)温哥华时尚的文具店在维多利亚的分店，古怪的店面看上去就像是1968年的酒店大堂。你会在这里看到很多有趣的贺卡、很酷的期刊，以及维多利亚最好的明信片（包含邮资）。你可以摆弄制作纽扣的机器和打字机，或者买一本Mister Mitten的毛边口袋书（这可比崭新的裁切整齐的书有意思得多）。

Munro's Books 书籍

(见782页地图; ☎250-382-2464; www.munrobooks.com; 1108 Government St; ⊙周一至周六 9:00~18:00, 周四至周六 9:00~21:00, 周日 9:30~18:00; 🚌70)对爱读书的人来说，这间有着挑高天花板的书店是处圣地。不论是热

不要错过

去赶集、去赶集

在雨天，可以去位于市中心古建筑中的**维多利亚公共市场**（Victoria Public Market; 见782页地图; ☎778-433-2787; www.victoriapublicmarket.com; 1701 Douglas St; ⊙周一至周六 10:00~18:00, 周日 11:00至17:00; 🚌4)，当中有十几间买卖小吃的商铺，提供从手工茶叶到巧克力和芝士的各类美味食品。如果是晴天，你可以涂上美黑霜，在室外享用美食。

堡垒广场公共市场（Bastion Square Public Market; 见782页地图; www.bastionsquare.ca; Bastion Sq; ⊙5月至9月 周四至周六 11:00~16:30, 周日 11:00~16:00; 🚌70)，在整个夏季都有出售各种工艺品的摊位，而**詹姆斯湾市场**（James Bay Market; 见782页地图; www.jamesbaymarket.com; 494 Superior St; ⊙5月中旬至9月中旬 9:00~15:00; 🚌27)和规模很大的**莫斯街市场**（Moss Street Market; www.mossstreetmarket.com; 1330 Fairfield Rd; ⊙5月至10月 10:00~14:00; 🚌7)提供主要针对社区供应的各类工艺品和食物。空着肚子来吧，这两个市场里好吃的东西可不少。

爱阅读的当地居民还是外地游客，都慕名前来朝圣。这里不仅有丰富的有关当地题材的书籍，在左后方的架子上还有很多旅游书籍。再翻翻一摞摞特价书——它们可不都是1974年版的《如何吃绳子》（How to Eat String）第二卷。

Silk Road 茶叶

(见782页地图; ☎250-704-2688; www.silkroadtea.com; 1624 Government St; ⊙周一至周六 10:00~18:00, 周日 11:00~17:00; 🚌70)这里是茶叶迷的朝圣地，提供种类齐全的茶具。另外，你也可以侧身去品酒的酒吧豪饮几杯创新口味的啤酒。这里还有个很小的配套水疗中心，可以享受精油和香薰按摩。

Milkman's Daughter 服饰、礼品

(见782页地图; www.themilkmansdaughter.ca; 1713 Government St; ⊙周一至周四和周六

10:00~18:30，周五 10:00~20:00；周日 正午至17:00；📵70）这家店是时髦人士的天堂，出售各类服饰，以及让人爱不释手的工艺品（工艺品大多来自当地和其他各地，大多数来自西海岸）。商品种类五花八门，有珠宝首饰、陶制品、纽扣、笔记本，你很容易就能找到心仪的商品。

Rogers' Chocolates 食物

（见782页地图；📞250-881-8771；www.rogerschocolates.com；913 Government St；⏰9:30~19:00；📵70）这家迷人的、像博物馆一样的甜品店里出售当地最好的雪糕，很多回头客都会选择口感丰润的维多利亚冰激凌，一支雪糕就能顶上一顿午餐。这里有从薄荷味冰激凌到应季特色冰激凌等的各种选择，都可以作为很好的纪念品，只要你回家前能忍住不吃光就行。

Ditch Records 音乐

（见782页地图；📞250-386-5874；784 Fort St；⏰周一至周六 10:00~18:00，周日 11:00~17:00；📵14）当地人最喜爱的音乐商店。店内放着各种诱人的黑胶唱片、CD和许多音乐发烧友追逐的来自Frazey Ford、Nightmares on Wax等表演者的专辑，很适合在雨天进来逛逛。如果你想同同好交流，也可以在这里预订演奏会的门票。

Cherry Bomb Toys 玩具

（见782页地图；📞250-385-8697；www.cherrybombtoys.com；1410 Broad St；⏰周一至周六 10:00~18:00，周日 正午至17:00；📵70）喜欢怀旧的人应该会喜欢这间大型的玩具收藏品商店，尤其是当他们去到楼上夹层的玩具博物馆之后。在这里你不仅可以看到GI Joes（特种部队）和复古的乐高玩具，还能看到唤起你童年回忆的老式游戏机。这里鼓励入馆前捐赠，但是如果你在楼下买了东西，则可以免费进入。

ℹ️ 实用信息

市区医疗中心（Downtown Medical Centre；📞250-380-2210；622 Courtney St；⏰周一至周五 8:30~17:00；📵70）便利的门诊，无须预约。

邮政总局（Main Post Office；见782页地图；709 Yates St；⏰周一至周五 9:00~17:00；📵70）位于Yates St和Douglas St的交叉路口附近。

维多利亚游客中心（Victoria Visitor Centre；见782页地图；📞250-953-2033；www.tourismvictoria.com；812 Wharf St；⏰5月中旬至8月 8:30~20:30，9月至次年5月 9:00~17:00；📵70）繁忙的游客中心里摆放着各种传单，这里能俯瞰内港风景。

ℹ️ 到达和离开

飞机

维多利亚国际机场（Victoria International Airport；📞250-953-7500；www.victoriaairport.com）位于Hwy 17以北26公里处。**加拿大航空**（Air Canada；www.aircanada.com）提供从温哥华（$165，25分钟）飞往这里的航班，班次频繁。**西捷航空**（Westjet；www.westjet.com）提供从卡尔加里（$265，1.5小时）飞往这里的航班。两家航空公司都提供横跨加拿大的航班。

YYJ Airport Shuttle（📞778-351-4995；www.yyjairportshuttle.com）提供机场与维多利亚市中心（$25，30分钟）的往返巴士。而搭乘出租车去往市中心的花费约为$50。

Harbour Air（📞250-384-2215；www.harbourair.com）全天提供从温哥华市中心（$205，30分钟）飞往内港的航班。**Helijet**（www.helijet.com）也提供从温哥华（$245，35分钟）飞往内港的直升机服务。

长途汽车

加拿大灰狗长途巴士（www.greyhound.ca）提供

骑上你的自行车

从大陆乘渡轮去往温哥华岛斯瓦茨湾（Swartz Bay）的时候可以带上你的自行车，到达目的地之后，你可以很容易找到路标清晰的**洛赫赛德地区小径**（Lochside Regional Trail）。小径总长29公里，终点在维多利亚市中心，大多数路段都很平坦，而且只途经两处天桥，难度不大。沿途风景优美，会经过小城街区、滨水步道、连绵起伏的农场和森林掩映的乡村。你还会碰到几个就餐点。用从容不迫的速度来计算的话，大概4个小时就可以到达市中心。

从纳奈莫（$26，2小时，每天最多6班）到维多利亚城的班车，**Tofino Bus**（☎250-725-2871；www.tofinobus.com）则提供从岛上其他各地发往维多利亚的巴士。**BC Ferries Connector**（☎778-265-9474；www.bcfconnector.com）提供从温哥华（$45起，3.5小时），以及温哥华国际机场（Vancouver International Airport；$50，4小时）发往维多利亚的渡轮，班次频繁。

船

BC Ferries（☎250-386-3431；www.bcferries.com）提供从大陆的杜华逊（成人/车辆 $17/56，1.5小时）开往斯瓦茨湾的服务，斯瓦茨湾位于Hwy 17以北27公里处。夏季的时候全天班次较频繁，淡季时班次较少。

维多利亚快帆（Victoria Clipper；☎250-382-8100；www.clippervacations.com）提供从西雅图（成人/儿童 US $109/54，3小时，每天最多2班）开往内港的服务。**黑球船运**（Black Ball Transport；☎250-386-2202；www.ferrytovictoria.com）提供从安吉利斯港（Port Angeles；成人/儿童/车辆 US$18.5/9.25/64，1.5小时，每天最多4班）开往这里的客船服务。

❶ 当地交通

自行车

维多利亚是个骑行的好地方，城市内外都有很多纵横交错的自行车道。登录**大维多利亚区自行车联盟**（Greater Victoria Cycling Coalition；www.gvcc.bc.ca）查看更多信息。**不列颠哥伦比亚自行车出租**（Cycle BC Rentals；☎250-380-2453；www.cyclebc.ca；685 Humboldt St；🅿1）提供自行车出租服务。

船

维多利亚港渡轮（Victoria Harbour Ferry；见782页地图；☎250-708-0201；www.victoriaharbourferry.com；票价 $6起）用多彩的小船在内港及其他地区提供渡轮服务。

公共汽车

维多利亚区域交通（Victoria Regional Transit；www.bctransit.com/victoria）提供悉尼和苏克之间广大区域内的多条巴士线路（票价/一日通票 $2.50/5），有些线路有现代化的双层车。5岁以下儿童免票。

出租车

Yellow Cab（Yellow Cab；☎250-381-2222；www.yellowcabvictoria.com）

蓝鸟出租车（BlueBird Cabs；☎250-382-2222；www.taxicab.com）

南温哥华岛（Southern Vancouver Island）

南温哥华岛距离维多利亚喧闹的人群并不遥远，这里是布满奇特小镇的悠闲地区，小镇周围有很多树木环绕的自行车道、滨水徒步小径和长着粗糙奥里根白柽的岩石。这里有丰富的野生动植物，你很可能会看到从头顶掠过的秃鹰和在海滩跳跃的海獭，偶尔或许还能看到近海处静静游过的逆戟鲸。

萨尼奇半岛及周边（Saanich Peninsula & Around）

这里是温哥华岛主要机场和最繁忙的渡轮码头的所在地，这座位于维多利亚北边的半岛吸引了许多想逃离都市喧嚣的一日游旅客。

悉尼（SIDNEY）

位于半岛北端的悉尼很适合午后消磨时间，比如去海边走走，逛逛商店（尤其是书店），再去让人放松的餐厅享受美食。

很受欢迎的**萧氏海洋探索中心**（Shaw Ocean Discovery Centre；☎250-665-7511；www.oceandiscovery.ca；9811 Seaport Pl；成人/儿童 $15/8；⏱10:00~16:30）是悉尼最吸引孩子们的地方。入口很有迪士尼的风格，让你感觉自己走入了海浪之中，然后就来到水生物展馆，这里有像外星生物一样的水母，还有很大的触摸式水箱，里面有紫色的海星和一条喜欢拧开玻璃罐享用新鲜的螃蟹晚餐的章鱼。接着还可以乘坐不远处**悉尼观鲸**（Sidney Whale Watching；☎250-656-7599；www.sidneywhalewatching.com；2537 Beacon Ave；成人/儿童 $115/89；⏱3月至10月）的观鲸船继续海洋探索之旅。

如果你决定就在附近活动，还可以入住滨海的**Sidney Pier Hotel & Spa**（☎250-

655-9445; www.sidneypier.com; 9805 Seaport Pl; 双 $209起; @🛜🏊), 这家时尚的酒店融合了西海岸休闲酒吧的酷劲和海滩蜡笔画般的色彩。

到吃饭时间，可以去当地人最爱的 Sabhai Thai (☎250-655-4085; www.sabhai.ca; 2493 Beacon Ave; 主菜 $12~18; ⏰11:30~14:00和17:00~21:00)，这里有一个露台，供应正宗的咖喱和河粉。这里的午餐组合也很超值（只要$10左右！）包含米饭和春卷。

Toast Cafe (☎250-665-6234; 2400 Bevan Ave; 主菜 $6~12; ⏰周一至周六 6:30~16:00; 🛜) 提供悉尼当地最好的咖啡, 内部是木地板, 紧邻主街道交叉口提供美味的早餐卷饼和让人心满意足的厚切三明治（搭配沙拉）。找一个晴天, 可以在室外的公共餐桌旁找个位子享受美食——在你点单之前, 建议先查看餐馆里面黑板上写的每日特餐。

布伦特伍德湾 (BRENTWOOD BAY)

布伦特伍德湾距离维多利亚仅30分钟车程。这里有一些独具特色的景点, 包括一处不列颠哥伦比亚省内最受欢迎的旅游目的地。

干净整洁、以园艺为特色的 布查德花园 (Butchart Gardens; ☎250-652-5256; www.butchartgardens.com; 800 Benvenuto Ave; 成人/青年/儿童 $32.10/16.05/3; ⏰9:00~22:00, 淡季运营时间缩短; 🅿️75) 位于布伦特伍德湾连绵起伏的农田之中。这里是温哥华岛上游人最多的旅游景点。它被分为几个独立的花园, 不论何时总是有些花在绽放。整个夏季都不停地有旅游巴士来往, 但是7月和8月间周六夜晚烟火表演, 让你一定不枉此行。茶迷们要注意了：**Dining Room Restaurant** 供应很棒的下午茶, 到这里就忘掉减肥这件事吧。也可以了解一下11月的幕后 温室之旅。

如果你还有时间, 可以去附近的 维多利亚蝴蝶花园 (Victoria Butterfly Gardens; ☎250-652-3822; www.butterflygardens.com; 1461 Benvenuto Ave; 成人/儿童 $16/5; ⏰3月中旬至10月 10:00~16:00; 11月至次年3月中旬 10:00~15:00), 这里大约有75种上千只翩翩起舞的小生灵, 在花园中自由飞翔。你不仅可以观看到它们在你的身边飞舞或者停在你头上, 还可以了解到生态系统的生命周期, 以及观看各种罕见的鱼类、植物和鸟类。注意一只名叫Spike的长喙秘鲁彩翼鸟, 它在小路上大摇大摆地走来走去, 好像这里全是它的地盘。

苏克及周边 (Sooke & Around)

从维多利亚沿着Hwy 14向南行驶45分钟, 就来到了位于温哥华岛南端的纯朴小镇苏克, 沿途有很多千姿百态的奥里根白桦树和蓬乱的篱墙, 隐藏在林间的房屋大多是艺术工作坊或者温馨的民宿。

◉ 景点和活动

引人入胜的 苏克区域博物馆 (Sooke Region Museum; ☎250-642-6351; www.sookeregionmuseum.com; 2070 Phillips Rd; ⏰5月中旬至10月中旬 9:00~17:00, 10月中旬至次年5月中旬 每周一闭馆) **免费** 和游客中心位于同一座大楼中, 营业时间也一样。博物馆展示着当地艰难的开拓时期的历史。可以去看看博物馆院子里的莫斯小屋 (Moss Cottage), 它建于1869年, 是维多利亚西部最古老的住宅。

如果你想找点儿刺激, 可以乘坐 Adrena

> **不要错过**
> ### 市中心的书店
>
> 如果你喜欢书店, Beacon Avenue 上商铺林立, 其中十来家都是书店。坦纳书店 (Tanner's Books; ☎250-656-2345; www.tannersbooks.com; 2436 Beacon Ave; ⏰8:00~21:00) 是一间面积很大的街角商店, 里面出售各类杂志和种类齐全的旅游书籍。他们还组织夜间读书会, 一般活动地点在街对面的 Red Brick Cafe—— 你可以查看他们的网页了解详情。你也可以去 灯塔书店 (Beacon Books; ☎250-655-4447; 2372 Beacon Ave; ⏰周一至周六 10:00~17:30, 周日 正午至16:00)。书店里有好几个房间, 里面高高垒起的大部头二手巨著, 由一只家猫守护着, 它可能给你摸也可能不给你摸。店里还出售一系列复古明信片, 买一张寄回家, 没准儿别人还以为这是你在1942年度假时寄回去的呢。

LINE（📞250-642-1933；www.adrenalinezip.com；5128 Sooke Rd；成人/儿童 $80/70起；◎3月至10月 9:00～17:00）运营的森林索道团队游。他家的满月溜索（需提前预订）最有意思，如果你没有自己的交通工具，他们还可以提供往返维多利亚的接驳车（需另加$15）。

从Hwy 14（岔道在苏克的东部）出来，再行驶5公里就来到了苏克壶穴省立公园（Sooke Potholes Provincial Park；📞250-474-1336；www.bcparks.ca；Sooke River Rd），这里也是亲密接触大自然的好地方。上一个冰期，大自然在河床表面留下很多岩石水坑和洞坑，很适合夏季游泳和坐救生圈漂浮。

胡安·德富卡海岸小径　　　　　徒步

（Juan de Fuca Marine Trail；www.juandefucamarinetrail.com）胡安·德富卡省立公园（Juan de Fuca Provincial Park；📞250-474-1336；www.bcparks.ca；Hwy 14）内47公里长的胡安·德富卡海岸小径完全可以和徒步圣地西海岸小径（West Coast Trail）一比高下。这条小径的各入口处从东至西分别是中国海滩（China Beach）、颂布里欧海滩（Sombrio Beach）、帕金森溪（Parkinson Creek）和花草沙滩（Botanical Beach）。走完这条小径大概要花4天时间，但是如果你想放松一点儿，则不必走完全程。

注意，有些路段比较泥泞且步行难度较大，碰到熊出没和多变的天气也很平常。最困难的部分是从熊滩（Bear Beach）到中国海滩之间的路段。这条小径上有几处简单且偏僻的露营地，你可以在小径的各个入口处缴纳露营费用（成人每人$10）。最受欢迎的露营地是条件稍好、适合家庭露营的中国海滩露营地（China Beach Campground；📞800-689-9025，519-826-6850；www.discovercamping.ca；露营地 $20；◎5月中旬至9月中旬），这里有旱厕和冷水水龙头，但是没有淋浴。在沙滩的西端有个瀑布，夏季来一定要提前预订。

西海岸小径特快（West Coast Trail Express；📞888-999-2288，250-477-8700；www.trailbus.com；票价 $30起；◎5月到9月）的小型巴士也需要提前预订，这趟巴士主要往返于维多利亚、小径各入口处和伦弗鲁港（Port Renfrew）之间。

🍴 食宿

这里的路边可以看到不少民宿，但是这里最好且最物有所值的一家民宿是位于Whiffen Spit路的Sooke Harbour House（📞250-642-3421；www.sookeharbourhouse.com；1528 Whiffen Spit Rd；双 $329起；📶🐾）。无论你是否在那里住宿，这里提供西海岸风味美食的餐厅也很值得一去。

深受当地人欢迎的Shirley Delicious Café（📞250-528-2888；2794 Sheringham Point Rd；主菜 $4~10；◎8:00～17:00）位于Sooke和Jordan River之间，田园风格，提供自家烘焙的小吃、分量十足的三明治以及丰盛的汤。

伦弗鲁港（Port Renfrew）

伦弗鲁港位于胡安·德富卡公园和西海岸小径之间，从伦弗鲁港去往以上两个地方都很方便。这里还有一些地方可以放松你的心情、满足你的胃。

如果你已经受够了睡在睡袋里的生活，可以试试Wild Renfrew（📞250-647-5541；www.wildrenfrew.com；17310 Parkinson Rd；度假屋双 $139起，小屋 $249起；📶🐾），这里位于林地中的小屋和度假屋的客房近几年进行了升级改造。这里如同世外桃源般的雨林能让你很快忘记城市的喧嚣。绿荫环绕的海边小屋最佳，每栋都配备一个厨房，你可以在里面准备在阳台上享用的早餐——如果你不想自己做饭，可以去附近的一家小酒馆里吃饭。

如果吃够了露营地的意面，可以去Coastal Kitchen Cafe（📞250-647-5545；17245 Parkinson Rd；主菜 $8~16；◎7:00～21:00）是当地人常去的地方，里面的环境很放松，提供美味丰盛的食物，从早餐到晚餐都有（晚餐时建议点一杯不列颠哥伦比亚省产的手工啤酒）。菜品都得堂食，到时候你会想念这里的大比目鱼和薯条的。

当你来到历史悠久的Port Renfrew Hotel之后，去Renfrew Pub（📞250-647-5541；17310 Parkinson Rd；$12～24；◎周一至周五 正午至20:00，周六 8:00～20:00，周日 8:00~19:00）码头旁的平台，在那些无所事事的日子里，你很难让自己从这美丽的海景中抽身，尤其是你点了一大份海鲜浓汤，还喝了一两轮不列颠哥伦比亚产的手工艾尔啤酒。

考伊琴河谷（Cowichan Valley）

从维多利亚沿着Hwy 1向西北方向行驶，很快就来到了考伊琴河谷地区，这里有很多农场，值得探索一番。

可以联系考伊琴游客中心（Cowichan Regional Visitor Centre; ☎250-746-4636; www.tourismcowichan.com; 2896 Drinkwater Rd; ◎6月至8月 周日至周二 9:00~17:00，周三至周六 至18:00，冬季运营时间缩短）获取更多信息。

邓肯（Duncan）

邓肯是河谷中的主要社区，这里曾经是伐木产业的火车站。邓肯是探索周边地区的实用落脚点，它最为著名的是数十根图腾柱，它们像哨兵一样分布在市区内。

如果你对第一民族很感兴趣，可以去卡胡文化会议中心（Quw' utsun' Cultural & Conference Centre; ☎250-746-8119; www.quwutsun.ca; 200 Cowichan Way; 成人/儿童 $15/8; ◎6月至9月周一至周六 10:00~16:00），在那里了解雕刻艺术。中心内的Riverwalk Cafe供应第一民族的特色菜肴。

值 得 一 游
加拿大唯一的茶园

这座茶园隐藏在邓肯以北8公里处的一座质朴的农场中，在这里你会了解到，茶叶是加拿大最稀有的作物之一。山上绿洲似的茶园（Teafarm; www.teafarm.ca; 8530 Richards Trail, North Cowichan; ◎周三至周日 10:00~17:00）中已经种植了多年的茶树。在大规模的采摘季节来临之前，可以到现代化且跟酒庄很像的品茶室里，或者索性来到户外鲜花环绕的座位区，品尝十几种混合茶（推荐甜摩洛哥茶）以及美味的甜点。装水的陶瓷茶壶都是茶园主人玛吉特亲手制作的，而她的丈夫、茶叶大师维克多还会为你讲解茶叶制作过程。这里很值得花一两个小时逛一逛，既放松又超值。这里的路标不是很清楚，所以需要GPS导航。

参观邓肯的时候，别忘记留点时间和世界上最大的曲棍球棒合个影，这个庞然大物高达62米，紧挨着 James St上的海岛储蓄中心（Island Savings Centre）。

或者，你可以从镇上驾车向北行驶3公里，来到不列颠哥伦比亚森林探索中心（BC Forest Discovery Centre; ☎250-715-1113; www.bcforestdiscoverycentre.com; 2892 Drinkwater Rd; 成人/儿童 $16/11; ◎6月至8月 10:00~16:30，淡季营业时间缩短，⏰），参观现代建筑、伐木机器，或者乘坐仍在运行的蒸汽机车（时刻表可在网页上查询）。

✕ 餐饮

Duncan Garage Cafe & Bakery　　咖啡馆 $

（☎250-748-6223; 3330 Duncan St; 主菜 $7~12; ◎周一至周六 7:00~18:00，周日 8:30~17:00; ⏰）这家热闹的餐厅位于老火车站对面红色的Duncan Garage历史建筑里（这里还有一家书店和食品店），一直顾客盈门。黑板上的素食菜单里有可口的早餐、午餐和烘焙食品，但是如果你很饿，可以点一份饭类美食或者奶酪浇肉汁土豆条。

Old Firehouse Wine Bar　　西海岸菜 $$

（☎250-597-3473; www.theoldfirehouse.ca; 40 Ingram St; 主菜 $13~22; ◎周二至周六 11:30~23:00，淡季营业时间缩短）这间餐吧的面积出乎你意料得大，被隔成了好几个区域，里面的装饰以深色系为主，晚上是市中心人气很高的喝鸡尾酒的地方。这里提供的美食也很棒，菜单会按季节更换——扁面包一直是菜单里的主角（建议试试无花果和意大利熏火腿prosciutto）。

Hudson's on First　　西海岸菜 $$

（☎250-597-0066; www.hudsonsonfirst.ca; 163 First St; 主菜 $12~32; ◎周二 11:00~14:00，周三至周五 11:00至深夜，周六 10:00至深夜，周日 10:00~14:00）位于一栋翻修过的老房子之中，这里的菜单会根据季节调整，食材都来源于当地，融合了欧式烹饪手法。午餐推荐美味的鱼和薯条（搭配自制的例汤），而周末的早午餐推荐口味一流的班尼迪克蛋。如果你来吃晚餐，可以在这里的锡顶酒吧先喝杯鸡尾酒。

温哥华岛美酒追踪

近些年，温哥华岛上当地食物的运动如今也蔓延到酿酒行业，各地都涌现了很多葡萄酒庄、啤酒厂、苹果酒厂和蒸馏酒厂，游客们有充分的理由来这里喝几杯。但是除非你知道具体地址，这里的酿造商们都不大好找。以下是一些可以让你过足酒瘾的推荐信息。

Cumberland Brewing（见810页）是岛上新兴的最佳啤酒制造商，不要错过他们的Red Tape Pale Ale。考伊琴地区，可以去Cherry Point Vineyards（250-743-1272; www.cherrypointvineyards.com; 840 Cherry Point Rd, Cobble Hill; 10:00~17:00），这里有美味的黑莓波特酒；也可以去Averill Creek（250-709-9986; www.averillcreek.ca; 6552 North Rd, Duncan; 11:00~17:00），这里有露台美景和上好的黑皮诺酒。还有田园风格的Merridale Estate Cidery（250-743-4293; www.merridalecider.com; 1230 Merridale Rd, Cobble Hill; 11:00~17:00，淡季运营时间缩短），这里生产诱人的苹果酒和白兰地，还有很棒的露台酒馆。

更南边的有萨尼奇（距离维多利亚很近），这里的Sea Cider（250-544-4824; www.seacider.ca; 2487 Mt St Michael Rd, Saanichton; 6月至9月 11:00~16:00, 10月至次年5月 周三至周日 11:00~16:00）生产有机苹果酒。悉尼的Victoria Spirits（www.victoriaspirits.com; 6170 Old West Saanich Rd, Victoria; 4月至9月 周六和周日 10:00~17:00）生产烈酒，推荐美味的Oaken Gin。这两地都提供团队游和品酒服务。

Craig Street Brew Pub 酒吧食品 $$

(250-737-2337; www.craigstreet.ca; 25 Craig St; 主菜 $8~18; 周一至周四 11:00~23:00, 周五和周六 至午夜, 周日 至22:00;)当地一间迷人的多层酒馆（夏季时，推荐去顶层的平台），内部装饰着深色的木头，提供丰盛的高品质美食，包括玉米脆饼沙拉、让人意犹未尽的比萨（晚餐热门）等。他们也提供自酿啤酒。试试5份样品酒（$12），一定要选一种当季的啤酒以及最畅销的比尔森式啤酒Cow Bay Lager。

❶ 到达和离开

Greyhound Services（www.greyhound.ca）有从纳奈莫（每天6班，1小时，$20）和维多利亚（每天3班，1小时，$19.40）发往这里的班车。

考伊琴湾 (Cowichan Bay)

考伊琴湾被当地人称为"Cow Bay"，最吸引人的地方就是群山环绕的入海口处成排的多彩木质建筑。很值得花一个下午的时间在这里游览，但是夏季的时候停车很困难。

以True Grain Bread（250-746-7664; www.truegrain.ca; 1725 Cowichan Bay Rd; 11月至次年2月 8:00~18:00, 每周一关闭）里新鲜出炉的点心开启你的旅程，然后去海事中心（Maritime Centre; 250-746-4955; www.classicboats.org; 1761 Cowichan Bay Rd; 建议捐赠入内 $5; 5月至9月黎明至黄昏，冬季营业时间缩短）细致观看散发着海盐味道的造船展览和精密的模型。接着，沿着海岸线去Cowichan Estuary Nature Centre（250-597-2288; www.cowichanestuary.ca; 1845 Cowichan Bay Rd; 建议捐赠入内 $2; ）观看富有启发性的当地动植物展览，包括一个触摸池。

这里可以找到很多热情好客的民宿，比如令人愉快的Ambraden Pond B&B（250-743-2562; www.ambraden.com; 971 Aros Rd, Cobble Hill; 双 $175 起; ）有着世外桃源般的环境，提供两间宽敞的客房（包括自炊的马车房套房），里面住着一只叫Lulu的狗，它热情好客。从考伊琴湾开车到这里大约10分钟车程。

到了午饭时间，你可以去Rock Cod Café（250-746-1550; www.rockcodcafe.com; 1759 Cowichan Bay Rd; 主菜 $10~18; 7月和8月 11:00~21:00, 9月至次年6月 周日至周四 11:00~19:00, 周五和周六 至20:00）找一张水边的桌子想吃用鱼和薯条或者海鲜浓汤，但是最好也留点肚子给Masthead Restaurant（250-

748-3714; www.themastheadrestaurant.com; 1705 Cowichan Bay Rd; 主菜$26~35; ⊙17:00~22:00)的晚餐。这家餐厅也是临水的。3道菜的尝鲜套餐性价比也非常高,你还可以点一瓶当地产的红酒营造气氛。

彻梅纳斯(Chemainus)

当1983年最后一座伐木场被关闭后,小小的彻梅纳斯成了不列颠哥伦比亚省应对工作岗位减少的模范社区。他们没有坐以待毙,让人制作一面描述当地历史的巨幅墙绘。此后,当地增加了超过45处艺术作品,旅游业也应运蓬勃发展起来。

当你在彻梅纳斯街头欣赏墙绘时(除了从附近锯木厂飘来的新鲜的木头香气),你会经过很多艺术精品店和诱人的冰激凌店,它们有的位于真正的古建筑内,有的则位于仿古建筑内。晚上,宏伟的彻梅纳斯剧院(Chemainus Theatre; www.chemainustheatrefestival.ca; 9737 Chemainus Rd,票价$25起)会上演专业作品,其中大多是流行的戏剧和音乐剧,让你目不暇接。

附近的Chemainus Inn(☏250-246-4181; www.chemainushotel.com; 9573 Chemainus Rd; 双$169起; ❋❋❋)是一间和小镇极不相称的中档商务酒店,里面的房间时尚而又舒适,很多还带厨房。房费包括早餐。

用餐的话,可以去位于一栋漂亮的黄色古建筑中的Willow Street Café(☏250-246-2434; www.willowstreetcafe.com; 9749 Willow St; 主菜$13~15; ⊙8:00~17:00; ❋),主要供应卷饼、三明治和墨西哥芝士馅饼(quesadillas)。咖啡馆在市中心区,门前的露台在夏季时很受欢迎。留点肚子吃一块芝士蛋糕,然后可以绕着建筑转转帮助消化。

可以去游客中心(☏250-246-3944; www.visitchemainus.ca; 9799 Waterwheel Cres; ⊙6月中旬至8月 9:30~17:00,冬季营业时间缩短)查看墙绘地图和更多信息。另外,同一栋楼中有座小型的社区博物馆。

纳奈莫(Nanaimo)

人口 85,000

纳奈莫是温哥华岛的"第二大都市",虽然不像维多利亚那样吸引游客,但是这座港口城市从20世纪90年代悄然开始了升级改造,尤其是在Commercial St上涌现了很多不错的商店和餐馆,还有一座不错的博物馆。有专门的渡轮从大陆开往这里,此处也可以作为你探索温哥华岛其他区域的落脚点。

◎ 景点

纳奈莫博物馆   博物馆

(Nanaimo Museum; 见797页地图; ☏250-753-1821; www.nanaimomuseum.ca; 100 Museum Way; 成人/儿童 $2/75¢; ⊙每天 10:00~17:00, 9月至5月中旬 周日闭馆)这座人气很高的博物馆紧邻主干道CommercialSt,展示着当地的历史遗迹,涵盖了从第一民族到殖民地、航海、体育等各种主题。亮点包括纳奈莫的酒吧、浴缸快艇比赛以及19世纪90年代的拖船上的黄金狸雕像等各类包罗万象的展览。可以在前台咨询博物馆的步行游览,以及夏季参观附近1853年修建的木质塔状碉堡Bastion的相关事宜。

纽卡斯尔岛省立海事公园   公园

(Newcastle Island Marine Provincial Park; www.newcastleisland.ca)这里有22公里长的徒步和骑行小径,还有海滩和野生动物。这里是传统的赛利希海岸土地,在20世纪30年代前曾经布满船厂和煤矿,后来,这里有了茶叶展示馆并逐渐成为夏季旅游胜地。从港口(成人/儿童 往返$9/5)乘渡轮大约10分钟就可以抵达,这里有应季美食和第一民族舞蹈表演。

野趣元素公园   游乐园

(Wild Play Element Parks; ☏250-716-7874; www.wildplay.com; 35 Nanaimo River Rd; 成人/儿童 $35/20; ⊙5月中旬至9月 10:00~18:00,淡季营业时间缩短; ❋)这座树木环绕的游乐园充满乐趣,是让孩子们尽兴玩耍的好地方,里面有从蹦极到索道在内的各种让你肾上腺素飙升的游戏。除了有趣的越野挑战场,还有很多活动项目适合家庭参加,例如林间步行和打排球。

老城区   景区

(Old City Quarter; 见797页地图; www.oldcity

Nanaimo 纳奈莫

Nanaimo 纳奈莫

◎ 景点
- **1** 纳奈莫博物馆 C3
- **2** 老城区 A3

🛏 住宿
- **3** Coast Bastion Hotel C2
- **4** Painted Turtle Guesthouse C2

✕ 就餐
- **5** 2 Chefs Affair C3
- **6** Gabriel's Gourmet Café C3
- **7** Modern Cafe C2
- **8** Penny's Palapa D2
- **9** Pirate Chips C1
- **10** Thirsty Camel Café C4
- **11** Vault Cafe C4

✪ 娱乐
- **12** Port Theatre C2
- **13** Queen's Hotel C4

quarter.com；Fitzwilliam St和Wesley St交叉路口）从Bastion St和Fitzwilliam St的水边经过陡峭的徒步山路就来到了这处古老的社区，这里很适合步行游览，色彩明亮的古建筑中有很多独立商店、画廊和餐馆。亮点包括McLeans Specialty Foods、A Wee Cupcakery和坐落于镇上老火车站旧址上的漂亮酒吧Taphouse Restaurant。注意观看这个地区各建筑物上的古老牌匾。

🛏 住宿

Painted Turtle Guesthouse 青年旅舍 $

（见797页地图；📞250-753-4432；www.paintedturtle.ca；121 Bastion St；铺/房间 $38/99；

@🛜)易主后并没有影响旅社一流的品质,这座经过精心打理的青年旅舍是国际青年旅舍联盟的成员,既有小宿舍也有10间青年旅舍式的单间(还有2间家庭房)。这里拥有硬木地板、具有宜家风格的家具、宽敞温馨的厨房和休闲吧。如果你弹够了旅舍里的吉他,还可以到前台预订团队游。

Buccaneer Inn 汽车旅馆 $$

(📞250-753-1246; www.buccaneerinn.com; 1577 Stewart Ave; 双/套 $100/160起; 🛜)从起航港的渡轮码头很容易到达这座友好的家庭旅馆,这里的外观是闪亮的白色,很好辨认。这里海洋主题的房间整洁干净,大多数房间都有厨具。你也可以入住宽敞的套间,里面配有壁炉、全套厨房和纯平电视。

Coast Bastion Hotel 酒店 $$

(见797页地图; 📞250-753-6601; www.coasthotels.com; 11 Bastion St; 双 $175起; ❄@🛜🏊)这座城中最好的酒店有无可比拟的地理位置,可俯瞰海港。大多数住客都能欣赏到海景。这里的房间近几年重修一新,风格现代,增加了纯平电视,大多数房间中配备了小冰箱。大堂的餐吧很受欢迎,如果你想放松一下,这里还有水疗。

Inn on Long Lake 酒店 $$

(📞250-758-1144; www.innonlonglake.com; 4700 Island Hwy; 双 $160起; ❄🛜🏊)这家由家庭运营的汽车旅馆紧邻公路,交通非常便利,但是也不必担心噪声太大:所有的客房都面向宁静的湖水。经过大规模的改造后,客房都配备了厨房用具和新的卫生间,房费包含美味的自助大陆式早餐。

🍴 就餐

★ Gabriel's Gourmet Café 各国风味 $

(见797页地图; 📞250-714-0271; www.gabrielscafe.ca; 39 Commercial St; 主菜 $9~13; ⏰8:00~19:00; 🛜🌱)纳奈莫最佳的从农场到餐桌餐厅在新址上进行了扩建(你可以发现餐桌是由旧的保龄球道上的木头制作而成的),聚合了各国风味的菜单也变得更加丰富。原本的特色也有保留,包括很受欢迎的马来西亚花生酱鸡饭。这里也很好地照顾了素食主义者的需求(推荐藜麦和鹰嘴豆馅饼)。如果你想享受阳光,可以找人行道旁边的座位。

Vault Cafe 咖啡馆 $

(见797页地图; 📞778-441-2950; 499 Wallace St; 主菜 $13~16; ⏰周一和周二 8:00~22:00, 周三至周六 8:00至午夜, 周日 10:00~16:00)这里前身是一幢银行大楼,变成Vault咖啡馆之后,里面摆上了不相称的老式沙发、古董商店里的小玩意和一些精美的当地艺术品,环境放松。这里白天是咖啡馆和午餐餐馆(提供鼓鼓囊囊的烤三明治),晚上则摇身一变成为充满波希米亚情调的地方,经常有乐队、即兴表演活动和观影活动。

2 Chefs Affair 西海岸菜 $

(见797页地图; 📞250-591-4656; www.twochefsaffair.com; 123b Commercial St; 主菜 $13~15; ⏰8:00~15:00; 🛜)这家非常受当地人欢迎的餐馆位于市中心,新鲜的自制食物物美价廉,是个吃早餐的好地方,你可以尝尝班尼迪克蛋。这里的午餐更诱人,要一份"Cheating Heart"三明治,绝对不会让你失望。

Pirate Chips 快餐 $

(见797页地图; 📞250-753-2447; www.pirate-chips.com; 75 Front St; 主菜 $10~18; ⏰周二到周四 11:00~21:00, 周五和周六 至22:00, 周日 至20:00)原是纳奈莫一间经营传统食品(鱼和薯条,以及香煎纳奈莫棒)的不起眼的小店,搬到新址后有了焕然一新的改变,新增了种类丰富的菜品,其中绝大多数是海鲜。推荐燕麦片墨西哥玉米卷,有肉饼或者各类海鲜饼,夏天的时候,可以找室外的座位。

Thirsty Camel Café 中东菜 $$

(见797页地图; 📞250-753-9313; www.thirstycamelcafe.ca; 14 Victoria Cres; 主菜 $8~16; ⏰周一至周三 11:00~16:00, 周四和周五 11:00~19:00, 周六 正午至16:00; 📝)这间家庭经营的、令人愉快的小餐馆就位于Victoria Cres的一个拐角处,可以来这里尝试中东美食。所有食物都是现场制作,有让人上瘾的鹰嘴豆泥、辣汤和当地最棒的炸豆丸子。推荐可分享菜肴,尤其是辣味波斯鸡肉,这里还有连"肉

不要错过

像当地人一样吃喝

纳奈莫的酒吧氛围浓厚,很值得出城去这里喝两杯(当然,要指定一个不喝酒的当司机)。从市中心出发,通过Hwy 1行驶20分钟,再经由Cedar Rd和Yellow Point Rd到达**Crow and Gate**(250-722-3731; www.crowandgate.ca; 2313 Yellow Point Rd, Cedra; 11:00~23:00),它是不列颠哥伦比亚省内最好的英式酒吧。昏暗的木制内设和一个绿草茵茵的啤酒花园——以及让人食指大动的自制馅饼,苏格兰蛋以及味道超越一般国内酒吧的香肠和薯泥——你可以在这间田园风格的乡间酒吧里悠闲地度过一个夏日夜晚。

食动物"都会爱上的精美素食。

Penny's Palapa   墨西哥菜 $$

(见797页地图; 250-753-2150; www.pennyspalapa.com; 10 Wharf St, Dock H; 主菜 $8~18; 5月至9月 11:00~20:00;)这家位于海港的餐馆鲜花环绕、彩旗飘飘,小屋和露台都浮在水面上,很适合在周围拥挤的小船旁享用美食。价格公道的创新墨西哥菜单包括很多应季海鲜特色,比如美味的招牌大比目鱼墨西哥卷饼,以及很多不错的素食选择。尽量早点儿来,因为在宜人的夏夜这里的位置很快就会坐满。

Modern Cafe   各国风味 $$

(见797页地图; 250-754-5022; www.themoderncafe.ca; 221 Commercial St; 主菜 $12~22; 周一至周三 11:00~23:00,周四至周六 11:00至午夜,周日 10:00~23:00)这家整修一新的老咖啡馆装修很时髦,有裸露的砖墙和舒适的卡座,天气好的时候可以坐在临街的露台上享受温暖的阳光。菜单颇受好评,比如美味的龙虾意大利饺。周末的早午餐也吸引了许多当地人前来品尝。

☆ 娱乐

Port Theatre   剧院

(见797页地图; 250-754-8550; www.porttheatre.com; 125 Front St)这里会上演当地和巡回的戏剧节目。

Queen's Hotel   现场音乐

(见797页地图; 250-754-6751; www.thequeens.ca; 34 Victoria Cres)这里是城中最棒的现场音乐和舞蹈场地,会举办五花八门的表演和俱乐部之夜活动,从独立音乐到爵士乐再到乡村音乐应有尽有。

❶ 实用信息

最大的一个**纳奈莫游客中心**(Nanaimo Visitor Centre; 250-751-1556; www.tourismnanaimo.com; 2450 Northfield Rd; 9:00~18:00,淡季营业时间缩短)提供游客信息服务,夏季时,也可以去位于海边的Bastion历史遗址的分部进行咨询。

❶ 到达和离开

飞机

纳奈莫机场(250-924-2157; Nanaimo Airport; www.nanaimoairport.com)位于Hwy 1以南18公里处。**加拿大航空**(Air Canada; www.aircanada.com)全天提供从温哥华($150起,25分钟)飞往这里的航班,班次频繁。

便捷的**Harbour Air**(250-714-0900; www.harbourair.com)也提供从温哥华市区($100, 20分钟)飞往内港的水上飞机服务,班次频繁。

船

BC Ferries(250-386-3431; www.bcferries.com)提供从杜华逊(乘客/车辆 $17/56, 2小时)开往纳奈莫以南14公里处的杜克岬的渡轮服务。还提供从西温哥华的马蹄湾(乘客/车辆 $17/56, 95分钟)到起航港的渡轮服务,起航港位于市中心以北3公里的Hwy 1沿线。

长途汽车

加拿大灰狗长途巴士(www.greyhound.ca)提供从维多利亚($28, 2小时,每天最多6班)开往这里的巴士服务。

❶ 当地交通

纳奈莫市中心的港口附近很适合步行,但是其他地区就需要汽车或者踏自行车的强劲脚力了。注意,这里的出租车很贵。

纳奈莫区域交通(Nanaimo Regional Transit; www.

bctransit.com；单程/1日通票 $2.50/6.25）公交车都停靠在港口公园商场（Harbour Park Mall）以西的Gordon St上。2路公交车可以到达起航港的渡轮码头。没有可到达杜克岬的城市公交。

纳奈莫航空港汽运（Nanaimo Airporter；www.nanaimoairporter.com；$26起）提供从两个渡轮码头到市区的门到门服务，还有便捷的机场接送服务。

帕克斯维尔和夸里科姆（Parksville & Qualicum）

这处很受欢迎的海滨地区位于岛屿中部，还包括质朴的库姆斯，这里数十年来都是很多家庭的传统度假地，因此这里遍布水上公园和迷你高尔夫景点。当你在温哥华岛东奔西跑时，这里可是个非常好的休息地。

◉ 景点和活动

晨星农场　　　　　　　　　　　　农场

（☎250-954-3931；Morningstar Farm；www.morningstarfarm.ca；403 Lowry's Rd, Parksville；⊙9:00~17:00；**免费**）这座令人愉快的农场获得了当地"本土膳食主义者"证书。可以让孩子在这里尽情撒欢，他们肯定很快就会爱上这里可爱的小兔子。你还可以到农场上的Little Qualicum Cheeseworks和Mooberry Winery品尝一些美酒，推荐蓝Bleu Claire芝士搭配口感醇厚的蓝莓葡萄酒。

库姆斯乡村市场　　　　　　　　　市场

（Coombs Old Country Market；☎250-248-6272；www.oldcountrymarket.com；2326 Alberni Hwy, Coombs；⊙9:00~19:00）这座四处蔓延的食物和工艺品市场汇集了各种烘焙食品和农产品。在夏日这里会吸引很多游客，他们都会将镜头对准青草覆盖的屋顶上的那群山羊。进去吃个巨大的甜筒冰激凌，丰盛的比萨和熟食非常适合外带去野餐。想要挑一些纪念品？推荐Billy Gruff巧克力棒。

留点儿时间探索附近的商店和周边的一些景点。比如服饰百货商场和意大利餐厅。

Horne Lake Caves & Outdoor Centre　公园

（☎250-248-7829；www.hornelake.com；团队游 $24；⊙10:00~17:00）不列颠哥伦比亚省最好的洞穴探险距离帕克斯维尔有45分钟的车程。一些洞穴对公众开放，可自行探索，但是我们仍然推荐非常优秀的导览游——既能够满足家庭游览，也能满足极限挑战的要求，都需要提前预订。到达这里，可取道Hwy 19往考特尼方向，然后在75号出口转向一段石子路，行驶12公里；如果迷路了可以向工作人员电话咨询。

米尔纳花园及林地　　　　　　　　花园

（Milner Gardens & Woodland；☎250-752-6153；www.milnergardens.org；2179 W Island Hwy, Qualicum Beach；成人/青少年/儿童 $11/$6.50/免费；⊙4月中旬至8月 10:00~17:00，9月至10月中旬周四至周日 10:00~17:00）这处室外景点结合了古树环绕的森林小径和种满美丽延龄草和杜鹃花的锦绣花园，充满了田园风光。可以漫步到位于惊险断崖边的20世纪30年代的茶室，这里可以俯瞰滨水风光。然后在门廊处一边享用丰盛的下午茶（$21），一边欣赏在海滩上嬉戏的鸟群和在地平线上闪闪发光的被冰雪覆盖的山峰。

🛏 食宿

★ Free Spirit Spheres　　　　　　小屋 $$

（☎250-757-9445；www.freespiritspheres.com；420 Horne Lake Rd, Qualicum Beach；小屋 $175起）这些独特的球形树屋让顾客们能够被浓密的森林树冠包围。小屋的内部都比较简洁，"Eve"较小较简单，而"Eryn"和"Melody"则有内置的橱柜。到这里就是要享受自然，没有电视只有书籍，顾客在入住时会收到一篮美味的小吃。这里也有地面设施，有桑拿、烧烤和类似酒店标准的淋浴。

Blue Willow Guest House　　　　民宿 $$

（☎250-752-9052；www.bluewillowguesthouse.com；524 Quatna Rd, Qualicum Beach；双 $140起）这座安静的民宿是一座很宽敞的维多利亚风格别墅，有摆满书籍的休息室、裸露的房梁和芬芳的乡村花园，非常令人愉快。两个房间和一个可自炊的独立套间里都装饰着古董，每个房间都很温馨。这里注重细节，连美味的早餐也经过精心料理。

Crown Mansion　　　　　　　　精品酒店 $$

（☎250-752-5776；www.crownmansion.

com; 292 E Crescent Rd, Qualicum Beach; 双 $209起; ⓢ）这座漂亮的白色建筑是一座建于1912年的华丽住宅，经过修缮恢复了昔日的光彩，作为精品酒店对外营业。当你在图书馆的壁炉处参观家庭徽章时，会联想到曾经入住这里的平·克劳贝斯（Bing Crosby，美国演艺明星）和约翰·韦恩（John Wayne，好莱坞影星），然后可以回到你优雅的房间中休息。房费包括欧式早餐，早点儿到可以坐靠窗的位子。

Bistro 694 加拿大菜 $$

（☏250-752-0301; www.bistro694.com; 694 Memorial Ave, Qualicum Beach; 主菜 $21~30; ⓒ周三至周日 16:00~21:00）如果你告诉当地人你要去哪里吃晚餐，他们一定会让你取消预订来这里。这间烛光餐厅的环境非常暖昧，面积只比火车车厢大一点，菜式将顶级的当地食材和知名的国际料理手法相融合。我们非常推荐这里的海鲜，尤其是巴厘岛咖喱虾（Balinese prawn curry）或者让人欲罢不能的海鲜饼。需提前预订。

Fish Tales Café 海鲜 $$

（☏250-752-6053; www.fishtalescafe.com; 3336 Island Hwy W, Qualicum Beach; 主菜 $12~25; ⓒ周二至周五 11:30~21:00，周六和周日 8:00~21:00）都铎式建筑地标看起来像老式的英格兰茶馆，但是多年来这里凭借美味的炸鱼和薯条吸引了众多游客。也可以尝试一下非香煎的菜，推荐烤三文鱼和晚餐。如果你到得够早，还可以坐到开满鲜花、阳光普照的花园中的桌子旁用餐。

ⓘ 实用信息

想了解更多信息，可访问www.parksvillequalicumbeach.com。

ⓘ 到达和离开

Tofino Bus提供从维多利亚（$35，2~3小时，每天3班）、纳奈莫（$17，30分钟，每天3班）及其他地方开往帕克斯维尔的巴士服务。

艾伯尼港（Port Alberni）

艾伯尼港位于温哥华岛东西海岸之间的Hwy 4上，随着资源相关产业的衰落，它在近些年试水旅游业。这里的市中心有些衰败，驱车到此可以考虑游览一些历史古迹或参加室外活动。

◎ 景点和活动

教堂园林 公园

（Cathedral Grove; www.bcparks.ca; MacMillan Provincial Park）位于帕克斯维尔和艾伯尼港之间，是麦克米兰省立公园（MacMillan Provincial Park）的精髓所在。夏季时这里会挤满游客，当他们在你前面蹦跳着穿过高速公路时不要撞到他们。这里植被茂密，颇为壮观，可通行的森林小径穿行其间，你可以在这里看到一些不列颠哥伦比亚省最古老的树木，包括直径超过3米的树龄有几百年的老花旗松。你可以抱抱它。

艾伯尼谷博物馆 博物馆

（Alberni Valley Museum; ☏250-723-2181; www.alberniheritage.com; 4255 Wallace St; 捐款入场; ⓒ周二至周六 10:00~17:00，周四至 20:00）不要因为看到朴实的混凝土外观就觉得扫兴：这可是温哥华岛上最好的社区博物馆之一。当中展示着来自第一民族的精彩藏品，以及兼容并包的各种古董，比如瓶盖、服饰和老派的玩具，很值得细细逛上几个钟头。历史爱好者还可以跳上夏日的艾伯尼太平洋铁路蒸汽机车（Alberni Pacific Railway Steam Train; www.albernisteamtrain.ca）去加拿大国家历史遗址麦克林工厂（McLean Mill）。

MV Frances Barkley 乘船游

（☏250-723-8313; www.ladyrosemarine.com; 5425 Argyle St; 往返 $60~82）这艘历史上著名的船是这个地区偏远社区的生命线，它每周三次在艾伯尼和班菲尔德（Bamfield）之间运输货物、补给和乘客。夏季时，它的路线还会延伸到尤克卢利特（Ucluelet）和美丽的破碎群岛（Broken Group Islands），它吸引了很多皮划艇和自行车爱好者，但是只想去巴克利湾享受日间巡航的游客也可以乘坐它。

公司最近购买了BC Ferries的一艘退役渡轮，它会被用在这条航线上。

食宿

Hummingbird Guesthouse 民宿 $$

(☎250-720-2111; www.hummingbirdguesthouse.com; 5769 River Rd; 套 $140起; ☞) 这座现代化的民宿拥有4个大套间和带热浴缸的大露台，这里像远方的家一样温馨。两层楼每层都有个公用厨房，每个套间都有卫星电视，还有一间有独立桑拿。对家庭游客来说，后面还有个青少年喜爱的游戏室。

All Mex'd Up 墨西哥菜 $

(☎250-723-8226; 5440 ArgyleSt; 主菜 $4~10; ⏰周日至周五 11:00~16:00，周六 9:00~16:00) 这家五彩斑斓的墨西哥餐馆位于滨水地区，店内灯火通明，这里的所有美食都是现场制作的，而且尽量选用当地食材。进店享用经典的墨西哥卷饼、墨西哥芝士馅饼和超大的墨西哥薄饼，你在一天的旅行中一定精力充沛，尤其是你在墨西哥玉米片上淋上辛香番茄酱（pico de gallo）之后。

Bare Bones Fish & Chips 炸鱼薯条 $$

(☎250-720-0900; 4824 Johnston Rd; 主菜 $9~21; ⏰周日至周四 11:30~19:30，周五和周六至20:00) 这家迷人的餐厅位于一家旧式的木质教堂内，提供鳕鱼、三文鱼和比目鱼，都有3种做法（推荐啤酒面衣），再搭配美味的薯条和柠檬茴香。建议避开用餐高峰（当地人把这里视作真爱），如果你没吃饱（虽然不大可能），可以再点一份虾。

ⓘ 实用信息

想了解当地活动的更多信息，可访问www.albernivalleytourism.com。

ⓘ 到达和离开

Tofino Bus提供从维多利亚（$46，4小时，每天3班）和托菲诺（$29，2小时，每天3班）以及其他地方开往这里的巴士服务。

环太平洋国家公园保护区 (Pacific Rim National Park Reserve)

对所有想见识不列颠哥伦比亚西海岸原始风光的游客来说，海浪拍打着的沙滩和雾气缭绕的绵延森林让**环太平洋国家公园保护区**（Pacific Rim National Park Reserve; ☎250-726-3500; www.pc.gc.ca/pacificrim; 2040 Pacific Rim Hwy; 公园一日通票 成人/儿童 $7.80/3.90）成为必游之地。500平方公里的公园包含了北部托菲诺和尤克卢利特之间的长滩区、巴克利湾的破碎群岛区和南部非常受欢迎的西海岸小径区。如果你想进入公园，需要购买并出示门票，门票在游客中心或者高速公路沿途的黄色自动售货机出售。

长滩区 (Long Beach Unit)

沿着Pacific Rim Hwy行驶，很容易就可以到达长滩区，因此这里也吸引了大量公园的游客。宽阔的沙滩、狂野的海浪、可以淘沙的海滨角落，还有茂密的、古老的原始雨林，这些都是此地夏季游客众多的原因。**考克斯湾海滩**（Cox Bay Beach）就是冲浪者和家庭游客的理想游玩地。这里到处都是海鸟、海胆，还有紫色和橙色的海星。

可以去俯瞰着维克安宁尼西海滩（Wickaninnish Beach）的**奎斯蒂斯游客中心**（Kwisitis Visitor Centre; Wick Rd; ⏰6月至10月 10:00~17:00，11月至次年5月 周五至周日 11:00~15:00）**免费**了解当地自然历史和第一民族遗迹。如果你突然想去散散步，可以试试下面的几条**徒步小径**，注意观看盘旋掠过的秃鹰和巨大的香蕉蛞蝓。安全措施：在湿滑的地面上要小心行走，永远不要背对着拍岸的大浪。

➔ **长滩**（Long Beach）沿着沙滩海岸享受美景（1.2公里；简单）。

➔ **雨林小径**（Rainforest Trail）两条穿过原始森林且有说明牌的环形小径（1公里；中等难度）。

➔ **帆船小径**（Schooner Trail）穿过原始森林和次生森林，可以从海滩处进入（1公里；中等难度）。

➔ **海滨松树沼泽**（Shorepine Bog）围绕长满苔藓的沼泽的小径（800米；简单，而且轮椅可通行）。

西海岸小径区 (West Coast Trail Unit)

75公里的西海岸小径是不列颠哥伦比亚最有名的徒步路线，也是难度最大的路线之一，不适合毫无经验的旅行者。在去之前还是需要知道两点：那里会让你很痛苦，但是你第二年肯定还想再去一次。

小径沿着海浪拍打的雨林海岸线一路蜿蜒，北端是位于班菲尔德以南5公里处的帕切纳湾（Pachena Bay），那里有小径入口处的信息中心，南端是位于伦弗鲁港以北5公里处的戈登河（Gordon River），那里也有小径入口处信息中心。走完整条小径需要6天至7天的时间。另一种选择是从中点处的尼蒂纳特湖（Nitinat Lake）入口走上小径，这是Ditidaht First Nation（☎250-745-3999；www.westcoasttrail.com）组织的行程，旅程可以缩短至2~3天。可以查看他们的网站了解详情。

这里从5月至9月末开放，每天只允许60名过夜背包客人内，而且需要预订（☎519-826-5391, 877-737-3783；www.reservation.pc.gc.ca；不可退预订费$11）。建议尽量提早预订——于每年1月开放预订。每个过夜者都需要交小径使用费（$127.50），外加预订手续费（$24.50/人）和路线中渡轮短线的费用。所有过夜者必须在进入前参加详细的介绍课程。如果你在到达的时候还没有预约，你会被列入候选名单，以获得剩余的空位（不要太过依赖这种方式，尤其是在夏季高峰期）。

如果你不想走完全程，可以参加一日游，甚至可以从帕切纳湾开始行走一半的路程。只在一端徒步的过夜游客可以从尼蒂纳特湖出口出来。只在日间徒步的徒步者不需要支付高昂的小径使用费，但是需要从小径的入口处领取日间小径使用许可。

西海岸小径徒步者必须能够应付崎岖湿滑的地面、横穿溪流和适应突变的恶劣天气。这里有100多座小桥，还有70座梯子。饮水需要自己处理，并要能用轻便的露营炉加热食物。所有的食物都要自带。徒步者可以在沿途的各个简单营地休息，其中大多数都有太阳能堆肥外厕。推荐你至少在日落的5小时前从其中一个入口出发，这样才能保证你在天黑前抵达一个露营地，夜间行走是这条路上事故发生的主要原因。

西海岸小径特快（West Coast Trail Express；☎250-477-8700；www.trailbus.com, $60起；⏰6月中旬至9月中旬 每天，5月至6月中旬和9月的最后两周单数日期）提供小径入口的往返班车。需要提前预订。

破碎群岛区（Broken Group Island Unit）

这处平静的自然荒野包含分布在巴克利湾入口80平方公里内的300座小岛和岩礁，这里吸引了很多皮划艇爱好者，尤其是那些喜爱近距离观赏鲸鱼、海豚和大量鸟类的人。在这里划船需要指南针，除非你想一路划到夏威夷。

如果你想进行高强度跋涉，Lady Rose Marine Services（☎250-723-8313；www.ladyrosemarine.com）可以用商船弗朗西斯·巴克利号（Frances Barkley）载着你和你的皮划艇从艾伯尼港远航3小时，到达他们位于巴克利湾的Sechart Lodge。如果你想轻装上阵，这家旅馆还提供皮划艇出租服务，以及住宿（标单/双$164/263，含餐）。

从那里可以抵达很多皮划艇热门目的地，包括1小时航程外的直布罗陀岛（Gibraltar Island），那里有带遮挡的露营地及可探索一番的沙滩和海潮水坑。威利斯岛[Willis Island；距离瑟查特（Sechart）1.5小时]也非常受欢迎。那里有露营地，退潮时，你还可以走到附近的岛上。遥远的班森岛（Benson Island；距离瑟查特4小时）也有露营地，还有小鹿和鲸鱼。

露营费是每晚$9.80，可以在瑟查特交费或者交给在这片区域乘船巡逻的工作人员，如果你打算等待得更久，也可以向他们交纳相应的费用。露营地的条件很简单，有太阳能堆肥厕所，而且你必须自己带走所有垃圾。记得自带饮用水，因为这里的小溪在夏季通常都干涸了。

托菲诺（Tofino）

人口 2050

托菲诺从资源前哨站转变为嬉皮士聚集地，又变为如今的度假村，这里是温哥华岛最受欢迎的户外度假胜地。这里的冲浪爱好者、家庭游客和逃离城市的温哥华人络绎不绝，因为这里有各种活动和令人惊叹的海滩。托菲诺位于科拉阔特湾（Clayoquot

Sound),这里森林密布的小丘屹立在汹涌壮观的波涛之中。

◉ 景点

托菲诺植物园　　　　　　　　花园

(Tofino Botanical Gardens; ☎250-725-1220; www.tbgf.org; 1084 Pacific Rim Hwy; 3日票成人/儿童 $12/免费; ◐6月至8月 8:00至黄昏,淡季营业时间缩短)在这处绝美、淳朴、鸟类丰富的景点探索海岸线上的温带雨林,就是要去游览蛙池、林间木板路、当地植物和具有教育意义的工作坊。近些年来,公园里新增了一些由当地艺术家制作的雕塑。建议从前台找一名田野导游带你游览。如果你没有开车,门票会有$1的优惠。

托菲诺酿酒公司　　　　　　　酿酒厂

(Tofino Brewing Company; ☎250-725-2899; www.tofinobrewingco.com; 681 Industrial Way; ◐6月至8月 11:00~22:00,淡季营业时间缩短)这座极好的小酿酒厂隐藏在一座低调的工业大楼后面,这里的酒深受当地人喜爱,所以到城里城外的餐馆都能看到这里酿造的酒。可以到品酒吧尝试几种样品酒(4杯一组,共$6)。一定记得要应季的产品,还要尝尝很棒的Kelp Stout和Tuff Session Ale。

波涛汹涌的托菲诺

起初,**观赏风暴**只是在淡季吸引游客的营销策略,但却逐渐成为西海岸从11月至次年3月之间非常流行的活动。观看冬日里汹涌澎湃的浪涛,再带着满脸的海盐跑回室内喝杯热巧克力。在观赏风暴的季节这片地区通常会有非常优惠的淡季住宿价格,许多酒店还可以租借"托菲诺礼服"(Tofino tuxedos),也就是俗称的防水设备。最佳的观赏风暴地点有考克斯湾(Cox Bay)、切斯特曼海滩(Chesterman Beach)、长滩(Long Beach)、第二海湾(Second Bay)和维克安宁尼西海滩(Wickaninnish Beach)。注意,一定不要离得太近或者背对着海浪,因为稍不留神这些巨浪就会在几秒内把你卷进海里。

马基纳省立公园　　　　　　　公园

(Maquinna Marine Provincial Park; www.bcparks.ca)这里有托菲诺最受欢迎的一日游活动之一,这里的亮点就是**温泉湾**(Hot Spring Cove)。寻求内心宁静的徒步者会乘坐星座十二宫船或者水上飞机来这里,注意观看沿途的鲸鱼和其他海洋生物。乘船靠岸后,沿木板路步行2公里就可以来到天然的**热水池**。

Eagle Aerie Gallery　　　　　　美术馆

(☎250-725-3235; royhenryvickers.com; 350 Campbell St; ◐10:00~17:00)展示着第一民族艺术家Roy Henry Vickers的作品。这栋壮观的长屋风格的建筑是市中心的地标,里面展出着美丽的画作和雕塑,有时你还能碰到艺术家本人。

阿霍塞特　　　　　　　　　　公园

(Ahousat; www.wildsidetrail.com)阿霍塞特位于遥远的弗洛雷斯岛(Flores Island),可以通过游览船或皮划艇到达,这里是壮观的**野缘遗产小径**(Wild Side Heritage Trail)的神奇所在地,这条中等难度的小路在森林、海滩和海岬之间穿行11公里,从阿霍塞特一直延伸到考伊琴湾。岛上有天然的温泉,这里也是第一民族的家园。这里还是皮划艇爱好者的目的地,允许无设施的简易露营。

米尔斯岛(Meares Island)　　　公园

从托菲诺的水滨可以看到云雾缭绕的米尔斯岛,可以划皮划艇或乘游览船前往,这里是**大树小径**(Big Tree Trail)的所在地,这条400米的木板路小径穿过原始森林,在这里能看到有1500年树龄的罕见红柏。这座小岛是1984年科拉阔特湾反伐木抗议的主要场地,此后也触发了当地的环境保护运动。

🚶 活动

Surf Sister　　　　　　　　　冲浪

(☎250-725-4456; www.surfsister.com; 625 Campbell St; 课程 $79)为儿童、家庭以及成人提供入门课程。

T'ashii Paddle School　　　　独木舟

(☎250-266-3787; www.tofinopaddle.com; 1258 Pacific Rim Hwy; 团队游 $65起)在第一民

不要错过

环太平洋地区休息站

不要急着一路行驶到高速公路尽头的托菲诺,不然你就会错过当地人最爱光顾的地方了。这片被称为海滩购物中心(Beaches Shopping Centre)的地区位于Pacific Rim Hwy1180号,是数十家时尚的木质商店聚集地,你可以在这里享受半天轻松愉快的时光。第一站可以去Tofitian(1180 Pacific Rim Hwy; ◎6月至8月 7:30~17:00;淡季营业时间缩短;🛜)喝杯咖啡,然后去转角处的Chocolate Tofino(推荐咸焦糖口味)品尝巧克力和冰激凌。到了午餐时间,去Taco Fino(📞250-726-8288; www.tacofino.com; 1184 Pacific Rim Hwy; 主菜 $5~13; ◎11:00~19:00,淡季营业时间缩短)排队(或者像当地人一样叫外卖),不想排队的话可以去Wildside Grill(📞250-725-9453; www.wildsidegrill.com; 1180 Pacific Rim Hwy; 主菜 $6~18; ◎9:00~21:00,淡季营业时间缩短)来份黄金油炸虾。

族的导游带领下划独木舟游览(你也可以自己划桨)此地,他们提供精彩且细致的讲解。也提供步行导览游。

Ocean Outfitters 划船

(📞250-725-2866; www.oceanoutfitters.bc.ca; 368 Main St; 成人/儿童 $99/79)观鲸游,还提供观熊游、温泉游和海钓服务。

Jamie's Whaling Station 划船

(📞250-725-3919; www.jamies.com; 606 Campbell St; 成人/儿童 $109/79)短途乘船游,可观看鲸鱼、熊和海狮。还组织短途和多日的皮划艇游。

🛏 住宿

Whalers on the Point Guest house 青年旅舍 $

(📞250-725-3443; www.hihostels.ca; 81 West St; 铺/房间 $45/129起;🛜)这家木头旅舍是国际青年旅舍联盟成员,距离镇中心很近,但是却坐拥隐蔽的海滨美景。宿舍面积很小(唯一的女性宿舍可以看到绝佳的海景),有一些独立客房很受欢迎。设施包括一个提供烧烤架的平台,游戏室和一个桑拿房。夏季一定要提前预订。提供免费自行车租赁服务(24小时$35)。

Tofino Inlet Cottages 小屋 $$

(📞250-725-3441; www.tofinoinletcottages.com; 350 Olsen Rd; 套 $130起;🛜)这座旅馆隐藏在高速公路旁安静的一隅,住在这里最棒的是一觉醒来就能看到如镜面般平静的水滨风光。这里有两座建于20世纪60年代的具有A字形框架的小屋,每个小屋有两个套间,还有一个宽敞的木屋,里面有个可爱的圆灶,很适合家庭游客居住。

Ecolodge 青年旅舍 $$

(📞250-725-1220; www.tbgf.org; 1084 Pacific Rim Hwy; 房间 $159起;@🛜)这座木质旅舍像个环保教育中心,建在植物园的院子里,非常安静,有多种房型可供选择,配有一个大厨房和洗衣房。这里很受家庭和团队的欢迎,这里有个上下铺的房间,很适合4人的团队游客,夏季时只要每人每晚$40。房费包含公园的门票,每间客房里都放着一本达尔文的《物种起源》。

Ocean Village Beach Resort 小屋 $$$

(📞250-725-3755; www.oceanvillageresort.com; 555 Hellesen Dr; 套 $229起;🛜🐾🏊)这座整洁的海边度假村里有蜂巢似的雪松小屋,你一进门就能闻到木香味儿,斯堪的纳维亚风格的氛围很受家庭游客喜爱。每个小屋都面向海岸线,而且都设有方便的厨房。如果你的孩子在沙滩上玩够了,可以去海水泳池以及玩棋盘游戏。室内没有电视。

Pacific Sands Beach Resort 度假村 $$$

(📞250-725-3322; www.pacificsands.com; 1421 Pacific Rim Hwy; 双 $350起;🛜🏊)这座适合家庭游客的度假村位于风景如画的考克斯湾海滩,这里有舒适的房间,每个房间都有全套厨房,还有漂亮的三级海边小屋。不论你住在哪个房间,都可以伴着附近的海浪声入睡。宽敞的海边小屋装修现代,很适合团队游客,这里还有石头壁炉和位于顶层的可观景的浴盆。这里还有免费的儿童夏令营。

不列颠哥伦比亚省 托菲诺

Wickaninnish Inn　　　酒店 $$$

(☏250-725-3100;www.wickinn.com;Chesterman Beach;双$420起;🅿🛜)这家酒店几乎垄断了高端的冬季观赏风暴团队的住宿业务,但一年中的任何时候这里都值得入住。这里有环保的再生木质家具、自然石砖,整体风格浑然天成。华丽的客房有按键式燃气壁炉、双人浴缸和超大落地窗,不愧是不列颠哥伦比亚省内最浪漫的酒店。

🍴 就餐

Common Loaf Bake Shop　　　面包店 $

(☏250-725-3915;1801 First St;菜单菜品$8~12;⏰8:00~18:00)这是一间极受当地人欢迎的店铺,红色的屋子位于一条小路上,内部装饰有当地的艺术品。如果你在喝咖啡或者吃牛角面包的时候想读点什么,可以去门口一个小型的社区图书馆书箱取阅书籍。午餐想大吃一顿的游客可以点一份香烤芝士三明治,而早餐和午餐都提供鸡蛋三明治。只接受现金。

Schooner　　　海鲜 $$

(☏250-725-3444;www.schoonerrestaurant.ca;331 Campbell St;主菜$18~32;⏰9:00~22:00)这家传奇老店在托菲诺已经有70年的历史了,一直都备受赞誉。你可以先从鸡尾酒开始整晚的美食探索,然后尝尝当地的海鲜盛宴,巨大的双人份的"海军上将的盘子"(Admiral's Plate)摆满了当地的三文鱼、扇贝和各种海鲜。第二天早上还能再来尝尝螃蟹班尼迪克早午餐。

Sobo　　　加拿大菜 $$

(☏250-725-2341;www.sobo.ca;311 Neill St;主菜$14~33;⏰11:30~21:30)这家当地人最爱的餐馆起初只是辆流动餐车,后来成为很受欢迎的餐馆。"Sobo"的意思是"精明的波希米亚人",这里的特色是用国际手法料理应季的西海岸食材。这里很适合晚餐时享用新鲜捕捞的海鲜,如果你需要早早补充能量的话,这里还有美味丰盛且合算的午餐菜肴,推荐海鲜浓汤、鱼肉墨西哥玉米卷和美味比萨。

Wolf in the Fog　　　加拿大菜 $$$

(☏250-725-9653;www.wolfinthefog.com;150 Fourth St;主菜$15~45;⏰9:00至深夜,晚餐从17:00起)这间迷人的餐厅专注于当地当季的美食,近几年来,荣获了诸如加拿大最佳新进餐厅等奖项,需提前预订。大份的拼盘非常棒(包括山水农场本地养殖的鸭子、美味可口贝壳等各类美食),建议搭配能打开味蕾的雪松酸味鸡尾酒。

❶ 实用信息

托菲诺游客中心(Tourism Tofino Visitor Centre;☏250725-3414;www.tourismtofino.com;1426 Pacific Rim Hwy;⏰6月至8月9:00~20:00,淡季运营时间缩短)从镇上向南行驶一小段距离就来到了游客中心,这里有当地住宿、徒步小径和热门冲浪地的详细信息。夏季时市中心会设有一个咨询站,为游客们提供旅游信息。

❶ 到达和离开

奥卡航空(Orca Airways;☏604-270-6722;www.flyorcaair.com)提供从温哥华国际机场南航站楼($217,1小时,每天最多5班)飞往托菲诺机场(Tofino Airport)的航班。

Tofino Bus(www.tofinobus.com)提供从艾伯尼港($29,2小时)、纳奈莫($46,3~4小时)、维多利亚($69,6~7小时)等地开往这里的巴士服务。他们还提供从尤克卢利特($17,40分钟)沿着Hwy 4开往这里的"海滩巴士"(Beach Bus)。

尤克卢利特(Ucluelet)

人口 1500

　　沿着Hwy 4一路穿过群山来到西海岸,你就会看见一个路牌,上面将显示托菲诺位于你右手边33公里处,而尤克卢利特位于你左边8公里处。很多人还是选择向右转,真是遗憾,因为安静的尤克卢利特有着独特的魅力(尤其是这里的美食),看到它你就看见了托菲诺在旅游业兴起之前的模样。

◉ 景点和活动

尤克卢利特水族馆　　　水族馆

(Ucluelet Aquarium;☏250-726-2782;www.ucluelataquarium.org;Main Street Waterfront Promenade;成人/儿童$14/7;⏰3月中旬至11月10:00~17:00)🌿这间绝佳的滨海"捕捞放归

式"的水族馆主要对外展示当地海域内的海洋生物。在这里你可以看到长得像外星人一样的海参，以及一两只蠕动着的、充满诱惑力的太平洋章鱼。年轻工作人员的热情让人眼前一亮，他们会主动为你讲解环保议题。很适合带孩子来，这里会激发他们重新燃起对海洋野生动物的兴趣。

荒野太平洋小径　　　　　　　　　　徒步

（Wild Pacific Trail; www.wildpacifictrail.com）10公里长的天然小径上可以欣赏到绝美的、海浪拍打着的海岸风光。小径以Peninsula Rd和Coast Guard Rd的交叉路口为起点，围绕着峭壁行走，经过灯塔（这里非常适合拍照），然后沿着小镇边缘的崎岖海岸线一路蜿蜒。这里海鸟众多，也很适合观赏风暴，一定要沿着小径走，否则巨浪可能会把你卷下山崖。

Subtidal Adeventures　　　　　　野生动物

（☎250-726-7336; www.subtidaladventures.com; 1950 Peninsula Rd; 成人/儿童 $99/79）这家本地的公司有多年的运营经验，提供很受欢迎的充气船艇导览游（Zodiac boat tours），途中可观赏到当地的野生动物，服务包括夏季很热门的观熊、观鲸、观海鸟和海獭的行程（如果幸运的话可以看到）。

Relic Surf Shop　　　　　　　　　冲浪

（☎250-726-4421; www.relicsurfshop.com; 1998 Peninsula Rd; 租金 $35起）如果你想练习冲浪技巧，这里是绝佳的去处。提供租赁服务、课程、直立单桨冲浪。

🛏 住宿

Surfs Inn Guest house　　小屋、青年旅舍 $

（☎250-726-4426; www.surfsinn.ca; 1874 Peninsula Rd; 铺/小屋 $28/139起; ☎）这座位于镇中心附近的蓝色旅馆很显眼，宿舍近期经过了翻修。但是真正的亮点在后面：两座可爱的小屋很适合团队或家庭游客住宿，较大的一座设备齐全，另一座被分成两个套间和一个小厨房。每个小屋都可以烧烤。如果你想冲浪，还可以问问这里冲浪套餐的情况。

C&N Backpackers　　　　　　　青年旅舍 $

（☎250-726-7416; www.cnnbackpackers.com; 2081 Peninsula Rd; 铺/房间 $28/70; ☎4月至10月; ☎）在进入这间大型的木质青年旅社之前，记得脱鞋。屋后有一个巨大的花园，非常在无所事事的晚上去消磨时光（躺在吊床上）。旅社提供宿舍间和3间很受欢迎的独立客房，楼下设有宽敞的厨房，近期翻修过的卫生间更是锦上添花。

Whiskey Landing Lodge　　　　　酒店 $$

（☎855-726-2270; www.whiskeylanding.com; 1645 Cedar Rd; 双 $219起; ☎☎）木质的公寓风格的酒店位于港口（你可能会被海豹的叫声吵醒），这里离Ukee的主要餐厅都只有几步之遥。因为15间公寓套房和所有的套房都配有自己的厨房，你也可以自己做饭（山上有一间超市）。不要忘记和Pebbles打个招呼哦，它是酒店里看门的小狗。

🍴 就餐

Zoe's Bakery & Cafe　　　　　　　面包房 $

（☎250-726-2253; 250 Main St; 三明治 $8~10; ☎周二至周日 7:00~16:00, 淡季营业时间缩短）大多数当地人几乎每天都会至少来一趟这间位于市中心的、令人愉快的面包房，你可以点上一杯咖啡配巧克力棒（Black Magic Bars）或者吃午餐喝汤和三明治。美食都经由当地的有机食材烹制而成，如果你很早就来，可以尝尝我们最推荐的早餐：让人食指大动的香薄荷面包鸡蛋布丁。

Ravenlady　　　　　　　　　　　海鲜 $$

（www.ravenlady.ca; 1801 Bay St; 主菜 $15~18; ☎周五至周二 正午至14:00和17:00~20:00）尤克卢利特流动餐车中的领头羊，比许多正儿八经有店面的海鲜餐馆都要好得多。特色是当地的牡蛎肉，其他的美食还包括章鱼意大利面、法棍配烤金枪鱼或者苏炸牡蛎。如果你能在阳光下找到野餐桌的座位，也可以单独点一些裹着面包粉的美食（$5）尝尝。

Howler's　　　　　　　　　　酒吧食品 $$

（☎250-726-2211; 1992 Peninsula Rd; 主菜 $14~18; ☎正午至午夜; ☎☎）你在这里可以碰到很多当地人。这间适合家庭聚餐的餐吧提供很多主食，比如丰富多样的意大利面、卷饼和汉堡（推荐驼鹿肉），以及Tofino手工啤酒，

店内还有一个四条道的保龄球场和一个内设台球桌和游戏机的里屋。服务友好，适合夜晚来这里消磨时间。

Norwoods　　　　　　　　　加拿大菜 $$$

（☎250-726-7001；www.norwoods.ca；1714 Peninsula Rd；主菜 $24~38；⏰17:00~22:00）这座烛光闪烁的可爱餐馆展现了尤克卢利特近些年餐饮业的发展水准，它就是开在托菲诺也能轻松地站稳脚跟。不断变换的菜单侧重应季的当地食材，如大比目鱼和鸭胸肉。所有食材都经过复杂的国际手法料理。此外，这里还有各种来自不列颠哥伦比亚省和其他地方的葡萄酒，很多都可以按杯出售。

🛈 实用信息

尤克卢利特游客中心（Ucluelet Visitors Centre；www.ucluelet.ca；1604 Peninsula Rd；⏰6月至8月 9:00~17:00，9月至次年5月 周一至周五 9:30~16:30）如果要找出在尤克卢利特逗留的几个理由，一个就是这里的餐饮业终于有些不错的选择了，可以向位于市中心的游客中心咨询。

🛈 到达和离开

Tofino Bus（www.tofinobus.com）提供从艾伯尼港（$26起，1.5小时，每天3班）、纳奈莫（$46起，3~4小时，每天3班）和维多利亚（$34起，6小时，每天4班）及其他地方开往这里的巴士服务。他们也提供从托菲诺（$17，40分钟，每天最多3班）沿着Hwy 4开往镇上的"海滩巴士"服务。

登曼群岛和弘拜岛（Denman & Hornby Islands）

作为北海湾群岛（Northern Gulf Islands）的主要岛屿，登曼群岛和弘拜岛有着悠闲的风格、文艺的气质和平静的户外活动。你从温哥华岛的巴克利湾（Buckley Bay）坐渡轮会先到达登曼群岛，然后从登曼群岛乘船可以到弘拜岛。可以在第一个渡轮码头附近的**登曼村**（Denman Village）稍作停留，取两座岛屿的免费地图以及景区导览。

登曼群岛有3个省立公园：**菲朗莱省立公园**（Fillongley）可进行轻松的徒步和海边拾贝壳活动；**博伊尔角省立公园**（Boyle Point）有美丽的小路和灯塔；**桑迪岛省立公园**（Sandy Island）只有从登曼群岛北部乘船才可到达。

在弘拜岛的省立公园中，**崔比恩湾省立公园**（Tribune Bay）有长长的沙滩和安全的游泳区；**海利韦尔省立公园**（Helliwell）有著名的徒步路线；位于弘拜岛南海岸的**福特湾省立公园**（Ford's Cove）让潜水者可以有机会与六肋鲨鱼一起游泳；岛上较大的**杰弗里山地区公园**（Mt Geoffrey Regional Park）中有纵横交错的徒步和山地自行车小径。

如果想到水边游玩，可以去**Denman Hornby Canoes & Kayaks**（☎250-335-0079；www.denmanpaddling.ca；4005 East Rd, Denman Island；⏰出租/团队游 $50/120起），那里提供出租用品和导览游服务。

🛏 食宿

Blue Owl　　　　　　　　　民宿 $$

（☎250-335-3440；www.blueowlondenman.ca；8850 Owl Cres, Denman Island；双 $140；🅿）对于渴望逃离城市生活的人来说，这里是有田园风格的淳朴度假地，木质的小屋距离大海仅几步之遥。如果你想去探险（附近还有个湖可以游泳），这里还有免费借用的自行车，不过，你没准儿只想待在舒适的室内。最少两晚起订。

Sea Breeze Lodge　　　　　　酒店 $$

（☎250-335-2321；www.seabreezelodge.com；5205 Fowler Rd, Hornby Island；成人/儿童 $200/70）这座占地12英亩的度假村有16座俯瞰大海的小屋，人气很高。房间谈不上奢华，但很舒适，有些房间还有壁炉和全套厨房。你可以游泳、划皮划艇、钓鱼，或者懒洋洋地躺在悬崖边的热水浴缸里。房费按人数计算。

Cardboard House Bakery　　　面包房 $

（☎250-335-0733；www.thecardboardhousebakery.com；2205 Central Rd, Hornby Island；主菜 $5~10；⏰周二至周日 8:30~21:00，周一至16:00，淡季营业时间缩短）在这座带墙面板的古老农舍中你很快就会忘了时间，这里还是产品丰富的面包房和舒适的咖啡馆。到这里来不可能不外带一包新鲜出炉的麦芬蛋糕、饼干和羊角面包。中午还可以到旁边果园享

用户外午餐薄饼,夏季时每周三和周日晚上还有现场音乐表演。

Island Time Café
咖啡馆 $

(3464 Denman Rd, Denman Island; 主菜$7~12)村中这座小咖啡馆的特色是新鲜出炉的烘焙食品,例如松饼和司康饼,还有有机咖啡,以及超值的早餐卷饼和丰盛的自制汤类。特别推荐比萨,边吃还可以边听当地人闲聊。如果天气不错,不妨坐在外面享受日光。

❶ 实用信息

了解岛上更多信息,可登录网站www.visitdenmanisland.ca和www.hornbyisland.com。

❶ 到达和离开

BC Ferries (☎250-386-3431; www.bcferries.com)全天提供从巴克利湾(乘客/车辆 $10.50/24.35,10分钟)开往登曼群岛的渡轮服务。从登曼群岛(乘客/车辆 $10.50/24.35,10分钟)乘渡轮可抵达弘拜岛。

科摩谷(Comox Valley)

科摩谷包括科摩镇、考特尼镇,以及时髦人士最爱的坎伯兰村(village of Cumberland),这片地区由起伏的高山草甸和有趣的社区组成。最适合活动的地方是华盛顿山(Mt Washington),这里有很棒的户外探险基地和山地自行车场地。

◉ 景点和活动

考特尼区域博物馆和古生物中心
博物馆

(Courtenay and District Museum & Palaeontology Centre; ☎250-334-0686; www.courtenaymuseum.ca; 207 4th St, Courtenay; 捐款入场; ◉周一至周六 10:00~17:00,周日 正午至16:00,冬季周一和周日闭馆; ✦)这座小巧却精致的博物馆中有实物大小的蛇颈龙的复制品,这是当地最先发现的史前海洋爬行生物。馆内还有开拓时代和第一民族时代的展品。可以去礼品商店买一块恐龙主题的巧克力,这是完美的食品纪念品。

坎伯兰博物馆
博物馆

(Cumberland Museum; ☎250-336-2445; www.cumberlandmuseum.ca; 2680 Dunsmuir Ave, Cumberland; 成人/儿童 $5/4; ◉6月至8月 10:00~17:00,9月至次年5月 周三至周日 10:00~17:00)这座造型古怪的奇妙博物馆位于一排护墙板建筑之中,看起来如同道奇城电影系列中的场景一般。这里展示着地区开拓者的历史,以及当地的日本人和中国人社区。你还可以穿越一条矿道,了解矿工们的工作是何其艰辛(楼上展示的可怕的铁肺也有着相同的目的)。

华盛顿山高山度假村
户外

(Mt Washington Alpine Resort; ☎250-338-1386; www.mountwashington.ca; 冬季缆车票 成人/儿童 $85/43)它是游客冬季前来当地旅游的主要原因,这里一直是岛上的滑雪和滑雪板圣地,拥有几十条雪道以及雪鞋和滑雪轮胎的雪道。这里也有很棒的夏季活动,还有几条当地最好的徒步和自行车小径。

⌂ 住宿

★ Riding Fool Hostel
青年旅舍 $

(☎250-336-8250; www.ridingfool.com; 2705 Dunsmuir Ave, Cumberland; 铺/房间 $28/60; @☎)这是不列颠哥伦比亚最好的青年旅舍之一,它占据了一座经过翻修的坎伯兰古建筑,这里有淳朴的木质内饰、宽敞的厨房和休息区,除了小宿舍外,还有如同中档酒店一般的整洁的家庭房和单间。提供自行车出租服务,这家旅舍是和山地自行车爱好者碰头的好地方。夏季高峰时需提前预订。

Cona Hostel
青年旅舍 $

(☎250-331-0991; www.theconahostel.com; 440 Anderton Ave, Courtenay; 铺/房间 $26/65; @☎)这座河边旅舍的橙色外观很醒目,深受山地自行车爱好者的喜爱,他们在这里整装待发,准备向当地多种多样的小径发起挑战。前台友善的工作人员会提供很多探索建议,但是你可能只想待在室内,因为这里有宽敞的厨房,足球桌和啤酒壶(你可以去附近的小酒馆中用很划算的价格买到啤酒把它装满)。

Old House Village Hotel & Spa
酒店 $$

(☎250-703-0202; www.oldhousevillage.

com; 1730 Riverside Ln, Courtenay; 双 $149起; 🛜❄)名字并没有体现出它实际的样子。这里既不是一栋老房子也不是一个度假村，而是一间公寓形式的度假屋酒店，配备齐全的厨房设施，卫生间地暖，优秀的前台服务人员可以随时为你提供出行和用餐的实用信息。如果你不想离开酒店，酒店内设有一间餐厅和休闲健身中心，可以去这里。

🍴 餐饮

Waverley Hotel Pub　　　汉堡包 $$

(📞250-336-8322; www.waverleyhotel.ca; 2692 Dunsmuir Ave, Cumberland; 主菜 $13~18; ⏰周日至周四 11:00~22:30, 周五和周六 11:00至深夜; 🛜❄)你可以来这间很有历史意义的、装饰着鹿角的酒馆里一边吃晚餐，一边翻翻质感光滑的当地杂志CV Collective。这里出售十几种手工啤酒，菜品我们推荐泰国青咖喱和一些美味的汉堡（Big Wave是当地人的最爱）。可提前查看现场音乐表演时间。

Mad Chef Café　　　加拿大菜、创意菜 $$

(📞250-871-7622; www.madchefcafe.ca; 444 Fifth St, Courtenay; 主菜 $13~16; ⏰周一至周四 11:00~20:00, 周五和周六 至21:00; ❄)热情友好的餐馆虽然换了面积更大的新位置，仍是街坊的最爱。这里提供现场制作的比萨、卷饼和分量巨大的沙拉（推荐海鲜沙拉）。无论你点的是什么，一定要加一碗招牌的Miso Yummy味噌汤，除非你已经点了分量十足的Death by Bacon Burger, 吃不下任何东西了。

Atlas Café　　　创意菜 $$

(📞250-338-9838; www.atlascafe.ca; 250 6th St, Courtenay; 主菜 $12~18; ⏰周二至周四 8:30~21:30, 周五和周六 至22:00, 周日 至15:30; ❄)考特尼最受欢迎的餐馆有种愉悦的现代小酒馆的氛围，这里有国际化的菜品，融合了亚洲菜、墨西哥菜和地中海菜。可以尝尝美味的鱼肉墨西哥卷饼，还有不断变换的海鲜美味。这里还有很棒的素食可选。你还在想周日要去哪里吃早餐吗？可以试试青螃蟹班尼迪克。

Cumberland Brewing　　　啤酒厂

(📞250-400-2739; www.cumberlandbrewing.com; 2732 Dunsmuir Ave, Cumberland; ⏰周日、周二和周三 正午至21:00, 周四至周六 正午至22:00)这家小啤酒厂有一种社区酒吧的感觉，木质的小型品酒室的外面是一块很大的室外用餐区，摆放着一排排共享餐桌。建议尝试美味的四种样品啤酒（一定要点Red Tape Pale Ale）。

Gladstone Brewing Company　　　啤酒厂

(www.gladstonebrewing.ca; 244 4th St, Courtanay; ⏰10:00至深夜)在隔壁的柜台点一个比萨，然后在这间出色的啤酒厂的室外餐桌上找个位置。黑板上会列出可供应的啤酒，然后你可以点4个样品品尝（$8）。这里的波特啤酒不错，但是一些比利时风格的啤酒也很值得一试。

ℹ️ 实用信息

温哥华岛游客中心(Vancouver Island Visitors Centre; 📞885-400-2882; www.discovercomoxvalley.com; 3607 Small Rd, Cumberland; ⏰9:00~17:00)到整洁的游客中心查看探索当地所需的更多信息。

ℹ️ 到达和离开

科摩谷有3个主要社区，之间都有公路相连接，交通便利。**Tofino Bus**(📞250-725-2871; www.tofinobus.com)运营从岛上各社区发往考特尼（Courtenay）的班车，每天至少2班。

如果你准备从大陆乘飞机到这里，**Pacific Coastal Airlines**(📞604-273-8666; www.pacificcoastal.com)有从温哥华南站楼（$132, 55分钟, 每天最多9班）飞往**科摩谷机场**(Comox Valley Airport; 📞250-890-0829; www.comoxairport.com)的航班。

坎贝尔里弗（Campbell River）

人口 33,400

南方人会告诉你，这已经是温哥华岛文明地区的终点了，但其实坎贝尔里弗是前往斯特拉斯科讷省立公园（Strathcona Provincial Park）欣赏荒野风光的便捷落脚点，本身也有很多独特的景点和服务。去海滨可以看到海豹，以及船来船往的码头风光，或者去Pier St逛逛商店和餐馆。

景点

探知通道水族馆　　　　　　　　　水族馆
(Discovery Passage Aquarium; ☎250-914-5500; www.discoverypassageaquarium.ca; 705 Island Hwy; 成人/儿童 $8/5; ⏰5月至9月 10:00~17:00; ♿)尤克卢利特旧水族馆的蓝色外棚被运到了这里进行重新利用，建成了这座小型的海洋水族馆。位于探索码头的入口处。里面展出了当地的水生生物：你可以看到海星、蔓草和（如果幸运的话）一两只章鱼。碰上下雨天的话，这里是带孩子游玩的好去处。

坎贝尔里弗博物馆　　　　　　　　博物馆
(Museum at Campbell River; ☎250-287-3103; www.crmuseum.ca; 470 Island Hwy; 成人/儿童 $8/5; ⏰5月中旬至9月 10:00~17:00, 10月至次年5月中旬 周二至周日 正午至17:00)这座迷人的博物馆值得花上个把小时参观一下。馆内丰富多彩的展品展示着原住民的面具、19世纪90年代开拓时期的小屋和关于世界最大人工非核爆炸的影片资料[西摩峡湾（Seymour Narrows）的一座海底山峰曾经造成数十艘船只失事，后于1958年被控制爆破]。

探索码头（Discovery Pier）　　　　地标
因为当地人将这座小镇称为"世界三文鱼之都"，你得在市区探索码头体验一下垂钓（有钓竿出租），或者跟着人群闲逛，看看别人都钓到了什么鱼。比起将钓上来的鱼作为午餐，也可以买份炸鱼和薯条。

食宿

Heron's Landing Hotel　　　　　酒店 $$
(☎250-923-2848; www.heronslandinghotel.com; 492 S Island Hwy; 双$130起; @🛜🐾)这座汽车旅馆风格的高级酒店提供经过翻新的房间，以及适合家庭住宿的宽敞复式套房。房费包含早餐——你也可以使用客房里的厨房自己动手制作鸡蛋和培根特色早餐。还提供方便的投币洗衣机。

Dick's Fish & Chips　　　　　炸鱼和薯条 $
(☎250-287-3336; www.dicksfishandchips.com; 660 Island Hwy; 主菜$7~16; ⏰10:30至黄昏)深受当地人欢迎的一家炸鱼和薯条店。这家尖顶的餐馆距离探索码头只有几步之遥，经常都是顾客盈门，所以建议错开高峰期再来。除了很常见的金黄色的煎炸食品，你还能品尝到各类三文鱼、牡蛎和大比目鱼汉堡，以及自制的豌豆泥（温哥华岛上的居民根本离不开它）。

到达和离开

Pacific Coastal Airlines(☎604-273-8666; www.pacificcoastal.com)全天提供从温哥华($132, 45

值 得 一 游

夸德拉岛之旅

想度过与众不同的一天，那就带上你的自行车，乘坐10分钟的 **BC Ferries**（见799页）从坎贝尔里弗去纯朴的**夸德拉岛**（Quadra Island）。岛上有纵横交织的道路网络。在当地的商店可以买到相关地图。很多林中小径都是当年的伐木路线，当地社区花了很多时间对其进行了修建和维护，各个水平的山地自行车车手都可以找到合适的路线。如果你没有自行车，岛上或者坎贝尔里弗都可以租到自行车。可以登录www.quadraisland.ca查看关于这座小岛的更多信息。

夸德拉岛迷人的**奴扬巴里文化中心**（Nuyumbalees Cultural Centre; www.nuyumbalees.com; 34 Weway Rd; 成人/儿童 $10/5; ⏰5月至9月 10:00~17:00）展示着当地第一民族夸夸嘉夸族的遗迹和传统，同时也会展出其雕刻作品和工艺品，以及上演传统舞蹈表演。但是如果你想和当地人一起放松一下，可以去**精神广场**（Spirit Sq），这里夏季时有艺人表演。

如果你打算留下来吃晚餐，可以去漂亮的**Heriot Bay Inn & Marina**（☎250-285-3322; www.heriotbayinn.com; Heriot Bay; 双/小屋 $109/229起），这里有滨水的酒馆和餐馆，如果你喝得稍微有点儿多，还可以住在这里。这里的酒店有汽车旅馆式的房间和迷人的淳朴小屋。

坎贝尔里弗市内交通（Campbell River Transit；☎250-287-7433；www.busonline.ca；成人/儿童$2/1.75）提供区域内及其他各地的巴士服务。

Tofino Bus（☎250-725-2871；www.tofinobus.com）提供往返温哥华岛各地的巴士服务，包括纳奈莫、维多利亚和哈迪港。

斯特拉斯科讷省立公园（Strathcona Provincial Park）

斯特拉斯科讷省立公园（☎250-474-1336；www.bcparks.ca）位于岛上最高峰戈尔登欣德山（Mt Golden Hinde；2200米）的中心地区，在这片壮阔的原始荒野当中，迷人的小径纵横交错。你可以留出充裕的时间去深入探索瀑布、高山草甸、冰川湖泊和高山峭壁。

在到达公园的主入口的时候，可以在斯特拉斯科讷公园旅舍和户外教学中心（Strathcona Park Lodge & Outdoor Education Centre）获取各种装备。这里的一站式商店提供各种公园活动服务，包括皮划艇、索道、导览徒步游和攀岩，很适合爱好户外运动的人们在这里碰头。这里还有整套的探险套餐，有些是专为家庭游客准备的。在你进行运动之前，可以去餐馆Whale Room或者Myrna's补充体力。

公园中著名的徒步小径包括天堂草甸环形小径（Paradise Meadows Loop；2.2公里），可以在美丽的野花和长青的树丛中轻松穿行；比彻山小径（Mt Becher；5公里），可以将科摩谷和群山环绕的乔治亚海峡尽收眼底。环绕着巴特尔湖更轻松的小径包括女士瀑布小径（Lady Falls；900米）和喀斯特溪小径（Karst Creek；2公里），它们都蜿蜒经过水洞、潺潺的小溪和轰鸣的瀑布。

园中的度假屋（☎250-286-3122；www.strathconaparklodge.com/escape/accommodation；41040 Gold River Hwy；房间/小屋$139/250起；❋）提供很棒的住宿，有的是位于主要建筑中的客房，有的是位置僻静的木质结构小屋。如果你喜欢亲近大自然，公园中还有几处露营地。你可以考虑将帐篷搭在巴特尔湖露营地（Buttle Lake Campground；519-826-6850，800-689-9025；www.discovercamping.ca；露营地$20；⊙4月到10月）；游泳区以及游乐园附近也是家庭旅客的好选择。

北温哥华岛（North Vancouver Island）

南部岛民（即居住在坎贝尔里弗以南的人们）会告诉你"那里没什么好看的"，而当地人会回应："他们不会这么说的吧，会吗？"相比旁边狭小的城镇，这片巨大的区域几乎占据了温哥华岛一半的面积，这里的城镇人口稀少，基础设施落后，但是却很有特色，适合欣赏自然美景。除了偏远地区，有些地区对苦行的徒步者来说还是很容易到达的，尤其是沿着北海岸小径的地方。

麦克尼尔港（Port McNeill）

人口 2600

麦克尼尔港从山上俯冲下来，几乎伸入海港了，是来往哈迪港的游客的便捷休息站，也是准备登船去往美丽的（非常推荐）阿勒特湾（Alert Bay）的游客喝杯咖啡的地方。

你可以去博物馆（351 Shelley Cres；⊙7月至9月10:00~17:00，10月至次年6月 周六和周日13:00~16:00）了解地区的相关背景知识，当你走到入口的时候，不要错过世界上最大的带芒刺的种子壳。你可以看到一棵巨木的树干上长出了巨大的瘤状物，这里是当地自拍的最佳地点。如果你想深入探访当地的荒野，建议去North Island Daytrippers（☎800-956-2411；www.islanddaytrippers.com）预订越野徒步的导览游。

山顶的Black Bear Resort（☎250-956-4900；www.port-mcneill-accommodation.com；1812 Campbell Way；双/小屋含早餐$162/212起；@❋❋）更像是高级的汽车旅馆而非度假村，这里可以俯瞰小镇，商店和餐馆就在旅馆对面。标准间很小但是很干净，房间内还有微波炉和冰箱，也有带全套厨房的房间，几年前还新添了一些位于路边的小屋。

在登船去往阿勒特湾之前，你如果想要找到一间完美的咖啡馆，可以考虑在当地人气很高的Mugz（☎250-956-3466；1597 Beach Dr；油酥糕点和三明治$3~11；⊙周一至周六

7:00~20:00，周日 7:00~19:00；🅦）。还提供美味的冰激凌和午餐帕尼尼。夏季的时候，推荐去平台上找个位置。

到拥有人字形屋脊的游客中心（☎250-956-3881；www.portmcneill.bc.ca；1594 Beach Dr；⊙0~17:30，冬季营业时间缩短）查看当地信息。

Tofino Bus（☎250-287-7151；www.tofinobus.com）提供包括从哈迪港（$17, 50分钟，每天发车）和坎贝尔里弗（$44, 2~3小时，每天发车）等地开往这里的巴士服务。

阿勒特湾（Alert Bay）

从麦克尼尔港港乘坐BC Ferries的渡轮，45分钟便可到达区域内最好的一日游景点——科莫伦特岛（Cormorant Island）的阿勒特湾。从渡轮码头出发，可以沿着沿海步道轻松游览，这里颜色鲜艳的小屋和建筑都很上镜——即使有的已经倾塌入海中。作为Namgis第一民族的家园，这里不仅提供多种方式可以体验本土文化，还有许多好吃好住的餐厅和旅馆。可以见到老鹰和乌鸦在头顶盘旋。

👁 景点和活动

阿勒特湾地区非常适合步行游览，可以从码头沿着木板路漫步；向右转到达让人惊叹的Namgis人的古墓（Original Namgis Burial Grounds），在这里你将会看到不可思议的图腾柱，或者左转去Culture Shock Interactive Gallery（☎250-974-2484；www.cultureshockgallery.ca；10 Front St；⊙7月至9月 9:30~18:00, 5月、6月和10月 周日闭馆，冬季营业时间缩短），这是一间出售当地第一民族手工制品、T恤和珠宝的商店。画廊里有一间咖啡屋，夏季时会组织文化体验项目——包括口述故事、三文鱼烧烤等各类活动。查看网页了解活动时间表。

另外，不要错过乌米斯塔文化中心（U'mista Cultural Centre；☎250-974-5403；www.umista.ca；1 Front St；成人/儿童 $12/5；⊙7月和8月9:00~17:00, 9月至次年5月 周二至周六 9:00~17:00），长屋风格的建筑中骄傲地展示着几十种从文化价值上说无价的土著工艺品，这些都是夸富宴在加拿大被禁止后没收的物品。它们曾经流散到世界各地的博物馆和收藏中，经过中央政府的协商，这些文物正慢慢被追回，主陈列馆就展示着这些努力取得的激动人心的成果。夏季项目包括读书会和雪松编织表演（查看脸书页面了解活动详情），同时，礼品店也是第一民族艺术品的宝库。

想出海的话，Seasmoke Whale Watching（☎250-974-5225；www.seasmokewhalewatching.com；成人/儿童 $120/95；⊙团队游 5月中旬至9月）提供海洋野生动物轮船导赏游，总时长共5小时，包含下午茶。

🛏 食宿

如果你需要找歇脚的地方，这里有一些民宿和木制小屋。可以向游客中心（visitors center；☎250-974-5024；www.alertbay.ca；118 Fir St；⊙7月和8月 9:00~17:00, 6月、9月和10月 周一至周五 9:00~17:00）咨询，尤其是夏季的时候，住宿非常紧俏。如果你偏爱僻静的地方，推荐去Alert Bay Cabins（☎604-974-5457；www.alertbaycabins.net；390 Poplar Rd；双 $135起）。

海滨步道旁有一些家庭餐馆，但是最棒的一家早午餐餐厅是Pass 'n Thyme（☎250-974-2670；www.passnthyme.com；4 Maple Rd；主菜 $13~21；⊙周二至周四和周六 11:00~20:00, 周五 11:00~21:00）。

ℹ 到达和离开

BC Ferries（☎250-386-3431；www.bcferries.com）运营从麦克尼尔港（成人/车辆 $12.35/28.40, 45分钟，每天最多6班）到阿勒特湾的渡轮。

电报湾（Telegraph Cove）

这处迷人的景点原来只是一个小小的电报站，逐渐发展成为北部主要的旅游胜地。原本如同边陲之地的海岸线上也建起了颜色明亮的木头小屋。注意，夏季的时候这里会挤满了一日游的游客。

👁 景点和活动

首先跟着沿海步道去鲸鱼解说中心（Whale Interpretive Centre；☎250-928-3129；www.killerwhalecentre.org；捐助入内，成人/儿童

$5/3; ⓢ5月中旬至10月 9:00~17:00)里面展示着可以体验的手工艺品和精心布置的美洲狮和海獭骨架。但是亮点在于这间粮仓一样的独一无二的博物馆内部其实就是一个巨大的鲸鱼骨架,绝大部分被吊了起来。小须鲸、蓝鲸、长须鲸和小虎鲸都可以在这里看到。建议预留好足够时间仔细参观。

你也可以近海观察各类鲸鱼:这里是温哥华岛上观赏海洋野生动物的最佳地点。**Stubbs Island Whale Watching**(☎250-928-3185; www.stubbs-island.com; 成人/儿童 $99/84; ⓢ5月至10月)可以带你乘船近距离观看虎鲸,途中你可能还会碰到座头鲸、海豚和海狮。7月中旬至9月是观赏虎鲸的最佳时间。

想要观熊可以咨询**Tide Rip Grizzly Tours**(☎250-339-5320; www.tiderip.com; 团队游 $299~340; ⓢ5月至9月),他们会组织一日游,去当地的海滩和海湾看这些毛茸茸的家伙。

🛏 食宿

老字号**Telegraph Cove Resorts**(☎250-928-3131; www.telegraphcoveresort.com; 露营地/小屋 $32/150起)提供树林中的帐篷露营地以及具有田园气息的小屋,附近还有一间不错的汽车旅馆**Dockside 29**(☎250-928-3163; www.telegraphcove.ca; 双$185起; ⓢ)。

Seahorse Cafe   咖啡馆 $

(☎250-527-1001; www.seahorsecafe.org; 主菜 $9; ⓢ5月至9月 8:30~19:00)这间位于码头的咖啡馆布置了许多室外的野餐桌,你可以一边看风景,一边品尝这里的巴伐利亚烟熏食品、野牛肉汉堡、三文鱼汉堡和自制薯条。

Killer Whale Café   法式小馆 $$

(☎250-928-3155; 主菜 $14~18; ⓢ5月中旬和10月中旬)Killer Whale Café是电报湾最好的餐馆,推荐品尝三文鱼、淡菜和虾肉意大利面。在这栋地板嘎吱作响的老房子里选一个靠窗的位置吧,可以欣赏港口的美景。

ℹ 到达和离开

从Hwy 19驾车可到达电报湾,它在一条蜿蜒的岔路上,但是指示明晰。

哈迪港(Port Hardy)

哈迪港交通便捷,是体验北部山区户外活动的中心,同时,在你登上BC Ferries走上美不胜收的内航道之前,这也是一处夺人眼球的景点。

◉ 景点和活动

North Island Lanes   保龄球馆

(☎250-949-6307; 7210 Market St; 每个游戏包括鞋子 $6; ⓢ周二 13:00~15:00,周三至周日 17:00~21:30,周五和周六 至22:00)不列颠哥伦比亚省有许多旧式的保龄球馆,它们如同打翻了的保龄球一样分散在各处。这是一间干净整洁、维护良好的6球道保龄球馆,如果你想打打保龄球,一定要来这里看看。走进球馆就如同穿越回了20世纪70年代,黄色的墙纸搭配复古的冷色背光灯,本身就是一个旧时代的见证。这里不仅是封存的旧时光,还是镇上最友好最活跃的晚间活动地点,尤其是每周五和周六,届时,这里会组织"宇宙保龄"。

夸特斯鲑鱼展示中心   农场

(Quatse Salmon Stewardship Centre; ☎250-949-9022; www.thesalmoncentre.org; 8400 Byng Rd; ⓢ5月中旬至9月 周三至周日 10:00~17:00; ⓐ)带你的孩子来这里吧。在这座与世隔绝的养鱼场中,他们可以学习到三文鱼的生命周期。除了许多体验式的活动(你也可以把头伸进圆柱形的鱼缸),还可以参加养鱼场的导览游,了解一些更深入的知识。

纳克瓦克托激流   划船

(Nakwakto Rapids Tours; ☎250-230-3574; www.nakwaktorapidstours.com; 154 Tsulquate Reserve; 团队游 $100; ⓢ通过预约)4小时的乘船游可以体验"世界上最快的潮汐激流",不仅如此,来自第一民族的导游还会提供内容丰富的讲解,带你深入风景极其优美的偏远地区。

🛏 食宿

North Coast Trail Backpackers Hostel   青年旅舍 $

(☎250-949-9441; www.northcoasthostel.

com; 8635 Granville St; 铺/房间 $29/64; @⊚)
这间宽敞、温馨的青年旅舍中有大小不一的宿舍，友善的主人会为你提供很多当地游玩建议。青年旅舍的中心是个很大的娱乐室，厨房比较小，旁边墙上装饰着涂鸦的咖啡馆供应的食物还不错。还提供养老院风格的单间，也欢迎家庭游客。

Pier Side Landing　　　　　　　酒店 $$

(☏250-949-7437; www.piersidelanding.com; 8600 Granville St; 双 $120; ⊚) 这家汽车酒店的位置无可挑剔：位于市中心，临水（如果你住的是"海景房"而不是"山景房"）且可以看到迷人的海岸线和秃头鹰。近期经过了全面的大修，客房都很宽敞（尽管不是都带阳台），房间内配置的冰箱很方便。

Café Guido　　　　　　　　　　咖啡馆 $

(☏250-949-9808; www.cafeguido.com; 7135 Market St; 主菜 $6~8; ⊚周一至周五 7:00~18:00, 周六 8:00~18:00, 周日 8:00~17:00; ⊚) 在这家友好的当地人常来的咖啡馆中，不知不觉一个小时就过去了，尤其是当你在楼下的书店买了本大部头拿到这里阅读之后。午餐时间最受欢迎的是"角斗士"香蒜酱扁面包三明治，也推荐山莓柠檬烤饼。这里住着一只叫Lucy的小狗，它经常会去楼上的手工艺品店。

Sporty Bar & Grill　　　　　　酒吧食品 $$

(☏250-949-7811; www.sportybar.ca; 8700 Hastings St; 主菜 $11~24; ⊚11:30~23:00; ⊚) 一流的服务以及美味的酒吧餐点让这间社区酒吧成为哈迪港餐饮界的佼佼者。这里提供种类丰富的汉堡、比萨以及鱼和炸薯条，但是物超所值的科布沙拉（Cobb salad; $13）也很值得一试。啤酒选择也很多，建议放弃Lucky Lager（北部深受欢迎的传统啤酒），点维多利亚产的Hermann's Dark Lager。

❶ 实用信息

哈迪港游客中心（Port Hardy Visitor Centre; ☏250-949-7622; www.visitporthardy.com; 7250 Market St; ⊚6月至9月 9:00~18:00, 10月至次年5月 周一至周五 8:00~16:00) 这里有各种传单，工作人员是当地人，可以帮助你计划在镇上和周边的旅游行程。游客中心应该是你此行的第一站。服务人员可以给你提供很好的徒步建议。

❶ 到达和离开

Pacific Coastal Airlines（www.pacific-coastal.com) 提供从温哥华（$209, 65分钟，每天最多4班）飞往这里的航班。

BC Ferries（☏250-386-3431; www.bcferries.com) 提供从鲁珀特王子港（乘客/车辆 $206/469, 16小时，班次不定）经过壮丽的内湾航道开往这里的渡轮服务。

Tofino Bus（☏250-725-2871; www.tofinobus.com) 提供南部各目的地，包括麦克尼尔港（$17, 50分钟，每天）到这里的班车。

北温哥华岛交通（North Island Transportation; ☏250-949-6300; 班车 $8) 提供便捷的巴士服务，往返于轮渡码头和酒店之间。

斯科特角省立公园 (Cape Scott Provincial Park)

这座偏僻的公园位于温哥华岛锯齿状的北端，这里亲近自然的小径入口距离维多利亚550多公里。如果你真想体验不列颠哥伦比亚原始的荒野之美，这里应该是你的首选，公园有原始的海岸线、海风吹拂的雨林，美丽的沙滩海湾因翻滚的波涛和目光锐利的海鸟而显得更加生机勃勃。

公园内，2.5公里维护良好的**圣约瑟夫湾小径**（San Josef Bay Trail）难度相对较低，在这里徒步你会从茂密的深林径直来到不列颠哥伦比亚最美的海滩之一，站在这片海滩上，微风拂面，美景令人窒息，这里有波澜壮阔的海水、葱郁的峭壁，还有可以让走私者轻松藏身的古老山洞。你可以在海滩上露营，或者在返回树林之前再欣赏一下飞过的鸭鸟。

旁边的**筏湾省立公园**（Raft Cove Provincial Park; www.bcparks.ca）有当地最短的小径（2公里），可以带你到筏湾宽阔的半月形海滩和美丽的潟湖。你几乎可以独自享受这片1.3公里长的海滩，尽管当地人也喜欢在这里冲浪。这里是他们的秘密，所以不要告诉别人。

如果你真的喜欢挑战，可以考虑总长55公里的**北海岸小径**（North Coast Trail），一般要7天的时间完成。途中你会经过沙滩海湾、荒芜的海滩和海风吹拂的茂密的雨林地带，还要乘小缆车渡过几条小河。小径有些地方是泥泞的湿地沼泽，铺设的木板路让旅行简单了一些。这里还是麋鹿、鹿、美洲狮、狼和黑熊的栖息地，所以在出发之前一定要学会如何面对野生动物。

北海岸小径只适合经验丰富、装备齐全的徒步者。在尼森湾（Nissen Bight）、劳拉溪（Laura Creek）和沙特尔沃思湾（Shuttleworth Bight），有几处偏远的露营地。

到达和离开

如果你想去北海岸小径，清晨的**Cape Scott Water Taxi**（☏250-949-6541；www.capescottwatertaxi.ca；6555 Port Hardy Bay Rd）有发往Shushartie Bay的汽车，徒步结束后，可以乘坐**North Coast Trail Shuttle**（☏250-949-6541；www.northcoasttrailshuttle.com）小型巴士回到哈迪港。这两项服务都需预订。

南海湾群岛
(SOUTHERN GULF ISLANDS)

压力大的温哥华人经常会逃到安逸的南海湾群岛，这些岛屿像一串项链散布在大陆和温哥华岛之间。这里曾经是不列颠哥伦比亚嬉皮士和美国逃兵役者的聚居地，咸泉岛、加利亚诺岛、梅内岛、萨图纳岛和南北彭德岛有着世外桃源般令人惊叹的田园风光。更多旅行信息，可查看www.sgislands.com。

咸泉岛（Salt Spring Island）

人口 10,500

作为群岛中最繁忙最发达的岛屿，咸泉因其宫殿式的度假屋而闻名，但是这里也散布着很多艺术家工作室、美食和美酒制造商，也张开双臂迎接着游客。在悠长的周末，不妨到这里游玩。社区的中心是甘吉斯，咸泉岛上有趣的夏日集市也位于这里。

景点和活动

★ 周六市场 市场

（Saturday Market；www.saltspringmarket.com；Centennial Park, Ganges；◐4月至10月，周六 9:00至16:00）不列颠哥伦比亚最好的市场在夏季每周六开放。它像是一个巨型的聚宝盆，你可以找到各类农产品、美食和本地制造的艺术品。建议早晨就来，这里时常会被人们挤得水泄不通。

咸泉岛奶酪 农场

（Salt Spring Island Cheese；www.saltspringcheese.com；285 Reynolds Rd；◐5月至9月，11:00至17:00；10月至次年4月，11:00至16:00；🅿）这里是一个适合全家游玩的农庄。拥有一个可以散步的花园、到处跑的小鸡和酒庄一样的品酒室和商店，这处必打卡的景点生产山羊奶及绵羊奶酪、奶酪以及卡芒贝尔干酪；有多种口味可选的软质山羊奶酪（最推荐大蒜口味）是农场的特色。你可以从橱窗里看到手工制作的商品，也不要忘记看看农场里跑跳着的山羊。

咸泉岛麦芽酒 酿酒厂

（Saltspring Island Ales；☏250-653-2383；www.saltspringislandales.com；270 Furness Rd；◐正午至17:00）这座小酒厂位于树林中一幢由雪松建造棚屋内，充满了田园风光。小小的品酒室提供一系列有机啤酒，比如英式特殊苦麦芽啤酒（Extra Special Bitter）以及口感顺滑的希瑟代尔麦芽酒（Heatherdale Ale）等。一些当季的啤酒也很值得尝试。如果你想外带，这里还提供啤酒保鲜瓶。

错误身份葡萄园 葡萄酒庄

（Mistaken Identity Vineyards；☏250-538-9463；www.mistakenidentityvineyards.com；164 Norton Rd；◐11:00~18:00）如果你正在准备野餐，还需要来点儿酒水，那可以考虑来此进行品酒探索之旅。朋友中指定好不饮酒的司机之后可以来这座当地人最爱的酒庄，推荐可口的Bliss rosé。

拉克省立公园 公园

（Ruckle Provincial Park；www.bcparks.ca）拉克省立公园是东南部的一颗明珠，这里有曲折的海岸线和杨梅树林，还有适合各个水平徒步者的小径。约岬（Yeo Point）是理想的休息站。

Salt Spring Adventure Co 皮划艇

（☏250-537-2764；www.saltspringadventures.com；126 Upper Ganges Rd, Ganges；出租/

Southern Gulf Islands 南海湾群岛

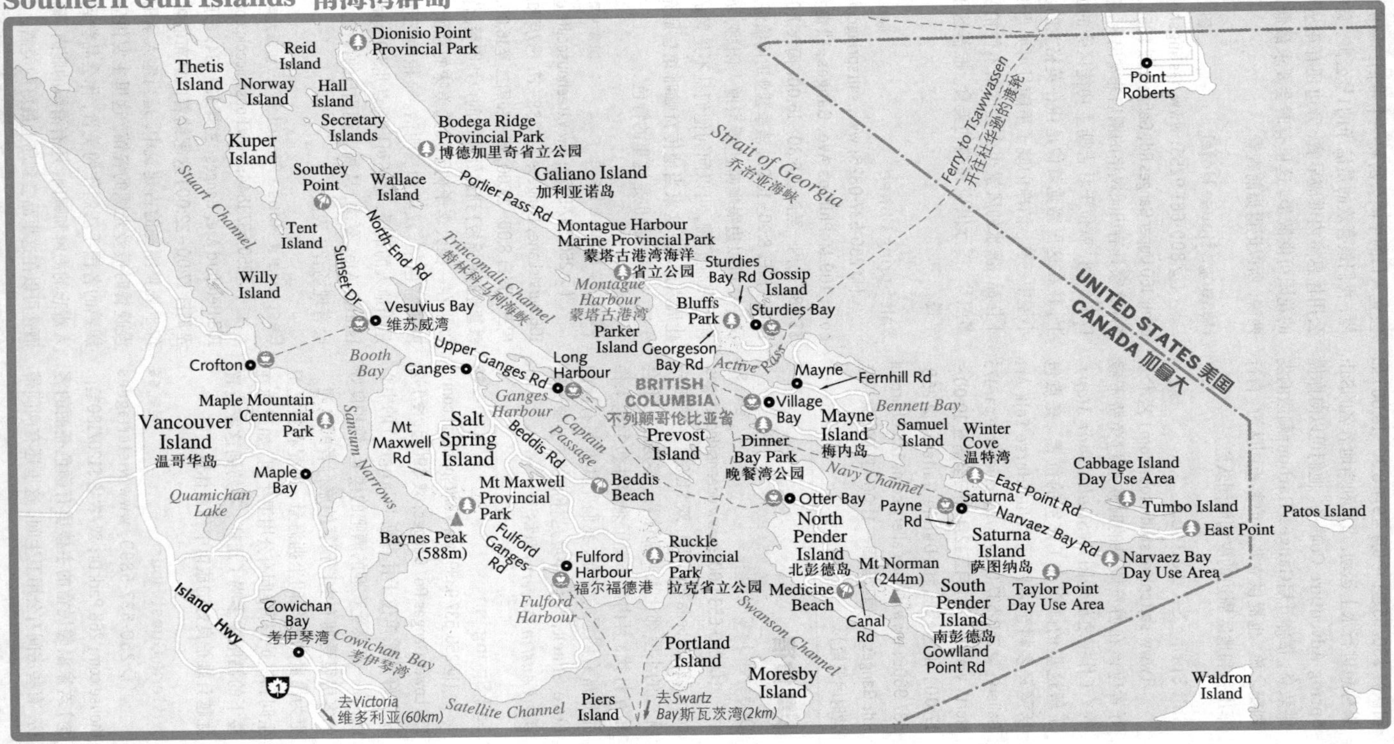

团队游 $30/55起；⊙6月至9月 8:30~18:00）如果你想进行水上运动，可以和当地著名的Salt Spring Adventure Co联系。他们可以向你提供装备，帮你开启Ganges Harbour刺激的皮划艇之旅。也提供立桨冲浪桨板团队游、自行车出租和地区周边的皮划艇团队游。

Salt Spring Studio Tour　　　团队游

（www.saltspringstudiotour.com）艺术爱好者应该在游览咸泉的时候通过免费下载的《工作室之旅地图》（*Studio Tour Map*）了解这里的画廊和工作室的位置。亮点包括蓝马乡村艺术画廊（Blue Horse Folk Art Gallery；☎250-537-0754；www.bluehorse.ca；175 North View Dr；⊙3月至12月 周日至周五 10:00~17:00）和达西画廊（Duthie Gallery；☎250-537-9606；www.duthiegallery.com；125 Churchill Rd, Ganges；⊙周四至周一 11:00~17:00，淡季运营时间缩短）。

食宿

Oceanside Cottages　　　别墅 $$

（☎250-653-0007；www.oceansidecottages.com；521 Isabella Point Rd；双 $135起）4栋独一无二的小屋都让人非常惊喜。客房之间不会相互打扰，且内部布置了兼容并包的艺术作品和富有创意的装饰。我们尤其推荐有趣的Love Shack，整体环境是怀旧的《王牌大贱谍》（*Austin Powers*）风格。

Salt Spring Inn　　　酒店 $$

（☎250-537-9339；www.saltspringinn.com；132 Lower Ganges Rd, Ganges；双 $90起；🛜）这家友好的旅馆位于甘吉斯（Ganges）的中心区，在一家很受欢迎的酒吧的楼上，维护良好的客房很受拥有中档预算的旅行者的欢迎。更为昂贵的豪华间坐拥海景，并配有独立卫生间和壁炉，标准间有公用卫生间。如果你在楼下的酒吧中多喝了几杯，不妨到这家位置优越且维护良好的旅馆中稍事休息。

Wisteria Guest House　　　民宿 $$

（☎250-537-5899；www.wisteriaguesthouse.com；268 Park Dr；双/农场 $120/180起；🛜）这家温馨民宿的主楼里有颜色亮丽的客房，有些房间有公用卫生间。这里还有两间带独立入口的单间公寓和一个带简约厨房的小屋，我们最喜欢的是洁净的1号公寓。宽敞的公用休息室内供应早餐，旁边还有花丛环绕的花园可供散步。这里有时会要求最低入住两晚，所以记得提前查看。

Hastings House Hotel　　　酒店 $$$

（☎800-661-9255；www.hastingshouse.com；160 Upper Ganges Rd, Ganges；双 $350起；🛜）这家具有田园风格的酒店非常出色，拥有17个房间，就位于甘吉斯主功能区旁的山坡上，住在这里感觉就像是住在英格兰的乡间小屋中一样。洁净的院子里随处可见当地艺术作品，滨水的风景也会让你禁不住拍摄更多照片。餐厅供应高端的美食。推荐这里的早餐。

Salt Spring Coffee　　　咖啡馆 $

（☎250-537-0825；www.saltspringcoffee.com；109 McPhillips Ave, Ganges；烘焙食品 $3~8；⊙周一至周五 6:30~16:00，周六 7:00~16:00，周日 8:00~16:00，淡季营业时间缩短）在这里你可以一边喝咖啡一边听当地人闲聊，如果你想跟他们聊，可以问问他们是不是赞成扩建周六市场。这家当地传奇咖啡馆总是充满生气，例汤和派也是这里的特色。

★ Tree House Café　　　加拿大菜 $$

（☎250-537-5379；www.treehousecafe.ca；106 PurvisLane, Ganges；主菜 $8~17；⊙7月和8月 周三至周日 8:00~22:00，周一和周二 至16:00，淡季营业时间缩短）到这处神奇的户外用餐，你可以坐在一棵大李子树下挑选美味的意面、墨西哥特色菜、汉堡和三明治。金枪鱼三明治是当地人的最爱，你还可以喝点儿Saltspring Island Ale。夏季，从周三到周日的夜晚这里会有现场音乐表演。

Restaurant House Piccolo　　　加拿大菜 $$

（☎250-537-1844；www.housepiccolo.com；108 Hereford Ave, Ganges；主菜 $27~34；⊙周三至周日 17:00~22:00）这家铺着白桌布的餐馆位于规整漂亮的古建筑中，是当地人享用浪漫晚餐时最爱光顾的餐馆。这里主要供应以娴熟的各国手法制作的美食，你会品尝到令人难忘的海鲜和鸭肉，还有滑嫩的鹿肉。葡萄酒迷可以在这里品尝到岛上最好的美酒。

❶ 实用信息

咸泉岛游客信息中心（Salt Spring Island Visitor Information Centre；☎250-537-5252；www.saltspringtourism.com；121 Lower Ganges Rd, Ganges；⏱5月至10月 9:00~16:00，11月至次年4月 11:00~15:00）从这里可以集中获得活动建议和住宿的意见。

❶ 到达和离开

BC Ferries（☎250-386-3431；www.bcferries.com）运营从大陆、温哥华岛和其他岛屿到Long Harbour、Fulford Harbour和Vesuvius Bay的定期渡轮。

Salt Spring Air（☎250-537-9880；www.saltspringair.com）提供从温哥华市中心港口到Ganges Harbour（$135，每天最多4班）的水上飞机服务。

北彭德岛和南彭德岛（North & South Pender Islands）

人口 2250

南北彭德岛曾经由沙质地峡连接在一起，这里吸引了很多向往宁静度假地的游客。这两座小岛现在由一座单通道的小桥连接，岛上有拓荒农场、古老的果园和几十处小湾及海滩，很适合骑行和徒步。可以登录www.penderislandchamber.com查看更多游客信息。

◉ 景点和活动

Sea Star Vineyards 葡萄酒厂

（☎250-629-6960；www.seastarvineyards.ca；6621 Harbour Hill Dr；⏱5月至9月 11:00~17:00）虽然运营时间不长，但是这片面积26英亩的碧绿葡萄园已经成为不列颠哥伦比亚省内一处人气很高的景点，你可以去这里的品酒室多品尝几种葡萄酒。清爽的白葡萄酒是特色。你还很有可能碰到友好的Hudson跟你打招呼，它是葡萄园里的一条寻回犬。

Pender Islands Museum 博物馆

（www.penderislandmuseum.org；2408 South Otter Bay Rd, North Pender；⏱7月和8月周六和周日 10:00~16:00，淡季营业时间缩短）**免费** 这座社区博物馆位于一栋历史悠久的白色农舍中，你可以观看到各类展示着地区人类遗产的展品，包括第一民族数千年的文物。还可以看到一些关于早期拓荒者的照片。

Pender Island Arts 团队游

（www.penderarts.com）许多艺术家会把彭德岛称为自己的家，你可以在Pender Island Arts的网站上找到他们的名字。其中大多数位于北彭德岛，不用走多远就能参观好几家。如果你是7月中旬来，不要错过一年一度的Art Off The Fence活动，届时所有的艺术家将会在此时齐聚岛上。

Pender Island Kayak Adventures 皮划艇

（☎250-629-6939；www.kayakpenderisland.com；4605 Oak Rd, North Pender Island；出租/团队游 $59/35起）你可以在友好的工作人员的指引下划桨（最好是划船）。他们不仅提供立桨冲浪桨板和自行车出租，也组织广受欢迎的皮划艇团队游；特别推荐观看日落的团队游。不仅如此，他们还组织区域周边的多日团队游——如果你想深入游览的话这是不错的选

值得一游

北部地区最佳早餐

不管你要去岛上的山地还是峡谷，关注去往Sayward的路标，然后你会不敢相信自己居然来到了一个如此古怪的街边餐馆跟前。**Cable Cook House Cafe**（☎250-282-3433；Sayward Rd；主菜 $8~14；☎）被2500米长的粗钢缆包裹着（他们花了整整3个月的时间才将钢缆缠绕在房子上），对当地通来说，这里是非常受欢迎的一处地标。庭院当中随意摆放着锈迹斑斑的伐木机器（以及后院里涂成彩色的户外厕所）。你可以走进这里，享用一顿传统的早餐以及一些巨大的肉桂面包。但是，不要错过房间后的壁画。这些幽默的民间艺术杰作是Len Whelan在20世纪70年代时所作，反映了当地锯木厂的情景。其中有一幅是一眼望不到头的树桩弯弯曲曲遍布山间，一个男人正在把咖啡泼到自己的头上。

择（当然都是在皮划艇上游览的）。

🛏️ 食宿

Woods on Pender 小屋 $$

（☎250-629-3353；www.woodsonpender.com；4709 Canal Rd, North Pender；双/小屋/Airstream $100/200/200起；🅿️🐾）不仅有度假屋的客房，还有田园风格的小屋，明星产品是这里6辆自炊式的Airstream旅行拖车，每辆车都配备烧烤平台。树林中的营地还配备热水浴桶、户外游戏（包括地掷球）以及一间餐厅，可提供美味的食物和十几种桌游。夏季时，小屋和Airstreams拖车3晚起订。

Poet's Cove Resort & Spa 酒店 $$$

（☎250-629-2100；www.poetscove.com；9801 Spalding Rd, Bedwell Harbour, South Pender；双 $350起；🅿️🐾）这座奢侈的旅馆有很多装饰着工艺品的房间，大多数房间坐拥波光粼粼的开阔水景。这里有一个可以预约生态游和垂钓游的活动中心，还有优雅的西海岸菜餐厅Aurora，你可以在此享受很有档次的美食。除此之外，这里还提供皮划艇游和各种水疗服务，最重要的是还有蒸汽洞穴。

Pender Island Bakery Café 咖啡馆 $

（4605 Bedwell Harbour Rd, Driftwood Centre, North Pender；主菜 $6~20；⏰7:00~17:00；🐾）这家当地人最爱的咖啡馆供应有机咖啡，以及烘焙美食，比如肉桂面包，你也许会为抢到最后一个肉桂面包而奋不顾身地和岛民们争抢一番。早餐可以来吃羊角面包，那要看看你有没有毅力坚持到清晨或者到午夜才能狼吞虎咽。

Cafe at Hope Bay 加拿大菜 $$

（☎250-629-2090；www.thecafeathopebay.com；4301 Bedwell Harbour Rd, North Pender；主菜 $10~23；⏰周一至周日 11:00~20:30）这座法式小馆主要供应以各国手法料理的美食，食材都来自西海岸。这里距离水獭湾渡轮码头只有几分钟的距离，可以欣赏到普拉沃湾的美景。炸鱼和薯条不出意料地非常棒，仔细找找菜单上不常见的美味，例如非常好吃的椰肉咖喱贻贝和虾肉。

ℹ️ 到达和离开

BC Ferries（见809页）提供从杜华逊（成人/儿童/车辆 $19.80/9.90/72.80）、斯瓦茨湾（成人/儿童/车辆 $13.45/6.75/41.90）及其他各岛往来这里的服务，班次频繁。

Seair Seaplanes（☎604-273-8900；www.seairseaplanes.com）提供从温哥华国际机场（$119，每天3班）到北彭德岛的服务。

　　彭德岛还有很棒的**社区公共交通系统**，开车的当地人会在岛上固定的几个停靠点接送乘客。

加利亚诺岛（Galiano Island）

人口 1150

　　这片窄小的陆地是以18世纪90年代一名西班牙探险者的名字命名的，这里有南海湾群岛最丰富的生物系统，还为爱好水上运动的老手和新手们准备了很多有趣的活动。

　　斯图尔迪斯湾（Sturdies Bay）码头所在的这一端比岛上其他地方都要繁忙（相应地有很多餐馆和商店），当你驶离码头之后，会发现周围变得越来越宁静，树木也越来越茂密。

👁️ 景点和活动

　　一旦准备充足后，就可以从码头出发去**蒙塔古港湾海洋省立公园**（Montague Harbour Marine Provincial Park），这里有小径通往海滩、草甸和被冰川侵蚀的峭壁。相比之下，**博德加里奇省立公园**（Bodega Ridge Provincial Park）则以苍鹰、鸬鹚，以及壮观的美景而闻名。

　　特林科马利海峡（Trincomali Channel）受保护的水域和艾克提夫峡道（Active Pass）波涛汹涌的水域能够满足不同水平划艇者的需求。**Galiano Kayaks**（☎250-539-2442；www.seakayak.ca；3451 Montague Rd；2小时/1天 租金 $35/60起，团队游 $60起）提供皮划艇出租和导览服务。如果你想进行陆地探索，可以从 **Galiano Adventure Company**（☎250-593-3443；www.galianoadventures.com；Montague Harbour Marina；每小时租金 $20起；⏰5月至9月）租一辆电动自行车。

🛏️ 食宿

　　在岛上的旅馆中，经验丰富的人喜欢去

Galiano Inn（☎250-539-3388；www.galianoinn.com；134 Madrona Dr；双 $249起；❄❅）这里距离斯图尔迪斯湾渡轮码头很近。那些向往大自然的人则可以去 Bodega Ridge（☎250-539-2677；www.bodegaridge.com；120 Manastee Rd；小屋 $275；❄），这座位于小岛另一端的宁静的林中旅馆有几个雪松小屋。

可以去 Sturdies Bay Bakery（☎250-539-2004；2450 Sturdies Bay Rd；主菜 $6~12；⊙周一至周四 7:00~15:00，周五至周日 至17:00；❄）一边享用美味的早餐一边听当地人闲聊。结束了岛上的探索之后，可以去森林环绕的著名 Hummingbird Pub（www.hummingbirdpub.com；47 Sturdies Bay Rd；主菜 $12~17）。也可以抽空去 Pilgrimme（☎250-539-5392；www.pilgrimme.ca；2806 Montague Rd；主菜 $16~30；⊙周三至周一 17:00~22:00）享用晚餐，这家具有创新性的顶级餐馆，在附近一整片地区都小有名气。原料精选自当地当季的食材，长期供应的特色菜品包括鸭子和太平洋章鱼。

❶ 实用信息

在离开渡轮区之前，建议去**游客信息亭**（www.galianoisland.com；2590 Sturdies Bay Rd；⊙6月至8月 周一至周六 10:00~17:00，淡季营业时间缩短）。如果游客信息亭关了，可以去附近的 **Galiano Island Books**（☎250-539-3340；www.galianoislandbooks.com；76 Mardona Dr；⊙周日至周五 10:00~17:30，周六 9:30~17:30），友善的工作人员会给你指明方向。

❶ 到达和离开

BC Ferries（见809页）提供从杜华逊（成人/儿童/车辆 $19.80/9.90/72.80）、斯瓦茨湾（成人/儿童/车辆 $13.45/6.75/41.90）以及其他各岛去往斯图尔迪斯湾码头的渡轮。

Seair Seaplanes（见820页）运营从温哥华国际机场飞往蒙塔古港湾（$119，每天2班）的航班。

萨图纳岛（Saturna Island）

人口 350

小巧玲珑的萨图纳岛非常宁静，这座天然的度假地远离尘嚣，很多普通的游客都不会来这里。岛上几乎有一半的地方都属于**海湾群岛国家公园保护区**（Gulf Islands National Park Reserve），这里点缀着曲折的海湾、漂亮的石壁和高大的杨梅树，这里没有拥挤的人群，只有把这里当作家的野生羊群。

在岛的北端，**温特湾**（Winter Cove）有白色的沙滩，非常适合游泳、划船和垂钓。还可以去**沃伯顿派克山**（Mt Warburton Pike；497米）徒步，在那里可以看到野生的山羊、翱翔的苍鹰和周边小岛的美景。带上望远镜，说不定能看到海岸线上静静游过的鲸鱼。

如果你是在加拿大日（Canada Day；7月1日），加入当地人一年一度的**羊肉烧烤节**（www.saturnalambbarbeque.com；成人/儿童 $23/12）。这是岛上最大的派对。

除了露营地和民宿，这里还有为数不多的其他的住宿选择。你可以去 **Saturna Lodge**（☎250-539-2254；www.saturna.ca；130 Payne Rd；双 $145起；❄）这里如同一个宁静的花园。

这里有很多田园风格的用餐选择。比如里渡轮码头不远的 **Wild Thyme Coffee House**（☎250-539-5589；www.wildthymecoffeehouse.com；109 East Point Rd；主菜 $6~10；⊙周一至周五 5:45~16:30，周六和周日 8:00~16:30；❄❃）。这家咖啡馆位于一辆漂亮的双层巴士里（车上和室外都设置了桌椅），提供可口的早餐、汤类和三明治午餐，烘焙食品，深受老饕们的追捧。这家咖啡馆致力于使用当地食材，以及公平贸易的咖啡。

❶ 实用信息

可以登录**萨图纳岛旅游协会**（Saturna Island Tourism Association；www.saturnatourism.com）网站查看更多信息。

❶ 到达和离开

BC Ferries（见809页）提供从杜华逊（成人/儿童/车辆 $19.80/9.90/72.80）、斯瓦茨湾（成人/儿童/车辆 $13.45/6.75/41.90）以及其他各岛去往萨图纳岛西部的莱尔港（Lyall Harbour）的渡轮。

Seair Seaplanes（见820页）运营从温哥华国际机场飞往莱尔港（$119，每天3班）的航班。

梅内岛（Mayne Island）

人口 1100

梅内岛曾经是淘金者的中途停留站，绰号"小地狱"，它是这片地区最具历史感的小岛。在过去很长一段时间内它都作为重要的商业中心而存在，但是现在这里聚集了各类艺术家。更多旅行信息请查询www.mayneislandchamber.ca。

位于矿工湾的古老的农业大厅（Agricultural Hall）会主办热闹的农贸市场（Farmers Market；250-222-0034；430 Fernhill Rd, Agricultural Hall；5月至10月 周六 10:00～13:00）。如果你想探索新鲜事物，可以去南海岸的晚餐湾公园（Dinner Bay Park; Dinner Point Rd），那里有很可爱的沙滩，而整洁的日本公园（Japanese Garden）是当地人为纪念这里20世纪初的日本居民而建造的。如果你想动筋骨，则可以去Bennett Bay Kayaking（250-539-0864；www.bennettbaykayaking.com；皮划艇出租/团队游 $37/66起；4月至10月）可以为皮划艇爱好者和立桨冲浪爱好者提供设备出租和导览游服务。

如果你太累了，又不想返回大陆，可以去Mayne Island Resort（250-539-3122；www.mayneislandresort.com；494 Arbutus Dr；双 $159起；），这家百年老店有海景房和非常豪华的海滩小屋。这里还有水疗服务和宽敞的餐池。你还可以去迷人的Fairview Farm（604-539-5582；www.fairviewonmayne.com；601 Bell Bay Rd；双 $125起），这间民宿位于一栋历史建筑内。

如果你想吃点小吃，可以去Sunny Mayne Bakery Cafe（250-539-2323；www.sunnymaynebakery.com；472 Village Bay Rd；主食 $4~10；6:00~18:00）——不要错过这里的香肠卷。晚餐可以去Bennett Bay Bistro（250-539-3122；www.bennettbaybistro.com；494 Arbutus Dr；主菜 $12~22；11:30~20:30），找个临海的位置享用美食。

到达和离开

BC Ferries（见809页）提供从杜华逊（成人/儿童/车辆 $19.80/9.90/72.80）、斯瓦茨湾（成人/儿童/车辆 $13.45/6.75/41.90）以及其他各岛去往Village Bay的渡轮。

Seair Seaplanes（见820页）运营从温哥华国际机场飞往Miners Bay（$119，每天2班）的航班。

弗雷泽河谷和汤普森河谷（FRASER & THOMPSON VALLEYS）

希望在内陆寻找远离温哥华喧嚣的人通常会沿着Hwy 1一路向东，穿越阿博茨福德这样的富饶平原。大多数时候，人们都不会在这些农场停留，你也不用停留，除非你想看看未经加工的芜菁。弗雷泽河峡谷（Fraser Canyon）有美不胜收的河川峡谷风光，而汤普森河（Thompson River）数十年来都没有什么变化。

实用信息

在温哥华以东150公里的霍普（Hope）有一座很好的游客中心（604-869-2021；www.hopebc.ca；919 Water Ave；9:00~17:00），这里有很多关于当地省立公园和这片地区的详细信息。

曼宁省立公园（EC Manning Provincial Park）

方圆708平方公里的曼宁省立公园（604-795-6169；www.bcparks.ca）位于霍普东南方30公里，从这里一路向东，山脉越发雄伟，你正驶离低陆平原的广袤农田，驶向落基山脉。这里有很多景观：干涸的河谷、幽暗的山地森林、奔腾的河流和高山草甸。这座位于Hwy 3边上的公园很适合稍作停留，但是别指望能得到什么宁静的空间，因为会有很多人抱着同样的想法从西面的小镇来到这里游玩。

景点和活动

曼宁一年四季都适宜游览。曼宁公园度假酒店（Manning Park Resort；见823页）可以进行冬季运动。夏季时，闪电湖（Lightning Lake）边有船只出租，来这里进行日间徒步可领略山地的壮阔美景。

以下几条徒步路线从Hwy 3很容易到达：

Fraser & Thompson Valleys
弗雷泽河谷和汤普森河谷

内唯一的室内住宿点。度假村内的小屋和度假屋共有73间客房。所有房间都配备了热水浴缸——这是在山中进行完一天的滑雪和单板滑雪（一日通票成人/儿童$53/33）的游客的必需品。这里还新开了总长100公里的越野滑雪和单板滑雪的滑道。

ℹ 实用信息

公园的**游客中心**（visitor center; ☏604-668-5953; Hwy 3; ⏰6月中旬至9月中旬 9:00~18:00）位于西边界向内30公里处。提供详细的徒步信息，以及公园和附近河狸池塘的地形模型。

ℹ 到达和离开

公园位于Hwy 3上的霍普以东。**加拿大灰狗长途巴士**（☏800-661-8747; www.greyhound.ca）提供从霍普（$20, 1小时, 每天1班）前往这里的巴士服务。

→ **干涸山脊小径**（Dry Ridge Trail）从干燥的内陆气候跨越到高山气候，景色壮美，还能欣赏到野花（往返3公里, 1小时）。

→ **峡谷自然小径**（Canyon Nature Trail）很不错的环形小径，途中可经过一座小桥并过河（2公里, 45分钟）。

→ **闪电湖环形小径**（Lightning Lake Loop）最恰当的介绍是：环绕中心湖泊的平缓环形小径（9公里, 2小时）。晚上可以看到小动物。

🛏 住宿

Lightning Lake Campground　露营地 $

（☏预订800-689-9025; www.discovercamping.ca; EC Manning Provincial Park; 露营地$35）一处人气很高的露营地。接受提前预订。

曼宁公园度假酒店　度假村 $$

（Manning Park Resort; ☏800-330-3321, 250-840-8822; www.manningpark.com; 7500 Hwy 3; 铺$35起, 房间$120起; ）是公园

弗雷泽河峡谷（Fraser River Canyon）

听着**斯珀朱姆**（Spuzzum）的地名就觉得它很有趣，它位于Hwy 1通往卡什溪的沿线，在坎卢普斯以西85公里处。这条路沿着在弗雷泽峡谷中奔流的弗雷泽河延伸，不出你所料，这里有很多激浪漂流活动。这里绝美的风景和几座省立公园绝对会让你不虚此行。

继续向北，就来到了**斯坦河Nlaka'pamux遗产公园**（Stein Valley Nlaka' pamux Heritage Park; ☏250-371-6200; www.bcparks.ca; Stein Valley Rd, Lytton; ）。这座生态多样的公园是由利顿第一民族（Lytton First Nation）参与管理的。这里有很棒的长途徒步路线，会经过干涸的河谷和冰雪覆盖的山峰，它们都位于不列颠哥伦比亚低陆地区保存最完好的水域之间。

从斯珀朱姆向北两公里，就来到了**亚历山大桥省立公园**（Alexandra Bridge Provincial Park; ☏604-795-6169; www.bcparks.ca; 紧邻Hwy 1; ），这里风景秀美。你可以边享用野餐，边欣赏这座1926年建成的历史悠久的桥梁。

在弗雷泽河及其支流奔腾的河水中进

行的激浪漂流活动很受欢迎。**Fraser River Raft Expeditions**（☎604-863-2336；www.fraserraft.com；30950 Hwy 1, Yale；游览$160起）的服务覆盖区域内的所有主要水路。**Kumsheen Rafting Resort**（☎800-663-6667；www.kumsheen.com；Hwy 1, 利顿以东5公里处；露营地/印第安人帐篷$35/130起；P）也提供各种游览活动和时尚的住宿地。

坎卢普斯（Kamloops）

人口 89,500

如果你选择从温哥华沿着Hwy 1向东到达落基山脉和班夫镇，那么就很适合将坎卢普斯作为实用的中途休息站。这里有很多汽车旅馆，还有一个值得参观的遗迹中心。在历史上，第一民族的萨斯瓦普族发现这里的很多河流和湖泊很适合运输和捕捞三文鱼。1811年起，贸易商人开始在这里扎营，做皮毛生意。

小镇中心区的重点是绿树成荫的Victoria St，在阳光充足的日子里这里非常热闹，繁忙的铁路将汤普森河与镇中心分隔开来。特许店和商场都位于Hwy 1沿线的高地上。

2017年上映的电影《超凡战队》（*Power Rangers*）就是在这里拍摄的。

◉ 景点

你可以以Victoria St为中心，逛一逛镇中心，参观艺术画廊和博物馆。从游客中心（见825页）取一本《市区文化遗产步行导览》（*Downtown Cultural Heritage Walking Tour*）的小册子。

想探访**街头艺术**的话，Victoria St和Seymour St（2nd Ave东边）之间有许多涂鸦壁画。

坎卢普斯遗迹铁路 历史铁路

（Kamloops Heritage Railway；☎250-374-2141；www.kamrail.com；510 Lorne St；成人/儿童$25/12；◎8月；P）从镇中心穿过铁路就来到了坎卢普斯铁路遗址，这里提供蒸汽机车游览服务。建议提前确认时刻表。

坎卢普斯画廊 画廊

（Kamloops Art Gallery；☎250-377-2400；

值 得 一 游

不列颠哥伦比亚省公园中的瑰宝

从坎卢普斯出发，沿Hwy 5一路向北，开往艾伯塔省边界和贾斯珀国家公园（Jasper National Park, 距离坎卢普斯440公里）。沿途经过**韦尔斯格雷省立公园**（见863页，距离坎卢普斯125公里），这里是远离都市喧嚣的世外桃源。

---

www.kag.bc.ca；465 Victoria St；成人/儿童$5/3；◎周一至周六 10:00~17:00，周四 至21:00）这座画廊主要展出当地艺术家的现代西方作品和原住民作品，与这里的复式建筑风格相得益彰。

坎卢普斯博物馆和档案馆 博物馆

（Kamloops Museum & Archives；☎250-828-3576；www.kamloops.ca/museum；Seymour St和2nd Ave交叉路口；成人/儿童$3/1；◎周二至周六 9:30~16:30；P）坎卢普斯博物馆位于一座古老的建筑中，也应景地收藏着很多古老的照片。这里有大卫·汤普森（David Thompson；加拿大探险家，汤普森河即得名于他的名字）的独家报道，还有专为孩子准备的一整层楼的展览。

保罗湖省立公园 公园

（Paul Lake Provincial Park；☎250-819-7376；www.bcparks.ca；Pinantan Rd；P）在通常都很炎热的夏日，保罗湖省立公园的海滩会不停地召唤你，你会在这里看到猎鹰和土狼。这里还有20公里长的**山地自行车环形小径**，以及露营地（$18）。它位于Hwy 5东北24公里处。

🛏 住宿

镇中心东边的Hwy 1沿线有一些古老、破旧的汽车旅馆。Columbia St的中心往北至Hwy 1之间还有一些连锁汽车旅馆或较旧的独立汽车旅馆，其中一些景色很美。附近的公园也有很好的露营地。

★**Plaza Hotel** 酒店 $$

（☎877-977-5292, 250-377-8075；www.plazaheritagehotel.com；405 Victoria St；房间$75~200；P）小镇上的旅馆千篇一

律，唯有这家很有特点。这座6层楼的酒店有67个房间，自1928年开业以后，外部只有些许改变。房间都经过翻新，时尚且保留了历史风韵。房费中包含很棒的早餐。

Scott's Inn
汽车旅馆 $$

(250-372-8221；www.scottsinn.com；551 11th Ave；房间 $100起；P❋@📶) 和当地很多同类酒店不同，这家汽车旅馆距离市中心更近，管理有序。51间房间装修得很好，还配备了室内泳池、热浴缸、咖啡馆和房顶的日光露台。

South Thompson Inn Guest Ranch
度假屋 $$

(250-573-3777；www.stigr.com；3438 Shuswap Rd E；房间 $160~260；P❋📶) 从镇上沿着Hwy 1向西大约20公里，就来到了这间豪华的水滨度假屋，它位于南汤普森河两岸连绵起伏的草场之间。这里的57个房间分布在两栋木质的主建筑、一座小型领主宅邸和一些经过改装的马棚中。

✘ 餐饮

Art We Are
咖啡馆 $

(www.theartweare.com；246 Victoria St；主菜 $8起；⏰周一至周六 9:00~21:00；📶) 这家时尚的咖啡馆功能多样，既是茶室、当地艺术家的表演场所和休闲地，也是面包房，可以让你慢慢享受坎卢普斯的时光。有机菜品每天都会变。周六晚上有现场摇滚或布鲁斯音乐表演。

Hello Toast
咖啡馆 $

(250-372-9322；www.facebook.com/hellodouble；428 Victoria St；主菜 $5~12；⏰7:30~15:00；📶) 这家对素食者友好的有机咖啡厅位于Good Morning Croissant的对面，为一些人提供全谷类食物，也为另一些人提供包括培根、鸡蛋和汉堡的油炸组合。店前面和人行道旁的餐桌都很不错。

★ Noble Pig
酒吧食品 $$

(778-471-5999；www.thenoblepig.ca；650 Victoria St；主菜 $12~20；⏰周一至周三 11:30~23:00，周四至周六 至午夜，周日 15:00~22:00) 这间空间很大、技艺精湛的啤酒厂会轮换推出7种自酿的啤酒（口味绝佳的IPA一直榜上有名）以及其他精选自不列颠哥伦比亚省内各顶级酒厂出品的啤酒。食物也很诱人，包括沙拉、汉堡、比萨以及各类特价菜品。建议尝尝这里的煎炸食品。装修风格温馨友好，夏季的时候，巨大的露台会让你无法抗拒。

Commodore
小酒馆

(250-851-3100；www.commodorekamloops.com；369 Victoria St；⏰周一至周六 11:00至深夜) 这家老式的小酒馆供应的菜肴丰富多样，招牌菜是汉堡和芝士火锅（主菜$12起），这里的周五之夜有爵士乐和芬克乐现场表演。其他夜晚，DJ的音乐也很不错。推荐人行道旁的座位。

ℹ️ 实用信息

游客中心 (250-374-3377，800-662-1994；www.tourismkamloops.com；1290 W Hwy 1, exit 368；⏰8:00~18:00；📶) 紧邻Hwy 1，俯瞰着小镇。

ℹ️ 到达和离开

加拿大灰狗长途巴士（见823页）Columbia St W西南1公里处。

站点包括：

贾斯珀 $70，5.5小时，每天1班

基洛纳 $37，2.5小时，每天2班

乔治王子城 $89，7小时，每天1班

温哥华 $59，5小时，每天6班

加拿大国家铁路公司（见725页）在距离小镇11公里的坎卢普斯北站（Kamloops North Station；紧邻Hwy 5）提供每周3次的"加拿大人号"列车客运服务，可以从温哥华（9.5小时）和贾斯珀（再加9.5小时）等地开往这里。票价根据季节和服务等级变化。

ℹ️ 当地交通

坎卢普斯市内交通系统（Kamloops Transit System；250-376-1216；www.bctransit.com/kamloops；车票 $2）提供当地公交服务。

太阳峰（Sun Peaks）

坎卢普斯东北部赫然屹立的群山正是 **Sun Peaks Resort**（800-807-3257；www.

sunpeaksresort.com; 1280 Alpine Rd; 缆车票 成人/儿童 $92/46, 山地自行车 $45/27) 的所在地。这个不断发展的度假胜地拥有135条滑雪道（包括一些长达8公里的覆盖着积雪的徒步路径）、12架升降缆车和一座令人心情愉快的村落基地。在夏天, 升降缆车可以带你到达这里的20多条山地自行车道。

太阳峰拥有许多度假小屋、民宿和奢华的公寓大楼。Sun Peaks Hostel (250-578-0057; www.sunpeakshostel.com; 1140 Sun Peaks Rd; 铺/双 $27/75起;) 的木头度假屋中提供宿舍和单间。

从坎卢普斯沿Hwy 5, 向东北方行驶50公里可达太阳峰。冬季时, 坎卢普斯 ($15) 有穿梭巴士去太阳峰。

奥卡纳根河谷
（OKANAGAN VALLEY）

我们无法得知这座位于温哥华和艾伯塔之间的美丽肥沃的河谷中什么发展得更快：是游客，还是水果？180公里长的奥卡纳根河谷内分布着许多种植着桃树和杏树的果园，以及二十多家一流的葡萄酒庄，他们的葡萄藤蔓延在山丘的梯田上, 吸收着加拿大最充沛的阳光。河谷是几代加拿大人的夏日度假地。人们在奥卡纳根几个小镇周边的一连串湖泊旁嬉戏。

位于美国边境附近的欧沙约（Osoyoos）几乎是不毛之地，但是向北走就会看到更多绿色。位于河谷中心附近的基洛纳是加拿大发展最快的城市之一。这里汇聚了湖滨美景和各种有趣的事。

每年的7月和8月，山谷里的人们面对不堪重负的接待压力就如同丰收前挂着沉甸甸果实的葡萄藤。访问此地的最佳时间是春末秋初，那时客流较小。冬季皑皑的白雪让附近的大白山度假村吸引了许多滑雪和滑板爱好者前来。

欧沙约（Osoyoos）
人口 5100

曾经朴实无华的欧沙约的消费水平逐渐升级。小镇的名字来源于第一民族的词语 "soyoos"，意思是"穿过沙洲"，尽管翻译得比较直白，但是意思却没错：小镇的大部分土地位于分隔欧沙约湖（Osoyoos Lake）的狭窄区域内。这里被湖滩环绕，而湖水灌溉的肥沃农场、果园和葡萄园顺着Hwy 97一直向北延伸到镇外。

虽然这里有大自然丰富的馈赠，但是这里却是奥卡纳根河谷中最贫瘠的一部分，很多当地人爱说这里是墨西哥索诺兰沙漠的最北端，小镇上大部分地方散发的气息也兼具两地的特点。从生长着仙人掌的沙漠到小镇当中粗陋的砖砲建筑，Hwy 3的这一头，与另一头的不列颠哥伦比亚省内松树与高山组成的景观截然不同。

◉ 景点和活动

欧沙约湖是加拿大最温暖的地方之一。湖水和沙质的湖滩可以让你游个痛快，在高达42℃（108℉）的炎炎夏日这会是很好的放松。很多湖滨的汽车旅馆和露营地都出租皮划艇、独木舟和小船。

欧沙约沙漠中心　　　　　　　　　　公园

（Osoyoos Desert Centre; 250-495-2470; www.desert.org; 紧邻Hwy 97; 成人/儿童 $7/6; ⓘ5月中旬至9月中旬 9:30~16:30, 9月中旬至次年5月中旬 营业时间缩短; ） 欧沙约沙漠中心位于小镇以北3公里处，在这里能看到吐着信子的蛇类和欢歌的小鸟。旱地上架起的木板路沿途有信息亭。这座非营利性的沙漠中心提供90分钟的导览游。这里还有些专门种植精美野花的花园。

Nk'Mip沙漠和遗产中心　　　　　　博物馆

（Nk'Mip Desert & Heritage Centre; 250-495-7901; www.nkmipdesert.com; 1000 Rancher Creek Rd; 成人/儿童 $14/10; ⓘ5月至9月 9:30~17:30, 10月至次年4月 营业时间缩短; ） Nk'Mip沙漠和遗产中心是第一民族帝国的一部分，主打文化展览和干旱生态游。这里位于Hwy 3北部紧邻45th St的地方，有一处沙漠高尔夫球场、著名的酒庄Nk'Mip Cellars、度假村和很多其他设施。

LaStella Winery　　　　　　　　　葡萄酒厂

（250-495-8180; www.lastella.ca; 8123

Okanagan Valley 奥卡纳根河谷

奥卡纳根河谷的葡萄酒庄

充足的阳光、肥沃的土地和寒冷的冬季是当地的葡萄酒行业得以繁荣的先天条件。基洛纳及山谷北部地区以白葡萄酒而闻名,如Pinot Grigio。在南部的彭蒂克顿和奥利弗附近,红酒才是明星,最受欢迎的是Merlot。

120多家葡萄酒庄中的绝大多数紧邻Hwy 97,所以品酒非常方便。大多数酒厂提供团队游服务,并且很乐意卖你几瓶酒。实际上,很多最好的葡萄酒只在地窖有售。这里的一些酒庄拥有很棒的咖啡馆和酒馆,可以让你在品尝美酒的同时,一边欣赏美景,一边享用当地的各种美食。

节日

奥卡纳根季节性的葡萄酒节(www.thewinefestivals.com)是这里的主要活动,尤其是秋季的节日。

通常的举办日期在秋季(10月初)、冬季(1月中)、春季(5月初)和夏季(8月初)。届时山谷中的各个葡萄酒庄中会举行活动。

实用信息

获取奥卡纳根河谷葡萄酒信息有两个很好的渠道:一是位于彭蒂克顿游客中心(见939页)的不列颠哥伦比亚葡萄酒信息中心(BC Wine Information Centre),二是位于基洛纳的不列颠哥伦比亚葡萄酒博物馆(见837页)。《约翰·施赖纳奥卡纳根葡萄酒导游指南》(*John Schreiner's Okanagan Wine Tour Guide*)是这方面的权威指南。

团队游

很多酒厂都对外开放品酒,并提供代驾服务。

Club Wine Tours (📞250-762-9951; www.clubwinetours.com; 团队游 $75起)公司的招牌团队游包括游览四个酒厂并在葡萄园中享用午餐。

Distinctly Kelowna Tours (📞250-979-1211; www.distinctlykelownatours.ca; 团队游 $100起)提供各地区的葡萄酒酒厂团队游服务,大多含午餐。

参观葡萄酒庄

各个葡萄酒庄的品酒体验千差万别。有些酒厂只提供一两种葡萄酒,而有些酒厂却提供数十种年份酒。有些品酒室只是装潢气派的售酒区,而有些却能欣赏到葡萄园、河谷和湖泊的美景。有些收费,而有些却免费。

在数十种选择中,我们推荐以下几家(从北向南排列)。Summerhill Pyramid和Cedar Creek Estate位于基洛纳南部湖泊的东岸,而其他的葡萄酒庄可以通过Hwy 97到达。

Sandhill Wines (📞250-762-2999; www.sandhillwines.ca; 1125 Richter St, Kelowna; ⊙10:00~18:00; 🅿)之前名为Calona Vineyards,它是奥卡纳根河谷的第一家葡萄酒庄,从1932年开始制造葡萄酒。品酒室的建筑风格非常惊艳,游客可以在富有情调的环境中品尝其广受欢迎的甜瓜口味的白葡萄酒Pinot Blanc。

Summerhill Pyramid Winery (📞250-764-8000; www.summerhill.bc.ca; 4870 Chute Lake Rd, Kelowna; ⊙9:00~18:00; 🅿)位于湖东岸的山坡上,它是奥卡纳根河谷中色彩最缤纷的一家酒庄。它拥有一间传统的品酒室、一间巨大的金字塔型建筑(所有的葡萄酒都储藏在这里的桶中),以及餐馆Sunset Organic Bistro (见840页;提供取材自当地的美食),所有红酒都是有机的。

Cedar Creek Estate Winery (📞250-764-8866; www.cedarcreek.bc.ca; 5445 Lakeshore Rd, Kelowna; ⊙7月和8月 10:00~19:00, 9月至次年6月 11:00~17:00; 🅿)这家酒厂因其出色的团队游、雷司令和菲尔斯(一种爽口的果味白葡萄酒)而出名。酒庄里的Vineyard Terrace (📞778-738-

1027；主菜$20~35；⊘6月至9月中旬11:00~21:00）周围美丽的景色会吸引你再度造访。

Quails' Gate Winery（☎250-769-2501；www.quailsgate.com；3303 Boucherie Rd, West Kelowna；⊘10:00~20:00；🅿）这座酒厂虽小，名气却很大，最出名的是黑皮诺、霞多丽和白诗南。**Old Vines Restaurant**（☎250-769-4451；主菜$20~35；⊘11:30~14:00和17:00~21:00）是最好的餐馆之一。

Mission Hill Family Estate（☎250-768-7611；www.missionhillwinery.com；1730 Mission Hill Rd, West Kelowna；⊘10:00~18:00；🅿）它看起来就像是托斯卡纳的酒庄一样，建筑让人惊叹不已。可以尝尝混酿红葡萄酒（试试波尔多）或者非常棒的西拉葡萄酒。**Terrace**（见836页）是河谷中最好的餐馆之一，使用当地出产的优质食材。需预订。

Okanagan Crush Pad（☎250-494-4445；www.okanagancrushpad.com；16576 Fosbery Rd, Summerland；⊘10:30~17:30；🅿）出产的年份酒都储藏在混凝土储罐中。自从采用不锈钢之后，这项有百年历史的工艺已经几近失传，如今在这里得以复兴。你可以品尝到这里生产的超过20种不同品牌的红酒。

Hester Creek（☎250-498-4435；www.hestercreek.com；877 Road 8, Oliver；⊘10:00~19:00；🅿）占有绝佳的地理位置，还拥有一间新造的品酒室。它最出名的是红酒，尤其是酒香浓郁的品丽珠（Cabernet Franc）。**Terrafina**（见831页）采用了地中海风格。

Inniskillin（☎250-498-4500；www.inniskillin.com；7857 Tucelnuit Dr, Oliver；⊘10:00~17:00；🅿）这座酒厂是不列颠哥伦比亚省第一个用仙粉黛酿酒的酒庄，这里也生产被誉为长生药的冰酒（当葡萄在藤上被冻住的时候开始收割）。你可以尝尝金色的雷司令。

Road 13（☎250-498-8330；www.road13vineyards.com；799 Ponderosa Rd, Road 13, Oliver；⊘5月至10月10:00~17:30,11月至次年4月 周一至周六11:00~16:00；🅿）这里美味的红葡萄酒（黑皮诺）和白葡萄酒（白诗南）赢得了不少赞许。其经济实惠的风格也可适用于这里的野餐桌，坐拥美不胜收的景致却奉行"像尘土一样廉价"的座右铭。迷人的休息大厅中可以看到葡萄园的美景。

Black Hills Estate（☎250-498-0666；www.blackhillswinery.com；4190 Black Sage Rd, Oliver；导览品酒$10~30；⊘4月至11月10:00~17:00；🅿）这里的品酒室大胆采用了玻璃和金属，非常引人注目，还有树木掩映的露台，你可以在日落的时候在这里小酌一杯。不仅提供经典品种，如维欧尼（Viognier），还有多种调配酒，如Alibi、长相思（Sauvignon Blanc）和赛美蓉（Semillon）的调配酒。有夕阳欢乐时间，夏季时在16:00至19:00之间提供当地的接送服务。

Church & State Wines（☎250-498-2700；www.churchandstatewines.com；4516 Ryegrass Rd, Oliver；⊘11:00~18:00；🅿）郊狼碗（Coyote Bowl）的葡萄园中的一处亮点，是酒体丰盈且美味的西拉葡萄酒。这里也是Lost Inhibitions品牌葡萄酒的产地，生产广受欢迎的定价葡萄酒，如Chill the F*uck Out和I Freakin' Love You。

Burrowing Owl Estate Winery（☎250-498-0620；www.burrowingowlwine.ca；500 Burrowing Owl Pl, Oliver；⊘2月中旬至12月中旬10:00~18:00；🅿）🌱注重环保的葡萄酒生产融入了有机农场技术，可以尝尝这里的西拉葡萄酒。其他的获奖葡萄酒有Cabernet Franc和Meritage。这个黄金地段的地标还拥有一个酒店和非常棒的**Sonora Room**（见831页）餐厅。

LaStella Winery（见826页）这处美丽的意大利风情酒庄坐落于欧沙约湖旁。陶瓷屋顶和地板结合大理石的装饰，让其成为奥卡纳根山谷中最美丽的酒庄。尤其推荐这里的Maestoso（赤霞珠）。

148 Ave, Osoyoos; ◐4月至10月 10:30~18:30; ℗)美丽的风景让你如同置身意大利,以欧沙约湖为起点,陶瓦的屋顶和地面以及花岗岩装饰,共同造就了这座山谷中最美丽的酒庄。最推荐由赤霞珠(Cabernet Sauvignon)酿造的Maestoso。

大教堂省立公园 公园

(Cathedral Provincial Park; ☎604-795-6169; www.bcparks.ca; Ashnola Rd; ℗)大教堂省立公园位于Keremeos以西30公里。这片占地330平方公里的高山荒野是探险达人的乐园。公园中的山地野花点缀、湖水碧绿,非常适合徒步和荒野露营($13)。

ATB Watersports 水上运动

(☎250-498-9044; www.atbwatersports.com; 5815 Oleander Dr, Safari Beach Resort; 冲浪板出租每小时$25起; ◐6月至9月)欧沙约湖就像镜面一般平静,非常适合桨板运动。提供出租服务和课程服务。还有皮划艇和独木舟。

🛏 食宿

湖的东端有很多露营地。在分隔欧沙约湖的狭长地带上有十几家普通的汽车旅馆,但是要留意那些破旧的老旅馆。很多旅馆都聚集在Hwy 3周边,还有一些位于边境附近的西南湖岸。

Nk'Mip Campground & RV Resort 露营地 $

(☎250-495-7279; www.campingosoyoos.com; 8000 45th St; 露营地/房车营地$35/48起,小屋$170起; ℗❄)这座紧邻Hwy 3的湖滨度假地常年开放,有300多个露营位置。现在也提供面积宽敞的小屋。

Avalon Inn 汽车旅馆 $$

(☎250-495-6334; www.avaloninn.ca; 9106 Main St; 房间$90~180; ℗❄❅)这座拥有20个房间的小众汽车旅馆距离湖边较远,但是离那些很好的餐厅却很近。这里宽敞的房间和花园比以前更漂亮了。有些房间还有厨房。

Walnut Beach Resort 度假村 $$$

(☎250-495-5400; www.walnutbeachresort.com; 4200 Lakeshore Dr; 房间$150~350; ℗❄❅❆)这家占地面积广大的高档度假区位于湖的东南岸上。共有112间宽敞的套房(其中一些有2间卧室),以及一个环绕泳池的大平台。

Roberto's Gelato 意式冰激凌店 $

(☎250-495-5425; www.robertosgelato.com; 15 Park Dr, Watermark Beach Resort; 意大利冰激凌$3起; ◐6月至9月 正午至22:00,10月至次年5月营业时间缩短)位于市中心,也临近湖边。这间店提供至少24种口味的自制冰激凌。

★Dolci Socialhaus 咖啡馆 $$

(☎250-495-6807; www.dolcideli.com; 8710 Main St; 主菜$14~25; ◐周二至周六 11:30~21:00)这家小咖啡馆位于街区的中部,一不小心就会错过它,但是那样真的很遗憾。他们对食材来源的坚持让他们可以将普通的食物变为非凡的美味,甚至连店内的培根都是自己熏制的。你可以选择阳台上的位子,看看农场里吃草的动物。

ⓘ 实用信息

面积巨大的**游客中心**(☎250-495-5070; www.destinationosoyoos.com; Hwy 3和Hwy 97交叉路口; ◐9:00~18:00; 🛜)提供信息、地图和书籍,还可以在这里预订车票和住宿。

ⓘ 到达和离开

加拿大灰狗长途巴士(见823页)有开往温哥华($77,7小时,每天1班)的巴士服务,发车点在游客中心外面。还有向北去往山谷的班车,每天1班,停靠点有彭蒂克顿($20,70分钟)等。

奥利弗(Oliver)

人口 5200

奥利弗聚集了一批绝佳的葡萄酒厂以及其他自然的馈赠。从奥利弗到欧沙约20公里的途中,Hwy 97两侧全是硕果累累的果园,真是当之无愧的"黄金地段"。路边的摊位上展示着成熟的果实,很多果园还可以让你采摘。

⦿ 景点和活动

奥利弗葡萄园中的小路非常适合骑自

❶ 水果季

Hwy 97欧沙约至彭蒂克顿一段的沿途,有很多路边摊和可以采摘水果的农场(或者直接购买)。奥卡纳根河谷主要的水果及其收获时间如下:

樱桃 6月中旬至7月末

杏 7月中旬至8月中旬

桃子 7月中旬至9月中旬

梨 8月中旬至9月末

苹果 9月初至10月末

葡萄 9月初至10月末

行车探案。当地的徒步和骑行路线包括绝佳的总长18.4公里的<u>国际自行车小径</u>(International Bike Trail)。

你可以从旅游局办事处取一份遗迹步行游览手册,好好欣赏这座古老的果园小镇。

Double O Bikes 骑车

(☎250-535-0577; www.doubleobikes.com; 6246 Main St; 自行车出租 每天 成人/儿童 $24/20起; ◎9:30~17:00)这里提供自行车出租和骑行线路的简易图。他们的另一家分店在欧沙约。

🍴 食宿

Mount View Motel 汽车旅馆 $$

(☎250-498-3446; www.mountviewmotel.com; 5856 Main St; 房间 $80~120; P❄🐾🛜)这家汽车旅馆距离镇中心很近,这里有7间阳光充足的房间,它们围绕着鲜花点缀着的古色古香的院落。每间房都有厨房和葡萄酒开瓶器。新铺设了木地板,采用现代的装修风格。

⭐ Burrowing Owl Guest House 精品酒店 $$$

(☎250-498-0620; www.burrowingowlwine.ca; 500 Burrowing Owl Pl, off Black Sage Rd; 房间 $170~350; ◎5月至10月,11月至次年4月 营业时间缩短; P❄🐾🛜❄)奥卡纳根最好的酒庄之一,有10间带露台的客房,朝向西南方,俯瞰着一派葡萄园风光。这里有一个大泳池、一个热水浴缸、特大号床和商务简约风格的装饰。Sonora Room(见831页)因各国风味菜肴而闻名。它位于奥利弗以南13公里处,紧邻Hwy 97。

Hester Creek 旅馆 $$$

(☎250-498-4435; www.hestercreek.com; 877 Road 8; 房间 $200~300; P❄🐾🛜)旅馆位于河谷中最好的酒庄之一。这个豪华的地中海式别墅共有6间套房,从中可以欣赏到葡萄园的美景。这里的装饰很奢华,配有壁炉、浴缸等各种设施。内部的Terrafina(见831页)供应很棒的托斯卡纳风格食物,采用的都是当地的食材。

Medici's Gelateria 意式冰激凌店 $

(☎250-498-2228; www.medicisgelateria.ca; 9932 350th Ave/Fairview Rd; 甜品 $3起; ◎10:00~17:00)这家店位于一座老教堂中,里面的冰激凌也好吃得让你想要膜拜。这里还供应很好的咖啡、汤类、意式三明治和其他食物,所有美食都采用当地食材制作。就在Hwy 97的西头。

Farmers Market 市场 $

(Lion's Park, Hwy 97; ◎夏季 周六 8:00~13:00, 周三 17:00~20:00)充满活力的市场展示着当地物产的丰富与多样。

⭐ Terrafina 意大利菜 $$$

(☎250-495-3278; www.terrafinarestaurant.com; 887 Road 8, Oliver; 主菜 $20~35; ◎6月至9月 每天 11:30~21:00, 10月至次年5月 周三至周日)这间亲密的餐馆位于Hester Creek Estate Winery内,提供精致的托斯卡纳风味菜肴。室外的露台是山谷中最佳的。

Sonora Room 创意菜

(☎250-498-0620; www.burrowingowlwine.ca; 500 Burrowing Owl Pl, Burrowing Owl Estate; 主菜 $20~35; ◎5月中旬至10月 11:30~21:00, 10月中旬至次年4月 营业时间缩短)这间吸引人的托斯纳卡风格餐厅位于山谷中最温暖的角落,特色菜是意式和法式的佳肴。提供从欧沙约度假区的接送服务,费用为$25。

❶ 实用信息

游客中心(☎778-439-2363; www.winecapitalof

瓦休克斯湖（Vaseaux Lake）

从奥利弗沿着Hwy 97向北行驶10公里，到达瓦休克斯湖会再次进入大自然的怀抱。这座湖犹如置于花岗岩峭壁之中的一块蔚蓝色的宝石。

如果你不赶时间，奥卡纳根瀑布（Okanagan Falls）和彭蒂克顿之间的斯卡哈湖（Skaha Lake）东侧有很多小路，沿途有葡萄园和美景，比Hwy 97有趣得多。

瓦瑟湖省立公园（Vaseux Lake Provincial Park; www.bcparks.ca; Hwy 97）中有一条300米长的木板路，可以观赏很多鸟类、大角羊、山羊和14种蝙蝠。你还可以徒步去大角国家野生动物保护区（Bighorn National Wildlife Area）和瓦瑟湖国家候鸟保护区（Vaseux Lake National Migratory Bird Sanctuary），这里有160多种鸟类。

彭蒂克顿（Penticton）

彭蒂克顿将海滩度假村的悠闲和其激动人心的氛围融合了起来。这里一直以来就是加拿大退休人士颐养天年的地方，这和其萨利希语名字"Pen-Tak-Tin"（永远待下去的地方）之意相得益彰。如今的小镇和奥卡纳根河谷的其他地方一样都在迅速发展。

彭蒂克顿非常适合作为游玩河谷的落脚点。这里有丰富的娱乐活动，无须深入野外，就能让你乐在其中。放弃镇中心西侧的Hwy 97，改走Main St非常值得一逛的中心区，后者从风景如画的湖畔向南延伸10个街区，把你的目光从更南部的购物中心和高楼大厦转移开来。

◎ 景点

奥卡纳根湖滩（Okanagan Beach）有1300米长的沙滩，夏季平均水温22℃（72℉）。如果那里人很多，还可以去稍微安静点儿的斯卡哈湖滩（Skaha Beach），它位于镇中心的南部，绵延1.5公里。

★SS斯卡莫斯内陆海洋博物馆　　历史遗址
（SS Sicamous Inland Marine Museum; ☎250-492-0405; www.sssicamous.ca; 1099 Lakeshore Dr W; 成人/儿童 $6/3; ⊙10:00~17:30）曾经有段时间，不列颠哥伦比亚内陆最方便的交通方式就是乘船。SS斯卡莫斯号就在1914年至1936年航行于奥卡纳根湖上，搭载着乘客和货物。现在船舶已经过修缮，常年停靠在岸边，你可以自助参观这条船。

斯卡哈悬崖省立公园　　公园
（Skaha Bluffs Provincial Park; www.bcparks.ca; Smythe Dr; ⊙3月至11月）这里干燥的天气和密实的片麻岩山体，吸引着世界各地的攀岩爱好者来到这座公园，挑战园内超过400条固定螺栓的攀岩路线。悬崖就位于斯卡哈湖东边的Lakeside Rd旁边，当地的攀岩团队可以提供关于峭壁的全面信息（请查看www.skaha.org）。

彭蒂克顿博物馆　　博物馆
（Penticton Museum; ☎250-490-2451; www.pentictonmuseum.com; 785 Main St; 捐款入场; ⊙周二至周六 10:00~17:00）彭蒂克顿博物馆在图书馆内，有让人欣喜的各式展览，包括不可缺少的自然历史展览——展出各种动物和鸟类标本，还有你想了解的桃子节（见833页）上各种新鲜水果的相关知识。

奥卡纳根南部艺术馆　　美术馆
（Art Gallery of Southern Okanagan; ☎250-493-2928; www.pentictonartgallery.com; 199 Marina Way; 成人/儿童 $2/免费; ⊙周二至周五 10:00~17:00, 周六和周日 11:00~16:00）位于湖畔的奥卡纳根南部艺术馆展出当地、省内和省外艺术家的许多作品。

⚡ 活动

彭蒂克顿有很多水上活动。在奥卡纳根湖滩的西端，有各种常见的度假消遣活动，比如小型高尔夫。

水上运动

奥卡纳根湖和斯卡哈湖上都有着奥卡纳根河谷地区数一数二的帆板、划船和划桨运动的条件。

奥卡纳根湖上有几处水上运动设备出租点。

柏油路面的奥卡纳根河水道骑车和慢跑小路（Okanagan River Channel Biking & Jogging Path）沿着连接奥卡纳根湖和斯卡哈湖的干枯的水道前进。既然可以走水路，为什么还要开辟这条小径呢？

★ Coyote Cruises 水上运动

(☎250-492-2115; www.coyotecruises.ca; 215 Riverside Dr; 租金和往返接送 $12; ⓗ6月中旬至9月 10:00~17:00) Coyote Cruises出租轮胎内胎，你可以乘着它漂浮到奥卡纳根河道（Okanagan River Channel）的终点。然后，他们再用巴士把你载回到奥卡纳根湖附近的出发点。如果你有自己的漂浮用具，只需花费$5的巴士票款。

Pier Water Sports 水上运动

(☎250-493-8864; www.pierwatersports.com; Rotary Park, Lakeshore Dr W; ⓗ5月至9月 9:00~19:00; 派对驳船 2小时$275起, 立桨冲浪板出租 $20/小时, 皮划艇出租 $15/小时; ⓗ5月至9月 9:00~19:00) 出租各类船只，以及皮划艇、立桨冲浪板以及其他水上用具。

Penticton Cruises 划船

(☎250-215-2779; www.pentictoncruises.com; Penticton Marina, 293 Marina Way; 成人/儿童 $25/12.50; ⓗ5月至9月) 一个小时的湖上仿蒸汽轮船之旅会唤起你心中的船员梦想，夏季旅游旺季，这里还会组织多日的航海游。

山地自行车和骑车

干燥的气候和起伏的山峦是山地自行车骑行的绝佳条件。向东出城，朝纳拉玛塔（Naramata）方向骑车是最受欢迎的路线。跟着路牌指示到达城市垃圾站（city dump）和坎贝尔山（Campbell's Mountain），在那里你可以看见许多单车道小路和双回转场地，两者都不需要太多的技术。到了那里，多数情况下要沿着道路右边骑行，但过了防牛群路障后，道路就完全开放了，你可以在道路的任何一边骑行。

骑行者可以试试经过纳拉玛塔前往壶谷铁路小径（见841页）的路线。在城镇以南和斯卡哈湖以东还有一些不错的小型骑行道路，两旁有葡萄酒庄。

Freedom−The Bike Shop 骑车

(☎250-493-0686; www.freedombikeshop.com; 533 Main St; 自行车出租 每天$40起; ⓗ周一至周六 9:00~17:30) 出租自行车，并提供大量相关信息。还可安排抵离壶谷铁路小径的交通。

攀岩

被干燥的天气和结实的片麻岩所吸引，全世界各地的攀岩爱好者都来到斯卡哈悬崖省立公园（见832页）享受攀岩刺激，园内有400多条安好固定螺栓的攀岩路线。悬崖就位于斯卡哈湖东边的Lakeside Rd旁边，当地攀岩组织Skaha.org的网页（www.skaha.org）提供关于悬崖的全面信息。

★ Skaha Rock Adventures 攀岩

(☎250-493-1765; www.skaharockclimbing.com; 437 Martin St; 1天课程 $160起; ⓗ需预约) 这家机构提供高级技术指导，同时也为首次尝试攀岩的人提供入门课程。

雪上运动

阿佩克斯山度假区 滑雪

(Apex Mountain Resort; ☎877-777-2739, 雪况报告 250-487-4848; www.apexresort.com; 紧邻Green Mountain Rd; 缆车票价 成人/儿童 $78/48) 加拿大最好的小型滑雪胜地之一。位于彭蒂克顿以西37公里处，它有68条以上的速降滑雪道，供具备各种滑雪水平的人滑雪，但它最出名的是有大量专家级滑道和技术滑道，垂直落差超过600米。这里通常比临近的大白山（Big White）更加清静。

✦ 节日和活动

猫王埃尔维斯音乐节 音乐节

(Elvis Festival; www.pentictonelvisfestival.ca; ⓗ6月末) 几十位猫王埃尔维斯的模仿歌手可能会让你觉得身处天堂或是到了猎犬地狱，尤其是下午的大家一起唱时段。

桃子节 文化节

(Peach Festival; ☎250-487-9709; www.peachfest.com; ⓗ8月上旬) 这个节日起源于

不列颠哥伦比亚省 彭蒂克顿

1948年，是这个城市最重要的活动，基本上就是一个盛大的派对，活动主要围绕着成熟多汁的桃子展开，还会选出一位桃子王后。

Pentastic爵士乐节　　　　　　音乐节
(Pentastic Jazz Festival; ☎250-770-3494; www.pentasticjazz.com; ◉9月初) 十几支乐队在5个场所演出，音乐节持续3天。

🛏 住宿

HI Penticton Hostel　　　　青年旅舍 $
(☎250-492-3992，预订866-782-9736; www.hihostels.ca; 464 Ellis St; 铺/房间 $35/76起; ❊@◈) 这家青年旅舍位于镇中心附近，在一栋建于1908年的破败的建筑中，共有47张床。还会安排各种各样的活动，包括葡萄酒团队游。

Bowmont Motel　　　　　　汽车旅馆 $$
(☎800-811-1377; www.bowmontmotel.com; 80 Riverside Dr; 房间 $80~180; P❊◈≋) 走过让人疑惑的仿西南部风格的建筑之后，你会在湖边看见这间汽车旅馆。45间客房干净整洁，都可共享露天平台或者阳台。每间客房都配有设施完备的厨房，泳池边有煤气烧烤。

Tiki Shores Beach Resort　　汽车旅馆 $$
(☎250-492-8769; www.tikishores.com; 914 Lakeshore Dr W; 公寓 $150~300; P❊◈≋) 沙滩对面的度假村中拥有40个配有厨房的公寓式房间，大多带有独立卧室。客房装修采用淡色，是淡水湖边度假的理想选择。

Quidni Estate Winery
Guest Rooms　　　　　　　　公寓 $$$
(☎250-490-5251; www.quidniwine.com; 1465 Naramata Rd; 房间 $350起; P❊◈≋) 距离彭蒂克顿5公里、位于Naramata Rd上的葡萄园当中有3间豪华套房。一览无余的景色从葡萄园一直延伸到湖边。卫生间是大理石的，室内装潢非常奢华。体验当地骑车道的自行车爱好者住在这里很方便(提供备用轮胎等)。也可品尝酒庄的产品。

Crooked Tree Bed & Breakfas　民宿 $$
(☎250-490-8022; www.crooked-tree.com; 1278 Spiller Rd; 套 $175~215; P◈) 这家高踞山坡上的旅馆位于彭蒂克顿镇中心以东9公里处，住在这里，可以将奥卡纳根湖波光粼粼的景色尽收眼底。这家位于树木繁茂地带的旅馆有3套大型的复式套房，装修豪华。2晚起订。

🍴 餐饮

★ Burger 55　　　　　　　　汉堡 $
(☎778-476-5529; www.burger55.com; 52 Front St; 主菜 $9~15; ◉11:00~21:00) 这家店供应加拿大最美味的汉堡吗？如果你说不是，那只能怪你吃不惯，因为在这家市中心的汉堡店中，你有无数的选择：6种汉堡面包胚，8种奶酪，还有烤蒜和碎番茄粒等馅料。炸薯条等配餐同样美味。这里不仅有一个不错的平台，还提供优质的啤酒。

★ Penticton Farmers Market　市场
(☎250-583-9933; www.pentictonfarmersmarket.org; 100 Main St; ◉5月至10月 周六8:30~13:00) 彭蒂克顿当然不乏自己的美食。位于Main St上Gyro Park里的农贸市场里聚集了大量当地的有机食品生产商。

Bench Market　　　　　　　咖啡馆
(☎250-492-2222; www.thebenchmarket.com; 368 Vancouver Ave; 餐 $9~12; ◉7:00~17:00) 咖啡馆里总是很热闹。不仅是因为这里美味的咖啡让这间街坊最爱的咖啡馆里总是很忙碌。而且当地人总爱约在平台上见面以及聊八卦。早餐最受欢迎的是鸡蛋类的餐点；午餐供应三明治和沙拉。美味的烘焙食品和熟食则全天供应。

Il Vecchio Deli　　　　　　　熟食 $
(☎250-492-7610; 317 Robinson St; 三明治 $6; ◉周一至周六 9:00~17:00) 走进这家熟食店，店内扑鼻的食品香气会证明你的选择是对的。城里最美味的午餐三明治，可以在气氛很好的几张桌子上享用，但打包带到野餐场所吃会更美味。食品种类很多，我们最喜欢意大利腌茄子夹蒜味腊肠三明治。

Theo's　　　　　　　　　　希腊菜 $$
(☎250-492-4019; www.eatsquid.com; 687 Main St; 主菜 $10~25; ◉11:00~22:00) 可以约

当地人来这里。餐厅提供地道的希腊美食，装饰很有情调，里面和外面的平台都点着烛光。砂锅焗虾是以海虾为主的开胃菜。

Dream Cafe
创意菜 $$

(☎250-490-9012; www.thedreamcafe.ca; 67 Front St; 主菜$11~25; ◎周二至周日11:00~21:00; ▣)当你一走进这家装饰着靠枕、高档且时尚的小餐馆时，就会被食物的浓郁香味击中。餐馆有亚洲和印度风味的菜肴，还有种类繁多的素食菜肴。许多晚上都有巡回职业歌手进行现场原声音乐表演。整个夏天，室外餐桌都很热闹。

Hooded Merganser
酒吧食品 $$

(☎250-493-8221; www.hoodedmerganser.ca; Penticton Lakeside Resort, 21 Lakeshore Dr; 主菜$12~30; ◎7:00至午夜)这家大型的湖边酒馆以一种小型鸭命名，此类鸭子因有漂亮羽毛而出名，而酒馆也吸引着大批衣着同样光鲜亮丽的顾客。夏日的午后，餐馆的湖滨阳台简直是人头攒动。食物量大，可以分享，搭配有牛排和汉堡。

Hillside Bistro
法式小馆 $$

(☎250-493-6274; ; www.hillsidewinery.ca; 1350 Naramata Rd; 主菜$16~35; ◎6月中旬至9月11:30~14:00和17:00~21:00)距离彭蒂克顿约5公里。这家休闲的餐馆的露天平台上可以看到绝美的湖景。这里提供各类高级汉堡、意大利面以及由当地食材制成的各类菜肴。可以点一杯店里自制的波尔多风味的调配红酒Mosaic。

★ Mile Zero Wine Bar
葡萄酒吧

(☎250-488-7944; www.milezerowinebar.ca; 200 Ellis St; ◎15:00至午夜)等待时间太长！这间光鲜的、工业先进的酒吧位于市中心，如果你想品尝当地的葡萄酒，这里是个好去处。桶装的啤酒有10种，用酒杯装的酒还要多出十几种。每周五晚上都有现场爵士乐表演；注意当地的葡萄酒商也爱来这里聚会。

❶ 实用信息

游客中心(☎250-276-2170; www.www.visitpenticton.com; 553 Vees St, 紧邻Hwy 97; ◎9:00~18:00; ☎)提供地区内的各类活动和葡萄酒信息。

> **不要错过**
>
> ### 观光自驾：前往纳拉玛塔
>
> 除了最繁忙的夏季周末，其他时间都可以选择奥卡纳根湖东岸北面18公里处那条车辆稀少的道路，以避开彭蒂克顿拥挤的人群。穿过Naramata Bench (www.naramatabench.com)的道路两侧有30多家葡萄酒酿造厂，也有种植有机薰衣草和类似香草的农场。这条路线也很适合骑自行车观光，沿线有几个地方可以进入壶谷铁路小径(见841页)。有很多地方适合徒步、野餐、观鸟，或者在美丽、偏僻的环境中尽情释放自我。纳拉玛塔本身就是一个有趣的小村庄。

❶ 到达和离开

加拿大灰狗长途巴士(见823页)有去往温哥华($69, 6小时, 每天1班)和basloowna($20, 1小时, 每天4班)的长途车。

彭蒂克顿市内交通(Penticton Transit; ☎250492-5602; www.bctransit.com; 单程/1日票$2/4)在两处湖滨区域之间往返。

彭蒂克顿到基洛纳 (Penticton to Kelowna)

Summerland是一处湖滨度假村，位于Hwy 97上彭蒂克顿以北18公里。这里有几栋保存完好的19世纪的历史建筑，这些建筑位于不断扩建、日益繁忙的公路上方的半山腰上。此处也有几家不错的葡萄酒厂。

桃园(Peachland)小镇位于基洛纳以南约25公里处，坐拥Hwy 97公路下的一汪湖水。人们来到这里可以在公园中的湖边和有趣的商店之中轻松地散步。

在桃园和基洛纳之间，城市扩张是不可避免的，尤其是西基洛纳(又称西岸)，广告牌更是鳞次栉比。

◎ 景点和活动

Zipzone Peachland
探险活动

(☎855-947-9663; www.zipzone.ca; Princeton Ave, Peachland; 成人/儿童$110/80起; ◎5月至10月9:00~17:00)Zipzone Peachland

拥有加拿大最高的高空索道，借助索道可以穿越深溪峡谷（Deep Creek Canyon）上方的高空。

壶谷蒸汽铁路　　　　　　　　　　铁路
（Kettle Valley Steam Railway；877-494-8424；www.kettlevalleyrail.org；18404 Bathville Rd, Summerland；成人/儿童 $25/16；5月至10月）著名的壶谷蒸汽铁路是一段16公里长的旧铁路。坐在老式蒸汽机车后面敞开式的车厢里，欣赏铁路两旁的果园风景吧。

🛏 食宿

A View of the Lake　　　　　　民宿 $$
（250-769-7854；www.aviewofthelake.com；1877 Horizon Dr, West Kelowna；房间 120~185；P❄️） 这间民宿位于奥卡纳根西面，坐拥不受打扰且美不胜收的景色。建议预订湖景房 Grandview Suite，房内还配备气泡浴缸。客房很安静，床很舒适，露台上的3道菜早餐很美味。

★ Peach Pit　　　　　　　　　　市场 $
（778-516-7003；Hwy 97和Jones Flat Rd 交叉路口, Summerland；小吃 $3起；5月至10月9:00~18:00）这处路边的摊点在 Summerland 的众多竞争者之中脱颖而出。它位于 Hwy 97 北面，摊主的一个果园就在市场后面。他们还和山谷中许多最好的供应商有合作（一满盆的山莓只要 $3，这么便宜的价格会让你忍不住查查当地的房价）。这里也出售美味的烘焙食品。

★ Terrace　　　　　　　　现代美国菜 $$$
（250-768-6467；www.missionhillwinery.com；1730 Mission Hill Rd, Mission Hill Family Estate, West Kelowna；主菜 $25~35；6月至10月11:00~21:00）这是一间极其惊艳的餐馆，同时还有一间极其惊艳的葡萄酒厂。Terrace坐拥美景，菜品新鲜、有创意，是农场到餐桌类型餐馆的极佳典范。

基洛纳（Kelowna）

人口 123,500

划着皮划艇一路前行，可以看到半山腰上新建的一片片建筑：这就是一直快速发展的基洛纳的标志性景象。基洛纳是奥卡纳根非官方的"核心城市"，是这个地区良莠不齐的新生事物不断扩张的中心。

从北边进入，不断延长的Hwy 97/Harvey Ave两旁种满了树，道路似乎没有尽头。经过不计其数的连锁店和商业区后，就来到了值得一逛的市中心。博物馆、文化区、夜生活以及到处是公园的湖滨地带是基洛纳的特色，你可以花上一天的时间漫步其中。市中心以南约2公里处可以看到潘多西村（Pandosy Village），这是一个迷人的、适合高消费阶层前来享受的湖边领地。

⊙ 景点

市中心整洁的基洛纳市区公园（City Park；见838页地图）是湖滨的焦点所在，这里有修剪整齐的花园、水文景观和热沙湖滩（Hot Sands Beach；见838页地图），湖是暂时逃避夏日酷暑的好去处。

饭店和酒馆充分利用着湖滨和林木苍苍的湖对岸那一览无余的美景吸引顾客。码头北边，滨水公园（Waterfront Park；见838页地图；Lake front）有一条斑驳的湖岸和一个很受欢迎的露天舞台。

湖边有许多室外雕像，留意那尊奥古布古雕像（Ogopogo；见838页地图；Kelowna City Park），奥古布古是传说中神秘的湖中水怪。比较写实的是熊雕像（见838页地图；Water St），这是一座由金属打造的庞大而精致的艺术品。游客中心有公共艺术方面的详细指南。

在游客中心（见841页）可以拿一本文化区（Cultural District）步行导览的小册子以及访问www.kelownamuseums.ca可查阅展览的相关信息。

不列颠哥伦比亚果园栽培业博物馆　博物馆
（BC Orchard Industry Museum；见838页地图；250-763-0433；www.kelownamuseums.ca；1304 Ellis St；捐款入场；周一至周六 10:00~17:00, 周日 11:00~16:00）位于历史悠久的劳雷尔加工厂内，博物馆记载着奥卡纳根河谷如何从过去奶牛遍地的牧场区转变为今天游人如织的旅游胜地的历史。旧的柳条水果包装箱的标签都是艺术作品。

Carmelis Goat Cheese Artisan 农场

(☎250-764-9033; www.carmelisgoatcheese.com; 170 Timberline Rd; 团队游 $5; ◎5月至9月 10:00~18:00, 3月、4月和10月 11:00~17:00, 11月至次年2月关闭; P ♿) 这里的导览游需提前电话预订, 届时可以参观牛奶场、挤奶站和地下室。不参加导览游的话, 你也可以品尝软质成熟奶酪, 比如Moonlight和Heavenly, 或者硬制成熟奶酪Smoked Carmel和Goatgonzola。如果想要更清淡的口味, 这里有超软的未成熟奶酪, 比如羊奶酪和乳酪芝士。这里还有山羊奶意式冰激凌!

不列颠哥伦比亚葡萄酒博物馆 博物馆

(BC Wine Museum; 见地图838页; ☎250-763-2417; www.kelownamuseums.ca; 1304 Ellis St; 捐赠入内; ◎周一至周六 10:00~17:00, 周日 11:00~16:00) 博物馆位于历史建筑Laurel Packinghouse之中, 并于2016年进行了扩建, 里面展出著名的美酒、商标和设备, 在这里可以一览当地葡萄酒制造业的概况。

奥卡纳根薰衣草农场 农场

(Okanagan Lavender Farm; ☎250-764-7795; www.okanaganlavender.com; 4380 Takla Rd; 团队游 $5~15; ◎10:00~18:00, 团队游 6月至8月 10:30; P ♿) 奥卡纳根薰衣草农场的参观之旅将会令人非常兴奋。这里种植着超过60种薰衣草, 一排排薰衣草在奥卡纳根湖的掩映下随风摇摆, 飘散出沁人心脾的馨香。可以参加导览游或者自助游。这里的商店里可以找到从沐浴用品到薰衣草柠檬汁的各类产品。你对葡萄酒的品位会被完全净化。农场位于市中心以南9公里处。

奥卡纳根遗产博物馆 博物馆

(Okanagan Heritage Museum; 见地图838页; ☎250-763-2417; www.kelownamuseums.ca; 470 Queensway Ave; 捐款入场; ◎周一至周六 10:00~17:00) 奥卡纳根遗产博物馆记载着几个世纪的当地文化, 展览生动有趣, 展出了第一民族洞屋、一个中国食品杂货店以及一个潘多西时代的贸易站。

基洛纳艺术馆 美术馆

(Kelowna Art Gallery; 见地图838页; ☎250-979-0888; www.kelownaartgallery.com; 1315 Water St; $5; ◎周二、周三、周五和周六 10:00~17:00, 周四 至21:00, 周日 13:00~16:00) 通风良好的基洛纳艺术馆展出加拿大艺术家的作品。

🚶 活动

基洛纳气候宜人, 很适合在此享受户外活动, 无论湖上还是周围的丘陵都是好去处。

在城镇中, 你会找到徒步和骑山地车的绝佳场所。17公里长的米逊小溪林荫路 (Mission Creek Greenway) 蜿蜒多树, 沿着城市南端的小溪延伸。西边的一半路宽阔平缓, 但东边的路线因进入了丘陵地带而弯曲难行。

诺克斯山 (Knox Mountain) 就在城北端, 是另一个徒步旅行或骑车的好地方。这座公园占地235公顷, 栖息着山猫和蛇, 还有维护良好的徒步小路, 旅行者登顶后可以一睹山巅美景。

骑自行车穿越壶谷铁路小径 (见841页) 或是在葡萄园中穿梭, 都很受欢迎。

★ Monashee Adventure Tours 骑车

(☎250-762-9253; www.monasheeadventuretours.com; 自行车出租 每天 $30起) 提供奥卡纳根山谷中的几十种徒步和自行车团队游, 可游览其公园、壶谷铁路小径 ($120起) 和酿酒厂。许多团队游都由幽默的当地导游带领, 价格通常包括自行车出租、午餐以及往来于该路线的一次班车往返接送服务。接驳车同样可以搭载需要单程交通的独立骑行者。冬季还会组织雪鞋团队游。

Myra Canyon Bike Rentals 骑车

(☎250-878-8763; www.myracanyonrental.com; Myra Canyon; 自行车租赁 半天 成人/儿童 $40/30, 自行车导览游 $70起; ◎5月中旬至10月中旬 9:00~17:30) 出租自行车, 也提供壶谷铁路小径起点的导览游。

Okanagan Rent A Boat 划船

(见838页地图; ☎250-862-2469; www.lakefrontsports.com; 1310 Water St, Delta Grand Okanagan Resort; 皮划艇出租每2小时 $40; ◎5月至9月) 在这家季节性的湖边出租点, 你可以租

Kelowna 基洛纳

赁快艇（每小时$145起）、独木舟、皮划艇、滑水板、脚踏船以及其他水上娱乐设备。

住宿

Kelowna Samesun International Hostel 青年旅舍 $

（见838页地图；☏250-763-9814；www.samesun.com；245 Harvey Ave；铺/房间 $33/100起；P❄@☎）靠近中心和湖泊，这家特色旅舍拥有四人和八人间，共有88个宿舍床位，另有私人客房。这里还有一个热水浴缸。活动包括各种组团游。

Kelowna International Hostel 青年旅舍 $

（☏250-763-6024；www.kelowna-hostel.bc.ca；2343 Pandosy St；铺/房间 $25/60起；@☎）位于基洛纳市区公园以南约1公里处，这一小旅舍在绿树成荫的住宅街上的一栋20世纪50年代的房子内。街坊邻里无疑很享受定期的小型聚会、免费的康佳鼓以及其他社交活动，这使得这个地方热闹非凡。可以要求加拿大灰狗长途巴士在这里停靠。

Kelowna 基洛纳

◎ 重要景点
1 基洛纳市区公园......A5

◎ 景点
- 2 不列颠哥伦比亚果园栽培业博物馆......C2
- 不列颠哥伦比亚葡萄酒博物馆......(见2)
- 3 熊雕像......C3
- 4 热沙湖滩......A5
- 5 基洛纳艺术馆......C2
- 6 奥古布吉雕像......B4
- 7 奥卡纳根遗产博物馆......C3
- 8 滨水公园......B1

⊕ 活动、课程和团队游
9 Okanagan Rent A Boat......B2

🛏 住宿
10 Hotel Zed......B4
11 Kelowna Samesun International Hostel......B5

🍴 就餐
- 12 Little Hobo......C4
- 13 Pulp Fiction Coffee House......C4
- 14 RauDZ Regional Table......C4
- 15 Waterfront Restaurant & Wine Bar......C1

🍷 饮品和夜生活
- 16 Doc Willoughby's......C4
- 17 Micro......C4
- 18 Sturgeon Hall......C4

🎭 娱乐
- 19 Blue Gator......C4
- Kelowna Rockets......(见20)
- 20 Prospera Place......C1

Willow Creek Family Campground 露营地 $

(☎250-762-6302; www.willowcreekcampground.ca; 3316 Lakeshore Rd; 露营地/房车营地$30/42起; P🐾)这处露营地位于市中心以南,靠近潘多西村和湖滨,拥有82个露营位置,还配备了一个洗衣房。帐篷营区在草地边。

Hotel Zed 汽车旅馆 $$

(见838页地图; ☎250-763-7771; www.hotelzed.com; 1627 Abbott St; 房间$90~180; P❄🐾)过去是Travelodge旗下的连锁酒店,现在摇身一变,成了一家20世纪60年代风格的酒店。共有各类客房共52间,所有的客房都刷成明快的颜色。住客能享受到的超棒福利还包括免费的自行车租赁服务、乒乓球、热水浴池、卫生间里的漫画书等。酒店坐落于市中心,在基洛纳市区公园对面。

Accent Inns Kelowna 汽车旅馆 $$

(☎250-862-8888; www.accentinns.com; 1140 Harvey Ave; 房间$90~180; P❄🐾)这栋3层的酒店可以称得上是最佳汽车酒店连锁,不仅紧靠市中心,距离湖边也只有10分钟的步行距离。102间客房都十分宽敞,还提供周到的服务,比如前台供应咖啡,配有冰箱和微波炉。走道里装饰着鲜花,工作人员也很有魅力。

Lakeshore Bed & Breakfast 民宿 $$

(☎250-764-4375; www.lakeshorebb.ca; 4186 Lakeshore Rd; 房间$115~175; P❄🐾)这间民宿共有两间色彩明快的客房,面朝湖水,距离市中心以南6公里,位置十分优越,还拥有一片小型的私家沙滩。两间客房中较大的一间非常棒,可以看到湖景,还有一个室外的私人休息区。房间的家具布置时髦且档次。

★ Hotel Eldorado 酒店 $$$

(☎250-763-7500; www.hoteleldoradokelowna.com; 500 Cook Rd; 房间$180~400; P❄🐾)这一古老的湖岸寓所,位于潘多西村南部,拥有19个有历史感的房间,你可尽情享受其精致豪华。现代而低调的侧楼拥有30个房间以及6个豪华水景套房。酒店优雅、精巧,又兼具时尚感。这里是一个绝佳的豪华度假选择。

🍴 就餐

Little Hobo 咖啡馆 $

(见838页地图; ☎778-478-0411; www.thelittlehobo.com; 438 Lawrence Ave; 主菜$7~12; ⊙周一至周五10:00~14:00)这间朴素的三明治店铺之所以广受欢迎是有原因的:这里的

食物实在太棒了。三明治不错,但是每日精选尤其值得夸赞(肉糕、意大利面、波兰饺子等),还有各类例汤也很美味。

Kelowna Farmers Market　　　　市场 $

(☎250-878-5029; Springfield Rd和Dilworth Dr交叉路口; ⓧ4月至10月 周三和周六 8:00~13:00)农贸市场中共有150多个摊贩,出售各种精致食物。当地工匠也会在这里展示他们的作品。紧邻Hwy 97。

BC Tree Fruits Market　　　　市场 $

(☎250-763-8872; www.bctree.com; 826 Vaughan Ave; 水果 $1起; ⓧ周一至周六 9:00~17:00)BC Tree Fruits Market是由当地水果包装合作社运营的。几十种奥卡纳根当地的优质水果在集市上展示,可供品尝。价格比超市便宜一半。紧邻的品尝室内出售当地制作的苹果酒。

Pulp Fiction Coffee House　　　　咖啡馆 $

(见838页地图; ☎778-484-7444; www.pulpfictioncoffeehouse.com; 1598 Pandosy St; 咖啡 $2; ⓧ7:00~22:00)这家迷人的咖啡专卖店位于镇中心。出售烘焙食品、帕尼尼、例汤,以及上好的咖啡或茶。当中还有一间古董书店。

★RauDZ Regional Table　　　　创意菜 $$

(见838页地图; ☎250-868-8805; www.raudz.com; 1560 Water St; 主菜 $12~30; ⓧ17:00~22:00)著名的厨师罗德·巴特斯(Rod Butters)通过其休闲小馆(奥卡纳根农产品和葡萄酒的殿堂)定义了"从农场到餐桌运动"。餐厅和厨房都是开放式的。季节性菜品融合了各国烹饪灵感,包括适合分享的地中海风味美食、牛排和海鲜。供应商包括本地著名的Carmelis山羊奶酪。

Sunset Organic Bistro　　　　法式小馆 $$

(☎250-764-8000; www.summerhill.bc.ca; 4870 Chute Lake Rd, Summerhill Pyramid Winery, Kelowna; 主菜 $15~30; ⓧ11:00~21:00)🌿广受赞誉的主厨Alex Lavroff利用当地有机食材烹饪佳肴,供应午餐和晚餐。两个餐点之间提供精致的小份菜,而午间供应的有机红酒是绝配。

Waterfront Restaurant & Wine Bar　　　　法式小馆 $$$

(见838页地图; ☎250-979-1222; http://waterfrontrestaurant.ca; 1180 Sunset Dr; 主菜 $25~38; ⓧ17:00~22:00)主厨兼品酒师Mark Filatow 在基洛纳开了这间"农场到餐桌"的餐厅,从菜单上的佳肴和美酒当中可以看出当地食材的丰富。餐前小吃种类多样,建议多人一起分享。提供当地的各类葡萄酒。整体环境非常时髦且现代。

🍷 饮品和夜生活

市内到处都可以买到当地啤酒厂——Tree Brewing生产的一系列啤酒。基洛纳市中心的夜总会大多数位于Leon Ave和La-wrence Ave的西头。

Micro　　　　小酒馆

(见838页地图; ☎778-484-3500; www.microkelowna.com; 1500 Water St; ⓧ周四至周日 11:30~15:00, 每天15:00至深夜)这家RauDZ团队开设的小酒馆会让你流连忘返。提供手工啤酒、当地产的葡萄酒以及美味的鸡尾酒。小吃的食材很新鲜且独具创意,很适合跟朋友一起吃或者把它当作午餐。

Sturgeon Hall　　　　小酒馆

(见838页地图; ☎250-860-3055; 1481 Water St; ⓧ周一至周六 11:00至深夜)Kelowna Rockets的狂热球迷在酒馆内或露天餐桌旁畅饮着啤酒,同时尽情享用着美味汉堡和薄皮比萨(主菜$10~20起)。在赛季进行时,每台电视都播放着冰球比赛。

Doc Willoughby's　　　　小酒馆

(见838页地图; ☎250-868-8288; 353 Bernard Ave; ⓧ11:30至次日2:00)这家小酒馆地处市中心,以内部拱顶、木质装饰和街上的露天餐桌著称。无论是去小酌还是用餐都再好不过了,炸鱼和薯条也很美味(主菜$10~20)。啤酒种类繁多,包括Tree Brewing和彭蒂克顿Cannery Brewing生产的啤酒。

☆ 娱乐

Blue Gator　　　　现场音乐

(见838页地图; ☎250-860-1529; www.

不要错过

壶谷铁路小径

游览著名的壶谷铁路小径（Kettle Valley Rail Trail）与品尝葡萄酒、采摘桃子都是最受游客喜欢的活动，但聪明的游客通常会三件事全做。

铁路全程曾经达到525公里，蜿蜒曲折，它的建造是为了方便地将银矿石从南库特奈山脉运到温哥华。这条铁路于1916年建成，若以每公里造价为单位统计，它至今仍然是世界上最昂贵的铁路之一。1989年，壶谷铁路完全关闭，但不久后，其部分平缓路段和数十座大桥就被并入加拿大横贯小径（Trans Canada Trail）中。

壶谷铁路小径中，最壮观的一段靠近基洛纳。经过迈拉峡谷（Myra Canyon）的那一段车道长24公里，可以欣赏奇异的峡谷美景，18座高架桥横跨峡谷，连接着被悬崖环绕的路径。你现在能领略整条小径的风采，这也算是一种奇迹，因为小路上的12座木制高架桥曾在2003年的一场大火中毁于一旦，但现在已全部得到了重建，这主要归功于迈拉峡谷桥梁修复协会（Myra Canyon Trestle Restoration Society; www.myratrestles.com）。小径视野开阔，能将基洛纳和湖景尽收眼底。尽管大火的影响仍然存在，但高山上的草地风景正逐渐恢复。

要到达离最壮观的几座高架桥最近的地区，可沿着Harvey Ave（Hwy 97）向东到达Gordon Dr。向南转，再沿着KLO Rd东行2.6公里，然后在交叉路口处进入McCulloch Rd并继续行驶7.4公里。在Myra Forest Service Rd向南转，沿着适合开车的蜿蜒碎石道路向上行驶8.7公里，就到达了停车场。从基洛纳市中心前往这里大概需要40分钟车程。

迈拉峡谷是奥卡纳根小道网的一部分，小道路网全长174公里，沿旧铁路延伸，穿过隧道，途经纳拉玛塔，向南远至彭蒂克顿及更远。你可以从不同地点轻易地进入小径，或预订徒步或自行车团队游。Myra Canyon Bike Rentals（见837页）可出租自行车，需提前致电确认。

---

bluegator.net; 441 Lawrence Ave; ◎周二至周日15:00至深夜）在河谷的现场音乐和冰啤酒组成的喧闹盛会上，你可以欣赏到蓝调、摇滚、民谣即兴演唱以及更多表演。

Kelowna Rockets　　　　　　　　冰球

（见838页地图；☎250-860-7825; www.kelownarockets.com; 票价 $25起; ◎9月至次年3月）当地十分受欢迎的Kelowna Rockets是西部冰球联盟（WHL）的固定球队，其主场就在可容纳6000人的体育场Prospera Place（见838页地图；☎250-979-0888; www.prosperaplace.com; Water St和Cawston Ave交叉口）。主场比赛前后，你可以看见当地酒馆挤满了人。

❶ 实用信息

基洛纳游客中心（Kelowna Visitor Center; 见838页地图；☎250-861-1515; www.tourismkelowna.com; 544 Harvey Ave; ◎9:00~18:00）靠近Ellis St和Hwy 97的交叉路口；提供免费地图和团队游信息，是获取资源的好地方。

❶ 到达和离开

西捷航空提供从**基洛纳国际机场**（Kelowna International Airport, YLW; www.kelownaairport.com; 5533 Airport Way, 紧邻Hwy 97）飞往加拿大各大城市的航班服务。加拿大爵士航空（Air Canada Jazz）提供飞往温哥华和卡尔加里的航班。阿拉斯加航空（Alaska Air; www.alaskaair.com）运营飞往西雅图的航班。机场位于Hwy 97上的市中心以北20公里。

加拿大灰狗长途巴士（☎250-860-2364; ; www.greyhound.ca; 2366 Leckie Rd）位于市中心东部，位置不便，紧邻Hwy 97。城市公共汽车9路和10路从市中心开出（6:30~21:45, 每30分钟1班）。长途汽车线路包括戈尔登（$67, 5.5小时，每天1班）、坎卢普斯（$37, 3小时，每天2班）、彭蒂克顿（$20, 1小时，每天4班）以及温哥华（$69, 6小时，每天4班）。

❶ 当地交通

基洛纳区域交通系统（Kelowna Regional Transit System；☏250-860-8121；www.transitbc.com；单程/1日通票 $2.50/6.50）提供当地公共汽车服务。所有的市区公共汽车均会经过**Queensway站**（见838页地图；Queensway Ave，在Pandosy St和Ellis St之间）。97路公共汽车开往西基洛纳。

基洛纳国际机场可以找到所有主要的汽车租赁公司的出租车。出租车公司有**基洛纳出租车公司**（Kelowna Cabs；☏250-762-2222，250-762-4444；www.kelownacabs.ca）。

弗农（Vernon）

人口 38,900

奥卡纳根的光芒在你到达弗农前就开始渐渐消失了。也许是天气的缘故，这里的冬季更有不列颠哥伦比亚内陆惯常的寒冷，酒庄也寥寥无几，但这并不意味着该地区就没有魅力。飘满果香的河谷三面环湖——卡林马尔卡湖（Kalamalka Lake）、奥卡纳根湖以及天鹅湖（Swan Lake），整个夏天会吸引众多前来寻找乐趣的人。

市中心位于Main St的30th Ave附近。30th Ave在城市中央与30th St交会，容易混淆，所以要注意街道和大街的名称区别。小镇北面是商业街。

◉ 景点和活动

Davison Orchards　　　　　　农场

（☏250-549-3266；www.davisonorchards.ca；3111 Davison Rd；◉4月至10月 8:00~20:00；ⓟ⚐）**免费**提供拖拉机驾乘服务、自制冰激凌、新鲜的苹果汁、可爱的农场动物观赏以及其他项目。沿着25th Ave向西走，向北走上41st St，接着向西走上Bella Vista Rd，可注意看指示牌。

Planet Bee　　　　　　　　　农场

（☏250-542-8088；www.planetbee.com；5011 Bella Vista Rd；◉8:00~18:00；ⓟ）**免费**
Planet Bee是个正在运作的蜂蜜农场。在这里，你可以了解到这种金色琼浆的所有秘密，并近距离观察工作中的蜂群。沿着25th Ave往西，到达41st St，然后往北走一小段，行至Bella Vista Rd往西并注意标志，即可到达农场。靠近Davison Orchards。

卡林马尔卡湖省立公园　　　　公园

（Kalamalka Lake Provincial Park；☏250-545-1560；www.bcparks.ca；紧邻Hwy 6）美丽的卡林马尔卡湖省立公园位于这一温暖的浅水湖的东岸，占地9平方公里。公园中的华翠沙滩（Jade Beach）和卡林马尔卡沙滩（Kalamalka Beach）提供良好的游泳场地、绝佳的钓鱼场所、骑山地自行车的地方和徒步道路网络。Innerspace Watersports在特定季节会在园中设置营业点。

Innerspace Water sports　　水上运动

（☏250-549-2040；www.innerspacewatersports.com；3006 32nd St；独木舟出租 $25/小时；◉周一至周六 10:00~17:30）在卡林马尔卡湖省立公园中提供独木舟和立式单桨出租服务。他们在镇上的全服务商店还提供潜水设备。公园中的营业点会在每年的6月中旬至8月间开放营业。

🛏 食宿

Ellison Provincial Park　　露营地 $

（☏实用信息 250-494-6500，预订800-689-9025；www.discovercamping.ca；Okanagan

---

大白山滑雪度假村

完美的粉雪是**大白山滑雪度假村**（Big White Ski Resort；☏250-765-8888，snow report 250-765-7669；www.bigwhite.com；紧邻Hwy 33；1日缆车乘车券 成人/儿童 $91/51）最吸引人的东西。度假村位于基洛纳以东56公里处，紧邻Hwy 33，拥有15条缆车以及118条滑道，提供极佳的高山速降滑雪和越野滑雪体验，而深邃的溪谷可进行精彩的单板滑雪。由于其与世隔绝的位置，大多数游客会在这里住宿。度假村中可以找到不计其数的餐馆、酒吧、酒店、建筑物、租赁商店，以及一家客栈。其网页上可以查询到住宿信息以及滑雪季时此地与基洛纳之间往返巴士的信息。

Landing Rd; 露营地 $32; ⏰4月至10月; P) 这处湖边营地位于弗农西南方16公里处，周围树林掩映，总面积为219英亩。71个露营位很快就会被占满，所以需要提前预订。

Tiki Village Motel　　　　汽车旅馆 $$

(☎250-503-5566; www.tikivillagevernon.com; 2408 34th St; 房间 $70~150; P❄🛜🏊) 将你兄弟的手机藏在池壁里，他永远也找不到。Tiki拥有大小适宜的花圃和以亚洲极简抽象派艺术为主题的30个房间。所有的客房都配有冰箱，一些设置了厨房区。

Beaver Lake Mountain Resort　度假屋 $$

(☎250-762-2225; www.beaverlakeresort.com; 6350 Beaver Lake Rd; 露营地 $29起, 小屋 $80~180; P@) Beaver Lake高踞在Hwy 97东面的小山上，与弗农和基洛纳的距离大致相同，这个如明信片画面般完美的湖边度假村拥有一系列田园风格的木头小屋和更多的可容纳6个人的豪华小屋。

Little Italy　　　　　　　　意大利菜 $

(☎778-475-5898; http://littleitalymarketdeli.foodpages.ca; 3105 35th Ave; 主菜 $10~20; ⏰周一至周六 9:00~17:00; 🛜) 店铺位于Hwy 97的东边，你可以在这里点上一杯地道的意大利咖啡，坐在门廊下好好品尝。

Vernon Farmers Market　　　　市场

(☎250-351-5188; www.vernonfarmersmarket.ca; 3445 43rd Ave, Kal Tire Place; ⏰周一和周四 8:00~13:00) 市场中有超过150户商家。就位于Hwy 97的西边。

★ Bamboo Beach Fusion Grille　创意菜 $$

(☎250-542-7701; www.facebook.com/BambooBeachFusionGrille; 3313 30th Ave; 主菜 $12~25; ⏰正午至21:00; 🍴) 在这个生机勃勃的餐厅里，亚洲应季风味与受欢迎的当地食物相碰撞。可以留意日本菜、韩国菜和泰国菜对比目鱼咖喱、炸鱼、薯条以及其他食物的影响。咖喱荞麦面显示了厨师在日本学厨的精湛技艺。

❶ 实用信息

游客中心 (☎250-542-1415; www.tourismvernon.

不列颠哥伦比亚省的吉祥物

不列颠哥伦比亚省内的一些城镇有自己独具特色的吉祥物，在社区活动中通常会看到它们的身影。在你的旅途中，可以留意尤克卢利特的吉祥物 Knuckles，它是一头蓝鲸；普林斯顿的吉祥物 Peter Pine 是一棵树；乔治王子城的吉祥物 Mr PG；以及我们的最爱彭伯顿的吉祥物 Potato Jack——一个穿成牛仔模样的土豆，手里举着风斗，脖子上带着围巾，表情乐呵呵的。

com; 3004 39th Ave; ⏰9:00~18:00; 🛜) 靠近市中心。

❶ 到达和离开

加拿大灰狗长途巴士 (☎800-661-8747; www.greyhound.ca; 3102 30th St, 30th St和31st Ave的交叉路口) 提供的服务包括弗农前往基洛纳 ($17, 45分钟, 每天4班) 和雷夫尔斯托克 ($31, 2.5小时, 每天1班) 的长途车。

弗农区域交通系统 (Vernon Regional Transit System; ☎250-545-7221; www.transitbc.com; 票价 $2起) 公共汽车从市中心的31st St和30th Ave交叉路口处的车站出发。欲去往卡林耳尔卡湖，搭乘1路。去往奥卡纳根湖，搭乘7路。

弗农北部 (North of Vernon)

就在弗农北部，沿着美丽的Hwy 97往西北方向，经由湖泊众多、绿树成荫的河谷，可到达坎卢普斯。**阿姆斯特朗** (Armstrong) 位于弗农以北23公里处，是一个可爱的小村庄。这里没什么景点，因是主要的公路枢纽而出名。

奥基夫牧场 (O'Keefe Ranch; www.okeeferanch.ca; 9380 Hwy 97N; 成人/儿童 $14/9; ⏰5月、6月和9月 10:00~17:00, 7月和8月 至18:00) 是奥基夫家族自1867年到1977年的居住地，现在仍保留着一个最初修建的木屋以及大量传统牧场技术的现场展示。在果树和之后的葡萄大举进驻河谷之前，正如这个牧场所展示的那样，放牧就是本地的生活方式。牧场位于Hwy 97上的弗农以北12公里处。从

弗农沿Hwy 97前行4公里,公路会一分为二,即Hwy 97和Hwy 97A,后者向东北方向延伸,去往斯卡莫斯(Sicamous)和Hwy 1。

银星滑雪度假村 (Silver Star)

经典的不列颠哥伦比亚内陆的干雪使得银星滑雪度假村(☎250-542-0224,雪况报告250-542-1745;www.skisilverstar.com; 123 Shortt St, Silver Star Mountain; 缆车1日通票 成人/儿童$92/48)是一处很受欢迎的滑雪度假村。

度假村提供多种类型的住宿,包括青年旅社和公寓酒店。Samesun Lodge(☎250-545-8933; www.samesun.com; 9898 Pinnacles Rd, Silver Star; 铺/房间 $32/80起; ❂@❄)经营着一家非常受欢迎且几乎算得上豪华的背包客青年旅舍。

取道紧邻Hwy 97的48th Ave, 即可到达银星滑雪度假村。度假村在弗农东北方22公里处。建议向酒店咨询可到达度假村的季节性房车和巴士服务。

舒斯瓦普地区 (Shuswap Region)

舒斯瓦普湖(Shuswap Lake)是个有些平淡但舒适的地区,满眼苍翠,有树木繁茂的山林、农场以及斯卡莫斯和萨蒙阿姆(Salmon Arm)两个小镇。其中,斯卡莫斯有一个适合野餐的湖边公园,位于Hwy 1的西北方。

整个地区是几个湖泊型省立公园的所在地,是家庭寻找户外乐趣的热门地点。许多人会选择乘坐船屋来探索湖泊。

这里最大的吸引力在于罗德里克海格-布朗省立公园(Roderick Haig-Brown Provincial Park; ☎250-851-3000; www.bcparks.ca; 紧邻Hwy 1, Saquilax)中一年一度的红鲑鱼产卵活动。这个占地10.59平方公里的公园保护着舒斯瓦普湖和亚当斯湖(Adams Lake)之间的亚当斯河(Adams River)两岸,每年10月,红鲑鱼都会逆流而上,到达这处天然的狭窄水道。每4年,这里会迎来一次鱼群数量的高峰,届时会有多达400万条的鲑鱼挤满亚当斯河的浅河床。下一次的产卵高峰在2018年。

看看奶牛,之后去D Dutchmen Dairy(☎250-836-4304; www.dutchmendairy.ca; 1321 Maeir Rd; 甜品$3起; ❂6月至9月8:00~21:00),这间不落俗套的乳制品商店紧邻Hwy 1。有十几种口味的传统冰激凌可供选择。

库特奈山脉和落基山脉(THE KOOTENAYS & THE ROCKIES)

当你在不列颠哥伦比亚库特奈山脉白雪皑皑的山顶上凝神远眺时,总会忍不住赞叹连连。深邃的河谷被湍急的河流劈开,不可思议的陡峭岩壁、高山草甸以及横跨地平线的拥有锯齿状白色峰顶的高山能激发出敬畏感和行动力,甚至纯粹的沉思。

从西部延伸而来的雄伟山脉好似鬼斧神工,大致平行的莫纳西山脉(Monashees)和塞尔扣克山脉(Selkirks)为西库特奈山脉(West Kootenays)增加了纹理,而箭湖(Arrow Lakes)则为这里平添了几许妩媚。依山而建的迷人城镇,如雷夫尔斯托克和纳尔逊,是全年的户外运动的中心。东库特奈山脉(East Kootenays)覆盖戈尔登(Golden)下方的珀塞尔山脉地区(Purcell Mountains),镭温泉村(Radium Hot Springs)和弗尼(Fernie)就坐落在此。

不列颠哥伦比亚落基山脉的国家公园(雷夫尔斯托克山国家公园、冰川国家公园、幽鹤国家公园以及库特奈国家公园)没有省界上的班夫国家公园和贾斯珀国家公园那么引人注目,但对很多人来说这是一个优势。各个公园都有自己独特的壮丽之处,而相对于游客络绎不绝的班夫,这些公园的游客就少了一些。

雷夫尔斯托克 (Revelstoke)

人口 7700

雷夫尔斯托克是进入巍峨群山的门户,这不是吹牛,接连不断穿过市中心的火车就可以证明这一点。作为第一条连接加拿大东西部的加拿大太平洋横贯铁路的重要站点,这里回响的不仅是汽笛声,还有历史的余音。紧凑的镇中心有成排的古建筑,不过这并不意味着这里陈旧不堪。这是一个充满活力的地方艺术社区。许多当地人还充分利用各种机会,进行各种运动:徒步、划皮划艇,尤其是滑雪。

Hwy 1穿过市中心，向东北方向延伸，当你经过此路时就会发现，这个城市值得用更长时间来驻足品味。主要街道包括1st St和Mackenzie Ave。

◎ 景点

位于Mackenzie Ave和Orton Ave之间的灰熊广场（Grizzly Plaza）是步行区也是市中心，7月和8月的每个晚上这里都会举行免费的现场音乐表演。

虽然户外运动是雷夫尔斯托克的真正魅力所在，但是在镇中心漫步和参观博物馆也是必做之事。可以在旅游局办事处领取《公共艺术》（Public Art）和《遗产》（Heritage）徒步游览小册子。

★ 雷夫尔斯托克山国家公园　　　公园

（Mt Revelstoke National Park, www.pc.gc.ca/revelstoke; off Hwy 1; 成人/儿童 包括冰川国家公园 $8/4）它的壮丽，并不是因为占地面积，而是拜美景所赐。这座占地面积260平方公里的国家公园，位于同名的雷夫尔斯托克市的东北面，其间分布着高山和峡谷——多数地方还无人涉足过。

山顶上分布着一些很棒的徒步小径。你如果要在野外过夜，必须去加拿大公园管理局雷夫尔斯托克分局（Parks Canada Revelstoke Office; ☎250-837-7500; revglacier.reception@pc.gc.ca; 301 3rd St, Revelstoke; ⓒ周一至周五 8:00~16:30）或者冰川国家公园（见849页）内的罗杰斯垭口中心（见849页）先取得野外露营许可证（Wilderness Pass camping permit; $10, 公园门票外另加）。两处机构都可提供或长途或短途的徒步线路信息。不要错过30分钟可以走完的Skunk Cabbage Trail。

雷夫尔斯托克铁路博物馆　　　博物馆

（Revelstoke Railway Museum; ☎250837-6060; railwaymuseum.com; 719 Track St W; 成人/儿童 $10/2; ⓒ5月至9月 9:00~17:00, 10月至次年4月 时间缩短; ℗）雷夫尔斯托克铁路博物馆位于市中心对面铁轨旁的一幢迷人建筑内，馆内收藏着经过还原的蒸汽机车，包括曾在加拿大太平洋铁路（Canadian Pacific Railway, 简称CPR）上奔腾的最大的蒸汽机车之一。照片和其他文物展示了加拿大太平洋铁路的建设过程，该铁路是连接加拿大东西部至关重要的通道。

雷夫尔斯托克博物馆　　　博物馆

（Revelstoke Museum; ☎250-837-3067; www.revelstokemuseum.ca; 315 1st St W; 成人/儿童 $5/免费; ⓒ全年 周一至周六 10:00~17:00, 7月和8月 周日 11:00~17:00）家具和有历史的零星物品，包括可以追溯到19世纪80年代城镇建立之初的采矿、伐木和铁路工件，均陈列于房间内。当地滑雪历史展很值得一看。

ㅊ 活动

夹在广阔但鲜为人知的塞尔扣克山脉和莫纳西山脉之间，雷夫尔斯托克吸引了狂热的滑雪迷去寻找人烟稀少的广阔雪地。1915年，北美第一个跳台滑雪场就建于此处。

想要尝试越野滑雪，可前往城镇以南7公里处Hwy 23旁的麦克弗森山滑雪区（Mt MacPherson Ski Area），这里22公里长的山间小径维护良好，详情见www.revelstokenordic.org。

皑皑白雪在春天都融化成湍急水流，于是漂流活动盛行起来。骑山地自行车也很流行，可以在游客中心获取路径地图。

Revelstoke Mountain Resort　　　滑雪

（☎888-837-2188; www.revelstokemountainresort.com; Camozzi Rd; 缆车1日通票 成人/儿童 $86/26）位于城市东南方仅6公里处，Revelstoke Mountain Resort志在成为本地区崇山峻岭中最大的滑雪度假村。这里有看似无穷无尽的原始斜坡以及65条雪道。你可以在一条坡道上体验700米的碗形滑雪和700米的树道滑雪。这里1713米的垂直落差在北美地区堪称第一。

Apex Rafting Co　　　漂流

（☎250-837-6376; www.apexrafting.com; 112 1st St E; 成人/儿童 $95/80; ⓒ6月至8月; ♠）春季和夏季，组织在Illecillewaet河上的两小时团队游，适合儿童参加。

Wandering Wheels　　　骑车

（☎250-814-7609; www.wanderingwheels.ca; 课程费每小时 $35起, 团队游 $60起; ⓒ6月至

The Kootenays & The Rockies 库特奈山脉和落基山脉

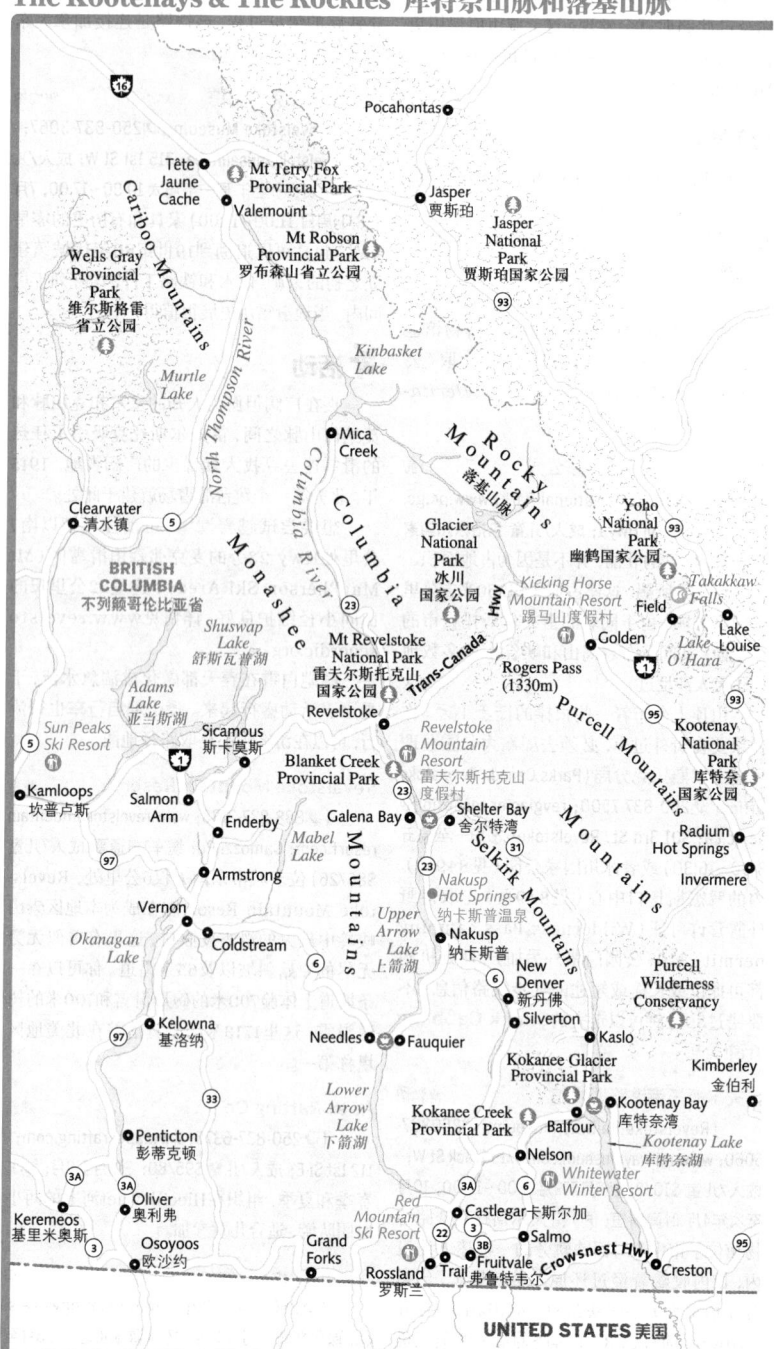

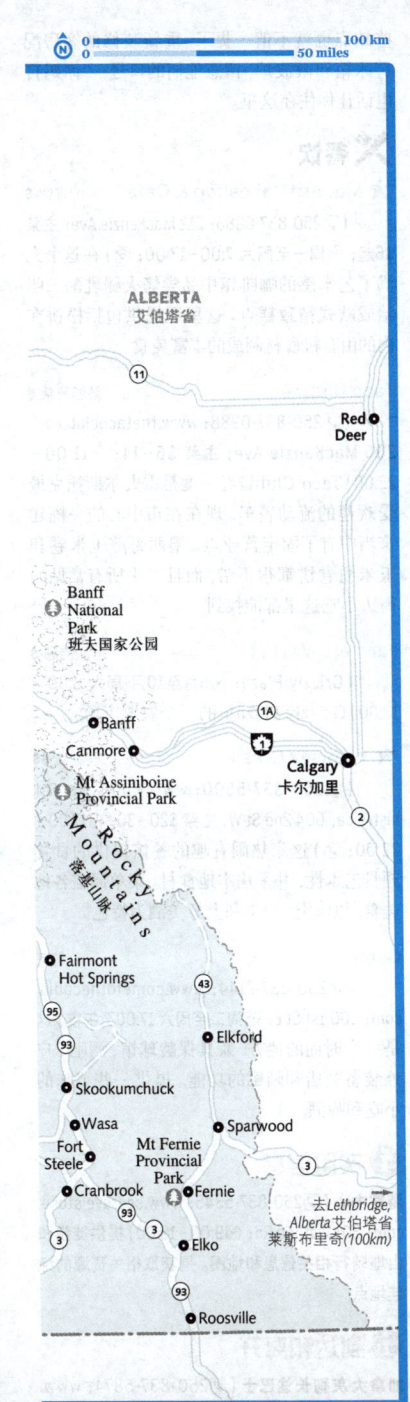

10月）提供自行车往返接送服务、培训课程和团队游。

Revelstoke Dogsled Adventures 探险活动

（☎250-814-3720；www.revelstokedogsledadventures.ca；$200起；◎冬季）冬季的一项刺激的娱乐项目。你会坐在由哈士奇拉着的雪橇上穿越库特奈的原野。

Skookum Cycle & Ski 骑车

（☎250-814-0090；www.skookumrevelstoke.com；118 Mackenzie Ave；山地自行车出租 每天 $40起；◎10:00~17:00）提供路线图。夏季出租自行车，冬季出租滑雪板。

Natural Escapes Kayaking 皮划艇

（☎250-837-7883；www.naturalescapes.ca；每4小时租金 $60起，团队游 $70起；◎6月至9月）提供导览游、培训课程以及出租皮划艇和独木舟的服务。

Free Spirit Sports 雪上运动、水上运动

（FSS；☎250-837-9453；www.freespiritsports.com；203 1st St W；立式桨板出租 $50/天；◎周一至周六 10:00~17:00）出租各种夏季和冬季的装备，包括滑雪者必备的雪崩营救设备。

Mica Heliskiing 滑雪

（☎877-837-6191；www.micaheli.com；207 Mackenzie Ave；$1500/天起◎12月至次年4月）Mica Heliskiing提供直升机可到达的偏远地方的游览。

住宿

Samesun Backpacker Lodge 青年旅舍 $

（☎250-837-4050；www.samesun.ca；400 2nd St W；铺/房间 $30/80；ⓅⓇ）这里长期以来都是背包客的最爱，店里有多个房间。80个床位（都是4人间）经常客满，所以请提前预订。它拥有自行车和雪橇仓库，还提供夏季烧烤，以及镇上游泳中心的免费票。

Blanket Creek Provincial Park 露营地 $

（☎800-689-9025；www.discovercamping.ca；Hwy 23；露营地 $28；Ⓟ）这个公园在雷夫尔斯托克以南25公里处，拥有60多个露营位，配有冲水马桶和自来水。有一个游乐场，

> ### ❶ 雪崩警告
>
> 　　库特奈山脉是雪崩频发的核心地带，与其他自然灾害造成的伤亡相比，不列颠哥伦比亚每年因雪崩而遇难的人数最多。
>
> 　　雪崩随时会发生，即使是在地形相对平缓的地带。在遭遇雪崩的人中，大约有一半无法生还。所以，要去雪中冒险的人首先要打听清楚雪情，如果某地段关闭，就不要前往该地。无论你是去偏僻地段滑雪还是只在高山地区徒步，都要租一个归航指向标，多数户外装备商店都有供应。
>
> 　　在雷夫尔斯托克，Canadian Avalanche（☎250-837-2141；www.avalanche.ca）主要分析库特奈山脉及周围地区的雪崩趋势、天气状况，并进行预测报告。

附近还有一个瀑布。

Courthouse Inn　　　　　　　　民宿 $$

（☎250-837-3369；www.courthouseinnrevelstoke.com；312 Kootenay St；房间 $130~200；❀⛱）这是一家靠近市中心、拥有10间客房的民宿，其他精彩之处还包括丰富的早餐，为冬季出行准备的靴子、手套、烘干机，以及大量的个人服务。安静的氛围难逢对手。房间没有电视和电话。

Regent Inn　　　　　　　　　　酒店 $$

（☎250-837-2107；www.regenthotel.ca；112 1st St E；房间 $100~200；Ｐ❀⛱）这是镇中心最精美的酒店，不奢侈但很舒适。光从酒店的外观和42间现代的房间来看，你会丝毫察觉不出酒店修建于1914年。餐馆和休闲酒吧也非常受欢迎。许多客人晚上在室外热水浴缸内消磨时光。

Revelstoke Lodge　　　　　　汽车旅馆 $$

（☎250-837-2181；www.revelstokelodge.com；601 1st St W；房间 $90~180；Ｐ❀⛱）这个拥有42间客房和紫褐色调的汽车旅馆虽然有缺点——环绕四周的停车场和呆板的煤渣砖建筑物，但是相较其市中心的优越位置，这些缺点也就不值一提了。重新装修的客房配有冰箱和微波炉。留意他们的口号："你妈打电话让你住在这里。"

🍴 餐饮

★ Modern Bakeshop & Café　　　咖啡馆 $

（☎250-837-6886；212 Mackenzie Ave；主菜 $6起；◷周一至周六 7:00~17:00；⛱）在这个充满了艺术感的咖啡馆中品尝烤火腿奶酪三明治或欧式精致糕点。这里还提供包括松饼在内的由有机食材制成的丰富美食。

Taco Club　　　　　　　　　　墨西哥菜 $

（☎250-837-0988；www.thetacoclub.ca；206 MacKenzie Ave；主菜 $6~14；◷11:00~22:00）Taco Club曾经一度是雷夫尔斯托克最受欢迎的流动餐车，现在在市中心的一栋建筑当中有了固定营业点。墨西哥煎玉米卷和玉米粉卷饼都很不错，而且几乎所有常见的街边小吃这里都能找到。

Farmers Market　　　　　　　　市场 $

（Grizzly Plaza；◷5月至10月 周六 8:30~13:00）Grizzly Plaza里的一个农贸市场。

★ Woolsey Creek　　　　　　　创意菜 $$

（☎250-837-5500；www.woolseycreekbistro.ca；604 2nd St W；主菜 $20~30；◷17:00~22:00；⛱）这家热闹有趣的餐馆提供的食物颇具艺术性，并采用本地食材。菜单涵盖各地美食，以肉类、鱼类和上好美酒为特色。

Cabin　　　　　　　　　　　　　酒吧

（☎250-837-2144；www.cometothecabin.com；200 1st St E；◷周二至周六 17:00至午夜）这是一个时尚的地方，兼具保龄球馆、酒吧、户外装备商店和画廊的功能。提供一些美味的小吃和啤酒。

❶ 实用信息

游客中心（☎250-837-5345；www.seerevelstoke.com；301 Victoria Rd；◷9:00~18:00）提供徒步和山地骑行相关信息和地图。是获取相关资源的绝佳地点。

❶ 到达和离开

加拿大灰狗长途巴士（☎250-837-5874；www.

greyhound.ca; 122 Hwy 23 N; ⊙9:00~18:00)的站点位于城镇西部，紧邻Hwy 1，这里设有储物柜。巴士往东驶向卡尔加里（$63，6小时，每天4班），途经戈尔登和班夫，向西驶向基洛纳（$49，3.5小时，每天1班）。

冬季的时候，这里有许多不同线路的穿梭巴士往往巴士洛纳的国际机场（见842页）和滑雪度假村。详情可咨询游客中心。

雷夫尔斯托克到戈尔登（Revelstoke to Golden）

从雷夫尔斯托克到戈尔登，要走加拿大横贯公路（Hwy 1）行驶148公里，这段路上，你既可以心无旁骛地自己开车，或者，更好的做法是让别人替你开车。一路上，连绵不绝的山脉会伴随着你的旅程，非常壮观。

冰川国家公园（Glacier National Park; www.pc.gc.ca/glacier; 成人/儿童 包括雷夫尔斯托克山国家公园 $8/4）应该叫作"430座冰川国家公园"。这一地区每年的降雪厚度达23米，而且由于山势陡峭，这个公园是世界上最容易发生雪崩的地区之一。由于这个原因，滑雪、探洞和登山都受到严格管理。在进行野外冒险前，你必须先向公园管理员进行注册。在相应的季节，须提前查看天气和雪崩报告（见848页）。罗杰斯垭口（Rogers Pass）会是你所穿越过的最美的垭口之一。务必在位于雷夫尔斯托克以东54公里处的铁杉树丛小径（Hemlock Grove Trail）稍作停留，该步道为400米长的木板路，蜿蜒穿过一片古老的铁杉雨林。

距罗杰斯垭口不远有冰川国家公园的3个露营地（Rogers Pass, 紧邻 Hwy 1; 露营地 $16~22; ⊙6月末至9月初）：Illecillewaet、Mount Sir Donald和Loop Brook。所有营地都采取先到先得的原则。

罗杰斯垭口中心（Rogers Pass Centre; ☎250-814-5233; 紧邻Hwy 1; ⊙6月中旬至9月上旬 8:00~19:00，9月中旬至次年6月中旬 时间缩短）展出着加拿大太平洋铁路实景模型。该中心位于雷夫尔斯托克以东72公里，戈尔登以西76公里。里面播放冰川国家公园的相关影片并在夏天组织导览步行游。此外，那里还有一个由Friends of Mt Revelstoke & Glacier经营的优秀书店。

戈尔登（Golden）

人口 3850

戈尔登的区位得天独厚——附近有6座国家公园。激浪漂流更是近在咫尺——踢马河（Kicking Horse River）在这里与哥伦比亚河汇流。

不要只是在Hwy 1旁那些俗套的连锁商店走马观花，否则你将错过奔腾的河流旁边整洁的镇中心。

⊙ 景点和活动

戈尔登是在汹涌奔腾、寒冷刺骨的踢马河上进行激浪漂流的核心区。强劲的3级和4级激浪以及踢马河谷陡峭谷壁激动人心的美景，都使这里的激浪漂流体验成为整个北美地区最精彩的。

注意，最好的激流位于下峡谷处，通往那里的道路会穿过加拿大国家铁路（Canadian National Railway），这条道路时不时会被火车阻断。

★ **Alpine Rafting** 漂流
（☎250-344-6778; www.alpinerafting.com; 101 Golden Donald Upper Rd; 漂流团队游 $25~180; ⊙6月至9月; ➤）提供各类家庭漂流项目，包括为四岁及以上儿童设计的激浪漂流，以及极限等级为IV+ 的"踢马河挑战"（Kicking Horse Challenge）。

北极光野狼研究中心 公园
（Northern Lights Wolf Centre; ☎250-344-6798; www.northernlightswildlife.com; 1745 Short Rd; 成人/儿童 $12/6; ⊙7月和8月 9:00~19:00，5月、6月和9月 10:00~18:00，10月至次年4月 正午至17:00; ℗）这间小小的野生动物中心里生活着一小群灰狼以及狼和哈士奇的杂交品种，所有都是中心自己繁育和饲养的。参观包括

> ### ⓘ 注意你的汽油量
>
> 罗杰斯垭口服务站关闭，这意味着Hwy 1的雷夫尔斯托克和戈尔登之间长达148公里的路段上将没有汽油供应。

不要错过

两条完美的徒步小径

臭菘草小径（Skunk Cabbage Trail）很容易进入，位于雷夫尔斯托克东面28公里处的Hwy 1沿途，是一条沿Illecillewaet河延伸的木板路，全程1.2公里。小径两旁长满与其同名的植物——臭菘草。再往东4公里，大雪松木板小径（Giant Cedars Boardwalk）蜿蜒崎岖，长达500米，傍着一片巨大的原始雪松林一路延伸。

对这里居住的狼群的介绍——尽管大多数参观都是讲的理论知识。

踢马山度假村　　　　　滑雪、山地自行车

（Kicking Horse Mountain Resort；☎866-754-5425，403-254-7669；www.kickinghorseresort.com；Kicking Horse Trail；缆车1日通票 成人/儿童冬季 $90/36，夏季 $41/21）有120条滑雪道，其中约60%被评为高难度滑雪道或专业滑雪道。1260米的垂直落差和介于落基山脉和珀塞尔山脉之间的多雪地带，使该度假村一年比一年受欢迎。这里最出名的是夏季的山地骑行，包含加拿大最长的下坡骑行道。

🛏 食宿

沿着繁忙且无趣的Hwy 1有几十家连锁汽车旅馆。

★ Dreamcatcher Hostel　　　　青年旅舍 $

（☎250-439-1090；www.dreamcatcherhostel.com；528 9th Ave N；铺/房间 $35/90起；🅿🛜）由两位资深旅行达人经营，这家位于中心区的青年旅舍提供预算节约型旅游者所希望的一切。8间客房共33张床位，还有一个很大的厨房和一个带有石壁炉的舒适的公共休息室。室外有一个花园和一个烤肉架。

Golden Eco-Adventure Ranch　　　露营地 $

（☎250-344-6825；www.goldenadventurepark.com；872 MacBeath Rd；帐篷和房车营地 $35，蒙古包 $52；🕓4月上旬至9月下旬）牧场拥有超过160公顷的高山草甸。沿Hwy 95行驶，距离戈尔登以南5公里即可到达。这片露营地兼室外活动中心和市政运营的局促的露营地截然不同，每块营地非常宽敞，配有齐备的房车设施；如果住腻了帐篷，甚至可以选择住在蒙古包里。

Mary's Motel　　　　　　　汽车旅馆 $$

（☎250-344-7111；www.marysmotel.com；603 8th Ave N；房间 $80~150；🅿❄🛜🐾）就位于城里奔腾的河流旁边，Mary's有81间客房，分布在几幢楼的，选择一间带有露台的客房吧。旅馆有一个大型室外游泳池、一个室内游泳池以及两个热水池。从离可以轻松步行至夜生活的场所。

Kicking Horse Canyon B&B　　　　客栈 $$

（☎250-344-6848；www.kickinghorsecanyonbb.com；644 Lapp Rd；双 $125~145；🅿🛜）这间不落俗套的民宿隐藏在戈尔登以东的群山之中（可以致电咨询路线），你一跨进门槛，就能感受到殷切关注。民宿的主人是愉快且友好的Jeannie Cook和她的丈夫Jerry，虽然身处山区，依然能让你感受到宾至如归，民宿周围是一片私人的花园，可以观赏山区的美景。

Canyon Ridge Lodge　　　　　客栈 $$

（☎250-344-9962；www.canyonridgelodge.com；1392 Pine Dr；双 $109~125；🅿🛜）这栋木屋提供3间纯白的客房和一间天花板很高的整洁漂亮的套房。紧邻Golden Donald Upper Rd，距离戈尔登游客中心1公里。客房设施齐全（地暖、铺设了瓷砖的私人卫生间），还有一个公用的热水浴缸。

Bacchus Cafe　　　　　　　咖啡馆 $

（☎250-344-5600；www.bacchusbooks.ca；409 9th Ave N；主菜 $6~12；🕓周一至周六 9:00~17:30，周日 10:00~16:00）8th St尽头的这间波希米亚风格的咖啡馆是戈尔登爱好艺术的人们常来的地方。可以先逛逛楼下的书店（新书和二手书），然后上楼在乱糟糟的架子当中找张空桌子坐下，点一杯茶。三明治、沙拉和蛋糕都是制成品，咖啡的口感在戈尔登是数一数二的。

Wolf's Den　　　　　　　酒吧食品 $$

（☎250-344-9863；www.thewolfsdengolden.ca；1105 9th St；主菜 $10~20；🕓16:00~22:00）这间很受当地人欢迎的酒吧在每周日

都会有现场音乐表演。他们提供的汉堡和丰盛的菜肴都远超当地的平均水准。不列颠哥伦比亚省内最好的一些啤酒也都可以在酒单上找到。位于市中心的河流南岸。

Eleven22   酒吧食品 $$

(☎250-344-2443; www.eleven22.ca; 1122 10th Ave S; 主菜 $12~26; ⊙17:00~22:00) 既是餐厅又是家庭晚宴场所,这家吸引人的餐馆的墙上挂着艺术品,顾客还可以在露台上数星星。在休闲酒吧里与别人分享小份菜肴时,可以看到厨房的操作过程。

❶ 实用信息

游客中心(☎250-344-7125; www.tourismgolden.com; 500 N 10th Ave; ⊙5月至9月 每天 9:00~17:00, 10月至次日4月 周二至周五 至16:00)从Hwy 95通往戈尔登的出口驶出,沿Hwy 1东行1公里即到。

❶ 到达和离开

Hwy 1戈尔登以东的路段正进行彻底翻修。详情请登录www.kickinghorsecanyon.ca查询。

加拿大灰狗长途巴士(见823页)有开往温哥华($128, 9~13小时, 每天5班)和卡尔加里($48, 3.5小时, 每天5班)的汽车, 途经班夫。

Sun City Coachlines(☎250-417-3117; www.suncity.bc.ca)运营Hwy 95上戈尔登和克兰布鲁克之间的线路($70, 4小时), 每天往返各1班。

幽鹤国家公园 (Yoho National Park)

发源于冰川的冰蓝色踢马河(Kicking Horse River)在与它同名的山谷中缓缓流过——这是人们对于壮观的幽鹤国家公园的印象。壮美的公园里还有高耸的山峰、飞流直下的瀑布、冰川湖泊以及大片美丽的草坪。

◎ 景点和活动

★ 伯吉斯页岩化石群 (Burgess Shale Fossil Beds)   国家公园

这片被列为世界遗产的地区保护着斯蒂芬山(Mt Stephen)和菲尔德山(Mt Field)令人叹叹的寒武纪**化石层**。这些5.15亿年前的化石保留了一些海洋生物的遗迹,它们是地球上最早的生命形式之一。只有导览徒步游才能带你前往化石层, 这些导游是**伯吉斯页岩地球科学基金会**(Burgess Shale Geoscience Foundation; ☎800-343-3006; www.burgess-shale.bc.ca; 200 Kicking Horse Ave, Field; 团队游成人/儿童 $95/65起; ⊙6月中旬至9月中旬)的博物学者。须预订。

踢马山口和螺旋隧道(Kicking Horse Pass & Spiral Tunnels)   观景点

位于班夫国家公园和幽鹤国家公园之间的历史悠久的踢马山口是加拿大落基山脉最重要的一个山口。1858年, 派勒什探测队在为加拿大太平洋铁路探测可能通过落基山脉的道路时发现了它。你可以通过菲尔德(Field)以东8公里处的Hwy 1西行岔道到达。风景区经常处于关闭状态, 而且掩藏在植被当中。

塔卡夸瀑布(Takakkaw Falls)   瀑布

从达利冰川(Daly Glacier)奔流而来的急流从高达255米的悬崖上陡然跌落。它是加拿大第二高的瀑布。路的尽头处有一条长约800米的步道, 从塔卡夸停车场一直通往瀑布的底部。道路在6月下旬至10月上旬开放。

翡翠湖(Emerald Lake)   湖泊

对于大多数的游客来说, 这座色彩绚丽的湖泊是幽鹤国家公园里最不可错过的景点。湖的四面森林环绕, 壮丽的山脉是其背景, 包括东南面著名的伯吉斯山(Mt Burgess), 它的美丽如此真实, 以至于游者众多。想要远离人群可以租一艘独木舟游览。从菲尔德上Hwy 1往西南方向行驶, 路边会看到指示牌, 接着行驶10公里可到达湖边。

Twin Falls & the Whaleback   徒步

这条中等难度的徒步线路总长8.2公里, 起点在塔卡夸瀑布停车场, 途中需穿越一片松树林, 能碰到四个瀑布, 分别是Angel's Staircase、Point Lace Falls、Laughing Falls和有两条瀑布的双子瀑布(Twin Falls)。

幽鹤湖和瓦普塔高地 (Yoho Lake & Wapta Highline)   徒步

这条线路被认为是落基山脉当中最美(难度也最高)的日间徒步线路。线路的起

点位于塔卡夸瀑布附近的Whiskey Jack登山口，先是登山去幽鹤湖然后再攀登去往高耸入云的瓦普塔山（Wapta Mountain）。

🛏 住宿

幽鹤国家公园内的4个露营地从10月中旬到次年5月中旬都会关闭。除了公园里的几个度假屋，你可以在菲尔德找到各类住宿。

HI-Yoho National Park 青年旅舍 $

（Whiskey Jack Hostel；☎403-670-7580；www.hihostels.ca；Yoho Valley Rd, Yoho National Park；铺$28起；⊙7月至9月）从客栈的木质平台上就可以以非常近的距离观看到幽鹤国家公园里的塔卡夸瀑布。共有3间设有9个铺位的客房，提供厨房和基础的厨房设施；夏季时，客房经常供不应求。

Kicking Horse Campground 露营地 $

（见682页地图；Yoho Valley Rd；帐篷和房车露营地$28；⊙5月至10月；☎）这里也许是幽鹤国家公园内最受欢迎的露营地。四周森林环绕，88个露营点之间有宽敞的空间，配有淋浴。尤其推荐水边的露营地（尤其是68号到74号）。

Takakkaw Falls Campground 露营地 $

（Yoho Valley Rd；露营地$18；⊙7月至10月）想要到这处很有吸引力的露营地，需要沿着一条砂石小路走13公里，这里提供35个露营位，先到先得，且允许帐篷露营。

Emerald Lake Lodge 度假屋 $$$

（☎403-410-7417；www.crmr.com/emerald；Emerald Lake Rd, Yoho National Park；房间$250~450；🅿☎）这处度假村占地共5公顷，坐落在宁静的翡翠湖湖岸旁，位置绝佳，可通过一座桥到达。让人有点失望的是，房间内部的装修老旧，但是你可以靠着门廊观赏到绝美的湖景。

❶ 实用信息

幽鹤国家公园信息中心（Yoho National Park Information Centre；☎250-343-6783；紧邻Hwy 1, Field；⊙5月到10月 9:00~19:00）提供地图和小路介绍。然而这一重要的信息来源因预算削减常常关闭。护林员会就路线和路况提供一些建议。夏天，艾伯塔省旅游局（Alberta Tourism）的工作人员会在此办公。

奥哈拉湖（Lake O' Hara）

奥哈拉湖位于群山之中。湖泊浓缩了整个落基地区的特色，会让你不虚此行。精巧而葱郁的山坡、高山草甸、白雪覆盖的垭口、山间景色和冰川都围绕着这个美丽得让人眩晕的湖泊。一日游很值得，但若能参加荒野过夜游，你就可以前往更多的**徒步小路**，一些路很难走，但景色都很壮观。**高山环路**（Alpine Circuit；12公里）沿途能大致领略到各种美景。

🛏 住宿

你可以在Lake O' Hara Lodge露营或者住宿，但是需提早预订，且要做好通过重重考验才能预订到位置的准备。

Lake O' Hara Campground 露营地 $

（☎预订250-343-6433；Yoho National Park；帐篷露营地$10，预订手续费$12；⊙4月至10月）要提前3个月预订，才能在30个露营地之中订到位置。空位通常在预订热线开通后第一时间就被一抢而空（北美山区时区上午8:00）。如果你没有提前预订，当中五分之三的位置是留给后补用户的；若想要订到位置，最好还是早上8点就打电话。

★ Lake O' Hara Lodge 度假屋 $$$

（☎250-343-6418；www.lakeohara.com；Yoho National Park；标单/双$500/665起，小屋$940；⊙1月至4月和6月至10月）🍴这处让住客们目瞪口呆的度假村已经有80年的历史，如果你想住在湖边又不想住在帐篷里，这里是唯一的住宿选择。整体是奢华的田园风，倡导环保。食物来自不列颠哥伦比亚省的生产商，且口味一流。住宿两晚起计。

❶ 到达和离开

若要前往湖边，可以到菲尔德以东15公里处的Hwy 1旁边的奥哈拉湖停车场乘坐**往返巴士**（☎预订877-737-3783；成人/儿童往返$15/8，预订手续费$12；⊙6月中旬至9月）。到达湖边的巴士实行乘客配额管理。由于奥哈拉湖十分热门，预订基本上是必需的，除非你想走路。如果你没有预订，还有6个巴士日用座位会为"剩余候补"的使用者而准备。想要抓住这些机会，就要在出发前一天的8:00致电咨询。

你可以不受限制地步行11公里，从停车区前往湖边。但这里不允许骑自行车。奥哈拉湖周边地区通常处于积雪覆盖的状态，或者十分泥泞，直到7月中旬才会有所好转。

菲尔德（Field）

这座具有历史意义的铁路市镇紧邻Hwy 1，俯瞰着河流，景色生动，是一个古朴又不矫饰的地方，很值得停下来一探究竟。许多建筑可以追溯到铁路建成早期，当时这座小镇是加拿大太平洋铁路工程负责探测工作的总部所在地，后来，当工程师尝试解决火车翻越踢马山口的难题时，这里又担负起了策略性规划的任务。

🛏 食宿

Fireweed Hostel 　　　　　　　　　青年旅舍 $

（☎250-343-6999；www.fireweedhostel.com；313 Stephen Ave；铺/房间 $40/125 起；@）菲尔德的这间漂亮的青年旅社真是物超所值，共有4间客房，里面用田园风格的松木装饰。卧室很小但是整洁漂亮；每间客房设两张松木上下铺，共用的卫生间紧邻大厅，所有客人都可以使用设备齐全的厨房和客厅。

Canadian Rockies Inn 　　　　　　　　客栈 $$

（☎250-343-6046；www.canadianrockiesinn.com；Stephen Ave；房间 $125~190；P@）客房非常完美，最赞的是这里无比宽敞的床。所有的客房都配备微波炉、烧水壶和冰箱。

Truffle Pigs 　　　　　　　　　　　创意菜 $$$

（☎250-343-6303；www.trufflepigs.com；100 Centre St；主菜 $12~30；⏰周一至周五11:00~15:00和17:00~21:00，周六和周日 8:00~15:00和17:00~21:00；@）🍴这是一家传奇的咖啡馆，供应高概念的餐馆美食，采用当地有机食材。每个季节都会调整菜单。

库特奈国家公园
（Kootenay National Park）

库特奈国家公园是加拿大省内唯一一座同时拥有冰川景观和仙人掌的国家公园。在省内，有一条优美的环线可以经过库特奈国家公园和幽鹤国家公园；这里许多经典的景观都可以通过开车很方便地到达。

偏远的**阿西尼博因山省立公园**（Mt Assiniboine Provincial Park；www.bcparks.ca）提供真正非凡的野外探险。

◉ 景点

库特奈国家公园 　　　　　　　　　国家公园

（见682页地图；☎250-347-9505；www.pc.gc.ca/kootenay；Hwy 93；成人/儿童 $10/5，露营地 $22~39；⏰露营地 5月至10月）库特奈国家公园的形状就像一道闪电，主要位于一条又长又宽的河谷中，森林密布，周围是冰冷的灰色山峰。库特奈占地1406平方公里，气候比其他落基山脉的国家公园更为温和，南部地区尤其如此。夏天又干又热，这是火灾频发的一个因素。

标志清楚的**杂草小径**（Fireweed Trail；500米或2公里）环线穿过Hwy 93北端附近的森林。路上竖有解说板，介绍了大自然是如何从1968年的那场大火中逐渐恢复的。往前约7公里，可以看到**大理石峡谷**（Marble Canyon），峡谷中有一条潺潺的小溪，流过一片原始森林。主路南边3公里处，你会找到一条2公里长的平缓小路，沿小路穿过森林可以到达被称为**油漆罐**（Paint Pots）的赭色池塘。展板上描述了这块锈色大地的采矿历史及其以往对原住民的重要性。

在**库特奈峡谷观景点**（Kootenay Valley Viewpoint）了解公园的外貌如何随着时间的推移发生了变迁，这里精彩的解说牌和美景令人应接不暇。向南再走上3公里就到了橄榄

> ### ⓘ 注意时间
>
> 不列颠哥伦比亚省的其他地区都属于太平洋时区，只有东库特奈例外，它与艾伯塔省同处山区时区，这就给人带来了困扰。从戈尔登出发，沿Hwy 1向西，在冰川国家公园的东入口处，时间开始变化。沿着Hwy 3向西，时间又在克兰布鲁克与克雷斯顿之间发生变化。山区时间比太平洋时间早1小时。

湖（Olive Lake），这是野餐和休息的绝佳地点。湖边500米长的小路也设有解说牌，介绍了以前曾来过这里的一些旅行者。

住宿

库特奈国家公园中有一些度假屋和露营地，附近的镭温泉村有大批的度假屋。阿西尼博因山省立公园有数量不多的野外露营点，还一些木屋和偏远的度假屋。

Marble Canyon Campground　　露营地 $

（紧邻Hwy 93, Kootenay National Park；露营地$22；7月至9月）这处山地森林里的露营地离大理石峡谷步道不远，共有61个露营位置，还配备了冲水马桶，但是没有淋浴。大多数的位置位于树林之中，可以阻挡风沙。靠东边的营地景色最佳。

McLeod Meadows Campground　　露营地 $

（紧邻Hwy 93, Kootenay National Park；露营地$22；6月至9月）这处露营地位于库特奈河岸边，步行2.6公里可以到达美丽的Dog Lake，共有80个露营位置。周围树木葱郁还有广阔的草地。

Kootenay Park Lodge　　小屋 $$

（☎403-762-9196; www.kootenayparklodge.com; Hwy 93, Vermilion Crossing, Kootenay National Park; 双人小屋$135~200；5月中旬至9月下旬；P）在公园内住宿中，这家度假村算是佼佼者。一系列可爱的木头小屋配有露台、冰箱和轻便炉灶，淳朴自然。

❶ 实用信息

最大的一处**库特奈国家公园游客中心**（见854页）位于镭温泉村。为徒步爱好者准备了许多有用资源。

镭温泉村（Radium Hot Springs）

镭温泉村就在库特奈国家公园的西南角之外，是进入整个落基山脉国家公园区的主要入口。

镭温泉村栖息着数目众多的大角羊，这些动物常常从镇上悠然而过，但最吸引人的还是城北3公里处的同名**温泉**（☎250-347-9485; www.pc.gc.ca/hotsprings；紧邻Hwy 93；成人/儿童$7/6；9:00~23:00）。温泉泳池十分现代化，夏天人满为患。水从地面涌出时水温是44℃，进入第一个温泉池时水温是39℃，到了最后一个池子时水温则是29℃。

镭温泉村有许多住宿之选。比如**Cedar Motel**（☎250-347-9463; www.cedarmotel.ca; 7593 Main St W；房间$85~100; P）干净实惠，并且（像名字里体现的）雪松环绕。它由瑞士人经营，是镭温泉镇里最具吸引力的汽车酒店之一。客房结构方正且明亮，床很宽敞，且配有色彩鲜艳的床罩。有些客房配有小厨房区。

Village Country Inn（☎250-347-9392; www.villagecountryinn.bc.ca; 7557 Canyon Ave；房间$120~175; P）是一栋有着山墙的漂亮房子，紧邻中心城区的主街道，客房外按照乡村风格设有露台。这种乡土气息也影响到了楼下的茶室，那里提供的下午茶会装在骨瓷器皿中，放在针织的装饰型杯垫上。

Meet on Higher Ground Coffee House（☎250-347-6567; www.meetonhigherground.com; 7527 Main St；点心$3~10; 6:00~17:00）是理想的休息站，你可以在这里喝杯咖啡，尝尝肉桂卷或者其他的咸味点心补充能量。

加拿大公园管理局的护林员和镭温泉村旅游局的工作人员都在**库特奈国家公园和镭温泉村游客中心**（Kootenay National Park & Radium Hot Springs Visitors Centre; ☎250-347-9331; www.radiumhotsprings.com; 7556 Main St E, Hwy 93/95；游客中心全年开放 9:00~17:00, 加拿大公园管理局5月至10月），他们提供绝佳的当地徒步信息。公园里还会举办一些优质的展览。

Sun City Coachlines（见851页）运营Hwy 95上的去往戈尔登（$27, 1小时）和克兰布鲁克（$43, 3小时）的班车，这两条线路每天各1班。

镭温泉村到弗尼（Radium Hot Springs to Fernie）

从镭温泉村往南，Hwy 93/95顺着珀塞

尔山脉和落基山脉之间宽阔的哥伦比亚谷向前延伸。这儿并没有特别有趣的地方，除非你对这里的工业（滑雪度假村的建设）、农业（高尔夫球场）或者野味（公寓买家）感兴趣。

沿Hwy 93/95行驶，从Skookumchuck往南之后道路一分为二。左转上Hwy 95可到达福特斯提尔历史村（Fort Steele Heritage Town；250-426-7342；www.fortsteele.ca；9851 Hwy 93/95；成人/儿童 $12/5；6月中旬至8月9:30~18:00，冬季开放时间缩短），这座19世纪80年代的老城已修缮一新，比起其他许多类似的地方，这里让人愉快多了。夏季时，这里有各类活动和娱乐，然后随着入冬活动逐渐减少甚至没有，尽管景点还是照常开放。

从福特斯提尔出发，沿着Hwy 93和Hwy 3前行95公里就可以到达弗尼。

弗尼（Fernie）

人口 4800

弗尼是个美妙的小镇，四面环山，这些山就是你眺望西面所看到的陡峭的花岗岩蜥蜴山脉（Lizard Range）。这里曾致力于木材和煤炭业，如今已利用良好的环境进行了其他的开发项目。这里的滑雪道每年积雪都超过8米厚，深受滑雪爱好者的喜爱，从城镇很容易就能看到白雪皑皑的坡道。夏日，毫不逊色的壮观景色吸引着众多徒步旅行者和山地自行车爱好者。

尽管这个城镇是被寻求快乐的人们慧眼相中的，但它仍然保持着平实的、复古砖墙风格。位于Hwy 3（7th Ave）以南3个街区的地方是历史中心区，这一带的Victoria（2nd）Ave旁边林立的咖啡馆、酒吧、商店和画廊都能让人很好地感受到这种质朴风情。

◉ 景点和活动

弗尼经历过很多灾难。1908年，这里发生了一场毁灭性的火灾，最后城市只剩下砖石结构的房屋。正因为如此，你现在能看到许多20世纪早期风格的房屋，它们大部分是用当地的黄砖建成的，赋予了这座位于东库特奈（East Kootenays）的城镇独一无二的风貌。买一本《遗址徒步游指南》（Heritage Walking Tour；$5），这是由弗尼博物馆（Fernie Museum；250-423-7016；www.ferniemuseum.com；491 2nd Ave；成人/儿童 $5/免费；10:00~17:30）出版的绝佳小册子。

★ **Fernie Alpine Resort** 　　　　滑雪

（250-423-4655；www.skifernie.com；5339 Ski Area Rd；1日通票 成人/儿童 $90/36）秋季，人们的视线纷纷投向大山，这可不仅是为了美丽的山景，也是为了寻找雪。从弗尼中心驾车5分钟就能到达Fernie Alpine Resort，该度假村发展迅速，有142条滑雪道、5个碗形场地和皑皑无际的积雪。多数旅馆每天都有往返班车。

弗尼山省立公园 　　　　　　　公园

（Mt Fernie Provincial Park；250-422-3003；www.bcparks.ca；Mt Fernie Park Rd，紧邻Hwy 3）山地自行车是弗尼山省立公园（市中心以南仅3公里）非常流行的运动。这里还有能满足各类技能和兴趣的徒步线路及露营。

Fernie Bike Guides 　　　　　骑车

（250-423-3650；www.ferniebikeguides.ca；导游 $30/小时）在出色的教练指导下提高你的山地自行车技术。他们还会带你深入麋鹿河谷（Elk Valley）的偏远区域。

Mountain High River Adventures 漂流

（250-423-5008；www.raftfernie.com；100 Riverside Way, Standford Resort；团队游成人/儿童 $140/100起；5月至9月）麋鹿河（Elk River）是经典的激浪漂流地，有3个四级湍流地以及11个三级湍流地。不仅如此，这里还提供皮划艇、水车以及其他水上娱乐设施。

Ski & Bike Base 　　　　　滑雪、骑车

（250-423-6464；www.skibase.com；432 2nd Ave；自行车出租 $45/天起；全年周一至周六 10:00~18:00，6月至8月 周日 11:00~17:00）2nd Ave上最好的一家全年都营业的装备商和出租商店。

⌂ 住宿

作为一个大型滑雪城镇，冬季是弗尼的旺季。住在城中心将令你享受到更多的乐趣。弗尼预订中心（Fernie Central Reservations；

HI Raging Elk Hostel　　　青年旅舍 $

(☎250-423-6811; www.ragingelk.com; 892 6th Ave; 铺/房间 $30/76起; @☎)这家经营完善的青年旅舍地处市中心，有宽敞的露台可以让你欣赏给予人灵感的大山。对于那些希望在享受雪坡或骑行乐趣之余，还想从事季节性打工的人，旅店会提供中肯的建议。小酒馆（营业时间为16:00～23:00）很热闹（提供便宜的啤酒）。

弗尼山省立公园　　　露营地 $

(Mt Fernie Provincial Park; ☎800-689-9025; www.discovercamping.ca; Mt Fernie Park Rd, 紧邻Hwy 3; 露营地 $30; ◎5月至9月)在城镇以南3公里处。这里共有41个露营位置、抽水马桶，可以观看瀑布，还有到山地自行车小路的入口。

Park Place Lodge　　　酒店 $$

(☎250-423-6871; www.parkplacelodge.com; 742 Hwy 3; 房间 $130～240; ❄@☎⛲)镇里最好的住宿地，离镇中心很近。这里有64间舒适的客房，房间里配备冰箱、微波炉，还有通向室内游泳池的通道和热水浴缸。一些房间有阳台，风景不错。

Snow Valley Motel & RV Park　　　汽车旅馆 $$

(☎250-423-4421; www.snowvalleymotel.com; 1041 7th Ave, Hwy 3; 房车露营地 $35, 房间 $65～140; ❄@☎)位于镇中心，极具性价比。20个房间都很大，配备了电冰箱和微波炉，有些还有设备齐全的厨房。没有什么特别的，但有一个露天平台，上面有烧烤架、一个热水浴缸，周围风景不错。

✘ 餐饮

Blue Toque Diner　　　咖啡店 $

(☎250-423-4637; 601 1st Ave; 主菜 $12起; ◎周四至周一 9:00～14:30; ✔)Blue Toque Diner是Arts Station社区展馆的一部分，也是享用早餐的好地方。菜肴以季节性食材和有机蔬菜为特色。

Big Bang Bagel　　　面包房 $

(☎250-423-7778; www.bigbangbagels.com; 502 2 Ave; 主菜 $4～10; ◎7:00～17:00)这间位于街角的面包房十分受欢迎，地板踩下去会伴着背景音乐吱吱作响，不禁让你的肚子也咕咕直叫。从面包圈到三明治再到午餐主菜，所有的一切都很棒。咖啡也很美味。

★ Yamagoya　　　日本菜 $$

(☎250-430-0090; www.yamagoya.ca; 741 7th Ave, Hwy 3; 小吃 $4～8, 主菜 $11～30; ◎17:00～22:00)这家美妙的寿司店如同加州寿司卷一样小巧，提供各种经典小吃，包括生鱼片、天妇罗等。滑了一天雪之后，就连味噌汤都很可口。除了日本清酒，还提供各种精选啤酒。室外也有座位。

Bridge Bistro　　　加拿大菜 $$

(☎250-423-3002; 301 Hwy 3; 主菜 $11～25; ◎11:00～22:00)从露台上可以欣赏到麋鹿河及其周围山峰的美景，不过还是留意一下长长的菜单吧，这里有美味的汉堡、牛排、沙拉和比萨。

Royal Hotel　　　小酒馆

(☎250-946-5395; www.facebook.com/RoyalFernie; 501 1st Ave; ◎周一至周六 9:00至次日2:00)隶属于酒店。这间酒吧位于一栋老旧的砖房里面，许多晚上都会有现场音乐表演，有布鲁斯也有庞克，非常适合去这里喝酒和聊天。

❶ 实用信息

游客中心(visitorcenter; ☎250-423-6868; www.ferniechamber.com; 102 Commerce Rd; ◎9月至次年6月 周一至周五 9:00～17:00, 7月和8月 每天)紧邻Hwy 3, 在城镇以东, 过了麋鹿河渡口就是。**弗尼自然中心**(Fernie Nature Centre)也在这里，有关于本地生物的展览。**弗尼博物馆**(见750页)也提供旅游信息。

❶ 到达和离开

城镇和滑雪度假村之间有班车在运营。

加拿大灰狗长途巴士(☎250-423-5577; www.greyhound.ca; 1561 9th Ave)有车向西去基洛纳($108, 11小时, 每天1班)和纳尔逊($62, 5小时, 每天1班)，向东则有去卡尔加里($63, 6.5小时, 每天1班)的班次。停靠站点靠近Hwy 3，即市中心以北。

金伯利（Kimberley）

当1973年金伯利红极一时的采矿业没落后，人们制订了一个规划，打算将海拔1113米的小山村改造成巴伐利亚风格的旅游目的地。中心区被改造成步行街区，名为普拉茨尔（Platzl），当地人受到鼓励，穿起皮短裤和缩腰连衣裙，行走在街头巷尾。许多菜单中都加入了香肠。30多年过去了，如今，不伦不类的感觉慢慢消失。虽然村里的有些地方还保留着一些仿造的半木结构房屋，但总体而言，这里别具一格，值得你在克兰布鲁克（Cranbrook）和镭温泉村之间驶离Hwy 95，绕行此地来一探究竟。

乘坐15公里长的金伯利地下采矿铁路（Kimberley's Underground Mining Railway；☎250-427-7365；www.kimberleysundergroundminingrailway.ca；Gerry Sorensen Way；成人/儿童$25/10；⏱团队游 5月至9月 11:00~15:00，前往度假村的火车周六和周日 10:00）。小火车穿过两边是峭壁的Mark Creek山谷，带你前往广阔的山地风景区。

到达地下采矿铁路线的末端后，你可以乘缆车前往山上的金伯利高山度假村（Kimberley Alpine Resort；☎250-427-4881；www.skikimberley.com；301 N Star Blvd；缆车1日通票 成人/儿童$73/29），也可以自己驾车前往。冬季时，这个度假村拥有超过700公顷的可滑雪的区域、包括80条滑道，那时气候温和。

❶ 实用信息

游客中心（☎778-481-1891；www.tourismkimberley.com；270 Kimberley Ave；⏱7月和8月 每天 10:00~17:00，9月至次年6月 周日关闭）位于普拉茨尔（Platzl）背后的大停车场那里。

克兰布鲁克（Cranbrook）

克兰布鲁克坐落于金伯利东南部31公里处，是该区域的主要中心，也是一个朴素的公路交会点，Hwy 3/95将镇子一分为二，小镇也不过是一片乏味无趣的商场而已。

游客乐意在克兰布鲁克停留有一个重要原因，那就是克兰布鲁克历史中心（Cranbrook History Centre；☎250-489-3918；www.cranbrookhistorycentre.com；57 Van Horne St S，Hwy 3/95；$15起；⏱6月至8月 每天 10:00~17:00，9月至次年5月 周二至周六），其中包括加拿大火车旅游博物馆（Canadian Museum of Rail Travel）。馆内陈列着一些经典的加拿大火车，如横加公司（Trans-Canada Limited）的一款1929豪华版传奇火车，该火车过去曾从蒙特利尔开往温哥华。

从克兰布鲁克到罗斯兰（Cranbrook to Rossland）

在奥卡纳根河谷的南部边缘，Hwy 3蜿蜒曲折300公里，从克兰布鲁克一直延伸到欧沙约。该公路沿途与美国边界一带的众多小山相接，会经过8个边境口岸。

克雷斯顿（Creston）位于克兰布鲁克以西123公里处，这里不但有许多果园，还是Columbia Brewing Co所出产的Kokanee True Ale的发源地，克雷斯顿也因此而闻名。Hwy 3A从克雷斯顿出发，向北延伸80公里，可到达连接纳尔逊的免费的库特奈湖渡轮（Kootenay Lake Ferry）。

萨尔莫（Salmo）位于克雷斯顿以西约85公里处，Hwy 6在此向北面延伸，经过景色平平的40公里后到达纳尔逊。克罗斯内斯特路（Crownsnest Hwy）向西延伸10公里。Hwy 3一路起伏，向北穿越卡斯尔加（Castlegar），这里因具有距离纳尔逊最近的大型机场以及一家大型纸浆厂而闻名。Hwy 3B一路下坡，途经讨人喜爱、咖啡馆林立的弗鲁特韦尔（Fruitvale）与工业城镇特雷尔（Trail）。

◉ 景点

Columbia Brewery 酿酒厂

（☎250-428-9344；www.columbiabrewery.ca；1220 Erikson St；团队游 $5；⏱7月和8月 9:30~15:00，5月中旬至6月和9月至10月中旬 周一至周五 9:30~14:30）哥伦比亚酿酒厂（Columbia Brewery）的所在地，旗下拥有Kokanee和Kootenay两个品牌的啤酒。酿酒厂提供团队游（每天4~6次），游客可以参观样品陈列室。

克雷斯顿山谷野生动物管理区   野生动物保护区

(Creston Valley Wildlife Management Area; ☏250-402-6900; www.crestonwildlife.ca; 1760 West Creston Rd; ◉黎明至黄昏)坐落于克雷斯顿以西11公里处,这里是个观鸟的好场所,走在1公里的木板路上,可以看到包括青鹭在内的众多鸟类。

食宿

Valley View Motel   汽车旅馆 $

(☏250-428-2336; www.valleyviewmotel.info; 216 Valley View Dr, Creston; 房间 $90起; ❄☏)这是克雷斯顿的汽车旅馆中最好的一间。位于可以俯瞰风景的山坡上,客房干净整洁,非常舒适和安静。

Retro Cafe   法国菜 $

(☏250-428-2726; www.retrocafe.ca; 1431 NW Blvd, Creston; 主菜 $6起; ◉周一至周五7:00~17:00,周六至15:00)克雷斯顿里的法式餐馆不止有怀旧的格调,这里手写涂鸦的黑板和极其美味的煎饼都会让你回味无穷。

罗斯兰(Rossland)

罗斯兰是一个完全不同的世界,这一古老的采矿小村高踞在南莫纳西山脉(1023米),是加拿大山地自行车运动的好去处。历史悠久的采矿活动使得这里的山坡上纵横交错地布满了古老的小径与废弃的铁轨,所有这些都为山地自行车运动提供了绝佳条件。

由于这里能轻松抵达的山脊线和向下俯冲的岩石小径,自由骑行在这里十分流行。七峰与杜尼小径(Seven Summits & Dewdney Trail)是一条长35.8公里、朝罗斯兰山顶前行的单车道。库特奈哥伦比亚小径协会(Kootenay Columbia Trails Society; www.kcts.ca)提供很好的在线地图。

Red Mountain Ski Resort(☏250-362-7384,雪况报告250-362-5500; www.redresort.com; Hwy 3B; 缆车一日通票 成人/儿童 $84/42)在夏季吸引许多山地骑行者,而在冬季会吸引众多滑雪爱好者。尽管度假区名称为Red,但它既包括海拔1590米瑞德山(Red Mountian),也包括了海拔2075米的花岗岩山(Granite Mountain)以及海拔2048米的Grey Mountain,积雪覆盖的面积达670公顷,充满挑战,还有110条滑雪道。

❶ 实用信息

游客中心(☏250-362-7722; www.rossland.com; 1100 Hwy 3B, Rossland Museum; ◉5月至9月9:00~17:00)位于Hwy 22(从美国边界方向来)和Hwy 3B交叉路口上的罗斯兰博物馆(Rossland Museum)内。

纳尔逊(Nelson)

人口 11,100

光是纳尔逊,就足以吸引你到库特奈来玩了。整齐的砖式楼房沿山坡而上,俯瞰着碧蓝的库特奈湖西湾,湖畔还缀着公园和片片沙滩。日趋繁荣的咖啡馆、文化与夜生活场景更是增色不少。而真正使纳尔逊享有盛名的是它的特质:这里奇异地混合了一群时尚潮人、充满创意的家伙与另类的个人主义者。在适合步行的主街道Baker St上,淡淡的广藿香味混合着些许新烤咖啡的香气,足以让你领略到这里的魅力。

19世纪末期,纳尔逊由一座采矿小镇发展起来。1977年,这里开展了一项长达数十年的遗产保护计划。如今,350多幢旧时建筑得到了精心的保护和修复。如果你打算在城镇附近的小山和湖泊徒步、滑雪或划皮划艇,纳尔逊绝对是个很好的落脚点。

◉ 景点

近三分之一的纳尔逊历史建筑都按照维多利亚鼎盛时期和晚期的建筑风格进行了修复。可在游客中心领取一本出色的《遗产徒步游指南》(*Heritage Walking Tour*),里面包含了镇中心30多幢建筑的详细资料,并对维多利亚建筑进行了生动的介绍。

湖畔公园   公园

(Lakeside Park, Lakeside Dr; ℗)位于著名的纳尔逊桥(Nelson Bridge)旁边,既是一个繁花锦簇、绿树成荫的公园,又是充满魅力的沙滩,这里还有一个相当好的夏季咖啡馆。

纳尔逊试金石 博物馆

（Touchstones Nelson；250-352-9813；www.touchstonesnelson.ca；502 Vernon St；成人/儿童 $8/4；⊙周一至周三、周五和周六 10:00～17:00，周四 至20:00，6月至8月 周日 10:00～16:00，9月至次年5月 周一闭馆）原是纳尔逊古老气派的市政厅（1902年），经过全面的修整之后，成了现在的纳尔逊试金石博物馆，展出当地的历史及艺术藏品。每月都会有一些新的展览，展品多数是当地艺术家的作品。迷人的历史展览互动性很强，去除了一些老旧的标牌不齐的手工艺品。

✈ 活动

从游客中心出来，沿湖岸便是一条滨水大道（Waterfront Pathway），道路西段贯通机场，悠长的河道也为其增色不少。你可以一路前行至湖畔公园（Lakeside Park），然后乘坐23路有轨电车（Streetcar 23；250-352-7672；www.nelsonstreetcar.org；Waterfront Pathway；成人/儿童 $3/2；⊙5月中旬至11月中旬 11:00～16:30）返回，轨道全长2公里，从湖滨公园驶至Hall St的码头。

★ Kokanee Glacier Provincial Park 徒步

（小径路况咨询250-825-3500；www.bcparks.ca；Kokanee Glacier Rd）公园的徒步小径总长度达到85公里，都是本地区数一数二的优质徒步路径。通往红鲑鱼湖（Kokanee Lake）的一条往返道路很精彩，仅在夏季开放，全长2.5公里（2小时），沿途标志清楚，沿着这条道路继续前行，还可到达没有树木、布满巨石的冰川地带。在纳尔逊东北20.5公里处驶离Hwy 3A，然后沿Kokanee Glacier Rd再行进16公里即可到达。

Kootenay Kayak Company 皮划艇

（250-505-4549；www.kootenaykayak.com；$40～50/天，团队游$55起）出租皮划艇，组织各种皮划艇导览游。

Sacred Ride 山地自行车

（250-354-3831；www.sacredride.ca；213b Baker St；自行车出租 $45～100/天；⊙周一到周六 9:00～17:30）Sacred Ride出租各类装备。也售卖全面的道路图*Your Ticket to Ride*。

Pulpit Rock 徒步

（www.pulpitrocknelson.com）经过2小时的爬坡后，你便可到达湖对岸的Pulpit Rcok，在这里可将纳尔逊与库特奈湖的优美风景一览无余，这条小道的起始点位于Johnstone Rd的停车场。

Great Northern Rail Trail 徒步

以纳尔逊为起点，这条徒步道沿着古老的铁路到达萨尔莫（Salmo），总长42公里。沿途经过茂密的森林，风景壮丽。徒步过程中随时可以折返，但是最开始6公里的路途中有许多亮点。登山口位于Cherry Street和Gore Street的交叉路口。

Whitewater Winter Resort 滑雪

（250-354-4944，雪况报告250-352-7669；www.skiwhitewater.com；紧邻Hwy 6；缆车1日通票成人/儿童 $76/38）因其巨大的降雪量而出名。这座休闲的度假村位于纳尔逊以南12公里处，紧邻Hwy 6，是一座富有魅力的小镇。缆车虽少，但是游客也较少，他们都是来此享受81条滑道的，雪道落差可达623米。新开了11条北欧式滑雪道。

🛏 住宿

★ HI Dancing Bear Inn 青年旅舍 $

（250-352-7573；www.dancingbearinn.com；171 Baker St；铺/房间 $28/59起；P @ 🛜）🍴旅舍杰出的管理者们可为游客提供建议，使你在这里的住宿体验更为舒适。这里的14间合住或独立房间，都配备公共浴室，还设有一个美食厨房、一间图书室、平台和一间洗衣房。

City Tourist Park 露营地 $

（250-352-7618；campnels@telus.net；90 High St；露营地 $25起；⊙5月至9月；P 🛜）从市中心的Baker St出发，仅需步行5分钟便可到达City Tourist Park，这片面积不大的城市露营地有43个露营位、淋浴间、一间厨房和一间洗衣房。

★ Hume Hotel 酒店 $$

（250-352-5331；www.humehotel.com；422 Vernon St；房间含早 $100～200；P ❄ 🛜）这座建于1898年的古典酒店始终保持着它旧日

的辉煌。酒店提供43间形状和尺寸差别巨大的客房。你可以要求入住位于角落的宽敞房间，这样能够观赏外面的小山和湖泊。房价已含一顿美味的早餐。酒店中还有一些吸引人的夜生活场所。

Adventure Hotel 酒店 $$

(☏250-352-7211; www.adventurehotel.ca; 616 Vernon St; 房间 $80~160; P❄🛜) 这座翻新的酒店提供三种风格的客房：特惠房（小房间、两张上下床、淋浴在大厅楼下）、经济房（都配有私人卫生间）和豪华房（可以选床型）。公共区域包括一个休息厅、露台、一间健身房和一个屋顶桑拿房。室内是宜家的简易风格，采用暖色调。

Victoria Falls Guest House 旅馆 $$

(☏250-505-3563; www.victoriafallsguesthouse.com; Victoria St与Falls St交叉路口; 房间 $85~165; P🛜❄) 一条宽敞的走廊围绕着充满节庆气息、翻修一新的维多利亚时期的黄色旅馆。5间套房均配有客厅与烹饪设备。房间装饰风格各异，有的古典而舒适，有的则配有适合家庭入住的双层床。还配有一个烧烤架。

Cloudside Inn 民宿 $$

(☏250-352-3226; www.cloudside.ca; 408 Victoria St; 房间 $125~215; P❄🛜) 住在这样一座复古的庄园里，会有一种过着银矿大亨的生活的感觉，旅店内的7个房间都是以树的名字命名的。旅馆尽显奢华，还有个精美的露台，可将阶梯状花园和小镇风景尽收眼底。大多数的客房配备了独立卫生间。

Mountain Hound Inn 客栈 $$

(☏250-352-6490; www.mountainhound.com; 621 Baker St; 房间 $80~140; ❄🛜) 这里的19个房间都很小巧，水泥墙的搭配别具工业化的前卫风格。客栈位于镇中心，地理位置完美，是一个高性价比的住宿选择。

🍴 餐饮

★ Cottonwood Community Market 市场 $

(www.ecosociety.ca; 199 Carbonate St, Cottonwood Falls Park; ☉5月中旬至10月 周六 9:30~15:00) 该市场靠近市中心，临近奔腾的杨木瀑布（Cottonwood waterfall），这里浓缩了纳尔逊的精华。市场供应上等的有机农产品、精心烘焙的食品（很多是用以前闻所未闻的谷物烹制而成的），还有很多扎染的手工艺术品。另一处值得一提的市场是Downtown Market，但是要乏味一些。

Full Circle Cafe 美式小馆 $

(☏250-354-4458; 402 Baker S; 主菜 $8~15; ☉6:30~14:30) 这家位于市中心的餐厅晚餐最受欢迎的是煎鸡蛋，提供精心制作的经典早餐食品，比如班尼迪克蛋。周末人气很高，所以要做好等位的准备。

Downtown Market 市场 $

(400 block Baker St; ☉6月中旬至9月 周三 9:30~15:00) 纳尔逊的星期三集市。

Cantina del Centro 墨西哥菜 $$

(☏250-352-3737; 561 Baker St; 小份主菜 $6~10; ☉11:00至深夜) 明亮而又充满活力的氛围使得这里总是座无虚席。墨西哥卷饼和其他一些小份美食的餐盘上映照着鲜艳的墨西哥地板。你可以在品味玛格丽塔鸡尾酒的同时，亲眼看到柜台后面烤制你的餐食的过程。建议选择室外的桌子。

Bibo 创意菜 $$

(☏250-352-2744; www.bibonelson.ca; 518 Hall St; 主菜 $18~30; ☉17:00至深夜) 餐馆内部为裸砖装饰，山坡露台上的座位则可以俯瞰湖泊和远处的高山。小碟子中盛的都是当地的农产品，包括开胃菜、奶酪、熟食及几种小酒。这里高档的主菜并不多，有汉堡包和海鲜。

★ All Seasons Cafe 创意菜 $$$

(☏250-352-0101; www.allseasonscafe.com; 620 Herridge Lane; 主菜 $23~36; ☉17:00~22:00) 坐在店内的露台上，头顶是装饰着"繁星点点"的小彩灯的高大枫树，这是在纳尔逊最惬意的一种体验。冬季，屋内闪烁的烛光可以带来同样的浪漫气息。菜式不拘一格，会随着季节变化，但总有不列颠哥伦比亚食物供你享用。装修艺术感很强，服务亲切友好。

Royal
酒吧

(☎250-354-7014; www.royalgrillnelson.com; 330 Baker St; ⊗周二和周六 17:00至次日 2:00)这间真性情的小酒馆位于Baker街上,在这里,你可以欣赏到当地最好的一些音乐表演。沿街有室外的餐桌,供应的食物也很美味。

Oso Negro
咖啡馆 $

(☎250-532-7761; www.osonegrocoffee.com; 604 Ward St; 咖啡 $2起; ⊗7:00~17:00; 🛜)这家当地最受欢迎的街角咖啡馆提供20种咖啡。外面花园里的几张桌子与雕像间的水景设计相得益彰,水声汨汨,令人陶醉。好好享受烘焙的食物和小点心吧。

🔒 购物

★ Still Eagle
家庭用品

(☎250-352-3844; www.stilleagle.com; 476 Baker St; ⊗周一至周六 10:00~20:00, 周日 11:00~19:00) 🌿 这间大商店出售库特奈当地价格公道的自产自销的服饰以及家用厨房用具和用品。注重环保,许多产品是由循环利用的材料制成的。

Otter Books
书籍

(☎250-352-7525; 398 Baker St; ⊗周一至周六 9:30~17:30, 周日 11:00~16:00)这是当地一家不错的独立书店,出售各种图书与地图。

ℹ️ 实用信息

游客中心(☎250-352-3433; www.discovernelson.com; 91 Baker St; ⊗5月至10月 每天 8:30~18:00, 11月至次年4月 周一至周五 至17:00)位于修复过的火车站内。提供含有自驾游和徒步游的详细信息的小册子。

收听**库特奈合作社电台**(Kootenay Co-op Radio; FM93.5)获取纳尔逊的最新资讯。

ℹ️ 到达和离开

卡斯尔加机场(Castlegar Airport, YCG; www.wkrairport.ca; Hwy 3A)是距离纳尔逊最近的机场,位于纳尔逊西南42公里处。

加拿大灰狗长途巴士(☎250-352-3939; 1128 LakesideDr, Chahko-Mika Mall)有开往弗尼($69, 4.75小时,每天1班)及基洛纳($62, 5.25小时,每天1班)的长途汽车。

皇城快客(Queen City Shuttle; ☎250-352-9829; www.kootenayshuttle.com; 单程成人/儿童 $25/10)有往返卡斯尔加机场的班车(1小时车程)。需提前预约。

西库特奈市内交通系统(West Kootenay Transit System; ☎855-993-3100; www.bctransit.com; 票价 $2)2路与10路公共汽车开往Chahko-Mika Mall及湖畔公园。主要停靠点位于Ward St与Baker St交叉路口。

纳尔逊至雷夫尔斯托克 (Nelson to Revelstoke)

从纳尔逊向北前往雷夫尔斯托克,有两条路可选,风景都很优美。如果你选择Hwy 6,则需要一直向西走16公里,直至**斯洛坎南部**(South Slocan),然后向北转弯。这条路的末段沿着迷人的斯洛坎湖(Slocan Lake)延伸30公里,到达新丹佛。从纳尔逊至新丹佛,全程为97公里。

从纳尔逊沿着Hwy 3A向东北前进,旅程将非常有趣。东北方向34公里外的巴尔弗(Balfour)有免费搭乘的**库特奈湖渡轮**(Kootenay Lake Ferry; ☎250-229-4215; www2.gov.bc.ca/gov/content/transportation/passenger-travel),去往库特奈湾(Kootenay Bay; 35分钟)。渡轮很值得一坐,因为一路上湖光山色,美景连绵不绝。从库特奈湾开始,Hwy 3A向南80公里就是克雷斯顿。从巴尔弗的渡轮继续向北,改换Hwy 31,沿湖畔行驶34公里便可到达卡斯洛,沿途会路过一些有趣的小镇。从卡斯洛去新丹佛的一路上景色壮丽。北上的途中你会经过一个叫纳卡斯普的村子,还要再坐一次渡轮。最后到达雷夫尔斯托克。这是很棒的一日游行程。

卡斯洛 (Kaslo)

美丽的湖滨小镇卡斯洛是一处被低估的宝石。千万不要错过建造于1898年、现已修复一新的汽船**SS Moyie号**(☎250-353-2525; http://klhs.bc.ca; 324 Front St; 成人/儿童 $10/4; ⊗5月中旬至10月中旬 10:00~17:00)。这里还提供在波光粼粼的蔚蓝水面上划皮划艇与独木舟的各种路线的旅游信息。

该镇及周边有许多住宿地点，其中包括位于市中心的很吸引人的 Kalso Hotel（☏250-353-7714；www.kaslohotel.com；430 Front St；房间 $150～220；※⑥），这是一家老牌酒店（1896年），这里可以欣赏到美丽的湖景，还有一个很好的酒吧。客房有阳台和走廊。

新丹佛（New Denver）

卡斯洛向西沿着Hwy 31A在崎岖的山上盘旋，奔腾的山间溪流是沿途的亮点。沿着这条47公里长的曲折道路一直向前，尽头便是新丹佛——一座快沦落成"鬼城"的小镇。不过这样也不错，就让这座历史悠久的小镇一直沉睡在明净的斯洛坎湖畔吧。同样昏昏欲睡的采矿老镇 Silverton 就在南边。

斯洛坎银色博物馆（Silvery Slocan Museum；☏250-358-2201；www.newdenver.ca；202 6th Ave；成人/儿童 $5/免费；◷6月至8月 9:00～16:00）位于一座建于1897年的蒙特利尔银行大楼内，其中不乏一些优秀的展览，包括采矿时期的一些物品、一个小巧的拱顶与一块保存完好的锡制天花板。这里还有一处游客信息中心。

纳卡斯普（Nakusp）

就在上箭湖湖畔，在20世纪50年代至60年代期间，由于受到不列颠哥伦比亚疯狂的筑坝活动的影响，纳卡斯普受到了永久性的影响。水位升高后，乡镇被迫迁移至现址，使得这里至今还保留着一些20世纪60年代的面貌。纳卡斯普也有一些迷人的咖啡馆和一座小巧的博物馆。

纳卡斯普温泉（Nakusp Hot Springs；☏250-265-4528；www.nakusphotsprings.com；8500 Hot Springs Rd；成人/儿童 $10/9；◷9:30～21:30）就位于纳卡斯普东北12公里处的紧邻Hwy 23的地方，这里经过修整后，给人一种略显造作的感觉。但是，在树木环绕的温泉里浸泡一会儿，你很快就会将烦恼抛在脑后。

卡里布、奇利科丁和海岸（CARIBOO, CHILCOTIN & COAST）

这片广袤而美丽的地区吸引了大批前往惠斯勒以北的游客。这片地区由3个风格迥异的区域组成。卡里布由无数的牧场和从19世纪50年代起就很少改变的领地构成，当年的"淘金热小径"（Gold Rush Trail）从利洛厄特通往巴克维尔，就经过此地。

奇利科丁位于该地区南北大动脉Hwy 97以西，这里驼鹿的数目比人口还要多。起伏的地势野性十足，景观包括几座牧场和原住民村庄。Hwy 20从威廉姆斯湖向西到达贝拉库拉山谷，这是个美丽的小海湾，栖息着熊和其他野生动物。

通过Hwy 97能到达本地区的许多地方，你可以设计一条环形路线，经乔治王子城前往不列颠哥伦比亚的其他地方。从温哥华岛哈迪港出发的渡轮可以抵达贝拉库拉山谷，这使环形路线更加妙趣横生。

❶ 到达和离开

Hwy 97是区域内的主干道；路面状况很好，且仍在提高。加拿大灰狗长途巴士（见823页）在Hwy 97沿途提供每天2班的长途汽车服务（从卡什克里克至乔治王子城需6小时车程）。

威廉斯莱克（威廉姆斯湖）到乔治王子城（Williams Lake to Prince George）

畜牧业和木材制造业塑造了该地区的中心威廉姆斯湖。这座小城位于Hwy 1和Hwy 97交叉路口以北约206公里处，有两座小博物馆。

市中心的 New World Café（☏778-412-5282；www.newworldcoffee.ca；72 Oliver St, Wiliams Lake；主菜 $7～15；◷周一至周三 8:00～17:00，周四至周六 至20:00）有一间面包房，提供的咖啡很可口。打包一份三明治或者堂食品尝菜单上的例汤、沙拉、热气腾腾的特餐以及更多美食。

克内尔（Quesnel）位于Hwy 97公路沿线，在威廉姆斯湖以北124公里处，这里的核心就是伐木业。从克内尔出发，沿Hwy 26向东，便可到达该地区的主要景点：巴克维尔历史公园（Barkerville Historic Park）和宝隆湖省立公园（Bowron Lake Provincial Park）。

从克内尔沿Hwy 97北行116公里就可抵达乔治王子城。

实用信息

威廉斯莱克有一处很棒的**游客中心**（☏250-392-5025; www.williamslake.ca; 1660 Broadway S, 紧邻Hwy 97; ⊙9:00~17:00）位于一栋巨大的木制建筑中。在这里你可以找到各地区信息以及通过Hwy 20向西去海岸线的实用信息。

巴克维尔及周边 (Barkerville & Around)

1862年，来自康沃尔（Cornwall）的比利·巴克（Billy Barker）在卡里布挖到了金子。不久以后，巴克维尔就诞生了，娼妓、受骗者、骗子和普通的采矿者等各色人等蜂拥而至。如今，这里是一处令人难以抗拒的旅行目的地，它是一粒通向古老西部的时间胶囊。

你可以在巴克维尔历史小镇（Barkerville Historic Town; ☏888-994-3332; www.barkerville.ca; Hwy 26; 成人/儿童 $14.50/4.75; ⊙接待 6月中旬至8月 8:00~20:00, 5月中旬至6月中旬和9月 8:30~16:00）参观超过125幢的经修缮的历史建筑（这里有商店、咖啡馆和几家民宿）。夏季，人们穿着那个年代的服装招摇过市，如果你能忽略众多的游客，这种自愿的装扮的确更贴近历史。在一年中其他时间可以免费参观该城镇，但不要期望很多景点都开放。

巴克维尔位于Hwy 26上克内尔以东82公里。历史上著名的Cottonwood House，是一处公园一样的区域，会让你情不自禁停下脚步。附近的韦尔斯（Wells）是一个不落俗套的小镇。

实用信息

游客中心（☏250-994-2323, 877-451-9355; www.wellsbc.com; 4120 Pooley St; ⊙5月至9月 9:00~17:00）提供本地区的实用信息，这里还有一座小型博物馆。

宝隆湖（Bowron Lake）

这里是独木舟爱好者的天堂，宝隆湖省立公园（☏778-373-6107; www.bowronlakecanoe.com; 紧邻Hwy 26; ⊙5月至9月; P）被雪山环绕，拥有10个湖泊的仙境。

宝隆湖省立公园当中，由艾萨克河（Isaac River）、卡里布河（Cariboo River）和宝隆河等水段组成的长达116公里的**独木舟环线水路**（许可证$30~60），堪称世界上最好的独木舟水路之一。附近共有8段的水陆联运，最长的一段（2公里）经过路标清楚的小径。从公园的网站上可查看到地图，以及你需要知晓的所有有关出行计划的细节，包括需要提前数月进行的强制预订（有时候你需要提前预订）。露营地收费$18。你可以在公园中租到独木舟、皮划艇和运载工具。

划独木舟走完整条环线需要6天到10天，你得完全自给自足。9月是前去游玩的最好时段，不仅可以欣赏到树叶变色的奇观，还能避开夏季拥挤的人群。

Whitegold Adventures（☏866-994-2345; www.whitegold.ca; Hwy 26, Wells; 8日独木舟环行 $1620）提供4天到8天的宝隆湖导览划船游。提供4到8日宝隆湖中的划船导览游。也提供一日划船游（$120）。

关于住宿，Bowron Lake Lodge（☏800-519-3399; 250-992-2733; www.bowronlakelodge.com; Bowron Lake; 露营地 $35, 房间 $100起; ⊙5月至9月）是一个风景如画的湖畔旅馆，提供简易的小屋、汽车旅馆客房，还可出租独木舟和相关设备。

韦尔斯格雷省立公园 (Wells Gray Provincial Park)

从141米的高处倾泻而下，直落瀑布底端的岩石之上，加拿大第四高的瀑布**赫克曼瀑布**（Helmcken Falls）是韦尔斯格雷省立公园中未被发现的胜景之一，这座公园自身也是未被充分认知的珍宝。

清水镇（Clearwater）是靠近公园入口处的小镇，那里可以找到旅行者需要的一切东西。

◉ 景点和活动

韦尔斯格雷省立公园 公园
（Wells Gray Provincial Park; ☏250-

587-2090；www.bcparks.ca；Wells Gray Rd）这个不列颠哥伦比亚的第四大公园被清水河（Clearwater River）及其支流所包围，河流就是公园的边界。对于旅行者来说，亮点包括5座主要湖泊、两大河系、许多瀑布（比如赫克曼瀑布）和丰富多样的当地的陆地野生动植物。

公园的主路终点在清水湖（Clearwater Lake），园中许多徒步小道和景点，如赫克曼瀑布，都可通过这条道路到达。

你可以沿着20多条长度不同的小路进行徒步、越野滑雪或骑马。田园般的荒野露营地散布在湖泊的周围。

Clearwater Lake Tours　　水上运动

（☎250-674-2121；www.clearwaterlaketours.com；独木舟/皮划艇出租 每天 $55起）出租独木舟、皮划艇，也组织公园内的导览游。

🛏 住宿

除了公园里的露营地，你还可以在位于公园外的清水镇找到各类度假住宿的地点。

Wells Grey Provincial Park　　露营地 $

（☎预订800-689-9025；www.discovercamping.ca；Wells Grey Provincial Park；露营地 $20~23）公园中有3处可开车到达的简易露营地，其中森林掩映下的Pyramid Campground在公园南门以北仅5公里处，靠近赫克曼瀑布，另外这里还有许多荒野露营地，每人每晚$5。

Dutch Lake Resort　　度假屋 $$

（☎888-884-4424, 250-674-3351；www.dutchlake.com；361 Ridge Dr, Clearwater；露营地 $31~44，小屋 $140~210）这处十分适合家庭游客的水边度假村，拥有小屋及65个露营位。租一条独木舟，在公园里一试身手吧。

Wells Gray Guest Ranch　　度假屋 $$

（☎250-674-2792, 866-467-4346；www.wellsgrayranch.com；Clearwater Valley Rd；露营地 $25起，房间 $175~290）Wells Gray Guest Ranch的主楼有小屋与舒适的房间，该农场位于公园内部、清水镇以北27公里处。可以参加骑马及其他活动。

🛈 实用信息

清水镇游客中心（☎250-674-3334；www.wellsgraypark.info；416 Eden Rd，紧邻 Hwy 5, Clearwater；⊙5月至10月 9:00~18:30；🛜）是获取公园信息的重要站点，还可以帮你预订客房和妙趣横生的激浪漂流之旅。

奇利科丁和Hwy 20（Chilcotin & Highway 20）

Hwy 20蜿蜒穿过奇利科丁西部人迹罕至的丘陵，从威廉姆斯湖延伸至贝拉库拉山谷，全长450公里。沿途你将会看到几个原住民村庄，以及一些通往省立公园和荒凉湖泊的沙砾道路。

驾驶者常年来都用温柔且关怀的语调来描述这条道路。Hwy 20的路况一直在持续改善，如今超过90%的道路已铺好。然而，没铺好的那段路却依旧糟糕得离谱，即位于威廉姆斯湖以西386公里处的那条30公里长的希尔（Hill）路段。公路从赫克曼隘口（Heckman's Pass）经过一系列连续曲折的Z字形道路和11%的坡度，骤降1524米，直至山谷（几乎和海平面一样高）。不过，不妨多花点儿时间，把车速降下来，这样你就能享受到令人震撼的美景。所有的交通工具都很安全，不过当本地人开着雪佛兰迅速驶过时，开着越野车而血脉贲张的旅行者常常会感到自惭形秽。

贝拉库拉山谷（Bella Coola Valley）

草木葱茏的贝拉库拉山谷位于大熊雨林（Great Bear Rainforest）的中心，这片葱郁的土地上有着面积广阔的树林、奔腾的激流，还栖息着许多熊。这里是精神家园：第一民族努哈尔克人（Nuxalk）的艺术家活跃在此，而对于很多来自其他地方的很有创新思维的人来说，这里的确是道路的尽头。山谷位于奇利科丁以西的干燥区域之中。

山谷延伸53公里，直至深水冰河峡湾North Bentinck Arm的海岸，这条峡湾从太平洋向内陆延伸40公里。这里有两个主要城镇：临水的贝拉库拉（Bella Coola）和东面15公里处的哈根斯堡（Hagensborg），它们几乎可被视为一体,很多有趣的地方就在这两座城镇内或位于它们之间。

◉ 景点和活动

这里的户外活动几乎不受限制。你可以徒步深入高山和峡谷,有些地方有路(推荐 Odegaard Falls),而有些地方只能通过乘船沿着崎岖的海岸线到达。

哈根斯堡以西的**步行者岛屿公园**(Walker Island Park)就位于广阔而岩石遍布的贝拉库拉河(Bella Coola River)洪泛平原的边缘。在公园里,游客可以漫步在树龄超过500年的雪松林中。

特威兹穆尔省立公园　　　　　公园

(Tweedsmuir Provincial Park; ☎250-398-4414; www.bcparks.ca; 紧邻Hwy 20)省立公园的南部跨越奇利科丁和山谷东端,是不列颠哥伦比亚第二大的省立公园。园中的线路有地图的不多,所以非常适合具有挑战性的野外探险。山谷中紧邻Hwy 20的白日徒步路线(Day hikes)可以带你前往茂密的原始海岸雨林。露营地$20。

★ Kynoch Adventures　　　　探险、野生动物

(☎250-982-2298; www.bcmountainlodge.com; 1900 Hwy 20, Hagensborg; 团队游 成人/儿童 $90/45起)专营去往当地河流的观赏动物漂流之旅以及野外徒步活动。强烈推荐参加漂流之旅,去观看山谷里有名的**灰熊**,时间为8月末至10月(每人$150)。

🛏 住宿

Hwy 20沿线有民宿和小旅馆。

Rip Rap Camp　　　　　　　露营地 $

(☎250-982-2752; www.riprapcamp.com; 1854 Hwy 20, Hagensborg; 露营地 $20~28, 小屋 $60~125; ◎5月至10月; 🅿🛜)Rip Rap是一处口碑不错的露营地,提供各种服务,还有一处位置极佳的观景台,可以俯瞰河流。

Tallheo Cannery　　　　　　客栈 $$

(☎604-992-1424; www.bellacoolacannery.com; 露营地 $15, 房间含交通费 $125)这家客栈是不列颠哥伦比亚最与众不同的住宿地点之一,位于贝拉库拉对面3公里处的旧的罐头厂内。

爱探险的游客会发现,这是一处令人向往的住宿地点(这是一整个小镇,还有私家沙滩),充满神秘色彩(被废弃的旧罐头厂)。野营者的交通费 $10;一日游 $50。

Bella Coola Mountain Lodge　　旅馆 $$

(☎250-982-2298; www.bcmountainlodge.com; 1900 Hwy 20, Hagensborg; 房间 $100~160; 🅿@🛜)旅馆有14间十分宽敞的客房,许多客房都配备有厨房设施。还有一个很棒的蒸馏咖啡吧。旅馆主人还经营着Kynoch Adventures(见865页),提供河上导览游和野外徒步。

ℹ 实用信息

由志愿者管理的**贝拉库拉山谷游客中心**(☎250-799-5202; www.bellacoola.ca; 442 MacKenzie St, Copper Sun Art Gallery, Bella Coola; ◎6月至9月 10:00~18:00)提供大量的信息及建议,包括小径指南。位于威廉姆斯湖的游客中心也是一个很好的资源库。

贝拉库拉的游客中心和你的住处都会为你指示可租用滑雪板、山地自行车、钓具、皮划艇等用具的地方。也有汽车维修、ATM机、洗衣服务和零售店。不过大多数针对游客的服务会在10月至次年4月停止。

ℹ 到达和离开

BC Ferries(☎888-223-3779; www.bcferries.com)有去贝拉库拉的线路。发往哈迪港或者鲁珀特王子港(成人/儿童 $200/100, 车辆 $400起)需要在贝拉库拉(内湾航道上的一个小镇)中转,这是最主要的一个麻烦。夏季时,每隔几天会有渡轮(冬季班次更多),全程需要花费至少18个小时到达终点港口。

Hwy 20上没有从威廉姆斯湖发车的长途汽车,但你可以搭乘包机。**Pacific Coastal Airlines**(☎800-663-2872; www.pacificcoastal.com)每天都有从温哥华起飞的航班,行程1小时。

不列颠哥伦比亚省北部 (NORTHERN BRITISH COLUMBIA)

不列颠哥伦比亚省北部使你真正感到,

你已经穿过缥缈边界,到达了一处不同的地域。从海达格怀伊群岛(Haida Gwaii)的海达人(Haida)到大陆的钦西安人(Tsimshian),再没有其他地方的人们能让你如此深切地感受到加拿大原住民丰富灿烂的文化了。也没有其他地方像这里散发出如此神秘的气息,从饱受风雨洗礼的海岸和岛屿,到穿过崇山峻岭的寂静而雄伟的冰河,都如此壮丽。也在没有其他任何地方生活着虎鲸、驼鹿、灰熊这样的传奇的动物群。

这里也是一片欣欣向荣的地方。传奇的阿拉斯加公路(Alaska Highway)或使人畏惧的斯图尔特—卡西亚公路(Stewart-Cassiar Highway)等公路都激励着旅行者们去探险、去发现,甚至开始一种新的生活。毫无疑问,在这里你会更亲近自然,而且还会陶醉于自己的渺小与自然的伟大之间的强烈对比。

鲁珀特王子港(Prince Rupert)

人口 12,700

鲁珀特王子港总是让人有"人生若只如初见"的感觉,而且每次都会有新的领悟。这座拥有华丽海港的迷人城市不仅是交通枢纽(轮渡向南至温哥华岛,向西至海达格伊群岛,向北至阿拉斯加),还是个旅行目的地。这里有两座相当出色的博物馆、上好的餐厅以及植根于原住民传统的文化氛围。而且,这座城市仍努力地吸引着往来于内湾航道的大型游轮经停这里。

一年中可能会有220天下雨,但却不会阻止穿着快干型服装的当地人在薄雾笼罩的山脉和水路上尽享运动的乐趣。鲁珀特王子港最初是查尔斯·海斯(Charles Hays; 19世纪的北美铁路大亨)的构想,他还在城里修建了铁路(但后来他不幸在"泰坦尼克"号海难中丧生)。这里扩建的货柜港口使每年从中国进口的廉价货物能更快速地被运往美国。

⊙ 景点

从市中心走不远可以到Cow Bay,这是令人欣悦的漫步之地。这里出名的装饰到处可见。这里有商店、咖啡馆和美丽的滨水景色,尤其是从Atlin Terminal的游客码头看去,景色尤为宜人。

城里到处可以看见图腾柱,3rd Ave上市政厅(City Hall)附近的查尔斯·海斯雕像两旁也各有一根图腾柱。还可以看到30多幅巨幅壁画。著名艺术家杰夫·金(Jeff King)用画笔描绘着历史和自然。

★ 北太平洋罐头厂历史遗址　　历史遗址

(North Pacific Cannery National Historic Site; ☎250-628-3538; www.northpacificcannery.ca; 1889 Skeena Dr; 成人/儿童 $12/8; ◎7月和8月 每天 10:00~17:00, 5月、6月和9月 周二至周日)沿着斯基纳河(Skeena River)探索它的捕鱼和罐头制造的历史。这栋迷人的建筑在1889年至1968年作为工厂使用,当中的展览显示了工人艰苦的工作条件,导览游会带你了解工业流程和罐头厂的生活。Prince Rupert Transit提供通往这里的巴士服务。位于鲁珀特王子港以南20公里,近爱德华港(Port Edward)镇。

★ 不列颠哥伦比亚省北部博物馆　　博物馆

(Museum of Northern BC; ☎250-624-3207; www.museumofnorthernbc.com; 100 1st Ave W; 成人/儿童 $6/2; ◎6月至8月 每天 9:00~17:00, 9月至次年5月 周二至周六)博物馆位于一栋仿原住民长屋风格的建筑内,是不可错过的好地方。馆内展示了当地的文明在过去几千年中如何奉行可持续发展的文化。你可能会认为,这些文化是相当超前的。展览包括海达人、基特卡汕人(Gitksan)和钦西安人的大量精彩艺术品,以及关于图腾柱的丰富知识。馆内的书店也很出色。

🏃 活动

在当地众多的步行路径中,Butze Rapids Trail是开始徒步的绝佳场所,这条4.5公里长的环路的起点就位于镇南3公里处,沿途配有路牌说明。

想更亲近自然一些,可以前往库西姆阿丁灰熊保护区(Khutzeymateen Grizzly Bear Sanctuary),这里生活着50多头大家伙。可以报名Prince Rupert Adventure Tours(☎250-627-9166; www.adventuretours.net; 210 Cow Bay Rd, Atlin Terminal; 观熊之旅 $225, 观鲸之旅 $115)前往参观。

Skeena Kayaking 皮划艇

(☎250-624-1921; www.skeenakayaking.ca; 皮划艇出租 $50起) 提供设备皮划艇出租服务和本地区的定制团队游服务。水域中似乎总有层出不穷的游览活动。

住宿

鲁珀特有适合各种消费层次的住宿资源，包括10多家的民宿。当3班渡轮全都靠岸时，住宿会特别抢手，一定要提前预订。

Black Rooster Guesthouse 客栈 $

(☎250-627-5337; www.blackrooster.ca; 501 6th Ave W; 铺 $35, 房间 $65~150; P@🕾) 这家经过整修的客栈从市中心上坡400米即到，有一个露台和一间敞亮的公共休息室。客房有很多风格，包括简陋的单人间、大型公寓客房等。

Pioneer Hostel 青年旅舍 $

(☎250-624-2334; www.pioneerhostel.com; 167 3rd Ave E; 铺 $30~40, 房间 $60~95; P@🕾) Pioneer Hostel位于Cow Bay和市中心之间，干净紧凑的客房色彩鲜亮。这里有个小厨房，在旅舍后院还有烧烤设备。

Prince Rupert RV Campground 露营地 $

(☎250-624-5861; www.princeruperttrv.com; 1750 Park Ave; 露营地 $21起, 房车营地 $33~48; P🕾) 坐落在渡轮码头附近，这处略显荒芜的露营地有77个露营位、热水淋浴、洗衣设施以及一处小型游乐场。

★ Crest Hotel 酒店 $$

(☎250-624-6771; www.cresthotel.bc.ca; 222 1st Ave W; 房间 $130~300; P🕾) 鲁珀特王子港一流的酒店，在有些客房可以欣赏到海港美景，绝对物有所值。客人可以坐在客房里的海景飘窗处，借用望远镜来欣赏美景。别住进正对着停车场的小房间。酒店还提供大量套房。

Inn on the Harbour 汽车旅馆 $$

(☎250-624-9107; www.innontheharbour.com; 720 1st Ave W; 房间含早餐 $110~260; P🕾) 旅馆风格现代，能望见港口景色，但建筑外观平淡无奇。不过，当你住在这里时，灿烂的落日光芒会让你无暇注意到这一点。旅馆内的49间客房采用豪华的当代风格。

Eagle Bluff B&B 民宿 $$

(☎250-627-4955; www.eaglebluff.ca; 201 Cow Bay Rd; 房间 $85~155; @🕾) 坐落于Cow Bay，地理位置理想。这家位于码头的民宿在一处历史建筑中，墙壁被涂成醒目的红色和白色。旅馆内部的7间客房中都可以看到海湾美景——其中有一些景色更佳。一些客房配有公共浴室。

就餐

Cowpuccino's 咖啡馆 $

(☎250-627-1395; 25 Cow Bay Rd; 咖啡 $2; ⊙7:00~21:00; 🕾) 这间木制咖啡馆里的咖啡和烘焙小吃（曲奇很赞）和三明治，足以让你忘记室外的风雨。可以外带野餐，也可以堂食。

★ Charley's Lounge 小酒馆 $$

(☎250-624-6771; www.cresthotel.bc.ca; 222 1st Ave W, Crest Hotel; 主菜 $12~25; ⊙正午至22:00) 当地人聚集在这儿，一边闲聊，一边从配着加热设施的露台上俯瞰着海港。美景与美食相得益彰：酒馆菜肴中有鲁珀特最棒的海鲜。

Fukasaku 日本菜 $$

(☎250-627-7874; www.fukasaku.ca; 215 Cow Bay Rd; 主菜 $15~30; ⊙17:00~20:30) 🌱 这间绝佳的寿司店里的食品都有可持续发展的认证。在这里，你可以享用到由非常新鲜的海鲜制成的寿司卷、生鱼片、日式丼饭等。用餐区域的装修采用了极简风格。

Smiles Seafood 海鲜 $$

(☎250-623-3072; www.smilesseafoodcafe.ca; 113 Cow Bay Rd; 主菜 $8~30; ⊙9:00~21:00) 自1934年以来，Smiles就一直供应着经典、简便的海鲜佳肴。可以坐在乙烯基塑料的卡座享受小虾总汇三明治或新鲜的比目鱼排。还提供美式小馆中常见的美味早餐。

Cow Bay Café 意大利菜 $$

(☎250-627-1212; www.cowbaycafe.com; 205 Cow Bay Rd; 主菜 $16~25; ⊙周二至周六

11:30~14:00和17:00~21:00,周日 13:00~20:00)这家著名的小餐馆现在主打红色意大利酱汁的风味菜肴,就位于Cow Bay,可以欣赏到美丽的海景。菜品会使用大量的红色酱料。

Waterfront Restaurant　　创意菜 $$$

(☎250-624-6771; www.cresthotel.bc.ca; 222 1st Ave W, Crest Hotel; 主菜 $15~40; ⊙周一至周五 6:30~21:00, 周六和周日 7:00~21:00)找一处可以看到海景的位置,享受这里色香味俱全的新鲜美食吧。

❶ 实用信息

鲁珀特王子港游客中心(Prince Rupert Visitor Center; ☎250-624-5637; www.visitprincerupert.com; 215 Cow Bay Rd, Atlin Terminal; ⊙9:00~17:00)提供当地信息。旁边有一个促进港口发展的展览。

❶ 到达和离开

在市中心西南方3公里处有渡轮码头和火车站。

飞机

鲁珀特王子港机场(Prince Rupert Airport; ☎250-622-2222; www.ypr.ca)在迪格比岛(Digby Island)上,就在城市港口的对面。前往机场要坐公共汽车以及渡船才行。航班起飞前2小时会在Highliner Hotel (815 1st Ave)接乘客去机场。与你的航空公司或机场确认所有细节。

加拿大爵士航空(Air Canada Jazz; ☎888-247-2262; www.aircanada.com)有航班飞往温哥华。

船

阿拉斯加海上公路系统(Alaska Marine Highway System; ☎250-627-1744, 800-642-0066; www.ferryalaska.com)每周有1班或2班渡轮,往返于壮观的内湾航道(Inside Passage),连接有空地区的门户海恩斯(Haines)和斯卡圭(Skagway)。

BC Ferries(☎250-386-3431; www.bcferries.com)经内湾航道去往哈迪港,因其沿途的壮观景色而广受赞誉。夏季时,Northern Expedition号渡轮每周3班,冬季每周1班。

长途汽车

加拿大灰狗长途巴士(见722页)在夏季时,每天有1班汽车开往乔治王子城($142, 10.5小时),其他时间班次减少。**BC Transit bus**(www.bctransit.com)有试运营的班次,可以提前查看当日是否发车。

火车

加拿大国家铁路公司(见725页)每周三次从乔治王子城启程(12.5小时),中途在落基山脉的贾斯珀(Jasper)停留一夜。沿途风景壮丽,尤其是鲁珀特和史密瑟斯(Smithers)之间这段。

海达格怀伊(Haida Gwaii)

海达格怀伊群岛的形状像把匕首,这里约有450座岛屿,散布在不列颠哥伦比亚海岸西面80公里处的海域上。对于那些不辞辛劳远赴此地游玩的人来说,在这里的经历将是一次不可思议的神奇之旅。这里排名第一的旅游胜地是偏僻的格怀伊哈纳斯国家公园(Gwaii Haanas National Park),它包括了群岛最南部三分之一的岛屿。这里许多独特的植物和动物长期以来一直备受关注,群岛因此有着"加拿大的加拉帕戈斯"之称。但人们逐渐认识到,群岛的灵魂正是海达文化本身。

海达人对环境的敬畏,使得最后几片壮观的原始雨林得以保存至今,那些雨林中生长着一些世界上最高大的云杉和雪松。在这片人口稀少、荒芜和多雨的地方,栖息着白头鹰、熊和更多的野生动植物。近海的受保护水域中,则生活着海狮、鲸鱼和逆戟鲸,还一度发现了稀有的露脊鲸和海獭的踪迹。

◉ 景点

Yellowhead Hwy(Hwy 16)在海达格怀伊群岛的路段,从夏洛特皇后市(Queen Charlotte,又称QCC)经过斯凯德盖特(Skidegate)、特莱尔(Tlell)和克莱门茨港(Port Clements),向北延伸110公里。在克莱门茨港,亚库恩河(Yakoun River)岸上那棵著名的金色云杉(因其颜色而出名)在1997年被一个疯狂的护林人砍掉了。约翰·瓦杨(John Vaillant)所著的畅销书《金色云杉》(The Golden Spruce)对这一事件做了详细介绍,这是一本关于海达格怀伊群岛和海达文化的优秀图书。

在前往**马赛特**(Masset)公路的沿途,可

以留意那些海滨小店、稀奇古怪的精品店和咖啡馆，它们都具有典型的群岛风格。

★ 格怀伊哈纳斯国家公园保护区、国家海洋保护区以及海达历史遗址 公园

（Gwaii Haanas National Park Reserve, National Marine Conservation Area Reserve & Haida Heritage Site；☏250-559-8818；www.parkscanada.ca/gwaiihaanas；Haida Gwaii）这座巨大的联合国教科文组织世界遗产的名称很长很拗口，包括莫斯比岛及其南面的137座面积更小的岛屿。这里有弃置的海达乡村、温泉、令人赞不绝口的自然美景以及一些大陆上最好的皮划艇水域，整片遗产地散发着一种时光凝滞的感觉。

到达公园的办法只有坐船或飞机。成行前需要做好周全的计划，而且要准备好几天的游览时间。5月到9月，你必须预订，除非你参加旅行社组织的团队游。

考古发现证明，这里曾有500多个古代海达人遗址，包括遍布各岛屿的村庄和墓穴，其中最著名的是安东尼岛（Anthony Island）上的斯肯格怀（SGang Gwaay，又称Ninstints），在那里，一排排饱经风霜的图腾柱怪异地瞪着海面。其他主要景点包括路易斯岛（Louise Island）上的古老村庄斯凯丹斯（Skedans），还有温泉岛（Hotspring Island；这里的天然泉水在2012年10月的地震后就消失了）。这些古老的遗址由海达格怀伊群岛的保安员守护，夏季时他们就居住在岛上。

2013年，格怀伊哈纳斯传统图腾柱（Gwaii Haanas Legacy Pole）在风湾（Windy Bay）建成，成为保护区130年来第一个新竖立起来的图腾柱。

如有问题，联系加拿大公园管理局（见872页）。其网站有年度精华旅游规划链接。任何没参加导览游的游客都必须在公园办公室参加免费的园区情况介绍。所有游客必须注册。

每天进入公园的预订人数有限，所以要尽早提前计划好。需要交使用费（成人/儿童每天$20/10）。如果你有加拿大公园管理局季度游览证（Parks Canada Season Excursion Pass），每天的费用可以减免。每天有几个备用名额，非常抢手，可以致电加拿大公园管理局了解详细信息。

进公园最容易的办法是参加团队游。加拿大公园管理局可以向你提供旅行社名录。团队游持续1天至2周不等。许多旅行社还可以提供独立出游所需的皮划艇（平均每天/每周$60/300）和其他设备出租服务。

★ 海达遗产中心 博物馆

（Haida Heritage Centre at Kay Llnagaay；☏250-559-7885；www.haidaheritagecentre.com；Hwy 16, Skidegate；成人/儿童 $16/5；⊙6月至8月周一至周三10:00~18:00，周四至周六至20:00，9月至次年5月 周二至周六10:00~17:00）这座绝佳的文化中心是北部地区最著名的景点之一。里面有关于历史、野生动物和文化的展览，可以肯定地说，从这里就可以全面了解海达岛。岛上丰富多彩的传统通过画廊、项目和工作区域（现代艺术家在这里制作艺术品，比如矗立在岸边的图腾柱）。推荐参观殖民时期之前的Skidegate的模型，会给你留下深刻印象。

夏季时，这里会组织免费的导览游参观展品。加拿大公园管理局的护林员们还会经常性的讨论活动和徒步。

奈库省立公园 公园

（Naikoon Provincial Park；☏250-626-5115；www.bcparks.ca；紧邻Hwy 16）在岛的东北，大部分地区属于美丽的奈库省立公园，公园面积达726平方公里，里面有沙丘和泥炭藓低洼地，四周环绕着矮小粗犷的黑松和红色、黄色的雪松。北岸的几片海滩狂风强劲、惊涛拍岸，遍布着随太平洋海水而来的各种漂浮物。可以经过马塞特以东、26公里长的Tow Hill Rd到达，沿途景色优美。

狄克逊海峡海事博物馆 博物馆

（Dixon Entrance Maritime Museum；☏250-626-6066；2182 Collinson Ave；成人/儿童 $3/免费；⊙6月至8月 每天13:00~18:00，9月至次年5月周六和周日14:00~16:00）博物馆所在的建筑前身是地区医院，这里展示了航海社区的历史，包括造船、医疗先驱、军事历史和附近蛤蜊和螃蟹罐头厂。

克里门提港博物馆 博物馆

（Port Clements Museum；☏250-557-4576；

www.portclementsmuseum.ca; 45 Bayview Dr; 成人/儿童 $3/免费; ◉6月至9月中旬 10:00~16:00, 9月中旬至次年5月 周六和周日 14:00~16:00）从这里可以了解到早期伐木业的情况，并且看到早期拓荒者留下的玩具和工具。附近的篱笆里保护着著名的金色云杉（Golden Spruce），虽然它已经倒了，但是树还活着，只是看起来像是灌木。

⚡ 活动

公园之外，海达格怀伊群岛上不管是陆地还是海洋，都有数不胜数的地方可以亲近自然。

亚库恩湖　　　　　　　　　　徒步

（Yakoun Lake；☎250-557-6810）徒步行走20分钟，穿过古老的云杉和雪松林，来到原始的亚库恩湖，它位于格雷厄姆岛西面。小路附近的小沙滩上长着粗糙的西加云杉，它们投下片片树荫。在凉爽的水里游个泳，或者就只欣赏那一览无余的美景吧。

小道起点在一条崎岖小路的末端，小路紧邻伐木主干道的一条支路，这条伐木主干道从夏洛特皇后市一直延伸至克莱门茨港，都是用泥土与碎石铺就而成的，注意湖泊的标志牌，大概位于夏洛特皇后市以南20公里处。伐木主干道全长约70公里。工作日通过电话查询是否有伐木工程车经过。须驾驶四轮驱动的汽车。

★ Moresby Explorers　　　　　　探险

（☎800-806-7633，250-637-2215；www.moresbyexplorers.com；Sandspit；一日游$215起）这里提供快艇游船之旅，包括前往路易斯岛参观斯凯丹斯村庄和图腾柱的行程，也有更长时间的行程（非常推荐4日游的行程）。也提供皮划艇和相关设备的出租和后勤服务。

Archipelago Ventures　　　　　皮划艇

（☎250-652-4913，888-559-8317；www.tourhaidagwaii.com；6天导览游 $2350起）组织多日的皮划艇之旅，全方位探索格怀伊哈纳斯国家公园保护区。游客们会住在母船MV Island Bay上，导游会把重点放在组织大家形成具有凝聚力的团队，比如共同分担杂务等。行程非常灵活，导游会尽量满足游客的需求。

Haida Style Expeditions　　　文化之旅

（☎250-637-1151；www.haidastyle.com；团队游 $275~375；◉5月至9月中旬）坐在大充气艇上穿越格怀伊哈纳斯国家公园保护区。这家公司提供四种路线的一日游（8~12小时），包括公园中绝大部分重要的景点。

大熊雨林

这是地球上仅存的一片大型海岸温带雨林。大熊雨林是一片荒野地带，由岛屿、峡湾和高耸的山峰组成。雨林占地面积为64,000平方公里（是不列颠哥伦比亚省总面积的7%），从阿拉斯加向南沿着不列颠哥伦比亚海岸和海达格怀伊群岛（Haida Gwaii），大致延伸到温哥华岛上的坎贝尔里弗。这里的森林和水域中有大量的生物：鲸、鲑鱼、鹰、麋鹿、海獭和其他各种野生生物。遥远的河谷内有许多森林，森林里生长着古老的美国西加云杉、太平洋银杉和各种各样的雪松，这些树木基本上都高达100米，树龄可达1500年。

然而，广阔的大熊雨林正在遭受着巨大的威胁。处于保护状态的地区不到雨林总面积的50%，行业和政府的保护计划的实施遥遥无期。同时，采矿业和伐木公司正对雨林虎视眈眈，其他行业也想在雨林里进行庞大的北方门户输油管（Northern Gateway Pipelines）工程，此项工程将会让超级油轮驶入海岸。许多组织致力于保护这个不可替代的生存环境，其中包括雨林保护基金会（Raincoast Conservation Foundation），其官方网站为www.raincoast.org。登录网站www.savethegreatbear.org可以了解保护大熊雨林的相关信息。

从贝拉库拉开始，你可以安排乘船游和徒步游前往大熊雨林的神秘地带，其中就包括那些隐秘的河流，在那里你有可能看到稀有的柯莫德熊，这是黑熊的白毛亚种，因在部落传说中被称为"灵熊"（spirit bear），又被作为这片雨林名字的由来而闻名于世。

🛏 住宿

在格雷厄姆岛，多数情况下可以找到小旅馆和民宿。在夏洛特皇后市和马塞特有很多住宿点可以选择，在两个城镇之间和引人入胜的北海岸也有很多住宿点。奈库省立公园有两个露营地，其中一个位于马塞特以东23公里处荒芜的玛瑙海滩（Agate Beach），饱受大风肆虐。

Agate Beach Campground　　　露营地 $

(☎250-557-4390; www.env.gov.bc.ca/bcparks; Tow Hill Rd, North Shore, Naikoon Provincial Park; 露营地$18; P)这处美丽的、狂风呼啸的露营地位于北岸的沙滩上。游客可以在沙滩上嬉戏，寻找同名的礁石，以及挑拣冲到岸上的零碎物件。

★ Premier Creek Lodging　　　旅馆 $

(☎250-559-8415, 888-322-3388; www.qcislands.net/premier; 3101 3rd Ave, QCC; 铺$30起，房间$50~160; P🛜)这间位于友好的旅馆位于夏洛特皇后市，可追溯至1910年，现在由Lenore运营。后方的青年旅舍建筑内设有8张床位，在主楼则有12个房间，包括小而超值的单人间、配有阳台和厨房的宽敞的景观客房，一应俱全。

North Beach Cabins　　　小屋 $$

(☎250-557-2415; www.northbeachcabins.com; Km 16, Tow Hill Rd, North Shore; 小屋$100~175; P)🍴位于美丽的北岸沙滩（North Beach）的沙丘之间，共有6间舒适的小屋。没有电力供应，但幸好还有丙烷燃气，你可以自己做饭。除了欣赏美景和无穷尽的沙滩漫步，做饭大概会是唯一的消遣活动了。

All The Beach You Can Eat　　　小屋 $$

(☎250-626-9091; www.allthebeachyoucaneat.com; Km 15, Tow Hill Rd, North Shore; 小屋$100~190; P)🍴美丽的北岸沙滩的沙丘之间，有5间舒适的小屋，宽阔的沙滩从东向西绵延数英里。从可爱的Sweety Pie小屋中可以看到一览无余的海景，仿佛可以直接望到日本。和其他小屋一样，这里没有电力供应，做饭和照明使用丙烷燃气。如同世外桃源一般。

海达的历史

海达格怀伊（Haida Gwaii）意为"人民的岛屿"，海达人生活在这里，他们是第一民族中最先进也最有权力的民族。虽然西方人的到来给这里的人民带来了深重的苦难，但是，海达人的文化却得以复兴，除了最著名的图腾柱，其他的各类文化也在岛上遍地开花，极大地促进了对群岛上自然资源的保护。

海达格怀伊群岛原名夏洛特皇后群岛，2010年，官方宣布开始采用新名称。

Copper Beech House　　　民宿 $$

(☎250-626-5441; www.copperbeechhouse.com; 1590 Delkatla Rd, Masset; 房间$100~160; P🛜)这家传奇的民宿位于马塞特海港（Masset Harbor）的一栋杂乱无章的老房子里，旅馆主人是诗人Susan Musgrave。这里有5间别具一格的客房，还常常提供令人意想不到的美食。

🍴 就餐

最好的餐厅集中在夏洛特皇后市，不过斯凯德盖特和马塞特也有几家不错的餐厅。到游客中心打听一下海达的特色菜肴，你将会品尝到最美味的鲑鱼和蓝莓。在夏洛特皇后市和马塞特可以找到不错的超市。

Moon Over Naikoon　　　面包房 $

(☎250-626-5064; 16443 Tow Hill Rd, Masset; 小吃$3起; ⏰6月至8月 8:00~17:00)这间兼容并包的社区中心兼面包房，体现了这一整条路的各种特点。它位于一辆旧校车当中，距离马塞特约6公里。烘焙的小吃和咖啡都很美味。

Queen B's　　　咖啡馆 $

(☎250-559-4463; 3201 Wharf St, QCC; 主菜$3~10; ⏰9:00~17:00)这家时尚的小餐馆位于夏洛特皇后市，擅长烘焙食品，全天供应新鲜出炉的面包和蛋糕。外面的餐桌可以欣赏水景，而店内则装饰着大量当地艺术品。

★ Charters Restaurant　　　海鲜 $$

(☎250-626-3377; 1650 Delkatla Rd,

Masset；主菜 $15~30；◎周三至周日 17:00~21:00）餐厅虽然很小：6张桌子，3样主菜。但是一点也不影响它带来的乐趣。简单且美味的食物，比如海鲜意大利面和新鲜的当地产的大比目鱼。不断更新的菜单中还包括汉堡、肋骨、沙拉等。菜品非常注重细节：摆盘时经常用在厨房的灯光下生长的绿叶植物作为装饰。需提前预订。

Haida House 海鲜 $$

（☎855-557-4600；www.haidahouse.com；2087 Beitush Rd, Tlell；主菜 $20~30；◎5月中旬至9月中旬 周二至周日 17:00~19:30）这家由海达人运营的餐馆有着优质美味的海鲜以及其他海岛风味菜肴，比如海达人最爱的浆果美食。餐馆还提供豪华客房出租服务。

❶ 实用信息

从网上下载、浏览或免费领取一份每年一版的百科全书式的《海达格怀伊群岛游客指南》（Haida Gwaii Visitors Guide；www.gohaidagwaii.ca）。

加拿大公园管理局（Parks Canada；☎250-559-8818，预订 877-559-8818；www.parkscanada.ca/gwaiihaanas；Haida Heritage Centre at Kay Llnagaay, Skidegate；◎办事处 周一至周五 8:30至正午和13:00~16:30）的网页上可查询到大量信息。

夏洛特皇后市游客中心（QCC visitor center；☎250-559-8316；www.queencharlottevisitorcentre.com；3220 Wharf St, QCC；◎5月至9月 周一至周六 9:00~20:00，周日 正午至20:00，其他月份运营时间缩短）很便利，可以提前通过电话进行旅游预订。

桑兹皮特机场游客中心（Sandspit Airport Visitor Center；☎250-637-5362；Sandspit Airport；◎9:30~11:30和13:00~16:00）可以提供许多实用信息。

❶ 到达和离开

海达格怀伊群岛的主要机场是莫斯比岛上的桑兹皮特机场，位于阿里福德湾（Aliford Bay）渡轮码头以东12公里处。注意，从格雷姆岛前往该机场很耗时——若航班在15:30起飞，你12:30就要在斯凯德盖特码头排队等候汽车渡轮（夏天还得更早）。马塞特也有一个小型机场。

加拿大航空（Air Canada；www.aircanada.com）每天都有往返于桑兹皮特和温哥华之间的航班。

BC Ferries（☎250-386-3431；www.bcferries.com）是抵达群岛的最通用的途径。大陆渡轮在格雷厄姆岛（Graham Island）上的斯凯德盖特码头靠岸，这里的人口占群岛5000位居民的80%。Northern Adventure号渡轮往返于鲁珀特王子港和斯凯德盖特码头之间，夏季一周5班，冬季一周3班。航行时间为6~7个小时，成人票价为$39~48，儿童半价，车辆$139~169。需过夜的游客可以住客舱（$90起）。

❶ 当地交通

Hwy 16是格雷厄姆岛主要公路，全程为柏油路面。这条公路将斯凯德盖特和北部101公里以外的马塞特连接起来，途中会经过小镇特莱尔和克莱门茨港。主要城市是夏洛特皇后市，在斯凯德盖特以西约7公里处。Hwy 16之外的其他路段，大部分是石子路或者更加糟糕的路面。这里没有公共交通。

BC Ferries将斯凯德盖特码头和阿里福德湾所在的格雷厄姆岛和莫斯比岛连接起来（成人/儿童 $11/5.50，车辆$25起，20分钟，从7:00到22:00每2小时1班）。但对乘坐飞机的游客来说渡轮时刻表似乎颇为不便。

猎鹰交通（Eagle Transit；☎250-559-4461；www.eagletransit.net；机场接驳车成人/儿童 $30/22）提供接驳桑兹皮特航班的公共汽车以及往来于斯凯德盖特和夏洛特皇后市的公共汽车。

租用汽车跟利用渡轮把车搭载过海的费用差不多（每天$60~100）。当地的公司包括**Budget**（☎250-637-5688；www.budget.com；Sandspit Airport），还有许多小型的由当地人经营的公司。

你可以在**桑兹皮特机场游客中心**（Sandspit Airport Visitor Center；见872页）租用自行车，费用为$30/天，可以把它们还到格雷姆岛的码头。

鲁珀特王子港到乔治王子城（Prince Rupert to Prince George）

你可以花一天或是一周的时间，沿Hwy 16驾车完成不列颠哥伦比亚省两个名为王子的城镇之间725公里的旅程。这里没有什么地方是必须游览的，但如果你愿意，也有许多可

以让你绕路前往或驻足停留的地方。除了著名的斯基纳河景色，沿途大多数路段的风景都不足以让你举起相机大拍特拍。但山脉和河流交织的景色也算是赏心悦目。

鲁珀特王子港到史密瑟斯 (Prince Rupert to Smithers)

从鲁珀特王子港沿Hwy 16行驶，前150公里傍着宽阔而荒芜的**斯基纳河**而行。这是一条四星级观赏公路，你可以看到河对岸的冰川和嶙峋的山峰。

相信任何人都不会认为公路尽头破落的**特勒斯**（Terrace）是对这一段的奖励。从特勒斯继续沿Hwy 16向东行驶93公里，到达Kitwanga。在这里，**斯图尔特－卡西亚公路**（Stewart-Cassiar Hwy; Hwy 37）向北延伸至育空地区和阿拉斯加。

Kitwanga东面就是**黑泽尔顿**（Hazelton）地区，它由新黑泽尔顿（New Hazelton）、黑泽尔顿和南黑泽尔顿（South Hazelton）组成，这里集中了一些有趣的原住民遗址，包括**克山历史村落和博物馆**（'Ksan Historical Village & Museum; ☎250-842-5544; www.ksan.org; 紧邻Hwy 16, Hazelton; 门票$2起; ◎6月至8月 10:00~21:00, 9月至次年7月, 营业时间缩短）。这个重建的基特卡汕遗址里有长屋、一个博物馆、多个附属建筑和图腾柱。不要错过这里的导览游（$10）。

史密瑟斯 (Smithers)

史密瑟斯是个相当大的城镇，有可爱的老镇中心，大约位于鲁珀特王子港到乔治王子城的中间。这里是活力满满的Bulkley Valley的文化中心。

宾山省立公园（Babine Mountains Provincial Park; ☎250-847-7329; www.bcparks.ca; Old Babine Lake Rd）附近有很好的徒步道。公园占地324平方公里，有几条小路通往由冰川形成的湖泊和亚高山地带的草原。边远地区的小屋费用为每人$5到$10。

Stork Nest Inn（☎250-847-3831; www.storknestinn.com; 1485 Main St; 房间$90~110; P※⑨）坐拥绝佳位置。从市中心横跨Hwy 16即可到达。拥有23间宽敞的客房，房费包含美味的全套早餐。房主还会为你提供当地的旅行建议。

所有的欢乐都来自**Caravan**（☎778-210-1074; www.facebook.com/caravanhwy16; Main St和Broadway Ave交叉路口; 主菜$8~14; ◎周二至周六 11:00~15:00）非常棒的流动餐车，位于城中心的一个小公园当中。菜单每天都会根据从当地供应商那里获得的新鲜食材而有所变化。如果哪天碰巧有牛排三明治配洋葱圈，不要犹豫地点一份吧！

Bugwood Bean（☎250-877-3505; www.bugwoodbean.com; 2nd St和Main St交叉路口; 咖啡$2; ◎周一至周六 7:30~16:30; ⑨）的名字来源于高山松树甲虫（Mountain Pine Beetle）。提供自制的烘焙小吃和美味的有机烘焙咖啡。

史密瑟斯到乔治王子城 (Smithers to Prince George)

你从史密瑟斯一直沿着Hwy 16向南再向东行驶146公里后，会途经**伯恩斯莱克**（Burns Lake），这里是热门垂钓区的中心。接着，前方128公里处是**范德胡夫**（Vanderhoof；在这里你既可以向北穿行，也可以继续沿Hwy 16行驶100公里，去往乔治王子城）。这一路上你会看到到处都是枯死的树木。这些暗灰色的枯树是山松甲虫灾害的牺牲品。由于气候变化，冬季变得相对温和，从而引发山松甲虫的大量繁殖。还可留意，这里有多个处理枯树的锯木厂。

从宛得霍夫（Vanderhoof）沿Hwy 27再向北66公里就到达**圣詹姆斯堡国家历史遗址**（Fort St James National Historic Site; ☎250-996-7191; www.pc.gc.ca; Kwah Rd; 成人/儿童$8/4; ◎6月至9月 9:00~17:00）。它曾是哈得孙湾公司的一个贸易站，位于Stuart Lake宁静的东南湖岸，现在经过整修，得以重现1896年的荣耀。

乔治王子城 (Prince George)

人口 72,700

在外来者抵达之前，乔治王子城被称为"Lheidli T' Enneh"，意思是"河流汇合处的民族"，这个名称恰当地反映了这里汇聚了尼查科河（Nechako River）和弗雷泽河

（Fraser River）。这个名称至今仍然合适，不过如今唱主角的是在此交会的公路。自1807年作为伐木城镇兴起后，乔治王子城就作为不列颠哥伦比亚省一个重要的十字路口，要前往北部，你至少要经过这里一次。

Hwy 97从城市南边开始，一路穿过市中心，往北通往道森克里克（Dawson Creek；360公里）和阿拉斯加公路（Alaska Hwy）。Hwy 16在经过城市的时候名为Victoria St，然后向西通向鲁珀特王子港（Prince Rupert；724公里），向东能到达贾斯珀（Jasper；380公里）和埃德蒙顿（Edmonton）。市中心布局紧凑，没有特别让人惊奇的景点，但有一些上好的餐馆。

◉ 景点

乔治王子城铁路和林业博物馆　　博物馆

（Prince George Railway & Forestry Museum；250-563-7351；www.pgrfm.bc.ca；850 River Rd, Cottonwood Island Nature Park；成人/儿童 $8/5；6月至8月 每天10:00~17:00，9月至次年5月周二至周六 11:00~16:00）展品涉及火车头、海狸和当地传说。位于白杨岛自然公园（Cottonwood Island Nature Park）中，园内的树林中有多条沿河的步行道。

探索广场　　博物馆

（Exploration Place；250-562-1612；www.theexplorationplace.com；333 Becott Pl, Fort George Park；成人/儿童 $11/8；9:00~17:00；）在市区东南（沿Gorse St东面的20th Ave前行）。探索广场中有孩子们喜欢的各种展馆，主题涵盖科学、自然和文化历史。

🛏 住宿

Hwy 97（Central St）在城中心附近形成了一个弧形，你在沿途可以看到很多家朴素的汽车旅馆。

97 Motor Inn　　汽车旅馆 $

（250-562-6010；www.97motorinn.ca；2713 Spruce St；房间 $70~100；）这家时尚的汽车旅馆位于Hwy 97旁，靠近Hwy 97与Hwy 16的交叉路口。这里有19个标准间，有些配有阳台和厨房。

Economy Inn　　汽车旅馆 $

（250-563-7106；www.economyinn.ca；1915 3rd Ave；房间 $65~95；）靠近市中心，这家简朴的蓝白相间的汽车旅馆有30间客房，均配有冰箱、微波炉和一个按摩浴缸。住宿省下的钱可以在街对面的Dairy Queen里买一个冰激凌甜筒。

Bee Lazee Campground　　露营地 $

（250-963-7263；www.beelazee.ca；15910 Hwy 97 S；露营地 $25~32；5月至9月；）在城南约15公里处，主要接待房车，设施齐全，包括（免费的）热水淋浴、篝火坑和洗衣房。

Coast Inn of the North　　酒店 $$

（250-563-0121；www.coasthotels.com；770 Brunswick St；房间 $100~160；）它是城中最好的一处住宿。酒店楼层很多，共有153间十分舒适的客房，其中一些配有阳台。有一个室内游泳池，即使冬季漫长也可以很方便地使用。靠近市中心，周围有很多夜生活的场所。

🍴 就餐

★ Nancy O's　　酒吧食品 $$

（250-562-8066；www.nancyos.ca；1261 3rd Ave；主菜 $10~25；周一至周五 11:00至深夜，周六和周日 10:00开始营业）Nancy O's会让你想在乔治王子城多待上一晚。这里用当地食材烹制美味佳肴：汉堡、特色素菜、美味鳄梨沙拉以及令人叫绝的牛排薯条。精选的瓶装啤酒更是妙不可言（比利时和不列颠哥伦比亚）。很多时候，晚上会有现场音乐和DJ打碟。酒馆氛围时尚而舒适。

Cimo　　地中海菜 $$

（250-564-7975；www.cimo.ca；601 Victoria St；主菜 $12~30；周一至周六 11:30~14:00和17:00~21:30）这里的地中海菜肴永远不会让顾客失望。在格调优雅的餐厅里或外面的露台上享受美味的地中海美食，或者只是畅饮几杯不列颠哥伦比亚省美酒。这里的许多食材取自他们自家的菜园。供应上好的精选不列颠哥伦比亚省美酒。

向北前往育空地区

驾车从不列颠哥伦比亚出发,可沿3条主要道路向北走。这3条路都是相当不错的选择,所以你有几种方式来打造一条通往育空地区或通往阿拉斯加的环形路线。

阿拉斯加公路(Alaska Highway)

充满传奇色彩而且历史悠久的阿拉斯加公路始于道森克里克(乔治王子城东北364公里处),穿越不列颠哥伦比亚东北部,到达沃森莱克(Watson Lake; 944公里),但它的光芒在某种程度上被斯图尔特一卡西亚公路所掩盖。尽管前往纳尔逊堡(Fort Nelson)的路段有些乏味,但这条公路仍不失为一段壮丽的旅程。阿拉斯加公路对于从埃德蒙顿和东部来的旅行者来说最为方便。

斯图尔特—卡西亚公路(Stewart-Cassiar)

斯图尔特—卡西亚公路(Hwy 37)全长700公里,从与Hwy 16的交会处开始,在鲁珀特王子港以东240公里和乔治王子城以西468公里处,沿途自然风光优美。一定要顺路去斯图尔特周边无与伦比的冰川看看。这条路线对于从不列颠哥伦比亚的大部分地区、艾伯塔省和美国西部来的旅行者也很方便。路线终止于育空地区沃森莱克附近的阿拉斯加公路。

阿拉斯加海上公路系统(Alaska Marine Highway System)

我们喜欢乘坐穿越内湾航道的阿拉斯加汽车渡轮(www.ferryalaska.com)。这些渡轮都很朴素,能让你纯粹地放松并且欣赏到世界上数一数二的壮观的海洋动物表演,而你享受的美景与渡轮乘客看到的相差无几,但游轮乘客要多花费上千元甚至更多。你可以花3天时间,乘船从美国华盛顿州的贝灵翰姆(Bellingham,西雅图以北)出发,抵达位于阿拉斯加州东南部的在育空边界附近的海恩斯和斯卡圭。你还可以在鲁珀特王子港乘坐渡轮前往这两个城镇,或者在哈迪港换乘BC Ferries。夏季时,渡轮很快就会订满(尤其是船舱),所以一定要预订。

❶ 实用信息

乔治王子城游客中心(Prince George Visitor Center ☎250-562-3700; www.tourismpg.com; 1300 1st Ave, VIA Rail Station; ☉6月至8月 8:00~18:00,其他时间营业时间缩短; ⑤)这间出色的游客中心可以安排预订事宜,比如定渡轮票等,也可以出借免费自行车和钓竿。

❶ 到达和离开

乔治王子城机场(Prince George Airport; ☎250-963-2400; www.pgairport.ca; 4141 Airport Rd)紧邻Hwy 97。**加拿大爵士航空**(Air Canada Jazz; ☎888-247-2262; www.aircanada.com)和**西捷航空**(Westjet; ☎888-937-8538; www.westjet.com)有航班飞往温哥华。

加拿大灰狗长途巴士(☎800-661-8747; www.greyhound.ca; 1566 12th Ave)冬天的班次可能会低于1天1班。路线包括道森克里克($85, 6小时)、贾斯珀($70, 5.5小时)、鲁珀特王子港($142, 10.5小时)以及温哥华($93, 11小时)。

加拿大国家铁路公司(www.viarail.ca; 1300 1st Ave)的火车一周3次西行前往鲁珀特王子港(12.5小时),一周3次东行前往贾斯珀(7.5小时)和其他目的地。从以上两地出发,需横贯东西的乘客必须在乔治王子城过夜。

乔治王子城到艾伯塔省(Prince George to Alberta)

Hwy 16将乔治王子城和艾伯塔省边界附近的贾斯珀连接起来,这段路程长达380公里,沿途可以看到许多野生动植物以及一些美丽的公园。**麦克布莱德**(McBride)是很好的中途休息地。

在乔治王子城以东约113公里处的是不列颠哥伦比亚省最新建立的一座公园——Ancient Forest/Chun T'oh Whudujut

值得一游

斯图尔特和海德

太美了！是的，你脱口而出的可能就是这个老套的益美之词，但当你凝望着 萨蒙冰川（Salmon Glacier）时，你就会明白为什么最先想到的是这个词。横亘地平线的壮阔冰川足以让你驶离Hwy 37，然后绕行67公里来此领略美景。公路出口就在梅孜阿丁交会处（Meziadin Junction）以北158公里处。实际上，当你在Hwy 37A上蓦然看到巍峨的 大熊冰川（Bear Glacier）那片闪耀着光芒的湛蓝冰面时，就能确定自己这趟来对了。

边境上的兄弟城镇 斯图尔特 和阿拉斯加的 海德 位于波特兰运河（Portland Canal）河口。斯图尔特是两座城市中较商业化的一个，有相当不错的住宿及就餐地点。

在几处露营地和汽车旅馆中，真正的明星要算是 Ripley Creek Inn。旅馆的40个房间分别位于几栋历史建筑内，配着新式和旧式家具，装饰风格时尚，还收藏有许多老式的烤面包机。

海德弥漫着一种"鬼城"的氛围。每年夏天，约4万名旅行者过境来到海德，他们没有在美国边检遇到任何麻烦，因为这里压根儿就没设海关，但返回斯图尔特时，你要通过十分严格的加拿大海关。海德有泥泞的街道和两个重要的商业机构，一处是 Glacier Inn，如果你能无视充满游客色彩的"海德化"豪饮烈酒的场面，那不妨来这家酒吧享受一下，另一处是 Seafood Express，校车里烹饪的最美味的海鲜。这就是海德。

宏伟的、横亘天际的萨蒙冰川在海德城外33公里处，沿一段蜿蜒的土路可达，天气干燥时，勉强可以行车。驾车行驶约3公里，你将路过 鱼溪观景点（Fish Creek viewpoint），夏末这里热闹些，可以看到熊和鲑鱼。

Park（www.ancientcedar.ca；紧邻Hwy 16）。1公里长的古森林小径通向温带内陆雨林里一些真正的参天大树：原始的红雪松和铁杉，高度达到60米甚至更高。这些古树至少有一千年的历史，周长超过16米。许多短途的小径，包括500米长的木板路，可以通向树林。

不列颠哥伦比亚省北部最主要的山地景观是贾斯珀国家公园（Jasper National Park），不过公园在不列颠哥伦比亚省一侧。罗布森山省立公园（Mt Robson Provincial Park；见704页地图；☎250-964-2243；www.bcparks.ca；紧邻Hwy 16）有陡峭的冰川、丰富的野生动植物和偏远的徒步小路。此处有露营地（$22~28）。

斯图尔特—卡西亚公路（Stewart-Cassiar Highway）

这条长达700公里的斯图尔特—卡西亚公路（Hwy 37）的路况改善了许多，它是不列颠哥伦比亚省通往育空地区和阿拉斯加之间一条可行的路线，日益受到欢迎。但它不仅仅是一条从不列颠哥伦比亚的Hwy 16（经过梅孜阿丁交会处）到达育空的阿拉斯加公路的路径，沿途还能见识到省内最大的留存下来的荒野和野生动物栖息地之一。此外，这条公路还通往斯图尔特（见876页），是前往冰川和更多景点的必经之路。

吉坦尤（Gitanyow），位于Hwy 16以北15公里处，这里拥有无与伦比的图腾柱藏品，你经常能看到雕刻师傅在雕刻新的图腾柱。

博亚湖省立公园（Boya Lake Provincial Park；☎250-771-4591；www.bcparks.ca；紧邻Hwy 37）是一座静谧的小公园，距离育空边界不到90公里。它环绕着绿宝石般的博亚湖。你可以在湖岸露营（露营地$20）。

食宿

公路边沿途都有露营点，迪斯莱克（Dease Lake）有汽车旅馆。你也可以住在史密瑟斯、斯图尔特或者沃森莱克。

Ripley Creek Inn 客栈 $$

（☎250-636-2344；www.ripleycreekinn.com；306 5th Ave, Stewart；房间60~150；**P**🛜）40间客房分别位于几栋历史建住之中，里面装饰着或新或旧的物件，每间客房都完全不同。里面收藏了许多古董烤面包机。

Seafood Express　　　　　　　　　　海鲜 $$

(☏250-636-9011; Hyder, Alaska; 主菜$12~25; ◎6月至9月 正午至20:00)这一定是你吃过的在校车上烹制的最美味的海鲜了。

Glacier Inn　　　　　　　　　　　　酒吧

(☏250-636-9248; International St, Hyder, Alaska; ◎正午至深夜)如果你能无视它充满游客色彩的狂饮烈酒场面，走进去和坏脾气但友好的当地人待在一起，你会喜欢上这间上了年纪的酒吧的。

❶ 到达和离开

斯图尔特—卡西亚公路上所有的连接道路路况都很好。除了施工区域，道路全都是柏油路面，适合各种交通工具行驶。不要惊讶，你随时可能看到熊、驼鹿和其他大型哺乳动物。值得注意的是，当地的原始状态正被日益削弱，比如不断延伸的Northwest Transmission Line等线路就在荒野中径直穿过。

加油站之间的距离不会超过150公里。不列颠哥伦比亚省提供**路况信息报告**(☏800-550-4997; www.drivebc.ca)。夏季天气比较干燥时，人们利用白昼长的有利条件，在一天之内从斯图尔特驾车前往怀特霍斯(1043公里)，或者从史密瑟斯去往沃森莱克(854公里)。但这相当辛苦，所以要做好准备。

阿拉斯加公路
（Alaska Highway）

即使在乔治王子城，你也可以嗅到阿拉斯加公路的气味了。沿Hwy 97从往北走，山峦和森林渐渐让位于和缓起伏的山丘和农田。靠近道森克里克(360公里)时，地形就类似于艾伯塔的大草原了。没有必要在附近闲逛。

从**切特温德**(Chetwynd)开始，你可以走风景秀丽的Hwy 29, 沿着和平河谷(Peace River valley)的开阔景致向北，途经哈得孙斯霍普(Hudson's Hope)，在圣约翰堡(Fort St John)北面进入阿拉斯加公路。

道森克里克是阿拉斯加公路的起点（Mile 0），**阿拉斯加公路之家**(Alaska Highway House; ☏250782-4714; 10201 10th St, Dawson Creek; 捐款入场; ◎9:00~17:00)靠这个噱头吸引游客，这家迷人的博物馆位于一栋老式建筑内，俯瞰着里程碑。你可以好好地逛逛附近的市中心街区，那里有免费Wi-Fi, 还可以参加导览**徒步游**, 参观老式建筑。**游客中心**(☏866-645-3022, 250-782-9595; www.tourismdawsoncreek.com; 900 Alaska Ave, Dawson Creek; ◎5月中旬至9月 8:00~17:30, 其他时间营业时间缩短; ❖)位于老火车站，可以提供许多关于阿拉斯加公路的实用信息。注意，不列颠哥伦比亚省的这个角落全年都执行山区标准时间，所以冬季时间与艾伯塔一样，比不列颠哥伦比亚的其他地区要晚1小时。夏季时间则与温哥华一样。

现在开始这一重要的旅程。从道森克里克往西北走，圣约翰堡是一个停靠点，但精彩之处还远未开始。事实上，前往**纳尔逊堡**的全部430公里几乎都不会让你感觉到前方即将出现美景。

纳尔逊堡近几年因为油价的波动而蓬勃发展起来。在到达育空地区的怀特霍斯（Whitehorse）之前，这是阿拉斯加公路最后一个像样的落脚点，沿路的多数"城镇"只有一个加油站和寥寥无几的汽车旅馆。

纳尔逊堡以西140公里左右的地方是**石山省立公园**(Stone Mountain Provincial Park; ☏250-427-5452; www.bcparks.ca; 紧邻Hwy 97)，这里有几条徒步道和一个露营地。有些路段常有大量的野生动物出没：驼鹿、熊、野牛、狼、麋鹿等。从这里开始，沿着阿拉斯加公路看到的美妙景色，会让你觉得无论付出怎样的辛苦奔波来这里都是值得的。

再走75公里可以到达**曼乔湖省立公园**(Muncho Lake Provincial Park; www.bcparks.ca; 紧邻Hwy 97)，这个公园以翡翠绿色的同名湖泊为中心，拥有云杉林、巍峨起伏的群山和一些真正令人惊奇的美景。公园里有两个湖边露营地，还有几座散布在公路旁的度假屋。

最后来到**利亚德河温泉省立公园**(Liard River Hot Springs Provincial Park; ☏250427-5452; www.bcparks.ca; 紧邻Hwy 97; 成人/儿童$5/3)，公园里有潮湿的生态系统，使得多达250种植物可以茂盛生长。在汽车里待了漫长的一天后，你也可以在水中舒适地放松一下。从这里再走220公里可以到达沃森莱克和育空地区。

育空地区

包括 ➡

怀特霍斯	881
卡克罗斯	893
卡马克斯	893
明托	895
斯图尔特渡口	895
道森市	895
北极公园	903

最佳餐饮

➡ Drunken Goat Taverna（见901页）
➡ Klondike Kate's（见901页）
➡ Klondike Rib & Salmon（见886页）
➡ Antoinette's（见886页）

最佳住宿

➡ Coast High Country Inn（见885页）
➡ 罗伯特·瑟维斯露营地（见885页）
➡ Bombay Peggy's（见900页）
➡ Klondike Kate's（见900页）
➡ Kathleen Lake Campground（见891页）

为何去

在这片地广人稀的原野上，四脚动物的数量远比人类多，你只有亲身体验才能理解它的壮美。世界上已经鲜有这种还保存着原始之美的地方了。数千年来，原住民一直在这里狩猎，竭力维持生计。1898年的克朗代克（Klondike）淘金潮为育空地区带来了大量的人口，不过那只是昙花一现，随着时间的推移，人口又逐渐减少。

来到这里，你可以尽情参加各类户外活动。加拿大最高的5座山峰以及世界上面积最大的非极地冰原都在克鲁恩国家公园（Kluane National Park）里。你不仅可以沿育空河乘独木舟顺流而下观赏壮丽的美景，还可以尝试融入当地人的生活——去道森市体验另类氛围以及去怀特霍斯体验喧嚣。*Yukon Gold*和*Dr Oakley: Yukon Ve*等电视节目播出后，吸引了越来越多的人来到育空地区，一起加入吧。

何时去

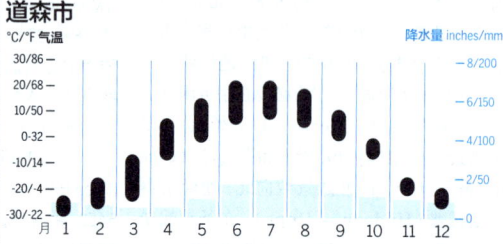

道森市

11月至次年4月 当河里的冰开始融化，多雪又孤独的冬季就结束了。

6月至8月 夏季虽短暂却很温暖，白昼的时间长。

9月 北风呼啸而来，层林尽染，人烟变得稀少，许多地方关闭。

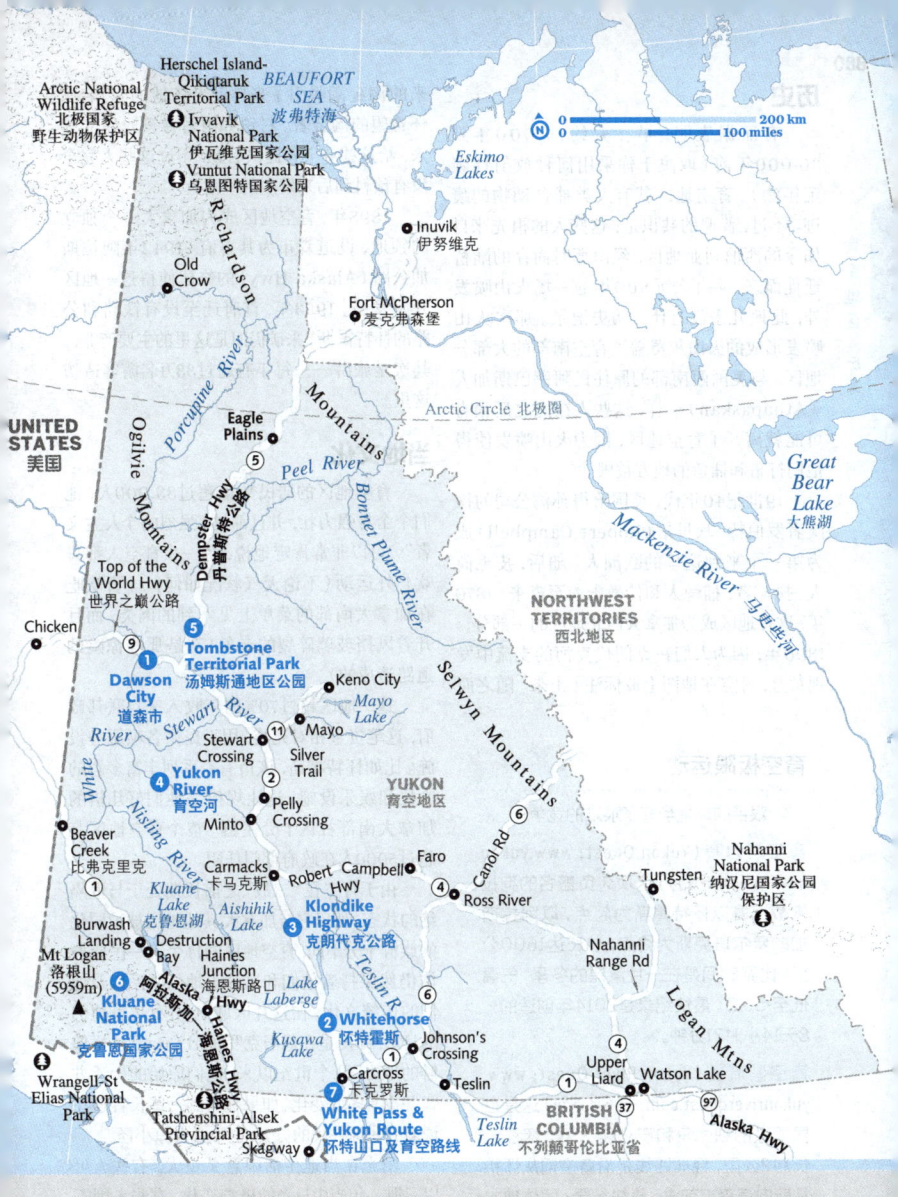

育空地区亮点

1. **道森市**（见895页）在加拿大的历史古镇中感受现代气息。

2. **怀特霍斯**（见881页）这是座文化气息浓厚的城市，为它多花上一天流连其中。

3. **克朗代克公路**（见893页）道路被驼鹿霸占了，数数它们的数量，可能比路上的车还多。

4. **育空河**（见884页）在这条传奇的河上，实现你划独木舟和皮划艇的愿望。

5. **汤姆斯通地区公园**（见898页）在这座面积广大的公园中尽情探索，让极北荒原的浩大磅礴将你包围。

6. **克鲁恩国家公园**（见890页）这座公园位列联合国教科文组织名录，你可以在此探寻一百多座未命名的冰川，并为它们命名。

7. **怀特关口及育空路线**（见877页）放松心情，重走淘金之路。

历史

有证据表明,早在大约15,000年到30,000年前(取决于你采用何种放射性碳定年法),育空地区就有人类捕杀动物的痕迹。不过,普遍的共识是,这些人的祖先来自如今的西伯利亚地区,经由那时尚存的陆桥迁徙而来。除了公元800年的一场火山喷发外,此地几乎没有什么历史记录。那次火山喷发形成的火山灰覆盖了育空南部的大部分地区。与美国西南部的原住民阿萨巴斯加人(Athapaskan)一样,这些人在此之后很有可能就离开了育空地区,因为火山喷发使得他们打猎和捕鱼的地方被毁。

19世纪40年代,英国哈得孙湾公司的探险者罗伯特·坎贝尔(Robert Campbell)成为第一个来到这里的欧洲人。随后,皮毛商人、探矿者、捕鲸人和传教士纷至沓来。1870年,这片地区成为加拿大西北地区的一部分。1896年,因为人们在克朗代克河的支流中发现黄金,育空在地图上被标注了出来。随之而来的淘金潮吸引了来自世界各地的4万名满怀希望的淘金者。村镇如雨后春笋般建立起来,给这些寻宝者提供勤勤,不过这些人完全没有预料到后来发生的堕落。

1898年,育空地区成为加拿大一个独立的领地,设道森市为其首府。1942年阿拉斯加公路(Alaska Hwy)的修建使得这一地区开始发展。1953年,首府迁至设有铁路和公路的怀特霍斯。采矿仍旧是这里的主要产业,其次是旅游——每年有超过33万名游客造访这里。

当地文化

育空地区的居民数量超过33,000人,他们个个身强力壮,并且都是"强烈的个人主义者"。可以非常肯定地说,每一个育空人都喜欢户外运动(不论天气状况如何!),喜欢吃在加拿大南部的菜单上见不到的肉类,而且开着风挡玻璃碎裂的卡车(都是那些惊险的道路造成的)。

这一地区超过70%的年收入来自联邦政府,这笔资金相对充裕,用于提供各项服务设施。比如怀特霍斯,该市有一系列丰富多彩的文化和娱乐设施,这让规模是他们好几倍的加拿大南部社区十分羡慕。整个育空地区有超过5000人在政府部门任职。

由于育空在"二战"之前长期处于与世隔绝的状态,所以它与加拿大其他地区被迫同化的族群十分不同,育空地区的14个第一民族群体仍然保持着他们和这片土地的联系以及他们的传统文化。在这片区域中,处处可见他们的身影,即便是在像旧克罗(Old Crow)这样偏僻的地方。几个世纪以来,他们原始的生活方式并没有多大变化。如果你听到一些长者还在说着各种原住民的方言,也不必大惊小怪。

阳光在当地生活中意义重大,有些人可以习惯一年当中日光的极端变化,有些人则不能。所以每年都会有人突然在某一天(通常是在2月的时候)声称,自己受够了这里,然后头也不回地去了南方定居。这些人有这里生活了很久的,也有新来的。

公园

育空有一处被联合国教科文组织认定为世界遗产的保护区,那就是原始而险峻的克

育空极限运动

艰苦的环境孕育了艰难的竞争:

育空耐力赛(Yukon Quest; www.yukonquest.com; ◎2月)这项久负盛名的狗拉雪橇比赛以怀特霍斯为起点,以阿拉斯加的费尔班克斯为终点,总长达1600公里,比赛时间是在一片漆黑的冬季,气温低至-50°C。最快纪录是2014年创造的:8天14小时21分钟。

育空漂流赛(Yukon River Quest; www.yukonriverquest.com; ◎6月下旬)这是世界顶级的独木舟和皮划艇大赛,赛程全长742公里,经典路线是沿育空河从怀特霍斯向道森市前进。最快纪录:团体独木舟39小时32分钟,单人皮划艇42小时49分钟。

育空公路接力赛(Klondike Trail of' 98 Road Relay; www.klondikeroadrelay.com; ◎9月上旬)约100个10人团队完成了这项一天一夜的比赛,行程从斯卡圭出发到怀特霍斯。

鲁恩国家公园，它与不列颠哥伦比亚省的塔臣施尼－阿尔塞克省立公园（Tatshenshini-Alsek Provincial Park）毗邻。同是世界遗产的格雷西亚湾（Glacier Bay）和兰格尔－圣伊莱亚斯国家公园（Wrangell-St Elias National Park）则与阿拉斯加相连。

育空共有十几座公园和保护区（www.yukonparks.ca），但是其实这里的大部分地区像公园一样，而且到处都能找到政府管理的露营场所。汤姆斯通地区公园虽然偏僻遥远，但是也能通过丹普斯特公路到达，游客可以去那里欣赏一望无际的美丽苔原和雄伟的连绵山脉。

❶ 实用信息

育空地区的每个入口都有优秀的游客信息中心（visitor information centers，简称VICs）：比弗克里克（Beaver Creek）、卡克罗斯（Carcross）、道森市（Dawson City）、海恩斯章克申（Haines Junction）、沃森莱克（Watson Lake）和怀特霍斯（Whitehorse）。

育空地区的政府提供种类丰富的资料和信息，足够你研究上一个假期的。值得推荐的资料有《在育空露营》（Camping on Yukon Time）和《在育空艺术探险》（Art Adventures on Yukon Time），实用性很强的《育空野生动物观察指南》（Yukon Wildlife Viewing Guide），以及各类步行路线指南（几乎每个入口超过50人的城镇都有一本指南）。可以在游客信息中心的网站（www.travelyukon.com）获得这些材料，另外一个不错的参考网站是：www.yukoninfo.com。

❶ 到达和当地交通

怀特霍斯有航班连接温哥华、基洛纳、卡尔加里和埃德蒙顿。在夏季的时候，这里还有直飞德国的航班。道森市有航班飞往怀特霍斯以及西北地区的伊努维克。

如果走陆路，有3种主要方式可以到达育空：乘渡轮到阿拉斯加的斯卡圭入口处和海恩斯入口处，或者从不列颠哥伦比亚省的道森克里克（Dawson Creek）走阿拉斯加公路（Alaska Hwy），还有一种是从不列颠哥伦比亚的西北部取道斯图尔特－卡西亚公路（Stewart-Cassiar Hwy），这条公路在沃森莱克附近与阿拉斯加公路相交。

你可以从不列颠哥伦比亚省坐长途汽车到怀特霍斯。在那里有很多客运公司运营去阿拉斯加和道森的路线。租车（以及房车）的费用较高，而且只有在怀特霍斯才可以租到。阿拉斯加公路和克朗代克公路都是铺设好的路段，而且每隔100公里到200公里就有一个服务站。

了解地区内的道路状况，可以联系511Yukon（☏511；www.511yukon.ca）。

快速参考

➡ 人口：34,300

➡ 面积：482,443 平方公里

➡ 首府：怀特霍斯

➡ 奇闻逸事：这里是罗伯特·瑟维斯（Robert Service）的故乡，诗人创作了《丹麦格鲁的射击》（The Shooting of Dan McGrew）和《山姆·麦可基的火葬》（The Cremation of Sam McGee）等作品，使育空地区名垂千古。

怀特霍斯（WHITEHORSE）

人口 26,500

怀特霍斯是育空地区的首府（自1953年开始，因原首府道森市的规模和交通便利程度不及这里），这里应该会成为你旅行的重点。育空的两条主要高速公路——阿拉斯加公路和克朗代克公路在这里交会。怀特霍斯是一个交通枢纽（在20世纪初，它是以斯卡圭为起点的怀特育空铁路线的终点。不仅如此，"二战"时期，它还是阿拉斯加公路工程的主要中心）。这一地区的旅行用品店和旅行社一应俱全。

虽然怀特霍斯不是那种让人一见钟情的地方，但它也不会让好奇的旅客失望。这里有一个资金充足的艺术社区（和一个特别有活力的视觉艺术社区）、一些出色的餐馆和汽车旅馆。不妨花上一天或者更多的时间，伴着育空河潺潺的流水声，探索各处景点。穿过平淡无奇的商业建筑，你会发现有不少遗迹在等着你去发现。

◉ 景点

怀特霍斯的主要景点能在一天内看完，

Whitehorse 怀特霍斯

育空地区

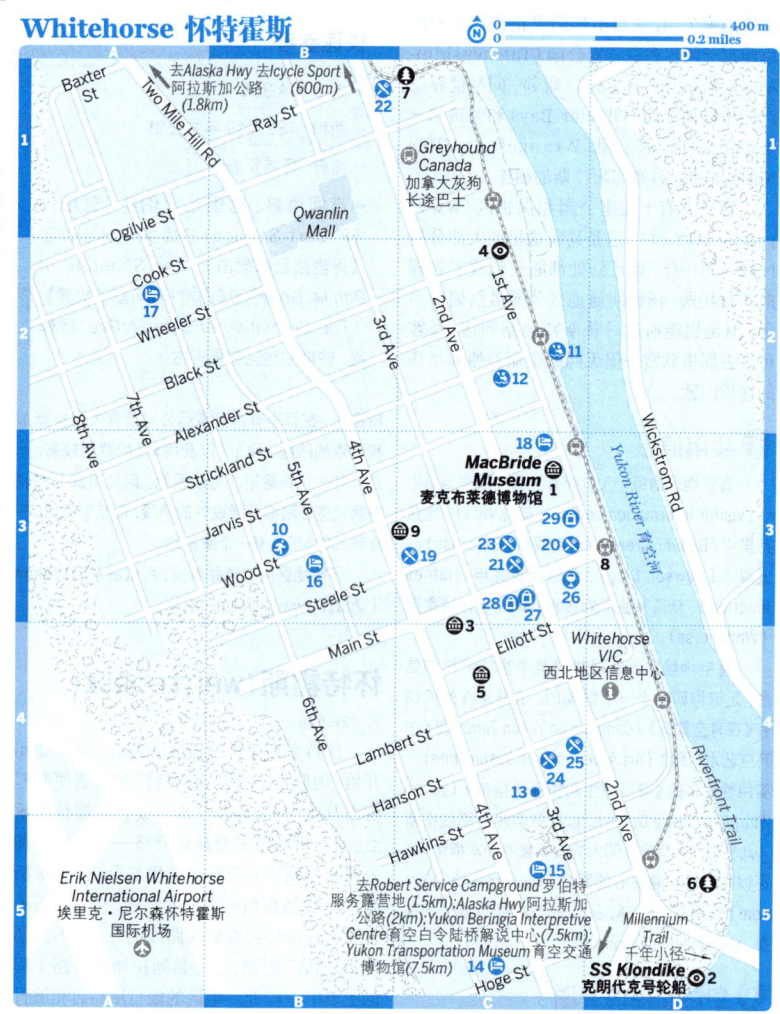

怀特霍斯

大多数地方步行即可到达。

★ 麦克布莱德博物馆
博物馆

（Mac Bride Museum；见882页地图；☎867-667-2709；www.macbridemuseum.com；1st Ave和Wood St交叉路口；成人/儿童 $10/5；◎9:30~17:00）育空地区的"阁楼"中展示着关于淘金潮、第一民族和无畏的骑警等方面的展品。老照片与老旧的动物标本争相吸引着你的眼球，像淘金这样的每日特别活动也很有趣。各式建筑体现着育空地区多彩的历史文化；不要错过患白化病的驼鹿标本。

★ 克朗代克号轮船
历史遗址

（SS Klondike；见882页地图；☎867-667-4511；www.parkscanada.ca；South Access Rd和2nd Ave交叉路口；◎5月至8月 9:30~17:00）**免费** 它是育空河最大的船尾驱动推进的船之一，被精心修复过。这艘船建造于1937年，于1955年退役。最后一次航行是驶往上游的道森。现在已成为一处国家历史遗迹。

怀特霍斯滨水区
（Whitehorse Waterfront）
地区

奔腾流淌的育空河会吸引你忍不住去河

Whitehorse 怀特霍斯

◎ 重要景点
1 麦克布莱德博物馆 C3
2 克朗代克克号轮船 D5

◎ 景点
3 地下艺术中心 C4
4 关林顿文化中心 C2
5 老圆木教堂 C4
6 扶轮和平公园 D5
7 船坞公园 C1
8 怀特山口及育空路线火车站 D3
9 育空艺术家作品收藏馆 C3

◎ 活动、课程和团队游
10 Cadence Cycle B3
11 Kanoe People C2
12 Up North Adventures C2
13 育空保护协会 C4

◎ 住宿
14 Beez Kneez Bakpakers C5
15 Coast High Country Inn C5
16 Historical House B&B B3
17 Midnight Sun Inn A2
18 River View Hotel C3

◎ 就餐
19 Antoinette's C3
20 Baked Café & Bakery C3
21 Burnt Toast C3
22 Fireweed Community Market B1
23 Klondike Rib & Salmon C3
24 Sanchez Cantina C4
25 Yukon Meat & Sausage C4

◎ 饮品和夜生活
26 Dirty Northern Public House C3

◎ 购物
27 Mac's Fireweed Books C3
28 Midnight Sun Emporium C3
29 North End Gallery C3

边走走。美丽的**怀特山口及育空路线铁路车站**（White Pass & Yukon Route Station；见882页地图；1109 1st Ave）被重新修复，坐落在重建区的中心地区。南端的**扶轮和平公园**（Rotary Peace Park；见882页地图；紧邻2nd Ave）是个绝佳的野餐地点。**关林顿文化中心**（Kwanlin Dün Cultural Centre）是中心地区的一处靓丽风景。北部的**船坞公园**（Shipyards Park；见882页地图，紧邻2nd Ave）中展示着从育空各地迁至此处的历史建筑，且数量还在不断增加。

可以乘坐小巧玲珑的**滨水区电车**（waterfront trolley；867-667-6355；www.yukonrails.com；单程$3；6月至8月 10:00~18:00）到达以上各处。

地下艺术中心 画廊
（Arts Underground；见882页地图；867-667-4080；305 Main St, Hougen Centre lower level；周二至周六 10:00~17:00）由育空艺术协会运营。这里有经过精心挑选和策划的轮展。

怀特霍斯鱼道 地标
（Whitehorse Fishway；867-633-5965；Nisutlin Dr；捐赠入内；6月至8月 9:00~17:00）怀特霍斯鱼道是世界上最长的木制鱼道，全长366米。它穿过城镇南部的水电站，里面能看到鲑鱼。每年从7月下旬开始，你可以透过巨大的观鱼窗看到奇努克鲑鱼（在这之前是河鳟）游过。

经千禧年小径（Millennium Trail）可步行到达鱼道。

育空交通博物馆 博物馆
（Yukon Transportation Museum；867-668-4792；www.goytm.ca；30 Electra Cres；成人/儿童 $10/5；5月中旬至8月周二10:00~20:00，周三至下周一10:00~18:00，9月至次年5月中旬，周日和周一中午至17:00）以前的阿拉斯加公路到底是什么样子呢，这么说吧，泥浆真是很脏。展品包括飞机、火车和狗拉雪橇。博物馆靠近白令陆桥解说中心。门口竖着一个**DC-3风向标**（是的，会转！），这是它的标志。

育空白令陆桥解说中心 博物馆
（Yukon Beringia Interpretive Centre；867-667-8855；www.beringia.com；阿拉斯加公路1473公里；成人/儿童 $6/4；9:00~18:00）这里的主题是白令陆桥——育空、阿拉斯加和东西伯利亚在上一次冰川时期中未被冰封的区域。迷人的展览重现了这一时期，你可以看到长达3米的巨型地懒的骨架化石——尽管有些人可能更想看到巨型河狸。

关林顿文化中心　　　　　　　　　文化中心

（Kwanlin Dün Cultural Centre；见882页地图；☎867-456-5322；www.kwanlinduncultural centre.com；1171 1st Ave；捐赠入内；◎周一至周五 9:00~17:00，周六和周日 10:00~16:00）文化中心于2012年首次对外开放，里面不仅有各类展览，还收藏着第一民族的许多艺术品。

育空艺术家作品收藏馆　　　　　　　画廊

（Yukon Artists@Work；见882页地图；☎867-393-4848；www.yaaw.com；4129 4th Ave；◎周二至周六 11:00~18:00，周日至16:00）此馆由当地艺术家经营。你去参观的时候，也许还能看到这些艺术家们正在进行艺术创作。

老圆木教堂　　　　　　　　　　　历史建筑

（Old Log Church；见882页；☎867-668-2555；www.oldlogchurchmuseum.ca；303 Elliott St；成人/儿童 $6/5；5月至8月 10:00~18:00）世界上唯一的木屋风格的大教堂，是1900年镇上的宝石。展览包括艾萨克的故事，在旷野迷路51天，煮他的靴子吃。相应地，最后剩下的就是他的鞋底。有夏季导游。

✦ 活动

VIC（见887页）全年都能为你提供在当地徒步和参加各类活动的指引。另外，怀特霍斯是育空河水上活动的中心。

独木舟和皮划艇

从怀特霍斯划独木舟和皮划艇去卡马克斯或道森市是两条人气很高的水上线路。通常，从怀特霍斯到卡马克斯要耗时8天，从怀特霍斯到道森市要16天。旅行社不仅提供各种装备（独木舟和皮划艇的租金约每天 $40~50）、向导、团队游、课程和出行计划服务，还可以安排回怀特霍斯的交通工具。大多数划船者使用《育空河：从沼泽湖到道森市》（*The Yukon River: Marsh Lake to Dawson City*）地图，你可以从网站www.yukonbooks.com下载。

Kanoe People　　　　　　　　　　划独木舟

（见882页地图；☎867-668-4899；www.kanoepeople.com；1st Ave和Strickland St交叉路口；育空河水上独木舟一日游 $95）门店位于河岸。这里可以安排各类行程，包括划船到塔斯林（Teslin）和大鲑鱼河（Big Salmon Rivers）。出售装备和地图指南，提供自行车租赁服务。

Up North Adventures　　　　　　　划独木舟

（见882页地图；☎867-667-7035；www.upnorthadventures.com；103 Strickland St；为初学者开设的育空河19日独木舟行程 $3000；◎9:00~19:00）在主要河流处提供导览游、船只租借和运输服务。同时提供划船课程、山地自行车导览游和冬季运动。

骑行

怀特霍斯境内的育空河沿岸和周边山上有数十条自行车道。游客可从VIC获得地图。

Cadence Cycle　　　　　　　　　　骑车

（见882页地图；☎867-633-5600；www.cadencecycle.squarespace.com；508 Wood St；自行车/电动自行车租金每日 $35/45；◎周一至周六 10:00~18:00）出售和出租质量不错的二手山地自行车，并且提供修车服务。

Icycle Sport　　　　　　　　　　　骑车

（☎867-668-7559；www.icyclesport.com；9002 Quartz Rd；自行车租金每日 $45起；◎周一至周六 10:00~18:00，周日 正午至18:00）出租顶级山地自行车和滑雪板（冬季）。

步行和徒步

怀特霍斯有一条沿河的景观环线，总长5公里。这条线路会途经鱼道，你可以在此做短暂休息。从克朗代克号轮船出发，向南沿**千禧年小径**一直走到罗伯特服务露营地（Robert Service Campground）和**百年纪念旋转人行桥**（Rotary Centennial Footbridge）。鱼道位于南边。沿河往北走，穿过罗伯特·坎贝尔桥（Robert Campbell Bridge），可以回到市中心。

育空保护协会　　　　　　　　　　徒步

（Yukon Conservation Society；见882页地图；☎867-668-5678；www.yukonconservation.

org; 302 Hawkins St; ⊙6月至8月 周二至周六)
免费 你可以参加育空保护协会组织的免费徒步游览,探索怀特霍斯附近美丽的自然景观。他们的行程涵盖了从简单到高级的各种路线。许多线路集中在Miles Canyon。

住宿

夏季是怀特霍斯的旅游旺季,旅店基本都会客满,所以要提前预订。怀特霍斯有很多中档的汽车旅馆都可以冠以"老牌"的绰号。建议你在确定入住之前先到房间看看条件如何。

★罗伯特服务露营地 露营地 $

(☎867-668-3721; www.robertservicecampground.com; 120 Robert Service Way; 露营地 $20; ⊙5月中旬至9月; @ 🛜)露营地在镇子以南1公里处,沿千禧年小径从城中走到这里大概需要15分钟。这里有70处营地,只能帐篷露营。营地里有桌椅和火圈。咖啡馆里供应很棒的咖啡、烘焙食品和冰激凌。

Hi Country RV Park 露营地 $

(☎867-667-7445; www.hicountryrvyukon.com; 91374 Alaska Hwy; 露营地 $22~42; ⊙5月至9月; @ 🛜)这个露营地在罗伯特·瑟维斯道路(Robert Service Way)的顶头,共有130处木头营房,提供水电、淋浴、洗衣服务,还有一个游乐场。

Beez Kneez Bakpakers 青年旅舍 $

(见882页地图; ☎867-456-2333; www.bzkneez.com; 408 Hoge St; 铺/房间 $35/70; 🛜)这个可爱的酒店就好像是你自己的家一样,它不仅有一个花园,还有露台、烧烤架和自行车。两个小屋非常抢手。

Boréale Ranch 客栈 $$

(☎888-488-8489; www.be-yukon.com; Klondike Hwy; 房间 $100~200; P 🛜)这是一间以骑行为主题的度假屋,从怀特霍斯出发,向南行驶约30分钟即可到达。主楼是简约主义风格,共有4个房间。室外有一个热水浴池。客人可以免费使用这里的粗轮自行车,同时,客栈还提供丰富多彩的骑行项目。配有硬木地板的蒙古包只在夏季开放。食物广受好评。

Midnight Sun Inn 民宿 $$

(见882页地图; ☎867-667-2255; www.midnightsunbb.com; 6188 6th Ave; 房间 $115~155; P ✱ @ 🛜)这是一家现代的民宿,周围环境草木丛生,是郊区住宅的风格,共有6间客房——其中有几间是主题客房,有几间要共用卫生间。采光很好,位于市区并且提供丰盛的早餐。

★Coast High Country Inn 酒店 $$

(见882页地图; ☎800-554-4471; www.highcountryinn.ca; 4051 4th Ave; 房间 $110~220; P ✱)这栋4层楼的酒店俯瞰着怀特霍斯,很受商务旅客和团体的欢迎。84间客房很宽敞,有些房间配有旋涡按摩浴缸。酒吧很受欢迎。

Historical House B&B 民宿 $$

(见882页地图; ☎867-668-2526; www.yukongold.com; 5th Ave和Wood St交叉路口; 房间 $105~130; 🛜)这家民宿是经典的木屋建筑,建于1907年,共有3间客房。顶层的房间有独立的卫生间(位于房间下一层)以及阁楼三角形的屋顶。最大的一间客房里配有厨房。房间的网速很快,外面有漂亮的花园。

River View Hotel 汽车旅馆 $$

(Canada's Best Value Inn; 见882页地图; ☎888-315-2378; www.riverviewhotel.ca; 102 Wood St; 房间 $100~170; P @ 🛜)地板踩上去感觉是空心的,不过旅馆的名字河景倒是名副其实,旅馆的53间客房中,许多都能欣赏到河景。所有的房间都很宽敞。从旅馆去哪儿都很近,而且它还位于一条安静的街道上。需共享车位,冬季的时候会开放有暖气的室内停车场。

餐饮

别去那些人满为患的连锁餐厅了,去怀特霍斯市中心选一家出色的餐馆享受美食吧。这里有很多不同种类的美食,你可以去尝尝新鲜且当季育空鲑鱼。

Baked Café & Bakery 咖啡馆 $

(见882页地图; ☎867-633-6291; www.facebook.com/bakedcafewhitehorse; 100 Main St; 主菜$6起; ⊙7:00~19:00; 🛜) 🌿夏季时,这家

热闹的咖啡馆的室外餐桌常常一座难求。这里供应奶昔、例汤、每日特选午餐、焙烤食品等。不要错过这里的覆盆子山核桃司康饼以及外带三明治。

Yukon Meat & Sausage 熟食 $

（见882页地图；☎867-667-6077; 203 Hanson St; 三明治 $7起; ⊙周一至周六 8:30~17:30）街上飘荡着的熏肉香味，会吸引你情不自禁地走进店里。这里不仅有很多种熟食可供选择，还出售按客户需求制作的各类三明治。带去当野餐相当好，也可以堂食。

★ Klondike Rib & Salmon 加拿大菜 $$

（见882页地图；☎867-667-7554; www.klondikerib.com; 2116 2nd Ave; 主菜 $12~25; ⊙5月至9月11:00~21:00）虽然这家餐馆主要面向游客，但是食物却非常美味。餐馆内部很宽敞，装修采用休闲风格，有两个露台。除了和店名一样的菜式（店名意为"排骨和鲑鱼"，他们的鲑鱼肉串最可口），还可以品尝到当地的一些特色食品。

Burnt Toast 法式小馆 $$

（见882页地图；☎867-393-2605; www.burnttoastcafe.ca; 2112 2nd Ave; 主菜 $8~25; ⊙周一至周六 8:00~21:00, 周日 9:30~14:00）餐厅不仅名字很好听，食物更不会让你失望。这家漂亮的法式小馆的早午餐非常出色（试试法国吐司），午餐和晚餐特选也非常多。美食都由当地应季食材制成，菜名都写在黑板上。沙拉、三明治和育空产的肉类都不错。

Sanchez Cantina 墨西哥菜 $$

（见882页地图；☎867-668-5858; 211 Hanson St; 主菜 $14~25; ⊙周一至周六 11:30~15:00和17:00~21:30）正宗的墨西哥菜。来这里吃饭，就如同向南穿越两次国界到了墨西哥。经典菜式墨西哥卷饼需要蘸着红色和绿色的混合调味酱一起吃。先去宽敞的庭院小坐吧，因为可能要等一等。

★ Antoinette's 创意菜 $$$

（见882页地图；☎867-668-3505; www.antoinettesfoodcache.ca; 4121 4th Ave; 晚餐主菜 $20~35; ⊙周一至周五 11:00~14:00和16:30~21:00, 周六16:30~21:00）Antoinette Oliphant 经营着一间育空地区最具创意的餐厅。这间餐厅以她的名字命名，菜式经常求新求变，并采用当地食材。许多菜品有加勒比菜的风味。周末，店里经常有现场演奏的布鲁斯和休闲音乐。

Fireweed Community Market 市场

（见882页地图；www.fireweedmarket.ca; Shipyards Park; ⊙5月中旬至9月上旬周四 15:00~20:00）摊贩来自育空各地，在这个市场上，你可以买到非常美味的浆果。在夏季，每到周六的正午，怀特山口及育空路线（White Pass & Yukon Route Station）附近的河边还会有一个小一点的集市。

★ Dirty Northern Public House 小酒馆

（见882页地图；☎867-633-3305; www.facebook.com/dirtynorthernpublichouse; 103 Main St; ⊙15:00至深夜）这间高档酒馆很有格调，有很多生啤酒可供选择，混合饮品做得也非常好。推荐找一个卡座，喝点酒，再点一个木火烤制的比萨。晚上经常可以看到当地最好的表演。

🛍 购物

★ Mac's Fireweed Books 书籍

（见882页地图；☎867-668-2434; www.macsbooks.ca; 203 Main St; ⊙周一至周六 8:00~20:00, 周日 至18:00）这里关于育空的书是最全的。也销售各类地形地图、公路线路图和期刊。

North End Gallery 工艺品

（见882页地图；☎867-393-3590; www.yukonart.ca; 1116 1st Ave; ⊙周一至周六 9:00~19:00, 周日 至17:00）由育空顶级的艺术家们制作的高端加拿大艺术品。

Midnight Sun Emporium 工艺品

（见882页地图；☎867-668-4350; www.midnightsunemporium.com; 205c Main St; ⊙周一至周六 9:00~19:00）这里有一系列育空艺术品、手工艺品和当地商品。

ℹ 实用信息

《育空新闻》（*Yukon News*; www.yukon-news.com）是当地一家非常活跃的报纸。

VIC（见882页地图；☏867-667-3084；www.travelyukon.com；100 Hanson St；◐8:00~20:00）很有必要一去的地方，这里提供丰富的育空地区的综合信息。

怀特霍斯总医院（Whitehorse General Hospital；☏867-393-8700；www.yukonhospitals.ca；5 Hospital Rd；◐24小时）育空地区最好的医院。

❶ 到达和离开

飞机
埃里克·尼尔森怀特霍斯国际机场（Erik Nielsen Whitehorse International Airport；YXY；见882页地图；☏867-667-8440；www.gov.yk.ca/yxy；紧邻Alaska Hwy；🅿）市中心往西5分钟的车程。加拿大航空（Air Canada）和西捷航空（Westjet）有航班飞往温哥华。当地的北部航空（Air North；www.flyairnorth.com）有航班飞往道森市（在那里可以换乘前往伊努维克、西北地区和Old Crow），以及温哥华、基洛纳、埃德蒙顿和卡尔加里。康多罗航空（Condor；www.condor.com）在夏季每周都有往返法兰克福的航班。

长途汽车
可以在VIC（游客信息中心）查看到最新的长途汽车线路信息。

Alaska/Yukon Trails（☏907-479-2277；www.alaskashuttle.com）前往费尔班克斯、阿拉斯加（$385，6月至9月中旬每周3班），途经道森市。

加拿大灰狗长途巴士（见882页地图；☏867-667-2223；www.greyhound.ca；2191 2nd Ave）沿阿拉斯加公路向南抵达道森克里克（$285，20小时，每周3班）。从道森克里克可以换乘长途汽车前往不列颠哥伦比亚省和加拿大其他各地。

Husky Bus（☏867-993-3821；www.huskybus.ca）前往道森市（$110，每周3班）。克朗代克公路沿途都可停靠。起点站在游客信息中心。如果提前预约，他们也可以将船桨和独木舟运送到克朗代克公路沿途。

怀特山口及育空路线（White Pass & Yukon Route；☏867-633-5710；www.wpyr.com；1109 1st Ave；成人/儿童单程$130/65；◐售票处5月中旬至9月中旬周一至周六 9:00~17:00）提供往返阿拉斯加州斯卡圭的火车和长途汽车，沿途景色让人惊叹。全程需10小时，途经不列颠哥伦比亚省的弗雷泽（Fraser）。有些时候，在卡克罗斯下车后可以正好换乘火车，这段火车的行程会尤其美好（推荐走法）。

❶ 当地交通

抵离机场
黄色出租车（Yellow Cab；☏867-668-4811）乘出租车去市中心（10分钟）的费用约$22。

公共汽车
怀特霍斯交通系统（Whitehorse Transit System；☏867-668-7433；$2.50；◐周一至周六）在市中心穿梭。3路公交车前往机场，5路公交车会经过罗伯特·瑟维斯露营地。

小汽车和房车
建议仔细了解租赁费用。因为一般来说，车子在行驶超过100公里之后，每多跑一公里要加收一定费用。这样一来就去不了育空远的地方。同时，要了解你的保险理赔范围，以及询问由于道路崎岖造成的车辆损伤是否在理赔范围之内。

Budget（☏867-667-6200；www.budget.com；埃里克·尼尔森怀特霍斯国际机场）

Fraserway RV Rentals（☏867-668-3438；www.fraserwayrvrentals.com；9039 Quartz Rd）出租各种型号和大小的房车，每天$200起——按大小（很重要的方面）和季节而定。超出一定里程后，费用可能迅速增加。

Whitehorse Subaru（☏867-393-6550；www.whitehorsesubaru.com；17 Chilkoot Way）价格合理，大多的车是手动挡。

阿拉斯加公路
（ALASKA HIGHWAY）

虽然被叫作阿拉斯加公路，但是考虑到这条路最主要的路段（958公里）是在育空，也许换个名字更合适。

阿拉斯加公路从加拿大不列颠哥伦比亚省的道森克里克一直延伸到美国阿拉斯加州遥远的内陆地区德尔塔路口（Delta Junction），总长约2450公里。它的意义不只是一条公路这么简单，它还是一枚奖章、一项荣誉和一番成就。尽管如今已是一条现代化大道，但是人们听到它的名字时，脑海中浮现的仍旧是波澜壮阔的探险和远遁他乡。

在育空地区驾车沿着阿拉斯加公路驰骋，你就走上了一条最美丽、最变幻多端的公路。从小村庄到怀特霍斯市区，从蜿蜒的小河到耸立的圣伊莱亚斯山脉（St Elias Mountains），沿途的景色会将你彻底征服。

不列颠哥伦比亚省到怀特霍斯（British Columbia to Whitehorse）

你永远都有充分的理由在这条公路上停下来。每隔一段，路边就会出现城镇、小公园和各类景点。单看每一处景点，也许并没有特别之处，但是整条路串联在一起，却能使你无法抗拒这美妙的自驾之旅。

沃森莱克（Watson Lake）

沃森莱克因英国猎人弗兰克·沃森（Frank Watson）而得名，从不列颠哥伦比亚省出发，沿阿拉斯加公路越过州境，到达育空地区的第一个城镇就是这里。这是个很好的休息站点，不仅有绝佳的游客信息中心（☎867-536-7469；www.travelyukon.com；紧邻Alaska Hwy；⊙5月至9月 8:00~20:00），还有一个关于公路和整个地区信息的博物馆，相当不错。

这个镇子因路标林（Sign Post Forest）而闻名，它就在游客信息中心的外面。第一块路标"Danville, Illinois"是1942年出现的。后来数量越来越多，现在总数已经超过72,000个，其中很多是晚上从世界各地顺手牵羊而来的。

向西行驶约136公里，经过1112公里的路标，可以看到兰切里亚瀑布休养地（Rancheria Falls Recreation Site）。一条木板路可以带你前往双子瀑布。非常值得一去。

住宿推荐去Air Force Lodge（☎867-536-2890；www.airforcelodge.com；紧邻Alaska Hwy；标单/双 $85/95；🅿📶），客房一尘不染，配备有公共卫生间。这里曾是飞行员的营房，建于1942年。由家族经营的Nugget City（☎867-536-2307；www.nuggetcity.com；Alaska Hwy；露营地 $25起，房间 $65~130；🅿📶）位于阿拉斯加公路和斯图尔特—卡西亚公路（Stewart-Cassiar Hwy，即Hwy 37）交叉口的西侧，提供高于阿拉斯加公路平均水准的住宿和食物。停下来尝尝这里的烘焙食物吧，浆果派尤为可口。有小屋和套房可供选择。

塔斯林（Teslin）

塔斯林坐落在狭长的同名湖泊旁，位于沃森莱克以西260公里处。很久以来这里都是特里吉特人（Tlingits）的家园。阿拉斯加公路为原住民的生活带来了繁荣，也让他们的生活发生了飞速的变化。

引人入胜的乔治·约翰逊博物馆（George Johnston Museum；☎867-390-2550；www.gjmuseum.yk.net；Alaska Hwy；成人/儿童 $5/2.50；⊙5月至8月 9:00~18:00）通过照片、展览和手工艺品，详细展示了一位20世纪的特里吉特头领的生活和文化。

约翰逊渡口（Johnson's Crossing）

塔斯林西北方向约50公里处就是约翰逊渡口（Johnson's Crossing），它位于阿拉斯加公路和卡诺尔公路（即Hwy 6）的交会处。在第二次世界大战期间，美国军队耗费了巨大的人力和财力建造了卡诺尔（Canol）管道，并期望通过它从加拿大西北地区的诺曼韦尔斯（Norman Wells）输送石油到怀特霍斯。投入了数以亿计的美元（以1943年的货币价值来算）之后，这里却被废弃不用。

值 得 一 游

罗伯特·坎贝尔公路

想要另辟蹊径，你可以考虑这条孤零零的沙砾公路罗伯特·坎贝尔公路（Robert Campbell Highway，即Hwy 4）。公路全长588公里，从沃森莱克北部向西一直延伸到达卡尔麦克斯[在这里你可以考虑取道克朗代克公路（即Hwy 2）前往道森市]。沿途会经过众多河流湖泊，一定会令野地露营爱好者雀跃不已。

从沃森莱克出发行至约360公里处，到达与卡诺尔公路（Canol Rd, Hwy 6）的交叉口——罗思河（Ross River），这里是第一民族卡斯卡人（Kaska）的家园，同时也是当地采矿业的一个供应中心。镇里有露营地和汽车旅馆。

云杉树皮甲虫

虽然甲虫在不列颠哥伦比亚省和落基山脉的森林里肆虐,造成严重破坏,但育空的森林正在恢复生机。从1994年起,数以百万的树木因云杉树皮甲虫的虫害而枯萎,它们棕色的针叶掉落,树木变成了幽灵一般的灰色。与此同时,快速生长的新生植被被补充进来,它们为这里增添了一丝绿意。

造成树木死亡有很多原因,主要集中在气候变化上,包括冬季气候变暖,这使虫患的数量一年比一年庞大。但是近年来,也有一些因素牵制了甲虫数量的增长:死亡的树木越多,它们的食物就越少;严酷的寒冬,会杀死许多甲虫;而且,现在这里捕食甲虫的生物正在经历爆炸式的增长。同时,这里又长出了其他种类的树木,包括桦树和赤松——这些树的生长周期要短一些。

想要对甲虫在过去的二十年里对树林造成的破坏有一个具体的概念,可以去**云杉树皮甲虫环线**(Spruce Beetle Loop)——位于海恩斯章克申西北方向17公里处,紧邻公路,有路标指示。

塔斯林跨河大桥(Teslin River Bridge)上的景色非常美丽。

怀特霍斯到阿拉斯加(Whitehorse to Alaska)

拿怀特霍斯西部的这段长路来说,将阿拉斯加公路进行现代化改造之后,反而让旅程变得平淡了。幸好,这种平淡到海恩斯章克申就结束了。从这里开始,阿拉斯加公路就和具有传奇色彩的克鲁恩国家公园以及圣伊莱亚斯山脉平行前行了。从这里开始到比弗克里克的300公里是整条公路上景色最美的路段。

海恩斯章克申(Haines Junction)

当你到达了海恩斯章克申,并且看到连绵起伏的群山美景时,你就已经告别了平原,来到了克鲁恩国家公园,这里是公园的门户。这座小镇是探索公园、分段进行真正四星级的登山运动、偏僻地区探索或河流探险的理想基地。

壮观的海恩斯公路(Haines Hwy)从这里向南一直延伸到阿拉斯加。去往海恩斯的4小时车程会穿越原始的壮美山峦,这是北部风景最美的一段路。

等等,主交会口那里有个像纸杯蛋糕一样的东西,那是什么?其实只是一座关于当地人生活的**雕塑**而已。

◉ 景点和活动

虽然克鲁恩国家公园可能是你游玩的重点,但是在当地还有很多不错的活动可以参加。如果想在驾车几个小时之后来段徒步,你可以去德塞迪亚什河(Dezadeash River)沿岸的**自然小路**(nature walk),全程5.5公里。Hwy 3在城镇南端跨河而过。

达库文化中心   文化中心

(Da Kų Cultural Centre; ☎867-634-4200; www.cafn.ca/da-ku-cultural-centre; 280 Alaska Hwy; ◎5月中旬至8月 8:30~18:00) **免费** 文化中心的占地面积很大,外观也很抢眼。里面会举办各类展览,展示Champagne和Aishihik居民的文化和历史。设有野餐区。

★ Kluane Glacier Air Tours   观光飞行

(☎867-634-2916; www.kluaneglacierairtours.com; 紧邻Alaska Hwy, Haines Junction Airport; 团队游 $250起)提供克鲁恩国家公园和园内冰川的观光飞行服务,一定会让你大开眼界。团队游览1小时起。机场上还提供许多其他空中旅行所需要的装备。

Tatshenshini Expediting   漂流

(☎867-393-3661; www.tatshenshiniyukon.com; 漂流 $135起, 皮划艇出租 $35/天; ◎5月至9月)提供激浪漂流之旅,它是塔臣施尼河(Tatshenshini River)附近最好的一家,你可以选择从第二级到第四级不同流速的急流。旅程从海恩斯章克申和怀特霍斯出发。它们也可按客户要求定制河流旅行和租售装备。

食宿

在海恩斯章克申有成片的汽车旅馆和房车露营地。在Pine Lake的露营地有沙滩和树荫。此处距城镇6公里,沿阿拉斯加公路向东可达。

Wanderer's Inn 青年旅舍 $

(867-634-5321; www.wanderersinn.ca; 191 Backe St; 露营/铺/房间$25/40/90; 5月至9月, 通过预订10月至次年4月; P) 这栋现代的小楼坐落于市中心,周围绿荫环绕。配有一个厨房和一个常见的露天平台。

Alcan Motor Inn 汽车旅馆 $$

(867-634-2371; www.alcanmotorinn.com; Alaska和Haines Hwys交叉路口; 房间$110~180; P) 这栋现代的两层楼建筑共有23间客房,每间房间都能看到有着锯齿形山峰的奥瑞尔山脉(Auriol Range)。有些房间配有全套的厨房设备。这里的咖啡馆Northern Lights供应丰盛的美食。

★ Village Bakery & Deli 面包房 $

(867-634-2867; Kluane St和Logan St交叉路口; 主菜$6~12; 5月至9月 7:00~19:00;) 这家面包房全天供应非常棒的美食。熟食柜台里有美味的三明治,你可以坐在这里宽敞的露台上享用。每周五晚上都有非常受欢迎的烧烤,还会有现场演奏的乡村音乐。此外,这里还供应牛奶和其他的基本食品杂货。

Frosty's Freeze 汉堡 $

(867-634-7070; Alaska Hwy; 主菜$7~11; 5月至9月 11:00~21:00)这里看上去像是一个普通但乏味的快餐店,但其实供应的美食口味比其他快餐店要高出好几个等级。这里的奶昔都是用真正的冰激凌制作,圣代用的是新鲜的浆果,而且汉堡(推荐品尝瑞士蘑菇的那款)分量十足、鲜美多汁。

❶ 实用信息

游客信息中心(VIC; 867-634-2345; www.travelyukon.com; 280 Alaska Hwy, Da Kų Cultural Centre; 5月至9月 8:00~20:00)提供与育空地区相关的信息,加拿大公园**管理局**(Parks Canada; 867-634-7250; www.parkscanada.gc.ca/kluane; 280 Alaska Hwy, Da Kų Cultural Centre; 9:00~19:00)提供克鲁恩国家公园的详细信息,包括徒步资讯等。游客信息中心和加拿大公园管理局都位于第一民族的达库文化中心(Da Kų Cultural Centre; 见889页)。这里可以欣赏到以公园为主题的绝佳影片,还有关于公园和原住民生活的引人注目的展览。

如果从游客信息中心无法获得当地的信息,还可登录www.hainesjunctionyukon.com查询。

❶ 到达和离开

海恩斯章克申是一处公路枢纽。海恩斯公路(Hwy 3)和阿拉斯加公路(Hwy 1)在这里交会。
Who What Where Tours(867-333-0475; www.whitehorsetours.com)只提供怀特霍斯和海恩斯章克申之间往返的公交服务(单程$73, 6月至9月, 每周2班)。

克鲁恩国家公园和保护区
(Kluane National Park & Reserve)

被联合国教科文组织认定为"山峰和冰的王国"的克鲁恩国家公园和保护区,沿着阿拉斯加公路向南一直延伸到阿拉斯加边境。这片崎岖且壮阔的原野占据了育空地区西南部22,015平方公里的土地。克鲁恩(音kloo-wah-neee)这个异常谦虚的名字源自南部的图琼语(Southern Tutchone),意思是"有很多鱼的湖"。

这里是世界上最大的荒野保护区之一,它的南边是不列颠哥伦比亚省的塔臣施尼—阿尔塞克省立公园(Tatshenshini-Alsek Provincial Park),西边是阿拉斯加的兰格尔—圣伊莱亚斯国家公园(Wrangell-StElias National Park)。你从阿拉斯加公路上望过去,可以看到远处山峰的深处有超过100个有名字的冰川和同样多的还没有被命名的冰川。

这里的冬季漫长且难熬。夏季非常短,因此最好的观光时间是6月中旬至9月上旬。注意,冬季的各种状况随时可能发生,特别是在边远地区。

◎ 景点

克鲁恩国家公园主要由**圣伊莱亚斯山脉**（St Elias Mountains）和世界上最大的非极地**冰原**组成。公园的三分之二都是冰川，其间分布着河谷、冰川湖、高山森林、草原和苔原。**克鲁恩山脉**（Kluane Ranges；平均海拔2500米）沿着阿拉斯加公路的西侧展开。山脚下的一条绿色地带是大部分动植物生活的地方。绿松石色的**克鲁恩湖**（Kluane Lake）是育空地区最大的湖泊。隐藏在这个公园内的，还有巨大的冰原和高耸的山峰，包括加拿大最高峰**洛根山**（Mt Logan；5959米）和第二高峰**圣伊莱亚斯山**（Mt St Elias；5489米）。从阿拉斯加公路的1662公里处的**观景台**和**敦杰克河大桥**（Donjek River Bridge）周边可以望见一部分内陆山脉，但是最美的景色只有从空中才可以看到。

在海恩斯章克申，Kluane Glacier Air Tours（见889页）提供克鲁恩国家公园和冰川之上的观光飞行，非常推荐。

🚶 活动

山脚下的森林地带有非常棒的徒步路线，你可以沿着有标识的小路走，也可以沿着标识不那么明确的道路走。每一种都有十几条不同的路线可以选择，有的是以前的采矿人所走的路，其他的则是原住民走的小路。游客信息中心里提供详细的路线指南和地形图。出发前最好和护林人员交流一下，因为他们不仅可以帮助你规划徒步路线，还能告诉你某个区域是否因为熊出没而被关闭的最新信息。过夜徒步旅行需持有偏远地区准入证（每人每晚$10）。

阿拉斯加公路自驾旅程中一个不错的歇脚处是**士兵巅峰小径**（Soldier's Summit Trail），离塔查尔达尔（Tachal Dhal）信息中心只有1公里的步行距离。在这里，你的视线可以穿过公园，看到纪念阿拉斯加公路于1942年11月20日在此建成的匾额。你还可以听到当年公路开放时加拿大广播公司对这一事件进行的播报。

塔查尔达尔（Tachal Dhal）信息中心是**Ä'äy Chù**（斯利姆斯韦斯特）的起点，这条人气很高的路线全程45公里，可前往**卡斯卡武什冰川**（Kaskawulsh Glacier）——这是少数几个能步行前往的冰川之一。这条路线很难走，需要2~4天才能完成，途中能从瞭望山（Observation Mountain；2114米）将风景一览无余。

另外一条比较简单的路线是长15公里的**奥瑞尔**（Auriol）环线，需过夜。从云杉林一直走到贫瘠的亚高山地带，途中经过一个荒原露营地。这条环线地处海恩斯章克申以南7公里处。

在这里钓鱼很不错，而且观赏野生动物的机会非常多。最引人注目的是在6月和9月的时候，**绵羊山**（Sheep Mountain）上能看到几千头野生大角羊（Dall sheep）。灰熊的数量和种类也很多，此外还有黑熊、驼鹿、驯鹿、山羊，以及150种鸟类，其中包括鹰和稀有的游隼。

每年从2月开始，就会有很多游客前来滑雪或穿雪鞋徒步。

🛏 住宿

★ 凯瑟琳湖露营地 露营地 $

（Kathleen Lake Campgroun；www.parkscanada.gc.ca/kluane；紧邻Haines Hwy；露营地$16）湛蓝的湖旁有一块加拿大公园管理局负责的露营地，营地紧邻公路，位于海恩斯章克申向南24公里处。白天，湖边是很好的休息站，夏季的时候还经常有护林员组织的团队游和课程。

ℹ 实用信息

加拿大公园管理局有两个信息中心。一个在海恩斯章克申（见889页），还有一个是在**塔查尔达尔**（Sheep Mountain；Alaska Hwy；⏰5月中旬至8月 9:00~16:00）。塔查尔达尔在海恩斯章克申以西130公里处，那里不仅有丰富的资源，还可以欣

阅读育空

如果想要了解育空和这里发生的超凡故事，可以阅读一些以育空为背景的小说。首推杰克·伦敦的《野性的呼唤》（Call of the Wild），你可以在www.online-literature.com上在线阅读此书。

赏到绵羊山的美景。护林人员可以告诉你野生动物和徒步的信息。

两处信息中心都提供公园的导览材料,从这份材料上你可以了解到整个公园的情况(以及到达这些地方是多么不容易)。地图展示由10分钟到10天不等的徒步旅行路线。

迪斯特拉克申贝(Destruction Bay)

这个小村庄位于广阔的克鲁恩湖(Kluane Lake)岸边,距离海恩斯章克申西北方约106公里。它建于"二战"时期,名字来自建设公路时席卷此地的一场风暴。这里大多数的居民是第一民族,他们长年依靠这片土地生活。可以在当地的汽车旅馆住宿,或者沿着阿拉斯加公路去小镇以东17公里的Congdon Creek,那里有81处露营位置和一个风景优美的湖畔景点。

伯沃什兰丁(Burwash Landing)

伯沃什兰丁的环境得天独厚,一边是克鲁国家公园,另一边是克鲁恩湖。你既可以在这里活动活动腿脚,也可以参观不错的博物馆。这个小镇是由一群毛皮商人在1909年建立的。

克鲁恩博物馆(Kluane Museum; ☎867841-5561; www.kluanemuseum.ca; Alaska Hwy; 成人/儿童 $5/3; ◎5月中旬至9月中旬 9:00~18:30)当中展示着一个巨大的驼鹿标本。好好欣赏这里引人入胜的野生动物展和关于自然与原住民历史的展览吧。

比弗克里克(Beaver Creek)

视野开阔的比弗克里克如同美味的熏肉,会让昏昏欲睡的旅行者眼前一亮,对那些想要加油的人来说也是如此,但是看看这里简陋的小吃店,后者的需要应该比较容易满足。加拿大边境检查站就在镇子北边,美国边境检查站则在向西27公里的地方。两者都是24小时开放的。

在它的北面有一个奇怪的雕塑公园,总是吸引一些人(或者喝醉酒的)来这里做出一些反常的傻事。

在镇上的4家汽车旅馆之中,1202 Motor Inn(☎867-862-7600; www.1202motorinn.ca; Alaska Hwy 1202公里处; 房间 $90~100; ◎8:00~23:00; P✶⛀)是最吸引人的一家。它有30间简单的客房,功能设施齐全。建议选一间远离卡车的房间。

游客信息中心(VIC; ☎867-862-7321; www.travelyukon.com; Km 1202 Alaska Hwy; ◎5月至9月 8:00~20:00)提供关于育空地区的各类信息。

海恩斯公路
(HAINES HIGHWAY)

如果你只走海恩斯和阿拉斯加州斯卡圭之间的短途环线(途经怀特霍斯),那么这条259公里的公路可能是你整个旅程的亮点。实际上,不论你在育空的探险有多远,海恩斯公路(也就是Hwy 3)都会是行程中的高潮。在相对较短的路程中,你可以看到冰川、雪山、树木丛生的荒野河谷、暴风洗礼过的高山草甸及有白头鹰出没的河口三角洲。

从海恩斯章克申向南进发,西面可以近距离观看圣伊莱亚斯山脉,山顶隐约闪现的冰川会一直延伸到太平洋。向南行驶大约80公里,可以找到塔臣施尼河观景点(Tatshenshini Riverviewpoint)。湍急的河水流经一处熊类保护区和一个看起来永恒的河谷。

再往前走大约10公里,你会看到百万美元瀑布(Million Dollar Falls)。水流从一条狭窄的裂缝中飞流直下,壮观的景象名副其实。当你驾车的时候,伴随你一路的是冰川美景。

沿公路到达不列颠哥伦比亚省只有70公里的路程,但是你会希望这条路能更长,因为你会在途中跨越高耸而贫瘠的高山荒原(这里全年都有可能突发暴风雪)。海拔1070米的奇尔卡特山口(Chilkat Pass)是一条古老的原住民道路,通往育空,这条路在进入阿拉斯加的时候会突然出现一个陡峭的下坡。美国边境线就在海恩斯以北72公里处辽阔的奇尔卡特河三角洲(Chilkat River Delta)沿岸。

这个三角洲常年栖息着大批的白头鹰(bald eagles)。到了秋季,天气变得相对温和,鱼类充足,这些漂亮的白头鹰就会像鸽子

育空正在融化……

育空地区是现今世界气候变化的一个例证。因为温度上升的速度超出了所有人的预期，育空各地的环境都在发生急剧地变化。在遥远的北方地区，赫西尔岛（Herschel Island）正随着永久冻土层的融化而逐渐分崩离析。一个可怕的信号就是：长期埋在冰里的棺材浮到了正在融化的土地表层。联合国教科文组织将其列为全世界最受威胁的历史遗迹之一。

在道森市，当地居民数十年来一直拿每年春天育空河（Yukon River）解冻的时间打赌。详细记录显示，河流解冻的平均日期比20世纪早了整整一周，提前到了5月5日，并且这个速度还在加快。

未来要如何面对气温升高的问题，已经成为育空地区的一个主要的政治议题，虽然没有人能够解答。

一样聚集在这里的树枝上，俯瞰这条河。海恩斯公路（在阿拉斯加被称作7号公路）的路旁有不少地方可供停车观景，特别是在19公里与26公里的里程标志之间。不用急着赶路，找个地方停下来吧。公路边几步之遥就是一处安静的所在，你能看到小树上有20只体型硕大的白头鹰正在沉思，这些猛禽出演的《群鸟》(The Birds, 希区柯克电影)会让你大开眼界。

注意：当你行驶到海拔较高的位置时，随时可能会碰上恶劣天气。其他时候，行车都比较顺利，且路况良好。

克朗代克公路
（KLONDIKE HIGHWAY）

克朗代克公路全长716公里，以美国阿拉斯加州的滨海小镇斯卡圭为起点，一路攀上令人望而生畏的奇尔库特山口（Chilkoot Pass），然后在美得令人惊叹的山中穿行，最后到达育空地区的卡克罗斯。这条公路的大部分路段与淘金时代克朗代克的淘金潮小径（Gold Rush Trail）重合，不过你的旅途将会比那些淘金者轻松得多。

怀特霍斯以北的路段，地势比较平缓，多年前的野火将这片区域付之一炬。从写有日期的标牌上可以了解自然的复苏过程。

卡克罗斯（Carcross）

长期以来，卡克罗斯一直是一个被人遗忘的淘金城镇。如今，这个位于怀特霍斯以南73公里处的可爱小镇，成为了解这段历史的好去处。夏季，每周有4班火车沿**怀特通路及育空路线铁路**（☎800-343-7373; www.wpyr.com; 斯卡圭始发单程成人/儿童$165/82.50; ◷6月至8月）往返于斯卡圭和卡克罗斯两地。怀特通路及育空路线铁路上5小时的行程可以到达许多偏远的景点，这些景点是更常规的去贝内特的短途行程中看不到的。如果想以斯卡圭为中心一日游，有各类包含单程长途汽车的套票可供选择。一些老建筑被重新修复，而且贝内特湖（Lake Bennett）的风景美不胜收（尽管当年被迫在这里建造船只以便渡河的克朗代克淘金者们并不这么认为）。

在老旧的**火车站**有关于当地历史的展览。

卡克罗斯沙漠（Carcross Desert）被认为是世界上最小的沙漠，它是冰川湖暴露出的河床。位于镇以北的2公里处。

游客信息中心（VIC; ☎867-821-4431; www.travelyukon.com; ◷5月至9月 8:00~20:00）位于一幢现代化的大楼里，商场和咖啡馆按季节开放。游客可以从这里获得绝佳的徒步旅行手册。

卡马克斯（Carmacks）

这座小村子坐落在育空河畔，名字来自1896年金矿的发现者之一——乔治·华盛顿·卡马克斯（George Washington Carmacks）。卡马克斯是一个水手，经常无所事事地在育空闲逛，他和罗伯特·亨德森（Robert Henderson）、塔吉什·查理（Tagish Charlie）、基什（Keish，即Skookum Jim Mason）一起，几乎纯凭运气就占有了富矿溪。很快他就过上了舒适的生活，不久又抛弃了他与第一民族妇女组成的家庭，南迁去了美国。虽然卡马克斯并不是一个好丈夫和好父亲，但是，公正地说，还是应该感谢他，因为正是因为他，这个村子才有了加油站和住宿点。与育空地区的其他地方一样，这里的居民和长年为他们提供猎物和鱼类的土地和谐相处。沿河的15分钟讲解游览，会让你对这种生活方式有更深入的了解。

旅行者在卡马克斯停留的最主要原因是出色的塔杰楚胡丹讲解中心（Tagé Cho Hudän Interpretive Centre; ☏867-863-5831; 紧邻Hwy 2; 捐款进入; ⓢ5月至9月 9:00~18:00），这里的志愿者会为你讲解原住民过去和现在的生活方式。

讲解中心再往前走，克朗代克公路北部和卡马克斯南部的都有景观。

五指休养地（Five Finger Rapids Recreation Site）位于卡马克斯以北25公里，在这里可以看到湍急水流的绝佳景致。激流当年考验着从怀特霍斯和道森往来的船长们的智慧。还有一条1.5公里长的陡峭的步道，可以往下走到急流滩。

回到公路上向南行驶，可以看到一系列的水域，一头与Twin Lakes（距离卡马克斯23公里）相接，另一头与Fox Lake相接。再向南行驶24公里，就到了宁静的Lake Laberge，这里的美景不可错过。到达怀特霍斯之前的最后40公里沿途是低矮的树木和三两牧场。

值得一游

奇尔库特小径

1898年开辟的奇尔库特小径（CHILKOOT TRAIL）是当时最险峻、最危险的小径。它是大多数探矿者从斯卡圭出发，翻越海拔1110米的奇尔库特山口（Chilkoot Pass）前往育空的必经之路。今天，徒步旅行者们可以提前几个月就勘探好路线，为长途跋涉做好准备。

这条全长53公里的步道全程都有清晰的路标，起点是斯卡圭西北部14公里的达亚（Dyea），向东北翻越山口。接着沿泰雅河（Taiya River）到达不列颠哥伦比亚省（BC）的贝内特湖（Lake Bennett）。徒步需要3到5天走完全程。即使在天气好的时候，这也是一条艰险的路，天气不好的时候则会非常危险。你必须具备非常好的身体素质，而且需要全副武装。带足保暖衣物和雨具是必要的。

淘金者丢下的五金器具、工具和其他装备仍然堆在路边。在某些地方有木头小屋，你可以在那里过夜。但是这些小屋通常是满的，所以准备一个帐篷和一个睡袋也很必要。在这条道路上共有10个指定的露营地，每个露营地都配备了防熊的装备。

到了加拿大的国界线，你可以从贝内特乘怀特通路及育空路线的火车回到斯卡圭，也可以继续向前走，去往不列颠哥伦比亚省的弗雷泽，在那里可以换乘长途汽车前往怀特霍斯。

奇尔库特小径是克朗代克淘金潮国家历史公园（Klondike Gold Rush International Historical Park; www.nps.gov/klgo）的一个主要景点，公园里有一系列由加拿大公园管理局和美国国家公园管理局共同管理的景点，它们从美国华盛顿州的西雅图一直到道森市都有分布。每位奇尔库特徒步者都必须持许可证才可进入，该许可证夏季每天发放50张，要提前很久预订。加拿大公园管理局/美国国家公园管理局每张准入证收费$55，预约额外收费$12。除了预订之外，每天现场售卖的准入证限额为8张，先到先得。联系斯卡圭的奇尔库特小径中心（Chilkoot Trail Centre; Broadway和2nd Ave交叉路口; ⓢ6月至8月 8:00~17:00）或登录国家公园的网页了解相关信息。在做规划时，每晚在哪一处露营地过夜也是必须要考虑的事项。

明托（Minto）

除非你是乘独木舟或者皮划艇出行，不然很容易错过明托，从这里开始，克朗代克公路与淘金潮小径就分道扬镳了。从育空河顺流而下去道森市的4~5日游的路线中，经常会包含此地。明托位于卡马克斯以北约75公里处。

斯图尔特渡口（Stewart Crossing）

另一个人气颇高的独木舟活动地点是斯图尔特河（Stewart River）上的斯图尔特渡口，从这里下水，你会经历一段狭长而且更为湍急的水路，之后随着河流进入育空河，最后向西到达道森市。

由于这个村庄位于克朗代克公路（Hwy 2）和锡尔弗小径（Silver Trail，即Hwy 11）的交叉路口，使得这一条总长225公里的往返行程要经过一个几乎被废弃的小镇Keno City和一个小村庄Mayo。

道森市（DAWSON CITY）

人口 1400

如果你不了解道森市的历史，它将是一个值得你短暂停留的有情调的好地方，并且迷上这儿诱人而独特的气氛。这里是加拿大最有历史意义、风景最吸引人的小镇之一，它就好像是蛋糕上的金粉：虽是点缀但是非常美好。

道森市位于育空河和克朗代克河汇流处的狭长地带，距北极圈仅有240公里，这里曾是克朗代克淘金潮的中心。如今，你可以漫步于小镇之土路之上，穿行在立于永久冻土之上的老建筑中，以及发现这里丰富多彩的文化生活（从你身边走过的路人，也许就是一个舞者、电影制作人、画家或者矿工）。

道森在夏季会非常热闹，特别是在节日期间。但是到了9月，白天开始缩短，季节性工人离开并前往南方，而1400名常住居民则留在这里度过又一个漫长而黑暗的冬季。

历史

在1898年，超过3万名淘金者挤满了道森的大街小巷——他们当中有个别人刚刚发了大财，但是大多数人碌碌无为，怨天尤人。商店、酒吧和妓院让淘金者花光了身上的钱，但是道森的财富与淘金者联系在一起，当淘金潮结束之后，这个城镇开始了数十年之久的萧条期。

1952年，育空地区的首府迁到了怀特霍斯。如此一来，留在道森市的居民主要靠低调但是持续进行的金矿开采业来维持生计。到1970年，这里的人口只剩下不到900人。正当道森逐渐消失的时候，一件有趣的事情发生了——它被人们重新发现了。克朗代克公路的修缮和与阿拉斯加公路的联通，为这里带来一大批夏季游客，他们觉得这个地方是淘金潮时代留下的一粒时间胶囊，充满了魅力。加拿大公园管理局规划了这个历史城镇的大部分并开始重建。

◉ 景点

道森市小到只需要几个小时就能走完，但是如果你想待上3天或者更久，当地的许多景点和活动也足够你消磨时间的。如果夏季的人多到让你提不起旅游的兴致，往山上走几个街区，你就能看到一些仿佛不受时间影响的老房子和街道。

经历了哈珀政府的财政预算紧缩后，加拿大公园管理局的预算现在有了大幅的增加，这保证了道森市的一些项目和修复工程重新焕发活力。建议查询各类通行证，对于许多加拿大公园管理局管理的景点都适用。

★ 克朗代克国家历史遗址　　历史遗址

（Klondike National Historic Sites；☎867-993-7210；www.pc.gc.ca/dawson；加拿大国家公园通行证成人 $7~31）在这些大量保存和修复的建筑身上，你很容易就能感受到淘金潮时期的历史。加拿大公园管理局全天都有步行观光团（见899页），带领游客走进26栋被修复的建筑观看各类历史藏品。建议你多参加几个观光团，从不同方面感受历史。有些不在观光团游览范围的建筑，比如皇宫大剧院（Palace Grand Theatre；见896页地图；King St），会分批次免费开放参观，游览时间通常是下午16:30~17:30。

Dawson City 道森市

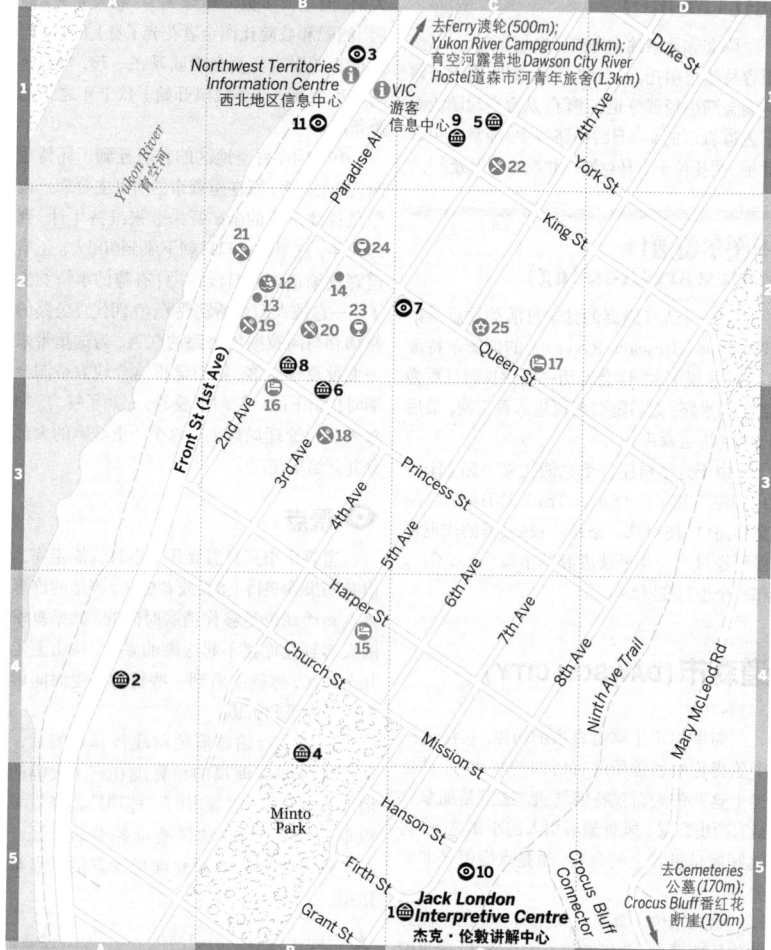

★ **富矿溪发现遗址** 历史遗址

（Bonanza Creek Discovery Site; Bonanza Rd）免费 从4号挖泥机往山谷上走差不多1.5公里，就到了这处国家历史遗迹——1896年首次发现金矿的地方。如今，这里非常安静，只能听到碎石上的潺潺流水声。一段引人入胜的500米的徒步道会经过一系列展览。建议从游客信息中心（见881页）买一份指南（$2.50）。

★ **4号挖泥机** 地标

（Dredge No 4; ☎867-993-5023; Bonanza Creek Rd; 成人/儿童$20/10; 从道森返回的车票$10; ◎5月至9月10:00~16:00; 发团时间不定）道森市这些满目疮痍的河谷诉说着淘金者艰苦卓绝的劳动。其中最有代表性的是富矿溪，人们在这里发掘出的第一座金矿，直到今天，仍能产出黄金。巨大的4号挖泥机（距离克朗代克公路13公里）撕碎了克朗代克山谷，持续的开发对这里的景色造成巨大的破坏。加拿大国家公园的这一处景点的团队游由Goldbottom Tours（见899页）运营。

游客可以参观这台巨型机器，它就如同

Dawson City 道森市

◎ 重要景点
1 杰克·伦敦讲解中心.................................C5

◎ 景点
2 专员住宅...A4
3 达诺哈佐文化中心..................................B1
4 道森市博物馆..B4
5 四十英里黄金工坊/工作室....................C1
6 哈灵顿商店...B3
7 克朗代克艺术与文化研究所..................C2
8 ODD美术馆...B2
9 皇宫大剧院...C1
10 罗伯特·瑟维斯小屋...............................C5
11 基诺号轮船...B1

◎ 活动、课程和团队游
12 Dawson Trading Post..............................B2
13 Goldbottom Tours....................................B2
14 Klondike Experience...............................B2
Klondike Spirit...................................（见17）

◎ 住宿
15 Aurora Inn..B4

16 Bombay Peggy's.....................................B3
Klondike Kate's................................（见22）
17 Triple J Hotel...C2

◎ 就餐
18 Alchemy Cafe..B3
19 Cheechako's Bake Shop........................B2
20 Drunken Goat Taverna...........................B2
21 Farmers Market......................................B2
22 Klondike Kate's.......................................C1

◎ 饮品和夜生活
23 Bars at Westminster Hotel.....................B2
Billy Goat...（见20）
Bombay Peggy's..............................（见16）
24 Downtown Hotel......................................B2

◎ 娱乐
25 Diamond Tooth Gertie's
Gambling Hall..C2

ⓘ 交通
Husky Bus...（见14）

科幻小说里才会出现的巨大蠕虫。

★ 杰克·伦敦讲解中心 博物馆

（Jack London Interpretive Centre; 见896页地图; ☎867-993-5575; Firth St; 成人/儿童 $5/免费; ⓗ5月至8月 11:00~18:00）1898年, 杰克·伦敦居住在育空, 他最受欢迎的小说, 包括《野性的呼唤》和《白牙》, 都是以育空为背景创作的。在这个作家曾居住过的小屋里, 每天都有出色的讲解。已故历史学者迪克·诺斯（Dick North）、黛恩·米歇尔（Dawne Mitchell）和其他志愿者让这个地方成为故事的宝库——包括探寻作家当时居住的小屋。

番红花断崖 观景点

（Crocus Bluff; 紧邻Mary McLeod Rd）在道森的公墓附近, 有一条小路可以通往美丽的番红花断崖。从断崖上你能俯瞰道森、克朗代克河和育空河的绝美景色。如果开车, 走New Dome Rd然后转向Mary McLeod Rd（无视"No Exit"的标牌）。从镇里出发的话, 沿King St向上步行很短的距离可到。你也可以取道紧邻**第九大道小径**（Ninth Avenue Trail, 这条步道全长2.5公里, 与许多街道相交）的**番红花断崖连接线**（Crocus Bluff Connector）, 步行长度为400米。

四十英里黄金工坊/工作室 画廊

（Fortymile Gold Workshop/Studio; 见896页地图; ☎867-993-5690; York St和King St之间的3rd Ave; ⓗ5月至9月 9:00~18:00）观看当地人如何用黄金制造珠宝。当地提纯的黄金表面非常光滑而且金光灿灿, 和深夜的电视广告里兜售的珠光宝气的黄金大不相同。来自当地不同矿场和地区的金子样本展示了老矿工辨别金子原产地的功力。

午夜穹顶 观景点

（Midnight Dome; New Dome Rd）山的这一面好像被巨力撕扯开一样, 从此处可以俯瞰城北。但如果要登上山顶, 你必须先往城南走1公里, 在克朗代克公路左转进入New Dome Rd, 然后继续往前约7公里。午夜穹顶海拔880米, 站在上面能看见克朗代克山谷、育空河和道森市的美景。从城里的Judge St出发也有一条陡峭的**小径**可以上山, 总共需要90分钟的步程。可以在游客信息中心（见

值得一游
绕道汤姆斯通

汤姆斯通地区公园（Tombstone Territorial Park；☎867-667-5648；www.yukonparks.ca；Dempster Hwy）丹普斯特公路约有50公里的路程是沿公园行进的，从道森市出发来这里很方便。开阔的山谷和陡峭的山峦灰绿相间，其间点缀着小型冰川和高山湖泊。如果对于夏季是否要来还有犹豫的，7月间漫山盛放的紫色野花一定会让你立刻拍板。冻原之上风起云涌，狂飙时刻被阳光中断。身处其中，你才会明白何为寂静之声。

公园内有很好的**解说中心**（Interpretive Centre, Dempster Hwy；⊙6月至9月上旬 9:00~19:00）提供步行导览，解说中心距Hwy 5的起点有71公里。

881页）获取地图。

罗伯特·瑟维斯小屋 　　　　　历史遗址
（Robert Service Cabin；见896页地图；8th Ave和Hanson St交叉路口；加拿大国家公园门票 $7；⊙5月至8月每天都有若干活动）1909年至1912年间，被誉为"育空的吟游诗人"的诗人兼作家罗伯特·W.瑟维斯（Robert W Service）曾住在这幢典型的淘金小屋里。在特定季节，每天都会有引人入胜的阅读、导览徒步和团队游览。

哈灵顿商店 　　　　　博物馆
（Harrington's Store；见896页地图；3rd Ave和Princess St交叉路口；⊙9:30~20:30）**免费** 这个老旧的商店有关于道森全盛时期的历史照片。

专员住宅 　　　　　历史建筑
（Commissioner's Residence；见896页地图；Front St；加拿大国家公园门票 $7；⊙5月至9月 13:30~16:30）这栋建筑建于1901年，最初用作地区专员的住宅。当时它是为了提振潜在的城市投资者对这座城镇的信心而建的。这里是玛莎·布莱克（Martha Black）的长期居所，她于1898年来到育空，拥有一个伐木场，并且在70岁的时候被选为加拿大联邦议员[弗洛·怀亚德（Flo Whyard）所著的《玛莎·布莱克》（*Martha Black*）是关于这个杰出女人的一本好书。]

基诺号轮船 　　　　　历史遗址
（SS Keno；见896页地图；Front St和Queen St交叉路口；加拿大国家公园门票 $7；⊙5月至8月正午至16:00）明轮舰队在育空河上已经行驶了半个多世纪，基诺号轮船是舰队的一员。这艘船停泊在滨水地区，再现了公路修建之前的荣光。

道森市博物馆 　　　　　博物馆
（Dawson City Museum；见896页地图；☎867-993-5291；5th Ave；成人/儿童 $9/7；⊙5月至8月 10:00~18:00）在这个博物馆中，你可以探寻25,000件淘金时期的藏品。引人入胜的展览带你温故矿工艰难挣扎的一生。这座博物馆位于标志性建筑、1901年建成的旧地区管理大楼（Old Territorial Administration）里面。

公墓 　　　　　墓地
（Mary McLeod Rd）沿小镇旁边的King St和Mary McCloud Rd走15分钟，就可以到达10座公墓，这里长眠着许多名人。其中有乔·沃格勒（Joe Vogler），他一生努力争取使阿拉斯加独立于美国。他在1993年被葬在此地，因为他曾经发誓不会葬在未获得解放的阿拉斯加。托德·佩林（Todd Palin，曾任阿拉斯加州州长的美国政治人物萨拉·佩林的丈夫）是他的助手之一。

达诺哈佐文化中心 　　　　　文化建筑
（Dänojà Zho Cultural Centre；见896页地图；☎867-993-6768；www.trondekheritage.com；Front St；成人/儿童 $7/免费；⊙6月至9月周一至周六 10:00~17:00）在这栋令人印象深刻的河畔木制建筑里，有关于原住民的Tr'ondëk Hwëch'in[河流人（River People）]的展览和讲解。这里的展品包括传统的手工艺品和19世纪捕鱼露营地的再现。

克朗代克艺术与文化研究所 　　　　　知名文化建筑
（Klondike Institute for Art & Culture, 简称KIAC；见896页地图；☎867-993-5005；www.kiac.org；3rd Ave和Queen St交叉路口）这里是道森新兴的艺术社区的一部分。你可以找到一座令人

印象深刻的工作室建筑、画廊和教育项目。

ODD美术馆　　　　　　　　　　画廊

（ODD Gallery；见896页地图；867-993-5005；www.kiac.ca/oddgallery；2nd Ave和Princess St交叉路口；时间不定）这家美术馆是克朗代克艺术与文化研究所的展览空间，会定期举办展览。

🏃 活动

许多人是通过育空河上的划独木舟和皮划艇来到道森市，离开也是采用同样的方式。有一条人气很高、适合新手的路线：从道森出发，花3天时间顺流而下，到达168公里以外的阿拉斯加的鹰镇（Eagle）。

前往古老的第一民族村落穆斯黑德（Mooshide）的徒步旅行非常受欢迎，徒步3个小时。这条小径沿着城镇以北河岸的山坡而行。一定要到游客中心取一张地图。

你可以骑自行车探索道森的大部分地区，包括33公里长的山脊道路遗产小径（Ridge Road Heritage Trail），这条路蜿蜒穿过小镇南部的金矿区。

Dawson City River Hostel　　划独木舟、骑车

（www.yukonhostels.com；自行车租赁每天$25起；5月至9月）组织从怀特霍斯和其他下游流域到道森，以及从道森到阿拉斯加州鹰镇和塞克尔（Circle）的各种类型的独木舟出租、行程规划和交通。

Dawson Trading Post　　　　划独木舟

（见896页地图；867-993-5316；Front St；独木舟租赁每天$40起；6月至8月 9:00~17:00）这里出租独木舟，也可以安排旅行。

👉 团队游

★ Parks Canada Walking Tours　步行游览

（团队游单次$7，不限次数$31；5月至8月）加拿大公园管理局的讲解员通常会穿着仿古制服，带领游客进行步行游览，体验很好。每次行程，都会在26栋修复过的建筑中挑几栋带你参观，还会给你介绍街上形形色色的行人（很多人被称作"站街女"）。这里同样有90分钟的自助音频导览游（成人$7，9:00~17:00）。

★ Goldbottom Tours　　　　历史游

（见896页地图；867-993-5750；www.goldbottom.com；团队游有/没有从道森出发的交通工具 $55/45；5月至9月）团队游是由著名的米勒（Millar）采矿家族经营的。沿Hunker Creek Rd（这条路在机场的北边连接Hwy 2）向北15公里可以到达他们的金砂区。时长3小时的团队游包括淘金课程，挖到的东西归自己。你也可以花上$20在他们的金矿里淘金。售票处在Front St上。

Klondike Experience　　　　巴士游

（见896页地图；867-993-3821；www.klondikeexperience.com；954 2nd Ave；团队游$25~120；5月至8月）组织多种多样的团队游，目的地包括午夜穹顶（75分钟）、金矿区（Goldfields，3小时）和汤姆斯通公园（Tombstone Park，7.5小时）。强烈推荐后者。

Klondike Spirit　　　　　　乘船游

（见896页地图；867-993-5323；www.klondikespirit.com；团队游 $50~65；5月至9月）这艘仿古的艉明轮船在河流巡游，能到不同的景区。可在Triple J Hotel（5th Avenue和Queen St交叉路口）买票。

🎉 节日和活动

道森市音乐节　　　　　　　音乐节

（Dawson City Music Festival；867-993-5384；www.dcmf.com；7月中旬）这个音乐节人气很旺，票总是提前几个月就卖完了，而且城市里会挤满了人。必须预订。

★ 发现日　　　　　　　　　文化节

（Discovery Days；www.dawsoncity.ca；8月的第3个周一）这是一个为纪念1896年那件众所周知的大事件而举行的节日。届时人们会游行和野餐。庆祝活动在几天前就会开始举行，包括一个出色的艺术表演。非常有意思。

🛏 住宿

在7月和8月提前预订住宿是个好主意，虽然旅游信息中心也能提供帮助。很多住宿地点会安排到机场接你，可以提前询问。

Dawson City River Hostel 酒店 $

(📞867-993-6823; www.yukonhostels.com; 铺$22, 房间$48起; ⓢ5月至9月) 🍴这家令人开心的旅馆装修得比较奇特。穿过镇上的河流，从船靠岸的码头向山上走5分钟即可到达。这里风景秀丽，有小屋、可以搭帐篷的平台和一个公用的浴室。帐篷营地为$14。主人迪特尔·雷恩缪斯（Dieter Reinmuth）不仅是育空有名的作家，还是一个多才多艺的人。

Yukon River Campground 露营地 $

(露营地$12; ⓢ5月至9月; 🅿) 露营地在河的西边，从渡轮下来向上走大约250米，路的右边就是了。树林里有98个扎营点。

★ Bombay Peggy's 旅馆 $$

(见896页地图; 📞867-993-6969; www.bombaypeggys.com; 2nd Ave和Princess St交叉路口; 房间$95~220; ⓢ3月至11月; ⓦ) 🍴前身是一个妓院，现在被改造成旅馆，里面配备了性感迷人的仿古装修。经济客房"snug"温暖舒适，有公用卫生间。房间装修非常华丽，让你忍不住想穿上吊袜带来与这里的华丽相称。

★ Klondike Kate's 度假屋 $$

(见896页地图; 📞867-993-6527; www.klondikekates.ca; King St和3rd Ave交叉路口; 小屋$140~200; ⓢ4月至9月; 🅿ⓦ) 🍴同名的餐

克朗代克淘金潮

克朗代克淘金潮是育空历史上具有决定意义的时刻，也是该地人口鼎盛的时期。大约4万淘金者被冲到斯卡圭的岸上（有些确实如此），满怀着发财梦去往北方约700公里的道森市金矿。

保守地说，大部分淘金者没有做好充分准备。虽然有些淘金者是经验丰富的老手，可大多数人只是来自美国的冒险者。他们有的是普通职员，有的是律师，还有的是侍者，但都相信自己到了北方就会一夜暴富，可现实却大相径庭。一登陆斯卡圭，淘金者们便被一群满口谎言的骗子包围，这些骗子大多数是"滑头史密斯"（Soapy Smith）的手下。紧接着，淘金者们还要带上1000磅的必需品，沿着冰封的奇尔库特小径长途跋涉。他们必须自己建造船只，渡过湖泊和育空河到达道森。许多人在途中死去。

除了一次次被欺诈以外，这些淘金者即便到达了道森，还有一个严酷的现实在等待着他们：1897年夏天，当第一批船只抵达美国西海岸，带来在道森富矿溪（Bonanza Creek）发现金矿的消息后，最好的淘金地点都早已名花有主了。克朗代克的淘金者们晚到了至少1年。饱经疾病和贫穷折磨的幸存者们最终失落地回到美国。很少有人真正找到了黄金，大多数人把自己的装备低价转给了商人，而后者又转手以高价卖给后继的淘金者。如今育空当地的几个富豪家族就是这样起家的。

跟这些悲惨故事中的主人公们比起来，现今最顽强的家伙也显得像懒惰的"沙发土豆"。当年那些老兄们所经历的贫困、疾病和心碎被写进不少好看的文学作品里。在描写克朗代克淘金潮的许多书籍中，推荐以下几本（在育空很容易找到）：

➡ 皮埃尔·伯顿（Pierre Berton）的《克朗代克狂热》（*The Klondike Fever*），是关于淘金潮的经典作品。

➡ 迪克·诺斯（Dick North）的《穿着雪鞋的水手》（*Sailor on Snowshoes*），追忆了杰克·伦敦时代的育空及对他住过的小屋的探索。杰克·伦敦是因为描写淘金潮而成名的作家。

➡ 霍华德·布鲁姆（Howard Blum）的《天堂的地板》（*The Floor of Heaven*）非常引人入胜。书中详细描写了金矿发现者乔治·卡马克斯（George Carmack）的生活；斯卡圭传奇的骗子"滑头史密斯"；以及把卡马克斯从"滑头史密斯"手中救出的警察Charlie Siringo的故事。

厅后面有15座小屋,很有乡村风味,但是并不土气。一些客房中配备了微波炉和冰箱。所有的客房都有门廊,轻松惬意。许多细节注重环保。

Aurora Inn 旅馆 $$

(见896页地图;☑867-993-6860;www.aurorainn.ca;5th Ave;房间$110~210;Ⓟ⚡)所有20间客房都采用了欧式风格的装修,宽敞且舒适。如果有一种风格叫旧世界的整洁,那么这里就是:告诫从进门就开始了,首先脱掉你那总是沾着泥巴的鞋子。

Triple J Hotel 酒店 $$

(见896页地图;☑867-993-5323;www.triplejhotel.com;5th Ave和Queen St交叉路口;房间$100~180;Ⓟ⚡)这个现代的汽车旅馆共有47间客房,现代化(外观充满怀旧气息)的侧翼、重新修缮过的主楼以及小屋都是复古风格。这里是大众化的优质选择。

🍴 就餐

Alchemy Cafe 咖啡馆 $

(见896页地图;☑867-993-3831;www.alchemycafe.ca;878 3rd Ave;主菜$8~15;⏱周二至周五8:30~17:00,周六和周日9:30~17:00;⚡)☕咖啡馆的装修很时髦,他们将美味的素食和绿色理念融合在一起。咖啡很棒(也很受欢迎),举办的一系列活动包括音乐表演、谈话以及说唱节目。新建的一栋经典风格的建筑有一个漂亮的门廊。

Cheechako's Bake Shop 面包房 $

(见896页地图;☑867-993-5303;Front St和Princess St;主菜$4~9;⏱周一至周六7:00~16:00)这家面包房位于主干道上,里面的东西货真价实且美味。小松饼、饼干和可口的零食,与自制面包做的三明治一起,争相吸引你的注意力。

Farmers Market 市场 $

(见896页地图;Front St;⏱5月至9月11:00~17:00)最初从水边的一个凉亭边上发展起来,凉亭是它的标志。从这个农产品市场上,你可以买到如糖果般鲜甜可口的胡萝卜(要经历非常的严寒才能生长出来)。推荐尝试一下桦木糖浆。

ℹ 街道号码和营业时间

在道森市几乎看不到街道门牌号,而且除非是有名的地方,旅游景点和许多商业机构只在夏季旅游旺季开放,其他时间则关闭。

★ Klondike Kate's 加拿大菜 $$

(见896页地图;☑867-993-6527;www.klondikekates.ca;King St和3rd Ave交叉路口;主菜$8~25;⏱4月至10月周一至周六16:00~21:00,周日8:00~15:00和16:00~21:00)有两种方法可以知道这里的春天是不是来了——河流里的冰雪融化和这家餐馆的重新开张。当地人更习惯后者。菜单的菜式很多且颇具创意,有做工精细的三明治、意大利面和新鲜的育空鱼。你可以试试特色菜肴,以及各种加拿大酿造啤酒。

★ Drunken Goat Taverna 希腊菜 $$

(见896页地图;☑867-993-5800;www.drunkengoattaverna.com;2nd Ave;主菜$14~28;⏱正午至21:00)眼中的鲜花、耳中的爱琴海音乐和希腊菜的香味会让你情不自禁走进这里。Drunken Goat一年12个月都开放,由赫赫有名的托尼·多瓦斯(Tony Dovas)经营。屋子后面新建的一个露台是晚上消磨时光的好地方。

🍷 饮品和夜生活

几家沙龙里仍然体现着探矿者的精神。在夏日的夜晚,活动持续到黎明,除非发生了什么事情,否则灯彻夜长明。

★ Bombay Peggy's 小酒馆

(见896页地图;☑867-993-6969;www.bombaypeggys.com;2nd Ave和Princess St交叉路口;⏱3月至11月11:00~23:00)在这家道森最好客的酒吧里,你总能感受到一种欢快的气氛。可以坐在室内或室外尽情享受这里美味的啤酒、葡萄酒和其他混合饮品。

Billy Goat 小酒馆

(见896页地图;☑867-993-5800;2nd Ave;⏱17:00至深夜)这里并非芝加哥那家著名酒吧的分店,但也是个友好的休闲酒吧,秉承了

育空地区 道森市

值得一游

从道森市到阿拉斯加

从道森市出发，乘坐免费的渡轮去育空河对岸，就来到了风景如画的世界之巅公路（Top of the World Highway，即Hwy 9）。这条公路只在夏季开放，总长106公里，通往美国边境。大部分路段为柏油铺砌，沿路风光极为壮丽。

跨越加美边境的时候，你仍会感觉身处世界之巅。这块地方是贫瘠的高山草地，偶有岩石突出，经常能看见正在吃草的驯鹿。注意，穿越边境有严格的时间限制（每年5月15日至9月15日，育空时间9:00~21:00，阿拉斯加时间8:00~20:00）。如果来晚了，就只能等到第二天再过去。

而到了美国这边，阿拉斯加就展现出它排外的一面了，去泰勒公路（Taylor Hwy，Hwy 5）要先走一段19公里长的连接路段，大多数是土路，而且在暴风雨后经常无法通行（车子肯定会被弄脏，而且令你想不到的是，你自己也会被弄脏）。再往北走105公里，就到了育空河畔曾经的金矿开采城镇——鹰镇（Eagle）。接着，往南约47公里的路面状况会好一些，之后就到了奇肯（Chicken），这个地方令人愉快，在加油站的咖啡馆里会有自由思想者开心地向你兜售蠢兮兮的T恤衫，或者向你讲述他们对政府官僚的看法。再往南走124公里，就到了阿拉斯加公路，从这里向东转是去往育空方向。而向西走一点，就是托克（Tok），那里有服务站和汽车旅馆。注意，阿拉斯加时间比育空时间早1小时。

Drunken Goat老板托尼的作风。与Druken Goat菜单一致的菜式一直供应到很晚。留意看墙上的壁画。

Downtown Hotel 小酒馆

（见896页地图；867-993-5346；www.downtowhotel.ca；Queen St和2nd Ave交叉路口；11:00至深夜）这个不起眼的酒吧在夏季晚上9点复苏，因为被称作"酸脚趾鸡尾酒的把戏"（Sourtoe Schtick）。游客排长队，只为了能喝到一杯烈酒（$10），里面漂着一节腌过的人脚趾。这是个长期以来的噱头，被欢快地载入了迪特尔·雷恩缪斯所写的《酸脚趾鸡尾酒的传奇》（The Saga of the Sourtoe）（那是真的脚趾头，看来更像牛肉干，让每个曾在夜晚想吃Slim Jim牌牛肉棒的人犹豫片刻），如果你把脚趾吞了，那就要赔偿$2500。

Bars at Westminster Hotel 酒吧

（见896页地图；867-993-5339；3rd Ave；正午至深夜）这两个传奇的酒吧有最温柔亲切的绰号"蛇窝"（Snakepit）、"腋窝"（Armpit）或者只是简单的"窝"（Pit）。这里是真正要喝酒的人去的地方，晚上经常有现场音乐表演。

娱乐

★Diamond Tooth Gertie's Gambling Hall 赌场

（见896页地图；867-993-5575；Queen St和4th Ave交叉路口；$10；5月至9月周一至周五19:00至次日2:00，周六和周日14:00至次日2:00）1898年的沙龙经过修缮之后，现在是一处人气很高的娱乐场所。里面有一间无足轻重的赌场、一架低级酒吧里常见的钢琴和舞女。这家赌场为小镇带来了生意、丰富了文化。每天晚上，这里有3种不同的歌舞表演，令人吃惊的是他们通常都是当代风格。

实用信息

道森大部分的地方在每年10月至次年5月是关闭状态。志愿者经营的双周刊《克朗代克太阳》（Klondike Sun；www.klondikesun.com）上有特别事件和活动的信息。

加拿大帝国商业银行ATM（CIBC ATM；2nd Ave；24小时）在Queen St附近。

西北地区信息中心（Northwest Territories Information Centre；见896页地图；867-993-6167；www.spectacularnwt.com；Front St；5月至9月9:00~19:00）有关于西北地区及丹普斯特公路的地图和信息。

旅游信息中心（VIC；见896页地图；☎867-993-5566；www.travelyukon.com；Front St和King St交叉路口；⏱5月至9月 8:00～20:00）提供旅游信息和加拿大公园管理局的信息（在这里购买活动门票以及在这里进入）。这里也提供各类活动的基本时间安排表。

❶ 到达和离开

道森市距怀特霍斯527公里。抵离怀特霍斯的交通工具通常时间不定。如果你乘飞机到达，这里是租不到车的。

道森市机场（Dawson City Airport）在道森以东约19公里处。**北部航空**（Air North；☎800-661-0407；www.flyairnorth.com）有航班飞往西北地区的怀特霍斯、旧克罗、伊努维克。

Alaska/Yukon Trails（☎907-479-2277；www.alaskashuttle.com）运营前往阿拉斯加的费尔班克斯的长途汽车（$285，6月至9月中旬每周3班）。

Husky Bus（见896页地图；☎867-993-3821；www.huskybus.ca）前往怀特霍斯（$110，每周3班）。可在克朗代克公路沿途停靠。发车点在游客信息中心。在提前预约的情况下可在克朗代克公路沿途接划船或独木舟的游客。使用Klondike Experience（见899页）办事处。

丹普斯特公路
(DEMPSTER HIGHWAY)

这条路以一位默默无闻的骑警威廉·丹普斯特（William Dempster）命名，其实它更应该叫"米其林（Michelin）公路"或者"固特异（Goodyear）公路"（二者均为世界著名轮胎品牌）——因为在这条路上行驶，汽车总会爆胎。这条总长736公里的惊险公路是北美最好的探险公路之一。道路沿兀立的山峰和翠绿的山谷蜿蜒盘旋，会穿越大片的冻土，还经过了汤姆斯通地区公园（Tombstone Territorial Park；见898页）。

丹普斯特公路（在育空地区编为Hwy 5，在西北地区则是Hwy 8）以道森市东南面的40公里、紧邻克朗代克公路的地方为起点，向北经过北极圈外的奥吉尔维山（Ogilvie）和理查森山（Richardson），最终到达西北地区波弗特海（Beaufort Sea）海岸附近的伊努维克。

道路状况

丹普斯特公路建造在厚厚的碎石之上，以隔绝下面的永久冻土层（否则，如果冻土融化，道路就会消失得无影无踪）。丹普斯特全年大部分时间都开放，但是最佳旅行时间是在6月至9月上旬，此时皮尔河（Peel River）和马更些河（Mackenzie River）上会有渡轮。冬季，冻结的冰面在河流之间形成了天然的桥梁，变成一条冰路。丹普斯特在春季融雪的时候和冬季结冰的时候关闭，具体时间每年都在变化，化雪时间可能是从4月中旬至6月，而结冰时间则是从10月中旬至12月不定。

在育空（Yukon；见881页）和**西北地区**（NWT；☎800-661-0750；www.dot.gov.nt.ca）的网站上都可以查询到路面状况，道森市的西北地区信息中心（见902页）是不错的资源。如果中途不休息，开车去伊努维克大约需要10～12个小时的车程。（据说威廉·丹普斯特在零下的温度中能靠着狗拉雪橇走700公里的路，考虑到这点的话，这条富有挑战的公路也算是名副其实了。）

🛏 食宿

这条路附近的住宿和车辆服务都很少。

育空地区政府管理着3个露营地，分别在**汤姆斯通**（Tombstone；有一个讲解中心，距离公路起点71公里）、**工程溪**（Engineer Creek；194公里）和**岩石河**（Rock River；447公里）。在**尼塔因莱地区公园**（Nitainlaii Territorial Park）还有西北地区政府管理的露营地，位于麦克弗森堡（Fort McPherson）以南9公里。在这些地方露营的费用是$12。

Eagle Plains Hotel（☎867-993-2453；eagleplains@northwestel.net；Dempster Hwy；房间$100～160；🅿@）全年开放，32间客房位于一栋外观朴素的低层建筑中。下一个服务站位于向北180公里处的西北地区的麦克弗森堡（Fort McPherson）。

北极公园 (ARCTIC PARKS)

北极圈以北的育空地区常住人口只有几百人。这片寂寥的土地上几乎没有人类存在的痕迹,在短暂的夏季里,只有最能吃苦耐劳的人会冒险来此。

旧克罗村是第一民族Vuntut Gwitch人的家园,共有280名居民。这里不通车辆,居民们靠130,000余头强壮的波丘派恩驯鹿(Porcupine herd)为生,这些驯鹿每年都在阿拉斯加和育空的北极国家野生动物保护区(Arctic National Wildlife Refuge,简称ANWR)间来回迁移。

在育空这边,相连的乌恩图特国家公园(Vuntut National Park)和伊瓦维克国家公园(Ivvavik National Park)当中保护着大片平坦的北极苔原。这两个国家公园的信息都可以在西北地区的伊努维克的加拿大公园管理局办事处(见890页)提供,在这里你可以获得组织旅行者进入公园的信息,但是选择非常有限。公园里没有任何设施。

赫西尔岛-奇基克塔鲁克地区公园(Herschel Island-Qiqiktaruk Territorial Park; ✆867-777-4058; www.yukonparks.ca)在原住民语言里的意思是"这是岛",也确实是岛,它是波弗特海的马更些湾的一座离岛。公园中有很长的一段人类居住的历史。19世纪晚期,美国捕鲸者在波琳湾(Pauline Cove)开起商店。1907年,捕鲸人在海湾留下的一些木制建筑。夏季的时候,可以从伊努维克参加团队游到赫西尔岛游览。

如今这座岛屿是因纽特家庭打猎的地点,尽管气候变化已经让这岛屿渐渐被海水淹没。

西北地区

包括 ➡

耶洛奈夫(黄刀镇) 908
北斯雷弗 917
南斯雷弗 917
代乔河 922
萨赫图 925
北极西部 925

最佳餐饮

➡ Woodyard Brewhouse & Eatery(见915页)
➡ Alestine's(见927页)
➡ Yellowknife Farmers' Market(见914页)
➡ Bullocks Bistro(见914页)
➡ Zehabesha(见914页)
➡ Anna's Home Cooking(见920页)

最佳住宿

➡ Sean's Guesthouse & Aurora Tours(见913页)
➡ Blachford Lake Lodge(见913页)
➡ Mackenzie Rest Inn(见922页)
➡ Whooping Crane Guest House(见920页)
➡ Arctic Chalet(见927页)

为何去

很难想象,在生活了70亿人口的地球上还有像西北地区这样空无一人的地方。这里有着大片的北极森林和北极苔原,其面积是英国的5倍,人口却只相当于一个外省小城的规模。由于太过偏远,不仅19世纪的淘金者们对它视而不见,就算是北上的当代加拿大人,也更愿意沉醉于著名的努纳武特或壮观的育空的浪漫幻想中。每年环游世界的人数,都比游览人迹罕至的奥拉维克(西北地区的4个国家公园之一)的人数多。

他们错过的是独一无二的大杂烩:史诗般的、美丽非凡且可到达的地域、独特的土著文化以及充满活力国际化的地区首府。这里拥有世界上最大的瀑布和北美地区最深的湖泊,如果戴维·利文斯通(David Livingstone,苏格兰探险家)还活着,这里如此广大的蛮荒之地足以令他幸福地过上好几辈子。

何时去

耶洛奈夫(黄刀镇)

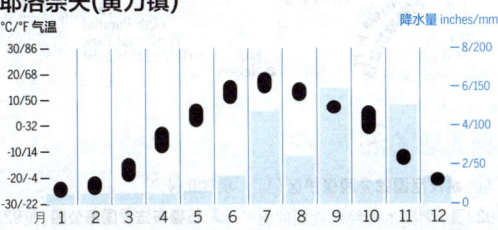

6月 见识极昼期间午夜的阳光以及在马蝇孵化前去徒步。

7月和8月 活力四射的夏季,适合钓鱼和划独木舟。8月下旬可以观看极光。

3月 冬季游览的最佳时间,可观赏极光、坐哈士奇拉雪橇、参加耶洛奈夫(黄刀镇)的雪王节。

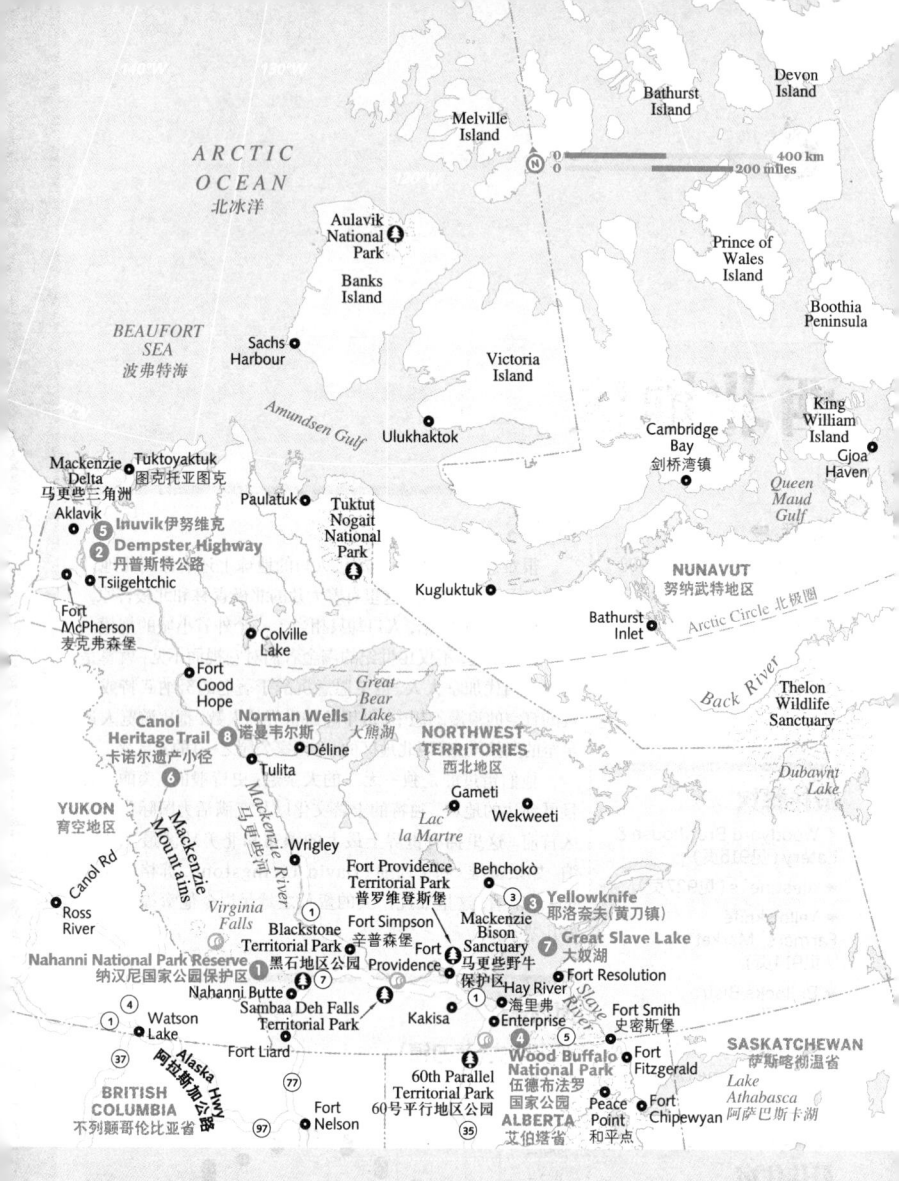

西北地区亮点

① **纳汉尼国家公园保护区**（见923页）划独木舟经过美丽的温泉和贪吃的熊。

② **丹普斯特公路**（见926页）带上两个备胎相机再上路。

③ **耶洛奈夫**（黄刀镇；见908页）坐在一群哈士奇拉的雪橇上观赏北极光。

④ **伍德布法罗国家公园**（见921页）大群的北美野牛、广阔的盐碱荒原、正在消失的河流和美丽的夜空都会让你赞叹不已。

⑤ **伊努维克**（见926页）参观西部北极地区最偏远的社群，以及在北冰洋的海水中洗脚。

⑥ **卡诺尔遗产小径**（见925页）探寻少有人涉足的徒步小径。

⑦ **大奴湖**（见92页）划着船桨经过轰鸣的水上飞机和船屋。

⑧ **诺曼韦尔斯**（见925页）从这里划独木舟去往马更些河。

历史

大约14,000年以前，西北地区的第一批居民就从亚洲一路跋涉到这里，他们是如今的提纳人（Dene）的祖先。接着，因纽特人（西加拿大因纽特人）从阿拉斯加迁移而来。18世纪和19世纪，猎取动物皮毛的欧洲人进入该区域，传教士紧随其后。20世纪20年代，图利塔（Tulita）附近发现了石油，此后，地方政府成立。到20世纪30年代，耶洛奈夫（黄刀镇）附近发现的金矿和大熊湖（Great Bear）周边发现的镭矿，使得淘金者们蜂拥而至。1999年，西北地区一分为二，努纳武特地区正式成立。现在，西北地区土著居民和非土著居民拥有的土地大致相当。非土著居民和小部分的土著居民，因石油、天然气和钻石开发而获利。

土地和气候

西北地区是从北纬60度开始伸向极地的巨大荒野。它的南部是生长着常青植物的平原，东部是砾石遍地的加拿大地盾（Canadian Shield）风光，西部则是连绵的山峦。加拿大第一长河——马更些河（Mackenzie）将该地区一分为二，两大湖——大奴湖和大熊湖的水汇入其中。

近些年，这里的夏天都很暖和。你肯定能见到的东西是阳光：从5月到7月，从不消失。6月是夏季最干燥的一个月，不过湖冰仍能残留到月底。大多游客会在7月份来，这时大部分地区都会受到马蝇和蚊子的入侵。

冬天漫长而艰难。1月份的时候，耶洛奈夫（黄刀镇）的低温突破-40℃，阳光微弱。如果你想冬天来，可以选择3月或4月，此时温度会有所回升。

艺术和音乐

西北地区有丰富多彩的原住民艺术和音乐。提纳人、因纽特人、Slavey人、Gwich' in人和梅蒂斯人的社区中都还能观赏到流传下来的传统音乐和舞蹈。耶洛奈夫（黄刀镇）、辛普森堡（Fort Simpson）和史密斯堡（Fort Smith）的音乐节很值得参加。加拿大的原住民节上会有因纽特人的传统舞蹈表演。

西北地区的艺术和传统工艺品也很出名。你可以看到装饰有五颜六色的豪猪刺的桦树皮篮子，和用棕色鹿皮和北美驯鹿皮制成的装饰以珠子的传统莫卡辛软皮鞋、mukluks靴和crow boots靴，以及连指手套和夹克。用皂石、驯鹿鹿角、鲸鱼骨和麝香牛角制作的雕刻品和雕像，反映着北部生活的主题，包括鼓舞者、萨满巫师、狩猎者、渔夫、熊、北极麝香牛。这类雕刻品在伊努维克及其周边地区以及耶洛奈夫（黄刀镇）都可以找到。

要说明为什么西北地区的艺术值得一看，霍尔曼（Ulukhaktok）版画是个绝佳范例。1957年，石刻版画被首次引入偏远的霍尔曼（现在是Ulukhaktok）村庄。从此以后，因纽特艺术家们为每个设计制作50幅限量版，彩色的画作展现出热情洋溢的北国风光。

ⓘ 到达和离开

飞机

埃德蒙顿（Edmonton）是进出西北地区的主要门户。**第一航空**（First Air；☏867-669-6600；www.firstair.ca）、**加拿大北方航空**（Canadian North；☏867-669-4000；www.canadiannorth.com）、**加拿大航空**（Air Canada；☏888-247-2262；www.aircanada.com）、**西北航空**（Northwestern Air；☏877-872-2216；www.nwal.ca）和**西捷航空**（WestJet；☏888-937-8538；www.westjet.com）有埃德蒙顿和耶洛奈夫（黄刀镇）之间往返航线，往返$427起。加拿大北方航空也有航班从埃德蒙顿直达伊努维克（往返$2333）和诺曼韦尔斯（Norman Wells；$1854）。西北航空有从埃德蒙顿直飞海里弗（Hay River）和史密斯堡（Fort Smith）的航班（往返$990~1120）。

快速参考

➜ 人口：44,340

➜ 面积：1,141,000平方公里

➜ 首府：耶洛奈夫（黄刀镇）

➜ 奇闻逸事：2006年，在这里发现了野生"灰北极熊"（灰熊与北极熊的杂交种），这在世界上还属首次。

> ### ⓘ 西北地区实用信息
>
> 西北地区旅游局（Northwest Territories Tourism; www.spectacularnwt.com）的网站上可以查到相关详细信息，也可以通过邮件索取或网上下载优质资料，包括年刊《西北地区探险家指南》（NWT Explorers' Guide）。
>
> 卓越的《此处》（Up Here; www.uphere.ca）杂志是很好的资料，刊登着最新信息和有趣的文章，涉及北部生活的方方面面。

加拿大航空也有从卡尔加里（Calgary）到耶洛奈夫（黄刀镇）的航班（往返 $475）。
北部航空（Air North; ☎867-668-2228; www.flyairnorth.com）有航班从育空的怀特霍斯（Whitehorse）出发，经道森市（Dawson City）到达伊努维克（往返 $725）。

第一航空和加拿大北方航空有从努纳武特的伊卡卢伊特（Iqaluit）到耶洛奈夫（黄刀镇）的航班（往返 $3400）。

长途汽车

在写作期间，西北地区尚无长途汽车线路。

小汽车和摩托车

有两条陆地公路可到达西北地区南部。从埃德蒙顿出发，沿Hwy 35行驶924公里到达西北地区的边界，此处距离恩特普赖斯（Enterprise）不到84公里。从不列颠哥伦比亚省（British Columbia，简称BC）的纳尔逊堡（Fort Nelson）出发，经利亚德小径（Liard Trail）行驶137公里也可到达边界。去利亚德堡（Fort Liard）要再往北开38公里。

如果你要去往马更些三角洲（Mackenzie Delta），可以从育空的道森市出发，走风景极其优美但艰险的丹普斯特公路（Dempster Hwy），行驶465公里后就到达西北地区的边界了。

ⓘ 当地交通

飞机

耶洛奈夫（黄刀镇）是西北地区的枢纽。32个居民点当中，半数只能乘飞机到达，可以乘坐**汀迪航空**（Air Tindi; ☎888-545-6794; www.airtindi.com）从耶洛奈夫（黄刀镇）起飞的航班，**北怀特航空**（North-WrightAir; ☎867-587-2288; www.north-wrightairways.com）从诺曼韦尔斯（Norman Wells）起飞的航班；以及**阿克拉克航空**（Aklak Air; ☎867-777-3555; www.aklakair.ca）从伊努维克起飞的航班前往。

公共汽车

Frontier Coachlines（☎867-874-2566; www.frontiercoachlinesnwtltd.ca）在海里弗和耶洛奈夫（黄刀镇）之间（5.5小时，每周3班），以及史密斯堡之间（3小时，每周2班）有班车线路。

小汽车和摩托车

游览西北地区的最佳形式是自驾游。所有主要社区都可以找到车辆出租。

该地区有两个公路网络：南部网络（连接北雷弗、南斯雷弗及代乔河地区的大部分社区）；以及丹普斯特公路（蜿蜒穿过马更些三角洲）。从西北地区南部到三角洲需花2天时间，绕道不列颠哥伦比亚省和育空地区。公路不是柏油路就是石子路。

夏季时，许多河上都会有免费渡轮，冬季时，车辆可直接通过1米多厚的冰层过河。在解冻期（4月和5月）及冰冻期（11月）的几周内交通会中断。丹普斯特公路的渡轮服务会被高水位连续中断数日。登录www.dot.gov.nt.ca能够查询实时情况。

如果是独自旅行，建议提前做好行程安排以及知晓相关人员。带好当季合适的衣物和装备，准备好备用的食物、水和睡袋，以应对意外情况。如果遇到突发情况，请待在车上。丹普斯特公路上大部分路段以及其他一些偏远的道路沿途都是收不到手机信号的；建议携带卫星电话。

耶洛奈夫
（黄刀镇；YELLOWKNIFE）

人口 19,234

在耶洛奈夫（黄刀镇）老城区，置身于轰鸣的越野飞机和美丽的船屋之间，仍能让你感受到拓荒精神。你会感觉自己正站在一片宽广的、未被发现的、几乎无人能读懂的荒野边缘——你确实就是身在这样的地方。从黄刀镇向北，朝北冰洋画一条线，不会碰到任何一条路。

处于亚北极圈的耶洛奈夫（黄刀镇）亲

切友好、文化多样，它容纳了西北地区50%的人口，融合了许多民族，包括地区内的提纳人和梅蒂斯人（métis）、因纽特人和从更远的北方来的因纽维克人、头发灰白的非土著拓荒者、从加拿大南部来的新投机客以及相当一部分最近才来的世界各地的移民。

黄刀镇在当地原住民的特里丘语（Tlicho）中被称为Somba K'e（金钱之地），不仅是一个矿业中心，也是一个出人意料的风雅之地。从1967年起成为这个地区的首府。

历史

1771年，当第一批欧洲人到达大奴湖时，湖的北岸还聚居着泰苏坦人（Tetsot'ine），他们喜欢使用铜刀，所以被称为黄刀。后来，战争和疾病让这一族群灭绝，而"黄刀镇"这个名字却保留了下来。

一个世纪以后，去往克朗代克（Klondike）的勘探者在黄刀湾（Yellowknife Bay）发现了黄金。到20世纪30年代中期，人们已经可以乘越野飞机到达该地区进行商业采矿。黄刀镇就此成为一座新兴城市。

1967年，位于渥太华的加拿大中央政府将西北地区的管理权下放，黄刀镇成为地区首府。虽然从21世纪早期开始，采金业开始衰落，但是1991年发现的钻石矿又催生了新的繁荣，让黄刀镇一举发展成为今天的国际大都市。尽管钻石矿的发掘扩张已提上日程，但是当地人还是不禁会担心，十几年后，当钻石矿枯竭之后，未来会去向何方。

◉ 景点

从老城区向山上走，就可到达黄刀镇没什么特色的市中心，准确地说，它是在20世纪40年代到50年代的金矿之上建立的。

★ 威尔士亲王北部遗产中心　　　博物馆

（Prince of Wales Northern Heritage Centre；见910页地图；☎867-873-7551；www.pwnhc.ca；◉10:30~17:00；ℙ♿ 免费）它可以说是西北地区的历史文化档案馆，博物馆布局合理，俯瞰着弗雷姆湖（Frame Lake）。专业的陈设展示了自然史、欧洲人的大开发、北部航空、钻石开采，特别是提纳人和因纽特人的历史和文化。临时展品包括因纽特艺术家Anghik Ruben杰出的皂石和鲸鱼骨雕刻。这里有一个咖啡厅，内有多叶植物和一个适合小孩玩耍的区域。

黄刀镇文化十字路口　　　公共艺术

（Yellowknife Cultural Crossroads；见910页地图；Franklin Ave）路边的巨石上有一幅引人瞩目的艺术作品：一只翱翔的雄鹰、一圈彩色手印

在西北地区的……

一周

飞抵**黄刀镇**，第一天先参观**威尔士亲王北部遗产中心**（Prince of Wales Northern Heritage Centre），在**老城区**（Old Town；见910页地图）周边漫步，然后出城到湖边去，置身于水上飞机和船屋之间。晚上喝啤酒、吃湖鱼，欣赏不落的太阳（夏天的极昼）。

之后，租辆车一路向南。沿瀑布路线（Waterfalls Route）行驶，在汽车上露营，再开到**史密斯堡**（Fort Smith；见919页），拍摄**伍德布法罗国家公园**（Wood Buffalo National Park；见921页）里毛茸茸的庞然大物。之后沿原路返回**辛普森堡**（Fort Simpson；见922页），参加飞行观光之旅，进入**纳汉尼国家公园保护区**（Nahanni National Park Reserve；见923页）。

两周

花两天探索黄刀镇。再从黄刀镇飞到辛普森堡，与你的户外运动供应商会合，在天堂般的**南纳汉尼河**（South Nahanni River；见923页）上划船，度过10天。

或者，沿马更些河划船几日后，中途在**诺曼韦尔斯**（Norman Wells；见925页）上岸，去往伊努维克，然后从伊努维克开车走上风景如画但艰险的**丹普斯特公路**，再返回。接着，从黄刀镇参加为期1周的南部行程。

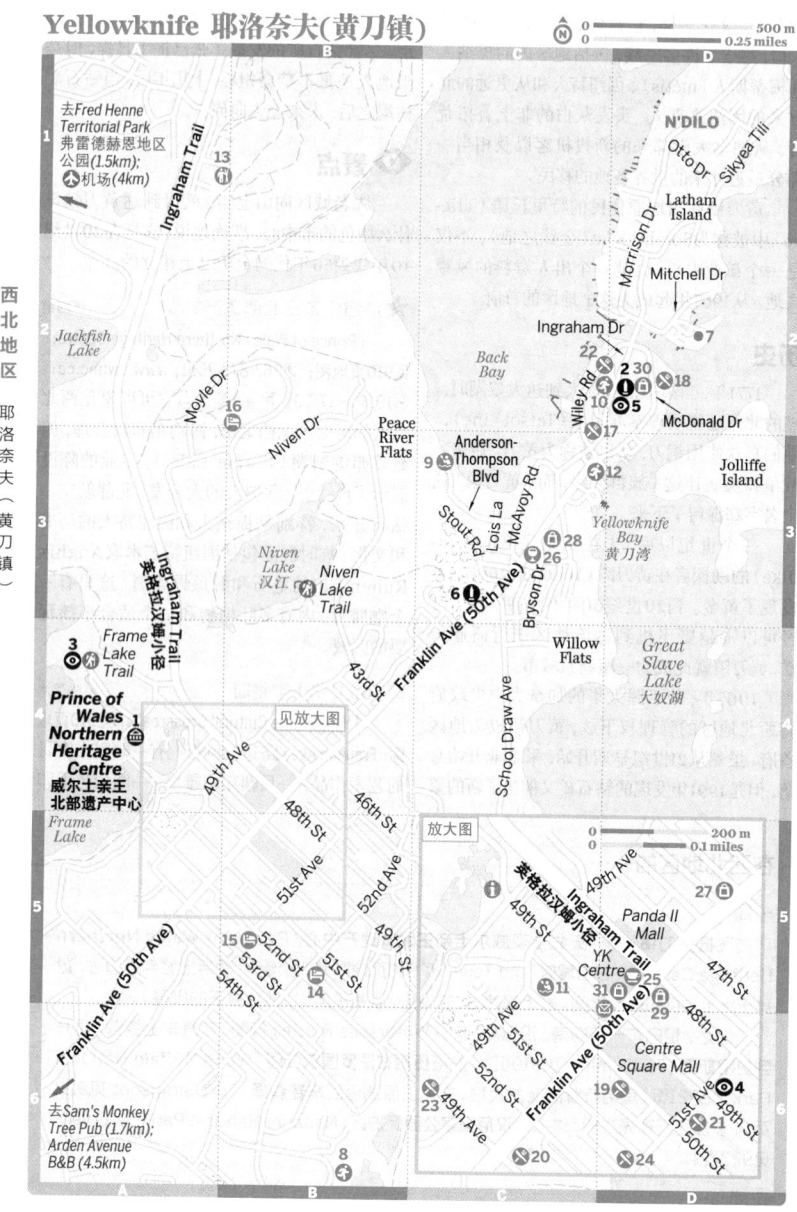

Yellowknife 耶洛奈夫(黄刀镇)

组成的旋涡以及一个圆锥形帐篷的骨架。正前方有一座青铜雕像(它是立法院中的复制品),以及一座石头雕像。这件作品是由梅蒂斯人、提纳人、因纽维克人、法裔加拿大人和英裔加拿大人艺术家通力完成。

西北地区钻石中心

知名建筑

(NWT Diamond Centre;见910页地图;☏867-920-7108;5105 49th St;◉周一至周六10:00~18:00)这里不仅仅能买到闪亮的钻石,还可以一览位于严寒的加拿大北部的钻石矿。

Yellowknife 耶洛奈夫（黄刀镇）

◎ 重要景点
1 威尔士亲王北部遗产中心.........................A4

◎ 景点
2 荒野飞行员纪念碑 D2
3 立法院 A4
4 西北地区钻石中心 D6
5 老城区 D2
6 黄刀镇文化十字路口 C3

◎ 活动、课程和团队游
7 汀迪航空 D2
8 My Backyard Tours B6
9 Narwal Northern Adventures C3
10 Old Town Paddle & Co. C2
11 Overlander Sports C5
12 Yellowknife Outdoor
 Adventures C3
13 Yellowknife Ski Club A1

◎ 住宿
Bayside B&B .... (见18)
14 Embleton House B&B B5
15 Jenny's B&B B5

16 Sean's Guesthouse & Aurora
 Tours B2

◎ 就餐
17 Bullocks Bistro C2
18 Dancing Moose Café D2
19 Fat Fox D6
20 Javaroma C6
21 Korea House D6
22 Wildcat Café C2
23 Yellowknife Farmers' Market C6
24 Zehabesha D6

◎ 饮品和夜生活
25 Gourmet Cup D5
26 Woodyard Brewhouse & Eatery C3

◎ 购物
27 Erasmus Apparel D5
28 Gallery of the Midnight Sun C3
29 Northern Images D5
30 Old Town Glassworks D2
31 Yellowknife Book Cellar D5

配套的视频里会解释如何区分不同的钻石类型，以及为什么说钻石恒久远。14:30～15:30有关于钻石抛光的活动。

荒野飞行员纪念碑 纪念碑

（Bush Pilot's Monument；见910页地图）纪念碑矗立在老城中间那块凸出的大块岩层"The Rock"之上，呈素朴的针状，立碑的目的是向勇敢的越野飞行员致敬，一个世纪前正是他们开发了西北地区。去观景点要爬一段楼梯，从那里不仅可以看到起起落落的现代水上飞机，还能看到停在海湾的华丽的船屋，里面的人们过着令人羡慕的生活。

立法院 知名建筑

（Legislative Assembly；见910页地图；867-669-2230；www.assembly.gov.nt.ca；4570 48th St；全年周一至周五 9:00～18:00，团队游6月至8月周一至周五 10:30、13:30和15:30，周日13:30）**免费** 在这座威严、拥有圆顶的立法院内，你可以参加免费的1小时团队游，了解该地区土著政府的相关知识。这里随处可见杰出的北部艺术品，你可以参观人们在此争辩的议院，也可以了解议长权杖的故事。议长权杖是权力的象征，上面刻着一句口号"同一片土地，多种声音"（One land, many voices）。

✈ 活动

弗雷德赫恩地区公园（Fred Henne Territorial Park；www.nwtparks.ca）人气很旺，你可以在公园内的**长湖滩**（Long Long Beach）冰凉的湖水中游泳。

8月以及冬事大部分时候，耶洛奈夫（黄刀镇）都是万里无云的晴天，所以这里被评为世界上观看**北极光**的最佳地点。

黄刀镇周围有各种徒步路线。最长且最好的一条是9公里长的弗雷姆湖小径（Frame Lake Trail）。它的起点位于市中心的首府区域公园（Capital Area Park），前方与1.2公里长的山脉湖小径（Range Lake Trail）和陡峭的狗鱼湖小径（Jackfish Lake Trail）相连。弗雷德赫恩地区公园中还有一条全长3.2公里长的勘探者小径（Prospector Trail）。

Yellowknife Outdoor Adventures 户外

（见910页地图；867-444-8320；www.

yellowknifeoutdooradventures.com; 3603 Franklin Ave; 1小时摩托雪橇\$125; 半日钓狗鱼\$145)夏季时,这里组织的团队游包括钓狗鱼、观鸟和水上飞机观光,品质一流;冬季会组织摩托雪橇团队游和北极光观光游。

Old Town Paddle & Co　　　　　　水上运动

(见910页地图; ☎867-447-4927; www.oldtownpaddle.com; 3506 Racine Rd; 日租\$50; ☉周三和周五至周日)你可以从这里租到立式单桨冲浪板(SUP)去探索大奴湖的广阔水域。也提供课程(\$85);可在网站上查看课程时间。

Overlander Sports　　　　　　皮划艇、滑雪

(见910页地图; ☎867-873-2474; www.overlandersports.com; 4909 50th St; 皮划艇出租每天/每周\$45/200, 滑雪板/雪鞋出租每天\$25/18; ☉周一至周五9:30~18:00, 周六至17:00)这里是黄刀镇最大的户外用品店,夏季出租独木舟和皮划艇,冬季出租越野滑雪板。

Narwal Northern Adventures　　　皮划艇

(见910页地图; ☎867-873-6443; www.narwal.ca; 4702 Anderson-Thompson Blvd; 皮划艇出租每天\$45)其前身是后湾区(大奴湖的一部分)的一家民宿,出租独木舟、立式单桨冲浪板(SUP)和皮划艇,也提供有趣的晚餐剧场团队游,以及沿湖岸北臂(North Arm)的多日皮划艇游览和课程。

Yellowknife Ski Club　　　　　　雪上运动

(见910页地图; ☎867-669-9754; www.skiyellowknife.com; Ingraham Trail; 一日通票个人/家庭\$10/25)越野滑雪运动的中心在Hwy 4(靠近它与Hwy 3的交叉路口)上。这里有总长14公里的滑道,其中一些有照明设备。

☞ 团队游

耶洛奈夫(黄刀镇)提供许多西北地区独有的旅行体验,如狗拉雪橇、提纳人烤鱼、在猎人的帐篷中过夜以及在越野飞机上观光等。

★ Strong Interpretation　　　　　团队游

(☎867-873-5546; www.experienceyellowknife.com; 3小时历史之旅\$80)当地人Rosie有超过20年的导游经验,她的行程中汇集了当地徒步游的精华,包括从黄刀镇的历史之旅到北方森林中寻找草药的旅程。可以按照客户要求制定行程,无论你的兴趣是当地艺术、北方文化、采矿遗址还是其他。

★ North Star Adventures　　　　　户外

(☎867-446-2900; www.northstaradventures.ca)这家由土著居民经营的公司提供优质的提纳文化之旅(\$89)、乘船游(\$79)、垂钓游(\$109)、极光游(\$109)和在大奴湖上乘摩托雪橇(2.5小时, \$158)。

★ 汀迪航空　　　　　　　　　观光飞行

(Air Tindi; 见910页地图; ☎867-669-8218; www.airtindi.com; 23 Mitchell Dr; 30分钟/1小时/4小时团队游每人\$140/245/569)提供30分钟的城市、英格拉汉姆小径(Ingraham Trail)和黄刀湾的空中游览。还提供长达4小时的梦幻之旅,包括游览悬崖夹峙的大奴湖的东臂(East Arm),以及1个小时的徒步。5人以上成团。汀迪航空还经常有飞往纳汉尼国家公园保护区的观光之旅,时长11小时(\$1449/人, 7人以上成团)。

Borealis Bike Tours Unlimited　　　骑车

(www.borealisbiketours-unlimited.com; 团队游\$84; ☉团队游周二至周五18:00, 周六和周日10:00、14:00和18:30)想体验雪中骑行吗?报名参加由安大略省侨民组织的时长3小时的雪地越野单车之旅吧。需提前通过邮件预订。

My Backyard Tours　　　　　　户外

(见910页地图; ☎867-920-4654; www.mybackyardtours.com; 65 Rycon Dr; 城市之旅\$60, 半日极光之旅\$118)夏季推荐参加城市步行之旅以及艺术家工作室之旅,冬季时推荐参加全套的北极光之旅。他们也组织一连数日的北极摄影工作坊以及Point Lake中的鲑鱼垂钓之旅。

B Dene Adventures　　　　　　文化游

(☎867-444-0451; www.bdene.com)冬季和夏季游主要推荐针对北部生活的体验活动,尤其是提纳文化之旅。这些活动会带你深入到N'diloh和Dettah社区(每人\$75起)中。活动据点是一个湖边露营地。

Beck's Kennels 探险游

(☎867-873-5603; www.beckskennels.com; 124 Curry Dr)冬季，你可以参加总长为8公里的狗拉雪橇导览游（$65），学习自己控制狗拉雪橇（$75），或者追寻北极光（$140）。多日行程的费用是$400/天。夏季有狗拉越野沙滩车，新奇有趣。

Aurora Village 探险游

(☎867-669-0006; www.auroravillage.com)这家公司致力于提供极光游（费用$120，含交通、饮料和甜点），游客可以坐在可加热的座椅上观看极光，也组织狗拉雪橇（$95）、雪上摩托（$95）和雪地步行（$95）之旅。度假屋和观光点都紧邻英格拉汉姆小径的第一个交叉路口。

节日和活动

★ 冬季雪王节 表演艺术

(Snowking Winter Festival; www.snowking.ca; ◎3月)雪王（Snowking）是一位头发斑白的船屋主，他组织了这一大型冬季活动——整个3月间，他建造于黄刀湾上的巨大冰雪城堡内，会举行音乐会、戏剧表演和冰球比赛。

岩石乡村音乐节 音乐节

(Folk on the Rocks; www.folkontherocks.com; 工作日/周末门票 $90/130; ◎7月中旬)这一杰出的活动在长湖（Long Lake）举行，持续2天，从嘻哈和摇滚到提纳鼓，包罗万象，吸引了加拿大各地的音乐家。

Old Town Ramble & Ride 文化节

(www.oldtownyk.com; ◎7月末至8月初)为期1周的文化节的最高潮在后3天，举办的活动包括骑行比赛、工艺品展览、艺术展、水上飞机之旅和现场音乐表演。

住宿

Jenny's B&B 民宿 $

(见910页地图; ☎867-765-5456; ayk5102@gmail.com; 5102 52 St; 房间 $85; ☎)距离主街道仅一个街区，热情好客的主人Jenny将小巧但整洁的客房打理得井井有条。墙板很薄，所以你可能会有种睡在邻居床上的错觉。早餐的食材可在公用的厨房中自取。

弗雷德赫恩地区公园 露营地 $

(☎867-920-2472; www.nwtparks.ca; Hwy 3; 帐篷/房车营地 $22.50/32; ◎5月至9月; ☎)这里是离城区最近的露营地，提供房车、帐篷以及湖边沙滩所需的各类装备。经小路步行40分钟就能到达市中心。

★ Sean's Guesthouse & Aurora Tours 客栈 $$

(见910页地图; ☎867-444-1211; www.seansguesthouse.com; 133b Moyle Dr; 标单/双 $95/110; ☎)你一定会对Sean和舒适整洁的房间赞不绝口。北欧风格的客栈坐落在尼凡湖（Niven Lake）边一个安静的居民区内，让你感觉如同就住在好友家中（他还是个好厨师）。Sean还很乐意跟你分享他对黄刀镇的

值得一游

飞行观光

让人赞不绝口的**Blachford Lake Lodge**（☎867-873-3303; www.blachfordlakelodge.com; 度假屋/小屋每两个成人含交通和餐食$2225/3378; ☎）坐落在一个人迹罕至的湖边，从黄刀镇乘水上飞机半个小时可达。这里非常适于放松，提供各种夏季和冬季活动。你可以选择住在田园风情的乡村小木屋，也可以选择度假屋。从这些整洁漂亮、色彩鲜艳的房间中就能欣赏极光。

气氛友善的公共区包含沙发、露台、餐厅以及露天爵士浴缸。这里有滑雪板、冰鞋、雪地鞋、皮划艇、独木舟、步道以及其他设施可供客人使用。酒店还会组织钓鱼、雪上摩托以及狗拉雪橇等活动。2011年，英国的威廉王子和凯特王妃来这里的湖中划船，这成了当时当地的新闻头条。

这里气氛友善、轻松，经常招收志愿者，包括雇人打理有机蔬菜园。

Bayside B&B 民宿 $$

(见910页地图；☎867-669-8844；www.baysidenorth.com；3505 McDonald Dr；标单/双 $95/105起；🛜)黄刀镇上，能从卧室窗口就看到水上飞机起降的住宿并不多，这间拥有木质塔楼的小巧客栈就在这为数不多的几处之列。客栈仅有4间温暖舒适的客房，其中2间配有独立的卫生间；楼下咖啡馆提供的早餐包括可口的北极煎蛋。

Embleton House B&B 民宿 $$

(见910页地图；☎867-873-2892；www.embletonhouse；5203 52nd St；标单/双 带公用浴室 $105/126, 带私人浴室 $163/184；@🛜)这家位于市中心的民宿设施完备，提供两种选择：紧凑的舒适型房间，配公共卫生间和厨房，以及精心装饰的主题套房，配有私人按摩浴缸、浴衣及设施精良的小厨房。两种选择都供应食材，可以自己做早餐。

🍴 就餐

★ Fat Fox 咖啡馆 $

(见910页地图；5008 50th St；主菜 $8~14；⏰周一至周五 7:00~19:00, 周六 9:00~19:00；🛜📶)黄刀镇上最好的一家咖啡馆。这里有不太配套的家具和闪烁着的美妙的灯光，咖啡馆后院有舒适的角落、沙发和摇椅，大可让你在这里消磨一整天的时光，你可以在这里交流图书，也可以点上一杯有趣的茶和咖啡。日间午餐精选包括印度扁豆咖喱和烤土豆配辣椒。蛋糕也很不错。

Korea House 韩国菜 $$

(见910页地图；☎867-669-0188；5103 50th St；主菜 $8~17；⏰周一至周六 11:00~20:00；❄📶)虽然餐厅布置很朴实——光线充足，像一个食堂——但是正宗的韩国风味让它声名鹊起。辣味的炖豆腐给冰冷的冬天带来暖意，配有足量新鲜蔬菜的韩国拌饭(bibimbap)、烤羊肉(bulgogi)和素菜饺子同样也能击中你的味蕾。

Javaroma 咖啡馆 $

(见910页地图；www.javaroma.ca；5201 Franklin Ave；简餐 $6~10；⏰周一至周五 7:00~22:00, 周六 8:00~22:00, 周日 9:00~22:00；🛜)这家位于交通要道上的店铺供应本城最好的咖啡，也出售三明治、例汤、美味的松饼和珍珠奶茶。虽然位于繁忙的路边，但是这里有室外座位区，晚上经常有动听的现场音乐表演。

★ Zehabesha 埃塞俄比亚菜 $$

(见910页地图；☎867-873-6400；5030 51st St；主菜 $9~19；⏰周一至周六 11:00~21:00；🛜📶)远在加拿大北部还能吃到正宗的埃塞俄比亚菜？这间让人出乎意料的餐馆还很好客。尽管餐馆很低调，但是凭着咖喱羊、doro wot（炖鸡）以及其他美味的食物，赢得了一批忠实的客户。Mahiberawi是一个套餐，集合了小份的各类美食，你可以搭配injera（柔软的发酵扁面包）品尝。

Dancing Moose Café 咖啡馆 $$

(见910页地图；☎867-669-8842；www.dancingmoosecafe.ca；3505 McDonald Dr；主菜 $13~21；⏰周二至周日 8:00~15:00；🛜📶)🌿你可以一边坐在这家舒适的咖啡馆的后院里放松心情，一边观看水上飞机起飞。午餐时间，店里很繁忙，供应汤、沙拉和特色三明治。这里还供应早餐，都是采用当地食材。

Wildcat Café 加拿大菜 $$

(见910页地图；☎867-873-8850；Wiley Rd 和Doornbos Lane的交叉路口；主菜 $17~42；⏰6月至9月 7:00~22:00)这家很受欢迎的餐馆是当地的地标，翻新的木屋从1937年开始就供应简单的食物。现在的菜单精致了许多。包括从炸狗鱼卷、烤北极鲑鱼到野牛肋眼和大汉堡等各类食品。

★ Bullocks Bistro 海鲜 $$$

(见910页地图；☎867-873-3474；3534 Weaver Dr；主菜 $25~40；⏰周一至周六 11:30~21:00, 周日 16:00~21:00)这间著名的小屋是一个时尚、有趣的地方，里面让贴纸、开心的食客、就餐者的涂鸦以及混搭家具弄得满满当当。这里以鱼类为主打，有煎鱼、烤鱼和炸鱼，配薯条、沙拉，价格昂贵。烤北极鲑鱼配蓝芝士非常美味。

★ Yellowknife Farmers' Market 市场

(见910页地图；www.yellowknifefarmer

smarket.ca；Somba K'e Civic Plaza；⏱6月7日至9月20日周二 5:15~19:30；🅿)如果你周二在黄刀镇，那可相当幸运了。你可以去农贸市场逛一逛，打听打听当地的八卦，尽情品尝各类美食，从正宗的印度、日本和越南家常菜到俄罗斯饺子（pelmeni）和俄国菜汤，再到菲律宾、中国台湾混合风味的食品、让人惊艳的三明治、蛋糕以及法国蓝带名厨制作的馅饼，应有尽有。

🍷 饮品和夜生活

★ Woodyard Brewhouse & Eatery　　　　　　　　　精酿啤酒厂

（见910页地图；📞867-873-2337；www.nwtbrewingco.com；3905 Franklin Ave；啤酒 $6 起；⏱周一 17:00~23:00，周二至周四 11:30~23:00，周五和周六 11:30至次日1:00；📶)这座获奖的精酿啤酒厂是黄刀镇一处用餐的新去处。这里总是挤满了当地人和游客，有很多值得一提的东西：食物（薄比萨、芝士通心粉）美味，服务亲切及时。店内采用工业和狩猎人小屋混合风格的装修，屋外有一个露天的平台，游客可以从酒厂的7款啤酒中选一款来这里开怀畅饮。尽管周围有些吵。

Gourmet Cup　　　　　　　　　　　　咖啡

（见910页地图；📞867-873-8782；www.gourmetcupyellowknife.ca；Franklin Ave, basement of the YK Centre；⏱周一至周五 7:30~18:00，周六 9:00~18:00；📶)用各类散叶茶和优质咖啡豆斟满你的杯子吧。这座位于地下室的咖啡馆里有很多带着手提电脑的当地人，加入他们来杯咖啡醒神吧。

🔒 购物

★ Northern Images　　　　　　　　工艺品

（见910页地图；📞867-873-5944；www.northernimages.ca；4801 Franklin Ave；⏱周一至周六 10:00~18:00，周日 正午至18:00) 这家出色的商店是由土著工艺品的合作经销商开办的，它将著名的因纽特人版画印制品和石版画从多塞特角（Cape Dorset）、庞纳唐（Pangnirtung）和乌路卡托克（Uluk-haktok）搜罗到这里，同时还出售漂亮的皂石雕塑、提纳人的桦树皮篮子和育空艺术家

制作的莫卡辛软皮鞋和艺术品。价格非常公道，能安排递送。

★ Erasmus Apparel　　　　　　　　服装

（见910页地图；📞867-444-0307；www.erasmusapparel.com；4602 Franklin Ave；⏱周一至周六 10:00~18:00)来这里可以找到五颜六色的具有当地特色的带帽运动衫、T恤、提纳人的连指手套、帽子和可以用作开瓶器的太阳镜。

★ Yellowknife Book Cellar　　　　　书籍

（见910页地图；www.yellowknifebooks.com；4923 49th St；⏱周一至周五 9:30~20:00，周六 至18:00，周日 正午至17:00)有大量与北部及原住民相关的图书，也出售地图。

Old Town Glassworks　　　　　玻璃制品

（见910页地图；📞867-669-7654；www.oldtownglassworks.com；3510 McDonald Dr；工坊$54；⏱周一至周五 10:00~18:00，周六和周日 正午至17:00) 这家位于老城区的商店，用旧瓶子制作精美的北方主题的玻璃制品和花瓶。想要一个为你独家定制的吗？参加趣味十足的手工工坊课程吧（每天2~4节；2小时）。也出租自行车。

Gallery of the Midnight Sun　礼品和纪念品

（见910页地图；📞867-873-8064；www.gallerymidnightsun.com；Franklin Ave；⏱周一至周六 10:00~18:00，周日 正午至17:00)提供花样繁多的土著艺术品，包括装饰华美的提纳莫卡辛鞋和夹克、因纽维克艺术家的皂石雕塑和由美丽的麝香牛角和野牛角制成的珠宝。你也可以从这里买到版画印制品和纪念品。

ℹ️ 实用信息

市中心的Franklin Ave上有一些大银行。

救护车和火警（📞867-873-2222)注意，在西北地区📞911不是紧急呼叫号码。

警察局（紧急呼叫📞867-669-1111，非紧急呼叫📞867-669-5100；5010 49th Ave)

北部边境游客中心（Northern Frontier Visitors Centre；见910页地图；📞867-873-4262；www.visityellowknife.com；4807 49th St；⏱周一至周五 9:30~17:30，周六和周日 正午至17:00；📶)提供各类地图和手册，以及不可或缺的年刊《探险家

指南》(Explorers'Guide)。中心有关于西北地区环境的详细展示，从这里还可以买到不错的纪念品。有免费Wi-Fi。可免费借自行车游览城区。

黄刀镇老城区声音漫步(Yellowknike Old Town Soundwalk; www.yellowknifesoundwalk.ca)体验极佳的应用程序，指引你漫步老城区。

邮局(见910页地图; www.canadapost.ca; 4902 Franklin Ave; ◎周一至周五 9:00~17:30)

斯坦顿地区医院(Stanton Territorial Hospital; ☏867-669-4111; www.stha.ca; 550 Byrne Rd; ◎24小时)

黄刀镇公共图书馆(Yellowknife Public Library; 2ndfl, Centre Square Mall; ◎周一至周四 9:30~20:30, 周五 10:00~18:00, 周六 10:00~17:00)可以找到北部相关的书籍，提供免费的网络。里面的年轻人很爱吵闹。

❶ 到达和离开

飞机

耶洛奈夫(黄刀镇)是西北地区的航空枢纽。这里提供的都是单程票价。第一航空有航班飞往海里弗($236, 45分钟)和辛普森堡($705, 1小时)，以及剑桥湾镇(Cambridge Bay, $1165)的航班，飞往伊卡卢伊特(Iqaluit; $1758)的航班经停兰金因莱特(Rankin Inlet, $1243)。第一航空以及加拿大北方航空都有飞往伊努维克($900, 2.5小时)的航线，均经停诺曼韦尔斯(Norman Wells; $731, 1小时)。**北怀特航空**(North-Wright Airways; ☏867-587-2288; www.north-wrightairways.com)周一至周六也会有飞往诺曼韦尔斯的航班，但票价较高。小航空公司有时会有优质的特色航线。西北航空有飞史密斯堡($417或者$199特价票, 1小时, 周日至周五)的航班；**布法罗航空公司**(Buffalo Airways; ☏867-873-6112; www.buffaloairways.com)有飞海里弗($205, 45分钟, 周日至周五)的航班；以及**汀迪航空公司**(Air Tindi; ☏867-669-8200; www.airtindi.com)有飞辛普森堡(单程$485, 80分钟)的航班。

长途汽车

Frontier Coachlines(见908页)每周一、周三和周五的下午5点从位于Range Lake Rd上的壳牌加油站出发，途经普罗维登斯堡(Fort Providence)和恩特普赖斯(Enterprise)，开往海里弗($118, 5.5小时)。

小汽车

租车的价格昂贵。租一辆小汽车的价格一般是每天/每周约$80/500, 每公里另收35分, 只有按周租，才额外奉送250公里的免费里程。如果距离很远，可以考虑到埃德蒙顿再租车。机场有知名的租车公司。

最便宜的一家是**Rent-a-Relic**(Royal Rent-a-Car; ☏867-873-3400; xferrier@ssimicro.com; 356 Old Airport Rd; 每天/每周 $50/325, 每天前50公里免费, 超出部分每公里另收30分)。你很可能会租到一辆破旧但耐用的汽车，同时感受到租车行自由放任的服务态度。可以在机场取车。

❶ 当地交通

抵离机场

黄刀镇的机场在市中心以西几公里外。乘出租车去市中心的费用约$15。有免费的机场穿梭巴士去往Explorer Hotel、Yellowknife Inn以及其他几个主要酒店。

自行车

从6月初到9月初，可以在游客信息中心免费借到自行车。

公共汽车

黄刀镇城市交通公司(Yellowknife City Transit; ☏867-920-5600; www.yellowknife.ca; 成人/超过5岁的儿童 $3/2)有3条公交线路。A路往返于Old Airport Rd和市中心。B路环山脉湖社区，以及在市区间运营。C路连接市区和老城区。公共汽车周一至周六每半小时一班, 运营时间大约是7:15至19:00。

出租车

出租车很多。推荐**City Cab**(☏867-873-4444)。

耶洛奈夫(黄刀镇)周边
(AROUND YELLOWKNIFE)

英格拉汉姆小径
(Ingraham Trail)

英格拉汉姆小径(Hwy 4)在黄刀镇以东69公里处，是当地人游玩的地方。这条路位于加拿大地盾区，虽然有的路段不通，但沿途风景优美，湖泊星罗棋布，松树掩映其中。适合钓鱼、徒步、露营、划船，冬天还可以滑冰和骑雪上摩托。

序曲湖(Prelude Lake; $5.25/天)距离黄刀镇28公里，是一个适合家庭游览的地方。这里有一个面积很大的露营地(www.campingnwt.ca; 帐篷/房车营地 $15/22.50; ⏰5月至9月; ▣)、码头(可租船)和两条天然徒步道。

隐湖地区公园(Hidden Lake Territorial Park) 免费 距离黄刀镇46公里，内有一条总长1.2公里的徒步道，通往深受欢迎的喀麦伦瀑布(Cameron Falls)。穿过人行桥，爬上瀑布所在的峭壁。沿英格拉汉姆小径再走9公里后，会碰到一条400米长的小路，可到达喀麦伦河堤(Cameron River Ramparts)，这是座比喀麦伦小一些的瀑布。

里德湖(Reid Lake) 免费 距离黄刀镇61公里，你可以在湖中划独木舟或钓狗鱼、白鲑鱼(whitefish)和鳟鱼(trout)。露营地(www.campingnwt.ca; 帐篷和房车 $22.50; ⏰5月至9月; ▣)有很好的沙滩和步道，山顶的露营地能欣赏到美丽的湖景。

夏季，英格拉汉姆小径的终点在美丽的提比特湖(Tibbitt Lake)，这里距离黄刀镇有70公里。

北斯雷弗(NORTH SLAVE)

北斯雷弗地区位于大奴湖和大熊湖之间，境内多岩石、丛林覆盖，湖泊遍布，矿产丰富。除了黄刀镇的居民外，其他大多数都是原住民特里丘人(Tlicho)，他们过着传统(非定位于旅游)的生活。这里是一处名副其实的"群湖之地"——是独木舟爱好者、皮划艇爱好者、钓鱼爱好者和自然爱好者的天堂。

Highway 3

Hwy 3以耶洛奈夫(黄刀镇)为起点向西北延伸，绕过大奴湖的北臂(North Arm)，到达普罗维登斯堡(314公里)。

公路的第一段蜿蜒穿过加拿大地盾区的沼泽、针叶林及浅粉色岩层。夏天路面的高温，会使永久冻土融化，注意汽车可能会像过山车一样剧烈颠簸。贝丘库(Behchokò, 人口1926)位于Hwy 3以北10公里外的衔接道路上，它是西北地区最大的第一民族，这里有一处加油站，多个寄宿处，可以买到土著的艺术品。

之后，土地变成平坦的北方森林，这在西北地区的南部是非常普遍的地形。马更些野牛保护区(Mackenzie Bison Sanctuary)是加拿大最北部的居民——近4000头野生森林野牛(wood bison)的家园，它们分布在道路两侧，绵延150公里。这些动物比你的车还重，而且脾气不好，所以最好离它们远一点。

从这里向南有一条长5公里的支路通往普罗维登斯堡。几公里之外，是横跨在马更些河(Mackenzie River)上的代乔河大桥(Deh Cho Bridge)。

南斯雷弗(SOUTH SLAVE)

南斯雷弗地区包含大奴湖的南部区域，大部分都是平坦的林地。它被宽阔的河流和无数的瀑布切割开来。这里不仅是野牛的家园，也是历史上海里弗和史密斯堡皮毛交易的基地。

马更些公路(Mackenzie Highway)

马更些公路(即Hwy 1)在马更些河以南23公里、与Hwy 3的交叉路口处分为两支，一支向西进入代乔河地区，另一支向东南进入南斯雷弗。通往艾伯塔省的东南支线，也被称为瀑布路线(Waterfalls Route)。

第一站是伊芙琳夫人瀑布地区公园(Lady Evelyn Falls Territorial Park; Hwy 1, 167公里) 免费 ，沿通往小卡基萨(Kakisa)的支路行驶7公里即可到达。公园里有一条短路，通往这座17米高的瀑布(它从远古时期的新月形珊瑚礁上倾泻而下)，以及一处露营地(www.nwtparks.ca; 帐篷和房车营地$28; ⏰5月至9月; ▣)。

由此处行驶83公里可到达恩特普赖斯(Enterprise)，这里是一处位于十字路口的定居点。

恩特普赖斯向南，此时与马更些公路并

行的是让人印象深刻的双瀑布峡谷地区公园(Twin Falls Gorge Territorial Park; Hwy 1, 72公里)。一条2公里长的森林小径,连接着层层叠叠的路易斯瀑布(Louise Falls)(瀑布高15米,就在海里弗上)和壮观的亚历山德拉瀑布(Alexandra Falls; 33米)。此处也有一个露营地(www.nwtparks.ca;帐篷和房车营地$28; ⊙5月至9月; ❄)。

再往南72公里,是位于艾伯塔省的边境处的60号平行地区公园(60th Parallel Territorial Park)。游客中心(☎867-984-3811; Hwy 1; ⊙5月中旬至9月中旬 8:30~20:30; ❄)内陈列着土著工艺品。此处有一个小型的露营地(www.campingnwt.ca;帐篷和房车营地$22.50; ⊙5月至9月; ❄)。

海里弗(Hay River)

人口 3606

蓝领阶层的海里弗是在1868年作为皮毛交易中心而发展起来的,它是西北地区的第二大城镇,也是重要的铁路总站、湖港和货运中心。这个城镇本身没有太多的吸引力,更像是一个实用的服务中心。镇子里最精美的地方是早期的定居区瓦丽岛(Vale Island),那里有美丽的湖滨——大得不可思议的大奴湖畔,是钓鱼、划船和乘坐狗拉雪橇的好地方。市中心为公路和一座突兀的住宅大厦所占据。河的对面是提纳保护区。

◎ 景点和活动

瓦丽岛(Vale Island) 岛屿

这个岛就在海里弗注入浩渺的大奴湖的河口处,通过桥与大陆相连,是该城最古老且最美丽的地方。它是破败的木建筑、生锈的船只、货运火车和布满漂流木的城中海滩的集合体,由陆路到市中心为7公里。

海里弗遗产中心 博物馆

(Hay River Heritage Centre; ☎867-874-3872; Mackenzie Dr和102nd Ave交叉路口,瓦丽岛; ⊙6月至10月 13:00~17:00) 免费 这座关于当地历史的博物馆位于瓦丽岛上古老的哈得孙湾公司(Hudson's Bay Company)交易所内,里面展出了许多引人入胜的藏品,包括海里弗

的历史照片、有年代的物品以及化石。

基瓦尼斯天然小径
(Kiwanis Nature Trail) 步行

该小径从Riverview Dr开始,途经海里弗(Hay River)的堤岸及大奴湖的西海峡(West Channel),步道总长5公里。

2 Seasons Adventures 划船

(☎867-875-7112; www.2seasons.ca; Lagoon Rd; ⊙6月至9月)组织去路易斯瀑布的游船。也出租独木舟、皮划艇和冲浪桨板。游客中心提供徒步、观光飞行和垂钓的信息,也出租独木舟。

🏠 住宿

Paradise Garden & Campground 露营地 $

(☎867-875-4430; www.paradisegardencampground.com; 82 Paradise Rd;帐篷/房车营地$21/31.50; ❄)🍃 这处友好的露营地位于恩特普赖斯和海里弗之间的一个小规模有机农场内,周围的环境如田园牧歌一般。提供房车的供电设备,可以采摘浆果。

Hay River Territorial Park 露营地 $

(☎867-874-3772; www.nwtparks.ca; 104th St,瓦丽岛;帐篷/房车营地$15/28; ⊙5月至9月; ❄)这处位于茂密林地中的露营地距离海滩只有几步之遥,有热水淋浴、野餐区和儿童游乐场。

Harbour House 民宿 $$

(☎867-874-2233; www.greenwayaccommodations.ca; 2 Lakeshore Dr,瓦丽岛;标单/双$85/110; ❄)这家航海风格的民宿位于瓦丽岛的一处山坡上,靠近海滩。有一间厨房,还有一个大露天平台,客人可以在上面放松休息,欧式早餐味道很好。

Ptarmigan Inn 酒店 $$

(☎867-874-6781; www.ptarmiganinn.com; 10J Gagnier St;标单/双/套$163/167/207; ❄❄❄)海里弗唯一一家真正的酒店,位于市中心的核心地带,有干净、宽敞、设施完善的房间,还有一个酒吧、一间餐厅和一个配备爵士浴缸的健身房。

🍴 就餐

She Takes The Cake Cafe   咖啡馆 $

(☎867-874-3330; 2-4 Courtoreille St; 蛋糕$4起; ◎周一至周五 8:30~16:00, 周六 正午至16:00) 这家咖啡馆位于市中心, 提供美味的咖啡, 新鲜出炉的肉桂面包、面包圈、松饼、三明治和每日午餐特选。

Back Eddy   海鲜 $$

(☎867-874-6680; 6 Courtoreille St; 主菜$15~25; ◎周一至周六 11:00~14:00和17:00至深夜; 🛜🍴) 这家灯光昏暗的酒吧兼餐厅(入口在Capital Dr上)是当地人的最爱。特色菜是刚从大奴湖打捞上来的鲜鱼, 包括炸白鲑鱼配扇贝和虾。

ℹ 实用信息

图书馆 (Library; www.nwtpls.gov.nt.ca; 75 Woodland Dr; ◎周一至周四 10:00~17:00和19:00~21:00, 周五至周日 13:00~17:00; 🛜) 位于市中心, 可免费上网。

游客信息中心 (Visitor Information Center; ☎867-874-3180; www.hayriver.com; Mackenzie Hwy和McBryan Dr交叉路口; ◎5月至9月9:00~21:00) 位于市中心的公路上。淡季时可顺便逛逛市政厅, 就在Commercial Dr以北的一个街区内。

ℹ 到达和离开

飞机

著名的**布法罗航空**(Buffalo Airways; 见916页)和**第一航空**(见907页)都有航班飞往黄刀镇, 票价分别为$205(45分钟)和$236。**西北航空**(www.nwal.ca)有飞往埃德蒙顿($607, 2.25小时)和史密斯堡($234, 40分钟)的航班。此处列举的都是单程票价。

长途汽车

周一、周三和周五上午9:00, **Frontier Coachlines**(见908页)从市中心的Rooster便利店出发, 经普罗维登斯堡到达黄刀镇($118, 6小时)。周二和周四上午9:00有到史密斯堡($87, 3小时)的班车。

小汽车和摩托车

有一条铺设好的道路通往恩特普赖斯, 全长38公里。出城约5公里处有一条岔路, 通往只经过部分铺设的Hwy 5, 沿Hwy 5行驶267公里可到达史密斯堡。

火车

海里弗(Hay River)是加拿大最北边的著名铁路站点, 不过只办理货运。

史密斯堡(Fort Smith)

人口 2093

友好的史密斯堡坐落在大奴河上方的一处高崖上。这里是环大奴河的水陆联运线的终点, 多年来都是通往北方的门户。1874年, 哈得孙湾公司在此处开业。在1967年黄刀镇成为西北地区首府之前, 史密斯堡一直都是加拿大北部大部分地区的行政中心。如今它仍是行政枢纽和加拿大面积最大的保护区——伍德布法罗国家公园(Wood Buffalo National Park)的总部所在地。居民中有2/3是原住民克里人(Cree)、契帕瓦人(Chipewyan)和梅蒂斯人(Métis)。

◉ 景点

北部生活博物馆   博物馆

(Northern Life Museum; ☎867-872-2859; King St和McDougal Rd交叉路口; ◎周一至周六10:00~17:00) 免费 博物馆中有迷人的当地历史展览, 横跨1万年前第一个来到这里的提纳人到19世纪建立皮毛捕猎地的历史。这里重现了皮毛猎人的家园和商店。你还能看到肯拿士(Canus)的标本, 它是一只雄性美洲鹤(whooping-crane), 曾努力繁殖, 帮助其种族逃过了灭绝的命运。

史密斯堡传教历史公园   公园

(Fort Smith Mission Historic Park; Breynat St和Mercredi Ave交叉路口; ◎5月至9月) 免费 这个公园意在纪念天主教先驱进入北方传教的日子。可以从游客中心获得自助游地图。

🏃 活动

该地区不仅因激流在狂热的划桨爱好者当中非常有名, 还是白鹈鹕(whitepelicans)最北端的筑巢地。溺水者激流(Rapids of the Drowned)就在小城前面, 紧邻Wolf Ave。在它的上游, 你可以沿跨加拿大小径(Trans Canada Trail)徒步, 从小城出发骑车, 抑

或从Fort Fitzgerald路走去观看山脉激流（Mountain Rapids）、鹈鹕激流（Pelican Rapids）及卡带激流（Cassette Rapids）。

★ 鹈鹕激流（Pelican Rapids） 河流

在史密斯堡以南12公里处，有一条年代久远的行车道向东通往河流，再沿徒步道蹚过一条溪流后，向上攀登一处可以俯瞰奔腾水流的陡岸。这里并没有许多鹈鹕出没，但是你可以在岸边的粉色花岗岩上漫步。

★ 溺水者激流 河流

得名于19世纪发生的一起翻船事故，这处激流是鹈鹕在世界上最靠北的筑巢地。从Portage St最高处出发走10分钟，可以观赏到鹈鹕在湍急的河流中捕鱼的场面。注意不要靠它们太近以免惊扰。

节日和活动

奴河泛舟节 体育节

（Slave River Paddlefest; www.slaveriverpaddlefest.ca; 8月）在这个又湿又野的节日于每年8月第一个周末举行。届时举办的奴河泛舟活动，涵盖从静水独木舟到白水独木舟的各类形式。还有咨询诊所、提纳人的传统运动和白水项目等。

★ 暗夜星空节 灯光秀

（Dark Sky Festival; www.tawbas.ca; 8月中旬）史密斯堡的Thebacha & Wood Buffalo天文学会会在每年8月中旬举办一系列的活动。每当黑夜降临，且天气晴朗，他们会组织观看北极光，以及在伍德布法罗国家公园（Wood Buffalo National Park）中通过望远镜观星的活动。

食宿

伊丽莎白女王地区公园 露营地 $

（Queen Elizabeth Territorial Park; 867-872-2607; www.campingnwt.ca; 帐篷/房车营地$15/28; 5月至9月; ）这处可爱的露营地就在提皮小径（Tipi Trail）的终点，小镇以西4公里处，还没有被充分利用，这里有淋浴，还能在河边的断崖附近找到柴火。

★ Whooping Crane Guest House 民宿 $$

（867-872-3426; www.whoopingcraneguesthouse.com; 13 Cassette Crescent; 房间 $120起; ）这家民宿豪华、时尚、友善，这座迷人的八角形木建筑位于紧邻Calder Ave的一条非常安静的街道上。热心的主人、美味的早餐、美丽的布艺墙以及大量的书籍、自行车和吊床等，都很值得推荐。这里有一个宽敞的套房，配备一间厨房和就餐区，而两间精心装饰的客房则拥有华丽的私人卫生间（在外面）。

★ Anna's Home Cooking 咖啡馆 $

（867-872-2582; 338 Calder Ave; 午餐$6~11, 主菜 $13~27; 周一至周五 8:00~20:00; ）精心准备的家常菜是这里的特色。这里提供一系列美味的早餐、沙拉、帕尼尼面包、可口的果汁、石烧的比萨以及精选午餐，比如辣椒。晚餐时有汉堡包，以及大份的烧烤主菜。这里环境舒适休闲，有一种瑜伽疗养（可享受按摩及其他服务）的氛围，有户外座位区。

购物

Rusty Raven 工艺品

（867-872-2606; 66 Portage Ave; 周一至周五 8:00~17:30, 周六 9:00~17:30, 周日 9:00~17:00）这里出售提纳人的一些珠饰、当地艺术品、以当地旅游景点为主题的书籍以及ESPE人造皮革的手提包。

实用信息

图书馆（Library; 170 McDougal Rd; 周一至周四 14:30~17:30和19:00~21:00, 周五 14:30~17:30, 周六和周日 14:00~17:00）7月至9月的星期日闭馆。

史密斯堡镇（Town of Fort Smith; www.fortsmith.ca）本地信息的一个很好的资源。

伍德布法罗国家公园信息中心（Wood Buffalo National Park Information Centre; 867-872-7960; www.pc.gc.ca; 149 McDougal Rd; 9:00~18:00; ）位于史密斯堡，这处国家公园信息中心比市中心的游客中心大1倍。它有一个以当地生态为主题的有趣展览，还有关于公园的视听展览。夏季时他们会组织公园徒步导览游。

到达和离开

西北航空（867-872-2216; www.nwal.ca）有到黄

刀镇（单程$397，1小时）、海里弗（单程$224，45分钟）和埃德蒙顿（单程$680，2小时）的航班，也有到麦克默里堡（Fort McMurray）及奇普怀恩堡（Fort Chipewyan）的航班。

Frontier Coachlines（见908页）有到海里弗（$87，3小时，周二和周四13:00）的线路。冬季有冰雪之路通往艾伯塔省的奇普怀恩堡。

伍德布法罗国家公园（Wood Buffalo National Park）

伍德布法罗国家公园位于艾伯塔省与西北地区的边界上，总面积有44,000平方公里，是世界上最大的国家公园之一。这片广阔的土地上分布着北方针叶林、喀斯特地貌和庞大的淡水系统。

这座国家公园设立于1922年，旨在保护森林野牛（woodbuffalo）——北美野牛的一个著名的北方亚种，其体型庞大，皮毛呈黑色。成千上万头野牛生活在这片地区，你有可能会看到它们在路边发呆。BBC的《冰冻星球》（*Frozen Planet*）和大卫·铃木（David Suzuki）的《事物的本性》（*The Nature of Things*）等纪录片记录了它们和这里的狼群之间的相互影响。

公园还保护着地球上最后一批迁徙的野生美洲鹤。这种鸟濒临灭绝，不过现存数量正在上升。它们与成千上万只野鸭和野鹅共同生活在这片让它们赖以生存的湿地上，其中包括世界上最大的淡水三角洲——皮斯—亚大巴斯卡河三角洲（Peace-Athabasca Delta）。驼鹿、北美驯鹿、熊和猞猁也是这里的居民，到了夏季还会出现不计其数的蚊子和马蝇。

◎ 景点和活动

盐化平原观景台
（Salt Plains Lookout） 观景点

沿海里弗方向的公路行至史密斯堡以西约25公里处，有一段11公里长的岔路通往一处观景台，从那里可以俯瞰被盐层覆盖的广阔的盐化平原（Salt Plains），时不时还有凸起的盐丘。有台阶通向盐化平原，你可以进行进一步的探索。游客需光脚行走，以保护脆弱的生态。

Highway 5 户外

从西边一路行驶，有趣的地方包括巨大的**安格斯坑**（Angus Sinkhole，路标上写作Angus Fire Tower）、逐渐干枯的**奈厄灵河**（Nyarling River）及**小野牛河瀑布**（Little Buffalo River Falls），瀑布附近有一处没有工作人员的露营地和一条2公里长的天然小径。再往前，有一条长11公里的岔路，经此可到达盐化平原观景台（Salt Plains Lookout），观景台附近有一条短径，向下通往广阔的白色平原，那是海水从远古的海床中流出而形成的。

和平点之路（Peace Point Road） 户外

盐河白天使用区（Salt River Day-Use Area）位于史密斯堡和和平点（Peace Point）之间，这里是蛇的冬眠场所（它们只在4月末集体交配）。这里还是白天徒步到盐化平原及沉洞的小路起点。在距离史密斯堡约60公里处，是人气很高的松湖露营地（Pine Lake Campground），来到这里，你可以在白沙滩上晒太阳，也可以在碧绿的水里游泳。

划独木舟 划独木舟

一个大胆的选择是先从和平点划独木舟，再徒步13公里，进入斯威特格拉斯（Sweetgrass）地区——这里有广阔的草原和旧时野牛畜栏。你会看到许多美洲野牛，也有可能看到狼。

徒步 徒步

公园内共有8条徒步道，难度涵盖从简单到中等，长度也从500米到13公里不等。最值得推荐的是盐河（Salt River）的北环线（North Loop，7.5公里）和南环线（South Loop，9公里）。北环线上可以看到沉洞，南环线上可以看到Grosbeak Lake的盐土草原和盐化平原。

🛏 住宿

Little Buffalo River Falls Territorial Park 露营地 $

（☎867-872-2602；www.campingnwt.ca；帐篷/房车营地$15/22.50；⊙5月至9月）紧邻通往海里弗的公路，近史密斯堡，这处小型露营地有6个没有电源的露营位置，风景如画的小野牛河瀑布近在咫尺。

松湖露营地　　　　　　　露营地 $

（Pine Lake Campground; www.pc.gc.ca; 帐篷和房车营地$15.70; ◎5月至9月; ❊）这处宁静的露营地距离史密斯堡60公里, 沿Pine Lake Rd可达。营地内有野餐桌和营火坑。需准备防虫用品。

❶ 实用信息

伍德布法罗国家公园 管理处位于史密斯堡。

代乔河（DEH CHO）

在当地方言中, Dehcho的意思是大河。加拿大西南地区河流密布, 最著名的有马更些河、利亚德河（Liard）和纳汉尼河。这片地区也被赐予了加拿大最壮观的国家公园（马更些山脉将它一分为二）, 以及温暖的气候和丰富的土著文化。

辛普森堡（Fort Simpson）

人口 1238

在当地方言中, 辛普森堡被称作Liidlii Kue, 意为"两条河流交汇口"——壮阔的利亚德河与马更些河在此成为航道。几个世纪以来, 提纳人都是在这里进行贸易, 1822年哈得孙湾公司建立皮毛交易站之后, 传教士和淘金者也追随而来。如今, 这里集合了原住民提纳人、梅蒂斯人以及欧洲文化的特点, 成为该地区的中心, 拥有齐全的服务设施, 也是通往毗邻的纳汉尼国家公园保护区（Nahanni National Park Reserve）的门户。

❖ 景点和活动

著名的**麦克弗森宅邸**（McPherson House, 93rd Ave和MacKenzie Dr交叉路口）和古怪的淘金者阿尔伯特·菲勒（但他从未碰上好运气）的**小屋**（MacKenzie Dr）, 都位于马更些河岸。**Elevate**（www.openskycreativesociety.com; ◎7月初）在加拿大国庆日（Canada Day）前后举行, 届时会有持续3天的音乐艺术活动。主办单位在该城的图书馆大楼内有一间**画廊**（☏867-695-3005; www.openskycreativesociety. com; 100th St; ◎周一至周五13:00~16:00）, 展出当代及传统的代乔河艺术。

大部分游客来到这里是为了参加观光飞行或者乘独木舟去纳汉尼国家公园保护区。航空公司位于Antoine Dr（近城中的简易机场）。如果你想独自划船去利亚德以及马更些, 可以去Simpson Air租独木舟, 价格是$25/天。

🛏 住宿

Fort Simpson Territorial
Campground　　　　　　露营地 $

（☏867-695-2321; www.nwtparks.ca; 帐篷/房车营地 $22.50/28; ◎5月至9月; ❊）露营地位于河畔的树林中, 有淋浴、蹲式厕所和32个舒适的露营位置。

★ Mackenzie Rest Inn　　　民宿 $$

（☏867-695-2357; www.mackenzierest.ca; 10518 99th St; 标单/双有共用浴室 $150/180; ☎）这家可爱迷人且设施齐全的民宿旁边有水上飞机和宽阔的河流。房间内格调高雅, 店员无可挑剔的服务与别具一格、装饰华丽的房子相得益彰, 在这里, 你还可以欣赏到优美的河上风光。有关于加拿大北部地区的书籍和杂志供游客取阅, 还有让人放松的露台区。房间各不相同, 但都需共用现代化的卫生间。最推荐最高层的那间房。

Willows Inn　　　　　　汽车旅馆 $$

（☏867-695-2077; www.janor.ca; 103 Ave和Antoine Dr 交叉路口; 标单/双 $170/195; ❊☎）这家新建的汽车旅馆内一尘不染, 共有6间自给自足的宽敞房间, 都配有空调、地热以及咖啡机、冰箱和微波炉, 全年都可使用。这里还为客人准备了一间设备齐全的厨房, 以及一个美丽的平台（上面有椅子和烤肉架）。

Janor Guest House　　　　民宿 $$

（☏867-695-2077; www.janor.ca; 99B Ave 和100th St交叉路口; 标单/双 $150/175; ❊☎）这家朴实无华的民宿由热情好客的Leah和Colin经营, 共有6间舒适的卧室（其中2间是套房）, 客人可以使用阳光充足的客厅以及设备齐全的厨房。也可以自己在花园里种植蔬菜、烧烤或者使用小健身房。

ⓘ 实用信息

史密斯堡游客中心（Fort Simpson visitor center；
☏867-695-3182；www.fortsimpson.com；❋5月至9月周一至周五 8:00~20:00，周六和周日 10:00~20:00）有关于史密斯堡和西北地区的小册子。

纳汉尼国家公园保护区游客中心（Nahanni National Park Reserve visitor center；☏867-695-7750；www.parkscanada.gc.ca/nahanni；100 St 和 Ave交叉口；❋7月和8月 8:30至正午和13:00~17:00，9月至次年6月，时间短）提供关于纳汉尼国家公园保护区的实用信息。

ⓘ 到达和当地交通

汀迪航空（Air Tindi；见908页）有到黄刀镇（单程$485，80分钟，除周日外每天都有）的航班。

第一航空（见907页）有直飞黄刀镇（$704）的航班，以及去往埃德蒙顿（Edmonton）、海里弗（Hay River）、伊努维克（Inuvik）和渥太华（Ottawa）的联运航班。这里没有长途汽车。

如果你驾车向南行驶，这里是加油的最后机会，因为往后数百公里你都不会再遇到加油站了。

纳汉尼国家公园保护区（Nahanni National Park Reserve）

对很多人而言，纳汉尼就是一片荒野。这座面积达30,000平方公里的公园，位于西北地区的西南部（靠近育空的边界），境内有一条与它同名的河流——壮观的**南纳汉尼河**（South Nahanni River）。其汹涌奔腾的河水在连绵起伏的马更些山脉（Mackenzie Mountains）之中流经500多公里的土地。这里不仅是划独木舟的理想地点，也是加拿大最引人入胜的地方之一。

纳汉尼河已经名副其实地成为加拿大遗产（Canadian Heritage），纳汉尼国家公园也被列入了联合国教科文组织世界遗产（Unesco World Heritage）名录，可谓实至名归。2009年，联邦政府与代乔第一民族（Dehcho First Nations）签订协议，将国家公园的面积扩大到原来的6倍多。

◉ 景点

★ **维吉尼亚瀑布**（Virginia Falls） 　　瀑布

没错，不列颠哥伦比亚省境内有一系列很高的瀑布，但是这里同时能看到两股激流从96米的高度飞流直下（是尼亚加拉瀑布高度的2倍），还能感受到边陲地区的壮美景观。维吉尼亚瀑布是加拿大最壮观的瀑布之一。

冰川湖（Glacier Lake） 　　湖泊

这处壮观的冰川湖坐落在国家公园的西北部，夹在Britnell Glacier冰川之间，四周被拉吉德山脉（Ragged Range）花岗岩群峰环绕。它还是攀岩者们的圣地——"无法攀登的冰斗"（Cirque of the Unclimbables）的入口。

⚐ 活动

激浪漂流和划独木舟

有执照的户外运动商可以安排皮划艇和独木舟之旅。根据距离远近与天数，价格从$4900到$8120不等。尽量提前几个月预订。划独木舟需要有一些基本经验，而皮划艇由向导驾驶，轻松惬意，适合所有人。

多数旅行从驼鹿池（Moose Ponds）、拉比特科特尔湖（Rabbitkettle Lake）或维吉尼亚瀑布开始，因为水上飞机能够在这些地方着陆。从驼鹿池到拉比特科特尔湖有约160公里，多数都是三级激流。从拉比特科特尔湖到维吉尼亚瀑布有118公里，河水平缓地流过宽阔的山谷。越过瀑布之后，再走252公里，去往黑石地区公园（Blackstone Territorial Park），途中先要穿过水波汹涌、山崖陡立的峡谷，然后沿宽阔的利亚德河前进。下游的旅程需要7到10天。从拉比特科特尔湖出发约需14天，而从驼鹿池出发则需21天。

★ **Black Feather** 　　皮划艇、划独木舟

（☏705-746-1372；www.blackfeather.com）经营商的服务还包括专门针对家庭和女性的旅行。提供加拿大北极地区的皮划艇以及在纳汉尼国家公园保护区内划独木舟的行程。10天的纳汉尼国家公园保护区行程的费用是$5150。

Nahanni River Adventures 　　划独木舟、漂流

（☏867-668-3180；www.nahanni.com）这家总部在育空的旅行公司广受赞誉，有顶尖的导游。提供加拿大和阿拉斯加州境内20余条河流的划独木舟和漂流行程，包括南纳汉

尼河、塔琴西尼-阿尔塞克河（Tatshenshini-Alsek）以及福斯河（Firth）。纳汉尼国家公园保护区内的行程选择范围从8天（$5220）到21天（$8120）不等。

Nahanni Wilderness Adventures
划独木舟、漂流

（☎403-678-3374; www.nahanniwild.com）很有环保意识的经营者通过缩短飞行时间以便将碳足迹降到最低。David从1989年就开始在南纳汉尼河里划船了，他组织的行程范围从8天（$4950）到22天（$6250）不等。

徒步和登山

纳汉尼河山谷中也有一些不错的徒步路线，从通往瀑布观景台的木板路到需要走上整整一天的通往**太阳血山脉**（Sunblood Mountain）山顶的徒步道（从维吉尼亚瀑布露营地过河）都有。环绕着冰川湖的**拉吉德山脉**中有需花费数日的徒步路线和富有挑战的攀岩线路。

无法攀登的冰斗（Cirque of the Unclimbables）
攀岩

环绕着冰川湖的花岗岩群峰中有一处世界级的攀岩胜地。莲花塔峰（Lotus Flower Tower）是一处18绳距 5.11难度（18-pitch 5.11）的独块巨石，它被誉为世界上最美的大岩壁路线之一，让有经验的攀岩者们跃跃欲试。

温泉

公园内有两处温泉区，分别是被整个北方地区最大的泉华丘环绕的**拉比特科特尔温泉**（Rabbitkettle Hot Springs），和小一些的**克劳斯温泉**（Kraus Hot Springs; 这处温泉水中富含硫，所以味道较大）。这两个温泉你都可以去泡一泡。

飞行观光

Wolverine Air
观光飞行

（☎867-695-2263; www.wolverineair.com; Antoine Dr）热情好客的经营商提供纳汉尼国家公园保护区的空中游览；有一些可以降落在维吉尼亚瀑布（$570/人起）和冰川湖（$720/人起）。他们是不回邮件，可以打电话去。

★ Simpson Air
观光飞行

（☎867-695-2505; www.simpsonair.ca; Antoine Dr）这是家很棒的经营商，纳汉尼国家公园保护区内的绝大多数的空中观光旅行都是他们组织的，包括维吉尼亚瀑布（$494/人）和冰川湖（$646/人）。三人起成团，或者你也可以包机。如果观光飞行途中不需要降落，费用会便宜些。飞行员Ted经营了一家叫作Nahanni Mountain Lodge的旅社，位于小医生湖（Little Doctor Lake）旁，位置比较偏远，需乘坐飞机过去。

🛏 住宿

★ Nahanni Mountain Lodge
度假屋 $$$

（☎867-695-2505; www.simpsonair.ca; 4人4晚，包括维吉尼亚瀑布游，费用/人$1351）坐落在国家公园外风景如画的小医生湖（Little Doctor Lake）旁，这处朴实无华的住处共有4座小屋，可以接待20人（一个团队或者大家庭）。除了你和纯天然的环境，别无其他。你只能游泳、钓鱼或者漂流，在这里住宿以及参观纳汉尼国家公园保护区，需通过Simpson Air预订。

ℹ 实用信息

你可以在辛普森堡的纳汉尼国家公园保护区游客中心获得公园信息及入园许可。一天的费用是$24.50，Backcountry Pass全年有效，收费$147.20。6月中旬和9月中旬，纳汉尼国家公园保护区允许游客乘飞机进入。

ℹ 到达和离开

公园只能靠水上飞机才能到达。

利亚德小径（Liard Trail）

利亚德小径（即Hwy 7）是一条石子路，它从马更些公路（即Hwy 1）分岔出来，向南穿过利亚德山谷（Liard Valley），马更些山脉在道路西面绵延开去。这里生活着许多黑熊和北美野牛。唯一的加油站位于辛普森堡和利亚德堡。检查站（Checkpoint）和利亚德堡的中间是黑石地区公园（Blackstone Territorial Park），这里有解说展览，一个游客中心以及一个不错的露营地（www.nwtparks.ca; 帐篷/房车营地 $15/22.50; ⓢ5月至9月;

🏕），露营地在桦树和云杉林中，附近有数条短程徒步小径，还能看到群山以及利亚德河—纳汉尼河交汇口的壮丽景色。大部分南纳汉尼独木舟之旅都在这里结束。

萨赫图(SAHTU)

山峰林立的萨赫图位于大熊湖（Great Bear Lake）的湖中心，全年需乘坐飞机到达，只有冬天可以经由冰路上岛。马更些河流经加拿大1/5的地区，从这里经过，有的地方河宽超过3公里。河两岸矗立着的光秃秃的山峰，守卫着世界上最荒凉的一方土地——这些地方最适合远足和划船。

诺曼韦尔斯(Norman Wells)

人口 727

这座从北方边境崛起的石油老城地处辛普森堡和伊努维克的中间地带。它是独木舟爱好者、徒步卡诺尔遗产小径（Canol Heritage Trail）的远足者、去马更些山脉的冒险者以及去大熊湖的渔民的出发地。

⊙ 景点和活动

诺曼韦尔斯历史中心 博物馆

（Norman Wells Historical Centre；📞867-587-2415; www.normanwellsmuseum.com; Mackenzie Dr; ⊙周一至周五 10:00~17:30, 周六 10:00~16:00, 周日正午至16:00) 免费 这家小博物馆热忱地展示着地区历史、地貌和工艺品，并且提供河流和卡诺尔遗产小径方面的实用信息。

★ 卡诺尔遗产小径 徒步

原始且富有挑战的卡诺尔遗产小径向西南延伸358公里一直到育空的边界，徒步者要穿越险峰、峡谷和不毛之地，还会遇到大量的野生动物和渡过不计其数的幽深河水。途中唯一的住宿地是一处老旧的活动房。走完全程需要花费3~4周的时间，大多数人会安排空投食物。可与西北地区旅游局（www.gov.nt.ca/services/visitors）联系装备事宜。

★ Canoe North Adventures 划独木舟、徒步

（📞5月至9月 867-587-4440, 10月至次年4月 519-941-6654; www.canoenorthadventures.com; Beaver Lane; ⊙5月中旬至9月中旬）这家出色的机构组织在纳汉尼河、芒廷河（Mountain）、基尔河（Keele）和其他大河上富有挑战的独木舟之旅。他们也安排卡诺尔遗产小径的徒步游。位于北怀特（North-Wright）水上飞机码头的总部，出租自助游所需的所有装备，还提供住宿，包括单间和有上下铺的房间（带厨房用具）。

🛏 住宿

★ Canoe North Lodge B&B 民宿 $$

（📞867-587-4440; www.canoenorthadventures.com; 8 Beaver Ln; 标单/双 $115/200; @）这家独木舟/徒步装备供应商为活跃的旅行者提供的住宿位于他们的码头。有单人间和上下铺可供选择。早餐免费，也提供午餐（$20）和晚餐（$40）。划独木舟的休息间隙可以在公共区域四处逛逛，或者去厨房做饭。

Heritage Hotel 酒店 $$$

（📞867-587-5000; www.heritagehotelnwt.com; 27 Mackenzie Dr; 房间含早餐 $300; 📶）这家干净的极简主义酒店相当时尚，与属于工人阶级的诺曼韦尔斯似乎格格不入。许多房间里都能看到河景，除此之外，这里还有一间休闲疗养中心、一个小型高尔夫球场，以及Ventures餐厅，餐厅供应泰式卤汁牛排（Thai-marinatedsteak）等美食。毫无疑问，这里是镇里最好的一家餐馆。

ℹ 到达和离开

北怀特航空（North-Wright Airways; 见916页）、**加拿大北方航空**（Canadian North; www.canadiannorth.com）和**第一航空**（见907页）都有到黄刀镇和伊努维克的航班。

冬季，这里有一条长333公里的冰雪之路，它从里格利到诺曼韦尔斯，向北最远可达科尔维尔湖（Colville Lake）。

北极西部(WESTERN ARCTIC)

北极西部包括马更些三角洲、理查森山脉（Richardson Mountains）和几座高纬度

北极地区（High Arctic）的岛屿。在这片西北地区最具多样性的土地上，有几座偏远国家公园，以及土著部落，村中的居民依然保持着捕鲸、设陷阱捕猎等传统的生活方式。伊努维克是区域中的"大都市"。可经由丹普斯特公路（Dempster Hwy）到达，沿途美景令人心醉。

伊努维克（Inuvik）

人口 3396

伊努维克距离马更些河口有几十公里，它于1955年成为行政驻地，用于重新安置Aklavik人。色彩绚丽的房子和如同迷宫一样的地上加热管道令这个团结的社区看起来像是还没有完工的作品。在夏季永恒的白日里，许多旅行者从育空地区经由崎岖不平且令人胆战心惊的丹普斯特公路，行驶737公里，来到这儿探寻北极。

◉ 景点和活动

圣母得胜堂　　　　　　　教堂

（Our Lady of Victory Church; ☎867-777-2236; 174 Mackenzie Rd; 捐赠入内 $5; ⊙团队游周一、周三、周五和周六 18:30,周日正午）小城的地标是木制的圣母得胜堂，也称拱形圆顶小教堂（Igloo Church），设计很有当地伊努维克文化的特点。它有一个华丽且明亮的圆拱顶。内部的装饰十分吸引人，其中有伊努维克艺术家Mona Thresher绘制的被提（Rapture）。

丹普斯特公路
（Dempster Highway）　　观光自驾

这条全长737公里，向南通往育空地区的公路就是令人闻风丧胆的丹普斯特公路，要说加拿大哪条公路风景最美却又最具挑战，它绝对能在榜首。公路经过茂密的北方森林和贫瘠的冻原，然后在雪山中随地势颠簸起伏。整条道路未经铺砌，部分路段是艰险的泥路，路面坑坑洼洼。渡轮可能会晚点，沿途没有手机信号。可能会碰到许多野生动物。

☞ 团队游

对大多数游客来说，伊努维克是进入北冰洋的门户。比较受欢迎的团队游包括飞越水网交织的马更些三角洲和饱经风霜的北极海岸（在这里，树木逐渐消失，地面上布满冰丘，即耸立在苔原中间的冰芯小丘）以及游览以捕鲸为生的村落图克托亚图克（Tuktoyaktuk）。摄影师应尽量找靠后的座位。当通往图克托亚图克的道路走到尽头，重点可以放到马更些三角洲游船游、偏远地区的观光飞行之旅、哈士奇拉雪橇以及丹普斯特公路的观光驾驶上。

Tundra North Tours　　　探险游

（☎800-420-9652; http://tundranorthtours.com; 185 Mackenzie Rd）这家专业的公司提供北冰洋海岸到图克托亚图克的观光飞行（$549/人），途中游客不仅可以看到冰丘，还能看到小镇的美景，去图克托亚图克的乘船和飞行联票（boat-flight combo, $599），去偏远的赫西尔岛（Herschel Island）的观光飞行（$1199/人），夏季马更些三角洲游船游（$299/人）以及丹普斯特公路的观光驾驶。冬季，游客可能有机会看到驯鹿。

Arctic Adventures　　　探险游

（White Huskies; ☎867-777-3535; www.whitehuskies.com; 25 Carn St）最值得推荐的行程包括全年都有的司机驾驶的丹普斯特公路之旅，夏季去图克托亚图克的观光飞行（$550/人），以及由因纽特人导游的出色行程（$55），你会有机会见识他们毛色雪白的哈士奇，非常漂亮。冬季，每天都有狗拉雪橇（$158起）和摩托雪橇游。他们还出租车辆和独木舟。

🛏 食宿

Jàk Park Campground　　露营地 $

（☎867-777-3613; www.campingnwt.ca; 帐篷/房车营地 $22.50; ⊙6月至8月; 🅿）这个漂亮的露营地由政府经营，位于城南约6公里处的丹普斯特公路旁，供应热水淋浴和柴火。从这里可以看到三角洲的美丽风景，附近还有一座观鸟的观光塔，微风把蚊子吹到海湾。另一处露营地在市中心。

★ Andre's Place　　　　　民宿

（☎867-777-3177; www.facebook.com/

Andresplaceinuvik；55 Wolverine Rd；标单/双$195/225；☎）这间民宿由一对和善的法国一智利夫妇经营。有一间卧室，配备干净整洁的卫生间（在隔壁）。客人可以品尝到民宿主人准备的让人赞不绝口的早餐，主人也很乐意分享他们对于遥远的北方生活的见解。

★ Arctic Chalet 客栈 $$

（☎867-777-3535；www.arcticchalet.com；25 Carn St；房间 $125~150；小屋 $185~200；☎❄）这家客栈位于离城3公里的北方林地上。主屋中展示了当地的动物群，你可以从动物的皮毛和许多鹿角上看出来。卫星小屋里都有简单的厨房用具。一些房间是套房。Wi-Fi每天有严格的限额。热情好客的店主出租独木舟、皮划艇和汽车，组织狗拉雪橇之旅。

★ Alestine's 加拿大菜 $$

（48 Franklin Rd；主菜 $11~22；☺周一至周五中午至14:00和17:00~20:00，周六和周日16:00~20:00）这间小型的家庭自营的餐馆仅靠一己之力就提升了整个伊努维克的餐饮水准。菜单很简单，旨在将当地食材物尽其用。你可以在楼上的平台上或者在装修得像魔方一样的餐厅中享用白鱼肉卷饼（whitefish taco）、烤三文鱼和麋鹿肉（reindeer chili）。平台上装饰着当地的版画印制品。

★ Andre's Place 法国菜 $$$

（☎867-777-3177；55 Wolverine Rd；4道菜 $75；☺周三和周五18:30）Andre是在法国接受了经典厨师培训的主厨，每周三和周五可以品尝到他的厨艺。你可以在私密的环境中品尝精致的菜肴；菜单每周都会更换（在游客中心可以查到最新菜单），但是宝云酥羊果（rack of lamb with Provençal sauce）和翻转苹果塔（tarte tatin）是菜单上的常客。

❶ 实用信息

加拿大公园管理局（Parks Canada；☎867-777-8800；www.pc.gc.ca；81 Kingmingya Rd）提供关于图克图特诺革特（Tuktut Nogait）、伊瓦维克（Ivvavik）和奥拉维克（Aulavik）国家公园的实用信息。公园参观者必须到这里登记和撤销登记。工作人员可以安排去伊瓦维克和图克图特诺革特的多日行程。

北极西部地区游客中心（Western Arctic Regional Visitors Centre；见927页）提供旅行资料，拥有热情的工作人员和一个自然展览。

北极西部地区游客中心（Western Arctic Regional Visitor Center；☎867-777-4727，淡季信息867-777-7237；www.inuvik.ca；284 Mackenzie Rd；☺5月至9月周一至周五9:00~20:00，周六和周日10:00~19:00）很棒的游客中心，由热心的员工运营。在这里可以取得一些伊努维克的活动、美食和购物的打印资料以及丹普斯特公路护照的信息。推荐参观精彩的自然展览和活动告示板。

❶ 到达和当地交通

飞机

北部航空（见908页）有航班飞往道森市、旧克罗（Old Crow）和怀特霍斯（Whitehorse）。**阿克拉克航空**（Aklak Air；☎867-777-3555；www.aklakair.ca）有航班飞往图克托亚图克、波拉图克（Paulatuk）和萨克斯港（SachsHarbour），并提供到国家公园的包机。

机场位于城南14公里处。乘坐Town Cab和Delta Cab到市中心的费用1人/2人为 $30/36。

小汽车

Driving Force（☎867-777-2346；www.drivingforce.ca；60 King Rd；☺周一至周五8:00至正午和13:00~17:00）以及**Arctic Chalet Car Rental**（☎867-777-3535；www.arcticchalet.com；25 Carn St）可租车，他们在机场都有柜台。如果你要开车，需提前查看丹普斯特公路的**路况**和轮渡**状况**（☎800-661-0750；www.dot.gov.nt.ca，www.511yukon.ca）；当温度一降至零度以及春季融雪时，道路会关闭；最近，向北可直通图克托亚图克（124公里）的石子路在2017年已经关闭。这里的汽油在西北地区是最贵的；如果要向南走，去麦克弗森堡（Fort McPherson）加油会更划算。

图克托亚图克（Tuktoyaktuk）

人口 854

图克托亚图克（形状看起来像驯鹿）位于北冰洋海岸上、伊努维克东北方约140公里的地方，一直以来，它都是捕鲸的因纽特人的老家，现在还是波弗特海（Beaufort Sea）天然气开发的陆地总部。

夏季时，这里有可能看到成群的白鲸（belugas）。常年都能看到冰丘，其中图克半岛（Tuk Peninsula）上冰丘的密度在西北洋地区是最高的。大约1400座这种由土和冰混合而成的山丘装点着这片土地，最大的两座被称为加拿大冰丘地标（Pingo Canadian Landmark）。

在图克托亚图克，最醒目的建筑包括两栋仿制的草皮房（sod houses; www.inuvialuitsodhouse.ca）——因纽特人的传统住房以及冰屋（Icehouse）——村民们把自己捕猎来的东西放进这个在永久冻土中挖掘出来的天然的冷冻室当中。这两个房子的旁边，是精心修复过的露德圣母（Our Lady of Lourdes）号帆船，它在20世纪30年代和40年代期间，曾被用于为去远方的天主教传教士们运送所需物资。

想了解本地区的团队游讯息，可以向Eileen Jacobson经营的Arctic Ocean Tuk Tours（867-977-2406；eileenjacobson@hotmail.com）咨询，她是当地一位非常出色的向导。因为她一直在此生活，所以可以向你详细讲解因纽特人的传统生活。这片土地也是她赖以生存的家园，她在这里打猎、捕猎以及打鱼，她的文化之旅包括参观她自己的家，在那里你可以品尝到烟熏鲸鱼肉、麝香牛肉和鱼干。Eileen是伊努维克的Arctic Adventures（见926页）的合作方。

实用信息

Hamlet office（867-977-2286; www.tuk.ca）可以提供更多服务信息。

到达和离开

阿克拉克航空（Aklak Air）每天至少有2班飞往图克托亚图克的航班。大多数游客是从伊努维克乘飞机或乘船来到这里。

新建的以伊努维克为起点的道路于2017年向公众开放后，游客就能通过这条北美地区唯一的通往北冰洋的公路到达此地，驾车时间约2小时。

班克斯岛（Banks Island）

以极地的标准来看，北冰洋的班克斯岛上野生动植物种类丰富，还是世界上观赏麝香牛（muskox）的最佳地点。岛上有两个鸟类保护区，夏天可以看到成群的白天鹅和海鸟。萨克斯港（Sachs Harbour）是一个位于南海岸的小型因纽特人社区，也是这里唯一的居民点，居民们以狩猎、打鱼和捕猎为生。在岛的北端，人迹罕至的奥拉维克国家公园（Aulavik National Park）面积达12,275平方公里。它有世界上最大密度的麝香牛群，还有荒地、苔原和考古遗址。

可向奥拉维克国家公园内的加拿大公园管理局伊努维克办事处进行咨询。阿克拉克航空（Aklak Air）每周有3班从伊努维克到萨克斯港的航班。奥拉维克国家公园只能通过私人包机到达。

努纳武特地区

包括 ➡

伊卡卢伊特	931
巴芬地区	936
庞纳唐	936
奥尤伊图克国家公园	937
多塞特角	938
丘提尼帕奇国家公园	940
兰金因莱特	940
尤库尤斯卡萨里克国家公园	942

最佳艺术区

➡ 西巴芬爱斯基摩合作社（见938页）

➡ 阿库姆特工艺品中心（见936页）

➡ Carvings Nunavut（见935页）

➡ 兰金因莱特（见940页）

➡ 剑桥湾（见942页）

最佳住宿

➡ Dorset Suites（见938页）

➡ Accommodations by the Sea（见934页）

➡ Discovery（见934页）

➡ Arctic Circle Paws & Paddles B&B（见942页）

➡ Nanuq Lodge（见941页）

➡ Nunattaq Suites（见933页）

为何去

想象一下这样一幅场景：无情的天气冲击着没有树木的、冰雪覆盖的荒野，人口密度极低，相形之下，格陵兰岛都好像拥挤得能引起幽闭恐惧症。北极熊、独角鲸（narwhals）、白鲸（beluga whales）和散布的因纽特人——正是他们，成功地征服了这块外人无法征服的苦寒之地。

努纳武特是加拿大面积最大也是人口最少的地区，有各种各样无人居住的神秘岛屿和严寒的海洋，存在着地球上最极端的气候并处于地理上的最远端。到这里来的旅行者将面临多种困难，尤其是四季不断的暴风雪、没有道路和昂贵的旅行费用。不过，挺过这些困难的人会收获当地人们欢迎来客的热情和令人敬畏的自然奇观，并能够有幸加入一小群勇敢的开拓者的行列，因为他们正涉足以前很少有人来过的地方。

何时去

伊卡卢伊特

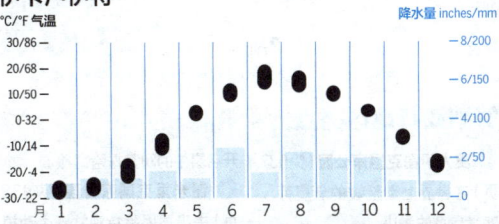

8月和9月 是极度活跃而短暂的夏季中主要的游览时间。

4月和5月 是乘坐狗拉雪橇和进行其他雪上运动及相关活动的理想时间。

6月 极昼和伊卡卢伊特的艾利内特艺术节同时登场。

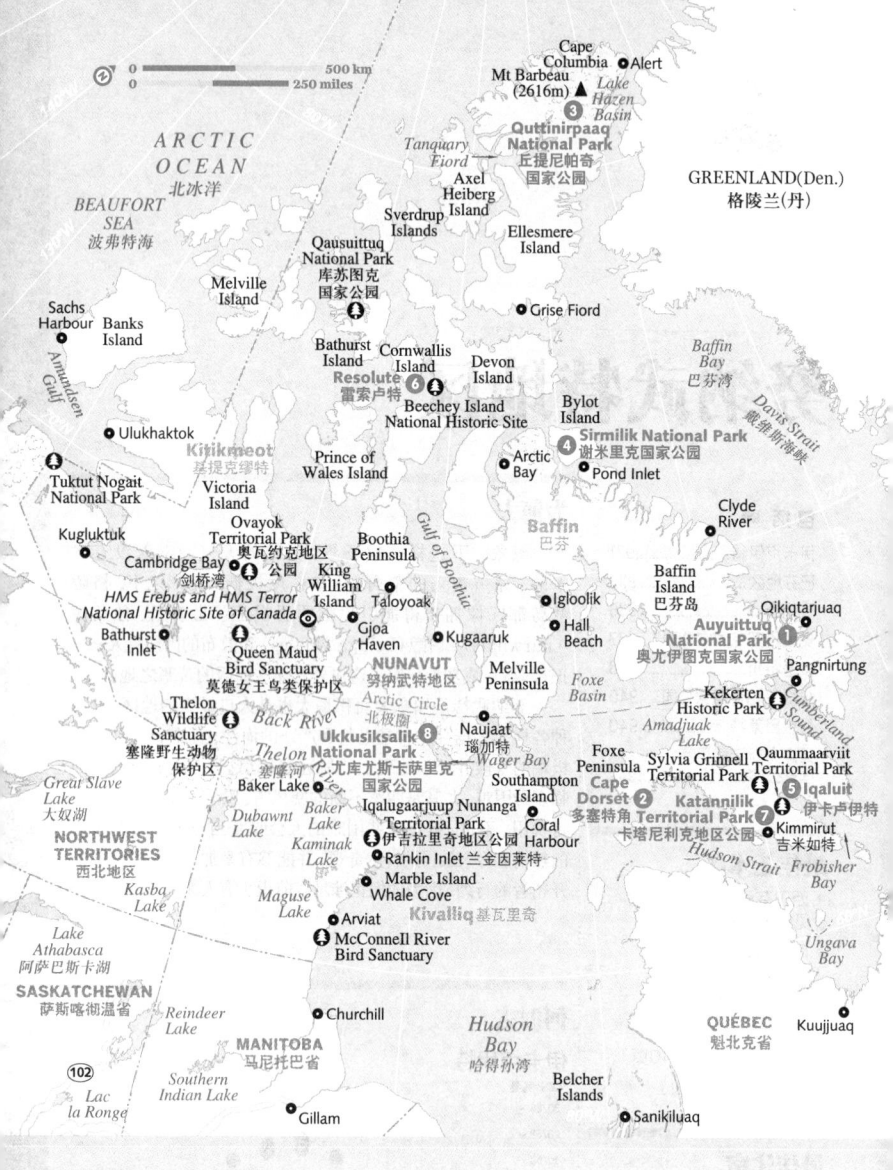

努纳武特地区亮点

❶ **奥尤伊图克国家公园**（见937页）在世界上最险峻的悬崖旁，感受自身的渺小。

❷ **多塞特角**（见938页）邂逅北极熊及因纽特岩画。

❸ **丘提尼帕奇国家公园**（见940页）在加拿大最北的国家公园里开启麝牛的观赏探险之旅。

❹ **谢米里克国家公园**（见938页）去庞德因莱特观赏野生动植物及水肺潜水至冰层以下。

❺ **伊卡卢伊特**（见931页）在最奇异的首府的餐馆里，用力咀嚼红点鲑、北美驯鹿和麝牛。

❻ **雷索卢特**（见940页）在月球一般的地方漫步。

❼ **卡塔尼利克地区公园**（见939页）在索珀河上乘独木舟。

❽ **尤库尤斯卡萨里克国家公园**（见942页）乘船安全地观赏北极熊。

历史

努纳武特有人类居住的历史已超过4000年，多塞特人（Dorset）是这里最早的居民，1000年前，因纽特人的祖先图勒人（Thule）从西部到达这里，逐渐驱逐和取代了前者。他们极其适应这里的严寒气候，过着游牧生活，以捕猎鲸鱼、独角鲸（narwhal）及海豹为生。

维京人有可能到过巴芬岛［Baffin Island，即萨迦（古代挪威或冰岛的有关冒险经历和英雄业绩的长篇故事）中的荷鲁兰（Helluland）］。之后，在1576年，马丁·弗罗比舍（Martin Frobisher）前来寻找西北航道（Northwest Passage）。几个世纪以来，这里迎来了更多的探险家［包括约翰·富兰克林爵士（Sir John Franklin），他于1845年在这里失踪］，及罗德·阿蒙森（Roald Amundsen），他最终于1903年至1906年间成功穿越了西北航道（Northwest Passage），纷至沓来的还有捕鲸者、商人和传教士。

第二次世界大战后，加拿大终于意识到北极圈的战略重要性。在20世纪50年代和60年代，因纽特人被固定在村庄居住，同时，出于加强国家主权的目的，许多因纽特家庭被骗迁往极北地区居住，由此诞生了两个最北的社区，雷索卢特湾（Resolute Bay）及格赖斯菲约德（Grise Fjord）。

在20世纪60年代和70年代，政治意识的逐渐增强激发了因纽特人对自治政府的渴望。1994年，当将20世纪50年代的欺骗赫然呈于公堂时，因纽特人赢得了一场对抗加拿大政府的胜利，这具有里程碑般的意义，此外当年被迫迁居家庭中的幸存者也得到了补偿。1999年，努纳武特从西北地区（Northwest Territories）分离出来，成为一个独立地区。

土地和气候

广阔的努纳武特横亘加拿大东北部。约有一半大陆是不毛之地，到处是连绵起伏的岩石和苔原——有宽阔的河流从中穿过。北极群岛甚至更加贫瘠，它们星罗棋布，北到埃尔斯米尔岛（Ellesmere Island）——差点就到达极点，东至山峰高耸的巨大的巴芬岛（Baffin Island）。努纳武特占地面积可达200万平方公里，比许多人口密集的国家，如墨西哥、印度尼西亚的面积都要大。如果算作

> **快速参考**
>
> ➡ 人口：36,919
> ➡ 面积：2,038,722平方公里
> ➡ 首府：伊卡卢伊特
> ➡ 奇闻逸事：在努纳武特，北极熊（约17,000头）和男人（19,000人）或女人（17,900人）数量差不多。

一个国家的话，它可以排到世界上第14位。

该地区有26个极其孤立的社区，它们离不开飞机运输和7月的海上补给。到那时，船只会带来1年的补给，而在其他时间，船只将难以进入海港。为了减轻狂风的作用，房子建在支柱上。水定量供给，每天用卡车从中心村庄的储存处出发进行分配。

❶ 到达和当地交通

努纳武特基本上没有路。到这儿及其周边的唯一方式是坐飞机（极其昂贵）。从蒙特利尔、渥太华和耶洛奈夫（黄刀镇）都有到伊卡卢伊特的航班。剑桥湾与耶洛奈夫（黄刀镇）之间、兰金因莱特（Rankin Inlet）与耶洛奈夫（黄刀镇）和温尼伯（Winnipeg）之间都有航班联系。较小的社区可从这三个枢纽进入。**加拿大北方航空公司**（Canadian North；www.canadiannorth.com）、**静空航空公司**（Calm Air；www.calmair.com）和**第一航空公司**（First Air；www.firstair.ca）运营有航班。此外，基于伊卡卢伊特的肯恩布雷克航空公司（Kenn Borek Air；☎867-979-0040；www.borekair.com）提供包机服务。

待命航班要比正常航班便宜一半。冬季运送医疗人员和鱼的优先等级会更高，而且天气原因经常会导致航班取消（7月有时会因起雾而取消）。但在夏天（如果你时间灵活），还是有机会省一点钱的。

游船往返于西北航道之间，在剑桥湾、约阿港（Gjoa Haven）和吉米如特（Kimmirut）等几大社区停靠。

伊卡卢伊特（IQALUIT）

☎867 / 人口 6699

努纳武特的首府伊卡卢伊特（发音：eekal-oo-eet)像是另一个国度。所有标识都用伊卡卢伊特语写成,同时你也会在街上听见该语言的广泛使用。尘土飞扬的城镇景观与壮丽的自然景观和各种像月球基地的建筑组合在一起,这里有因纽特专业人士、政客及逃避现实的人,有受高薪吸引从加拿大周边及更远处来的新贵,还有被短短几公里的路所困的大型越野车和彬彬有礼的司机,以及向专横的大型乌鸦狂吠来争夺领地的狗。这是一个令人叹为观止的大都市,有着各种很好的吃饭和住宿的地方,城镇外围也有小片的荒野景观可供探索。

历史

几个世纪前,游牧的因纽特人跋涉于西尔维娅格林奈尔河(Sylvia Grinnell River),他们在汹涌的夏季水域中,用矛来捕捉红点鲑。他们把这块地方称为伊卡卢伊特,意为"有鱼的地方"。

1576年,英国船长马丁·弗罗比舍(Martin Frobisher)在这里出现,寻找西北航道。他发掘出闪闪发光的黄色矿石,然后带着100万磅值不了什么钱的黄铁矿回到家。

当地的因纽特人一直在这里捕鱼,除了有时会被捕鲸者、探险家和传教士打扰。第二次世界大战期间,这里建立了美国空军基地。战后,加拿大军队在此继续驻扎,其前哨被称为弗罗比舍湾(Frobisher Bay),成为北极东部的行政中心。

1995年,投票决定伊卡卢伊特(如今的官方正式命名)成为努纳武特的首府。从那时起,人口增加到了原来的2倍多。

◎ 景点和活动

尽管有松软、容易让人扭脚的地貌,努纳武特附近的开阔风景仍使徒步变得很愉悦。小径很少但没有树,因此很难迷路。

★ 大地万物博物馆 博物馆、画廊

(Nunatta Sunakkutaangit Museum; ☎867-979-5537; Sinaa St; ⊙周二至周日 13:00~17:00) 免费 这家友好的小博物馆位于一栋哈得孙湾公司(Hudson's Bay Company)的旧楼内,虽然传统因纽特服饰、工具、武器及超棒的雕刻等永久馆藏已然非常有趣,这里还有着优秀的当代艺术家的临时展品。礼品店里售有雕刻、首饰、兀鲁思(ulus,因纽特女人使用的小刀)及当地艺术家创作的水彩画。

★ 立法院 知名建筑

(Legislative Assembly; ☎867-975-5000; www.assembly.nu.ca; Federal Rd; ⊙周一至周五 9:00~17:00,团队游 6月至8月 13:30或按预约) 免费 非常值得去参观一下预制装配式议会楼,免费且颇具娱乐性,在这里可以了解到关于因纽特艺术及议会的方方面面,你会看到原始风格的装饰,如室内的拱形圆顶、海豹皮长椅及供社区领袖就座的座位。

雕塑公园 雕塑

邮局的右侧有一片广阔的空间,这里有许多当地艺术家创作的雕塑,大多为石雕,呈现了各种北境主题。哪个是我们的最爱?当属举着拳头杀气腾腾的塞德娜(Sedna,海洋女神)和一只用废金属做成的乌鸦。

夸玛维特地区公园 岛屿

(Qaummaarviit Territorial Park; www.nunavutparks.ca) 这个微小的海岛从伊卡卢伊特坐船航行12公里即到,它保存着一处750年历史的因纽特人(图勒)的冬季营地。你能看到保存得很好的草屋和一处墓地。这会是一次不错的半日游:要去那儿,可与伊卡卢伊特的户外运动商联系。

埃佩克斯(Apex) 社区

距离市中心5公里远,埃佩克斯现在是伊卡卢伊特的海滩郊区,不过过去它曾是游牧的因纽特人开始定居的地方,那时候的现代伊卡卢伊特还只是一个空军基地。海岸上是比较上镜的哈得孙湾交易站(Hudson Bay Trading Post)的综合建筑。可从市中心出发,沿滨水区散步30分钟,景色很美,步道始于一片墓地。退潮时,可以经过埃佩克斯,继续向前探索塔尔湾(Tarr Inlet)。

西尔维娅格林奈尔地区公园 公园

(Sylvia Grinnell Territorial Park; www.nunavutparks.ca; Iqaluit Rd; 🅿🏕) 这家公园位于城市西南2公里处,在观景点可以俯视湍急的河流、逆流而上的红点鲑及零星点缀着白雪的苔原。各种短小径(单程25~45分钟)可以通

往瀑布和悬崖。

圆顶教堂
教堂

(Igloo Cathedral; ☎867-979-5595; Mattaq Cres) 这座英国国教教堂的设计反映了因纽特文化，最近的重建于2012年完成，以替代原来的教堂，老教堂在2005年在一场蓄意纵火案中被烧毁。

👉 团队游

查阅努纳武特旅游局的网站(www.nunavuttourism.com)或向游客中心(见936页)询问能参加的团队游和合适的户外运动商。提早预订。

Arctic Kingdom
户外

(☎867-979-1900, 867-222-3995; www.arctickingdom.com; Hotel Arctic, Bldg 923, Federal Rd) 这家专业机构能组织一切活动，从围绕伊卡卢伊特周边进行的徒步、划船、沙滩车(ATV)、皮划艇或雪上摩托半日游到耗时多日的努纳武特境内的野生动物观察探险游，应有尽有。若想在短时间内找到可参加的活动，来这里准没错。

Inukpak Outfitting
户外

(☎867-222-6489; www.inukpakoutfitting.ca; Niaqunngusiariaq St) 出租充气式独木舟、露营装备、卫星电话和极地服装。此外，他们还经营冬季狗拉雪橇(半天 $200)、雪上摩托以及雪屋建筑，而夏季则有徒步、乘独木舟(一日游 每人$170)和划皮划艇项目。

Northwinds Arctic Adventures
探险游

(☎867-979-0551; www.northwinds-arctic.com) 这些经验丰富的专家引领北极圈探险(包括丘提尼帕奇国家公园)和狗拉雪橇项目，曾与来自BBC(英国广播公司)的《英国疯狂汽车秀》(*Top Gear*) 及《加拿大地理》(*Canadian Geographic*) 等节目的每一个人合作过。

🎉 节日和活动

★ 艾利内特艺术节
文化节

(Alianait Arts Festival; www.alianait.ca; ⏰6月末至7月初) 这是仲夏时期的一场因纽特文化盛宴，其内容涵盖了艺术品、音乐、电影、故事讲述、食品和马戏团。

🛏 住宿

伊卡卢伊特有努纳武特地区最好的住宿场所，但并不意味着价格很便宜。露营是唯一便宜的选择。其他各种酒店住宿均需预订且所费不菲。酒店提供免费接机服务。这里还有几个AirBnb选项，但也不便宜。

Sylvia Grinnell Territorial Park
露营地 $

(Iqaluit Rd; 露营地免费; 🅿🐾) 这个风景如画的露营地除了厕所外没有其他设施。进门后，选择向右的路，不要继续向上行至山上的小屋。从小镇步行至此处约30分钟。

★ Nunattaq Suites
民宿 $$

(☎867-975-2745; www.nunattaqsuites.com; Bldg 4141, Imiqtarviminiq Rd; 房间 $198;

北极团队游

自助游提供了另辟蹊径、省钱和目睹现实的机会。但是，要在努纳武特旅游，自助可能就行不通了。在这里，你应该考虑跟团游：只有组团才会更经济，也才能使你付得起去北极的花销。

尤其是巡航游，可以让你参观几个努纳武特社区，并提供观察野生动植物的好机会。当然，$8000的巡航游是昂贵的，但同样长时间的自助游也得花费这么多。**大加拿大探险公司** (Great Canadian Adventure Company; ☎780-414-1676; www.adventures.ca) 提供物有所值的旅行。因纽特人经营的**Adventure Canada** (☎905-271-4000; www.adventurecanada.com) 也有多种选择。

团队游有许多种，从国家公园徒步导览游(在加拿大公园管理局查询特殊折扣)到观赏野生动物的越野、北极驾车游览及待在无人荒野中的小屋里观察野生生物的旅行等，应有尽有。在**努纳武特旅游局**(Nunavut Tourism; 见942页)可查询详细信息。

)这家一尘不染的灰蓝色大房子里设施完善，可以俯瞰湖景，从小镇步行15分钟可达。带有爪脚的浴缸的套房景致最佳；四个房间都配有出色的现代浴室，能欣赏到小湖上长长的风景线。客人还可以使用厨房、洗衣设施和一个带烧烤架的阳台休息区。友善的店主人每天都会过来，会让你感到自己非常受欢迎。

★ Accommodations by the Sea   民宿 $$

（☎867-979-0131; www.accommodationsbythesea.ca; Bldg 2536, Paurngnaq Cr; 房间含早餐$149~229; ）从市中心走路到这里要半个小时，这个位于路尽头的民宿，有一座秀丽的海湾瞭望台。这是一处舒适、时尚的地方，用滑雪小屋的风格进行装饰。有一间厨房可供客人使用，内有早餐供应，还有一间带DVD的大休息室，能看到风景。便宜的房间带公用浴室。提供接机服务。航空机组人员通常也会预订，所以最好提前电话沟通。

Beaches B&B   民宿 $$

（☎867-979-3034; www.iqaluitbeaches.ca; 114 Sinaa St; 房间 $168~210; ）这间民宿是镇上唯一一家因纽特人经营的住处，也是镇中心唯一的比较经济的选项，在这里可以俯瞰水滨，距游客中心也很近。天气温和的时候，旅客们喜欢聚在带有小厨房的休息室里。友善的店主人会安排观光活动。

Arctic Hotel   商务酒店 $$

（☎867-979-6684; www.hotelarctic.ca; Bldg 923, Federal Rd; 房间 $224~274, 套 $330; ）这间小型商务酒店位于镇中心，拥有舒适的床榻、友好的员工，配备有健身房及不错的餐厅，并且因此广受好评。缺点呢？墙比较薄而且不隔音。带有现场表演的酒吧气氛活跃，但不一定是好事，取决于你是否喜欢住在伊卡卢伊特夜生活的中心地带了。

★ Discovery   精品酒店 $$$

（☎867-979-4433; www.thediscoveryiqaluit.com; Bldg1056, Mivvik St; 标单/双/套 $250/295/350; ）这家经营有方的酒店处于机场和市中心之间，崭新的装饰令其与众不同。大电视、舒适的浴室、充足的悬挂空间和镇上最好的餐厅都吸引客人留下来。商务套房的一些小细节，如免费洗衣和长靠椅，更让

人下定决心留下来。

🍴 餐饮

最好的餐馆在酒店里。做好花高价（因为大多数原料是空运来的）买大份食物的心理准备吧。到处都有北极圈的特色菜，如红点鲑和麝牛。如果你赶上了镇上的因纽特节日，你可以尝试一下海豹肉、风干北极红点鲑及其他当地风味。

在伊卡卢伊特，大多数犯罪和自杀都与酒有关，因此酒只在酒店里的酒吧及加拿大皇家军团（Royal Canadian Legion）处有供应。

Caribrew Café   咖啡馆 $

（www.frobisherinn.com; Astro Hill Tce; 便餐 $8~11; ⊙周一至周五 7:00~18:00, 周六和周日 9:00~16:00）这家迷人的地方有一个石壁炉，占据了Frobisher Inn的一个加宽回廊，是躲避寒风的温暖的庇护所，供应价格公道的咖啡、香蕉面包、沙拉、乳蛋饼（Quiche）、意式三明治（Panini）和三明治。

Big Racks Barbecue   烧烤 $$

（☎867-979-5555; 810 Aviq St; 主菜 $17~35; ⊙11:00~21:00）菜单很受肉食动物们喜欢，凭借肋排、鸡翅、乡村炸鸡、汉堡、牛肋条和手撕牛肉三明治等，餐厅很快就赢得了本地人的喜爱，是本地热门新去处。气氛如何？轻松的咖啡馆气氛。分量如何？超大。可以外卖。

Yummy Shawarma & Pizza   烤肉串 $$

（☎867-979-1515; Bldg 1085E, Mivvik St; 土耳其烤肉 $10~15, 比萨 $24~33; ⊙周一至周六 11:00~22:00, 周日至19:30）现在努纳武特可有了第一家烤肉店，内有舒适的黎巴嫩主题的就餐区。可外送。

Grind & Brew   咖啡馆 $$

（☎867-979-0606; Sinaa St; 主菜 $22~28, 比萨 $19~31; ⊙6:00~18:00, 外送晚一些）伊卡卢伊特这家友好的咖啡店位于海滨，沿着博物馆所在的路走下去即可到达，这里供应普通咖啡（basic joe）、油腻美味的早餐三明治。

★ Granite Room   法国菜、创意菜 $$$

（☎867-979-4433; www.thediscoveryiqaluit.com; Bldg 1056, Mivvik St; 主菜 $54~63;

因纽特人的文化和语言

努纳武特的大多数居民是因纽特人,他们从孤立的游牧文化向定居人口的转变极其迅速:许多活着的因纽特("爱斯基摩人"的称呼被认为粗暴、让人难堪,已不通用,不过有些令人迷惑的是,在阿拉斯加因纽特人中,这个词还是被推崇使用的。)老人在猎场的迁移中长大,在海豹皮帐篷和冰屋里居住。

快速的变化并不是没有问题:酗酒、吸毒、缺乏机会、过度肥胖、犯罪和自杀成为普遍现象;在努纳武特,饮酒是被限制或被禁止的。然而努纳武特仍充斥着乐观主义,并可能是最友善的地方。

几乎全部人口都聚集在定居点,这些地方往往破烂不堪。因纽特人在本质上仍然是生活在农村的狩猎采集者:即使工具变了,其本性及其规律仍占支配地位。猎取动物依旧是一次圣礼,并且在因纽特,打猎游戏仍然是合法的,甚至是在国家公园范围内。

70%努纳武特人以两种因纽特方言(因纽特语或因纽维埃卢克顿语)中的一种作为主要语言,对其中的一些人来说,只讲一种语言。因纽特语是按音节书写的,而因纽维埃卢克顿语使用拉丁字母。

⏰6:30~9:00,正午至14:00,18:00~21:00)这是努纳武特的顶级餐厅,就在Discovery Hotel内,一贯比同行品质更好且更有创造力。食物有浓郁的法国风味,除了按菜单点菜,还有品种繁多的特色菜,如用北极红点鲑和北美驯鹿烹制的菜肴。自制甜点很棒。周日的"吃到饱"自助早午餐($44)超级物有所值。

Gallery
加拿大菜 $$$

(📞867-979-2222; Astro Hill Tce;主菜$18~56;⏰周一至周五 7:00~10:30, 11:30~13:30和17:00~20:30,周六和周日从8:00开始)这家美味餐厅在Frobisher Inn内,未经宣传但十分受欢迎,午餐时间会供应北极红点鲑鱼卷、泰式炒面(Pad Thai)、海鲜烩饭和麝牛汉堡。晚餐会更加精致,以上好的肋排、野牛牛排、北极红点鲑为主。试着要一个靠窗的座位。

Storehouse Bar & Grill
酒吧

(Astro Hill Tce;⏰周一至周六 17:00至次日12:30)这酒吧在Frobisher Inn内,作为城中的主要的优雅酒吧,它什么都有一点儿:酒吧、台球房、运动吧和迪斯科舞厅。食物(比萨、汉堡、排骨;主菜$12~24)也可口,但不要指望除罐装之外的任何啤酒。

★ Royal Canadian Legion
俱乐部

(📞867-979-6215; Queen Elizabeth Way;⏰周五和周六 19:00至深夜)你可能会说"这可是个军团!"没错,但每逢周末,这也是家俱乐部和卡拉OK聚点,这里已经成为伊卡卢伊特最为时髦的场所,总有各种派对咖出没。入场需要现有会员帮你登记,或者提前打电话要一个访客通行证(如果想21:00前入场的话)。

🛍 购物

因纽特人的版画、雕刻和挂毯世界闻名,在伊卡卢伊特,有许多艺术品可供选择,尤其是来自巴芬岛及附近的艺术品,但所费不菲。你可能会在街上或酒店餐馆里遇到当地人向你兜售不那么精致的作品。

★ Carvings Nunavut
艺术及工艺品

(www.carvingsnunavut.com; Bldg 626, Queen Elizabeth Way;⏰周一至周六 10:00~18:00,周日至15:00)🛍这家店藏在Tumiit Plaza大厦深处,售卖优质的因纽特皂石及鲸骨雕塑,及努纳武特艺术家的画作,价格合理。

Piruvik
艺术及工艺品

(📞867-222-8355; Bldg 611, Queen Elizabeth Way;⏰周一至周五 10:00~18:00,周六11:00~16:00)这家令人愉快的小店就在邮局旁边,售卖因纽特音乐CD、北方主题的T恤衫及耳饰、海豹皮钱包及一些小型石雕。

Arctic Survival Store
运动及户外

(📞867-979-1984; Bldg 170, Nipisa St;⏰9:00~21:00)给你提供一揽子的购物选项,你可以买到防虫夹克、驱虫剂、钓鱼装备及各

> **北极熊**
>
> Nanuq（北极熊的因纽特名称）是资深的漫游者，可以出现在一年中的任何时候、任何地方。更糟的是，与灰熊和黑熊不同，它们会主动地猎食人类。在跋涉出城或去国家公园探险前，向目击者打听或雇一个当地导游。

种户外服装。

Rannva 服装

（☎867-979-3183；www.rannva.com；Pitsi Lane和Mattaq Cres交汇处；◉周一至周六11:00~18:00）这是一家亮紫色的工作室，法罗人设计师兰瓦·艾尔灵思多蒂尔·西蒙森（Rannva Erlingsdóttir Simonsen）将古代和时尚拼接在一起，创作出美丽的软毛和海豹皮服装。与圆顶教堂（Igloo Cathedral）在同一条街上。

❶ 实用信息

注意，911在努纳武特不是紧急呼叫号码。救护车、火警和警察局的号码见下文。

救护车和火警（☎867-979-4422）

伊卡卢伊特世纪图书馆（Iqaluit Centennial Library；www.publiclibraries.nu.ca；Sinaa St；◉周一、周三和周五13:00~18:00，周二和周四15:00~20:00，周六和周日13:00~16:00）在游客中心大楼内，上网免费。

加拿大公园管理局（Parks Canada；☎867-975-4673；www.pg.gc.ca；1104b Qamaniqtuaq St；◉周一至周五9:00至正午和13:00~17:00）提供努纳武特所有国家公园的相关信息。位于Yummy Shawarma后面的一个绿色的公寓楼一层。

警察局（☎867-979-1111）

齐吉塔尼医院（Qikiqtani Hospital；☎867-979-7300；Niaqunngusiaq Rd；◉24小时）

加拿大皇家银行（Royal Bank of Canada；Queen Elizabeth Way和Niaqunngusiaq Rd交叉路口）

乌内卡乌维克游客中心（Unikkaarvik Visitor Centre；☎867-979-4636；Sinaa St；◉周一至周五9:00~18:00，周六至18:00，通常正午至13:00休息）提供小册子，有一个博物馆和自然展览，还有一系列列努纳武特相关的书籍和视频，周四19:30会播放北极主题的电影。

❶ 到达和当地交通

加拿大北方航空公司（Canadian North，见931页）和第一航空公司（First Air，见931页）有从伊卡卢伊特到努纳武特大多数社区、渥太华、安大略、耶洛奈夫（黄刀镇）及西北领地的直飞航班。肯恩布雷克航空公司（Kenn Borek Air；见931页）提供包机服务。可以走路到伊卡卢伊特的市中心；甚至从市中心到机场，走10分钟也能到。所有的出租车不管到哪里都是每人$7。在街上向他们招手——即使车上已有乘客也没关系——他们还希望能一块儿拼车。试一下**Pai-Pa Taxi**（☎867-979-5222）。

巴芬地区（BAFFIN REGION）

该地区包括努纳武特的东部及高纬度北极地区的岛屿，它从多顿泽和森林的詹姆斯湾（James Bay）群岛延伸至冰川，及3000公里以外山峰林立的埃尔斯米尔岛。努纳武特5个国家公园中有4个在这里，游客在这里有着得天独厚的机会观赏北极野生生物及进行野外徒步。

庞纳唐（Pangnirtung）

人口 1425

在努纳武特的边远社区中，庞纳唐（Pangnirtung或Pang）拥有浓郁的艺术气息和丰富的户外资源。庞纳唐在北极圈以南40公里处，自然美景动人心魄。这里是进入景色更为壮观的奥尤伊图克国家公园的入口。

◉ 景点和活动

在风景如画的水边漫步，你会对美丽的老哈得孙湾公司鲸脂站的建筑赞叹不已。徒步路径包括杜瓦尔山的一条登山小径——艰难的攀登会换来惊人的景色。

★ 阿库姆特工艺品中心 画廊

（Uqqurmiut Centre for Arts & Crafts；☎867-473-8669；www.uqqurmiut.ca；◉周一至周五9:00至正午和13:00~17:00）庞纳唐以石版画、绘画及挂毯闻名，这个杰出的画廊将三者结合在了一起。在毗邻的作坊内，艺术家用各种不同的技术印制版画。店内还有优秀的收藏品，可以浏览或购买。著名的钩针编织的帽子是另一个亮点，同样让你眼前一亮的还有雕刻品及温暖舒适的围巾。

科可特恩历史公园
(Kekerten Historic Park) 古迹

岛上的这个旧捕鲸站在城镇以南约50公里处。一条传统的小径引领并经过19世纪的房屋、工具和坟墓的遗迹。户外运动商提供一日游，每人$250左右（最少3人）。

👉 团队游

★ PEO Services 户外

(☎867-473-4060; www.kilabukoutfitting.com) 从7月到10月，彼得（Peter）——前努纳武特立法院发言人，为大家提供到奥尤伊图克国家公园和科可特恩历史公园的旅程、坎伯兰湾上的野生动物观察乘船游和钓鱼之旅。

Alivaktuk Outfitting Services 户外

(☎867-473-8721; www.alivaktukoutfitting.ca) 能为你安排野生动物观察乘船游、钓鱼露营、雪屋建造、去科可特恩历史公园的一日游以及去奥尤伊图克国家公园的远足。

🍴 食宿

Territorial Campground 露营地 $

(☎867-473-8737; 帐篷露营地$5; P🐕) 坐落在汹涌的杜瓦尔河（Duval River）边，风景如画。这个营地有木棚遮蔽的平台，可以遮挡呼啸的寒风，还有烤肉架、茅厕，这里有极好的视野。要当心小偷。在安格马利克游客中心付款。

Auyuittuq Lodge 酒店 $$$

(☎867-473-8955; www.pangnirtunghotel.com; 每人带/不带浴室$260/240; 📶) 一位有事业心与领袖魅力的经营者管理着这家酒店，将其作为他的个人秀，并使之成为住宿和就餐的好地方。套房远胜于旧的那些，其中一些能看到非凡的景致。人多时，可能就要和其他人共享了。餐食（午餐/晚餐$25/39）可口，还提供了社交机会。

ℹ️ 实用信息

安格马利克游客中心 (Angmarlik Visitor Centre; ☎867-473-8737; oarnaqaq1@gov.nu.ca; ⏰8:30~ 20:00) 这家机构得到用心的管理，很不错，这里的景色也很美，设有与因纽特人和捕鲸历史有关的非常有趣的展品，还提供当地户外运动商的信息。老年人每周在这里有3次集会。一定要请工作人员讲解海豹鳍骨大富翁游戏（the game of seal flipperbone Monopoly）。

加拿大公园管理局（Parks Canada; ☎867-473-2500; www.parkscanada.gc.ca; ⏰8:30至正午和13:00~17:00) 紧接着安格马利克游客中心，提供奥尤伊图克国家公园的相关信息。如果要去公园，需要在这里登记或注销，并支付入场费。

魁米鲁维克图书馆（Qimiruvik Library; ☎867473-8678; www.publiclibraries.nu.ca; ⏰周一 18:00~ 21:00, 周二至周五 15:00~18:00, 周六 15:00~ 17:00) 在安格马利克游客中心内。上网免费。

奥尤伊图克国家公园
(Auyuittuq National Park)

奥尤伊图克国家公园处于地球上最让人目瞪口呆的地方，也是努纳武特最容易接近的国家公园，奥尤伊图克（发音：ah-you-ee-tuk）的意思是"冰雪从不融化的地方"。的确，在这个面积19,500平方公里的公园内有着大量的冰川，还有林立的山峰、让人眩晕的绝壁和深深的山谷。夏季没有雪的时候，徒步旅行的人会辛苦跋涉97公里长的**阿克沙于克峡谷**（Akshayuk Pass，穿过北极圈）。在它附近，经验丰富的登山者和定点跳伞者丈量着世界上最高的绝壁**托尔山**（Mt Thor, 1500米）以及它的姊妹峰**阿斯加德山**（Mt Asgard, 2015米），后者以电影007之海底城（The Spy Who Loved Me）里的跳降落伞的场景而闻名。

这里最吸引游客的是其无与伦比的徒步体验。最好在7月末、8月或9月去奥尤伊图克通道（Auyuittuq Pass）徒步，做好10天的准备。穿越通道的时间可能会短一些，但你要为跨越河流留出一些富余时间，因为你可能要等待水位回落。你必须是一名经验丰富的荒野专家，并且适应性强。而且大多数季节都会看到北极熊，但一般不会出现在内陆地区。请个导游是明智之举：咨询庞纳唐的户外运动商或从黑羽（Black Feather; ☎888-849-7668; www.blackfeather.com）预订个一揽子的活动。还可以选择另一种多日徒步，每次走20公里，

直至到达萨米特湖（Summit Lake）。3月至5月初还可以在公园内进行短途滑雪旅行。

就算你不打算徒步，这里依然值得你乘船一日游——乘船之旅将让人心怀敬畏，而在这片无人居住的荒野中徒步，即使只有几个小时，也让人难以忘怀。

在庞纳唐内的加拿大公园管理局登记并交费（白天/过夜/最多 $12/24.50/147.20）。这里也卖地图（$20），离开公园后一定记得要注销。

到达和离开

从庞纳唐（28公里）或奎基塔利克（Qikiqtarjuaq, 34公里）出发，乘船（单程$130每人）顺着峡湾航行或凭借雪上交通工具（视不同季节而定）都可进入公园。在公园休整期（6月底至7月中旬）及冬季严寒期，公园不开放。走完全程的徒步旅行者可以每人花费$250，由户外运动商安排在峡谷的另一端登上返程的飞机。

庞纳唐的旅行社可以安排船只接送。在奎基塔利克，徒步者可以联系Hamlet office（☎867-927-8832；✆周一至周五，9:00~17:00）咨询当地的旅行社。

多塞特角（Cape Dorset）

人口 1363

多塞特角是因纽特艺术的中心，就在紧邻巴芬岛所属的福克斯半岛（Foxe Peninsula）的一个岩石小岛上。20世纪50年代末，这里的居民倡导现代艺术雕刻和版画复制，并将其销往全世界，获得了非凡的成功。许多多塞特艺术家如：普德洛·普德莱特（Pudlo Pudlat）、皮塞奥莱克·爱苏娜（Pitseolak Ashoona）、肯纽克·艾喜薇克（Kenojuak Ashevak）都获得了国际上的认可。

景点和活动

★ 西巴芬爱斯基摩合作社 画廊

(West Baffin Eskimo Cooperative; Kinngait Arts; ☎867-897-8965; www.dorsetfinearts.com; ✆周一至周五 9:00~17:00) 尽管现在许多因纽特人社区都能创造出世界一流的艺术作品，但多塞特角的艺术作品仍然最让人推崇。这家合作社有配有作坊，你能在此观摩艺术家工作。

马立克尤克历史公园 考古遗址

(Mallikjuaq Historic Park; www.nunavutparks.ca) 公园的特别之处是拥有1000年历史的图勒人（Thule）时期的石头房屋的遗址，还有徒步小径、野生生物和苔原花朵。你可以在退潮时到这里徒步（需45分钟），或者，雇一名户外运动商带你坐船（需10分钟）。

Huit Huit Tours 文化活动

(☎867-897-8806; www.capedorsettours.com; 4日游$1,500 每人) 设立在Cape Dorset Suites内，提供4日及7日夏日短途游，旨在了解因纽特艺术和文化。价格包括在Dorset Suites的住宿里。

食宿

所有的酒店都配有餐厅，Dorset Suites是3个最好的一个。这里还有一家快餐店和一家面包房。

Kingnait Inn 商务酒店 $$

(☎867-897-8863; 房间每人 $240; ▣❄☎) 这家友好的酒店能看到海湾景色，而且很方便去往城镇内有趣的景点。该酒店还为到这里来的旅行者提供免费的城镇游服务，并供应丰盛的饭菜。房间朴素但很舒适。

★ Dorset Suites 精品酒店 $$$

(☎867-897-8806; www.dorsetsuites.com; 房间每人 $300起; ▣❄☎) 这是努纳武特最吸引人的酒店，品质非凡。宽敞的房间带有阳台，有温暖的木质家具，有的房间还带有小厨房。餐厅（工作日的午餐及周四、周五的晚餐向非住客开放；午餐主菜 $16~29，晚餐主菜 $49~58）供应美味佳肴，分量很足。

庞德因莱特（Pond Inlet）

人口 1549

庞德因莱特坐落在永远是冰天雪地的兰开斯特海峡（Lancaster Sound）之上，背靠冰雪覆盖的山川，这里是谢米里克国家公园（Sirmilik National Park; www.pc.gc.ca; 每晚$24.50，上限$147.20）的门户，这里是无数海鸟的繁殖地。公园占地22,200平方公里，包含拜洛特岛（Bylot Island），一个冰川覆盖的鸟类保护区；奥利弗海峡（Oliver Sound），在此可进行激动人心的划独木舟运动；兰开斯特海峡，这里是海象、一些种类群的海豹及鲸鱼的家园；还有让人惊讶的奇形岩（风化了的红色砂岩塔）的博登半岛（Borden Peninsula）。

大多数人会选择参加倍受推崇的Polar Sea Adventures（☎613-237-6401；www.polarseaadventures.com，12天徒步游每人$5,395，至少4人）🍀组织的多日探险游。这个具有环保意识的户外团队长期从事这类活动，雇有因纽特向导，并且是唯一定期提供谢米里克国家公园徒步旅行的机构。在浮冰边等待1周约需$7600，你会去往海冰与开阔水域会合的地方，观赏丰富的生物种类。Black Feather也在此运营有一些游览行程。

谢米里克国家公园管理及游客中心（Sirmilik National Park Administration & Visitor Centre；☎867-899-8092；www.pc.gc.ca；🕒周一至周五8:30至正午和13:00~17:00）有许多有用的信息，这里还有本地野生动物展。可在这里做公园注册。提前联系它们获取去往谢米里克公园的特许旅行社推荐。

Sauniq Inn（☎867-899-6500；www.pondinlethotel.com；房间每人$280；🅿🛜）这家酒店由土著合作社管理，提供典型Inns North连锁酒店的舒适、有点简朴的设施。可到机场接机，店员能与户外运动商联系。

ℹ 实用信息

Nattinnak Centre（☎867-899-8225；www.pondinlet.ca；🕒周二、周四和周五10:00至正午和13:00~17:00，周三13:00~17:00和19:00~21:00，周日14:00~16:00）提供活动和户外运动商方面的信息，有一个不错的小博物馆，馆内有关于野生动物和当地文化的展品。可以观赏与实物大小一样的实景模型以及鱼皮篮子。

ℹ 到达和离开

第一航空公司和加拿大北方航空公司有航班从伊卡卢伊特（2.5小时，每天）飞来。

吉米如特（Kimmirut）

人口455

这个巴芬岛最南边的社区坐落在索珀河的河口处，俯瞰格拉斯哥河口。4000年来，

另辟蹊径

库苏图克国家公园

这片原始的北极荒原占地11,000平方公里，是加拿大最新的国家公园，拥有着一众冰冻岛屿和几乎一半巴瑟斯特岛（Bathurst Island）。库苏图克国家公园（Qausuittuq National Park）的因纽特名字是"永无日出的地方"——和这个全年几个月都是黑夜的地方很相称。这个公园被因纽特雷索卢特社区管理，这里是濒危的皮里驯鹿、北极熊及其他野生动物的故乡。

这里一直是因纽特人祖先的聚集地。这个地方是游船游览路线中途的一站，也是前往卡塔尼利克地区公园（Katannilik Territorial Park）的门户。这里是努纳武特最好的公园之一，靠近伊卡卢伊特。Katannilik的意思是"有瀑布的地方"，包括两个主要景点。蓝绿色的**索珀河**是加拿大自然遗产水道，可通航50公里，会穿过一个富饶的深谷，经过瀑布、北美驯鹿、宝石矿床和矮柳林（dwarf-willow），到达吉米如特，这里吸引了大多数划桨游爱好者。徒步和滑雪的人走**Itijjagiaq小径**，这是一条长120公里的传统路线（需要一周），经过梅塔因科格尼塔半岛（Meta Incognita Peninsula）的高原，穿过索珀河谷，到达弗罗比舍湾，就在伊卡卢伊特西边约10公里处。

大多数划桨游的游客包机从伊卡卢伊特飞到乔伊山（Mt Joy）的河边飞机跑道上，从这里的入口处漂流三五天到达吉米如特，然后再飞回伊卡卢伊特。肯恩布雷克航空公司（Kenn Borek Air；见931页）提供包机服务。伊卡卢伊特的户外运动商能用船带你到小径起点处。

你可以住在价格过高的但十分友好的Kimik Hotel（☎867-939-2093；房间$250；🛜）或在简单的卡塔尼利克地区公园露营地露营（帐篷营地$5），那里有篝火堆和旱厕。Kimik Hotel也是吉米如特唯一提供餐食的地方。

进公园前，要在伊卡卢伊特的游客中心[见936页，那里还有宝贵的《伊卡卢伊特小

径》(The Itijjagiaq Trail)]或吉米如特的卡塔尼利克公园中心(Katannilik Park Centre; ☎867-939-2416; www.nunavutparks.com; ◉周一至周五9:00~17:00)登记。

❶ 到达和离开

第一航空公司在吉米如特和伊卡卢伊特之间每周有4个航班(单程$418)。

雷索卢特(Resolute)

人口 214

雷索卢特位于康沃利斯岛(Cornwallis Island,被称为Quasuittuq,意为"没有黎明的地方")上,一些迷你小屋紧紧抓着狂风肆虐的砾石沙漠,是加拿大气候最恶劣的社区。这里建立于1953年,是政府将一些因纽特家庭引诱到这里后建造的,他们来自庞德因莱特、伊努朱亚克(Inukjuak)及魁北克,被许以更好的生活,结果都是假的。旅行者经过这里去往北极、丘提尼帕奇国家公园(Quttinirpaaq National Park)或风景优美的格赖斯峡湾(Grise Fiord)。

在邱帕维克地区公园(Tupirvik Territorial Park)寻找一下海洋化石或飞到国家历史遗址比奇岛(Beechey Island),时运不佳的富兰克林探险队在失踪前,于1845~1846年之间曾在此过冬。

考虑到有可能因为天气原因而"停航",幸运的是在此地还有不错的酒店。Qausuittuq Inn North (☎867-252-3900; www.resolutebay.com; 房间$280; ❐@⸙)有家的感觉,令人感到愉快,有周到的服务及美味的家庭菜(可以选择食宿全包)。这里是许多北极探险考察的起点。South Camp Inn(☎867-252-3737;www.southcampinn.com;标单/双 $300/400; ❐@⸙)是雷索卢特的神经中枢,态度友好,带有健身房,房间宽敞。可以食宿全包。

丘提尼帕奇国家公园 (Quttinirpaaq National Park)

丘提尼帕奇占地33,775平方公里,是努纳武特最北、最偏远且最多山的国家公园,也是加拿大的第二大公园,它远在埃尔斯米尔岛的高处(下一站:北极)。此处发现的化石表明在400万年前,当骆驼在森林里漫步的时候,这里是热带气候。而如今,这里有着常年被冰雪覆盖的冰封峭壁、深邃的峡湾、大量的冰川及零星分布的村落,这使得它可以自夸有着世界上最不适宜人类居住的气候,只有麝牛、狼獾、皮里驯鹿(Peary Caribou)可以生存。

这里的亮点包括夏季持续24小时的白昼及6℃的气温、北美东部的最高峰巴博峰(Mt Barbeau, 2616米)以及温暖的绿洲海森湖盆地(Lake Hazen Basin)——这里的动物不熟悉人类,却异常温驯。荒野经验非常重要。最佳游览时间为5月末至8月中旬。

徒步者从坦奎利峡湾(Tanquary Fiord)或海森湖(Lake Hazen)处的下车点开始探索公园,或者在二者之间徒步,大概需要11至12天。4月和5月可以进行滑雪之旅,但你需要完全自给自足。

加拿大公园管理局的坦奎利峡湾大本营(Tanquary Fjord base camp; www.pc.gc.ca; ◉5月至8月周一至周五 8:30至正午及13:00~17:00)在夏季有工作人员。到达这里后,游客必须登记并上一堂必修的介绍课,离开时需要注销。

基瓦立克地区 (KIVALLIQ REGION)

该地区一片坦荡、饱受狂风侵袭,狂野的河流纵横其中,是北美驯鹿和水禽的避难所,包括哈得逊湾海岸和直到西部的荒原地区。可以从兰金因莱特或最近被重新命名的诺哈亚特[Naujaat,之前叫作反击港(Repulse Bay)]进入尤库尤斯尼萨里克国家公园(Ukkusiksalik National Park),那是这里的宝地,有丰富的野生生物,世界最好的北极熊聚集地之一也位于此地。

兰金因莱特(Rankin Inlet)

人口 2266

20世纪50年代末,随着镍矿业的发展,兰金因莱特(Rankin Inlet)逐渐形成,现已成为基瓦立克最大的社区,这里道路泥泞、尘土飞扬,异常繁忙。新的金矿及矿产勘探意味着它仍是重要的中心。它也是个具有艺术气息的地方,是进入基瓦立克的根据地,城镇附近有不错的钓红点鲑及湖鳟的活动。此地还因一事闻名,这里是佐丹·图图(Jordin Tootoo)的家乡,他是国家冰球队里唯一的因纽特人队员。

◎ 景点

★ Matchbox Gallery　　　画廊

(☎867-645-2674; www.matchboxgallery.com; ⊙时间不定)这个小地方以拥有前卫的因纽特陶瓷艺术品而闻名。可以观看正在工作的艺术家,浏览并购买种类丰富的美丽工艺品。

马布勒岛　　　古迹

(Marble Island; www.marbleisland.ca)这里是18世纪寻找西北航道的詹姆士爵士及其船员的墓地,在哈得孙湾内,位于城市以东50公里处。19世纪一些捕鲸者的残骸也在这里。沿途你可能会看到鲸鱼、海豹及海鸟。可以咨询游客中心来找户外运动商带你去。

伊卡鲁加杰普努南加地区公园　　　自然保护区

(Iqalugaarjuup Nunanga Territorial Park; www.nunavutparks.com)这座名字拗口的公园离城镇5公里远,人们喜欢来此徒步和采摘浆果。梅里亭河(Meliadine River)的河口附近有一座考古遗址,前因努伊特多塞特人曾在此居住,此处还有一个复原的传统草皮房子。

🛏 食宿

★ Nanuq Lodge　　　民宿 $$

(☎867-645-2650; www.nanuqlodge.com; 1 Atausiq St; 标单/双 $150/200; P@🛜)这家友好、阳光充足的大民宿是该地区最好的住宿地。它出租皮划艇、租赁自行车并安排团队游,尤其是狗拉雪橇游。可享受内舒适套房。它的另一个住处Nanuq Suites内有高档的双床房。

Katimavik Suites　　　商务酒店 $$$

(☎867-857-2752; www.katimaviksuites.com; Tupirvik Ave; 房间 $260; P🐾🛜)这里是兰金因莱特最新(也是最舒适)的酒店,这里有着配有小厨房的宽敞套房,色彩明快。欧式早餐会送到房间,热心的管理人员可以帮你安排租车。

Wild Wolf Restaurant　　　加拿大餐、泰餐 $$

(☎867-645-4499; 1270 Nuvua St; 主菜 $20~30; ⊙周一至周六 11:30~19:00; 🐾)这里令人出乎意料的程度不亚其受欢迎的程度,Wild Wolf里的这间餐厅供应有相当正宗的泰餐,采用从泰国进口的食材神奇般地烹饪而成。有着双层肉饼和丰富佐料的野狼汉堡(Wolf burger)一定能满足肉食爱好者的胃口。

ℹ 实用信息

机场内有一个**游客中心**(Visitor Centre, ☎867-645-3838; kivalliqtourism@qiniq.com; ⊙周一至周五 8:30~19:00)。去www.rankininlet.ca了解详情。

ℹ 到达和离开

加拿大北方航空公司(见931页)和第一航空公司(见931页)都有从耶洛奈夫(黄刀镇)(单程 $1243)和伊卡卢伊特(单程 $1300)飞来的航班。第一航空公司和静航空公司(Calm Air,见931页)有到丘吉尔港(单程 $747)温尼伯(单程 $1052)的航班。

另辟蹊径

塞隆河

在流经荒原地区的大河之中,最著名也最适合行舟的是传奇的塞隆河(Thelon River)。它属于加拿大自然遗产河流,发源于西北地区,隐没于努纳武特的贝克湖(Baker Lake)附近,蜿蜒1000公里,贯穿整个荒野。其流域内到处是北美驯鹿、灰熊、狼、麝牛和矛隼(gyrfalcon),河的两岸有古代因纽特人的营地。

在河上划独木舟不需要特别的划桨技巧,但确实要有荒野知识。大多数人选择包机接送且只划一段。简单一点的方法是与户外运动商——如Canoe Arctic (☎867-872-2308; www.canoearctic.com)签约。

尤库尤斯卡萨里克国家公园（Ukkusiksalik National Park）

尤库尤斯卡萨里克国家公园环绕着哈得逊湾的大海湾瓦格湾（Wager Bay）所在的广大内陆海域，包括20,855平方公里无人居住的荒凉苔原及无数未曾被人穿越的湖泊，这是世界上观察北极熊及其他北极野生动物的最好地点，有5种北极熊混居在此，此外这里还有北美驯鹿及大量的海洋生物。7月及8月初是最好的游览季节。

亮点包括丰富的动物和鸟类、不错的徒步和乘船游及由海湾涨潮造成的逆流瀑布，非常壮观。这是真正的荒野，极度推荐雇一位因纽特人向导。

公园的游客需要在最近位于诺哈亚特的加拿大公园管理局（Parks Canada; ☏867-462-4500; ⏰周一至周五 8:30至正午和13:00~17:00）办公室登记和注销，以及购买公园门票，接受野生生物保护义务教育。提前联系努纳武特旅游局（Nunavut Tourism, ☏866-686-2888; www.nunavuttourism.com），寻求当地户外运动商的推荐；北极王国（Arctic Kingdom, ☏416-322-7066, 美国与加拿大免费电话 888-737-6818; www.arctickingdom.com）和黑羽（Black Feather, 见937页）可以组织定制游路线。

诺哈亚特（Naujaat）

人口 945

这里大致是以"海鸥栖息地"命名的，诺哈亚特（过去的反击港；www.repulsebay.ca）是数以千计的海鸥、雪鸮及其他鸟类的栖息地。这个北极圈内的小社区是通往尤库尤斯卡萨里克国家公园的门户，也是钓北极红点鲑的绝佳地点。

住宿方面，你可以在标准的商务型Naujat Hotel（☏867-462-4304; www.innsnorth.com; 房间 $199~295; 🍽🛜）及走甜美路线的Arctic Circle Paws & Paddles B&B（☏867-462-4482; http://arcticcirclepawsandpaddles.weebly.com; 房间含早餐每人 $200）中选择，他们可以安排狗拉雪橇及皮划艇行程。

基蒂克美奥特地区（KITIKMEOT REGION）

这是努纳武特人口最少的地区，占据着大陆上的北极海岸和海岸以北的岛屿。海岸与岛屿之间是传说中的西北航道，夏季有许多船只巡游于此。

剑桥湾（Cambridge Bay）

人口 1608

维多利亚岛（Victoria Island）上狂风肆虐的"剑桥湾"是该地区的中心，也是向西北航道行驶的巡游船只的停靠点。联邦政府的加拿大高纬度北极研究站（Canadian High Arctic Research Station, 简称CHARS）于2018年在此落成，未来将会吸引全世界的科学家来此观测气候变化。这里的居民讲伊努伊特（Inuinnaqtun）方言，"剑桥湾"还以手工艺品著名，包括"麝牛绒"（qiviut, 超级暖和的麝牛绒毛）制成的服装。

寻找西北航道的探险家一般在这里寻求庇护。罗尔德·阿蒙森（Roald Amundsen）的纵帆船"莫德号"（Maud）的残骸就位于这个海湾里。

向南穿过航道是莫德皇后鸟类保护区（Queen Maud Bird Sanctuary），它是世界上最大的候鸟保护区，也是雪雁及苔原天鹅的家园。经过一条崎岖不平的路或徒步15公里，可以到达奥瓦约克地区公园（Ovayok Territorial Park），这里是观察麝牛的主要地点，能清楚地看到佩利山（Mt Pelly, 200米）。该地有徒步小径和露营场所。

Green Row Executive Suites（☏867-983-3456; www.greenrow.ca; 公寓每人 $235; 🅿🍽🛜）是剑桥湾最豪华的住所。Saxifrage Resto-Cafe（☏867-983-3111; 21 Mitik St; 主菜 $20起; ⏰周一至周五 11:00~13:30及17:00~19:00）为剑桥湾有限的饮食业着实增色不少。

北极海岸游客中心（Arctic Coast Visitors Centre; ☏867-983-2224; Omingmak St; ⏰周一至周五 8:30~17:00, 周六 10:00~17:00, 周日 13:00~16:00）提供信息，并帮忙组织团队游。

加拿大北方航空公司和第一航空公司有航班从耶洛奈夫（黄刀镇）飞来。

了解加拿大

今日加拿大 944
新的自由党总理给加拿大带来新的面貌,但以自然能源为主的经济与环保主义之间的矛盾与日俱增。

历史 946
从维京人定居点到克朗代克淘金热,从历史悠久的联邦到最近努纳武特地区的形成,追寻加拿大的每个决定性瞬间。

原住民文化 958
通过其历史、艺术、媒体和旅游业,更多地了解加拿大最早的居民。

户外活动 962
滑雪、单板滑雪、徒步、划皮划艇、骑自行车、垂钓和冲浪——这里搜罗了这个国家顶级的活动和热门景点。

野生动植物 967
驼鹿可以跑多快?北极熊有多凶猛?在哪儿能看到世界上最大的鲸鱼?来这里找答案吧。

加拿大饮食 971
为你介绍加拿大各省的特色美食,同时也整理出这个国家的最佳美食城市。

葡萄酒产区 973
来找找出产最清爽的白葡萄酒、最醇厚的红葡萄酒和最冰凉的烈酒的区域。另外还有与酒有关的节日的最佳推荐。

今日加拿大

2015年，加拿大迎来了自由党的总理——贾斯廷·特鲁多，他使整个国家焕然一新。一夜之间，这位年轻领袖冲浪、徒步、参加同性恋游行、呼吁妇女权益的照片引起了全世界的围观。于是全世界都松了一口气，酷酷的加拿大又回来了。但石油价格低迷及经济萧条的议论不绝于耳，每个人的前途也并不是一片光明；自然资源与低碳经济之间的矛盾也愈演愈烈。

推荐电影

《房间》（Room；雷尼·亚伯拉罕森；2015年）加拿大及爱尔兰合拍影片，一对母子被囚禁多年后重获自由的故事。

《沉睡的巨人》（Sleeping Giant，安德鲁·奇维迪诺；2015年）讲述了一群少年在安大略木屋社区度过夏天的故事。

《好警察，坏警察》（Bon Cop, Bad Cop；埃里克·卡努埃尔；2006年）一个以英语为母语的人和一个以法语为母语的人参加警队的故事，是加拿大票房收入最高的电影之一。

推荐书籍

《非法》（The Illegal；劳伦斯·希尔著；2015年）一个来自假想之地的马拉松选手逃脱法律的故事，探讨了种族和移民的话题。

《印第安马》（Indian Horse；R.瓦格密斯著；2012年）一个欧及布威印第安男孩在养伤期间回忆自己成长为冰球明星的故事，涉及欧及布威印第安礼节及精神。

《亲爱的生活》（Dear Life；艾丽丝·门罗著；2012年）作者曾获2013年诺贝尔文学奖，这是她最新的短篇小说集。

经济

与其他国家相比，加拿大很好地应对了全球金融危机。的确，经济在衰退，而在保持了12年的财政盈余后，渥太华于2009年首次公布了财政赤字。但6年后加拿大成功找到了出路，并且是七大主要工业化国家中，唯一能在2015年重新回到财政盈余状态的国家。当时由保守党执政的政府集中精力裁减联邦雇员，这对一千政府部门产生了影响，包括加拿大公园管理局和原住民事务部等。在自由党重新掌权的第一个整年，2016~2017年，产生了3亿加元的财政赤字，投资主要用于增加就业机会、支持中产阶级及基础建设，以此建设更加光明且可持续发展的未来。

邻国间的石油

18世纪中期，伏尔泰把加拿大描绘成"几亩雪地"，但现在这"几亩雪地"已经变成一片蕴含着丰富的石油、木材和其他自然资源的肥沃土地，从而让加拿大成为一个生活水平令人羡慕的地方。

然而，开发自然资源要付出生态代价，尤其是石油的钻取。艾伯塔省北部的阿萨巴斯卡油砂（Athabasca Oil Sands）是世界第二大石油储备区，为加拿大经济的高速发展做出了杰出贡献。与此同时，据加拿大环境局统计，它们也产生了加拿大5%的温室气体。与企业同一阵营者称这种情况正在好转，与沙特阿拉伯和委内瑞拉等石油生产国相比，这里的油砂钻取是符合标准的——特别是把人权问题和缩短的运输距离这些因素考虑在内时（大多数加拿大的石油都出口到美国）。

极具争议的Keystone XL输油管道就是这类矛盾的代表之一。Keystone XL输油管道架设的目的是把艾伯塔省的原油传输到美国得克萨斯州和路易斯安那州海边的炼油厂,大部分管道已经完工,但是在2015年底,美国国务院却拒绝为输油管道颁发许可证。他们表示,加拿大还应为遏制二氧化碳的排放做更多努力。加拿大国内对这个项目同样意见不一。环保主义者和原住民对输油管道的运行表示担忧,他们担心管道会毁坏附近神圣的地方以及污染水源。有趣的是,美国对项目的否决并没怎么惹恼加拿大自由党及美国民主党,反倒是加拿大产油区附近社区的自由党成员们表达出了强烈的反对意见。许多人都认为输油管道项目会重新开启。

饭后谈资

加拿大人非常珍视但又不健全的全民医保体系引发了广泛的讨论。虽然没有人愿意承认,但这个体系实际上是有两个标准的,有钱人可以在私人医疗机构中使用额外的专用设备并获得通常更为高效的治疗。不过,免费、方便、人人都能受益的医保体系,仍然让人赞叹。对很多公民来说,这是加拿大之所以伟大的关键所在。除此之外,加拿大对待同性婚姻、移民和大麻的态度很开放。

森林野火、石油泄漏、洪水泛滥经常是头条新闻,气候变化是另一热点话题。2016年的一次民意调查显示,只有61%的加拿大人认为,气候变化是人类活动的结果。这次的调查还显示,艾伯塔省和萨斯喀彻温省的人对此最不相信,而不列颠哥伦比亚省、安大略省及魁北克省的居民则更倾向于相信这一论断。

政治

在被保守党领导了近10年后,加拿大于2015年进行了史上参与人数最多的一次投票选举,而民意意见极其分化。依赖能源的社区力挺保守党,而其他人则认为保守党倾向大企业,而且支持能源产业大于保护环境,未免短视。也有许多人担心选票在新民主党(New Democratic Party,简称NDP)及自由党之间分散会导致保守党重新掌权。

最终自由党重掌执政权力,在年轻的贾斯廷·特鲁多领导下,获得了多数领导权。作为该国第十五位总理皮埃尔·特鲁多的儿子,贾斯廷和他父亲一样,也是媒体的宠儿,加拿大仿佛又迎来了一次20世纪七八十年代的"特鲁多热"。贾斯廷就职时只有43岁,他明确地支持妇女、儿童、移民、同性恋婚姻、大麻合法化及环保主义,这使许多被保守党伤心的加拿大人对他推崇备至。对他们来讲,特鲁多很大程度上代表了"加拿大人"的含义。相比而言,以工业为主的社区对他就没有那么热衷了。

人口: **3630万**

面积: **9,984,670平方公里**

国内生产总值: **1.5万亿美元**

国内生产总值增幅: **1.1%**

通货膨胀率: **1.5%**

失业率: **6.9%**

每100个加拿大人中

28个是英国或爱尔兰裔
23个是法裔
15个是其他欧洲人
34个是其他族裔

信仰体系
(占人口百分比)

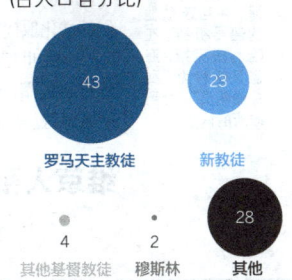

43 罗马天主教徒
23 新教徒
4 其他基督教徒
2 穆斯林
28 其他

每平方公里人口数

加拿大 | 美国 | 法国

♟ ≈ 4人

历 史

从当地土著脱离荒芜的原野、创造出繁荣的聚居点开始，人类在加拿大的活动已有约15,000年的历史。15世纪晚期，当欧洲人蜂拥而至时，这里的一切都变了，他们的圈地运动造成了当地的激烈冲突，最终，发展成了这个广袤的新国度。这些绚烂的历史遗产游客都可以接触到：从堡垒到战场，再到那些著名的住宅，超过950处包罗万象的国家历史遗址等你发现。

加拿大的大西洋海岸有一段臭名昭著的海盗史。1602年，彼得·伊斯顿（Peter Easton）是第一个在纽芬兰附近抢劫的海盗。另外一个是1720年左右的黑巴特（Black Bart），即巴沙洛缪·罗伯茨（Bartholomew Roberts）。他不喜欢豪饮和赌博，并且鼓励他的船员祈祷。在哈利法克斯，海盗又被称为"私掠船船员"，受到政府的认可。

原住民

加拿大最早的居民很可能是游牧猎人，他们执着地追逐着北美驯鹿、麋鹿和野牛，从亚洲跨越曾经连接西伯利亚和阿拉斯加的大陆桥而来。当地球变暖、冰川消融，这些迁徙者逐渐开始深入整个美洲。

大约4500年前，从西伯利亚来的第二批主要移民到达加拿大，他们是因纽特人的祖先。这些新来的居民在北方逡巡一番，认为这里是个盛满了鱼和海豹盛宴的大冰箱，就此决定在此聚集。这些早期的因纽特人生活于多塞特文化[Dorset Culture，因巴芬岛（Baffin Island）的多塞特角（Cape Dorset）得名]时期，多塞特文化的遗迹在巴芬岛首次被发掘。公元1000年左右，因纽特人的一个分支——在阿拉斯加北部捕鲸的图勒人（Thule）——开始穿越加拿大北极地区并向东移动。随着他们的扩散，他们的文化取代了多塞特文化。图勒人是当代因纽特人的直系祖先。

到15世纪后期，也就是第一批欧洲人登陆加拿大的时候，原住民已经越过北极圈，分散到加拿大境内其他4个主要的居住区域，即太平洋地区、平原地区、安大略南部/圣劳伦斯河流域和东北林地。

维京人和欧洲探险家

维京名人莱夫·埃里克松（Leif Eriksson）是第一个到达加拿大海岸

大事年表	约公元前7000万年	约公元前25,000年	公元前1000年
	恐龙享受着艾伯塔南部温暖的海岸气候（对这些庞然大物来说，此地堪比当代的维多利亚）。	追随着肥美的北美驯鹿和北美野牛的踪迹，人类首次穿越曾经连接西伯利亚和北美的大陆桥来到加拿大。	在经历了几千年的游荡之后，以其在乔伊什港（Port aux Choix）等地的埋葬仪式而闻名的海上古老的印第安人令人费解地消失了。

的欧洲人。事实上,他和他的斯堪的纳维亚船员是来到北美洲的第一批欧洲人。在大约公元1000年的时候,他们在加拿大东海岸边[如纽芬兰的兰塞奥兹牧草地(L'Anse aux Meadows)等地]游弋,建立了冬天的定居点以及修补船只和存放给养的小站点。当地的部落并不欢迎这些闯入者,他们最终疲于敌意,打道回府。之后的300年到400年,加拿大再没有外来人到访。

到了15世纪后期,探索活动又升温了。1492年,克里斯多夫·哥伦布受西班牙皇室的资助远航,以寻找一条可以从西方海域通向亚洲的航道。但他却阴差阳错地发现了巴哈马群岛的几座小岛。得知了哥伦布的"新发现",其他的欧洲皇室都非常激动,他们立刻赞助了一些航海队伍出发寻找。1497年,乔瓦尼·卡波托(Giovanni Caboto),人称约翰·卡伯特(John Cabot),以英国的名义向西行驶到了纽芬兰和布雷顿角。

卡波托并没有找到去中国的线路,但是他找到了一种在当时的欧洲非常受追捧的商品——鳕鱼。顷刻间,几百艘船在欧洲和这片新发现的富饶渔场之间往来穿梭。从西班牙北部来的巴斯克捕鲸人也随之而来。他们中有些人以拉布拉多的红湾(Red Bay)为基地,这里在16世纪时成为世界上最大的捕鲸港口。

法国国王弗朗索瓦一世看看他的"邻居",抚摸着胡须,随后灵机一动,召来了雅克·卡蒂埃。此时,觊觎着西班牙征服者们所获得的阿兹特克和印加文明战利品,各国出海已不仅限于寻找西北航道(Northwest Passage),同时也为了寻找黄金。弗朗索瓦希望严寒的北方也蕴藏着这样的财富。

到达拉布拉多后,卡蒂埃唯一找到的只有"石头和可怕而嶙峋的岩石"(1534年他在自己的日志里这样写道)。他尽职地继续找,很快来到了魁北克的加斯佩半岛(Gaspé Peninsula),并声称这里为法国的领土。当地的易洛魁人觉得卡蒂埃是个好邻居——直到他绑架了头领的两个儿子并将他们带往欧洲。还好,卡蒂埃一年后将他们带回来了,那个时候他正沿圣劳伦斯河向上游航行,到了斯达卡科纳(Stadacona,如今的魁北克市)和郝舍拉加(Hochelaga,如今的蒙特利尔)后,他听到传闻:一个叫萨格奈(Saguenay)的地方到处都是黄金白银。这个传言促成了卡蒂埃的第三次航海之旅,1541年他再次出发,但是很可惜,这些神秘的财富仍然不知所踪。

毛皮贸易大热

弗朗索瓦一世对他远方的殖民地开始感到厌倦,因为它们一直没有创造出他希望的财富。但是,几十年之后,裘皮帽子风靡一时,他的兴致再度

法国还保留着它早期开拓加拿大的证明:纽芬兰海岸附近的圣皮埃尔(St-Pierre)和密克隆(Miquelon)两座岛屿,至今仍旧忠实地属于法国。

探险家雅克·卡蒂埃(Jacques Cartier)赋予加拿大现在的名字。学者认为加拿大一词来自休伦-易洛魁(Huron-Iroquois)语的Kanata,意思是村庄或居住地。卡蒂埃曾将此写进日志,后来被地图制作者转化成"Canada"。

公元1000年	1497年	1528年	1534年
维京人莱夫·埃里克松及其船员被浪冲到兰塞奥兹牧草地,他们在这里建造了草泥墙房屋。他们是最早来到北美的欧洲人,比哥伦布早了500年。	约翰·卡伯特从英国起航,本来是想去中国,却发现了纽芬兰。这是个幸运的错误,因为这里的海水里满是肥美的鳕鱼。	纽芬兰的圣约翰一跃成为北美的第一个城镇。它不属于任何国家,而是为来自欧洲各国的渔船队服务。	雅克·卡蒂埃驾船行驶到今日的魁北克省。他来寻找黄金和贵金属,但是仅仅找到了冷硬的岩石。无论如何,他宣称这片土地属于法国。

Canadian Military History Gateway (www.cmhg.gc.ca)提供有关加拿大军事历史的电子资源，还链接到来自加拿大广播公司(CBC)有过去战争时期的广播。

燃起。当时人人都会戴裘皮帽子，正如时尚专家知道的那样，最精致的帽子莫过于那些用海狸毛皮制作的了。在旧大陆，海狸已经濒临绝种，所以人们迫切需要新的海狸毛皮供给源。

1588年，法国皇室准许了第一宗在加拿大的垄断贸易，但这一决定立刻遭到其他商人的抵制。因此，毛皮贸易控制权的竞争正式开始。这项事业的经济价值，乃至它对塑造加拿大历史所起的作用，都是不可小觑的。它是加拿大的欧洲定居点形成的主要原因，是英法两国争夺这里控制权的根源，也是原住民群体之间发生冲突并走向分裂的源头。所有这一切，全都是因为这帽子!

为了能够得到这遥远土地的控制权，第一要务就是将欧洲人带到这里来。1604年夏天，一群法国的拓荒者在圣克洛伊岛(一个小岛，位于与美国缅因州交界的河中)建立了一个暂时的据点。接下来的春天，他们又迁移到了新斯科舍省的皇家港(Port Royal，今天的皇家安娜波利斯，Annapolis Royal)。由于易攻难守，两个地点都没能成为控制内陆皮毛贸易的理想据点。这些未来的殖民者顺圣劳伦斯河而上，终于找到了他们的领袖萨缪尔·德·尚普兰(Samuel de Champlain)认为适合居住的绝佳地段——今天的魁北克市。那时是1608年，"新法兰西"成为现实。

英法对抗

顶级历史遗迹: 西部

育空地区的克朗代克遗址

萨斯喀彻温省的巴托什

艾伯塔省的野牛跳崖处

艾伯塔省的埃德蒙顿要塞

法国人在加拿大享受了几十年的长毛绒毛皮垄断贸易，直到1670年，英国人带来了一个可怕的挑战。英国人很幸运地遇到名为雷迪森(Radisson)和德斯·戈瑟利尔(Des Groseilliers)的两位法国探险者，他们当时已大失所望，并透露最好的毛皮之乡其实在苏必利尔湖(Lake Superior)的北边和西边，只要借道哈得孙湾，很容易到达。英国国王查尔斯二世迅速建立了哈得孙湾公司，并且特许其拥有所有汇入哈得孙湾的大河小溪流域的垄断贸易权。这片被称为鲁珀特地区(Rupert's Land)的广阔区域覆盖了如今加拿大40%的领土，包括拉布拉多、魁北克西部、安大略西北部、马尼托巴、萨斯喀彻温和艾伯塔的大部分地区以及西北地区的部分区域。

英国人此举激怒了法国人，于是法国人向内陆纵深安顿下来，令英国人难堪。两个国家都宣称对这片土地拥有所有权，但是两国都想要掌握区域的统治权。他们来来回回地进行着充满敌意的小规模战斗——这也是欧洲当时状况的写照，18世纪的前半段，战争肆虐于整个欧洲大陆。

1608年	1610年	1670年	1755年
经历了四年的游走，萨缪尔·德·尚普兰找到了他理想的安家之所。他在魁北克市安顿下来，为新法兰西建立了第一个永久居民地。	这次轮到英国人了: 商人约翰·盖伊在纽芬兰的丘比特建立了一个种植园，这是英国在加拿大的第一个殖民地，也是其在新大陆的第二个殖民地(第一个是詹姆斯敦)。	国王查尔斯二世建立了哈得孙湾公司以支持英国人在当地的毛皮贸易。几年后，这家公司发展成了名为"湾"的连锁百货商店。	英国人将14,000多名法国阿卡迪亚人驱逐出芬迪湾地区。在大驱逐(Great Expulsion)时期，阿卡迪亚人被迫上船离开，其中很多人去了美国的路易斯安那。

英法在这件事情上的争执以《乌得勒支和约》(Treaty of Utrecht)的签订而告一段落，条约的签订结束了安妮女王之战(Queen Anne's War，1701~1713年)的海外战事。条约规定，法国必须正式承认英国对哈得孙湾和纽芬兰的所有权，并放弃新斯科舍(当时称作阿卡迪亚)除布雷顿角岛以外的全部地区。

冲突持续酝酿了几十年，到了1754年终于升级到一个新的阶段。这一年，英法两国在法国印第安人战争[French and Indian Wars，又称七年战争(Seven Years' War)]中对垒。当英国军队夺取了路易斯堡(Louisbourg)要塞，从而控制了有重要战略意义的圣劳伦斯河入口后，战争局势很快变得对英国有利。

1759年，英国军队包围了魁北克，翻过悬崖突袭并轻易击败了错愕中的法国军队。这是加拿大最血腥最有名的战争之一，两方的指挥官均战死沙场。在《巴黎条约》(Treaty of Paris，1763年)中，法国将加拿大让给了英国。

与日俱增的烦恼

管理这片刚刚获得的领土对英国来说是一个大挑战。首先，他们必须平息当地原住民部落的起义——比如渥太华首领庞蒂亚克(Ottawa Chief Pontiac)在底特律的袭击。1763年，英国政府颁布了《皇家宣言》(Royal Proclamation)，其中规定殖民者不得在阿巴拉契亚山脉(Appalachian Mountains)以西定居，并且对购买原住民土地的行为进行规范。虽然英国政府的初衷是好的，但这项宣言并未受到重视。

> **顶级历史遗迹：东部**
>
> 纽芬兰的兰塞奥兹牧草地
>
> 魁北克市的魁北克城墙
>
> 新斯科舍省的路易斯堡
>
> 爱德华王子岛的省议会厅

> 美国两次入侵加拿大——分别在1775年和1812年，两次都无功而返。

枫叶标志

在加拿大的硬币上、加拿大航空的飞机上或者多伦多冰球队的运动衫上，你都能看到枫叶的图案。将近两个世纪以来，枫叶一直被视为加拿大的国家标志。1836年，下加拿大出版的《加拿大人报》描述枫叶是非常适合加拿大的象征物。1868年以前，安大略和魁北克都在徽章上使用了枫叶图案。在两次世界大战时，加拿大武装部队也用了枫叶标志。最后，经过关于枫叶图案设计的诸多争议(一片叶子？三片叶子？叶子是13个角？)，终于确定将如今人们看到的11角叶子作为加拿大的国家象征，并在1965年将之应用到国旗上。

1759年	1763年	1775年	1793年
加拿大最有名的法国和英国之间的争战就发生在魁北克市的亚伯拉罕平原。这场战争持续了不到一个小时，就以法国战败结束。	法国在七年战争中战败，后签订了《巴黎条约》(Treaty of Paris)。根据条约，法国必须从加拿大撤离。这样一来就终止了加拿大被法国和英国轮流控制的局面。	美国反叛者入侵加拿大，希望怂恿魁北克加入叛乱——在美国独立战争中与英国人对抗，但遭到当地居民的拒绝。	探险家亚历山大·马更些首次在加拿大实现了横贯大陆的旅程。他在不列颠哥伦比亚省的贝拉库拉附近的一块岩石上潦草地涂写下"从加拿大经陆路而来"(from Canada by land)。

法裔加拿大人是第二个棘手之处。新的统治者在加拿大实行了英国法律，罗马天主教徒（法国人信奉罗马天主教）包括投票和奉职在内的权利受到了极大的限制，局势变得紧张起来。英国希望他们差别对待的政策能够引发大批的人口外迁，这样一来，对剩下来的居民的"英国化"就会变得容易些。但计划并不奏效——法国人决不妥协，并在当地进一步站稳了脚跟。

似乎这些原住民和法国人的麻烦还不够英国人受的，美国殖民地也展开了他们在南方的革命。英国总督盖伊·卡尔顿（Guy Carleton）明智地指出，与其试图将法国人改造成爱喝茶的英国人，倒不如赢得法国定居者的政治忠诚。1774年，《魁北克法案》（Québec Act）因此出台。这项法案确认了法裔加拿大人宗教信仰的权利，准许他们从政，并且恢复了法国民法。事实上，在美国独立战争（1775~1783年）期间，大多数法裔加拿大人拒绝拿起武器为美国人的理想而战，当然他们中也没几个人愿意帮助英国军队防御。

美国革命结束以后，近5万移民者从新独立的美国向北迁移，从而使加拿大以英语为母语的人口激增。这些移民者被视为因其对英国的忠诚而北上的人，还被称作联合帝国的保皇派（United Empire Loyalists）。但实际上，许多移民者之所以来到这里，是受便宜土地的吸引，而非出于对国王和王室的效忠。新移民中的大部分定居在新斯科舍和新不伦瑞克，另外一小部分在安大略湖（Lake Ontario）北岸和渥太华河谷（Ottawa River Valley）安顿下来（组成了安大略省的核心）。大约8000人移居到魁北克，在这个一直说法语的地方，创建了第一个颇具规模的英语社区。

国家分裂：上下加拿大

为了在一定程度上迎合保皇派移民的利益，英国政府通过了《1791年宪法法案》（Constitutional Act of 1791）。该法案将殖民地分为上加拿大（Upper Canada，今天的安大略南部）和下加拿大（Lower Canada，现在的魁北克南部）。下加拿大还保持法国民法，但是两个省都实行英国刑法。

英国王室直接向每个殖民地各派遣了一名总督，再由总督任命他的"内阁"[那个时候叫执行委员会（Executive Council）]成员。立法部门由一个被委任的立法委员会（Legislative Council）和一个选举产生的议会（Assembly）组成。议会表面上代表着殖民者的利益，而实际上，议会的权

> 当欧洲人来到这里，看到纽芬兰的贝奥图克人（Beothuk）原住民和他们庆典时涂成赭色的脸，遂称其为"红人"。这个名称迅速被扣在所有北美原住民部落的头上。可悲的是，贝奥图克人在1829年灭绝。

1818年	1858年	1864年	1867年
美国和英国协商签订了《1818年条约》（Treaty of 1818）。其结果是，加拿大的边界被确定为从森林湖（Lake of the Woods）到落基山脉的北纬49度线。	探矿者在不列颠哥伦比亚省的弗雷泽河（Fraser River）流域发现了黄金，刺激了上千名渴望一夜暴富的梦想家北上淘金。大多数淘金者并没有脱贫。	"联邦之父"们在爱德华王子岛的夏洛特敦（Charlottetown）聚首。在这片由松散殖民地构成的土地上建立了一个新的国家，取名为加拿大。	《英属北美法案》正式统一了加拿大自治领的殖民地，承认其为大英帝国的成员。英国维多利亚女王早餐时食用了加拿大培根，以示庆祝。

力非常小：因为总督能弹劾议会的决定。不难想象，这只会招致摩擦和仇恨。这在下加拿大尤其明显，因为在这里，一个英国人总督和一个英国人为主的委员会支配着一个法国人主导的议会。

肆无忌惮地任人唯亲的现象使这个情况更加糟糕。保守的英国商界精英们控制着行政和立法委员会，他们对法裔加拿大人的事务丝毫不上心。这些人在上加拿大被称为名门望族，在下加拿大被称为派别集团。他们中包括啤酒巨头约翰·莫森（John Molson）和大学创立者詹姆斯·麦吉尔（James McGill）。1812年战争（War of 1812）——这场美国希望占领加拿大却徒劳无功的战争——之后，这些群体的影响力变得尤其强大。

1837年，人们对地位牢固的精英阶层的失望达到了白热化的程度。加拿大党（Parti Canadien）领导人路易斯-约瑟夫·帕皮诺（Louis-Joseph Papineau）和上加拿大改革党（Reform Party）领导人威廉·里昂·马更些（William Lyon Mackenzie）公开发起了反抗政府的起义。尽管两次起义都被迅速镇压，但这给英国人传递了一个信号：现状无法再长久维持了。

谨慎的联合

英国政府派杜汉伯爵（Earl of Durham）约翰·兰顿（John Lambton）调查起义的原因。他准确地洞察到了这个问题的根源是民族对峙，称英国和法国是"两个国家在一个新建立的国家打仗"。后来，他被人们称作"过激的杰克"（Radical Jack），因他宣称法国文化和社会是低等的，是扩张和繁荣强大的阻力——只有将其同化到英国法律、语言和制度下，才能粉碎法国的民族主义，为殖民地带来长治久安。这些建议都在1840年的《联合法案》（*Union Act*）里得到采纳。

上下加拿大迅速地合并成了加拿大省，并且由唯一的立法机关——新成立的加拿大国会（Parliament of Canada）来管理。每一个前殖民地都有相同数量的代表，这对下加拿大（如魁北克）来说是不怎么公平的，因为这些地区的人口要比其他地方多得多。从好的方面说来，新的体制带来了有责任感的政府，限制了统治者的权力，并消除了任人唯亲的现象。

大多数英裔加拿大人欢迎新的体制，法国人则不那么激动。这大概是因为，新的合并意味着一个潜在的目标，那就是摧毁法国文化、语言和身份，这反而使以法语为母语的人更紧密地团结在一起。《联合法案》的条款留下了至今仍然难以完全愈合的巨大伤害。

这样，新合并的省根基并不牢固。完成合并后的十年间，加拿大的政

最佳历史街区

温哥华的加斯镇

魁北克省的魁北克市

蒙特利尔的蒙特利尔老城

新斯科舍省的哈利法克斯市中心

最佳历史博物馆

哈利法克斯的大西洋海事博物馆

渥太华的加拿大战争博物馆

蒙特利尔的卡利耶角考古学与历史博物馆

维多利亚的皇家不列颠哥伦比亚博物馆

艾伯塔省的乌克兰文化遗产村

1885年	1893年	1896年	1913年
加拿大首座国家公园在艾伯塔的班夫开放。与此同时，在不列颠哥伦比亚省的克莱拉奇（Craigellachie），铁路工人们完成了加拿大太平洋铁路的建设。	蒙特利尔AAA冰球队获得了第一座斯坦利杯（由一位普雷斯顿斯坦利勋爵捐赠）。如今它是北美职业运动队争夺的历史最悠久的奖杯。	此时，探矿者在育空发现了更多闪闪发亮的黄金。克朗代克淘金热开始了，40,000多名满怀希望的淘金者带着他们的镐子和淘金盘涌向道森市（Dawson City）。	加拿大的移民数量达到顶峰，共有超过40万人来到这个枫叶之国，大多数是美国人和东欧人，他们无法抗拒加拿大肥沃大草原的召唤。

治一直处于不稳定状态：一个政府取代另一个政府，权力更替非常快。与此同时，美利坚合众国已经成长为一个自信的经济强国，而英属北美仍然是一个由多个独立殖民地组成的松散组合体。美国南北战争（American Civil War, 1861~1865年）和美国对阿拉斯加的购买，都让加拿大担心自己会被兼并。他们越来越清醒地认识到，唯有一个相对稳定的政治体系，才能缓和这些挑战，因此希望成立联邦的势头大增。

联邦

1864年，在爱德华王子岛的夏洛特敦，现代加拿大诞生了。在镇上的省议会厅（Province House），"联邦之父"（Fathers of Confederation）——一群来自新斯科舍、新不伦瑞克、爱德华王子岛、安大略和魁北克的代表——在此聚首，并构建了一个新国家的基本框架。在经历了另外两次会议之后，1867年，国会终于通过了《英属北美法案》（*British North America Act*），从此他们迎来了一个现代的、自治的加拿大，它最早被叫作"加拿大自治领"（Dominion of Canada）。这项法案于7月1日正式生效，为了庆祝这一历史时刻，加拿大将这一天定为国庆日。它起先被称为自治领日（Dominion Day），后在1982年被改称为加拿大日（Canada Day）。

西部开拓史

对这片新生领土来说，亟待解决的首要问题就是将剩下的土地和殖民地合并到联邦中。在第一任总理约翰·A.麦克唐纳（John A Macdonald）的领导下，政府在1869年仅花费了£300,000（相当于如今的$11,500,000）就从哈得孙湾公司购买了幅员辽阔的鲁珀特地区。现在这片地方被称为西北地区，这里人烟稀少，生活在其中的大多数人是平原第一民族及几千名梅蒂斯人，后者是由克里人、欧及布威人（或索尔托人）与法裔加拿大人（或苏格兰毛皮贸易商人）融合而成的后裔，主要语言是法语。他们最大的居住地在加里堡（Fort Garry，今天的温尼伯）附近的红河殖民地（Red River Colony）。

加拿大政府很快因为土地使用权的问题和梅蒂斯人发生冲突，致使后者成立了一个临时政府，由充满领袖魅力的路易斯·里尔（Louis Riel）领导。他令渥太华委派的官员打道回府，并且在1869年11月时掌握了对上加里堡（Upper Fort Garry）的控制权，从而迫使渥太华与之谈判。然而，在他的代表团去往渥太华的途中，里尔一时冲动，处死了一个关押在加里

历史

联邦

参加1864年夏洛特敦会议（Charlottetown Conference）的代表们，不得不住在他们自己的蒸汽船上，因为当时马戏团正在城里演出，所有旅馆都被预订一空。

1917年	1931年	1933年	1942年
加拿大提出了增兵草案，在第一次世界大战中为英国而战。法裔加拿大人对这项征召令尤为反对，这也预示着国内紧张局势的到来。	住宿学校系统达到了顶峰。原住民、因纽特人和梅蒂斯人的孩子被迫离开他们的社区，前往远离家乡的学校（大多由教堂运营）上学，这一举措旨在同化这些孩童。	受到经济大萧条影响，加拿大每10个人中就有3人失业。草原更是遭到干旱引发的沙尘暴（Dust Bowl）重创。	纽芬兰是"二战"期间北美唯一受到德军直接袭击的地点：德军的一艘U形潜水艇所发射的一枚鱼雷击中了贝尔岛（Bell Island）的内陆地区。

堡的加拿大囚犯。虽然这件事情在整个加拿大引起了轩然大波，但因为政府迫切希望合并西部，所以答应了里尔几乎所有的要求，包括对梅蒂斯人实行特殊的语言和信仰保护。结果，当时的弹丸小省马尼托巴被从西北地区划分出去，在1870年7月成为加拿大领土。麦克唐纳派兵追捕里尔，但是他设法逃到了美国。里尔在1875年被正式流放5年。

1866年，新喀里多尼亚（New Caledonia）和温哥华岛（Vancouver Island）的殖民地合并了，成立了不列颠哥伦比亚省（British Columbia, BC），这里成为新前线。1858年，人们在这里的弗雷泽河（Fraser River）沿线发现了金子，随后的1862年，卡里布（Cariboo）地区也发现了金子。大量的人口涌入威廉姆斯湖（Williams Lake）和巴克维尔（Barkerville）这样的金矿业繁荣的小镇。但是，当金矿逐渐枯竭，不列颠哥伦比亚省陷入了贫穷。1871年，它加入了加拿大自治领，条件是加拿大政府还清它所有的债务而且允诺在十年内建成一条由不列颠哥伦比亚省通往东部的横贯大陆的铁路。

加拿大太平洋铁路的建设是加拿大历史上最令人印象深刻的章节之一。麦克唐纳认为铁路对统一国家、激励移民并刺激商业和制造业起到至关重要的作用，这种理念是很正确的。这是一项耗资不菲的提议，而铁路需要穿过的地势更是陡峭而艰苦，这增加了建设难度。为了吸引投资商，政府提出了很诱人的优惠政策，包括获得加拿大西部的大片土地。1885年11月7日，铁路在不列颠哥伦比亚省的克莱拉奇（Craigellachie）正式竣工。

为了给"狂野西部"带去法律和秩序，加拿大政府在1873年建立了西北骑警（North-West Mounted Police，简称NWMP），这便是之后的加拿大皇家骑警（Royal Canadian Mounted Police，简称RCMP）。他们的别名是"Mounties"，至今仍服务于加拿大国家警队。虽然NWMP效率很高，他们却并不能阻止危机在大草原上酝酿，大草原上的平原第一民族被迫签订了一系列将他们放逐到保留区的条款。没过多长时间，这些群体就开始挑战现状。

与此同时，很多梅蒂斯人开始往萨斯喀彻温省迁移，并在巴托什周边定居。和在马尼托巴一样，他们迅速和政府勘察员在土地问题上发生了冲突。1884年，他们在多次向渥太华官员上诉时遭到忽视后，将流放的路易斯·里尔劝诱回来，为他们做主。里尔的诉求遭到政府拒绝后，他采取自己熟悉的方式加以回应，即组建一个临时政府，并带领梅蒂斯人叛乱。这一

历史 西部开拓史

从中国来的劳工为加拿大太平洋铁路（Canadian Pacific Railway）的西段建设做出了巨大贡献。他们每天只赚取$0.75到$1.25，而且通常被指派做最危险的爆破工作。

夏洛特·格雷（Charlotte Gray）所著的《淘金者》（Gold Diggers，2010年）讲述了历史上最后一个大淘金时期。在1896年到1899年，在育空的道森市，人口从400人猛然增长到了3万人。作者用派驻记者、银行家、妓女、牧师和律师的信件和报纸文章来讲述这个时代的点点滴滴。

20世纪60年代初	1961年	1962年	1963年
这是一个变革的时代：寂静革命后的魁北克经历了现代化、世俗化及自由化。而举国上下的原住民也最终被授予了公民身份。	萨斯喀彻温那群最友善和睦的人们首先推行了全民医疗计划，这一理念迅速扩散至加拿大各地。	加拿大向同温层发射了一颗名为"云雀"（Alouette）的人造卫星，成为继苏联和美国后，第三个成功进入太空的国家。	在平整铺设好大量的水泥后，工人们最终完成了加拿大横贯公路（Trans-Canada Hwy）的建设，公路全长7821公里，从纽芬兰的圣约翰斯通至不列颠哥伦比亚的维多利亚。

极端的改变：路易斯·里尔的形象

1885年，当梅蒂斯人的首领路易斯·里尔以叛国罪的罪名被处以绞刑时，他有着多种称呼——叛徒、杀人犯和卖国贼等，其中很多都是贬义词。但是今天，越来越多的加拿大人将他视作一个英雄：他对抗不公正的政府，保卫被压迫人民的权利。里尔的雕像耸立在渥太华的国会山（Parliament Hill）和温尼伯的马尼托巴立法机关外面。在温尼伯，他度过童年的故居和他的墓地已经成为众多人纪念他的地方。政府于1998年发表的《与加拿大原住民的和解声明》（Reconciliation to Canada's Aboriginal）中，甚至还为曾经处决里尔而道歉。

次，里尔有了克里人的支持，但是时代变了：铁路就要竣工了，政府军队能在几天之内到达。里尔在1885年5月投降，同年的晚些时候以叛国罪被处以绞刑。

切断与英国的联系

加拿大高调迎来了20世纪。工业化正在蓬勃发展，探矿者在育空附近发现了黄金，而且对加拿大资源——从小麦到木材——的需求旺盛。另外，新建成的铁路开启了移民的新浪潮。

1885年到1914年，大约450万人来到加拿大。这其中包括一大部分美国人和东欧人，特别是乌克兰人，他们来到这里开发大草原。乐观主义在全国盛行：一个活跃的总理威尔弗雷德·劳里埃（Wilfrid Laurier）曾表示："19世纪是美国人的世纪。我认为我们可以说20世纪是加拿大的世纪。"这份新获得的自信很自然地引领这个国家走上了脱离英国自治的道路。这个问题随着1914年"一战"的爆发而更加紧迫。

作为大英帝国的成员，加拿大发现自己被不由自主地卷入到这场纷争中。在战争的前几年，超过30万志愿者开赴欧洲战场。随着战争持续进行，几千名军人阵亡，征兵活动陷入停滞状态。政府在1917年推出了新的草案，以补充其枯竭的军力。这项举措被证明非常不受欢迎，最起码在法裔加拿大人中尤其不受欢迎。由于政府不久前刚废除了马尼托巴的双语学校并且限制在安大略的学校中使用法语，他们对渥太华的憎恶之情已经到了白热化程度。征兵的议题把民族仇恨之火煽得更旺了。成千上万名魁北克人走上街头抗议，这一事件使加拿大社会分裂，令人民失去了对政府的信任。

新斯科舍政府运营的一个网站（http://titanic.gov.ns.ca）上有关于泰坦尼克号的详细介绍，还列出了记录着所有被葬在当地墓地的乘客名单和在当地博物馆安置的相关文物。该省在救援中发挥了重要作用，当时寻找遇难者的船只就是从该省的哈利法克斯（Halifax）出发的。

1964年	1967年	1982年	1990年
Tim Hortons由与其同名的冰球防守队员创立，在安大略的哈密尔顿（Hamilton）以卖甜甜圈和咖啡起家。现在它已经成为加拿大最大的连锁餐厅。	大加拿大油砂厂在艾伯塔的麦克默里堡（Fort McMurray）成立，并开始钻取有"黑色金子"之称的石油。据说这里蕴藏的石油比沙特阿拉伯全部的石油还要多。	英国女王伊丽莎白二世签署了《加拿大法案》（Canada Act），给予加拿大完整的国家主权。但是，女王仍享有两项权力：一是将她的头像保留在纸币上；二是任命总督。	在蒙特利尔附近，政府和一群莫霍克族（Mohawk）激进分子因为一个高尔夫球场的土地所有权问题而发生暴力对峙，这就是奥卡危机。有1人死亡。

1918年，当第一次世界大战结束时，大多数加拿大人受够了送他们的儿子和丈夫到远方战场为英国打仗这一状况。当时，加拿大的政府领导人是威廉·里昂·马更些·金（William Lyon Mackenzie King）——一位崇拜自己过世母亲的古怪通灵者，在他的统治下，加拿大开始宣称自己的独立主张。马更些·金明确表示，英国将不能再自主调动加拿大的军队。他未经英国政府批准就自行签订了一系列条约，还指派了一位加拿大大使驻华盛顿。这种强硬态度促使英国国会在1931年批准通过了《威斯敏斯特法令》（Statute of Westminster）。这项法令正式承认加拿大和其他英联邦国家的独立，不过英国政府仍旧保有通过这些国家的宪法修正案的权力。

奇怪的是，在之后的近半个世纪里，这项权力一直在法律条款中保留着。直到1982年的《加拿大法案》（Canada Act）才将其废除。同年的4月17日，女王伊丽莎白二世在渥太华的国会山签署通过了这项法案。今日，加拿大是一个君主立宪制的国家，国会由被委任的上议院（又称参议院）和选举产生的下议院（又称众议院）组成。英国君仍旧是加拿大的国家元首，但这仅仅是个象征性的职位，并不能削弱国家主权。在加拿大，被任命的总督是君主的代表。

超过100万加拿大人在"二战"期间在军队服役，那时加拿大的总人口约为1150万人。42,000人阵亡。

今日加拿大

第二次世界大战之后，加拿大迎来了新一轮的经济扩张和移民——尤其是来自欧洲的移民。

1949年，纽芬兰终于加入加拿大。成功劝说纽芬兰签字的政治家乔伊·斯摩伍德（Joey Smallwood）声称此举会带来经济繁荣。当他成为纽芬兰的总理后，他通过推动对公民的一个重新安置项目来促进他所倡导的经济繁荣。政府大力鼓励住在偏僻的小型捕鱼社区（即外港）的居民打包行李，并去往更靠近内陆的地区，在那里政府可以更经济地提供学校、卫生保健和其他服务。"鼓励"村民的办法之一就是停止到他们的社区的轮渡服务，使他们寸步难行——因为没有道路可到达这些社区。

在20世纪50年代的经济发展时期，加拿大唯一真正被落在后面的是魁北克省。1/4个世纪以来，魁北克一直被极端保守的莫里斯·杜普莱希（Maurice Duplessis）和他的国家联盟党（Union Nationale）牢牢掌控，获得天主教堂和各种商业利益集团的支持。在杜普莱希死后，这个省才终于通过20世纪60年代的"寂静革命"（Quiet Revolution）得以加速发展。

想寻根？可登录阿卡迪亚家谱主页（Acadian Genealogy Homepage; www.acadian.org），那里记载了从1671年开始的人口普查报告，另外还有地图和一些当地阿卡迪亚社区的历史。

1992年	1999年	2003年	2005年
政府实施了禁止在大西洋捕鳕鱼的禁令，几千名渔民失去了谋生手段。这条禁令本应在几年内解除，但枯竭的鱼类资源并未得以恢复。	努纳武特地区（Nunavut）成了加拿大的一个新省份，它位于冰雪皑皑的北极圈东部，总面积约占加拿大的1/5，居住着28,000名因纽特人。	加拿大成为世界第三大钻石生产国（仅次于博茨瓦纳和俄罗斯），这得益于在西北地区发现的矿藏。这些花哨的东西激起了一场堪比昔日淘金热的钻石热。	同性婚姻在全国范围内合法化。此前，同性婚姻在大多数省份和地区都已获得承认，态度一度强硬的艾伯塔省、爱德华王子岛、努纳武特地区和西北地区现在也加入了这一行列。

魁北克的分裂主义运动

　　魁北克的分裂主义运动在1968年开始日益高涨,当时瑞内·勒维克(René Lévesque)成立了主张分裂的魁北克党(Parti Québecois, PQ)。

　　这一议题迅速升级。到了1970年10月,这项运动的激进派——魁北克解放阵线(Front de Libération du Québec,简称FLQ)——绑架了魁北克的劳动部长皮埃尔·拉波特(Pierre Laporte)和一名英国贸易官员,试图迫使魁北克独立。加拿大总理皮埃尔·特鲁多(Pierre Trudeau)宣布进入紧急状态,并召集军队保护政府官员。两周后拉波特的尸体在一个汽车后备厢里被发现。这次谋杀使魁北克解放阵线在很多昔日的支持者中名声扫地,随后该运动迅速衰退。

　　不论如何,勒维克的魁北克党在1976年赢得了魁北克省的选举,并迅速通过了一项法案,使法语成为该省唯一的官方语言。但他在1980年就独立进行的全民公决中遭遇惨败——60%的人投了否决票。这个议题在20世纪80年代的大部分时间里被束之高阁。

　　勒维克的继任者是罗伯特·布拉萨(Robert Bourassa),他同意宪法引导的解决办法——但前提是魁北克必须被承认是一个"独立的社会",并被赋予特殊的权利。1987年,加拿大总理布赖恩·马尔罗尼(Brian Mulroney)公布了一项协议,基本满足了魁北克的诸多要求。这项协议被称为《米治湖协议》(Meech Lake Accord),它必须在1990年之前获得所有10个省份和上下议院的通过方可生效。有3个反对省最终也表示予以支持,但令人意想不到的是,马尼托巴省立法机关的一个成员拒绝签字,致使协议瓦解。马尔罗尼和布拉萨又草拟了一份新的扩展协议,但是分裂分子总是挑毛病,因此它也未获成功。

　　英国人后裔和以法语为母语的人的关系创了新低,同时,对独立的支持再次甚嚣尘上。1994年,魁北克党刚赢得政权一年,就在领导人卢西恩·布沙尔(Lucien Bouchard)的带领下进行了第二次全民公决。此次公投非常惊险:魁北克人仅以52,000张选票的微弱优势——优胜率不到1%——留在了加拿大。

　　在之后的几年,人们对这件事情就不那么热衷了,但魁北克党仍旧是一股强大的力量。2012年,魁北克党赢得了魁北克大选的32%的选票,足够建立一个少数党政府。但是到了2013年,魁北克党又因其富有争议的提案——禁止公务人员戴宗教性质的头饰——而失去了本来的地位。

各方面的进步包括扩展公共部门、投资公共教育和将省水电公司国有化。可对激进的民族主义者来说,这样的发展仍不够快。他们认为魁北克独立才是保障以法语为母语的居民的权利的唯一途径。魁北克接下来的几年里一直忙于应付分裂主义的挑拨。

2006年	2010年	2011年	2013年
人口普查显示,加拿大20%的人口是在外国出生的,这是75年来最高的数值。从亚洲(包括中东)移民而来的人口占新移民的最大比例。	作为2010年冬季奥运会的主办方,温哥华和惠斯勒向世界展现了西海岸美丽的山峦和酷炫的都市风格。加拿大队赢得了冰球比赛的金牌。	加拿大参与了对利比亚的"武装干预"行动,加入了"多国联军",对利比亚的部分地区进行了空袭。	卡尔加里(Calgary)遭受了世纪大洪水。在这场水灾中,4人丧生,近10万人被迫转移。这是加拿大历史上损失最惨重的自然灾害。

1960年，加拿大的原住民最终获得了加拿大公民的合法身份。包括土地所有权和种族歧视在内的问题随即在后来的几十年里出现。1990年，随着奥卡危机（Oka Crisis）的产生，原住民的愤怒达到顶点，危机中政府与一群莫霍克族激进人士在蒙特利尔附近对峙。这次争斗因一块土地所有权的争议而引发：奥卡镇计划扩建一块高尔夫球场，但扩张侵犯了莫霍克族奉为神圣的土地。随后双方的冲突持续了78天，一位警察中弹后不治身亡。这一事件震惊了加拿大。

在奥卡危机之后，原住民事务皇家委员会（Royal Commission on Aboriginal Peoples）发表了一份报告，建议彻底评估政府和原住民的关系。1998年，印第安人和北方事务部（Ministry of Indian and Northern Affairs）发表了一份正式的《和解声明》（Statement of Reconciliation），愿意为过去对原住民的不公正负责。1999年，政府解决了最大的土地所有权争议，成立了一个新的领地，叫努纳武特，并将这片土地交给长期居住在北方区域的因纽特人。最近的一些争端主要集中在为地标——如不列颠哥伦比亚省维多利亚附近的道格拉斯山（Mt Douglas）——重新命名的问题上：第一民族希望能恢复其原来的名字布卡斯（Pkols）。

1985年，加拿大成为世界上第一个通过国家多元文化法案的国家。如今，20%的加拿大人口是在国外出生的。不列颠哥伦比亚省在欢迎日本、中国和南亚移民方面有悠久的历史。草原省份从很早开始就一直是乌克兰人移居的目的地。安大略有不少加勒比人和俄罗斯人，也是加拿大60%的穆斯林居住的地方。

新千年对加拿大很和善。得益于这里的石油、钻石和其他推动经济的自然资源，加元在2003年左右升值，而社会宽容度也持续走强，医用大麻和同性婚姻都已合法化。2010年温哥华成功地举办了冬季奥运会，加拿大向世界展示了它丰富的资产。

在《加拿大历史傻瓜书》（Canadian History for Dummies）一书中，畅销作家威尔·弗格森（Will Ferguson）用他犀利、有态度并充满力量的写作风格，带你踏上一段领略他的国家原始和古怪历史的愉快旅程。

加拿大的发明

雾号（1854年）

篮球（1892年）

胰岛素（1922年）

花生酱（1884年）

蛋盒（约1911年）

IMAX影院（1967年）

2014年

加拿大政府批准修建以西北油田到不列颠哥伦比亚省的输油管道建设项目，意在更顺利地将石油出口到亚太国家，主要瞄准中国市场。

2016年

麦梅利堡及周围区域遭受了荒野火灾，8万人被迫撤离，受灾区域大于爱德华王子岛。

原住民文化

加拿大的先民们在这片土地上已经居住了**15,000**多年。事实上,"Aboriginal"(原住民)这个词语指的就是这里最早的居住者们的后代,他们现在由三个民族组成:第一民族(First Nations,北美印第安人的后代)、梅蒂斯人(Métis,混血儿的后代)和因纽特人(Inuit,居住在北极的人们)。这些少数民族占了加拿大总人口的**4.3%**。不断发展的原住民地区旅游业证明了本地人恢复并重建他们传统文化的决心。

原住民
第一民族

这个称呼适用于除了梅蒂斯人和因纽特人以外的所有原住民。大约有85.2万第一民族在加拿大居住(占加拿大总人口的2.5%),组成了600多个社区(有些叫作社群)。不列颠哥伦比亚省(简称BC)是大多数第一民族(198个族群)居民的故乡,安大略省是他们的第二大故乡(126个族群)。

太平洋

历史上,太平洋海岸的居民修建松板房,并且雕刻精美的图腾柱和独木舟。在冬季赠礼节这天,房屋主人会分发厚礼和财产,这个节日是很多当地文化的著名特点。加拿大政府以"不文明"为由在1885年到1951年禁止了这项活动。

海达格怀伊群岛(不列颠哥伦比亚省北海岸的一处群岛)的海达人或许是当地最著名的第一民族居民。他们的艺术传统非常独特,以他们的木雕、图腾柱和风格化的动物图案印刷品最为出名。其他海岸附近的族群也有风格类似的艺术表现形式。

平原

平原第一民族传统意义上包括苏族人、克里人和黑脚人,他们长期居住在从温尼伯湖到落基山脉脚下的平原。他们多为水牛猎人,靠巧妙地把猎物赶到悬崖边——比如艾伯塔南部的野牛跳崖处——让其坠崖来捕获这些猎物。

现在这片平原上仍然有很多第一民族(和梅蒂斯)居民。温尼伯在加拿大有最多的第一民族人口,埃德蒙顿紧随其后。在里贾纳,**加拿大第一民族大学**(First Nations University of Canada; www.fnuniv.ca)是全国唯一的第一民族运营的高等教育机构。

五大湖和圣劳伦斯河流域

现今的安大略南部和圣劳伦斯河流域是易洛魁族人长久以来的故

城市原住民人口数量

温尼伯 *68,380*

埃德蒙顿 *52,100*

温哥华 *40,310*

卡尔加里 *26,575*

多伦多 *26,575*

萨斯卡通 *21,535*

渥太华 *20,590*

蒙特利尔 *17,865*

里贾纳 *17,105*

原住民艺术家

在20世纪以前，很少有人对原住民社区的艺术作品有所认知。但在过去的50年左右，他们的作品日益受到更多人的欣赏，最早被人所知的是受人尊敬的海达艺术家比尔·里德（Bill Reid, 1920~1998年）的一些画、雕像和雕刻作品。他的作品还被印刷在$20的纸币背面。罗伊·亨利·维克（Roy Henry Vickers）以绘画著名，可以去BC省的托菲诺（Tofino）光顾他的画廊。还可以关注艺术家诺费尔·莫里森（Norval Morriseau）的彩色画作、萨斯喀彻温出生的爱德华·波娃特拉斯（Edward Poitras）的多媒体作品和一些新锐的年轻艺术家——比如探索政治和环境主题的玛丽安·尼克森（Marianne Nicolson）和布莱恩·尤肯（Brian Jungen）——的作品。

乡，他们曾经被分裂成五个民族[包括莫霍克族（Mohawk）、奥奈达族（Oneida）和塞内卡族（Seneca）、休伦人（Huron）、伊利人（Erie）]和中立者（Neutral）的同盟。虽然他们之前经常互相大战，但是他们是相对现代化的社会，住在大型农业社区，建造牢固的长屋，并且和其他的部落进行货物交易。

今天的马尼图林岛（Manitoulin Island）漂浮在休伦湖上，在它的一些保护区里保留着欧及布威人（Ojibwe）的文化。旅行者可以参加帕瓦仪式并且走一走 **Great Spirit Circle Trail**（www.circletrail.com）。

海岸诸省

米克马克人（Mi'kmaqs）和马里塞人（Maliseets）是第一民族在海岸诸省的主要成员，他们只占那里总人口的1%。传统上，夏季他们在海岸捕鱼，冬季转移到内陆猎捕驼鹿和北美驯鹿。

在新不伦瑞克省，马里塞人（以"篮子制作者"而闻名）居住在西边的上圣约翰河谷，而米克马克人住在东边。在新斯科舍，米克马克人居住在14个社区里，这些社区大多在布雷顿角的布拉多尔湖附近及特鲁罗（Truro）附近。还有一小部分人居住在爱德华王子岛。

海岸诸省经历了一场传统歌舞、语言、医术和宗教仪式典礼的复兴。公开的帕瓦仪式常常举行，尤其是在特鲁罗一带。

魁北克东北部和拉布拉多

因努人（Innu）长期以来都居住在绵延在魁北克北部和拉布拉多的寒冷的北方针叶林里。人们通常会把因努人与因纽特人弄混，但这两个族群实际上并不相关。其实，两个第一民族——纳斯卡皮人（Naskapi）和蒙塔格奈人（Montagnais）——组成了因努族。他们过去可算是游牧民族，以猎捕北美驯鹿和驼鹿为生。

安大略北部、马尼托巴和萨斯喀彻温

克里人主导着这片寒冷的地域。作为第一民族里最大的部落，他们还向西部扩张到平原地区，向东进入魁北克。在安大略的穆斯法克特里（Moose Factory，前身是一个哈得孙湾的皮毛交易站）有一个有名的保留区，在那里建有北半球的第一个原住民生态旅馆。很多克里人也居住在北极熊聚集的马尼托巴的丘吉尔港，他们占这一地区人口总数的1/3左右，所以在丘吉尔港听见有人说克里语并不是一件新鲜事儿。据说克里人是颇具天赋的治疗师。

原住民人口比例

努纳武特地区 86%

西北地区 52%

育空地区 23%

马尼托巴省 17%

萨斯喀彻温省 16%

艾伯塔省 6%

不列颠哥伦比亚省 5%

安大略省 2%

育空和西北地区

提纳人是这片今日被称作西北地区的土地上最早的居民。现在他们中的很多人都居住在耶洛奈夫（黄刀镇）和马更些三角洲（Mackenzie Delta）的村落里，其聚落西到育空和阿拉斯加，东至努纳武特，南达大草原地区。传统上，他们是渔民和设陷阱的捕猎人，并且以他们的桦树皮编篮技艺而闻名。

第一民族哥威迅人居住在更遥远的北方，以北美驯鹿作为食物和生活用品的主要来源。他们积极地抗议在北极野生动物保护区（Arctic National Wildlife Refuge）钻取石油，称这会减少他们赖以为生的北美驯鹿群的数量。他们的社区经济主要依赖于打猎和捕鱼。

梅蒂斯人

梅蒂斯在法语里是"混合的血"的意思。历史上，这个词是指法国毛皮贸易商和草原克里女人的孩子，以及英国和苏格兰贸易商与北方提纳族女人的孩子。今天这个词广泛适用于有第一民族和欧洲人混合血统的人。

梅蒂斯人约占原住民总人口的1/3。他们主要集中在加拿大的西部——温尼伯和埃德蒙顿是梅蒂斯人数量最多的两个城市。

路易斯·里尔（1844～1885年）是梅蒂斯文化中最著名的人物。他为在加拿大西进运动中不断受到践踏的梅蒂斯人的权利而战斗。里尔领导过两次对抗政府的运动，第二次是1885年，地点在萨斯喀彻温的巴托什。他在那次行动中被捕，并以叛国罪被处决。但今天，他被许多加拿大人视为英雄。

与第一民族的人民不同，梅蒂斯人从未被安置在保留区。

因纽特人

因纽特人是加拿大北极圈内的土著。如今他们的人数达到59,000人（占原住民总人口的4%），并且遍布北极圈的四个地区：努纳武特、西北地区的因纽特人地区、努纳维克（魁北克北部）和纽芬兰-拉布拉多省的Nunatsiavut。总而言之，他们遍布在加拿大1/3的土地上。

因纽特人不曾被安置在保留区，因为他们冰冻的领土并非如此划分。相反，他们居住在小型社区：他们38%的村子每村总人口都不到500人。大约29%的村子每村人口数在500到999人之间，另外还有33%的村子每村人口数超过了1000人。

传统上，因纽特人猎捕鲸鱼和大型猎物，靠皮划艇和狗拉雪橇出行。冬季则住在小冰屋里过冬。近年来，机动雪橇和房屋逐渐取代了冰屋和雪橇，但赖以为生的捕猎仍旧是他们经济的重要组成部分，传统的皂石雕刻和版画复制同样也是经济来源之一。

因纽特人的语言是因纽特语，一种音节与字母的系统。

近代历史

加拿大从来没有经历过美国历史上欧洲人和印第安人冲突时那样的种族屠杀。尽管如此，纵观历史，加拿大的原住民仍然一直遭受着巨大的种族歧视、土地流失和公民权利的被剥夺。

在1993年，当加拿大总理布赖恩·马尔罗尼（Brian Mulroney）签字

"爱斯基摩人"一词是欧洲探险家对因纽特人的称呼。但现在加拿大已很少使用这一词了。它由阿尔冈贡金（Algonquian）词语演变而来，意思是"食用生肉者"，很多人认为这种称呼是很无礼的。

原住民

太平洋：海达人、钦西安人、特林吉特人

平原：苏族人、克里人、黑脚人

五大湖/圣劳伦斯河：欧及布威人、休伦人

海岸诸省：米克马克人、马里塞人

魁北克、拉布拉多：因努人

安大略北部、马尼托巴、萨斯喀彻温：克里人

育空、西北地区：提纳人、哥威迅人

北极：因纽特人

原住民媒体

《第一民族鼓》(*First Nations Drum*; www.firstnationsdrum.com)国家报纸。

CBC原住民(CBC Aboriginal; www.cbc.ca/aboriginal)这个广播电台的网站致力于传播原住民的新闻和文化,有说原住民自己语言的地区节目的链接。

原住民电视网络(Aboriginal Peoples Television Network, APTN; www.aptn.ca)国家有线/卫星网络,制作播出原住民的电视节目。

成立一个名为努纳武特的新领地时,加拿大最大的土地争议平息了。签字于1999年生效,这意味着,在长达二十几年的协商之后,因纽特人获得了自治权利。在遥远北方居住的28,000人现在掌握着加拿大近1/5的土地。

紧接着,在2010年,政府为在20世纪50年代将因纽特人移居到更高纬度的北极地区居住而正式致歉。在当时,政府承诺会给移居到那个地区的因纽特家庭更好的生活,但是并没有给予他们承诺的必要支持,比如充足的房屋和食物供给。结果,这些因纽特人为生存付出了艰苦的努力。很多人抗议,认为政府让他们举家迁移,并不是像宣称的那样是为了帮助他们,而是为了在冷战期间建立加拿大的北极地区主权。这一道歉是对1996年的一项解决方案的一次跟进,当时政府同意拨款$10,000,000设立信托基金,以此作为对这些家庭的赔偿。

此外,政府还向150,000名第一批被强迫进入寄宿学校的人、那些1880年起被迫进入学校(1996年才关闭)的梅蒂斯人、因纽特人进行了道歉和赔偿。从他们的家中被带走,不允许说他们的语言或实践他们的文化,学生经常遭受辱骂和严重的虐待(超过6000人在其间死亡)。2007年,联邦政府批准了19亿美元的补偿,并于次年正式道歉。

原住民地区旅游业

从在不列颠哥伦比亚省的托菲诺学习划传统的皮划艇,到爱德华王子岛伦诺克斯岛的米克马克人咖啡馆品味班诺克面包,再到西北地区伊努维克参加大北部艺术节(Great Northern Arts Festival)——你有很多机会沉浸在原住民文化中。

越往加拿大的北方走,你的钱就越能为原住民社区带去收益。**第一航空公司**(www.firstair.ca)和**克里比克航空公司**(www.aircreebec.ca)由原住民运营,**Inns North hotels**(www.innsnorth.com)也是由原住民经营的,在努纳武特地区和西北地区的几个社区都有。

有一个不错的网站包含全国原住民地区旅游业链接,https://aboriginalcanada.ca。不列颠哥伦比亚有自己的**原住民地区旅游协会**(www.aboriginalbc.com),有省内原住民运营的生意业务介绍。

顶级第一民族文化中心

北不列颠哥伦比亚省博物馆

不列颠哥伦比亚省的海达遗产中心

不列颠哥伦比亚省斯阔米什里尔瓦特文化中心

育空地区的达诺哈佐文化中心

萨斯喀彻温省的瓦努斯克温文化遗产公园

顶级原住民艺术博物馆

多伦多的安大略省美术馆

加蒂诺的加拿大文明博物馆

渥太华的加拿大国家美术馆

温哥华的不列颠哥伦比亚大学人类学博物馆

户外活动

加拿大的户外风光,毫无疑问可以作为明信片上美妙的风景,但这里的荒野风光绝不仅仅是看起来很美而已。加拿大本地人早就一头冲进了这户外运动天堂(有时候他们还真的是一头冲下去),并且乐在其中几十年,从户外徒步、皮划艇到自行车、攀岩,所有的活动机会他们都没有放过。对于旅行者,这里有无数的户外运动运营商,他们可以为你提供全身装备,带你去享受户外。

最美滑雪道

不列颠哥伦比亚省惠斯勒的惠斯勒—黑梳山

魁北克省圣保罗湾的勒马斯夫

艾伯塔省班夫的阳光村

不列颠哥伦比亚省基洛纳的大白山

不列颠哥伦比亚省弗尼的高山度假村

滑雪和单板滑雪

每个加拿大人好像天生都会滑雪。在这里,旅行者能找到一些世界著名的度假滑雪胜地——不列颠哥伦比亚(简称BC)、艾伯塔和魁北克的最为著名——但询问一下当地居民去哪里滑雪仍旧是非常值得的,因为在每一流的豪华度假胜地,都有一些地形更好的小型场所,它们热情地欢迎你的到来。

在魁北克地区有些非常棒的大斜坡,就坐落在离城市很近的地方,比如魁北克市附近的勒马斯夫(Le Massif),这里就有一处落差达770米(2526英尺)的陡坡。想要前往这些低海拔的山峰(比如蒙特朗布朗),从多伦多出发需一天的车程,而从魁北克市和蒙特利尔出发只需要不到1个小时的车程。魁北克东部城镇的滑雪区域提供了知名的林野滑雪体验——滑道在稀疏的树林里蜿蜒。

往西走,你会看到大山及辽阔的高山地形。你可以体验从惠斯勒—黑梳山(Whistler-Blackcomb)的大斜坡上滑下来,这里有北美落差最大的雪坡,地形也变幻莫测。在加拿大落基山脉,你还能过如明信片般美丽的风景——特别是班夫国家公园(Banff National Park)的阳光村,景色特别美。

在不列颠哥伦比亚的奥卡纳根河谷(Okanagan Valley),像阿佩克斯(Apex)和大白山(Big White)这样的旅游胜地每年的积雪都非常厚。滑雪场的积雪有2~6米厚,厚度取决于滑雪场与太平洋的距离有多远。世界上最深最干的雪堆积在不列颠哥伦比亚省的库特奈地区(Kootenay Region);你可以在纳尔逊(Nelson)的Whitewater、罗斯兰(Rossland)的Red Mountain或者弗尼(Fernie)的Alpine Resort体验一番。

如果你想体验越野滑雪,位于艾伯塔的坎莫尔(Canmore; www.canmorenordic.com)能提供受欢迎的路线——这些路线是1988年加拿大举办的卡尔加里冬季奥运会指定路线的一部分。关于加拿大全国滑雪运动的更多资源,参见**加拿大滑雪理事会的网站**(Canadian Ski Council; www.skicanada.org)。

冰球：全国性的娱乐

当提到冰球，加拿大人可不会敷衍了事——他们打得很努力也很好。不打冰球的人也会为之欢呼或者喝倒彩，好像他们也玩一样。

在加拿大各处的社区，每天晚上都有人在冰面上玩草根冰球（又名冰湖冰球）。你只需要一个冰球和一根冰球棒，再叫上三五好友，就可以开始圆梦了。

如果你更想观看比赛，温哥华、埃德蒙顿、卡尔加里、多伦多、渥太华、温尼伯和蒙特利尔都有**国家冰球联盟**（NHL；www.nhl.com）的球队在进行激烈的比赛。小型职业球队和初级冰球俱乐部则分布在更多的地方，吸引着狂热的粉丝。可联系**加拿大冰球联盟**（Canadian Hockey League；www.chl.ca）和**美国冰球联盟**（American Hockey League；www.theahl.com），了解当地冰球队的情况。

徒步

在加拿大，如果你想徒步旅行，你不需要成为一个专业的徒步者。这里为那些喜欢只配一把瑞士军刀就穿梭于荒野的徒步旅行者提供了大量的多天短期旅行体验。但针对那些只是喜欢围着湖畔轻松晃一圈、最后去酒吧喝一杯的人，这里同样也提供了无数的机会。

加拿大徒步旅行之都是班夫国家公园，这里穿插着令你目瞪口呆的美丽景致，无论是寻求挑战还是随遇而安的生态旅行者都可以到达。打个比方说，在路易斯湖，你可以穿过浓密的云杉和松树森林，然后上到高山草甸——这里野花遍野，被起伏的冰川和蔚蓝色的湖泊围绕着。

在不列颠哥伦比亚的省立公园系统（www.bcparks.ca），提供了100多个公园供你选择，每一个都有其独特的登山美景，比如加里波第公园（Garibaldi Park）古老的火山（离惠斯勒不远）和罗布森山公园（Mt Robson Park）著名的伯格湖（Berg Lake）高山步道。温哥华北岸是松鸡山登山道（Grouse Grind）所在，这里陡峭的森林登山道又被称作"大自然之母的天梯"。在温哥华岛上太平洋边界公园水域对岸，就是树木茂密的西海岸小径（West Coast Trail；www.westcoasttrail.com），长达75公里，这里毫无疑问是全国最能够激动人心、最好地结合了土著居民传统的步道，失事船只的幸存者们曾使用过这里的救生路线。

往东面，令人敬畏的登山道交织出别致的风景。在安大略南部，**布鲁斯小径**（Bruce Trail；www.brucetrail.org）从尼亚加拉大瀑布一直延伸到托伯莫里（Tobermory）。这是加拿大最古老、长度最长的不间断小径，总长超过850公里。虽然有些部分靠近哈密尔顿和多伦多这样的城市，这里却出乎意料的宁静。布雷顿角高地国家公园（Cape Breton Highlands National Park）的徒步路线可一览荒凉而壮观的海岸线。纽芬兰的许多小径则适合海岸徒步，还能时不时看见鲸鱼。阿瓦隆半岛（Avalon Peninsula）的**东海岸小径**（East Coast Trail；www.eastcoasttrail.ca）尤以其景色而著称。

当然，不要忘记城市。加拿大主要的大都市能提供一些非常棒的城市徒步体验，这是一种了解你所拜访社区的理想方式。穿上你的跑鞋，去蒙特利尔皇家山（Parc du Mont Royal）或者温哥华如宝石般的斯坦利公园（Stanley Park）和当地居民一起散步或者慢跑吧！在那儿，田园牧歌般的海堤蜿蜒前行，旁边伴着高耸的树木和拍岸的海浪。

顶级一日徒步路线

艾伯塔省班夫的路易斯湖

新斯科舍省布雷顿角高地的 Skyline Trail

不列颠哥伦比亚省温哥华的斯坦利公园

安大略省的布鲁斯小径

划皮划艇和独木舟

顶级划船地点

- 西北地区的南纳汉尼河
- 纽芬兰的惠勒士湾
- 不列颠哥伦比亚的格怀伊哈纳斯国家公园保护区

加拿大北极地区是皮划艇的发源地,它至今仍保留着别具一格的游览地点:在短暂的夏季,巡游在埃尔斯米尔岛(Ellesmere Island)的极地峡湾,观看独角鲸和海象。再往南去,来到位于不列颠哥伦比亚的格怀伊哈纳斯国家公园保护区,你会静静地划桨并掠过古老的森林和图腾柱,或者前往约翰斯通海峡,观看凶猛的逆戟鲸。东海岸有大量的海上皮划艇。而在纽芬兰的惠勒士湾(Witless Bay)或格罗斯莫恩(Gros Morne)的划艇者时常能从鲨鱼旁边滑过。

如果你的行程很紧,没有很多时间冒险,你仍然有很多其他的方式体验划皮艇活动。通常,像不列颠哥伦比亚的温哥华或者维多利亚这样的大城市会在城镇附近提供团队游和课程,而在不列颠哥伦比亚省的阳光海岸和咸泉岛(Salt Spring Island)有细长曲折的海岸线连接着宁静的海湾。

与皮划艇和加拿大人历史同样悠久的当属独木舟了。老道的划手可以在33条**加拿大遗产河流**(Canadian Heritage Rivers; www.chrs.ca)中的任一条河流上荡舟。一些最好的地方包括西北地区的南纳汉尼河(辛普森堡附近)和安大略的法兰西河(French River,萨德伯里附近)。

山地自行车和骑行

最佳骑车地点

- 爱德华王子岛的联邦小径
- 不列颠哥伦比亚省基洛纳的凯托谷火车小径
- 不列颠哥伦比亚省温哥华的北岸
- 魁北克的威特路径

在加拿大,骑山地自行车是一件大事。在欧洲,自行车爱好者会环绕城镇或者沿着一条平缓的河边小径骑行。但是在加拿大,你更常看到的是骑手们从泥泞的山巅飞驰而下的景象。当然,考虑到这里的风景,出发去骑车越野只是时间问题了。

如果你希望放松一些,可以先从不列颠哥伦比亚省基洛纳附近平缓的**凯托谷火车小径**(Kettle Valley Rail Trail; www.kettlevalleyrailway.ca)开始。这段由铁路改造而成的骑行道景色壮丽,还经过风景如画的木架桥和峡谷隧道。

你想来点儿更刺激的吗?在温哥华的北岸区域,你可以在更窄而且更陡峭的栈桥上骑车。作为骑山地车"自由滑行"(结合了下坡和泥地跳跃)的发源地,这个区域有一些独特的创新之处:高架桥、圆木和窄木板高悬在潮湿的灌木丛上方。惠斯勒的情况和这里差不多,每年夏季,融化的滑雪坡变成了骑车乐园,吸引着数千名骑行者——特别是在7月一年一度的Crankworx Mountain Bike Festival(www.crankworx.com/whistler)举办时。

垂钓

基于原住民和开拓者的历史,加拿大有着相当悠久的钓鱼传统。在旅途中,你有许多机会去钓鲈鱼、梭子鱼、虹鳟鱼或者红点鲑。如果你想去最棒的钓鱼地点,那么就去新斯科舍省的卢嫩堡(Lunenburg)和新不伦瑞克省的米拉米希河(Miramichi River)。太平洋沿岸通常以钓鲑鱼为主,在海达格怀伊群岛附近跳上当地的船只,前去海钓,也许捕到的大鱼值得你炫耀许多年。

> **网络资源**
>
> **加拿大公园管理局**（Parks Canada, www.pc.gc.ca）国家公园活动。
>
> **加拿大登山俱乐部**（Alpine Club of Canada, www.alpineclubofcanada.ca）攀岩及登山。
>
> **加拿大步道**（Canada Trails, www.canadatrails.ca）徒步、骑车及越野滑雪。
>
> **加拿大滑雪协会**（Canadian Ski Council, www.skicanada.org）滑雪及单板滑雪。
>
> **加拿大划船协会**（Paddling Canada, www.paddlingcanada.com）皮划艇和独木舟。

说到公路骑行旅游，加拿大的东海岸是一个非常不错的选择。这里有很多小城镇，景观也不是那么空旷，你可以选择一天或者几天的骑行项目。环绕魁北克省的圣让湖，或者去体验一下美洲最长的自行车道路网络——总长达4000公里的**威特路径**（Route Verte；www.routeverte.com）——的任何一段，也可以沿着爱德华王子岛省具有乡村风情的红色道路和**联邦小径**（Confederation Trail; www.tourismpei.com/pei-cycling）骑行。

攀岩

你在旅途中所看到的令人神往的峭壁都表明加拿大是一个攀岩胜地，这里适合短程爬山或是艰苦卓绝的大岩壁攀登。

不列颠哥伦比亚省的斯阔米什地区位于温哥华和惠斯勒之间，是攀登运动的中心，这里有数十座可以攀登（不是那么容易登顶）的裂谷、岩面、山脊、突出岩体。可通过**斯阔米什岩石指南**（Squamish Rock Guides；www.squamishrockguides.com）查看各地的具体情况。班夫附近的坎莫尔是另外一个理想的攀岩地点，不论你技术好坏都可以一试身手。如果追求一生一次的冒险，西北领地的禁攀之环（Cirque of the Unclimbables）当然是你的不二之选，如果你是去往东部旅行，安大略省的布鲁斯半岛上散布着许多人气极高的攀岩胜地。

如果你更喜欢爬山，推荐你先攀登落基山脉。**Yamnuska**（www.yamnuska.com）提供本地区的攀冰、高山滑雪及雪崩培训。被誉为"加拿大马特洪峰"的阿西尼博因山，位于不列颠哥伦比亚省，在库特奈国家公园和班夫国家公园之间。西部其他的经典登山地点包括艾伯塔省贾斯珀的伊迪丝卡维尔山（Mt Edith Cavell）、不列颠哥伦比亚省境内属于落基山脉的罗布森山（Mt Robson）和唐纳德岭（Sir Donald），以及惠斯勒附近的加里波第省立公园的加里波第峰（Garibaldi Peak）。如果你需要向导，可以登录信息完备的**加拿大高山俱乐部**（Alpine Club of Canada; www.alpineclubofcanada.ca）查询。

冲浪和帆板

如果在你的加拿大之旅中，你计划花大量时间泡在海滨，那么你可以去不列颠哥伦比亚省温哥华岛的狂野西部海岸，在托菲诺（Tofino）附近的海滩上打发时间。在这个地区聚集着众多冲浪学校和器材出租商，你可以踏着浪花（或者就四仰八叉地躺在沙滩上，看着其他人）度过一段惬意

顶级攀岩地点

不列颠哥伦比亚省斯阔米什的 The Chief

艾伯塔省的坎莫尔

魁北克省的 Pont-Rouge

不列颠哥伦比亚省的奥卡纳根河谷，斯卡哈布拉夫斯

不列颠哥伦比亚省戈尔登附近，鬼怪塔（Bugaboo Spire）

顶级冲浪和帆板地点

不列颠哥伦比亚省温哥华岛的托菲诺

新斯科舍省的劳伦斯汤

不列颠哥伦比亚省温哥华岛的尼蒂纳特湖（Nitinat Lake）

魁北克省的马格达伦群岛

不列颠哥伦比亚省斯阔米什的 Howe Sound

的时光。这里背靠着树木葱茏的雨林，是一个很值得逗留一段时间的宁静之地。

6月至9月是这里的旺季，但是执着于冲浪的人们在冬季也喜欢光临此地，体验大浪的冲击。查看**温哥华岛冲浪**（Surfing Vancouver Island; www.surfingvancouverisland.com），来看看你能获得怎样不同的体验。

在大约6000公里之外的新斯科舍省东海岸，也会有一些汹涌的波浪。美国南海岸的飓风季节（8月至11月）为加拿大人带来又快又陡的浪以及近岸礁岩和浅滩的定点浪。这些浪型通常集中在哈利法克斯市外的劳伦斯汤（Lawrencetown）和整个南部海岸地区。这里也有两三家冲浪学校。**斯科舍冲浪**（Scotia Surfer; www.scotiasurfer.com）有关于冲浪的详细信息。

帆板爱好者通常选择的场所有位于不列颠哥伦比亚省斯阔米什的 Howe Sound 和魁北克省圣劳伦斯湾（Gulf of St Lawrence）的一个小岛群——马格达伦群岛（Magdalen Islands）。

野生动植物

地上、水下、空中，加拿大充满了各种各样让你的快门停不下来的生灵，有时候你可能会疑惑：自己是否不小心跑到了什么游猎公园里？当人们说"生灵"这个词的时候，可不是在说那种毛茸茸的可爱小动物，这里是灰熊、北极熊、驼鹿和秃鹰出没之处，更何况海岸线上还有无与伦比的观景点，让你得以观赏鲸鱼。所以，强烈建议你多带一些相机的备用电池。

灰熊和黑熊

灰熊（拉丁学名为Ursus arctos horribilis）通常在不列颠哥伦比亚省和艾伯塔省的落基山脉一带出没。灰熊直立起来高达3米，你能通过凸起的肩隆及像拉布拉多猎犬一样的口鼻轻易地认出它们。灰熊在自然界没有天敌（除了人类），喜欢独居，以麋鹿、驼鹿和北美驯鹿为食，不过它们也对用浆果和新鲜鲑鱼——如果有的话——来填饱肚子感到心满意足。记住，千万不要靠近熊，在荒郊野外一定要结伴而行。

1994年，不列颠哥伦比亚省海岸边的库西姆阿丁灰熊保护区（Khutzeymateen Grizzly Bear Sanctuary；在鲁珀特王子港北边的小镇附近）被正式列为受保护状态。现在50多头灰熊居住在这座45,000公顷的庇护地内。有几家生态游运营商可以组织观赏灰熊的团队游。

会把你搞糊涂的是，灰熊也可能是棕色和黑色的，而它们的近亲——比它们体形小而且数量更多的黑熊——通常是棕色的。加拿大境内有约50万头黑熊，除爱德华王子岛省、艾伯塔省南部、萨斯喀彻温省南部之外，几乎在全国各地都可以看到它们的身影。在不列颠哥伦比亚省北部，班夫国家公园和贾斯珀国家公园等地，当你在公路上驾车时，看到路旁黑熊大吃浆果或蒲公英的概率非常高。

世界上唯一的一种白色黑熊在不列颠哥伦比亚的北部游荡。在沿海地区还生活着大约400多头这样的"精灵熊"，它们出生就带有一种隐性基因。

北极熊

北极熊刚刚出生的时候还不到1公斤重，但是长大后，这种最凶猛的熊科动物就没那么可爱了，成年北极熊的体重可达600公斤。但是这些令人着迷的动物仍能给旅行者带来巨大的视觉冲击。如果你来加拿大打定主意要看北极熊，那么你只有一个地方可以去：马尼托巴省位于哈得孙湾海滩的丘吉尔港（9月末到11月初是观赏北极熊的最佳季节）。在全球大约2万头的这种白色巨兽中，约有900头在加拿大的苔原上徘徊觅食。

切记：这些食肉且时刻保持警觉的捕猎者不是可爱的卡通小萌物。与灰熊和黑熊不同，北极熊会主动攻击人类。

最佳观熊地点

马尼托巴省的丘吉尔港——北极熊

不列颠哥伦比亚省鲁珀特王子港的库西姆阿丁灰熊保护区——灰熊

艾伯塔省的冰原大道——黑熊

路易斯湖缆车——灰熊

野生动植物 北极熊

上图：贾斯珀国家公园的公麋鹿
下图：不列颠哥伦比亚省的灰熊

驼鹿

不停啃食灌木的驼鹿,是加拿大最具代表性的动物,这种体形庞大的鹿科动物以其独特的外形深受人们喜爱:纤细的腿支撑着庞大的身躯,一张卡通化的面孔看上去永远充满好奇而又懵懵懂懂。鹿角也非常特别:雄驼鹿每到夏季都会长出非常壮观的鹿角,到11月就会脱落。

除了它们"飞天鼠与波波鹿"(Rocky and Bullwinkle)剧一般的外表,驼鹿的移动速度超过每小时50公里,在水中游动时能轻易超过两个成年人划的独木舟。驼鹿是食草动物,大部分时候只吃可口的树叶和嫩枝。

你会看到,驼鹿在湖边、沼泽地、小溪边觅食,在落基山脉的西麓和育空地区的森林里也能看到它们的身影。纽芬兰也许是驼鹿最多的地区。1904年,纽芬兰引进4头驼鹿并将它们放归荒野,这些驼鹿尽情地啃食灌木然后交配繁殖,如今在森林中已有120,000多头驼鹿四处游荡。

在交配季节(9月),雄驼鹿以及带着幼鹿的雌驼鹿会变得很好斗,所以这时你必须和它们保持距离。

麋鹿、鹿和北美驯鹿

在发情期呈现出海德先生(Mr Hyde)般疯狂状态的并非只有驼鹿。在贾斯珀国家公园发生过性情温和的雄麋鹿突然攻击车辆的事件,它们误将自己在闪闪发亮的车漆中的身影当作争夺雌麋鹿的对手。不过这种事情毕竟很少发生。贾斯珀通常是在加拿大欣赏这种大型鹿科动物的最佳地点之一,体型庞大的麋鹿在小镇边缘闲逛,吸引着拿着相机疯狂拍照的旅行者。

从新斯科舍省的布雷顿角到西北地区的大奴湖,白尾鹿随处可见。比鹿体型稍大的北美驯鹿非常特别:它们不论雌雄,都长着非常大的鹿角。瘠地驯鹿主要以苔藓为食,大部分时间都在巴芬岛和阿拉斯加之间的苔原活动。丛林驯鹿分布在较南的一些地方,几个最大的鹿群在魁北克省北部和拉布拉多之间迁徙。这些据说不太聪明的动物有时候也会在不列颠哥伦比亚省、艾伯塔省和纽芬兰的山地公园出现,很多旅行者都会在这些公园中观赏驯鹿。2009年,班夫国家公园的一场雪崩使一个小种群最终灭绝。北美驯鹿也被称为驯鹿,它是加拿大25分硬币上的图案。

鲸鱼

在大西洋各省的海岸附近,畅游着超过22种不同的鲸鱼和鼠海豚,其中不乏鲸鱼中的超级明星,如平均身长达15米、重达36吨的座头鲸,全世界仅有350头、濒临绝种的北大西洋露脊鲸,还有地球上体型最大的蓝鲸——身长达25米,体重约100吨。此外也有一些小型的鲸鱼,比如身长10米的小须鲸,它们经常游到船只附近,炫耀一般地表演着各项水中特技,让乘客们兴高采烈。观鲸团队游在这片区域人气相当高。

在西海岸,你也能看见座头鲸和灰鲸。但是这里最为夺目的还是逆戟鲸。它们流线形的身形、标志性的黑白纹理以及惊人的移动速度(时速可达40公里)使它们当之无愧地成为海洋世界中的"法拉利"。它们的食物包括海豹、白鲸和其他的鲸鱼(所以逆戟鲸又被称为"杀手鲸")。每年夏季,在温哥华岛附近的海域,特别是在胡安·德·富卡海峡(Strait of Juan de Fuca)附近,都会出现大量的逆戟鲸。这一地区到处都有观赏鲸鱼的团

最佳观鹿地点

纽芬兰的北部半岛

新斯科舍省的布雷顿角高地国家公园

安大略省的阿尔贡金省立公园

艾伯塔省贾斯珀国家公园的马林湖

艾伯塔省的卡那纳司金斯

热门观鲸地点

纽芬兰的惠勒士湾

新斯科舍省的迪格比内克

不列颠哥伦比亚省的维多利亚

不列颠哥伦比亚省的托非诺

魁北克省的塔多萨克

新斯科舍省的卡伯特小径

队游，托菲诺和维多利亚两地尤其受到团队游经营者的热捧。在不列颠哥伦比亚游船的甲板上看到鲸鱼，也并不是什么奇闻。

白鲸在北极水域中向北游弋。这些像幽灵一样惨白的鲸鱼是鲸鱼家族里最小的成员之一，它们的身长通常不超过4米，重量约1吨。它们非常爱发出各种声音，在以家族成员组群迁徙的时候总是吱吱、哼哼、呼呼地叫个不停。如果你想观看白鲸，马尼托巴省的丘吉尔港是不错的选择，另外还有魁北克省的塔多萨克（这是北极圈外唯一有白鲸栖息的地方）。

鸟类

加拿大辽阔的天空是462种鸟类的家园，不列颠哥伦比亚省和安大略省的鸟类品种最丰富。所有鸟类当中，最为有名的当属加拿大的国鸟——白嘴潜鸟，如果你未能在野外亲眼看到，在$1硬币的背面也能看到它的身姿。和潜鸟一样数量繁多的是加拿大雁，这种吃苦耐劳的飞禽每天能飞1000公里，而且似乎已经成功地"占领"了世界各地的公园。

加拿大最引人注目的鸟是这里的鹰，特别是白头鹫，它们的翼展能达到2米。观鹰的好地点包括不列颠哥伦比亚省的布莱克戴尔（Brackendale），它位于温哥华和惠斯勒之间，冬季时有多达4000只老鹰在这里安家。新斯科舍省布雷顿角岛的布拉多尔湖（Bras d'Or Lake）以及温哥华岛的南海岸和西海岸，都适合你调准望远镜欣赏它们。

海鸟通常会迁徙到大西洋各省繁殖。想想刀嘴海雀、三趾鸥、北极燕鸥、崖海鸦，当然，还有海鹦鹉。每个人都喜欢这些可爱的小家伙，它们长着黑白的羽毛和橙色的喙，看上去就像是摇摇摆摆的企鹅叼着胡萝卜。在纽芬兰周边栖息着大量海鹦鹉。新不伦瑞克省的大马南岛（Grand Manan）、纽芬兰圣约翰斯附近阿瓦隆半岛上的惠勒士湾（Witless Bay）和圣玛丽斯角（Cape St Mary's）都是理想的观鸟地点。最佳观鸟时间是5月至8月，随后鸟儿们就会迁徙到其他地方越冬了。

最佳观鸟地点

纽芬兰的圣玛丽斯角

安大略省的皮利角国家公园

纽芬兰的惠勒士湾

新不伦瑞克省的大马南岛

不列颠哥伦比亚省的布莱克戴尔

加拿大饮食

加拿大美食特色在于其兼容并包,数百年来的移民融合了五花八门的饮食文化。如果喜欢家常口味,可以试试肉汁奶酪薯条(Poutine)、蒙特利尔风味面包圈、三文鱼肉干、欧式饺子。如果想尝试更精致的食物,在蒙特利尔、多伦多和温哥华这样的大城市,有老牌的高档餐馆,全国各地也都有土生土长的独特食材,加拿大的菜单有与众不同的海鲜、制作精良的奶酪、令人垂涎的农产品。

当地美食

如果你从东海岸出发,可以尝试沿海各省的主打菜——龙虾,放在锅里煮熟,配一点儿黄油端上桌来。爱德华王子岛社区礼堂的"厨房派对"是享用龙虾的最佳去处。一边品尝分量十足的土豆沙拉和丰盛的海鲜杂烩,一边等待你的龙虾美食登场,但是也别吃太多,因为要为后面的山区水果派留点儿肚子。

前往隔壁新斯科舍省的旅行者应该留着胃口去吃黄油般软嫩的迪格比扇贝和质朴的卢嫩堡香肠。而在附近的纽芬兰-拉布拉多省,有鳕鱼颊和甜雪蟹等让人吃到撑的美味菜肴。如果你饥肠辘辘,不妨试着啃几口海豹鳍馅饼,它的味道一定会让你没齿不忘。

魁北克省是世界上最大的枫糖浆生产地,每年生产大约650万加仑这种甜味的薄饼伴侣。在这个受法国文化影响的省份,对精致食物的喜爱深入当地人骨子里,他们很乐意坐下来享用4个小时的晚餐,一边喝葡萄酒,一边交谈,充分享受生活乐趣。

魁北克省的大都市蒙特利尔长期以来被称作这个国家的精致美食之都,不过这里也兼顾了其他各个层次的美食,包括在喧闹的市场里供应的丰盛的豌豆汤、制作精良的奶酪和美味的肉酱。另外,这里还有奶酪浇肉汁土豆条这样的国民美食,吃下去真觉得动脉都会阻塞。还有超大号的熏肉三明治,你必须要把嘴张到下巴几乎脱臼才能把它们塞进嘴里去。

安大略省——尤其是多伦多——是加拿大美食大熔炉的一个缩影。和魁北克省一样,枫糖浆在这里也是超级甜的调味选择,在"海狸尾巴"(油炸面团撒糖粉)这样令人堕落的甜点和堪比飞盘大小的早餐煎饼上都会看到它。向南走到尼亚加拉半岛的葡萄酒产区,你会发现餐馆中的菜肴融合了现代烹饪和传统的当地食材,比如产自五大湖区的鱼。

从这里前往更远的北方,北极圈的努纳武特地区是加拿大最新的行政区,但是这里有悠久的因纽特饮食历史,能给追求极致美食的旅行者们带来真正的探险享受。有些当地餐馆(更为常见的是家庭——不妨与当地人交朋友,他们可能会邀请你到家里吃饭)供应特色美食,包括煮海豹、冷冻生红点鲑和马克塔克(maktaaq)——被切成一小块一小块、可以直接

节日

爱德华王子岛省的国际贝类海洋生物节(www.peishellfish.com)

新不伦瑞克省的希迪亚克龙虾节(www.shediaclobsterfestival.ca)

不列颠哥伦比亚省的托菲诺盛宴(www.feasttofino.com)

安大略省的排骨节(www.canadaslargestribfest.com)

魁北克省的奶酪节(www.festivaldesfromages.qc.ca)

美食书籍

《枫糖小屋猪蹄店》[Sugar Shack Au Pied de Cochon; 马丁·皮卡德(Martin Picard)著; 2012年]

《在美食小径上》[On The Flavour Trail; 克丽丝特布尔·帕德摩尔(Christabel Padmore)著; 2013年]

《现代本土盛宴》[Modern Native Feasts; 小安德鲁·乔治(Andrew George Jr)著; 2013年]

《索博食谱》[SoBo Cookbook; 丽莎·阿耶(Lisa Ahier)和安德鲁·莫里森(Andrew Morrison)著; 2014年]

《公爵夫人烘焙店》[Duchess Bake Shop; 吉赛尔·柯特(Giselle Courteau)著; 2015年]

美食博客推荐

National Nosh (www.thenationalnosh.blogspot.com)

Dinner With Julie (www.dinnerwithjulie.com)

Seasonal Ontario Food (www.seasonalontariofood.blogspot.com)

Vancouver Foodster (www.vancouverfoodster.com)

入口的鲸鱼皮。

相比之下，马尼托巴、萨斯喀彻温和艾伯塔等中部省份有自己根深蒂固的烹饪方式。艾伯塔省是加拿大的牛仔之乡，也是这个国家的牛肉之都——你能在全国各地顶级餐馆的菜单上看到上乘的艾伯塔牛肉。但是，如果服务生端上了一盘"草原牡蛎"上来，你也许想知道（或者不想知道）：这道菜其实是以牛睾丸为食材，通过各种方式烹饪之后，让你不会联想到这本来是什么东西。在落基山地区，食物风格更加粗犷，尝试下麋鹿、野牛和驼鹿吧。

马尼托巴省受到古老的东欧文化影响，在这里，移民而来的乌克兰人带来了暖胃又暖心的美食，比如欧式煎饺和扎实厚重的辣香肠。你在隔壁的草原省份萨斯喀彻温省可以享受到甜点。这个省份最有名的菜就是成堆的水果馅饼，特别是当其与萨斯卡通浆果挞被一起奉上的时候。

在遥远的西部，不列颠哥伦比亚省的传统食材来自海洋和内陆的肥沃农田。可以在应季的路边摊买到产自奥卡纳根河谷、品质上乘的桃子、樱桃和蓝莓，它们是很多夏日美食的主要食材。不过美食爱好者来到这里，主要还是为了吃海鲜。人们大吃特吃美味的野生鲑鱼、多汁的芬尼湾牡蛎和口感爽滑的扇贝，然后你会发现自己无意中闯入了美食的天堂。

最佳城市餐厅

在多伦多、蒙特利尔或者温哥华，随意找个人来说一说加拿大最好的美食之城，他们大概都会告诉你，你已经身在其中了。尽管这三大美食之城都宣称自己美食霸主的地位，但他们各自的优势是如此不同，因此更确切地说，它们就好像同一场盛宴上相互补充的三道美食。

蒙特利尔就像是端上桌的头道菜肴，这座城市早在暴发户摆脱了他们以炸肉配土豆泥为主的饮食传统前，就已经是加拿大外出用餐的唯一一处好地方。这里以采用当地食材制作北美的精致法式菜肴而闻名，不会轻易就将桂冠拱手让与他人。这里的大厨受欢迎的程度堪比摇滚明星，因为他们用大胆甚至艺术的烹饪方式来挑战古老的传统，制作出精巧的创意菜式。此外，你应该期待一次难忘的在餐厅用餐的体验：蒙特利尔人疯狂地热爱外出就餐，就餐地点从舒适的老镇餐厅到Rue Prince Arthu的生机勃勃的露台餐厅以及高原地区的高雅而时髦的餐馆，所有餐馆的气氛都非常活跃。

如果蒙特利尔被称为理想的开胃菜，那么多伦多就应该算作主菜，不过这只反映出了这里最近的发展，并不意味着它比其他两座城市的声望更显赫。创意菜仍旧是这座加拿大最大城市的典型菜肴，但现在更是与时俱进，当代移民潮为欧式烹饪带来了更多的现代亚洲元素。但是，要在这里令人眼花缭乱的7000家餐厅中做出选择，还真算是个艰难的决定呢。最好的方式就是前往各个街区去碰运气：金融区和老约克区都有很多经典的高档餐馆。

将温哥华比作甜品好了，不过这座现代化的高楼林立的西海岸大都市可以算是这几个城市中最棒的就餐地。近年来，这个国家的顶级主厨纷纷来到这里开店，因为他们被这里丰富的当地食材和加拿大最国际化的人口所吸引。在像耶鲁镇和基斯兰奴这样的繁华街区，烹饪菜肴的出发点是创意菜。但是这里也有地道的一流亚洲菜肴：日本之外最好的寿司餐馆和日式居酒屋引人注目，还有超棒的越南和韩国饭馆。

葡萄酒产区

你可以想象，当许多从世界各地来到加拿大的旅行者，特别是那些认为加拿大"全境全年覆盖着积雪"的人，发现这里居然出产葡萄酒的时候，会有多惊讶。而且，那些对此心存疑虑的家伙，在喝了一两杯当地葡萄酒之后，总是会立刻将疑问抛到九霄云外。加拿大的葡萄酒近年名望渐长，相比起其他产酒的国家和地区的规模化生产，这里小规模的产量意味着他们永远不会成为国际红酒业领军者，但加拿大的确有一些能让葡萄酒爱好者满意而归的佳酿。

葡萄酒产区

无论你有多渴，在加拿大你永远不会觉得葡萄酒产区很遥远。也就是说，只要想去参观酒庄并品尝当地佳酿，大多数的旅行者都可以毫不费力地在旅行计划中加入品酒的行程。以下均是顶级葡萄酒产区，既包括酒庄云集的大城市，也不乏如针尖般小巧的小镇。何不在这里度过整个夏天，将它们都参观一遍呢？

不列颠哥伦比亚省的奥卡纳根河谷 (Okanagan Valley, British Columbia)

这个群山绵延的湖岸地区，绝对值得你从温哥华驱车5小时前往。山坡上爬满了葡萄藤，散布在蔓藤间的100多家酒庄，在多样的气候条件下，酿造出了清冽的白葡萄酒和醇厚的红葡萄酒。这里的葡萄品种繁多，包括黑皮诺、灰皮诺、白皮诺、梅洛和霞多丽，因此无论你偏爱哪种口味，几乎都能在此地找到一款合适的葡萄酒。大多数旅行者会先前往奥卡纳根的葡萄酒之都基洛纳 (Kelowna)，然后再去人气极高的著名葡萄酒庄，比如Mission Hill、Quail's Gate、Cedar Creek和Summerhill Pyramid Winery (是的，它有一个金字塔)。很多酒庄中还设有上好的餐馆。

网站www.winebc.com提供不列颠哥伦比亚省的葡萄酒产区和每年节日的详细信息，还提供相关旅游地图的免费下载服务。

安大略省的尼亚加拉半岛 (Niagara Peninsula, Ontario)

这个风光旖旎的地区有许多乡间旅馆和迷人的老镇，散布其间的酒庄超过60座，加拿大超过3/4的葡萄都生长在这里。地处地势低洼的尼亚加拉湖和地势较高的尼亚加拉断崖之间，这里有堪比卢瓦尔河谷的多样的气候和土壤条件，是霞多丽、雷司令、黑皮诺和品丽珠生长的理想之地。这里同样也是甘甜的甜点酒——加拿大冰酒的生产中心。加拿大几个数一数二的大型酒庄就坐落在此，包括Inniskillin Estate、杰克逊瑞格庄园 (Jackson-Triggs Estate)、啄木鸟庄园 (Peller Estate)，但马格诺特酒窖

葡萄酒书籍

《奥卡纳根葡萄酒旅行指南》[Okanagan Wine Tour Guide; 约翰·施赖纳 (John Schreiner) 著; 2012年]

《恋上尼亚加拉》[Crush on Niagara; 安德鲁·布鲁克斯 (Andrew Brooks) 著; 2010年]

《加拿大大西洋地区葡萄酒爱好者指南》[Wine Lover's Guide to Atlantic Canada; 莫伊拉·彼得斯 (Moira Peters) 及克雷格·平黑 (Craig Pinhey) 著; 2016年]

《不列颠哥伦比亚省的岛屿酒庄》[Island Wineries of British Columbia; 加里·海恩斯 (Gary Hynes) 著; 2013年]

（Magnotta Cellar）和穴泉酒窖（Cave Spring Cellar）等小型酒庄也不容错过。

安大略省的爱德华王子县（Prince Edward County, Ontario）

并非所有的安大略省葡萄酒庄都集中在尼亚加拉，如果你想避开在主要葡萄酒产区蜿蜒穿梭的观光巴士，这个坐落在安大略省的东南角、新兴的葡萄产地就是另一个迷人的选择。这里是历史悠久的水果种植区，平均温度比尼亚加拉低，非常适宜种植霞多丽和黑皮诺等喜凉的葡萄品种。最吸引人的葡萄酒庄有柯罗森蔡斯（Closson Chase）、黑王子酒庄（Black Prince Winery）和爱德华王子农庄（Grange of Prince Edward）。如果你的味蕾被唤醒，希望尝试更多美酒，可以考虑前往安大略省其他的葡萄酒产区，比如皮利岛（Pelee Island）和伊利湖北岸（Lake Erie North Shore）。

魁北克省的东部城镇（Eastern Townships, Québec）

从蒙特利尔东南约80公里处开始，这片完美无瑕的农田区点缀着安静的村庄、茂密的树林、清澈的湖水和蜿蜒的乡村小路。近年来，除传统农业种植外，经营葡萄酒庄的活动在这里方兴未艾，凉爽的气候和土壤环境尤其适合雷司令和霞多丽葡萄的生长。但是这个地区最主要的特产是本地的冰酒、甜点酒和水果酒。所以事先要做好心理准备：来这里是品尝甜食的。让你味觉大开的酒庄有菲利普庄园（Domaine Félibre）、淘金者葡萄园（Vignoble de L'Orpailleur）和银色赛普葡萄园（Vignoble Le Cep d'Argent）。

蒙泰雷吉（Montérégie）是广阔的魁北克省东部城镇中主要的葡萄酒酿造区。这个崎岖不平的乡村地区满是葡萄园和果园（更不要说满眼的枫树林了）。这个主要的果树栽培地区是品尝苹果酒和不同口味的水果酒的理想之地，水果种植者们乐意去尝试种植任何品种的红葡萄或者白葡萄，但最令人印象深刻的还是这里的玫瑰葡萄酒。值得推荐的葡萄酒庄有圣雅克葡萄园（Domaine St-Jacques）、砾石葡萄园（Les Petits Cailloux）和松树葡萄园（Vignoble des Pins）。要记住魁北克省的餐馆通常鼓励客人自带酒水，在你驾车探索这一地区的时候，可以大肆采购一番。

新斯科舍省（Nova Scotia）

从哈利法克斯出发，只需几小时车程就能到达散布在新斯科舍省的6个精品葡萄酒产区，从温暖的诺森波利兰海峡（Northumberland Strait）的海岸线延伸到青翠的安娜波利斯河谷（Annapolis Valley），这里有24座葡萄酒庄。这个地区是世界上最冷的葡萄种植之一，主要种植适宜凉爽气候的白葡萄，包括一种叫白阿卡迪（l'Acadie Blanc）的独特品种。富有创意的气泡酒是新斯科舍省的特产，在本杰明桥葡萄园（Benjamin Bridge Vineyards）等深受喜爱的酒庄均有出品。其他强烈推荐的目的地有Gaspereau Vineyards、约斯特葡萄园（Jost Vineyards）和Domaine de Grand Pré。

节日

加拿大有丰富多彩的葡萄酒活动,能充分满足你的口腹之欲。正因为如此,查好你的旅程时间非常重要:和正在举行庆祝活动的当地居民一起喝上几杯,是认识这个国家最好的方式之一。

如果你在不列颠哥伦比亚省,你就很难完全错过奥卡纳根的三个主要节日——可登录www.thewinefestivals.com查询确切日期。如果你喜欢待在大城市,可以了解一下3月举办的**温哥华国际葡萄酒节**(Vancouver International Wine Festival; www.vanwinefest.ca)。

在安大略省的乡村地区,尼亚加拉每年同样举办几次活动来庆祝本地的葡萄酒财富,包括6月的新品种葡萄节(New Vintage Festival)和9月的大规模的尼亚加拉葡萄酒节(Niagara Wine Festival)。更多信息见网站www.niagarawinefestival.com。

前往魁北克省的葡萄酒爱好者们应该参加一年一度的**蒙特利尔热情葡萄酒节**(Montréal Passion Vin; www.montrealpassionvin.ca),这是个为期两天的盛大慈善筹款项目,届时会有很多独特和罕见的葡萄酒。若是你想品尝地方美食和葡萄酒,可以前往东部城镇的梅戈格—奥福特(Magog-Orford)地区,这里在9月会举办持续多天的**葡萄采摘节**(Fête des Vendanges; www.fetedesvendanges.com)。

在东海岸的旅行者也不会受到冷落。每年9月中旬,在新斯科舍省都会举办有50场活动的**秋季葡萄酒节**(Fall Wine Festival; www.mynslc.com)。

葡萄酒网站

John Schreiner on Wine (www.johnschreiner.blogspot.com)

Dr Vino (www.drvino.com)

Girl on Wine (www.girlonwine.com)

记事本

生存指南

出行指南 978	交通指南 991
签证 978	**到达和离开** **991**
保险 979	进入加拿大 991
货币 979	飞机 992
优惠卡 981	陆路 993
电源 981	海路 994
使领馆 981	**当地交通** **994**
海关条例 982	飞机 994
健康指南 982	自行车 995
旅游信息 983	船 996
工作时间 983	长途汽车 996
假日 984	小汽车和摩托车 997
住宿 984	搭便车 999
饮食 986	拼车 999
地图 986	当地交通工具 999
邮政 987	团队游 1000
电话 987	火车 1000
上网 988	
时间 988	
法律事宜 988	**语言** **1002**
礼节 988	**幕后** **1008**
残障旅行者 989	**索引** **1009**
同性恋旅行者 989	**地图图例** **1020**
女性旅行者 990	**我们的作者** **1021**
志愿服务 990	

出行指南

签证

中国旅行者需要取得签证才能访问加拿大或加拿大过境。加拿大旅游签证的有效期最长达10年，最多停留180天，可多次入境，而且免面试。如果打算在加拿大学习或工作，需单独申请签证。

加拿大驻华大使馆（☏86-10-5139 4000；beijing-immigration@international.gc.ca；北京市朝阳区东直门外大街19号）

加拿大驻沪总领事馆（☏86-21-3279 2844；shngi@international.gc.ca；上海南京西路1788号国际大厦8楼）

加拿大驻广州总领事馆（☏86-20-8611 6100；ganzug@international.gc.ca；广州市天河区天河路385号太古汇一座26楼）

加拿大驻重庆领事馆（☏86-23-6373 8007；chonq@international.gc.ca；重庆市渝中区五一路大都会大厦1705室）

加拿大签证中心

北京（☏86-10-8447 6877；infopek.cacn@vfshelpline.com；东城区东直门南大街11号中汇广场A座12层）

上海（☏86-21-6596 5808；infosha.cacn@vfshelpline.com；黄浦区四川中路213号久事商务大厦2层）

广州（☏86-20-3889 8475；infocan.cacn@vfshelpline.com；天河区体育西路189路城建大厦3楼351室）

重庆（☏86-23-6372 1388；infockg.cacn@vfshelpline.com；渝中区民生路235号海航保利国际中心33楼33-D）

成都（☏86-28-6317 9158；infoctu.cacn@vfshelpline.com；锦江区东御街19号茂业天地A座36层3602-3603室）

昆明（☏86-871-6333 8492；infokmg.cacn@vfshelpline.com；北京路1079号欣都龙城5栋1502C）

济南（☏86-531-8239 1758；infotna.cacn@vfshelpline.com；历下区泺源大街150号中信广场5楼）

沈阳（☏86-24-8291 9506；infoshe.cacn@vfshelpline.com；沈河区北站路61号财富中心A座4层）

武汉（☏86-27-8575 0215；infowuh.cacn@vfshelpline.com；江汉区建设大道518号招银大厦13楼1301）

杭州（☏86-571-2825 9897；infohgh.cacn@vfshelpline.com；滨江区科技馆街626号寰宇商务中心B座801室）

南京（☏86-25-6677 7890；infonkg.cacn@vfshelpline.com；建邺区江东中路289号联强国际大厦一楼）

工作日：周一至周五（公共假日除外）

营业时间：8:00~16:00

签证材料准备

所有申请都必须递交以下材料：

填写完整并签名的签证申请表格；正确的签证申请以及签证费用，使馆收取$100（¥500）的签证费，签证中心的服务费为$46.11（¥230.50）；有足够空白页（双面）的六个月有效护照；旧护照（如有）；身份证和户口本的复印件；照片要求细则——两张近照（边框至少是35毫米×45毫米，且拍摄于六个月之内，白色背景为宜）；经济证明（如银行存款证明、房产证、汽车驾驶证、股票、资产证明等）；在职证明；其他签证所需材料。关于签证的更多信息，请访问www.vfsglobal.ca/canada/china。如果持有有效的美国签证并曾去过美国，申请流程以及材料都可得到一定程度的简化。

加拿大驻华使馆鼓励申请人在线申请或通过就近的签证申请中心（VAC）递交申请，这是因为将申请直接递交到签证办公室所需受理时间较长。在VAC递交申请有下列的优势：VAC提供的服务时间更长、可以在线追踪申请状态，并能够确保申请的完整、所有的文件都妥善备齐。相信这将使申请受理更为迅捷。

签证延期（$100）需要在你所持签证有效期结束前至少一个月，向加拿大公民和移民部设在艾伯塔的**游客签证申请处理中心**（CIC Visitor Case Processing Centre; ☎888-242-2100; ⓧ周一至周五 8:00~16:00）提交申请。

去美国旅行

入境许可要求多变。**美国国务院**（US State Department; www.travel.state.gov）提供最新信息，你也可以咨询本国的美国领事馆。

加拿大公民进入美国不需签证，不过还是需要护照或**西半球旅游动议**（Western Hemisphere Travel Initiative; www.getyouhome.gov）授权的证明文件。其他国家公民，包括中国公民需要在抵达加拿大之前，在本国申请美国签证。

所有外国旅行者（加拿大人除外）从陆路入境，必须缴纳6美元的"手续费"。重复进出加拿大和美国并不需要加拿大的多次入境签证，除非你又去了第三国。

保险

无论旅途长短，你都应确保购买了充足的保险。保险至少应覆盖医疗急救和治疗，包括住院和紧急空中医疗撤运的费用。非加拿大公民的医疗费用极高。

另外要考虑购买行李被盗或丢失的保险。如果你已经购买了财产险，要明确该险覆盖范围，并购买附加险以防万一。如果你已经为旅行提前支付了一大笔钱，那么旅行取消保险就值得考虑。

www.lonelyplanet.com/travel-insurance网站提供世界范围内的旅行保险。你可以随时——甚至在旅途中——在线购买、延期保险或进行索赔。另外建议咨询下列保险提供商：

Insure.com（www.insure.com）
Travel Guard（www.travelguard.com）
Travelex（www.travelexinsurance.com）

美亚、安联和中国平安等几家保险公司是中国旅行者经常购买保险的选择。

货币

➡ 本书所有价格的单位都是加拿大元（$），除非另行注明。

➡ 加拿大硬币有5¢[5分（nickel）]、10¢[1角（dime）]、25¢[25分（quarter）]、$1[卢尼（loonie）]和$2[图尼（toonie或twoonie）]。金色的卢尼以加拿大常见水鸟潜鸟（loon）为图案，而双色的图尼则以北极熊为图案。加拿大已于2012年逐步淘汰1分（penny）硬币。

➡ 纸币有$5（蓝色）、$10（紫色）、$20（绿色）和$50（红色）面额。而$100（棕色）和更大面额的纸币比较少见。最新流通的纸币具有先进的安全功能，由高分子聚合物印制而成，摸起来更像塑料。

➡ 加拿大元的汇率在最近十年起伏明显，从2007年起逐渐趋近于美元。

➡ 在大城市兑换货币时，货币兑换处可能会提供比银行更优惠的汇率。

自动柜员机

➡ 在很多杂货店、便利店、机场、汽车站、火车站和轮渡站都设有自动柜员机。大多数都连接到国际货币网络，比如Cirrus、Plus、Star和Maestro等。

➡ 大多数自动柜员机都支持使用主流信用卡取现，但是这

银联卡

在加拿大几乎所有银行的ATM已经安装中文操作界面，客服电话也可选择中文服务。中国银联于2009年开通了在加拿大商户及ATM的使用受理。目前，共1.6万台ATM可接受银联卡提取加币现金，在多伦多、温哥华、卡尔加里、蒙特利尔等主要城市分布集中。花旗银行的ATM除可接受银联卡取现金之外还能进行余额查询。在加拿大开通的一些银联卡POS刷卡消费用户主要包括多伦多、温哥华两地的机场免税店、餐饮、购物等。

种方式往往较为不划算，除了需要支付服务费以外，你还需要支付利息（换句话讲，使用信用卡取现与购物不同，没有免息期）。具体的费用，请与你的银行或信用卡公司确认。

➡ 前往加拿大偏远地带（如纽芬兰）的游客有可能找不到自动柜员机，因此提前取好现金是个好主意。

➡ 加拿大丰业银行（Scotiabank）遍布加拿大各地，是全球自动柜员机联盟（Global ATM Alliance）的成员。如果你在家乡的银行也是这个联盟的成员，从丰业银行的自动柜员机取现会收取较少的手续费。

现金

大多数加拿大人日常不会携带大量现金，他们依赖于信用卡和借记卡。不过还是要带$100左右的现金，以便进行小额消费。在有些情况下，乡村地区的民宿和往返小客车需要现金支付。最好提前咨询以免措手不及。商店和商业机构很少接受个人支票。

信用卡

加拿大普遍接受万事达（MasterCard）、维萨（Visa）和美国运通（American Express）等主流信用卡，不过偏远的乡村地区仍是现金为王。如果没有信用卡，你很难或者根本不可能通过电话来租车、预订客房或订票。注意有些信用卡公司收取"交易费"（约为你消费金额的3%），具体情况可向发卡行咨询，做到心中有数。

如果发生信用卡丢失或被盗，须立即拨打以下24小时热线：

中国银联（China UnionPay; ☎877-470-6287; www.unionpay.com）

美国运通（American Express; ☎800-869-3016; www.americanexpress.com）

万事达（MasterCard; ☎800-622-7747; www.mastercard.com）

维萨（Visa; ☎800-847-2911; www.visa.com）

消费税和退税

加拿大联邦政府征收的商品和服务消费税（goods and services tax, GST），也被戏称为"敲竹杠税"（gouge and screw）或"巧取豪夺税"（grab and steal），是在每一笔交易时加收总价的5%。大多数省份在加收GST的基础上再征收省消费税（PST）。有些省份将GST和PST合并，征收统一消费税（HST）。无论适用于哪种征税办法，大多数情况下税费占交易总价的10%至15%。除另行说明外，税费都不会包含在标价中。

有些税费你可以申请退还。如果住宿预订连带租车、机票或其他服务一并进行（即都出现在同一个"旅游服务商"的票据上），你可以从住宿中得到50%的退税。需在加拿大税务署（Canada Revenue Agency; www.cra-arc.gc.ca）填写旅游套餐GST/PST退税申请表（GST/HST Refund Application for Tour Packages）。

小费

付小费是普遍做法。一般而言，可根据下列标准付小费：

➡ **餐馆服务员** 15%至20%

➡ **酒吧服务员** 每杯饮品$1

➡ **酒店行李员** 每件行李$1至$2

➡ **酒店客房保洁人员** 每天$2起（依据房间大小和凌乱程度而定）

各省和地区的税率

百分比表示联邦和省所征税率之和：

省份和地区	税率
艾伯塔省	5%
不列颠哥伦比亚省	12%
马尼托巴省	13%
新不伦瑞克省	15%
纽芬兰-拉布拉多省	15%
西北地区	5%
新斯科舍省	15%
努纳武特地区	5%
安大略省	13%
爱德华王子岛省	14%
魁北克省	15%
萨斯喀彻温省	10%
育空地区	5%

➡ **出租车司机** 10%至15%

旅行支票

旅行支票正变得越来越过时。以加元发行的旅行支票在商业机构一般可以当作现金使用。以其他货币发行的旅行支票必须在银行或外币兑换处换成加元。最常见的发行机构有美国运通、万事达和维萨。你在兑换旅行支票时可能会被要求出示护照和身份证明。

优惠卡

针对老年、儿童、家庭和残障旅行者的折扣非常普遍，不过并没有发行专门的优惠卡（在消费时即可享受折扣）。美国汽车协会和其他汽车协会会员也能享受各种与旅行相关的折扣。

国际学生证（International Student Identity Card; www.isic.org）提供学生旅行保险和博物馆及其他景点门票的折扣。26岁以下非学生群体和全职教师也有相应的优惠卡，持有者可享折扣。

蒙特利尔博物馆通票（Montréal Museum Pass; www.museesmontreal.org; $75）

渥太华博物馆通票（Ottawa Museums Passport; www.museumspassport.ca; 成人/家庭 $45/99）

加拿大公园管理局探索通票（Parks Canada Discovery Pass; 成人/儿童/家庭 $68/33/136; www.pc.gc.ca）提供100多座国家公园和古迹的门票，有效期一年。持通票参观各景点，使用7次就能回本了，进入景点也更为便捷。在2017年，所有国家公园都曾免费开放以庆祝建国150周年。

许多城市有当地景点的优惠卡，例如：

凡尼尔公园探索通票（Vanier Park Explore Pass; 温哥华; www.spacecentre.ca/explore-pass; 成人/儿童 $36/30）

电源

120V/60Hz

120V/60Hz

使领馆

下列为中国驻加拿大使领馆的地址及联系电话，这些机构分别位于渥太华、多伦多、温哥华、卡尔加里和蒙特利尔，如有必要可以联系距离你最近的中国使领馆。

中国驻加拿大大使馆（Embassy of the People's Republic of China in Canada; ☎1-613-789-3434 转232, 15:30~17:30人工接听; cooffice@buildlink.com; http：//ca.china-embassy.org/chn/; 515 ST.PATRICK STREET, OTTAWA, ONTARIO, CANADA, KIN 5H3; ⊙周一至周五 9:00~12:00对外办公,中国和加拿大节假日除外）

中国驻多伦多总领馆（Consulate General of the P. R. China in Toronto; ☎1-416-964-7260; http：//toronto.china-consulate.org; 240 St. George Street Toronto Ontario, Canada M5R 2P4）

中国驻温哥华总领馆（Consulate General of The People's Republic of China in Vancouver; ☎1-604-736-5188; jyjiang@infoservice.net; http：//vancouver.china-consulate.org; 3380 Granville Street, Vancouver, B.C. V6H 3K3; ⊙周一至周五 9:00~12:00, 14:00~17:30, 中国和加拿大节假日除外）

中国驻卡尔加里总领馆（Consulate General of the People's Republic of China in Calgary; ☎1-403-264-3322; chinaconsul_cal_ca@mfa.gov.cn; http：//calgary.china-consulate.org; 1011 6th Ave. S.W. Calgary, Alberta, Canada T2P 0W1）

中国驻蒙特利尔总领馆（Consulat Général de la République populaire de Chine à Montréal; ☏1-514-419-6748转633，只限15:30~16:30接听; zj.ccmtl@hotmail.com; http://montreal.chineseconsulate.org; 2100 Ste-Catherine West, 8th floor, H3H 2T3 Montreal, Quebec, H3H 2T3; ⊙周一至周五 9:00~12:00 对外办公，中国和加拿大节假日除外）

美国大使馆（US Embassy; ☏1-613-688-5335; http://canada.usembassy.gov; 490 Sussex Dr）

海关条例

加拿大边境服务局（Canada Border Services Agency; www.cbsa.gc.ca）的网站提供海关检查规定的详情。以下是值得留意的几项规定:

酒类 你可以免税携带葡萄酒1.5升、烈酒1.14升或24罐355毫升的啤酒。

礼品 你可以携带总价不超过$60的礼品。

现金 入境或离境现金携带限额为$10,000，若超出了限额必须向海关申报。

个人用品 露营设备、体育装备、照相机和笔记本电脑可以携带，不会造成多少困扰。入境时向海关申报可以免去日后出境时的诸多麻烦，特别是在你多次出入美国和加拿大的边境时。

宠物 必须携带兽医签字、写明日期的证明文件，以证明你的狗或猫在过去36个月内接种过狂犬病疫苗。

处方药 入境或离境可以携个人90天用量的处方药（如果你携带药品前往美国，严格意义上说此举是违法行为，不过个人往往不会受到查处）。

烟草 你可以免税携带200支香烟、50支雪茄、200克烟草制品或200支烟杆。

健康指南
出发前
健康保险

加拿大提供世界一流的医疗保健服务。然而，除非你是加拿大公民，否则这样的服务十分昂贵，令人无法负担。如果你的常规保险不含出国期间的医疗，那么有必要购买旅行医疗保险。登录网站www.lonelyplanet.com/travel-insurance，可查询更多保险信息。

用标识清楚的药品原包装携带必备的药品。带上一份由医生签字、写明日期的健康说明文件，详细介绍你的健康状况和用药情况，包括药物的通用名，也是明智的做法。

常用药品清单

➡ 感冒药（对乙酰氨基酚，如泰诺）或阿司匹林

➡ 消炎药（如布洛芬）

➡ 抗过敏药（用于花粉热或过敏反应）

➡ 抗菌软膏（如新孢霉素），用于割伤和擦伤

➡ 类固醇乳膏或可的松（用于毒葛和其他过敏皮疹）

➡ 绷带、纱布

➡ 药用胶带

➡ 安全别针，镊子

➡ 体温计

➡ 驱虫剂

➡ 含有氯菊酯的防虫喷雾，用于衣物、帐篷和蚊帐

➡ 防晒霜

➡ 防晕车/船药

推荐接种的疫苗

去加拿大旅行，并不需要也不推荐接种特殊疫苗。所有旅行者都应及时进行常规接种。

参考网站

MD Travel Health（www.mdtravelhealth.com）综合医疗健康资源。

加拿大公共卫生署（Public Health Agency of Canada; www.phac-aspc.gc.ca）加拿大医疗健康资源。

世界卫生组织（World Health Organization; www.who.int）综合医疗健康资源。

在加拿大
医疗服务及费用

加拿大广泛提供医疗服务。遇有紧急情况，最好前往最近医院的急诊室。如果情况不是特别紧急，可以致电附近的医院，要求介绍一位当地医生，这种做法往往比去急诊室便宜（急诊室可能在还没得到治疗前就已经花费约$500了）。

药房很多，但是保险不含药费的话，处方药价值不菲。不过，美国人也许会觉得加拿大的处方药比本国的便宜。你可以携带个人90天的自用用量出境（在严格意义上来说，携带这些药品入境美国是违法行为，不过通常个人不会受到查处）。

环境引发的疾病和不适

受冻 这可能成为大问题，尤其是在北部地区。所有身体表面，包括头部和颈部都要用衣物覆盖。要提防低体温症的早期症状，如手不听使唤、步伐不稳、神志不清、言语含糊等。

中暑 脱水是中暑的主因。症状包括疲乏、头疼、恶心、大汗等。遇中暑者，将其身体放平，腿部抬高，用湿凉的布或毛巾擦拭身体并补充水分。

传染性疾病

大多数传染性疾病通过蚊蜱叮咬或环境接触传播。**加拿大公共卫生署**（Public Health Agency of Canada; www.phac-aspc.gc.ca）对下列传染疾病有详细说明。

贾第虫病（Giardiasis）肠道感染。避免直接饮用湖泊、池塘、溪流和江河里的水。

莱姆病（Lyme Disease）多发于加拿大南部。春末和夏季由鹿蜱传播。户外活动后要进行蜱虫检查。

严重急性呼吸系统综合征（Severe Acute Respiratory Syndrome, SARS）在本书写作时，这种病症已在加拿大得到控制。

西尼罗病毒（West Nile Virus）在夏末秋初由蚊子传播。可通过遮蔽身体（穿长袖、长裤，戴帽子，穿正常鞋子而非凉鞋）、在裸露皮肤和衣物上使用含避蚊胺的优质驱虫剂来进行预防。

旅游信息

➡ **加拿大旅游局**（Canadian Tourism Commission; zh-keepexploring.canada.travel）中文官方旅游网站提供大量综合性信息、旅游套餐和外部链接。

➡ 各省旅游局的网站也提供了旅行相关的综合信息。办公人员也接受电话询问，并应需求提供免费的景点地图和食宿索引。某些旅游局还可以协助预订行程或酒店等。

➡ 对于某个特定地区的详细信息，最好联系当地的游客中心。在每个城市和小镇中，游客中心至少会在旅游季开放，员工非常热情，提供免费的宣传册，并销售书籍和地图。

省级旅游局办事处：

纽芬兰-拉布拉多旅游局（Newfoundland & Labrador Tourism; www.newfoundlandlabrador.com）

西北地区旅游局（Northwest Territories Tourism; www.spectacularnwt.com）

努纳武特旅游局（Nunavut Tourism; www.nunavuttourism.com）

安大略省旅游局（Ontario Tourism; www.ontariotravel.net）

爱德华王子岛省旅游局（Prince Edward Island Tourism; www.tourismpei.com）

不列颠哥伦比亚省旅游局（Tourism British Columbia; www.hellobc.com）

新不伦瑞克省旅游局（Tourism New Brunswick; www.tourismnewbrunswick.ca）

新斯科舍省旅游局（Tourism Nova Scotia; www.novascotia.com）

萨斯喀彻温省旅游局（Tourism Saskatchewan; www.sasktourism.com）

魁北克旅游局（Tourisme Québec; www.quebecoriginal.com/en）

艾伯塔旅游局（Travel Alberta; www.travelalberta.com）

马尼托巴旅游局（Travel Manitoba; www.travelmanitoba.com）

育空地区旅游局（Yukon Department of Tourism; www.travelyukon.com）

工作时间

营业时间在一年中差异很大。在此列出旺季期间的营业时间，在淡季会相应缩短。

银行 周一至周五10:00~17:00。有些银行周六9:00至正午营业

餐馆 周一至周五早餐8:00~11:00，午餐11:30~14:30，晚餐每天17:00~21:30。有些餐馆周六和周日8:00~13:00营业供应午餐

酒吧 每天17:00至次日2:00

夜店 周三至周六21:00至次日2:00

商店 周一至周六10:00~18:00，周日正午至17:00，有些商店周四和/或周五营业至20:00或21:00

超市 9:00~20:00，有些超市24小时营业

城市之间的时差

温哥华15:00的时候：

➡ 蒙特利尔和多伦多18:00

➡ 纽约（美国）18:00

➡ 圣约翰斯 19:30

➡ 伦敦（英国）23:00

假日

加拿大全国性的公共假日有10个，各省节假日更多。每逢节假日，银行、学校和政府机构均会放假。

全国节日

新年（New Year's Day）1月1日

耶稣受难日（Good Friday）3月或4月

复活节星期一（Easter Monday）3月或4月

维多利亚日（Victoria Day）5月25日之前的周一

国庆日（Canada Day）7月1日。在纽芬兰被称为纪念日（Memorial Day）

劳动节（Labour Day）9月的第一个周一

感恩节（Thanksgiving）10月的第二个周一

阵亡将士纪念日（Rememberance Day）11月11日

圣诞节（Christmas Day）12月25日

节礼日（Boxing Day）12月26日

省级假日

有些省份也拥有自己的假日，这方面纽芬兰最为突出。

家庭日（Family Day）艾伯塔、安大略、萨斯喀彻温和马尼托巴在2月的第三个周一庆祝（在不列颠哥伦比亚是第二个周一）。在马尼托巴又名路易斯·里尔日（Louis Riel Day）

圣帕特里克节（St Patrick's Day）离3月17日最近的周一

圣乔治节（St George's Day）离4月23日最近的周一

国庆节（National Day）在纽芬兰是离6月24日最近的周一。在魁北克是6月24日[又名圣让巴蒂斯特节（St-Jean-Baptiste Day）]

橙带党员日（Orangemen's Day）纽芬兰在离7月12日最近的周一庆祝

市政日（Civic Holiday）8月的第一个周一，除纽芬兰、魁北克和育空地区之外各地的节日

美洲发现纪念日（Discovery Day）育空地区在8月的第三个周一庆祝

学校假日

孩子们的暑假从6月末开始，直到9月初才回到学校。大学生假期更长，通常从5月至9月初或9月中。大多数人会在这几个月里休很长的年假。

住宿

旅游季节

➡ 夏天是旅游的旺季，从6月到8月的这段时间往往是住宿价格最高的季节。

➡ 在夏季出游建议提前预订住宿，另外，滑雪季的冬季度假村、主要节假日期间也都可能一房难求。

➡ 某些住所会在淡季彻底歇业。

设施

➡ 在很多经济型住所（如露营地、青年旅舍和简易的民宿）

独特的加拿大节日

国旗日（National Flag Day；2月15日）纪念枫叶旗于1965年2月15日正午钟声敲响时，在渥太华国会山首次升起。

维多利亚日（Victoria Day；5月末）节日始于1845年，在当时是为了庆祝维多利亚女王的诞辰，如今是庆祝加拿大名义上的国家元首即英国君主的诞辰。维多利亚日标志着夏季的正式开始（夏季结束于9月第一个周一的劳动节）。一些社区会燃放焰火。

全国原住民日（National Aboriginal Day；6月21日）节日始于1996年，纪念原住民对加拿大的贡献。与夏至恰好重叠，各地组织的庆祝活动包括传统舞蹈、唱歌、敲鼓、讲故事、手工艺品展示、独木舟赛，不一而足。

国庆日（Canada Day；7月1日）1982年之前，这个节日一直被称为自治领日（Dominion Day）。加拿大国庆节始于1869年，以纪念1867年成立的加拿大自治领。全国各地的民众以烧烤、游行、音乐会和焰火的形式来庆祝这一节日。

感恩节（Thanksgiving Day；10月中）探险家马丁·弗罗比舍（Martin Frobisher）为感谢上帝让他成功横渡大西洋，于1578年在现在的纽芬兰举行了首次感恩庆祝。在1872年，感恩节正式成为加拿大全国性节日，庆祝当时的威尔士亲王从长期疾病中康复。

中，只设有公用卫生间。

➡ 中档的住所，如大多数民宿、旅馆(法语为auberges)、汽车旅馆和一些酒店，一般来说性价比都很不错。通常都会包含独立卫生间和有线电视，有一些还会包含免费早餐。

➡ 高档的住所提供国际标准的设施，包括健身房、商务中心和餐厅。

➡ 大多数住所都提供无线网，通常在中低端住所免费，而高档酒店会为此收费。

➡ 很多小型住所，特别是民宿，禁止在房间内吸烟。万豪(Marriott)和威斯汀(Westin)品牌的酒店全面禁烟。其他酒店则单独设有无烟房间。

➡ 空调在大多数中低档住所并不是标准设施，如果你需要空调，在预订酒店时记得确认一下。

折扣

➡ 冬季，住宿的价格有可能暴跌到50%左右。

➡ 美国汽车协会(American Automobile Association, AAA)、美国退休人员协会(American Association of Retired Persons, AARP)或其他组织的会员往往也能获得适度的折扣(通常为九折)。

民宿

➡ Bed & Breakfast Online (www.bbcanada.com)是加拿大民宿的主要预订网站。

➡ 在加拿大，民宿(法语为gîtes)是由私人建成或改造的住宅，房东一般也会住在其中。喜欢个人空间的人往往

在线预约住宿

欲了解更多Lonely Planet作者对住宿的评价，请登录http://lonelyplanet.com/canada/hotels。在这里，你会找到各类独立点评和住宿地点推荐。最酷的是，你还可以网上预订住宿。

会发现民宿缺乏私密，因为墙壁很少能隔音，而且住宿期间通常还要与房东和其他房客交往。

➡ 民宿的住宿标准差异很大，甚至在同一幢民宿中也是如此。最便宜的房间往往比较小，配有很少的设施和公用卫生间。好一点的房间则会拥有一些不同的设施，比如阳台、壁炉或者户内独立卫生间。早餐一般包含在房费中(通常是简单的欧式早餐)。

➡ 有些民宿不欢迎儿童入住。

➡ 通常会要求最低入住天数(一般为2晚)，而且很多民宿只在某些季节营业。

露营

➡ 加拿大遍地都是露营地，有些由国家或省政府运营，而有些则是私人拥有。

➡ 露营地的开放季节通常为5月到9月，但具体时间各异。

➡ 各地的设施差异很大。偏僻的场地只能提供坑式厕所和营火框，而且没有饮用水。一般的自助营地可以提供饮用水，以及配有厕所和淋浴的卫生间。最好的营地则有冲水厕所、热水淋浴，并且可以给房车提供水、电等各种补给。

➡ 有一些私人的露营地只为房车提供服务，甚至会有便利店、游乐场和游泳池。最好提前打电话确认场地大小和设

施是否适合你的车辆。

➡ 大多数政府运营的场地遵循先到先得的原则，在7月、8月中往往很快就被占满。一些国家公园参与了政府的**露营地预订项目**(camping reservation program; ☎877-737-3783; www.pccamping.ca；预订费用在线/人工热线 $11/13.5)，通过其预订不失为确保你获得露营地一席之地的便捷途径。

➡ 在国家公园或省公园中的露营地过夜的费用一般为$25~35(服务完备的场地可能会稍贵一些)；生火许可一般还会再花费几元钱。偏僻场地的露营费用大约为每晚$10。私人营地会昂贵一些。在近几年中，不列颠哥伦比亚省公园的露营费用上涨幅度非常可观。

➡ 一些露营地全年都对游客开放，你有可能在淡季享受折扣价。特别是深秋或初春的时候，你可能是营地唯一的住客。冬季露营却是属于勇敢者的游戏。

家庭寄宿

你介意睡在一个完全陌生的人家里的沙发上吗？如果不介意，那么不妨考虑加入一个可安排家庭寄宿的组织。以下组织不收取入会费用，住宿本身也是免费的。

Couch Surfing (www.couchsurfing.org)

住宿价格范围

本书中，所列出的价格都是旺季双人间的价格，除非另行注明。该价格中不包含税金（最高可达17%）。

$ 低于$100

$$ $100~250

$$$ 高于$250

Hospitality Club（www.hospitalityclub.org）

青年旅舍

加拿大有独立青年旅舍，也有国际青年旅舍联盟（Hostelling International, HI）的成员店。所有旅舍都提供宿舍，可住2~10人（平均每人$25~40），许多旅舍还为情侣或家庭提供私人客房（$70起）。国际青年旅舍联盟成员店的房间通常是分性别入住的，非会员入住每晚加收约$4。

卫生间通常为公用，住宿设施包括厨房、储物柜、免费Wi-Fi、有线网、洗衣房和公用电视间。许多旅舍提供免费欧式早餐。有的旅舍允许饮酒，有的则不允许。所有旅舍均禁止吸烟。

大多数旅舍，尤其是大城市的旅舍都是24小时开放的。如非全天开放，询问旅舍是否可以在你抵达时间较晚时做特别安排。

Backpackers Hostels Canada（www.backpackers.ca）独立青年旅舍。

Hostelling International Canada（www.hihostels.ca）

Hostels.com（www.hostels.com）包括独立青年旅舍和国际青年旅舍联盟成员店。

酒店和汽车旅馆

大多数酒店均为国际连锁酒店，新开张的酒店面向高端市场或商务人士。客房提供有线电视和Wi-Fi。许多酒店有游泳池、健身中心和商务中心。有两张双人床或大床的客房最多可住4人，不过第三和第四位客人可能被加收小额费用。许多酒店打出"儿童免费"的广告，但有时婴儿床或滚动式折叠床还是要额外付费。

和美国一样，加拿大也是汽车国度，所以汽车旅馆无处不在。汽车旅馆在公路沿线零散分布，在城郊则是三五成群。尽管大多数汽车旅馆的客房没有什么华丽出色的设计风格，但这些房间往往都很干净、舒适，是颇具性价比的住宿选择。许多地区性汽车旅馆仍保持着"夫妻店"这样的典型经营模式，不过也有大量的北美连锁汽车旅馆在各地涌现。

大学住宿

有些大学会在没有课的暑假将学生宿舍的床位出租给各年龄段的旅行者。大多数房间条件简单，价格每晚$25~40不等，通常包括早餐。学生入住通常可以享受小幅折扣。

饮食

如果前往一些热门餐馆，绝对需要考虑提前预订，特别是周末（在餐饮业中，周四也要算成周末）。不过大多数咖啡馆和低档餐厅不接受预订。

➡ **餐馆** 从牛排餐馆到纯素食餐馆，应有尽有。很多餐馆都欢迎全家用餐，相对比较休闲，但也有一些并不如此。

➡ **咖啡馆** 不止提供咖啡，通常还有三明治、汤和烘焙食物。通常都有柜台服务。

➡ **法式小馆** 袖珍而又精致，供应家常菜。

➡ **熟食** 选好食物，打包带走。通常供应三明治和卷饼。

➡ **美式小馆** 供应早午餐和午餐，通常非常欢迎全家用餐。

➡ **小酒馆** 自制的炸鱼和薯条，汉堡和沙拉。

地图

➡ 大多数游客中心都免费提供省级的公路地图。

➡ 如果准备深入的远足或是多日的山野徒步，最好随身携带一份地形图，其中最好

就餐价格范围

基于主菜价格，将就餐做如下分类：

$ 低于$15

$$ $15~25

$$$ 高于$25

的是由政府的**地形信息中心**（Centre for Topographic Information）出版的一系列1：50,000比例地图，在各地书店和公园有售。

➔ 你也可以从**GeoBase**（http://geogratis.gc.ca）网站下载并打印地图。

邮政

➔ **加拿大邮政局**（Canada Post/Postes Canada; www.canadapost.ca）提供全国邮政服务，既不快捷也不便宜，不过还是很可靠的。在邮局、药店、便利店和酒店均可买到邮票。

➔ 明信片和平信寄到加拿大国内$1，寄到美国$1.20，寄到其他国家$2.50。信函和包裹邮寄均按尺寸与重量计费。从加拿大邮寄物件到中国，空运一般为7~10天，海运为1~2个月。

电话

加拿大电话系统与美国电话系统几乎完全相同。

国内与国际直拨

➔ 加拿大电话号码由3位区号和7位本地号构成。在很多地区，你需要拨打完整的10位号码，即便你是和街对面的邻居通话。在其他地区，当你呼叫相同区号的电话时，只需要拨打7位号码即可，不过这样的地区在逐渐减少。

➔ 拨打国际长途时，先拨☏011，接着拨国家代码，然后是手机号，或者当地区号加固定电话号码。加拿大国家代码是☏1（与美国相同，

邮政缩写

省份和地区	缩写
艾伯塔省	AB
不列颠哥伦比亚省	BC
马尼托巴省	MB
新不伦瑞克省	NB
纽芬兰-拉布拉多省	NL
西北地区	NT
新斯科舍省	NS
努纳武特地区	NU
安大略省	ON
爱德华王子岛省	PE
魁北克省	QC
萨斯喀彻温省	SK
育空地区	YT

不过两国间电话仍收取国际电话费用）。中国的国家代码是☏86。

➔ 免费号码以☏800, 877, 866或855开头，并且必须先拨1。有些免费号码在加拿大和美国通用，有些仅可以在加拿大使用，还有一些只在某个省使用。

紧急求助号码

拨打☏911。此号码在育空地区、西北地区和努纳武特地区并非紧急求助号码。

手机

本地SIM卡可以在已解锁的GSM 850/1900兼容手机中使用，其他手机则需要设置为漫游。开通国际漫游的移动、联通和电信的手机均可在加拿大使用。

➔ 如果你拥有一部已解锁的GSM手机，你应该可以从Telus（www.telus.com）、Rogers（www.rogers.com）

或Bell（www.bell.ca）等当地服务商购买SIM卡。Bell的信号覆盖最好。

➔ 美国的居民通常可以直接将国内套餐升级为可以拨打加拿大号码。Verizon（www.verizonwireless.com）提供良好服务。

➔ 在偏远地区，无论你使用哪一家供应商的服务，信号往往都很差，甚至没有信号。

公用电话

投币式公用电话很常见。本地呼叫花费50¢。许多电话也接受预付费电话卡和信用卡。使用公用电话可免费拨打接线员（☏0）或查询服务（本地电话拨打☏411，长途电话拨打☏1+区号+555-1212）。如用私人电话拨打，可能产生一定的费用。

电话卡

➔ 预付款的电话卡通常提供最优惠的长途和国际话费。

面值为$5、$10或$20，在药店、超市和便利店有售。注意有些卡可能会有隐形消费，比如"激活费"或每通电话的连接费。

➡ 使用公用电话呼叫时，被收取附加费30~85¢的情况很常见。

上网

➡ 上网不是件难事。遍布每个城镇的图书馆和社区机构都提供免费的无线网和电脑供公众使用。唯一的缺点是使用时间受限（一般为30分钟），一些机构的开放时间不固定。

➡ 在主要的旅游区域都有网吧，费用一般为每小时$2。

➡ 无线网覆盖范围广泛，包括大多数住所（室内，速度不错），以及许多餐馆、酒吧和Tim Hortons咖啡店。

➡ 访问 **Wi-Fi Free Spot**（www.Wi-Fifreespot.com）可查询加拿大境内无线网热点列表。

时间

➡ 加拿大横跨6个时区。最东侧纽芬兰的时区比较特殊，与相邻时区只有30分钟的时差。从西海岸到东海岸的时间跨度为4.5个小时。

➡ 加拿大实行夏令时，在每年3月的第二个周日生效，每年11月的第一个周日结束，在此期间时钟需要拨快一个小时。整个萨斯喀彻温，以及魁北克、安大略和不列颠哥伦比亚的一小部分地区不实行夏令时。

➡ 在魁北克还有一点特别之处，店铺的营业时间、列车时刻表、影院的排期等，一般都以24小时制标注。

法律事宜
警察

如果你被捕或被起诉，你有权保持沉默并聘请任何你想要的律师（如有必要可联系本国大使馆介绍）为你辩护。如果你请不起律师，可以要求公共辩护律师机构指派一位律师做你的代表。加拿大法律采取无罪推定原则。

毒品和酒精

➡ 血液中的酒精浓度超过0.08%会被视为醉酒，而醉酒驾驶汽车、摩托车、船或雪地摩托是一项犯罪行为。如果你被抓住，将会面临高额罚款、吊销执照和其他的严重后果。

➡ 在住宅和获得许可的场所以外饮酒也是违法行为，公园、海滩和各类户外场所都在禁止饮酒的范围内。

➡ 应避免非法药物，可能面临的惩罚包括巨额罚款、牢狱之灾和犯罪记录。唯一的例外是因医疗需要服用大麻，其在2001年成为合法行为。同时，个人携带大麻的合法化目前仍在大众及国会广受争议。

其他

➡ 流产是合法行为。

➡ 旅行者需要留意，如果违反了自己国家关于性行为合法年龄的法律，即便在海外也有可能被拘留。

礼节

加拿大人相对比较好相处，不容易冒犯；但是，一些礼节规矩还是适用。

➡ **礼貌** 加拿大人非常重视"请"和"谢谢"。偶然撞上人却不道歉，或是不感谢为你留门的路人，都会招来诧异的目光。

➡ **爱国主义** 一些诸如"加拿大和美国差不多"的话语会被视为极度失礼。

➡ **语言** 在法语地区，在说英语之前尽可能先尝试说法语（不管你的法语有多差）。

➡ **排队** 加拿大人对许多失礼行为也许只会发出嘘声，但是对插队这种行为，绝对会毫不客气地训斥一番。

加拿大与中国的时差

	时区	非夏令时	3月至11月夏令时
太平洋标准时区	温哥华/维多利亚	慢16小时	慢15小时
落基山脉标准时区	班夫/贾斯珀	慢15小时	慢14小时
中部标准时区	温尼伯	慢14小时	慢13小时
东部标准时区	多伦多/魁北克	慢13小时	慢12小时
大西洋标准时区	爱德华王子岛	慢12小时	慢11小时
纽芬兰标准时区	圣约翰斯	慢11.5小时	慢10.5小时

实用信息

报纸和杂志 发行最为广泛的报纸是总部设在多伦多的《环球邮报》(Globe and Mail)。其他主要日报还有《蒙特利尔公报》(Montréal Gazette)、《渥太华公民报》(Ottawa Citizen)、《多伦多星报》(Toronto Star)和《温哥华太阳报》(Vancouver Sun)。《麦克琳》(Maclean's)是加拿大的新闻周刊。

广播和电视 加拿大广播公司(Canadian Broadcasting Corporation,简称CBC)占据着全国广播和电视网络的主导地位,其主要竞争对手是加拿大电视台(CTV Television Network,简称CTV)。

重量和度量衡 加拿大官方使用公制单位,不过日常生活中也会用到英制单位。

吸烟 全国的餐馆、酒吧和其他公共场合都禁止吸烟。

残障旅行者

加拿大花了很大气力,便利残障人士的日常生活,尤其是行动不便者。

➡ 很多公共建筑,包括博物馆、游客中心、火车站、商场和影院,在入口都设有坡道和/或升降机。大多数公用卫生间都有配备扶手的超宽隔间。人行便道在路口处也大多是坡道。

➡ 较新的酒店,特别是连锁酒店,也会有专门的房间配备超宽的门户和特殊卫生间。

➡ 国家公园和省公园的游客中心通常都有无障碍设施,很多公园也有适于轮椅的游览路线。

➡ 租车公司提供完全手控的车辆,或是带有轮椅升降机的厢式车,无须额外费用,只是要提前预约。

➡ 无障碍乘坐飞机、火车、公交车和渡轮的具体信息可以在网站**Access to Travel**(www.accesstotravel.gc.ca)查询。一般说来,在预订时讲明特殊要求,大多数运输服务商都能照顾好残障旅行者。

➡ 可以在http://lptravel.to/AccessibleTravel免费下载孤独星球无障碍出行指南(Accessible Travel Guide)。其他专门为残障旅行者提供服务的机构包括:

Access-Able Travel Source(www.access-able.com)按省份列举无障碍住宿、交通、景点和设备租用信息。

Mobility International(www.miusa.org)为行动不便的残障旅行者提供出行建议,并且运营着一个教育交流项目。

Society for Accessible Travel & Hospitality(www.sath.org)残障旅行者在此分享旅行建议和网络日志。

同性恋旅行者

加拿大对男女同性恋持包容态度,但大城市比乡村地区更加宽容。同性婚姻在加拿大全境均是合法的(加拿大是世界上20多个允许同性婚姻的国家之一)。

蒙特利尔、多伦多和温哥华是加拿大同性恋最多的三个城市,均有热闹的夜生活、同性恋出版物以及许多同性恋团体和支持同性恋的团体。三座城市都举办颇具规模的同性恋游行,届时会吸引大批人群。

北部地区对待同性恋的态度较为保守。在整个努纳武特地区,对同性恋所持的态度有所倒退,西北地区原住民群体情况较之略好。相比之下,育空更像西海岸的不列颠哥伦比亚省,对同性恋持"自己活也让别人活"的宽容态度。

下列网站提供了不错的LGBTI旅行信息资源,包括加拿大的同性恋信息,不过也并非全部局限于加拿大境内的情况。

Damron(www.damron.com)出版数本旅行指南,包括*Men's Travel Guide*、*Women's Traveller*和*Damron Accommodations*。在网站上列有支持同性恋的团队游提供商。

Gay Canada(www.gaycanada.com)可以按省份和城市搜索支持同性恋的机构和资源。

Out Traveler(www.outtraveler.com)同性恋旅行杂志。

Purple Roofs(www.purpleroofs.com)网站有世界各地接受同性恋的住宿、旅行社和团队游的信息。

Queer Canada(www.queercanada.ca)综合资源网站。

Xtra(www.xtra.ca)全国范围的

男女同性恋资讯。

女性旅行者

总的来说，女性在加拿大旅行是安全的，即便是独自一人或在大城市。用上在本国的常识就足够了。

在酒吧和夜店，单身女性总会引人注目，不过如果你不需要陪伴，大多数男性会尊重你坚定的"不，谢谢"。如果你感觉受到了威胁，大声抗议经常会让冒犯者溜走，或者至少能够促使其他人来为你解围。要注意，在加拿大携带催泪或胡椒喷雾是违法的。

人身攻击的可能性不大，但如果你受到攻击，要立即打电话报警（☏911，育空、西北地区和努纳武特除外）或联系强暴危机处理中心。**加拿大性侵害处理中心协会**（Canadian Association of Sexual Assault Centres; ☏800-726-2743; www.casac.ca）提供强暴危机处理中心的完整联系名单。

针对女性旅行者的网络资源：

Her Own Way（www.travel.gc.ca/travelling/publications/her-own-way）加拿大政府办的网站，面向加拿大旅行者，不过包括了大量的综合性建议。

Journeywoman（www.journeywoman.com）提供为女性准备的出行信息和网络资源，有专门关于加拿大的页面。

志愿服务

参加志愿服务提供了与当地人和当地文化互动的好机会，绝对不容错过。许多组织机构收取费用，数额取决于项目期限长短和提供的食宿类型。这笔费用通常不包括前往加拿大的费用。招募志愿者的机构包括：

丘吉尔港北方研究中心（Churchill Northern Studies Centre; www.churchillscience.ca）每天6小时从架线到保洁的任何志愿服务，提供免费食宿，该中心致力于北极熊和其他野生动物研究。

地球观察组织（Earthwatch; www.earthwatch.org）帮助科学家们在不列颠哥伦比亚的近海岸追踪鲸鱼，在新斯科舍追踪驼鹿和鹿，在丘吉尔港、马尼托巴或西北地区的马更些山脉监控气候变化。行程7~14天，费用为$2250~5050。

和平志愿者（Volunteers for Peace; www.vfp.org）为极北地区的原住民社区提供教学服务，在魁北克地区也有志愿者项目。

全球有机农场（World-Wide Opportunities on Organic Farms; www.wwoof.ca）在有机农场中工作，通常用一定的劳动量换取免费的住宿，可以查询网站了解具体地点。

交通指南

到达和离开

机票、租车和团队游都可以在网站www.lonelyplanet.com/bookings上预订。

进入加拿大

前往加拿大必须持有有效期超过6个月的有效护照。免签国(除美国以外)的游客需要在离开本国前申请加拿大的电子旅游授权(eTA,$7),与美国的ESTA类似。非免签国的游客则必须在出发前申请相应的签证。

需要注意的是,从陆路入关时要接受的询问可能比较深入细致,你的车辆也可能会被搜查。

关于最新消息(特别是陆路口岸的相关规定),可以在以下两个网站上查询:**美国国务院**(US State Department; www.travel.state.gov)和**加拿大公民和移民部**(Citizenship & Immigration Canada; www.cic.gc.ca)。

护照

大部分外国旅行者需要持有护照才能进入加拿大。美国公民通过陆路或海路进入加拿大也可以使用驾照、永久居民卡或NEXUS卡。在**加拿大边境服务局**(Canada Border Services; www.cbsa-asfc.gc.ca)可以查询到相关的文件要求。

边检和入境

出入境请排队,然后按顺序办理通关手续,礼貌回答问题。

加拿大法律规定,无论是通过陆路、水路还是空域入境,旅客必须在到达时向海关官员申报所携带的所有农业产品。除来自美国的室内盆栽植物外,其余植物入境加拿大必须事先获得许可。请登录加拿大食品检验署网站www.inspection.gc.ca/english/plaveg/plavege.shtml查询相关信息。手枪、钉头锤和胡椒喷雾等武器禁止入境加拿大。此外,来自其他国家的某些水果、蔬菜、蜂蜜、鸡蛋、肉类、奶制品和植物也不能入境加拿大。更多信息请查询加拿大边境服务局网站www.cbsa-asfc.gc.ca/menu-eng.html。

关于宠物,所有动物入境加拿大都需要经过兽医检疫。有关携带动物入境的更多信息,请登录加拿大食品检验署网站www.inspection.gc.ca,若动物被确认或怀疑染病,可能会被拒绝入境。

携带礼品、酒精与其他货物进入加拿大

礼品

携带单价在$60以下的礼

气候变化和旅行

无论任何形式的旅行,只要消耗碳基燃料就会产生二氧化碳,它正是人类活动导致的气候变化的罪魁祸首。现代旅行大多依赖于航空,虽然单位里程的燃料消耗比汽车更少,但是每次旅程的里程更长。飞机在高海拔大气中排放废气(含有二氧化碳)和颗粒也会加剧其对气候的影响。很多网站都提供"碳计算器",用来估算每次行程产生的碳排放量,如果人们愿意,也可以向全球各种环境友好行动捐赠,从而补偿自己产生的温室气体的影响。Lonely Planet为其每一位员工和作者的旅行都进行此类捐赠。

品进入加拿大时，游客可以免关税和税收。$60以上的礼品需对超出部分金额征收关税。酒精饮料、烟草产品与宣传材料不属于礼品范畴。

酒精与烟草产品

在符合加拿大各省或地区年龄规定（如下）的前提下，你可以携带数量有限的酒精饮料入境加拿大。你必须与你携带的酒精饮料一同到达。艾伯塔省、马尼托巴省和魁北克省规定，可以携带酒精饮料的最低年龄是18岁，育空、西北地区、努纳武特地区、不列颠哥伦比亚省、萨斯喀彻温省、安大略省、新斯科舍省、新不伦瑞克省、爱德华王子岛省、纽芬兰岛与拉布拉多省是19岁。你只可以免税携带一种下列规定的酒类产品入境：53盎司的葡萄酒、40盎司的烈性酒、总共40盎司的葡萄酒与烈性酒，或24×12盎司听装或瓶装的啤酒或浓啤酒。

你可以免税携带下列物品进入加拿大：200支香烟、50支雪茄或小雪茄、7盎司制成烟草或200支烟杆。有关携带酒类或烟草入境加拿大的更多信息，请登录**加拿大边境服务局**（www.cbsa-asfc.gc.ca/menu-eng.html）网站查询。

飞机
机场和航空公司

多伦多的机场无疑是加拿大最为繁忙的机场，其次是温哥华机场。以下列出你最有可能前往的机场：

卡尔加里国际机场（Calgary International Airport; www.ycc.com）

埃德蒙顿国际机场（Edmonton International Airport; www.flyeia.com）

哈利法克斯斯坦菲尔德国际机场（Halifax Stanfield International Airport; www.hiaa.ca）

蒙特利尔特鲁多国际机场（Montréal Trudeau Airport; www.admtl.com）

渥太华国际机场（Ottawa International Airport; www.ottawa-airport.ca）

圣约翰斯国际机场（St John's International Airport; www.stjohnsairport.com）

多伦多皮尔森国际机场（Toronto Pearson International Airport; www.torontopearson.com）

温哥华国际机场（Vancouver International Airport; www.yvr.ca）

温尼伯国际机场（Winnipeg International Airport; www.waa.ca）

中国国际航空公司（Air China; www.airchina.com）是中国载旗飞行的航空公司以及星空联盟成员，其与加拿大航空公司的代码共享航班为乘客带来多方面便利，如合并行程单、行李联运、机场休息室使用权和其他针对星空联盟高级别常旅客的特殊服务。

东方航空公司（China Eastern; www.ceair.com）与加拿大一直保持友好关系，2013年7月宣布增加其上海出发至温哥华的航班，并和加拿大境内多条航线合作，为来往中加两国的旅客提供更多的选择和方便。

南方航空公司（China southern Airlines; www.csair.com）在2011年开通广州直飞温哥华的航线，2013年8月与加拿大西捷航空正式在西捷航空公司运营的9条加拿大国内航线上开展代码共享合作。

海南航空公司（Hainan Airlines; www.hnair.com）是中国最大的民营航空公司，于2013年11月27日展开多伦多与北京之间的直飞航线首航。

国泰航空公司（Cathay Pacific Airways; www.cathaypacific.com）距首航北美第一个目的地加拿大温哥华已经30年，2010年10月与加拿大西捷航空（WestJet）达成代码共享协议。

加拿大航空公司（Air Canada; www.aircanada.com）是加拿大的旗舰航空公司，被认为是世界上最安全的航空公司之一。

全球各大航空公司均有飞往加拿大的航班。其他一些航空公司也以加拿大为基地，并提供国际航空服务：

西捷航空公司（WestJet; www.westjet.com）总部在卡尔加里，提供加拿大境内、美国及加勒比地区的廉价航空服务。

波特航空公司（Porter Airlines; www.flyporter.com）航班往返于加拿大东部与美国各大城市之间，包括波士顿、芝加哥、华盛顿（哥伦比亚特区）和纽约。

越洋航空公司（Air Transat; www.airtransat.com）主要提供从加拿大的主要城市前往各个度假目的地的包机航线（例如，冬季提供到美国南部或加勒比海地区的航线，夏天提供到欧洲的航线）。

航班
直达温哥华

从北京出发的中国国际航空公司航班及加拿大航空

公司航班；从上海出发的东方航空公司航班及加拿大航空公司航班；从广州出发的南方航空公司航班；从香港出发的国泰航空公司航班及加拿大航空公司航班。

直达多伦多

从北京出发的加拿大航空公司航班及海南航空公司航班；从上海出发的加拿大航空公司航班；从香港出发的加拿大航空公司航班及国泰航空公司航班。

转机

日本航空、大韩航空也分别有从中国大陆起飞，并在东京、首尔转机至加拿大的航班。

陆路
穿越边界

从新不伦瑞克省到不列颠哥伦比亚省，美国与加拿大的边境上共有约25个官方出入境口岸。

加拿大边境服务局（Canadian Border Services Agency; www.cbsa-asfc.gc.ca）的网站上有每个边境口岸当前所需的等待时间。你也可以通过Twitter（@CBSA_BWT）接入该网站。

每个边境口岸的等待时间一般不会超过30分钟，除了夏季的高峰期、周五下午、周日下午及与节日连在一起的周末。有些口岸特别繁忙：

➜ 温莎（安大略省）到底特律（密歇根州）

➜ 伊利堡（安大略省）到布法罗（纽约州）

➜ 尼亚加拉瀑布（安大略省）到尼亚加拉瀑布（纽约州）

➜ 魁北克到劳西斯波因特/尚普兰（纽约州）

➜ 素里（不列颠哥伦比亚省）到布莱恩（华盛顿州）

当返回美国时，可以到**美国国土安全部**（US Department for Homeland Security; http://apps.cbp.gov/bwt）的网站查询等待时间。

所有从陆路入境美国的外国游客（除加拿大人外）必须付6美元的"手续费"。不接受信用卡支付。

长途汽车

灰狗长途巴士（Greyhound; www.greyhound.com）及其加拿大分公司——**加拿大灰狗长途巴士**（Greyhound Canada; www.greyhound.ca）运营着北美规模最大的长途汽车网络。从美国到加拿大的主要城市都有直达的长途汽车线路，但在美加边境过境时通常需要换乘（一般大概要1个小时才能完成所有旅客的通关或移民手续）。大部分国际长途汽车上都提供免费Wi-Fi。

其他知名的国际长途汽车公司有（提供免费Wi-Fi）：

Megabus（www.megabus.com）往返于多伦多和美国的城市之间，包括纽约市、费城和华盛顿（哥伦比亚特区）。通常比灰狗长途巴士便宜。仅通过网络售票。

快速长途（Quick Coach; www.quickcoach.com）往返于西雅图和温哥华之间。一般比灰狗长途巴士稍快些。

小汽车和摩托车

美国大陆的公路网络与

灰狗长途巴士

线路	时长（小时）	班次（每天）	价格（加拿大元）
波士顿至蒙特利尔	7~8	4	77
底特律至多伦多	5~6	5	63
纽约至蒙特利尔	8~9	6~10	91
西雅图至温哥华	4	3~5	43

火车线路和价格

线路	时长（小时）	班次（每天）	价格（美元）
纽约至多伦多[枫叶号列车（Maple Leaf）]	13	1	125
纽约至蒙特利尔[阿迪郎达克号列车（Adirondack）]	11	1	65
西雅图至温哥华[卡斯卡德号列车（Cascades）]	4	2	52

加拿大的公路网络在美加边境的许多口岸直接连通。这些加拿大公路向北延伸,与从东至西的加拿大横贯公路相连。育空地区和阿拉斯加之间的主要公路有阿拉斯加公路、克朗代克公路和海恩斯公路。

如果你想开车进入加拿大,你需要带上车辆的注册文件、第三方责任险证明和你本国的驾照。在美国租的车通常也可以进入加拿大,然后再返回美国,但你的租车合同一定要写明相关事宜。如果你驾驶的车辆注册在别人的名下,那么你需要带上车主允许你在加拿大驾驶该车辆的授权证明。

火车

美国铁路公司(Amtrak; www.amtrak.com)和**加拿大国家铁路公司**(VIA Rail Canada; www.viarail.ca)运营着美国和加拿大之间的3条铁路线路:其中2条线路在东部,另一条在西部。在边境进行海关检查,上车时不进行海关检查。

海路

东西海岸都有许多渡轮往返于美国和加拿大之间:

阿拉斯加海上公路系统(Alaska Marine Highway System; www.ferryalaska.com)从阿拉斯加到哈迪港(Port Hardy; 不列颠哥伦比亚省)。

Bay Ferries Limited(www.ferries.ca/thecat)从巴港(Bar Harbor; 缅因州)到雅茅斯(Yarmouth; 新斯科舍省)。

BC Ferries(www.bcferries.com)运营航线最北到达鲁珀特王子港(Prince Rupert; 不列颠哥伦比亚省)。

East Coast Ferries(www.eastcoastferries.nb.ca)从伊斯特波特(Eastport; 缅因州)到鹿岛(Deer Island; 新不伦瑞克省)。

维多利亚快帆公司(Victoria Clipper; www.clippervacations.com)从西雅图到维多利亚(Victoria; 不列颠哥伦比亚省)。

当地交通

飞机

加拿大的航空公司

加拿大航空运营着国内规模最大的航空网络,服务于大约150个目的地。

加拿大航空业还有许多独立运营的地区航空公司和本地航空公司,这些航空公司大多飞往较小些且较偏远的地区,以北部为主。由于这些地区的特殊性,航空市场缺乏竞争,所以费用可能比较高。

加拿大航空公司(Air Canada; ☎888-247-2262; www.aircanada.com)航班飞往全国各地。

克里比克航空公司(Air Creebec; ☎800-567-6567; www.aircreebec.ca)航班从蒙特利尔和其他城市飞往魁北克省北部和安大略省,包括奇萨西比(Chisasibi)和希布加莫(Chibougamau)。

因纽特航空公司(Air Inuit; ☎888-247-2262; www.airinuit.com)航班从蒙特利尔飞往努纳维克地区(魁北克省北部)的全部14个因纽特人聚居区,包括库朱阿克(Kuujjuaq)和普维尔尼图克(Puvirnituq)。

拉布拉多航空公司(Air Labrador; ☎800-563-3042; www.airlabrador.com)大多数航班往返于拉布拉多各地。

北部航空公司(Air North; ☎加拿大867-668-2228, 美国800-661-0407; www.flyairnorth.com)航班从育空地区飞往不列颠哥伦比亚省、艾伯塔省、西北地区和阿拉斯加。

圣皮埃尔航空公司(Air St-Pierre; ☎877-277-7765, 902-873-3566; www.airsaintpierre.com)航班从加拿大东部飞往纽芬兰海岸附近的法国领土。

汀迪航空公司(Air Tindi; ☎867-669-8260; www.airtindi.com)飞往西北地区的北斯雷弗地区(North Slave region)。

阿卡拉克航空公司(Aklak Air; ☎866-707-4977; www.aklakair.ca)飞往西北地区的马更些三角洲(Mackenzie Delta)。

贝尔斯金航空公司(Bearskin Airlines; ☎800-465-2327; www.bearskinairlines.com)航班飞往安大略省和马尼托巴省东部的各目的地。

静安航空公司(Calm Air; ☎204-778-6471, 800-839-2256; www.calmair.com)航班飞往马尼托巴和努纳武特地区。

加拿大北方航空公司(Canadian North; ☎800-661-1505; www.canadiannorth.com)航班往返于西北地区和努纳武特地区的各目的地。

中央山脉航空公司(Central Mountain Air; ☎888-865-8585; www.flycma.com)往返于不列颠哥伦比亚省和艾伯塔省各目的地。

第一航空公司(First Air; ☎800-

267-1247; www.firstair.ca）从渥太华、蒙特利尔、温尼伯和埃德蒙顿飞往北极地区的24个目的地，包括伊卡卢伊特。

Harbour Air（☎800-665-0212; www.harbourair.com）提供从温哥华市到温哥华岛、海湾群岛和阳光海岸的水上飞机服务。

老鹰航空公司（Hawkair;☎866-429-5247; www.hawkair.ca）从温哥华和维多利亚飞往不列颠哥伦比亚省北部。

西北航空租赁公司（Northwestern Air Lease;☎877-872-2216; www.nwal.ca）航班往返于艾伯塔省和西北地区各目的地。

北怀特航空公司（North-Wright Air;☎867-587-2333; www.northwrightairways.com）航班飞往西北地区的马更些河谷。

Pacific Coastal Airlines（☎800-663-2872; www.pacificcoastal.com）总部设在温哥华，航班飞往不列颠哥伦比亚省内多个目的地。

波特航空公司（Porter Airlines;☎888-619-8622; www.flyporter.com）涡轮螺旋桨飞机从加拿大东部城市飞往多伦多市中心更为方便的比利·毕晓普机场（Billy Bishop Toronto City Airport，即多伦多岛机场）。

PAL航空公司（Provincial Airlines;☎800-563-2800; www.provincialairlines.ca）总部在圣约翰斯，航班往返于纽芬兰各目的地，也飞往拉布拉多。

Seair Seaplanes（☎604-273-8900, 800-447-3247; www.seairseaplanes.com）航班从温哥华飞往纳奈莫和不列颠哥伦比亚省的南海湾群岛。

环西部航空公司（Transwest Air;☎800-667-9356; www.transwestair.com）提供萨斯喀彻温省内的航班服务。

西捷航空公司（WestJet;☎888-937-8538; www.westjet.com）总部在卡尔加里，提供加拿大境内的廉价航空服务，飞到古巴的巴拉德罗、科科岛、圣克拉拉和奥尔金。

飞行通票

星空联盟（Star Alliance; www.staralliance.com）的成员加拿大航空公司、美国联合航空公司（United Airlines）和美国航空公司（US Airways）共同推出了北美飞行通票（North American Airpass），任何在美国、加拿大、墨西哥、百慕大群岛和加勒比海地区之外的居民均可购买。这种飞行通票只能在购买星空联盟成员运营的国际航班机票时搭配购买。飞行通票3张起售（US$399起），最多可买10张。

北部航空公司（Air North）推出一款**北极圈飞行通票**（Arctic Circle Air Pass; www.flyairnorth.com），为在育空地区和西北地区的旅行者服务。

自行车

加拿大大部分地区都适于自行车骑行。若要长途旅行，也可以通过在偏僻小路上全程骑自行车完成，同时，很多城市（包括埃德蒙顿、蒙特利尔、渥太华、多伦多和温哥华）还设有自行车专用线路。

➡ 自行车与任何车辆一样，必须遵守相同的规则，但是不要认为汽车司机一定会尊重你的路权。

➡ 在不列颠哥伦比亚、新不伦瑞克、爱德华王子岛和新斯科舍省，骑行时必须佩戴头盔，18岁以下少年在艾伯塔和安大略也需要遵守同样的要求。

➡ **更好世界俱乐部**（Better World Club; www.betterworldclub.com）提供紧急道路救援服务。会员费为每年$40，外加$12的注册费，可以获得两次免费救援，把你送到最近的修车店或送到以救援位置为中心的50公里范围内的住所。

运输

飞机 国际航班上，只要将自行车装箱，大多数航空公司都将其视为一件托运行李不会另行收费。而国内航班则通常会收取$30~65的费用。在购票前一定要确认具体细节。

长途汽车 在加拿大灰狗长途巴士上，你必须将自行车作为货物运输。除了一个包装箱的费用（$10）以外，你还会被收取货物超大的费用以及相应的税款。如果空间允许，自行车可以和你在同一班长途汽车上，不过为了保险起见，建议提前一天将自行车发运。

火车 加拿大国家铁路公司（VIA Rail）为自行车收取$25的费用，只有提供行李托运服务的车次（包括全部长途线路和部分本地线路）才能够运输自行车。

租车

➡ 在大多数旅游城镇中，你都可以在户外用品店租到自行车。

➡ 租金大约为旅行车每天$15，山地车每天$25。头盔和车锁一般包含在租金中。

➡ 大多数租车公司要求游客交$20~200的押金。

船

加拿大很多地方都能搭乘渡轮，尤其是在大西洋沿岸各省和不列颠哥伦比亚省。

步行乘客和骑行者可以随时搭乘渡轮，但如果驾驶汽车乘渡轮或需要一个舱位床铺的话，要提前预订，尤其是在夏季旅游旺季或假期时。主要的渡轮运营商包括：

Bay Ferries（☎888-249-7245；www.ferries.ca）全年提供新不伦瑞克省的圣约翰市和新斯科舍省的迪格比之间的渡轮服务。

BC Ferries（☎250-386-3431，888-223-3779；www.bcferries.com）很大的载客渡轮服务网络，拥有25条航线和全部位于不列颠哥伦比亚省内的47个停泊港，包括温哥华岛、海湾群岛、阳光海岸沿岸的锡谢尔特半岛和海达格怀伊群岛。

Coastal Transport（☎506-662-3724；www.coastaltransport.ca）渡轮往返于新不伦瑞克省布莱克斯港（Blacks Harbour）和芬迪群岛大马南岛之间。

CTMA渡轮公司（CTMA Ferries；☎418-986-3278，888-986-3278；www.ctma.ca）渡轮每天从爱德华王子岛省的苏里斯驶向魁北克省的玛德琳群岛。

East Coast Ferries（☎506-747-2159，877-747-2159；www.eastcoastferries.nb.ca）渡轮往返于新不伦瑞克省芬迪群岛的鹿岛和坎波贝洛岛。

Labrador Marine（☎866-535-2567，709-535-0810；www.labradormarine.com）提供往返于纽芬兰—拉布拉多的渡轮服务。

Marine Atlantic（☎800-341-7981；www.marineatlantic.ca）渡轮从纽芬兰的巴斯克港和阿真舍（Argentia）到新斯科舍省的北悉尼之间运营。

诺森伯兰渡轮公司（Northumberland Ferries；☎902-566-3838，888-249-7245；www.ferries.ca）渡轮往返于爱德华王子岛省的伍德群岛和新斯科舍省的卡里布之间。

Provincial Ferry Services（www.gov.nl.ca/ferryservices）在纽芬兰运营沿海渡轮。

长途汽车

长途汽车普遍很干净、舒适，而且安全可靠。汽车上的设施包括车载厕所、空调（需要带件毛衣）、躺椅、免费Wi-Fi和车载电影。车上不允许吸烟。如果车程较长，长途汽车每隔几小时便会停下来让乘客用餐，用餐地点通常是高速公路服务区。

加拿大灰狗长途巴士（☎800-661-8747；www.greyhound.ca）是加拿大最大的长途汽车公司，运营加拿大中部和西部的长途汽车交通网络，路线四通八达，也有长途车往返美国。其他的地区长途汽车公司运营灰狗巴士未覆盖地区的路线，特别是东部地区。

Autobus Maheux（☎888-797-0011；www.autobusmaheux.qc.ca）运营从蒙特利尔到魁北克省西北部地区的线路。

Coach Canada（☎800-461-7661；www.coachcanada.com）运营在安大略省以内以及从多伦多到蒙特利尔的定期长途汽车。

DRL长途汽车（DRL Coachlines；☎709-263-2171；www.drl-lr.com）在纽芬兰各地运营。

Intercar（☎888-861-4592；www.intercar.qc.ca）在魁北克市、蒙特利尔和塔多萨克之间以及魁北克省其他城市之间运营。

Limocar（☎866-700-8899；www.limocar.com）在魁北克省内提供地区运营服务。

Maritime Bus（☎800-575-1807；http://maritimebus.com）运营前往新不伦瑞克省、爱德华王子岛省和新斯科舍省的线路。

Megabus（www.megabus.com）运营经斯顿往返于多伦多和蒙特利尔之间的线路，只能网上购票。

长途汽车价格

线路	标准价格	7天价格	时长（小时）
温哥华至卡尔加里	$104	$77	14~17
蒙特利尔至多伦多	$67	$55	8~10
多伦多至温哥华	$267	$253	65~70

公路里程(km)

	班夫	卡尔加里	埃德蒙顿	哈利法克斯	伊努维克	贾斯珀	蒙特利尔	渥太华	魁北克城	圣约翰斯	多伦多	温哥华	怀特霍斯	温尼伯
卡尔加里	130													
埃德蒙顿	410	290												
哈利法克斯	4900	4810	4850											
伊努维克	3440	3515	3220	8110										
贾斯珀	280	415	370	5250	3150									
蒙特利尔	3700	3550	3605	1240	6820	3950								
渥太华	3450	3340	3410	1440	6620	3770	200							
魁北克城	3900	3800	3880	1020	7060	4210	250							
圣约翰斯	6200	6100	6150	1480	9350	6480	2530	2730	2310					
多伦多	3400	3400	3470	1790	6680	3820	550	450	800	3090				
温哥华	850	970	1160	5880	3630	790	4580	4350	4830	7130	4360			
怀特霍斯	2210	2290	2010	6830	1220	1930	5620	5390	5840	8150	5450	2400		
温尼伯	1450	1325	1330	3520	4550	1670	2280	2140	2520	4820	2220	2290	3340	
耶洛奈夫(黄刀镇)	1800	1790	1510	6340	3770	1590	5050	4900	5350	7620	4950	2370	2540	2800

安大略省北交通局(Ontario Northland；800-461-8558；www.ontarionorthland.ca)运营从多伦多出发前往安大略省北部的长途汽车和火车路线。

Orléans Express(888-999-3977；www.orleansexpress.com)运营前往魁北克东部的线路。

Pacific Coach Lines(250-385-4411, 800-661-1725；www.pacificcoach.com)在维多利亚、温哥华和惠斯勒之间提供运营服务。

公园巴士(Parkbus；800-928-7101；www.parkbus.ca)运营从多伦多到阿尔贡金、基拉尼和安大略省其他公园的线路。

Red Arrow(800-232-1958；www.redarrow.ca)在艾伯塔省的主要城市之间运营,提供免费Wi-Fi、小吃、饮料和电源插口。

萨斯喀彻温运输公司(Saskatchewan Transportation Company, 简称STC；800-663-7181；www.stcbus.com)在萨斯喀彻温省内提供运营服务。

车票预订

灰狗长途巴士的车票可以在网上或长途汽车总站购买。有些公司,如Megabus,仅提供网上购票。网上购票时,提前的时间越早,票价越低。

至少在长途汽车发车前30~45分钟到达车站。

小汽车和摩托车
汽车协会

在加拿大,拥有汽车俱乐部的会籍将让你的旅途十分顺遂。**加拿大汽车协会**(Canadian Automobile Association；www.caa.ca)提供的服务包括24小时紧急道路救援,对于美国AAA、英国AA和德国ADAC等联盟协会成员均提供救援服务。加拿大汽车协会还提供旅游线路计划、免费地图、旅行代理服务以及很多酒店和租车的优惠项目。

每年将营业额1%用于环境治理的**更好世界俱乐部**(Better World Club；www.betterworldclub.com)在加拿大境内提供服务,也为骑行者提供道路救援项目。

自驾

如果你随身带着汽车注册文件、第三方责任险保单和你的本国驾照,那么从美国自驾车前往加拿大就不会遇到什么麻烦。

驾照

很多省份允许旅行者持其本国驾照在加拿大合法驾

驶3个月。有些省份，比如不列颠哥伦比亚省，这个期限被延长为6个月。

如果你有足够长的时间在加拿大旅游，你应该考虑考一本有效期1年的国际驾照（International Driving Permit，简称IDP）。你可以花很少的费用从本国的汽车协会获取国际驾照。你的本国驾照和国际驾照一定要同时携带。

燃油

在加拿大，汽油按升销售。在偏远地区汽油价格较高，耶洛奈夫（黄刀镇）的汽油价格常创下全国油价最高纪录。卡尔加里的汽油售价是最低的。

美国的燃油价格一般较低，所以入境加拿大前最好预先加满油。

保险

加拿大要求所有的车辆都要购买第三方责任险，用来赔付交通事故所造成其他人的生命和财产的损失。

➡ 在大多数省份最低保险额度要求为$200,000，而在魁北克的要求是$50,000。

➡ 租车公司都会提供第三方责任险。如果发生了碰撞事故，车损免赔险（Collision Damage Waivers，CDW）可以减免你赔偿给租车公司的金额。使用某些信用卡租车时，如果符合租车天数的限制，并且拒绝租车公司的车损险，信用卡公司会提供车损险。租车前要确认你的信用卡是否在加拿大提供此项服务。

➡ 个人意外险（Personal accident insurance，PAI）为你和车上的乘客提供事故后医疗费用的保障。如果你的旅游险或医疗保险包含此项（大多数都包含，请提前确认），则可以不在租车时购买。

租车
小汽车

在加拿大租车通常需要：

➡ 至少25周岁（某些公司可以租车给21~24周岁的司机，但附带一定条款）；

➡ 持有有效的驾照（如果你来自非英语或法语国家，可能需要国际驾照或公证的驾照翻译件）；

➡ 持有一张主流信用卡。

你如果租一辆经济型汽车，每天租金大约是$35~70。儿童安全座椅是法律规定的必备设备（预订租车时可同时预订座椅），每天的租金约为$15。

大型国际租车公司多在机场、火车站和市中心都设有租车办事处。

在加拿大，现场租车的费用比事先预订的包价租车费用要高（例如，在订机票的同时订车）。

Avis（☎800-437-0358；www.avis.com）

Budget（☎800-268-8900；www.budget.com）

Dollar（☎800-800-4000；www.dollar.com）

Enterprise（☎800-261-7331；www.enterprise.ca）

Hertz（☎800-263-0600；www.hertz.com）

National（☎877-222-9058；www.nationalcar.ca）

Practicar（☎800-327-0116；www.practicar.ca）这家公司租车的租金较低，它还与加拿大背包客旅舍联盟（Backpackers Hotels Canada）和国际青年旅舍联盟（Hostelling International）有合作关系。

Thrifty（☎800-847-4389；www.thrifty.com）

摩托车

很多租车公司提供摩托车出租和团队游。一辆哈雷经典款软尾继承者（Harley Heritage Softail Classic）摩托车每天租金$210，包括第三方责任险和200公里的里程。有些租车公司有租期天数的最低限制，有时7天起租。在不列颠哥伦比亚省骑台哈雷摩托车尤为时尚拉风。

Coastline Motorcycle（☎250-335-1837，866-338-0344；www.coastlinemc.com）在不列颠哥伦比亚省的维多利亚和温哥华市提供团队游和租车服务。

McScoots Motorcycle & Scooter Rentals（☎250-763-4668；www.mcscoots.com）这里有很多款哈雷车可供挑选，也组织摩托车团队游。总部设在不列颠哥伦比亚省的基洛纳。

房车

在加拿大西部有全国最大的房车市场，卡尔加里、埃德蒙顿、怀特霍斯和温哥华等城市都有专门的租车公司。如果想在夏季租这种车，必须尽早预订。在租车高峰期租用一辆中等车型的房车，基本费用为每天$175~280，除此之外，保险费、手续费和税费也是很大一笔开支。租用柴油房车可以大幅降低燃油费用。

Canadream Campers（☎403-291-1000, 800-461-7368; www.canadream.com）总部设在卡尔加里，在温哥华、怀特霍斯、多伦多和哈利法克斯等8个城市提供租车服务（包括异地还车服务）。

Cruise Canada（☎800-671-8042; www.cruisecanada.com）提供3种车型的房车出租服务。租车点设在哈利法克斯以及加拿大中部和西部，提供异地还车服务。

共享租车

Car2Go（www.car2go.com）在温哥华、卡尔加里、蒙特利尔和多伦多提供服务。会员费为$35，用车费用为每分钟41¢或每小时$15。你可以用手机App定位寻找车辆，用车后将车辆停在指定市中心区域的任何位置。

路况和危险

路况一般较好，但有些事情一定要牢记：

➡ 寒冬中，路面的坑洞有可能像地雷坑一样。做好转向躲避的心理准备。一般来说，由于冰雪的影响，冬季出行风险很大，有时还会造成道路和桥梁暂时封闭。**加拿大交通部**（Transport Canada; ☎800-387-4999; www.tc.gc.ca/road）提供各省的路况和施工路段的相关链接。

➡ 如果你在冬季驾车，或者前往偏远地区，一定要确保车辆使用全季节的子午线轮胎或雪胎，并且携带应急物资以防被困。

➡ 在一些人口稀少的地区，比如育空、纽芬兰或魁北克北部，服务区之间的距离有可能会非常远，所以有机会就要加满油。

➡ 鹿、麋鹿和驼鹿经常出没在乡间公路，特别是晚间。如果一辆斯巴鲁撞上一只534公斤的大角麋鹿，双方都不会是赢家，务必要保持警惕。

交通规则

➡ 在加拿大，车辆靠右行驶。

➡ 乘客必须扣好安全带。18公斤以下的儿童必须使用儿童座椅，婴儿则必须使用反向安全座椅。

➡ 驾驶和乘坐摩托车时，必须佩戴头盔，并打开前灯。

➡ 路牌上的距离和限速以公里为单位。一般来说，城市内的限速为40~50公里/时，城外的限速为90~110公里/时。

➡ 如果路边的应急车辆（如警车或救护车）闪着警灯，驾车经过时需要将速度减到60公里/时以下。

➡ 在红灯时先停稳再右转在所有省份都是允许的（除非路牌明确禁止，另外在蒙特利尔岛上也是禁止的）。不过各地的司机都倾向于抢红灯，过路口不能只相信路权。

➡ 在加拿大，驾驶时使用手持电话是非法的，罚款非常重。

➡ 加拿大大多数地区（除阿尔伯塔、不列颠哥伦比亚和萨斯喀彻温外）都不允许使用雷达探测器（俗称"电子狗"）。如果被发现车上有雷达探测器，即便没有使用，你会被罚款$1000，设备也会被没收。

➡ 血液中酒精浓度超过0.08%就会被视为醉酒驾驶，这是一项犯罪行为。

搭便车

搭便车在任何一个国家都不是绝对安全的，不建议你搭车。尽管如此，在加拿大偏远和乡村地区伸出拇指拦车的行为也并不罕见。

➡ 如果你决定搭便车，你要意识到风险，虽然概率比较小，但是有可能后果严重。两人同行会比较安全，而且要让其他人知道你的行程。

➡ 在一些高速公路上（比如安大略省以400开头的公路），以及新斯科舍省和新不伦瑞克省，搭便车是非法的。

拼车

拼车服务将目的地相同的司机和付费的乘客联系在一起。**Kangaride**（www.kangaride.com）总部设在魁北克市，其服务很快发展到全国各地。每年付$7.50便可成为其会员，每次拼车费用$5（司机收取的费用另行支付）。**Allô Stop**（www.allostop.com）在魁北克省提供类似的拼车服务。网站是法语的。

当地交通工具
自行车

在比较暖和的月份里，骑自行车是种颇受欢迎的出行方式，而且许多城市都建有总长达到几百公里的自行车专用道。自行车通常可以带上公共交通工具（不过有些城市不允许在交通高峰期这样做）。加拿大的主要城市都有自行车租车店。温哥华、多伦多和蒙特利尔有自行车共享项目。

公交车

公交车是公共交通系统中最常见的交通工具，实际上所有的城市都有公交车运营系统。大部分公交车面向通勤者服务，在晚上和周末，要么班次较少，要么停止运营。

出租车

大多数主要城市都有出租车，一些小镇也会有一两辆出租车。出租车通常按计价器计价，起步价约为$2.70，每公里收费大约为$1.75。付给司机的小费一般为车费的10%至15%。可以在路边拦车，也可以打电话预约。

地铁

加拿大城市中，仅多伦多和蒙特利尔有地铁系统。温哥华的轨道交通类型主要为地上单轨列车。卡尔加里、埃德蒙顿和渥太华有高效的轻轨系统。所有车站都贴有地铁线路图。

团队游

团队游是在这个辽阔的国家到处旅行的另一种选择。

Arctic Odysseys（☎206-325-1977, 800-574-3021; www.arcticodysseys.com）参加团队游近距离感受加拿大北极区，在西北地区追逐北极光、在巴芬岛体验升机滑雪或是在哈得孙湾观看北极熊。

Backroads（☎510-527-1555, 800-462-2848; www.backroads.com）组织在落基山脉、新斯科舍省和魁北克省的骑车、步行和划独木舟导览游。

Moose Travel Network（☎加拿大东部 855-741-7318，加拿大西部 888-244-6673; www.moosenetwork.com）提供背包客风格的团队游，乘坐小型巴士穿行于不列颠哥伦比亚省、艾伯塔省和其他地方。

Road Scholar（☎800-454-5768; www.roadscholar.org）这个非营利性组织为年龄在50岁以上、生活积极的人提供前往全国各地的学习之旅，包括火车、游轮、巴士和步行等形式的团队游。

Routes to Learning（☎613-530-2222, 866-745-1690; www.youngretired.ca）曾被称为老年旅舍（Elderhostel），这个非营利组织为55岁以上的旅行者在全加拿大提供了几十个寓教于乐的团队游项目，从重走纽芬兰的维京海盗之路，到探索新不伦瑞克省的阿卡迪亚文化或新斯科舍省的灯塔之旅。

Salty Bear Adventure Tours（☎902-202-3636; www.saltybear.ca）提供沿海各省的货车团队游，主要针对背包客，搭乘十分灵活。提供历时3天的环新斯科舍省省府雷顿角线路，和历时5天的爱德华王子岛周边游。

Trek America（☎英国 0870-444-8735，美国 800-221-0596; www.trekamerica.com）各种活跃的小型团队游，项目包括露营、徒步和划独木舟，主要面向18～38岁的人群，也有一些面向各年龄段的团队游。

火车

加拿大国家铁路公司（VIA Rail; ☎888-842-7245; www.viarail.ca）运营加拿大大部分城际或省际客运火车，铁路总长达14,000公里。在许多偏远地区，如马尼托巴的丘吉尔港，火车是唯一陆路交通方式。

➡ 在魁北克市-温莎走廊上，火车是最便捷的出行方式，尤其是在两个主要枢纽——蒙特利尔和多伦多之间。

➡ 铁路网络并没有延伸到纽芬兰、爱德华王子岛和西北地区。

➡ 在大多数列车上都有免费的Wi-Fi。

➡ 所有列车严禁吸烟。

车厢等级

主要有4种等级：

➡ 经济座席提供相对比较普通的舒适座椅，靠背可调整，配有头枕。夜班列车还会提供毯子和枕头。

➡ 商务座席在安大略/魁北克走廊的南部运行的列车上运营。座位更加宽敞，配有电源插座。并且提供餐食和优先登车的待遇。

➡ 卧席出现在短途夜班列车上。你可以选择有上下铺的隔间，或是更加私密的单人、双人或三人包间，全部配有卫生间。

➡ 游览席则出现在长途列车上，在卧席住宿的基础上提供餐食，还可以前往观光车厢，有时还提供团队游。

费用

虽然乘火车比乘长途汽车的费用高，但很多人觉得乘火车旅行更舒服些。6月至10月中旬是旅游旺季，车票价格会上涨40%。提前购买火车票（哪怕只是提前5天）可以省下大笔支出。

长途线路

加拿大国家铁路公司有几列经典的火车：

加拿大人号 一列20世纪50年代风格的漂亮火车，不锈钢车身，运营于多伦多和温哥华之间，曲折穿行在安大略省北部湖区、西部平原（途经温尼伯和萨斯卡通）和落基山脉的贾斯珀，全程运行时间为3天。

哈得孙湾号 从大草原（特别慢）到亚北极：从温尼伯到北极熊出没的丘吉尔港。

海洋号 从蒙特利尔市出发沿着圣劳伦斯河一路前行，穿过新不伦瑞克省和新斯科舍省。

贾斯珀到鲁珀特王子港 火车从艾伯塔省的贾斯珀到不列颠哥伦比亚省海边的鲁珀特王子港，只在白天运行。中途在乔治王子城过夜（你需要自行预订酒店）。

仅在特定地区运营的私人火车公司提供了更多火车旅游线路：

Algoma Central Railway（www.agawatrain.com）可以把你带到安大略省北部的荒蛮地带。

Ontario Northland（www.ontarionorthland.ca）运营季节性的北极熊号特快列车（Polar Bear Express），从科克伦到哈得孙湾的穆索尼（往返车票$112）。

Royal Canadian Pacific（☎877-665-3044; ww.royalcanadianpacific.com）一条游轮般的奢华路线，在落基山脉周边往返运行，途经卡尔加里。

Rocky Mountaineer Railtours（www.rockymountaineer.com）火车运行于温哥华、坎卢普斯和卡尔加里之间，坐在时髦的车厢里，沿途可以欣赏加拿大落基山脉的美景（2天$1000起）。

White Pass & Yukon Route（www.wpyr.com）运营与早期的怀特通道平行的线路，景色绝佳，从育空地区的怀特霍斯延伸到不列颠哥伦比亚省的弗雷泽（往返$160）。

预订

强烈推荐提前预订座位，尤其是在夏季、周末及节假日期间。在旅游旺季（6月至10月中），有些人气最高的线路的卧铺车票会在几个月前就被预订一空，尤其是加拿大人号这样的长途火车。在观赏北极熊的时节（大致在9月末至11月初），哈得孙湾号的预订也非常紧张。

火车通票

加拿大国家铁路公司提供几种很优惠的火车通票：

➔ 全系统通票（"System" Canrailpass; $699起）可以在21天内乘坐任意7趟列车。所有班次均为经济座席，不允许升级座席。乘坐每趟列车前，必须提前3天预订（你可以在网上预订）。

➔ 走廊通票（'Corridor' Canrailpass; $299起）可以在10天内乘坐魁北克市-温莎走廊（包括蒙特利尔、多伦多和尼亚加拉）上的任意7趟列车。

语言

加拿大的官方语言有英语和法语。在高速公路标志牌、地图、旅游宣传册、商品包装上都可以看到双语说明。在魁北克省，保护法语是一件大事，同时也为这里的分裂主义运动推波助澜。在这个省内，很难见到英语，路标和旅游信息通常只用法语表达。在蒙特利尔和魁北克市以外的地方，你总会在某些时候需要用到法语。

新不伦瑞克省是唯一一个将英语和法语都作为官方语言的省份。法语在这里被普遍使用，特别是在该省的北部和东部。这里的法语与魁北克的法语有一点儿区别。新斯科舍省和马尼托巴省有庞大的法语人口，在其他大多数省份也有许多小块的法语区。不过，在加拿大西部，法语的使用就没那么普遍了。

加拿大法语与法国法语本质上差别不大。尽管在魁北克省，许多讲英语的学生（及大多数讲法语的）学习的是法国法语，但当地的法语被称为"魁北克法语"（Québecois）或"joual"。电视、广播的播音员和上流社会使用的法语更为优雅，与法国法语更为接近。"魁北克法语"的使用者们也能听懂更正式的法语。

想了解更多？

如果想要深入了解更多的语言信息和常用短语，请查阅Lonely Planet的 *French Phrasebook*。你可以在 **shop.lonelyplanet.com** 找到这本书，也可通过苹果应用程序商店（Apple App Store）购买Lonely Planet的iPhone短语手册。

法语的发音在英语中大多都有对应成分。例外之处是鼻腔元音（本章中以接不发音的鼻辅音"m""n""ng"的"o"和"u"表示）、"funny"中的"u"（本指南以"ew"注音）和在咽喉处发音的颤音"r"。记住这几点后，使用本章时按照英语方式发音即可，这样说出来的法语基本能被听懂。

基础

你好。	Bonjour.	bon·zhoor
再见。	Au revoir.	o·rer·vwa
打扰一下。	Excusez- moi.	ek·skew·zay·mwa
对不起。	Pardon.	par·don
是。/不是。	Oui./Non.	wee/non
请。	S'il vous plaît.	seel voo play
谢谢。	Merci.	mair·see
别客气。	De rien.	der ree·en

你好吗？
Comment allez-vous? ko·mon ta·lay·voo

很好，你呢？
Bien, merci. Et vous? byun mair·see ay voo

我叫……
Je m'appelle... zher ma·pel…

你叫什么名字？
Comment vous appelez-vous? ko·mon voo·za·play voo

你讲英语吗？
Parlez-vous anglais? par·lay·voo ong·glay

我不明白。
Je ne comprends pas. zher ner kom·pron pa

住宿

这里还有空余客房吗?
Est-ce que vous avez   es·ker voo za·vay
des chambres libres?   day shom·brer lee·brer
每晚/每人多少钱?
Quel est le prix   kel ay ler pree
par nuit/personne?   par nwee/per·son
含早餐吗?
Est-ce que le petit   es·ker ler per·tee
déjeuner est   day·zher·nay ayt
inclus?   en·klew

一间……	unecham	ewn shom·
房	bre...	brer…
单人	à un lit	a un lee
双人	avec un	a·vek un
	grand lit	gron lee
空调	climatiseur	klee·ma·tee·zer
浴室	salle de bains	sal der bun
露营地	camping	kom·peeng
宿舍	dortoir	dor·twar
客栈	pension	pon·syon
酒店	hôtel	o·tel
窗户	fenêtre	fer·nay·trer
青年	auberge	o·berzh
旅舍	de jeunesse	der zher·nes

方位

……在哪里?
Où est…?   oo ay…
地址是什么?
Quelle est l'adresse? kel ay la·dres
请把地址写下来好吗?
Est-ce que vous   es·ker voo
pourriez   poo·ryay
écrire l'adresse,   ay·kreer la·dres
s'il vous plaît?   seel voo play
可以(在地图上)指出吗?
Pouvez-Vous   poo·vay·voo
m'indi-quer   mun·dee·kay
(sur la carte)?   (sewr la kart)

在角落   au coin   o kwun

在交通灯处	aux feux	o fer
在……后面	derrière	dair·ryair
在……前面	devant …	der·von…
(距……)远	loin(de …)	lwun (der …)
左	gauche	gosh
(距……)近	près(de …)	pray (der …)
在……旁边	à côté de …	a ko·tay der…
在……对面	en face de …	on fas der…

主要句型

想进一步与说法语的人打交道,可以选择下列简单的句型组合:

(入口)在哪里?
Où est (l'entrée)?   oo ay(lon·tray)
在哪里能(买票)?
Où est-ce que   oo es·ker zher
peux (acheter   per(ash·tay
un bee·yay)?   un billet)
(下一班火车)是什么时候?
Quand est   kon ay
(le prochain train)?   (ler pro·shun trun)
(一间房)价格是多少?
C'est combien pour   say kom·buyn poor
(une chambre)?   (ewn shom·brer)
你有(地图)吗?
Avez-vous   a·vay voo
(une carte)?   (ewn kart))
那里有(厕所)吗?
Y a-t-il   ee a teel
(des toilettes)?   (day twa·let)
我想要(预订一个房间)。
Je voudrais   zher voo·dray
(réserver   (ray·ser·vay
une chamber).   ewn shom·brer)
我能(进去)吗?
Puis-je(entrer)?   pweezh(on·tray)
你能(帮个忙)吗?
Pouvez-vous   poo·vay voo
(m'aider),   (may·day)
s'il vousplaît?   seel voo play
我需要(预订一个位置)吗?
Faut-il(réserver   fo teel (ray·ser·vay
une place)?   ewn plas)

右	droite	drwat
就在前面	tout droit	too drwa

饮食

语言

饮食

请安排一张（两人的）餐桌。
Une table pour(deux), s'il vous plaît. ewn ta·bler poor(der) seel voo play

你有什么推荐？
Qu'est-ce que vous conseillez? kes·ker voo kon·say·yay

那道菜的食材是什么？
Quels sont les ingrédients? kel son lay zun·gray·dyon

我是素食者。
Je suis végétarien/végétarienne. zher swee vay·zhay·ta·ryun / vay·zhay·ta·ryen (m/f)

我不吃⋯⋯
Je ne mange pas... zher ner monzh pa⋯

干杯！
Santé! son·tay

真好吃！
C'était délicieux! say·tay day·lee·syer

请结账。
Apportez-moi l'addition, s'il vous plaît. a·por·tay·mwa la·dee·syon seel voo play

重要词汇

开胃菜	entrée	on·tray
瓶	bouteille	boo·tay
早餐	déjeuner	day·zher·nay
儿童菜单	menu pour enfants	mer·new poor on·fon
冷	froid	frwa
熟食	traiteur	tray·ter
晚餐	souper	soo·pay
菜肴	plat	pla
食物	nourriture	noo·ree·tewr
餐叉	fourchette	foor·shet
玻璃杯	verre	vair
杂货店	épicerie	ay·pees·ree
高脚椅	chaise haute	shay zot

标志	
Entrée	入口
Femmes	女
Fermé	关闭
Hommes	男
Interdit	禁止
Ouvert	开放
Renseignements	咨询处
Sortie	出口
Toilettes/WC	公厕

热	chaud	sho
餐刀	couteau	koo·to
地方特产	spécialité locale	spay·sya·lee·tay lo·kal
午餐	dîner	dee·nay
主菜	plat principal	pla prun·see·pal
市场	marché	mar·shay
菜单	carte	kart
（英语）	(en anglais)	(on ong·glay)
盘子	assiette	a·syet
汤匙	cuillère	kwee·yair
酒水单	carte des vins	kart day vun
有	avec	a·vek
没有	sans	son

肉类和鱼类

牛肉	bœuf	berf
鸡肉	poulet	poo·lay
鱼	poisson	pwa·son
羊羔肉	agneau	a·nyo
猪肉	porc	por
火鸡肉	dinde	dund
小牛肉	veau	vo

水果和蔬菜

苹果	pomme	pom
杏	abricot	ab·ree·ko
芦笋	asperge	a·spairzh
豆类	haricots	a·ree·ko
甜菜	betterave	be·trav
甘蓝	chou	shoo

芹菜	céleri	sel·ree
樱桃	cerise	ser·reez
玉米	maïs	ma·ees
黄瓜	concombre	kong·kom·brer
腌黄瓜	cornichon	kor·nee·shon
葡萄	raisin	ray·zun
葱	poireau	pwa·ro
柠檬	citron	see·tron
莴苣	laitue	lay·tew
蘑菇	champignon	shom·pee·nyon
桃子	pêche	pesh
豌豆	petit pois	per·tee pwa
（红/青）辣椒	poivron (rouge/vert)	pwa·vron (roozh/vair)
菠萝	ananas	a·na·nas
李子	prune	prewn
土豆	pomme de terre	pom der tair
西梅	pruneau	prew·no
南瓜	citrouille	see·troo·yer
小圆葱	échalote	eh·sha·lot
菠菜	épinards	eh·pee·nar
草莓	fraise	frez
西红柿	tomate	to·mat
萝卜	navet	na·vay
蔬菜	légume	lay·gewm

其他

面包	pain	pun
黄油	beurre	ber
奶酪	fromage	fro·mazh
蛋	Suf	erf
蜂蜜	miel	myel
果酱	confiture	kon·fee·tewr
扁豆	lentilles	lon·tee·yer
油	huile	weel

疑问词

怎么?	Comment?	ko·mon
什么?	Quoi?	kwa
什么时候?	Quand?	kon
哪里?	Où?	oo
谁?	Qui?	kee
为什么?	Pourquoi?	poor·kwa

意面/面条	pâtes	pat
胡椒	poivre	pwa·vrer
米饭	riz	ree
盐	sel	sel
糖	sucre	sew·krer

饮品

啤酒	bière	bee·yair
咖啡	café	ka·fay
（橙）汁	jus (d'orange)	zhew (do·ronzh)
牛奶	lait	lay
红葡萄酒	vin rouge	vun roozh
茶	thé	tay
（矿泉）水	eau (minérale)	o (mee·nay·ral)
白葡萄酒	vin blanc	vun blong

紧急情况

救命!
Au secours! — o skoor

我迷路了。
Je suis perdu perdue. — zhe swee pair·dew (m/f)

走开!
Fichez-moi la paix! — fee·shay·mwa la pay

有事故。
Il y a eu un accident. — eel ya ew un ak·see·don

叫医生。
Appelez un médecin. — a·play un mayd·sun

报警。
Appelez la police. — a·play la po·lees

我病了。
Je suis malade. — zher swee ma·lad

这里疼。
J'ai une douleur ici. — zhay ewn doo·ler ee·see

我对……过敏
Je suis allergique ... — zher swee za·lair·zheek ...

厕所在哪里?
Où sont les toilettes? — oo son lay twa·let

购物和服务

我想买……
Je voudrais acheter ... — zher voo·dray ash·tay···

我可以看一下吗?
Est-ce que je peux le voir? — es·ker zher per ler vwar

我只是看看。
Je regarde. — zher rer·gard

我不喜欢这个。
Cela ne me plaît pas. — ser·la ner mer play pa

多少钱?
C'est combien? — say kom·byun

太贵了。
C'est trop cher. — say tro shair

能便宜点吗?
Vous pouvez baisser le prix? — voo poo·vay bay·say ler pree

账单上有错。
Il y a une erreur. dans la note. — eel ya ewn ay·rer don la not

ATM机
guichet automatique de banque — gee·shay o·to·ma·teek der bonk

信用卡
carte de crédit — kart der kray·dee

网吧
cybercafé — see·bair·ka·fay

邮局
bureau de poste — bew·ro der post

旅游局
office de tourisme — o·fees der too·rees·mer

数字

1	un	un
2	deux	der
3	trois	trwa
4	quatre	ka·trer
5	cinq	sungk
6	six	sees
7	sept	set
8	huit	weet
9	neuf	nerf
10	dix	dees
20	vingt	vung
30	trente	tront
40	quarante	ka·ront
50	cinquante	sung·kont
60	soixante	swa·sont
70	soixante-dix	swa·son·dees
80	quatre-vingts	ka·trer·vung
90	quatre-vingt-dix	ka·trer·vung·dees
100	cent	son
1000	mille	meel

时间和日期

现在几点了?
Quelle heure est-il? — kel er ay til

(8) 点钟。
Il est (huit) heures. — il ay (weet) er

(10) 点半。
Il est (dix) heures et demie. — il ay (deez) er ay day·mee

早晨/上午	matin	ma·tun
下午	après-midi	a·pray·mee·dee
晚上	soir	swar
昨天	hier	yair
今天	aujourd'hui	o·zhoor·dwee
明天	demain	der·mun
周一	lundi	lun·dee
周二	mardi	mar·dee
周三	mercredi	mair·krer·dee
周四	jeudi	zher·dee
周五	vendredi	von·drer·dee
周六	samedi	sam·dee
周日	dimanche	dee·monsh
1月	janvier	zhon·vyay
2月	février	fayv·ryay
3月	mars	mars
4月	avril	a·vreel
5月	mai	may
6月	juin	zhwun
7月	juillet	zhwee·yay
8月	août	oot
9月	septembre	sep·tom·brer

10月	octobre	ok·to·brer
11月	novembre	no·vom·brer
12月	décembre	day·som·brer

交通

公共交通

船	bateau	ba·to
长途汽车/公交车	bus	bews
飞机	avion	a·vyon
火车	train	trun

我想去……
Je voudrais aller à… zher voo·dray a·lay a·

在……停车吗?
Est-ce qu'il s'arrête à…? es·kil sa·ret a·

几点出发/抵达?
À quelle heure est-ce qu'il part/arrive? a kel er es kil par/a·reev

可以告诉我什么时间到达……吗?
Pouvez-vous me dire quand nous arrivons à…? poo·vay·voo mer deer kon noo za·ree·von a·

我想在这里下车。
Je veux descendre ici. zher ver day·son·drer ee·see

首班	premier	prer·myay
末班	dernier	dair·nyay
下一班	prochain	pro·shun
一张……票	un billet …	un bee·yay …
一等	de première classe	der prem·yair klas
二等	de deuxième classe	der der·zyem las
单程	simple	sum·pler
往返	aller et retour	a·lay ay rer·toor
靠过道的座位	côté couloir	ko·tay kool·war
取消	annulé	a·new·lay
延误	en retard	on rer·tar

站台	quai	kay
售票处	guichet	gee·shay
时刻表	horaire	o·rair
火车站	gare	gar
靠窗的座位	côté fenêtre	ko·tay fe·ne·trer

自驾车和骑自行车

我想租	Je voudrais	zher voo·dray
一辆……	louer …	loo·way …
小汽车	une voiture	ewn vwa·tewr
自行车	un vélo	un vay·lo
摩托车	une moto	ewn mo·to
儿童座椅	siège-enfant	syezh·on·fon
柴油	diesel	dyay·zel
头盔	casque	kask
修理工	mécanicien	may·ka·nee·syun
汽油	essence	ay·sons
服务区	station service	sta·syon· ser·vees

这条路是通往……吗?
C'est la route pour …? say la root poor …

我能在这里停车(多久)?
(Combien de temps) Est-ce que je peux stationner ici? (kom·byun der tom) es·ker zher per sta·syo·nay ee·see

车/摩托车(在……)坏了。
La voiture/moto est tombée en panne (à…). la vwa·tewr/mo·to ay tom·bay on pan (a …)

轮胎瘪了。
Mon pneu est à plat. mom pner ay ta pla

没汽油了。
Je suis en panne d'essence. zher swee zon pan day·sons

车钥匙丢了。
J'ai perdu les clés de ma voiture. zhay per·dew lay klay der ma vwa·tewr

哪里能修自行车?
Où est-ce que je peux faire réparer mon vélo? oo es ker zher per fair ray·pa·ray mon vay·lo

幕后

说出你的想法

我们很重视旅行者的反馈——你的评价将鼓励我们前行，把书做得更好。我们同样热爱旅行的团队会认真阅读你的来信，无论表扬还是批评都非常欢迎。虽然很难一一回复，但我们保证将你的反馈信息及时交到相关作者手中，使下一版更完美。我们也会在下一版特别鸣谢来信读者。

请把你的想法发送到**china@lonelyplanet.com.au**，谢谢！

请注意：我们可能会将你的意见编辑、复制并整合到Lonely Planet的系列产品中，例如旅行指南、网站和数字产品。如果不希望书中出现自己的意见或不希望提及你的名字，请提前告知。请访问lonelyplanet.com/privacy了解我们的隐私政策。

声明

气候图表数据引用自Peel MC, Finlayson BL & McMahon TA (2007) 'Updated World Map of the Köppen-Geiger Climate Classification', *Hydrology and Earth System Sciences*, 11, 1633-44。

封面图片：北极熊妈妈和宝宝，丘吉尔港，马尼托巴省，Steve Bloom Images/Alamy©。

本书部分地图由中国地图出版社提供，其他系原书地图，审图号（2018）3698号。

关于本书

这是Lonely Planet《加拿大》的第13版。本书的作者为科里娜·米勒、凯特·阿姆斯特朗、詹姆斯·班布里奇、安娜·卡明斯基、亚当·卡琳、约翰·李、卡罗琳·麦卡锡、菲利普·唐、瑞恩·弗·波克莫斯、本尼迪克特·沃克。

本书为中文第四版，由以下人员制作完成：

项目负责	关媛媛
项目执行	丁立松
翻译统筹	肖斌斌　王玫珺
翻　　译	王　晨　王瑜玲
	钟　奕　杨雨潇
内容策划	郭　瑶　寇　杰
	万　蜜　熊　毅
	（本土化内容）
	李小可
视觉设计	李小棠　庹桢珍
协调调度	沈竹颖
责任编辑	李偲涵
地图编辑	马　珊
制　　图	刘红艳
终　　审	杨　帆
流　　程	孙经纬
排　　版	北京梧桐影电脑科技有限公司

感谢菜畦、肖潇、付皓、李皎、向阳、寇家欢、陈丽、洪良、罗霄山、吴子潇、曹阳玉婷、刘治禹、白圆圆、戴霞为本书提供的帮助。

索 引

A

Alberta 艾伯塔省 649~723, **650**
Alert Bay 阿勒特湾 813
Algonquin Provincial Park 阿尔贡金省立公园 210~215
Alma 阿尔马 480
Amherstburg 阿默斯特堡 167~168
Arctic Circle 北极公园 903~904
Argentia 阿真舍 548
Armstrong 阿姆斯特朗 843
Art Gallery of Ontario 安大略美术馆 80
Athabasca Glacier 阿萨巴斯卡冰川 686~687
Aulavik National Park 奥拉维克国家公园 928, **646**
Auyuittuq National Park 奥尤伊图克国家公园 937~938, **646~647**
Avalon Peninsula 阿瓦隆半岛 542~550
Avon River 埃文河 154

B

Banff National Park 班夫国家公园 681~712, **682**, **9**, **16**, **641**, **642**
Banff Town 班夫镇 689~699, **692**
Battle Harbour 巴特尔港 584
Battlefords 巴特尔福德 639
Bay of Fundy 芬迪湾 24, **24**

000 地图页码
000 图片页码

大熊冰川 876
Blackfoot Crossing Historical Park 黑脚渡口历史公园 718
British Columbia 不列颠哥伦比亚省 724~877, **726~727**
Brockville 布罗克维尔 231~233
Bromont 布罗蒙特 300
Bruce Peninsula 布鲁斯半岛 181~186

C

Cabot Trail 卡伯特小径 433~438, **15**, **51**, **52**
Calgary 卡尔加里 667~681, **668~669**
Canadian Museum of History 加拿大历史博物馆 238
Canadian War Museum 加拿大战争博物馆 238~239
Cape Breton Highlands National Park 布雷顿角高地国家公园 434~436, **645**
Charlevoix 沙勒沃伊 330~336, **338**, **16**
Charlottetown 夏洛特敦 500~508, **502**
Comox Valley 科摩谷 809~810

D

Dartmouth 达特茅斯 395~396
Dawson City 道森市 895~903, **896**, **24**
Deer Island 鹿岛 466~467
Deh Cho 代乔河 922~925
Dempster Highway 丹普斯特公

路 926
Destruction Bay 迪斯特拉克申贝 892
Digby 迪格比 412~413
Dildo 迪尔多 548
Dinosaur Trail 恐龙小径 712, 713
Drumheller 德拉姆黑勒 712~714, **20**
Duncan 邓肯 794~795

E

Eastend 伊斯滕德 628~629
Eastern Ontario 安大略省东部 210~253, **211**
Economy 伊科诺米 422~423
Edmonton 埃德蒙顿 653~666, **654**, **656~657**
Edmundston 埃德门兹顿 459~460
Elliot Lake 埃利奥特湖 191
Elliston 艾利斯顿 554
Elora 埃洛拉 151~153
Emerald Lake 翡翠湖 851, **642**

F

Fergus 弗格斯 151~153
Fernie 弗尼 855~856
Ferryland 费里兰 546
Festival Acadien 阿卡迪亚节 36, 491
Forillon National Park 佛里昂国家公园 356~358, **2**
Fraser Valley 弗雷泽河谷 822~826, **823**
Fredericton 弗雷德里克顿

450~456, **451**
Frelighsburg 弗雷林斯堡 298
French Shore 法兰西海岸 407~408
Frontenac Arch Biosphere Reserve 隆特纳克拱门生物圈保护区 232
Fundy Isles 芬迪群岛 466~472, **466**

G

Gaspé Peninsula 加斯佩半岛 350-368, **351**
Gatineau 加蒂诺 375
Gatineau Park 加蒂诺公园 375
Georgetown 乔治敦 509~510
Georgian Bay 乔治亚湾 176~186, **176**
Glacier National Park 冰川国家公园 643, 849, **643**
Godbout 戈德布特 364
Goderich 戈德里奇 158~159
Gros Morne 格罗斯莫恩 644

H

Haida Gwaii 海达格怀伊群岛 868~872, **13**
Hamilton 哈密尔顿 143~146
Harbour Breton 布雷ədu港 564
Harbour Grace 格雷斯港 548
Havre St Pierre 圣皮埃尔港 367
Hay River 海里弗 918~919
Hazelton 黑泽尔顿 873
Head-Smashed-In Buffalo Jump 野牛跳崖处 715~716
Hermitage 赫米蒂奇 564
Hinton 欣顿 666
Hyder 海德 876

I

Icefields Parkway 冰原公路 686~689

000 地图页码
000 图片页码

Inuvik 伊努维克 926~927
Inverness 因弗尼斯 431~432
Iqaluit 伊卡卢伊特 931~936
Isle aux Morts 死人岛 579
Ivvavik National Park 伊瓦维克国家公园 647, **647**

J

James Bay 詹姆斯湾 374
Jasper National Park 贾斯珀国家公园 681~712, 703, 643, **704, 46**
Joggins Fossil Cliffs 加更斯化石悬崖 422
Johnson's Crossing 约翰逊渡口 888~889

K

Kamloops 坎卢普斯 824~825
Kananaskis Country 卡那纳司金斯村 681~683
Kaslo 卡斯洛 861~862
Kawarthas 卡瓦萨斯 215~217
Kelowna 基洛纳 836~842, **838**
Kennebecasis River Valley 科娜贝卡西斯河谷 479
Kensington 肯辛顿 519~520
Kensington Market 肯辛顿市场 85, **31**
Kettle Valley Rail Trail 壶谷铁路小径 841
Killarney Provincial Park 基拉尼省立公园 188~189
Killick Coast 基利克海岸 579-580
Kimberley 金伯利 857
Kimmirut 吉米如特 939~940
Kingston 金斯顿 221~227, **222**
Klondike Gold Rush National Historical Park 克朗代克淘金热国家历史公园 894
Klondike Highway 克朗代克公路 893~895
Kluane National Park & Reserve 克鲁恩国家公园与保护区 890~892
Kootenay National Park 库特奈国家公园 853~854
Kootenays 库特奈山脉 844~862, **846~847**
Kouchibouguac National Park 古什布格瓦克国家公园 488~489

L

La Malbaie 拉马尔拜 333~335
Labrador 拉布拉多 580~588, **527, 581**
Labrador West 拉布拉多西部 587~588
Lac Brome 拉克布罗默 300~301
Lac des Nations 国家湖 304
Lac St Jean 圣让湖 342~343
Lake Annette 安妮特湖 705
Lake District 湖区 722~723
Lake Edith 伊迪斯湖 705
Lake Erie Shoreline 伊利湖岸 167~171
Lake Huron Shoreline 休伦湖岸 157~160
Lake Louise 路易斯湖 699~703, **700**
Lake O'Hara 奥哈拉湖 852~853
Lake Ontario 安大略湖 93
Lake Superior Provincial Park 苏必利尔湖省立公园 195~196
Lake Superior Shoreline 苏必利尔湖岸 194~199
Lake Winnipeg 温尼伯湖 604~606
Land O' Lakes 蓝多湖 217
L'Anse Amour 朗萨穆尔 582
L'Anse au Clair 朗索克莱尔 582
L'Anse aux Meadows National Historic Site 兰塞奥兹牧草地国家历史遗址 569~570
L'Anse St Jean 兰塞圣让 340~341
Laurentians 劳伦琴斯 292~298

M

Mabou 马波 431~432

Magog 梅戈格 302
Mahone Bay 马洪贝 398~400
Maitland 梅特兰 421
Makkovik 马库维克 585
Malignant Cove 马里格南特湾 428
Maligne Canyon 马林峡谷 705
Maligne Lake 马林湖 704
Manitoba 马尼托巴省 589~615, **590**
Manitoulin Island 马尼图林岛 184~186, **16**
Matapédia 马塔佩迪亚 362~363
Matapédia Valley 马塔佩迪亚河谷 362~363
Mauricie 莫里切 305~308
Mayne Island 梅内岛 822
Meacham 米彻姆 637
Meares Island 米尔斯岛 804
Meat Cove 米肉湾 437~438
Medicine Lake 梅迪辛湖 705
Mingan Archipelago National Park 明根群岛国家公园 366~367
Montréal 蒙特利尔 259~292, **261**, **262-263**, **266-267**, **270**, **299**
Mt Carleton Provincial Park 卡尔顿山省立公园 456~458
Mt Edith Cavell 伊迪丝卡维尔山 688
Muskoka Lakes 马斯克卡湖 171~176

N

Nahanni National Park Reserve 纳汉尼国家公园保护区 923~924, **15**, **648**
Nanaimo 纳奈莫 796-800, **797**
National Gallery of Canada 加拿大国家美术馆 237~238
Native Canadian Centre of Toronto 多伦多本土加拿大中心 85
Natuashish 纳丘什 585
Naujaat 诺哈亚特 942
Neil's Harbour 尼尔港 437~438
Nelson 纳尔逊 858~861
New Brunswick 新不伦瑞克省 447~495, **448**
New Carlisle 新卡莱尔 360
Northwest Territories 西北地区 905~928, **906**
Nova Scotia 新斯科舍省 376~446, **378~379**
Nunavik 努纳维克 374~375
Nunavut 努纳武特地区 929~942, **930**

O

Okanagan Valley 奥卡纳根河谷 826~843, **827**
Oliver 奥利弗 830~832
Olympic games 奥利匹克运动 375~376
Ontario 安大略省 64~253, **65**
Ontario Science Centre 安大略省科学中心 91~92
Orillia 奥里利亚 171~172
Orwell Corner Historic Village 奥韦尔角历史村庄 504
Osoyoos 欧沙约 826~830
Ottawa 渥太华 234~253, 236~237, **240**
Ouimet Canyon 维麦特峡谷 201
Outaouais 乌塔韦 375
Owen Sound 欧文桑德 181~182

P

Parc d'Aiguebelle 艾盖贝雷公园 373~374
Parc des Hautes Gorges de la Rivière Malbaie 里维耶尔马尔贝高山峡谷公园 334
Parc Jean-Drapeau 让维普公园 271~272
Parc National de la Gaspésie 加斯佩谢国家公园 355~356
Parc National du Canada de la Mauricie 莫里切加拿大国家公园 307~308, **21**
Point Pelee 皮利角 168, 644, **644~645**
Prince Albert National Park 艾伯特王子国家公园 639~640
Prince Edward Island 爱德华王子岛 (省) 496~525, **498~499**, **514~515**
Prince Edward Island National Park 爱德华王子岛国家公园 513~515, **646**

Q

Quadra Island 夸德拉岛 811
Qualicum 夸里科姆 800~801
Qu'Appelle Valley 卡佩勒河谷 630~631
Québec 魁北克省 254~375, **255**, **299**
Québec City 魁北克市 308~326, **309**, **312**, **317**, **21**
Québec separatism 魁北克分裂主义 956
Queen Charlotte Islands 夏洛特皇后群岛, see Haida Gwaii见海达格怀伊群岛 868~872, **2**, **13**
Quidi Vidi 奎迪威迪 530~531
Quttinirpaaq National Park 丘提尼帕奇国家公园 940

R

Radium Hot Springs 镭温泉村 854
Rankin Inlet 兰金因莱特 940~941
Red Bay 红湾 583~584
Red Rock Canyon 红岩峡谷 719
Regina 里贾纳 619~625, **620**
Rideau Canal 里多运河 242, **18**
Riding Mountain 赖丁山 644
Riding Mountain National Park 赖丁山国家公园 607~608, **645**
Riel, Louis 路易斯·里尔 597, 605, 640, 952~954, 954
Rocky Mountains 落基山脉 844~862, **846~847**, **12~13**

Rose Blanche 罗斯布兰切 579
Rosseau 罗索 174
Rossland 罗斯兰 858

S

Saskatchewan 萨斯喀彻温省 616~648, **617**, **20**
Saskatoon 萨斯卡通 632~639, **634**
Shediac 希迪亚克 486
Shelburne 谢尔本 405~407
Sherbrooke 舍布鲁克 304~305
Shubenacadie 舒伯纳卡迪 420
Shuswap Region 舒斯瓦普地区 844
Sleeping Giant Provincial Park 睡巨人省立公园 199
Squamish 斯阔米什 763~766
St Alban's 圣奥尔本斯 564
St Andrews By-The-Sea 海边圣安德鲁斯 462~466, **464**
St Anthony 圣安东尼 571~572
St Gabriel de Valcartier 圣加布里埃尔·德·瓦尔卡提尔 327~328
St John's 圣约翰斯 530~542, **532**
Stanley Park 斯坦利公园 728

T

Thousand Islands 千岛群岛 227~228, **51**
Thousand Islands Parkway 千岛群岛景观大道 49~50, **51**
Thunder Bay 桑德贝 199~204
Tignish 蒂格尼什 524~525
Tobermory 托伯莫里 182~184
Tobique Valley 托比克河谷 456~458
Tofino 托菲诺 803~806
Torngat Mountains National Park 托恩盖特山国家公园 583
Toronto 多伦多 71~127, **70**, **74~75**, **82**, **86**, **90**, **19**, **57**
Trans-Canada Highway 加拿大横贯公路 16, **16**
Trinity 特里尼蒂 550~552
Trois Pistoles 特鲁瓦皮斯托勒 348
Trois-Rivières 三河城 306~307
Truro 特鲁罗 421~422
Tuktoyaktuk 图克托亚图克 927~928
Turner Valley 特纳谷 680
Twillingate Island 特威林盖特岛 560~561
Tyne Valley 泰恩河谷 524

U

Ucluelet 尤克卢利特 806~808
Ukkusiksalik National Park 尤库尤斯卡萨里克国家公园 942

V

Vancouver 温哥华 725~759, **729**, **732~733**, **14**
Vancouver Island 温哥华岛 777~816, **778~779**, **22**
Vaseaux Lake 瓦休克斯湖 832
vegetarian travelers 素食旅行者 106
Veregin 维里金 632
Vermilion Lakes 维米里翁湖 690
Vernon 弗农 842~843
Victoria 维多利亚 513, 778~791, **786**, **782**
Viking Trail 维京小径 23, **23**
Ville de Mont-Tremblant 蒙特朗布朗城 295~297
Virginia Falls 维吉尼亚瀑布 923
Vulcan 瓦肯镇 717

W

Wapusk 沃珀斯克 647
Wapusk National Park 沃珀斯克国家公园 611, **646**
Wasaga Beach Provincial Park 华沙加湖滩省立公园 179
Waterton Lakes National Park 沃特顿湖群国家公园 719~721, **642~643**
Wells Gray Provincial Park 韦尔斯格雷省立公园 863~864
Wendake 温达科 327
West Coast Trail 西海岸小径 802~803
Whistler 惠斯勒 766~773, **768**
White Point 怀特波因特 437~438
White River 怀特河 200
Whitehorse 怀特霍斯 881-887, **882**
Winnipeg 温尼伯 591~604, **592**, **596**
Witless Bay Ecological Reserve 惠勒士湾生态保护区 544~545
Wolfe Island 沃尔夫岛 229
Wolfville 沃尔夫维尔 416~420
Wood Buffalo National Park 伍德布法罗国家公园 921~922
Wood Islands 伍德群岛 508~509
Writing-on-Stone Provincial Park 省立原始石刻公园 718~719

Y

Yellowknife 耶洛奈夫(黄刀镇) 908~916, **910**, **6**
Yoho National Park 幽鹤国家公园 851~853, **642**
Yorkton 约克顿 631~632

记事本

记事本

记事本

记事本

记事本

地图图例

景点
- 海滩
- 鸟类保护区
- 佛教场所
- 城堡
- 基督教场所
- 孔庙
- 印度教场所
- 伊斯兰教场所
- 耆那教场所
- 犹太教场所
- 温泉
- 神道教场所
- 锡克教场所
- 道教场所
- 纪念碑
- 博物馆/美术馆/历史建筑
- 历史遗址
- 酒庄/葡萄园
- 动物园
- 其他景点

活动、课程和团队游
- 人体冲浪
- 潜水/浮潜
- 潜水
- 皮划艇
- 滑雪
- 冲浪
- 游泳/游泳池
- 徒步
- 帆板
- 其他活动

住宿
- 住宿场所
- 露营地

就餐
- 餐馆

饮品
- 酒吧
- 咖啡馆

娱乐
- 娱乐场所

购物
- 购物场所

实用信息
- 银行
- 使领馆
- 医院/医疗机构
- 网吧
- 警察局
- 邮局
- 电话
- 公厕
- 旅游信息
- 其他信息

地理
- 棚屋/栖身所
- 灯塔
- 瞭望台
- 山峰/火山
- 绿洲
- 公园
- 关隘
- 野餐区
- 瀑布

人口
- 首都、首府
- 一级行政中心
- 城市/大型城镇
- 镇/村

交通
- 机场
- 过境处
- 公共汽车
- 缆车/索道
- 自行车路线
- 轮渡
- 地铁
- 单轨铁路
- 停车场
- 加油站
- 出租车
- 铁路/火车站
- 有轨电车
- 其他交通方式

路线
- 收费公路
- 高速公路
- 一级公路
- 二级公路
- 三级公路
- 小路
- 未封闭道路
- 广场
- 台阶
- 隧道
- 步行天桥
- 步行游览路
- 步行游览支路
- 小路

境界
- 国界
- 一级政区界
- 未定国界
- 地区界
- 军事分界线
- 海洋公园
- 悬崖
- 墙

水文
- 河流、小溪
- 间歇河
- 沼泽/红树林
- 暗礁
- 运河
- 水域
- 干/盐/间歇湖
- 冰川
- 珊瑚礁

地区特征
- 海滩/沙漠
- 基督教墓地
- 其他墓地
- 公园/森林
- 运动场
- 一般景点(建筑物)
- 重要景点(建筑物)

注:并非所有图例都在此显示。

我们的故事

一辆破旧的老汽车,一点点钱,一份冒险的感觉——1972年,当托尼(Tony Wheeler)和莫琳(Maureen Wheeler)夫妇踏上那趟决定他们人生的旅程时,这就是全部的行头。他们穿越欧亚大陆,历时数月到达澳大利亚。旅途结束时,风尘仆仆的两人灵机一闪,在厨房的餐桌上制作完成了他们的第一本旅行指南——《便宜走亚洲》(Across Asia on the Cheap)。仅仅一周时间,销量就达到了1500本。Lonely Planet 从此诞生。

现在,Lonely Planet在都柏林、富兰克林、伦敦、墨尔本、奥克兰、北京和德里都设有公司,有超过600名员工和作者。在中国,Lonely Planet被称为"孤独星球"。我们恪守托尼的信条:"一本好的旅行指南应该做好三件事:有用、有意义和有趣。"

我们的作者

科里娜·米勒(Korina Miller)

计划你的行程、艾伯塔省、了解加拿大、生存指南 科里娜在温哥华岛长大,自16岁开始就独自一人玩转全球了,她在36个国家旅行或居住过,在此期间还获得了"传播学和加拿大研究"学位、"移民研究"硕士学位和"视觉艺术"文凭。作为作者和编辑,科里娜曾参与了近60本Lonely Planet书籍的写作工作,同时还与LP.com、英国广播公司(BBC)、《独立报》《卫报》、BBC5、加拿大广播公司以及许多独立杂志(报道旅行、艺术和文化)合作。她目前在维多利亚进行帐篷露营,游山玩水。

凯特·阿姆斯特朗(Kate Armstrong)

新不伦瑞克省 凯特成年后的大部分时间都在世界各地旅行和生活。作为一个全职的自由旅行记者,她曾为40本左右的Lonely Planet指南和其他出版物供稿,也有作品定期发表于澳大利亚和世界其他地区的出版物。她还撰写了几本书以及儿童教育方面的读物。

詹姆斯·班布里奇(James Bainbridge)

渥太华、安大略省北部和东部 詹姆斯是一位住在南非开普敦的英国旅行作家和记者,他以开普敦为大本营进行环球旅行,并为世界范围内多家出版物供稿。他已经为Lonely Planet工作了10余年,更新了几十本指南,并在世界各处主持电视节目,从非洲丛林到五大湖区都能见到他的身影。他曾是Lonely Planet《南非》《土耳其》和《摩洛哥》等指南的统筹作者,他撰写的关于旅行、文化和投资的文章曾出现在英国广播公司旅行栏目、英国的《卫报》和《独立报》《旅行者》(Conde Nast Traveller)及《孤独星球杂志》上。

安娜·卡明斯基(Anna Kaminski)

马尼托巴省、西北地区、努纳武特地区 安娜作为Lonely Planet的旅行作家已经超过15年,曾为许多指南供稿,最近的作品覆盖面很广,包括《哥斯达黎加》《巴布亚新几内亚》《瑞典》《英国》《西班牙》《匈牙利》《越南》和《印度》。她的推特是@ACKaminski。

亚当·卡琳（Adam Karlin）

魁北克省 亚当出生于美国华盛顿，在马里兰州的乡下海边长大。他从17岁就开始探索世界并写作，他将此视为神圣、有趣的生活方式——当然，还充满了乐趣。

约翰·李（John Lee）

温哥华、不列颠哥伦比亚省南部 约翰来自英国，在20世纪90年代来到不列颠哥伦比亚省的维多利亚大学学习。最后他决定留在加拿大，并搬到了温哥华，在1999年开始了作为自由撰稿人的旅行写作生涯。从那时起，他游遍了这一地区，为Lonely Planet以及其他各国的杂志、报纸和网络专区撰写文章。约翰获得过不计其数的写作奖项，在推特上特别活跃，并且担任加拿大全国性报纸《环球邮报》的每周专栏作家，你可以通过www.johnleewriter.com和推特@johnleewriter关注他。

卡罗琳·麦卡锡（Carolyn McCarthy）

纽芬兰-拉布拉多省 卡罗琳专注于美洲旅行、文化和探险活动。她曾参与《国家地理》《户外》《波士顿环球报》、BBC旗下杂志和其他一些出版物的写作。作为一位前富布莱特奖学金和班夫大奖获奖者，她记录了拉丁美洲最为偏远地带的生活状况。卡罗琳的专业经验来自各种不同目的地的调研工作。她为Lonely Planet贡献了超过30本指南书，包括《科罗拉多》《美国》《阿根廷》《智利》《巴拿马》《秘鲁》和《美国国家公园》等指南。她还是Lonely Planet《在巴塔哥尼亚安第斯山脉徒步》的作者。

菲利普·唐（Phillip Tang）

多伦多、安大略省南部 菲利普在澳大利亚长大，吃的典型食物是越南米粉和炸鱼薯条。他拥有中国和拉丁美洲文化学位，这帮助他在这些地区旅行并撰写了Lonely Planet的《加拿大》《中国》《日本》《韩国》《墨西哥》《秘鲁》和《越南》指南。菲利普曾在悉尼、墨尔本、伦敦和墨西哥城定居过。他已经到过大部分欧洲国家以及很多亚洲和拉丁美洲国家，还有最热门的北美国家。可以登录philliptang.co.uk查看更多照片和文字。

瑞恩·弗·波克莫斯（Ryan Ver Berkmoes）

萨斯喀彻温省、不列颠哥伦比亚省北部、育空地区 瑞恩已经为Lonely Planet撰写了超过110本指南。他在加利福尼亚的圣克鲁兹长大，17岁时去美国中西部上大学，在那里他头一次看见雪。这种新鲜感很快便消失殆尽。从那以后，他便在环球旅行，既为了享受也为了工作——通常这很难区分。他报道的内容包罗万象，从战争到酒吧，当然他肯定更偏爱后者。瑞恩定居纽约。可以登录ryanverberkmoes.com或者在推特@ryanvb了解更多。

本尼迪克特·沃克（Benedict Walker）

新斯科舍省、爱德华王子岛省 本尼迪克特出生于澳大利亚的纽卡斯尔，沙滩对他的自我有着重要影响，尽管他旅行的足迹离其家乡的沙滩仍有数千公里之远。本在12岁时读到的第一本Lonely Planet书籍是《日本》指南。20年后，他已经开始为同一家出版物撰写章节了：正可谓梦想成真。本拥有传播学的文凭，曾在旅行社工作，二十几岁时游荡于世界各地。他认为旅行最棒的事情和去哪里无关，而在于你会遇见谁：在好心的陌生人的故事里感受生活，这丰富了一个人的生命体验。本还创作并导演了一出戏剧，并为头号音乐节在澳大利亚巡回演出管理后勤。

加拿大

中文第四版

书名原文：*Canada*（13th edition, Apr 2017）
© Lonely Planet 2018
本中文版由中国地图出版社出版

© 书中图片由图片提供者持有版权，2018

版权所有。未经出版方许可，不得擅自以任何方式，如电子、机械、录制等手段复制，在检索系统中储存或传播本书中的任何章节，除非出于评论目的的简短摘录，也不得擅自将本书用于商业目的。

图书在版编目 (CIP) 数据

加拿大 /（澳）澳大利亚 Lonely Planet 公司编；王晨等译. -- 2 版. -- 北京：中国地图出版社，2018.10
 书名原文：Canada
 ISBN 978-7-5204-0714-4

Ⅰ. ①加… Ⅱ. ①澳… ②王… Ⅲ. ①旅游指南－加拿大 Ⅳ. ① K971.19

中国版本图书馆 CIP 数据核字 (2018) 第 194537 号

出版发行	中国地图出版社
社　　址	北京市白纸坊西街 3 号
邮政编码	100054
网　　址	www.sinomaps.com
印　　刷	北京华联印刷有限公司
经　　销	新华书店
成品规格	197mm×128mm
印　　张	32.5
字　　数	1741 千字
版　　次	2018 年 10 月第 2 版
印　　次	2018 年 10 月北京第 4 次印刷
定　　价	158.00 元
书　　号	ISBN 978-7-5204-0714-4
审 图 号	GS（2018）3698 号
图　　字	01-2014-3842

如有印装质量问题，请与我社发行部（010-83543956）联系

虽然本书作者、信息提供者以及出版者在写作和出版过程中全力保证本书质量，但是作者、信息提供者以及出版者不能完全对本书内容之准确性、完整性做任何明示或暗示之声明或保证，并只在法律规定范围内承担责任。

Lonely Planet 与其标志系 Lonely Planet 之商标，已在美国专利商标局和其他国家进行登记。不允许如零售商、餐厅或酒店等商业机构使用 Lonely Planet 之名称或商标。如有发现，急请告知：lonelyplanet.com/ip。